Kallmeyer
Umwandlungsgesetz

Kallmeyer
Umwandlungsgesetz
Kommentar

Verschmelzung, Spaltung und Formwechsel
bei Handelsgesellschaften

bearbeitet von

Dr. Sebastian Blasche
Notarassessor, Köln

Dr. Harald Kallmeyer
Rechtsanwalt in Berlin

Dr. Ingo Klöcker,
M.C.J. (Austin/Texas)
Rechtsanwalt und Notar
in Frankfurt/M.

Dr. Dirk Kocher,
LL.M. (Helsinki)
Rechtsanwalt in Hamburg

Georg Lanfermann
Wirtschaftsprüfer und
Steuerberater
in Berlin

Prof. Dr.
Reinhard Marsch-Barner
Rechtsanwalt in Frankfurt/M.
Honorarprofessor
an der Universität Göttingen

Dr. Burkhardt W. Meister,
LL.M. (Harvard)
Notar a.D., Rechtsanwalt
in Frankfurt/M.

Dr. Mirko Sickinger,
LL.M. (Columbia University)
Rechtsanwalt in Köln

Prof. Dr. Heinz Josef Willemsen
Rechtsanwalt in Düsseldorf
Honorarprofessor
an der Ruhr-Universität Bochum

Prof. Dr. Norbert Zimmermann, LL.M. (Harvard)
Notar in Düsseldorf
Honorarprofessor an der Universität Düsseldorf

6. neu bearbeitete und erweiterte Auflage
2017

ottoschmidt

Zitierempfehlung:
Bearbeiter in Kallmeyer, UmwG, 6. Aufl. 2017, § ... Rz. ...

*Bibliografische Information
der Deutschen Nationalbibliothek*
Die Deutsche Nationalbibliothek verzeichnet diese
Publikation in der Deutschen Nationalbibliografie;
detaillierte bibliografische Daten sind im Internet
über http://dnb.d-nb.de abrufbar.

Verlag Dr. Otto Schmidt KG
Gustav-Heinemann-Ufer 58, 50968 Köln
Tel. 02 21/9 37 38-01, Fax 02 21/9 37 38-943
info@otto-schmidt.de
www.otto-schmidt.de

ISBN 978-3-504-37024-4

©2017 by Verlag Dr. Otto Schmidt KG, Köln

Das Werk einschließlich aller seiner Teile ist
urheberrechtlich geschützt. Jede Verwertung, die nicht
ausdrücklich vom Urheberrechtsgesetz zugelassen ist,
bedarf der vorherigen Zustimmung des Verlags. Das
gilt insbesondere für Vervielfältigungen, Bearbeitungen,
Übersetzungen, Mikroverfilmungen und die Einspeicherung und Verarbeitung in elektronischen Systemen.

Das verwendete Papier ist aus chlorfrei gebleichten
Rohstoffen hergestellt, holz- und säurefrei, alterungsbeständig und umweltfreundlich.

Einbandgestaltung: Jan P. Lichtenford, Mettmann
Satz: Schäper, Bonn
Druck und Verarbeitung: Kösel, Krugzell
Printed in Germany

Vorwort

Klar positioniert als Praktikerkommentar zum Umwandlungsgesetz verfolgt der „Kallmeyer" auch in der 6. Auflage das Ziel, neben der gebotenen Wissenschaftlichkeit auch ein kreativer und innovativer Ratgeber zu sein. Das bedeutet für die Autoren auch, den Gesetzgeber und die Gerichte in bedeutsamen Fragen zum Umwandlungsrecht zur Rechtsfortbildung anzuregen. Dabei sind Beratungshinweise unerlässlich, die der Transaktionssicherheit Rechnung tragen. Auch werden wichtige Gestaltungshinweise gegeben und Formulierungsvorschläge für die Umsetzung in der Praxis gemacht.

Wie in den Vorauflagen steht die Benutzerfreundlichkeit im Vordergrund, wobei vor allem der Leseaufwand in Grenzen gehalten werden soll. Dem dient ein direkter Stil: Pro und Contra werden erörtert und dann sehr schnell die praxistaugliche Lösung dargestellt. Besonderer Wert wird auf die Geschlossenheit des Werks gelegt. Bei aller Kompaktheit des Werks ist Vollständigkeit das entscheidende Kriterium für Auswahl und Umfang, jedenfalls was die Behandlung praxisrelevanter Fragen angeht. Für den informationssuchenden Praktiker sollte es keine Fehlanzeige geben.

Impulse aus dem Steuerrecht wurden aufgenommen, auch wenn das Umwandlungssteuerrecht einem gesonderten Kommentar aus dem Verlag Dr. Otto Schmidt, nämlich dem „Rödder/Herlinghaus/van Lishaut", Kommentar zum Umwandlungssteuergesetz, 2. Auflage 2013, vorbehalten bleibt.

Nach wie vor wird auf die interdisziplinären Zusammenhänge besonderer Wert gelegt und das Bilanzrecht, das Arbeitsrecht und das Notarrecht als Querschnittsmaterien fundiert behandelt. Die Konzentration und die Beschränkung auf die Handelsgesellschaften bleibt auch in der 6. Auflage erhalten.

Wegen der besonderen Bedeutung in der Praxis wurde in die 6. Auflage neben dem Anhang zur SE ein weiterer Anhang zu den Umwandlungsmaßnahmen in Insolvenzplänen aufgenommen. Für diesen neuen systematischen Abschnitt zeichnet Rechtsanwalt Dr. Dirk Kocher verantwortlich.

Im Bereich des Bilanzrechts wurden darüber hinaus die finalisierten Stellungnahmen des IDW zur Rechnungslegung bei Umwandlungen und umwandlungsrelevante Aspekte der EU-Abschlussprüferreform eingearbeitet.

Insgesamt befindet sich der Kommentar im Hinblick auf Gesetzgebung, Rechtsprechung und Literatur auf dem Stand von September 2016.

Unser Gründungsautor und Namensgeber Rechtsanwalt Dr. Harald Kallmeyer hat in dieser Auflage um weitere Entlastung gebeten. Seine Kommentierungen werden nun eigenverantwortlich von Rechtsanwalt Dr. Dirk Kocher und Rechtsanwalt Dr. Mirko Sickinger fortgeführt. Der bedeutsame § 1 UmwG wird in die-

Vorwort

ser Auflage gemeinsam von Rechtsanwalt Dr. Harald Kallmeyer und Rechtsanwalt Prof. Dr. Marsch-Barner verantwortet. Rechtsanwalt, Wirtschaftsprüfer und Steuerberater Dr. Welf Müller, der von Anfang an für das Bilanzrecht verantwortlich zeichnete, hat seine Kommentierungen der Tradition im „Kallmeyer" entsprechend mit Wirtschaftsprüfer und Steuerberater Georg Lanfermann an einen Bilanzrechtsspezialisten weitergegeben, der bei einer der großen Wirtschaftsprüfungsgesellschaften Partner in der nationalen Grundsatzabteilung für Rechnungslegungs- und Prüfungsfragen ist. Sowohl Herrn Dr. Kallmeyer als auch Herrn Dr. Müller sind das jetzige Autorenteam und der Verlag zu großem Dank verpflichtet.

Wiederum haben uns viele Benutzer des Kommentars durch Hinweise sehr geholfen; dafür danken wir und bitten zugleich herzlich und erneut um Kritik und Anregung. Bitte richten Sie sie an den Verlag (lektorat@otto-schmidt.de).

Köln, im September 2016   Autoren und Verlag

Es haben bearbeitet:

Blasche: §§ 214–224 (220 bis auf Rz. 11); 225a–c; 226–250

Kallmeyer/Marsch-Barner: § 1

Kocher: §§ 39–42; 45; 45a–c; 45e; 46; 47; 49; 54–58; Anhang II (Umwandlungsmaßnahmen in Insolvenzplänen)

Lanfermann: §§ 5 Abs. 1 Nr. 3, 6; 9–12; 17 Abs. 2; 24; 30; 44; 48; 60; 63 Abs. 2; 122c Abs. 2 Nr. 2, 6, 11, 12; 122f; 125 (Rz. 35a–35k); 126 Abs. 1 Nr. 3, 6; 131 (Rz. 31–36); 133 (Rz. 13–15); 202 (Rz. 11a–11c); 208; 220 (Rz. 11); 225

Marsch-Barner: §§ 2–4; 5 Abs. 1 Nr. 1, 2, 4, 5, 7, 8, Abs. 2; 7; 8; 14; 15; 16 Abs. 2, 3; 18; 20–23; 25–29; 31–37; 61; 62; 63 Abs. 1, 3, 4; 64; 67–75; 78; 120; Vor 122a–122l; 122a; 122b; 122c Abs. 1, Abs. 2 Nr. 1, 3, 5, 7–9, Abs. 3, Abs. 4; 122d; 122e; 122h–122j; 313–316; 321; Anhang I (SE)

Meister/Klöcker: §§ 190–192; 194 Abs. 1 Nr. 1–6; 195–197; 200; 202–207; 209–213

Sickinger: §§ 123–125 (bis auf Rz. 35a–35k); 126 Abs. 1 Nr. 1, 2, 4, 5, 7–10, Abs. 2; 127; 128; 131 (bis auf Rz. 31–36) –133 (bis auf Rz. 13–15); 135; 136; 138; 139; 141–145; 152; 153; 155–159; 174; 175

Willemsen: §§ 5 Abs. 1 Nr. 9, Abs. 3; 122c Abs. 2 Nr. 4, 10; 126 Abs. 1 Nr. 11, Abs. 3; 134; 194 Abs. 1 Nr. 7, Abs. 2; Vor 322; 322–325

Norbert Zimmermann: §§ 6; 13; 16 Abs. 1; 17 Abs. 1; 19; 38; 43; 45d; 50–53; 59; 65; 66; 76; 121; 122; 122g; 122k; 122l; 129; 130; 137; 140; 146; 154; 160; 193; 198; 199; 201

Inhaltsverzeichnis

	Seite
Vorwort	V
Allgemeines Literaturverzeichnis	XI
Abkürzungsverzeichnis	XV

Kommentierung des UmwG

		§§	Seite
Erstes Buch	**Möglichkeiten von Umwandlungen**	1	1
Zweites Buch	**Verschmelzung**		
Erster Teil	**Allgemeine Vorschriften**		
Erster Abschnitt	Möglichkeit der Verschmelzung .	2, 3	15
Zweiter Abschnitt	Verschmelzung durch Aufnahme	4–35	35
Dritter Abschnitt	Verschmelzung durch Neugründung	36–38	437
Zweiter Teil	**Besondere Vorschriften**		
Erster Abschnitt	Verschmelzung unter Beteiligung von Personengesellschaften		
Erster Unterabschnitt	Verschmelzung unter Beteiligung von Personenhandelsgesellschaften	39–45	454
Zweiter Unterabschnitt	Verschmelzung unter Beteiligung von Partnerschaftsgesellschaften .	45a–45e	492
Zweiter Abschnitt	Verschmelzung unter Beteiligung von Gesellschaften mit beschränkter Haftung		
Erster Unterabschnitt	Verschmelzung durch Aufnahme	46–55	505
Zweiter Unterabschnitt	Verschmelzung durch Neugründung	56–59	580
Dritter Abschnitt	Verschmelzung unter Beteiligung von Aktiengesellschaften		
Erster Unterabschnitt	Verschmelzung durch Aufnahme	60–72	591
Zweiter Unterabschnitt	Verschmelzung durch Neugründung	73–77	697

		§§	Seite
Vierter Abschnitt	Verschmelzung unter Beteiligung von Kommanditgesellschaften auf Aktien	78	709
Neunter Abschnitt	Verschmelzung von Kapitalgesellschaften mit dem Vermögen eines Alleingesellschafters	120–122	713
Zehnter Abschnitt	Grenzüberschreitende Verschmelzung von Kapitalgesellschaften	122a–122l	723

Drittes Buch	**Spaltung**		
Erster Teil	**Allgemeine Vorschriften**		
Erster Abschnitt	Möglichkeit der Spaltung	123–125	825
Zweiter Abschnitt	Spaltung zur Aufnahme	126–134	885
Dritter Abschnitt	Spaltung zur Neugründung	135–137	989
Zweiter Teil	**Besondere Vorschriften**		
Erster Abschnitt	Spaltung unter Beteiligung von Gesellschaften mit beschränkter Haftung	138–140	1005
Zweiter Abschnitt	Spaltung unter Beteiligung von Aktiengesellschaften und Kommanditgesellschaften auf Aktien	141–146	1013
Siebenter Abschnitt	Ausgliederung aus dem Vermögen eines Einzelkaufmanns		
Erster Unterabschnitt	Möglichkeit der Ausgliederung ..	152	1023
Zweiter Unterabschnitt	Ausgliederung zur Aufnahme ...	153–157	1025
Dritter Unterabschnitt	Ausgliederung zur Neugründung	158–160	1032

Viertes Buch	**Vermögensübertragung**		
Erster Teil	**Möglichkeit der Vermögensübertragung**	174, 175	1039

Fünftes Buch	**Formwechsel**		
Erster Teil	**Allgemeine Vorschriften**	190–213	1042

		§§	Seite
Zweiter Teil	**Besondere Vorschriften**		
Erster Abschnitt	Formwechsel von Personengesellschaften		
Erster Unterabschnitt	Formwechsel von Personenhandelsgesellschaften	214–225	1246
Zweiter Unterabschnitt	Formwechsel von Partnerschaftsgesellschaften	225a–225c	1322
Zweiter Abschnitt	Formwechsel von Kapitalgesellschaften		
Erster Unterabschnitt	Allgemeine Vorschriften	226, 227	1327
Zweiter Unterabschnitt	Formwechsel in eine Personengesellschaft	228–237	1333
Dritter Unterabschnitt	Formwechsel in eine Kapitalgesellschaft anderer Rechtsform .	238–250	1387
Sechstes Buch	**Strafvorschriften und Zwangsgelder**	313–316	1433
Siebentes Buch	**Übergangs- und Schlussvorschriften**	321–325	1453

Anhang I: Gründung einer SE mit Sitz in Deutschland im Wege der Verschmelzung oder durch Formwechsel nach der SE-VO sowie Stellung der SE im deutschen Umwandlungsrecht .. 1599

Anhang II: Umwandlungsmaßnahmen in Insolvenzplänen 1663

Sachregister 1707

Allgemeines Literaturverzeichnis

Adler/Düring/ Schmaltz	Rechnungslegung und Prüfung der Unternehmen, 6. Aufl. 1995 ff. (zitiert: ADS)
Baumbach/Hopt	Kurzkommentar zum HGB, 36. Aufl. 2014
Baumbach/Hueck	Kurzkommentar zum AktG, 13. Aufl. 1968
Baumbach/Hueck	Kurzkommentar zum GmbHG, 20. Aufl. 2013
Beck'scher Bilanz-Kommentar	Handels- und Steuerbilanz – §§ 238 bis 339, 342 bis 342e HGB, 10. Aufl. 2016, hrsg. von Grottel, Schmidt, Schubert, Winkeljohann
Beck'sches Handbuch der Rechnungslegung	Loseblatt, hrsg. von Böcking, Castan, Heymann, Pfitzer, Scheffler (zitiert: HdR)
Boecken	Unternehmensumwandlungen und Arbeitsrecht, 1996
Böttcher/Habighorst/ Schulte	Umwandlungsrecht, 2015
Bürgers/Körber	Heidelberger Kommentar Aktiengesetz, 3. Aufl. 2014
Ebenroth/Boujong/ Joost/Strohn	Handelsgesetzbuch, Kommentar, 3. Aufl. 2014/2015
Engelmeyer	Die Spaltung von Aktiengesellschaften nach dem neuen Umwandlungsrecht, 1995
Fleischer/Hüttemann	Rechtshandbuch Unternehmensbewertung, 2015
Ganske	Umwandlungsrecht. Textausgabe des Umwandlungsgesetzes und des Umwandlungssteuergesetzes, 2. Aufl. 1995
Geßler/Hefermehl/ Eckardt/Kropff	Aktiengesetz, Kommentar, 1973 ff. (zitiert G/H/E/K); ab 2. Aufl. siehe Münchener Kommentar
Godin/Wilhelmi	Aktiengesetz, Kommentar, 4. Aufl. 1971
Goutier/Knopf/Tulloch	Kommentar zum Umwandlungsrecht, Umwandlungsgesetz – Umwandlungssteuergesetz, 1996
Großkommentar	Aktiengesetz, 3. Aufl. 1970 ff., 4. Aufl. 1992 ff., hrsg. von Hopt, Wiedemann; 5. Aufl. 2015 ff., hrsg. von Hirte, Mülbert, Roth
Großkommentar	GmbH-Gesetz, 2005 ff., 2. Aufl. 2013 ff., hrsg. von Ulmer, Habersack, Löbbe
Großkommentar	Handelsgesetzbuch, 5. Aufl. 2009 ff., begr. von Staub, hrsg. von Canaris, Habersack, Schäfer

Habersack/Drinhausen	SE-Recht, 2013
Haritz/Menner	Umwandlungssteuergesetz, Kommentar, 4. Aufl. 2015
Heckschen/Simon	Umwandlungsrecht. Gestaltungsschwerpunkte der Praxis, 2003
Henssler/Strohn	Gesellschaftsrecht, Kommentar, 3. Aufl. 2016
Henssler/Willemsen/Kalb	Arbeitsrecht Kommentar, 7. Aufl. 2016
Heymann	Handelsgesetzbuch, Kommentar, 2. Aufl. 1995 ff., hrsg. von Horn
Hüffer	Aktiengesetz, Kommentar, 12. Aufl. 2016 (zitiert: *Hüffer/Koch*)
Keidel	FamFG, 18. Aufl. 2014
Keßler/Kühnberger	Umwandlungsrecht, Kommentar, 2009
Kiem	Unternehmensumwandlung, 2000
Kölner Kommentar	Aktiengesetz, 1. Aufl. 1970 ff., 2. Aufl. 1988 ff., hrsg. von Zöllner, 3. Aufl. 2004 ff., hrsg. von Zöllner, Noack
Kölner Kommentar	Rechnungslegungsrecht, 2010, hrsg. von Claussen, Scherrer
Kölner Kommentar	Umwandlungsgesetz, 2009, hrsg. von Dauner-Lieb, Simon
Limmer	Handbuch der Unternehmensumwandlung, 5. Aufl. 2016
Lutter	Umwandlungsgesetz, Kommentar, 5. Aufl. 2014, hrsg. von Bayer, J. Vetter
Lutter	Kölner Umwandlungsrechtstage, 1995
Lutter/Bayer	Holding-Handbuch, 5. Aufl. 2015
Lutter/Hommelhoff	GmbH-Gesetz, Kommentar, 19. Aufl. 2016
Lutter/Hommelhoff/ Teichmann	SE-Kommentar, 2. Aufl. 2015
Marsch-Barner/Schäfer	Handbuch börsennotierte AG, 3. Aufl. 2014
Maulbetsch/Klumpp/ Rose	Heidelberger Kommentar zum Umwandlungsgesetz, 2008
Mertens, Kai	Umwandlung und Universalsukzession, 1993
Michalski	GmbH-Gesetz, Kommentar, 2. Aufl. 2010
Münchener Handbuch des Gesellschaftsrechts	Band 1: BGB-Gesellschaft, OHG, PartG, Partenreederei, EWIV, 4. Aufl. 2014, hrsg. von Gummert, Weipert; Band 2: KG, GmbH & Co. KG, Publikums-KG, Stille Gesellschaft, 4. Aufl. 2014, hrsg. von Gummert, Weipert; Band 3: Gesellschaft mit beschränkter Haftung, 4. Aufl. 2012, hrsg. von Priester, Mayer, Wicke; Band 4: Aktiengesellschaft, 4. Aufl. 2015, hrsg. von Hoffmann-Becking

Münchener Kommentar	Aktiengesetz, 3. Aufl. 2008 ff., hrsg. von Goette, Habersack; 4. Aufl. 2016 ff., hrsg. von Goette, Habersack
Münchener Kommentar	GmbH-Gesetz, 2. Aufl. 2015 f., hrsg. von Fleischer, Goette
Münchener Kommentar	Handelsgesetzbuch, 3. Aufl. 2010 ff., 4. Aufl. 2016 ff., hrsg. von K. Schmidt
Münchener Vertragshandbuch	Band 1: Gesellschaftsrecht, 7. Aufl. 2011, hrsg. von Heidenhain, Meister
Naraschewski	Stichtage und Bilanzen bei der Verschmelzung, 2001
Neye	Umwandlungsgesetz/Umwandlungssteuergesetz, 2. Aufl. 1995
Picot	Unternehmenskauf und Restrukturierung. Handbuch zum Wirtschaftsrecht, 1. Aufl. 2013
Rödder/Herlinghaus/ van Lishaut	Umwandlungssteuergesetz, 2. Aufl. 2013
Röhricht/Graf von Westphalen/Haas	Handelsgesetzbuch, Kommentar, 4. Aufl. 2014
Roth/Altmeppen	GmbHG, Kommentar, 8. Aufl. 2015
Rowedder/Schmidt-Leithoff	Kommentar zum GmbH-Gesetz, 5. Aufl. 2013
Sagasser/Bula/Brünger	Umwandlungen. Verschmelzung, Spaltung, Formwechsel, Vermögensübertragung. 4. Aufl. 2011
Schaumburg/Rödder	Umwandlungsgesetz/Umwandlungssteuergesetz, 1995
Schlegelberger	Kommentar zum Handelsgesetzbuch, 5. Aufl. 1973 ff.
K. Schmidt	Gesellschaftsrecht, 4. Aufl. 2002
K. Schmidt/Lutter	Aktiengesetz, Kommentar, 3. Aufl. 2015
Schmitt/Hörtnagl/Stratz	Umwandlungsgesetz/Umwandlungssteuergesetz, Kommentar, 7. Aufl. 2016
Schöne	Die Spaltung unter Beteiligung von GmbH gem. §§ 123 ff. UmwG, 1998
Scholz	GmbH-Gesetz, Kommentar, Band 1: 11. Aufl. 2012; Band 2: 11. Aufl. 2014; Band 3: 11. Aufl. 2015
Schwedhelm	Die Unternehmensumwandlung, 8. Aufl. 2016
Semler/Stengel	Umwandlungsgesetz, Kommentar, 3. Aufl. 2012
Spindler/Stilz	Aktiengesetz, Kommentar, 3. Aufl. 2015
Staub	Handelsgesetzbuch, Kommentar, s. Großkommentar HGB
Stoye-Benk/Cutura	Handbuch Umwandlungsrecht, 3. Aufl. 2012

Voigt	Umwandlung und Schuldverhältnis, 1997
Widmann/Mayer	Umwandlungsrecht, Kommentar, Loseblatt
Willemsen/Hohenstatt/ Schweibert/Seibt	Unstrukturierung und Übertragung von Unternehmen – Arbeitsrechtliches Handbuch, 5. Aufl. 2016
Winkeljohann/Förschle/ Deubert	Sonderbilanzen, 5. Aufl. 2016

Abkürzungsverzeichnis

aA	anderer Ansicht
aaO	am angegebenen Ort
abl.	ablehnend
ABl.	Amtsblatt
Abt.	Abteilung
AcP	Archiv für die civilistische Praxis
ADS	Adler/Düring/Schmaltz
aE	am Ende
AEntG	Arbeitnehmer-Entsendegesetz
AEUV	Vertrag über die Arbeitsweise der Europäischen Union
aF	alte Fassung
AFG	Arbeitsförderungsgesetz
AG	Aktiengesellschaft; Die Aktiengesellschaft (Zeitschrift); Amtsgericht
AGBG	Gesetz zur Regelung des Rechts der Allgemeinen Geschäftsbedingungen
AktG	Aktiengesetz
aM	am Main
AnfG	Anfechtungsgesetz
Anh.	Anhang
Anm.	Anmerkung
AnwBl.	Anwaltsblatt
AO	Abgabenordnung
AöR	Archiv des öffentlichen Rechts
AP	Arbeitsrechtliche Praxis
ArbG	Arbeitsgericht
ArbGG	Arbeitsgerichtsgesetz
ArbN	Arbeitnehmer
AReG	Abschlussprüfungsreformgesetz
arg.	argumentum
ARUG	Gesetz zur Umsetzung der Aktionärsrechterichtlinie
Art.	Artikel
AT	Allgemeiner Teil
AÜG	Arbeitnehmerüberlassungsgesetz
Aufl.	Auflage
AuR	Arbeit und Recht
AWG	Außenwirtschaftsgesetz
BABl.	Bundesarbeitsblatt
BAG	Bundesarbeitsgericht

Abkürzungsverzeichnis

BAGE	Entscheidungen des Bundesarbeitsgerichts
BankArch	Bank-Archiv
BAnz.	Bundesanzeiger
BAV	Die Betriebliche Altersversorgung, Mitteilungsblatt der Arbeitsgemeinschaft für betriebliche Altersversorgung e.V.
BayGVBl.	Bayerisches Gesetz- und Verordnungsblatt
BayObLG	Bayerisches Oberstes Landesgericht
BayObLGZ	Entscheidungen des Bayerischen Obersten Landesgerichts in Zivilsachen
BB	Der Betriebs-Berater
BBankG	Bundesbankgesetz
BBG	Bundesbeamtengesetz
BBK	Buchführung, Bilanz, Kostenrechnung, Zeitschrift für das gesamte Rechnungswesen
BBodSchG	Bundes-Bodenschutzgesetz
Bd.	Band
BdF	Bundesminister(ium) der Finanzen
BDSG	Bundesdatenschutzgesetz
BeckRS	Beck-Rechtsprechung
Begr. RegE	Begründung zum Regierungsentwurf
Beil.	Beilage
BetrAV	Betriebliche Altersversorgung (Zeitschrift)
BetrAVG	Gesetz zur Verbesserung der betrieblichen Altersversorgung (= Betriebsrentengesetz)
BetrVG	Betriebsverfassungsgesetz
BeurkG	Beurkundungsgesetz
BewG	Bewertungsgesetz
BfA	Bundesversicherungsanstalt für Angestellte
BGB	Bürgerliches Gesetzbuch
BGBl.	Bundesgesetzblatt
BGH	Bundesgerichtshof
BGHZ	Entscheidungen des Bundesgerichtshofs in Zivilsachen
BilMoG	Bilanzrechtsmodernisierungsgesetz
BilRLG, BiRiLiG	Bilanzrichtliniengesetz
BilRUG	Bilanzrichtlinie-Umsetzungsgesetz
BMF	Bundesministerium der Finanzen
BMJ	Bundesministerium der Justiz
BNotO	Bundesnotarordnung
BR	Bundesrat
BRAK-Mitt.	Mitteilungen der Bundesrechtsanwaltskammer
BRAO	Bundesrechtsanwaltsordnung
BR-Drucks.	Bundesrats-Drucksache
BReg.	Bundesregierung

BSG	Bundessozialgericht
BSGE	Entscheidungen des Bundessozialgerichts
BStBl.	Bundessteuerblatt
BT	Bundestag
BT-Drucks.	Bundestags-Drucksache
BVerfG	Bundesverfassungsgericht
BVerfGE	Entscheidungen des Bundesverfassungsgerichts
BVerfGG	Bundesverfassungsgerichtsgesetz
BWNotZ	Zeitschrift für das Notariat in Baden-Württemberg
BZRG	Bundeszentralregistergesetz
c.i.c.	culpa in contrahendo
CAPM	Capital Asset Pricing Model
CFB	Corporate Finance biz (Zeitschrift)
CFL	Corporate Finance law (Zeitschrift)
DAV	Deutscher Anwaltverein
DB	Der Betrieb
DCF	Discounted Cash-Flow
DCGK	Deutscher Corporate Governance Kodex
DDR	Deutsche Demokratische Republik
DepotG	Depot-Gesetz
DGVZ	Deutsche Gerichtsvollzieher-Zeitung
dh.	das heißt
DIHT	Deutscher Industrie- und Handelskammertag
DiskE	Diskussionsentwurf
Diss.	Dissertation
DJ	Deutsche Justiz
DJT	Deutscher Juristentag
DJZ	Deutsche Juristenzeitung
DMBilG, DMBG	D-Mark-Bilanzgesetz
DNotZ	Deutsche Notar-Zeitschrift
DrittelbG	Drittelbeteiligungsgesetz
DRiZ	Deutsche Richterzeitung
DRpfl.	Der deutsche Rechtspfleger
DStR	Deutsches Steuerrecht
Dt.	Deutsche
DtZ	Deutsch-deutsche Rechts-Zeitschrift
DZWiR	Deutsche Zeitschrift für Wirtschaftsrecht
E	Entwurf
e.V.	eingetragener Verein
EBR	Europäischer Betriebsrat

Abkürzungsverzeichnis

EBRG	Europäisches Betriebsräte-Gesetz
EEG	Erneuerbare-Energien-Gesetz
eG	eingetragene Genossenschaft
EG	Europäische Gemeinschaften; Einführungsgesetz
EGAktG	Einführungsgesetz zum Aktiengesetz
EGBGB	Einführungsgesetz zum Bürgerlichen Gesetzbuch
EGHGB	Einführungsgesetz zum Handelsgesetzbuch
EGInsO	Einführungsgesetz zur Insolvenzordnung
EGKS	Europäische Gemeinschaft für Kohle und Stahl
EGSCE	Gesetz zur Einführung der Europäischen Genossenschaft und zur Änderung des Genossenschaftsrechts
EGV	Vertrag zur Gründung der Europäischen Gemeinschaft
EHUG	Gesetz über elektronische Handelsregister und Genossenschaftsregister sowie das Unternehmensregister
Einl.	Einleitung
entspr.	entsprechend
EnWG	Energiewirtschaftsgesetz
ErfK	Erfurter Kommentar zum Arbeitsrecht
Erl.	Erläuterung(en)
EStG	Einkommensteuergesetz
ESUG	Gesetz zur weiteren Erleichterung der Sanierung von Unternehmen
EU	Europäische Union
EuGH	Europäischer Gerichtshof
EuGVVO	Verordnung über die gerichtliche Zuständigkeit und die Anerkennung und Vollstreckung von Entscheidungen in Zivil- und Handelssachen
EuR	Europarecht
EuropUR	Europäisches Unternehmensrecht
EuZW	Europäische Zeitschrift für Wirtschaftsrecht
EWG	Europäische Wirtschaftsgemeinschaft
EWGV	Vertrag zur Gründung der Europäischen Wirtschaftsgemeinschaft
EWiR	Entscheidungen zum Wirtschaftsrecht
EWIV	Europäische Wirtschaftliche Interessenvereinigung
EWIVAG	EWIV-Ausführungsgesetz
EWIV-VO	EWIV-Verordnung
EWR	Europäischer Wirtschaftsraum
EZA	Entscheidungssammlung zum Arbeitsrecht
FamFG	Gesetz über das Verfahren in Familiensachen und in den Angelegenheiten der freiwilligen Gerichtsbarkeit
FamRZ	Zeitschrift für das gesamte Familienrecht

FB	Finanz Betrieb
FG	Freiwillige Gerichtsbarkeit
FGG	Gesetz über die Angelegenheiten der freiwilligen Gerichtsbarkeit
FGG-ReformG	Gesetz zur Reform des Verfahrens in Familiensachen und in den Angelegenheiten der freiwilligen Gerichtsbarkeit
FGPrax	Praxis der freiwilligen Gerichtsbarkeit (Zeitschrift)
FinMin	Finanzministerium
FKVO	Fusionskontrolle-Verordnung
FMStBG	Finanzmarktstabilisierungsbeschleunigungsgesetz
FMStFG	Finanzmarktstabilisierungsfondsgesetz
Fn.	Fußnote
FN	IDW Fachnachrichten
FR	Finanz-Rundschau
FS	Festschrift
G, Ges.	Gesetz
GA	Goltdammer's Archiv für Strafrecht
GBl.	Gesetzblatt (DDR)
GBO	Grundbuchordnung
GbR	Gesellschaft bürgerlichen Rechts
GBVfg.	Allgemeine Verfügung über die Einrichtung und Führung des Grundbuchs
GesR	Gesellschaftsrecht
GesRZ	Der Gesellschafter, Zeitschrift für Gesellschaftsrecht
GewO	Gewerbeordnung
GG	Grundgesetz
ggf.	gegebenenfalls
G/H/E/K	Geßler/Hefermehl/Eckardt/Kropff
GK	Gemeinschaftskommentar
GKG	Gerichtskostengesetz
GmbH	Gesellschaft mit beschränkter Haftung
GmbHÄndG	GmbH-Änderungsgesetz
GmbHG	Gesetz betreffend die Gesellschaften mit beschränkter Haftung
GmbHR	GmbH-Rundschau
GmbHRspr.	Die GmbH in der Rechtsprechung der deutschen Gerichte
GmbH-StB	GmbH-Steuerberater (Zeitschrift)
GNotKG	Gesetz über Kosten der freiwilligen Gerichtsbarkeit für Gerichte und Notare
GoB	Grundsätze ordnungsmäßiger Buchführung
GoltdArch	Goltdammer's Archiv für Strafrecht
grds.	grundsätzlich

Abkürzungsverzeichnis

Großkomm.	Großkommentar
GRUR-RR	Gewerblicher Rechtsschutz und Urheberrecht-Rechtsprechungs-Report
GStB	Gestaltende Steuerberatung
GuV	Gewinn- und Verlustrechnung
GVBl.	Gesetz- und Verordnungsblatt
GVG	Gerichtsverfassungsgesetz
GWR	Gesellschafts- und Wirtschaftsrecht (Zeitschrift)
HansOLG	Hanseatisches Oberlandesgericht
Hdb.	Handbuch
HdR	Beck'sches Handbuch der Rechnungslegung
HFA	Hauptfachausschuss
HGB	Handelsgesetzbuch
hL	herrschende Lehre
hM	herrschende Meinung
HR	Handelsregister
HRegVfg.	Handelsregisterverfügung
HRR	Höchstrichterliche Rechtsprechung
Hrsg.	Herausgeber
hrsg.	herausgegeben
HRV	Handelsregisterverordnung
HV	Hauptversammlung
HWB	Handwörterbuch
i.L.	in Liquidation
idF	in der Fassung
idR	in der Regel
IDW	Institut der Wirtschaftsprüfer
iE	im Ergebnis
INF	Die Information über Steuer und Wirtschaft
insb., insbes.	insbesondere
InsO	Insolvenzordnung
IntGesR	Internationales Gesellschaftsrecht
InvG	Investmentgesetz
iS	im Sinne
IStR	Internationales Steuerrecht (Zeitschrift)
iVm.	in Verbindung mit
IWB	Internationale Wirtschaftsbriefe
JA	Juristische Arbeitsblätter
JB	Jahrbuch

JFG	Jahrbuch für Entscheidungen in Angelegenheiten der freiwilligen Gerichtsbarkeit und des Grundbuchrechts
JMBl. NRW	Justizministerialblatt für das Land Nordrhein-Westfalen
JR	Juristische Rundschau
Jura	Jura, Juristische Ausbildung (Zeitschrift)
JurA	Juristische Analysen
JurBl.	Juristische Blätter
JurP	Juristische Person
JuS	Juristische Schulung
JW	Juristische Wochenschrift
JZ	Juristenzeitung
KAG	Kapitalanlagegesellschaft
KAGB	Kapitalanlagegesetzbuch
KapCoRILiG	Kapitalgesellschaften- und Co.-Richtlinie-Gesetz
KapErhG	Kapitalerhöhungsgesetz
KapGes.	Kapitalgesellschaft
KapGesR	Kapitalgesellschaftsrecht
KfH	Kammer für Handelssachen
KG	Kammergericht; Kommanditgesellschaft
KGaA	Kommanditgesellschaft auf Aktien
KGBl.	Blätter für Rechtspflege im Bezirk des Kammergerichts
KGJ	Jahrbuch für Entscheidungen des Kammergerichts in Sachen der freiwilligen Gerichtsbarkeit
KO	Konkursordnung
KölnKomm.	Kölner Kommentar
KoordG	Koordinationsgesetz
KostO	Kostenordnung
KR	Gemeinschaftskommentar zum Kündigungsschutzgesetz und zu sonstigen kündigungsschutzrechtlichen Vorschriften
KredReorgG	Gesetz zur Reorganisation von Kreditinstituten
KSchG	Kündigungsschutzgesetz
KStG	Körperschaftsteuergesetz
KTS	Zeitschrift für Konkurs-, Treuhand- und Schiedsgerichtswesen
KuT	Konkurs- und Treuhandwesen (später: KTS)
KVG	Kommunalvermögensgesetz
KV GKG	Kostenverzeichnis zum GKG
KWG	Kreditwesengesetz
LAG	Landesarbeitsgericht
LG	Landgericht
li. Sp.	linke Spalte

Abkürzungsverzeichnis

LK	Leipziger Kommentar zum Strafgesetzbuch
LM	Nachschlagewerk des Bundesgerichtshofs, hrsg. von Lindenmaier, Möhring ua.
LöschG	Löschungsgesetz
LPG	Landwirtschaftliche Produktionsgenossenschaft
LS	Leitsatz
LSG	Landessozialgericht
LuftverkehrsG, LuftVG	Luftverkehrsgesetz
LwAnpG	Landwirtschaftsanpassungsgesetz
LZ	Leipziger Zeitschrift für Deutsches Recht
MarkenG	Markengesetz
MDR	Monatsschrift für Deutsches Recht
MgVG	Gesetz über die Mitbestimmung der Arbeitnehmer bei einer grenzüberschreitenden Verschmelzung
mind.	mindestens
Mio.	Millionen
MitbestBeiG	Mitbestimmungs-Beibehaltungsgesetz
MitbestErgG	Mitbestimmungsergänzungsgesetz
MitbestG	Mitbestimmungsgesetz
MittBayNot	Mitteilungen des Bayerischen Notarvereins, der Notarkasse und der Landesnotarkammer Bayern
MittRhNotK	Mitteilungen der Rheinischen Notar-Kammer
MMVO	Marktmissbrauchsverordnung
MoMiG	Gesetz zur Modernisierung des GmbH-Rechts und zur Bekämpfung von Missbräuchen
MontanMitbestErgG	Montanmitbestimmungsergänzungsgesetz
MontanMitbestG	Montanmitbestimmungsgesetz
MünchHdb. GesR	Münchener Handbuch des Gesellschaftsrechts
MünchKomm. AktG	Münchener Kommentar zum Aktiengesetz
MünchKomm. BGB	Münchener Kommentar zum BGB
MünchKomm. ZPO	Münchener Kommentar zur ZPO
MünchVertragshdb.	Münchener Vertragshandbuch
MuW	Markenschutz und Wettbewerb
mwN	mit weiteren Nachweisen

Nachw.	Nachweis(e)
NachwG	Nachweisgesetz
NaStraG	Gesetz zur Namensaktie und zur Erleichterung der Stimmrechtsausübung
NB	Neue Betriebswirtschaft
NdsRpfl.	Niedersächsische Rechtspflege
nF	neue Fassung
NJOZ	Neue Juristische Online Zeitschrift
NJW	Neue Juristische Wochenschrift
NJW-RR	NJW-Rechtsprechungs-Report
NK-StGB	Nomos Kommentar zum Strafgesetzbuch
NotBZ	Zeitschrift für die notarielle Beratungs- und Beurkundungspraxis
NStZ	Neue Zeitschrift für Strafrecht
NWB	Neue Wirtschafts-Briefe
NZA	Neue Zeitschrift für Arbeitsrecht
NZBau	Neue Zeitschrift für Baurecht und Vergaberecht
NZG	Neue Zeitschrift für Gesellschaftsrecht
o.g.	oben genannt
ö.R.	öffentlichen Rechts
o.V.	ohne Verfasser(angabe)
OHG	Offene Handelsgesellschaft
OK	Online-Kommentar
OLG	Oberlandesgericht
OLGE/OLGR	Die Rechtsprechung der Oberlandesgerichte auf dem Gebiete des Zivilrechts
OLGZ	Entscheidungen der Oberlandesgerichte in Zivilsachen einschließlich der freiwilligen Gerichtsbarkeit
öst.	österreichisch
OVG	Oberverwaltungsgericht
OWiG	Gesetz über Ordnungswidrigkeiten
PartG	Partnerschaftsgesellschaft
PartGG	Partnerschaftsgesellschaftsgesetz
PartGmbB	Partnerschaftsgesellschaft mit beschränkter Berufshaftung
PBefG	Personenbeförderungsgesetz
PersGes.	Personen(handels)gesellschaft
PfandBG	Pfandbriefgesetz
phG	persönlich haftender Gesellschafter
PrOVG	Preußisches Oberverwaltungsgericht
PRV	Partnerschaftsregisterverordnung
PSV	Pensions-Sicherungs-Verein

Abkürzungsverzeichnis

PublG	Publizitätsgesetz
RabelsZ	Zeitschrift für ausländisches und internationales Privatrecht, begr. v. Rabel
RAG	Reichsarbeitsgericht; Entscheidungen des Reichsarbeitsgerichts
RBerG	Rechtsberatungsgesetz
RdA	Recht der Arbeit
RdL	Recht der Landwirtschaft
RdW	Recht der Wirtschaft
re. Sp.	rechte Spalte
RefE	Referentenentwurf
RegE	Regierungsentwurf
Regl.	Reglement
rev.	revidiert
RFH	Reichsfinanzhof
RFHE	Sammlung der Entscheidungen des Reichsfinanzhofs
RG	Reichsgericht
RGBl.	Reichsgesetzblatt
RGSt.	Entscheidungen des Reichsgerichts in Strafsachen
RGZ	Entscheidungen des Reichsgerichts in Zivilsachen
RIW	Recht der internationalen Wirtschaft
RJ	Reichsjustizministerium
RJA	Entscheidungen in Angelegenheiten der freiwilligen Gerichtsbarkeit und des Grundbuchrechts
RKG	Reichsknappschaftsgesetz
rkr.	rechtskräftig
RL, RiLi	Richtlinie
RM	Reichsmark
RNotZ	Rheinische Notar-Zeitschrift
ROHGE	Entscheidungen des Reichsoberhandelsgerichts
Rpfl.	Rechtspfleger
Rpfleger	Der Deutsche Rechtspfleger (Zeitschrift)
RPflG	Rechtspflegergesetz
RQV	Rückgewährquote-Berechnungsverordnung
Rs.	Rechtssache
Rspr.	Rechtsprechung
RStBl.	Reichssteuerblatt
RVG	Rechtsanwaltsvergütungsgesetz
RVO	Reichsversicherungsordnung
RWP	Kartei der Rechts- und Wirtschaftspraxis
SAE	Sammlung arbeitsrechtlicher Entscheidungen

SCE	Societas Cooperative Europaea, Europäische Genossenschaft
SCEAG	SCE-Ausführungsgesetz
SCE-VO	SCE-Verordnung
ScheckG, SchG	Scheckgesetz
SchlHA	Schleswig-Holsteinische Anzeigen
Schr.	Schreiben
SchwerbehG	Schwerbehindertengesetz
SE	Societas Europaea, Europäische Gesellschaft
SEAG	SE-Ausführungsgesetz
SEBG	SE-Beteiligungsgesetz
SeuffArch., SeuffA	Seufferts Archiv für Entscheidungen der obersten Gerichte in den deutschen Staaten
SE-VO	SE-Verordnung
SGb.	Die Sozialgerichtsbarkeit
SGB	Sozialgesetzbuch
SJZ	Süddeutsche Juristenzeitung; Schweizerische Juristen-Zeitung
SK-StGB	Systematischer Kommentar zum Strafgesetzbuch
SprAuG	Sprecherausschussgesetz
SpruchG	Spruchverfahrensgesetz
SpTrUG	Gesetz über die Spaltung der von der Treuhandanstalt verwalteten Unternehmen
st. Rspr.	ständige Rechtsprechung
StGB	Strafgesetzbuch
StPO	Strafprozessordnung
str.	streitig
StromStG	Stromsteuergesetz
StrVert.	Strafverteidiger (Zeitschrift)
StuR	Staat und Recht
StVG	Straßenverkehrsgesetz
SZ	Entscheidungen des OGH in Zivilsachen
TreuHG, TreuhandG	Treuhandgesetz
TVG	Tarifvertragsgesetz
ua.	unter anderem
Übertr.	Übertragung
UG	Unternehmergesellschaft
UmwandlungsVO	Verordnung zur Umwandlung von volkseigenen Kombinaten, Betrieben und Einrichtungen in Kapitalgesellschaften
UmwBerG	Gesetz zur Bereinigung des Umwandlungsrechts
UmwG	Umwandlungsgesetz

Abkürzungsverzeichnis

UmwGÄndG	Gesetz zur Änderung des Umwandlungsgesetzes
UmwStG	Umwandlungssteuergesetz
unstr.	unstreitig
UrhG	Urheberrechtsgesetz
VAG	Versicherungsaufsichtsgesetz
Var.	Variante
vBP	vereidigter Buchprüfer
VdN	Verschmelzung durch Neubildung
VerschmG	Verschmelzungsgesetz
VersR	Versicherungsrecht (Zeitschrift)
VerwR	Verwaltungsrecht
VGH	Verwaltungsgerichtshof
VglO	Vergleichsordnung
VIZ	Zeitschrift für Vermögens- und Investitionsrecht
VO	Verordnung
VVaG	Versicherungsverein auf Gegenseitigkeit
VwGO	Verwaltungsgerichtsordnung
VwVfG	Verwaltungsverfahrensgesetz
VZS	Vereinigte Zivilsenate
WährG	Währungsgesetz
WarnR, WarnRspr.	Rechtsprechung des Reichsgerichts auf dem Gebiete des Zivilrechts, hrsg. von Warneyer
WG	Wechselgesetz
WGGDV	Verordnung zur Durchführung des Wohnungsgemeinnützigkeitsgesetzes
WiB	Wirtschaftsrechtliche Beratung
WiKG	Gesetz zur Bekämpfung der Wirtschaftskriminalität
WiR	Wirtschaftsrecht
wistra	Zeitschrift für Wirtschaft, Steuer, Strafrecht
WM	Wertpapier-Mitteilungen
WP	Wirtschaftsprüfer
WPg	Die Wirtschaftsprüfung
WpHG	Wertpapierhandelsgesetz
WPO	Wirtschaftsprüferordnung
Wprax	Wirtschaftsrecht und Praxis (nun WiPra)
WRP	Wettbewerb in Recht und Praxis
WuB	Entscheidungssammlung zum Wirtschafts- und Bankrecht
WuM	Wohnungswirtschaft und Mietrecht
WuR	Wirtschaft und Recht
WuW/E	Wirtschaft und Wettbewerb, Entscheidungssammlung zum Kartellrecht

ZAkDR	Zeitschrift der Akademie für Deutsches Recht
ZAP	Zeitschrift für die Anwaltspraxis
zB	zum Beispiel
ZBB	Zeitschrift für Bankrecht und Bankwirtschaft
ZBH	Zentralblatt für Handelsrecht
ZCG	Zeitschrift für Corporate Governance
ZESAR	Zeitschrift für europäisches Sozial- und Arbeitsrecht
ZEuP	Zeitschrift für Europäisches Privatrecht
ZEV	Zeitschrift für Erbrecht und Vermögensnachfolge
ZfA	Zeitschrift für Arbeitsrecht
ZfB	Zeitschrift für Betriebswirtschaft
zfbF	Zeitschrift für betriebswirtschaftliche Forschung
ZfIR	Zeitschrift für Immobilienrecht
ZGR	Zeitschrift für Unternehmens- und Gesellschaftsrecht
ZHR	Zeitschrift für das gesamte Handelsrecht und Wirtschaftsrecht
ZIP	Zeitschrift für Wirtschaftsrecht
zit.	zitiert
ZMR	Zeitschrift für Miet- und Raumrecht
ZNotP	Zeitschrift für die Notar-Praxis
ZPO	Zivilprozessordnung
ZRP	Zeitschrift für Rechtspolitik
ZStW	Zeitschrift für die gesamte Strafrechtswissenschaft
zT	zum Teil
zust.	zustimmend
ZWH	Zeitschrift für Wirtschaftsstrafrecht und Haftung im Unternehmen
ZZP	Zeitschrift für Zivilprozess

Erstes Buch
Möglichkeiten von Umwandlungen

§ 1
Arten der Umwandlung; gesetzliche Beschränkungen

(1) Rechtsträger mit Sitz im Inland können umgewandelt werden
1. durch Verschmelzung;
2. durch Spaltung (Aufspaltung, Abspaltung, Ausgliederung);
3. durch Vermögensübertragung;
4. durch Formwechsel.

(2) Eine Umwandlung im Sinne des Absatzes 1 ist außer in den in diesem Gesetz geregelten Fällen nur möglich, wenn sie durch ein anderes Bundesgesetz oder ein Landesgesetz ausdrücklich vorgesehen ist.

(3) Von den Vorschriften dieses Gesetzes kann nur abgewichen werden, wenn dies ausdrücklich zugelassen ist. Ergänzende Bestimmungen in Verträgen, Satzungen oder Willenserklärungen sind zulässig, es sei denn, dass dieses Gesetz eine abschließende Regelung enthält.

1. Anwendungsbereich des UmwG und Überblick (§ 1 Abs. 1 UmwG) a) Umwandlungsfähige Rechtsträger .... 1 b) Umwandlungsarten 6	2. Numerus clausus der Umwandlungsarten, Analogieverbot (§ 1 Abs. 2 UmwG) .... 16 3. Zwingendes Recht (§ 1 Abs. 3 UmwG) 22

Literatur: *Bayer/J. Schmidt*, Grenzüberschreitende Sitzverlegung und grenzüberschreitende Restrukturierungen nach MoMiG, Cartesio und Trabrennbahn, ZHR 173 (2009), 735; *Behrens*, Die Umstrukturierung von Unternehmen durch Sitzverlegung oder Fusion über die Grenze im Lichte der Niederlassungsfreiheit im Europäischen Binnenmarkt (Art. 52 und 58 EWGV), ZGR 1994, 1; *von Busekist*, „Umwandlung" einer GmbH in eine im Inland ansässige EU-Kapitalgesellschaft am Beispiel der englischen Ltd. Möglichkeiten und Gestaltungen in gesellschafts- und steuerrechtlicher Sicht, GmbHR 2004, 650; *Dorr/Stukenborg*, „Going to the Chapel": Grenzüberschreitende Ehen im Gesellschaftsrecht – Die ersten transnationalen Verschmelzungen nach dem UmwG (1994), DB 2003, 647; *Ebenroth/Offenloch*, Kollisionsrechtliche Untersuchung grenzüberschreitender Ausgliederungen, RIW 1997, 1; *Grunewald*, Rechtsmissbräuchliche Umwandlungen, FS Röhricht, 2005, S. 129; *Kallmeyer*, Grenzüberschreitende Verschmelzungen und Spaltungen?, ZIP 1996, 535; *Kallmeyer*, Anwendung von Verfahrensvorschriften des Umwandlungsgesetzes auf Ausgliederung nach Holzmüller, Zusammenschlüsse nach der Pooling-of-interests-Methode und die sog. übertragende Auflösung, FS Lutter, 2000, S. 1245; *Kallmeyer/Kappes*, Grenzüberschreitende Verschmelzungen und Spaltungen nach SEVIC Systems und

§ 1 | Möglichkeiten von Umwandlungen

der EU-Verschmelzungsrichtlinie, AG 2006, 224; *Kindler*, Transnationale Verschmelzung und Spaltung, in MünchKomm. BGB, Band 11, Internationales Handels- und Gesellschaftsrecht, 6. Aufl. 2015, Rz. 855 ff.; *Kraft/Redenius-Hövermann*, Umwandlungsrecht, 2015; *Lennerz*, Die internationale Verschmelzung und Spaltung unter Beteiligung deutscher Gesellschaften, 2001; *Marsch-Barner*, Zur grenzüberschreitenden Mobilität deutscher Kapitalgesellschaften, FS Haarmann, 2015, S. 115; *Paefgen*, Umwandlung, europäische Grundfreiheiten und Kollisionsrecht, GmbHR 2004, 463; *Priester*, Mitgliederwechsel im Umwandlungszeitpunkt – Die Identität des Gesellschafterkreises – ein zwingender Grundsatz? –, DB 1997, 560; *Reichert*, Ausstrahlungswirkungen der Ausgliederungsvoraussetzungen nach UmwG auf andere Strukturänderungen, in Habersack/Koch/Winter (Hrsg.), Die Spaltung im neuen Umwandlungsrecht und ihre Rechtsfolgen, 1999, S. 25; *Schnorbus*, Grundlagen zur Auslegung des allgemeinen Teils des UmwG, WM 2000, 2351; *Thiermann*, Grenzüberschreitende Verschmelzungen deutscher Gesellschaften. Das Spannungsfeld zwischen Gesellschaftsrecht und Niederlassungsfreiheit des AEUV nach „Cartesio", 2010; *Thümmel/Hack*, Die grenzüberschreitende Verschmelzung von Personengesellschaften, Der Konzern 2009, 1; *Triebel/von Hase*, Wegzug und grenzüberschreitende Umwandlungen deutscher Gesellschaften nach „Überseering" und „Inspire Art", BB 2003, 2409; *Wenglorz*, Die grenzüberschreitende „Heraus"-Verschmelzung einer deutschen Kapitalgesellschaft: Und es geht doch!, BB 2004, 1061; *Winter*, Die Anteilsgewährung – zwingendes Prinzip des Verschmelzungsrechts?, FS Lutter, 2000, S. 1279.

1. Anwendungsbereich des UmwG und Überblick (§ 1 Abs. 1 UmwG)

a) Umwandlungsfähige Rechtsträger

1 § 1 Abs. 1 UmwG bezeichnet die möglichen Umwandlungsbeteiligten als Rechtsträger. Welche Rechtsträger damit erfasst sind, ergibt sich allerdings nicht aus dieser Bezeichnung, sondern aus den jeweiligen Spezialnormen zu den einzelnen Umwandlungsarten. Als Rechtsträger kommen danach auch natürliche Personen (siehe §§ 3 Abs. 2 Nr. 2, 120 ff. UmwG) und Einzelkaufleute (siehe §§ 124 Abs. 1, 152 ff. UmwG) in Betracht. § 1 Abs. 1 UmwG regelt von der Sitzabhängigkeit abgesehen keine Einschränkungen der Umwandlungsfähigkeit. Diese werden vielmehr für die einzelnen Umwandlungsformen bestimmt, so in § 3 UmwG für die Verschmelzung, in § 124 UmwG für die Spaltung, in § 175 UmwG für die Vermögensübertragung und in § 191 UmwG für den Formwechsel. Zur Umwandlungsfähigkeit einer **SE mit Sitz in Deutschland** siehe Anhang I Rz. 125 ff.

2 § 1 Abs. 1 UmwG beschränkt die Umwandlungsfähigkeit nach dem UmwG auf Rechtsträger mit **Sitz im Inland**. § 1 Abs. 1 UmwG meint den Satzungssitz[1]. Da-

---

1 *Dauner-Lieb* in KölnKomm. UmwG, § 1 UmwG Rz. 24; *Drinhausen* in Semler/Stengel, Einleitung C Rz. 20; *Kindler* in MünchKomm. BGB, 5. Aufl. 2010, IntGesR Rz. 912; *Kraft* in Kraft/Redenius-Hövermann, Umwandlungsrecht, § 1 Rz. 47.

mit sind alle Gesellschaften erfasst, die nach deutschem Recht gegründet wurden und nach wie vor in Deutschland inkorporiert sind[1]. Dieses Verständnis entspricht der Terminologie des UmwG und steht im Einklang damit, dass die in §§ 3 Abs. 1, 191 Abs. 1 und 2 UmwG aufgeführten Rechtsformen ihren satzungsmäßigen Sitz im Inland haben müssen[2]. Dafür spricht auch die im UmwG vorausgesetzte Zuständigkeit der deutschen Registergerichte, die sich ebenfalls nach dem satzungsmäßigen Sitz richtet. Diese Auslegung bedeutet, dass das UmwG auf einen Rechtsträger mit satzungsmäßigem Sitz im EU-Ausland und Verwaltungssitz in Deutschland, also die Konstellation der Überseering- und Inspire-Art-Entscheidungen des EuGH[3], nicht anwendbar ist, soweit nicht im Einzelnen im UmwG etwas anderes geregelt ist[4]. Zu beachten bleibt, dass bei **satzungsmäßigem Sitz im EU-Ausland** und Verwaltungssitz in Deutschland nach der Rspr. des EuGH auch keine Umqualifizierung in eine deutsche OHG oder GbR in Betracht kommt. Vielmehr sind die Mitgliedstaaten verpflichtet, eine solche Sitzverlegung in ihr Hoheitsgebiet anzuerkennen[5], so dass sich unter diesem Gesichtspunkt kein satzungsmäßiger Sitz im Inland und damit die Anwendbarkeit des deutschen UmwG begründen ließe[6]. Umgekehrt ist es für die Anwendung des UmwG unschädlich, dass eine in Deutschland eingetragene Gesellschaft ihren **Verwaltungssitz im Ausland** hat. Selbst wenn die Verlegung des Verwaltungssitzes ins Ausland, wie von dem Cartesio-Urteil des EuGH[7] für mit der Niederlassungsfreiheit vereinbar erklärt, aufgrund der in Deutschland grundsätzlich noch geltenden Sitztheorie zur automatischen Auflösung führen würde, bliebe die Gesellschaft als Liquidationsgesellschaft nach dem deutschen UmwG umwandlungsfähig (vgl. § 3 Abs. 2 UmwG). Allerdings bedeutet die Zulassung der Verlegung des Verwaltungssitzes ins Ausland nach der jetzigen Fassung der § 4a GmbHG, § 5 AktG, dass damit insoweit die Sitztheorie zugunsten der Gründungstheorie aufgegeben ist[8]. Zu einer Anwendbarkeit des UmwG

---

1 *Drygala* in Lutter, § 1 UmwG Rz. 15.
2 *Triebel/von Hase*, BB 2003, 2409 (2414); *von Busekist*, GmbHR 2004, 650 (652).
3 EuGH v. 5.1.2002 – Rs. C-208/00, GmbHR 2002, 1137 (Überseering); EuGH v. 30.9.2003 – Rs. C-167/01, GmbHR 2003, 1260 (Inspire Art); dazu *Wachter*, GmbHR 2004, 88; *Bayer*, BB 2003, 2357.
4 Vgl. §§ 122a ff. UmwG.
5 EuGH v. 5.1.2002 – Rs. C-208/00, GmbHR 2002, 1137 Tz. 57 (Überseering); EuGH v. 30.9. 2003 – Rs. C-167/01, GmbHR 2003, 1260 Tz. 97 f. (Inspire Art); *Bayer*, BB 2003, 2357 (2362); *Bayer/J. Schmidt*, ZHR 173 (2009), 735 (750); *Drygala* in Lutter, § 1 UmwG Rz. 15.
6 Dies gilt auch für Gesellschaften aus Drittstaaten, vgl. *Bayer/J. Schmidt*, ZHR 173 (2009), 735 (751); aA noch *Lennerz*, Verschmelzung und Spaltung, S. 121.
7 EuGH v. 16.12.2008 – Rs. C-210/06, AG 2009, 79 = GmbHR 2009, 86.
8 Vgl. *Bayer/J. Schmidt*, ZHR 173 (2009), 735 (749 ff.); *Drescher* in Spindler/Stilz, § 5 AktG Rz. 10; *Marsch-Barner* in FS Haarmann, 2015, S. 115 (121); aA *Dauner-Lieb* in Köln-Komm. AktG, 3. Aufl. 2014, § 5 AktG Rz. 28.

führt die **Verlegung des Satzungssitzes** einer ausländischen Gesellschaft nach Deutschland. Eine solche Sitzverlegung ist bislang nur für die SE (Art. 8 SE-VO) und die SCE (Art. 7 SCE-VO) geregelt. Nach der Vale-Entscheidung des EuGH muss ein EU/EWR-Zuzugsstaat aber eine Verlegung des Satzungssitzes ins Inland im Rahmen eines grenzüberschreitenden Formwechsels gestatten, sofern der beabsichtigte Formwechsel für die inländischen Gesellschaften vorgesehen ist[1]. Die Berufung auf die Niederlassungsfreiheit gemäß Art. 49, 54 AEUV setzt dabei voraus, dass die „tatsächliche Ausübung einer wirtschaftlichen Tätigkeit mittels einer festen Einrichtung im Aufnahmemitgliedstaat auf unbestimmte Zeit" angestrebt wird[2]. Die bloße Verlegung des Satzungssitzes ist danach von der Niederlassungsfreiheit nicht umfasst[3].

3 Die früher hM verstand § 1 Abs. 1 UmwG dahin, dass **alle** an dem Umwandlungsvorgang **beteiligten Gesellschaften ihren Sitz im Inland** haben müssen[4]. Dies geschah vor allem unter Berufung auf die Gesetzesbegründung, nach der die grenzüberschreitende Umwandlung durch das UmwG nicht geregelt werden sollte, ua. auch um einer europaweit einheitlichen Lösung der internationalen Umwandlung nicht vorzugreifen[5]. Diese Einschränkung hat der Gesetzgeber im Zuge der Umsetzung der Richtlinie 2005/56/EG des Europäischen Parlaments und des Rates v. 26.10.2005 über die Verschmelzung von Kapitalgesellschaften aus verschiedenen Mitgliedstaaten[6] (10. Richtlinie oder IntVerschmRL) durch Einfügung der §§ 122a ff. UmwG für die grenzüberschreitende Verschmelzung von Kapitalgesellschaften innerhalb der EU und des EWR aufgegeben[7]. Danach können an einer grenzüberschreitenden Verschmelzung neben deutschen Kapitalgesellschaften auch Kapitalgesellschaften aus der EU und dem EWR beteiligt sein. Die ergänzend geplante Neuregelung des IPR der Gesellschaften, die zu einer generellen Anerkennung der Gründungstheorie geführt hätte, ist allerdings nicht zustande gekommen (siehe dazu Vor §§ 122a-122l UmwG Rz. 7).

4 Angesichts dieser Öffnung kann die Beschränkung des § 1 Abs. 1 UmwG auf Rechtsträger mit Sitz im Inland nicht als Verbot internationaler Umwandlungen

---

1 EuGH v. 12.7.2012 – Rs. C-378/10, ZIP 2012, 1394 = NZG 2012, 871 Tz. 46 (VALE); vgl. zu einer solchen „Hineinverlegung" auch die Checkliste von *Melchior*, GmbHR 2014, R 311 f.
2 EuGH v. 12.7.2012 – Rs. C-378/10, ZIP 2012, 1394 = NZG 2012, 871 Rz. 34 (VALE).
3 *Hushahn*, RNotZ 2014, 137 (139); *Verse*, ZEuP 2013, 458 (478 f.); *Teichmann*, DB 2012, 2085 (2088); aA *Bayer/J. Schmidt*, ZIP 2012, 1481 (1486).
4 Vgl. *Kindler* in MünchKomm. BGB, 6. Aufl. 2015, IntGesR Rz. 860; *Lennerz*, Verschmelzung und Spaltung, S. 42; *von Busekist*, GmbHR 2004, 650 (652); *Schaumburg*, GmbHR 1996, 501 (502).
5 Vgl. Begr. RegE BT-Drucks. 12/6699, S. 90; *Lennerz*, Verschmelzung und Spaltung, S. 44.
6 ABl. EU Nr. L 310 v. 25.12.2005, S. 1.
7 Vgl. Zweites Gesetz zur Änderung des Umwandlungsgesetzes v. 19.4.2007, BGBl. I 2007, S. 542.

verstanden werden (siehe Vor §§ 122a-122l UmwG Rz. 8)[1]. Ein solches Verständnis wäre mit der europarechtlich geschützten **Niederlassungsfreiheit** (Art. 49, 54 AEUV) und der dazu ergangenen Rechtsprechung des EuGH nicht vereinbar. Die Regelung muss daher so verstanden werden, dass das UmwG nur für Rechtsträger mit Sitz im Inland gilt, dh. für Rechtsträger, die im Inland nach deutschem Recht gegründet wurden. Ist an der Umwandlung ein ausländischer Rechtsträger beteiligt, ist das für diesen zuständige ausländische Recht maßgebend[2]. Allerdings geht der Anwendungsbereich der Niederlassungsfreiheit über die im UmwG geregelten Sachverhalte hinaus. Nach der Vale-Entscheidung des EuGH fällt auch ein grenzüberschreitender Formwechsel, an dem im Unterschied zur Verschmelzung nur eine Gesellschaft beteiligt ist, unter den Anwendungsbereich der Niederlassungsfreiheit (siehe Rz. 2 und Vor §§ 122a-122l UmwG Rz. 14)[3]. Die Inanspruchnahme der Niederlassungsfreiheit hängt dabei davon ab, dass die Gesellschaft im Zielstaat eine reale wirtschaftliche Tätigkeit mittels einer festen Einrichtung ausübt[4]. Ob dieses Erfordernis eine allgemeine Voraussetzung für jede grenzüberschreitende Umwandlung darstellt, ist streitig[5]. Bei der grenzüberschreitenden Verschmelzung spielt dieser Gesichtspunkt allerdings keine Rolle, da diese stets mit einem Vermögensübergang verbunden ist. Unabhängig davon hat die Vale-Entscheidung aber erhebliche Bedeutung über die in §§ 122a ff. UmwG geregelten Sachverhalte hinaus. Siehe zur grenzüberschreitenden Verschmelzung von Personengesellschaften innerhalb EU und EWR Vor §§ 122a-122l UmwG Rz. 9, 10, zur grenzüberschreitenden Spaltung innerhalb EU und EWR Vor §§ 122a-122l UmwG Rz. 11. Zur praktischen Durchführung grenzüberschreitender Verschmelzungen oder Spaltungen über die §§ 122a ff. UmwG hinaus siehe Vor §§ 122a-122l UmwG Rz. 12, 13. Die Berufung auf die Niederlassungsfreiheit gemäß dem EU-Vertrag greift natürlich nicht, soweit Rechtsträger mit **Sitz in Drittstaaten** beteiligt sind. Eine solche Umwandlungsmaßnahme kann nach § 1 Abs. 1 UmwG grundsätzlich nicht stattfinden[6]. Nach der Rechtsprechung des BGH ist die Rechtsfähigkeit ausländischer Gesellschaften zwar in Abkehr von der Sitztheorie anzuerkennen, auf sie ist aber deutsches Sachrecht anzuwenden[7]. Ausländische Kapitalgesellschaften sind danach als BGB-Gesellschaft oder OHG zu qualifizieren. Um sie

---

1 *Drygala* in Lutter, § 1 UmwG Rz. 31; *Dauner-Lieb* in KölnKomm. UmwG, § 1 UmwG Rz. 28; *Drinhausen* in Semler/Stengel, Einleitung C Rz. 33.
2 *Drygala* in Lutter, § 1 UmwG Rz. 31.
3 EuGH v. 12.7.2012 – Rs. C-378/10, ZIP 2012, 1394 = NZG 2012, 871 (VALE).
4 EuGH v. 12.7.2012 – Rs. C-378/10, ZIP 2012, 1394 = NZG 2012, 871 Rz. 34 (VALE).
5 Dafür zB *Kindler* in MünchKomm. BGB, 6. Aufl. 2015, IntGesR Rz. 136; *Verse*, ZEuP 2013, 458 (478 f.); dagegen zB *Drygala* in Lutter, § 1 UmwG Rz. 7.
6 *Dauner-Lieb* in KölnKomm. UmwG, § 1 UmwG Rz. 29.
7 BGH v. 27.10.2008 – II ZR 158/06, GmbHR 2009, 138 = AG 2009, 84 (Trabrennbahn).

als inländische Gesellschaft iS von § 1 Abs. 1 UmwG zu qualifizieren, müsste eine OHG aber auch im Handelsregister eingetragen sein[1].

5 Wenn die grenzüberschreitende Verschmelzung von Personengesellschaften oder die grenzüberschreitende Spaltung nicht durchführbar ist, kommt als **Ausweichstrategie** die Einbringung von Betriebsvermögen durch Einzelübertragung oder Anteilen und anschließende Liquidation bzw. Kapitalherabsetzung in Betracht[2]. Dies ist kollisionsrechtlich und gesellschaftsrechtlich auch grenzüberschreitend möglich[3]. Im Falle der beabsichtigten Verschmelzung einer Personengesellschaft mit Sitz in Deutschland als übertragender Gesellschaft kommt auch das sog. Anwachsungsmodell zur Anwendung, bei dem die Gesamtrechtsnachfolge nach § 738 BGB bewerkstelligt wird[4] (siehe Rz. 18). Zu beachten ist bei Kapitalgesellschaften das **Gesetz zur Beibehaltung der Mitbestimmung** beim Austausch von Anteilen und der Einbringung von Unternehmensteilen, die Gesellschaften verschiedener Mitgliedstaaten der Europäischen Union betreffen (Mitbestimmungs-Beibehaltungsgesetz – MitbestBeiG) v. 23.8.1994[5]. Danach wird bei einer buchwertverknüpfenden Einbringung (Sacheinlage) von Anteilen an einer inländischen Kapitalgesellschaft oder von inländischen Betrieben oder Betriebsteilen einer inländischen Kapitalgesellschaft in eine ausländische Kapitalgesellschaft gemäß Steuerbilanz die Mitbestimmung bei der inländischen Kapitalgesellschaft unbefristet aufrechterhalten, auch wenn durch die Übertragung Voraussetzungen für die Mitbestimmung wegfallen. Dies soll lediglich dann nicht gelten, wenn die Arbeitnehmerzahl auf weniger als ein Viertel der gesetzlichen Mindestzahl für die Anwendung der betreffenden Mitbestimmungsregelung sinkt, also für die Mitbestimmung nach dem MitbestG auf weniger als 500. Dies bedeutet, dass das MitbestBeiG für die Fälle der wirtschaftlichen Hinaus-Verschmelzung und auch der wirtschaftlichen Hinaus-Aufspaltung keine Auswirkungen hat. Denn in diesen Fällen wird die übertragende Gesellschaft reine Holding ohne Arbeitnehmer bzw. wird liquidiert. Lediglich im Falle der wirtschaftlichen Abspaltung oder Ausgliederung kommt eine Beibehaltung der Mitbestimmung nach diesem Gesetz in Betracht.

b) Umwandlungsarten

6 § 1 Abs. 1 UmwG enthält keine einheitliche **Definition der Umwandlung**, wie es die Bezugnahme in § 1 Abs. 2 UmwG („eine Umwandlung iS des Absatzes 1") eigentlich erwarten lässt. Die Vorschrift definiert vielmehr die Umwandlung

---

1 *Drygala* in Lutter, § 1 UmwG Rz. 28.
2 Dazu im Einzelnen *von Busekist*, GmbHR 2004, 650 (653 ff.).
3 Ebenso *Drygala* in Lutter, § 1 UmwG Rz. 25.
4 *Thümmel/Hack*, Der Konzern 2009, 1 (5).
5 BGBl. I 1994, S. 2228 mit Änderung durch Art. 11 des Gesetzes v. 7.12.2006, BGBl. I 2006, S. 2782.

durch erschöpfende Aufzählung der vier nach dem Gesetz möglichen Umwandlungsarten[1], die ihrerseits im Zweiten bis Fünften Buch des UmwG definiert werden. Die Definition der Verschmelzung findet sich in § 2 UmwG mit den beiden Varianten der Verschmelzung im Wege der Aufnahme und der Verschmelzung im Wege der Neugründung (siehe § 2 UmwG Rz. 2 ff.), die der Spaltung in § 123 UmwG mit den Varianten Auf- und Abspaltung sowie Ausgliederung, jeweils zur Aufnahme und zur Neugründung (dazu § 123 UmwG Rz. 7 ff.), die der Vermögensübertragung in § 174 UmwG mit den Varianten der Vollübertragung und der Teilübertragung (dazu § 174 UmwG Rz. 1 und 2) und die des identitätswahrenden Formwechsels in § 190 UmwG (siehe § 190 UmwG Rz. 6 und 7). Der gesetzliche Begriff Umwandlung in § 1 Abs. 1 UmwG weist nicht auf einen Rechtsformwechsel hin. Vielmehr unterscheidet man **rechtsformwechselnde Umwandlungen** (Umwandlungen im engeren Sinne) und **rechtsformwahrende Umwandlungen**[2]. Der Formwechsel ist naturgemäß immer eine rechtsformwechselnde Umwandlung. Deshalb verwendet das UmwG beim Formwechsel den Begriff Umwandlung abweichend von § 1 Abs. 1 UmwG gleichbedeutend mit Formwechsel, siehe zB die Legaldefiniton für den Umwandlungsbeschluss in § 193 Abs. 1 UmwG.

Das entscheidende Merkmal aller Umwandlungen iS des Gesetzes ist, dass in allen diesen Fällen **keine Vermögensübertragung mit Einzelrechtsnachfolge nach den allgemeinen Vorschriften** stattfindet. Das Umwandlungsrecht will es in seinem Kern den Beteiligten ersparen, Vermögensgegenstände einzeln nach den für sie geltenden Vorschriften zu übertragen und Schulden zu übernehmen, was nach §§ 414 ff. BGB grundsätzlich die Zustimmung der Gläubiger voraussetzt. Dies wird in den gesetzlichen Definitionsvorschriften der übertragenden Umwandlungen nur durch die Formulierung der Übertragung des Vermögens „als Ganzes" angedeutet, ergibt sich jedoch in voller Deutlichkeit aus den Rechtsfolgevorschriften der §§ 20 Abs. 1 Nr. 1, 131 Abs. 1 Nr. 1, 176 Abs. 3 UmwG. Beim Formwechsel ergibt es sich aus der Identität des Rechtsträgers, die in § 190 Abs. 1 UmwG durch die Formulierung „ein Rechtsträger" angedeutet wird, dann aber in § 202 Abs. 1 Nr. 1 UmwG zweifelsfrei zum Ausdruck kommt. Umwandlungen iS des Gesetzes sind also entweder durch Gesamtrechtsnachfolge oder durch Identitätswahrung gekennzeichnet. Das ist regelmäßig ein wesentlicher Vorteil[3]. Zur Gesamtrechtsnachfolge bei der Verschmelzung siehe § 2 UmwG Rz. 8 und 9 und bei der Spaltung § 123 UmwG Rz. 1 und 3.

Ein weiteres Kriterium für die Umwandlung ist, dass **keine Abwicklung** erlöschender Rechtsträger stattfindet (siehe § 2 UmwG Rz. 10)[4]. Dieses Merkmal liegt aber nicht ausschließlich bei Umwandlungen iS des Gesetzes vor. Denn

---

1 Vgl. Begr. zu § 1, BT-Drucks. 12/6699, S. 80.
2 Vgl. bezüglich Spaltungen *Schöne*, ZAP 1995, 701.
3 *Dauner-Lieb* in KölnKomm. UmwG, Einl. A Rz. 48 ff.
4 *Dauner-Lieb* in KölnKomm. UmwG, Einl. A Rz. 51.

auch bei der Anwachsung und bei der Realteilung von Personenhandelsgesellschaften findet keine Abwicklung statt, ohne dass es sich hier um Umwandlungen iS des UmwG handelte.

9 Weiterhin bildet die **Anteilskontinuität** ein Begriffsmerkmal der Umwandlung. Die Anteilskontinuität bedeutet, dass keine Übertragungen von Anteilen und auch keine Zeichnung neuer Anteile stattfinden. Die Anteilsgewährung vollzieht sich vielmehr in der Weise, dass sich die Anteile am übertragenden bzw. formwechselnden Rechtsträger kraft Gesetzes in Anteilen am übernehmenden, neuen oder am Rechtsträger neuer Rechtsform fortsetzen, gleichgültig ob es sich um neue Anteile oder um vorhandene eigene Anteile handelt[1]. Die Anteilskontinuität bedeutet, dass Rechte Dritter an den erworbenen Anteilen weiter bestehen (§§ 20 Abs. 1 Nr. 3 Satz 2, 131 Abs. 1 Nr. 3 Satz 2, 202 Abs. 1 Nr. 2 Satz 2 UmwG). Nur wegen der fehlenden Anteilskontinuität erfüllt zB die erweiterte Anwachsung nicht die Begriffsmerkmale einer Umwandlung iS des UmwG. Nicht gegeben ist die Anteilskontinuität auch in den Fällen der Einbringung, die aber schon wegen der Einzelrechtsnachfolge nicht unter das UmwG fallen[2].

10 Kein Begriffsmerkmal ist die **Identität der Anteilsinhaber** aller beteiligten Rechtsträger vor und nach der Umwandlung. Das gilt vor allem, seit durch das 2. UmwGÄndG die Möglichkeit eines Verzichts auf Anteilsgewährung gemäß §§ 54 Abs. 1 Satz 3, 68 Abs. 1 Satz 3 UmwG eingeführt wurde. Denn wenn der verzichtende Anteilsinhaber nicht bereits an der übernehmenden GmbH oder AG beteiligt ist, scheidet er im Zuge der Verschmelzung aus der Gesellschaft aus (siehe § 54 UmwG Rz. 21). Einen Formwechsel ohne Anteilsinhaber-Identität erkennt das UmwG auch beim Formwechsel einer KGaA oder in eine KGaA ausdrücklich an. Hier können persönlich haftende Gesellschafter der KGaA mit dem Wirksamwerden des Formwechsels ausscheiden bzw. eintreten (vgl. §§ 233 Abs. 3 Satz 3, 236, 247 Abs. 2, 221, 245 Abs. 1 Satz 1 UmwG).

11 Eine weitere Ausnahme vom Grundsatz der Anteilseigner-Identität ist generell für **persönlich haftende Gesellschafter ohne Kapitalanteil** anzuerkennen, wie es sie ausschließlich bei Personenhandelsgesellschaften gibt. Bei Umwandlung einer Personengesellschaft mit einem solchen Gesellschafter in eine Kapitalgesellschaft kann der Umwandlungsvertrag bzw. -beschluss das Ausscheiden dieses Gesellschafters vorsehen. Diese Bestimmung des Verschmelzungsvertrags muss aber entspr. § 233 Abs. 3 Satz 3 UmwG durch eine Ausscheidenserklärung des persönlich haftenden Gesellschafters ergänzt werden[3]. Siehe dazu § 54 UmwG Rz. 23, § 218 UmwG Rz. 13, 14. Bei Umwandlung einer Kapitalgesellschaft in eine Personengesellschaft kann der Verschmelzungsvertrag den Beitritt einer

---

1 *Dauner-Lieb* in KölnKomm. UmwG, Einl. A Rz. 53.
2 *Dauner-Lieb* in KölnKomm. UmwG, Einl. A Rz. 52.
3 *Kallmeyer*, GmbHR 1996, 80 (82).

Komplementär-GmbH ohne Kapitalanteil vorsehen[1]. Siehe dazu § 36 UmwG Rz. 14, § 40 UmwG Rz. 6, 12, § 123 UmwG Rz. 6, § 228 UmwG Rz. 6, 7; kritisch für den Formwechsel § 191 UmwG Rz. 12, 15, § 194 UmwG Rz. 25 und § 202 UmwG Rz. 30. Diese Gestaltungen werden dadurch gerechtfertigt, dass nur so die typische GmbH & Co. KG vollwertig an Umwandlungen beteiligt werden kann. Deshalb gehört das auch zum Regelungsgegenstand des UmwG. § 1 Abs. 2 UmwG steht dieser Rechtsfortbildung nicht entgegen (siehe Rz. 19).

Ein verwandtes Problem ergibt sich, wenn eine Einpersonen-Kapitalgesellschaft in eine Personengesellschaft umgewandelt wird, die nach allgemeinem Gesellschaftsrecht mindestens zwei Gesellschafter haben muss, und wenn kein weiterer Anteilsinhaber am Kapital beteiligt werden soll. Auch hier bietet sich als umwandlungsrechtliche Lösung an, den Beitritt eines Komplementärs ohne Kapitalanteil im Zuge der Umwandlung, dh. schon nach dem Statut des Rechtsträgers neuer Rechtsform, zuzulassen. Siehe dazu § 135 UmwG Rz. 17, § 228 UmwG Rz. 8. Nur so ist die nach dem Gesetz vorausgesetzte volle Umwandlungsfähigkeit der Einpersonen-Kapitalgesellschaft zu erreichen. Die alternativen Umwege, siehe § 191 UmwG Rz. 11, sind unnötig. Dasselbe gilt aber nicht für den Beitritt eines Anteilsinhabers mit Kapitalanteil. Dieser muss nach allgemeinem Gesellschaftsrecht der Kapitalgesellschaft beitreten und wird dann gemäß UmwG automatisch Anteilsinhaber der neuen Personengesellschaft, sei es als persönlich haftender Gesellschafter, sei es als Kommanditist. Der Beitritt ist sogar noch **im Zeitpunkt des Wirksamwerdens des Formwechsels** möglich[2], so dass für eine umwandlungsrechtliche Lösung kein Bedarf besteht. Möglich ist auch ein nicht verhältniswahrender Formwechsel, der mit Zustimmung aller Anteilsinhaber zulässig ist.

Der Grundsatz der Identität der Anteilsinhaber besteht also insoweit, als an dem Vermögen des Ausgangsrechtsträgers beim Zielrechtsträger nur beteiligt sein kann, wer schon beim Ausgangsrechtsträger an diesem Vermögen beteiligt war (siehe § 5 UmwG Rz. 5 aE und § 123 UmwG Rz. 6). Dieser Rechtsgrundsatz folgt auch aus dem Begriffsmerkmal der Anteilskontinuität. Denn wenn im Zuge der Umwandlung beim übernehmenden oder neuen Rechtsträger ein neuer **Anteilsinhaber mit Kapitalanteil** beitritt, kann die Anteilskontinuität der Anteilsinhaber des übertragenden oder formwechselnden Rechtsträger nicht gewahrt werden. Außerdem hält das UmwG für die sich beim Beitritt eines Anteilsinhabers mit Kapitalanteil ergebenden Fragen keine Regelungen bereit. Dieser Vorgang muss daher außerhalb des UmwG vollzogen werden.

Alle Umwandlungsarten sind überdies zum Schutz von Minderheitsgesellschaftern so konstruiert, dass mit ihrer Hilfe kein Squeeze-out erreicht werden kann.

---

1 Im Einzelnen *Kallmeyer*, GmbHR 1996, 80; weiter gehend *Priester*, DB 1997, 560 (563): Dritte können sich auch gegen Einlage beteiligen.
2 BGH v. 9.5.2005 – II ZR 29/03, AG 2005, 613 = NZG 2005, 722.

Es kann daher kein Anteilsinhaber des übertragenden oder formwechselnden Rechtsträgers durch eine Umwandlung aus der Gesellschaft ausgeschlossen werden. Davon unberührt bleibt das Austrittsrecht nach §§ 29 ff., 36, 125, 207 UmwG sowie der Sonderfall des **Squeeze-out bei einer übertragenden Aktiengesellschaft im Zusammenhang mit einer Konzernverschmelzung** gemäß § 62 Abs. 5 UmwG, siehe dazu § 62 UmwG Rz. 34 ff.

15 Nicht im UmwG enthalten sind Regelungen über die im Aktienrecht bekannte **Eingliederung** (§§ 319 ff. AktG). Die Eingliederung kommt einer Verschmelzung sehr nahe[1]. Weiterhin enthält das UmwG keine Regelung der **Unternehmensverträge**, allen voran des Beherrschungs- und Gewinnabführungsvertrags. Dies sind indes organisationsrechtliche Verträge. Ihr Abschluss verändert die Unternehmensstruktur. Die Gesetzesbegründung führt dazu aus[2]: „Die Verschmelzung einer Aktiengesellschaft mit einem anderen Rechtsträger und der Abschluss eines Unternehmensvertrags mit einem anderen Rechtsträger führen im Regelfall für die übertragende oder abhängig werdende Aktiengesellschaft zu demselben wirtschaftlichen Ergebnis, nämlich der organisatorischen Eingliederung des Unternehmens der Gesellschaft in ein anderes Unternehmen und der Unterwerfung unter die Herrschaft einer anderen wirtschaftlichen und rechtlichen Einheit. Verschmelzung und Unternehmensvertrag sind daher im Wesentlichen austauschbare rechtliche Instrumente, um dasselbe wirtschaftliche Ziel zu ereichen." Zu weiteren Strukturänderungen außerhalb des UmwG siehe § 2 UmwG Rz. 17.

2. Numerus clausus der Umwandlungsarten, Analogieverbot (§ 1 Abs. 2 UmwG)

16 § 1 Abs. 2 UmwG ordnet an, dass eine Umwandlung mit Identitätswahrung oder Gesamtrechtsnachfolge nur in den ausdrücklich im Gesetz normierten Fällen und nur in den dort vorgeschriebenen Formen zulässig ist. Es gilt also ein **numerus clausus der Umwandlungsmöglichkeiten**[3]. Bekannte Anwendungsfälle des numerus clausus sind die missglückten Formwechsel von LPG nach dem Landwirtschaftsanpassungsgesetz. In diesen Fällen fehlte es an der Identität der Anteilsinhaber bzw. der Anteile, ohne dass eine umwandlungsrechtlich zu-

---

1 Vgl. auch Begr. RegE, BT-Drucks. 12/6699, S. 179: „Die Eingliederung entspricht wirtschaftlich der Verschmelzung, jedoch mit dem rechtlichen Unterschied, dass die eingegliederte Gesellschaft bestehen bleibt und dass die Minderheitsaktionäre dieser Gesellschaft aus ihr ausscheiden müssen und statt dessen Aktionäre der Hauptgesellschaft werden oder eine Barabfindung erhalten."
2 BT-Drucks. 12/6699, S. 178.
3 Vgl. Begr. zu § 1, BT-Drucks. 12/6699, S. 80; *Drygala* in Lutter, § 1 UmwG Rz. 50; *Semler* in Semler/Stengel, § 1 UmwG Rz. 58.

lässige Ausnahme von diesen Erfordernissen (siehe Rz. 10 ff.) vorlag. Der BGH hat mehrfach entschieden, dass ein solcher Vorgang nicht die Wirkung eines identitätswahrenden Formwechsels haben könne, auch wenn er als solcher eingetragen wurde[1]. Diese Rspr. macht deutlich, wie wichtig in diesem Zusammenhang die Unterscheidung der Umwandlungsform von dem Regelungsprofil der einzelnen Umwandlungsvarianten ist[2]. Die Rspr. ist nur haltbar, wenn außer den umwandlungsrechtlich veranlassten Ausnahmen (siehe Rz. 10 ff.) die Identität der Anteilsinhaber ein Begriffsmerkmal des identitätswahrenden Formwechsels ist. Wirtschaftliche Umwandlungen, die nicht das Begriffsmerkmal der Identitätswahrung oder Gesamtrechtsnachfolge erfüllen, bleiben aber möglich, auch ohne dass sie im UmwG ausdrücklich zugelassen sind.

Alle **Einbringungsvorgänge mit Einzelrechtsnachfolge** sind auch dann möglich, wenn sie im wirtschaftlichen Ergebnis einer Umwandlung gleichkommen. Dies hat insbesondere Bedeutung für die Sacheinlage mit dem wirtschaftlichen Ergebnis einer Ausgliederung (§ 123 UmwG Rz. 2, 17 ff.). Ebenfalls nicht erfasst wird die Auflösung und die andere Art der Auseinandersetzung unter den Gesellschaftern nach § 145 Abs. 1 HGB, die die handelsrechtliche Grundlage für die sog. **Realteilung bei Personengesellschaften** bildet. Hier findet ebenfalls eine Einzelrechtsnachfolge statt. 17

Durch § 1 Abs. 2 UmwG nicht erfasst wird ferner die bei Personenhandelsgesellschaften mögliche **Anwachsung nach § 105 Abs. 2 HGB iVm. § 738 BGB**. Auch bei dieser findet keine Einzelrechtsnachfolge statt. Der historische Gesetzgeber hat in der Begründung klargestellt, dass die Anwachsung außerhalb des UmwG erhalten bleiben soll[3]. Auch hat das Gesetz in § 190 Abs. 2 UmwG hinreichend zum Ausdruck gebracht, dass die Fälle einer gesetzlich zwingenden Umwandlung nach den allgemeinen Regeln des bürgerlichen und des Handelsrechts durch die Vorschriften des UmwG nicht berührt werden[4]. Dieser Grundsatz ist über den Formwechsel hinaus auch auf die Verschmelzung anzuwenden, so dass die Anwachsungsmodelle durch das UmwG nicht eingeschränkt werden[5]. 18

Aus dem Erfordernis der ausdrücklichen gesetzlichen Zulassung ist insoweit ein **Analogieverbot** abzuleiten, als es um die Ausdehnung der Umwandlungsformen und der umwandlungsfähigen Rechtsträger geht, als also weitere Fälle der Gesamtrechtsnachfolge bzw. Identitätswahrung bei Strukturveränderungen ge- 19

---

1 BGH v. 17.5.1999 – II ZR 293/98, BB 1999, 1450 f., und BGH v. 7.6.1999 – II ZR 285/98, BB 1999, 2210, mit Bespr. *Henze*, BB 1999, 2208.
2 *K. Schmidt*, ZIP 1998, 181 (185).
3 BT-Drucks. 12/6699, S. 80.
4 Vgl. Begr. zu § 190, BT-Drucks. 12/6699, S. 137.
5 Vgl. *K. Schmidt*, Gesellschaftsrecht, 4. Aufl. 2002, § 12 I.4. b) bis d), S. 336 und *K. Schmidt*, ZGR 1990, 590 zu Fn. 44.

schaffen werden sollen[1]. Nicht verboten ist jedoch eine analoge Anwendung einzelner Bestimmungen des Umwandlungsgesetzes im Rahmen der Zielsetzungen des UmwG[2], beispielsweise die entsprechende Anwendung des § 62 UmwG auf die Pflicht zur Spaltungsprüfung (§ 125 UmwG Rz. 9), oder die analoge Anwendung der §§ 233 Abs. 3 Satz 3, 236, 247 Abs. 2, 221, 245 Abs. 1 Satz 1 UmwG auf die Komplementär-GmbH einer typischen GmbH & Co. KG, die nach dem UmwG zum Kreis der umwandlungsfähigen Rechtsträger gehört. Außerdem ist eine europarechtskonforme Auslegung des § 1 Abs. 2 UmwG geboten. Soweit grenzüberschreitende Umwandlungsvorgänge innerhalb der EU und des EWR durch die Niederlassungsfreiheit gefordert werden, können sie nicht durch das Analogieverbot behindert werden[3]. In Betracht kommt insoweit insbesondere eine analoge Anwendung der §§ 122a ff. UmwG.

20 Die analoge Anwendung von Schutzbestimmungen des UmwG auf Gestaltungen außerhalb des Umwandlungsgesetzes ist streitig[4]. Jedenfalls wird vorausgesetzt, dass eine Regelungslücke vorhanden ist[5]. Diese ist von der Rechtsprechung in den bislang entschiedenen Fällen überwiegend verneint worden[6]. Im Falle der **übertragenden Auflösung** einer AG, bei der das gesamte Gesellschaftsvermögen an den Mehrheitsaktionär verkauft und der Erlös im Zuge der Auflösung der Gesellschaft ausgeschüttet wird, liegt zwar im wirtschaftlichen Ergebnis eine Verschmelzung vor. Gleichwohl sind die Vorschriften des UmwG darauf weder unmittelbar noch analog anwendbar. Der Schutz der Minderheitsaktionäre wird vielmehr dadurch gewährleistet, dass diese wirtschaftlich voll entschädigt werden müssen, wobei dies im Spruchverfahren analog § 1 SpruchG überprüft werden kann. Unabhängig davon ist der Vorstand nicht gehindert, die Vorschriften des UmwG über Berichts- und Prüfungspflichten anzuwenden, wenn er dies im

---

1 *Drygala* in Lutter, § 1 UmwG Rz. 59; *Semler* in Semler/Stengel, § 1 UmwG Rz. 61.
2 Ebenso *Semler* in Semler/Stengel, § 1 UmwG Rz. 62 und *Dauner-Lieb* in KölnKomm. UmwG, § 1 UmwG Rz. 40.
3 *Dauner-Lieb* in KölnKomm. UmwG, § 1 UmwG Rz. 28; *Drinhausen* in Semler/Stengel, UmwG, Einleitung C Rz. 34 aE.
4 Dafür *Lutter/Bayer* in Lutter, Einl. I Rz. 58; *Drygala* in Lutter, § 1 UmwG Rz. 60. Dagegen *Semler* in Semler/Stengel, § 1 UmwG Rz. 66-68.
5 *Priester*, ZHR 163 (1999), 187 (192); *Reichert* in Habersack/Koch/Winter, S. 36; *Kallmeyer* in FS Lutter, 2000, S. 1245 ff.; LG München v. 8.6.2006 – 5 HK O 5025/06, ZIP 2006, 2036 (Infineon).
6 BayObLG v. 17.9.1998 – 3 Z BR 37/98, AG 1999, 185; OLG Stuttgart v. 4.12.1996 – 8 W 43/93, AG 1997, 136 (137); LG München I v. 8.6.2006 – 5 HK O 5025/06, ZIP 2006, 2036 (2039); aA LG Karlsruhe v. 6.11.1997 – O 43/97 KfH I, NZG 1998, 393 (395); überwiegend abl. auch die Literatur, vgl. zB *Dauner-Lieb* in KölnKomm. UmwG, § 1 UmwG Rz. 48 f.; *Semler* in Semler/Stengel, § 1 UmwG Rz. 63 ff.; *Holzborn* in Spindler/Stilz, § 179a AktG Rz. 49; *Hüffer/Koch*, § 179a AktG Rz. 23; befürwortend dagegen *Drygala* in Lutter, § 1 UmwG Rz. 60.

Aktionärsinteresse für erforderlich hält, insbesondere um Anfechtungsklagen vorzubeugen. Rechtlich verpflichtet ist er dazu aber nicht[1].

Schließlich sind **Kombinationen von Umwandlungsarten** nach Art eines „Baukastenverfahrens"[2] möglich, soweit dadurch nicht etwa neue Umwandlungsarten geschaffen oder die Voraussetzungen für die Anwendung vorhandener Umwandlungsarten eingeschränkt werden[3]. Die Kombination ist in der Weise möglich, dass die mehreren Umwandlungen zu einem einheitlichen Vorgang zusammengefügt werden. Beispiel hierfür ist die Kombination von Abspaltung und Ausgliederung[4]. Eine Kombination der Spaltung mehrerer Rechtsträger zu einer „verschmelzenden Spaltung" scheitert dagegen an der Regelung des § 123 UmwG. Sie lässt sich demnach nur in mehreren hintereinander geschalteten Schritten verwirklichen[5]. 21

3. Zwingendes Recht (§ 1 Abs. 3 UmwG)

§ 1 Abs. 3 UmwG ordnet in Anlehnung an den Wortlaut von § 23 Abs. 5 AktG die grundsätzlich zwingende Natur der Vorschriften des UmwG an. Bestimmte Abweichungen sind aber ausdrücklich erlaubt (zB in §§ 5 Abs. 2, 8 Abs. 3, 9 Abs. 2, 40 Abs. 2, 192 Abs. 2, 215 UmwG). Gesellschaftsverträge und Satzungen können nur **Verfahrenserleichterungen** vorsehen, wenn dies ausdrücklich im Gesetz zugelassen ist. Zu erwähnen ist die Zulassung von gesellschaftsvertraglichen Mehrheitsklauseln für Umwandlungsbeschlüsse von Personengesellschaften (§§ 43 Abs. 2, 125, 217 Abs. 1 UmwG). Nicht zulässig ist dagegen eine vorweggenommene Zustimmung zu einer späteren Umwandlung im Gesellschaftsvertrag[6]. 22

Ergänzende Bestimmungen in Satzungen und Verträgen, insbesondere Gesellschaftsverträgen und Umwandlungsverträgen, sind ohne weiteres zulässig. Eine ergänzende Bestimmung liegt vor, wenn das Gesetz über die in der Satzung oder im Gesellschaftsvertrag geregelte Frage nichts bestimmt oder aber die gesetzliche Regelung ihrem Gedanken nach weitergeführt wird[7]. Immer ist aber zu prüfen, ob das Gesetz nicht eine abschließende Regelung enthält, die eine Ergänzung ausschließt (§ 1 Abs. 3 Satz 1 UmwG). Dies ist im Einzelfall aufgrund Auslegung 23

---

1 Anders *Kallmeyer* in 5. Aufl.
2 Ebenso *Dauner-Lieb* in KölnKomm. UmwG, § 1 UmwG Rz. 40.
3 BGH v. 7.11.1997 – LwZR 1/97, ZIP 1997, 2134.
4 *Kallmeyer*, DB 1995, 81; *Schöne*, Spaltung, S. 25 mwN; *Semler* in Semler/Stengel, § 1 UmwG Rz. 76–78.
5 *Schöne*, Spaltung, S. 25; *Semler* in Semler/Stengel, § 1 UmwG Rz. 73–75.
6 So *Ebenroth* in FS Boujong, 1996, S. 99 für die Konzernierung.
7 *Pentz* in MünchKomm. AktG, 4. Aufl. 2016, § 23 AktG Rz. 165; *Drygala* in Lutter, § 1 UmwG Rz. 64.

§ 1 | Möglichkeiten von Umwandlungen

zu entscheiden. Jedenfalls darf eine ergänzende Regelung nicht den zwingend gewährten Anteilsinhaber-, Gläubiger- oder Arbeitnehmerschutz unterlaufen. Ob das der Fall ist, ist anhand der Auslegung der jeweiligen Klausel und eines Vergleichs mit den einschlägigen gesetzlichen Vorschriften zu ermitteln[1]. Das stellt erhebliche Anforderungen an die Prüfung durch den Registerrichter, wenn nicht das Prozessgericht schon vorher darüber entschieden hat. Die Nichtigkeit einer solchen Klausel kann gegebenenfalls zeitlich unbegrenzt geltend gemacht werden[2].

---

1 *Dauner-Lieb* in KölnKomm. UmwG, § 1 UmwG Rz. 53.
2 *Dauner-Lieb* in KölnKomm. UmwG, § 1 UmwG Rz. 55–57.

Zweites Buch
Verschmelzung

Erster Teil
Allgemeine Vorschriften

Erster Abschnitt
Möglichkeit der Verschmelzung

§ 2
Arten der Verschmelzung

Rechtsträger können unter Auflösung ohne Abwicklung verschmolzen werden

1. im Wege der Aufnahme durch Übertragung des Vermögens eines Rechtsträgers oder mehrerer Rechtsträger (übertragende Rechtsträger) als Ganzes auf einen anderen bestehenden Rechtsträger (übernehmender Rechtsträger) oder

2. im Wege der Neugründung durch Übertragung der Vermögen zweier oder mehrerer Rechtsträger (übertragende Rechtsträger) jeweils als Ganzes auf einen neuen, von ihnen dadurch gegründeten Rechtsträger

gegen Gewährung von Anteilen oder Mitgliedschaften des übernehmenden oder neuen Rechtsträgers an die Anteilsinhaber (Gesellschafter, Partner, Aktionäre oder Mitglieder) der übertragenden Rechtsträger.

1. Überblick	1		5. Auflösung der übertragenden Rechtsträger	11
2. Arten der Verschmelzung	2		6. Gegenleistung	12
3. Vermögensübertragung	8		7. Anteilsinhaber	14
4. Ausschluss der Abwicklung	10		8. Andere Strukturänderungen	15

Literatur: *Baums*, Verschmelzung mit Hilfe von Tochtergesellschaften, FS Zöllner, 1998, S. 65; *Beuthien/Helios*, Die Umwandlung als transaktionslose Rechtsträgertransformation, NZG 2006, 369; *Heckschen*, Verschmelzung von Kapitalgesellschaften unter Berücksichtigung des Entwurfs zum Umwandlungsgesetz, MittRhNotK 1989, 101; *Heckschen*, Verschmelzung von Kapitalgesellschaften, 1989; *Ihrig*, Gläubigerschutz durch Kapitalaufbringung bei Verschmelzung und Spaltung nach neuem Umwandlungsrecht, GmbHR 1995, 622; *Lüttge*, Das neue Umwandlungs- und Umwandlungssteuerrecht, NJW 1995, 417; *K. Mertens*, Zur Universalsukzession in einem neuen Umwandlungsrecht, AG 1994, 66; *Neye*, Die Änderungen im Umwandlungsrecht nach den handels- und gesellschaftsrechtlichen

Reformgesetzen in der 13. Legislaturperiode, DB 1998, 1649; *Reimann,* Die kostenrechtlichen Auswirkungen des Umwandlungsgesetzes 1995, MittBayNot 1995, 1; *Schwenn,* Kettenverschmelzung bei Konzernsachverhalten, Der Konzern 2006, 173; *Tiedtke,* Kostenrechtliche Behandlung von Umwandlungsvorgängen unter Berücksichtigung der Kostenrechtsänderung vom 27.6.1997, MittBayNot 1997, 209.

1. Überblick

1 § 2 UmwG enthält die gesetzliche Begriffsbestimmung der **Verschmelzung** nach dem UmwG. Andere Formen der Vereinigung mehrerer Rechtsträger sind dadurch nicht ausgeschlossen; allerdings gelten die durch § 1 Abs. 2 UmwG (numerus clausus der Umwandlungsarten, Analogieverbot) gezogenen Grenzen (siehe dazu §§ 1, 15 ff. UmwG). Das Gesetz spricht allgemein von Rechtsträgern und nicht von Unternehmen oder Gesellschaften. Verschmelzungen unter Beteiligung von Gesellschaften stehen in der Praxis jedoch im Vordergrund; diese Fälle werden im Folgenden vorrangig behandelt.

2. Arten der Verschmelzung

2 Das Gesetz sieht für die Verschmelzung zwei Arten vor, nämlich die Verschmelzung durch Aufnahme (§ 2 Nr. 1 UmwG) und die Verschmelzung durch Neugründung (§ 2 Nr. 2 UmwG). Die Verschmelzung durch Aufnahme (§ 2 Nr. 1 UmwG) ist die gesetzliche Grundform; die Verschmelzung durch Neugründung (§ 2 Nr. 2 UmwG) baut auf dieser auf (§§ 4 ff., 36 ff.; 46 ff., 56 ff.; 60 ff., 73 ff.; 79 ff., 96 ff. UmwG). Nur bei den Personenhandelsgesellschaften werden beide Verschmelzungsarten gemeinsam geregelt (§§ 39 ff. UmwG). An jeder Verschmelzung können sich jeweils mehrere Gesellschaften, auch solche mit unterschiedlicher Rechtsform, beteiligen (sog. Mischverschmelzung, vgl. § 3 Abs. 4 UmwG).

3 Die **Verschmelzung durch Aufnahme** ist dadurch gekennzeichnet, dass bei ihr ein oder mehrere Rechtsträger (übertragende Rechtsträger) ihr Vermögen auf einen anderen, bereits bestehenden Rechtsträger (übernehmenden Rechtsträger) übertragen. Dabei gehen die übertragenden Rechtsträger unter, während der übernehmende Rechtsträger mit dem übernommenen Vermögen fortbesteht (vgl. § 20 Abs. 1 Nr. 1 und 2 UmwG). Eine Verschmelzung, bei welcher der übernehmende Rechtsträger mit dem Wirksamwerden der Verschmelzung untergeht, ist daher unzulässig[1]. Der übernehmende Rechtsträger kann, muss aber nicht an dem übertragenden Rechtsträger vorher beteiligt sein. Die Anteilsinhaber der im Zuge der Verschmelzung untergehenden Rechtsträger erhalten als

---

1 OLG Hamm v. 24.6.2010 – 15 Wx 360/09, NZG 2010, 1309 = GmbHR 2010, 985 zur Verschmelzung einer Komplementär-GmbH auf eine KG.

Gegenleistung Anteile des übernehmenden Rechtsträgers bzw. werden bei diesem Mitglied. Bei der Verschmelzung von GmbH, AG und KGaA ist zu diesem Zweck regelmäßig eine Kapitalerhöhung erforderlich (vgl. §§ 53 ff., 66 ff., 78 UmwG). Soweit eigene Anteile vorhanden sind, können diese als Gegenleistung gewährt werden (vgl. §§ 54 Abs. 1, 68 Abs. 1 UmwG). Die Anteilsinhaber des übertragenden Rechtsträgers können auch auf die Gewährung von Anteilen verzichten (§§ 54 Abs. 1 Satz 3, 68 Abs. 1 Satz 3 UmwG).

Sollen **mehrere Rechtsträger** auf einen bestehenden Rechtsträger verschmolzen werden, so kann dies durch gemeinsame Verschmelzung (Einheitsverschmelzung) oder – entgegen einer Äußerung in der Begründung zu § 126 UmwG[1] – durch mehrere getrennte Verschmelzungen (Einzelverschmelzungen) erfolgen[2]. Die **gemeinsame Verschmelzung** bedeutet, dass mit der Eintragung der Verschmelzung beim übernehmenden Rechtsträger alle Verschmelzungen zum selben Zeitpunkt wirksam werden[3]. Ist bei dem übernehmenden Rechtsträger zur Durchführung der Verschmelzung eine Kapitalerhöhung erforderlich, können die mehreren Vermögensübertragungen zudem zu einer Sacheinlage gebündelt werden[4]. **Mehrere Einzelverschmelzungen** werden dagegen unabhängig voneinander wirksam. Durch Vereinbarung entsprechender Bedingungen können sie aber in einer bestimmten Reihenfolge wirksam werden (sog. **Kettenverschmelzung**)[5]. Ist eine solche Verknüpfung nicht gewollt, so kann uU auch durch aufeinander abgestimmte Anmeldungen zur Eintragung im Register eine zeitliche Nähe des Wirksamwerdens aller Verschmelzungen erreicht werden. Eintragungshindernisse, die nur eine Verschmelzung betreffen (zB Anfechtungsklage), stehen bei der Einheitsverschmelzung dem Wirksamwerden der gesamten Verschmelzung entgegen; bei Einzelverschmelzungen, die unabhängig voneinander durchgeführt werden, wirken sich solche Hindernisse grundsätzlich nur bei der betroffenen Einzelverschmelzung aus. Soweit die einzelnen Verschmelzungen durch Bedingungen verknüpft sind oder in engem zeitlichem Zusammenhang stehen, sind sie alle im Verschmelzungsbericht zu erläutern[6]. Wer- 4

---

1 Vgl. BT-Drucks. 12/6699, S. 117.
2 Ebenso *Baums* in FS Zöllner, 1998, S. 65 (85); *Simon* in KölnKomm. UmwG, § 2 UmwG Rz. 184.
3 So offenbar der Fall von LG München v. 22.2.1988 – 11 HKT 1269/88, DNotZ 1988, 642 m. Anm. *Roellenbleg* = GmbHR 1989, 165.
4 Vgl. *Tillmann*, BB 2004, 673 (675 f.); LG Frankfurt v. 15.2.2005 – 3–16 T 37/04, Der Konzern 2005, 602 = GmbHR 2005, 940.
5 Vgl. die Verschmelzung von HuK und SEN auf MGV, LG Mannheim v. 3.3.1988 – 24 O 75/87, WM 1988, 775 = AG 1988, 248; zur Zulässigkeit solcher Verknüpfungen siehe auch OLG Düsseldorf v. 2.7.1998 – 10 W 58/98, NJW-RR 1999, 399 = GmbHR 1998, 1183; OLG Hamm v. 19.12.2005 – 15 W 377/05, GmbHR 2006, 255; *Schwenn*, Der Konzern 2007, 173 (175).
6 *Baums* in FS Zöllner, 1998, S. 65 (86); *Simon* in KölnKomm. UmwG, § 2 UmwG Rz. 189; für eine Information im Verschmelzungsvertrag *Schwenn*, Der Konzern 2007, 173 (177).

den mehrere GmbH auf eine bestehende GmbH verschmolzen (sog. **Mehrfachverschmelzung**), muss nach dem OLG Frankfurt für jede übertragende GmbH eine gesonderte Anteilsgewährung vorgesehen werden. Dies soll auch gelten, wenn die Anteilsinhaber der übertragenden GmbH identisch sind[1]. Das Schrifttum lässt dagegen die Gewährung eines einheitlichen Anteils zu (siehe dazu § 46 UmwG Rz. 5).

5 Bei der **Verschmelzung durch Neugründung** übertragen zwei oder mehr beteiligte Rechtsträger (übertragende Rechtsträger) ihr Vermögen auf einen gleichzeitig neu gegründeten Rechtsträger (neuer Rechtsträger). Die übertragenden Rechtsträger gehen unter, allein der neu gebildete Rechtsträger besteht weiter (§§ 20 Abs. 1 Nr. 1 und 2, 36 Abs. 1 UmwG).

6 Sind **mehrere übertragende Rechtsträger** an einer Verschmelzung durch Neugründung beteiligt, so kann die Verschmelzung hier – anders als bei der Verschmelzung zur Aufnahme (vgl. Rz. 4) – nur einheitlich mit einem gemeinsamen Verschmelzungsvertrag erfolgen, da alle übertragenden Rechtsträger als Gründer des übernehmenden Rechtsträgers zusammenwirken. Möglich ist allerdings auch, dass nur einige übertragende Rechtsträger den neuen Rechtsträger gründen und die anderen übertragenden Rechtsträger dann auf diesen im Wege einer Verschmelzung durch Aufnahme verschmolzen werden (kombinierte Verschmelzung durch Neugründung und Aufnahme).

7 Die Verschmelzung durch Aufnahme überwiegt in der Praxis bei weitem. Die Verschmelzung durch Neugründung ist seltener. Sie vermeidet zwar den Streit zwischen gleichwertigen Gesellschaften darüber, welche die übernehmende sein soll[2], ist aber durch die erforderliche Neugründung des übernehmenden Rechtsträgers umständlicher und teurer. So ist der Übergang des Grundbesitzes aller beteiligten Rechtsträger grunderwerbsteuerpflichtig. Außerdem richten sich zB die Notargebühren für die Beurkundung des Verschmelzungsvertrages nach dem Wert des Aktivvermögens der übertragenden Rechtsträger[3]. Dies ist bei der Verschmelzung durch Neugründung das Aktivvermögen aller übertragenden Rechtsträger[4]. Wird auf diese Weise eine neue AG gegründet, gelten für diese die Beschränkungen der Nachgründung (§ 52 AktG) und der Spaltung (§ 141 UmwG). Dies gilt auch dann, wenn die neue AG aus seit über zwei Jahren eingetragenen Aktiengesellschaften hervorgegangen ist. Ein Vorteil der Verschmelzung durch Neugründung liegt allerdings darin, dass bei keinem der beteiligten

---

1 OLG Frankfurt v. 10.3.1998 – 20 W 60/98, DB 1998, 917 = GmbHR 1998, 542; für die Zulässigkeit einer zusammengefassten Anteilsgewährung dagegen *Heckschen*, DB 1998, 1385 (1389) und *Mayer*, DB 1998, 913, sowie LG Frankfurt v. 15.2.2000 – 3/16 T 37/04, GmbHR 2005, 940.
2 Vgl. *Drygala* in Lutter, § 2 UmwG Rz. 27; *Priester*, DNotZ 1995, 427 (437, Fn. 53).
3 *Heckschen*, Verschmelzung von Kapitalgesellschaften, S. 73; *Drygala* in Lutter, § 2 UmwG Rz. 27; *Martens*, AG 2000, 301 (307).
4 *Drygala* in Lutter, § 2 UmwG Rz. 49.

Rechtsträger die Anfechtungsklage darauf gestützt werden kann, dass das Umtauschverhältnis zu niedrig bemessen ist (§ 14 Abs. 2 UmwG)[1].

Eine Verschmelzung kann auch im Rahmen eines **Insolvenzplanverfahrens** erfolgen. Nach § 225a Abs. 2 InsO kann im Insolvenzplan grundsätzlich jede Regelung getroffen werden, die gesellschaftsrechtlich zulässig ist. Dazu gehören auch Verschmelzungen, insbesondere solche, bei denen sich der übertragende oder aufnehmende Rechtsträger im Insolvenzverfahren befindet (siehe dazu § 3 UmwG Rz. 21 ff. und Anhang II Rz. 38 ff.)[2]. 7a

3. Vermögensübertragung

Entscheidend und begriffsnotwendig für die Verschmelzung ist die Übertragung des **Vermögens als Ganzes** auf einen anderen, den übernehmenden oder neu gegründeten Rechtsträger. Dieser Vermögensübergang vollzieht sich im Wege der Gesamtrechtsnachfolge. Das Vermögen geht dabei nicht durch rechtsgeschäftliche Übertragung einzelner Gegenstände, sondern als Einheit kraft Gesetzes mit der Eintragung der Verschmelzung in das Register des übernehmenden Rechtsträgers auf diesen über (§§ 20 Abs. 1 Nr. 1, 36 Abs. 1 UmwG). Eine Verschmelzung liegt dementsprechend nicht vor, wenn das gesamte Vermögen im Wege der Einzelübertragung übergeht[3]. 8

Der Begriff des Vermögens umfasst nicht nur, wie in § 311b Abs. 2 BGB, das **Aktivvermögen**, sondern auch alle **Verbindlichkeiten** (§ 20 Abs. 1 Nr. 1 UmwG). Für deren Überleitung ist deshalb – anders als bei der Einzelübertragung – keine Zustimmung der Gläubiger (vgl. §§ 414 ff. BGB) erforderlich. Dieser Vermögensübergang ist zwingend. Einzelne Vermögensgegenstände dürfen bei den übertragenden Rechtsträgern nicht zurückbleiben; entgegenstehende Abreden sind nichtig (§ 134 BGB)[4]. Sollen einzelne Vermögensgegenstände nicht mit übergehen, müssen sie vor dem Wirksamwerden der Verschmelzung mit dinglicher Wirkung aus dem Vermögen des übertragenden Rechtsträgers ausgeschieden werden[5]. Ist nur die Verschmelzung bestimmter Vermögensteile, zB eines Unternehmensbereichs, gewollt, muss dieser vorher rechtlich verselbständigt oder im Wege der Abspaltung zur Aufnahme (§ 123 Abs. 2 Nr. 1 UmwG) übertragen werden. Der Vermögensübergang ist stets eine Übertra- 9

---

1 *Fronhöfer* in Widmann/Mayer, § 2 UmwG Rz. 36; *Drygala* in Lutter, § 2 UmwG Rz. 27; *Simon* in KölnKomm. UmwG, § 2 UmwG Rz. 25.
2 Vgl. *Eidenmüller* in MünchKomm. InsO, 3. Aufl. 2014, § 225a InsO Rz. 97 f.; *Spliedt* in K. Schmidt, § 225a InsO Rz. 48; ausführlich *Brünkmans*, ZInsO 2014, 2533 (2535 ff.).
3 Vgl. auch *de Weerth*, WiB 1995, 625 f.
4 *Drygala* in Lutter, § 2 UmwG Rz. 29.
5 *Drygala* in Lutter, § 2 UmwG Rz. 29; *Stengel* in Semler/Stengel, § 2 UmwG Rz. 36.

gung aller Rechtspositionen (sog. **Vollrechtsübertragung**); eine bloße Vermietung oder Verpachtung reicht nicht aus[1].

4. Ausschluss der Abwicklung

10 Da das Vermögen der übertragenden Rechtsträger vollständig auf den übernehmenden Rechtsträger übergeht, kommt eine **Abwicklung der übertragenden Gesellschaft(en) nicht in Betracht**. Dies wird im Gesetz ausdrücklich klargestellt. Dieser Ausschluss der Abwicklung ist für die Verschmelzung begriffsnotwendig[2]; das Wort „können" bezieht sich deshalb hierauf nicht. Im Verschmelzungsvertrag muss nach § 5 Abs. 1 Nr. 2 UmwG nur die Übertragung des ganzen Vermögens vereinbart werden. Zur Klarstellung empfiehlt es sich, dabei die Worte „unter Auflösung ohne Abwicklung" hinzuzufügen[3]. Rechtlich notwendig ist dies aber nicht (vgl. § 5 UmwG Rz. 3). Eine entsprechende Klarstellung auch im Beschluss der Anteilsinhaber ist entbehrlich, da diese nicht über die Verschmelzung als solche, sondern über die Zustimmung zum Verschmelzungsvertrag beschließen (vgl. §§ 13, 36 UmwG).

5. Auflösung der übertragenden Rechtsträger

11 Die übertragenden Rechtsträger werden nicht nur ohne Abwicklung, sondern auch „unter Auflösung" verschmolzen. Diese aus Art. 3 Abs. 1 und Art. 4 Abs. 1 der dritten gesellschaftsrechtlichen Richtlinie[4] übernommene Formulierung soll verdeutlichen, dass die **übertragenden Rechtsträger** im Zuge der Verschmelzung **rechtlich untergehen** (§ 20 Abs. 1 Nr. 2 UmwG). Ihr Fortbestand kann demgemäß nicht wirksam vereinbart werden. Eine Auflösung der übertragenden Rechtsträger im rechtstechnischen Sinne mit anschließender Abwicklung (vgl. §§ 131 ff. HGB; §§ 60 ff. GmbHG; §§ 262 ff. AktG) erfolgt allerdings nicht. Dem übernehmenden oder neuen Rechtsträger wächst das Vermögen der übertragenden Rechtsträger vielmehr ohne deren vorherige Formalliquidation zu.

---

1 *Stengel* in Semler/Stengel, § 2 UmwG Rz. 36.
2 Vgl. OLG Celle v. 14.7.1988 – 1 W 18/88, WM 1988, 1375 = GmbHR 1988, 398.
3 Vgl. § 1 des Vertragsmusters von *Hoffmann-Becking* in MünchVertragsHdb., Bd. 1, 7. Aufl. 2011, Form. XI 1.
4 Dritte Richtlinie des Rates v. 9.10.1978 gemäß Art. 54 Abs. 3 lit. g des Vertrages betreffend die Verschmelzung von Aktiengesellschaften (78/855/EWG), ABl. EG Nr. L 295 v. 20.10.1978, S. 36.

Arten der Verschmelzung | § 2

6. Gegenleistung

Mit dem Wirksamwerden der Verschmelzung erlischt die Beteiligung der Anteilseigner an den übertragenden Rechtsträgern. Sie werden zeitgleich Anteilsinhaber des übernehmenden oder neuen Rechtsträgers, so dass die alte Beteiligung bzw. Mitgliedschaft durch eine neue fortgesetzt wird (§ 20 Abs. 1 Nr. 3 UmwG; „Kontinuität der Mitgliedschaft")[1]. Dies geschieht dadurch, dass die Anteilsinhaber des übertragenden Rechtsträgers bei der Verschmelzung durch Aufnahme **Anteile an dem übernehmenden Rechtsträger**, bei der Verschmelzung durch Neubildung **Anteile an dem neuen Rechtsträger** erhalten. Etwaige noch offene Verpflichtungen aus der Beteiligung bestehen dabei fort (zB rückständige Einlageverpflichtungen)[2]. Diese Art der Gegenleistung ist für die Verschmelzung typisch, aber nicht begriffsnotwendig, da bei der Verschmelzung von Kapitalgesellschaften auf die Anteilsgewährung verzichtet werden kann (§§ 54 Abs. 1 Satz 3, 68 Abs. 1 Satz 3 UmwG idF des 2. UmwGÄndG)[3]. Eine andere Gegenleistung als die Gewährung solcher Anteile oder Mitgliedschaften ist nicht zulässig. 12

Eine beschränkte Ausnahme gilt für **Barabfindungen** gemäß § 29 UmwG sowie im Rahmen der §§ 15, 36 UmwG für **bare Zuzahlungen**, also zusätzliche Geldleistungen etwa zum Ausgleich von Spitzen, für die keine vollen Anteile gewährt werden können. Im Übrigen dürfen weder Geld noch sonstige Sachwerte gewährt werden. Soll dies dennoch in nennenswertem Umfang geschehen, so kommt nur eine Vermögensübertragung aufgrund eines entsprechenden schuldrechtlichen Vertrages (vgl. für die AG und KGaA § 179a AktG) in Betracht. Werden den Gesellschaftern **wahlweise Anteile** des übernehmenden bzw. neuen Rechtsträgers oder andere Leistungen (zB Anteile an einem anderen Unternehmen) **angeboten**, so liegt eine Verschmelzung nur vor, wenn alle Anteilsinhaber die Anteile des übernehmenden bzw. neuen Rechtsträgers wählen[4]. Von der Pflicht zur Anteilsgewährung bestehen im Übrigen Ausnahmen bei bestimmten bereits **bestehenden Beteiligungsverhältnissen** (vgl. §§ 5 Abs. 2, 20 Abs. 1 Nr. 3, 54, 68 UmwG). Auf eine Anteilsgewährung kann auch **verzichtet** werden. Dies kommt vor allem bei der Verschmelzung von **Schwestergesellschaften** vor (siehe dazu § 54 UmwG Rz. 18 und § 68 UmwG Rz. 16). 13

---

1 Darin sehen *Beuthien/Helios*, NZG 2006, 369 (371) das wesentliche Merkmal der Verschmelzung.
2 *Stratz* in Schmitt/Hörtnagl/Stratz, § 2 UmwG Rz. 8; *Drygala* in Lutter, § 2 UmwG Rz. 32; *Stengel* in Semler/Stengel, § 2 UmwG Rz. 40; *Priester*, DB 1997, 560.
3 *Drygala* in Lutter, § 2 UmwG Rz. 31; so schon früher *M. Winter* in FS Lutter, 2000, S. 1279 ff.; *Stengel* in Semler/Stengel, § 2 UmwG Rz. 40 Fn. 73; zur Anteilsgewährungspflicht ausführlich *Heckschen*, DB 2008, 1363.
4 *Baumbach/Hueck*, § 339 AktG Rz. 4.

7. Anteilsinhaber

14 Im Hinblick auf den weiten Kreis der verschmelzungsfähigen Rechtsträger (vgl. § 3 UmwG) ist der Begriff des Anteilsinhabers eingeführt worden. Dieser umfasst, wie aus der Klammerdefinition am Ende der Vorschrift hervorgeht, neben Gesellschaftern, Partnern und Aktionären auch die Mitglieder von Genossenschaften, genossenschaftlichen Prüfungsverbänden, Versicherungsvereinen auf Gegenseitigkeit und rechtsfähigen Vereinen. Der so verstandene Begriff des Anteilsinhabers gilt für das gesamte UmwG.

8. Andere Strukturänderungen

15 Die Verschmelzung hat mit der in § 179a AktG nur teilweise geregelten **Vermögensübertragung** gemein, dass das gesamte Vermögen des übertragenden Rechtsträgers auf den übernehmenden Rechtsträger übergeht. Der übertragende Rechtsträger wird bei der Vermögensübertragung aber nicht aufgelöst, sondern besteht grundsätzlich fort. Die Vermögensübertragung erfolgt außerdem nicht durch Gesamtrechtsnachfolge, sondern im Wege der Einzelübertragung[1].

16 Bei der **Eingliederung** (§§ 319 ff. AktG), die nur bei der AG, SE und KGaA möglich ist, wird die einzugliedernde Gesellschaft der einheitlichen Leitung der Hauptgesellschaft unterstellt, behält aber ihre rechtliche Selbständigkeit. Sie wird zu einer Art Betriebsabteilung der Hauptgesellschaft[2]. Zu einem ähnlichen Ergebnis führt der Abschluss eines **Beherrschungsvertrages**, meist verbunden mit einem Gewinnabführungsvertrag (§ 291 Abs. 1 AktG). Das beherrschte Unternehmen wird dabei der Leitung des herrschenden Unternehmens unterstellt, ohne seine rechtliche Selbständigkeit zu verlieren.

17 Eine gesellschaftsrechtliche Verbindung kann auch lediglich in einer **Beteiligung** mit mehr oder weniger großer Einflussnahme bestehen (vgl. dazu §§ 271, 290, 310 HGB). Eine solche Beteiligung kann die Grundlage für eine **schuldrechtliche Kooperation** sein. Sie ist oft, aber nicht notwendigerweise Vorstufe für eine spätere Verschmelzung. Werden zB alle Anteile einer GmbH in eine andere GmbH eingebracht, so entsteht dadurch ein **Mutter-Tochter-Verhältnis**. Eine Verschmelzung ist dies, da beide Gesellschaften bestehen bleiben, nicht[3].

18 Welche **Form des Zusammenschlusses** ein Rechtsträger, insbesondere eine Gesellschaft, eingeht, unterliegt ihrem **freien unternehmerischen Ermessen**[4]. Eine

---

1 Insofern ungenau BFH v. 21.6.1994 – VIII R 5/92, DB 1994, 1854 (1855) = GmbHR 1995, 238.
2 *Koppensteiner* in KölnKomm. AktG, 3. Aufl. 2004, Vorbem. § 319 AktG Rz. 6.
3 Vgl. OLG Celle v. 14.7.1988 – 1 W 18/88, WM 1988, 1375 = GmbHR 1988, 398.
4 Vgl. BGH v. 24.9.1979 – KZR 20/78, WM 1980, 140 = MDR 1980, 204.

sachliche Rechtfertigung ist auch dann nicht erforderlich, wenn eine Gesellschaft ihre wirtschaftliche oder rechtliche Eigenständigkeit aufgibt. Wird die Selbständigkeit zu Gunsten eines (Mehrheits-)Gesellschafters aufgegeben, muss die Unternehmensleitung aber besonders sorgfältig prüfen, ob die Maßnahme im Unternehmensinteresse liegt. Dies gilt nicht zuletzt auch im Hinblick auf die Akzeptanz der Maßnahme bei den übrigen Anteilsinhabern und evtl. auch bei den Arbeitnehmern.

§ 3
Verschmelzungsfähige Rechtsträger

(1) An Verschmelzungen können als übertragende, übernehmende oder neue Rechtsträger beteiligt sein:
1. Personenhandelsgesellschaften (offene Handelsgesellschaften, Kommanditgesellschaften) und Partnerschaftsgesellschaften;
2. Kapitalgesellschaften (Gesellschaften mit beschränkter Haftung, Aktiengesellschaften, Kommanditgesellschaften auf Aktien);
3. eingetragene Genossenschaften;
4. eingetragene Vereine (§ 21 des Bürgerlichen Gesetzbuchs);
5. genossenschaftliche Prüfungsverbände;
6. Versicherungsvereine auf Gegenseitigkeit.

(2) An einer Verschmelzung können ferner beteiligt sein:
1. wirtschaftliche Vereine (§ 22 des Bürgerlichen Gesetzbuchs), soweit sie übertragender Rechtsträger sind;
2. natürliche Personen, die als Alleingesellschafter einer Kapitalgesellschaft deren Vermögen übernehmen.

(3) An der Verschmelzung können als übertragende Rechtsträger auch aufgelöste Rechtsträger beteiligt sein, wenn die Fortsetzung dieser Rechtsträger beschlossen werden könnte.

(4) Die Verschmelzung kann sowohl unter gleichzeitiger Beteiligung von Rechtsträgern derselben Rechtsform als auch von Rechtsträgern unterschiedlicher Rechtsform erfolgen, soweit nicht etwas anderes bestimmt ist.

1. Verschmelzungsfähigkeit	1	5. Eingetragene Vereine	14
2. Personenhandelsgesellschaften und Partnerschaftsgesellschaften	3	6. Genossenschaftliche Prüfungsverbände	15
3. Kapitalgesellschaften	8	7. Versicherungsvereine auf Gegenseitigkeit	16
4. Eingetragene Genossenschaften	12		

§ 3 | Möglichkeit der Verschmelzung

8. Wirtschaftliche Vereine 17
9. Natürliche Personen 18
10. Aufgelöste Rechtsträger 21
11. Mischverschmelzung 28

Literatur: *Bayer*, 1000 Tage neues Umwandlungsrecht – eine Zwischenbilanz, ZIP 1997, 1613; *Berninger*, Die Unternehmergesellschaft (haftungsbeschränkt) – Sachkapitalerhöhungsverbot und Umwandlungsrecht, GmbHR 2010, 63; *Blasche*, Umwandlungsmöglichkeiten bei Auflösung, Überschuldung oder Insolvenz eines der beteiligten Rechtsträger, GWR 2010, 441; *Dörrie*, Das neue Umwandlungsgesetz, WiB 1995, 1; *Felix*, Fusion von Einzelunternehmen nach neuem Umwandlungs(steuer)recht, BB 1995, 1509; *Heckschen*, Die Entwicklung des Umwandlungsrechts aus Sicht der Rechtsprechung und Praxis, DB 1998, 1385; *Heinemann*, Die Unternehmergesellschaft als Zielgesellschaft von Formwechsel, Verschmelzung und Spaltung nach dem Umwandlungsgesetz, NZG 2008, 820; *Kallmeyer*, Das neue Umwandlungsgesetz, ZIP 1994, 1746; *Klein/Stephanblome*, Der Downstream Merger – aktuelle gesellschaftsrechtliche und umwandlungsrechtliche Fragestellungen, ZGR 2007, 351; *Madaus*, Umwandlungen als Gegenstand eines Insolvenzplans nach dem ESUG, ZIP 2012, 2133; *Marsch-Barner*, Die Rechtsstellung der Europäischen Gesellschaft (SE) im Umwandlungsrecht, Liber amicorum Happ, 2006, S. 161; *Mayer*, Anteilsgewährung bei der Verschmelzung mehrerer übertragender Rechtsträger, DB 1998, 913; *N. Meister*, Die Auswirkungen des MoMiG auf das Umwandlungsrecht, NZG 2008, 767; *Neye*, Partnerschaft und Umwandlung, ZIP 1997, 722; *Oplustil/Schneider*, Zur Stellung der Europäischen Aktiengesellschaft im Umwandlungsrecht, NZG 2003, 13; *Rubner/Leuering*, Verschmelzung einer überschuldeten Gesellschaft, NJW-Spezial 2012, 719; *K. Schmidt*, Umwandlung von Vorgesellschaften? §§ 41 AktG, 11 GmbHG und umwandlungsrechtlicher numerus clausus, FS Zöllner, 1998, S. 521; *Streck/Mack/Schwedhelm*, Verschmelzung und Formwechsel nach dem neuen Umwandlungsgesetz, GmbHR 1995, 161 und 357; *Tettinger*, UG (umwandlungsbeschränkt)?, Der Konzern 2008, 75; *Wachter*, Umwandlung insolventer Gesellschaften, NZG 2015, 858; *Weber*, Die Unternehmergesellschaft (haftungsbeschränkt), BB 2009, 842; *de Weerth*, Die „Verschmelzung" von Personengesellschaften und das neue Umwandlungs(steuer)recht, WiB 1995, 625; *Wertenbruch*, Partnerschaftsgesellschaft und neues Umwandlungsrecht, ZIP 1995, 712.

1. Verschmelzungsfähigkeit

1 Das Gesetz unterscheidet zwischen einer **uneingeschränkten** und einer **eingeschränkten Verschmelzungsfähigkeit**. Die in § 3 Abs. 1 UmwG aufgeführten Rechtsträger können an einer Verschmelzung als übertragender, übernehmender oder neuer Rechtsträger beteiligt sein. Der in § 3 Abs. 2 Nr. 1 UmwG genannte wirtschaftliche Verein (§ 22 BGB) kann dagegen nur übertragender Rechtsträger sein. Eine natürliche Person kann nach § 3 Abs. 2 Nr. 2 UmwG nur als Alleingesellschafter einer Kapitalgesellschaft deren Vermögen übernehmen. Verschmelzungsfähig sind stets nur **inländische Rechtsträger** (§ 1 Abs. 1 UmwG). Die Verschmelzung einer GmbH auf die inländische Zweigniederlassung einer englischen Limited nach den Vorschriften des UmwG ist deshalb

nicht möglich¹. Zur grenzüberschreitenden Verschmelzung einer inländischen mit einer ausländischen Kapitalgesellschaft siehe §§ 122a ff. UmwG.

Die **Aufzählung** in § 3 Abs. 1 und 2 UmwG ist **abschließend**². Andere Rechtsträger wie zB die rechtsfähige **Stiftung**, §§ 80 ff. BGB, die **GbR**, §§ 705 ff. BGB, die Rechtsgemeinschaft, §§ 741 ff. BGB, die **stille Gesellschaft**, §§ 230 ff. HGB, oder die **Erbengemeinschaft**, §§ 2032 ff. BGB, sind nicht verschmelzungsfähig iS des UmwG. Dies schließt nicht aus, dass auch solche Rechtsträger an Umstrukturierungen beteiligt sein können, die iE einer Verschmelzung nach dem UmwG gleichkommen. So können zB alle Gesellschaftsanteile einer GbR auf eine OHG übertragen werden; durch Anwachsung erwirbt die OHG dann im Wege der Gesamtrechtsnachfolge das Vermögen der GbR³. Eine Verschmelzung iS des UmwG ist dies nicht⁴. Zur Zulässigkeit solcher „**wirtschaftlichen**" **Verschmelzungen** siehe § 1 UmwG Rz. 16 ff.

2. Personenhandelsgesellschaften und Partnerschaftsgesellschaften

Die Möglichkeit einer Verschmelzung von und mit Personenhandelsgesellschaften (§ 3 Abs. 1 Nr. 1 UmwG) ist gegenüber dem Recht vor dem UmwG neu. Uneingeschränkt verschmelzungsfähig sind nach der Klammerdefinition der Personenhandelsgesellschaften die **OHG** (§§ 105 ff. HGB) und die **KG** (§§ 161 ff. HGB). Als KG sind auch die GmbH & Co. KG oder AG/SE & Co. KG und die Publikums-KG verschmelzungsfähig; besondere Vorschriften bestehen insoweit nicht. Für Verschmelzungen unter Beteiligung einer Personenhandelsgesellschaft gelten neben den allgemeinen Vorschriften die §§ 39–45 UmwG.

In § 1 Abs. 2 UmwG nicht aufgeführt, gleichwohl aber verschmelzungsfähig ist die **Europäische wirtschaftliche Interessenvereinigung (EWiV)**. Dies ergibt sich aus § 1 des Ausführungsgesetzes v. 14.4.1988⁵, wonach die EWiV als Handelsgesellschaft gilt, auf die die Vorschriften über die OHG entsprechend anzuwenden sind. Die EWiV ist damit unter § 3 Abs. 1 Nr. 1 UmwG erfasst⁶.

Keine Personenhandelsgesellschaft ist die **stille Gesellschaft** (§§ 230 ff. HGB). Sie stellt zwar eine Beteiligung an einem Handelsgewerbe dar, ist aber reine In-

---

1 Vgl. OLG München v. 2.5.2006 – 31 Wx 9/06, NZG 2006, 513 (515) = GmbHR 2006, 600; *Stratz* in Schmitt/Hörtnagl/Stratz, § 3 UmwG Rz. 26.
2 *Drygala* in Lutter, § 3 UmwG Rz. 3; *Stengel* in Semler/Stengel, § 3 UmwG Rz. 4.
3 Vgl. BGH v. 19.2.1990 – II ZR 42/89, WM 1990, 586; *Kallmeyer*, ZIP 1994, 1746 (1748).
4 Vgl. *de Weerth*, WiB 1995, 625 f.
5 BGBl. I 1988, S. 514.
6 Ebenso *K. Schmidt*, NJW 1995, 1 (7); *Wertenbruch*, ZIP 1995, 712 (713); *H. Schmidt* in Lutter, § 39 UmwG Rz. 12; *Stratz* in Schmitt/Hörtnagl/Stratz, § 3 UmwG Rz. 11; *Drygala* in Lutter, § 3 UmwG Rz. 4.

nengesellschaft, die als solche nicht am Rechtsverkehr teilnimmt. Mangels Handelsgewerbe ist auch die **GbR** (§§ 705 ff. BGB) keine Personenhandelsgesellschaft. Sie ist wohl auch deshalb nicht als verschmelzungsfähig anerkannt worden, weil sie in keinem öffentlichen Register eingetragen ist und es deshalb an der erforderlichen Publizität fehlt. Eine GbR kann uU allerdings gemäß § 105 Abs. 2 HGB zur OHG werden und sich dann an einer Verschmelzung beteiligen.

6 Verschmelzungsfähig ist aufgrund der Ergänzung durch das Gesetz v. 22.7.1998[1] die **Partnerschaftsgesellschaft**. Auch sie übt zwar als Gesellschaft von Angehörigen Freier Berufe kein Handelsgewerbe aus (§ 1 Abs. 1 Satz 2 PartGG). Das PartGG verweist aber an mehreren Stellen auf das Recht der OHG (vgl. §§ 6 ff. PartGG). Subsidiär gilt das Recht der GbR (§ 1 Abs. 4 PartGG). Im Unterschied zur GbR wird die Partnerschaft jedoch im Partnerschaftsregister eingetragen. Für eine Verschmelzung unter Beteiligung von Partnerschaftsgesellschaften enthalten die §§ 45a–45e UmwG Sonderregeln. Diese Regeln gelten auch für die „Partnerschaftsgesellschaft mit beschränkter Berufshaftung" (PartGmbB) gemäß § 8 PartGG[2]. Sie unterscheidet sich von der Grundform der Partnerschaftsgesellschaft nur durch die auf das Gesellschaftsvermögen beschränkte Haftung für berufliche Fehler.

7 OHG und KG werden, wenn der Geschäftsbetrieb dauerhaft eingestellt oder verpachtet wird, von Rechts wegen zur GbR[3]. In solchen Fällen verliert die betreffende Gesellschaft, da sie nicht mehr OHG bzw. KG ist, auch ihre Verschmelzungsfähigkeit[4]. Dies gilt aber nicht, wenn die OHG bzw. KG gemäß § 105 Abs. 2 HGB im Handelsregister eingetragen bleibt[5]. In der Anmeldung der Verschmelzung liegt dann zugleich der konkludente Eintragungswillen gemäß § 105 Abs. 2 iVm. § 2 Satz 2 und 3 HGB[6]. Wird eine Verschmelzung unter Beteiligung einer Schein-OHG bzw. Schein-KG (vgl. § 5 HGB) durchgeführt, so steht die Wirksamkeit der Verschmelzung gemäß § 20 Abs. 2 UmwG daher außer Frage[7]. Fehlen bei der übernehmenden bzw. neuen OHG oder KG allerdings dauerhaft die Voraussetzungen für ihre Eintragung, so kommt eine **Amtslöschung** der Gesellschaft nach § 395 Abs. 1 FamFG in Betracht[8]. Umgekehrt wird zB eine GbR,

---

1 BGBl. I 1988, S. 1878.
2 IdF des Gesetzes zur Einführung einer Partnerschaftsgesellschaft mit beschränkter Berufshaftung und zur Änderung des Berufsrechts der Rechtsanwälte, Patentanwälte, Steuerberater und Wirtschaftsprüfer v. 15.7.2013, BGBl. I 2013, S. 2386.
3 *Roth* in Baumbach/Hopt, § 105 HGB Rz. 8 mwN.
4 *Drygala* in Lutter, § 3 UmwG Rz. 25.
5 *Stengel* in Semler/Stengel, § 3 UmwG Rz. 16; *K. Schmidt*, ZHR 163 (1999), 87 ff.
6 *Simon* in KölnKomm. UmwG, § 3 UmwG Rz. 16; aA *Drygala* in Lutter, § 3 UmwG Rz. 33.
7 So iE auch *Drygala* in Lutter, § 3 UmwG Rz. 33.
8 *H. Schmidt* in Lutter, Umwandlungsrechtstage, S. 70.

die ein vollkaufmännisches Gewerbe aufnimmt, dadurch als OHG verschmelzungsfähig[1].

3. Kapitalgesellschaften

Uneingeschränkt verschmelzungsfähig sind die in § 3 Abs. 1 Nr. 2 UmwG in einer Klammer als Kapitalgesellschaften definierten **GmbH, AG** und **KGaA**. Diese Definition entspricht sowohl dem allgemeinen Sprachgebrauch wie auch der Abgrenzung im Bilanzrecht (§§ 264 ff. HGB). Soweit an einer Verschmelzung eine GmbH, AG oder KGaA beteiligt ist, gelten ergänzend jeweils besondere Vorschriften (§§ 46 ff., 60 ff., 78 UmwG). Dass die Kapitalgesellschaft ein Unternehmen im betriebswirtschaftlichen oder rechtlichen Sinne betreibt, ist nicht erforderlich. Daher kann auch zB eine GmbH, die eine Sozialeinrichtung iS von § 5 Abs. 1 KStG (zB Unterstützungskasse) betreibt, an einer Verschmelzung (zB mit einer anderen solchen GmbH) beteiligt sein[2]. Der Verschmelzung können allerdings andere, zB berufsrechtliche Gründe entgegenstehen[3]. 8

Keine eigenständige Rechtsform, sondern nur eine Unterform der GmbH ist die durch das MoMiG[4] geschaffene **Unternehmergesellschaft (haftungsbeschränkt)**, § 5a GmbHG. Der Formwechsel einer solchen „minderen" GmbH in eine vollwertige GmbH oder umgekehrt ist deshalb ausgeschlossen[5]. Soweit es um die Beteiligung einer UG (haftungsbeschränkt) an einer Verschmelzung geht, ist wegen des Verbots einer Gründung durch Sacheinlagen (§ 5a Abs. 2 Satz 2 GmbHG) zu differenzieren: Keine Bedenken bestehen gegen eine Beteiligung als übertragender Rechtsträger[6]. Richtiger Ansicht nach kann eine UG (haftungsbeschränkt) auch übernehmender Rechtsträger sein, da sich aus dem Verbot der Sachgründung kein Verbot einer Sachkapitalerhöhung ergibt[7]. Dies gilt jedenfalls dann, wenn das Stammkapital zur Durchführung der Verschmelzung auf mindestens 25 000 Euro erhöht wird[8]. Eine UG (haftungsbeschränkt) 9

---

1 *Drygala* in Lutter, § 3 UmwG Rz. 32; *Simon* in KölnKomm. UmwG, § 3 UmwG Rz. 19.
2 *Kallmeyer*, ZIP 1994, 1746 (1751).
3 Vgl. OLG Hamm v. 26.9.1996 – 15 W 151/96, DB 1997, 268 = GmbHR 1997, 176 zur Verschmelzung einer Steuerberatungs-GmbH.
4 Gesetz zur Modernisierung des GmbH-Rechts und zur Bekämpfung von Missbräuchen (MoMiG) v. 23.10.2008, BGBl. I 2008, S. 2026.
5 *Tettinger*, Der Konzern 2007, 75 (77); *Drygala* in Lutter, § 3 UmwG Rz. 11.
6 *Drygala* in Lutter, § 3 UmwG Rz. 12; *Simon* in KölnKomm. UmwG, § 3 UmwG Rz. 21; *Stengel* in Semler/Stengel, § 3 UmwG Rz. 20; *Gasteyer*, NZG 2009, 1364 (1367); *Tettinger*, Der Konzern 2008, 75 (76); *Weber*, BB 2009, 842 (846 f.).
7 AA *Tettinger*, Der Konzern 2008, 75 (77) unter Hinweis auf *Seibert*, GmbHG 2007, 673 (676).
8 BGH v. 19.4.2011 – II ZB 25/10, NZG 2011, 664 = GmbHR 2011, 699 zur Kapitalerhöhung; zust. *Gasteyer*, NZG 2011, 693 und *Heckschen*, GWR 2011, 232; *Stengel* in Semler/Stengel, § 3 UmwG Rz. 20; *N. Meister*, NZG 2008, 767 (767 f.); *Heinemann*, NZG 2008,

§ 3 | Möglichkeit der Verschmelzung

kann wegen des Verbots der Sachgründung allerdings nicht als neuer Rechtsträger an einer Verschmelzung beteiligt sein[1]. Das Sachgründungsverbot wird keineswegs durch das UmwG überlagert; das UmwG verweist vielmehr auf das jeweilige Gründungsrecht (§ 36 Abs. 2 Satz 1 UmwG).

10 Die Kapitalgesellschaften entstehen als solche jeweils erst mit ihrer Eintragung in das Handelsregister (§ 11 Abs. 1 GmbHG, §§ 41 Abs. 1, 278 Abs. 3 AktG). Zwischen der Gründung und der Eintragung entsteht als Zwischenstadium eine **Vor-Gesellschaft**, die schon in bestimmtem Umfang auch nach außen rechtsfähig ist. Verschmelzungsfähig sind diese Vor-Gesellschaften allerdings noch nicht; das UmwG geht vielmehr von der Existenz bereits eingetragener Kapitalgesellschaften aus. Die Vor-Gesellschaft kann sich allerdings schon am Abschluss des Verschmelzungsvertrages beteiligen oder den Verschmelzungsbeschluss fassen. Sie muss bis zum Wirksamwerden der Verschmelzung aber als GmbH, AG oder KGaA eingetragen sein[2].

11 Eine **Europäische Gesellschaft** (Societas Europaea, SE) unterliegt gemäß Art. 9 Abs. 1 lit. ii) SE-VO den Rechtsvorschriften des Mitgliedstaates, in dem sie ihren Sitz hat, über die nationalen Aktiengesellschaften. Eine SE mit Sitz in Deutschland ist danach grundsätzlich wie eine AG nach § 3 Abs. 1 Nr. 2 UmwG verschmelzungsfähig[3]. Die Neugründung einer SE im Wege der Verschmelzung kann aber nur nach den Bestimmungen der SE-VO (Art. 2 Abs. 1, 17 ff.) iVm. dem SEAG[4] und dem SEBG[5] erfolgen. Siehe zum Ganzen auch die Erläuterungen im Anhang I Rz. 3 ff.

---

820 (821); *Tettinger*, Der Konzern 2008, 75 (76 f.); inzwischen auch *Drygala* in Lutter, § 3 UmwG Rz. 13; aA OLG München v. 23.9.2010 – 3 Wx 149/10, NJW 2011, 464; *Weber*, BB 2009, 842 (847); *Widmann* in Widmann/Mayer, § 1 UmwG Rz. 48.2.

1 *Tettinger*, Der Konzern 2007, 75 (76); *Simon* in KölnKomm. UmwG, § 3 UmwG Rz. 21; *Stengel* in Semler/Stengel, § 3 UmwG Rz. 20; *Drygala* in Lutter, § 3 UmwG Rz. 12; aA *Hennrichs*, NZG 2009, 1161 (1163 f.).

2 Vgl. *Streck/Mack/Schwedhelm*, GmbHR 1995, 161 (162); *Drygala* in Lutter, § 3 UmwG Rz. 7; *Simon* in KölnKomm. UmwG, § 3 UmwG Rz. 24; *Stengel* in Semler/Stengel, § 3 UmwG Rz. 48; zu weiteren Einzelheiten einer Umwandlung im Vorgriff auf die Eintragung *K. Schmidt* in FS Zöllner, 1998, S. 521 ff.

3 *Oplustil/Schneider*, NZG 2003, 13 (16); *Drygala* in Lutter, § 3 UmwG Rz. 20; *Simon* in KölnKomm. UmwG, § 3 UmwG Rz. 27; *Vossius* in Widmann/Mayer, § 20 UmwG Rz. 423; *Marsch-Barner* in Liber amicorum Happ, 2006, S. 161 ff.

4 Gesetz zur Ausführung der Verordnung (EG) Nr. 2157/2001 des Rates v. 8.10.2001 über das Statut der Europäischen Gesellschaft (SE-Ausführungsgesetz – SEAG) v. 22.12.2004, BGBl. I 2004, S. 3675.

5 Gesetz über die Beteiligung der Arbeitnehmer in einer Europäischen Gesellschaft (SE-Beteiligungsgesetz – SEBG) v. 22.12.2004, BGBl. I 2004, S. 3686.

4. Eingetragene Genossenschaften

Nach § 3 Abs. 1 Nr. 3 UmwG sind auch die eingetragenen Genossenschaften verschmelzungsfähig, und zwar unabhängig von der Art der Mitgliederhaftung und der Höhe der Nachschusspflicht (§§ 1 Abs. 1, 6 GenG). Die eingetragene Genossenschaft entsteht erst mit ihrer Eintragung ins Genossenschaftsregister (§ 13 GenG). Wird diese Eintragung nicht herbeigeführt, so ist die betreffende Personenvereinigung, auch wenn sie die Voraussetzungen des § 1 Abs. 1 GenG erfüllt, keine eingetragene Genossenschaft; sie fällt dann auch nicht unter § 3 Abs. 1 Nr. 3 UmwG. Sondervorschriften über die eG enthalten die §§ 79–98 UmwG.

12

Verschmelzungsfähig ist auch die **Europäische Genossenschaft** (Societas Cooperativa Europaea, SCE). Die Regeln der Verschmelzung über die eG gelten daher auch für sie. Nach der Verweisung in Art. 9 SCE-VO steht die SCE der eG in ihrem Sitzstaat gleich. Für die Gründung einer SCE gelten allerdings die Sonderregeln der Art. 19–34 SCE-VO iVm. §§ 5 ff. SCEAG[1].

13

5. Eingetragene Vereine

Nach § 3 Abs. 1 Nr. 4 UmwG sind eingetragene Vereine iS von § 21 BGB verschmelzungsfähig. Die Verschmelzung ist allerdings nur auf oder mit anderen Vereinen möglich und setzt voraus, dass die Satzung oder das betroffene Landesrecht der Verschmelzung nicht entgegenstehen (vgl. § 99 UmwG). Im Unterschied zu den in § 3 Abs. 2 Nr. 1 UmwG angesprochenen wirtschaftlichen Vereinen nach § 22 BGB geht es in § 3 Abs. 1 Nr. 4 UmwG um den sog. **Idealverein**, dessen Zweck nicht auf einen wirtschaftlichen Geschäftsbetrieb gerichtet ist. Entscheidend ist dafür nicht nur der Wortlaut der Satzung, sondern der tatsächlich verfolgte Zweck[2]. Als nicht wirtschaftlicher Verein werden zB Unterstützungskassen oder andere betriebliche Sozialeinrichtungen geführt.

14

6. Genossenschaftliche Prüfungsverbände

Verschmelzungsfähig sind nach § 3 Abs. 1 Nr. 5 UmwG die genossenschaftlichen Prüfungsverbände. Wie sich aus §§ 105 ff. UmwG ergibt, können diese Verbände, bei denen es sich um die Spezialform eines eingetragenen Vereins handelt (§ 63b GenG), nur untereinander verschmolzen werden. Struktur und Aufgabe dieser Prüfungsverbände ergeben sich im Einzelnen aus dem GenG (§§ 53 ff. GenG).

15

---

1 *Drygala* in Lutter, § 3 UmwG Rz. 22; *Simon* in KölnKomm. UmwG, § 3 UmwG Rz. 35 ff.
2 Vgl. *Ellenberger* in Palandt, 75. Aufl. 2016, § 21 BGB Rz. 3 ff.

7. Versicherungsvereine auf Gegenseitigkeit

16 Versicherungsvereine auf Gegenseitigkeit (VVaG) können nur miteinander verschmolzen werden (§ 109 Satz 1 UmwG). Zusätzlich möglich ist aber die Verschmelzung auf eine Versicherungs-AG (§ 109 Satz 2 UmwG).

8. Wirtschaftliche Vereine

17 Nur eingeschränkt verschmelzungsfähig sind wirtschaftliche Vereine iS von § 22 BGB. Sie können nach § 3 Abs. 2 Nr. 1 UmwG an einer Verschmelzung **nur als übertragende Rechtsträger** beteiligt sein. Solche Vereine sind nach der Gesetzesbegründung[1] als Träger eines Unternehmens nur ausnahmsweise geeignet; ihre Vergrößerung oder Neugründung im Wege der Verschmelzung soll deshalb auch weiterhin nicht zugelassen werden. Wirtschaftliche Vereine sind insbesondere nur nach dem Publizitätsgesetz (§ 3 Abs. 1 Nr. 3 PublG) zur Rechnungslegung verpflichtet und unterliegen keinen Vorschriften über Aufbringung und Erhaltung ihres Kapitals. Für sie gelten auch nicht die Vorschriften über die Unternehmensmitbestimmung (vgl. § 1 DrittelbG, § 1 MitbestG).

9. Natürliche Personen

18 Natürliche Personen (§§ 1 ff. BGB) sind nach § 3 Abs. 2 Nr. 2 UmwG nur insoweit verschmelzungsfähig, als sie das Vermögen einer **Kapitalgesellschaft** als deren **Alleingesellschafter** übernehmen können. Dieser Sonderfall der Konzernverschmelzung bedeutet, dass das Unternehmen der übertragenden Kapitalgesellschaft durch diese Art der Verschmelzung zu einem Einzelunternehmen wird. Ist der übernehmende Alleingesellschafter nicht in das Handelsregister eingetragen, wird die Verschmelzung ausnahmsweise mit der Eintragung im Register der übertragenden Gesellschaft wirksam (§ 122 Abs. 2 UmwG).

19 Das Gesetz sieht weiter gehende Verschmelzungsmöglichkeiten unter Beteiligung natürlicher Personen nicht vor. Insbesondere können **mehrere Einzelunternehmen**, die von verschiedenen natürlichen Personen betrieben werden, nicht zB unter Neugründung einer Personenhandels- oder Kapitalgesellschaft vereinigt werden. Eine Gesamtrechtsnachfolge kann nur auf Umwegen, zB dadurch erreicht werden, dass zwei oder mehr Einzelkaufleute ihr Unternehmen auf jeweils eine GmbH übertragen und diese dann untereinander verschmolzen werden[2].

---

1 BT-Drucks. 12/6699, S. 81.
2 Vgl. *Felix*, BB 1990, 1509.

Die natürliche Person, die sich an einer Verschmelzung nach § 3 Abs. 2 Nr. 2   20
UmwG beteiligt, muss **alleiniger Gesellschafter** der übertragenden Kapitalgesellschaft sein (vgl. dazu § 120 UmwG). Weitere Eigenschaften verlangt das Gesetz nicht. Die natürliche Person braucht deshalb nicht voll geschäftsfähig zu sein; unerheblich ist auch ihre Staatsangehörigkeit. Sie muss auch keinen inländischen Wohnsitz haben (dazu näher § 120 UmwG Rz. 5)[1].

10. Aufgelöste Rechtsträger

Nach § 3 Abs. 3 UmwG ist auch die Verschmelzung bereits **aufgelöster übertra-**   21
gender Rechtsträger zulässig, wenn deren Fortsetzung beschlossen werden könnte. Damit sollen vor allem Sanierungsfusionen erleichtert werden[2].

Die bloße **Überschuldung** eines Rechtsträgers steht seiner Verschmelzung   22
nicht entgegen[3]. Hat ein übertragender Rechtsträger kein positives Vermögen, ist eine Sachkapitalerhöhung bei einer übernehmenden Gesellschaft allerdings nicht möglich. Bei (teilweise) identischem Gesellschafterkreis würde die Verschmelzung gegen § 30 GmbHG bzw. § 57 AktG verstoßen[4]. Verzichten die Gesellschafter einer übertragenden Gesellschaft gemäß §§ 54 Abs. 1 Satz 3, 68 Abs. 1 Satz 3 UmwG auf die Kapitalerhöhung, so werden durch die Verschmelzung die Vermögensinteressen der Gesellschafter der übernehmenden Gesellschaft beeinträchtigt. Ein mehrheitlich gefasster Zustimmungsbeschluss kann in solchen Fällen wegen Verstoßes gegen die gesellschaftsrechtliche Treuepflicht gegenüber der Minderheit oder wegen Gewährung unzulässiger Sondervorteile anfechtbar sein[5]. Ein ähnliches Problem ergibt sich, wenn umgekehrt ein „gesunder" Rechtsträger auf einen überschuldeten Rechtsträger verschmolzen wird. Die den Anteilsinhabern des übertragenden Rechtsträgers gewährten Anteile sind dann uU wertlos; ein wertmäßiger Ausgleich kann evtl durch eine Kapitalherabsetzung zu Lasten der Anteile der Anteilsinhaber des übernehmenden Rechtsträgers erreicht werden[6]. Die Verschmelzung einer

---

1 *Stratz* in Schmitt/Hörtnagl/Stratz, § 3 UmwG Rz. 43.
2 Begr. RegE, BT-Drucks. 12/6699, S. 82; dazu auch *Wegmann/Schmitz*, WPg 1989, 189 ff.
3 Vgl. OLG Stuttgart v. 4.10.2005 – 8 W 426/05, DB 2005, 2681 = GmbHR 2006, 380; LG Leipzig v. 18.1.2006 – 01 HKT 7414/04, DB 2006, 885; *Stratz* in Schmitt/Hörtnagl/Stratz, § 3 UmwG Rz. 50.
4 *Rubner/Leuering*, NJW-Spezial 2012, 719.
5 Vgl. *Rubner/Leuering*, NJW-Spezial 2012, 719; *Weiler*, NZG 2008, 527 (530 ff.); weitergehend *Klein/Stephanblome*, ZGR 2007, 351 (368), *Drygala* in Lutter, § 3 UmwG Rz. 24 und *Böttcher* in Böttcher/Habighorst/Schulte, § 3 UmwG Rz. 18, die einen einstimmigen Zustimmungsbeschluss verlangen; vgl. dazu auch *Stratz* in Schmitt/Hörtnagl/Stratz, § 3 UmwG Rz. 50 mit dem Hinweis auf die Grundsätze zum existenzvernichtenden Eingriff.
6 Siehe dazu *Blasche*, GWR 2010, 441 (444); *Döbereiner* in Beck'sches Formularbuch GmbH-Recht, 2010, J. VII.1 Rz. 4.

überschuldeten Kapitalgesellschaft auf den Alleingesellschafter ist dagegen unbedenklich[1].

23 Die **Fortsetzung** eines bereits aufgelösten Rechtsträgers ist nur bis zum Abschluss der Abwicklung (Vollbeendigung) möglich; sie setzt einen entsprechenden Fortsetzungsbeschluss voraus, der auch stillschweigend gefasst werden kann. Im Allgemeinen ist dieser Beschluss in der Zustimmung zur Verschmelzung enthalten. Bei der AG kann die Fortsetzung nur beschlossen werden, solange mit der Verteilung des Vermögens unter den Aktionären noch nicht begonnen wurde (§ 274 Abs. 1 und 2 AktG und Art. 3 Abs. 2 der dritten gesellschaftsrechtlichen Richtlinie; ebenso § 79a GenG). Eine aufgelöste GmbH kann nach hM zwar allgemein und nicht nur im Falle der Insolvenz (§ 60 Nr. 4 GmbHG) fortgesetzt werden. Auch hier gilt aber das Verteilungsverbot des § 274 AktG entsprechend[2]. Damit soll eine Umgehung des Verbots der Einlagenrückgewähr (§ 57 AktG, § 30 GmbHG) verhindert werden[3]. Neben dem Fortsetzungsbeschluss der Gesellschafter sind meist zusätzliche Maßnahmen zur Beseitigung des Auflösungsgrundes erforderlich. Liegt ein besonderer Auflösungsgrund, zB Überschuldung oder Zahlungsunfähigkeit, vor, der zur Eröffnung eines Insolvenzverfahrens geführt hat, so muss erst dieser Auflösungsgrund beseitigt werden, bevor eine Fortsetzung möglich ist[4].

24 Für die Verschmelzungsfähigkeit genügt es, wenn die Fortsetzung beschlossen werden *könnte*; die Fassung eines Fortsetzungsbeschlusses ist daher grundsätzlich nicht erforderlich. Ein solcher Beschluss war nach früherem Recht jedenfalls beim übertragenden Rechtsträger nicht sinnvoll, weil die Beteiligung an einer Verschmelzung wieder zu seiner Auflösung führt (vgl. § 2 UmwG Rz. 11). Für die Beteiligung an der Verschmelzung **genügt** deshalb idR ein **Verschmelzungsbeschluss**[5]. Ist (auch) der übernehmende Rechtsträger aufgelöst, empfiehlt sich allerdings für diesen zur Klarstellung auch ein ausdrücklicher Beschluss über die Fortsetzung[6]. Diese Rechtslage hat sich durch das ESUG insofern geändert, als danach die Fortsetzung schon im Insolvenzplan und damit vor Abschluss des

---

1 OLG Suttgart v. 4.10.2005 – 8 W 426/05, DB 2005, 2681 = GmbHR 2006, 380.
2 OLG Düsseldorf v. 13.7.1979 – 3 W 140/79, GmbHR 1979, 276 (277); *Drygala* in Lutter, § 3 UmwG Rz. 25; *Stratz* in Schmitt/Hörtnagl/Stratz, § 3 UmwG Rz. 51; *Fronhöfer* in Widmann/Mayer, § 3 UmwG Rz. 48.
3 *Drygala* in Lutter, § 3 UmwG Rz. 25.
4 Vgl. zur GmbH BayObLG v. 4.2.1998 – 3Z BR 462/97, NJW-RR 1998, 902 f. = GmbHR 1998, 540 und *Kleindiek* in Lutter/Hommelhoff, § 60 GmbHG Rz. 28 ff.; zur OHG/KG *Roth* in Baumbach/Hopt, § 131 HGB Rz. 29 ff. sowie allgemein *Drygala* in Lutter, § 3 UmwG Rz. 26 und *Stratz* in Schmitt/Hörtnagl/Stratz, § 3 UmwG Rz. 57.
5 Vgl. *Drygala* in Lutter, § 3 UmwG Rz. 26; *Stengel* in Semler/Stengel, § 3 UmwG Rz. 43; *Stratz* in Schmitt/Hörtnagl/Stratz, § 3 UmwG Rz. 52.
6 Vgl. AG Erfurt v. 25.10.1995 – HRB 1870, Rpfleger 1996, 163.

Verfahrens beschlossen werden kann (§ 225a Abs. 3 InsO). Damit ist jede Gesellschaft noch in der Insolvenz fortsetzungsfähig[1].

Für **Personenhandelsgesellschaften** und **Partnerschaftsgesellschaften** ergeben sich Einschränkungen aus §§ 39, 45e UmwG. Danach darf als Voraussetzung für die Verschmelzungsfähigkeit keine andere Auseinandersetzungsart als die Liquidation oder die Verschmelzung vereinbart sein. Die Vereinbarung der Übernahme des Handelsgeschäfts durch einen Gesellschafter (§ 145 HGB) oder der Realteilung des Gesellschaftsvermögens steht dementsprechend einer Verschmelzung entgegen[2]. Diese ist nur möglich, wenn die entgegenstehende Vereinbarung zuvor aufgehoben wurde[3]. 25

Nicht geregelt ist der Fall, dass sich der **übernehmende** oder **neue Rechtsträger in Auflösung** befindet. Beschränkungen für die Verschmelzungsfähigkeit solcher Rechtsträger enthält das UmwG nicht. Mit der Erwähnung der übertragenden Rechtsträger in § 3 Abs. 3 UmwG wird nur das frühere Recht übernommen; ein Ausschluss aufgelöster übernehmender Rechtsträger ergibt sich daraus nicht[4]. Zu prüfen bleibt aber, ob die Beteiligung an einer Verschmelzung mit Zweck und Stand der jeweiligen Abwicklung in Einklang steht. Kann eine Fortsetzung, zB bei Auflösung kraft Gesetzes, nicht mehr beschlossen werden, ist eine Verschmelzung ausgeschlossen[5]. Ist eine Fortsetzung möglich, ist insbesondere mit der Verteilung des Vermögens noch nicht begonnen worden, so liegt in dem Verschmelzungsbeschluss idR zugleich der Beschluss zur Beendigung der Abwicklung und zur Fortsetzung der Gesellschaft[6]. Aus Gründen der Rechtsklarheit empfiehlt es sich allerdings, den Fortsetzungsbeschluss ausdrücklich und zeitlich vor dem Verschmelzungsbeschluss zu fassen[7]. Soll der überneh- 26

---

1 *Madaus*, ZIP 2012, 2133 (2134).
2 *H. Schmidt* in Lutter, Umwandlungsrechtstage, S. 69.
3 Vgl. im Übrigen § 39 UmwG Rz. 7 und § 45e UmwG Rz. 1.
4 *Stratz* in Schmitt/Hörtnagl/Stratz, § 3 UmwG Rz. 47; *Bayer*, ZIP 1997, 1613 (1614); *Heckschen*, DB 1998, 1385 (1387); *Wachter*, NZG 2015, 858 (860 f.); aA *Sagasser/Luke* in Sagasser/Bula/Brünger, § 9 Rz. 27; *Drygala* in Lutter, § 3 UmwG Rz. 31; *Stengel* in Semler/Stengel, § 3 UmwG Rz. 46; OLG Brandenburg v. 27.1.2015 – 7 W 118/14, GmbHR 2015, 588 = NZG 2015, 884 m. abl. Anm. *Madaus*; AG Erfurt v. 25.10.1995 – HRB 1870, Rpfleger 1996, 163; OLG Naumburg v. 12.2.1997 – 10 Wx 1/97, GmbHR 1997, 1152 = EWiR 1997, 807 m. abl. Anm. *Bayer*.
5 KG v. 22.9.1998 – 1 W 2161/97, NJW-RR 1999, 475 = GmbHR 1998, 1232; *Drygala* in Lutter, § 3 UmwG Rz. 31.
6 *H. Schmidt* in Lutter, Umwandlungsrechtstage, S. 69; für vorherigen Fortsetzungsbeschluss *Bayer*, ZIP 1997, 1613 (1614); OLG Naumburg v. 12.2.1997 – 10 Wx 1/97, NJW-RR 1998, 178 (180) = GmbHR 1997, 1152; *Simon* in KölnKomm. UmwG, § 3 UmwG Rz. 58; *Stengel* in Semler/Stengel, § 3 UmwG Rz. 46; *Stratz* in Schmitt/Hörtnagl/Stratz, § 3 UmwG Rz. 52; aA *Drygala* in Lutter, § 3 UmwG Rz. 31.
7 *Fronhöfer* in Widmann/Mayer, § 3 UmwG Rz. 73; *Stratz* in Schmitt/Hörtnagl/Stratz, § 3 UmwG Rz. 48; *Wachter*, NZG 2015, 858 (861).

mende Rechtsträger nicht fortgesetzt werden (Abwicklungsfusion), so kommt eine Verschmelzung nur in Betracht, wenn der übertragende Rechtsträger keine Gläubiger hat. Andernfalls wäre der Gläubigerschutz gemäß § 22 UmwG nicht gewährleistet[1].

27 Ausgeschlossen ist die Verschmelzung nach hM im Falle der **Insolvenz** des übernehmenden oder neuen Rechtsträgers. Dieser wird durch die Eröffnung des Verfahrens aufgelöst (§ 262 Abs. 1 Nr. 3 AktG, § 60 Abs. 1 Nr. 3 GmbHG, § 131 Abs. 1 Nr. 3 HGB). Insofern besteht allerdings kein Unterschied zur Situation bei dem übertragenden Rechtsträger. Soweit bei diesem nach Einstellung oder Aufhebung des Insolvenzverfahrens (vgl. § 274 Abs. 2 Nr. 1 AktG, § 60 Abs. 1 Nr. 4 GmbHG) ein Fortsetzungsbeschluss möglich ist, besteht auch für den übernehmenden Rechtsträger die Möglichkeit, sich an einer Verschmelzung zu beteiligen[2]. Für eine übernehmende Personenhandelsgesellschaft gilt allerdings § 39 UmwG entsprechend. Seit Inkrafttreten des ESUG kann die Fortsetzung der Gesellschaft unmittelbar im Insolvenzplan festgelegt werden (§ 225a Abs. 3 InsO). Außerdem kann auch die Verschmelzung selbst in den Insolvenzplan aufgenommen werden (§ 254a Abs. 2 InsO; siehe dazu näher Anhang II Rz. 38 ff.).

11. Mischverschmelzung

28 Nach § 3 Abs. 4 UmwG kann die Verschmelzung unter gleichzeitiger Beteiligung von Rechtsträgern derselben oder **unterschiedlicher Rechtsform** erfolgen, soweit im Gesetz nichts anderes bestimmt ist. Dies gilt für die Verschmelzung durch Aufnahme wie für die Verschmelzung durch Neugründung (§ 2 UmwG) und unabhängig davon, ob es sich um übertragende oder übernehmende Rechtsträger handelt. Bei einer Verschmelzung durch Aufnahme können dementsprechend zB mehrere OHG/KG und/oder GmbH gemeinsam auf eine AG verschmolzen werden. Bei der Verschmelzung durch Neugründung können entsprechend mehrere OHG/KG und/oder GmbH auf eine neu gegründete AG fusioniert werden. **Einschränkungen** der Mischverschmelzung bestehen vor allem für die genossenschaftlichen **Prüfungsverbände** (§§ 105 ff. UmwG) und die **VVaG** (§ 109 UmwG).

29 Die **gleichzeitige Beteiligung** mehrerer in der Rechtsform unterschiedlicher Gesellschaften als übertragende Rechtsträger kann zu einer **erheblichen Komplizierung** des Verschmelzungsverfahrens führen. Dies gilt vor allem für den Inhalt des Verschmelzungsvertrags, in dem ua. das Umtauschverhältnis und die Einzel-

---

1 *Drygala* in Lutter, § 3 UmwG Rz. 31; *Madaus*, ZIP 2012, 2133 ff.; für eine zeitliche Vorverlegung des Gläubigerschutzes Wachter, NZG 2015, 858 (862).
2 *Stratz* in Schmitt/Hörtnagl/Stratz, § 3 UmwG Rz. 57; *Stengel* in Semler/Stengel, § 3 UmwG Rz. 44.

heiten der Anteilsgewährung an die Anteilsinhaber der übertragenden Rechtsträger geregelt werden müssen (§ 5 Abs. 1 Nr. 3 und 4 UmwG). Erforderlich sind außerdem Verschmelzungsbeschlüsse aller beteiligten Rechtsträger (§ 13 UmwG), wobei die für die jeweilige Rechtsform geltenden allgemeinen und besonderen Vorschriften zu beachten sind[1]. Kommt nur ein Verschmelzungsbeschluss nicht zustande oder verzögert er sich, wirkt sich dies auf die Verschmelzung insgesamt aus. Eine Verschmelzung unter Beteiligung von mehr als zwei Rechtsträgern dürfte deshalb nur bei einer überschaubaren Anzahl von Anteilsinhabern und einheitlichen Interessen in Betracht kommen. Als Alternative bleibt die Möglichkeit, **mehrere Verschmelzungen** zeitlich **nacheinander** durchzuführen (vgl. dazu auch § 2 UmwG Rz. 4, 6). Bei der Mischverschmelzung ist im Übrigen das Austrittsrecht nach § 29 Abs. 1 Satz 1 UmwG zu beachten.

Eine Verbindung mehrerer Verschmelzungen auf einen übernehmenden Rechtsträger mit einer gleichzeitigen Auf- oder Abspaltung bei diesem Rechtsträger (**verschmelzende Auf- und Abspaltung**) ist wegen der dabei auftretenden verfahrensrechtlichen Schwierigkeiten nicht zulässig[2]. 30

Zweiter Abschnitt
Verschmelzung durch Aufnahme

§ 4
Verschmelzungsvertrag

(1) Die Vertretungsorgane der an der Verschmelzung beteiligten Rechtsträger schließen einen Verschmelzungsvertrag. § 311b Abs. 2 des Bürgerlichen Gesetzbuchs gilt für ihn nicht.

(2) Soll der Vertrag nach einem der nach § 13 erforderlichen Beschlüsse geschlossen werden, so ist vor diesem Beschluss ein schriftlicher Entwurf des Vertrags aufzustellen.

1. Überblick	1	6. Inhalt und Auslegung	9
2. Verschmelzungsvertrag	2	7. Bedingung, Befristung	11
3. Abschlusskompetenz	4	8. Anfechtung, Nichtigkeit	13
4. Ausschluss von § 311b Abs. 2 BGB	6	9. Änderung, Aufhebung	16
5. Entwurf des Vertrages	7	10. Erfüllung	19

---

1 *Drygala* in Lutter, § 3 UmwG Rz. 40; *Stengel* in Semler/Stengel, § 3 UmwG Rz. 54; *Böttcher* in Böttcher/Habighorst/Schulte, § 3 UmwG Rz. 23.
2 Vgl. *Drygala* in Lutter, § 3 UmwG Rz. 41 mwN.

§ 4 | Verschmelzung durch Aufnahme

Literatur: *Austmann/Frost*, Vorwirkungen von Verschmelzungen, ZHR 169 (2005), 431; *Döss*, Die Auswirkungen von Mängeln einer Verschmelzung durch Aufnahme auf die rechtliche Stellung einer übertragenden Gesellschaft und ihrer Aktionäre, 1990; *Grunewald*, Auslegung von Unternehmens- und Umwandlungsverträgen, ZGR 2009, 647; *Heckschen*, Verschmelzung von Kapitalgesellschaften, 1989; *Kiem*, Die Eintragung der angefochtenen Verschmelzung, 1991; *Kiem*, Verträge zur Umwandlung von Unternehmen, 1998; *Körner/Rodewald*, Bedingungen, Befristungen, Rücktritts- und Kündigungsrechte in Verschmelzungs- und Spaltungsverträgen, BB 1999, 853; *R. Meier*, Die Rechtsnatur des Fusionsvertrages, 1986; *Melchior*, Vollmachten bei Umwandlungsvorgängen – Vertretungshindernisse und Interessenkollisionen, GmbH 1999, 520; *Priester*, Strukturänderungen – Beschlussvorbereitung und Beschlussfassung, ZGR 1990, 420; *Scheel*, Befristete und bedingte Handelsregistereintragungen bei Umstrukturierungen von Kapitalgesellschaften, DB 2004, 2355.

1. Überblick

1 Die Vorschrift verlangt als Grundlage einer jeden Verschmelzung einen Verschmelzungsvertrag. Dabei genügt es, wenn der Vertrag zum Zeitpunkt der Verschmelzungsbeschlüsse nur als schriftlicher Entwurf vorliegt. Die gemäß § 6 UmwG notwendige notarielle Beurkundung kann danach erfolgen.

2. Verschmelzungsvertrag

2 Der Verschmelzungsvertrag wird zwischen allen an der Verschmelzung beteiligten Rechtsträgern abgeschlossen. Er regelt vor allem, wie sich im Einzelnen aus § 5 UmwG ergibt, die Übertragung des Vermögens der übertragenden auf den übernehmenden Rechtsträger und die Gegenleistung, nämlich die Gewährung von Anteilen oder Mitgliedschaften an dem übernehmenden Rechtsträger. Bei der Verschmelzung durch Neugründung gehört zum Verschmelzungsvertrag auch die Satzung des neuen Rechtsträgers (§ 37 UmwG). Seiner Rechtsnatur nach ist der Verschmelzungsvertrag damit in erster Linie ein **körperschaftlicher Organisationsakt**[1]. Daneben begründet er auch **schuldrechtliche Bindungen** zwischen den beteiligten Rechtsträgern (Verpflichtung zur Durchführung der Verschmelzung, insbesondere zur Vermögensübertragung) und gegenüber den Anteilsinhabern, insbesondere zur Anteilsgewährung und ggf. zur Leistung von baren Zuzahlungen[2]. Die Eintragung der Verschmelzung führt darüber hinaus auch zu **dinglichen Rechtsänderungen**, insbesondere zum Vermögensübergang (vgl. § 20 Abs. 1 Nr. 1 UmwG). Diese Änderungen ergeben sich aber aus dem Gesetz; der Verschmelzungsvertrag ist dafür nur Voraussetzung[3].

---

1 *Drygala* in Lutter, § 4 UmwG Rz. 4; *Mayer* in Widmann/Mayer, § 4 UmwG Rz. 21 ff.; *Schröer* in Semler/Stengel, § 4 UmwG Rz. 4.
2 *Drygala* in Lutter, § 4 UmwG Rz. 5; *Mayer* in Widmann/Mayer, § 4 UmwG Rz. 26.
3 *Drygala* in Lutter, § 4 UmwG Rz. 6; *Schröer* in Semler/Stengel, § 4 UmwG Rz. 3.

Hinsichtlich der schuldrechtlichen Elemente handelt es sich beim Verschmel- 3
zungsvertrag um einen **gegenseitigen Vertrag** iS der §§ 320 ff. BGB[1]. Soweit die
Anteilsinhaber der übertragenden Rechtsträger begünstigt sind, insbesondere
durch den Anspruch auf Anteilsgewährung an dem übernehmenden Rechtsträger und ggf. auf eine bare Zuzahlung oder Abfindung (vgl. §§ 5 Abs. 1 Nr. 3 und
4, 29 UmwG), liegt ein **Vertrag zu Gunsten Dritter** iS von § 328 Abs. 1 BGB
vor[2]. Dies gilt grundsätzlich auch hinsichtlich der Informationsrechte der Arbeitnehmer nach § 5 Abs. 1 Nr. 9 UmwG[3]. Diese Informationsansprüche sind
aber sehr allgemein; ein Anspruch auf Aufnahme bestimmter Informationen in
den Verschmelzungsvertrag oder auf bestimmte Auskünfte ergibt sich daraus
nicht[4]. Im Übrigen steht weder den Anteilsinhabern noch den Arbeitnehmern
ein Anspruch auf Erfüllung des Verschmelzungsvertrages zu[5] (vgl. auch Rz. 22).

3. Abschlusskompetenz

Der Verschmelzungsvertrag kann nur durch die **Vertretungsorgane** der betei- 4
ligten Rechtsträger abgeschlossen werden. Dies sind bei der OHG und KG die
zur Vertretung berechtigten Komplementäre (§§ 125; 161 Abs. 2, 170 HGB), bei
der Partnerschaftsgesellschaft die vertretungsberechtigten Partner (§ 7 Abs. 3
PartGG), bei der GmbH die Geschäftsführer (§ 35 Abs. 1 GmbHG) und bei der
AG der Vorstand (§ 76 Abs. 1 AktG). Im Einzelfall gelten die jeweiligen Vertre-
tungsbestimmungen. Ist zB bei einer AG ein Vorstandsmitglied alleinvertre-
tungsberechtigt (§ 78 Abs. 3 AktG), so kann er die Gesellschaft auch beim Abschluss eines Verschmelzungsvertrages vertreten. Ist bei einer GmbH zB eine
Vertretung durch einen Geschäftsführer und einen Prokuristen vorgesehen (sog.
unechte Gesamtvertretung, § 78 Abs. 3 AktG analog) oder sind bei einer OHG
alle Gesellschafter gemeinsam vertretungsberechtigt (§ 125 Abs. 2 HGB), so gilt
dies auch für den Verschmelzungsvertrag. Beim Vertragsabschluss ist **§ 181
BGB** zu beachten. Handeln die Vertreter für mehrere beteiligte Rechtsträger, ist
zumindest eine Befreiung vom Verbot der Mehrfachvertretung erforderlich
(§ 181 Alt. 2 BGB)[6]. Die Befreiung kann, wenn die Anteilsinhaber zuständig

---

1 RGZ 124, 355 (361); *Böttcher* in Böttcher/Habighorst/Schulte, § 4 UmwG Rz. 7; *Simon* in
  KölnKomm. UmwG, § 4 UmwG Rz. 5; *Stratz* in Schmitt/Hörtnagl/Stratz, § 4 UmwG
  Rz. 9 f.
2 RGZ 124, 355 (361); *Grunewald* in G/H/E/K, 1994, § 341 AktG Rz. 2; *Schröer* in Semler/
  Stengel, § 4 UmwG Rz. 5; aA *Schilling* in Großkomm. AktG, 3. Aufl. 1975, § 341 AktG
  Anm. 6; *Kraft* in KölnKomm. AktG, 1985, § 340 AktG Rz. 10.
3 *Grunewald* in Lutter, Umwandlungsrechtstage, S. 24; *Schröer* in Semler/Stengel, § 4
  UmwG Rz. 54.
4 *Simon* in KölnKomm. UmwG, § 4 UmwG Rz. 38.
5 Vgl. OLG München v. 12.5.1993 – 27 U 459/92, BB 1993, 2040 ff. = AG 1994, 134 zur
  Verpflichtung zum Abschluss eines Unternehmensvertrages.
6 Dazu ausführlich *Mayer* in Widmann/Mayer, § 4 UmwG Rz. 36 ff.

sind, auch noch im Rahmen des Verschmelzungsbeschlusses erteilt werden[1]. Hat eine beteiligte GmbH oder AG einen **Aufsichtsrat**, so kann der Abschluss des Verschmelzungsvertrages aufgrund Satzung oder Geschäftsordnung von dessen Zustimmung abhängig sein (vgl. § 111 Abs. 4 Satz 2 AktG, § 52 Abs. 1 GmbHG, § 1 Abs. 1 Nr. 3 DrittelbG). Ein solches Zustimmungserfordernis gilt dann aber nur im Innenverhältnis und nicht gegenüber dem anderen Vertragspartner[2].

5   Ein **Prokurist** kann aufgrund der Prokura keinen Verschmelzungsvertrag abschließen, da dies nicht zum Betrieb eines Handelsgewerbes iS von § 49 Abs. 1 HGB gehört[3]. Ein Prokurist kann einen solchen Abschluss aber gemeinschaftlich mit einem vertretungsberechtigten Organmitglied vornehmen (sog. unechte Gesamtvertretung)[4]. Möglich ist auch der Abschluss des Vertrages durch einen Prokuristen oder sonstigen Dritten aufgrund einer **Vollmacht**, die vom Vertretungsorgan erteilt worden ist[5]. Eine solche Vollmacht ist nicht formbedürftig (§ 167 Abs. 2 BGB). Soweit allerdings die Vollmacht – bei der Verschmelzung zur Neugründung – auch die Feststellung der Satzung des neuen Rechtsträgers umfasst, sind die insoweit geltenden Formvorschriften zu beachten (§ 37 UmwG iVm. § 2 Abs. 2 GmbHG, § 23 Abs. 1 Satz 2 AktG). Ist der Verschmelzungsvertrag von einem vollmachtlosen Vertreter abgeschlossen worden, kann der Vertragsschluss vom Vertretungsorgan genehmigt werden. Die **Genehmigung** bedarf wie die Vollmacht grundsätzlich keiner besonderen Form (§ 182 Abs. 2 BGB)[6].

4. Ausschluss von § 311b Abs. 2 BGB

6   Nach § 311b Abs. 2 BGB ist ein Vertrag, der die Verpflichtung zur Übertragung künftigen Vermögens enthält, unwirksam. Dieser Fall kann beim Verschmelzungsvertrag leicht eintreten, weil im Zeitpunkt seines Abschlusses meist nicht genau feststeht, welche Vermögensgegenstände im Einzelnen mit Wirksamwerden der Verschmelzung auf den übernehmenden Rechtsträger übergehen. Zur Klarstellung ist deshalb § 311b Abs. 2 BGB durch § 4 Abs. 1 Satz 2 UmwG ausgeschlossen[7]. Dieser Ausschluss bedeutet zugleich, dass der **Verschmelzungs-**

---

1   *Schröer* in Semler/Stengel, § 4 UmwG Rz. 12; *Simon* in KölnKomm. UmwG, § 4 UmwG Rz. 16; *Mayer* in Widmann/Mayer, § 4 UmwG Rz. 37.
2   Vgl. *Hüffer/Koch*, § 111 AktG Rz. 49; *Spindler* in Spindler/Stilz, § 111 AktG Rz. 75 mwN.
3   *Drygala* in Lutter, § 4 UmwG Rz. 8; *Melchior*, GmbHR 1999, 520 (523); *Mayer* in Widmann/Mayer, § 4 UmwG Rz. 39; *Schröer* in Semler/Stengel, § 4 UmwG Rz. 8.
4   *Drygala* in Lutter, § 4 UmwG Rz. 8.
5   Vgl. *Drygala* in Lutter, § 4 UmwG Rz. 9; *Schröer* in Semler/Stengel, § 4 UmwG Rz. 9.
6   OLG Köln v. 28.3.1995 – 2 Wx 13/95, GmbHR 1995, 725 f.; *Drygala* in Lutter, § 4 UmwG Rz. 11; *Schröer* in Semler/Stengel, § 4 UmwG Rz. 15.
7   Vgl. *Drygala* in Lutter, § 4 UmwG Rz. 25; *Stratz* in Schmitt/Hörtnagl/Stratz, § 4 UmwG Rz. 5.

vertrag auch für einen künftigen Zeitpunkt oder ein künftiges Ereignis, also **aufschiebend befristet oder bedingt**, abgeschlossen werden kann. Der Abschluss unter einer aufschiebenden Bedingung ist in § 7 Satz 1 UmwG ausdrücklich anerkannt (dazu § 7 UmwG Rz. 1 ff.). Zur Zulässigkeit einer **auflösenden** Befristung oder Bedingung siehe Rz. 12.

5. Entwurf des Vertrages

Der Verschmelzungsvertrag wird nur mit Zustimmung der Anteilsinhaber aller beteiligten Rechtsträger wirksam (§ 13 Abs. 1 Satz 1 UmwG). Für die Fassung dieser Verschmelzungsbeschlüsse braucht der Verschmelzungsvertrag, wie § 4 Abs. 2 UmwG klarstellt, noch nicht abgeschlossen zu sein. Vielmehr genügt dafür die Aufstellung eines Entwurfs. Dieser muss nur schriftlich sein; die notarielle Form ist erst für den endgültigen Vertrag vorgeschrieben (§ 6 UmwG). Ist nicht sicher, ob alle Verschmelzungsbeschlüsse zustande kommen, oder können sich aus den Anteilsinhaberversammlungen noch Änderungen des Vertrages ergeben, brauchen somit noch keine Beurkundungskosten aufgewandt zu werden. Allerdings stellt ein Vertragsentwurf nur eine gemeinsame Absichtserklärung dar; beide Seiten können sich jederzeit einseitig von ihm lösen[1]. Eine wechselseitige Bindung tritt erst ein, wenn die Anteilseigner dem Vertragsentwurf zustimmen oder dieser beurkundet ist. Wird zur Verstärkung eines Vertragsentwurfs ein sog. **Business Combination Agreement** vereinbart, stellt sich die Frage, inwieweit sich der Vorstand einer beteiligten AG durch bestimmte Zusagen wie zB der zeitweiligen Nichtausnutzung eines genehmigten Kapitals in der Ausübung seiner Leitungsmacht binden kann (§ 76 Abs. 1 AktG). Solche Selbstbindungen sind zulässig, soweit an ihnen ein legitimes Interesse besteht (§ 93 AktG) und sie nicht den Kernbereich der Leitung beschränken[2]. 7

Auch der Entwurf des Verschmelzungsvertrages kann nur von den beteiligten **Vertretungsorganen** aufgestellt werden[3]. Dies war bei der AG früher ausdrücklich geregelt (vgl. § 340 Abs. 1 AktG aF), ergibt sich inzwischen aber sinngemäß aus § 4 Abs. 1 UmwG. Inhaltlich muss der Entwurf vollständig sein (Rz. 9). Die Versammlung der Anteilsinhaber ist dabei an die ihr vorgelegte Fassung gebunden. Stimmt sie dem Entwurf unter Änderungen zu, ist der Beschluss entspr. § 51 Abs. 3 GmbHG, § 245 Nr. 2 AktG anfechtbar[4]. Der Entwurf muss **schriftlich** niedergelegt sein. Eine Unterschrift ist dafür nicht erforderlich. Nach dem 8

---
1 *Drygala* in Lutter, § 4 UmwG Rz. 16; für vorvertragliche Bindungen, insbes. eine Vorlagepflicht gegenüber den Anteilseignern *Austmann/Frost*, ZHR 169 (2005), 431 (442).
2 Vgl. *Hüffer/Koch*, § 76 AktG Rz. 41 ff. und *Drygala* in Lutter, § 4 UmwG Rz. 18 ff., jeweils mwN; abl. LG München v. 5.4.2012 – 5 HK O 20488/11, NZG 2012, 1152 (1153) und OLG München v. 14.11.2012 – 7 AktG 2/12, NZG 2013, 459 (462) = AG 2013, 173.
3 *Drygala* in Lutter, § 4 UmwG Rz. 15.
4 *Schröer* in Semler/Stengel, § 4 UmwG Rz. 19.

Sinn und Wortlaut von § 4 Abs. 2 UmwG geht es nicht um die Unterzeichnung des Entwurfs, etwa als Wirksamkeitserfordernis nach § 126 BGB, sondern lediglich um seine schriftliche Fixierung. Wird ein **Vorvertrag** geschlossen, in dem sich die beteiligten Rechtsträger zum Abschluss eines Verschmelzungsvertrags verpflichten, so gilt dafür § 4 Abs. 1 UmwG entsprechend. Der Vorvertrag ist außerdem gemäß § 6 UmwG notariell zu beurkunden[1].

6. Inhalt und Auslegung

9 Der Verschmelzungsvertrag muss als Grundlage der Verschmelzung alle dafür erforderlichen Vereinbarungen enthalten. Er muss zudem mit dem endgültigen Verschmelzungsvertrag inhaltlich übereinstimmen[2]. Der gesetzliche **Mindestinhalt** des Verschmelzungsvertrages ergibt sich aus §§ 5, 29 UmwG und den rechtsformspezifischen Regelungen in §§ 40, 46, 80, 110, 122c UmwG. Zu weiteren möglichen Abreden siehe § 5 UmwG Rz. 62.

10 Der Verschmelzungsvertrag regelt nicht nur die schuldrechtlichen Beziehungen der beteiligten Rechtsträger. Er ist auch Grundlage für die mit der Verschmelzung verbundenen Strukturveränderungen und hat Auswirkungen für eine Vielzahl von Beteiligten (Anteilsinhaber, Gläubiger, Arbeitnehmer). Seine **Auslegung** muss deshalb, soweit es um diese Auswirkungen geht, wie eine Rechtsnorm nach **objektiven Gesichtspunkten** erfolgen. Eine Auslegung allein nach dem subjektiven Verständnis der beteiligten Leitungsorgane, wie sie für schuldrechtliche Verträge gilt (§§ 133, 157 BGB), ist für den Verschmelzungsvertrag insoweit unangebracht[3].

7. Bedingung, Befristung

11 Der Verschmelzungsvertrag kann unter einer **aufschiebenden Bedingung oder Befristung** (§§ 158 Abs. 1, 163 Alt. 1 BGB) abgeschlossen werden (vgl. § 7

---

[1] *Drygala* in Lutter, § 6 UmwG Rz. 3; s. auch LG Paderborn v. 28.4.2000 – 2 O 132/00, NZG 2000, 899 zur Formbedürftigkeit eines selbständigen Strafversprechens (sog. break fee).

[2] Vgl. BGH v. 16.11.1981 – II ZR 150/80, BGHZ 82, 188 ff. (194, 197) zur Vermögensübertragung nach § 361 AktG aF, heute § 179a AktG.

[3] *Drygala* in Lutter, § 5 UmwG Rz. 4; *Mayer* in Widmann/Mayer, § 4 UmwG Rz. 15; *Schröer* in Semler/Stengel, § 5 UmwG Rz. 4; iE auch *Simon* in KölnKomm. UmwG, § 4 UmwG Rz. 6; *Grunewald*, ZGR 2009, 647 (660 f.); für die Anwendung der §§ 133, 157 BGB bei einem Ausgliederungsvertrag BGH v. 8.10.2003 – XII ZR 50/02, ZIP 2003, 2155 (2157) = AG 2004, 98; vgl. auch KG Berlin v. 22.6.2004 – 1 W 243/02, AG 2005, 400 zum Erfordernis der inhaltlichen Klarheit; für eine subjektive Auslegung *Stratz* in Schmitt/Hörtnagl/Stratz, § 4 UmwG Rz. 10.

UmwG Rz. 1, 6)[1]. Ist zur Durchführung der Verschmelzung bei der übernehmenden Gesellschaft eine **Kapitalerhöhung** erforderlich, so kann zB das Wirksamwerden des Verschmelzungsvertrages von einer entsprechenden Beschlussfassung abhängig gemacht werden. Eine Verschmelzung kann auch längerfristig in der Weise geplant werden, dass einem Vertragspartner eine **Option** eingeräumt wird, zB in Form eines bindenden Vertragsangebots, das während eines bestimmten Zeitraums angenommen werden kann[2]. Bis zur **Eintragung** der Verschmelzung muss die Bedingung oder Befristung eingetreten sein, anderenfalls liegt kein wirksamer Verschmelzungsvertrag vor. Der entsprechende Nachweis ist bei der Anmeldung nach § 16 UmwG zu führen[3]. Wird die Verschmelzung (versehentlich) früher eingetragen, ist sie gemäß § 20 Abs. 2 UmwG wirksam; die Bedingung oder Befristung gilt als eingetreten[4].

Zulässig ist auch die Vereinbarung einer **auflösenden Bedingung oder Befristung** (zB das Bestehen einer bestimmten Beteiligung oder der Nachweis bestimmter Rechte innerhalb einer bestimmten Frist; §§ 158 Abs. 2, 163 Alt. 2 BGB). Eine solche Bedingung oder Befristung kann aber nur bis zum Wirksamwerden der Verschmelzung gelten[5]; danach ist die übertragende Gesellschaft rechtlich untergegangen (§ 20 Abs. 1 Nr. 2 UmwG). Durch Eintritt der Bedingung bzw. Befristung kann sie nicht wieder entstehen (§ 20 Abs. 2 UmwG)[6].   12

8. Anfechtung, Nichtigkeit

Für den Abschluss des Verschmelzungsvertrages gelten außer dem Erfordernis der notariellen Beurkundung (§ 6 UmwG) die **allgemeinen Vorschriften des BGB**, insbesondere diejenigen über Anfechtung und Nichtigkeit (§§ 119 ff., 134, 138 BGB)[7]. So kann eine Verschmelzung zB aus berufsrechtlichen Gründen un-   13

---

1 OLG Hamm v. 19.12.2005 – 15 W 377/05, GmbHR 2006, 255 zur sog. Kettenverschmelzung; *Drygala* in Lutter, § 4 UmwG Rz. 34; *Schröer* in Semler/Stengel, § 5 UmwG Rz. 112.
2 *Baumbach/Hueck*, § 341 AktG Rz. 5; *Kraft* in KölnKomm. AktG, 1985, § 341 AktG Rz. 17.
3 Siehe dazu auch *Stratz* in Schmitt/Hörtnagl/Stratz, § 4 UmwG Rz. 6.
4 *Grunewald* in G/H/E/K, 1994, § 341 AktG Rz. 13 und § 352a AktG Rz. 14; aA *Kraft* in KölnKomm. AktG, 1985, § 352c AktG Rz. 8: Wirksamwerden der Verschmelzung erst mit Eintritt der Bedingung bzw. Befristung; zum Ganzen auch *Scheel*, DB 2004, 2355 (2357 ff.).
5 *Drygala* in Lutter, § 4 UmwG Rz. 35; *Heckschen* in Widmann/Mayer, § 7 UmwG Rz. 25; *Stratz* in Schmitt/Hörtnagl/Stratz, § 7 UmwG Rz. 4; *Körner/Rodewald*, BB 1999, 856.
6 Vgl. auch *Drygala* in Lutter, § 4 UmwG Rz. 35 und *Schröer* in Semler/Stengel, § 5 UmwG Rz. 113.
7 *Drygala* in Lutter, § 5 UmwG Rz. 152, 154; *Mayer* in Widmann/Mayer, § 4 UmwG Rz. 72; *Schröer* in Semler/Stengel, § 4 UmwG Rz. 42 ff.; vgl. auch LG Mühlhausen v. 15.8.1996 – 1 HKO 3071/96, DB 1996, 1967 = AG 1996, 526.

zulässig sein[1]. Ein Verschmelzungsvertrag zwischen Banken verstößt allerdings weder gegen das Bankgeheimnis noch gegen das BDSG oder das KWG (siehe dazu auch § 20 UmwG Rz. 23a)[2]. Etwaige Willensmängel müssen bei dem Vertretungsorgan vorliegen, da dies den jeweiligen Rechtsträger beim Vertragsabschluss vertritt. Denkbar ist zB ein Irrtum über verkehrswesentliche Eigenschaften eines an der Verschmelzung beteiligten Rechtsträgers (§ 119 Abs. 2 BGB).

14 Die **Anfechtung** muss unverzüglich erklärt werden (§ 121 Abs. 1 BGB). Sie kann vor oder nach dem Verschmelzungsbeschluss (§ 13 UmwG) erfolgen. Praktische Bedeutung hat die Anfechtung aber erst nach dem Zustimmungsbeschluss, da der Verschmelzungsvertrag bis dahin schwebend unwirksam ist[3]. Der Verschmelzungsbeschluss hat insbesondere nicht die Bedeutung einer Bestätigung iS von § 144 BGB[4]. Ist der Verschmelzungsvertrag wirksam angefochten, so darf der Registerrichter die Verschmelzung nicht eintragen, da ein wirksamer Verschmelzungsvertrag fehlt. Wird die Verschmelzung dennoch eingetragen, ist dieser Mangel allerdings geheilt (§ 20 Abs. 2 UmwG)[5]. Denkbar sind allenfalls Schadensersatzansprüche, die nach §§ 25, 26 UmwG geltend gemacht werden können.

15 Ist der **Verschmelzungsvertrag** nach §§ 117, 134, 138 BGB, wegen Verstoßes gegen andere Rechtsnormen oder wegen Geschäftsunfähigkeit eines beteiligten Vertretungsorgans (§ 105 Abs. 1 BGB) **nichtig**, so gilt das Gleiche wie bei der Anfechtung. Wegen Fehlens eines wirksamen Verschmelzungsvertrages darf die Verschmelzung nicht eingetragen werden. Geschieht dies dennoch, ist der Mangel gemäß § 20 Abs. 2 UmwG geheilt[6].

9. Änderung, Aufhebung

16 Eine Änderung oder Aufhebung des Verschmelzungsvertrages ist **bis zur Eintragung** der Verschmelzung grundsätzlich zulässig. Bis zur Fassung sämtlicher Verschmelzungsbeschlüsse (§ 13 UmwG) ist der Vertrag ohnehin schwebend unwirksam (vgl. § 13 UmwG Rz. 19). Änderung und Aufhebung sind bis dahin wie der Vertragsabschluss allein durch die Vertretungsorgane der beteiligten

---

1 Vgl. OLG Hamm v. 26.9.1996 – 15 W 151/96, DB 1997, 268 = GmbHR 1997, 176.
2 Vgl. LG München v. 29.3.2007 – 5HK O 11176/06, WM 2007, 1276 (1281 f.) = AG 2007, 830.
3 *Drygala* in Lutter, § 5 UmwG Rz. 152; *Stratz* in Schmitt/Hörtnagl/Stratz, § 7 UmwG Rz. 22.
4 Zust. *Simon* in KölnKomm. UmwG, § 5 UmwG Rz. 243.
5 *Schröer* in Semler/Stengel, § 4 UmwG Rz. 43; *Stratz* in Schmitt/Hörtnagl/Stratz, § 7 UmwG Rz. 24; *Simon* in KölnKomm. UmwG, § 5 UmwG Rz. 243; aA *Heckschen* in Widmann/Mayer, § 7 UmwG Rz. 38.
6 *Simon* in KölnKomm. UmwG, § 5 UmwG Rz. 243.

Rechtsträger möglich¹. Soweit die Verschmelzungsbeschlüsse bereits gefasst sind, hängt die Wirksamkeit einer Änderung oder Aufhebung von der Zustimmung der Anteilsinhaberversammlungen ab, die bereits beschlossen haben². Zu einem Scheitern der Verschmelzung kommt es, wenn auch nur eine Anteilsinhaberversammlung der Aufhebung des Verschmelzungsvertrages zustimmt.

Die **Zustimmung der Anteilsinhaber** zu einer **Änderung** des Verschmelzungsvertrages erfordert dieselbe Mehrheit wie der Verschmelzungsbeschluss³. Für die Zustimmung zur **Aufhebung** des Verschmelzungsvertrages gilt das Gleiche. Dies folgt daraus, dass die Aufhebung den actus contrarius zum Vertragsabschluss darstellt, und die Zustimmung zum Vertragsabschluss nur dann ausreichend respektiert wird, wenn für deren Aufhebung dieselbe Mehrheit benötigt wird⁴. 17

Nur die Änderung des Verschmelzungsvertrages, nicht auch seine Aufhebung bedarf der **notariellen Form** des § 6 UmwG (so auch § 6 UmwG Rz. 9)⁵. Die gesetzlichen Bestimmungen über die **Beschlussvorbereitung** (Unterrichtung bzw. Auslage oder Zugänglichmachen des Vertrages, §§ 42; 47; 63, 64; 82, 101, 106, 112 UmwG) gelten ebenfalls nur bei Änderung des Verschmelzungsvertrages, nicht aber bei seiner Aufhebung⁶. Nach Eintragung der Verschmelzung kann der Verschmelzungsvertrag weder geändert noch aufgehoben werden⁷. 18

10. Erfüllung

Ist der Verschmelzungsvertrag uneingeschränkt wirksam und liegen die Verschmelzungsbeschlüsse aller beteiligten Rechtsträger vor, so kann jeder Rechts- 19

---

1 *Drygala* in Lutter, § 4 UmwG Rz. 26; *Mayer* in Widmann/Mayer, § 4 UmwG Rz. 62, 64; *Schröer* in Semler/Stengel, § 4 UmwG Rz. 28; *Stratz* in Schmitt/Hörtnagl/Stratz, § 7 UmwG Rz. 15, 20.
2 *Drygala* in Lutter, § 4 UmwG Rz. 26 mwN.
3 *Stratz* in Schmitt/Hörtnagl/Stratz, § 7 UmwG Rz. 18; *Drygala* in Lutter, § 4 UmwG Rz. 26; *Mayer* in Widmann/Mayer, § 4 UmwG Rz. 62, 64; *Schröer* in Semler/Stengel, § 4 UmwG Rz. 37.
4 *Mayer* in Widmann/Mayer, § 4 UmwG Rz. 62; *Stratz* in Schmitt/Hörtnagl/Stratz, § 7 UmwG Rz. 18; aA *Drygala* in Lutter, § 4 UmwG Rz. 27; *Schröer* in Semler/Stengel, § 4 UmwG Rz. 32 und *Simon* in KölnKomm. UmwG, § 4 UmwG Rz. 26, die die einfache Mehrheit genügen lassen.
5 *Stratz* in Schmitt/Hörtnagl/Stratz, § 7 UmwG Rz. 19; *Drygala* in Lutter, § 4 UmwG Rz. 27; *Schröer* in Semler/Stengel, § 4 UmwG Rz. 30, 33; *Simon* in KölnKomm. UmwG, § 4 UmwG Rz. 26; aA *Heckschen*, S. 63; *Mayer* in Widmann/Mayer, § 4 UmwG Rz. 63.
6 *Grunewald* in G/H/E/K, 1994, § 341 AktG Rz. 12; *Schröer* in Semler/Stengel, § 4 UmwG Rz. 33; aA wohl *Mayer* in Widmann/Mayer, § 4 UmwG Rz. 62.
7 *Drygala* in Lutter, § 4 UmwG Rz. 28; *Simon* in KölnKomm. UmwG, § 4 UmwG Rz. 28; OLG Frankfurt v. 22.10.2002 – 20 W 299/02, NZG 2003, 236; OLG Frankfurt v. 24.1.2012 – 20 W 504/10, AG 2012, 461.

träger von den anderen die Erfüllung des Vertrages, dh. die Vornahme der zur Durchführung der Beschlüsse erforderlichen Handlungen, verlangen und ggf. im Klagewege erzwingen[1]. Die Verschmelzung ist zunächst zum Register am Sitz eines jeden Rechtsträgers **anzumelden** (§ 16 Abs. 1 Satz 1 UmwG). Notfalls muss auf Abgabe der dazu erforderlichen Erklärungen geklagt werden; die Vollstreckung erfolgt nach § 894 ZPO. Ein nur vorläufig vollstreckbares Urteil reicht dabei entgegen § 16 Abs. 1 HGB wegen der endgültigen Wirkung der Verschmelzung nicht aus[2]. Das Vertretungsorgan des übernehmenden Rechtsträgers kann nach § 16 Abs. 1 Satz 2 UmwG die Verschmelzung der übertragenden Rechtsträger auch selbst anmelden (vgl. auch § 16 UmwG Rz. 3). Die dazu erforderliche **Schlussbilanz** (vgl. § 17 Abs. 2 UmwG) kann notfalls durch Klage und Vollstreckung gemäß § 888 ZPO beschafft werden[3]. Das nach § 16 Abs. 2 Satz 1 UmwG erforderliche **Negativattest** kann durch geeignete andere Nachweise ersetzt werden. Die an der Verschmelzung beteiligten Rechtsträger sind insoweit einander zur Auskunft verpflichtet.

20 Ist eine AG oder KGaA als Übernehmerin beteiligt, so hat jeder übertragende Rechtsträger für den Empfang der zu gewährenden Aktien und baren Zuzahlungen einen **Treuhänder** zu bestellen (§§ 71, 78 UmwG). Diese Bestellung kann gerichtlich erzwungen werden. In der Regel wird bereits im Verschmelzungsvertrag der Treuhänder bestimmt (vgl. § 5 Abs. 1 Nr. 4 UmwG). Zu erzwingen ist dann ggf. nur die konkrete Auftragserteilung. Die Vollstreckung erfolgt in beiden Fällen nach § 888 ZPO. Im Klagewege und durch Vollstreckung nach § 883 ZPO erzwingbar ist auch die **Übergabe der Aktien und baren Zuzahlungen** an den Treuhänder durch die übernehmende Gesellschaft[4].

21 Ist bei der übernehmenden GmbH, AG oder KGaA zur Durchführung der Verschmelzung eine **Kapitalerhöhung** erforderlich (vgl. §§ 53, 55, 56, 66, 69 UmwG), ist diese aber noch nicht beschlossen, so ist der entsprechende Beschluss seitens der anderen, an der Verschmelzung beteiligten Rechtsträger **nicht erzwingbar**. Die Gesellschafter der übernehmenden Kapitalgesellschaft sind insoweit frei, sofern sie sich nicht schuldrechtlich zur Kapitalerhöhung verpflichtet haben (vgl. § 69 Abs. 1 UmwG iVm. § 187 Abs. 2 AktG)[5]. Solange den Anteilsinhabern der übertragenden Rechtsträger keine Mitgliedschaftsrechte in

---

1 *Drygala* in Lutter, § 4 UmwG Rz. 36; *Schröer* in Semler/Stengel, § 4 UmwG Rz. 45 ff.; *Simon* in KölnKomm. UmwG, § 4 UmwG Rz. 30; *Mayer* in Widmann/Mayer, § 4 UmwG Rz. 61.
2 *Grunewald* in G/H/E/K, 1994, § 341 AktG Rz. 6; *Schröer* in Semler/Stengel, § 4 UmwG Rz. 46; *Mayer* in Widmann/Mayer, § 4 UmwG Rz. 61.
3 *Drygala* in Lutter, § 4 UmwG Rz. 36; *Schröer* in Semler/Stengel, § 4 UmwG Rz. 47.
4 *Drygala* in Lutter, § 4 UmwG Rz. 36; *Schröer* in Semler/Stengel, § 4 UmwG Rz. 49.
5 *Grunewald* in G/H/E/K, 1994, § 343 AktG Rz. 12; *Mayer* in Widmann/Mayer, § 4 UmwG Rz. 61; *Schröer* in Semler/Stengel, § 4 UmwG Rz. 55; *Simon* in KölnKomm. UmwG, § 4 UmwG Rz. 34; *Döss*, S. 88 ff.

der übernehmenden Gesellschaft zur Verfügung gestellt werden, kann die Verschmelzung nicht durchgeführt werden (vgl. auch §§ 53, 56, 66, 73, 78 UmwG; zu dem Fall, dass die Verschmelzung dennoch eingetragen wird, siehe § 20 UmwG Rz. 44). Eine andere Situation besteht, wenn die benötigten Geschäftsanteile oder Aktien nicht von der übernehmenden Gesellschaft durch Kapitalerhöhung neu geschaffen, sondern aus einem Bestand an **eigenen Geschäftsanteilen oder Aktien** (vgl. §§ 54 Abs. 1, 56; 68 Abs. 1, 73; 78 UmwG) oder **von einem Dritten** (zB Hauptgesellschafter) zur Verfügung gestellt werden. Die Herausgabe solcher Anteile an den Treuhänder kann durch Klage und ggf. Pfändung (§ 883 ZPO) erzwungen werden. Das Gleiche gilt, wenn sich die Anteile und baren Zuzahlungen beim Treuhänder befinden, dieser sie aber nicht an die Gesellschafter der übertragenden Gesellschaft(en) weiterleitet.

Unabhängig von den Erfüllungsansprüchen der beteiligten Rechtsträger untereinander stellt sich die Frage, ob auch die **Anteilsinhaber** einer an der Verschmelzung beteiligten GmbH, AG oder KGaA auf Erfüllung des Verschmelzungsvertrages klagen können. Teilweise, zB hinsichtlich des Anspruchs auf Übergabe der Aktien bei der Verschmelzung auf eine AG, begründet der Verschmelzungsvertrag als **Vertrag zu Gunsten Dritter** auch unmittelbare Ansprüche zu Gunsten von Anteilsinhabern der beteiligten Rechtsträger (vgl. Rz. 3). Ist die zur Anteilsgewährung erforderliche Kapitalerhöhung noch nicht beschlossen, geht dieser Anspruch aber ins Leere (vgl. Rz. 21). Die Nichterfüllung des Verschmelzungsvertrages stellt zwar auch eine **Missachtung des Verschmelzungsbeschlusses** dar (vgl. § 37 Abs. 1 GmbHG und §§ 83, 278 Abs. 3 AktG). Die Gesellschafter einer GmbH, AG oder KGaA haben gegen ihre Geschäftsführung bzw. ihren Vorstand grundsätzlich aber keinen klagbaren Anspruch auf bestimmte Geschäftsführungsmaßnahmen[1]. Dem einzelnen Gesellschafter steht insbesondere keine **individuelle Leistungsklage** darauf zu, dass der Verschmelzungsvertrag umgesetzt wird[2]. Wird die Verschmelzung vertragswidrig nicht durchgeführt, so bleibt – neben einer Abberufung der Geschäftsführer (§ 38 GmbHG) oder des Vorstands (§ 84 Abs. 3 AktG) – nur die Geltendmachung des der Gesellschaft entstandenen **Schadens** (§§ 43 Abs. 2, 46 Nr. 8 GmbHG; §§ 93 Abs. 2, 112, 147 AktG). 22

Zu der Pflicht der Beteiligten, die Verschmelzung vertragsgemäß durchzuführen, gehört auch die Pflicht, **Klagen**, die zu Unrecht **gegen die Wirksamkeit eines Verschmelzungsbeschlusses** erhoben wurden (§ 14 UmwG), **entgegenzutreten**. Dabei muss versucht werden, die sich aus der Verzögerung der Eintragung infolge der Registersperre gemäß § 16 Abs. 2 Satz 2 UmwG ergebenden Nachteile möglichst gering zu halten. Die Parteien sind deshalb bei hinreichen- 23

---

1 Vgl. zur AG OLG München v. 12.5.1993 – 27 U 459/92, BB 1993, 2040; LG Düsseldorf v. 14.12.1999 – 10 O 495/99 Q, AG 2000, 233.
2 *Drygala* in Lutter, § 4 UmwG Rz. 38; *Schröer* in Semler/Stengel, § 4 UmwG Rz. 53; *Simon* in KölnKomm. UmwG, § 4 UmwG Rz. 36.

§ 4 | Verschmelzung durch Aufnahme

den Erfolgsaussichten gehalten, das Unbedenklichkeitsverfahren nach § 16 Abs. 3 UmwG zu betreiben, um den schnellstmöglichen Vollzug der Verschmelzung zu erreichen. Die sich aus dem Verschmelzungsvertrag ergebende Förderpflicht bedeutet auch, dass das Ziel der Verschmelzung, das einheitliche Unternehmen, bei **organisatorischen Maßnahmen bis zur Eintragung** nicht außer Acht gelassen werden darf. So dürfen zB die über einen gemeinsamen Vertrieb geplanten Synergievorteile nicht durch gegenläufige Maßnahmen erschwert oder vereitelt werden. Im Rahmen der bis zur Eintragung fortbestehenden Eigenständigkeiten und Eigenverantwortlichkeit der beteiligten Rechtsträger ist es auch zulässig, die **Verschmelzung faktisch** so weit wie möglich **zu vollziehen**. Dies gilt insbesondere dann, wenn der Vollzug der Verschmelzung durch rechtsmissbräuchliche Klagen verzögert wird.

24 Wird die Durchführung der Verschmelzung nicht durch externe Faktoren, sondern die Passivität eines beteiligten Rechtsträgers verzögert, so können die anderen Beteiligten, statt auf Erfüllung zu bestehen, auch die Rechte aus den allgemeinen Vorschriften des BGB geltend machen. Auch wenn nicht die Verschmelzung als solche geschuldet ist, so verpflichtet der Verschmelzungsvertrag doch zur Vornahme aller für die Durchführung der Verschmelzung notwendigen Handlungen. Bei Verzug oder Unmöglichkeit einer dieser Handlungspflichten können die anderen Beteiligten **Schadensersatz wegen Nichterfüllung** verlangen (§§ 280, 281 BGB) oder vom Verschmelzungsvertrag **zurücktreten** (§ 323 BGB)[1]. Die Rücktrittserklärung einschließlich einer vorausgehenden Fristsetzung ist von dem jeweiligen Vertretungsorgan abzugeben; eine Zustimmung der Anteilsinhaber ist dazu nicht erforderlich[2]. **Zeitliche Grenze** für die Geltendmachung dieser Rechte ist die Eintragung der Verschmelzung in das Register des übernehmenden Rechtsträgers (vgl. § 20 Abs. 1 UmwG).

25 Auf den Verschmelzungsvertrag sind darüber hinaus auch die Regeln über die **Störung der Geschäftsgrundlage** (§ 313 BGB) anwendbar[3]. Eine Störung der Geschäftsgrundlage kann insbesondere dann in Betracht kommen, wenn sich bei einem der an der Verschmelzung beteiligten Rechtsträger die Vermögensverhältnisse seit Abschluss des Verschmelzungsvertrages wesentlich und nicht voraussehbar so stark geändert haben, dass den übrigen Beteiligten ein Festhalten an dem Vertrag nicht zumutbar ist[4]. Diese Voraussetzungen liegen zB vor, wenn infolge der Veränderungen das vereinbarte Umtauschverhältnis völlig unzutref-

---

1 *Drygala* in Lutter, § 4 UmwG Rz. 40; *Stratz* in Schmitt/Hörtnagl/Stratz, § 4 UmwG Rz. 21 und § 7 UmwG Rz. 28 f.
2 *Drygala* in Lutter, § 4 UmwG Rz. 40; *Schröer* in Semler/Stengel, § 4 UmwG Rz. 56; *Stratz* in Schmitt/Hörtnagl/Stratz, § 7 UmwG Rz. 29; aA *Heckschen* in Widmann/Mayer, § 7 UmwG Rz. 33 und *Mayer* in Widmann/Mayer, § 4 UmwG Rz. 66.
3 *Drygala* in Lutter, § 4 UmwG Rz. 41; *Schröer* in Semler/Stengel, § 4 UmwG Rz. 58; *Stratz* in Schmitt/Hörtnagl/Stratz, § 7 UmwG Rz. 25 f.
4 Vgl. dazu näher *Grüneberg* in Palandt, 75. Aufl. 2016, § 313 BGB Rz. 25 ff.

fend geworden ist. Rechtsfolge ist dann in erster Linie die **Anpassung** des Umtauschverhältnisses. Dazu erforderlich ist aber eine Änderung des Verschmelzungsvertrages unter Beachtung aller Informations- und Mitwirkungsrechte der Anteilsinhaber (vgl. insbesondere §§ 8, 9 ff., 13 UmwG). Ist eine solche Vertragsanpassung nicht erreichbar, so kommt ausnahmsweise auch eine **Kündigung** des Verschmelzungsvertrages aus wichtigem Grund in Betracht. Eine Zustimmung der Anteilsinhaber ist für die Ausübung dieses Rechts nicht erforderlich[1]. Zeitliche Grenze für eine Berufung auf den Wegfall der Geschäftsgrundlage ist die **Eintragung der Verschmelzung** in das Register des übernehmenden Rechtsträgers.

§ 5
Inhalt des Verschmelzungsvertrags

(1) Der Vertrag oder sein Entwurf muss mindestens folgende Angaben enthalten:
1. den Namen oder die Firma und den Sitz der an der Verschmelzung beteiligten Rechtsträger;
2. die Vereinbarung über die Übertragung des Vermögens jedes übertragenden Rechtsträgers als Ganzes gegen Gewährung von Anteilen oder Mitgliedschaften an dem übernehmenden Rechtsträger;
3. das Umtauschverhältnis der Anteile und gegebenenfalls die Höhe der baren Zuzahlung oder Angaben über die Mitgliedschaft bei dem übernehmenden Rechtsträger;
4. die Einzelheiten für die Übertragung der Anteile des übernehmenden Rechtsträgers oder über den Erwerb der Mitgliedschaft bei dem übernehmenden Rechtsträger;
5. den Zeitpunkt, von dem an diese Anteile oder die Mitgliedschaften einen Anspruch auf einen Anteil am Bilanzgewinn gewähren, sowie alle Besonderheiten in Bezug auf diesen Anspruch;
6. den Zeitpunkt, von dem an die Handlungen der übertragenden Rechtsträger als für Rechnung des übernehmenden Rechtsträgers vorgenommen gelten (Verschmelzungsstichtag);
7. die Rechte, die der übernehmende Rechtsträger einzelnen Anteilsinhabern sowie den Inhabern besonderer Rechte wie Anteile ohne Stimmrecht, Vorzugsaktien, Mehrstimmrechtsaktien, Schuldverschreibungen und Genussrechte gewährt, oder die für diese Personen vorgesehenen Maßnahmen;

---
1 *Drygala* in Lutter, § 4 UmwG Rz. 41.

8. jeden besonderen Vorteil, der einem Mitglied eines Vertretungsorgans oder eines Aufsichtsorgans der an der Verschmelzung beteiligten Rechtsträger, einem geschäftsführenden Gesellschafter, einem Partner, einem Abschlussprüfer oder einem Verschmelzungsprüfer gewährt wird;
9. die Folgen der Verschmelzung für die Arbeitnehmer und ihre Vertretungen sowie die insoweit vorgesehenen Maßnahmen.

(2) Befinden sich alle Anteile eines übertragenden Rechtsträgers in der Hand des übernehmenden Rechtsträgers, so entfallen die Angaben über den Umtausch der Anteile (Absatz 1 Nr. 2 bis 5), soweit sie die Aufnahme dieses Rechtsträgers betreffen.

(3) Der Vertrag oder sein Entwurf ist spätestens einen Monat vor dem Tage der Versammlung der Anteilsinhaber jedes beteiligten Rechtsträgers, die gemäß § 13 Abs. 1 über die Zustimmung zum Verschmelzungsvertrag beschließen soll, dem zuständigen Betriebsrat dieses Rechtsträgers zuzuleiten.

1. Überblick *(Marsch-Barner)* 1	10. Gewährung besonderer Vorteile (§ 5 Abs. 1 Nr. 8 UmwG) *(Marsch-Barner)* 44
2. Name und Sitz (§ 5 Abs. 1 Nr. 1 UmwG) *(Marsch-Barner)* 2	
3. Vermögensübertragung (§ 5 Abs. 1 Nr. 2 UmwG) *(Marsch-Barner)* .. 3	11. Folgen für die Arbeitnehmer und ihre Vertretungen (§ 5 Abs. 1 Nr. 9 UmwG) *(Willemsen)* 47
4. Anteilsgewährung (§ 5 Abs. 1 Nr. 2 UmwG) *(Marsch-Barner)* 5	12. Sonstige Vertragsbestimmungen *(Marsch-Barner)* 61
5. Umtauschverhältnis (§ 5 Abs. 1 Nr. 3 UmwG) *(Lanfermann)* 17	13. Mängel des Verschmelzungsvertrages *(Marsch-Barner)* 63
6. Einzelheiten der Übertragung (§ 5 Abs. 1 Nr. 4 UmwG) *(Marsch-Barner)* 24	14. Konzernverschmelzung (§ 5 Abs. 2 UmwG) *(Marsch-Barner)* .. 67
7. Zeitpunkt der Gewinnberechtigung (§ 5 Abs. 1 Nr. 5 UmwG) *(Marsch-Barner)* 27	15. Zuleitung des Verschmelzungsvertrags bzw. Entwurfs an die Betriebsräte (§ 5 Abs. 3 UmwG) *(Willemsen)* 74
8. Verschmelzungsstichtag (§ 5 Abs. 1 Nr. 6 UmwG) *(Lanfermann)* 31	
9. Gewährung besonderer Rechte (§ 5 Abs. 1 Nr. 7 UmwG) *(Marsch-Barner)* 40	

Literatur: *Austmann/Frost*, Vorwirkungen von Verschmelzungen, ZHR 169 (2005), 431; *Barz*, Rechtliche Fragen zur Verschmelzung von Unternehmen, AG 1972, 1; *Bermel/Müller*, Vinkulierte Namensaktien und Verschmelzung, NZG 1998, 331; *Blechmann*, Die Zuleitung des Umwandlungsvertrags an den Betriebsrat, NZA 2005, 1143; *Boecken*, Unternehmensumwandlungen und Arbeitsrecht, 1996; *Bungert/Leyendecker-Langner*, Umwandlungsverträge und ausländische Arbeitnehmer – Umfang der arbeitsrechtlichen Pflichtangaben, ZIP 2014, 1112; *Bungert/Wansleben*, Dividendenanspruch bei Verschiebung der Gewinnberechtigung bei Verschmelzungen, DB 2013, 979; *Däubler*, Das Arbeitsrecht im neuen Umwandlungsgesetz, RdA 1995, 136; A. *Drygala*, Die Reichweite der arbeitsrechtlichen Angaben im Verschmelzungsvertrag, ZIP 1996, 1365; T. *Drygala*, Deal Protection in Verschmelzungs- und Unternehmenskaufverträgen – eine amerikanische Vertragsgestaltung auf dem Weg ins deutsche Recht, WM 2004, 1457; T. *Drygala*, Zuwendungen an Unternehmensorgane bei Umwandlungen und Übernahmen – unethisch, aber wirksam, FS K. Schmidt, 2009, S. 269; *Dzida*, Die Unterrichtung des „zuständigen" Betriebsrats bei innerbetrieblichen und grenzüberschreitenden Verschmelzungen, GmbHR 2009, 459; *Dzida/Schramm*, Arbeitsrechtliche Pflichtangaben bei innerstaatlichen und grenzüberschreitenden Verschmelzungen, NZG 2008, 521; *Engelmeyer*, Informationsrechte und Verzichtsmöglichkeiten im Umwandlungsgesetz, BB 1998, 330; *Graef*, Nichtangabe von besonderen Vorteilen im Verschmelzungsvertrag gemäß § 5 Abs. 1 Nr. 8 UmwG – Unwirksamkeit der getroffenen Vereinbarungen?, GmbHR 2005, 908; *Hadding/Hennrichs*, Zur Verschmelzung unter Beteiligung rechtsfähiger Vereine nach dem neuen Umwandlungsgesetz, FS Boujong, 1996, S. 203; *Hausch*, Arbeitsrechtliche Pflichtangaben nach dem UmwG, RNotZ 2007, 308 (Teil 1), RNotZ 2007, 396 (Teil 2); *Heckschen*, Fusion von Kapitalgesellschaften im Spiegel der Rechtsprechung, WM 1993, 377; *Heckschen*, Die Entwicklung des Umwandlungsrechts aus Sicht der Rechtsprechung und Praxis, DB 1998, 1385; *Hjort*, Der notwendige Inhalt eines Verschmelzungsvertrages aus arbeitsrechtlicher Sicht, NJW 1999, 750; *Hoffmann-Becking*, Das neue Verschmelzungsrecht in der Praxis, FS Fleck, 1988, S. 105; *Ihrig/Redeke*, Zum besonderen Vorteil von Vorstands- und Aufsichtsratsmitgliedern im Sinne von § 5 Abs. 1 Nr. 8 UmwG, FS Maier-Reimer, 2010, S. 297; *Ising*, Wegfall des Umwandlungsbeschlusses im Konzern, NZG 2011, 1368; *Joost*, Arbeitsrechtliche Angaben im Umwandlungsvertrag, ZIP 1995, 976; *Kallmeyer*, Das neue Umwandlungsrecht, ZIP 1994, 1746; *Kallmeyer*, Der Ein- und Austritt der Komplementär-GmbH einer GmbH & Co. KG bei Verschmelzung, Spaltung und Formwechsel nach dem UmwG, GmbHR 1996, 80; *Katschinski*, Die Begründung eines Doppelsitzes bei Verschmelzung, ZIP 1997, 620; *Kiem*, Die Eintragung der angefochtenen Verschmelzung, 1991; *Kiem*, Die schwebende Umwandlung, ZIP 1999, 173; *Lutter*, Aktienerwerb von Rechts wegen: Aber welche Aktien?, FS Mestmäcker, 1996, S. 943; *Marsch-Barner*, Abschaffung von stimmrechtslosen Vorzugsaktien nach den Regeln des AktG oder des UmwG, Liber amicorum M. Winter, 2011, S. 467; *Martens*, Kontinuität und Diskontinuität im Verschmelzungsrecht der Aktiengesellschaft, AG 1986, 57; *Mehrens/Voland*, Fortbestand der Gewährträgerhaftung nach der Umstrukturierung öffentlich-rechtlicher Kreditinstitute: Das Beispiel Versorgungsverbindlichkeiten, WM 2014, 831; *Melchior*, Die Beteiligung von Betriebsräten an Umwandlungsvorgängen aus Sicht des Handelsregisters, GmbHR 1996, 833; *Priester*, Mitgliederwechsel im Umwandlungszeitpunkt, DB 1997, 560; *Sieger/Hasselbach*, Break-Fee-Vereinbarungen bei Unternehmenskäufen, DB 2000, 625; *Schütz/Fett*, Variable oder starre Stichtagsregelungen in Verschmelzungsverträgen?, DB 2002, 2696; *Schwenn*, Kettenverschmelzung bei Konzernsachverhalten, Der Konzern 2007, 173; *Stohlmeier*, Zuleitung der Umwandlungsdokumentation und Einhaltung der Monatsfrist: Verzicht des Betriebsrats?, BB 1999, 1394; *J. Vetter*, Verpflichtung zur Schaffung von 1 Euro-Aktien?, AG 2000, 193; *Willemsen*, Arbeitsrecht im Umwandlungsgesetz – zehn Fragen aus der Sicht der Praxis, NZA 1996, 791; *Willemsen*, Die Beteiligung des Betriebsrats im Umwandlungsverfahren, RdA 1998, 23; *Willemsen/Hohenstatt/Schweibert/Seibt*, Umstrukturierung und Übertragung von Unternehmen, 5. Aufl. 2016; *M. Winter*, Die Anteilsgewährung – zwingendes Prinzip des Verschmelzungsrechts?, FS Lutter, 2000, S. 1279; *Wlotzke*, Arbeitsrechtliche Aspekte des neuen Umwandlungsrechts, DB 1995, 40.

§ 5 | Verschmelzung durch Aufnahme

1. Überblick *(Marsch-Barner)*

1 § 5 Abs. 1 UmwG legt den Mindestinhalt für den **Verschmelzungsvertrag** oder, falls den Anteilsinhabern nur der **Entwurf** vorgelegt wird (vgl. § 4 Abs. 2 UmwG), für diesen fest. Der für alle Rechtsformen geltende Katalog wird durch die Sonderregelungen in §§ 40, 45b, 46, 57, 80, 110 UmwG ergänzt, die nur eingreifen, wenn an der Verschmelzung ein Rechtsträger in der jeweils angesprochenen Rechtsform beteiligt ist. § 5 Abs. 2 UmwG trifft Erleichterungen für den Fall, dass eine 100%ige Tochter auf die Muttergesellschaft verschmolzen werden soll. § 5 Abs. 3 UmwG regelt die Unterrichtung des Betriebsrates. Zum Abschluss des Verschmelzungsvertrages, seinem rechtlichen Charakter und seiner Auslegung siehe § 4 UmwG Rz. 2 ff. Die Vorschriften des § 5 UmwG gelten nicht für Verträge, in denen die spätere Verschmelzung der beteiligten Rechtsträger als Teil eines Gesamtkonzepts der Unternehmenszusammenführung (Business Combination Agreement) vereinbart wird[1]. Soweit solche **Grundsatzvereinbarungen** allerdings bereits bestimmte Eckpunkte der Verschmelzung festlegen, müssen diese Festlegungen zB als Vorvertrag (dazu § 4 UmwG Rz. 8) den zwingenden gesetzlichen Vorgaben entsprechen. Enthält eine solche Vereinbarung bereits Regeln zu den künftigen gesellschaftsrechtlichen Strukturen und Verantwortlichkeiten, kann auch ein verdeckter Beherrschungsvertrag vorliegen. Es sind dann die §§ 291 ff. AktG zu beachten[2]. Einen ähnlichen Katalog wie § 5 Abs. 1 UmwG enthält § 122c Abs. 2 UmwG für den **Verschmelzungsplan** bei der grenzüberschreitenden Verschmelzung von Kapitalgesellschaften, siehe dazu näher § 122c UmwG Rz. 8 ff.

2. Name und Sitz (§ 5 Abs. 1 Nr. 1 UmwG) *(Marsch-Barner)*

2 Die Angabe des Namens bzw. der Firma und des Sitzes der an der Verschmelzung beteiligten Rechtsträger dient der Kennzeichnung der Vertragspartner. Bei Kettenverschmelzungen ist darauf zu achten, dass die beteiligten Rechtsträger mit der im Handelsregister (noch) eingetragenen Firma aufgeführt werden[3]. Die bereits beschlossene, aber noch nicht eingetragene künftige Firma kann zur Information hinzugefügt werden. Bei einem Doppelsitz sind beide Sitze anzugeben. Die Verschmelzung allein begründet allerdings noch kein schutzwürdiges Interesse an einem Doppelsitz[4].

---

1 Vgl. das Vertragsmuster L.II.2 in *Seibt*, Formularbuch Mergers & Acquisitions, 2. Aufl. 2011.
2 Vgl. OLG München v. 24.6.2008 – 31 Wx 83/07, NZG 2008, 753 = AG 2008, 672 und LG München I v. 19.10.2007 – 5 HKO 13298/07, AG 2008, 301, zur Verschmelzung HVB/UniCredito.
3 OLG Hamm v. 19.12.2005 – 15 W 377/05, GmbHR 2006, 255.
4 Vgl. *Hüffer/Koch*, § 5 AktG Rz. 10; *Drygala* in Lutter, § 5 UmwG Rz. 12; offener *Katschinski*, ZIP 1997, 620 ff.

3. Vermögensübertragung (§ 5 Abs. 1 Nr. 2 UmwG) *(Marsch-Barner)*

Die Übertragung des Vermögens jedes übertragenden Rechtsträgers muss „als 3
Ganzes" gegen Gewährung von Anteilen oder Mitgliedschaften an dem übernehmenden Rechtsträger vereinbart werden. Damit ist einmal die Vermögensübertragung als **Gesamtrechtsnachfolge** gemeint. Mit der Gewährung von Anteilen bzw. Mitgliedschaften wird außerdem die für die Verschmelzung typische **Gegenleistung** umschrieben (vgl. § 2 Nr. 1 UmwG). Der Verschmelzungsvertrag muss die Formulierung in § 5 Abs. 1 Nr. 2 UmwG nicht wörtlich übernehmen[1]. Die Vereinbarung zB einer „Verschmelzung" ist grundsätzlich ausreichend. Zur Vermeidung von Missverständnissen empfiehlt es sich aber, den Gesetzestext wiederzugeben. Bei unklarer Formulierung muss der Vertrag ausgelegt werden; dabei ist der objektive Inhalt maßgebend (§ 4 UmwG Rz. 10).

Werden im Verschmelzungsvertrag **einzelne Vermögensgegenstände** von der 4
Übertragung des Vermögens **ausgenommen**, so ist dies mit der Gesamtrechtsnachfolge als wesentlichem Merkmal der Verschmelzung unvereinbar. Die betreffende Abrede ist deshalb **unwirksam** (§ 2 UmwG Rz. 9). Bei Vermögensgegenständen von untergeordneter Bedeutung führt dies im Zweifel nicht zur Nichtigkeit des Verschmelzungsvertrages insgesamt (vgl. § 139 BGB)[2]. Die – unwirksame – Ausnahme von der Vermögensübertragung kann aber bei wesentlichen Vermögensgegenständen bedeuten, dass das Umtauschverhältnis falsch berechnet worden ist[3]. Unter Umständen kommt eine **Umdeutung** in eine schuldrechtliche Verpflichtung zur Aussonderung und Übertragung der betreffenden Vermögensgegenstände an einen Dritten – vor oder nach Wirksamwerden der Verschmelzung – in Betracht (vgl. § 140 BGB)[4].

Die Vermögensübertragung gegen Gewährung von Anteilen erfordert bei einer 4a
übernehmenden Kapitalgesellschaft regelmäßig eine Kapitalerhöhung gegen Sacheinlage (vgl. dazu im Einzelnen die Regelungen in §§ 54, 55, 68, 69 UmwG). Ist der **übertragende Rechtsträger überschuldet**, scheidet eine solche Kapitalerhöhung aus, da dann die erforderliche Mindestdeckung der neuen Anteile nicht erreicht wird (vgl. §§ 55 Abs. 1, 69 Abs. 1 UmwG)[5]. Werden keine neuen Anteile ausgegeben, kann der Verschmelzungsbeschluss uU wegen Benachteiligung der Minderheit anfechtbar sein (siehe dazu § 3 UmwG Rz. 22). In krassen

---

1 *Drygala* in Lutter, § 5 UmwG Rz. 14.
2 *Drygala* in Lutter, § 5 UmwG Rz. 15.
3 *Drygala* in Lutter, § 5 UmwG Rz. 15; *Schröer* in Semler/Stengel, § 5 UmwG Rz. 7.
4 *Mayer* in Widmann/Mayer, § 5 UmwG Rz. 14; *Schröer* in Semler/Stengel, § 5 UmwG Rz. 7; *Simon* in KölnKomm. UmwG, § 5 UmwG Rz. 6.
5 Deutsches Notarinstitut, Gutachten zum Umwandlungsrecht, 1996/7, Bd. 4, Nr. 20; *Heckschen*, DB 1998, 1385 (1386); *Drygala* in Lutter, § 5 UmwG Rz. 16; *Schröer* in Semler/Stengel, § 5 UmwG Rz. 8.

Fällen kann der Verschmelzungsvertrag sittenwidrig sein[1]. Ist der **übernehmende Rechtsträger** überschuldet, steht dies der Kapitalerhöhung nicht entgegen; allerdings dürfte es schwierig sein, ein angemessenes Umtauschverhältnis zu bestimmen[2].

4. Anteilsgewährung (§ 5 Abs. 1 Nr. 2 UmwG) *(Marsch-Barner)*

5 Der Verschmelzungsvertrag muss vorsehen, dass das Vermögen gegen Gewährung von Anteilen bzw. – bei den Genossenschaften und Vereinen – gegen Gewährung von Mitgliedschaften an dem übernehmenden Rechtsträger übergeht. Hiervon gibt es allerdings **Ausnahmen**. Die Pflicht zur Anteilsgewährung entfällt zB, wenn eine 100%ige Tochtergesellschaft auf das Mutterunternehmen verschmolzen wird (sog. up-stream-merger, vgl. §§ 5 Abs. 2, 20 Abs. 1 Nr. 3 Satz 1 UmwG und dazu Rz. 67 ff.). Bei der Verschmelzung von Kapitalgesellschaften ist ein **Verzicht** auf die Anteilsgewährung möglich (§§ 54 Abs. 1 Satz 3, 68 Abs. 1 Satz 3 UmwG). Ein solcher Verzicht kommt zB bei einem wirtschaftlich wertlosen übertragenden Rechtsträger (§ 3 UmwG Rz. 22) oder bei der Verschmelzung von Tochtergesellschaften (§ 54 UmwG Rz. 18) in Betracht. Eine Ausnahme von der Anteilsgewährungspflicht besteht auch in anderen Fällen (zB bei der Übernahme einer Komplementärstellung ohne Kapitalbeteiligung, vgl. § 40 UmwG Rz. 13). Wird eine KG auf eine GmbH verschmolzen und ist der Komplementär **nicht am Kapital beteiligt**, so erhält er auch keinen Anteil an der übernehmenden GmbH; eine Mitgliedschaft ohne Kapitalanteil gibt es im GmbH-Recht nicht. Der betreffende Komplementär muss deshalb entweder nach allgemeinen Grundsätzen vor dem Wirksamwerden der Verschmelzung ausscheiden, oder er verliert seine Mitgliedschaft mit der Eintragung der Verschmelzung (§ 54 UmwG Rz. 23)[3]. Eine Beteiligung Dritter in der Weise, dass die vom übernehmenden Rechtsträger zu gewährenden Anteile bislang nicht am Kapital beteiligten Personen zugewandt werden, ist im Rahmen des Verschmelzungsvertrages nicht möglich. Das Gesetz geht insoweit vom Grundsatz der Personenidentität aus (vgl. § 20 Abs. 1 Nr. 3 UmwG)[4].

6 Bestehen bei einer übertragenden Gesellschaft **Anteile mit anderer Ausstattung** als bei der übernehmenden Gesellschaft (zB Vorzugsaktien ohne Stimmrecht oder Geschäftsanteile mit einem Mehrstimmrecht), so stellt sich die Frage, wie die zu gewährenden Anteile ausgestaltet sein müssen. Das Gesetz regelt diese

---

1 Vgl. LG Mühlhausen v. 15.8.1996 – 1 HKO 3071/96, DB 1996, 1967 = AG 1996, 526.
2 *Schröer* in Semler/Stengel, § 5 UmwG Rz. 8.
3 *Drygala* in Lutter, § 5 UmwG Rz. 23; *Kallmeyer*, GmbHR 1996, 80 (81); *Schröer* in Semler/Stengel, § 5 UmwG Rz. 16; *Böttcher* in Böttcher/Habighorst/Schulte, § 5 UmwG Rz. 17.
4 *Drygala* in Lutter, § 5 UmwG Rz. 23; *Böttcher* in Böttcher/Habighorst/Schulte, § 5 UmwG Rz. 18; für alle Umwandlungen *Priester*, DB 1997, 560.

Frage ausdrücklich nur für Anteile ohne Stimmrecht, für die nach § 23 UmwG gleichwertige Rechte in dem übernehmenden Rechtsträger zu gewähren sind (vgl. § 23 UmwG Rz. 4). Die Gewährung **vinkulierter Anteile** ist, wie sich aus § 29 Abs. 1 Satz 2 UmwG ergibt, zulässig, begründet aber eine Abfindungspflicht. Ist der übertragende Rechtsträger eine AG oder KGaA, so kann auf dem Wege der Verschmelzung eine nachträgliche Vinkulierung der Aktien erreicht werden, ohne dass dafür die Zustimmung aller betroffenen Aktionäre (vgl. § 180 Abs. 2 AktG) eingeholt werden muss[1]. Für alle übrigen Anteile enthält das Gesetz keine näheren Vorgaben, so dass **grundsätzlich Anteile mit jeder zulässigen Ausstattung** gewährt werden können[2] (siehe aber auch nachfolgend Rz. 7ff.). Etwaige rechtliche Beeinträchtigungen müssen dabei jedoch **wertmäßig ausgeglichen** sein[3].

Eine **Änderung der Mitgliedschaftsrechte** im Rahmen einer Verschmelzung ist allerdings nur nach den allgemeinen Grundsätzen zulässig. Deshalb sind neben den Verschmelzungsbeschlüssen uU **individuelle Zustimmungen** von nachteilig betroffenen Anteilsinhabern einzuholen. Außerdem gilt für alle Anteilsinhaber der **Gleichbehandlungsgrundsatz**, wie er in § 53a AktG für die AG und KGaA ausdrücklich normiert ist. Dieser Grundsatz gilt sowohl für das Verhältnis der Anteilsinhaber der übertragenden Rechtsträger untereinander wie für das Verhältnis zwischen den Anteilsinhabern der übertragenden und des übernehmenden Rechtsträgers[4]. In den zuerst genannten Bereich fällt zB, dass der Nennwert der zu gewährenden Anteile für alle Berechtigten nach gleichen Regeln festzusetzen ist. Zu dem zweiten Bereich gehört, dass das Verhältnis der Anteile der übertragenden und der übernehmenden Gesellschaft dem Verhältnis der jeweiligen Unternehmenswerte entsprechen muss. Dementsprechend werden **teileingezahlte Anteile**, soweit zulässig, beim übernehmenden Rechtsträger fortgeführt. Die restliche Einlage steht dann diesem als Forderung zu[5]. Andernfalls ist die ausstehende Einlage vor der Verschmelzung zu leisten oder wertmäßig beim Umtausch der Anteile zu berücksichtigen[6]. Auf **eigene Anteile** der übertragenden Gesellschaft dürfen keine Anteile gewährt werden (§§ 20 Abs. 1 Nr. 3 Satz 1; 54 Abs. 1 Satz 1, 68 Abs. 1 Satz 1 UmwG).

7

---

1 Vgl. dazu näher *Bermel/Müller*, NZG 1998, 331 (333f.).
2 *Mayer* in Widmann/Mayer, § 5 UmwG Rz. 72; *Simon* in KölnKomm. UmwG, § 2 UmwG Rz. 85, 113f.; enger *Drygala* in Lutter, § 5 UmwG Rz. 18 und *Vossius* in Widmann/Mayer, § 23 UmwG Rz. 11f., 33, die von einem Gebot der Gattungsgleichheit ausgehen.
3 Vgl. *Simon* in KölnKomm. UmwG, § 2 UmwG Rz. 113; *Böttcher* in Böttcher/Habighorst/Schulte, § 5 UmwG Rz. 21.
4 Vgl. bereits *Schilling*, JZ 1953, 489 (490); *Lutter* in FS Mestmäcker, 1996, S. 943 (949); *Drygala* in Lutter, § 5 UmwG Rz. 20; *Böttcher* in Böttcher/Habighorst/Schulte, § 5 UmwG Rz. 17.
5 *Drygala* in Lutter, § 5 UmwG Rz. 22; *Schröer* in Semler/Stengel, § 5 UmwG Rz. 17; *Böttcher* in Böttcher/Habighorst/Schulte, § 5 UmwG Rz. 22.
6 *Drygala* in Lutter, § 5 UmwG Rz. 22; *K. Schmidt*, ZIP 1995, 1385 (1389f.).

§ 5 | Verschmelzung durch Aufnahme

8 Sind **Gesellschafter** an der übertragenden Gesellschaft nur **geringfügig beteiligt**, muss der Nennbetrag der von der übernehmenden GmbH oder AG auszugebenden Anteile – soweit für die beteiligten Anteilsinhaber zumutbar – so niedrig angesetzt werden, dass auch die geringfügig Beteiligten jeweils einen Anteil und nicht nur einen Barausgleich erhalten[1]. Der Nennbetrag der neuen Anteile muss dafür erforderlichenfalls auf den **gesetzlichen Mindestnennbetrag oder niedrigsten anteiligen Betrag** (vgl. § 8 Abs. 2 Satz 1, Abs. 3 Satz 3 AktG für Aktien und §§ 46 Abs. 1 Satz 3, 51 Abs. 2 UmwG idF des MoMiG für GmbH-Anteile) herabgesetzt werden[2]. Dies gilt allerdings nur dann, wenn zur Durchführung der Verschmelzung neue Anteile ausgegeben werden. Werden dafür bereits vorhandene, insbesondere eigene Anteile verwendet, besteht dagegen keine Pflicht, den Nennbetrag dieser Anteile zunächst soweit wie möglich herabzusetzen[3].

9 Entfällt auf einen Gesellschafter auch bei kleinster Stückelung kein voller neuer Anteil, so **scheidet er** mit einem **Anspruch auf Barzahlung aus**. Außerhalb des § 29 UmwG geht das Gesetz zwar davon aus, dass bei der Verschmelzung als Gegenleistung grundsätzlich Anteile gewährt werden und bare Zuzahlungen nur ergänzend erfolgen, um die Übertragung des Vermögens bei Spitzen, auf die keine vollen Anteile entfallen, auszugleichen. Inhaber von Kleinstbeteiligungen, auf die kein voller neuer Anteil entfällt, hätten danach ein Vetorecht gegen die Verschmelzung. Dies widerspricht aber den im Gesetz getroffenen Wertungen. So ist bei nachteiligen Änderungen der bisherigen Mitgliedschaftsrechte im Rahmen der Verschmelzung eine Zustimmung der Betroffenen nur in den gesetzlich geregelten Fällen erforderlich (vgl. Rz. 12 ff.). Aktien oder GmbH-Anteile, die unter dem gesetzlichen Mindestbetrag liegen, können andererseits nicht gebildet werden. Deshalb entsteht in diesen Fällen, wie auch sonst bei Spitzen, nur ein Anspruch auf Barzahlung (§ 46 UmwG Rz. 8)[4].

10 Andere Alternativen sind nicht ersichtlich. Eine Bildung **gemeinsamer Anteile** iS von § 18 GmbHG, § 69 AktG sieht das Gesetz nicht vor, sie ist deshalb nur einvernehmlich möglich (vgl. § 46 UmwG Rz. 8). Die im Schrifttum sonst noch erörterten Ausweichlösungen (Zuweisung eines Mindestanteils, Änderung des Umtauschverhältnisses durch vorherige Gewinnausschüttung oder Auskauf der Kleinstgesellschafter) sind rechtlich nicht geboten und laufen auf eine gleich-

---

1 Vgl. BGH v. 5.7.1999 – II ZR 126/98, DB 1999, 1747 = AG 1999, 517 zur Kapitalherabsetzung.
2 Vgl. *Simon* in KölnKomm. UmwG, § 2 UmwG Rz. 119 f; *Böttcher* in Böttcher/Habighorst/Schulte, § 5 UmwG Rz. 21; ausführlich *J. Vetter*, AG 2000, 193 ff.
3 Vgl. *J. Vetter*, AG 2000, 193 (199).
4 So auch *Schröer* in Semler/Stengel, § 5 UmwG Rz. 15; *Simon* in KölnKomm. UmwG, § 2 UmwG Rz. 117; *Mayer* in Widmann/Mayer, § 50 UmwG Rz. 118; *Böttcher* in Böttcher/Habighorst/Schulte, § 5 UmwG Rz. 21; *M. Winter* in FS Lutter, 2000, S. 1279 (1285 ff.) mwN; enger *Drygala* in Lutter, § 5 UmwG Rz. 63, wonach kein Anspruch auf Abfindung, sondern nur eine Verwertung für Rechnung des Betroffenen in Betracht kommen soll.

heitswidrige Bevorzugung des Kleinstgesellschafters hinaus[1]. Sollte das Umtauschverhältnis allerdings bewusst darauf angelegt sein, bestimmte Kleinstgesellschafter hinauszudrängen, kann dies als **Rechtsmissbrauch** durch Klage nach § 14 Abs. 1 UmwG geltend gemacht werden[2].

Für die **Art der zu gewährenden Anteile** gelten rechtsformspezifische Besonderheiten: Bestehen bei einer übertragenden oder übernehmenden **AG** oder **KGaA** mehrere stimmberechtigte Aktiengattungen, so bedarf der Verschmelzungsbeschluss der Hauptversammlung zusätzlich noch der Zustimmung der Aktionäre einer jeden Gattung; diese Zustimmung erfolgt durch **Sonderbeschluss** (vgl. § 65 Abs. 2 UmwG). Die Inhaber nicht stimmberechtigter Aktien müssen der Verschmelzung nicht zustimmen; dies gilt auch dann, wenn die stimmrechtslosen Vorzugsaktien einer übertragenden Gesellschaft durch Umtausch in stimmberechtigte Aktien untergehen. § 65 Abs. 2 UmwG ist insofern lex specialis gegenüber §§ 141, 179 Abs. 3 AktG[3]. Die Inhaber der bisherigen Vorzugsaktien werden durch das Gebot der Gleichwertigkeit der zu gewährenden Anteile hinreichend geschützt[4]. Die Notwendigkeit eines Sonderbeschlusses stimmrechtsloser Vorzugsaktionäre kann allerdings bei der übernehmenden Gesellschaft bestehen, zB wenn zur Durchführung der Verschmelzung neue Vorzugsaktien ausgegeben werden sollen (vgl. § 141 Abs. 2 Satz 2 AktG). 11

Sollen den Aktionären einer übertragenden AG im Zuge der Verschmelzung **wesentliche Rechte entzogen** oder bislang nicht bestehende **Pflichten auferlegt** werden, so ist entsprechend § 35 BGB die **Zustimmung jedes betroffenen Aktionärs** erforderlich. Dies gilt zB für den Fall, dass bislang stimmberechtigte Aktionäre **stimmrechtslose Vorzugsaktien** erhalten sollen[5] oder Aktien mit bisher nicht bestehenden **Nebenverpflichtungen** ausgegeben werden (vgl. § 180 AktG)[6]. Eine Ausnahme gilt allerdings dann, wenn stimmrechtslose Vorzugsaktien bei der übernehmenden AG lediglich entsprechend den dort vorhandenen Gattungsverhältnissen und zu deren Wahrung ausgegeben werden[7]. Sind die neuen 12

---

1 Vgl. ausführlich *M. Winter* in Lutter, Umwandlungsrechtstage, S. 48 f. und *M. Winter* in FS Lutter, 2000, S. 1279 (1289 f.).
2 *M. Winter* in Lutter, Umwandlungsrechtstage, S. 49.
3 *Diekmann* in Semler/Stengel, § 65 UmwG Rz. 24 aE; *Grunewald* in Lutter, § 65 UmwG Rz. 9; *Simon* in KölnKomm. UmwG, § 65 UmwG Rz. 17; *Marsch-Barner* in Liber amicorum M. Winter, 2011, S. 467 (472 f.).
4 Dazu näher *Marsch-Barner* in Liber amicorum M. Winter, 2011, S. 467 (473 f.).
5 Vgl. *Grunewald* in G/H/E/K, 1994, § 340 AktG Rz. 9; *Heckschen*, Verschmelzung von Kapitalgesellschaften, 1989, S. 18; *Drygala* in Lutter, § 5 UmwG Rz. 20; *Mayer* in Widmann/Mayer, § 5 UmwG Rz. 74.
6 *Priester*, ZGR 1990, 420 (442); *Schröer* in Semler/Stengel, § 5 UmwG Rz. 22; aA *Mayer* in Widmann/Mayer, § 5 UmwG Rz. 75.2.
7 Vgl. *Lutter* in FS Mestmäcker, 1996, S. 943 (950 f.); *Drygala* in Lutter, § 5 UmwG Rz. 20; *Schröer* in Semler/Stengel, § 5 UmwG Rz. 24; *Böttcher* in Böttcher/Habighorst/Schulte, § 5 UmwG Rz. 20; aA *Bayer*, ZIP 1997, 1613 (1616).

Aktien **vinkuliert**, ist dafür gemäß § 29 Abs. 1 Satz 2 UmwG und entgegen § 180 Abs. 2 AktG keine Zustimmung erforderlich[1].

13 Keine besonderen Zustimmungserfordernisse bestehen, wenn **Namensaktien statt Inhaberaktien** oder umgekehrt ausgegeben werden. In diesen Fällen liegt schon keine Gattungsverschiedenheit iS von § 11 AktG vor[2]. Das Gleiche gilt, wenn bei der übernehmenden AG ein **Höchststimmrecht** besteht (§ 134 Abs. 1 Satz 2 AktG)[3]. Nicht zustimmungspflichtig ist auch, wenn für bislang stimmrechtslose Anteile **stimmberechtigte Anteile** ausgegeben werden. Dies gilt in der Regel selbst dann, wenn dadurch ein bisher bestehender Gewinnvorzug verloren geht (vgl. Rz. 11)[4].

14 Bei der **GmbH** gelten für die Anteilsgewährung die gleichen Grundsätze wie bei der AG. Unterschiedliche Gattungen von Geschäftsanteilen sind hier allerdings seltener. Dafür gibt es häufiger Anteile mit bestimmten, im Gesellschaftsvertrag näher definierten **Sonderrechten**. Für diese enthält das Gesetz einige Sonderbestimmungen. So bedarf der Verschmelzungsbeschluss einer übertragenden GmbH nach § 13 Abs. 2 UmwG der Zustimmung derjenigen Gesellschafter, von deren Genehmigung die Abtretung der Anteile dieser GmbH abhängig ist. Die Bestimmung steht zwar im Allgemeinen Teil des Verschmelzungsrechts, hat praktische Bedeutung aber nur bei der Verschmelzung von GmbH und Personenhandelsgesellschaften. Zustimmen müssen auch die Inhaber von gesellschaftsvertraglich begründeten Minderheitsrechten und Sonderrechten in Bezug auf die Geschäftsführung (§ 50 Abs. 2 UmwG; siehe dazu § 50 UmwG Rz. 20 ff.). § 51 UmwG verlangt außerdem die Zustimmung der Gesellschafter der übertragenden oder übernehmenden GmbH bei nicht voll eingezahlten Geschäftsanteilen (vgl. dazu näher § 51 UmwG Rz. 2 ff.).

15 Bei den **Personenhandelsgesellschaften** (OHG, KG) muss der Verschmelzungsvertrag für jeden Gesellschafter bestimmen, ob er bei der übernehmenden Gesellschaft die Stellung eines Komplementärs oder Kommanditisten erhalten soll (§ 40 Abs. 1 UmwG). Soll ein bisheriger Kommanditist bei der übernehmenden Gesellschaft Komplementär werden, ist dies nur mit seiner Zustimmung möglich (§ 40 Abs. 2 Satz 2 UmwG). Im Übrigen gilt für den Verschmelzungsbeschluss grundsätzlich Einstimmigkeit (vgl. §§ 119 Abs. 1, 161 Abs. 2 HGB, § 43 UmwG). Etwaige Änderungen der mitgliedschaftlichen Stellung können dann auch nur einvernehmlich erfolgen. Wird eine GmbH & Co. KG auf eine GmbH verschmolzen, muss einer Komplementär-GmbH ohne Kapitalanteil

---

1 Vgl. *Drygala* in Lutter, § 5 UmwG Rz. 12; *Mayer* in Widmann/Mayer, § 5 UmwG Rz. 73; *Bermel/Müller*, NZG 1998, 331 (334); vgl. auch Begr. RegE bei *Ganske*, S. 112.
2 *Drygala* in Lutter, § 5 UmwG Rz. 19; *Mayer* in Widmann/Mayer, § 5 UmwG Rz. 73; *Schröer* in Semler/Stengel, § 5 UmwG Rz. 23.
3 *Lutter* in FS Mestmäcker, 1996, S. 943 (950); *Drygala* in Lutter, § 5 UmwG Rz. 21; aA *Zöllner* in Baumbach/Hueck, § 47 GmbHG Rz. 68.
4 *Drygala* in Lutter, § 5 UmwG Rz. 21; *Schröer* in Semler/Stengel, § 5 UmwG Rz. 23.

kein Geschäftsanteil an der GmbH eingeräumt werden, da dies zu einer Verschiebung der Beteiligungsquoten führen würde. Allerdings muss die Komplementär-GmbH der Verschmelzung zustimmen, da sie ihre Mitgliedschaft infolge der Verschmelzung verliert[1].

Bei **Partnerschaftsgesellschaften** muss der Verschmelzungsvertrag für jeden Anteilsinhaber eines übertragenden Rechtsträgers Name und Vorname sowie den in der übernehmenden Partnerschaft ausgeübten Beruf und den Wohnort jedes Partners enthalten (§ 45b Abs. 1 UmwG). 15a

Ist zur Schaffung der zu gewährenden Anteile eine **Kapitalerhöhung** erforderlich (vgl. §§ 55, 56 UmwG für die GmbH und §§ 69, 73, 78 UmwG für die AG/KGaA), muss dies im Verschmelzungsvertrag grundsätzlich nicht erwähnt werden[2]. § 46 Abs. 2 UmwG verlangt dies nur für den Sonderfall, dass die zu gewährenden GmbH-Anteile durch Kapitalerhöhung geschaffen und anders als sonstige Geschäftsanteile der übernehmenden GmbH ausgestattet sein sollen. In diesem Fall sind die Abweichungen im Verschmelzungsvertrag festzulegen. Dennoch empfiehlt es sich, im Verschmelzungsvertrag ggf. festzuhalten, dass die zu gewährenden Anteile durch eine Kapitalerhöhung des übernehmenden Rechtsträgers neu geschaffen werden[3] (für die Spaltung § 126 UmwG Rz. 60). Damit wird der übernehmende Rechtsträger zugleich entsprechend verpflichtet[4]. Sollen die zu gewährenden **Anteile** nicht neu geschaffen, sondern **aus einem vorhandenen Bestand** solcher Anteile bei einem beteiligten Rechtsträger oder einem Dritten gewährt werden (vgl. dazu §§ 54 Abs. 1 Satz 2, 56; 68 Abs. 1 Satz 2, 73, 78 UmwG), so empfiehlt es sich ebenfalls, dies im Verschmelzungsvertrag festzuhalten (vgl. § 46 Abs. 3 UmwG). Die Beschaffung der zu gewährenden Anteile ist dann vertraglich abgesichert. Zugleich wird der betreffende Rechtsträger oder der Dritte unmittelbar zur Herausgabe dieser Anteile an die Anteilsinhaber des übertragenden Rechtsträgers verpflichtet (§§ 328 Abs. 1, 335 BGB). 16

5. Umtauschverhältnis (§ 5 Abs. 1 Nr. 3 UmwG) *(Lanfermann)*

a) Die Vorschrift entspricht, was das Umtauschverhältnis und die baren Zuzahlungen betrifft, Art. 5 Abs. 2 lit. b der 3. EG-Richtlinie (78/855/EWG). Da nach dem UmwG Verschmelzungen mit übernehmenden Rechtsträgern möglich sind, an denen nicht Anteile, sondern Mitgliedschaften bestehen (Vereine, Versicherungsvereine, Genossenschaften, vgl. § 3 Abs. 1 Nr. 3, Nr. 4, Nr. 5 und Nr. 6 17

---

1 *Kallmeyer*, GmbHR 1996, 80 (82); *Schröer* in Semler/Stengel, § 5 UmwG Rz. 16.
2 Vgl. *Mayer* in Widmann/Mayer, § 5 UmwG Rz. 139; *Heidenhain*, NJW 1995, 2873 (2875) für die Spaltung; aA *Drygala* in Lutter, § 5 UmwG Rz. 64; *Schröer* in Semler/Stengel, § 5 UmwG Rz. 36; *Simon* in KölnKomm. UmwG, § 5 UmwG Rz. 53.
3 Vgl. KG v. 22.9.1998 – 1 W 4387/97, WM 1999, 323 (325) = GmbHR 1998, 1230.
4 *Schröer* in Semler/Stengel, § 5 UmwG Rz. 36.

UmwG), muss der Verschmelzungsvertrag für diese Fälle Angaben über den Erwerb der Mitgliedschaften bei dem übernehmenden Rechtsträger enthalten. Die Vorschrift deckt darüber hinaus alle Fälle ab, in denen es zum Ersatz eines Anteils durch eine Mitgliedschaft oder umgekehrt kommt[1].

18 **b)** § 5 Abs. 1 Nr. 3 UmwG enthält eine formale Vorschrift für das Umtauschverhältnis. Die Angabe gehört zu dem grundlegenden Inhalt des Verschmelzungsvertrages, da sie den wirtschaftlichen Kern einer Verschmelzung für die Anteilsinhaber/Mitglieder festlegt. Das Umtauschverhältnis ist nicht im Vertrag, wohl aber im **Verschmelzungsbericht** (§ 8 Abs. 1 UmwG) zu erläutern. Zum Umtauschverhältnis selbst, zu den baren Zuzahlungen und zur Ausgestaltung der Mitgliedschaftsrechte vgl. § 8 UmwG Rz. 10 ff., 25 f. Die Angemessenheit des Umtauschverhältnisses ist nicht Wirksamkeitsvoraussetzung des Verschmelzungsvertrags und wird auch nicht registergerichtlich nachgeprüft[2]. Zu unterscheiden sind die Angaben bei Anteilen und bei Mitgliedschaften:

19 **aa)** Das „Umtauschverhältnis" bei **Anteilen** wird von der Wertigkeit von Leistung (übertragenes Vermögen) und Gegenleistung (Gewährung von Anteilen des übernehmenden Rechtsträgers) bestimmt. Das Gesetz verlangt die Angabe des Umtauschverhältnisses, dh. wie viel Anteile am übernehmenden Rechtsträger auf einen Anteil (oder ein Vielfaches davon) des übertragenden Rechtsträgers entfallen (zB 1:2, 5:4). Abzustellen ist bei Kapitalgesellschaften grundsätzlich auf den Nennbetrag. Sind bei der AG Stückaktien (§ 8 Abs. 1 AktG) ausgegeben, erfolgt die Angabe in Stücken. Dabei können Nennbetragsanteile in Stückaktien oder Stückaktien in Nennbetragsanteile umgetauscht werden. Rechnerisch wird auch dabei auf das Nominalkapital (Grundkapital) abgestellt, weil die Stückaktie einen zerlegungsbedingten Anteil am Grundkapital repräsentiert[3]. **Eigene Anteile**, die der übertragende Rechtsträger hält oder Anteile, die der aufnehmende Rechtsträger am Übertragenden hält, sind nicht einzubeziehen, da kein Umtausch stattfindet. Einzubeziehen sind aber eigene Anteile des aufnehmenden Rechtsträgers und Anteile, die der übertragende Rechtsträger am aufnehmenden Rechtsträger hält[4]. Insoweit darf eine Kapitalerhöhung beim übernehmenden Rechtsträger nicht durchgeführt werden (§ 54 Abs. 1 Nr. 1 und 2 UmwG; § 68 Abs. 1 Nr. 1 und 2 UmwG).

Bei der GmbH als übernehmendem Rechtsträger werden diese Angaben zweckmäßigerweise verbunden mit den Angaben nach § 46 Abs. 1 UmwG, nämlich der Angabe der Zahl und der Nennbeträge der Geschäftsanteile, die die übernehmende GmbH jedem Anteilsinhaber des übertragenden Rechtsträgers zu gewähren hat (vgl. § 46 UmwG Rz. 2). Insoweit ist idR eine namentliche Nennung

---

1 Begr. RegE, BR-Drucks. 75/94, S. 82.
2 *Drygala* in Lutter, § 5 UmwG Rz. 27; *Schröer* in Semler/Stengel, § 5 UmwG Rz. 25.
3 *Hüffer/Koch*, § 8 AktG Rz. 20.
4 *Schröer* in Semler/Stengel, § 5 UmwG Rz. 29.

aller Anteilsinhaber des übertragenden Rechtsträgers erforderlich. Bei der sog. **Mehrfachverschmelzung** (mehrere übertragende Rechtsträger mit nur einem Anteilsinhaber übertragen auf einen bestehenden oder neu zu gründenden aufnehmenden Rechtsträger) genügt die Bildung eines einzigen Geschäftsanteils des aufnehmenden Rechtsträgers und die entsprechende Angabe des Umtauschverhältnisses zu den gesamten untergehenden Geschäftsanteilen. Eine Angabe für jeden einzelnen übertragenden Rechtsträger ist nicht erforderlich. Nach §§ 5 Abs. 2, 55 Abs. 4 GmbHG ist aber auch die Übernahme mehrerer Geschäftsanteile möglich, so dass auch die Angabe pro übertragender Gesellschaft gewählt werden kann.

bb) Sind an der Verschmelzung nur **Kapitalgesellschaften** beteiligt, ist die formale Darstellung des Umtauschverhältnisses idR unproblematisch. Bei **Personengesellschaften** gibt es kein Nennkapital im technischen Sinne: Die gesetzliche Regelung der §§ 120, 121, 122 HGB geht von einem variablen Kapitalanteil als bloßer Rechnungsziffer aus, der noch nicht einmal mit dem Anteil am Gesellschaftsvermögen iS des § 719 Abs. 1 BGB identisch sein muss[1]. Diese Bestimmungen sind jedoch dispositiv und werden in modernen Gesellschaftsverträgen idR durch einen festen Kapitalanteil, der ggf. auch den Anteil am Gesellschaftsvermögen zum Ausdruck bringt, ersetzt. Ist eine Personengesellschaft übertragender oder übernehmender Rechtsträger, muss der Verschmelzungsvertrag deshalb definieren, worauf sich das errechnete Umtauschverhältnis beziehen soll (variables Kapitalkonto zum Verschmelzungsstichtag, festes Kapitalkonto mit oder ohne die weiteren nach dem Gesellschaftsvertrag der Personengesellschaft vorgesehenen Gesellschafterkonten). Ist eine Personengesellschaft übernehmende Gesellschaft, setzt eine klare Regelung idR voraus, dass die Gesellschafter des übertragenden Rechtsträgers namentlich mit den ihnen zuzuordnenden Konten bezeichnet werden[2]. 20

cc) Ist übernehmender Rechtsträger eine **Genossenschaft**, so enthält § 80 Abs. 1 UmwG eine Spezialvorschrift für die Angaben über das Umtauschverhältnis. Ist aufnehmender Rechtsträger ein **Idealverein** (§§ 99 ff., 109 ff. UmwG), so sind Angaben über die Mitgliedschaft zu machen: Dies kann praktisch nur durch die Wiedergabe der Rechte und Pflichten der Mitglieder nach dem Statut des aufnehmenden Vereins geschehen. Das ist idR kein Problem, wenn übertragender Rechtsträger wiederum ein Idealverein mit gleichmäßig ausgestalteten Mitgliedsrechten ist (§ 99 Abs. 2 UmwG). Bei Sonderrechten (§ 35 BGB) sind ggf. Abweichungen notwendig, da Sonderrechte (zB im Hinblick auf einen Liquidationsüberschuss) nicht ohne Zustimmung des begünstigten Mitglieds beeinträchtigt werden dürfen. Erforderlich werden jedenfalls Angaben über den Anfall des Vereinsvermögens bei Auflösung (§ 45 BGB). Besondere Probleme können sich 21

---

1 Vgl. *Roth* in Baumbach/Hopt, § 120 HGB Rz. 13.
2 AA *Schröer* in Semler/Stengel, § 5 UmwG Rz. 27; wie hier *Mayer* in Widmann/Mayer, § 5 UmwG Rz. 94.

ergeben, wenn übertragender Rechtsträger ein Verein, insbesondere ein **wirtschaftlicher Verein** (§ 3 Abs. 2 Nr. 1 UmwG) und aufnehmender Rechtsträger eine Kapitalgesellschaft ist. Bei unterschiedlichen Mitgliedschaftsrechten (insbesondere im Hinblick auf einen Liquidationsüberschuss) bestimmt sich das Umtauschverhältnis durch Auslegung der Satzung nach dem wirtschaftlichen Wert der jeweiligen Mitgliedschaftsrechte.

22 c) Die **baren Zuzahlungen** sind betragsmäßig insgesamt und in der Aufteilung auf jeden untergehenden Anteil oder auf jeden Beteiligten anzugeben. Die für die GmbH, die AG und die Genossenschaft als übernehmenden Rechtsträger geltenden Höchstbeträge von 10 % des Gesamtnennbetrags der gewährten Gesellschaftsrechte oder Geschäftsanteile sind zu beachten (§ 54 Abs. 4 UmwG, § 68 Abs. 3 UmwG und § 87 Abs. 2 Satz 2 UmwG). Dies gilt auch, wenn statt barer Zuzahlungen Ausgleichs- oder Darlehensforderungen gegen den übernehmenden Rechtsträger eingeräumt werden; andernfalls könnte die 10 %-Grenze einfach umgangen werden[1]. Bare Zuzahlungen gibt es nur für die Gesellschafter der übertragenden, nicht für die Gesellschafter der aufnehmenden Gesellschaft. Ggf. kann für diese ein Ausgleich durch Dividendenausschüttungen vor Wirksamwerden der Verschmelzung oder eine später eintretende Dividendenberechtigung auf die an die übertragenden Gesellschafter ausgegebenen Anteile herbeigeführt werden[2]. Für die Personenhandelsgesellschaft als aufnehmende Gesellschaft gelten keine Höchstgrenzen. Zuzahlungen können auch dann gewährt werden, wenn sie für den wertmäßigen Spitzenausgleich (für den sie eigentlich gedacht sind) nicht erforderlich sind[3] (vgl. auch § 54 UmwG Rz. 27; § 68 UmwG Rz. 20). Die Regelung geht davon aus, dass Zuzahlungen nur in Geld-, nicht in Sachwerten geleistet werden dürfen („bar"). Der Verschmelzungsvertrag wird deshalb idR immer ein Barangebot enthalten müssen. Das schließt nicht aus, dass im Einvernehmen mit dem Berechtigten eine Erfüllung des Anspruchs in Sachwerten erfolgen kann[4]. Ein Spitzenausgleich durch Zuzahlung der Gesellschafter ist nicht schlechthin ausgeschlossen, bedarf aber der Zustimmung aller Betroffenen[5].

23 d) Die **Angaben entfallen nach § 5 Abs. 2 UmwG**, wenn sich alle Anteile eines übertragenden Rechtsträgers in der Hand des übernehmenden Rechtsträgers befinden, allerdings nur, soweit sie die Aufnahme dieses Rechtsträgers betreffen. Sind neben der 100 %igen Tochtergesellschaft weitere übertragende Rechtsträger beteiligt, greift § 5 Abs. 2 UmwG nur für die Angaben bezüglich der 100 %igen Tochtergesellschaft ein. Dies muss auch dann gelten, wenn ein übertragender Rechtsträger eigene Anteile hält oder Anteile einem anderen für Rechnung des

---

1 *Drygala* in Lutter, § 5 UmwG Rz. 26 (Fn. 5); *Mayer* in Widmann/Mayer, § 5 UmwG Rz. 102; *Heidenhain*, NJW 1995, 2873 (2875).
2 Vgl. *Schröer* in Semler/Stengel, § 5 UmwG Rz. 32.
3 AllgM: vgl. *Drygala* in Lutter, § 5 UmwG Rz. 26 mwN.
4 AA noch 2. Aufl.; so auch *Stratz* in Schmitt/Hörtnagl/Stratz, § 5 UmwG Rz. 66.
5 So auch *Stratz* in Schmitt/Hörtnagl/Stratz, § 5 UmwG Rz. 66.

übertragenden Rechtsträgers gehören. Auch dann kommt ein Umtauschverhältnis nicht in Betracht. Eine Angabe zum Umtauschverhältnis ist auch dann entbehrlich, wenn alle Anteilseigner des übertragenden Rechtsträgers auf eine Anteilsgewährung verzichtet haben (§ 54 Abs. 1 Satz 3 UmwG; § 68 Abs. 1 Satz 3 UmwG).

e) Inhaltlich entprechend sieht bei Gründung einer SE durch Verschmelzung Art. 20 Abs. 1 Satz 2 lit. b SE-VO[1] die Angabe des Umtauschverhältnisses der Aktien und ggf. die Höhe der Ausgleichsleistung als Pflichtangabe im Verschmelzungsplan vor (vgl. Anhang I Rz. 23).

23a

6. Einzelheiten der Übertragung (§ 5 Abs. 1 Nr. 4 UmwG)
(Marsch-Barner)

Nach dem Gesetz muss der Verschmelzungsvertrag die Einzelheiten für die Übertragung der Anteile des übernehmenden Rechtsträgers bzw. den Erwerb der Mitgliedschaften bei diesem regeln. Ist der übernehmende Rechtsträger eine **AG** oder **KGaA**, so gehört dazu die Angabe des **Treuhänders** für den Empfang der zu gewährenden Aktien und baren Zuzahlungen (vgl. §§ 71, 78 UmwG), sowie eine Regelung darüber, wer die **Kosten** des Umtausches der bisherigen Anteile trägt (idR der übernehmende Rechtsträger)[2]. Die Höhe dieser Kosten muss nicht angegeben werden[3]. Entbehrlich sind auch Angaben über Einzelheiten des **Umtauschverfahrens**, insbesondere über die Einreichung der alten Aktien, ihre Zusammenlegung und Kraftloserklärung (vgl. §§ 72, 78 UmwG). Hierzu müssen ohnehin gesonderte Aufforderungen erlassen werden. Ist die Bestellung eines Treuhänder ausnahmsweise nicht vorgesehen, sollte dies zur Klarstellung in den Verschmelzungsvertrag aufgenommen werden[4]. Sind die Aktien der übernehmenden Gesellschaft bisher nicht zum **Börsenhandel** zugelassen, ist dies aber geplant, muss dies im Verschmelzungsvertrag nicht erwähnt werden[5]. Eine ge-

24

---

1 Verordnung (EG) Nr. 2157/2001 des Rates v. 8.10.2001 über das Statut der Europäischen Gesellschaft (SE), ABl. EG Nr. L 294, S. 1.
2 *Drygala* in Lutter, § 5 UmwG Rz. 65; *Schröer* in Semler/Stengel, § 5 UmwG Rz. 35; *Böttcher* in Böttcher/Habighorst/Schulte, § 5 UmwG Rz. 41; abl. hinsichtlich der Kostenangabe *Simon* in KölnKomm. UmwG, § 5 UmwG Rz. 51.
3 *Schröer* in Semler/Stengel, § 5 UmwG Rz. 35; aA *Drygala* in Lutter, § 5 UmwG Rz. 65; *Böttcher* in Böttcher/Habighorst/Schulte, § 5 UmwG Rz. 41; *Sagasser/Luke* in Sagasser/Bula/Brünger, § 9 Rz. 147.
4 *Schröer* in Semler/Stengel, § 5 UmwG Rz. 37 Fn. 94; *Simon* in KölnKomm. UmwG, § 5 UmwG Rz. 55.
5 LG Mannheim v. 3.3.1988 – 24 O 75/87, WM 1988, 775 (777) = AG 1988, 248; *Heckschen*, WM 1990, 377 (380); *Drygala* in Lutter, § 5 UmwG Rz. 66; *Mayer* in Widmann/Mayer, § 5 UmwG Rz. 139.1; *Schröer* in Semler/Stengel, § 5 UmwG Rz. 37; *Simon* in KölnKomm. UmwG, § 5 UmwG Rz. 52.

§ 5 | Verschmelzung durch Aufnahme

plante Börseneinführung ist jedoch im Verschmelzungsbericht (§ 8 UmwG) offenzulegen[1].

25 Ist die übernehmende Gesellschaft eine **GmbH** und werden die zu gewährenden Geschäftsanteile im Wege der **Kapitalerhöhung** geschaffen, so ergeben sich die Einzelheiten hierzu aus dem Gesetz (§§ 55, 56 UmwG). Eine Regelung im Verschmelzungsvertrag ist entbehrlich, sofern die neuen Anteile nicht anders ausgestattet sind als die schon bestehenden Anteile (§ 46 Abs. 2 UmwG). Sollen die Anteilsinhaber der übertragenden Gesellschaft **bereits vorhandene Geschäftsanteile** erhalten, so müssen die Gesellschafter und die Nennbeträge im Verschmelzungsvertrag bestimmt werden (§ 46 Abs. 3 UmwG). Dies gilt sinngemäß auch dann, wenn die Anteile von Dritten gewährt werden[2]. In beiden Fällen empfiehlt sich die Angabe, dass die Geschäftsanteile durch **Abtretung** von der übernehmenden Gesellschaft oder dem Dritten auf die Anteilsinhaber der übertragenden Gesellschaft übergehen (§ 15 Abs. 3 GmbHG). Dabei ist zu regeln, wer die damit verbundenen **Kosten** trägt. Die Höhe dieser Kosten muss im Verschmelzungsvertrag nicht angegeben werden (siehe Rz. 24). Sie sollte aber im Verschmelzungsbericht (§ 8 UmwG) genannt und erläutert werden.

26 Ist die übernehmende Gesellschaft eine **OHG** oder **KG**, entfällt eine besondere Übertragung der Gesellschaftsanteile. Die künftige Rechtsstellung der übertragenden Gesellschafter ist aber, ggf. einschließlich des Betrags der Einlage, im Verschmelzungsvertrag festzulegen (§ 40 UmwG). Zu bestimmen ist insbesondere, welche Gesellschafter beschränkt oder unbeschränkt haften. Ist ein Gesellschafter des übertragenden Rechtsträgers an der übernehmenden Gesellschaft bereits beteiligt, wird ihm keine neue Beteiligung eingeräumt, sondern seine bisherige Beteiligung aufgestockt[3]. Die jeweilige Rechtsstellung wird mit der Eintragung der Verschmelzung wirksam (vgl. § 20 Abs. 1 Nr. 3 UmwG).

26a Das Gesetz erwähnt auch den Fall, dass, wie bei der Genossenschaft oder dem Verein, keine Anteile, sondern die **Mitgliedschaft** bei dem übernehmenden Rechtsträger erworben wird. Mit dem Wirksamwerden der Verschmelzung erfolgt dieser Erwerb von Gesetzes wegen (§ 20 Abs. 1 Nr. 3 UmwG). Ergänzende Regelungen im Verschmelzungsvertrag sind deshalb im Allgemeinen entbehrlich (vgl. auch § 110 UmwG). Das Gleiche gilt bei einer **Mischverschmelzung**, also in dem Fall, dass zB die bisherige Mitgliedschaft in einem Verein durch einen Geschäftsanteil an der übernehmenden GmbH ersetzt wird[4]. Die sich dabei ergebenden Unterschiede zwischen der alten und der neuen Rechtsstellung, zB hinsichtlich Einflussmöglichkeiten, Nebenpflichten und Haftung, lassen sich

---

1 *Schröer* in Semler/Stengel, § 5 UmwG Rz. 37.
2 Vgl. *M. Winter/J. Vetter* in Lutter, § 46 UmwG Rz. 51.
3 *Schröer* in Semler/Stengel, § 5 UmwG Rz. 39; *Simon* in KölnKomm. UmwG, § 5 UmwG Rz. 56; *Böttcher* in Böttcher/Habighorst/Schulte, § 5 UmwG Rz. 19.
4 Vgl. dazu *Hadding/Hennrichs* in FS Boujong, 1996, S. 203 ff.

häufig nicht durch das Umtauschverhältnis ausgleichen. Sie sind dann im Verschmelzungsbericht zu erläutern[1].

7. Zeitpunkt der Gewinnberechtigung (§ 5 Abs. 1 Nr. 5 UmwG)
(Marsch-Barner)

Der Verschmelzungsvertrag muss den Zeitpunkt angeben, von dem an die zu übertragenden Anteile oder Mitgliedschaften einen Anspruch auf einen Anteil am Bilanzgewinn gewähren; außerdem sind alle **Besonderheiten** in Bezug auf diesen Anspruch anzugeben. Gemeint ist der **Gewinnanspruch**, der sich aus der Jahresbilanz des übernehmenden Rechtsträgers ergibt (vgl. §§ 120, 121, 167 HGB für die OHG/KG, § 29 GmbHG für die GmbH und §§ 58 ff., 174 AktG für die AG/KGaA). Ansprüche, die sich lediglich auf diesen Gewinnanspruch beziehen, wie zB ein am Bilanzgewinn orientierter Besserungsschein oder ein entsprechendes Genussrecht, sind nicht erfasst; solche Ansprüche ergeben sich nicht aus der Beteiligung, sondern sind schuldrechtlicher Natur[2]. Besonderheiten des Gewinnanspruchs können sich vor allem aus Sonderrechten einzelner Anteilsinhaber (zB Vorzugsgewinnanteil, Mehrdividende) oder aufgrund des statutarischen Gewinnverteilungsschlüssels ergeben. 27

Grundsätzlich werden die Gesellschafter einer übertragenden Gesellschaft **mit dem Wirksamwerden der Verschmelzung** Gesellschafter der übernehmenden Gesellschaft; sie sind dann von diesem Zeitpunkt an bei dieser gewinnberechtigt. Der genaue Zeitpunkt, die **Eintragung** der Verschmelzung (§ 20 Abs. 1 UmwG), ist in der Regel allerdings nicht vorhersehbar. Ein Beginn der Gewinnberechtigung während des laufenden Geschäftsjahrs kann auch zu Schwierigkeiten bei der Gewinnverteilung zwischen alten und neuen Gesellschaftern führen. Im Verschmelzungsvertrag wird deshalb meist ein anderer Zeitpunkt für den Beginn der Gewinnberechtigung vereinbart, nämlich der **Beginn des Geschäftsjahres** der übernehmenden Gesellschaft, das auf den Stichtag der letzten Jahresbilanz der übertragenden Gesellschaft folgt[3]. Dies ist aber nicht zwingend; der Beginn der Gewinnberechtigung kann vielmehr freigewählt werden[4]. Er kann 28

---

1 *Schröer* in Semler/Stengel, § 5 UmwG Rz. 41; für eine wahlweise Erläuterung im Verschmelzungsvertrag oder im Verschmelzungsbericht *Drygala* in Lutter, § 5 UmwG Rz. 67; für eine Erläuterung im Verschmelzungsvertrag *Mayer* in Widmann/Mayer, § 5 UmwG Rz. 143.
2 *Schröer* in Semler/Stengel, § 5 UmwG Rz. 50; *Simon* in KölnKomm. UmwG, § 5 UmwG Rz. 61.
3 Vgl. *Drygala* in Lutter, § 5 UmwG Rz. 68; *Mayer* in Widmann/Mayer, § 5 UmwG Rz. 144; *Schröer* in Semler/Stengel, § 5 UmwG Rz. 43; *Bungert/Wansleben*, DB 2013, 979 (978).
4 BGH v. 4.12.2012 – II ZR 17/12, AG 2013, 165 Rz. 15; *Drygala* in Lutter, § 5 UmwG Rz. 68; *Simon* in KölnKomm. UmwG, § 5 UmwG Rz. 63; *Schröer* in Semler/Stengel, § 5 UmwG Rz. 42 ff.; *Böttcher* in Böttcher/Habighorst/Schulte, § 5 UmwG Rz. 45.

deshalb auch zu einem **späteren Zeitpunkt** vereinbart werden. Dadurch kann zB ein besonders günstiges Umtauschverhältnis ausgeglichen werden[1]. Möglich ist auch zB, den Beginn der Gewinnberechtigung auf die Mitte des laufenden Geschäftsjahres der übernehmenden Gesellschaft festzulegen[2]. Die Anteile sind dann für dieses Geschäftsjahr mit halber Gewinnberechtigung ausgestattet, eine besondere Gewinnermittlung ist dafür nicht erforderlich. Häufig wird der Stichtag für die Gewinnberechtigung mit dem **Verschmelzungsstichtag** nach § 5 Abs. 1 Nr. 6 UmwG kombiniert[3]; der Beginn der Gewinnberechtigung fällt dann mit dem Beginn der Zurechnung der Gewinne und Verluste zusammen (vgl. Rz. 35). Zwingend ist auch dies aber nicht. Soll die Gewinnberechtigung für ein **früheres Geschäftsjahr** beginnen, setzt dies voraus, dass dafür noch kein Gewinnverwendungsbeschluss gefasst ist[4].

29 Für den Fall, dass die Verschmelzung bis zu dem vorgesehenen Beginn der Gewinnberechtigung nicht eingetragen sein sollte, kann im Vertrag vereinbart werden, dass sich der Beginn der Gewinnanteilberechtigung zB um ein Jahr verschiebt. Sind weitere **Verzögerungen**, etwa aufgrund von Klagen nach § 14 Abs. 1 UmwG, zu befürchten, so kann der Beginn auf die entsprechenden Zeitpunkte der Folgejahre festgelegt werden. Solche **variablen Regelungen** haben den Vorteil, dass der Verschmelzungsvertrag beim Eintreten von Verzögerungen nicht angepasst werden muss[5]. Wird für die Gewinnberechtigung ein fester Zeitpunkt vereinbart, kann dies im Falle einer Verzögerung der Eintragung über diesen Zeitpunkt hinaus die Anteilsinhaber des übernehmenden Rechtsträgers benachteiligen[6].

30 Verzögert sich das Wirksamwerden der Verschmelzung, so haben die beteiligten Gesellschaften weiter eigene **Jahresabschlüsse** aufzustellen. Darin ist die vorgesehene Verschmelzung, von evtl. Rückstellungen abgesehen, grundsätzlich

---

1 *Barz*, AG 1972, 1 (3); *Hoffmann-Becking* in FS Fleck, 1988, S. 105 (110); *Grunewald* in G/H/E/K, 1994, § 340 AktG Rz. 12.
2 *Hoffmann-Becking* in FS Fleck, 1988, S. 105 (110); *Mayer* in Widmann/Mayer, § 5 UmwG Rz. 144; *Schröer* in Semler/Stengel, § 5 UmwG Rz. 44; abl. *Drygala* in Lutter, § 5 UmwG Rz. 68 und *Simon* in KölnKomm. UmwG, § 5 UmwG Rz. 67.
3 Vgl. *Bungert/Wansleben*, DB 2013, 979 (978) mwN.
4 BGH v. 4.12.2012 – II ZR 17/12, AG 2013, 165 Rz. 18; *Priester*, BB 1992, 1594; *Mayer* in Widmann/Mayer, § 5 UmwG Rz. 145; *Schröer* in Semler/Stengel, § 5 UmwG Rz. 45; *Simon* in KölnKomm. UmwG, § 5 UmwG Rz. 66.
5 Zu solchen Regelungen BGH v. 4.12.2012 – II ZR 17/12, AG 2013, 165 Rz. 15, 20 sowie *Hoffmann-Becking* in FS Fleck, 1988, S. 105 (119); *Hoffmann-Becking* in MünchVertragsHdb., Bd. 1, 7. Aufl. 2011, XI.1 § 8 Abs. 3; *Drygala* in Lutter, § 5 UmwG Rz. 68; *Schröer* in Semler/Stengel, § 5 UmwG Rz. 47; *Mayer* in Widmann/Mayer, § 5 UmwG Rz. 146; kritisch gegenüber zeitlich unbefristeten Klauseln *Kiem*, S. 63 ff. und *Kiem*, ZIP 1999, 173 (179).
6 Vgl. BGH v. 4.12.2012 – II ZR 17/12, AG 2013, 165 Rz. 17.

nicht zu berücksichtigen[1]. Dementsprechend kann auch die bisherige Gewinnverteilungspolitik fortgesetzt werden[2]. Sollte das vereinbarte Umtauschverhältnis unrichtig werden, obliegt es der Entscheidung der jeweiligen Vertretungsorgane, ob sie an dem Verschmelzungsvertrag festhalten oder ein evtl. vereinbartes Rücktrittsrecht ausüben wollen. Ist kein Rücktrittsrecht vereinbart, können die beteiligten Rechtsträger uU nach den Grundsätzen über den Wegfall der Geschäftsgrundlage eine Anpassung des Umtauschverhältnisses verlangen (§ 4 UmwG Rz. 25)[3]. Um ein Auseinanderdriften der wirtschaftlichen Entwicklung der beteiligten Gesellschaften während des Schwebezustandes zu vermeiden, kann im Verschmelzungsvertrag oder in einer der Verschmelzung vorangehenden Grundsatzvereinbarung vorgesehen werden, dass im Rahmen des kartellrechtlich Zulässigen die Geschäfts- und Ausschüttungspolitik zur Wahrung des vereinbarten Umstandsverhältnisses abgestimmt wird[4]. Dabei kann zB vorgesehen werden, dass Ausschüttungen bis zur Eintragung der Verschmelzung möglichst unterbleiben oder nur entsprechend dem vereinbarten Umtauschverhältnis erfolgen sollen[5]. Zur entsprechenden Problematik bei der Spaltung siehe § 126 UmwG Rz. 57a.

8. Verschmelzungsstichtag (§ 5 Abs. 1 Nr. 6 UmwG) *(Lanfermann)*

a) Der Stichtag legt den Zeitpunkt fest, von dem ab die **Verschmelzung obligatorisch**, dh. im Verhältnis zwischen den beteiligten Rechtsträgern und ihren Anteilsinhabern oder Mitgliedern, wirkt. Handlungen des übertragenden Rechtsträgers gelten von diesem Zeitpunkt an als für Rechnung des übernehmenden Rechtsträgers vorgenommen. Dinglich wirkt die Verschmelzung erst mit der Eintragung in das Handelsregister des Sitzes des übernehmenden Rechtsträgers (§ 20 Abs. 1 Nr. 1 UmwG). Dies ist jedoch ein nicht genau vorhersehbarer und damit idR wirtschaftlich nicht brauchbarer Stichtag. Nichtsdestoweniger kann jedoch auch dieser Tag als Verschmelzungsstichtag vertraglich festgelegt werden. 31

Der Verschmelzungsstichtag ist von weitreichender Bedeutung[6] und muss im Zusammenhang mit anderen im Rahmen der Verschmelzung festzulegenden Stichtagen und Zeitpunkten gesehen und mit diesen abgestimmt werden. Insbesondere geht es um den Zeitpunkt der Gewinnberechtigung am übernehmenden Rechtsträger (§ 5 Abs. 1 Nr. 5 UmwG), um den Stichtag der Schlussbilanz 32

---

1 OLG Hamm v. 11.12.1991 – 8 U 135/91, WM 1992, 946 = AG 1992, 274; BGH v. 12.10. 1992 – II ZR 30/92, DB 1992, 2432; *Priester*, BB 1992, 1594 (1596).
2 Vgl. *Grunewald* in G/H/E/K, 1994, § 340 AktG Rz. 14.
3 Offen gelassen in BGH v. 4.12.2012 – II ZR 17/12, AG 2013, 165 Rz. 30.
4 *Kiem*, ZIP 1999, 173 (180f.); *Schröer* in Semler/Stengel, § 5 UmwG Rz. 48.
5 Vgl. § 6 des Musters einer Grundsatzvereinbarung in *Seibt*, Formularbuch Mergers & Acquisitions, 2. Aufl. 2011, L.II.2. sowie *Schröer* in Semler/Stengel, § 5 UmwG Rz. 48.
6 Vgl. dazu ausführlich *Naraschewski*, Stichtage und Bilanzen bei der Verschmelzung, 2001.

§ 5 | Verschmelzung durch Aufnahme

des übertragenden Rechtsträgers (§ 17 Abs. 2 UmwG) und ggf., bei einer Verschmelzung durch Neugründung, den Stichtag der Eröffnungsbilanz des übernehmenden Rechtsträgers (§ 242 Abs. 1 HGB). Hinzu kommt der **steuerliche Übertragungsstichtag** nach § 2 Abs. 1 Satz 1 UmwStG, der die Zuordnung von Einkommen und Vermögen der übertragenden Körperschaft auf den übernehmenden Rechtsträger mit dem Ablauf des Stichtags der handelsrechtlichen Schlussbilanz (§ 17 Abs. 2 UmwG) festlegt. Aus der zwingenden Verknüpfung der steuerlichen Ergebniszurechnung auf den aufnehmenden Rechtsträger mit dem Ablauf des Stichtags der handelsrechtlichen Schlussbilanz ergibt sich – wenigstens bei inländischen Verschmelzungen – idR die praktische Notwendigkeit, Verschmelzungsstichtag und steuerlichen Übertragungsstichtag zu koordinieren, um ein Auseinanderfallen handelsrechtlicher und steuerlicher Ergebniszuordnung zu vermeiden[1].

33 b) Der Beginn des Verschmelzungsstichtags bestimmt den Zeitpunkt der **Ergebnisabgrenzung** zwischen übertragendem und übernehmendem Rechtsträger. Er ist – von Ausnahmen abgesehen (vgl. Rz. 35) – unmittelbar mit dem Stichtag der Schlussbilanz nach § 17 Abs. 2 UmwG verknüpft, die in aller Regel das Ergebnis abgrenzt, das der übertragende Rechtsträger noch für eigene Rechnung erwirtschaftet[2]. Gemeinhin wird darüber hinaus der Verschmelzungsstichtag als der Tag definiert, zu dem die **Rechnungslegung** von dem übertragenden auf den übernehmenden Rechtsträger übergehe[3]. Das ist zumindest missverständlich. § 5 Abs. 1 Nr. 6 UmwG ist keine Rechnungslegungsvorschrift in dem Sinne, dass zu diesem Zeitpunkt die Rechnungslegung, nämlich die Buchführungs- und Bilanzierungspflicht iS der §§ 238 ff. HGB, auf den (ggf. noch gar nicht existenten) übernehmenden Rechtsträger überginge, sondern nur, dass Handlungen und Geschäftsvorfälle von diesem Zeitpunkt an „nach Rechnungslegungsgrundsätzen" nicht als eigene, sondern als für fremde Rechnung vorgenommene zu verbuchen sind. Weitergehendes kann auch nicht aus Art. 5 Abs. 2 lit. e RL 78/855/EWG, aus § 122c Abs. 2 Nr. 6 UmwG oder aus Art. 20 Abs. 1 Satz 2 lit. e SE-VO abgeleitet werden. Die Rechnungslegungspflicht des übertragenden Rechtsträgers bleibt grundsätzlich bis zur Eintragung der Verschmelzung in das Register des übernehmenden Rechtsträgers (§ 20 Abs. 1 UmwG) bestehen[4].

---

1 Vgl. dazu *van Lishaut* in Rödder/Herlinghaus/van Lishaut, 2. Aufl. 2013, § 2 UmwStG Rz. 19 ff.; vgl. auch BMF-Anwendungserlass zum UmwStG, BMF v. 11.11.2011 – IV C 2 - S 1978 - b/08/10001, BStBl. I 2011, 1314 unter Rz. 02.03.
2 Zutreffend IDW RS HFA 42, Rz. 10, IDW Fachnachrichten 2012, S. 701 ff., WPg 2012, Supplement 4, S. 91 ff.
3 *Hoffmann-Becking* in FS Fleck, 1988, S. 105 (112); *Drygala* in Lutter, § 5 UmwG Rz. 74; *Mayer* in Widmann/Mayer, § 5 UmwG Rz. 153; *Slabon* in Haritz/Menner, § 2 UmwStG Rz. 43 ff.; *Schröer* in Semler/Stengel, § 5 UmwG Rz. 51.
4 IDW RS HFA 42 Rz. 11, IDW Fachnachrichten 2012, S. 701 ff., WPg 2012, Supplement 4, S. 91 ff.; *Welf Müller*, WPg 1996, 857 (861); *Priester*, BB 1992, 1594 (1596 ff.); so auch *Stratz* in Schmitt/Hörtnagl/Stratz, § 5 UmwG Rz. 75.

Davon zu trennen ist die Frage, ob der Verschmelzungsstichtag sachnotwendig 34
mit dem Ablauf des „Stichtags der **Schlussbilanz** des übertragenden Rechtsträgers" (§ 17 Abs. 2 UmwG) übereinstimmen muss. Das entspricht der hM[1], ist aber nicht zwingend. Praktisch notwendig, zweckmäßig und üblich ist allerdings der Gleichklang der Stichtage, jedenfalls bei Inlandsverschmelzungen wegen § 2 Abs. 1 UmwStG (vgl. Rz. 33). Steuerlich gilt die übertragende Gesellschaft mit Ablauf des steuerlichen Übertragungsstichtags nach § 2 Abs. 1 UmwStG – im Gegensatz zur handelsrechtlichen Situation – als aufgelöst und hat auf diesen Stichtag eine Umwandlungs- und Übertragungsbilanz aufzustellen, der nach hM mit dem Stichtag der Schlussbilanz nach § 17 Abs. 2 UmwG übereinstimmen muss[2]. In Ausnahmefällen kann es jedoch erforderlich werden, eine vom Stichtag der Schlussbilanz nach § 17 Abs. 2 UmwG abweichende handelsrechtliche Übernahmebilanz aufzustellen (vgl. Rz. 35).

Davon abgesehen kann nach Wortlaut und Sinn der Bestimmung rein handels- 34a
rechtlich entgegen der hM der Verschmelzungsstichtag von dem Stichtag der Schlussbilanz nach § 17 Abs. 2 UmwG abweichen[3]. Das kann zB dann von Bedeutung sein, wenn die Verknüpfung zwischen Schlussbilanz und steuerlichem Übertragungsstichtag nicht Platz greift (§ 2 Abs. 3 UmwStG; grenzüberschreitende Verschmelzung), wenn variable Verschmelzungsstichtage vereinbart werden (vgl. Rz. 36) oder sich das Eintragungsverfahren erheblich, ggf. auch über das ordentliche Geschäftsjahr des übertragenden Rechtsträgers hinaus, verzögert und für diesen Zeitraum Gewinnausschüttungen an die Gesellschafter des übertragenden Rechtsträgers notwendig werden (zB um das Umtauschverhältnis in der Balance zu halten). Damit kann der Verschmelzungsstichtag gleichfalls zeitlich vor dem Stichtag der Schlussbilanz nach § 17 Abs. 2 UmwG liegen; bilanziell sind die Geschäfte ab dem Verschmelzungsstichtag wie ganz gewöhnliche **Fremdrechnungsgeschäfte** in der Schlussbilanz zu behandeln. Der Verschmelzungsstichtag kann aber auch mehr als eine logische Sekunde nach dem Stichtag der Schlussbilanz liegen[4]. Allerdings ist dann zusätzlich zur Schlussbilanz nach

---

1 Ausführlich *Hoffmann-Becking* in FS Fleck, 1988, S. 105 (111); *Deubert/Henkel* in Winkeljohann/Förschle/Deubert, H 96 ff.; *Drygala* in Lutter, § 5 UmwG Rz. 74; *Hörtnagl* in Schmitt/Hörtnagl/Stratz, § 17 UmwG Rz. 37 ff.; *Priester* in Lutter, § 24 UmwG Rz. 13; *Ihrig*, GmbHR 1995, 622 (628).
2 *van Lishaut* in Rödder/Herlinghaus/van Lishaut, 2. Aufl. 2013, § 2 UmwStG Rz. 4; *Dötsch* in Dötsch/Pung/Möhlenbrock, Die Körperschaftsteuer, § 2 UmwStG (SEStEG) Rz. 35; BMF-Anwendungserlass zum UmwStG, BMF v. 11.11.2011 – IV C 2 - S 1978 - b/08/10001, BStBl. I 2011, 1314 unter Rz. 02.02.
3 So auch *Mayer* in Widmann/Mayer, § 5 UmwG Rz. 160; IDW RS HFA 42, Rz. 11, IDW Fachnachrichten 2012, S. 701 ff., WPg 2012, Supplement 4, S. 91 ff., formuliert, dass „[…] der Stichtag der Schlussbilanz idR unmittelbar vor dem Verschmelzungsstichtag […]" liegt.
4 AA *Deubert/Henkel* in Winkeljohann/Förschle/Deubert, H 97, von ihrem Ausgangspunkt folgerichtig, dass Stichtag der Schlussbilanz nach § 17 Abs. 2 UmwG und Verschmelzungsstichtag nicht auseinanderfallen dürfen.

§ 17 Abs. 2 UmwG eine weitere Ergebnisabgrenzung und eine Übernahmebilanz auf den dem Verschmelzungsstichtag unmittelbar vorangehenden Zeitpunkt und eine entsprechende Ergebnisverwendungsabrede erforderlich. Fällt dieser Zeitpunkt nicht auf ein Geschäftsjahresende des übertragenden Rechtsträgers, entsteht bei diesem ein **Rumpfgeschäftsjahr**[1]. Das Handeln für eigene oder für fremde Rechnung des übertragenden Rechtsträgers ist deshalb kein taugliches Kriterium zur zwingenden Bestimmung des Stichtags der Schlussbilanz nach § 17 Abs. 2 UmwG[2]. Eine weitgehende Flexibilität ist auch deshalb erforderlich, weil das UmwG bedingte Verschmelzungsverträge zulässt (§ 7 UmwG) und in einem solchen Fall der Stichtag der Schlussbilanz nicht unbedingt mit dem Verschmelzungsstichtag übereinstimmen muss[3]. Zur Bilanzierung und Kapitalaufbringung bei erheblicher Verzögerung der Eintragung vgl. § 17 UmwG Rz. 25.

34b Während im Rahmen nationaler Verschmelzungen das Problem unterschiedlicher Stichtage für Schlussbilanz und Verschmelzungswirkung eher theoretischen Charakter hat, erlangt es bei **grenzüberschreitender Verschmelzung** (§§ 122a ff. UmwG) oder bei SE-Gründungen durch Verschmelzung (Art. 17 ff. SE-VO (EG) Nr. 2157/2001) durchaus praktische Bedeutung. Kennen zB einzelne beteiligte Staaten die Einrichtung einer Schlussbilanz gar nicht oder lassen sie die ergebniswirksame Rückwirkung nicht oder unter anderen Voraussetzungen zu, so wird ein einheitlicher Verschmelzungsstichtag (insbesondere bei Mehrfachverschmelzungen) ggf. nur möglich sein bei Abkoppelung vom Stichtag der deutschen Verschmelzungsbilanz.

35 **c)** Der Verschmelzungsstichtag wird sinnvollerweise mit dem Zeitpunkt der **Gewinnberechtigung** bei der übernehmenden Gesellschaft synchronisiert. Werden Handlungen ergebnismäßig für Rechnung des übernehmenden Rechtsträgers abgewickelt, so gebührt den Anteilseignern/Mitgliedern des übertragenden Rechtsträgers von diesem Zeitpunkt an die Teilnahme am Ergebnis des aufnehmenden Rechtsträgers; auf dieser Basis ist idR auch das Umtauschverhältnis ermittelt. Zwingend ist jedoch auch dies nicht[4]. Andernfalls wäre die getrennte Nennung beider Zeitpunkte im Verschmelzungsvertrag (§ 5 Abs. 1 Nr. 5 und Nr. 6 UmwG) nicht verständlich. Fallen die Zeitpunkte auseinander, muss dem ggf. bei der Bemessung des Umtauschverhältnisses Rechnung getragen werden. Um die damit verbundenen Probleme zu vermeiden, ist es dringend zu empfehlen, Verschmelzungsstichtag und Beginn der Ergebnisbeteiligung zusammenzulegen.

---

1 BFH v. 21.12.2005 – I R 66/05, BStBl. II 2006, 469 = BB 2006, 927 (928) = GmbHR 2006, 497.
2 AA wiederum *Deubert/Henkel* in Winkeljohann/Förschle/Deubert, H 96 ff.
3 So iE auch *Naraschewski*, Stichtage und Bilanzen bei der Verschmelzung, 2001, S. 59 ff.
4 Zutreffend *Drygala* in Lutter, § 5 UmwG Rz. 68; *Hoffmann-Becking* in FS Fleck, 1988, S. 105 (110); BGH v. 4.12.2012 – II ZR 17/12, AG 2013, 165; aA wohl *Priester*, NJW 1973, 1459 (1461, Fn. 48).

d) Wie für die Gewinnberechtigung (Rz. 30) ist es auch für den Verschmelzungsstichtag möglich, einen **beweglichen Termin** festzulegen[1]. Damit kann dem Fall Rechnung getragen werden, dass die Eintragung der Verschmelzung und damit deren Wirksamkeit sich erheblich verzögern. Denkbar ist zB, dass dann, wenn die Eintragung erst nach einem bestimmten Termin erfolgt, auch der Verschmelzungsstichtag auf einen entsprechend späteren Zeitpunkt entfällt[2]. Bei entsprechender Gewinnbezugsregelung und Festlegung der Bilanzierungsgrundsätze von übertragendem und übernehmendem Rechtsträger kann so das Umtauschverhältnis über einen längeren Zeitraum – ceteris paribus – konstant gehalten werden. Zu den Bilanzierungsfragen vgl. Rz. 34a. 36

e) Bei Beteiligung **mehrerer übertragender Rechtsträger** ist es zweckmäßig, einen einheitlichen Verschmelzungsstichtag zu wählen, zwingend ist das jedoch nicht[3]. Unterschiedliche Verschmelzungsstichtage können zB dann sinnvoll sein, wenn die Geschäftsjahre der übertragenden Rechtsträger unterschiedlich enden. Bei Kettenverschmelzungen (mehrere hintereinander geschaltete Verschmelzungen, wobei der übernehmende Rechtsträger der ersten Verschmelzung noch vor dem Wirksamwerden einen zweiten Verschmelzungsvertrag, dann als übertragender Rechtsträger mit einem weiteren übernehmenden Rechtsträger abschließt) können die Verschmelzungsstichtage zweckmäßigerweise gleichzeitig festgelegt werden[4]. Zulässig ist aber auch jede andere Reihenfolge, zB kann der Stichtag der zweiten Verschmelzung vor dem der ersten liegen[5]. Je nach Reihenfolge ergeben sich unterschiedliche Ergebniszuordnungen. Zum Abschluss der Verschmelzungsverträge in dieser Konstellation unter **aufschiebender Bedingung** vgl. Rz. 34a[6]. 37

Besteht zwischen übertragendem und übernehmendem Rechtsträger ein **Gewinnabführungsvertrag** iS des § 291 Abs. 1 AktG, so endet dieser nicht schon mit dem Verschmelzungsstichtag, sondern erst mit Eintragung der Verschmelzung durch Konfusion. Einer rückwirkenden Aufhebung des Gewinnabführungsvertrages im Gleichklang mit dem Verschmelzungsstichtag steht idR § 286 Abs. 1 Satz 2 AktG entgegen. Um trotzdem zu einer Koordinierung der Zeit- 38

---

1 *Drygala* in Lutter, § 5 UmwG Rz. 75; *Schröer* in Semler/Stengel, § 5 UmwG Rz. 62; *Stratz* in Schmitt/Hörtnagl/Stratz, § 5 UmwG Rz. 79.
2 Zutreffend *Grunewald* in G/H/E/K, 1994, § 340 AktG Rz. 21: „variable Stichtagsregelung"; *Grunewald* ist allerdings insoweit inkonsequent, als nach ihrer Auffassung der Verschmelzungsstichtag identisch mit dem Stichtag der Schlussbilanz sein muss – in G/H/E/K, 1994, § 340 AktG Rz. 20 –; es gibt aber keinen variablen Schlussbilanzstichtag.
3 Vgl. *Stratz* in Schmitt/Hörtnagl/Stratz, § 5 UmwG Rz. 80; *Drygala* in Lutter, § 5 UmwG Rz. 74 (S. 280, Fn. 5).
4 Vgl. IDW RS HFA 42 Rz. 12, IDW Fachnachrichten 2012, S. 701 ff., WPg 2012, Supplement 4, S. 91 ff.
5 Vgl. *Dötsch* in Dötsch/Pung/Möhlenbrock, Die Körperschaftsteuer, § 2 UmwStG (SEStEG) Rz. 38.
6 Vgl. OLG Hamm v. 19.12.2005 – 15 W 377/05, GmbHR 2006, 255.

punkte zu kommen, ist aber ein rückwirksamer Verzicht auf den Gewinnanspruch als Vertragsfolge aus dem Gewinnabführungsvertrag möglich[1]. Wird die Verschmelzung mit einem **Squeeze out** nach § 62 Abs. 5 UmwG/§ 327a AktG verbunden, ist im Rahmen der Bewertung nach § 327e Abs. 2 Satz 2 AktG nicht auf die Verhältnisse der übertragenden Gesellschaft im Zeitpunkt der Beschlussfassung der Hauptversammlung, sondern auf den Verschmelzungsstichtag abzustellen, da die übertragende Gesellschaft von da an auf fremde Rechnung arbeitet.

39 f) Da das UmwG keine zwingende Abstimmung der verschiedenen relevanten Stichtage vornimmt, muss insoweit dem Verschmelzungsvertrag besondere Sorgfalt gewidmet werden. Stimmt der Verschmelzungsstichtag nicht mit dem Stichtag der Schlussbilanz nach § 17 Abs. 2 UmwG überein, wird der Registerrichter Anlass zu besonders sorgfältiger Prüfung haben; ein selbständiger Grund zur **Beanstandung der Stichtagsvereinbarung** liegt darin jedoch nicht[2].

9. Gewährung besonderer Rechte (§ 5 Abs. 1 Nr. 7 UmwG)
(Marsch-Barner)

40 Rechte, die der übernehmende Rechtsträger einzelnen Anteilsinhabern sowie den Inhabern besonderer Rechte gewährt oder die für diese vorgesehenen Maßnahmen sind nach § 5 Abs. 1 Nr. 7 UmwG als sog. **Sonderrechte** in dem Verschmelzungsvertrag anzugeben. Damit sollen besondere Vergünstigungen, vor allem solche, die im Zusammenhang mit der Verschmelzung eingeräumt werden, offen gelegt werden. Die nicht begünstigten Anteilsinhaber sollen dadurch in die Lage versetzt werden, die Einhaltung des Gleichbehandlungsgrundsatzes (vgl. § 53a AktG) zu überprüfen[3]. Die Rechte müssen „gewährt", also rechtsgeschäftlich eingeräumt werden. Ein Zuwachs von Rechten kraft Gesetzes fällt nicht unter die Bestimmung. Das Gleiche gilt für die „vorgesehenen Maßnahmen"; mit diesem Begriff sollen alle auf sonstige Weise vermittelten Vorteile erfasst werden. Inhaltlich erfasst die Angabepflicht alle gesellschaftsrechtlichen Sonderrechte und schuldrechtlichen Sondervorteile. Diese können sowohl vermögensrechtlicher als auch mitverwaltungsrechtlicher Natur sein[4]. Die besonderen Rechte müssen vom übernehmenden Rechtsträger gewährt sein. Die Gewährung durch einen übertragenden Rechtsträger genügt nach dem Gesetzeswort-

---

1 Vgl. *Koppensteiner* in KölnKomm. AktG, 3. Aufl. 2004, § 296 AktG Rz. 15; *Altmeppen* in MünchKomm. AktG, 4. Aufl. 2015, § 296 AktG Rz. 23.
2 AA *Deubert/Henkel* in Winkeljohann/Förschle/Deubert, H 96 ff.
3 Vgl. *Stratz* in Schmitt/Hörtnagl/Stratz, § 5 UmwG Rz. 82; *Drygala* in Lutter, § 5 UmwG Rz. 76.
4 *Drygala* in Lutter, § 5 UmwG Rz. 77; *Mayer* in Widmann/Mayer, § 5 UmwG Rz. 167; *Schröer* in Semler/Stengel, § 5 UmwG Rz. 65.

Inhalt des Verschmelzungsvertrags | § 5

laut nicht[1]. Auch solche Gewährungen sind aber erfasst, wenn dadurch die Angabepflicht umgangen werden soll[2]. Werden keine Sonderrechte gewährt, muss der Verschmelzungsvertrag **keine Negativerklärung** enthalten[3].

Soweit Sonderrechte der **Anteilsinhaber** angesprochen sind, müssen diese Einzelnen von ihnen gewährt werden. Vorteile, die alle erhalten, brauchen nicht aufgeführt zu werden[4]. Die Begünstigten können Anteilsinhaber eines übertragenden oder des übernehmenden Rechtsträgers sein[5]. Zu erwähnen sind danach zB Sonderrechte, die in einer übernehmenden GmbH bestimmte Anteilsinhaber der übertragenden Gesellschaft in Bezug auf ihr Stimmrecht, die Geschäftsführung oder die Gewinnverteilung erhalten. Sonderrechte, die sich Anteilsinhaber untereinander schuldrechtlich einräumen (zB Vorkaufsrechte) sind von § 5 Abs. 1 Nr. 7 UmwG nicht erfasst. 41

Den Anteilsinhabern gleichgestellt sind die **Inhaber besonderer Rechte**. Als solche werden ähnlich wie in § 23 UmwG die Inhaber von Anteilen ohne Stimmrecht, Vorzugsaktien und Mehrstimmrechten genannt. Diese Aufzählung ist an sich entbehrlich, soweit es sich zugleich um Anteilsinhaber handelt. Die Beschränkung auf Aktien ist dabei ein Redaktionsversehen; auch die Inhaber entsprechender GmbH-Geschäftsanteile sind erfasst. Lediglich um Gläubigerrechte handelt es sich bei den außerdem erwähnten Schuldverschreibungen und Genussrechten. Auch diese sind zwar nur in § 221 AktG erwähnt, können aber auch zB bei einer GmbH als übernehmender Gesellschaft vorkommen. Schuldverschreibungen iS von § 5 Abs. 1 Nr. 7 UmwG sind im Übrigen auch zB Hypothekenpfandbriefe und Kommunalobligationen (§ 1 Nr. 1 und 2 PfandBG). Hat eine übertragende AG eine Options- oder Wandelanleihe ausgegeben, so gehen die damit begründeten Bezugs- oder Umtauschrechte mit dem Erlöschen der Gesellschaft unter. Gemäß § 23 UmwG sind den Inhabern dieser Rechte gleichwertige Rechte in dem übernehmenden Rechtsträger zu gewähren. Schuldrechtliche Rechtspositionen außerhalb des § 23 UmwG sind anzugeben, wenn der Berechtigte gleichzeitig Anteilsinhaber ist[6]. 42

Werden Rechte iS von § 5 Abs. 1 Nr. 7 UmwG gewährt, ohne dass sie im Verschmelzungsvertrag aufgeführt sind, so ist dies für das **zu Grunde liegende** 43

---

1 Vgl. OLG Hamburg v. 16.4.2004 – 11 U 11/03, ZIP 2004, 906 (908) = AG 2004, 619; aA *Schröer* in Semler/Stengel, § 5 UmwG Rz. 65.
2 Für eine generelle Erweiterung der Norm *Schröer* in Semler/Stengel, § 5 UmwG Rz. 65; *Simon* in KölnKomm. UmwG, § 5 UmwG Rz. 114; *Böttcher* in Böttcher/Habighorst/Schulte, § 5 UmwG Rz. 63.
3 OLG Frankfurt v. 4.4.2011 – 20 W 466/10, GmbHR 2011, 1159 (1160 f.).
4 OLG Frankfurt v. 4.4.2011 – 20 W 466/10, GmbHR 2011, 1159 (1160); *Stratz* in Schmitt/Hörtnagl/Stratz, § 5 UmwG Rz. 82; *Schröer* in Semler/Stengel, § 5 UmwG Rz. 66.
5 *Drygala* in Lutter, § 5 UmwG Rz. 78; *Schröer* in Semler/Stengel, § 5 UmwG Rz. 66.
6 Vgl. *Drygala* in Lutter, § 5 UmwG Rz. 78 und *Sagasser/Luke* in Sagasser/Bula/Brünger, § 9 Rz. 158.

Rechtsgeschäft kein Wirksamkeitserfordernis. Die Vertretungsmacht der Geschäftsführungsorgane wird durch die Angabepflicht nicht eingeschränkt[1]. Der Verschmelzungsvertrag ist aber unvollständig, was dazu führen kann, dass die Verschmelzung nicht eingetragen wird und die Vertretungsorgane schadensersatzpflichtig sind. Der Fehler erstreckt sich auch auf den Verschmelzungsbeschluss an und macht diesen bei Kapitalgesellschaften anfechtbar[2]. Die Prüfung des Registergerichts erstreckt sich nicht auf die Frage, ob die eingeräumten Sonderrechte einen angemessenen Ausgleich iS von § 23 UmwG darstellen[3].

10. Gewährung besonderer Vorteile (§ 5 Abs. 1 Nr. 8 UmwG)
(Marsch-Barner)

44 Im Verschmelzungsvertrag ist jeder besondere Vorteil anzugeben, der bestimmten, den beteiligten Rechtsträgern nahe stehenden Personen im Zusammenhang mit der Verschmelzung gewährt wird. Dabei sind nur Zuwendungen der beteiligten Rechtsträger und nicht auch Dritter erfasst[4]. Die Anteilsinhaber sollen dadurch beurteilen können, ob diese Personen durch unübliche oder sachlich nicht gerechtfertigte Vergünstigungen in ihrer Objektivität beeinträchtigt sind[5]. Erwähnt sind zunächst die Mitglieder der **Vertretungsorgane** und eines **Aufsichtsorgans** sowie die **geschäftsführenden Gesellschafter** und **Partner** eines beteiligten Rechtsträgers. Mit dem rechtlichen Untergang des übertragenden Rechtsträgers erlöschen auch die bei diesen bestehenden Ämter als Geschäftsführer, Vorstand, Aufsichtsrat oder Beirat; auch die Funktion als geschäftsführender Gesellschafter kann mit der Verschmelzung verloren gehen. Aus diesem Anlass werden deshalb nicht selten **Abfindungen** gewährt. Soweit es sich dabei um die Abgeltung vertraglicher Ansprüche (zB aus dem Geschäftsführervertrag) handelt, liegt darin kein besonderer Vorteil[6]. Allerdings werden solche Abfindungen häufig ohne rechtliche Notwendigkeit großzügig bemessen; sie sind dann im Vertrag aufzuführen[7]. Gleiches gilt, wenn die vertragliche Vergütung

---

1 *Mayer* in Widmann/Mayer, § 5 UmwG Rz. 170; *Schröer* in Semler/Stengel, § 5 UmwG Rz. 68; *Böttcher* in Böttcher/Habighorst/Schulte, § 5 UmwG Rz. 66.
2 *Simon* in KölnKomm. UmwG, § 5 UmwG Rz. 122.
3 Vgl. *Hüffer* in FS Lutter, S. 1227 (1244).
4 *Simon* in KölnKomm. UmwG, § 5 UmwG Rz. 128; *Böttcher* in Böttcher/Habighorst/Schulte, § 5 UmwG Rz. 68; aA *Ihrig/Redeke* in FS Maier-Reimer, 2010, S. 297 (308 ff.).
5 Vgl. *Drygala* in Lutter, § 5 UmwG Rz. 79; *Schröer* in Semler/Stengel, § 5 UmwG Rz. 71; *Mayer* in Widmann/Mayer, § 5 UmwG Rz. 171.
6 *Schröer* in Semler/Stengel, § 5 UmwG Rz. 72.
7 Für Angabe in jedem Fall *Drygala* in Lutter, § 5 UmwG Rz. 80; vgl. auch OLG Hamburg v. 16.4.2004 – 11 U 11/03, ZIP 2004, 906 (908) = AG 2004, 619 zur Abfindung von Aktienoptionen und LAG Nürnberg v. 26.8.2004 – 2 Sa 463/02, ZIP 2005, 398 (399 f.) zur Vereinbarung von Vorruhestandsbezügen.

freiwillig in eine Abfindung umgewandelt wird[1]. **Zusagen** über die Bestellung in das Vertretungsorgan des übernehmenden Rechtsträgers oder über die Wahl in dessen Aufsichtsrat stehen unter dem Vorbehalt, dass die Bestellung durch das zuständige Organ auch tatsächlich erfolgt. Ihre Aufnahme in den Verschmelzungsvertrag ersetzt diese Bestellung nicht; sie verpflichten in der Regel auch die zuständigen Organe nicht[2]. Dennoch sind solche Zusagen in den Vertrag aufzunehmen, da es darum geht, die Anteilsinhaber über alle auch nur faktischen Vorteile zu informieren, die geeignet sind, die Interessenlage der Begünstigten zu beeinflussen[3]. Dies gilt auch für die Zusage, den Organmitgliedern nach Vollzug der Verschmelzung **Entlastung** zu erteilen, oder sie von der Haftung freizustellen[4].

Mitglieder eines **Aufsichtsorgans** sind nicht nur die Aufsichtsräte nach dem Vorbild des AktG (§§ 95 ff. AktG), sondern auch die Mitglieder sonstiger Gremien mit Überwachungsfunktion wie zB eines Beirates oder Gesellschafterausschusses. Gremien, die nur beratende Funktionen haben, sind dagegen nicht erfasst[5]. Sondervorteile, die solchen Personen gewährt werden, sind unabhängig davon anzugeben, ob die Verschmelzung an deren Zustimmung gebunden ist[6]. 45

Das Gesetz erwähnt ausdrücklich auch die **Abschlussprüfer** und **Verschmelzungsprüfer**. Soweit diese zusätzliche, ihr Honorar übersteigende Zahlungen oder sonstige Vorteile erhalten, sind diese offen zu legen. In Betracht kommen vor allem Abfindungen für das Ende der Prüfungstätigkeit bei dem übernehmenden Rechtsträger[7]. Honorare für eine Gutachtertätigkeit sind dagegen grundsätzlich nicht erfasst[8]. 46

Ein Verstoß gegen die Angabepflicht begründet die Anfechtbarkeit des Verschmelzungsbeschlusses[9]. Außerdem darf der Registerrichter, wenn er den Mangel erkennt, die Verschmelzung nicht eintragen. Die zivilrechtliche Wirksamkeit der Vergünstigung wird dagegen nicht berührt. Dafür hätte es, wie bei § 26 46a

---

1 *Ihrig/Redeke* in FS Maier-Reimer, 2010, S. 297 (304).
2 *Drygala* in Lutter, § 5 UmwG Rz. 81; *Schröer* in Semler/Stengel, § 5 UmwG Rz. 73; *Stratz* in Schmitt/Hörtnagl/Stratz, § 5 UmwG Rz. 85.
3 *Schröer* in Semler/Stengel, § 5 UmwG Rz. 73; *Drygala* in Lutter, § 5 UmwG Rz. 81 und *Mayer* in Widmann/Mayer, § 5 UmwG Rz. 172; *Ihrig/Redeke* in FS Maier-Reimer, 2010, S. 297 (311).
4 *Ihrig/Redeke* in FS Maier-Reimer, 2010, S. 297 (310, 313 f.).
5 *H. Schmidt* in Lutter, Umwandlungsrechtstage, S. 71 f.; *Drygala* in Lutter, § 5 UmwG Rz. 79; *Schröer* in Semler/Stengel, § 5 UmwG Rz. 70.
6 *Simon* in KölnKomm. UmwG, § 5 UmwG Rz. 126; aA *Schröer* in Semler/Stengel, § 5 UmwG Rz. 70.
7 Vgl. *Grunewald* in Lutter, Umwandlungsrechtstage, S. 21.
8 *Drygala* in Lutter, § 5 UmwG Rz. 80.
9 *Böttcher* in Böttcher/Habighorst/Schulte, § 5 UmwG Rz. 70.

Abs. 3 AktG, einer entsprechenden gesetzlichen Regelung bedurft[1]. Bei der Verschmelzung zur Neugründung einer AG sind Sondervorteile dagegen in der Satzung festzusetzen (§ 26 Abs. 3 AktG iVm. § 36 Abs. 2 UmwG). Absprachen über Sondervorteile iS von § 5 Abs. 1 Nr. 8 UmwG sind normalerweise keine Ergänzung des Verschmelzungsvertrages und deshalb auch nicht nach § 6 UmwG zu beurkunden[2]. Werden keine besonderen Vorteile gewährt, muss – wie bei § 5 Abs. 1 Nr. 7 UmwG (vgl. Rz. 40) – keine Negativerklärung erfolgen[3].

11. Folgen für die Arbeitnehmer und ihre Vertretungen (§ 5 Abs. 1 Nr. 9 UmwG) *(Willemsen)*

47 a) § 5 Abs. 1 Nr. 9 UmwG wurde – ebenso wie die korrespondierenden Vorschriften bei Spaltung (§ 126 Abs. 1 Nr. 11 UmwG) und Formwechsel (§ 194 Abs. 1 Nr. 7 UmwG) als „arbeitsrechtliche Flankierung" in das Gesetz eingefügt[4]. Für die **grenzüberschreitende Verschmelzung** findet sich eine Entsprechung in **§ 122c UmwG**, allerdings mit der Maßgabe, dass die dem Betriebsrat zugänglich zu machenden Angaben (nur) im **Verschmelzungsbericht zu erfolgen haben**[5], während sich die ebenfalls die Arbeitnehmer betreffenden Angaben im Verschmelzungsplan nach § 122c Abs. 2 Nr. 4 UmwG ausschließlich an die Mitinhaber und die Gläubiger richten.

Die für die inländische Verschmelzung maßgebliche Vorschrift des § 5 Abs. 1 Nr. 9 UmwG, die im Zusammenhang mit § 5 Abs. 3 UmwG gesehen und ausgelegt werden muss, stellte bei Verabschiedung des Gesetzes insofern einen **Fremdkörper** dar, als sie den unternehmens-/gesellschaftsrechtlichen Vorgang der Verschmelzung (Umwandlung) verfahrensrechtlich mit der Darstellung **arbeitsrechtlicher Konsequenzen** und der diesbezüglichen Information des Betriebsrats verknüpft[6].

---

1 *Drygala* in Lutter, § 5 UmwG Rz. 80 Fn. 12; *Drygala* in FS K. Schmidt, 2009, S. 269 (286 f.); *Schröer* in Semler/Stengel, § 5 UmwG Rz. 74; *Böttcher* in Böttcher/Habighorst/ Schulte, § 5 UmwG Rz. 70; *Graef*, GmbHR 2005, 908 (909 ff.); aA *Mayer* in Widmann/ Mayer, § 5 UmwG Rz. 175.
2 AA LAG Nürnberg v. 26.8.2004 – 2 Sa 463/02, ZIP 2005, 398 (400) zu einer Vorruhestandsvereinbarung.
3 OLG Frankfurt v. 4.4.2011 – 20 W 466/10, GmbHR 2011, 1159 (1161).
4 *Wlotzke*, DB 1995, 41. Zur Gesetzgebungsgeschichte vgl. *Hausch*, RNotZ 2007, 308 (310).
5 Siehe dazu Erl. § 122c UmwG Rz. 18; § 122e UmwG Rz. 8; *Bungert/Leyendecker-Langner*, ZIP 2014, 1112 (1115).
6 Zur Kritik an der auf Betreiben des Bundesarbeitsministeriums in das Gesetz aufgenommenen Regelung vgl. *Drygala* in Lutter, § 5 UmwG Rz. 85, der auch auf die mittlerweile unterschiedlichen Gesetzeskonzepte hinsichtlich der Information gegenüber den Arbeitnehmervertretungen (§ 122e UmwG, § 11 WpÜG) hinweist; *Willemsen*, NZA 1996, 791 (796, 798).

Dies wirft zunächst die Frage nach dem Verhältnis zwischen § 5 Abs. 1 Nr. 9 **48** UmwG (iVm. § 5 Abs. 3 UmwG) und den allgemeinen Informations- und Mitbestimmungsrechten des Betriebsrats auf. Sie ist dahin zu beantworten, dass Letztere, insbesondere die **Mitbestimmungsrechte** nach §§ 99, 102, 111 ff. BetrVG, **unabhängig** von § 5 Abs. 1 Nr. 9 UmwG **bestehen bleiben**[1]. Dies folgt daraus, dass es sich bei § 5 Abs. 1 Nr. 9 UmwG ebenso wie bei den Parallelvorschriften bei Spaltung und Formwechsel trotz der inhaltlichen „Gemengelage" mit dem Arbeitsrecht um **rein gesellschaftsrechtliche Regelungen** ohne jegliche arbeitsrechtliche (Außen-)Wirkung handelt. Daher werden durch die im Verschmelzungsvertrag enthaltenen Angaben nach § 5 Abs. 1 Nr. 9 UmwG **weder Individualrechte der Arbeitnehmer**[2] noch – über die bloße Zuleitung des Umwandlungsvertrages nach § 5 Abs. 3 UmwG hinaus – **Beteiligungsrechte des Betriebsrats** und/oder Wirtschaftsausschusses begründet oder gar nach dem BetrVG bestehende Beteiligungsrechte (etwa bei Zusammenschluss von Betrieben im Zuge der Verschmelzung gemäß § 106 Abs. 3 Nr. 8, § 111 Satz 2 Nr. 3 BetrVG) verbraucht[3]. Auch die **Unterrichtungspflicht** nach § 613a Abs. 5 BGB gegenüber den einzelnen Arbeitnehmern bei Betriebsübergang (siehe dazu die Erl. § 324 UmwG Rz. 30 ff.) bleibt **unberührt**.

b) Der **Zweck der Vorschrift** des § 5 Abs. 1 Nr. 9 UmwG besteht allein darin, **49** die Arbeitnehmer und insbesondere ihre Vertretungen (Betriebsräte/Gesamtbetriebsräte; zur Zuständigkeitsabgrenzung im Rahmen von § 5 Abs. 3 UmwG siehe Rz. 76), und zwar diejenigen **sämtlicher** an der Verschmelzung beteiligten **Rechtsträger**, möglichst **frühzeitig** über die **individual- und kollektivarbeitsrechtlichen Folgen** der Verschmelzung zu **informieren**[4], siehe dazu ausführlich die **Vorbemerkung zu § 322 UmwG**. Die diesbezüglichen Angaben im Umwandlungsvertrag sind **rein deskriptiv** („Wissenserklärungen"[5]), geben also nur das wieder, was kraft objektiven (Arbeits-)Rechts, gegebenenfalls ergänzt durch §§ 322 ff. UmwG, sich als Folge der Verschmelzung zB im Individualarbeitsrecht und auf tariflicher Ebene sowie in Bezug auf die Existenz und Zusammenset-

---

1 IE ebenso *Joost* in Lutter, Umwandlungsrechtstage, S. 307; *Boecken*, Unternehmensumwandlungen, Rz. 342 ff.; *Simon* in Semler/Stengel, § 5 UmwG Rz. 80; wohl auch *Priester* in Lutter, Umwandlungsrechtstage, S. 114.
2 Ebenso *Joost*, ZIP 1995, 976 (985); für Spaltung auch *Priester* in Lutter, Umwandlungsrechtstage, S. 114. Für die Möglichkeit von Schadensersatzansprüchen der Arbeitnehmer gegen ein Organmitglied wegen fehlender Information *Heidinger* in Henssler/Strohn, § 5 UmwG Rz. 28.
3 Siehe zu dieser „Trennungstheorie" im Einzelnen *Willemsen*, NZA 1996, 791 (795 f., 797 f.); *Willemsen*, RdA 1998, 23 (29 f.) sowie § 322 UmwG Rz. 15 ff.
4 So ausdrücklich die Begr. RegE, BT-Drucks. 12/6699, S. 83; iE ebenso *Joost*, ZIP 1995, 978. Zu Recht daher *Hausch*, RNotZ 2007, 308 (311): „Die Information des Betriebsrats stellt sich hiernach als Hauptzweck der ... erforderlichen arbeitsrechtlichen Pflichtangaben dar."
5 Vgl. *Willemsen*, NZA 1996, 791 (796).

§ 5 | Verschmelzung durch Aufnahme

zung von Betriebsräten ergibt. Diese Folgen treten außerhalb des Umwandlungsvertrags ein und werden mithin **nicht Inhalt** der vertraglichen Regelungen[1], so dass bei **Abweichungen** zwischen den Angaben nach § 5 Abs. 1 Nr. 9 UmwG und dem objektiven Recht allein Letzteres gilt.

Wenn es bei den beteiligten Rechtsträgern **keinen Betriebsrat gibt**, macht dies die Angaben nach § 5 Abs. 1 Nr. 9 UmwG allerdings nicht entbehrlich, da der intendierte Schutz zumindest mittelbar dadurch erzielt wird, dass die Rechtsträger sich frühzeitig und im Detail mit den Folgen für die Arbeitnehmer befassen müssen[2].

Bezugsobjekt der arbeitsrechtlichen Pflichtangaben können stets nur die **Arbeitnehmer** und **Arbeitnehmervertretungen** der an der Verschmelzung **unmittelbar beteiligten Rechtsträger** sein. Die Regelung setzt das **Vorhandensein von Arbeitnehmern** bei den an der Verschmelzung beteiligten Rechtsträgern voraus. **Fehlt** es daran (nur) beim übertragenden Rechtsträger, sind dennoch die Folgen für vorhandene Arbeitnehmer des aufnehmenden Rechtsträgers darzustellen[3] – und umgekehrt. In Bezug auf **arbeitnehmerlose Gesellschaften** entfällt die Darstellungspflicht[4] mit Ausnahme solcher Auswirkungen, die sich auch in Bezug auf arbeitnehmerlose (Holding-)Gesellschaften insbesondere in Bezug auf den Konzernbetriebsrat sowie die Unternehmensmitbestimmung ergeben können[5]. Wenn zwei arbeitnehmerlose Gesellschaften miteinander verschmolzen werden und Restrukturierungen anschließend auf der Ebene der **Tochtergesellschaften** erfolgen sollen, **beschränkt** sich die Darstellungspflicht gleichwohl auf die Arbeitnehmer und ihre Vertretungen auf der Ebene der beteiligten Rechtsträger[6]. Dies wird durch § 5 Abs. 3 UmwG bestätigt, wonach die Zuleitungspflicht ebenfalls nur gegenüber den zuständigen Betriebsräten der an der Verschmelzung unmittelbar beteiligten Gesellschaften besteht, wozu deren Tochtergesellschaften unzweifelhaft nicht gehören[7]. Richtiger Auffassung zufolge ist die Darstellungspflicht darüber hinaus auf die **Arbeitnehmer inländischer Betriebe** und deren Vertretungen begrenzt[8]. Im **Ausland** tätige Arbeitnehmer eines an der Verschmelzung beteiligten inländischen Rechtsträgers werden daher **nur** dann von der Darstellungspflicht erfasst, wenn sie im Wege der

---

1 Ebenso *Joost*, ZIP 1995, 978; *Simon* in Semler/Stengel, § 5 UmwG Rz. 79.
2 *Willemsen*, RdA 1998, 23 (32); *Dzida/Schramm*, NZG 2008, 521 (524); *Simon* in Semler/ Stengel, § 5 UmwG Rz. 93; ebenso mit anderer Begründung *Drygala* in Lutter, § 5 UmwG Rz. 145 f.; aA *Joost*, ZIP 1995, 976 (985); *Bungert/Leyendecker-Langner*, ZIP 2014, 1112 (1114); siehe auch unten Rz. 79.
3 Vgl. OLG Düsseldorf v. 15.5.1998 – 3 Wx 156/98, NZA 1998, 766; *Hausch*, RNotZ 2007, 396 (405); *Simon* in Semler/Stengel, § 5 UmwG Rz. 93; aA LG Stuttgart v. 29.3.1996 – 4 KfH T 1/96, DNotZ 1996, 702.
4 Siehe dazu LG Stuttgart v. 29.3.1996 – 4 KfH T 1/96, DNotZ 1996, 701.
5 Ebenso *Simon* in Semler/Stengel, § 5 UmwG Rz. 93.
6 *Dzida/Schramm*, NZG 2008, 521 (522 f.).
7 *Dzida/Schramm*, NZG 2008, 521 (523).
8 Ausführlich *Bungert/Leyendecker-Langner*, ZIP 2014, 1112.

"Ausstrahlung" von einem nach dem BetrVG gebildeten Betriebsrat vertreten werden.

c) **Zweifelhaft** erscheint, was der Gesetzgeber meint, wenn er neben den Folgen der Verschmelzung für die Arbeitnehmer und ihre Vertretungen als weitere „Pflichtangabe" die „**insoweit vorgesehenen Maßnahmen**" erwähnt. Auch die **Gesetzesbegründung** gibt hierüber keinen Aufschluss. Dies ist insofern misslich, als der Gesetzestext damit einer extensiven Gesetzesauslegung Tür und Tor öffnet, die die am Verschmelzungsvertrag beteiligten Rechtsträger dazu verpflichten könnte, auch noch so weit entfernte **mittelbare Wirkungen** aufzuzeigen, die sich auf Grund der Verschmelzung und der damit zusammenhängenden Unternehmensplanung ergeben können[1]. 50

Um die Einbeziehung derartiger, sog. **mittelbarer Folgen** der Verschmelzung (oder sonstigen Umwandlung; vgl. insbesondere § 126 Abs. 1 Nr. 11 UmwG) ist im gesellschafts- und arbeitsrechtlichen Schrifttum ein lebhafter Meinungsstreit zu verzeichnen[2]. Im Kern geht es dabei um die Frage, inwieweit auch solche rechtlichen und faktischen Auswirkungen für die Arbeitnehmer darzustellen sind, die sich nicht bereits aus der Verschmelzung als solcher ergeben; ferner darum, wie konkret und absehbar (wahrscheinlich) derartige Folgen sein müssen, damit ihre Angabe im Verschmelzungs- oder sonstigen Umwandlungsvertrag sinnvollerweise verlangt werden kann. Der äußerst vage gehaltene Gesetzeswortlaut hat teilweise zu der Deutung geführt, dass der Verschmelzung zugrunde liegende **wirtschaftliche Überlegungen**, in deren Folge sich **personelle Veränderungen** wie etwa **Umgruppierungen, Versetzungen, Zuweisung neuer Arbeitsplätze** ergeben können, ebenfalls zu den darstellungspflichtigen Folgen iS von § 5 Abs. 1 Nr. 9 UmwG gehören[3].

Vor einer Gesetzesinterpretation, die es den Vertragsparteien zur Pflicht macht, im Rahmen von § 5 Abs. 1 Nr. 9 UmwG alle betrieblichen, personellen und organisatorischen Konsequenzen der Verschmelzung (oder sonstigen Umwandlung) aufzuzeigen und darüber hinaus auch über insoweit vorgesehene Kompensationsmaßnahmen von Arbeitgeberseite (zB Abfindungszahlungen und deren 51

---

1 Vgl. *Bachner*, NJW 1995, 2881 (2886), der – gesetzessystematisch verfehlt – von einer „Verlängerung der Beteiligungsrechte des Betriebsrats in den gesellschaftsrechtlichen Umwandlungsvorgang (!)" ausgeht; für die umfassende Einbeziehung lediglich „mittelbarer" Folgen auch *Däubler*, RdA 1995, 136 (137 f.); *Engelmeyer*, DB 1996, 2542 (2543); *Grunewald* in Lutter, Umwandlungsrechtstage, S. 19, 22; *Hjort*, NJW 1999, 750 (751 ff.); *Joost*, ZIP 1995, 976 (979); *Wlotzke*, DB 1995, 40 (45); differenzierend *Boecken*, Unternehmensumwandlungen, Rz. 319 ff.
2 Ausführlich zur Problematik mit weiteren Literaturhinweisen *Hausch*, RNotZ 2007, 308, 320 ff.; *Willemsen*, RdA 1998, 23; *Willemsen* in Willemsen/Hohenstatt/Schweibert/Seibt, Umstrukturierung und Übertragung von Unternehmen, Rz. C 446 ff.
3 So obiter OLG Düsseldorf v. 15.5.1998 – 3 Wx 156/98, NZA 1998, 766 = EWiR 1998, 855 m. Anm. *Willemsen/Th. Müller*.

Höhe!) Rechenschaft abzulegen, kann nur eindringlich gewarnt werden. Sie ist auch nicht durch die Aussage in der Begründung zum Regierungsentwurf gefordert, wonach die Informationspflicht nach § 5 Abs. 1 Nr. 9 UmwG bereits im Vorfeld des Verschmelzungsvorgangs seine möglichst sozialverträgliche Durchführung erleichtern solle und damit „auch dem sozialen Frieden" diene[1]. Auch die Vorgaben des europäischen Rechts[2] verlangen keine „doppelspurige" Information[3]. Es widerspräche sowohl dem üblichen zeitlichen Ablauf wie auch der systematischen Stellung des § 5 Abs. 1 Nr. 9 UmwG und schließlich der Eigenständigkeit und Unabhängigkeit der Mitwirkungsrechte des Betriebsrats, insbesondere gemäß §§ 111 ff. BetrVG, die beteiligten Rechtsträger bereits im Rahmen des Verschmelzungsvertrages zu detaillierten Angaben in Bezug auf mittelbare personelle und organisatorische Folgewirkungen sowie deren Abmilderung zu verpflichten[4]. Anders formuliert: Die Angaben nach § 5 Abs. 1 Nr. 9 UmwG können weder vom Inhalt noch vom Umfang her die Qualität eines „vorweggenommenen" Interessenausgleichs und Sozialplans haben[5]. Der Verschmelzungsvertrag kann sich (ebenso wie der Spaltungsvertrag) hinsichtlich derartiger, nicht durch die (gesellschaftsrechtliche) Umwandlung *als solche* ausgelöster und **noch nicht konkret geplanter Folgewirkungen** jedenfalls darauf beschränken, ihre **Möglichkeit bzw. Wahrscheinlichkeit global aufzuzeigen** (*Beispiel:* „Infolge der Verschmelzung werden auf betrieblicher Ebene erhebliche Synergieeffekte [zB durch gemeinsamen Wareneinkauf, einheitliche Buchhaltung und Personalverwaltung] eintreten, die zu einem entsprechend verringerten Personalbedarf führen werden. Auch erscheint die Zusammenfassung bestehender Betriebsabteilungen, insbesondere von X und Y am Standort von Z, zu einem späteren Zeitpunkt wahrscheinlich. Hierüber werden zu gegebener Zeit die Verhandlungen mit dem Betriebsrat/Gesamtbetriebsrat gemäß §§ 111 ff. BetrVG aufgenommen werden."). Folgt man konsequent der hier vertretenen „Trennungstheorie", sind indes auch solche globalen Angaben[6] nicht erforderlich, weil alle individual- und kollektivrechtlichen Folgen, über die erst das Vertretungsorgan des verschmolzenen Unternehmens zu befinden hat, ausschließlich über die betriebsverfassungsrechtlichen Beteiligungsvorschriften (insbesondere §§ 99 ff.; §§ 102, §§ 111 ff. BetrVG) „abzuwickeln" sind (siehe dazu auch Rz. 56). Entsprechendes gilt auch bei der **Spaltung bzw. Ausgliederung** im Hinblick auf

---

1 BT-Drucks. 12/6699, S. 83.
2 Dies gilt insbesondere für die auch Verschmelzungen einbeziehende Richtlinie 2001/23/ EG v. 12.9.2001 zum Betriebsübergang.
3 Zutreffend *Drygala* in Lutter, § 5 UmwG Rz. 114, der auf das Optionsrecht der Mitgliedstaaten nach Art. 7 Abs. 3 der o.g. Richtlinie hinweist.
4 Ebenso *A. Drygala*, ZIP 1996, 1365 (1368 ff.); *Drygala* in Lutter, § 5 UmwG Rz. 105 ff.; *Sagasser/Luke* in Sagasser/Bula/Brünger, § 9 Rz. 162 f.; *Langner* in Schmitt/Hörtnagl/ Stratz, § 5 UmwG Rz. 102.
5 *Willemsen*, NZA 1996, 797.
6 Kritisch insoweit *A. Drygala*, ZIP 1996, 1366.

die Parallelvorschrift des § 126 Abs. 1 Nr. 11 UmwG. Liegt dagegen bereits eine konkrete Planung hinsichtlich der betrieblichen Konsequenzen vor, empfiehlt es sich, hierüber vorab mit dem bzw. den beteiligten Betriebsräten einen **Interessenausgleich** iS von § 112 BetrVG zu schließen und hierauf im Verschmelzungs- bzw. Spaltungsvertrag zu **verweisen** (siehe Rz. 55).

Einstweilen frei. 52

d) Wenn man ein völliges Ausufern der Angaben nach § 5 Abs. 1 Nr. 9 UmwG 53 vermeiden will, wird man sie auf diejenigen „Folgen für die Arbeitnehmer und ihre Vertretungen" begrenzen müssen, die das Gesetz selbst direkt (in §§ 322, 323 Abs. 1, 325 UmwG) oder indirekt (in § 324 UmwG durch Verweisung auf § 613a BGB) anspricht, nämlich inwieweit sich nach der Verschmelzung die **betriebsverfassungsrechtliche Struktur** verändert (Wegfall bestehender bzw. Bildung neuer Betriebsräte, Gesamtbetriebsräte, Konzernbetriebsrat, Europäischer Betriebsrat, Übergangsmandat nach § 21a BetrVG), ob das **Mitbestimmungsstatut** beeinflusst wird, ob für bestimmte Arbeitnehmer sich – gegebenenfalls unter Berücksichtigung von § 323 Abs. 1 UmwG – die Anwendbarkeit des **Kündigungsschutzgesetzes** ändert, ob und inwieweit ein **Betriebsübergang oder Betriebsteilübergang** nach § 613a Abs. 1 BGB (iVm. § 324 UmwG) stattfindet und inwieweit sich hierdurch etwas an der **Tarifbindung** bzw. an der Anwendbarkeit von **Betriebsvereinbarungen** ändert sowie die arbeitnehmerrelevanten **Haftungsfolgen**[1] der Umwandlung („**Primärfolgen kraft rechtlichen Zusammenhangs**")[2]. Es ist auch anzugeben, welche „**Maßnahmen**" die beteiligten Rechtsträger getroffen haben, um die sich aus dem Gesetz an sich ergebenden Folgen für die Arbeitnehmer (zB im Hinblick auf Tarifverträge) zu vermeiden oder abzuschwächen; dies allerdings nur, wenn die entsprechenden Vereinbarungen bzw. Regelungen bereits vor Einleitung der Verschmelzung getroffen wurden bzw. von dem neuen Rechtsträger unmittelbar nach der Verschmelzung getroffen werden sollen[3]. Dies folgt aus dem Gesetzeswortlaut (*vorgesehene* Maßnahme). **Abzulehnen** ist dagegen die Auffassung, wonach die Angabe aller möglichen (!) oder absehbaren unmittelbaren und mittelbaren Folgen erforderlich sei[4].

---

1 Ihre Einbeziehung ist, soweit es sich nicht um arbeitsrechtsspezifische Haftungsfolgen (insb. nach § 613a Abs 1 Satz 1 und Abs. 2 BGB sowie § 134 UmwG) geht, zwar zweifelhaft, sollte aber aus Gründen der Vorsorge erfolgen.
2 Vgl. *Willemsen*, RdA 1998, 23 (29); siehe zu diesen „Problemfeldern" im Einzelnen Vor § 322 UmwG sowie Erl. zu §§ 322 bis 325 UmwG sowie *Joost*, ZIP 1995, 976 (979 ff.); *Drygala* in Lutter, § 5 UmwG Rz. 89 ff. Eine ähnliche Systematik wie die hier vorgeschlagene vertritt in Bezug auf § 613a Abs. 5 BGB *Grau*, Unterrichtung und Widerspruchsrecht der Arbeitnehmer bei Betriebsübergang, 2005, S. 139 ff.
3 IE ebenso *Drygala* in Lutter, § 5 UmwG Rz. 116.
4 So zB *Fitting/Engels/Schmidt/Trebinger/Linsenmaier*, 28. Aufl. 2016, § 1 BetrVG Rz. 169; *Joost*, ZIP 1995, 976 (979).

§ 5 | Verschmelzung durch Aufnahme

54 Auch hinsichtlich der in Rz. 53 aufgeführten „Kernangaben" ist jedoch **keine in alle Einzelheiten gehende Darstellung** erforderlich; entsprechend der **Hilfsfunktion** der Angaben nach § 5 Abs. 1 Nr. 9 UmwG[1] genügt es vielmehr, wenn diese Themenbereiche in einer Art und Weise angesprochen werden, dass bei dem zuständigen Vertretungsorgan (Betriebsrat) das notwendige „Problembewusstsein" erzeugt und er so in die Lage versetzt wird, eine eigenständige Prüfung der damit zusammenhängenden, teilweise komplexen arbeitsrechtlichen Fragen vorzunehmen[2]. Daher reicht es hinsichtlich der Tarifbindung beispielsweise aus, wenn dargetan wird, dass das Unternehmen nach der Verschmelzung nicht kraft Tarifbindung den bisher einschlägigen Tarifverträgen unterliegt und sich die weitere Anwendung der bisherigen Tarifverträge dementsprechend nach § 613a Abs. 1 Satz 2 bis 4 BGB, ggf. unter Berücksichtigung bestehender Bezugnahmeklauseln, richtet (siehe dazu Vor § 322 UmwG Rz. 79 ff. sowie § 324 UmwG Rz. 23 ff.). Ist beabsichtigt, sogleich mit der Verschmelzung auf Unternehmensebene auch eine **organisatorische Verschmelzung** der bei den beteiligten Rechtsträgern vorhandenen Betriebe vorzunehmen, genügt der Hinweis auf diese Folge, verbunden mit dem Hinweis darauf, dass anschließend ein neuer Betriebsrat gebildet werden muss und der Betriebsrat des größten an dieser Betriebsverschmelzung beteiligten Betriebs das Übergangsmandat gemäß § 21a Abs. 2 BetrVG wahrnimmt (zum Übergangsmandat siehe Vor § 322 UmwG Rz. 27 ff.).

55 **e) Darüber hinaus** werden im Verschmelzungsvertrag auch solche **Folgen** für die Arbeitnehmer und ihre Vertretungen aufgezeigt werden müssen, die sich zwar **nicht unmittelbar** aus dem gesellschaftsrechtlichen Vorgang der Verschmelzung als solcher ergeben, hinsichtlich derer sich die am Umwandlungsvertrag beteiligten Rechtsträger aber nach der Konzeption des UmwG notwendigerweise bereits bei Abschluss des Vertrages eine Meinung bilden müssen („**arbeitsrechtliche Pflichtangaben kraft direkten Sachzusammenhangs**"[3]). Hierzu gehört, wie die §§ 322 und 323 UmwG zeigen, insbesondere die Entscheidung darüber, ob die **betrieblichen Strukturen** nach dem Wirksamwerden der Verschmelzung bis auf weiteres beibehalten oder sogleich den künftigen wirtschaftlichen Verhältnissen angepasst werden sollen. So muss beispielsweise eine bereits **geplante Zusammenlegung der Hauptverwaltungen** ebenso mitgeteilt werden wie die beabsichtigte **Ausgliederung** und **Zusammenfassung** einzelner **Betriebsteile**, wenn und soweit es hierzu bei Vertragsabschluss bereits eine **konkrete Planung** der beteiligten Rechtsträger gibt. Entsprechendes gilt für alle sonstigen **Betriebsänderungen** iS von §§ 111 ff. BetrVG, mit deren Realisierung bereits vor oder gleichzeitig mit der Verschmelzung begonnen werden soll. Mit den Betriebsräten der zu verschmelzenden Unternehmen muss dann hinsicht-

---

1 So zutreffend *Joost*, ZIP 1995, 984.
2 Ebenso *Joost*, ZIP 1995, 984; *Simon* in Semler/Stengel, § 5 UmwG Rz. 77, 81.
3 Vgl. *Willemsen*, RdA 1998, 23 (27). Insoweit ablehnend *Drygala* in Lutter, § 5 UmwG Rz. 104 ff.; wie hier dagegen *Simon* in Semler/Stengel, § 5 UmwG Rz. 83.

lich dieser Maßnahmen gemäß §§ 111 ff. BetrVG über einen **Interessenausgleich** und **Sozialplan** verhandelt werden (vgl. das Beispiel der Verschmelzung Thyssen/Krupp[1]). In der Praxis kann es sich zur Entlastung der Angaben nach § 5 Abs. 1 Nr. 9 UmwG als sehr zweckmäßig erweisen, auf einen bereits ausgehandelten **Interessenausgleich/Sozialplan Bezug zu nehmen**, und zwar unter deren Beifügung als **Anlage**; ein bloßer Verweis genügt insoweit nicht[2]. Allerdings brauchen in die Angaben nach § 5 Abs. 1 Nr. 9 UmwG nur solche Folgen für die Arbeitnehmer und ihre Vertretungen aufgenommen zu werden, deren Eintritt **mit hinreichender Sicherheit** erwartet werden kann. Dies hängt wiederum vom **Stand der Unternehmensplanung** ab[3].

Des Weiteren ist zu fordern, dass gerade die Verschmelzung der maßgebliche **Anlass** für die jeweilige Strukturveränderung ist[4]. Die beteiligten Rechtsträger sind aber nicht verpflichtet, sich schon vor der Verschmelzung eine „abschließende Meinung"[5] über alle (mittelbaren) arbeitsrechtlichen Folgen der Umwandlung, insbesondere die **künftige Realisierung von Synergiepotentialen**, zu bilden. Sie können die Entscheidung hierüber (zB über die Frage einer späteren Betriebsverschmelzung bei gleichzeitiger Personalreduzierung) auch dem **Vertretungsorgan des verschmolzenen Unternehmens** überlassen. Dieses hat dann nach der gesellschaftsrechtlichen Verschmelzung mit dem Betriebsrat über anstehende Betriebsänderungen iS von § 111 BetrVG mit dem Ziel eines Interessenausgleichs und Sozialplans zu beraten und zu verhandeln. Eine „Prognose" über das Ergebnis solcher Verhandlungen ist dann im Rahmen von § 5 Abs. 1 Nr. 9 UmwG weder geboten noch sinnvoll. **Keinesfalls** hat der Betriebsrat die Möglichkeit, wegen seiner Mitbestimmungsrechte bei Betriebsänderungen nach §§ 111 ff. BetrVG die (gesellschaftsrechtliche) Verschmelzung als solche zu **blockieren**, weil es sich, wie oben (Rz. 48) dargelegt, um zwei völlig verschiedene und getrennte Verfahren handelt[6]. 56

f) Der Inhalt des Verschmelzungsplans und -berichts bei der **grenzüberschreitenden Verschmelzung** wird unter § 122c UmwG Rz. 8 ff. behandelt. Für den Inhalt des Verschmelzungsplans und -berichts bei der **SE-Gründung** siehe Anhang I Rz. 22 ff. 56a

g) Zweifelhaft und von erheblicher praktischer Tragweite ist, inwieweit **unvollständige oder unrichtige Angaben** im Rahmen von § 5 Abs. 1 Nr. 9 UmwG die Eintragungsfähigkeit der Verschmelzung beeinträchtigen und/oder zur Anfecht- 57

---

1 Verschmelzungsvertrag v. 16.10.1998, BAnz. 197 v. 21.10.1998.
2 *Hausch*, RNotZ 2007, 308 (327).
3 Ähnlich *Grunewald* in Lutter, Umwandlungsrechtstage, S. 22; wohl auch *Boecken*, Unternehmensumwandlungen, Rz. 320.
4 So zu Recht *Hohenstatt/Schramm* in KölnKomm. UmwG, § 5 UmwG Rz. 146.
5 Vgl. die Formulierung bei *Joost*, ZIP 1995, 976 (984).
6 AA *Bachner*, NJW 1995, 2881 (2886); dagegen *Willemsen*, NZA 1996, 791 (798); *Willemsen*, RdA 1998, 23 (29 ff.); *Drygala* in Lutter, § 5 UmwG Rz. 111 f.

barkeit oder gar Nichtigkeit des Verschmelzungsbeschlusses führen. Das gesellschaftsrechtliche Schrifttum hierzu ist gespalten. Während *Grunewald*[1] die **Anfechtbarkeit** (nicht aber die Nichtigkeit) des Verschmelzungsbeschlusses annimmt, verneint sie *Priester*[2] für die parallele Bestimmung des § 126 Abs. 1 Nr. 11 UmwG. Da § 5 Abs. 1 Nr. 9 UmwG ausschließlich dem Schutz von Arbeitnehmerinteressen dient (worauf auch die Gesetzesbegründung hinweist[3]) und zudem die dortigen Angaben keinen Regelungs-, sondern lediglich Berichtscharakter haben (rein deskriptive Wirkung, siehe Rz. 49), verdient die zuletzt genannte Auffassung den Vorzug[4]. Unabhängig von diesem Meinungsstreit ist eine Anfechtungsbefugnis des bzw. der betroffenen **Betriebsräte** in jedem Falle zu verneinen[5].

58 h) Der reine Berichtscharakter der Angaben nach § 5 Abs. 1 Nr. 9 UmwG ist auch zu beachten, wenn es um die weitere Frage geht, ob der Registerrichter die **Eintragung** der Verschmelzung wegen unzureichender Angaben zu den arbeitsrechtlichen Folgen **ablehnen** kann. Dem Registergericht steht insoweit nur ein **formelles, nicht aber materielles Prüfungsrecht** zu[6]. Diesen formalen Anforderungen ist bereits dann genügt, wenn der Verschmelzungsvertrag zu den in Rz. 53 ff. aufgeführten Kernpunkten die **Ansicht** der an der Umwandlung beteiligten Rechtsträger **nachvollziehbar wiedergibt**; eine – dazu noch ins Detail gehende – **Begründung ist nicht erforderlich**, ebenso wenig eine Stellungnahme zu allen denkbaren tatsächlichen und rechtlichen Fragen[7]. Andererseits darf das Registergericht die begehrte Eintragung ablehnen, „wenn der Verschmelzungsvertrag jeder nachvollziehbaren Darstellung der arbeitsrechtlichen Folgen entbehrt"[8]. Ähnliches

---

1 *Grunewald* in Lutter, Umwandlungsrechtstage, S. 22 f.; ihr iE folgend *A. Drygala*, ZIP 1996, 1365 (1366 ff.); *Engelmeyer*, DB 1996, 2542 (2544); siehe auch *Hausch*, RNotZ 2007, 396 (406 ff.).
2 *Priester* in Lutter, § 126 UmwG Rz. 79.
3 Vgl. oben Rz. 49 sowie *Joost*, ZIP 1995, 978 f.
4 IE ebenso *Mayer* in Widmann/Mayer, § 5 UmwG Rz. 203.
5 OLG Naumburg v. 6.2.1997 – 7 U 236/96, DB 1997, 466 = AG 1998, 430.
6 Ebenso *Hohenstatt/Schramm* in KölnKomm. UmwG, § 5 UmwG Rz. 414; *Simon* in Semler/Stengel, § 5 UmwG Rz. 96; *Langner* in Schmitt/Hörtnagl/Stratz, § 5 UmwG Rz. 106; *Engelmeyer*, DB 1996, 2542 (2544); *Heidinger* in Henssler/Strohn, § 5 UmwG Rz. 29; *Willemsen*, NZA 1996, 791 (796); *Bungert/Leyendecker-Langner*, ZIP 2014, 1112 (1116); wohl auch *A. Drygala*, ZIP 1996, 1365 (1367 Fn. 27); jedenfalls für ein formelles Prüfungsrecht: OLG Düsseldorf v. 15.5.1998 – 3 Wx 156/98, NZA 1998, 766.
7 Ebenso *Joost*, ZIP 1995, 986; noch weiter gehend für § 126 Abs. 1 Nr. 11 UmwG *Priester* in Lutter, § 126 UmwG Rz. 81, der ein Ablehnungsrecht des Registerrichters nur bei vollständig fehlenden oder offensichtlich unrichtigen Angaben anerkennen will.
8 OLG Düsseldorf v. 15.5.1998 – 3 Wx 156/98, NZA 1998, 766 2. LS); vgl. auch *Dzida/ Schramm*, NZG 2008, 521 (524) und *Blechmann*, NZA 2005, 1143 (1149): „Richtigerweise darf das Registergericht die Eintragung nur dann ablehnen, wenn die Angaben völlig fehlen oder wenn sie so offensichtlich unvollständig oder unrichtig sind, dass die Darstellung einem Fehlen der Angaben gleichkommt."

wird zu gelten haben, wenn wesentliche Teilbereiche offensichtlich vollständig fehlen[1]. Eine bloße **allgemeine Bezugnahme** auf gesetzliche Vorschriften wie zB „Die Folgen der Verschmelzung für die Arbeitnehmer und ihre Vertretungen richten sich nach §§ 322 ff. UmwG, § 613a BGB" **reicht** also **nicht aus**.

Soweit sich der Verschmelzungsvertrag lediglich zu einzelnen Auswirkungen (zB im Kündigungsschutzrecht) **ausschweigt**, wird man dies im Zweifel nicht als Unvollständigkeit, sondern dahin gehend **auslegen** müssen, dass nach Auffassung der beteiligten Rechtsträger insoweit **keine Änderungen** eintreten werden[2]. Die Nichterwähnung von „Maßnahmen" wird im Zweifel bedeuten, dass solche bis auf weiteres nicht vorgesehen sind. Da die Registergerichte insoweit offenkundig zT anderer Auffassung sind, ist der **Praxis** allerdings zu **raten**, das Fehlen von Folgen für die Arbeitnehmer und ihre Vertretungen in bestimmten Teilbereichen (zB im Betriebsverfassungsrecht) gegebenenfalls ausdrücklich zu erwähnen (**Negativerklärung**). 59

Alles in allem wird der Registerrichter die **Eintragung** wegen unzureichender Angaben nach § 5 Abs. 1 Nr. 9 UmwG **nur ausnahmsweise ablehnen** können, nämlich wenn es an jeder nachvollziehbaren (wenn auch durchaus knappen!) Darstellung der arbeitsrechtlichen Folgen fehlt. Eine Schlüssigkeitsprüfung hinsichtlich der (zum Teil sehr komplexen) arbeitsrechtlichen, insbesondere tarifrechtlichen Folgen hat der Registerrichter nicht vorzunehmen, so dass selbst bei offensichtlicher materieller Unrichtigkeit in diesem Bereich die Eintragung nicht abgelehnt werden kann (**str.**)[3]. § 5 Abs. 1 Nr. 9 UmwG ist – ebenso wie die Parallelvorschrift des § 126 Abs. 1 Nr. 11 UmwG – **kein Instrument für arbeitsrechtliche Blockaden einer Umstrukturierung**[4]. 60

i) Checkliste. Die Ausführungen in Rz. 53–56 lassen sich dahingehend zusammenfassen, dass der Umwandlungsvertrag in den Fällen der übertragenden Umwandlung (Verschmelzung, Spaltung, Vermögensübertragung) in aller Regel jedenfalls die folgenden arbeitsrechtlichen Angaben enthalten muss: 60a

---

1 Ebenso *Hohenstatt/Schramm* in KölnKomm. UmwG, § 5 UmwG Rz. 214. Für ein weitergehendes Prüfungsrecht im Hinblick auf rechtlich nicht mehr vertretbare Angaben *Hausch*, RNotZ 2007, 396 (408 f.); dagegen zu Recht *Simon* in Semler/Stengel, § 5 UmwG Rz. 96; siehe auch *Willemsen*, RdA 1998, 23 (33).
2 Ebenso *Simon* in Semler/Stengel, § 5 UmwG Rz. 92; aA OLG Düsseldorf v. 15.5.1998 – 3 Wx 156/98, NZA 1998, 766; kritisch dazu *Bungert*, NZG 1998, 733; *Willemsen/Th. Müller*, EWiR 1998, 855 (856). Zur parallelen Problematik des Erfordernisses von Negativerklärungen im Rahmen von § 5 Abs. 1 Nr. 7 und Nr. 8 UmwG vgl. OLG Frankfurt v. 4.4.2011 – 20 W 466/10, AG 2011, 793 (verneinend).
3 AA insoweit *Joost*, ZIP 1995, 986; siehe auch *Hausch*, RNotZ 2007, 396 (408 f.): Ablehnungsrecht, wenn die Angaben „nicht mehr rechtlich vertretbar sind oder denen eine höchstrichterliche Rechtsprechung entgegensteht".
4 *Priester* in Lutter, § 126 UmwG Rz. 82; *Willemsen*, NZA 1996, 791 (798); *Simon* in Semler/Stengel, § 5 UmwG Rz. 100 f.

§ 5 | Verschmelzung durch Aufnahme

- **Übergang von Arbeitsverhältnissen** auf den bzw. die übernehmenden Rechtsträger gemäß § 324 UmwG iVm. § 613a BGB (siehe dazu Erl. zu § 324 UmwG) unter genauer Bezeichnung der hiervon erfassten Betriebe bzw. Betriebsteile (ist der übertragende Rechtsträger arbeitnehmerlos, genügt dieser Hinweis, und es entfallen dann alle weiteren arbeitsrechtlichen Angaben bezüglich des *übertragenden* Rechtsträgers; für den *übernehmenden* Rechtsträger müssen dann aber gleichwohl Angaben bezüglich der (oftmals fehlenden) Auswirkungen auf die *dortigen* Arbeitsverhältnisse, Arbeitnehmervertretungen, Mitbestimmung etc. gemacht werden[1]). Eine Darstellung der dem einzelnen Arbeitnehmer zustehenden Gestaltungsrechte (Widerspruch bzw. außerordentliche Kündigung) ist hingegen nicht erforderlich[2];

- (zumindest vorsorglich) **Haftungsfolgen** für Ansprüche aus Arbeitsverhältnissen (§ 613a Abs. 1 Satz 1 iVm. Abs. 2 BGB sowie umwandlungsrechtliche (Sonder-)Regelungen nach §§ 20 Abs. 1 Nr. 1, 133, **134** UmwG[3];

- Übergang von **Versorgungsanwartschaften** aktiver Arbeitnehmer gemäß § 613a BGB iVm. § 324 UmwG sowie der Versorgungsanwartschaften bzw. -ansprüche ausgeschiedener Arbeitnehmer kraft Gesamtrechtsnachfolge einschließlich der damit verbundenen Haftungsfolgen[4]; siehe dazu auch Erl. zu § 324 UmwG Rz. 18 und 64; etwa konkret geplante **Anpassungen** der Versorgungssysteme;

- bereits konkret geplante Veränderungen der **arbeitsorganisatorischen Struktur** der vorhandenen Betriebe (insbesondere Spaltung oder Zusammenfassung von Betrieben) und deren Auswirkungen auf die **Betriebsidentität** und das **Amt** des bzw. der existierenden **Betriebsräte** sowie ggf. des **Wirtschaftsausschusses, Gesamt- und Konzernbetriebsrats** sowie der **Sprecherausschüsse** der leitenden Angestellten (siehe Vor § 322 UmwG Rz. 14 ff.). Hinweis auf die Entstehung eines **Übergangsmandats** nach § 21a BetrVG sowie auf eine etwaige (geplante) Vereinbarung nach § 325 Abs. 2 UmwG (siehe Erl. dort). Bei Fehlen solcher aktuellen Planungen in Bezug auf geänderte Betriebsstrukturen: **Negativerklärung** („Maßnahmen, die zu einem Verlust der betriebsverfassungsrechtlichen Identität der Betriebe ... führen, sind nicht geplant; die dort bestehenden Betriebsräte bleiben im Amt");

- Hinweis auf die entweder kollektivrechtliche Fortgeltung (bei Aufrechterhaltung der Betriebsidentität, siehe Erl. zu § 324 UmwG Rz. 24) oder gesetzliche

---

1 So jedenfalls OLG Düsseldorf v. 15.5.1998 – 3 Wx 156/98, NZA 1998, 766.
2 Ebenso *Henssler* in FS Kraft, 1998, S. 219 (228); *Simon* in Semler/Stengel, § 5 UmwG Rz. 86.
3 Zum Verhältnis der unterschiedlichen Haftungsregime zueinander siehe § 324 UmwG Rz. 22. Die Notwendigkeit diesbezüglicher Angaben ist umstritten; verneinend *Simon* in Semler/Stengel, § 5 UmwG Rz. 86.
4 Zum Fortbestand der sog. Gewährträgerhaftung nach der Umstrukturierung öffentlich-rechtlicher Kreditinstitute siehe *Mehrens/Voland*, WM 2014, 831.

Aufrechterhaltung (§ 613a Abs. 1 Satz 2–4 BGB, siehe Erl. zu § 324 UmwG Rz. 26 ff.) von **Betriebsvereinbarungen**. Bei Verlust der Betriebsidentität evtl. Ankündigung, dass mit dem neugebildeten Betriebsrat (oder dem Betriebsrat im Übergangsmandat) zur Herbeiführung einer kollektivrechtlichen „Fortgeltung" eine wortgleiche Betriebsvereinbarung abgeschlossen werden soll;

- Aussagen über die Existenz bzw. Nichtexistenz sowie Weitergeltung von **Gesamtbetriebsvereinbarungen** und Gesamtsprecherausschussvereinbarungen (analog zu Betriebsvereinbarungen) sowie von **Konzernbetriebsvereinbarungen** und Konzernsprecherausschussvereinbarungen (siehe zum Ganzen auch Vor § 322 UmwG Rz. 68 ff.);

- Aussagen über die **Mitgliedschaft** des bzw. der übertragenden Rechtsträger in einem **Arbeitgeberverband** und die sich daraus ergebende **Tarifbindung**; Darstellung, inwieweit sich diese Tarifbindung bei dem bzw. den übernehmenden Rechtsträgern fortsetzt (durch Mitgliedschaft im bzw. Beitritt zu dem abschließenden Arbeitgeberverband; siehe dazu auch Erl. zu § 324 UmwG Rz. 24) oder mangels kollektivrechtlicher Fortgeltung § 613a Abs. 1 Satz 2–4 BGB Anwendung findet einschließlich einer etwaigen **Ablösung** durch beim übernehmenden Rechtsträger bestehende Tarifverträge gemäß § 613a Abs. 1 Satz 3 BGB (ggf. unter Berücksichtigung vertraglicher Bezugnahmeklauseln; siehe dazu auch § 324 UmwG Rz. 26 ff.). Bei Bestehen von **Firmentarifverträgen:** Angabe über den Eintritt des bzw. der übernehmenden Rechtsträger kraft Gesamtrechtsnachfolge (siehe Erl. zu § 324 UmwG Rz. 24). Bei **Fehlen jedweder Tarifbindung:** Aussagen über die etwaige Anwendung bestimmter (Branchen-)Tarifverträge kraft **vertraglicher Inbezugnahme** oder betrieblicher Übung und deren Fortgeltung gemäß § 613a Abs. 1 *Satz 1* BGB;

- Angaben über eine evtl. bestehende Arbeitnehmervertretung auf europäischer Ebene (insbes. **Europäischer Betriebsrat**, siehe Vor § 322 UmwG Rz. 59 ff.) und deren Fortführung;

- Darstellung der bei den an der Umwandlung beteiligten Rechtsträgern bestehenden **Mitbestimmung** auf Unternehmensebene nach MitbestG, DrittelbG bzw. Montan-MitbestG/MitbestErgG; Wegfall von mitbestimmten Aufsichtsräten und Aufsichtsratsmandaten infolge Erlöschens übertragender Rechtsträger; Fortsetzung bzw. erstmalige Entstehung oder Wegfall der Mitbestimmung auf Unternehmensebene bei dem bzw. den an der Umwandlung beteiligten Rechtsträgern und ggf. Änderung des Mitbestimmungsstatuts (ggf. kraft Zurechnung der Arbeitnehmer von Konzerngesellschaften) sowie Zahl der Aufsichtsratsmitglieder insgesamt und auf Arbeitnehmerseite; aktives und passives Wahlrecht (siehe dazu Vor § 322 UmwG Rz. 86 ff.); Hinweis auf eine evtl. zeitlich begrenzte **Mitbestimmungssicherung nach § 325 Abs. 1 UmwG** (siehe Erl. zu § 325 UmwG);

- Angaben über etwaige **konkret geplante Betriebsänderungen** iS der §§ 111 ff. BetrVG (siehe Rz. 55 f.) im zeitlichen und sachlichen Zusammenhang mit der Umwandlung (zB Stilllegung von Betrieben, Zusammenlegung von Betrieben oder Betriebsteilen) und deren zu erwartende Auswirkungen auf die Belegschaft (Personalabbau, Versetzungen etc.). Hinweis auf die Aufnahme von Verhandlungen mit dem Betriebsrat über Interessenausgleich/Sozialplan; falls diese bereits abgeschlossen sind: **Bezugnahme** auf die bestehenden Vereinbarungen und deren **Beifügung**. Bei Fehlen diesbezüglicher Planungen: (vorsorgliche) **Negativerklärung**;

- soweit einschlägig: Angaben über geplante **weitere Umwandlungen** unmittelbar nach Vollzug der ersten (vertragsgegenständlichen) Umwandlung[1], zB sofortige Ausgliederung eines im Zuge der Verschmelzung auf den übernehmenden Rechtsträger übergegangenen Betriebsteils auf einen neugegründeten Rechtsträger, Aufspaltung des übernehmenden Rechtsträgers etc. und deren Auswirkungen auf die Arbeitnehmer und ihre Vertretungen (analog zu den obigen Punkten).

Diese Checkliste ist ggf. noch um **unternehmensspezifische Gesichtspunkte** wie zB Entstehung bzw. Wegfall eines **Tendenzschutzes** (nach § 118 BetrVG) zu ergänzen und somit **nicht als abschließend zu verstehen**. Wiederholt sei an dieser Stelle der Hinweis (siehe Rz. 54), dass zu allen genannten Punkten eine auf den **konkreten Sachverhalt** abstellende, **knappe**, die jeweiligen Rechtsfolgen **unter Verweis auf die einschlägigen gesetzlichen Bestimmungen** bezeichnende **ergebnisbezogene Darstellung** erforderlich, aber auch genügend ist.

12. Sonstige Vertragsbestimmungen *(Marsch-Barner)*

61 Neben dem in § 5 Abs. 1 UmwG festgelegten gesetzlichen Mindestinhalt muss der Verschmelzungsvertrag uU weitere Vereinbarungen enthalten. So ist gemäß § 29 UmwG bei einer sog. Mischverschmelzung, bei der Verschmelzung einer börsennotierten AG auf eine nicht börsennotierte AG und in dem Fall, dass die Anteile des übernehmenden Rechtsträgers Verfügungsbeschränkungen unterliegen, in den Verschmelzungsvertrag ein **Barabfindungsangebot** aufzunehmen. Zu beachten sind ggf. auch rechtsformspezifische Sondervorschriften. So sind zB bei der Verschmelzung einer AG auf eine GmbH oder OHG/KG die **unbekannten Aktionäre** gemäß § 35 UmwG im Verschmelzungsvertrag zu benennen. Bei der Verschmelzung auf eine **Partnerschaftsgesellschaft** ist im Verschmelzungsvertrag für jeden neuen Partner der in der Partnerschaft ausgeübte Beruf anzugeben (§ 45b Abs. 1 UmwG). Bei der Verschmelzung auf eine **GmbH** ist für

---

[1] Zu den Besonderheiten bei solchen „Kettenumwandlungen", insbes. zur Frage der mehrfachen Anwendung von § 613a BGB, siehe auch *Hohenstatt/Schramm* in KölnKomm. UmwG, § 5 UmwG Rz. 206 f. *Willemsen* in Willemsen/Hohenstatt/Schweibert/Seibt, Umstrukturierung und Übertragung von Unternehmen, Rz. G 117 sowie Erl. § 324 UmwG Rz. 28.

jeden neuen Anteilsinhaber der Nennbetrag des ihm zu gewährenden Geschäftsanteils im Verschmelzungsvertrag zu bestimmen (§ 46 Abs. 1 UmwG). Bei der Verschmelzung auf eine **KG** muss im Verschmelzungsvertrag festgelegt werden, ob die neuen Gesellschafter Komplementäre oder Kommanditisten sein sollen (vgl. § 40 UmwG). Im Falle einer Verschmelzung durch **Neugründung** muss der Gesellschaftsvertrag des neuen Rechtsträgers im Verschmelzungsvertrag enthalten sein oder festgestellt werden (§ 37 UmwG).

Außer den zwingend vorgeschriebenen Angaben kann der Verschmelzungsvertrag weitere fakultative Bestimmungen enthalten. In Betracht kommen zB eine **Präambel** mit einer Beschreibung der Ziele der Verschmelzung, Bestimmungen über die **künftige Firma** der übernehmenden Gesellschaft (vgl. dazu § 18 UmwG), die Fortführung der Bilanzwerte (vgl. § 24 UmwG), aufschiebende **Bedingungen** der Wirksamkeit des Vertrages (zB Kartellvorbehalt, Vorbehalt der Zustimmung des Aufsichtsrats und/oder der Anteilsinhaber), eine auflösende **Befristung** (zB für den Fall, dass die Verschmelzung nicht bis zu einem bestimmten Zeitpunkt eingetragen wird) sowie **Kündigungsrechte** oder **Rücktrittsvorbehalte**. So kann zB jeder Partei ein Recht zur Kündigung des Verschmelzungsvertrages für den Fall eingeräumt werden, dass die Verschmelzung nicht bis zu einem bestimmten Zeitpunkt wirksam geworden ist (§ 7 UmwG Rz. 6; zur Spaltung § 126 UmwG Rz. 57a). Für den Fall, dass eine Partei den Vertrag kündigt oder von ihm zurücktritt, kann eine – auch pauschalierte – **Schadensersatzpflicht** vereinbart werden. Dies ist unproblematisch, solange damit die zur Vorbereitung der Verschmelzung aufgewendeten Kosten ersetzt werden sollen[1]. Ein **Strafversprechen** (sog. break fee), mit dem eine Lösung vom Vertrag erschwert werden soll, ist dagegen nur zulässig, wenn durch dessen Höhe kein unangemessener wirtschaftlicher Druck ausgeübt wird[2]. Ist die Verschmelzung **mehrerer übertragender Gesellschaften** in einem Verschmelzungsvertrag zusammengefasst (siehe dazu § 2 UmwG Rz. 6), so kann auch ein teilweiser Rücktrittsvorbehalt zB für den Fall vorgesehen werden, dass sich die Verschmelzung eines übertragenden Rechtsträgers über einen bestimmten Zeitpunkt hinaus verzögert. Üblich und zweckmäßig sind Regelungen zur **Kostentragung**[3]. Eine entsprechende Regelung ist insbes. für den Fall des Scheiterns der Ver-

62

---

1 *Sieger/Hasselbach*, BB 2000, 625 (627); *Banerjea*, DB 2003, 1489 (1492f.).
2 *Austmann/Frost*, ZHR 169 (2005), 431 (451); *Hilgard*, BB 2008, 286 (289); *T. Drygala*, WM 2004, 1457 (1460); *Böttcher* in Böttcher/Habighorst/Schulte, § 5 UmwG Rz. 105; vgl. dazu auch *Sieger/Hasselbach*, BB 2000, 625 (628, 629); *Schröer* in Semler/Stengel, § 5 UmwG Rz. 120; zur Beurkundungspflicht solcher Versprechen *Drygala* in Lutter, § 6 UmwG Rz. 4 sowie LG Paderborn v. 28.4.2000 – 2 O 132/00, NZG 2000, 899 m. zust. Anm. *Gehling*; aA insoweit *Banerjea*, DB 2003, 1489 (1497); für Unzulässigkeit solcher Abreden ohne Zustimmung der Anteilsinhaber *Simon* in KölnKomm. UmwG, § 5 UmwG Rz. 233.
3 Vgl. LG Stuttgart v. 8.3.1994 – 4 KfH O 6/94, ZIP 1994, 631 = AG 1994, 567 = EWiR § 339 AktG 1/94 (*Grunewald*); OLG Stuttgart v. 23.11.1994 – 3 U 77/94, WM 1995, 1355 = AG 1996, 35.

schmelzung sinnvoll. Soweit die beteiligten Rechtsträger im Zusammenhang mit der Verschmelzung weitere Abreden treffen, zB bestimmte **Verpflichtungen** des übernehmenden Rechtsträgers gegenüber den Arbeitnehmern oder Organmitgliedern des übertragenden Rechtsträgers oder zur Änderung seiner Satzung, zB hinsichtlich des Unternehmensgegenstands, vereinbaren, sind diese grundsätzlich ebenfalls in den Verschmelzungsvertrag aufzunehmen[1]. Die Durchsetzung solcher Pflichten ist allerdings schwierig, auch wenn es sich dabei um einen echten Vertrag zugunsten Dritter handelt[2].

13. Mängel des Verschmelzungsvertrages *(Marsch-Barner)*

63 Enthält der Verschmelzungsvertrag nicht die Mindestangaben nach § 5 Abs. 1 UmwG oder anderen zwingenden Vorschriften, ist der Registerrichter gehalten, die Verschmelzung **nicht einzutragen**[3]. Dies gilt auch, wenn die Angaben unvollständig oder unrichtig sind. Unzutreffende Angaben sind gemäß §§ 134, 139 BGB nichtig. Fehlen die Angaben nach § 5 Abs. 1 Nr. 1–3 UmwG, ist der Verschmelzungsvertrag insgesamt nichtig[4]. Eine Umdeutung der Verschmelzung in eine Vermögensübertragung (§ 140 BGB iVm. § 179a AktG) kommt nicht in Betracht[5]. Die Nichtigkeit des Verschmelzungsvertrages kann sich dabei auch aus den allgemeinen Vorschriften ergeben (vgl. § 4 UmwG Rz. 13).

64 Zweifelhaft ist, ob dies auch für die **Angaben nach § 5 Abs. 1 Nr. 9 UmwG** gilt. Zweck dieser Regelung ist die frühzeitige Information der Arbeitnehmer und ihrer Vertretungen[6]. Die Angaben haben deshalb **lediglich Berichtscharakter** (vgl. Rz. 49) wie die Hinweise auf die Folgen für die Anteilsinhaber, die – richtigerweise – nur in den Verschmelzungsbericht aufzunehmen sind (vgl. § 8 Abs. 1 Satz 2 UmwG). Dem Registerrichter steht deshalb insoweit nur ein formelles Prüfungsrecht zu (vgl. Rz. 58 ff.). Bei fehlenden oder unvollständigen Angaben ist der Verschmelzungsvertrag weder nach § 134 BGB noch – bei einer AG oder KGaA – nach § 241 Nr. 3 AktG nichtig[7].

---

1 *Drygala* in Lutter, § 5 UmwG Rz. 134; *Mertens*, AG 1986, 57 (64); für Regelung außerhalb des Verschmelzungsvertrages *Simon* in KölnKomm. UmwG, § 5 UmwG Rz. 234.
2 *Drygala* in Lutter, § 5 UmwG Rz. 134; *Schröer* in Semler/Stengel, § 5 UmwG Rz. 108, 111.
3 *Drygala* in Lutter, § 5 UmwG Rz. 154; *Schröer* in Semler/Stengel, § 5 UmwG Rz. 126; *Stratz* in Schmitt/Hörtnagl/Stratz, § 4 UmwG Rz. 16.
4 OLG Frankfurt/M. v. 10.3.1998 – 20 W 60/98, WM 1999, 322 = GmbHR 1998, 542; KG v. 22.9.1998 – 1 W 4387/97, WM 1999, 323 = GmbHR 1998, 1230; *Drygala* in Lutter, § 5 UmwG Rz. 155; *Schröer* in Semler/Stengel, § 5 UmwG Rz. 97; *Böttcher* in Böttcher/Habighorst/Schulte, § 5 UmwG Rz. 108.
5 BGH v. 18.12.1995 – II ZR 294/93, NJW 1996, 659 (660) = AG 1996, 173.
6 Vgl. Begr. RegE, BT-Drucks. 12/6699, S. 82.
7 *Mayer* in Widmann/Mayer, § 5 UmwG Rz. 204; *Schröer* in Semler/Stengel, § 5 UmwG Rz. 96; *Stratz* in Schmitt/Hörtnagl/Stratz, § 5 UmwG Rz. 88; *Hohenstatt/Schramm* in

Inhaltliche Mängel des Verschmelzungsvertrages werden durch die Eintragung 65
der Verschmelzung gemäß § 20 Abs. 1 Nr. 4 UmwG **geheilt** (siehe dazu näher
bei § 20 UmwG Rz. 33 ff.).

Stimmen die Anteilsinhaber einem unvollständigen oder unrichtigen Ver- 66
schmelzungsvertrag zu, so ist der **Beschluss** grundsätzlich wegen unzureichender Informationsgrundlage **mangelhaft**; er kann deshalb mit der Klage nach
§ 14 Abs. 1 UmwG angegriffen werden[1]. Dies ergibt sich auch im Umkehrschluss aus § 14 Abs. 2 UmwG, wonach die Klage gegen die Wirksamkeit des
Verschmelzungsbeschlusses nur bei ganz bestimmten Punkten, die auch im Verschmelzungsvertrag geregelt sind, ausgeschlossen ist. Bei **unvollständigen Angaben nach § 5 Abs. 1 Nr. 9 UmwG** ist eine Klage nach § 14 Abs. 1 UmwG
allerdings ausgeschlossen (vgl. Rz. 57). Im Übrigen kann die Kausalität eines
Mangels fehlen, wenn jedenfalls der Verschmelzungsbericht ausreichende Informationen enthält. Unabhängig davon, wie sich Mängel des Verschmelzungsvertrages auf den Verschmelzungsbeschluss auswirken, können solche Mängel des
Vertrages auch durch eine **allgemeine Feststellungsklage** gemäß § 256 ZPO unmittelbar geltend gemacht werden[2].

14. Konzernverschmelzung (§ 5 Abs. 2 UmwG) *(Marsch-Barner)*

Für den Fall, dass sich **alle Anteile** eines übertragenden Rechtsträgers **in der** 67
Hand des übernehmenden Rechtsträgers befinden, sind die Angaben nach § 5
Abs. 1 Nr. 2–5 UmwG entbehrlich (§ 5 Abs. 2 UmwG). Mangels außenstehender
Anteilsinhaber beim übertragenden Rechtsträger entfällt auch der Anteilstausch
(vgl. § 54 UmwG Rz. 5)[3]. Sollen mehrere Rechtsträger gleichzeitig verschmolzen
werden, so gelten die Erleichterungen, wie § 5 Abs. 2 Halbsatz 2 UmwG klarstellt, nur in Bezug auf den Rechtsträger, bei dem der 100%ige Anteilsbesitz vorliegt.

Die Bestimmung zielt auf die Verschmelzung 100%iger Tochtergesellschaften 68
auf das Mutterunternehmen (sog. up-stream-merger). Solche Konstellationen
kommen vor allem bei **Kapitalgesellschaften** vor. Für Personenhandelsgesell-

---

KölnKomm. UmwG, § 5 UmwG Rz. 217; aA *A. Drygala*, ZIP 1996, 1365 (1367); *Engelmeyer*, DB 1996, 2542 (2544); für ein Eintragungsverbot bei Unvollständigkeit *Drygala* in Lutter, § 5 UmwG Rz. 156; ebenso bei offensichtlichen Mängeln *Mayer* in Widmann/Mayer, § 5 UmwG Rz. 205.
1 Vgl. BGH v. 16.11.1981 – II ZR 150/80, BGHZ 82, 188 = AG 1982, 129 zu einem Zustimmungsbeschluss zu dem früheren § 361 AktG, heute § 179a AktG; *Drygala* in Lutter, § 5 UmwG Rz. 157.
2 Vgl. OLG Karlsruhe v. 9.8.1991 – 15 U 127/90, WM 1991, 1759 (1763) = AG 1992, 33; *Schröer* in Semler/Stengel, § 5 UmwG Rz. 126; aA *Drygala* in Lutter, § 5 UmwG Rz. 158.
3 BayObLG v. 17.10.1983 – BReg 3 Z 153/83, DB 1983, 2675 (2676) = AG 1984, 22; *Priester*, BB 1985, 363 (364); *Sagasser/Luke* in Sagasser/Bula/Brünger, § 9 Rz. 350.

schaften als übertragende Gesellschaft hat die Bestimmung keine Bedeutung. Insbesondere ist der Fall, dass bei einer GmbH & Co. KG die Kommanditisten mit den GmbH-Gesellschaftern identisch sind, nicht unter § 5 Abs. 2 UmwG einzuordnen[1]. Ein Mutter-Tochter-Verhältnis besteht dagegen, wenn die KG alle Anteile der Komplementär-GmbH hält[2]. Bei der Verschmelzung auf eine AG oder KGaA sieht § 62 Abs. 1 Satz 1 UmwG als zusätzliche Erleichterung vor, dass ein Verschmelzungsbeschluss bei der übernehmenden Gesellschaft entbehrlich ist. Nach § 62 Abs. 4 Satz 1 idF des 3. UmwGÄndG[3] bedarf es auch keines Verschmelzungsbeschlusses der übertragenden Kapitalgesellschaft.

69 Alle Anteile befinden sich dann „in der Hand" der übernehmenden Gesellschaft, wenn diese rechtlich Inhaber dieser Anteile ist. Daher genügt es nicht, wenn die Anteile ganz oder teilweise zB von einem Treuhänder oder Konzernunternehmen gehalten werden. Eine Zurechnung entsprechend § 16 Abs. 4 AktG erfolgt nicht. Dagegen ist eine analoge Anwendung von § 62 Abs. 1 Satz 2 UmwG angebracht, wonach eigene Anteile der übertragenden Gesellschaft und Anteile, die ein Dritter für Rechnung der übertragenden Gesellschaft hält, abzusetzen sind[4].

70 Der unmittelbare Anteilsbesitz muss spätestens im **Zeitpunkt der Eintragung** der Verschmelzung in das Register vorliegen[5]. In der Regel wird er schon bei der Fassung der Verschmelzungsbeschlüsse nach § 13 UmwG gegeben sein. Rechtlich notwendig ist dies aber nicht; der Verschmelzungsvertrag kann zB unter einer entsprechenden aufschiebenden Bedingung abgeschlossen werden[6] (siehe dazu auch § 62 UmwG Rz. 9).

71 Von § 5 Abs. 2 UmwG nicht erfasst ist der Fall, dass eine **Muttergesellschaft auf eine 100%ige Tochtergesellschaft** verschmolzen wird (sog. down-stream-merger)[7]. Die Besonderheit dieser Fallgestaltung besteht darin, dass die von der

---

1 *H. Schmidt* in Lutter, Umwandlungsrechtstage, S. 72; *Drygala* in Lutter, § 5 UmwG Rz. 139.
2 *Schröer* in Semler/Stengel, § 5 UmwG Rz. 132.
3 Drittes Gesetz zur Änderung des Umwandlungsgesetzes v. 11.7.2011, BGBl. I 2011, S. 1338.
4 *Bermel/Hannappel* in Goutier/Knopf/Tulloch, § 5 UmwG Rz. 114; *Schröer* in Semler/Stengel, § 5 UmwG Rz. 133; *Simon* in KölnKomm. UmwG, § 5 UmwG Rz. 239.
5 Vgl. BayObLG v. 4.11.1999 – 3 Z BR 333/99, ZIP 2000, 230 (231) = GmbHR 2000, 89 zum Formwechsel; *Heidinger* in Henssler/Strohn, § 5 UmwG Rz. 35; *Schröer* in Semler/Stengel, § 5 UmwG Rz. 129; *Simon* in KölnKomm. UmwG, § 5 UmwG Rz. 238; *Mayer* in Widmann/Mayer, § 5 UmwG Rz. 213; für Zeitpunkt der Anmeldung *Bermel/Hannappel* in Goutier/Knopf/Tulloch, § 5 UmwG Rz. 117; für Zeitpunkt der Beschlussfassung *Drygala* in Lutter, § 5 UmwG Rz. 141 mwN.
6 *Henze*, AG 1993, 341 (344); *Schröer* in Semler/Stengel, § 5 UmwG Rz. 130 f.; aA *Drygala* in Lutter, § 5 UmwG Rz. 141; *Bayer*, ZIP 1997, 1613 (1615).
7 *Drygala* in Lutter, § 5 UmwG Rz. 139; *Schröer* in Semler/Stengel, § 5 UmwG Rz. 134.

Mutter gehaltenen Anteile im Zuge der Verschmelzung unmittelbar, also ohne Durchgangserwerb der übernehmenden Tochter auf die Gesellschafter der übertragenden Muttergesellschaft übergehen[1]. Problematisch sind dabei die Fälle, bei denen die übertragende Muttergesellschaft überschuldet ist, zB weil sie den Erwerb der Anteile der Tochtergesellschaft finanziert hat. Bei Kapitalgesellschaften kann darin eine **unzulässige Kapitalrückzahlung** gemäß § 30 Abs. 1 GmbHG, § 57 Abs. 1, 3 AktG liegen (siehe dazu auch § 24 UmwG Rz. 40 f.; § 54 UmwG Rz. 15 f. und § 68 UmwG Rz. 18). Ist die übernehmende Gesellschaft eine AG, ist auch ein Verstoß gegen das **Verbot des Erwerbs eigener Aktien** denkbar (§ 71a Abs. 1 Satz 1 AktG). Dagegen spricht jedoch, dass das UmwG ausreichende eigene Schutzvorschriften enthält (vgl. insbes. §§ 14, 15, 22 UmwG)[2].

Von § 5 Abs. 2 UmwG ebenfalls nicht erfasst ist der Fall, dass zwei **Schwestergesellschaften**, die beide zu 100 % demselben Mutterunternehmen gehören, miteinander verschmolzen werden sollen (vgl. dazu näher bei § 54 UmwG Rz. 5, 18 und bei § 68 UmwG Rz. 16). 72

Keine besonderen Vorschriften enthält das Gesetz, wenn eine Tochtergesellschaft auf das Mutterunternehmen verschmolzen werden soll, dabei aber kein 100%iger Anteilsbesitz, sondern nur ein **Abhängigkeitsverhältnis** vorliegt. Diese Abhängigkeit kann darauf beruhen, dass das Mutterunternehmen die **Mehrheit der Anteile** hält (vgl. § 17 AktG) oder zwischen beiden Unternehmen ein **Beherrschungsvertrag** (vgl. § 291 AktG) besteht. Auch in diesen Fällen gilt, dass der Verschmelzungsvertrag nur mit Zustimmung der Versammlung der Anteilsinhaber wirksam wird (§ 13 UmwG). Diese Zustimmung kann nicht etwa durch eine Weisung des herrschenden Unternehmens erzwungen werden. Im faktischen Konzern besteht ohnehin kein Weisungsrecht; aber auch ein Beherrschungsvertrag berechtigt das herrschende Unternehmen nur dazu, der Geschäftsleitung des Tochterunternehmens Weisungen in Bezug auf den Abschluss eines Verschmelzungsvertrages zu erteilen[3]. Ob die Anteilsinhaber diesem Vertrag auch zustimmen, bleibt ihnen vorbehalten. Veranlasst das herrschende Unternehmen das Tochterunternehmen zu einer für dieses oder seine Anteilsinhaber nachteiligen Verschmelzung, so haften die Mitglieder des Vertretungsorgans des Mutterunternehmens uU nach § 317 AktG. Eine Haftung der Mitglieder des Vertretungsorgans des Tochterunternehmens ist dagegen idR wegen der Zustimmung der Anteilsinhaber ausgeschlossen (vgl. §§ 93 Abs. 4, 318 Abs. 3 AktG). 73

---

1 *Mayer* in Widmann/Mayer, § 5 UmwG Rz. 38; *Sagasser/Luke* in Sagasser/Bula/Brünger, § 9 Rz. 361; *Schröer* in Semler/Stengel, § 5 UmwG Rz. 136.
2 Vgl. *Simon* in KölnKomm. UmwG, § 5 UmwG Rz. 160; *Cahn* in Spindler/Stilz, § 71a AktG Rz. 45 mwN.
3 Vgl. OLG Karlsruhe v. 7.12.1990 – 15 U 256/89, NJW-RR 1991, 553 (554 f.) = AG 1991, 144 (Asea/BBC); *Hüffer/Koch*, § 308 AktG Rz. 12; *Fett* in Bürgers/Körber, § 308 AktG Rz. 18; *Veil* in Spindler/Stilz, § 308 AktG Rz. 21.

15. Zuleitung des Verschmelzungsvertrags bzw. Entwurfs an die Betriebsräte (§ 5 Abs. 3 UmwG) *(Willemsen)*

74 § 5 Abs. 3 UmwG schreibt in direkter funktionaler Verknüpfung mit § 5 Abs. 1 Nr. 9 UmwG (siehe Rz. 47 ff.) die **Zuleitung** des Verschmelzungsvertrages bzw. (bei Beschlussfassung vor Abschluss des Verschmelzungsvertrages iS von § 13 Abs. 3 Satz 2 Alt. 2 iVm. § 4 Abs. 2 UmwG) seines Entwurfs an den **zuständigen Betriebsrat**[1] jedes beteiligten Rechtsträgers vor. Damit soll der zuständigen Arbeitnehmervertretung die Möglichkeit gegeben werden, etwaige Einwendungen gegen die Verschmelzung aus ihrer Sicht rechtzeitig geltend zu machen sowie ggf. auf Änderungen hinzuwirken[2]. Die **fristgebundene** (siehe dazu Rz. 77 ff.) Vorlagepflicht betrifft den **gesamten Vertrag** einschließlich Anlagen[3] und nicht etwa nur die Angaben nach § 5 Abs. 1 Nr. 9 UmwG (unstr.), bei Verschmelzung durch Neugründung wegen § 37 UmwG auch den Gesellschaftsvertrag der übernehmenden Gesellschaft, worauf *H. Schmidt*[4] mit Recht besonders hinweist. Sie ist dadurch **sanktioniert**, dass der Nachweis über die **rechtzeitige Zuleitung** des Verschmelzungsvertrages oder seines Entwurfs an den zuständigen Betriebsrat gemäß § 17 Abs. 1 UmwG eine notwendige Anlage der Anmeldung zum Handelsregister und damit **Eintragungsvoraussetzung** ist. Es empfiehlt sich daher für die Praxis, den Zugang (nicht die bloße Absendung!) des Vertrages bzw. Entwurfs zu dokumentieren, und zwar zweckmäßigerweise durch ein **schriftliches, datiertes Empfangsbekenntnis** des jeweiligen BR-Vorsitzenden oder im Falle seiner Verhinderung des Stellvertreters (zur Rechtslage bei Fehlen eines Betriebsrats siehe Rz. 79).

75 Da die arbeitsrechtlichen Pflichtangaben lediglich deskriptiv sind und keinen rechtsgeschäftlichen Charakter haben, kann auch die Zuleitung des Verschmelzungsvertrags an den Betriebsrat **keine vertraglichen Ansprüche** des Betriebsrats oder der Arbeitnehmer **begründen**[5]. Während der Monatsfrist zwischen der Zuleitung und der endgültigen gesellschaftsrechtlichen Beschlussfassung über die Verschmelzung hat der Betriebsrat lediglich die Möglichkeit, auf der Grundlage der Informationen des Verschmelzungsvertrags seine betriebsverfassungs-

---

1 Zur Zuleitung an einen nach § 3 BetrVG durch Tarifvertrag oder Betriebsvereinbarung gebildeten Betriebsrat siehe *Dzida*, GmbHR 2009, 459 (462 f.).
2 *Kallmeyer*, ZIP 1994, 1746 (1754).
3 Vgl. OLG Naumburg v. 17.3.2003 – 7 Wx 6/02, GmbHR 2003, 1433; zT aA LG Essen v. 15.3.2002 – 42 T 1/02, NZG 2002, 736; *Simon* in Semler/Stengel, § 5 UmwG Rz. 141. Eine Differenzierung nach „wichtigen" und „unwichtigen" Anlagen erscheint indes nicht sachgemäß; ebenso OLG Naumburg, aaO.
4 *H. Schmidt* in Lutter, Umwandlungsrechtstage, S. 72.
5 Vgl. auch *Blechmann*, NZA 2005, 1143 (1144); *Dzida/Schramm*, NZG 2008, 521 (524); vgl. auch oben Rz. 49.

rechtlichen Beteiligungsrechte zu nutzen. Das UmwG begründet jedoch **keine zusätzlichen Beteiligungsrechte des Betriebsrats**[1]. Insbesondere stehen dem Betriebsrat im registergerichtlichen Verfahren **keine formellen gesetzlichen Beteiligungsrechte** zu. Allerdings wird man dem zuständigen Betriebsrat zugestehen müssen, eine etwaige Unvollständigkeit[2] oder Bedenken aufgrund unterbliebener oder fehlerhafter Zuleitung gegen die beantragte Eintragung gegenüber dem Registergericht geltend zu machen[3]. **Schadensersatzansprüche** der Arbeitnehmer oder ihrer Vertretungen aufgrund falscher oder unvollständiger Darstellungen im Verschmelzungsvertrag **kommen hingegen nicht in Betracht**. Hierfür dürfte es bereits an einem kausal herbeigeführten Schaden fehlen[4].

Welchem Betriebsrat auf Seiten der beteiligten Rechtsträger der Verschmelzungsvertrag bzw. sein Entwurf zuzuleiten ist, ergibt sich aus den allgemeinen betriebsverfassungsrechtlichen Bestimmungen, dh. aus §§ 50, 58 BetrVG[5]. Hat das Unternehmen, da aus mehreren Betrieben iS des Betriebsverfassungsgesetzes bestehend, einen **Gesamtbetriebsrat**[6], ist dieser zuständig, weil alle Umwandlungen unternehmensbezogen sind (sog. „Rechtsträgerprinzip")[7]. Eine Zuständigkeit des **Konzernbetriebsrats** ist dagegen auch dann zu verneinen, wenn Unternehmen ein und derselben Unternehmensgruppe miteinander verschmolzen werden sollen[8]. Dasselbe gilt für den Europäischen Betriebsrat, da dieser kein

76

---

1 Vgl. auch *Blechmann*, NZA 2005, 1143 (1144, 1147), der darauf hinweist, dass § 5 Abs. 3 UmwG die betriebsverfassungsrechtlichen Bestimmungen nur ergänzt und die Zuleitungspflicht eine Konkretisierung des § 80 Abs. 2 Satz 2 BetrVG darstellt.
2 Vgl. oben Rz. 60.
3 Vgl. *Willemsen*, RdA 1998, 23 (34); so auch die wohl hM, vgl. nur *Blechmann*, NZA 2005, 1143 (1149).
4 So zu Recht *Dzida/Schramm*, NZG 2008, 521 (524 f.) unter Hinweis auf den bloßen Unterrichtungszweck der Angaben im Verschmelzungsvertrag. Die betriebsverfassungsrechtlichen Informationsrechte bleiben unabhängig davon bestehen, so dass die betriebsverfassungsrechtlichen Beteiligungsrechte auf dieser Grundlage weiterhin ungehindert ausgeübt werden können.
5 Ebenso die Begr. RegE, BT-Drucks. 12/6699, S. 83.
6 Zu der Sondersituation, dass pflichtwidrig kein Gesamtbetriebsrat gebildet wurde, vgl. *Dzida*, GmbHR 2009, 459 (460 f.).
7 Zutreffend *Boecken*, Unternehmensumwandlungen, Rz. 333; *Engelmeyer*, DB 1996, 2542 (2545); *Wlotzke*, DB 1995, 40 (45); zu Bedeutung und Aufgaben des Gesamtbetriebsrats siehe vor Vor § 322 UmwG Rz. 41 f.; differenzierend *Hausch*, RNotZ 2007, 308 (312 f.); aA *Blechmann*, NZA 2005, 1143 (1147 f.), der unter Berufung auf die betriebsverfassungsrechtliche Primärzuständigkeit des Einzelbetriebsrats von der regelmäßigen Zuständigkeit der Standort-Betriebsräte ausgeht, da sich der Zuleitungsempfänger danach bestimme, welches Gremium etwaige Mitwirkungsrechte im Zusammenhang mit der Umwandlung auszuüben hätte.
8 Ebenso *Boecken*, Unternehmensumwandlungen, Rz. 334; *Drygala* in Lutter, § 5 UmwG Rz. 144; im Grundsatz auch *Simon* in Semler/Stengel, § 5 UmwG Rz. 142; aA *Engelmeyer*,

§ 5 | Verschmelzung durch Aufnahme

„zuständiger Betriebsrat" iS von § 5 Abs. 3 UmwG ist[1]. Im Zweifel sollte **vorsorglich** eine Übersendung an **alle (möglicherweise) zuständigen Betriebsräte** erfolgen, um unnötige Risiken aus § 17 Abs. 1 UmwG zu vermeiden[2], denn die Zuleitung an den unzuständigen Repräsentanten ist rechtlich unbeachtlich und kann sich daher als Eintragungshindernis erweisen[3].

77 Die **Monatsfrist** des § 5 Abs. 3 UmwG bezieht sich **in der Regel** auf den Zeitraum vor der Beschlussfassung der Anteilsinhaber der an der Verschmelzung beteiligten Rechtsträger. Ihre Berechnung richtet sich nach den allgemeinen Bestimmungen der §§ 186 ff. BGB, wobei „rückwärts", dh. ab dem Datum der Versammlung als fristauslösendem Ereignis, zu rechnen ist[4]; dieser Tag ist gemäß § 187 Abs. 1 BGB für die Fristenberechnung nicht mitzuzählen. Soll die Versammlung zB am 31.8. stattfinden, ist jede Zuleitung iS von § 5 Abs. 3 UmwG *vor* dem 31.7. fristgemäß[5]. Die etwas unklare Formulierung in § 5 Abs. 3 UmwG ist dahin gehend zu verstehen, dass maßgeblich für die Fristberechnung der Versammlungstermin (nur) desjenigen Rechtsträgers ist, für den der jeweils zuständige Betriebsrat, dem der Verschmelzungsvertrag zugeleitet werden soll, gebildet worden ist[6]. **Entfällt** allerdings beim **aufnehmenden Rechtsträger** die Notwendigkeit eines Verschmelzungsbeschlusses nach § 62 Abs. 1 UmwG, muss es für die Fristberechnung (auch) hinsichtlich der (notwendigen!) Zuleitung an den Betriebsrat des aufnehmenden Rechtsträgers auf das Datum der Beschlussfassung des übertragenden Rechtsträgers ankommen.

77a Ein (weitere) **Abweichung** von dem Regelfall des § 5 Abs. 3 UmwG ist zu beachten, wenn nach **§ 62 Abs. 4 Satz 1 und 2 UmwG nF** ein Verschmelzungsbeschluss für die übertragende Gesellschaft entbehrlich ist und dieser somit als Anknüpfungspunkt für die Fristberechnung ausscheidet. Für diese Konstellation bestimmt nunmehr § 62 Abs. 4 Satz 4 UmwG, dass die in § 5 Abs. 3 UmwG genannte Zuleitungsverpflichtung **„spätestens" bei Beginn** der in § 62 Abs. 4 Satz 3 UmwG normierten Frist von **einem Monat nach Abschluss des Verschmelzungsvertrags** zu erfüllen sei. Die Auslegung von § 62 Abs. 4 Satz 3

DB 1996, 2542 (2545); *Mayer* in Widmann/Mayer, § 5 UmwG Rz. 254 f.; *Melchior*, GmbHR 1996, 833 (835). Zur Stellung des Konzernbetriebsrats im Verhältnis zu Einzel- und Gesamtbetriebsräten siehe Vor § 322 UmwG Rz. 47 f.
1 Ebenso: *Bungert/Leyendecker-Langner*, ZIP 2014, 1112 (1115).
2 Ebenso *Wlotzke*, DB 1995, 45, allerdings unter dem Aspekt der „Transparenz und des sozialen Friedens".
3 Ebenso *Boecken*, Unternehmensumwandlungen, Rz. 333.
4 Einzelheiten bei *Krause*, NJW 1999, 1448; *Stohlmeier*, BB 1999, 1394.
5 *Krause*, NJW 1999, 1448; *Simon* in Semler/Stengel, § 5 UmwG Rz. 144. Fällt der letzte Tag der Frist auf einen Samstag oder Sonntag bzw. einen Feiertag, sollte die Zuleitung vorsorglich am letzten Arbeitstag davor erfolgen; ebenso *Simon* in Semler/Stengel, § 5 UmwG, Rz. 144, Fn. 407.
6 Ebenso *Drygala* in Lutter, § 5 UmwG Rz. 147.

Inhalt des Verschmelzungsvertrags | § 5

UmwG und damit auch des daran anknüpfenden Satzes 4 ist allerdings streitig[1]. Zur Vermeidung von Risiken dürfte es sich empfehlen, die Zuleitung an den Betriebsrat des übertragenden Rechtsträgers bereits vor der Beurkundung des Verschmelzungsvertrags vorzunehmen, was nach dem Wortlaut von § 62 Abs. 4 Satz 4 UmwG („spätestens") ohne weiteres zulässig ist[2].

Der Betriebsrat kann auf die Einhaltung der **Monatsfrist verzichten** (Schriftform wegen § 17 Abs. 1 UmwG erforderlich!), weil sie ausschließlich seinem Schutz dient[3], **nicht dagegen auf die Zuleitung als solche**[4]. Gegen die Möglichkeit eines Verzichts auf die Zuleitung als solche sprechen vor allem die gesetzliche, nicht disponible Aufgabenstellung sowie die Parallele zu betriebsverfassungsrechtlichen Beteiligungsregelungen[5]. 77b

Wird nach der Zuleitung gemäß § 5 Abs. 3 UmwG der Verschmelzungsvertrag bzw. sein Entwurf **geändert**, löst dies eine **erneute Zuleitungspflicht** nur aus, wenn es sich um **wesentliche Änderungen** handelt, dh. solche, die nicht rein rechtstechnischer oder redaktioneller Natur sind, sondern Interessen der Arbeitnehmer und ihrer Vertretungen berühren können[6]. Wird der ursprüngliche Verschmelzungsvertrag durch weitere Urkunden **ergänzt**, sind diese ebenfalls zuzuleiten. Erst die Zuleitung aller Urkunden setzt die Monatsfrist des § 5 Abs. 3 UmwG in Gang[7]. 78

Spezifische Fragen können sich ergeben, wenn es bei den betroffenen Rechtsträgern **keinen Betriebsrat gibt**. Entgegen einer in der Rechtsprechung und Literatur zT vertretenen Auffassung[8] sind auch in diesem Falle die Angaben nach § 5 Abs. 1 79

---

1 Siehe dazu Erl. zu § 62 UmwG Rz. 32 sowie *Ising*, NZG 2011, 1368 (1371 ff.).
2 Ebenso *Ising*, NZG 2011, 1368 (1372).
3 Ebenso *Mayer* in Widmann/Mayer, § 5 UmwG Rz. 259, 266; *Melchior*, GmbHR 1996, 836 f.; *Müller*, DB 1997, 713 (717); *Simon* in Semler/Stengel, § 5 UmwG Rz. 145.
4 AA insoweit *Mayer* in Widmann/Mayer, § 5 UmwG Rz. 259, 266; *Simon* in Semler/Stengel, § 5 UmwG Rz. 146 und *Stohlmeier*, BB 1999, 1394 (1396 f.); wie hier OLG Naumburg v. 17.3.2002 – 7 Wx 6/02, GmbHR 2003, 1433; *Drygala* in Lutter, § 5 UmwG Rz. 148; *Pfaff*, DB 2002, 686.
5 Vgl. *Willemsen*, RdA 1998, 23 (33).
6 So auch die Auffassung des Rechtsausschusses, vgl. BT-Drucks. 12/7850, S. 142; im gleichen Sinne OLG Naumburg v. 6.2.1997 – 7 U 236/96, DB 1997, 466 (467) = AG 1998, 430; OLG Naumburg v. 15.3.2002 – 42 T 1/02, NZG 2002, 736; vgl. auch *Blechmann*, NZA 2005, 1143 (1148), der bei Änderungen hinsichtlich der arbeitsrechtlichen Pflichtangaben eine erneute Zuleitungspflicht nur annehmen will, wenn nachträglich Änderungen von inhaltlicher Bedeutung vorgenommen werden; eine erneute Zuleitung sei jedoch nicht erforderlich, wenn sich zB bei der Gruppe der betroffenen Arbeitnehmer noch Veränderungen ergeben, die mit dem Umwandlungsvorgang nicht im Zusammenhang stehen (insbesondere fluktuationsbedingte Personalveränderungen, interne Versetzungen oder Ähnliches).
7 So ausführlich OLG Naumburg v. 17.3.2003 – 7 Wx 6/02, GmbHR 2003, 1433.
8 LG Stuttgart v. 29.3.1996 – 4 KfH T 1/96, DNotZ 1996, 701; *Heckschen*, DB 1998, 1388; *Joost*, ZIP 1995, 976 (985).

§ 6 | Verschmelzung durch Aufnahme

Nr. 9 UmwG erforderlich[1], allerdings naturgemäß mit Ausnahme derjenigen, die sich auf die Vertretung der Arbeitnehmer beziehen. Ebenso entfällt – in Ermangelung eines Adressaten – die Zuleitungspflicht nach § 5 Abs. 3 UmwG; eine ersatzweise Zuleitung unmittelbar an die Belegschaft kommt nicht in Betracht, was sich auch aus dem Rückschluss aus § 122e Satz 2 UmwG ergibt[2]. An die Stelle des Nachweises der rechtzeitigen Zuleitung an den Betriebsrat nach § 17 Abs. 1 UmwG tritt dann der **Nachweis des Fehlens einer Arbeitnehmervertretung**. Das AG Duisburg[3] verlangt hierfür eine entsprechende **eidesstattliche Versicherung** der beteiligten gesetzlichen Vertreter, die innerhalb der **Acht-Monats-Frist** des § 17 Abs. 2 Satz 4 UmwG beigebracht werden muss, was allerdings als zu weitgehend erscheint[4]; es muss vielmehr die „einfache" schriftliche Erklärung genügen.

80 Zur Zuleitungspflicht des Verschmelzungsplans bei der **grenzüberschreitenden Verschmelzung** siehe § 122c UmwG Rz. 18.

§ 6
Form des Verschmelzungsvertrags

Der Verschmelzungsvertrag muss notariell beurkundet werden.

Literatur: Hauschild/Zimmermann, Anlagen zum Unternehmenskaufvertrag, FS Brambring, 2011, S. 113; *Stauf*, Umfang und Grenzen der Verweisungsmöglichkeiten nach § 13a BeurkG und der eingeschränkten Verlesungspflicht nach § 14 BeurkG, RNotZ 2001, 129; *Weber*, Beurkundungspflichten nach § 311b Abs. 1 BGB bei zusammengesetzten Verträgen – Versuch einer Systematisierung und Typisierung, RNotZ 2016, 377.

1 1. Der Verschmelzungsvertrag bedarf – sonst ist er nichtig – unabhängig von der Rechtsform der beteiligten Rechtsträger der notariellen Beurkundung (§§ 8 ff. BeurkG): Es ist eine **Niederschrift** mit Feststellung der Beteiligten, ihrer Vertretungsbefugnis und ihren Erklärungen aufzunehmen; die Niederschrift mit Vertrag ist zu verlesen. Ein bloßes notarielles Tatsachenprotokoll, wie bei Beschlüssen, ist nicht ausreichend. Entsprechendes gilt für den Spaltungs- und Übernahmevertrag bzw. Spaltungsplan[5] (§ 125 UmwG). Zur Beurkundung des Verschmelzungsbeschlusses siehe unten § 13 UmwG Rz. 37 ff. Zu beurkunden ist auch der Verschmelzungsplan für die Verschmelzungsgründung einer **Europäi-**

---

1 Ebenso *Drygala* in Lutter, § 5 UmwG Rz. 146; aA *Joost* ZIP 1995, 976 (985).
2 Ebenso *Stohlmeier*, BB 1999, 1394 (1395); aA insoweit *Pfaff*, BB 2002, 1604 (1608): Aushang am „Schwarzen Brett".
3 AG Duisburg v. 4.1.1996 – 23 HRB 4942, 23 HRB 5935, GmbHR 1996, 372.
4 Ebenso *Heckschen*, DB 1998, 1388; *Pfaff*, BB 2002, 1604 (1609); *Simon* in Semler/Stengel, § 5 UmwG Rz. 148.
5 Siehe Rz. 15.

schen **Aktiengesellschaft** (Societas Europaea – SE, Art. 18 SE-VO)[1] sowie der **gemeinsame Verschmelzungsplan** bei der grenzüberschreitenden Verschmelzung (§ 122c Abs. 4 UmwG)[2]. Beurkundungsbedürftig ist auch ein **Vorvertrag**, aus dem die Verpflichtung zum Abschluss eines Verschmelzungsvertrages folgt[3] oder dessen Regeln noch nach Wirksamwerden der Verschmelzung gelten sollen[4]. Der Entwurf des Verschmelzungsvertrages ist nicht zu beurkunden[5].

Wirksam wird der Vertrag jedoch erst mit der (ebenfalls notariell zu beurkundenden) **Zustimmung** der Anteilsinhaber aller beteiligten Rechtsträger (§ 13 Abs. 1 UmwG) und evtl. Sonderrechtsinhaber (§ 13 Abs. 3 Satz 1 UmwG), es sei denn, die Zustimmungsbeschlüsse sind gänzlich entbehrlich. Dann wird der Verschmelzungsvertrag mit Beurkundung wirksam und für die beteiligten Rechtsträger bindend[6]. Die Beurkundung kann vor oder nach der Zustimmung erfolgen[7]. Wird dem (nicht zu beurkundenden) Entwurf zugestimmt, muss der später beurkundete Vertrag diesem – von redaktionellen Änderungen (wie Schreibfehler oder sonstigen offensichtlichen Unrichtigkeiten, vgl. § 44a BeurkG) abgesehen – inhaltlich entsprechen.[8]

Die Beurkundung des Verschmelzungsvertrages, der Zustimmungsbeschlüsse, Zustimmungserklärungen und der evtl. Verzichtserklärungen (vgl. §§ 8 Abs. 3, 9 Abs. 3 UmwG) kann **in einer Urkunde** erfolgen, was kostengünstiger ist (siehe § 13 UmwG Rz. 43 ff.) und zur Vorlage beim Registergericht ausreicht[9].

2. Bei Beurkundung ist gleichzeitige Anwesenheit der beteiligten Rechtsträger (vertreten durch ihre Organe) nicht erforderlich, auch nicht, wenn zum Vermögen des untergehenden Rechtsträgers **Grundbesitz** gehört: Wegen der mit der Verschmelzung verbundenen Gesamtrechtsnachfolge erfolgt der Eigentumswechsel ohne Auflassung außerhalb des Grundbuches, das nach Durchführung der Verschmelzung lediglich unter Vorlage eines beglaubigten Handelsregisterauszuges zu berichtigen ist[10].

---

1 So auch *Drygala* in Lutter, § 6 UmwG Rz. 11; *Heckschen* in Widmann/Mayer, § 6 UmwG Rz. 16 ff.; *Simon* in KölnKomm. UmwG, § 6 UmwG Rz. 6.
2 Siehe hierzu auch § 122c UmwG Rz. 40 f.
3 *Drygala* in Lutter, § 6 UmwG Rz. 3; *Schröer* in Semler/Stengel, § 6 UmwG Rz. 6; *Simon* in KölnKomm. UmwG, § 6 UmwG Rz. 4.
4 *Austmann/Frost*, ZHR 169 (2005), 431 (449).
5 *Simon* in KölnKomm. UmwG, § 6 UmwG Rz. 3; *Stratz* in Schmitt/Hörtnagl/Stratz, § 6 UmwG Rz. 3.
6 Gänzlich entbehrlich können Zustimmungsbeschlüsse im Konzern sein, wenn es sich bei der aufnehmenden Gesellschaft um eine AG, KGaA, SE handelt, die sämtliche Anteile an einer übertragenden GmbH hält (siehe § 62 Abs. 1, Abs. 4 UmwG).
7 AllgM, statt vieler siehe *Drygala* in Lutter, § 6 UmwG Rz. 5; *Schröer* in Semler/Stengel, § 6 UmwG Rz. 9.
8 *Limmer* in Limmer, Hdb. der Unternehmensumwandlung, Teil 2 Kap. 1 Rz. 60.
9 Vgl. OLG Karlsruhe v. 2.3.1998 – 11 Wx 6/98, GmbHR 1998, 379; *Limmer* in Limmer, Hdb. der Unternehmensumwandlung, Teil 2 Kap. 1 Rz. 64.
10 AllgM, siehe Einzelheiten hierzu bei *Gärtner*, DB 2000, 409.

5 Der Abschluss des Verschmelzungsvertrages kann auch durch Angebot und Annahme (§ 128 BGB) erfolgen[1] (Sukzessivbeurkundung). Zweifelhaft ist dies aber bei der Aufstellung des gemeinsamen Verschmelzungsplans für die grenzüberschreitende Verschmelzung, der von den Vertretungsorganen der beteiligten Gesellschaften „zusammen" aufgestellt werden muss (§ 122c Abs. 1 UmwG).

6 3. **Vollmachten** zum Abschluss des Vertrages bedürfen gemäß § 167 Abs. 2 BGB angesichts des eindeutigen Wortlauts dieser Vorschrift grundsätzlich keiner Form[2], sind aus Nachweisgründen aber in Text- oder Schriftform (§§ 126, 126b BGB) zu erteilen. Sie bedürfen auch dann keiner Form, wenn bei der aufnehmenden GmbH eine Kapitalerhöhung zur Durchführung der Verschmelzung (§ 55 UmwG) vereinbart ist. Denn einer – notariell zu beglaubigenden – Übernahmeerklärung (§ 55 Abs. 1 GmbHG) bedarf es gemäß § 55 Abs. 1 UmwG nicht[3]. Wird im Wege der Verschmelzung Grundbesitz übertragen, bedarf es für die Grundbuchberichtigung ebenfalls keiner öffentlichen Beglaubigung der Vollmacht[4]. Entsprechendes gilt in diesen Fällen für Genehmigungen nach vollmachtloser Vertretung (§ 177 Abs. 1 BGB)[5]; zur Ausnahme bei Verschmelzung zur Neugründung siehe Rz. 12.

7 4. Wie bei § 311b BGB sind alle Abreden, die nach dem Willen auch nur eines der beteiligten Rechtsträger mit dem **Vertrag** ein **einheitliches Ganzes** bilden sollen oder einen direkten oder wirtschaftlichen Zwang zum Abschluss ausüben, zu beurkunden, gleichgültig, ob die Vereinbarungen in einer oder in mehreren Urkunden niedergelegt werden[6], also neben dem Mindestinhalt des Vertrages (§ 5 UmwG) alle Nebenabreden mit Regelungscharakter (wie zB Verpflichtung zur Satzungsänderung, Vinkulierung der zu gewährenden Anteile, Pönalen[7]), ausgenommen solche, die der bloßen Erläuterung dienen. Sollen etwa mehrere Verschmelzungsvorgänge ein einheitliches Ganzes bilden (miteinander „stehen und fallen") und sind die Verträge in verschiedenen Urkunden enthalten, ist die Verknüpfung durch wechselseitige Verweisung in den Urkunden kenntlich zu machen[8].

---

1 *Drygala* in Lutter, § 6 UmwG Rz. 6.
2 Siehe BGH v. 25.9.1996 – VII ZR 172/95, GmbHR 1996, 919 (920); *Drygala* in Lutter, § 6 UmwG Rz. 7; *Schröer* in Semler/Stengel, § 4 UmwG Rz. 10.
3 Wie hier *Drygala* in Lutter, § 6 UmwG Rz. 7; *Schröer* in Semler/Stengel, § 4 UmwG Rz. 10; aA *Heckschen* in Widmann/Mayer, § 6 UmwG Rz. 44 f.; zur Ausnahme bei Verschmelzung durch Neugründung siehe unten Rz. 12.
4 OLG Hamm v. 10.7.2014 – I-15 W 189/14, ZIP 2014, 2135 = AG 2015, 401.
5 *Drygala* in Lutter, § 6 UmwG Rz. 7.
6 Vgl. BGH v. 16.11.1981 – II ZR 150/80, BGHZ 82, 188 (196); *Drygala* in Lutter, § 6 UmwG Rz. 4; *Schröer* in Semler/Stengel, § 6 UmwG Rz. 5; *Heckschen* in Widmann/Mayer, § 6 UmwG Rz. 20.
7 *Schröer* in Semler/Stengel, § 6 UmwG Rz. 6; *Simon* in KölnKomm. UmwG, § 6 UmwG Rz. 2.
8 OLG Hamm v. 4.7.1996 – 22 U 116/95, DNotI-Report 1996, 164 (165), siehe § 2 UmwG Rz. 4; *Limmer* in Limmer, Hdb. der Unternehmensumwandlung, Teil 2 Kap. 1 Rz. 75 ff.;

Nicht beurkundete Abreden führen im Zweifel zur Nichtigkeit des gesamten Vertrages (§ 139 BGB); dies gilt auch für Vereinbarungen, die unmittelbar zum Vertragsabschluss zwingen[1]; zur Heilung von Beurkundungsmängeln siehe § 20 Abs. 1 Nr. 4 UmwG.

5. **Änderungen** und **Ergänzungen** des Verschmelzungsvertrages sind ebenfalls zu beurkunden. Auch diesen Änderungen ist – soweit sie über rein redaktionelle hinausgehen – (ggf. erneut) durch Beschluss zuzustimmen[2].

6. Vereinbarungen über die **Aufhebung** formbedürftiger Verträge bedürfen grundsätzlich nicht der beim Abschluss zu beachtenden Form[3]. Von diesem Grundsatz hier abzuweichen, besteht kein Anlass, und zwar unabhängig davon, ob die Anteilsinhaber der beteiligten Rechtsträger dem Vertrag bereits zugestimmt haben. Denn die Vermögensübertragung ist erst mit Eintragung der Verschmelzung dinglich vollzogen. Die Warnfunktion der Beurkundung greift hier also nicht[4]. Ist dem aufgehobenen Vertrag bereits zugestimmt worden, ist auch der Aufhebung zuzustimmen. Auch der Aufhebungsbeschluss bedarf keiner notariellen Beurkundung[5].

7. Überwiegend wird eine **Beurkundung** des Verschmelzungsvertrages (und der Zustimmungsbeschlüsse) **im Ausland** für zulässig gehalten, wenn die Beurkundung im Ausland hinsichtlich Urkundsperson und -verfahren der Beurkundung im Inland gleichwertig ist[6]. Auslandsbeurkundung[7] ist insbesondere bei der

---

aA *Heckschen* in Widmann/Mayer, § 6 UmwG Rz. 31, der eine einheitliche Vertragsurkunde verlangt.

1 Siehe LG Paderborn v. 28.4.2000 – 2 O 132/00, NZG 2000, 899; *Drygala* in Lutter, § 6 UmwG Rz. 4; *Simon* in KölnKomm. UmwG, § 6 UmwG Rz. 3; *Schröer* in Semler/Stengel, § 6 UmwG Rz. 6 u. 19.
2 Oben § 4 UmwG Rz. 18; *Heckschen* in Widmann/Mayer, § 6 UmwG Rz. 49 ff.; *Schröer* in Semler/Stengel, § 6 UmwG Rz. 9; *Melchior*, GmbHR 1996, 833 (836).
3 Vgl. BGH v. 30.4.1982 – V ZR 104/81, BGHZ 83, 395 (398).
4 Str., wie hier: *Drygala* in Lutter, § 4 UmwG Rz. 27; *Schröer* in Semler/Stengel, § 6 UmwG Rz. 10; *Stratz* in Schmitt/Hörtnagl/Stratz, § 7 UmwG Rz. 19; aA *Heckschen* in Widmann/Mayer, § 6 UmwG Rz. 49 ff.
5 *Drygala* in Lutter, § 4 UmwG Rz 27; *Stratz* in Schmitt/Hörtnagl/Stratz, § 7 UmwG Rz. 18; aA *Heckschen* in Widmann/Mayer, § 13 UmwG Rz. 163.
6 BGH v. 21.10.2014 – II ZR 330/13, BGHZ 203, 68 = AG 2015, 82 (für Hauptversammlungsbeschluss); BGH v. 16.2.1981 – II ZB 8/80, BGHZ 80, 76 (78) (für Satzungsänderung bei GmbH); zu Verschmelzungsvorgängen hat der BGH über die Anerkennung bisher nicht entschieden.
7 Vgl. zur Dogmatik und zum Streitstand *Limmer* in Limmer, Hdb. der Unternehmensumwandlung, Teil 2 Kap. 1 Rz. 7; DNotI-Report 2016, 93 ff.; *Heckschen* in Widmann/Mayer, § 6 UmwG Rz. 56 ff.; *Drygala* in Lutter, § 6 UmwG Rz. 8 ff.; *Böttcher* in Böttcher/Habighorst/Schulte, § 6 UmwG Rz. 14 ff.; *Stratz* in Schmitt/Hörtnagl/Stratz, § 6 UmwG Rz. 18; *Schröer* in Semler/Stengel, § 6 UmwG Rz. 15 ff.; *Simon* in KölnKomm. UmwG, § 6 UmwG Rz. 8 ff.; *Heidinger* in Henssler/Strohn, § 6 UmwG Rz. 6; *Bayer/Meier-Wehrsdorfer* in Hauschild/Kallrath/Wachter, Notarhdb. Gesellschafts- und Unter-

grenzüberschreitenden Verschmelzung von (Kosten-)Relevanz: Sieht nämlich auch die Rechtsordnung des ausländischen Rechtsträgers eine Beurkundung des gemeinsamen Verschmelzungsplans vor, wäre bei Nichtanerkennung der ausländischen Beurkundung der Verschmelzungsplan zweimal zu beurkunden.

11 Die Auslandsbeurkundung kann seit der „**Supermarkt**"-**Entscheidung des BGH**[1] bei Umwandlungsvorgängen nicht mehr als gleichwertig angesehen werden: Hiernach gewährleistet notarielle Beurkundung die materielle Richtigkeit des Umwandlungsvorgangs[2] im öffentlichen Interesse (vgl. § 15 Abs. 2 HGB)[3]. Bei der Gleichwertigkeit ist nicht darauf abzustellen, ob der beurkundende ausländische Notar subjektiv diese Richtigkeit gewährleisten kann – dies mag in Einzelfällen so sein –, sondern ob das für ihn geltende notarielle Heimatrecht objektiv geeignet ist, die **materiell-rechtliche Richtigkeit** des nach deutschem Recht zu beurteilenden Umwandlungsvorganges **zu gewährleisten**. Dies setzte Gleichwertigkeit der Ausbildung im deutschen Recht und Gleichwertigkeit des Beurkundungsverfahrens (Pflicht zum Verlesen, Beraten) voraus. Für die Frage der **Gleichwertigkeit** wird teilweise darauf abgestellt, ob die ausländische Beurkundungsperson wie ein deutscher Notar haftet[4]. Dies erscheint für die Beurteilung der Gleichwertigkeit der von der notariellen Beurkundung bezweckten präventiven Kontrolle kein geeignetes Kriterium. Da Eintragung der Verschmelzung sämtliche Formmängel heilt (§ 20 Abs. 1 Nr. 4 UmwG), genügt bei beabsichtigter Beurkundung im Ausland, deren Anerkennung vorher mit den zuständigen Registerrichtern abzusprechen[5].

---

nehmensrecht, 2016, § 9 Rz. 9; für Zulässigkeit LG Kiel v. 25.4.1997 – 3 T 143/97, DB 1997, 1223 sowie – zum alten Recht: LG Köln v. 13.10.1989 – 87 T 20/89, GmbHR 1990, 171 gegen AG Köln v. 22.6.1989 – 42 AR 468/89, GmbHR 1990, 172; LG Nürnberg-Fürth v. 20.8.1991 – 4 HKT 489/91, DB 1991, 2029 gegen AG Fürth v. 16.11.1990 – HRB 2177, GmbHR 1991, 24; zweifelnd *Heidenhain*, NJW 1995, 2873 (2874 f.) (für Spaltung); aA AG Berlin-Charlottenburg v. 22.1.2016 – 99 AR 9466/15, GmbHR 2016, 223 (GmbH-Gründung); LG Augsburg v. 4.6.1996 – 2 HKT 2093/96, DB 1996, 1666 – zustimmend *Wilken*, EWiR 1996, 937; *Goette*, DStR 1996, 709; OLG Hamburg v. 7.5.1993 – 2 Wx 55/91, MittBayNot 1994, 80 (für Hauptversammlungsbeschluss).
1 BGH v. 24.10.1988 – II ZB 7/88, BGHZ 105, 324 (338) = AG 1989, 91.
2 Ähnlich auch Begr. RegE bei *Ganske*, S. 61.
3 Wie hier DNotI Report 2016, 93 (97); *Limmer* in Limmer, Hdb. der Unternehmensumwandlung, Teil 2 Kap. 1 Rz. 497; *Heckschen* in Widmann/Mayer, § 6 UmwG Rz. 56 ff.; *Stratz* in Schmitt/Hörtnagl/Stratz, § 6 UmwG Rz. 18; *Goette*, DStR 1996, 709; *Priester* in Lutter, § 126 UmwG Rz. 13; *Goette* in FS Boujong, 1996, S. 131 (142); *Bayer/Meier-Wehrsdorfer* in Hauschild/Kallrath/Wachter, Notarhdb. Gesellschafts- und Unternehmensrecht, 2011, § 9 Rz. 9; *Böttcher* in Böttcher/Habighorst/Schulte, § 6 UmwG Rz. 16.
4 So *Drygala* in Lutter, § 6 UmwG Rz. 10; *Böttcher* in Böttcher/Habighorst/Schulte, § 6 UmwG Rz. 16
5 So auch *Böttcher* in Böttcher/Habighorst/Schulte, § 6 UmwG Rz. 16; *Stratz* in Schmitt/Hörtnagl/Stratz, § 6 UmwG Rz. 18; *Heidinger* in Henssler/Strohn, § 6 UmwG Rz. 6; *Si-*

Bei **Verschmelzung zur Neugründung** muss der Verschmelzungsvertrag auch 12
den mit zu beurkundenden Gesellschaftsvertrag/die Satzung des neuen Rechtsträgers enthalten (§ 37 UmwG), also auch den der neuen OHG, KG, Partnerschaftsgesellschaft. Vollmachten zum Abschluss des Verschmelzungsvertrages bzw. Genehmigungen bedürfen bei GmbH (siehe § 2 Abs. 2 GmbHG) und AG, KGaA (siehe §§ 23 Abs. 1 Satz 2, 280 Abs. 1 Satz 3 AktG) der öffentlichen Beglaubigung (§ 129 BGB, § 40 BeurkG), ansonsten bleibt es bei der Formfreiheit (§ 167 Abs. 2 BGB)[1].

8. Kosten: Für die Beurkundung des Verschmelzungsvertrages fällt beim (deut- 13
schen) Notar eine 2,0-Gebühr an (Nr. 21100 KV GNotKG); Grundlage für die Ermittlung des Geschäftswertes ist die Aktivsumme (!) der Verschmelzungsbilanz des übertragenden Rechtsträgers[2] oder, wenn höher, der Wert der den Gesellschaftern der übertragenden Gesellschaft zu gewährenden Anteilsrechte am übernehmenden Rechtsträger[3] (§ 97 Abs. 3 GNotKG). Verbindlichkeiten sind nicht abzuziehen (§ 38 GNotKG), wohl aber echte Wertberichtigungen und Verlustvorträge[4]. Der Wert beträgt mindestens 30 000 Euro und ist auf 10 Mio. Euro begrenzt (§ 107 Abs. 1 Satz 1 GNotKG)[5]. Die Begrenzung gilt jedoch weder, wenn in einer notariellen Urkunde mehrere Rechtsträger auf einen Rechtsträger verschmolzen werden, wobei jede einzelne Verschmelzung von der Wirksamkeit der anderen abhängig ist („Einheitsverschmelzung") und die Eintragung im Handelsregister beim übernehmenden neu gegründeten Rechtsträger für alle Vorgänge unter einer Nummer erfolgt[6], noch bei „Kettenverschmelzungen", dh. wenn die Wirksamkeit eines Umwandlungsvorganges unter der aufschiebenden Bedingung der Eintragung eines anderen Umwandlungsvorganges steht[7]. Sind in einer Urkunde mehrere Verschmelzungen zusammengefasst, die rechtlich voneinander unabhängig sind, liegen mehrere gegenstandsverschiedene Verschmelzungen vor mit der Folge, dass der Höchstwert in Höhe von 10 Mio. Euro mehrfach in Betracht kommen kann[8]. Der Geschäftswert beträgt in diesem Fall jedoch höchstens 60 Mio. Euro (§ 35 Abs. 2 GNotKG), sofern ein sachlicher Grund für die Zusammenfassung in einer einheitlichen Urkunde vorliegt (§ 93

---

mon in KölnKomm. UmwG, § 6 UmwG Rz. 13; *Richter* in Happ, Konzern- und Umwandlungsrecht, 2012, Muster 7.01 Rz. 32.2.
1 Zur Beteiligung einer Vorratskapitalgesellschaft an einer Verschmelzung und die Anwendung des § 37 UmwG siehe *Heckschen* in Widmann/Mayer, § 6 UmwG Rz. 76.
2 Siehe hierzu BayObLG v. 23.4.1999 – 3 Z BR 19/99, GmbHR 1999, 720; *Lappe/Schulz*, NotBZ 1997, 54.
3 Vgl. BayObLG v. 19.3.1997 – 3 Z BR 291/96, GmbHR 1997, 506 = DB 1997, 971; Reimann, MittBayNot 1995, 2.
4 *Heckschen* in Widmann/Mayer, § 6 UmwG Rz. 103.
5 *Funke*, DB 1997, 1120.
6 *Diehn* in Korintenberg, 19. Aufl. 2015, § 109 GNotKG Rz. 226.
7 OLG Düsseldorf v. 2.7.1998 – 10 W 58/98, GmbHR 1998, 1183 = DB 1998, 2004.
8 *Diehn* in Korintenberg, 19. Aufl. 2015, § 109 GNotKG Rz. 226.

Abs. 2 GNotKG), was bei Einheits- und Kettenverschmelzungen wegen ihrer immer rechtlichen Verknüpfung stets der Fall ist. Ansonsten ist ggf. der Höchstgeschäftswert (§ 35 Abs. 2 GNotKG) mehrfach anzusetzen[1]. Bei Kettenverschmelzungen ist für die Wertermittlung der Vermögenswert auf den Zeitpunkt der Beurkundung abzurechnen.

Die 2,0-Gebühr und die Wertgrenze gelten auch für Vorverträge[2]; für die Beurkundung des endgültigen Vertrages fällt dann aber noch eine 1,0-Gebühr in gleicher Höhe an[3].

14 Bei Verschmelzung zur Neugründung ist das Aktiv-Vermögen aller übertragender Rechtsträger maßgebend (zur Begrenzung siehe Rz. 13). Die Feststellung der Satzung bzw. des Gesellschaftsvertrages ist – da gegenstandsgleich – nicht besonders zu bewerten (§ 86 Abs. 1 GNotKG). Dies gilt auch für die Bestellung von Geschäftsführern bzw. Aufsichtsratsmitgliedern und Abschlussprüfern[4], sofern diese als Inhalt der Satzung erfolgt und nicht durch Beschluss der Gesellschafterversammlung. Bei Beschluss ist § 86 Abs. 1 GNotKG nicht anwendbar[5].

15 **9. Beurkundung des Spaltungs- und Übernahmevertrages, Spaltungsplan:** Über die Generalverweisung des § 125 Satz 1 UmwG auf den ersten Teil des UmwG gilt die von der Vorschrift angeordnete Beurkundungspflicht auch für den **Spaltungs- und Übernahmevertrag** (§ 126) und den **Spaltungsplan** für die Spaltung zur Neugründung (§§ 135 Abs. 1 Satz 1, 125 Satz 1 UmwG). Anders als im Verschmelzungsvertrag, der die durch Verschmelzung zu übertragenden Vermögenswerte pauschal „als Ganzes" (§ 5 Abs. 1 Nr. 2 UmwG) bezeichnen darf, sind bei der Spaltung die Gegenstände des Aktiv- und Passivvermögens, die an den übernehmenden Rechtsträger übertragen werden sollen, genau zu bezeichnen (§ 126 Abs. 1 Nr. 9 UmwG)[6]. Dabei sind zB Grundstücke und Rechte an Grundstücken wie von § 28 GBO verlangt zu bezeichnen (§ 126 Abs. 2 Satz 2 UmwG)[7], übergehende Geschäftsanteile anhand der für die Gesellschafterliste verlangten Angaben (§ 40 Abs. 1 GmbHG). Zu beurkunden ist alles das, was nach dem Willen auch nur eines beteiligten Rechtsträgers rechtlich ein „untrennbares Ganzes"[8] sein soll, also auch entsprechende Nebenabreden.

---

1 *Diehn* in Korintenberg, 19. Aufl. 2015, § 35 GNotKG Rz. 20; Notarkasse München, Streifzug durch das GNotKG, 11. Aufl. 2015, Rz. 1614 ff.
2 Vgl. *Bengel* in Korintenberg, 19. Aufl. 2015, § 97 GNotKG Rz. 59.
3 Vgl. Notarkasse München, Streifzug durch das GNotKG, 11. Aufl. 2015, Rz. 2551.
4 Vgl. *Diehn* in Korintenberg. 19. Aufl. 2015, § 109 GNotKG Rz. 224.
5 *Diehn* in Korintenberg, 19. Aufl. 2015, § 109 GNotKG Rz. 224.
6 Weitere Einzelheiten § 126 UmwG Rz. 19 ff. und *Priester* in Lutter, § 126 UmwG Rz. 49.
7 Zu den Einzelheiten der Bezeichnung siehe § 126 UmwG.
8 *Priester* in Lutter, § 126 UmwG Rz. 13; *Schroer* in Semler/Stengel, § 126 UmwG Rz. 10.

Was zu beurkunden ist, gibt somit das materielle Recht vor[1]. Wie zu beurkunden ist, legt das Beurkundungsverfahrensrecht fest. Um die den Spaltungs- und Übernahmevertrag/Spaltungsplan enthaltende Niederschrift von den Einzelheiten des zu übertragenden Vermögens zu entfrachten, werden diese Einzelheiten (zB zu übertragende Grundstücke, Vertragsverhältnisse) in Anlagen ausgegliedert, die dem Spaltungs- und Übernahmevertrag beizufügen sind (vgl. § 126 Abs. 2 Satz 3 Halbsatz 2 UmwG). Der Inhalt der Anlagen ist aber, da sie materiell-rechtlich Bestandteil der zu beurkundenden Willenserklärungen sind, grds. – sofern das Gesetz keine Erleichterung vorsieht – ebenso zu verlesen und von den Beteiligten zu genehmigen und zu unterschreiben, wie der Text der Niederschrift. In der Niederschrift ist dann auf die Anlagen zu verweisen (§ 9 Abs. 1 Satz 2 BeurkG).

Die Praxis macht im Regelfall von den Erleichterungen der §§ 13a und 14 BeurkG Gebrauch: Die mit zu verlesenden Anlagen werden nicht dem Spaltungs- und Übernahmevertrag beigefügt, sondern in einer separaten Niederschrift beurkundet. Anlässlich der Beurkundung des Spaltungs- und Übernahmevertrages wird nach dem in § 13a BeurkG vorgesehenen Verfahren der Inhalt der Anlagen zum Inhalt des Vertrages gemacht, ohne dass die Anlagen erneut verlesen werden müssen. Dabei kann auf die Verlesung von Anlagen im Sinne des § 14 BeurkG nach dem dort geregelten Verfahren verzichtet werden[2]. Anstelle des Verlesens ist dann das von § 14 BeurkG vorgeschriebene Verfahren einzuhalten. Das Beurkundungsverfahren entspricht dem vorerwähnten Verfahren (§§ 8, 19 BeurkG). In der den Spaltungs- und Übernahmevertrag/Spaltungsplan enthaltenen Niederschrift ist dann auf die Anlagenniederschrift zu verweisen, ohne dass sie erneut verlesen werden muss[3].

Beim Spaltungsplan ist zwingend auch die Satzung/der Gesellschaftsvertrag mit zu beurkunden.

§ 7
Kündigung des Verschmelzungsvertrags

Ist der Verschmelzungsvertrag unter einer Bedingung geschlossen worden und ist diese binnen fünf Jahren nach Abschluss des Vertrags nicht eingetreten, so kann jeder Teil den Vertrag nach fünf Jahren mit halbjähriger Frist kündigen; im Verschmelzungsvertrag kann eine kürzere Zeit als fünf Jahre

---

1 Statt vieler *Limmer* in Limmer, Hdb. der Unternehmensumwandlung, Teil 3 Kap. 1 Rz. 72.
2 Zu den Voraussetzungen zB *Piesga* in Armbrüster/Preuss/Renner, § 14 BeurkG Rz. 10 ff.; *Winkler*, § 14 BeurkG Rz. 12 ff.
3 Siehe im Einzelnen hierzu *Piesga* in Armbrüster/Preuss/Renner, § 13a BeurkG Rz. 6 ff. und *Stauf*, RNotZ 2001, 129 ff.

§ 7 | Verschmelzung durch Aufnahme

vereinbart werden. Die Kündigung kann stets nur für den Schluss des Geschäftsjahres des Rechtsträgers, dem gegenüber sie erklärt wird, ausgesprochen werden.

1. Aufschiebende Bedingung 1
2. Fünf-Jahres-Frist 2
3. Kündigung 4
4. Aufschiebende Befristung, Rücktrittsrecht 6
5. Auflösende Bedingung oder Befristung 7

Literatur: *Körner/Rodewald*, Bedingungen, Befristungen, Rücktritts- und Kündigungsrechte in Verschmelzungs- und Spaltungsverträgen, BB 1999, 853; *Scheel*, Befristete und bedingte Handelsregistereintragungen bei Umstrukturierung von Kapitalgesellschaften, DB 2004, 2355.

1. Aufschiebende Bedingung

1   Wie sich aus § 7 Satz 1 UmwG ergibt, kann ein Verschmelzungsvertrag auch unter einer aufschiebenden Bedingung (158 Abs. 1 BGB) abgeschlossen werden (vgl. dazu auch § 2 UmwG Rz. 4 und § 4 UmwG Rz. 11 f.). Solche Bedingungen sind – wie aufschiebende Befristungen (siehe dazu Rz. 6) – in der Praxis durchaus häufig, zB als Kartell- oder Gremienvorbehalt, in der Regel aber kürzer als fünf Jahre[1]. Nach dem Gesetz besteht keine zeitliche Höchstgrenze; die im Schrifttum erhobenen allgemeinen Bedenken gegen einen unbegrenzten Schwebezustand[2] hat der Gesetzgeber nicht aufgegriffen. Die Parteien sollen gleichwohl aber nicht zeitlich unbegrenzt gebunden bleiben, weil sich die Verhältnisse, insbesondere das Umtauschverhältnis der Anteile, nachträglich erheblich ändern können. Dies kann auch durch eine variable Stichtagsregelung (vgl. § 5 UmwG Rz. 29 und Rz. 36) nicht verhindert werden. § 7 Satz 1 UmwG gewährt deshalb jedem am Verschmelzungsvertrag beteiligten Rechtsträger ein **besonderes Kündigungsrecht**, wenn die Bedingung nach fünf Jahren noch nicht eingetreten ist.

2. Fünf-Jahres-Frist

2   Die Frist beginnt mit dem Abschluss des Verschmelzungsvertrages durch die beteiligten Rechtsträger[3]. Ob und wann die Verschmelzungsbeschlüsse (§ 13

---

[1] Vgl. *Drygala* in Lutter, § 7 UmwG Rz. 2; *Schröer* in Semler/Stengel, § 7 UmwG Rz. 1; *Scheel*, DB 2004, 2355 (2358).
[2] Vgl. insbesondere *Kiem*, Die Eintragung der angefochtenen Verschmelzung, 1991, S. 62 ff.
[3] *Heckschen* in Widmann/Mayer, § 7 UmwG Rz. 6, 53; *Drygala* in Lutter, § 7 UmwG Rz. 5; *Schröer* in Semler/Stengel, § 7 UmwG Rz. 7; *Stratz* in Schmitt/Hörtnagl/Stratz, § 7 UmwG Rz. 8; *Simon* in KölnKomm. UmwG, § 7 UmwG Rz. 14.

UmwG) gefasst sind, ist unerheblich. Entscheidend ist allein der Vertragsabschluss durch die beteiligten Rechtsträger. Dieser Vertragsabschluss muss für die Beteiligten bindend und damit auch notariell beurkundet sein (§ 6 UmwG). Erfolgt die Beurkundung nicht für alle Beteiligten gleichzeitig, so kommt der Vertragsschluss mit der Beurkundung der letzten Annahmeerklärung zustande.

Im Verschmelzungsvertrag kann für das Kündigungsrecht auch eine **kürzere Zeit** als fünf Jahre vereinbart werden (§ 7 Satz 1 Halbsatz 2 UmwG). Die Vereinbarung einer **längeren Zeit** ist dagegen mit dem Zweck der Regelung, den Parteien nach fünf Jahren eine Lösungsmöglichkeit einzuräumen, nicht vereinbar. Aus diesem Grunde ist auch eine **vertragliche Abbedingung** des Kündigungsrechts nach § 7 UmwG ausgeschlossen[1]. 3

3. Kündigung

Die Kündigung wird von dem jeweiligen **Vertretungsorgan** erklärt. Eine Zustimmung der Anteilsinhaber ist von Gesetzes wegen nicht erforderlich[2]. Der Verschmelzungsvertrag kann insoweit allerdings etwas anderes vorsehen und die Kündigung zB an die Zustimmung des Aufsichtsrates oder eines Beirates binden[3]. Die Kündigung bedarf keiner Begründung[4]. 4

Die Kündigung kann mit **halbjähriger Frist** (§ 7 Satz 1 Halbsatz 1 UmwG) stets nur für den **Schluss des Geschäftsjahres** erklärt werden. Dabei kommt es auf das Geschäftsjahr des Rechtsträgers an, dem gegenüber die Kündigung erklärt wird (§ 7 Satz 2 UmwG). Bei unterschiedlichen Geschäftsjahren ergeben sich für die beteiligten Rechtsträger unterschiedliche Kündigungszeitpunkte. Bis zum Wirksamwerden der Kündigung bleibt der Verschmelzungsvertrag in Kraft. Tritt bis dahin die aufschiebende Bedingung ein, so wird der Verschmelzungsvertrag endgültig wirksam; die Kündigung wird dann hinfällig[5]. Dies gilt erst recht dann, wenn die Verschmelzung in der Zwischenzeit **vollzogen** worden ist. 5

---

1 *Heckschen* in Widmann/Mayer, § 7 UmwG Rz. 52; *Drygala* in Lutter, § 7 UmwG Rz. 7; *Schröer* in Semler/Stengel, § 7 UmwG Rz. 8; *Simon* in KölnKomm. UmwG, § 7 UmwG Rz. 16; aA *Stratz* in Schmitt/Hörtnagl/Stratz, § 7 UmwG Rz. 9 f., der jedoch ein Kündigungsrecht aus wichtigem Grund annimmt.
2 Vgl. *Drygala* in Lutter, § 7 UmwG Rz. 6; *Schröer* in Semler/Stengel, § 7 UmwG Rz. 10; *Simon* in KölnKomm. UmwG, § 7 UmwG Rz. 15; *Stratz* in Schmitt/Hörtnagl/Stratz, § 7 UmwG Rz. 11; aA *Heckschen* in Widmann/Mayer, § 7 UmwG Rz. 51.
3 *Simon* in KölnKomm. UmwG, § 7 UmwG Rz. 15; *Böttcher* in Böttcher/Habighorst/Schulte, § 7 UmwG Rz. 13.
4 *Drygala* in Lutter, § 7 UmwG Rz. 6; *Simon* in KölnKomm. UmwG, § 7 UmwG Rz. 14.
5 *Drygala* in Lutter, § 7 UmwG Rz. 6; *Schröer* in Semler/Stengel, § 7 UmwG Rz. 9; *Simon* in KölnKomm. UmwG, § 7 UmwG Rz. 18.

4. Aufschiebende Befristung, Rücktrittsrecht

6 Das Kündigungsrecht aus § 7 UmwG besteht sinngemäß auch dann, wenn der Verschmelzungsvertrag eine **aufschiebende Frist (§ 163 BGB)** von über fünf Jahren enthält. Auch in diesem Fall greift der Grundgedanke der Regelung ein, dass die Beteiligten nach Ablauf von fünf Jahren neu disponieren können sollen[1]. Ist der Verschmelzungsvertrag dagegen weder bedingt noch befristet geschlossen, verzögert sich die Durchführung der Verschmelzung aber tatsächlich länger als fünf Jahre (zB wegen anhängiger Klagen gemäß §§ 14 Abs. 1, 16 Abs. 2 UmwG), so besteht kein gesetzliches Kündigungsrecht[2]. Kein Kündigungsrecht besteht auch, wenn der Verschmelzungsvertrag wegen fehlender Verschmelzungsbeschlüsse nicht bindend geworden ist[3]. Die Parteien können im Verschmelzungsvertrag – über § 7 UmwG hinaus – ein **Kündigungs- oder Rücktrittsrecht** für den Fall **vereinbaren**, dass die Verschmelzung nicht bis zu einem bestimmten Zeitpunkt, zB dem Ende des zweiten vollen Geschäftsjahres nach Abschluss des Verschmelzungsvertrages, wirksam geworden ist. Ein solches Rücktrittsrecht ermöglicht insbesondere bei anhängigen Klagen gegen die Verschmelzung ein flexibles, der jeweiligen Situation angemessenes Verhalten[4]. Wird ein Rücktrittsrecht vereinbart, so kann dafür vorgesehen werden, dass es mit sofortiger Wirkung ausgeübt werden kann. Eine entsprechende Anwendung des § 7 Satz 2 UmwG, wonach eine Kündigung nur zum Ende des Geschäftsjahres zulässig ist, ist nicht geboten, da diese Frist nur dem Schutz der Vertragspartner dient. Der Verschmelzungsvertrag kann im Übrigen auch nach allgemeinen Grundsätzen, insbesondere durch einvernehmliche **Aufhebung**, beendet werden (siehe dazu § 4 UmwG Rz. 16f.).

5. Auflösende Bedingung oder Befristung

7 Zulässig ist auch die Vereinbarung einer auflösenden Bedingung oder Befristung. Das maßgebliche Ereignis bzw. der maßgebliche Zeitpunkt müssen dabei aber vor der Eintragung der Verschmelzung im Handelsregister eingetreten sein (vgl. § 4 UmwG Rz. 12)[5].

---

1 Vgl. *Drygala* in Lutter, § 4 UmwG Rz. 34; *Schröer* in Semler/Stengel, § 7 UmwG Rz. 13; *Simon* in KölnKomm. UmwG, § 7 UmwG Rz. 11; *Böttcher* in Böttcher/Habighorst/Schulte, § 7 UmwG Rz. 3.
2 *Drygala* in Lutter, § 7 UmwG Rz. 3; *Schröer* in Semler/Stengel, § 7 UmwG Rz. 4; *Körner/Rodewald*, BB 1999, 853 (854).
3 *Schröer* in Semler/Stengel, § 7 UmwG Rz. 13; *Drygala* in Lutter § 7 UmwG Rz. 3.
4 Zur Zulässigkeit von Rücktrittsrechten bei Unternehmensverträgen siehe OLG München v. 14.6.1991 – 23 U 4638/90, WM 1991, 1843 (1847) = AG 1991, 358; BGH v. 5.4.1993 – II ZR 238/91, BGHZ 122, 211 (217f.) = AG 1993, 422.
5 Vgl. auch *Drygala* in Lutter, § 4 UmwG Rz. 35 und *Körner/Rodewald*, BB 1999, 853 (855f.).

§ 8
Verschmelzungsbericht

(1) Die Vertretungsorgane jedes der an der Verschmelzung beteiligten Rechtsträger haben einen ausführlichen schriftlichen Bericht zu erstatten, in dem die Verschmelzung, der Verschmelzungsvertrag oder sein Entwurf im Einzelnen und insbesondere das Umtauschverhältnis der Anteile oder die Angaben über die Mitgliedschaft bei dem übernehmenden Rechtsträger sowie die Höhe einer anzubietenden Barabfindung rechtlich und wirtschaftlich erläutert und begründet werden (Verschmelzungsbericht); der Bericht kann von den Vertretungsorganen auch gemeinsam erstattet werden. Auf besondere Schwierigkeiten bei der Bewertung der Rechtsträger sowie auf die Folgen für die Beteiligung der Anteilsinhaber ist hinzuweisen. Ist ein an der Verschmelzung beteiligter Rechtsträger ein verbundenes Unternehmen im Sinne des § 15 des Aktiengesetzes, so sind in dem Bericht auch Angaben über alle für die Verschmelzung wesentlichen Angelegenheiten der anderen verbundenen Unternehmen zu machen. Auskunftspflichten der Vertretungsorgane erstrecken sich auch auf diese Angelegenheiten.

(2) In den Bericht brauchen Tatsachen nicht aufgenommen zu werden, deren Bekanntwerden geeignet ist, einem der beteiligten Rechtsträger oder einem verbundenen Unternehmen einen nicht unerheblichen Nachteil zuzufügen. In diesem Falle sind in dem Bericht die Gründe, aus denen die Tatsachen nicht aufgenommen worden sind, darzulegen.

(3) Der Bericht ist nicht erforderlich, wenn alle Anteilsinhaber aller beteiligten Rechtsträger auf seine Erstattung verzichten oder sich alle Anteile des übertragenden Rechtsträgers in der Hand des übernehmenden Rechtsträgers befinden. Die Verzichtserklärungen sind notariell zu beurkunden.

1. Überblick 1	11. Erweiterte Auskunftspflicht 28
2. Formelle Erfordernisse 2	12. Auskunftspflichten untereinander 29
3. Inhaltliche Anforderungen 6	
4. Erläuterung der Verschmelzung . 7	13. Grenzen der Berichtspflicht 30
5. Erläuterung des Verschmelzungsvertrages 9	14. Rechtsfolgen eines mangelhaften Berichts 33
6. Umtauschverhältnis 10	15. EU-Recht 37
7. Barabfindung 22	16. Verzicht auf den Verschmelzungsbericht 38
8. Besondere Schwierigkeiten 24	
9. Folgen für die Beteiligung 25	17. Konzernverschmelzung 39
10. Angaben zu verbundenen Unternehmen 27	18. Personengesellschaften 41

§ 8 | Verschmelzung durch Aufnahme

Literatur: *Bayer*, 1000 Tage neues Umwandlungsrecht – eine Zwischenbilanz, ZIP 1997, 1613; *Bayer*, Informationsrechte bei der Verschmelzung von Aktiengesellschaften, AG 1988, 323; *Bungert/Wettich*, Neues zur Ermittlung des Börsenwerts bei Strukturmaßnahmen, ZIP 2012, 449; *Burger*, Keine angemessene Abfindung durch Börsenkurse bei Squeeze-out, NZG 2012, 281; *Fleischer/Hüttemann* (Hrsg.), Rechtshandbuch Unternehmensbewertung, 2015; *Gärtner/Handke*, Unternehmenswertermittlung im Spruchverfahren – schrittweiser Abschied vom Meistbegünstigungsprinzip des BGH (DAT/Altana)?, NZG 2012, 247; *Heckschen*, Die Entwicklung des Umwandlungsrechts aus Sicht der Rechtsprechung und Praxis, DB 1998, 1385; *Hüffer*, Die gesetzliche Schriftform bei Berichten des Vorstands gegenüber der Hauptversammlung, FS Claussen, 1997, S. 171; *Kallmeyer*, Die Auswirkungen des neuen Umwandlungsrechts auf die mittelständische GmbH, GmbHR 1993, 461; *Keil*, Der Verschmelzungsbericht nach § 340a AktG, 1990; *Keil/Wagner*, Verschmelzungsbericht und Art. 177 EWG-Vertrag, ZIP 1989, 214; *Meinert*, Neuere Entwicklung in der Unternehmensbewertung, DB 2011, 2397 (Teil I), DB 2011, 2455 (Teil II); *Mertens*, Die Gestaltung von Verschmelzungs- und Verschmelzungsprüfungsberichten, AG 1990, 20; *Mertens*, Zur Geltung des Stand-alone-Prinzips für die Unternehmensbewertung bei der Zusammenführung von Unternehmen, AG 1992, 321; *Messer*, Die Kausalität von Mängeln des Verschmelzungsberichts als Voraussetzung für die Anfechtbarkeit des Verschmelzungsbeschlusses, FS Quack, 1991, S. 321; *Möller*, Der aktienrechtliche Verschmelzungsbechluss, 1991 *K.J. Müller*, Unterzeichnung des Verschmelzungsberichts, NJW 2000, 2001; *Nirk*, Der Verschmelzungsbericht nach § 340a AktG, FS Steindorff, 1990, S. 187; *Priester*, Das neue Umwandlungsrecht aus notarieller Sicht, DNotZ 1995, 427; *Rodewald*, Zur Ausgestaltung von Verschmelzungs- und Verschmelzungsprüfungsbericht, BB 1992, 237; *Schöne*, Das Aktienrecht als „Maß aller Dinge" im neuen Umwandlungsrecht?, GmbHR 1995, 325; *Seesen*, Die Bestimmung des Verschmelzungsverhältnisses im Spruchstellenverfahren, WM 1994, 45; *Vossius*, Zur Unterzeichnung des Verschmelzungsberichts, NotBZ 2007, 368; *H.P. Westermann*, Die Zweckmäßigkeit der Verschmelzung als Gegenstand des Verschmelzungsberichts, der Aktionärsentscheidung und der Anfechtungsklage, FS Joh. Semler, 1993, S. 651; *Wüstemann*, BB-Rechtsprechungsreport: Unternehmensbewertung 2008/09, BB 2009, 1518.

1. Überblick

1 Der Verschmelzungsbericht dient der vorbereitenden Unterrichtung der Anteilsinhaber, die über die Verschmelzung beschließen. Die Anteilsinhaber sollen durch eine **ausführliche Vorabinformation** in die Lage versetzt werden, über die Verschmelzung in Kenntnis aller für das Vorhaben maßgebenden Umstände sachgerecht abstimmen zu können[1]. Der Bericht dient damit nur dem Schutz

---

1 Vgl. zu § 340a AktG BT-Drucks. 9/1065, S. 15; BGH v. 22.5.1989 – II ZR 206/88, AG 1989, 399; BGH v. 18.12.1989 – II ZR 254/88, AG 1990, 259 und BGH v. 29.10.1990 – II ZR 146/89, AG 1991, 102; OLG Düsseldorf v. 15.3.1999 – 17 W 18/99, ZIP 1999, 793 (795); OLG Hamm v. 4.3.1999 – 8 W 11/99, ZIP 1999, 798 (801); OLG Frankfurt v. 22.8. 2000 – 14 W 23/00, ZIP 2000, 1928 (1930); *Gehling* in Semler/Stengel, § 8 UmwG Rz. 2; *Drygala* in Lutter, § 8 UmwG Rz. 3; *Simon* in KölnKomm. UmwG, § 8 UmwG Rz. 3; *Böttcher* in Böttcher/Habighorst/Schulte, § 8 UmwG Rz. 1.

und den Interessen der Anteilsinhaber und nicht wie der Verschmelzungsbericht bei der grenzüberschreitenden Verschmelzung (§ 122e UmwG) auch den Interessen der Gläubiger und Arbeitnehmer[1]. Das wenig präzise Erfordernis eines „ausführlichen" Berichts führt zu erheblichen Unsicherheiten bei der Bestimmung des gesetzlichen Mindestinhalts eines solchen Berichts. Bei den Publikums-AGs ist diese Unsicherheit in der Vergangenheit häufig von Minderheitsaktionären zur Erhebung von Anfechtungsklagen ausgenutzt worden. Die Gefahr, dass die Wirksamkeit eines Verschmelzungsbeschlusses erfolgreich mit der Behauptung angegriffen wird, der Verschmelzungsbericht sei unvollständig, ist auch bei Gesellschaften mit wenigen Gesellschaftern gegeben, insbesondere wenn solche Obstruktion betreiben wollen[2]. Zwar enthält der Verschmelzungsbericht rechtsformspezifische Besonderheiten (vgl. zB Rz. 10); das Erfordernis der Ausführlichkeit gilt aber in allen Verschmelzungsfällen. Schutz gegen übertriebene Anforderungen an den Bericht bieten eventuell § 243 Abs. 4 Satz 1 AktG[3] sowie das **Unbedenklichkeitsverfahren** gemäß § 16 Abs. 3 UmwG, mit dem die Registersperre, die durch Klagen opponierender Anteilsinhaber ausgelöst wird (§ 16 Abs. 2 Satz 2 UmwG), uU überwunden werden kann.

2. Formelle Erfordernisse

Schuldner der Berichtspflicht ist das jeweilige **Vertretungsorgan** (vgl. § 4 UmwG Rz. 4 f.) in seiner Gesamtheit; jedes Mitglied ist verpflichtet, an der Erstellung des Berichts mitzuwirken[4]. Gesetzliche Vertretung genügt – anders als beim Abschluss des Verschmelzungsvertrages (§ 4 Abs. 1 UmwG) – nicht, da nicht der Rechtsträger, sondern das Vertretungsorgan verpflichtet ist[5]. Eine rechtsgeschäftliche Vertretung bei der Beschlussfassung über den Bericht ist ausgeschlossen[6]. Die tatsächliche Erstellung kann aber ohne weiteres delegiert werden.

Der Bericht ist **schriftlich** zu erstatten. Dies bedeutet eigenhändige Unterschrift durch Organmitglieder in vertretungsberechtigter Zahl. Die Unterschrift jedes

---

1 *Gehling* in Semler/Stengel, § 8 UmwG Rz. 2; *Drygala* in Lutter, § 8 UmwG Rz. 3; *Simon* in KölnKomm. UmwG, § 8 UmwG Rz. 4; *Böttcher* in Böttcher/Habighorst/Schulte, § 8 UmwG Rz. 2.
2 Vgl. *Kallmeyer*, GmbHR 1993, 461 (464); hiergegen *Drygala* in Lutter, § 8 UmwG Rz. 5.
3 Vgl. BR-Drucks. 15/5092, S. 8.
4 *Gehling* in Semler/Stengel, § 8 UmwG Rz. 5; *Drygala* in Lutter, § 8 UmwG Rz. 8; *Simon* in KölnKomm. UmwG, § 8 UmwG Rz. 5 f.; *Stratz* in Schmitt/Hörtnagl/Stratz, § 8 UmwG Rz. 6.
5 Vgl. *Keil*, S. 31; *Hüffer* in FS Claussen, 1997, S. 171 ff. mit Vorschlägen für eine Vereinfachung durch die Geschäftsordnung.
6 *Drygala* in Lutter, § 8 UmwG Rz. 7; *Gehling* in Semler/Stengel, § 8 UmwG Rz. 5; *Mayer* in Widmann/Mayer, § 8 UmwG Rz. 14; *Stratz* in Schmitt/Hörtnagl/Stratz, § 8 UmwG Rz. 8; *Böttcher* in Böttcher/Habighorst/Schulte, § 8 UmwG Rz. 3.

einzelnen Mitglieds des Vertretungsorgans ist nicht erforderlich. Auch bei Unterzeichnung in vertretungsberechtigter Zahl kann davon ausgegangen werden, dass der Bericht dem Willen der Mehrheit des Organs entspricht[1]. Bei Publikumsgesellschaften wird der Bericht häufig in gedruckter Fassung vorgelegt. Es genügt dann, wenn nur das Original unterzeichnet ist und die Kopien Faksimile-Unterschriften tragen oder zB durch die Angabe „Der Vorstand" klargestellt ist, dass es sich um einen Bericht des Vertretungsorgans handelt[2].

4   Das Gesetz geht davon aus, dass das Vertretungsorgan **jedes** an der Verschmelzung **beteiligten Rechtsträgers einen eigenen Verschmelzungsbericht** erstellt (§ 8 Abs. 1 Satz 1 UmwG). Dabei macht es rechtlich keinen Unterschied, ob diese Berichte gesondert oder in einem gemeinsamen Schriftstück vorgelegt werden. Anstelle solcher Einzelberichte ist auch ein (inhaltlich) **gemeinsamer Bericht** zulässig und als umfassendere Information für die Gesellschafter idR sogar zweckmäßiger. Die gemeinsame Berichterstattung war früher umstritten[3]; sie ist inzwischen in § 8 Abs. 1 Satz 1 Halbsatz 2 UmwG ausdrücklich zugelassen und in der Praxis die Regel. Auch bei gemeinsamer Berichterstattung bleibt jedes Vertretungsorgan seinem Rechtsträger gegenüber verantwortlich; unterschiedliche Interessen müssen deshalb ggf. auch in einem gemeinsamen Bericht zum Ausdruck gebracht werden.

5   Der Verschmelzungsbericht ist bei Beteiligung einer OHG, KG oder GmbH den Gesellschaftern spätestens mit der Einberufung der Gesellschafterversammlung, die über die Verschmelzung beschließen soll, **zu übersenden** und zur Einsichtnahme auszulegen (§§ 42, 47, 49 UmwG). Bei der AG und KGaA ist der Bericht wegen der typischerweise größeren Anzahl von Anteilsinhabern von der Einberufung der entsprechenden Hauptversammlung an und während dieser **zur Einsicht** der Aktionäre bei der Gesellschaft **auszulegen** bzw. **zugänglich zu machen** (§§ 63 Abs. 1 und 4, 64 Abs. 1 Satz 1 UmwG). Auf Verlangen ist jedem Aktionär unverzüglich eine Abschrift zu übersenden (§ 63 Abs. 3 Satz 1 UmwG). Dies kann mit seiner Einwilligung auch elektronisch geschehen (§ 63 Abs. 3

---

1   BGH v. 21.5.2007 – II ZR 266/04, NZG 2007, 714 (716) = AG 2007, 625; zust. *Drygala* in Lutter, § 8 UmwG Rz. 6; *Gehling* in Semler/Stengel, § 8 UmwG Rz. 7; *Stratz* in Schmitt/Hörtnagl/Stratz, § 8 UmwG Rz. 7; ebenso *Mayer* in Widmann/Mayer, § 8 UmwG Rz. 13; *K.J. Müller*, NJW 2000, 2001; *Fuhrmann*, AG 2004, 135 ff.; *Vossius*, NotBZ 2007, 368 (369); OLG Düsseldorf v. 14.1.2005 – I-16 U 59/04, AG 2005, 293 und OLG Stuttgart v. 3.12.2003 – 20 W 6/03, AG 2004, 105 zum Bericht nach § 327c Abs. 2 AktG.
2   *Keil*, S. 34; *Drygala* in Lutter, § 8 UmwG Rz. 6; *Gehling* in Semler/Stengel, § 8 UmwG Rz. 7; *Simon* in KölnKomm. UmwG, § 8 UmwG Rz. 9; *Stratz* in Schmitt/Hörtnagl/Stratz, § 8 UmwG Rz. 7; *Mayer* in Widmann/Mayer, § 8 UmwG Rz. 15; *Böttcher* in Böttcher/Habighorst/Schulte, § 8 UmwG Rz. 9.
3   Dagegen zB OLG Karlsruhe v. 30.6.1989 – 15 U 76/88, WM 1989, 1134 (1139) = AG 1990, 35; offen gelassen von BGH v. 2.7.1990 – II ZB 1/90, WM 1990, 1372 (1379) = AG 1990, 538.

Satz 2 UmwG). Entsprechendes gilt für die Genossenschaft und den Verein (§§ 82 Abs. 1, 101 Abs. 1 UmwG).

3. Inhaltliche Anforderungen

Im Verschmelzungsbericht müssen die Verschmelzung, der Verschmelzungsvertrag bzw. dessen Entwurf und insbesondere das Umtauschverhältnis der Anteile sowie die Höhe einer evtl. anzubietenden Barabfindung **ausführlich rechtlich und wirtschaftlich erläutert und begründet** werden (§ 8 Abs. 1 Satz 1 UmwG). Diese Ausführungen sind durch konkrete Hinweise zur Bewertung, den Folgen für die Anteilsinhaber sowie Angaben über wesentliche verschmelzungsrelevante Angelegenheiten bei verbundenen Unternehmen zu ergänzen (§ 8 Abs. 1 Satz 2 und 3 UmwG). Diese weite Umschreibung des Berichtsinhalts lässt offen, welche **Mindestangaben** der Bericht enthalten muss und wo die Grenzen der Berichterstattung (zB aus Geheimhaltungsgründen) liegen. Jeder Mangel des Berichts eröffnet andererseits die Möglichkeit, gegen die Wirksamkeit des Verschmelzungsbeschlusses Klage zu erheben (vgl. Rz. 33) und damit, über die Eintragungssperre des § 16 Abs. 2 Satz 2 UmwG, die Verschmelzung zu blockieren. Die Rechtsprechung hat dieses Dilemma eher noch verstärkt, indem sie verlangt hat, dass im Verschmelzungsbericht grundsätzlich alle für eine sachgerechte Entscheidung relevanten Einzelheiten des Verschmelzungsvorhabens offen gelegt werden müssen[1]. Im Schrifttum ist deshalb zu Recht die Frage aufgeworfen worden, ob nicht im Interesse der Rechtssicherheit die gerichtliche Überprüfbarkeit des Verschmelzungsberichts eingeschränkt werden müsse[2]. Diese Überlegungen hat das UmwG nur mittelbar – mit dem Freigabeverfahren gemäß § 16 Abs. 3 UmwG – aufgegriffen. Eine inhaltliche Begrenzung der Berichterstattungspflicht ergibt sich jedoch aus dem allgemeinen Gesichtspunkt, dass der Verschmelzungsbericht den Anteilsinhabern neben den anderen ihnen zur Verfügung stehenden Erkenntnisquellen (insbesondere dem Verschmelzungsprüfungsbericht, den Jahresabschlüssen der beteiligten Rechtsträger und dem Auskunftsrecht in der Anteilsinhaberversammlung) kein Nachvollziehen aller Einzelheiten, sondern **nur eine Plausibilitätskontrolle** ermöglichen soll[3]. Der

6

---

1 Vgl. BGH v. 22.5.1989 – II ZR 206/88, WM 1989, 1128 (1130) = AG 1989, 399; BGH v. 18.12.1989 – II ZR 254/88, WM 1990, 140 (141) = AG 1990, 259 und BGH v. 29.10.1990 – II ZR 146/89, WM 1990, 2073 (2074) = AG 1991, 102.
2 *Mertens*, AG 1990, 20 (23).
3 Vgl. BGH v. 22.5.1989 – II ZR 206/88, BGHZ 107, 296 (303) = AG 1989, 399; OLG Karlsruhe v. 30.6.1989 – 15 U 76/88, WM 1989, 1134 (1138) = AG 1990, 35; LG Frankenthal v. 5.10.1989 – 2 HK O 80/89, WM 1989, 1854 (1857) = AG 1990, 549; OLG Düsseldorf v. 15.3.1999 – 17 W 18/99, ZIP 1999, 793 = AG 1999, 418; LG München v. 31.8.1999 – 5HK O 8188/99, AG 2000, 86 f. und LG München v. 5.8.1999 – 5HK O 11213/99, AG 2000, 87 f.; OLG Düsseldorf v. 20.11.2001 – 19 W 2/00 AktE, AG 2002, 398 (400); *Keil*, S. 76;

Verschmelzungsbericht muss nur die für die Entscheidung wesentlichen Angaben enthalten (vgl. § 243 Abs. 4 Satz 1 AktG)[1]. Er muss nicht ermöglichen, einzelne Vorgänge bis in alle Einzelheiten nachzuvollziehen und die Annahmen der Unternehmensleitung wie ein Sachverständiger kontrollieren zu können[2].

4. Erläuterung der Verschmelzung

7 Rechtlich und wirtschaftlich zu erläutern ist zunächst die **Verschmelzung als solche**. Dazu gehört eine Beschreibung der an der Verschmelzung beteiligten Rechtsträger und ihrer wirtschaftlichen Ausgangslage vor der Verschmelzung. Diese Darstellung kann für das eigene Unternehmen kurz ausfallen[3]. Zu erläutern sind sodann die rechtlichen und wirtschaftlichen **Gründe** des Verschmelzungsvorhabens[4]. Damit sind die mit der Verschmelzung verbundenen unternehmerischen Chancen und Risiken gemeint[5]. Der Bericht muss demgemäß alle wesentlichen für und gegen die Verschmelzung sprechenden Gesichtspunkte einschließlich etwaiger Synergiepotentiale sowie die organisatorischen, bilanziellen, finanzwirtschaftlichen und steuerlichen Auswirkungen nach Vollzug der Verschmelzung darlegen[6]. Zu diesen Auswirkungen gehört auch eine Beschreibung der Führungs- und Unternehmensstruktur des verschmolzenen Unternehmens[7]. Bei der Darstellung der **Vor- und Nachteile** kann es angebracht sein, auch etwa geprüfte und verworfene **Alternativen** zur Verschmelzung zu er-

---

Mertens, AG 1990, 20 (22 f.); *Möller*, S. 130; *H.P. Westermann* in FS Joh. Semler, 1993, S. 651 (654 f.); zum heutigen Recht *Bayer*, ZIP 1997, 1613 (1619); *Drygala* in Lutter, § 8 UmwG Rz. 12; *Sagasser/Luke* in Sagasser/Bula/Brünger, § 9 Rz. 213; *Simon* in Köln-Komm. UmwG, § 8 UmwG Rz. 18; *Mayer* in Widmann/Mayer, § 8 UmwG Rz. 19.1; *Böttcher* in Böttcher/Habighorst/Schulte, § 8 UmwG Rz. 1.

1 Vgl. auch *Gehling* in Semler/Stengel, § 8 UmwG Rz. 12.
2 Vgl. OLG Jena v. 5.11.2008 – 6 W 288/08, NJW-RR 2009, 182 (183) = AG 2009, 582; OLG Hamm v. 4.3.1999 – 8 W 11/99, AG 1999, 422; OLG Düsseldorf v. 15.3.1999 – 17 W 18/99, AG 1999, 418.
3 *Gehling* in Semler/Stengel, § 8 UmwG Rz. 16; *Simon* in KölnKomm. UmwG, § 8 UmwG Rz. 20; aA *Drygala* in Lutter, § 8 UmwG Rz. 14: Beschreibung des eigenen Unternehmens entbehrlich.
4 Vgl. Begr. RegE, BT-Drucks. 12/6699, S. 84.
5 BGH v. 22.5.1989 – II ZR 206/88, BGHZ 107, 296 (301) = AG 1989, 399; *Gehling* in Semler/Stengel, § 8 UmwG Rz. 17; *Drygala* in Lutter, § 8 UmwG Rz. 15; *Bayer*, ZIP 1997, 1613 (1619); *M. Winter* in Lutter, Umwandlungsrechtstage, S. 27.
6 Vgl. *Drygala* in Lutter, § 8 UmwG Rz. 15; *Gehling* in Semler/Stengel, § 8 UmwG Rz. 20; *Keil*, S. 37 ff., 50; zu den steuerlichen Auswirkungen auf die beteiligten Gesellschaften LG Essen v. 8.2.1999 – 44 O 249/98, AG 1999, 329 (331).
7 *Gehling* in Semler/Stengel, § 8 UmwG Rz. 19; *Böttcher* in Böttcher/Habighorst/Schulte, § 8 UmwG Rz. 15.

örtern[1]; eine umfassende Interessenabwägung wie bei dem Bericht nach § 186 Abs. 4 Satz 2 AktG ist dagegen nicht erforderlich[2]. Erforderlichkeit, Eignung und Verhältnismäßigkeit sind keine Voraussetzungen für die Wirksamkeit der Verschmelzung. Der bloße Hinweis, dass Alternativen erwogen wurden, genügt allerdings nicht[3]. Die maßgebenden Gesichtspunkte, die gegen die verworfenen Alternativen sprechen, sind zumindest kurz darzustellen[4].

Als unternehmerische Grundentscheidung bedarf der Zustimmungsbeschluss des übertragenden Rechtsträgers ähnlich wie der Auflösungsbeschluss bei der AG[5] keiner **sachlichen Rechtfertigung**[6] (vgl. § 13 UmwG Rz. 12)[7]. Demgemäß muss die Verschmelzung gegenüber möglichen anderen Unternehmensverbindungen nicht das „mildere Mittel" sein; eine derartige Bewertung ist angesichts der Komplexität von Alternativlösungen rechtlich weder möglich noch geboten[8]. Dies gilt auch für den Verschmelzungsbeschluss des übernehmenden Rechtsträgers. Die Rechte der Anteilsinhaber werden durch das vorgeschriebene Verfahren, insbesondere die Berichterstattung nach § 8 UmwG, die Prüfung nach § 9 UmwG, die Mehrheits- und Zustimmungserfordernisse nach §§ 13, 43, 50 ff., 65 UmwG, das Barabfindungsangebot nach § 29 UmwG und den Ausgleich gemäß § 15 UmwG iVm. dem SpruchG, hinreichend gewahrt. Erhöht sich infolge einer Verschmelzung die Beteiligung des Hauptaktionärs der übernehmenden Aktiengesellschaft auf mindestens 95 % und wird daraufhin ein **Squeeze-out** nach §§ 327 a ff. AktG beschlossen, so ist der Verschmelzungsbeschluss nicht wegen

8

---

1 OLG Jena v. 5.11.2008 – 6 W 288/08, NJW-RR 2009, 182 (183) = AG 2009, 582; LG München I, v. 31.8.1999 – 5 HKO 8188/99, AG 2000, 86; *Drygala* in Lutter, § 8 UmwG Rz. 16; *Gehling* in Semler/Stengel, § 8 UmwG Rz. 18; *Simon* in KölnKomm. UmwG, § 8 UmwG Rz. 23; *Böttcher* in Böttcher/Habighorst/Schulte, § 8 UmwG Rz. 13.
2 *Grunewald* in G/H/E/K, 1994, § 340a AktG Rz. 8; *H.P. Westermann* in FS Joh. Semler, 1993, S. 651 (659 f.).
3 LG München I v. 31.8.1999 – 5HK O 8188/99, AG 2000, 86 (87).
4 LG München I v. 31.8.1999 – 5HK O 8188/99, AG 2000, 86 (87); *Bayer*, AG 1988, 323 (327); *Bayer*, ZIP 1997, 1613 (1619); *Becker*, AG 1988, 223 (225); *Keil*, S. 56; *Gehling* in Semler/Stengel, § 8 UmwG Rz. 18; *Drygala* in Lutter, § 8 UmwG Rz. 16.
5 Vgl. dazu BGH v. 28.1.1980 – II ZR 124/78, BGHZ 76, 352 (353); BGH v. 1.2.1988 – II ZR 75/87, 103 (184, 188 f.) (Linotype).
6 OLG Jena v. 5.11.2008 – 6 W 288/08, NJW-RR 2009, 182 (183) = AG 2009, 582; OLG Frankfurt v. 8.2.2006 – W 185/05, AG 2006, 249 (252); *Lutter*, ZGR 1981, 171 (180 f.); *Semler*, BB 1983, 1566 (1569); *Timm*, Die Aktiengesellschaft als Konzernspitze, 1980, S. 81 ff.; *Timm*, JZ 1980, 665 (668); *Timm*, ZGR 1987, 403 (428); *Grunewald* in G/H/E/K, 1994, § 340c AktG Rz. 16; *H.P. Westermann* in FS Joh. Semler, 1993, S. 651 (655 ff.); *M. Winter* in Lutter, Umwandlungsrechtstage, S. 40.
7 LG Arnsberg v. 28.1.1994 – 2 O 410/93, AG 1995, 334 (335); OLG Frankfurt v. 10.2.2003 – 5 W 33/02, ZIP 2003, 1654 (1656) = AG 2003, 573; aA *Wiedemann*, Gesellschaftsrecht, Bd. I, 1980, § 8 III b; *Hirte*, Bezugsrechtsausschluss und Konzernbildung, 1986, S. 148 ff. und *Möller*, S. 91 ff.
8 Vgl. *H.P. Westermann* in FS Joh. Semler, 1993, S. 651 (661).

Rechtsmissbrauchs anfechtbar. § 327a AktG lässt offen, auf welche Weise die Beteiligung von 95 % erreicht wird; der Übertragungsbeschluss bedarf auch keiner sachlichen Rechtfertigung[1]. Es genügt, wenn die Verschmelzung auf stichhaltigen unternehmerischen Gründen beruht[2]. Das Erfordernis einer sachlichen Rechtfertigung bedeutet dies aber nicht. Soweit bei einer übernehmenden Gesellschaft zur Durchführung der Verschmelzung eine **Kapitalerhöhung** erforderlich ist, gelten die allgemeinen Grundsätze. Der mit dieser Kapitalerhöhung verbundene Ausschluss des Bezugsrechts der Altgesellschafter ist aber von Gesetzes wegen zulässig; dementsprechend findet zB bei der AG oder KGaA § 186 Abs. 4 AktG gemäß § 69 Abs. 1 UmwG gerade keine Anwendung (siehe auch § 69 UmwG Rz. 12)[3].

5. Erläuterung des Verschmelzungsvertrages

9   Rechtlich und wirtschaftlich zu erläutern ist sodann der **Verschmelzungsvertrag** oder sein Entwurf, wobei dies „im Einzelnen" zu geschehen hat. Dementsprechend ist eine Darstellung des wesentlichen Inhalts des Vertrages nicht ausreichend. Notwendig ist vielmehr, dass Inhalt und Tragweite jeder einzelnen Bestimmung des Vertrages, sofern es sich nicht um Standardklauseln handelt, erläutert werden[4]. Bei den Angaben nach § 5 Abs. 1 Nr. 1, 7, 8 und 9 UmwG müssen die wesentlichen Informationen bereits im Verschmelzungsvertrag enthalten sein[5].

6. Umtauschverhältnis

10 Von besonderer Bedeutung sind die vertraglichen Regelungen zum **Umtauschverhältnis** der Anteile bzw. die **Angaben über die Mitgliedschaft** bei dem übernehmenden Rechtsträger. Zwischen diesen beiden Alternativen besteht kein Wahlrecht[6]. Nach dem Sinn des Gesetzes sollen vielmehr, wenn die Verschmelzung gegen Gewährung von Anteilen erfolgt, das Umtauschverhältnis und, wenn bei dem

---

1 Vgl. BGH v. 16.3.2009 – II ZR 302/06, ZIP 2009, 908 (910f.) = AG 2009, 441.
2 Vgl. OLG Hamburg v. 1.2.2008 – 11 U 288/05, BB 2008, 2199 (2200f.) mit zust. Anm. von Wilsing/Ogorek.
3 Vgl. *Hüffer/Koch*, § 186 AktG Rz. 3; *Scholz* in MünchHdb. AG, § 57 Rz. 95; *Grunewald* in Lutter, § 69 UmwG Rz. 17; aA *Hirte*, Bezugsrechtsausschluss und Konzernbildung, 1986, S. 70ff.
4 Vgl. *Gehling* in Semler/Stengel, § 8 UmwG Rz. 21; *Sagasser/Luke* in Sagasser/Bula/Brünger, § 9 Rz. 210; *Böttcher* in Böttcher/Habighorst/Schulte, § 8 UmwG Rz. 17; weniger streng *Drygala* in Lutter, § 8 UmwG Rz. 17.
5 *Gehling* in Semler/Stengel, § 8 UmwG Rz. 21; *Simon* in KölnKomm. UmwG, § 8 UmwG Rz. 24.
6 Vgl. *Schöne*, GmbHR 1995, 325 (331); *Drygala* in Lutter, § 8 UmwG Rz. 33; *Gehling* in Semler/Stengel, § 8 UmwG Rz. 46; *Simon* in KölnKomm. UmwG, § 8 UmwG Rz. 46.

übernehmenden Rechtsträger Mitgliedschaften erworben werden, diese erläutert werden. Angaben über die Mitgliedschaft bei dem übernehmenden Rechtsträger sind dementsprechend nur bei Verschmelzungen auf Genossenschaften, genossenschaftliche Prüfungsverbände, VVaG und eingetragene Vereine notwendig. In allen anderen Fällen reicht es aus, wenn auf die Folgen der Verschmelzung für die Beteiligung der Anteilsinhaber hingewiesen wird (vgl. § 8 Abs. 1 Satz 2 UmwG).

Das Umtauschverhältnis ist so zu erläutern, dass es von den Anteilsinhabern, notfalls mit Unterstützung eines Fachkundigen, nachvollzogen werden kann. Dafür genügt eine insgesamt plausible Darstellung[1]. Die Angabe des Umtauschverhältnisses allein genügt nicht[2]. Bei der Erläuterung des Umtauschverhältnisses ist zunächst die **Bewertungsmethode** anzugeben, nach der das im Verschmelzungsvertrag (§ 5 Abs. 1 Nr. 3 UmwG) festgelegte Umtauschverhältnis ermittelt worden ist[3]. Sind bei den beteiligten Rechtsträgern unterschiedliche Methoden angewandt worden, ist auch dies anzugeben; dabei ist zur Vergleichbarkeit der Ergebnisse Stellung zu nehmen[4]. 11

Das Umtauschverhältnis wird aus dem Verhältnis der Unternehmenswerte der übertragenden und des übernehmenden Rechtsträgers sowie der beiderseitigen Kapitalverhältnisse abgeleitet. Dazu ist idR für **jeden beteiligten Rechtsträger** eine **Unternehmensbewertung** erforderlich. Soweit dafür besondere **Gutachten** erstellt werden, dienen diese der Unterrichtung des Vertretungsorgans, das sie in Auftrag gegeben hat. Sie sind, auch wenn der Verschmelzungsbericht auf sie Bezug nimmt, nicht Teil dieses Berichts und müssen nicht wie dieser offen gelegt werden[5]. Dies gilt erst recht für interne Unterlagen, auf denen solche Gutachten basieren[6]. Bei überschaubaren Verhältnissen kann eine umfassende Unternehmensbewertung entbehrlich sein. So kann das Umtauschverhältnis uU bereits aus bestimmten Eckdaten der Jahresabschlüsse, insbesondere den Eigenkapitalverhältnissen abgeleitet werden. 12

---

1 OLG Hamm v. 20.6.1988 – 8 U 329/87, DB 1988, 1842 = AG 1989, 31; OLG Karlsruhe v. 30.6.1989 – 15 U 76/88, WM 1989, 1134 (1137) = AG 1990, 35; OLG Köln v. 21.9.1988 – 24 U 244/87, WM 1988, 1792 (1793 f.) = AG 1989, 101; OLG Frankfurt v. 22.8.2000 – 14 W 23/00, ZIP 2000, 1928 (1930); *Gehling* in Semler/Stengel, § 8 UmwG Rz. 22; *Drygala* in Lutter, § 8 UmwG Rz. 18; *Simon* in KölnKomm. UmwG, § 8 UmwG Rz. 25.
2 BGH v. 22.5.1989 – II ZR 206/88, AG 1989, 402; OLG Frankfurt v. 20.3.2012 – 5 AktG 4/11, AG 2012, 414 (415).
3 *Drygala* in Lutter, § 8 UmwG Rz. 19; *Gehling* in Semler/Stengel, § 8 UmwG Rz. 24; *Bayer*, AG 1988, 323 (327).
4 *Drygala* in Lutter, § 8 UmwG Rz. 19.
5 Vgl. OLG Karlsruhe v. 30.6.1989 – 15 U 76/88, WM 1989, 1134 = AG 1990, 35; BGH v. 29.10.1990 – II ZR 146/89, WM 1990, 2073 = AG 1991, 102; OLG Düsseldorf v. 15.1.2004 – I-19 W 5/03 AktE, ZIP 2004, 1503 (1506) = AG 2004, 212; *Drygala* in Lutter, § 8 UmwG Rz. 22; *Gehling* in Semler/Stengel, § 8 UmwG Rz. 36; *Mayer* in Widmann/Mayer, § 8 UmwG Rz. 25.
6 Vgl. *Keil*, S. 80.

§ 8 | Verschmelzung durch Aufnahme

13 Wird eine Unternehmensbewertung durchgeführt, so erfolgt sie idR nach der **Ertragswertmethode**, wie sie in den „Grundsätzen zur Durchführung von Unternehmensbewertungen" des Hauptfachausschusses des Instituts der Wirtschaftsprüfer[1] beschrieben ist, dh. unter Hinzurechnung des nicht betriebsnotwendigen Vermögens und mit dem Liquidationswert als Untergrenze. Die Ertragswertmethode ist in der Rechtsprechung anerkannt[2]. Sie ist auch verfassungsrechtlich unbedenklich[3]. Wird sie modifiziert oder wird an ihrer Stelle eine **andere Methode** gewählt[4], ist dies im Verschmelzungsbericht zu begründen[5]. Dies gilt entsprechend auch dann, wenn ein für den Ertragswert wesentliches Tochterunternehmen anders bewertet worden ist, was zB bei Beteiligungsunternehmen im Ausland der Fall sein kann[6].

14 Die Anwendung einer anderen Methode wie zB des **Discounted-Cash-Flow-Verfahrens**[7] ist ebenfalls zulässig. Anstelle des Ertragswertes kann uU auch der **Liquidationswert** angesetzt werden. Dies ist etwa bei einer Sanierungsfusion oder dann angebracht, wenn der Liquidationswert höher als der Ertragswert ist[8]. Der **Substanzwert** kommt dagegen nur in Sonderfällen, zB bei ertragsschwachen Unternehmen, in Betracht[9]. Die Auswahl und Anwendung der geeigneten Be-

---

1 IDW Standard S 1, WPg-Supplement 3/2008, 68 ff., Stand: 30.5.2008.
2 Vgl. die Übersichten von *Böwing/Nowak* in Fleischer/Hüttemann (Hrsg.), Rechtshandbuch Unternehmensbewertung, § 4; *Meinert*, DB 2011, 2397 ff., 2455 ff. und *Wüstemann*, BB 2009, 1518 ff. sowie aus der früheren Rechtsprechung zB BGH v. 13.3.1978 – II ZR 142/76, DB 1978, 974 (976 f.) zu § 255 Abs. 2 AktG; OLG Düsseldorf v. 12.2.1992 – 19 W 3/91, AG 1992, 200 (203); OLG Düsseldorf v. 2.8.1994 – 19 W 1/93 AktE, WM 1995, 756 (761 ff.); LG Köln v. 16.12.1992 – 91 O 204/88, DB 1993, 217 (218); OLG Zweibrücken v. 9.3.1995 – 3 W 133/92, 3 W 145/92, DB 1995, 866 zu § 305 Abs. 2 Nr. 2 AktG sowie allgemein BGH v. 24.5.1993 – II ZR 36/92, ZIP 1993, 1160 (1162) = GmbHR 1993, 505.
3 BVerfG v. 24.5.2012 – 1 BvR 3221/10, AG 2012, 674 (675); BVerfG v. 26.4.2011 – 1 BvR 2658/10, ZIP 2011, 1051 (Tz. 23) = AG 2011, 511; BVerfG v. 30.5.2007 – 1 BvR 1267/06, 1 BvR 1280/07, WM 2007, 1520 = AG 2007, 697; weitere Nachweise bei *Bungert* in Fleischer/Hüttemann (Hrsg.), Rechtshandbuch Unternehmensbewertung, § 20 Rz. 16.
4 Vgl. zB OLG Düsseldorf v. 11.4.1988 – 19 W 32/86, WM 1988, 1052 (1055) = AG 1988, 275 zu § 320 AktG.
5 LG Mannheim v. 3.3.1988 – 24 O 75/87, WM 1988, 775 (778) = AG 1988, 248; *Keil*, S. 64 f.; *Drygala* in Lutter, § 8 UmwG Rz. 19; *Gehling* in Semler/Stengel, § 8 UmwG Rz. 24; *Simon* in KölnKomm. UmwG, § 8 UmwG Rz. 26; enger *Bula/Pernegger* in Sagasser/Bula/Brünger, § 9 Rz. 216, die eine Begründung verlangen.
6 Vgl. zur Bewertung von Auslandsunternehmen *A. Schmidt*, DB 1994, 1149.
7 Siehe dazu Abschn. 7 des IDW Standard S 1, WPg-Supplement 3/2008, 68 (81) sowie *Jonas/Wieland-Blöse* in Fleischer/Hüttemann (Hrsg.), Rechtshandbuch Unternehmensbewertung, § 9.
8 Vgl. Abschn. 7.4 IDW Standard S 1, WPg-Supplement 3/2008, 68 (85); vgl. auch OLG Düsseldorf v. 29.7.2009 – I-26 W 1/08, Der Konzern 2010, 73; BayObLG v. 31.5.1995 – 3Z BR 67/89, DB 1995, 1703 = GmbHR 1995, 662.
9 *Drygala* in Lutter, § 5 UmwG Rz. 52 mwN.

wertungsmethode obliegt dem pflichtgemäßen Urteil der beteiligten Vertretungsorgane. Eine rechtlich vorgeschriebene Methode gibt es nicht[1]. Ungeeignet und rechtlich fehlerhaft wäre allerdings eine Unternehmensbewertung nach den **Buchwerten**, die den wahren Unternehmenswert nicht wiedergeben[2].

Bei der Verschmelzung börsennotierter AGs wurde früher ein Abstellen auf den **Börsenkurs der Aktien** überwiegend abgelehnt, da dieser nicht unbedingt den wahren Wert der Anteile wiedergibt[3]. Inzwischen hat die Rechtsprechung festgestellt, dass bei Entschädigungen nach §§ 304, 305, 320b AktG[4] der Verkehrswert die Untergrenze darstellt und dieser – bei börsennotierten Gesellschaften – nicht ohne Rücksicht auf den Börsenkurs ermittelt werden kann. Demgemäß hat stets eine Doppelbewertung zu erfolgen, um herauszufinden, ob der Ertragswert oder der Börsenkurs höher ist (**Prinzip der Meistbegünstigung**)[5]. Diese Grundsätze lassen sich ohne weiteres auf die Berechnung einer Abfindung gemäß § 29 UmwG übertragen[6]. Sie gelten aber auch für die Ermittlung des Umtauschverhältnisses bei einer Verschmelzung zur Aufnahme, sofern alle beteiligten Rechtsträger börsennotierte Gesellschaften sind[7]. Uneingeschränkt übertragbar sind diese Grundsätze allerdings nur auf die Verschmelzung konzernverbundener Gesellschaften[8]. Auf die Verschmelzung **gleichberechtigter**

14a

---

1 Vgl. BVerfG v. 26.4.2011 – 1 BvR 2658/10, AG 2011, 511 = BB 2011, 1518; BGH v. 17.2. 1984 – 19 W 1/81, DB 1978, 974 (976f.); BGH v. 1.7.1982 – IX ZR 34/81, NJW 1982, 2441; BGH v. 30.9.1981 – IVa ZR 127/80, WM 1982, 17 (18); BGH v. 24.5.1993 – II ZR 36/92, ZIP 1993, 1160 (1162) = GmbHR 1993, 505; OLG Düsseldorf v. 17.2.1984 – 19 W 1/81, WM 1984, 732 (733); zust. *Mertens*, AG 1992, 321 (322); krit. *Werner* in FS Steindorff, 1990, S. 303 (304).
2 *Drygala* in Lutter, § 5 UmwG Rz. 34; *Mayer* in Widmann/Mayer, § 5 UmwG Rz. 100.1.
3 Vgl. BGH v. 30.3.1967 – II ZR 141/64, WM 1967, 479; OLG Düsseldorf v. 2.8.1994 – 19 W 1/93 AktE, WM 1995, 756 (760) = AG 1995, 85.
4 Vgl. BVerfG v. 27.4.1999 – 1 BvR 1613/94, ZIP 1999, 1436 = AG 1999, 566; BVerfG v. 23.8.2000 – 1 BvR 68/95, 1 BvR 147/97, ZIP 2000, 1670 = AG 2001, 42; BVerfG v. 20.12. 2010 – 1 BvR 2323/07, NZG 2011, 235 = AG 2011, 128.
5 So BGH v. 12.3.2001 – II ZB 15/00, AG 2001, 417 Ls. 2; dazu näher *Gärtner/Handke*, NZG 2012, 247.
6 *Drygala* in Lutter, § 5 UmwG Rz. 35; *Gehling* in Semler/Stengel, § 8 UmwG Rz. 26; abl. *Burger*, NZG 2012, 281 ff. zum Squeeze-out.
7 *Drygala* in Lutter, § 5 UmwG Rz. 35 f.; *Gehling* in Semler/Stengel, § 8 UmwG Rz. 26; vgl. auch *Behnke*, NZG 1999, 934; *Neye*, EWiR Art. 14 GG 2/99, 571; *Piltz*, ZGR 2001, 185 (205 ff.); LG München I v. 27.3.2000 – 5HK O 19156/98, ZIP 2000, 1055 = AG 2001, 99; BGH v. 12.3.2001 – II ZB 15/00, ZIP 2001, 734 (736) = AG 2001, 417; BVerfG v. 25.7.2003 – 1 BvR 243/01, AG 2003, 624; BVerfG v. 26.4.2011 – 1 BvR 2658/10, AG 2011, 511 Tz. 21 f.
8 OLG München v. 14.5.2007 – 31 Wx 87/06, AG 2007, 701 (704 f.); *Drygala* in Lutter, § 5 UmwG Rz. 35 f.; *Paschos*, ZIP 2003, 1017 (1024); *Baums*, Rechtsfragen der Bewertung bei Verschmelzung börsennotierter Gesellschaften, ILF Working Paper No. 104, 2009, S. 34 ff.

Gesellschaften (sog. merger of equals) passen sie eigentlich nicht[1]. Denn bei der Verschmelzung voneinander unabhängiger Gesellschaften besteht eine erhöhte Gewähr dafür, dass die Verhandlungen über den Verschmelzungsvertrag zu einem angemessenen Umtauschverhältnis führen[2]. Allerdings hat das BVerfG festgestellt, dass sich die gerichtliche Überprüfung des Umtauschverhältnisses nicht auf die Ordnungsmäßigkeit des Verhandlungsprozesses beschränkt. Entscheidend ist vielmehr, dass der Unternehmenswert nach einer rechtlich anerkannten Methode wie dem Ertragswertverfahren ermittelt worden ist[3].

14b Der Börsenkurs ist wegen des Grundsatzes der Methodengleichheit[4] dann nicht maßgebend, wenn nur eine der an der Verschmelzung beteiligten Gesellschaften börsennotiert ist[5]. Soweit der Börsenkurs relevant ist, kann das Umtauschverhältnis nach den durchschnittlichen Börsenkursen der gleichen **Referenzperiode**, zB drei Monate vor Bekanntwerden der Verschmelzungsabsicht, idR durch entsprechende Ad hoc-Mitteilung[6], ermittelt werden. Maßgebend ist dabei der nach Umsätzen gewichtete Durchschnittskurs[7]. Das Gericht kann eine Überprüfung des Umtauschverhältnisses auf der Basis von Börsenwerten auch dann vornehmen, wenn die beteiligten Gesellschaften die Ertragswertmethode vereinbart hatten[8]. Soweit die Ertragswerte über den Börsenwerten liegen, sind grundsätz-

---

1 BayObLG v. 18.12.2002 – 3Z BR 116/00, BB 2003, 275 (278) = AG 2003, 569; *Drygala* in Lutter, § 5 UmwG Rz. 38 ff.; *Bungert*, BB 2003, 699 (703); *Paschos*, ZIP 2003, 1017 (1024); *Wilsing/Kruse*, DStR 2001, 991 (995).
2 *Drygala* in Lutter, § 5 UmwG Rz. 39 ff.; OLG Stuttgart v. 14.10.2010 – 20 W 16/06, AG 2011, 49 (50); OLG Stuttgart v. 8.3.2006 – 20 W 5/05, ZIP 2006, 764 = AG 2006, 420; LG Frankfurt v. 18.2.2009 – 3-5 O 57/06, ZIP 2009, 1322 (1325 ff.) = AG 2009, 749; einschränkend LG Stuttgart v. 4.8.2006 – 32 AktE 3/99 KfH, AG 2007, 52 (53); offenlassend OLG Stuttgart v. 6.7.2007 – 20 W 5/06, AG 2007, 705 (709 f.); für die Maßgeblichkeit der Ertragswerte auch in diesen Fällen BayObLG v. 18.12.2002 – 3Z BR 116/00, ZIP 2003, 253 (256) = AG 2003, 569; dem zust. *Simon* in KölnKomm. UmwG, § 5 UmwG Rz. 37.
3 BVerfG v. 24.5.2012 – 1 BvR 3221/10, ZIP 2012, 1656 (1657) = AG 2012, 674 (675).
4 OLG Düsseldorf v. 31.1.2003 – 19 W 9/00 AktE, DB 2003, 1941 (1943) = AG 2003, 329.
5 *Drygala* in Lutter, § 5 UmwG Rz. 43; *Bungert*, BB 2003, 699 (700); *Hüttemann*, ZGR 2001, 454 (464); *Simon* in KölnKomm. UmwG, § 5 UmwG Rz. 37 und 39; *Weiler/Meyer*, NZG 2003, 669 (671); OLG Karlsruhe v. 10.1.2006 – 12 W 136/04, AG 2006, 463; OLG München v. 14.5.2007 – 31 Wx 87/06, AG 2007, 701 (705); aA LG Stuttgart v. 9.2.2005 – 32 AktE 36/99 KfH, Der Konzern 2005, 606 (608) = AG 2005, 450.
6 *Bungert/Wettich*, ZIP 2012, 449 (450); *Drygala* in Lutter, § 5 UmwG Rz. 44.
7 Vgl. *Drygala* in Lutter, § 5 UmwG Rz. 45; OLG Stuttgart v. 5.6.2013 – 20 W 6/10, AG 2013, 724 (731) und OLG Stuttgart v. 24.7.2013 – 20 W 2/12, AG 2013, 840 (844 f.); OLG Frankfurt v. 9.1.2003 – 20 W 434/93, AG 2003, 581 (582); OLG Stuttgart v. 16.2.2007 – 20 W 6/06, NZG 2007, 302 (305) = AG 2007, 209; OLG Stuttgart v. 18.12.2009 – 20 W 2/08, NZG 2010, 388 = AG 2010, 513; aA OLG Düsseldorf v. 31.1.2003 – 19 W 9/00, NZG 2003, 588 (591) = AG 2003, 329.
8 OLG Frankfurt v. 3.9.2010 – 5 W 57/09, ZIP 2010, 1947 (1949) = AG 2010, 751; zust. BVerfG v. 26.4.2011 – 1 BvR 2658/10, BB 2011, 1518 = AG 2011, 511; beide zu T-Online.

lich diese für das Umtauschverhältnis maßgebend[1]. Der Börsenkurs spielt ausnahmsweise dann keine Rolle, wenn längere Zeit kein Handel mit der Aktie stattgefunden hat, aufgrund einer Marktenge eine tatsächliche Veräußerung nicht möglich war oder der Börsenkurs manipuliert wurde[2].

Bei der **Ermittlung des Ertragswertes** werden zunächst die in der **Vergangenheit erzielten Ergebnisse** analysiert. Dazu werden die Jahresüberschüsse einer bestimmten Referenzperiode (zB der letzten drei Jahre) herangezogen und um außerordentliche und periodenfremde Einflüsse (zB Umstrukturierungskosten, Sozialpläne, Eliminierung zwischenzeitlich veräußerter Aktivitäten) bereinigt. Diese Analyse ist im Verschmelzungsbericht darzustellen, wobei als Zahlenangaben idR die Mitteilung der Jahresergebnisse genügt; eine Aufgliederung in zeitlicher oder sachlicher Hinsicht ist nicht erforderlich[3]. Soweit die Jahresergebnisse bereinigt wurden, sind die dafür maßgebenden Gründe darzulegen[4]. 15

Die **zukünftigen Erträge** werden aufgrund einer detaillierten Geschäftsplanung geschätzt. Die dabei zugrunde liegenden Prognosen müssen auf einer zutreffenden Tatsachengrundlage beruhen und vertretbar sein[5]. Maßgebend ist dafür die künftige Entwicklung aus der Sicht des Stichtages (vgl. Rz. 21), wobei aber nur solche Erträge berücksichtigt werden, die in ihrem Ursprung bereits am Stichtag angelegt und erkennbar waren (sog. Wurzeltheorie)[6]. Welcher **Zeitraum** für die Ertragsprognose gewählt wird, ist nicht festgelegt; die Prognose kann für einen einheitlichen Zeitraum (zB drei oder fünf Jahre), sie kann auch für mehrere Phasen (mit abnehmender Schätzungsgenauigkeit) erstellt werden (Phase I)[7]. Im Anschluss daran wird der nachhaltige Zukunftserfolg als sog. ewige Rente ermittelt (Phase II). Im Verschmelzungsbericht ist die angenommene Zukunftsent- 16

---

1 BGH v. 12.3.2001 – II ZB 15/00, ZIP 2001, 734 (736) = AG 2011, 417; LG München v. 27.3.2000 – 5HK O 19156/98, ZIP 2000, 1055 = AG 2001, 99; LG Stuttgart v. 9.2.2005 – 32 AktE 36/99 KfH, AG 2005, 450 (452); für eine Kombination der jeweils näheren Werte *Martens*, AG 2003, 593 ff.
2 BVerfG v. 27.4.1999 – 1 BvR 1613/94, ZIP 1999, 1436 (1441 f.) = AG 1999, 566; *Hüttemann*, ZGR 2001, 454 (470 ff.).
3 *Drygala* in Lutter, § 8 UmwG Rz. 23; *Mertens*, AG 1990, 20 (28 f.); *Grunewald* in G/H/E/K, 1994, § 340a AktG Rz. 12.
4 OLG Düsseldorf v. 15.7.1999 – 17 W 18/99, ZIP 1999, 793 = AG 1999, 418.
5 BVerfG v. 24.5.2012 – 1 BvR 3221/10, ZIP 2012, 1656 (1658) = AG 2012, 674.
6 BGH v. 17.1.1973 – IV ZR 142/70, DB 1973, 563 (565); BGH v. 9.11.1998 – II ZR 190/97, AG 1999, 122; OLG Celle v. 4.4.1979 – 9 Wx 2/77, AG 1979, 230 (231); OLG Düsseldorf v. 29.10.1976 – 19 W 6/73, DB 1977, 296; OLG Düsseldorf v. 17.2.1984 – 19 W 1/81, WM 1984, 732 (734); OLG Düsseldorf v. 11.4.1988 – 19 W 32/86, WM 1988, 1052 (1055); OLG München v. 15.12.2004 – 7 U 5665/03, AG 2005, 486 (488); LG Dortmund v. 14.2.1996 – 20 AktE 3/94, AG 1996, 278 (279); *Drygala* in Lutter, § 8 UmwG Rz. 24; *Seetzen*, WM 1994, 45 (46).
7 Vgl. Abschn. 5.3 des IDW-Standards S 1, WPg-Supplement 3/2008, 68 (77 f.); vgl. auch OLG Zweibrücken v. 9.3.1995 – 3 W 133/92, 3 W 145/92, DB 1995, 866 = AG 1995, 421.

wicklung mit ihren Hauptfaktoren verbal darzustellen. Dabei sind die **geplanten Jahresergebnisse** der beteiligten Gesellschaften mit den angenommenen Jahres-Gesamterträgen und -aufwendungen anzugeben[1]; sofern keine Besonderheiten vorliegen, können mehrere Jahre zusammengefasst werden[2]. Die Wiedergabe vollständiger Plan-GuV-Rechnungen ist für eine Plausibilitätskontrolle ebenso wenig erforderlich wie die Vorlage von Einzelplanrechnungen für bestimmte Produkte oder Geschäftsbereiche[3]. Die hM verlangt die Angabe aussagekräftiger **Einzelplanzahlen**[4]. Aufgrund solcher Angaben soll der Anteilsinhaber in die Lage versetzt werden – notfalls unter Mithilfe eines Fachkundigen –, die dargelegten Bewertungen nachvollziehen zu können[5]. Danach empfiehlt sich die Angabe von Planzahlen zu den wichtigsten GuV-Posten wie Umsatzerlöse, Material- und Personalaufwand, Zinserträge und Zinsaufwendungen sowie Steuerbelastungen[6]. Gehören zu einem beteiligten Rechtsträger weitere verbundene Unternehmen, so genügt es idR, wenn die Planzahlen konsolidiert für alle, also den **Konzern**, und nicht für jedes Unternehmen einzeln angegeben werden (sog. top-down-Ansatz)[7]. Eigene Planzahlen sind nur bei solchen Tochterunternehmen anzugeben, die für die gesamte Unternehmensgruppe wesentlich sind. Bei nachgeordneten Teilkonzernen kann auch eine zusammengefasste Bewertung des jeweiligen Teilkonzerns ausreichen (sog. modulare Bewertung). Angaben zur künftigen **Steuerbelastung** sind, soweit es sich um einzelne Steuern handelt, nicht erforderlich (vgl. § 131 Abs. 3 Satz 1 Nr. 2 AktG)[8]. Das geplante steuerliche Gesamtergebnis ist aber offen zu legen[9].

17 Die Planzahlen sind auf Stand alone-Basis anzugeben. Eine Darstellung der durch die Verschmelzung erwarteten – negativen und positiven – **Verbundeffekte** ist ggf. für die Motivation der Verschmelzung (vgl. Rz. 8), nicht aber zur Begründung des Umtauschverhältnisses erforderlich; für dieses bleiben sie un-

---

1 Vgl. den vom LG Frankenthal gebilligten Bericht in ZIP 1990, 270 (273).
2 *Mertens*, AG 1990, 20 (29); *Gehling* in Semler/Stengel, § 8 UmwG Rz. 35.
3 Zum Aktienrecht ähnlich *Rodewald*, BB 1992, 237 (239 f.); *Mertens*, AG 1990, 20 (28); *Grunewald* in G/H/E/K, 1994, § 340a AktG Rz. 13; weiter gehend *Keil*, S. 81 ff. sowie, falls keine Geheimhaltungsinteressen entgegenstehen, *Möller*, S. 136.
4 Vgl. *Drygala* in Lutter, § 8 UmwG Rz. 23 f.; *M. Winter* in Lutter, Umwandlungsrechtstage, S. 30; *Bayer*, AG 1988, 323 (328); OLG Karlsruhe v. 30.6.1989 – 15 U 76/88, WM 1989, 1134 (1137) = AG 1990, 35; der BGH hat die Frage zum früheren Recht offen gelassen, vgl. BGH v. 29.10.1990 – II ZR 146/89, WM 1990, 2073 (2074) = AG 1991, 102.
5 So zB OLG Hamm v. 20.6.1988 – 8 U 329/87, WM 1988, 1164 (1167) = AG 1989, 31.
6 *Bula/Pernegger* in Sagasser/Bula/Brünger, § 9 Rz. 219.
7 OLG Frankfurt v. 8.2.2006 – 12 W 185/05, AG 2006, 249 (254 f.); OLG Düsseldorf v. 8.7. 2003 – 19 W 6/00 AktE, AG 2003, 688 (691); vgl. auch IDW S 1, Ziff. 4.2., WPg-Supplement 3/2008, 68 (72); *Drygala* in Lutter, § 8 UmwG Rz. 46.
8 *Drygala* in Lutter, § 8 UmwG Rz. 24; *Simon* in KölnKomm. UmwG, § 8 UmwG Rz. 35.
9 *Gehling* in Semler/Stengel, § 8 UmwG Rz. 35; *Bula/Pernegger* in Sagasser/Bula/Brünger, § 9 Rz. 219.

berücksichtigt[1]. Dementsprechend ist eine genaue Bezifferung solcher ohnehin nur grob schätzbarer und unter den Verschmelzungspartnern schwer aufteilbarer Effekte nicht erforderlich. Soweit es um Personaleinsparungen geht, sind diese allerdings bei der Erläuterung des Verschmelzungsvertrages (vgl. § 5 Abs. 1 Nr. 9 UmwG) näher darzustellen.

Der **Kapitalisierungszinssatz**, mit dem die angenommenen Zukunftserträge auf den Bewertungsstichtag abgezinst werden, entspricht einer vergleichbaren alternativen Kapitalanlagemöglichkeit. Er ist im Bericht zu nennen und zu begründen[2]. Dabei ist zu unterscheiden zwischen dem **Basiszinssatz**, der aus der Rendite langfristiger Staatspapiere bzw. einer adäquaten Alternativanlage abgeleitet wird, einem Abschlag wegen der allgemeinen Markt- und Konkurrenzsituation sowie der internen Kostenentwicklung (**Wachstumsabschlag**) und einem individuellen **Risikozuschlag**[3]. Der Risikozuschlag wird aus einer allgemeinen Marktrisikoprämie multipliziert mit dem unternehmensspezifischen Risiko (Beta-Faktor) ermittelt. Bei Unternehmen mit wichtigen Auslandsbeteiligungen kann der Wachstumsabschlag wegen unterschiedlicher Geldentwertung unterschiedlich ausfallen. Auch der Unternehmensrisikozuschlag kann bei den beteiligten Rechtsträgern unterschiedlich hoch sein (zB bei unterschiedlicher Risikostruktur

18

---

1 Str., vgl. *Drygala* in Lutter, § 5 UmwG Rz. 55 und § 8 UmwG Rz. 23; *Simon* in Köln-Komm. UmwG, § 5 UmwG Rz. 16; *Mertens*, AG 1992, 321 (330 ff.), *Seetzen*, WM 1994, 45 (49) sowie allgemein *Werner* in FS Steindorff, 1990, S. 303 ff.; *Busse von Colbe*, ZGR 1994, 595 ff. und Ziff. 4.4.3.2 IDW Standard S 1, WPg-Supplement 3/2008, 68 (75); ablehnend auch OLG Celle v. 4.4.1979 – 9 Wx 2/77, AG 1979, 230 (233); OLG Hamburg v. 17.8.1979 – 11 W 2/79, AG 1980, 163 (165); OLG Düsseldorf v. 11.4.1988 – 19 W 32/86, WM 1988, 1052 (1053 f.) = AG 1988, 275; OLG Düsseldorf v. 16.10.1990 – 19 W 9/88, DB 1990, 2312 = AG 1991, 106; BayObLG v. 19.10.1995 – 3Z BR 17/90, WM 1996, 526 = AG 1996, 127 sowie zum UmwG OLG Düsseldorf v. 15.3.1999 – 17 W 18/99, ZIP 1999, 793 (795) = AG 1999, 418.
2 OLG Stuttgart v. 6.2.2007 – 20 W 5/06, AG 2007, 705 (706 f.); LG Frankfurt v. 17.2.2009 – 3-5 O 57/06, ZIP 2009, 1322 (1327 f.) = AG 2009, 749; LG Dortmund v. 19.3.2007 – 18 AktE 5/03, AG 2007, 792 (794 f.); LG Mainz v. 19.12.2000 – 10 HK O 143/99, ZIP 2001, 840 (842) = AG 2002, 247; *Drygala* in Lutter, § 8 UmwG Rz. 25; *Gehling* in Semler/Stengel, § 8 UmwG Rz. 39; *Simon* in KölnKomm. UmwG, § 8 UmwG Rz. 42; *W. Müller*, EWiR § 340a AktG 1/88, 949 (950); *Keil*, S. 89 f.; aA LG Mannheim v. 3.3.1988 – 24 O 75/87, WM 1988, 775 = AG 1988, 248; zur Berechnung siehe auch OLG Stuttgart v. 26.10. 2006 – 20 W 14/05, NZG 2007, 112 (115 ff.) = AG 2007, 128 zu § 327a AktG.
3 Vgl. dazu näher LG Frankfurt v. 17.2.2009 – 3/5 O 57/06, ZIP 2009, 1322 (1328 f.) = AG 2009, 749; BayObLG v. 28.10.2005 – 3Z BR 71/00, NZG 2006, 156 (159) = AG 2006, 41; OLG Düsseldorf v. 11.4.1988 – 19 W 32/86, WM 1988, 1052 (1059) = AG 1988, 275; OLG Düsseldorf v. 12.2.1992 – 19 W 3/91, WM 1992, 986 (991) = AG 1992, 200; OLG Düsseldorf v. 2.8.1994 – 19 W 1/93 AktE, WM 1995, 756 (761) = AG 1995, 85; BayObLG v. 19.10.1995 – 3Z BR 17/90, WM 1996, 526 = AG 1996, 127; OLG Düsseldorf v. 15.1. 2004 – I-19 W 5/03 AktE, ZIP 2004, 1503 (1506) = AG 2004, 212; *Seetzen*, WM 1994, 45 (48 f.).

und unterschiedlicher Risikovorsorge). Zu berücksichtigen sind auch unterschiedliche Kapitalstrukturen und damit unterschiedliche Finanzierungsrisiken. So können zB stimmrechtslose Vorzugsaktien oder nicht börsenzugelassene Stammaktien mit einem Abschlag zu bewerten sein[1].

19 Dem Ertragswert wird der **Zeitwert** des **nicht betriebsnotwendigen Vermögens** hinzugerechnet[2]; dieser Wert ist deshalb, sofern er von Bedeutung ist, im Verschmelzungsbericht gesondert anzugeben und zu erläutern[3].

20 Als Ergebnis der Unternehmensbewertung sind die **Unternehmenswerte der** an der Verschmelzung **beteiligten Rechtsträger** anzugeben; die Mitteilung nur der Wertrelation zwischen übertragendem und übernehmendem Rechtsträger genügt nicht[4].

21 Anzugeben ist auch, auf welchen **Stichtag** die Bewertung erfolgt ist[5]. Das Gesetz bestimmt nur für eine eventuelle Barabfindung, nicht aber für das Umtauschverhältnis, dass die Verhältnisse im **Zeitpunkt der Beschlussfassung der übertragenden Gesellschaft** maßgebend sind (vgl. § 30 Abs. 1 UmwG). Diese von § 305 Abs. 3 Satz 2 AktG übernommene Regelung kann aber auch für das Umtauschverhältnis herangezogen werden[6]. Mangels eindeutiger gesetzlicher Regelung ist alternativ auch ein früherer Zeitpunkt (zB Schlussbilanz der übertragenden Gesellschaft) zulässig[7]. Sind nach dem Bewertungsstichtag besondere Ereignisse eingetreten, die auf die Bewertung Einfluss haben, ist darüber in der Anteilsinhaberversammlung, die über die Verschmelzung beschließt, ergänzend zu berichten (sog. **Nachtragsbericht**)[8]. Sind keine bewertungsrelevanten Änderungen

---

1 OLG Düsseldorf v. 20.11.2001 – 19 W 2/00 AktE, AG 2002, 398 (402) und OLG Düsseldorf v. 31.1.2003 – 19 W 9/00 AktE, DB 2003, 1941 (1942) = AG 2003, 329.
2 Zur Abgrenzung OLG Düsseldorf v. 16.10.1990 – 19 W 9/88, AG 1991, 106 (107); BayObLG v. 19.10.1995 – 3Z BR 17/90, DB 1995, 2590 (2591) = AG 1996, 127; OLG Düsseldorf v. 20.11.2001 – 19 W 2/00 AktE, AG 2002, 398 (401).
3 Vgl. OLG Karlsruhe v. 30.6.1989 – 15 U 76/88, WM 1989, 1134 (1138) = AG 1990, 35; LG Frankenthal v. 5.10.1989 – 2 HK O 86/89, WM 1989, 1854 (1857); OLG Düsseldorf v. 2.8.1994 – 19 W 1/93 AktE, WM 1995, 756 (761) = AG 1995, 85; OLG Zweibrücken v. 9.3.1995 – 3 W 133/92, 3 W 145/92, DB 1995, 866 (867) = AG 1995, 421; *Drygala* in Lutter, § 8 UmwG Rz. 26; *Gehling* in Semler/Stengel, § 8 UmwG Rz. 40; *Simon* in KölnKomm. UmwG, § 8 UmwG Rz. 41; *Keil*, S. 65, 91; *Möller*, S. 136.
4 OLG Karlsruhe v. 30.6.1989 – 15 U 76/88, WM 1989, 1134 (1137) = AG 1990, 35; OLG Frankfurt v. 22.8.2000 – 14 W 23/00, ZIP 2000, 1928 (1930); *Keil*, S. 79; *Möller*, S. 136; *Kraft* in KölnKomm. AktG, 1985, § 340a AktG Rz. 15; *Dirrigl*, WPg 1989, 413 (416); *Grunewald* in G/H/E/K, 1994, § 340a AktG Rz. 14; *Gehling* in Semler/Stengel, § 8 UmwG Rz. 41.
5 *Drygala* in Lutter, § 8 UmwG Rz. 30; *Simon* in KölnKomm. UmwG, § 8 UmwG Rz. 27.
6 *Hoffmann-Becking* in FS Fleck, 1988, S. 105 (116); *Grunewald* in G/H/E/K, 1994, § 352c AktG Rz. 16.
7 Vgl. Schiedsurteil v. 29.2.1992, DB 1992, 671; *Drygala* in Lutter, § 8 UmwG Rz. 30.
8 *Seetzen*, WM 1999, 565 (569); *Drygala* in Lutter, § 8 UmwG Rz. 31.

eingetreten, empfiehlt es sich, eine entsprechende Negativerklärung der mit der Bewertung befassten Wirtschaftsprüfer einzuholen. Auf Vorschlag der EU-Kommission ist die Verschmelzungsrichtlinie dahin ergänzt worden, dass die Hauptversammlung einer AG über jede zwischen der Aufstellung des Verschmelzungsplans und dem Tag der Hauptversammlung eingetretene wesentliche Veränderung des Aktiv- oder Passivvermögens zu unterrichten ist[1]. Diese Ergänzung ist in § 64 Abs. 1 Satz 2 UmwG[2] umgesetzt worden. Die dortige Regelung kann als Vorbild zumindest für solche Rechtsformen dienen, die eine Vielzahl von Anteilseignern haben. Die ergänzende Berichterstattung kann danach mündlich erfolgen. Bei bewertungsrelevanten Veränderungen empfiehlt sich jedoch ein schriftlicher Text, der den Anteilsinhabern möglichst vor der Gesellschafterversammlung zugänglich gemacht wird (siehe § 64 UmwG Rz. 5).

7. Barabfindung

Ausführlich zu erläutern und zu begründen ist auch die Höhe einer im Verschmelzungsvertrag gemäß § 29 UmwG vorgesehenen **Barabfindung** (§ 8 Abs. 1 Satz 1 UmwG). Die Barabfindung muss angemessen sein, worunter eine vollwertige Abfindung zu verstehen ist (zu Einzelheiten der Ermittlung siehe § 30 UmwG Rz. 4 ff.). Bei der Erläuterung sollte auf die Ausschlussfristen nach § 31 UmwG hingewiesen werden[3]. 22

Die **Höhe der angebotenen Abfindung** muss im Verschmelzungsbericht in gleicher Weise wie das Umtauschverhältnis **plausibel** gemacht werden[4]. Da bei der Ermittlung des Umtauschverhältnisses regelmäßig der objektivierte Unternehmenswert des übertragenden Rechtsträgers festgestellt wird, kann hieraus die Höhe der Barabfindung abgeleitet werden. Die Erläuterungen zum Umtauschverhältnis sind dementsprechend zu ergänzen. 23

8. Besondere Schwierigkeiten

Soweit bei der Bewertung besondere Schwierigkeiten aufgetreten sind, ist auf diese hinzuweisen (§ 8 Abs. 1 Satz 2 UmwG). Nach dem Zweck der Berichterstattung bedeutet dies nicht nur die Erwähnung solcher Schwierigkeiten (zB 24

---

1 Vgl. Art. 9 Abs. 2 der Verschmelzungsrichtlinie idF der Richtlinie des Europäischen Parlaments und des Rates v. 5.4.2011 über die Verschmelzung von Aktiengesellschaften, ABl. EU Nr. L 110 v. 29.4.2011, S. 1.
2 IdF des Dritten Gesetzes zur Änderung des Umwandlungsgesetzes v. 11.7.2011, BGBl. I 2011, S. 1338.
3 *Mayer* in Widmann/Mayer, § 8 UmwG Rz. 28; *Stratz* in Schmitt/Hörtnagl/Stratz, § 8 UmwG Rz. 24; *Böttcher* in Böttcher/Habighorst/Schulte, § 8 UmwG Rz. 30.
4 *Gehling* in Semler/Stengel, § 8 UmwG Rz. 49.

laufende Sanierung, besonders unsichere Marktverhältnisse, Bewertung von Verlustvorträgen), sondern auch die Darstellung, wie sie berücksichtigt worden sind[1].

9. Folgen für die Beteiligung

25 Hinzuweisen ist sodann auf die Folgen der Verschmelzung für die Beteiligung der Anteilsinhaber (§ 8 Abs. 1 Satz 2 UmwG). Damit ist vor allem die **künftige Beteiligung der Anteilsinhaber** der übertragenden Rechtsträger **an dem übernehmenden Rechtsträger** angesprochen[2]. Bei überschaubarem Personenkreis sollte im Verschmelzungsbericht für jeden Anteilsinhaber, und zwar sowohl des übertragenden wie des übernehmenden Rechtsträgers, die künftige Beteiligungsquote angegeben werden (vgl. §§ 40, 46 UmwG). Es genügt aber auch, insbesondere bei einer größeren Anzahl von Gesellschaftern (zB Publikums-AG), wenn die künftigen Beteiligungsquoten nur abstrakt, zB anhand eines repräsentativen Anteils am Gesellschaftskapital als Rechenbeispiel (zB im Nennbetrag von 1 Euro) dargestellt werden[3]. Erlangt ein Gesellschafter infolge der Verschmelzung eine besondere Rechtsposition, indem er zB bei der übernehmenden Kapitalgesellschaft die Sperrminorität von 25 % oder die Kapitalmehrheit überschreitet oder ergeben sich sonstige wesentliche Änderungen in der Beteiligungsstruktur, so empfiehlt es sich auch diese darzustellen[4].

26 Bei **Mischverschmelzungen** (zB GmbH auf KG) stellt sich die Frage, inwieweit die **Strukturunterschiede** zwischen dem Innenrecht des übertragenden und des übernehmenden Rechtsträgers dargestellt werden müssen. Da das Gesetz nur „Hinweise" auf die Folgen für die Beteiligung verlangt, genügt es, wenn lediglich die wichtigsten Unterschiede wie zB die persönliche Haftung der Gesellschafter bei der OHG oder KG beschrieben werden[5]. Nähere Ausführungen sind insbesondere erforderlich, wenn für die Anteilsinhaber besondere, nicht allgemein

---

1 Vgl. *Drygala* in Lutter, § 8 UmwG Rz. 32; *Stratz* in Schmitt/Hörtnagl/Stratz, § 8 UmwG Rz. 25.
2 Vgl. auch Begr. RegE, BT-Drucks. 12/6699, S. 84.
3 *M. Winter* in Lutter, Umwandlungsrechtstage, S. 29; *Drygala* in Lutter, § 8 UmwG Rz. 35; *Gehling* in Semler/Stengel, § 8 UmwG Rz. 53; *Simon* in KölnKomm. UmwG, § 8 UmwG Rz. 49.
4 *Drygala* in Lutter, § 8 UmwG Rz. 36; *Gehling* in Semler/Stengel, § 8 UmwG Rz. 53; *Mayer* in Widmann/Mayer, § 8 UmwG Rz. 41; LG Essen v. 8.2.1999 – 44 O 249/88, AG 1999, 329 (331).
5 *Bayer*, ZIP 1997, 1613 (1620); *Gehling* in Semler/Stengel, § 8 UmwG Rz. 54; *Simon* in KölnKomm. UmwG, § 8 UmwG Rz 49; *Böttcher* in Böttcher/Habighorst/Schulte, § 8 UmwG Rz. 33; enger *Drygala* in Lutter, § 8 UmwG Rz. 38; *Schäffler* in Maulbetsch/Klumpp/Rose, § 8 UmwG Rz. 43.

bekannte Nachteile entstehen[1]. Die weiter gehenden Einzelheiten ergeben sich aus dem Gesellschaftsvertrag der übernehmenden Gesellschaft und dem anwendbaren Gesetzesrecht; hierauf kann verwiesen werden[2]. Ergänzend empfiehlt es sich, die Satzung bzw. den Gesellschaftsvertrag im Verschmelzungsbericht wiederzugeben[3]. Bedeutung erlangen können in diesem Zusammenhang auch Änderungen hinsichtlich der Fungibilität der Anteile. Sind die neuen Anteile nicht an der Börse zugelassen, ist dies anzugeben[4]. Auch auf etwaige **steuerliche Folgen** für die Anteilsinhaber braucht nur abstrakt und typisierend hingewiesen zu werden[5].

10. Angaben zu verbundenen Unternehmen

Ist ein an der Verschmelzung beteiligter Rechtsträger verbundenes Unternehmen iS von § 15 AktG, so sind in dem Verschmelzungsbericht nach § 8 Abs. 1 Satz 3 UmwG die für die Verschmelzung **wesentlichen Angelegenheiten** dieser verbundenen Unternehmen darzustellen. Diese Erweiterung der Berichtspflicht ist problematisch, weil unklar ist, welche Angelegenheiten für die Verschmelzung wesentlich sind[6]. Angelegenheiten, die für die Bewertung der an der Verschmelzung beteiligten Rechtsträger relevant sind, werden bereits bei der Ermittlung des Umtauschverhältnisses und der Barabfindung erfasst; sie sind in diesem Zusammenhang ggf. näher zu erläutern. Handelt es sich bei dem an der Verschmelzung beteiligten Rechtsträger um die **Obergesellschaft** einer Unternehmensgruppe, sind die nachgeordneten Unternehmen in die Darstellung mit einzubeziehen. Erforderlich sind vor allem Erläuterungen zur Konzernstruktur sowie eine Darstellung der Auswirkungen der Verschmelzung auf die wichtigsten Tochterunternehmen. Ist der beteiligte Rechtsträger selbst eine **Untergesellschaft**, ist auf die Obergesellschaft und deren Bedeutung im Rahmen der Verschmelzung näher einzugehen[7]. Als berichtspflichtig ist zB anzusehen, wenn

27

---

1 LG Heidelberg v. 7.8.1996 – O 4/96 KfH II, AG 1996, 523 (526); *Drygala* in Lutter, § 8 UmwG Rz. 38; OLG Jena v. 5.11.2008 – 6 W 288/08, NZG 2009, 182 (183) = AG 2009, 582.
2 Vgl. *M. Winter* in Lutter, Umwandlungsrechtstage, S. 29; *Drygala* in Lutter, § 8 UmwG Rz. 38; weiter gehend offenbar *Schöne*, GmbHR 1995, 325 (331).
3 *Drygala* in Lutter, § 8 UmwG Rz. 39; eine generelle Rechtspflicht zutreffend verneinend OLG Jena v. 5.11.2008 – 6 W 288/08, NJW-RR 2009, 182 (183) = AG 2009, 582.
4 *Drygala* in Lutter, § 8 UmwG Rz. 15.
5 *Gehling* in Semler/Stengel, § 8 UmwG Rz. 57; *Simon* in KölnKomm. UmwG, § 8 UmwG Rz. 51; enger *Drygala* in Lutter, § 8 UmwG Rz. 42 und *Böttcher* in Böttcher/Habighorst/Schulte, § 8 UmwG Rz. 34; eine Hinweispflicht generell verneinend *Geck*, DStR 1995, 416 (421).
6 Vgl. OLG Frankfurt v. 8.2.2006 – 12 W 185/05, AG 2006, 249 (254); *Drygala* in Lutter, § 8 UmwG Rz. 43.
7 Siehe zur Unterscheidung zwischen Ober- und Untergesellschaft auch *Gehling* in Semler/Stengel, § 8 UmwG Rz. 58 ff. und *Drygala* in Lutter, § 8 UmwG Rz. 45, 47.

sich als Folge der Verschmelzung die Beteiligung des übernehmenden Rechtsträgers an einem verbundenen Unternehmen wesentlich erhöht und damit auch qualitativ ändert. Von wesentlicher Bedeutung kann auch das Schicksal von Unternehmensverträgen im Konzernverbund sein, insbesondere die Frage, ob sie infolge der Verschmelzung von Rechts wegen enden oder gekündigt werden und wie sich dies auf anhängige Ausgleichs- und Abfindungsansprüche auswirkt[1]. Berichtspflichtig können auch die bisherigen Geschäftsbeziehungen eines übertragenden Rechtsträgers zu einem verbundenen Unternehmen (langfristiger Liefervertrag, Vertriebskooperation usw.) sein. Dabei genügt es uU nicht, solche Verbindungen lediglich zu erwähnen. Ergänzend kann auch über ihre eventuelle Veränderung im Zuge der Verschmelzung zu berichten sein. Wegen des Kreises der verbundenen Unternehmen kann meist auf die Angaben zum Anteilsbesitz im (Konzern-)Anhang nach §§ 285 Nr. 11, 313 Abs. 2 Nr. 4 HGB Bezug genommen werden[2]. Soweit solche Angaben nicht vorliegen oder die aktuellen Verhältnisse nicht richtig wiedergeben, empfiehlt es sich, die betroffenen verbundenen Unternehmen und die Art der Verbindung im Verschmelzungsbericht aufzuführen. Soweit einzelne verbundene Unternehmen für die Gruppen unwesentlich sind, brauchen keine Angaben gemacht zu werden[3].

11. Erweiterte Auskunftspflicht

28 Wie § 8 Abs. 1 Satz 4 UmwG ergänzend bestimmt, erstreckt sich die Auskunftspflicht der Vertretungsorgane auch auf die vorgenannten Angelegenheiten. Damit wird die Auskunftspflicht gegenüber den jeweiligen Anteilsinhabern, wie sie zB nach den §§ 49 Abs. 3, 64 Abs. 2 UmwG und § 51a GmbHG, § 131 AktG besteht, präzisiert und verallgemeinert. Die für die allgemeine Auskunftspflicht bestehenden Grenzen (vgl. zB § 51a Abs. 2 GmbHG, § 131 Abs. 1 und 3 AktG) gelten auch hier[4].

12. Auskunftspflichten untereinander

29 Die nach § 8 Abs. 1 Satz 1 und 2 UmwG erforderlichen Berichtsangaben beziehen sich auf **alle** an der Verschmelzung **beteiligten Rechtsträger**. Jedes Vertretungsorgan muss sich deshalb, auch wenn es nur für seinen Rechtsträger berich-

---

1 Vgl. OLG Karlsruhe v. 7.12.1994 – 15 W 19/94, AG 1995, 88 = WuB II A. § 304 AktG 1.95 (*Gerth*).
2 Ähnlich *Simon* in KölnKomm. UmwG, § 8 UmwG Rz. 53, noch mit Hinweis auf den aufgehobenen § 287 HGB; enger *Gehling* in Semler/Stengel, § 8 UmwG Rz. 60: nur für die Verschmelzung wesentliche Beteiligungen.
3 *Gehling* in Semler/Stengel, § 8 UmwG Rz. 60.
4 Ebenso *Drygala* in Lutter, § 8 UmwG Rz. 48.

tet, die notwendigen Informationen über alle anderen beteiligten Rechtsträger verschaffen[1]. Aus dem vorvertraglichen Rechtsverhältnis mit diesen ergibt sich idR ein entsprechender **Auskunftsanspruch**[2]. Das Gleiche gilt für alle mit einem beteiligten Rechtsträger **verbundene Unternehmen**, sofern der Verschmelzungsbericht auch dazu Angaben enthalten muss oder ein Vertretungsorgan gegenüber seinen Anteilsinhabern auskunftspflichtig ist (§ 8 Abs. 1 Satz 3 und 4 UmwG). Soweit vertrauliche oder geheimhaltungsbedürftige Angaben weitergegeben werden, empfiehlt es sich, die Verwendung dieser Daten durch Abschluss einer Vertraulichkeitsvereinbarung mit den beteiligten Personen zu begrenzen[3].

13. Grenzen der Berichtspflicht

§ 8 Abs. 2 Satz 1 UmwG stellt klar, dass in den Bericht keine Tatsachen aufgenommen werden müssen, deren Bekanntwerden geeignet ist, einem der beteiligten Rechtsträger oder einem verbundenen Unternehmen einen **nicht unerheblichen Nachteil** zuzufügen. Eine Verpflichtung zur Selbstschädigung besteht damit nicht. Auf das ähnlich formulierte Auskunftsverweigerungsrecht nach § 131 Abs. 3 Satz 1 Nr. 1 AktG braucht insoweit nicht zurückgegriffen zu werden. Der nicht unerhebliche Nachteil muss nicht als Folge der Offenlegung zwingend eintreten; es genügt die **Eignung** dazu. Nachteil ist nicht nur ein Schaden iS der §§ 249 ff. BGB, sondern jede einigermaßen gewichtige Beeinträchtigung der Interessen eines beteiligten Rechtsträgers[4]. Für die Bestimmung der verbundenen Unternehmen gilt – wie nach § 8 Abs. 1 Satz 3 UmwG – § 15 AktG. Mögliche Nachteile für andere, zB die Gesellschafter eines beteiligten Unternehmens, genügen nicht. Soweit aufgrund von Sondervorschriften (vgl. zB § 131 Abs. 3 Satz 1 Nr. 6 AktG iVm. § 340f Abs. 3 HGB) weiter gehende Geheimhaltungsinteressen anerkannt sind, gelten diese auch für den Verschmelzungsbericht[5]. Soweit in bestimmten Gesellschaftsformen weitergehende Informationsrechte der Gesellschafter, zB aus § 51a GmbHG, bestehen, bleiben diese anwendbar[6] (vgl. dazu auch § 49 UmwG Rz. 7).

30

Wie schon nach altem Recht anerkannt, brauchen Bewertungsfaktoren, deren Offenlegung die Wettbewerbsfähigkeit eines beteiligten Rechtsträgers gefährden

31

---

1 *Grunewald* in G/H/E/K, 1994, § 340a AktG Rz. 16.
2 *Drygala* in Lutter, § 8 UmwG Rz. 49; *Böttcher* in Böttcher/Habighorst/Schulte, § 8 UmwG Rz. 38; einschränkend *Gehling* in Semler/Stengel, § 8 UmwG Rz. 64; vgl. auch *Austmann/Frost*, ZHR 169 (2005), 431 (434).
3 Vgl. *Gehling* in Semler/Stengel, § 8 UmwG Rz. 63; *Simon* in KölnKomm. UmwG, § 8 UmwG Rz. 56; *Böttcher* in Böttcher/Habighorst/Schulte, § 8 UmwG Rz. 38.
4 Vgl. *Kubis* in MünchKomm. AktG, 3. Aufl. 2013, § 131 AktG Rz. 110.
5 Vgl. *Mertens*, AG 1990, 20 (27) zum früheren § 26a KWG.
6 *Drygala* in Lutter, § 8 UmwG Rz. 51; *Mayer* in Widmann/Mayer, § 8 UmwG Rz. 50; *Böttcher* in Böttcher/Habighorst/Schulte, § 8 UmwG Rz. 41.

kann, damit grundsätzlich nicht in den Bericht aufgenommen zu werden[1]. Geheimhaltungsbedürftig sind idR auch Einzelplanzahlen, die Rückschlüsse auf die interne Unternehmensplanung zulassen[2]. Das Gleiche gilt für Angaben, die zu einer Aufdeckung stiller Reserven führen würden (vgl. § 131 Abs. 3 Satz 1 Nr. 3 AktG).

32 Werden Tatsachen, deren Offenlegung im Verschmelzungsbericht an sich erforderlich wäre, aus Geheimhaltungsgründen nicht mitgeteilt, so sind in dem Bericht die **Gründe darzulegen** (§ 8 Abs. 2 Satz 2 UmwG). Dies setzt voraus, dass die Lücke im Bericht offen gelegt wird. Mit dieser Regelung ist eine Streitfrage zum früheren Recht geklärt worden[3]. Die Gründe für die Nichtoffenlegung sind „darzulegen". Daraus folgt, dass ein allgemeiner Hinweis auf die Geheimhaltungsbedürftigkeit nicht genügt[4]. Notwendig ist vielmehr eine Begründung, die einerseits so detailliert ist, dass sie selbst einer Plausibilitätskontrolle standhält[5], andererseits aber keine Rückschlüsse auf die geheimhaltungsbedürftigen Tatsachen zulässt. Damit wird den Vertretungsorganen eine schwierige Gratwanderung zwischen den Interessen des Rechtsträgers und seinen Anteilsinhabern abverlangt. Gemildert wird diese Problematik allenfalls dadurch, dass der Verschmelzungsbericht von vornherein nur Angaben verlangt, die für eine Plausibilitätskontrolle benötigt werden (vgl. Rz. 6). Steht fest, dass die Berichterstattung geeignet ist, der Gesellschaft einen nicht unerheblichen Nachteil zuzufügen, ist das Vertretungsorgan nicht nur berechtigt, sondern verpflichtet, die betreffenden Angaben zu unterlassen[6].

14. Rechtsfolgen eines mangelhaften Berichts

33 Ist der Verschmelzungsbericht inhaltlich unvollständig oder in sonstiger Weise fehlerhaft, so ist der **Zustimmungsbeschluss** zur Verschmelzung, dessen Vorbereitung der Bericht dient (vgl. §§ 42, 47, 63 Abs. 1 Nr. 4 UmwG), bei einer **Kapitalgesellschaft anfechtbar** (vgl. § 243 Abs. 1 AktG iVm. § 14 Abs. 1 UmwG). Dies gilt selbst dann, wenn der Bericht gänzlich fehlt[7]. Die Anfechtbarkeit ist

---

1 Vgl. OLG Hamm v. 20.6.1988 – 8 U 329/87, WM 1988, 1164 (1167 f.) = AG 1989, 31; LG Mannheim v. 3.3.1988 – 24 O 75/87, WM 1988, 775 (779) = AG 1988, 248; LG Frankfurt v. 1.10.1986 – 3/3 O 145/83, WM 1987, 559 (560) zu § 305 AktG.
2 Vgl. *Rodewald*, BB 1992, 237 (239); *Kraft* in KölnKomm. AktG, 1985, § 340a AktG Rz. 16; *Mertens*, AG 1990, 20 (27).
3 Siehe die Nachweise in der 5. Aufl., § 8 UmwG Rz. 32 Fn. 5.
4 OLG Frankfurt v. 22.8.2000 – 14 W 23/00, ZIP 2000, 1928 (1930); *Gehling* in Semler/Stengel, § 8 UmwG Rz. 65.
5 *M. Winter* in Lutter, Umwandlungsrechtstage, S. 31; *Drygala* in Lutter, § 8 UmwG Rz. 52; *Stratz* in Schmitt/Hörtnagl/Stratz, § 8 UmwG Rz. 33.
6 *Gehling* in Semler/Stengel, § 8 UmwG Rz. 67.
7 *Drygala* in Lutter, § 8 UmwG Rz. 59; *Stratz* in Schmitt/Hörtnagl/Stratz, § 8 UmwG Rz. 40.

grundsätzlich bei jedem formellen oder materiellen Mangel gegeben[1]. Da der Verschmelzungsbericht lediglich eine **Plausibilitätskontrolle** ermöglichen soll (vgl. Rz. 1, 6), sollten allerdings nur solche Mängel, die diesem Zweck entgegenstehen, als Anfechtungsgrund anerkannt werden[2]. Ist der Verschmelzungsbericht insgesamt geeignet, seinen Informationszweck zu erfüllen, führen deshalb einzelne Mängel nicht zur Anfechtbarkeit, wenn davon auszugehen ist, dass der Verschmelzungsbeschluss auch bei vollständiger Information gefasst worden wäre[3]. Dies gilt auch auf der Grundlage der neueren BGH-Rechtsprechung, wonach es für die Anfechtbarkeit nicht auf die Kausalität, sondern die **Relevanz** des Mangels ankommt[4].

Ist der Verschmelzungsbericht in Bezug auf die Erläuterung des **Umtauschverhältnisses** fehlerhaft oder unvollständig, wäre es angebracht, einen solchen Mangel allein im Spruchverfahren nach dem SpruchG geltend zu machen, und zwar auch für den übernehmenden Rechtsträger[5]. Für den Formwechsel hat der BGH[6] entschieden, dass die Verletzung von Informations-, Auskunfts- und Berichtspflichten im Zusammenhang mit der nach § 207 UmwG anzubietenden Barabfindung ausschließlich im Spruchverfahren gerügt werden kann. Eine Ausweitung dieses Grundsatzes auf Mängel der schriftlichen und mündlichen Erläuterung des Umtauschverhältnisses ist im Schrifttum überwiegend abgelehnt worden[7]. Soweit sich die Darstellung im Verschmelzungsbericht auf eine **Abfindung** nach § 29 UmwG bezieht, sind die Regelungen in §§ 32, 34 Satz 2 UmwG und in §§ 210, 212 Satz 2 UmwG aber deckungsgleich. Abfindungsbezogene Berichtsmängel können daher wie beim Formwechsel nur im Spruchverfahren geltend gemacht werden[8]. Informationsmängel im Verschmelzungsbericht führen im Übrigen nach dem in § 243 Abs. 4 Satz 1 AktG zum Ausdruck gebrachten Relevanzgedanken nur dann zur Anfechtbarkeit, wenn es sich um Informationen handelt, die für die Ausübung des Stimmrechts wesentlich sind. Bei unrichtigen, unvollständigen oder unzureichenden Bewertungsinformationen, die **in** 34

---

1 OLG Hamm v. 20.6.1988 – 8 U 329/87, WM 1988, 1164 (1168) = AG 1989, 31; OLG Köln v. 21.9.1988 – 24 U 244/87, WM 1988, 1792 (1795) = AG 1989, 101; *Bayer*, AG 1988, 323 (330); *Hüffer/Schäfer* in MünchKomm. AktG, 4. Aufl. 2016, § 243 AktG Rz. 25 und *Hüffer* in FS Fleck, 1988, S. 151 (159).
2 So auch *Simon* in KölnKomm. UmwG, § 8 UmwG Rz. 66 ff.
3 *Drygala* in Lutter, § 8 UmwG Rz. 59; *Gehling* in Semler/Stengel, § 8 UmwG Rz. 79; *Mayer* in Widmann/Mayer, § 8 UmwG Rz. 71.
4 Vgl. zB BGH v. 12.11.2001 – II ZR 225/99, NJW 2002, 1128 = AG 2002, 241; BGH v. 18.4. 2005 – II ZR 250/02, NZG 2005, 77 (79) = AG 2005, 87; *Hüffer/Koch*, § 243 AktG Rz. 46a.
5 Vgl. *Hommelhoff*, ZGR 1990, 447 (474).
6 BGH v. 18.12.2000 – II ZR 1/99, ZIP 2001, 199 (201) = AG 2001, 301.
7 *Drygala* in Lutter, § 8 UmwG Rz. 61; *Gehling* in Semler/Stengel, § 8 UmwG Rz. 80 f.; *Heckschen* in Widmann/Mayer, § 14 UmwG Rz. 15.1.
8 *Gehling* in Semler/Stengel, § 8 UmwG Rz. 81; *Simon* in KölnKomm. UmwG, § 8 UmwG Rz. 84.

§ 8 | Verschmelzung durch Aufnahme

der **Hauptversammlung** gegeben werden, ist die Anfechtbarkeit nach § 243 Abs. 4 Satz 2 AktG ausgeschlossen, wenn für Bewertungsrügen das gesetzliche Spruchverfahren vorgesehen ist. Diese Regelung gilt unmittelbar nur für die AG und KGaA. Zudem betrifft sie nur in der Hauptversammlung gegebene Informationen und damit nicht den schon vorher zu erstellenden Verschmelzungsbericht (siehe dazu auch § 14 UmwG Rz. 14)[1].

35 Da der Verschmelzungsbericht dazu dient, dass sich die Anteilsinhaber auf die Versammlung, die der Verschmelzung zustimmen soll, vorbereiten können, werden etwaige inhaltliche Mängel durch **in der Versammlung erteilte mündliche Auskünfte** grundsätzlich nicht geheilt[2]. Dies gilt allerdings nicht für Informationen, die nach dem Berichtszweck unwesentlich sind und deshalb nachgeschoben werden können (vgl. Rz. 33). Ein Nachschieben in der Anteilsinhaberversammlung ist auch bezüglich solcher Informationen zulässig, die sich auf neue, erst nach der Einberufung der Versammlung eingetretene Vorgänge beziehen[3]. Dies ergibt sich auch aus der Verpflichtung zur Nachtragsberichterstattung in § 64 Abs. 1 UmwG. Ein Anfechtungsgrund besteht schließlich dann nicht, wenn die im Verschmelzungsbericht fehlenden Informationen in anderen, der Versammlung etwa nach § 42a Abs. 1 GmbHG, § 175 Abs. 2 AktG vorgelegten Unterlagen (Jahresabschluss und Lagebericht) enthalten sind[4]. Im Übrigen bleibt zu beachten, dass ein Informationsmangel nur dann als Anfechtungsgrund geltend gemacht werden kann, wenn der Mangel in der Versammlung ausdrücklich gerügt worden ist[5].

36 Bei **Personengesellschaften** führt ein fehlerhafter Verschmelzungsbericht grundsätzlich zur Nichtigkeit des Verschmelzungsbeschlusses, da es hier keine Anfechtbarkeit der Gesellschafterbeschlüsse gibt[6]. Auch insoweit gelten aber die

---

1 *Gehling* in Semler/Stengel, § 8 UmwG Rz. 81; *Simon* in KölnKomm. UmwG, § 8 UmwG Rz. 83; *Winter* in Liber amicorum Happ, 2006, S. 363 (365 f.); *Schwab*, NZG 2007, 521 (522).
2 Vgl. LG Köln v. 14.12.1987 – 91 AktE 123/87, DB 1988, 542 = AG 1988, 145; LG München v. 31.8.1999 – 5HK O 8188/99, AG 2000, 86 und LG München v. 5.8.1999 – 5HK O 11213/99, AG 2000, 87; restriktiv auch BGH v. 29.10.1990 – II ZR 146/89, WM 1990, 2073 = AG 1991, 102 und OLG München v. 6.2.1991 – 7 U 4355/90, ZIP 1991, 726 = AG 1991, 210; *Drygala* in Lutter, § 8 UmwG Rz. 60; *Gehling* in Semler/Stengel, § 8 UmwG Rz. 82; aA *Bayer*, AG 1988, 323 (330); *Mertens*, AG 1990, 29 f.
3 *Gehling* in Semler/Stengel, § 8 UmwG Rz. 83, sofern den Anteilsinhabern genügend Zeit zur Vorbereitung verbleibt.
4 Zust. OLG Jena v. 5.11 208 – 6 W 288/08, NJW-RR 2009, 182 (183) = AG 2009, 582 sowie *Grunewald* in G/H/E/K, 1994, § 340a AktG Rz. 22; abl. für Angaben im Bericht des Verschmelzungsprüfers BGH v. 22.5.1989 – II ZR 206/88, WM 1989, 1128 (1130 f.) = AG 1989, 399 und BGH v. 18.12.1989 – II ZR 254/88, WM 1990, 140 (141) = AG 1990, 259 sowie *Gehling* in Semler/Stengel, § 8 UmwG Rz. 84.
5 Vgl. *Noack/Zetzsche*, ZHR 170 (2006), 218 (242 f.).
6 Vgl. *Drygala* in Lutter, § 8 UmwG Rz. 63; *Roth* in Baumbach/Hopt, § 119 HGB Rz. 31.

in Rz. 33 dargelegten Einschränkungen. Ist innerhalb der Monatsfrist des § 14 Abs. 1 UmwG keine Anfechtungs- oder Nichtigkeitsklage erhoben, ist der **Registerrichter** selbst bei fehlendem Verschmelzungsbericht grundsätzlich zur Eintragung der Verschmelzung verpflichtet[1].

15. EU-Recht

Nach Art. 267 AEUV (ex-Art. 234 EG-Vertrag) sind die deutschen Gerichte berechtigt und uU verpflichtet, Fragen zu einer mit Art. 9 der 3. EG-Richtlinie übereinstimmenden Auslegung von § 8 UmwG dem EuGH zur Entscheidung vorzulegen; dies betrifft aber nur die AG, für welche die Richtlinie verbindliche Vorgaben enthält. Der BGH hat bzgl. der von ihm geprüften (und verworfenen) Verschmelzungsberichte nach dem früheren Aktienrecht eine **Vorlagepflicht verneint**[2]. 37

16. Verzicht auf den Verschmelzungsbericht

Da § 8 UmwG ausschließlich dem Schutz der Anteilsinhaber dient, lässt § 8 Abs. 3 Satz 1 Alt. 1 UmwG einen Verzicht auf den Verschmelzungsbericht zu. Der Verzicht muss aber von **allen Anteilsinhabern aller beteiligten Rechtsträger** erklärt werden. Der Verzicht aller Anteilsinhaber eines beteiligten Rechtsträgers, bezogen auf den von diesem zu erstattenden Verschmelzungsbericht, genügt also nicht[3]. Außerdem müssen die einzelnen Verzichtserklärungen, um wirksam zu sein, **notariell beurkundet** sein (§ 8 Abs. 3 Satz 2 UmwG). Ein Verzicht durch einstimmige Beschlussfassung ist dafür wegen der nach § 129 Abs. 1 Satz 1 BGB erforderlichen individuellen Unterschrift nicht ausreichend. Bei Gesellschaften mit größerem Gesellschafterkreis wie zB einer Publikums-AG ist ein Verzicht damit praktisch ausgeschlossen. Soll bei Gesellschaften mit überschaubarem Gesellschafterkreis ein **Verzicht erklärt** werden, sollte dieser **möglichst früh** und nicht erst in der Gesellschafterversammlung, die den Verschmelzungsbeschluss fasst, beurkundet werden, anderenfalls kann die unvorhergesehene Weigerung einzelner Gesellschafter zu erheblichen Verzögerungen führen. Der Verzicht kann allerdings nicht generell im Voraus, zB in der Satzung, erklärt 38

---

1 Vgl. *Drygala* in Lutter, § 8 UmwG Rz. 62 f.; zust. *Schäfer* in Maulbetsch/Klumpp/Rose, § 8 UmwG Rz. 61.
2 Vgl. BGH v. 22.5.1989 – II ZR 206/88, WM 1989, 1128 (1131) = AG 1989, 399; BGH v. 18.12.1989 – II ZR 254/88, WM 1990, 140 (143) = AG 1990, 259 und BGH v. 29.10.1990 – II ZR 146/89, WM 1990, 2073 (2075) = AG 1991, 102; krit. dazu *Heckschen*, WM 1990, 377 (382) und *Heckschen*, BB 1990, 671 (672); *Keil/Wagner*, ZIP 1989, 214 und *Werner*, WuB II A. § 340a AktG 3.89.
3 *Mayer* in Widmann/Mayer, § 8 UmwG Rz. 57.

werden, sondern muss sich auf eine bestimmte Verschmelzung beziehen[1]. Von dieser müssen zumindest die wesentlichen Eckpunkte bekannt sein[2]. Zweckmäßig ist außerdem, Verzichtserklärungen nach den §§ 8 Abs. 3, 9 Abs. 3, 12 Abs. 3 UmwG zusammenzufassen. Die Verzichtserklärungen sind im Übrigen der Anmeldung an das Registergericht beizufügen (§ 17 Abs. 1 UmwG).

17. Konzernverschmelzung

39 Die Erstellung des Verschmelzungsberichts kann unterbleiben, wenn sich **alle Anteile der übertragenden Rechtsträgers** in der Hand des übernehmenden Rechtsträgers befinden (§ 8 Abs. 3 Satz 1 Alt. 2 UmwG). Angesprochen ist damit die Verschmelzung 100%iger Tochtergesellschaften auf das Mutterunternehmen. Bei dieser sog. Konzernverschmelzung ist ein ausführlicher Verschmelzungsbericht entbehrlich. Eine besondere Verzichtserklärung ist ebenfalls nicht erforderlich. Die Gesellschafter der übernehmenden Gesellschaft können sich über die wirtschaftlichen Verhältnisse der aufzunehmenden Tochtergesellschaft anhand der auszulegenden Jahresabschlüsse (vgl. §§ 49 Abs. 2, 63 Abs. 1 Nr. 2 UmwG) und im Übrigen durch ihr Auskunftsrecht informieren (vgl. §§ 49 Abs. 3, 64 Abs. 2 UmwG). Einen besonderen Fall der Konzernverschmelzung nach einem Ausschluss der Minderheitsaktionäre regelt § 62 Abs. 5 UmwG (vgl. § 62 UmwG Rz. 34 ff.).

40 Alle Anteile befinden sich dann „**in der Hand**" der übernehmenden Gesellschaft, wenn diese rechtlich Inhaber aller Anteile ist (vgl. § 5 UmwG Rz. 69)[3]. Sollen gleichzeitig **mehrere Tochtergesellschaften** auf das Mutterunternehmen verschmolzen werden, so gilt die Erleichterung selbstverständlich nur, wenn das Mutterunternehmen in allen Fällen 100 % der Anteile hält.

18. Personengesellschaften

41 Bei Personengesellschaften, bei denen jeder Gesellschafter zur Geschäftsführung berechtigt ist, braucht ein Verschmelzungsbericht nicht erstellt zu werden (§ 41 UmwG). Diese Bestimmung ist auf andere Rechtsträger mit vergleichbarer Struktur (zB GmbH) entsprechend anwendbar[4].

---

1 *Drygala* in Lutter, § 8 UmwG Rz. 56; *Gehling* in Semler/Stengel, § 8 UmwG Rz. 68; *Simon* in KölnKomm. UmwG, § 8 UmwG Rz. 61.
2 Für Vorliegen des Verschmelzungsvertrages *Drygala* in Lutter, § 8 UmwG Rz. 56; offen dagegen *Gehling* in Semler/Stengel, § 8 UmwG Rz. 68.
3 *Gehling* in Semler/Stengel, § 8 UmwG Rz. 74.
4 Vgl. *Drygala* in Lutter, § 8 UmwG Rz. 58; *Gehling* in Semler/Stengel, § 8 UmwG Rz. 75; *Böttcher* in Böttcher/Habighorst/Schulte, § 8 UmwG Rz. 44; aA *Bayer*, ZIP 1997, 1613 (1620); *Ihrig* in Semler/Stengel, § 41 UmwG Rz. 3; *Simon* in KölnKomm. UmwG, § 8 UmwG Rz. 65.

§ 9
Prüfung der Verschmelzung

(1) Soweit in diesem Gesetz vorgeschrieben, ist der Verschmelzungsvertrag oder sein Entwurf durch einen oder mehrere sachverständige Prüfer (Verschmelzungsprüfer) zu prüfen.

(2) Befinden sich alle Anteile eines übertragenden Rechtsträgers in der Hand des übernehmenden Rechtsträgers, so ist eine Verschmelzungsprüfung nach Absatz 1 nicht erforderlich, soweit sie die Aufnahme dieses Rechtsträgers betrifft.

(3) § 8 Abs. 3 ist entsprechend anzuwenden.

1. Entwicklung der Vorschrift 1
2. Normzweck
   a) Allgemeines 2
   b) Verhältnis zu anderen Prüfungen 4
3. Prüfungspflichtige Vorgänge
   a) Gesetzesvorbehalt 7
   b) Überblick 10
4. Prüfungsgegenstand 11
   a) Verschmelzungsvertrag oder Entwurf 12
   b) Umtauschverhältnis und Abfindungsangebot 13
   c) Änderung des Verschmelzungsvertrags oder des Entwurfs . . . 16
5. Prüfungsziel
   a) Allgemeines 17
   b) Vollständigkeit 18
   c) Richtigkeit 20
   d) Angemessenheit 23
6. Verschmelzungsprüfer 39
7. Entbehrlichkeit der Verschmelzungsprüfung
   a) 100%iger Anteilsbesitz (§ 9 Abs. 2 UmwG) 40
   b) Verzicht aller Anteilsinhaber (§ 9 Abs. 3 UmwG) 42

Literatur: *Adolff*, Unternehmensbewertung im Recht der börsennotierten Aktiengesellschaft, 2007; *Ballwieser/Hachmeister*, Unternehmensbewertung, 5. Aufl. 2016; *Barthel*, Unternehmenswert: Auswahl der Bezugsgrößen bei Market Multiples, FB 2007, 666; *Börsig/Coenenberg*, Bewertung von Unternehmen, 2005; *Braun*, Discounted Cashflow-Verfahren und der Einfluss von Steuern, 2005; *Bungert/Wettich*, Neues zur Ermittlung des Börsenwertes bei Strukturmaßnahmen, ZIP 2012, 449; *Castedello*, Die Unternehmensbewertung, in WP-Handbuch 2014, Bd. II, 14. Aufl. 2014, S. 1 (Abschnitt A); *Dirrigl*, Die Angemessenheit des Umtauschverhältnisses bei einer Verschmelzung als Problem der Verschmelzungsprüfung und der gerichtlichen Überprüfung, WPg 1989, 413 (Teil I); WPg 1989, 454 (Teil II); *Drukarczyk/Schüler*, Unternehmensbewertung, 7. Aufl. 2016; *DVFA Expert Group „Corporate Transactions and Valuation"*, Die Best Practice Empfehlung der DVFA zur Unternehmensbewertung, CFB 2012, 43; *Engelmeyer*, Informationsrechte und Verzichtsmöglichkeiten im Umwandlungsgesetz, BB 1998, 330; *Ernst/Schneider/Thielen*, Unternehmensbewertungen erstellen und verstehen, 5. Aufl. 2012; *Fleischer/Hüttemann*, Rechtshandbuch Unternehmensbewertung, 2015; *Großfeld*, Recht der Unternehmensbewertung, 7. Aufl. 2012; *Hachmeister/Ruthardt/Gebhardt*, Berücksichtigung von Synergieeffekten bei der Unternehmensbewertung – Theorie, Praxis und Rechtsprechung in Spruchverfahren, Der Konzern 2011, 600; *Hachmeister/Ruthardt/Lampenius*, Unterneh-

§ 9 | Verschmelzung durch Aufnahme

mensbewertung im Spiegel der neueren gesellschaftsrechtlichen Rechtsprechung – Berücksichtigung des Risikos, Risikozuschlags und persönlicher Steuern, WPg 2011, 829; *Hayn*, Bewertung junger Unternehmen, 3. Aufl. 2003; *Henselmann/Schrenker/Winkler*, Berücksichtigung von Börsenkursen bei der Ermittlung von Barabfindungen im Rahmen aktienrechtlicher Strukturmaßnahmen, Der Konzern 2011, 223; *Heurung*, Zur Anwendung und Angemessenheit verschiedener Unternehmenswertverfahren im Rahmen von Umwandlungsfällen, DB 1997, 837 (Teil I); DB 1997, 888 (Teil II); *Hommelhoff*, Minderheitenschutz bei Umstrukturierungen, ZGR 1993, 452; *Hüffer*, Unternehmenszusammenschlüsse – Bewertungsfragen, Anfechtungsprobleme und Integrationsschranken, ZHR 172 (2008), 572; *Hüffer/Schmidt-Aßmann/Weber*, Anteilseigentum, Unternehmenswert und Börsenkurs, 2005; IDW HFA 6/1988, Zur Verschmelzungsprüfung nach § 340b Abs. 4 AktG, WPg 1989, 42; *IDW*, IDW Standard: Grundsätze zur Durchführung von Unternehmensbewertungen (IDW S 1 idF 2008), IDW Fachnachrichten 2008, S. 271 ff., WPg 2008, Supplement 3, S. 68 ff.; *IDW*, IDW Standard: Auswirkungen einer Verschmelzung auf den handelsrechtlichen Jahresabschluss, IDW Fachnachrichten 2012, S. 701 ff., WPg 2012, Supplement 4, S. 91 ff.; *IDW*, IDW Standard: Auswirkungen einer Spaltung auf den handelsrechtlichen Jahresabschluss, IDW Fachnachrichten 2012, S. 714 ff., WPg 2012, Supplement 4, S. 104 ff.; *Ihlau/Duscha/Köllen*, Länderrisiken in der Planungsrechnung und ihre Auswirkungen auf die Unternehmensbewertung, BB 2015, 1323; *Klöhn*, Das System der aktien- und umwandlungsrechtlichen Abfindungsansprüche, 2009; *Knoll*, Der objektivierte Unternehmenswert und das IDW, ZBB 2007, 169; *Kranbitter*, Unternehmensbewertung für Praktiker, 2. Aufl. 2007; *Lochner*, Die Bestimmung der Marktrisikoprämie auf der Grundlage empirischer Studien im Spruchverfahren, AG 2011, 692; *Martens*, Verschmelzung, Spruchverfahren und Anfechtungsklage in Fällen eines unrichtigen Umtauschverhältnisses, AG 2000, 301; *Matschke/Brösel*, Unternehmensbewertung, 4. Aufl. 2013; *Meinert*, Neuere Entwicklungen in der Unternehmensbewertung, DB 2011, 2397 (Teil I), DB 2011, 2455 (Teil II); *Meyer zu Lösebeck*, Zur Verschmelzungsprüfung, WPg 1989, 499; *Welf Müller*, Unternehmenswert und börsennotierte Aktie, FS Roth, 2011, S. 517; *Munkert*, Der Kapitalisierungszinssatz in der Unternehmensbewertung, 2005; *Olbrich/Rapp*, Wider die Anwendung der DVFA-Empfehlungen in der gerichtlichen Praxis, CFB 2012, 233; *Peemöller*, Praxishandbuch der Unternehmensbewertung, 6. Aufl. 2015; *Ruthardt/Hachmeister*, Das Stichtagsprinzip in der Unternehmensbewertung – Grundlegende Anmerkungen und Würdigung der jüngeren Rechtsprechung im Spruchverfahren, WPg 2012, 451; *Ruthardt/Hachmeister*, Unternehmensbewertung im Spiegel der neuen gesellschaftsrechtlichen Rechtsprechung, WPg 2016, 687; *Saur/Tschöpel/Wiese/Willershausen*, Finanzieller Überschuss und Wachstumsabschlag im Kalkül der ewigen Rente – Ein Beitrag zur Umsetzung aktueller Erkenntnisse in der Unternehmensbewertung, WPg 2011, 1017; *Schmitt/Dausend*, Unternehmensbewertung mit dem Tax CAPM, FB 2006, 233; *Schulte/Köller/Luksch*, Eignung des Börsenkurses und des Ertragswerts als Methoden zur Ermittlung von Unternehmenswerten für die Bestimmung eines angemessenen Umtauschverhältnisses bei (Konzern-)Verschmelzungen, WPg 2012, 380; *Seppelfricke*, Handbuch Aktien- und Unternehmensbewertung, 4. Aufl. 2012; *Tschöpel/Willershausen*, Unternehmensbewertung und Wachstum bei Inflation, persönlicher Besteuerung und Verschuldung, WPg 2010, 349 (Teil I), WPg 2010, 405 (Teil II); *Wagner/Jonas/Ballwieser/Tschöpel*, Unternehmensbewertung in der Praxis, WPg 2006, 1005; *Wenger*, Verzinsungsparameter in der Unternehmensbewertung – Betrachtungen aus theoretischer und empirischer Sicht, AG 2005, 9; *Wollny*, Der objektivierte Unternehmenswert, 2008; *Wollny*, Substanzwert reloaded – Renaissance eines wertlosen Bewertungsverfahrens, DStR 2012, 716

(Teil I), DStR 2012, 766 (Teil II); *Wüstemann*, Rechtsprechungsreport Unternehmensbewertung 2013/14, BB 2014, 1707; *Wüstemann/Brauchle*, Rechtsprechungsreport Unternehmensbewertung 2014/15, BB 2015, 1643; *Wüstemann/Brauchle*, Rechtsprechungsreport Unternehmensbewertung 2015/16, BB 2016, 1644.

1. Entwicklung der Vorschrift

§ 9 UmwG setzt Art. 10 der 3. Richtlinie (**Verschmelzungsrichtlinie**) v. 9.10. 1978 (78/855/EWG) in deutsches Recht um. Als Generalvorschrift für alle Verschmelzungen unterscheidet er sich allerdings von seinen Vorgängervorschriften dadurch, dass er im Grundsatz die Verschmelzungsprüfung unabhängig von der Rechtsform des beteiligten Rechtsträgers vorsieht. Insoweit geht er über die Verschmelzungsrichtlinie hinaus, die nur die Rechtsform der AG in ihren Anwendungsbereich einbezieht (Art. 1 Abs. 1). Dies ist für ein mögliches **Vorabentscheidungsverfahren** zum EuGH gemäß Art. 267 AEUV zu beachten[1]. Anders ist es bei der grenzüberschreitenden Verschmelzung (§§ 122a ff. UmwG). Dort sind die verschmelzungsfähigen Gesellschaftsformen ausdrücklich in der RL 2005/56/EG (Art. 2) genannt. Rechtsprechung und Literatur zu der früheren aktienrechtlichen Regelung sind für die Auslegung des § 9 UmwG uneingeschränkt heranzuziehen.

2. Normzweck

a) Allgemeines

Die Prüfungspflicht dient dem **Präventivschutz** der Anteilsinhaber iS des § 2 UmwG (Gesellschafter, Partner, Aktionäre oder Mitglieder), und zwar der Anteilinhaber des übertragenden wie des aufnehmenden Rechtsträgers. Verschmelzungsbericht (§ 8 UmwG) und Prüfung/Prüfungsbericht sind einander ergänzende Maßnahmen, mit denen der Schutz der Anteilseigner so vollkommen wie möglich ausgestaltet werden soll[2]. Der Verschmelzungsvorgang und seine Hintergründe sind für die Anteilsinhaber so transparent zu gestalten, dass sie sich ein Bild machen können, ob die Verschmelzung wirtschaftlich zweckmäßig ist und den gesetzlichen Anforderungen genügt[3]. Dies muss als Auslegungsrichtlinie nicht nur für den Verschmelzungsbericht nach § 8 UmwG, sondern auch für die Verschmelzungsprüfung und den Prüfungsbericht (§ 12 UmwG) gelten. Beide Maßnahmen sind als koordiniertes Informationsinstru-

---

1 Vgl. zum früheren Art. 177 EWG-Vertrag BGH v. 29.3.1993 – II ZR 69/92, ZIP 1993, 762 = AG 1993, 337.
2 BGH v. 22.5.1989 – II ZR 206/88, ZIP 1989, 980 (982) = AG 1989, 399.
3 BGH v. 22.5.1989 – II ZR 206/88, ZIP 1989, 980 (982) = AG 1989, 399.

mentarium zu sehen. Die Einschaltung eines unabhängigen Sachverständigen soll insbesondere Gewähr für Richtigkeit und Angemessenheit auch dort bieten, wo Informationen wegen der **Schutzklausel** der §§ 8 Abs. 2, 12 Abs. 3 UmwG an die Anteilseigner aus wohlerwogenen Gründen nicht weitergegeben werden. Das UmwG sieht für die aktienrechtliche, die genossenschaftliche und die Vereinsverschmelzung vor, dass die Verschmelzungsprüfungsberichte bei Einberufung der Anteilseigner-/Mitgliederversammlung auszulegen sind (§§ 63 Abs. 1, 82 Abs. 1, 101 Abs. 1 UmwG). Das gilt gleichermaßen für die grenzüberschreitende Verschmelzung (§ 122a Abs. 2 UmwG). Bei der Verschmelzung unter Beteiligung von Personengesellschaften oder GmbH fehlt eine gesetzliche Bestimmung. Nach dem Ziel der Vorschrift ist jedoch hier in analoger Anwendung der §§ 42 und 47 UmwG von einer **Übersendungspflicht** auszugehen[1].

3 Der Präventivschutz der §§ 9 ff. UmwG wird ergänzt durch den a-posteriori-Schutz des **Spruchverfahrens** zur Verbesserung des Umtauschverhältnisses (§ 15 UmwG iVm. dem Spruchverfahrensgesetz), allerdings nur für die Anteilsinhaber des übertragenden Rechtsträgers, oder ggf. der Klage gegen den Verschmelzungs- oder einen Kapitalerhöhungsbeschluss, worauf die Anteilsinhaber des übernehmenden Rechtsträgers allein angewiesen sind.

b) Verhältnis zu anderen Prüfungen

4 Die Verschmelzungsprüfung macht nicht eine in besonderen Fällen gebotene **Sacheinlageprüfung** überflüssig[2]. Dies ergibt sich schon aus den unterschiedlichen Normzwecken: Während die Verschmelzungsprüfung dem Schutz der Anteilsinhaber dient, ist Gegenstand aller Sacheinlageprüfungen die Sicherung der Kapitalaufbringung aus dem Gesichtspunkt des Gläubigerschutzes. Die Mindestqualifikation der Verschmelzungsprüfer und der Sacheinlageprüfer ist unterschiedlich (§ 11 Abs. 1 UmwG iVm. § 319 Abs. 1 HGB einerseits; § 33 Abs. 4 AktG andererseits). Da es sich um unterschiedliche Prüfungen handelt, dürfen sie auch nicht abwicklungs- und berichtsmäßig verbunden werden. Ob der Sacheinlageprüfer gleichzeitig Verschmelzungsprüfer sein darf, ist im Einzelfall sorgfältig zu prüfen. Das ist nach §§ 319 Abs. 3, 319a, 319b HGB gesetzlich nicht ausgeschlossen; im Gegenteil lassen §§ 69 Abs. 1 Satz 4 und 75 Abs. 1 Satz 2 UmwG den Verschmelzungsprüfer als Sacheinlageprüfer ausdrücklich zu. Trotzdem kann **Besorgnis der Befangenheit** bestehen, wenn etwa die Prüfung des Umtauschverhältnisses Auswirkungen auf den Wert der Sacheinlage hat oder umgekehrt (Verbot der Selbstprüfung: § 319 Abs. 2 HGB).

---

1 *Zimmermann* in FS Brandner, 1996, S. 167 (176 f.).
2 Vgl. BT-Drucks. 9/1065, S. 16; *Bitzer*, Probleme der Prüfung des Umtauschverhältnisses bei aktienrechtlichen Verschmelzungen, 1987, S. 28 ff.; *Zeidler* in Semler/Stengel, § 9 UmwG Rz. 4.

Neben der Verschmelzungsprüfung wird eine Sacheinlageprüfung in folgenden 5
Fällen nach dem UmwG erforderlich:
- Gründungsprüfung bei Verschmelzung auf eine AG durch Neugründung, es sei denn, der übertragende Rechtsträger ist eine Kapitalgesellschaft oder eine eingetragene Genossenschaft (§ 33 Abs. 2 Nr. 4 AktG; § 75 Abs. 2 UmwG);
- Nachgründungsprüfung, wenn die aufnehmende Gesellschaft eine AG oder KGaA ist, auf die die Voraussetzungen des § 52 AktG zutreffen (§ 67 UmwG);
- Kapitalerhöhungsprüfung, wenn der aufnehmende Rechtsträger eine AG oder KGaA ist und die Voraussetzungen des § 69 Abs. 1 Satz 1 Halbsatz 2 UmwG oder des § 78 UmwG gegeben sind.

Auch die Prüfung der **Schlussbilanz** nach § 17 Abs. 2 UmwG ist, selbst wenn sie 6
ausnahmsweise von demselben Prüfer vorgenommen werden sollte, getrennt und unabhängig von der Verschmelzungsprüfung durchzuführen. Allerdings kann einer Prüfung der Schlussbilanz ggf. der Ausschlussgrund des § 319 Abs. 3 Nr. 3 lit. d HGB iVm. § 11 Abs. 1 UmwG entgegenstehen, sofern die Verschmelzungsprüfung der Prüfung der Schlussbilanz vorausgeht; im umgekehrten Fall wird § 319 Abs. 3 Nr. 3 lit. d HGB nicht in Betracht kommen[1].

3. Prüfungspflichtige Vorgänge

a) Gesetzesvorbehalt

In § 9 UmwG wird die Verschmelzungsprüfung als gesetzliches Institut geregelt. 7
Ob und für welche **Rechtsformen** verschmelzungsfähiger Rechtsträger es zur Anwendung kommt, bedarf eines besonderen Gesetzesbefehls, der die Prüfung anordnet und erforderlichenfalls besondere Voraussetzungen vorsieht[2]. Dieser Gesetzesbefehl ist jeweils in den Abschnitten des zweiten Teils des zweiten Buches enthalten (vgl. §§ 44, 45e, 48, 60, 78, 81, 100, 122f). Im Einzelnen ist er ausgestaltet als **Antragsprüfung** (§§ 3, 44, 48, 100 UmwG), als **Pflichtprüfung** mit Verzichtsmöglichkeit (§§ 3, 60, 78, 100, 122f UmwG)[3] und als Pflichtprüfung ohne Verzichtsmöglichkeit (§ 81 UmwG)[4]. Eine Pflichtprüfung (mit Verzichtsmöglichkeit) ist ferner erforderlich, wenn nach § 29 Abs. 1 UmwG ein Barabfindungsangebot gemacht werden muss (§ 30 Abs. 2 UmwG). Da ggf. erst im Ver-

---

1 Vgl. *Welf Müller* in KölnKomm. RechnungslegungsR, 2010, § 319 HGB Rz. 88 ff.; generell Befangenheit ablehnend *Zeidler* in Semler/Stengel, § 9 UmwG Rz. 5.
2 Begr. RegE, BR-Drucks. 75/94, S. 84.
3 AA offenbar *Zeidler* in Semler/Stengel, § 9 UmwG Rz. 8, zutreffend aber *Drinhausen* in Semler/Stengel, § 122f UmwG Rz. 7; § 122f UmwG verweist auf die §§ 9–12 UmwG: danach ist auch § 8 Abs. 3 UmwG anwendbar.
4 Vgl. dazu *Drygala* in Lutter, § 9 UmwG Rz. 6.

lauf der Anteilseigner-/Mitgliederversammlung über den Verschmelzungsbeschluss feststeht, ob ein Barabfindungsangebot erforderlich ist, empfiehlt sich in zweifelhaften Fällen eine präventive Verschmelzungsprüfung[1]. Bei **Mischverschmelzungen** bestimmt sich die Prüfungspflicht nach der jeweiligen Rechtsform der beteiligten Rechtsträger[2]. Die Prüfungspflicht gilt grundsätzlich auch für andere Umwandlungsfälle: für **Auf- und Abspaltung** mit Ausnahme des § 9 Abs. 2 UmwG (§ 125 Satz 1 UmwG), für die **Vermögensübertragung** (§§ 176, 177 UmwG). Sie gilt dagegen nicht für die **Ausgliederung** (§ 125 Satz 2 UmwG) und nicht für den **Formwechsel** (hier sind die für die neue Rechtsform geltenden Gründungsvorschriften anzuwenden, § 197 Satz 1 UmwG).

8 Fehlt es an einem Gesetzesbefehl, kommt eine Pflichtprüfung nicht in Betracht. Eine Prüfung kann dennoch auf freiwilliger Basis von den Vertretungsorganen oder den Anteilsinhabern der beteiligten Rechtsträger (zB im Verschmelzungsvertrag) vorgesehen werden. Wird der in § 11 Abs. 1 UmwG iVm. § 319 Abs. 1 HGB genannte qualifizierte Personenkreis als Prüfer tätig, so hat er sich grundsätzlich, auch bei freiwilligen Prüfungen, an die Stellungnahme HFA 6/1988[3] zu halten und Abweichungen zu begründen.

9 Im Falle eines Ausschlusses von Minderheitsaktionären (**Squeeze-out**) nach § 62 Abs. 5 UmwG muss bereits der Verschmelzungsvertrag die Angabe enthalten, dass im Zusammenhang mit der Verschmelzung ein Ausschluss der Minderheitsaktionäre erfolgen soll. Es spricht nichts dagegen, dass diese Angabe bereits die vom Hauptaktionär (aufnehmende AG) festgelegte Barabfindung nach § 327c Abs. 1 Nr. 2 AktG enthält. Damit können Verschmelzungsprüfung nach § 9 UmwG und **Squeeze-out-Prüfung** nach § 327c Abs. 2 Satz 2 AktG verbunden und von demselben gerichtlich ausgewählten und bestellten Prüfer geprüft werden (§ 10 Abs. 1 UmwG; §§ 327c Abs. 2 Satz 2, 293c AktG). Die Verschmelzungsprüfung kann darüber hinaus mit einer **Sacheinlageprüfung** bei einer Kapitalerhöhung zur Durchführung der Verschmelzung (§ 69 Abs. 1 Satz 4 UmwG) oder mit einer **Gründungsprüfung** bei Verschmelzung durch Neugründung (§ 75 Abs. 1 Satz 2 UmwG) verbunden werden.

b) Überblick

10 Je nach beteiligtem Rechtsträger ergeben sich im Überblick in folgenden Fällen Prüfungspflichten nach § 9 UmwG[4]:

---

1 *Drygala* in Lutter, § 9 UmwG Rz. 7.
2 *Zeidler* in Semler/Stengel, § 9 UmwG Rz. 10.
3 WPg 1989, 42.
4 Vgl. auch *Ossadnik/Maus*, DB 1995, 105 (106).

Beteiligter Rechtsträger	Bestimmung im UmwG	Bemerkungen
Personenhandelsgesellschaft	§ 44 UmwG	Bei durch Gesellschaftsvertrag zugelassener Mehrheitsentscheidung auf Verlangen eines Gesellschafters
Partnerschaftsgesellschaft	§ 45e UmwG	Bei durch Partnerschaftsvertrag zugelassener Mehrheitsentscheidung auf Verlangen eines Partners
GmbH	§ 48 UmwG	Auf Verlangen eines Gesellschafters
AG	§ 60 UmwG	Prüfungspflicht
KGaA	§ 78 UmwG	Prüfungspflicht
eG	§ 81 UmwG	Gutachten des Prüfungsverbandes
wirtschaftlicher Verein	§ 100 UmwG	Prüfungspflicht
eingetragener Verein	§ 100 UmwG	Auf Verlangen von mindestens 10 % der Mitglieder
Genossenschaftlicher Prüfungsverband		Keine Prüfung
VVaG		Keine Prüfung
Kapitalgesellschaft iS von Art. 2 Nr. 1 RL 2005/56/EG	§ 122f UmwG	Prüfungspflicht

4. Prüfungsgegenstand

a) Verschmelzungsvertrag oder Entwurf

Als Prüfungsgegenstand bezeichnet das Gesetz eindeutig den Verschmelzungsvertrag oder seinen Entwurf. Nicht Gegenstand der Prüfung ist der **Verschmelzungsbericht**; der Wortlaut des § 9 Abs. 1 UmwG ist insoweit eindeutig[1]. Der Verschmelzungsbericht kann im Rahmen der Prüfung als Informationsquelle zugezogen werden. Er ist aber nicht einmal Voraussetzung der Prüfung: Diese kann auch durchgeführt und abgeschlossen werden, ohne dass der Verschmel-

11

---

1 HM: *Drygala* in Lutter, § 9 UmwG Rz. 13; *Stratz* in Schmitt/Hörtnagl/Stratz, § 9 UmwG Rz. 5; *IDW* HFA 6/1988, WPg 1989, 42; *Bitzer*, Probleme der Prüfung des Umtauschverhältnisses bei aktienrechtlichen Verschmelzungen, 1987, S. 18; *Mertens*, AG 1990, 20 (31); *Meyer zu Lösebeck*, WPg 1989, 499; *Schedlbauer*, WPg 1984, 33 (42); *Zeidler* in Semler/Stengel, § 9 UmwG Rz. 17f.; aA *Bayer*, AG 1988, 323 (328); *Bayer*, ZIP 1997, 1613 (1621); *Becker*, AG 1988, 223 (225); *Dirrigl*, WPg 1989, 413 (414ff.); *Ganske*, DB 1981, 1551 (1553); *Priester*, ZGR 1990, 420 (430); *Hoffmann-Becking* in FS Fleck, 1988, S. 105 (122).

zungsbericht (schon) vorliegt. Damit scheidet auch die wirtschaftliche oder geschäftspolitische Zweckmäßigkeit der Verschmelzung als Prüfungsgegenstand aus. Hierzu hat sich ausschließlich der Verschmelzungsbericht – und zwar ausführlich – zu äußern. Etwas anderes gilt allerdings für das Prüfungsgutachten nach § 81 UmwG: Darin hat der Prüfungsverband umfassend das Für und Wider der Verschmelzung einschließlich der rechtlichen und wirtschaftlichen Folgen für die Genossen zu erörtern.

12 Prüfungsgegenstand ist einmal der **Mindestinhalt** des Verschmelzungsvertrages gemäß § 5 Abs. 1 Nr. 1–9 UmwG. Dazu gehören ua. auch die Folgen der Verschmelzung für die Arbeitnehmer (§ 5 Abs. 1 Nr. 9 UmwG). Dazu gehören weiterhin die rechtsformspezifischen Angaben nach §§ 40, 46 und 80 UmwG. Im Falle des umwandlungsrechtlichen Squeeze-out nach § 62 Abs. 5 UmwG sind auch die diesbezüglichen Angaben im Verschmelzungsvertrag (§ 62 Abs. 5 Satz 2 UmwG) Prüfungsgegenstand. Zur Verbindung mit einer Squeeze-out-Prüfung vgl. Rz. 9. Prüfungsgegenstand sind auch alle weiteren Bestimmungen (**fakultative Bestandteile**) des Verschmelzungsvertrags[1]. Beispielhaft seien Regelungen über die Verteilung der mit der Verschmelzung verbundenen Kosten genannt[2]. Die im Verschmelzungsvertrag geregelten Kosten der Verschmelzung sind relevant, da der Verschmelzungsprüfer nach § 11 Abs. 2 UmwG eine besondere Verantwortung gegenüber den Anteilsinhabern hat, wobei zu vermuten ist, dass diese ein Interesse an der Kostenaufteilung der Verschmelzung haben. Einer solchen weiteren Bestimmung kommt nicht nur Bedeutung bei einem Scheitern der Verschmelzung[3] zu; sie ist ggf. auch bei der Berechnung des Umtauschverhältnisses zu berücksichtigen (zur bilanziellen Behandlung bei dem aufnehmenden Rechtsträger vgl. § 24 UmwG Rz. 45)[4]. Aber auch mit der Wirksamkeit und Wirkung ggf. vereinbarter aufschiebender oder auflösender Bedingungen hat sich die Prüfung zu befassen (vgl. § 4 UmwG Rz. 11 f.).

b) Umtauschverhältnis und Abfindungsangebot

13 Einen Schwerpunkt der Prüfung stellt die **Angemessenheit des Umtauschverhältnisses** dar. Dies ergibt sich im Rückschluss aus § 12 Abs. 2 UmwG. Zum Umtauschverhältnis gehört auch die Höhe der **baren Zuzahlungen**.

14 Weiterhin gehört dazu die Prüfung der **Angemessenheit** einer anzubietenden **Barabfindung** in den Fällen des § 29 UmwG. Sie ist in jedem Falle zwingend, selbst wenn eine Verschmelzungsprüfung rechtsformspezifisch im Übrigen nicht erforderlich sein sollte (§ 30 Abs. 2 UmwG). Die Barabfindung ist für einen aus-

---

1 AA *Zeidler* in Semler/Stengel, § 9 UmwG Rz. 15.
2 Vgl. OLG Stuttgart v. 23.11.1994 – 3 U 77/94, WM 1995, 1355 (1356) = AG 1996, 35.
3 So *Grunewald* in G/H/E/K, 1994, § 340 AktG Rz. 29.
4 AA *Zeidler* in Semler/Stengel, § 9 UmwG Rz. 15; differenzierend *Drygala* in Lutter, § 9 UmwG Rz. 9.

trittsberechtigten Anteilsinhaber von ebenso großer Bedeutung wie das Umtauschverhältnis für die im Unternehmen verbleibenden Anteilsinhaber. Daraus rechtfertigt sich die zwingende Prüfung durch unabhängige Sachverständige[1]. Umtauschverhältnis wie Barabfindung sind die materiellen Kernregelungen eines Verschmelzungsvertrages. Sie sind wegen des zu Grunde liegenden Zahlenmaterials auch die sensibelsten Punkte. Da die vollkommene Transparenz häufig an § 8 Abs. 2 UmwG scheitern wird, kommt der Stellungnahme des unabhängigen Sachverständigen besondere Bedeutung für die Information der Anteilsinhaber zu.

Werden durch die Verschmelzung Mitgliedschaften in Gesellschaftsrechte transformiert (zB wirtschaftlicher Verein auf Kapitalgesellschaft), so sind zunächst die **Wertrechte der Mitgliedschaft** festzustellen (§ 38 BGB). Im Zweifel, dh. wenn die Satzung nichts anderes bestimmt, haben alle Mitglieder die gleichen Rechte[2] und damit auch gleichwertige Ansprüche auf die an Stelle der Mitgliedschaft tretenden Gesellschaftsanteile. Zu berücksichtigende Sonderrechte können insbesondere bei der Verteilung des Vereinsvermögens im Falle der Auflösung des Vereins vorliegen[3]. Für die Feststellung des Umtauschverhältnisses sind ggf. rechtsformspezifische Besonderheiten, soweit sie sich wertmäßig niederschlagen, zu bereinigen (zB unterschiedliche Steuerbelastungsquoten). 15

c) Änderung des Verschmelzungsvertrags oder des Entwurfs

Das Gesetz regelt nicht, wie zu verfahren ist, wenn nach Abschluss der Prüfung, also nach Erstattung des Prüfungsberichts (§ 12 UmwG) der Verschmelzungsvertrag geändert wird oder der Vertrag abweichend von dem geprüften Entwurf abgeschlossen wird. Eine „**Nachtragsprüfung**" iS von § 316 Abs. 3 HGB, wie bei der Jahresabschlusspflichtprüfung, ist nicht vorgesehen. 16

Lag der Prüfung ein bereits abgeschlossener Verschmelzungsvertrag zugrunde und wird dieser geändert, so ist „der Verschmelzungsvertrag" iS des § 9 Abs. 1 UmwG nicht geprüft. Anders, wenn nur ein **Entwurf** der Prüfung zugrunde liegt. Das Wesen des Entwurfs ist die Änderbarkeit. Jedoch ist zu beachten, dass ein Entwurf nur deshalb als Beschlussunterlage für ausreichend gehalten wird, um bei unsicherem Beschlussausgang die Notarkosten für die Beurkundung des Vertrages (§ 6 UmwG) zu ersparen[4]. Für die Prüfung der Verschmelzung tritt damit der Entwurf an die Stelle des Vertrages, so dass auch eine Änderung des Entwurfs dazu führt, dass „der Entwurf" iS des § 9 Abs. 1 UmwG nicht geprüft ist. Entsprechendes gilt, wenn der Vertrag abweichend vom Entwurf abgeschlossen wird. In diesen Fällen ist eine neue Prüfung erforderlich, soweit die Ände-

---

1 Begr. RegE, BR-Drucks. 75/94, S. 95.
2 RGZ 73, 191.
3 RGZ 136, 190.
4 Vgl. BT-Drucks. 9/1065, S. 15.

rung reicht. Dies gilt jedenfalls dann, wenn eine Prüfung zwingend notwendig ist (zB §§ 30 Abs. 2, 60, 81, 100 Satz 1 UmwG). Findet eine Prüfung nur auf Verlangen statt (zB §§ 44, 48 UmwG), wird man annehmen dürfen, dass mit Zustimmung der das Verlangen äußernden Gesellschafter von einer Nachtragsprüfung abgesehen werden kann. Um sicherzustellen, welche Fassung des Verschmelzungsvertrags oder Entwurfs der Prüfung zugrunde gelegen hat, empfiehlt es sich, den jeweiligen Text dem Prüfungsbericht (§ 12 UmwG) als Anlage beizufügen. Wie bei § 316 Abs. 3 HGB ist nur soweit neu zu prüfen, soweit es die Änderung erfordert. Allerdings ist auf die Auswirkungen der Änderung auf den gesamten Verschmelzungsvorgang zu achten (so kann zB die Änderung des Verschmelzungsstichtags Auswirkungen auf das Umtauschverhältnis haben). Je nach Umfang der Änderung ist ein gänzlich neuer Bericht oder ein Nachtragsbericht zu erstellen (§ 12 Abs. 1 UmwG).

5. Prüfungsziel

a) Allgemeines

17 Das Gesetz lässt sich zwar über den Prüfungsgegenstand, nicht aber über Prüfungszweck und Prüfungsziel aus. Was die Sollvorgabe für den Prüfer ist, muss aus der Begründung zum Verschmelzungsrichtliniengesetz v. 25.10.1982[1] und aus den Bestimmungen über den Prüfungsbericht, insbesondere § 12 Abs. 2 UmwG, abgeleitet werden. Der BGH hat im „Kochs-Adler"-Urteil[2] zutreffend **drei Prüfungsziele** umschrieben, nämlich

- Vollständigkeit des Verschmelzungsvertrags,
- Richtigkeit der Angaben im Verschmelzungsvertrag,
- Angemessenheit des Umtauschverhältnisses.

Dem ist zu folgen; hinzu kommt die Angemessenheit einer Barabfindung, sofern eine solche nach § 29 UmwG in den Verschmelzungsvertrag aufzunehmen ist.

b) Vollständigkeit

18 Die Prüfung hat sich damit zu befassen, ob der Verschmelzungsvertrag/Entwurf den gesetzlich vorgeschriebenen **Mindestinhalt** hat. Das sind zunächst die Angaben nach § 5 Abs. 1 Nr. 1–9 UmwG. Diese Bestimmung ist jedoch nicht abschließend, weitere Pflichtinhalte finden sich je nach Konstellation in § 29 Abs. 1 UmwG (Barabfindungsangebot), § 37 UmwG (Gesellschaftsvertrag, Satzung bei Neugründung), § 40 UmwG (Rechtsstellung in der Personengesellschaft und Einlage), § 46 UmwG (Nennbetrag des Geschäftsanteils bei der

---

[1] BT-Drucks. 9/1065, S. 16.
[2] BGH v. 22.5.1989 – II ZR 206/88, ZIP 1989, 980 (982) = AG 1989, 399.

GmbH pro Anteilsinhaber, Vorzugsrechte), § 63 Abs. 5 Satz 2 UmwG (Absicht des Ausschlusses der Minderheitsaktionäre) und § 80 UmwG (besondere Angaben bei der Genossenschaft). Andererseits können in bestimmten Konstellationen Pflichtangaben entfallen (bei ausschließlicher Beteiligung von VVaG: § 110 UmwG). Bei der grenzüberschreitenden Verschmelzung findet sich der Mindestinhalt des Verschmelzungsplans in § 122c Abs. 2 Nr. 1–12 UmwG.

Fakultative Vertragsbestandteile fallen nicht unter die Vollständigkeits-, allenfalls unter die Richtigkeitsprüfung (Rz. 20). Die Prüfung der Zweckmäßigkeit von Vertragsbestandteilen oder fehlender – fakultativer – Bestandteile ist nicht Gegenstand der Prüfung. 19

c) Richtigkeit

Gewährleistet die Vollständigkeitsprüfung, dass der Verschmelzungsvertrag/ Entwurf themenbezogen den erforderlichen Mindestinhalt ausweist, hat sich die Richtigkeitsprüfung damit zu befassen, ob die Aussagen inhaltlich/sachlich zutreffen und in sich widerspruchsfrei sind. In sich widerspruchsfrei müssen zB sein das Umtauschverhältnis (§ 5 Abs. 1 Nr. 3 UmwG), der Beginn des Gewinnbezugs (§ 5 Abs. 1 Nr. 5 UmwG) und der Verschmelzungsstichtag (§ 5 Abs. 1 Nr. 6 UmwG). Eine umfassende Rechtmäßigkeits- und Wirksamkeitsprüfung aller Bestimmungen ist nicht Prüfungsgegenstand. Ergeben sich jedoch anlässlich der Prüfungshandlungen Einwendungen oder Bedenken, hat der Prüfer dies zu berücksichtigen und ggf. im Prüfungsbericht auszuführen. Dazu kann zB die Frage gehören, ob die im Verschmelzungsplan nach § 122c Abs. 2 Nr. 11 UmwG angegebenen Bewertungsansätze rechtlich möglich und zulässig sind. Die zur Gründungsprüfung nach §§ 33, 34 AktG entwickelten Grundsätze sind hier entsprechend heranzuziehen (auch nach § 34 Abs. 1 Nr. 1 AktG hat der Prüfer zu überprüfen, „ob die Angaben ... richtig" sind). Den Prüfer trifft insoweit eine **Warn- oder Hinweispflicht**[1]. 20

Der Richtigkeitskontrolle unterliegen grundsätzlich auch die **fakultativen Vertrags-/Entwurfsbestandteile** (vgl. dazu auch Rz. 11). Zu prüfen ist deren sachliche Richtigkeit, nicht aber, ob sie zweckmäßig sind. Dies schließt nicht aus, dass der Prüfer die Vertretungsorgane auf Zweckmäßigkeitsgesichtspunkte hinweist, die diese berücksichtigen können oder auch nicht. Verpflichtet ist er hierzu jedoch nicht. 21

Insbesondere ist nicht Gegenstand der Richtigkeitsprüfung, die **wirtschaftliche Lebensfähigkeit** des übernehmenden Rechtsträgers nach der Verschmelzung zu untersuchen[2], auch wenn davon letztlich die Werthaltigkeit der gewährten An- 22

---

1 Vgl. BGH v. 15.12.1954 – II ZR 322/53, BGHZ 16, 17 (24); BGH v. 27.2.1975 – II ZR 111/ 72, BGHZ 64, 52 = NJW 1975, 974; *K. Schmidt*, DB 1975, 1681 ff.; *Sooge*, ZGR 1977, 683.
2 Vgl. BGH v. 27.2.1975 – II ZR 111/72, NJW 1975, 794 (796).

teilsrechte abhängt. Drängen sich jedoch bei pflichtgemäßer Durchführung des Prüfungsauftrags dem Verschmelzungsprüfer Bedenken und Risiken geradezu auf, so obliegt ihm auch insoweit eine **Warn- und Hinweispflicht**.

d) Angemessenheit

23 **aa) Allgemeines.** Die Angemessenheit des Umtauschverhältnisses der Anteile oder Mitgliedschaften sowie die Angemessenheit einer anteiligen Barabfindung bilden den Schwerpunkt der Prüfungstätigkeit. Dies ergibt sich aus § 12 Abs. 2 UmwG und § 30 Abs. 2 UmwG.

Es ist jedoch nicht Aufgabe des Verschmelzungsprüfers, das Umtauschverhältnis selbst festzustellen und die dafür ggf. notwendigen Unternehmensbewertungen selbst durchzuführen[1]. Zwischen Feststellung und Prüfung ist streng zu unterscheiden; keinesfalls darf der Prüfer eigenes Ermessen an die Stelle des Ermessens der Vertretungsorgane setzen. Eigene Erhebungen und Kontrollrechnungen sind nur insoweit geboten, als es für Plausibilitätsüberlegungen erforderlich ist oder die von den Vertretungsorganen vorgelegten Unterlagen nicht ausreichend oder nicht zweifelsfrei sind, um das angesetzte Umtauschverhältnis oder die Barabfindung zu belegen[2].

24 **bb) Angemessenheitskriterien.** Die an die Angemessenheit anzulegenden Sollvorgaben ergeben sich nicht aus dem Gesetz, sondern aus den Grundsätzen der betriebswirtschaftlichen Unternehmensbewertung, soweit sie allgemein anerkannt sind, und aus der Rechtsprechung. Hervorzuheben sind folgende **Grundsätze**[3]:

25 (1) **Gleichbehandlung aller Gesellschafter/Mitglieder:** Unterschiedliche Interessen der Gesellschafter/Mitglieder dürfen sich nicht in einer ungleichgewichtigen Unternehmensbewertung niederschlagen. Die Interessen der Gesellschafter/ Mitglieder des übertragenden und des übernehmenden Rechtsträgers sind gleichermaßen zu berücksichtigen. Gesellschaftsrechtlich bestehende Sonderrechte sind nur zu berücksichtigen, sofern sie vermögensrechtliche Auswirkungen haben.

26 (2) **Typisierung der Gesellschafter-/Mitgliederinteressen:** Unternehmenswerte sind stets subjektiv auf den individuellen Gesellschafter, das individuelle Mitglied bezogen. Bei mehreren Beteiligten, der Normalfall bei der Verschmelzung, können subjektive Gesichtspunkte nur berücksichtigt werden, sofern sie für alle Beteiligten gleichermaßen gelten. Andernfalls, insbesondere bei einer Vielzahl

---

1 *IDW* HFA 6/1988, WPg 1989, 42.
2 Vgl. *IDW* HFA 6/1988, WPg 1989, 42 (unter I); *Rodewald*, BB 1992, 237 (241).
3 Vgl. auch *Bitzer*, Probleme der Prüfung des Umtauschverhältnisses bei aktienrechtlichen Verschmelzungen, 1987, S. 48 ff.; *Welf Müller* in Semler/Volhard, Arbeitshdb. für Unternehmensübernahmen, Bd. 1, 2001, § 10 Rz. 193 ff.

von Beteiligten, ist auf einen objektivierten Unternehmenswert abzustellen[1]. In der Regel wird die Bewertung auf Basis **typisierter fiktiver Entscheidungswerte** unter Zugrundelegung unveränderter Produktions- und Finanzierungsbedingungen und ohne Berücksichtigung von Verbundeffekten vorgenommen (vgl. aber Rz. 38). Der Kapitalisierungszinssatz setzt sich zusammen aus einem möglichst fristadäquaten risikofreien Basiszinssatz, idR abgeleitet aus den Renditen langfristiger Anleihen der öffentlichen Hand unter Berücksichtigung aktueller Zinsstrukturkurven und einem aus dem Kapitalmarkt entwickelten Risikozuschlag (CAPM oder Tax-CAPM Modelle)[2].

(3) **Ansatz gleicher Risiko-Chancen-Parameter bei übertragendem und übernehmendem Rechtsträger:** Insbesondere bei Beurteilung des Zukunftsertrages müssen bei allen beteiligten Unternehmen Risiko-Chancen-Parameter mit gleicher Wertigkeit angelegt werden. Der übertragende Rechtsträger darf nicht „vorsichtiger" bewertet werden als der übernehmende. Eine gewisse Gefahr in dieser Richtung lässt sich aus den Ergebnissen abgewickelter Spruchverfahren ableiten[3].

(4) Gleichheit der **Bewertungsmethode** und Identität des **Bewertungsstichtages**.

cc) Bewertungsmethoden. Das Gesetz schreibt Bewertungsmethoden nicht vor und erwähnt sie ausschließlich in der Bestimmung über den Prüfungsbericht (§ 12 Abs. 2 Satz 2 Nr. 1–3 UmwG), nicht aber in der Bestimmung über den Verschmelzungsbericht. Das Gesetz spricht ausdrücklich von „Methoden" und lässt damit eine unbestimmte Vielzahl zu, offenbar auch für die Ermittlung ein und desselben Umtauschverhältnisses. Methode ist ein geregeltes Verfahren zur Erreichung bestimmter Zwecke, hier der Ermittlung des Umtauschverhältnisses. Geregeltes Verfahren und Ordnung nach Grundsätzen bedeutet, dass das Umtauschverhältnis nicht willkürlich festgesetzt und ermittelt sein darf.

Die Feststellung und Klassifikation der Methode ist Sache des Prüfers, nicht der Vertretungsorgane, die lediglich das Umtauschverhältnis erläutern und begründen müssen.

Nach den betriebswirtschaftlichen Grundsätzen ordnungsgemäßer Unternehmensbewertung ist die zutreffende Bewertungsmethode für wirtschaftliche Unternehmenseinheiten der **Ertragswert**, also der Barwert der zukünftigen Überschüsse der Einnahmen über die Ausgaben (dazu ausführlich § 8 UmwG Rz. 10 ff.)[4].

---

1 *Castedello* in WP-Handbuch 2014, Bd. II, S. 4 f.; *Bartke*, zfbf 1978, 238 ff.; IDW S 1 idF 2008, IDW Fachnachrichten 2008, S. 271 ff., WPg 2008, Supplement 3, S. 68 ff.
2 *IDW* S 1 idF 2008 Rz. 114 ff., IDW Fachnachrichten 2008, S. 271 ff., WPg 2008, Supplement 3, S. 68 ff.; *Castedello* in WP-Handbuch 2014, Bd. II, S. 102 ff.
3 Dazu *Dörfler/Gahler/Unterstraßer/Wirichs*, BB 1994, 156 ff.; *Schildbach*, zfbf 1995, 620 (622).
4 *IDW* S 1 idF 2008 Rz. 4, IDW Fachnachrichten 2008, S. 271 ff., WPg 2008, Supplement 3, S. 68 ff.; *Castedello* in WP-Handbuch 2014, Bd. II, S. 1 ff.; *Bungert* in Fleischer/Hüttemann, Rechtshandbuch Unternehmensbewertung, § 20 Rz. 68.

Auch die Rechtsprechung hat die Ertragswertmethode als akzeptierte Methode zur Feststellung des Unternehmenswertes anerkannt, die zudem methodisch und verfassungsrechtlich unbedenklich ist[1]. Von der Methode her ist ein Umtauschverhältnis deshalb grundsätzlich dann nicht zu beanstanden, wenn es auf einer Ertragswertmethode in ihren verschiedenen Ausfächerungen beruht; dazu gehören auch die in der Praxis gebräuchlichen Discounted Cash Flow (DCF)-Verfahren in ihren unterschiedlichen Ausprägungen wie dem Weighted Average Cost of Capital (WACC)-Ansatz, dem Adjusted Present Value (APV)-Ansatz oder dem Eigenkapital (Equity)-Ansatz[2].

31 Dies bedeutet aber nicht, dass die Ertragswertmethode die einzig zulässige und richtige Methode wäre. Je nach der jeweiligen Situation können **andere Methoden** zweckentsprechender, kostensparender oder zielorientierter sein (vgl. § 8 UmwG Rz. 14). Zudem dürfen bei der Überprüfung der Unternehmensbewertung im gesellschaftsrechtlichen Spruchverfahren Berechnungsmethoden angewendet werden, die erst nach einem bestimmten Bewertungsstichtag entwickelt wurden, solange die jeweilige Methode bereits am Bewertungsstichtag eingetretene oder angelegte veränderte wirtschaftliche oder rechtliche Verhältnisse widerspiegelt und im Gegensatz zur alten Methode einen zutreffenderen Unternehmenswert berechnet[3]. Der **Börsenkurswert** stellt dabei seit der Grundsatz-

---

1 Vgl. BGH v. 16.12.1991 – II ZR 58/91, ZIP 1992, 237 = GmbHR 1992, 257; BGH v. 21.7.2003 – II ZB 17/01, ZIP 2003, 1745 = AG 2003, 627; OLG Düsseldorf v. 12.2.1992 – 19 W 3/91, WM 1992, 986 (990) = AG 1992, 200; OLG Düsseldorf v. 17.2.1984 – 19 W 1/81, ZIP 1984, 586 ff.; OLG Stuttgart v. 1.10.2003 – 4 W 34/93, DB 2003, 2429 = AG 2004, 43; BayObLG v. 11.9.2001 – 3Z BR 101/99, DB 2002, 36 = AG 2002, 392; OLG Düsseldorf v. 14.4.2000 – 19 W 6/98 AktE, AG 2001, 189; OLG München v. 26.10.2006 – 31 Wx 12/06, ZIP 2007, 375; OLG Celle v. 19.4.2007 – 9 W 53/06, ZIP 2007, 2025 = AG 2007, 865; OLG Düsseldorf v. 13.3.2008 – 26 W 8/07 AktE, AG 2008, 498; OLG München v. 10.5.2007 – 31 Wx 119/06, AG 2008, 37; OLG München v. 17.7.2007 – 31 Wx 60/06, AG 2008, 28; OLG Stuttgart v. 19.3.2008 – 20 W 3/06, AG 2008, 510; OLG Frankfurt v. 20.12.2011 – 21 W 8/11, AG 2012, 330; BVerfG v. 20.12.2010 – 1 BvR 2323/07, AG 2011, 128 = ZIP 2011, 170; BVerfG v. 26.4.2011 – 1 BvR 2658/10, AG 2011, 511 = ZIP 2011, 1051; BVerfG v. 24.5.2012 – 1 BvR 3221/10, AG 2012, 674 = ZIP 2012, 1656; OLG Karlsruhe v. 12.7.2013 – 12 W 57/10; OLG Stuttgart v. 15.10.2013 – 20 W 3/13, BB 2014, 113 = AG 2014, 208; OLG Frankfurt v. 26.1.2015 – 21 W 26/13, AG 2015, 504; BGH v. 12.1.2016 – II ZB 25/14, BB 2016, 1073 = AG 2016, 359; vgl. auch Schiedsgutachten „Kochs-Adler", abgedruckt in ZIP 1984, 331 ff.; dazu auch *Wüstemann/Brauchle*, BB 2016, 1644 ff. mit Überblick über die neueste Rspr.
2 *IDW* S 1 idF 2008 Rz. 124 ff., IDW Fachnachrichten 2008, S. 271 ff., WPg 2008, Supplement 3, S. 68 ff.; vgl. dazu *Welf Müller* in Semler/Volhard, Arbeitshdb. für Unternehmensübernahmen, Bd. 1, 2001, § 10 Rz. 1 ff., 85 ff.; *Castedello* in WP-Handbuch 2014, Bd. II, S. 53 ff.
3 BGH v. 29.9.2015 – II ZB 23/14, BB 2016, 304 = AG 2016, 135; vgl. *Mennicke*, BB 2016, 520 ff.

entscheidung des BVerfG v. 27.4.1999[1] grundsätzlich die Abfindungsuntergrenze bei börsennotierten Unternehmen dar[2].

Ob die von den Vertretungsorganen zugrunde gelegte Methode oder gelegten 32
Methoden angemessen ist oder sind, erschließt sich für den Prüfer ausschließlich an der **Zweckadäquanz**[3]. Zu fragen ist also nur, ob für den Bewertungszweck (Relation, Spitzenausgleich, Barabfindung) der gewählte Weg zu einem Wert führt, der unter betriebswirtschaftlichen Gesichtspunkten für die Anteilseigner/ Mitglieder der beteiligten Rechtsträger in einer angemessenen Bandbreite liegt. Dabei dürfen auch Vereinfachungsgesichtspunkte Berücksichtigung finden: Nicht jede Verschmelzung bedarf einer ggf. aufwendigen Ertragswertermittlung aller beteiligten Rechtsträger.

Ist der Prüfer jedoch im Zweifel, ob die angewandte Methode zu einem angemessenen Ergebnis führt, wird er im Wege einer **Kontrollrechnung** das Umtauschverhältnis an den Ertragswerten messen, denn nur insoweit liegt eine heute unumstritten den in Rechtsprechung und Betriebswirtschaft anerkannten Grundsätzen ordnungsgemäßer Unternehmensbewertung entsprechende Bewertung vor.

Zu der Frage, ob eine **Relationsbewertung** ausreicht oder ob das Umtauschver- 33
hältnis immer anhand absoluter Unternehmenswerte ermittelt werden muss, vgl. die einschlägige Literatur[4]. Eine **absolute Bewertung** ist jedenfalls immer dann nötig, wenn ein Spitzenausgleich oder eine Barabfindung in Frage kommen können. Bei **börsennotierten Gesellschaften** ist jedenfalls für die übertragende Gesellschaft der Börsenkurswert grundsätzlich als Untergrenze der Bewertung zu berücksichtigen[5]. Für den Börsenkurs ist auf den gewichteten Durchschnittskurs innerhalb einer Referenzperiode von drei Monaten vor Bekanntgabe der Strukturmaßnahme abzustellen[6]. Sind alle beteiligten Gesellschaften börsennotiert, so ist nach dem Äquivalenzprinzip grundsätzlich von der Börsenkapitalisierung der beteiligten Gesellschaften auszugehen und diese in Relation zu setzen[7].

---

1 BVerfG v. 27.4.1999 – 1 BvR 1613/94, DB 1999, 1693 ff. = ZIP 1999, 1436 ff. = AG 1999, 566 ff.
2 OLG München v. 17.7.2014 – 31 Wx 407/13, ZIP 2014, 1589 = AG 2014, 714.
3 Vgl. *Moxter*, Grundsätze ordnungsgemäßer Unternehmensbewertung, S. 6 ff.
4 *Bitzer*, Probleme der Prüfung des Umtauschverhältnisses bei aktienrechtlichen Verschmelzungen, 1987, S. 65 ff.; *Dirrigl*, WPg 1989, 454 (460 ff.) (alle mit weiteren Nachweisen).
5 BVerfG v. 27.4.1999 – 1 BvR 1613/94, DB 1999, 1693 ff. = AG 1999, 566 ff.; OLG München v. 17.7.2014 – 31 Wx 407/13, ZIP 2014, 1589 = AG 2014, 714.
6 BGH v. 19.7.2010 – II ZB 18/10, ZIP 2010, 1487 = AG 2010, 629 (Stollwerck); dazu auch *Decker*, ZIP 2010, 1673; *Bungert/Wettich*, BB 2010, 2227; *Neumann/Ogorek*, DB 2010, 1869; *Zeeck/Reichard*, AG 2010, 699; OLG Karlsruhe v. 1.4.2015 – 12a W 7/15, AG 2014, 549.
7 So BGH v. 12.3.2001 – II ZB 15/00, ZIP 2001, 734 = AG 2001, 417; *Welf Müller* in Semler/ Volhard, Arbeitshdb. für Unternehmensübernahmen, Bd. 1, 2001, § 10 Rz. 198; aA wohl *Castedello* in WP-Handbuch 2014, Bd. II, S. 63. Dagegen reicht das Aushandeln in einem

34 **dd) Weitere Kriterien. Nichtfinanzielle Ziele** der Anteilsinhaber/Mitglieder werden idR bei einer objektivierten Unternehmensbewertung nicht berücksichtigt[1]. Dies führt bei Kapital- und Personengesellschaften grundsätzlich zu angemessenen Ergebnissen. Da auch andere Rechtsträger wie zB eingetragene Vereine verschmelzungsfähig sind, kann es dort notwendig werden, nicht finanzielle (ideelle) Komponenten in die Angemessenheitsprüfung einzubeziehen[2].

35 Der **Wechsel im Haftungsstatus** (beschränkte Haftung – unbeschränkte Haftung und umgekehrt) ist ggf. in die Angemessenheitsprüfung einzubeziehen[3].

36 Die Angemessenheitsprüfung muss sich auch auf den **Bewertungsstichtag** beziehen[4]. Da die Verschmelzung erst mit Eintragung in das Register des übernehmenden Rechtsträgers wirksam wird (§ 20 Abs. 1 UmwG), müsste idealerweise die Wertrelation auf diesen Stichtag festgestellt werden. Feststellungen auf diesen Stichtag sind jedoch schon technisch ausgeschlossen, da das Umtauschverhältnis im Verschmelzungsvertrag festzulegen und dieser fristgemäß den Anteilsinhabern/Mitgliedern zur Beschlussfassung vorzulegen ist. In der Literatur wird deshalb in Anlehnung an § 305 Abs. 3 Satz 2 AktG auf den Tag der Anteilseigner-/Mitgliederversammlung (§ 13 UmwG) des übertragenden Rechtsträgers abgestellt[5], was ggf. eine Wertfortschreibung zur Folge hat. Jedoch führt auch eine Wertfeststellung, die auf den Verschmelzungsstichtag (§ 5 Abs. 1 Nr. 6 UmwG) abstellt, zu einem angemessenen Umtauschverhältnis, da dieser Zeitpunkt für die Ertragniszuordnung maßgeblich ist; dies gilt jedenfalls dann, wenn der Verschmelzungsstichtag auch mit dem Beginn der Gewinnbeteiligung (§ 5 Abs. 1 Nr. 5 UmwG) zusammenfällt[6].

37 Darüber hinaus hat nach § 64 Abs. 1 UmwG bei der Verschmelzung unter Beteiligung von Aktiengesellschaften der Vorstand der AG über jede wesentliche **Veränderung des Vermögens** der Gesellschaft, die seit dem Abschluss des Ver-

---

ordnungsgemäßen Verhandlungsprozess auch zwischen rechtlich unabhängigen Unternehmen bzw. deren Geschäftsleitern nicht aus, um die Angemessenheit des Umtauschverhältnisses zu begründen, vgl. BVerfG v. 24.5.2012 – 1 BvR 3221/10, ZIP 2012, 1556 (1557) = AG 2012, 674.

1 Vgl. *Bitzer*, Probleme der Prüfung des Umtauschverhältnisses bei aktienrechtlichen Verschmelzungen, 1987, S. 53 ff.; *Moxter*, Grundsätze ordnungsgemäßer Unternehmensbewertung, S. 139.
2 Vgl. *Ossadnik/Maus*, DB 1995, 105 (109).
3 Vgl. *Ossadnik/Maus*, DB 1995, 105 (109); *Ossadnik*, ZfB 1995, 69 ff.
4 Dazu *Hoffmann-Becking* in FS Fleck, 1988, S. 105 (114 ff.).
5 *Hoffmann-Becking* in FS Fleck, 1988, S. 105 (117); vgl. auch Erl. zu § 8 UmwG Rz. 21; *Hüttemann/Meyer* in Fleischer/Hüttemann, Rechtshandbuch Unternehmensbewertung, § 12 Rz. 34 mwN.
6 Vgl. auch LG Mannheim v. 3.3.1988 – 24 O 75/87, WM 1988, 775 (779) = AG 1988, 248; so auch *Zeidler* in Semler/Stengel, § 9 UmwG Rz. 42; *Drygala* in Lutter, § 9 UmwG Rz. 16.

schmelzungsvertrages oder der Aufstellung des Entwurfs bis zur Beschlussfassung eingetreten ist, zu berichten und auch die Vertretungsorgane der anderen beteiligten Rechtsträger zu unterrichten, die wiederum ihre Anteilseigner entsprechend zu unterrichten haben. Dies gilt über die Verweisung des § 125 UmwG für die Spaltung entsprechend. Obwohl diese Unterrichtungspflicht nur bei Beteiligung von Aktiengesellschaften verbindlich vorgeschrieben ist (nur das verlangt die Umsetzung der RL 2009/109/EG), entspricht es jedoch guter Übung, generell auch bei der Verschmelzung anderer Rechtsträger eine solche Unterrichtung (**Stichtagserklärung**) vorzunehmen, wie dies ursprünglich auch im Entwurf eines 3. Gesetzes zur Änderung des UmwG in einem neuen § 8 Abs. 3 UmwG vorgesehen war[1]. Es versteht sich, dass über solche wesentliche Veränderungen auch der Verschmelzungsprüfer zu informieren ist (§ 11 Abs. 1 Satz 1 UmwG iVm. § 320 Abs. 2 Satz 1 und 2 HGB), der ggf. Konsequenzen auf sein Prüfungsergebnis (§ 12 UmwG) zu ziehen oder ein schon abgegebenes Prüfungsergebnis zu korrigieren oder sogar zu widerrufen hat.

Verbundvorteile (Kooperationsvorteile, Synergieeffekte) sind zu berücksichtigen, wenn Spitzenausgleiche oder Barabfindungen einzubeziehen sind. Im Einzelnen und zur Unterscheidung zwischen unechten und echten Verbundeffekten vgl. § 30 UmwG Rz. 9 ff. Bei einer reinen Relationsbewertung sind sie nur zu berücksichtigen, wenn sie abweichend vom Umtauschverhältnis zuzuordnen sind, da sie nur dann Einfluss auf die Verschmelzungswertrelation haben[2]. Wird das Umtauschverhältnis nach der **Börsenkapitalisierung** der beteiligten Gesellschaften bemessen, sind Verbundvorteile ohnehin idR bei der Preisbildung im Markt bereits berücksichtigt. Sie müssen dann sowohl bei der Festsetzung der Umtauschrelation wie bei der Ermittlung von Zuzahlungen (§ 15 UmwG) oder Barabfindungen (§ 29 UmwG) im Börsenpreis belassen, also berücksichtigt werden. Eine verlässliche Eliminierung dieser Effekte wäre ohnehin nicht möglich[3]. 38

6. Verschmelzungsprüfer

§ 9 Abs. 1 UmwG, der nur die Institution der Verschmelzungsprüfung festlegt, macht keine Aussage, wer „sachverständiger Prüfer" sein kann. Auswahl und Qualifikation werden in § 11 Abs. 1 UmwG durch Verweisung auf § 319 Abs. 1 HGB geregelt. Grundsätzlich ist für jeden Rechtsträger eine Prüfung durchzuführen (zur gemeinsamen Prüfung vgl. § 10 Abs. 1 UmwG). § 9 Abs. 1 39

---

1 So wohl auch *Zeidler* in Semler/Stengel, § 9 UmwG Rz. 42.
2 Vgl. OLG Düsseldorf v. 17.2.1984 – 19 W 1/81, ZIP 1984, 586 (590); vgl. dazu auch *Pfitzer* in WP-Handbuch 2014, Bd. II, S. 543 ff.; *Zeidler* in Semler/Stengel, § 9 UmwG Rz. 46 ff.
3 BGH v. 12.3.2001 – II ZB 15/00, ZIP 2001, 737 = AG 2001, 417; *Hüffer/Schmidt-Aßmann/Weber*, Anteilseigentum, Unternehmenswert und Börsenkurs, S. 67 f.

UmwG stellt jedoch klar, dass auch für einen Rechtsträger mehrere Prüfer bestellt werden können.

7. Entbehrlichkeit der Verschmelzungsprüfung

a) 100%iger Anteilsbesitz (§ 9 Abs. 2 UmwG)

40 Kommt es nicht zu einem Umtausch von Anteilen, weil sich diese bereits insgesamt in der Hand des übernehmenden Rechtsträgers befinden, ist auch eine Verschmelzungsprüfung mangels betroffener Anteilsinhaber entbehrlich. Eine Verschmelzungsprüfung entfällt sowohl bei dem übertragenden wie bei dem übernehmenden Rechtsträger. Sind an der Verschmelzung jedoch weitere Rechtsträger beteiligt, für die die Voraussetzungen des § 9 Abs. 2 UmwG nicht vorliegen, ist für diese und den übernehmenden Rechtsträger eine Prüfung grundsätzlich erforderlich. Nicht geregelt ist die Verschmelzung zweier **Schwestergesellschaften** bei 100%iger Beteiligung einer Muttergesellschaft und die Verschmelzung im vertikalen jeweils 100%igen Konzern (Enkelgesellschaft auf Muttergesellschaft). Im Personengesellschafts- oder GmbH-Konzern wird die Muttergesellschaft keine Prüfung verlangen (§ 48 UmwG). Im AG-Konzern dagegen ist ein Verzicht nach § 9 Abs. 3 UmwG iVm. § 8 Abs. 3 UmwG erforderlich (§ 60 UmwG)[1]. Bei Schwestergesellschaften, die nicht in 100%igem, aber in jeweils identischem Beteiligungsbesitz stehen (zB Mehrheitsgesellschafter und Minderheitsgesellschafter jeweils zu gleichen Teilen), ist eine Prüfung erforderlich. Zwar spielt das Umtauschverhältnis keine so gewichtige Rolle, weil die Beteiligungen an der fusionierten Gesellschaft identisch bleiben. Insbesondere bei der Verschmelzung einer Verlustgesellschaft mit einer Gewinngesellschaft kann dies aber zur Entwertung der Anteile an der Gewinngesellschaft führen. Ein solcher negativer Wertausgleich kann dem Interesse des Minderheitsgesellschafters widersprechen[2].

41 **Anteil** iS des § 9 Abs. 2 UmwG ist die mitgliedschaftliche Stellung, bei Kapitalgesellschaften idR die Beteiligung am Nennkapital. Auf die Stimmrechte kommt es nicht an, sie sind auch nicht ausreichend. Für die Zurechnung der Anteile kann auf § 16 Abs. 2 Satz 2 und 3 AktG zurückgegriffen werden: Eigene Anteile in der Hand des übertragenden Rechtsträgers sind abzusetzen; Anteile, die einem anderen für Rechnung des übernehmenden Rechtsträgers gehören, sind diesem zuzurechnen. § 9 Abs. 2 UmwG ist komplementär zu § 5 Abs. 2 UmwG (vgl. § 5 UmwG Rz. 69).

---

1 *Drygala* in Lutter, § 9 UmwG Rz. 19.
2 Instruktiv OLG Frankfurt v. 30.3.2012 – 5 AktG 4/11, AG 2012, 414, das jedoch (unzutreffend) auf das mangelbehaftete Umtauschverhältnis abstellt.

b) Verzicht aller Anteilsinhaber (§ 9 Abs. 3 UmwG)

Die für den Verzicht auf den Verschmelzungsbericht nach § 8 Abs. 3 UmwG maßgeblichen Gründe treffen auch auf die Verschmelzungsprüfung zu. Der Verzicht bedarf, wie der Verzicht auf den Verschmelzungsbericht, **notarieller Beurkundung**. Zweckmäßigerweise werden die Verzichte nach § 9 Abs. 3 UmwG und § 8 Abs. 3 UmwG in einer Urkunde zusammengefasst. Die Verweisung auf § 8 Abs. 3 UmwG deckt auch den Fall, in dem sich alle Anteile des übertragenden Rechtsträgers in der Hand des übernehmenden Rechtsträgers befinden. Damit ist ein und derselbe Sachverhalt in § 9 Abs. 2 UmwG und in § 9 Abs. 3 UmwG erfasst. Da die Regelungen jedoch im Ergebnis identisch sind, ergeben sich keinerlei Auswirkungen. Die Bestimmung erlangt praktisch keine Bedeutung für Prüfungen, die nur auf Antrag eines Beteiligten durchzuführen sind; ohne Antrag entfällt die Prüfungspflicht ohnehin. Für den Anwendungsbereich verbleiben deshalb nur Verschmelzungen unter Beteiligung einer AG (KGaA) oder eines wirtschaftlichen Vereins.

42

Fraglich kann sein, ob bei Beteiligung einer AG § 8 Abs. 3 UmwG **richtlinienkonform** ist. Art. 10 der Verschmelzungsrichtlinie (78/855/EWG) schreibt eine Prüfungspflicht ohne Ausnahme vor. Aus dem aktionärsschützenden Zweck der Richtlinie ist aber zu folgern, dass sie die Aktionäre nicht gegen ihren eigenen Willen zu schützen beabsichtigt. Im Streitfalle müsste hierüber der EuGH nach Vorlage (Art. 267 AEUV) befinden[1].

43

§ 10
Bestellung der Verschmelzungsprüfer

(1) Die Verschmelzungsprüfer werden auf Antrag des Vertretungsorgans vom Gericht ausgewählt und bestellt. Sie können auf gemeinsamen Antrag der Vertretungsorgane für mehrere oder alle beteiligten Rechtsträger gemeinsam bestellt werden. Für den Ersatz von Auslagen und für die Vergütung der vom Gericht bestellten Prüfer gilt § 318 Abs. 5 des Handelsgesetzbuchs.

(2) Zuständig ist jedes Landgericht, in dessen Bezirk ein übertragender Rechtsträger seinen Sitz hat. Ist bei dem Landgericht eine Kammer für Handelssachen gebildet, so entscheidet deren Vorsitzender an Stelle der Zivilkammer.

(3) Auf das Verfahren ist das Gesetz über das Verfahren in Familiensachen und in den Angelegenheiten der freiwilligen Gerichtsbarkeit anzuwenden, soweit in den folgenden Absätzen nichts anderes bestimmt ist.

---

1 *Drygala* in Lutter, § 9 UmwG Rz. 20; *Mayer* in Widmann/Mayer, § 9 UmwG Rz. 37 ff.

(4) Gegen die Entscheidung findet die Beschwerde statt. Sie kann nur durch Einreichung einer von einem Rechtsanwalt unterzeichneten Beschwerdeschrift eingelegt werden.

(5) Die Landesregierung kann die Entscheidung über die Beschwerde durch Rechtsverordnung für die Bezirke mehrerer Oberlandesgerichte einem der Oberlandesgerichte oder dem Obersten Landesgericht übertragen, wenn dies der Sicherung einer einheitlichen Rechtsprechung dient. Die Landesregierung kann die Ermächtigung auf die Landesjustizverwaltung übertragen.

1. Entwicklung der Vorschrift 1	4. Bestellungsverfahren 9
2. Geltungsbereich 4	5. Gemeinsamer Prüfer 20
3. Auswahl und Bestellung durch das Gericht (§ 10 Abs. 1 UmwG)	6. Fehlerhafte Bestellung 22
a) Auswahl und Bestellung 5	7. Rechtsmittel 24
b) Zuständigkeit (§ 10 Abs. 2 UmwG) 6	8. Parallelprüfung 27

1. Entwicklung der Vorschrift

1 Die Vorschrift ist durch das Gesetz zur Neuordnung des gesellschaftsrechtlichen Spruchverfahrens (Spruchverfahrensneuordnungsgesetz[1]) mit Wirkung zum 1.9. 2003 (§ 10 Abs. 4–7 UmwG mit Wirkung zum 18.6.2003) geändert worden (Art. 8 Spruchverfahrensneuordnungsgesetz). Die wesentliche materielle Änderung besteht in der seitdem **ausschließlichen Zuständigkeit des Gerichts** für die Auswahl und Bestellung der Prüfer, während nach der früheren Fassung des UmwG 1995 die Bestellung wahlweise durch das Vertretungsorgan des Rechtsträgers oder auf dessen Antrag durch das Gericht erfolgte. Die Wahl wurde durch das jeweilige Vertretungsorgan ausgeübt[2]. Die Änderung hat zweierlei erreicht: Zum einen wird eine verfahrensmäßige Gleichstellung mit der aktienrechtlichen Vertragsprüfung nach § 293c AktG und der Prüfung der Barabfindung beim Squeeze-out nach § 327c Abs. 2 Satz 3 AktG hergestellt. Zum anderen und wichtiger wird durch die zwingende Zuständigkeit des Gerichts dem Eindruck der Parteinähe der Prüfer von vornherein entgegengewirkt und damit die Akzeptanz der Prüfungsergebnisse erhöht. Ob der damit auch beabsichtigte **Beschleunigungseffekt** für die Spruchverfahren[3] eingetreten ist, ist zu bezweifeln.

2 Die Gesetzesbegründung darf jedoch nicht dahin missverstanden werden, dass bei einem späteren Spruchverfahren die Einholung eines gerichtlichen Obergut-

---

1 Gesetz v. 16.12.2003, BGBl. I 2003, S. 838.
2 Vgl. 2. Aufl., Rz. 2 ff.
3 BR-Drucks. 827/02, S. 36 f.

achtens in jedem Falle zu unterbleiben habe oder sich nur auf noch offene Punkte beschränken dürfte. Dies ist schon deshalb nicht der Fall, weil Verschmelzungsprüfung und Gutachten im Spruchverfahren verschiedene Inhalte haben[1]: Der Verschmelzungsprüfer prüft eine vom betroffenen Rechtsträger durchgeführte Bewertung anhand bestimmter Sollvorgaben nach (vgl. § 9 UmwG Rz. 17 ff.), während der Bewertungsgutachter im Spruchverfahren eine eigene Bewertung unabhängig von der Bewertung des betroffenen Rechtsträgers durchzuführen hat.

Eine Neufassung des § 10 Abs. 3 UmwG und die Anfügung des § 10 Abs. 4–7 UmwG in der bis zum 31.8.2009 geltenden Fassung wurde notwendig, da das gesamte frühere 6. Buch (Spruchverfahren, §§ 305–312 UmwG aF) durch das Spruchverfahrensneuordnungsgesetz aufgehoben wurde. Mit Wirkung zum 1.9. 2009 wurde das FGG durch das Gesetz zur Reform des Verfahrens in Familiensachen und in den Angelegenheiten der freiwilligen Gerichtsbarkeit (FamFG) ersetzt[2]. Gegen die Entscheidungen des Landgerichts ist seitdem die **Beschwerde** nach §§ 58 ff. FamFG und – bei Statthaftigkeit – die **Rechtsbeschwerde** nach §§ 70 ff. FamFG gegeben. Die im bisherigen § 10 Abs. 4 UmwG aF enthaltene Ermächtigung der Landesregierungen zur Zuständigkeitskonzentration, von der eine Reihe von Landesregierungen Gebrauch gemacht haben (vgl. Rz. 7), ist in § 71 Abs. 2 Nr. 4 lit. d und Abs. 4 GVG nF geregelt. Damit bleiben die bisher durch Rechtsverordnung ausgesprochenen Zuständigkeitskonzentrationen bestehen[3]. 3

2. Geltungsbereich

Die Bestimmung gilt für alle verschmelzungsfähigen Rechtsträger, sofern eine Prüfung nach den besonderen Vorschriften erforderlich wird (§ 9 UmwG Rz. 9); auch für die deutschen Gesellschaften, die an einer grenzüberschreitenden Verschmelzung beteiligt sind (§ 122f UmwG). Sie setzt Art. 10 Abs. 1 der 3. Richtlinie v. 9.10.1978 (78/855/EWG) in deutsches Recht um. 4

3. Auswahl und Bestellung durch das Gericht (§ 10 Abs. 1 UmwG)

a) Auswahl und Bestellung

Nach Novellierung der Vorschrift durch das Spruchverfahrensneuordnungsgesetz obliegen Auswahl und Bestellung der Verschmelzungsprüfer ausschließlich dem Gericht. Dies ist insbesondere hinsichtlich der Auswahl eine erhebliche 5

---

1 Dazu ausführlich *Drygala* in Lutter, § 10 UmwG Rz. 18 ff.
2 BGBl. I 2008, S. 2586.
3 *Drygala* in Lutter, 10 UmwG Rz. 7; *Maunz/Dürig*, Art. 80 GG Rz. 9.

Kompetenz- und Verantwortungserweiterung der gerichtlichen Entscheidung. Die **Auswahlkompetenz** beinhaltet die Verantwortlichkeit des Gerichts für die Rechtmäßigkeit (insbesondere das Fehlen von Ausschlussgründen nach §§ 319 Abs. 1–4, 319a Abs. 1, 319b Abs. 1 HGB [§ 11 Abs. 1 UmwG]), aber auch für die Zweckmäßigkeit der Prüferbestellung. Verwirklicht das Gericht den mit der Gesetzesänderung intendierten Zweck, nämlich der Parteinähe der Prüfer entgegenzuwirken und die Akzeptanz der Prüfungsergebnisse für außenstehende Anteilsinhaber zu erhöhen, so muss es dieser Auswahl besondere Sorgfalt widmen und ggf. auch einen Prüfer bestellen, der gerade nicht von den interessierten Rechtsträgern vorgeschlagen wird[1]. Die Aufgabe des Gerichtes beschränkt sich dabei auf Auswahl und Bestellung des Verschmelzungsprüfers, es hat keine Befugnis, um inhaltliche Anweisungen für die Durchführung der Prüfung zu erteilen[2].

b) Zuständigkeit (§ 10 Abs. 2 UmwG)

6 Die **sachliche Zuständigkeit** liegt nach § 10 Abs. 2 Satz 1 UmwG ausschließlich beim Landgericht. Der gesetzgeberische Grund für die Zuständigkeit des Landgerichts liegt darin, dass aus verfahrensökonomischen Gründen dasjenige Gericht zuständig sein soll, das in einem ggf. sich anschließenden Spruchverfahren die Angemessenheit des Umtauschverhältnisses nachprüfen muss. Damit sollen die Bestellung eines Obergutachters und erhebliche Verzögerungen des Spruchverfahrens vermieden werden. Ist bei dem Landgericht eine Kammer für Handelssachen gebildet, so ist diese ausschließlich zuständig; es entscheidet jedoch nicht der gesamte Spruchkörper, sondern nur dessen Vorsitzender (§ 10 Abs. 2 Satz 2 UmwG).

7 § 71 Abs. 2 Nr. 4 lit. d iVm. Abs. 4 GVG ermächtigt die Landesregierungen zu einer **Zuständigkeitskonzentration:** Sie können durch Rechtsverordnung die Entscheidung für die Bezirke mehrerer Landgerichte einem Landgericht übertragen, wenn dies der Sicherung einer einheitlichen Rechtsprechung dient. Dies entspricht der Zuständigkeitskonzentration im Spruchverfahren. Davon haben schon nach den inhaltlich gleich lautenden Vorschriften von §§ 10 Abs. 3, 306 Abs. 3 UmwG aF Gebrauch gemacht:

- Baden-Württemberg[3] (LG Mannheim für den OLG-Bezirk Karlsruhe; LG Stuttgart für den OLG-Bezirk Stuttgart)
- Bayern[4] (LG München I für den OLG-Bezirk München; LG Nürnberg für die OLG-Bezirke Nürnberg und Bamberg)

---

1 *Koppensteiner* in KölnKomm. AktG, 3. Aufl. 2004, § 293c AktG Rz. 6.
2 OLG Düsseldorf v. 24.9.2015 – I-26 W 13/15 (AktE), AG 2016, 142.
3 VO v. 20.11.1998, GBl. 1998, S. 680.
4 VO v. 28.8.2003, GVBl. 2003, S. 661.

- Hessen[1] (LG Frankfurt)
- Mecklenburg-Vorpommern[2] (LG Rostock)
- Niedersachsen[3] (LG Hannover)
- Nordrhein-Westfalen[4] (LG Dortmund für den OLG-Bezirk Hamm; LG Düsseldorf für den OLG-Bezirk Düsseldorf; LG Köln für den OLG-Bezirk Köln)
- Sachsen[5] (LG Leipzig).

Auch soweit die Rechtsverordnungen noch vor der Novellierung des § 10 UmwG ergangen sind, wirken sie wegen der insoweit inhaltsgleichen Ermächtigung in § 71 Abs. 2 Nr. 4 lit. d iVm. Abs. 4 GVG fort[6].

Örtlich zuständig ist das Landgericht, in dessen Bezirk ein übertragender Rechtsträger seinen Sitz hat. Sitz ist nach allg. Meinung der **Verwaltungssitz** des Rechtsträgers. Dies wird aus der zivilprozessualen Regelung des § 17 Abs. 1 Satz 2 ZPO und aus der Zuständigkeitsregelung im Registerverfahren hergeleitet[7]. Sind mehrere übertragende Rechtsträger an einer Verschmelzung beteiligt, besteht ein Wahlrecht, welches für einen der beteiligten übertragenden Rechtsträger zuständige Gericht die Prüferbestellung vornehmen soll. Zu einem solchen Fall lässt sich aus § 10 Abs. 2 Satz 1 UmwG nicht entnehmen, dass jeder übertragende Rechtsträger zwingend das für ihn zuständige Gericht anzugehen hat. Das gilt auch dann, wenn kein gemeinsamer Verschmelzungsprüfer bestellt wird[8]. Die Bezugnahme auf den Verwaltungssitz des übertragenden Rechtsträgers kann bei grenzüberschreitenden Verschmelzungen (§§ 122a ff. UmwG) zu offenen Fragen führen, wenn die übertragenden Gesellschaften ihren Verwaltungssitz nicht in Deutschland haben. Grundsätzlich ist ein deutsches Landgericht dann nicht zuständig. Zur Schließung dieser Regelungslücke vgl. § 122f UmwG Rz. 5 ff.[9]. Hat die übertragende ausländische Gesellschaft ihren Verwaltungssitz in Deutschland, so wird eine Verschmelzungsprüfung nach deutschem Recht erforderlich und der Bericht ist der Anmeldung beim deutschen zuständigen Registergericht beizufügen (§ 122k Abs. 1 UmwG iVm. § 17 Abs. 1 UmwG).

---

1 VO v. 19.2.2004, GVBl. 2004, S. 98.
2 VO v. 28.3.1994, GVBl. 1994, S. 514.
3 VO v. 28.5.1996, GVBl. 1996, S. 283.
4 VO v. 16.12.2003, GVBl. 2004, S. 10.
5 VO v. 6.8.1996, GVBl. 1996, S. 369.
6 Vgl. Rz. 3 und *Drygala* in Lutter, § 10 UmwG Rz. 7 mwN.
7 *Fronhöfer* in Widmann/Mayer, § 10 UmwG Rz. 6.1; *Drygala* in Lutter, § 10 UmwG Rz. 5; aA offenbar *Heinemann* in Keidel, 18. Aufl. 2014, § 377 FamFG Rz. 7; *Holzer* in Prütting/Helms, 3. Aufl. 2013, § 377 FamFG Rz. 3, die unterschiedslos auf den statutarischen Sitz abstellen.
8 *Fronhöfer* in Widmann/Mayer, § 10 UmwG Rz. 6; *Drygala* in Lutter, § 10 UmwG Rz. 5; *Stratz* in Schmitt/Hörtnagl/Stratz, § 10 UmwG Rz. 11 ff.
9 Vgl. auch *Drinhausen* in Semler/Stengel, § 122f UmwG Rz. 4; *Bayer* in Lutter, § 122f UmwG Rz. 5.

4. Bestellungsverfahren

9 Das Bestellungsverfahren ist ein **Verfahren der freiwilligen Gerichtsbarkeit** (§ 10 Abs. 3 UmwG). Es kommen die Vorschriften der §§ 1–85 FamFG zur Anwendung, soweit nicht in § 10 UmwG Abweichendes bestimmt ist.

10 Das Verfahren wird durch einen **Antrag** des Vertretungsorgans in Gang gesetzt (§ 23 Abs. 1 FamFG). Der Antrag erfolgt schriftlich oder zu Protokoll der Geschäftsstelle (§ 25 FamFG). Aus ihm müssen sich das Begehren und die Person des Antragstellers unzweideutig ergeben. Eine handschriftliche Unterzeichnung ist dringend anzuraten und üblich, aber nicht zwingend[1]. Der Antrag kann auch mit fernschriftlichen oder elektronischen Übermittlungsformen (Telefax/Fax/E-Mail) gestellt werden, sofern die technische Ausstattung der Gerichte dies erlaubt[2]. Es besteht kein Anwaltszwang.

11 Wer **Vertretungsorgan** ist, wie die Vertretung im Außenverhältnis und die Willensbildung im Innenverhältnis erfolgt, richtet sich nach der Verfassung des jeweiligen Rechtsträgers. Bei der AG ist Vertretungsorgan der Vorstand (§ 78 Abs. 1 AktG). Bei Personengesellschaften und Partnerschaftsgesellschaften ist der geschäftsführende Gesellschafter zuständig. Die Antragstellung fällt in den gewöhnlichen Geschäftsbetrieb und ist kein Grundlagengeschäft. Bei GmbH und Verein sind die Geschäftsführer weisungsunterworfen und können von der Mitgliederversammlung angewiesen werden.

12 Dem Antrag ist eine **Sachverhaltsdarstellung** einschließlich einer Abschrift des Verschmelzungsvertrags oder des Entwurfs beizufügen, die es dem Gericht ermöglicht, eine begründete Auswahlentscheidung zu treffen[3]. Dazu gehören ua. Informationen über Abschlussprüfer und Berater bei den übertragenden, aber auch bei den übernehmenden Rechtsträgern; diese scheiden idR schon wegen Besorgnis der Befangenheit als Umwandlungsprüfer aus (§ 11 Abs. 1 Satz 1 UmwG iVm. § 319 Abs. 2 HGB). Im Übrigen gelten die Grundsätze für die Amtsermittlung im Antragsverfahren (§ 26 FamFG).

13 Der Antrag kann einen **Vorschlag** oder eine **Anregung** zur Person des zu bestellenden Prüfers enthalten; er kann auch mehrere Vorschläge zur Auswahl durch das Gericht machen. Er muss es jedoch nicht und sollte es auch nicht, um den Zweck der Vorschrift, die Parteinähe des Prüfers zu vermeiden, nicht zu unterlaufen. Allerdings wird sich in der Praxis der Antragsteller idR schon vor Antragstellung über die Geeignetheit, Verfügbarkeit und Bereitschaft möglicher

---

1 *Sternal* in Keidel, 18. Aufl. 2014, § 23 FamFG Rz. 42.
2 *Sternal* in Keidel, 18. Aufl. 2014, § 25 FamFG Rz. 13 ff.
3 *Drygala* in Lutter, § 10 UmwG Rz. 10; *Fronhöfer* in Widmann/Mayer, § 10 UmwG Rz. 11.3; *Zeidler* in Semler/Stengel, § 10 UmwG Rz. 6.

Prüfer Gedanken machen. Diese dem Gericht mitzuteilen dürfte unschädlich sein. Gebunden ist das Gericht an solche Vorschläge und Anregungen nicht[1].

Beteiligt am Verfahren ist (sind) nur der (die) Antragsteller, nicht dagegen der zu bestellende Prüfer. Antragsberechtigt ist auch das Vertretungsorgan des aufnehmenden Rechtsträgers (aus § 10 Abs. 2 Satz 1 UmwG ist nichts Abweichendes zu entnehmen). Eine **Anhörung** sieht das Gesetz für das Bestellungsverfahren nicht vor; sie kann in Ausnahmefällen zur Sachverhaltsaufklärung notwendig oder zweckmäßig sein[2].

Dem Gericht obliegt die Prüfung der formellen Antragsvoraussetzungen. Dazu gehört die Prüfungspflicht der betreffenden Umwandlung nach § 9 UmwG iVm. den besonderen Bestimmungen der §§ 39 ff. UmwG. Nur bei **Pflichtprüfungen** kommt die gerichtliche Bestellung nach § 10 UmwG zum Zuge. Bei **freiwilligen Prüfungen** (vgl. § 9 UmwG Rz. 8) obliegt die Bestellung dem jeweiligen Vertretungsorgan. Materiell hat das Gericht seine Prüferwahl auf Rechtmäßigkeit zu überprüfen, insbesondere darauf, dass keine Ausschlussgründe nach §§ 319 Abs. 1–4, 319a Abs. 1, 319b Abs. 1 HGB vorliegen. Besorgnis der Befangenheit besteht nicht nur, wenn der vorgesehene Prüfer für den übertragenden Rechtsträger, sondern auch, wenn er für den übernehmenden Rechtsträger tätig geworden ist. Auch nicht final auf die Verschmelzung gerichtete Beratungsmandate beim übertragenden oder übernehmenden Rechtsträger können die Besorgnis der Befangenheit begründen und werden idR einen solchen Prüfer ausschließen[3]. Bei Unternehmen von öffentlichem Interesse kommt durch die Neukonzeptionierung des § 319a Abs. 1 HGB im Rahmen des AReG zudem die Überprüfung der Unabhängigkeitsanforderungen von Art. 4 und 5 der VO (EU) Nr. 537/2014[4] in Betracht. Dies gilt auch wenn § 10 UmwG nicht geändert wurde, da § 319a Abs. 1 HGB seit dem AReG nur im Zusammenhang mit den Art. 4 und 5 der VO (EU) Nr. 537/2014 zu einem geschlossenen Rahmen für die Beurteilung der Unabhängigkeit von Abschlussprüfern bei Unternehmen von öffentlichem Interesse führt[5]. Es war auch nicht Absicht des deutschen Gesetzgebers die Unabhängigkeitsanforderungen der Verschmelzungsprüfer von Unternehmen von öffentlichem Interesse durch das AReG abzusenken, da die Bestellung durch ein Gericht die Unabhängigkeit des Prüfers stärken soll[6]. Daher empfiehlt sich zur Vermeidung von Rechtsunsicherheiten die Anwendung von Art. 4 und

---

1 *Drygala* in Lutter, § 10 UmwG Rz. 10; *Fronhöfer* in Widmann/Mayer, § 10 UmwG Rz. 11.5; *Zeidler* in Semler/Stengel, § 10 UmwG Rz. 8.
2 *Fronhöfer* in Widmann/Mayer, § 10 UmwG Rz. 12.1.
3 Großzügiger BGH v. 18.9.2006 – II ZR 225/04, ZIP 2006, 2080 (2082) = AG 2006, 887 (obiter dictum) unter Bezugnahme auf BGH v. 21.4.1997 – II ZR 317/95, ZIP 1997, 1162 = AG 1997, 415; daran anschließend *Drygala* in Lutter, § 10 UmwG Rz. 10.
4 Verordnung (EU) Nr. 537/2014, ABl. EU Nr. L 158 v. 27.5.2014, S. 77.
5 Vgl. Begr. RegE, BT-Drucks. 18/7219, S. 41 ff.
6 Vgl. BT-Drucks. 15/371, S. 18.

5 der VO (EU) Nr. 537/2014 bei der Auswahl und Bestellung von Verschmelzungsprüfern von Unternehmen von öffentlichem Interesse. Für weitere Ausführungen zu den besonderen Ausschlussgründen bei der Prüfung von Unternehmen von öffentlichem Interesse nach § 319a HGB siehe § 17 UmwG Rz. 37.

16 Eine dem Antrag stattgebende Entscheidung des Gerichts bedarf nach hM keiner **Begründung**, weil der Antragsteller nicht beschwert sein kann und die Entscheidung unanfechtbar ist[1]. Dies gilt auch, wenn das Gericht einen anderen als den vom Antragsteller vorgeschlagenen Prüfer bestellt hat. Es besteht kein Anspruch auf die Bestellung eines bestimmten Prüfers. Zur Frage der Bestellung eines inhabilen Prüfers vgl. aber Rz. 22. Ein ablehnender Beschluss bedarf hingegen stets der Begründung, da gegen ihn ein Rechtsmittel gegeben ist. Allerdings hat die fehlende Begründung keinerlei Rechtsfolgen, insbesondere wird der Beginn der Rechtsmittelfrist nicht gehemmt[2].

17 Die Entscheidung ist dem Antragsteller und dem bestellten Prüfer **bekannt zu machen** (§ 41 Abs. 1 und Abs. 2 FamFG), und zwar durch formlose Übersendung, wenn dem Antrag stattgegeben wird und durch Zustellung nach §§ 166 ff. ZPO, wenn der Antrag abgelehnt wird (§ 41 Abs. 1 Satz 2 FamFG).

18 Die gerichtliche Entscheidung umfasst die körperschaftsrechtliche Bestellung und die Auftragserteilung an den Prüfer. Sie ersetzt aber nicht die **Annahme** des Auftrags durch den Verschmelzungsprüfer. Insoweit kommen die Grundsätze über die gerichtliche Bestellung des Abschlussprüfers nach § 318 Abs. 3 HGB entsprechend zum Zuge. Da der Prüfer zu Annahme des Auftrags nicht verpflichtet ist, wird sich das Gericht sinnvollerweise vor seiner Entscheidung bei dem in Aussicht genommenen Prüfer vergewissern und auch die Vergütung mit ihm abstimmen. Sollte dies unterblieben sein, setzt allerdings das Gericht die Vergütung nach § 10 Abs. 1 Satz 3 UmwG iVm. § 318 Abs. 5 HGB fest.

19 Durch die Annahme der gerichtlichen Bestellung und des Auftrags kommt kraft Gesetzes ein Schuldverhältnis mit dem Inhalt eines **Prüfungsvertrages** zwischen dem Rechtsträger und dem Verschmelzungsprüfer zustande[3]. Auch bei gerichtlicher Bestellung sind Vereinbarungen mit dem Rechtsträger über die Höhe der Vergütung möglich und für das Gericht bindend. Der Prüfungsvertrag ist ein Vertrag besonderer Art, der Elemente des Werk- und des Dienstvertrags enthält; allerdings wird – wie beim Pflichtprüfungsauftrag – der Werkvertragscharakter überwiegen, da es letztendlich auf das Gesamturteil im Prüfungsbericht ankommt[4].

---

1 Vgl. § 38 Abs. 4 Nr. 2 FamFG; *Feskorn* in Zöller, 31. Aufl. 2016, § 38 FamFG Rz. 19; *Fronhöfer* in Widmann/Mayer, § 10 UmwG Rz. 14; *Drygala* in Lutter, § 10 UmwG Rz. 11.
2 *Feskorn* in Zöller, 31. Aufl. 2016, § 38 FamFG Rz. 13.
3 ADS, § 318 HGB Rz. 423 ff.
4 ADS, § 318 HGB Rz. 192 ff.

5. Gemeinsamer Prüfer

Als Normalfall sieht die Bestimmung die Bestellung eigener Prüfer für jeden der beteiligten Rechtsträger (zumindest für jeden übertragenden Rechtsträger) vor, jedenfalls dann, wenn die Anträge getrennt gestellt werden. Allerdings wird es im Ermessen des Gerichts stehen, dann einen gemeinschaftlichen Prüfer zu bestellen, wenn es für alle beteiligten Antragsteller zuständig ist. § 10 Abs. 1 Satz 2 UmwG sieht darüber hinaus vor, dass auf gemeinsamen Antrag der Vertretungsorgane die Prüfer für mehrere oder alle beteiligten Rechtsträger gemeinsam bestellt werden können. Obwohl nur von einer gemeinsamen Bestellung die Rede ist, soll doch ein gemeinsamer Prüfer für alle beteiligten Rechtsträger gemeint sein[1]. Hierzu ist eine entsprechende Einigung der Vertretungsorgane der betroffenen Rechtsträger und ein gemeinsamer Bestellungsantrag erforderlich. An einen gemeinsamen Vorschlag bezüglich der Person des Prüfers ist das Gericht nicht gebunden. Die erforderliche Einigung der Vertretungsorgane auf eine gemeinsame Prüfung kann im Verschmelzungsvertrag erfolgen. Die gemeinsame Prüfung mündet in eine gemeinsame Berichterstattung nach § 12 Abs. 1 Satz 2 UmwG.

20

Das Gesetz lässt die Frage offen, welches Gericht bei mehreren beteiligten Rechtsträgern **zuständig** sein soll.

21

Theoretisch sind drei Lösungsmöglichkeiten denkbar:

- Zwei oder mehr Gerichte sind kumulativ – mit der Gefahr widerstreitender Entscheidungen – zuständig;
- § 2 Abs. 1 FamFG mit der Vorgriffszuständigkeit des zuerst angegangenen Gerichts kommt zur Anwendung;
- die Zuständigkeit wird gemäß § 5 FamFG durch das übergeordnete Gericht verfügt.

Aus systematischen und verfahrensökonomischen Gründen ist die Frage dahin zu entscheiden, dass das Gericht eines der mehreren übertragenden Rechtsträger zuständig ist, und zwar dasjenige, das zuerst angegangen wird (§ 2 Abs. 1 FamFG)[2].

Zu **Doppelprüfungen** könnte es bei der grenzüberschreitenden Verschmelzung kommen, wenn die übertragende Gesellschaft in Deutschland sitzt, andere übertragende und/oder die aufnehmende Gesellschaft in einem EU-Mitgliedstaat. Wird eine Prüfung zulässiger- und/oder notwendigerweise im EU-Ausland durchgeführt, wird sinnvollerweise im Inland kein Antrag gestellt.

---

1 Vgl. *Fronhöfer* in Widmann/Mayer, § 10 UmwG Rz. 11.1.
2 Vgl. *Bungert*, BB 1995, 1399 ff.

6. Fehlerhafte Bestellung

22 Ist die Prüferbestellung fehlerhaft, etwa weil sie nicht vom Gericht, sondern (wie nach früherer Fassung) vom Vertretungsorgan vorgenommen wurde oder weil ein nach §§ 319 Abs. 1–4, 319a Abs. 1, 319b Abs. 1 HGB ausgeschlossener Prüfer geprüft hat, so ist der Verschmelzungsvertrag nicht durch einen Verschmelzungsprüfer, der die gesetzlichen Voraussetzungen erfüllt, geprüft. Es liegt allenfalls eine freiwillige Prüfung vor, die aber nicht die Pflichtprüfung nach § 9 UmwG ersetzen kann. Eine **Sanktion**, wie etwa bei der Pflichtprüfung des Jahresabschlusses in § 316 Abs. 1 Satz 2 HGB, ist jedoch nicht vorgesehen. Jedenfalls hat eine fehlerhafte Prüferbestellung auf eine eingetragene Verschmelzung keine Auswirkung[1].

23 Allerdings ist der Verschmelzungsbeschluss **anfechtbar** und das Registergericht hat ggf. durch Zwischenverfügung Gelegenheit zur Heilung des Mangels durch Nachholung der gerichtlichen Bestellung zu geben (vgl. § 17 UmwG Rz. 36), andernfalls die Eintragung zurückzuweisen[2].

7. Rechtsmittel

24 Gegen die Entscheidung des Gerichts ist nach § 10 Abs. 4 UmwG iVm. §§ 58 ff. FamFG die **Beschwerde** gegeben. Beschwerdegericht ist das jeweilige übergeordnete OLG. Die Länder können die Zuständigkeit auf bestimmte OLG konzentrieren (§ 10 Abs. 5 UmwG)[3]. Für die Einlegung der Beschwerde besteht **Anwaltszwang** (§ 10 Abs. 4 Satz 2 UmwG). Bei widersprechenden Entscheidungen ist die Rechtsbeschwerde zum BGH im Beschluss zuzulassen (§ 70 Abs. 2 Nr. 2 FamFG). Beschwerdebefugt ist (sind) nur der (die) Antragsteller, nicht die übrigen an der Verschmelzung beteiligten Rechtsträger und nicht der bestellte oder ein nicht bestellter Verschmelzungsprüfer. Deren Rechte können durch eine Verfügung nicht beeinträchtigt sein (§ 59 Abs. 1 FamFG)[4]. Gegen die Entscheidung des OLG gibt es unter den engen Voraussetzungen des § 70 FamFG die Rechtsbeschwerde, wenn sie vom OLG zugelassen ist.

---

1 *Drygala* in Lutter, § 10 UmwG Rz. 15.
2 *Drygala* in Lutter, § 10 UmwG Rz. 16 f.; *Drygala* lässt eine Heilung durch Nachholung eines gerichtlichen Bestellungsverfahrens nur bis zur Beschlussfassung der Gesellschafterversammlung zu, weil andernfalls nicht ausgeschlossen werden könne, dass ein Anteilsinhaber in Kenntnis des Mangels anders abgestimmt hätte. Dieses Bedenken kann aber wohl durch einen einstimmigen „Bestätigungsbeschluss" ausgeräumt werden.
3 Bayern: VO v. 6.7.1995, GVBl. 1995, S. 343 (BayObLG); Nordrhein-Westfalen: VO v. 26.11.1996, GVBl. 1996, S. 518 (OLG Düsseldorf); Rheinland-Pfalz: VO v. 19.4.1995, GVBl. 1995, S. 125 (OLG Zweibrücken).
4 *Fronhöfer* in Widmann/Mayer, § 10 UmwG Rz. 17.2 f.

Hinzukommen muss eine **Beschwer** des antragstellenden Rechtsträgers. Nach hM liegt sie bei einem stattgebenden Beschluss von vornherein nicht vor, so dass eine Beschwerde unzulässig ist[1]. Das ist insoweit richtig, als der Antragsteller keinen Anspruch auf Bestellung eines bestimmten Prüfers hat, so dass seinem Antrag entsprochen ist, wenn überhaupt ein Prüfer bestellt worden ist. Der Antragsteller hat aber Anspruch auf Bestellung eines habilen Prüfers. Deshalb muss ihm ein Beschwerderecht zustehen, wenn ein Prüfer bestellt wird, gegen den Ausschlussgründe nach §§ 319 Abs. 1–4, 319a Abs. 1, 319b Abs. 1 HGB sprechen. 25

Gegen die Festsetzung der Auslagen und der Vergütung des Prüfers durch das Gericht nach § 10 Abs. 1 Satz 3 UmwG iVm. § 318 Abs. 5 Satz 2 HGB steht dem Prüfer die **Beschwerde** nach § 318 Abs. 5 Satz 3 HGB an das OLG zu. Eine Rechtsbeschwerde ist ausgeschlossen. 26

§ 10 Abs. 5 UmwG ermächtigt die Landesregierungen zur Verfahrenskonzentration bei einem OLG. Davon haben Gebrauch gemacht Bayern (OLG München)[2], Nordrhein-Westfalen (OLG Düsseldorf)[3] und Rheinland-Pfalz (OLG Zweibrücken)[4].

8. Parallelprüfung

In der Praxis werden idR zur Ermittlung des Umtauschverhältnisses und der damit verbundenen Unternehmensbewertungen von den beteiligten Rechtsträgern bzw. von deren Vertretungsorganen sachverständige Gutachter und Berater zugezogen. Sie wirken in erheblichem Umfang an der Ermittlung des Umtauschverhältnisses und damit an einem wesentlichen Bestandteil des Verschmelzungsvertrages und am Verschmelzungsbericht mit. Der gerichtlich bestellte Verschmelzungsprüfer fängt häufig mit seiner Prüfungsarbeit an, bevor die interne Bewertung zum Abschluss gekommen ist. Dafür sprechen gewichtige Termingründe. Aus der Möglichkeit einer Vorklärung und Abstimmung zwischen gerichtlich bestelltem Prüfer und Erstgutachter wird gelegentlich die Forderung erhoben, das Gericht habe dem Prüfer aufzugeben, erst nach Vorlage der fertig gestellten und präsentierten internen Bewertung zu prüfen. Nur so seien die Gefahren für eine wirklich unabhängige Stellungnahme, die in einer **Parallelprüfung** liegen könnten, zu vermeiden[5]. 27

---

1 *Fronhöfer* in Widmann/Mayer, § 10 UmwG Rz. 17.1.
2 VO v. 6.7.1995, GVBl. 1995, S. 343.
3 VO v. 26.11.1996, GVBl. 1996, S. 518.
4 VO v. 19.4.1995, GVBl. 1995, S. 125.
5 Vgl. *Puszkajler*, ZIP 2003, 518 (521); *Lamb/Schluck-Amend*, DB 2003, 1259 (1262); *Büchel*, NZG 2003, 793 (801); *Lutter/Bezzenberger*, AG 2000, 433 (439); wohl auch *Koppensteiner* in KölnKomm. AktG, 3. Aufl. 2004, § 293c AktG Rz. 5.

28 Weder aus dem UmwG noch aus den Ausschlussgründen der §§ 319 Abs. 1–4 oder 319a Abs. 1, 319b Abs. 1 HGB ist eine solche Restriktion abzuleiten. Aus dem bloßen Umstand einer Parallelprüfung kann eine Befangenheit nicht abgeleitet werden; gerade umgekehrt kann sie einer schnelleren und intensiveren Information des Verschmelzungsprüfers dienen. Dies ist auch die Auffassung der Rechtsprechung[1].

§ 11
Stellung und Verantwortlichkeit der Verschmelzungsprüfer

(1) Für die Auswahl und das Auskunftsrecht der Verschmelzungsprüfer gelten § 319 Abs. 1 bis 4, § 319a Abs. 1, 319b Abs. 1, § 320 Abs. 1 Satz 2 und Abs. 2 Satz 1 und 2 des Handelsgesetzbuchs entsprechend. Soweit Rechtsträger betroffen sind, für die keine Pflicht zur Prüfung des Jahresabschlusses besteht, gilt Satz 1 entsprechend. Dabei findet § 267 Abs. 1 bis 3 des Handelsgesetzbuchs für die Umschreibung der Größenklassen entsprechende Anwendung. Das Auskunftsrecht besteht gegenüber allen an der Verschmelzung beteiligten Rechtsträgern und gegenüber einem Konzernunternehmen sowie einem abhängigen und einem herrschenden Unternehmen.

(2) Für die Verantwortlichkeit der Verschmelzungsprüfer, ihrer Gehilfen und der bei der Prüfung mitwirkenden gesetzlichen Vertreter einer Prüfungsgesellschaft gilt § 323 des Handelsgesetzbuchs entsprechend. Die Verantwortlichkeit besteht gegenüber den an der Verschmelzung beteiligten Rechtsträgern und deren Anteilsinhabern.

1. Entwicklung der Vorschrift 1
2. Auswahl der Verschmelzungsprüfer
   a) Qualifikation der Prüfer 2
   b) Ausschlussgründe 4
   c) Rechtsfolgen von Verstößen gegen § 11 Abs. 1 Satz 1 UmwG iVm. § 319 Abs. 1–4 und §§ 319a Abs. 1, 319b Abs. 1 HGB 7
3. Auskunftsrecht 10
4. Verantwortlichkeit
   a) Verpflichteter Personenkreis .. 14
   b) Die besonderen Verhaltenspflichten 15
5. Haftungsumfang 18

---

1 BGH v. 19.9.2006 – II ZR 225/04, ZIP 2006, 2080 (2082) = AG 2006, 887; OLG Frankfurt/M. v. 21.7.2008 – 23 W 13/08, ZIP 2008, 1966 = AG 2008, 826; OLG Stuttgart v. 3.12.2003 – 20 W 6/03, ZIP 2003, 2363 (2365) = AG 2004, 105; OLG Düsseldorf v. 16.1.2004 – I-16 W 63/03, ZIP 2004, 359 (364) = AG 2004, 207; OLG Köln v. 26.8.2004 – 18 U 48/04, NZG 2005, 931 = EWiR 2005, 527 m. Anm. *Linnerz*; *Leuering*, NZG 2004, 606 (608 ff.).

Literatur: *Ebke*, Die Haftung des Abschlussprüfers, in Krieger/Uwe H. Schneider, Handbuch Managerhaftung, 2. Aufl. 2010; *Ebke/Scheel*, Die Haftung des Wirtschaftsprüfers für fahrlässig verursachte Vermögensschäden Dritter, WM 1991, 389; *Henkel*, Die Verschmelzungsprüfung als Schutzrecht der Anteilsinhaber, 2010; *Hirte*, Berufshaftung, 1996; *Hopt*, Die Haftung des Wirtschaftsprüfers – Rechtsprobleme zu § 323 HGB und zur Prospekt- und Auskunftshaftung, WPg 1986, 461 (Teil I); *Meixner/Schröder*, Wirtschaftsprüferhaftung, 2013; *Welf Müller*, Pflichtverletzung und Haftung des Wirtschaftsprüfers, in Wellhöfer/Peltzer/Müller, Die Haftung von Vorstand, Aufsichtsrat, Wirtschaftsprüfer, 2008; *Quick*, Die Haftung des handelsrechtlichen Abschlussprüfers, BB 1992, 1675; *Schmitz*, Die Vertragshaftung des Wirtschaftsprüfers und Steuerberaters gegenüber Dritten – Eine Auseinandersetzung mit den Haftungsausdehnungstendenzen der Rechtsprechung des BGH, DB 1989, 1909; WP-Handbuch 2012, Bd. I, 14. Aufl. 2012, S. 182.

1. Entwicklung der Vorschrift

Die Vorschrift entspricht weitgehend dem früheren Recht der Verschmelzung 1 unter Beteiligung einer AG (§§ 340b Abs. 3 und 5, 355 Abs. 2 Satz 1 AktG aF). Die Anpassungen sind redaktionell und berücksichtigen die vergrößerte Zahl verschmelzungsfähiger Rechtsträger. Die Ausschlussgründe wurden durch das Bilanzrechtsreformgesetz[1] an die neu gefassten Vorschriften der §§ 319 und 319a HGB mit Wirkung zum 5.12.2004 und durch das Bilanzrechtsmodernisierungsgesetz[2] an den neu geschaffenen § 319b HGB mit Wirkung zum 29.5.2009 angepasst. Die Vorschrift setzt Art. 21 der RL 78/855/EWG um.

2. Auswahl der Verschmelzungsprüfer

a) Qualifikation der Prüfer

§ 11 Abs. 1 UmwG verweist für die Auswahl der Verschmelzungsprüfer auf die 2 entsprechende Anwendung des § 319 Abs. 1–4 und des § 319a Abs. 1, 319b Abs. 1 HGB. Verschmelzungsprüfer können damit ohne Einschränkung für alle Rechtsträger Wirtschaftsprüfer und Wirtschaftsprüfungsgesellschaften sein. Vereidigte Buchprüfer und Buchprüfungsgesellschaften können Verschmelzungsprüfer für die kleine und mittelgroße GmbH iS des § 267 Abs. 1 und 2 HGB sein (§ 319 Abs. 1 Satz 2 HGB), aber auch für jeden anderen Rechtsträger, der diese Größenklassenkriterien erfüllt (§ 11 Abs. 1 Satz 3 UmwG). Die **Größenklassen** des § 267 HGB sind, anders als bei der Pflichtprüfung des Jahresabschlusses, nicht für die Pflicht zur Verschmelzungsprüfung, sondern nur für die Qualifikation der Prüfer von Bedeutung. Die Verschmelzungsprüfung ist ohne Rücksicht auf die Größenklasse immer **Pflichtprüfung**, sofern sie in den

---

1 Bilanzrechtsreformgesetz v. 4.12.2004, BGBl. I 2004, S. 3166 (Art. 8 Abs. 10 Nr. 1).
2 Bilanzrechtsmodernisierungsgesetz v. 25.5.2009, BGBl. I 2009, S. 1102 (Art. 11 Abs. 4).

besonderen Vorschriften angeordnet ist. Allerdings ist die doppelte „entsprechende" Anwendung des § 319 Abs. 1-4 HGB gesetzestechnisch missglückt und missverständlich. *Drygala*[1] folgert aus dem „entsprechend", dass die AG – auch die kleine – rechtsformspezifisch stets von einem Wirtschaftsprüfer zu prüfen sei; Gleiches gelte für den in der Struktur der AG nahestehenden Verein, so dass für den vereidigten Buchprüfer neben der GmbH praktisch nur die Personengesellschaft verbliebe. Durch die doppelte Verweisung, die seinerzeit erst durch den Rechtsausschuss eingefügt wurde, sollte aber nur auf die Größenklassen des § 267 HGB, nicht jedoch auf Strukturähnlichkeiten zurückgegriffen werden, so dass vereidigte Buchprüfer – neben Wirtschaftsprüfern – alle mittelgroßen (mit Ausnahme der AG) und kleinen (mit Einschluss der AG) Rechtsträger prüfen dürfen[2]. Zwar handelt es sich bei den Umwandlungsprüfungen auch für die kleine AG (den kleinen Verein) um eine Pflichtprüfung. Daraus kann aber nicht geschlossen werden, dass durch die entsprechende Anwendung der §§ 319, 267 HGB der vBP, der durchaus eine freiwillige Abschlussprüfung durchführen könnte, ausgeschlossen sein soll.

Bei der Bestellung eines **gemeinsamen Prüfers** (§ 10 Abs. 1 UmwG) ist für die Größenklassen iS des § 267 HGB auf die – prospektiven – Verhältnisse nach der Verschmelzung der betroffenen Rechtsträger abzustellen (entsprechend § 267 Abs. 4 Satz 2 HGB).

Als weitere Qualifikation ist durch das Bilanzrechtsreformgesetz das Vorliegen einer wirksamen **Bescheinigung** über die Teilnahme des Prüfers an der **Qualitätskontrolle** nach § 57a WPO (Peer Review) eingeführt worden. Im Rahmen der Umsetzungsgesetzgebung zur EU-Abschlussprüferreform wurde die Teilnahmebescheinigung und Ausnahmegenehmigung in ihrer Funktion durch das Anzeigeverfahren nach § 57a WPO ersetzt. Das Gericht muss sich nun deshalb bei der Bestellung (§ 10 Abs. 1 UmwG) vergewissern, ob die Prüfer ihre (erstmalige) Tätigkeit bei der WPK angezeigt haben und im Berufsregister der WPK eingetragen sind. Dem Gericht ist ggf. ein Berufsregisterauszug vorzulegen. Prüfer, die über eine Teilnahmebescheinigung oder über eine Ausnahmegenehmigung von der Qualitätskontrolle nach dem bis zum 16.6.2016 geltenden § 57a WPO aF verfügen, werden von der WPK von Amts wegen in das Register eingetragen[3].

3 Die Frage, ob neben der Qualifikation nach § 319 Abs. 1 HGB noch ein **besonderer Sachverstand** (§ 9 Abs. 1 UmwG: „sachverständige Prüfer") zu verlangen

---

1 *Drygala* in Lutter, § 11 UmwG Rz. 3.
2 So ausdrücklich: Bericht des Rechtsausschusses, BT-Drucks. 12/7850, S. 142; so auch *Mayer* in Widmann/Mayer, § 11 UmwG Rz. 7; *Zeidler* in Semler/Stengel, § 11 UmwG Rz. 3; *Stratz* in Schmitt/Hörtnagl/Stratz, § 11 UmwG Rz. 7; WP-Handbuch 2014, Bd. II, S. 529.
3 *Farr*, WPg 2016, 188 (188 f.).

ist, ist zu verneinen. Allerdings ist zu empfehlen, dass das Gericht nur Prüfer bestellt, die über spezielle Kenntnisse in der Unternehmensbewertung verfügen.

b) Ausschlussgründe

Bei den Ausschlussgründen ist zwischen den **allgemeinen** und den **besonderen** 4
Ausschlussgründen zu unterscheiden. Die allgemeinen Ausschlussgründe gelten für jede Verschmelzungsprüfung; die Besonderen gelten zusätzlich, wenn der Verschmelzungsvertrag für einen Rechtsträger zu prüfen ist, der einen organisierten Markt iS des § 2 Abs. 5 WpHG in Anspruch nimmt. Das sind insbesondere alle **börsennotierten Rechtsträger**, aber auch Rechtsträger, die andere Wertpapiere is des § 2 Abs. 1 WpHG (zB Schuldverschreibungen) über den Kapitalmarkt emittiert haben. Bei Bestellung eines **gemeinsamen Prüfers** für mehrere Rechtsträger sind stets die am weitestreichenden Ausschlussgründe zu beachten.

Bezüglich der **allgemeinen Ausschlussgründe** wird auf § 319 Abs. 2–4 und auf 5
§ 319b HGB und die einschlägige Literatur verwiesen[1]. Die „entsprechende" Anwendung der Bestimmung bewirkt, dass dort, wo in § 319 Abs. 2–4 HGB auf den Abschlussprüfer, die Abschlussprüfung oder den Jahresabschluss Bezug genommen wird, im Rahmen der Verschmelzungsprüfung der Verschmelzungsprüfer und der Verschmelzungsvertrag mit allen seinen Vorbereitungshandlungen tritt. Ein absoluter Ausschlussgrund liegt damit vor, wenn der Prüfer an der Ermittlung des Umtauschverhältnisses oder sonst beratend am Verschmelzungsvertrag mitgewirkt hat. Mit dem Bilanzrechtsreformgesetz ist die bislang nur im Berufsrecht (§ 49 WPO) geregelte „Besorgnis der Befangenheit", bei der der Prüfer seine Mitwirkung zu versagen hat, zu einem absoluten Ausschlussgrund aufgewertet worden (§ 319 Abs. 2 HGB). Dies ist für die Verschmelzungsprüfung deshalb von besonderer Bedeutung, weil für die Beurteilung der Umtauschrelation die „Besorgnis der Befangenheit" auch in Umständen und Verhältnissen in Bezug auf die anderen beteiligten Rechtsträger liegen kann. Die allgemeinen Ausschlussgründe sind deshalb auch in Bezug auf die anderen an der Verschmelzung beteiligten Rechtsträger zu prüfen[2]. Zu beachten ist der durch das BilMoG eingeführte „Netzwerktatbestand" des § 319b HGB. Ein Prüfungshindernis liegt auch dann vor, wenn ein Netzwerkmitglied einen allgemeinen Ausschlussgrund erfüllt. Netzwerk ist ein auf Dauer angelegtes Zusammenwirken der Netzwerkmitglieder zur Verfolgung gemeinsamer wirtschaftlicher Interessen (zB Gewinn- oder Kostenteilung, gemeinsames Eigentum, gemeinsame Kontrol-

---

1 *Schmidt/Nagel* in Beck'scher Bilanz-Kommentar, § 319 HGB Rz. 20 ff.; *Zimmer* in Großkomm. Bilanzrecht, 2002, § 319 HGB Rz. 13 ff.; *Ebke* in MünchKomm. HGB, 3. Aufl. 2013, § 319 HGB Rz. 20 ff.; *Welf Müller* in KölnKomm. RechungslegungsR, 2010, § 319 HGB Rz. 25 ff.; *Welf Müller* in Wellhöfer/Peltzer/Müller, § 22.
2 *Drygala* in Lutter, § 11 UmwG Rz. 4.

§ 11 | Verschmelzung durch Aufnahme

le, gemeinsame Geschäftsführung, gemeinsame Qualitätssicherung und -kontrolle, gemeinsame Strategie, Marke oder Auftreten)[1]. Allerdings greift der Netzwerktatbestand dann nicht, wenn der Verschmelzungsprüfer nachweisen kann, dass Netzwerkmitglieder auf Prüfungsgegenstand (Verschmelzungsvertrag und insbesondere Umtauschverhältnis) und auf das Prüfungsergebnis keinen Einfluss nehmen können (§ 319b Abs. 1 Satz 1 Halbsatz 2 HGB). Ein absoluter Ausschlussgrund liegt allerdings vor, wenn ein Netzwerkmitglied den Tatbestand des § 319 Abs. 3 Satz 1 Nr. 3 HGB oder des § 319a Abs. 1 Satz 1 Nr. 2 oder 3 HGB erfüllt.

Der bestellte **Abschlussprüfer** eines beteiligten Rechtsträgers ist allein wegen dieser Tätigkeit nicht ausgeschlossen, da er auch insoweit eine unabhängige Funktion wahrnimmt[2]. Eine andere Frage ist, ob er als Abschlussprüfer für die nachfolgenden Jahresabschlüsse des fusionierten Rechtsträgers wegen Vorbefassung mit jahresabschlussrelevanten Posten ausgeschlossen ist[3].

6 Bei Rechtsträgern, die Unternehmen von öffentlichem Interesse darstellen, sind zusätzlich die durch die EU-Abschlussprüferreform überarbeiteten **besonderen Ausschlussgründe** des Art. 5 der VO (EU) Nr. 537/2014[4] iVm. § 319a Abs. 1 Satz 1 Nr. 2 und 3 HGB zu beachten, die zum Ausschluss führen, wenn der Prüfer über eine Prüfungstätigkeit hinaus Steuerberatungs- oder Bewertungsleistungen erbracht hat, die sich auf den geprüften Verschmelzungsvertrag unmittelbar und nicht unwesentlich auswirken. Zu den besonderen Ausschlussgründen vgl. auch ausführlicher § 17 UmwG Rz. 37. Auch hier ist der Netzwerktatbestand des § 319b Abs. 1 HGB zu berücksichtigen.

c) Rechtsfolgen von Verstößen gegen § 11 Abs. 1 Satz 1 UmwG iVm. § 319 Abs. 1–4 und §§ 319a Abs. 1, 319b Abs. 1 HGB

7 Ausdrückliche Sanktionen bei Prüfung durch nicht qualifizierte oder ausgeschlossene Prüfer sieht das Gesetz weder auf gesellschaftsrechtlicher Seite noch bei den Strafvorschriften vor[5].

---

1 Vgl. BT-Drucks. 16/10067, S. 90; *Welf Müller* in KölnKomm. RechungslegungsR, 2010, § 319b HGB Rz. 4 ff.
2 *Hoffmann-Becking* in FS Fleck, 1988, S. 105 (121); *Mayer* in Widmann/Mayer, § 11 UmwG Rz. 10; *Drygala* in Lutter, § 11 UmwG Rz. 4; *Zeidler* in Semler/Stengel, § 11 UmwG Rz. 7.
3 Vgl. BGH v. 25.11.2002 – II ZR 49/01, ZIP 2003, 290 = AG 2003, 318; *Welf Müller*, WPg 2003, 741 ff. mit Erwiderung *Schüppen*, WPg 2003, 750.
4 Verordnung (EU) Nr. 537/2014, ABl. EU Nr. L 158 v. 27.5.2014, S. 77.
5 *Mayer* in Widmann/Mayer, § 11 UmwG Rz. 23 hält eine Ordnungswidrigkeit des Prüfers nach § 334 Abs. 2 HGB für gegeben. Das wird von der nur entsprechenden Anwendung der §§ 319, 319a HGB nicht gedeckt.

Ist durch eine Person geprüft worden, die nicht die erforderliche Qualifikation nach § 319 Abs. 1 HGB aufweist, so ist schon der **Bestellungsakt nichtig**[1], und eine Prüfung is der §§ 9 ff. UmwG hat nicht stattgefunden. Der Registerrichter kann die Anmeldung der Verschmelzung zurückweisen (§ 17 Abs. 1 UmwG; es fehlt eine notwendige Anlage zur Anmeldung).

Ist die Prüfung durch einen nach §§ 319 Abs. 2–4, 319a, 319b Abs. 1 HGB ausgeschlossenen Prüfer durchgeführt worden oder ist sie noch in der Durchführung begriffen, hat das Gericht auf Antrag des Vertretungsorgans einen **anderen Prüfer zu bestellen**[2]. Der Prüfungsauftrag des bisherigen Prüfers kann aus wichtigem Grund gekündigt werden. Der ausgeschlossene Berufsträger kann kraft Berufsrechts zu einer solchen Kündigung verpflichtet sein[3]. Darüber hinaus muss auch jeder Anteilsinhaber/Mitglied eines beteiligten Rechtsträgers das Recht haben, von seinem Vertretungsorgan Maßnahmen zur Abberufung des alten und die Bestellung eines neuen Verschmelzungsprüfers zu verlangen. 8

Ist die **Verschmelzung** jedoch im Handelsregister des übernehmenden Rechtsträgers **eingetragen**, wird ihre Wirksamkeit durch eine Verletzung des §§ 319 Abs. 1–4, 319a, 319b Abs. 1 HGB nicht mehr berührt. Es können allenfalls Schadensersatzansprüche der betroffenen Gesellschaften gegen den ausgeschlossenen Prüfer oder gegen ihre Vertretungsorgane bestehen (vgl. § 25 UmwG). 9

3. Auskunftsrecht

Das Auskunftsrecht des Verschmelzungsprüfers besteht nach § 11 Abs. 1 Satz 1 UmwG iVm. § 320 Abs. 1 Satz 2 HGB gegenüber dem antragstellenden Rechtsträger. § 11 Abs. 1 Satz 4 UmwG erweitert das Auskunftsrecht jedoch auf alle an der Verschmelzung beteiligten Rechtsträger und Konzernunternehmen (§ 18 AktG), wenn ein beteiligter Rechtsträger diesem Konzern angehört, sowie auf abhängige und herrschende Unternehmen (§ 17 AktG), sofern ein beteiligter Rechtsträger abhängig oder herrschend ist. Diese Erstreckung des Auskunftsrechts ist umfassend, aber notwendig, weil andernfalls insbesondere das Umtauschverhältnis verantwortlich kaum geprüft werden könnte. Das Auskunftsrecht ist grundsätzlich territorial nicht beschränkt, besteht also auch gegenüber **ausländischen** beteiligten Unternehmen, Konzernunternehmen oder abhängigen und herrschenden Unternehmen. Eine Durchsetzbarkeit kann der deutsche 10

---

1 Vgl. ADS, § 319 HGB Rz. 243.
2 Das Landgericht München hat im Urteil vom 22.12.2011 (Az. 5 HKO 12398/08, AG 2012, 386 [387]) entschieden, dass ein Prüfungsauftrag, der einem Abschlussprüfer in der Rechtsform einer Kapitalgesellschaft erteilt worden ist, dann, wenn diese mit einer anderen Prüfungsgesellschaft verschmolzen wird, im Wege der Gesamtrechtsnachfolge auf die übernehmende Gesellschaft übergeht. Dem kann man im Prinzip folgen, darf aber nicht übersehen, dass ggf. Ausschlussgründe nach §§ 319 ff. HGB neu zu prüfen sind.
3 Vgl. ADS, § 319 HGB Rz. 255.

Gesetzgeber im Ausland allerdings nicht anordnen. Allenfalls bei der grenzüberschreitenden Verschmelzung innerhalb der EU kann sich der Prüfer auf Art. 10 Abs. 3 RL 78/855/EWG berufen, die mangels wirksamer Umsetzungsmöglichkeit unmittelbar geltendes Recht sein dürfte. Erlangt der Prüfer ihm erforderlich erscheinende Auskünfte im Ausland nicht, wird er versuchen müssen, sein Recht über eine inländische beteiligte Gesellschaft durchzusetzen. Ist auch dies nicht möglich, ist im Verschmelzungsbericht ein entsprechender Hinweis[1] oder – je nach Bedeutung – eine Einschränkung der nach § 12 Abs. 2 UmwG abzugebenden Erklärung vorzusehen. Für ausländische Verschmelzungsprüfer hingegen kommt ein Auskunftsrecht nach § 11 Abs. 1 UmwG iVm. § 320 Abs. 1 Satz 2 und Abs. 2 Satz 1 und 2 HGB nicht zur Anwendung. Das folgt schon daraus, dass sie die Qualifikation nach § 319 Abs. 1 HGB nicht aufweisen und damit nicht Verschmelzungsprüfer iS von §§ 10, 11 UmwG sein können.

11 **Auskunftsverpflichtet** sind die Vertretungsorgane der beteiligten Rechtsträger, also insbesondere Vorstand und Geschäftsführung, die weitere Personen zur Auskunftserteilung bestimmen können. Auch im Zuge der Verschmelzungsprüfung kann das Verlangen nach einer so genannten „**Vollständigkeitserklärung**" sinnvoll sein. Sie stellt eine umfassende Versicherung des geprüften Unternehmens über die Vollständigkeit der erteilten Auskünfte und Nachweise dar[2], entbindet den Prüfer allerdings nicht von der eigenen Nachprüfung.

12 Das Auskunftsrecht besteht einmal aus dem Recht zur Einsichtnahme und Prüfung (§ 320 Abs. 1 Satz 2 HGB), zum anderen aus dem Recht, Aufklärung und Nachweise zu verlangen (§ 320 Abs. 2 Satz 1 HGB). Das **Recht auf Einsichtnahme** (§ 320 Abs. 1 Satz 2 HGB) beinhaltet Einsichtnahme in die Bücher und Schriften der beteiligten Rechtsträger sowie die Prüfung der Vermögensgegenstände und Schulden; dies beinhaltet auch eine körperliche Bestandsaufnahme. Inwieweit sich der Prüfer auf eine zeitlich nicht allzulang zurückliegende Abschlussprüfung verlassen will, liegt in seinem prüferischen Ermessen und in seiner Verantwortung. **Aufklärungen** iS des § 320 Abs. 2 Satz 1 HGB sind insbesondere Auskünfte, Erklärungen und Begründungen, die idR mündlich erteilt werden können. Nachweise sind schriftliche Unterlagen, zB Verträge[3]. Beschränkt wird das Auskunftsrecht nur durch § 320 Abs. 2 Satz 1 HGB, und zwar auf die Aufklärungen und Nachweise, „die für eine sorgfältige Prüfung notwendig sind". Was notwendig ist, bestimmt sich an den Erfordernissen zur Beurteilung des Verschmelzungsvertrages, insbesondere des Umtauschverhältnisses.

---

1 Vgl. *ADS*, § 320 HGB Rz. 49; *Schmidt/Heinz* in Beck'scher Bilanz-Kommentar, § 320 HGB Rz. 16; *Drygala* in Lutter, § 11 UmwG Rz. 6; *Ebke* in MünchKomm. HGB, 3. Aufl. 2013, § 320 HGB Rz. 18.
2 *Zeidler* in Semler/Stengel, § 11 UmwG Rz. 10; WP-Handbuch 2012, Bd I, S. 2649 ff.; *IDW* PS 303 nF Rz. 23 ff., WPg 2009, Supplement 4, S. 19 ff., IDW Fachnachrichten 2009, S. 445 ff.
3 Vgl. *Schmidt/Heinz* in Beck'scher Bilanz-Kommentar, § 320 HGB Rz. 12.

Soweit das Auskunftsrecht nach § 11 Abs. 1 Satz 4 UmwG erweitert wird, bezieht sich diese **Erweiterung** wohl nur auf die Rechte nach § 320 Abs. 2 Satz 1 und 2 HGB, also auf Aufklärungen und Nachweise, nicht aber auf Einsichtnahme und Prüfung nach § 320 Abs. 1 Satz 2 HGB[1]. Zur Auslegung des insoweit nicht eindeutigen Gesetzestextes kann § 320 Abs. 2 Satz 3 HGB herangezogen werden, der sich auch nur auf § 320 Abs. 2 Satz 1 und 2 HGB bezieht.

Das Auskunftsrecht besteht **ab Erteilung des Prüfungsauftrags**, also auch schon vor Abschluss des Verschmelzungsvertrages bzw. Aufstellung des Entwurfs. 13

4. Verantwortlichkeit

a) Verpflichteter Personenkreis

§ 11 Abs. 2 Satz 1 UmwG verweist für die Verantwortlichkeit der Verschmelzungsprüfer auf § 323 HGB. Verantwortlich ist der **Verschmelzungsprüfer**. Das ist diejenige Person, die zum Verschmelzungsprüfer bestellt worden ist; bei einer Prüfungsgesellschaft ist es die Gesellschaft, bei einer Sozietät die Sozien, die die Qualifikation als Verschmelzungsprüfer erfüllen[2]. Gehilfen sind diejenigen Hilfskräfte, die qualifizierte Mitarbeit bei der Prüfung leisten, ohne Rücksicht darauf, ob sie selbst Wirtschaftsprüfer oder vereidigte Buchprüfer sind. Gesetzliche Vertreter (Vorstandsmitglieder, Geschäftsführer, persönlich haftende Gesellschafter einer Personengesellschaft) haften nur insoweit, „als sie an der Prüfung mitwirken". Dazu gehört nicht nur die unmittelbare Mitwirkung, sondern auch die Auswahl und die Beaufsichtigung[3]. 14

b) Die besonderen Verhaltenspflichten

Die Verhaltenspflichten des Prüfers ergeben sich aus § 323 Abs. 1 Satz 1 und 2 HGB: Der Prüfer ist zur gewissenhaften und unparteiischen Prüfung und zur Verschwiegenheit verpflichtet. Er darf nicht unbefugt Geschäfts- und Betriebsgeheimnisse verwerten, die er bei seiner Tätigkeit erfahren hat. Zur inhaltlichen Konkretisierung wird auf die Kommentierungen zu § 323 HGB verwiesen[4]. Zur Gewissenhaftigkeit gehört die Einhaltung oder – in Ausnahmefällen – begründete Abweichung von einschlägigen Fachgutachten und Stellungnahmen der 15

---

1 *Drygala* in Lutter, § 11 UmwG Rz. 6; *Zeidler* in Semler/Stengel, § 11 UmwG Rz. 12; unklar *Stratz* in Schmitt/Hörtnagl/Stratz, § 11 UmwG Rz. 19.
2 Vgl. *ADS*, § 323 HGB Rz. 12 ff.
3 Vgl. zu allem *ADS*, § 323 HGB Rz. 12 ff.; *Schmidt/Feldmüller* in Beck'scher Bilanz-Kommentar, § 323 HGB Rz. 60 ff.
4 *ADS*, § 323 HGB Rz. 20 ff.; *Schmidt/Feldmüller* in Beck'scher Bilanz-Kommentar, § 323 HGB Rz. 10 ff.; *Welf Müller* in KölnKomm. RechnungslegungsR, 2010, § 323 HGB Rz. 22 ff.

Wirtschaftsprüferkammer und des Instituts der Wirtschaftsprüfer. Neben den allgemeinen Grundsätzen über Prüfung und Berichterstattung[1] ist hier insbesondere hinzuweisen auf Grundsätze zur Durchführung von Unternehmensbewertungen IDW Standard S 1[2] sowie IDW RS HFA 42 zur Rechnungslegung bei Verschmelzung.

16 Zur **Verschwiegenheitspflicht** wird auf die einschlägigen Kommentierungen zu § 323 HGB verwiesen[3]. Eine Besonderheit bei der Verschmelzungsprüfung besteht darin, dass die Verschwiegenheitspflicht auch gegenüber den anderen Verschmelzungspartnern und deren Vertretungsorganen sowie Anteilsinhabern besteht. Was vertraulich zu behandeln ist, entscheidet das jeweilige Vertretungsorgan; dieses entscheidet auch über eine Befreiung von der Verschwiegenheitspflicht. Nicht unter die Verschwiegenheitspflicht fallen Vorgänge, die öffentlich bekannt gemacht oder zugänglich sind, oder die in den Verschmelzungsberichten (§ 8 UmwG) offen gelegt werden.

17 Eine **gemeinsame Prüfung** durch einen oder mehrere Verschmelzungsprüfer kann idR sinnvoll nur durchgeführt und berichtet werden, wenn der oder die Prüfer von den beteiligten Rechtsträgern von seiner (ihrer) Verschwiegenheitspflicht gegenüber dem jeweils anderen Rechtsträger befreit wird oder werden. Um die Frage nach Beweisschwierigkeiten über eine konkludente Befreiung zu vermeiden, empfiehlt sich eine Regelung im Verschmelzungsvertrag oder in der Auftragserteilung an den Prüfer.

5. Haftungsumfang

18 Die Haftung besteht gegenüber allen an der Verschmelzung beteiligten Rechtsträgern und deren Anteilsinhabern. Mit der Einbeziehung der **Anteilsinhaber** geht § 11 Abs. 2 UmwG über § 323 Abs. 1 HGB und auch über Art. 21 der Dritten Richtlinie (78/855/EWG) hinaus, der nur eine Haftung gegenüber den Aktionären der übertragenden Gesellschaft als Mindestrahmen vorsieht. § 11 Abs. 2 UmwG spricht nur von Anteilsinhabern. Die Vorschrift muss aber gleichermaßen für Mitglieder gelten, soweit ein beteiligter Rechtsträger mitglied-

---

1 Vgl. insb. *IDW* PS 300 nF, IDW Life 2016, S. 624 ff.; *IDW* PS 303 nF, WPg 2009, Supplement 4, S. 19 ff., IDW Fachnachrichten 2009, S. 445 ff.; *IDW* PS 312, WPg 2001, S. 903 ff., IDW Fachnachrichten 2001, S. 343 ff.; *IDW* PS 314 n.F., WPg 2009, Supplement 4, S. 23 ff., IDW Fachnachrichten 2009, S. 415 ff.; *IDW* PS 322 n.F., WPg 2013, Supplement 3, S. 17 ff., IDW Fachnachrichten 2013, S. 331 ff.; *IDW* PS 450, WPg 2006, S. 113 ff.
2 *IDW* S 1 idF 2008, IDW Fachnachrichten 2008, S. 271 ff., WPg 2008, Supplement 3, S. 68 ff.
3 *ADS*, § 323 HGB Rz. 30 ff.; *Schmidt/Feldmüller* in Beck'scher Bilanz-Kommentar, § 323 HGB Rz. 30 ff.; *Welf Müller* in KölnKomm. RechnungslegungsR, 2010, § 323 HGB Rz. 36 ff.

schaftlich organisiert ist. **Dritte** können aus § 11 Abs. 2 UmwG keine Rechte herleiten, es sei denn, die Rechte sind von den beteiligten Rechtsträgern oder Anteilsinhabern abgetreten worden. Unberührt bleiben für Dritte andere Haftungsgrundlagen wie deliktische Haftung (§§ 823, 826 BGB); Vertrag zu Gunsten Dritter (§§ 328 ff. BGB); Vertrag mit Schutzwirkung für Dritte[1].

Verbundene Unternehmen sollen nach hM nicht in den Haftungsbereich fallen. Das wird aus dem eindeutigen Wortlaut des § 11 Abs. 2 Satz 2 UmwG gefolgert[2], trotz der Inkonsequenz, die darin liegt, dass verbundene Unternehmen nach § 11 Abs. 1 Satz 4 UmwG auskunftsverpflichtet sind und ihre Geheimhaltungsinteressen durchaus verletzt werden können. Diese Auffassung ist nicht zwingend: § 11 Abs. 2 Satz 1 UmwG verweist insgesamt auf die entsprechende Anwendung von § 323 HGB und damit auch auf dessen Abs. 1 Satz 3, der verbundene Unternehmen einbezieht, sofern sie geschädigt worden sind[3]. § 11 Abs. 2 Satz 2 UmwG ist nicht als Einschränkung dieser umfassenden Verweisung auszulegen, sondern vielmehr als eine Erweiterung des Haftungsbereichs auf die Anteilseigner[4]. 19

Die Haftung nach § 323 HGB ist **Verschuldenshaftung**; sie setzt Vorsatz oder Fahrlässigkeit voraus. Bei Fahrlässigkeit, einschließlich grober Fahrlässigkeit, gilt eine **Haftungsbegrenzung**, deren Höhe sich nach § 323 Abs. 2 Satz 1 und Satz 2 HGB richtet. Die Haftungsbegrenzung beträgt im Normalfall 1 Mio. Euro und bei Aktiengesellschaften, die Aktien mit amtlicher Notierung ausgegeben haben, 4 Mio. Euro. Die Haftungsbeschränkung gilt je Verschmelzungsprüfung, nicht etwa je geschädigtem Anspruchsgegner. Die Begrenzung gilt also unabhängig von der Höhe des Schadens, der Anzahl der begangenen Pflichtverletzungen, der Anzahl der an der Prüfung beteiligten Personen und der Zahl der geschädigten Rechtsträger und/oder Anteilsinhaber. Die Haftungsgrenze gilt nicht bei Vorsatz einschließlich bedingtem Vorsatz und nicht für andere Haftungsgrundlagen (keine Analogiefähigkeit)[5]. Die Frage des Vorsatzes ist für jeden Prüfer oder Prüfungsgehilfen individuell zu beurteilen. 20

Ein **mitwirkendes Verschulden** der Vertretungsorgane (§ 254 BGB) kommt wegen der Eigenständigkeit der Kontrollaufgabe des Prüfers grundsätzlich nicht in 21

---

1 Vgl. *ADS*, § 323 HGB Rz. 176 ff.; *Schmidt/Feldmüller* in Beck'scher Bilanz-Kommentar, § 323 HGB Rz. 194 ff.; *Welf Müller* in KölnKomm. RechnungslegungsR, 2010, § 323 HGB Rz. 104 ff.; *Grüneberg* in Palandt, 75. Aufl. 2016, § 328 BGB Rz. 13 ff.; BGH v. 26.11.1986 – IVa ZR 86/85, WM 1987, 257 ff.; *Hopt*, WPg 1986, 465; *Schmitz*, DB 1989, 1909 ff.; *Ebke/Scheel*, WM 1991, 389 ff.; *Quick*, BB 1992, 1675.
2 *Drygala* in Lutter, § 11 UmwG Rz. 8; *Zeidler* in Semler/Stengel, § 11 UmwG Rz. 16.
3 Ebenso *Bula/Pernegger* in Sagasser/Bula/Brünger, § 9 Rz. 255 ff.
4 AA auch *Drygala* in Lutter, § 11 UmwG Rz. 8; *Zeidler* in Semler/Stengel, § 11 UmwG Rz. 16.
5 Vgl. *Hopt/Merkt* in Baumbach/Hopt, 36. Aufl. 2014, § 323 HGB Rz. 9; *Welf Müller* in Wellhöfer/Peltzer/Müller, § 27 Rz. 3.

Betracht[1]. Ein Mitverschulden der Vertretungsorgane kommt anspruchsmindernd insbesondere dann nicht in Betracht, wenn Ansprüche nicht durch den Rechtsträger, sondern durch dessen Anteilsinhaber geltend gemacht werden.

22 Die gesetzliche Haftungspflicht kann durch Vertrag **weder ausgeschlossen noch beschränkt** werden; § 11 Abs. 2 UmwG iVm. § 323 HGB ist zwingend (§ 323 Abs. 4 HGB). Eine Erweiterung der Haftung ist gesetzlich nicht ausgeschlossen, verstößt aber für Wirtschaftsprüfer und vereidigte Buchprüfer gegen Berufsrecht (vgl. § 16 Berufssatzung, WPK-Mitt. 1996, 176).

23 Mehrere Prüfer eines Verschmelzungsprüfers haften als **Gesamtschuldner**. Ebenso haften mehrere Verschmelzungsprüfer, die nach § 10 Abs. 1 Satz 2 UmwG zur gemeinsamen Prüfung bestellt werden. Allerdings bleibt bei Vorsatz des einen die Haftung des anderen, wenn er fahrlässig gehandelt hat, auf 1 Mio. Euro bzw. 4 Mio. Euro beschränkt[2].

24 **Ansprüche** gegen den Verschmelzungsprüfer **verjähren in drei Jahren** (§ 195 BGB). Die Verjährung beginnt mit der Entstehung des Anspruchs und mit der Kenntnis oder dem ohne grobe Fahrlässigkeit Kennenmüssen des Gläubigers von den anspruchsbegründenden Umständen und der Person des Schuldners (§ 199 Abs. 1 Nr. 1 und Nr. 2 BGB). Die Entstehung des Anspruchs wird idR mit der Eintragung der Verschmelzung in das Register des übernehmenden Rechtsträgers zusammenfallen, da erst mit diesem Akt ein Schaden eingetreten sein kann. Der Prüfer hat ggf. die Pflicht, die Rechtsträger und die Anteilsinhaber/Mitglieder auf das mögliche Bestehen von Schadensersatzansprüchen und insbesondere deren Verjährung hinzuweisen. Für diese Obliegenheit hatte die Rechtsprechung ehemals einen Anspruch aus „Sekundärhaftung" entwickelt, der mit Eintritt der Primärverjährung unter den weiteren Voraussetzungen des § 199 Abs. 1 Nr. 2 BGB eine weitere dreijährige Verjährungsfrist in Lauf setzte[3]. Seit Inkrafttreten des Gesetzes zur Modernisierung des Schuldrechts zum 1.1. 2002 und des Verjährungsanpassungsgesetzes zum 15.12.2004 ist mittlerweile davon auszugehen, dass eine Sekundärhaftung nicht mehr zum Zuge kommt[4]. Da für den Beginn der Regelverjährung an die Kenntnis des Gläubigers von den anspruchsbegründenden Umständen und die Person des Schuldners angeknüpft wird, ist für eine Erstreckung der Verjährung über die Regelverjährung hinaus kein Raum mehr.

---

1 *Hopt/Merkt* in Baumbach/Hopt, 36. Aufl. 2014, § 323 HGB Rz. 7 – „in ganz engen Ausnahmefällen" –; *Welf Müller* in KölnKomm. Rechnungslegungs, 2010, § 323 HGB Rz. 82; aA *ADS*, § 323 HGB Rz. 135 ff.; *Schmidt/Feldmüller* in Beck'scher Bilanz-Kommentar, § 323 HGB Rz. 121 f.
2 *ADS*, § 323 HGB Rz. 160 ff.
3 Vgl. BGH v. 20.1.1982 – IVa ZR 314/80, BGHZ 83, 17 (23) mwN; BGH v. 4.4.1991 – IX ZR 215/90, WM 1991, 1088 ff. und BGH v. 7.5.1991 – IX ZR 188/90, WM 1991, 1303 ff.; BGH v. 11.5.1995 – IX ZR 140/94, NJW 1995, 2108.
4 Vgl. *Ellenberger* in Palandt, 75. Aufl. 2016, Überbl. v. § 194 BGB Rz. 21.

§ 12
Prüfungsbericht

(1) Die Verschmelzungsprüfer haben über das Ergebnis der Prüfung schriftlich zu berichten. Der Prüfungsbericht kann auch gemeinsam erstattet werden.

(2) Der Prüfungsbericht ist mit einer Erklärung darüber abzuschließen, ob das vorgeschlagene Umtauschverhältnis der Anteile, gegebenenfalls die Höhe der baren Zuzahlung oder die Mitgliedschaft bei dem übernehmenden Rechtsträger als Gegenwert angemessen ist. Dabei ist anzugeben,
1. nach welchen Methoden das vorgeschlagene Umtauschverhältnis ermittelt worden ist;
2. aus welchen Gründen die Anwendung dieser Methoden angemessen ist;
3. welches Umtauschverhältnis oder welcher Gegenwert sich bei der Anwendung verschiedener Methoden, sofern mehrere angewandt worden sind, jeweils ergeben würde; zugleich ist darzulegen, welches Gewicht den verschiedenen Methoden bei der Bestimmung des vorgeschlagenen Umtauschverhältnisses oder des Gegenwerts und der ihnen zu Grunde liegenden Werte beigemessen worden ist und welche besonderen Schwierigkeiten bei der Bewertung der Rechtsträger aufgetreten sind.

(3) § 8 Abs. 2 und 3 ist entsprechend anzuwenden.

1. Entwicklung der Vorschrift	1	5. Erklärung zum Umtauschverhältnis (§ 12 Abs. 2 UmwG)	11
2. Form	2	6. Schutzklausel (§ 12 Abs. 3 UmwG iVm. § 8 Abs. 2 UmwG)	12
3. Inhalt und Umfang		7. Verzicht auf den Prüfungsbericht (§ 12 Abs. 3 UmwG iVm. § 8 Abs. 3 UmwG)	14
a) Ergebnisbericht	3		
b) Abgrenzung zu den Arbeitspapieren	8		
c) Prüfungsergebnisse dritter Prüfer	9		
4. Aufbau und Gliederung	10	8. Rechtsfolgen	18

Literatur: *Bayer*, Informationsrechte bei der Verschmelzung von Aktiengesellschaften, AG 1988, 323; *Dirrigl*, Die Angemessenheit des Umtauschverhältnisses bei einer Verschmelzung als Problem der Verschmelzungsprüfung und der gerichtlichen Überprüfung, WPg 1989, 413 (Teil I), WPg 1989, 454 (Teil II); *Heckschen*, Fusion von Kapitalgesellschaften im Spiegel der Rechtsprechung, WM 1990, 377; *Hüffer/Schmidt-Aßmann/Weber*, Anteilseigentum, Unternehmenswert und Börsenkurs, 2005; *IDW*, IDW Standard: Grundsätze zur Durchführung von Unternehmensbewertungen (IDW S 1 idF 2008), IDW Fachnachrichten S. 271 ff., WPg 2008, Supplement 3, S. 68 ff.; *IDW HFA 6/1988*, Zur Verschmelzungsprüfung nach § 340b Abs. 4 AktG, WPg 1989, 42; *Mertens*, Die Gestaltung von Verschmelzungs- und Verschmelzungsprüfungsbericht, AG 1990, 20; *Meyer zu Lösebeck*, Zur Verschmelzungsprüfung, WPg 1989, 499; *Ossadnik/Maus*, Die Verschmelzung im neuen Umwandlungsrecht aus betriebswirtschaftlicher Sicht, DB 1995, 105; *Priester*,

Strukturänderungen – Beschlussvorbereitung und Beschlussfassung, ZGR 1990, 420; *Rodewald*, Zur Ausgestaltung von Verschmelzungs- und Verschmelzungsprüfungsbericht – Transparenzgebot versus Unternehmensschutz, BB 1992, 237; WP-Handbuch 2012, Bd. I, 14. Aufl. 2012, S. 2007; WP-Handbuch 2014, Bd. II, 14. Aufl. 2014, S. 252.

1. Entwicklung der Vorschrift

1 Die Vorschrift entspricht nahezu wörtlich den früheren §§ 340b Abs. 4, 355 Abs. 2 Satz 1 AktG. Sie bezieht sich allerdings nunmehr auf alle verschmelzungsfähigen Rechtsträger. Sie setzt Art. 10 RL 78/855/EWG um. Der Vorschrift nahezu gleichlautend nachgebildet ist § 293e AktG zum aktienrechtlichen Unternehmensvertrag. § 12 Abs. 3 UmwG räumt die Möglichkeit ein, dass auf die Erstellung des Prüfungsberichts – trotz durchgeführter Prüfung – verzichtet werden kann. Damit eröffnet die Bestimmung den Weg zu einer Prüfung, die ohne Prüfungsbericht abgeschlossen werden kann; ein für die Jahresabschlussprüfung nicht denkbares Ergebnis (§ 321 HGB). Die Begründung des RegE zum UmwG rechtfertigt dies damit, dass ein „häufig kostenaufwendiger" Bericht nach mündlicher Erörterung von den Anteilseignern/Mitgliedern nicht mehr für erforderlich gehalten wird. Als weiterer Grund kann hinzukommen, dass die Rechtsträger und Anteilsinhaber/Mitglieder die Registerpublizität (§ 17 UmwG) von Verschmelzungsbericht und Prüfungsbericht vermeiden wollen.

2. Form

2 Nach § 12 Abs. 1 Satz 1 UmwG erstattet bei Bestellung mehrerer Prüfer jeder Prüfer getrennt einen eigenen Bericht. Die Berichterstattung hat schriftlich zu erfolgen. Soweit eine gemeinsame Bestellung erfolgt ist (§ 10 Abs. 1 Satz 2 UmwG), kann der Prüfungsbericht gemeinsam erstellt werden[1]. Gleiches gilt, wenn für jeden der beteiligten Rechtsträger ein Prüfer bestellt worden ist (§ 12 Abs. 1 Satz 2 UmwG). Ob von § 12 Abs. 1 Satz 2 UmwG Gebrauch gemacht wird, liegt im Ermessen der Prüfer. Bei gemeinsamer Bestellung soll ein gemeinsamer Bericht berufsüblich sein[2]; zwingend ist er jedenfalls nicht. Bei der grenzüberschreitenden Verschmelzung geht § 122f Satz 2 UmwG – wie auch Art. 10 Abs. 1 RL 78/855/EWG – dem reinen Wortlaut nach von nur einem Prüfungsbericht aus, offenbar auch dann, wenn mehrere Prüfer bestellt sind. Zu verwirklichen ist das aber nur, wenn auch das Recht des anderen Mitgliedstaats einen gemeinsamen Prüfungsbericht vorsieht. Ist das nicht der Fall, bleibt es bei der Regelung in § 12 Abs. 1 Satz 1 UmwG.

---

1 Nach *Stratz* in Schmitt/Hörtnagl/Stratz, § 12 UmwG Rz. 2 muss er gemeinsam erstellt werden.
2 WP-Handbuch 2014, Bd. II, S. 547.

3. Inhalt und Umfang

a) Ergebnisbericht

Zutreffend stellt der BGH in seinem grundlegenden Urteil v. 18.12.1989[1] fest, dass der Prüfungsbericht eine den Verschmelzungsbericht nach § 8 UmwG „ergänzende" Maßnahme darstellt. Es bedarf nach Auffassung des BGH „zur Gewährleistung des Schutzes außenstehender Aktionäre keiner weiter gehenden Erklärungen der Prüfer, als sie von Art. 10 Abs. 2 der Richtlinie (78/855/EWG) bzw. § 340b Abs. 4 AktG (jetzt § 12 UmwG) vorausgesetzt werden". Der BGH stellt besonders auf die Erklärung nach § 12 Abs. 2 UmwG ab, denn in Kenntnis dieser Erklärung könne der Anteilseigner aufgrund der aus den übrigen Unterlagen ersichtlichen Angaben deren Richtigkeit und die Angemessenheit der Bewertung nachvollziehen. Die umfassenden und ausführlichen Erläuterungen zum Umtauschverhältnis und einer ggf. erforderlichen Barabfindung sind im Verschmelzungsbericht anzusiedeln; dieser muss über alle für das Verschmelzungsvorhaben maßgebenden Umstände unterrichten, nicht jedoch der Prüfungsbericht.

3

Der Prüfungsbericht ist ein Ergebnisbericht[2]. Er kann sich auf den Mindestinhalt des § 12 UmwG beschränken. Gesagt werden muss aber etwas zu allen **Prüfungszielen**, die eine Verschmelzungsprüfung zu erledigen hat, nämlich Vollständigkeit des Verschmelzungsvertrags, Richtigkeit der Angaben im Verschmelzungsvertrag und Angemessenheit des Umtauschverhältnisses und – ggf. – der baren Zuzahlung (vgl. § 9 UmwG Rz. 13ff.). Dazu gehören auch Ausführungen zu den Angaben nach § 5 Abs. 1 Nr. 9 UmwG (Folgen der Verschmelzung für die Arbeitnehmer). Was das Umtauschverhältnis anbetrifft, kann sich der Bericht grundsätzlich auf die Mindestangaben des § 12 Abs. 2 UmwG beschränken. Der BGH[3] führt dazu zutreffend aus:

4

„Denn ist dem Aktionär aus dem Bericht der Prüfer bekannt, nach welcher Methode das vorgeschlagene Umtauschverhältnis ermittelt worden und ob diese Methode angemessen ist, welches Umtauschverhältnis sich bei verschiedenen angewandten Methoden ergeben würde, welches Gewicht den verschiedenen Methoden beigemessen worden ist und ob besondere Schwierigkeiten bei der Bewertung der Unternehmen aufgetreten sind, kann er aufgrund der aus den

---

1 BGH v. 18.12.1989 – II ZR 254/88, ZIP 1990, 168ff. = AG 1990, 259ff.; vgl. auch BGH v. 22.5.1989 – II ZR 206/88, ZIP 1989, 980 (982) = AG 1989, 399.
2 *IDW* HFA 6/1988, WPg 1989, 42ff.; *Priester*, ZGR 1990, 431; *Rodewald*, BB 1992, 237 (241); *Mertens*, AG 1990, 20 (32); wohl auch *Heckschen*, WM 1990, 377 (383); OLG Hamm v. 20.6.1988 – 8 U 329/87, ZIP 1988, 1051 (1054) = AG 1989, 31; *Zeidler* in Semler/Stengel, § 12 UmwG Rz. 7; sehr eng: WP-Handbuch 2014, Bd. II, S. 550; *Stratz* in Schmitt/Hörtnagl/Stratz, § 12 UmwG Rz. 11; *Simon* in KölnKomm. UmwG, § 12 UmwG Rz. 7.
3 BGH v. 18.12.1989 – II ZR 254/88, ZIP 1990, 168 (169) = AG 1990, 259.

übrigen Unterlagen ersichtlichen Angaben deren Richtigkeit und die Angemessenheit der Bewertung nachvollziehen."

5 Dies gilt aber nur grundsätzlich. Im Einzelnen ist in der Literatur umstritten und in der Rechtsprechung noch nicht abschließend entschieden, welchen **Mindestinhalt** und **Mindestumfang** der Prüfungsbericht haben muss[1]. Insbesondere ist umstritten, ob und inwieweit der Prüfungsbericht **konkrete Tatsachen und Zahlen** wiedergeben muss[2].

6 Die Frage kann nicht generell entschieden werden; es kommt auf den Einzelfall an. Ausgangspunkt jeder **Inhaltsbestimmung** muss sein, dass Verschmelzungsbericht und Prüfungsbericht einander ergänzende Maßnahmen sind, „mit denen der Schutz der Aktionäre so vollkommen wie möglich ausgestaltet werden soll"[3]. Beide Instrumente zusammen müssen den Verschmelzungsvorgang in wirtschaftlicher und rechtlicher Hinsicht so transparent machen, dass die Anteilsinhaber/Mitglieder in Kenntnis aller relevanten Umstände entscheiden können, ob die Verschmelzung wirtschaftlich zweckmäßig ist, den gesetzlichen Anforderungen genügt und ihren subjektiven Vorstellungen entspricht. Dabei wird die Pflicht einer umfassenden und detaillierten Erläuterung im Verschmelzungsbericht durch die Pflicht zur Erstellung eines Prüfungsberichts in keiner Weise eingeschränkt[4]. Der Prüfungsbericht hingegen kann auf Erläuterungen verzichten, die sich bereits aus dem Verschmelzungsbericht ergeben. Die Berichterstattung über das Ergebnis der Prüfung muss jedoch aus sich heraus oder im Zusammenwirken mit dem Verschmelzungsbericht nachvollziehbar sein. Sind zum Verständnis notwendige Angaben (auch Zahlen- oder Prognoseangaben) im Verschmelzungsbericht nicht vorhanden oder ist dieser bei Abschluss des Prüfungsberichts noch gar nicht erstellt, müssen diese Angaben in den Prüfungsbericht aufgenommen werden, wenn dies zum Verständnis und zur Nachvoll-

---

1 Zum Stand in der Rechtsprechung vgl. LG Mannheim v. 3.3.1988 – 24 O 75/87, WM 1988, 775 (780) = AG 1988, 248 = EWiR 1988, 949 m. Anm. *Welf Müller*; OLG Hamm v. 20.6.1988 – 8 U 329/87, ZIP 1988, 1051 (1054) = EWiR 1988, 1151 m. Anm. *Happ/Brunkhorst*; BGH v. 22.5.1989 – II ZR 206/88, ZIP 1989, 980 (982) = AG 1989, 399; OLG Karlsruhe v. 30.6.1989 – 15 U 76/88, ZIP 1989, 988 (992) = EWiR 1989, 847 m. Anm. *Keil*; LG Frankenthal v. 5.10.1989 – 2 HK O 80/89, ZIP 1990, 232 (236) = EWiR 1990, 229 m. Anm. *Kort*; BGH v. 18.12.1989 – II ZR 254/88, ZIP 1990, 168 (169) = AG 1990, 259; BGH v. 29.10.1990 – II ZR 146/89, ZIP 1990, 1560 ff. = EWiR 1991, 9 m. Anm. *Timm*.
2 Bejahend OLG Karlsruhe v. 30.6.1989 – 15 U 76/88, ZIP 1989, 988 (992) = AG 1990, 35 und *Bayer*, AG 1988, 328; verneinend OLG Hamm v. 20.6.1988 – 8 U 329/87, ZIP 1988, 1051 = AG 1989, 31; LG Mannheim v. 3.3.1988 – 24 O 75/87, WM 1988, 775 (780) = AG 1998, 248; offen *IDW* HFA 6/1988, WPg 1989, 42 ff. (unter II); *Drygala* in Lutter, § 12 UmwG Rz. 7; *Stratz* in Schmitt/Hörtnagl/Stratz, § 12 UmwG Rz. 11 ff.
3 BGH v. 18.12.1989 – II ZR 254/88, ZIP 1990, 168 (169) = AG 1990, 259.
4 Vgl. BGH v. 18.12.1989 – II ZR 254/88, ZIP 1990, 168 (169) = AG 1990, 259.

ziehbarkeit des Prüfungsergebnisses notwendig ist. Der Prüfungsbericht kann auf den Verschmelzungsvertrag oder den Verschmelzungsbericht Bezug nehmen, nicht aber umgekehrt der Verschmelzungsvertrag oder der Verschmelzungsbericht auf den Prüfungsbericht. Die **ergänzende Funktion** des Prüfungsberichts bestimmt damit auch seinen Inhalt und Umfang.

Insbesondere bei den Angaben nach § 12 Abs. 2 Satz 2 Nr. 3 UmwG sind Zahlenangaben, Angaben von Risikofaktoren oder Angaben zu Ertragsprognosen kaum zu vermeiden[1]. Gleiches gilt bei Einschränkung oder Versagung eines Positivtestats (Erklärung nach § 12 Abs. 2 Satz 1 UmwG), die zu begründen ist, was ggf. eine Quantifizierung durch Betragsangaben notwendig macht[2]. Bei der Verschmelzung auf einen Rechtsträger anderer Rechtsform ist auch der Wechsel im Haftungsstatus der Anteilsinhaber/Mitglieder im Rahmen der Angemessenheit zu beurteilen und zu erläutern[3].

Was im Rahmen des § 12 Abs. 2 Satz 2 Nr. 1, 2 und 3 UmwG unter **Methode** verstanden werden soll, ist auslegungsbedürftig und streitig. Die wohl hM geht davon aus, dass unter Methode nur die gängigen Grobeinteilungen der Bewertungspraxis wie Substanzwertmethode, Mittelwertverfahren, Ertragswertmethode und die Praktikermethoden (Ableitung aus realisierten Preisen, Ableitung aus branchentypischen Multiplikatoren, Ableitung aus branchentypischen Kennziffern) zu subsumieren seien[4]. Eine andere Auffassung geht dahin, dass unter Methode schon unterschiedliche Wertansätze und Ertragsprognosen zu verstehen seien[5]. Beide Auffassungen gehen in die eine oder andere Richtung zu weit: Bei der heutigen Ausdifferenzierung und Vielgestaltigkeit der Bewertungslehre kann man nicht bei der Grobeinteilung stehen bleiben: Insbesondere gibt es keine „Ertragswertmethode", sondern innerhalb dieses Oberbegriffs wieder eine Vielzahl von Verfahren (Wirtschaftsprüferverfahren; Discounted Cash Flow (DCF)-Verfahren; Netto-Verfahren (Equity Approach); Brutto-Verfahren (Entity Approach); Adjusted Present Value (APV)-Verfahren etc.). Aber auch für einzelne Parameter dieser Verfahren werden wieder höchst unterschiedliche „Methoden" praktiziert, die zu erheblichen Wertunterschieden führen. Das gilt insbesondere für den Kapitalisierungszinsfuß (Risikozuschlagsmethode; Capital Asset Pricing Model – CAPM; Konzept der gewogenen Kapitalkosten – WACC-

7

---

1 AA *Drygala* in Lutter, § 12 UmwG Rz. 5; *Stratz* in Schmitt/Hörtnagl/Stratz, § 12 UmwG Rz. 15 f.; wie hier wohl auch *Simon* in KölnKomm. UmwG, § 12 UmwG Rz. 10.
2 WP-Handbuch 2014, Bd. II, S. 553.
3 *Ossadnik/Maus*, DB 1995, 105 (109).
4 So wohl *Drygala* in Lutter, § 12 UmwG Rz. 5; *Mayer* in Widmann/Mayer, § 12 UmwG Rz. 23, 24; *Stratz* in Schmitt/Hörtnagl/Stratz, § 12 UmwG Rz. 15 f.; *Simon* in KölnKomm. UmwG, § 12 UmwG Rz. 18.
5 *Dirrigl*, WPg 1989, 454 (457 ff.); *Schedlbauer*, WPg 1984, 33 (42); *Zeidler* in Semler/Stengel, § 12 UmwG Rz. 8.

Ansatz) und für die Berücksichtigung der Steuerlast[1]. Diese Parameter sind als „Methoden" iS des § 12 Abs. 2 UmwG zu qualifizieren mit der Folge, dass zur Angemessenheit eine Aussage zu machen ist (§ 12 Abs. 2 Nr. 2 UmwG). Keine Methode iS des § 12 Abs. 2 UmwG sind hingegen konkrete Wertansätze oder Prognoserechnungen. Stellt der Prüfer allerdings fest, dass Wertansätze oder Prognosen mit Auswirkung auf das Umtauschverhältnis völlig unplausibel oder sogar falsch sind, hat er darüber schon nach § 12 Abs. 1 Satz 1 UmwG zu berichten und ggf. auch Konsequenzen für die „Erklärung" nach § 12 Abs. 2 Satz 1 UmwG zu ziehen.

b) Abgrenzung zu den Arbeitspapieren

8 Da der Prüfungsbericht ein Ergebnisbericht ist, ist der Prüfer kraft Berufsrechts gehalten, unabhängig vom Prüfungsbericht, Arbeitspapiere zu führen. In ihnen sind Prüfungsplanung, Prüfungshandlungen, Prüfungsfeststellungen und Herleitung des Prüfungsergebnisses festzuhalten. Die berufsrechtlichen Grundsätze für die Abschlussprüfung gelten entsprechend[2]. Arbeitspapiere und Prüfungsbericht ergänzen sich. Bei einem ausführlichen Prüfungsbericht können die Arbeitspapiere knapper sein[3]. Wird auf den Prüfungsbericht gemäß § 12 Abs. 3 UmwG iVm. § 8 Abs. 3 UmwG ganz verzichtet, sind die Arbeitspapiere der einzige Nachweis für die Prüfungsdurchführung. In den Arbeitspapieren müssen die notwendigen eigenen Ermittlungen, insbesondere die für die Angemessenheitsprüfung erforderlichen Kontrollrechnungen festgehalten sein[4]. Die Arbeitspapiere sind Eigentum des Prüfers und nicht zur Herausgabe an den Auftraggeber bestimmt. Sie unterliegen nicht den gesetzlichen Aufbewahrungsfristen; sie sollten aber so lange aufbewahrt werden, bis im Zusammenhang mit der Prüfung keine Ansprüche gegen den Prüfer, die Verwaltungsträger (zB aus § 25 UmwG) oder andere Personen mehr gestellt werden können[5].

c) Prüfungsergebnisse dritter Prüfer

9 Insbesondere bei grenzüberschreitenden Verschmelzungen (§§ 122a ff. UmwG) innerhalb der EU kann es zur Verwertung von Prüfergebnissen externer Prüfer kommen. Unbeschadet des Umstands, ob getrennte oder gemeinsame Prüfungsberichte gemacht werden, bleibt es immer bei der Gesamtverantwortung des

---

1 Zu den verschiedenen Methoden: *Welf Müller* in Semler/Volhard, Arbeitshdb. für Unternehmensübernahmen, Bd. 1, 2001, S. 397, 412 ff.; *IDW* S 1 idF 2008, IDW Fachnachrichten 2008, S. 271 ff., WPg 2008, Supplement 3, S. 68 ff.
2 *IDW* PS 460 nF, WPg 2008, Supplement 2, S. 27 ff., IDW Fachnachrichten 2008, S. 178 ff.
3 Vgl. WP-Handbuch 2012, Bd. I, S. 2652.
4 Vgl. *Mertens*, AG 1990, 20 (32); *Rodewald*, BB 1992, 237 (241).
5 Vgl. WP-Handbuch 2012, Bd. I, S. 2656.

Prüfers gegenüber seinem Auftraggeber[1]. Die Verwendung externer Prüfergebnisse darf nur erfolgen, wenn sich der Prüfer der beruflichen Qualifikation, der fachlichen Kompetenz und der Qualität der Arbeit im konkreten Fall ausreichend versichert hat. Davon kann idR ausgegangen werden, wenn der externe Prüfer ein nach den Regeln der RL 2006/43/EG zugelassener Pflichtprüfer ist. Im Prüfungsbericht ist die Verwendung von Ergebnissen und Einschätzungen externer Prüfer darzustellen. In den Arbeitspapieren sind die Einzelheiten (Name, geprüfte Teilbereiche, Bedeutung für das Prüfungsergebnis) darzustellen[2].

4. Aufbau und Gliederung

Zu Aufbau und Gliederung hat der HFA des *IDW* Vorschläge gemacht, auf die verwiesen wird[3]. 10

5. Erklärung zum Umtauschverhältnis (§ 12 Abs. 2 UmwG)

Die Erklärung zum Umtauschverhältnis wird häufig als „Testat" bezeichnet[4]. Im Gegensatz zum Jahresabschlusstestat (§ 322 HGB) fehlt aber ein gesetzlich vorgeschriebener Wortlaut oder auch nur eine allgemein übliche Fassung. Diese Charakterisierung ist deshalb zumindest missverständlich. Formelhafte Angaben reichen nicht aus. Insbesondere die Angaben nach § 12 Abs. 2 Nr. 3 UmwG bedürfen ausführlicher, ggf. auch zahlenmäßiger Erläuterungen. Nur bei einfach gelagerten Fällen wird deshalb der in HFA 6/1988 unter IV vorgeschlagene Wortlaut[5] ausreichend sein. Eine ausführliche Erläuterung ist insbesondere dann erforderlich, wenn der Prüfer zu dem Ergebnis kommt, dass das Umtauschverhältnis unangemessen ist. 11

6. Schutzklausel (§ 12 Abs. 3 UmwG iVm. § 8 Abs. 2 UmwG)

Tatsachen, die geeignet sind, einem der beteiligten Rechtsträger oder einem verbundenen Unternehmen einen **nicht unerheblichen Nachteil** zuzufügen, „brauchen" nach dem entsprechend anwendbaren § 8 Abs. 2 UmwG nicht aufgenom- 12

---

1 Vgl. WP-Handbuch 2012, Bd. I, S. 2641 ff.
2 WP-Handbuch 2012, Bd. I, S. 2645.
3 *IDW* HFA 6/1988, WPg 1989, 42 ff.; WP-Handbuch 2014, Bd. II, S. 551 ff.; Zu Beispielen aus der Praxis vgl. *Bitzer*, Probleme der Prüfung des Umtauschverhältnisses bei aktienrechtlichen Verschmelzungen, 1987, Anhang S. 185 ff.; ZIP-Dokumentation, ZIP 1990, 270 (275).
4 Vgl. *Drygala* in Lutter, § 12 UmwG Rz. 8; *IDW* HFA 6/1988, WPg 1989, 42 ff. (unter IV).
5 *IDW* WPg 1989, 42 ff.; vgl. auch WP-Handbuch 2014, Bd. II, S. 553.

men zu werden. Der dem Vertretungsorgan eingeräumte Ermessensspielraum („brauchen") besteht für den Prüfer nicht: Er darf Tatsachen, die zweifelsfrei einen nicht unerheblichen Nachteil zufügen, in den Prüfungsbericht von vornherein gar nicht aufnehmen. Das ergibt sich schon aus § 11 Abs. 2 UmwG iVm. § 323 Abs. 1 Satz 1 und 2 HGB[1]. Ob eine Tatsache geeignet ist, einen nicht unerheblichen Nachteil zuzufügen, hat der Prüfer allerdings in eigener Verantwortung zu entscheiden. Einlassungen und Argumente der Vertretungsorgane sowie die Inanspruchnahme der Schutzklausel im Verschmelzungsbericht müssen für den Prüfer allerdings bei seiner eigenen Würdigung gebührend berücksichtigt werden.

13 Die Inanspruchnahme der Schutzklausel muss im Prüfungsbericht durch die Darlegung konkreter Umstände, aus denen sich die schädlichen Auswirkungen ergeben, begründet werden. Es gilt insoweit nichts anderes als für die Inanspruchnahme der Schutzklausel durch die Vertretungsorgane (vgl. § 8 UmwG Rz. 30 f.).

Im Übrigen wird auf die Erläuterungen zu § 8 Abs. 2 UmwG verwiesen.

7. Verzicht auf den Prüfungsbericht (§ 12 Abs. 3 UmwG iVm. § 8 Abs. 3 UmwG)

14 Die Bestimmung ist für den Prüferberuf zumindest ungewöhnlich, da eine Pflichtprüfung grundsätzlich in einem Prüfungsbericht zu dokumentieren ist (vgl. § 321 HGB). Die Bestimmung entbindet nicht von der Prüfung, sondern nur – unter den Voraussetzungen des § 8 Abs. 3 UmwG (vgl. § 8 UmwG Rz. 38) – von der Erstellung des Prüfungsberichts. Nach der Begründung des RegE[2] kann die Regelung Bedeutung erlangen, „wenn die Anteilsinhaber nach Durchführung der Prüfung deren Ergebnis nach mündlicher Erörterung für richtig und den häufig kostenaufwendigen Bericht nicht mehr für erforderlich halten". Ob diese Ableitung richtig ist, sei dahingestellt. Schon aus Haftungs- und Beweisgründen ist der Prüfer in einem solchen Falle gehalten, seine Arbeitspapiere mit besonderer Sorgfalt zu führen (Rz. 8), so dass in der tatsächlichen Dokumentation kaum ein Unterschied bestehen wird. *Bula/Pernegger* betonen zutreffend, dass der Verschmelzungsprüfer jedoch den Vertretungsorganen über die Ergebnisse der Prüfung berichten muss, da die Vertretungsorgane im Verschmelzungsvertrag auf die Ergebnisse der Verschmelzungsprüfung eingehen müssen[3].

---

1 AA offenbar *Mayer* in Widmann/Mayer, § 12 UmwG Rz. 29; *Stratz* in Schmitt/Hörtnagl/Stratz, § 12 UmwG Rz. 19 f.; *Simon* in KölnKomm. UmwG, § 12 UmwG Rz. 22; *Drygala* in Lutter, § 12 UmwG Rz. 10, der allerdings in den eindeutigen Fällen eine Ermessensreduktion auf Null annehmen möchte; aber dann gibt es für diese Fälle eben kein Ermessen.
2 BR-Drucks. 75/94, S. 85.
3 *Bula/Pernegger* in Sagasser/Bula/Brünger, S. 229.

Drygala[1] weist zutreffend darauf hin, dass die 2. Alternative des § 8 Abs. 3 UmwG praktisch leer läuft: Befinden sich alle Anteile des übertragenden Rechtsträgers in der Hand des übernehmenden Rechtsträgers, so findet nach § 9 Abs. 2 UmwG idR gar keine Verschmelzungsprüfung statt. 15

Der **Verzicht auf den Verschmelzungsbericht** nach § 8 Abs. 3 UmwG umfasst nicht stillschweigend gleichzeitig den Verzicht auf den Prüfungsbericht; dieser ist vielmehr ausdrücklich zu erklären. Der Prüfer hat diese Erklärung auf ihre Wirksamkeit zu prüfen und zu seinen Arbeitspapieren zu nehmen. 16

Ob, wie *Drygala* meint[2], ein Prüfungsbericht oder sogar die ganze Prüfung dadurch entbehrlich wird, dass in den Fällen der Prüfung auf Verlangen (§§ 44, 48 UmwG) der Gesellschafter sein Verlangen zurückzieht (was er jederzeit kann), ist deshalb zweifelhaft, weil es sich um einen durch gerichtliche Entscheidung (§ 10 Abs. 1 UmwG) begründeten Pflichtprüfungsauftrag handelt. Ist er einmal erteilt, muss er wohl nach den gesetzlichen Vorschriften abgewickelt werden und kann nicht durch bloßes Zurückziehen des Verlangens gestoppt werden. 17

8. Rechtsfolgen

Kommt der Prüfer in der Erklärung nach § 12 Abs. 2 UmwG zur **Unangemessenheit des Umtauschverhältnisses** oder verweigert er eine Erklärung, so hat dies keine unmittelbare Rechtsfolge auf einen dennoch gefassten Gesellschafterbeschluss. Der Anteilseigner des übertragenden Rechtsträgers können mit der Begründung eines unangemessen niedrigen Umtauschverhältnisses im Spruchverfahren (§§ 1 Nr. 4, 15 Abs. 1 SpruchG) auf bare Zuzahlung klagen. Den Anteilseignern des übernehmenden Rechtsträgers ist bei einem zu ihrem Nachteil zu hohen Umtauschverhältnis – sollte überhaupt ein zustimmender Beschluss gefasst worden sein – der Weg ins Spruchverfahren versperrt; sie werden aber idR bei Kapitalgesellschaften Anfechtungsklage wegen Missbrauchs des Stimmrechts bzw. Gesellschafterschädigung nach § 243 Abs. 2 AktG (analog) oder bei Personengesellschaften Nichtigkeitsklage erheben können[3]. Beruht ein zustimmender Gesellschafterbeschluss auf einem Missbrauch des Stimmrechts, steht auch den Anteilseignern des übertragenden Rechtsträgers wahlweise neben dem Spruchverfahren die Anfechtungs-(Nichtigkeits-)klage zu. Das folgt schon da- 18

---

1 *Drygala* in Lutter, § 12 UmwG Rz. 12.
2 *Drygala* in Lutter, § 12 UmwG Rz. 13.
3 Der Handelsrechtsausschuss des DAV fordert seit langem die Erstreckung des Spruchverfahrens auf die Gesellschafter des übernehmenden Rechtsträgers (vgl. NZG 2007, 497 [499]; NZG 2008, 534 [544]) und hat dazu eigene Gesetzesvorschläge – unter Zustimmung der Literatur, vgl. *Hüffer*, ZHR 172 (2008), 8 ff. und *Bayer*, ZHR 172 (2008), 24 ff. – gemacht. Der Gesetzgeber hat diese Vorschläge bisher nicht aufgenommen (auch nicht in der verabschiedeten Fassung der Aktienrechtsnovelle 2016, BT-Drucks. 18/6681).

raus, dass insoweit Anfechtungsgrund nicht (nur) die Unangemessenheit des Umtauschverhältnisses, sondern der Stimmrechtsmissbrauch ist[1].

19 Ein **fehlender oder nicht ordnungsgemäßer (unvollständiger) Prüfungsbericht** hingegen macht den Verschmelzungsbeschluss fehlerhaft und anfechtbar (Kapitalgesellschaften) oder bei Personengesellschaften nichtig[2].

§ 13
Beschlüsse über den Verschmelzungsvertrag

(1) Der Verschmelzungsvertrag wird nur wirksam, wenn die Anteilsinhaber der beteiligten Rechtsträger ihm durch Beschluss (Verschmelzungsbeschluss) zustimmen. Der Beschluss kann nur in einer Versammlung der Anteilsinhaber gefasst werden.

(2) Ist die Abtretung der Anteile eines übertragenden Rechtsträgers von der Genehmigung bestimmter einzelner Anteilsinhaber abhängig, so bedarf der Verschmelzungsbeschluss dieses Rechtsträgers zu seiner Wirksamkeit ihrer Zustimmung.

(3) Der Verschmelzungsbeschluss und die nach diesem Gesetz erforderlichen Zustimmungserklärungen einzelner Anteilsinhaber einschließlich der erforderlichen Zustimmungserklärungen nicht erschienener Anteilsinhaber müssen notariell beurkundet werden. Der Vertrag oder sein Entwurf ist dem Beschluss als Anlage beizufügen. Auf Verlangen hat der Rechtsträger jedem Anteilsinhaber auf dessen Kosten unverzüglich eine Abschrift des Vertrags oder seines Entwurfs und der Niederschrift des Beschlusses zu erteilen.

1. Überblick 1
2. Verschmelzungsbeschluss
   a) Bedeutung 2
   b) Zeitpunkt, Gegenstand, Reihenfolge 6
   c) Mehrheitserfordernisse 9
   d) Sachliche Rechtfertigung 12
   e) Vertretung bei Abstimmung .. 13
   f) Wirkung der Beschlüsse 17
3. Widerspruch zur Niederschrift ... 21
4. Zustimmung einzelner Anteilsinhaber
   a) Inhaber vinkulierter Anteile (§ 13 Abs. 2 UmwG) 22
   b) Sonstige Zustimmungserfordernisse 25
   c) Wirksamwerden 27
5. Beteiligung Dritter 33

---

[1] So zutreffend *Altmeppen* in MünchKomm. AktG, 4. Aufl. 2015, § 293e AktG Rz. 24; aA *Stratz* in Schmitt/Hörtnagl/Stratz, § 12 UmwG Rz. 30; *Mayer* in Widmann/Mayer, § 12 UmwG Rz. 32.

[2] Vgl. *Stratz* in Schmitt/Hörtnagl/Stratz, § 12 UmwG Rz. 31; aA *Drygala* in Lutter, § 12 UmwG Rz. 15, der für eine Anfechtbarkeit des Beschlusses voraussetzt, dass sich die Anteilseigner in Kenntnis der wahren Sachlage anders entschieden hätten.

6. Zustimmungspflichten im Konzern	36	10. Anfechtung	46
7. Form des Verschmelzungsbeschlusses	37	11. Anwendung auf Verschmelzung durch Neugründung	47
8. Form der Zustimmungserklärungen	41	12. Aufhebung des Verschmelzungsbeschlusses	48
9. Kosten	43		

Literatur: *Binnewies*, Formelle und materielle Voraussetzungen von Umwandlungsbeschlüssen, GmbHR 1997, 727; *Blasche*, Vinkulierungsklauseln in GmbH-Gesellschaftsverträgen, RNotZ 2013, 515; *Heidinger/Blath*, Vertretung im Umwandlungsrecht, FS Spiegelberger, 2009, S. 692; *Heinemann*, Minderjährige im Gesellschaftsrecht, in Hauschild/Kallrath/Wachter, Notarhdb. Gesellschafts- und Unternehmensrecht, 2016, § 28; *Kleba*, Die grenzüberschreitende Spaltung von Kapitalgesellschaften aus deutscher Sicht, RNotZ 2016, 273 (280); *Mayer*, Zweifelsfragen bei der Durchführung von Mehrfach- und Kettenumwandlungen, FS Spiegelberger, 2009, S. 833; *Pfeiffer*, Auswirkungen der geplanten Notarkostenreform auf gesellschaftsrechtliche Vorgänge und M&A-Transaktionen, NZG 2013, 244; *Reimann*, Ende der Testamentsvollstreckung durch Umwandlung, ZEV 2000, 381; *Ross*, Materielle Kontrolle des Versammlungsbeschlusses, 1997; *Sandhaus*, Der Nießbrauch an Gesellschaftsanteilen bei Verschmelzung, Spaltung und Formwechsel, 2007; *Strnad/Heckschen*, Kompetenzkonflikt zwischen Testamentsvollstreckung und Erben, NZG 2014, 1201.

1. Überblick

Die Vorschrift ist **Generalnorm**; sie gilt unabhängig von der Art der beteiligten Rechtsträger für Verschmelzung durch Aufnahme und Neugründung, für die grenzüberschreitende Verschmelzung (§ 122a UmwG) sowie für Spaltung (§ 125 UmwG) und Vermögensübertragung (§ 176 UmwG). Zu den Ausnahmen vom Beschlusserfordernis siehe Rz. 5. § 13 Abs. 1 UmwG stellt klar, dass Anteilsinhaber der beteiligten Rechtsträger in einer Versammlung dem Vertrag zustimmen müssen; nach § 13 Abs. 2 UmwG sind zusätzlich Zustimmungen der Inhaber von Sonderrechten erforderlich; § 13 Abs. 3 UmwG legt die Form dieser Zustimmungen fest und die Informationsrechte der Anteilsinhaber.

1

2. Verschmelzungsbeschluss

a) Bedeutung

Der Abschluss des Verschmelzungsvertrages berührt die Grundlagen des Rechtsträgers und geht daher grundsätzlich über die Vertretungsbefugnis der Vertretungsorgane hinaus (siehe auch § 4 UmwG Rz. 4). Der Verschmelzungsvertrag wird erst wirksam, wenn ihm die Anteilsinhaber aller beteiligten Rechtsträger zugestimmt haben (zu den Ausnahmen siehe § 62 Abs. 1 uund Abs. 4

2

§ 13 | Verschmelzung durch Aufnahme

UmwG) und die erforderlichen Zustimmungserklärungen vorliegen. Bis dahin ist der Vertrag schwebend unwirksam[1].

3 Die Zustimmung hat durch Beschluss zu erfolgen, der unabhängig von der Rechtsform der beteiligten Rechtsträger zwingend in einer **Versammlung** der Anteilsinhaber zu fassen ist (§ 13 Abs. 1 Satz 2 UmwG). Der Gesellschaftsvertrag/die Satzung kann hiervon nicht abweichen. Eine Beschlussfassung außerhalb der Versammlung (etwa durch schriftliches Beschlussverfahren) oder eine Übertragung der Befugnis zur Beschlussfassung auf andere Organe (zB Beirat, Aufsichtsrat) ist ausgeschlossen[2]. Für die **Einberufung** und **Durchführung** der Versammlung gelten für jeden beteiligten Rechtsträger die Regeln, die nach Gesetz und Satzung/Gesellschaftsvertrag auf ihn anwendbar sind, ergänzt durch die rechtsformspezifischen Besonderheiten des UmwG (vgl. für Personenhandelsgesellschaften: §§ 42 ff. UmwG; GmbH: §§ 47 ff. UmwG; AG: § 62 ff. UmwG; KGaA: § 78 UmwG)[3].

4 **Stimmrecht.** Das Stimmrecht der Anteilsinhaber regelt das UmwG nicht. Dies bestimmt das auf den jeweiligen Rechtsträger, dem der Anteilsinhaber angehört, anwendbare Recht. Bei der GmbH, AG und KGaA sind alle Anteilsinhaber, sofern ihr Stimmrecht nicht ausgeschlossen ist, stimmberechtigt. Inhaber stimmrechtloser Anteile haben kein Stimmrecht. Für AG und KGaA folgt dies bereits aus § 65 Abs. 2 UmwG. Sie werden abschließend durch § 23 UmwG geschützt[4]. Anders bei Personengesellschaften: Hier lebt das im Gesellschaftsvertrag ausgeschlossene Stimmrecht der Gesellschafter der beteiligten Personen(handels)gesellschaften wieder auf. Grund: Die Verschmelzung wird als gravierender Eingriff in den Kernbereich der Mitgliedschaft angesehen[5]. Zu Stimmverboten siehe § 50 UmwG Rz. 14. Werden hingegen Sonderrechte (§ 50 Abs. 2 UmwG) auch der aufgrund Satzung vom Stimmrecht ausgeschlossenen Gesellschafter beeinträchtigt und bedarf es deswegen gesonderter Zustimmung, sind auch diese Gesellschafter zustimmungsberechtigt[6].

Bei **Kettenverschmelzungen** sind nur die Anteilsinhaber an der Beschlussfassung zu beteiligen, die dem betreffenden Rechtsträger im Zeitpunkt der Be-

---

1 *Gehling* in Semler/Stengel, § 13 UmwG Rz. 12; *Stratz* in Schmitt/Hörtnagl/Stratz, § 13 UmwG Rz. 9.
2 *Drygala* in Lutter, § 13 UmwG Rz. 9 f.; *Gehling* in Semler/Stengel, § 13 UmwG Rz. 10, 14; *Simon* in KölnKomm. UmwG, § 13 UmwG Rz. 1.
3 Überblick bei *Heckschen* in Widmann/Mayer, § 13 UmwG Rz. 9 ff.
4 Str., wie hier – für GmbH: *M. Winter/J. Vetter* in Lutter, § 50 UmwG Rz. 22; *Mayer* in Widmann/Mayer, § 50 UmwG Rz. 35; *Reichert* in Semler/Stengel, § 50 UmwG Rz. 14; *Stratz* in Schmitt/Hörtnagl/Stratz, § 50 UmwG Rz. 4.
5 Vgl. *Ihrig* in Semler/Stengel, § 43 UmwG Rz. 17; *H. Schmidt* in Lutter, § 43 UmwG Rz. 11; *Vossius* in Widmann/Mayer, § 43 UmwG Rz. 81.
6 *M. Winter/J. Vetter* in Lutter, § 50 UmwG Rz. 23; *Reichert* in Semler/Stengel, § 50 UmwG Rz. 14

schlussfassung angehören. Die Anteilsinhaber des übertragenden Rechtsträgers sind in der Versammlung des übernehmenden Rechtsträgers am Verschmelzungsbeschluss zu dessen Verschmelzung mit einem aufnehmenden Rechtsträger erst zu beteiligen und stimmberechtigt, wenn sie Anteilsinhaber des übernehmenden Rechtsträgers erster Stufe geworden sind[1]. Zum bedingten Vertragsabschluss bei Kettenverschmelzungen sowie zur bedingten Beschlussfassung siehe Rz. 8.

Ein Beschluss ist grundsätzlich stets erforderlich. Ein Verschmelzungsbeschluss bei der Kapitalgesellschaft wird selbst dann verlangt, wenn diese mit dem Vermögen ihres einzigen Anteilsinhabers verschmolzen wird (vgl. §§ 120, 121 UmwG). **Ausnahmen** von der Beschlussfassung bestehen bei AG, KGaA und SE im Konzern (nicht GmbH), wenn diese mindestens 9/10 der Anteile an der übertragenden Kapitalgesellschaft hält (vgl. § 62 Abs. 1 UmwG) und bei einer übertragenden Kapitalgesellschaft, wenn deren sämtliche Anteile von einer AG, KGaA oder SE gehalten werden (§ 62 Abs. 4 UmwG). Letzteres gilt auch bei der grenzüberschreitenden Verschmelzung auf der Ebene der inländischen (deutschen) Kapitalgesellschaft (§ 122g UmwG). Bei dem Alleingesellschafter/-aktionär entfällt der Zustimmungsbeschluss ebenfalls[2]. Er ist auch nicht durch eine besondere Zustimmungserklärung zu ersetzen. 5

b) Zeitpunkt, Gegenstand, Reihenfolge

Zeitpunkt. Vor Beschlussfassung sind die Monatsfrist des § 5 Abs. 3 UmwG (zum Verzicht auf die Frist siehe § 5 UmwG Rz. 77) und die Zwei-Jahres-Sperre des § 76 Abs. 1 UmwG zu beachten. Ist die Bilanz des übertragenden Rechtsträgers (§ 17 Abs. 2 UmwG) bei Beschlussfassung noch nicht erstellt, kann der Beschluss trotzdem gefasst werden, wenn alle Anteilsinhaber darauf verzichten (siehe zB § 49 UmwG Rz. 2). Ihre Einreichung zum Handelsregister (§ 17 Abs. 2 UmwG) ist hingegen nicht verzichtbar. 6

Gegenstand der Beschlussfassung ist der von den beteiligten Rechtsträgern vereinbarte Verschmelzungsvertrag oder sein Entwurf[3]. Der Beschluss der Anteilseigner kann vor (in der Praxis selten) oder nach Abschluss des Verschmelzungs- 7

---

[1] Siehe *Grunewald* in Lutter, § 65 UmwG Rz. 3; *Heckschen* in Widmann/Mayer, § 13 UmwG Rz. 68.1; *Limmer* in Limmer, Hdb. der Unternehmensumwandlung, Teil 2 Kap. 1 Rz. 486; *Simon* in Heckschen/Simon, Umwandlungsrecht, 2003, S. 141 ff.; *Simon* in KölnKomm. UmwG, § 2 UmwG Rz. 211; *Schroer* in Semler/Stengel, § 5 UmwG Rz. 117; aA *Mayer* in FS Spiegelberger, 2009, S. 833 (837).
[2] *Karollus* in Lutter, § 121 UmwG Rz. 11; LG Dresden v. 14.11.1996 – 45 T 60/96, GmbHR 1997, 175 = DB 1997, 88; *Maier-Reimer/Seulen* in Semler/Stengel, § 121 UmwG Rz. 10.
[3] OLG Frankfurt v. 8.2.2006 – 12 W 185/05, ZIP 2006, 370 (374) = AG 2006, 249; *Drygala* in Lutter, § 13 UmwG Rz. 17; *Gehling* in Semler/Stengel, § 13 UmwG Rz. 28; *Simon* in KölnKomm. UmwG, § 13 UmwG Rz. 30.

vertrages gefasst werden (§ 4 Abs. 2 UmwG). Wird er vorher gefasst, muss der vollständige Entwurf (nebst allen Anlagen) in letzter Fassung vorliegen[1]. Nach Beschlussfassung erfolgten Änderungen und Ergänzungen – soweit diese nicht rein redaktioneller Natur sind (zB Berichtigung offensichtlicher Schreibfehler) – und Aufhebung ist erneut zuzustimmen[2]. Die Anteilsinhaber können dem Vertretungsorgan nach Beschlussfassung keinen Gestaltungs- und Abschlussermessen einräumen[3]. Bei Zustimmung zum Entwurf wird der (unveränderte) Vertrag mit seinem Abschluss (§ 6 UmwG) wirksam.

8 In welcher zeitlichen **Reihenfolge** die Verschmelzungsbeschlüsse bei den einzelnen Rechtsträgern gefasst werden, ist unerheblich.[4] Ist eine Kapitalerhöhung bei dem übernehmenden Rechtsträger durchzuführen (vgl. §§ 55, 69 UmwG), kann der Kapitalerhöhungsbeschluss vor und nach dem Verschmelzungsbeschluss gefasst werden[5].

Bei **Kettenverschmelzungen** können nicht nur der Verschmelzungsvertrag (siehe § 5 UmwG Rz. 62), sondern auch die Verschmelzungsbeschlüsse bei den beteiligten Rechtsträgern zweiter Stufe von der Wirksamkeit der Verschmelzung erster Stufe abhängig gemacht werden. Diese **bedingte Beschlussfassung** ist unbedenklich[6]. Dem Registergericht kann der Eintritt der Bedingung ohne weiteres durch Handelsregisterauszug nachgewiesen werden[7]. Alternativ könnte die Reihenfolge der Eintragungen in diesen Fällen auch durch Vollzugsanweisungen an die Vertretungsorgane[8] oder durch tatsächliche Steuerung durch den Notar erreicht werden[9].

---

1 *Gehling* in Semler/Stengel, § 38 UmwG Rz. 28; *Simon* in KölnKomm. UmwG, § 13 UmwG Rz. 33; *Stratz* in Schmitt/Hörtnagl/Stratz, § 13 UmwG Rz. 19.
2 *Heckschen* in Widmann/Mayer, § 13 UmwG Rz. 62 u. 66.
3 *Drygala* in Lutter, § 13 UmwG Rz. 23; *Gehling* in Semler/Stengel, § 13 UmwG Rz. 29; *Stratz* in Schmitt/Hörtnagl/Stratz, § 13 UmwG Rz. 18; *Heckschen* in Widmann/Mayer, § 13 UmwG Rz. 58; aA *Simon* in KölnKomm. UmwG, § 13 UmwG Rz. 32. Hiervon zu unterscheiden ist aber ein Vertrag, der dem Vertretungsorgan einen gewissen Ausgestaltungsspielraum für Regelungen gibt, die über den zwingenden Inhalt des Vertrages (§ 5 UmwG) hinausgehen (siehe § 5 UmwG Rz. 62).
4 *Heckschen* in Widmann/Mayer, § 13 UmwG Rz. 68.
5 *Mayer* in Widmann/Mayer, § 55 UmwG Rz. 40; *M. Winter/J. Vetter* in Lutter, § 55 UmwG Rz. 11.
6 Kritisch *Heidinger* in Henssler/Strohn, § 13 UmwG Rz. 21.
7 Wie hier *Priester* in Scholz, § 53 GmbHG Rz. 185; *Mayer* in Widmann/Mayer, § 5 UmwG Rz. 235.9.1; *Simon* in KölnKomm. UmwG,§ 13 UmwG Rz. 36.
8 *Heidinger* in Henssler/Strohn, § 13 UmwG Rz. 21.
9 *Mayer* in Widmann/Mayer, § 5 UmwG Rz. 235.4; *Simon* in KölnKomm. UmwG, § 2 UmwG Rz. 210.

c) Mehrheitserfordernisse

Mit welchen Mehrheiten der Verschmelzungsbeschluss zu fassen ist, legt die Vorschrift nicht fest. Diese bestimmen die auf den betreffenden Rechtsträger anzuwendenden besonderen Vorschriften des UmwG und ggf. die strengeren Regelungen von Satzung und Gesellschaftsvertrag: Bei Personen(handels)gesellschaften/Partnerschaftsgesellschaften müssen grundsätzlich alle Gesellschafter zustimmen (§ 43 Abs. 1 UmwG, § 45d Abs. 1 UmwG), falls der Gesellschaftsvertrag Mehrheitsentscheidung vorsieht, mindestens 3/4 der abgegebenen Stimmen der Gesellschafter/Partner (§ 43 Abs. 2 Satz 1 u. 2 UmwG, § 45d Abs. 2 UmwG); bei GmbH 3/4 der abgegebenen Stimmen (§ 50 Abs. 1 Satz 1 UmwG), es sei denn, einer der Fälle des § 51 Abs. 1 UmwG liegt vor; bei AG, KGaA, SE sind 3/4 des bei der Beschlussfassung vertretenen Grundkapitals und die einfache Mehrheit der abgegebenen Stimmen[1] erforderlich (§ 65 Abs. 1 UmwG, § 133 Abs. 1 AktG), bei KGaA müssen zusätzlich die persönlich haftenden Gesellschafter zustimmen (§ 78 Satz 3 UmwG). 9

Ein zustimmender Beschluss liegt nur vor, wenn die Mehrheit allein **in der Versammlung** erreicht wurde. Ein Hinzurechnen der außerhalb der Versammlung abgegebenen Zustimmungserklärungen nicht erschienener Anteilsinhaber ist angesichts des klaren Wortlauts („nur in einer Versammlung …") nicht zulässig[2]. Bedarf es rechtlich für einen beteiligten Rechtsträger keiner Präsenzversammlung, wie zB bei der AG, in deren Hauptversammlung auch per Briefwahl oder elektronisch abgestimmt werden kann (vgl. § 118 Abs. 2 AktG), so gelten auch diese Stimmabgaben als zulässige Stimmabgaben „in der Versammlung"[3]. 10

Die Satzungen/Gesellschaftsverträge der betreffenden Rechtsträger können **strengere**, keine milderen[4] Anforderungen für die Beschlussfassung aufstellen (vgl. zB §§ 50 Abs. 1, 65 Abs. 1 UmwG). Sehen die Satzungen von Kapitalgesellschaften generell für Satzungsänderungen höhere Anforderungen vor, gelten diese auch für den Verschmelzungsbeschluss[5], nicht jedoch, wenn Satzung/Gesellschaftsvertrag dies für einzelne Regelungen bestimmt[6]. 11

---

1 *Heckschen* in Widmann/Mayer, § 13 UmwG Rz. 81; *Stratz* in Schmitt/Hörtnagl/Stratz, § 13 UmwG Rz. 34.
2 *Drygala* in Lutter, § 13 UmwG Rz. 10; *Mayer* in Widmann/Mayer, § 50 UmwG Rz. 32.
3 *Heckschen* in Widmann/Mayer, § 13 UmwG Rz. 109.1; *Drygala* in Lutter, § 13 UmwG Rz. 10; kritisch *Heidinger* in Henssler/Strohn, § 13 UmwG Rz. 11; *Simon* in KölnKomm. UmwG, § 13 UmwG Rz. 12.
4 *Stratz* in Schmitt/Hörtnagl/Stratz, § 13 UmwG Rz. 38; *Simon* in KölnKomm. UmwG, § 13 UmwG Rz. 23.
5 *Drygala* in Lutter, § 13 UmwG Rz. 27; *Heckschen* in Widmann/Mayer, § 13 UmwG Rz. 79 u. 83.
6 Wie hier *Heckschen* in Widmann/Mayer, § 13 UmwG Rz. 71; *Limmer* in Limmer, Hdb. der Unternehmensumwandlung, Teil 2 Kap. 1 Rz. 482; aA *Simon* in KölnKomm. UmwG, § 13 UmwG Rz. 23.

d) Sachliche Rechtfertigung

12 Der Gesetzgeber hat die von Rechtsprechung und Literatur im Aktienrecht zur Kapitalerhöhung mit Bezugsrechtsausschluss vertretene und in das GmbH-Recht übernommene Auffassung, wonach der Beschluss zum Schutze der Minderheit sachlich gerechtfertigt, dh. im Interesse der Gesellschaft liegen, zur Erreichung des beabsichtigten Zwecks geeignet, erforderlich und verhältnismäßig sein muss[1], als weiteres Erfordernis für die Wirksamkeit des Verschmelzungsbeschlusses nicht übernommen, aber auch nicht abgelehnt[2], sondern die Entscheidung über die Anwendung auf Umwandlungsvorgänge der weiteren Entwicklung in Rechtsprechung und Literatur überlassen.

Der Gesetzgeber hat zu Recht keine Regelung getroffen. Denn eine derartige materielle Beschlusskontrolle ist für Verschmelzungsbeschlüsse angesichts des in den Verschmelzungsvorschriften **strukturell angelegten Minderheitenschutzes**, der sich etwa ausdrückt in den hohen Mehrheitserfordernissen (§§ 43 Abs. 2, 50, 65, 78, 84, 103 UmwG), dem Recht auf ausführlichen Verschmelzungsbericht (§ 8 UmwG), auf Prüfung der Verschmelzung durch unabhängige Prüfer (§§ 9 Abs. 1, 44, 48, 60 UmwG), auf Austritt gegen Abfindung (§ 29 UmwG), auf Umwandlung in Kommanditistenstellung (§ 43 Abs. 2 Satz 3 UmwG), in den normierten Zustimmungserfordernissen (zB §§ 13 Abs. 2, 50 Abs. 2, 51 Abs. 1 u. 2 UmwG) sowie den vorgesehenen Informationsrechten, abzulehnen[3]. Die daneben ohnehin geltenden gesellschaftsrechtlichen Treuepflichten[4] und Missbrauchskontrolle reichen zum Schutz der Minderheit aus.

e) Vertretung bei Abstimmung

13 Vertretung durch Bevollmächtigte ist zulässig. Bei GmbH, AG und KGaA reicht für Vollmacht Textform (§ 47 Abs. 3 GmbHG, § 134 Abs. 3 Satz 2 AktG) aus; bei Personen(handels)- und Partnerschaftsgesellschaften ist sie – soweit Vertretung nach Gesellschaftsvertrag erlaubt – formlos gültig, für Nachweis gegenüber

---

1 Vgl. BGH v. 13.3.1978 – II ZR 142/76, BGHZ 71, 40 (46); BGH v. 19.4.1982 – II ZR 55/81, BGHZ 83, 319 (321); BGH v. 7.3.1994 – II ZR 52/93, BGHZ 125, 239 (241); *Hüffer/Koch*, § 186 AktG Rz. 25 ff.
2 Vgl. Begr. RegE bei *Ganske*, S. 61; *Feddersen/Kiem*, ZIP 1994, 1078 (1084).
3 So auch die überwiegende Meinung, siehe OLG Frankfurt v. 16.2.2007 – 5 W 43/06, Der Konzern 2007, 276 (279) = AG 2007, 357; auch *Heckschen* in Widmann/Mayer, § 13 UmwG Rz. 163.11 ff.; *Drygala* in Lutter, § 13 UmwG Rz. 44 ff.; *Simon* in KölnKomm. UmwG, § 13 UmwG Rz. 96; *Gehling* in Semler/Stengel, § 13 UmwG Rz. 24; *Stratz* in Schmitt/Hörtnagl/Stratz, § 13 UmwG Rz. 42 ff.; *Heidinger* in Henssler/Strohn, § 13 UmwG Rz. 27.
4 Weitere Einzelheiten bei *Simon* in KölnKomm. UmwG, § 13 UmwG Rz. 98 ff.; *Gehling* in Semler/Stengel, § 13 UmwG Rz. 24 mwN; *Heidinger* in Henssler/Strohn, § 13 UmwG Rz. 28.

dem Register ist mindestens Textform ratsam[1]. Dies gilt auch, wenn bei aufnehmender GmbH eine Kapitalerhöhung zur Durchführung der Verschmelzung vereinbart ist. Denn einer Übernahmeerklärung bedarf es nicht (§ 55 Abs. 1 UmwG)[2]. Auch bei Verschmelzung im Wege der Neugründung von Kapitalgesellschaften bedarf Vollmacht für die Beschlussfassung nicht der öffentlichen Beglaubigung (§ 129 BGB, § 40 BeurkG). Diese ist nur für die – im Verschmelzungsvertrag getroffene – Vereinbarung des Gesellschaftsvertrages vorgesehen (vgl. § 2 Abs. 2 GmbHG; § 23 Abs. 1 Satz 1 AktG), nicht für die Beschlussfassung[3]. Bei GmbH[4] und Personen(handels)gesellschaften – bei Letzteren Vertretung nach dem Gesellschaftsvertrag vorausgesetzt – ist auch die Vertretung durch Vertreter ohne Vertretungsmacht zulässig. Für die Form der Genehmigung gilt das für die Vollmacht Aufgeführte entsprechend. Bei AG, KGaA, SE ist eine vollmachtlose Vertretung unzulässig[5].

§ 181 BGB ist bei Beschlussfassung stets zu beachten, denn sie ist Grundlagenentscheidung (vgl. hierzu die Erl. zu §§ 43, 50 Abs. 1, 59, 65, 76 UmwG). Bei AG, KGaA soll § 181 BGB bei (Grundlagen-)Beschlüssen der Hauptversammlung keine Anwendung finden[6]. Vorsorglich sollte eine Befreiung von den Beschränkungen des § 181 BGB in die Vollmacht für diese Gesellschafterin aufgenommen werden. Eine Vollmacht an die Mitgesellschafter enthält eine konkludente Befreiung[7]. 14

Gesetzliche Vertreter minderjähriger Gesellschafter unterliegen den Beschränkungen der §§ 1629 Abs. 2, 1795 BGB. Gegebenenfalls ist für den Minderjährigen ein Ergänzungspfleger zu bestellen[8]. Eine familiengerichtliche Genehmigung ist erforderlich, wenn dem Minderjährigen Haftungsgefahren drohen 15

---

1 Wie hier *Heidinger* in Henssler/Strohn, § 13 UmwG Rz. 13; *H. Schmidt* in Lutter, § 43 UmwG Rz. 8; *Ihrig* in Semler/Stengel, § 43 UmwG Rz. 13; aA *Vossius* in Widmann/Mayer, § 43 UmwG Rz. 32; *Stratz* in Schmitt/Hörtnagl/Stratz, § 43 UmwG Rz. 8 (notarielle Beglaubigung).
2 AA *Heckschen* in Widmann/Mayer, § 13 UmwG Rz. 108.1
3 Siehe auch § 4 UmwG Rz. 5; aA *Heckschen* in Widmann/Mayer, § 13 UmwG Rz. 106.
4 Dies soll sogar beim Zustimmungsbeschluss des Alleingesellschafters (trotz der Regelung des § 180 BGB) möglich sein, siehe OLG Frankfurt v. 24.2.2003 – 20 W 447/02, GmbHR 2003, 415; *Herrler* in Grigoleit, § 134 AktG Rz. 30; *Heidinger* in Henssler/Strohn, § 13 UmwG Rz. 14 mwN; *Heckschen* in Widmann/Mayer, § 13 UmwG Rz. 102.
5 BGH v. 14.12.1967 – II ZR 30/67, BGHZ 49, 183 (194); OLG Hamm v. 2.11.2000 – 27 U 1/00, AG 2001, 146; *Drygala* in Lutter, § 13 UmwG Rz. 9; *Herrler* in Grigoleit, § 134 AktG Rz. 25; *Hüffer/Koch*, § 134 AktG Rz. 23; *Heckschen* in Widmann/Mayer, § 13 UmwG Rz. 103.1.
6 *Heckschen* in Widmann/Mayer, § 13 UmwG Rz. 103.
7 *Heckschen* in Widmann/Mayer, § 13 UmwG Rz. 99.1; *Stratz* in Schmitt/Hörtnagl/Stratz, § 13 UmwG Rz. 51; *Simon* in KölnKomm. UmwG, § 13 UmwG Rz. 20.
8 Einzelheiten bei *Bürger*, RNotZ 2006, 156 (171 f.); *Heinemann* in Hauschild/Kallrath/Wachter, Notarhdb. Gesellschafts- und Unternehmensrecht, § 28 Rz. 17 ff.

(vgl. §§ 1643, 1822 Nrn. 3 u. 10 BGB), etwa wenn an der Verschmelzung eine GmbH beteiligt ist, auf deren Geschäftsanteile noch nicht alle Einlagen eingezahlt sind, Differenz- oder Unterbilanzhaftung droht, sowie bei Beitritt zu KG und OHG[1]. Weitere Einzelheiten bei den Erl. zu §§ 43, 50 Abs. 1, 65 UmwG.

16 Sind **ausländische Gesellschaften** Anteilsinhaber, richtet sich deren (Organ-) Vertretung, einschließlich der Frage der Zulässigkeit des Selbstkontrahierens, nach dem am Sitz dieser Gesellschaft geltenden Recht[2], nicht nach inländischem Recht. Bei EU-Gesellschaften und Gesellschaften des EWR-Raumes bleibt dafür der Satzungssitz entscheidend, auch wenn sie im Inland ihren Verwaltungssitz haben[3].

f) Wirkung der Beschlüsse

17 Der Zustimmungsbeschluss bindet sämtliche – also auch die überstimmten – Anteilsinhaber und ist zugleich Anweisung an das Vertretungsorgan, den Verschmelzungsvertrag durchzuführen bzw. abzuschließen (**interne Bindung**), sofern auch die erforderlichen Zustimmungserklärungen vorliegen. Liegt dann der beurkundete Vertrag vor, tritt Bindung gegenüber den anderen Rechtsträgern ein (**externe Bindung**). Bei Zustimmung zum Entwurf tritt externe Bindung erst mit Vertragsschluss ein[4]. Bei der beschlusslosen Verschmelzung (siehe Rz. 5) tritt sie für die betroffene Kapitalgesellschaft bereits mit Beurkundung des Verschmelzungsvertrages ein.

18 Ist externe Bindung eingetreten, kann der Verschmelzungsbeschluss nicht mehr **einseitig** aufgehoben werden. Der gebundene Rechtsträger kann sich nur noch einseitig vom Vertrag lösen, wenn die Versammlung des anderen Rechtsträgers nicht innerhalb einer von diesem gesetzten (mit Rücksicht auf die gesetzlichen Ladungsfristen angemessenen) Frist zustimmt (vgl. §§ 108 Abs. 2, 177 Abs. 2, 1829 Abs. 2 BGB). Bei der beschlusslosen Verschmelzung ist der Abschluss wie auch die Aufhebung des Verschmelzungsvertrages eine reine Geschäftsführungsmaßnahme bei der Kapitalgesellschaft, bei der der Zustimmungsbeschluss entbehrlich ist (siehe Rz. 5).

19 **Wechselseitig** sind die beteiligten Rechtsträger erst gebunden, wenn der Verschmelzungsvertrag wirksam ist, also die erforderlichen Beschlüsse sämtlicher beteiligter Rechtsträger und die Zustimmungserklärungen einzelner Anteils-

---

1 BGH v. 30.4.1955 – II ZR 202/53, BGHZ 17, 160; siehe auch *Stratz* in Schmitt/Hörtnagl/Stratz, § 13 UmwG Rz. 52 f.; *Heidinger* in Henssler/Strohn, § 13 UmwG Rz. 23; *Limmer* in Limmer, Hdb. der Unternehmensumwandlung, Teil 2 Kap. 1 Rz. 489.
2 Vgl. BGH v. 27.5.1993 – IX ZR 66/92, DNotZ 1994, 485 (487) = MDR 1993, 1244.
3 *Bischoff* in Kölner Hdb. des Gesellschaftsrechts, Kap. 6, Rz. 3 ff. mwN.
4 *Drygala* in Lutter, § 13 UmwG Rz. 24; *Gehling* in Semler/Stengel, § 13 UmwG Rz. 64; *Stratz* in Schmitt/Hörtnagl/Stratz, § 13 UmwG Rz. 10; *Heidinger* in Henssler/Strohn, § 13 UmwG Rz. 23.

inhaber vorliegen[1]. Der übertragende Rechtsträger ist allerdings noch nicht aufgelöst. Dies geschieht erst mit Eintragung der Verschmelzung im Handelsregister (vgl. § 20 Abs. 1 UmwG). Verweigert die Versammlung eines Rechtsträgers oder ein berechtigter Anteilsinhaber seine Zustimmung, ist der Verschmelzungsvertrag endgültig unwirksam, bereits gefasste Beschlüsse werden unverbindlich[2].

Sieht der Verschmelzungsvertrag eine **Änderung der Satzung** des übernehmenden Rechtsträgers vor (zB Änderung der Firma, Kapitalziffer wegen Kapitalerhöhung) sind hierzu gesonderte satzungsändernde Beschlüsse erforderlich. Der Verschmelzungsbeschluss selbst ändert die Satzung nicht. 20

3. Widerspruch zur Niederschrift

Der Anteilsinhaber muss in der Versammlung (entweder persönlich oder durch seinen Vertreter) gegen den Verschmelzungsbeschluss Widerspruch zur Niederschrift des den Beschluss beurkundenden Notars erklären, wenn er sich die Rechte aus § 29 Abs. 1 UmwG erhalten will. Bloßes Abstimmen mit Nein oder gar Enthaltung bei Stimmabgabe genügen nicht. Widerspruch ist in der notariellen Niederschrift der Versammlung zu vermerken. Begründet werden muss der Widerspruch nicht (siehe § 29 UmwG Rz. 12). Im Zweifel hat der Notar auf eine eindeutige Erklärung hinzuwirken. Wurde Widerspruch versehentlich nicht in die Niederschrift aufgenommen, ist dies unbeachtlich, wenn er auf andere Weise nachgewiesen wird[3]. Der Widerspruch soll nur beachtlich sein, wenn der Anteilsinhaber auch gegen die Verschmelzung gestimmt hat[4]. Der Widerspruch ist spätestens bis zum Ende der Versammlung zu erklären[5], er kann aber auch schon vor der Beschlussfassung erklärt werden[6]. Ein außerhalb der Versammlung erklärter Widerspruch ist unbeachtlich[7]. Deshalb kann die Verweigerung 21

---

1 *Heidinger* in Henssler/Strohn, § 13 UmwG Rz. 23 f.
2 Siehe zur Bindungswirkung zB auch *Drygala* in Lutter, § 13 UmwG Rz. 24 f.; *Gehling* in Semler/Stengel, § 13 UmwG Rz. 66 ff.; *Simon* in KölnKomm. UmwG, § 13 UmwG Rz. 84 ff.; *Stratz* in Schmitt/Hörtnagl/Stratz, § 13 UmwG Rz. 8 ff.; *Heidinger* in Henssler/Strohn, § 13 UmwG Rz. 23 ff.
3 Vgl. LG Ingolstadt v. 12.9.1990 – HKO 763/89, WM 1991, 685 (689) = AG 1991, 24 zur AG.
4 *Grunewald* in Lutter, § 29 UmwG Rz. 10 mwN; *Kalss* in Semler/Stengel, § 29 UmwG Rz. 22; *Burs* in Böttcher/Habighorst/Schulte, § 29 UmwG Rz. 26; *Wälzholz* in Widmann/Mayer, § 29 UmwG Rz. 30; *Stratz* in Schmidt/Hörtnagl/Stratz, § 29 UmwG Rz. 16; *Simon* in KölnKomm. UmwG, § 29 UmwG Rz. 28; aA unten *Marsch-Barner*, § 29 UmwG Rz. 13 und *Meister/Klöcker*, § 207 UmwG Rz. 15.
5 *Grunewald* in Lutter, § 29 UmwG Rz. 11; *Wälzholz* in Widmann/Mayer, § 29 UmwG Rz. 30.
6 BGH v. 11.6.2007 – II ZR 152/06, AG 2007, 863; *Hüffer/Koch*, § 245 AktG Rz. 14.
7 *Stratz* in Schmitt/Hörtnagl/Stratz, § 29 UmwG Rz. 16.

einer erforderlichen Zustimmung einen solchen auch nicht enthalten[1]. Den beurkundenden Notar trifft keine Pflicht, einen Anteilsinhaber auf sein Widerspruchsrecht hinzuweisen[2].

4. Zustimmung einzelner Anteilsinhaber

a) Inhaber vinkulierter Anteile (§ 13 Abs. 2 UmwG)

22 Der Verschmelzungsbeschluss des übertragenden Rechtsträgers ist so lange schwebend unwirksam, bis ihm auch die Anteilsinhaber zugestimmt haben, die nach Gesellschaftsvertrag/Satzung dieses Rechtsträgers (schuldrechtliche Vereinbarungen mit diesen Anteilsinhabern oder Dritten sind unbeachtlich)[3] einer Anteilsübertragung zustimmen müssen. Denn Sonderrechte sollen nicht ohne Zustimmung des betroffenen Anteilsinhabers beeinträchtigt werden (§ 35 BGB)[4]. Das Zustimmungserfordernis muss nicht ausdrücklich in Satzung oder Gesellschaftsvertrag geregelt sein, sondern kann sich auch mittelbar aus anderen Bestimmungen oder aus dem Gesamtzusammenhang einzelner Bestimmungen ergeben[5].

23 Dieses **Sonderrecht** steht nur **bestimmten einzelnen Anteilsinhabern** zu, weder dem Rechtsträger noch dessen Versammlung noch einem anderen Organ[6]. Folglich gilt diese Regel im Aktienrecht, das die Zustimmung einzelner Aktionäre zur Aktienübertragung nicht kennt (vgl. § 68 Abs. 2 AktG), nicht[7]. Bestimmte einzelne Anteilsinhaber sind solche, die Gesellschaftsvertrag/Satzung namentlich oder den Eigenschaften nach als Zustimmungsberechtigte nennt oder die zu einer Gruppe von Anteilseignern gehören, der das Recht zur Zustimmung eingeräumt ist[8]. Jeder einzelne Anteilsinhaber muss auch zustimmen, wenn die Anteilsübertragung[9] von der Zustimmung (trotz Mehrheitsklausel für Verschmelzungen in Gesellschaftsvertrag/Satzung) aller, aller übrigen Anteilsinhaber oder von einem mit allen vorhandenen Stimmen (nicht in der Ver-

---

1 *Wälzholz* in Widmann/Mayer, § 29 UmwG Rz. 31.
2 Vgl. OLG München v. 3.2.2010 – 31 Wx 135/09, DNotZ 2010, 677 (678f.).
3 *Gehling* in Semler/Stengel, § 13 UmwG Rz. 37.
4 Vgl. Begr. RegE bei *Ganske*, S. 61; *Stratz* in Schmitt/Hörtnagl/Stratz, § 13 UmwG Rz. 60.
5 Siehe *Gehling* in Semler/Stengel, § 13 UmwG Rz. 37; *Schöne*, GmbHR 1995, 325 (332) mwN.
6 *Drygala* in Lutter, § 13 UmwG Rz. 30; *Stratz* in Schmitt/Hörtnagl/Stratz, § 13 UmwG Rz. 62.
7 *Drygala* in Lutter, § 13 UmwG Rz. 28; *Limmer* in Limmer, Hdb. der Unternehmensumwandlung, Teil 2 Kap. 1 Rz. 557.
8 Siehe *Reichert*, GmbHR 1995, 176 (179).
9 *Limmer* in Limmer, Hdb. der Unternehmensumwandlung, Teil 2 Kap. 1 Rz. 558; *Drygala* in Lutter, § 13 UmwG Rz. 29; *Heckschen* in Widmann/Mayer, § 13 UmwG Rz. 165; *Böttcher* in Böttcher/Habighorst/Schulte, § 13 UmwG Rz. 35; *Gehling* in Semler/Stengel, § 13 UmwG Rz. 38.

sammlung vertretenen¹) zu fassenden Beschluss abhängig oder die Abtretung völlig ausgeschlossen ist². Bei der Gestaltung von Vinkulierungsklauseln zu Gunsten einzelner Personen wird man dies zu berücksichtigen haben.

Unbeachtlich sind **Zustimmungsrechte** der Gesellschaftsversammlung³ oder **anderer Organe** wie Aufsichtsrat, Beirat⁴. Auch Vorkaufs- bzw. Vorerwerbsrechte geben kein Vetorecht⁵, können aber unter die Sonderrechte des § 50 Abs. 2 UmwG fallen (siehe § 50 UmwG Rz. 21). 24

b) Sonstige Zustimmungserfordernisse

Zu beachten sind ferner die in besonderen Fällen nötigen Zustimmungserklärungen einzelner Anteilsinhaber (vgl. die Erl. zu § 40 Abs. 2 Satz 2 (zu OHG, KG), §§ 50 Abs. 2, 51 Abs. 1 und 2 UmwG (zur GmbH), §§ 65 Abs. 2, 78 Satz 3 UmwG (zu AG, KGaA). Zustimmen müssen auch die Inhaber stimmrechtloser Anteile, wenn ihre Individualrechte beeinträchtigt sind⁶. 25

Erforderlich ist eine Zustimmung aller Anteilsinhaber des übertragenden Rechtsträgers auch dann, wenn im Gesellschaftsvertrag/Satzung des übernehmenden Rechtsträgers **höhere Pflichten** als beim übertragenden Rechtsträger auferlegt werden. Dies ist allerdings umstritten⁷. Die Praxis wird vorsichtshalber die Zustimmungserklärung der betroffenen Gesellschafter einholen, da die Auf- 26

---

1 *Simon* in KölnKomm. UmwG, § 13 UmwG Rz. 47; *Drygala* in Lutter, § 13 UmwG Rz. 32.
2 Str., wie hier: *Drygala* in Lutter, § 13 UmwG Rz. 33; *Gehling* in Semler/Stengel, § 13 UmwG Rz. 40; aA keine Anwendung des § 13 Abs. 2 UmwG *Heckschen* in Widmann/Mayer, § 13 UmwG Rz. 172; *Stratz* in Schmitt/Hörtnagl/Stratz, § 13 UmwG Rz. 64; *Heckschen* in Widmann/Mayer, § 13 UmwG Rz. 172; *Simon* in KölnKomm. UmwG, § 13 UmwG Rz. 49; aA, wenn Gesellschaftsvertrag/Satzung ausdrücklich Mehrheitsklausel vorsieht: *H. Schmidt* in Lutter, Umwandlungsrechtstage, S. 78; *Heckschen* in Widmann/Mayer, § 13 UmwG Rz. 173.
3 *Simon* in KölnKomm. UmwG, § 13 UmwG Rz. 50; kritisch hierzu *Drygala* in Lutter, § 13 UmwG Rz. 30; *Gehling* in Semler/Stengel, § 13 UmwG Rz. 40.
4 *Mayer*, DB 1995, 861 (865); *Gehling* in Semler/Stengel, § 13 UmwG Rz. 39; *Stratz* in Schmitt/Hörtnagl/Stratz, § 13 UmwG Rz. 62; *Simon* in KölnKomm. UmwG, § 13 UmwG Rz. 46; kritisch *Drygala* in Lutter, § 13 UmwG Rz. 30.
5 So auch *Heckschen* in Widmann/Mayer, § 13 UmwG Rz. 174; *Simon* in KölnKomm. UmwG, § 13 UmwG Rz. 52; *Drygala* in Lutter, § 13 UmwG Rz. 34; *Limmer* in Limmer, Hdb. der Unternehmensumwandlung, Teil 2 Kap. 1 Rz. 559; *Stratz* in Schmitt/Hörtnagl/Stratz, § 13 UmwG Rz. 56.
6 *M. Winter/J. Vetter* in Lutter, § 50 UmwG Rz. 23 und unten § 51 UmwG Rz. 8 sowie oben Rz. 4.
7 Str., vgl. Begr. RegE bei *Ganske*, S. 61; dafür: *Drygala* in Lutter, § 13 UmwG Rz. 35 f.; *Gehling* in Semler/Stengel, § 13 UmwG Rz. 44; *M. Winter/J. Vetter* in Lutter, § 51 UmwG Rz. 42 f.; aA *Heckschen* in Widmann/Mayer, § 13 UmwG Rz. 185; *Mayer* in Widmann/Mayer, § 50 UmwG Rz. 121 ff.; differenzierend *Simon* in KölnKomm. UmwG, § 13 UmwG Rz. 59 ff.

bürdung zusätzlicher Pflichten durch den mit Mehrheit zu fassenden Verschmelzungsbeschluss in der Tat als „systemwidrig"[1] angesehen werden kann.

c) Wirksamwerden

27 Die Zustimmung ist weitere Wirksamkeitsvoraussetzung des Verschmelzungsbeschlusses[2]. Sie ist empfangsbedürftige **Willenserklärung** (§ 182 BGB)[3], nicht Beschluss, auch wenn mehrere Personen zustimmen müssen, und unterliegt deren Regeln (zB hinsichtlich Zugang, Anfechtbarkeit). Die Zustimmungserklärung muss, um wirksam zu sein, in Ausfertigung (§ 47 BeurkG) zugehen. Sie kann vor, bei und nach Fassung des Beschlusses erteilt werden und ist entweder der Versammlung (vertreten durch ihren Leiter) oder dem Rechtsträger gegenüber abzugeben (siehe Rz. 42). Bevollmächtigung ist zulässig. Die Vollmacht bedarf keiner Form (§ 167 Abs. 2 BGB)[4], wenngleich Textform/Schriftform wegen Nachweis gegenüber dem Gericht ratsam ist.

28 **Bejahendes Mitstimmen** bei der Beschlussfassung gilt als konkludente Zustimmung[5]. Erneuter Zustimmung bedarf es nicht[6].

Wer als Zustimmungsberechtigter gegen die Verschmelzung gestimmt hat, kann später in oder außerhalb der Versammlung ohne weiteres noch zustimmen, vorausgesetzt, der Beschluss hat die erforderliche Mehrheit (siehe Rz. 10) erreicht[7].

29 Mit **Zugang** der Zustimmungserklärung wird der Verschmelzungsbeschluss rückwirkend auf den Tag der Beschlussfassung wirksam. Fehlt die Zustimmung, ist der Vertrag schwebend unwirksam[8] und die Eintragung der Verschmelzung

---

1 *Drygala* in Lutter, § 13 UmwG Rz. 29 f.; *Gehling* in Semler/Stengel, § 13 UmwG Rz. 44.
2 Vgl. *Heidinger* in Henssler/Strohn, § 13 UmwG Rz. 35; *Simon* in KölnKomm. UmwG, § 13 UmwG Rz. 72; *Stratz* in Schmitt/Hörtnagl/Stratz, § 13 UmwG Rz. 60.
3 *M. Winter/J. Vetter* in Lutter, § 50 UmwG Rz. 65; *Heidinger* in Henssler/Strohn,§ 13 UmwG Rz. 31; *Gehling* in Semler/Stengel, § 13 UmwG Rz. 47; *Simon* in KölnKomm. UmwG, § 13 UmwG Rz. 73.
4 *Heckschen* in Widmann/Mayer, § 13 UmwG Rz. 113 f.; aA *Heidinger* in Henssler/Strohn, § 13 UmwG Rz. 34; *Stratz* in Schmitt/Hörtnagl/Stratz, § 13 UmwG Rz. 65; wie hier: *Simon* in KölnKomm. UmwG, § 13 UmwG Rz. 71; *Böttcher* in Böttcher/Habighorst/Schulte, § 13 UmwG Rz. 31.
5 Eine zusätzliche individuelle Zustimmung des Anteilsinhabers wäre pure Förmelei: Eine Verweigerung der Zustimmung wäre wegen widersprüchlichen Verhaltens unbeachtlich.
6 *M. Winter/J. Vetter* in Lutter, § 50 UmwG Rz. 66; aA *Gehling* in Semler/Stengel, § 13 UmwG Rz. 48; differenzierend *Simon* in KölnKomm. UmwG, § 13 UmwG Rz. 74.
7 *Gehling* in Semler/Stengel, § 13 UmwG Rz. 49; *Simon* in KölnKomm. UmwG, § 13 UmwG Rz. 75
8 *Stratz* in Schmitt/Hörtnagl/Stratz, § 13 UmwG Rz. 66; *Simon* in KölnKomm. UmwG, § 13 Rz. 72; *Heidinger* in Henssler/Strohn, § 13 UmwG Rz. 35; aA *Göthel* in Lutter, § 233 UmwG Rz. 9.

gehindert. Die Vertretungsorgane haben die Zustimmungsberechtigten zur Abgabe ihrer Erklärung, ggf. unter angemessener Fristsetzung, aufzufordern. Verstreicht die Frist ungenutzt, gilt die Zustimmung als versagt (entsprechend §§ 108 Abs. 2, 177 Abs. 2 BGB)[1].

Wird die **Zustimmung versagt oder eingeschränkt erteilt**, ist der Beschluss endgültig unwirksam[2]. Diese Wirkung kann weder durch spätere Zustimmung noch Eintragung der Verschmelzung im Handelsregister beseitigt werden. Die Heilungsvorschrift des § 20 Abs. 1 Nr. 4 UmwG erfasst nur Formmängel. Der Mangel ist aber wegen § 20 Abs. 2 UmwG unbeachtlich[3]. 30

Eine **Verpflichtung zur Zustimmung** besteht nicht. Die Zustimmung steht im pflichtgemäßen Ermessen des betreffenden Anteilsinhabers. In besonders gelagerten Fällen kann es die Treuepflicht gebieten zuzustimmen[4]. 31

Einstweilen frei. 32

5. Beteiligung Dritter

Lebt ein Anteilsinhaber des übertragenden Rechtsträgers im gesetzlichen Güterstand der Zugewinngemeinschaft, muss dessen **Ehegatte** unter den Voraussetzungen des § 1365 BGB der Stimmabgabe zustimmen. Dies gilt ausnahmsweise wegen der damit verbundenen Vermögensumschichtung und der Begründung unbeschränkter Haftung auch bei der Verschmelzung auf den alleinigen Anteilsinhaber (§ 120 UmwG)[5]. Bei dem übernehmenden Rechtsträger entfällt dieses Zustimmungserfordernis, weil es bei diesem nicht zu einer Vermögensverfügung kommt. Lebt der Anteilseigner in Gütergemeinschaft (§ 1423 BGB, häufig bei ausländischen Güterständen), kann die Stimmabgabe nur durch beide Ehegatten gemeinsam erfolgen. 33

---

1 AA *Vossius* in Widmann/Mayer, § 43 UmwG Rz. 57; wie hier *Mayer* in Widmann/Mayer, § 51 UmwG Rz. 19.
2 *M. Winter/J. Vetter* in Lutter, § 50 UmwG Rz. 69; *Stratz* in Schmitt/Hörtnagl/Stratz, § 13 UmwG Rz. 66.
3 *Stratz* in Schmitt/Hörtnagl/Stratz, § 13 UmwG Rz. 66; *Heckschen* in Widmann/Mayer, § 13 UmwG Rz. 241; *M. Winter/J. Vetter* in Lutter, § 50 UmwG Rz. 69.
4 Siehe *Priester* in Lutter, § 128 UmwG Rz. 19; *Vossius* in Widmann/Mayer, § 43 UmwG Rz. 65 ff.; *Ihrig* in Semler/Stengel, § 13 UmwG Rz. 21; *Stratz* in Schmitt/Hörtnagl/Stratz, § 43 UmwG Rz. 7; zur rechtsmissbräuchlichen Versagung: BGH v. 12.4.2016 – II ZR 275/14, NZG 2016, 781 ff. = GmbHR 2016, 759; BGH v. 9.6.1954 – II ZR 70/53, BGHZ 14, 25 (38 f.); *Seibt* in Scholz, 11. Aufl. 2012, § 15 GmbHG Rz. 94; aA *Gehling* in Semler/Stengel, § 13 UmwG Rz. 63.
5 *Heckschen* in Widmann/Mayer, § 13 UmwG Rz. 136; *Ihrig* in Semler/Stengel, § 233 UmwG Rz. 9; *Simon* in KölnKomm. UmwG, § 13 UmwG Rz. 69; aA bei Verschmelzung auf Alleingesellschafter: *Heckschen* in Widmann/Mayer, § 13 UmwG Rz. 137; *Maier-Reimer/Seulen* in Semler/Stengel, § 121 UmwG Rz. 12.

34 Für eine der **Testamentsvollstreckung** unterliegende Beteiligung sieht das Gesetz keine besonderen Regelungen vor. Ob der Testamentsvollstrecker zur Ausübung des Stimmrechts oder zur Erteilung einer Zustimmungserklärung berechtigt oder verpflichtet ist oder ob nur der Erbe dazu berechtigt oder zusätzlich berechtigt ist, entscheidet zunächst das auf den betreffenden Rechtsträgertypen (Personengesellschaft, Kapitalgesellschaft) anwendbare (Gesellschafts-) Recht und ergänzend das Erbrecht. Dabei wird ferner zu unterscheiden sein, ob das Stimmrecht bei der Verschmelzung zur Aufnahme beim übertragenden/übernehmenden Rechtsträger oder bei der Verschmelzung durch Neugründung ausgeübt werden soll[1].

35 **Pfändungsgläubiger** und **Nießbraucher** müssen der Stimmabgabe nicht zustimmen[2]. Ihre Rechte bestehen an den neuen Anteilen weiter oder gehen – wenn neue Anteile nicht gewährt werden – unter[3].

6. Zustimmungspflichten im Konzern

36 Werden durch die Verschmelzung einer (aufnehmenden) Tochtergesellschaft im Konzern an deren Vermögen konzernfremde Personen beteiligt und dadurch die Vermögens- und Herrschaftsinteressen der Anteilseigner der Konzernmutter wesentlich beeinträchtigt, kann ein – das Vertretungsorgan der Tochtergesellschaft allerdings nur intern bindender – Zustimmungsbeschluss der Anteilseigner der Muttergesellschaft erforderlich sein[4].

7. Form des Verschmelzungsbeschlusses

37 Der Verschmelzungsbeschluss ist **notariell** zu **beurkunden** (§ 13 Abs. 3 Satz 1 UmwG), ansonsten ist er nichtig (zur Heilung von Formmängeln siehe § 20 Abs. 1 Nr. 4 UmwG). Dies soll auch für verbindliche Absprachen, einen solchen Beschluss zu fassen, gelten[5]. Die Beurkundung erfolgt grds. in Protokollform

---

1 Siehe hierzu im Einzelnen: *Heckschen* in Widmann/Mayer, § 13 UmwG Rz. 142 ff.; *Pauli* in Bengel/Reimann, Hdb. der Testamentsvollstreckung, Rz. 270 ff.; *Verse* in Henssler/Strohn, § 15 GmbHG Rz. 43; *Klöhn* in Henssler/Strohn, § 139 HGB Rz. 76 ff.; *Zimmermann* in MünchKomm. BGB, 6. Aufl. 2013, § 2205 BGB Rz. 14 ff.; *Strnad/Heckschen*, NZG 2014, 1201.
2 *Heckschen* in Widmann/Mayer, § 13 UmwG Rz. 121 ff., 128 ff.
3 *Grunewald* in Lutter, § 20 UmwG Rz. 71; siehe auch unten § 20 UmwG Rz. 31.
4 Einzelheiten bei *Drygala* in Lutter, § 13 UmwG Rz. 48; *Gehling* in Semler/Stengel, § 13 UmwG Rz. 50; *Simon* in KölnKomm. UmwG, § 13 UmwG Rz. 67 f.; *Heckschen* in Widmann/Mayer, § 13 UmwG Rz. 196 ff.
5 LG Paderborn v. 28.4.2000 – 2 O 132/00, NZG 2000, 899 (900) sieht eine solche Bindung bereits in der Vereinbarung einer „break-up-fee"; aA *Austmann/Frost*, ZHR 169 (2005), 431 (450); *Gehling* in Semler/Stengel, § 13 UmwG Rz. 51; *Heckschen* in Widmann/May-

(§ 130 AktG, §§ 36, 37 BeurkG). Die Beurkundung ist auch in Verhandlungsform (§§ 8 ff. BeurkG) möglich, da sie mit ihren Anforderungen weit über die für eine Protokollierung hinausgeht. Zweifelhaft ist dies für AG, KGaA: § 130 AktG (Protokollform) dürfte insoweit Spezialvorschrift sein (vgl. § 59 BeurkG). Für den Beschluss des Alleingesellschafters einer GmbH soll Protokollform nicht ausreichen[1]. Zur Form der Zustimmungserklärungen siehe Rz. 41.

Die notarielle Niederschrift ist Beschluss- nicht Verlaufsprotokoll. In sie sind aber auch alle für die Beurteilung der Wirksamkeit des Beschlusses oder zur Wirkung von Rechten der Anteilseigner **maßgeblichen Umstände** aufzunehmen, wie etwa Widerspruch zur Niederschrift (§ 29 Abs. 1 Satz 1 UmwG), Nichtzulassung von Anteilsinhabern zur Versammlung oder Rügen über nicht ordnungsgemäße Einberufung der Versammlung und Bekanntgabe des Beschlussgegenstandes (vgl. § 29 Abs. 2 UmwG). 38

Zur Beurkundung von Verschmelzungsvertrag und Beschlüssen im Ausland siehe § 6 UmwG Rz. 10 ff.

Den Verschmelzungsbeschlüssen ist der Verschmelzungsvertrag oder sein Entwurf als **Anlage** beizufügen (§ 13 Abs. 3 Satz 2 UmwG), es sei denn, der Entwurf ist in der als Anlage zur Urkunde genommenen Einladung zur Gesellschafterversammlung (§ 130 Abs. 3 AktG) oder Vertrag und Beschlüsse sind in einer Urkunde enthalten. Eine unbeglaubigte Abschrift des Vertrags ist als Anlage ausreichend[2]. Wird er als Ausfertigung oder beglaubigte Abschrift dem Beschluss als Anlage beigefügt, muss er nicht noch gesondert dem Registergericht eingereicht werden. Die Anlage ist nicht zu verlesen[3]; anders nur, wenn Beurkundung von Vertrag und Beschlüssen gemäß §§ 8 ff. BeurkG in einer Urkunde erfolgt. Die Verbindung von Anlage und Beschlussurkunde soll dem Registerrichter die Prüfung ermöglichen, ob die Versammlung tatsächlich dem abgeschlossenem Verschmelzungsvertrag zugestimmt hat[4]. Fehlt die Anlage, hat dies auf die Wirksamkeit des Beschlusses keinen Einfluss, solange der **Nachweis** anders geführt wird (zB durch Hinweis auf URNr. des Notars)[5]. 39

Auf Verlangen jedes Anteilsinhabers ist diesem eine **Abschrift** des Vertrages/ seines Entwurfs und der Niederschrift des Beschlusses zu erteilen (§ 13 Abs. 3 Satz 3 UmwG). Die Kosten dafür trägt der betreffende Anteilsinhaber. Ver- 40

---

er, § 13 UmwG Rz. 231.1; *Simon* in KölnKomm. UmwG, § 13 UmwG Rz. 77; *Mayer*, NZG 2006, 281 (283).
1 *Mayer* in Widmann/Mayer, § 50 UmwG Rz. 48.
2 Wie hier *Gehling* in Semler/Stengel, § 13 UmwG Rz. 54; *Simon* in KölnKomm. UmwG, § 13 UmwG Rz. 80; *Heckschen* in Widmann/Mayer, § 13 UmwG Rz. 233.
3 *Limmer* in Limmer, Hdb. der Unternehmensumwandlung, Teil 2 Kap. 1 Rz. 500 aE.
4 Begr. RegE bei *Ganske*, S. 62.
5 Vgl. *Drygala* in Lutter, § 13 UmwG Rz. 19; *Gehling* in Semler/Stengel, § 13 UmwG Rz. 55.

pflichtet ist allein der Rechtsträger, dem der Anteilsinhaber angehört, weder die übrigen Rechtsträger[1] noch der beurkundende Notar.

8. Form der Zustimmungserklärungen

41 § 13 Abs. 3 Satz 1 UmwG stellt klar, dass die nach dem UmwG erforderlichen Zustimmungserklärungen zum Schutz der Anteilsinhaber **notariell beurkundet** werden müssen. Eine öffentlich beglaubigte Zustimmungserklärung reicht nicht aus. Dem Registergericht soll die Prüfung erleichtert werden, ob alle Erfordernisse der Umwandlung erfüllt sind[2].

Für die Beurkundung der Zustimmungserklärung gelten allein die Bestimmungen über die **Beurkundung von Willenserklärungen** (§§ 8 ff. BeurkG). Demnach reicht es nicht aus, im Protokoll (§ 130 AktG, §§ 36, 37 BeurkG) über die den Verschmelzungsbeschluss fassende Versammlung zu vermerken, dass eine Zustimmungserklärung abgegeben wurde. Vielmehr ist eine gesonderte notarielle Urkunde erforderlich[3]. Ihr müssen aber weder der Beschluss noch der Vertrag als Anlage beigefügt werden. Entsprechendes gilt für den Verzicht auf den Verschmelzungsbericht (§ 8 Abs. 3 UmwG), auf die Prüfung der Verschmelzung (§ 9 Abs. 3 UmwG) und auf den Prüfungsbericht (§ 12 Abs. 3 UmwG).

42 Die Zustimmungserklärungen sind in **Ausfertigung** (§ 47 BeurkG) **zuzustellen**. Adressat sind sowohl die Versammlung (vertreten durch den Vorsitzenden) wie auch das Vertretungsorgan des betreffenden Rechtsträgers[4]. Es kann ratsam sein, den die Beschlüsse beurkundenden Notar zu bevollmächtigen, die Zustimmungserklärungen für alle Beteiligten entgegenzunehmen. Dem Registergericht ist der Zugang nicht nachzuweisen.

9. Kosten

43 Für die Beurkundung der **Beschlüsse** erhält der Notar eine 2,0-Gebühr (Nr. 21100 KV GNotKG). Maßgeblich ist der Wert des Aktiv-Vermögens (!) der übertragenden Gesellschaft (§ 108 Abs. 3 GNotKG), ohne Abzug der Verbindlichkeiten (§ 38 GNotKG). Er ist der Höhe nach auf 5 Mio. Euro begrenzt (§ 108 Abs. 5 GNotKG). Eine Höchstgebühr gibt es nicht (mehr). Bei mehreren Beschlüssen in einer Urkunde (etwa Kapitalerhöhungs- und Satzungsänderungs- und Verschmelzungsbeschluss) sind die Werte zusammenzurechnen; die Ge-

---

1 *Simon* in KölnKomm. UmwG, § 13 UmwG Rz. 82; *Stratz* in Schmitt/Hörtnagl/Stratz, § 13 UmwG Rz. 73.
2 Vgl. Begr. RegE bei *Ganske*, S. 62.
3 *M. Winter/J. Vetter* in Lutter, § 50 UmwG Rz. 14; *Simon* in KölnKomm. UmwG, § 13 UmwG Rz. 81.
4 *M. Winter/J. Vetter* in Lutter, § 50 UmwG Rz. 65 mwN.

bühr fällt nur einmal an. Dies gilt auch, wenn in einer Urkunde die Zustimmungsbeschlüsse des übertragenden und übernehmenden Rechtsträgers beurkundet werden (§ 109 Abs. 2 Nr. 49 GNotKG)[1]. Bei Kettenverschmelzungen erfolgt keine Reduzierung des zugrunde zu legenden Geschäftswertes[2].

Für die **Zustimmungserklärung** fällt eine 1,0-Gebühr an (Nr. 21200 KV GNotKG). Der zugrunde zu legende Wert richtet sich nach dem halben Wert der Beteiligung des zustimmenden Gesellschafters (§ 98 Abs. 1, 2 GNotKG; höchstens 1 Mio. Euro, § 98 Abs. 4 GNotKG)[3]. Die Gebühr entfällt wegen Gegenstandsgleichheit (§ 109 Abs. 1 GNotKG), wenn die Erklärung mit dem Verschmelzungsvertrag (nicht: Verschmelzungsbeschluss) beurkundet wird[4]. Verschmelzungsbeschluss und Zustimmungserklärungen sind verschiedene Gegenstände und separat zu bewerten (§ 110 Nr. 1 GNotKG). 44

Für die Beurkundung der **Verzichtserklärungen** (§§ 8 Abs. 3, 9 Abs. 3, 12 Abs. 3 UmwG) ist ebenfalls eine 1,0-Gebühr zu berechnen (Nr. 21200 GV GNotKG). Die Wertermittlung erfolgt nach freiem Ermessen (§ 36 Abs. 1 GNotKG). Angemessen dürften 10 % des Wertes des Verschmelzungsvertrages sein[5]. Für den einzelnen Anteilsinhaber ist ein anteiliger Wert entsprechend seiner Beteiligungshöhe anzusetzen[6]. Mehrere Verzichtserklärungen in einer Urkunde sind gegenstandsgleich. Entsprechendes gilt, wenn die Verzichtserklärungen mit dem Verschmelzungsvertrag (nicht Verschmelzungsbeschluss) beurkundet werden[7]. 45

Zu den Kosten der **Anmeldung** siehe § 16 UmwG Rz. 21; der Eintragung der Verschmelzung bei Gericht § 19 UmwG Rz. 18.

10. Anfechtung

Die Anfechtung der **Verschmelzungsbeschlüsse** unterliegt den allgemeinen für den betreffenden Rechtsträger geltenden Bestimmungen. Die Anfechtung der **Zustimmungserklärung** richtet sich nach den §§ 119 ff. BGB. 46

11. Anwendung auf Verschmelzung durch Neugründung

Die Vorschrift gilt entsprechend für Verschmelzung durch Neugründung (§ 36 Abs. 1 UmwG), ggf. ergänzt um die für den betreffenden Rechtsträger geltenden 47

---

1 *Heckschen* in Widmann/Mayer, § 13 UmwG Rz. 246.
2 Siehe OLG Düsseldorf v. 2.7.1998 – 10 W 58/98, ZIP 1998, 1754 (1755).
3 *Tiedtke*, MittBayNot 1997, 209 (212).
4 *Diehn* in Korintenberg, 19. Aufl. 2015, § 109 GNotKG Rz. 224.
5 Vgl. auch *Reimann*, MittBayNot 1995, 1 (3); *Limmer* in Limmer, Hdb der Unternehmensumwandlung, Teil 8 Rz. 35.
6 *Tiedtke*, MittBayNot 1997, 209 (212); *Heckschen* in Widmann/Mayer, § 8 UmwG Rz. 63.
7 *Diehn* in Korintenberg, 19. Aufl. 2015, § 109 GNotKG Rz. 155.

besonderen Bestimmungen (OHG, KG: § 43 UmwG; GmbH: § 59 UmwG; AG, KGaA: § 76 UmwG).

12. Aufhebung des Verschmelzungsbeschlusses

48 Die (nur bis zum Zeitpunkt der externen Bindung, siehe Rz. 17, mögliche) Aufhebung des Verschmelzungsbeschlusses erfolgt ebenfalls durch **Beschluss**, für den die gleichen Mehrheiten gelten wie für den Verschmelzungsbeschluss[1]. Eine Beurkundung des Aufhebungsbeschlusses ist hingegen nicht erforderlich[2].

§ 14
Befristung und Ausschluss von Klagen gegen den Verschmelzungsbeschluss

(1) Eine Klage gegen die Wirksamkeit eines Verschmelzungsbeschlusses muss binnen eines Monats nach der Beschlussfassung erhoben werden.

(2) Eine Klage gegen die Wirksamkeit des Verschmelzungsbeschlusses eines übertragenden Rechtsträgers kann nicht darauf gestützt werden, dass das Umtauschverhältnis der Anteile zu niedrig bemessen ist oder dass die Mitgliedschaft bei dem übernehmenden Rechtsträger kein ausreichender Gegenwert für die Anteile oder die Mitgliedschaft bei dem übertragenden Rechtsträger ist.

1. Überblick 1	c) GmbH 10
2. Monatsfrist 2	d) OHG/KG 11
3. Erfasste Klagen	4. Verbesserung des Umtausch-
a) Allgemeines 6	verhältnisses 12
b) AG/KGaA 9	

Literatur: *Bayer*, Verschmelzung und Minderheitenschutz, WM 1989, 121; *Bork*, Beschlussverfahren und Beschlusskontrolle nach dem Referentenentwurf eines Gesetzes zur Bereinigung des Umwandlungsrechts, ZGR 1993, 343; *Boujong*, Rechtsmissbräuchliche Anfechtungsklagen vor dem Bundesgerichtshof, FS Kellermann, 1991, S. 1; *Decher*, Die

---

[1] Wie hier: *Stratz* in Schmitt/Hörtnagl/Stratz, § 7 UmwG Rz. 18; aA *Gehling* in Semler/Stengel, § 13 UmwG Rz. 66; *Drygala* in Lutter, § 4 UmwG Rz. 27; *Simon* in KölnKomm. UmwG, § 4 UmwG Rz. 25.

[2] *Drygala* in Lutter, § 4 UmwG Rz. 27; *Schroer* in Semler/Stengel, § 4 UmwG Rz. 33 und oben § 4 UmwG Rz. 18; so auch für Satzungsänderung *Priester* in Scholz, § 53 GmbHG Rz. 188; aA *Heckschen* in Widmann/Mayer, § 13 UmwG Rz. 230.3.

Information der Aktionäre über die Unternehmensbewertung bei Strukturmaßnahmen in der Hauptversammlungs- und Gerichtspraxis, FS Hoffmann-Becking, 2013, S. 295; *Fritzsche/Dreier*, Spruchverfahren und Anfechtungsklage im Aktienrecht: Vorrang oder Ausnahme des Anfechtungsausschlusses gemäß § 14 Abs. 2 UmwG?, BB 2002, 737; Handelsrechtsausschuss des DAV, Gesetzgebungsvorschlag zum Spruchverfahren bei Umwandlung und Sachkapitalerhöhung und zur Erfüllung des Ausgleichsanspruchs durch Aktien, NZG 2007, 497; *Henze*, Die „zweistufige" Konzernverschmelzung, AG 1993, 341; *Hoffmann-Becking*, Der materielle Gesellschafterschutz: Abfindung und Spruchverfahren, ZGR 1990, 482; *Hommelhoff*, Zur Kontrolle strukturverändernder Gesellschafterbeschlüsse, ZGR 1980, 447; *Martens*, Verschmelzung, Spruchverfahren und Anfechtungsklage in Fällen eines unrichtigen Umtauschverhältnisses, AG 2000, 301; *Mertens*, Die Gestaltung von Verschmelzungs- und Verschmelzungsprüfungsbericht, AG 1990, 20; *Möller*, Der aktienrechtliche Verschmelzungsbeschluss, 1991; *K. Schmidt*, Zur gesetzlichen Befristung der Nichtigkeitsklage gegen Verschmelzungs- und Umwandlungsbeschlüsse, DB 1995, 1849; *Schöne*, Die Klagefrist des § 14 Abs. 1 UmwG: Teils Rechtsfortschritt, teils „Aufforderung" zu sanktionslosen Geheimbeschlüssen?, DB 1995, 1317; *Timm*, Zur Bedeutung des „Hoesch-Urteils" für die Fortentwicklung des Konzern- und Verschmelzungsrechts, JZ 1982, 403; *Timm*, Einige Zweifelsfragen zum neuen Umwandlungsrecht, ZGR 1996, 247; *J. Vetter*, Ausweitung des Spruchverfahrens, ZHR 168 (2004), 8.

1. Überblick

Nach § 14 Abs. 1 UmwG können Klagen gegen die Wirksamkeit des Verschmelzungsbeschlusses, dh. des Beschlusses der Anteilsinhaber über die Zustimmung zum Verschmelzungsvertrag (vgl. §§ 13, 43, 50, 59, 65, 78, 84, 98, 103, 112 UmwG), nur innerhalb eines Monats nach der Beschlussfassung erhoben werden. Diese Frist gilt einheitlich für alle an einer Verschmelzung beteiligten Rechtsträger und unabhängig davon, ob es sich um den Verschmelzungsbeschluss eines übertragenden oder übernehmenden Rechtsträgers handelt.

2. Monatsfrist

Die Monatsfrist nach § 14 Abs. 1 UmwG ist der Klagefrist des § 246 Abs. 1 AktG für die aktienrechtliche Anfechtungsklage nachgebildet[1]. Wie diese ist die Monatsfrist nach § 14 Abs. 1 UmwG **zwingend**; sie kann weder im Gesellschaftsvertrag noch durch Vereinbarung der Prozessparteien verlängert werden[2]. Da die Monatsfrist – wie beim aktienrechtlichen Vorbild – materiell-rechtlichen Charakter hat, sind die Fristvorschriften der ZPO, die §§ 221 ff. ZPO, nicht anwendbar; insbesondere ist eine Wiedereinsetzung in den vorigen Stand (§§ 233 ff.

2

---

1 Vgl. Begr. RegE, BT-Drucks. 12/6699, S. 87.
2 *Decher* in Lutter, § 14 UmwG Rz. 8; *Gehling* in Semler/Stengel, § 14 UmwG Rz. 22; *Böttcher* in Böttcher/Habighorst/Schulte, § 14 UmwG Rz. 8.

ZPO), nicht möglich[1]. Als **Ausschlussfrist** unterliegt sie auch keiner Hemmung oder Unterbrechung nach §§ 203 ff. BGB[2]. Eine verspätete Klage ist nicht unzulässig, sondern unbegründet[3].

3 Die **Frist beginnt** nach dem Tag, an dem der Verschmelzungsbeschluss gefasst worden ist (§ 187 Abs. 1 BGB)[4]. Bei einer mehrtägigen Versammlung ist dies der Tag nach dem letzten Versammlungstag[5]. Das **Ende der Frist** ist nach § 188 Abs. 2 BGB zu bestimmen. Die Monatsfrist endet danach mit Ablauf desjenigen Tages des nächsten Monats, der durch seine Zahl dem Tag entspricht, an dem der Verschmelzungsbeschluss gefasst wurde. Fällt das Fristende auf einen Sonntag, Feiertag oder Sonnabend, läuft die Frist erst am nächsten Werktag ab (§ 193 BGB). Die Frist läuft für jeden Verschmelzungsbeschluss gesondert. Ist neben dem Verschmelzungsbeschluss noch die Zustimmung bestimmter Anteilsinhaber – einzelner oder Gruppen – erforderlich, ist dies für den Lauf der Frist ohne Bedeutung.

4 Die **Klagefrist** ist **gewahrt**, wenn die Klage spätestens am letzten Tag der Monatsfrist erhoben wurde. Erforderlich ist dazu gemäß § 253 Abs. 1 ZPO die **Zustellung** der Klageschrift mit dem Antrag auf Feststellung der Unwirksamkeit des Verschmelzungsbeschlusses[6]. Gemäß § 167 ZPO genügt die rechtzeitige Einreichung der Klageschrift bei Gericht, sofern die Zustellung demnächst erfolgt. Verzögerungen der Zustellung wegen unrichtiger Anschrift oder dergleichen gehen zu Lasten des Klägers[7]. Die Zustellung einer Klage gegen den übertragenden Rechtsträger kann auch noch nach Eintragung der Verschmelzung erfolgen[8]. Bei Klagen gegen eine AG oder KGaA ist die Doppelvertretung der Gesellschaft durch Vorstand und Aufsichtsrat zu beachten (§ 246 Abs. 2 AktG).

---

1 Vgl. zu § 246 Abs. 1 AktG *Hüffer/Koch*, § 246 AktG Rz. 20; LG München I v. 9.6.2005 – 5HK O 10136/03, DB 2005, 1731 (1732) = AG 2005, 623.
2 Vgl. BGH v. 27.10.1951 – II ZR 44/50, NJW 1952, 98; *Decher* in Lutter, § 14 UmwG Rz. 12; *Gehling* in Semler/Stengel, § 14 UmwG Rz. 26; *Simon* in KölnKomm. UmwG, § 14 UmwG Rz. 21; *Hüffer/Koch*, § 246 AktG Rz. 21.
3 Vgl. RGZ 123, 204 (207); OLG Frankfurt v. 13.12.1983 – 5 U 110/83, WM 1984, 209 (211); OLG Düsseldorf v. 27.8.2001 – 6 W 28/01, ZIP 2001, 1717 (1718) = AG 2002, 47; OLG Brandenburg v. 22.8.2006 – 7 W 54/06, BeckRS 2006, 19305; *Decher* in Lutter, § 14 UmwG Rz. 12; *Gehling* in Semler/Stengel, § 14 UmwG Rz. 26.
4 OLG Hamburg v. 16.4.2004 – 11 U 11/03, ZIP 2004, 906 (907) = AG 2004, 619; *Decher* in Lutter, § 14 UmwG Rz. 8; *Gehling* in Semler/Stengel, § 14 UmwG Rz. 23.
5 *Hüffer/Koch*, § 246 AktG Rz. 22; *Gehling* in Semler/Stengel, § 14 UmwG Rz. 23.
6 Vgl. LG Frankfurt v. 20.1.1992 – 3/1 O 169/91, AG 1992, 325.
7 Vgl. OLG Frankfurt v. 13.12.1983 – 5 U 110/83, WM 1984, 209 (211 f.).
8 OLG Hamburg v. 16.4.2004 – 11 U 11/03, ZIP 2004, 906 = AG 2004, 619; aA Vorinstanz LG Hamburg v. 7.1.2003 – 412 O 137/02, DB 2003, 930.

Zur rechtzeitigen Klageerhebung gehört, dass auch die **Klagegründe** innerhalb 5
der Frist des § 14 Abs. 1 UmwG in ihrem wesentlichen tatsächlichen Kern dargelegt werden; im Prozess erst nachgeschobene Gründe sind unbeachtlich[1].

3. Erfasste Klagen

a) Allgemeines

§ 14 Abs. 1 UmwG erfasst alle Klagen, die sich gegen die Wirksamkeit eines Ver- 6
schmelzungsbeschlusses richten[2]. Entscheidend ist damit das Ziel der Klage,
nämlich die **Feststellung der Unwirksamkeit des** angegriffenen **Verschmelzungsbeschlusses**. Dazu gehört nach Wortlaut und Begründung des Gesetzes
auch die allgemeine Feststellungsklage gemäß § 256 ZPO[3]. Allerdings muss die
Klage – wie auch alle anderen Klagen nach § 14 Abs. 1 UmwG – von einem Organ, einem Organmitglied oder einem Anteilsinhaber erhoben sein[4]. Feststellungsklagen außenstehender Dritter (zB Gläubiger) sind nicht erfasst[5].

Die **Gründe für** eine eventuelle **Unwirksamkeit** des Verschmelzungsbeschlusses 7
regelt das UmwG nicht; sie ergeben sich aus den für den jeweiligen Rechtsträger
geltenden Vorschriften. In Betracht kommen sowohl Verstöße gegen Vorschriften des jeweiligen Gesellschaftsvertrages (zB bestimmtes Mehrheitserfordernis)
wie auch Verletzungen des Gesetzes, wobei Verstöße gegen Generalklauseln (zB

---

1 *Decher* in Lutter, § 14 UmwG Rz. 11; *Gehling* in Semler/Stengel, § 14 UmwG Rz. 29; *Simon* in KölnKomm. UmwG, § 14 UmwG Rz. 23; LG München I v. 29.3.2007 – 5HK O 11176/06, WM 2007, 1276 (1280 f.) = AG 2007, 830; LG München v. 9.6.2005 – 5HK O 10136/03, DB 2005, 1731 (1732) = AG 2005, 623; OLG Düsseldorf v. 15.3.1999 – 17 W 18/99, ZIP 1999, 793 = AG 1999, 418; OLG Hamm v. 4.3.1999 – 8 W 11/99, ZIP 1999, 798 (803) = AG 1999, 422; OLG Stuttgart v. 13.3.2002 – 20 W 32/01, AG 2003, 456 (458); OLG Frankfurt v. 10.2.2003 – 5 W 33/02, ZIP 2003, 1654 (1657) = AG 2003, 573; so auch die st. Rspr. zur aktienrechtlichen Anfechtungsklage, vgl. zB BGH v. 17.11.1986 – II ZR 96/86, NJW 1987, 780; BGH v. 9.11.1992 – II ZR 230/91, NJW 1993, 400; BGH v. 26.9.1994 – II ZR 236/93, WM 1994, 2160 (2162) = AG 1995, 83; OLG Köln v. 12.3.1963 – 4 U 166/62, AG 1963, 162; LG Stuttgart v. 8.3.1994 – 4 KfH O 6/94, AG 1994, 567 (568); *Hüffer/Schäfer* in MünchKomm. AktG, 4. Aufl. 2016, § 246 AktG Rz. 44 ff.; *Henze/Born/Drescher*, Aktienrecht – Höchstrichterliche Rechtsprechung, 6. Aufl. 2015, Rz. 1560 ff.
2 *Decher* in Lutter, § 14 UmwG Rz. 6; *Gehling* in Semler/Stengel § 14 UmwG Rz. 22; *Simon* in KölnKomm. UmwG, § 14 UmwG Rz. 8.
3 Vgl. Begr. RegE, BT-Drucks. 12/6699, S. 87; *Decher* in Lutter, § 14 UmwG Rz. 6; *Simon* in KölnKomm. UmwG, § 14 UmwG Rz. 9; *Schöne*, DB 1995, 1317; aA *K. Schmidt*, DB 1995, 1849 (1850) und *K. Schmidt* in Großkomm. AktG, 4. Aufl. 1996, § 249 AktG Rz. 44; *Heckschen* in Widmann/Mayer, § 14 UmwG Rz. 30 f.
4 *Decher* in Lutter, § 14 UmwG Rz. 6.
5 *Decher* in Lutter, § 14 UmwG Rz. 7; *Simon* in KölnKomm. UmwG, § 14 UmwG Rz. 19; *Schöne*, DB 1995, 1317 (1321).

§ 138 Abs. 1 BGB, § 53a AktG) ebenso denkbar sind wie eine Verletzung von Einzelvorschriften (vgl. zB die Nichtigkeitsgründe nach § 241 AktG). Die Unwirksamkeit des Verschmelzungsbeschlusses kann sich auch daraus ergeben, dass die für die Mehrheit erforderlichen Stimmabgaben der Anteilsinhaber unwirksam sind (zB wegen Anfechtung gemäß § 119 BGB) oder die notwendige Zustimmung einzelner oder einer Gruppe von Anteilsinhaber(n) fehlt oder nachträglich wegfällt. Mit welcher Art von Klage und gegen wen solche Mängel ggf. geltend gemacht werden können, regelt ebenfalls das für den jeweiligen Rechtsträger geltende Recht (vgl. Rz. 9 ff.).

8 Von § 14 Abs. 1 UmwG **nicht erfasst** sind Klagen, die sich gegen **andere Beschlüsse** der Anteilsinhaber wenden, auch wenn diese mit der Verschmelzung in Zusammenhang stehen. Dies gilt insbesondere für den Kapitalerhöhungsbeschluss einer übernehmenden Kapitalgesellschaft[1] und zB Satzungsänderungen des übernehmenden Rechtsträgers als Folge der Verschmelzung. Nicht erfasst sind selbstverständlich auch Klagen gegen Beschlüsse über Strukturveränderungen, die zwar iE einer Verschmelzung gleichkommen, aber keine Verschmelzungsbeschlüsse iS von § 13 UmwG darstellen. Nicht erfasst sind ferner Klagen, die die Wirksamkeit eines Verschmelzungsbeschlusses nur mittelbar betreffen wie zB eine Klage auf Unterlassung der Verschmelzung oder den Erlass einer einstweiligen Verfügung[2].

b) AG/KGaA

9 § 14 Abs. 1 UmwG erfasst bei der AG/KGaA neben der **Anfechtungsklage** (§ 246 AktG) auch die **Nichtigkeitsklage** (§ 241 AktG). Die bei der Nichtigkeitsklage sonst geltenden längeren Fristen zur Geltendmachung der Nichtigkeit (vgl. § 242 AktG) sind bei Verschmelzungsbeschlüssen nicht anwendbar; § 14 Abs. 1 UmwG geht insoweit als lex specialis vor[3]. Soweit ein Nichtigkeitsgrund gemäß § 242 Abs. 2 AktG vorliegt, wird der Verschmelzungsbeschluss durch den Fristablauf nach § 14 Abs. 1 UmwG nicht geheilt. Eine Heilung tritt erst mit der Eintragung nach § 20 Abs. 1 Nr. 4 UmwG ein[4]. Nach Ablauf der Frist des § 14 Abs. 1 UmwG kann allerdings nicht mehr Beseitigung des Verschmelzungsbeschlusses, sondern allenfalls Schadensersatz verlangt werden[5] (§§ 25 ff.

---

1 Vgl. Begr. RegE, BT-Drucks. 12/6699, S. 87; *Schöne*, DB 1995, 1317; *Decher* in Lutter, § 14 UmwG Rz. 7; *Gehling* in Semler/Stengel, § 14 UmwG Rz. 22; *Simon* in KölnKomm. UmwG, § 14 UmwG Rz. 18.
2 *Decher* in Lutter, § 14 UmwG Rz. 7; *Simon* in KölnKomm. UmwG, § 14 UmwG Rz. 20.
3 KG v. 22.3.2005 – 1 W 263/04, FGPrax 2005, 175; *Stratz* in Schmitt/Hörtnagl/Stratz, § 14 UmwG Rz. 11; *Böttcher* in Böttcher/Habighorst/Schulte, § 14 UmwG Rz. 6; *K. Schmidt*, DB 1995, 1849 (1850); kritisch dazu *Bork*, ZGR 1993, 343 (355) und *Schöne*, DB 1995, 1317 (1319).
4 *Decher* in Lutter, § 14 UmwG Rz. 14.
5 *Decher* in Lutter, § 14 UmwG Rz. 13; *Heckschen* in Widmann/Mayer, § 14 UmwG Rz. 41.

UmwG). Etwas anderes lässt sich auch nicht aus der Treuepflicht (§ 242 BGB) herleiten[1]. Die Verweisung auf Schadensersatzansprüche gilt auch bei Einberufungsmängeln iS von § 241 Nr. 1 AktG. Die Befürchtung, dass die Verkürzung der Frist für die gerichtliche Geltendmachung auch solcher Mängel zu einer Überrumpelung von Minderheitsaktionären durch „geheime" Verschmelzungsbeschlüsse führen könnte[2], erscheint übertrieben. Die ordnungsgemäße Einberufung der Hauptversammlung, die den Verschmelzungsbeschluss gefasst hat, ist nach § 17 UmwG iVm. § 130 Abs. 5 AktG dem Registergericht nachzuweisen. Diese Kontrolle wird in der Regel ausreichen[3]. Bei bewusster Nichtladung kann außerdem damit geholfen werden, dass die Monatsfrist erst ab Kenntnis von der Beschlussfassung zu laufen beginnt[4]. § 14 Abs. 1 UmwG erfasst auch die **allgemeine Feststellungsklage** gemäß § 256 ZPO, mit der die Unwirksamkeit eines Verschmelzungsbeschlusses aus anderen Gründen geltend gemacht werden kann (vgl. dazu Rz. 6). Nach Versäumung der Frist ist auch die Geltendmachung von Beschlussmängeln im Registerverfahren ausgeschlossen[5]. Das Prüfungsrecht des Registerrichters bleibt davon aber unberührt[6].

c) GmbH

Ist der Verschmelzungsbeschluss einer GmbH mangelhaft, so gelten dafür die **aktienrechtlichen Vorschriften** über die Anfechtbarkeit und Nichtigkeit (§§ 241 ff. AktG) **entsprechend**, sofern nicht Besonderheiten der GmbH etwa Abweichendes erfordern[7]. Besonderheiten bestehen insbesondere bei der Anfechtungsfrist; für diese gilt nicht die starre Monatsfrist des § 246 Abs. 1 AktG, sondern eine von Fall zu Fall zu bestimmende angemessene Frist[8]. Für den speziellen Fall von Klagen gegen den Verschmelzungsbeschluss einer GmbH gilt allerdings die Mo-

10

---

1 AA *Schöne*, DB 1995, 1317 (1320 f.); *Böttcher* in Böttcher/Habighorst/Schulte, § 14 UmwG Rz. 10; offen gelassen von OLG Brandenburg v. 22.8.2006 – 7 W 54/06, Juris = BeckRS 2006, 19305.
2 Vgl. *Bork*, ZGR 1993, 343 (355).
3 *Schöne*, DB 1995, 1317 (1320).
4 OLG Brandenburg v. 22.8.2006 – 7 W 54/06, Juris = BeckRS 2006, 19305; *Simon* in KölnKomm. UmwG, § 14 UmwG Rz. 24; *Decher* in Lutter, § 14 UmwG Rz. 13.
5 KG v. 22.3.2005 – 1 W 263/04, FGPrax 2005, 175 (175 f.); zust. *Decher* in Lutter, § 14 UmwG Rz. 14.
6 *Gehling* in Semler/Stengel, § 14 UmwG Rz. 27; *Heckschen* in Widmann/Mayer, § 14 UmwG Rz. 30; *Simon* in KölnKomm. UmwG, § 14 UmwG Rz. 25; *Decher* in Lutter, § 14 UmwG Rz. 14.
7 Vgl. BGH v. 14.5.1990 – II ZR 126/89, DB 1990, 1456; KG v. 13.4.1995 – 2 U 582/94, GmbHR 1995, 735 f.; *Simon* in KölnKomm. UmwG, § 14 UmwG Rz. 13; *Stratz* in Schmitt/Hörtnagl/Stratz, § 14 UmwG Rz. 19; *Bayer* in Lutter/Hommelhoff, Anh. § 47 GmbHG Rz. 1 mwN.
8 Vgl. dazu *Nehls*, GmbHR 1995, 703 (704) mwN und OLG Hamm v. 26.2.2003 – 8 U 110/02, GmbHR 2003, 843.

natsfrist nach § 14 Abs. 1 UmwG. Dabei sind sowohl Anfechtungs- als auch Nichtigkeitsklagen erfasst[1]. Gleiches gilt, soweit eine solche in Betracht kommt, für die allgemeine Feststellungsklage gemäß § 256 ZPO (vgl. Rz. 6).

d) OHG/KG

11 Mangelhafte Gesellschafterbeschlüsse bei einer Personenhandelsgesellschaft sind grundsätzlich nichtig[2]. Die Geltendmachung eines Mangels erfolgt im Allgemeinen durch **Feststellungsklage** gegen die Mitgesellschafter. Dafür kann der Gesellschaftsvertrag eine Frist vorsehen, die allerdings die Monatsfrist des § 246 Abs. 1 AktG nicht unterschreiten darf[3]; im Übrigen gelten die Grundsätze der Verwirkung (§ 242 BGB). Wird der Mangel eines Verschmelzungsbeschlusses geltend gemacht, gilt dafür ausschließlich § 14 UmwG[4].

4. Verbesserung des Umtauschverhältnisses

12 Nach § 14 Abs. 2 UmwG kann die Klage gegen die Wirksamkeit des Verschmelzungsbeschlusses eines übertragenden Rechtsträgers nicht darauf gestützt werden, dass das Umtauschverhältnis zu niedrig bemessen ist oder dass die Mitgliedschaft bei dem übernehmenden Rechtsträger **kein ausreichender Gegenwert** für die Anteile oder die Mitgliedschaft bei dem übertragenden Rechtsträger ist. Dieser Ausschluss der Klage soll verhindern, dass die Registersperre gemäß § 16 Abs. 2 UmwG auch dann eingreift, wenn es lediglich um die Höhe der Gegenleistung geht. Der Schutz der Anteilsinhaber wird in solchen Fällen ausreichend dadurch gewahrt, dass sie von dem übernehmenden Rechtsträger einen Ausgleich durch bare Zuzahlung verlangen können (§ 15 Abs. 1 UmwG). Dieser Zahlungsanspruch ist in dem Spruchverfahren nach dem SpruchG (vgl. § 1 Nr. 4 SpruchG) geltend zu machen, ohne dass dadurch die Registersperre nach § 16 Abs. 2 UmwG ausgelöst wird. Verfassungsrechtliche Bedenken gegen die Regelung in § 14 Abs. 2 UmwG bestehen nicht[5]. Sie verstößt auch nicht gegen Art. 6 EMRK[6].

13 Eine **Klage** nach § 14 Abs. 1 UmwG, die gleichwohl auf die Behauptung gestützt wird, das Umtauschverhältnis bzw. die vorgesehene Gewährung von Anteilen an

---

1 *K. Schmidt*, DB 1995, 1849 (1851).
2 *Ulmer/Schäfer* in MünchKomm. BGB, 6. Aufl. 2013, § 709 BGB Rz. 104 ff.
3 BGH v. 13.2.1995 – II ZR 15/94, NJW 1995, 1218 f. = GmbHR 1995, 303.
4 *Decher* in Lutter, § 14 UmwG Rz. 6; *Simon* in KölnKomm. UmwG, § 14 UmwG Rz. 14; *Stratz* in Schmitt/Hörtnagl/Stratz, § 14 UmwG Rz. 24; aA *Heckschen* in Widmann/Mayer, § 14 UmwG Rz. 18 f.; *K. Schmidt*, DB 1995, 1849 f.
5 BVerfG v. 30.5.2007 – 1 BvR 1267/06, 1 BvR 1280/06, NJW 2007, 3266 (3268) = AG 2007, 697; *Decher* in Lutter, § 14 UmwG Rz. 15; *Gehling* in Semler/Stengel, § 14 UmwG Rz. 30.
6 *Decher* in Lutter, § 14 UmwG Rz. 15; aA *Meilicke/Heidel*, BB 2003, 1805 f.

dem übernehmenden Rechtsträger sei unzureichend, ist insoweit **unzulässig**[1]. Dies gilt auch dann, wenn das Umtauschverhältnis offensichtlich zu niedrig oder grob falsch ist, es in kollusivem Zusammenwirken der beteiligten Rechtsträger ermittelt wurde oder einen Sondervorteil für den übernehmenden Rechtsträger darstellt[2]. Der **Ausschluss** gilt sinngemäß **auch dann**, wenn die Klage auf ein **zu hohes Umtauschverhältnis** gestützt wird[3]. Diese Regeln zum Umtauschverhältnis gelten entsprechend bei der Frage, ob die Mitgliedschaft bei dem übernehmenden Rechtsträger einen ausreichenden Gegenwert darstellt.

Nicht ausgeschlossen ist eine Klage nach § 14 Abs. 1 UmwG, soweit sie auf **andere Gründe** als ein zu niedriges oder zu hohes Umtauschverhältnis oder einen nicht ausreichenden Gegenwert gestützt wird. Ein solcher anderer Grund liegt nach überkommener Auffassung auch vor, wenn die Klage zB damit begründet wird, das Umtauschverhältnis oder die vorgesehene Mitgliedschaft bei dem übernehmenden Rechtsträger seien im Verschmelzungsbericht (§ 8 UmwG) nicht hinreichend erläutert und begründet worden[4]. Der ausdrückliche Ausschluss auch einer solchen Begründung wäre allerdings wünschenswert gewesen[5]. Zu der entsprechenden Vorschrift beim Formwechsel (§ 210 UmwG) hat der BGH entschieden, dass die Verletzung von Informations-, Auskunfts- oder Berichtspflichten im Zusammenhang mit der gemäß § 207 UmwG anzubietenden Barabfindung ausschließlich im Spruchverfahren gemäß §§ 305 ff. (heute: SpruchG) gerügt werden kann[6]. Diese Rechtsprechung ist durch § 243 Abs. 4 Satz 2 AktG idF des UMAG für das Aktienrecht dahin verallgemeinert worden, dass fehlerhafte Informationen zur Bewertung, die in der Hauptversammlung erteilt werden, nur im Spruchverfahren geltend gemacht werden können. Davon

14

---

1 *Decher* in Lutter, § 14 UmwG Rz. 16; *Simon* in KölnKomm. UmwG, § 14 UmwG Rz. 44; aA *Gehling* in Semler/Stengel, § 14 UmwG Rz. 34: unbegründet.
2 *Decher* in Lutter, § 14 UmwG Rz. 16; *Simon* in KölnKomm. UmwG, § 14 UmwG Rz. 37; *Ihrig*, ZHR 160 (1996), 317 (332); zum Sondervorteil vgl. auch die amtl. Begr. zu § 352c AktG in BT-Drucks. 9/1065, S. 21; OLG Düsseldorf v. 15.3.1999 – 17 W 18/99, NZG 1999, 565 (566) = AG 1999, 418; aA für den Fall der Kollusion *Stratz* in Schmitt/Hörtnagl/Stratz, § 14 UmwG Rz. 37; *Heckschen* in Widmann/Mayer, § 14 UmwG Rz. 54; *Böttcher* in Böttcher/Habighorst/Schulte, § 14 UmwG Rz. 11 Fn. 25.
3 Vgl. *Decher* in Lutter, § 14 UmwG Rz. 16; *Simon* in KölnKomm. UmwG, § 14 UmwG Rz. 36; *Möller*, S. 155; LG Essen v. 8.2.1999 – 44 O 249/98, AG 1999, 329 (330).
4 *Decher* in Lutter, § 14 UmwG Rz. 17 sowie zum alten Recht BGH v. 22.5.1989 – II ZR 206/88, WM 1989, 1128 (1130) = AG 1989, 399; BGH v. 18.12.1989 – II ZR 254/88, WM 1990, 140 (142) = AG 1990, 259; OLG Karlsruhe v. 30.6.1989 – 15 U 76/88, WM 1989, 1134 (1136) = AG 1990, 35; *Bayer*, WM 1989, 121 (124); zu § 14 UmwG OLG Düsseldorf v. 15.3.1999 – 17 W 18/99, NZG 1999, 565 (568) = AG 1999, 418; offen gelassen von LG Essen v. 8.2.1999 – 44 O 249/98, AG 1999, 329 (331); aA OLG Hamm v. 20.6.1988 – 8 U 329/87, WM 1988, 1164 (1169) = AG 1989, 31.
5 Vgl. *Hommelhoff*, ZGR 1990, 447 (474); *Boujong* in FS Kellermann, 1990, S. 1 (14).
6 BGH v. 18.12.2000 – II ZR 1/99, ZIP 2001, 199 = AG 2001, 301; ebenso OLG Köln v. 6.10.2003 – 18 W 35/03, ZIP 2004, 760 (761) = AG 2004, 39 zu § 319 AktG.

wird allerdings die (gänzlich) verweigerte Information ausgenommen[1]. Verletzungen der vor und außerhalb der Hauptversammlung bestehenden Berichtspflichten sind ebenfalls nicht privilegiert. Fehlerhafte Informationen im Verschmelzungsbericht über die Höhe des Umtauschverhältnisses (§ 8 Abs. 1 Satz 1 UmwG) können daher die Anfechtbarkeit begründen, allerdings nur dann, wenn es sich um für die Stimmrechtsausübung wesentliche Informationen handelt (§ 243 Abs. 4 Satz 1 AktG)[2]. Das Wesentlichkeitserfordernis wird dabei überwiegend mit dem Kriterium der Relevanz des Informationspflichtverstoßes iS der BGH-Rechtsprechung gleichgesetzt[3]. Soweit es um die Höhe einer Abfindung nach § 29 UmwG geht, ist dagegen nach §§ 32, 34 Satz 2 UmwG die Anfechtbarkeit genauso ausgeschlossen wie nach §§ 210, 212 Satz 2 UmwG (vgl. § 8 UmwG Rz. 34)[4]. De lege ferenda wäre es wünschenswert, wenn alle Fälle der Information über Bewertungsfragen einheitlich behandelt würden[5].

15 § 14 Abs. 2 UmwG schränkt nur Klagen gegen den Verschmelzungsbeschluss eines übertragenden Rechtsträgers ein. Der **Verschmelzungsbeschluss des übernehmenden Rechtsträgers** kann dagegen auch mit der Begründung angegriffen werden, das Umtauschverhältnis oder die angebotene Mitgliedschaft sei unangemessen, insbesondere wertmäßig zu hoch. Eine analoge Anwendung von § 14 Abs. 2 UmwG ist insoweit nicht möglich[6]. Dies gilt bei der AG und KGaA auch dann, wenn die Hauptversammlung der übernehmenden Gesellschaft zur Durchführung der Verschmelzung eine **Kapitalerhöhung** beschlossen hat, diese aber nicht gemäß § 255 Abs. 2 Satz 1 AktG wegen unangemessen niedrigem Ausgabe- bzw. Mindestbetrag angefochten worden ist. Auch in diesem Falle kann eine Klage nach Abs. 1 auf die Unangemessenheit des Umtauschverhältnisses oder einen unzureichenden Gegenwert gestützt werden[7].

---

1 Begr. RegE UMAG, BT-Drucks. 15/5092, S. 26; *Hüffer/Koch*, § 243 AktG Rz. 47c.
2 Vgl. *Decher* in Lutter, § 14 UmwG Rz. 17; *Gehling* in Semler/Stengel, § 14 UmwG Rz. 33.
3 Vgl. zB *Hüffer/Koch*, § 243 AktG Rz. 46a f.; *Würthwein* in Spindler/Stilz, § 243 AktG Rz. 246; einschränkend *Göz* in Bürgers/Körber, § 243 AktG Rz. 8.
4 *Gehling* in Semler/Stengel, § 14 UmwG Rz. 81; *Simon* in KölnKomm. UmwG, § 14 UmwG Rz. 43; *Noack/Zetzsche*, ZHR 170 (2006), 218 (240); *Böttcher* in Böttcher/Habighorst/Schulte, § 14 UmwG Rz. 12.
5 *DAV-Handelsrechtsausschuss*, NZG 2005, 388 (392); *Decher* in FS Hoffmann-Becking, S. 295 (306).
6 Vgl. *Decher* in Lutter, § 14 UmwG Rz. 20; *Gehling* in Semler/Stengel, § 14 UmwG Rz. 17; *Heckschen* in Widmann/Mayer, § 14 UmwG Rz. 60 ff.; *J. Vetter*, ZHR 168 (2004), 8 (29); *van Aerssen*, AG 1999, 249 (254 f.); OLG Stuttgart v. 13.3.2002 – 20 W 32/01, AG 2003, 456 (457); zum alten Recht BGH v. 2.7.1990 – II ZB 1/90, WM 1990, 1372 (1375) = AG 1990, 538; *Grunewald* in G/H/E/K, 1994, § 352c AktG Rz. 8; *Henze*, AG 1993, 341 (346); *Kraft* in KölnKomm. AktG, 1985, § 352c AktG Rz. 2 f.; aA *Mertens*, AG 1990, 20 (23 f.); *Möller*, S. 257.
7 BGH v. 2.7.1990 – II ZB 1/90, BGHZ 112, 9 (19) = AG 1990, 538; *Grunewald* in G/H/E/K, 1994, § 352c AktG Rz. 9; *Kraft* in KölnKomm. AktG, 1985, § 352c AktG Rz. 7; aA OLG Hamm v. 20.6.1988 – 8 U 329/87, WM 1988, 1164 (1169) = AG 1989, 31; LG Frankfurt v.

Die **Beschränkung des Klageausschlusses** auf die Anteilsinhaber des übertragenden Rechtsträgers ist rechtspolitisch fragwürdig[1]. Überzeugender wäre es, wenn auch die Anteilsinhaber des übernehmenden Rechtsrägers für den Fall, dass das Umtauschverhältnis zu ihren Ungunsten unrichtig ist, im Spruchverfahren eine bare Zuzahlung verlangen könnten und insoweit auch für sie die Unwirksamkeitsklage ausgeschlossen wäre. Der Handelsrechtsausschuss des DAV hat zu einer entsprechenden **Ausdehnung des Spruchverfahrens** einen ausformulierten Gesetzesvorschlag erarbeitet[2]. Dass dieser Entwurf bislang nicht aufgegriffen wurde, mag daran liegen, dass die Gefahr einer Blockade der Verschmelzung durch die Erhebung einer auf Bewertungsrügen gestützten Unwirksamkeitsklage inzwischen deutlich gemindert ist. Nach der im Rahmen des ARUG[3] präzisierten Abwägungsklausel in § 16 Abs. 3 Satz 3 Nr. 3 UmwG ist ein Bewertungsfehler in der Regel kein besonders schwerer Rechtsverstoß und steht damit einer Freigabe nicht entgegen[4]. Das praktische Bedürfnis für einen Ausschluss der Unwirksamkeitsklage unter gleichzeitiger Eröffnung des Spruchverfahrens bei der übernehmenden Gesellschaft besteht daher nicht mehr in gleichem Maße wie früher. Stattdessen sollte das Spruchverfahren gemäß § 15 UmwG dahin verbessert werden, dass dem übernehmenden Rechtsträger ermöglicht wird, etwaige Zuzahlungsansprüche nicht in bar, sondern durch **Gewährung von Anteilen** zu erfüllen (siehe dazu § 15 UmwG Rz. 6). 16

§ 15
Verbesserung des Umtauschverhältnisses

(1) Ist das Umtauschverhältnis der Anteile zu niedrig bemessen oder ist die Mitgliedschaft bei dem übernehmenden Rechtsträger kein ausreichender Gegenwert für den Anteil oder die Mitgliedschaft bei einem übertragenden

---

15.1.1990 – 3/11 T 62/89, WM 1990, 592 (954 f.), wonach eine gleichzeitige Anfechtung des Kapitalerhöhungsbeschlusses erforderlich sein soll.

1 Vgl. *Gehling* in Semler/Stengel, § 14 UmwG Rz. 35; *Heckschen* in Widmann/Mayer, § 14 UmwG Rz. 49; *Simon* in KölnKomm. UmwG, § 14 UmwG Rz. 46; *Stratz* in Schmitt/Hörtnagl/Stratz, § 14 UmwG Rz. 31; BGH v. 29.1.2001 – II ZR 368/98, ZIP 2001, 412 (415) = AG 2001, 263; *Fritzsche/Dreier*, BB 2003, 737 ff.; *Martens*, AG 2000, 301 (305) unter verfassungsrechtlichen Gesichtspunkten; für eine Ausdehnung des § 14 Abs. 2 UmwG auf Verschmelzungsbeschlüsse des übernehmenden Rechtsträgers auch *Baums*, Empfiehlt sich eine Neuregelung der aktienrechtlichen Anfechtungs- und Organhaftungsrecht, insbesondere der Klagemöglichkeiten von Aktionären?, Verhandlungen des 63. DJT, 2000, F 130 ff.; *Handelsrechtsausschuss des DAV*, NZG 2000, 802 (803); *Lutter*, JZ 2000, 837 (839); Beschlussfassung E I 12c des 63. DJT, AG 2000, R439.
2 *Handelsrechtsausschuss des DAV*, NZG 2007, 497 (503).
3 Gesetz zur Umsetzung der Aktionärsrechterichtlinie v. 30.7.2009, BGBl. I 2009, S. 2479.
4 Vgl. *J. Vetter* in FS Uwe H. Schneider, 2011, S. 1371 (1377 ff.) zu § 246a AktG.

Rechtsträger, so kann jeder Anteilsinhaber dieses übertragenden Rechtsträgers, dessen Recht, gegen die Wirksamkeit des Verschmelzungsbeschlusses Klage zu erheben, nach § 14 Abs. 2 ausgeschlossen ist, von dem übernehmenden Rechtsträger einen Ausgleich durch bare Zuzahlung verlangen; die Zuzahlungen können den zehnten Teil des auf die gewährten Anteile entfallenden Betrags des Grund- oder Stammkapitals übersteigen. Die angemessene Zuzahlung wird auf Antrag durch das Gericht nach den Vorschriften des Spruchverfahrensgesetzes bestimmt.

(2) Die bare Zuzahlung ist nach Ablauf des Tages, an dem die Eintragung der Verschmelzung in das Register des Sitzes des übernehmenden Rechtsträgers nach § 19 Abs. 3 bekannt gemacht worden ist, mit jährlich 5 Prozentpunkten über dem jeweiligen Basiszinssatz nach § 247 des Bürgerlichen Gesetzbuchs zu verzinsen. Die Geltendmachung eines weiteren Schadens ist nicht ausgeschlossen.

1. Überblick	1	3. Spruchverfahren	8
2. Bare Zuzahlung	2	4. Verzinsung	9

Literatur: *van Aerssen*, Die Antragsbefugnis im Spruchstellenverfahren des Aktiengesetzes und im Spruchverfahren des Umwandlungsgesetzes, AG 1999, 249; *Bayer*, Fehlerhafte Bewertung: Aktien als Ausgleich bei Sachkapitalerhöhung und Verschmelzung?, ZHR 172 (2008), 24; *Friese-Dormann/Rothenfußer*, Selbstfinanzierungseffekt und Bagatellgrenze als Frage der Angemessenheit des Umtauschverhältnisses bei Verschmelzungen, AG 2008, 243; Handelsrechtsausschuss des DAV, Gesetzgebungsvorschlag zum Spruchverfahren bei Umwandlung und Sachkapitalerhöhung und zur Erfüllung des Ausgleichsanspruchs durch Aktien, NZG 2007, 497; *Hoffmann-Becking*, Der materielle Gesellschafterschutz: Abfindung und Spruchverfahren, ZGR 1980, 447; *Hoger*, Kapitalschutz als Durchsetzungsschranke umwandlungsrechtlicher Ausgleichsansprüche von Gesellschaftern, AG 2008, 149; *Knoll*, Gesetzliche Verzinsung von Spruchverfahrensansprüchen: Legislativer Wille und verfassungswidrige Wirklichkeit, BB 2004, 1727; *Krieger*, Spruchverfahren, in Lutter, Kölner Umwandlungsrechtstage, 1995, S. 275; *Maier-Reimer*, Verbesserung des Umtauschverhältnisses im Spruchverfahren, ZHR 164 (2000), 563; *Martens*, Verschmelzung, Spruchverfahren und Anfechtungsklage in Fällen eines unrichtigen Umtauschverhältnisses, AG 2000, 301; *zur Megede*, Verschmelzung von Aktiengesellschaften – Materielle Anspruchsberechtigung auf Erhalt einer baren Zuzahlung, BB 2007, 337; *Philipp*, Ist die Verschmelzung von Aktiengesellschaften nach dem neuen Umwandlungsrecht noch vertretbar?, AG 1998, 264; *Schulenberg*, Die Antragsberechtigung gemäß §§ 15, 305 ff. UmwG und die „Informationslast" des Antragstellers im Spruchverfahren, AG 1998, 74; *Tettinger*, Die Barzahlung gem. § 15 UmwG – Für mehr Gestaltungsfreiheit im Verschmelzungsrecht, NZG 2008, 93; *J. Vetter*, Ausweitung des Spruchverfahrens, ZHR 168 (2004), 8; *Wiesen*, Der materielle Gesellschafterschutz, Abfindung und Spruchverfahren, ZGR 1990, 503.

1. Überblick

Die Vorschrift schützt die Anteilsinhaber eines übertragenden Rechtsträgers vor einer Verwässerung ihrer Position, soweit ihr Recht, gegen die Wirksamkeit des Verschmelzungsbeschlusses Klage zu erheben, durch § 14 Abs. 2 UmwG ausgeschlossen ist. Der Schutz erfolgt in der Weise, dass bei zu niedrigem Umtauschverhältnis oder fehlender Gleichwertigkeit der Mitgliedschaft beim übernehmenden Rechtsträger ein Ausgleich durch bare Zuzahlungen gewährt wird. Dieser Anspruch ist im Spruchverfahren nach dem SpruchG geltend zu machen, dessen Durchführung dem Wirksamwerden der Verschmelzung – anders als eine Klage nach § 14 Abs. 1 UmwG – nicht im Wege steht (vgl. § 16 Abs. 2 UmwG).

2. Bare Zuzahlung

Ein Anspruch auf Barausgleich besteht dann, wenn das **Umtauschverhältnis** der Anteile **zu niedrig bemessen** ist oder die **Mitgliedschaft** bei dem übernehmenden Rechtsträger **keinen ausreichenden Gegenwert** darstellt. Die erste Alternative bezieht sich auf den Fall, dass die Verschmelzung gegen Anteilsgewährung erfolgt, während die zweite Alternative den Fall betrifft, dass als Gegenleistung die Mitgliedschaft beim übernehmenden Rechtsträger gewährt wird (vgl. § 5 Abs. 1 Nr. 3 UmwG). Dabei kommt es jeweils auf die Verhältnisse im **Zeitpunkt der Beschlussfassung** des übertragenden Rechtsträgers an[1]. Die Höhe der baren Zuzahlung ist, wie sich aus § 15 Abs. 1 Halbsatz 2 UmwG ergibt, nicht begrenzt. Beschränkungen können sich jedoch aus dem **Grundsatz der Kapitalerhaltung** ergeben (vgl. § 30 GmbHG, § 57 AktG). Bei der baren Zuzahlung geht es nämlich nicht nur um die Korrektur eines angemessenen Umtauschverhältnisses, sondern auch um den Schutz der Gläubiger vor künftigen Auszahlungen an die Gesellschafter; der Barausgleich ist deshalb nur aus frei verfügbarem Vermögen zulässig[2]. Im Falle einer Kollision mit den Kapitalerhaltungsvorschriften entsteht der Anspruch allerdings in voller Höhe; die Auszahlung ist nur solange ge-

---

[1] Vgl. *Baums* in FS Zöllner, 1999, S. 65 (76); *Heckschen* in Widmann/Mayer, § 15 UmwG Rz. 63; *Stratz* in Schmitt/Hörtnagl/Stratz, § 15 UmwG Rz. 21; LG Düsseldorf v. 16.12.1987 – 34 AktE 1/82, AG 1989, 138; LG Dortmund v. 1.7.1996 – 20 AktE 2/94, DB 1996, 2221 = AG 1996, 427; LG Dortmund v. 10.6.1997 – 20 AktE 1/94, DB 1997, 1915 = AG 1998, 142; BayObLG v. 18.12.2002 – 3Z BR 116/00, ZIP 2003, 253 (254) = AG 2003, 569.

[2] Vgl. *Ihrig*, GmbHR 1995, 622 (632f.) und *Ihrig*, ZHR 160 (1996), 317 (336); *Decher* in Lutter, § 15 UmwG Rz. 8; *Sagasser/Luke* in Sagasser/Bula/Brünger, § 26 Rz. 99; *J. Vetter*, ZHR 168 (2004), 8 (19f., 41f.); aA *Simon* in KölnKomm. UmwG, § 14 UmwG Rz. 14ff.; *Stratz* in Schmitt/Hörtnagl/Stratz, § 15 UmwG Rz. 29; *Böttcher* in Böttcher/Habighorst/Schulte, § 14 UmwG Rz. 8.

hemmt, wie kein freies Vermögen zur Verfügung steht[1]. Der Anspruch auf bare Zuzahlung führt daher nicht immer zu einer vollen Kompensation. Ob und in welchem Umfang das Umtauschverhältnis zu niedrig bemessen ist, lässt sich häufig nur aufgrund näherer Prüfungen und unter Einschaltung von Sachverständigen feststellen. Dabei können erhebliche **Wertungs- und Beurteilungsspielräume** bestehen. Deshalb werden nicht selten Ansprüche auf Barausgleich rein vorsorglich in der Hoffnung geltend gemacht, dass durch die Einschaltung anderer Sachverständiger als der Verschmelzungsprüfer ein günstigeres Umtauschverhältnis ermittelt wird. Da die übernehmende Gesellschaft die bare Zuzahlung zu erbringen hat, müssen die benachteiligten Gesellschafter den Ausgleich wirtschaftlich anteilig mittragen. Ein Anspruch auf Neutralisierung dieses sog. **Selbstfinanzierungseffektes** besteht nicht[2].

3 Der Anspruch auf bare Zuzahlung steht nur den (ehemaligen) **Anteilsinhabern** eines **übertragenden Rechtsträgers** zu. Dabei ist ausreichend, wenn der Antragsteller im Zeitpunkt der Antragstellung Aktionär ist (§ 3 Satz 2 SpruchG)[3]. Antragsberechtigt sind bei Namensaktien nur die im Aktienregister eingetragenen Aktionäre (§ 67 Abs. 2 Satz 1 AktG)[4]. Antragsbefugt sind auch Gesamtrechtsnachfolger; Einzelrechtsnachfolger sind dies dann, wenn sie mit dem Anteil auch den Anspruch auf bare Abfindung erworben haben[5]. Der Zuzahlungsanspruch besteht im Übrigen jedoch unabhängig von dem Anteil und kann ohne diesen gemäß §§ 413, 398 BGB **übertragen** werden[6]. Denn es handelt sich nicht um einen untrennbaren Teil des Mitgliedschaftsrechts, sondern um einen schuldrechtlichen Anspruch neben diesem[7]. Wird der Anteil veräußert, so geht der Anspruch auf bare Zuzahlung deshalb auch nicht automatisch, sondern nur bei entsprechendem Willen mit über[8]. Wird der Anspruch auf bare Zuzahlung während

---

1 *Decher* in Lutter, § 14 UmwG Rz. 8; *Gehling* in Semler/Stengel, § 15 UmwG Rz. 23b; *Bayer*, ZHR 172 (2008), 24 (33); *Hoger*, AG 2008, 149 (158 f.); *J. Vetter*, ZHR 168 (2004), 8 (42).
2 Siehe dazu *Friese-Dormann/Rothenfußer*, AG 2008, 243 (245 f.); zust. *Decher* in Lutter, § 15 UmwG Rz. 4 und *Stratz* in Schmitt/Hörtnagl/Stratz, § 14 UmwG Rz. 20.
3 *Mennicke* in Lutter, Anh. I SpruchG, § 3 Rz. 6; OLG München v. 26.7.2012 – 31 Wx 250/11, AG 2012, 749 (750).
4 KG Berlin v. 22.11.1999 – 2 W 7008/98, ZIP 2000, 498 (500) = AG 2000, 364.
5 *Krieger* in Lutter, Umwandlungsrechtstage, S. 275, 278 f.; *van Aerssen*, AG 1999, 249 (256); zu den erforderlichen Nachweisen siehe *Schulenberg*, AG 1998, 74 (82).
6 *Gehling* in Semler/Stengel, § 15 UmwG Rz. 10; *Simon* in KölnKomm. UmwG, § 14 UmwG Rz. 19 f.; *Stratz* in Schmitt/Hörtnagl/Stratz, § 15 UmwG Rz. 4; *Böttcher* in Böttcher/Habighorst/Schulte, § 15 UmwG Rz. 4; *Philipp*, AG 1998, 264 (266); aA *Schulenberg*, AG 1998, 74 (78); *zur Megede*, BB 2007, 337 (338 f.).
7 Vgl. BGH v. 8.5.2006 – II ZR 27/05, NJW 2006, 3146 = AG 2006, 543 (Jenoptik), zu § 305 AktG; OLG Düsseldorf v. 4.10.2006 – I-26 W 7/06 AktE, ZIP 2006, 2379 (2382 f.) zu § 327a AktG; wohl auch OLG München v. 14.5.2007 – 31 Wx 87/06, AG 2007, 701 (702).
8 *Bungert/Bednarz*, BB 2006, 1865 (1868); *Simon* in KölnKomm. UmwG, § 15 UmwG Rz. 21.

des Spruchverfahrens übertragen, gilt § 265 ZPO entsprechend[1]. Die **Anteilsinhaber** des **übernehmenden Rechtsträgers** können zwar den Verschmelzungsbeschluss ihres Rechtsträgers auch mit der Begründung angreifen, das Umtauschverhältnis sei unangemessen, insbesondere zu hoch bzw. die eingeräumte Mitgliedschaft zu wertvoll. Sie können für eine Überbewertung ihrerseits aber keinen Barausgleich verlangen[2] (vgl. dazu auch § 14 UmwG Rz. 15). Sie können dabei – über § 14 Abs. 1 UmwG – die Nichtigerklärung des Verschmelzungsbeschlusses oder – über § 16 Abs. 3 Satz 10 UmwG – den Ersatz ihres individuellen Schadens anstreben. Die unterschiedliche Regelung ist rechtspolitisch fragwürdig, aber nicht verfassungswidrig[3]. Um insoweit einen Gleichlauf zu erreichen, hat der Handelsrechtsausschuss des DAV einen Gesetzesvorschlag erarbeitet, der das Spruchverfahren auch für die Anteilsinhaber des übernehmenden Rechtsträgers eröffnen würde[4] (siehe dazu näher § 14 UmwG Rz. 16). Die Aussichten, dass dieser Vorschlag vom Gesetzgeber aufgegriffen wird, sind jedoch gering.

Eine bare Zuzahlung können nur die Anteilsinhaber verlangen, deren Recht, gegen die Wirksamkeit des Verschmelzungsbeschlusses **Klage** zu erheben, **nach § 14 Abs. 2 UmwG ausgeschlossen** ist. Darin liegt kein zusätzliches materielles Erfordernis, da die Gründe für den Ausschluss des Klagerechts nach § 14 Abs. 2 UmwG und für den Anspruch auf Barausgleich nach § 15 Abs. 1 Satz 1 Halbsatz 1 UmwG übereinstimmen. Die Bezugnahme auf § 14 Abs. 2 UmwG soll offenbar nur verdeutlichen, dass der Anspruch auf bare Zuzahlung an die Stelle der ausgeschlossenen Klagemöglichkeit tritt und diese ersetzt. Für die Überprüfung der Angemessenheit des Umtauschverhältnisses bzw. der Gleichwertigkeit der Mitgliedschaft beim übernehmenden Rechtsträger ist damit allein das Spruchverfahren nach dem SpruchG eröffnet, in dem der Anspruch auf Barausgleich geltend zu machen ist. Dies bedeutet umgekehrt, dass eine Klage gegen die Wirksamkeit des Verschmelzungsbeschlusses, die auf **andere Gründe**, wie zB die Unvollständigkeit des Verschmelzungsberichts gestützt wird, die gleichzeitige Geltendmachung einer baren Zuzahlung nicht ausschließt[5]. Allerdings geht der Anspruch auf Barausgleich davon aus, dass die Verschmelzung wirksam geworden ist. Solange dies nicht der Fall ist, zB weil die Eintragung der Verschmelzung gemäß §§ 14 Abs. 1, 16 Abs. 2 UmwG blockiert ist, ist auch ein eventueller Anspruch auf bare Zuzahlung noch nicht entstanden[6].

4

---

1 *Gehling* in Semler/Stengel, § 15 UmwG Rz. 15; *Klöcker* in K. Schmidt/Lutter, § 3 SpruchG Rz. 25.
2 *Decher* in Lutter, § 15 UmwG Rz. 2; *Gehling* in Semler/Stengel, § 15 UmwG Rz. 7.
3 So *Martens*, AG 2000, 301 (305).
4 *Handelsrechtsausschuss des DAV*, NZG 2007, 497 (503); dazu auch *Bayer*, ZHR 172 (2008), 24 ff.
5 *Gehling* in Semler/Stengel, § 15 UmwG Rz. 27.
6 *Schulenberg*, AG 1998, 74 (78); *Gehling* in Semler/Stengel, § 15 UmwG Rz. 13; aA *Böttcher* in Böttcher/Habighorst/Schulte, § 15 UmwG Rz. 6: Entstehung mit Verschmelzungsbeschluss.

5 Der Anspruch auf Barausgleich ist nicht – wie früher nach §§ 352c Abs. 2 Satz 1, 245 Nr. 1 AktG, § 31a KapErhG – davon abhängig, dass der **Anteilsinhaber** dem Verschmelzungsbeschluss **widersprochen** oder **dagegen gestimmt** hat[1]. Diese Erleichterung ist sachgerecht; die frühere Regelung hat häufig zu rein vorsorglichen Widersprüchen geführt[2]. Um solche vorsorglichen Widersprüche zu vermeiden, haben sich die übernehmenden AGs häufig gegenüber den Depotbanken und/oder im Verschmelzungsvertrag verpflichtet, eine vom Gericht etwa festgesetzte bare Zuzahlung auch den nicht am Spruchverfahren beteiligten Aktionären zu zahlen[3]. Solche Absprachen sind im Hinblick darauf, dass die Entscheidung im Spruchverfahren für und gegen alle wirkt (vgl. § 13 Satz 2 SpruchG), nicht mehr erforderlich. Ein Regelungsbedürfnis besteht allenfalls noch für den Fall, dass die übernehmende Gesellschaft oder ein mit ihr verbundenes Unternehmen außerhalb des Spruchverfahrens in zulässiger Weise freiwillig bare Zuzahlungen leistet. Solche Zahlungen sollten dann im Interesse der Gleichbehandlung auch allen anderen Anteilsinhabern zugesagt werden.

6 Der Anspruch ist auf bare Zuzahlungen und damit ausschließlich auf eine **Leistung von Geld** gerichtet. Ein anderer Ausgleich zB durch Gewährung bestimmter Rechte oder die Entlastung von bestimmten Pflichten kann nicht verlangt werden[4]. Auch ein Ausgleich durch Gewährung weiterer Anteile an dem übernehmenden Rechtsträger kann nicht verlangt werden[5]. Wird im Rahmen einer vergleichsweisen Regelung das Umtauschverhältnis oder die Mitgliedschaft bei dem übernehmenden Rechtsträger zu Gunsten einzelner Anteilsinhaber geändert, so liegt darin grundsätzlich eine Änderung des Verschmelzungsvertrages (vgl. § 5 Abs. 1 Nr. 3 UmwG), sofern nicht ein solcher Ausgleich freiwillig von dritter Seite, insbesondere anderen Anteilsinhabern (etwa dem Mehrheitsgesellschafter) erbracht wird. Zur förmlichen Änderung des Verschmelzungsvertrages siehe § 4 UmwG Rz. 17 f. Aus Sicht des übernehmenden Rechtsträgers kann die evtl. Verpflichtung zur Leistung barer Zuzahlungen ein erhebliches, im Einzelnen nur schwer abschätzbares Risiko darstellen[6]. Dieses Risiko wäre gemindert, wenn der Gesetzgeber den betroffenen Gesellschaften das Recht einräumen wür-

---

1 *Decher* in Lutter, § 15 UmwG Rz. 3; *Gehling* in Semler/Stengel, § 15 UmwG Rz. 12; *Stratz* in Schmitt/Hörtnagl/Stratz, § 15 UmwG Rz. 12; dagegen de lege ferenda *Tettinger*, NZG 2008, 93 (94 ff.) mit dem Vorschlag, einen Ausschluss der zustimmenden Anteilsinhaber vom Spruchverfahren im Verschmelzungsvertrag zuzulassen.
2 Vgl. auch die Kritik von *Hoffmann-Becking*, ZGR 1990, 482 (483 f.) und *Wiesen*, ZGR 1990, 503 f.
3 Vgl. dazu *Hoffmann-Becking* in FS Fleck, 1988, S. 105 (124).
4 *Gehling* in Semler/Stengel, § 15 UmwG Rz. 25; *Simon* in KölnKomm. UmwG, § 14 UmwG Rz. 18; *Stratz* in Schmitt/Hörtnagl/Stratz, § 15 UmwG Rz. 22.
5 KG v. 22.11.1999 – 2 W 7008/98, ZIP 2000, 498 (501) = AG 2000, 364; *Böttcher* in Böttcher/Habighorst/Schulte, § 15 UmwG Rz. 9; aA *Maier-Reimer*, ZHR 164 (2000), 563 ff.
6 *Philipp*, AG 1998, 264.

de, die Ausgleichszahlung ganz oder teilweise durch die **Gewährung von zusätzlichen Anteilen** zu ersetzen[1]. Die zur Leistung an Erfüllungs statt benötigten Aktien könnten, soweit nicht eigene Aktien oder Aktien Dritter verwendet werden, durch eine Kapitalerhöhung beschafft werden. Der unter Rz. 3 erwähnte Gesetzentwurf des Handelsrechtsausschusses des DAV sieht dazu eine Sachkapitalerhöhung der Gesellschaft vor[2].

Der Anspruch auf bare Zuzahlung richtet sich **gegen den übernehmenden Rechtsträger**, weil der übertragende Rechtsträger mit Wirksamwerden der Verschmelzung untergeht (§ 20 Abs. 1 Nr. 1 UmwG) und damit als Anspruchsgegner ausscheidet. Anspruchsgegner ist der übernehmende Rechtsträger aber auch dann, wenn die Verschmelzung, zB wegen anhängiger Klagen gemäß § 16 Abs. 2 UmwG noch nicht eingetragen ist, der übertragende Rechtsträger also noch besteht. Der Anspruch auf bare Zuzahlung ist in diesem Falle allerdings durch das Wirksamwerden der Verschmelzung aufschiebend bedingt (vgl. Rz. 4). 7

3. Spruchverfahren

Die angemessene Zuzahlung wird, wie § 15 Abs. 1 Satz 2 UmwG klarstellt, auf Antrag durch das Gericht nach den Vorschriften des Spruchverfahrensgesetzes bestimmt (vgl. auch § 1 Nr. 4 SpruchG). Das SpruchG regelt auch die weiteren Einzelheiten des Spruchverfahrens, insbesondere die Antragsberechtigung, die Anforderungen an den Antrag, die Verfahrensförderungspflicht der Beteiligten und die Wirkungen der Entscheidung. Zu der vom Gericht zu treffenden Feststellung, ob das Umtauschverhältnis unangemessen ist, ist weder eine vollständige Neubewertung noch stets die Einschaltung eines Sachverständigen oder eine Überprüfung aller Detailfragen erforderlich[3]. Mangels eines mathematisch exakt bestimmbaren Umtauschverhältnisses kann das Gericht nur eine Schätzung gemäß § 287 Abs. 2 ZPO vornehmen[4]. Dabei werden geringfügige Abweichungen von bis zu +/- 10 % vielfach nicht korrigiert[5]. Ist das Umtauschverhältnis Ergebnis von Verhandlungen, geht es um die Nachprüfung des Verhand- 8

---

1 Vgl. *Philipp*, AG 1998, 271; *Handelsrechtsausschuss des DAV*, NZG 2000, 802 (803); *Martens*, AG 2000, 301 (308); *Gehling* in Semler/Stengel, § 15 UmwG Rz. 26; *Maier-Reimer*, ZHR 164 (2000), 563 (574 ff.).
2 Vgl. *Handelsrechtsausschuss des DAV*, NZG 2007, 497 (500, 503); im Grundsatz zustimmend, allerdings für eine Kapitalerhöhung aus Gesellschaftsmitteln *Bayer*, ZHR 172 (2008), 24 (29 ff.).
3 OLG Stuttgart v. 8.3.2006 – 20 W 5/05, ZIP 2006, 764 = AG 2006, 420.
4 Vgl. zB OLG München v. 14.5.2007 – 31 Wx 87/06, AG 2007, 701 (702) zu § 15 UmwG; BayObLG v. 28.10.2005 – 3Z BR 71/00, NZG 2006, 156 = AG 2006, 41 zu §§ 304, 305 AktG.
5 Vgl. *Friese-Dormann/Rothenfußer*, AG 2008, 243 (247) mwN.

lungsergebnisses[1]. Bei der Überprüfung wird zumeist wie bei der Ermittlung des Umtauschverhältnisses durch die beteiligten Rechtsträger die Ertragswertmethode zugrunde gelegt (siehe dazu § 8 UmwG Rz. 13, 15 ff.). Bei börsennotierten Gesellschaften wird der Überprüfung zT auch das Verhältnis der Börsenkurse während einer bestimmten Referenzperiode zugrunde gelegt[2]. Ob der Börsenkurs der übernehmenden Gesellschaft als Obergrenze für deren Bewertung heranzuziehen ist, hat das BVerfG offen gelassen[3]. Es hat zugleich bestätigt, dass bei einem ineffizienten Kapitalmarkt vom Börsenkurs zugunsten einer Ermittlung des Unternehmenswertes nach der Ertragswertmethode auch ganz abgesehen werden kann.

4. Verzinsung

9 Die bare Zuzahlung ist gemäß § 15 Abs. 2 Satz 1 UmwG mit jährlich **5 Prozentpunkten über dem jeweiligen Basiszinssatz nach § 247 BGB** zu verzinsen[4]. Die Verzinsung beginnt mit der Bekanntmachung des Wirksamwerdens der Verschmelzung durch Eintragung in das Register des übernehmenden Rechtsträgers gemäß § 19 Abs. 3 UmwG. Durch die Verzinsung soll einer Verzögerung des Spruchverfahrens durch den betroffenen Rechtsträger entgegengewirkt werden[5]. Diese Begründung übersieht, dass die lange Dauer der Spruchverfahren nicht selten durch die Passivität der Gerichte und die Erstellung zusätzlicher Gutachten verursacht wird[6]. Mit dem Gesetz zur Umsetzung der Aktionärsrechterichtlinie (ARUG) ist der Zinssatz von 2 auf jährlich 5 Prozentpunkte über dem jeweiligen Basiszinssatz nach § 247 BGB erhöht werden[7]. Zur Begründung wird auf die allgemeine Regelung über Verzugs- und Prozesszinsen (§§ 288 Abs. 1 Satz 2, 291 Satz 2 BGB) verwiesen[8]. Im Spruchverfahren geht es jedoch nicht um säumige Zahlungen, sondern um die Bestimmung des angemessenen Ausgleichs. Um den Anteilsinhaber nicht ohne Grund doppelt zu begünstigen, ist die **Verzinsungspflicht** teleologisch **einzuschränken**, solange der Anteilsinhaber noch

---

1 OLG Stuttgart v. 8.3.2006 – 20 W 5/05, ZIP 2006, 764 = AG 2006, 420; LG Frankfurt v. 17.2.2009 – 3-5 O 57/06, ZIP 2009, 1322 (1325) = AG 2009, 749.
2 LG Frankfurt v. 17.2.2009 – 3-5 O 57/06, ZIP 2009, 1322 (1330) = AG 2009, 749; abl. OLG Stuttgart v. 6.7.2007 – 20 W 5/06, AG 2007, 705 (708 ff.).
3 BVerfG v. 20.12.2010 – 1 BvR 2323/07, WM 2011, 219 (220) = AG 2011, 128.
4 Vgl. dazu die Kritik von *Knoll*, BB 2004, 1727 ff. mit der Forderung nach einem Zinssatz, der eine alternative Kapitalanlage und damit eine seiner Ansicht nach verfassungsrechtlich gebotene Entschädigung reflektiert. Zur Übereinstimmung der bestehenden Regelungen mit Art. 14 Abs. 1 GG siehe BVerfG v. 30.5.2007 – 1 BvR 1267/06, 1 BvR 1280/06, NJW 2007, 3266 = AG 2007, 697.
5 Vgl. Begr. RegE, BT-Drucks. 12/6699, S. 88.
6 Zust. *Philipp*, AG 1998, 264 (270).
7 § 15 Abs. 2 Satz 1 UmwG idF des ARUG v. 30.7.2009, BGBl. I 2009, S. 2479 (2489).
8 Siehe Begr. RegE ARUG, BT-Drucks. 16/11642, S. 42 (zu § 305 Abs. 3 AktG) und 44.

seinen **Gewinnanteil** erhält. Die Verzinsungspflicht ruht dann in dem entsprechenden Umfang[1] (vgl. auch die Nachweise unter § 29 UmwG Rz. 22).

Nach § 15 Abs. 2 Satz 2 UmwG ist die Geltendmachung eines **weiteren Schadens** nicht ausgeschlossen. Dies entspricht der Regelung in § 288 Abs. 2 BGB. Ein weiter gehender Schadensersatzanspruch setzt Verzug des Schuldners voraus; er ist mit der allgemeinen Leistungsklage geltend zu machen[2]. 10

§ 16
Anmeldung der Verschmelzung

(1) Die Vertretungsorgane jedes der an der Verschmelzung beteiligten Rechtsträger haben die Verschmelzung zur Eintragung in das Register (Handelsregister, Partnerschaftsregister, Genossenschaftsregister oder Vereinsregister) des Sitzes ihres Rechtsträgers anzumelden. Das Vertretungsorgan des übernehmenden Rechtsträgers ist berechtigt, die Verschmelzung auch zur Eintragung in das Register des Sitzes jedes der übertragenden Rechtsträger anzumelden.

(2) Bei der Anmeldung haben die Vertretungsorgane zu erklären, dass eine Klage gegen die Wirksamkeit eines Verschmelzungsbeschlusses nicht oder nicht fristgemäß erhoben oder eine solche Klage rechtskräftig abgewiesen oder zurückgenommen worden ist; hierüber haben die Vertretungsorgane dem Registergericht auch nach der Anmeldung Mitteilung zu machen. Liegt die Erklärung nicht vor, so darf die Verschmelzung nicht eingetragen werden, es sei denn, dass die klageberechtigten Anteilsinhaber durch notariell beurkundete Verzichtserklärung auf die Klage gegen die Wirksamkeit des Verschmelzungsbeschlusses verzichten.

(3) Der Erklärung nach Absatz 2 Satz 1 steht es gleich, wenn nach Erhebung einer Klage gegen die Wirksamkeit eines Verschmelzungsbeschlusses das Gericht auf Antrag des Rechtsträgers, gegen dessen Verschmelzungsbeschluss sich die Klage richtet, durch Beschluss festgestellt hat, dass die Erhebung der Klage der Eintragung nicht entgegensteht. Auf das Verfahren sind § 247 des

---

1 Vgl. BayObLG v. 31.5.1995 – 3Z BR 67/89, WM 1995, 1580 (1585) = GmbHR 1995, 662 und BayObLG v. 19.10.1995 – 3Z BR 17/90, AG 1996, 127 (131), jeweils zu § 305 Abs. 3 Satz 1 AktG; *Liebscher*, AG 1996, 455 (457 ff.) zu §§ 30 Abs. 1 Satz 2, 208 UmwG; aA *Gehling* in Semler/Stengel, § 15 UmwG Rz. 29; *Simon* in KölnKomm. UmwG, § 15 UmwG Rz. 38; *Stratz* in Schmitt/Hörtnagl/Stratz, § 15 UmwG Rz. 34; *Böttcher* in Böttcher/Habighorst/Schulte, § 15 UmwG Rz. 19.
2 OLG Düsseldorf v. 20.10.2005 – 19 W 11/04, NJW-RR 2006, 541 (542) = AG 2006, 287; *Decher* in Lutter, § 15 UmwG Rz. 11; *Gehling* in Semler/Stengel, § 15 UmwG Rz. 30; *Simon* in KölnKomm. UmwG, § 15 UmwG Rz. 39.

Aktiengesetzes, die §§ 82, 83 Abs. 1 und § 84 der Zivilprozessordnung sowie die im ersten Rechtszug für das Verfahren vor den Landgerichten geltenden Vorschriften der Zivilprozessordnung entsprechend anzuwenden, soweit nichts Abweichendes bestimmt ist. Der Beschluss nach Satz 1 ergeht, wenn

1. die Klage unzulässig oder offensichtlich unbegründet ist oder
2. der Kläger nicht binnen einer Woche nach Zustellung des Antrags durch Urkunden nachgewiesen hat, dass er seit Bekanntmachung der Einberufung einen anteiligen Betrag von mindestens 1 000 Euro hält oder
3. das alsbaldige Wirksamwerden der Verschmelzung vorrangig erscheint, weil die vom Antragsteller dargelegten wesentlichen Nachteile für die an der Verschmelzung beteiligten Rechtsträger und ihre Anteilsinhaber nach freier Überzeugung des Gerichts die Nachteile für den Antragsgegner überwiegen, es sei denn, es liegt eine besondere Schwere des Rechtsverstoßes vor.

Der Beschluss kann in dringenden Fällen ohne mündliche Verhandlung ergehen. Der Beschluss soll spätestens drei Monate nach Antragstellung ergehen; Verzögerungen der Entscheidung sind durch unanfechtbaren Beschluss zu begründen. Die vorgebrachten Tatsachen, auf Grund derer der Beschluss nach Satz 3 ergehen kann, sind glaubhaft zu machen. Über den Antrag entscheidet ein Senat des Oberlandesgerichts, in dessen Bezirk die Gesellschaft ihren Sitz hat. Eine Übertragung auf den Einzelrichter ist ausgeschlossen; einer Güteverhandlung bedarf es nicht. Der Beschluss ist unanfechtbar. Erweist sich die Klage als begründet, so ist der Rechtsträger, der den Beschluss erwirkt hat, verpflichtet, dem Antragsgegner den Schaden zu ersetzen, der ihm aus einer auf dem Beschluss beruhenden Eintragung der Verschmelzung entstanden ist; als Ersatz des Schadens kann nicht die Beseitigung der Wirkungen der Eintragung der Verschmelzung im Register des Sitzes des übernehmenden Rechtsträgers verlangt werden.

1. Überblick *(Norbert Zimmermann)* 1	b) Zeitpunkt 25
2. Anmeldung (§ 16 Abs. 1 UmwG) *(Norbert Zimmermann)*	c) Fehlen der Negativerklärung .. 27
	d) Klageverzicht 29
a) Zuständiges Registergericht ... 2	4. Unbedenklichkeitsverfahren (§ 16 Abs. 3 UmwG) *(Marsch-Barner)*
b) Anmeldepflichtige Personen .. 3	a) Übersicht 32
c) Pflicht zur Anmeldung 6	b) Bindung des Registerrichters .. 33
d) Form, Zeitpunkt, Wirksamkeit . 7	c) Formelle Voraussetzungen ... 36
e) Inhalt 12	d) Sachliche Voraussetzungen ... 39
f) Beizufügende Unterlagen 19	e) Verfahrensfragen 47
g) Rechtsmittel 20	f) Schadensersatzpflicht 51
h) Kosten 21	g) Analoge Anwendung 55
3. Negativerklärung (§ 16 Abs. 2 UmwG) *(Marsch-Barner)*	
a) Inhalt 22	

Anmeldung der Verschmelzung | § 16

Literatur: *Bandehzadeh*, Zur Zulässigkeit gesellschaftsrechtlicher Handelsregistervollmachten bei Personenhandelsgesellschaften, DB 2003, 1663; *Baums*, Empfiehlt sich eine Neuregelung des aktienrechtlichen Anfechtungs- und Organhaftungsrechts, insbesondere der Klagemöglichkeiten von Aktionären?, 2000; *Baums/Keinath/Gajek*, Fortschritte bei Klagen gegen Hauptversammlungsbeschlüsse? Eine empirische Studie, ZIP 2007, 1629; *Baums/Drinhausen*, Weitere Reform des Rechts der Anfechtung von Hauptversammlungsbeschlüssen, ZIP 2008, 145; *Baums/Drinhausen/Keinath*, Anfechtungsklagen und Freigabeverfahren. Eine empirische Studie, ZIP 2011, 2329; *Bayer*, Kein Abschied vom Minderheitenschutz durch Information, ZGR 1995, 613; *Bayer/Hoffmann/Sawada*, Beschlussmängelklagen, Freigabeverfahren und Berufskläger – Ergebnisse einer im Auftrag des BMJ erstellten empirischen Studie und Überlegungen de lege ferenda, ZIP 2012, 897; *Bokelmann*, Eintragung eines Beschlusses: Prüfungskompetenz des Registerrichters bei Nichtanfechtung, rechtsmissbräuchlicher Anfechtungsklage und bei Verschmelzung, DB 1994, 1341; *Bork*, Beschlussverfahren und Beschlusskontrolle nach dem Referentenentwurf eines Gesetzes zur Bereinigung des Umwandlungsrechts, ZGR 1993, 343; *Büchel*, Voreilige Eintragung von Verschmelzung oder Formwechsel und die Folgen, ZIP 2006, 2289; *Büchel*, Vom Unbedenklichkeitsverfahren nach §§ 16 Abs. 3 UmwG, 319 Abs. 6 AktG zum Freigabeverfahren nach dem UmwG, Liber Amicorum Happ, 2006, S. 1; *Decher*, Die Überwindung der Registersperre nach § 16 Abs. 3 UmwG, AG 1997, 388; *Fuhrmann/Linnerz*, Das überwiegende Vollzugsinteresse in aktien- und umwandlungsrechtlichen Freigabeverfahren, ZIP 2004, 2306; *Goette*, Zu den Folgen der Eintragung eines Squeeze-out-Beschlusses vor Ablauf der Eintragungsfrist, FS K. Schmidt, 2009, S. 469; *Handelsrechtsausschuss des DAV*, Stellungnahme zum Referentenentwurf eines Gesetzes zur Umsetzung der Aktionärsrechte-Richtlinie (ARUG), NZG 2008, 534; *Habersack*, Zur Reichweite des umwandlungsrechtlichen Freigabeverfahrens beim Formwechsel, dargestellt am Beispiel der Umwandlung von stimmrechtslosen Anteilen in Stimmrechte verkörpernde Anteile, Liber Amicorum M. Winter, 2011, S. 179; *Heermann*, Auswirkungen einer Behebbarkeit oder nachträglichen Korrektur von gerügten Verfahrensmängeln auf das Unbedenklichkeitsverfahren nach § 16 Abs. 3 UmwG, ZIP 1999, 1861; *Hirte*, Die Behandlung unbegründeter oder missbräuchlicher Gesellschafterklagen im Referentenentwurf eines Umwandlungsgesetzes, DB 1993, 77; *Hofmeister*, Der verschmelzungsrechtliche Squeeze-Out: wichtige Aspekte und Besonderheiten der Verschmelzung, NZG 2012, 688; *Hommelhoff*, Zur Kontrolle strukturändernder Gesellschafterbeschlüsse, ZGR 1990, 447; *Hommelhoff*, Minderheitenschutz bei Umstrukturierungen, ZGR 1993, 452; *Hommelhoff*, Ungleiche Devestition – Bemerkungen zu einem verschmelzungsrechtlichen Freigabebeschluss, AG 2012, 194; *Ising*, Handelsregisteranmeldungen durch den beurkundenden Notar, NZG 2012, 289; *Jaeger*, Die Registersperre im neuen Verschmelzungsrecht, RdW 1996, 157; *Kiefner/Brügel*, Der umwandlungsrechtliche Squeeze-out, AG 2011, 525; *Kiem*, Die Eintragung der angefochtenen Verschmelzung, 1991; *Kiem*, Das neue Umwandlungsrecht und die Vermeidung „räuberischer" Anfechtungsklagen, AG 1992, 430; *Kort*, Pflichten und Obliegenheiten bei spät erhobener Anfechtungsklage gegen einen Umwandlungsbeschluss (§§ 16, 20 UmwG), NZG 2010, 893; *Kösters*, Das Unbedenklichkeitsverfahren nach § 16 Abs. 3 UmwG, WM 2000, 1921; *Kösters*, Umwandlungsrecht – Rückschau und Entwicklungstendenzen nach drei Jahren Praxis, in Hommelhoff/Röhricht (Hrsg.), Gesellschaftsrecht, 1997, S. 105; *Krafka*, Registerrechtliche Neuerungen durch das FamFG, NZG 2009, 650; *Lorenz/Pospiech*, Ein Jahr Freigabeverfahren nach dem ARUG – Zeit für einen Blick auf Entscheidungen, Entwicklungstrends und ungeklärte Rechtsfragen, BB 2010, 2515; *Lüke*, Das Verhältnis von Auskunfts-, Anfechtungs- und Registerverfahren im Aktienrecht, ZGR 1990, 657; *Lüttge/Baßler*, Neues zur gerichtlichen Freigabe angefochtener Verschmelzungen, Der Konzern 2005, 341; *Marsch-Barner*, Abschaffung von stimmrechtslosen Vorzugsaktien nach den Regeln des AktG oder des UmwG, Liber Amicorum M. Winter, 2011, S. 467; *Martens*, Kontinuität und Diskontinuität im Verschmelzungsrecht der Aktiengesellschaft, AG 1986, 57; *Martens*, Verschmelzung, Spruchverfahren und Anfechtungsklage in Fällen eines unrichtigen Umtauschverhältnisses, AG 2000, 301; *Mayer*, Praxisfragen des verschmelzungsrechtlichen Squeeze-out-Verfahrens, NZG 2012, 561; *Mayer*, Zweifelsfragen bei der Durchführung von Mehrfach- und Kettenumwandlungen, FS Spiegelberger, 2009, S. 833; *Merkner/Sustmann*, Update: Freigabeverfahren nach gut eineinhalb Jahren ARUG, CFL 2011, 65; *Noack*, Das Freigabeverfahren bei Umwandlungsbeschlüssen – Bewährung und Modell, ZHR 164 (2000), 274; *Noack*, ARUG: das nächste Stück der Aktienrechtsreform in Permanenz, NZG 2008, 441; *Paschos/Goslar*, Der Regierungsentwurf des Gesetzes zur Umsetzung der Aktionärsrechterichtlinie (ARUG), AG 2009, 14; *Rettmann*, Die Rechtmäßigkeitskontrolle von Verschmelzungsbeschlüssen, 1998; *Rieckers*, Einfluss angefochtener Bestätigungsbeschlüsse auf anhängige und abgeschlossene Unbedenklichkeitsverfahren, DB 2005, 1348; *Riegger/Schockenhoff*, Das Unbedenklichkeitsverfahren zur Eintragung der Umwandlung ins Handelsregister, ZIP 1997, 2105; *Schall/Habbe/Wiegand*, Anfechtungsmissbrauch – Gibt es einen überzeugenderen Ansatz als das ARUG?, NJW 2010, 1789; *Schaub*, Stellvertretung bei Handelsregisteranmeldungen, MittBayNot 1999, 539; *Scheel*, Befristete und bedingte Handelsregistereintragungen bei Umstrukturierungen von Kapitalgesellschaften, DB 2004, 2355; *Schmid*, Das umwandlungsrechtliche Unbedenklichkeitsverfahren und die Reversibilität registrierter Verschmelzungsbeschlüsse, ZGR 1997, 493; *Schmid*, Einstweiliger Rechtsschutz von Kapitalgesellschaften gegen die Blockade von Strukturentscheidungen durch Anfechtungsklagen, ZIP 1998, 1057; *Seibert*, Der Referentenentwurf eines Gesetzes zur Umsetzung der Aktionärsrechterichtlinie (ARUG), ZIP 2008, 906; *Seibert/Florstedt*, Der Regierungsentwurf des ARUG – Inhalt und wesentliche Änderungen gegenüber dem Referentenentwurf, ZIP 2008, 2145; *Sosnitza*, Das Unbedenklichkeitsverfahren nach § 16 III UmwG, NZG 1999, 965; *Timm*, Einige Zweifelsfragen zum neuen Umwandlungsrecht, ZGR 1996, 247; *Veil*, Die Registersperre bei der Umwandlung einer AG in eine GmbH, ZIP 1996, 1065; *J. Vetter*, Modifikation der aktienrechtlichen Anfechtungsklage, AG 2008, 177; *Waclawik*, Das ARUG und die klagefreudigen Aktionäre: Licht am Ende des Tunnels?, ZIP 2008, 1141; *Weiler*, Fehlerkorrektur im Umwandlungsrecht nach Ablauf der Acht-Monats-Frist des § 17 Abs. 2 Satz 4 UmwG, MittBayNot 2006, 377; *Weiler*, Heilung einer verfristeten Umwandlung durch Änderung des Umwandlungsstichtages, DNotZ 2007, 888; *Wilsing/Saß*, Die Rechtsprechung zum Freigabeverfahren seit Inkrafttreten des ARUG, DB 2011, 919; *Zöllner*, Empfehlen sich Erweiterungen oder Beschränkungen der Vorschriften über Kontrollrechte des einzelnen Aktionärs?, ZGR Sonderheft 12, 1994, 147.

1. Überblick *(Norbert Zimmermann)*

1 Die Vorschrift regelt die Anmeldung der Verschmelzung zur Eintragung in die für die beteiligten Rechtsträger zuständigen Register (§ 16 Abs. 1 UmwG). Sie gilt auch für die grenzüberschreitende Verschmelzung. Dabei ist zu erklären, dass keine Klage gegen die Wirksamkeit eines Verschmelzungsbeschlusses schwebt (§ 16 Abs. 2 Satz 1 UmwG). Kann diese sog. Negativerklärung nicht ab-

gegeben werden, ist die Verschmelzung zwar anmeldereif, darf aber noch nicht eingetragen werden (§ 16 Abs. 2 Satz 2 UmwG). Während der Anhängigkeit einer Unwirksamkeitsklage kann die Verschmelzung ausnahmsweise nach § 16 Abs. 3 UmwG aufgrund eines Unbedenklichkeitsbeschlusses des Oberlandesgerichts („Freigabeverfahren") eingetragen werden.

2. Anmeldung (§ 16 Abs. 1 UmwG) *(Norbert Zimmermann)*

a) Zuständiges Registergericht

Jeder Rechtsträger hat die Verschmelzung bei dem für seinen (Satzungs-)Sitz zuständigen Register zur Eintragung anzumelden, auch dann, wenn gleichzeitig eine Sitzverlegung angemeldet wird; bei (eher seltenem) Doppelsitz bei beiden Registern[1]. Bei Verschmelzung auf einen nicht eingetragenen Alleingesellschafter/-aktionär kann die Anmeldung nur beim übertragenden Rechtsträger erfolgen (§ 122 Abs. 2 UmwG). Erfolgt die Anmeldung beim unzuständigen Gericht, hat dieses die Sache von Amts wegen an das zuständige Gericht abzugeben. Die Frist des § 17 Abs. 2 Satz 4 UmwG ist mit Eingang beim unzuständigen Gericht gewahrt[2], wenn es die Anmeldung an das zuständige Gericht weiterleitet und nicht zurückweist[3].

b) Anmeldepflichtige Personen

Die Anmeldung hat durch das **Vertretungsorgan jedes beteiligten Rechtsträgers** zu erfolgen. Das Vertretungsorgan des übernehmenden Rechtsträgers ist zur Verfahrensbeschleunigung[4] berechtigt, die Verschmelzung auch bei dem Registergericht des übertragenden Rechtsträgers anzumelden (§ 16 Abs. 1 Satz 2 UmwG). Um Rückfragen durch das Registergericht zu vermeiden, sollte dies in der Anmeldung deutlich gemacht werden[5]. Wird die Anmeldung zum Register des übertragenden Rechtsträgers mit der Anmeldung des verschmelzungsrecht-

---

1 *Schwanna* in Semler/Stengel, § 16 UmwG Rz. 8; *Heidinger* in Henssler/Strohn, § 16 UmwG Rz. 9; *Simon* in KölnKomm. UmwG, § 16 UmwG Rz. 7. Zur Zuständigkeit bei Verschmelzung mit gleichzeitiger Sitzverlegung siehe OLG Hamm v. 1.8.1994 – 15 Sbd 37/94, FGPrax 1995, 43 f. = GmbHR 1994, 715; OLG Oldenburg v. 11.12.1996 – 5 AR 26/96, GmbHR 1997, 657.
2 *Decher* in Lutter, § 17 UmwG Rz. 17; *Heidinger* in Henssler/Strohn, § 16 UmwG Rz. 10. Zur gerichtlichen Zuständigkeit bei Anmeldung von Kapitalerhöhung zur Durchführung der Verschmelzung und gleichzeitiger Sitzverlegung siehe OLG Frankfurt/M. v. 14.10. 2004 – 20 W 418/04, RNotZ 2005, 369 mwN.
3 *Heidinger* in Henssler/Strohn, § 17 UmwG Rz. 23.
4 *Decher* in Lutter, § 16 UmwG Rz. 9.
5 Zur Beschaffung der für diese Anmeldung erforderlichen Unterlagen siehe § 4 UmwG Rz. 19.

lichen Squeeze-out (§ 62 Abs. 5 UmwG, § 327e AktG) verbunden, soll die Anmeldebefugnis der Organe des übernehmenden Rechtsträgers entfallen[1]. Die Vertretungsorgane des übertragenden Rechtsträgers hingegen haben keine entsprechende Anmeldebefugnis beim übernehmenden Rechtsträger.

4 Es genügt die Anmeldung durch das Vertretungsorgan **in vertretungsberechtigter Zahl**[2]. Dies gilt entgegen § 108 Abs. 1 HGB, wonach alle Gesellschafter anmelden müssen, auch für OHG, KG[3] und in Abweichung von § 4 Abs. 1 PartGG auch für die Partnerschaftsgesellschaft[4]. Unechte Gesamtvertretung (ein Vertretungsorgan vertritt gemeinschaftlich mit einem Prokuristen, außer bei der Partnerschaftsgesellschaft) ist möglich, soweit im Gesellschaftsvertrag/Satzung vorgesehen[5]. Ansonsten können Prokuristen nicht (mit-)anmelden. Die Anmeldung kann auch aufgrund einer vom Vertretungsorgan erteilten **Vollmacht** erfolgen (zur Form siehe Rz. 7), es sei denn, sie enthält höchstpersönliche oder Wissenserklärungen. Auch der die Verschmelzung beurkundende Notar ist anmeldeberechtigt (§ 378 FamFG)[6].

5 Wird mit der Anmeldung der Verschmelzung zugleich die **Kapitalerhöhung** bei der übernehmenden (Kapital-)Gesellschaft angemeldet (vgl. §§ 55, 69 UmwG), haben bei der GmbH alle Geschäftsführer anzumelden (§ 55 UmwG; § 78 GmbHG), bei der AG, KGaA, SE neben dem Vorstand/persönlich haftenden Gesellschafter (in vertretungsberechtigter Zahl) zusätzlich der Vorsitzende des Aufsichtsrats (§ 69 UmwG; § 188 Abs. 1 AktG)[7].

c) Pflicht zur Anmeldung

6 Liegen sämtliche Voraussetzungen für die Wirksamkeit des Verschmelzungsvertrages vor, sind die Vertretungsorgane verpflichtet anzumelden, anderenfalls machen sie sich gegenüber ihrer Gesellschaft und deren Gesellschaftern sowie den übrigen beteiligten Gesellschaften und deren Gesellschaftern schadens-

---

1 *Mayer*, NZG 2012, 561 (574). Jedenfalls erstreckt sich die Befugnis nicht auf die Anmeldung des Übertragungsbeschlusses.
2 *Schwanna* in Semler/Stengel, § 16 UmwG Rz. 7; *Decher* in Lutter, § 16 UmwG Rz. 5; *Simon* in KölnKomm. UmwG, § 16 UmwG Rz. 21.
3 *Decher* in Lutter, § 16 UmwG Rz. 5 mwN; zweifelnd *Schöne*, GmbHR 1995, 325 (333) für OHG.
4 *Simon* in KölnKomm. UmwG, § 16 UmwG Rz. 5; *Fronhöfer* in Widmann/Mayer, § 16 UmwG Rz. 22; *Decher* in Lutter, § 16 UmwG Rz. 5.
5 *Decher* in Lutter, § 16 UmwG Rz. 6; *Fronhöfer* in Widmann/Mayer, § 16 UmwG Rz. 23.
6 *Krafka*, NZG 2009, 650 (651); *Stratz* in Schmitt/Hörtnagl/Stratz, § 16 UmwG Rz. 16; *Schwanna* in Semler/Stengel, § 16 UmwG Rz. 10.
7 *Heidinger* in Henssler/Strohn, § 16 UmwG Rz. 6; aA *Stratz* in Schmitt/Hörtnagl/Stratz, § 16 UmwG Rz. 14: alle Mitglieder des Vorstandes.

ersatzpflichtig (siehe § 4 UmwG Rz. 22)[1]. Wegen der konstitutiven Wirkung der Eintragung besteht keine öffentlich-rechtliche Anmeldepflicht. Die Anmeldung kann nicht durch Zwangsgeld erzwungen werden (§ 316 Abs. 2 UmwG)[2].

d) Form, Zeitpunkt, Wirksamkeit

aa) Die Anmeldung ist **öffentlich zu beglaubigen** (§ 12 HGB, § 129 BGB, § 40 BeurkG). Entsprechendes gilt für Vollmachten zur Anmeldung (§ 12 Abs. 2 HGB). Bedenkenfrei ist auch die Anmeldung durch mehrere Personen auf getrennten (aber inhaltlich gleich lautenden) Schriftstücken. Im **Ausland** kann die Beglaubigung durch einen deutschen Konsul (vgl. § 10 Abs. 1 Nr. 2 Konsulargesetz) oder durch einen ortsansässigen Notar erfolgen, dessen Beglaubigungsvermerk – sofern Staatsverträge keine Befreiung vorsehen – zu legalisieren ist[3]. Eine gesetzliche **Frist** zur Anmeldung besteht nicht[4]. 7

Die **Reihenfolge** der Anmeldungen zum Register ist nicht vorgeschrieben[5]. Auch können bei übernehmender GmbH, AG, KGaA, SE Anmeldungen von Kapitalerhöhung und Verschmelzung verbunden und – in der Praxis vielfach üblich – zeitgleich eingereicht werden[6]. Es ist dann jedoch zweckmäßig, um Fehlern bei der Eintragung vorzubeugen, das Registergericht darauf hinzuweisen, in welcher Reihenfolge die angemeldeten Tatsachen bei der übernehmenden Gesellschaft (zunächst Kapitalerhöhung, dann Verschmelzung; siehe §§ 53, 66 UmwG) einzutragen sind (siehe auch § 19 UmwG Rz. 8). Beim verschmelzungsrechtlichen Squeeze-out (§ 62 Abs. 5 UmwG) kann bei übertragendem Rechtsträger die Verschmelzung auch zeitgleich mit der Anmeldung des Squeeze-out angemeldet werden. 8

Wird die **Kapitalerhöhung getrennt** von der Anmeldung angemeldet, sollte in der Anmeldung zum Ausdruck kommen, dass sie zur Durchführung der Verschmelzung erfolgt, da an sie geringere Anforderungen als an die reguläre Kapitalerhöhung gestellt werden (vgl. §§ 55, 69 UmwG). Wird beim verschmelzungsrechtlichen **Squeeze-out** (§ 62 Abs. 5 UmwG) der Übertragungsbeschluss zum Handelsregister der übertragenden AG, KGaA, SE getrennt von der Verschmelzung zur Eintragung angemeldet (§ 327e Abs. 1 AktG), sollte in der Anmeldung auf die Verknüpfung zwischen Übertragungsbeschluss und Verschmelzung hin- 9

---

1 *Schwanna* in Semler/Stengel, § 16 UmwG Rz. 2; *Simon* in KölnKomm. UmwG, § 16 UmwG Rz. 13; einschränkend *Decher* in Lutter, § 14 UmwG Rz. 7 und *Stratz* in Schmitt/Hörtnagl/Stratz, § 16 UmwG Rz. 14: nur gegenüber eigenem Rechtsträger.
2 *Stratz* in Schmitt/Hörtnagl/Stratz, § 16 UmwG Rz. 14.
3 Zur Legalisierung siehe zB *Süß* in Beck'sches Notarhdb., 6. Aufl. 2015, Teil H Rz. 332 ff.
4 *Simon* in KölnKomm. UmwG, § 16 UmwG Rz. 11.
5 Statt vieler: *Stratz* in Schmitt/Hörtnagl/Stratz, § 16 UmwG Rz. 15 mwN.
6 *Decher* in Lutter, § 16 UmwG Rz. 8.

gewiesen und ausdrücklich um die Eintragung des „Vorläufigkeitsvermerks"[1] (§ 62 Abs. 5 Satz 7 UmwG) gebeten werden, obwohl der Anmeldung der Verschmelzungsvertrag oder sein Entwurf beizufügen ist (§ 62 Abs. 5 Satz 6 UmwG).

10 **bb) Beim übertragenden Rechtsträger** schreibt das Alter der Bilanz den Zeitpunkt vor, zu dem die Anmeldung der Verschmelzung spätestens beim Registergericht der übertragenden Gesellschaft eingegangen sein muss, nämlich vor Ablauf von acht Monaten seit dem Bilanzstichtag (§ 17 Abs. 2 Satz 4 UmwG). Erfolgt die Anmeldung später, hat der Registerrichter die Anmeldung zurückzuweisen (siehe § 17 UmwG Rz. 25). Nicht gewahrt sein soll diese Acht-Monats-Frist auch, wenn die Anmeldung zwar rechtzeitig bei Gericht einging, der Verschmelzungsvertrag aber schwerwiegende Mängel aufweist[2]. Beim verschmelzungsrechtlichen **Squeezeout** (§ 62 Abs. 5 UmwG, §§ 327a ff. AktG) kann die Anmeldung der Verschmelzung erst nach Ablauf der Monatsfrist für die Bekanntmachung nach § 62 Abs. 3 Satz 2 UmwG erfolgen[3]. Die Anmeldung der Verschmelzung beim verschmelzungsrechtlichen Squeeze-out zum Register der übertragenden Gesellschaft wird durch eine evtl. Registersperre beim Übertragungsbeschluss (§§ 327e, 319 Abs. 5 u. 6 AktG) nicht gehindert. Zwar sind in diesem Fall Verschmelzung und der Übertragungsbeschluss und deren Eintragungen im Register miteinander verknüpft (vgl. § 62 Abs. 5 Satz 7 UmwG), nicht aber das Anmeldeverfahren. Gegebenenfalls hat das Registergericht das Eintragungsverfahren sowohl bei dem Übertragungsbeschluss als auch bei der Verschmelzung auszusetzen (§§ 381, 21 Abs. 1 FamFG).

11 Die Anmeldung der Verschmelzung **beim übernehmenden Rechtsträger** kann auch nach der Acht-Monats-Frist eingereicht werden[4]. Entsprechendes gilt für die Anmeldung der Kapitalerhöhung. Die Einreichung der Bilanz (sei es die eigene oder die des übernehmenden Rechtsträgers) kann nicht verlangt werden[5]. Auf die Reihenfolge der Eintragungen ist besonders zu achten (siehe Rz. 8).

e) Inhalt

12 **aa)** Anzumelden ist die Verschmelzung selbst, nicht der Verschmelzungsvertrag oder die -beschlüsse. Anzugeben sind die Art der Verschmelzung (zur Aufnahme oder Neugründung) unter Bezeichnung von Firma und Sitz der aufnehmenden und übertragenden Gesellschaft[6]. Weitere Angaben sind nicht erforder-

---

1 *Mayer*, NZG 2012, 568 (571).
2 KG Berlin v. 22.9.1998 – 1 W 4387/97, GmbHR 1998, 1230: Fehlen von Angaben zur Anteilsgewährung und Kapitalerhöhung.
3 *Mayer*, NZG 2012, 561 (565 u. 569).
4 LG Frankfurt/M. v. 24.11.1995 – 3/11 T 57/95, GmbHR 1996, 543; *Bartovics*, GmbHR 1996, 514.
5 *Heidinger* in Henssler/Strohn, § 17 UmwG Rz. 13.
6 *Schwanna* in Semler/Stengel, § 16 UmwG Rz. 2; *Stratz* in Schmitt/Hörtnagl/Stratz, § 17 UmwG Rz. 14; *Simon* in KölnKomm. UmwG, § 16 UmwG Rz. 15.

lich – sie ergeben sich aus den beizufügenden Unterlagen (§ 17 UmwG) –, aber zweckmäßig, um dem Registergericht die Überprüfung der Verschmelzungsvorgänge zu erleichtern. Wird bei übernehmendem Rechtsträger das Kapital erhöht, ist auch die **Kapitalerhöhung** unter schlagwortartigem Hinweis auf die damit verbundene Satzungsänderung[1] anzumelden. Ist mit der angemeldeten Verschmelzung ein **Squeeze-out** bei der übertragenden Gesellschaft verbunden (§ 65 Abs. 5, §§ 327a ff. AktG), sollte darauf in der Anmeldung vorsorglich ebenfalls hingewiesen werden.

Unterliegt die Verschmelzung bei AG, KGaA, SE den **Nachgründungsvorschriften** (vgl. § 67 UmwG), ist der Verschmelzungsvertrag zusätzlich als Nachgründungsvertrag zur Eintragung anzumelden (§§ 67, 52 Abs. 6 AktG). Die Einreichung einer weiteren beglaubigten Abschrift des Vertrages ist nicht erforderlich. Die Eintragung des Verschmelzungsvertrages als Nachgründungsvertrag in das Handelsregister erfolgt zeitlich vor Eintragung der Verschmelzung[2]. 13

bb) Weitere Angaben: „Bei" (= im Zusammenhang mit), nicht „in" der Anmeldung haben die Vertretungsorgane aller beteiligten Rechtsträger folgende Erklärungen abzugeben: 14

– die **Negativerklärung** gemäß § 16 Abs. 2 UmwG (zu deren Inhalt siehe Rz. 22). Sie kann erst wirksam nach Ablauf der Frist für die Klage gegen den Verschmelzungsbeschluss (§ 14 Abs. 1 UmwG) eingereicht werden[3], die Anmeldung ohne Negativerklärung aber schon vorher[4]. Diese ist dann nachzureichen. Die Negativerklärung ist entbehrlich

– bei der Ein-Personen-Gesellschaft[5],

– wenn aus den beizufügenden Unterlagen ersichtlich ist, dass auf die Anfechtung formgültig (§ 16 Abs. 2 Satz 2 UmwG) verzichtet wurde,

– wenn alle vorhandenen Anteilsinhaber dem Verschmelzungsbeschluss zugestimmt haben[6] oder

– der Freigabebeschluss des Gerichts vorgelegt wird (§ 16 Abs. 3 Satz 1 UmwG) (Rz. 29)[7].

---

1 BGH v. 16.2.1987 – II ZB 12/86, GmbHR 1987, 423.
2 *Rieger* in Widmann/Mayer, § 67 UmwG Rz. 42; *Diekmann* in Semler/Stengel, § 67 UmwG Rz. 26; *Stratz* in Schmitt/Hörtnagl/Stratz, § 67 UmwG Rz. 15; *Simon* in Köln-Komm. UmwG, § 67 UmwG Rz. 25.
3 BGH v. 5.10.2006 – III ZR 283/05, AG 2006, 934 = NZG 2006, 956.
4 *Limmer* in Limmer, Hdb. der Unternehmensumwandlung, Teil 2 Kap. 1 Rz. 656; *Heidinger* in Henssler/Strohn, § 16 UmwG Rz. 16.
5 AA *Karollus* in Lutter, § 122 UmwG Rz. 11.
6 *Heidinger* in Henssler/Strohn, § 16 UmwG Rz. 16; siehe auch unten Rz. 29.
7 So auch *Schwanna* in Semler/Stengel, § 16 UmwG Rz. 19; *Fronhöfer* in Widmann/Mayer, § 16 UmwG Rz. 86.

Eine fehlende Negativerklärung kann ohne weiteres nachgereicht werden[1]. Für sie gilt die Acht-Monats-Frist des § 17 Abs. 2 Satz 4 UmwG nicht. Die Negativerklärung entfällt ferner, wenn die Zustimmungsbeschlüsse (§ 13 UmwG) entbehrlich sind. Dies ist der Fall, wenn eine übertragende Kapitalgesellschaft zu 100 % von einer übernehmenden AG, KGaA, SE gehalten wird (vgl. § 62 Abs. 4 UmwG) und auch auf der Ebene der übernehmenden AG, SE, KGaA kein Zustimmungsbeschluss verlangt worden ist (vgl. § 62 Abs. 1, 2, 3 UmwG). Ist der Zustimmungsbeschluss (§ 13 UmwG) nur bei einem der beteiligten Rechtsträger entbehrlich, entfällt die Negativerklärung nur bei dessen Anmeldung. Auf die Entbehrlichkeit sollte vorsorglich in der Anmeldung bei allen beteiligten Rechtsträgern hingewiesen werden.

- Beim verschmelzungsrechtlichen Squeeze-out bedarf es ferner der Negativerklärung nach §§ 327e, 319 Abs. 5 Satz 1 AktG.
- Bei Beteiligung einer **GmbH** ggf. die Erklärung gemäß § 52 Abs. 1 UmwG über Zustimmung trotz drohender Haftung (Einzelheiten bei § 52 UmwG).
- Nur bei **AG, KGaA, SE:** Klarstellende Erklärung, dass kein Minderheitsverlangen auf Einberufung der ansonsten entbehrlichen Hauptversammlung (§ 62 Abs. 2 Satz 1, Abs. 3 Satz 5 UmwG) eingegangen ist.

15 Diese Erklärungen können getrennt von der Anmeldung erfolgen. Einer besonderen **Form** bedarf es nicht[2]. Aus Nachweisgründen ist Schriftform ratsam. Eine Abgabe durch Bevollmächtigte ist ausgeschlossen, da es sich um **Wissenserklärungen** handelt[3], die zumindest im Falle des § 52 Abs. 1 UmwG strafbewehrt sind (vgl. § 313 Abs. 2 UmwG).

16 Besteht kein **Betriebsrat**, ist eine entsprechende Negativerklärung erforderlich, aber auch ausreichend (vgl. § 17 UmwG Rz. 3). Hierfür ist keine besondere Form vorgeschrieben, aus Nachweisgründen sollte sie schriftlich – etwa in der Anmeldung – erfolgen[4].

17 Bei Anmeldung der (gleichzeitig oder getrennt erfolgenden) Kapitalerhöhung haben die Vertretungsorgane von GmbH, AG, KGaA, SE – anders als bei der regulären Kapitalerhöhung – nicht die **Versicherung** nach § 57 Abs. 2 GmbHG bzw. § 188 Abs. 2 AktG abzugeben (siehe §§ 55, 69 UmwG)[5].

---

1 *Schwanna* in Semler/Stengel, § 16 UmwG Rz. 16; *Stratz* in Schmitt/Hörtnagl/Stratz, § 14 UmwG Rz. 27.
2 *Fronhöfer* in Widmann/Mayer, § 16 UmwG Rz. 85.
3 Vgl. *Schaub*, MittBayNot 1999, 539 (542); *Fronhöfer* in Widmann/Mayer, § 16 UmwG Rz. 27 u. 85; *Schwanna* in Semler/Stengel, § 16 UmwG Rz. 18; *Heidinger* in Henssler/Strohn, § 16 UmwG Rz. 15; *Decher* in Lutter, § 16 UmwG Rz. 13; *Simon* in KölnKomm. UmwG, § 16 UmwG Rz. 22.
4 Wie hier: *Trölitzsch*, WiB 1997, 795 (797); die vom AG Duisburg (Beschl. v. 4.1.1996 – 23 HRB 4942 u. 23 HRB 5935, GmbHR 1996, 372) vertretene Auffassung – Glaubhaftmachung durch eidesstattliche Versicherung – hat sich nicht durchgesetzt.
5 Vgl. auch *Ihrig*, GmbHR 1995, 622 (630).

Sollen bei dem übertragenden Rechtsträger bestehende **Zweigniederlassungen** 18
auf den übernehmenden Rechtsträger übergehen, ist dies (nicht nur im Verschmelzungsvertrag, sondern auch) in der Anmeldung aufzuführen. Andernfalls gehen die Zweigniederlassungen unter.

f) Beizufügende Unterlagen

Zum Registergericht aller beteiligten Rechtsträger sind stets die in § 17 Abs. 1 19
UmwG aufgeführten Unterlagen beizufügen, beim übertragenden Rechtsträger zusätzlich noch die Schlussbilanz (§ 17 Abs. 2 UmwG). Einzelheiten bei § 17 UmwG.

g) Rechtsmittel

Bei behebbaren Mängeln ist die Gesellschaft durch Zwischenverfügung (§ 382 20
Abs. 4 FamFG) zur Abhilfe aufzufordern, ansonsten erfolgt Abweisung. Hiergegen ist Beschwerde (zum LG am Sitz der Gesellschaft, §§ 58 ff. FamFG) und ggf. Rechtsbeschwerde (zum OLG, §§ 70 ff. FamFG) möglich.

h) Kosten

Beglaubigt der Notar lediglich die Unterschriften unter der Anmeldung, erhält 21
er hierfür eine 0,2 Gebühr gemäß Nr. 25100 KV GNotKG, mindestens 20,00 Euro, höchstens 70,00 Euro. Wird der Notar neben der Unterschriftsbeglaubigung mit der elektronischen Einreichung der Anmeldung zum Amtsgericht (Erstellung der XML-Strukturdaten) beauftragt, fällt zusätzlich eine Vollzugsgebühr in Höhe von 0,6 gemäß Nr. 22125 KV GNotKG an.

Hat der Notar die Anmeldung entworfen, erhält er eine 0,5 Entwurfsgebühr gemäß Nr. 24100 KV GNotKG. Für die Unterschriftsbeglaubigung unter dem von ihm gefertigten Entwurf erhält er keine gesonderte Gebühr (Vorbemerkung 2.4.1 Abs. (2) GNotKG). Die Vollzugsgebühr für die elektronische Einreichung der Anmeldung zum Amtsgericht (Erstellung der XML-Strukturdaten) ist in diesem Fall nur eine 0,3 Gebühr gemäß Nr. 22114 KV GNotKG.

Der Wert der Anmeldung richtet sich nach § 105 GNotKG, Höchstwert gemäß § 106 GNotKG: eine Mio. Euro.

3. Negativerklärung (§ 16 Abs. 2 UmwG) *(Marsch-Barner)*

a) Inhalt

Bei der Anmeldung der Verschmelzung haben die Vertretungsorgane zu erklä- 22
ren, dass eine Klage gegen die Wirksamkeit eines Verschmelzungsbeschlusses

nicht oder nicht fristgemäß erhoben wurde oder dass eine solche Klage rechtskräftig abgewiesen oder zurückgenommen worden ist. Diese sog. Negativerklärung bezieht sich auf die **Verschmelzungsbeschlüsse aller beteiligten Rechtsträger**. Bei getrennten Anmeldungen genügt es aber, wenn die Vertretungsorgane die Erklärung nur jeweils für ihren Rechtsträger abgeben[1]. Die Erklärung muss von einer vertretungsberechtigten Anzahl von Organmitgliedern abgegeben werden[2]. Rechtsgeschäftliche Vertretung ist nicht möglich[3]. Zur Form siehe § 17 UmwG Rz. 3.

23 Die Negativerklärung bezieht sich auf **alle Unwirksamkeitsklagen iS von § 14 UmwG**; dies sind Anfechtungs- und Nichtigkeitsklagen sowie alle sonstigen Klagen zur Feststellung der Unwirksamkeit eines Verschmelzungsbeschlusses (vgl. § 14 UmwG Rz. 6 ff.)[4]. **Nicht fristgemäß erhoben** ist eine solche Klage, wenn die Monatsfrist des § 14 Abs. 1 UmwG versäumt wurde. Dies ist dann der Fall, wenn die Klage nicht innerhalb der Monatsfrist beim Gericht eingereicht wurde. Wurde sie fristgemäß eingereicht, muss sie dem beklagten Rechtsträger auch „demnächst" zugestellt worden sein (vgl. § 167 ZPO). Dies wird bei einer Zustellung innerhalb von 14 Tagen noch angenommen, nicht aber bei einer Verzögerung von vier Wochen[5]. Vor Abgabe der Negativerklärung sollte der beteiligte Rechtsträger vorsorglich beim zuständigen Landgericht nachfragen, ob eine Klage vorliegt[6]. Außer der **Klageabweisung**, die als Prozess- oder Sachabweisung ergehen kann, und der **Klagerücknahme** (§ 269 ZPO) ist auch **jede anderweitige Beendigung** des Rechtsstreits, insbesondere durch Prozessvergleich (§ 794 Abs. 1 Nr. 1 ZPO) oder Erledigung der Hauptsache (vgl. § 91a ZPO), dem Registergericht mitzuteilen[7].

24 Eine Erstreckung der Erklärung auf eine zur Durchführung der Verschmelzung beschlossene **Kapitalerhöhung** (vgl. §§ 55, 56; 69, 73; 78 UmwG) ist nicht gebo-

---

1 *Simon* in KölnKomm. UmwG, § 16 UmwG Rz. 21; *Stratz* in Schmitt/Hörtnagl/Stratz, § 16 UmwG Rz. 19.
2 *Decher* in Lutter, § 16 UmwG Rz. 13; *Schwanna* in Semler/Stengel, § 16 UmwG Rz. 18; *Simon* in KölnKomm. UmwG, § 16 UmwG Rz. 21; *Vossius*, NotBZ 2007, 363.
3 *Melchior*, GmbHR 1999, 520; *Fronhöfer* in Widmann/Mayer, § 16 UmwG Rz. 27, 85; *Simon* in KölnKomm. UmwG, § 16 UmwG Rz. 22; *Decher* in Lutter, § 16 UmwG Rz. 13; *Schulte* in Böttcher/Habighorst/Schulte, § 16 UmwG Rz. 24.
4 *Decher* in Lutter, § 16 UmwG Rz. 14; *Simon* in KölnKomm. UmwG, § 16 UmwG Rz. 25; *Schwanna* in Semler/Stengel, § 16 UmwG Rz. 15; gegen die Einbeziehung von Feststellungsklagen *Schäffler* in Maulbetsch/Klumpp/Rose, § 16 UmwG Rz. 20.
5 BGH v. 6.4.1972 – III ZR 210/69, NJW 1972, 1948 (1950); zur Anfechtungsklage OLG Frankfurt v. 13.12.1983 – 5 U 110/83, WM 1984, 209 (211) = AG 1984, 110; LG Frankfurt v. 22.2.1984 – 3/9 O 123/83, WM 1984, 502 f.
6 *Büchel*, ZIP 2006, 2289 (2291); *Decher* in Lutter, § 16 UmwG Rz. 15.
7 *Decher* in Lutter, § 16 UmwG Rz. 15; *Simon* in KölnKomm. UmwG, § 16 UmwG Rz. 31; *Schäffler* in Maulbetsch/Klumpp/Rose, § 16 UmwG Rz. 25; aA *Fronhöfer* in Widmann/Mayer, § 16 UmwG Rz. 84.

ten[1]. Dies ergibt sich nicht nur aus dem Wortlaut des Gesetzes, sondern auch daraus, dass die Wirksamkeit einer solchen Kapitalerhöhung, auch wenn sie zuerst eingetragen wird (vgl. §§ 53, 66 UmwG), durch die Eintragung der Verschmelzung bedingt ist (vgl. § 69 UmwG Rz. 19). Auch andere Klagen zB auf Feststellung der Nichtigkeit des **Verschmelzungsvertrages** (§ 256 ZPO) sind nach dem eindeutigen Gesetzeswortlaut von § 16 Abs. 2 UmwG nicht erfasst[2]. Das gilt grundsätzlich auch für Klagen gegen **Satzungsänderungen**, die im Zusammenhang mit der Verschmelzung beschlossen werden. Wird bei einer Verschmelzung zur Neugründung mit der Zustimmung zum Verschmelzungsvertrag zugleich über die Satzung des neuen Rechtsträgers beschlossen (§ 37 UmwG), erstreckt sich das Freigabeverfahren aber auch auf die Satzung; diese ist dann nämlich untrennbarer Bestandteil des Verschmelzungsbeschlusses[3]. Ist zu dem Verschmelzungsbeschluss ein **Sonderbeschluss** zB nach § 65 Abs. 2 UmwG erforderlich, so ist dieser nach dem Gesetzeswortlaut von § 16 Abs. 2 UmwG nicht erfasst[4]. Der enge sachliche Zusammenhang zwischen beiden Beschlüssen, insbesondere der Umstand, dass nach § 13 Abs. 1 Satz 1 UmwG beide Beschlüsse zusammen Wirksamkeitsvoraussetzung für den Verschmelzungsvertrag sind, spricht aber dafür, § 16 Abs. 2 und 3 UmwG auf einen solchen Sonderbeschluss entsprechend anzuwenden[5].

b) Zeitpunkt

Nach dem Gesetzeswortlaut („**bei der Anmeldung**") ist die **Negativerklärung** 25 grundsätzlich zusammen **mit der Anmeldung** abzugeben. Die Anmeldung kann aber auch ohne Negativerklärung zB vor Ablauf der Klagefrist nach § 14 Abs. 1 UmwG eingereicht werden. Dies kann vor allem für die Wahrung der Acht-Monats-Frist einer beigefügten Schlussbilanz nach § 17 Abs. 2 Satz 4 UmwG bedeutsam sein (vgl. Rz. 10). Die Anmeldung ohne Negativerklärung ist allerdings **unvollständig** iS von § 382 Abs. 4 FamFG. Die Erklärung kann, insbesondere innerhalb der vom Registergericht gesetzten Frist, nachgereicht werden[6]. Dies gilt auch dann, wenn es sich um eine Klage handelt, die eindeutig erst nach Ablauf der Monatsfrist des § 14 Abs. 1 UmwG erhoben wurde. Die Negativerklärung kann damit endgültig wirksam erst nach Ablauf der für die Klagen be-

---

1 *Decher* in Lutter, § 16 UmwG Rz. 14; *Schwanna* in Semler/Stengel, § 16 UmwG Rz. 14; *Stratz* in Schmitt/Hörtnagl/Stratz, § 16 UmwG Rz. 21.
2 *Fronhöfer* in Widmann/Mayer, § 16 UmwG Rz. 68; *Decher* in Lutter, § 16 UmwG Rz. 14.
3 *Habersack* in Liber amicorum M. Winter, 2011, S. 177 (186) zum Formwechsel.
4 Vgl. OLG Frankfurt v. 2.12.2010 – 5 Sch 3/10, BeckRS 2011, 16034, S. 4.
5 *Marsch-Barner* in Liber amicorum M. Winter, 2011, S. 467 (485).
6 Vgl. *Decher* in Lutter, § 16 UmwG Rz. 18; *Stratz* in Schmitt/Hörtnagl/Stratz, § 16 UmwG Rz. 27; zum früheren Recht bereits BGH v. 2.7.1990 – II ZB 1/90, WM 1990, 1372 (1373) = AG 1990, 538.

stimmten Monatsfrist abgegeben werden[1]. Wird sie vorher abgegeben, muss sie bis zum Ablauf des Zeitraums, zu dem eine fristgerecht eingereichte Klage noch als „demnächst" zugestellt angesehen werden kann, aktualisiert werden[2]. Vorher darf der Registerrichter nicht eintragen. Wird trotz fehlender Negativerklärung eingetragen, kann dies zu einer Staatshaftung wegen Amtspflichtverletzung führen[3]. Liegt eine die gesamte Monatsfrist abdeckende Negativerklärung vor, kann der Registerrichter die Eintragung grundsätzlich vornehmen. Eine weitere Wartefrist wegen der noch möglichen Zustellung von rechtzeitig eingereichten Klagen (siehe Rz. 23) ist nicht vorgeschrieben[4]. Zudem ist unklar, bis wann eine Zustellung noch „demnächst" iS von § 167 ZPO erfolgen kann. Der Registerrichter muss ggf. entscheiden, ob und wie lange er mit der Eintragung wartet. Dabei kann er sich vorsorglich vom zuständigen Landgericht bestätigen lassen, dass keine Klage vorliegt (siehe Rz. 23).Wird eine Klage erst gegen Ende der Monatsfrist des § 14 Abs. 1 UmwG eingereicht, kann vom Kläger erwartet werden, dass er die Gesellschaft und/oder den Registerrichter hierauf hinweist[5].

26 Vorgänge, die Gegenstand der Negativerklärung sein können, sind dem Registergericht gemäß § 16 Abs. 2 Satz 1 Halbsatz 2 UmwG auch dann mitzuteilen, wenn sie erst **nach der Anmeldung** eintreten. Damit soll die Stellung etwaiger Kläger gestärkt werden[6]. Es geht darum, eine Eintragung der Verschmelzung durch den Registerrichter bei anhängiger Unwirksamkeitsklage möglichst in jedem Fall zu verhindern. So kann zB eine fristgerecht eingereichte Klage erst nach Ablauf der Klagefrist des § 14 Abs. 1 UmwG zugestellt werden[7]. Wird danach noch Klage erhoben, ist auch dies dem Registergericht mitzuteilen[8].

---

1 BGH v. 5.10.2006 – III ZR 283/05, AG 2006, 934 = ZIP 2006, 2312; *Decher* in Lutter, § 16 UmwG Rz. 18; *Simon* in KölnKomm. UmwG, § 16 UmwG Rz. 34.
2 *Goette* in FS K. Schmidt, 2009, S. 469 (472).
3 BGH v. 5.10.2006 – III ZR 283/05, ZIP 2006, 2312 (2314) = AG 2006, 934; OLG Hamm v. 9.11.2005 – 11 U 70/04, NZG 2006, 274; LG Dortmund v. 16.1.2004 – 8 O 26/01, DB 2004, 805; OLG Hamburg v. 20.8.2003 – 11 W 39/03, AG 2003, 695 = NZG 2003, 981; dazu näher *Büchel*, ZIP 2006, 2289.
4 Ausdrücklich offen gelassen in BGH v. 5.10.2006 – III ZR 283/05, ZIP 2006, 2312 (2314) = AG 2006, 934; für zwei Wochen Wartezeit OLG Hamburg v. 20.8.2003 – 11 W 39/03, AG 2003, 695 = NZG 2003, 981; für Wartezeit ohne genaue Zeitangabe OLG Hamm v. 27.11.2000 – 15 W 347/00, ZIP 2001, 569 (571); OLG Hamm v. 9.11.2005 – 11 U 70/04, Der Konzern 2006, 286 (288); LG Dortmund v. 16.1.2004 – 8 O 26/01, DB 2004, 805.
5 Vgl. BVerfG v. 13.10.2004 – 1 BvR 2303/00, BB 2005, 1585; BGH v. 5.10.2006 – III ZR 283/05, ZIP 2006, 2312 (2315) = AG 2006, 934; *Kort*, NZG 2010, 893 (895); *Simon* in KölnKomm. UmwG, § 16 UmwG Rz. 39.
6 Vgl. Begr. RegE, BT-Drucks. 12/6699, S. 88.
7 OLG Hamburg v. 20.8.2003 – 11 W 39/03, AG 2003, 695 = NZG 2003, 981; vgl. auch OLG Hamm v. 27.11.2000 – 15 W 347/00, DB 2001, 85.
8 *Rettmann*, S. 82 f.; *Fronhöfer* in Widmann/Mayer, § 16 UmwG Rz. 73; *Schäffler* in Maulbetsch/Klumpp/Rose, § 16 UmwG Rz. 23; abl. *Decher* in Lutter, § 15 UmwG Rz. 19.

c) Fehlen der Negativerklärung

Ist gegen einen Verschmelzungsbeschluss Unwirksamkeitsklage erhoben und ist die Klage weder rechtskräftig abgewiesen, zurückgenommen noch sonst wie erledigt, so kann die Negativerklärung nicht abgegeben werden. Die Verschmelzung darf dann nicht eingetragen werden (§ 16 Abs. 2 Satz 2 Halbsatz 1 UmwG). Das Fehlen der Negativerklärung steht damit einer Eintragung der Verschmelzung iS eines Eintragungsverbotes entgegen (**Registersperre**). Auf diese Weise soll verhindert werden, dass der Registerrichter die Verschmelzung trotz anhängiger Unwirksamkeitsklage einträgt und diese damit endgültig wirksam wird[1]. Die Rechtssicherheit hat insoweit grundsätzlich Vorrang gegenüber dem durch eine rasche Eintragung erzielten Zeitgewinn[2]. Wird die Verschmelzung trotz anhängiger Unwirksamkeitsklage eingetragen, ist sie dennoch wirksam und muss nicht rückgängig gemacht werden[3]. 27

Die Registersperre bei fehlender Negativerklärung bedeutet nicht, dass die Anmeldung der Verschmelzung als unzulässig zurückgewiesen werden muss. Das Gesetz will nur verhindern, dass die Verschmelzung eingetragen wird. Damit ist der Registerrichter berechtigt und idR verpflichtet, die **Eintragung** zunächst gemäß §§ 21, 381 FamFG **auszusetzen**[4]. Die Aussetzung kann insbesondere für die Dauer des Rechtsstreits über die Wirksamkeit des Verschmelzungsbeschlusses oder bis zum Vorliegen eines rechtskräftigen Unbedenklichkeitsbeschlusses nach § 16 Abs. 3 Satz 1 UmwG erfolgen. Zu einer endgültigen **Zurückweisung** der Anmeldung kommt es idR erst dann, wenn der Unwirksamkeitsklage rechtskräftig stattgegeben worden ist. 28

d) Klageverzicht

Die **Negativerklärung** ist ausnahmsweise **entbehrlich**, wenn alle klageberechtigten Anteilsinhaber ausdrücklich auf die Unwirksamkeitsklage verzichten (§ 16 Abs. 2 Satz 2 Halbsatz 2 UmwG)[5]. Eine solche Verzichtserklärung muss notariell beurkundet werden (§ 128 BGB). Die Negativerklärung ist sinngemäß auch 29

---

1 Vgl. Begr. RegE, BT-Drucks. 12/6699, S. 88.
2 Vgl. *Bayer*, ZGR 1995, 613 (619).
3 BGH v. 5.10.2006 – III ZR 283/05, ZIP 2006, 2312 (2315) = AG 2006, 934; OLG Hamburg v. 20.8.2003 – 11 W 39/03, AG 2003, 695 = NZG 2003, 981; OLG Frankfurt v. 26.5.2003 – 20 W 61/03, AG 2003, 641 = NZG 2003, 790; OLG Hamm v. 27.11.2000 – 15 W 347/00, DB 2001, 85; krit. dazu *Meilicke*, DB 2001, 1235; zur Verfassungsbeschwerde BVerfG v. 13.10.2004 – 1 BvR 2303/00, DB 2005, 1373 f.
4 Vgl. *Decher* in Lutter, § 16 UmwG Rz. 20; *Fronhöfer* in Widmann/Mayer, § 16 UmwG Rz. 97 sowie zum früheren Recht BGH v. 2.7.1990 – II ZB 1/90, WM 1990, 1372 (1377) = AG 1990, 538; OLG Hamm v. 4.5.1988 – 15 W 61/88, WM 1988, 943 (944) = AG 1988, 246.
5 *Decher* in Lutter, § 16 UmwG Rz. 22; *Simon* in KölnKomm. UmwG, § 16 UmwG Rz. 40.

dann entbehrlich, wenn alle Anteilsinhaber dem Verschmelzungsbeschluss zugestimmt haben[1] oder wenn, wie in den Fällen der §§ 62 Abs. 1 Satz 1, Abs. 4 Satz 1, 122g Abs. 2 UmwG, gar kein Verschmelzungsbeschluss gefasst wird.

30 Diese Regelung ermöglicht, dass die Verschmelzung bei einem Rechtsträger mit wenigen Anteilsinhabern schon vor Ablauf der Klagefrist nach § 14 Abs. 1 UmwG angemeldet und eingetragen werden kann. Der Verzicht ist keine prozessuale, sondern eine **materiellrechtliche Erklärung**, die zum Inhalt hat, dass etwaige Mängel des Verschmelzungsbeschlusses nicht geltend gemacht werden[2]. Eine dennoch erhobene Klage wäre wegen unzulässiger Rechtsausübung (widersprüchliches Verhalten, § 242 BGB) unbegründet[3].

31 Das Gesetz verlangt nur einen Klageverzicht der Anteilsinhaber, nicht auch etwaiger **anderer Klagebefugter** (zB des Vorstandes oder der Aufsichtsratsmitglieder nach § 245 Nr. 4 und 5 AktG). Dies erscheint deshalb gerechtfertigt, weil solche Klagen praktisch kaum vorkommen; sollte eine derartige Klage trotz notariellen Verzichts der Anteilsinhaber erhoben werden, müsste hiervon das Registergericht gemäß § 16 Abs. 2 Satz 1 UmwG, ggf. auch nachträglich, unterrichtet werden. Es kann dann das Eintragungsverfahren uU analog §§ 21 Abs. 1, 381 FamFG aussetzen[4].

4. Unbedenklichkeitsverfahren (§ 16 Abs. 3 UmwG)
(Marsch-Barner)

a) Übersicht

32 Der Negativerklärung nach § 16 Abs. 2 Satz 1 UmwG steht es gleich, wenn das zuständige Gericht rechtskräftig festgestellt hat, dass die Erhebung einer Klage gegen die Wirksamkeit eines Verschmelzungsbeschlusses der Eintragung der Verschmelzung nicht entgegensteht (§ 16 Abs. 3 Satz 1 UmwG). Dieses **Unbedenklichkeits-** oder **Freigabeverfahren** geht vom Grundsatz der Registersperre bei Vorliegen einer Klage gegen die Wirksamkeit des Verschmelzungsbeschlusses aus. Diese Sperre kann jedoch außer durch die Negativerklärung nach § 16 Abs. 2 UmwG auch durch einen **Gerichtsbeschluss** überwunden werden. Das Gesetz lässt einen solchen Beschluss allerdings nur unter bestimmten Vorausset-

---

1 *Decher* in Lutter, § 16 UmwG Rz. 23; *Fronhöfer* in Widmann/Mayer, § 16 UmwG Rz. 91; *Schwanna* in Semler/Stengel, § 16 UmwG Rz. 20 sowie LG Dresden v. 14.11.1996 – 45 T 60/96, GmbHR 1997, 175 und zum früheren Recht LG München v. 7.10.1985 – 11 HKT 17813/85, GmbHR 1986, 193; krit. *Simon* in KölnKomm. UmwG, § 16 UmwG Rz. 40; abl. *Stratz* in Schmitt/Hörtnagl/Stratz, § 16 UmwG Rz. 26.
2 Vgl. *Hüffer/Koch*, § 319 AktG Rz. 16.
3 *Simon* in KölnKomm. UmwG, § 16 UmwG Rz. 40.
4 *Decher* in Lutter, § 16 UmwG Rz. 24; *Simon* in KölnKomm. UmwG, § 16 UmwG Rz. 42.

zungen, nämlich lediglich dann zu, wenn die Klage unzulässig oder offensichtlich unbegründet ist, keiner der Kläger einen Mindestanteilsbesitz von 1 000 Euro nachweist oder wenn das Interesse der an der Verschmelzung beteiligten Rechtsträger und ihrer Anteilsinhaber am alsbaldigen Vollzug der Verschmelzung das Interesse der klagenden Anteilsinhaber an deren Aufschub überwiegt und kein besonders schwerer Rechtsverstoß vorliegt (§ 16 Abs. 3 Satz 3 UmwG). Liegt eine dieser vier Voraussetzungen vor, hat der Freigabebeschluss zu erfolgen („ergeht"). Die Bestimmungen über das Verfahren und die Voraussetzungen für einen Freigabebeschluss sind durch das Gesetz zur Umsetzung der Aktionärsrechterichtlinie (ARUG) v. 30.7.2009[1] geändert worden. Ziel dieser Änderungen ist es, den missbräuchlichen Klagen der immer zahlreicher gewordenen Berufskläger mit einem effektiven Freigabeverfahren entgegenzutreten[2]. In diesem Zusammenhang wurden auch die Freigabeverfahren gemäß §§ 246a, 319 Abs. 6, 327c AktG angepasst. Seitdem sind Anfechtungsklagen gegen Strukturmaßnahmen deutlich zurückgegangen[3]. Bei der Bekämpfung missbräuchlicher Klagen ist die Rechtsprechung allerdings weiterhin zurückhaltend (siehe dazu Rz. 41).

b) Bindung des Registerrichters

Die Entscheidung über die Voraussetzungen einer Freigabe obliegt ausschließlich dem für die Gesellschaft örtlich zuständigen **Oberlandesgericht** (§ 16 Abs. 3 Satz 7 UmwG; siehe dazu auch Rz. 39). Dabei entscheidet ein mit drei Berufsrichtern besetzter Senat; eine Übertragung auf den Einzelrichter ist ausgeschlossen (§ 16 Abs. 3 Satz 7 UmwG). Das OLG ist – im Unterschied zur früheren Rechtslage – nicht nur als Beschwerdeinstanz, sondern als einzige Instanz zuständig. Durch diese Verkürzung des Rechtswegs und die Drei-Monats-Frist in § 16 Abs. 3 Satz 5 UmwG (dazu Rz. 48) sollte das Freigabeverfahren deutlich beschleunigt werden[4]. Dieses Ziel ist erreicht worden[5]. Dabei haben die Gerichte auch die Verfassungsmäßigkeit des Freigabeverfahrens bestätigt[6]. Der Register- 33

---

[1] BGBl. I 2009, S. 2479.
[2] Vgl. *Seibert*, ZIP 2008, 2145 (2153) und Bericht des Rechtsausschusses v. 20.5.2009, BT-Drucks. 16/13098, S. 59, 60.
[3] Vgl. *Baums/Drinhausen/Keinath*, ZIP 2011, 2329 (2332); *Bayer/Hoffmann/Sawada*, ZIP 2012, 897 (899); *Bayer/Hoffmann*, ZIP 2013, 1193 (1200).
[4] Siehe dazu näher Bericht des Rechtsausschusses v. 20.5.2009, BT-Drucks. 16/13098, S. 59; vgl. auch den weitergehenden Gesetzentwurf des Bundesrates zur Einführung erstinstanzlicher Zuständigkeiten des Oberlandesgerichts in aktienrechtlichen Streitigkeiten, BT-Drucks. 16/9020.
[5] *Baums/Drinhausen/Keinath*, ZIP 2011, 2329 (2349); *Bayer/Hoffmann/Sawada*, ZIP 2012, 894 (907).
[6] Vgl. BVerfG v. 30.5.2007 – 1 BvR 390/04, AG 2007, 544 Rz. 31 zu § 327e AktG; OLG Hamburg v.11.12.2009 – 11 AR 1/09, AG 2010, 215 und KG Berlin v. 2.2.2015 – 23 AktG 1/14, AG 2015, 319 zu § 246a AktG.

richter kann nach der gesetzlichen Regelung nicht entscheiden, ob einem Antrag auf Eintragung der Verschmelzung etwa deshalb stattzugeben ist, weil die Klage gegen den Verschmelzungsbeschluss unzulässig oder offensichtlich unbegründet ist. Dies gilt selbst in eindeutigen Fällen[1]. Das Registergericht ist auf die Prüfung der formellen Eintragungsvoraussetzungen nach § 16 Abs. 1 und 2 UmwG beschränkt, während die materielle Entscheidung nach § 16 Abs. 3 UmwG allein dem OLG zugewiesen ist. Damit ist der Registerrichter zugleich von etwaigen damit zusammenhängenden Amtshaftungsansprüchen befreit[2].

34 Die **Entscheidung des OLG** über die Freigabe der Eintragung ist für den Registerrichter **verbindlich**. Das Gesetz drückt dies durch die Formulierung aus, dass der rechtskräftige Unbedenklichkeitsbeschluss der Negativerklärung nach § 16 Abs. 2 Satz 1 UmwG gleichsteht (§ 16 Abs. 3 Satz 1 UmwG). Soweit das OLG feststellt, dass eine bestimmte Klage der Eintragung der Verschmelzung nicht entgegensteht, kann der Registerrichter die Eintragung aus einem der mit dieser Klage geltend gemachten Gründe nicht verweigern. Er ist vielmehr im Rahmen der Rechtskraft des Unbedenklichkeitsbeschlusses gebunden[3] (vgl. auch § 246a Abs. 3 Satz 5 AktG). Wurde dem Antrag stattgegeben, weil die Antragsgegner das erforderliche Quorum (siehe Rz. 41a) nicht erreicht haben, besteht keine Bindungswirkung[4]. Lehnt das OLG den Antrag ab, ist der Registerrichter an die dann fortbestehende Registersperre gebunden.

35 Soweit der **Registerrichter** darüber hinaus ein **eigenes Prüfungsrecht** hat, bleibt dieses erhalten[5]. Der Registerrichter kann deshalb, sofern dies nicht durch den Unbedenklichkeitsbeschluss ausgeschlossen ist, die Eintragung der Verschmelzung ablehnen, zB weil der Zustimmungsbeschluss nichtig ist, insbesondere weil er zwingende Vorschriften verletzt, die öffentliche Interessen schützen sollen[6]. Diese Befugnis hat der Registerrichter auch, wenn keine Klage gegen den Verschmelzungsbeschluss erhoben ist. Dagegen kann der Registerrichter die Eintragung der Verschmelzung nicht ablehnen, wenn zwar ein Anfechtungsgrund vorliegt, dieser aber nicht durch Klage geltend gemacht worden ist.

---

1 *Decher* in Lutter, § 16 UmwG Rz. 91; *Simon* in KölnKomm. UmwG, § 16 UmwG Rz. 60; kritisch *Schwanna* in Semler/Stengel, § 16 UmwG Rz. 46.
2 Vgl. *Bork* in Lutter, Umwandlungsrechtstage, S. 264 f.
3 Vgl. *Decher* in Lutter, § 16 UmwG Rz. 90; *Simon* in Semler/Stengel, § 16 UmwG Rz. 45; *Simon* in KölnKomm. UmwG, § 16 UmwG Rz. 61; *Zöllner* in FS Westermann, 2008, S. 1631 (1634 f.).
4 *Decher* in Lutter, § 16 UmwG Rz. 90.
5 Vgl. Begr. RegE zu § 16 UmwG, BT-Drucks. 12/6699, S. 87.
6 *Bork* in Lutter, Umwandlungsrechtstage, S. 265 und *Decher* in Lutter, § 16 UmwG Rz. 90; *Schwanna* in Semler/Stengel, § 16 UmwG Rz. 45; weiter gehend *Bokelmann*, DB 1994, 1341 (1344 f.), der eine Pflicht zur Ablehnung der Eintragung auch bei Verletzung von Rechtsvorschriften annimmt, die nur Individualinteressen schützen.

c) Formelle Voraussetzungen

Das OLG kann die Feststellung, dass die Klage der Eintragung der Verschmelzung nicht entgegensteht, nur auf entsprechenden **Antrag** treffen. **Antragsberechtigt** ist der Rechtsträger, gegen dessen Verschmelzungsbeschluss sich die Klage richtet (§ 16 Abs. 3 Satz 1 UmwG). Sind mehrere Klagen erhoben, kann der betroffene Rechtsträger frei entscheiden, gegen welche Kläger er das Verfahren nach § 16 Abs. 3 UmwG einleiten will[1]. Ist der Rechtsträger eine AG, wird er bei der Antragstellung allein durch den Vorstand vertreten; eine Doppelvertretung entspr. § 246 Abs. 2 Satz 2 AktG ist nicht vorgesehen[2]. Eine Überwindung der Registersperre ist grundsätzlich nur erreichbar, wenn in das Verfahren alle Unwirksamkeitsklagen einbezogen werden[3]. Nach § 16 Abs. 3 Satz 3 Nr. 2 UmwG bleiben allerdings solche Klagen unberücksichtigt, bei denen der Kläger nicht den Mindestanteilsbesitz von 1 000 Euro nachweist (siehe dazu näher Rz. 41a). Sind die Verschmelzungsbeschlüsse mehrerer beteiligter Rechtsträger angegriffen, müssen alle betroffenen Rechtsträger den Antrag stellen, um die Registersperre evtl. zu überwinden. Ist der Verschmelzungsbeschluss eines übertragenden Rechtsträgers angefochten, so kann nur dieser, nicht auch der übernehmende Rechtsträger den Unbedenklichkeitsbeschluss beantragen. Dies erscheint angesichts der Regelung in § 16 Abs. 1 Satz 2 UmwG, wonach der übernehmende Rechtsträger die Verschmelzung auch für den übertragenden Rechtsträger zur Eintragung in das Register anmelden kann, nicht ganz konsequent, ist nach dem Gesetzeswortlaut aber eindeutig. Als **Nebenpflicht** aus dem Verschmelzungsvertrag sind die beteiligten Rechtsträger in der Regel verpflichtet, den alsbaldigen Vollzug der Verschmelzung zu fördern. Dies schließt im Allgemeinen auch die **Pflicht zur Beantragung** eines Unbedenklichkeitsbeschlusses ein, sofern eine der Alternativen nach § 16 Abs. 3 Satz 3 UmwG in Betracht kommt[4].

36

Der Antrag nach § 16 Abs. 3 UmwG kann erst gestellt werden, **nachdem** eine **Klage** gegen die Wirksamkeit des Verschmelzungsbeschlusses **erhoben ist**[5]. Dafür genügt nicht schon der Eingang einer solchen Klage bei Gericht; sie muss vielmehr dem betroffenen Rechtsträger auch **zugestellt** sein (vgl. §§ 253 Abs. 1, 261 Abs. 1 ZPO)[6]. Das Ziel der Verfahrensbeschleunigung spricht aber dafür,

37

---

1 Simon in KölnKomm. UmwG, § 16 UmwG Rz. 54; Kösters, WM 2000, 1921 (1923); aA Fronhöfer in Widmann/Mayer, § 16 UmwG Rz. 121.
2 Vgl. Decher in Lutter, § 16 UmwG Rz. 40; Hüffer/Koch, § 246a AktG Rz. 6 mwN.
3 Vgl. Begr. RegE zu § 246a AktG, BT-Drucks. 15/5092, S. 28 und OLG Jena v. 12.10.2006 – 6 W 452/06, AG 2007, 31 (32) zu § 246a AktG.
4 So auch Simon in KölnKomm. UmwG, § 16 UmwG Rz. 53; zust. Decher in Lutter, § 16 UmwG Rz. 40.
5 OLG Frankfurt v. 23.2.2010 – 5 Sch 2/09, AG 2010, 596.
6 LG Freiburg v. 26.11.1997 – 11 T 1/96, AG 1998, 536 (537); OLG Frankfurt v. 23.2.2010 – 5 Sch 2/09, AG 2009, 596; Kösters, WM 2000, 1921 (1923).

den Antrag bei einer Klage, die noch nicht zugestellt wurde, nicht zurückzuweisen, da er mit der Zustellung zulässig wird[1]. Der Antrag kann auch schon vor der Zustellung, insbesondere durch Einsichtnahme in die eingereichte Klage, vorbereitet werden (siehe dazu Rz. 47). Für die Zeit nach einer Klageerhebung sieht das Gesetz **keine Antragsfrist** vor. Der Antrag kann deshalb noch zu jedem beliebigen Zeitpunkt des Rechtsstreites über die Wirksamkeit des Verschmelzungsbeschlusses gestellt werden (siehe dazu auch Rz. 46). Nach einer rechtskräftigen Entscheidung über die Unwirksamkeitsklage ist ein Antrag nach § 16 Abs. 3 UmwG aber nicht mehr zulässig[2]. Der Antrag nach § 16 Abs. 3 UmwG kann unabhängig von der Anmeldung nach § 16 Abs. 2 UmwG und auch schon vor dieser gestellt werden[3].

38 Die **Klage** muss, als Voraussetzung der Antragsberechtigung, **gegen die Wirksamkeit der Verschmelzung gerichtet** sein. Gemeint sind damit Klagen iS von § 14 Abs. 1 UmwG, die, wenn keine Negativerklärung gemäß § 16 Abs. 2 Satz 1 UmwG vorliegt, die Registersperre nach § 16 Abs. 2 Satz 2 UmwG auslösen[4]. Eine Klage, mit der, wenn auch im Zusammenhang mit der Verschmelzung, nur bestimmte Gläubigerrechte (vgl. § 22 UmwG) geltend gemacht oder die Erteilung bestimmter Auskünfte (§ 132 AktG, § 51b GmbHG) verlangt wird, löst keine Registersperre nach § 16 Abs. 2 UmwG aus; auf sie kann deshalb auch kein Antrag nach § 16 Abs. 3 UmwG gestützt werden. Das Gleiche gilt, wenn nicht der Verschmelzungsbeschluss, sondern nur der Beschluss über eine **Kapitalerhöhung** zur Durchführung der Verschmelzung angegriffen wird (vgl. dazu auch Rz. 24 und 55)[5]. Bei der AG, SE und KGaA kommt dafür das Freigabeverfahren nach § 246a AktG in Betracht. Die Entscheidung darüber, ob eine Klage iS des § 16 Abs. 2 UmwG vorliegt, liegt beim OLG.

d) Sachliche Voraussetzungen

39 § 16 Abs. 3 Satz 3 UmwG führt in den Nrn. 1 bis 3 vier Fallgestaltungen an, in denen das OLG feststellen kann, dass die Klage der Eintragung nicht entgegensteht. Sind die Voraussetzungen einer dieser abschließend geltenden Varianten erfüllt, ist die Freigabe zu beschließen („Der Beschluss ... ergeht, wenn ..."). Die anderen Varianten sind dann nicht mehr zu prüfen[6]. Nach § 16 Abs. 3 Satz 3

---

1 *Fronhöfer* in Widmann/Mayer, § 16 UmwG Rz. 126; *Schäffler* in Maulbetsch/Klumpp/Rose, § 16 UmwG Rz. 43; *Decher* in Lutter, § 16 UmwG Rz. 38.
2 *Schäffler* in Maulbetsch/Klumpp/Rose, § 16 UmwG Rz. 43.
3 OLG Stuttgart v. 17.12.1996 – 12 W 44/96, ZIP 1997, 75 (76) = AG 1997, 138.
4 *Decher* in Lutter, § 16 UmwG Rz. 37; *Kösters*, WM 2000, 1921 (1923).
5 *Decher* in Lutter, § 16 UmwG Rz. 37; *Simon* in KölnKomm. UmwG, § 16 UmwG Rz. 51; für analoge Anwendung des § 16 Abs. 3 UmwG dagegen *Fronhöfer* in Widmann/Mayer, § 16 UmwG Rz. 106; *Schwanna* in Semler/Stengel, § 16 UmwG Rz. 22; *Schäffler* in Maulbetsch/Klumpp/Rose, § 16 UmwG Rz. 45.
6 Vgl. Bericht des Rechtsausschusses, BT-Drucks. 16/13098, S. 60.

Nr. 1 Alt. 1 UmwG muss das OLG feststellen, dass die Erhebung der Unwirksamkeitsklage der Eintragung der Verschmelzung nicht entgegensteht, wenn diese Klage **unzulässig** ist. Dieser Fall liegt zB vor, wenn die Klageschrift (§ 253 ZPO) unvollständig ist, die Klage beim unzuständigen Gericht eingereicht und kein Verweisungsantrag (§ 282 Abs. 1 ZPO) gestellt wurde oder wenn eine sonstige Prozessvoraussetzung fehlt. Ob der Zulässigkeitsmangel behebbar ist, spielt dabei keine Rolle[1]. Die Unzulässigkeit ist abschließend zu prüfen; offensichtliche Unzulässigkeit genügt nicht.

Die Eintragung ist auch freizugeben, wenn die Klage **offensichtlich unbegründet** ist (§ 16 Abs. 3 Satz 3 Nr. 1 Alt. 2 UmwG). Offensichtlich unbegründet ist die Unwirksamkeitsklage nach der älteren Rechtsprechung, wenn sie „zweifelsfrei ohne Erfolgsaussichten" ist. Dazu gehören Klagen, die von vornherein unschlüssig oder unbegründet sind[2] bzw. deren Unbegründetheit ohne weiteres erkennbar ist[3]. Dies bedeutet allerdings nicht, dass der Klage die Unbegründetheit gewissermaßen „auf die Stirn geschrieben" sein muss[4]. Die offensichtliche Unbegründetheit kann sich vielmehr auch im Verfahren ergeben. Nach der Begründung zu § 246a AktG[5] und der sich daran orientierenden neueren Rechtsprechung wird dagegen nicht mehr auf die leichte Erkennbarkeit und den damit verbundenen Prüfungsaufwand, sondern auf das Maß an Sicherheit abgestellt, mit dem sich die Unbegründetheit unter den Bedingungen des Eilverfahrens prognostizieren lässt. Das Ergebnis der **sachlichen und rechtlichen Beurteilung** muss so **eindeutig** sein, dass eine andere Beurteilung nicht oder kaum vertretbar erscheint[6]. Offensichtlich unbegründet ist eine Unwirksamkeitsklage danach

40

---

1 *Decher* in Lutter, § 16 UmwG Rz. 42; *Sosnitza*, NZG 1999, 965 (968); *Kösters*, WM 2000, 1921 (1925); aA LG Darmstadt v. 29.11.2005 – 12 O 491/05, AG 2006, 127 (128); *Brandner/Bergmann* in FS Bezzenberger, 2000, S. 59 (63); *Schäffler* in Maulbetsch/Klumpp/Rose, § 16 UmwG Rz. 50.
2 Vgl. BGH v. 2.7.1990 – II ZB 1/90, WM 1990, 1372 (1377) = AG 1990, 538; zust. *Lutter*, EWiR § 345 AktG 2/90, 851; dem folgend OLG Düsseldorf v. 15.3.1999 – 17 W 18/99, AG 1999, 418 = ZIP 1999, 793; OLG Hamm v. 4.3.1999 – 8 W 11/99, ZIP 1999, 798 (799) = AG 1999, 422.
3 OLG Stuttgart v. 17.12.1996 – 12 W 44/96, AG 1997, 138 = ZIP 1997, 75; OLG Frankfurt v. 9.6.1997 – 10 W 12/97, ZIP 1997, 1291; ähnlich LG Freiburg v. 26.11.1997 – 11 T 1/96, AG 1998, 536 und LG Duisburg v. 4.2.1999 – 44 O 3/99, NZG 1999, 564; zustimmend *Kösters*, WM 2000, 1921 (1926); *Fronhöfer* in Widmann/Mayer, § 16 UmwG Rz. 152 f.; *Schwanna* in Semler/Stengel, § 16 UmwG Rz. 30; *Simon* in KölnKomm. UmwG, § 16 UmwG Rz. 72.
4 So LG Hanau v. 5.10.1995 – 5 O 183/95, ZIP 1995, 1820 (1821) = AG 1996, 90; abl. *Veil*, ZIP 1996, 1065 (1070); differenzierend *Sosnitza*, NZG 1999, 965 (970).
5 Begr. RegE, BT-Drucks. 15/5092, S. 29.
6 Vgl. OLG Frankfurt v. 8.2.2006 – 12 W 185/05, AG 2006, 249 (250); OLG Düsseldorf v. 11.8.2006 – I-15 W 110/05, DB 2006, 2223 (2223 f.) = AG 2007, 363; OLG Hamm v. 28.2.2005 – 8 W 6/05, AG 2005, 361; OLG Stuttgart v. 3.12.2003 – 20 W 6/03, AG 2004, 105 = ZIP 2003, 2363; OLG Hamburg v. 11.8.2003 – 11 W 28/03, AG 2003, 696; OLG Hamburg

dann, wenn sich die Unbegründetheit mit hoher Sicherheit vorhersagen lässt. Maßgebend ist somit die **negative Erfolgsprognose**[1]. Eine offensichtliche Unbegründetheit wird mangels eindeutiger Prognose verneint, wenn eine umfangreiche Beweisaufnahme erforderlich ist oder schwierige Rechtsfragen zu klären sind[2]. Ein non liquet geht zu Lasten des antragstellenden Rechtsträgers[3]. Eine kursorische Prüfung kommt allenfalls bei der Feststellung des Sachverhalts, für den Glaubhaftmachung ausreicht (siehe Rz. 49), nicht aber bei der Klärung der Rechtsfragen in Betracht[4]. Bei schwierigen Rechtsfragen genügt es aber, wenn sie aus der Sicht des Gerichts eindeutig zu beantworten sind, ohne dass es darauf ankommt, ob dazu auch andere Standpunkte vertreten werden[5]. Werden Rechtsfehler durch einen Bestätigungsbeschluss (§ 244 AktG) ausgeräumt, ist dem bei der Prüfung der offensichtlichen Unbegründetheit Rechnung zu tragen[6]. Offensichtlich unbegründet ist die Klage des Anteilsinhabers eines übertragenden Rechtsträgers, die darauf gestützt ist, dass das Umtauschverhältnis falsch bemessen ist. Solche Bewertungsrügen sind ausschließlich im Spruchverfahren geltend zu machen (§§ 14 Abs. 2, 15 Abs. 1 UmwG).

41 Offensichtlich unbegründet sein können auch Klagen, die **rechtsmissbräuchlich** sind, dh. die mit dem Ziel erhoben werden, die Gesellschaft in grob eigennütziger Weise zu einer Leistung zu veranlassen, auf die der klagende Anteilsinhaber

---

v. 11.4.2003 – 11 U 215/02, ZIP 2003, 1344 (1350) = AG 2003, 441; OLG Köln v. 6.10. 2003 – 18 W 35/03, AG 2004, 39 = ZIP 2004, 760; OLG Düsseldorf v. 16.10.2004 – I-16 W 63/03, AG 2004, 207 = ZIP 2004, 359, jeweils zu § 319 Abs. 6 Satz 2 AktG; vgl. auch *Decher* in Lutter, § 16 UmwG Rz. 43 und *Hüffer/Koch*, § 246a AktG Rz. 16, jeweils mwN.

1 *Fuhrmann/Linnerz*, ZIP 2004, 2306 (2307); *Schwanna* in Semler/Stengel, § 16 UmwG Rz. 31; so auch für alle Freigabeverfahren die amtl. Begr. zu § 246a Abs. 2 AktG, BT-Drucks. 15/5092, S. 29.

2 Vgl. LG Hanau v. 5.10.1995 – 5 O 183/95, ZIP 1995, 1820 (1821) = AG 1996, 90; OLG Stuttgart v. 17.12.1996 – 12 W 44/96, AG 1997, 138 (139); LG Freiburg v. 26.11.1997 – 11 T 1/96, AG 1998, 536 (537); LG Duisburg v. 4.2.1999 – 44 O 3/99, NZG 1999, 564; OLG Düsseldorf v. 15.3.1999 – 17 W 18/99, AG 1999, 418 = NZG 1999, 565; *Decher* in Lutter, § 16 UmwG Rz. 45; *Stratz* in Schmitt/Hörtnagl/Stratz, § 16 UmwG Rz. 58; *Hüffer/Koch*, § 246a AktG Rz. 16.

3 Begr. RegE bei *Ganske*, S. 69.

4 OLG Frankfurt v. 8.2.2006 – 12 W 185/05, AG 2006, 249 (250); OLG Frankfurt v. 17.2. 1998 – 5 W 32/97, AG 1998, 428 (429); OLG Frankfurt v. 10.2.2003 – 5 W 33/02, ZIP 2003, 1654 (1655) = AG 2003, 573; OLG Hamburg v. 11.4.2003 – 11 U 215/02, ZIP 2003, 1344 (1350) = AG 2003, 441 und OLG Hamburg v. 11.8.2003 – 11 W 28/03, AG 2003, 696; OLG Düsseldorf v. 16.10.2004 – I-16 W 63/03, AG 2004, 207 = ZIP 2004, 359; OLG Köln v. 6.10.2003 – 18 W 35/03, AG 2004, 39 = ZIP 2004, 760; *Simon* in KölnKomm. UmwG, § 16 UmwG Rz. 73.

5 OLG Stuttgart v. 2.12.2014 – 20 AktG 1/14, AG 2015, 163 (164).

6 BGH v. 15.12.2013 – II ZR 194/01, AG 2004, 204; OLG München v. 14.11.2012 – 7 AktG 2/12, AG 2013, 173 (174 f.); *Decher* in Lutter, § 16 UmwG Rz. 49; *Simon* in KölnKomm. UmwG, § 16 UmwG Rz. 78; *Rieckers*, BB 2005, 1348 (1351).

keinen Anspruch hat und auch billigerweise nicht erheben kann[1]. Rechtsmissbräuchlich kann auch eine sachwidrige Verknüpfung anderweitiger Ansprüche mit der Unwirksamkeitsklage sein[2]. Rechtsmissbrauch liegt idR dann vor, wenn die Klage in der Erwartung erhoben worden ist, der beklagte Rechtsträger werde sich unter dem Druck der in der Folge dieses Vorgehens befürchteten wirtschaftlichen Nachteile an den Kläger wenden und ihm Zahlungsangebote unterbreiten[3]. Derartige Absichten werden allerdings nur selten offenkundig oder leicht feststellbar sein[4].

Die Eintragung ist nach der durch das ARUG eingefügten Variante des § 16 Abs. 3 Satz 3 Nr. 2 UmwG auch dann freizugeben, wenn der Kläger nicht binnen einer Woche nach Zustellung des Antrags nachgewiesen hat, dass er seit Bekanntmachung der Einberufung einen anteiligen Betrag (des gezeichneten Kapitals und nicht etwa des Börsenwertes[5]) von **mindestens 1 000 Euro** hält. Dieses sog. **Bagatellquorum** begegnet keinen verfassungsrechtlichen Bedenken[6]. Allerdings ist das Quorum nach der Begründung auf die **AG**[7] und die dort als Kläger auftretenden Kleinstaktionäre zugeschnitten; es gilt damit auch für die **KGaA** und **SE**. Dem entspricht auch die Bezugnahme auf den „anteiligen Betrag". Für 41a

---

1 BGH v. 22.5.1989 – II ZR 206/88, BGHZ 107, 296 (311) = AG 1989, 399; BGH v. 2.7.1990 – II ZB 1/90, BGHZ 112, 9 (24) = AG 1990, 538; BGH v. 18.12.1989 – II ZR 254/88, AG 1990, 259 = ZIP 1990, 168; *Decher* in Lutter, § 16 UmwG Rz. 48; *Schwanna* in Semler/Stengel, § 16 UmwG Rz. 29; *Simon* in KölnKomm. UmwG, § 16 UmwG Rz. 74.
2 Vgl. OLG Frankfurt/M. v. 22.12.1995 – 5 W 42/95 u. 5 W 43/95, WM 1996, 534 (536) = AG 1996, 135 m. Anm. *Hirte/Schaal*, WuB II N. 1.96.
3 BGH v. 18.12.1989 – II ZR 254/88, AG 1990, 259 = ZIP 1990, 168; vgl. auch OLG Köln v. 6.10.2003 – 18 W 35/03, ZIP 2004, 760 (761) = AG 2004, 39.
4 Vgl. OLG Frankfurt v. 13.1.2009 – 5 U 183/07, AG 2009, 200 = NZG 2009, 222 und LG Hamburg v. 15.6.2009 – 321 O 430/07, WM 2009, 1330 (1331) = AG 2009, 553 zur Schadensersatzpflicht bei Rechtsmissbrauch sowie allgemein *Kiem*, Die Eintragung der angefochtenen Verschmelzung, S. 236 ff., 238 und *Rettmann*, S. 131 ff.; FG Köln v. 11.6.2015 – 13 K 3023/13, ZIP 2015, 1487 (1489 f.) zum Rechtsmissbrauch bei geringer Beteiligung; zum Missbrauch aktienrechtlicher Befugnisse allgemein auch EuGH v. 23.3.2000 – C-373/97, AG 2000, 470.
5 OLG Stuttgart v. 19.10.2009 – 20 AR (Freig.) 1/09, AG 2010, 89.
6 OLG Hamburg v. 11.12.2009 – 11 AR 2/09, AG 2010, 214 und OLG Hamburg v. 11.12. 2009 – 11 AR 1/09, AG 2010, 215; OLG Frankfurt v. 23.2.2010 – 5 Sch 2/09, AG 2010, 596 (597), jeweils zu § 246a AktG; OLG Stuttgart v. 19.10.2009 – 20 AR (Freig.) 1/09, AG 2010, 89 (90) zu §§ 327e, 319 Abs. 6 AktG; OLG Nürnberg v. 27.9.2010 – 12 AktG 1218/10, AG 2011, 179 zu §§ 246a, 319 Abs. 6 AktG; OLG Nürnberg v. 25.7.2012 – 12 AktG 778/12, AG 2012, 758 (760); OLG Köln v. 23.1.2012 – 18 U 323/11, BeckRS 2012, 03266 unter 2d; jeweils zu § 246a AktG; *Bayer* in FS Hoffmann-Becking, S. 91 (104) und *Verse* in FS Stilz, S. 651 (654 ff.) jeweils mwN.
7 Vgl. die Begründungen zur Änderung des § 246a AktG in BT-Drucks. 16/11642, S. 41 f. und BT-Drucks. 16/13098, S. 60, auf die bei § 16 UmwG ohne eigene Erwägungen verwiesen wird.

die GmbH und erst recht andere börsenferne Rechtsformen passen weder die Motive des Gesetzgebers noch der Wortlaut der Bestimmung. Dies spricht dafür, den Anwendungsbereich der Regelung teleologisch entsprechend einzuschränken[1]. Kläger, die seit Einberufung der Hauptversammlung nur mit einem nominellen Anteil von unter 1 000 Euro an der Gesellschaft beteiligt sind, sollen die Freigabe nicht verhindern können[2]. Ihre Klage gegen den Verschmelzungsbeschluss wird deshalb bei der Entscheidung über den Freigabeantrag materiell nicht berücksichtigt[3]. Die Gesellschaft braucht in ihrer Antragsschrift auf diese Klagen nicht einzugehen. Das **Hauptsacheverfahren** bleibt von diesem Ausschluss unberührt[4]. Wird dem Freigabeantrag stattgegeben, kann mit der Anfechtungs- und/oder Nichtigkeitsklage gegen den Verschmelzungsbeschluss aber nur noch Schadensersatz verlangt werden (§ 16 Abs. 3 Satz 10 UmwG; siehe dazu Rz. 53). Gibt es nur einen Kläger und erreicht dieser das Quorum nicht, hat das OLG über den Freigabeantrag nur aufgrund der Antragsschrift der Gesellschaft und eventuell ergänzender Aufklärungen zu entscheiden. Gibt es mehrere Kläger, von denen einige das Quorum erfüllen und andere nicht, kann das Hauptsacheverfahren der vom Freigabeverfahren ausgeschlossenen Kläger bis zu der Entscheidung des OLG gemäß § 148 ZPO ausgesetzt werden[5]. Die Kassationsmöglichkeit wird damit iE nur den Aktionären eingeräumt, die aufgrund ihres Anteilsbesitzes ein mutmaßliches wirtschaftliches Interesse an der Entwicklung der Gesellschaft haben[6].

41b Der Mindestanteil von 1 000 Euro nominal muss nach dem Wortlaut des Gesetzes von **jedem Kläger gesondert** erreicht und nachgewiesen werden. Eine Zusammenlegung des Anteilsbesitzes mehrerer Kläger zur Erreichung des Quorums genügt nicht[7]. Der Anteilsbesitz kann aber in einem gemeinsamen Rechts-

---

1 Ebenso *Bayer/Lieder*, NZG 2011, 1170 (1174); *Decher* in Lutter, § 16 UmwG Rz. 52; *Fronhöfer* in Widmann/Mayer, § 16 UmwG Rz. 156.2-3; *Verse* in FS Stilz, S. 651 (672); aA *Schulte* in Böttcher/Habighorst/Schulte, § 16 UmwG Rz. 35; *Stratz* in Schmitt/Hörtnagl/Stratz, § 16 UmwG Rz. 74
2 Begr. RegE, BT-Drucks. 16/11642, S. 41.
3 Vgl. Stellungnahme des *Handelsrechtsausschusses des DAV* zum RefE des ARUG, NZG 2008, 534 (541) und *Noack*, NZG 2008, 441 (446); *Decher* in Lutter, § 16 UmwG Rz. 58; *Verse* in FS Stilz, S. 651 (668 f.).
4 *Decher* in Lutter, § 16 UmwG Rz. 92
5 Bericht des Rechtsausschusses, BT-Drucks. 16/11642, S. 60.
6 Vgl. Bericht des Rechtsausschusses, BT-Drucks. 16/11642, S. 60.
7 Vgl. die abweichenden Formulierungen in §§ 122 Abs. 1 Satz 1, Abs. 2; 142 Abs. 2 Satz 1; 148 Abs. 1 Satz 1; 258 Abs. 2 Satz 2 AktG: „Anteile ... zusammen"; ebenso *Decher* in Lutter, § 16 UmwG Rz. 53; *Fronhöfer* in Mayer/Widmann, § 16 UmwG Rz. 156.4; *Schwanna* in Semler/Stengel, § 16 UmwG Rz. 31c; *Simon* in KölnKomm. UmwG, § 16 UmwG Rz. 104; *Drinhausen/Keinath*, BB 2008, 2078 (2081); *Schall/Habbe/Wiegand*, NJW 2010, 1789 (1791); *Verse* in FS Stilz, S. 651 (656 f.); OLG Hamburg v. 11.12.2009 – 11 AR 1/09, AG 2010, 215; OLG Hamburg v. 11.12.2009 – 11 AR 2/09, AG 2010, 214; OLG Frankfurt v. 23.2.2010 – 5 Sch 2/09, AG 2010, 596 (597); OLG Frankfurt v. 30.3.2010 – 5 Sch 3/09,

träger oder einer nicht rechtsfähigen Rechtsgemeinschaft (§ 69 AktG) gebündelt werden[1]. Das Quorum muss **seit Bekanntmachung der Einberufung** erreicht sein. Gemeint ist damit die Einberufung der Hauptversammlung, in welcher der Verschmelzungsbeschluss gefasst wurde. Bekanntgemacht wird diese Einberufung in den Gesellschaftsblättern und damit jedenfalls im elektronischen Bundesanzeiger (§§ 25, 121 Abs. 4 Satz 1 AktG). Die Anteile müssen nach dem Zweck der Regelung am Tag vor dieser Bekanntmachung erworben sein, andernfalls ist das Quorum nicht erreicht[2]. Bei Namensaktien muss an diesem Tag die Eintragung im Aktienregister vorliegen (§ 67 Abs. 2 Satz 1 AktG)[3]. Der **Nachweis** des Quorums hat durch den Kläger **binnen einer Woche** nach Zustellung des Freigabeantrags durch **Urkunden** gegenüber dem Gericht zu erfolgen. Die Wochenfrist ist als gesetzliche Frist zwingend; sie kann vom Gericht nicht verlängert werden[4]. Auch eine Wiedereinsetzung wegen Fristversäumung kommt nicht in Betracht[5]. Der Kläger kann die erforderlichen Urkunden schon bei der Erhebung der Klage beschaffen. Im Erbfall muss der Nachweis neben diesem auch den Aktienbesitz des Erblassers umfassen[6]. Der Nachweis muss nach dem Gesetzeswortlaut und weil es sich um einen formalen Freigabegrund handelt grundsätzlich auch dann geführt werden, wenn der Anteilsbesitz des Klägers unstreitig ist[7]. Der Nachweis ist ein materiell-rechtliches Erfordernis und nicht nur eine (verzichtbare) Verfahrensregelung[8]. Wird der Nachweis allerdings innerhalb der Wochenfrist unstreitig gestellt, ist der Zweck des Nach-

---

AG 2010, 508 (509); aA *Schwab* in K. Schmidt/Lutter, § 246a AktG Rz. 9; *Schatz* in Heidel, Aktien- und Kapitalmarktrecht, 4. Aufl. 2014, § 246a AktG Rz. 41.

1 Vgl. zu § 69 AktG OLG Rostock v. 15.5.2013 – 1 AktG 1/13, AG 2013, 768 (769); *Decher* in Lutter, § 16 UmwG Rz. 53; *Fronhöfer* in Widmann/Mayer, § 16 UmwG Rz. 156.7; *Verse* in FS Stilz, S. 651 (657 f.).
2 *Decher* in Lutter, § 16 UmwG Rz. 54; *Rotley*, GWR 2009, 312 (313); *Verse* in FS Stilz, S. 651 (658 f.); *Wilsing/Saß*, DB 2011, 919 (921 f.); aA *Bayer* in FS Hoffmann-Becking, S. 91 (105).
3 *Decher* in Lutter, § 16 UmwG Rz. 54; aA OLG München v. 10.4.2013 – 7 AktG 1/13, AG 2013, 527: tatsächliches Halten genügt; krit. dazu *Verse* in FS Stilz, S. 651 (662).
4 OLG Nürnberg v. 25.7.2012 – 12 AktG 778/12, AG 2012, 758 (759 f.); *Decher* in Lutter, § 16 UmwG Rz. 55; *Lorenz/Pospiech*, BB 2010, 2515 (2518); *Bayer* in FS Hoffmann-Becking, S. 91 (105); *Verse* in FS Stilz, S. 651 (663).
5 OLG Nürnberg v. 27.9.2010 – 12 AktG 1218/10, AG 2011, 179 = NZG 2011, 150.
6 OLG München v. 16.6.2010 – 7 AktG 1/10, AG 2010, 715; *Decher* in Lutter, § 16 UmwG Rz. 56.
7 OLG Nürnberg v. 25.7.2012 – 12 AktG 778/12, AG 2012, 758; OLG Köln v. 23.1.2012 – 18 U 323/11, BeckRS 2012, 03266; OLG Hamm v. 6.7.2011 – I-8 AktG 2/11, AG 2011, 826 (827); KG v. 6.12.2010 – 23 AktG 1/10, AG 2011, 170 (171); aA OLG Frankfurt v. 20.3.2012 – 5 AktG 4/11, AG 2012, 414 f.; OLG Frankfurt v. 30.3.2010 – 5 Sch 3/09, AG 2010, 508 und OLG Nürnberg v. 27.9.2010 – 12 AktG 1218/10, AG 2011, 179 (180).
8 *Stratz* in Schmitt/Hörtnagl/Stratz, § 16 UwG Rz. 72; *Bayer* in FS Hoffmann-Becking, S. 91 (104 f.); *Reichard*, NZG 2011, 775 (886); *Wilsing/Saß*, DB 2011, 919 (923).

weiserfordernisses erfüllt[1]. Wird der Nachweis nicht fristgerecht erbracht, bleibt die betreffende Klage im Freigabeverfahren unberücksichtigt. Für den Nachweis genügt zB die Vorlage einer entsprechenden Bankbestätigung[2]. Diese ist im Original und nicht nur in Kopie vorzulegen[3]. Ein Nachweis gemäß § 123 Abs. 4 Satz 1 AktG ist dagegen nicht ausreichend, da dieser den Anteilsbesitz nur zum Record Date bestätigt[4]. War das Quorum im Zeitpunkt der Bekanntmachung der Einberufung erreicht, sinkt der Anteilsbesitz aber in der Zeit bis eine Woche nach Zustellung unter 1 000 Euro, ist das Quorum ebenfalls nicht erfüllt. Der Anteilsbesitz von mindestens 1 000 Euro muss mithin ununterbrochen während des ganzen genannten Zeitraums, dh. bis zur Zustellung des Freigabeantrags, vorliegen[5]. Er muss anschließend, insbesondere während des Freigabeverfahrens, aber nicht aufrecht erhalten werden[6]. Ein **Nebenintervenient** auf Seiten eines Antragsgegners muss das Quorum ebenfalls erfüllen[7].

42 Von besonderer Bedeutung ist der vierte, in § 16 Abs. 3 Satz 3 Nr. 3 UmwG geregelte Fall, das **vorrangige Vollzugsinteresse**. Die Eintragung kann danach auch dann freigegeben werden, wenn die Unwirksamkeitsklage voraussichtlich oder sogar zweifelsfrei begründet ist[8]. Diese Möglichkeit der Freigabe wurde entwickelt, nachdem sich gezeigt hatte, dass die durch bloße Klageerhebung ausgelöste Eintragungssperre von einer zunehmenden Anzahl von Berufsklägern für eigensüchtige Ziele missbraucht wird. Die Freigabe aufgrund einer umfassenden Interessenabwägung erlaubt es, diese Eintragungssperre unter Berücksichtigung wirtschaftlicher Überlegungen zu durchbrechen und den klagenden

---

1 OLG Frankfurt v. 20.3.2012 – 5 AktG 4/11, AG 2012, 414 (415); *Decher* in Lutter, § 16 UmwG Rz. 57; *Verse* in FS Stilz, S. 651 (665).
2 OLG Nürnberg v. 25.7.2012 – 12 AktG 778/12, AG 2012, 758 (761); *Decher* in Lutter, § 16 UmwG Rz. 56.
3 OLG Bamberg v. 9.12.2013 – 3 AktG 2/13, NZG 2014, 306 = AG 2014, 372.
4 § 123 Abs. 4 Satz 2 AktG; OLG Nürnberg v. 27.9.2010 – 12 AktG 1218/10, AG 2011, 179 = NZG 2011, 150.
5 OLG Bamberg v. 9.12.2013 – 3 AktG 2/13, NZG 2014, 306 (307) = AG 2014, 372; *Decher* in Lutter, § 16 UmwG Rz. 54; *Verse* in FS Stilz, S. 651 (660); *Hüffer/Koch*, § 246a AktG Rz. 20b; *Wilk* in MünchHdb GesR Bd. 7, § 29 Rz. 281; aA KG Berlin v. 2.2.2015 – 23 AktG 1/14, AG 2015, 319 (320); *Bayer* in FS Hoffmann-Becking, S. 91 (106): Nachweis nur bis zur Klageerhebung.
6 *Decher* in Lutter, § 16 UmwG Rz. 54; *Schwanna* in Semler/Stengel, § 16 UmwG Rz. 31d; *Verse* in FS Stilz, S. 651 (659); vgl. auch OLG Saarbrücken v. 7.12.2010 – 4 AktG 476/10, AG 2011, 343 = NZG 2011, 358.
7 *Verse* in FS Stilz, S. 651 (670 f.); *Decher* in Lutter, § 16 UmwG Rz. 79; aA *Bayer* in FS Maier-Reimer, S. 1 (11): Nebenintervention unbeschränkt zulässig; anders auch OLG Bremen v. 16.8.2012 – 2 U 51/12 AktG, ZIP 2013, 460 (465) = AG 2013, 643: Nebenintervention im Freigabeverfahren unzulässig.
8 Vgl. Begr. RegE zu § 246a Abs. 2 AktG, BT-Drucks. 15/5092, S. 29; kritisch dazu *Zöllner* in FS Westermann, 2008, 1631 (1643 f.).

Gesellschafter ggf. auf einen individuellen Schadensersatzanspruch zu verweisen (§ 16 Abs. 3 Satz 10 UmwG)[1].

Nach dem durch das ARUG neu gefassten Gesetzestext ist dafür zunächst (1. Stufe) eine **Abwägung zwischen den Nachteilen** vorzunehmen, die für die beteiligten Rechtsträger und deren Anteilsinhaber auf der einen und für den Antragsgegner auf der anderen Seite drohen, wenn die Verschmelzung nicht alsbald eingetragen und damit wirksam wird. Das Interesse am Vollzug und damit der Eintragung der Verschmelzung muss das Aufschubinteresse im Ergebnis überwiegen. Dabei sind alle relevanten Umstände des Einzelfalls zu berücksichtigen. Ergänzend ist sodann (2. Stufe) zu prüfen, ob nicht ein **besonders schwerer Rechtsverstoß** vorliegt, der einer Freigabe und damit dem Vollzug der Verschmelzung entgegensteht. Diese zweistufige Prüfung ist klarer strukturiert als die frühere Gesetzesfassung, nach der sowohl die wirtschaftlichen Gesichtspunkte als auch die geltend gemachten Rechtsverletzungen gegeneinander abzuwägen waren. In der Gerichtspraxis wird das Vorliegen eines besonders schweren Rechtsverstoßes mitunter zuerst geprüft und die Interessenabwägung erst danach vorgenommen. 43

Dem Interesse des klagenden Anteilsinhabers sind die **wirtschaftlichen Interessen** der an der Verschmelzung beteiligten Rechtsträger und ihrer – nicht klagenden – Anteilsinhaber gegenüberzustellen[2]. Dabei geht es insbesondere um die Nachteile, die diesen bei einer Verzögerung der Eintragung drohen. Bei dem **Aufschubinteresse der klagenden Anteilsinhaber** ist auch der Umfang ihrer Beteiligung in die Abwägung einzubeziehen[3]. Bei Anteilsinhabern mit geringer Beteiligung wird die Abwägung der beiderseitigen Nachteile schwerlich zu ihren Gunsten ausgehen[4]. Auch die Quote der Mehrheitszustimmung kann im Rahmen der Interessenabwägung Beachtung finden[5]. Zu berücksichtigen ist zB der 44

---

[1] Vgl. zu den rechtspolitischen Überlegungen *M. Winter* in FS Ulmer, 2003, S. 699 (712 ff.).

[2] Begr. RegE ARUG, BT-Drucks. 16/11642, S. 41; *Seibert*, ZIP 2008, 2145 (2152); *Decher* in Lutter, § 16 UmwG Rz. 60; *Schwanna* in Semler/Stengel, § 16 UmwG Rz. 33; *Fronhöfer* in Widmann/Mayer, § 16 UmwG Rz. 159.

[3] Vgl. Bericht des Rechtsausschusses, BT-Drucks. 16/13098, S. 61; früher schon LG Heilbronn v. 2.8.1996 – 1 KfH O 295/96, EWiR § 16 UmwG 1/97, 43 (*Bayer/Schmitz-Riol*) zur Spaltung; LG Frankfurt/M. v. 17.9.1999 – 3/1 O 84/99, DB 1999, 2304 (2305); OLG Frankfurt v. 8.2.2006 – 12 W 185/05, ZIP 2006, 370 (380) = AG 2006, 249; *Neumann/Siebmann* DB 2006, 435 (437); *Riegger/Schockenhoff*, ZIP 1997, 2105 (2109); *Noack*, ZHR 164 (2000), 274 (285); *Decher* in Lutter, § 16 UmwG Rz. 68; *Schwanna* in Semler/Stengel, § 16 UmwG Rz. 37; *Stratz* in Schmitt/Hörtnagl/Stratz, § 16 UmwG Rz. 81.

[4] So ausdrücklich Bericht des Rechtsausschusses, BT-Drucks. 16/13098, S. 61 zu § 246a AktG.

[5] LG Frankfurt/M. v. 17.9.1999 – 3/1 O 84/99, DB 1999, 2304 f.; *Noack*, ZHR 164 (2000), 274 (285); *Schwanna* in Semler/Stengel, § 16 UmwG Rz. 38.

Verlust einer Beteiligungsquote zur Geltendmachung von Minderheitsrechten[1] oder die Aussicht auf eine mehrjährige Ausschüttungssperre als Folge der Verschmelzung[2]. Die individuellen Nachteile der klagenden Anteilsinhaber, die das Quorum erreicht haben, sind nicht einzeln, sondern kumulativ zu berücksichtigen[3].

45 Der beklagte Rechtsträger muss zur Erreichung eines Unbedenklichkeitsbeschlusses darlegen, dass die aus der Verzögerung der Eintragung sich ergebenden **wesentlichen Nachteile** für die an der Verschmelzung beteiligten Rechtsträger und deren Anteilsinhaber die Nachteile für den Kläger **überwiegen**. Schwerwiegende Nachteile wie Sanierungsbedürftigkeit, Insolvenzgefahr oder hohe Steuernachteile sind dafür nicht erforderlich. Das Merkmal „wesentlich" soll nur verhindern, dass die beteiligten Rechtsträger ihr überwiegendes Vollzugsinteresse auf aus ihrer Sicht unwesentliche Nachteile stützen[4]. In die Abwägung sind demgemäß alle nicht ganz unbedeutenden wirtschaftlichen Nachteile einzubeziehen. Dazu gehören auch zB die Kosten einer Wiederholung der Hauptversammlung oder Zinseffekte[5] sowie die Kosten, die sich aus der Fortdauer einer Börsennotierung ergeben[6]. Die Nachteile müssen nur einiges Gewicht haben[7]. Neben den Nachteilen für die an der Verschmelzung beteiligten Rechtsträger sind auch die Auswirkungen der Verschmelzung auf deren Anteilsinhaber zu berücksichtigen. Diese Nachteile müssen nicht bei jedem Rechtsträger und seinen Anteilsinhabern, sondern **insgesamt betrachtet** überwiegen und damit für eine baldige Eintragung sprechen[8]. Deshalb kann es ausreichen, wenn nur zB bei dem übertragenden Rechtsträger entsprechende Nachteile zu besorgen sind. Überwiegende Nachteile können sich vor allem aus der Verzögerung bzw. dem

---

1 *Fronhöfer* in Widmann/Mayer, § 16 UmwG Rz. 169.1; *Decher* in Lutter, § 16 UmwG Rz. 66.
2 OLG Hamm v. 16.5.2011 – I-8 AktG 1/11, AG 2011, 624 (626).
3 *Verse*, NZG 2009, 1127 (1130); *Bayer* in FS Hoffmann-Becking, S. 91 (112); *Decher* in Lutter, § 16 UmwG Rz. 65; aA *Martens/Martens* in FS K. Schmidt, S. 1129 (1144).
4 *Simon* in KölnKomm. UmwG, § 16 UmwG Rz. 90.
5 Bericht des Rechtsausschusses, BT-Drucks. 16/13098, S. 60 f. zu § 246a AktG; einschr. zu den Kosten einer weiteren Hauptversammlung OLG Frankfurt v. 11.4.2011 – 5 Sch 4/10, Juris = BeckRS 2011, 24255.
6 Vgl. OLG Hamm v. 22.9.2010 – I-8 AktG 1/10, AG 2011, 136 (139) zu § 327e AktG.
7 So die Begr. RegE des UmwG, BT-Drucks. 12/6699, S. 89; ebenso *Decher* in Lutter, § 16 UmwG Rz. 62; *Schwanna* in Semler/Stengel, § 16 UmwG Rz. 33; *Simon* in KölnKomm. UmwG, § 16 UmwG Rz. 90; vgl. auch OLG Hamm v. 16.5.2011 – I-8 AktG 1/11, AG 2011, 624 (625): „alle nicht vernachlässigbaren wirtschaftlichen Nachteile"; zweifelhaft bei Marktirritation oder Imageschäden, vgl. LG Duisburg v. 4.2.1999 – 44 O 3/99, NZG 1999, 564; OLG Stuttgart v. 17.12.1996 – 12 W 44/96, ZIP 1997, 75 (77) = AG 1997, 138; LG Wiesbaden v. 5.2.1997 – 11 O 83/96, AG 1997, 274 zum Formwechsel.
8 OLG Düsseldorf v. 27.8.2001 – 6 W 28/01, AG 2002, 47; *Decher* in Lutter, § 16 UmwG Rz. 62; *Fronhöfer* in Widmann/Mayer, § 16 UmwG Rz. 166.

Nichterreichen der angestrebten Synergie- und Rationalisierungseffekte[1], aus steuerlichen Nachteilen[2], dem Verlust von Geschäftschancen[3] oder dem möglichen Scheitern eines Börsengangs[4] ergeben. Zu berücksichtigen sind auch Nachteile, die sich nicht ohne weiteres quantifizieren lassen, wie etwa eine Verunsicherung der Geschäftspartner[5], die Gefahr einer Abwanderung von qualifiziertem Personal[6] oder ein möglicher Ansehensverlust im Markt[7]. Sind im Anschluss an die Verschmelzung weiter gehende Kooperationen beabsichtigt, ist auch das Bedürfnis nach alsbaldiger Rechtsklarheit zu würdigen[8].

Die angeführten Gesichtspunkte sind vom Gericht „**nach freier Überzeugung**" 46 zu würdigen. Dem Gericht ist damit ein weiter Beurteilungsspielraum eingeräumt. Da die vorgebrachten Tatsachen nur glaubhaft zu machen sind (§ 16 Abs. 3 Satz 6 UmwG), genügt es, wenn das Gericht die Nachteile für überwiegend wahrscheinlich hält[9]. Bei der Interessenabwägung ist zugunsten des Vollzugsinteresses eines übertragenden Rechtsträgers zu berücksichtigen, dass die Vermögensinteressen der klagenden Anteilsinhaber durch das Spruchverfahren gemäß § 15 UmwG geschützt sind[10]. Teilweise wird die Ansicht vertreten, dass ein vorrangiges Vollzugsinteresse iS von § 16 Abs. 3 Satz 3 Nr. 3 UmwG nur anzuerkennen sei, wenn der Freigabeantrag innerhalb von drei Monaten nach

---

1 LG Essen v. 8.2.1999 – 44 O 249/98, AG 1999, 329 = NZG 1999, 556; OLG Düsseldorf v. 15.3.1999 – 17 W 18/99, ZIP 1999, 793 (798) = AG 1999, 418; OLG Stuttgart v. 22.3.2002 – 20 W 32/01, DB 2003, 33 (36) = AG 2003, 456; LG Berlin v. 12.6.2003 – 93 O 84/03, Der Konzern 2003, 483 (494); OLG Hamm v. 28.2.2005 – 8 W 6/05, Der Konzern 2005, 374 (379) = AG 2005, 361; OLG Frankfurt v. 8.2.2006 – 12 W 185/05, AG 2006, 249 (257); OLG Saarbrücken v. 7.12.2010 – 4 AktG 476/10, AG 2011, 343; OLG Hamm v. 16.5.2011 – I-8 AktG 1/11, AG 2011, 624 (625); *Decher* in Lutter, § 16 UmwG Rz. 63; *Schwanna* in Semler/Stengel, § 16 UmwG Rz. 33.
2 OLG Frankfurt v. 22.12.1995 – 5 W 42/95 u. 5 W 43/95, ZIP 1996, 379 (381) = AG 1996, 135; OLG Düsseldorf v. 15.3.1999 – 17 W 18/99, ZIP 1999, 793 (798) = AG 1999, 418; OLG Düsseldorf v. 27.8.2001 – 6 W 28/01, ZIP 2001, 1717 (1720) = AG 2002, 47; OLG Hamm v. 16.5.2011 – I-8 AktG 1/11, AG 2011, 624 (625); *Decher* in Lutter, § 16 UmwG Rz. 63.
3 OLG Frankfurt v. 10.2.2003 – 5 W 33/02, ZIP 2003, 1654 (1657) = AG 2003, 573.
4 OLG Hamm v. 16.5.2011 – I-8 AktG 1/11, AG 2011, 624 (625).
5 OLG Stuttgart v. 17.12.1996 – 12 W 44/96, ZIP 1997, 75 (77) = AG 1997, 138; OLG Düsseldorf v. 15.3.1999 – 17 W 18/99, ZIP 1999, 793 (798) = AG 1999, 418.
6 LG Berlin v. 12.6.2003 – 93 O 84/03, Der Konzern 2003, 483 (495); OLG Hamm v. 28.2.2005 – 8 W 6/05, Der Konzern 2005, 374 (379) = AG 2005, 361; krit. insoweit *Heermann*, ZIP 1999, 1861 (1863).
7 LG Duisburg v. 4.2.1999 – 44 O 3/99, NZG 1999, 564.
8 Vgl. OLG Stuttgart v. 17.12.1996 – 12 W 44/96, ZIP 1997, 75 (77) = AG 1997, 138 zur Spaltung.
9 *Decher* in Lutter, § 16 UmwG Rz. 67; *Decher*, AG 1997, 388 (394); *Schwanna* in Semler/Stengel, § 16 UmwG Rz. 41; *Stratz* in Schmitt/Hörtnagl/Stratz, § 16 UmwG Rz. 83.
10 *Decher* in Lutter, § 16 UmwG Rz. 69.

Kenntnis der Unwirksamkeitsklage eingereicht wird[1]. Das Gesetz verlangt aber weder die Einhaltung einer bestimmten Antragsfrist noch die Glaubhaftmachung eines besonderen Eilinteresses. Der **Freigabeantrag** kann daher – von einer etwaigen Verwirkung abgesehen – **ohne zeitliche Begrenzung** gestellt werden[2]. Bei zwischenzeitlich veränderter Sachlage kann auch ein erneutes Freigabeverfahren eingeleitet werden[3].

46a Ergibt die Abwägung der beiderseitigen Interessen ein überwiegendes Interesse für den Vollzug der Eintragung, ist in einem weiteren Schritt zu prüfen, ob der Freigabe nicht ausnahmsweise ein **besonders schwerer Rechtsverstoß** entgegensteht. Ein solcher Rechtsverstoß muss vom Kläger zur Überzeugung des Gerichts dargelegt und glaubhaft gemacht sein[4]. Es genügt mithin nicht mehr, die behauptete Rechtsverletzung einfach als gegeben zu unterstellen[5]. Nach der Begründung des Rechtsausschusses muss es sich um einen „ganz gravierenden Rechtsverstoß" handeln. Dafür genüge nicht schon jeder Fall der Beschlussnichtigkeit. Es gehe vielmehr nur um Fälle, in denen es für die Rechtsordnung „unerträglich" wäre, den Beschluss ohne vertiefte Prüfung im Hauptsacheverfahren eintragen und umsetzen zu lassen. Dies komme etwa in Betracht bei einer Verletzung elementarer Aktionärsrechte, die durch Schadensersatz nicht angemessen zu kompensieren ist. Als Beispiele nennt der Rechtsausschuss die Beschlussfassung in einer nicht ordnungsgemäß einberufenen Geheimversammlung, absichtliche Verstöße gegen Gleichbehandlungsgebot und Treuepflicht mit schweren Folgen sowie völliges Fehlen der notariellen Beurkundung bei einer börsennotierten Gesellschaft. Gleichgestellt ist die unberechtigte Nichtzulassung eines Aktionärs zur Hauptversammlung[6]. Demgemäß begründe nicht schon jeder Einberufungsmangel per se einen besonders schweren Rechtsverstoß[7]. An-

---

1 So OLG München v. 4.11.2009 – 7 A 2/09, AG 2010, 170 (172 f.) mit abl. Anm. von *Lorenz/Gullo*, GWR 2010, 13.
2 OLG Frankfurt v. 30.3.2010 – 5 Sch 3/09, AG 2010, 508 = NZG 2010, 824 zu § 246a AktG und KG v. 12.3.2010 – 14 AktG 1/09, AG 2010, 497 (498); *Habersack/Stilz*, ZGR 2010, 710 (721); *Heidinger* in Henssler/Strohn, § 16 UmwG Rz. 18; *Lorenz/Pospiech*, BB 2010, 2515 (2519); *Merkner/Sustmann*, CFL 2011, 65 (71); *Wilsing/Saß*, DB 2011, 919 (924); *Decher* in Lutter, § 16 UmwG Rz. 61; *Stilz* in FS Hoffmann-Becking, S. 1181 (1186).
3 Vgl. OLG Frankfurt v. 5.11.2007 – 5 W 22/07, AG 2008, 167 = NZG 2008, 78 zu §§ 327e Abs. 2, 319 Abs. 6 AktG.
4 *Simon* in KölnKomm. UmwG, § 16 UmwG Rz. 92.
5 So zB OLG Frankfurt v. 8.2.2006 – 12 W 185/05, AG 2006, 249 (257); OLG Stuttgart v. 13.3.2002 – 20 W 32/01, AG 2003, 456; LG Berlin v. 12.6.2003 – 93 O 84/03, Der Konzern 2003, 483 (494); *Decher* in Lutter, § 16 UmwG Rz. 71; *Simon* in KölnKomm. UmwG, § 16 UmwG Rz. 92; *Stratz* in Schmitt/Hörtnagl/Stratz, § 16 UmwG Rz. 83.
6 Rechtsausschuss zu § 246a AktG, BT-Drucks. 16/13098, S. 42; KG Berlin v. 6.12.2010 – 23 AktG 1/10, AG 2011, 170.
7 Anders noch LG Hanau v. 5.10.1995 – 5 O 183/95, AG 1996, 90 = ZIP 1995, 1820 und LG Hanau v. 2.11.1995 – 5 O 149/95, ZIP 1996, 422 (423) = AG 1996, 184 zur Einberufung ohne Bekanntmachung des Umwandlungsbeschlusses.

dererseits könne auch ein Verstoß gegen nicht individualschützende Normen zur Versagung der Freigabe führen, zB wenn ein Beschluss mit grundlegenden Strukturprinzipien des Aktienrechts wie bei einer Herabsetzung des Grundkapitals unter den gesetzlichen Mindestnennbetrag nicht vereinbar ist. In der Rechtsprechung werden diese Leitlinien des Gesetzgebers inzwischen aufgegriffen. Danach wird ein besonders schwerer Rechtsverstoß zumeist verneint[1]. In einem Fall ist der unberechtigte Ausschluss des Mehrheitsaktionärs (rd. 88,79 %) aus der Hauptversammlung als ein solcher Verstoß gewertet worden[2]. In einem anderen Fall war ein eigenkapitalersetzendes, nicht werthaltiges Darlehen zum Gegenstand einer wahlweisen Sacheinlage gemacht worden[3]. Ein besonders schwerer Rechtsverstoß kann auch bei Verfolgung von Sondervorteilen für den Großaktionär vorliegen[4]. Er liegt außerdem vor, wenn Nein-Stimmen gezielt als Ja-Stimmen gewertet werden, um die gewünschte Mehrheit zu erreichen[5].

Um einen besonders schweren Rechtsverstoß festzustellen, muss das Gericht die **Bedeutung der verletzten Norm** sowie **Art und Umfang des Verstoßes** im konkreten Einzelfall bewerten[6]. Für die Bedeutung der verletzten Norm ist dabei die formale Unterscheidung zwischen nichtigen, anfechtbaren, durch Eintragung heilbaren und bestätigungsfähigen Beschlüssen nur ein erster Anhaltspunkt. Kleinere Mängel zB des Verschmelzungsberichts oder behebbare Verfahrensverstöße[7] bleiben von vornherein außer Betracht. Nach dem vom Gesetzgeber gewollten restriktiven Verständnis der Regelung muss es sich zusätzlich um einen gezielten oder besonders groben Verstoß handeln. Dies kann etwa der Fall sein, wenn der Kläger im Vergleich zu anderen Anteilsinhabern besonders betroffen ist oder schwerwiegende wirtschaftliche Nachteile erleidet, die sich nicht durch Schadensersatzansprüche ausgleichen lassen. Nicht jeder Nichtigkeitsgrund wegen eines kleinen formalen Fehlers führt daher zu einer besonderen Schwere des Verstoßes[8]. Nach diesen Maßstäben reichen einfache **Informationsmängel** nicht aus, um eine Freigabe zu verhindern[9]. Solchen Verstößen

46b

---

1 Vgl. OLG Frankfurt v. 23.2.2010 – 5 Sch 2/09, AG 2010, 596 (597 f.); KG v. 12.3.2010 – 14 AktG 1/09, AG 2010, 497 (499 f.); OLG Hamm v. 22.9.2010 – I-8 AktG 1/10, AG 2011, 136 (139 f.); OLG Hamm v. 16.5.2011 – I-8 AktG 1/11, AG 2011, 624 (626 f.); OLG Saarbrücken v. 7.12.2010 – 4 AktG 476/10, AG 2011, 343 (346).
2 OLG München v. 28.7.2010 – 7 AktG 2/10, AG 2010, 842 zu § 246a AktG.
3 KG v. 18.5.2010 – 14 AktG 1/10, AG 2010, 494.
4 OLG Frankfurt v. 20.3.2012 – 5 AktG 4/11, AG 2012, 414 (416).
5 OLG München v. 16.1.2014 – 23 AktG 3/13, AG 2014, 546 (549).
6 Vgl. Begr. RegE ARUG, BT-Drucks. 16/11642, S. 41 und Bericht des Rechtsausschusses, BT-Drucks. 16/13098, S. 61, jeweils zu § 246a AktG; ebenso KG v. 12.3.2010 – 14 AktG 1/09, AG 2010, 497 (499).
7 Siehe dazu bereits früher OLG Stuttgart v. 17.12.1996 – 12 W 44/96, ZIP 1997, 75 (77) = AG 1997, 138.
8 Begr. RegE ARUG, BT-Drucks. 16/11642, S. 41 zu § 246a AktG.
9 Vgl. OLG Saarbrücken v. 7.12.2010 – 4 AktG 476/10, AG 2011, 343 (346) zu Mängeln eines Verschmelzungsberichts.

kam auch bisher kein höherer Stellenwert zu[1]. Ein besonders gravierender Rechtsverstoß kann danach wohl nur bei einer generellen Informationsverweigerung angenommen werden[2]. Eine unzureichende Erläuterung des Umtauschverhältnisses in der Hauptversammlung ist schon nach § 243 Abs. 4 Satz 2 AktG kein Anfechtungsgrund[3]. Wird das **Umtauschverhältnis** beim übernehmenden Rechtsträger gerügt, muss die Rüge glaubhaft gemacht und sodann gewichtet werden. Soweit es um die Genauigkeit und Methode der Bewertung geht, ist von einem erheblichen Ermessensspielraum der beteiligten Rechtsträger auszugehen (vgl. dazu § 8 UmwG Rz. 14). Erst wenn dieser Spielraum deutlich überschritten ist, kann von einem besonders schweren Rechtsverstoß gesprochen werden[4]. Wird eine Verletzung der **Mitteilungspflichten** nach §§ 20, 21 AktG oder nach §§ 21 ff. WpHG mit der Folge eines Stimmrechtsausschlusses nach §§ 20 Abs. 7, 21 Abs. 4 AktG bzw. nach § 28 WpHG gerügt, wurde dies nach altem Recht als schwere Rechtsverletzung gewertet[5]. Nach neuem Recht ist dagegen fraglich, ob eine Verletzung elementarer Aktionärsrechte vorliegt[6].

e) Verfahrensfragen

47 Für das Verfahren nach § 16 Abs. 3 UmwG gelten die **Vorschriften der ZPO**, nicht des FamFG[7]. Grundsätzlich sind dabei die im ersten Rechtszug für das Verfahren vor den Landgerichten geltenden Vorschriften anzuwenden (§ 16 Abs. 3 Satz 3 UmwG iVm. §§ 253 ff. ZPO). Hiervon abweichend werden jedoch § 247 AktG sowie die §§ 82, 83 Abs. 1 und § 84 ZPO für anwendbar erklärt (§ 16 Abs. 3 Satz 2 UmwG). § 247 AktG betrifft die Festsetzung des **Streitwerts** und die Streitwertspaltung bei der aktienrechtlichen Anfechtungsklage. Diese Regelung wird auf das Freigabeverfahren mit seinem eigenen Streitgegenstand übertragen. Das OLG bestimmt danach den Streitwert nach billigem Ermessen unter Berücksichtigung aller Umstände, insbesondere der Bedeutung der Sache für die Parteien. Für das Verfahren wird eine volle Gebühr erhoben (GKG An-

---

1 Vgl. *Bork* in Lutter, 4. Aufl., § 16 UmwG Rz. 27; aA *Bayer*, ZGR 1995, 613 (625).
2 Vgl. *Schwanna* in Semler/Stengel, § 16 UmwG Rz. 41d; *Decher*, AG 1997, 388 (392).
3 Vgl. OLG Düsseldorf v. 11.8.2006 – I-15 W 110/05, DB 2006, 2223 (2224) = AG 2007, 363; OLG Frankfurt v. 8.2.2006 – 12 W 185/05, AG 2006, 249 (251); OLG Hamm v. 28.2.2005 – 8 W 6/05, Der Konzern 2005, 374 (379) = AG 2005, 361; OLG Düsseldorf v. 15.3.1999 – 17 W 18/99, ZIP 1999, 793 (797 f.) = AG 1999, 418; *Bork* in Lutter, 4. Aufl., § 16 UmwG Rz. 27; *Schwanna* in Semler/Stengel, § 16 UmwG Rz. 36; *Noack*, ZHR 164 (2000), 274 (283) mwN.
4 Vgl. dazu auch *Decher* in Lutter, § 16 UmwG Rz. 74; *Simon* in KölnKomm. UmwG, § 16 UmwG Rz. 99 ff., 103; *J. Vetter* in FS Maier-Reimer, S. 157 (187).
5 Vgl. OLG München v. 17.2.2005 – 23 W 2406/04, NZG 2005, 1017 (1019) = AG 2005, 407; zust. *Simon* in KölnKomm. UmwG, § 16 UmwG Rz. 97.
6 Vgl. *Decher* in Lutter, § 16 UmwG Rz. 77; aA *Simon* in KölnKomm. UmwG, § 16 UmwG Rz. 97.
7 Vgl. Begr. RegE, BT-Drucks. 12/6699, S. 90; *Decher* in Lutter, § 16 UmwG Rz. 79; *Schulte* in Böttcher/Habighorst/Schulte, § 16 UmwG Rz. 30.

lage 1 Nr. 1640). Die Anwendung des § 82 ZPO bedeutet, dass die **im Hauptsacheverfahren** erteilte **Prozessvollmacht** auch für das Freigabeverfahren gilt[1]. Anzuwenden ist auch § 83 Abs. 1 ZPO, wonach § 82 ZPO im Außenverhältnis nicht abdingbar ist, und § 84 ZPO, nach dem § 82 ZPO auch bei mehreren Prozessbevollmächtigten gilt. Aufgrund dieser Regelungen muss die Antragsschrift nicht mehr an die Partei selbst zugestellt werden, was bei einem ausländischen Wohnsitz zu Verzögerungen führen kann. Die Zustellung kann stattdessen an den (inländischen) Prozessbevollmächtigten aus dem Hauptsacheverfahren erfolgen. Für das entsprechende Verfahren nach § 246a AktG ist den Gesellschaften durch das ARUG[2] erlaubt worden, nach Ablauf der Anfechtungsfrist eine beim Prozessgericht eingereichte **Anfechtungsklage** bereits vor der Zustellung **einzusehen** und sich von der Geschäftsstelle Auszüge und Abschriften erteilen zu lassen (§ 246a Abs. 3 Satz 5 AktG). Dies dient der Beschleunigung der Verfahren. Die Gesellschaften sollen sich frühzeitig auf den Freigabeantrag vorbereiten können[3]. Insbesondere soll der Praxis entgegengewirkt werden, durch spätes oder unvollständiges Einzahlen des Prozesskostenvorschusses das Freigabeverfahren hinauszuzögern. In § 16 UmwG ist die Regelung zur Akteneinsicht offenbar versehentlich nicht übernommen worden. Da für eine unterschiedliche Behandlung in den verschiedenen Freigabeverfahren kein sachlicher Grund besteht, steht auch den von einer Unwirksamkeitsklage betroffenen Rechtsträgern ein solches Recht auf Akteneinsicht zu, zumal einige Gerichte diese Einsicht früher schon unabhängig von § 299 Abs. 2 ZPO gewährt haben[4]. Eine Übertragung des Freigabeverfahrens auf den **Einzelrichter** ist ausgeschlossen, da die Verfahren regelmäßig besondere tatsächliche und rechtliche Schwierigkeiten aufweisen (§ 16 Abs. 3 Satz 8 Halbsatz 1 UmwG)[5]. Einer vorgeschalteten **Güteverhandlung** bedarf es wegen des vorläufigen und summarischen Charakters des Freigabeverfahrens nicht; sie wird deshalb in Abweichung von § 278 Abs. 2 ZPO für entbehrlich erklärt (§ 16 Abs. 3 Satz 8 Halbsatz 2 UmwG).

Nach § 16 Abs. 3 Satz 1 UmwG entscheidet das Gericht durch **Beschluss**. Dieser hat idR aufgrund **mündlicher Verhandlung** zu ergehen; in dringenden Fällen kann das Gericht auch ohne mündliche Verhandlung, also schriftlich entscheiden (§ 16 Abs. 3 Satz 4 UmwG). Dies entspricht der Regelung zum Erlass einer einst- 48

---

1 *Handelsrechtsausschuss des DAV*, NZG 2008, 534 (541); *Noack*, NZG 2008, 441 (446); *Schwanna* in Semler/Stengel, § 16 UmwG Rz. 23; für eine entsprechende Anwendung vor der Gesetzesänderung bereits LG Münster v. 27.6.2006 – 21 O 57/06, NZG 2006, 833; siehe dazu auch *Seibert*, NZG 2007, 841 (845); *Waclawik*, DStR 2006, 2177; *J. Vetter*, AG 2008, 177 (192 f.).
2 Gesetz zur Umsetzung der Aktionärsrechterichtlinie v. 30.7.2009, BGBl. I 2009, S. 2479.
3 Vgl. Begr. RegE ARUG, BT-Drucks. 16/11642, S. 41; dazu vorher *J. Vetter*, AG 2008, 177 (193) und *Paschos/Goslar*, AG 2008, 605 (617).
4 Begr. RegE, BT-Drucks. 16/11642, S. 41; *Dechner* in Lutter, § 16 UmwG Rz. 84; *Fronhöfer* in Widmann/Mayer, § 16 UmwG Rz. 127.
5 Vgl. Bericht des Rechtsausschusses, BT-Drucks. 16/13098, S. 60.

weiligen Verfügung (§ 937 Abs. 2 ZPO). Die mündliche Verhandlung ist demgemäß nur entbehrlich, wenn die Eintragung der Verschmelzung besonders eilbedürftig ist; dies kann zB der Fall sein, wenn bei einer weiteren Verzögerung besonders schwerwiegende Nachteile für zumindest einen der beteiligten Rechtsträger zu befürchten sind[1]. Dass es sich um ein **Eilverfahren** handelt, wird außerdem durch § 16 Abs. 3 Satz 5 UmwG betont. Darin ist angeordnet, dass die Entscheidung **spätestens drei Monate** nach der Antragstellung ergehen soll. Eine Sanktion bei Überschreitung dieser Zeitvorgabe ist nicht vorgesehen. Eine längere Dauer des Verfahrens muss nur durch unanfechtbaren Beschluss begründet werden (§ 16 Abs. 3 Satz 5 Halbsatz 2 UmwG). Das BMJ sollte auf Wunsch des Rechtsausschusses bis Ende 2011 untersuchen, ob die Verfahrensdauer bei den OLG zu einer Verbesserung oder Verschlechterung geführt hat[2]. Diese Untersuchung ist vom Institut für Rechtstatsachenforschung an der Universität Jena durchgeführt worden. Nach dem Ergebnis dieser empirischen Studie vom November 2011 ist die Zahl der Anfechtungsklagen deutlich zurückgegangen. Das Freigabeverfahren hat sich außerdem zu einem echten Eilverfahren entwickelt[3]. Da nur noch das OLG entscheidet, sind die Freigabeverfahren insgesamt deutlich kürzer[4]. Nach den bisherigen Erfahrungen wird die Drei-Monats-Frist idR eingehalten[5].

49 Die **Tatsachen**, auf deren Grundlage ein Unbedenklichkeitsbeschluss ergehen kann, insbesondere die den beteiligten Rechtsträger drohenden Nachteile, sind konkret darzulegen[6] und **glaubhaft zu machen** (§ 16 Abs. 3 Satz 6 UmwG). Die Beweiserhebung ist damit nicht an die Formen der ZPO gebunden; so ist zB die Vorlage unbeglaubigter Kopien oder schriftlicher Zeugenaussagen möglich. Erforderlich ist nur, dass die Beweismittel sofort verfügbar sind (vgl. § 294 Abs. 2 ZPO). Außer den üblichen Beweismitteln ist auch die eidesstattliche Versicherung zulässig (§ 294 Abs. 1 ZPO). Auch dies entspricht dem Verfahren der einstweiligen Verfügung (§§ 920 Abs. 2, 936 ZPO) und soll eine Beschleunigung der Entscheidungsfindung ermöglichen. An die Darlegungslast sind jedoch keine überzogenen Anforderungen zu stellen[7].

---

1 Vgl. OLG Frankfurt/M. v. 22.12.1995 – 5 W 42/95 u. 5 W 43/95, WM 1996, 534 (536 f.) = AG 1996, 135 und OLG Frankfurt/M. v. 17.2.1998 – 5 W 32/97, AG 1998, 428 = NJW-RR 1999, 334; *Decher* in Lutter, § 16 UmwG Rz. 84.
2 Vgl. Bericht des Rechtsausschusses, BT-Drucks. 16/13098, S. 41.
3 *Bayer/Hoffmann/Sawada*, ZIP 2012, 897 (907 ff., 910).
4 Vgl. *Baums/Drinhausen/Keinath*, ZIP 2011, 2329 (2348 f.).
5 Vgl. *Baums/Drinhausen*, ZIP 2008, 145 (153); *Bayer/Hoffmann/Sawada*, ZIP 2012, 897 (910); zum früheren Recht auch *Baums/Keinath/Gajek*, ZIP 2007, 1629 (1648 f.).
6 LG Hanau v. 5.10.1995 – 5 O 183/95, ZIP 1995, 1820 (1821) = AG 1996, 90; OLG Frankfurt v. 9.6.1997 – 10 W 12/97, ZIP 1997, 1291 (1292).
7 OLG Nürnberg v. 20.2.1996 – 12 W 3317/95, DB 1996, 973 (974) = AG 1996, 229; OLG Stuttgart v. 17.12.1996 – 12 W 44/96, ZIP 1997, 75 (77); *Decher*, AG 1997, 388 (392); *Veil*, ZIP 1996, 1065 (1069 f.); *Schwanna* in Semler/Stengel, § 16 UmwG Rz. 34; strenger *Fronhöfer* in Widmann/Mayer, § 16 UmwG Rz. 169.

Der Beschluss des OLG über den Freigabeantrag ist **unanfechtbar** (§ 16 Abs. 3   50
Satz 9 UmwG). Das Freigabeverfahren soll dadurch so schnell wie möglich zum
Abschluss gebracht werden. Das lediglich einstufige Verfahren soll vor allem
den Lästigkeitswert missbräuchlicher Klagen weiter senken. Die Zuständigkeit
des OLG entspricht dabei der Erfahrung, dass auch das Hauptsacheverfahren
idR vom OLG als Rechtsmittelinstanz entschieden wird[1]. Verfassungsrechtliche
Bedenken gegen die Zuständigkeit des OLG und die Unanfechtbarkeit des Beschlusses
bestehen nicht (siehe Rz. 33).

f) Schadensersatzpflicht

Stellt das Prozessgericht gemäß § 16 Abs. 3 Satz 1 UmwG die Unbedenklichkeit   51
der Eintragung rechtskräftig fest und wird daraufhin die Verschmelzung eingetragen,
so ist diese wirksam (vgl. § 20 Abs. 1 UmwG). Auf den anhängigen
Rechtsstreit gegen den Verschmelzungsbeschluss hat diese Eintragung grundsätzlich
keine Auswirkung; der Rechtsstreit kann trotz Eintragung der Verschmelzung
fortgesetzt werden. Die Klage gegen einen übertragenden Rechtsträger
ist allerdings gegen den übernehmenden Rechtsträger zu richten (vgl. § 28
UmwG).

Die Rechtslage ist unproblematisch, wenn die Klage gegen den Verschmelzungs-   52
beschluss nach der Eintragung abgewiesen, zurückgenommen oder anderweitig
erledigt wird. Wird der Klage dagegen stattgegeben, erweist sich der angegriffene
Verschmelzungsbeschluss mithin als unwirksam, so führt dies gleichwohl nicht
dazu, dass auch die Verschmelzung unwirksam wird. Das Gesetz stellt vielmehr
ausdrücklich klar, dass im Falle einer begründeten Klage eine Beseitigung der
Verschmelzungswirkung nicht verlangt werden kann (§ 16 Abs. 3 Satz 10 Halbsatz
2 UmwG). Eine **Rückgängigmachung der Verschmelzung** (sog. Entschmelzung)
ist damit in Übereinstimmung mit § 20 Abs. 2 UmwG **ausgeschlossen**[2].
Dies gilt unabhängig davon, ob eine solche Rückabwicklung, zB
über eine Spaltung, rechtstechnisch und praktisch überhaupt möglich wäre.

Eine wirksame, wenn auch fehlerhaft vollzogene Verschmelzung muss auch   53
nicht mit Wirkung für die Zukunft rückgängig gemacht werden[3]. Der erfolgreich
klagende Anteilsinhaber kann vielmehr nur **Ersatz des Schadens** verlangen,
der ihm aus einer aufgrund des Unbedenklichkeitsbeschlusses erfolgten
Eintragung der Verschmelzung entstanden ist (§ 16 Abs. 3 Satz 10 Halbsatz 1
UmwG). Diese Beschränkung des Klägers auf sein Individualinteresse ist sachgerecht;
die Regelung entspricht auch insoweit dem Recht der einstweiligen Ver-

---

1 Bericht des Rechtsausschusses, BT-Drucks. 16/13098, S. 59 f.
2 OLG Frankfurt v. 26.5.2003 – 20 W 61/03, ZIP 2003, 1607 (1608) = AG 2003, 641; *Decher* in Lutter, § 16 UmwG Rz. 92; *Schwanna* in Semler/Stengel, § 16 UmwG Rz. 50.
3 So früher *Grunewald* in G/H/E/K, 1994, § 352 AktG Rz. 19; *Möller*, Der aktienrechtliche Verschmelzungsbeschluss, S. 170 f.; offen gelassen von *K. Schmidt*, ZGR 1991, 373 (392).

fügung (§ 945 ZPO)[1]. Ein individueller Schaden ist uU allerdings schwer nachzuweisen. In Betracht kommen zB Begleitschäden wie Gutachter- oder Verfahrenskosten. Ein nach Eintragung der Verschmelzung eintretender Wertverlust der im Umtausch erlangten Anteile ist idR keine Folge der Verschmelzung. Als Schaden iS von § 16 Abs. 3 Satz 10 Halbsatz 1 UmwG scheidet ein solcher Wertverlust auch deshalb aus, weil es für das Umtauschverhältnis auf den Bewertungsstichtag ankommt und etwaige spätere Wertveränderungen grundsätzlich außer Betracht bleiben (vgl. § 8 UmwG Rz. 21). Bisher sind keine Fälle bekannt geworden, in denen ein Schadensersatz zugesprochen wurde[2].

54 Der Anspruch auf Schadensersatz richtet sich **gegen den Rechtsträger, der den Unbedenklichkeitsbeschluss erwirkt hat**[3]. Handelt es sich dabei um einen übertragenden Rechtsträger, kann der Anspruch gegen ihn gemäß § 25 Abs. 2 UmwG auch nach der Eintragung der Verschmelzung weiterverfolgt werden. Für den Anspruch reicht es aus, dass die Klage gegen den Verschmelzungsbeschluss begründet ist; ein **Verschulden** ist nicht erforderlich[4]. Für Art und Weise der Ersatzleistung gelten die §§ 249 ff. BGB, idR allerdings beschränkt auf den Geldersatz (§§ 250, 251 BGB)[5]. Nach dem Gesetzeswortlaut kommt ein Schadensersatzanspruch auch dann in Betracht, wenn die Verschmelzung zwar im Register eines übertragenden Rechtsträgers als beklagter Partei eingetragen wird, sie mangels Eintragung im Register des übernehmenden Rechtsträgers letztlich aber nicht wirksam wird.

g) Analoge Anwendung

55 Verschiedentlich ist eine entsprechende Anwendung des § 16 Abs. 3 UmwG auf andere Fälle erörtert worden[6]. Inwieweit eine Analogie auf Fälle außerhalb des UmwG angebracht sein kann, muss hier offen bleiben. Die Frage hat nach der Einführung der entsprechenden Freigabeverfahren in §§ 246a Abs. 2, 319 Abs. 6, 327e Abs. 2 AktG auch nur noch für von diesen Vorschriften nicht erfasste Beschlüsse Bedeutung. Wird allerdings nicht nur die Wirksamkeit des Verschmel-

---

1 *Decher* in Lutter, § 16 UmwG Rz. 93; *Fronhöfer* in Widmann/Mayer, § 16 UmwG Rz. 213.
2 Vgl. LG Essen 20.1.1999 – 44 O 3/99, NZG 1999, 556 (558) und LG Darmstadt v. 29.1.2005 – 12 O 491/05, AG 2006, 127 (132): kein berechenbarer Schaden; zu einem möglichen Fall *Hommelhoff*, AG 2012, 194 (198).
3 *Decher* in Lutter, § 16 UmwG Rz. 95; *Schwanna* in Semler/Stengel, § 16 UmwG Rz. 49; *Simon* in KölnKomm. UmwG, § 16 UmwG Rz. 112.
4 *Decher* in Lutter, § 16 UmwG Rz. 95; *Fronhöfer* in Widmann/Mayer, § 16 UmwG Rz. 22; *Schwanna* in Semler/Stengel, § 16 UmwG Rz. 49; *Simon* in KölnKomm. UmwG, § 176 UmwG Rz. 109; *Stratz* in Schmitt/Hörtnagl/Stratz, § 16 UmwG Rz. 91.
5 *Simon* in KölnKomm. UmwG, § 16 UmwG Rz. 111.
6 Vgl. zB *Hirte*, DB 1993, 77 (79); *Bork*, ZGR 1993, 343 (364) und *Bork* in Lutter, Umwandlungsrechtstage, S. 273; abl. LG Hanau v. 5.10.1995 – 5 O 183/95, ZIP 1995, 1820 (1822) = AG 1996, 90 mit zust. Anm. *Neye*, WuB II N. Sonstiges (UmwG) 1.96 zur Eintragung eines Unternehmensvertrages; *Decher*, AG 1997, 388 (394).

zungsbeschlusses, sondern auch die des Kapitalerhöhungsbeschlusses (§§ 55, 69 UmwG) klageweise in Frage gestellt, so besteht die Gefahr, dass das OLG die Eintragung der Verschmelzung gemäß § 16 Abs. 3 UmwG zulässt, während der Registerrichter die Eintragung des Kapitalerhöhungsbeschlusses bis zur Beendigung des Prozesses aussetzt. Um solche gegenläufigen Entscheidungen zu vermeiden, ist das Verfahren nach § 16 Abs. 3 UmwG eingeführt worden. Deshalb erscheint es gerechtfertigt, jedenfalls in diesem Fall das OLG analog § 16 Abs. 3 UmwG auch über die Eintragungsfähigkeit der Kapitalerhöhung entscheiden zu lassen[1]. Wird dagegen nur der Kapitalerhöhungsbeschluss angegriffen, bleibt es für dessen Eintragung bei der Zuständigkeit des Registerrichters (vgl. Rz. 35). Das Gleiche gilt für alle anderen Beschlüsse der Anteilsinhaber, die mit der Verschmelzung nicht so eng zusammenhängen wie die Kapitalerhöhung (zB Änderung der Satzung des übernehmenden Rechtsträgers). Die Frage einer analogen Anwendung des § 16 Abs. 3 UmwG auf einen Kapitalerhöhungsbeschluss zur Durchführung der Verschmelzung hat für die AG und KGaA an Bedeutung verloren, da bei diesen mit § 246a AktG ein eigenes aktienrechtliches Freigabeverfahren zur Verfügung steht.

§ 17
Anlagen der Anmeldung

(1) Der Anmeldung sind in Ausfertigung oder öffentlich beglaubigter Abschrift oder, soweit sie nicht notariell zu beurkunden sind, in Urschrift oder Abschrift der Verschmelzungsvertrag, die Niederschriften der Verschmelzungsbeschlüsse, die nach diesem Gesetz erforderlichen Zustimmungserklärungen einzelner Anteilsinhaber einschließlich der Zustimmungserklärungen nicht erschienener Anteilsinhaber, der Verschmelzungsbericht, der Prüfungsbericht oder die Verzichtserklärungen nach § 8 Abs. 3, § 9 Abs. 3, § 12 Abs. 3, § 54 Abs. 1 Satz 3 oder § 68 Abs. 1 Satz 3, ein Nachweis über die rechtzeitige Zuleitung des Verschmelzungsvertrages oder seines Entwurfs an den zuständigen Betriebsrat beizufügen.

(2) Der Anmeldung zum Register des Sitzes jedes der übertragenden Rechtsträger ist ferner eine Bilanz dieses Rechtsträgers beizufügen (Schlussbilanz). Für diese Bilanz gelten die Vorschriften über die Jahresbilanz und deren Prü-

---

1 Ebenso *Grunewald* in Lutter, § 69 UmwG Rz. 21; *Schwanna* in Semler/Stengel, § 16 UmwG Rz. 22; *Simon* in KölnKomm. UmwG, § 16 UmwG Rz. 52; OLG Frankfurt v. 20.3.2012 – 5 AktG 4/11, AG 2012, 414; OLG Hamm v. 28.2.2005 – 8 W 6/05, Der Konzern 2005, 374 (376) = AG 2005, 361; und dazu *Lüttge/Baßler*, Der Konzern 2005, 341 (342); abl. *Decher* in Lutter, § 16 UmwG Rz. 31; für eine analoge Anwendung auf alle Beschlüsse, die zur Realisation der Verschmelzung unabdingbar sind, *Schulte* in Böttcher/Habighorst/Schulte, § 16 UmwG Rz. 28.

fung entsprechend. Sie braucht nicht bekannt gemacht zu werden. Das Registergericht darf die Verschmelzung nur eintragen, wenn die Bilanz auf einen höchstens acht Monate vor der Anmeldung liegenden Stichtag aufgestellt worden ist.

A. Anlagen (§ 17 Abs. 1 UmwG) (*Norbert Zimmermann*) 1	vertrages und Eintragung der Verschmelzung 21
B. Schlussbilanz (§ 17 Abs. 2 UmwG) (*Lanfermann*)	4. Fristwahrung 26
I. Entwicklung der Vorschrift ... 9	V. Ansatz und Bewertung
II. Normzweck 11	1. Grundsatz 28
III. Anwendungsbereich 12	2. Ansatzvorschriften 30
IV. Stichtag	3. Bewertungsvorschriften 31
1. Verhältnis zum Verschmelzungsstichtag 14	VI. Prüfung 36
2. Jahresabschluss oder Zwischenbilanz 17	VII. Bekanntmachung 40
3. Rechnungslegung zwischen Abschluss des Verschmelzungs-	VIII. Maßgeblichkeit für die steuerliche Schlussbilanz 41
	IX. Grenzüberschreitende Verschmelzung 43
	X. Überschuldung 44

A. Anlagen (§ 17 Abs. 1 UmwG) *(Norbert Zimmermann)*

1 Die Vorschrift gilt für alle Arten der Verschmelzung und jeden verschmelzungsfähigen Rechtsträger, ferner für die Spaltung (§ 125 UmwG) und die grenzüberschreitende Verschmelzung (§ 122k Abs. 1 Satz 2 UmwG). Sie will den Schutz der Anteilsinhaber verstärken[1]. Das Registergericht soll prüfen können, ob die Eintragungsvoraussetzungen vorliegen.

2 1. Bei Verschmelzung durch Aufnahme sind der Anmeldung für die **Registergerichte aller** beteiligten **Rechtsträger** stets folgende Unterlagen beizufügen:

– in notarieller **Ausfertigung** (§ 49 BeurkG) oder öffentlich **beglaubigter Abschrift** (§ 42 BeurkG) die notariellen Niederschriften

– des Verschmelzungsvertrages (§ 4 Abs. 1 UmwG); ist der Verschmelzungsvertrag in gehöriger Form den Verschmelzungsbeschlüssen als Anlage beigefügt, braucht er nicht noch einmal gesondert eingereicht zu werden (§ 13 Abs. 3 Satz 2 UmwG)[2],

---

[1] Begr. RegE bei *Ganske*, S. 71.
[2] OLG Karlsruhe v. 2.3.1998 – 11 Wx 6/98, GmbHR 1998, 379; *Stratz* in Schmitt/Hörtnagl/Stratz, § 17 UmwG Rz. 5; *Schwanna* in Semler/Stengel, § 17 UmwG Rz. 2; *Simon* in KölnKomm. UmwG, § 17 UmwG Rz. 6.

- aller Verschmelzungsbeschlüsse (§ 13 Abs. 1 UmwG); es sei denn, sie sind entbehrlich (siehe § 62 Abs. 1, 2 u. 3 UmwG bzw. §§ 62 Abs. 4, 122g Abs. 2 UmwG),
- bei Verzicht auf die Gewährung von Anteilen am aufnehmenden Rechtsträger (§§ 54 Abs. 1 Satz 3, 68 Abs. 1 Satz 3 UmwG) die Verzichtserklärungen aller Anteilsinhaber eines übertragenden Rechtsträgers,
- evtl. Zustimmungserklärungen einzelner Anteilsinhaber (§§ 13 Abs. 2, 40 Abs. 2 Satz 2, 50 Abs. 2, 51 Abs. 2, 78 Abs. 1 UmwG),
- evtl. Zustimmungserklärungen der bei Beschlussfassung über die Verschmelzungsbeschlüsse nicht erschienenen Anteilsinhaber (§§ 43 Abs. 1, 45d Abs. 1, 51 Abs. 1 Satz 2 u. 3 UmwG),
- ggf. des Verzichts auf Verschmelzungsbericht (§ 8 Abs. 3 UmwG), auf Unterrichtung über wesentliche Vermögensveränderungen (§§ 64 Abs. 1 Satz 4, 8 Abs. 3 Satz 1, Satz 2 UmwG), auf Prüfung des Verschmelzungsvertrages (§ 9 Abs. 3 UmwG), auf Verschmelzungsprüfungsbericht (§ 12 Abs. 3 UmwG) und ggf. des Klageverzichts (§ 16 Abs. 2 UmwG). Bei der grenzüberschreitenden Verschmelzung kann – selbst bei 100%igem Anteilsbesitz des übernehmenden Rechtsträgers am übertragenden Rechtsträger – auf den Verschmelzungsbericht nicht verzichtet werden (§ 122e Satz 3 UmwG), wohl aber auf die Verschmelzungsprüfung (§ 122f UmwG).
- in **Urschrift** oder einfacher (= nicht öffentlich beglaubigter) **Abschrift** 3
  - falls nicht verzichtet: Verschmelzungsbericht (§ 8 UmwG); er ist vom Vertretungsorgan des betreffenden Rechtsträgers in vertretungsberechtigter Zahl zu unterzeichnen[1]; fehlen die Unterschriften, soll dies keine Auswirkungen auf die Wirksamkeit des Berichts und die gefassten Zustimmungsbeschlüsse haben[2];
  - falls nicht verzichtet: der Verschmelzungsprüfungsbericht (§ 12 UmwG),
  - der Nachweis über die rechtzeitige (vgl. § 5 Abs. 3 UmwG) Zuleitung des Verschmelzungsvertrages (nicht der übrigen oben erwähnten Anlagen) an den zuständigen **Betriebsrat aller**[3] **beteiligten Rechtsträger**. Der Zugang ist in geeigneter Form nachzuweisen, etwa durch datierte Empfangsquittung des jeweiligen Betriebsratsvorsitzenden oder bei dessen Vertretung

---

[1] BGH v. 21.5.2007 – II ZR 266/04, AG 2007, 625; KG v. 15.10.2004 – 23 U 234/03, AG 2005, 205 = ZIP 2005, 167; *Gehling* in Semler/Stengel, § 8 UmwG Rz. 7; *Drygala* in Lutter, § 8 UmwG Rz. 6; *Heidinger* in Henssler/Strohn, § 8 UmwG Rz. 3; *Mayer* in Widmann/Mayer, § 8 UmwG Rz. 9; anders noch 4. Aufl.
[2] KG Berlin v. 25.10.2005 – 23 U 234/03, AG 2005, 205 = ZIP 2005, 167.
[3] AA *Fronhöfer* in Widmann/Mayer, § 17 UmwG Rz. 31; *Limmer* in Limmer, Hdb. der Unternehmensumwandlung, Teil 1 Kap. 2 Rz. 666: nur des anmeldenden Rechtsträgers.

die des Stellvertreters[1] (siehe § 5 UmwG Rz. 74)[2] oder eidesstattliche Versicherung. Das Übersendungsschreiben allein dürfte als Zugangsnachweis nicht reichen[3]. Wurde der Verschmelzungsvertrag in wesentlichen Punkten geändert, ist auch die erneute Zuleitung an den Betriebsrat nachzuweisen (siehe § 5 UmwG Rz. 78).

Bei Verzicht des Betriebsrats auf die Einhaltung der Monatsfrist (§ 5 Abs. 3 UmwG)[4] ist die Verzichtserklärung vorzulegen.

Besteht **kein Betriebsrat**, ist eine entsprechende Negativerklärung der Vertretungsorgane der betreffenden Rechtsträger abzugeben, die zweckmäßigerweise in der Anmeldung erfolgt, aber auch außerhalb der Anmeldung abgegeben werden kann (§ 16 UmwG Rz. 14). Hierfür ist Schriftform ausreichend[5].

- staatliche Genehmigungen sind nicht (mehr) vorzulegen[6] (Ausnahme: § 43 Abs. 1 KWG)[7], aber einzuholen,

- nur bei Beteiligung von übernehmender **AG/KGaA/SE**: Nachweis der Bekanntmachung der bevorstehenden Verschmelzung ohne Beschlussfassung in den Gesellschaftsblättern (vgl. § 62 Abs. 3 Satz 4 UmwG),

- Nachweis des Anteilsbesitzes bei beschlussloser Verschmelzung (vgl. § 62 Abs. 4 Satz 1 UmwG) sowie

- Anzeige des Treuhänders über den Empfang der Aktien/baren Zuzahlungen (§§ 71 Abs. 1 Satz 2, 78 UmwG),

- in **Urschrift**, sofern nicht Bestandteil der Anmeldung

  - die Negativerklärung gemäß § 16 Abs. 2 UmwG; verlief die Verschmelzung (zulässigerweise) gänzlich beschlusslos (siehe § 62 Abs. 1, Abs. 4 UmwG), geht die Vorschrift ins Leere. Das Handelsregister sollte darauf in geeigneter Weise hingewiesen werden;

  - die Erklärungen gemäß §§ 52 Abs. 1, 62 Abs. 2 Satz 1, Abs. 3 Satz 5 UmwG).

---

1 *Mayer* in Widmann/Mayer, § 5 UmwG Rz. 258.
2 *Müller*, DB 1997, 713 (717).
3 So auch *Stratz* in Schmitt/Hörtnagl/Stratz, § 17 UmwG Rz. 6; *Limmer* in Limmer, Hdb. der Unternehmensumwandlung, Teil 1 Kap. 2 Rz. 666; aA wohl Begr. RegE bei *Ganske*, S. 71.
4 Siehe LG Stuttgart v. 11.4.2000 – 4 KfH T 17/99 u. 18/99, GmbHR 2000, 622; *Mayer* in Widmann/Mayer, § 5 UmwG Rz. 266. Dazu auch § 5 UmwG Rz. 77.
5 *Decher* in Lutter, § 17 UmwG Rz. 2; *Stratz* in Schmitt/Hörtnagl/Stratz, § 17 UmwG Rz. 6; *Schröer* in Semler/Stengel, § 5 UmwG Rz. 12; *Willemsen*, oben § 5 UmwG Rz. 28; aA AG Duisburg v. 4.1.1996 – 23 HRB 4942 u. 5935, GmbHR 1996, 372: eidesstattliche Versicherung.
6 *Heidinger* in Henssler/Strohn, § 17 UmwG Rz. 9.
7 *Gehling* in Semler/Stengel, § 17 UmwG Rz. 3.

Anlagen der Anmeldung | § 17

2. Der Anmeldung des **übertragenden Rechtsträgers** ist **ferner** noch die der Verschmelzung zugrunde liegende und festgestellte **Bilanz** (und nicht der Jahresabschluss[1]), die auf einen höchstens **acht Monate** vor der Anmeldung liegenden Stichtag aufgestellt sein muss (zur Fristberechnung siehe unten *Lanfermann*, Rz. 27)[2], in Urschrift oder öffentlich beglaubigter Abschrift beizufügen. Es kann aber die Bilanz aus dem Jahresabschluss verwandt werden[3]. Die Frist ist auch dann gewahrt, wenn bei Kettenumwandlungen – wie vielfach üblich – der Verschmelzungsvertrag aufschiebend bedingt auf die Wirksamkeit der vorgeschalteten Umwandlungsvorgänge vereinbart wird. Denn der Eintritt dieser (Rechts-) Bedingung kann ohne weiteres durch Handelsregisterauszug nachgewiesen werden, Entsprechendes gilt für Vorgänge (zB Satzungsänderung, Kapitalmaßnahme), die mit Registereintragung wirksam werden. Die Bilanz ist zu datieren und von allen Mitgliedern des Vertretungsorgans zu unterzeichnen (§ 245 HGB). Ein Fehlen der Unterschrift macht sie jedoch nicht unwirksam[4]. Bilanz ist nicht Jahresabschluss iS der §§ 264 Abs. 1, 242 Abs. 3 HGB[5]. Bei kleinen Kapitalgesellschaften (§ 267 Abs. 1 HGB) kann eine geprüfte Bilanz nicht verlangt werden[6]. Der Anmeldung des **übernehmenden Rechtsträgers** ist keine Bilanz beizufügen[7]. Sie kann aber bei dem für sie zuständigen Registergericht bei einer Kapitalerhöhung zur Durchführung der Verschmelzung als Wertnachweis für die Kapitaldeckung dienen (siehe § 53 UmwG Rz. 11). Ist der Verschmelzung eine Verschmelzung oder Spaltung auf den übertragenden Rechtsträger als aufnehmendem Rechtsträger vorgeschaltet, ist nicht die Schlussbilanz des übertragenden Rechtsträgers erster Stufe zum Register des übertragenden Rechtsträgers zweiter Stufe mit beizufügen. Abgesehen davon, dass es dafür keine gesetzliche Grundlage gibt, lässt sich der Umfang der in erster Stufe übertragenen Aktiva und Passiva (zB für Gläubigerinteresse) ohne weiteres aus dem Register des übertragenden Rechtsträgers abrufen. Zur Einreichung weiterer Unterlagen beim **verschmelzungsrechtlichen Squeeze-out** siehe § 62 UmwG Rz. 41.

3. Erhöht die übernehmende (Kapital-)Gesellschaft ihr Kapital, so sind – falls die Anmeldung der Verschmelzung mit der **Kapitalerhöhung** verbunden wird –

---

1 Nachweise bei *Heidinger* in Henssler/Strohn, § 17 UmwG Rz. 17 und unten *Laufermann* Rz. 9 ff.
2 Siehe auch *Widmann* in Widmann/Mayer, § 24 UmwG Rz. 69; *Blasche*, RNotZ 2014, 464.
3 *Hörtnagl* in Schmitt/Hörtnagl/Stratz, § 17 UmwG Rz. 14.
4 OLG Frankfurt/M. v. 10.5.1988 – 5 U 285/86, AG 1989, 207 = BB 1989, 395.
5 *Simon* in KölnKomm. UmwG, § 17 UmwG Rz. 32.
6 LG Dresden v. 18.11.1997 – 45 T 52/97, MittBayNot 1998, 271; *Widmann* in Widmann/Mayer, § 24 UmwG Rz. 142 und unten *Lanfermann*, Rz. 36.
7 BayObLG v. 10.12.1998 – 3 Z BR 237/98, GmbHR 1999, 295 = MittBayNot 1999, 304; LG Frankfurt/M. v. 24.11.1995 – 3/11 T 57/95, GmbHR 1996, 542; *Simon* in KölnKomm. UmwG, § 17 UmwG Rz. 29 und unten Rz. 11.

weitere Unterlagen einzureichen (Einzelheiten siehe für GmbH bei § 53 UmwG; für AG/KGaA/SE bei § 66 UmwG).

6 4. Erfolgt die Verschmelzung zur **Neugründung**, sind zusätzlich zum Register des neuen Rechtsträgers zu den oben in Nr. 1 aufgeführten die Unterlagen einzureichen, die nach den für die Rechtsform des neuen Rechtsträgers geltenden Gründungsvorschriften (§ 36 Abs. 2 UmwG) und besonderen Vorschriften des UmwG (GmbH: §§ 56 ff. UmwG; AG/KGaA/SE: §§ 73 ff. UmwG) erforderlich sind.

7 5. Sind die Unterlagen unvollständig oder fehlerhaft, können (behebbare) **Mängel** bis zur Wirksamkeit der Verschmelzung (= Eintragung bei übernehmendem Rechtsträger, § 19 Abs. 1 Satz 2 UmwG) behoben werden, selbst wenn die Acht-Monats-Frist abgelaufen ist[1]. Dies gilt auch für inhaltliche Mängel des Verschmelzungsvertrages oder der Verschmelzungsbeschlüsse, solange diese nicht nichtig sind[2]. Sind die eingereichten Unterlagen aber so fehlerhaft, dass selbst im Wege der Auslegung der Abschluss eines Verschmelzungsvertrages nicht mehr angenommen werden kann, ist eine Nachbesserung ausgeschlossen[3]. Zur Nachbesserung hat das Registergericht durch Zwischenverfügung (§ 382 Abs. 4 FamFG) unter (zeitnaher) Fristsetzung Gelegenheit zu geben[4]. Die Acht-Monats-Frist (§ 17 Abs. 2 Satz 4 UmwG) hindert dies nicht. Sie ist nur für die Rechtzeitigkeit der Anmeldung beim übertragenden Rechtsträger maßgeblich (siehe § 16 UmwG Rz. 10). Erfolgt die Vorlage innerhalb der gesetzten (grds. verlängerbaren) Frist hingegen nicht, ist die Zurückweisung der Anmeldung unbedenklich.

8 Entsprechendes gilt für das **Nachreichen fehlender Unterlagen**, insbesondere die Bilanz[5] und Zustimmungserklärungen der Anteilsinhaber. Vor Ablauf der Acht-Monats-Frist müssen allerdings der Verschmelzungsvertrag beurkundet und die Verschmelzungsbeschlüsse wirksam gefasst sein, dh. auch die erforderlichen Zustimmungserklärungen vorliegen und die Bilanz aufgestellt sein, so dass sie vor Ablauf der Frist hätten vorgelegt werden können (zur Fristwahrung bei Anmeldung bei unzuständigem Gericht siehe § 16 UmwG Rz. 2).

---

1 BayObLG v. 17.12.1987 – BReg. 3 Z 127/87, MDR 1988, 412 = DNotZ 1988, 515; *Weiler*, MittBayNot 2006, 377 (379 f.).
2 OLG Hamm v. 19.12.2005 – 15 W 377/05, GmbHR 2006, 255 = MittBayNot 2006, 436; *Weiler*, MittBayNot 2006, 377 (380 ff.); *Weiler* in Hauschild/Kallrath/Wachter, Notarhdb. Gesellschafts- und Unternehmensrecht, 2011, § 22 Rz. 171.
3 Siehe Fall bei KG v. 22.6.2004 – 1 W 243/02, AG 2005, 400 (401).
4 *Fronhöfer* in Widmann/Mayer, § 17 UmwG Rz. 100; *Heckschen*, DB 1998, 1393.
5 OLG Jena v. 21.10.2002 – 6 W 534/02, NZG 2003, 43; LG Frankfurt/M. v. 19.12.1997 – 3-11 T 81/97, GmbHR 1998, 380; einschränkend LG Dresden v. 14.11.1996 – 45 T 60/96, GmbHR 1997, 175 = DB 1997, 88 (zu rigide); *Heidinger* in Henssler/Strohn, § 17 UmwG Rz. 28 mwN; *Germann*, GmbHR 1999, 591 (593); siehe auch AG Duisburg v. 4.1.1996 – HRB 4942 u. 5935, GmbHR 1996, 372.

B. Schlussbilanz (§ 17 Abs. 2 UmwG) *(Lanfermann)*

Literatur: *Winkeljohann/Förschle/Deubert*, Sonderbilanzen, 5. Aufl. 2016; *Naraschewski*, Stichtage und Bilanzen bei der Verschmelzung, 2001; WP-Handbuch 2014, Bd. II, 14. Aufl. 2014, S. 447 ff.

I. Entwicklung der Vorschrift

9 Die Vorschrift ist nahezu unverändert aus dem früheren Recht (§ 345 Abs. 3 AktG, § 24 Abs. 3 KapErhG, § 93d Abs. 3 GenG, § 44a Abs. 3 VAG und § 4 Abs. 1 Satz 2 und Abs. 2 UmwG 1969) übernommen. Die Frist für das Alter der Schlussbilanz ist einheitlich auf acht Monate festgelegt worden (anders früher § 4 Abs. 2 UmwG und § 93d Abs. 3 GenG: sechs Monate). Damit soll ermöglicht werden, die Bilanz des letzten Geschäftsjahres als Schlussbilanz zu verwenden[1].

10 Wird als Schlussbilanz die Bilanz aus dem letzten Jahresabschluss verwendet, ist sie Bestandteil der bei Beteiligung von Kapitalgesellschaften nach §§ 49 Abs. 2 und 63 Abs. 1 Nr. 2 UmwG auszulegenden Dokumente. Sie kann aber nicht mit einer Zwischenbilanz nach § 63 Abs. 1 Nr. 3 und Abs. 2 UmwG identisch sein, sofern bei der Zwischenbilanz auf eine körperliche Bestandsaufnahme verzichtet worden ist.

II. Normzweck

11 Der frühere Hauptzweck der Schlussbilanz bei zwingender Buchwertverknüpfung (§ 348 Abs. 1 AktG aF; § 27 Abs. 1 KapErhG aF), nämlich die Anschaffungskosten des übernehmenden Rechtsträgers zu bestimmen und damit die **Bilanzkontinuität** sicherzustellen, ist durch den Wegfall der zwingenden Buchwertverknüpfung (vgl. § 24 UmwG Rz. 6 ff.) entfallen. Wählt aber der übernehmende Rechtsträger Buchwertverknüpfung, ist er an Ansatz und Bewertung in der Schlussbilanz gebunden. Im Falle der Verschmelzung gegen Kapitalerhöhung bei dem übernehmenden Rechtsträger kann die Buchwertverknüpfung auf Basis der Schlussbilanz dazu dienen, eine **Prüfung der Kapitalerhöhung** zu ersetzen, es sei denn, das Registergericht hat Zweifel, ob der Wert der Sacheinlagen den geringsten Ausgabebetrag der dafür zu gewährenden Aktien erreicht (vgl. § 69 Abs. 1 Satz 1 Halbsatz 2 UmwG). Dazu ist natürlich die Vorlage der Schlussbilanz zum Register des übernehmenden Rechtsträgers erforderlich, auch wenn sie gesetzlich nicht angeordnet ist[2]. Für die Gläubiger des übertragenden Rechtsträgers kann sie Anhaltspunkte für die Entscheidung geben, ob sie Sicherheit nach § 22 Abs. 1 UmwG verlangen sollen oder nicht. Grundsätzlich sind die Anteilsinhaber des übertragenden Rechtsträgers bis zum Ablauf des

---

1 Begr. RegE, BR-Drucks. 75/94, S. 90.
2 Die Kritik am Normzweck bei *Hörtnagl* in Schmitt/Hörtnagl/Stratz, § 17 UmwG Rz. 12 und *Simon* in KölnKomm. UmwG, § 17 UmwG Rz. 27 erscheint insoweit überzogen.

Stichtags der Schlussbilanz gewinnberechtigt. Zwingend ist dies jedoch nicht. Im Verschmelzungsvertrag kann eine abweichende Regelung getroffen werden, was allerdings eine entsprechende Berücksichtigung im Umtauschverhältnis erfordert[1]. Die steuerrechtliche Fiktion des § 2 Abs. 1 Satz 1 UmwStG, wonach steuerrechtlich die übertragende Gesellschaft mit Ablauf des Stichtags der Schlussbilanz erlischt, gilt nur für die übertragende Körperschaft und den übernehmenden Rechtsträger, nicht aber für die Anteilseigner der übertragenden Körperschaft[2]. **Gewinnausschüttungen** sind aufgrund der Schlussbilanz möglich, wenn diese gleichzeitig Jahresabschlussbilanz ist und der Gewinnverwendungsbeschluss vor Eintragung der Verschmelzung in das Register des übernehmenden Rechtsträgers gefasst worden ist[3].

III. Anwendungsbereich

12 Die Regelung ist auf alle verschmelzungsfähigen **Rechtsträger** ausgedehnt worden. Daraus kann sich ein Problem ergeben, wenn ein beteiligter Rechtsträger bisher – mangels einer vollkaufmännischen Tätigkeit oder wegen Befreiung von der Buchführungs- und Bilanzierungspflicht – nicht buchführungs- und jahresabschlusspflichtig war (§§ 238 Abs. 1, 241a, 242 Abs. 1 und Abs. 4 HGB). Dies kann zB bei eingetragenen Vereinen (§ 21 BGB) der Fall sein. Für diese ordnet § 104 Abs. 2 UmwG an, dass die Schlussbilanz der Anmeldung zum Register des übernehmenden Rechtsträgers beizufügen ist, weil der übertragende Verein selbst – auch wenn er wirtschaftlicher Verein ist – nicht im Handelsregister eintragungsfähig ist. Aus diesem Verweisungsmechanismus könnte der Schluss gezogen werden, dass für Rechtsträger, die nicht als Vollkaufleute zur Bilanzierung verpflichtet sind, durch § 17 Abs. 2 Satz 1 UmwG eine Pflicht zur Erstellung einer Schlussbilanz begründet wird. Indes würde diese Auslegung dem Gesetzestext Gewalt antun. Sofern auf einen übertragenden Rechtsträger bisher die Vorschriften über Handelsbücher keine Anwendung gefunden haben, führen weder § 17 Abs. 2 Satz 2 UmwG noch § 104 Abs. 2 UmwG zu einer Erweiterung bisheriger oder zur Etablierung eigenständiger Rechnungslegungspflichten. Diese Rechtsträger haben vielmehr ihre bisherigen Rechnungsunterlagen (Einnahme/Ausgabe-Rechnung; Anlagenverzeichnis; Vermögensstatus) der Anmeldung zum Register beizufügen[4]. Zur Schlussbilanz bei der Spaltung (Spaltungsbilanz) siehe § 125 UmwG Rz. 35a.

---

1 *Priester*, BB 1992, 1594 (1595).
2 BMF-Anwendungserlass zum UmwStG, BMF v. 11.11.2011 – IV C 2 – S 1978 – b/08/10001, BStBl. I 2011, 1314 ff. unter Rz. 02.03.
3 *Fronhöfer* in Widmann/Mayer, § 17 UmwG Rz. 71 f.
4 Vgl. *Welf Müller*, WPg 1996, 857 (858); so auch *Bula/Pernegger* in Sagasser/Bula/Brünger, S. 365 f.; *Widmann* in Widmann/Mayer, § 24 UmwG Rz. 34; *Decher* in Lutter, § 17 UmwG Rz. 9; *Hörtnagl* in Schmitt/Hörtnagl/Stratz, § 17 UmwG Rz. 17; *Simon* in Köln-Komm. UmwG, § 17 UmwG Rz. 31.

Die Pflicht zur Beifügung der Schlussbilanz bei der Anmeldung trifft nur den je- 13
weils **übertragenden Rechtsträger** zu seinem zuständigen Registergericht. Bei
der Anmeldung zum zuständigen Registergericht des übernehmenden Rechtsträgers ist eine Beifügung nicht vorgesehen, aber zulässig, wenn zB von den Erleichterungen des § 69 Abs. 1 Satz 1 UmwG Gebrauch gemacht werden soll.

IV. Stichtag

1. Verhältnis zum Verschmelzungsstichtag

Die Verschmelzung darf nur eingetragen werden, wenn die Bilanz auf einen 14
höchstens **acht Monate vor der Anmeldung** liegenden Stichtag aufgestellt worden ist (§ 17 Abs. 2 Satz 4 UmwG). Zur Fristberechnung vgl. Rz. 27. In aller Regel
wird dieser Stichtag dem Verschmelzungsstichtag (§ 5 Abs. 1 Nr. 6 UmwG) lückenlos unmittelbar vorausgehen. Ist Verschmelzungsstichtag zB der 1. Januar, so
werden die Geschäfte vom Beginn dieses Tages für Rechnung des übernehmenden Rechtsträgers geführt. Die Schlussbilanz ist auf den 31.12. (24:00 Uhr) aufzustellen[1]. Dieses Zusammenfallen wird von der wohl hM sogar für zwingend gehalten[2]. Diese Auffassung hätte jedoch zur Folge, dass auch der Verschmelzungsstichtag maximal acht Monate vor dem Tag der Anmeldung liegen dürfte (was
bei Abschluss des Verschmelzungsvertrages nur schwer vorhersehbar sein kann).
Er dürfte auch nicht nach dem Stichtag der Schlussbilanz liegen[3]. Diese Konsequenz ist aus dem Gesetz so jedoch nicht ableitbar (vgl. § 5 UmwG Rz. 33 ff.)[4].
Der Verschmelzungsstichtag muss allerdings vor der Eintragung der Verschmelzung in das Register des übernehmenden Rechtsträgers liegen[5]. Abweichend davon bestimmt sich der **steuerliche Übertragungsstichtag** unabhängig vom Verschmelzungsstichtag nach dem Stichtag der Schlussbilanz (§ 2 Abs. 1 UmwStG:
Ablauf des Stichtags der Bilanz, die dem Vermögensübergang zugrunde liegt)[6].

Wählt allerdings der **aufnehmende Rechtsträger** als Anschaffungskosten nach 15
§ 24 UmwG die in der Schlussbilanz ausgewiesenen Werte, so ist die Identität
zwischen Stichtag der Schlussbilanz und dem lückenlos anschließenden Ver-

---

1 *IDW RS HFA 42* Rz. 11, IDW Fachnachrichten 2012, S. 701 ff., WPg 2012, Supplement 4, S. 91 ff.
2 Vgl. *Deubert/Henckel* in Winkeljohann/Förschle/Deubert, Sonderbilanzen, H 97; *Hörtnagl* in Schmitt/Hörtnagl/Stratz, § 17 UmwG Rz. 37; *Bula/Pernegger* in Sagasser/Bula/Brünger, S. 367; *Drygala* in Lutter, § 5 UmwG Rz. 74; *Ihrig*, GmbHR 1995, 622 (628); *Hoffmann-Becking* in FS Fleck, 1988, S. 105 (117); *Simon* in KölnKomm. UmwG, § 17 UmwG Rz. 28.
3 So *Deubert/Henkel* in Winkeljohann/Förschle/Deubert, Sonderbilanzen, H 99.
4 *Mayer* in Widmann/Mayer, § 5 UmwG Rz. 160; wohl auch *Schwanna* in Semler/Stengel, § 17 UmwG Rz. 19.
5 Zutreffend *Deubert/Henkel* in Winkeljohann/Förschle/Deubert, Sonderbilanzen, H 51.
6 *Mayer* in Widmann/Mayer, § 5 UmwG Rz. 161; BMF-Anwendungserlass zum UmwStG, BMF v. 11.11.2011 – IV C 2 – S 1978 – b/08/10001, BStBl. I 2011, 1314 ff. unter Rz. 02.03.

schmelzungsstichtag zwingend, da Bilanzkontinuität und Bilanzidentität voraussetzen, dass Aufwendungen und Erträge von diesem Stichtag an zu Lasten und zu Gunsten des übernehmenden Rechtsträgers gehen (§ 252 Abs. 1 Nr. 1 und Nr. 5 HGB analog).

16 Der Stichtag der Schlussbilanz ist aber nicht automatisch der Stichtag des **Wechsels der Rechnungslegung** vom übertragenden auf den übernehmenden Rechtsträger[1]. Die Rechnungslegungspflicht des übertragenden Rechtsträgers endet vielmehr erst mit Eintragung der Verschmelzung in das Register des übernehmenden Rechtsträgers, auch wenn sie bis dahin ggf. nicht mehr aktuell wird (vgl. Rz. 21 f.).

2. Jahresabschluss oder Zwischenbilanz

17 In der Praxis wird als Stichtag der Schlussbilanz (und unmittelbar nachfolgend als Verschmelzungsstichtag) aus Vereinfachungs- und Kostengründen in aller Regel ein **ordentlicher Bilanzstichtag** des übertragenden Rechtsträgers gewählt. Jahresabschluss und Schlussbilanz fallen zusammen. Gewinnausschüttungen an die Anteilsinhaber des übertragenden Rechtsträgers sind noch möglich, wenn der Gewinnverwendungsbeschluss vor der Eintragung der Verschmelzung (zB gleichzeitig mit dem Verschmelzungsbeschluss) gefasst wird (vgl. zB § 175 Abs. 1 Satz 2 AktG).

18 Wird die Schlussbilanz auf einen anderen als den Stichtag des vorausgehenden Jahresabschlusses aufgestellt, so handelt es sich um eine **Zwischenbilanz**. Es entsteht kein Rumpfgeschäftsjahr bis zu diesem Stichtag[2]. Es können keine Gewinnausschüttungen auf Basis eines solchen Abschlusses stattfinden. Für die Zwischenbilanz gelten alle Vorschriften über die Jahresbilanz. Das in § 246 Abs. 1 HGB normierte Vollständigkeitsgebot erfordert idR die Durchführung einer **Inventur** auf den Stichtag der Zwischenbilanz[3]; § 63 Abs. 2 Satz 2 UmwG ist insoweit nicht anwendbar. Von ihr kann jedoch abgesehen werden, wenn sichergestellt ist, dass der Bestand der Vermögensgegenstände nach Art, Menge und Wert ohne körperliche Bestandsaufnahme auf den Stichtag festgestellt werden kann (zB nach § 241 Abs. 2 HGB; permanente Inventur, Einlagerungsinventur)[4].

---

1 So aber *Drygala* in Lutter, § 5 UmwG Rz. 74; zutreffend jedoch *Priester* in Lutter, § 24 UmwG Rz. 27 f.; vgl. auch *Welf Müller*, WPg 1996, 857 (859); *Deubert/Henckel* in Winkeljohann/Förschle/Deubert, Sonderbilanzen, H 61 ff.
2 Vgl. *Widmann* in Widmann/Mayer, § 17 UmwG Rz. 72; *Meilicke*, BB 1986, 1958 f.; *Simon* in KölnKomm. UmwG, § 17 UmwG Rz. 30; anders das Ertragsteuerrecht: dort wird ein steuerliches Rumpfwirtschaftsjahr gebildet, vgl. *van Lishaut* in Rödder/Herlinghaus/van Lishaut, 2. Aufl. 2013, § 2 UmwStG Rz. 37.
3 Vgl. ADS, § 246 HGB Rz. 8; *Hörtnagl* in Schmitt/Hörtnagl/Stratz, § 17 UmwG Rz. 19; *Widmann* in Widmann/Mayer, § 24 UmwG Rz. 84; *Gassner* in FS Widmann, 2000, S. 345.
4 IDW ERS HFA 42 Rz. 14, IDW Fachnachrichten 2012, S. 701 ff., WPg 2012, Supplement 4, S. 91 ff.; *Fronhöfer* in Widmann/Mayer, § 17 UmwStG Rz. 75; wohl einschränkender *Hörtnagl* in Schmitt/Hörtnagl/Stratz, § 17 UmwG Rz. 19.

Wird als Schlussbilanz nicht der ordentliche Jahresabschluss, sondern eine Zwischenbilanz gewählt, ist sie weder festzustellen, noch, sofern vorhanden, von einem Aufsichtsrat zu prüfen. Wäre eine **Feststellung** erforderlich, hätte eine Regelung nach der Gesetzessystematik in den besonderen Vorschriften des zweiten Teils erfolgen müssen. Der Verweis auf die Vorschriften über die „Jahresbilanz und deren Prüfung" in § 17 Abs. 2 Satz 2 UmwG betrifft nur die Vorschriften des HGB über den Jahresabschluss (§§ 242 ff. HGB) und damit auch die Aufstellungspflicht der Vertretungsorgane, nicht aber weitere prozedurale, rechtsformabhängige, gesetzliche oder satzungsmäßige Verfahrensvorschriften[1]. Die Gegenauffassung[2] verkennt, dass es sich bei der Schlussbilanz um eine registerliche Eintragungsvoraussetzung und gerade nicht um einen (Jahres-)abschluss mit allen sich daran anknüpfenden gesellschaftsrechtlichen Folgen (Gewinnanspruch, Nichtigkeit, Anfechtbarkeit etc.) handelt. Soweit bilanzpolitische Entscheidungen bei Aufstellung im Rahmen des Zulässigen getroffen werden[3]; sind diese ggf. für den übernehmenden Rechtsträger relevant (bei Buchwertfortführung nach § 24 UmwG), nicht aber für die Gesellschafter des übertragenden Rechtsträgers. Dies wäre dann allenfalls ein Regelungsgegenstand im Verschmelzungsvertrag. Etwas anderes kann nur dann gelten, wenn der übertragende Rechtsträger durch Satzungsänderung für die Zwischenzeit nach Ablauf des ordentlichen Geschäftsjahres ein Rumpfgeschäftsjahr einführt, für das dann ein ordentlicher Jahresabschluss, der keine Zwischenbilanz ist, erstellt werden muss. Nach Sinn und Zweck der Schlussbilanz müssen keine Vorjahreszahlen in der Schlussbilanz angegeben werden, obwohl § 17 Abs. 2 Satz 2 UmwG auch die Anwendung von § 265 Abs. 2 Satz 1 HGB vorsieht[4]. 19

Der Schlussbilanz sind weder eine **Gewinn- und Verlustrechnung** noch ein **Anhang** (§ 284 HGB) beizufügen[5]. Dies kann freiwillig geschehen, zB durch Einreichung des gesamten Jahresabschlusses (§§ 242, 264 Abs. 1 Satz 1 HGB). Wird ein Anhang nicht eingereicht, so sind allerdings Angaben, die wahlweise im Anhang oder in der Bilanz gemacht werden können (sog. Wahlpflichtangaben), in 20

---

1 *Welf Müller*, WPg 1996, 857 (861); *IDW* RS HFA 42 Rz. 13, IDW Fachnachrichten 2012, S. 701 ff., WPg 2012, Supplement 4, S. 91 ff.; siehe auch *Bula/Pernegger* in Sagasser/Bula/Brünger, S. 379.
2 *Fronhöfer* in Widmann/Mayer, § 17 UmwG Rz. 74; *Hörtnagl* in Schmitt/Hörtnagl/Stratz, § 17 UmwG Rz. 18.
3 *Fronhöfer* in Widmann/Mayer, § 17 UmwG Rz. 74.
4 *IDW* RS HFA 42 Rz. 16, IDW Fachnachrichten 2012, S. 701 ff., WPg 2012, Supplement 4, S. 91 ff.
5 *IDW* RS HFA 42 Rz. 7, IDW Fachnachrichten 2012, S. 701 ff., WPg 2012, Supplement 4, S. 91 ff.; *Deubert/Henckel* in Winkeljohann/Förschle/Deubert, Sonderbilanzen, H 83; *Hörtnagl* in Schmitt/Hörtnagl/Stratz, § 17 UmwG Rz. 14; *Widmann* in Widmann/Mayer, § 24 UmwG Rz. 35; *Decher* in Lutter, § 17 UmwG Rz. 8; LG Dresden v. 18.11.1997 – 45 T 52/97, GmbHR 1998, 1086; LG Stuttgart v. 29.3.1996 – 4 KfH T 1/96, DNotZ 1996, 701 (702).

die Bilanz aufzunehmen[1]. Daraus ergeben sich folgende Möglichkeiten zur Einreichung der Schlussbilanz beim Handelsregister:
- letzter geprüfter, vollständiger Jahresabschluss, ggf. nebst Lagebericht
- Bilanz, einschließlich der Wahlpflichtangaben, des letzten geprüften Jahresabschlusses
- eine auf den Stichtag des Jahresabschlusses, aber unter abweichender Inanspruchnahme von Ansatz- und Bewertungswahlrechten gesondert aufgestellte Schlussbilanz (siehe dazu Rz. 28 ff.)
- eine auf vom Stichtag des Jahresabschlusses abweichenden Stichtag aufgestellte Schlussbilanz

Soweit diese Schlussbilanzen prüfungspflichtig sind, ist ein Nachweis darüber auch dem Registergericht beizufügen[2]. Die Form dieses Nachweises richtet sich nach der durchgeführten Prüfungstätigkeit (siehe dazu Rz. 39).

3. Rechnungslegung zwischen Abschluss des Verschmelzungsvertrages und Eintragung der Verschmelzung

21 Mit der Schlussbilanz endet die **handelsrechtliche Rechnungslegungspflicht** (§§ 238 ff. HGB) des übertragenden Rechtsträgers nicht automatisch; sie bleibt als öffentlich rechtliche Pflicht vielmehr bis zur Wirksamkeit der Verschmelzung (§ 20 UmwG) bestehen[3]. Davon unabhängig mag es zweckmäßig sein, vom Verschmelzungsstichtag an die Geschäftsvorfälle des übertragenden Rechtsträgers in einem gesonderten Buchungskreis, sei es bei dem übertragenden oder sogar schon bei dem übernehmenden Rechtsträger, zu führen. Dieser Buchungskreis kann, je nachdem ob die Verschmelzung wirksam wird oder nicht, auf den einen oder anderen Rechtsträger (rück-)übertragen werden[4].

22 Solange die Eintragung noch nicht erfolgt ist, sind die für die Rechnungslegung zuständigen Organe des übertragenden Rechtsträgers grundsätzlich verpflichtet, für Abschlussstichtage, die nach dem Stichtag der Schlussbilanz liegen, einen Jahresabschluss aufzustellen, diesen ggf. prüfen zu lassen und offenzulegen. Diese Pflicht obliegt jedoch ausschließlich den **Organen des übertragenden Rechtsträgers**, sie geht nicht etwa – im Wege der Gesamtrechtsnachfolge – auf

---

1 Vgl. *IDW* RS HFA 42 Rz. 7, IDW Fachnachrichten 2012, S. 701 ff., WPg 2012, Supplement 4, S. 91 ff.; *Welf Müller*, WPg 1996, 857 (860).
2 *IDW* PH 9.490.1 Rz. 6 ff., IDW Fachnachrichten 2013, S. 346 ff., WPg 2013, Supplement 3, S. 35 ff.; *Deubert/Henkel* in Winkeljohann/Förschle/Deubert, Sonderbilanzen, H 83.
3 Siehe *Deubert/Henkel* in Winkeljohann/Förschle/Deubert, Sonderbilanzen, H 61 ff.; ferner *Bula/Pernegger* in Sagasser/Bula/Brünger, S. 380; *Priester* in Lutter, § 24 UmwG Rz. 27 f. und *Priester*, BB 1992, 1594 (1596); *Stratz* in Schmitt/Hörtnagl/Stratz, § 5 UmwG Rz. 36; aA jedoch *Drygala* in Lutter, § 5 UmwG Rz. 74.
4 Vgl. *Deubert/Henkel* in Winkeljohann/Förschle/Deubert, Sonderbilanzen, H 61.

die Organe des übernehmenden Rechtsträgers über[1]. Es kommt deshalb nicht mehr zur Aufstellung einer Jahresbilanz des übertragenden Rechtsträgers, wenn vor der Aufstellung die Eintragung der Verschmelzung erfolgt ist. Dies wird der Regelfall sein. Zieht sich die Eintragung (zB wegen Anfechtung des Verschmelzungsbeschlusses) über einen oder mehrere Abschlussstichtage hin, bleibt die Bilanzierungspflicht aber bestehen[2].

Eine **Verbuchung** der Vermögensgegenstände und Schulden des übertragenden Rechtsträgers beim übernehmenden Rechtsträger hat zu erfolgen, sobald das **wirtschaftliche Eigentum** an Vermögensgegenständen und Schulden auf den übernehmenden Rechtsträger übergegangen ist[3]. Das ist der Fall, wenn (1) ein Verschmelzungsvertrag formwirksam abgeschlossen ist, und, soweit erforderlich, Verschmelzungsbeschlüsse und Zustimmungserklärungen der Anteilseigner (§ 13 UmwG) rechtswirksam vorliegen, (2) der vereinbarte Verschmelzungsstichtag vor dem Abschlussstichtag des aufnehmenden Rechtsträgers liegt, (3) die Eintragung der Verschmelzung mit an Sicherheit grenzender Wahrscheinlichkeit zu erwarten oder bis zur Beendigung der Aufstellung des Jahresabschlusses schon eingetragen ist und (4) faktisch oder im Verschmelzungsvertrag sichergestellt ist, dass der übertragende Rechtsträger nur im Rahmen eines ordnungsmäßigen Geschäftsgangs oder mit Einwilligung des übernehmenden Rechtsträgers über die Vermögensgegenstände verfügen kann[4]. Sind diese Voraussetzungen gegeben, sind auch die zugehörigen Aufwendungen und Erträge als originäre Aufwendungen und Erträge beim übernehmenden Rechtsträger auszuweisen. Beim übertragenden Rechtsträger ist eine Verbuchung von Vermögen und Schulden und der zugehörigen Aufwendungen und Erträge ab diesem Zeitpunkt zu unterlassen, so dass dessen Jahresabschluss, bis auf die Eigenkapitalpositionen, weitgehend entleert sein wird[5]. Der Bilanzausgleich ist ggf. durch einen Ausgleichsposten beim übertragenden Rechtsträger herzustellen. Zu beachten ist, dass wirtschaftliches Eigentum eine Tatsache ist und damit nicht rückwirkend begründet werden kann. Allerdings soll es aus Vereinfachungsgründen darüber hinausgehend zulässig sein, bei einem Verschmelzungsstichtag, der vor dem Übergang des wirtschaftlichen Eigentums liegt (zB bei Rückwirkung des Zeitpunkts der Verschmelzung in die Zeit vor dem Abschluss des Verschmel-

23

---

1 Zutreffend *Deubert/Henckel* in Winkeljohann/Förschle/Deubert, Sonderbilanzen, H 65; *Hörtnagl* in Schmitt/Hörtnagl/Stratz, § 17 UmwG Rz. 72; *IDW* RS HFA 42 Rz. 22 f., IDW Fachnachrichten 2012, S. 701 ff., WPg 2012, Supplement 4, S. 91 ff.
2 *Welf Müller*, WPg 1996, 857 (861); ähnlich *Priester*, BB 1992, 1594 (1597 f.); *Priester* in Lutter, § 24 UmwG Rz. 28 f.
3 *IDW* RS HFA 42 Rz. 30, IDW Fachnachrichten 2012, S. 701 ff., WPg 2012, Supplement 4, S. 91 ff.
4 *IDW* RS HFA 42 Rz. 29, IDW Fachnachrichten 2012, S. 701 ff., WPg 2012, Supplement 4, S. 91 ff.
5 *IDW* RS HFA 42 Rz. 30 f., IDW Fachnachrichten 2012, S. 701 ff., WPg 2012, Supplement 4, S. 91 ff.

zungsvertrages) zugehörige Erträge und Aufwendungen bereits beim übernehmenden Rechtsträger als eigene Geschäftsvorfälle zu buchen[1].

24 Ist wirtschaftliches Eigentum noch nicht übergegangen, hat der übertragende Rechtsträger bei seiner Rechnungslegung nach Abschluss des Verschmelzungsvertrages in jedem Fall zu beachten, dass er die Geschäfte ab Verschmelzungsstichtag **für Rechnung des übernehmenden Rechtsträgers** zu führen hat (§ 5 Abs. 1 Nr. 6 UmwG). Gewinne, die für Rechnung des übernehmenden Rechtsträgers in der Zeit zwischen Verschmelzungsstichtag und dem Abschlussstichtag erwirtschaftet wurden, stehen damit nicht zur Ausschüttung zur Verfügung. Es ist nicht sachgerecht, einen „für Rechnung" des übernehmenden Rechtsträgers erwirtschafteten Gewinn in eine Rückstellung einzustellen (aA noch 5. Aufl. Rz. 24)[2]. Ein Verlust darf vor Eintragung der Verschmelzung wegen des Imparitätsprinzips nicht durch eine Forderung gegen den übernehmenden Rechtsträger kompensiert werden (§ 252 Abs. 1 Nr. 4 HGB). Der übernehmende Rechtsträger hat Reinvermögensänderungen beim übertragenden Rechtsträger in diesem Fall nicht zu berücksichtigen. Der übernehmende Rechtsträger hat spätestens im ersten Jahresabschluss nach Eintragung der Verschmelzung die für Rechnung des übernehmenden Rechtsträgers seit dem Verschmelzungsstichtag geführten Geschäfte bei sich zu erfassen (durch die Erfassung der einzelnen Aufwendungen oder Erträge oder eines Saldos, zB unter der Bezeichnung: „Vom übertragendem Rechtsträger für fremde Rechnung erwirtschaftetes Ergebnis")[3].

25 Bei einem **längerdauernden Schwebezustand** (ggf. mehrjährig) zwischen Anmeldung und Eintragung hat der übertragende Rechtsträger in jedem Falle nach den für ihn geltenden Vorschriften Rechnung zu legen. Es wird jedoch sowohl bei dem übertragenden wie dem übernehmenden Rechtsträger darauf Rücksicht zu nehmen sein, dass das Umtauschverhältnis aus dem schwebenden Verschmelzungsvertrag nicht berührt wird[4]. Ggf. ist eine Änderung des Verschmelzungsstichtages (§ 5 Abs. 1 Nr. 6 UmwG) angezeigt; er kann auch von vornherein variabel gestaltet werden (vgl. § 5 UmwG Rz. 36)[5]. Wird der ursprüngliche Verschmelzungsstichtag aufrechterhalten, muss der übertragende Rechtsträger berücksichtigen, dass laufende Geschäftsvorfälle als für Rechnung des übernehmenden Rechtsträgers vorgenommen gelten. Gewinne wird er als nicht ausschüttungsfähig behandeln müssen; Verluste wird er nach dem Imparitäts-

---

[1] *IDW* RS HFA 42 Rz. 31, IDW Fachnachrichten 2012, S. 701 ff., WPg 2012, Supplement 4, S. 91 ff.
[2] Vgl. *IDW* RS HFA 42 Rz. 31, IDW Fachnachrichten 2012, S. 701 ff., WPg 2012, Supplement 4, S. 91 ff.
[3] Vgl. *IDW* RS HFA 42 Rz. 33, IDW Fachnachrichten 2012, S. 701 ff., WPg 2012, Supplement 4, S. 91 ff.
[4] Vgl. *Priester*, BB 1992, 1594 (1597).
[5] *Drygala* in Lutter, § 5 UmwG Rz. 75; *IDW* RS HFA 42 Rz. 25 f., IDW Fachnachrichten 2012, S. 701 ff., WPg 2012, Supplement 4, S. 91 ff.

prinzip vereinnahmen müssen (§ 252 Abs. 1 Nr. 4 HGB). Wird die Verschmelzung eingetragen, sind die Ergebnisse beim übernehmenden Rechtsträger zu vereinnahmen. Eine Berichtigung oder Änderung der zwischenzeitlichen Jahresabschlüsse ist weder erforderlich noch zulässig[1]. Gewinnausschüttungen zB aus Gewinnen und Gewinnrücklagen aus der Zeit bis zum Verschmelzungsstichtag (§ 5 Abs. 1 Nr. 6 UmwG) müssen nicht unbedingt gegen den Verschmelzungsvertrag verstoßen, jedenfalls dann, wenn bei Verzögerung der Eintragung eine Gewinnausschüttung für den fraglichen Zeitraum an die Anteilsinhaber des übertragenden Rechtsträgers aus dem Ergebnis des übernehmenden Rechtsträgers nicht gewährleistet ist.

4. Fristwahrung

Die **Acht-Monats-Frist ist zwingend**. Wird sie – auch nur geringfügig – überschritten, muss der Registerrichter die Eintragung ablehnen oder durch Zwischenverfügung eine Zwischenbilanz anfordern[2]. Wird die Verschmelzung trotz Fristüberschreitung eingetragen, ist sie wirksam (§ 20 Abs. 2 UmwG)[3]. Die Frist rechnet vom Tag der Anmeldung an. Eine wirksame Registeranmeldung liegt vor, wenn das Registergericht aus den eingereichten Unterlagen erkennen kann, dass eine eintragungsfähige Tatsache vorliegt. Dazu gehören mindestens der Verschmelzungsvertrag, die Verschmelzungsbeschlüsse und die Zustimmungserklärungen, nicht zwingend auch die Schlussbilanz. Sie kann wie andere noch fehlende Unterlagen nachgereicht werden; allerdings muss sie auf einen Stichtag nicht älter als acht Monate seit Anmeldung, nicht seit Einreichung aufgestellt sein[4]. Die Acht-Monats-Frist ist auch gewahrt, wenn die Schlussbilanz mit der Anmeldung eingereicht, der Prüfungsvermerk jedoch nachgereicht wird. Ist die rechtzeitig erstellte Schlussbilanz einer rechtzeitig erfolgten Anmeldung zum Handelsregister des übertragenden Rechtsträgers nicht beigefügt, so ist dieser

26

---

1 *Priester*, BB 1992, 1594 ff.
2 Anders noch OLG Oldenburg v. 17.6.1993 – 5 W 74/93, BB 1993, 1630 f. = GmbHR 1994, 65 zu § 46 Abs. 4 UmwG aF, der allerdings als Sollvorschrift ausgestaltet war; wie hier *Hörtnagl* in Schmitt/Hörtnagl/Stratz, § 17 UmwG Rz. 47; *Schwanna* in Semler/Stengel, § 17 UmwG Rz. 16; *Widmann* in Widmann/Mayer, § 24 UmwG Rz. 68 ff.; *Decher* in Lutter, § 17 UmwG Rz. 11.
3 *Widmann* in Widmann/Mayer, § 24 UmwG Rz. 72; *Kraft* in KölnKomm. AktG, 2. Aufl. 1990, § 345 AktG Rz. 19; *Hörtnagl* in Schmitt/Hörtnagl/Stratz, § 17 UmwG Rz. 43; *Decher* in Lutter, § 17 UmwG Rz. 11.
4 *Simon* in KölnKomm. UmwG, § 17 UmwG Rz. 43 f.; *Hörtnagl* in Schmitt/Hörtnagl/Stratz, § 17 UmwG Rz. 46; *Decher* in Lutter, § 17 UmwG Rz. 11; LG Frankfurt/M. v. 19.12.1997 – 3-11 T 81/97, DB 1998, 410 = GmbHR 1998, 380; *Heckschen*, NotBZ 1997, 132 ff.; *German*, GmbHR 1999, 591 (593): nur dann, wenn die Nachreichung innerhalb der Acht-Monats-Frist geschieht; ablehnend: LG Dresden v. 21.2.1997 – 42 T 85/96, NotBZ 1997, 138; KG v. 22.9.1998 – 1 W 4387/97, NJW-RR 1999, 186 (187); wohl auch AG Duisburg v. 4.1.1996 – 23 HRB 4942, 23 HRB 5935, GmbHR 1996, 372.

Mangel auf eine Zwischenverfügung des Registergerichts hin durch Nachreichen der Bilanz zu heilen. Es kommt nicht darauf an, ob eine nachgereichte Schlussbilanz zum Zeitpunkt der Anmeldung bereits aufgestellt und geprüft war, nur darf ihr Stichtag dann nicht älter als acht Monate vor der Anmeldung sein[1]. Die Schlussbilanz ist nur der Anmeldung zum Handelsregister des übertragenden Rechtsträgers, nicht etwa auch der Anmeldung zum Handelsregister des übernehmenden Rechtsträgers beizufügen[2]. Sie kann aber beigefügt werden, wenn zB bei einer Kapitalerhöhung auf eine Sacheinlageprüfung nach § 69 Abs. 1 Satz 1 Halbsatz 2 UmwG verzichtet werden soll.

27 Für die Berechnung der Frist gelten die §§ 186 ff. BGB[3]. Zu beachten ist, dass die Frist vom Tag der Anmeldung rückwärts zu rechnen ist. Streitig ist, ob die §§ 187, 188 BGB unmittelbar[4] oder nur entsprechend[5] anwendbar sind. Bei entsprechender Anwendung des § 188 Abs. 2 BGB ist nicht auf das Ende, sondern auf den Beginn des Tages (0 Uhr) der Anmeldung abzustellen. Bei einer Anmeldung am 31.8. endet die Rückwärtsfrist am 31.12. 0 Uhr des Vorjahres, sodass eine Bilanz auf den 31.12. 24 Uhr ausreichend ist. Problematisch sind nur die Fälle bei denen die Benennung der Monatsenden auseinanderfallen (28., 30., 31. eines Monats). Bei direkter Anwendung des § 188 Abs. 2 BGB hat zB die Anmeldung bei einem Bilanzstichtag 28.2. spätestens zum 28.10. zu erfolgen; bei entsprechender Anwendung kommt jedoch § 188 Abs. 3 BGB zum Zuge und die Anmeldung bis 31.10. wäre noch rechtzeitig. Der Systematik der Rückwärtsrechnung entspricht die zweite Auffassung. Im konkreten Falle sollte man es jedoch – ohne Abstimmung mit dem Registergericht – hierauf nicht ankommen lassen[6].

V. Ansatz und Bewertung

1. Grundsatz

28 Beizufügen ist eine Bilanz, nicht ein Jahresabschluss mit GuV und ggf. Anhang (vgl. Rz. 18). Es gelten die Vorschriften über die „Jahresbilanz" entsprechend. Unter Jahresbilanz ist die Einzelbilanz nach HGB, nicht etwa ein Rechnungsabschluss nach internationalen Rechnungslegungsstandards iS von § 315a HGB

---

1 *Hörtnagl* in Schmitt/Hörtnagl/Stratz, § 17 UmwG Rz. 46; aA LG Frankfurt v. 19.12.1997 – 3-11 T 81/97, NZG 1998, 269 = GmbHR 1998, 380.
2 BayObLG v. 10.12.1998 – 3Z BR 237/98, ZIP 1999, 968 = GmbHR 1999, 295 = EWiR § 17 UmwG 1/99, 373 mit Anm. *Neye*.
3 *Decher* in Lutter, § 17 UmwG Rz. 12; OLG Köln v. 22.6.1998 – 2 Wx 34/98, GmbHR 1998, 1085; BayObLG v. 16.2.2000 – 3Z BR 389/99, DB 2000, 811 = GmbHR 2000, 493.
4 *Hörtnagl* in Schmitt/Hörtnagl/Stratz, § 17 UmwG Rz. 43; OLG Köln v. 22.6.1998 – 2 Wx 34/98, GmbHR 1998, 1085 (1086).
5 *Decher* in Lutter, § 17 UmwG Rz. 12; *Fronhöfer* in Widmann/Mayer, § 17 UmwG Rz. 88 f.; *Schwanna* in Semler/Stengel, § 17 UmwG Rz. 17.
6 So auch *Schwanna* in Semler/Stengel, § 17 UmwG Rz. 17.

iVm. Art. 4 der VO (EG) Nr. 1606/2002 zu verstehen. Das gilt auch dann, wenn der übertragende Rechtsträger seinen Einzelabschluss nach § 325 Abs. 2a HGB nach internationalen Standards veröffentlichen darf. Das HGB kennt zwar keine „Jahresbilanz", gemeint sind aber die Vorschriften über den Jahresabschluss, soweit sie die Bilanz betreffen, also die §§ 242–256a, 264–274a, 330, 337, 340–340b, 340e–340h, 341–341h HGB.

Damit gelten für alle Rechtsträger – ungeachtet ihrer Kaufmannseigenschaft – die §§ 242–256 HGB; für Kapitalgesellschaften und bestimmte Personengesellschaften zusätzlich die §§ 264–274a und 330 HGB; für eingetragene Genossenschaften zusätzlich der § 337 HGB, für Kreditinstitute zusätzlich die §§ 340–340b, 340d–340h HGB und für Versicherungsunternehmen zusätzlich die §§ 341–341h HGB.

Maßgeblich sind die HGB-Vorschriften für die Einzelbilanz, die zum Stichtag 29 der Schlussbilanz, nicht die, die zum Zeitpunkt der Anmeldung gelten. Von den **Wahlrechten** in den Übergangsbestimmungen (Art. 28 Abs. 1 und 67 EGHGB) darf auch in der Schlussbilanz Gebrauch gemacht werden. Problematisch ist allerdings, dass dann Anhangsangaben über die wirklichen Pensionslasten fehlen (Art. 28 Abs. 2, 67 Abs. 2 EGHGB). Ist eine Buchwertverknüpfung nach § 24 UmwG vorgesehen, ist es empfehlenswert, im Verschmelzungsvertrag Regelungen über die Ausübung von Wahlrechten in der Schlussbilanz zu treffen, besonders im Hinblick auf Kettenverschmelzungen[1]. Siehe zur Ausübung von Wahlrechten bei Kettenverschmelzungen auch § 24 UmwG Rz. 17.

2. Ansatzvorschriften

Es gelten die §§ 246–251 HGB und für Kapitalgesellschaften und ihnen nach 30 § 264a HGB gleichgestellte Personengesellschaften zusätzlich § 274 HGB. Forderungen und Verbindlichkeiten gegenüber dem übernehmenden Rechtsträger und Anteile am übernehmenden Rechtsträger sind in der Schlussbilanz auszuweisen. Eigene Anteile sind mit dem Posten „Gezeichnetes Kapital" und mit den frei verfügbaren Rücklagen zu verrechnen (§ 272 Abs. 1a HGB). Sie werden damit zutreffend wie eine Korrektur des Eigenkapitals behandelt. Ansatzmethoden und **Ansatzwahlrechte** sind in der Schlussbilanz grundsätzlich so wie im vorhergehenden Jahresabschluss auszuüben (§ 246 Abs. 3 HGB). Davon darf nur in begründeten Ausnahmefällen abgewichen werden (§ 252 Abs. 2 HGB). Die Aufstellung einer Schlussbilanz kann dabei als begründeter Ausnahmefall angesehen werden[2]. Das BilMoG hat ein gewichtiges Wahlrecht neu eingeführt, nämlich die Aktivierung selbst geschaffener immaterieller Vermögensgegen-

---

1 So auch *Deubert/Henckel* in Winkeljohann/Förschle/Deubert, Sonderbilanzen, H 111.
2 So auch *IDW* RS HFA 42 Rz. 17, IDW Fachnachrichten 2012, S. 701 ff., WPg 2012, Supplement 4, S. 91 ff.; *Deubert/Henckel* in Winkeljohann/Förschle/Deubert, Sonderbilanzen, H 105.

stände (§ 248 Abs. 2 HGB) und ein weiteres gewichtiges Wahlrecht aufrechterhalten, nämlich die Aktivierung aktiver latenter Steuern (§ 274 Abs. 1 Satz 2 HGB). Wurde bisher keine Aktivierung praktiziert, wird sich ein begründeter Ausnahmefall in der Schlussbilanz nur schwerlich finden lassen. Er könnte allerdings dann vorliegen, wenn der aufnehmende Rechtsträger Buchwertfortführung nach § 24 UmwG wählen möchte. Jedoch hat der übernehmende Rechtsträger in diesem Fall latente Steuern nach seinen steuerlichen Verhältnissen zu bilanzieren und zu bewerten, soweit Unterschiede zwischen dem steuerlichen und handelsrechtlichen Wertansatz nach der Verschmelzung weiterhin bestehen[1]. Der übernehmende Rechtsträger tritt zwar grundsätzlich in die steuerliche Rechtsstellung des übertragenden Rechtsträgers ein (§§ 4 Abs. 2, 12 Abs. 3 UmwStG). Das gilt aber nicht für Verlustvorträge des übertragenden Rechtsträgers (§§ 4 Abs. 2 Satz 2, 12 Abs. 3 Halbsatz 2 UmwStG)[2]. Entsprechendes gilt für den EBITDA-Vortrag und den Zinsvortrag nach § 4h Abs. 1 Satz 2 und Satz 5 EStG (§ 4h Abs. 5 EStG)[3] (zum Ansatz beim übernehmenden Rechtsträger vgl. § 24 UmwG Rz. 8). Hinzuweisen ist auf die Vorschrift des § 268 Abs. 1 HGB: Danach kann bei Kapitalgesellschaften die Bilanz unter Berücksichtigung der vollständigen oder teilweisen Verwendung des Jahresergebnisses aufgestellt werden. Dies ist zB immer dann der Fall, wenn im Verschmelzungsvertrag eine Ausschüttung an die Anteilsinhaber des übertragenden Rechtsträgers vorgesehen und über den Verschmelzungsvertrag vor Bilanzaufstellung Beschluss gefasst worden ist. Kosten der Verschmelzung, die der übertragende Rechtsträger zu tragen hat (zB nach Verschmelzungsvertrag) sind zurückzustellen (§ 249 HGB).

3. Bewertungsvorschriften

31 Es gelten die §§ 252–256a, 340e–340h, 341b–341h HGB: Die Anschaffungs- oder Herstellungskosten bilden die Wertobergrenze (§ 253 Abs. 1 Satz 1 HGB). **Zuschreibungen** sind nur im Rahmen der HGB-Vorschriften (§ 253 Abs. 5 HGB) geboten, wenn die Gründe der außerplanmäßigen Abschreibungen weggefallen sind[4].

32 Mit dem Gesetzestext nicht vereinbar ist die gelegentlich geäußerte Auffassung, auch in der Schlussbilanz könne auf **Wiederbeschaffungswerte** (Verkehrswerte) aufgestockt werden. Dies kann keinesfalls daraus gefolgert werden, dass die Vorschriften über die Jahresbilanz nur „entsprechend" gelten. Es kann auch nicht daraus gefolgert werden, dass der Gesetzgeber beabsichtigt habe, die handels-

---

1 *IDW* RS HFA 42 Rz. 61, IDW Fachnachrichten 2012, S. 701 ff., WPg 2012, Supplement 4, S. 91 ff.
2 Vgl. *Rödder* in Rödder/Herlinghaus/van Lishaut, 2. Aufl. 2013, § 12 UmwStG Rz. 104 ff.; *Deubert/Henckel* in Winkeljohann/Förschle/Deubert, Sonderbilanzen, H 104 ff.
3 *Rödder* in Rödder/Herlinghaus/van Lishaut, 2. Aufl. 2013, § 12 UmwStG Rz. 111.
4 *Deubert/Henckel* in Winkeljohann/Förschle/Deubert, Sonderbilanzen, H 116 ff.; *IDW* RS HFA 42 Rz. 15, IDW Fachnachrichten 2012, S. 701 ff., WPg 2012, Supplement 4, S. 91 ff.

rechtliche und die steuerliche Schlussbilanz nicht auseinander fallen zu lassen. Es ist einzuräumen, dass in der steuerlichen Schlussbilanz die übergehenden Wirtschaftsgüter nach § 3 Abs. 1 UmwStG idF des SEStEG grundsätzlich mit dem gemeinen Wert anzusetzen sind, der idR dem Marktpreis entspricht (§ 9 Abs. 2 BewG)[1], es sei denn, der übertragende Rechtsträger wählt bei Vorliegen der Voraussetzungen des § 3 Abs. 2 UmwStG den Ansatz zu Buch- oder Zwischenwerten. Es ist aber nirgends, nicht einmal in der Regierungsbegründung, zum Ausdruck gebracht worden, dass dies auch für die handelsrechtliche Schlussbilanz gelten solle oder auch nur gelten dürfe (zur Maßgeblichkeit vgl. Rz. 38). Es muss deshalb bei dem insoweit eindeutigen Wortlaut des § 17 Abs. 2 Satz 2 UmwG bleiben[2].

33 Es gelten die **allgemeinen Bewertungsgrundsätze** des § 252 Abs. 1 HGB (Bilanzidentität, Unternehmensfortführung, Stichtagsprinzip, Einzelbewertung, Vorsichtsprinzip, Realisationsprinzip, Imparitätsprinzip, Periodenabgrenzung, Bewertungsstetigkeit). Jedoch ergibt sich aus der besonderen Zwecksetzung der Schlussbilanz, dass im Einzelfall von einem Bewertungsgrundsatz auch einmal abgewichen werden kann; dies gilt vor allem dann, wenn der aufnehmende Rechtsträger die Buchwertverknüpfung wählt und mit der Schlussbilanz seine Anschaffungskosten definiert werden[3]. Dies gilt insbesondere für den Grundsatz der Bewertungsstetigkeit (§ 252 Abs. 1 Nr. 5 HGB); Anpassungen an die Bewertungsmethoden des aufnehmenden Rechtsträgers sind zulässig. Beizubehalten ist aber der Grundsatz der Unternehmensfortführung (§ 252 Abs. 1 Nr. 2 HGB); es können also nicht Rückstellungen wegen Wegfalls des Grundes (§ 249 Abs. 3 HGB) aufgelöst werden. Beizubehalten sind auch die Grundsätze der Einzelbewertung und der Vorsicht.

34 **Eigene Anteile** sind nach Inkrafttreten des MoMiG offen vom Gezeichneten Kapital und den frei verfügbaren Rücklagen abzusetzen (Rz. 27). Nach altem Recht waren sie aktivisch im Umlaufvermögen auszuweisen und konnten, mussten aber nicht, abgewertet werden (§ 253 Abs. 3 Satz 3 HGB aF). Dieses Problem hat sich mit dem MoMiG erledigt[4].

---

1 SEStEG v. 7.12.2006, BGBl. I 2006, S. 2782 = BStBl. I 2007, S. 4. Zur Problematik des Ansatzes mit dem gemeinen Wert vgl. *Birkemeier* in Rödder/Herlinghaus/van Lishaut, 2. Aufl. 2013, § 3 UmwStG Rz. 66 ff.
2 *Welf Müller*, WPg 1996, 857 (860); *Hörtnagl* in Schmitt/Hörtnagl/Stratz, § 17 UmwG Rz. 31; *Birkemeier* in Rödder/Herlinghaus/van Lishaut, 2. Aufl. 2013, § 3 UmwStG Rz. 64; aA *Müller-Gatermann*, WPg 1996, 868 (869); *Biener* zitiert bei Müller-Gatermann.
3 Vgl. *Deubert/Henckel* in Winkeljohann/Förschle/Deubert, Sonderbilanzen, H 117 f., *Bula/Pernegger* in Sagasser/Bula/Brünger, S. 421; *Hörtnagl* in Schmitt/Hörtnagl/Stratz, § 17 UmwG Rz. 33; *IDW RS HFA 42* Rz. 17, IDW Fachnachrichten 2012, S. 701 ff., WPg 2012, Supplement 4, S. 91 ff.
4 Vgl. zum alten Recht 3. Aufl., Rz. 30 und *Deubert/Henckel* in Budde/Förschle/Winkeljohann, Sonderbilanzen, 4. Aufl., H 108.

35 Wird eine bei Abschluss des Verschmelzungsvertrages bereits aufgestellte und geprüfte Jahresbilanz als Schlussbilanz verwendet, ist eine **Änderung** dieser Schlussbilanz zulässig, um von Wahlrechten anders Gebrauch zu machen[1]. Dann ist allerdings eine erneute Prüfung erforderlich; im Testat ist klarzustellen, dass die Schlussbilanz von dem auf denselben Zeitpunkt aufgestellten Jahresabschluss abweicht.

VI. Prüfung

36 Die Vorschriften über die Jahresbilanz und deren Prüfung gelten „entsprechend". Dies kann nur bedeuten, dass eine **Prüfung nur dann erforderlich** wird, wenn auch die Jahresbilanz (Jahresabschluss) prüfungspflichtig ist[2]. Dies ist der Fall bei Kapitalgesellschaften, die nicht kleine iS des § 267 Abs. 1 HGB sind (§ 316 Abs. 1 HGB), bei Genossenschaften (§ 53 Abs. 2 GenG), bei Kreditinstituten (§ 340k HGB) und bei Versicherungsunternehmen (§ 341k HGB). Zu beachten ist hier die Anhebung der Schwellenwerte für kleine und mittelgroße Kapitalgesellschaften nach 267 HGB im Zuge des BilRUG[3], dessen Vorschriften grundsätzlich in Geschäftsjahren anzuwenden sind, die nach dem 31.12.2015 beginnen. Eine Prüfung ist nicht erforderlich bei Personengesellschaften und bei eingetragenen Vereinen, sofern sie nicht unter das Publizitätsgesetz fallen (§§ 1, 6 PublG). Es gibt Erleichterungen hinsichtlich der Prüfung der Schlussbilanz, sofern eine Bilanz des regulären Jahresabschlusses verwendet wird, die grundsätzlich prüfungspflichtig ist, bei der wegen §§ 264 Abs. 3 oder 4, 264b HGB oder § 5 Abs. 6 PublG aber keine Jahresabschlussprüfung durchgeführt wurde. In diesen Fällen bedarf es grundsätzlich auch keiner Prüfung der Schlussbilanz, da nach § 17 Abs. 2 UmwG die Vorschriften über die Jahresbilanz und deren Prüfung „entsprechend" gelten[4]. Zur Vermeidung des Risikos einer Nichteintragung ist es jedoch ratsam, sich mit dem zuständigen Registergericht darüber abzustimmen[5].

---

1 Vgl. *Deubert/Henckel* in Winkeljohann/Förschle/Deubert, Sonderbilanzen, H 119; WP-Handbuch 2014, Bd. II, S. 459; *Fronhöfer* in Widmann/Mayer, § 17 UmwG Rz. 76; *Simon* in KölnKomm. UmwG, § 17 UmwG Rz. 35; *Hörtnagl* in Schmitt/Hörtnagl/Stratz, § 17 UmwG Rz. 20; *IDW* PH 9.490.1 Rz. 6, IDW Fachnachrichten 2013, S. 346 ff., WPg 2013, Supplement 3, S. 35 ff.

2 *Hörtnagl* in Schmitt/Hörtnagl/Stratz, § 17 UmwG Rz. 20; *Widmann* in Widmann/Mayer, § 24 UmwG Rz. 142; WP-Handbuch 2014, Bd. II, S. 457 ff.; dazu auch WP-Handbuch 2014, Bd. II, S. 566 ff.; *Bertram*, WPg 2014, 410 ff.

3 BGBl. I 2015, S. 1245 ff.

4 Vgl. *Scheunemann*, DB 2006, 797 ff.; IDW PH 9.490.1 Rz. 14, IDW Fachnachrichten 2013, S. 346 ff., WPg 2013, Supplement 3, S. 35 ff.; aA *Deubert/Henckel* in Winkeljohann/Förschle/Deubert, Sonderbilanzen, H 137; *Hörtnagl* in Schmitt/Hörtnagl/Stratz, § 17 UmwG Rz. 20; WP-Handbuch 2014, Bd. II, S. 567.

5 *IDW* PH 9.490.1 Rz. 14, IDW Fachnachrichten 2013, S. 346 ff., WPg 2013, Supplement 3, S. 35 ff.

Die **Qualifizierung der Prüfer** ergibt sich aus den jeweils anwendbaren Vor- 37
schriften. Für Kapitalgesellschaften zB gilt § 319 Abs. 1 HGB; als Prüfer kommen Wirtschaftsprüfer und Wirtschaftsprüfungsgesellschaften, bei mittelgroßen Gesellschaften vereidigte Buchprüfer und Buchprüfungsgesellschaften in Betracht. Die Ausschlussgründe für den Abschlussprüfer (§§ 319 Abs. 2–4, 319a, 319b HGB) gelten entsprechend auch für den Prüfer der Schlussbilanz. Zu beachten sind die überarbeiteten Vorschriften zu den **besonderen Ausschlussgründen** für Abschlussprüfer von Unternehmen von öffentlichem Interesse im Rahmen der EU-Abschlussprüferreform, die für Geschäftsjahre, die nach dem 17.6.2016 beginnen, anzuwenden sind (Art. 5 der VO (EU) Nr. 537/2014[1] iVm. § 319a Abs. 1 Satz 1 Nr. 2 und 3 HGB[2]). Die Erbringung der in § 319a Abs. 1 Satz 1 Nr. 2 und 3 HGB genannten Steuerberatungs- und Bewertungsleistungen führt zum Ausschluss von der Schlussbilanzprüfung, wenn sich die Leistungen einzeln oder zusammen auf den zu prüfenden Jahresabschluss unmittelbar und nicht nur unwesentlich auswirken. Steuerberatungsleistungen im Zusammenhang mit Zöllen und Lohnsteuern sind im Gegensatz zur alten Rechtslage nicht mehr zulässig, andere Steuerberatungsleistungen nach Art. 5 Abs. 1 Unterabs. 2 Buchst. a Ziffer i und iv bis vii der VO (EU) Nr. 537/2014 müssen zudem vom Prüfungsausschuss des Unternehmens gebilligt werden (§ 319a Abs. 3 HGB). Art. 5 Abs. 1 VO (EU) Nr. 537/2014 zählt verbotene Nicht-Prüfungsleistungen auf, die die **Unabhängigkeit eines Abschlussprüfer** von Unternehmen von öffentlichem Interesse gefährden und dazu führen können, dass ggf. kein Bestätigungsvermerk nach den Anforderungen von Art. 10 VO (EU) Nr. 537/2014 erteilt werden kann (vgl. Rz. 39). Zudem ist in Bezug auf die Unabhängigkeit des Abschlussprüfers ab dem Geschäftsjahr 2020 eine Honorarobergrenze für zulässige Nicht-Prüfungsleistungen zu beachten (Art. 4 Abs. 2 VO (EU) Nr. 537/2014), die solche Leistungen generell auf maximal 70% des Durchschnitts der in den letzten drei aufeinanderfolgenden Geschäftsjahren an den Prüfer für die Abschlussprüfung gezahlten Honorare begrenzt[3]. Für die gerichtliche Ersetzung des bestellten Prüfers wegen Befangenheit durch einen anderen gilt § 318 Abs. 3 HGB entsprechend. **Ausländische Prüfer** sind auch bei grenzüberschreitender Verschmelzung nur qualifiziert, wenn sie nach § 131k WPO als Wirtschaftsprüfer bestellt sind.

Für die **Bestellung der Prüfer** gelten ebenfalls die einschlägigen Vorschriften 38
für den jeweiligen Rechtsträger. Bei Kapitalgesellschaften gilt § 318 HGB. Stimmt der Stichtag der Schlussbilanz mit dem des Jahresabschlusses überein, erstreckt sich die Wahl des Abschlussprüfers auch auf die Wahl des Prüfers der Schlussbilanz. Bei einem Unternehmen von öffentlichem Interesse sind zudem die Vorgaben des Art. 16 VO (EU) Nr. 537/2014 zur Bestellung eines Abschluss-

---

1 Verordnung (EU) Nr. 537/2014, ABl. EU Nr. L 158 v. 27.5.2014, S. 77.
2 Abschlussprüfungsreformgesetz v. 10.5.2016, BGBl. I 2016, S. 1143.
3 Vgl. *Schmidt/Nagel* in Beck'scher Bilanz-Kommentar, § 319a HGB Rz. 50 ff.

prüfers zu beachten. Im Falle der Verwendung eines regulären Jahresabschlusses als Schlussbilanz kann auch die in Art. 17 VO (EU) Nr. 537/2014 festgelegte Verlängerung der Höchstlaufzeit des bisherigen Abschlussprüfers nach zehn Jahren relevant sein, die für das elfte Geschäftsjahr ein formelles Ausschreibungsverfahren und ggf. Wechsel des Abschlussprüfers bedingt. Bei anderen Formen der Schlussbilanz ist dies nicht relevant. Sofern das Prüfungsmandat des bisherigen Abschlussprüfers nicht fortgesetzt werden kann, ist ein Ausschreibungsverfahren für die Wahl des neuen Prüfers nach den Vorgaben des Art. 16 Abs. 3 VO (EU) Nr. 537/2014 durchzuführen, soweit nicht größenabhängige Erleichterungen greifen[1]. Stimmen die Bilanzstichtage jedoch nicht überein oder wurden abweichende Ansatz- und Bewertungswahlrechte in Anspruch genommen, ist der Abschlussprüfer nicht automatisch Prüfer der Schlussbilanz[2]. Wird eine Schlussbilanz mit einem vom Jahresabschluss abweichenden Stichtag gesondert aufgestellt, ist die Höchstlaufzeit nach Art. 17 VO (EU) Nr. 537/2014 nicht anzuwenden, da der geprüfte Zeitraum der Schlussbilanz nicht dem elften Geschäftsjahr – auch nicht einem Rumpfgeschäftsjahr – entspricht. Bei einer Schlussbilanz mit abweichend vom regulären Jahresabschluss ausgeübten Ansatz- und Bewertungswahlrechten handelt es sich um eine eigenständige Prüfung der Schlussbilanz. In beiden Fällen kann der Abschlussprüfer ohne Rücksicht auf die besonderen Anforderungen von Art. 17 VO (EU) Nr. 537/2014 für die Prüfung der Schlussbilanz bestellt werden. Es ist ein Gesellschafterbeschluss herbeizuführen (§ 318 Abs. 1 HGB) oder eine gerichtliche Bestellung (§ 318 Abs. 4 HGB) zu betreiben. Ein Gesellschafterbeschluss – auch als Bestätigung bereits begonnener Prüfungshandlungen – kann auch noch nach dem Stichtag der Schlussbilanz, zB mit dem Verschmelzungsbeschluss, herbeigeführt werden (abweichend von § 318 Abs. 4 Satz 1 HGB).

39 Über das **Ergebnis der Prüfung** einer gesondert aufgestellten Schlussbilanz, die einen vom Jahresabschluss abweichenden Stichtag aufweist oder bei der Ansatz- und Bewertungswahlrechte abweichend vom Jahresabschluss in Anspruch genommen wurden, ist gesondert nach § 321 HGB schriftlich zu berichten[3]. Auf diesen Bericht kann nicht verzichtet werden (anders § 12 Abs. 3 UmwG iVm. § 8 Abs. 3 UmwG). Die Form der Berichterstattung in Bezug zum **Bestätigungsvermerk** richtet sich nach der durchgeführten Prüfungstätigkeit:

– Wird als Schlussbilanz der letzte geprüfte Jahresabschluss eingereicht, ist der hierzu erteilte Bestätigungsvermerk beim Handelsregister einzureichen.

---

1 Vgl. *Lanfermann*, BB 2014, 2348 ff.; *Schmidt/Heinz* in Beck'scher Bilanz-Kommentar, § 318 HGB Rz. 50 ff.
2 Vgl. *IDW* PH 9.490.1 Rz. 9 f., IDW Fachnachrichten 2013, S. 346 ff., WPg 2013, Supplement 3, S. 35 ff.
3 *IDW* PH 9.490.1 Rz. 21, IDW Fachnachrichten 2013, S. 346 ff., WPg 2013, Supplement 3, S. 35 ff.

– Wird als Schlussbilanz die Bilanz des letzten geprüften Jahresabschlusses einschließlich ausgeübter Wahlpflichtangaben beim Handelsregister eingereicht, ist laut IDW zusätzlich zum Bestätigungsvermerk des Jahresabschlusses eine mit aktuellem Datum versehene Bescheinigung über einen Abgleich der in der Schlussbilanz ausgewiesenen Posten und Beträge mit dem letzten geprüften Jahresabschluss einzureichen[1].

– Es ist im Falle einer eigenständigen Prüfung der Schlussbilanz (also bei einer Schlussbilanz mit einem vom Jahresabschluss abweichenden Stichtag oder einer Schlussbilanz bei der Ansatz- und Bewertungswahlrechte abweichend vom Jahresabschluss in Anspruch genommen wurde), entsprechend § 322 HGB ein Bestätigungsvermerk, beschränkt auf diese Bilanz, zu erteilen[2].

Für **Unternehmen von öffentlichem Interesse** sind neben den allgemeinen Anforderungen des Bestätigungsvermerks hinsichtlich des Formates und der Inhalte zusätzliche Vorgaben nach Art. 10 VO (EU) Nr. 537/2014 zu beachten, sofern der geprüfte Berichtszeitraum nach dem 16.6.2016 beginnt[3]. Sofern die Schlussbilanz umwandlungsspezifische Sachverhalte abbildet, insbesondere Anpassungen bei Ansatz und Bewertungswahlrechten, ist zu erwarten, dass diese regelmäßig im Bestätigungsvermerk berichtspflichtige Prüfungsschwerpunkte (Key Audit Matters) nach Art. 10 (EU) Nr. 537/2014 darstellen[4]. Zur Formulierung des Bestätigungsvermerks vgl. IDW[5]. Die Einschränkung oder gar Versagung des Bestätigungsvermerks hat keine unmittelbaren Rechtsfolgen, insbesondere führt sie nicht für sich zur Zurückweisung der Anmeldung[6]. Sie wird

---

1 *IDW* PH 9.490.1 Rz. 8, IDW Fachnachrichten 2013, S. 346 ff., WPg 2013, Supplement 3, S. 35 ff.; das IDW gibt hier für die Bescheinigung eine Musterformulierung vor.
2 Vgl. *IDW* PH 9.490.1 Rz. 22, IDW Fachnachrichten 2013, S. 346 ff., WPg 2013, Supplement 3, S. 35 ff.; das *IDW* gibt hier einen auf die Besonderheiten der umwandlungsrechtlichen Schlussbilanz angepassten Bestätigungsvermerk vor, der die Anforderungen von § 322 HGB an den Bestätigungsvermerk und des *IDW* PS 480 und *IDW* PS 490 an einen Prüfungsvermerk berücksichtigt.
3 *Schmidt/Küster* in Beck'scher Bilanz-Kommentar, § 322 HGB Rz. 200 f.
4 Zu Key Audit Matter vgl. *Pföhler/Kunellis/Knappe*, WP Praxis 3/2016, S. 57 ff.
5 *IDW* PS 400, IDW Fachnachrichten 2010, S. 537 ff., WPg 2010, Supplement 4, S. 25 ff.; *IDW* PH 9.490.1, IDW Fachnachrichten 2013, S. 346 ff., WPg 2013, Supplement 3, S. 35 ff.; im Zuge der EU-Abschlussprüferreform gibt es bisher nur allgemeine Musterformulierungen des IDW für den neuen Bestätigungsvermerk (238. Sitzung am 27./28.11.2014), die noch nicht auf die besondere Berichterstattung bei einer Schlussbilanzprüfung bei Unternehmen von öffentlichem Interesse angepasst sind.
6 So aber *Widmann* in Widmann/Mayer, § 24 UmwG Rz. 145; noch weitergehend *Bula/Pernegger* in Sagasser/Bula/Brünger, S. 379, die einen uneingeschränkten Bestätigungsvermerk verlangen. Es kann aber § 17 Abs. 2 UmwG nicht entnommen werden, dass hier der Bestätigungsvermerk eine weitergehende Funktion als beim Jahresabschluss haben soll. Zutreffend *Hörtnagl* in Schmitt/Hörtnagl/Stratz, § 17 UmwG Rz. 23; *Deubert/Henckel* in Winkeljohann/Förschle/Deubert, Sonderbilanzen, H 139, die allerdings in der Versagung des Bestätigungsvermerks unentschlossen sind, ob ein Eintragungshindernis

aber eine intensive Prüfung durch das Registergericht veranlassen. Hat eine Prüfung nicht stattgefunden oder ist sie durch einen nicht qualifizierten oder ausgeschlossenen Prüfer durchgeführt worden (§§ 318, 319 HGB), ist die Anmeldung zurückzuweisen. Die Prüfung kann jedenfalls innerhalb der Acht-Monats-Frist des § 17 Abs. 2 Satz 4 UmwG nachgeholt werden. Sie wird auf Zwischenverfügung des Registergerichts auch nach Ablauf der Acht-Monats-Frist nachgeholt werden können, wenn nur die Bilanz innerhalb dieser Frist aufgestellt worden ist (vgl. Rz. 26). Für die Haftung des Prüfers gilt § 323 HGB, einschließlich der Haftungsbegrenzung nach § 323 Abs. 2 HGB, entsprechend.

VII. Bekanntmachung

40 Eine Bekanntmachung ist nicht erforderlich (§ 17 Abs. 2 Satz 3 UmwG). Ist Schlussbilanz der ordentliche Jahresabschluss des übertragenden Rechtsträgers, so gelten für die Bekanntmachung die allgemeinen Vorschriften (zB § 325 HGB). Die Schlussbilanz ist auch nicht festzustellen und braucht deshalb nicht den Gesellschaftern oder einem Aufsichtsgremium vorgelegt zu werden (vgl. Rz. 19)[1].

VIII. Maßgeblichkeit für die steuerliche Schlussbilanz

41 Nach §§ 3 Abs. 1, 11 Abs. 1, 20 Abs. 1 UmwStG sind in der steuerlichen Schlussbilanz des übertragenden Rechtsträgers die übergehenden Wirtschaftsgüter (das „Vermögen" iS des UmwG) einschließlich selbst geschaffener immaterieller Güter mit dem **gemeinen Wert** anzusetzen. Nur auf Antrag können die übergehenden Wirtschaftsgüter – abweichend vom Grundsatz – mit dem **Buchwert** oder einem höheren Wert (**Zwischenwert**) angesetzt werden, wenn sichergestellt ist, dass diese Wirtschaftsgüter der deutschen Besteuerung mit Einkommen- bzw. Körperschaftsteuer unterliegen, eine Besteuerung des Veräußerungsgewinns in Deutschland nicht ausgeschlossen oder beschränkt wird und eine Gegenleistung nicht gewährt wird oder in Gesellschaftsrechten besteht (§§ 3 Abs. 2, 11 Abs. 2, 20 Abs. 2 UmwStG). Damit wird der **Maßgeblichkeitsgrundsatz** der handelsrechtlichen Schlussbilanz für die steuerliche Schlussbilanz (§ 5 Abs. 1 Satz 1 EStG aF) – entgegen der bisherigen Auffassung der Finanzverwaltung – aufgegeben[2]. Die steuerliche Regelung ist lex specialis und nicht durch den Maßgeblichkeitsgrundsatz gebunden. Darüber hinaus ist mit Inkrafttreten des BilMoG § 5 Abs. 1 EStG dahingehend geändert worden, dass der Grundsatz der sog. umgekehrten Maßgeblichkeit aufgegeben wurde. Wird steuerlich die Buchwertverknüpfung nicht gewählt oder kann sie – mangels Voraussetzungen – nicht ge-

---

vorliegt. Der Auffassung eines Eintragungshindernisses ist aber nicht zu folgen, wenn eine ordnungsmäßige Prüfung stattgefunden hat.
1 *IDW* RS HFA 42 Rz. 13, IDW Fachnachrichten 2012, S. 701 ff., WPg 2012, Supplement 4, S. 91 ff.
2 BT-Drucks. 16/2710.

wählt werden, so kann bei dem übertragenden Rechtsträger eine **Schlussertragsteuer** entstehen. Dies gilt ohne Rücksicht darauf, dass die Schlussertragsteuer letztlich von der übernehmenden Gesellschaft zu begleichen ist. Die Steuerschuld entsteht noch in dem übertragenden Rechtsträger, so dass insoweit in der Schlussbilanz eine Rückstellung oder sogar eine Verbindlichkeit einzustellen ist[1]. Ob eine Kompensation durch eine aktive latente Steuerabgrenzung (§ 274 Abs. 2 HGB) möglich ist, ist Tatsachen- und Bewertungsfrage. Sie wird jedenfalls dann nicht Platz greifen, wenn nicht absehbar ist, ob bei der aufnehmenden (ausländischen) Gesellschaft insoweit in den nachfolgenden Geschäftsjahren eine Steuerentlastung eintreten wird[2]. Eine Schwierigkeit kann sich dadurch einstellen, dass der Antrag auf Ansatz der Buchwerte nach § 3 Abs. 2 Satz 2 UmwStG spätestens bis zur erstmaligen Abgabe der steuerlichen Schlussbilanz bei dem für die Besteuerung des übertragenden Rechtsträgers zuständigen Finanzamt gestellt werden kann; ein Zeitpunkt, der idR nach der Registeranmeldung nach § 17 Abs. 2 UmwG liegt. Es empfiehlt sich deshalb, die steuerliche Behandlung im Verschmelzungsvertrag (Verschmelzungsplan) zu regeln.

Die durch die ggf. eintretende Entstrickung stiller Reserven verursachte Steuerbelastung bei dem übertragenden Rechtsträger ist idR auch bei der Ermittlung des **Umtauschverhältnisses**, bei der Ermittlung von Zuzahlungen (§ 15 Abs. 1 UmwG, §§ 6, 11 SEAG) oder bei der Ermittlung einer Barabfindung (§§ 29, 30 UmwG, §§ 7, 9, 12 SEAG) als wirtschaftliche Last zu berücksichtigen. 42

IX. Grenzüberschreitende Verschmelzung

Weder die SE-VO oder das SEAG noch die Verschmelzungsrichtlinie[3] und das 2. bzw. 3. UmwGÄndG beinhalten Sondervorschriften für die Rechnungslegung bei einer grenzüberschreitenden Umwandlung innerhalb der EU bzw. des EWR. Es bleibt insoweit bei der Anwendung der einschlägigen Rechtsvorschriften jedes einzelnen Mitgliedstaates, in Deutschland also uneingeschränkt bei der Schlussbilanz nach § 17 Abs. 2 UmwG. Im Falle einer Hinaus-Verschmelzung gelten daher für die zur Anmeldung in das deutsche Handelsregister beizufügenden Schlussbilanz die handelsrechtlichen Vorschriften entsprechend (§ 122k Abs. 1 Satz 2 UmwG iVm. § 17 Abs. 2 Satz 2 UmwG). Anpassungen an ausländische Ansatz- und Bewertungsmethoden des übernehmenden ausländischen Rechtsträgers dürfen nur erfolgen, soweit dies zu Ansätzen bzw. Werten führt, die mit handelsrechtlichen Vorschriften vereinbar sind[4]. Auswirkungen können 43

---

1 Vgl. *Welf Müller* in FS Raupach, 2006, S. 261 (269 f.); *Birkemeier* in Rödder/Herlinghaus/van Lishaut, 2. Aufl. 2013, § 3 UmwStG Rz. 78.
2 Vgl. *Welf Müller* in FS Raupach, 2006, S. 261 (270).
3 RL 2005/56/EG.
4 *IDW* RS HFA 42 Rz. 83 f., IDW Fachnachrichten 2012, S. 701 ff., WPg 2012, Supplement 4, S. 91 ff.

sich deshalb nur implizit aus der Natur der Sache ergeben, wie zB oben in Rz. 41 für zusätzliche steuerliche Belastungen ausgeführt. Die Schlussbilanz ist damit insbesondere für Vereinbarungen im Verschmelzungsvertrag bzw. -plan nicht zugänglich, insbesondere kann nicht die Bilanzierung nach **internationalen Rechnungslegungsstandards** (IAS/IFRS) festgelegt werden (vgl. Rz. 28). Zu Besonderheiten einer Herein-Verschmelzung bezüglich der Rechnungslegung siehe die Kommentierung zu § 24 UmwG Rz. 62 ff.

X. Überschuldung

44 Ergibt sich anlässlich der Erstellung der Schlussbilanz eine **Überschuldung** des übertragenden Rechtsträgers iS von § 19 InsO (wobei allerdings die unterschiedlichen Bewertungsmaßstäbe im Verhältnis zur Schlussbilanz zu berücksichtigen sind), so ist dies zunächst für den übertragenden Rechtsträger grundsätzlich **kein Umwandlungshindernis**, insbesondere wenn es sich um eine Sanierungsverschmelzung auf den Alleingesellschafter handelt[1]. Im Übrigen liegen die Probleme in der Deckung des neu ausgegebenen Kapitals beim aufnehmenden Rechtsträger, in der möglichen Differenzhaftung der Alt- und Neugesellschafter des aufzunehmenden Rechtsträgers[2] und in der Abwicklung des Gläubigerschutzes nach § 22 UmwG.

§ 18
Firma oder Name des übernehmenden Rechtsträgers

(1) Der übernehmende Rechtsträger darf die Firma eines der übertragenden Rechtsträger, dessen Handelsgeschäft er durch die Verschmelzung erwirbt, mit oder ohne Beifügung eines das Nachfolgeverhältnis andeutenden Zusatzes fortführen.

(2) Ist an einem der übertragenden Rechtsträger eine natürliche Person beteiligt, die an dem übernehmenden Rechtsträger nicht beteiligt wird, so darf der übernehmende Rechtsträger den Namen dieses Anteilsinhabers nur dann in der nach Absatz 1 fortgeführten oder in der neu gebildeten Firma verwenden, wenn der betroffene Anteilsinhaber oder dessen Erben ausdrücklich in die Verwendung einwilligen.

---

1 OLG Stuttgart v. 4.10.2005 – 8 W 426/05, DB 2005, 2681 = GmbHR 2006, 380; OLG München v. 27.10.2005 – 23 U 2826/05, AG 2006, 209; zu Umwandlungsmaßnahmen nach Stellung des Insolvenzantrags vgl. *Heckschen*, DB 2005, 2675 ff.; *Wälzholz*, AG 2006, 469 ff.; *Maier-Reimer/Seulen* in Semler/Stengel, § 120 UmwG Rz. 13; *Karollus* in Lutter, § 120 UmwG Rz. 21.
2 Vgl. § 55 UmwG Rz. 3 ff. und § 69 UmwG Rz. 20 ff.; *Wälzholz*, AG 2006, 469 ff.; OLG München v. 27.10.2005 – 23 U 2826/05, AG 2006, 209.

(3) Ist eine Partnerschaftsgesellschaft an der Verschmelzung beteiligt, gelten für die Fortführung der Firma oder des Namens die Absätze 1 und 2 entsprechend. Eine Firma darf als Name einer Partnerschaftsgesellschaft nur unter den Voraussetzungen des § 2 Abs. 1 des Partnerschaftsgesellschaftsgesetzes fortgeführt werden. § 1 Abs. 3 und § 11 des Partnerschaftsgesellschaftsgesetzes sind entsprechend anzuwenden.

1. Überblick 1
2. Möglichkeiten der Firmierung ... 2
3. Firmenfortführung 3
4. Nachfolgezusatz 11
5. Einwilligung ausscheidender Gesellschafter 12
6. Firmenfortführung unter Beteiligung einer Partnerschaftsgesellschaft 15
7. Verhältnis zu § 22 HGB 16
8. Firmenbildung aufgrund Gesamtrechtsnachfolge? 17

Literatur: *Kögel*, Firmenrechtliche Besonderheiten des neuen Umwandlungsrechts, GmbHR 1996, 168; *Kuchinke*, Die Firma in der Erbfolge, ZIP 1987, 681; *Limmer*, Firmenrecht und Umwandlung nach dem Handelsrechtsreformgesetz, NotBZ 2000, 101; *Lutter/ Welp*, Das neue Firmenrecht der Kapitalgesellschaften, ZIP 1999, 1073.

1. Überblick

Die Vorschrift ermöglicht, dass der übernehmende Rechtsträger die Firma eines übertragenden Rechtsträgers, dessen Handelsgeschäft er durch die Verschmelzung erwirbt, fortführt (§ 18 Abs. 1 UmwG). Soweit in der Firma der Name einer an dem übernehmenden Rechtsträger nicht mehr beteiligten Person fortgeführt werden soll, ist deren Einwilligung erforderlich (§ 18 Abs. 2 UmwG). Bei Beteiligung einer Partnerschaftsgesellschaft gelten die in § 18 Abs. 3 UmwG beschriebenen Besonderheiten. Zu den Besonderheiten bei der Verschmelzung auf den Alleingesellschafter siehe § 122 UmwG Rz. 9. § 18 UmwG betrifft die Verschmelzung zur Aufnahme; für die Verschmelzung durch Neugründung gilt die Vorschrift gemäß § 36 Abs. 1 UmwG entsprechend. 1

2. Möglichkeiten der Firmierung

Mit dem Wirksamwerden der Verschmelzung erlischt der übertragende Rechtsträger und damit auch seine Firma (vgl. § 20 Abs. 1 Nr. 2 UmwG)[1]. Handelt es sich um eine bekannte, traditionsreiche oder aus anderen Gründen wertvolle Firma, so kann für den übernehmenden Rechtsträger ein Interesse daran bestehen, diese Firma fortzuführen. Dies kann entweder dadurch geschehen, dass der übernehmende Rechtsträger seine **bisherige Firma** anlässlich der Verschmel- 2

---

[1] *Simon* in KölnKomm. UmwG, § 18 UmwG Rz. 22.

zung **ändert**. Für die Bildung dieser neuen Firma gilt dann das jeweilige Firmenrecht des übernehmenden Rechtsträgers (vgl. insbes. §§ 17 ff. HGB, § 4 GmbHG, §§ 4, 279 AktG). Ob dabei unter dem Gesichtspunkt der Gesamtrechtsnachfolge (vgl. § 20 Abs. 1 Nr. 1 UmwG) oder gemäß § 22 HGB die Firma eines übertragenden Rechtsträgers fortgeführt werden darf, ist unklar (vgl. dazu Rz. 16). Ohne diese Frage zu entscheiden, lässt § 18 Abs. 1 UmwG zu, dass der übernehmende Rechtsträger aus Anlass der Verschmelzung die **bisherige Firma eines übertragenden Rechtsträgers** mit oder ohne Nachfolgezusatz **fortführt**. Als weitere Möglichkeit kann der übernehmende Rechtsträger seine **bisherige Firma** auch **unverändert** lassen; eine Pflicht zur Firmenänderung aufgrund der Verschmelzung besteht grundsätzlich nicht (vgl. aber Rz. 9)[1]. Soll die Firma geändert werden, so können Abreden hierüber auch im Verschmelzungsvertrag getroffen werden (vgl. § 5 UmwG Rz. 62). Notwendig ist dies aber nicht, da das Recht zur Firmenfortführung kraft Gesetzes besteht[2]. Eine etwaige Änderung der Firma des übernehmenden Rechtsträgers erfordert bei den Kapitalgesellschaften eine Änderung der Satzung bzw. des Gesellschaftsvertrages und deren Eintragung im Handelsregister (vgl. § 181 AktG, § 54 GmbHG). Diese Eintragung ist dann zusätzlich zur Verschmelzung anzumelden[3].

3. Firmenfortführung

3 Die Firmenfortführung nach § 18 Abs. 1 UmwG setzt voraus, dass der übertragende Rechtsträger überhaupt eine Firma führt. Dies ist der Fall bei der **Handelsfirma** (§§ 17 ff. HGB), die ein Einzelkaufmann (§ 19 Abs. 1 Nr. 1 HGB), eine Personenhandelsgesellschaft (§ 19 Abs. 1 Nr. 2 und 3, Abs. 2 HGB), eine Kapitalgesellschaft (§ 4 GmbHG; §§ 4, 279 AktG) oder eine eingetragene Genossenschaft (§ 3 GenG) führt. Eine bloße Geschäftsbezeichnung oder der Name einer natürlichen Person oder eines eingetragenen Vereins (§§ 12, 57 Abs. 2 BGB) sind dagegen nicht erfasst.

4 Das **Handelsgeschäft**, das der fortzuführenden Firma zugrunde liegt (vgl. § 17 Abs. 1 HGB), muss der übernehmende Rechtsträger **durch die Verschmelzung erwerben**. Da die Verschmelzung Übergang des gesamten Vermögens bedeutet (§§ 2 Nr. 1, 5 Abs. 1 Nr. 2) UmwG, geht in ihrem Rahmen auch ein Handelsgeschäft des übertragenden Rechtsträgers über. Eine abweichende Vereinbarung wäre sogar unwirksam (vgl. § 5 UmwG Rz. 4). Die gesetzliche Regelung stellt damit nur klar, dass im Rahmen der Verschmelzung auch ein Handelsgeschäft übergehen muss. Im Übrigen genügt dessen Erwerb; ob und inwieweit das erworbene Handelsgeschäft beim übernehmenden Rechtsträger tatsächlich weiter-

---

1 *Decher* in Lutter, § 18 UmwG Rz. 3; *Schwanna* in Semler/Stengel, § 18 UmwG Rz. 2; *Simon* in KölnKomm. UmwG, § 18 UmwG Rz. 7.
2 *Decher* in Lutter, § 18 UmwG Rz. 4; *Simon* in KölnKomm. UmwG, § 18 UmwG Rz. 23.
3 Vgl. *Simon* in KölnKomm. UmwG, § 18 UmwG Rz. 23.

geführt wird, ist nach dem Gesetzeswortlaut grundsätzlich (vgl. zu den Grenzen Rz. 8) unerheblich[1].

Eine **Einwilligung** des übertragenden Rechtsträgers ist – abweichend von § 22 Abs. 1 HGB – **nicht erforderlich**. Ein solches Erfordernis wäre bei der Verschmelzung auch wenig sinnvoll, da der übertragende Rechtsträger im Zuge der Verschmelzung untergeht und deshalb kein schutzwertes Interesse daran haben kann, dass seine Firma nicht weiter verwendet wird[2]. 5

Fortführung der Firma bedeutet, dass die **bisherige Firma** des übernehmenden Rechtsträgers **aufgegeben** und durch die Firma des übertragenden Rechtsträgers ersetzt wird[3]. Dieser Firmenwechsel muss vollständig und im Wesentlichen unverändert erfolgen[4]; eine nur **teilweise Fortführung** der Firma eines übertragenden Rechtsträgers oder die Bildung einer **zusammengesetzten Firma** ist nach dem Sinn der gesetzlichen Regelung ausgeschlossen[5]. Geringfügige Änderungen, zB in der Schreibweise („?" statt „und"), sind jedoch möglich, sie können zur Vermeidung von Irreführungen sogar geboten sein[6]. Werden gleichzeitig **mehrere Rechtsträger** auf einen übernehmenden Rechtsträger verschmolzen, so kann dieser nur eine Firma fortführen, nicht aber zB eine gemeinsame Firma aus den Firmen mehrerer übertragenden Rechtsträger bilden[7]. Bei der Auswahl der fortzuführenden Firma ist der übernehmende Rechtsträger allerdings frei. Unabhängig davon ist eine Kombination verschiedener Firmen aber im Rahmen einer Neubildung der Firma des übernehmenden Rechtsträgers möglich. Dafür gelten die Regeln der §§ 17, 18, 19 HGB[8]. 6

Maßgebend für die Firmenfortführung ist die Firma, die ein übertragender Rechtsträger im **Zeitpunkt der Verschmelzung** führt. Ein Rückgriff auf eine frühere Firma ist allenfalls im Rahmen einer Firmenneubildung, nicht aber bei einer Fortführung möglich[9]. 7

---

1 AA *Decher* in Lutter, § 18 UmwG Rz. 4; *Simon* in KölnKomm. UmwG, § 18 UmwG Rz. 13; *Vollrath* in Widmann/Mayer, § 18 UmwG Rz. 17.
2 Vgl. *Decher* in Lutter, § 18 UmwG Rz. 4; *Schwanna* in Semler/Stengel, § 18 UmwG Rz. 3; *Stratz* in Schmitt/Hörtnagl/Stratz, § 18 UmwG Rz. 13.
3 Vgl. zur Verschmelzung einer GmbH auf den Alleingesellschafter OLG Schleswig v. 15.11.2000 – 2 W 145/00, NJW-RR 2002, 461 = GmbHR 2001, 205.
4 Vgl. OLG Düsseldorf v. 17.9.1997 – 3 Wx 106/97, NJW 1998, 616.
5 Vgl. *Decher* in Lutter, § 18 UmwG Rz. 5; *Heidinger* in Henssler/Strohn, § 18 UmwG Rz. 6; *Schwanna* in Semler/Stengel, § 18 UmwG Rz. 2; *Simon* in KölnKomm. UmwG, § 18 UmwG Rz. 19.
6 *Decher* in Lutter, § 18 UmwG Rz. 5.
7 *Stratz* in Schmitt/Hörtnagl/Stratz, § 18 UmwG Rz. 8; *Schulte* in Böttcher/Habighorst/Schulte, § 18 UmwG Rz. 5; aA *Schwanna* in Semler/Stengel, § 18 UmwG Rz. 2.
8 *Decher* in Lutter, § 18 UmwG Rz. 3; *Heidinger* in Henssler/Strohn, § 18 UmwG Rz. 7; *Stratz* in Schmitt/Hörtnagl/Stratz, § 18 UmwG Rz. 8.
9 *Bork* in Lutter, § 18 UmwG Rz. 2; *Simon* in KölnKomm. UmwG, § 18 UmwG Rz. 17.

8 Für die Firmenfortführung gelten die **allgemeinen Grenzen**. War die fortzuführende Firma beim übertragenden Rechtsträger unzulässig, so bleibt sie dies auch beim übernehmenden Rechtsträger, es sei denn, die Unzulässigkeitsgründe liegen bei diesem nicht mehr vor[1]. Umgekehrt kann die beim übertragenden Rechtsträger zulässige Firma beim übernehmenden Rechtsträger iS von § 18 Abs. 2 HGB irreführend und deshalb unzulässig sein[2].

9 Die Firmenfortführung ist auch dann zulässig, wenn der übernehmende Rechtsträger eine **andere Rechtsform** als der übertragende Rechtsträger hat, dessen Firma fortgeführt wird. Eine GmbH kann also zB die Personenfirma einer OHG (zB A & B) fortführen, auch wenn die übernommenen Namen keine Gesellschafter der GmbH bezeichnen (siehe dazu jedoch § 18 Abs. 2 UmwG). Zu Unklarheiten im Rechtsverkehr kann allerdings die Fortführung des bisherigen **Rechtsformzusatzes** führen. Im Interesse der Firmenwahrheit muss zwingend der neue Rechtsformzusatz angefügt werden; der Rechtsformzusatz in der fortzuführenden Firma ist entweder zu streichen[3] oder durch einen geeigneten Nachfolgezusatz zu neutralisieren[4].

10 Wird die Firma fortgeführt, gilt diese auch für etwaige **Zweigniederlassungen** des übernehmenden Rechtsträgers. Als rechtlich unselbständiger Teil des Unternehmens führt die Zweigniederlassung grundsätzlich keine abweichende Firma (Ausnahme: § 30 Abs. 3 HGB). Nur für eine Zweigniederlassung kann deshalb die Firma eines übertragenden Rechtsträgers nicht beibehalten werden. Möglich ist jedoch, dass der übernehmende Rechtsträger seine bisherige Firma beibehält und die Firma des übertragenden Rechtsträgers als **Zweigniederlassungsfirma** für eine Zweigniederlassung nutzt, die aus dem Unternehmen des übertragenden Rechtsträgers besteht[5].

4. Nachfolgezusatz

11 Wird die Firma eines übertragenden Rechtsträgers mit einem Nachfolgezusatz fortgeführt – was zulässig, aber nicht zwingend ist –, muss dieser klar erkennen

---

1 *Simon* in KölnKomm. UmwG, § 18 UmwG Rz. 15; *Heidinger* in Henssler/Strohn, § 18 UmwG Rz. 4.
2 Vgl. *Hopt* in Baumbach/Hopt, § 22 HGB Rz. 14 mwN.
3 So zum früheren Umwandlungsrecht OLG Hamm v. 12.3.1976 – 15 Wx 29/74, BB 1976, 1043 (1045).
4 Vgl. *Heidinger* in Henssler/Strohn, § 18 UmwG Rz. 8; *Schwanna* in Semler/Stengel, § 18 UmwG Rz. 2; *Simon* in KölnKomm. UmwG, § 18 UmwG Rz. 18; strenger *Stratz* in Schmitt/Hörtnagl/Stratz, § 18 UmwG Rz. 14: alter Rechtsformzusatz muss stets entfallen; vgl. zur Fortführung einer sog. Doktorfirma BGH v. 2.10.1997 – I ZR 105/95, NJW 1998, 1150.
5 Vgl. *Schwanna* in Semler/Stengel, § 18 UmwG Rz. 5; *Simon* in KölnKomm. UmwG, § 18 UmwG Rz. 21; *Vollrath* in Widmann/Mayer, § 18 UmwG Rz. 23.

lassen, wer wessen Nachfolger ist; die fortzuführende Firma und der Zusatz (zB Nachfolger, Inhaber, vormals) müssen außerdem deutlich voneinander getrennt sein.

5. Einwilligung ausscheidender Gesellschafter

Soll bei einer Firmenfortführung nach § 18 Abs. 1 UmwG oder einer Firmenneubildung nach § 18 Abs. 2 UmwG der Name einer Person verwendet werden, die an dem übertragenden Rechtsträger, aber nicht mehr an dem übernehmenden Rechtsträger beteiligt ist, so ist zu der jeweiligen Firmierung die ausdrückliche Einwilligung dieses Anteilsinhabers oder seiner Erben erforderlich (§ 18 Abs. 2 UmwG). Damit soll das Interesse dieser Personen an der Verwendung ihres Namens als Teil des Persönlichkeitsrechts (Art. 1 Abs. 1, 2 Abs. 1 GG) geschützt werden. Die Einwilligung kann deshalb auch nur **persönlich**, nicht aber zB durch den Testamentsvollstrecker oder Nachlassverwalter und auch nicht durch den Insolvenzverwalter erteilt werden[1]. Bleibt der Anteilsinhaber auch am übernehmenden Rechtsträger beteiligt, so ist seine Einwilligung zur Verwendung der seinen Namen enthaltenden Firma nicht erforderlich. Das Gesetz geht dann davon aus, dass im Verbleib zumindest ein konkludentes Einverständnis mit der Firmierung liegt[2]. Der Fall, dass ein Anteilsinhaber im Rahmen der Verschmelzung ausscheidet, kann vor allem im Zusammenhang mit einer Abfindung nach § 29 UmwG vorkommen.

12

Ausdrücklichkeit der Einwilligung bedeutet, dass diese zweifelsfrei zum Ausdruck kommen muss. Dazu kann auch eine stillschweigende Erklärung genügen; bloßes Dulden reicht aber nicht aus[3]. Die Einwilligung muss nicht schon **vor der Entscheidung über die Firmierung** vorliegen; es genügt, wenn sie in unmittelbarem Zusammenhang mit der Eintragung der Firma erklärt wird[4]. Aus praktischer Sicht ist allerdings zu empfehlen, dass die Einwilligung bei der Anmeldung der Verschmelzung vorliegt[5]. Ein **Widerruf** der Einwilligung ist bis zur

13

---

1 *Decher* in Lutter, § 18 UmwG Rz. 8; *Schwanna* in Semler/Stengel, § 18 UmwG Rz. 8; *Schäffler* in Maulbetsch/Klumpp/Rose, § 18 UmwG Rz. 9; offen in Bezug auf den Insolvenzverwalter *Simon* in KölnKomm. UmwG, § 18 UmwG Rz. 28 und *Heidinger* in Henssler/Strohn, § 18 UmwG Rz. 13.
2 *Decher* in Lutter, § 18 UmwG Rz. 6; *Simon* in KölnKomm. UmwG, § 18 UmwG Rz. 27.
3 Vgl. *Decher* in Lutter, § 18 UmwG Rz. 7; *Simon* in KölnKomm. UmwG, § 18 UmwG Rz. 29; *Schwanna* in Semler/Stengel, § 18 UmwG Rz. 8; *Stratz* in Schmitt/Hörtnagl/Stratz, § 18 UmwG Rz. 19 sowie *Steitz* in Ensthaler, Gemeinschaftskommentar zum HGB, 8. Aufl. 2015, § 22 HGB Rz. 28 und *Reuschle* in Ebenroth/Boujong/Joost/Strohn, 3. Aufl. 2014, § 22 HGB Rz. 26; vgl. auch BGH v. 27.4.1994 – VIII ZR 34/93, NJW 2025 (2026); BayObLG v. 26.11.1997 – 3Z BR 279/97, NJW-RR 1997, 1158 (1159).
4 *Stratz* in Schmitt/Hörtnagl/Stratz, § 18 UmwG Rz. 21.
5 Vgl. *Simon* in KölnKomm. UmwG, § 18 UmwG Rz. 26.

Eintragung der Verschmelzung frei widerruflich (§ 183 Satz 1 BGB), danach nur aus wichtigem Grund[1].

14 Ist der ausscheidende Anteilsinhaber verstorben, so ist die Einwilligung seiner **Erben** erforderlich, sofern der Erblasser keine anderweitige Verfügung getroffen hat[2].

6. Firmenfortführung unter Beteiligung einer Partnerschaftsgesellschaft

15 Nach § 3 Abs. 1 Nr. 1 UmwG kann eine Partnerschaftsgesellschaft sowohl als übernehmender wie auch als übertragender Rechtsträger an einer Verschmelzung beteiligt sein. Bei einer Firmenfortführung gelten dann die Bestimmungen von § 18 Abs. 1 und 2 UmwG entsprechend (§ 18 Abs. 3 Satz 1 UmwG). Wegen der streng personalistischen Struktur der Partnerschaftsgesellschaft sieht § 18 Abs. 3 Satz 2 UmwG allerdings verschiedene Einschränkungen dieses Grundsatzes vor. Ist eine Partnerschaftsgesellschaft übernehmender Rechtsträger, so muss ihr Name gemäß § 2 Abs. 1 Satz 1 PartGG auch bei einer Firmenfortführung den Namen mindestens eines Partners, den Zusatz „und Partner" oder „Partnerschaft" sowie die Berufsbezeichnungen aller in der Partnerschaft vertretenen Berufe enthalten. Die Namen anderer Personen dürfen nicht in den Namen der Partnerschaft aufgenommen werden (§ 2 Abs. 1 Satz 2 PartGG). Ist eine Partnerschaftsgesellschaft übertragender Rechtsträger, so gelten diese Besonderheiten auch für die Firma des übernehmenden Rechtsträgers. Eine reine Sach- oder Phantasiefirma ist demgemäß nicht möglich, wohl aber Mischformen[3]. Nach § 18 Abs. 3 Satz 3 UmwG iVm. § 1 Abs. 3 PartGG sind Abweichungen aufgrund von berufsrechtlichen Vorschriften denkbar. Ausnahmen können sich auch aus § 11 Abs. 1 Satz 3 PartGG ergeben, wonach die Bezeichnungen „Partnerschaft" oder „und Partner" auch von Rechtsträgern anderer Rechtsform weitergeführt werden dürfen, wenn diese Zusätze schon vor dem 1.7.1995 geführt wurden und auf die andere Rechtsform hingewiesen wird[4].

---

1 Vgl. *Heidinger* in Henssler/Strohn, § 18 UmwG Rz. 12; *Simon* in KölnKomm. UmwG, § 18 UmwG Rz. 26; *Decher* in Lutter, § 18 UmwG Rz. 8; enger *Schwanna* in Semler/Stengel, § 18 UmwG Rz. 8; *Stratz* in Schmitt/Hörtnagl/Stratz, § 18 UmwG Rz. 22 und Verf. in 5. Aufl.
2 *Simon* in KölnKomm. UmwG, § 18 UmwG Rz. 28; *Stratz* in Schmitt/Hörtnagl/Stratz, § 18 UmwG Rz. 18.
3 *Bork* in Lutter, § 18 UmwG Rz. 8; *Simon* in KölnKomm. UmwG, § 18 UmwG Rz. 33; *Stratz* in Schmitt/Hörtnagl/Stratz, § 18 UmwG Rz. 21; *Vollrath* in Widmann/Mayer, § 18 UmwG Rz. 32.
4 Vgl. *Heidinger* in Henssler/Strohn, § 18 UmwG Rz. 17.

7. Verhältnis zu § 22 HGB

Unklar ist, ob § 18 Abs. 1 UmwG die Möglichkeiten einer Firmenfortführung im Falle der Verschmelzung abschließend regelt oder ob der übernehmende Rechtsträger daneben – wahlweise – auch auf § 22 HGB zurückgreifen kann. Diese Frage hat insofern praktische Bedeutung, als § 22 HGB auch die Bildung einer **zusammengesetzten Firma** zulässt[1]. Da das UmwG die Firmenbildung bei der Verschmelzung nicht erschweren, sondern erleichtern will und kein Grund dafür besteht, den Grundsatz der Firmenwahrheit bei der Verschmelzung strenger zu handhaben als in den sonstigen Fällen des Handelsrechts, muss auch die Bildung einer zusammengesetzten Firma unter Anwendung von § 22 HGB als zulässig angesehen werden[2]. Nach dem Hinweis in § 125 UmwG gilt § 18 UmwG auch bei der **Aufspaltung**. Bei der **Abspaltung** und **Ausgliederung** ist § 18 UmwG dagegen nicht anwendbar. Wird in einem solchen Fall das gesamte Handelsgeschäft übertragen, gilt bei einer Firmenfortführung § 22 HGB[3].

16

8. Firmenbildung aufgrund Gesamtrechtsnachfolge?

Zum früheren Verschmelzungsrecht wurde die Auffassung vertreten, dass die übernehmende Gesellschaft die Firma einer übertragenden Gesellschaft bereits aufgrund der Gesamtrechtsnachfolge übernehmen oder zu einer gemeinsamen neuen Firma vereinigen kann[4]. Nachdem § 18 UmwG die Firmierung des übernehmenden Rechtsträgers ausdrücklich regelt, ist diese Auffassung überholt. Mit dem Erlöschen des übertragenden Rechtsträgers geht grundsätzlich auch dessen Firma unter[5]. **§ 18 UmwG** ist gegenüber § 20 Abs. 1 UmwG **lex specialis**[6].

17

---

1 Vgl. *Burgard* in Staub, 5. Aufl. 2009, Anh. § 22 HGB Rz. 6; *Hopt* in Baumbach/Hopt, § 22 HGB Rz. 19; OLG Frankfurt/M. v. 13.2.1970 – 6 W 521/69, MDR 1970, 513.
2 Vgl. *Burgard* in Staub, 5. Aufl. 2009, Anh § 22 HGB Rz. 6; *Reuschle* in Ebenroth/Boujong/Joost/Strohn, 3. Aufl. 2014, § 22 HGB Rz. 70, 85; *Heidinger* in Henssler/Strohn, § 18 UmwG Rz. 23; *Schwanna* in Semler/Stengel, § 18 UmwG Rz. 6; iE ebenso, wenn auch über § 18 UmwG, *Simon* in KölnKomm. UmwG, § 18 UmwG Rz. 8; *Stratz* in Schmitt/Hörtnagl/Stratz, § 18 UmwG Rz. 11.
3 *Heidinger* in Henssler/Strohn, § 18 UmwG Rz. 20, 24.
4 Vgl. zB *Kraft* in KölnKomm. AktG, 1985, § 346 AktG Rz. 41; *Grunewald* in G/H/E/K, 1994, § 346 AktG Rz. 28.
5 *Decher* in Lutter, § 18 UmwG Rz. 2; *Schwanna* in Semler/Stengel, § 18 UmwG Rz. 2; *Simon* in KölnKomm. UmwG, § 18 UmwG Rz. 11; *Vollrath* in Widmann/Mayer, § 18 UmwG Rz. 1, 35.
6 *Simon* in KölnKomm. UmwG, § 18 UmwG Rz. 11.

§ 19
Eintragung und Bekanntmachung der Verschmelzung

(1) Die Verschmelzung darf in das Register des Sitzes des übernehmenden Rechtsträgers erst eingetragen werden, nachdem sie im Register des Sitzes jedes der übertragenden Rechtsträger eingetragen worden ist. Die Eintragung im Register des Sitzes jedes der übertragenden Rechtsträger ist mit dem Vermerk zu versehen, dass die Verschmelzung erst mit der Eintragung im Register des Sitzes des übernehmenden Rechtsträgers wirksam wird, sofern die Eintragungen in den Registern aller beteiligten Rechtsträger nicht am selben Tag erfolgen.

(2) Das Gericht des Sitzes des übernehmenden Rechtsträgers hat von Amts wegen dem Gericht des Sitzes jedes der übertragenden Rechtsträger den Tag der Eintragung der Verschmelzung mitzuteilen. Nach Eingang der Mitteilung hat das Gericht des Sitzes jedes der übertragenden Rechtsträger von Amts wegen den Tag der Eintragung der Verschmelzung im Register des Sitzes des übernehmenden Rechtsträgers im Register des Sitzes des übertragenden Rechtsträgers zu vermerken und die bei ihm aufbewahrten Dokumente dem Gericht des Sitzes des übernehmenden Rechtsträgers zur Aufbewahrung zu übermitteln.

(3) Das Gericht des Sitzes jedes der an der Verschmelzung beteiligten Rechtsträger hat jeweils die von ihm vorgenommene Eintragung der Verschmelzung von Amts wegen nach § 10 des Handelsgesetzbuchs ihrem ganzen Inhalt nach bekannt zu machen.

1. Überblick 1	c) Inhalt 9
2. Prüfung der Registergerichte 2	d) Zusammenwirken der Gerichte
a) Umfang der Prüfung 3	(§ 19 Abs. 2 UmwG) 11
b) Formelle Prüfung 4	e) Rechtsmittel 13
c) Materielle Prüfung 5	4. Bekanntmachung
3. Eintragung	a) Inhalt 14
a) Zeitpunkt 7	b) Rechtsfolgen 17
b) Reihenfolge 8	5. Kosten 18

Literatur: *Böhringer,* Grundbuchberichtigung bei Umwandlungen nach dem Umwandlungsgesetz, Rpfleger 2001, 509; *Bokelmann,* Eintragung eines Beschlusses: Prüfungskompetenz des Registerrichters bei Nichtanfechtung, rechtsmissbräuchlicher Anfechtungsklage und bei Verschmelzung, DB 1994, 1341; *Fisch,* Der Übergang ausländischen Vermögens bei Verschmelzungen und Spaltungen – Eine Analyse aus Sicht der Praxis, NZG 2016, 448; *Gärtner,* Verschmelzung von Kapitalgesellschaften und Grundstücksfragen, DB 2000, 409; *Mayer,* Praxisfragen des verschmelzungsrechtlichen Squeeze-out-verfahrens, NZG 2012, 561; *Melchior,* Die Beteiligung von Betriebsräten an Umwandlungsvorgängen aus Sicht des Handelsregisters, GmbHR 1996, 833; *Menold*, Das materielle Prüfungsrecht des Handelsregister-Richters, 1966.

1. Überblick

§ 19 Abs. 1 UmwG legt unterschiedslos für alle Rechtsträgertypen die Reihenfolge der Eintragung der Verschmelzung durch Aufnahme und Neugründung fest; § 19 Abs. 2 UmwG regelt den Informationsaustausch der beteiligten Registergerichte; § 19 Abs. 3 UmwG bestimmt, wann die Bekanntmachung der Verschmelzung zu erfolgen hat. Zu den Besonderheiten bei der grenzüberschreitenden Verschmelzung siehe die Anmerkungen zu § 122k UmwG und § 122e UmwG.

2. Prüfung der Registergerichte

Die Eintragung der Verschmelzung wird bei Kapitalgesellschaften vom Registerrichter (§ 17 Nr. 1c RPflG), ansonsten vom Rechtspfleger (§ 3 Nr. 2d RPflG) verfügt. Vorab ist die Rechtswirksamkeit des **gesamten Verschmelzungskomplexes** zu prüfen, um die Richtigkeit der einzutragenden Tatsachen sicherstellen[1] (siehe auch § 9c GmbHG, § 38 AktG).

a) Umfang der Prüfung

Das Registergericht prüft alle gesetzlichen Eintragungsvoraussetzungen in **formeller** und **materieller Hinsicht** sowie die Beachtung der richtigen Reihenfolge der Eintragungen (§ 19 Abs. 1 UmwG). Bei sachlich begründeten Zweifeln an der Richtigkeit der sich daraus ergebenden Tatsachen muss das Gericht diese von Amts wegen (§ 26 FamFG) klären[2]. Dies folgt idR durch zu begründende Zwischenverfügung (§ 382 Abs. 4 FamFG). (Behebbare) **Mängel** (etwa fehlende oder unvollständige Unterlagen) können bis zur Eintragung der Verschmelzung bei der übernehmenden Gesellschaft noch beseitigt werden (siehe § 17 UmwG Rz. 7 f.).

b) Formelle Prüfung

Hierzu gehört die Prüfung der örtlichen und sachlichen Zuständigkeit des Gerichts, Anmeldeberechtigung der Anmeldenden (§ 16 Abs. 1 UmwG), Vollständigkeit der beizufügenden Unterlagen (vgl. § 17 Abs. 1 UmwG), Rechtzeitigkeit der Anmeldung beim übertragenden Rechtsträger innerhalb der Acht-Monats-

---

1 Vgl. *Bokelmann*, DB 1994, 1341 (1342) mwN; *Fronhöfer* in Widmann/Mayer, § 19 UmwG Rz. 13; *Simon* in KölnKomm. UmwG, § 19 UmwG Rz. 4; *Schwanna* in Semler/Stengel, § 19 UmwG Rz. 3; *Heidinger* in Henssler/Strohn, § 19 UmwG Rz. 11.
2 KG Berlin v. 19.5.1998 – 1 W 5328/97, GmbHR 1998, 786 = NZG 1998, 777; *Krafka/Kühn*, Registerrecht, 9. Aufl. 2013, Rz. 145.

Frist seit Aufstellung der Schlussbilanz (§ 17 Abs. 2 Satz 4 UmwG) und Vorliegen der sonstigen Erklärungen[1].

c) Materielle Prüfung

5 Grundsätzlich hat das Registergericht zu prüfen, ob die zwingenden gesetzlichen Mindestanforderungen eingehalten sind, wozu insbesondere die dem öffentlichen Interesse dienenden (Schutz-) Normen gehören[2]. Hierbei sind insbesondere Wirksamkeit des Verschmelzungsvertrages zu prüfen (zB Form, § 6 UmwG; ordnungsgemäße Vertretung der beteiligten Rechtsträger; notwendiger **Mindestinhalt** des Vertrages, § 5 UmwG[3]), Wirksamkeit der Verschmelzungsbeschlüsse (§§ 13, 43, 50, 65 UmwG), Wirksamkeit evtl. erforderlicher Zustimmungen (zB §§ 13 Abs. 2, 51 Abs. 1 und 2 UmwG), Verzichtserklärungen (zB §§ 8 Abs. 3, 9 Abs. 3 UmwG) oder Sonderbeschlüsse (§ 65 Abs. 2 UmwG), Genehmigungen, Zulässigkeit der Firma des übernehmenden Rechtsträgers (§ 18 UmwG), Ordnungsmäßigkeit der Bilanz (§ 17 Abs. 2 UmwG)[4], sowie Voreintragung der Verschmelzung beim übertragenden Rechtsträger, Bekanntmachung der Verschmelzung bei AG, SE, KGaA gemäß § 61 UmwG. Einzureichende Berichte sind im Rahmen einer Plausibilitätsprüfung lediglich auf offensichtliche Unvollständigkeit und offensichtliche Unrichtigkeiten zu überprüfen (ähnlich § 38 Abs. 2 Satz 2 AktG)[5].
Nicht zur Prüfung gehören Umtauschverhältnis (vgl. § 5 Abs. 1 Nr. 3 UmwG), Zweckmäßigkeit der Bestimmungen des Verschmelzungsvertrages sowie der wirtschaftliche Zweck der Verschmelzung[6]; zum Prüfungsumfang bei Kapitalerhöhung zur Durchführung der Verschmelzung siehe § 53 UmwG Rz. 13 ff. und § 66 UmwG Rz. 18.

6 Sind für übernehmende und übertragende Rechtsträger **verschiedene Gerichte zuständig,** prüfen beide die Wirksamkeit der Verschmelzung unabhängig voneinander anhand der bei ihnen eingereichten Unterlagen[7]. An die Eintragung ist

---

1 Siehe auch OLG Naumburg v. 12.2.1997 – 10 Wx 1/97, GmbHR 1997, 1153; *Schwanna* in Semler/Stengel, § 19 UmwG Rz. 4.
2 *Heidinger* in Henssler/Strohn, § 19 UmwG Rz. 15; *Simon* in KölnKomm. UmwG, § 19 UmwG Rz. 12 ff.
3 *Stratz* in Schmitt/Hörtnagl/Stratz, § 19 UmwG Rz. 18; gegen OLG Düsseldorf v. 15.5. 1998 – 3 Wx 156/98, DB 1998, 1399 = GmbHR 1998, 745.
4 Siehe *Schwanna* in Semler/Stengel, § 19 UmwG Rz. 5; *Fronhöfer* in Widmann/Mayer, § 19 UmwG Rz. 16.
5 Vgl. OLG Karlsruhe v. 17.7.2001 – 14 Wx 62/00, DB 2002, 889; OLG Düsseldorf v. 29.3. 1995 – 3 Wx 568/94, GmbHR 1995, 592; *Schwanna* in Semler/Stengel, § 19 UmwG Rz. 3 ff.; *Simon* in KölnKomm. UmwG, § 19 UmwG Rz. 4; enger: *Simon* in KölnKomm. UmwG, § 19 UmwG Rz. 14 f.: nur wenn Mangel zwingend gesetzliche, das öffentliche Interesse schützende, Vorschriften verletzt, nicht bei Individualinteressen der Anteilsinhaber.
6 *Stratz* in Schmitt/Hörtnagl/Stratz, § 19 UmwG Rz. 24; so schon zum früheren Recht *Priester* in Scholz, GmbHG, 7. Aufl., § 24 KapErhG Rz. 17 mwN.
7 OLG Naumburg v. 12.2.1997 – 10 Wx 1/97, GmbHR 1997, 1153 f.; *Schwanna* in Semler/ Stengel, § 19 UmwG Rz. 7; *Simon* in KölnKomm. UmwG, § 19 UmwG Rz. 9.

das jeweils andere Gericht jedoch gebunden. Dies gilt auch für die Kapitalerhöhung zur Durchführung der Verschmelzung[1].

3. Eintragung

a) Zeitpunkt

Liegen die Eintragungsvoraussetzungen vor, muss das Gericht eintragen, es sei denn, es liegen gewichtige Gründe für die Aussetzung des Eintragungsverfahrens vor (vgl. §§ 21 Abs. 1, 381 FamFG). Hierauf besteht ein öffentlich-rechtlicher Anspruch[2]. Gegen die Ablehnung der Eintragung oder Erlass einer Zwischenverfügung ist Beschwerde zum LG (§§ 58 ff. FamFG) und Rechtsbeschwerde zum OLG möglich (§§ 70 ff. FamFG). 7

b) Reihenfolge

Die Reihenfolge der Eintragungen ist zwingend vorgeschrieben (§ 19 Abs. 1 UmwG). Zunächst ist die Verschmelzung im Handelsregister des übertragenden Rechtsträgers einzutragen. Diese Eintragung hat nur deklaratorische Bedeutung und erfolgt unabhängig von der Eintragung bei der übernehmenden Gesellschaft[3]. Sodann erfolgt sie mit **konstitutiver Wirkung** (vgl. § 20 Abs. 1 UmwG) im Register des übernehmenden Rechtsträgers[4]. Zur Eintragungsreihenfolge, wenn bei der übernehmenden Kapitalgesellschaft zur Durchführung der Verschmelzung das Kapital erhöht wird, siehe § 53 UmwG Rz. 18 (GmbH), § 66 UmwG Rz. 19 (AG, SE, KGaA). 8

Wird die Verschmelzung versehentlich beim übernehmenden Rechtsträger vor Eintragung beim übertragenden Rechtsträger eingetragen, wird die Verschmelzung bereits mit Eintragung beim übernehmenden Rechtsträger wirksam[5]. Siehe § 20 UmwG Rz. 3).

c) Inhalt

Einzutragen ist in das Register aller beteiligten Rechtsträger „die Verschmelzung" (= Übertragung des Vermögens als Ganzes) unter Bezeichnung der beteiligten Rechtsträger, der Daten des Verschmelzungsvertrages und der Verschmelzungsbeschlüsse[6]. 9

---

1 Vgl. *Fronhöfer* in Widmann/Mayer, § 19 UmwG Rz. 29.
2 KG Berlin v. 19.5.1998 – 1 W 5328/97, GmbHR 1998, 786 = NZG 1998, 777.
3 *Decher* in Lutter, § 19 UmwG Rz. 7 f.; *Stratz* in Schmitt/Hörtnagl/Stratz, § 19 UmwG Rz. 5.
4 OLG Naumburg v. 12.2.1997 – 10 Wx 1/97, GmbHR 1997, 1152 (1154).
5 *Decher* in Lutter, § 19 UmwG Rz. 11; *Schwanna* in Semler/Stengel, § 19 UmwG Rz. 10; *Simon* in KölnKomm. UmwG, § 19 UmwG Rz. 20.
6 Entspr. BGH v. 25.10.1988 – VI ZR 344/87, BGHZ 105, 346 (Supermarkt).

§ 19 | Verschmelzung durch Aufnahme

Bei dem übertragenden Rechtsträger ist zunächst zu vermerken, dass die Verschmelzung erst mit Eintragung im Register des übernehmenden Rechtsträgers wirksam wird („**Vorläufigkeitsvermerk**"[1]). Dieser Vermerk hat Klarstellungs- und Warnfunktion[2]. Er kann unterbleiben, wenn die Eintragungen in den Registern aller beteiligten Rechtsträger am selben Tage erfolgen (vgl. § 19 Abs. 1 Satz 2 UmwG). Denn dann läuft die Funktion des Warnvermerks leer. Für den Verzicht auf den Vorläufigkeitsvermerk ist nicht Voraussetzung, dass die beteiligten Rechtsträger bei demselben AG geführt werden[3]. *Nach* Eintritt der Wirksamkeit erfolgt von Amts wegen ein entsprechender abschließender Vermerk im Register des übertragenden Rechtsträgers (vgl. § 19 Abs. 2 Satz 2 UmwG). Beim **verschmelzungsrechtlichen Squeeze-out** ist zusätzlich noch beim Übertragungsbeschluss der Vermerk einzutragen, dass er erst gleichzeitig mit der Eintragung der Verschmelzung im Register des (Satzungs-)Sitzes der übernehmenden AG, SE, KGaA wirksam wird (siehe § 62 Abs. 5 Satz 7 UmwG).

10 Die **Fassung** des Eintragungsvermerks bestimmt das Gericht. Es ist an den Antrag in der Anmeldung nicht gebunden. Gegen die positive Eintragung findet ein Rechtsmittel nicht statt (siehe Rz. 13). Die Eintragung der Verschmelzung im Handelsregister erfolgt in Spalte 6 (HRB) bzw. 5 (HRA) und 4 (PR) (Rechtsverhältnisse), ist mit Datum und Unterschrift oder elektronischer Signatur des zuständigen Richters/Rechtspflegers zu versehen (§ 382 Abs. 2 FamFG) und den Beteiligten bekannt zu geben (§ 383 Abs. 1 FamFG).

d) Zusammenwirken der Gerichte (§ 19 Abs. 2 UmwG)

11 Von Amts wegen teilt das Registergericht des übernehmenden Rechtsträgers dem Registergericht jedes übertragenden Rechtsträgers den Tag der Eintragung der Verschmelzung mit, das sodann von Amts wegen den Tag des Wirksamwerdens in Spalte 5 (HRA) bzw. Spalte 6 (HRB) und Spalte 4 (PR) (Rechtsverhältnisse) des Registers des übertragenden Rechtsträgers vermerkt. Auf dem Registerblatt der übertragenden Gesellschaft ist in Spalte 6 (HRA) bzw. 7 (HRB) oder 5 (PR) auf das Registerblatt des übernehmenden Rechtsträgers zu verweisen und umgekehrt. Eine Mitteilung des Gerichts des übertragenden Rechtsträgers über die Eintragung der Verschmelzung erfolgt hingegen nicht. Der Nachweis ist gegenüber dem Register des übernehmenden Rechtsträgers mit beglaubigtem Handelsregisterauszug zu führen[4].

12 Anschließend sind die den übertragenden Rechtsträger betreffenden Eintragungen zu röten, das Registerblatt ist zu durchkreuzen (§ 22 Abs. 1 HRV). Das Registergericht eines übertragenden Rechtsträgers hat dem Registergericht des

---

1 *Priester*, DNotZ 1995, 427 (445).
2 *Decher* in Lutter, § 19 UmwG Rz. 9.
3 *Mayer/Weiler*, MittBayNot 2007, 368 (369).
4 *Fronhöfer* in Widmann/Mayer, § 19 UmwG Rz. 46; *Simon* in KölnKomm. UmwG, § 19 UmwG Rz. 24; *Heidinger* in Henssler/Strohn, § 19 UmwG Rz. 23.

übernehmenden Rechtsträgers die bei ihm aufzubewahrenden Dokumente zur Aufbewahrung zu übermitteln (§ 19 Abs. 2 Satz 2 UmwG). Das durchkreuzte Registerblatt kann weiterhin bei dem Registergericht der (erloschenen) übertragenden Gesellschaft eingesehen werden.

e) Rechtsmittel

Lehnt das Gericht die Eintragung ab oder erlässt es eine Zwischenverfügung, ist hiergegen Beschwerde zum OLG möglich (§§ 58 ff. FamFG), sodann Rechtsbeschwerde zum BGH (§§ 70 ff. FamFG). Die Eintragung kann nicht mit Rechtsmitteln angegriffen werden (§ 383 Abs. 3 FamFG). Eine unrichtige Eintragung kann nur durch Amtslöschung (§ 395 FamFG) korrigiert oder beseitigt werden[1]. 13

4. Bekanntmachung

a) Inhalt

§ 19 Abs. 3 UmwG enthält eine eigene Regelung über die Veröffentlichung der Verschmelzung. Jedes Gericht hat von Amts wegen seine Eintragung der Verschmelzung ihrem ganzen Inhalt nach – das Gericht des übertragenden Rechtsträgers also ggf. mit „Vorläufigkeitsvermerk" und „Wirksamkeitsvermerk" – in dem von der Justizverwaltung bestimmen elektronischen Informationssystem (vgl. § 10 HGB)[2] bekannt zu machen. Diese Bekanntmachungen sind über die Internetplattform www.Handelsregisterbekanntmachungen.de auf der Seite der beteiligten Registergerichte abrufbar. Die Veröffentlichung im Bundesanzeiger ist entfallen. Ferner sind die Eintragungen den Beteiligten bekannt zu geben (§ 383 Abs. 1 FamFG). 14

In jeder Bekanntmachung – also auch bei dem übernehmenden Rechtsträger – sind die **Gläubiger** darauf hinzuweisen, dass sie Sicherheitsleistung verlangen können (§ 22 Abs. 1 Satz 3 UmwG). Die Bekanntmachung ist auch ohne diesen Hinweis wirksam, sein Fehlen kann aber Amtshaftungsansprüche auslösen[3]. 15

Die Bekanntmachung ist für einen der beteiligten Rechtsträger in dem Zeitpunkt **erfolgt**, in dem sie auf der elektronischen Seite für Bekanntmachungen des betreffenden Registergerichts für die Öffentlichkeit einsehbar eingestellt ist[4]. 16

---

1 OLG Düsseldorf v. 14.12.1998 – 3 Wx 483/98, GmbHR 1999, 236 = MittBayNot 1999, 308; *Schwanna* in Semler/Stengel, § 19 UmwG Rz. 12; *Stratz* in Schmitt/Hörtnagl/Stratz, § 19 UmwG Rz. 25; *Heidinger* in Henssler/Strohn, § 19 UmwG Rz. 19.
2 *Decher* in Lutter, § 19 UmwG Rz. 14; *Simon* in KölnKomm. UmwG, § 19 UmwG Rz. 26; *Stratz* in Schmitt/Hörtnagl/Stratz, § 19 UmwG Rz. 33; *Heidinger* in Henssler/Strohn, § 19 UmwG Rz. 25.
3 *Schwanna* in Semler/Stengel, § 19 UmwG Rz. 18; *Fronhöfer* in Widmann/Mayer, § 19 UmwG Rz. 67.
4 *Heidinger* in Henssler/Strohn, § 19 UmwG Rz. 26.

b) Rechtsfolgen

17 Für die Wirksamkeit der Verschmelzung ist die Bekanntmachung ohne Bedeutung. Sie hat nur verlautbarende Wirkung[1]. Mit Ablauf des Tages, an dem die Eintragung der Verschmelzung bekannt gemacht wurde (Rz. 16), beginnen Fristen zu laufen: die Sechs-Monats-Frist für die Anmeldung der Gläubigeransprüche (§ 22 Abs. 1 UmwG), die fünfjährige Verjährungsfrist für die Geltendmachung von Schadensersatzansprüchen (§§ 25 Abs. 3, 27 UmwG), die Zwei-Monats-Frist für die Annahme des Abfindungsangebots (§ 31 UmwG), die Drei-Monats-Frist für den Antrag auf gerichtliche Entscheidung im Spruchverfahren (§ 4 Abs. 1 Nr. 4 SpruchG), die fünfjährige Verjährungsfrist für die Nachhaftung eines persönlich haftenden Gesellschafters (§ 45 Abs. 2 UmwG).

5. Kosten

18 Die Kosten der Eintragungen in das Handelsregister regelt die HRegGebV v. 30.9.2004[2]. Die **Eintragungsgebühren** sind unabhängig von den zugrunde liegenden Geschäftswerten als Festgebühren bezogen auf die einzutragenden Tatsachen zu erheben. Die Eintragungsgebühren für Eintragungen nach dem UmwG sind geregelt für Eintragungen in Abteilung A und das Partnerschaftsregister in der Anlage zu § 1 HRegGebV Teil 1 Abschn. 4 der Verordnung, für Eintragungen in Abteilung B in Teil 2 Abschn. 1 und 4 der Verordnung. Die Kosten der Bekanntmachung von Verträgen oder Vertragsentwürfen nach dem UmwG sind in Teil 5 der Verordnung geregelt. So beträgt die Gebühr für die Eintragung der Verschmelzung ins Register der beteiligten Kapitalgesellschaften je 240 Euro zzgl. Veröffentlichungskosten.

19 Gehört **Grundbesitz** zum übertragenen Vermögen, fällt für die Berichtigung des Grundbuches beim Grundbuchamt eine 1,0-Gebühr gemäß Nr. 14110 KV GNotKG an. Der Wert ist der Verkehrswert ohne Abzug von Verbindlichkeiten (§§ 46 Abs. 1, 38 GNotKG). Werden bei demselben Grundbuchamt mehrere Grundbücher geführt, die auf denselben Erwerber zu berichtigen sind, ist der zusammengerechnete Wert dieser Grundstücke maßgebend, wenn die Eintragungsanträge am selben Tag bei dem Grundbuchamt eingehen (§ 69 GNotKG). Der Höchstwert beträgt auch hier 60 Mio. Euro (§ 36 Abs. 2 GNotKG).

Ist der übernehmende Rechtsträger durch die Verschmelzung **Gesellschafter einer GmbH** geworden, hat der den Verschmelzungsvertrag betreuende Notar eine neue Liste (§ 40 GmbHG) der Gesellschaft zum Handelsregister am (Satzungs-)

---

1 *Decher* in Lutter, § 19 UmwG Rz. 13; *Simon* in KölnKomm. UmwG, § 19 UmwG Rz. 28; *Schwanna* in Semler/Stengel, § 19 UmwG Rz. 19; *Stratz* in Schmitt/Hörtnagl/Stratz, § 19 UmwG Rz. 34.
2 BGBl. I 2004, S. 2562, zuletzt geändert durch Gesetz v. 8.7.2016 (BGBl I 2016, S. 1594).

Sitz der erworbenen GmbH einzureichen. Für die Listenbescheinigung erhält der Notar eine 0,5 Betreuungsgebühr gemäß Nr. 22200 Nr. 6 KV GNotKG. Streitig ist, ob der Notar für die Erstellung der Liste eine Vollzugsgebühr gemäß Vorbemerkung 2.2.1.1 Nr. 3 KV GNotKG oder eine Entwurfsgebühr erhält.

Ist der übernehmende Rechtsträger aufgrund der Verschmelzung **Gesellschafter einer OHG/KG** geworden, muss das betreffende Register berichtigt werden. Entsprechendes gilt, wenn er Vertragspartei eines Unternehmensvertrages (§§ 291 ff. AktG) geworden ist. Beglaubigt der Notar lediglich die Unterschriften unter der Anmeldung, erhält er hierfür eine 0,2 Gebühr gemäß Nr. 25100 KV GNotKG, mindestens 20,00 Euro, höchstens 70,00 Euro. Wir der Notar neben der Unterschriftsbeglaubigung mit der elektronischen Einreichung der Anmeldung zum Amtsgericht (Erstellung der XML-Strukturdaten) beauftragt, fällt zusätzlich eine Vollzugsgebühr in Höhe von 0,6 gemäß Nr. 22125 KV GNotKG an.

Hat der Notar die **Anmeldung** entworfen, erhält er eine 0,5 Entwurfsgebühr gemäß Nr. 24100 KV GNotKG. Für die Unterschriftsbeglaubigung unter dem von ihm gefertigten Entwurf erhält er keine gesonderte Gebühr (Vorbemerkung 2.4.1 Abs. (2) GNotKG). Die Vollzugsgebühr für die elektronische Einreichung der Anmeldung zum Amtsgericht (Erstellung der XML-Strukturdaten) ist in diesem Fall nur eine 0,3 Gebühr gemäß Nr. 22114 KV GNotKG.

Der Wert der Anmeldung richtet sich nach § 105 GNotKG; Höchstwert gemäß § 106 GNotKG: eine Mio. Euro.

§ 20
Wirkungen der Eintragung

(1) Die Eintragung der Verschmelzung in das Register des Sitzes des übernehmenden Rechtsträgers hat folgende Wirkungen:
1. Das Vermögen der übertragenden Rechtsträger geht einschließlich der Verbindlichkeiten auf den übernehmenden Rechtsträger über.
2. Die übertragenden Rechtsträger erlöschen. Einer besonderen Löschung bedarf es nicht.
3. Die Anteilsinhaber der übertragenden Rechtsträger werden Anteilsinhaber des übernehmenden Rechtsträgers; dies gilt nicht, soweit der übernehmende Rechtsträger oder ein Dritter, der im eigenen Namen, jedoch für Rechnung dieses Rechtsträgers handelt, Anteilsinhaber des übertragenden Rechtsträgers ist oder der übertragende Rechtsträger eigene Anteile innehat oder ein Dritter, der im eigenen Namen, jedoch für Rechnung dieses Rechtsträgers handelt, dessen Anteilsinhaber ist. Rechte Dritter an den Anteilen oder Mitgliedschaften der übertragenden Rechtsträger bestehen

an den an ihre Stelle tretenden Anteilen oder Mitgliedschaften des übernehmenden Rechtsträgers weiter.
4. Der Mangel der notariellen Beurkundung des Verschmelzungsvertrags und gegebenenfalls erforderlicher Zustimmungs- oder Verzichtserklärungen einzelner Anteilsinhaber wird geheilt.
(2) Mängel der Verschmelzung lassen die Wirkungen der Eintragung nach Absatz 1 unberührt.

1. Überblick 1
2. Eintragung im Register 3
3. Gesamtrechtsnachfolge
   (§ 20 Abs. 1 Nr. 1 UmwG)
   a) Vermögensübertragung 4
   b) Einzelne Rechte und Pflichten . 6
   c) Schuldverhältnisse 10
   d) Arbeitsverhältnisse 11
   e) Verträge mit Organmitgliedern 13
   f) Unternehmensverträge 18
   g) Sonstige Verträge 23
   h) Prozesse 25
   i) Öffentlich-rechtliche Befugnisse 26
4. Erlöschen der übertragenden Rechtsträger (§ 20 Abs. 1 Nr. 2 UmwG) 28
5. Anteilsinhaber der übertragenden Rechtsträger (§ 20 Abs. 1 Nr. 3 UmwG) 29
6. Beurkundungsmängel (§ 20 Abs. 1 Nr. 4 UmwG) 32
7. Mängel der Verschmelzung (§ 20 Abs. 2 UmwG)
   a) Überblick 33
   b) Mängel vor der Eintragung ... 36
   c) Mängel nach der Eintragung .. 38
   d) Entschmelzung 47

Literatur: *Baums,* Die Auswirkung der Verschmelzung von Kapitalgesellschaften auf die Anstellungsverhältnisse der Geschäftsleiter, ZHR 156 (1992), 248; *Bitter,* Kreditverträge in Umwandlung und Umstrukturierung, ZHR 173 (2009), 379; *Bongers,* Zulässige Nutzung von Kundendaten für eine E-Mail-Werbung nach einer Verschmelzung von Rechtsträgern, BB 2015, 2950; *Bungert,* Grenzüberschreitendes Umwandlungsrecht: Gesamtrechtsnachfolge für im Ausland belegene Immobilien bei Verschmelzung deutscher Gesellschaften, FS Heldrich, 2005, S. 527; *Butzke,* Der Abfindungsanspruch nach § 305 AktG nach Squeeze out, Formwechsel und Verschmelzung, FS Hüffer, 2010, S. 97; *Custodis,* Die gelöschte Verschmelzung, GmbHR 2006, 904; *Döss,* Die Auswirkungen von Mängeln einer Verschmelzung durch Aufnahme auf die rechtliche Stellung einer übertragenden Gesellschaft und ihrer Aktionäre, 1990; *Fedke,* Auswirkungen von konzerninternen Verschmelzungsvorgängen auf bestehende Unternehmensverträge, Der Konzern 2008, 533; *Fisch,* Der Übergang ausländischen Vermögens bei Verschmelzungen und Spaltungen – Eine Analyse aus Sicht der Praxis, NZG 2016, 448; *Gärtner,* Verschmelzung von Kapitalgesellschaften und Grundstücksfragen, DB 2000, 499; *Gaiser,* Die Umwandlung und ihre Auswirkungen auf personenbezogene öffentlich-rechtliche Erlaubnisse – Ein unlösbarer Konflikt zwischen Umwandlungsrecht und Gewerberecht?, DB 2000, 361; *Goette,* Zu den Folgen der Eintragung eines Squeeze-out-Beschlusses vor Ablauf der Eintragungsfrist, FS K. Schmidt, 2009, S. 469; *Gutheil,* Die Auswirkungen von Umwandlungen auf Unternehmensverträge nach §§ 291, 292 AktG und die Rechte außenstehender Aktionäre, 2001; *Haßler,* Anwendbarkeit von § 93 Abs. 4 Satz 3 AktG im Rahmen der Verschmelzung von Aktiengesellschaften, AG 2016, 388; *Heckschen,* Verschmelzung von Kapitalgesellschaften, 1989; *Heckschen,* Öffentlich-rechtliche Rechtspositionen im Rahmen von Umwandlungen,

ZIP 2014, 1605; *Heckschen,* Inhalt und Umfang der Gesamtrechtsnachfolge – sog. Vertrauensstellungen und Mitgliedschaften, GmbHR 2014, 626; *Hennrichs,* Wirkungen der Spaltung, AG 1993, 508; *Hennrichs,* Formwechsel und Gesamtrechtsnachfolge bei Umwandlungen, 1995; *Hockemeier,* Die Auswirkungen der Verschmelzung auf die Anstellungsverhältnisse der Geschäftsleiter, 1990; *Hoffmann-Becking,* „Organnachfolge" bei der Verschmelzung?, FS Ulmer, 2003, S. 243; *Hohner,* Beherrschungsvertrag und Verschmelzung, DB 1973, 1487; *Kiem,* Der umwandlungsbedingte Wechsel des Mitbestimmungsstatuts – am Beispiel der Verschmelzung durch Aufnahme zwischen AGs, NZG 2001, 680; *Köhler,* Rückabwicklung fehlerhafter Unternehmenszusammenschlüsse, ZGR 1985, 307; *Kollmorgen/Feldhaus,* Probleme der Übertragung von Vermögen mit Auslandsbezug nach dem Umwandlungsgesetz, BB 2007, 2189; *Kort,* Bedeutung und Reichweite des Bestandsschutzes bei Umwandlungen, AG 2010, 230; *Korte,* Aktienerwerb und Kapitalschutz bei Umwandlungen, WiB 1997, 953; *Kreuznacht,* Wirkungen der Eintragungen fehlerhafter Verschmelzungen von Aktiengesellschaften und Gesellschaften mit beschränkter Haftung nach § 20 Abs. 2 UmwG, 1998; *Krieger,* Der Konzern in Fusion und Umwandlung, ZGR 1990, 517; *Kuntz,* Internationales Umwandlungsrecht, IStR 2006, 224; *Kusserow/Prüm,* Die Gesamtrechtsnachfolge bei Umwandlungen mit Auslandsbezug, WM 2005, 633; *Langfeld,* Strafrechtlicher Haftungsübergang nach dem Unionsrecht bei Umwandlungen, NZG 2015, 1066; *Leyendecker-Langner,* Unklare Beteiligungsverhältnisse in der GmbH – Die „Wegverschmelzung" des tatsächlichen Gesellschafters als Gestaltungsoption, ZGR 2015, 516; *Lieder/Scholz,* Vinkulierte Forderungen und Gesellschaftsanteile in der umwandlungsrechtlichen Universalsukzession, ZIP 2015, 1705; *Löbbe,* Konzernverantwortung und Umwandlungsrecht, ZHR 177 (2013), 518; *Lüttge,* Unternehmensumwandlungen und Datenschutz, NJW 2000, 2463; *Marsch-Barner/Mackenthun,* Das Schicksal gespeicherter Daten bei Verschmelzung und Spaltung von Unternehmen, ZHR 165 (2001), 426; *Martens,* Kontinuität und Diskontinuität im Verschmelzungsrecht der Aktiengesellschaft, AG 1986, 57; *Meilicke,* Beendigung des Spruchstellenverfahrens durch Beendigung des Unternehmensvertrages, AG 1995, 151; *K. Mertens,* Umwandlung und Universalsukzession, 1993; *K. Mertens,* Zur Universalsukzession in einem neuen Umwandlungsrecht, AG 1994, 66; *P. Meyer,* Auswirkungen der Umwandlung von Gesellschaften nach dem UmwG auf einen anhängigen Zivilprozess, JR 2007, 133; *Möller,* Der aktienrechtliche Verschmelzungsbeschluss, 1991; *K.J. Müller,* Auswirkungen von Umstrukturierungen nach dem Umwandlungsgesetz auf Beherrschungs- und Gewinnabführungsverträge, BB 2002, 157; *Naraschewski,* Verschmelzung im Konzern: Ausgleichs- und Abfindungsansprüche außenstehender Aktionäre bei Erlöschen eines Unternehmensvertrages, DB 1997, 1653 und DB 1998, 762; *Priester,* Das neue Verschmelzungsrecht, NJW 1983, 1459; *Priester,* Herrschaftswechsel beim Unternehmensvertrag, ZIP 1992, 293; *Racky,* Die Behandlung von im Ausland belegenen Gesellschaftsvermögen bei Verschmelzungen, DB 2003, 923; *Rieble,* Verschmelzung und Spaltung von Unternehmen und ihre Folgen für Schuldverhältnisse mit Dritten, ZIP 1997, 301; *Riegger,* Zum Schicksal von Beteiligungen an Drittgesellschaften bei Verschmelzungen, FS Bezzenberger, 2000, S. 379; *Röder/Lingemann,* Schicksal von Vorstand und Geschäftsführung bei Unternehmensumwandlungen und Unternehmensveräußerungen, DB 1993, 1341; *Rosner,* Ausstehende Einlagen nach Verschmelzung von Aktiengesellschaften, AG 2011, 5; *Schaffland,* Datenschutz und Bankgeheimnis – (K)ein Thema?, NJW 2002, 1539; *K. Schmidt,* Die fehlerhafte Verschmelzung nach dem Aktiengesetz, AG 1991, 131; *K. Schmidt,* Fehlerhafte Verschmelzung und allgemeines Verbandsrecht, ZGR 1991, 372; *K. Schmidt,* Haftungsrisiken bei „stehen gebliebenen" Verschmelzungen?, DB 1996, 1859; *K. Schmidt,* Einschränkung der umwandlungsrechtlichen Eintragungswirkungen durch den umwandlungsrechtlichen numerus clausus, ZIP 1998, 181; *Schniepp/Hensel*, Probleme mit dem Chain of Title – Die Verschmelzung der Ziel-GmbH als Königs- oder Holzweg?, NZG 2014, 857; *Schubert*, Verschmelzung: Ausgleichs- und Abfindungsansprüche außenstehender Aktionäre bei vorhergehendem Unternehmensvertrag, DB 1998, 761; *Stöber*, Die Auswirkungen einer Umwandlung auf einen laufenden Zivilprozess, NZG 2006, 574; *Teichmann/Kießling*, Datenschutz bei Umwandlungen, ZGR 2001, 33; *Timm*, Missbräuchliche Aktionärsklagen einschließlich Abfindungsregelungen, in Missbräuchliches Aktionärsverhalten, 1990; *Vossius*, Unternehmensvertrag und Umwandlung, FS Widmann, 2000, S. 133; *Wengert/Widmann/Wengert*, Bankenfusionen und Datenschutz, NJW 2000, 1289; *Widder*, Kapitalmarktrechtliche Beteiligungstransparenz und Gesamtrechtsnachfolge, BB 2005, 1979; *M. Winter*, Die Rechtsstellung des stillen Gesellschafters in der Verschmelzung des Geschäftsinhabers, FS Peltzer, 2001, S. 645; *Zätsch*, Zur Heilung von Verschmelzungsmängeln – dargestellt an einem kuriosen Fall des OLG Hamm, FS Bezzenberger, 2000, S. 473; *Zöllner*, Umwandlung und Datenschutz, ZHR 165 (2001), 440.

1. Überblick

1   § 20 Abs. 1 UmwG regelt die Wirkungen der Eintragung der Verschmelzung. Diese bestehen im Wesentlichen im Vermögensübergang auf den übernehmenden Rechtsträger (§ 20 Abs. 1 Nr. 1 UmwG), dem Erlöschen der übertragenden Rechtsträger (§ 20 Abs. 1 Nr. 2 UmwG) sowie darin, dass die Anteilsinhaber der übertragenden Rechtsträger solche des übernehmenden Rechtsträgers werden (§ 20 Abs. 1 Nr. 3 UmwG). Durch die Eintragung werden außerdem formelle und materielle Mängel der Verschmelzung geheilt (§ 20 Abs. 1 Nr. 4 und Abs. 2 UmwG). Eine Rückabwicklung der Verschmelzung (sog. Entschmelzung) wird dadurch ausgeschlossen. Das UmwG enthält dafür mit den Vorschriften über die Spaltung zwar ein rechtliches Instrument (§§ 123 ff. UmwG). Die Wiederaufspaltung einmal verschmolzener Unternehmen ist – insbesondere nach längerer Zeit – aber praktisch kaum durchführbar und wirtschaftlich unerwünscht. Eine Rückgängigmachung der Verschmelzungswirkungen kann deshalb auch nicht als Schadensersatz verlangt werden (§ 16 Abs. 3 Satz 10 UmwG). Unberührt bleibt eine evtl. schuldrechtliche Verpflichtung zur Rückabwicklung (zB wenn mehrere Rechtsträger – schuldrechtlich verknüpft – auf denselben Rechtsträger verschmolzen werden sollen, ein Teil der Verschmelzungen aber scheitert).

2   Einzelne Fragen regelt das Gesetz gesondert. So bestimmt § 18 UmwG, inwieweit die **Firma** eines übertragenden Rechtsträgers fortgeführt werden kann. § 21 UmwG regelt den Sonderfall, dass miteinander **nicht zu vereinbarende Verpflichtungen** der an der Verschmelzung beteiligten Rechtsträger zusammentreffen. §§ 22, 23 UmwG befassen sich mit dem **Gläubigerschutz**.

2. Eintragung im Register

Die Wirkungen der Verschmelzung treten nach dem Eingangssatz von § 20 Abs. 1 UmwG mit der Eintragung im **Register des übernehmenden Rechtsträgers** ein. Diese Eintragung bildet den Abschluss des Eintragungsverfahrens; sie darf erst vorgenommen werden, nachdem die Verschmelzung im Register der übertragenden Rechtsträger eingetragen worden ist (§ 19 Abs. 1 UmwG). Eine zur Durchführung der Verschmelzung evtl. erforderliche Kapitalerhöhung muss ebenfalls zuerst eingetragen werden (§§ 53, 56, 66, 73, 78 UmwG). Wird diese **Reihenfolge der Eintragungen** nicht eingehalten, so ändert dies an der konstitutiven Wirkung der Eintragung im Register des übernehmenden Rechtsträgers allerdings nichts; mit ihr treten die Verschmelzungswirkungen unwiderruflich ein[1]. Sollte im Verschmelzungsvertrag ein anderer Zeitpunkt vereinbart sein, hat dies nur schuldrechtliche Bedeutung[2]. Die Bekanntmachung der verschiedenen Eintragungen gemäß § 19 Abs. 3 UmwG ist lediglich deklaratorisch.

3

3. Gesamtrechtsnachfolge (§ 20 Abs. 1 Nr. 1 UmwG)

a) Vermögensübertragung

Mit der Eintragung der Verschmelzung im Register des übernehmenden Rechtsträgers geht das Vermögen der übertragenden Rechtsträger einschließlich der Verbindlichkeiten auf den übernehmenden Rechtsträger über (§ 20 Abs. 1 Nr. 1 UmwG). Damit geht kraft Gesetzes das **gesamte, zu diesem Zeitpunkt vorhandene Vermögen** der übertragenden Rechtsträger auf den übernehmenden Rechtsträger über. Unerheblich ist, inwieweit das übergehende Vermögen jeweils bekannt und bilanziell erfasst war. Ein **gutgläubiger Erwerb**, zB von Grundstücken und Sachen, ist allerdings, da nur bestehende Rechte übergehen, ausgeschlossen[3]. Einzelübertragungen sind daneben nicht erforderlich. Sollen einzelne Vermögensgegenstände von der Übertragung ausgenommen sein, müssen sie vorher ausgesondert werden (vgl. § 5 UmwG Rz. 4).

4

---

[1] Vgl. *Grunewald* in Lutter, § 20 UmwG Rz. 3; *Kübler* in Semler/Stengel, § 20 UmwG Rz. 7; *Schulte* in Böttcher/Habighorst/Schulte, § 20 UmwG Rz. 3; *Simon* in KölnKomm. UmwG, § 20 UmwG Rz. 2.

[2] *Grunewald* in Lutter, § 20 UmwG Rz. 5; *Kübler* in Semler/Stengel, § 20 UmwG Rz. 6; *Simon* in KölnKomm. UmwG, § 20 UmwG Rz. 2; *Stratz* in Schmitt/Hörtnagl/Stratz, § 20 UmwG Rz. 3; abw. *Vossius* in Widmann/Mayer, § 20 UmwG Rz. 17 ff., der bei rückwirkender Vereinbarung einen Ergebnisabführungsvertrag annimmt.

[3] *Grunewald* in Lutter, § 20 UmwG Rz. 10; *Kübler* in Semler/Stengel, § 20 UmwG Rz. 8; *Simon* in KölnKomm. UmwG, § 20 UmwG Rz. 64; *Stratz* in Schmitt/Hörtnagl/Stratz, § 20 UmwG Rz. 32; *Vossius* in Widmann/Mayer, § 20 UmwG Rz. 27 f.

5 Die Gesamtrechtsnachfolge erfasst auch das im **Ausland** befindliche Vermögen der übertragenden Rechtsträger[1]. Da viele Staaten allerdings auf der Einhaltung der Ortsform (lex rei sitae) bestehen, kann es sich empfehlen, dass übertragender und übernehmender Rechtsträger neben dem Verschmelzungsvertrag einen gesonderten, der Ortsform genügenden Veräußerungsvertrag abschließen und auch alle anderen formellen Erfordernisse des örtlichen Rechts beachten[2]. Ein solcher Vertrag muss, falls erforderlich, rechtzeitig vor Wirksamwerden der Verschmelzung geschlossen werden, da er später wegen des Untergangs des übertragenden Rechtsträgers rechtlich – auch rückwirkend – nicht mehr möglich ist[3]. Nach Art. 19 Abs. 3 Satz 2 der Richtlinie 2011/35/EU v. 5.4.2011 (Verschmelzungsrichtlinie) kann bei Verschmelzungen innerhalb der EU nachträglich auch noch der übernehmende oder übertragende Rechtsträger besondere Formerfordernisse erfüllen[4]. Sonst kommt uU nur eine Nachtragsliquidation des übertragenden Rechtsträgers gemäß § 273 Abs. 4 AktG in Betracht[5].

b) Einzelne Rechte und Pflichten

6 Bewegliche und unbewegliche **Sachen** gehen entsprechend § 857 BGB über, ohne dass eine besondere Besitzergreifung erforderlich wäre[6]. Soweit Grundstücke mit übergehen, muss das Grundbuch nur gemäß § 894 BGB berichtigt werden[7]. Eine vom übertragenden Rechtsträger erteilte Eintragungsbewilligung (§§ 19, 20 GBO) bleibt ebenso bestehen wie eine Vormerkung (§ 883 BGB). **Dingliche Rechte** (Nießbrauch, beschränkte persönliche Dienstbarkeit, Vorkaufsrechte) gehen gemäß §§ 1059a Nr. 1, 1092 Abs. 2, 1098 Abs. 3 BGB über;

---

1 Vgl. *Bungert* in FS Heldrich, 2005, S. 527; *Grunewald* in Lutter, § 20 UmwG Rz. 11; *Kübler* in Semler/Stengel, § 20 UmwG Rz. 10; *Kusserow/Prüm*, WM 2005, 633; *Racky*, DB 2003, 923; *Schulte* in Böttcher/Habighorst/Schulte, § 20 UmwG Rz. 7; *Simon* in KölnKomm. UmwG, § 2 UmwG Rz. 67; *Stratz* in Schmitt/Hörtnagl/Stratz, § 20 UmwG Rz. 33; *Vossius* in Widmann/Mayer, § 20 UmwG Rz. 33 ff.; einschränkend *Kindler* in MünchKomm. BGB, 6. Aufl. 2015, IntGesR Rz. 790: nur wenn Gesamtrechtsnachfolge auch im ausländischen Belegenheitsrecht als Erwerbstatbestand anerkannt ist.
2 Vgl. *Bungert* in FS Heldrich, S. 527 (533); *Racky*, DB 2003, 923 (924); *Heidinger* in Henssler/Strohn, § 20 UmwG Rz. 9; *Stratz* in Schmitt/Hörtnagl/Stratz, § 20 UmwG Rz. 33; *Fisch*, NZG 2016, 448 (452).
3 *Simon* in KölnKomm. UmwG, § 2 UmwG Rz. 73; *Stratz* in Schmitt/Hörtnagl/Stratz, § 20 UmwG Rz. 34.
4 Zu weiteren Heilungsmöglichkeiten siehe *Racky*, DB 2003, 923 (924 ff.) und *Bungert* in FS Heldrich, 2005, S. 527 (534 ff.).
5 *Racky*, DB 2003, 923 (926 f.); *Grunewald* in Lutter, § 20 UmwG Rz. 11; *Kollmorgen/Feldhaus*, BB 2006, 2189 (2191).
6 *Schulte* in Böttcher/Habighorst/Schulte, § 20 UmwG Rz. 17; *Stratz* in Schmitt/Hörtnagl/Stratz, § 20 UmwG Rz. 83.
7 *Grunewald* in Lutter, § 20 UmwG Rz. 9; *Kübler* in Semler/Stengel, § 20 UmwG Rz. 8; *Vossius* in Widmann/Mayer, § 20 UmwG Rz. 217.

der Übergang kann aber bei der Bestellung oder im Verschmelzungsvertrag ausgeschlossen werden[1]. Dies gilt über den Wortlaut der genannten Bestimmungen hinaus nicht nur bei juristischen Personen, sondern auch beim Übergang auf eine Personenhandelsgesellschaft[2]. Der Ausschluss muss als Ausnahme von der Gesamtrechtsnachfolge im Verschmelzungsvertrag vereinbart sein (vgl. § 5 Abs. 1 Nr. 2 UmwG)[3]. Eine individuelle Angabe der von der Gesamtrechtsnachfolge ausgenommenen Gegenstände ist aber nicht erforderlich[4]. **Immaterialgüterrechte** (Patente, Lizenzen, Gebrauchs- und Geschmacksmuster, Warenzeichen, Diensterfindungen) gehen ebenfalls auf den übernehmenden Rechtsträger über[5]. Die insoweit bestehenden Register sind nur zu berichtigen (vgl. § 30 PatG, § 8 GebrMG, § 8 GeschmMG, § 32 MarkenG). **Höchstpersönliche Rechte** wie ein persönliches Wohnrecht oder die Stellung als Treuhänder gehen nicht über, sondern unter[6]. Das gilt grundsätzlich auch für das Amt als Testamentsvollstrecker[7]. Im Falle einer juristischen Person als Testamentsvollstrecker ist aber davon auszugehen, dass dieses Amt im Rahmen der Gesamtrechtsnachfolge übergeht, sofern das Testament dies nicht ausschließt[8].

Anteile an Kapitalgesellschaften gehen unabhängig von etwaigen Zustimmungserfordernissen oder Abtretungsbeschränkungen über[9]. Der Rechtsübergang kann beim übernehmenden Rechtsträger bestimmte Mitteilungspflichten auslösen (vgl. zB §§ 16, 40 GmbHG; §§ 20, 21 AktG; §§ 21 ff. WpHG). Die Mitgliedschaft in einem eingetragenen **Verein** geht gemäß §§ 38, 40 BGB dagegen nur über, wenn dies die Satzung vorsieht[10]. Die Mitgliedschaft in einer **Genossenschaft** wird vom übernehmenden Rechtsträger gemäß § 77a Satz 2 GenG bis zum Ende des betreffenden Geschäftsjahres fortgesetzt[11]. Eine **BGB-Gesellschaft** (und entsprechend ein nicht rechtsfähiger Verein, § 54 BGB) wird dagegen mit

7

---

1 Vgl. BayObLG v. 20.6.1983 – BReg 2 Z 24/83, DB 1983, 1650.
2 Vgl. *Hennrichs*, AG 1993, 508 (511 f.).
3 Siehe *Grunewald* in Lutter, § 20 UmwG Rz. 14.
4 *Kübler* in Semler/Stengel, § 20 UmwG Rz. 33.
5 *Grunewald* in Lutter, § 20 UmwG Rz. 16; *Stratz* in Schmitt/Hörtnagl/Stratz, § 20 UmwG Rz. 87.
6 *Heidinger* in Henssler/Strohn, § 20 UmwG Rz. 41.
7 *Reimann*, ZEV 2000, 381 ff.
8 *Heckschen*, GmbHR 2014, 626 (632 f.).
9 Vgl. *Grunewald* in Lutter, § 20 UmwG Rz. 17; *Hennrichs*, Formwechsel, S. 57; *Kübler* in Semler/Stengel, § 20 UmwG Rz. 22; *Lieder/Scholz*, ZIP 2015, 1705 (1707 ff.).
10 Vgl. AG Kaiserslautern v. 3.9.2004 – 3 C 915/04, NZG 2005, 285; *Grunewald* in Lutter, § 20 UmwG Rz. 21; *Riegger* in FS Bezzenberger, 2000, S. 379 (390); *Vossius* in Widmann/Mayer, § 20 UmwG Rz. 171; BAG v. 24.6.1998 – 4 AZR 208/87, ZIP 1998, 2180 (2182); für grundsätzlichen Übergang *Heckschen*, GmbHR 2014, 626 (634 ff.); offener auch *Hennrichs*, Formwechsel, S. 62 f.
11 OLG Stuttgart v. 24.2.1989 – 2 U 113/87, ZIP 1989, 774 (775); krit. *Hennrichs*, Formwechsel, S. 59 ff.

dem Tod eines Gesellschafters grundsätzlich aufgelöst (§ 727 Abs. 1 BGB); die Mitgliedschaft geht demgemäß nur bei Zulassung des Übergangs im Gesellschaftsvertrag über[1]. Bei der **OHG** führt der Tod eines Gesellschafters grundsätzlich nur zu dessen Ausscheiden (§ 131 Abs. 3 Nr. 1 HGB). Gleiches gilt bei der **KG** für den Fall des Todes eines Komplementärs (§ 161 Abs. 2 HGB). Demgemäß geht die entsprechende Beteiligung eines übertragenden Rechtsträgers im Rahmen der Verschmelzung nur über, wenn dies im Gesellschaftsvertrag vorgesehen ist[2]. Ist nach dem Gesellschaftsvertrag der Erbgang ausgeschlossen oder die Auswahl des Erben an die Zustimmung der Mitgesellschafter gebunden, gilt dies entsprechend auch für die Verschmelzung[3]. Eine Kommanditbeteiligung geht ohne besondere Zulassung über (vgl. § 177 HGB); der Gesellschaftsvertrag kann den Übergang aber ausschließen[4]. Eine **stille Beteiligung** im Vermögen des übertragenden Rechtsträgers geht im Rahmen der Verschmelzung über, soweit der Gesellschaftsvertrag mit dem Stillen nichts anderes bestimmt, vgl. §§ 177, 234 Abs. 2 HGB[5]. Ist umgekehrt ein Dritter als Stiller am Vermögen des übertragenden Rechtsträgers beteiligt, so wird die stille Gesellschaft beim übernehmenden Rechtsträger fortgeführt[6]; im Innenverhältnis bedarf der übertragende Rechtsträger uU aber der Einwilligung des Stillen zum Abschluss des Verschmelzungsvertrags[7]. Die fehlende Einwilligung des Stillen lässt die Wirksamkeit des Verschmelzungsvertrages unberührt[8].

8 **Forderungen** gehen auf den übernehmenden Rechtsträger ohne Rücksicht auf etwaige Abtretungsbeschränkungen iS von § 399 BGB oder §§ 412, 413 BGB über[9]. Der übernehmende Rechtsträger bleibt aber an die Beschränkungen ge-

---

1 Für eine differenzierende Beurteilung nach dem Gesellschaftszweck *Kübler* in Semler/Stengel, § 20 UmwG Rz. 26; gegen die Analogie zum Tod einer natürlichen Person *Simon* in KölnKomm. UmwG, § 20 UmwG Rz. 21; abl. auch *Dreyer*, JZ 2007, 606 (610 ff.).
2 Vgl. *Grunewald* in Lutter, § 20 UmwG Rz. 19 und *Riegger* in FS Bezzenberger, 2000, S. 379 (384); *Kübler* in Semler/Stengel, § 20 UmwG Rz. 24 ff.; *Heckschen*, GmbHR 2014, 626 (637); abl. *Simon* in KölnKomm. UmwG, § 2 UmwG Rz. 49 f., der in Ausnahmefällen ein außerordentliches Kündigungsrecht annehmen will.
3 *Kübler* in Semler/Stengel, § 20 UmwG Rz. 24, 25.
4 Vgl. RGZ 123, 289 (296 f.).
5 *Grunewald* in Lutter, § 20 UmwG Rz. 20; *Kübler* in Semler/Stengel, § 20 UmwG Rz. 23; *Stratz* in Schmitt/Hörtnagl/Stratz, § 20 UmwG Rz. 68; *Heckschen*, GmbHR 2014, 626 (634).
6 Vgl. LG Bonn v. 15.2.2001 – 14 O 54/00, AG 2001, 367 (371); *Sedlmayer*, DNotZ 2003, 611 (615 f.); *Stratz* in Schmitt/Hörtnagl/Stratz, § 20 UmwG Rz. 68.
7 Vgl. *Riegger* in FS Bezzenberger, 2001, S. 379 (386) mwN; zu den Rechten des typisch oder atypisch stillen Gesellschafters *M. Winter* in FS Peltzer, 2001, S. 645 ff.
8 *Grunewald* in Lutter, § 20 UmwG Rz. 20; *M. Winter* in FS Peltzer, 2001, S. 645 (647).
9 Vgl. OLG Düsseldorf v. 25.11.2014 – I-21 U 172/12, ZIP 2015, 1289 (1290 f.); *Grunewald* in Lutter, § 20 UmwG Rz. 32; *Kübler* in Semler/Stengel, § 20 UmwG Rz. 13; *Lieder/Scholz*, ZIP 2015, 1705 (1706 f.); *Hennrichs*, Formwechsel, S. 45 f.

bunden[1]. Das Gleiche gilt für die **Verbindlichkeiten** des übertragenden Rechtsträgers[2]. Eine Zustimmung der Gläubiger zu ihrem Übergang ist – anders als bei der Einzelrechtsnachfolge (vgl. §§ 415 f. BGB) – nicht erforderlich[3]. Eine Unterlassungsverpflichtung geht jedoch wegen fehlender Wiederholungs- oder Erstbegehungsgefahr nicht auf den übernehmenden Rechtsträger über[4]. Schuldrechtliche **Vorkaufs-, Erwerbs-** und sonstige **Übernahmerechte** gehen ebenso wie entsprechende Verpflichtungen über[5]. **Nebenverpflichtungen der Anteilsinhaber** des übertragenden Rechtsträgers, die sich aus dessen Satzung oder Gesellschaftsvertrag ergeben (vgl. § 3 Abs. 2 GmbHG; § 55 AktG), gehen grundsätzlich nur über, wenn sie in die Satzung oder den Gesellschaftsvertrag des übernehmenden Rechtsträgers, ggf. unter Anpassung an die veränderten Umstände, übernommen werden[6].

Forderungen und Verbindlichkeiten zwischen einem übertragenden und dem übernehmenden Rechtsträger gehen im Zuge der Verschmelzung durch **Konfusion** unter. Eine Ausnahme regelt § 25 Abs. 2 Satz 2 UmwG für die dort beschriebenen Ansprüche. Forderungen des übertragenden Rechtsträgers aus **rückständigen Einlagen** gehen auf den übernehmenden Rechtsträger über[7]. Die Anteilsinhaber des übertragenden Rechtsträgers haften für die Erfüllung wie bisher weiter[8]. Bei einer übertragenden GmbH ist deshalb das Zustimmungsrecht gemäß § 51 Abs. 1 Satz 3 UmwG zu beachten. Ist der übernehmende Rechtsträger selbst Anteilsinhaber, so erlischt mit dem Übergang der Forderung auch die ihm obliegende Einlageschuld. Anders ist die Rechtslage, wenn der übertragende Rechtsträger Anteile am übernehmenden Rechtsträger hält: Handelt es sich dabei um Aktien oder GmbH-Anteile, gehen diese auf den übernehmenden Rechtsträger als eigene Anteile über (vgl. § 71 Abs. 1 Nr. 5 AktG iVm. § 20 Abs. 1 Nr. 3 UmwG). Die rückständige Einlageschuld bleibt dann bestehen (vgl. dazu auch § 68 UmwG Rz. 9).

9

---

1 *Grunewald* in Lutter, § 20 UmwG Rz. 31.
2 Vgl. BT-Drucks. 12/6699, S. 74 f.; LG Leipzig v. 18.1.2006 – 1 HK T 7414/04, DB 2006, 885 (886) zum Rangrücktritt.
3 *Grunewald* in Lutter, § 20 UmwG Rz. 10.
4 Vgl. BGH v. 26.4.2007 – I ZR 34/05, NJW 2008, 301 = MDR 2007, 1440; OLG Hamburg v. 11.7.2007 – 5 U 174/06, AG 2007, 868.
5 Vgl. LG Frankfurt/M. v. 5.11.1984 – 2/8 S 2/84, AG 1985, 226 f. zu einem vertraglichen Optionsrecht.
6 Vgl. *Grunewald* in Lutter, § 20 UmwG Rz. 50; *Kübler* in Semler/Stengel, § 20 UmwG Rz. 65.
7 *Grunewald* in Lutter, § 20 UmwG Rz. 47; BGH v. 2.7.1990 – II ZR 139/89, DB 1990, 1707 (1708); zur bilanziellen Behandlung beim übernehmenden Rechtsträger *Rosner*, AG 2011, 5 ff.
8 *Grunewald* in Lutter, § 20 UmwG Rz. 47; *Rosner*, AG 2011, 5 (8).

c) Schuldverhältnisse

10 Mit dem Wirksamwerden der Verschmelzung gehen auf den übernehmenden Rechtsträger alle **Rechte und Pflichten aus Schuldverhältnissen** über. Formularmäßige Vorausabtretungen erstrecken sich allerdings nur auf die im Geschäftsbetrieb des übertragenden Rechtsträgers begründeten Forderungen[1]. Die einem übertragenden Rechtsträger zugegangenen **Vertragsangebote** gelten weiter, sofern sie nicht sinngemäß nur an den übernehmenden Rechtsträger gerichtet waren[2]. Im Vergaberecht führt die Verschmelzung des Bieters allerdings zu einer unzulässigen Änderung des Angebots[3]. In bestehende **Verträge** tritt der übernehmende Rechtsträger ein, ohne dass es einer Vertragsänderung bedarf. Nach den allgemeinen Grundsätzen (§§ 157, 242, 313 f., 323 ff. BGB) kann allerdings eine Vertragsanpassung notwendig sein, ein außerordentliches Kündigungsrecht bestehen oder eine Verpflichtung wegen Unmöglichkeit oder Unzumutbarkeit erlöschen[4]. Dies gilt vor allem bei **Dauerschuldverhältnissen** oder solchen Verträgen, die auf einer besonderen Vertrauensgrundlage beruhen[5]. Die Verschmelzung allein stellt im Hinblick auf den Schutz der Gläubigerinteressen durch § 22 UmwG idR keinen wichtigen Grund für eine außerordentliche Kündigung dar[6]. Die Vertrauensstellung als Abschlussprüfer steht einem Übergang dieser Funktionen im Rahmen der Gesamtrechtsnachfolge nicht entgegen[7]. Der Vertrag mit dem **Verwalter** einer Wohnungseigentumsanlage geht jedenfalls dann mit über, wenn es sich um eine Verschmelzung von juristischen Personen handelt; es besteht dann kein höchstpersönliches Rechtsverhältnis[8]. Der Übergang aller Verpflichtungen des übertragenden Rechtsträgers auf den übernehmenden Rechtsträger kann dazu führen, dass dieser widersprüchliche, **nicht miteinander zu vereinbarende Verpflichtungen** zu erfüllen hat oder dass die Erfüllung einer Verpflichtung eine **schwere Unbilligkeit** bedeuten würde. Für diesen besonderen Fall erlaubt § 21 UmwG die einseitige Anpassung durch den übernehmenden Rechtsträger (Einzelheiten siehe dort).

---

1 BGH v. 24.9.2007 – II ZR 237/05, ZIP 2008, 120.
2 Vgl. *Stratz* in Schmitt/Hörtnagl/Stratz, § 20 UmwG Rz. 35; *Vossius* in Widmann/Mayer, § 20 UmwG Rz. 301.
3 OLG Düsseldorf v. 18.10.2007 – VII-Verg 30/06, NZBau 2007, 254.
4 Vgl. dazu *Rieble*, ZIP 1997, 301 (305).
5 Vgl. *Stratz* in Schmitt/Hörtnagl/Stratz, § 20 UmwG Rz. 37.
6 BGH v. 26.4.2002 – LwZR 20/01, DB 2002, 1598 (1599) zum Pachtvertrag; restriktiv auch OLG Karlsruhe v. 25.6.2001 – 9 U 143/00, DB 2001, 1548 zu einem langfristigen Kreditvertrag.
7 LG München I v. 22.12.2011 – 5 HK O 12398/08, AG 2012, 386 (387).
8 BGH v. 21.2.2014 – V ZR 164/13, DNotZ 2014, 519; zust. *Kopp*, ZWE 2014, 244; dazu auch ausführlich *Heckschen*, GmbHR 2014, 626 (628 ff.).

d) Arbeitsverhältnisse

Der Grundsatz der Gesamtrechtsnachfolge gilt auch für die bei dem übertragenden Rechtsträger bestehenden Arbeitsverhältnisse. Wie durch § 324 UmwG klargestellt ist, gilt § 613a BGB auch für den Betriebsübergang im Rahmen einer Verschmelzung (vgl. § 324 UmwG Rz. 1 ff.). § 20 Abs. 1 Nr. 1 UmwG greift nur als Auffangtatbestand ein, wenn die Voraussetzungen des § 613a Abs. 1 Satz 1 BGB nicht erfüllt sind[1]. Eine Zustimmung der Arbeitnehmer zum Betriebsübergang ist nicht erforderlich; allerdings steht ihnen nach der Rechtsprechung des BAG auch kein Widerspruchsrecht zu. § 613a Abs. 6 BGB ist einschränkend dahin auszulegen, dass beim Erlöschen des Arbeitgebers durch Verschmelzung kein Widerspruch möglich und ein dennoch erklärter Widerspruch unbeachtlich ist. Ein Widerspruch kann auch nicht in eine Eigenkündigung oder ein Angebot auf Abschluss eines Aufhebungsvertrages umgedeutet werden[2] (vgl. zu den weiteren Einzelheiten § 324 UmwG Rz. 41 ff.). Zu dem gemäß § 613a Abs. 1 BGB fortbestehenden Inhalt des Arbeitsverhältnisses gehören auch Ansprüche aus Versorgungszusagen einschließlich unverfallbar gewordener Anwartschaften. Die Versorgungsansprüche der bereits ausgeschiedenen Pensionäre fallen dagegen nicht unter § 613a BGB; die ihnen gegenüber bestehenden Verpflichtungen gehen vielmehr unmittelbar im Rahmen der Gesamtrechtsnachfolge über.

Nach Maßgabe des § 324 UmwG iVm. § 613a Abs. 1 Satz 2–4 BGB gelten auch die bisherigen **Betriebsvereinbarungen** und **Tarifverträge** fort. Ein Firmentarifvertrag gilt dabei gemäß § 20 Abs. 1 Nr. 1 UmwG kollektivrechtlich weiter, während die Fortgeltung eines Flächentarifvertrages davon abhängt, ob der übernehmende Rechtsträger demselben Arbeitgeberverband angehört oder beitritt[3]. Die betreffenden Rechtsnormen werden Inhalt der Arbeitsverhältnisse und dürfen nicht vor Ablauf eines Jahres seit Wirksamwerden der Verschmelzung zum Nachteil eines Arbeitnehmers geändert werden (vgl. dazu § 324 UmwG Rz. 26 ff.).

e) Verträge mit Organmitgliedern

Mit dem Wirksamwerden der Verschmelzung erlöschen die Ämter der **Geschäftsführer** und **Vorstandsmitglieder** der übertragenden Rechtsträger[4]. Dies gilt auch für den besonderen Vertreter nach § 147 Abs. 2 AktG[5]. Der mit dem Organmitglied regelmäßig bestehende **Anstellungsvertrag** bleibt dagegen

---

1 Vgl. *Simon* in Semler/Stengel, § 20 UmwG Rz. 35; *Schäffler* in Maulbetsch/Klumpp/Rose, § 20 UmwG Rz. 7; BAG v. 25.5.2000 – 8 AZR 416/99, ZIP 2000, 1630 (1634).
2 Vgl. BAG v. 21.2.2008 – 8 AZR 157/07, NZA 2008, 815 (818).
3 Vgl. BAG v. 4.7.2007 – 4 AZR 491/06, NZA 2008, 307; v. 24.6.1998 – 4 AZR 208/87, NZG 1999, 125 (126).
4 BGH v. 18.6.2013 – II ZA 4/12, AG 2013, 634.
5 BGH v. 18.6.2013 – II ZA 4/12, AG 2013, 634.

grundsätzlich bestehen[1]. Der Dienstvertrag wandelt sich auch nicht in einen Arbeitsvertrag[2]. Die Geschäftsführer bzw. Vorstände behalten dementsprechend ihre Vergütungsansprüche bis zur regulären Beendigung ihres Vertrages durch Zeitablauf, Kündigung oder einvernehmliche Aufhebung. Ihre Ansprüche richten sich nunmehr gegen den übernehmenden Rechtsträger[3]. Dabei ist eine etwaige erfolgsabhängige Vergütung (Tantieme) an die neuen Verhältnisse anzupassen[4]. Etwaige anderweitig erzielte Einkünfte sind entsprechend § 615 Satz 2 BGB anzurechnen[5]. In Rechtsstreitigkeiten mit ehemaligen Mitgliedern der Geschäftsführung wird der übernehmende Rechtsträger gemäß § 112 AktG durch seinen Aufsichtsrat vertreten, auch wenn der übertragende Rechtsträger über keinen Aufsichtsrat verfügt hatte[6].

14 Die Verschmelzung ist idR kein **wichtiger Grund** für eine außerordentliche Kündigung des Anstellungsverhältnisses durch den übernehmenden Rechtsträger[7]. Für das betroffene Organmitglied stellt die Beendigung der Organstellung dagegen regelmäßig einen Kündigungsgrund iS von § 626 Abs. 1 BGB dar. Für den Fall der Eigenkündigung bestehen darüber hinaus Ersatzansprüche aus § 628 Abs. 2 BGB. Etwas anderes gilt allerdings dann, wenn das Organmitglied nach seinem Vertrag verpflichtet ist, eine ihm angebotene andere Tätigkeit anzunehmen. Ohne besondere Regelung besteht nur die Pflicht, eine zumutbare, vom bisherigen Anstellungsvertrag gedeckte Tätigkeit auszuüben[8].

---

1 Vgl. *Baums*, ZHR 156 (1992), 248 f.; *Grunewald* in Lutter, § 20 UmwG Rz. 28; *Simon* in Semler/Stengel, § 20 UmwG Rz. 56; *Schulte* in Böttcher/Habighorst/Schulte, § 20 UmwG Rz. 33; *Stratz* in Schmitt/Hörtnagl/Stratz, § 20 UmwG Rz. 45; OLG Hamm v. 1.3.1995 – 8 U 263/94, NJW-RR 1995, 1317 (1318); vgl. auch BGH v. 19.12.1988 – II ZR 74/88, AG 1989, 129 = NJW 1989, 1928; BAG v. 21.2.1994 – 2 AZB 28/93, GmbHR 1994, 547 (548); BGH v. 10.1.2000 – II ZR 251/98, DB 2000, 813 ff.; BAG v. 13.2.2003 – 8 AZR 654/01, GmbHR 2003, 765 (767); BGH v. 8.1.2007 – II ZR 267/05, ZIP 2007, 910 (911) = GmbHR 2007, 606 zum Formwechsel.
2 BGH v. 27.1.1997 – II ZR 213/95, GmbHR 1997, 547 (548) und BAG v. 13.2.2003 – 8 AZR 654/01, GmbHR 2003, 765 (767); BGH v. 10.1.2000 – II ZR 251/98, DB 2000, 813 (814).
3 BGH v. 9.2.1978 – II ZR 189/76, NJW 1978, 1435.
4 Siehe dazu näher *Hockemeier*, S. 123 f. und *Baums*, ZHR 156 (1992), 248 (252); für die Weiterzahlung des Durchschnittsbetrages *Simon* in Semler/Stengel, § 20 UmwG Rz. 56; für eine Berücksichtigung der Verhältnisse im übernehmenden Rechtsträger *Grunewald* in Lutter, § 20 UmwG Rz. 28.
5 *Röder/Lingemann*, DB 1993, 1341 (1346 f.).
6 BGH v. 1.12.2003 – II ZR 161/02, AG 2004, 142 = ZIP 2004, 92.
7 *Simon* in Semler/Stengel, § 20 UmwG Rz. 58; *Stratz* in Schmitt/Hörtnagl/Stratz, § 20 UmwG Rz. 47; differenzierend für den Fall, dass eine andere Tätigkeit angeboten wird, *Hockemeier*, S. 129 ff.; *Baums*, ZHR 156 (1992), 248 (254 f.) und *Röder/Lingemann*, DB 1993, 1341 (1345).
8 Vgl. *Baums*, ZHR 156 (1992), 248 (253 f.); *Simon* in KölnKomm. UmwG, § 20 UmwG Rz. 7.

Im Anstellungsvertrag kann **vereinbart** werden, dass mit Wirksamwerden der 15
Verschmelzung nicht nur die Organstellung wegfällt, sondern auch das Anstellungsverhältnis beendet wird[1]. Dafür genügt aber nicht die allgemeine Klausel, dass der Anstellungsvertrag „für die Zeit der Bestellung" geschlossen wird[2]. Außerdem ist davon auszugehen, dass die Beendigung des Anstellungsvertrages erst nach Ablauf der Mindestkündigungsfrist gemäß § 622 Abs. 1 BGB eintritt[3].

Die **Aufsichtsratsmitglieder** eines übertragenden Rechtsträgers verlieren mit 16
dem Wirksamwerden der Verschmelzung nicht nur ihr Amt, sondern auch ihren Vergütungsanspruch[4]. Dies gilt unabhängig davon, ob mit dem einzelnen Aufsichtsratsmitglied ein Anstellungsvertrag abgeschlossen worden ist oder ob dies – wie üblich – nicht der Fall ist.

Ist der übertragende Rechtsträger eine Kapitalgesellschaft, so stellt sich die Frage, 17
ob und ggf. **wie die Organmitglieder** auch nach Erlöschen ihres Rechtsträgers noch **entlastet werden können**. Zum Teil wird angenommen, dass ausschließlich die Anteilsinhaber des übertragenden Rechtsträgers über die Entlastung entscheiden können (vgl. § 46 Nr. 5 GmbHG; § 120 AktG); da dieser Rechtsträger untergegangen ist, sei eine Entlastung nicht mehr möglich[5]. Demgegenüber steht *Martens*[6] auf dem Standpunkt, dass auch die Hauptversammlung der übernehmenden AG noch über die Entlastung der Organmitglieder einer übertragenden AG beschließen könne. Dem ist im Grundsatz zuzustimmen, da die Verwaltungsmitglieder des übertragenden Rechtsträgers durchaus ein Interesse an der Entlastung haben können[7]. Allerdings setzt die Entlastung Rechnungslegung voraus (vgl. § 120 Abs. 3 AktG). Soweit diese nicht mehr erfolgen kann, ist ein dennoch gefasster Entlastungsbeschluss anfechtbar. Hat eine übertragende AG, KGaA oder SE **Ersatzansprüche** gegen ihre Organmitglieder, so gelten die Beschränkungen des § 93 Abs. 4 Satz 3 AktG für einen Verzicht oder Vergleich in der übernehmenden Gesellschaft weiter, sofern es sich dabei ebenfalls um eine AG, KGaA oder SE handelt[8].

---

1 Vgl. zur AG BGH v. 29.5.1989 – II ZR 220/88, ZIP 1989, 1190 (1192) = AG 1989, 437.
2 *Röder/Lingemann*, DB 1993, 1341 (1344); *Simon* in Semler/Stengel, § 20 UmwG Rz. 36.
3 Vgl. BGH v. 29.5.1989 – II ZR 220/88, ZIP 1989, 1190 (1192) = AG 1989, 437 zu § 622 Abs. 1 BGB aF.
4 Vgl. für die AG RGZ 81, 153 ff.; *Grunewald* in Lutter, § 20 UmwG Rz. 35; *Stratz* in Schmitt/Hörtnagl/Stratz, § 20 UmwG Rz. 49.
5 So zB *Grunewald* in Lutter, § 20 UmwG Rz. 30; *Simon* in KölnKomm. UmwG, § 20 UmwG, Rz. 6; *Heidinger* in Henssler/Strohn, § 20 UmwG Rz. 34; OLG München v. 15.11.2000 – 7 U 3916/00, AG 2001, 197 (198); *Kubis* in MünchKomm. AktG, 3. Aufl. 2013, § 120 AktG Rz. 21.
6 *Martens*, AG 1986, 57 (58 f.).
7 OLG Hamburg v. 30.12.2004 – 11 U 98/04, AG 2005, 355 (357); *Kübler* in Semler/Stengel, § 20 UmwG Rz. 20; *Stratz* in Schmitt/Hörtnagl/Stratz, § 20 UmwG Rz. 10; vgl. auch *Vossius* in Widmann/Mayer, § 20 UmwG Rz. 330; *Mülbert* in Großkomm. AktG, 4. Aufl. 1999, § 120 AktG Rz. 96 und *Hoffmann-Becking* in FS Ulmer, 2003, S. 243 (260 f.).
8 *Haßler*, AG 2016, 388 (392 f.).

17a Ist aufgrund der Verschmelzung die **Zusammensetzung des Aufsichtsrats** bei dem übernehmenden Rechtsträger unrichtig geworden, so ist mit der Eintragung der Verschmelzung das Statusverfahren nach §§ 97 ff. AktG iVm. § 6 Abs. 2 MitbestG einzuleiten[1]. Wird ein ehemaliges Vorstandsmitglied einer übertragenden AG in den Aufsichtsrat der übernehmenden AG bestellt, so findet, auch wenn beide Gesellschaften börsennotiert sind, die Beschränkung des § 100 Abs. 2 Nr. 4 AktG (**cooling-off Periode**) keine Anwendung, da die übernehmende Gesellschaft nicht „dieselbe" Gesellschaft ist. Die Überleitung des gesamten Vermögens der übertragenden Gesellschaft rechtfertigt keine Ausdehnung der gesetzlichen Regelung über ihren Wortlaut hinaus[2].

f) Unternehmensverträge

18 Unternehmensverträge iS der §§ 291 ff. AktG, die zwischen einem **übertragenden** und dem **übernehmenden Rechtsträger** bestehen, werden mit dem Wirksamwerden der Verschmelzung gegenstandslos und erlöschen[3]. Die Beendigung des Unternehmensvertrages ist zur Eintragung in das Handelsregister anzumelden (§ 298 AktG; zu den Rechtsfolgen der Beendigung siehe § 303 AktG). Ein anhängiges Verfahren zur Feststellung der angemessenen Abfindung nach § 305 AktG ist gleichwohl fortzuführen[4]. Die außenstehenden Gesellschafter haben dann ein Wahlrecht zwischen dem Angebot aus dem Unternehmensvertrag und einem eventuellen Abfindungsangebot aus dem Verschmelzungsvertrag (§ 29 UmwG). Der Abfindungsanspruch aus dem Unternehmensvertrag kann allerdings nur bis zum Wirksamwerden der Verschmelzung geltend gemacht werden, andernfalls erlischt er[5].

19 Ein Beherrschungs- und/oder Gewinnabführungsvertrag, den der **übernehmende Rechtsträger** mit einem **dritten**, an der Verschmelzung nicht beteiligten **Unternehmen** abgeschlossen hat, wird durch die Verschmelzung idR nicht be-

---

1 *Grunewald* in Lutter, § 20 UmwG Rz. 31; *K. Mertens*, AG 1994, 66 (73 f.); LG Hof v. 17.11.1992 – 1 HT 3/92, AG 1993, 434 = BB 1993, 138; LG Berlin v. 30.10.2007 – 102 O 183/07, Juris = BeckRS 2009, 11392.
2 AA *Schulenburg/Brosius*, BB 2010, 3039 (3040).
3 Vgl. OLG Hamm v. 20.6.1988 – 8 U 329/87, WM 1988, 1164 (1168 f.); *Stratz* in Schmitt/Hörtnagl/Stratz, § 20 UmwG Rz. 56; *Grunewald* in Lutter, § 20 UmwG Rz. 45; *Hohner*, DB 1973, 1487; *Krieger*, ZGR 1990, 517 (533); *Martens*, AG 1989, 57 (60); *K.J. Müller*, BB 2002, 157 (158, 160); zur Abwicklung beendeter Ergebnisabführungsverträge *Gelhausen/Heinz*, NZG 2005, 775.
4 BGH v. 20.5.1997 – II ZB 9/96, AG 1997, 515 = DB 1997, 1397; BVerfG v. 27.1.1999 – 1 BvR 1638/94, NJW 1999, 1701 f. = AG 1999, 217; *Schubert*, DB 1998, 761 f.; *Grunewald* in Lutter, § 20 UmwG Rz. 39, 45; *Stratz* in Schmitt/Hörtnagl/Stratz, § 20 UmwG Rz. 56; aA *Naraschewski*, DB 1997, 1653 und DB 1998, 762.
5 *Butzke* in FS Hüffer, 2010, S. 97 (108 f.); aA *Hasselbach/Hirte* in Großkomm. AktG, 4. Aufl. 2005, § 305 AktG Rz. 56.

rührt und besteht deshalb fort[1]. Dies gilt unabhängig davon, ob der übernehmende Rechtsträger im Verhältnis zu dem Dritten herrschendes oder abhängiges Unternehmen ist. Unter Umständen kommt für den Dritten eine außerordentliche Kündigung des Vertrages aus wichtigem Grund in Betracht (vgl. § 297 AktG)[2]. Eine Zustimmung außenstehender Anteilsinhaber durch Sonderbeschluss ist für eine solche Kündigung idR nicht erforderlich[3]. Ist eine übernehmende AG/KGaA als abhängige Gesellschaft an einem Beherrschungs- und/oder Gewinnabführungsvertrag beteiligt und erhält sie infolge der Verschmelzung neue außenstehende Aktionäre, so haben auch diese Anspruch auf die **Ausgleichsleistung gemäß § 304 AktG**. Eine Neuberechnung dieser Zahlung ist dabei idR nicht geboten[4]. Werden im Zuge der Verschmelzung erstmals außenstehende Aktionäre beteiligt, endet der Beherrschungs- und/oder Gewinnabführungsvertrag zum Ende des Geschäftsjahres (§ 307 AktG).

Hat der **übertragende Rechtsträger mit einem dritten**, an der Verschmelzung 20 nicht beteiligten **Unternehmen** einen Beherrschungs- oder Gewinnabführungsvertrag abgeschlossen, so ist zu differenzieren: Ist der übertragende Rechtsträger **herrschendes Unternehmen**, so geht der Unternehmensvertrag im Zuge der Verschmelzung auf den übernehmenden Rechtsträger über[5]. Eine Zustimmung der Anteilsinhaber der beherrschten Unternehmen ist dazu nicht erforderlich[6]. Für den Dritten kann – neben einer ordentlichen – allenfalls eine außerordentliche Kündigung des Vertrages aus wichtigem Grund in Betracht kommen[7]. Eine Dividendengarantie des herrschenden Unternehmens bleibt bestehen; die daraus resultierenden Verpflichtungen gehen auf den übernehmenden Rechtsträger

---

1 Vgl. *Grunewald* in Lutter, § 20 UmwG Rz. 37; *Gutheil*, S. 155 ff., 176; *Hohner*, DB 1973, 1487; *Krieger*, ZGR 1990, 540; *Kübler* in Semler/Stengel, § 20 UmwG Rz. 29; *Martens*, AG 1986, 57 (61 f.); *K.J. Müller*, BB 2002, 157 f.
2 *Grunewald* in Lutter, § 20 UmwG Rz. 37; *Stratz* in Schmitt/Hörtnagl/Stratz, § 20 UmwG Rz. 59.
3 Vgl. OLG Karlsruhe v. 7.12.1994 – 15 W 19/94, WM 1994, 2023 (2024 f.).
4 *Grunewald* in Lutter, § 20 UmwG Rz. 37; *Kübler* in Semler/Stengel, § 20 UmwG Rz. 29; *Simon* in KölnKomm. UmwG, § 20 UmwG Rz. 25; aA *Emmerich/Habersack*, Aktien- und GmbH-Konzernrecht, 8. Aufl. 2016, § 297 AktG Rz. 43; *Krieger* in MünchHdb. AG, 4. Aufl. 2015, § 70 Rz. 209.
5 OLG Karlsruhe v. 7.12.1990 – 15 U 256/89, ZIP 1991, 101 (104); LG Bonn v. 30.1.1996 – 11 T 1/96, GmbHR 1996, 774; *Grunewald* in Lutter, § 20 UmwG Rz. 40; *Krieger*, ZGR 1990, 540; *Kübler* in Semler/Stengel, § 20 UmwG Rz. 30; *K.J. Müller*, BB 2002, 157; *Martens*, AG 1986, 57 (62); *Stratz* in Schmitt/Hörtnagl/Stratz, § 20 UmwG Rz. 58.
6 LG Mannheim v. 23.10.1989 – 24 O 24/88 u. 24 O 88/88, ZIP 1990, 379 (380); LG Bonn v. 30.1.1996 – 11 T 1/96, GmbHR 1996, 774 (775); LG München I v. 12.5.2011 – 5 HK O 14543/10, AG 2011, 801; *Grunewald* in Lutter, § 20 UmwG Rz. 40; *Hüffer/Koch*, § 295 AktG Rz. 6; *Emmerich/Habersack*, Aktien- und GmbH-Konzernrecht, 8. Aufl. 2016, § 297 AktG Rz. 44; aA *Bayer*, ZGR 1993, 599 (604).
7 *Grunewald* in Lutter, § 20 UmwG Rz. 40; LG Bonn v. 30.1.1996 – 11 T 1/96, GmbHR 1996, 774 (776).

über. Eine Verpflichtung zur Anpassung der Dividendengarantie oder zur Unterbreitung eines (neuen) Abfindungsangebotes besteht dagegen nicht, da es sich nicht um den Abschluss eines neuen Unternehmensvertrages handelt[1].

21 War der übertragende Rechtsträger **abhängiges Unternehmen**, so geht der Unternehmensvertrag, der zwischen ihm und dem Dritten bestanden hat, im Zuge der Verschmelzung unter, da nicht ohne weiteres davon ausgegangen werden kann, dass der übernehmende Rechtsträger in die Rolle des abhängigen Unternehmens eintritt[2]. Trotz Beendigung des Unternehmensvertrages können anhängige **Ausgleichs- und Abfindungsansprüche** weiterverfolgt werden[3]. Der Anspruch auf Abfindung muss dabei vor dem Wirksamwerden der Verschmelzung geltend gemacht worden sein.

22 **Andere Unternehmensverträge** wie zB Betriebsüberlassungsverträge zwischen einem übertragenden Rechtsträger und einem Dritten bestehen als bürgerlich-rechtliche Verträge fort[4].

g) Sonstige Verträge

23 **Miet-** und **Pachtverträge**, die mit einem übertragenden Rechtsträger bestehen, gehen ohne weiteres auf den übernehmenden Rechtsträger über[5]. Das Gleiche gilt für **Geschäftsbesorgungs-, Auftrags-** und **Dienstverhältnisse**, da im Zweifel keine an den übertragenden Rechtsträger gebundene Verpflichtungen vorliegen[6]. § 673 Satz 1 BGB, auf den § 675 BGB verweist, passt auf die Verschmelzung nicht[7]. **Kreditverträge** und Kreditzusagen gehen grundsätzlich ebenfalls über[8].

---

1 AA *Priester*, ZIP 1992, 293 (301).
2 *Grunewald* in Lutter, § 20 UmwG Rz. 38; *Gutheil*, S. 176 f., 191; *Hüffer/Koch*, § 295 AktG Rz. 6; *Krieger*, ZGR 1990, 517 (538 f.); *Kübler* in Semler/Stengel, § 20 UmwG Rz. 31; *Simon* in KölnKomm. UmwG, § 20 UmwG Rz. 27; *Martens*, AG 1986, 57 (60 f.); *K.J. Müller*, BB 2002, 157 (158); LG Mannheim v. 30.5.1994 – 23 AktE 1/90, AG 1995, 89 = ZIP 1994, 1024; OLG Karlsruhe v. 7.12.1994 – 15 W 19/94, WM 1994, 2023 (2024); aA *Vossius* in FS Widmann, 2000, S. 133 (141): nur Kündigungsrecht.
3 BVerfG v. 27.1.1999 – 1 BvR 1805/94, NJW 1999, 1699 (1700) = AG 1999, 218; BGH v. 20.5.1997 – II ZB 9/96, AG 1997, 515 = WM 1997, 1288; OLG Düsseldorf v. 7.6.1990 – 19 W 13/86, DB 1990, 1394 f.; *Meilicke*, AG 1995, 181; *Grunewald* in Lutter, § 20 UmwG Rz. 39; *Kübler* in Semler/Stengel, § 20 UmwG Rz. 31; *Koppensteiner* in KölnKomm. AktG, 3. Aufl. 2004, § 305 AktG Rz. 23, § 306 AktG Rz. 30; aA OLG Karlsruhe v. 7.12. 1994 – 15 W 19/94, WM 1994, 2023; OLG Zweibrücken v. 2.8.1994 – 3 W 76/94, AG 1994, 563 = WM 1994, 1801.
4 *Grunewald* in Lutter, § 20 UmwG Rz. 38.
5 Vgl. BGH v. 26.4.2002 – LwZR 20/01, NZG 2002, 734 zum Pächterwechsel durch Verschmelzung.
6 Vgl. *Grunewald* in Lutter, § 20 UmwG Rz. 24; zum Übergang einer Schiedsvereinbarung OLG München v. 26.1.2016 – 34 Sch 13/15, NZG 2016, 662 = ZIP 2016, 972.
7 *K. Schmidt*, DB 2001, 1019 (1022).
8 Vgl. BGH v. 21.5.1980 – VIII ZR 107/79, NJW 1980, 1841 (1842).

Im Einzelfall kann, insbesondere wenn die Bonität des übernehmenden Rechtsträgers zweifelhaft ist, ein außerordentliches Recht zur Kündigung bestehen[1]. **Versicherungsverträge**, die sich auf einen Betrieb oder Gegenstand beziehen, gehen ohne Kündigungsrecht des Versicherers über, §§ 95, 102 VVG; uU kommt aber eine Beitragsanpassung in Betracht. **Bürgschaftsverpflichtungen** des übertragenden Rechtsträgers gehen ohne weiteres über; Bürgschaften eines Dritten für Verpflichtungen des übertragenden Rechtsträgers bleiben bestehen, beschränken sich aber auf das im Zeitpunkt des Wirksamwerdens der Verschmelzung bestehende Risiko[2]. Das Gleiche gilt für sonstige Sicherheiten, die von dritter Seite bestellt worden sind[3]. Eine Ausdehnung solcher Sicherheiten auch auf Verpflichtungen des übernehmenden Rechtsträgers tritt durch die Verschmelzung nicht ein (vgl. § 767 Abs. 1 Satz 3 BGB)[4]. Abweichende Vereinbarungen sind aber möglich[5].

Die Bestimmungen des **Datenschutzes** stehen der Gesamtrechtsnachfolge nicht entgegen; das UmwG ist insoweit das jüngere und umfassendere Recht[6]. § 20 Abs. 1 Nr. 1 UmwG kann als Erlaubnisnorm iS des § 4 Abs. 1 BDSG angesehen werden[7]. Der im Rahmen von § 20 Abs. 1 Nr. 1 UmwG erfolgende Übergang von personenbezogenen Daten wie zB den Kreditbeziehungen einer Bank ist zudem keine Übermittlung iS von § 3 Abs. 4 Nr. 3 BDSG[8]. Eine Einwilligung der Kunden ist deshalb nicht erforderlich; diese können der Verschmelzung auch nicht widersprechen[9]. Der Datenübergang lässt sich auch aus § 28 Abs. 1 Satz 1 Nr. 1 und Nr. 2 BDSG rechtfertigen[10]. Eine andere Frage ist, inwieweit solche Daten im Rahmen der Vorbereitung einer Verschmelzung zwischen den betei-

23a

---

1 *Grunewald* in Lutter, § 20 UmwG Rz. 33; siehe auch OLG Karlsruhe v. 25.6.2001 – 9 U 143/00, NJW-RR 2001, 1492, das ein außerordentliches Kündigungsrecht des Bankkunden bejaht, wenn dessen Interessen infolge der Verschmelzung besonders berührt sind.
2 *Grunewald* in Lutter, § 20 UmwG Rz. 34; *Kübler* in Semler/Stengel, § 20 UmwG Rz. 14; vgl. BGH v. 6.5.1993 – IX ZR 73/92, ZIP 1993, 906 zum Kontokorrent; zum Kündigungsrecht des Bürgen bei Mietbürgschaften *Eusani*, WM 2004, 866 ff.
3 Zu Sonderfragen bei Akkreditiven *Mutter/Stehle*, ZIP 2002, 1829.
4 Vgl. BGH v. 24.9.2007 – II ZR 237/05, NZG 2008, 116 zur formularmäßigen Globalzession.
5 *Kübler* in Semler/Stengel, § 20 UmwG Rz. 14.
6 Vgl. OLG Stuttgart v. 13.12.2005 – 6 U 119/05, NJOZ 2007, 1211 (1220).
7 So *Teichmann/Kießling*, ZGR 2001, 33 (57, 62); *Marsch-Barner/Mackenthun*, ZHR 165 (2001), 426 (431); aA *Grunewald* in Lutter, § 20 UmwG Rz. 42; *Wengert/Widmann/Wengert*, NJW 2000, 1289 (1292).
8 *Lüttge*, NJW 2000, 2463 (2465); *Marsch-Barner/Mackenthun*, ZHR 165 (2001), 426 (432 ff.); *Schaffland*, NJW 2002, 1539 (1540 f.); aA *Grunewald* in Lutter, § 20 UmwG Rz. 42; *Teichmann/Kießling* ZGR 2001, 33 (43 ff.); *Zöllner*, ZHR 165 (2001), 440 (442 ff.).
9 *Lüttge*, NJW 2000, 2463 gegen *Wengert/Widmann/Wengert*, NJW 2000, 1289.
10 *Marsch-Barner/Mackenthun*, ZHR 165 (2001), 426 (436 f.); *Zöllner*, ZHR 165 (2001), 440 (446 ff.); siehe auch die Nachweise bei *Bitter*, ZHR 179 (2009), 379 (382 f.).

ligten Rechtsträgern, insbesondere der wechselseitigen Prüfung (Due Diligence), ausgetauscht werden dürfen. Gemäß § 28 Abs. 1 Nr. 1 BDSG wird dies nur in zusammengefasster und anonymisierter Form zulässig sein. Dabei kann die Zwischenschaltung Dritter, zur Berufsverschwiegenheit verpflichteter Personen (zB Wirtschaftsprüfer) angebracht sein[1]. Diese Überlegungen gelten in Bezug auf das **Bankgeheimnis** entsprechend[2]. Auch insoweit schließt die Gesamtrechtsnachfolge eine Verletzung des Bankgeheimnisses aus[3]. Soweit Einschränkungen für den Fall vertreten werden, dass lediglich Kreditforderungen oder Kreditverträge und kein Unternehmen übertragen werden, gilt dies allenfalls für die Spaltung, nicht aber für die Verschmelzung[4]. Nach Eintragung der Verschmelzung kann der übernehmende Rechtsträger die vom übertragenden Rechtsträger gespeicherten Daten nach Maßgabe von § 28 Abs. 3 Satz 2 Nr. 1 BDSG und § 7 Abs. 3 UWG für seine Werbung nutzen[5]. An die Stelle weiter Teile des BDSG treten ab 25.5.2018 die Bestimmungen der EU-Verordnung 2016/679 (**Datenschutz-Grundverordnung**)[6].

24 **Vollmachten**, die einem übertragenden Rechtsträger oder von einem übertragenden Rechtsträger erteilt sind, bestehen grundsätzlich weiter (§ 168 BGB). § 673 BGB ist nicht entsprechend anwendbar[7]. Für die von einem übertragenden Rechtsträger erteilten **Prokuren** wird dagegen zu Recht angenommen, dass sie nur für diesen Rechtsträger erteilt worden sind und nicht davon ausgegangen werden kann, dass die Prokuren für den übernehmenden Rechtsträger weitergelten sollen[8]. Dies gilt auch für Handlungsvollmachten (§ 54 HGB). Im Verschmelzungsvertrag kann dies aber anders vereinbart werden.

---

1 *Marsch-Barner/Mackenthun*, ZHR 165 (2001), 426 (428); ebenso *Bütter/Tonner*, ZBB 2005, 165 (172, 173) und *Bredow/Vogel*, BKR 2008, 271 (277).
2 *Marsch-Barner/Mackenthun*, ZHR 165 (2001), 426 (438); *Zöllner*, ZHR 165 (2001), 440 (449 f.).
3 *Marsch-Barner/Mackenthun*, ZHR 165 (2001), 426 (438); *Nobbe*, ZIP 2008, 97 (99); *Bruchner*, BKR 2004, 394 (397); *Wand*, WM 2005, 1969 (1977 f.).
4 Vgl. dazu ausführlich *Bitter*, ZHR 173 (2009), 379 ff. mit der Bejahung eines „Umwandlungsprivilegs" bei (teilweiser) Unternehmenskontinuität (ZHR 173 [2009], 379 [432]).
5 Dazu näher *Bongers*, BB 2015, 2950 ff.
6 Verordnung (EU) 2016/679 des Europäischen Parlaments und des Rates v. 27.4.2016 zum Schutz natürlicher Personen bei der Verarbeitung personenbezogener Daten, zum freien Datenverkehr und zur Aufhebung der Richtlinie 95/46/EG (Datenschutz-Grundverordnung), ABl. EU Nr. L 119 v. 4.5.2016, S. 1; dazu näher *Schantz*, NJW 2016, 1841 ff.
7 LG Koblenz v. 11.6.1997 – 2 T 319/97, NJW-RR 1998, 38 (39) = GmbHR 1997, 1110; *Kübler* in Semler/Stengel, § 20 UmwG Rz. 18; vgl. auch *Grunewald* in Lutter, § 20 UmwG Rz. 25.
8 Vgl. *Vossius* in Widmann/Mayer, § 20 UmwG Rz. 304; *Stratz* in Schmitt/Hörtnagl/Stratz, § 20 UmwG Rz. 10; aA *Grunewald* in Lutter, § 20 UmwG Rz. 26; *Kübler* in Semler/Stengel, § 20 UmwG Rz. 17; *Simon* in KölnKomm. UmwG, § 20 UmwG Rz. 4.

h) Prozesse

Prozesse, an denen ein übertragender, durch die Verschmelzung erlöschender Rechtsträger beteiligt ist, werden nach hM analog §§ 239, 246 Abs. 1 ZPO mit dem übernehmenden Rechtsträger fortgeführt. Bei anwaltlicher Vertretung geschieht dies ohne Unterbrechung des Verfahrens, sofern keine Aussetzung beantragt wird[1]. Die Gegenmeinung bevorzugt die Annahme eines gesetzlichen Parteiwechsels[2]. Eine Aussetzung des Verfahrens kommt dann nur nach allgemeinen Voraussetzungen in Betracht. Rechtskräftige Entscheidungen wirken für und gegen einen übertragenden Rechtsträger (§ 325 ZPO)[3]. Vollstreckungstitel sind gemäß § 727 ZPO auf den übernehmenden Rechtsträger umzuschreiben[4]. Klagen gegen die Wirksamkeit der Verschmelzungsbeschlüsse eines übertragenden Rechtsträgers sind gegen den übernehmenden Rechtsträger zu richten (§ 28 UmwG). Dies gilt auch für Klagen gegen andere Beschlüsse (vgl. § 28 UmwG Rz. 6).

25

i) Öffentlich-rechtliche Befugnisse

Öffentlich-rechtliche Rechtspositionen eines übertragenden Rechtsträgers gehen grundsätzlich auf den übernehmenden Rechtsträger über[5]. Für die Genehmigung nach § 4 Abs. 1 EnWG ist dies ausdrücklich geregelt (§ 4 Abs. 3 EnWG). Dieser Übergang gilt allerdings nicht bei solchen öffentlich-rechtlichen Erlaubnissen, die höchstpersönlicher Art sind oder die an das Vorliegen einer bestimmten Rechtsform gebunden sind und deshalb nur eingeschränkt weitergelten[6]. Danach gehen zB eine Gaststättenerlaubnis (§ 2 GaststättenG), eine Erlaubnis zum Betrieb eines Kreditinstituts (§§ 32 ff. KWG), eine Maklererlaubnis

26

---

1 OLG München v. 4.6.1989 – 29 W 1291/89, DB 1989, 1918; BGH v. 1.12.2003 – II ZR 161/02, ZIP 2004, 92 (93) m. zust. Anm. *Graef*, BB 2004, 125 = AG 2004, 142; *Stöber*, NZG 2006, 574 (574 f.); *Stratz* in Schmitt/Hörtnagl/Stratz, § 20 UmwG Rz. 38; für Unterbrechung des Verfahrens auch *Vossius* in Widmann/Mayer, § 20 UmwG Rz. 258 und *Schulte* in Bötticher/Habighorst/Schulte, § 20 UmwG Rz. 18.
2 *Grunewald* in Lutter, § 20 UmwG Rz. 44; *Kübler* in Semler/Stengel, § 20 UmwG Rz. 66; *P. Meyer*, JR 2007, 133 (134 f.).
3 *Stratz* in Schmitt/Hörtnagl/Stratz, § 20 UmwG Rz. 45; aA BGH v. 28.6.2006 – XII ZB 9/04, AG 2006, 891 = BB 2006, 2038 zur Spaltung.
4 Vgl. OLG München v. 4.6.1989 – 29 W 1291/89, DB 1989, 1918; OLG Frankfurt v. 4.4.2000 – 6 W 32/00, BB 2000, 1000 zur Aufspaltung; *Grunewald* in Lutter, § 20 UmwG Rz. 44; aA OLG Köln v. 14.10.2008 – 6 W 104/08, NZG 2009, 477 zur Vollstreckung gemäß § 890 ZPO.
5 Vgl. *Simon* in KölnKomm. UmwG, § 20 UmwG Rz. 30; *Stratz* in Schmitt/Hörtnagl/Stratz, § 20 UmwG Rz. 88 ff.; *Heckschen*, ZIP 2014, 1605 (1611).
6 *Grunewald* in Lutter, § 20 UmwG Rz. 13; *Kübler* in Semler/Stengel, § 20 UmwG Rz. 70 ff.; *Schulte* in Bötticher/Habighorst/Schulte, § 20 UmwG Rz. 20.

(§ 34c GewO) oder eine Fernverkehrskonzession (§ 3 GüKG) unter[1]. Gleiches gilt für die Erlaubnis zur steuerbegünstigten Stromverwendung nach § 9 Abs. 3 StromStG[2]. Soweit das Gesetz die Erlaubnis an die Eignung der gesetzlichen Vertreter einer juristischen Person knüpft und bei deren Tod eine Anzeigepflicht genügen lässt (vgl. zB §§ 4 Abs. 2 GaststättenG, 34 Abs. 2 KWG, 7 AÜG), wird zum Teil ein Übergang der öffentlich-rechtlichen Erlaubnis vertreten[3]. Für den Umgang mit Umwandlungen im Recht der erneuerbaren Energien siehe § 67 EEG[4]. Die öffentlich-rechtliche Erlaubnis beruht häufig aber nicht nur auf der Eignung der Vertreter, sondern zB auch auf den Vermögensverhältnissen des betreffenden Rechtsträgers (vgl. § 33 KWG). Geht es nur um die persönliche Qualifikation wie bei der Eintragung in die Handwerksrolle, so geht die damit verbundene Rechtsposition über[5].

27 **Öffentlich-rechtliche Verpflichtungen** einschließlich etwaiger Handlungs- und Unterlassungspflichten gehen auf den übernehmenden Rechtsträger über[6] (s. dazu auch Rz. 8). Dies gilt insbesondere auch für Steuerschulden (vgl. § 45 AO)[7]. Eine Verpflichtung zur Zahlung einer **Geldbuße** aufgrund einer Zuwiderhandlung bei der übertragenden Gesellschaft geht ebenfalls im Rahmen der Gesamtrechtsnachfolge über[8]. Eine beim übertragenden Rechtsträger begründete Geldbuße kann auch selbständig gegen den übernehmenden Rechtsträger festgesetzt werden (§ 30 Abs. 2a Satz 1 OWiG[9]). Dabei gelten aber die Einschränkungen gemäß § 30 Abs. 2a Satz 2 OWiG. Sanierungspflichten bei kontaminierten Grund-

---

1 Vgl. *Stratz* in Schmitt/Hörtnagl/Stratz, § 20 UmwG Rz. 90; *Vossius* in Widmann/Mayer, § 20 UmwG Rz. 250 f.; *Schäffler* in Maulbetsch/Klumpp/Rose, § 20 UmwG Rz. 39; aA *Heckschen*, ZIP 2014, 1605 (1610 ff.).
2 BFH v. 22.11.2011 – VII R 22/11, GWR 2012, 74.
3 Vgl. BSG v. 12.12.1991 – 7 RAr 56/90, ZIP 1992, 426 f. und *Grunewald* in Lutter, § 20 UmwG Rz. 13; vgl. auch *Heckschen*, ZIP 2014, 1605 (1613).
4 Dazu näher *Meister/Süß*, BB 2014, 2890.
5 *Vossius* in Widmann/Mayer, § 20 UmwG Rz. 251; *Grunewald* in Lutter, § 20 UmwG Rz. 13; *Bremer*, GmbHR 2000, 865; für einen Untergang aller personenbezogenen öffentlich-rechtlichen Erlaubnisse *Gaiser*, DB 2000, 361 (363 f.).
6 Vgl. *Stadie*, DVBl. 1990, 501 zu polizeilichen Pflichten einschließlich der Haftung für Altlasten.
7 BFH v. 14.10.1992 – I R 17/92, NJW 1993, 1222 (1223) = GmbHR 1993, 171; BFH v. 29.1.2003 – I R 38/01, GmbHR 2004, 263; *Schulte* in Böttcher/Habighorst/Schulte, § 20 UmwG Rz. 21.
8 EuGH v. 5.3.2015 – C-343/13, AG 2015, 312 zu Art. 19 Abs. 1 der Richtlinie 78/855 EWG (Verschmelzungsrichtlinie) = EuZW 2015, 348 m. Anm. *Haspl*; siehe dazu auch *Langfeld*, NZG 2015, 1066.
9 IdF des Achten Gesetzes zur Änderung des Gesetzes gegen Wettbewerbsbeschränkungen v. 26.6.2013, BGBl. I 2013, S. 1738; damit wurden die bis dahin bestehenden Möglichkeiten einer Einschränkung der Haftung für Bußgeldverpflichtungen durch (partielle) Gesamtrechtsnachfolge (vgl. BGH v. 10.8.2011 – KRB 55/10, NJW 2012, 164) beseitigt; dazu näher *Löbbe*, ZHR 177 (2013), 518 (535 ff.).

stücken (zB nach § 4 Abs. 3 Satz 1 BBodSchG) gehen dann über, wenn sie durch behördliche Anordnung im Zeitpunkt des Übergangs bereits konkretisiert sind[1]. **Mitteilungspflichten** des übertragenden Rechtsträgers nach §§ 20, 21 AktG oder §§ 21 ff. WpHG erledigen sich mit dessen Erlöschen. Aufgrund des Gesamtrechtsnachfolge und evtl. eigenen Beteiligungen können aber eigene Mitteilungspflichten beim übernehmenden Rechtsträger entstehen[2]. Es können sich auch umweltrechtliche Anzeigepflichten ergeben[3].

4. Erlöschen der übertragenden Rechtsträger (§ 20 Abs. 1 Nr. 2 UmwG)

Mit der Eintragung der Verschmelzung im Register des übernehmenden Rechtsträgers erlöschen die übertragenden Rechtsträger. Diese Rechtsfolge tritt automatisch ein; einer besonderen Löschung bedarf es nicht (§ 20 Abs. 1 Nr. 2 Satz 2 UmwG). Entsprechend der allgemeinen Definition der Verschmelzung (§ 2 UmwG) tritt das Erlöschen **ohne Abwicklung** ein. Mit dem übertragenden Rechtsträger gehen auch die an ihm bestehenden Anteile und seine Organe unter (vgl. Rz. 13 und Rz. 16). Die ehemaligen Anteilsinhaber des übertragenden Rechtsträgers können für diese keine Beschlüsse mehr fassen (zB hinsichtlich Gewinnverwendung und Entlastung[4] oder einer Aufhebung des Verschmelzungsvertrags[5]). Ein Fortbestehen der übertragenden Rechtsträger wird nur im Rahmen des § 25 Abs. 2 UmwG fingiert. 28

5. Anteilsinhaber der übertragenden Rechtsträger (§ 20 Abs. 1 Nr. 3 UmwG)

Mit der Eintragung der Verschmelzung im Register des übernehmenden Rechtsträgers werden die Anteilsinhaber der übertragenden Rechtsträger zu Anteilsinhabern des übernehmenden Rechtsträgers (§ 20 Abs. 1 Nr. 3 Satz 1 Halbsatz 1 UmwG). Dieser **Wechsel erfolgt kraft Gesetzes**, ohne dass die Anteilsinhaber dabei mitwirken müssten[6]. Besondere Übertragungsakte sind demgemäß nicht erforderlich. Dies gilt unabhängig davon, ob die neuen Anteile beim übernehmenden Rechtsträger als eigene Anteile bereits vorhanden sind oder ob solche 29

---

1 Dazu näher *Gärtner*, DB 2000, 409 und VG Hannover v. 24.11.2009 – 4 A 2022/09, IBR 2010, 238; BVerwG v. 16.3.2006 – 7 C 3/05, NVwZ 2006, 928.
2 *Widder*, BB 2005, 1979 ff.; *Widder*, NZG 2004, 275 ff.; *Widder*, NZG 2010, 455 f.; *Grunewald* in Lutter, § 20 UmwG Rz. 13.
3 Vgl. *Hilfs/Roth*, DB 2005, 1951.
4 Vgl. BFH v. 30.10.1974 – I R 23/72, BB 1975, 23 f.
5 OLG Frankfurt v. 22.10.2002 – 20 W 299/02, NZG 2003, 236 = DB 2003, 599.
6 *Grunewald* in Lutter, § 20 UmwG Rz. 61.

Anteile durch Kapitalerhöhung neu geschaffen worden sind. Soweit der übertragende Rechtsträger Anteile des übernehmenden Rechtsträgers hält, gehen diese ohne Durchgangserwerb des übernehmenden Rechtsträgers auf dessen (neue) Anteilsinhaber über[1]. Die Anteile stehen dabei den materiell Berechtigten zu; eine Heilung nicht ordnungsgemäßer Übertragungen kann deshalb auf diesem Wege nicht erfolgen[2]. Dies gilt auch dann, wenn ein Schein-Gesellschafter in der Gesellschafterliste (§ 16 Abs. 1 GmbHG) oder im Aktienregister (§ 67 Abs. 2 AktG) eingetragen ist[3]. Die Anteilsinhaber des übertragenden Rechtsträgers können auf den Anteilserwerb auch **verzichten**[4]. Die Verzichtserklärungen sind entspr. §§ 8 Abs. 3, 9 Abs. 3, 12 Abs. 3 UmwG, §§ 54 Abs. 1 Satz 3, 68 Abs. 1 Satz 3 UmwG notariell zu beurkunden. Der Anteilserwerb an dem übernehmenden Rechtsträger kann bei einer börsennotierten Gesellschaft zu **Mitteilungspflichten** nach §§ 21 ff. WpÜG führen und beim Erwerb von mindestens 30 % der Stimmrechte die Pflicht zur Veröffentlichung eines Erwerbsangebotes an die bisherigen Aktionäre des übernehmenden Rechtsträgers (sog. **Pflichtangebot**, §§ 29, 35 WpÜG) auslösen[5].

30 Nach § 20 Abs. 1 Nr. 3 Satz 1 Halbsatz 2 UmwG erfolgt allerdings kein Anteilstausch, soweit der übernehmende Rechtsträger oder ein Dritter für dessen Rechnung **Anteile des übertragenden Rechtsträgers** hält (§ 20 Abs. 1 Nr. 3 Satz 1 Halbsatz 2, 1. Teil UmwG). Auf diese Anteile dürfen bei einer übernehmenden GmbH oder AG/KGaA keine neuen Anteile ausgegeben werden (vgl. §§ 54 Abs. 1 Nr. 1 und Abs. 2, 68 Abs. 1 Nr. 1 und Abs. 2 UmwG). Das Gleiche gilt, soweit der übertragende Rechtsträger selbst oder ein Dritter für seine Rechnung eigene Anteile hält (§ 20 Abs. 1 Nr. 3 Satz 1 Halbsatz 2, 2. Teil iVm. §§ 54 Abs. 1 Nr. 2 und Abs. 2, 68 Abs. 1 Nr. 2 und Abs. 2 UmwG). Eine 100%ige Tochtergesellschaft wird dabei nicht als Dritter anzusehen sein[6]. Die Übernahme neuer Anteile des übernehmenden Rechtsträgers würde gegen § 56 Abs. 2 AktG verstoßen. Im Innenverhältnis zwischen Mutter- und Tochtergesellschaft ist der Untergang der Anteile des übertragenden Rechtsträgers uU aber auszugleichen,

---

1 Vgl. *Grunewald* in Lutter, § 20 UmwG Rz. 61; *Heidinger* in Hensslér/Strohn, § 20 UmwG Rz. 41; *Kübler* in Semler/Stengel, § 20 UmwG Rz. 74; *Simon* in KölnKomm. UmwG, § 2, UmwG Rz. 146.
2 Vgl. *Heidinger* in Henssler/Strohn, § 20 UmwG Rz. 53; *Stratz* in Schmitt/Hörtnagl/Stratz, § 20 UmwG Rz. 96; *Schniepp/Hensel*, NZG 2014, 857 (860 f.).
3 *Heidinger* in Henssler/Strohn, § 20 UmwG Rz. 53 mwN.
4 *Ihrig*, ZHR 160 (1996), 317 (333 ff.); *M. Winter* in FS Lutter, 2000, S. 1279 (1280 ff.); *Grunewald* in Lutter, § 20 UmwG Rz. 64; *Kübler* in Semler/Stengel, § 20 UmwG Rz. 79.
5 Siehe dazu näher *Baums/Hecker* in Baums/Thoma, § 35 WpÜG Rz. 112 ff.; *v. Bülow* in KölnKomm. WpÜG, 2. Aufl. 2010, § 35 WpÜG Rz. 111 f.; *Hommelhoff/Witt* in Haarmann/Schüppen, 3. Aufl. 2008, § 35 WpÜG Rz. 62; *Krause/Pötzsch* in Assmann/Pötzsch/Uwe H. Schneider, 2. Aufl. 2013, § 35 WpÜG Rz. 133 ff. mwN; vgl. auch OLG Düsseldorf v. 11.8.2006 – I-15 W 110/05, Der Konzern 2006, 768 (779 f.) = AG 2007, 363.
6 *Grunewald* in Lutter, § 20 UmwG Rz. 67.

vgl. § 311 AktG[1]. Ist der übernehmende Rechtsträger eine Personenhandelsgesellschaft, so erhalten die Anteilsinhaber an diesem nur einen gesamthänderisch gebundenen Anteil.

Rechte Dritter an den untergehenden Anteilen oder Mitgliedschaften des übertragenden Rechtsträgers bestehen an den entsprechenden neuen Anteilen bzw. Mitgliedschaften des übernehmenden Rechtsträgers fort (§ 20 Abs. 1 Nr. 3 Satz 2 UmwG). Diese **Surrogation** gilt nur bei dinglichen Rechten, insbesondere also bei einem Pfandrecht oder Nießbrauch (vgl. §§ 1075, 1287 BGB). Werden keine neuen Anteile ausgegeben, fallen die Rechte Dritter weg; der Dritte hat dann evtl. Schadensersatzansprüche[2]. Bei **schuldrechtlichen Absprachen** (zB Vorkaufsrecht, Treuhandbesitz, Unterbeteiligung, Verpfändungsversprechen) muss durch ergänzende Vertragsauslegung ermittelt werden, ob die jeweilige Vereinbarung auch für die neuen Anteile gelten soll; dies wird idR zu verneinen sein[3]. 31

6. Beurkundungsmängel (§ 20 Abs. 1 Nr. 4 UmwG)

Mit der Eintragung der Verschmelzung im Register des übernehmenden Rechtsträgers werden zugleich etwaige Beurkundungsmängel des **Verschmelzungsvertrages** oder ggf. erforderlicher **Zustimmungs- oder Verzichtserklärungen einzelner Anteilsinhaber** (zB nach §§ 8 Abs. 3, 9 Abs. 3, 12 Abs. 3 UmwG) geheilt[4]. Damit werden auch etwaige nicht beurkundete Nebenabreden zum Verschmelzungsvertrag wirksam[5]. Dies gilt aber nur für Nebenabreden, die den Anteilsinhabern bei dem Verschmelzungsbeschluss vorgelegen haben[6]. Verschwiegene Klauseln werden nicht geheilt[7]. Beurkundungsmängel des **Verschmelzungsbeschlusses** (§ 13 UmwG) oder etwaiger ergänzender Sonderbeschlüsse (zB nach § 65 Abs. 2 UmwG) werden von § 20 Abs. 1 Nr. 4 UmwG ebenso wenig erfasst wie etwaige **Kapitalerhöhungsbeschlüsse** zur Durchführung der Verschmelzung. Für alle derartigen Mängel gilt § 20 Abs. 2 UmwG. Soweit für die 32

---

1 Für Anteilsgewährung dagegen *Grunewald* in Lutter, § 20 UmwG Rz. 67 und *Kübler* in Semler/Stengel, § 20 UmwG Rz. 77.
2 *Grunewald* in Lutter, § 20 UmwG Rz. 71; *Heidinger* in Henssler/Strohn, § 20 UmwG Rz. 60; *Kübler* in Semler/Stengel, § 20 UmwG Rz. 80; *Simon* in KölnKomm. UmwG, § 20 UmwG Rz. 40.
3 Vgl. *Grunewald* in Lutter, § 20 UmwG Rz. 72; *Heidinger* in Henssler/Strohn, § 20 UmwG Rz. 61; *Kübler* in Semler/Stengel, § 20 UmwG Rz. 81; *Stratz* in Schmitt/Hörtnagl/Stratz, § 20 UmwG Rz. 20.
4 *Grunewald* in Lutter, § 20 UmwG Rz. 75; *Heidinger* in Henssler/Strohn, § 20 UmwG Rz. 62; *Simon* in KölnKomm. UmwG, § 20 UmwG Rz. 43.
5 *Simon* in KölnKomm. UmwG, § 20 UmwG Rz. 42; *Stratz* in Schmitt/Hörtnagl/Stratz, § 20 UmwG Rz. 107.
6 *Grunewald* in Lutter, § 20 UmwG Rz. 76; *Kübler* in Semler/Stengel, § 20 UmwG Rz. 83; *Vossius* in Widmann/Mayer, § 20 UmwG Rz. 370.
7 Vgl. LAG Nürnberg v. 26.8.2004 – 2 Sa 463/02, ZIP 2005, 398 (400).

Beschlüsse – unmittelbar oder analog – das Aktienrecht gilt, tritt nach der Eintragung in das Register uU eine Heilung gemäß § 242 AktG ein[1]. Außerdem kann ein Kapitalerhöhungsbeschluss Bestandskraft im aktienrechtlichen Freigabeverfahren erlangen (§ 246a Abs. 4 Satz 2 AktG).

7. Mängel der Verschmelzung (§ 20 Abs. 2 UmwG)

a) Überblick

33 § 20 Abs. 2 UmwG ist Ausdruck des vom früheren § 352a AktG übernommenen Grundsatzes, dass Registereintragungen konstitutiv wirken[2]. Damit soll eine umfassende Heilung der Verschmelzung erreicht werden. Die Verschmelzung soll mit ihrer Eintragung **Bestandskraft** erlangen[3]. Dieser Bestandsschutz gilt unabhängig von der Art und Schwere einzelner Fehler im Umwandlungsverfahren. Nur in gravierenden Ausnahmefällen ist die Verschmelzung nichtig, so etwa, wenn sie nicht unter § 1 UmwG fällt oder Rechtsträger beteiligt sind, die nicht nach § 3 UmwG zugelassen sind[4]. Zu den Wirkungen der Verschmelzung, die aufgrund der Eintragung im Register des übernehmenden Rechtsträgers Bestand haben, gehören als wesentliche Elemente der Verschmelzung das **Erlöschen des übertragenden Rechtsträgers** und der **Übergang seines Vermögens** auf den übernehmenden Rechtsträger. Bei der Verschmelzung durch Neubildung kommt die **Entstehung des neuen Rechtsträgers** hinzu. Wesensmerkmal der Verschmelzung ist außerdem die **Gewährung von Anteilen** des übernehmenden bzw. des neuen Rechtsträgers; etwaige Mängel in diesem Bereich werden daher durch die Eintragung mitgeheilt (vgl. dazu näher Rz. 40 ff.).

34 Die sich aus der Eintragung ergebende Wirksamkeit der Verschmelzung führt allerdings nicht auch zur Heilung von **Mängeln**, die den die Verschmelzung **vorbereitenden Rechtshandlungen** anhaften. Solche Mängel haben aber keinen Einfluss auf die Wirksamkeit der eingetragenen Verschmelzung und ihre Rechtsfolgen; sie können nur noch **Schadensersatzansprüche** gegenüber den verantwortlichen Personen begründen[5].

---

1 Zust. *Schulte* in Böttcher/Habighorst/Schulte, § 20 UmwG Rz. 40.
2 Vgl. *K. Schmidt*, AG 1991, 131 (136) und *K. Schmidt*, ZGR 1991, 373 (380 f.); BayObLG v. 15.10.1999 – 3 Z BR 295/99, AG 2000, 130 = BB 2000, 477; OLG Hamburg v. 17.8.2007 – 11 U 277/05, DNotZ 2009, 227 (228); *Grunewald* in Lutter, § 20 UmwG Rz. 77 f.; enger *Vossius* in Widmann/Mayer, § 20 UmwG Rz. 373 ff. und *Stratz* in Schmitt/Hörtnagl/Stratz, § 20 UmwG Rz. 124.
3 *Grunewald* in Lutter, § 20 UmwG Rz. 77 f. mwN.
4 Vgl. BGH v. 29.6.2001 – V ZR 186/00, ZIP 2001, 2006; OLG Frankfurt v. 24.1.2012 – 20 W 504/10, AG 2012, 461 (463); *Kort*, AG 2010, 230 (231 ff.) mwN.
5 Vgl. BT-Drucks. 9/1065, S. 20; *Priester*, NJW 1983, 1459 (1465); *K. Schmidt*, AG 1991, 131 (133).

Soweit bei den einzelnen Vorgängen, die den Gesamtkomplex der Verschmel- 35
zung bilden, insbesondere dem **Verschmelzungsvertrag**, den **Verschmelzungsbeschlüssen**, der **Kapitalerhöhung** und dem **Verschmelzungsverfahren**, Mängel vorliegen, können diese uU außerhalb von § 20 Abs. 2 UmwG geheilt werden, zB durch Ablauf der Klagefrist nach § 14 Abs. 1 UmwG. Für die fehlende Beurkundung des Verschmelzungsvertrages sieht bereits § 20 Abs. 1 Nr. 4 UmwG eine Heilung durch die Eintragung vor.

b) Mängel vor der Eintragung

Mängel, die vor der Eintragung der Verschmelzung festgestellt werden, können 36
uneingeschränkt geltend gemacht werden. Ein Verschmelzungsbeschluss kann zB mit einer Klage gemäß § 14 Abs. 1 UmwG angegriffen werden; die Eintragung der Verschmelzung wird dann wegen § 16 Abs. 2 Satz 1 UmwG zunächst unterbleiben (vgl. dazu § 16 UmwG Rz. 27 f.). Wird die Eintragung gemäß § 16 Abs. 3 UmwG freigegeben, kann eine rechtzeitig gegen den Verschmelzungsbeschluss erhobene Anfechtungs- oder Nichtigkeitsklage fortgeführt werden[1]. Die Mängel eines Verschmelzungsbeschlusses können uU auch durch einen Bestätigungsbeschluss (**§ 244 AktG**) **geheilt** werden.

Das für die Eintragung der Verschmelzung im Register des übertragenden und 37
des übernehmenden Rechtsträgers (§ 19 Abs. 1 und 2 UmwG) zuständige **Registergericht** hat **Mängel der Verschmelzung**, soweit sie ihm bekannt werden, **von Amts wegen zu beachten**. Werden formale oder materielle Mängel, die der Wirksamkeit der Verschmelzung entgegenstehen, nicht behoben, darf die Verschmelzung nicht eingetragen werden. Wird die Verschmelzung dennoch **faktisch vollzogen**, hat dies keinerlei Rechtswirkungen. Die Grundsätze über die Behandlung fehlerhafter gesellschaftsrechtlicher Akte finden keine Anwendung[2].

c) Mängel nach der Eintragung

Mängel, die nach der Eintragung festgestellt werden, lassen die **Wirksamkeit** 38
der Verschmelzung unberührt. Der Mangel der einzelnen Rechtsakte wird dadurch im Allgemeinen aber (Ausnahme § 20 Abs. 1 Nr. 4 UmwG) nicht geheilt, sondern kann, wie auch § 25 UmwG zeigt, weiter geltend gemacht werden.

aa) Verschmelzungsvertrag. Als Mangel des Verschmelzungsvertrages kommt 39
außer der fehlenden Beurkundung zB eine Nichtigkeit nach §§ 119 ff., 142 Abs. 1, 134, 138 BGB oder das Fehlen von Angaben nach § 5 Abs. 1 UmwG in Betracht. Eine gesonderte Feststellung solcher Mängel im Wege der Feststel-

---

1 Vgl. BGH v. 5.10.2006 – III ZR 283/05, NZG 2006, 956 (958) = AG 2006, 934 zur verfrühten Eintragung.
2 BGH v. 18.12.1995 – II ZR 294/93, NJW 1996, 659 f. = AG 1996, 173.

§ 20 | Verschmelzung durch Aufnahme

lungsklage ist grundsätzlich zulässig (vgl. § 5 UmwG Rz. 66); an ihr besteht idR aber kein Interesse, weil Schadensersatzansprüche unmittelbar geltend gemacht werden können.

40 Die **Wirksamkeit der Verschmelzung** wird durch einen nichtigen oder unvollständigen Verschmelzungsvertrag nicht berührt[1]. Allerdings stellt sich die Frage, welche Abreden in einem solchen Fall für die Verschmelzung gelten. Bei teilweise nichtigem oder unvollständigem Verschmelzungsvertrag sind die Lücken im Wege der **ergänzenden Vertragsauslegung** (§§ 133, 157 BGB) zu schließen[2]. Bei insgesamt nichtigem Verschmelzungsvertrag gilt auf der Grundlage der gesetzlichen Bestimmungen und des zum Ausdruck gelangten Parteiwillens ein **angemessener Vertragsinhalt**. Ist eine aufschiebende Bedingung noch nicht eingetreten, so gilt die Bedingung mit der Eintragung der Verschmelzung als eingetreten[3].

41 bb) **Verschmelzungsbeschlüsse.** Als Mängel der Verschmelzungsbeschlüsse kommen die **allgemeinen Nichtigkeits- oder Anfechtungsgründe** (zB §§ 241, 243 AktG) in Betracht. **Fehlt ein Sonderbeschluss** gemäß § 65 Abs. 2 UmwG, ist der Verschmelzungsbeschluss schwebend unwirksam (vgl. § 65 UmwG Rz. 27). Die Wiederholung bzw. Bestätigung eines fehlerhaften Verschmelzungsbeschlusses oder das Nachholen eines fehlenden Sonderbeschlusses ist nach Eintragung der Verschmelzung nicht mehr möglich. Auch wenn an einer solchen Beschlussfassung des übernehmenden Rechtsträgers nur die Anteilsinhaber teilnehmen, die bei einem entsprechenden Beschluss des übertragenden Rechtsträgers stimmberechtigt gewesen wären, würde es sich nicht mehr um einen Beschluss des (untergegangenen) übertragenden Rechtsträgers handeln[4]. Die fehlende Möglichkeit, solche Mängel zu heilen, berührt die Wirksamkeit der Verschmelzung allerdings nicht; die Verschmelzung ist vielmehr nach den Bestimmungen im Verschmelzungsvertrag durchzuführen[5].

42 cc) **Kapitalerhöhung.** Ist ein zur Durchführung der Verschmelzung erforderlicher **Kapitalerhöhungsbeschluss des übernehmenden Rechtsträgers** nichtig, wirksam angefochten oder schwebend unwirksam, kommt eine neue, fehlerfreie Beschlussfassung oder die Nachholung zB eines fehlenden Sonderbeschlusses in

---

1 Vgl. BayObLG v. 15.10.1999 – 3 Z BR 295/99, AG 2000, 130 = BB 2000, 477.
2 *Grunewald* in Lutter, § 20 UmwG Rz. 89; *Kübler* in Semler/Stengel, § 20 UmwG Rz. 99; *Simon* in KölnKomm. UmwG, § 20 UmwG Rz. 53; *Stratz* in Schmitt/Hörtnagl/Stratz, § 20 UmwG Rz. 118.
3 *Grunewald* in Lutter, § 20 UmwG Rz. 89; *Kübler* in Semler/Stengel, § 20 UmwG Rz. 99.
4 AA *Martens*, AG 1986, 57 (64).
5 *Grunewald* in Lutter, § 20 UmwG Rz. 90; *Kübler* in Semler/Stengel, § 20 UmwG Rz. 93; aA *Martens*, AG 1986, 57 (64), der – unter dem früheren Recht – eine Entschmelzung für geboten hält; für eine Heilung bei nichtigem Umwandlungsbeschluss auch BGH v. 18.12.1995 – II ZR 294/93, BB 1996, 342 (343) = AG 1996, 173 zu § 25 KapErhG und BGH v. 3.5.1996 – BLw 54/95, WM 1996, 1221 (1223) zum LwAnpG.

Betracht. Erfolgt keine solche Heilung, ist die eingetragene Verschmelzung dennoch wirksam. Eine gegen den Kapitalerhöhungsbeschluss gerichtete Anfechtungs- oder Nichtigkeitsklage kann diesen auch nicht mehr beseitigen, da dann die Durchführung der aufgrund der Eintragung wirksamen Verschmelzung nicht gewährleistet wäre. Dies würde andernfalls dazu führen, dass die Anteilsinhaber des übertragenden Rechtsträgers ihre bisherigen Anteile bzw. Mitgliedschaftsrechte verlieren, ohne dass ihnen dafür Anteile des übernehmenden Rechtsträgers gewährt werden. Die Heilungswirkung des § 20 Abs. 2 UmwG erstreckt sich damit auch auf den Kapitalerhöhungsbeschluss[1]. Sie erfasst auch eine im Rahmen eines Kapitalschnitts erfolgende, der Kapitalerhöhung zugrunde liegende (vereinfachte) Kapitalherabsetzung[2].

Fraglich ist, ob die Eintragung der Verschmelzung auch Mängel einer Kapitalerhöhung heilt, die nicht zur Durchführung, sondern **zur Vorbereitung einer Verschmelzung** durchgeführt worden ist. Zu denken ist vor allem an den Fall, dass eine Kapitalerhöhung dem Erwerb von Anteilen an einer anderen Gesellschaft dient, die anschließend unter Inanspruchnahme der Erleichterungen gemäß § 62 UmwG auf die Erwerberin verschmolzen werden soll. Eine solche Ausdehnung der Heilungswirkung des § 20 Abs. 2 UmwG ist früher abgelehnt worden[3]. Nach Einführung des aktienrechtlichen Freigabeverfahrens kann ein solcher Kapitalerhöhungsbeschluss jedoch, auch wenn er nichtig oder anfechtbar ist, Bestandskraft nach § 246a Abs. 4 Satz 2 AktG erlangen. Wird die Verschmelzung schon vorher eingetragen, ist der übertragende Rechtsträger erloschen. Damit ist auch der Kapitalerhöhungsbeschluss gegenstandslos[4]. 43

Anders ist die Rechtslage, wenn eine **Kapitalerhöhung fehlt** oder **nicht ausreicht**, um alle zur Durchführung der eingetragenen Verschmelzung erforderlichen Anteile zu verschaffen. In diesem Falle bleibt der übernehmende Rechtsträger verpflichtet, die nach dem Verschmelzungsvertrag benötigten Anteile zur 44

---

1 Vgl. OLG Frankfurt v. 24.1.2012 – 20 W 504/10, AG 2012, 461 (463); *Grunewald* in Lutter, § 20 UmwG Rz. 85; *Krieger*, ZHR 158 (1994), 35 (50); *Kort*, ZGR 1994, 291 (311); *Kübler* in Semler/Stengel, § 20 UmwG Rz. 96; *Simon* in KölnKomm. UmwG, § 20 UmwG Rz. 50; *Stratz* in Schmitt/Hörtnagl/Stratz, § 20 UmwG Rz. 120; ähnlich *Martens*, AG 1986, 57 (66, Fn. 62); aA *Kraft* in KölnKomm. AktG, 1985, § 352a AktG Rz. 28; *Döss*, S. 76 ff., die eine Entschmelzung für erforderlich halten; gegen eine Erstreckung des früheren § 352a AktG auf die Kapitalerhöhung auch LG Frankfurt v. 15.1.1990 – 3/11 T 62/89, WM 1990, 592 (595).
2 OLG Frankfurt v. 24.1.2012 – 20 W 504/10, AG 2012, 461 (463); *Grunewald* in Lutter, § 20 UmwG Rz. 86; *von der Linden*, GWR 2012, 205; *Stratz* in Schmitt/Hörtnagl/Stratz, § 20 UmwG Rz. 120.
3 Vgl. LG Mannheim v. 26.3.1990 – 24 O 124/88, ZIP 1990, 992 ff. = AG 1991, 110 sowie ausdrücklich OLG Karlsruhe v. 9.8.1991 – 15 U 127/90, WM 1991, 1759 = AG 1992, 33.
4 *Kübler* in Semler/Stengel, § 20 UmwG Rz. 97; *Simon* in KölnKomm. UmwG, § 20 UmwG Rz. 51.

Verfügung zu stellen[1]. Da ein rechtsgeschäftlicher Erwerb eigener Anteile zu diesem Zweck uU problematisch ist (vgl. § 71 Abs. 1 AktG), könnten die fehlenden Anteile durch eine (weitere) Kapitalerhöhung geschaffen werden. Diese ist im Allgemeinen aber nicht erzwingbar; wird eine Kapitalerhöhung nicht vorgenommen, bleiben nur Ansprüche auf Schadensersatz in Geld[2].

45 Ist die Kapitalerhöhung beschlossen und angemeldet, die **Eintragung** im Handelsregister entgegen §§ 53, 66 UmwG aber **unterblieben**, so berührt auch dies die Wirksamkeit der Verschmelzung nicht; die Eintragung der Kapitalerhöhung hat nachträglich zu erfolgen[3]. Ist auch die Anmeldung der Kapitalerhöhung unterblieben, gilt dies nur, wenn diese nachgeholt wird; andernfalls besteht die gleiche Situation, wie wenn die Kapitalerhöhung gänzlich fehlt (vgl. Rz. 44).

46 **dd) Verschmelzungsverfahren.** Mängel des Verschmelzungsverfahrens (zB fehlerhafte Anmeldung oder falsche Reihenfolge der Eintragungen nach § 19 Abs. 1 UmwG) sind mit der Eintragung der Verschmelzung geheilt[4]. Sind im Falle des § 67 UmwG die **Nachgründungsvorschriften** nicht eingehalten worden, fehlt zB die Nachgründungsprüfung oder der Nachgründungsbericht (§ 52 Abs. 3 und 4 AktG), ist der Verschmelzungsbeschluss der übernehmenden AG zwar nichtig bzw. anfechtbar (vgl. § 67 UmwG Rz. 10); die eingetragene Verschmelzung ist aber gleichwohl wirksam (vgl. § 67 UmwG Rz. 10). Ist die Verschmelzung zu früh, zB auf Grund einer vorzeitigen Negativerklärung vor Ablauf der Frist für die Erhebung einer Unwirksamkeitsklage gemäß § 14 Abs. 1 UmwG, eingetragen worden, so hat die Verschmelzung gleichwohl Bestand[5]. Die vorzeitige Eintragung kann aber Schadensersatzansprüche aus Amtspflichtverletzung zur Folge haben[6].

d) Entschmelzung

47 Ist eine Verschmelzung fehlerhaft, aber aufgrund ihrer Eintragung wirksam, besteht **keine Pflicht zur Rückabwicklung**[7]. Eine Löschung der Eintragung von

---

1 *Grunewald* in Lutter, § 20 UmwG Rz. 91; *Heidinger* in Henssler/Strohn, § 20 UmwG Rz. 68; *Stratz* in Schmitt/Hörtnagl/Stratz, § 20 UmwG Rz. 121.
2 Vgl. *Grunewald* in Lutter, § 20 UmwG Rz. 91; *Kübler* in Semler/Stengel, § 20 UmwG Rz. 96; für Anspruch auf Nachholung der Kapitalerhöhung *Stratz* in Schmitt/Hörtnagl/Stratz, § 20 UmwG Rz. 121.
3 *Kübler* in Semler/Stengel, § 20 UmwG Rz. 96.
4 *Kübler* in Semler/Stengel, § 20 UmwG Rz. 98.
5 Vgl. zB OLG Hamburg v. 17.8.2007 – 11 U 277/05, DNotZ 2009, 227 (229).
6 Vgl. BGH v. 5.10.2006 – III ZR 283/05, WM 2006, 2173 (2174 f.) = AG 2006, 934 zur verfrühten Eintragung eines Formwechsels.
7 *Simon* in KölnKomm. UmwG, § 20 UmwG Rz. 52; *Stratz* in Schmitt/Hörtnagl/Stratz, § 20 UmwG Rz. 108 ff.; *Grunewald* in Lutter, § 20 UmwG Rz. 77 f.; *Heidinger* in Henssler/Strohn, § 20 UmwG Rz. 63; *Vossius* in Widmann/Mayer, § 20 UmwG Rz. 375; ebenso bereits zum früheren Recht *Priester*, NJW 1983, 1459 (1465); *Köhler*, ZGR 1985, 307

Amts wegen, insbesondere nach §§ 395, 397 FamFG, kommt nicht in Betracht[1]. Dieser Ausschluss einer sog. Entschmelzung entspricht dem Willen des Gesetzgebers, wonach die einmal eingetragene Verschmelzung und ihre Rechtsfolgen auch bei Mängeln der zu Grunde liegenden Rechtsakte Bestand haben sollen (vgl. § 16 Abs. 3 Satz 10 UmwG). Ein Verfahren zur Neugründung der erloschenen Übertragerin stünde auch nicht zur Verfügung; eine Auf- oder Abspaltung bei dem übernehmenden Rechtsträger würde nicht zu einem Wiederaufleben der Mitgliedschaftsrechte des übertragenden Rechtsträgers führen. Daher wäre eine auf Entschmelzung gerichtete Klage unzulässig. Eine wirksame, aber fehlerhaft vollzogene Verschmelzung muss auch **nicht** lediglich **mit Wirkung für die Zukunft rückgängig** gemacht werden[2]. Eine **freiwillige Entschmelzung**, zB durch Ausgliederung des erworbenen Vermögens in eine neu gegründete AG mit anschließendem Angebot der Aktien an die Aktionäre der früheren Übertragerin, bleibt selbstverständlich möglich[3], nicht aber durch nachträgliche Aufhebung des Verschmelzungsvertrages[4]. Zum LwAnpG hat der BGH diese Grundsätze im Wege der teleologischen Reduktion allerdings dahin eingeschränkt, dass inhaltlich überhaupt ein **Umwandlungsbeschluss gefasst** wurde und dass er die Umwandlung in eine dafür **vorgesehene Rechtsform** zum Gegenstand hat (vgl. auch Rz. 33)[5]. Aus gesellschafterlicher Treuepflicht kann sich auch die Verpflichtung ergeben, einer Nachtragsvereinbarung zur Heilung einer gescheiterten Umwandlung zuzustimmen[6].

(324 f.); *Heckschen*, S. 62; aA *Döss*, S. 163 f.; *Kraft* in KölnKomm. AktG, 1985, § 352a AktG Rz. 24, 34, 36; *Timm*, S. 23.

1 Vgl. OLG Hamburg v. 17.8.2007 – 11 U 277/05, DNotZ 2009, 227 (229 f.); OLG Frankfurt v. 26.5.2003 – 20 W 61/03, NZG 2003, 790 (791) = AG 2003, 641; BayObLG v. 15.10.1999 – 3 Z BR 295/99, NZG 2000, 50 f. = AG 2000, 130; LG Hamburg v. 23.11.2005 – 401 O 47/05, AG 2006, 512 (513); ebenso *Goette* in FS K. Schmidt, 2009, S. 469 (471) und *Kort*, AG 2010, 230 (236).
2 *Grunewald* in Lutter, § 20 UmwG Rz. 77; *Kübler* in Semler/Stengel, § 20 UmwG Rz. 86; *Krieger*, ZHR 158 (1994), 34 (36); *Möller*, S. 170 f.; offen gelassen von *K. Schmidt* in ZGR 1991, 373 (392), abgelehnt in ZIP 1998, 181 (187, 189) bei andauernder Verletzung subjektiver Rechte; aA *Martens*, AG 1986, 57 (64 f.).
3 Vgl. *Köhler*, ZGR 1985, 307 (325 f.).
4 OLG Frankfurt v. 22.10.2002 – 20 W 299/02, NZG 2003, 235 (237) = DB 2003, 599.
5 BGH v. 3.5.1996 – BLw 54/95, WM 1996, 1221 (1223); zust. *Drygala*, WuB II N. § 34 LwAnpG 1.96.
6 BGH v. 19.6.2012 – II ZR 241/10, ZIP 2012, 1912 (1914 f.) = MDR 2012, 1156.

§ 21
Wirkung auf gegenseitige Verträge

Treffen bei einer Verschmelzung aus gegenseitigen Verträgen, die zur Zeit der Verschmelzung von keiner Seite vollständig erfüllt sind, Abnahme-, Lieferungs- oder ähnliche Verpflichtungen zusammen, die miteinander unvereinbar sind oder die beide zu erfüllen eine schwere Unbilligkeit für den übernehmenden Rechtsträger bedeuten würde, so bestimmt sich der Umfang der Verpflichtungen nach Billigkeit unter Würdigung der vertraglichen Rechte aller Beteiligten.

1. Überblick 1
2. Nicht erfüllte Verträge 2
3. Anpassung 6

Literatur: *K. Mertens,* Umwandlung und Universalsukzession, 1993; *Rieble,* Verschmelzung und Spaltung von Unternehmen und ihre Folgen für Schuldverhältnisse mit Dritten, ZIP 1997, 301.

1. Überblick

1 Die Vorschrift enthält eine Sonderregelung für noch nicht erfüllte gegenseitige Verträge, die durch die Verschmelzung unvereinbar geworden sind. Solche Verträge sind nach Billigkeitsgrundsätzen an die durch die Verschmelzung eingetretene Situation anzupassen. Da die Verschmelzung an sich zum Risikobereich des übernehmenden Rechtsträgers gehört, enthält § 21 UmwG eine Erweiterung der allgemeinen Grundsätze über den Wegfall oder die Änderung der Geschäftsgrundlage (§ 242 BGB).

2. Nicht erfüllte Verträge

2 Die Vorschrift bezieht sich auf **gegenseitige Verträge**, die zur Zeit der Verschmelzung von keiner Seite vollständig erfüllt sind. Dabei geht es nicht um Verträge zwischen einem übertragenden und dem übernehmenden Rechtsträger, denn diese erlöschen infolge der Verschmelzung durch Konfusion (Ausnahme: § 25 Abs. 2 UmwG). Gemeint sind vielmehr Verträge zwischen den an der Verschmelzung beteiligten Rechtsträgern und **Dritten**[1]. Es kann sich aber auch um Verträge handeln, die zwischen Dritten und dem Tochterunternehmen eines übertragenden oder des übernehmenden Rechtsträgers oder zwischen übertra-

---

1 *Kübler* in Semler/Stengel, § 21 UmwG Rz. 1; *Stratz* in Schmitt/Hörtnagl/Stratz, § 21 UmwG Rz. 2.

genden Rechtsträgern bzw. ihren Tochterunternehmen bestehen (zB Verpflichtungen, die eine bestimmte Konzernzugehörigkeit voraussetzen)[1].

Die **Verträge** dürfen zurzeit der Verschmelzung, dh. zum Zeitpunkt ihres Wirksamwerdens (§ 20 Abs. 1 UmwG), **von keiner Seite vollständig erfüllt** sein. Hat ein Vertragspartner bereits erfüllt, die vereinbarte Ware zB geliefert, ist § 21 UmwG nicht anwendbar. Dies gilt auch dann, wenn lediglich Nebenverpflichtungen ausstehen[2]. Volle Erfüllung ist aber nur bei ordnungsgemäßer Leistung gegeben. Im Übrigen kann auf die Abgrenzungen zurückgegriffen werden, die zu § 36 Abs. 1 VglO und § 103 InsO entwickelt worden sind.

Erfasst sind nur gegenseitige Verträge, die **Abnahme-, Lieferungs- und ähnliche Verpflichtungen** enthalten. An die Ähnlichkeit sind dabei keine hohen Anforderungen zu stellen[3]. Das Gesetz enthält auch keine Beschränkung auf Dauerverträge. Betroffen sind vor allem Verträge mit Wettbewerbsverboten sowie Liefer- und Bezugsbeschränkungen[4].

Die **Verpflichtungen** aus solchen Verträgen sind anzupassen, wenn sie **miteinander unvereinbar** sind oder wenn die **Erfüllung** beider Verpflichtungen eine **schwere Unbilligkeit** für den übernehmenden Rechtsträger bedeuten würde. Inhaltliche Unvereinbarkeit kann zB bei sich widersprechenden Ausschließlichkeitsklauseln vorliegen (übertragendes Unternehmen darf nur A beliefern, Übernehmerin nur B)[5]. Eine schwere Unbilligkeit für den übernehmenden Rechtsträger kann zB bei Verpflichtungen vorliegen, die dem übernehmenden Rechtsträger eine von der Übertragerin verfolgte Tätigkeit (Herstellung oder Vertrieb bestimmter Produkte) untersagt. Dabei muss die Unbilligkeit von erheblicher wirtschaftlicher Bedeutung für den übernehmenden Rechtsträger sein; bloße Unzweckmäßigkeit genügt nicht[6]. Andererseits muss die wirtschaftliche Lage des übernehmenden Rechtsträgers nicht schon erheblich beeinträchtigt sein[7]. Die „schwere Unbilligkeit" geht über die „offenbare Unbilligkeit" des

---

1 AA *Grunewald* in Lutter, § 21 UmwG Rz. 6 und *Simon* in KölnKomm. UmwG, § 21 UmwG Rz. 10; *Müller* in Henssler/Strohn, § 21 UmwG Rz. 3.
2 *Müller* in Henssler/Strohn, § 21 UmwG Rz. 5; *Schäffler* in Maulbetsch/Klumpp/Rose, § 21 UmwG Rz. 8; *Stratz* in Schmitt/Hörtnagl/Stratz, § 21 UmwG Rz. 4; abl. *Simon* in KölnKomm. UmwG, § 20 UmwG Rz. 7.
3 *Grunewald* in Lutter, § 21 UmwG Rz. 4; *Kübler* in Semler/Stengel, § 21 UmwG Rz. 4; *Simon* in KölnKomm. UmwG, § 20 UmwG Rz. 6.
4 *Stratz* in Schmitt/Hörtnagl/Stratz, § 21 UmwG Rz. 3.
5 Vgl. *Grunewald* in Lutter, § 21 UmwG Rz. 5; *Kübler* in Semler/Stengel, § 21 UmwG Rz. 5; *K. Mertens*, S. 174 ff.
6 *Grunewald* in Lutter, § 21 UmwG Rz. 5.
7 Vgl. *Grunewald* in Lutter, § 21 UmwG Rz. 5; *Schulte* in Böttcher/Habighorst/Schulte, § 21 UmwG Rz. 9; aA *Stratz* in Schmitt/Hörtnagl/Stratz, § 21 UmwG Rz. 9; *Schäffler* in Maulbetsch/Klumpp/Rose, § 21 UmwG Rz. 13; *Vossius* in Widmann/Mayer, § 21 UmwG Rz. 18.

§ 319 BGB hinaus[1]. Ob eine schwere Unbilligkeit vorliegt, hat der übernehmende Rechtsträger zu beweisen[2].

3. Anpassung

6 Die unvereinbaren oder unbilligen Verpflichtungen sind an die durch die Verschmelzung geschaffene Situation anzupassen. Dabei ist der Umfang der Verpflichtungen nach Billigkeit unter Würdigung der vertraglichen Rechte aller Beteiligten zu bestimmen. Diese Generalklausel entspricht den Rechtsfolgen bei einer Änderung oder einem Wegfall der Geschäftsgrundlage (§ 313 BGB)[3]. Dementsprechend sind die betroffenen Verpflichtungen, soweit dies möglich ist, an die neue Lage anzupassen; uU besteht auch ein Recht zum Rücktritt oder zur **Kündigung aus wichtigem Grund** (§ 313 Abs. 3 BGB)[4].

7 Die Anpassung erfolgt gemäß § 315 Abs. 2 und 3 BGB durch **Erklärung des übernehmenden Rechtsträgers** gegenüber dem anderen Teil[5]. Entspricht dies der Billigkeit, wird die Anpassung mit dem Zugang der Erklärung wirksam. Im Streitfalle wird die Bestimmung durch Urteil getroffen[6].

8 § 21 UmwG regelt nur einen bestimmten Fall der Änderung oder des Wegfalls der Geschäftsgrundlage. Soweit die Voraussetzungen des § 21 UmwG nicht vorliegen, kann deshalb im Einzelfall auch eine **Anpassung nach den allgemeinen Grundsätzen** in Betracht kommen[7].

---

1 *Müller* in Henssler/Strohn, § 21 UmwG Rz. 7; für eine Gleichstellung *Stratz* in Schmitt/Hörtnagl/Stratz, § 21 UmwG Rz. 9 und *Schulte* in Böttcher/Habighorst/Schulte, § 21 UmwG Rz. 9.
2 *Stratz* in Schmitt/Hörtnagl/Stratz, § 21 UmwG Rz. 9.
3 Vgl. *Grüneberg* in Palandt, 75. Aufl. 2016, § 313 BGB Rz. 17 ff.
4 *Simon* in KölnKomm. UmwG, § 20 UmwG Rz. 13.
5 *Stratz* in Schmitt/Hörtnagl/Stratz, § 21 UmwG Rz. 10; *Schulte* in Böttcher/Habighorst/Schulte, § 21 UmwG Rz. 11.
6 *Simon* in KölnKomm. UmwG, § 20 UmwG Rz. 13; *Stratz* in Schmitt/Hörtnagl/Stratz, § 21 UmwG Rz. 10; aA *Vossius* in Widmann/Mayer, § 21 UmwG Rz. 20.
7 Vgl. *Grunewald* in Lutter, § 21 UmwG Rz. 9; *Simon* in KölnKomm. UmwG, § 21 UmwG Rz. 12, 13; *Schulte* in Böttcher/Habighorst/Schulte, § 21 UmwG Rz. 13; *Rieble*, ZIP 1997, 301 (302).

§ 22
Gläubigerschutz

(1) Den Gläubigern der an der Verschmelzung beteiligten Rechtsträger ist, wenn sie binnen sechs Monaten nach dem Tag, an dem die Eintragung der Verschmelzung in das Register des Sitzes desjenigen Rechtsträgers, dessen Gläubiger sie sind, nach § 19 Abs. 3 bekannt gemacht worden ist, ihren Anspruch nach Grund und Höhe schriftlich anmelden, Sicherheit zu leisten, soweit sie nicht Befriedigung verlangen können. Dieses Recht steht den Gläubigern jedoch nur zu, wenn sie glaubhaft machen, dass durch die Verschmelzung die Erfüllung ihrer Forderung gefährdet wird. Die Gläubiger sind in der Bekanntmachung der jeweiligen Eintragung auf dieses Recht hinzuweisen.

(2) Das Recht, Sicherheitsleistung zu verlangen, steht Gläubigern nicht zu, die im Falle der Insolvenz ein Recht auf vorzugsweise Befriedigung aus einer Deckungsmasse haben, die nach gesetzlicher Vorschrift zu ihrem Schutz errichtet und staatlich überwacht ist.

1. Überblick	1	5. Andere Sicherung	9
2. Berechtigte Gläubiger	2	6. Schuldner	11
3. Frist	4	7. Sicherheitsleistung	12
4. Glaubhaftmachung	7	8. Schadensersatz	13

Literatur: *Jaeger*, Sicherheitsleistung für Ansprüche aus Dauerschuldverhältnissen bei Kapitalherabsetzung, Verschmelzung und Beendigung eines Unternehmensvertrages, DB 1996, 1069; *Kalss*, Gläubigerschutz bei Verschmelzungen von Kapitalgesellschaften, ZGR 2009, 74; *Koppensteiner*, Zum Gläubigerschutz bei der Verschmelzung von Aktiengesellschaften, FS Westermann, 2006, S. 1157; *Krieger*, Sicherheitsleistung für Versorgungsrechte?, FS Nirk, 1992, S. 551; *Naraschewski*, Gläubigerschutz bei der Verschmelzung von GmbH, GmbHR 1998, 356; *Petersen*, Der Gläubigerschutz im Umwandlungsrecht, 2001; *Ries*, Die Sicherheitsleistung für Ansprüche aus Dauerschuldverhältnissen nach § 22 UmwG, 2005; *Rittner*, Die Sicherheitsleistung bei der ordentlichen Kapitalherabsetzung, FS Oppenhoff, 1985, S. 317; *Rodewald*, Vereinfachte „Kapitalherabsetzung" durch Verschmelzung von GmbH, GmbHR 1997, 191; *Uwe H. Schneider*, Missbräuchliches Verhalten durch Private Equity, NJW 2007, 888; *Th. Schröer*, Sicherheitsleistung für Ansprüche aus Dauerschuldverhältnissen bei Unternehmens-Umwandlungen, DB 1999, 317; *Simon*, Gläubigerschutz im Umwandlungsrecht, Der Konzern 2004, 191; *Soldierer*, Die Höhe der Sicherheitsleistung im Umwandlungsgesetz – § 22 UmwG, 2004.

1. Überblick

Die Gläubiger der an der Verschmelzung beteiligten Rechtsträger werden geschützt, weil die Verschmelzung für sie Risiken birgt. Die **Gläubiger des übertragenden Rechtsträgers** verlieren ihren bisherigen Schuldner, weil der übertragende Rechtsträger mit Wirksamwerden der Verschmelzung erlischt (§ 20

Abs. 1 Nr. 2 UmwG). Mit dem übernehmenden Rechtsträger erhalten die Gläubiger zwar einen neuen Schuldner; diesen haben sie aber nicht selbst ausgesucht. Die **Gläubiger des übernehmenden Rechtsträgers** behalten zwar ihren bisherigen Schuldner; sie sind jedoch schützenswert, weil ihre Forderungen durch das Hinzutreten der Gläubiger des übertragenden Rechtsträgers gefährdet sein können. Der Schutz wird dadurch verwirklicht, dass die Gläubiger Sicherheitsleistung verlangen können. Hierfür muss allerdings glaubhaft gemacht werden, dass die Erfüllung der Forderung durch die Verschmelzung gefährdet ist. Im Unterschied zur grenzüberschreitenden Verschmelzung (§ 122j Abs. 1 Satz 2 UmwG) wird der Gläubigerschutz bei der Inlandsverschmelzung erst nach deren Eintragung gewährt (§ 22 Abs. 1 Satz 1 UmwG)[1].

2. Berechtigte Gläubiger

2 Eine (werthaltige) Sicherheitsleistung können alle Gläubiger verlangen, die gegen einen übertragenden und/oder gegen den übernehmenden Rechtsträger einen Anspruch haben. Dafür kommt **jeder schuldrechtliche Anspruch** in Betracht, einerlei, ob er auf Vertrag oder Gesetz (zB § 812 BGB) beruht[2]. Ansprüche aus dem Gesellschaftsverhältnis sind nur erfasst, soweit es sich um Gläubigerrechte handelt[3]. Zahlungsansprüche aus einem Spruchverfahren (§§ 15, 29 ff. UmwG) entstehen erst durch die Verschmelzung und sind daher von § 22 UmwG nicht erfasst[4]. **Dingliche Ansprüche** sind nicht gesichert, soweit bei ihnen schon der Gegenstand des dinglichen Rechts (zB Pfandrecht) die Sicherheit darstellt[5]. Dingliche Ansprüche wie zB auf Herausgabe sind dagegen geschützt[6].

3 Der zu sichernde **Anspruch muss zu Beginn der Sechs-Monats-Frist**, dh. im Zeitpunkt der Bekanntmachung der Verschmelzung nach § 19 Abs. 3 UmwG, bereits **begründet**, in seinem Tatbestand also verwirklicht sein[7]. Dies ergibt sich sinngemäß aus den vergleichbaren Schutzvorschriften bei der Spaltung (§ 133

---

1 Zu den beiden Konzepten rechtsvergleichend *Kalss*, ZGR 2009, 74 (82 ff., 111 f.).
2 Vgl. *Grunewald* in Lutter, § 22 UmwG Rz. 4; *Maier-Reimer/Seulen* in Semler/Stengel, § 22 UmwG Rz. 6; *Simon* in KölnKomm. UmwG, § 22 UmwG Rz. 9.
3 *Maier-Reimer/Seulen* in Semler/Stengel, § 22 UmwG Rz. 6; *Simon* in KölnKomm. UmwG, § 22 UmwG Rz. 16; *Vossius* in Widmann/Mayer, § 22 UmwG Rz. 14.
4 *Grunewald* in Lutter, § 22 UmwG Rz. 5; *Maier-Reimer/Seulen* in Semler/Stengel, § 22 UmwG Rz. 6; *Simon* in KölnKomm. UmwG, § 22 UmwG Rz. 11.
5 *Stratz* in Schmitt/Hörtnagl/Stratz, § 22 UmwG Rz. 5; *Schulte* in Böttcher/Habighorst/Schulte, § 22 UmwG Rz. 5; einschränkend *Grunewald* in Lutter, § 22 UmwG Rz. 4; differenzierend *Maier-Reimer/Seulen* in Semler/Stengel, § 22 UmwG Rz. 7.
6 *Simon* in KölnKomm. UmwG, § 22 UmwG Rz. 16.
7 Für Zeitpunkt der Bekanntmachung auch *Maier-Reimer/Seulen* in Semler/Stengel, § 22 UmwG Rz. 12 und *Schulte* in Böttcher/Habighorst/Schulte, § 22 UmwG Rz. 7; für Eintragung als maßgebenden Zeitpunkt *Grunewald* in Lutter, § 22 UmwG Rz. 7; *Müller* in

Abs. 1 Satz 1 UmwG), bei der Kapitalherabsetzung (§ 225 Abs. 1 Satz 1 AktG), der Beendigung eines Unternehmensvertrages (§ 303 Abs. 1 Satz 1 AktG) und der Eingliederung (§ 321 AktG). Begründet ist der Anspruch dann, wenn sein Rechtsgrund gelegt ist[1]. Dies ist bei vertraglichen Ansprüchen regelmäßig mit Vertragsabschluss der Fall. Bei Dauerschuldverhältnissen sind damit auch alle künftigen Teilansprüche begründet[2]. Im Übrigen kann der Anspruch befristet oder auflösend bedingt sein; erfasst sind auch solche Ansprüche, die von einer Gegenleistung abhängen oder die unter einer aufschiebenden Bedingung stehen, sofern der Eintritt der Bedingung hinreichend wahrscheinlich ist[3]. Erfasst sind in diesem Umfang auch künftige Ansprüche einschließlich unverfallbarer Versorgungsanwartschaften nach § 1 BetrAVG (siehe dazu Rz. 10).

3. Frist

Voraussetzung für das Recht auf Sicherheitsleistung ist, dass der zu sichernde Anspruch **innerhalb von sechs Monaten** nach der Bekanntmachung der Verschmelzung gemäß § 19 Abs. 3 UmwG **schriftlich** bei dem übernehmenden Rechtsträger **angemeldet** wird. Dabei ist der Anspruch, für den die Sicherheit verlangt wird, nach Grund und Höhe zu bezeichnen (§ 22 Abs. 1 Satz 1 UmwG). Das Bestehen dieses Anspruchs muss nach allgemeinen Regeln dargelegt und erforderlichenfalls bewiesen werden; Glaubhaftmachung genügt insoweit nicht[4]. 4

Die Frist ist eine materiellrechtliche **Ausschlussfrist**. Mit ihrem Ablauf geht der Anspruch auf Sicherheitsleistung unter; eine Wiedereinsetzung in den vorigen Stand ist nicht möglich[5]. Eine Abkürzung der Frist im Verschmelzungsvertrag 5

Henssler/Strohn, § 22 UmwG Rz. 4; *Stratz* in Schmitt/Hörtnagl/Stratz, § 22 UmwG Rz. 6; abw. *Vossius* in Widmann/Mayer, § 22 UmwG Rz. 19, der bei Forderungen gegenüber dem übertragenden Rechtsträger auf den Zeitpunkt der Eintragung abstellen will.

1 *Grunewald* in Lutter, § 22 UmwG Rz. 7; *Maier-Reimer/Seulen* in Semler/Stengel, § 22 UmwG Rz. 10.
2 *Grunewald* in Lutter, § 22 UmwG Rz. 7; *Maier-Reimer/Seulen* in Semler/Stengel, § 22 UmwG Rz. 17; *Simon* in KölnKomm. UmwG, § 22 UmwG Rz. 23; *Th. Schröer*, DB 1999, 317 (318); *Soldierer*, S. 46.
3 Vgl. *Grunewald* in Lutter, § 22 UmwG Rz. 7; *Maier-Reimer/Seulen* in Semler/Stengel, § 22 UmwG Rz. 16; *Vossius* in Widmann/Mayer, § 22 UmwG Rz. 20; *Krieger* in FS Nirk, 1992, S. 551 (555) mwN; vgl. auch *Lutter* in KölnKomm. AktG, 2. Aufl. 1995, § 225 AktG Rz. 10; *Koppensteiner* in KölnKomm. AktG, 3. Aufl. 2004, § 303 AktG Rz. 15; aA *Stratz* in Schmitt/Hörtnagl/Stratz, § 22 UmwG Rz. 7.
4 Vgl. *Grunewald* in Lutter, § 22 UmwG Rz. 15; *Maier-Reimer/Seulen* in Semler/Stengel, § 22 UmwG Rz. 37; *Maulbetsch* in Maulbetsch/Klumpp/Rose, § 22 UmwG Rz. 17; *Stratz* in Schmitt Hörtnagl/Stratz, § 22 UmwG Rz. 14; *Vossius* in Widmann/Mayer, § 22 UmwG Rz. 36.1; OLG Celle v. 2.11.1988 – 9 U 54/88, BB 1989, 868 f.
5 *Maier-Reimer/Seulen* in Semler/Stengel, § 22 UmwG Rz. 39; *Stratz* in Schmitt/Hörtnagl/Stratz, § 22 UmwG Rz. 8, 12.

ist nichtig; eine einzelvertragliche Abkürzung ist als Verzicht zulässig[1]. Eine freiwillige Verlängerung ist dagegen nicht ausgeschlossen[2]. Entsprechend § 130 Abs. 1 BGB genügt zur Fristwahrung der rechtzeitige Zugang der Anmeldung. Die Frist läuft ab dem Tag der letzten Bekanntmachung iS von § 19 Abs. 3 UmwG und endet sechs Monate später (§ 188 Abs. 2 BGB). Der Einwand unverschuldeter Unkenntnis gemäß § 15 Abs. 2 Satz 2 HGB ist nicht möglich. Die Frist wird auch bei einer Anmeldung bei dem (uU bereits erloschenen) übertragenden Rechtsträger gewahrt[3].

6 Auf das Recht, Sicherheitsleistung verlangen zu können, sind die **Gläubiger** in der Bekanntmachung der jeweiligen Eintragung (§ 19 Abs. 3 UmwG) **hinzuweisen** (§ 22 Abs. 1 Satz 3 UmwG). Fehlt ein solcher vom Registergericht zu veranlassender Hinweis oder ist er fehlerhaft, so läuft die Frist gleichwohl[4]. Der Fehler kann allerdings bei deshalb unterbliebener Geltendmachung des Anspruchs auf Sicherheitsleistung Amtshaftungsansprüche nach Art. 34 GG, § 839 BGB auslösen[5]. Da die Frist ab Bekanntmachung der jeweiligen Eintragung iS von § 19 Abs. 3 UmwG läuft, dieser Zeitpunkt für übertragenden und übernehmenden Rechtsträger aber meist nicht übereinstimmt, ist der Fristlauf für die Gläubiger der übertragenden und übernehmenden Gesellschaft entsprechend unterschiedlich.

4. Glaubhaftmachung

7 Für den Anspruch auf Sicherheitsleistung hat der Gläubiger zusätzlich glaubhaft zu machen, dass die **Erfüllung seiner Forderung** durch die Verschmelzung **gefährdet** wird (§ 22 Abs. 1 Satz 2 UmwG). Dies gilt gleichermaßen für die Gläubiger des übertragenden wie des übernehmenden Rechtsträgers. Die Verwendung des Begriffs „Forderung" statt „Anspruch" wie in § 22 Abs. 1 Satz 1 UmwG ist ohne sachliche Bedeutung. Zur Glaubhaftmachung können alle Beweismittel verwendet werden; uU genügt – wie im Zivilprozess – auch eine eidesstattliche Versicherung (§ 294 ZPO)[6]. Die Gefährdung muss konkret

---

1 *Grunewald* in Lutter, § 22 UmwG Rz. 19; *Maier-Reimer/Seulen* in Semler/Stengel, § 22 UmwG Rz. 39; *Schulte* in Böttcher/Habighorst/Schulte, § 22 UmwG Rz. 14.
2 *Grunewald* in Lutter, § 22 UmwG Rz. 19; *Maier-Reimer/Seulen* in Semler/Stengel, § 22 UmwG Rz. 39; *Müller* in Henssler/Strohn, § 22 UmwG Rz. 11; abl. *Stratz* in Schmitt/Hörtnagl/Stratz, § 22 UmwG Rz. 12.
3 *Grunewald* in Lutter, § 22 UmwG Rz. 18; *Simon* in KölnKomm. UmwG, § 22 UmwG Rz. 43.
4 *Grunewald* in Lutter, § 22 UmwG Rz. 20; *Stratz* in Schmitt/Hörtnagl/Stratz, § 22 UmwG Rz. 11; abl. *Schulte* in Böttcher/Habighorst/Schulte, § 22 UmwG Rz. 16.
5 *Maier-Reimer/Seulen* in Semler/Stengel, § 22 UmwG Rz. 44; *Vossius* in Widmann/Mayer, § 22 UmwG Rz. 62; *Stratz* in Schmitt/Hörtnagl/Stratz, § 22 UmwG Rz. 10.
6 *Simon* in KölnKomm. UmwG, § 22 UmwG Rz. 48; *Stratz* in Schmitt/Hörtnagl/Stratz, § 22 UmwG Rz. 13.

sein¹. Ein Indiz dafür liegt vor, wenn sich die Eigenkapitalquote oder Liquiditätslage des übernehmenden Rechtsträgers infolge der Verschmelzung wesentlich verschlechtert². Die Sicherungsansprüche anderer Gläubiger bleiben bei der Beurteilung der Gefährdung außer Betracht³. Eine Verschlechterung der Eigenkapitalquote kann sich insbesondere beim **fremdfinanzierten Beteiligungserwerb** (LBO) ergeben, wenn die Erwerbergesellschaft auf die Zielgesellschaft verschmolzen wird. Auf den übernehmenden Rechtsträger gehen dann die Verbindlichkeiten aus dem Erwerb über, während die Anteile unmittelbar auf die Anteilsinhaber der Erwerbergesellschaft übergehen (vgl. § 5 UmwG Rz. 71). Soweit dadurch beim übernehmenden Rechtsträger ein Verlust entsteht, liegt – unabhängig von § 22 UmwG – eine unzulässige Auszahlung bzw. Einlagenrückgewähr gemäß §§ 30, 31 GmbHG, § 57 AktG vor (vgl. dazu auch § 24 UmwG Rz. 40)⁴.

Der Anspruch auf Sicherheitsleistung besteht nicht, soweit **Befriedigung verlangt werden kann** (§ 22 Abs. 1 Satz 1 UmwG). Fällige Forderungen sind nicht sicherungsbedürftig; dies gilt auch dann, wenn die Forderung bestritten wird⁵. Der Gläubiger kann dann seine Forderung klageweise durchsetzen. Gleiches gilt, wenn der Gläubiger die Fälligkeit ohne weiteres (zB durch Kündigung) herbeiführen kann⁶ oder wenn der Rechtsträger nur als Gesamtschuldner (§ 426 BGB) haftet oder wenn ihm ein Zurückbehaltungsrecht zusteht (§ 273 BGB, § 369 HGB)⁷. 8

5. Andere Sicherung

Nach § 22 Abs. 2 UmwG besteht kein Anspruch auf Sicherheitsleistung, soweit 9 ein Gläubiger ein **Recht auf vorzugsweise Befriedigung** aus einer staatlich überwachten Deckungsmasse hat; dies ist zB der Fall bei Ansprüchen aus einer Lebens-, Kranken- und Unfallversicherung, die durch eine Deckungsrücklage

---

1 BGH v. 26.4.2002 – LwZR 20/01, DB 2002, 1598 (1599); LG Köln v. 30.1.2004 – 82 O 139/03, Der Konzern 2004, 806 (807); *Simon* in KölnKomm. UmwG, § 22 UmwG Rz. 28; *Simon*, Der Konzern 2004, 191 (195); *Soldierer*, S. 66 ff.
2 Vgl. *Grunewald* in Lutter, § 22 UmwG Rz. 14; *Maier-Reimer/Seulen* in Semler/Stengel, § 22 UmwG Rz. 21; *Vossius* in Widmann/Mayer, § 22 UmwG Rz. 29; *Priester*, NJW 1983, 1459 (1464); *Stratz* in Schmitt/Hörtnagl/Stratz, § 22 UmwG Rz. 13.
3 *Maier-Reimer/Seulen* in Semler/Stengel, § 22 UmwG Rz. 31; *Simon* in KölnKomm. UmwG, § 22 UmwG Rz. 31; LG Köln v. 30.1.2004 – 82 O 139/03, Der Konzern 2004, 806 (808).
4 *Klein/Stephanblome*, ZGR 2007, 351 (383 ff.); *Riegger*, ZGR 2008, 233 (246 f.).
5 OLG Celle v. 2.11.1988 – 9 U 54/88, BB 1989, 868 f. zu § 26 KapErhG; *Grunewald* in Lutter, § 22 UmwG Rz. 11; *Simon* in KölnKomm. UmwG, § 22 UmwG Rz. 34; *Schulte* in Böttcher/Habighorst/Schulte, § 22 UmwG Rz. 22.
6 *Grunewald* in Lutter, § 22 UmwG Rz. 9; enger *Maier-Reimer/Seulen* in Semler/Stengel, § 22 UmwG Rz. 36.
7 Vgl. *Stratz* in Schmitt/Hörtnagl/Stratz, § 22 UmwG Rz. 17; *Vossius* in Widmann/Mayer, § 22 UmwG Rz. 37, 39.

gemäß den Vorschriften des VAG gesichert ist, sowie bei Ansprüchen der Pfandbriefgläubiger nach § 30 PfandBG und § 36 SchiffsbankG[1].

10 § 22 Abs. 2 UmwG gilt darüber hinaus entsprechend für Gläubiger, deren **Forderungen bereits nach § 232 BGB gesichert** sind[2]. Auch eine andere Sicherheit genügt, sofern sie **wirtschaftlich gleichwertig ist**, wie zB die Sicherung von Versorgungsansprüchen und unverfallbaren Versorgungsanwartschaften gemäß §§ 7 ff., 14 BetrAVG durch den Pensions-Sicherungs-Verein[3].

6. Schuldner

11 Schuldner des Anspruchs auf Sicherheitsleistung ist, auch bei Forderungen gegen einen übertragenden Rechtsträger, der **übernehmende Rechtsträger**. Der übertragende Rechtsträger geht mit der Verschmelzung unter (§ 20 Abs. 1 Nr. 2 UmwG).

7. Sicherheitsleistung

12 Die Art der Sicherheitsleistung ergibt sich aus §§ 232 ff. BGB[4]. Die Auswahl der Sicherung steht dem übernehmenden Rechtsträger zu. In der Zwangsvollstreckung geht dieses Recht entsprechend § 264 BGB auf den Gläubiger über[5]. Grundsätzlich sind **Geld** oder **Wertpapiere zu hinterlegen**, oder es muss eine **Realsicherheit** gestellt werden (§ 232 Abs. 1 BGB). Die **Bürgschaft eines Dritten** ist gemäß §§ 232 Abs. 2, 239 Abs. 2 BGB nur subsidiär zulässig. Dritter kann dabei nicht ein anderer, an der Verschmelzung beteiligter Rechtsträger sein, da dies für den Gläubiger nach Wirksamwerden der Verschmelzung keine zusätzliche Absicherung darstellen würde. Für den **Umfang** der Sicherheit ist der Wert des zu sichernden Rechts einschließlich evtl. Nebenansprüche (Zinsen) maßgebend[6]; dabei sind evtl. Gegenleistungen und bereits vorhandene Sicherheiten

---

1 *Stratz* in Schmitt/Hörtnagl/Stratz, § 22 UmwG Rz. 18; zu weiteren Fällen – aus der Sicht von § 247 Abs. 2 BGB – BGH v. 16.2.1984 – III ZR 196/82, DB 1984, 1237.
2 *Grunewald* in Lutter, § 22 UmwG Rz. 24; *Maier-Reimer/Seulen* in Semler/Stengel, § 22 UmwG Rz. 60 ff.; *Simon* in KölnKomm. UmwG, § 22 UmwG Rz. 40; *Rittner* in FS Oppenhoff, 1985, S. 317 (322).
3 Vgl. Begr. RegE, BT-Drucks. 12/6699 S. 92; *Grunewald* in Lutter, § 22 UmwG Rz. 26; *Maier-Reimer/Seulen* in Semler/Stengel, § 22 UmwG Rz. 59; *Stratz* in Schmitt/Hörtnagl/Stratz, § 22 UmwG Rz. 19; *Neye* in Lutter, Umwandlungsrechtstage, S. 15 sowie BAG v. 30.7.1996 – 3 AZR 397/95, ZIP 1997, 289 (292) = AG 1997, 268 und BAG v. 11.3.2008 – 3 AZR 358/06, GmbHR 2008, 1326 (1328); *Krieger* in FS Nirk, 1992, S. 551 (559 f.) zu § 225 Abs. 1 AktG; aA *Rittner* in FS Oppenhoff, 1985, S. 317 ff.
4 RGZ 72, 15 (20).
5 *Ellenberger* in Palandt, 75. Aufl. 2016, § 232 BGB Rz. 1.
6 *Grunewald* in Lutter, § 22 UmwG Rz. 24; *Hoffmann*, NZG 2000, 935 (937); *Maier-Reimer/Seulen* in Semler/Stengel, § 22 UmwG Rz. 48.

zu berücksichtigen[1]. Auch bei Dauerschuldverhältnissen ist für die Höhe der Sicherheit das konkrete Sicherungsinteresse des Gläubigers maßgebend[2]. Bestehen bereits ausreichende Sicherheiten, ist ein Anspruch auf weitere Sicherheitsleistung zu verneinen. Dies gilt auch, wenn die Sicherheit von einem **Dritten** gestellt ist[3]. Die Verpflichtung zur Sicherheitsleistung besteht erst ab Wirksamwerden der Verschmelzung. Der Anspruch auf Sicherheitsleistung ist nicht wie bei einer Kapitalherabsetzung nach § 225 Abs. 2 AktG, § 58 GmbHG zusätzlich durch eine **Ausschüttungssperre** abgesichert[4]. Dies gilt auch dann, wenn durch die Verschmelzung bisher gebundenes Kapital „entsperrt" wird (zB bei der Verschmelzung einer Kapitalgesellschaft auf eine OHG oder auf eine Kapitalgesellschaft ohne Kapitalerhöhung). § 22 UmwG regelt den Gläubigerschutz insoweit abschließend[5].

8. Schadensersatz

§ 22 UmwG ist – wie die entsprechenden Vorschriften im früheren Recht – Schutzgesetz iS von § 823 Abs. 2 BGB[6]. Dementsprechend haftet der übernehmende Rechtsträger uU gemäß § 31 BGB für sein Vertretungsorgan, wenn dieses pflichtwidrig und schuldhaft keine Sicherheit leistet[7].

13

---

1 *Grunewald* in Lutter, § 22 UmwG Rz. 24; *Soldierer*, S. 121 f.
2 BGH v. 18.3.1996 – II ZR 299/94, AG 1996, 321 = WM 1996, 816; zust. *Neye*, WuB II C. § 26 KapErhG 1.96 und *Th. Schröer*, DB 1999, 317 (322); *Grunewald* in Lutter, § 22 UmwG Rz. 7; *Schulte* in Böttcher/Habighorst/Schulte, § 22 UmwG Rz. 20; *Simon* in KölnKomm. UmwG, § 22 UmwG Rz. 23; für eine Begrenzung entspr. § 160 HGB *Jaeger*, DB 1996, 1069 (1071).
3 *Maier-Reimer/Seulen* in Semler/Stengel, § 22 UmwG Rz. 62; *Simon* in KölnKomm. UmwG, § 22 UmwG Rz. 41; abl. *Grunewald* in Lutter, § 22 UmwG Rz. 28; *Müller* in Henssler/Strohn, § 22 UmwG Rz. 9.
4 *Grunewald* in Lutter, § 22 UmwG Rz. 25; *Simon* in KölnKomm. UmwG, § 22 UmwG Rz. 60; aA *Maier-Reimer/Seulen* in Semler/Stengel, § 22 UmwG Rz. 57; *Soldierer*, S. 89 ff.; *Uwe H. Schneider*, NZG 2007, 888 (892).
5 OLG Stuttgart v. 4.10.2005 – 8 W 426/05, GmbHR 2006, 380 = ZIP 2005, 2066 = EWiR § 12 UmwG 1/05, 839 (*Heckschen*); LG Leipzig v. 18.1.2006 – 1HK T 7414/04, DB 2006, 885 m. zust. Anm. *Scheuermann*; *Vossius* in Widmann/Mayer, § 22 UmwG Rz. 2 Fn. 2; *Rodewald*, GmbHR 1997, 19 (21); *Petersen*, Der Konzern, 2004, 185 (189); *Simon*, Der Konzern 2004, 191 (195); aA *Koppensteiner* in FS Westermann, 2006, S. 1157 (1160) und *Maier-Reimer/Seulen* in Semler/Stengel, § 22 UmwG Rz. 25.
6 Vgl. *Stratz* in Schmitt/Hörtnagl/Stratz, § 22 UmwG Rz. 22; *Vossius* in Widmann/Mayer, § 22 UmwG Rz. 4 ff.; *Schulte* in Böttcher/Habighorst/Schulte, § 22 UmwG Rz. 23; aA *Grunewald* in Lutter, § 22 UmwG Rz. 31; *Maier-Reimer/Seulen* in Semler/Stengel, § 22 UmwG Rz. 67; *Müller* in Henssler/Strohn, § 22 UmwG Rz. 14; *Simon* in KölnKomm. UmwG, § 22 UmwG Rz. 62; *Th. Schröer*, DB 1999, 317 (323).
7 Vgl. *Vossius* in Widmann/Mayer, § 22 UmwG Rz. 6.

§ 23
Schutz der Inhaber von Sonderrechten

Den Inhabern von Rechten in einem übertragenden Rechtsträger, die kein Stimmrecht gewähren, insbesondere den Inhabern von Anteilen ohne Stimmrecht, von Wandelschuldverschreibungen, von Gewinnschuldverschreibungen und von Genussrechten, sind gleichwertige Rechte in dem übernehmenden Rechtsträger zu gewähren.

1. Überblick	1	3. Gleichwertige Rechte	8
2. Sonderrechte ohne Stimmrecht	2	4. Gerichtliche Durchsetzung	13

Literatur: *Driver*, Behandlung von Genussrechten bei der Verschmelzung und beim Abschluss von Unternehmensverträgen, BB 2014, 195; *Hüffer*, Der Schutz besonderer Rechte in der Verschmelzung, FS Lutter, 2000, S. 1227; *Jung*, Die Stille Gesellschaft in der Spaltung, ZIP 1996, 1734; *Kiem*, Die Stellung der Vorzugsaktionäre bei Umwandlungsmaßnahmen, ZIP 1997, 1627; *Rothenburg*, Aktienoptionen in der Verschmelzung, 2009; *Rümker*, Anmerkungen zum Gläubigerschutz nach dem Regierungsentwurf eines Gesetzes zur Bereinigung des Umwandlungsrechts, WM-Festgabe für Thorwald Hellner, 1994, S. 73; *Schürnbrand*, Gewinnbezogene Schuldtitel in der Umstrukturierung, ZHR 173 (2009), 689; *Timm/Schöne*, Abfindung in Aktien: Das Gebot der Gattungsgleichheit – Ein Bericht über ein aktienrechtliches Schiedsverfahren, FS Kropff, 1997, S. 315; *Volhard/Goldschmidt*, Nötige und unnötige Sonderbeschlüsse der Inhaber stimmrechtsloser Vorzugsaktien, FS Lutter, 2000, S. 779; *M. Winter*, Die Rechtsstellung des stillen Gesellschafters in der Verschmelzung des Geschäftsinhabers, FS Peltzer, 2001, S. 645.

1. Überblick

1 Die Vorschrift, die dem früheren § 347a AktG nachgebildet ist, soll die Inhaber von stimmrechtslosen Rechten in einem übertragenden Rechtsträger vor einer Verwässerung ihrer Rechte durch die Verschmelzung schützen.

2. Sonderrechte ohne Stimmrecht

2 Während der frühere § 347a AktG, mit dem erstmalig Art. 15 der 3. gesellschaftsrechtlichen Richtlinie v. 9.10.1978[1] umgesetzt wurde, nur die Inhaber von Wandel- und Gewinnschuldverschreibungen sowie von Genussscheinen erwähnte, erfasst die jetzige Regelung **alle Rechte** in einem übertragenden Rechtsträger, **die kein Stimmrecht gewähren**. Inwieweit dadurch der Anwendungsbereich erweitert wurde, ist unklar. Unter den Begriff der Sonderrechte ohne Stimmrecht könnten auch mitgliedschaftliche Sonderrechte wie zB ein Vor-

---
1 ABl. EG Nr. L 295 v. 20.10.1978, S. 36.

schlags- oder Benennungsrecht für die Geschäftsführung oder ein Entsendungsrecht für einen Beirat oder Aufsichtsrat fallen. Da die jetzige Fassung der Vorschrift nach der Begründung des Regierungsentwurfs[1] aber nur als Vereinfachung gegenüber dem früheren Recht gedacht ist und ihr Grundgedanke der Verwässerungsschutz ist, dürfte die Vorschrift wie § 347a AktG nur **Vermögensrechte** betreffen[2]. Dafür spricht auch, dass die mitgliedschaftlichen Sonderrechte für die GmbH in § 50 Abs. 2 UmwG gesondert geregelt sind.

Nicht erfasst sind rein **schuldrechtliche Gläubigerrechte** wie zB Ansprüche aus einem Liefervertrag zu Vorzugskonditionen[3]. Zu diesen allgemeinen Gläubigerrechten gehören auch zB **gewinnabhängige Ansprüche** aus einem Anstellungsvertrag (Tantieme, Stock Appreciation Rights)[4] oder einem anderen Vertragsverhältnis wie zB einer **stillen Gesellschaft** oder einem partiarischen Darlehen[5]. Solche Ansprüche sind insbesondere nicht mit Gewinnschuldverschreibungen (siehe dazu Rz. 6) gleichzusetzen. Sie gehen wie alle Verbindlichkeiten des übertragenden Rechtsträgers auf den übernehmenden Rechtsträger über und sind dort, soweit erforderlich, an die veränderten Umstände nach allgemeinen Grundsätzen (ergänzende Vertragsauslegung, § 157 BGB, bzw. Änderung der Geschäftsgrundlage, § 242 BGB) anzupassen. Im Übrigen gilt für solche Rechte der allgemeine Gläubigerschutz nach § 22 UmwG. 3

Die Vorschrift gilt ausdrücklich auch für **Anteile ohne Stimmrecht**, also zB stimmrechtslose Geschäftsanteile an einer GmbH oder entsprechende Anteile an einer Personengesellschaft. Nach der Entstehungsgeschichte ist nicht ganz zweifelsfrei, ob auch stimmrechtslose Vorzugsaktien, die in den §§ 139 ff. AktG besonders geregelt sind, erfasst sein sollen. Art. 15 der EG-Fusionsrichtlinie, die Vorbild für § 347a AktG war, sieht gleichwertige Rechte nur für die Inhaber anderer Wertpapiere vor, die mit Sonderrechten verbunden, aber keine Aktien sind. Da eine Erweiterung des Anwendungsbereichs von § 347a AktG nicht beabsichtigt war (vgl. Rz. 2), könnte § 23 UmwG einschränkend dahin verstanden werden, dass die Inhaber stimmrechtsloser Vorzugsaktien nicht erfasst sind. 4

---

1 BT-Drucks. 12/6699, S. 92 f.
2 *Grunewald* in Lutter, Umwandlungsrechtstage, S. 55 und *Grunewald* in Lutter, § 23 UmwG Rz. 2 f.; *Kalss* in Semler/Stengel, § 23 UmwG Rz. 8; *Vossius* in Widmann/Mayer, § 23 UmwG Rz. 10; *Hüffer* in FS Lutter, 2000, S. 1227 (1233).
3 Begr. RegE, BT-Drucks. 12/6699, S. 92 f.; *Sagasser/Luke* in Sagasser/Bula/Brünger, § 9 Rz. 158.
4 Siehe dazu ausführlich *Rothenburg*, Aktienoptionen in der Verschmelzung, S. 47 ff.
5 *Hüffer* in FS Lutter, 2000, S. 1227 (1236 f.); zur stillen Beteiligung ebenso *Feddersen/Kiem*, ZIP 1994, 1078 (1082) und *Vossius* in Widmann/Mayer, § 23 UmwG Rz. 11; aA *Grunewald* in Lutter, § 23 UmwG Rz. 20; *Kalss* in Semler/Stengel, § 23 UmwG Rz. 7; *Schürnbrand*, ZHR 173 (2009), 689 (698); *Simon* in KölnKomm. UmwG, § 23 UmwG Rz. 16; *Stratz* in Schmitt/Hörtnagl/Stratz, § 23 UmwG Rz. 8; zu partiarischen Rechtsverhältnissen wie hier *Grunewald* in Lutter, § 23 UmwG Rz. 21; aA *Kalss* in Semler/Stengel, § 23 UmwG Rz. 7.

Wie nach dem früheren Recht sind sie auch durch die Bestimmungen über das Umtauschverhältnis geschützt[1] (vgl. §§ 5 Abs. 1 Nr. 3, 15 UmwG iVm. dem SpruchG). Den Gesetzesmaterialien lässt sich eine solche Einschränkung aber nicht entnehmen, so dass für sie keine hinreichende Grundlage besteht[2].

5 Ausdrücklich erwähnt sind Wandel- und Gewinnschuldverschreibungen sowie Genussrechte. Unter **Wandelschuldverschreibungen** werden Schuldverschreibungen verstanden, bei denen den Gläubigern ein Umtausch- oder Bezugsrecht auf Gesellschaftsanteile (idR Aktien) eingeräumt wird (vgl. § 221 Abs. 1 Satz 1 AktG). Sie kommen vor allem als Wandel- und Optionsanleihen vor, die von einer AG, SE, KGaA oder einer verbundenen Finanzierungsgesellschaft begeben werden. Dabei ist im Falle der Wandelanleihe den Gläubigern das Recht eingeräumt, an Stelle der Rückzahlung der verbrieften Forderung Aktien der Emittentin bzw., bei Begebung durch eine Finanzierungsgesellschaft, deren Muttergesellschaft zu verlangen. Bei den Optionsanleihen ist den Gläubigern dagegen neben dem Anspruch auf Rückzahlung das Recht eingeräumt, in bestimmtem Umfang Aktien der Emittentin (bzw. der Mutter-AG) zu einem feststehenden Preis zu erwerben. Sinngemäß erfasst sind auch die Inhaber selbständig verbriefter Umtausch- oder Bezugsrechte, wie zB **Optionsscheinen**, nicht aber die Gläubiger von Optionsrechten, die nicht von der Gesellschaft, sondern von Dritten ausgegeben wurden[3]. Auf die Verbriefung kommt es im Übrigen nicht an[4].

6 **Gewinnschuldverschreibungen** sind Schuldverschreibungen, bei denen die Rechte der Gläubiger mit den Gewinnanteilen der Anteilsinhaber, insbesondere Aktionären, in Verbindung gebracht werden (vgl. § 221 Abs. 1 Satz 1 AktG). Gewöhnliche Inhaberschuldverschreibungen (§ 793 BGB) sind damit nicht zusätzlich geschützt, desgleichen nicht alle sonstigen gewinnabhängigen Ansprüche wie zB Tantiemen[5].

7 **Genussrechte** sind zwar in §§ 160 Abs. 1 Nr. 6, 221 AktG, § 214 Abs. 1 Nr. 4 VAG erwähnt; eine genaue Definition fehlt aber. Nach allgemeiner Auffassung

---

1 *Rümker*, S. 77.
2 Ebenso *Kiem*, ZIP 1997, 1627 (1631); *Grunewald* in Lutter, § 23 UmwG Rz. 10; *Stratz* in Schmitt/Hörtnagl/Stratz, § 23 UmwG Rz. 6; *Vossius* in Widmann/Mayer, § 23 UmwG Rz. 1.10; aA *Hüffer* in FS Lutter, 2000, S. 1227 (1231 f.); *Kalss* in Semler/Stengel, § 23 UmwG Rz. 11; *Simon* in KölnKomm. UmwG, § 23 UmwG Rz. 10; *Böttcher* in Böttcher/Habighorst/Schulte, § 23 UmwG Rz. 8.
3 *Kalss* in Semler/Stengel, § 23 UmwG Rz. 5; *Simon* in KölnKomm. UmwG, § 23 UmwG Rz. 17; *Grunewald* in Lutter, § 23 UmwG Rz. 14; vgl. zu solchen Optionsrechten LG Frankfurt/M. v. 5.11.1984 – 2/8 S 2/84, AG 1985, 226 f.
4 *Grunewald* in Lutter, § 23 UmwG Rz. 14; *Kalss* in Semler/Stengel, § 23 UmwG Rz. 14; *Simon* in KölnKomm. UmwG, § 23 UmwG Rz. 12; *Rothenburg*, Aktienoptionen in der Verschmelzung, S. 46 f.
5 *Stratz* in Schmitt/Hörtnagl/Stratz, § 23 UmwG Rz. 8; *Grunewald* in Lutter, § 23 UmwG Rz. 4; *Kalss* in Semler/Stengel, § 23 UmwG Rz. 5.

begründen Genussrechte keine Mitgliedschaftsrechte, sondern haben schuldrechtlichen Charakter. Sie gewähren meist vermögensrechtliche Ansprüche gegen die Emittentin, idR eine AG oder GmbH, wie sie typischerweise einem Gesellschafter neben seinen Mitgliedschaftsrechten zustehen können[1]. In der Praxis kommen vor allem Genussrechte vor, bei denen dem Inhaber einer Forderung eine Beteiligung am Unternehmenserfolg, und zwar am Gewinn und/oder am Liquidationserlös gewährt wird[2]. Ob die Genussrechte verbrieft sind oder nicht, ist unerheblich. Im Unterschied zum früheren § 347a AktG spricht das Gesetz nicht von Genussscheinen, sondern allgemeiner von Genussrechten.

3. Gleichwertige Rechte

Der übernehmende Rechtsträger ist verpflichtet, **gleichwertige Rechte** zu gewähren. Er muss deshalb den Rechtsinhabern entsprechende Änderungsangebote unterbreiten[3]. Gleichwertigkeit ist dabei nicht formalrechtlich, sondern wirtschaftlich zu verstehen[4]. In der Regel wird die Ausgabe **gleichartiger Rechte** angebracht sein; zwingend vorgeschrieben ist dies aber nicht[5]. Nach der Begründung des Regierungsentwurfs[6] sollen insbesondere auch höherwertige Rechte gewährt werden können; dies kann aber unter dem Gesichtspunkt der Gleichbehandlung mit den anderen Anteilsinhabern (vgl. § 53a AktG) problematisch sein. Bestehen bei einer übertragenden Gesellschaft unterschiedliche Gattungen von Anteilen (zB Stammaktien und stimmrechtslose Vorzugsaktien), so wird dem Erfordernis der Gleichwertigkeit am besten dadurch Rechnung getragen, dass auch die übernehmende AG, SE oder KGaA Stamm- und Vorzugsaktien ausgibt. Dabei sind der Gewinnvorzug und eine evtl. Mehrdividende entsprechend dem Umtauschverhältnis an die Verhältnisse beim übernehmenden Rechtsträger anzupassen. Zwingend ist die Ausgabe von Stamm- und Vorzugsaktien aber nicht. Die übernehmende AG/SE/KGaA kann stattdessen auch nur eine Art von neuen Anteilen (zB nur Stammaktien) ausgeben, sofern die Inhaber der anderen Gattung(en) durch ein modifiziertes Umtauschverhältnis und/oder

8

---

[1] Vgl. *Lutter* in KölnKomm. AktG, 2. Aufl. 1995, § 221 AktG Rz. 21, 198; *Seiler* in Spindler/Stilz, § 221 AktG Rz. 22; *Hüffer/Koch*, § 221 AktG Rz. 25.
[2] Zu den Einzelheiten *Habersack* in MünchKomm. AktG, 4. Aufl. 2016, § 221 AktG Rz. 94 ff. mwN.
[3] *Hüffer* in FS Lutter, 2000, S. 1227 (1238).
[4] Vgl. amtl. Begr. zu § 347a AktG, BT-Drucks. 9/1065, S. 19; BGH v. 28.5.2013 – II ZR 67/12, NZG 2013, 987 (991) = AG 2013, 680; *Kalss* in Semler/Stengel, § 23 UmwG Rz. 12; *Simon* in KölnKomm. UmwG, § 23 UmwG Rz. 18; *Stratz* in Schmitt/Hörtnagl/Stratz, § 23 UmwG Rz. 9; *Rümker*, S. 77.
[5] *Kiem*, ZIP 1997, 1627 (1632); vgl. auch *Grunewald* in Lutter, § 23 UmwG Rz. 5 f. und *Kalss* in Semler/Stengel, § 23 UmwG Rz. 12.
[6] Vgl. BT-Drucks. 12/6699, S. 93.

ergänzende Regelungen (zB bare Zuzahlungen) eine ihrer früheren Rechtsstellung insgesamt gleichwertige Gegenleistung erhalten[1]. Um die dabei uU auftretenden Bewertungsprobleme zu vermeiden, können zB stimmrechtslose Vorzugsaktien bei einer übertragenden AG/KGaA noch **vor der Verschmelzung** durch entsprechende **Satzungsänderung** in stimmberechtigte Stammaktien umgewandelt werden; in diesem Fall ist bei der betreffenden Gesellschaft § 141 Abs. 1 AktG zu beachten[2]. Will die übernehmende Gesellschaft ein **Aktienoptionsprogramm** der übertragenden Gesellschaft fortführen, sind dessen Bedingungen (zB Erfolgsziele) an die Verhältnisse der übernehmenden Gesellschaft anzupassen[3].

9 Die zu gewährenden Rechte und die Umtauschbedingungen sind im **Verschmelzungsvertrag** festzulegen (§ 5 Abs. 1 Nr. 7 UmwG). Eine Zustimmung der betroffenen Rechtsinhaber ist nicht erforderlich. Ein Ausschluss oder eine Einschränkung des Schutzes nach § 23 UmwG kann wegen des zwingenden Charakters der Vorschrift allerdings nicht wirksam vereinbart werden[4]. Einzelheiten des Umtauschs können unabhängig davon auch generell für den Fall einer Verschmelzung in Anleihe- oder Genussrechtsbedingungen, also rein schuldrechtlich, geregelt werden; dabei sind – im Rahmen des allgemeinen Vertragsrechts – auch Abweichungen vom Prinzip der Gleichwertigkeit zulässig[5]. Fehlt eine Regelung im Verschmelzungsvertrag, ergibt sich der Anspruch aus dem Gesetz; dies folgt aus dem zwingenden Charakter des § 23 UmwG[6].

10 **Zahlungsverpflichtungen** aus den geschützten Rechten (zB Rückzahlungsverpflichtung und Verzinsung aus einer Optionsanleihe) gehen grundsätzlich unverändert auf den übernehmenden Rechtsträger über (§ 20 Abs. 1 Nr. 1 UmwG). Eine Anpassung solcher Verpflichtungen kann jedoch zB bei gewinnabhängiger Verzinsung oder Verlustteilnahme erforderlich sein. Bei Genussrechten mit Verlustbeteiligung können die Ansprüche auf künftige Ausschüttungen aufgrund einer Prognose der Erträge des übertragenden Rechtsträgers ohne Berücksichtigung der Verschmelzung ermittelt werden[7].

---

1 So wohl auch *Grunewald* in Lutter, § 23 UmwG Rz. 11 und *Kalss* in Semler/Stengel, § 23 UmwG Rz. 11.
2 Zur Umwandlung von stimmrechtslosen Vorzugsaktien in Stammaktien *Butzke* in Marsch-Barner/Schäfer, Hdb. börsennotierte AG, 3. Aufl. 2014, § 6 Rz. 36 ff. und *Marsch-Barner* in Liber amicorum M. Winter, 2011, S. 467 (468 f.).
3 Siehe dazu näher *Rothenburg*, Aktienoptionen in der Verschmelzung, S. 83 ff.
4 *Grunewald* in Lutter, § 23 UmwG Rz. 25; *Kalss* in Semler/Stengel, § 23 UmwG Rz. 3; *Stratz* in Schmitt/Hörtnagl/Stratz, § 23 UmwG Rz. 15.
5 Vgl. *Kalss* in Semler/Stengel, § 23 UmwG Rz. 3; *Vossius* in Widmann/Mayer, § 23 UmwG Rz. 2; *Stratz* in Schmitt/Hörtnagl/Stratz, § 23 UmwG Rz. 15; aA wohl *Grunewald* in Lutter, § 23 UmwG Rz. 25.
6 *Kalss* in Semler/Stengel, § 23 UmwG Rz. 3; *M. Winter* in FS Peltzer, 2001, S. 645 (656).
7 Vgl. BGH v. 28.5.2013 – II ZR 67/12, NZG 2013, 987 (991 f.) = AG 2013, 680 und *Driver*, BB 2014, 195 (200 f.).

Bei **Umtausch- oder Bezugsrechten** auf Aktien der übertragenden Gesellschaft 11
(zB bei Wandel- und Optionsanleihen oder Optionsgenussscheinen) ist zu unterscheiden: Ein zu deren Absicherung bestehendes bedingtes Kapital (§ 192 AktG) geht mit Erlöschen der übertragenden Gesellschaft (§ 20 Abs. 1 Nr. 2 UmwG) unter. Der (aufschiebend bedingte) schuldrechtliche Anspruch auf Verschaffung von Aktien der übertragenden Gesellschaft geht zwar auf den übernehmenden Rechtsträger über (§ 20 Abs. 1 Nr. 1 UmwG), kann von diesem aber schon wegen des Erlöschens der Übertragerin nicht mehr erfüllt werden. Die bisherigen Ansprüche sind durch Umtausch- oder Bezugsrechte auf **Anteile des übernehmenden Rechtsträgers** zu gleichwertigen Konditionen zu ersetzen. Dafür hat der übernehmende Rechtsträger, wenn er **AG**, **SE** oder **KGaA** ist, eine Absicherung, wie sie bei der übertragenden Gesellschaft bestand (idR bedingtes Kapital oder Ermächtigung zum Erwerb eigener Aktien), zu schaffen. Ist der übernehmende Rechtsträger eine **GmbH**, muss er, da es im GmbH-Recht kein bedingtes Kapital gibt, dafür sorgen, dass für den Fall der Wandlung bzw. der Ausübung des Bezugsrechts die erforderlichen Geschäftsanteile aufgrund einer ordentlichen Kapitalerhöhung oder aus einem genehmigten Kapital geschaffen werden[1]. Die übernehmende Gesellschaft kann stattdessen auch eine Aufhebung der Rechte gegen angemessene Barabfindung anbieten. Verpflichtet ist sie dazu unter dem Gesichtspunkt der Gleichwertigkeit aber nicht[2]. Eine Aufhebung gegen Entschädigung bietet sich vor allem bei nur wenigen Berechtigten an[3]. § 29 UmwG gilt dafür nicht, da diese Vorschrift eine bereits bestehende Beteiligung voraussetzt[4]. Etwas anderes gilt nur dann, wenn der übernehmende Rechtsträger aufgrund seiner Rechtsform (zB OHG) nicht in der Lage ist, Anteile zu gewähren. In einem solchen Fall ist der Wert der Umtausch- oder Bezugsrechte in bar abzufinden.

Zur Konkretisierung der Gewährung gleichwertiger Rechte kann auf das **Um-** 12
tauschverhältnis im Verschmelzungsvertrag (§ 5 Abs. 1 Nr. 3 UmwG) zurückgegriffen werden[5]. Bei einer Konzernverschmelzung ohne festgelegtes Umtauschverhältnis (vgl. § 5 Abs. 2 UmwG) ist das Wertverhältnis zu ermitteln.

---

1 Vgl. *Rieckers* in Spindler/Stilz, § 192 AktG Rz. 82; *Scholz* in MünchHdb. AG, 4. Aufl. 2015, § 58 Rz. 64 und § 64 Rz. 50; *Lutter* in KölnKomm. AktG, 2. Aufl. 1995, § 192 AktG Rz. 37; *Hüffer/Koch*, § 192 AktG Rz. 27; abw. *Grunewald* in Lutter, § 23 UmwG Rz. 17, die sich für den Fall der Verschmelzung auf eine GmbH für einen sofortigen Umtausch bzw. Bezug ausspricht; damit wird die Gleichwertigkeit jedoch aufgegeben.
2 Vgl. *Rinnert*, NZG 2001, 865 (870 f.) zum Formwechsel.
3 Vgl. *Rothenburg*, Aktienoptionen in der Verschmelzung, S. 67 f.
4 Für eine analoge Anwendbarkeit *Kalss* in Semler/Stengel, § 23 UmwG Rz. 15; ihr folgend *Grunewald* in Lutter, § 23 UmwG Rz. 17; abl. *Simon* in KölnKomm. UmwG, § 23 UmwG Rz. 23.
5 *Grunewald* in Lutter, § 23 UmwG Rz. 16; *Kalss* in Semler/Stengel, § 23 UmwG Rz. 14; *Simon* in KölnKomm. UmwG, § 23 UmwG Rz. 21.

4. Gerichtliche Durchsetzung

13 Der Berechtigte hat einen Anspruch auf Einräumung gleichwertiger Rechte. Werden die Umtausch- oder Bezugsrechte nicht erfüllt, entsprechend ist die übernehmende Gesellschaft gemäß § 280 Abs. 1, 3, § 283 BGB zum Schadensersatz verpflichtet[1]. Für die Gewährung einer Barabfindung analog § 29 UmwG[2] besteht daneben kein Bedürfnis[3]. Die Gesellschaft kann die Rechte nicht einseitig abfinden[4]. Im Übrigen kann die Gleichwertigkeit durch Feststellungs- oder Leistungsklage überprüft und ggf. korrigiert werden[5]. Bei Untätigkeit kann der übernehmende Rechtsträger auch zunächst auf Abgabe der erforderlichen Änderungserklärungen (§ 894 ZPO) verklagt werden[6]. Eine analoge Anwendung des Spruchverfahrens nach dem SpruchG erscheint wegen der schwierigen Beurteilung der betroffenen Sonderrechte nicht angebracht[7]. Soweit der Umfang der zu gewährenden Rechte von dem im Verschmelzungsvertrag festgelegten Umtauschverhältnis abhängt, kann dieses allerdings nur im Rahmen eines Spruchverfahrens korrigiert werden[8]. Wegen Verletzung des § 23 UmwG kann der Verschmelzungsbeschluss nicht angefochten werden[9].

§ 24
Wertansätze des übernehmenden Rechtsträgers

In den Jahresbilanzen des übernehmenden Rechtsträgers können als Anschaffungskosten im Sinne des § 253 Abs. 1 des Handelsgesetzbuchs auch die in der Schlussbilanz eines übertragenden Rechtsträgers angesetzten Werte angesetzt werden.

---

1 Vgl. *Grunewald* in Lutter, § 23 UmwG Rz. 8; *Hüffer* in FS Lutter, 2000, S. 1227 (1243); *Loos*, DB 1960, 543 (545); *Müller* in Henssler/Strohn, § 23 UmwG Rz. 5.
2 Dafür *Bermel* in Goutier/Knopf/Tulloch, § 23 UmwG Rz. 15 und bei Mischverschmelzungen *Kalss* in Semler/Stengel, § 23 UmwG Rz. 15.
3 Abl. auch *Hüffer* in FS Lutter, 2000, S. 1227 (1243).
4 Vgl. EuGH v. 7.4.2016 – Rs. C-483/14, ZIP 2016, 712 (716) zu § 226 Abs. 3 öAktG.
5 *Kalss* in Semler/Stengel, § 23 UmwG Rz. 17; *Simon* in KölnKomm. UmwG, § 23 UmwG Rz. 28; *Stratz* in Schmitt/Hörtnagl/Stratz, § 23 UmwG Rz. 16.
6 Zu den damit verbundenen Schwierigkeiten *M. Winter* in FS Peltzer, 2001, S. 645 (657).
7 Vgl. *M. Winter* in FS Peltzer, 2001, S. 645 (657 f.); *Kalss* in Semler/Stengel, § 23 UmwG Rz. 18; für eine Anwendbarkeit der lege ferenda *Hüffer* in FS Lutter, 2000, S. 1227 (1242).
8 *Kiem*, ZIP 1997, 1627 (1633); aA *Kalss* in Semler/Stengel, § 23 UmwG Rz. 18; *Simon* in KölnKomm. UmwG, § 23 UmwG Rz. 29.
9 *Grunewald* in Lutter, § 23 UmwG Rz. 13; *Kalss* in Semler/Stengel, § 23 UmwG Rz. 18; aA *Volhard/Goldschmidt* in FS Lutter, 2000, S. 779 (789).

Wertansätze des übernehmenden Rechtsträgers | § 24

- I. Entwicklung der Vorschrift ... 1
- II. Normzweck ... 3
- III. Ansatzvorschriften
  1. Keine Buchwertverknüpfung ... 6
  2. Buchwertverknüpfung ... 13
  3. Ausübung des Wahlrechts ... 17
  4. Ertragswirksamer Ausweis in der GuV ... 21
- IV. Bewertungsvorschriften
  1. Zur Geltung des Anschaffungskostenprinzips
     - a) Verschmelzung gegen Gewährung von Anteilen oder Mitgliedschaften ... 22
     - b) Verschmelzung gegen Untergang der Beteiligung ... 25
  2. Verschmelzung ohne Buchwertverknüpfung
     - a) Verschmelzung gegen Gewährung von Anteilen oder Mitgliedsrechten ... 26
       - aa) Personenhandelsgesellschaft als aufnehmender Rechtsträger ... 26
       - bb) Kapitalgesellschaft als aufnehmender Rechtsträger ... 27
       - cc) Verein als aufnehmender Rechtsträger ... 30
     - b) Verschmelzung gegen Wegfall der Beteiligung und/oder gegen Hingabe eigener Anteile ... 31
     - c) Verteilung und Ausweis der Anschaffungskosten ... 37
     - d) Verschmelzung von Muttergesellschaft auf Tochtergesellschaft ... 39
  3. Verschmelzung mit Buchwertverknüpfung
     - a) Technik der Buchwertverknüpfung ... 43
     - b) Behandlung von Differenzbeträgen ... 47
     - c) Ausübung des Wahlrechts ... 50
- V. Buchungsstichtag ... 53
- VI. Nachträgliche Zuzahlungen aufgrund Spruchverfahrens ... 57
- VII. Internationale Rechnungslegungsstandards ... 61
- VIII. Besonderheiten bei der grenzüberschreitenden Verschmelzung nach §§ 122a ff. UmwG ... 62

Literatur: *Angermayer*, Handelsrechtliche Anschaffungskosten von Sacheinlagen, DB 1998, 145; ; *Bilitewski/Roß/Weiser*, Bilanzierung bei Verschmelzungen im handelsrechtlichen Jahresabschluss nach IDW RS HFA 42 (Teil 1), WPg 2014, 13; *Bilitewski/Roß/Weiser*, Bilanzierung bei Verschmelzungen im handelsrechtlichen Jahresabschluss nach IDW RS HFA 42 (Teil 2), WPg 2014, 73; *Enneking/Heinz*, Gesellschafterhaftung beim down-stream-merger, DB 2006, 1099; *Ernsting*, Zur Bilanzierung eines negativen Geschäfts- oder Firmenwerts nach Handels- und Steuerrecht, WPg 1998, 405; *Fenske*, Besonderheiten der Rechnungslegung übernehmender Kapitalgesellschaften bei Spaltungen, BB 1997, 1247; *Förster*, Höhe der Anschaffungskosten bei Anwachsung, DB 1997, 241; *Gassner*, Ausgewählte handelsrechtliche und steuerrechtliche Bilanzierungsfragen bei Umwandlungen, FS Widmann, 2000, S. 343; *Gelhausen/Heinz*, Handelsrechtliche Zweifelsfragen der Abwicklung von Ergebnisabführungsverträgen in Umwandlungsfällen, NZG 2005, 775; *Hügel*, Kapital entsperrende und Gewinn realisierende Verschmelzungen, FS Maier-Reimer, 2010, S. 265; *Kahling*, Bilanzierung bei konzerninternen Verschmelzungen, 1999; *Klein/Stephanblome*, Der Downstream-Merger – aktuelle umwandlungs- und gesellschaftsrechtliche Fragen, ZGR 2007, 351; *Kremer*, Zur Bilanzierung von Verschmelzungsgewinnen, DB 1989, 492; *Kropff*, Zur Wirksamkeit bilanzpolitisch motivierter Rechtsgeschäfte, ZGR 1993, 41; *Küting/Hayn/Hütter*, Die Abbildung konzerninterner Spaltungen im Einzel- und Konzernabschluss, BB 1997, 565; *Kußmaul/Richter*, Die Behandlung von Verschmelzungsdifferenzbeträgen nach

UmwG und UmwStG, GmbHR 2004, 701; *Lorenz*, Die handelsbilanzielle Behandlung von Spaltungen, 1999; *Martens/Röttger*, Aktivierung des Geschäfts- oder Firmenwerts bei Umwandlung einer Personenhandelsgesellschaft in eine GmbH nach §§ 46ff. UmwG, DB 1990, 1097; *Moser*, Bilanzielle und steuerliche Behandlung eines downstream-mergers, 2000; *Welf Müller*, Anschaffungskosten und Buchwertverknüpfung bei der Verschmelzung – Freiräume und Grenzen bei der Bewertung, FS Clemm, 1995, S. 243; *Welf Müller*, Zweifelsfragen zum Umwandlungsrecht, WPg 1996, 857; *Welf Müller*, Bilanzierungsfragen bei der grenzüberschreitenden Umwandlung und Sitzverlegung, FS Raupach, 2006, S. 261; *Naraschewski*, Stichtage und Bilanzen bei der Verschmelzung, 2001; *Naumann*, Zur Anwendung von § 24 UmwG in Verschmelzungsfällen, FS Ludewig, 1996, S. 683; *Orth*, Umwandlung durch Anwachsung, DStR 1999, 1011; *Pohl*, Handelsbilanzen bei der Verschmelzung von Kapitalgesellschaften, 1995; *Priester*, Kapitalaufbringung und Bilanzansatz, GmbHR 1999, 1273; *Scherrer*, Bilanzierung der Verschmelzung durch Aufnahme beim übernehmenden Rechtsträger, FS Claussen, 1997, S. 743; *Schmitt/Hülsmann*, Verschmelzungsgewinn in der Handelsbilanz und Prinzip der Gesamtrechtsnachfolge, BB 2000, 1563; *Schmidt/Carsten*, Schlussbilanzen bei Spaltungen, DB 2008, 2696; *Schulze zur Wiesche*, Sacheinlagen in Kapitalgesellschaften, insbesondere GmbH, GmbHR 1988, 31; *Weilep*, „bad will" bei Verschmelzungen, DB 1998, 2130; *Wilken*, Zur Gründungsphase bei der Spaltung zur Neugründung, DStR 1999, 677; *Winkeljohann/Förschle/Deubert*, Sonderbilanzen, 5. Aufl. 2016; *Wrede*, Steuerliche Probleme bei Änderung der Unternehmensform, 1972.

I. Entwicklung der Vorschrift

1 Soweit das Recht vor dem UmwG 1995 Verschmelzungen zugelassen und geregelt hatte, war grundsätzlich vorgeschrieben, dass die in der Schlussbilanz des übertragenden Rechtsträgers angesetzten Werte für den übernehmenden Rechtsträger als Anschaffungskosten iS des § 253 Abs. 1 HGB gelten. Lediglich bei der Verschmelzung einer GmbH mit einer AG oder KGaA galt diese Regel nicht (§ 355 Abs. 2 AktG aF). Noch der Diskussionsentwurf des Gesetzes zur Bereinigung des Umwandlungsrechts folgte dieser Systematik. Die Konsequenz dieser strikten **Buchwertverknüpfung** war, dass bei dem aufnehmenden Rechtsträger sowohl bei der Verschmelzung gegen Kapitalerhöhung als auch gegen Untergang der Beteiligung eine Ergebnisauswirkung (Gewinn oder Verlust) eintreten konnte, die über die Gewinn- und Verlustrechnung abgewickelt werden musste, soweit nicht eine Einstellung in die Kapitalrücklage nach § 272 Abs. 2 Nr. 1 HGB zwingend geboten war. Um wenigstens bei Kapitalerhöhungen einen möglichen Verlustausweis zu vermeiden, waren Bilanzierungshilfen vorgesehen. Da Verschmelzungsvorgänge letztendlich aber Anschaffungsvorgänge sind, hat die damalige Systematik dem Prinzip der **Erfolgsneutralität** von Anschaffungsvorgängen widersprochen[1]; ihre Vereinbarkeit mit den Grundsätzen der Vierten und Siebenten gesellschaftsrechtlichen EG-Richtlinie (Bilanzrichtlinien) war zumindest zweifelhaft[2].

---

1 Vgl. auch Begr. RegE, BR-Drucks. 75/94, S. 91.
2 Vgl. Begr. RegE, BR-Drucks. 75/94, S. 93.

Das UmwG 1965 gab das Prinzip der Buchwertverknüpfung auf. Die Buchwert- 2
verknüpfung wird lediglich als **Bewertungswahlrecht** im Rahmen des § 253
HGB aufrechterhalten. Da durch entsprechende Bewertung beim aufnehmenden
Rechtsträger Ergebnisauswirkungen vermieden werden können, sieht das
UmwG 1995 keine Bilanzierungshilfen mehr vor.

II. Normzweck

Die Bestimmung beschränkt sich auf die Einräumung eines Bewertungswahl- 3
rechts bezüglich der Anschaffungskosten für den übernehmenden Rechtsträger
und stellt eine Ergänzung oder besser Erweiterung der §§ 253, 255 HGB dar.
Wird von dem **Wahlrecht** Gebrauch gemacht, gelten die Buchwerte aus der
Schlussbilanz des übertragenden Rechtsträgers nach § 17 Abs. 2 UmwG als Anschaffungskosten iS einer Fiktion mit allen Konsequenzen. So sind zB Zuschreibungen oder Wertaufholungen über den ursprünglichen Buchwertansatz hinaus
nicht zulässig, auch wenn höhere Anschaffungskosten (wegen stiller Reserven)
bei der erstmaligen Einbuchung hätten angesetzt werden können. Weitere Kosten (zB Notar-, Prüfungs- und Beratungskosten, Kosten der Grundbuchberichtigung, Grunderwerbsteuer) können nicht hinzuaktiviert werden[1]. Zur Behandlung barer Zuzahlungen nach § 15 Abs. 1 UmwG vgl. Rz. 57.

Darüber hinaus soll, so die Begründung des RegE[2], durch die Vorschrift „die 4
Geltung des Grundsatzes in § 253 Abs. 1 HGB (**Anschaffungswertprinzip**) hergestellt" werden. Dies kommt in der Vorschrift so nicht unmittelbar zum Ausdruck. Das UmwG enthält jedoch, über § 24 UmwG hinaus, keine Vorschriften
über Ansatz und Bewertung beim übernehmenden Rechtsträger. Damit gelten
die allgemeinen Vorschriften. Einschlägig sind die gesetzlichen Bestimmungen
und die GoB für Sacheinlagen und Sachübernahmen (soweit Verschmelzungen
gegen Gewährung von Anteilen oder Mitgliedschaften erfolgen) und für Tauschvorgänge (soweit sich Anteile des übertragenden Rechtsträgers in der Hand des
übernehmenden Rechtsträgers befinden). Beide Sachverhalte werden von der Bilanzliteratur in der Regel als Anschaffungsvorgänge behandelt[3], so dass es vertretbar erscheint, von einer Rückkehr zum Anschaffungswertprinzip zu sprechen. Allerdings weisen die „Ausgabe von Kapital oder Mitgliedschaftsrechten"
und der „Untergang von Beteiligungen" Besonderheiten auf, die sie nur bedingt
mit anderen Anschaffungsvorgängen vergleichbar machen (vgl. Rz. 22 ff.).

---

1 Vgl. *ADS*, 5. Aufl., § 348 AktG Rz. 8.
2 BR-Drucks. 75/94, S. 93.
3 Vgl. *ADS*, § 255 HGB Rz. 89 ff., Rz. 95 ff.; *Winkeljohann/Schellhorn* in Winkeljohann/
 Förschle/Deubert, Sonderbilanzen, D 190 ff.; *Schubert/Gadek* in Beck'scher Bilanz-Kommentar, § 255 HGB Rz. 44.

5 § 24 UmwG enthält keine Verpflichtung zur Aufstellung einer „**Einbringungsbilanz**" für den übernehmenden Rechtsträger. Eine solche Pflicht besteht nur, wenn sie besonders normiert ist. Das ist bei allen Verschmelzungen durch **Neugründung** der Fall, sofern der übernehmende Rechtsträger Kaufmann ist; dies ergibt sich unmittelbar aus § 242 Abs. 1 HGB. In allen anderen Fällen ist bei dem übernehmenden Rechtsträger ein Geschäftsvorfall gegeben, der in der laufenden Buchführung zu erfassen ist (Buchung der Kapitalerhöhung, Ausbuchung der Beteiligung gegen Einbuchung der Vermögensgegenstände und Schulden). Bilanziell wirkt sich die Verschmelzung beim übernehmenden Rechtsträger erst im nachfolgenden Jahresabschluss aus[1].

III. Ansatzvorschriften

1. Keine Buchwertverknüpfung

6 Für den übernehmenden Rechtsträger gelten – soweit er rechnungslegungspflichtig nach §§ 238 ff. HGB ist – die allgemeinen Ansatzvorschriften der §§ 246–251 HGB und für Kapitalgesellschaften und ihnen nach § 264a HGB gleichgestellte Personengesellschaften zusätzlich §§ 270–274 HGB. Insbesondere gilt das **Vollständigkeitsgebot:** Alle vom übertragenden Rechtsträger übergegangenen Vermögensgegenstände und Schulden einschließlich ungewisser Verbindlichkeiten (Rückstellungen) und der Rechnungsabgrenzungsposten (§ 250 HGB) sind auszuweisen. Dies ergibt sich aus der Natur der Gesamtrechtsnachfolge nach § 20 Abs. 1 UmwG. Ein beim übertragenden Rechtsträger aktivierter entgeltlich erworbener **Geschäfts- oder Firmenwert** (§ 246 Abs. 1 Satz 4 HGB) ist beim übernehmenden Rechtsträger nicht einzeln auszuweisen (aA noch 5. Aufl. Rz. 6)[2]. Nach hM geht dieser nicht als gesonderter Vermögensgegenstand auf den übernehmenden Rechtsträger über, auch wenn seit BilMoG gesetzlich in § 246 Abs. 1 Satz 4 HGB bestimmt wurde, dass ein Geschäfts- oder Firmenwert generell den Charakter eines Vermögensgegenstandes aufweist[3]. Er geht in dem anlässlich des Vermögensübergangs zu aktivierenden Geschäfts- oder Firmenwert auf (Rz. 7) und ist auf die voraussichtliche Nutzungsdauer abzuschreiben. Für **immaterielle Vermögensgegenstände** iS des § 248 Abs. 2 HGB ist der übernehmende Rechtsträger an die Handhabung beim übertragenden Rechtsträger nicht gebunden; die originären immateriellen Vermögensgegenstände des übertragenden Rechtsträgers werden beim übernehmenden

---

1 Vgl. *Bula/Pernegger* in Sagasser/Bula/Brünger, § 10 Rz. 92.
2 *Hörtnagl* in Schmitt/Hörtnagl/Stratz, § 24 UmwG Rz. 24; *Moszka* in Semler/Stengel, § 24 UmwG Rz. 24; *Priester* in Lutter, § 24 UmwG Rz. 33; *Deubert/Hoffmann* in Winkeljohann/Förschle/Deubert, Sonderbilanzen, K 20; IDW RS HFA 42 Rz. 36, IDW Fachnachrichten 2012, S. 701 ff., WPg 2012, Supplement 4, S. 91 ff.; unklar *Simon* in Köln-Komm. UmwG, § 24 UmwG Rz. 50.
3 *Schmidt/Ries* in Beck'scher Bilanz-Kommentar, § 246 HGB Rz. 82.

Rechtsträger ohnehin zu derivativ erworbenen und müssen mit den ihnen zuzuordnenden Anschaffungskosten (Rz. 7) aktiviert werden (§ 246 Abs. 1 Satz 1 HGB)[1]. Hat der übertragende Rechtsträger von Wahlrechten nach den Überleitungsvorschriften zum BilMoG (Art. 66 EGHGB) Gebrauch gemacht, so gehen diese Wahlrechte nicht auf den übernehmenden Rechtsträger über; er hat vollständig nach den für ihn dann geltenden HGB-Vorschriften zu verfahren.

Für den übernehmenden Rechtsträger ist die Verschmelzung ein **Erwerbsvorgang**, dem ein Vermögens- und Schuldentransfer zugrunde liegt. Damit werden beim übertragenden Rechtsträger originär entstandene Vermögensgegenstände und Werte wie zB Lizenzen, gewerbliche Schutzrechte und ähnliche Rechte durch den Vermögensübergang vom übernehmenden Rechtsträger derivativ erworben und damit aktivierungspflichtig (§ 246 Abs. 1 Satz 1, Satz 4 HGB). Hinsichtlich des Umgangs mit dem entgeltlich erworbenen Geschäfts- oder Firmenwert siehe Rz. 6. Grundsätzlich wird ein entgeltlicher Erwerb vorausgesetzt bzw. ein Erwerb, dem eine Gegenleistung zugrunde liegt (§§ 246 Abs. 1 Satz 4, 255 Abs. 1 HGB). Die Entgeltlichkeit bzw. Gegenleistung wird im Falle der Verschmelzung von der hM zutreffend bejaht. Sie liegt in der Gewährung von Anteilen oder Mitgliedschaftsrechten oder in der Aufgabe einer Beteiligung[2]. Es gibt aber auch Gestaltungen, bei denen es an einer Gegenleistung mangelt. Mit der Änderung der §§ 54 Abs. 1 Satz 3 und 68 Abs. 1 Satz 3 UmwG (Gleiches gilt für die Spaltung, vgl. § 125 UmwG) durch das 2. UmwGÄndG v. 19.4.2007 kann eine Verschmelzung von Kapitalgesellschaften auch ohne Kapitalerhöhung durchgeführt werden, wenn alle Anteilsinhaber einer übertragenden Rechtsträgers darauf verzichten. Hier ist insbesondere an die Verschmelzung von Schwestergesellschaften mit jeweils nur einem einzigen Gesellschafter oder mit Gesellschaftern zu jeweils identischen Beteiligungsverhältnissen zu denken (**side step merger**). Eine Kapitalerhöhung erübrigt sich, weil den Anteilsinhabern der Wert der übertragenden Schwestergesellschaft in der Beteiligung an der übernehmenden Schwestergesellschaft zuwächst. Bei der übernehmenden Gesellschaft fehlt es dann an Anschaffungskosten iS des § 255 Abs. 1 HGB; sie erwirbt unentgeltlich. Trotzdem bleibt der Vorgang auf gesellschaftsrechtlicher Ebene und ist bilanziell wie eine verdeckte Einlage zu behandeln. Ein Wertansatz zu Null, wie er gelegentlich vertreten wurde[3], würde jedoch gegen das Vollständig-

---

1 *IDW RS HFA 42* Rz. 36, IDW Fachnachrichten 2012, S. 701 ff., WPg 2012, Supplement 4, S. 91 ff.
2 Vgl. *Priester* in Lutter, § 24 UmwG Rz. 35; *Widmann* in Widmann/Mayer, § 24 UmwG Rz. 238; *Bula/Pernegger* in Sagasser/Bula/Brünger, § 10 Rz. 116; *Hörtnagl* in Schmitt/Hörtnagl/Stratz, § 24 UmwG Rz. 26; *Deubert/Hoffmann* in Winkeljohann/Förschle/Deubert, Sonderbilanzen, K 20; *Schmidt/Usinger* in Beck'scher Bilanz-Kommentar, § 248 HGB Rz. 40; *ADS*, § 248 HGB Rz. 16 und 21 ff. mit gewisser Zurückhaltung – Beschränkung des Wertansatzes auf den Nennwert der gewährten Anteile; *Bayer* in Lutter/Hommelhoff, § 5 GmbHG Rz. 18 ff.; *Veil* in Scholz, 11. Aufl. 2012, § 5 GmbHG Rz. 52.
3 *ADS*, § 255 HGB Rz. 83.

keitsverbot des § 246 Abs. 1 HGB verstoßen. Zutreffend ist ein Ansatz zum Verkaufswert (Marktpreis) zum Zeitpunkt des Vermögensübergangs[1]. Unter Berücksichtigung der gesellschaftsrechtlichen Ebene des Vorgangs ist der Gegenwert auf der Passivseite unmittelbar in die Kapitalrücklage nach § 272 Abs. 2 Nr. 4 HGB einzustellen[2]. Der übernehmende Rechtsträger kann aber auch vom Wahlrecht des § 24 UmwG Gebrauch machen und Buchwertfortführung wählen. Beim Anteilseigner ist die Beteiligung an dem übertragenden Rechtsträger abzuschreiben. Aus der Rechtsnatur der verdeckten Einlage ergibt sich, dass dieser Wertverlust der Beteiligung am aufnehmenden Rechtsträger zuzuschreiben ist. Für das Ergebnis ist es gleichgültig, ob insoweit nachträgliche Anschaffungskosten oder Herstellungskosten angenommen werden[3].

8 Hinsichtlich der Aktivierung eines Firmenwerts werden dann gewisse Bedenken aus dem Realisationsprinzip geltend gemacht, wenn **konzerninterne Verschmelzungen** ohne echten Interessengegensatz betroffen sind[4]. Die Bedenken sind an sich nicht von der Hand zu weisen, zumal Firmenwerte und Goodwill in der Bewertung schwer zu objektivieren sind. Die Aktivierungsfähigkeit deshalb abzulehnen, wäre bei Bejahung eines derivativen Erwerbs mit Gegenleistung jedoch systemwidrig und würde nunmehr auch dem Aktivierungsgebot des § 246 Abs. 1 Satz 4 HGB widersprechen. Den Bedenken muss durch eine vorsichtige Bewertung und durch die von der Bilanzierung unabhängige Prüfung der Kapitalaufbringung – falls erforderlich (vgl. § 69 Abs. 1 UmwG iVm. § 183 Abs. 3 AktG) – Rechnung getragen werden[5]. Die Veränderungen des steuerlichen Einlagekontos bei Kapitalgesellschaften anlässlich der Umwandlung (vgl. §§ 27 Abs. 1, 29 KStG) hat keinen Einfluss auf die handelsrechtlichen Einbuchungsvorgänge. Das gilt auch für eine ggf. nach § 37 KStG zukünftig eintretende Körperschaftsteuerminderung.

9 Beim übertragenden Rechtsträger angesetzte aktive oder passive **Steuerabgrenzungsposten** (§ 274 HGB) gehen nicht auf den übernehmenden Rechtsträger über. Der übernehmende Rechtsträger hat jedoch auf Grundlage der eigenen

---

1 Vgl. *Schubert/Gadek* in Beck'scher Bilanz-Kommentar, § 255 HGB Rz. 99 ff.; *Ballwieser* in MünchKomm. HGB, 3. Aufl. 2013, § 255 HGB Rz. 45; zur ganzen Thematik *Roß/Drögemüller*, DB 2009, 580 ff.
2 *IDW* RS HFA 42 Rz. 48, IDW Fachnachrichten 2012, S. 701 ff., WPg 2012, Supplement 4, S. 91 ff.; *Roß/Drögemüller*, DB 2009, 580 (581) halten offenbar auch eine erfolgswirksame Vereinnahmung über die GV für möglich (sie begründen dies mit der Parallele zur Bilanzierung von Zuschüssen).
3 Vgl. *Schubert/Gadek* in Beck'scher Bilanz-Kommentar, § 255 HGB Rz. 162; ebenso wohl *Roß/Drögemüller*, DB 2009, 580 (581 f.), die aber auch einen Ansatz zum Zeitwert – mit Gewinnrealisierung – zulassen wollen.
4 Vgl. *Kropff*, ZGR 1993, 41 (55 ff.); *Martens/Röttger*, DB 1990, 1097 (1099); *ADS*, § 248 HGB Rz. 21; *Schubert/Huber* in Beck'scher Bilanz-Kommentar, § 247 HGB Rz. 422; *Widmann* in FS Döllerer, 1988, S. 721 (734).
5 So auch *Hörtnagl* in Schmitt/Hörtnagl/Stratz, § 24 UmwG Rz. 26.

Verhältnisse und unter Anwendung des § 274 Abs. 1 HGB erneut zu prüfen, ob latente Steuern angesetzt werden dürfen oder müssen[1]. Werden latente Steuern beim übernehmenden Rechtsträger angesetzt, sind sie erfolgsneutral zugunsten bzw. zulasten eines Geschäfts- oder Firmenwerts bzw. des Eigenkapitals zu buchen, soweit der Verschmelzungsvorgang erfolgsneutral ist[2].

Gehen infolge der Verschmelzung **Pensionsverpflichtungen** über, so darf nicht unter Berufung auf Art. 28 EGHGB von einer Passivierung abgesehen werden. Der Eintritt in die Pensionsverpflichtung ist Gegenleistung für die Übernahme der Vermögensgegenstände; dies ist die Konsequenz des Anschaffungskostenprinzips. Damit ist die Zusage wie eine Neuzusage zu behandeln; es besteht Passivierungspflicht[3]. Anders ist es bei Buchwertfortführung: Der übernehmende Rechtsträger tritt in die Bilanzierungsentscheidung des Übertragenden ein, unabhängig davon, ob ihm selbst ein solches Wahlrecht zugestanden hätte oder nicht. Mit Inkrafttreten des BilMoG ist die Bewertung von **Pensionsrückstellungen** grundlegend geändert worden, als seither der „Erfüllungsbetrag" (am Stichtag erkennbare Preis- und Kurssteigerungen sind einzurechnen) Ausgangspunkt der Bewertung und ein pauschaler Marktzinssatz anzusetzen ist (§ 253 Abs. 1 Satz 2, Abs. 2 Satz 2 HGB). Daraus werden sich idR Mehrbelastungen zur früheren Berechnungsmethode ergeben, insbesondere wenn entsprechend § 6a EStG auch in der Handelsbilanz bewertet worden ist. Art. 67 Abs. 1 EGHGB sieht als Übergangsvorschrift ein Wahlrecht vor, diesen Mehraufwand in Jahresraten von mindestens einem Fünfzehntel bis zum 31.12.2024 anzusammeln. Diese Vereinfachungsregelung zur Ansammlung über fünfzehn Jahre wurde in der Folge durch die Änderung von § 253 Abs. 2 Satz 1 HGB im Zuge des Wohnimmobilienkreditrichtlinien-Umsetzungsgesetzes grundsätzlich nicht geändert. Zu beachten sind jedoch die Effekte für Altersversorgungsverpflichtungen aus der Anhebung des Betrachtungszeitraumes für den Durchschnittszinssatz von sieben auf zehn Jahre[4]. Ob das Wahlrecht auch vom übernehmenden Rechtsträger für übergehende Pensionslasten (Pensionen und Anwartschaften) wahrgenommen werden darf, ist zweifelhaft und bei Neubewertung (keine Buchwertverknüpfung) zu verneinen[5]. Auch hier sind die übernommenen Pensionslasten wie

---

[1] Zur Berechnung latenter Steuern siehe *Grottel/Larenz* in Beck'scher Bilanz-Kommentar, § 274 HGB Rz. 55 ff.

[2] *IDW* RS HFA 42 Rz. 39, IDW Fachnachrichten 2012, S. 701 ff., WPg 2012, Supplement 4, S. 91 ff.; vgl. auch *Grottel/Larenz* in Beck'scher Bilanz-Kommentar, § 274 HGB Rz. 11; *Hörtnagl* in Schmitt/Hörtnagl/Stratz, § 24 UmwG Rz. 25; *Deubert/Hoffmann* in Winkeljohann/Förschle/Deubert, Sonderbilanzen, K 36; *Priester* in Lutter, § 24 UmwG Rz. 34.

[3] *IDW* RS HFA 42 Rz. 37, IDW Fachnachrichten 2012, S. 701 ff., WPg 2012, Supplement 4, S. 91 ff.; vgl. *Priester* in Lutter, § 24 UmwG Rz. 35; *Hörtnagl* in Schmitt/Hörtnagl/Stratz, § 24 UmwG Rz. 27; unklar *ADS*, 5. Aufl., Art. 28 EGHGB Rz. 37 ff.

[4] BT-Drucks. 18/7584, S. 149.

[5] So auch *IDW* RS HFA 42 Rz. 37 Fn. 4, IDW Fachnachrichten 2012, S. 701 ff., WPg 2012, Supplement 4, S. 91 ff.

Neuzusagen zu behandeln; für Neuzusagen ist aber eine Übergangsregelung nicht vorgesehen. Soweit die volle Passivierung nicht durch die Neubewertung von Aktiva (einschließlich immaterieller Vermögensgegenstände) kompensiert wird, ist sie als Bestandteil des derivativen Geschäfts- oder Firmenwerts zu aktivieren (§ 246 Abs. 1 Satz 4 HGB).

11 **Eigene Anteile** des übertragenden Rechtsträgers gehen im Zuge der Verschmelzung unter (§ 20 Abs. 1 Nr. 2 UmwG) und sind beim übernehmenden Rechtsträger nicht anzusetzen (sie sind bereits beim übertragenden Rechtsträger nach § 272 Abs. 1a HGB mit den Eigenkapitalpositionen verrechnet). Ebenso gehen gegenseitige **Forderungen** und **Verbindlichkeiten** durch Konfusion unter und sind beim übernehmenden Rechtsträger nicht anzusetzen[1].

12 **Kosten**, die anlässlich der Verschmelzung entstehen (Beratung, Prüfung, Notar, Grundbuchberichtigung, Grunderwerbsteuer, Aktiendruck- und Ausgabekosten etc.), sind als Anschaffungskosten aktivierungsfähig und entsprechend den allgemeinen Grundsätzen auf die übertragenen Vermögensgegenstände zu verteilen[2].

2. Buchwertverknüpfung

13 Wählt der übernehmende Rechtsträger Buchwertverknüpfung, ist er bilanziell an die Ansätze des übertragenden Rechtsträgers gebunden. Dies gilt auch für Ansatzwahlrechte, selbst wenn sie für die Rechtsform des übernehmenden Rechtsträgers nicht zulässig wären (zB § 274 HGB)[3]. Eine Korrektur findet im darauf folgenden ordentlichen Jahresabschluss des aufnehmenden Rechtsträgers statt. Dies gilt aber auch für Ansatzverbote (zB § 248 Abs. 2 Satz 2 HGB); beim übertragenden Rechtsträger originär entstandene immaterielle Vermögensgegenstände oder ein originärer Geschäftswert dürfen – ungeachtet des derivativen Erwerbs – nicht aktiviert werden[4], es sei denn bereits beim übertragenden Rechtsträger ist eine zulässige Aktivierung nach § 248 Abs. 2 Satz 1 HGB vorgenommen worden.

14 Aus dem Wortlaut des § 24 UmwG ist allerdings nicht ersichtlich, dass er sich auch auf die **Ansatzvorschriften** beziehen soll; er könnte aus der Bezugnahme

---

1 *IDW* RS HFA 42 Rz. 38, IDW Fachnachrichten 2012, S. 701 ff., WPg 2012, Supplement 4, S. 91 ff.
2 So auch *Böttcher* in Böttcher/Habighorst/Schulte, § 24 UmwG Rz. 44; aA *Deubert/Hoffmann* in Winkeljohann/Förschle/Deubert, Sonderbilanzen, K 43.
3 Vgl. ADS, 5. Aufl., § 348 AktG Rz. 8.
4 Vgl. ADS, § 255 HGB Rz. 261; *IDW* RS HFA 42 Rz. 65, IDW Fachnachrichten 2012, S. 701 ff., WPg 2012, Supplement 4, S. 91 ff.; *Priester* in Lutter, § 24 UmwG Rz. 38 f.; *Hörtnagl* in Schmitt/Hörtnagl/Stratz, § 24 UmwG Rz. 62 ff.; *Moszka* in Semler/Stengel, § 24 UmwG Rz. 26 ff.; *Deubert/Hoffmann* in Winkeljohann/Förschle/Deubert, Sonderbilanzen, K 70 ff.; *Bula/Pernegger* in Sagasser/Bula/Brünger, S. 418 ff.

auf § 253 HGB als reine Bewertungsbestimmung ausgelegt werden. Dann wäre ein Ansatz von derivativ erworbenen, beim übertragenden Rechtsträger nicht bilanzierten Vermögensgegenständen (immaterielle, originär geschaffene Vermögensgegenstände, Geschäftswert) durchaus möglich. Eine solche Auslegung kann aber keinen Bestand haben: Nach dem Zweck der Vorschrift sollte die bisher zwingende Buchwertverknüpfung als Wahlrecht aufrechterhalten bleiben. Zum früheren Recht war es aber allgemeine Meinung, dass auch hinsichtlich der Ansatzvorschriften eine Bindung bestand[1]. Dies kann bei Ausübung des Wahlrechts auch nach heutigem Recht nicht anders verstanden werden, zumal die Festlegung der fiktiven Anschaffungskosten auf die Schlussbilanzwerte zu einem Geschäftswertansatz von 0 Euro führen müsste[2].

Steuerabgrenzungen (§ 274 HGB) sind nach den Verhältnissen des übernehmenden Rechtsträgers neu zu ermitteln[3]. **Eigene Anteile**, die im Zuge der Umwandlung untergehen (das ist bei Verschmelzung und Aufspaltung der Fall), sind trotz Buchwertfortführung nicht anzusetzen[4]; sie vermindern den übergehenden Buchwertsaldo. Dies ergibt sich automatisch, wenn eigene Anteile in der Schlussbilanz bereits entsprechend § 272 Abs. 1a HGB mit dem Eigenkapital verrechnet wurden. **Ausschüttungen** des übertragenden Rechtsträgers nach dem Umwandlungsstichtag mindern ebenfalls den übergehenden Buchwertsaldo und sind ggf. als Verbindlichkeit anzusetzen. Macht nach Inkrafttreten des BilMoG der übertragende Rechtsträger für nach neuem Recht nicht mehr zulässige Bilanzposten oder Wertansätze von den Wahlrechten nach Art. 67 EGHGB Gebrauch, so gehen diese Posten oder Wertansätze mit den entsprechenden Wahlrechten auf den übernehmenden Rechtsträger über. Das gilt auch für das Wahlrecht bezüglich der **Pensionsrückstellungen** nach Art. 67 Abs. 1 EGHGB (siehe dazu Rz. 10).

15

Die **Kosten** der Verschmelzung (vgl. Rz. 12) sind bei Buchwertverknüpfung nicht als Anschaffungsnebenkosten aktivierungsfähig[5]. Zur **grenzüberschreitenden Verschmelzung** vgl. Rz. 62 f.

16

---

1 Vgl. *ADS*, 5. Aufl., § 348 AktG Rz. 8.
2 Auch nach Inkrafttreten des BilMoG bleibt es bei dieser Aussage, auch wenn das MoMiG eine etwas schärfere Abgrenzung zwischen Ansatz- und Bewertungsvorschriften gebracht hat (vgl. § 246 Abs. 3 HGB).
3 *Deubert/Hoffmann* in Winkeljohann/Förschle/Deubert, Sonderbilanzen, K 80; *Priester* in Lutter, § 24 UmwG Rz. 39; *IDW RS HFA 42* Rz. 61, IDW Fachnachrichten 2012, S. 701 ff., WPg 2012, Supplement 4, S. 91 ff.
4 So zutreffend *Deubert/Hoffmann* in Winkeljohann/Förschle/Deubert, Sonderbilanzen, K 75; *Priester* in Lutter, § 24 UmwG Rz. 39; aA *Scherrer* in FS Claussen, 1997, S. 743 (749); nach Inkrafttreten des BilMoG sind eigene Anteile ohnehin mit dem gezeichneten Kapital und den verfügbaren Rücklagen zu verrechnen (§ 272 Abs. 1a HGB).
5 *ADS*, 5. Aufl., § 348 AktG Rz. 8; *IDW RS HFA 42* Rz. 62, IDW Fachnachrichten 2012, S. 701 ff., WPg 2012, Supplement 4, S. 91 ff.

3. Ausübung des Wahlrechts

17 Das in § 24 UmwG eingeräumte Wahlrecht kann nicht **selektiv**, sondern nur **einheitlich** für das Vermögen eines übertragenden Rechtsträgers ausgeübt werden. Bei zeitgleicher Verschmelzung mehrerer übertragender Rechtsträger auf einen übernehmenden Rechtsträger, ist eine unterschiedliche Ausübung für jeden einzelnen übertragenden Rechtsträger möglich[1]. Dies gilt ebenso für die Kettenverschmelzung. Der Begriff der **Kettenverschmelzung** ist gesetzlich nicht definiert und hat auch keinen Eingang in das Umwandlungsgesetz gefunden. In der Regel wird unter diesem Begriff die Verschmelzung von mindestens drei Rechtsträgern durch mindestens zwei Verschmelzungsvorgänge verstanden, wobei der übernehmende Rechtsträger der ersten Verschmelzung noch vor deren Wirksamwerden einen zweiten Verschmelzungsvertrag, dann als übertragender Rechtsträger, abschließt[2]. Da es sich bei Kettenverschmelzungen um grundsätzlich unabhängige Transaktionen iS des Umwandlungsrechts handelt, ist es zulässig, das Wahlrecht nach § 24 UmwG bei jeder einzelnen Transaktion unterschiedlich auszuüben. Dabei ist jedoch zu beachten, dass im Falle der Verschmelzung der letzten Gesellschaft einer Reihe im Rahmen einer Kettenverschmelzung das Wahlrecht für alle Vermögensgegenstände, die zuvor im Rahmen einer Kettenverschmelzung auf diese letzte Gesellschaft übergegangen sind, einheitlich ausgeübt werden muss.

Der übernehmende Rechtsträger übt das Wahlrecht im Zuge der Auf- und Feststellung des der Verschmelzung zeitlich nachfolgenden Jahresabschlusses aus. Zuständig sind die jeweiligen Auf- und Feststellungsorgane; die Anteilseigner also nur, wenn sie auch die Feststellung vornehmen. Soweit *Simon*[3] von einer alleinigen Zuständigkeit des Aufstellungsorgans ausgeht, ist dem nicht zu folgen. Für das Wahlrecht nach § 24 UmwG gilt nichts anderes als für alle anderen Bilanzierungswahlrechte, die mit zur Disposition des Feststellungsorgans stehen[4]. Festlegungen können als **fakultative Regelungen** in den **Verschmelzungsvertrag** aufgenommen werden; das kann zum Schutz der Anteilseigner vor überraschenden Ergebnisauswirkungen auch zweckmäßig sein. Zweckmäßig ist es vor allem bei grenzüberschreitenden Verschmelzungen (zB im Rahmen der Angaben nach § 122c Abs. 2 Nr. 11 UmwG). Festlegungen können aber auch durch

---

1 *Simon* in KölnKomm. UmwG, § 24 UmwG Rz. 35; *Hörtnagl* in Schmitt/Hörtnagl/Stratz, § 24 UmwG Rz. 85; *Priester* in Lutter, § 24 UmwG Rz. 77; *IDW* RS HFA 42 Rz. 35, IDW Fachnachrichten 2012, S. 701 ff., WPg 2012, Supplement 4, S. 91 ff.
2 *Sagasser/Luke* in Sagasser/Bula/Brünger, S. 257 f.; *IDW* RS HFA 42 Rz. 12, IDW Fachnachrichten 2012, S. 701 ff., WPg 2012, Supplement 4, S. 91 ff.
3 *Simon* in KölnKomm. UmwG, § 24 UmwG Rz. 36.
4 Vgl. nur für die GmbH: *Hüffer/Schürnbrand* in Großkomm. GmbHG, 2. Aufl. 2014, § 46 GmbHG Rz. 13; *K. Schmidt* in Scholz, 11. Aufl. 2014, § 46 GmbHG Rz. 14; *IDW* RS HFA 42 Rz. 35, IDW Fachnachrichten 2012, S. 701 ff., WPg 2012, Supplement 4, S. 91 ff.; BGH v. 28.1.1985 – II ZR 79/84, BB 1985, 567.

die erforderlichen Beschlüsse anlässlich einer Kapitalerhöhung erfolgen: Die Anschaffungskosten werden durch die nominale Bestimmung von Kapitalerhöhung und Agio festgelegt (vgl. Rz. 27). Daran sind die für die Aufstellung zuständigen Organe gebunden; sie können keine Buchwertverknüpfung wählen, wenn sie diesen Werten nicht entspricht.

Will der übernehmende Rechtsträger bei Aufstellung des Jahresabschlusses von einer Festlegung im Verschmelzungsvertrag aus wohlerwogenen Gründen abweichen (zB statt der vereinbarten Buchwertverknüpfung zu Zeit- oder Zwischenwerten bilanzieren), so erfordert das grundsätzlich eine formwirksame (§ 6 UmwG) Änderung des Verschmelzungsvertrages mit den entsprechenden Beschlussvoraussetzungen bei den beteiligten Rechtsträgern. Eine Änderung ist aber nur bis zur Eintragung der Verschmelzung in das Register des übernehmenden Rechtsträgers möglich, weil der übertragende Rechtsträger und damit der Vertragspartner erlischt (§ 20 Abs. 1 Nr. 2 UmwG). Eine **abweichende Ausübung** des **Wahlrechts** erscheint aber auch dann noch zulässig, wenn die Gesellschafter- oder Mitgliederversammlung des übernehmenden Rechtsträgers zustimmt, und zwar mit Sonderbeschlüssen jeweils der Gesellschafter/Mitglieder des früheren übertragenden und des früheren übernehmenden Rechtsträgers mit den jeweils für die Zustimmung zum Verschmelzungsvertrag erforderlichen Mehrheiten. Anders ist es bei der Abspaltung oder Ausgliederung. Dort bleiben die Parteien des Spaltungs- und Übernahmevertrags bestehen und können den Vertrag auch noch nach der Eintragung der Abspaltung oder Ausgliederung ändern. Die notarielle Form ist nach der Eintragung nicht mehr erforderlich[1]. Ist die Festlegung in einem Kapitalerhöhungsbeschluss erfolgt, bedarf dessen Änderung allerdings der notariellen Form. Darüber hinaus ist eine Buchwertverknüpfung nur zulässig, wenn der Buchwertsaldo den Kapitalausgabebetrag (Nominalerhöhung und Agio) mindestens erreicht. Es darf keine **nominale Unterparimission** ausgewiesen werden[2]. AA ist *Priester*[3]. Die Kommentarmeinungen sind *Priester* weitgehend gefolgt[4]. Nach deren Auffassung ist eine Buchwertfortführung auch zulässig, wenn der Ausgabebetrag aus einer Kapitalerhöhung über dem Buchwert des übergehenden Vermögens liegt und damit ein bilanzieller Fehlbetrag entsteht. Es reiche aus, dass der Zeitwert des übernommenen Ver-

18

---

1 Entsprechend der Rechtslage bei der Grundstücksübertragung nach Auflassung, vgl. BGH v. 28.9.1984 – V ZR 43/83, NJW 1985, 266; *Grüneberg* in Palandt, 75. Aufl. 2016, § 311b BGB Rz. 44.
2 Vgl. *Welf Müller*, WPg 1996, 857 (864); *Welf Müller* in FS Clemm, 1995, S. 243 (251 ff.).
3 *Priester*, GmbHR 1999, 1273 ff. und *Priester* in Lutter, § 24 UmwG Rz. 87 ff.
4 *Moszka* in Semler/Stengel, § 24 UmwG Rz. 79; *Hörtnagl* in Schmitt/Hörtnagl/Stratz, § 24 UmwG Rz. 74, 89; *Deubert/Hoffmann* in Winkeljohann/Förschle/Deubert, Sonderbilanzen, K 91; *Fenske*, BB 1997, 1247; *Simon* in KölnKomm. UmwG, § 24 UmwG, Rz. 41 ff.; *Mujkanovic*, BB 1995, 1735; so wohl auch *Widmann* in Widmann/Mayer, § 24 UmwG Rz. 331; so auch *IDW RS HFA 42* Rz. 70, IDW Fachnachrichten 2012, S. 701 ff., WPg 2012, Supplement 4, S. 91 ff.

mögens den Ausgabebetrag decke. Dem ist nicht zuzustimmen: Neben einem **Grundsatz der materiellen Kapitalaufbringung** (der Zeitwert des eingebrachten Vermögens muss mindestens den Ausgabebetrag der Gesellschaftsrechte decken) ist das Gesellschaftsrecht auch von einem **Grundsatz der formellen Kapitalaufbringung** beherrscht: Danach muss der Ausgabebetrag, mindestens aber das Grund- oder Stammkapital, nominal durch die Einlage gedeckt sein. Dieser Grundsatz ergibt sich beispielshalber aus den Vorschriften der § 92 Abs. 1 AktG, §§ 30, 49 Abs. 3 GmbHG. Es kann nicht sein, dass eine Gründung oder Umwandlung ordnungsgemäß ist, wenn sie zB unmittelbar die Konsequenz des Verlustes der Hälfte des Grund- oder Stammkapitals nach sich ziehen könnte. Dem kann auch durch eine Ausschüttungssperre, die ein nominaler Verlustausweis zur Folge hätte, nicht abgeholfen werden. Davon abgesehen, dass eine solche Sperre nur bei der AG zum Zuge kommt (§ 57 Abs. 3 AktG), soll das Kapital bei der Ausgabe auch formal gedeckt sein und nicht erst durch künftige Jahresüberschüsse aufgefüllt werden. Eine nominale Unterpariemission führt darüber hinaus zu einer Verdopplung der Reserven, einmal in den buchwertverknüpften Vermögensgegenständen, zum anderen in der Auffüllungsnotwendigkeit des entstehenden Fehlbetrags. Entgegen der hM ist also in den Fällen, in denen der Buchwert unter dem Ausgabebetrag der Gesellschaftsrechte liegt – auch wenn zu Zeitwerten eine Deckung gewährleistet ist – von einer **Einschränkung des Wahlrechts** auszugehen.

19 Ob eine Einschränkung des Wahlrechts geboten ist, wenn der Buchwert des übertragenen Reinvermögens höher ist als der Ausgabebetrag der gewährten Gesellschaftsrechte oder der Zeitwert (Buchwert) der untergehenden Beteiligung, kann insbesondere dann zweifelhaft sein, wenn die Differenz auf einen „**bad will**" des übernommenen Rechtsträgers zurückzuführen ist. Diese Fälle können insbesondere dann eintreten, wenn die Beteiligung am übertragenden Rechtsträger zu einem Erwerbspreis (Zeitwert) gekauft worden ist, der unter dem buchmäßig ausgewiesenen Eigenkapital des übertragenden Rechtsträgers liegt. Der Unternehmenswert (Marktwert) liegt dann unter dem Reinvermögensbuchwert. Eine Buchwertverknüpfung führt beim aufnehmenden Rechtsträger zu einem ausschüttungsfähigen Jahresüberschuss; eine Ergebnisbelastung tritt erst in den Folgejahren durch die dann realisierten Verluste oder geschmälerten Erträge ein. Die Wahl der Buchwertverknüpfung kann in einem solchen Falle, insbesondere unter dem Gesichtspunkt des § 264 Abs. 2 Satz 1 HGB, missbräuchlich sein, jedenfalls dann, wenn durch Abstockung der Buchwerte des übertragenden Rechtsträgers ein Einklang mit dem Zeitwert herbeigeführt werden kann[1]. Soweit eine Abstockung von Vermögensgegenständen oder Aufstockung von Verbindlichkeiten nicht möglich ist (zB Zahlungsmittel, Forderungen etc.), ist ein Gewinnausweis auch ohne Buchwertverknüpfung nicht zu vermeiden, allerdings

---

1 Vgl. *Winkeljohann/Schellhorn* in Beck'scher Bilanz-Kommentar, § 264 HGB Rz. 29; aA ADS, § 264 HGB Rz. 107.

bei Kapitalgesellschaften und gleichgestellten Rechtsträgern mit Berichtspflicht im Anhang (§ 264 Abs. 2 Satz 2 HGB). *Weilep*[1] will die unangemessenen „bad will"-Konsequenzen durch erfolgsneutrale Passivierung eines „Unterschiedsbetrags" beim aufnehmenden Rechtsträger neutralisieren, der in den Folgejahren entsprechend den Verlusterwartungen im Erwerbszeitpunkt erfolgswirksam aufzulösen ist. Ein Gewinnausweis beim aufnehmenden Rechtsträger erscheint in diesen Fällen jedenfalls insoweit unbedenklich, als bei einer Liquidation ein Liquidationsüberschuss in Gewinnhöhe verbliebe. *Fenske*[2] behandelt Fälle, in denen die zu gewährenden Anteile des übernehmenden Rechtsträgers nicht von diesem, sondern von einem Dritten (Gesellschafter, Konzernmuttergesellschaft) zur Verfügung gestellt werden. Er will für diesen Fall die Bilanzierungsregeln über den unentgeltlichen Erwerb zur Anwendung bringen. Dies erscheint jedoch zweifelhaft, weil die Zurverfügungstellung von Anteilen durch Dritte, jedenfalls wenn diese gesellschaftsrechtlich mit dem übernehmenden Rechtsträger verbunden sind, stets eine Einlage in den übernehmenden Rechtsträger darstellen wird und damit die Regeln für die Verschmelzung/Spaltung gegen Gewährung eigener Anteile (§ 54 Abs. 1 Satz 2 Nr. 1 UmwG) zur Anwendung kommen.

Darüber hinaus gibt es weitere Grenzen für die Ausübung des Wahlrechts. Kapitalgesellschaften haben das Gebot des § 264 Abs. 2 HGB zu beachten. Dieses und das Gebot zur Rücksichtnahme auf die Ausschüttungsinteressen der Anteilseigner können eine Buchwertverknüpfung verbieten, wenn dadurch **stille Reserven fortgeführt** und darüber hinaus bei dem übernehmenden Rechtsträger **Verschmelzungsverluste** entstehen (vgl. Rz. 18 ff.). 20

4. Ertragswirksamer Ausweis in der GuV

Tritt durch Buchwertverknüpfung oder nach dem Anschaffungskostenprinzip 21
ein **Verschmelzungsverlust oder -gewinn** ein, so ist dieser bei Kapitalgesellschaften in der GuV als sonstige betriebliche Aufwendung oder als sonstiger betrieblicher Ertrag zu zeigen[3]. Eine Angabe im Anhang als Aufwand oder Ertrag von außergewöhnlicher Bedeutung nach § 285 Nr. 31 HGB erscheint sachgerecht, da sie keinen eindeutigen Bezug zur gewöhnlichen Geschäftstätigkeit aufweisen[4]. Eine Erläuterungspflicht wird vom Gesetzgeber jedoch nicht verlangt, womit die Angabe des Betrages und der Art des Aufwands oder Ertrags als ausreichend anzusehen ist[5]. Davon unberührt bleibt die Erläuterungspflicht zur Herstellung der Vergleichbarkeit im Zusammenhang mit Vermögenszugängen

---

1 *Weilep*, DB 1998, 2130 ff.
2 *Fenske*, BB 1997, 1247 (1249 ff.).
3 *Schmidt/Peun* in Beck'scher Bilanz-Kommentar, § 275 HGB Rz. 171; *Baumann* in Russ/Janßen/Götze, BilRUG – Auswirkungen auf das deutsche Bilanzrecht, S. 124.
4 *Grottel* in Beck'scher Bilanz-Kommentar, § 285 HGB Rz. 891.
5 BT-Drucks. 18/5256, S. 83.

und -abgängen bei Umwandlungsvorgängen nach § 265 Abs. 2 Satz 2 und 3 HGB[1]. Soweit die Verschmelzung sowohl bei Buchwertverknüpfung als auch nach dem Anschaffungskostenprinzip gegen Kapitalerhöhung erfolgt, ist ein positiver Differenzbetrag in die Kapitalrücklage nach § 272 Abs. 2 Nr. 1 HGB einzustellen[2].

IV. Bewertungsvorschriften

1. Zur Geltung des Anschaffungskostenprinzips

a) Verschmelzung gegen Gewährung von Anteilen oder Mitgliedschaften

22 In Rz. 4 wurde bereits darauf hingewiesen, dass es sich bei Gewährung von Anteilen oder Mitgliedschaften um **Anschaffungskosten besonderer Art** handelt. Am ehesten kann noch bei Personenhandelsgesellschaften und Kapitalgesellschaften von Anschaffungskosten gesprochen werden, da Kapitalkonten eingeräumt oder Grund- oder Stammkapital ausgegeben und darüber hinaus ggf. ein Agio festgesetzt wird. Als – weitere – „Gegenleistung" können auch Geld- oder Darlehensansprüche (Zuzahlungen) gegen den übernehmenden Rechtsträger begründet werden. Bei der bloßen Einräumung von Mitgliedschaften (zB beim eingetragenen Verein iS des § 21 BGB) wird jedoch gegen die Einlage des übernehmenden Rechtsträgers, jedenfalls bilanziell, gar nichts ausgereicht.

23 Die Ausgabe von Eigenkapital oder von Anteilen am übernehmenden Rechtsträger (Mitgliedschaften im weitesten Sinne) stellen keine Anschaffungskosten im klassischen Sinne eines Anschaffungspreises inklusive Nebenkosten dar, die grundsätzlich nur zu einer Vermögensumschichtung beim anschaffenden Rechtsträger führen. Eine solche **Vermögensumschichtung** findet gerade nicht statt, es kommt vielmehr zu einer Bilanzverlängerung. Die Ausgabe von Anteilen repräsentiert nichts anderes als den hereinkommenden **Vermögenssaldo**. Für die Höhe des auszugebenden Kapitals einschließlich Agio besteht ein weiter Gestaltungs- und Bewertungsspielraum, der nicht in allen Fällen einen Markttest durchlaufen hat. Für die Festsetzungen im Verschmelzungsvertrag besteht Vertragsfreiheit (insb. § 5 Abs. 1 Nr. 3 UmwG und § 122c Abs. 2 Nr. 2 UmwG). Man kann also allenfalls von einem „anschaffungsähnlichen" Sachverhalt sprechen, bei dem der pagatorische Vorgang durch sog. fiktive Anschaffungskosten zu ersetzen ist[3].

---

[1] *IDW* RS HFA 39 Rz. 7 ff., IDW Fachnachrichten 2012, S. 31 f., WPg 2012, Supplement 1, S. 90 ff.
[2] Vgl. auch *IDW* RS HFA 42 Rz. 43, 68, IDW Fachnachrichten 2012, S. 701 ff., WPg 2012, Supplement 4, S. 91 ff.
[3] Zutreffend *ADS*, § 255 HGB Rz. 82 ff.

Zu klassischen Anschaffungskosten könnte man allenfalls dann kommen, wenn man gedanklich die Sacheinlageverpflichtung zunächst wie eine Geldschuld bezifferte und erst in einem zweiten Schritt die Übertragung des Vermögenssaldos als Erfüllung dieser nominalen Verpflichtung ansähe[1]. Diese Interpretation wird jedoch der Natur des Verschmelzungsvertrages nicht gerecht.

Diese Besonderheiten – auch wenn sie als solche nicht immer erkannt werden – haben die hM dazu veranlasst, die **Bewertung** der übertragenen Vermögensgegenstände und Schulden zu ihrem **Zeitwert** zumindest zuzulassen[2]. Wenn weder gesetzlich noch gesellschaftsvertraglich etwas anderes bestimmt ist, sind als fiktive Anschaffungskosten stets die Zeitwerte, jedenfalls als Obergrenze, heranzuziehen[3]. *Widmann*[4] lässt grundsätzlich nur den **Zeitwert** als Wertansatz zu. Er begründet dies damit, dass in der Gewährung von Gesellschaftsrechten Anschaffungskosten im bilanztechnischen Sinne nicht gesehen werden können. Eine Ausnahme von diesem Grundsatz lässt er nur zu, wenn steuerliche Vorschriften einen Ansatz unter dem Zeitwert vorsehen. 24

Trotz der Besonderheiten des Anschaffungskostenbegriffs bei Gewährung von Anteilen oder Mitgliedschaftsrechten müssen die Festlegungen in Verschmelzungs-/Spaltungsverträgen (§ 5 Abs. 1 Nr. 2, 3 und 4 UmwG) und in Gründungs- oder Kapitalerhöhungsbeschlüssen Ausgangspunkt für den Wertansatz des eingebrachten Vermögens und der eingebrachten Schulden sein. Damit sind die Grundregeln des **Anschaffungskostenprinzips** zur Anwendung zu bringen, und es ist allenfalls eine Frage der Terminologie, ob die Anwendung direkt oder entsprechend erfolgen soll. Festzuhalten bleibt, dass der Zeitwert als Höchstwert nicht überschritten werden darf.

b) Verschmelzung gegen Untergang der Beteiligung

Der Untergang einer Beteiligung im Zuge der Verschmelzung unterscheidet sich insofern von der Ausgabe von Kapital, als der übernehmende Rechtsträger für die Beteiligung unzweifelhaft einmal Anschaffungskosten aufgewendet hat (zB durch Gründung und ggf. weitere Einlagen oder durch Kauf). Daraus könnte gefolgert werden, dass diese Kosten – mittelbare – Anschaffungskosten für die übernommenen Vermögensgegenstände und Schulden (Vermögenssaldo) dar- 25

---

1 *Groh*, FR 1990, 528; so auch *Winkeljohann/Schellhorn* in Winkeljohann/Förschle/Deubert, Sonderbilanzen, D 193 ff.: die Anschaffungskosten für den übernehmenden Rechtsträger bestehen danach im Verlust der Einlageansprüche.
2 *ADS*, § 255 HGB Rz. 97; *Husemann*, Grundsätze ordnungsgemäßer Bilanzierung für Anlagegegenstände, S. 106 ff.; *Kuhn*, ZfB 1966, 647 (663, 664); *Mutze*, AG 1970, 324 ff.; *Wrede*, Steuerliche Probleme bei Änderung der Unternehmensform, S. 106.
3 Ähnlich für den unentgeltlichen Erwerb *ADS*, § 255 HGB Rz. 84; *Fastrich* in Baumbach/Hueck, § 5 GmbHG Rz. 33; *Wohlgemuth* in HdJ Abt. 1/9, Rz. 64.
4 *Widmann* in Widmann/Mayer, § 24 UmwG Rz. 289 ff.

stellen und somit nach § 253 Abs. 1 HGB beim übernehmenden Rechtsträger nicht überschritten werden dürfen. Demgegenüber darf jedoch nicht übersehen werden, dass die Verschmelzung einen Vermögenstransfer bewirkt und die Beteiligung als gesellschaftsrechtlicher Bilanzposten durch die Vermögensgegenstände und Schulden des übertragenden Rechtsträgers ganz oder anteilig substituiert wird. Damit liegt es näher, die **Bilanzierungsgrundsätze für Tauschgeschäfte** entsprechend zur Anwendung zu bringen. Im Einzelnen vgl. Rz. 31 ff.

2. Verschmelzung ohne Buchwertverknüpfung

a) Verschmelzung gegen Gewährung von Anteilen oder Mitgliedsrechten

aa) Personenhandelsgesellschaft als aufnehmender Rechtsträger

26 Angesetzt werden kann der Zeitwert als Höchstwert (vgl. Rz. 24). Da aber für die Einräumung von Gesellschaftsrechten (Kapitalkonten, gesamthänderisch gebundenen Rücklagen und ggf. baren Zuzahlungen (Darlehenskonten) im Rahmen der Satzung und/oder des Verschmelzungsvertrages Vertragsfreiheit besteht, kann durch die Parteien der **Einlagewert** frei vereinbart werden. Eine solche Vereinbarung ist für die Bilanzierung bindend, auch wenn sie einen höheren Zeitwert nicht berücksichtigt[1]. Wird mangels Vereinbarung der Zeitwert angesetzt und übersteigt er die ausgereichte Gegenleistung (Kapitalkonten, Darlehenskonten), so entsteht ein Verschmelzungsgewinn, da für die Personengesellschaft keine dem § 272 Abs. 2 Nr. 1 HGB entsprechende Bestimmung existiert. Er unterliegt den jeweils geltenden Gewinnverteilungsregeln. Bei Personengesellschaften nach § 264a HGB ist § 264c Abs. 2 Satz 2 HGB zu beachten und insoweit der Posten „Rücklagen" zu bedienen. Anschaffungsnebenkosten müssen, soweit sie aktiviert werden, durch den Zeitwert gedeckt sein. Übersteigen die so definierten Anschaffungskosten die Summe der Zeitwerte der übertragenen Vermögensgegenstände (einschließlich immaterieller Vermögensgegenstände) und Schulden, ist der Differenzbetrag zwingend als **Geschäftswert** anzusetzen (§ 246 Abs. 1 Satz 4 HGB). Möglich ist allenfalls eine außerplanmäßige Abschreibung bei voraussichtlich dauernder Wertminderung (§ 253 Abs. 3 Satz 4 HGB). Dies darf aber nur ein selbstgeschaffener Geschäftswert des übertragenden Rechtsträgers und keinesfalls ein solcher des übernehmenden Rechtsträgers sein. Sind die so definierten Anschaffungskosten geringer als die Summe der Zeitwerte der übertragenen Vermögensgegenstände und Schulden, sind die übernommenen Posten, soweit dies aus der Natur der Sache möglich ist, **abzustocken** und ggf. zusätzliche Passivposten zu bilden, bis die Gesamtanschaffungskosten erreicht sind[2].

---

[1] Vgl. *ADS*, § 255 HGB Rz. 97; dazu auch Rz. 17.
[2] *Deubert/Hoffmann* in Winkeljohann/Förschle/Deubert, Sonderbilanzen, K 48 f.; *Widmann* in Widmann/Mayer, § 24 UmwG Rz. 367.

bb) Kapitalgesellschaft als aufnehmender Rechtsträger

Ist nichts vereinbart, kann – als Höchstwert – der Zeitwert angesetzt werden. Im Verschmelzungsvertrag oder in übereinstimmenden Gesellschafterbeschlüssen kann jedoch nach hM ein **Einlagewert** bestimmt werden (zB Nennbetrag oder festgesetzter höherer Ausgabebetrag). Er ist dann für die Einbuchung bindend und enthält, bei höherem Zeitwert, zulässigerweise eine stille Reserve[1]. Der Einlagewert zuzüglich ggf. zu leistender barer Zuzahlungen (§ 5 Abs. 1 Nr. 3 UmwG) bestimmt die Anschaffungskosten. Im Einzelnen können drei Fälle unterschieden werden[2]:

27

- Der Gesellschafterbeschluss bestimmt die nominelle Kapitalerhöhung und setzt ein Agio fest. Die Anschaffungskosten sind durch den Ausgabebetrag bestimmt.

- Der Gesellschafterbeschluss bestimmt die nominelle Kapitalerhöhung und legt weiterhin fest, dass eine Differenz zwischen Nominalkapitalerhöhung und Zeitwert des übernommenen Vermögens in die Kapitalrücklage einzustellen ist. Die Anschaffungskosten sind durch Nominalkapitalerhöhung und Rücklagenzuführung bestimmt.

- Der Gesellschafterbeschluss legt nur die Nominalkapitalerhöhung fest. Dann ist durch Auslegung zu ermitteln, ob die Anschaffungskosten durch die Nominalkapitalerhöhung bestimmt sind oder ob ein Agio bis zur Höhe der Differenz zum Zeitwert in die Kapitalrücklage (§ 272 Abs. 2 Nr. 1 HGB) eingestellt werden darf.

Der Gegenmeinung, die zwingend einen Ansatz zum Zeitwert fordert, ist nicht zu folgen[3]. Sie verkennt, dass es dem zuständigen Organ des aufnehmenden Rechtsträgers (Gesellschafterversammlung) obliegt, einen Anrechnungswert für die Sacheinlage festzulegen, vorausgesetzt dieser deckt den Nennwert der ausgegebenen Anteile. Einer solchen Festsetzungsbefugnis stehen weder § 272 Abs. 2 HGB noch § 150 AktG entgegen. Damit ist auch eine Unterbewertung der Sacheinlage anzuerkennen[4].

---

1 Vgl. statt vieler *ADS*, § 255 HGB Rz. 97; *Deubert/Hoffmann* in Winkeljohann/Förschle/Deubert, Sonderbilanzen, K 44, alle mwN; *Priester* in Lutter, § 24 UmwG Rz. 45; *Gassner* in FS Widmann, 2000, S. 343 (351); aA (zwingender Ansatz zum Zeitwert): *Hörtnagl* in Schmitt/Hörtnagl/Stratz, § 24 UmwG Rz. 31; *Widmann* in Widmann/Mayer, § 24 UmwG Rz. 289 ff.; *Schulze-Osterloh*, ZGR 1993, 420 (436); *Bula/Pernegger* in Sagasser/Bula/Brünger, Umwandlungen, S. 391.
2 Vgl. IDW RS HFA 42 Rz. 43, IDW Fachnachrichten 2012, S. 701 ff., WPg 2012, Supplement 4, S. 91 ff.
3 Vgl. IDW RS HFA 42 Rz. 43, IDW Fachnachrichten 2012, S. 701 ff., WPg 2012, Supplement 4, S. 91 ff.; *Hörtnagl* in Schmitt/Hörtnagl/Stratz, § 24 UmwG Rz. 31 f.; *Widmann* in Widmann/Mayer, § 24 UmwG Rz. 289 ff., es sei denn eine steuerrechtliche Regelung gebe die Möglichkeit für einen niedrigeren Ansatz als den Zeitwert.
4 *Veil* in Scholz, 11. Aufl. 2012, § 5 GmbHG Rz. 56; *Fastrich* in Baumbach/Hueck, § 5 GmbHG Rz. 33; *Roth* in Roth/Altmeppen, § 5 GmbHG Rz. 54; streitig allerdings für die

28 Neben dem Zeitwert können – bei fehlender Regelung – auch **Zwischenwerte** zwischen dem ausgereichten Nominalkapital und dem Zeitwert in Ansatz kommen. Das Anschaffungswertprinzip steht dem nicht entgegen, da die Gewährung von Anteilen allenfalls ein anschaffungsähnlicher Vorgang ist (vgl. Rz. 23) und die Zuführung zu Kapitalrücklagen nach § 272 Abs. 2 Nr. 1 HGB nur sehr bedingt als „Anschaffungskosten" qualifiziert werden kann[1]. Eine Aktivierung muss aber jedenfalls in Höhe des ausgereichten Nominalkapitals erfolgen. Es darf nicht willkürlich ein bilanzieller Verlust geschaffen werden. Ist das Nominalkapital durch den Zeitwert nicht gedeckt, kommt ggf. der Ansatz einer **Ausgleichsforderung** gegen die Anteilsinhaber des übertragenden Rechtsträgers in Frage (vgl. § 55 UmwG iVm. § 56 Abs. 2 und § 9 GmbHG)[2]. Ist eine solche Forderung nicht existent oder werthaltig, müsste die Eintragung der Kapitalerhöhung wegen mangelnder Kapitalaufbringung scheitern.

29 Für die **Aufteilung** der Gesamtanschaffungskosten auf die eingebrachten Vermögensgegenstände gelten die GoB. Sie darf nicht willkürlich sein. Eine Aufteilung im Verhältnis der Zeitwerte bietet sich an. Es ist aber nicht ausgeschlossen, einzelne Vermögensgegenstände zu Zeitwerten, andere zu Zwischenwerten anzusetzen, wenn dies zB mit der Unsicherheit der künftigen Wertentwicklung zu begründen ist[3]. Zur Geschäftswertaktivierung vgl. Rz. 26.

cc) Verein als aufnehmender Rechtsträger

30 Für alle bilanzierenden Rechtsträger, die ihren Mitgliedern keinen Anteil an einem Nominalkapital zuordnen, schlägt sich die Verschmelzung bilanziell auch nicht durch Ausgabe von Kapital nieder (zB beim eingetragenen Verein). In diesen Fällen ist davon auszugehen, dass die übertragenen Vermögensgegenstände zum Zeitwert (Höchstwert) oder zu Zwischenwerten anzusetzen sind. Auf der Passivseite ergibt sich ein entsprechender Zuwachs des Eigenkapitals (Reinvermögen).

b) Verschmelzung gegen Wegfall der Beteiligung und/oder gegen Hingabe eigener Anteile

31 Ist der übernehmende Rechtsträger am übertragenden Rechtsträger bereits beteiligt, so entfällt bilanziell mit dem Wirksamwerden der Verschmelzung die Beteiligung und wird durch die übertragenen Vermögensgegenstände und Schulden substituiert. Es handelt sich insoweit um einen tauschähnlichen Vorgang

---

AG („keine willkürliche Unterbewertung"), vgl. *Pentz* in MünchKomm. AktG, 4. Aufl. 2016, § 27 AktG Rz. 39; *Heidinger/Herder* in Spindler/Stilz, 3. Aufl. 2015, § 27 AktG Rz. 43, alle mwN; aA *Ulmer/Casper* in Großkomm. GmbHG, 2. Aufl. 2013, § 5 GmbHG Rz. 90.

1 IE wohl ebenso *Deubert/Hoffmann* in Winkeljohann/Förschle/Deubert, Sonderbilanzen, K 44 ff.
2 Vgl. *Veil* in Scholz, 11. Aufl. 2012, § 5 GmbHG Rz. 60; *ADS*, § 255 HGB Rz. 96.
3 Vgl. *ADS*, § 255 HGB Rz. 104 ff.

(vgl. Rz. 24), der nach den GoB über den **Tausch** abzuwickeln ist. Entsprechendes gilt, wenn der übernehmende Rechtsträger zur Durchführung der Verschmelzung eigene Anteile verwendet (vgl. § 54 Abs. 1 Satz 2 Nr. 1 UmwG; § 68 Abs. 1 Satz 2 Nr. 1 UmwG). Heute werden wahlweise drei Methoden zur Bestimmung der Anschaffungskosten als zulässig angesehen[1]:

– Fortsetzung der Buchwerte der untergehenden oder hingegebenen Anteile,
– Ansatz der Zeitwerte der untergehenden oder hingegebenen Anteile,
– Ansatz eines ergebnisneutralen Zwischenwertes.

Hinzu kommt die Buchwertverknüpfung mit den Werten aus der Schlussbilanz des übertragenden Rechtsträgers als vierte Methode (Rz. 43), die nicht mit der hier angesprochenen Buchwertfortführung des Beteiligungsansatzes verwechselt werden darf.

Bei der **Fortführung der Buchwerte** der Beteiligung oder der eigenen Anteile werden als Anschaffungskosten die Buchwerte der bisherigen Beteiligung bzw. der eigenen Anteile, aufgeteilt auf die einzelnen Vermögensgegenstände, fortgeführt, vorausgesetzt, dass sie durch die Zeitwerte gedeckt sind. Dies führt jedenfalls bei kürzlich erworbenen Beteiligungen zu vernünftigen, durch Marktwerte bestätigten Ansätzen. Sind in der Beteiligung stille Reserven enthalten, werden sie fortgeführt. Kosten der Verschmelzung sind bei dieser Methode als Aufwand zu behandeln. Zur Gegenbuchung bei Umwandlung eigener Anteile vgl. Rz. 33.

Bei der **Realisierungsmethode** (Ansatz zu Zeitwerten der Beteiligung oder der eigenen Anteile) werden die übertragenen Vermögensgegenstände und Schulden (Saldo) mit dem Zeitwert der auszubuchenden Beteiligung (der eigenen Anteile) angesetzt. Dieser entspricht, in diesem besonderen Falle, dem Zeitwert des übertragenen Vermögenssaldos (Unternehmenswert), dessen gesellschaftsrechtliches Spiegelbild die Beteiligung darstellt. Die Ergebnisauswirkungen sind, soweit die Verschmelzung gegen Wegfall der Beteiligung erfolgt, über die Gewinn- und Verlustrechnung zu verbuchen und erhöhen oder vermindern den Jahresüberschuss des übernehmenden Rechtsträgers[2]. In diesem Fall führt die Aufdeckung stiller Reserven in den untergehenden Anteilen zu einer Erfolgswirkung[3]. Soweit

---

[1] Vgl. *ADS*, § 255 HGB Rz. 89 ff.; *Deubert/Hoffmann* in Winkeljohann/Förschle/Deubert, Sonderbilanzen, K 54 ff.; *IDW RS HFA 42* Rz. 46, IDW Fachnachrichten 2012, S. 701 ff., WPg 2012, Supplement 4, S. 91 ff.; *Schubert/Gadek* in Beck'scher Bilanz-Kommentar, § 255 HGB Rz. 39 ff.; aA (zwingende Bewertung mit dem Zeitwert der Vermögensgegenstände und Schulden) *Hörtnagl* in Schmitt/Hörtnagl/Stratz, § 24 UmwG Rz. 38 und 44; *Bula/Pernegger* in Sagasser/Bula/Brünger, S. 394 ff.; *Schulze-Osterloh*, ZGR 1993, 420 (436); (zwingende Bewertung mit dem Zeitwert der untergehenden Anteile) *Moszka* in Semler/Stengel, § 24 UmwG Rz. 47.
[2] Vgl. *ADS*, § 255 HGB Rz. 91.
[3] *IDW* RS HFA 42 Rz. 46, IDW Fachnachrichten 2012, S. 701 ff., WPg 2012, Supplement 4, S. 91 ff.

für die Verschmelzung eigene Anteile verwendet werden, hat die Gegenbuchung erfolgsneutral in Höhe des Nennwerts im gezeichneten Kapital zu erfolgen. Ein darüber hinausgehender Differenzbetrag ist in Höhe des beim ursprünglichen Erwerb aus den freien Rücklagen entnommenen Betrags diesen wieder gutzubringen. Soweit dann noch ein Differenzbetrag verbleibt, ist dieser in die Kapitalrücklage nach § 272 Abs. 2 Nr. 1 HGB einzustellen (§ 272 Abs. 1b HGB)[1].

34 Bei der **Methode der ergebnisneutralen Behandlung** wird grundsätzlich von der Fortführung der Beteiligungsansätze (Rz. 32) ausgegangen, eine höhere Bewertung wird jedoch insoweit gewählt, als dies erforderlich ist, um die mit der Verschmelzung verbundenen Kosten und ggf. Steuern ergebnismäßig zu neutralisieren[2].

35 Diese Bewertungsmethoden sind wahlweise zulässig. Sie müssen in sich konsequent angewandt werden; Zwischenwerte sind nicht zulässig[3]. Zur Ausübung der Wahlrechte vgl. Rz. 17 ff. Seit Inkrafttreten des BilMoG ist zu beachten, dass **eigene Anteile** nicht als Vermögensgegenstände iS von § 246 Abs. 1 Satz 1 HGB aktiviert werden, sondern als Korrekturposten vom gezeichneten Kapital und von den frei verfügbaren Rücklagen offen als Kapitalrückzahlung abgesetzt werden (§ 272 Abs. 1a HGB). Eine Wiederausgabe (Realisierung) im Zuge der Verschmelzung an Gesellschafter der übertragenden Gesellschaft ist wie eine Kapitalerhöhung zu behandeln, dh. die auf die eigenen Anteile entfallenden Anschaffungskosten (Saldo der übertragenen Vermögensgegenstände und Schulden) sind mit ihrem rechnerischen Wert dem gezeichneten Kapital und den frei verfügbaren Rücklagen zuzuführen, also wie eine Kapitalerhöhung zu verbuchen (§ 272 Abs. 1b HGB). Das gilt für alle drei geschilderten Methoden (Rz. 32–34).

36 Bei einer aus Kapitalerhöhung und Wegfall der Beteiligung (Hingabe eigener Anteile) **zusammengesetzten Gegenleistung** (Mischfall) ist diese zunächst im Verhältnis der Verkehrswerte der als Gegenleistung jeweils hingegebenen Anteile auf die übertragenen Vermögensgegenstände aufzuteilen. Soweit ein ggf. entstehender Verschmelzungsgewinn auf die Kapitalerhöhung entfällt, ist er bei einer übernehmenden Kapitalgesellschaft in die Kapitalrücklage einzustellen (§ 272 Abs. 2 Nr. 1 HGB); soweit er auf die Beteiligung entfällt, dagegen ergebniswirksam zu vereinnahmen. Soweit eine übernehmende Kapitalgesellschaft ihr schon gehörige eigene Anteile verwendet (§ 54 Abs. 2 UmwG) siehe Rz. 35[4]. Ein Verschmelzungsverlust ist immer ergebniswirksam zu behandeln.

---

1 Vgl. *Priester* in Lutter, § 24 UmwG Rz. 54; *Deubert/Hoffmann* in Winkeljohann/Förschle/Deubert, Sonderbilanzen, K 44; *IDW* RS HFA 42 Rz. 53, IDW Fachnachrichten 2012, S. 701 ff., WPg 2012, Supplement 4, S. 91 ff.
2 *ADS*, § 255 HGB Rz. 92.
3 Vgl. *ADS*, § 255 HGB Rz. 93.
4 *Priester* in Lutter, § 24 UmwG Rz. 54, 60; *Hörtnagl* in Schmitt/Hörtnagl/Stratz, § 24 UmwG Rz. 41; *Deubert/Hoffmann* in Winkeljohann/Förschle/Deubert, Sonderbilanzen, K 66.

c) Verteilung und Ausweis der Anschaffungskosten

Die nach den vorstehenden Grundsätzen ermittelten Anschaffungskosten sind auf die übertragenen Vermögensgegenstände, Schulden und Rechnungsabgrenzungsposten nach einem **sachgerechten Verfahren** zu verteilen[1]. Die Zeitwerte der einzelnen Vermögensgegenstände dürfen nicht überschritten, die der Schulden und der Rückstellungen nicht unterschritten werden. Bei Kapitalgesellschaften ist das Verteilungsverfahren nach § 284 Abs. 2 Nr. 1 HGB im Anhang zu erläutern. Überschreiten die Anschaffungskosten den Zeitwert des Saldos aus Vermögensgegenständen und Schulden, ist der Differenzbetrag als Geschäfts- oder Firmenwert nach § 246 Abs. 1 Satz 4 HGB zu aktivieren und planmäßig abzuschreiben. Für die Anhänger der Auffassung, dass für die in Rz. 26–36 geschilderten Sachverhalte nur eine Bewertung zu Zeitwerten der übertragenen Vermögensgegenstände und Schulden in Frage komme, kann es allerdings zu einer Geschäfts- oder Firmenwertaktivierung nicht kommen, weil die Buch- oder Zeitwerte der untergehenden oder hingegebenen Anteile als Anschaffungskosten für die Bewertung des übertragenen Vermögens gerade keine Rolle spielen sollen. Das widerspricht aber dem Grundgedanken der Vorschrift, die von der Erfolgsneutralität des Anschaffungsvorgangs ausgeht (vgl. Rz. 1). 37

Die übertragenen Vermögensgegenstände des Anlagevermögens sind mit den ihnen zugeordneten Werten **im Anlagespiegel** (§ 284 Abs. 3 HGB) als Zugangswert zu zeigen. Die historischen Anschaffungskosten des übertragenden Rechtsträgers und dessen kumulierte Abschreibungen können allenfalls nachrichtlich aufgeführt, dürfen aber mit den eigenen Posten des übernehmenden Rechtsträgers nicht vermengt werden. 38

d) Verschmelzung von Muttergesellschaft auf Tochtergesellschaft

Wird eine Muttergesellschaft auf ihre Tochtergesellschaft verschmolzen (**down stream merger**), werden die Anteile der Muttergesellschaft an der Tochtergesellschaft ohne Buchungsvorgang bei der übernehmenden Tochtergesellschaft an die Gesellschafter der Muttergesellschaft ausgekehrt. Buchungsmäßig findet also kein Durchgangserwerb statt. Bei dem übernehmenden Rechtsträger sind damit nur das Restvermögen und die Verbindlichkeiten einzubuchen. Dieses Restvermögen kann in Ausübung des Wahlrechts mit dem Buchwert aus der Schlussbilanz der Muttergesellschaft oder zum Buch- oder Zeitwert der übernommenen Verbindlichkeiten angesetzt werden; diese und nicht etwa die nur durchgeleiteten eigenen Anteile sind Anschaffungskosten iS von § 255 Abs. 1 HGB[2]. In allen 39

---

1 *IDW* RS HFA 42 Rz. 56 ff., IDW Fachnachrichten 2012, S. 701 ff., WPg 2012, Supplement 4, S. 91 ff.
2 *Priester* in Lutter, § 24 UmwG Rz. 61; *Moszka* in Semler/Stengel, § 24 UmwG Rz. 48 ff., der aber offenbar eine Buchwertverknüpfung nicht zulassen will; *Deubert/Hoffmann* in Winkeljohann/Förschle/Deubert, Sonderbilanzen, K 67, die aber auch einen reinen Teil-

Fällen ist aber ein Zeitwerttest vorzunehmen und bei überhöhten Anschaffungskosten unverzüglich auf den Zeitwert abzuschreiben. Ein sofortiger Ansatz zu Zeitwerten ist wegen der unterschiedlichen Auswirkungen bei der Wertaufholung (§ 253 Abs. 5 HGB) problematisch. Ein positiver oder negativer Differenzbetrag ist als Verschmelzungsgewinn oder -verlust über die GuV ergebniswirksam zu vereinnahmen[1]. Für die Einstellung eines positiven Differenzbetrags in die Kapitalrücklage, auch in die Kapitalrücklage nach § 272 Abs. 2 Nr. 4 HGB, ist kein Raum: Es liegt nicht eine Zuzahlung (iS einer freiwilligen Leistung) der nach Durchreichung der Anteile nunmehr unmittelbaren Gesellschafter, sondern – insbesondere bei Buchwertverknüpfung – eine schlichte Wertdifferenz vor[2]. Eine andere Sichtweise vertritt das *IDW*[3]: Bei Übernahme eines positiven Reinvermögens (offenbar zu Zeitwerten) liege eine unentgeltliche Gesellschafterleistung vor mit der Konsequenz, dass die Anschaffungskosten dieser „Sachzuzahlung" mit dem vorsichtig geschätzten Zeitwert anzusetzen seien; dementsprechend sei ein positiver Differenzbetrag unmittelbar in die Kapitalrücklage nach § 272 Abs. 2 Nr. 4 HGB einzustellen. Eine unentgeltliche Gesellschafterleistung ist aber schwerlich zu begründen, da sich bei den Gesellschaftern nach Durchreichung nur ein Anteilstausch vollzogen hat.

40 War die **Beteiligung** am übernehmenden Rechtsträger beim übertragenden Rechtsträger (Muttergesellschaft) **fremdfinanziert**, so gehen diese Verbindlichkeiten mit der Verschmelzung auf den übernehmenden Rechtsträger über, der letztendlich sein eigenes Eigenkapital fremdfinanziert. Diese Gestaltungen bedürfen unter dem Gesichtspunkt der Kapitalerhaltung bei Kapitalgesellschaften (§§ 30, 31 GmbHG; § 57 AktG) besonders kritischer Prüfung[4]. Bei der GmbH ist davon auszugehen, dass Transaktionen dieser Art nur zulässig sind, wenn ein ggf. entstehender Übernahmeverlust durch über das Stammkapital hinaus vorhandenes Eigenkapital gedeckt werden kann[5]. Bei der AG wird die Auffassung vertreten, dass ein down stream merger, der zum Verlustausweis führt, immer einen Verstoß gegen § 57 Abs. 3 AktG (unerlaubte Einlagenrückgewähr) darstellt[6].

---

wertansatz zulassen; unklar *Widmann* in Widmann/Mayer, § 24 UmwG Rz. 349 ff.; aA *Hörtnagl* in Schmitt/Hörtnagl/Stratz, § 24 UmwG Rz. 50, der zwingend den Zeitwertansatz fordert.

1 So auch *Priester* in Lutter, § 24 UmwG Rz. 61.
2 AA *Deubert/Hoffmann* in Winkeljohann/Förschle/Deubert, Sonderbilanzen, K 67; *Förschle/Hoffmann* in Beck'scher Bilanz-Kommentar, 6. Aufl., § 272 HGB Rz. 67, Rz. 150; *Hörtnagl* in Schmitt/Hörtnagl/Stratz, § 24 UmwG Rz. 51.
3 IDW RS HFA 42 Rz. 47 f., IDW Fachnachrichten 2012, S. 701 ff., WPg 2012, Supplement 4, S. 91 ff.
4 Vgl. dazu *Welf Müller*, WPg 1996, 857 (864 f.); IDW RS HFA 42 Rz. 49, IDW Fachnachrichten 2012, S. 701 ff., WPg 2012, Supplement 4, S. 91 ff.
5 *Priester* in Lutter, § 24 UmwG Rz. 62.
6 *Deubert/Hoffmann* in Winkeljohann/Förschle/Deubert, Sonderbilanzen, K 68; *Hörtnagl* in Schmitt/Hörtnagl/Stratz, § 24 UmwG Rz. 52.

Das mag fraglich sein. Zu beachten ist, dass ein down stream merger, der schlussendlich nur die Akquisitionsverbindlichkeiten vom Akquisitionsvehikel auf das Akquisitionsobjekt transferiert, ggf. die Rechtsprechungsvoraussetzungen eines **existenzvernichtenden Eingriffs** durch die Gesellschafter erfüllen kann. Dies gilt umso mehr, als die Haftung auch denjenigen trifft, der zwar nicht an der übernehmenden Gesellschaft, wohl aber an einer Gesellschaft beteiligt ist, die ihrerseits Gesellschafterin der übernehmenden Gesellschaft ist (Gesellschafter-Gesellschafter), jedenfalls wenn er einen beherrschenden Einfluss auf die Gesellschafterin ausüben kann[1]. Das ist genau die Konstellation des down stream mergers vor Durchreichung der Anteile.

Besondere Probleme können sich ergeben, wenn am übernehmenden Rechtsträger **Minderheitsgesellschafter** beteiligt sind und ein überwiegend fremdfinanziertes Akquisitionsvehikel (Leveraged Buy Out; LBO) down stream auf das Kaufobjekt verschmolzen wird. Das verschmolzene Unternehmen ist insgesamt stets weniger wert als das ursprüngliche Kaufobjekt (übernehmender Rechtsträger), weil mit Ausnahme des Eigenkapitals des Akquisitionsvehikels nur Verbindlichkeiten (nämlich die Kaufpreisfinanzierung) hinzukommen.

Eine richtige Relationsbewertung führt dann zwar zu einem richtigen Umtauschverhältnis; trotzdem ist der in der Relation richtige Anteil der Minderheitsgesellschafter weniger wert als deren früherer Anteil am Kaufobjekt. Eine **Ausscheidensmöglichkeit** gegen Abfindung sieht das UmwG für Gesellschafter des übernehmenden Rechtsträgers nicht vor. Eine Lösungsmöglichkeit würde darin bestehen, die down stream Verschmelzung in Analogie zur aktienrechtlichen Eingliederung (§ 319 AktG) nur zuzulassen, wenn sich alle Anteile im Zuordnungsbereich des übertragenden Rechtsträgers befinden. Eine so enge Auslegung lässt sich jedoch aus dem Gesetz nicht herleiten. Dennoch wird den Minderheitsgesellschaftern ein ausreichender Schutz gegen einen zwangsläufig eintretenden Vermögensverlust gewährt werden müssen. Aus dem allgemeinen Gedanken der notwendigen Kompensation von Vermögens- und Herrschaftsverlusten, wie er in §§ 304, 305 AktG zum Ausdruck kommt, ist deshalb den Minderheitsgesellschaftern das Recht einzuräumen, auf Verlangen deren Anteile gegen eine angemessene Abfindung (bezogen nur auf den Wert des übernehmenden Rechtsträgers) zu übernehmen. Für die up stream Verschmelzung auf ein Akquisitionsvehikel gelten die Überlegungen entsprechend; dort besteht allerdings ein Anspruch auf Übernahme der Anteile gegen angemessene Abfindung nach § 29 UmwG, wenn auf einen Rechtsträger anderer Rechtsform verschmolzen wird. Für die Gläubiger stellt sich das Problem des Wertverlustes nicht in gleicher Weise: sie können sich über § 22 UmwG absichern.

---

1 BGH v. 16.7.2007 – II ZR 3/04, BGHZ 173, 246 = AG 2007, 657 (Trihotel); BGH v. 7.1.2008 – II ZR 314/05, ZIP 2008, 308 = GmbHR 2008, 257; BGH v. 13.12.2007 – IX ZR 116/06, ZIP 2008, 455 = GmbHR 2008, 322.

3. Verschmelzung mit Buchwertverknüpfung

a) Technik der Buchwertverknüpfung

43 Neben den genannten Möglichkeiten räumt § 24 UmwG als – weiteres – Ansatz- und Bewertungswahlrecht (vgl. Rz. 13) die Übernahme der in der Schlussbilanz nach § 17 Abs. 2 UmwG angesetzten Werte ein. Diese Buchwertverknüpfung ist nicht zu verwechseln mit der Buchwertfortführung eines weggefallenen Beteiligungsansatzes (vgl. Rz. 31 ff.). Das **Wahlrecht** kann, auch bei zusammengesetzter Gegenleistung (Ausgabe von Anteilen, Wegfall der Beteiligung) nur einheitlich ausgeübt werden. Da der übernehmende Rechtsträger keine besondere Einbringungsbilanz aufzustellen hat (vgl. Rz. 5), sind die übernommenen Werte vom Verschmelzungsstichtag (= Stichtag der Schlussbilanz, vgl. § 17 UmwG Rz. 14) an nach den allgemeinen Grundsätzen bis zum Ende des Geschäftsjahres des übernehmenden Rechtsträgers fortzuentwickeln.

44 Die Schlussbilanzwerte werden als **Anschaffungskosten** mit allen Konsequenzen **fingiert**. Spätere Wertaufholungen (vgl. § 253 Abs. 5 HGB) sind nur bis zu diesen Werten, nicht aber bis zu den ursprünglichen Anschaffungskosten des übertragenden Rechtsträgers zulässig[1]. Der übernehmende Rechtsträger ist an die in der Schlussbilanz getroffenen Bilanzierungsentscheidungen gebunden. Das gilt für die Ausübung von Ansatz- und Bewertungswahlrechten, unabhängig davon, ob sie dem übernehmenden Rechtsträger zugestanden hätten. Dies gilt aber auch für Ermessensentscheidungen zB bei der Bewertung des Vorratsvermögens. Die Bindung wirkt nur für die Bestimmung der Anschaffungskosten. Für künftige Jahresabschlüsse ist der übernehmende Rechtsträger nicht durch das Stetigkeitsgebot (§ 252 Abs. 1 Nr. 6 HGB) an die Methoden und Ermessensausübung des übertragenden Rechtsträgers gebunden.

45 Die Aktivierung **originär** vom übertragenden Rechtsträger geschaffener **immaterieller Vermögensgegenstände** mit Ausnahme solcher, die der übertragende Rechtsträger zulässigerweise nach § 248 Abs. 2 Satz 1 HGB aktiviert hat, oder eines Geschäfts- oder Firmenwerts kommt bei Buchwertverknüpfung systembedingt nicht in Betracht. Aktivisch oder passivisch beim übertragenden Rechtsträger bilanzierte latente Steuern (§ 274 HGB) sind allein nach den Verhältnissen des übernehmenden Rechtsträgers zu ermitteln[2]. Die **Kosten der Verschmelzung** können, soweit sie vom übernehmenden Rechtsträger getragen werden, nicht als Anschaffungsnebenkosten aktiviert werden[3].

---

1 *Deubert/Hoffmann* in Winkeljohann/Förschle/Deubert, Sonderbilanzen, K 86; *Widmann* in Widmann/Mayer, § 24 UmwG Rz. 358.
2 IDW RS HFA 42 Rz. 61, IDW Fachnachrichten 2012, S. 701 ff., WPg 2012, Supplement 4, S. 91 ff.; *Deubert/Hoffmann* in Winkeljohann/Förschle/Deubert, Sonderbilanzen, K 80.
3 IDW RS HFA 42 Rz. 62, IDW Fachnachrichten 2012, S. 701 ff., WPg 2012, Supplement 4, S. 91 ff.; der BFH verlangt steuerlich allerdings die Aktivierung von Grunderwerbsteuer als aktivierungspflichtige Anschaffungsnebenkosten wohl auch bei handelsrechtlicher

Die Schlussbilanzwerte des Anlagevermögens sind als **Zugangswerte** im Anlage- 46
spiegel des aufnehmenden Rechtsträgers auszuweisen (§ 284 Abs. 3 Satz Nr. 3
HGB). Ein Überschreiten dieser Werte ist nicht, auch nicht im Wege der Wertaufholung, zulässig (§ 253 Abs. 1 Satz 1 HGB), selbst wenn die Werte beim übertragenden Rechtsträger auf eine außerplanmäßige Abschreibung zurückzuführen sind[1]. Eine weitere Möglichkeit, die Schlussbilanzwerte des Anlagevermögens im Anlagespiegel darzustellen, besteht darin, deren historische Anschaffungskosten als Zugänge einerseits und die kumulierten Abschreibungen in einer gesonderten Spalte andererseits zu übernehmen[2].

b) Behandlung von Differenzbeträgen

Die Verschmelzung unter Buchwertfortführung führt in der Regel beim über- 47
nehmenden Rechtsträger zu Differenzbeträgen zwischen dem einzubuchenden
Vermögenssaldo und der Kapitalerhöhung und/oder der auszubuchenden Beteiligung (den eigenen Anteilen). Ist das übergehende Reinvermögen zu Buchwerten höher als der Ausgabebetrag der Kapitalanteile (positiver Differenzbetrag),
ist der Differenzbetrag bei Kapitalgesellschaften – abzüglich barer Zuzahlungen,
die als Verbindlichkeit zu passivieren sind – in die Kapitalrücklage einzustellen
(§ 272 Abs. 2 Nr. 1 HGB). Bei Personengesellschaften ist im Verschmelzungsvertrag eine Regelung zu treffen, wo ein solcher Differenzbetrag zu verbuchen
ist. Fehlt eine Regelung, ist ein Differenzbetrag anteilig auf den Kapitalkonten
der bisherigen und der neuen Gesellschafter zu erfassen[3]. Bei Personengesellschaften, die unter § 264a HGB fallen, ist ein die Pflichteinlage übersteigender
positiver Differenzbetrag in die Rücklage nach § 264c Abs. 2 Satz 1 II. HGB einzustellen. Bei Vereinen geht er ins Vereinsvermögen. Ergibt sich ein **negativer
Differenzbetrag** (Reinvermögen zu Buchwerten ist geringer als der Ausgabebetrag), so entsteht ein sofort aufwandswirksam zu behandelnder Verschmelzungsverlust[4]. Zu der Frage, ob in einem solchen Falle bei einer Kapitalgesellschaft die Buchwertverknüpfung gewählt werden darf, vgl. Rz. 51. Ein Ver-

---

Buchwertverknüpfung; BFH v. 15.10.1997 – I R 22/96, BStBl. II 1998, 168 = GmbHR 1998, 251; BFH v. 17.9.2003 – I R 97/02, DB 2003, 2685 = GmbHR 2004, 58.

1 *IDW* RS HFA 42 Rz. 64, IDW Fachnachrichten 2012, S. 701 ff., WPg 2012, Supplement 4, S. 91 ff.
2 *Deubert/Hoffmann* in Winkeljohann/Förschle/Deubert, Sonderbilanzen, K 99; *HFA* in IDW Life 01.2016, S. 54; *Grottel* in Beck'scher Bilanz-Kommentar, § 284 HGB Rz. 267, der diese Alternative zum Zwecke eines besseren Einblickes in die Struktur des Anlagevermögens bevorzugt.
3 *Priester* in Lutter, § 24 UmwG Rz. 71; *Hörtnagl* in Schmitt/Hörtnagl/Stratz, § 24 UmwG Rz. 77, der zutreffend darauf hinweist, dass eine Gutschrift auf Darlehenskonto die Steuerneutralität nach § 24 UmwStG verhindert; vgl. auch *IDW* RS HFA 42 Rz. 68 f., IDW Fachnachrichten 2012, S. 701 ff., WPg 2012, Supplement 4, S. 91 ff.
4 Vgl. *IDW* RS HFA 42 Rz. 70, IDW Fachnachrichten 2012, S. 701 ff., WPg 2012, Supplement 4, S. 91 ff.; *Priester* in Lutter, § 24 UmwG Rz. 70.

schmelzungsverlust oder -gewinn ist regelmäßig nach § 285 Nr. 31 HGB im Anhang anzugeben[1].

48 Bei einer Verschmelzung ohne Kapitalerhöhung ist zu unterscheiden: Soweit die Verschmelzung gegen Untergang der Beteiligung erfolgt, ist ein positiver Differenzbetrag zwischen Reinvermögen zu Buchwerten und auszubuchender Beteiligung sofort ergebniswirksam und über die GuV zu verrechnen. Soweit die Verschmelzung gegen Hingabe eigener Anteile erfolgt, ist nach der Systematik des § 272 Abs. 1b HGB die Gegenbuchung bis zum Nennbetrag im gezeichneten Kapital vorzunehmen; ein verbleibender Differenzbetrag (ursprüngliche Anschaffungskosten abzüglich Nennbetrag) ist den freien Rücklagen gutzubringen, aus denen er beim ursprünglichen Erwerb entnommen wurde (vgl. Rz. 33)[2]. Soweit die Verschmelzung von der Mutter auf die Tochter erfolgt (down stream), soll ein positiver Differenzbetrag nach wohl hM in die Kapitalrücklage nach § 272 Abs. 2 Nr. 4 HGB einzustellen sein[3]. Dies ist aus den in Rz. 39 ausgeführten Gründen abzulehnen und eine **ergebniswirksame Vereinnahmung** angezeigt[4].

49 Bei **Mischfällen** (Verschmelzung teilweise gegen Kapitalerhöhung, teilweise gegen Ausbuchung der Beteiligung) ist ein positiver Differenzbetrag aufzuteilen. Soweit er auf die Kapitalerhöhung entfällt, ist er bei Kapitalgesellschaften der Kapitalrücklage zuzuführen (§ 272 Abs. 2 Nr. 1 HGB), soweit er auf die Beteiligung entfällt, ist er erfolgswirksam über die GuV zu vereinnahmen[5]. Ein negativer Differenzbetrag ist ohne Rücksicht darauf, ob er auf Kapitalerhöhung oder Beteiligungsansatz entfällt, aufwandswirksam über die GuV zu ziehen.

c) Ausübung des Wahlrechts

50 Ausgeübt werden die Wahlrechte durch das jeweils den Jahresabschluss feststellende **Organ des übernehmenden Rechtsträgers**[6]. Es besteht grundsätzlich Wahlfreiheit. Die Wahl muss jedoch willkürfrei sein und darf nicht missbräuchlich ausgeübt werden. Kapitalgesellschaften müssen § 264 Abs. 2 HGB beachten (Vermittlung eines den tatsächlichen Verhältnissen entsprechenden Bildes der

---

1 *Grottel* in Beck'scher Bilanz-Kommentar, § 285 HGB Rz. 891.
2 Vgl. *IDW* RS HFA 42 Rz. 73, IDW Fachnachrichten 2012, S. 701 ff., WPg 2012, Supplement 4, S. 91 ff.; *Hörtnagl* in Schmitt/Hörtnagl/Stratz, § 24 UmwG Rz. 79; *Priester* in Lutter, § 24 UmwG Rz. 71 befürwortet sogar die Einstellung in die Kapitalrücklage nach § 272 Abs. 2 Nr. 1 HGB.
3 *Hörtnagl* in Schmitt/Hörtnagl/Stratz, § 24 UmwG Rz. 78; *Priester* in Lutter, § 24 UmwG Rz. 71; *IDW* RS HFA 42 Rz. 74, IDW Fachnachrichten 2012, S. 701 ff., WPg 2012, Supplement 4, S. 91 ff.
4 So auch *Bula/Pernegger* in Sagasser/Bula/Brünger, S. 429.
5 Vgl. *IDW* RS HFA 42 Rz. 76, IDW Fachnachrichten 2012, S. 701 ff., WPg 2012, Supplement 4, S. 91 ff.; *Hörtnagl* in Schmitt/Hörtnagl/Stratz, § 24 UmwG Rz. 78.
6 AA *Simon* in KölnKomm. UmwG, § 24 UmwG Rz. 31 ff., der das Aufstellungsorgan für zuständig hält.

Vermögens-, Finanz- und Ertragslage). Daraus und aus den §§ 284 Abs. 2 Nr. 1, 285 Nr. 13 HGB kann sich die Verpflichtung zu Angaben im Anhang ergeben. Da die Wertansätze, insbesondere wegen der Auswirkungen auf die Abschreibungen und damit auf die künftigen ausschüttungsfähigen Ergebnisse des übernehmenden Rechtsträgers, von erheblicher Bedeutung sein können, kann sich im Einzelfall eine Festlegung im Verschmelzungsvertrag empfehlen.

Grenzen für die Ausübung der Wahlrechte ergeben sich aus Festlegungen im Verschmelzungsvertrag, die nur unter besonderen Voraussetzungen zB anlässlich der Feststellung des Jahresabschlusses geändert werden können (vgl. Rz. 17). Sie können sich weiterhin insbesondere dann ergeben, wenn durch entsprechende Gestaltungen die Verschmelzung nicht erfolgsneutral abgewickelt wird, sondern zu Lasten der Anteilsinhaber des übernehmenden Rechtsträgers ein Verschmelzungsverlust oder zu Lasten der Gläubiger ein Verschmelzungsgewinn ausgewiesen wird. Die Willkürfreiheit bedarf hier besonderer Aufmerksamkeit. 51

Es kann im Einzelfall unter **Willkürgesichtspunkten** problematisch sein, die Buchwertverknüpfung zu wählen, wenn beim übernehmenden Rechtsträger wegen hoher stiller Reserven und eines erheblichen Goodwill des übertragenden Rechtsträgers ein sehr viel höherer Beteiligungsansatz oder ein höheres auszubendes Nominalkapital zu Buche steht. Ein nur buchmäßig zu rechtfertigender Verschmelzungsverlust kann das Ausschüttungspotential des übernehmenden Rechtsträgers auf lange Sicht beeinträchtigen.

Eine Einschränkung der Wahlrechte kann sich in Fällen der Verschmelzung gegen Kapitalerhöhung bei Kapitalgesellschaften als übernehmender Rechtsträger auch aus dem **Grundsatz der Kapitalaufbringung** ergeben[1]. Streitig ist, ob eine Buchwertverknüpfung auch dann zulässig ist, wenn zwar der Zeitwert des übernommenen Vermögens wegen hoher stiller Reserven und/oder nicht bilanzierter Immaterialgüter, nicht aber der Buchwert den Nennbetrag der neuen Anteile deckt. Es liegt dann formal (nicht materiell) eine Unterpariemission vor, die zu einem über die GuV abzuwickelnden Übernahmeverlust führt, der über laufende oder zukünftige Gewinne auszugleichen ist. Die inzwischen hM lässt auch in diesem Falle Buchwertverknüpfung zu, solange materiell keine Unterpariemission vorliegt[2]. Systematisch überzeugend ist diese Auffassung nicht, da sie einen Anschaffungsvorgang, noch dazu eine Anschaffung gegen Ausgabe von Kapital, ergebniswirksam werden lässt, was dem Prinzip der Ergebnisneutralität von Anschaffungsvorgängen widerspricht. Darüber hinaus führt die Auffassung zu einer Verdoppelung der stillen Reserven: nämlich einmal in den übertragenen Ver- 52

---

1 Vgl. *Pohl*, Handelsbilanzen bei der Verschmelzung von Kapitalgesellschaften, S. 128 ff.
2 *Priester* in Lutter, § 24 UmwG Rz. 87 ff.; *Hörtnagl* in Schmitt/Hörtnagl/Stratz, § 24 UmwG Rz. 74, 89; *Deubert/Hoffmann* in Winkeljohann/Förschle/Deubert, Sonderbilanzen, K 91; *Bula/Pernegger* in Sagasser/Bula/Brünger, S. 423; *Mujkanovic*, BB 1995, 1735.

mögensgegenständen und zum anderen in der Auffüllung des Verschmelzungsverlustes durch zukünftige Gewinne[1]. Wie schon in den Vorauflagen[2] wird deshalb an einer Einschränkung des Wahlrechts festgehalten, zumal die Gesellschaft ohne weiteres und auch ohne daraus steuerliche Nachteile befürchten zu müssen durch den Zeitwertansatz eine formale Unterpariemission vermeiden kann. Allenfalls könnte man daran denken, einen Verschmelzungsverlust der Buchwertverknüpfung ohne Berührung der GuV unmittelbar mit den Rücklagen zu verrechnen, wofür bei der AG allerdings die Kapitalrücklagen nach § 272 Abs. 2 Nr. 1 – 3 HGB nicht zur Verfügung stehen (§ 150 Abs. 3 und Abs. 4 AktG).

V. Buchungsstichtag

53 Die übertragenen Vermögensgegenstände und Schulden sind beim übernehmenden Rechtsträger einzubuchen, sobald er wirtschaftlicher Eigentümer geworden ist. Wirtschaftliches Eigentum hat er erlangt, sobald er die tatsächliche Sachherrschaft in einer Weise ausübt, dass der – noch – zivilrechtlich Berechtigte wirtschaftlich auf Dauer von der Einwirkung ausgeschlossen ist[3]. Bei der Verschmelzung ist dies spätestens mit der **Eintragung** in das Register des übernehmenden Rechtsträgers der Fall, da damit das rechtliche Eigentum übergegangen und der übertragende Rechtsträger erloschen ist (§ 20 Abs. 1 Nr. 1 und Nr. 2 UmwG).

54 Das **wirtschaftliche Eigentum** kann auch zu einem **früheren Zeitpunkt** übergehen. Maßgeblich ist jedoch nicht selbstredend das Datum des Verschmelzungsvertrags oder des Verschmelzungsstichtags. Das *IDW*[4] hat vier Voraussetzungen aufgestellt, die vorliegen müssen, um wirtschaftliches Eigentum beim übernehmenden Rechtsträger annehmen zu können:

– Zum Abschlussstichtag (des übernehmenden Rechtsträgers) muss ein Verschmelzungsvertrag formwirksam abgeschlossen sein sowie ggf. notwendige Verschmelzungsbeschlüsse und Zustimmungserklärungen (§ 13 UmwG) vorliegen.

– Der Verschmelzungsstichtag muss vor dem Abschlussstichtag liegen oder mit ihm zusammenfallen.

– Die Verschmelzung muss bis zur Beendigung der Aufstellung des Jahresabschlusses des übernehmenden Rechtsträgers eingetragen sein, oder es muss mit an Sicherheit grenzender Wahrscheinlichkeit davon ausgegangen werden können, dass die Eintragung erfolgen wird.

---

1 *Welf Müller* in FS Clemm, 1995, S. 243 (251 ff.).
2 4. Aufl., § 24 UmwG Rz. 45.
3 Vgl. *Schmidt/Ries* in Beck'scher Bilanz-Kommentar, § 246 HGB Rz. 6 mN.
4 *IDW* RS HFA 42 Rz. 29, IDW Fachnachrichten 2012, S. 701 ff., WPg 2012, Supplement 4, S. 91 ff.

– Es muss faktisch oder durch entsprechende Regelungen im Gesellschaftsvertrag sichergestellt sein, dass der übertragende Rechtsträger nur im Rahmen eines ordnungsmäßigen Geschäftsgangs oder mit Einwilligung des übernehmenden Rechtsträgers über die Vermögensgegenstände verfügen kann.

Sind diese Voraussetzungen erfüllt, hat der übernehmende Rechtsträger schon vor Eintragung der Verschmelzung in seinem Jahresabschluss Vermögensgegenstände und Schulden sowie Aufwendungen und Erträge als eigene zu verbuchen.

Spätestens nach Eintragung der Verschmelzung sind die Vermögensgegenstände und Schulden beim übernehmenden Rechtsträger einzubuchen, wobei das Mengengerüst in der Regel aus der Schlussbilanz (§ 17 Abs. 2 UmwG) übernommen wird. Die für Rechnung des übernehmenden Rechtsträgers seit dem Verschmelzungsstichtag erfassten Aufwendungen und Erträge des übertragenden Rechtsträgers sind spätestens im ersten Jahresabschluss des übernehmenden Rechtsträgers nach Eintragung der Verschmelzung entweder getrennt oder in einem Saldoposten in die GuV aufzunehmen[1].

Bei der Verschmelzung durch **Neugründung** hat die neu entstehende Gesellschaft gemäß § 242 Abs. 1 HGB eine Eröffnungsbilanz aufzustellen (Rz. 5). Für deren Stichtag kommen je nach Gestaltung mehrere Möglichkeiten in Betracht. Bei Verschmelzung zur Neugründung kommt es zur Entstehung einer **Vorgesellschaft**, und zwar ab Wirksamwerden des Verschmelzungsvertrags mit dem letzten Zustimmungsbeschluss der übertragenden Rechtsträger[2]. Als Stichtag für die Eröffnungsbilanz kommen damit in Betracht der Verschmelzungsstichtag nach § 5 Abs. 1 Nr. 6 UmwG; der Übergang des wirtschaftlichen Eigentums auf die Vorgesellschaft oder, als letztmöglicher Termin, die Eintragung des neuen Rechtsträgers in das Handelsregister (§ 38 Abs. 1 iVm. § 20 UmwG). Der Verschmelzungsstichtag scheidet idR aus, weil er vor Entstehung des übernehmenden Rechtsträgers oder dessen Vorgesellschaft liegt. Auf ein nicht existentes Gebilde kann aber keine Eröffnungsbilanz gemacht werden[3]. Richtig ist es deshalb nach allgemeinen Grundsätzen auf den Übergang des wirtschaftlichen Eigentums auf die Vorgesellschaft abzustellen, was jedenfalls dann der Fall ist, wenn diese im Wirtschaftsverkehr im eigenen Namen auftritt[4]. Letzter Termin ist der Zeitpunkt der Eintragung der neuen Gesellschaft in das Handelsregister.

---

1 Vgl. im Einzelnen *IDW* RS HFA 42 Rz. 31 ff., IDW Fachnachrichten 2012, S. 701 ff., WPg 2012, Supplement 4, S. 91 ff.
2 *Drygala* in Lutter, § 4 UmwG Rz. 24.
3 AA, offenbar aus Vereinfachungsgründen, *Priester* in Lutter, § 24 UmwG Rz. 22; diese Auffassung kann aber schon deshalb nicht zutreffen, weil bei mehreren übertragenden Rechtsträgern die Verschmelzungsstichtage durchaus unterschiedlich sein können.
4 So wohl auch *Deubert/Hoffmann* in Winkeljohann/Förschle/Deubert, Sonderbilanzen, K 12 f.; *IDW* RS HFA 42 Rz. 40, IDW Fachnachrichten 2012, S. 701 ff., WPg 2012, Supplement 4, S. 91 ff.

VI. Nachträgliche Zuahlungen aufgrund Spruchverfahrens

57 Werden nach dem Verschmelzungsvertrag (§ 5 Abs. 1 Nr. 3 UmwG) bare Zuzahlungen geleistet, so liegen bei Bilanzierung nach dem **Anschaffungskostenprinzip** zusätzliche Anschaffungskosten für das übertragene Vermögen vor. Anschaffungskosten iS des § 255 Abs. 1 HGB sind der Nominalbetrag des ausgegebenen Kapitals plus Agio plus bare Zuzahlung. Erfolgt die Verschmelzung ohne Kapitalerhöhung, sind Anschaffungskosten nach § 255 HGB wahlweise der Buchwert oder der Zeitwert der untergehenden oder hingegebenen Anteile plus bare Zuzahlungen. Diese Fälle sind unproblematisch, weil die baren Zuzahlungen von vornherein in das Umtauschverhältnis eingerechnet sind.

Wird von dem Wahlrecht des § 24 UmwG zu Gunsten der **Buchwertfortführung** Gebrauch gemacht, so gilt Folgendes: Bei Verschmelzung mit Kapitalerhöhung ist ein Differenzbetrag in die Kapitalrücklage einzustellen, wenn der Buchwertsaldo minus bare Zuzahlung höher ist als der Ausgabebetrag des Nominalkapitals plus Agio, und er ist als Aufwand zu verbuchen, wenn er geringer ist als der Ausgabebetrag des Nominalkapitals plus Agio (zur Einschränkung des Wahlrechts, wenn der Buchwertsaldo nicht einmal das Nominalkapital deckt; vgl. Rz. 18, Rz. 51 ff.).

Bei Verschmelzung ohne Kapitalerhöhung sind bei Buchwertverknüpfung Differenzbeträge immer erfolgswirksam über die GuV zu buchen. Zur Buchung bei Verwendung eigener Anteile vgl. Rz. 33.

58 Im Grundsatz kann nichts anderes gelten, wenn nachträglich im Spruchverfahren nach § 15 UmwG bare Zuzahlungen festgesetzt werden. Da das Umtauschverhältnis aus der (unzutreffenden) Erstbewertung durch das Spruchverfahren nicht mehr verändert wird, sollen durch die **Zweitbewertung** durch die Entnahme von Liquidität zu Gunsten der benachteiligten Mitglieder des übertragenden Rechtsträgers die Vermögensmassen wieder ins Gleichgewicht mit der Erstbewertung gebracht werden. Das Umtauschverhältnis kann zu Lasten der Mitglieder des übertragenden Rechtsträgers aus zwei Gründen zu niedrig sein: Entweder ist der übertragende Rechtsträger unterbewertet oder der aufnehmende Rechtsträger überbewertet.

Bilanziert der aufnehmende Rechtsträger nach dem Anschaffungskostenprinzip, so liegen im Falle der Unterbewertung des übertragenden Rechtsträgers in den nachträglichen baren Zuzahlungen **nachträgliche Anschaffungskosten** iS von § 255 Abs. 1 HGB, die auf die übernommenen Vermögensgegenstände zu aktivieren sind. Im Falle der Überbewertung des übernehmenden Rechtsträgers ist idR das übernommene Vermögen zutreffend angesetzt. Trotzdem wird man eine Aktivierung der baren Zuzahlungen als nachträgliche Anschaffungskosten zulassen, soweit in den übernommenen Vermögensgegenständen (einschließlich Geschäftswert) noch Spielraum bis zum Zeitwert besteht. Seit Inkrafttreten des BilMoG ist eine Aktivierung eines verbleibenden Betrags als Geschäfts- bzw. Firmenwert zwingend (§ 246 Abs. 1 Satz 4 HGB). Bilanziert der aufnehmende Rechtsträger mit Buchwertverknüpfung, können die Anschaffungskosten (Buchwerte des übertragenden Rechtsträgers) nicht mehr verändert (aufgestockt) werden.

Für die Behandlung eines verbleibenden negativen Differenzbetrages (Verschmelzungsverlustes) ist Folgendes zu bedenken: Erfolgt die Verschmelzung gegen Gewährung von Anteilen aus einer Gründung oder Kapitalerhöhung und hat die Erstbewertung bilanziell zu einer Dotierung der Kapitalrücklage nach § 272 Abs. 2 Nr. 1 HGB geführt (Rz. 47 ff.), so stellt sich nach Korrektur im Spruchverfahren heraus, dass die Dotierung zu hoch vorgenommen worden ist; bei angemessenem Umtauschverhältnis hätten mehr Anteile ausgegeben werden müssen, so dass die Rücklagendotierung geringer ausgefallen oder ganz entfallen wäre. Die Korrektur im Spruchverfahren findet jedoch nicht durch Anpassung der Anteile (Aktien, Geschäftsanteile) statt, sondern es werden durch Mittelentzug die zusammengeführten Vermögen auf einen Stand gebracht, der dem richtigen Umtauschverhältnis entsprechen soll (Rz. 57). Trotz dieses Mittelentzugs ist die Korrektur in den Verschmelzungsvorgang eingebettet und gehört damit der gesellschaftsrechtlichen und nicht der betrieblichen Ebene an. Eine Abwicklung der Zuzahlungen über die GuV, die nur den betrieblichen Teil abbilden soll, wäre insoweit nicht systemgerecht. Zutreffend sind bare Zuzahlungen insoweit als **Entnahmen** auf gesellschaftsrechtlicher Ebene zu qualifizieren, ähnlich der Kapitalherabsetzung zur Kapitalrückzahlung (§ 222 Abs. 3 AktG) oder dem Erwerb eigener Aktien zur Einziehung (§ 71 Abs. 1 Nr. 6 AktG; § 272 Abs. 1a HGB). Solche Rückzahlungsvorgänge berühren nicht die GuV, sondern sind ausschließlich in der Bilanz zu verbuchen. Analog dazu ist die Gegenbuchung der baren Zuzahlung insoweit bei der Kapitalrücklage vorzunehmen, die gemäß § 272 Abs. 2 Nr. 1 HGB aus Anlass der Verschmelzung gebildet worden ist und deren Ausweis sich nach dem auf der gerichtlichen Entscheidung beruhenden Geldabfluss zur Korrektur des Umtauschverhältnisses als zu hoch erweist. Die Buchung kann direkt gegen die Kapitalrücklage erfolgen oder (bei der AG) über die sog. Anhangsrechnung nach § 158 Abs. 1 AktG gezogen werden. Allerdings kann nur der anlässlich der Verschmelzung gebildete Teil der Kapitalrücklage berichtigt werden, der prozentual auf die Anteilsinhaber entfällt, die tatsächlich nach der Spruchentscheidung eine bare Zuzahlung erhalten. Nur insoweit ist beim Einbringungsvorgang ein „Agio" entstanden, das nunmehr zu berichtigen ist. Diese Handhabung stellt bei der AG keinen Verstoß gegen die Verwendungsregeln für die Kapitalrücklage dar (vgl. §§ 150 Abs. 2 und Abs. 3, 256 Abs. 1 Nr. 1, Nr. 4 AktG). Es handelt sich nicht um eine „Verwendung", sondern um eine **„Berichtigung" der Kapitalrücklage**, die auf den Stand zurückgeführt wird, den sie als Differenz aus dem Verkehrswert- oder Buchwertsaldo einerseits und dem Ausgabebetrag und der rechtkräftig festgesetzten Zuzahlung haben muss. Die Berichtigung erfolgt in laufender Rechnung und nicht rückwirkend in das Geschäftsjahr der Verschmelzung, weil nach dem ursprünglichen Sachverhalt und Erkenntnisstand die Rücklagenbildung richtig war.

60 Soweit die Verschmelzung gegen Untergang der Beteiligung oder Ausgabe eigener Anteile erfolgt, ist dagegen die nachträgliche bare Zuzahlung stets erfolgswirksam über die GuV abzuwickeln; eine direkte Verrechnung mit der Kapitalrücklage ist nicht möglich. Dies gilt auch im Falle der Rz. 58, wenn die verfügbare (berichtigungsfähige) Kapitalrücklage erschöpft ist. Zur Verwendung eigener Anteile hat nach Inkrafttreten des BilMoG die Abwicklung allerdings nicht über die GuV, sondern in analoger Anwendung von § 272 Abs. 1b HGB über die frei verfügbaren Rücklagen zu erfolgen.

VII. Internationale Rechnungslegungsstandards

61 Wenn § 24 UmwG von „Jahresbilanz" spricht, so ist damit der Abschluss nach § 242 Abs. 1 oder Abs. 2 HGB gemeint; das ergibt sich schon aus der Verweisung auf § 253 Abs. 1 HGB für die Definition der Anschaffungskosten. Bilanziert der übernehmende Rechtsträger in seinem Konzernabschluss zwingend oder freiwillig nach **internationalen Rechnungslegungsstandards (IAS/IFRS)**[1] oder stellt der übernehmende Rechtsträger für Veröffentlichungszwecke nach § 325 Abs. 2a HGB einen Jahresabschluss nach internationalen Rechnungslegungsstandards auf, so findet § 24 UmwG auf diese Abschlüsse keine Anwendung. Auch wenn von internationalen Rechnungslegungsstandards Gebrauch gemacht wird, hat der übernehmende Rechtsträger, soweit er Kaufmann ist, stets eine HGB-Einzelbilanz zu erstellen (§§ 242 ff. HGB). Nur auf diese bezieht sich § 24 UmwG.

Nach IFRS 3.4 sind Unternehmenszusammenschlüsse im übernehmenden Rechtsträger nach der sog. Erwerbsmethode zu bilanzieren. Es finden die Tauschgrundsätze Anwendung, dh. nach IFRS 3.37 sind als Anschaffungskosten die entrichteten Gegenleistungen (zB Untergang der Beteiligung), die emittierten Eigenkapitalinstrumente (die gewährten Anteile), die übernommenen Schulden, alles zu Zeitwerten (fair value) und die der Verschmelzung direkt zurechenbaren Kosten anzusetzen. Nach internationalen Rechnungslegungsstandards ist damit die von § 24 UmwG zugelassene Buchwertverknüpfung mit der Schlussbilanz des übertragenden Rechtsträgers gar nicht zulässig[2]. Dies hat zur Folge, dass bei Buchwertverknüpfung im HGB-Abschluss und im IAS/IFRS-Abschluss von vornherein unterschiedliche Anschaffungskosten ausgewiesen werden mit unterschiedlichen Folgewirkungen insbesondere bei den Abschreibungen und bei einer Wertaufholung.

---

1 Vgl. § 315a HGB iVm. Art. 4 VO (EG) Nr. 1606/2002 v. 19.7.2002, ABl. EG Nr. L 243, S. 1.
2 *Priester* in Lutter, § 24 UmwG Rz. 94.

VIII. Besonderheiten bei der grenzüberschreitenden Verschmelzung nach §§ 122a ff. UmwG

Hat der übernehmende Rechtsträger seinen Sitz im Inland, der übertragende Rechtsträger seinen Sitz im EU(EWR)-Ausland (Hinein-Verschmelzung) (vgl. Vor §§ 122a-122l UmwG Rz. 9), so kann die Verschmelzung wie im Inlandsfall sowohl **ohne Buchwertverknüpfung** (Normalfall, vgl. Rz. 26 ff.) als auch **mit Buchwertverknüpfung**, also durch Übernahme der Werte aus der Schlussbilanz des übertragenden Rechtsträgers als Anschaffungskosten, durchgeführt werden. Dabei ist allerdings zu berücksichtigen, dass die Notwendigkeit und der Inhalt einer Schlussbilanz nach dem jeweils nationalen Recht des übertragenden Rechtsträgers zu beurteilen ist. Darüber hinaus sind im Verschmelzungsplan Angaben zur Bewertung des übergehenden Aktiv- und Passivvermögens zu machen (§ 122c Abs. 2 Nr. 11 UmwG, vgl. § 122c UmwG Rz. 31 ff.). Es besteht also im Rahmen der jeweils einschlägigen nationalen Rechtsordnung eine gewisse Vertragsfreiheit zur Feststellung der Werte in der Schlussbilanz. Auch die Notwendigkeit der Erstellung einer Schlussbilanz selbst kann im Verschmelzungsplan niedergelegt werden, sofern sie das einschlägige nationale Recht nicht ohnehin vorschreiben sollte. 62

Das Wahlrecht des § 24 UmwG gilt grundsätzlich auch für eine **ausländische Schlussbilanz**, die nach den jeweiligen nationalen Regeln erstellt wurde, und nicht etwa nur für eine nach deutschen Jahresabschlussregeln (§ 17 Abs. 2 UmwG) aufgestellte Schlussbilanz. Andernfalls liefe das Wahlrecht nach § 24 UmwG bei grenzüberschreitenden Verschmelzungen leer. Die ursprüngliche Regelungsabsicht des Gesetzgebers hat sich zwar nur auf deutsche Jahresabschlussregeln bezogen, da grenzüberschreitende Verschmelzungen ausgeschlossen waren. Damit liegt eine nachträgliche Gesetzeslücke vor, die iS der inzwischen eingetretenen europarechtlichen Änderungen europarechtskonform ausgefüllt werden muss[1]. Das bedeutet, dass die Anschaffungskostenfiktion (§ 253 Abs. 1 HGB) sich auf Werte bezieht, die nicht immer mit den Bilanzierungsvorschriften des HGB übereinstimmen müssen. Allerdings gilt für alle EU-Unternehmen die Grundstruktur, wie sie sich für den Einzelabschluss aus der Bilanz-Richtlinie (2013/34/EU) ergibt[2]. Das kann insbesondere für immaterielle Anlagewerte von Bedeutung sein, sofern das jeweilige nationale Recht des übertragenden Rechtsträgers zB in weiterem Umfang die Aktivierung von Forschungs- und Entwicklungskosten oder von selbst erstellten Patenten, Warenzeichen und ähnlichen 63

---
1 *Welf Müller* in FS Raupach, 2006, S. 261 (271); so auch *Simon* in KölnKomm. UmwG, § 24 UmwG Rz. 97. Informativ insoweit auch EuGH v. 12.7.2012 – Rs. C-378/10, ZIP 2012, 1394 (1398) = GmbHR 2012, 860 (VALE), der aus Artt. 49, 54 AEUV eine Pflicht der Behörden des Aufnahmemitgliedslandes feststellt, den von den Behörden des Herkunftmitgliedslandes ausgestellten Dokumenten „gebührend Rechnung zu tragen".
2 Vgl. *Lanfermann*, WPg 2013, 849 ff.

Rechten zulässt[1]. Auch im Falle der Buchwertverknüpfung wird nach § 24 UmwG nicht verlangt, dass die Schlussbilanz nach den deutschen Rechnungslegungsvorschriften aufgestellt wurde. Allerdings können beim übernehmenden Rechtsträger Anpassungen erforderlich werden, soweit die Buchwerte der Aktiva deren Zeitwerte am Stichtag der Schlussbilanz überschreiten bzw. die Buchwerte der Schulden zu diesem Stichtag niedriger sind als deren Zeitwerte. Enthält die Schlussbilanz der übertragenden ausländischen, in der EU oder dem EWR ansässigen Gesellschaft Posten, die nach den deutschen handelsrechtlichen Vorschriften nicht angesetzt werden dürfen, sind diese auch nicht fortzuführen[2].

64 Der auf die Einbuchung der Verschmelzung folgende erste **Jahresabschluss** des übernehmenden Rechtsträgers mit Sitz im Inland ist allerdings ausschließlich nach deutschen Rechnungslegungsvorschriften (§§ 242 ff. HGB) aufzustellen, spätestens hier sind erfolgsneutral Korrekturen vorzunehmen, wenn Posten nach deutschem Bilanzrecht zwingend anders zu beurteilen sind[3]. Es besteht allerdings keine Notwendigkeit, retrospektiv Buchwerte der Schlussbilanz so anzupassen, als ob schon immer nach deutschen HGB-Vorschriften bilanziert worden wäre.

§ 25
Schadenersatzpflicht der Verwaltungsträger der übertragenden Rechtsträger

(1) Die Mitglieder des Vertretungsorgans und, wenn ein Aufsichtsorgan vorhanden ist, des Aufsichtsorgans eines übertragenden Rechtsträgers sind als Gesamtschuldner zum Ersatz des Schadens verpflichtet, den dieser Rechtsträger, seine Anteilsinhaber oder seine Gläubiger durch die Verschmelzung erleiden. Mitglieder der Organe, die bei der Prüfung der Vermögenslage der Rechtsträger und beim Abschluss des Verschmelzungsvertrags ihre Sorgfaltspflicht beobachtet haben, sind von der Ersatzpflicht befreit.

(2) Für diese Ansprüche sowie weitere Ansprüche, die sich für und gegen den übertragenden Rechtsträger nach den allgemeinen Vorschriften auf Grund der Verschmelzung ergeben, gilt dieser Rechtsträger als fortbestehend. Forderungen und Verbindlichkeiten vereinigen sich insoweit durch die Verschmelzung nicht.

---

1 *Welf Müller* in FS Raupach, 2006, S. 261 (271).
2 Vgl. IDW RS HFA 42 Rz. 90, IDW Fachnachrichten 2012, S. 701 ff., WPg 2012, Supplement 4, S. 91 ff.
3 *Welf Müller* in FS Raupach, 2006, S. 261 (271); *IDW* RS HFA 42 Rz. 91, IDW Fachnachrichten 2012, S. 701 ff., WPg 2012, Supplement 4, S. 91 ff.

(3) Die Ansprüche aus Absatz 1 verjähren in fünf Jahren seit dem Tage, an dem die Eintragung der Verschmelzung in das Register des Sitzes des übernehmenden Rechtsträgers nach § 19 Abs. 3 bekannt gemacht worden ist.

1. Überblick 1
2. Ersatzpflicht
   (§ 25 Abs. 1 UmwG) 2
3. Fiktion des Fortbestehens
   (§ 25 Abs. 2 UmwG) 12
4. Verjährung (§ 25 Abs. 3 UmwG) . 15

Literatur: *Blasche/Söntgerath,* Verschmelzung: Möglichkeiten des übertragenden Rechtsträgers zur Einflussnahme auf die Geschäftspolitik des übernehmenden Rechtsträgers, BB 2009, 1432; *Clemm/Dürrschmidt,* Überlegungen zu den Sorgfaltspflichten für Vertretungs- und Aufsichtsorgane bei der Verschmelzung von Unternehmen gem. § 25 und § 27 UmwG, FS Widmann, 2001, S. 3; *Goette,* Zur Verteilung der Darlegungs- und Beweislast der objektiven Pflichtwidrigkeit bei der Organhaftung, ZGR 1995, 648; *Martens,* Kontinuität und Diskontinuität im Verschmelzungsrecht der Aktiengesellschaft, AG 1986, 57; *Pöllath/Philipp,* Unternehmenskauf und Verschmelzung: Pflichten und Haftung von Vorstand und Geschäftsführer, DB 2005, 1503; *Schnorbus,* Grundlagen der persönlichen Haftung von Organmitgliedern nach § 25 Abs. 1 UmwG, ZHR 167 (2003), 666; *Veil,* Aktionärsschutz bei der Verschmelzung von Aktiengesellschaften durch vertragliche und gesellschaftsrechtliche Haftung, FS Raiser, 2005, S. 453.

1. Überblick

Die Vorschrift begründet eine weit reichende Haftung der Verwaltungsträger eines 1 übertragenden Rechtsträgers gegenüber diesem Rechtsträger, seinen Anteilsinhabern und Gläubigern für rechtswidrig und schuldhaft verursachte Schäden aus der Verschmelzung. Für diese Ansprüche wird der Fortbestand des übertragenden Rechtsträgers fingiert. Die Durchsetzung der Ansprüche regelt § 26 UmwG. Ansprüche aus anderen Rechtsvorschriften bleiben unberührt. Die Haftung der Verwaltungsträger des übernehmenden Rechtsträgers richtet sich nach den allgemeinen Bestimmungen. Für die Verjährung der Ansprüche gegen diese gilt § 27 UmwG. Die Vorschrift gilt auch für inländische Kapitalgesellschaften, die an einer grenzüberschreitenden Verschmelzung beteiligt sind (§ 122a Abs. 2 UmwG).

2. Ersatzpflicht (§ 25 Abs. 1 UmwG)

Für alle dem übertragenden Rechtsträger, seinen Anteilsinhabern und Gläubi- 2 gern aus der Verschmelzung erwachsenen Schäden haften die Mitglieder des Vertretungsorgans und, soweit vorhanden, des Aufsichtsorgans dieses Rechtsträgers. Mehrere Verpflichtete haften als **Gesamtschuldner** (vgl. § 426 BGB). Für Ansprüche Dritter gegen den übertragenden Rechtsträger gilt § 25 UmwG nicht. Für solche Ansprüche haftet vielmehr der übernehmende Rechtsträger als Gesamtrechtsnachfolger (§ 20 Abs. 1 Nr. 1 UmwG).

3 Mitglieder des **Vertretungsorgans** sind bei der **AG** die Vorstandsmitglieder (§ 78 AktG), bei der SE die Mitglieder des Leitungsorgans (Art. 39 SE-VO) oder die geschäftsführenden Direktoren (§ 41 Abs. 1 SEAG) und bei der **KGaA** die nicht von der Vertretung ausgeschlossenen persönlich haftenden Gesellschafter (§ 283 AktG)[1]. Die Haftung erfasst auch stellvertretende Vorstandsmitglieder (§ 94 AktG). Bei der **GmbH** sind die Geschäftsführer und stellvertretenden Geschäftsführer erfasst (vgl. §§ 35, 44 GmbHG). Bei den **Personenhandelsgesellschaften** bilden die zur Vertretung berechtigten Komplementäre (§§ 125, 161 Abs. 2, 170 HGB) das Vertretungsorgan. Komplementäre, die zwar zur Geschäftsführung berechtigt, von der Vertretung aber ausgeschlossen sind, haften nicht. Kommanditisten sind nach § 170 HGB bereits kraft Gesetzes von der Vertretung ausgeschlossen.

4 **Aufsichtsorgan** ist vor allem der nach §§ 95 ff. AktG, § 52 GmbHG, §§ 1 ff. DrittelbG, den Mitbestimmungsgesetzen und den Sonderregeln für die SE[2] gebildete **Aufsichtsrat**. Als Aufsichtsorgan kommen daneben auch alle freiwillig gebildeten Aufsichtsgremien mit Überwachungsfunktion in Betracht. Solche Gremien werden häufig als Beirat, Verwaltungsrat oder Gesellschafterausschuss bezeichnet. Hat das betreffende Gremium lediglich beratende Funktion, ist es kein Aufsichtsorgan iS des Gesetzes[3].

5 Die Haftung nach § 25 UmwG tritt nur für Schäden ein, die „durch" die Verschmelzung eingetreten sind. Die **Verschmelzung** muss also wirksam geworden, insbesondere **eingetragen** sein (§ 20 Abs. 1 UmwG)[4]. Andernfalls besteht der übertragende Rechtsträger fort; die Mitglieder seines Vertretungs- oder Aufsichtsorgans haften dann nach den allgemeinen Regeln (zB §§ 43, 52 GmbHG, §§ 93, 116 AktG). Unerheblich für die Haftung ist, ob die Verwaltungsträger im Zeitpunkt des Wirksamwerdens der Verschmelzung noch im Amt waren. Entscheidend ist vielmehr, dass sie zum **Zeitpunkt des schädigenden Verhaltens** Mitglied des Vertretungs- oder Aufsichtsorgans waren[5].

6 Nach § 25 Abs. 1 Satz 2 UmwG sind von der Haftung diejenigen Verwaltungsträger **befreit**, die bei der **Prüfung der Vermögenslage** der Rechtsträger und

---

1 *Grunewald* in Lutter, § 25 UmwG Rz. 3.
2 Art. 12 Abs. 2 SE-VO iVm. Art. 4, 7 der SE-Beteiligungsrichtlinie und den Bestimmungen des SEBG.
3 *Kübler* in Semler/Stengel, § 25 UmwG Rz. 5; *Müller* in Henssler/Strohn, § 25 UmwG Rz. 5; *Simon* in KölnKomm. UmwG, § 25 UmwG Rz. 10; *Vossius* in Widmann/Mayer, § 25 UmwG Rz. 15; *Stratz* in Schmitt/Hörtnagl/Stratz, § 25 UmwG Rz. 8; aA *Grunewald* in Lutter, § 25 UmwG Rz. 4.
4 *Grunewald* in Lutter, § 25 UmwG Rz. 18; *Schnorbus*, ZHR 167 (2003), 666 (692); *Vossius* in Widmann/Mayer, § 25 UmwG Rz. 17.
5 *Grunewald* in Lutter, § 25 UmwG Rz. 5; *Kübler* in Semler/Stengel, § 25 UmwG Rz. 6; *Vossius* in Widmann/Mayer, § 25 UmwG Rz. 15; *Stratz* in Schmitt/Hörtnagl/Stratz, § 25 UmwG Rz. 10; *Burg* in Böttcher/Habighorst/Schulte, § 25 UmwG Rz. 19.

beim **Abschluss des Verschmelzungsvertrages** ihre **Sorgfaltspflicht beobachtet** haben. Die der Ersatzpflicht zu Grunde liegende Pflichtverletzung muss sich damit auf diese Tatbestände beziehen[1]. Dabei sind auch die Vermögensverhältnisse der anderen an der Verschmelzung beteiligten Rechtsträger soweit möglich zu prüfen. Dies erfordert in der Regel die Durchführung einer sog. **due diligence**[2]. Bei dem Abschluss des Verschmelzungsvertrags geht es neben der Einhaltung der rechtlichen Vorgaben vor allem um die sorgfältige Ermittlung des Umtauschverhältnisses. Zu den Sorgfaltspflichten beim Abschluss des Verschmelzungsvertrages gehört auch die ordnungsgemäße Unterrichtung der Anteilsinhaber im Zusammenhang mit der Fassung des Verschmelzungsbeschlusses (§§ 13, 122e UmwG)[3]. Insgesamt steht den Organmitgliedern bei der Einschätzung und Beurteilung der Verschmelzung ein weiter unternehmerischer Handlungsspielraum zu[4]. Soweit unternehmerisches Handeln ohne bestimmte Pflichtenbindung vorliegt, kommt eine Haftungsfreistellung nach den Regeln der sog. business judgment rule (§ 93 Abs. 1 Satz 2 AktG) in Betracht[5]. Bei anderen Pflichtverletzungen, zB einem Fehlverhalten bei der Durchführung der Verschmelzung, gelten die allgemeinen Regeln[6]. Die **Beweislast** für die Entlastungsmöglichkeit nach § 25 Abs. 1 Satz 2 UmwG, also das Fehlen von Pflichtverletzung und/oder Verschulden, tragen die betreffenden Organmitglieder (vgl. §§ 93 Abs. 1 Satz 1, 116 AktG)[7].

---

[1] *Grunewald* in Lutter, § 25 UmwG Rz. 8; *Kübler* in Semler/Stengel, § 25 UmwG Rz. 8; *Simon* in KölnKomm. UmwG, § 25 UmwG Rz. 24.

[2] *Clemm/Dürrschmidt* in FS Widmann, 2001, S. 3 (14); *Schnorbus*, ZHR 167 (2003), 666 (684); *Pöllath/Philipp*, DB 2005, 1503 (1505); *Austmann/Frost*, ZHR 2005 (169), 431 (433 f.); *Grunewald* in Lutter, § 25 UmwG Rz. 9; *Kübler* in Semler/Stengel, § 25 UmwG Rz. 9; *Müller* in Henssler/Strohn, § 25 UmwG Rz. 9; *Simon* in KölnKomm. UmwG, § 25 UmwG Rz. 26.

[3] *Grunewald* in Lutter, § 25 UmwG Rz. 10; *Kübler* in Semler/Stengel, § 25 UmwG Rz. 10; *Simon* in KölnKomm. UmwG, § 25 UmwG Rz. 28; *Burg* in Böttcher/Habighorst/Schulte, § 25 UmwG Rz. 7.

[4] Vgl. BGH v. 21.4.1997 – II ZR 175/95, BGHZ 135, 244 = AG 1997, 377 (291 ff.) (ARAG/Garmenbeck); LG Stuttgart v. 8.3.1994 – 4 KfH O 6/94, AG 1994, 567 = ZIP 1994, 631 (632 f.); OLG Stuttgart v. 14.10.2010 – 20 W 16/06, AG 2011, 49 (53); *Kübler* in Semler/Stengel, § 25 UmwG Rz. 9 und 10; *Burg* in Böttcher/Habighorst/Schulte, § 25 UmwG Rz. 8; *Pöllath/Philipp*, DB 2005, 1503 (1506 f.).

[5] Vgl. zB LG Stuttgart v. 8.3.1994 – 4 KfH O 6/94, AG 1994, 567 = ZIP 1994, 631 (632) zur Kostenübernahme bei einer Verschmelzung („plausible Gründe"); *Simon* in KölnKomm. UmwG, § 25 UmwG Rz. 29; wohl auch *Kübler* in Semler/Stengel, § 25 UmwG Rz. 9; zu den allgemeinen Voraussetzungen *Hüffer/Koch*, § 93 AktG Rz. 8 ff.

[6] Vgl. *Grunewald* in Lutter, § 25 UmwG Rz. 11; *Vossius* in Widmann/Mayer, § 25 UmwG Rz. 22.

[7] *Grunewald* in Lutter, § 25 UmwG Rz. 12; *Kübler* in Semler/Stengel, § 25 UmwG Rz. 8; *Simon* in KölnKomm. UmwG, § 25 UmwG Rz. 32; dazu allgemein *Goette*, ZGR 1995, 648; aA *Vossius* in Widmann/Mayer, § 25 UmwG Rz. 29.

§ 25 | Verschmelzung durch Aufnahme

7 Die Haftung nach § 25 Abs. 1 Satz 1 UmwG tritt nur bei **Verschulden**, also Vorsatz oder Fahrlässigkeit (§ 276 BGB), ein. Dabei genügt leichte Fahrlässigkeit, und zwar auch gegenüber den Gläubigern (anders § 93 Abs. 5 AktG[1]). Die Verwaltungsträger sind damit zu eingehender Prüfung, ggf. unter Hinzuziehung von sachverständigen Beratern, verpflichtet. Eine Haftungsbefreiung tritt nicht schon deshalb ein, weil die Verschmelzung auf einem gesetzmäßigen Beschluss der Anteilsinhaber (§ 13 UmwG) beruht. Die Haftungsbefreiung, die sich im **Aktienrecht** zB aus § 93 Abs. 4 Satz 1 AktG ergibt, gilt somit hier nicht[2]. Bei der AG/KGaA/SE befreit auch der Entlastungsbeschluss der Hauptversammlung nicht von der Haftung (vgl. § 120 Abs. 2 Satz 2 AktG), sondern allenfalls ein ausdrücklicher Anspruchsverzicht (vgl. § 93 Abs. 4 Satz 3 AktG). Ein solcher Verzicht wirkt aber nur zu Lasten der Gesellschaft, nicht auch der Gläubiger und Anteilsinhaber[3], wonach Ansprüche von Anteilsinhabern generell dann ausgeschlossen sein sollen, wenn sie der Verschmelzung zugestimmt haben[4]. Bei der **GmbH** werden mit der Entlastung der Geschäftsführer und Aufsichtsratsmitglieder regelmäßig auch Ansprüche der Gesellschaft aus dem betreffenden Zeitraum ausgeschlossen[5]. Eine Freistellung gegenüber der Gesellschaft ist hier dann anzunehmen, wenn die Verschmelzung auf einem entsprechenden einstimmigen Weisungsbeschluss beruht[6]. Auch bei einem mit Mehrheit gefassten Weisungsbeschluss ist von einer Freistellung der Verwaltungsmitglieder auszugehen. Die überstimmten Gesellschafter können dann ggf. die Mehrheit auf Schadensersatz in Anspruch nehmen[7].

8 Die Haftung geht auf den vollen Ersatz des **aufgrund der Pflichtverletzung** entstandenen Schadens[8]. Ersatzfähig ist **jeder Vermögensnachteil**, der im Zusammenhang mit der Verschmelzung eingetreten ist. Der Untergang des übertragenden Rechtsträgers stellt allerdings noch keinen Schaden dar[9].

---

1 Ein eigenes Verfolgungsrecht haben die Gläubiger bei § 25 UmwG aber nicht, vgl. § 26 UmwG Rz. 2 und *Simon* in KölnKomm. UmwG, § 25 UmwG Rz. 31.
2 *Grunewald* in Lutter, § 25 UmwG Rz. 19 f.; *Simon* in KölnKomm. UmwG, § 25 UmwG Rz. 35; *Vossius* in Widmann/Mayer, § 25 UmwG Rz. 34.
3 Wie hier *Kübler* in Semler/Stengel, § 25 UmwG Rz. 18 ff.; teilweise aA *Grunewald* in Lutter, § 25 UmwG Rz. 21 und *Vossius* in Widmann/Mayer, § 25 UmwG Rz. 40.
4 Differenzierend *Schnorbus*, ZHR 167 (2003), 666 (678) unter Hinweis auf § 242 BGB.
5 Vgl. *Zöllner* in Baumbach/Hueck, § 46 GmbHG Rz. 41.
6 Vgl. *Vossius* in Widmann/Mayer, § 25 UmwG Rz. 40; *Stratz* in Schmitt/Hörtnagl/Stratz, § 25 UmwG Rz. 30; *Simon* in KölnKomm. UmwG, § 25 UmwG Rz. 36.
7 *Müller* in Henssler/Strohn, § 25 UmwG Rz. 11; für einen Haftungsausschluss nur gegenüber den Gesellschaftern, die der Weisung zugestimmt haben, dagegen *Grunewald* in Lutter, § 25 UmwG Rz. 21; *Simon* in KölnKomm. UmwG, § 25 UmwG Rz. 36; *Burg* in Böttcher/Habighorst/Schulte, § 25 UmwG Rz. 14.
8 Vgl. *Grunewald* in Lutter, § 25 UmwG Rz. 17; *Kübler* in Semler/Stengel, § 25 UmwG Rz. 17; *Simon* in KölnKomm. UmwG, § 25 UmwG Rz. 21; *Schnorbus*, ZHR 167 (2003), 666 (692).
9 Vgl. *Simon* in KölnKomm. UmwG, § 25 UmwG Rz. 22; *Stratz* in Schmitt/Hörtnagl/Stratz, § 25 UmwG Rz. 14; *Vossius* in Widmann/Mayer, § 25 UmwG Rz. 19.

Zu ersetzen ist nur der dem jeweils Berechtigten entstandene eigene Schaden[1]. Dieser Schaden ist, da eine Naturalrestitution durch Rückgängigmachung der Verschmelzung ausscheidet (vgl. § 20 UmwG Rz. 47), in Geld zu ersetzen (§ 251 Abs. 1 BGB)[2]. Ein **Schaden des übertragenden Rechtsträgers** aus der Verschmelzung wird selten sein; denkbar sind zB Rufschäden im Zusammenhang mit dem Ablauf der Verschmelzung oder ein Schaden aus der Offenbarung von Geschäftsgeheimnissen[3]. Ist das Umtauschverhältnis aufgrund fehlerhafter Berechnung zu ungünstig ermittelt worden, bedeutet dies keinen Schaden des übertragenden Rechtsträgers, sondern seiner **Anteilsinhaber**, die dann zu wenig Anteile des übernehmenden Rechtsträgers erhalten haben[4]. Ein Schaden der **Gläubiger** kann dann eintreten, wenn ihre Ansprüche aufgrund ungenügender Prüfung der Vermögenslage des übernehmenden Rechtsträgers nicht erfüllt werden[5]. Die Vereinbarung eines zu niedrigen Umtauschverhältnisses begründet aber noch keinen Schaden der Gläubiger[6]. In diesem Fall besteht uU ein Anspruch auf **Sicherheitsleistung** gemäß § 22 UmwG[7]. Dieser muss ggf. geltend gemacht werden, andernfalls ein Mitverschulden vorliegt[8].

9

Ein **Schaden des übernehmenden Rechtsträgers** ist von § 25 UmwG nicht erfasst. Ist das Umtauschverhältnis unangemessen hoch, so ist dies auch kein Schaden des übernehmenden Rechtsträgers, sondern seiner Anteilsinhaber. Diese können dann ggf. die Verwaltungsträger ihres Rechtsträgers nach den allgemeinen Vorschriften in Anspruch nehmen.

10

Unabhängig von dem Anspruch nach § 25 UmwG können die Anteilsinhaber eines übertragenden Rechtsträgers gemäß § 15 UmwG iVm. dem SpruchG das Umtauschverhältnis nachprüfen lassen und auf diese Weise einen Schadensausgleich erreichen. Wird ein solches **Spruchverfahren** unterlassen, so kann dies

11

---

1 *Grunewald* in Lutter, § 25 UmwG Rz. 15; *Kübler* in Semler/Stengel, § 25 UmwG Rz. 14.
2 *Grunewald* in Lutter, § 25 UmwG Rz. 17; *Kübler* in Semler/Stengel, § 25 UmwG Rz. 17; *Schnorbus*, ZHR 167 (2003), 666 (691).
3 Vgl. *Grunewald* in Lutter, § 25 UmwG Rz. 14; *Kübler* in Semler/Stengel, § 25 UmwG Rz. 13; *Stratz* in Schmitt/Hörtnagl/Stratz, § 25 UmwG Rz. 21; gegen ein eigenes Ersatzinteresse des übertragenden Rechtsträgers *Schnorbus*, ZHR 167 (2003), 666 (695).
4 Vgl. *Grunewald* in Lutter, § 25 UmwG Rz. 15; *Kübler* in Semler/Stengel, § 25 UmwG Rz. 14; *Vossius* in Widmann/Mayer, § 25 UmwG Rz. 25; *Martens*, AG 1986, 57 (63); *Stratz* in Schmitt/Hörtnagl/Stratz, § 25 UmwG Rz. 21; *Veil* in FS Raiser, 2005, S. 453 (462).
5 Vgl. *Grunewald* in Lutter, § 25 UmwG Rz. 16; *Kübler* in Semler/Stengel, § 25 UmwG Rz. 16; *Schnorbus*, ZHR 167 (2003), 666 (694).
6 *Schnorbus*, ZHR 167 (2003), 666 (694); *Stratz* in Schmitt/Hörtnagl/Stratz, § 25 UmwG Rz. 18; *Grunewald* in Lutter, § 25 UmwG Rz. 16; aA *Vossius* in Widmann/Mayer, § 25 UmwG Rz. 24.
7 *Grunewald* in Lutter, § 25 UmwG Rz. 16; *Simon* in KölnKomm. UmwG, § 25 UmwG Rz. 17; *Burg* in Böttcher/Habighorst/Schulte, § 25 UmwG Rz. 25.
8 *Grunewald* in Lutter, § 25 UmwG Rz. 16 mwN.

bei Verfolgung des Anspruchs nach § 25 UmwG regelmäßig als **Mitverschulden** iS von § 254 Abs. 2 BGB entgegengehalten werden[1].

3. Fiktion des Fortbestehens (§ 25 Abs. 2 UmwG)

12 Für die Ersatzansprüche nach § 25 Abs. 1 UmwG und für alle sonstigen Ansprüche des übertragenden Rechtsträgers aus der Verschmelzung, aber auch für gegen den übertragenden Rechtsträger gerichtete Ansprüche dieser Art fingiert § 25 Abs. 2 UmwG, dass der übertragende Rechtsträger fortbesteht (§ 25 Abs. 2 Satz 1 UmwG) und dass Forderungen und Verbindlichkeiten insoweit trotz der Gesamtrechtsnachfolge nicht durch Konfusion untergehen (§ 25 Abs. 2 Satz 2 UmwG). In diesem Umfang gilt der an sich erloschene Rechtsträger noch als Träger von Rechten und Pflichten und ist für alle diesbezüglichen Prozesse parteifähig. Hierbei ergangene Urteile wirken nicht für oder gegen den übernehmenden Rechtsträger, sofern dieser nicht ebenfalls am Prozess beteiligt war. Danach kann der übertragende Rechtsträger auch noch Ansprüche **gegen den übernehmenden Rechtsträger**, zB aus dem Verschmelzungsvertrag, durchsetzen[2]. Solche Ansprüche sind nicht auf die Geltendmachung von Schadensersatz beschränkt, sondern können auch auf Erfüllung gerichtet sein[3]. Deshalb können insbesondere Zusagen aus dem Verschmelzungsvertrag, zB auf Fortführung bestimmter Betriebe[4] oder Aufrechterhaltung der Börsennotierung[5] auch nach der Verschmelzung noch durchgesetzt werden. Dies gilt auch dann, wenn es sich um freiwillige Regelungen im Verschmelzungsvertrag handelt[6]. Auch eine Anfechtung des Verschmelzungsvertrages nach §§ 119 ff. BGB ist aufgrund der Fiktion noch möglich[7]. Die Anfechtungserklärung erfolgt dabei durch den besonderen Vertreter nach § 26 UmwG. Bei Ansprüchen des übernehmenden Rechtsträgers **gegen den übertragenden Rechtsträger** bedeutet die Fiktion des Fortbestands des letzteren zB, dass mit bzw. gegen solche Ansprüche aufgerech-

---

1 Vgl. *Grunewald* in Lutter, § 25 UmwG Rz. 15; *Kübler* in Semler/Stengel, § 25 UmwG Rz. 23; *Simon* in KölnKomm. UmwG, § 25 UmwG Rz. 38 f.; *Clemm/Dürrschmidt* in FS Widmann, 2001, S. 3 (9); *Schnorbus*, ZHR 167 (2003), 666 (698); *Vossius* in Widmann/Mayer, § 25 UmwG Rz. 37; *Stratz* in Schmitt/Hörtnagl/Stratz, § 25 UmwG Rz. 19; aA *Veil* in FS Raiser, 2005, S. 453 (463 ff., 466).
2 *Grunewald* in Lutter, § 25 UmwG Rz. 23; *Kübler* in Semler/Stengel, § 25 UmwG Rz. 26.
3 OLG Frankfurt v. 19.5.2006 – 25 U 28/05, AG 2007, 559; zust. *Stratz* in Schmitt/Hörtnagl/Stratz, § 25 UmwG Rz. 35.
4 *Grunewald* in Lutter, § 25 UmwG Rz. 23; *Kübler* in Semler/Stengel, § 25 UmwG Rz. 26; *Müller* in Henssler/Strohn, § 25 UmwG Rz. 26; *Burg* in Böttcher/Habighorst/Schulte, § 25 UmwG Rz. 30.
5 *Blasche/Söntgerath*, BB 2009, 1432 (1434).
6 OLG Frankfurt v. 19.5.2006 – 25 U 28/05, AG 2007, 559; *Blasche/Söntgerath*, BB 2009, 1432 (1434).
7 Vgl. *Grunewald* in Lutter, § 25 UmwG Rz. 23.

net werden kann[1]. Unklar ist die Rechtslage bei Ansprüchen Dritter gegen den übertragenden Rechtsträger. Solche Ansprüche gegen den übertragenden Rechtsträger machen wirtschaftlich keinen Sinn, weil der als fortbestehend fingierte Rechtsträger kein Vermögen mehr hat. Da dieses Vermögen auf den übernehmenden Rechtsträger übergegangen ist (§ 20 Abs. 1 Nr. 1 UmwG), ist es konsequent, diesen Rechtsträger als (weiteren) Schuldner anzusehen[2].

§ 25 Abs. 2 UmwG gilt nur für **Ansprüche aus der Verschmelzung**, nicht aber für Forderungen und Verbindlichkeiten, die im Zuge der Verschmelzung auf den übernehmenden Rechtsträger übergegangen sind, also insbesondere nicht für früher entstandene Ansprüche. Die Vorschrift gilt auch nicht für Ansprüche aus fehlerhafter Beratung der an der Verschmelzung beteiligten Rechtsträger[3]. Der **übernehmende Rechtsträger** haftet für die Ansprüche nach § 25 UmwG nicht. Eine Haftung ergibt sich idR auch nicht mittelbar dadurch, dass der übertragende Rechtsträger für das Fehlverhalten seiner Organe nach §§ 31, 823, 826 BGB einzustehen hat und diese Haftung dann auf den übernehmenden Rechtsträger übergeht[4]. Der übernehmende Rechtsträger kann über die Ansprüche nach § 25 UmwG schließlich nicht verfügen[5]. Ihre Geltendmachung richtet sich ausschließlich nach § 26 UmwG. 13

Die Fiktion des Fortbestehens erstreckt sich nicht auf die **Verwaltungsträger** des übertragenden Rechtsträgers. Deren Ämter bestehen nicht fort, sondern gehen mit dem Rechtsträger unter. Deshalb ist nach § 26 UmwG, ggf. zunächst nach § 57 ZPO, ein besonderer Vertreter zu bestellen. 14

4. Verjährung (§ 25 Abs. 3 UmwG)

Ersatzansprüche nach § 25 Abs. 1 UmwG verjähren in **fünf Jahren**. Die Frist beginnt mit Ablauf des Tages, an dem die Eintragung der Verschmelzung ins Register des übernehmenden Rechtsträgers gemäß § 19 Abs. 3 UmwG bekannt gemacht wurde. Auf die Kenntnis des Berechtigten kommt es dabei nicht an[6]. Für 15

---

1 *Grunewald* in Lutter, § 25 UmwG Rz. 26; *Kübler* in Semler/Stengel, § 25 UmwG Rz. 29; *Simon* in KölnKomm. UmwG, § 25 UmwG Rz. 47.
2 *Müller* in Henssler/Strohn, § 25 UmwG Rz. 18; im Erg. auch *Simon* in KölnKomm. UmwG, § 25 UmwG Rz. 47; für alleinige Haftung des übernehmenden Rechtsträgers *Grunewald* in Lutter, § 25 UmwG Rz. 28; *Kübler* in Semler/Stengel, § 25 UmwG Rz. 28; *Hommelhoff*, AG 2012, 194 (198).
3 BGH v. 5.12.1996 – IX ZR 61/96, AG 1997, 229 = ZIP 1997, 322; aA *Grunewald* in Lutter, § 25 UmwG Rz. 24; *Müller* in Henssler/Strohn, § 25 UmwG Rz. 17.
4 Vgl. dazu *Grunewald* in Lutter, § 25 UmwG Rz. 6.
5 Zust. *Simon* in KölnKomm. UmwG, § 25 UmwG Rz. 48; *Burg* in Böttcher/Habighorst/Schulte, § 25 UmwG Rz. 33.
6 *Grunewald* in Lutter, § 25 UmwG Rz. 22; *Kübler* in Semler/Stengel, § 25 UmwG Rz. 31; *Simon* in KölnKomm. UmwG, § 25 UmwG Rz. 52.

die weiteren Ansprüche nach § 25 Abs. 2 UmwG gelten die jeweiligen Verjährungsbestimmungen (zB drei Jahre bei Ansprüchen aus unerlaubter Handlung, § 852 BGB). Bei der allgemeinen Haftung der Organmitglieder von börsennotierten Gesellschaften und Kreditinstituten beträgt die Verjährungsfrist dagegen zehn Jahre (§§ 93 Abs. 6, 116 Satz 1 AktG; § 52a KWG).

§ 26
Geltendmachung des Schadenersatzanspruchs

(1) Die Ansprüche nach § 25 Abs. 1 und 2 können nur durch einen besonderen Vertreter geltend gemacht werden. Das Gericht des Sitzes eines übertragenden Rechtsträgers hat einen solchen Vertreter auf Antrag eines Anteilsinhabers oder eines Gläubigers dieses Rechtsträgers zu bestellen. Gläubiger sind nur antragsberechtigt, wenn sie von dem übernehmenden Rechtsträger keine Befriedigung erlangen können. Gegen die Entscheidung findet die Beschwerde statt.

(2) Der Vertreter hat unter Hinweis auf den Zweck seiner Bestellung die Anteilsinhaber und Gläubiger des betroffenen übertragenden Rechtsträgers aufzufordern, die Ansprüche nach § 25 Abs. 1 und 2 binnen einer angemessenen Frist, die mindestens einen Monat betragen soll, anzumelden. Die Aufforderung ist im Bundesanzeiger und, wenn der Gesellschaftsvertrag, der Partnerschaftsvertrag oder die Satzung andere Blätter für die öffentlichen Bekanntmachungen des übertragenden Rechtsträgers bestimmt hatte, auch in diesen Blättern bekannt zu machen.

(3) Der Vertreter hat den Betrag, der aus der Geltendmachung der Ansprüche eines übertragenden Rechtsträgers erzielt wird, zur Befriedigung der Gläubiger dieses Rechtsträgers zu verwenden, soweit die Gläubiger nicht durch den übernehmenden Rechtsträger befriedigt oder sichergestellt sind. Für die Verteilung gelten die Vorschriften über die Verteilung, die im Falle der Abwicklung eines Rechtsträgers in der Rechtsform des übertragenden Rechtsträgers anzuwenden sind, entsprechend. Gläubiger und Anteilsinhaber, die sich nicht fristgemäß gemeldet haben, werden bei der Verteilung nicht berücksichtigt.

(4) Der Vertreter hat Anspruch auf Ersatz angemessener barer Auslagen und auf Vergütung für seine Tätigkeit. Die Auslagen und die Vergütung setzt das Gericht fest. Es bestimmt nach den gesamten Verhältnissen des einzelnen Falles nach freiem Ermessen, in welchem Umfange die Auslagen und die Vergütung von beteiligten Anteilsinhabern und Gläubigern zu tragen sind. Gegen die Entscheidung findet die Beschwerde statt; die Rechtsbeschwerde ist ausgeschlossen. Aus der rechtskräftigen Entscheidung findet die Zwangsvollstreckung nach der Zivilprozessordnung statt.

1. Überblick 1	d) Rechtsstellung 11
2. Besonderer Vertreter	e) Vergütung, Auslagenersatz ... 13
a) Aufgabe 2	f) Aufruf zur Anmeldung 15
b) Bestellung 4	3. Anspruchsverfolgung 19
c) Antragsrecht 6	4. Erlösverteilung 20

Literatur: *Blasche/Söntgerath,* Verschmelzung: Möglichkeiten des übertragenden Rechtsträgers zur Einflussnahme auf die Geschäftspolitik des übernehmenden Rechtsträgers, BB 2009, 1432; *Schmidt-Troschke,* Rechtsbehelfe bei fehlerhafter Verschmelzung zweier GmbH, GmbHR 1992, 505.

1. Überblick

Die Vorschrift stellt für die Geltendmachung von Ansprüchen nach § 25 UmwG im Interesse der Prozessökonomie ein besonderes Verfahren zur Verfügung. Kernstück ist dabei, dass Ansprüche nach § 25 Abs. 1 und 2 UmwG nur durch einen besonderen Vertreter geltend gemacht werden können, der die potentiell Berechtigten zur Anmeldung ihrer Ansprüche aufzufordern, diese Ansprüche sodann durchzusetzen und eventuell erzielte Beträge unter die Berechtigten zu verteilen hat (vgl. § 26 Abs. 2 und 3 UmwG). 1

2. Besonderer Vertreter

a) Aufgabe

Die Ansprüche nach § 25 Abs. 1 und 2 UmwG können nur durch einen besonderen Vertreter iS von § 26 Abs. 1 UmwG verfolgt werden. Nur dieser ist prozessführungsbefugt und materiell-rechtlich aktivlegitimiert[1]. Der als fortbestehend fingierte übertragende Rechtsträger sowie seine Anteilsinhaber und Gläubiger können insoweit also nicht selbst klagen; ihre Klage wäre unzulässig[2]. Der übertragende Rechtsträger wäre ohne eigene Organe nicht einmal handlungsfähig. Um auf die Prozessführung des besonderen Vertreters Einfluss zu nehmen, kann ein Anteilsinhaber oder Gläubiger allerdings einem von dem Vertreter geführten Prozess als Nebenintervenient beitreten (vgl. § 66 ZPO)[3]. 2

---

1 OLG Frankfurt v. 19.5.2006 – 25 U 28/05, AG 2007, 559.
2 *Grunewald* in Lutter, § 26 UmwG Rz. 4; *Kübler* in Semler/Stengel, § 26 UmwG Rz. 3; *Stratz* in Schmitt/Hörtnagl/Stratz, § 26 UmwG Rz. 8; *Simon* in KölnKomm. UmwG, § 26 UmwG Rz. 5; *Vossius* in Widmann/Mayer, § 26 UmwG Rz. 7; *Burg* in Böttcher/Habighorst/Schulte, § 26 UmwG Rz. 5.
3 *Grunewald* in Lutter, § 26 UmwG Rz. 4; *Kübler* in Semler/Stengel, § 26 UmwG Rz. 3; aA *Vossius* in Widmann/Mayer, § 26 UmwG Rz. 8; *Stratz* in Schmitt/Hörtnagl/Stratz, § 26 UmwG Rz. 8.

3 Die Aufgabe des besonderen Vertreters kann auch lediglich darin bestehen, für den übertragenden, durch die Verschmelzung erloschenen Rechtsträger Erklärungen entgegenzunehmen. Eine solche **Passivvertretung** liegt zB vor, wenn der übernehmende Rechtsträger den Verschmelzungsvertrag gemäß §§ 119, 123 BGB anficht; § 26 Abs. 1 UmwG gilt in diesem Falle entsprechend, wobei das Antragsrecht dem übernehmenden Rechtsträger zusteht[1]. An einer solchen Anfechtung besteht idR aber kein Interesse, da die Wirksamkeit der Verschmelzung, sobald sie eingetragen ist, dadurch nicht mehr berührt wird (§ 20 Abs. 2 UmwG; vgl. auch § 20 UmwG Rz. 39 f.)[2].

b) Bestellung

4 Der besondere Vertreter wird auf Antrag vom Gericht, dh. dem **Amtsgericht** (§ 23a Abs. 2 Nr. 4 GVG iVm. § 375 Nr. 5 FamFG), am Sitz des übertragenden Rechtsträgers bestellt. Das Gericht prüft, ob die Antragsberechtigung schlüssig dargelegt ist, nicht aber die Erfolgsaussichten der Rechtsverfolgung. Dabei ist erforderlichenfalls glaubhaft zu machen, dass dem Antragsteller ein Schaden iS von § 25 Abs. 1 oder 2 UmwG entstanden ist[3]. Voraussetzung für die Bestellung ist außerdem ein sachliches Bedürfnis[4]. Dazu hat der Antragsteller glaubhaft zu machen, dass die Voraussetzungen des § 25 Abs. 1 oder 2 UmwG vorliegen[5]. Sofern dies beantragt und zweckmäßig ist (zB bei Ansprüchen aus verschiedenen Sachverhalten), kann das Gericht auch mehrere Vertreter bestellen[6].

5 Zur Person des besonderen Vertreters können die Antragsteller **Vorschläge** machen, an die das Gericht allerdings nicht gebunden ist. Welche Personen als Vertreter in Frage kommen, lässt das Gesetz offen. Soweit eine gerichtliche Geltendmachung der Ansprüche erforderlich ist, wird es sich empfehlen, als besonderen Vertreter einen Rechtsanwalt zu bestellen, der bei dem für die Geltendmachung der Ansprüche zuständigen Gericht zugelassen ist. Auch eine Anwaltssozietät

---

[1] Vgl. OLG Hamm v. 8.10.1991 – 15 W 276/91, AG 1992, 232 = DB 1991, 2535; *Grunewald* in Lutter, § 26 UmwG Rz. 10; *Kübler* in Semler/Stengel, § 26 UmwG Rz. 28; *Stratz* in Schmitt/Hörtnagl/Stratz, § 26 UmwG Rz. 11; *Vossius* in Widmann/Mayer, § 26 UmwG Rz. 25; für die Bestellung eines Liquidators entspr. dem früheren § 2 Abs. 2 LöschG dagegen *Schmidt-Troschke*, GmbHR 1992, 505 (508); abl. *Simon* in KölnKomm. UmwG, § 26 UmwG Rz. 13 und *Burg* in Böttcher/Habighorst/Schulte, § 26 UmwG Rz. 5.
[2] Ähnlich *Kübler* in Semler/Stengel, § 26 UmwG Rz. 7; *Simon* in KölnKomm. UmwG, § 26 UmwG Rz. 13.
[3] OLG Hamm v. 8.10.1991 – 15 W 276/91, DB 1991, 2535 (2536) = AG 1992, 232.
[4] Vgl. OLG Hamm v. 8.10.1991 – 15 W 276/91, DB 1991, 2535 (2536) = AG 1992, 232.
[5] *Grunewald* in Lutter, § 26 UmwG Rz. 12; *Kübler* in Semler/Stengel, § 26 UmwG Rz. 4; *Simon* in KölnKomm. UmwG, § 26 UmwG Rz. 4.
[6] *Grunewald* in Lutter, § 26 UmwG Rz. 13.

(GbR oder Partnerschaftsgesellschaft) oder eine juristische Person (zB Wirtschaftsprüfungsgesellschaft) kann als besonderer Vertreter bestellt werden[1].

c) Antragsrecht

Antragsberechtigt sind nach dem Gesetzeswortlaut nur die Anteilsinhaber und Gläubiger des übertragenden Rechtsträgers (§ 26 Abs. 1 Satz 2 UmwG). Der übertragende Rechtsträger selbst bzw. der für diesen tätige besondere Vertreter hat kein Antragsrecht. Das Antragsrecht eines **Anteilsinhabers** setzt voraus, dass er im Zeitpunkt der Verschmelzung Anteilsinhaber war[2]. Weitere Voraussetzungen bestehen nicht, insbesondere ist ein Umtausch der Anteile nicht erforderlich. Antragsberechtigt ist auch der **Gesamtrechtsnachfolger** (zB Erbe) eines Anteilsinhabers[3]. Werden die Anteile im Wege der **Einzelrechtsnachfolge** (zB durch Verkauf oder Schenkung) übertragen, so geht die Antragsberechtigung dagegen nicht auf den Erwerber über[4]. Dies folgt daraus, dass das Gesetz nur den Anteilsinhaber für antragsberechtigt erklärt und der Einzelrechtsnachfolger aus der Verschmelzung keinen Schaden erlitten haben kann[5]. Demgemäß ist die Antragsberechtigung auch nicht selbständig abtretbar; abgetreten werden kann allenfalls der Anspruch auf den künftigen Erlös[6]. Ob bei einem Anteilsverkauf dieser Anspruch mitabgetreten ist, muss erforderlichenfalls durch Auslegung (§§ 133, 157 BGB) geklärt werden; im Zweifel wird dies nicht gewollt sein[7].

6

Bei den nach § 25 Abs. 1 und 2 UmwG geltend zu machenden Ansprüchen geht es nicht nur um Ansprüche auf **Schadensersatz**, sondern auch um Ansprüche auf **Erfüllung**, zB bestimmter Verpflichtungen aus dem Verschmelzungsvertrag (vgl. § 25 UmwG Rz. 12). Auch zur Verfolgung solcher Ansprüche kann ein besonderer Vertreter bestellt werden[8]. Der Aufruf zur Anmeldung der Ansprüche

6a

---

1 *Grunewald* in Lutter, § 26 UmwG Rz. 13; *Kübler* in Semler/Stengel, § 26 UmwG Rz. 4; *Simon* in KölnKomm. UmwG, § 26 UmwG Rz. 14.
2 *Kübler* in Semler/Stengel, § 26 UmwG Rz. 5; *Simon* in KölnKomm. UmwG, § 26 UmwG Rz. 9; *Vossius* in Widmann/Mayer, § 26 UmwG Rz. 19.
3 *Grunewald* in Lutter, § 26 UmwG Rz. 6; *Kübler* in Semler/Stengel, § 26 UmwG Rz. 5; *Simon* in KölnKomm. UmwG, § 26 UmwG Rz. 9; *Müller* in Henssler/Strohn, § 26 UmwG Rz. 7.
4 *Simon* in KölnKomm. UmwG, § 26 UmwG Rz. 9; *Grunewald* in Lutter, § 26 UmwG Rz. 6.
5 *Grunewald* in Lutter, § 26 UmwG Rz. 6; *Kübler* in Semler/Stengel, § 26 UmwG Rz. 5; *Stratz* in Schmitt/Hörtnagl/Stratz, § 26 UmwG Rz. 13; *Vossius* in Widmann/Mayer, § 26 UmwG Rz. 19.
6 *Grunewald* in Lutter, § 26 UmwG Rz. 7; *Stratz* in Schmitt/Hörtnagl/Stratz, § 26 UmwG Rz. 9; *Burg* in Böttcher/Habighorst/Schulte, § 26 UmwG Rz. 10.
7 *Grunewald* in Lutter, § 26 UmwG Rz. 7; offen *Simon* in KölnKomm. UmwG, § 26 UmwG Rz. 9.
8 OLG Frankfurt v. 19.5.2006 – 25 U 28/05, AG 2007, 559; *Blasche/Söntgerath*, BB 2009, 1432 (1435); *Grunewald* in Lutter, § 26 UmwG Rz. 2.

nach § 26 Abs. 2 UmwG und die Erlösverteilung nach § 26 Abs. 3 UmwG passen dafür zwar nicht; dies steht der Anwendung der Vorschrift im Übrigen aber nicht entgegen[1].

7 Soweit der **übernehmende Rechtsträger** Anteilsinhaber des übertragenden Rechtsträgers war, gehen seine Anteile mit der Verschmelzung ersatzlos unter (vgl. §§ 20 Abs. 1 Nr. 3; 54 Abs. 1 Nr. 1, 68 Abs. 1 Satz 1 Nr. 1 UmwG). Damit entfällt die Grundlage für ein Antragsrecht des übernehmenden Rechtsträgers wegen fehlerhafter Berechnung des Umtauschverhältnisses[2].

8 Antragsberechtigt sind die **Gläubiger** des übertragenden Rechtsträgers, allerdings nur, wenn sie von dem übernehmenden Rechtsträger keine Befriedigung erlangen können (§ 26 Abs. 1 Satz 3 UmwG). Gläubigern, denen gemäß § 22 UmwG Sicherheit geleistet worden ist, müssen zunächst daraus Befriedigung suchen. Dazu müssen allerdings nicht notwendig gerichtliche Maßnahmen (zB Zwangsvollstreckung) eingeleitet werden[3]. Kann ein Gläubiger darlegen, dass er auch aus der Sicherheit keine (volle) Befriedigung erlangen kann, ist seine Antragsberechtigung gegeben[4]. Auch der **übernehmende Rechtsträger** kann als Gläubiger des übertragenden Rechtsträgers antragsberechtigt sein; dies gilt vor allem für Ansprüche aus § 25 Abs. 2 UmwG[5].

9 **Andere Personen** haben kein Antragsrecht. Dies gilt auch dann, wenn ihnen nach dem Verschmelzungsvertrag Ansprüche gegen den übertragenden Rechtsträger zustehen. Dies kann zB bei Arbeitnehmern der Fall sein, denen im Verschmelzungsvertrag bestimmte Zusagen gemacht worden sind (vgl. § 5 Abs. 1 Nr. 9 UmwG). Die Einhaltung dieser Zusagen kann dann uU nach § 328 BGB (Vertrag zu Gunsten Dritter) gegenüber dem übernehmenden Rechtsträger verfolgt werden[6].

10 Gegen die Entscheidung des Gerichts (Bestellung oder Ablehnung des Antrags) ist die **Beschwerde** möglich (§ 58 Abs. 1 FamFG). Sie ist innerhalb eines Monats einzulegen (§ 63 Abs. 1 FamFG) und soll begründet werden (§ 65 Abs. 1 FamFG). Über die Beschwerde entscheidet das OLG (§ 119 Abs. 1 Nr. 1 lit. b GVG). Die **Rechtsbeschwerde** zum BGH (§§ 70 ff. FamFG) ist im Unterschied zu § 26 Abs. 4 Satz 4 Halbsatz 2 UmwG nicht ausgeschlossen.

---

1 *Blasche/Söntgerath*, BB 2009, 1432 (1435); vgl. auch *Stratz* in Schmitt/Hörtnagl/Stratz, § 26 UmwG Rz. 9.
2 *Grunewald* in Lutter, § 26 UmwG Rz. 5.
3 *Grunewald* in Lutter, § 26 UmwG Rz. 8; *Kübler* in Semler/Stengel, § 26 UmwG Rz. 6; *Simon* in KölnKomm. UmwG, § 26 UmwG Rz. 10; *Stratz* in Schmitt/Hörtnagl/Stratz, § 26 UmwG Rz. 14.
4 Vgl. *Grunewald* in Lutter, § 26 UmwG Rz. 8; *Stratz* in Schmitt/Hörtnagl/Stratz, § 26 UmwG Rz. 14; *Vossius* in Widmann/Mayer, § 26 UmwG Rz. 23; *Müller* in Henssler/Strohn, § 26 UmwG Rz. 7.
5 Vgl. *Grunewald* in Lutter, § 26 UmwG Rz. 8; *Kübler* in Semler/Stengel, § 26 UmwG Rz. 6.
6 *Grunewald* in Lutter, § 26 UmwG Rz. 9; *Kübler* in Semler/Stengel, § 26 UmwG Rz. 8.

d) Rechtsstellung

Der besondere Vertreter macht die Ansprüche, zu deren Verfolgung er bestellt worden ist, nicht als Vertreter des Berechtigten, sondern **in eigenem Namen** geltend. Er ist insofern **Partei kraft Amtes**[1]. Der besondere Vertreter hat die ihm aufgetragene Anspruchsverfolgung und Erlösverteilung mit der erforderlichen Sorgfalt durchzuführen, andernfalls macht er sich gegenüber den Anteilsinhabern und/oder Gläubigern selbst schadensersatzpflichtig (vgl. die Vorschriften der §§ 268, 93 Abs. 1 AktG zum Abwickler einer AG und § 60 InsO für den Insolvenzverwalter)[2]. 11

Da der besondere Vertreter in keinem Auftragsverhältnis zu den Antragstellern steht, unterliegt er keinen Weisungen der Anteilsinhaber, der Gläubiger oder des bestellenden Gerichts. Er ist nicht verpflichtet, seine Bestellung anzunehmen, und kann diese jederzeit niederlegen; eine Niederlegung zur Unzeit kann allerdings Schadensersatzansprüche auslösen (vgl. § 671 Abs. 2 BGB). Im Übrigen ist der Vertreter auskunfts- und rechenschaftspflichtig (§ 666 BGB)[3]. Bei einer Vielzahl von Berechtigten kann der besondere Vertreter diese Pflicht auch im Rahmen einer Versammlung erfüllen[4]. 12

e) Vergütung, Auslagenersatz

Der besondere Vertreter hat gemäß § 26 Abs. 4 UmwG Anspruch auf Ersatz angemessener Auslagen und auf Vergütung. Die erstattungsfähigen Auslagen und die Vergütung setzt das Gericht fest, sofern der Vertreter keine anderweitige Vereinbarung mit den Anteilsinhabern oder Gläubigern getroffen hat[5]. Ist der besondere Vertreter Rechtsanwalt, so bestimmt sich seine Vergütung grundsätzlich nach dem RVG[6]. Erstattungsfähig sind auch Prozesskosten, soweit sie vom 13

---

1 OLG Frankfurt v. 19.5.2006 – 25 U 28/05, AG 2007, 559; *Grunewald* in Lutter, § 26 UmwG Rz. 15; *Kübler* in Semler/Stengel, § 26 UmwG Rz. 9; *Simon* in KölnKomm. UmwG, § 26 UmwG Rz. 16; *Stratz* in Schmitt/Hörtnagl/Stratz, § 26 UmwG Rz. 18; offengelassen in OLG Hamm v. 8.10.1991 – 15 W 276/91, DB 1991, 2535 f. = AG 1992, 232; aA *Vossius* in Widmann/Mayer, § 26 UmwG Rz. 41: Prozessgeschäftsführer kraft richterlicher Bestellung.
2 *Grunewald* in Lutter, § 26 UmwG Rz. 16; *Kübler* in Semler/Stengel, § 26 UmwG Rz. 11; *Vossius* in Widmann/Mayer, § 26 UmwG Rz. 46, teilweise unter Heranziehung auch der §§ 1833, 1915 Abs. 1, 1908i BGB; *Stratz* in Schmitt/Hörtnagl/Stratz, § 26 UmwG Rz. 27: Haftung wie Vertretungsorgan.
3 *Stratz* in Schmitt/Hörtnagl/Stratz, § 26 UmwG Rz. 27; *Vossius* in Widmann/Mayer, § 26 UmwG Rz. 47.
4 *Grunewald* in Lutter, § 26 UmwG Rz. 16.
5 Vgl. *Grunewald* in Lutter, § 26 UmwG Rz. 17; *Kübler* in Semler/Stengel, § 26 UmwG Rz. 10; *Simon* in KölnKomm. UmwG, § 26 UmwG Rz. 17.
6 Vgl. OLG Düsseldorf v. 20.8.1984 – 19 W 12/84, AG 1984, 294 = DB 1984, 2188 zu § 306 Abs. 4 Satz 7 AktG; *Grunewald* in Lutter, § 26 UmwG Rz. 17 mwN.

Vertreter aufgebracht worden sind. Soweit Kostenvorschüsse zu zahlen sind, kann er verlangen, dass ihm diese Beträge zur Verfügung gestellt werden, bevor er tätig wird[1]. Auch auf seine Vergütung kann der besondere Vertreter einen **angemessenen Vorschuss** verlangen. Die Festsetzung und Einforderung der Vorschüsse obliegt allerdings dem Gericht[2].

14 Nach erfolgreicher Durchsetzung der Ansprüche sind die dem Vertreter zustehenden Auslagen und seine Vergütung dem erzielten Erlös zu entnehmen, soweit sie nicht als Prozesskosten vom Prozessgegner zu erstatten sind[3]. Bei **weiter gehenden Ansprüchen** des Vertreters **bestimmt das Gericht nach freiem Ermessen**, inwieweit die Kosten von den beteiligten Gläubigern und Anteilsinhabern zu tragen sind (§ 26 Abs. 4 Satz 3 UmwG). Beteiligt sind dabei auch die Gläubiger und Anteilsinhaber, die an der Bestellung des Vertreters nicht mitgewirkt haben, deren Ansprüche aber mit geltend gemacht worden sind. Bei der Entscheidung des Gerichts sind alle Umstände des Einzelfalls, wie zB die Höhe der geltend gemachten Ansprüche, der Erfolg bei ihrer Geltendmachung sowie der zeitliche und materielle Aufwand des Vertreters zu berücksichtigen[4]. Gegen die Entscheidung des Gerichts ist Beschwerde möglich (§§ 58 ff. FamFG); die Rechtsbeschwerde (§§ 70 ff. FamFG) ist ausdrücklich ausgeschlossen (§ 26 Abs. 4 Satz 4 Halbsatz 2 UmwG). Der rechtskräftige Gerichtsbeschluss ist zugleich Vollstreckungstitel (§ 26 Abs. 4 Satz 5 UmwG iVm. § 784 Abs. 1 Nr. 3 ZPO).

f) Aufruf zur Anmeldung

15 Der besondere Vertreter hat die Anteilsinhaber und Gläubiger des übertragenden Rechtsträgers gemäß § 26 Abs. 2 UmwG öffentlich aufzufordern, die Ansprüche nach § 25 Abs. 1 und 2 UmwG innerhalb angemessener Frist anzumelden. Dieser Aufruf ist im Bundesanzeiger und, soweit in Gesellschaftsvertrag, Partnerschaftsvertrag oder Satzung vorgesehen, in weiteren Veröffentlichungsblättern des übertragenden Rechtsträgers bekannt zu machen (§ 26 Abs. 2 Satz 2 UmwG).

16 In der Bekanntmachung hat der besondere Vertreter auf den **Zweck seiner Bestellung** hinzuweisen (§ 26 Abs. 2 Satz 1 UmwG). Er muss demgemäß mitteilen, gegen wen er welche Ansprüche aufgrund welchen Sachverhalts verfolgen will.

---

1 Vgl. *Grunewald* in Lutter, § 26 UmwG Rz. 17; *Kübler* in Semler/Stengel, § 26 UmwG Rz. 10; *Vossius* in Widmann/Mayer, § 26 UmwG Rz. 45.
2 *Grunewald* in Lutter, § 26 UmwG Rz. 17; *Kübler* in Semler/Stengel, § 26 UmwG Rz. 10; *Vossius* in Widmann/Mayer, § 26 UmwG Rz. 45; aA *Stratz* in Schmitt/Hörtnagl/Stratz, § 26 UmwG Rz. 25.
3 *Grunewald* in Lutter, § 26 UmwG Rz. 18; *Kübler* in Semler/Stengel, § 26 UmwG Rz. 10; *Simon* in KölnKomm. UmwG, § 26 UmwG Rz. 24.
4 Vgl. *Grunewald* in Lutter, § 26 UmwG Rz. 18.

Dies muss so deutlich geschehen, dass die betroffenen Anteilsinhaber und Gläubiger entscheiden können, ob sie sich, wenn sie an der Verteilung eines eventuellen Erlöses beteiligt sein wollen, melden müssen[1]. Die Gläubiger und Anteilsinhaber, die sich an der Anspruchsverfolgung beteiligen wollen, sind **aufzufordern, sich innerhalb einer bestimmten Frist zu melden**. Diese Frist soll mindestens einen Monat betragen (§ 26 Abs. 2 Satz 1 UmwG). Eine unangemessen kurze Anmeldefrist macht die Aufforderung unwirksam[2]. Die betroffenen Anteilsinhaber und Gläubiger können sich dann auch später noch melden[3].

Bei der Aufforderung sollte, auch wenn dies nicht vorgeschrieben ist, auf die **Folgen einer unterlassenen Meldung** hingewiesen werden[4]. Diese besteht darin, dass die Betroffenen an der Verteilung eines eventuellen Erlöses nicht teilnehmen (vgl. § 26 Abs. 3 Satz 3 UmwG). 17

Die Anmeldung kann **formlos** geschehen. Zweckmäßigerweise erfolgt sie schriftlich, wobei Art und Umfang des Anspruchs mitgeteilt werden[5]. 18

3. Anspruchsverfolgung

Der besondere Vertreter hat die Ansprüche, die seiner Bestellung zugrunde liegen, geltend zu machen. Ob dies außergerichtlich oder gerichtlich geschieht, entscheidet er nach pflichtgemäßem Ermessen. Er entscheidet auch, ob ein Vergleich abgeschlossen, Rechtsmittel eingelegt oder sonstige Maßnahmen getroffen werden[6]. 19

4. Erlösverteilung

Nach der Verteilungsregel des § 26 Abs. 3 UmwG hat der besondere Vertreter den aus der Geltendmachung von Ansprüchen eines übertragenden Rechtsträgers erzielten Betrag vorrangig zur **Befriedigung der Gläubiger** des übertragen- 20

---

1 Vgl. *Grunewald* in Lutter, § 26 UmwG Rz. 20.
2 AA *Grunewald* in Lutter, § 26 UmwG Rz. 22, *Simon* in KölnKomm. UmwG, § 26 UmwG Rz. 19; *Stratz* in Schmitt/Hörtnagl/Stratz, § 26 UmwG Rz. 19, und *Vossius* in Widmann/Mayer, § 26 UmwG Rz. 33, wonach dann eine angemessene Frist gilt.
3 *Kübler* in Semler/Stengel, § 26 UmwG Rz. 12; *Burg* in Böttcher/Habighorst/Schulte, § 26 UmwG: innerhalb angemessener Frist.
4 *Grunewald* in Lutter, § 26 UmwG Rz. 21; *Kübler* in Semler/Stengel, § 26 UmwG Rz. 12; *Simon* in KölnKomm. UmwG, § 26 UmwG Rz. 18; *Stratz* in Schmitt/Hörtnagl/Stratz, § 26 UmwG Rz. 20; *Vossius* in Widmann/Mayer, § 26 UmwG Rz. 34.
5 *Simon* in KölnKomm. UmwG, § 26 UmwG Rz. 21; *Stratz* in Schmitt/Hörtnagl/Stratz, § 26 UmwG Rz. 21.
6 *Kübler* in Semler/Stengel, § 26 UmwG Rz. 14; *Simon* in KölnKomm. UmwG, § 26 UmwG Rz. 22.

den Rechtsträgers zu verwenden, soweit diese nicht bereits durch den übernehmenden Rechtsträger befriedigt oder sichergestellt sind (§ 26 Abs. 3 Satz 1 UmwG). Dabei sind die Ansprüche der Gläubiger zu prüfen. Reicht der Erlös zur Befriedigung der Gläubiger nicht aus, sind ihre Ansprüche nach einem gleichen Prozentsatz zu erfüllen[1]. Im Übrigen gelten die Verteilungsvorschriften, die jeweils bei der Abwicklung des übertragenden Rechtsträgers anzuwenden sind (zB § 271 AktG, § 72 GmbHG, § 155 HGB). Ein danach verbleibender **Rest ist an die Anteilsinhaber** nach dem Verhältnis ihrer Einlagen zu verteilen[2]. Der übernehmende Rechtsträger wird dabei, wenn auch er Anteilsinhaber des übertragenden Rechtsträgers war, nicht berücksichtigt (vgl. Rz. 7)[3].

21 Gläubiger und Anteilsinhaber, die sich **nicht fristgemäß gemeldet** haben, werden bei der Verteilung nicht berücksichtigt (§ 26 Abs. 3 Satz 3 UmwG). Ihre Ansprüche gehen damit zwar nicht unter, können aber nicht mehr nach § 26 UmwG geltend gemacht werden, da dieses Verfahren nicht wiederholt werden kann[4].

22 **§ 26 Abs. 3 UmwG gilt nicht für Ansprüche** einzelner Gläubiger oder Anteilsinhaber wegen eines Schadens, der nur ihnen allein und nicht auch zugleich dem übertragenden Rechtsträger entstanden ist. Solche Ansprüche sind gesondert zu befriedigen[5].

§ 27
Schadenersatzpflicht der Verwaltungsträger des übernehmenden Rechtsträgers

Ansprüche auf Schadenersatz, die sich auf Grund der Verschmelzung gegen ein Mitglied des Vertretungsorgans oder, wenn ein Aufsichtsorgan vorhanden ist, des Aufsichtsorgans des übernehmenden Rechtsträgers ergeben, verjähren in fünf Jahren seit dem Tage, an dem die Eintragung der Verschmelzung in das Register des Sitzes des übernehmenden Rechtsträgers nach § 19 Abs. 3 bekannt gemacht worden ist.

---

1 Vgl. *Grunewald* in Lutter, § 26 UmwG Rz. 26; *Kübler* in Semler/Stengel, § 26 UmwG Rz. 16.
2 *Simon* in KölnKomm. UmwG, § 26 UmwG Rz. 25.
3 *Simon* in KölnKomm. UmwG, § 26 UmwG Rz. 25; *Vossius* in Widmann/Mayer, § 26 UmwG Rz. 38; differenzierend *Grunewald* in Lutter, § 26 UmwG Rz. 26 und *Müller* in Henssler/Strohn, § 26 UmwG Rz. 16.
4 Vgl. *Grunewald* in Lutter, § 26 UmwG Rz. 26; *Kübler* in Semler/Stengel, § 26 UmwG Rz. 15.
5 *Grunewald* in Lutter, § 26 UmwG Rz. 25; *Simon* in KölnKomm. UmwG, § 26 UmwG Rz. 26.

| 1. Überblick .... 1 | 3. Verjährung .... 6 |
| 2. Ersatzansprüche .... 2 | |

1. Überblick

Die Vorschrift regelt den Beginn und die Dauer der Verjährung von Schadensersatzansprüchen, die sich im Zusammenhang mit der Verschmelzung gegen Verwaltungsträger des übernehmenden Rechtsträgers ergeben. Die allgemeine Regelung des Verjährungsbeginns nach § 199 BGB wird dadurch modifiziert. 1

2. Ersatzansprüche

Die Vorschrift enthält – im Unterschied zu § 25 UmwG – keine eigenständige Anspruchsgrundlage, sondern knüpft an Ansprüche an, die sich aus anderen, nicht näher genannten Rechtsnormen ergeben[1]. In den Vorgängerbestimmungen waren ua. die §§ 93, 116, 117, 309, 317, 318 AktG, § 43 GmbHG, § 52 GmbHG iVm. § 116 AktG aufgeführt. Da sich hieran durch § 27 UmwG nichts ändern sollte, sind jedenfalls diese Normen erfasst[2]. Dabei muss es sich um **Ansprüche auf Schadensersatz** handeln, die **aufgrund der Verschmelzung** bestehen und die gegen ein **Mitglied des Vertretungs- oder**, falls vorhanden, **Aufsichtsorgans** gerichtet sind (zur Bestimmung des betroffenen Personenkreises siehe § 25 UmwG Rz. 3 und 4). Die Ersatzansprüche müssen zumindest in sachlichem Zusammenhang mit der Verschmelzung stehen[3]. In Betracht kommen zB Versäumnisse bei der Ermittlung des Umtauschverhältnisses, den Festlegungen im Verschmelzungsvertrag oder der Berichterstattung über die Verschmelzung. 2

Im Einzelnen gilt das **rechtsformspezifische Haftungsrecht** des jeweiligen übernehmenden Rechtsträgers. Ist der übernehmende Rechtsträger **AG, SE** oder **KGaA**, so kommen Schadensersatzansprüche gegen Mitglieder des Vorstands und/oder Aufsichtsrats vor allem nach den §§ 93, 116, 117 Abs. 2, 278 Abs. 3, 283, 310, 318 AktG in Betracht. Bei einer **GmbH** ist an Ansprüche gegen die Geschäftsführer und die Mitglieder eines Aufsichtsrats oder damit vergleichbaren Organs (zB Beirat) nach § 43 GmbHG bzw. §§ 93, 116 AktG iVm. § 52 Abs. 1 GmbHG oder zB § 25 Abs. 1 Nr. 2 MitbestG zu denken. Ist der übernehmende Rechtsträger eine **Personenhandelsgesellschaft**, so können Ersatzansprüche gegen die geschäftsführenden Gesellschafter zB aus §§ 105 Abs. 2, 161 Abs. 2 HGB 3

---

1 *Grunewald* in Lutter, § 27 UmwG Rz. 5; *Kübler* in Semler/Stengel, § 27 UmwG Rz. 1.
2 *Grunewald* in Lutter, § 27 UmwG Rz. 2.
3 *Grunewald* in Lutter, § 27 UmwG Rz. 5; *Kübler* in Semler/Stengel, § 27 UmwG Rz. 5; *Simon* in KölnKomm. UmwG, § 27 UmwG Rz. 7; *Burg* in Böttcher/Habighorst/Schulte, § 27 UmwG Rz. 4; abw. *Stratz* in Schmitt/Hörtnagl/Stratz, § 27 UmwG Rz. 4: irgendein Zusammenhang genügt.

iVm. § 713 BGB bestehen. Nach dem insoweit eindeutigen Gesetzeswortlaut gilt die fünfjährige Verjährungsfrist auch für solche Ersatzansprüche, sofern sie aufgrund der Verschmelzung bestehen[1].

4 Neben den genannten gesellschaftsrechtlichen Ansprüchen kommen auch solche nach den **allgemeinen Vorschriften**, zB aus Vertragsverletzung oder aus unerlaubter Handlung, insbesondere nach §§ 823, 826 BGB, in Betracht. Einschränkungen enthält das Gesetz insoweit nicht. Da von den Vorgängernormen (zB § 351 AktG aF, § 30 KapErhG) deliktische Ansprüche aber nicht erfasst waren und die Neuregelung an der Dauer der Verjährung nichts ändern sollte[2], ist davon auszugehen, dass für **unerlaubte Handlungen** weiter die auf die Kenntnis abstellenden Sonderregeln nach §§ 195, 199 Abs. 1 BGB (früher § 852 Abs. 1 BGB) gelten[3]. Daran hat sich auch durch das Schuldrechtsmodernisierungsgesetz[4] nichts geändert[5].

5 § 27 UmwG betrifft nur Ersatzansprüche gegen Verwaltungsträger des übernehmenden Rechtsträgers. Nicht erfasst sind Ansprüche gegen **andere Personen**, zB die sog. Hintermänner iS von § 117 Abs. 1 AktG. Erfasst sind dagegen **konzernrechtliche Ersatzansprüche** aus §§ 309, 310, 317 und 318 AktG (siehe auch Rz. 2)[6]. Zu denken ist etwa an die Vereinbarung eines ungünstigen Umtauschverhältnisses aufgrund einer Weisung oder entsprechenden Veranlassung bei der Verschmelzung einer abhängigen auf die herrschende Gesellschaft (§§ 308, 309; 311, 317 AktG)[7]. Dass die abhängige Gesellschaft infolge der Verschmelzung untergeht, führt aufgrund der Fiktion ihres Fortbestehens nach § 25 Abs. 2 UmwG zu keinem verminderten Rechtsschutz. Der Konstruktion eines eigenen Anspruchs der Anteilsinhaber dieser Gesellschaft bedarf es deshalb nicht[8]. Ersatzansprüche gegen Verwaltungsträger des übertragenden Rechtsträgers sind in § 25 UmwG geregelt.

---

1 *Grunewald* in Lutter, § 27 UmwG Rz. 3; *Kübler* in Semler/Stengel, § 27 UmwG Rz. 4; *Simon* in KölnKomm. UmwG, § 27 UmwG Rz. 4.
2 Vgl. Begr. RegE, BR-Drucks. 75/94 zu § 27 UmwG.
3 *Kübler* in Semler/Stengel, § 27 UmwG Rz. 5; *Müller* in Henssler/Strohn, § 27 UmwG Rz. 4; *Stratz* in Schmitt/Hörtnagl/Stratz, § 27 UmwG Rz. 10; *Vossius* in Widmann/Mayer, § 27 UmwG Rz. 10; aA *Grunewald* in Lutter, § 27 UmwG Rz. 4 und *Simon* in KölnKomm. UmwG, § 27 UmwG Rz. 6 unter Berufung auf die Neuregelung der Verjährung im BGB.
4 Gesetz zur Modernisierung des Schuldrechts v. 26.11.2001, BGBl. I 2001, S. 3138.
5 *Müller* in Henssler/Strohn, § 27 UmwG Rz. 4 gegen *Simon* in KölnKomm. UmwG, § 27 UmwG Rz. 6.
6 *Grunewald* in Lutter, § 27 UmwG Rz. 2; *Stratz* in Schmitt/Hörtnagl/Stratz, § 27 UmwG Rz. 8; *Burg* in Böttcher/Habighorst/Schulte, § 27 UmwG Rz. 5.
7 Vgl. *Grunewald* in Lutter, § 27 UmwG Rz. 7; *Stratz* in Schmitt/Hörtnagl/Stratz § 27 UmwG Rz. 8.
8 *Simon* in KölnKomm. UmwG, § 27 UmwG Rz. 9 gegen *Grunewald* in Lutter, § 27 UmwG Rz. 7.

3. Verjährung

Die unter die Vorschrift fallenden Ersatzansprüche verjähren in **fünf Jahren**, 6
wobei diese Frist mit dem Tag beginnt, an dem die Eintragung der Verschmelzung in das Register des übernehmenden Rechtsträgers bekannt gemacht wurde (§ 19 Abs. 3 UmwG). Dies gilt auch dann, wenn der konkrete Ersatzanspruch schon vor diesem Tag oder – was selten sein dürfte – erst danach geltend gemacht werden kann[1]. Wann der Berechtigte Kenntnis von dem Verjährungsbeginn erlangt hat, ist für den Fristlauf unerheblich[2]. Die fünfjährige Verjährungsfrist gilt auch für börsennotierte Gesellschaften. Sie ist damit kürzer als Verjährungsfrist für Ansprüche aus der allgemeinen Haftung der Organmitglieder von börsennotierten Gesellschaften und Kreditinstituten. Diese wurde durch das Restrukturierungsgesetz[3] auf zehn Jahre verlängert (§§ 93 Abs. 6, 116 Satz 1 AktG; § 52a KWG).

§ 28
Unwirksamkeit des Verschmelzungsbeschlusses eines übertragenden Rechtsträgers

Nach Eintragung der Verschmelzung in das Register des Sitzes des übernehmenden Rechtsträgers ist eine Klage gegen die Wirksamkeit des Verschmelzungsbeschlusses eines übertragenden Rechtsträgers gegen den übernehmenden Rechtsträger zu richten.

1. Überblick 1	4. Klagen gegen den übernehmenden
2. Klagen vor der Eintragung 2	Rechtsträger 7
3. Klagen nach der Eintragung 5	

Literatur: *Bonke*, Mängel der Verschmelzung von Aktiengesellschaften nach dem Aktiengesetz vom 6. September 1965, 1970; *Döss*, Die Auswirkungen von Mängeln einer Verschmelzung durch Aufnahme auf die rechtliche Stellung einer übertragenden Gesellschaft und ihrer Aktionäre, 1990; *Hoffmann-Becking*, „Organnachfolge" bei der Verschmelzung?, FS Ulmer, 2003, S. 243; *Kreuznacht*, Wirkungen der Eintragung fehlerhafter Verschmelzungen von Aktiengesellschaften und Gesellschaften mit beschränkter Haftung nach § 20

---

1 *Kübler* in Semler/Stengel, § 27 UmwG Rz. 6.
2 *Burg* in Böttcher/Habighorst/Schulte, § 27 UmwG Rz. 6.
3 Vgl. Art. 6 des Gesetzes zur Restrukturierung und geordneten Abwicklung von Kreditinstituten, zur Errichtung eines Restrukturierungsfonds für Kreditinstitute und zur Verlängerung der Verjährungsfrist der aktienrechtlichen Organhaftung v. 9.12.2010, BGBl. I 2010, S. 1900.

Abs. 2 UmwG, 1998; *Martens*, Kontinuität und Diskontinuität im Verschmelzungsrecht, AG 1986, 57; *Mayrhofer/Dohm*, Das Rechtsschutzbedürfnis des Aktionärs bei einer Beschlussanfechtungsklage nach einer Verschmelzung, DB 2000, 961; *Schmidt-Troschke*, Rechtsbehelfe bei fehlerhafter Verschmelzung zweier GmbH, GmbHR 1992, 505.

1. Überblick

1 Die Vorschrift bestimmt lediglich, dass bei **Klagen** gegen die **Wirksamkeit** des **Verschmelzungsbeschlusses** (siehe dazu die Erläuterungen zu § 14 UmwG) eines übertragenden Rechtsträgers nach Eintragung der Verschmelzung die Passivlegitimation auf den übernehmenden Rechtsträger übergeht. Derartige Klagen sind dann, da der übertragende Rechtsträger nicht mehr besteht (§ 20 Abs. 1 Nr. 2 UmwG), gegen den übernehmenden Rechtsträger zu richten. Dieser wird dabei nach den für ihn geltenden Vorschriften vertreten[1]. Örtlich zuständig ist das Landgericht am Sitz des übernehmenden Rechtsträgers[2]. Die Vorschrift gilt für **andere Klagen** entsprechend[3]. Dabei kann es sich zB um eine Anfechtungsklage gegen einen Kapitalerhöhungsbeschluss zur Durchführung der Verschmelzung (vgl. §§ 55, 69 UmwG) oder gegen einen Entlastungsbeschluss[4], um eine Klage auf Feststellung der Nichtigkeit des Jahresabschlusses des übertragenden Rechtsträgers[5] oder des Verschmelzungsvertrages (siehe dazu § 5 UmwG Rz. 66) oder um ein Auskunftserzwingungsverfahren nach § 132 AktG[6] handeln.

2. Klagen vor der Eintragung

2 Wird vor der Eintragung der Verschmelzung eine Klage gegen die Wirksamkeit eines Verschmelzungsbeschlusses erhoben, so hat dies grundsätzlich zur Folge, dass die **Eintragung unterbleibt** (vgl. § 16 Abs. 2 UmwG). In Ausnahmefällen,

---

1 *Hoffmann-Becking* in FS Ulmer, 2003, S. 243 (245).
2 LG Frankfurt v. 18.9.2006 – 3-5 O 42/06, NZG 2007, 120; *Grunewald* in Lutter, § 28 UmwG Rz. 1; aA, Sitz des übertragenden Rechtsträgers: OLG Düsseldorf v. 29.7.1957 – 6 W 50/1957, AG 1957, 279; *Kübler* in Semler/Stengel, § 28 UmwG Rz. 4; *Simon* in KölnKomm. UmwG, § 28 UmwG Rz. 6; *Burg* in Böttcher/Habighorst/Schulte, § 28 UmwG Rz. 6.
3 *Grunewald* in Lutter, § 28 UmwG Rz. 2; *Hoffmann-Becking* in FS Ulmer, 2003, S. 243 (257); *Simon* in KölnKomm. UmwG, § 28 UmwG Rz. 13; BGH v. 3.11.1975 – II ZR 67/73, NJW 1976, 241.
4 OLG München v. 15.11.2000 – 7 U 3916/00, AG 2001, 197 = DB 2001, 524; LG München I v. 12.11.1998 – 5 HKO 10758/98, DB 1999, 628.
5 Vgl. OLG Hamm v. 1.2.1974 – 15 Wx 9/74, AG 1973, 206; BGH v. 3.11.1975 – II ZR 67/73, NJW 1976, 241.
6 LG München I v. 10.12.1998 – 5 HKO 10806/97, DB 1999, 629 m. zust. Bespr. *Kort*, EWiR 1999, 241.

Unwirksamkeit des Verschmelzungsbeschlusses | § 28

insbesondere aufgrund eines sog. Freigabebeschlusses des Prozessgerichts nach § 16 Abs. 3 UmwG oder bei verzögerter Zustellung der Klage[1], kann die Verschmelzung dennoch eingetragen werden. Wird der Rechtsstreit um den Verschmelzungsbeschluss nach dieser Eintragung fortgesetzt, was zB im Hinblick auf den Schadensersatzanspruch nach § 16 Abs. 3 Satz 10 Halbsatz 1 UmwG sinnvoll sein kann, ist die Klage, die gegen den übertragenden Rechtsträger erhoben war, nunmehr gegen den übernehmenden Rechtsträger zu richten. Dies ergibt sich aus der Gesamtrechtsnachfolge und einer analogen Anwendung von § 28 UmwG[2].

Der Übergang der Passivlegitimation bedeutet zugleich, dass die Klage aufgrund der Eintragung der Verschmelzung nicht etwa in der Hauptsache erledigt ist, sondern weitergeführt werden kann. Dafür besteht idR auch ein **Rechtsschutzbedürfnis**; zwar kann die Verschmelzung, auf die sich der angegriffene Verschmelzungsbeschluss bezieht, nicht mehr rückgängig gemacht werden (§§ 16 Abs. 3 Satz 10 Halbsatz 2; 20 Abs. 2 UmwG). Vom Ausgang des Prozesses hängt uU aber ab, ob dem Kläger ein Schadensersatzanspruch nach § 16 Abs. 3 Satz 10 Halbsatz 1 UmwG zusteht[3]. 3

Sind bei Wirksamwerden der Verschmelzung Klagen gegen **andere Beschlüsse** der Anteilsinhaber eines übertragenden Rechtsträgers anhängig, so tritt der übernehmende Rechtsträger aufgrund der Gesamtrechtsnachfolge gemäß § 20 Abs. 1 UmwG auch in diese Prozesse ein (vgl. § 20 UmwG Rz. 25). Auch die Fortsetzung solcher Prozesse ist zulässig[4]. Fortgeführt wird zB ein gegen den übertragenden Rechtsträger gerichtetes Spruchverfahren[5]. Inwieweit für die Fortsetzung noch ein Rechtsschutzbedürfnis besteht, hängt vom Einzelfall ab. Sofern der Ausgang des Rechtsstreits nicht präjudiziell für Ansprüche ist, die auch gegenüber dem übernehmenden Rechtsträger noch durchgesetzt werden können, wie zB Schadensersatzansprüche, dürfte das Rechtsschutzinteresse zu verneinen sein[6]. Dies ist etwa bei Klagen gegen die Entlastungsbeschlüsse des 4

---

1 Siehe dazu OLG Hamburg v. 16.4.2004 – 11 U 11/03, AG 2004, 619 = ZIP 2004, 906.
2 Vgl. *Grunewald* in Lutter, § 28 UmwG Rz. 2; *Stratz* in Schmitt/Hörtnagl/Stratz, § 28 UmwG Rz. 1, 6; *Burg* in Böttcher/Habighorst/Schulte, § 28 UmwG Rz. 8; OLG Hamburg v. 16.4.2004 – 11 U 11/03, ZIP 2004, 906 (908) = AG 2004, 619.
3 *Grunewald* in Lutter, § 28 UmwG Rz. 3; *Kübler* in Semler/Stengel, § 28 UmwG Rz. 5; *Simon* in KölnKomm. UmwG, § 28 UmwG Rz. 12; OLG Hamburg v. 16.4.2004 – 11 U 11/03, ZIP 2004, 906 (908) = AG 2004, 619; OLG Stuttgart v. 28.1.2004 – 20 U 3/03, NZG 2004, 463 (464 f.) = AG 2004, 271 zur Ausgliederung; OLG München v. 14.4.2010 – 7 U 5167/09, ZIP 2010, 927 = AG 2010, 458 zum Formwechsel.
4 Vgl. OLG Hamm v. 1.2.1974 – 15 Wx 9/74, AG 1973, 206 (207); BGH v. 3.11.1975 – II ZR 67/73, NJW 1976, 241; *Martens*, AG 1986, 57 (66); jeweils zu § 352 AktG aF.
5 *Simon* in KölnKomm. UmwG, § 28 UmwG Rz. 16.
6 Vgl. *Grunewald* in Lutter, § 28 UmwG Rz. 4; *Stratz* in Schmitt/Hörtnagl/Stratz, § 28 UmwG Rz. 3; *Vossius* in Widmann/Mayer, § 28 UmwG Rz. 17.

übertragenden Rechtsträgers anzunehmen[1]. Ist gegen eine übertragende AG ein Auskunftserzwingungsverfahren nach § 132 AktG anhängig, wird dieses beim übernehmenden Rechtsträger, unabhängig von dessen Rechtsform, fortgeführt[2]. Im Einzelfall kann dafür aber das Rechtsschutzbedürfnis fehlen[3]. Für die Fortführung einer Anfechtungsklage gegen den Gewinnverwendungsbeschluss des übertragenden Rechtsträgers ist das Rechtsschutzbedürfnis dagegen zu bejahen, weil sich der Ausgang des Prozesses auf den Vermögensausgleich für den Verlust der Mitgliedschaftsrechte der Aktionäre auswirken kann[4].

3. Klagen nach der Eintragung

5 Wird nach Eintragung der Verschmelzung Klage gegen den Verschmelzungsbeschluss eines übertragenden Rechtsträgers erhoben, so ist auch dies, wie sich aus § 28 UmwG ergibt, zulässig; die Klage ist, da der übertragende Rechtsträger als Klagegegner nicht mehr in Betracht kommt, von Anfang an gegen den übernehmenden Rechtsträger zu richten. Dieser in § 28 UmwG vor allem gemeinte Fall dürfte schon wegen der kurzen Frist, innerhalb der solche Klagen zu erheben sind (§ 14 Abs. 2 UmwG), kaum vorkommen. Allerdings ist denkbar, dass die Eintragung aufgrund einer unrichtigen Negativerklärung nach § 16 Abs. 2 Satz 1 UmwG (siehe dazu § 16 UmwG Rz. 25) oder zB deshalb erfolgt ist, weil zunächst ein Klageverzicht nach § 16 Abs. 2 Satz 2 UmwG vorlag, der später jedoch wirksam angefochten worden ist (§§ 119, 123 BGB). Darüber hinaus gilt die Vorschrift bei allen Klagen, die erst nach Ablauf der Frist des § 14 Abs. 1 UmwG erhoben worden und deshalb verspätet sind. Zum Vorliegen eines Rechtsschutzbedürfnisses siehe Rz. 3.

6 Die Vorschrift gilt sinngemäß auch bei Klagen, die nach Eintragung der Verschmelzung gegen **andere Beschlüsse** der Anteilsinhaber eines übertragenden Rechtsträgers erhoben werden. Auch für eine solche Klage (zB gegen einen Zustimmungsbeschluss gemäß § 179a AktG[5]) kann ausnahmsweise noch ein Rechtsschutzbedürfnis bestehen[6].

---

1 LG Bonn v. 8.1.2008 – 11 O 132/06, AG 2008, 595 = ZIP 2008, 835 m. zust. Anm. *Lutter*; LG München I v. 12.11.1998 – 5 HKO 10758/98, DB 1999, 628; *Grunewald* in Lutter, § 28 UmwG Rz. 7; *Vossius* in Widmann/Mayer, § 28 UmwG Rz. 18; vgl. auch OLG München v. 15.11.2000 – 7 U 3916/00, AG 2001, 197 (198).
2 LG München v. 10.12.1998 – 5 HKO 10806/97, NZG 1999, 674 (675); zust. *Kort*, EWiR § 131 AktG 1/99, 241 und *Mayrhofer/Dohm*, DB 1999, 961; *Grunewald* in Lutter, § 28 UmwG Rz. 5; *Kübler* in Semler/Stengel, § 28 UmwG Rz. 6.
3 *Grunewald* in Lutter, § 28 UmwG Rz. 5.
4 OLG Schleswig v. 30.4.2009 – 5 U 100/08, Juris = BeckRS 2009, 25519 = GWR 2009, 396.
5 Vgl. BGH v. 9.10.2006 – II ZR 46/05, AG 2006, 931 = ZIP 2006, 2167 m. Bespr. *Waclawik*, ZIP 2007, 1 zur Erhaltung der Anfechtungsbefugnis nach einem Squeeze-out.
6 Vgl. *Grunewald* in Lutter, § 28 UmwG Rz. 7.

4. Klagen gegen den übernehmenden Rechtsträger

Wird der Verschmelzungsbeschluss des übernehmenden Rechtsträgers mit einer Klage nach § 14 UmwG angegriffen, so hindert auch dies grundsätzlich die Eintragung der Verschmelzung (§ 16 Abs. 2 UmwG). Erfolgt die Eintragung – zB aufgrund eines Beschlusses des OLG nach § 16 Abs. 3 UmwG – trotzdem, so hat die Fortsetzung des Rechtsstreits allenfalls noch Bedeutung für etwaige Schadensersatzansprüche. Eine Beseitigung der Wirkungen der Verschmelzung kann nicht mehr verlangt werden (§ 16 Abs. 3 Satz 10 Halbsatz 2 UmwG).

7

§ 29
Abfindungsangebot im Verschmelzungsvertrag

(1) Bei der Verschmelzung eines Rechtsträgers im Wege der Aufnahme durch einen Rechtsträger anderer Rechtsform oder bei der Verschmelzung einer börsennotierten Aktiengesellschaft auf eine nicht börsennotierte Aktiengesellschaft hat der übernehmende Rechtsträger im Verschmelzungsvertrag oder in seinem Entwurf jedem Anteilsinhaber, der gegen den Verschmelzungsbeschluss des übertragenden Rechtsträgers Widerspruch zur Niederschrift erklärt, den Erwerb seiner Anteile oder Mitgliedschaften gegen eine angemessene Barabfindung anzubieten; § 71 Abs. 4 Satz 2 des Aktiengesetzes und § 33 Abs. 2 Satz 3 zweiter Halbsatz erste Alternative des Gesetzes betreffend die Gesellschaften mit beschränkter Haftung sind insoweit nicht anzuwenden. Das Gleiche gilt, wenn bei einer Verschmelzung von Rechtsträgern derselben Rechtsform die Anteile oder Mitgliedschaften an dem übernehmenden Rechtsträger Verfügungsbeschränkungen unterworfen sind. Kann der übernehmende Rechtsträger auf Grund seiner Rechtsform eigene Anteile oder Mitgliedschaften nicht erwerben, so ist die Barabfindung für den Fall anzubieten, dass der Anteilsinhaber sein Ausscheiden aus dem Rechtsträger erklärt. Eine erforderliche Bekanntmachung des Verschmelzungsvertrags oder seines Entwurfs als Gegenstand der Beschlussfassung muss den Wortlaut dieses Angebots enthalten. Der übernehmende Rechtsträger hat die Kosten für eine Übertragung zu tragen.

(2) Dem Widerspruch zur Niederschrift im Sinne des Absatzes 1 steht es gleich, wenn ein nicht erschienener Anteilsinhaber zu der Versammlung der Anteilsinhaber zu Unrecht nicht zugelassen worden ist oder die Versammlung nicht ordnungsgemäß einberufen oder der Gegenstand der Beschlussfassung nicht ordnungsgemäß bekannt gemacht worden ist.

1. Überblick	1	3. Delisting	4a
2. Mischverschmelzung	2	4. Verfügungsbeschränkungen	5

5. Widerspruch	11	c) Erwerb der Anteile	24
6. Abfindungsangebot	14	d) Ausscheiden	28
7. Anspruch auf Barabfindung		e) Kosten	29
a) Inhalt des Anspruchs	18	8. Gleichgestellte Sachverhalte	30
b) Fälligkeit	23	9. Analoge Anwendung	31

Literatur: *Bayer/J. Schmidt*, Wer ist mit welchen Anteilen bei Strukturveränderungen abfindungsberechtigt?, ZHR 178 (2014), 150; *Burg/Braun*, Austrittsrechte nach Verschmelzung von börsennotierten Aktiengesellschaften bei gleichbleibender Kontrolle im aufnehmenden Rechtsträger, AG 2009, 22; *Drinhausen*, Regierungsentwurf eines Zweiten Gesetzes zur Änderung des Umwandlungsgesetzes – ein Gewinn für die Praxis, BB 2006, 2313; *Grunewald*, Austrittsrechte als Folge von Mischverschmelzungen und Verfügungsbeschränkungen (§ 29 UmwG), FS Boujong, 1996, S. 175; *Grunewald*, Die Auswirkungen der Macrotron-Entscheidung auf das kalte Delisting, ZIP 2004, 542; *Hoffmann-Becking*, Der materielle Gesellschafterschutz: Abfindung und Spruchverfahren, ZGR 1990, 482; *Hoger*, Kapitalschutz als Durchsetzungsschranke umwandlungsrechtlicher Ausgleichsansprüche von Gesellschaftern, AG 2008, 149; *Klöhn*, Die Auswirkungen von BVerfG, NZG 2012, 826, auf den Rückzug vom Kapitalmarkt und den Segmentwechsel, NZG 2012, 1041; *Liebscher*, Einschränkungen der Verzinslichkeit des Abfindungsanspruchs dissentierender Gesellschafter gemäß §§ 30 Abs. 1 S. 2; 208 UmwG; § 305 Abs. 3 S. 3, 1. Hs. AktG, AG 1996, 455; *Mayer/Weiler*, Neuregelungen durch das Zweite Gesetz zur Änderung des Umwandlungsgesetzes (Teil I), DB 2007, 1235; *Neye*, Partnerschaft und Umwandlung, ZIP 1997, 722; *Neye*, Die Änderungen des Umwandlungsrechts nach den handels- und gesellschaftsrechtlichen Reformgesetzen in der 13. Legislaturperiode, DB 1998, 1649; *Noack*, Der Widerspruch des Aktionärs in der Hauptversammlung, AG 1989, 78; *Reichert*, Folgen der Anteilsvinkulierung für Umstrukturierungen von Gesellschaften mit beschränkter Haftung und Aktiengesellschaften nach dem Umwandlungsgesetz 1995, GmbHR 1995, 176; *Schaub*, Das Abfindungsangebot nach § 29 UmwG, NZG 1998, 626; *Schöne*, Das Aktienrecht als „Maß aller Dinge" im neuen Umwandlungsrecht?, GmbHR 1995, 325; *Seibt/Wollenschläger*, Downlisting einer börsennotierten Gesellschaft ohne Abfindungsanspruch und Hauptversammlungsbeschluss, AG 2009, 807; *Simon/Burg*, Zum Anwendungsbereich des § 29 Abs. 1 Satz 1 UmwG beim „kalten" Delisting, Der Konzern 2009, 214; *Streck/Mack/Schwedhelm*, Verschmelzung und Formwechsel nach dem neuen Umwandlungsgesetz, GmbHR 1995, 161.

1. Überblick

1 Die Vorschrift verpflichtet den übernehmenden Rechtsträger, im Falle einer Mischverschmelzung (§ 29 Abs. 1 Satz 1 Alt. 1 UmwG), bei Beendigung der Börsennotierung (§ 29 Abs. 1 Satz 1 Alt. 2 UmwG, sog. Delisting) sowie im Falle einer Vinkulierung der zu gewährenden Anteile (§ 29 Abs. 1 Satz 2 UmwG) den Anteilsinhabern des übertragenden Rechtsträgers den Erwerb ihrer Anteile gegen Barabfindung anzubieten. Dieses Abfindungsangebot richtet sich an alle Anteilsinhaber, die gegen den Verschmelzungsbeschluss Widerspruch zu Protokoll erklärt haben oder denen dies aus den Gründen des § 29 Abs. 2 UmwG nicht möglich war. Soweit der übernehmende Rechtsträger aufgrund seiner Rechts-

form keine eigenen Anteile erwerben kann (zB Personenhandelsgesellschaft), gilt die Abfindung für den Fall des Ausscheidens (§ 29 Abs. 1 Satz 3 UmwG). Die gesetzliche Regelung ist zwingend; sie steht nicht zur Disposition der Verschmelzungsparteien (§ 1 Abs. 3 UmwG)[1]. Bei der Verschmelzung von Genossenschaften und bei eingetragenen Vereinen, die gemeinnützig, dh. nach § 5 Abs. 1 Nr. 9 KStG von der Körperschaftsteuer befreit sind, gelten die §§ 29–34 UmwG nicht (§§ 90 Abs. 1, 104a UmwG).

2. Mischverschmelzung

Die Vorschrift gilt für alle Verschmelzungen, an denen **gleichzeitig Rechtsträger unterschiedlicher Rechtsformen beteiligt** sind (sog. Mischverschmelzung, vgl. § 3 Abs. 4 UmwG). Dabei kann es sich um eine Verschmelzung durch Aufnahme oder durch Neugründung handeln (vgl. § 29 Abs. 1 Satz 1 und § 36 Abs. 1 UmwG). Der Rechtsformwechsel wird in allen Fällen als so weit gehender Eingriff in die Rechtsstellung der Anteilsinhaber des übertragenden Rechtsträgers angesehen, dass diesen für den Fall ihres Widerspruchs ein Ausscheiden gegen angemessene Barabfindung ermöglicht wird (§ 29 Abs. 1 Satz 1 UmwG).

Soweit bei der Verschmelzung auf eine **Personenhandelsgesellschaft** die Stellung eines persönlich unbeschränkt oder beschränkt haftenden Anteilsinhabers (Komplementär bzw. Kommanditist) eingeräumt wird, ist dazu grundsätzlich die Zustimmung des Betroffenen erforderlich (vgl. §§ 43 Abs. 1, 40 Abs. 2 UmwG). Genügt für den Verschmelzungsbeschluss eine Mehrheitsentscheidung, so ist einem widersprechenden Anteilsinhaber die Stellung eines Kommanditisten einzuräumen (§ 43 Abs. 2 UmwG). Das Austrittsrecht gemäß § 29 UmwG wird dadurch aber nicht verdrängt[2] (siehe Rz. 4).

Eine Mischverschmelzung gemäß § 29 Abs. 1 Satz 1 UmwG liegt immer dann vor, wenn übertragender und übernehmender bzw. neuer Rechtsträger verschiedene Rechtsformen haben. Auch **OHG** und **KG** sind in diesem Sinne unterschiedliche Rechtsformen[3]. Eine praktische Rolle spielt das Austrittsrecht des § 29 UmwG aber nur bei der Verschmelzung einer OHG auf eine KG, da im umgekehrten Falle alle Anteilsinhaber zustimmen müssen (§ 40 Abs. 2 Satz 2 UmwG). Eine andere Rechtsform ist auch die **Partnerschaftsgesellschaft**. **AG** und **KGaA** gelten dagegen nicht als Rechtsträger anderer Rechtsform (§ 78

---

1 Vgl. OLG Karlsruhe v. 26.9.2002 – 9 U 195/01, NZG 2002, 1118 = ZIP 2003, 78 zu § 207 UmwG.
2 *Grunewald* in Lutter, § 29 UmwG Rz. 2; *Müller* in Henssler/Strohn, § 29 UmwG Rz. 5; aA *Burg* in Böttcher/Habighorst/Schulte, § 29 UmwG Rz. 16.
3 *Grunewald* in Lutter, § 29 UmwG Rz. 2; *Kalss* in Semler/Stengel, § 29 UmwG Rz. 6; *Wälzholz* in Widmann/Mayer, § 29 UmwG Rz. 12; aA *Bermel* in Goutier/Knopf/Tulloch, § 29 UmwG Rz. 7.

Satz 4 UmwG). Grundsätzlich bedarf der Verschmelzungsbeschluss der KGaA aber der Zustimmung der persönlich haftenden Gesellschafter. Genügt zur Verschmelzung auf eine KGaA bei dieser eine Mehrheitsentscheidung, so ist für jeden neu hinzutretenden Komplementär eine Satzungsänderung erforderlich, die an die Zustimmung aller Komplementäre einschließlich der neu eintretenden gebunden ist (vgl. §§ 281 Abs. 1, 285 Abs. 2 AktG). Eine Verweigerung dieser Zustimmung ist kein Widerspruch iS von § 29 UmwG; die Verschmelzung kommt dann nämlich nicht zustande. Die **SE** ist der AG gemäß Art. 10 SE-VO als Rechtsform gleichgestellt[1]. Bei einer Verschmelzung auf eine übernehmende oder neue **Gesellschaft im Ausland** liegt ebenfalls eine Mischverschmelzung vor. Für diese gilt § 122i UmwG mit einer weitgehenden Verweisung auf die §§ 29 ff. UmwG.

3. Delisting

4a Nach der Ergänzung des § 29 Abs. 1 Satz 1 UmwG durch das 2. UmwGÄndG v. 19.4.2007[2] besteht eine Abfindungspflicht auch dann, wenn eine **börsennotierte AG** auf eine **nicht börsennotierte AG** verschmolzen wird. Dies gilt bei der Verschmelzung einer börsennotierten **KGaA** oder **SE** auf eine nicht börsennotierte AG, KGaA oder SE entsprechend (vgl. Rz. 4)[3]. Der umgekehrte Fall (Verschmelzung auf eine börsennotierte AG, SE oder KGaA) ist nicht erfasst, da die Aktionäre dann keine Übertragungsmöglichkeiten verlieren[4]. Diese Gleichstellung des sog. **kalten Delisting** mit der Mischverschmelzung[5] und der Verfügungsbeschränkung beim übernehmenden Rechtsträger[6] ist sachgerecht. Durch die Verschmelzung auf eine nicht börsennotierte AG wird zwar nicht die rechtliche, wohl aber die faktische Veräußerbarkeit der als Gegenleistung gewährten Aktien eingeschränkt. In der 3. Aufl. (damals Rz. 6) wurde deshalb bereits eine analoge Anwendbarkeit von § 29 Abs. 1 UmwG befürwortet[7]. Die Gleichstellung entspricht auch der früheren Rechtsprechung, wonach bei einem von der Hauptversammlung zu beschließenden Delisting den Minderheitsaktionären ein Aus-

---

1 *Simon* in KölnKomm. UmwG, § 29 UmwG Rz. 14.
2 BGBl. I 2007, S. 542.
3 Vgl. zur KGaA *Mayer/Weiler*, DB 2007, 1235 (1236); *Grunewald* in Lutter, § 29 UmwG Rz. 4; *Wälzholz* in Widmann/Mayer, § 29 UmwG Rz. 14; *Müller* in Henssler/Strohn, § 29 UmwG Rz. 6; *Stratz* in Schmitt/Hörtnagl/Stratz, § 29 UmwG Rz. 9.
4 *Mayer/Weiler*, DB 2007, 1235 (1236); *Wälzholz* in Widmann/Mayer, § 29 UmwG Rz. 15.
5 So *Krämer/Theiß*, AG 2003, 225 (240); *Mülbert*, ZHR 165 (2001), 104 (138); *Groß*, ZHR 165 (2001), 141 (160 f.).
6 So *Seibt/Heiser*, ZHR 165 (2001), 466 (487).
7 Vgl. LG Köln v. 19.12.2003 – 82 O 95/03, ZIP 2004, 220 (221 f.); OLG Düsseldorf v. 30.12. 2004 – I-19 W 3/04 AktE, AG 2005, 252 = ZIP 2005, 300; OLG Düsseldorf v. 19.10.2015 – I 26 W 4/15, BKR 2016, 174 = AG 2016, 366.

trittsrecht gegen angemessene Barabfindung zu gewähren ist[1]. Diese gesellschaftsrechtlich begründete Rechtsprechung hat der BGH allerdings zugunsten einer kapitalmarktrechtlichen Betrachtung aufgegeben[2]. Das reguläre Delisting ist daraufhin in § 39 BörsG neu geregelt worden[3]. Die Abfindungspflicht gemäß § 29 Abs. 1 Satz 1 Alt. 2 UmwG ist seitdem nicht mehr Ausdruck eines allgemeinen Rechtsgrundsatzes, sondern eine Sonderregelung innerhalb des UmwG[4]. Die Abfindungspflicht nach § 29 Abs. 1 Satz 1 Alt. 2 UmwG kann dadurch vermieden werden, dass vor der Verschmelzung einer börsennotierten AG auf eine nicht börsennotierte AG bei der übertragenden Gesellschaft ein Delisting mit einem freiwilligen Erwerbsangebot nach § 39 Abs. 2 Satz 3 Nr. 1 BörsG durchgeführt wird[5]. Dies hat aus Sicht der beteiligten Gesellschaften den Vorteil, dass die Abfindung grundsätzlich nach dem durchschnittlichen Börsenkurs zu berechnen ist und eine Unternehmensbewertung mit eventueller Überprüfung im Spruchverfahren entfällt (§ 39 Abs. 3 Satz 2 BörsG gegenüber § 34 UmwG).

Ob eine AG **börsennotiert** ist, bestimmt sich nach § 3 Abs. 2 AktG[6]. Danach kommt es auf die Zulassung der Aktien zum regulierten Markt iS der §§ 32 ff. BörsG an. Ein Handel im Freiverkehr gemäß § 48 BörsG genügt nicht[7]. Wird eine Gesellschaft, deren Aktien bislang **an mehreren Börsen** notiert sind, auf eine Gesellschaft verschmolzen, deren Aktien nur an einer Börse gehandelt werden (Teil-Delisting), entsteht keine Abfindungspflicht, da die Aktien der übernehmenden Gesellschaft – wenn auch an weniger Börsenplätzen – börsennotiert sind. Dabei kann es sich auch um eine gleichwertige Auslandsnotierung handeln[8]. Maßgebender Zeitpunkt für die Börsennotierung ist nicht der Zustimmungsbeschluss zur Verschmelzung (§ 13 UmwG), sondern deren Wirksamwerden (§ 20 Abs. 1 UmwG)[9]. Werden die Aktien der übertragenden Gesellschaft nur im **Freiverkehr** gehandelt, während die Aktien der übernehmenden AG überhaupt nicht gehandelt werden, ist der Anwendungsbereich des § 29 Abs. 1 Satz 1 Alt. 2 UmwG nach dem Gesetzeswortlaut nicht eröffnet. Der Verlust der Handelbarkeit im Freiverkehr könnte allenfalls zu einer analogen An- 4b

---

1 BGH v. 25.11.2002 – II ZR 133/01, ZIP 2003, 387 (390 f.) = AG 2003, 273 (Macrotron); vom BVerfG v. 11.7.2012 – 1 BvR 3142/07, 1 BvR 1569/08, NZG 2012, 826 (830) = AG 2012, 557 als verfassungsrechtlich zulässige Rechtsfortbildung gewertet.
2 BGH v. 8.10.2013 – II ZB 26/12, AG 2013, 877 (878 Rz. 9) (Macrotron II/Frosta).
3 § 39 BörsG idF des Gesetzes zur Umsetzung der Transparenzrichtlinie-Änderungsrichtlinie v. 20.11.2015, BGBl. I 2015, S. 2026.
4 BGH v. 8.10.2013 – II ZB 26/12, AG 2013, 877; *Hüffer/Koch*, 11. Aufl. 2014, § 119 AktG Rz. 38.
5 *Brellochs*, AG 2014, 633 (643); *Simon* in Hölters, § 1 SpruchG Rz. 15.
6 *Müller* in Henssler/Strohn, § 29 UmwG Rz. 6; für Auslegung als „Kapitalmarktnähe" *Klöhn*, NZG 2012, 1041 (1046).
7 *Hüffer/Koch*, § 3 AktG Rz. 6; *Drescher* in Spindler/Stilz, § 3 AktG Rz. 5.
8 *Drescher* in Spindler/Stilz, § 3 AktG Rz. 5; *Hüffer/Koch*, § 3 AktG Rz. 6.
9 *Wälzholz* in Widmann/Mayer, § 29 Rz. 15; *Stratz* in Schmitt/Hörtnagl/Stratz, § 29 Rz. 9.

wendung führen. Im umgekehrten Fall, wenn eine bislang börsennotierte Gesellschaft auf eine Gesellschaft verschmolzen wird, deren Aktien nur im Freiverkehr gehandelt werden, besteht nach dem Gesetzeswortlaut eine Abfindungspflicht. In diesem Fall könnte eine einschränkende, die Abfindungspflicht verneinende Auslegung erwogen werden, da die Veräußerbarkeit fortbesteht. Für den Fall des Wechsels in ein **anderes Börsensegment** wird eine Abfindungspflicht zu Recht verneint, wenn die Verkehrsfähigkeit der Aktien durch den Wechsel der Handelsbedingungen nicht oder nur unwesentlich beeinträchtigt ist[1]. Die Ergänzung des § 29 Abs. 1 Satz 1 UmwG ist jedoch nach ausführlicher Diskussion erfolgt, sodass bei einem Wechsel in den Freiverkehr eine Regelungslücke als Voraussetzung einer Analogie zu verneinen ist[2].

4c Fraglich ist, ob eine Abfindung auch anzubieten ist, wenn die **Börsennotierung** der aufnehmenden oder neuen Gesellschaft bei Eintragung noch nicht besteht, sondern **nur geplant** ist und später nachfolgen soll[3]. Nach dem Schutzzweck der Regelung bedarf es keiner Abfindungspflicht, wenn die neuen Aktien am ersten Handelstag nach der Eintragung an der Börse notiert werden und dies durch entsprechenden Vorbescheid der Zulassungsstelle sichergestellt ist[4]. Die Rechtsprechung ist zT großzügiger[5]. In der Tat besteht kein Schutzbedürfnis, wenn die Handelbarkeit nur für einen kurzen Zeitraum unterbrochen ist. Dies gilt vor allem dann, wenn der übernehmende oder neue Rechtsträger im Verschmelzungsvertrag verpflichtet ist, die Börsennotierung zu beantragen. Die Aktionäre sind dann im Falle einer Verzögerung durch Schadensersatzansprüche zusätzlich gesichert[6]. Falls in der Übergangszeit bis zur Börsennotierung ein Surrogat, zB **Lieferansprüche**, gehandelt wird, ist dies als gleichwertig anzusehen.

---

1 KG Berlin v. 30.4.2009 – 2 W 119/08, AG 2009, 697 = BB 2009, 1496; OLG München v. 21.5.2008 – 31 Wx 62/076, NZG 2008, 755 (758); bestätigt durch BVerfG v. 11.7.2012 – 1 BvR 3142/07, 1 BvR 1569/08, NZG 2012, 826 (830) = AG 2012, 557; zust. *Kalss* in Semler/Stengel, § 29 UmwG Rz. 16; *Simon* in KölnKomm. UmwG, § 29 UmwG Rz. 62; *Simon/Burg*, Der Konzern 2009, 214 (218); ebenso schon *Krämer/Theiß*, AG 2003, 225 (232 Fn. 68) und *Schlitt*, ZIP 2004, 533 (541).
2 OLG München v. 21.5.2008 – 31 Wx 62/076, NZG 2008, 755 (758); wie hier *Müller* in Hensseler/Strohn, § 29 UmwG Rz. 6; für Analogie dagegen *Simon* in KölnKomm. UmwG, § 29 UmwG Rz. 62; *Simon/Burg*, Der Konzern 2009, 214 (218); *Seibt/Wollenschläger*, AG 2009, 807 (814) und *Klöhn*, NZG 2012, 1041 (1046f.).
3 Bejahend *Drinhausen*, BB 2006, 2313 (2314); abl. *Grunewald* in Lutter, § 29 UmwG Rz. 3.
4 *Mayer/Weiler*, DB 2007, 1235 (1236); *Wälzholz* in Widmann/Mayer, § 29 UmwG Rz. 14; *Grunewald* in Lutter, § 29 UmwG Rz. 3; *Müller* in Henssler/Strohn, § 29 UmwG Rz. 7.
5 Vgl. OLG Stuttgart v. 8.3.2006 – 20 W 5/05, AG 2006, 420 (428): unverzügliche Börsennotierung; BayObLG v. 28.7.2004 – 3 Z BR 87/04, Der Konzern 2004, 685 (687f.): vorübergehende Aussetzung des Handels unschädlich.
6 *Simon* in KölnKomm. UmwG, § 29 UmwG Rz. 27; *Simon/Burg*, Der Konzern 2009, 214 (216f.); *Drinhausen*, DB 2006, 2313 (2314); zust. *Grunewald* in Lutter, § 29 UmwG Rz. 4; abl. *Müller* in Henssler/Strohn, § 29 UmwG Rz. 7; *Wälzholz* in Widmann/Mayer, § 29 UmwG Rz. 14; vgl. dazu auch § 25 UmwG Rz. 12.

4. Verfügungsbeschränkungen

Bei einer Verschmelzung von **Rechtsträgern derselben Rechtsform** ist ein 5
Barabfindungsangebot dann zu unterbreiten, wenn die Anteile oder Mitgliedschaften an dem übernehmenden Rechtsträger Verfügungsbeschränkungen unterworfen sind (§ 29 Abs. 1 Satz 2 UmwG). Dies gilt nicht für die Mitglieder einer übertragenden Genossenschaft und eines übertragenden gemeinnützigen Vereins (§§ 90 Abs. 1, 104a UmwG). Die ursprüngliche Beschränkung auf vertragliche Verfügungsbeschränkungen ist aufgrund des Gesetzes zur Änderung des UmwG v. 22.7.1998[1] entfallen. Damit lösen auch **gesetzliche Beschränkungen** wie zB die notwendige Zustimmung aller anderen Gesellschafter einer Personenhandelsgesellschaft zur Übertragung eines Gesellschaftsanteils (vgl. §§ 717, 719 BGB) ein Abfindungsangebot aus[2]. Die Verpflichtung zu einem Barabfindungsangebot besteht ferner dann, wenn **Gesellschaftsvertrag**, Partnerschaftsvertrag oder Satzung des übernehmenden Rechtsträgers eine Verfügungsbeschränkung hinsichtlich der Anteile enthalten. Dies gilt nicht, wenn sich die Beschränkung nicht aus dem Gesellschaftsvertrag, sondern aus diesen ergänzenden schuldrechtlichen Nebenabreden der Gesellschafter ergeben. Derartige Beschränkungen gelten für die Anteilsinhaber des übertragenden Rechtsträgers ohnehin nur, wenn sie den Vereinbarungen zustimmen oder diesen beitreten[3]. Besteht eine gesellschaftsvertragliche Verfügungsbeschränkung, so ist andererseits **nicht erforderlich**, dass sich diese **auf alle Anteile bezieht**; abfindungsberechtigt ist dann aber nur derjenige, der einen entsprechend belasteten Anteil erhält[4]. Es genügt auch, wenn die Beschränkung nur für bestimmte Verfügungsfälle wie zB die Übertragung an Personen außerhalb der Familie besteht[5].

Die Abfindungspflicht gilt nicht bei **sonstiger Beeinträchtigung** der Mitglied- 6
schaft beim übernehmenden Rechtsträger, zB durch Nebenleistungspflichten iS der §§ 3 Abs. 2, 53 Abs. 3 GmbHG oder §§ 55, 180 Abs. 1 AktG, gesellschaftsvertragliche Nachschusspflichten oder Wettbewerbsverbote, Entsendungs-, Vorschlags- und sonstige Sonderrechte iS von § 35 BGB einschließlich individueller

---

1 BGBl. I 1998, S. 1878.
2 Vgl. *Grunewald* in Lutter, § 29 UmwG Rz. 8; *Kalss* in Semler/Stengel, § 29 UmwG Rz. 7; *Stratz* in Schmitt/Hörtnagl/Stratz, § 29 UmwG Rz. 4; *Wälzholz* in Widmann/Mayer, § 29 UmwG Rz. 18; zur Begründung der Gesetzesänderung siehe *Neye*, ZIP 1997, 722 (724) und *Neye*, DB 1998, 1649 (1651).
3 *Müller* in Henssler/Strohn, § 29 UmwG Rz. 12.
4 *Grunewald* in Lutter, § 29 UmwG Rz. 5; *Kalss* in Semler/Stengel, § 29 UmwG Rz. 9; *Schaub*, NZG 1998, 626 (627).
5 *Grunewald* in Lutter, § 29 UmwG Rz. 5; *Reichert*, GmbHR 1995, 176 (188 f.); *Schaub*, NZG 1998, 626 (627).

Kündigungsrechte[1]. Auch **Erschwerungen**, die sich **aus Formvorschriften** ergeben (vgl. § 15 Abs. 3 GmbHG), fallen nicht unter § 29 UmwG[2].

7 Abfindungspflichtig sind andererseits **alle Arten von Verfügungsbeschränkungen** bis hin zum – auch lediglich befristeten – Ausschluss der Übertragbarkeit des Anteils[3]. Erfasst sind alle Bestimmungen, die die Übertragung des Anteils, seine Verpfändung oder jede sonstige Verfügung über ihn einschränken. Dies kann zB dadurch geschehen, dass für solche Verfügungen die – vorherige oder nachträgliche – **Zustimmung des übernehmenden Rechtsträgers**, seiner Verwaltungsorgane, einzelner seiner Anteilseigner, der Anteilseignerversammlung oder außenstehender Dritter erforderlich ist. Eine Verfügungsbeschränkung liegt auch dann vor, wenn die Verfügung an bestimmte **Eigenschaften des Erwerbers** (zB Angehöriger eines Familienstammes), an die **Übernahme bestimmter Verpflichtungen** durch den Erwerber (zB Beitritt zu einem Poolvertrag) oder die Anerkennung bestimmter Vorkaufs- und Vorerwerbspflichten gebunden ist[4]. Das Gleiche gilt, wenn lediglich negativ bestimmte Erwerber ausgeschlossen sind; auch eine solche Beschränkung in der Auswahl der durch eine Verfügung über den Anteil evtl. Begünstigten stellt eine Verfügungsbeschränkung dar[5]. Eine Unterscheidung zwischen Verfügungsbeschränkungen, die als Wirksamkeitsvoraussetzung („dinglich") oder als schuldrechtlich verpflichtend wirken, ist aus der Sicht der betroffenen Anteilsinhaber nicht gerechtfertigt[6]. Ergeben sich solche Beschränkungen nur aus **schuldrechtlichen Absprachen** der Anteilsinhaber **außerhalb** von **Gesellschaftsvertrag**, Partnerschaftsvertrag oder Satzung, so löst dies allerdings keine Abfindungspflicht aus, zumal die neu hinzutretenden Anteilsinhaber des übertragenden Rechtsträgers an diese Absprachen nicht ohne weiteres gebunden sind[7] (siehe Rz. 5).

8 Eine Verfügungsbeschränkung iS von § 29 Abs. 1 Satz 2 UmwG liegt nicht vor, wenn der Gesellschaftsvertrag oder die Satzung Bestimmungen über die **Zwangseinziehung eines Anteils** zB für den Fall der Eröffnung des Insolvenz-

---

1 Vgl. *Grunewald* in Lutter, Umwandlungsrechtstage, S. 47; *Grunewald* in Lutter, § 29 UmwG Rz. 6 und 32; *Müller* in Henssler/Strohn, § 29 UmwG Rz. 11; *Reichert*, GmbHR 1995, 176 (189); *Bermel* in Goutier/Knopf/Tulloch, § 29 UmwG Rz. 9; aA *H. Schmidt* in Lutter, Umwandlungsrechtstage, S. 84.
2 *Grunewald* in Lutter, § 29 UmwG Rz. 7; *Kalss* in Semler/Stengel, § 29 UmwG Rz. 15.
3 *Stratz* in Schmitt/Hörtnagl/Stratz, § 29 UmwG Rz. 11; *Bermel* in Goutier/Knopf/Tulloch, § 29 UmwG Rz. 10.
4 *Reichert*, GmbHR 1995, 176 (188); *Kalss* in Semler/Stengel, § 29 UmwG Rz. 8 und 9; aA *Wälzholz* in Widmann/Mayer, § 29 UmwG Rz. 20.
5 *Reichert*, GmbHR 1995, 176 (188); *Müller* in Henssler/Strohn, § 29 UmwG Rz. 11.
6 Vgl. *Bermel* in Goutier/Knopf/Tulloch, § 29 UmwG Rz. 13; *Müller* in Henssler/Strohn, § 29 UmwG Rz. 12; *Reichert*, GmbHR 1995, 176 (188 f.); aA *Grunewald* in Lutter, § 29 UmwG Rz. 6 und *Grunewald* in FS Boujong, 1996, S. 175 (181); *Kalss* in Semler/Stengel, § 29 UmwG Rz. 8; *Simon* in KölnKomm. UmwG, § 29 UmwG Rz. 17.
7 Vgl. *Grunewald* in Lutter, § 29 UmwG Rz. 6; *Kalss* in Semler/Stengel, § 29 UmwG Rz. 8.

verfahrens über das Vermögen eines Anteilsinhabers enthält, denn in solchen Fällen wird dem Anteilsinhaber die Fähigkeit, über seinen Anteil zu verfügen, nicht entzogen[1]. Das Gleiche gilt für sonstige gesellschaftsrechtliche **Ausschlussklauseln**[2]. Auch **Einschränkungen der Vererblichkeit**, zB durch Abtretungsverpflichtungen bestimmter Erben, sind nicht als Verfügungsbeschränkungen iS von § 29 Abs. 1 Satz 2 UmwG anzusehen, weil dadurch die Vererblichkeit der Anteile als solche nicht eingeschränkt wird, sondern nur die anderen Anteilsinhaber schuldrechtliche Ansprüche gegen den oder die Erben auf zB anteiligen Erwerb des Anteils des Verstorbenen erlangen[3].

Ohne Bedeutung ist, ob die **bisherigen Anteile** des übertragenden Rechtsträgers ebenfalls **Verfügungsbeschränkungen unterworfen waren**[4]. Das Gesetz knüpft die Abfindungspflicht allein an das Vorliegen von Verfügungsbeschränkungen beim übernehmenden Rechtsträger an (vgl. § 29 Abs. 1 Satz 2 UmwG). Die gegenteilige Äußerung in der Begründung des Regierungsentwurfs, wonach die Verpflichtung zur Abfindung dann entstehen solle, wenn aus einem frei veräußerbaren Anteil ein vinkulierter Anteil werde[5], entspricht nicht dem Gesetzeswortlaut. Für eine entsprechende einschränkende Auslegung reicht diese nicht näher begründete Aussage nicht aus; dies gilt auch deshalb, weil Verfügungsbeschränkungen beim übernehmenden Rechtsträger mit ähnlichen Verfügungsbeschränkungen beim übertragenden Rechtsträger nicht ohne weiteres vergleichbar sind. Eine einschränkende Auslegung des § 29 Abs. 1 Satz 2 UmwG etwa dahin, dass die Abfindungspflicht nur bei neuen oder im Vergleich zu den Verhältnissen beim übertragenden Rechtsträger stärker belastenden Verfügungsbeschränkungen gilt, ist deshalb abzulehnen[6].

9

Ein **Wegfall der Abfindungspflicht** kann sich allenfalls im Einzelfall unter dem Gesichtspunkt einer missbräuchlichen oder treuwidrigen Rechtsausübung[7] oder aus fehlendem Rechtsschutzbedürfnis[8] ergeben. Ein solcher Fall kann zB vorliegen, wenn bei Gesellschaften mit gleicher Beteiligungsstruktur die Vinkulie-

10

---

1 *Kalss* in Semler/Stengel, § 29 UmwG Rz. 9.
2 *Grunewald* in Lutter, § 29 UmwG Rz. 7.
3 Vgl. BGH v. 5.11.1984 – II ZR 147/83, BGHZ 92, 386 (390) = GmbHR 1985, 150 sowie *Grunewald* in Lutter, § 29 UmwG Rz. 7 und *Kalss* in Semler/Stengel, § 29 UmwG Rz. 8.
4 *Grunewald* in Lutter, Umwandlungsrechtstage, S. 24; *Grunewald* in Lutter, § 29 UmwG Rz. 9; *Kalss* in Semler/Stengel, § 29 UmwG Rz. 11; *Wälzholz* in Widmann/Mayer, § 29 UmwG Rz. 18; *Reichert*, GmbHR 1995, 176 (187 f.); *Schaub*, NZG 1998, 626 (627); aA *Streck/Mack/Schwedhelm*, GmbHR 1995, 163 (164).
5 Vgl. BT-Drucks. 12/6699, S. 94.
6 *Bermel* in Goutier/Knopf/Tulloch, § 29 UmwG Rz. 16; *Grunewald* in Lutter, § 29 UmwG Rz. 9; *Reichert*, GmbHR 1995, 176 (188).
7 *Schaub*, NZG 1998, 626 (627); *Grunewald* in Lutter, § 29 UmwG Rz. 9 aE; *Müller* in Henssler/Strohn, § 29 UmwG Rz. 10.
8 *Simon* in KölnKomm. UmwG, § 29 UmwG Rz. 23; *Burg* in Böttcher/Habighorst/Schulte, § 29 UmwG Rz. 24.

rungsklauseln beim übernehmenden und beim übertragenden Rechtsträger inhaltlich übereinstimmen[1] oder eine zuvor bestehende Vinkulierung beim übernehmenden Rechtsträger eingeschränkt[2] wird.

5. Widerspruch

11 Das Barabfindungsangebot richtet sich an alle Anteilsinhaber, die gegen den Verschmelzungsbeschluss des übertragenden Rechtsträgers **Widerspruch zur Niederschrift** des Notars erklärt haben (§ 29 Abs. 1 Satz 1 UmwG). Das Abfindungsangebot erhält damit nur derjenige, der auf diese Weise gegen seinen Eintritt beim übernehmenden Rechtsträger ausdrücklich Stellung nimmt. Diese besondere Voraussetzung ist deshalb gerechtfertigt, weil der Anteilsinhaber mit seinem Widerspruch neben dem ohnehin vorgesehenen Umtausch seiner Anteile einen zusätzlichen Anspruch auf Barabfindung erhält[3]. Soweit ein **Anteilserwerb nicht möglich** ist, weil der übernehmende Rechtsträger aufgrund seiner Rechtsform keine eigenen Anteile erwerben kann (so bei Personenhandelsgesellschaft, Partnerschaftsgesellschaft, Verein und eingetragener Genossenschaft), bezieht sich das Barabfindungsangebot auf den Fall, dass der Anteilsinhaber sein Ausscheiden aus dem übernehmenden Rechtsträger erklärt (§ 29 Abs. 1 Satz 3 UmwG). In beiden Fällen bringt der Anteilsinhaber mit dem Widerspruch zum Ausdruck, dass er nicht Beteiligter am übernehmenden Rechtsträger zu werden wünscht und dass er sich die Geltendmachung des Abfindungsanspruchs vorbehält[4]. Unabhängig davon kann der Widerspruch allerdings auch bedeuten, dass sich der Anteilsinhaber eine Klage gegen die Wirksamkeit des Verschmelzungsbeschlusses vorbehält (vgl. § 245 Nr. 1 AktG). Aus der Anzahl der Widersprüche kann der übernehmende Rechtsträger daher nur einen Anhaltspunkt für die maximal möglichen, nicht aber auch sicher zu erwartenden Barabfindungsansprüche gewinnen[5].

12 Der Widerspruch muss **in der Versammlung** der Anteilsinhaber, die über die Verschmelzung beschließt (§ 13 UmwG), zur Niederschrift erklärt werden. Ein **nachträglicher Widerspruch** genügt nicht[6]. Der Widerspruch ist nach der

---

1 Vgl. dazu *Grunewald* in Lutter, § 29 UmwG Rz. 10; *Kalss* in Semler/Stengel, § 29 UmwG Rz. 12 und *Reichert*, GmbHR 1995, 176 (188).
2 *Grunewald* in Lutter, § 29 UmwG Rz. 9; *Kalss* in Semler/Stengel, § 29 UmwG Rz. 12.
3 Vgl. *Hoffmann-Becking*, ZGR 1990, 482 (487).
4 Vgl. BGH v. 3.7.1989 – II ZR 5/89, BGHZ 108, 217 (219) = AG 1989, 439 zu § 375 AktG; *Grunewald* in Lutter, § 29 UmwG Rz. 12; *Kalss* in Semler/Stengel, § 29 UmwG Rz. 21; *Stratz* in Schmitt/Hörtnagl/Stratz, § 29 UmwG Rz. 16.
5 Zust. *Burg* in Böttcher/Habighorst/Schulte, § 29 UmwG Rz. 26.
6 Vgl. BGH v. 3.7.1989 – II ZR 5/89, BGHZ 108, 217 (221 f.) = AG 1989, 439 zu § 375 AktG; *Grunewald* in Lutter, § 29 UmwG Rz. 12; *Kalss* in Semler/Stengel, § 29 UmwG Rz. 22; *Simon* in KölnKomm. UmwG, § 29 UmwG Rz. 29; *Stratz* in Schmitt/Hörtnagl/Stratz, § 29 UmwG Rz. 16.

Rechtsprechung auch dann erforderlich, wenn eine zuvor zugesagte Aufforderung zum Widerspruch unterblieben ist[1]. Im Übrigen gelten für den Widerspruch die allgemeinen Grundsätze[2]: Er muss von dem in der Versammlung persönlich erschienenen oder wirksam vertretenen Anteilsinhaber erklärt werden. Dabei muss deutlich werden, dass er sich gegen den Verschmelzungsbeschluss richtet. Eine Begründung ist nicht erforderlich. Nicht Voraussetzung des Barabfindungsanspruchs ist auch, dass der Widerspruch tatsächlich in die Niederschrift aufgenommen wird; ist dies unterblieben, kann der Anteilsinhaber in jeder anderen Form nachweisen, dass er den Widerspruch erklärt hat[3]. Für nach dem Widerspruch hinzuerworbene Anteile hat der Anteilsinhaber kein Austritts- und Abfindungsrecht; insbesondere erstreckt sich der zuvor erklärte Widerspruch nicht auf diese Anteile[4]. Dies gilt auch dann, wenn der Veräußerer der Anteile Widerspruch erklärt hatte[5].

Eine **Stimmabgabe gegen den Verschmelzungsbeschluss** ersetzt den Widerspruch nicht[6]. Im Übrigen ist ein Widerspruch auch möglich, wenn der Anteilsinhaber für den Verschmelzungsbeschluss gestimmt hat. Um den Abfindungsanspruch zu erlangen, ist der Anteilsinhaber keineswegs verpflichtet, die Verschmelzung als solche möglichst zu verhindern und deshalb gegen sie zu stimmen. Eine negative Stimmabgabe verlangt der Gesetzestext nicht; sie wird auch in der Begründung des Regierungsentwurfs nicht als – ungeschriebene – Voraussetzung des Barabfindungsanspruchs erwähnt[7]. 13

6. Abfindungsangebot

Das Barabfindungsangebot ist in den Verschmelzungsvertrag bzw. dessen Entwurf aufzunehmen (§ 29 Abs. 1 Satz 1 UmwG). Es muss dabei **inhaltlich so be-** 14

---

1 OLG München v. 3.2.2010 – 31 Wx 135/09, AG 2010, 677.
2 Vgl. dazu *Noack*, AG 1989, 78.
3 Zust. *Burg* in Böttcher/Habighorst/Schulte, § 29 UmwG Rz. 27.
4 *Bayer/J. Schmidt*, ZHR 178 (2014), 150 (163); *Grunewald* in Lutter, § 29 UmwG Rz. 13.
5 *Bayer/J. Schmidt*, ZHR 178 (2014), 150 (165).
6 OLG München v. 3.2.2010 – 31 Wx 135/09, AG 2010, 677; *Simon* in KölnKomm. UmwG, § 29 UmwG Rz. 29; *Grunewald* in Lutter, § 29 UmwG Rz. 12.
7 Vgl. BT-Drucks. 12/6699, S. 94; ebenso *Veil*, Umwandlung einer AG in eine GmbH, 1996, S. 214 ff. sowie unten *Meister/Klöcker*, § 207 UmwG Rz. 15; offen *Decher/Hoger* in Lutter, § 207 UmwG Rz. 6; vgl. auch OLG Stuttgart v. 16.2.2007 – 20 W 25/05, AG 2007, 596 (597) zu § 29 Abs. 2 UmwG; aA OLG München v. 3.2.2010 – 31 Wx 135/09, AG 2010, 677; *Bayer/J. Schmidt*, ZHR 178 (2014), 150 (156 f.); *Bermel* in Goutier/Knopf/Tulloch, § 29 UmwG Rz. 18; *Grunewald* in Lutter, § 29 UmwG Rz. 11; *Kalss* in Semler/Stengel, § 29 UmwG Rz. 22; *Müller* in Henssler/Strohn, § 29 UmwG Rz. 14; *Simon* in KölnKomm. UmwG, § 29 UmwG Rz. 28; *Stratz* in Schmitt/Hörtnagl/Stratz, § 29 UmwG Rz. 16; *Wälzholz* in Widmann/Mayer, § 29 UmwG Rz. 30; *Schaub*, NZG 1998, 626 (628).

stimmt sein, dass zum Entstehen des Barabfindungsanspruchs nur noch die Annahmeerklärung des Anteilsinhabers erforderlich ist[1]. Notwendig ist deshalb neben der Beschreibung der berechtigten Anteilsinhaber die konkrete Höhe der Abfindung sowie die Angabe, dass die Abfindung entweder gegen Übertragung der Anteile des Anteilsinhabers oder für dessen Ausscheiden gezahlt wird[2].

15 Ist der Verschmelzungsvertrag als Gegenstand der Beschlussfassung bekannt zu machen, so muss diese **Bekanntmachung den Wortlaut des Barabfindungsangebots enthalten** (§ 29 Abs. 1 Satz 4 UmwG). Diese Bestimmung betrifft vor allem die AG, SE und KGaA, bei der mit dem Verschmelzungsbeschluss als Gegenstand der Tagesordnung grundsätzlich nur der wesentliche Inhalt des Verschmelzungsvertrages bekannt zu machen ist (vgl. § 124 Abs. 2 Satz 3 AktG). Im Übrigen kann sich eine Bekanntmachungspflicht auch aus dem Gesellschaftsvertrag oder der Satzung ergeben[3]. Für die Bekanntmachung des Verschmelzungsvertrags durch das Registergericht (vgl. § 61 UmwG) gilt § 29 Abs. 1 Satz 4 UmwG nicht.

16 **Fehlt das Abfindungsangebot** im Verschmelzungsvertrag, ist es zu niedrig bemessen oder ist die Bekanntmachung nach § 29 Abs. 1 Satz 4 UmwG fehlerhaft, so berührt dies weder die Wirksamkeit des Verschmelzungsvertrages noch des Verschmelzungsbeschlusses (vgl. § 32 UmwG Rz. 2). Die Anteilsinhaber können in beiden Fällen das **Spruchverfahren** gemäß § 34 UmwG iVm. § 1 Nr. 4 SpruchG betreiben, damit das Gericht die angemessene Barabfindung bestimmt. Das Gleiche gilt, wenn das Abfindungsangebot im Verschmelzungsvertrag fehlt. Nach der Rechtsprechung zum Formwechsel ist die Unwirksamkeitsklage in diesem Falle zugunsten des Spruchverfahrens ausgeschlossen[4]. Dementsprechend kann der Registerrichter die Eintragung auch nicht ablehnen[5] (vgl. § 32 UmwG Rz. 2). Wird das Angebot nachgeschoben, bedarf dies als Ergänzung des Verschmelzungsvertrages der Zustimmung der Anteilsinhaber (§ 13 UmwG).

17 Bei der Verschmelzung einer **100%igen Tochtergesellschaft** auf das Mutterunternehmen braucht der Verschmelzungsvertrag mangels Anteilstausch auch kein Abfindungsangebot zu enthalten (vgl. § 5 Abs. 2 UmwG und § 194 Abs. 1

---

1 Zust. *Burg* in Böttcher/Habighorst/Schulte, § 29 UmwG Rz. 31; vgl. auch *Grunewald* in Lutter, § 29 UmwG Rz. 23; *Kalss* in Semler/Stengel, § 29 UmwG Rz. 23; *Simon* in KölnKomm. UmwG, § 29 UmwG Rz. 34.
2 Vgl. *Stratz* in Schmitt/Hörtnagl/Stratz, § 29 UmwG Rz. 21; *Simon* in KölnKomm. UmwG, § 29 UmwG Rz. 34.
3 *Stratz* in Schmitt/Hörtnagl/Stratz, § 29 UmwG Rz. 20.
4 Vgl. BGH v. 18.12.2000 – II ZR 1/99, ZIP 2001, 199 (201) = GmbHR 2001, 200 m. Anm. *Kallmeyer* und BGH v. 29.1.2001 – II ZR 368/98, ZIP 2001, 412 (415) = GmbHR 2001, 247 m. Anm. *Bärwaldt*.
5 *Gehling* in Semler/Stengel, § 32 UmwG Rz. 7; *Simon* in KölnKomm. UmwG, § 29 UmwG Rz. 37; aA *Grunewald* in Lutter, § 29 UmwG Rz. 22; *Wälzholz* in Widmann/Mayer, § 29 UmwG Rz. 59; *Schaub*, NZG 1998, 626 (628).

Nr. 6 UmwG)[1]. Im Übrigen sieht das Gesetz nicht ausdrücklich vor, dass auf das Abfindungsangebot **im Voraus verzichtet** werden kann. Dies schließt aber nicht aus, dass im Einverständnis aller beteiligten Anteilsinhaber von einem Abfindungsangebot im Verschmelzungsvertrag tatsächlich abgesehen wird[2]. Die Verzichtserklärungen sind vorsorglich notariell zu beurkunden (vgl. §§ 8 Abs. 3 Satz 2, 9 Abs. 3, 12 Abs. 3 UmwG)[3]. Wird auf die Anteilsgewährung verzichtet (§§ 54 Abs. 1 Satz 3, 68 Abs. 1 Satz 3 UmwG), entfällt damit auch die Pflicht zur Abfindung[4].

7. Anspruch auf Barabfindung

a) Inhalt des Anspruchs

Die Abfindung hat grundsätzlich in bar, dh. durch Zahlung von **Geld**, zu erfolgen. Durch Bewirken einer **anderen Leistung**, zB die Gewährung von Anteilen an einem anderen Rechtsträger, wird der übernehmende Rechtsträger nur frei, wenn der Anteilsinhaber die andere Leistung an Erfüllungs Statt annimmt (§ 364 Abs. 1 BGB). Eine Verpflichtung hierzu besteht für ihn nicht, so dass er auf der Barabfindung bestehen kann[5]. 18

Zweifelhaft ist, ob der Anteilsinhaber, wenn die Abfindung von der Übertragung seiner Anteile abhängt, diese nur gegen **Übertragung aller seiner Anteile** verlangen kann. Nach dem Gesetzestext steht nur fest, dass der übernehmende Rechtsträger den Erwerb aller Anteile anzubieten hat. Damit ist offen, ob der Anteilsinhaber, der im Rahmen der Verschmelzung mehrere Anteile, insbesondere Aktien, erhält, das Erwerbsangebot auch nur teilweise annehmen kann. Da es im Ermessen des Anteilsinhabers steht, ob er seine Anteile überhaupt abgeben will und die Abfindungsregelung allein seinem Schutz dient, spricht mehr dafür, dass auch eine teilweise Annahme des Abfindungsangebots möglich ist[6]. 19

Der **Abfindungsanspruch kann** andererseits **weder** im Verschmelzungsvertrag oder Verschmelzungsbeschluss noch durch Gesellschaftsvertrag oder Satzung 20

---

1 *Grunewald* in Lutter, § 29 UmwG Rz. 20; *Schaub*, NZG 1998, 626 (628).
2 *Grunewald* in Lutter, § 29 UmwG Rz. 19; *Kalss* in Semler/Stengel, § 29 UmwG Rz. 27; *Simon* in KölnKomm. UmwG, § 29 UmwG Rz. 39; *Wälzholz* in Widmann/Mayer, § 29 UmwG Rz. 53; vgl. auch *Eilers/Müller-Eising*, WiB 1995, 449 (451) zum Formwechsel.
3 Vgl. *Wälzholz* in Widmann/Mayer, § 29 UmwG Rz. 53; *Müller* in Henssler/Strohn, § 29 UmwG Rz. 16; *Schaub*, NZG 1998, 626 (629); aA *Grunewald* in Lutter, § 29 UmwG Rz. 19.
4 *Müller* in Henssler/Strohn, § 29 UmwG Rz. 16.
5 Vgl. *Kalss* in Semler/Stengel, § 29 UmwG Rz. 24.
6 OLG Düsseldorf v. 6.12.2000 – 19 W 1/00 AktE, ZIP 2001, 158 (159) = AG 2001, 596; *Grunewald* in Lutter, § 31 UmwG Rz. 4; *Kalss* in Semler/Stengel, § 29 UmwG Rz. 29; aA *Bermel* in Goutier/Knopf/Tulloch, § 29 UmwG Rz. 35 und *Wälzholz* in Widmann/Mayer, § 29 UmwG Rz. 52.

des übernehmenden Rechtsträgers **ausgeschlossen oder eingeschränkt** werden[1]. Dies gilt hinsichtlich aller Einzelheiten, also sowohl bezüglich der Art wie der Höhe des Anspruchs. Etwaige Abfindungsregelungen im Gesellschaftsvertrag des übernehmenden Rechtsträgers für den Fall des Ausscheidens finden damit keine Anwendung. Falls feststeht, dass kein Anteilsinhaber austreten will, kann von einem Abfindungsangebot allerdings abgesehen werden (vgl. Rz. 17)[2].

21 Anteilsinhaber, die aufgrund ihrer geringfügigen Beteiligung nach dem Umtauschverhältnis ausnahmsweise keinen vollen Anteil an dem übernehmenden Rechtsträger erhalten, haben idR **Anspruch auf bare Zuzahlung**[3] (vgl. dazu auch § 5 UmwG Rz. 9). Entsprechendes gilt für etwaige nicht anteilsfähige Spitzen. In diesen Fällen besteht deshalb für eine analoge Anwendung von § 29 UmwG kein Bedürfnis[4]. Der **Abfindungsanspruch** ist im Übrigen **übertragbar** und **vererblich**, so dass auch Einzel- oder Gesamtrechtsnachfolger Abfindungsgläubiger sein können[5]. Diese sind ggf. auch berechtigt, die Annahme des Abfindungsangebots zu erklären. Der Abfindungsanspruch beruht auf der Anteilsinhaberschaft; er fällt deshalb **nicht** unter den **allgemeinen Gläubigerschutz** nach § 22 UmwG.

22 Die Barabfindung ist ab Bekanntmachung des Wirksamwerdens der Verschmelzung mit fünf Prozentpunkten über dem jeweiligen Basiszinssatz nach § 247 BGB zu **verzinsen** (§§ 15 Abs. 2, 30 Abs. 1 Satz 2 UmwG). Damit sollen die Anteilsinhaber vor Verzögerungen im Spruchverfahren zur Angemessenheit der Abfindung geschützt werden (vgl. § 15 UmwG Rz. 9). Dieser Schutz erfordert allerdings nicht, dass die Zinsen für die Abfindung und ein etwaiger Gewinnanteil des übernehmenden Rechtsträgers kumulativ vereinnahmt werden können. Mit der Rechtsprechung zu § 305 Abs. 3 Satz 3 AktG ist vielmehr davon auszugehen, dass der Gewinnanspruch auf die Abfindungszinsen anzurechnen ist. Soweit der Gewinnanteil die Abfindungszinsen für den entsprechenden Referenzzeitraum übersteigt, darf ihn der Anteilsinhaber ohne Anrechnung behalten[6].

---

1 *Schöne*, GmbHR 1995, 325 (329 f.); *Bermel* in Goutier/Knopf/Tulloch, § 29 UmwG Rz. 47; *Grunewald* in Lutter, § 29 UmwG Rz. 17.
2 *Grunewald* in Lutter, § 29 UmwG Rz. 18; *Kalss* in Semler/Stengel, § 29 UmwG Rz. 27; *Simon* in KölnKomm. UmwG, § 29 UmwG Rz. 39.
3 *Wälzholz* in Widmann/Mayer, § 29 UmwG Rz. 16.
4 Anders beim Formwechsel nach dem früheren § 375 AktG, vgl. *Zöllner* in KölnKomm. AktG, 1985, § 375 AktG Rz. 22.
5 Vgl. OLG Jena v. 22.12.2004 – 7 U 391/03, AG 2005, 619 ff.; *Kalss* in Semler/Stengel, § 29 UmwG Rz. 1; *Simon* in KölnKomm. UmwG, § 29 UmwG Rz. 2; *Stratz* in Schmitt/Hörtnagl/Stratz, § 29 UmwG Rz. 18.
6 Vgl. BGH v. 2.6.2003 – II ZR 84/02, ZIP 2003, 1933 (1935); BGH v. 2.6.2003 – II ZR 85/02, AG 2003, 629 (630); BGH v. 21.7.2003 – II ZB 17/01, NJW 2003, 3272 (3273) = AG 2003, 627; *Grunewald* in Lutter, § 30 UmwG Rz. 3; anders die 2. Aufl. sowie *Zeidler* in Semler/Stengel, § 30 UmwG Rz. 23 f.

b) Fälligkeit

Die berechtigten Anteilsinhaber können die Barabfindung grundsätzlich dafür verlangen, dass der übernehmende Rechtsträger ihre Anteile oder Mitgliedschaften erwirbt (§ 29 Abs. 1 Satz 1 UmwG). Daraus ergibt sich, dass der Abfindungsanspruch zwar bereits mit dem Zugang der Annahmeerklärung entsteht (§ 130 Abs. 1 BGB und § 31 UmwG Rz. 4 ff.). Fällig wird die Abfindung als Gegenleistung des Anteilserwerbs aber erst **mit der rechtsgeschäftlichen Übertragung der Anteile** bzw. Mitgliedschaften auf den übernehmenden Rechtsträger oder einen evtl. zwischengeschalteten Treuhänder (vgl. §§ 35, 71, 72 UmwG). Erfolgt, wie im Falle des § 29 Abs. 1 Satz 3 UmwG, kein Anteilserwerb, so ist die Barabfindung Gegenleistung für das Ausscheiden; der Abfindungsanspruch ist in diesem Fall bereits mit der Annahme des Angebots fällig (§ 271 BGB). 23

c) Erwerb der Anteile

Die Barabfindung wird im Falle des § 29 Abs. 1 Satz 1 UmwG in zwei Schritten durchgeführt, nämlich durch Annahme des Abfindungsangebotes und Übertragung der Anteile, die der widersprechende Anteilsinhaber mit dem Wirksamwerden der Verschmelzung von Gesetzes wegen an dem übernehmenden Rechtsträger erworben hat (vgl. § 20 Abs. 1 Nr. 3 UmwG). Ist der übernehmende Rechtsträger eine GmbH oder AG/KGaA/SE, so hat der Anteilsinhaber seine Geschäftsanteile bzw. Aktien auf diesen zu übertragen. Dies geschieht bei der GmbH durch notariellen Abtretungsvertrag gemäß § 15 Abs. 3 GmbHG, bei der AG/KGaA/SE durch Übereignung der Aktienurkunden (§ 929 BGB) oder, falls solche nicht ausgestellt sind, durch Abtretung der Aktien gemäß §§ 398, 413 BGB. Mit der Übertragung seiner Anteile scheidet der Anteilsinhaber bei dem übernehmenden Rechtsträger aus; er verliert damit alle Rechte und Pflichten, die mit seiner Mitgliedschaft verbunden waren. Ihm verbleibt aber das Einsichtsrecht gemäß § 810 BGB hinsichtlich seiner Abfindung. Außerdem können einzelne Pflichten aus der früheren Mitgliedschaft nachwirken (insbesondere Schweige- und Treuepflichten). 24

Für die übernehmende GmbH bzw. AG (KGaA, SE) gelten die jeweiligen Bestimmungen über den Erwerb eigener Anteile. Bei beiden Rechtsformen ist der Erwerb eigener Anteile zur Abfindung nach § 29 Abs. 1 UmwG ausdrücklich für zulässig erklärt (vgl. § 33 Abs. 3 GmbHG, § 71 Abs. 1 Nr. 3 AktG). Bei der **GmbH** gilt dies aber nur, wenn der Erwerb binnen sechs Monaten nach dem Wirksamwerden der Umwandlung oder nach der Rechtskraft der gerichtlichen Entscheidung (über die Bestimmung der angemessenen Abfindung) erfolgt und die Gesellschaft im Zeitpunkt des Erwerbs eine Rücklage in Höhe der Aufwendungen für den Erwerb bilden könnte, ohne das Stammkapital oder eine nach dem Gesellschaftsvertrag zu bildende Rücklage zu mindern, die nicht zur Zahlung an die Gesellschafter verwandt werden darf (§ 33 Abs. 3 25

GmbHG)[1]. Ein Verstoß gegen die Vorschriften über den Erwerb eigener Anteile macht den Erwerb nicht unwirksam. Auch das schuldrechtliche Geschäft ist nach der Ergänzung durch das 2. UmwGÄndG nicht mehr nichtig (§ 29 Abs. 1 Satz 1 Halbsatz 2 UmwG iVm. § 33 Abs. 2 Satz 3 GmbHG)[2]. Damit steht zugleich fest, dass den Gesellschafter keine Haftung aus den §§ 30, 31 GmbHG trifft und er die Abfindung behalten kann. Eine Rückabwicklung des Anteilserwerbs scheidet daher aus[3]. Der Gesellschaft steht auch kein Leistungsverweigerungsrecht aus § 57 Abs. 1 Satz 1 AktG zu[4].

26 Bei der **AG** (KGaA, SE) ist der **Erwerb eigener Anteile** insgesamt auf höchstens 10 % des Grundkapitals **beschränkt** (§ 71 Abs. 2 Satz 1 AktG). Auch hier ist Voraussetzung, dass die Gesellschaft im Zeitpunkt des Erwerbs eine Rücklage in Höhe der Aufwendungen für den Erwerb bilden könnte, ohne das Grundkapital oder eine nach Gesetz oder Satzung zu bildende Rücklage zu mindern, die nicht zur Zahlung an die Aktionäre verwandt werden darf (§ 71 Abs. 2 Satz 2 AktG)[5]. Die 10%ige Kapitalgrenze ist insofern gelockert, als die Überschreitung dieser Grenze den Erwerb der Aktien nicht unwirksam macht (§ 71 Abs. 4 Satz 1 AktG) und – abweichend von der allgemeinen Regel – auch das schuldrechtliche Grundgeschäft wirksam ist (§ 29 Abs. 1 Satz 1 Halbsatz 2 UmwG iVm. § 71 Abs. 4 Satz 2 AktG). § 71 Abs. 2 Satz 1 AktG steht damit der Verschmelzung nicht entgegen; das Austrittsrecht geht vielmehr wie bei der GmbH den Kapitalerhaltungsregeln vor (siehe Rz. 25)[6]. Im Übrigen gelten die allgemeinen Bestimmungen; insbesondere stehen der AG (KGaA, SE) aus den erworbenen Aktien keine Rechte zu (§ 71b AktG); die Aktien sind außerdem binnen drei Jahren wieder zu veräußern oder nach § 237 AktG einzuziehen (§ 71c Abs. 2 und 3 AktG).

27 Hat der übernehmende Rechtsträger zum Erwerb der Anteile **nicht genügend freies Vermögen**, ist der Erwerb zwar wirksam, gleichwohl aber nicht zulässig[7]. Steht im Zeitpunkt des Erwerbs fest, dass die Rücklage nicht gebildet werden

---

1 § 33 Abs. 3 GmbHG idF des Bilanzrechtsmodernisierungsgesetzes v. 25.5.2009, BGBl. I 2009, S. 1102 (1122).
2 Vgl. § 29 UmwG idF des 2. UmwGÄndG v. 19.4.2007, BGBl. I 2007, S. 542.
3 *Grunewald* in Lutter, § 29 UmwG Rz. 31; *Kalss* in Semler/Stengel, § 29 UmwG Rz. 33; *Simon* in KölnKomm. UmwG, § 29 UmwG Rz. 49.
4 *Grunewald* in Lutter, § 29 UmwG Rz. 27; *Kalss* in Semler/Stengel, § 29 UmwG Rz. 33; *Müller* in Henssler/Strohn, § 29 UmwG Rz. 22; *Simon* in KölnKomm. UmwG, § 29 UmwG Rz. 48; iE auch *Wälzholz* in Widmann/Mayer, § 29 UmwG Rz. 39 und *Stratz* in Schmitt/Hörtnagl/Stratz, § 29 UmwG Rz. 13; aA *Ihrig*, GmbHR 1995, 622 (631); *J. Vetter*, ZHR 168 (2004), 8 (23); *Hoger*, AG 2008, 149 (154).
5 § 71 Abs. 2 Satz 2 AktG idF des Bilanzrechtsmodernisierungsgesetzes v. 25.5.2009, BGBl. I 2009, S. 1102 (1124).
6 Vgl. *Grunewald* in Lutter, § 29 UmwG Rz. 27; *Simon* in KölnKomm. UmwG, § 29 UmwG Rz. 44; *Müller* in Henssler/Strohn, § 29 UmwG Rz. 22.
7 Vgl. *Lutter/Hommelhoff* in Lutter/Hommelhoff, § 33 GmbHG Rz. 20 f.

könnte, hat der Erwerb zu unterbleiben, bis ausreichend freie Mittel vorhanden sind. Erfolgt der Erwerb dennoch, ist der Verschmelzungsbeschluss wegen Verstoßes gegen die Kapitalerhaltungsvorschriften anfechtbar[1]. Durch § 32 UmwG sind solche Klagen nicht ausgeschlossen[2]. Relevant ist die Gesetzesverletzung aber nur, wenn bei der Beschlussfassung bereits absehbar war, dass zum Bilanzstichtag nicht genügend freies Vermögen vorhanden sein wird[3].

d) Ausscheiden

Ist übernehmender Rechtsträger eine Personenhandelsgesellschaft (OHG/KG), eine Partnerschaftsgesellschaft, ein Verein oder eine eingetragene Genossenschaft, so führt grundsätzlich schon die Annahme des Barabfindungsangebots zum Ausscheiden des Anteilsinhabers und damit zum Erlöschen aller Mitgliedschaftsrechte und -pflichten. Bei der Personenhandelsgesellschaft wächst der gesamthänderische Anteil den übrigen Mitgesellschaftern zu (vgl. §§ 738 ff. BGB). Satzungsmäßige oder gesetzliche Austrittsbeschränkungen (vgl. § 39 Abs. 2 BGB zum Verein, §§ 65, 67a GenG zur eingetragenen Genossenschaft) gelten nicht (vgl. Rz. 20). 28

e) Kosten

Die Kosten der Anteilsübertragung hat der **übernehmende Rechtsträger** zu tragen (§ 29 Abs. 1 Satz 5 UmwG). Diese Regelung betrifft nur das Verhältnis zwischen dem übernehmenden Rechtsträger und dem ausscheidenden Anteilsinhaber einschließlich etwaiger Notarkosten. Die Kosten eigener Beratung sind dagegen nicht erfasst[4]. 29

8. Gleichgestellte Sachverhalte

Der Abfindungsanspruch besteht gemäß § 29 Abs. 2 UmwG auch ohne Widerspruch, wenn ein nicht erschienener Anteilsinhaber zu der Versammlung der Anteilsinhaber zu Unrecht nicht zugelassen worden ist oder die Versammlung nicht ordnungsgemäß einberufen oder der Gegenstand der Beschlussfassung nicht ordnungsgemäß bekannt gemacht worden ist. Dem widersprechenden Anteilsinhaber wird damit derjenige gleichgestellt, der zu einem Widerspruch ohne eigenes Verschulden nicht in der Lage war. Dies entspricht einem allgemeinen 30

---

1 Vgl. *Grunewald* in Lutter, § 29 UmwG Rz. 30; *Kalss* in Semler/Stengel, § 29 UmwG Rz. 33; *Hoger*, AG 2008, 149 (156).
2 *Wälzholz* in Widmann/Mayer, § 29 UmwG Rz. 46.
3 Ähnlich *Grunewald* in Lutter, § 29 UmwG Rz. 26 und 30.
4 *Simon* in KölnKomm. UmwG, § 29 UmwG Rz. 40; *Müller* in Henssler/Strohn, § 29 UmwG Rz. 20.

Grundsatz des Anfechtungsrechts (vgl. § 245 Nr. 2 AktG). Demgemäß findet § 29 Abs. 2 UmwG keine Anwendung, wenn der Anteilsinhaber in der Versammlung erschienen ist und seinen Widerspruch hätte erklären können[1]. Ein Widerspruch ist allerdings nicht erforderlich, wenn auf diesen weder im Verschmelzungsvertrag noch durch den Versammlungsleiter hingewiesen wurde[2].

9. Analoge Anwendung

31 Im Schrifttum wird erörtert, ob § 29 UmwG auf andere Sachverhalte analog anwendbar ist. Bejaht wird dies zT für den Fall, dass die Verschmelzung auf eine **abhängige AG** oder eine AG mit einem **kontrollierenden Aktionär** iS von § 29 Abs. 2 WpÜG erfolgt[3]. Die in § 29 UmwG erfassten Sachverhalte sind jedoch jeweils einzeln geregelt; eine Verallgemeinerung lässt sich daraus nicht ohne weiteres ableiten. Der Gesetzgeber hat zudem in Kenntnis der Diskussion nur den Fall des kalten Delisting in § 29 Abs. 1 Satz 1 UmwG gleichgestellt. Im Übrigen sind die genannten Fälle mit den gesetzlich geregelten Sachverhalten auch nicht vergleichbar. Insbesondere sind die Anteilsinhaber nicht, wie in den Fällen des § 29 UmwG, in der Verfügung über ihre Anteile eingeschränkt[4]. Soweit bei einzelnen Rechtsträgern ein rechtsformspezifisches **Austrittsrecht aus wichtigem Grund** gegeben ist, bleibt dieses unberührt[5].

---

1 *Grunewald* in Lutter, § 29 UmwG Rz. 15; *Müller* in Henssler/Strohn, § 29 UmwG Rz. 15; *Simon* in KölnKomm. UmwG, § 29 UmwG Rz. 30; *Stratz* in Schmitt/Hörtnagl/Stratz, § 29 UmwG Rz. 17; OLG Stuttgart v. 16.2.2007 – 20 W 25/05, AG 2007, 596 (597); zweifelnd OLG München v. 3.2.2010 – 31 Wx 135/09, AG 2010, 677 (678).
2 *Schaub*, NZG 1998, 626 (628); *Grunewald* in Lutter, § 29 UmwG Rz. 16; *Stratz* in Schmitt/Hörtnagl/Stratz, § 29 UmwG Rz. 17; aA OLG München v. 3.2.2010 – 31 Wx 135/09, AG 2010, 677 für den Fall einer zugesagten, tatsächlich aber unterbliebenen Aufforderung zum Widerspruch.
3 Vgl. *Hasselbach* in Kölnkomm. WpÜG, 2. Aufl. 2010, § 35 WpÜG Rz. 106 ff.; *Krause/Pötzsch* in Assmann/Pötzsch/Uwe H. Schneider, 2. Aufl. 2013, § 35 WpÜG Rz. 152; *Hommelhoff/Witt* in Haarmann/Schüppen, 4. Aufl. 2015, § 35 WpÜG Rz. 58; *Lutter/Bayer* in Lutter, Einl. I Rz. 67; *Kleindiek*, ZGR 2002, 546 (571); *Seibt/Heiser*, ZHR 165 (2001), 466 (481 f.).
4 Vgl. *Simon* in KölnKomm. UmwG, § 29 UmwG Rz. 50 ff.; *Müller* in Henssler/Strohn, § 29 UmwG Rz. 24; *Burg/Braun*, AG 2009, 22 (25).
5 *Grunewald* in Lutter, § 29 UmwG Rz. 32 und *Grunewald* in FS Boujong, 1996, S. 175 (199).

§ 30
Inhalt des Anspruchs auf Barabfindung und Prüfung der Barabfindung

(1) Die Barabfindung muss die Verhältnisse des übertragenden Rechtsträgers im Zeitpunkt der Beschlussfassung über die Verschmelzung berücksichtigen. § 15 Abs. 2 ist auf die Barabfindung entsprechend anzuwenden.

(2) Die Angemessenheit einer anzubietenden Barabfindung ist stets durch Verschmelzungsprüfer zu prüfen. Die §§ 10 bis 12 sind entsprechend anzuwenden. Die Berechtigten können auf die Prüfung oder den Prüfungsbericht verzichten; die Verzichtserklärungen sind notariell zu beurkunden.

1. Entwicklung der Vorschrift 1	c) Bewertungsstichtag 11
2. Normzweck 2	d) Verzinsung und weiterer Schaden 13
3. Inhalt des Anspruchs	4. Prüfung 16
a) Angemessenheit 4	5. Verzicht auf die Prüfung 20
b) Verhältnisse des übertragenden Rechtsträgers 8	

Literatur: *Ballwieser/Hachmeister*, Unternehmensbewertung, 5. Aufl. 2016; *Ballwieser*, Unternehmensbewertung und Komplexitätsreduktion, 3. Aufl. 1990; *Barthel*, Unternehmenswert: Die zuschlagsorientierten Bewertungsverfahren – vom Buchwert-Zuschlagsverfahren zur strategischen Unternehmensbewertung, DB 1996, 1349; *Barthel*, Unternehmenswert – Die vergleichsorientierten Bewertungsverfahren, DB 1996, 149; *Börsig/Coenenberg*, Bewertung von Unternehmen, 2005; *Busse von Colbe/Coenenberg*, Unternehmensakquisition und Unternehmensbewertung, 1992; *Castedello*, Unternehmensbewertung, in WP-Handbuch 2014, Bd. II, 14. Aufl. 2014, S. 1 (Abschnitt A); *Drukarczyk/Schüler*, Unternehmensbewertung, 7. Aufl. 2016; *Fleischer/Hüttemann*, Rechtshandbuch Unternehmensbewertung, 2015; *Großfeld*, Recht der Unternehmensbewertung, 7. Aufl. 2012; *Hayn*, Bewertung junger Unternehmen, 3. Aufl. 2003; *Helbling*, Unternehmensbewertung und Steuern, 9. Aufl. 1998; *Heurung*, Zur Anwendung und Angemessenheit verschiedener Unternehmenswertverfahren im Rahmen von Umwandlungsfällen, DB 1997, 837; *Hüffer/Schmidt-Aßmann/Weber*, Anteilseigentum, Unternehmenswert und Börsenkurs, 2005; *IDW*, IDW Standard: Grundsätze zur Durchführung von Unternehmensbewertungen (IDW S 1 idF 2008), IDW Fachnachrichten 2008, S. 271 ff., WPg 2008, Supplement 3, S. 68 ff.; *Mandl/Rabel*, Unternehmensbewertung: Eine praxisorientierte Einführung, 3. Aufl. 1999; *Matschke/Brösel*, Unternehmensbewertung, 4. Aufl. 2013; *Moxter*, Grundsätze ordnungsmäßiger Unternehmensbewertung, 2. Aufl. 1983; *Welf Müller* in Semler/Volhard, Arbeitshandbuch für Unternehmensübernahmen, 2001, S. 397 ff.; *Welf Müller*, Die Unternehmensbewertung in der Rechtsprechung, Zustandsbeschreibung und Ausblick, FS Bezzenberger, 2000, S. 705; *Welf Müller*, Unternehmenswert und Anteilswert, FS Röhricht, 2005, S. 1015; *Welf Müller*, Unternehmenswert und börsennotierte Aktie, FS Roth, 2011, S. 517; *Munkert*, Der Kapitalisierungszinssatz in der Unternehmensbewertung, 2005; *Piltz*, Unternehmensbewertung und Börsenkurs im aktienrechtlichen Spruchstellenverfahren, ZGR 2001, 185; *Piltz*, Die Unternehmensbewertung in der Rechtsprechung, 3. Aufl. 1994; *Peemöller*, Praxishandbuch der Unternehmensbewertung, 6. Aufl. 2015; *Schultze*, Methoden der Unternehmensbewertung, 2. Aufl. 2003; *Seppelfricke*, Handbuch Aktien- und Unternehmensbewertung, 4. Aufl. 2012; *Wollny*, Der objektivierte Unternehmenswert, 2008. Siehe auch die Angaben zu § 9 UmwG.

1. Entwicklung der Vorschrift

1 Die Bestimmung ersetzt die §§ 12 Abs. 1 und 15 Abs. 1 Satz 1 UmwG 1969, die eine Barabfindung auf den Zeitpunkt der Beschlussfassung als Bewertungsstichtag vorsahen. Während die frühere Regelung neben dem Bewertungsstichtag auch festlegte, dass die Barabfindung die Vermögens- und Ertragslage der Gesellschaft zu diesem Stichtag berücksichtigen müsse, ist dieser Hinweis nunmehr entfallen. Damit soll nicht mehr, wie im früheren Recht, die Berücksichtigung bestimmter Bewertungsmethoden vorgeschrieben werden, „weil die Berücksichtigung und die Gewichtung der verschiedenen Methoden je nach Natur und Gegenstand des Unternehmens verschieden sein kann"[1]. Darin liegt eine Klarstellung für die schon früher gehandhabte Praxis, die sich im Wesentlichen ausschließlich an der Ertragswertmethode ausgerichtet hat (vgl. § 8 UmwG Rz. 13). Die obligatorische Prüfungspflicht ist mit dem UmwG 1994 neu eingeführt worden. Die Vorschrift findet nach § 122i Abs. 1 Satz 3 UmwG auf die grenzüberschreitende Verschmelzung entsprechende Anwendung.

2. Normzweck

2 § 30 Abs. 1 UmwG beschränkt sich auf die Festlegung des **Bewertungsstichtags:** das ist der Zeitpunkt der Beschlussfassung durch den übertragenden Rechtsträger. Es kommt auf den Tag der Versammlung der Anteilsinhaber (§ 13 Abs. 1 Satz 2 UmwG), nicht auf etwa erst später eingehende Zustimmungserklärungen an. Die Barabfindung ist in entsprechender Anwendung des § 15 Abs. 2 UmwG zu verzinsen.

2a § 30 Abs. 1 UmwG legt nur den Bewertungsstichtag für die Barabfindung fest. Für die Ermittlung des **Umtauschverhältnisses** kann auf einen anderen, betriebswirtschaftlich vernünftigen Stichtag abgestellt werden (vgl. dazu § 8 UmwG Rz. 21)[2].

3 Die Angemessenheit der **Barabfindung** ist stets durch Verschmelzungsprüfer zu prüfen, also auch in den Fällen, in denen das Gesetz im Übrigen eine Prüfung des Verschmelzungsvertrags oder seines Entwurfs nicht vorschreibt (vgl. etwa § 44 UmwG oder § 48 UmwG). Ein Verzicht auf Prüfung und/oder Prüfungsbericht durch die Berechtigten ist durch notarielle Verzichtserklärung möglich.

---

[1] Begr. RegE, BR-Drucks. 75/94, S. 94.
[2] *Welf Müller*, EWiR 2000, 751 f.

3. Inhalt des Anspruchs

a) Angemessenheit

Die Abfindung muss angemessen sein. Dies ergibt sich aus § 29 Abs. 1 Satz 1 UmwG und § 30 Abs. 2 Satz 1 UmwG. Einen Maßstab für die Angemessenheit setzt das Gesetz nicht mehr (vgl. Rz. 1). Es gelten die **Grundsätze ordnungsmäßiger Unternehmensbewertung**, wie sie Literatur und Rechtsprechung auch für andere Abfindungsfälle (insbesondere § 305 Abs. 3 Satz 2, § 320b Abs. 1 Satz 5 und § 327a Abs. 1 Satz 1 AktG) entwickelt haben[1]. 4

Angemessen ist die Abfindung nur, wenn sie den vollen Wert des Anteils oder der Mitgliedschaft kompensiert; dies ist idR der auf den Anteil entfallende anteilige Gesamtwert des übertragenden Rechtsträgers[2]. Die Ermittlung erfolgt idR nach dem **Ertragswertverfahren**. Sie wird im Allgemeinen methodisch nicht zu beanstanden sein, wenn sie den „Grundsätzen zur Durchführung von Unternehmensbewertungen" des Hauptfachausschusses des *Instituts der Wirtschaftsprüfer* in der Fassung 2008 folgt[3]. Aber auch andere Bewertungsverfahren sind möglich, zulässig und ggf. zielführender, wenn sie dem Bewertungsobjekt, der konkreten Situation und den Erkenntnismöglichkeiten adäquat sind (zB discounted cash flow-Methode; shareholder value-Methoden)[4]. 5

Ist der übertragende Rechtsträger eine **börsennotierte Gesellschaft**, so ist nach dem grundlegenden Beschluss des BVerfG v. 27.4.1999[5] bei der Bestimmung der Abfindung der Börsenkurs der Aktien nicht außer Betracht zu lassen. Das folgt 6

---

1 Vgl. *Castedello*, Grundsätze zur Ermittlung von Unternehmenswerten, WP-Handbuch 2014, Bd. II, Abschnitt A; *Busse von Colbe* in Busse von Colbe/Coenenberg, S. 56, 64 f.
2 Vgl. BVerfG v. 7.8.1962 – 1 BvL 16/60, NJW 1962, 1667 ff.; BVerfG v. 23.8.2000 – 1 BvR 68/95, 1 BvR 147/97, ZIP 2000, 1670 = AG 2001, 42; BGH v. 13.3.1978 – II ZR 142/76, NJW 1978, 1316; BGH v. 4.12.1991 – VIII ZR 32/91, NJW 1992, 982; BGH v. 20.3.1995 – II ZR 205/94, NJW 1995, 1739; OLG Hamburg v. 17.8.1979 – 11 W 2/79, AG 1980, 163; OLG Zweibrücken v. 9.3.1995 – 3 W 133/92, 3 W 145/92, WM 1995, 980 = AG 1995, 425; OLG Stuttgart v. 28.1.2004 – 20 U 3/03, ZIP 2004, 1143 = AG 2004, 271; OLG Düsseldorf v. 8.7.2003 – 19 W 6/00 AktE, AG 2003, 688; LG Dortmund v. 19.3.2007 – 18 AktE 5/03, ZIP 2007, 2029 = AG 2007, 792; *Koppensteiner* in KölnKomm. AktG, 3. Aufl. 2004, § 305 AktG Rz. 50 ff.; *Hüffer/Koch*, § 305 AktG Rz. 23; *Hüffer/Schmidt-Aßmann/Weber*, S. 23 ff.; *Henze* in FS Lutter, 2000, S. 1101 (1005 ff.).
3 *IDW* S 1 idF 2008, IDW Fachnachrichten 2008, S. 271 ff., WPg 2008, Supplement 3, S. 68 ff.
4 Dazu *Rappaport*, Shareholder Value, 1995; *Copeland/Koler/Murrin*, Unternehmenswert, 1993; *Welf Müller* in Semler/Volhard, Arbeitshdb. für Unternehmensübernahmen, Bd. 1, 2001, S. 397, 411 ff.
5 BVerfG v. 27.4.1999 – 1 BvR 1613/94, ZIP 1999, 1436 ff. = AG 1999, 566 ff.; vorher schon BayObLG v. 29.9.1998 – 3Z BR 159/94, ZIP 1998, 1872 ff. = AG 2004, 389 f.

aus der Eigentumsgarantie des Art. 14 Abs. 1 GG[1]. Auch bei Einbeziehung des Börsenkurses ist nach dem Gesetzeswortlaut auf die Verhältnisse im Zeitpunkt der Beschlussfassung abzustellen. Zu der damit verbundenen Problematik vgl. Rz. 2.

7 Die Bewertungsverfahren müssen im Prüfungsbericht beschrieben und ihre Angemessenheit erläutert werden (§ 12 Abs. 2 Nr. 1 und 2 UmwG). Zur Bewertung im Einzelnen vgl. § 8 UmwG Rz. 11 ff.

b) Verhältnisse des übertragenden Rechtsträgers

8 Die Barabfindung muss die Verhältnisse des übertragenden Rechtsträgers berücksichtigen. Anders als bei der Ermittlung des Umtauschverhältnisses (§ 5 Abs. 1 Nr. 3 UmwG) ist der übernehmende Rechtsträger nicht zu bewerten. Auch der Wert, insbesondere die Ertragskraft des übernehmenden Rechtsträgers nach Verschmelzung, ist nicht in die Bewertungsüberlegungen einzubeziehen. Die Bewertung hat auf einer „stand alone"-Basis zu erfolgen.

9 Danach beurteilt sich die Berücksichtigung von **Verbundeffekten (Synergieeffekten)**. Wie beim Umtauschverhältnis (vgl. § 8 UmwG Rz. 17) ist ihre Einbeziehung auch bei der Ermittlung der Barabfindung umstritten[2]. Der Gesetzestext spricht hier eindeutig für die Nichtberücksichtigung. Die Verhältnisse im Zeitpunkt der Beschlussfassung können begriffsnotwendig Verbundeffekte nicht erfassen. Davon zu unterscheiden sind die sog. **unechten Verbundeffekte**; das sind diejenigen Vorteile (Wertsteigerungspotentiale), die sich mit jedem beliebigen Partner realisieren lassen. Sie sind richtigerweise zu berücksichtigen[3]. Dazu gehört zB nach bisher verbreiteter Auffassung ein steuerlicher **Verlustvortrag**[4].

---

1 Vgl. dazu *Neye*, EWiR 1999, 751; *Welf Müller* in FS Bezzenberger, 2000, S. 705 ff.; *Bungert* in Fleischer/Hüttemann, Rechtshandbuch Unternehmensbewertung, § 20 Rz. 69.
2 Ablehnend: BGH v. 4.3.1998 – II ZB 5/97, ZIP 1998, 690 (691) = AG 1998, 286; OLG Frankfurt v. 17.6.2010 – 5 W 39/09, AG 2011, 717; OLG München v. 26.10.2006 – 31 Wx 12/06, ZIP 2007, 375; BayObLG v. 11.12.1995 – 3Z BR 36/91, AG 1996, 176 (178); OLG Düsseldorf v. 26.9.1997 – 19 W 1/97 AktE, AG 1998, 37 (38); OLG Celle v. 4.4.1979 – 9 W 2/77, AG 1979, 230 (233); OLG Düsseldorf v. 29.10.1976 – 19 W 6/73, AG 1977, 168 (169); OLG Hamburg v. 17.8.1979 – 11 W 2/79, AG 1980, 163 (165); OLG Düsseldorf v. 17.2.1984 – 19 W 1/81, AG 1984, 216; *Koppensteiner* in KölnKomm. AktG, 3. Aufl. 2004, § 305 AktG Rz. 65; *Krieger* in MünchHdb. AG, § 71 Rz. 135; *Ränsch*, AG 1984, 202 (206); *Seetzen*, WM 1994, 45 (49); *Werner* in FS Steindorff, 1990, S. 303 (314 ff.); *Hüffer/Koch*, § 305 AktG Rz. 33; bejahend: *Großfeld*, S. 82 ff.; *Drukarczyk*, AG 1973, 357 (360); *Gansweid*, AG 1977, 334 (338); wohl auch *Lutter*, ZGR 1979, 401 (416 ff.).
3 *Koppensteiner* in KölnKomm. AktG, 3. Aufl 2004, § 305 AktG Rz. 66 mwN; *Simon* in KölnKomm. UmwG, § 30 UmwG Rz. 10; *Winner* in Fleischer/Hüttemann, Rechtshandbuch Unternehmensbewertung, § 14 Rz. 56.
4 OLG Stuttgart v. 4.2.2000 – 4 W 15/98, DB 2000, 709 (712 ff.) = AG 2000, 428; OLG Düsseldorf v. 14.4.2000 – 19 W 6/98 AktE, NZG 2000, 1079 (1081) = AG 2001, 189; OLG Düsseldorf v. 11.4.1988 – 19 W 32/86, WM 1988, 1052 (1056) = AG 1988, 275; *Koppensteiner* in KölnKomm. AktG, 3. Aufl. 2004, § 305 AktG Rz. 66.

Indes lässt sich nach derzeitiger Gesetzeslage ein Verlustvortrag nicht mit jedem beliebigen Partner realisieren. Je nach Höhe der Beteiligung eines Dritten geht er teilweise oder ganz unter (§ 8c KStG); bei der Verschmelzung ist er ohnhin nicht übertragbar (§ 12 Abs. 3 Halbsatz 2 UmwG iVm. § 4 Abs. 2 Satz 2 UmwStG). Trotzdem ist er zu berücksichtigen, nicht als Verbundeffekt, sondern wegen der Bewertung auf „stand alone"-Basis. Nur bei dieser Annahme kann ihm, je nach Ertragsprognose, ein gewisser Wert zukommen.

Die Verhältnisse zum Bewertungsstichtag legen auch den **Unternehmens-** 10 **umfang** fest, der der Bewertung zugrunde zu legen ist. Die zu bewertende Ertragskraft beinhaltet alle Zukunftserfolge, die mit dem zum Bewertungsstichtag gegebenen Unternehmensumfang einschließlich schon eingeleiteter Maßnahmen bei plausibler Planung erzielt werden können, nicht aber Zukunftsstrukturen, die gegenwärtig noch gar nicht angelegt sind[1].

c) Bewertungsstichtag

Stichtag ist der Zeitpunkt der **Beschlussfassung über die Verschmelzung**. Er ist 11 in aller Regel weder mit dem Verschmelzungsstichtag (§ 5 Abs. 1 Nr. 6 UmwG) noch mit dem Stichtag der Schlussbilanz (§ 17 Abs. 2 UmwG) identisch. Das Umtauschverhältnis, dem letztlich auch eine Unternehmensbewertung zugrunde liegen muss, wird aber idR auf diese Stichtage oder auf andere Stichtage, zu denen die erforderlichen Informationen vorliegen (zB Geschäftsjahresende), ermittelt. Dies bedeutet nicht, dass ein für das Umtauschverhältnis ermittelter Unternehmenswert nicht auch für die Barabfindung zugrunde gelegt werden kann; er muss jedoch auf den Zeitpunkt der Beschlussfassung fortgerechnet werden. Haben sich keine außerordentlichen, in der Planung nicht berücksichtigten Ereignisse seit dem Stichtag der Ermittlung des Umtauschverhältnisses ergeben, so erfolgt die Anpassung durch Berücksichtigung des bis zum Bewertungsstichtag für die Barabfindung angefallenen anteiligen Gewinnes, an dem die ausscheidenden Anteilsinhaber nicht mehr teilhaben. Dieser ist idR aus den Planungsunterlagen ohne große Probleme zu ermitteln. Die Vorwegnahme aus den Planungsunterlagen ermöglicht es auch, die notwendige Angabe des Barbetrags im Verschmelzungsvertrag, der notwendigerweise vor dem Bewertungsstichtag abgeschlossen oder entworfen werden muss, zu machen (vgl. § 29 UmwG Rz. 14). Zulässig und üblich ist aber auch eine Aufzinsung des Unternehmenswerts mit dem Kapitalisierungszinssatz auf den Tag der Beschlussfassung.

Wird die Barabfindung aus dem **Börsenkurs** hergeleitet, ist nach dem Gesetzes- 12 wortlaut ebenfalls auf den Zeitpunkt der Beschlussfassung abzustellen. Die Rechtsprechung des BGH hat sich zur gleichgelagerten Problematik der aktienrechtlichen Abfindung (§ 305 Abs. 2 Satz 3 AktG, § 327b AktG), die im Rahmen des § 30 UmwG aber gleichermaßen zur Anwendung kommt, in zwei Schritten vom

---

1 Vgl. WP-Handbuch 2014, Bd. II, S. 16 ff.

Gesetzestext interpretierend gelöst. Mit der Entscheidung v. 12.3.2001[1] hat er wegen der Volatilität des Börsenwertes nicht auf einen Stichtag, sondern auf einen Referenzzeitraum abgestellt. Angesetzt werden sollte danach der gewogene Durchschnittskurs für eine Referenzperiode von drei Monaten vor dem Stichtag der Beschlussfassung. In seinem Beschluss v. 19.7.2010 („Stollwerck")[2] ist er noch weiter gegangen und legt nun einen gewogenen Durchschnittskurs in einer **Referenzperiode** während der letzten drei Monate vor der Bekanntmachung der Strukturmaßnahme (zB nach § 15 WpHG) als zutreffend zugrunde. Kursbewegungen, die nach Ankündigung der Strukturmaßnahme stattfinden können, zB Anpassung an den angekündigten Abfindungswert, ggf. mit einem Lästigkeitszuschlag, sollen damit ausgeblendet werden. Wenn allerdings zwischen Bekanntmachung der Strukturmaßnahme und dem Zeitpunkt der Beschlussfassung „ein längerer Zeitraum verstreicht", soll ggf. eine Anpassung durch Hochrechnung entsprechend der Entwicklung der allgemeinen oder branchentypischen Börsenkurse notwendig werden. Die Praxis wird sich nach diesen Rechtsprechungsregeln, die auch in der Literatur weitgehend Zustimmung gefunden haben, ausrichten[3].

d) Verzinsung und weiterer Schaden

13 **aa) Verzinsung.** Der Abfindungsbetrag ist nach Ablauf des Tages, an dem die Eintragung der Verschmelzung in das Register des Sitzes des übernehmenden Rechtsträgers nach § 19 Abs. 3 UmwG bekannt gemacht worden ist, mit **jährlich 5 %-Punkten über Basiszinssatz** zu verzinsen (§ 30 Abs. 1 Satz 2 UmwG iVm. § 15 Abs. 2 Satz 1 UmwG)[4]. Bekannt gemacht ist die Eintragung der Verschmelzung mit dem Ablauf des Tages, an dem jeweils die letzte Bekanntmachung im elektronischen Informations- und Kommunikationssystem nach § 10 HGB erfolgt ist (§ 19 Abs. 3 UmwG). **Erster Zinstag** ist also der Tag nach Erscheinen der letzten Bekanntmachung.

14 Erstaunlich ist auch, dass der Zinslauf nicht nach Ablauf des Bewertungsstichtags nach § 30 Abs. 1 Satz 1 UmwG, sondern erst später, ggf. sehr viel später beginnt. Durch das **Auseinanderfallen** kann, insbesondere bei Vorliegen von Eintragungshindernissen, für den Ausscheidenden eine mehr oder weniger lange Ertragslücke zwischen Bewertungsstichtag und Beginn des Zinslaufs entstehen. Nimmt der Anteilsinhaber das Abfindungsangebot nach Beginn des Zinslaufs an (ggf. erheblich später, wenn eine gerichtliche Nachprüfung der Abfindung er-

---

1 BGH v. 12.3.2001 – II ZB 15/00, ZIP 2001, 734 = AG 2001, 417.
2 BGH v. 19.7.2010 – II ZB 18/09, ZIP 2010, 1487 = AG 2010, 629.
3 Vgl. *Brandi/Wilhelm*, NZG 2009, 1408 (1409); *Krieger*, BB 2002, 53 (56); *Veil* in Spindler/Stilz, § 305 AktG Rz. 54; *Koppensteiner* in KölnKomm. AktG, 3. Aufl. 2004, § 305 AktG Rz. 102; kritisch *Welf Müller* in FS Roth, 2011, S. 517 (527); *Weber*, ZGR 2004, 280 (290 f.).
4 Mit Gesetz v. 30.7.2009 (ARUG) von 2 % auf 5 %-Punkte erhöht.

folgt: §§ 31 Abs. 2, 34 UmwG) und hat zwischenzeitlich der aufnehmende Rechtsträger Gewinne an die Anteilsinhaber ausgeschüttet, kommt es zu einer im Gesetz nicht abgestimmten **Kumulation** von Verzinsung und Ausschüttung. Der BGH hat die umstrittene Frage dahin gelöst, dass die empfangenen Gewinne ausschließlich mit den Zinsen, nicht aber mit der Barabfindung zu **verrechnen** sind[1]. Das ist schon deshalb nicht überzeugend, da es zu willkürlichen Ergebnissen je nach Zeitpunkt der Gewinnausschüttung und der bis dahin aufgelaufenen Zinsen führt. Darüber hinaus werden bei einem die aufgelaufenen Zinsen übersteigenden Anrechnungsbetrag, den die später annehmenden Anteilsinhaber behalten dürfen, diese besser gestellt als die früher Annehmenden. Richtig ist eine Verrechnung mit der Barabfindung, denn die Gewinnausschüttung ist nichts anderes als das im Unternehmenswert jahrweise kapitalisierte Gewinnpotential, das mit der Ausschüttung periodengerecht entnommen wird[2]. Etwas anderes könnte nur gelten, wenn die Ausschüttung in der Unternehmensbewertung schon berücksichtigt wäre. Überbrückt die Gewinnauszahlung allerdings den Zeitraum zwischen Bewertungsstichtag und Beginn des Zinslaufs und ist dieser Zeitraum erheblich (Ertragslücke), so kommt eine Verrechnung (weder mit Zins noch mit Barabfindung) nicht in Betracht, weil insoweit eine Kumulation tatsächlich nicht stattfindet.

bb) Weiterer Schaden. Nach § 30 Abs. 1 Satz 2 iVm. § 15 Abs. 2 Satz 2 UmwG ist die Geltendmachung eines weiteren Schadens nicht ausgeschlossen. Die Bestimmung ist in sich und in der Verweisung nicht ganz klar. Sie kann sich nach ihrer Stellung wohl nur auf die Verzinsung, nicht jedoch auf die Barabfindung beziehen. Darüber hinaus ist die Bestimmung nicht selbst Anspruchsgrundlage, sondern setzt eine Anspruchsgrundlage voraus[3]. In Frage kommt vor allem Verzug (§ 286 BGB). Ein Schadensersatzanspruch setzt Verschulden voraus (vgl. § 280 Abs. 1 Satz 2 BGB). Bei dieser – zutreffenden – Auslegung kann die in Rz. 14 geschilderte Ertragslücke auch nicht über die Geltendmachung eines weiteren Schadens geschlossen werden. 15

4. Prüfung

Die Angemessenheit der Barabfindung ist stets durch **Verschmelzungsprüfer** zu prüfen, selbst wenn der Verschmelzungsvertrag im Übrigen nicht prüfungspflichtig ist, zB weil ein Prüfungsverlangen nach § 44 UmwG oder § 48 UmwG 16

---

1 BGH v. 16.9.2002 – II ZR 284/01, NJW 2002, 3467 = AG 2003, 40 mit Darstellung der verschiedenen Lösungsmöglichkeiten; so auch *Grunewald* in Lutter, § 30 UmwG Rz. 3.
2 Zutreffend OLG Hamburg v. 29.1.2002 – 11 U 37/01, DB 2002, 521 = AG 2002, 409; *Zeidler* in Semler/Stengel, § 30 UmwG Rz. 22 ff.; *E. Vetter*, AG 2002, 383 (385).
3 *Grunewald* in Lutter, § 30 UmwG Rz. 4; *Krieger* in MünchHdb. AG, § 74 Rz. 39; *Hüffer/Koch*, § 320b AktG Rz. 7; *Koppensteiner* in KölnKomm. AktG, 3. Aufl. 2004, § 320b AktG Rz. 12.

nicht gestellt wird. Allerdings muss der Tatbestand des § 29 Abs. 1 UmwG vorliegen, also eine Barabfindungspflicht tatsächlich bestehen. Das ist nicht erforderlich und auch gar nicht möglich, wenn sich alle Anteile/Mitgliedschaftsrechte des übertragenden Rechtsträgers in der Hand des übernehmenden Rechtsträgers befinden. Dann steht weder ein Barabfindungsangebot noch dessen Prüfung zur Debatte. Dies ergibt sich schon aus der Verweisung auf § 12 Abs. 3 UmwG und mittelbar auf § 8 Abs. 3 UmwG[1]. Im Falle des umwandlungsrechtlichen Squeeze-out (§ 62 Abs. 5 UmwG) wird § 30 UmwG durch die spezielle Prüfungspflicht nach § 327c Abs. 2 Satz 2-4 AktG verdrängt (vgl. § 62 Abs. 5 Satz 5 UmwG).

17 Für Bestellung, Stellung, Verantwortlichkeit und Bericht gelten die §§ 10–12 UmwG entsprechend. Auf die Erläuterungen dazu wird verwiesen. Findet eine Verschmelzungsprüfung nach § 9 UmwG ohnehin statt, sind die Verschmelzungsprüfer auch Prüfer der Barabfindung. Der **Prüfungsgegenstand** ist auf die Barabfindung erweitert. Die Bestellung gesonderter Prüfer für die Barabfindung schließt das Gesetz nicht aus; sie wird aber praktisch nicht vorkommen. Findet eine Verschmelzungsprüfung nicht statt, ist der Prüfungsgegenstand auf die Angemessenheit der Barabfindung beschränkt. Die Angaben nach § 12 Abs. 2 UmwG beziehen sich auch oder allein auf die Barabfindung. Bei Prüfung und Berichterstattung ist zu beachten, dass es nicht um eine Relationsbewertung, sondern um die Feststellung eines isolierten Unternehmenswertes geht.

18 § 30 Abs. 2 UmwG macht keine Aussage, **wann die Prüfung abgeschlossen** sein und wann und wem der **Prüfungsbericht zur Verfügung** gestellt werden muss. Nach dem Zweck der Bestimmung muss die Prüfung vor Beschlussfassung über die Verschmelzung abgeschlossen werden[2].

19 Nach dem Zweck der Vorschrift sollte man annehmen, dass der Prüfungsbericht zusammen mit Verschmelzungsvertrag und Verschmelzungsbericht mit der Einberufung der Anteilseignerversammlung den Anteilseignern zur Verfügung zu stellen ist. Das ist aber zwingend nur dann der Fall, wenn die Angemessenheitsprüfung nach § 30 UmwG mit der Verschmelzungsprüfung nach §§ 9 ff. UmwG verbunden wird (Rz. 17) – was gestaltbar ist – und der einheitliche Prüfungsbericht der Anteilseignerversammlung vorzulegen ist. Das sieht das UmwG nur bei der Verschmelzung unter Beteiligung von Aktiengesellschaften vor (§ 63 Abs. 1 Nr. 5 UmwG). Beim umwandlungsrechtlichen Squeeze-out (§ 62 Abs. 5 UmwG) kommt ohnehin § 327c Abs. 3 Nr. 4 AktG zum Zuge. Im Übrigen hat der BGH entschieden, dass der übertragende Rechtsträger nicht gehalten ist, die vom Prüfer erstatteten Prüfungsberichte in seinen Geschäftsräumen oder in der Anteilseignerversammlung auszulegen oder sonst zugänglich zu machen[3]. Die

---

[1] Unklar *Bermel* in Goutier/Knopf/Tulloch, § 30 UmwG Rz. 9.
[2] *Grunewald* in Lutter, § 30 UmwG Rz. 6.
[3] BGH v. 29.1.2001 – II ZR 368/98, ZIP 2001, 412 (415) = AG 2001, 263; *Grunewald* in Lutter, § 30 UmwG Rz. 6.

Vertretungsorgane (bei der AG der Vorstand nach § 131 AktG) sind allerdings in der Anteilseignerversammlung gehalten, Fragen zu den im Prüfungsbericht enthaltenen Ausführungen zur Angemessenheit der Barabfindung zu beantworten. Eine Verletzung des Auskunftsanspruchs führt aber nicht zur Anfechtbarkeit des Umwandlungsbeschlusses. Die Abfindung betreffende **abfindungswertbezogene Informationsmängel** können ausschließlich im Spruchverfahren nach § 34 UmwG iVm. § 1 Nr. 4 SpruchG gerügt werden[1].

5. Verzicht auf die Prüfung

Die Berechtigten können nach § 30 Abs. 2 Satz 3 UmwG auf die Prüfung oder auch nur auf den Prüfungsbericht (§ 12 UmwG) verzichten. Die Berechtigten sind diejenigen, die aus dem Unternehmen ausscheiden wollen[2], also diejenigen, die **Widerspruch zu Protokoll** nach § 29 Abs. 1 Satz 1 UmwG eingelegt haben. Der Verzicht muss von jedem Berechtigten erklärt werden. Damit stehen die „Berechtigten" erst nach der Abstimmung über den Verschmelzungsvertrag fest. Verlangt man aber andererseits die Vorlage des Prüfungsberichts vor oder zumindest in der Anteilseignerversammlung, die über den Verschmelzungsvertrag beschließen soll[3], so läuft die Vorschrift praktisch leer. Entweder führt man die Prüfung durch oder man holt den Verzicht von sämtlichen Anteilsinhabern/Mitgliedern ein. Ob es ausreicht, die Anteilsinhaber auf ihr Recht zur Beantragung mit Fristsetzung hinzuweisen[4], ist sehr zweifelhaft. Wird dennoch eine Prüfung beantragt, sollte zur Vermeidung einer Anfechtungsklage die Beschlussfassung über die Verschmelzung bis zur Vorlage des Prüfungsberichts aufgeschoben werden[5]. In der Praxis wird man eine Prüfung nur dann nicht vornehmen, wenn vorab alle Anteilseigner auf ihr Widerspruchsrecht und auf die Prüfung verzichtet haben[6]. 20

Die Verzichtserklärungen aller Berechtigten sind **notariell zu beurkunden.** Dazu wird auf § 8 UmwG Rz. 38 verwiesen. Die mittelbare Bezugnahme über § 12 Abs. 3 UmwG auf § 8 Abs. 3 UmwG hat keine Bedeutung. Zwar ist auch im Verschmelzungsbericht nach § 8 UmwG über die Höhe einer anzubietenden Barabfindung zu berichten. Ein Verschmelzungsbericht ist jedoch nur dann 21

---

[1] BGH v. 18.12.2000 – II ZR 1/99, ZIP 2001, 199 = AG 2001, 301; BGH v. 29.1.2001 – II ZR 368/98, ZIP 2001, 412 = AG 2001, 263.
[2] Begr. RegE, BR-Drucks. 75/94, S. 95.
[3] Vgl. *H. Schmidt* in Lutter, Umwandlungsrechtstage, S. 59, 76, 77; *Hommelhoff*, ZGR 1993, 452 (462 mit Fn. 23); *Bermel* in Goutier/Knopf/Tulloch, § 42 UmwG Rz. 5; so wohl auch *Grunewald* in Lutter, § 30 UmwG Rz. 6.
[4] Vgl. *H. Schmidt* in Lutter, Umwandlungsrechtstage, S. 76.
[5] So auch *Winter* in Lutter, Umwandlungsrechtstage, S. 25, 33.
[6] Unklar *Grunewald* in Lutter, § 30 UmwG Rz. 8 f.

entbehrlich, wenn alle Anteilsinhaber und nicht nur die Berechtigten iS von § 30 Abs. 2 Satz 2 UmwG verzichten[1].

22 Ist eine Prüfung unterblieben, obwohl Verzichtserklärungen der Berechtigten nicht oder nicht wirksam abgegeben wurden, ist der **Verschmelzungsbeschluss** bei Kapitalgesellschaften **anfechtbar**, bei Personengesellschaften **nichtig**[2]. Wird jedoch kein Widerspruch gemäß § 29 Abs. 1 Satz 1 UmwG zu Protokoll erklärt, hat sich der Verfahrensverstoß nicht ausgewirkt, die Verschmelzung wird eingetragen, eine Klage wird unbegründet. Gleiches gilt, wenn trotz Widerspruchs in der Frist des § 31 UmwG kein Austritt erklärt wird[3].

§ 31
Annahme des Angebots

Das Angebot nach § 29 kann nur binnen zwei Monaten nach dem Tage angenommen werden, an dem die Eintragung der Verschmelzung in das Register des Sitzes des übernehmenden Rechtsträgers nach § 19 Abs. 3 bekannt gemacht worden ist. Ist nach § 34 ein Antrag auf Bestimmung der Barabfindung durch das Gericht gestellt worden, so kann das Angebot binnen zwei Monaten nach dem Tage angenommen werden, an dem die Entscheidung im Bundesanzeiger bekannt gemacht worden ist.

1. Überblick	1	3. Gerichtliche Entscheidung (§ 31 Satz 2 UmwG)	8
2. Abfindungsangebot (§ 31 Satz 1 UmwG)	2		

Literatur: *Grunewald*, Probleme bei der Aufbringung der Abfindung für ausgetretene GmbH-Gesellschafter, GmbHR 1991, 185.

1. Überblick

1 Die Vorschrift bestimmt die Frist, innerhalb der das Barabfindungsangebot nach § 29 UmwG angenommen werden kann. Dabei wird unterschieden zwischen der Frist im Anschluss an das Angebot im Verschmelzungsvertrag (§ 29 UmwG) und – im Falle seiner gerichtlichen Nachprüfung – der Frist nach Abschluss eines gerichtlichen Verfahrens gemäß § 34 UmwG. Die zweite Frist kann uU erst beginnen, nachdem die erste Frist bereits abgelaufen ist[4].

---

1 Vgl. *Grunewald* in Lutter, § 30 UmwG Rz. 11.
2 Vgl. *Drygala* in Lutter, § 12 UmwG Rz. 15.
3 Vgl. *Grunewald* in Lutter, § 30 UmwG Rz. 10.
4 Vgl. Begr. RegE, BT-Drucks. 12/6699, S. 95.

2. Abfindungsangebot (§ 31 Satz 1 UmwG)

Das Barabfindungsangebot nach § 29 UmwG kann nur innerhalb von **zwei Monaten** nach dem Tage angenommen werden, an dem die Eintragung der Verschmelzung in das Register des übernehmenden Rechtsträgers gemäß § 19 Abs. 3 UmwG bekannt gemacht worden ist. Bis zu diesem Zeitpunkt muss sich der gemäß § 29 UmwG berechtigte Anteilsinhaber entscheiden, ob er bei dem übernehmenden Rechtsträger, dessen Anteilsinhaber er durch die Verschmelzung geworden ist (§ 20 Abs. 1 Nr. 3 UmwG), bleiben oder ob er gegen Annahme der Barabfindung ausscheiden will. Bis zum Ausscheiden stehen dem Anteilsinhaber alle Mitgliedsrechte im übernehmenden Rechtsträger zu[1]. 2

Für die **Berechnung** der Zwei-Monats-Frist gelten die allgemeinen Vorschriften, §§ 187 Abs. 2 Satz 1, 188 Abs. 2 BGB. Bei der Frist handelt es sich um eine materiellrechtliche **Ausschlussfrist**; im Falle einer Versäumung der Frist entfällt deshalb der Anspruch auf Barabfindung[2]. Eine Wiedereinsetzung in den vorigen Stand ist nicht möglich[3]. 3

Die Frist wird durch rechtzeitigen **Zugang** der Annahmeerklärung beim übernehmenden Rechtsträger gewahrt (§ 130 BGB). Für den Zugang gelten die allgemeinen Regeln. Die Annahmeerklärung kann bei einer AG/GmbH insbesondere gegenüber deren Vertretern unter der eingetragenen Geschäftsanschrift oder der im Handelsregister eingetragenen empfangsberechtigten Person abgegeben werden (§ 35 Abs. 2 Satz 3 und 4 GmbHG; § 78 Abs. 2 Satz 3 und 4 AktG). Für die **Annahmeerklärung** ist keine besondere **Form** erforderlich; es genügt jede ausdrückliche oder schlüssige Erklärung, die den Willen zur Annahme des Angebots oder auch nur den Willen zum Austritt beim übernehmenden Rechtsträger hinreichend deutlich erkennen lässt. Auch ein entsprechendes konkludentes Verhalten genügt[4]. 4

Die Annahmeerklärung kann durch einen **Vertreter** abgegeben werden (§ 164 BGB)[5]. Als einseitige Erklärung darf sie allerdings nicht unter einer Bedingung stehen[6]. Nach Zugang der Erklärung beim übernehmenden Rechtsträger kann 5

---

1 *Grunewald* in Lutter, § 31 UmwG Rz. 9 f.; *Kalss* in Semler/Stengel, § 31 UmwG Rz. 8.
2 OLG Frankfurt v. 8.10.2009 – 15 U 125/08, ZIP 2010, 370 (371) = AG 2010, 332: nicht rechtzeitig angenommenes Angebot erlischt (§ 146 BGB).
3 *Grunewald* in Lutter, § 31 UmwG Rz. 2; *Kalss* in Semler/Stengel, § 31 UmwG Rz. 2; *Simon* in KölnKomm. UmwG, § 31 UmwG Rz. 9; *Stratz* in Schmitt/Hörtnagl/Stratz, § 31 UmwG Rz. 3.
4 *Grunewald* in Lutter, § 31 UmwG Rz. 3; *Kalss* in Semler/Stengel, § 31 UmwG Rz. 5; *Simon* in KölnKomm. UmwG, § 31 UmwG Rz. 3; *Stratz* in Schmitt/Hörtnagl/Stratz, § 31 UmwG Rz. 4.
5 *Kalss* in Semler/Stengel, § 31 UmwG Rz. 5; *Burg* in Böttcher/Habighorst/Schulte, § 31 UmwG Rz. 1.
6 *Kalss* in Semler/Stengel, § 31 UmwG Rz. 5; *Simon* in KölnKomm. UmwG, § 31 UmwG Rz. 3.

sie nicht mehr zurückgenommen, sondern allenfalls noch zB wegen Irrtums angefochten werden (§§ 119 ff. BGB).

6 Mit der Annahme der Barabfindung ist der Anteilsinhaber verpflichtet, seinen **Anteil auf den übernehmenden Rechtsträger zu übertragen.** Dies geschieht nach den für den jeweiligen Anteil geltenden Regeln (zB durch notariellen Vollzug bei der Übertragung von GmbH-Anteilen, § 15 Abs. 3 GmbHG). Solange der Anteilsinhaber an dieser Übertragung nicht mitwirkt, kann der übernehmende Rechtsträger die Auszahlung der Barabfindung verweigern (§ 273 BGB). Andererseits verliert er seinen Anteil aber auch nur, wenn er Zug um Zug die Gegenleistung erhält. Hat der Anteilsinhaber im Rahmen der Verschmelzung mehrere Anteile erworben, kann er das Barabfindungsverlangen auf einzelne dieser Anteile beschränken (vgl. § 29 UmwG Rz. 19)[1].

7 Die Barabfindung muss so geleistet werden, dass sie der **Anteilsinhaber endgültig behalten** kann[2]. Kann die übernehmende GmbH oder AG die Barabfindung nur aus gebundenem Vermögen (§ 30 GmbHG, § 57 AktG) leisten, könnte dies bedeuten, dass der Gesellschafter die Abfindung, ggf. gegen Rückübertragung seines Anteils, zurückerstatten muss (§ 31 GmbHG, § 62 AktG)[3]. Nach § 29 Abs. 1 Satz 1 Halbsatz 2 UmwG ist der Erwerb eigener Geschäftsanteile oder Aktien aber nicht unwirksam, auch wenn er nicht aus freiem Vermögen erfolgt. Damit ist klargestellt, dass der ausscheidende Gesellschafter die Barabfindung behalten kann (vgl. § 29 UmwG Rz. 25)[4].

3. Gerichtliche Entscheidung (§ 31 Satz 2 UmwG)

8 Hat ein Anteilsinhaber gemäß § 34 UmwG iVm. dem SpruchG eine gerichtliche Entscheidung über die Angemessenheit der Barabfindung beantragt, so wird durch die das Verfahren abschließende Entscheidung des Gerichts die Frist zur Annahme des – ggf. modifizierten – Abfindungsangebots erneut in Lauf gesetzt[5]. Dabei muss der Anteilsinhaber, der das Abfindungsangebot nunmehr annehmen will, nicht selbst die gerichtliche Entscheidung beantragt haben; es genügt, dass beim zuständigen Gericht überhaupt ein Antrag auf Bestimmung der an-

---

1 OLG Düsseldorf v. 6.12.2000 – 19 W 1/00 AktE, ZIP 2001, 158 (159) = AG 2001, 596; *Grunewald* in Lutter, § 31 UmwG Rz. 4; *Kalss* in Semler/Stengel, § 31 UmwG Rz. 4; *Simon* in KölnKomm. UmwG, § 31 UmwG Rz. 5; *Wälzholz* in Widmann/Mayer, § 31 UmwG Rz. 6.
2 *Grunewald* in Lutter, § 31 UmwG Rz. 8; *Kalss* in Semler/Stengel, § 31 UmwG Rz. 7; *Simon* in KölnKomm. UmwG, § 31 UmwG Rz. 14.
3 Vgl. *Kalss* in Semler/Stengel, § 31 UmwG Rz. 7.
4 *Grunewald* in Lutter, § 29 UmwG Rz. 30; *Simon* in KölnKomm. UmwG, § 31 UmwG Rz. 15; aA *Hoger*, AG 2008, 149 (156).
5 *Simon* in KölnKomm. UmwG, § 31 UmwG Rz. 10.

gemessenen Barabfindung gestellt wurde[1]. Die **erneute Annahmefrist** beträgt ebenfalls **zwei Monate**; sie beginnt mit der Bekanntmachung der gerichtlichen Entscheidung im Bundesanzeiger (vgl. § 14 Nr. 4 SpruchG iVm. § 6 Abs. 1 Satz 4 SpruchG). Für diese Frist gilt im Übrigen das Gleiche wie für die Frist nach § 31 Satz 1 UmwG (Rz. 2 ff.). Die erneute Zwei-Monats-Frist läuft unabhängig davon, wie das Gericht entschieden hat, also nicht nur, wenn die Barabfindung höher als im Verschmelzungsvertrag festgesetzt worden ist, sondern auch dann, wenn die ursprüngliche Barabfindung bestätigt worden ist[2]. Eine Erhöhung der Barabfindung kommt auch den vorher ausgeschiedenen Anteilsinhabern zugute (§ 13 Satz 2 SpruchG). Wird gegen die Entscheidung ein **Rechtsmittel** eingelegt (§ 12 SpruchG), beginnt die Frist erst mit der Bekanntmachung der rechtskräftigen Entscheidung[3].

Wird das gerichtliche Verfahren auf andere Weise als durch Bestimmung der Barabfindung, zB durch **Vergleich**, beendet, so läuft die Frist ab der Bekanntmachung dieser Beendigung im Bundesanzeiger[4]. Wird die Beendigung nicht bekannt gemacht, läuft auch keine Frist[5].

§ 32
Ausschluss von Klagen gegen den Verschmelzungsbeschluss

Eine Klage gegen die Wirksamkeit des Verschmelzungsbeschlusses eines übertragenden Rechtsträgers kann nicht darauf gestützt werden, dass das Angebot nach § 29 zu niedrig bemessen oder dass die Barabfindung im Verschmelzungsvertrag nicht oder nicht ordnungsgemäß angeboten worden ist.

Literatur: *Fritzsche/Dreier,* Spruchverfahren und Anfechtungsklage im Aktienrecht: Vorrang oder Ausnahme des Anfechtungsausschlusses gem. § 14 Abs. 2 UmwG, BB 2002, 737; *Heckschen,* Beschränkung des Klagerechts im Umwandlungsverfahren, NotBZ 2001, 206; *Hoffmann-Becking,* Rechtsschutz bei Informationsmängeln im Unternehmensvertrags- und Umwandlungsrecht, in Henze/Hoffmann-Becking, Gesellschaftsrecht 2001, 2001, S. 55.

---

1 *Grunewald* in Lutter, § 31 UmwG Rz. 3; *Simon* in KölnKomm. UmwG, § 31 UmwG Rz. 11; *Stratz* in Schmitt/Hörtnagl/Stratz, § 31 UmwG Rz. 6.
2 *Kalss* in Semler/Stengel, § 31 UmwG Rz. 3.
3 *Stratz* in Schmitt/Hörtnagl/Stratz, § 31 UmwG Rz. 6.
4 *Grunewald* in Lutter, § 31 UmwG Rz. 2; *Kalss* in Semler/Stengel, § 31 UmwG Rz. 3; *Simon* in KölnKomm. UmwG, § 31 UmwG Rz. 12; *Burg* in Böttcher/Habighorst/Schulte, § 31 UmwG Rz. 12; aA *Stratz* in Schmitt/Hörtnagl/Stratz, § 31 UmwG Rz. 7: mangels Bekanntmachungspflicht ab Vergleichsabschluss.
5 *Grunewald* in Lutter, § 31 UmwG Rz. 2; aA *Kalss* in Semler/Stengel, § 31 UmwG Rz. 3: Frist ab Beendigung.

§ 32 | Verschmelzung durch Aufnahme

1 Die Vorschrift schließt **Klagen gegen die Wirksamkeit des Verschmelzungsbeschlusses** eines übertragenden Rechtsträgers aus, die darauf gestützt werden, dass das Barabfindungsangebot nach § 29 UmwG zu niedrig bemessen oder im Verschmelzungsvertrag überhaupt nicht oder nicht ordnungsgemäß angeboten worden ist. Dies entspricht der Regelung in § 14 Abs. 2 UmwG, wonach die Anteilsinhaber eines übertragenden Rechtsträgers ein zu niedriges Umtauschverhältnis oder eine als Gegenwert unzureichende Mitgliedschaft ebenfalls nicht mit einer Klage gegen die Wirksamkeit des Verschmelzungsbeschlusses rügen können. Wie Mängel in diesem Bereich sollen auch Mängel der Barabfindung der Eintragung der Verschmelzung nicht entgegenstehen (vgl. § 16 Abs. 2 UmwG). Eine gerichtliche Überprüfung der Höhe der vorgesehenen Barabfindung einschließlich der Entscheidung darüber, ob eine Barabfindung hätte vorgesehen werden müssen bzw. ob das vorgesehene Angebot ordnungsgemäß war, erfolgt demgemäß nur im **Spruchverfahren** (§ 34 UmwG iVm. § 1 Nr. 4 SpruchG). Da es im Wesentlichen um Bewertungsfragen geht, sind die Anteilsinhaber mit diesem Verfahren ausreichend geschützt. Klagen gegen den Verschmelzungsbeschluss des **übernehmenden Rechtsträgers** werden durch § 32 UmwG nicht eingeschränkt[1]. Der Verschmelzungsbeschluss des übernehmenden Rechtsträgers kann deshalb mit der Rüge angefochten werden, das Abfindungsangebot sei **zu hoch** bemessen[2]. Dies entspricht der Regelung in § 14 UmwG (vgl. § 14 UmwG Rz. 15). Findet ein Spruchverfahren statt, werden dabei die Interessen der Anteilsinhaber des übernehmenden Rechtsträgers von diesem wahrgenommen[3]. Die Anteilsinhaber können sich auf Seiten des übernehmenden Rechtsträgers zB als Nebenintervenient beteiligen[4]. Bei einer grenzüberschreitenden Verschmelzung ist zusätzlich § 122i Abs. 2 Satz 1 UmwG zu beachten.

2 Ein **Verschmelzungsvertrag**, der überhaupt keine, keine ordnungsgemäß angebotene oder eine zu niedrige Barabfindung vorsieht, ist deshalb, wie sich mit-

---

1 *Gehling* in Semler/Stengel, § 32 UmwG Rz. 8; *Grunewald* in Lutter, § 32 UmwG Rz. 2; *Stratz* in Schmitt/Hörtnagl/Stratz, § 32 UmwG Rz. 4.
2 BGH v. 18.12.2000 – II ZR 1/99, ZIP 2001, 199 (201); OLG München v. 4.11.2009 – 7 A 2/09, AG 2010, 170 (171); *Grunewald* in Lutter, § 32 UmwG Rz. 2; *Gehling* in Semler/Stengel, § 32 UmwG Rz. 8; *Stratz* in Schmitt/Hörtnagl/Stratz, § 32 UmwG Rz. 4; *Wälzholz* in Widmann/Mayer, § 32 UmwG Rz. 6; aA *Fritzsche/Dreier*, BB 2002, 737 (743).
3 *Hoffmann-Becking* in Gesellschaftsrecht 2001, S. 55 (69); *Grunewald* in Lutter, § 32 UmwG Rz. 2; *Gehling* in Semler/Stengel, § 32 UmwG Rz. 8; vgl. dagegen BGH v. 18.12.2000 – II ZR 1/99, ZIP 2001, 199 (201) = GmbHR 2001, 200 m. Anm. *Kallmeyer* und BGH v. 29.1.2001 – II ZR 368/98, ZIP 2001, 412 (415) = GmbHR 2001, 247 m. Anm. *Bärwaldt* zum Formwechsel mit der Erwägung, dass eine Beteiligung der Anteilsinhaber des übernehmenden Rechtsträgers am Spruchverfahren verfassungsrechtlich geboten sein könne; für eine entsprechende Ausweitung de lege ferenda *Simon* in KölnKomm. UmwG, § 32 UmwG Rz. 4f.
4 *Grunewald* in Lutter, § 32 UmwG Rz. 2; *Heckschen*, NotBZ 2001, 206 (207); krit. *Simon* in KölnKomm. UmwG, § 32 UmwG Rz. 5.

telbar aus § 32 UmwG ergibt, nicht unwirksam. Derartige Mängel können in einem Rechtsstreit über die Wirksamkeit des Verschmelzungsbeschlusses nicht geltend gemacht werden[1]. Enthält der Verschmelzungsvertrag entgegen § 29 UmwG überhaupt keine Barabfindung, ist der **Registerrichter** nicht berechtigt, die Eintragung der Verschmelzung abzulehnen. § 32 UmwG schließt nicht nur Klagen gegen den Verschmelzungsbeschluss aus; die darin zum Ausdruck gelangte Wertung bindet auch den Registerrichter[2]. **Nicht ordnungsgemäß angeboten** ist eine Barabfindung etwa dann, wenn das Angebot gemäß § 29 Abs. 1 UmwG unrichtig oder unklar oder nicht so bestimmt formuliert ist, dass es vom Anteilsinhaber ohne weiteres angenommen werden kann (vgl. § 29 UmwG Rz. 14)[3]. Mit der Rechtsprechung zum Formwechsel (§§ 207, 210 UmwG) ist davon auszugehen, dass ein nicht ordnungsgemäßes Angebot auch bei einem Verstoß gegen die Informations-, Auskunfts- oder Berichtspflichten der Gesellschaft im Zusammenhang mit der Barabfindung vorliegt[4]. Dem entspricht der Ausschluss der Anfechtung wegen Bewertungsrügen nach § 243 Abs. 4 Satz 2 AktG. Dieser Ausschluss beschränkt sich allerdings auf fehlerhafte Informationen in der Hauptversammlung.

Soweit eine Klage gegen die Wirksamkeit des Verschmelzungsbeschlusses eines 3 übertragenden Rechtsträgers auf einen der durch § 32 UmwG ausgeschlossenen Gründe gestützt wird, ist die **Klage** insoweit **unzulässig**[5].

Im Übrigen kann auf die Erläuterungen zu § 14 UmwG Bezug genommen wer- 4 den. Insbesondere erscheint es – wie bei § 14 Abs. 2 UmwG – inkonsequent, dass der Klageausschluss auf die übertragenden Rechtsträger beschränkt wurde (vgl. § 14 UmwG Rz. 16 f.).

---

1 *Gehling* in Semler/Stengel, § 32 UmwG Rz. 4.
2 BGH v. 18.12.2000 – II ZR 1/99, ZIP 2001, 199 (201) = GmbHR 2001, 200 m. Anm. *Kallmeyer* zu § 210 UmwG; *Gehling* in Semler/Stengel, § 32 UmwG Rz. 7; *Simon* in KölnKomm. UmwG, § 32 UmwG Rz. 9; *Burg* in Böttcher/Habighorst/Schulte, § 32 UmwG Rz. 6; aA *Grunewald* in Lutter, § 32 UmwG Rz. 3; *Wälzholz* in Widmann/Mayer, § 32 UmwG Rz. 13.
3 Zust. *Simon* in KölnKomm. UmwG, § 32 UmwG Rz. 11; *Burg* in Böttcher/Habighorst/Schulte, § 32 UmwG Rz. 4; ähnlich *Gehling* in Semler/Stengel, § 32 UmwG Rz. 4; *Grunewald* in Lutter, § 32 UmwG Rz. 4.
4 BGH v. 18.12.2000 – II ZR 1/99, ZIP 2001, 199 (201) = GmbHR 2001, 200 m. Anm. *Kallmeyer* und BGH v. 29.1.2001 – II ZR 368/98, ZIP 2001, 412 (414) = GmbHR 2001, 247 m. Anm. *Bärwaldt*; *Gehling* in Semler/Stengel, § 32 UmwG Rz. 5; *Simon* in KölnKomm. UmwG, § 32 UmwG Rz. 11 ff.; *Stratz* in Schmitt/Hörtnagl/Stratz, § 32 UmwG Rz. 3; *Wälzholz* in Widmann/Mayer, § 32 UmwG Rz. 5; *Hüffer/Koch*, § 243 AktG Rz. 18, 47b mwN; bei fehlerhafter Bekanntmachung auch *Grunewald* in Lutter, § 32 UmwG Rz. 5.
5 *Simon* in KölnKomm. UmwG, § 32 UmwG Rz. 1; *Stratz* in Schmitt/Hörtnagl/Stratz, § 32 UmwG Rz. 3; *Wälzholz* in Widmann/Mayer, § 32 UmwG Rz. 11; *Müller* in Henssler/Strohn, § 32 UmwG Rz. 2; *Burg* in Böttcher/Habighorst/Schulte, § 32 UmwG Rz. 1; aA *Gehling* in Semler/Stengel, § 32 UmwG Rz. 6: unbegründet.

§ 33
Anderweitige Veräußerung

Einer anderweitigen Veräußerung des Anteils durch den Anteilsinhaber stehen nach Fassung des Verschmelzungsbeschlusses bis zum Ablauf der in § 31 bestimmten Frist Verfügungsbeschränkungen bei den beteiligten Rechtsträgern nicht entgegen.

1. Überblick	1	3. Umfang der Befreiung	4
2. Dauer der Befreiung	2		

Literatur: *Grunewald*, Austrittsrechte als Folge von Mischverschmelzungen und Verfügungsbeschränkungen, FS Boujong, 1996, S. 175; *Neye*, Partnerschaft und Umwandlung, ZIP 1997, 722; *Reichert*, Folgen der Anteilsvinkulierung für Umstrukturierungen von Gesellschaften mit beschränkter Haftung und Aktiengesellschaften nach dem Umwandlungsgesetz 1995, GmbHR 1995, 176.

1. Überblick

1 Während des Laufs der Frist zur Annahme des Barabfindungsangebots nach § 31 UmwG sollen die Anteilsinhaber eines übertragenden Rechtsträgers ihre Anteile unabhängig von etwaigen Verfügungsbeschränkungen auch anderweitig, dh. an andere als an den übernehmenden Rechtsträger, veräußern können. Dementsprechend wird bestimmt, dass Verfügungsbeschränkungen bei den beteiligten Rechtsträgern einer solchen Veräußerung nicht entgegenstehen. Für die Anteilsinhaber des übernehmenden Rechtsträgers gilt diese Erleichterung nicht[1].

2. Dauer der Befreiung

2 Die Anteilsinhaber des übertragenden Rechtsträgers sind von Verfügungsbeschränkungen sowohl beim übertragenden als auch beim übernehmenden Rechtsträger befreit[2]. Bestehende Verfügungsbeschränkungen sind bereits **ab**

---

1 *Kalss* in Semler/Stengel, § 33 UmwG Rz. 9; *Simon* in KölnKomm. UmwG, § 33 UmwG Rz. 12; *Stratz* in Schmitt/Hörtnagl/Stratz, § 33 UmwG Rz. 5; *Wälzholz* in Widmann/Mayer, § 33 UmwG Rz. 7; *Müller* in Henssler/Strohn, § 33 UmwG Rz. 3; *Burg* in Böttcher/Habighorst/Schulte, § 33 UmwG Rz. 5; inzwischen auch *Grunewald* in Lutter, § 33 UmwG Rz. 4.
2 *Simon* in KölnKomm. UmwG, § 33 UmwG Rz. 15; *Müller* in Henssler/Strohn, § 33 UmwG Rz. 7; *Wälzholz* in Widmann/Mayer, § 33 UmwG Rz. 20; kritisch *Handelsrechtsausschuss des DAV*, NZG 2000, 802 (804) zu dem Fall, dass in beiden Rechtsträgern eine Vinkulierung besteht.

Fassung des Verschmelzungsbeschlusses (§ 13 UmwG) und der **Erklärung des Widerspruchs zu Protokoll** (§ 29 UmwG) hinfällig[1]. Maßgebend ist dabei der letzte erforderliche Verschmelzungsbeschluss[2].

Die Befreiung gilt **bis zum Ablauf der Annahmefrist** von zwei Monaten nach Bekanntmachung der Eintragung der Verschmelzung (§ 31 Satz 1 UmwG). Findet eine gerichtliche Überprüfung des Abfindungsangebots statt, so beginnt die Zwei-Monats-Frist erst mit der Bekanntmachung der gerichtlichen Entscheidung (§ 31 Satz 2 UmwG). Die Befreiung kann damit uU über einen längeren Zeitraum hinweg bestehen. Bis zur Eintragung der Verschmelzung bezieht sich die Befreiung auf Verfügungsbeschränkungen beim übertragenden, danach auf solche beim übernehmenden Rechtsträger[3].

3. Umfang der Befreiung

Die Vorschrift geht davon aus, dass die betroffenen Anteile nach dem Recht des jeweiligen Rechtsträgers **übertragbar** sind[4]. Dies ist bei den Kapitalgesellschaften grundsätzlich der Fall (vgl. §§ 15 ff. GmbHG, §§ 68, 180 Abs. 2 AktG). Bei den Personenhandels- und Partnerschaftsgesellschaften sowie beim Verein trifft dies nach herkömmlicher Auffassung dagegen nur zu, wenn der Gesellschaftsvertrag bzw. die Satzung die Übertragung des Gesellschaftsanteils bzw. der Mitgliedschaft zulässt (vgl. §§ 38, 40 BGB)[5]. § 33 UmwG gilt dann auch in diesen Fällen[6]. Die Vorschrift befreit von **Verfügungsbeschränkungen jeder Art**; sie können sich aus **Gesellschaftsvertrag oder Satzung** eines beteiligten Rechtsträgers wie auch aus dem **Gesetz** ergeben[7]. Wie bei § 29 UmwG (vgl. § 29 UmwG Rz. 5) können danach auch Anteile einer Personenhandelsgesellschaft erfasst sein mit der Folge, dass für deren Veräußerung die Zustimmung der übrigen Gesellschafter nicht mehr erforderlich ist. Zur Absicherung gegen eine freie Ver-

---

1 *Grunewald* in Lutter, Umwandlungsrechtstage, S. 56 f. und *Grunewald* in Lutter, § 33 UmwG Rz. 6; *Wälzholz* in Widmann/Mayer, § 33 UmwG Rz. 20; *Reichert*, GmbHR 1995, 176 (189); *Stratz* in Schmitt/Hörtnagl/Stratz, § 33 UmwG Rz. 4; *Bermel* in Goutier/Knopf/Tulloch, § 33 UmwG Rz. 3.
2 *Grunewald* in Lutter, § 33 UmwG Rz. 8; *Kalss* in Semler/Stengel, § 33 UmwG Rz. 11; *Müller* in Henssler/Strohn, § 33 UmwG Rz. 9.
3 Vgl. *Grunewald* in Lutter, § 33 UmwG Rz. 10; *Kalss* in Semler/Stengel, § 33 UmwG Rz. 10 aE.
4 Siehe Begr. RegE bei *Ganske*, S. 86.
5 *Roth* in Baumbach/Hopt, § 105 HGB Rz. 70.
6 *Grunewald* in Lutter, § 33 UmwG Rz. 2; *Kalss* in Semler/Stengel, § 33 UmwG Rz. 5; *Simon* in KölnKomm. UmwG, § 33 UmwG Rz. 5–8; *Müller* in Henssler/Strohn, § 33 UmwG Rz. 5; aA *Wälzholz* in Widmann/Mayer, § 33 UmwG Rz. 14 f.
7 Vgl. Begr. RegE des Gesetzes zur Änderung des UmwG, BT-Drucks. 13/8808, S. 11; *Simon* in KölnKomm. UmwG, § 33 UmwG Rz. 9.

äußerbarkeit bei einer Verschmelzung können die Gesellschafter im Gesellschaftsvertrag allerdings Beschränkungen vereinbaren[1]. Zulässig ist zB ein Vorerwerbsrecht des übernehmenden Rechtsträgers[2], nicht aber wegen der dann möglichen Umgehungen die Einziehung des durch einen Dritten erworbenen Anteils[3]. Verfügungsbeschränkungen iS der Vorschrift sind zB Andienungspflichten, Zustimmungserfordernisse oder Vorerwerbsrechte (vgl. dazu auch § 29 UmwG Rz. 7). Beschränkungen, die sich aus **schuldrechtlichen Nebenabreden** der Gesellschafter (zB in einem Konsortialvertrag) ergeben, sind von der gesetzlichen Befreiung nicht erfasst. Dies gilt auch dann, wenn an diesen Nebenabreden alle Gesellschafter beteiligt sind (sog. omnilaterale Vereinbarungen; vgl. auch § 29 UmwG Rz. 7).

5 Die Befreiung gilt nur für solche Anteilsinhaber, die ein Recht zur Annahme des Abfindungsangebots und damit zum Ausscheiden haben. Dies sind nur die **Anteilsinhaber** des übertragenden Rechtsträgers, die gegen den Verschmelzungsbeschluss **Widerspruch** zur Niederschrift **erklärt** haben (vgl. § 29 Abs. 1 Satz 1 UmwG) oder bei denen ein nach § 29 Abs. 2 UmwG **gleichgestellter Sachverhalt** vorliegt. Entgegen dem früheren Recht ist nicht erforderlich, dass der Anteilsinhaber auch gegen den Verschmelzungsbeschluss gestimmt hat[4]. Entscheidend ist nicht das Abstimmungsverhalten, sondern die Erklärung des Widerspruchs und damit sinngemäß die Ankündigung des Ausscheidens[5]. Auch nach dem Widerspruch ist der Anteilsinhaber nicht zur Veräußerung verpflichtet[6].

---

1 *Grunewald* in Lutter, § 33 UmwG Rz. 3, 11; *Stratz* in Schmitt/Hörtnagl/Stratz, § 33 UmwG Rz. 8; aA *Wälzholz* in Widmann/Mayer, § 33 UmwG Rz. 9; wohl auch *Simon* in KölnKomm. UmwG, § 33 UmwG Rz. 10; aA *Reichert*, GmbHR 1995, 176 (190).
2 *Stratz* in Schmitt/Hörtnagl/Stratz, § 33 UmwG Rz. 8; *Grunewald* in Lutter, § 33 UmwG Rz. 11; *Simon* in KölnKomm. UmwG, § 33 UmwG Rz. 10; *Wälzholz* in Widmann/Mayer, § 33 UmwG Rz. 5, 10; *Burg* in Böttcher/Habighorst/Schulte, § 33 UmwG Rz. 6.
3 *Stratz* in Schmitt/Hörtnagl/Stratz, § 33 UmwG Rz. 8; *Simon* in KölnKomm. UmwG, § 33 UmwG Rz. 10; *Wälzholz* in Widmann/Mayer, § 33 UmwG Rz. 9; *Burg* in Böttcher/Habighorst/Schulte, § 33 UmwG Rz. 6; aA *Reichert*, GmbHR 1995, 176 (190).
4 *Grunewald* in Lutter, § 33 UmwG Rz. 6; *Müller* in Henssler/Strohn, § 33 UmwG Rz. 2; *Simon* in KölnKomm. UmwG, § 33 UmwG Rz. 17f.; *Kalss* in Semler/Stengel, § 33 UmwG Rz. 12; aA *Stratz* in Schmitt/Hörtnagl/Stratz, § 33 UmwG Rz. 8.
5 *Grunewald* in Lutter, § 33 UmwG Rz. 7; *Simon* in KölnKomm. UmwG, § 33 UmwG Rz. 18; aA *Stratz* in Schmitt/Hörtnagl/Stratz, § 33 UmwG Rz. 8.
6 *Grunewald* in Lutter, § 33 UmwG Rz. 6; *Kalss* in Semler/Stengel, § 33 UmwG Rz. 13.

§ 34
Gerichtliche Nachprüfung der Abfindung

Macht ein Anteilsinhaber geltend, dass eine im Verschmelzungsvertrag oder in seinem Entwurf bestimmte Barabfindung, die ihm nach § 29 anzubieten war, zu niedrig bemessen sei, so hat auf seinen Antrag das Gericht nach den Vorschriften des Spruchverfahrensgesetzes die angemessene Barabfindung zu bestimmen. Das Gleiche gilt, wenn die Barabfindung nicht oder nicht ordnungsgemäß angeboten worden ist.

Literatur: *van Aerssen*, Die Antragsbefugnis im Spruchstellenverfahren des Aktiengesetzes und im Spruchstellenverfahren des UmwG, AG 1999, 249; *Bungert/Mennicke*, Das Spruchverfahrensneuordnungsgesetz, BB 2003, 2021.

Die Vorschrift richtet sich an die Anteilsinhaber, denen der übernehmende Rechtsträger im Verschmelzungsvertrag gemäß § 29 UmwG eine Barabfindung anzubieten hatte. Dies sind grundsätzlich nur Anteilsinhaber, die dem Verschmelzungsbeschluss des übertragenden Rechtsträgers widersprochen haben (§ 29 Abs. 1 UmwG)[1]. Erscheint einem solchen Anteilsinhaber das **Barabfindungsangebot zu niedrig**, so kann er den Verschmelzungsbeschluss deswegen zwar nicht mit der Unwirksamkeitsklage angreifen (§ 32 UmwG). Er kann sich aber innerhalb der Drei-Monats-Frist des § 4 Abs. 1 Nr. 4 SpruchG an das Gericht wenden, um von diesem die angemessene Barabfindung bestimmen zu lassen (§ 34 Satz 1 UmwG). Im Zeitpunkt der Antragstellung muss er Anteilsinhaber sein (§ 3 Satz 2 SpruchG)[2]. Dabei kommt es auf die Anteile an, die infolge der Verschmelzung an die Stelle der ursprünglichen Anteile getreten sind[3]. Über den Antrag entscheidet das nach § 2 SpruchG zuständige Landgericht. Das Gleiche gilt, wenn der Verschmelzungsvertrag überhaupt **kein Barabfindungsangebot** enthielt oder dieses inhaltlich **nicht ordnungsgemäß** war (§ 34 Satz 2 UmwG). Ein nicht ordnungsgemäßes Angebot liegt auch bei einem Verstoß gegen die Informations-, Auskunfts- und Berichtspflichten des Rechtsträgers im Zusammenhang mit der Abfindung vor (vgl. hierzu auch § 32 UmwG Rz. 2)[4].

---

1 Wer den Anteil erst nach der Beschlussfassung erworben hat, ist daher nicht antragsberechtigt, vgl. *Kalss* in Semler/Stengel, § 34 UmwG Rz. 13; *Simon* in KölnKomm. UmwG, § 34 UmwG Rz. 5; *Burg* in Böttcher/Habighorst/Schulte, § 34 UmwG Rz. 2; *van Aerssen*, AG 1999, 249 (255).
2 OLG München v. 26.7.2012 – 31 Wx 250/11, AG 2012, 749 (750).
3 OLG München v. 26.7.2012 – 31 Wx 250/11, AG 2012, 749 (750); *Mennicke* in Lutter, Anhang I § 3 SpruchG Rz. 6; *Bungert/Mennicke*, BB 2003, 2021 (2025); *Simon* in KölnKomm. UmwG, § 34 UmwG Rz. 6; *Burg* in Böttcher/Habighorst/Schulte, § 34 UmwG Rz. 2.
4 BGH v. 18.12.2000 – II ZR 1/99, ZIP 2001, 199 (201) = GmbHR 2001, 200 m. Anm. *Kallmeyer* und BGH v. 29.1.2001 – II ZR 368/98, ZIP 2001, 412 (415) = GmbHR 2001, 247 m. Anm. *Bärwaldt* zu § 210 UmwG.

Bei einer grenzüberschreitenden Verschmelzung sind die Besonderheiten des § 122i Abs. 2 UmwG zu beachten.

2 Der Anteilsinhaber, dem die Barabfindung zu niedrig erscheint, kann von der Einleitung eines Spruchverfahrens dann absehen, wenn bereits andere Anteilsinhaber einen entsprechenden Antrag gestellt haben. Durch § 13 SpruchG ist gewährleistet, dass die das Verfahren abschließende **Entscheidung für und gegen alle** Anteilsinhaber wirkt. Nach Abschluss dieses Verfahrens läuft auch eine erneute Frist zur Annahme des Abfindungsangebots (vgl. § 31 Satz 2 UmwG). Voraussetzung der Entscheidung ist stets der Vollzug der Verschmelzung; insofern spielt die in § 34 Satz 1 UmwG angesprochene Variante, dass die Barabfindung nur im Entwurf des Verschmelzungsvertrages enthalten war, praktisch keine Rolle.

3 Ein Anteilsinhaber kann die angebotene **Barabfindung** auch **annehmen** (zur Frist siehe § 31 UmwG). Er verliert damit zwar das Antragsrecht für ein Spruchverfahren[1]. Setzt das Gericht auf den Antrag eines anderen Anteilsinhabers eine höhere Abfindung fest, so können aber alle Anteilsinhaber, die das ursprüngliche Abfindungsangebot angenommen haben, eine **Ergänzung** ihrer Abfindung verlangen (vgl. § 13 Satz 2 SpruchG)[2].

§ 35
Bezeichnung unbekannter Aktionäre

Unbekannte Aktionäre einer übertragenden Aktiengesellschaft oder Kommanditgesellschaft auf Aktien sind im Verschmelzungsvertrag, bei Anmeldungen zur Eintragung in ein Register oder bei der Eintragung in eine Liste von Anteilsinhabern durch die Angabe des insgesamt auf sie entfallenden Teils des Grundkapitals der Gesellschaft und der auf sie nach der Verschmelzung entfallenden Anteile zu bezeichnen, soweit eine Benennung der Anteilsinhaber für den übernehmenden Rechtsträger gesetzlich vorgeschrieben ist; eine Bezeichnung in dieser Form ist nur zulässig für Anteilsinhaber, deren Anteile zusammen den zwanzigsten Teil des Grundkapitals der übertragenden Gesellschaft nicht überschreiten. Werden solche Anteilsinhaber später bekannt, so sind Register oder Listen von Amts wegen zu berichtigen. Bis zu

---

1 *Grunewald* in Lutter, § 34 UmwG Rz. 2; *Kalss* in Semler/Stengel, § 34 UmwG Rz. 11; *Simon* in KölnKomm. UmwG, § 34 UmwG Rz. 7; LG Dortmund v. 7.4.2000 – 20 AktE 3/00, AG 2001, 204 = DB 2000, 1164 m. abl. Anm. *Götz*; OLG Düsseldorf v. 6.12.2000 – 19 W 1/00 AktE, ZIP 2001, 158 ff. = AG 2001, 596, m. Anm. *Luttermann*, EWiR 2001, 291; OLG Frankfurt v. 21.2.2007 – 23 U 86/06, NZG 2007, 758 (759) = AG 2007, 699.
2 Dazu *Hüffer/Koch*, Anh § 305 AktG § 13 SpruchG Rz. 4 mwN.

diesem Zeitpunkt kann das Stimmrecht aus den betreffenden Anteilen in dem übernehmenden Rechtsträger nicht ausgeübt werden.

1. Überblick	1	3. Spätere Berichtigung	6
2. Anwendungsbereich	2	4. Ruhen des Stimmrechts	7

Literatur: *Bayer/J. Schmidt*, Der Regierungsentwurf zur Änderung des Umwandlungsgesetzes, NZG 2006, 841; Vorschläge des Handelsrechtsausschusses des Deutschen Anwaltsvereins e.V. zur Änderung des UmwG, NZG 2000, 802; *Mayer/Weiler*, Neuregelung durch das Zweite Gesetz zur Änderung des Umwandlungsgesetzes (Teil I), DB 2007, 1235; *Meyer-Landrut/Kiem*, Der Formwechsel einer Publikumsaktiengesellschaft (Teil II), WM 1997, 1413; *Wied*, Der Umgang mit unbekannten Minderheitsaktionären nach einem Formwechsel in eine GmbH, GmbHR 2016, 15.

1. Überblick

Ist an einer Verschmelzung eine AG oder KGaA als übertragender Rechtsträger 1 beteiligt und sind im Verschmelzungsvertrag, bei der Anmeldung zur Eintragung der Anteilsinhaber in das Register oder bei der Eintragung der Anteilsinhaber in einer Liste die einzelnen Aktionäre anzugeben, so genügt es, dass die Aktionäre, soweit sie unbekannt sind, durch die Angabe des insgesamt auf sie entfallenden Teils des Grundkapitals der Gesellschaft und der auf sie nach der Verschmelzung entfallenden Anteile bezeichnet werden. Die Verschmelzung soll mit diesem **Sammelvermerk** in technischer Hinsicht erleichtert werden. Die früher erforderliche Angabe der Aktienurkunden ist durch das 2. UmwGÄndG[1] als unpraktikabel gestrichen worden, nachdem diese Angabe bei Girosammelverwahrung ohne Einzelverbriefung oder Ausschluss der Verbriefung (vgl. § 10 Abs. 5 AktG) nicht möglich war[2]. Die Regelung gilt gemäß Art. 10 SE-VO auch für die SE. Eine entsprechende Anwendung der Vorschrift auf andere Rechtsträger mit einer Vielzahl von Anteilsinhabern (zB Publikums-KG oder Verein) scheidet mangels entsprechender Grundkapitalanteile aus[3]. Die Vorschrift enthält aber einen allgemeinen Rechtsgedanken, der in modifizierter Form auf vergleichbare Konstellationen übertragen werden kann[4].

---

[1] Zweites Gesetz zur Änderung des Umwandlungsgesetzes v. 19.4.2007, BGBl. I 2007, S. 542.
[2] Siehe dazu Stellungnahme des *Handelsrechtsausschusses des DAV*, NZG 2000, 802 (804 f.).
[3] Vgl. *Grunewald* in Lutter, § 35 UmwG Rz. 2; *Schwanna* in Semler/Stengel, § 35 UmwG Rz. 2; *Simon* in KölnKomm. UmwG, § 35 UmwG Rz. 5; *Stratz* in Schmitt/Hörtnagl/Stratz, § 35 UmwG Rz. 1; *Wälzholz* in Widmann/Mayer, § 35 UmwG Rz. 5; aA *Reichert* in Semler/Stengel, § 46 UmwG Rz. 2.
[4] *Grunewald* in Lutter, § 35 UmwG Rz. 2.

2. Anwendungsbereich

2 Eine namentliche Angabe der Aktionäre im Verschmelzungsvertrag ist zB bei der Verschmelzung einer AG (oder KGaA) auf eine Personenhandelsgesellschaft oder eine GmbH notwendig (vgl. §§ 40, 46 Abs. 1 und 3 UmwG). Soll eine AG oder KGaA zB auf eine neu zu gründende **KG** verschmolzen werden, so sind bei deren Anmeldung zur Eintragung in das Handelsregister die einzelnen Aktionäre namentlich als künftige Komplementäre bzw. Kommanditisten zu bezeichnen (vgl. § 38 Abs. 2 UmwG iVm. §§ 106 Abs. 2, 162 Abs. 1 HGB). Wird eine AG oder KGaA auf eine bereits bestehende **GmbH** verschmolzen, so muss im Verschmelzungsvertrag für jeden Anteilsinhaber der Nennbetrag des Geschäftsanteils bestimmt werden, den er in der GmbH erhalten soll (§ 46 Abs. 1 UmwG). Außerdem ist der Anmeldung der Verschmelzung eine Gesellschafterliste beizufügen, in der ua. die bisherigen Aktionäre und künftigen GmbH-Gesellschafter aufzuführen sind (§ 52 Abs. 2 UmwG iVm. § 40 GmbHG). Die Einhaltung dieser Anforderungen ist vor allem bei Publikumsgesellschaften schwierig oder sogar unmöglich, weil bei der AG und KGaA die Ausgabe von anonymen Inhaberaktien überwiegt; bei der Ausgabe von Namensaktien, die unter Bezeichnung der Inhaber im Aktienregister eingetragen sind (vgl. § 67 Abs. 1 Satz 1 AktG), besteht die gleiche Schwierigkeit, soweit das Register unrichtig oder unvollständig ist[1].

3 Damit die Verschmelzung nicht an einem solchen technischen Hindernis scheitert, genügt in diesen Fällen, wenn die unbekannten Aktionäre durch die Angabe des insgesamt auf sie entfallenden Teils der Grundkapitals der Gesellschaft und der auf sie nach der Verschmelzung entfallenden Anteile bezeichnet werden (§ 35 Satz 1 Halbsatz 1 UmwG). Diese Sammelbezeichnung ist aber nur zulässig, wenn die Anteile der unbekannten Aktionäre zusammen **5 % des Grundkapitals** nicht überschreiten (§ 35 Satz 1 Halbsatz 2 UmwG). Mit dieser Begrenzung soll Missbräuchen vorgebeugt werden[2]. Die Begrenzung bedeutet, dass die Erleichterung insgesamt nicht eingreift, wenn auf die unbekannten Aktionäre mehr als 5 % des Grundkapitals entfallen[3]. Liegt der Anteil über 5 %, kann die Gesellschaft versuchen, diesen Prozentsatz durch eine zulässige Kapitalerhöhung, zB gegen Sacheinlagen, zu reduzieren[4]. Sie kann stattdessen auch versuchen, möglichst viele bislang unbekannte Aktionäre namentlich zu identifizie-

---

[1] Seit der Änderung des § 10 AktG durch die Aktienrechtsnovelle 2016 (BGBl. I 2016, S. 2565) ist die Ausgabe von Namensaktien zwar die Regel; bei börsennotierten Gesellschaften können die Aktien aber weiter auf den Inhaber lauten.
[2] *Simon* in KölnKomm. UmwG, § 35 UmwG Rz. 14; Stellungnahme des *Handelsrechtsausschusses des DAV*, NZG 2000, 802 (804).
[3] Vgl. Gegenäußerung der Bundesregierung zur Stellungnahme des Bundesrates, BT-Drucks. 16/2919, S. 27.
[4] Vgl. *Wälzholz* in Widmann/Mayer, § 35 UmwG Rz. 22; *Grunewald* in Lutter, § 35 UmwG Rz. 10; *Simon* in KölnKomm. UmwG, § 35 UmwG Rz. 14.

ren, um auf diese Weise die 5 %-Grenze zu unterschreiten. Dies kann etwa dadurch geschehen, dass die Aktionäre im elektronischen Bundesanzeiger dazu aufgerufen werden, ihren Anteilsbesitz offenzulegen. Bei Namensaktien kann die Gesellschaft von etwaigen Legitimationsaktionären die Offenlegung der Inhaber der Aktien verlangen (§ 67 Abs. 4 Satz 2 und 3 AktG). Maßgebender Zeitpunkt für die Wahrung der 5 %-Grenze ist die **Eintragung** der Verschmelzung[1].

Liegt der Anteil der unbekannten Aktionäre bei 5 % des Grundkapitals oder darunter, stellt sich die Frage, ob die Gesellschaft die gesetzliche Erleichterung der Sammelbezeichnung ohne weiteres in Anspruch nehmen darf. In Anknüpfung an die zur früheren Rechtslage geführte Diskussion (vgl. 3. Aufl.) wird die Ansicht vertreten, die Gesellschaft müsse die offen zu Tage tretenden Möglichkeiten zur **Ermittlung unbekannter Aktionäre** nutzen; andernfalls seien die Aktionäre nicht unbekannt[2]. Dem ist insoweit zuzustimmen, als der Gesellschaft vorliegende Aktionärslisten wie zB die Teilnahmeverzeichnisse (§ 129 Abs. 1 Satz 2 AktG) aus früheren Hauptversammlungen auszuwerten sind[3]. Darüber hinaus besteht jedoch keine Pflicht der Gesellschaft zur Identifizierung ihrer unbekannten Aktionäre[4]. Allerdings sind die Aktionäre im Verschmelzungsbericht auf die Folgen für ihre Beteiligung (siehe dazu Rz. 7) hinzuweisen, wenn sie ihre Identität nicht offen legen (§ 8 Abs. 1 Satz 2 UmwG). Dies legt nahe, die Aktionäre spätestens bei der Einladung zur Verschmelzungshauptversammlung noch einmal auf diese Folgen hinzuweisen und sie dabei aufzufordern, ihren Aktienbesitz der Gesellschaft unter Namensnennung offen zu legen[5]. Auch eine solche Aufforderung führt allerdings nicht zu sicheren Ergebnissen, da kein Aktionär verpflichtet ist, seine Aktien nach Offenlegung noch bis zur Eintragung der Verschmelzung zu halten. Bei der Anmeldung der Verschmelzung sollte vorsorglich erklärt werden, dass alle zumutbaren Anstrengungen zur Ermittlung der unbekannten Aktionäre unternommen wurden[6]. 4

Eine namentliche Angabe der Aktionäre ist allerdings bei künftigen **Komplementären** unentbehrlich. Diese Angabe wird indessen mit deren Zustimmung 5

---

1 *Grunewald* in Lutter, § 35 UmwG Rz. 10; *Wälzholz* in Widmann/Mayer, § 35 UmwG Rz. 22; ähnlich auch *Schwanna* in Semler/Stengel, § 35 UmwG Rz. 7.
2 So *Grunewald* in Lutter, § 35 UmwG Rz. 7; *Burg* in Böttcher/Habighorst/Schulte, § 35 UmwG Rz. 12; *Wied*, GmbHR 2016, 15.
3 *Stratz* in Schmitt/Hörtnagl/Stratz, § 35 UmwG Rz. 4.
4 Zust. *Wälzholz* in Widmann/Mayer, § 35 UmwG Fn. 2 zu Rz. 28.
5 Vgl. BayObLG v. 5.7.1996 – 3 Z BR 114/96, DB 1996, 1814 (1815) = AG 1996, 468; zust. *Neye*, EWiR § 213 UmwG 2/96, 761 (762); zur heutigen Rechtslage ebenso *Simon* in KölnKomm. UmwG, § 35 UmwG Rz. 19; *Schwanna* in Semler/Stengel, § 35 UmwG Rz. 7; *Stratz* in Schmitt/Hörtnagl/Stratz, § 35 UmwG Rz. 4; *Wälzholz* in Widmann/Mayer, § 5 UmwG Rz. 28.
6 *Simon* in KölnKomm. UmwG, § 35 UmwG Rz. 19; *Wälzholz* in Widmann/Mayer, § 35 UmwG Rz. 28.

zum Verschmelzungsbeschluss gemäß § 40 Abs. 2 Satz 2 UmwG erreicht[1]. Zweifelhaft ist, ob unbekannte Aktionäre, die ihre Einlage nicht vollständig eingezahlt haben, bei der übernehmenden Gesellschaft die Stellung eines unbekannten **Kommanditisten** erlangen können. Die namentliche Angabe könnte hier deshalb erforderlich sein, um den Gläubigern eine Inanspruchnahme aus der persönlichen Haftung zu ermöglichen[2]. Allerdings prüft das Registergericht auch sonst nicht, inwieweit die Haftsumme eines Kommanditisten aufgebracht ist. Deshalb spricht mehr dafür, den Gläubigerschutz insoweit nicht überzubetonen und es bei der allgemeinen Regelung des § 35 UmwG zu belassen[3].

3. Spätere Berichtigung

6 Werden die unbekannten Aktionäre später bekannt, so sind die Register oder Listen, in denen sie zunächst nur allgemein erfasst waren, **von Amts wegen** zu berichtigen (§ 35 Satz 2 UmwG). Die Geschäftsleitung der übernehmenden Gesellschaft ist verpflichtet, das Registergericht bei entsprechender Kenntniserlangung zu unterrichten[4]. Diese Verpflichtung trifft bei der GmbH auch den Notar, der gemäß § 40 Abs. 2 GmbHG an der Gesellschafterliste mitgewirkt hat[5]. Die Geschäftsleitung kann durch Zwangsgeld zur Unterrichtung angehalten werden[6].

4. Ruhen des Stimmrechts

7 Bis zur **Berichtigung** des Registers oder der Liste ruht das Stimmrecht aus den betroffenen Anteilen (§ 35 Satz 3 UmwG). Daran vermag auch die Bestellung eines Pflegers gemäß § 1913 BGB nichts zu ändern. Aus Gründen der Rechtssicherheit genügt das bloße Bekanntwerden eines Anteilsinhabers noch nicht, um sein Stimmrecht wieder aufleben zu lassen[7]. Solange ein Anteilsinhaber unbe-

---

1 Stellungnahme des *Handelsrechtsausschusses des DAV*, NZG 2000, 802 (805); *Simon* in KölnKomm. UmwG, § 35 UmwG Rz. 16.
2 Vgl. *Grunewald* in Lutter, § 35 UmwG Rz. 9.
3 *Wälzholz* in Widmann/Mayer, § 35 UmwG Rz. 12; *Müller* in Henssler/Strohn, § 35 UmwG Rz. 5; *Simon* in KölnKomm. UmwG, § 35 UmwG Rz. 17; aA *Grunewald* in Lutter, § 35 UmwG Rz. 9 und 3. Aufl.
4 *Grunewald* in Lutter, § 35 UmwG Rz. 11; *Schwanna* in Semler/Stengel, § 35 UmwG Rz. 10; *Simon* in KölnKomm. UmwG, § 35 UmwG Rz. 20; *Stratz* in Schmitt/Hörtnagl/Stratz, § 35 UmwG Rz. 7; *Wälzholz* in Widmann/Mayer, § 35 UmwG Rz. 24.
5 So auch *Simon* in KölnKomm. UmwG, § 35 UmwG Rz. 20.
6 *Stratz* in Schmitt/Hörtnagl/Stratz, § 35 UmwG Rz. 7; *Müller* in Henssler/Strohn, § 35 UmwG Rz. 9; aA *Wälzholz* in Widmann/Mayer, § 35 UmwG Rz. 24.
7 *Grunewald* in Lutter, § 35 UmwG Rz. 12; *Stratz* in Schmitt/Hörtnagl/Stratz, § 35 UmwG Rz. 8; aA *Wälzholz* in Widmann/Mayer, § 35 UmwG Rz. 30.

kannt ist, braucht er nach der ratio legis nicht zu den Versammlungen der Anteilsinhaber **eingeladen** zu werden[1]. Vorsorglich sollte die Einladung jedoch im Bundesanzeiger veröffentlicht werden[2]. Der unbekannte Aktionär nimmt nicht an den Abstimmungen teil; seine Stimmen zählen bei der Berechnung der erforderlichen Mehrheit(en) nicht mit[3]. Auch an etwaigen Anmeldungen zum Handelsregister gemäß §§ 108, 161 Abs. 2 HGB kann und muss er nicht mitwirken[4]. Eine zusätzliche Absicherung kann insoweit dadurch erreicht werden, dass in den Gesellschaftsvertrag des neuen Rechtsträgers eine Handelsregistervollmacht aufgenommen wird[5]. Den unbekannten Aktionären können auf diesem Wege aber keine neuen Einlagepflichten im übernehmenden Rechtsträger auferlegt werden[6]. Mit dem Bekanntwerden eines Anteilsinhabers **lebt** dessen Stimmrecht grundsätzlich **wieder auf**. Bei der GmbH ist zusätzlich allerdings die **Eintragung** in der Gesellschafterliste und bei der AG mit Namensaktien die Eintragung im Aktienregister erforderlich (§§ 16 Abs. 1, 40 GmbHG; § 67 Abs. 2 Satz 1 AktG)[7].

Dritter Abschnitt
Verschmelzung durch Neugründung

§ 36
Anzuwendende Vorschriften

(1) Auf die Verschmelzung durch Neugründung sind die Vorschriften des Zweiten Abschnitts mit Ausnahme des § 16 Abs. 1 und des § 27 entsprechend anzuwenden. An die Stelle des übernehmenden Rechtsträgers tritt der neue Rechtsträger, an die Stelle der Eintragung der Verschmelzung in das Register des Sitzes des übernehmenden Rechtsträgers tritt die Eintragung des neuen Rechtsträgers in das Register.

---

1 *Wälzholz* in Widmann/Mayer, § 35 UmwG Rz. 31 f.; *Stratz* in Schmitt/Hörtnagl/Stratz, § 35 UmwG Rz. 8.
2 *Wälzholz* in Widmann/Mayer, § 35 UmwG Rz. 31; *Burg* in Böttcher/Habighorst/Schulte, § 35 UmwG Rz. 18; abl. *Wied*, GmbHR 2016, 15 (16 ff.), der sich für die Bestellung eines Pflegers für die unbekannten Aktionäre ausspricht.
3 *Simon* in KölnKomm. UmwG, § 35 UmwG Rz. 22.
4 *Simon* in KölnKomm. UmwG, § 35 UmwG Rz. 26; *Stratz* in Schmitt/Hörtnagl/Stratz, § 35 UmwG Rz. 8; *Wälzholz* in Widmann/Mayer, § 5 UmwG Rz. 33.
5 Vgl. OLG Schleswig v. 4.6.2003 – 2 W 50/03, DB 2003, 3502 (3503); zur Zulässigkeit solcher Klauseln BGH v. 17.7.2006 – II ZR 242/04, NZG 2006, 703.
6 Vgl. § 180 AktG und BGH v. 5.3.2007 – II ZR 282/05, NZG 2007, 381 = GmbHR 2007, 535 m. Anm. *Werner*.
7 Vgl. *Grunewald* in Lutter, § 35 UmwG Rz. 12; *Müller* in Henssler/Strohn, § 35 UmwG Rz. 9; *Stratz* in Schmitt/Hörtnagl/Stratz, § 35 UmwG Rz. 8.

§ 36 | Verschmelzung durch Neugründung

(2) Auf die Gründung des neuen Rechtsträgers sind die für dessen Rechtsform geltenden Gründungsvorschriften anzuwenden, soweit sich aus diesem Buch nichts anderes ergibt. Den Gründern stehen die übertragenden Rechtsträger gleich. Vorschriften, die für die Gründung eine Mindestzahl der Gründer vorschreiben, sind nicht anzuwenden.

1. Überblick	1	3. Verweisung auf das Gründungsrecht	8
2. Verweisung auf die Verschmelzung durch Aufnahme	2		

Literatur: *Baßler*, Gesellschafterwechsel bei Umwandlungen, GmbHR 2007, 1252; *Kallmeyer*, Der Ein- und Austritt der Komplementär-GmbH einer GmbH & Co. KG bei Verschmelzung, Spaltung und Formwechsel nach dem UmwG 1995, GmbHR 1996, 80; *Kallmeyer*, Differenzhaftung bei Verschmelzung mit Kapitalerhöhung und Verschmelzung im Wege der Neugründung, GmbHR 2007, 1121; *Lenz*, Verschmelzung zur Neugründung, GmbHR 2007, 717; *Priester*, Mitgliederwechsel im Umwandlungszeitpunkt, DB 1997, 560.

1. Überblick

1 Die Vorschrift regelt die Verschmelzung durch Neugründung, indem die Bestimmungen des Zweiten Abschnitts über die Verschmelzung durch Aufnahme (§§ 4–35 UmwG) für entsprechend anwendbar erklärt werden (§ 36 Abs. 1 UmwG). Für die Gründung des neuen Rechtsträgers, auf den die übertragenden Rechtsträger verschmolzen werden sollen, wird auf dessen Gründungsrecht verwiesen (§ 36 Abs. 2 UmwG). Ergänzend zu berücksichtigen sind die rechtsformbezogenen Vorschriften des Zweiten Teils (§§ 56 ff., 73 ff., 96 ff., 114 ff. UmwG).

2. Verweisung auf die Verschmelzung durch Aufnahme

2 Das Gesetz regelt die Verschmelzung durch Aufnahme als Grundfall (vgl. §§ 2 Nr. 1, 4 ff. UmwG). Die Verschmelzung durch Neugründung (§ 2 Nr. 2 UmwG) wird im Wesentlichen durch Verweisung hierauf geregelt. Dies entspricht der praktischen Bedeutung beider Verschmelzungsarten (siehe dazu näher § 2 UmwG Rz. 7). Die Verschmelzung durch Neugründung ist, da sie durch die Bildung eines neuen Rechtsträgers idR mit höheren Kosten, zB Grunderwerbsteuern, verbunden ist, die weniger häufige Verschmelzungsart. Ein praktischer Vorteil liegt allerdings darin, dass alle beteiligten Rechtsträger übertragende Rechtsträger sind und deshalb das Anfechtungsrecht gemäß § 14 Abs. 2 UmwG und § 32 UmwG eingeschränkt ist[1].

---

1 Vgl. OLG Düsseldorf v. 15.3.1999 – 17 W 18/99, ZIP 1999, 793 (795) = AG 1999, 418; *Müller* in Henssler/Strohn, § 36 UmwG Rz. 3; *Simon/Nießen* in KölnKomm. UmwG, § 36 UmwG Rz. 8.

Nach der Generalverweisung in § 36 Abs. 1 UmwG tritt der bei der Verschmel- 3
zung durch Neugründung zu gründende **neue Rechtsträger** an die Stelle des
übernehmenden Rechtsträgers bei der Verschmelzung durch Aufnahme. Neuer
Rechtsträger kann damit jeder in § 3 Abs. 1 UmwG aufgeführte Rechtsträger
mit Ausnahme des genossenschaftlichen Prüfungsverbandes (§ 105 UmwG)
sein[1]. Dazu gehört auch die EWIV, nicht aber die SE, da sich deren Neugründung
ausschließlich nach der SE-VO richtet (§ 3 UmwG Rz. 4 und 11). Die Unternehmergesellschaft
(haftungsbeschränkt) kommt als neuer Rechtsträger wegen
des Verbots von Sacheinlagen gemäß § 5a Abs. 2 Satz 2 GmbHG nicht in
Betracht (vgl. § 3 UmwG Rz. 9)[2]. Die Eintragung der Verschmelzung in das Register
des neuen Rechtsträgers ist für das Wirksamwerden der Verschmelzung
maßgebend (§ 36 Abs. 1 Satz 2 UmwG iVm. § 20 Abs. 1 UmwG). Von der entsprechenden
Anwendung ausgenommen sind nur die Bestimmungen über die
Anmeldung der Verschmelzung (§ 16 Abs. 1 UmwG) und über die Schadensersatzpflicht
der Verwaltungsträger des übernehmenden Rechtsträgers (§ 27
UmwG). Diese Vorschriften passen auf die Verschmelzung durch Neugründung
ohnehin nicht; für die Anmeldung gilt stattdessen § 38 UmwG.

Die Verschmelzung durch Neugründung **läuft danach wie folgt ab**: Die über- 4
tragenden Rechtsträger, die sich zu einem neuen Rechtsträger vereinigen wollen,
schließen, vertreten durch ihre Organe, den **Verschmelzungsvertrag** ab (§ 4
UmwG). An diesem Vertrag sind notwendig alle übertragenden Rechtsträger beteiligt
(vgl. § 2 UmwG Rz. 6). Der neu zu bildende Rechtsträger ist dagegen nicht
beteiligt, da er erst im Zuge der Verschmelzung entsteht. Für den Verschmelzungsvertrag
gelten die allgemeinen Bestimmungen. Bei einer Mischverschmelzung,
dem Verlust der Börsennotierung oder im Falle von Verfügungsbeschränkungen
beim neuen Rechtsträger muss der Verschmelzungsvertrag ein **Barabfindungsangebot**
des neuen Rechtsträgers nach § 29 UmwG enthalten[3].
Bestandteil des Verschmelzungsvertrages ist außerdem der **Gesellschaftsvertrag**,
der **Partnerschaftsvertrag** oder die **Satzung** des neuen Rechtsträgers (§ 37
UmwG).

Das **Umtauschverhältnis** in Anteile des neuen Rechtsträgers (§ 5 Abs. 1 Nr. 3 5
UmwG) bestimmt sich nach dem Verhältnis der Werte der sich vereinigenden
Rechtsträger zueinander. Dabei kann der neue Rechtsträger auch zu baren Zuzahlungen
verpflichtet werden. Handelt es sich bei diesem um eine Kapitalgesellschaft,
sind solche Zuzahlungen allerdings auf 10 % des Gesamtnennbetrags
der gewährten Anteile begrenzt (vgl. §§ 54 Abs. 4, 56, 68 Abs. 3, 73, 78 UmwG).

---

1 *Bärwaldt* in Semler/Stengel, § 36 UmwG Rz. 6.
2 *Bärwaldt* in Semler/Stengel, § 36 UmwG Rz. 43a; *Müller* in Henssler/Strohn, § 36 UmwG
Rz. 3; *Simon/Nießen* in KölnKomm. UmwG, § 36 UmwG Rz. 40; *Gasteyer*, NZG 2009,
1364 (1367f.); *Burg* in Böttcher/Habighorst/Schulte, § 36 UmwG Rz. 2.
3 Siehe dazu *Simon/Nießen* in KölnKomm. UmwG, § 36 UmwG Rz. 18 und *Grunewald* in
Lutter, § 37 UmwG Rz. 4.

Diese Begrenzung gilt für jeden übertragenden Rechtsträger. Dadurch wird verhindert, dass die Anteilsinhaber eines übertragenden Rechtsträgers überwiegend in bar abgefunden werden[1]. Ist der neue Rechtsträger eine Kapitalgesellschaft, dürfen bare Zuzahlungen außerdem nicht dazu führen, dass der Nennwert der auszugebenden Anteile nicht mehr durch den Wert des eingebrachten Vermögens gedeckt ist (vgl. § 9 Abs. 1 GmbHG, § 9 Abs. 1 AktG).

6 Die Anteilsinhaber der übertragenden Rechtsträger müssen dem Verschmelzungsvertrag einschließlich Gesellschaftsvertrag oder Satzung des neuen Rechtsträgers **zustimmen** (§ 13 UmwG). Dies hat in der Regel auf der Grundlage eines **Verschmelzungsberichts** zu geschehen, der von den Vertretungsorganen der übertragenden Rechtsträger zu erstatten ist (§ 8 UmwG). Notwendig ist sodann die **Prüfung** des Verschmelzungsvertrages gemäß §§ 9 ff. UmwG Schließlich ist die Verschmelzung und die Gründung des neuen Rechtsträgers bei den zuständigen Registern zur Eintragung **anzumelden** (§§ 16 Abs. 2, 17 UmwG). Für die Eintragung, Bekanntmachung und Wirkung der Verschmelzung sowie für den Gläubigerschutz gelten die allgemeinen Bestimmungen (vgl. §§ 19 bis 26 UmwG).

7 Mit der **Eintragung der Verschmelzung in das Register des neuen Rechtsträgers** geht das Vermögen der sich vereinigenden Rechtsträger auf den neuen Rechtsträger über (§ 36 Abs. 1 Satz 2 UmwG iVm. § 20 Abs. 2 UmwG). Die übertragenden Rechtsträger erlöschen. Ihre Anteilsinhaber werden Anteilsinhaber des neuen Rechtsträgers. Da es auf die Eintragung im Register des neuen Rechtsträgers ankommt, braucht die Ordnungsmäßigkeit der Verschmelzung nur von dem dafür zuständigen Registergericht überprüft zu werden[2]. Nach Eintragung des neuen Rechtsträgers können diesem nach den allgemeinen Regeln weitere Anteilsinhaber beitreten (zu einem Beitritt im Rahmen der Verschmelzung siehe Rz. 14).

3. Verweisung auf das Gründungsrecht

8 Auf die Gründung des neuen Rechtsträgers sind die **für seine Rechtsform geltenden Gründungsvorschriften** anzuwenden (§ 36 Abs. 2 Satz 1 UmwG). Ist der neue Rechtsträger eine GmbH, so sind dementsprechend die §§ 1–11 GmbHG zu beachten, bei einer AG oder KGaA die §§ 1–53, 278–288 AktG, bei einer Personenhandelsgesellschaft die §§ 105–108, 161 f. HGB. Soweit sich aus den rechtsformbezogenen Sondervorschriften des UmwG (§§ 56 ff., 73 ff., 96 ff., 114 ff. UmwG) Abweichungen ergeben, gehen diese allerdings vor. **Gründer** sind jeweils die übertragenden Rechtsträger, nicht deren Anteilsinhaber (§ 36

---

1 *Grunewald* in Lutter, § 37 UmwG Rz. 3.
2 Vgl. LG Wiesbaden v. 12.4.1989 – 12 T 3/89, DB 1990, 1809 f. = GmbHR 1991, 66 und LG Stuttgart v. 10.4.1990 – 4 KfH T 11/90, GmbHR 1991, 67.

Abs. 2 Satz 2 UmwG), was zB eine Abweichung von §§ 28, 280 Abs. 3 AktG bedeutet. Die Anteilsinhaber des übertragenden Rechtsträgers unterliegen deshalb keiner Gründerhaftung, obwohl sie die Anteile des neuen Rechtsträgers erhalten. Nach der Rechtsprechung des BGH zur AG trifft sie mangels individueller Kapitaldeckungszusage auch keine Differenzhaftung[1]. Besondere Vorschriften für eine **Mindestanzahl** von Gründern (zB § 56 BGB, § 4 GenG) sind nicht anzuwenden (§ 36 Abs. 2 Satz 3 UmwG). Notwendig für eine Verschmelzung sind aber immer mindestens zwei übertragende Rechtsträger[2]. Das Gründungsrecht des neuen Rechtsträgers gilt auch für etwaige Gründungsmängel (vgl. zB § 75 GmbHG, §§ 275 ff. AktG); eine Rückabwicklung der Verschmelzung (sog. Entschmelzung) ist durch § 20 Abs. 2 UmwG aber ausgeschlossen[3].

Das **Stamm- bzw. Grundkapital** der neuen GmbH/AG muss mindestens den gesetzlichen **Mindestnennbetrag** (§ 5 Abs. 1 GmbHG, § 7 AktG) erreichen. Im Übrigen liegt es im Ermessen der beteiligten Rechtsträger, wie hoch das Nennkapital festgelegt wird; eine gesetzliche Verpflichtung dahin, dass das neue Nennkapital der Summe der Nennkapitalien der übertragenden Rechtsträger entsprechen müsse, besteht nicht[4]. 9

Ist der neue Rechtsträger eine Kapitalgesellschaft, so stellt sich seine Gründung im Zuge der Verschmelzung als **Sachgründung** dar[5]. Demgemäß ist das Vermögen der übertragenden Rechtsträger als Sacheinlage in der Satzung der neuen GmbH bzw. AG festzusetzen (vgl. § 5 Abs. 4 GmbHG; § 27 Abs. 1 AktG). Bei der AG als neuem Rechtsträger gelten die entsprechenden Sondervorschriften (§§ 31 ff. AktG). Bei einer GmbH als neuem Rechtsträger ist nach Maßgabe des § 58 UmwG ein Sachgründungsbericht zu erstellen. 10

Der Wert der Sacheinlagen muss mindestens dem Nennwert der neuen Geschäftsanteile oder Aktien entsprechen (**Verbot der Unterpari-Emission**, §§ 5, 9a–c GmbHG, § 36a Abs. 2 Satz 3 AktG). Maßgebend ist dabei der Zeitpunkt der Anmeldung des neuen Rechtsträgers[6]. 11

---

1 BGH v. 12.3.2007 – II ZR 302/05, NZG 2007, 513 ff. = AG 2007, 487 zur AG; zust. *Simon/ Nießen* in KölnKomm. UmwG, § 36 UmwG Rz. 47 ff., 56; *Mayer* in Widmann/Mayer, § 36 UmwG Rz. 167 ff.; iE auch *Bärwaldt* in Semler/Stengel, § 36 UmwG Rz. 56; aA *Kallmeyer*, GmbHR 2007, 1121 (1122 f.) für die GmbH.
2 *Grunewald* in Lutter, § 36 UmwG Rz. 16; *Bärwaldt* in Semler/Stengel, § 36 UmwG Rz. 8.
3 *Bärwaldt* in Semler/Stengel, § 36 UmwG Rz. 18; *Simon/Nießen* in KölnKomm. UmwG, § 36 UmwG Rz. 25; *Burg* in Böttcher/Habighorst/Schulte, § 36 UmwG Rz. 5.
4 *Bärwaldt* in Semler/Stengel, § 36 UmwG Rz. 18, 33, 49; *Mayer* in Widmann/Mayer, § 36 UmwG Rz. 58 ff.; *Stratz* in Schmitt/Hörtnagl/Stratz, § 36 UmwG Rz. 8; aA *Petersen*, GmbHR 2004, 728 ff.
5 *Ihrig*, GmbHR 1995, 622 (624 f.).
6 *Mayer* in Widmann/Mayer, § 36 UmwG Rz. 30; *Stratz* in Schmitt/Hörtnagl/Stratz, § 36 UmwG Rz. 8; *Simon/Nießen* in KölnKomm. UmwG, § 36 UmwG Rz. 46 mit falschem Zitat des Verf.

12 Sind die übertragenden Rechtsträger Kapitalgesellschaften, so müssen etwaige Festsetzungen über **Sondervorteile, Gründungsaufwand, Sacheinlagen** und **Sachübernahmen** in ihren Satzungen in den Gesellschaftsvertrag oder die Satzung des neuen Rechtsträgers übernommen werden (vgl. §§ 57, 74 UmwG). Gemeint sind damit nur gesetzlich vorgeschriebene, nicht lediglich fakultative Festsetzungen. Die Übernahme beim neuen Rechtsträger kann außerdem dann unterbleiben, wenn die Frist für die Festsetzung beim übertragenden Rechtsträger bereits abgelaufen ist. Bei einer GmbH beträgt diese Frist fünf Jahre[1]. Bei der AG gilt gemäß §§ 26 Abs. 5, 27 AktG eine Frist von dreißig Jahren.

13 Die **Anteilsinhaber** werden idR entsprechend ihrer bisherigen Beteiligung an einem oder mehreren übertragenden Rechtsträger und dem Wertverhältnis aller übertragenden Rechtsträger untereinander **an dem neuen Rechtsträger beteiligt**. Mit Zustimmung aller Anteilsinhaber können auch abweichende Beteiligungsquoten festgelegt werden (**nicht verhältniswahrende Verschmelzung**)[2]. Bei einer neuen AG oder KGaA sind auf Seiten der Gesellschaft wie der Aktionäre die Mitteilungspflichten gemäß §§ 20 ff. AktG bzw. §§ 21 ff. WpHG zu beachten.

14 Ein **Beitritt anderer Personen** als der übertragenden Rechtsträger als Gründer ist im Rahmen der Verschmelzung durch Neugründung gesetzlich nicht vorgesehen, aber auch nicht ausgeschlossen[3]. Zweifel an der Zulässigkeit eines solchen Beitritts könnten sich deshalb ergeben, weil zwischen den nach § 36 Abs. 2 UmwG anzuwendenden Gründungsvorschriften und dem allgemeinen Gründungsrecht erhebliche Unterschiede bestehen. So ist bei der Verschmelzung zur Neugründung, soweit daran eine Kapitalgesellschaft als übertragender Rechtsträger beteiligt ist, weder ein Gründungsbericht noch eine Gründungsprüfung erforderlich (§§ 58 Abs. 2, 75 Abs. 2 UmwG)[4]. Diese Erleichterung gilt aber nur, *soweit* eine Kapitalgesellschaft als übertragender Rechtsträger beteiligt ist. Tritt ein Dritter im Rahmen der Verschmelzung dem neuen Rechtsträger durch Bar- oder Sacheinlage bei, gelten dafür die allgemeinen Anforderungen des § 5 Abs. 4 GmbHG bzw. § 32 AktG[5]. Die Interessen der übertragenden Gesellschaften werden hinreichend dadurch gewahrt, dass diese einer Beteiligung Dritter im Ver-

---

1 Vgl. *Hueck/Fastrich* in Baumbach/Hueck, § 5 GmbHG Rz. 49.
2 *Stratz* in Schmitt/Hörtnagl/Stratz, § 36 UmwG Rz. 29; *Mayer* in Widmann/Mayer, § 36 UmwG Rz. 27; *Baßler*, GmbHR 2007, 1252 (1257).
3 Für Zulässigkeit eines Beitritts *Bärwaldt* in Semler/Stengel, § 36 UmwG Rz. 70; *Grunewald* in Lutter, § 36 UmwG Rz. 15; *Simon/Nießen* in KölnKomm. UmwG, § 36 UmwG Rz. 31, 54, 71; *Priester*, DB 1997, 560 (562 ff.); *Heckschen*, DB 2008, 2122 (2124); grds. abl. *Mayer* in Widmann/Mayer, § 36 UmwG Rz. 179 ff.; vgl. auch Begr. RegE bei *Ganske*, S. 209, 217, 218 mit einem restriktiven Verständnis des Identitätsgrundsatzes beim Formwechsel.
4 *Bärwaldt* in Semler/Stengel, § 36 UmwG Rz. 38 und 51.
5 *Simon/Nießen* in KölnKomm. UmwG, § 36 UmwG Rz. 31, 54.

schmelzungsbeschluss zustimmen müssen[1]. Ein Beitritt anderer Personen ist damit als zulässig anzusehen. Der Beitritt selbst ist im Verschmelzungsvertrag zu erklären[2]. Der Beitretende muss diesen mitunterzeichnen[3]. Zulässig ist auch der Beitritt als persönlich haftender Gesellschafter bei einer neuen KGaA oder Personenhandelsgesellschaft, insbesondere GmbH & Co. KG[4]. Ein solcher Beitritt ist im Rahmen des Formwechsels von der Rechtsprechung ausdrücklich anerkannt worden (vgl. §§ 218 Abs. 2 Alt. 2, 221, 240 Abs. 2 Satz 2, 243 Abs. 1 Satz 1 UmwG)[5]. Leistet der Komplementär dabei eine Einlage, unterliegt dies allerdings auch hier der Gründungsprüfung[6].

Im Rahmen der Gründung des neuen Rechtsträgers sind auch dessen **Organe** (Geschäftsführung/Vorstand; Aufsichtsrat) und der Abschlussprüfer zu bestellen (vgl. zur Bestellung eines Aufsichtsrates durch die Anteilsinhaber der übertragenden Rechtsträger §§ 59 Satz 2, 76 Abs. 2 Satz 2 UmwG). 15

Für die **Anmeldung** der Verschmelzung und des neuen Rechtsträgers zur Eintragung in das jeweilige Register siehe § 38 UmwG. 16

§ 37
Inhalt des Verschmelzungsvertrags

In dem Verschmelzungsvertrag muss der Gesellschaftsvertrag, der Partnerschaftsvertrag oder die Satzung des neuen Rechtsträgers enthalten sein oder festgestellt werden.

Bei der Verschmelzung durch Neugründung wird von den übertragenden Rechtsträgern als Gründern (vgl. § 36 Abs. 2 Satz 2 UmwG) ein neuer Rechtsträger errichtet. Für diesen müssen die **korporationsrechtlichen Grundlagen**, dh. der Gesellschaftsvertrag, Partnerschaftsvertrag oder die Satzung, festgelegt werden. Deren notwendiger Inhalt ergibt sich aus den jeweiligen Gründungsvorschriften für den neuen Rechtsträger (vgl. § 3 GmbHG; §§ 23, 278 Abs. 2 AktG; §§ 705 ff. BGB, §§ 109 ff., 161 Abs. 2 HGB; § 3 PartGG; §§ 6 ff. GenG; §§ 25, 57, 1

---

1 *Bärwaldt* in Semler/Stengel, § 36 UmwG Rz. 70; *Simon/Nießen* in KölnKomm. UmwG, § 36 UmwG Rz. 32 f.; aA *Grunewald* in Lutter, § 36 UmwG Rz. 15.
2 *Grunewald* in Lutter, § 36 UmwG Rz. 15; *Müller* in Henssler/Strohn, § 36 UmwG Rz. 7; *Simon/Nießen* in KölnKomm. UmwG, § 36 UmwG Rz. 32.
3 *Grunewald* in Lutter, § 36 UmwG Rz. 15; *Simon/Nießen* in KölnKomm. UmwG, § 36 UmwG Rz. 32.
4 Vgl. für die KGaA *Mayer* in Widmann/Mayer, § 36 UmwG Rz. 202 ff.; zur GmbH & Co. KG *Kallmeyer*, GmbHR 1996, 80 ff.
5 BayObLG v. 4.11.1999 – 3 Z BR 333/99, ZIP 2000, 230 und BGH v. 9.5.2005 – II ZR 29/03, ZIP 2005, 1318 (1319 f.) = AG 2005, 613.
6 Vgl. *Simon/Nießen* in KölnKomm. UmwG, § 36 UmwG Rz. 71.

58 BGB). Zusätzliche Bestimmungen sind uU nach den §§ 40, 45b, 46, 57, 74 UmwG in den Gesellschaftsvertrag aufzunehmen.

2 Gesellschaftsvertrag, Partnerschaftsvertrag oder Satzung ist, wie die Vorschrift klarstellt, zwingender **Bestandteil des Verschmelzungsvertrages**; der Katalog des § 5 Abs. 1 UmwG ist insoweit ergänzt[1]. Dies gilt für den gesamten Gesellschaftsvertrag usw. und nicht nur für seinen wesentlichen Inhalt[2]. Der Gesellschaftsvertrag usw. kann, muss aber nicht in den Verschmelzungsvertrag aufgenommen werden. Vielmehr genügt es, wenn in dem Verschmelzungsvertrag auf den Gesellschaftsvertrag verwiesen wird (vgl. § 9 Abs. 1 Satz 2 BeurkG)[3]. Der Gesellschaftsvertrag ist dann in seinem vollständigen Inhalt dem Verschmelzungsvertrag als Bestandteil beizufügen und wie dieser notariell zu beurkunden (vgl. § 6 UmwG)[4]. Dies gilt auch dann, wenn der Gesellschaftsvertrag sonst nicht beurkundungspflichtig wäre (wie zB der Gesellschaftsvertrag einer Personenhandelsgesellschaft). Spätere Änderungen des Gesellschaftsvertrages unterliegen nur den regulären Formvorschriften des jeweiligen Rechtsträgers[5]. Wird der Gesellschaftsvertrag als Teil des Verschmelzungsvertrages festgestellt, braucht er nicht gesondert unterzeichnet zu werden. Andernfalls ist er von den übertragenden Rechtsträgern als den Gründern (§ 36 Abs. 2 Satz 2 UmwG) zu unterzeichnen[6].

3 Als Bestandteil des Verschmelzungsvertrages ist der Gesellschaftsvertrag auch **Gegenstand des Zustimmungsbeschlusses** der Anteilsinhaber (§§ 13, 43, 50, 65, 76, 78 UmwG). Dabei genügt es, wenn mit dem Entwurf des Verschmelzungsvertrages zunächst auch nur der Entwurf des Gesellschaftsvertrages des neuen Rechtsträgers vorliegt. Die notarielle Beurkundung kann dem Verschmelzungsbeschluss nachfolgen (vgl. § 4 Abs. 2 UmwG)[7]. Bei der **inhaltlichen Festlegung** des Gesellschaftsvertrages besteht ein weiter Gestaltungsspielraum. Zu beachten ist allerdings der Grundsatz der Gleichbehandlung und das Verbot der Verfolgung von Sondervorteilen[8]. Darüber hinaus darf die Minderheit über die

---

1 *Stratz* in Schmitt/Hörtnagl/Stratz, § 37 UmwG Rz. 2; *Simon/Nießen* in KölnKomm. UmwG, § 37 UmwG Rz. 4.
2 *Schröer* in Semler/Stengel, § 37 UmwG Rz. 3.
3 *Simon/Nießen* in KölnKomm. UmwG, § 37 UmwG Rz. 5.
4 *Grunewald* in Lutter, § 37 UmwG Rz. 5; *Müller* in Henssler/Strohn, § 37 UmwG Rz. 1; *Burg* in Böttcher/Habighorst/Schulte, § 37 UmwG Rz. 5.
5 *Grunewald* in Lutter, § 37 UmwG Rz. 5; *Schröer* in Semler/Stengel, § 37 UmwG Rz. 4; *Simon/Nießen* in KölnKomm. UmwG, § 37 UmwG Rz. 7; *Stratz* in Schmitt/Hörtnagl/Stratz, § 37 UmwG Rz. 3.
6 Vgl. *Mayer* in Widmann/Mayer, § 37 UmwG Rz. 31; *Simon/Nießen* in KölnKomm. UmwG, § 37 UmwG Rz. 6.
7 *Grunewald* in Lutter, § 37 UmwG Rz. 5; *Burg* in Böttcher/Habighorst/Schulte, § 37 UmwG Rz. 6.
8 *Müller* in Henssler/Strohn, § 37 UmwG Rz. 2; *Simon/Nießen* in KölnKomm. UmwG, § 37 UmwG Rz. 13 f.; BGH v. 9.5.2005 – II ZR 29/03, AG 2005, 613 zum Formwechsel.

rechtsformbedingten Veränderungen hinaus nicht durch sachwidrige Bestimmungen schlechter gestellt werden[1]. Soweit einzelne Klauseln diesen Anforderungen nicht entsprechen, ist idR von einer Teilnichtigkeit des Gesellschaftsvertrages (§ 139 BGB) auszugehen[2]. Diese kann auch noch nach der Eintragung der Verschmelzung durch Feststellungsklage geltend gemacht werden[3].

Bei der **Eintragung einer GmbH, AG oder KGaA** als neuem Rechtsträger ist der Tag des Abschlusses des Gesellschaftsvertrages bzw. der Feststellung der Satzung in das Register einzutragen (vgl. § 10 Abs. 1 GmbHG, §§ 39 Abs. 1, 278 Abs. 3 AktG)[4]. 4

§ 38
Anmeldung der Verschmelzung und des neuen Rechtsträgers

(1) Die Vertretungsorgane jedes der übertragenden Rechtsträger haben die Verschmelzung zur Eintragung in das Register des Sitzes ihres Rechtsträgers anzumelden.

(2) Die Vertretungsorgane aller übertragenden Rechtsträger haben den neuen Rechtsträger bei dem Gericht, in dessen Bezirk er seinen Sitz haben soll, zur Eintragung in das Register anzumelden.

1. Überblick	1	5. Prüfung durch das Registergericht	
2. Anmeldung der Verschmelzung (§ 38 Abs. 1 UmwG)	2	a) Prüfung der Verschmelzung	16
3. Anmeldung des neuen Rechtsträgers (§ 38 Abs. 2 UmwG)	4	b) Prüfung des Gründungsvorgangs	17
a) OHG, KG	7	6. Eintragung	
b) Partnerschaftsgesellschaft	7a	a) Zeitpunkt	23
c) GmbH	8	b) Reihenfolge	24
d) AG	10	c) Inhalt	25
4. Beizufügende Unterlagen	11	d) Zusammenwirken der Gerichte	26
		7. Bekanntmachung	27
		8. Kosten	31

---

1 Vgl. BGH v. 9.5.2005 – II ZR 29/03, ZIP 2005, 1318 (1320 ff.) = AG 2005, 613 zum Formwechsel und dazu *Decher*, Der Konzern 2005, 621 ff.
2 Vgl. BGH v. 9.5.2005 – II ZR 29/03, ZIP 2005, 1318 (1319) = AG 2005, 613 zum Formwechsel.
3 Zust. *Burg* in Böttcher/Habighorst/Schulte, § 37 UmwG Rz. 7.
4 *Simon/Nießen* in KölnKomm. UmwG, § 37 UmwG Rz. 12; *Schröer* in Semler/Stengel, § 37 UmwG Rz. 6.

§ 38 | Verschmelzung durch Neugründung

1. Überblick

1 § 38 Abs. 1 UmwG verdrängt § 16 Abs. 1 UmwG (§ 36 Abs. 1 UmwG). Er legt eigenständig fest, wer die Verschmelzung, § 38 Abs. 2 UmwG, wer den neuen Rechtsträger zur Eintragung in das Handelsregister anzumelden hat.

2. Anmeldung der Verschmelzung (§ 38 Abs. 1 UmwG)

2 Jeder der sich vereinigenden Rechtsträger hat durch seine Vertretungsorgane (in vertretungsberechtigter Zahl oder unechter Gesamtvertretung) die Verschmelzung elektronisch in öffentlich beglaubigter Form (§ 12 Abs. 1 HGB, § 40 BeurkG, § 129 BGB) bei dem für seinen Sitz zuständigen Register anzumelden und den neuen Rechtsträger (nicht die Verschmelzung, § 38 Abs. 2 UmwG) beim zuständigen Register seines künftigen Satzungssitzes. Das Vertretungsorgan des in Gründung befindlichen neuen Rechtsträgers ist zur Anmeldung der Verschmelzung nicht berechtigt (§ 36 Abs. 1 Satz 1). Auch kann kein übertragender Rechtsträger die Verschmelzung zur Eintragung beim Register eines anderen übertragenden Rechtsträgers anmelden.

3 Für die Anmeldung der Verschmelzung durch **Neugründung** gelten im Vergleich zur Anmeldung der Verschmelzung zur Aufnahme bei den übertragenden Rechtsträgern keine Besonderheiten (siehe hierzu Erl. zu § 16 UmwG).

3. Anmeldung des neuen Rechtsträgers (§ 38 Abs. 2 UmwG)

4 § 38 Abs. 2 UmwG setzt an die Stelle der nach dem Gründungsrecht des betreffenden Rechtsträgers zur Anmeldung Berechtigten (**OHG, KG:** sämtliche Gesellschafter, § 108 Abs. 1 HGB; **Partnerschaftsgesellschaft:** sämtliche Gesellschafter, §§ 4 Abs. 1 PartGG, 108 Abs. 1 HGB; **GmbH:** sämtliche Geschäftsführer, § 78 GmbHG; **AG:** alle Mitglieder des Vorstands, des Aufsichtsrats, alle Gründer, § 36 Abs. 1 AktG) die **Vertretungsorgane aller beteiligten übertragenden Rechtsträger**, die in vertretungsberechtigter Zahl (auch in unechter Gesamtvertretung) den neuen Rechtsträger bei dem für seinen künftigen Sitz zuständigen Handelsregister anzumelden haben[1]. Vertretung durch Bevollmächtigte ist zulässig. Anmeldung und Vollmacht sind öffentlich zu beglaubigen (§ 12 HGB, § 129 BGB). Der Bevollmächtigte kann aber nicht die (Wissens-)Erklärung gemäß § 16 Abs. 2 UmwG abgeben[2]. Anmeldung auf getrennten (gleich lautenden) Schriftstücken ist ausreichend.

---

[1] *Fronhöfer* in Widmann/Mayer, § 38 UmwG Rz. 9; *Grunewald* in Lutter, § 38 UmwG Rz. 2; *Schwanna* in Semler/Stengel, § 38 UmwG Rz. 3; *Simon/Nießen* in KölnKomm. UmwG, § 38 UmwG Rz. 4.

[2] *Schwanna* in Semler/Stengel, § 38 UmwG Rz. 3; *Simon/Nießen* in KölnKomm. UmwG, § 38 UmwG Rz. 4.

Diese **ausschließliche Anmeldebefugnis** umfasst alle Erklärungen und Handlungen, die bei regulärer Gründung nach dem auf den betreffenden Rechtsträger anwendbaren Gründungsrecht für die Erstanmeldung notwendig und zweckmäßig sind, sofern es sich nicht um Wissens- oder höchstpersönliche Erklärungen (wie zB die über Bestellungshindernisse, § 8 Abs. 3 GmbHG, § 37 Abs. 2 AktG) handelt. Diese Befugnis dauert fort bis zum Wirksamwerden der Verschmelzung gemäß § 19 Abs. 1 UmwG (= Eintragung des neuen Rechtsträgers im Handelsregister). 5

Anzumelden unter Bezugnahme auf die beigefügten Unterlagen (siehe Rz. 11) ist der neue Rechtsträger (§ 38 Abs. 2 UmwG), nicht – wie bei übertragenden Rechtsträgern – „die Verschmelzung"[1]. Auch wenn die Erklärung gemäß § 16 Abs. 2 UmwG nicht Inhalt der Anmeldung ist (siehe § 16 UmwG Rz. 14), empfiehlt es sich doch, diese in die Anmeldung aufzunehmen. Welche weiteren Angaben für die Anmeldung des neuen Rechtsträgers erforderlich sind, richtet sich nach dem Gründungsrecht des betreffenden Rechtsträgers (§ 36 Abs. 2 UmwG): 6

a) OHG, KG

Bei der Gründung von OHG und KG hat die Anmeldung zusätzlich zu enthalten: Namen, Vornamen, Geburtsdatum, Wohnort jedes Gesellschafters, Firma der Gesellschaft, Sitz, die inländische Geschäftsanschrift, die allgemeine und konkrete Vertretungsregelung, evtl. Ausschluss der Vertretungsmacht (§ 106 Abs. 2 HGB) sowie, bei KG, den Betrag der (Haft-)Einlage jedes Kommanditisten (§ 162 HGB). Voraussetzung ist nicht, dass die neue Gesellschaft Kaufmannseigenschaft hat. Die **Eintragung wirkt** in jedem Falle **konstitutiv** (§ 105 Abs. 2 HGB). 7

Zweckmäßig kann weiterhin die Angabe der Geschäftsräume der Gesellschaft und des Unternehmensgegenstandes (vgl. § 24 Abs. 2, 4 HRV) sein.

b) Partnerschaftsgesellschaft

Anzugeben sind Name und Sitz der Partnerschaft, Name, Vorname, Geburtsdatum, Wohnort jedes Partners und dessen in der Partnerschaft ausgeübter freier Beruf, Gegenstand der Partnerschaft (§§ 4 Abs. 1 Satz 1, 3 Abs. 2 PartGG), die allgemeine und konkrete Vertretungsregelung, evtl. Ausschluss der Vertretungsmacht (§ 7 Abs. 3 PartGG, § 125 Abs. 1 HGB). Die von § 3 Abs. 2 PRV geforderte Erklärung ist nicht von allen Partnern[2] der neuen Partnerschaft abzugeben, sondern von den Anmeldenden[3]. § 24 HRV (siehe Rz. 7) gilt auch hier. Fer- 7a

---

1 Wie hier *Schwanna* in Semler/Stengel, § 38 UmwG Rz. 4; *Fronhöfer* in Widmann/Mayer, § 38 UmwG Rz. 19; *Simon/Nießen* in KölnKomm. UmwG, § 38 UmwG Rz. 6.
2 Anders noch 5. Auflage.
3 *H. Schmidt* in Lutter, § 45a UmwG Rz. 15.

§ 38 | Verschmelzung durch Neugründung

ner ist anzugeben, welche Berufskammern (Anschrift) für die einzelnen Partner bestehen.

c) GmbH

8 Die bei Gründung von sämtlichen Geschäftsführern abzugebende Versicherung, dass die Leistungen auf die Geschäftsanteile bewirkt sind und sich die Einlagen endgültig in ihrer freien Verfügung befinden (§ 8 Abs. 2 Satz 1 GmbHG), ist **nur bei der regulären Sachgründung** erforderlich, nicht bei Verschmelzung durch Neugründung. Hier sind die Sacheinlagen (die einzubringenden Unternehmen) erst mit Eintragung der neuen Gesellschaft geleistet. Deshalb weicht die Verschmelzung durch Neugründung von einer Sachgründung, bei der die Sacheinlagen vor Anmeldung zu bewirken sind, ab; insoweit ist Gründungsrecht nicht anzuwenden (§ 36 Abs. 2 Satz 1 Halbsatz 2 UmwG). Die Einlageleistung ist hier durch die Gesamtrechtsnachfolge in die Vermögen der übertragenen Rechtsträger sichergestellt[1]. Für den vergleichbaren Fall der Kapitalerhöhung ist die Parallelvorschrift des § 57 Abs. 2 GmbHG ausdrücklich ausgeschlossen (vgl. § 55 Abs. 1 UmwG). Jeder Geschäftsführer der neuen GmbH hat jeweils die Versicherung über etwaige Ausschlussgründe (§ 8 Abs. 3 GmbHG) abzugeben, die auch außerhalb der Anmeldung erfolgen kann.

9 In der Anmeldung sind ferner anzugeben abstrakte und konkrete Vertretungsbefugnis der Geschäftsführer (§ 8 Abs. 4 Nr. 2 GmbHG), sowie die inländische Geschäftsanschrift (§ 8 Abs. 4 Nr. 1 GmbHG).

d) AG

10 Wie bei GmbH gilt auch bei der AG, dass keine Erklärung über die freie Verfügbarkeit der geleisteten Einlage (§ 37 Abs. 1 AktG) abzugeben ist[2]. Die Vorstandsmitglieder haben jedoch zu versichern, ob Bestellungshindernisse bestehen (§ 37 Abs. 2 AktG). Diese Erklärung können die anmeldenden Vertretungsorgane, wenn sie nicht zugleich Vorstandsmitglied der neuen AG wurden, nicht abgeben. Die Anmeldung hat ferner die inländische Geschäftsanschrift (§ 37 Abs. 3 Nr. 1 AktG) sowie (allgemeine und konkrete) Angaben zur abstrakten und konkreten Vertretungsbefugnis der Vorstandsmitglieder zu enthalten (§ 37 Abs. 3 Nr. 2 AktG).

Zur Anmeldung der Verschmelzung auf den **Alleingesellschafter/-aktionär** siehe § 122 UmwG Rz. 2 ff.

---

[1] Vgl. *Ihrig*, GmbHR 1995, 622 (629 f.) mwN; *M. Winter/J. Vetter* in Lutter, § 56 UmwG Rz. 46; *Mayer* in Widmann/Mayer, § 36 UmwG Rz. 87; *Schwanna* in Semler Stengel, § 38 UmwG Rz. 5.

[2] *Ihrig*, GmbHR 1995, 622 (630); *Fronhöfer* in Widmann/Mayer, § 38 UmwG Rz. 39; *Schwanna* in Semler/Stengel, § 38 UmwG Rz. 6.

4. Beizufügende Unterlagen

a) Für die **Anmeldung der Verschmelzung** bei den übertragenden Rechtsträgern sind die in § 17 UmwG genannten Anlagen beizufügen. Insofern ergeben sich keine Besonderheiten (siehe die Erl. zu § 17 UmwG). 11

b) Der Anmeldung des **neugegründeten Rechtsträgers** sind **zusätzlich** zu den in § 17 UmwG genannten (siehe hierzu § 17 UmwG Rz. 2–4) die Anlagen beizufügen, die das Gründungsrecht des betreffenden Rechtsträgers für den Regelfall der Gründung verlangt, mit Ausnahme des Gesellschaftsvertrags/der Satzung/des Partnerschaftsvertrags des neugegründeten Rechtsträgers, die bereits zwingend im Verschmelzungsvertrag enthalten sind (vgl. § 37 UmwG). Etwas anderes gilt nur, wenn sie von dem Verschmelzungsvertrag getrennt beurkundet wurden. 12

Im Einzelnen: 13

aa) OHG, KG. Weitere Unterlagen sind nicht erforderlich. Insbesondere sind – anders als bei GmbH und AG – keine Nachweise hinsichtlich der Werthaltigkeit der einzubringenden Unternehmen vorzulegen.

bb) Partnerschaftsgesellschaft. Bei verkammerten Berufen sind die jeweiligen Zulassungsurkunden vorzulegen. Bei Partnerschaften mit beschränkter Berufshaftung sind die Versicherungsbescheinigung gemäß § 113 Abs. 2 VVG vorzulegen (siehe § 4 Abs. 3 PartGG)[1]. Ansonsten gelten die Angaben zu Rz. 13. 13a

cc) GmbH 14

- (privatschriftlicher) von den übertragenden Rechtsträgern zu fassender Beschluss (§§ 46 Nr. 5, 47 Abs. 1 GmbHG) über Bestellung der Geschäftsführer, sofern diese nicht im Verschmelzungsbeschluss oder im Verschmelzungsvertrag bestellt sind;
- ggf. Sachgründungsbericht; dieser ist nur entbehrlich, wenn der übertragende Rechtsträger eine Kapitalgesellschaft oder eingetragene Genossenschaft ist (§ 58 Abs. 2 UmwG). Er ist von den übertragenden Rechtsträgern als Gründer (§ 5 Abs. 4 Satz 2 GmbHG, § 36 Abs. 2 Satz 2 UmwG) zu erstellen und von deren Vertretungsorganen in vertretungsberechtigter Zahl zu unterzeichnen (Einzelheiten bei § 58 UmwG). Die Unterschriften sind nicht öffentlich zu beglaubigen. Bevollmächtigung ist – wie bei regulärer Sachgründung[2] – nicht möglich;
- Schlussbilanzen aller übertragenden Rechtsträger als Wertnachweis (siehe Rz. 19);
- Versicherung gemäß § 8 Abs. 3 GmbHG in beglaubigter Form (§ 12 HGB, § 129 BGB, § 40 BeurkG)[3], wenn nicht bereits in der Anmeldung selbst enthalten.

---

1 *H. Schmidt* in Lutter, § 45a UmwG Rz. 15.
2 Vgl. *Veil* in Scholz, 11. Aufl. 2012, § 5 GmbHG Rz. 100 mwN.
3 AA *Simon/Nießen* in KölnKomm. UmwG, § 38 UmwG Rz. 8.

§ 38 | Verschmelzung durch Neugründung

15 **dd) AG, KGaA**
- Schlussbilanzen aller übertragenden Rechtsträger als Wertnachweis (siehe Rz. 21);
- notarielle Ausfertigung oder beglaubigte Abschrift der Urkunde über die Bestellung der Abschlussprüfer für das erste Voll- oder Rumpfgeschäftsjahr (§ 30 Abs. 1 AktG), falls AG prüfungspflichtig ist[1] (vgl. § 316 HGB);
- Gründungsbericht (§ 32 AktG) und Gründungsprüfungsbericht (§§ 33 Abs. 2, 34 Abs. 3 AktG); eine Gründungsprüfung durch den den Verschmelzungsvorgang beurkundenden Notar verbietet sich, da diese nur bei der Bar- und nicht bei der Sachgründung möglich ist (§ 33 Abs. 3 AktG);
- bei AG-Verschmelzungen: je ein beglaubigter Handelsregisterauszug jeder übertragenden AG als Nachweis, dass kein Verschmelzungsverbot besteht, sie also bereits zwei Jahre im Register eingetragen ist (§ 76 Abs. 1 UmwG);
- Anzeige der von den übertragenden Rechtsträgern bestellten Treuhänder über den Empfang der zu gewährenden Aktien (§ 71 Abs. 1 UmwG);
- Berechnung des Gründungsaufwands (§ 37 Abs. 4 Nr. 2 AktG);
- den (privatschriftlichen) Beschluss des Aufsichtsrats über die Bestellung des Vorstands (§ 37 Abs. 4 Nr. 3 AktG). Die Bestellung des Aufsichtsrats selbst erfolgt im Verschmelzungsvertrag (vgl. § 76 UmwG Rz. 7).

5. Prüfung durch das Registergericht

a) Prüfung der Verschmelzung

16 Siehe § 19 UmwG Rz. 2 ff. Die Prüfung der Gründung des neuen Rechtsträgers erfolgt allein durch das Registergericht am Sitz des neuen Rechtsträgers (§ 38 Abs. 2 UmwG).

b) Prüfung des Gründungsvorgangs

17 Das für den neuen Rechtsträger zuständige Registergericht prüft die Ordnungsgemäßheit der gesamten Verschmelzung und des Gründungsvorgangs. Bei (behebbaren) Gründungsmängeln hat das Gericht vor Ablehnung der Eintragung durch zu begründende Zwischenverfügung Gelegenheit zur Abhilfe zu gewähren (§ 382 Abs. 4 FamFG). Der Umfang der Prüfung des Gründungsvorgangs richtet sich nach der Rechtsform des angemeldeten neuen Rechtsträgers:

18 **aa)** Bei der **OHG, KG** beschränkt sich die Prüfung auf das Vorliegen der **formellen Eintragungsvoraussetzung**[2]: nachvollziehbarer Antrag, sachliche und örtli-

---

1 *Fronhöfer* in Widmann/Mayer, § 38 UmwG Rz. 42.
2 *Schwanna* in Semler/Stengel, § 38 UmwG Rz. 10.

che Zuständigkeit, Vertretungsberechtigung der Anmeldenden, Form der Anmeldung, Eintragungsfähigkeit der angemeldeten Tatsachen und Zulässigkeit der Firma. Bei einer **Partnerschaftsgesellschaft** ist die Prüfung wie bei OHG, KG auf die formellen Eintragungsvoraussetzungen beschränkt (vgl. § 4 Abs. 2 PartGG).

bb) Bei einer **GmbH** prüft das Registergericht – wie bei einer regulären Gründung – die Ordnungsmäßigkeit der Anmeldung und Errichtung der GmbH (§ 9c GmbHG) sowie Vollständigkeit der einzureichenden Unterlagen[1]. Da es sich bei der Verschmelzung zur Neugründung um eine Sachgründung handelt, hat der Registerrichter insbesondere zu prüfen, ob der Wert der Sacheinlage dem Wert des von dem betreffenden übertragenden Rechtsträger übernommenen Geschäftsanteils entspricht (**Verbot der Unter-Pari-Emission**)[2]. Als Wertnachweis reichen in der Regel die Verschmelzungsbilanzen (§ 17 Abs. 2 UmwG) der übertragenden Rechtsträger aus. Nur wenn deren Nettobuchwerte nicht den Nennwert des übernommenen Geschäftsanteils erreichen, muss das Gericht von Amts wegen weitere Nachforschungen anstellen (§ 26 FamFG), zB Sachverständigengutachten anfordern[3]. Bleibt der Wert des übertragenen Vermögens hinter dem Nennwert des übernommenen Geschäftsanteils zurück, ist die Differenz durch Zuzahlung in Geld auszugleichen (§ 9 Abs. 1 GmbHG) und die Differenzzahlung gegenüber dem Registergericht gemäß § 8 Abs. 2 GmbHG zu versichern. Ist die Sacheinlage „nicht unwesentlich" überbewertet, hat das Registergericht die Eintragung abzulehnen. 19

cc) AG, KGaA. Zu prüfen sind **Ordnungsmäßigkeit** der Anmeldung und Errichtung der AG (§ 38 Abs. 1 UmwG)[4]. 20

Wie bei der GmbH hat das Registergericht auch zu überprüfen, ob der **Wert des übertragenen Vermögens** dem der dafür zu gewährenden Aktien entspricht (Einzelheiten bei Rz. 19). Diese Prüfung tritt neben die – bei Verschmelzung nur im Ausnahmefall erforderliche (vgl. § 75 Abs. 2 UmwG) – Drittprüfung. 21

Das Gericht kann die Eintragung der neuen AG ablehnen, wenn der Wert der Sacheinlage „nicht unwesentlich" hinter dem geringsten Ausgabebetrag der dafür zu gewährenden Aktien zurückbleibt (§ 38 Abs. 2 Satz 2 AktG). Trägt das Gericht dennoch ein, ist die AG wirksam entstanden. Die Wertdifferenz ist durch Zahlung des Differenzbetrages in bar auszugleichen[5]. Die Zahlung ist durch Bankbestätigung (§ 37 Abs. 1 Satz 3 AktG) nachzuweisen und zusätzlich gemäß § 37 Abs. 1 Satz 1 AktG zu versichern. 22

---

1 Siehe im Einzelnen *Veil* in Scholz, 11. Aufl. 2012, § 9c GmbHG Rz. 4 ff.
2 *Schwanna* in Semler/Stengel, § 38 UmwG Rz. 10; *Simon/Nießen* in KölnKomm. UmwG, § 38 UmwG Rz. 16.
3 OLG Düsseldorf v. 27.10.1995 – 22 U 53/95, GmbHR 1996, 369; *Simon/Nießen* in KölnKomm. UmwG, § 38 UmwG Rz. 16; *Schwanna* in Semler/Stengel, § 38 UmwG Rz. 11.
4 Weitere Einzelheiten bei *Hüffer/Koch*, § 38 AktG Rz. 3 und 7.
5 *Hüffer/Koch*, § 9 AktG Rz. 6.

6. Eintragung

a) Zeitpunkt

23 Zum Zeitpunkt siehe § 19 UmwG Rz. 7.

b) Reihenfolge

24 Zunächst ist die Verschmelzung im Register aller übertragenden Rechtsträger mit dem Vermerk einzutragen, dass die Verschmelzung erst mit Eintragung des neuen Rechtsträgers[1] wirksam wird, sofern die Eintragungen in den Registern aller beteiligten Rechtsträger nicht am selben Tag erfolgen (§§ 19 Abs. 1 Satz 2, 36 Abs. 1 Satz 2 UmwG). Diese Eintragung hat nur deklaratorische Bedeutung[2]. Sodann erfolgt mit konstitutiver Wirkung[3] die **Eintragung des neuen Rechtsträgers**, nicht der Verschmelzung wie bei Verschmelzung durch Aufnahme (§ 36 Abs. 1 Satz 2 UmwG). Mit Eintragung des neuen Rechtsträgers entsteht dieser nicht nur, auf ihn geht gleichzeitig das Vermögen der übertragenden Rechtsträger über (§§ 20 Abs. 1, 36 Abs. 1 Satz 2 UmwG).

c) Inhalt

25 Zum Inhalt der Eintragung bei den übertragenden Rechtsträgern siehe § 19 UmwG Rz. 9. Bei dem neuen Rechtsträger erfolgt die Eintragung im Handelsregister zunächst wie bei regulärer Gründung (vgl. zB § 10 GmbHG, § 39 AktG). Zusätzlich wird in Spalte 4 (PR) des Partnerschaftsregisters, Spalte 5 (HRA) bzw. Spalte 6 (HRB) des Handelsregisters (Rechtsverhältnisse) unter Bezeichnung der übertragenden Rechtsträger, des Datums des Verschmelzungsvertrages und der Verschmelzungsbeschlüsse vermerkt, dass die Gesellschaft durch Verschmelzung gegründet wurde.

d) Zusammenwirken der Gerichte

26 Siehe hierzu § 19 UmwG Rz. 11.

7. Bekanntmachung

27 **a)** Die Veröffentlichung durch das Registergericht der übertragenden Rechtsträger in den in § 19 Abs. 3 UmwG genannten Medien (Einzelheiten siehe § 19

---

1 *Priester*, DNotZ 1995, 427 (442): „Vorläufigkeitsvermerk".
2 *Decher* in Lutter, § 19 UmwG Rz. 11; *Fronhöfer* in Widmann/Mayer, § 38 UmwG Rz. 68 ff.; *Schwanna* in Semler/Stengel, § 38 UmwG Rz. 14.
3 *Stratz* in Schmitt/Hörtnagl/Stratz, § 38 UmwG Rz. 3.

UmwG Rz. 14) weicht von der Verschmelzung durch Aufnahme nur insofern ab, als darauf hingewiesen wird, dass eine Verschmelzung durch Neugründung erfolgt ist und der neue Rechtsträger bekannt gemacht wird.

b) Das Registergericht des neuen Rechtsträgers hat die Neueintragung des durch Verschmelzung entstandenen Rechtsträgers bekannt zu machen (§§ 36 Abs. 1 Satz 2, 19 Abs. 3 UmwG), nicht die Verschmelzung, sowie den Grund des Entstehens der Gesellschaft (= durch Verschmelzung). 28

Jedes Gericht hat in der Bekanntmachung auf die Gläubigerrechte gemäß §§ 36 Abs. 1, 22 Abs. 1 Satz 3 UmwG hinzuweisen. 29

c) Rechtsfolgen der Bekanntmachung: Für die Wirksamkeit der Verschmelzung und das Entstehen des neuen Rechtsträgers hat die Bekanntmachung keine Bedeutung. Wegen weiterer Einzelheiten, insbes. zum Lauf der Fristen, siehe § 19 UmwG Rz. 17. 30

8. Kosten

Kosten des **Notars:** Beglaubigt der Notar lediglich die Unterschriften unter der von ihm nicht gefertigten Anmeldung des neuen Rechtsträgers, erhält er hierfür eine 0,2-Gebühr gemäß Nr. 25100 KV GNotKG, mindestens 20,00 Euro, höchstens 70,00 Euro. Wird der Notar neben der Unterschriftsbeglaubigung mit der elektronischen Einreichung der Anmeldung zum Amtsgericht (Erstellung der XML-Strukturdaten) beauftragt, fällt zusätzlich eine Vollzugsgebühr in Höhe von 0,6 gemäß Nr. 22125 KV GNotKG an. 31

Hat der Notar die Anmeldung des neuen Rechtsträgers entworfen, erhält er eine 0,5- Entwurfsgebühr gemäß Nr. 24100 KV GNotKG. Für die Unterschriftsbeglaubigung unter dem von ihm gefertigten Entwurf erhält er keine gesonderte Gebühr (Vorbemerkung 2.4.1 Abs. (2) GNotKG). Die Vollzugsgebühr für die elektronische Einreichung der Anmeldung zum Amtsgericht (Erstellung der XML-Strukturdaten) ist in diesem Fall nur eine 0,3 Gebühr gemäß Nr. 22114 KV GNotKG.

Der Wert der Anmeldung richtet sich nach § 105 GNotKG; Höchstwert gemäß § 106 GNotKG: eine Mio. Euro.

Zu den Kosten der Anmeldung der Verschmelzung: § 16 UmwG Rz. 21.

Zu den **Handelsregistergebühren** siehe § 19 UmwG Rz. 18. 32

Zweiter Teil
Besondere Vorschriften

Erster Abschnitt
Verschmelzung unter Beteiligung von Personengesellschaften

Erster Unterabschnitt
Verschmelzung unter Beteiligung von Personenhandelsgesellschaften

§ 39
Ausschluss der Verschmelzung

Eine aufgelöste Personenhandelsgesellschaft kann sich nicht als übertragender Rechtsträger an einer Verschmelzung beteiligen, wenn die Gesellschafter nach § 145 des Handelsgesetzbuchs eine andere Art der Auseinandersetzung als die Abwicklung oder als die Verschmelzung vereinbart haben.

1. Anwendungsbereich und Überblick 1
2. Vereinbarung über andere Art der Auseinandersetzung 3
3. Aufhebung der Vereinbarung über andere Art der Auseinandersetzung 6
4. Rechtsfolgen 8
5. Aufgelöste Personenhandelsgesellschaft als übernehmender Rechtsträger 9
6. Gestaltungsfragen 11

1. Anwendungsbereich und Überblick

1 § 39 UmwG gilt nur für aufgelöste (§ 131 HGB; zur Insolvenz § 3 UmwG Rz. 27; für Verschmelzungen unter Insolvenzplänen ist allerdings § 225a Abs. 3 InsO vorrangig, so dass die Auflösung dafür keine Einschränkung darstellt[1]) Personenhandelsgesellschaften (siehe § 3 UmwG Rz. 3 ff.) als übertragende Rechtsträger. Auf die Verschmelzung von Partnerschaftsgesellschaften findet § 39 UmwG gemäß § 45e Satz 1 UmwG entsprechende Anwendung.

2 § 39 UmwG ergänzt den daneben anwendbaren § 3 Abs. 3 UmwG und schließt die Beteiligung einer aufgelösten Personenhandelsgesellschaft an einer Verschmelzung als übertragender Rechtsträger zusätzlich aus, wenn diese nach Maßgabe einer Vereinbarung der Gesellschafter nicht liquidiert wird, es sei denn, die Verschmelzung wäre ausdrücklich vereinbart. Unter diesen Voraussetzungen würde die Verschmelzung dem einstimmigen Willen der Gesellschafter

---

1 H. Schmidt in Lutter, § 39 UmwG Rz. 10. Näher dazu Anhang II.

widersprechen. Die praktischen Auswirkungen sind stark von der **Gestaltung des Gesellschaftsvertrags** im Übrigen abhängig.

2. Vereinbarung über andere Art der Auseinandersetzung

Die Vereinbarung der anderen Art der Auseinandersetzung kann bei Gründung der Gesellschaft, während deren Dauer als werbende Gesellschaft oder anlässlich der Auflösung getroffen werden. Ist die Gesellschaft bereits in Liquidation, beinhaltet diese Vereinbarung gleichzeitig die Beendigung der Liquidation. Die Vereinbarung ist daher im Liquidationsstadium **nur möglich, solange auch die Fortsetzung beschlossen werden könnte**. Insofern besteht eine Parallele zum Verschmelzungsbeschluss (§ 3 Abs. 3 UmwG). 3

Die Vereinbarung kann formell Bestandteil des Gesellschaftsvertrags sein oder gesondert getroffen werden. Auch der einstimmige Gesellschafterbeschluss stellt eine solche Vereinbarung dar. Wird also einstimmig die Auflösung der Gesellschaft und gleichzeitig die Übertragung des Gesellschaftsvermögens auf die Gesellschafter beschlossen, ist eine spätere Verschmelzung aufgrund Mehrheitsbeschlusses ausgeschlossen. Die andere Art der Auseinandersetzung kann auch mit Mehrheit beschlossen werden, wenn der Gesellschaftsvertrag eine **Mehrheitsklausel** enthält, die den Anforderungen der Rechtsprechung genügt[1]. Insofern besteht eine Parallele zum Fortsetzungsbeschluss[2]. Enthält der Gesellschaftsvertrag lediglich für die Auflösung eine Mehrheitsklausel, deckt diese nur Auflösungsbeschlüsse mit gewöhnlicher Liquidationsfolge, nicht aber den liquidationslosen Übergang des Gesellschaftsvermögens auf einen Gesellschafter[3]. In diesem Fall steht § 39 UmwG der Verschmelzung nicht entgegen. 4

Eine besondere Lage ergibt sich, wenn der Gesellschaftsvertrag nicht nur eine Mehrheitsklausel für die Verschmelzung enthält, sondern auch einen **mit Mehrheit gefassten Fortsetzungsbeschluss** zulässt. Dann begründet der Auflösungsbeschluss für den Minderheitsgesellschafter noch kein unentziehbares Anrecht auf das Gesellschaftsvermögen. Es kann ihm aufgrund eines mehrheitlichen Fortsetzungsbeschlusses wieder genommen werden. Nach einem solchen Fortsetzungsbeschluss kann sich die Personenhandelsgesellschaft an einer Verschmelzung beteiligen, ohne dass § 39 UmwG entgegensteht[4]. 5

---

1 BGH v. 21.10.2014 – II ZR 84/13, GmbHR 2014, 1303 (Aufgabe des Bestimmtheitsgrundsatzes); *K. Schmidt* in MünchKomm. HGB, 4. Aufl. 2016, § 145 HGB Rz. 46.
2 Dazu BGH v. 12.11.1952 – II ZR 260/51, BGHZ 8, 35.
3 BGH v. 20.6.1966 – II ZR 254/63, WM 1966, 876.
4 Gleichsinnig *Ihrig* in Semler/Stengel, § 39 UmwG Rz. 14; aA (Umgehung) wohl *Dauner-Lieb/P. W. Tettinger* in KölnKomm. UmwG, § 39 UmwG Rz. 27; *Burg* in Böttcher/Habighorst/Schulte, § 39 UmwG Rz. 13, differenziert danach, ob Umgehungsabsicht vorliegt.

3. Aufhebung der Vereinbarung über andere Art der Auseinandersetzung

6 Die Vereinbarung über die andere Art der Abwicklung kann durch auch konkludenten Gesellschafterbeschluss wieder aufgehoben werden, wenn dem keine rechtlichen Gründe entgegenstehen[1]. Dies kann durch Mehrheitsbeschluss geschehen, wenn der Gesellschaftsvertrag das zulässt. Ein solcher **Aufhebungsbeschluss** ist auch bei der aufgelösten Gesellschaft möglich und räumt das Hindernis des § 39 UmwG für eine Verschmelzung aus[2]. Eine solche Vertragsänderung liegt nicht in einem mit zulässiger Mehrheitsentscheidung gefassten Verschmelzungsbeschluss, wenn es zur Vertragsänderung der Einstimmigkeit oder einer größeren Mehrheit bedürfte[3].

7 Sieht der Gesellschaftsvertrag weder für die Fortsetzung noch für die Verschmelzung der Gesellschaft einen Mehrheitsbeschluss vor, liegt im **einstimmigen Verschmelzungsbeschluss gleichzeitig die Aufhebung der Vereinbarung nach § 145 HGB**, so dass diese der Verschmelzung nicht mehr im Wege steht[4]. Sieht der Gesellschaftsvertrag für die Verschmelzung nach § 43 Abs. 2 Satz 1 UmwG eine Mehrheitsentscheidung vor, werden **überstimmte Minderheitsgesellschafter durch § 39 UmwG geschützt**. Ihnen können die durch den Auflösungsbeschluss iVm. der Vereinbarung nach § 145 HGB entstandenen Anrechte auf das Gesellschaftsvermögen nicht mehr gegen ihren Willen genommen werden. Wird allerdings die Verschmelzung trotz Mehrheitsklausel im Gesellschaftsvertrag einstimmig beschlossen, so liegt eine konkludente Aufhebung der Vereinbarung nach § 145 HGB vor und steht § 39 UmwG der Verschmelzung nicht im Wege[5].

4. Rechtsfolgen

8 Der **entgegen § 39 UmwG gefasste Verschmelzungsbeschluss ist nichtig**[6]. Der Registerrichter darf die Verschmelzung nicht eintragen. Die Nichtigkeit wird geheilt, wenn auf die Beanstandung des Registerrichters die Vereinbarung über die andere Art der Auseinandersetzung aufgehoben wird. Häufig wird der Registerrichter die Verschmelzung in Unkenntnis der Vereinbarung über die andere Art der Auseinandersetzung eintragen. Dann gilt § 20 Abs. 2 UmwG: Die Wirkun-

---

1 Beispiele hierfür bei *Burg* in Böttcher/Habighorst/Schulte, § 39 UmwG Rz. 8.
2 *H. Schmidt* in Lutter, § 39 UmwG Rz. 15; *Ihrig* in Semler/Stengel, § 39 UmwG Rz. 18.
3 *Vossius* in Widmann/Mayer, § 39 UmwG Rz. 52; *Ihrig* in Semler/Stengel, § 39 UmwG Rz. 18.
4 *Burg* in Böttcher/Habighorst/Schulte, § 39 UmwG Rz. 2.
5 *Burg* in Böttcher/Habighorst/Schulte, § 39 UmwG Rz. 7.
6 *H. Schmidt* in Lutter, § 39 UmwG Rz. 20; *Burg* in Böttcher/Habighorst/Schulte, § 39 UmwG Rz. 15.

gen der Verschmelzung treten ein[1]. Die vereinbarte andere Art der Auseinandersetzung ist vereitelt. Es bleiben nur Ansprüche auf Ersatz des Vermögensschadens in Geld gegen die insoweit treupflichtwidrig handelnden Mehrheits-Gesellschafter oder die geschäftsführenden Gesellschafter nach § 25 Abs. 1 UmwG.

5. Aufgelöste Personenhandelsgesellschaft als übernehmender Rechtsträger

§ 39 UmwG gilt nach dem Wortlaut nur für die aufgelöste Personenhandelsgesellschaft als übertragender Rechtsträger, nicht dagegen als übernehmender. Das erschien dem Gesetzgeber sinnvoll, da die Verschmelzung die Art der Auseinandersetzung der aufnehmenden Gesellschaft nicht berührt[2]. Trotzdem ist eine **entsprechende Anwendung zu erwägen**, soweit auch die entsprechende Anwendung von § 3 Abs. 3 UmwG auf Personenhandelsgesellschaften als übernehmende Rechtsträger bejaht wird (vgl. zB § 3 UmwG Rz. 27 aE). Denn durch die Verschmelzung wird die Struktur des Gesellschaftsvermögens der aufgelösten übernehmenden Personengesellschaft verändert, was durchaus die vereinbarte andere Art der Auseinandersetzung berührt. Außerdem sind die im Zuge der Verschmelzung eintretenden neuen Gesellschafter zu schützen, wenn der übertragende Rechtsträger eine Kapitalgesellschaft oder eine Personenhandelsgesellschaft ohne Vereinbarung einer anderen Art der Auseinandersetzung als die Abwicklung ist. Dann würde der in der übertragenden Gesellschaft bestehende Anspruch auf Abwicklung in der übernehmenden Personengesellschaft durch die Vereinbarung der anderen Auseinandersetzung vereitelt.

9

Eine aufgelöste Personenhandelsgesellschaft kann sich an einer Verschmelzung jedenfalls dann als übernehmender Rechtsträger beteiligen, wenn der Auflösungsbeschluss durch einen **Fortsetzungsbeschluss** rückgängig gemacht wurde, weil es sich dann wieder um eine werbende Gesellschaft handelt[3]. Umstritten ist dagegen, ob schon die bloße **Möglichkeit eines Fortsetzungsbeschlusses** genügt. Richtigerweise ist das entgegen der wohl überwiegenden Auffassung zu bejahen (näher mit Nachweisen § 3 UmwG Rz. 24), falls die Verschmelzung mit dem **Zweck der Auseinandersetzung** vereinbar ist. Das kann zB bei einer Upstream-Verschmelzung einer aufgelösten Tochtergesellschaft auf die aufgelöste Personenhandelsgesellschaft der Fall sein, wenn diese Verschmelzung die möglicherweise aufwendigere Liquidation der Tochtergesellschaft erspart. In diesem

10

---

1 *Ihrig* in Semler/Stengel, § 39 UmwG Rz. 21; *Decker* in Henssler/Strohn, § 39 UmwG Rz. 3.
2 *H. Schmidt* in Lutter, § 39 UmwG Rz. 18.
3 Zum Fortsetzungsbeschluss bei der GmbH & Co. KG vgl. *K. Schmidt/Bitter* in Scholz, 11. Aufl. 2015, § 60 GmbHG Rz. 120.

Fall hilft der Ausweg der Gegenansicht nicht, die den Verschmelzungsbeschluss grundsätzlich als konkludenten Forstsetzungsbeschluss auslegen will, weil in diesem Fall ersichtlich an der Auflösung festgehalten wird[1]. Nach der Gegenansicht müsste also zunächst ein ausdrücklicher Fortsetzungsbeschluss und nach der Verschmelzung ein erneuter Auflösungsbeschluss gefasst werden. Das erscheint als unnötiger Umweg mit demselben Ergebnis. § 39 UmwG ist auch dann entsprechend anzuwenden.

6. Gestaltungsfragen

11 Bei der **Ein-Personen-GmbH & Co. KG**, bei der GmbH und KG jeweils nur einen personenidentischen Gesellschafter haben, wird vertreten, eine Verschmelzung der GmbH auf die KG sei unzulässig, weil dadurch automatisch die KG erlösche, während das Umwandlungsrecht vom Fortbestehen des aufnehmenden Rechtsträgers ausgehe[2]. Das ist zwar nicht stichhaltig, da das Erlöschen der KG als Rechtsfolge außerhalb des Umwandlungsrechts eintritt[3]. Solange aber diese Frage nicht geklärt ist, sollte alternativ die Verschmelzung der Komplementär-GmbH auf ihren Gesellschafter erwogen werden, der zugleich auch Kommanditist ist; auch das hätte das Erlöschen der KG zur Folge. Möglich wäre auch eine Doppelverschmelzung sowohl der KG als auch der GmbH auf ihren gemeinsamen Gesellschafter. Ist der Gesellschafter hingegen (zB als natürliche Person außerhalb des § 3 Abs. 2 Nr. 2 UmwG) nicht verschmelzungsfähig, bleibt nur der Austritt der GmbH aus der KG, um eine Anwachsung beim Kommanditisten herbeizuführen; dann bleibt die GmbH freilich mit ihrem eigenen Vermögen bestehen.

Gerade bei Personengesellschaften können verschmelzungsähnliche Ergebnisse im Wege der **Anwachsung** erreicht werden, wenn alle bis auf einen Gesellschafter ausscheiden oder alle Anteile auf einen Gesellschafter übertragen werden[4]. Das UmwG gilt für solche Gestaltungen nicht. Insbesondere schränkt § 1 Abs. 2 UmwG sie nicht ein (näher § 1 UmwG Rz. 18).

12 Richtigerweise ist der **Beginn der Vermögensverteilung** nach Auflösung kein Verschmelzungshindernis, weil die Verschmelzung nur die Übertragung des ge-

---

1 So zB *H. Schmidt* in Lutter, § 39 UmwG Rz. 18; wohl auch *Ihrig* in Semler/Stengel, § 39 UmwG Rz. 20.
2 OLG Hamm v. 24.6.2010 – 15 Wx 360/09, GmbHR 2010, 985 = NZG 2010, 1309 (obiter); *H. Schmidt* in Lutter, § 39 UmwG Rz. 19.
3 Zutreffend *Nelißen*, NZG 2010, 1291 ff. (mit dem Hinweis auf die Möglichkeit der Anwachsungsmodelle bis zur Klärung dieser Rechtsfrage); *Ege/Klett*, DStR 2010, 2463 (2465 f.). Beide mit dem zusätzlichen Argument, das Erlöschen finde erst eine logische Sekunde nach Eintragung der Verschmelzung statt.
4 Dazu ausführlich *Ege/Klett*, DStR 2010, 2463 ff.

samten in diesem Zeitpunkt noch vorhandenen Vermögens erfordert und § 274 Abs. 1 Satz 1 AktG für Personenhandelsgesellschaften nicht gilt[1].

§ 40
Inhalt des Verschmelzungsvertrags

(1) Der Verschmelzungsvertrag oder sein Entwurf hat zusätzlich für jeden Anteilsinhaber eines übertragenden Rechtsträgers zu bestimmen, ob ihm in der übernehmenden oder der neuen Personenhandelsgesellschaft die Stellung eines persönlich haftenden Gesellschafters oder eines Kommanditisten gewährt wird. Dabei ist der Betrag der Einlage jedes Gesellschafters festzusetzen.

(2) Anteilsinhabern eines übertragenden Rechtsträgers, die für dessen Verbindlichkeiten nicht als Gesamtschuldner persönlich unbeschränkt hafteten, ist die Stellung eines Kommanditisten zu gewähren. Abweichende Bestimmungen sind nur wirksam, wenn die betroffenen Anteilsinhaber dem Verschmelzungsbeschluss des übertragenden Rechtsträgers zustimmen.

1. Anwendungsbereich und Überblick 1
2. Notwendiger Inhalt des Verschmelzungsvertrags (§ 40 Abs. 1 UmwG) 3
3. Schutz beschränkt haftender Gesellschafter (§ 40 Abs. 2 UmwG)
   a) Anwendungsbereich 8
   b) Gewährung der Stellung eines Kommanditisten (§ 40 Abs. 2 Satz 1 UmwG) 10
   c) Zustimmung zur Übernahme persönlicher Haftung (§ 40 Abs. 2 Satz 2 UmwG) 14
4. Rechtsfolgen 15

1. Anwendungsbereich und Überblick

Die Vorschrift gilt für alle Verschmelzungen (ob zur Aufnahme oder zur Neugründung), bei denen eine Personenhandelsgesellschaft übernehmender oder neuer Rechtsträger ist, also unabhängig von der Natur des übertragenden Rechtsträgers. 1

§ 40 Abs. 1 UmwG regelt den **notwendigen Inhalt** des Verschmelzungsvertrags und ergänzt die Vorschrift des § 5 Abs. 1 Nr. 3 UmwG. Zur Angabe des Umtauschverhältnisses bei Personenhandelsgesellschaften siehe Rz. 3 und § 5 UmwG Rz. 20. 2

---

1 Oben *Marsch-Barner*, § 3 UmwG Rz. 23; *Ihrig* in Semler/Stengel, § 39 UmwG Rz. 6; *Dauner-Lieb/P. W. Tettinger* in KölnKomm. UmwG, § 39 UmwG Rz. 18 ff.; aA *H. Schmidt* in Lutter, § 39 UmwG Rz. 11 mit Nachweisen zum Meinungsstand.

§ 40 Abs. 2 UmwG schützt beschränkt haftende Gesellschafter und wird durch § 43 Abs. 2 Satz 3 UmwG für unbeschränkt haftende Gesellschafter ergänzt. Aus diesen Vorschriften ist die allgemeine Regel abzuleiten, dass kein Anteilsinhaber eines übertragenden Rechtsträgers ohne seine Zustimmung in der übernehmenden oder neuen Personenhandelsgesellschaft die Stellung eines persönlich haftenden Gesellschafters erhalten soll.

2. Notwendiger Inhalt des Verschmelzungsvertrags (§ 40 Abs. 1 UmwG)

3 Statt[1] der Angabe des Umtauschverhältnisses muss bei Verschmelzung auf eine Personenhandelsgesellschaft für jeden Anteilsinhaber des übertragenden Rechtsträgers angegeben werden, ob er in der übernehmenden oder neuen Personenhandelsgesellschaft die Stellung eines persönlich haftenden Gesellschafters oder eines Kommanditisten erhält (§ 40 Abs. 1 Satz 1 UmwG). Ferner muss der Betrag seiner Einlage festgesetzt werden (§ 40 Abs. 1 Satz 2 UmwG). Im Falle einer Verschmelzung zur Neugründung ergibt sich dies bereits aus § 37 UmwG. Mit der **Einlage eines Kommanditisten** ist der Einlagebetrag gemeint, nach dem sich gemäß Gesellschaftsvertrag die Gesellschafterrechte bemessen. Denn es geht um die Bestimmung der Gegenleistung für die Übertragung des Vermögens des übertragenden Rechtsträgers. Daher ist im Regelfall der Betrag der sog. **Pflichteinlage**, mithin der Betrag des festen Kapitalkontos anzugeben[2]. Soll die im Außenverhältnis vereinbarte Haftsumme geringer sein, ist sie gesondert anzugeben[3]. Beim persönlich haftenden Gesellschafter handelt es sich um das feste Kapitalkonto[4], nach dem sich unter dem Gesellschaftsvertrag seine Vermögensrechte richten. Jeder Anteilsinhaber ist jedenfalls in einer Anlage zum Verschmelzungsvertrag seinem Namen oder seiner Firma nach aufzuführen, während dann im Verschmelzungsvertrag eine gattungsmäßige Bezeichnung („alle Vorzugsaktionäre" etc.) genügt[5]. Ist der übertragende Rechtsträger eine AG oder KGaA mit Inhaberaktien und unbekannten Aktionären, finden die Erleichterun-

---

1 Nach aA ist das Umtauschverhältnis zusätzlich anzugeben, so dass es sich aufgrund der bestehenden Unsicherheit empfehlen kann, dies jedenfalls vorsorglich zu tun; vgl. *Dauner-Lieb/P. W. Tettinger* in KölnKomm. UmwG, § 40 UmwG Rz. 13.
2 *Ihrig* in Semler/Stengel, § 40 UmwG Rz. 9; *Burg* in Böttcher/Habighorst/Schulte, § 40 UmwG Rz. 10; *H. Schmidt* in Lutter, § 40 UmwG Rz. 16 ff. mit ausführlicher Analyse der Möglichkeiten zur Verbuchung auf verschiedenen Konten; aA (nur Festsetzung der Hafteinlage erforderlich) *Naraschewski*, DB 1995, 1265 (1266).
3 *Dauner-Lieb/P. W. Tettinger* in KölnKomm. UmwG, § 40 UmwG Rz. 17; *Ihrig* in Semler/Stengel, § 40 UmwG Rz. 9.
4 *Ihrig* in Semler/Stengel, § 40 UmwG Rz. 9.
5 *H. Schmidt* in Lutter, § 40 UmwG Rz. 6; aA (gattungsmäßige Bezeichnung genügt insgesamt) *Priester*, DStR 2007, 789 f.

gen des § 35 UmwG auch insoweit Anwendung[1]; dies gilt konsequenterweise auch für die Angaben im Gesellschaftsvertrag und in der Handelsregisteranmeldung[2]. Diesen Aktionären kann aber wegen § 40 Abs. 2 Satz 2 UmwG nicht die Stellung eines persönlich haftenden Gesellschafters eingeräumt werden, weil ihre Zustimmung nicht eingeholt werden kann.

Ist der **Anteilsinhaber des übertragenden Rechtsträgers bereits Gesellschafter** der übernehmenden Personenhandelsgesellschaft, kann ihm wegen des Verbots der Mehrfachbeteiligung kein weiterer Gesellschaftsanteil gewährt werden, auch braucht bei einem Kommanditisten die im Handelsregister eingetragene Haftsumme nicht erhöht zu werden, es genügt vielmehr eine Erhöhung des Festkapitalkontos[3]. Ist der **übertragende Rechtsträger selbst Gesellschafter der übernehmenden Personenhandelsgesellschaft**, so erlischt seine Beteiligung mit Wirksamwerden der Verschmelzung, weil es keine eigenen Anteile geben kann. Für seine Anteilsinhaber müssen daher neue Beteiligungen begründet werden. Ist die **übernehmende Personenhandelsgesellschaft umgekehrt Gesellschafter des übertragenden Rechtsträgers**, können insoweit aus dem gleichen Grund keine neuen Anteile gewährt werden und erübrigen sich Festsetzungen nach § 40 Abs. 1 UmwG[4]. 4

Statt der **Verschmelzung auf eine typische beteiligungsidentische GmbH & Co. KG**, bei der gemäß Gesellschaftsvertrag die Kommanditisten im selben Verhältnis an der Komplementär-GmbH beteiligt sind und die Komplementär-GmbH keine Kapitalbeteiligung und kein Stimmrecht in der KG hat, bietet sich zur Erhaltung der Beteiligungsparallelität eine Aufspaltung des übertragenden Rechtsträgers an. Dabei ist ein Spaltungs- und Übernahmevertrag unter Beteiligung der Komplementär-GmbH erforderlich, in dem auch die auf die Komplementär-GmbH übertragenen Gegenstände des Aktiv- und Passivvermögens bezeichnet werden (§ 126 Abs. 1 Nr. 9 UmwG). Da die KG und ihre Komplementär-GmbH eine wirtschaftliche Einheit darstellen, muss das Umtauschverhältnis bei beiden einheitlich bestimmt werden, während das auf die Komplementär-GmbH zu übertragende Nettovermögen allein nach Kapitalaufbringungsrecht zu bemessen ist[5]. Ist die übernehmende GmbH & Co. KG eine Einheitsgesellschaft, bewendet es bei der Verschmelzung auf die KG. Soll die GmbH & Co. KG neu gegründet werden, kann dies im Wege einer Spaltung zur Neugründung unter gleichzeitigem Beitritt der neuen GmbH als Komplementär erreicht werden. Eine andere Möglichkeit ist, dass eine dritte GmbH im Zuge der Verschmelzung der neuen KG beitritt (siehe § 1 UmwG Rz. 6). 5

---

1 *H. Schmidt* in Lutter, § 40 UmwG Rz. 7; *Ihrig* in Semler/Stengel, § 40 UmwG Rz. 7.
2 *H. Schmidt* in Lutter, § 40 UmwG Rz. 7.
3 *Mayer* in Widmann/Mayer, § 5 UmwG Rz. 24.2; *Burg* in Böttcher/Habighorst/Schulte, § 40 UmwG Rz. 7.
4 *Ihrig* in Semler/Stengel, § 40 UmwG Rz. 11; *H. Schmidt* in Lutter, § 40 UmwG Rz. 20.
5 Zustimmend *Dauner-Lieb/P. W. Tettinger* in KölnKomm. UmwG, § 40 UmwG Rz. 41.

§ 40 | Verschmelzung – Beteiligung von Personenhandelsgesellschaften

6 Die **Verschmelzung GmbH & Co. KG auf GmbH & Co. KG** lässt sich durch Verschmelzung der übertragenden KG auf die übernehmende KG und der Komplementär-GmbH auf die übernehmende Komplementär-GmbH verwirklichen. Auch hier ist das Umtauschverhältnis für beide Verschmelzungen einheitlich zu bestimmen. Das ist wirtschaftlich gerechtfertigt und wird rechtlich dadurch ermöglicht, dass das Umtauschverhältnis nicht zwingend gemäß Verschmelzungswertrelation festgelegt werden muss. Ein abweichendes Umtauschverhältnis ist zulässig, wenn alle Anteilsinhaber zustimmen (siehe § 54 UmwG Rz. 21). Demgegenüber erscheint der Vorschlag, dass die Komplementär-GmbH aus der übertragenden KG vor Wirksamwerden der Verschmelzung oder aus der übernehmenden KG nach Wirksamwerden der Verschmelzung ausscheidet[1], umständlicher und lässt die Komplementär-GmbH der übertragenden GmbH & Co. KG als Mantelgesellschaft bestehen.

7 Die neuen Kommanditisten und der Betrag ihrer Hafteinlagen gemäß Verschmelzungsvertrag sind zusammen mit der Verschmelzung **im Handelsregister** der übernehmenden Personenhandelsgesellschaft **einzutragen**. Die Eintragung ist nach § 172 Abs. 1 HGB für die Haftungsbeschränkung der Kommanditisten konstitutiv. Eine persönliche Haftung nach § 176 Abs. 2 HGB kann sich nicht ergeben, da die neuen Kommanditisten erst im Zeitpunkt des Wirksamwerdens der Verschmelzung in die übernehmende Gesellschaft eintreten, wenn ihr Eintritt als Kommanditist bereits im Handelsregister eingetragen ist[2].

3. Schutz beschränkt haftender Gesellschafter (§ 40 Abs. 2 UmwG)

a) Anwendungsbereich

8 Die Vorschrift betrifft **Anteilsinhaber eines übertragenden Rechtsträgers, die für dessen Verbindlichkeiten entweder** – wie der Aktionär oder Inhaber eines GmbH-Geschäftsanteils – **überhaupt nicht oder** – wie der Kommanditist – **allenfalls in Höhe einer im Handelsregister eingetragenen Haftsumme haften**. Kommanditisten in der übertragenden Gesellschaft können verlangen, dass ihnen auch in der übernehmenden oder neuen Gesellschaft die Stellung eines Kommanditisten gewährt wird, selbst wenn sie in der übertragenden Gesellschaft, etwa wegen vorheriger Rückzahlung ihrer Einlage, persönlich haften[3]. Auf die Höhe ihrer Haftsumme in der übernehmenden oder neuen Gesellschaft

---

1 So *Mayer* in Widmann/Mayer, § 5 UmwG Rz. 24.4; wie hier dagegen *Dauner-Lieb/P. W. Tettinger* in KölnKomm. UmwG, § 40 UmwG Rz. 41.
2 Wie hier *Burg* in Böttcher/Habighorst/Schulte, § 40 UmwG Rz. 18 f.; aA *Vossius* in Widmann/Mayer, § 40 UmwG Rz. 28, 34, der sich auf § 5 Abs. 1 Nr. 5 und 6 UmwG bezieht, die aber nur der Ergebnisabgrenzung dienen.
3 *Priester*, DStR 2005, 788 (790); *H. Schmidt* in Lutter, § 40 UmwG Rz. 8.

haben die nicht persönlich unbeschränkt haftenden Gesellschafter dagegen keinen Einfluss. Sie leitet sich aus dem Gesamt-Kommanditkapital ab, das im Falle der Verschmelzung zur Neugründung durch den Verschmelzungsbeschluss bestimmt wird und im Falle der Verschmelzung zur Aufnahme durch das Kommanditkapital der übernehmenden KG vorgegeben ist.

Eine persönliche Haftung der Kommanditisten der übernehmenden oder neuen Gesellschaft kann sich daraus ergeben, dass der objektive **Wert des übertragenen Netto-Vermögens nicht den Betrag der neuen Hafteinlage erreicht**. Die Behandlung dieser Konstellation ist streitig. Richtigerweise ist § 40 Abs. 2 UmwG nicht analog anwendbar[1], da dieser nur auf die allgemein unbeschränkte Haftung abstellt. Gleichwohl kann eine solche Verschmelzung auch ohne diese Analogie nicht mit Mehrheit beschlossen werden[2]. Die Information der Anteilsinhaber über das Haftungsrisiko ist durch den Verschmelzungsbericht und den Verschmelzungsprüfungsbericht sicherzustellen. Die Vermeidung der Haftung kann problematisch sein, wenn bei der übernehmenden KG die Kommanditeinlagen der Altgesellschafter nicht mehr in voller Höhe vorhanden sind. Dann muss ggf. das Kommanditkapital zur Durchführung der Verschmelzung herabgesetzt werden. Den Gläubigern der Altverbindlichkeiten gegenüber ist die Herabsetzung freilich nicht wirksam (§ 174 Halbsatz 2 HGB). 9

b) Gewährung der Stellung eines Kommanditisten (§ 40 Abs. 2 Satz 1 UmwG)

Allen Anteilsinhabern der übertragenden Gesellschaften kann ohne ihre Zustimmung in der übernehmenden bzw. neuen Personenhandelsgesellschaft die Stellung eines Kommanditisten eingeräumt werden, wenn die sonstigen Mehrheitsvoraussetzungen für den Verschmelzungsbeschluss gegeben sind (zur Höhe der Hafteinlage vgl. Rz. 8 f.) und dadurch keine Rechtsposition nach § 50 Abs. 2 UmwG beseitigt wird[3]. 10

Mangels Zustimmung aller beschränkt haftenden Anteilsinhaber der übertragenden Gesellschaft zur Übernahme der persönlichen Haftung in der übernehmenden oder neuen Personenhandelsgesellschaft (bei den unbeschränkt Haftenden genügt die Abwesenheit eines Widerspruchs nach § 43 Abs. 2 Satz 3 11

---

[1] Wie hier insoweit *Burg* in Böttcher/Habighorst/Schulte, § 40 UmwG Rz. 3; aA zB *Vossius* in Widmann/Mayer, § 40 UmwG Rz. 26, 46 f. mwN.
[2] So im Ergebnis auch die Vertreter der analogen Anwendung; beschränkt auf Fälle der ausdrücklichen oder offensichtlichen Unterdeckung auch *Ihrig* in Semler/Stengel, § 40 UmwG Rz. 15 und *Decker* in Henssler/Strohn, § 40 UmwG Rz. 3; aA (Mehrheitsbeschluss möglich) *H. Schmidt* in Lutter, § 40 UmwG Rz. 10 und wohl auch *Priester*, DStR 2005, 788 (790), der aber auch eine Pflicht zur haftungsfreien Festsetzung anerkennt.
[3] *H. Schmidt* in Lutter, § 40 UmwG Rz. 10.

UmwG) kann diese nur eine KG sein[1]. Die **Verschmelzung zur Aufnahme durch eine OHG** hat in diesem Falle die **Umwandlung der übernehmenden OHG in eine KG** zur Folge. Dann sind nicht nur die neuen Kommanditisten und der Betrag ihrer Hafteinlagen, sondern auch die Änderung der Rechtsform und des Rechtsformzusatzes der Firma zusammen mit der Verschmelzung im Handelsregister der übernehmenden OHG einzutragen. Der Formwechsel vollzieht sich allein auf Grundlage des Verschmelzungsvertrags und der Verschmelzungsbeschlüsse. **Gesonderte Vereinbarungen oder Beschlüsse** sind dazu nicht erforderlich[2]. Enthält der Gesellschaftsvertrag der OHG eine Mehrheitsklausel für die Beteiligung an einer Verschmelzung als übernehmende Gesellschaft, so deckt diese im Zweifel auch die Umwandlung der OHG in eine KG zu diesem Zweck.

12 Bei einer **Verschmelzung zur Aufnahme durch eine KG** ist regelmäßig eine Erhöhung des Kommanditkapitals erforderlich. Eine Sonderregelung hierfür enthält das UmwG nicht. Die Erhöhung des Kommanditkapitals vollzieht sich also aufgrund des Verschmelzungsvertrags[3].

13 Stimmt keiner der beschränkt haftenden Anteilseigner der übertragenden Gesellschaften der Übernahme der persönlichen Haftung zu und widersprechen alle persönlich haftenden Gesellschafter einer übertragenden oder übernehmenden Personenhandelsgesellschaft der Verschmelzung (vgl. § 43 Abs. 2 Satz 3 UmwG), bleibt nur der **Beitritt eines Dritten als persönlich haftender Gesellschafter zur übernehmenden oder neuen Personenhandelsgesellschaft**. Wenn dieser **keinen Kapitalanteil** erhalten soll, kann der Beitritt analog §§ 218 Abs. 2, 221 UmwG erfolgen[4]. Das bedarf einer notariell beurkundeten Beitrittserklärung, verbunden mit der Genehmigung des Gesellschaftsvertrags. Soll es sich um eine GmbH & Co. KG handeln, kann die Komplementär-GmbH im Wege der Spaltung zur Neugründung entstehen (siehe Rz. 5). In jedem Falle ist eine vorherige Abstimmung mit dem Registergericht zu empfehlen[5]. Hilfsweise kann der künftige Komplementär ohne Kapitalanteil vor der Verschmelzung treuhänderisch einen Anteil am übertragenden Rechtsträger erhalten, den er mit Wirksamwerden der Verschmelzung zurückgibt[6].

---

1 Zu den dadurch bei einer EWIV als übernehmendem oder neuem Rechtsträger entstehenden Problemen *Dauner-Lieb/P. W. Tettinger* in KölnKomm. UmwG, § 40 UmwG Rz. 38 und *H. Schmidt* in Lutter, § 40 UmwG Rz. 5.
2 *H. Schmidt* in Lutter, § 40 UmwG Rz. 13; *Ihrig* in Semler/Stengel, § 40 UmwG Rz. 16.
3 *H. Schmidt* in Lutter, § 40 UmwG Rz. 13, 15; *Ihrig* in Semler/Stengel, § 40 UmwG Rz. 17.
4 *Kallmeyer*, GmbHR 1996, 80 (82); zustimmend *Ihrig* in Semler/Stengel, § 40 UmwG Rz. 19 und jetzt auch *H. Schmidt* in Lutter, § 40 UmwG Rz. 14.
5 *Ihrig* in Semler/Stengel, § 40 UmwG Rz. 20; *Decker* in Henssler/Strohn, § 40 UmwG Rz. 4.
6 *Ihrig* in Semler/Stengel, § 40 UmwG Rz. 18.

c) Zustimmung zur Übernahme persönlicher Haftung
(§ 40 Abs. 2 Satz 2 UmwG)

Für die Übernahme der persönlichen Haftung durch einen bisher beschränkt 14
haftenden Gesellschafter ist dessen Zustimmung erforderlich. Diese ist eine **Zustimmung zum Verschmelzungsbeschluss des übertragenden Rechtsträgers** vergleichbar den Zustimmungen nach §§ 13 Abs. 2 und 50 Abs. 2 UmwG (vgl. § 13 UmwG Rz. 27). Die Erklärung ist nach § 13 Abs. 3 Satz 1 UmwG notariell zu beurkunden. Zweckmäßigerweise wird sie zusammen mit dem Verschmelzungsbeschluss in eine notarielle Urkunde aufgenommen. Dann muss der Verschmelzungsbeschluss aber nach den Vorschriften über Willenserklärungen beurkundet werden, nicht etwa nach den §§ 36, 37 BeurkG über die Protokollierung tatsächlicher Vorgänge. Nur unter dieser Voraussetzung wird man auch in der **positiven Stimmabgabe zum Verschmelzungsbeschluss eine konkludente Zustimmung** sehen können[1]. Wird die Zustimmung nicht erteilt, ist gegebenenfalls der Verschmelzungsvertrag zu ändern. Die Zustimmungserklärung kann auch im Voraus erteilt und etwa zusammen mit dem Verschmelzungsvertrag beurkundet werden. Das ist möglich, weil die Zustimmung gegenüber dem Vertretungsorgan des übertragenden Rechtsträgers zu erklären ist[2].

4. Rechtsfolgen

Fehlen die in § 40 Abs. 1 UmwG geforderten Angaben im Verschmelzungsvertrag (dazu § 5 UmwG Rz. 63) oder die nach Abs. 2 erforderliche Zustimmung, darf die Verschmelzung nicht eingetragen werden. Wird dennoch eingetragen, treten die Rechtsfolgen nach § 20 Abs. 2 UmwG ein. Ein dann zu Unrecht persönlich haftender Gesellschafter kann nach § 25 UmwG Schadenersatz verlangen und kann aus Treupflichten einen Anspruch auf Anpassung des Gesellschaftsvertrags oder auf Ausscheiden gegen Abfindung haben[3]. 15

---

1 Ohne ausdrückliche Beschränkung auf die Art der Beurkundung *H. Schmidt* in Lutter, § 40 UmwG Rz. 11 und *Priester*, DStR 2005, 788 (790); aA (gesonderte Erklärung) wohl *Ihrig* in Semler/Stengel, § 40 UmwG Rz. 23 und *Decker* in Henssler/Strohn, § 40 UmwG Rz. 5.
2 Zustimmend *Ihrig* in Semler/Stengel, § 40 UmwG Rz. 21.
3 *Ihrig* in Semler/Stengel, § 40 UmwG Rz. 25 f.; *Decker* in Henssler/Strohn, § 40 UmwG Rz. 6; *H. Schmidt* in Lutter, § 40 UmwG Rz. 12.

§ 41
Verschmelzungsbericht

Ein Verschmelzungsbericht ist für eine an der Verschmelzung beteiligte Personenhandelsgesellschaft nicht erforderlich, wenn alle Gesellschafter dieser Gesellschaft zur Geschäftsführung berechtigt sind.

1   Die Vorschrift enthält eine Ausnahme von § 8 Abs. 1 UmwG, so dass auch kein Verzicht nach § 8 Abs. 3 UmwG erforderlich ist. Sie gilt für die Personenhandelsgesellschaft als übertragender ebenso wie als übernehmender Rechtsträger und unabhängig von der Rechtsform der anderen beteiligten Rechtsträger.

2   Erforderlich ist immer eine aktuelle (also vor allem nicht derzeit entzogene oder untersagte) **vollumfängliche Geschäftsführungsbefugnis**, während es auf die Vertretungsbefugnis nicht ankommt[1]. Sowohl bei einer OHG als auch bei einer KG können alle Gesellschafter in diesem Sinne zur Geschäftsführung berechtigt sein. Denn auch Kommanditisten können aufgrund des Gesellschaftsvertrags wie ein persönlich haftender Gesellschafter geschäftsführungsbefugt sein[2]. Dafür genügt es jedoch nicht, dass sämtliche Kommanditisten Geschäftsführer der Komplementär-GmbH sind, obwohl diese geschäftsführender Gesellschafter der KG ist, weil es sich dabei trotz wirtschaftlicher Einheit rechtlich um eine andere Gesellschaft handelt[3].

3   Die Befreiung gilt nur für diejenige Personenhandelsgesellschaft, bei der diese Voraussetzung zutrifft. Eine echte Erleichterung ist daher oft nicht gegeben, weil der Verschmelzungsbericht für die anderen beteiligten Rechtsträger erstattet werden muss, wenn dort kein Verzicht erfolgt oder ebenfalls die Voraussetzungen von § 41 UmwG vorliegen. Im Falle einer Personengesellschaft ist nach richtiger, aber stark umstrittener Ansicht nur ein Verzicht der nicht voll geschäftsführungsbefugten Gesellschafter erforderlich[4]. Denn ein zusätzlicher Verzicht der wegen ihrer Geschäftsführungsbefugnis nach der eindeutigen Wertung des Gesetzes nicht schutzbedürftigen Gesellschafter brächte keinen Mehrwert. Zu **Rechtsfolgen** vgl. § 8 UmwG Rz. 36.

---

1   *H. Schmidt* in Lutter, § 41 UmwG Rz. 5; *Ihrig* in Semler/Stengel, § 41 UmwG Rz. 8 f.
2   *Roth* in Baumbach/Hopt, § 164 HGB Rz. 7; *Grunewald* in MünchKomm. HGB, 3. Aufl. 2012, § 164 HGB Rz. 22.
3   *H. Schmidt* in Lutter, § 41 UmwG Rz. 5; aA *Ihrig* in Semler/Stengel, § 41 UmwG Rz. 10; *Decker* in Henssler/Strohn, § 41 UmwG Rz. 2.
4   Wie hier *Vossius* in Widmann/Mayer, § 41 UmwG Rz. 12 f.; *Decker* in Henssler/Strohn, § 41 UmwG Rz. 1; aA (keine Kombination von § 41 UmwG mit § 8 Abs. 3 UmwG): *Ihrig* in Semler/Stengel, § 41 UmwG Rz. 6; *H. Schmidt* in Lutter, § 41 UmwG Rz. 6; *Burg* in Böttcher/Habighorst/Schulte, § 41 UmwG Rz. 2.

§ 42
Unterrichtung der Gesellschafter

Der Verschmelzungsvertrag oder sein Entwurf und der Verschmelzungsbericht sind den Gesellschaftern, die von der Geschäftsführung ausgeschlossen sind, spätestens zusammen mit der Einberufung der Gesellschafterversammlung, die gemäß § 13 Abs. 1 über die Zustimmung zum Verschmelzungsvertrag beschließen soll, zu übersenden.

Die Vorschrift gilt für jede an der Verschmelzung als übertragender oder übernehmender Rechtsträger beteiligte Personenhandelsgesellschaft unabhängig von der Rechtsform der anderen beteiligten Rechtsträger. Es handelt sich um eine Parallelvorschrift zu § 47 UmwG, so dass die dafür entwickelten Grundsätze weitgehend auf § 42 UmwG übertragbar sind. 1

Zum Begriff der von der Geschäftsführung ausgeschlossenen Gesellschafter vgl. § 41 UmwG Rz. 2. 2

§ 42 UmwG ist **zwingend:** Er kann nicht im Gesellschaftsvertrag abbedungen werden. Die **Übersendung eines Verschmelzungsberichts** ist praktisch aber entbehrlich, wenn gesichert ist, dass die berechtigten Gesellschafter spätestens in der Gesellschafterversammlung auf die Erstattung eines Verschmelzungsberichts verzichten werden, wofür keine besondere Form erforderlich ist. Deshalb ist es in einer personalistischen Gesellschaft zweckmäßig, alle Gesellschafter vorab in groben Zügen über das Verschmelzungsvorhaben zu unterrichten und zu fragen, ob sie zum Verzicht auf einen förmlichen Verschmelzungsbericht bereit wären. Der Gesellschafter würde treuwidrig handeln, wenn er in der Gesellschafterversammlung ohne gewichtigen Grund (zB einer wesentlichen Änderung) entgegen einer früheren, wenn auch nur privatschriftlichen Erklärung nicht zur Abgabe der notariell beurkundeten Verzichtserklärung bereit wäre[1]. Andererseits ist auch die **Übersendung eines Verschmelzungsprüfungsberichts** erforderlich, wenn die Prüfung bereits vor der Einberufung von einem Gesellschafter nach § 44 Satz 1 UmwG verlangt oder auf Veranlassung der Geschäftsführung durchgeführt wurde[2]. 3

Es genügt die **Übersendung von einfachen Abschriften bzw. Ablichtungen** durch die Gesellschaft und auf deren Kosten. Zur Übersendung von beglaubigten Abschriften besteht keine Verpflichtung. Eine Übersendung per **Fax oder E-Mail** genügt. **Zugang** ist nicht erforderlich, wenn die Gesellschaft sich darum nur ordnungsgemäß bemüht hat, wofür mangels anderer Kenntnis die zuletzt mitgeteilte Adresse maßgeblich ist; allerdings beginnt die Frist des § 44 UmwG erst mit Er- 4

---

1 Ähnlich *Dauner-Lieb/P. W. Tettinger* in KölnKomm. UmwG, § 42 UmwG Rz. 14; enger *Decker* in Henssler/Strohn, § 42 UmwG Rz. 2.
2 *H. Schmidt* in Lutter, § 42 UmwG Rz. 5; *Decker* in Henssler/Strohn, § 42 UmwG Rz. 2; *Burg* in Böttcher/Habighorst/Schulte, § 42 UmwG Rz. 6.

halt der Unterlagen zu laufen[1]. Zu versenden sind auch alle **Anlagen** der Dokumente und damit zusammenhängende **Nebenabreden**[2]. Bei **obligatorischer Gruppenvertretung** ist streitig, ob eine Übersendung neben dem Vertreter auch an die vertretenen Gesellschafter zu erfolgen hat[3]. Angesichts der ungeklärten Rechtslage sollte das in der Praxis aus Vorsichtsgründen vorgesehen werden.

5 Werden die Unterlagen getrennt von der Einberufung der Gesellschafterversammlung übersandt, so ist in der Einberufung auf sie Bezug zu nehmen. Sie dürfen nach dem eindeutigen Wortlaut zwar vor, jedoch **nicht erst nach der Einberufung** versendet werden. Um dies auszuschließen, sollten sie bei engem zeitlichen Zusammenhang der Einberufung beigefügt werden. Sinnvoll ist die gesetzliche Regelung nicht in jedem Fall: Wird deutlich vor der dafür geltenden Frist einberufen, ist nicht ersichtlich, warum die weiteren Unterlagen nicht noch danach versandt werden können sollen, solange dies jedenfalls innerhalb der Einberufungsfrist und rechtzeitig nach den Grundsätzen in Rz. 6 erfolgt. Der Wortlaut ist insoweit aber eindeutig. Allerdings dürfte in einem solchen Fall die Relevanz eines Verstoßes kaum gegeben sein, die für eine Beschlussnichtigkeit erforderlich ist[4].

6 Daneben ist trotz fehlender gesetzlicher Regelung richtigerweise erforderlich, dass die Gesellschafter die Verschmelzungsunterlagen so rechtzeitig erhalten, dass ihnen eine **angemessene Zeit zur Prüfung** verbleibt, wofür analog § 51 Abs. 1 Satz 2 GmbHG, § 44 Satz 1 UmwG eine Woche genügt[5]. Dies steht unter dem Vorbehalt eines Verzichts aller Gesellschafter bei der Beschlussfassung[6]. Konkludente Verzichtserklärungen liegen im Falle einer Vollversammlung vor, wenn keiner der Gesellschafter die verspätete Übersendung der Verschmelzungsunterlagen rügt[7]. Falls noch ausreichende Zeit für eine ordnungsgemäße Vorbereitung verblieb, wäre auch die Relevanz des Beschlussmangels für das Beschlussergebnis zu verneinen. Ansonsten ist diese regelmäßig gegeben und führt zur Nichtigkeit des Beschlusses, die durch Eintragung geheilt werden kann[8].

7 Wegen der Prüfung durch das Registergericht empfiehlt sich die freiwillige Aufnahme einer **Empfangsbestätigung oder Verzichtserklärung aller nicht geschäftsführenden Gesellschafter** in das notarielle Versammlungsprotokoll[9].

---

1 Zum Ganzen *Decker* in Henssler/Strohn, § 42 UmwG Rz. 3; *Dauner-Lieb/P. W. Tettinger* in KölnKomm. UmwG, § 42 UmwG Rz. 9 f.; *H. Schmidt* in Lutter, § 42 UmwG Rz. 9.
2 *Dauner-Lieb/P. W. Tettinger* in KölnKomm. UmwG, § 42 UmwG Rz. 7.
3 So *Ihrig* in Semler/Stengel, § 42 UmwG Rz. 9; aA *H. Schmidt* in Lutter, § 42 UmwG Rz. 6.
4 Zur Relevanz allgemein *Burg* in Böttcher/Habighorst/Schulte, § 42 UmwG Rz. 16.
5 *H. Schmidt* in Lutter, § 42 UmwG Rz. 7; *Decker* in Henssler/Strohn, § 42 UmwG Rz. 3.
6 *H. Schmidt* in Lutter, § 42 UmwG Rz. 3; *Ihrig* in Semler/Stengel, § 42 UmwG Rz. 14.
7 *Ihrig* in Semler/Stengel, § 42 UmwG Rz. 14; *H. Schmidt* in Lutter, § 42 UmwG Rz. 3; kritisch *Dauner-Lieb/P. W. Tettinger* in KölnKomm. UmwG, § 42 UmwG Rz. 17.
8 *Ihrig* in Semler/Stengel, § 42 UmwG Rz. 15.
9 *Vossius* in Widmann/Mayer, § 42 UmwG Rz. 21 (für die Verzichtserklärung); *Burg* in Böttcher/Habighorst/Schulte, § 42 UmwG Rz. 12 (für die Empfangsbestätigung); aA *H. Schmidt* in Lutter, § 42 UmwG Rz. 11.

Nicht im UmwG geregelt sind bei Personenhandelsgesellschaften **weitere Auskunftsrechte innerhalb und außerhalb der Gesellschafterversammlung**. Gleichwohl wird mit unterschiedlicher Begründung ein Auskunftsrecht hinsichtlich aller für die Verschmelzung relevanter Fragen bzgl. aller beteiligten Rechtsträger anerkannt, das vor und in der Gesellschafterversammlung bestehen soll[1]. 8

§ 43
Beschluss der Gesellschafterversammlung

(1) Der Verschmelzungsbeschluss der Gesellschafterversammlung bedarf der Zustimmung aller anwesenden Gesellschafter; ihm müssen auch die nicht erschienenen Gesellschafter zustimmen.

(2) Der Gesellschaftsvertrag kann eine Mehrheitsentscheidung der Gesellschafter vorsehen. Die Mehrheit muss mindestens drei Viertel der abgegebenen Stimmen betragen. Widerspricht ein Anteilsinhaber eines übertragenden Rechtsträgers, der für dessen Verbindlichkeiten persönlich unbeschränkt haftet, der Verschmelzung, so ist ihm in der übernehmenden oder der neuen Personenhandelsgesellschaft die Stellung eines Kommanditisten zu gewähren; das Gleiche gilt für einen Anteilsinhaber der übernehmenden Personenhandelsgesellschaft, der für deren Verbindlichkeiten persönlich unbeschränkt haftet, wenn er der Verschmelzung widerspricht.

1. Überblick 1	4. Widerspruch persönlich haftender Gesellschafter (§ 43 Abs. 2 Satz 3 UmwG)
2. Einberufung, Vorbereitung, Durchführung der Versammlung . 2	a) Voraussetzungen 22
3. Beschlussfassung 3	b) Rechtsfolgen 27
a) Gegenstand 4	5. Zustimmung einzelner Gesellschafter
b) Zeitpunkt 5	a) Übernahme unbeschränkter Haftung 29
c) Mehrheitserfordernisse 6	b) Vinkulierte Gesellschaftsanteile 30
aa) Einstimmigkeit (§ 43 Abs. 1 UmwG) 7	c) Offene Einlagen bei beteiligter GmbH 34
bb) Mehrheitsentscheidung (§ 43 Abs. 2 Satz 1 und 2 UmwG) 8	d) Form, Frist 35
d) Sachliche Rechtfertigung 15	6. Beteiligung Dritter 36
e) Vertretung bei Abstimmung .. 16	7. Kosten 37
f) Stimmverbote 20	8. Verschmelzung durch Neugründung 38
g) Form 21	

---

[1] *H. Schmidt* in Lutter, § 42 UmwG Rz. 12 (Gesamtanalogie zu vergleichbaren Vorschriften für andere Rechtsformen und allgemeine Rechtsgrundsätze); *Burg* in Böttcher/Habighorst/Schulte, § 42 UmwG Rz. 4 (nur allgemeine Grundsätze). Eine Erläuterungspflicht analog § 64 Abs. 1 UmwG besteht hingegen nicht.

1. Überblick

1 Die Vorschrift gilt für die Beschlüsse der übertragenden und der aufnehmenden Personenhandelsgesellschaft gleichermaßen. Sie ergänzt die allgemeine Regelung des § 13 UmwG, indem sie die Mehrheiten für die Beschlussfassung festlegt (§ 43 Abs. 1, Abs. 2 Satz 1 und 2 UmwG), und gewährt den persönlich haftenden Gesellschaftern beteiligter Personenhandelsgesellschaften das Recht, bei aufnehmender bzw. neu gegründeter Gesellschaft Kommanditist zu werden (§ 43 Abs. 2 Satz 3 UmwG).

2. Einberufung, Vorbereitung, Durchführung der Versammlung

2 Regeln hierüber enthält das Verschmelzungsrecht nicht, mit Ausnahme des § 42 UmwG, der von der Einberufung der Versammlung durch die geschäftsführenden Gesellschafter auszugehen scheint (Einzelheiten siehe dort).

Auf eine ordnungsgemäße Einberufung und Bekanntmachung des Beschlussgegenstandes ist wegen des Abfindungsanspruchs (§ 29 Abs. 2 UmwG) besonders zu achten.

3. Beschlussfassung

3 Der Beschluss muss *zwingend* in einer Gesellschafterversammlung gefasst werden (§ 13 Abs. 1 Satz 2 UmwG; Einzelheiten bei § 13 UmwG Rz. 3 ff.). Hiervon kann auch der Gesellschaftsvertrag nicht abweichen. Entgegenstehende Regelungen sind unbeachtlich[1].

a) Gegenstand

4 Gegenstand der Beschlussfassung ist der beurkundete Verschmelzungsvertrag oder sein Entwurf (§ 13 Abs. 1 Satz 1 UmwG). Sie müssen bei Beschlussfassung vollständig, dh. mit sämtlichen Abreden vorliegen. Der positive Verschmelzungsbeschluss ist Wirksamkeitsvoraussetzung für den Verschmelzungsvertrag, den die geschäftsführenden Gesellschafter mangels Vertretungsbefugnis nicht wirksam abschließen können. Wird der Vertrag nach Beschlussfassung geändert, ist ihm erneut durch Verschmelzungsbeschluss zuzustimmen[2]. Bei Verschmelzung zur Neugründung ist Gegenstand des Beschlusses neben dem Verschmelzungsvertrag auch das Statut des neugegründeten Rechtsträgers (§ 37 UmwG).

---

1 *H. Schmidt* in Lutter, § 43 UmwG Rz. 6; *Ihrig* in Semler/Stengel, § 43 UmwG Rz. 10; *Vossius* in Widmann/Mayer, § 43 UmwG Rz. 11 ff.
2 *Ihrig* in Semler/Stengel, § 43 UmwG Rz. 9; *Dauner-Lieb/Tettinger* in KölnKomm. UmwG, § 43 UmwG Rz. 11; *Vossius* in Widmann/Mayer, § 43 UmwG Rz. 143.

b) Zeitpunkt

Der Verschmelzungsbeschluss kann vor (sofern ein Entwurf vorliegt), bei und nach Abschluss des Verschmelzungvertrages gefasst werden. 5

c) Mehrheitserfordernisse

Die Vorschrift unterscheidet zwischen gesetzlicher (§ 43 Abs. 1 UmwG) und gesellschaftsvertraglich (§ 43 Abs. 2 Satz 1 u. 2 UmwG) festgelegter Beschlussmehrheit. Eine vertraglich zulässige Regelung geht der gesetzlichen stets vor. 6

aa) Einstimmigkeit (§ 43 Abs. 1 UmwG)

Lässt sich dem Gesellschaftsvertrag (auch durch Auslegung) nicht entnehmen, ob der Verschmelzungsbeschluss mit Mehrheit gefasst werden kann, oder ist die Mehrheitsklausel wegen Verstoßes gegen den Bestimmtheitsgrundsatz (siehe Rz. 9) unbeachtlich, kann der Zustimmungsbeschluss nur einstimmig[1], dh. mit den Stimmen aller anwesenden (persönlich erschienenen oder ordnungsgemäß vertretenen) *und* Zustimmung aller nicht in der Versammlung anwesenden Gesellschafter gefasst werden, also letztlich mit den Stimmen aller vorhandenen Gesellschafter[2]. Die Vorschrift entspricht iE § 119 Abs. 1 HGB. Stimmenthaltungen wirken daher wie Nein-Stimmen und verhindern einen positiven Beschluss[3] (zum Ausschluss des Stimmrechts siehe Rz. 20). 7

bb) Mehrheitsentscheidung (§ 43 Abs. 2 Satz 1 und 2 UmwG)

Sieht der Gesellschaftsvertrag vor, dass Beschlüsse mit Mehrheit gefasst werden können, ist diese Bestimmung aus Gründen des Minderheitenschutzes für den Verschmelzungsbeschluss nur beachtlich, wenn folgende **Voraussetzungen** vorliegen: 8

(1) Der Gesellschaftsvertrag muss erkennen lassen, dass die Mehrheitsklausel auch Verschmelzungsbeschlüsse erfassen will – „**Bestimmtheitsgrundsatz**"[4]. Sieht der Vertrag Mehrheitsentscheidung generell für „Umwandlungen" vor, wird man aufgrund Mehrdeutigkeit dieses Begriffes Bestimmtheit für vor Inkrafttreten des Umwandlungsgesetzes entsprechend vereinbarte Vertragsbestim- 9

---

1 Begr. RegE bei *Ganske*, S. 94; *Vossius* in Widmann/Mayer, § 43 UmwG Rz. 111; *Stratz* in Schmitt/Hörtnagl/Stratz, § 43 UmwG Rz. 9.
2 *H. Schmidt* in Lutter, § 43 UmwG Rz. 10; *Stratz* in Schmitt/Hörtnagl/Stratz, § 43 UmwG Rz. 5; *Decker* in Hensslser/Strohn, § 43 UmwG Rz. 1.
3 *H. Schmidt* in Lutter, § 43 UmwG Rz. 10; *Ihrig* in Semler/Stengel, § 43 UmwG Rz. 16; *Dauner-Lieb/Tettinger* in KölnKomm. UmwG, § 43 UmwG Rz. 14, 17.
4 Vgl. Begr. RegE bei *Ganske*, S. 94; *H. Schmidt* in Lutter, § 43 UmwG Rz. 14 ff.; grds. auch *K. Schmidt* in Scholz, 11. Aufl. 2014, Anh. § 45 GmbHG Rz. 24; *Stratz* in Schmitt/Hörtnagl/Stratz, § 43 Rz. 9.

mungen nur annehmen können, wenn sich durch Auslegung ergibt, dass davon auch Verschmelzungen erfasst werden sollten – anders für danach vereinbarte Klauseln. Für Letztere ist dieser Begriff eindeutig definiert (vgl. § 1 Abs. 1 UmwG)[1].

Für **Publikumsgesellschaften** oder körperschaftlich strukturierte Personenhandelsgesellschaften gilt der Bestimmtheitsgrundsatz nicht. Der Vertrag kann also wirksam allgemein für Vertragsänderungen (einschließlich Verschmelzung) Mehrheit vorsehen[2]. Zwar muss sich nach der Regierungsbegründung[3] die Mehrheitsklausel im Vertrag ausdrücklich auf Verschmelzung beziehen. Damit dürfte aber nur das Leitbild der Personenhandelsgesellschaft gemeint sein. Es sind keine Gründe ersichtlich, warum für die hier genannten Sondertypen gegenüber bisherigem Recht eine Verschärfung eingeführt werden sollte.

10 (2) Ferner muss die vertraglich vorgesehene Mehrheit **mindestens 3/4 der Stimmen** der Gesellschafter betragen (§ 43 Abs. 2 Satz 2 UmwG). Der Vertrag kann also keine geringere Mehrheit vorsehen. Sieht der (vor oder nach Inkrafttreten des UmwG) abgeschlossene Gesellschaftsvertrag eine geringere Mehrheit unter Wahrung des Bestimmtheitsgrundsatzes vor, erscheint es gerechtfertigt, die vertragliche Bestimmung auch ohne salvatorische Klausel als grundsätzlich wirksam anzusehen und eine nicht zulässige Mehrheit durch die 3/4-Mehrheit zu ersetzen. Denn die Gesellschafter haben mit der Mehrheitsklausel zu erkennen gegeben, dass sie auf Minderheitenschutz verzichten wollen. Die Geltung des § 43 Abs. 1 UmwG (Einvernehmlichkeit) würde dem zuwiderlaufen[4].

11 Sieht der Vertrag hingegen eine 3/4-Mehrheit generell für Vertragsänderungen vor, ist die Klausel, außer bei den genannten Sondertypen (Rz. 9), unbeachtlich. Es gilt dann § 43 Abs. 1 UmwG[5].

12 Abzustimmen ist nach **Zahl der Stimmen**. Sofern sich deren Berechnung aus dem Vertrag (ggf. durch Auslegung) entnehmen lässt (Regelfall: nach Kapital-

---

1 So auch *H. Schmidt* in Lutter, § 43 UmwG Rz. 15; *Vossius* in Widmann/Mayer, § 43 UmwG Rz. 114; *Decker* in Henssler/Strohn, § 43 UmwG Rz. 3; *Limmer* in Limmer, Hdb. der Unternehmensumwandlung, Teil 2 Kap. 1 Rz. 475; *Ihrig* in Semler/Stengel, § 43 UmwG Rz. 31 f. mwN; *Dauner-Lieb/Tettinger* in KölnKomm. UmwG, § 43 UmwG Rz. 32; *Stratz* in Schmitt/Hörtnagl/Stratz, § 43 UmwG Rz. 9.
2 BGH v. 15.11.1982 – II ZR 62/82, BGHZ 85, 350 (359) = GmbHR 1983, 297. Siehe auch *Ihrig* in Semler/Stengel, § 43 UmwG Rz. 34; *Vossius* in Widmann/Mayer, § 43 UmwG Rz. 126 ff.; *H. Schmidt* in Lutter, § 43 UmwG Rz. 16; *Stratz* in Schmitt/Hörtnagl/Stratz, § 43 UmwG Rz. 9.
3 Vgl. Begr. RegE bei *Ganske*, S. 94.
4 Ebenso wohl *Ihrig* in Semler/Stengel, § 43 UmwG Rz. 27 Fn. 59; kritisch: *Dauner-Lieb/Tettinger* in KölnKomm. UmwG, § 43 UmwG Rz. 36; aA *Stratz* in Schmitt/Hörtnagl/Stratz, § 43 UmWG Rz. 11; *Decker* in Henssler/Strohn, § 43 UmwG Rz. 3.
5 *Ihrig* in Semler/Stengel, § 43 UmwG Rz. 33; *Vossius* in Widmann/Mayer, § 43 UmwG Rz. 114; iE wohl auch *Dauner-Lieb/Tettinger* in KölnKomm. UmwG, § 43 UmwG Rz. 32.

anteilen). Auch gesellschaftsvertraglich eingeräumte Mehrstimmrechte oder unterschiedliche Stimmgewichtungen sind zu beachten[1]. Im Zweifel gilt § 119 Abs. 2 HGB: Abstimmung nach Köpfen[2].

3/4-Mehrheit der abgegebenen Stimmen reicht für die Beschlussfassung aus (§ 43 Abs. 2 Satz 2 UmwG). Dies war bis zur Neufassung des § 43 Abs. 2 Satz 2 UmwG strittig (vgl. 1. Aufl.). Maßgebend sind also nur die abgegebenen Ja- und Nein-Stimmen. Enthaltungen werden nicht mitgezählt, wenn der Gesellschaftsvertrag nicht etwas anderes bestimmt[3].

13

Die Mehrheit muss auf der **Gesellschafterversammlung** erreicht werden; es genügt nicht, wenn die Mehrheit erst durch Zustimmung der abwesenden Gesellschafter zustande kommt[4]. Eine schriftliche Stimmabgabe bei der Beschlussfassung ohne Anwesenheit des stimmenden Gesellschafters erscheint nicht ausreichend; mit ihr würden Sinn und Zweck von § 13 UmwG unterlaufen, der die Möglichkeit eines Willensbildungsprozesses in der Versammlung vor Beschlussfassung schaffen will[5].

14

d) Sachliche Rechtfertigung

Der Gesetzgeber hat offen gelassen, ob aus Gründen des Minderheitenschutzes der Verschmelzungsbeschluss, um wirksam zu sein, auch sachlich gerechtfertigt sein muss, d.h. im Interesse der Gesellschaft liegen, zur Erreichung des beabsichtigten Zwecks geeignet, erforderlich und verhältnismäßig sein muss[6]. Ist schon zweifelhaft, ob dieses aus dem Kapitalgesellschaftsrecht stammende Erfordernis ohne weiteres auf die Personenhandelsgesellschaft übertragen werden kann, erscheint es angesichts des im Verschmelzungsrecht strukturell angelegten Minderheitenschutzes und des ohnehin im Personengesellschaftsrecht geltenden Grundsatzes der Verhältnismäßigkeit von Mehrheitsbeschlüssen[7] nicht gerecht-

15

---

1 *Ihrig* in Semler/Stengel, § 43 UmwG Rz. 29; *H. Schmidt* in Lutter, § 43 UmwG Rz. 12.
2 So auch *Ihrig* in Semler/Stengel, § 43 UmwG Rz. 29; *Stratz* in Schmitt/Hörtnagl/Stratz, § 43 UmwG Rz. 11; *Decker* in Henssler/Strohn, § 43 UmwG Rz. 4.
3 *H. Schmidt* in Lutter, § 43 UmwG Rz. 13; *Ihrig* in Semler/Stengel, § 43 UmwG Rz. 29; *Stratz* in Schmitt/Hörtnagl/Stratz, § 43 UmwG Rz. 11; *Dauner-Lieb/Tettinger* in KölnKomm. UmwG, § 43 UmwG Rz. 30.
4 Wie hier *Drygala* in Lutter, § 13 UmwG Rz. 9 f.; *H. Schmidt* in Lutter, § 43 UmwG Rz. 6; *Dauner-Lieb/Tettinger* in KölnKomm. UmwG, § 43 UmwG Rz. 28; *Vossius* in Widmann/Mayer, § 43 UmwG Rz. 6.
5 Str., wie hier: *H. Schmidt* in Lutter, § 43 UmwG Rz. 6; *Ihrig* in Semler/Stengel, § 43 UmwG Rz. 12; *Vossius* in Widmann/Mayer, § 43 UmwG Rz. 17 und wohl auch *Dauner-Lieb/Tettinger* in KölnKomm. UmwG, § 43 UmwG Rz. 29.
6 Vgl. Begr. RegE zu § 13 UmwG, *Ganske*, S. 61; *Feddersen/Kiem*, ZIP 1994, 1078 (1084).
7 BGH v. 15.1.2007 – II ZR 245/05, BGHZ 170, 283 (287) = AG 2007, 493 = GmbHR 2007, 437 (Otto); vgl. *K. Schmidt* in Scholz, 11. Aufl. 2014, Anh. § 45 GmbHG Rz. 47; *Roth* in Baumbach/Hopt, § 119 HGB Rz. 35 aE.

fertigt, zusätzlich eine allgemeine Inhaltskontrolle zu verlangen[1]. Vgl. auch § 13 UmwG Rz. 12.

e) Vertretung bei Abstimmung

16 (Rechtsgeschäftliche) Vertretung ist – da das Stimmrecht höchstpersönlich ist – anders als bei GmbH, AG, KGaA *nur* zulässig, wenn der Gesellschaftsvertrag sie vorsieht oder alle Gesellschafter einverstanden sind[2]. Gesetzliche Vertretung ist ohne weiteres zulässig.

17 Die Form der **Vollmacht** bestimmt der Gesellschaftsvertrag. Schweigt er, ist die Vollmacht formlos gültig. Aus Nachweisgründen ist sie schriftlich (§ 126 BGB) zu erteilen. Auch bei der Zustimmung zum Verschmelzungsvertrag anlässlich einer Verschmelzung im Wege der Neugründung einer GmbH, AG, KGaA ist öffentliche Beglaubigung (§ 129 BGB) für Vollmacht nicht erforderlich[3]. Entsprechendes gilt für die Genehmigung nach vollmachtloser Vertretung (siehe § 13 UmwG Rz. 13).

18 Gesetzliche Vertreter **Minderjähriger** bedürfen für die Abstimmung bei einer Verschmelzung zur Aufnahme keiner familiengerichtlichen Genehmigung (§ 1822 Nr. 3 BGB), es sei denn, bei aufnehmender (Personen-)Gesellschaft droht ihnen eine Haftung für fremde Verbindlichkeiten (vgl. § 40 UmwG) oder Ausfallhaftung bei GmbH wegen nicht voll eingezahlter Anteile (§ 24 GmbHG; siehe auch Erl. zu § 51 UmwG). Hier ist eine Genehmigung erforderlich (§ 1822 Nr. 10 BGB). Entsprechendes gilt für Verschmelzung durch Neugründung von GmbH, AG und OHG, KG (§ 1822 Nr. 3 BGB)[4].

19 **§ 181 BGB** findet Anwendung[5]. Für Eltern als Mitgesellschafter ihrer minderjährigen Kinder heißt dies, dass die Kinder durch einen zu bestellenden Ergänzungspfleger vertreten werden müssen (§§ 1909, 1629 Abs. 2, 1795 Abs. 2 BGB).

---

1 Ähnlich *Vossius* in Widmann/Mayer, § 43 UmwG Rz. 127.
2 *Stratz* in Schmitt/Hörtnagl/Stratz, § 43 UmwG Rz. 8; *Ihrig* in Semler/Stengel, § 43 UmwG Rz. 13; *Vossius* in Widmann/Mayer, § 43 UmwG Rz. 29 ff.; *Dauner-Lieb/Tettinger* in KölnKomm. UmwG, § 43 UmwG Rz. 15.
3 Str., wie hier: *H. Schmidt* in Lutter, § 43 UmwG Rz. 8; *Decker* in Henssler/Strohn, § 43 UmwG Rz. 2; *Ihrig* in Semler/Stengel, § 43 UmwG Rz. 13; aA *Vossius* in Widmann/Mayer, § 43 UmwG Rz. 32; *Dauner-Lieb/Tettinger* in KölnKomm. UmwG, § 43 UmwG Rz. 15 und *Stratz* in Schmitt/Hörtnagl/Stratz, § 43 UmwG Rz. 8 (öffentliche Beglaubigung).
4 Siehe auch *Vossius* in Widmann/Mayer, § 43 UmwG Rz. 104 ff.; *Limmer* in Limmer, Hdb. der Unternehmensumwandlung, Teil 2 Kap. 1 Rz. 86 ff.; *Heckschen* in Widmann/Mayer, § 13 UmwG Rz. 139 ff.
5 BGH v. 7.6.1990 – III ZR 142/89, BGHZ 112, 339 (341 ff.); *Roth* in Baumbach/Hopt, § 119 HGB Rz. 22; *Dauner-Lieb/Tettinger* in KölnKomm. UmwG, § 43 UmwG Rz. 15; *Drygala* in Lutter, § 13 UmwG Rz. 26; *Vossius* in Widmann/Mayer, § 43 UmwG Rz. 79; *Heckschen* in Widmann/Mayer, § 13 UmwG Rz. 99.1.

f) Stimmverbote

Auch im Recht der Personenhandelsgesellschaften bestehen Stimmverbote bei Interessenkollision[1]. In Verschmelzungsfällen tritt Interessenkollision hingegen nicht ein[2].

20

Bestehen nach dem Gesellschaftsvertrag **Anteile ohne Stimmrecht**, lebt das Stimmrecht nur wieder auf, wenn der Gesellschaftsvertrag zur Beschlussfassung über die Verschmelzung keine Regelung enthält, bei Beachtung des Bestimmtheitsgrundsatzes (siehe Rz. 8) hingegen nicht. Denn der beitretende Gesellschafter kennt dann das Risiko des Eingriffs in den Kernbereich seiner Mitgliedschaft durch Mehrheitsbeschluss. Im Übrigen ist der Schutz der Inhaber von stimmrechtslosen Anteilen in § 23 UmwG abschließend geregelt. Lediglich für die individuelle Zustimmung (zB § 13 Abs. 2 UmwG) gilt dies nicht. Hierfür ist der Stimmrechtsausschluss unbeachtlich[3].

g) Form

Der Verschmelzungsbeschluss ist **notariell zu beurkunden** (§ 13 Abs. 3 Satz 1 UmwG; Einzelheiten bei § 13 UmwG Rz. 37). Die mangelnde Form oder Fehler bei der Beurkundung werden durch Eintragung geheilt (§ 20 Abs. 1 Nr. 4 UmwG).

21

4. Widerspruch persönlich haftender Gesellschafter (§ 43 Abs. 2 Satz 3 UmwG)

a) Voraussetzungen

Persönlich haftende Gesellschafter einer übertragenden OHG, KG, EWIV[4], KGaA werden in der neuen oder übernehmenden OHG, KG nur dann wieder persönlich haftende Gesellschafter, wenn sie der Verschmelzung nicht widersprechen (§ 43 Abs. 2 Satz 2 Halbsatz 1 UmwG). Entsprechendes gilt für persönlich haftende Gesellschafter einer aufnehmenden OHG, KG (§ 43 Abs. 2 Satz 2 Halbsatz 2 UmwG). Im Falle der Neugründung von OHG, KG geht die Vor-

22

---

1 *Roth* in Baumbach/Hopt, § 119 HGB Rz. 8 mwN; *Drygala* in Lutter, § 13 UmwG Rz. 26; *K. Schmidt* in Scholz, 11. Aufl. 2014, § 47 GmbHG Rz. 184.
2 BGH v. 6.10.1992 – KVR 24/91, GmbHR 1993, 44; *K. Schmidt* in Scholz, 11. Aufl. 2014, § 47 GmbHG Rz. 114 mwN.
3 Wie hier: *Kalss* in Semler/Stengel, § 23 UmwG Rz. 1, 9; aA *Stratz* in Schmitt/Hörtnagl/Stratz, § 43 UmwG Rz. 5, 11; *H. Schmidt* in Lutter, § 43 UmwG Rz. 11; *Ihrig* in Semler/Stengel, § 43 UmwG Rz. 17; *H. Schmidt* in Lutter, § 43 UmwG Rz. 8; *Vossius* in Widmann/Mayer, § 43 UmwG Rz. 81.
4 *Ihrig* in Semler/Stengel, § 43 UmwG Rz. 35; *Dauner-Lieb/Tettinger* in KölnKomm. UmwG, § 43 UmwG. Rz. 44.

schrift jedoch ins Leere. Sinn und Zweck: Die zulässige Mehrheitsentscheidung soll diese Gesellschafter nicht zwingen können, auch künftig für die mit der Fusion möglicherweise verbundenen Risiken persönlich unbeschränkt zu haften[1].

23 Das Widerspruchsrecht ist als **individuelles Schutzrecht** ausgestaltet. Drittinteressen, etwa das Interesse der Gesellschaft, sind für seine Ausübung grundsätzlich unbeachtlich. Das Widerspruchsrecht gilt nicht für geschäftsführende Kommanditisten[2].

24 Der Widerspruch ist ebenso wie die sonstigen im Personengesellschaftsrecht gewährten Widerspruchsrechte (siehe zB § 115 Abs. 1 HGB, § 711 BGB) eine Willenserklärung (§ 182 BGB) und unterliegt deren Regeln. Er bedarf **keiner Form**, insbesondere keiner Aufnahme in das notarielle Protokoll[3], wenngleich es hilfreich sein dürfte, die Arten der Widersprüche im Protokoll kenntlich zu machen. Der Widerspruch ist dem Registerrichter nicht nachzuweisen[4]. Bevollmächtigung ist möglich, da es sich nicht um ein höchstpersönliches Recht handelt. Er kann sowohl außerhalb[5] als auch in der Gesellschafterversammlung erklärt werden. Widerspruch ist jedes die Verschmelzung ablehnende Verhalten; es ist ausreichend, wenn der betroffene Gesellschafter gegen die Verschmelzung gestimmt oder Widerspruch iS des § 29 UmwG erklärt hat[6]. Enthaltung genügt nicht. Positives Mitstimmen hingegen verbraucht das Widerspruchsrecht.

25 Der Widerspruch ist gegenüber jedem persönlich haftenden Gesellschafter oder dem Leiter der Gesellschafterversammlung zu erklären[7].

26 Nicht klar ist, bis zu welchem **Zeitpunkt** der Widerspruch zu erklären ist: Angesichts der Bedeutung des Verschmelzungsvorgangs und des Interesses der übrigen Gesellschafter und beteiligten Rechtsträger, frühzeitig Klarheit zu haben, ist Widerspruch bis zum Ende der Gesellschafterversammlung zu erklären, in der über die Zustimmung zum Verschmelzungsvertrag abgestimmt wird[8], ordnungsgemäße Ladung und Information des betroffenen Gesellschafters vorausgesetzt. War der Gesellschafter bei Beschlussfassung – mangels ordnungsgemä-

---

1 Begr. RegE bei *Ganske*, S. 94.
2 *Ihrig* in Semler/Stengel, § 43 UmwG Rz. 36; *Vossius* in Widmann/Mayer, § 43 UmwG Rz. 134; *Dauner-Lieb/Tettinger* in KölnKomm. UmwG, § 43 UmwG Rz. 49.
3 *H. Schmidt* in Lutter, § 43 UmwG Rz. 18; *Stratz* in Schmitt/Hörtnagl/Stratz, § 43 UmwG Rz. 13; *Ihrig* in Semler/Stengel, § 43 UmwG Rz. 38; *Dauner-Lieb/Tettinger* in KölnKomm. UmwG, § 43 UmwG Rz. 49.
4 So auch *Limmer* in Limmer, Hdb. der Unternehmensumwandlung, Teil 2 Kap. 2 Rz. 845.
5 Wie hier: *Vossius* in Widmann/Mayer, § 43 UmwG Rz. 135; aA *Dauner-Lieb/Tettinger* in KölnKomm. § 43 UmwG, Rz. 50: nur in der Versammlung.
6 *H. Schmidt* in Lutter, § 43 UmwG Rz. 18; *Dauner-Lieb/Tettinger* in KölnKomm. UmwG, § 43 UmwG Rz. 48.
7 *Ihrig* in Semler/Stengel, § 43 UmwG Rz. 38; *H. Schmidt* in Lutter, § 43 UmwG Rz. 18; *Limmer* in Limmer, Hdb. der Unternehmensumwandlung, Teil 2 Kap. 2 Rz. 845.
8 *H. Schmidt* in Lutter, § 43 UmwG Rz. 18; *Ihrig* in Semler/Stengel, § 43 UmwG Rz. 39.

ßer Ladung – nicht anwesend, muss er unverzüglich nach Kenntnis des Beschlusses widersprechen[1].

b) Rechtsfolgen

Der Widerspruch ist nicht das Gegenstück zur Zustimmung zum Verschmelzungsvertrag iS von § 13 Abs. 3 UmwG oder § 40 Abs. 2 Satz 2 UmwG. Er hat lediglich **interne Wirkung**[2]. Er führt nicht zu einem Austritts- und Abfindungsanspruch wie der zur notariellen Niederschrift zu erklärende Widerspruch (§ 29 Abs. 1 Satz 1 Halbsatz 1 UmwG). Vielmehr muss die Verschmelzung in der vorgesehenen Form unterbleiben[3]; dem widersprechenden Gesellschafter in der übernehmenden oder neuen Personenhandelsgesellschaft ist die **Stellung eines Kommanditisten** zu gewähren. Hierfür muss der Verschmelzungsvertrag notariell geändert werden[4], wenn der Verschmelzungsvertrag für den Fall des Widerspruchs keine Auffangklausel[5] enthält. Ggf. muss eine aufnehmende OHG in eine KG umgewandelt werden (Einzelheiten siehe § 40 UmwG Rz. 8). 27

Wird die Verschmelzung unverändert durchgeführt, machen sich die geschäftsführenden Gesellschafter **schadensersatzpflichtig** (§ 708 BGB). Der widersprechende Gesellschafter hat im Eilfall einen mit einstweiliger Verfügung durchsetzbaren Unterlassungsanspruch[6]. 28

5. Zustimmung einzelner Gesellschafter

a) Übernahme unbeschränkter Haftung

Sieht der Verschmelzungsvertrag vor, dass in neuer oder aufnehmender OHG, KG bisher beim übertragenden Rechtsträger nicht oder nur beschränkt auf ihre 29

---

1 *H. Schmidt* in Lutter, § 43 UmwG Rz. 17; *Ihrig* in Semler/Stengel, § 43 UmwG Rz. 39; *Vossius* in Widmann/Mayer, § 43 UmwG Rz. 135; *Stratz* in Schmitt/Hörtnagl/Stratz, § 53 UmwG Rz. 13; *Decker* in Henssler/Strohn, § 43 UmwG Rz. 6.
2 *Limmer* in Limmer, Hdb. der Unternehmensumwandlung, Teil 2 Kap. 2 Rz. 845; aA *Dauner-Lieb/Tettinger* in KölnKomm. UmwG, § 43 UmwG Rz. 50: Nichtigkeit des Beschlusses bzw. Anfechtbarkeit (bei KGaA).
3 *H. Schmidt* in Lutter, § 43 UmwG Rz. 19; *Ihrig* in Semler/Stengel, § 43 UmwG Rz. 41; *Vossius* in Widmann/Mayer, § 43 UmwG Rz. 141 ff.; *Decker* in Henssler/Strohn, § 43 UmwG Rz. 7.
4 *H. Schmidt* in Lutter, § 43 UmwG Rz. 19; *Ihrig* in Semler/Stengel, § 43 UmwG Rz. 41; *Dauner-Lieb/Tettinger* in KölnKomm. UmwG, § 43 UmwG Rz. 52; *Decker* in Henssler/Strohn, § 43 UmwG Rz. 7.
5 Beispiele bei: *Vossius* in Widmann/Mayer, § 43 UmwG Rz. 139; *H. Schmidt* in Lutter, § 43 UmwG Rz. 19; *Dauner-Lieb/Tettinger* in KölnKomm. UmwG, § 43 UmwG Rz. 54; *Limmer* in Limmer, Hdb. der Unternehmensumwandlung, Teil 2 Kap. 2 Rz. 845.
6 Vgl. auch *Roth* in Baumbach/Hopt, § 115 HGB Rz. 4.

eingetragene Haftsumme haftende Anteilsinhaber (Kommanditisten) die Stellung eines persönlich haftenden Gesellschafters erhalten und deshalb in Zukunft unbeschränkt persönlich haften sollen (§§ 130, 128 HGB), müssen die betroffenen Anteilsinhaber dem Verschmelzungsbeschluss des übertragenden Rechtsträgers zustimmen (§ 40 Abs. 2 UmwG; weitere Einzelheiten siehe dort; zur Zustimmung siehe § 13 UmwG Rz. 22 ff., 41 f.). Dies sollte bei der Abfassung des Verschmelzungsvertrages bereits berücksichtigt werden[1].

b) Vinkulierte Gesellschaftsanteile

30 Sieht der Gesellschaftsvertrag für die Abtretung der Beteiligung an der Gesellschaft eine Genehmigung (= Zustimmung iS von § 182 BGB) bestimmter einzelner Gesellschafter vor, müssen diese auch dem Verschmelzungsbeschluss zustimmen (§ 13 Abs. 2 UmwG), und zwar unabhängig davon, ob das Statut des übernehmenden Rechtsträgers gleiche Vinkulierungsrechte einräumt. Grund: Sonderrechte eines Anteilsinhabers dürfen nicht ohne dessen Zustimmung beeinträchtigt werden (siehe § 35 BGB[2]; weitere Einzelheiten bei § 13 UmwG Rz. 22 ff.).

31 Die Zustimmung des Sonderrechtsinhabers ist **nur bei Mehrheitsentscheidung** (§ 43 Abs. 2 Satz 1 und 2 UmwG) erforderlich. Sofern für die Wirksamkeit des Verschmelzungsbeschlusses ohnehin die Mitwirkung aller Gesellschafter erforderlich ist (§ 43 Abs. 1 UmwG), bedarf es daneben nicht noch einer gesonderten Zustimmung dieser Sonderrechtsinhaber[3].

32 Enthält der **Gesellschaftsvertrag eine Regelung über die Mehrheitsentscheidung**, aber keine Vinkulierungsklausel, bedarf es nicht der Zustimmungen der übrigen Gesellschafter. Zwar müssen nach allgemeinem Personengesellschaftsrecht der Abtretung eines Gesellschaftsanteils die übrigen Gesellschafter zustimmen. Dieses Zustimmungserfordernis betrifft jedoch nicht – wie § 13 Abs. 2 UmwG voraussetzt – bestimmte einzelne (= namentlich genannte oder den Eigenschaften nach bezeichnete) Gesellschafter oder eine bestimmte Gruppe von Gesellschaftern (siehe § 13 UmwG Rz. 22 ff.), sondern undifferenziert alle und räumt somit keinem Gesellschafter ein Sonderrecht ein[4].

33 Sieht der Gesellschaftsvertrag eine **(zulässige) Mehrheitsklausel** und die Zustimmung aller übrigen Gesellschafter zur Anteilsabtretung vor, ist str., ob die

---

1 Siehe *Limmer* in Limmer, Hdb. der Unternehmensumwandlung, Teil 2 Kap. 2 Rz. 847.
2 Begr. RegE bei *Ganske*, S. 160.
3 *H. Schmidt* in Lutter, § 43 UmwG Rz. 22; *Ihrig* in Semler/Stengel, § 43 UmwG Rz. 47; *Schöne*, GmbHR 1995, 325 (332).
4 Wie hier *H. Schmidt* in Lutter, § 43 UmwG Rz. 22; *Ihrig* in Semler/Stengel, § 43 UmwG Rz. 47; *Limmer* in Limmer, Hdb. der Unternehmensumwandlung, Teil 2 Kap. 2 Rz. 846; *Schöne*, GmbHR 1995, 325 (332) (für GmbH).

übrigen Gesellschafter als Sonderrechtsinhaber zustimmen müssen. Richtiger Ansicht nach verdrängt die Mehrheitsklausel nicht die Vinkulierungsklausel, jeder der übrigen Gesellschafter muss also zustimmen[1].

c) Offene Einlagen bei beteiligter GmbH

Zustimmen müssen wegen drohender Ausfallhaftung (§ 24 GmbHG) alle Gesellschafter der Personenhandelsgesellschaft, wenn bei der diese aufnehmenden GmbH oder bei einer neben der übertragenden Personenhandelsgesellschaft an der Verschmelzung teilnehmenden übertragenden GmbH Geschäftsanteile nicht voll eingezahlt sind (Einzelheiten bei § 51 UmwG). 34

d) Form, Frist

Zustimmung ist notariell zu beurkunden (§ 13 Abs. 3 Satz 1 UmwG, weitere Einzelheiten zur Zustimmung bei § 13 UmwG Rz. 22 ff. und Rz. 41 ff.). 35

6. Beteiligung Dritter

Dinglich Berechtigte (Nießbraucher, Pfandgläubiger) müssen nicht zustimmen. Ihre Rechte bestehen an den neuen Anteilen fort (§ 20 Abs. 1 Nr. 3 Satz 2 UmwG). Zur Zustimmung des **Ehegatten** siehe § 13 UmwG Rz. 33; zur Zustimmung des Erben bei **Testamentsvollstreckung** siehe § 13 UmwG Rz. 34. 36

7. Kosten

Es fallen Notarkosten für die Beurkundung des Verschmelzungsbeschlusses und der Zustimmungserklärungen an (siehe Erl. zu § 13 UmwG Rz. 43 ff.). 37

8. Verschmelzung durch Neugründung

Vorschrift gilt – bis auf letzten Halbsatz des § 43 Abs. 2 UmwG – auch für Verschmelzung durch Neugründung. Anders als bei GmbH (§ 59 Satz 1 UmwG) oder AG, KGaA (§ 76 Abs. 2 Satz 1 UmwG) muss Verschmelzungsbeschluss nicht zusätzlich Zustimmung zum Gesellschaftsvertrag der neuen Gesellschaft enthalten. Ist Gesellschaftsvertrag aufgrund Widerspruchs eines persönlich haftenden Gesellschafters (siehe Rz. 27) zu ändern, muss diese Änderung in den 38

---

[1] *H. Schmidt* in Lutter, § 43 UmwG Rz. 23; *Ihrig* in Semler/Stengel, § 43 UmwG Rz. 47; *Reichert*, GmbHR 1995, 176 (180); *Limmer* in Limmer, Hdb. der Unternehmensumwandlung, Teil 2 Kap. 2 Rz. 846; aA *Schöne*, GmbHR 1995, 325 (332).

Verschmelzungsvertrag aufgenommen werden (§ 37 UmwG). Der Änderung ist erneut zuzustimmen. Der Verschmelzungsvertrag kann aber den Widerspruch bereits vorwegnehmen, indem er alternative Gestaltungsmöglichkeiten anbietet[1].

§ 44
Prüfung der Verschmelzung

Im Fall des § 43 Abs. 2 ist der Verschmelzungsvertrag oder sein Entwurf für eine Personenhandelsgesellschaft nach den §§ 9 bis 12 zu prüfen, wenn dies einer ihrer Gesellschafter innerhalb einer Frist von einer Woche verlangt, nachdem er die in § 42 genannten Unterlagen erhalten hat. Die Kosten der Prüfung trägt die Gesellschaft.

1. Entwicklung und Normzweck 1
2. Voraussetzungen der Verschmelzungsprüfung
   a) Mehrheitsverschmelzung 2
   b) Verlangen eines Gesellschafters 5
3. Bestellung der Verschmelzungsprüfer 14
4. Kosten 15
5. Verhältnis zur Pflichtprüfung nach § 30 UmwG 16
6. Rechtsfolgen 17

1. Entwicklung und Normzweck

1 Die Vorschrift enthält einen Minderheitenschutz für den Fall der Mehrheitsverschmelzung nach § 43 Abs. 2 UmwG. Für den Normalfall der Verschmelzung nach § 43 Abs. 1 UmwG unter Zugrundelegung des Einstimmigkeitsprinzips ist eine gesetzliche Regelung der Verschmelzungsprüfung nicht erforderlich, da jeder Gesellschafter seine Zustimmung von der Durchführung einer – dann allerdings freiwilligen – Verschmelzungsprüfung abhängig machen kann. Es steht auch nichts entgegen, dass die Geschäftsführung ohne Rücksicht auf § 44 UmwG eine freiwillige Prüfung veranlasst. Die Vorschrift findet entsprechende Anwendung bei der Verschmelzung unter Beteiligung von Partnerschaftsgesellschaften (§ 45e UmwG) und bei der Spaltung (§ 125 UmwG). Nach der ursprünglichen Gesetzesfassung war das Verlangen eines Gesellschafters nach Prüfung nicht fristgebunden und konnte noch in der Gesellschafterversammlung gestellt werden, die über die Verschmelzung Beschluss fassen sollte, was zur Vertagung der Beschlussfassung führen musste. Dem hat das Zweite Gesetz zur

---

1 *H. Schmidt* in Lutter, § 43 UmwG Rz. 19; *Vossius* in Widmann/Mayer, § 43 UmwG Rz. 139; *Dauner-Lieb/Tettinger* in KölnKomm. UmwG § 43 UmwG Rz. 54; *Limmer* in Limmer, Hdb. der Unternehmensumwandlung, Teil 2 Kap. 2 Rz. 847.

Änderung des UmwG durch Einfügung einer **Wochenfrist** abgeholfen. Diese beginnt mit dem Erhalt der Unterlagen nach § 42 UmwG zu laufen.

2. Voraussetzungen der Verschmelzungsprüfung

a) Mehrheitsverschmelzung

Es muss sich um eine Personenhandelsgesellschaft handeln, bei der durch Gesellschaftsvertrag für die Verschmelzung eine Mehrheitsentscheidung nach näherer Maßgabe des § 43 Abs. 2 UmwG vorgesehen ist. Dies gilt sowohl für eine übertragende wie eine übernehmende Personenhandelsgesellschaft. Bei Beteiligung von zwei Personenhandelsgesellschaften können, je nach Ausgestaltung der Gesellschaftsverträge, die Voraussetzungen der Prüfungspflicht bei der übertragenden, der übernehmenden oder bei beiden Gesellschaften vorliegen. Unter § 44 UmwG fällt auch ein Gesellschaftsvertrag, der Einstimmigkeit aller anwesenden Gesellschafter erfordert, aber nicht auf die Einstimmigkeit aller vorhandenen Gesellschafter abstellt[1]. 2

Das Recht auf Prüfung kann durch den Gesellschaftsvertrag **nicht ausgeschlossen werden**. Zwar regelt § 44 UmwG das Innenverhältnis der Gesellschafter, wofür der Grundsatz der Vertragsfreiheit gilt. Im Gegensatz zu § 109 HGB enthält aber § 44 UmwG keinen Vorbehalt zu Gunsten des Gesellschaftsvertrags (§ 1 Abs. 3 Satz 1 UmwG). Er räumt vielmehr ein unabdingbares Kontrollrecht ein. 3

Maßgebend ist der **Gesellschaftsvertrag**: Sieht er eine Mehrheitsverschmelzung vor, so besteht das Recht nach § 44 UmwG auch, wenn eine einstimmige Entscheidung gefallen oder sichergestellt ist. Es kann formal nur durch notariell zu beurkundende Verzichtserklärungen nach § 9 Abs. 3 UmwG iVm. § 8 Abs. 3 UmwG beseitigt werden[2]. Dies ist insbesondere für die erforderlichen Anlagen zur Anmeldung der Verschmelzung zum Handelsregister nach § 17 Abs. 1 UmwG zu beachten. Für die Ausübung des Rechts ist ein Widerspruch gegen den Verschmelzungsbeschluss nicht erforderlich. 4

b) Verlangen eines Gesellschafters

aa) Verlangen. Die Prüfung setzt das „Verlangen eines ihrer Gesellschafter" voraus. Das Verlangen ist von dem Gesellschafter an „seine" Personenhandelsgesellschaft zu richten. § 44 UmwG dient zwar dem Minderheitenschutz, dennoch kann das Verlangen auch der Mehrheitsgesellschafter stellen. Das Recht steht jedem Gesellschafter zu. Eine besondere **Form** sieht das Gesetz nicht vor. 5

---

1 Zweifelnd *Dauner-Lieb/Tettinger* in KölnKomm. UmwG, § 44 UmwG Rz. 7.
2 *Stratz* in Schmitt/Hörtnagl/Stratz, § 44 UmwG Rz. 3; *Ihrig* in Semler/Stengel, § 44 UmwG Rz. 21; *Dauner-Lieb/Tettinger* in KölnKomm. UmwG, § 44 UmwG Rz. 24.

Das Verlangen kann damit schriftlich, mündlich oder zu Protokoll einer Gesellschafterversammlung gestellt werden. Eine Dokumentation empfiehlt sich jedoch. **Vertretung** ist zulässig, falls dies im Gesellschaftsvertrag für die Ausübung von Gesellschafterrechten zugelassen ist oder kein Mitgesellschafter widerspricht[1].

6 Die **Gesellschaftereigenschaft** muss im Zeitpunkt des Verlangens gegeben sein. Ist das Verlangen gestellt, geht die Rechtsposition auf einen Rechtsnachfolger in den Gesellschaftsanteil über[2]. Das Recht steht jedem an der Verschmelzung teilnehmenden Gesellschafter zu, ohne Rücksicht darauf, wie seine Gesellschafterstellung im Einzelnen ausgestaltet ist (Komplementär, Kommanditist, mit oder ohne Vermögensbeteiligung) und ob er der Verschmelzung bereits zugestimmt oder widersprochen hat. Das Recht ist Teil der Mitgliedschaft am Gesellschaftsanteil. Es steht deshalb nicht dem Treugeber, Unterbeteiligten oder Nießbraucher am Gesellschaftsanteil zu. Soweit Testamentsvollstreckung in den Geschäftsanteil zulässig ist[3], wird das Recht vom Testamentsvollstrecker ausgeübt. Entsprechendes gilt bei Anordnung einer Nachlasspflegschaft nach § 1960 BGB. Soweit in der Insolvenz des Gesellschafters dieser nicht aus der Gesellschaft ausscheidet (in der Personenhandelsgesellschaft nach § 131 Abs. 3 Nr. 2 HGB der gesetzliche Regelfall), steht das Recht wegen des vermögensrechtlichen Bezugs dem Insolvenzverwalter zu (§ 80 InsO).

7 Das Verlangen ist **an alle übrigen Gesellschafter** zu richten. Es genügt jedoch auch Zugang an einen Gesamtvertreter, insbesondere an einen geschäftsführenden Gesellschafter; es gelten die Grundsätze über die passive Einzelvertretung (§§ 125 Abs. 2 Satz 3, 170 HGB)[4]. Wird das Verlangen in einer Gesellschafterversammlung gestellt, genügt der Zugang beim Versammlungsleiter[5].

8 **bb) Frist.** Die Berechnung der Wochenfrist bestimmt sich nach §§ 187 Abs. 1, 188 Abs. 2 Alt. 1 BGB: Die Frist beginnt mit dem Erhalt der Unterlagen. Es kommt auf den tatsächlichen Zugang an. Dieser Tag wird bei der Fristberechnung nicht mitgezählt (§ 187 Abs. 1 BGB), die Frist endigt mit Ablauf des Tages der Folgewoche, der durch seine Benennung dem Tag des Fristbeginns entspricht. Für den Fall des Fristendes an Sonn- und Feiertagen und Sonnabenden gilt § 193 BGB. Der Fristbeginn stellt auf den Erhalt der Unterlagen ab. Für die rechtshemmende Einrede der Verjährung trägt die Gesellschaft die **Beweislast**. Um sicherzugehen wird die Gesellschaft die Unterlagen mit Einschreiben, das an den Empfangsberechtigten persönlich oder an einen besonderen Bevollmäch-

---

1 Vgl. *Roth* in Baumbach/Hopt, 36. Aufl. 2014, § 109 HGB Rz. 17.
2 *Ihrig* in Semler/Stengel, § 44 UmwG Rz. 10; *Dauner-Lieb/Tettinger* in KölnKomm. UmwG, § 44 UmwG Rz. 10.
3 Vgl. *Roth* in Baumbach/Hopt, 36. Aufl. 2014, § 139 HGB Rz. 21, 24 ff.
4 Vgl. *Roth* in Baumbach/Hopt, 36. Aufl. 2014, § 125 HGB Rz. 18; vgl. auch *H. Schmidt* in Lutter, § 44 UmwG Rz. 5; *Ihrig* in Semler/Stengel, § 44 UmwG Rz. 11.
5 *Dauner-Lieb/Tettinger* in KölnKomm. UmwG, § 44 UmwG Rz. 11.

tigten auszuhändigen ist (Übergabeeinschreiben), zustellen. In der Literatur wird zur Vermeidung über die Unsicherheit des Fristbeginns erwogen[1], in analoger Anwendung des § 15 Abs. 1 Satz 2 GmbHG auf den Tag abzustellen, an dem das Einberufungsschreiben (§ 42 UmwG) unter normalen Umständen bei ordnungsmäßiger Zustellung dem letzten Gesellschafter zugegangen wäre. Wie bei § 42 UmwG selbst hätte das Zugangsrisiko der Gesellschafter zu tragen. Dem steht aber der Wortlaut des § 44 UmwG entgegen, der im Gegensatz zu § 42 UmwG auf den Zugang der Unterlagen abstellt. Zur Wahrung der Frist des § 44 UmwG müssen die Unterlagen nach § 42 UmwG den Gesellschaftern zugehen, obwohl § 42 UmwG selbst einen solchen Zugang nicht erfordert. Sinnvollerweise wird die **Gesellschafterversammlung** auf eine Zeit nach Ablauf der Wochenfrist terminiert, um zu vermeiden, dass ein Verlangen noch in der Gesellschafterversammlung gestellt werden kann und dass nach Abgabe des Gutachtens den Gesellschaftern eine ausreichende Zeit zur Kenntnisnahme verbleibt.

Erhält ein Anteilsinhaber die Unterlagen nach § 42 Abs. 2 UmwG nicht oder nicht vollständig (zB nur den Entwurf des Verschmelzungsvertrags oder nur den Verschmelzungsbericht) vor der Gesellschafterversammlung oder erst in der Gesellschafterversammlung, so läuft für ihn die Wochenfrist vom tatsächlichen Erhalt der vollständigen Unterlagen an. Das kann zur Notwendigkeit der Vertagung der Gesellschafterversammlung führen; ein trotzdem gefasster Beschluss wäre fehlerhaft und damit nichtig[2]. Treuepflichtwidrig oder rechtsmissbräuchlich kann ein Bestehen auf der Wochenfrist allenfalls dann sein, wenn der Anteilsinhaber von der Unvollständigkeit oder der fehlgeschlagenen Zustellung positive Kenntnis hatte und ihm eine rechtzeitige Anforderung in Wahrnehmung des Gesellschaftsinteresses zumutbar gewesen wäre[3]. Sind die Unterlagen der Einberufung nicht oder nur unvollständig beigefügt, so liegt bereits ein Ladungsmangel vor, der zu einem **Beschlussmangel** und damit zur Nichtigkeit des Verschmelzungsbeschlusses führt[4]. Ein schon gefasster Beschluss ist (ggf. auf Klage nach § 14 UmwG) aufzuheben und kann erst nach Vorlage des Prüfungsberichts wirksam gefasst werden[5]. Ein Verlangen kann aber endgültig dann nicht mehr gestellt werden, wenn die Antragsfrist des § 4 Abs. 1 Nr. 4 SpruchG abgelaufen ist. Es fehlt jegliches **Rechtsschutzinteresse**, da der Gesellschafter seine Rechtsposition dann nicht mehr verbessern kann[6]. Schon wegen der erfor-

---

1 *Dauner-Lieb/Tettinger* in KölnKomm. UmwG, § 44 UmwG Rz. 14.
2 *Roth* in Baumbach/Hopt, 36. Aufl. 2014, § 119 HGB Rz. 31.
3 Etwas weiter wohl *H. Schmidt* in Lutter, § 44 UmwG Rz. 9; enger *Vossius* in Widmann/Mayer, § 44 UmwG Rz. 17; vgl. auch *Roth* in Baumbach/Hopt, 36. Aufl. 2014, § 109 HGB Rz. 23 ff.
4 *Ihrig* in Semler/Stengel, § 42 UmwG Rz. 15; *H. Schmidt* in Lutter, § 42 UmwG Rz. 10.
5 IE wohl auch *Ihrig* in Semler/Stengel, § 42 UmwG Rz. 15; offengelassen von *H. Schmidt* in Lutter, § 44 UmwG Rz. 6.
6 *Stratz* in Schmitt/Hörtnagl/Stratz, § 44 UmwG Rz. 4 stellt auf den Fristablauf nach § 14 UmwG (Klagefrist) bzw. nach § 31 UmwG (Abfindungsangebot) ab.

derlichen Anmeldungsunterlangen nach § 17 UmwG besteht Sicherheit nur dann, wenn eine Prüfung von Anfang an durchgeführt wird oder Verzichtserklärungen aller Gesellschafter nach §§ 9 Abs. 3, 8 Abs. 3 UmwG vorgelegt werden können.

10 Nach § 42 UmwG sind die Unterlagen nur denjenigen Gesellschaftern zu übersenden, die von der Geschäftsführung ausgeschlossen sind. Natürlich können auch die geschäftsführenden Gesellschafter das Prüfungsverlangen stellen. Fraglich ist allenfalls, ob und wann für sie die Einwochenfrist beginnt. Wird auch an sie übersandt, so gilt an sich auch für sie der Beginn der Wochenfrist mit dem tatsächlichen Zugang. Es wird aber auf die Übersendung gar nicht ankommen. Die geschäftsführenden Gesellschafter erhalten Kenntnis spätestens mit der Absendung der Unterlagen an die nicht geschäftsführenden Gesellschafter als Geschäftsführungsmaßnahme: Damit läuft von da an die Wochenfrist[1].

11 **Abweichende Bestimmungen** sind im Gesellschaftsvertrag nicht zulässig (§ 1 Abs. 3 UmwG): Die Regelung in § 44 UmwG ist abschließend und lässt auch keine „Ergänzungen" zu. Allerdings dürfte nichts im Wege stehen, dass die Gesellschaft auf die Einhaltung der (ohnehin kurzen) Einwochenfrist verzichtet. Dazu bedarf es jedoch eines einstimmigen Beschlusses der Gesellschafterversammlung, da die Wochenfrist auch die Mitgesellschafter vor einer Verzögerung der ggf. mehrheitlich gewollten Maßnahme schützen soll. Soweit in Gesellschaftsverträgen auf der Grundlage des § 44 UmwG aF ehemals zulässige abweichende Fristenregelungen enthalten sein sollten, sind diese mit Inkrafttreten der Neufassung des § 44 UmwG (25.4.2007) unwirksam geworden.

12 **cc) Verbrauch der Antragsberechtigung.** Ist das Verlangen bereits durch einen Gesellschafter gestellt und das Prüferbestellungsverfahren nach § 10 UmwG eingeleitet, so ist damit die Antragsberechtigung der anderen Gesellschafter verbraucht bzw. miterledigt. Nach dem Schutzzweck der Norm genügt eine Prüfung nach den Verfahrensvorschriften der §§ 9 ff. UmwG[2]; es gibt kein Recht auf je einen besonderen Prüfer für jeden Antragsteller. Dies gilt auch dann, wenn ohne Verlangen nach § 44 UmwG die Geschäftsführung eine „freiwillige" Prüfung im Verfahren des § 10 UmwG veranlasst hat[3]. Das gilt allerdings dann nicht, wenn der Prüfer für die „freiwillige" Prüfung von der Geschäftsführung selbst und nicht vom Gericht ausgewählt und bestellt worden ist. Es fehlt dann die vom Gesetz bezweckte Unabhängigkeit des Prüfers und die daraus folgende Akzeptanz seiner Ergebnisse. Bei der freiwilligen Prüfung bleibt allerdings ein späteres Prüfungsverlangen insoweit von Bedeutung, als es eine Rücknahme des

---

1 So auch *H. Schmidt* in Lutter, § 44 UmwG Rz. 7; teilweise abweichend *Dauner-Lieb/Tettinger* in KölnKomm. UmwG, § 44 UmwG Rz. 15; Fristbeginn bei Zugang freiwillig übersandter Unterlagen.
2 *H. Schmidt* in Lutter, § 44 UmwG Rz. 5; *Ihrig* in Semler/Stengel, § 44 UmwG Rz. 16.
3 *H. Schmidt* in Lutter, § 44 UmwG Rz. 5.

Prüfungsauftrags ohne Einwilligung des die Prüfung verlangenden Anteilsinhabers ausschließt[1]. Das gilt entsprechend bei einer Prüfung auf Verlangen, wenn der verlangende Gesellschafter sein Verlangen später zurücknimmt. Die Prüfung muss fortgeführt werden, wenn ein weiteres Verlangen vorliegt.

Fraglich kann sein, ob ein Prüfungsverlangen nach Fristablauf bei Bekanntwerden wesentlich neuer Umstände zulässig ist. *Dauner-Lieb* befürwortet das im Wege einer teleologischen Reduktion des § 44 UmwG, wenn dem Gesellschafter eine fristgerechte Entscheidung über das Prüfungsverlangen angesichts der Bedeutung der Kenntnisse billigerweise nicht zumutbar ist[2]. Zutreffender wird es aber sein, bei wesentlichen Änderungen von einer **Aktualisierungspflicht** des Verschmelzungsberichts auszugehen[3]. Eine korrigierte Unterlage löst erneut die Wochenfrist des § 44 UmwG aus. Werden wesentliche neue Umstände erst in der Gesellschafterversammlung mitgeteilt, kann noch in der Versammlung eine Prüfung verlangt werden, was dann eine Beschlussfassung ausschließt.

13

3. Bestellung der Verschmelzungsprüfer

Die Verschmelzungsprüfer werden nach § 10 Abs. 1 UmwG auf Antrag des Vertretungsorgans der Personengesellschaft, also den aktiv vertretungsberechtigten Gesellschaftern (§§ 125, 170 HGB), vom Gericht bestellt. Eine Mitwirkung der Gesellschafterversammlung ist nicht erforderlich. Da Auswahl und Bestellung des Prüfers durch das Gericht erfolgen, liegt kein Grundlagengeschäft vor, das der Zustimmung der Gesellschafter mit der erforderlichen Mehrheit bedürfte.

14

Verschmelzungsprüfer kann nicht sein, wer die **Ausschlussgründe** des §§ 319 Abs. 2-4, 319a Abs. 1, 319b HGB erfüllt. Demgegenüber kann der Verschmelzungsprüfer zugleich Abschlussprüfer sein (vgl. § 11 UmwG Rz. 5).

Ist bei anderen beteiligten Rechtsträgern eine Prüfung obligatorisch oder liegen entsprechende Verlangen vor, können **gemeinsame Verschmelzungsprüfer** nach § 10 Abs. 1 Satz 2 UmwG bestellt werden (vgl. § 10 UmwG Rz. 20). Der **Prüfungsbericht** ist allen nicht geschäftsführungsbefugten Gesellschaftern (§ 42 UmwG) zuzusenden. Bei den geschäftsführenden Gesellschaftern ist davon auszugehen, dass sie ab Abgabe des Prüfungsberichts bei der Gesellschaft Kenntnis erlangen. Sinnvoll ist jedoch eine Zusendung an alle Gesellschafter[4].

---

1 Zutreffend *Ihrig* in Semler/Stengel, § 44 UmwG Rz. 16.
2 *Dauner-Lieb/Tettinger* in KölnKomm. UmwG, § 44 UmwG Rz 17; aA H. *Schmidt* in Lutter, § 44 UmwG Rz. 9a.
3 Vgl. *Diekmann* in Semler/Stengel, § 64 UmwG Rz. 12a ff.
4 Abweichend *Vossius* in Widmann/Mayer, § 44 UmwG Rz. 29: Übersendung nur an Gesellschaft, der Prüfung verlangt hat.

4. Kosten

15 Die Kosten der Verschmelzungsprüfung trägt die Gesellschaft. Dem das Verlangen stellenden Gesellschafter können sie weder durch Gesellschaftsvertrag noch durch Gesellschafterbeschluss auferlegt werden.

5. Verhältnis zur Pflichtprüfung nach § 30 UmwG

16 Ist nach § 29 Abs. 1 UmwG ein Barabfindungsangebot zu machen, ist dessen Angemessenheit nach § 30 Abs. 2 UmwG stets zu prüfen, also unabhängig davon, ob ein Verlangen nach § 44 UmwG gestellt wird. Für die Prüfungen nach § 30 UmwG und § 44 UmwG kann ein gemeinsamer Prüfer und ein gemeinsamer Bericht erstellt werden. Da die Prüfung nach § 30 UmwG nur die Angemessenheit der Barabfindung, die Prüfung nach § 44 UmwG aber den gesamten Verschmelzungsvertrag (einschließlich der Angemessenheit der Barabfindung) zum Gegenstand haben, geht die Prüfung nach § 30 UmwG idR in der Prüfung nach § 44 UmwG auf[1]. Von der Prüfung nach § 30 UmwG kann nur abgesehen werden, wenn vorab alle Gesellschafter auf ihr Widerspruchsrecht und die Prüfung nach § 30 Abs. 2 UmwG verzichten (vgl. § 30 UmwG Rz. 20 ff.).

6. Rechtsfolgen

17 Unterbleibt trotz Prüfungsverlangens eine Prüfung oder wird bei durchgeführter Prüfung der Prüfungsbericht den Gesellschaftern so spät zugänglich gemacht, dass eine angemessene Auswertung der Prüfungsinformation für die Beschlussfassung ausgeschlossen oder nicht mehr zumutbar ist (Übersendung eine Woche vor der Gesellschafterversammlung ist als angemessen zu erachten[2]), so liegt ein **Beschlussmangel** vor, der grundsätzlich zur Nichtigkeit des Verschmelzungsbeschlusses führt. Streitig ist, ob die **Nichtigkeitsfolge** strikt[3] oder nur bei Kausalität für das Beschlussergebnis[4] eintritt. In der Praxis kommt der Streitfrage kaum Bedeutung zu, weil der Nachweis fehlender Kausalität auf die Meinungsbildung der Gesellschafterversammlung kaum zu führen sein wird[5]. Eine Prüfung ist auch dann unterblieben, wenn die Prüfung durch einen nach §§ 319 ff. HGB iVm. § 11 UmwG ausgeschlossenen Prüfer durchgeführt worden ist.

---

1 Vgl. *Dauner-Lieb/Tettinger* in KölnKomm. UmwG, § 44 UmwG Rz. 43; *Zeidler* in Semler/Stengel, § 30 UmwG Rz. 26.
2 *H. Schmidt* in Lutter, § 42 UmwG Rz. 10; *Dauner-Lieb/Tettinger* in KölnKomm. UmwG, § 44 UmwG Rz. 31.
3 *Dauner-Lieb/Tettinger* in KölnKomm. UmwG, § 44 UmwG Rz. 34.
4 *Drygala* in Lutter, § 12 UmwG Rz. 15; *Ihrig* in Semler/Stengel, § 44 UmwG Rz. 22.
5 So auch *Ihrig* in Semler/Stengel, § 44 UmwG Rz. 22.

Ob ein Beschlussmangel mit Nichtigkeitsfolge auch dann vorliegen kann, wenn die Prüfung oder der Prüfungsbericht inhaltlich fehlerhaft sind[1], ist wohl eher zu verneinen. Es hat eine Prüfung durch einen habilen Prüfer stattgefunden; damit ist den Erfordernissen des § 44 UmwG Rechnung getragen. **Inhaltliche Fehler** können allenfalls zu Ersatzansprüchen gegen den Prüfer führen. Soweit sich inhaltliche Fehler auf das Umtauschverhältnis beziehen, wird die Nichtigkeitsfolge ohnehin durch § 14 Abs. 2 UmwG ausgeschlossen. 18

Prozessual kann nur der Gesellschafter die Nichtigkeitsfolge geltend machen, der eine Prüfung tatsächlich verlangt hat. Den anderen Gesellschaftern fehlt das für eine Nichtigkeitsklage erforderliche Feststellungsinteresse. Es muss davon ausgegangen werden, dass sie durch Nichtgeltendmachung des Prüfungsverlangens auf ihr individuelles Schutzrecht verzichtet haben[2]. 19

§ 45
Zeitliche Begrenzung der Haftung persönlich haftender Gesellschafter

(1) Überträgt eine Personenhandelsgesellschaft ihr Vermögen durch Verschmelzung auf einen Rechtsträger anderer Rechtsform, dessen Anteilsinhaber für die Verbindlichkeiten dieses Rechtsträgers nicht unbeschränkt haften, so haftet ein Gesellschafter der Personenhandelsgesellschaft für ihre Verbindlichkeiten, wenn sie vor Ablauf von fünf Jahren nach der Verschmelzung fällig und daraus Ansprüche gegen ihn in einer in § 197 Abs. 1 Nr. 3 bis 5 des Bürgerlichen Gesetzbuchs bezeichneten Art festgestellt sind oder eine gerichtliche oder behördliche Vollstreckungshandlung vorgenommen oder beantragt wird; bei öffentlich-rechtlichen Verbindlichkeiten genügt der Erlass eines Verwaltungsakts.

(2) Die Frist beginnt mit dem Tage, an dem die Eintragung der Verschmelzung in das Register des Sitzes des übernehmenden Rechtsträgers nach § 19 Abs. 3 bekannt gemacht worden ist. Die für die Verjährung geltenden §§ 204, 206, 210, 211 und 212 Abs. 2 und 3 des Bürgerlichen Gesetzbuchs sind entsprechend anzuwenden.

(3) Einer Feststellung in einer in § 197 Abs. 1 Nr. 3 bis 5 des Bürgerlichen Gesetzbuchs bezeichneten Art bedarf es nicht, soweit der Gesellschafter den Anspruch schriftlich anerkannt hat.

(4) Die Absätze 1 bis 3 sind auch anzuwenden, wenn der Gesellschafter in dem Rechtsträger anderer Rechtsform geschäftsführend tätig wird.

---

1 So *Dauner-Lieb/Tettinger* in KölnKomm. UmwG, § 44 UmwG Rz. 35.
2 Vgl. *Dauner-Lieb/Tettinger* in KölnKomm. UmwG, § 44 UmwG Rz. 39.

§ 45 | Verschmelzung – Beteiligung von Personenhandelsgesellschaften

1. Anwendungsbereich	1	3. Wirkung von Vereinbarungen	7
2. Nachhaftung	5	4. Ausgleichsansprüche	8

Literatur: *K. Schmidt/C. Schneider*, Haftungserhaltende Gläubigerstrategien beim Ausscheiden von Gesellschaftern bei Unternehmensübertragung, Umwandlung und Auflösung, BB 2003, 1961.

1. Anwendungsbereich

1 Die Vorschrift kommt sowohl bei einer Verschmelzung im Wege der Aufnahme als auch bei einer **Verschmelzung durch Neugründung** (und über §§ 125, 135 Abs. 1 Satz 1 UmwG bei der Spaltung) zur Anwendung[1]. Dies ergibt sich nicht aus dem Wortlaut, aber aus Sinn und Zweck der Vorschrift. Denn auch bei einer Verschmelzung durch Neugründung besteht das Bedürfnis einer Nachhaftungsbegrenzung.

2 § 45 UmwG greift nur ein, wenn an der Verschmelzung eine **Personenhandelsgesellschaft oder eine Partnerschaftsgesellschaft (§ 45e UmwG) als übertragender Rechtsträger** beteiligt ist. Erfasst wird die Haftung der persönlich haftenden Gesellschafter bei OHG und KG. Erfasst wird auch die **Haftung des Kommanditisten bei Nichtleistung oder Rückgewähr der Einlage**[2]. In der Anteilsgewährung im Zuge der Verschmelzung liegt jedoch keine Einlagerückgewähr an den Kommanditisten, weil sein Kommanditanteil gleichzeitig erlischt[3].

Über ihren Wortlaut hinaus findet die Vorschrift auf den **Komplementär einer Kommanditgesellschaft auf Aktien** Anwendung[4]. § 78 UmwG enthält insoweit ein Redaktionsversehen. Das ergibt sich aus § 278 Abs. 2 AktG, wonach sich das Rechtsverhältnis der persönlich haftenden Gesellschafter einer KGaA gegenüber Dritten nach den Vorschriften über die KG bestimmt.

3 Der Wortlaut setzt eine **Mischverschmelzung** voraus. Das hat aber keine eingrenzende Funktion, sondern will nur den Hauptfall kennzeichnen. Die Vorschrift findet daher auch Anwendung, wenn der übernehmende oder neue Rechtsträger **dieselbe Rechtsform** hat[5]. Voraussetzung ist nur, dass nicht alle Anteilsinhaber des übernehmenden bzw. neuen Rechtsträgers für die Verbind-

---

[1] *Vossius* in Widmann/Mayer, § 45 UmwG Rz. 4f.
[2] *H. Schmidt* in Lutter, § 45 UmwG Rz. 12; *Ihrig* in Semler/Stengel, § 45 UmwG Rz. 7.
[3] IE ebenso *H. Schmidt* in Lutter, § 45 UmwG Rz. 12; *Ihrig* in Semler/Stengel, § 45 UmwG Rz. 8.
[4] *H. Schmidt* in Lutter, § 45 UmwG Rz. 11; *Ihrig* in Semler/Stengel, § 45 UmwG Rz. 5; aA *Vossius* in Widmann/Mayer, § 45 UmwG Rz. 12.
[5] *H. Schmidt* in Lutter, § 45 UmwG Rz. 10; *Ihrig* in Semler/Stengel, § 45 UmwG Rz. 4; aA *Vossius* in Widmann/Mayer, § 45 UmwG Rz. 14.

lichkeiten dieses Rechtsträgers unbeschränkt haften[1]. § 45 UmwG gilt daher, wenn übernehmender bzw. neuer Rechtsträger eine AG oder GmbH ist, aber auch wenn es sich um eine KG oder KGaA handelt[2]. Auf eine **Herabsetzung der Hafteinlage** eines Kommanditisten im Zuge der Verschmelzung ist § 45 UmwG analog anzuwenden: Nach Ablauf der Enthaftungsfrist haftet er nur noch auf den neuen Einlagebetrag[3]. Eine Einschränkung für geschäftsführende Gesellschafter besteht nicht (§ 45 Abs. 4 UmwG). Die Voraussetzungen sind für jeden betroffenen Gesellschafter gesondert zu prüfen[4].

Sachlich beschränkt sich der Anwendungsbereich auf die **Gesellschafterhaftung**. Besondere Haftungstatbestände wie Garantien oder Delikt sind ausgenommen, ebenso schon vor der Verschmelzung gegen den Gesellschafter **titulierte Forderungen**[5]. Sachsicherheiten des Gesellschafters für die Unternehmensverbindlichkeit bleiben ebenfalls unberührt; enthaftet wird lediglich eine Sachsicherheit, die ausnahmsweise nur für die Gesellschafterverbindlichkeit gestellt wurde[6]. Überragende Bedeutung hat die Enthaftungsregelung für **Verbindlichkeiten aus Dauerschuldverhältnissen**, insbesondere solche aus betrieblicher Altersversorgung. 4

2. Nachhaftung

Nach Wirksamwerden der Verschmelzung haftet der persönlich haftende Gesellschafter der übertragenden Personenhandelsgesellschaft bzw. Partnerschaftsgesellschaft, der in der übernehmenden oder neuen Gesellschaft nicht unbeschränkt haftet, für deren auf die übernehmende oder neue Gesellschaft übergegangenen Verbindlichkeiten nach §§ 128, 161 HGB **persönlich unbeschränkt weiter**[7]. Diese **Nachhaftung gilt nicht** für Verbindlichkeiten, die erst nach dem Wirksamwerden der Verschmelzung **begründet** worden sind[8]. Hier greift mit sofortiger Wirkung die Haftungsbeschränkung des übernehmenden oder neuen Rechtsträgers ein[9]. Sie gilt nach § 45 Abs. 1 UmwG außerdem insoweit nicht, als 5

---

1 *Vossius* in Widmann/Mayer, § 45 UmwG Rz. 20; *H. Schmidt* in Lutter, § 45 UmwG Rz. 10.
2 *Vossius* in Widmann/Mayer, § 45 UmwG Rz. 19.
3 *Dauner-Lieb/P. W. Tettinger* in KölnKomm. UmwG, § 45 UmwG Rz. 11 mit Verweis auf die Parallellage bei § 160 HGB.
4 *H. Schmidt* in Lutter, § 45 UmwG Rz. 16; *Decker* in Henssler/Strohn, § 45 UmwG Rz. 3.
5 *H. Schmidt* in Lutter, § 45 UmwG Rz. 14, 17; *Dauner-Lieb/P. W. Tettinger* in KölnKomm. UmwG, § 40 UmwG Rz. 14.
6 *K. Schmidt/C. Schneider*, BB 2003, 1961 (1965 ff.).
7 *H. Schmidt* in Lutter, § 45 UmwG Rz. 1.
8 Zur Frage, wann Verbindlichkeiten begründet sind, vgl. § 133 UmwG Rz. 5 ff. mit weiterführenden Nachweisen.
9 *K. Schmidt/C. Schneider*, BB 2003, 1961 (1961).

die Verbindlichkeiten erst **nach Ablauf von fünf Jahren nach der Verschmelzung fällig** werden, woran eine frühere Geltendmachung nichts ändern kann[1]. Dies gilt auch für einzelne Ansprüche aus Dauerschuldverhältnissen.

6 Eine vor Ablauf der Frist fällig werdende Forderung muss außerdem vor Fristablauf entweder durch rechtskräftiges Urteil, Vollstreckungsbescheid, vollstreckbaren Vergleich, vollstreckbare Urkunde oder in einem Insolvenzverfahren festgestellt werden oder es muss eine gerichtliche oder behördliche Vollstreckungshandlung vorgenommen oder beantragt werden, wofür bei öffentlich-rechtlichen Verbindlichkeiten der Erlass (erfordert nach § 41 VwVfG Bekanntgabe) eines Verwaltungsakts genügt (§ 45 Abs. 1 UmwG). Alternativ kann die Forderung durch den persönlich haftenden Gesellschafter schriftlich anerkannt (§ 45 Abs. 3 UmwG) werden. Nur wenn diese Voraussetzungen vorliegen (und zwar **gegenüber dem Gesellschafter selbst**, nicht nur bzgl. einem der beteiligten Rechtsträger[2]), besteht die persönliche Haftung weiter und unterliegt dann ggf. der allgemeinen Höchstverjährung von 30 Jahren. Andernfalls tritt mit **Ablauf der Ausschlussfrist von fünf Jahren** Enthaftung ein. Was die Feststellung durch rechtskräftiges Urteil oder durch vollstreckbaren Vergleich betrifft, so wird der Ablauf der Frist durch Erhebung der Klage oder der Klage gleichstehende gerichtliche Geltendmachung gehemmt (§ 45 Abs. 2 Satz 2 UmwG)[3]. Keine hemmende Wirkung haben Verhandlungen mit dem Gläubiger[4]. Die **Fünf-Jahres-Frist beginnt** nicht bereits mit Eintragung der Verschmelzung in das Handelsregister des Sitzes des übernehmenden Rechtsträgers, die bereits die Wirkungen der Verschmelzung auslöst (§ 20 Abs. 1 UmwG), sondern erst mit deren Bekanntmachung gemäß § 19 Abs. 3 UmwG (§ 45 Abs. 2 Satz 1 UmwG). Bei § 45 UmwG handelt es sich um eine von Amts wegen zu berücksichtigende **rechtsvernichtende Einwendung**[5]. Davon unabhängig ist das Recht des in Anspruch genommenen Gesellschafters, sich auch nach der Verschmelzung gemäß § 129 HGB auf **Einwendungen und Einreden der Gesellschaft** zu berufen[6].

---

1 K. Schmidt/C. Schneider, BB 2003, 1961 (1964); Ihrig in Semler/Stengel, § 45 UmwG Rz. 21.
2 Ihrig in Semler/Stengel, § 45 UmwG Rz. 43; Decker in Henssler/Strohn, § 45 UmwG Rz. 4.
3 H. Schmidt in Lutter, § 45 UmwG Rz. 27.
4 H. Schmidt in Lutter, § 45 UmwG Rz. 27 aE.
5 Ihrig in Semler/Stengel, § 45 UmwG Rz. 20; H. Schmidt in Lutter, § 45 UmwG Rz. 5.
6 Ausführlich H. Schmidt in Lutter, § 45 UmwG Rz. 8; ebenso Burg in Böttcher/Habighorst/Schulte, § 45 UmwG Rz. 3.

3. Wirkung von Vereinbarungen

Die **Frist des § 45 UmwG ist nach hM zwingend**, wobei Vereinbarungen zwischen Gläubiger und Gesellschafter darüber aber häufig als Verzicht, fristwahrendes Anerkenntnis oder Neubegründung ausgelegt werden können[1]. 7

Bei **Vereinbarungen über die Fälligkeit** der Forderung mit dem Gläubiger ist zu differenzieren: Vereinbarungen des übertragenden Rechtsträgers vor Wirksamkeit der Verschmelzung wirken zugunsten wie zulasten des Gesellschafters, Vereinbarungen des übernehmenden oder neuen Rechtsträgers dagegen nur zu seinen Gunsten[2].

4. Ausgleichsansprüche

Der aus Nachhaftung in Anspruch genommene Gesellschafter hat einen **Rückgriffsanspruch gegen den übernehmenden oder neuen Rechtsträger** aus § 670 BGB für ausgeschiedene Gesellschafter bzw. aus § 110 HGB für gegenwärtige Gesellschafter[3]; insoweit findet auch ein **Forderungsübergang** auf ihn statt. Er hat außerdem einen **Ausgleichsanspruch gegen andere nachhaftende Gesellschafter** aus und nach Maßgabe von § 426 BGB; dies setzt zeitlich aber eine Inanspruchnahme des Gesellschafters voraus, solange der andere Gesellschafter ebenfalls noch haftet[4]. 8

---

1 *Ihrig* in Semler/Stengel, § 45 UmwG Rz. 60; *Decker* in Henssler/Strohn, § 45 UmwG Rz. 4; weiter *Dauner-Lieb/P. W. Tettinger* in KölnKomm. UmwG, § 45 UmwG Rz. 30 ff.; zweifelnd *H. Schmidt* in Lutter, § 45 UmwG Rz. 28.
2 *Dauner-Lieb/P. W. Tettinger* in KölnKomm. UmwG, § 45 UmwG Rz. 38 f.; *Ihrig* in Semler/Stengel, § 45 UmwG Rz. 31 f.; aA *H. Schmidt* in Lutter, § 45 UmwG Rz. 18: generell unbeachtlich, soweit sich im Wege der Auslegung nichts anderes ergibt.
3 Dazu BGH v. 19.7.2011 – II ZR 300/08, NZG 2011, 1023 (1028) = ZIP 2011, 1657.
4 *Ihrig* in Semler/Stengel, § 45 UmwG Rz. 57 ff.; näher *Dauner-Lieb/P. W. Tettinger* in KölnKomm. UmwG, § 45 UmwG Rz. 48 ff.

Zweiter Unterabschnitt
Verschmelzung unter Beteiligung von Partnerschaftsgesellschaften

§ 45a
Möglichkeit der Verschmelzung

Eine Verschmelzung auf eine Partnerschaftsgesellschaft ist nur möglich, wenn im Zeitpunkt ihres Wirksamwerdens alle Anteilsinhaber übertragender Rechtsträger natürliche Personen sind, die einen Freien Beruf ausüben (§ 1 Abs. 1 und 2 des Partnerschaftsgesellschaftsgesetzes). § 1 Abs. 3 des Partnerschaftsgesellschaftsgesetzes bleibt unberührt.

1. Überblick und Anwendungsbereich 1	4. Maßgeblicher Zeitpunkt 6
2. Alle Anteilsinhaber natürliche Personen 3	5. Anmeldung der Verschmelzung .. 7
3. Ausübung eines freien Berufs 4	6. Rechtsfolgen 8
	7. Vorrang des Berufsrechts (§ 45a Satz 2 UmwG) 11

Literatur: *Neye*, Partnerschaft und Umwandlung, ZIP 1997, 722; *Neye*, Die Änderungen im Umwandlungsrecht nach den handels- und gesellschaftsrechtlichen Reformgesetzen in der 13. Legislaturperiode, DB 1998, 1649; *Römermann*, Neues im Recht der Partnerschaftsgesellschaft, NZG 1998, 675.

1. Überblick und Anwendungsbereich

1 Die §§ 45a bis 45e UmwG regeln die Verschmelzung der Partnerschaftsgesellschaft (PartG). Darunter fällt als Unterform auch die Partnerschaftsgesellschaft mit beschränkter Berufshaftung (PartGmbB), für die keine umwandlungsrechtlichen Sonderregelungen bestehen[1]. Außerdem gibt es in § 18 Abs. 3 UmwG eine Sonderregelung zum Namen der PartG (dazu § 18 UmwG Rz. 15). Eine PartG kann nach § 3 Abs. 1 Nr. 1 UmwG an einer Verschmelzung als übertragender, übernehmender oder neuer Rechtsträger beteiligt sein (dazu § 3 UmwG Rz. 6). Auch **Mischverschmelzungen** sind zulässig[2]. Geeignet für eine Verschmelzung auf eine PartG sind vor allem PartG und die **Freiberufler-GmbH**, denn auch bei ihr müssen die Gesellschafter in der Gesellschaft aktive Freiberufler sein (für die Rechtsanwalts-GmbH siehe § 59e Abs. 1 BRAO), seltener eine Freiberufler-AG[3].

---

1 *Jaspers* in Böttcher/Habighorst/Schulte, Vor §§ 45a ff. UmwG Rz. 2.
2 *H. Schmidt* in Lutter, § 45a UmwG Rz. 3.
3 Überblick über weitere mögliche übertragende Rechtsträger bei *Ihrig* in Semler/Stengel, § 45b UmwG Rz. 4.

Bei Beteiligung einer PartG als übernehmender oder neuer Rechtsträger ist für die Einhaltung von § 1 Abs. 1 bis 3 PartGG Sorge zu tragen. § 45a UmwG enthält eine entsprechende Vorschrift für eine übernehmende PartG, ist aber auch auf die Verschmelzung zur Neugründung einer PartG anwendbar. 2

2. Alle Anteilsinhaber natürliche Personen

Alle Anteilsinhaber übertragender Rechtsträger müssen (parallel zu § 1 Abs. 1 Satz 3 PartGG) natürliche Personen sein. Das schließt die Freiberufler-GmbH als Anteilsinhaber des übertragenden Rechtsträgers aus, nicht dagegen als übertragender Rechtsträger selbst. 3

Anteilsinhaber des übertragenden Rechtsträgers kann aber eine nur aus natürlichen Personen bestehende GbR, insbesondere eine Sozietät sein, die selbst (mangels Verschmelzungsfähigkeit der GbR, vgl. § 3 UmwG Rz. 5) nicht übertragender Rechtsträger sein könnte. Die Sozietät muss sich aber spätestens mit der Verschmelzung auf die PartG auflösen. Partner der übernehmenden oder neuen PartG werden dann die einzelnen Mitglieder der Sozietät[1]. Wenn sich die Sozietät/GbR selbst als übertragender Rechtsträger an einer Verschmelzung auf eine PartG beteiligen will, muss sie sich zunächst unter entsprechender Anpassung des Gesellschaftsvertrags in das Partnerschaftsregister eintragen lassen[2]. Als PartG ist sie dann verschmelzungsfähig.

3. Ausübung eines freien Berufs

Die **freien Berufe** iS der Vorschrift sind aufgrund der Verweisung die in § 1 Abs. 2 PartGG aufgeführten Katalogberufe, die diesen ähnlichen Berufe sowie die selbständige Berufstätigkeit der Wissenschaftler, Künstler, Schriftsteller, Lehrer und Erzieher. Diese Aufzählung ist allerdings nicht abschließend[3]. 4

Hinsichtlich der **Ausübung** des freien Berufs bedarf § 45a UmwG insoweit der **teleologischen Reduktion**, als keine strengeren Anforderungen zu stellen sind als die nach PartGG geltenden, deren Umgehung hier nur vorgebeugt werden soll. Es ist daher zu unterscheiden:

Eine **Verschmelzung zur Neugründung** scheidet aus, wenn ein Anteilsinhaber des übertragenden Rechtsträgers sich auf eine Beteiligung ohne Ausübung eines freien Berufs beschränkt oder seine Berufsausübung dauerhaft eingestellt hat oder an ihr nicht nur kurzfristig verhindert ist[4].

---

1 Vgl. *Vossius* in Widmann/Mayer, § 45a UmwG Rz. 42 f.
2 *H. Schmidt* in Lutter, § 45a UmwG Rz. 6.
3 *Römermann*, NZG 1998, 675 (676 f.); *Dauner-Lieb/ P. W. Tettinger* in KölnKomm. UmwG, § 45a UmwG Rz. 5; *Ihrig* in Semler/Stengel, § 45a UmwG Rz. 6.
4 *Ihrig* in Semler/Stengel, § 45a UmwG Rz. 8; *H. Schmidt* in Lutter, § 45a UmwG Rz. 11.

Bei einer **Verschmelzung zur Aufnahme** sind dagegen die geringeren Anforderungen des PartGG an die Aufrechterhaltung der Partnerstellung zu beachten: Ein zwangsweises Ausscheiden tritt nach § 9 Abs. 3 PartGG nur beim Verlust der erforderlichen Berufszulassung ein. Daher kann eine anderweitige, wenn auch längerfristige Verhinderung kein Verschmelzungshindernis sein[1]. Um dem Vorwurf zu entgehen, ein Partner im Ruhestand sei ein reiner Kapitalgeber, kann es sich aber empfehlen, jedenfalls einen sehr geringen beruflichen Beitrag des Betroffenen zu vereinbaren.

5 Erforderlich ist schließlich, dass der freie Beruf, wenn auch nicht ausschließlich, gerade **in dem übertragenden Rechtsträger ausgeübt** wird. Unschädlich ist dagegen, dass die Anteilsinhaber neben ihrer Berufsausübung auch andere **Einlagen** geleistet haben. In diesem Fall muss der Betrag der Einlage im Verschmelzungsvertrag festgesetzt werden. § 45e Satz 1 UmwG verweist zwar nicht ausdrücklich auf § 40 Abs. 1 Satz 2 UmwG. Das Erfordernis folgt hier aber aus allgemeinen Grundsätzen, nach denen eine Einlagepflicht einer vertraglichen Grundlage bedarf.

4. Maßgeblicher Zeitpunkt

6 Nach ausdrücklicher gesetzlicher Vorschrift kommt es für die Ausübung einer freiberuflichen Tätigkeit durch natürliche Personen auf den Zeitpunkt des **Wirksamwerdens der Verschmelzung** an. Das ist der Zeitpunkt der Eintragung der Verschmelzung bzw. der neuen Gesellschaft im Partnerschaftsregister[2]. Es besteht also die Möglichkeit, diese Voraussetzungen noch nach dem Verschmelzungsbeschluss, ja sogar nach Anmeldung der Verschmelzung – etwa auf Zwischenverfügung hin – herbeizuführen, indem etwa der betreffende Partner seine Berufstätigkeit in der Gesellschaft wieder aufnimmt oder ein sonstiger Anteilsinhaber aus dem übertragenden Rechtsträger ausscheidet, in der Praxis oft aufschiebend bedingt auf das Wirksamwerden der Verschmelzung[3]. Dem steht das Prinzip der Mitgliederidentität nicht entgegen[4]. Ein solches Ausscheiden bedarf allerdings der Zustimmung des Betroffenen[5]. Die oft erforderliche Abfindung kann dabei mit wirtschaftlichen Schwierigkeiten verbunden sein, insbesondere bei einem reinen Kapitalgeber.

---

1 *Ihrig* in Semler/Stengel, § 45a UmwG Rz. 9; *Dauner-Lieb/P. W. Tettinger* in KölnKomm. UmwG, § 45a UmwG Rz. 8; *H. Schmidt* in Lutter, § 45a UmwG Rz. 11; *Jaspers* in Böttcher/Habighorst/Schulte, §45a UmwG Rz. 5.
2 *H. Schmidt* in Lutter, § 45a UmwG Rz. 12.
3 *Vossius* in Widmann/Mayer, § 45a UmwG Rz. 69.
4 Näher *Ihrig* in Semler/Stengel, § 45a UmwG Rz. 15.
5 *Dauner-Lieb/P. W. Tettinger* in KölnKomm. UmwG, § 45a UmwG Rz. 7, 10.

5. Anmeldung der Verschmelzung

Die Verschmelzung ist (neben den Registern übertragender Rechtsträger) zum Partnerschaftsregister der übernehmenden oder neuen PartG anzumelden. In beiden Fällen genügt entgegen § 4 Abs. 1 PartGG die Anmeldung durch Partner in vertretungsberechtigter Zahl (näher § 16 UmwG Rz. 4 und § 38 UmwG Rz. 7a)[1]. Umstritten ist, ob die Anmeldung die nach § 45b UmwG erforderlichen Inhalte des ohnehin beizufügenden Verschmelzungsvertrages noch einmal aufführen muss, was sich aus Vorsichtsgründen jedenfalls empfiehlt[2].

7

6. Rechtsfolgen

Aus dem maßgeblichen Zeitpunkt ergibt sich, dass das Fehlen der Verschmelzungsvoraussetzungen gemäß § 45a UmwG lediglich ein **Eintragungshindernis** darstellt, selbst wenn weder der Verschmelzungsvertrag noch der Verschmelzungsbeschluss die Maßnahmen zur Herbeiführung der Voraussetzungen gemäß § 45a UmwG enthalten. Eine Aufnahme in den Verschmelzungsvertrag ist zwar ratsam, wenn diese Maßnahmen rechtzeitig feststehen. Diese Angaben gehören aber nicht zu seinem notwendigen Inhalt. Denn § 45a UmwG regelt nur rechtsformspezifische Verschmelzungsvoraussetzungen, nicht dagegen den Inhalt des Verschmelzungsvertrags (dazu § 45b UmwG). Wenn Verschmelzungsvertrag und -beschluss nichtig wären, läge ein unbehebbares Eintragungshindernis vor und könnten die Eintragungsvoraussetzungen nicht mehr bis zur Eintragung geschaffen werden. Damit würde die Regelung über den maßgebenden Zeitpunkt leer laufen[3].

8

Eine **Nichtigkeit** von Verschmelzungsvertrag und Verschmelzungsbeschluss käme allenfalls in Betracht, wenn der Verschmelzungsvertrag inhaltlich gegen § 45a UmwG verstoßen würde, indem er etwa vorsähe, dass sich ein Anteilsinhaber eines übertragenden Rechtsträgers in der übernehmenden PartG darauf beschränken soll, Kapital oder sonstige Gegenstände als Beiträge zu erbringen[4]. Gleiches würde nach § 134 BGB bei einem inhaltlichen Verstoß gegen zwingen-

9

---

[1] Zu weiteren Sollangaben nach der Partnerschaftsregisterverordnung, die jedenfalls zur Beschleunigung empfehlenswert sind, auch *H. Schmidt* in Lutter, § 45a UmwG Rz. 15.
[2] *Dauner-Lieb/P. W. Tettinger* in KölnKomm. UmwG, § 45a UmwG Rz. 17; weitere Einzelheiten zu Anmeldungsformalien bei *H. Schmidt* in Lutter, § 45a UmwG Rz. 15.
[3] IE ebenso *Decker* in Henssler/Strohn, § 45a UmwG Rz. 3; ähnlich auch *Vossius* in Widmann/Mayer, § 45a UmwG Rz. 71 ff.; differenzierend *Ihrig* in Semler/Stengel, § 45a UmwG Rz. 17 ff.; aA (heilbarer Mangel nur, falls die Maßnahmen ausdrücklich aufgeführt werden) *H. Schmidt* in Lutter, § 45a UmwG Rz. 18; einschränkend auch *Dauner-Lieb/P. W. Tettinger* in KölnKomm. UmwG, § 45a UmwG Rz. 12.
[4] So *Ihrig* in Semler/Stengel, § 45a UmwG Rz. 20.

des Berufsrecht gelten, sofern dieses keine andere Rechtsfolge vorsieht; jedenfalls läge ein Eintragungshindernis vor[1].

10 Erfolgt die Eintragung der Verschmelzung zu Unrecht, **heilt** dies nach § 20 Abs. 2 UmwG nur die umwandlungsrechtlichen Aspekte, nicht dagegen eventuelle Verstöße gegen das Berufsrecht und daran anknüpfende gesellschaftsrechtliche Folgen wie zB das Ausscheiden bei fehlender Zulassung nach § 9 Abs. 3 PartGG[2].

7. Vorrang des Berufsrechts (§ 45a Satz 2 UmwG)

11 § 45a Satz 2 UmwG verweist auf § 1 Abs. 3 PartGG. Dadurch soll klargestellt werden, dass Einschränkungen des Berufsrechts, insbesondere solche betreffend die **interdisziplinäre Zusammenarbeit** der Berufe, auch bei Verschmelzungen beachtet werden müssen[3]. Praktisch wichtig ist, dass für die gemeinsame Berufsausübung von Rechtsanwälten mit Wirtschaftsprüfern und Steuerberatern keine Schranken bestehen[4]. Zudem hat das **BVerfG** nun entschieden, dass § 59a Abs. 1 Satz 1 BRAO insoweit verfassungswidrig und nichtig ist, als er Rechtsanwälten verbietet, sich mit Ärzten sowie mit Apothekern zur gemeinschaftlichen Berufsausübung in einer Partnerschaftsgesellschaft zu verbinden[5]. Entsprechenden Zusammenschlüssen (und Verschmelzungen) steht somit zukünftig nichts mehr im Wege, eine Übertragbarkeit der Entscheidung auf andere Gesellschaftsformen und Berufsträger bleibt abzuwarten. Nicht zuletzt ist auch das sonstige Berufsrecht zu beachten, soweit es zB Anforderungen an den Namen der PartG oder an die Bestimmungen ihres Gesellschaftsvertrags stellt[6]. Zu den Rechtsfolgen vgl. Rz. 9.

§ 45b
Inhalt des Verschmelzungsvertrages

(1) Der Verschmelzungsvertrag oder sein Entwurf hat zusätzlich für jeden Anteilsinhaber eines übertragenden Rechtsträgers den Namen und den Vornamen sowie den in der übernehmenden Partnerschaftsgesellschaft ausgeübten Beruf und den Wohnort jedes Partners zu enthalten.
(2) § 35 ist nicht anzuwenden.

---

1 *Dauner-Lieb/P. W. Tettinger* in KölnKomm. UmwG, § 45a UmwG Rz. 22; *Ihrig* in Semler/Stengel, § 45a UmwG Rz. 22.
2 *H. Schmidt* in Lutter, § 45a UmwG Rz. 18; *Dauner-Lieb/P. W. Tettinger* in KölnKomm. UmwG, § 45a UmwG Rz. 15.
3 Begr. RegE, BR-Drucks. 609/97, S. 25.
4 *Schäfer* in MünchKomm. BGB, 6. Aufl. 2013, § 1 PartGG Rz. 82–84 mit Ausführungen auch zu weiteren Berufen.
5 BVerfG v. 12.1.2016 – 1 BvL 6/13, ZIP 2016, 258; dazu auch *Ring*, WM 2006, 957 ff.
6 *Ihrig* in Semler/Stengel, § 45a UmwG Rz. 13.

1. Anwendungsbereich 1	3. Keine Verschmelzung bei unbekannten Gesellschaftern 5
2. Notwendiger Inhalt des Verschmelzungsvertrages 2	4. Rechtsfolgen 6

1. Anwendungsbereich

§ 45a Abs. 1 UmwG gilt zunächst für **Verschmelzungen im Wege der Aufnahme** durch eine übernehmende Partnerschaftsgesellschaft[1]. Er regelt den notwendigen Inhalt des Verschmelzungsvertrags in diesen Fällen parallel zu § 3 Abs. 2 PartGG und zusätzlich zu § 5 UmwG. Dadurch soll auf die Einhaltung der Voraussetzungen von § 45a Satz 1 UmwG hingewirkt werden[2]. Für die **Verschmelzung im Wege der Neugründung** ergibt sich dasselbe aus § 37 UmwG iVm. § 3 Abs. 2 PartGG; für sie soll § 45b UmwG nach weit verbreiteter Ansicht trotz des Wortlauts von Abs. 1 („übernehmenden") auch gelten, wobei allerdings nur Abs. 2 eigenständige Bedeutung entfaltet[3]. Eine weitere besondere Vorschrift für den Inhalt des Verschmelzungsvertrags enthält § 18 Abs. 3 UmwG (siehe § 18 UmwG Rz. 15).

1

2. Notwendiger Inhalt des Verschmelzungsvertrages

Die in § 45b UmwG vorgeschriebenen Angaben stimmen mit dem notwendigen Inhalt des Partnerschaftsvertrags nach § 3 Abs. 2 PartGG überein. Deshalb kann es sich gemäß § 1 Abs. 1 Satz 3 PartGG ebenso wie nach § 45a UmwG nur um **natürliche Personen** handeln und der in der übernehmenden Partnerschaftsgesellschaft ausgeübte Beruf muss ein **freier Beruf** iS von § 1 Abs. 2 PartGG sein[4]. Kommen bei einem Anteilseigner mehrere freie Berufe in Betracht, sind nur diejenigen zu nennen, die in der PartG tatsächlich ausgeübt werden sollen, was der Disposition der Anteilseigner unterliegt[5]. Neben dem freien Beruf sind Name, Vorname und Wohnort anzugeben. Damit ist der **tatsächliche dauernde Aufenthalt** (im Gegensatz zum Wohnsitz nach § 7 BGB) gemeint, ohne dass die genaue Adresse mit Straße und Hausnummer angegeben werden müsste[6].

2

---

[1] *Vossius* in Widmann/Mayer, § 45b UmwG Rz. 2.
[2] *Dauner-Lieb/P. W. Tettinger* in KölnKomm. UmwG, § 45b UmwG Rz. 1.
[3] *Decker* in Henssler/Strohn, § 45b UmwG Rz. 1; aA (insgesamt keine eigenständige Bedeutung von § 45b UmwG) *Dauner-Lieb/P. W. Tettinger* in KölnKomm. UmwG, § 45b UmwG Rz. 2; für Geltung beider Absätze auch bei der Verschmelzung zur Neugründung hingegen *Ihrig* in Semler/Stengel, § 45b UmwG Rz. 4 und *H. Schmidt* in Lutter, § 45b UmwG Rz. 1.
[4] *H. Schmidt* in Lutter, § 45b UmwG Rz. 3.
[5] *Ihrig* in Semler/Stengel, § 45b UmwG Rz. 7.
[6] *Dauner-Lieb/P. W. Tettinger* in KölnKomm. UmwG, § 45b UmwG Rz. 3; *Ihrig* in Semler/Stengel, § 45b UmwG Rz. 8.

3 Auch hier kommt es wie bei § 45a UmwG auf den **Zeitpunkt des Wirksamwerdens der Verschmelzung** an, so dass diese Angaben im Vorgriff auf den Zustand im Zeitpunkt der Eintragung der Verschmelzung gemacht werden können[1]. Gleichwohl führen **Änderungen** des Namens oder des Wohnortes vor Anmeldung oder Eintragung nicht dazu, dass der Verschmelzungsvertrag oder der darauf beruhende Beschluss angepasst werden müssten. Vielmehr sind diese Angaben (eventuell unter Nachweis der Personenidentität) in der Anmeldung zu berücksichtigen oder sonst gemäß § 4 Abs 1 Satz 3 PartGG nachzumelden[2]. Anders wäre es bei der Änderung des freien Berufs selbst, da darin eine materielle Vertragsänderung läge.

4 Die aufgeführten Personen müssen in der neuen Partnerschaftsgesellschaft die **Stellung von Partnern** haben und als solche aufgeführt werden (§ 37 UmwG iVm. § 3 Abs. 2 PartGG). Nichts anderes kann für die Verschmelzung zur Aufnahme gelten, obwohl § 45e Satz 1 UmwG nicht auf § 40 Abs. 1 Satz 1 UmwG verweist.

3. Keine Verschmelzung bei unbekannten Gesellschaftern

5 **§ 35 UmwG** kann bei einer Verschmelzung auf eine Partnerschaftsgesellschaft im Hinblick auf die Angaben nach § 45b Abs. 1 UmwG keine Anwendung finden. Insofern ist die Situation anders als bei der Verschmelzung auf eine Personenhandelsgesellschaft. Dies stellt § 45b Abs. 2 UmwG klar, was aber aufgrund der personalistischen Strukturen im Bereich der freien Berufe kein praktisches Problem darstellt: Hier sind typischerweise alle Anteilseigner bekannt[3].

4. Rechtsfolgen

6 Beim Fehlen der erforderlichen Angaben nach § 45b Abs. 1 UmwG ist die Verschmelzung **nicht eintragungsfähig** (§ 5 UmwG Rz. 63). Verstößt der Vertrag dagegen inhaltlich gegen zwingende Normen, kommt eine Nichtigkeit nach § 134 BGB in Betracht (näher § 45a UmwG Rz. 8 ff.).

---

1 *Vossius* in Widmann/Mayer, § 45b UmwG Rz. 21.
2 *Dauner-Lieb/P. W. Tettinger* in KölnKomm. UmwG, § 45b UmwG Rz. 4; *H. Schmidt* in Lutter, § 45b UmwG Rz. 3.
3 *H. Schmidt* in Lutter, § 45b UmwG Rz. 4; *Ihrig* in Semler/Stengel, § 45b UmwG Rz. 11; *Dauner-Lieb/P. W. Tettinger* in KölnKomm. UmwG, § 45b UmwG Rz. 5.

§ 45c
Verschmelzungsbericht und Unterrichtung der Partner

Ein Verschmelzungsbericht ist für eine an der Verschmelzung beteiligte Partnerschaftsgesellschaft nur erforderlich, wenn ein Partner gemäß § 6 Abs. 2 des Partnerschaftsgesellschaftsgesetzes von der Geschäftsführung ausgeschlossen ist. Von der Geschäftsführung ausgeschlossene Partner sind entsprechend § 42 zu unterrichten.

1. Anwendungsbereich	1	3. Unterrichtung der Partner	3
2. Entbehrlichkeit des Verschmelzungsberichts	2	4. Weitergehende Informationsrechte	4

1. Anwendungsbereich

Die Vorschrift gilt für jede an einer Verschmelzung beteiligte Partnerschaftsgesellschaft – unabhängig davon, ob sie übertragender oder übernehmender Rechtsträger ist[1]. § 45c Satz 1 UmwG entspricht in der Wertung § 41 UmwG für die beteiligte Personenhandelsgesellschaft. Satz 2 verweist auf § 42 UmwG. Auf die **Kommentierung zu §§ 41 und 42 UmwG** kann daher weitgehend verwiesen werden, insbesondere auch zu den Möglichkeiten des Verzichts und der Rechtsfolgen. 1

2. Entbehrlichkeit des Verschmelzungsberichts

Ein Verschmelzungsbericht ist entbehrlich, wenn alle Partner zur Geschäftsführung berechtigt sind, was nach § 6 Abs. 3 Satz 2 PartGG iVm. § 114 Abs. 1 HGB der gesetzliche Regelfall ist. Es kommt nur auf die Berechtigung zur **Führung der sog. sonstigen Geschäfte** an, nicht auf die Geschäftsführungsbefugnis für die freiberuflichen Geschäfte, die für alle Partner nach § 6 Abs. 2 PartGG unabdingbar ist[2]. Befreiung tritt nur ein für die betreffende Partnerschaftsgesellschaft. Ist für einen anderen beteiligten Rechtsträger ein Verschmelzungsbericht erforderlich, so bleibt dieses Erfordernis davon unberührt. 2

---

[1] *Vossius* in Widmann/Mayer, § 45c UmwG Rz. 2; *Dauner-Lieb/P. W. Tettinger* in Köln-Komm. UmwG, § 45c UmwG Rz. 1.

[2] *H. Schmidt* in Lutter, § 45c UmwG Rz. 3; *Jaspers* in Böttcher/Habighorst/Schulte, § 45c UmwG Rz. 3.

§ 45d | Verschmelzung – Beteiligung von Partnerschaftsgesellschaften

3. Unterrichtung der Partner

3 Nach § 45c Satz 2 UmwG iVm. § 42 UmwG sind den von der Geschäftsführung ausgeschlossenen Partnern durch die geschäftsführungsbefugten Partner der Verschmelzungsvertrag und der Verschmelzungsbericht spätestens zusammen mit der Einberufung der Partnerversammlung zu **übersenden**. Hierauf können diese Partner – auch noch in der Partnerversammlung – verzichten[1].

4. Weitergehende Informationsrechte

4 Die von der Führung sonstiger Geschäfte ausgeschlossenen Partner haben zur sachgerechten Beurteilung der Verschmelzung nach dem UmwG keinen speziellen Informationsanspruch und nach § 6 Abs. 3 Satz 2 PartGG iVm. § 118 Abs. 1 HGB nur ein Einsichtsrecht. Soweit der Verschmelzungsbericht und das Einsichtsrecht zur sachgerechten Beurteilung der Verschmelzung nicht ausreichen, steht den von der Geschäftsführung ausgeschlossenen Partnern aufgrund allgemeiner personengesellschaftsrechtlicher Grundsätze ein **Auskunftsanspruch** zu, der sich insbesondere auch auf Angelegenheiten der anderen an der Verschmelzung beteiligten Rechtsträger erstreckt[2].

§ 45d
Beschluss der Gesellschafterversammlung

(1) Der Verschmelzungsbeschluss der Gesellschafterversammlung bedarf der Zustimmung aller anwesenden Partner; ihm müssen auch die nicht erschienenen Partner zustimmen.

(2) Der Partnerschaftsvertrag kann eine Mehrheitsentscheidung der Partner vorsehen. Die Mehrheit muss mindestens drei Viertel der abgegebenen Stimmen betragen.

1. Überblick 1	c) Die vertraglich vorgegebene Mehrheit 7
2. Einberufung, Vorbereitung, Durchführung der Versammlung . 2	5. Vertretung bei Abstimmung 9
3. Beschlussfassung 3	6. Zustimmung einzelner Gesellschafter 10
4. Mehrheitserfordernis 4	7. Form, Frist 12
a) Einstimmigkeit (§ 45d Abs. 1 UmwG) 5	8. Verschmelzung durch Neugründung 13
b) Mehrheitsentscheidung (§ 45d Abs. 2 UmwG) 6	

---

1 *Ihrig* in Semler/Stengel, § 45c UmwG Rz. 8 f.; *Vossius* in Widmann/Mayer, § 45c UmwG Rz. 13.
2 *H. Schmidt* in Lutter, § 45c UmwG Rz. 8; *Ihrig* in Semler/Stengel, § 45c UmwG Rz. 10.

1. Überblick

Die Vorschrift legt das Mehrheitserfordernis für den Verschmelzungsbeschluss (§ 13 UmwG) bei der (übertragenden oder übernehmenden) Partnerschaft fest. Sie entspricht den Bestimmungen des § 43 Abs. 1, Abs. 2 Satz 1 und 2 UmwG für die Personenhandelsgesellschaft (siehe daher auch Erl. dort).

2. Einberufung, Vorbereitung, Durchführung der Versammlung

Hierfür gelten zunächst die Bestimmungen des Partnerschaftsvertrages (§ 6 Abs. 3 PartGG). Das Verschmelzungsrecht enthält diesbezüglich bis auf § 29 Abs. 1 Satz 4 UmwG (Bekanntmachung des Verschmelzungsvertrages mit Abfindungsangebot) keine besonderen Regelungen. Im Übrigen gilt ergänzend das Recht der OHG und der BGB-Gesellschaft (§ 6 Abs. 3 PartGG).

3. Beschlussfassung

Wie bei allen übrigen verschmelzungsfähigen Rechtsträgern muss auch bei der Partnerschaft der Verschmelzungsbeschluss zwingend in einer Versammlung der Partner gefasst werden (§ 45d Abs. 1 UmwG). Diese Regelung ist zwingend[1]. Entgegenstehende Bestimmungen des Partnerschaftsvertrages sind daher unwirksam (§ 134 BGB).

4. Mehrheitserfordernis

Zu unterscheiden ist zwischen der gesetzlich festgelegten Einstimmigkeit (§ 45d Abs. 1 UmwG) und der partnerschaftsvertraglich vereinbarten Mehrheit (§ 45d Abs. 2 UmwG). Die vereinbarte Mehrheit geht der gesetzlich festgelegten Mehrheit vor.

a) Einstimmigkeit (§ 45d Abs. 1 UmwG)

Sieht der Partnerschaftsvertrag keine Mehrheitsklausel vor oder enthält er gar keine Bestimmung über die Verschmelzung, bedarf der Verschmelzungsbeschluss der Zustimmung *aller* der Partnerschaft angehörigen Partner. Enthaltungen oder ungültige Stimmabgabe wirkt wie Nein-Stimme. Die Zustimmung aller in der Versammlung (persönlich oder durch Vertreter) anwesenden Partner reicht nicht aus; zusätzlich müssen auch die nicht erschienenen Partner zu-

---

1 Vgl. auch H. *Schmidt* in Lutter, § 45d UmwG Rz. 3; *Ihrig* in Semler/Stengel, § 45d UmwG Rz. 7; *Vossius* in Widmann/Mayer, § 45d UmwG Rz. 10.

stimmen. Das Stimmrecht der Partner, die nach dem Partnerschaftsvertrag stimmrechtlos gestellt sind, lebt nicht auf. Diese Partner sind abschließend durch § 23 UmwG geschützt (str.; siehe § 43 UmwG Rz. 20).

b) Mehrheitsentscheidung (§ 45d Abs. 2 UmwG)

6 Sieht der Partnerschaftsvertrag vor, dass Beschlüsse mit Mehrheit gefasst werden können, gilt dies für den Verschmelzungsbeschluss nur, wenn sich aus dem Partnerschaftsvertrag (ggf. durch Auslegung) ergibt, dass sich das Mehrheitserfordernis auch auf die Verschmelzung beziehen soll. Denn ebenso wie bei den Personenhandelsgesellschaften OHG und KG gilt auch hier der **Bestimmtheitsgrundsatz** (Einzelheiten bei § 43 UmwG Rz. 8)[1].

c) Die vertraglich vorgegebene Mehrheit

7 Sie muss mindestens 3/4 der abgegebenen Stimmen betragen. Als abgegebene Stimmen zählen nur die Ja- und Nein-Stimmen[2]. Enthaltungen und ungültige Stimmen zählen nicht mit, es sei denn, der Partnerschaftsvertrag sieht eine andere Regelung vor[3]. Der Vertrag kann keine geringere, wohl aber eine höhere Mehrheit bestimmen. Enthält er dennoch eine geringere Mehrheit, wird diese durch die 3/4-Mehrheit ersetzt (siehe § 43 UmwG Rz. 10) und nicht durch das Einstimmigkeitserfordernis des § 45d Abs. 1 UmwG.

8 Die Mehrheit muss in der Versammlung erreicht werden. Außerhalb der Versammlung erklärte Zustimmungen sind dafür unbeachtlich (siehe § 43 UmwG Rz. 14).

Enthält der Partnerschaftsvertrag keine Regelung darüber, wie sich die Stimmenmehrheit errechnet, wird diese nach Köpfen ermittelt (§ 6 Abs. 3 Satz 2 PartGG, § 119 Abs. 2 HGB)[4].

5. Vertretung bei Abstimmung

9 Eine Vertretung bei der Abstimmung ist nur zulässig, wenn der Partnerschaftsvertrag sie zulässt (siehe § 43 UmwG Rz. 16)[5]. Bevollmächtigung ist zwar gesetzlich formfrei möglich – sofern der Partnerschaftsvertrag nichts Entgegenstehendes vorsieht –, für Registerzwecke ist aber Schriftform ratsam.

---

1 Vgl. auch *H. Schmidt* in Lutter, § 45d UmwG Rz. 5; *Ihrig* in Semler/Stengel, § 45d UmwG Rz. 12; *Vossius* in Widmann/Mayer, § 45d UmwG Rz. 23.1.
2 *Ihrig* in Semler/Stengel, § 45d UmwG Rz. 12.
3 *H. Schmidt* in Lutter, § 45d UmwG Rz. 5.
4 Näheres zB bei *Salger* in MünchHdb. GesR, Bd. 1, 4. Aufl. 2014, § 41 Rz. 21 f.
5 Vgl. auch *Weipert* in MünchHdb. GesR, Bd. 1, 4. Aufl. 2014, § 57 Rz. 62 ff.

6. Zustimmung einzelner Gesellschafter

a) Sieht der Partnerschaftsvertrag bei Festlegung einer Mehrheitsentscheidung für die Übertragung der Beteiligung an der Partnerschaft die Zustimmung (§ 182 BGB) bestimmter einzelner Partner vor oder räumt er ihnen ein Veto-Recht gegen gefasste Beschlüsse ein, müssen diese Partner auch dem Verschmelzungsbeschluss zustimmen[1]. Hat der betreffende Partner für die Verschmelzung votiert, ist eine gesonderte Zustimmung nicht erforderlich (siehe zu weiteren Zustimmungsvarianten im Zusammenhang mit vinkulierten Anteilen § 43 UmwG Rz. 30 ff.). 10

b) Sind bei einer aufnehmenden GmbH noch nicht alle Einlagen geleistet, müssen wegen der drohenden Ausfallhaftung der Partner (§ 24 GmbHG) alle Partner dem Verschmelzungsvertrag zustimmen[2]. 11

7. Form, Frist

Die Zustimmung ist notariell zu beurkunden (§ 13 Abs. 3 Satz 1 UmwG; Näheres bei § 13 UmwG Rz. 22 ff., 41 ff.). 12

8. Verschmelzung durch Neugründung

Vorschrift gilt auch für die Verschmelzung durch Neugründung. 13

§ 45e
Anzuwendende Vorschriften

Die §§ 39 und 45 sind entsprechend anzuwenden. In den Fällen des § 45d Abs. 2 ist auch § 44 entsprechend anzuwenden.

Die entsprechende Anwendung von § 39 UmwG bedeutet, dass übertragende aufgelöste Partnerschaftsgesellschaften sich an einer Verschmelzung nicht beteiligen können, wenn eine andere **Art der Auseinandersetzung** als Abwicklung oder Verschmelzung vereinbart worden ist[3]. Auf die Kommentierung zu § 39 UmwG kann verwiesen werden. Für die Abwicklung gelten nach § 10 Abs. 1 PartGG die §§ 145 ff. HGB entsprechend. Zu beachten ist, dass der **Verlust der** 1

---

1 *H. Schmidt* in Lutter, § 45d UmwG Rz. 6; *Vossius* in Widmann/Mayer, § 45d UmwG Rz. 27 f.
2 *H. Schmidt* in Lutter, § 45d UmwG Rz. 6; *Ihrig* in Semler/Stengel, § 45d UmwG Rz. 15.
3 *Vossius* in Widmann/Mayer, § 45e UmwG Rz. 2.

§ 45e | Verschmelzung – Beteiligung von Partnerschaftsgesellschaften

Berufszulassung eines Partners kein Auflösungsgrund ist, sondern nach § 9 Abs. 3 PartGG zum Ausscheiden des Betroffenen führt.

2 In einer Partnerschaftsgesellschaft haften die Partner grundsätzlich persönlich (§ 8 Abs. 1 PartGG). Daher ist auch für die Beteiligung einer **Partnerschaftsgesellschaft als übertragender Rechtsträger** an einer Verschmelzung eine **Nachhaftungsregelung** entsprechend § 45 UmwG erforderlich. § 45 UmwG gilt bei der übertragenden PartG nicht nur für die normale Haftung aus § 8 Abs. 1 PartGG, sondern auch für die verbleibende Haftung bei deren Beschränkung nach § 8 Abs. 3 PartGG oder die auf den bearbeitenden Partner konzentrierte Haftung nach § 8 Abs. 2 PartGG, wenn bei dem neuen oder übernehmenden Rechtsträger eine Haftungsbeschränkung iS von § 45 UmwG besteht[1]. Bei einer PartG als neuem oder übernehmendem Rechtsträger besteht für eine Enthaftung dagegen nach wie vor kein Raum, da die genannten Haftungseinschränkungen nicht mit der institutionellen Haftungsbeschränkung des Kommanditisten vergleichbar sind[2]. Anders ist die Lage nun aber für die **PartGmbB**, deren zumindest sehr weitgehende Haftungsbeschränkung eine Gleichbehandlung mit der KG rechtfertigt[3]. Im Übrigen ist auf die Kommentierung zu § 45 UmwG zu verweisen.

3 Sieht der Partnerschaftsvertrag für Verschmelzungen eine Mehrheitsentscheidung der Partner vor (§ 45d Abs. 2 UmwG), so ist auf Verlangen eines Partners eine **Verschmelzungsprüfung** erforderlich (§ 45e Satz 2 UmwG iVm. § 44 UmwG). Der Prüfungsbericht ist nach §§ 45c Satz 2, 42 UmwG den von der Geschäftsführung ausgeschlossenen Partnern zu übersenden[4]. Im Übrigen wird auf die Kommentierung zu § 44 UmwG verwiesen.

4 Trotz dieser Verweisungen und der Verweisung auf § 42 UmwG durch § 45c Satz 2 UmwG ist die **Verschmelzung der PartG nicht in befriedigendem Umfang geregelt**. Das liegt insbesondere daran, dass § 45b UmwG den Inhalt des Verschmelzungsvertrags nicht ebenso detailliert regelt wie § 40 UmwG für die Personenhandelsgesellschaft und § 45e UmwG nicht auf § 40 UmwG verweist. Einige der sich daraus ergebenden Fragen und ihre Lösung sind in der Kommentierung zu § 45a UmwG (§ 45a UmwG Rz. 5) und § 45b UmwG (§ 45b UmwG Rz. 4) angesprochen. Ungelöst ist aber das in § 40 Abs. 2 UmwG für die Personenhandelsgesellschaften als übernehmende oder neue Rechtsträger niedergelegte Prinzip, wonach niemand gegen seinen Willen die Position eines persönlich haftenden Gesellschafters einnehmen muss. Hierauf verweist § 45e

---

1 *H. Schmidt* in Lutter, § 45e UmwG Rz. 5; *Ihrig* in Semler/Stengel, § 45e UmwG Rz. 11; *Decker* in Henssler/Strohn, § 45e UmwG Rz. 1.
2 *Dauner-Lieb/P. W. Tettinger* in KölnKomm. UmwG, § 45e UmwG Rz. 4; *Ihrig* in Semler/Stengel, § 45e UmwG Rz. 12.
3 In diese Richtung auch *Jaspers* in Böttcher/Habighorst/Schulte, § 45e UmwG Rz. 5f. und *H. Schmidt* in Lutter, § 45e UmwG Rz. 6.
4 *H. Schmidt* in Lutter, § 45c UmwG Rz. 5.

UmwG nicht, obwohl der Partner der **PartG grundsätzlich persönlich voll haftet**). Das konnte bei der Verschmelzung zB einer Freiberufler-GmbH auf eine PartG für die gemäß § 50 Abs. 1 UmwG überstimmten Gesellschafter zu einer unzumutbaren Situation führen. Daher ist in dieser Situation **§ 40 Abs. 2 Satz 2 UmwG analog** anzuwenden, auch wenn er in § 45e UmwG nicht erwähnt ist: Zwar besteht hier keine vollständig dem Kommanditisten vergleichbare Position; durch die Wahl einer **PartGmbB** kann aber wenigstens ein recht ähnlicher Zustand herbeigeführt werden. Daher besteht das in der 5. Aufl. vertretene Zustimmungserfordernis aller nicht schon unbeschränkt persönlich haftenden Gesellschafter zum Verschmelzungsbeschluss des übertragenden Rechtsträgers seit Einführung der PartGmbB nicht mehr. Es besteht nur ein Anspruch, die Haftungsbeschränkungsmöglichkeiten des PartGG, vor allem durch Wahl der PartGmbB auszunutzen.

Zweiter Abschnitt
Verschmelzung unter Beteiligung von Gesellschaften mit beschränkter Haftung

Erster Unterabschnitt
Verschmelzung durch Aufnahme

§ 46
Inhalt des Verschmelzungsvertrags

(1) Der Verschmelzungsvertrag oder sein Entwurf hat zusätzlich für jeden Anteilsinhaber eines übertragenden Rechtsträgers den Nennbetrag des Geschäftsanteils zu bestimmen, den die übernehmende Gesellschaft mit beschränkter Haftung ihm zu gewähren hat. Der Nennbetrag kann abweichend von dem Betrag festgesetzt werden, der auf die Aktien einer übertragenden Aktiengesellschaft oder Kommanditgesellschaft auf Aktien als anteiliger Betrag ihres Grundkapitals entfällt. Er muss auf volle Euro lauten.

(2) Sollen die zu gewährenden Geschäftsanteile im Wege der Kapitalerhöhung geschaffen und mit anderen Rechten und Pflichten als sonstige Geschäftsanteile der übernehmenden Gesellschaft mit beschränkter Haftung ausgestattet werden, so sind auch die Abweichungen im Verschmelzungsvertrag oder in seinem Entwurf festzusetzen.

(3) Sollen Anteilsinhaber eines übertragenden Rechtsträgers schon vorhandene Geschäftsanteile der übernehmenden Gesellschaft erhalten, so müssen die Anteilsinhaber und die Nennbeträge der Geschäftsanteile, die sie erhalten sollen, im Verschmelzungsvertrag oder in seinem Entwurf besonders bestimmt werden.

§ 46 | Verschmelzung – Beteiligung von GmbH

1. Anwendungsbereich 1
2. Gewährung von neuen Geschäftsanteilen an der übernehmenden GmbH (§ 46 Abs. 1 und Abs. 2 UmwG)
   a) Zuordnung an bestimmte Anteilsinhaber (§ 46 Abs. 1 Satz 1 UmwG) 2
   b) Insbesondere: Zuordnung bei Mehrfachverschmelzung 5
   c) Insbesondere: Stückelung der zu gewährenden Anteile 6
   d) Keine Nennbetragsidentität (Mischverschmelzung nach § 46 Abs. 1 Satz 2 UmwG) 7
   e) Abweichende Ausstattung der neuen Geschäftsanteile einer übernehmenden GmbH (§ 46 Abs. 2 UmwG) 9
3. Gewährung vorhandener Geschäftsanteile der übernehmenden GmbH (§ 46 Abs. 3 UmwG) 13
4. Rechtsfolgen 15

Literatur: *Heinemann*, Die Unternehmergesellschaft als Zielgesellschaft von Formwechsel, Verschmelzung und Spaltung nach dem Umwandlungsgesetz, NZG 2008, 820; *Norbert Meister*, Die Auswirkungen des MoMiG auf das Umwandlungsrecht, NZG 2008, 767; *Tettinger*, UG (umwandlungsbeschränkt)? – Die Unternehmergesellschaft nach dem MoMiG-Entwurf und das UmwG, Der Konzern 2008, 75; *Wälzholz*, Nebenleistungspflichten beim aufnehmenden Rechtsträger als Verschmelzungshindernis?, DStR 2006, 236.

1. Anwendungsbereich

1 § 46 UmwG findet Anwendung auf jede Verschmelzung, bei der eine **GmbH als übernehmender Rechtsträger** fungiert. GmbH iS des Zweiten Abschnitts ist auch die **UG (haftungsbeschränkt)**. Trotz des Sacheinlagenverbots (§ 5a Abs. 2 Satz 2 GmbHG) kann sie aufnehmender Rechtsträger jedenfalls dann sein, wenn die Sachkapitalerhöhung ihr Kapital auf mindestens 25 000 Euro erhöht oder die Verschmelzung nach § 54 UmwG ohne Kapitalerhöhung erfolgt (näher § 3 UmwG Rz. 9 und § 54 UmwG Rz. 6)[1]. Die Vorschrift ist gegenstandslos, wenn keine Anteile zu gewähren sind, findet also zB keine Anwendung bei allseitigem Verzicht darauf nach § 54 Abs. 1 Satz 3 UmwG[2]. Bei der Verschmelzung zur Neugründung gilt Abs. 1 über § 56 UmwG, während Abs. 2 und 3 gegenstandslos sind[3], was allerdings nicht für alle in diesem Zusammenhang diskutierten Fragen der Gleichbehandlung gilt.

---

1 *Tettinger*, Der Konzern 2008, 75 ff.; *Heinemann*, NZG 2008, 820 ff.; *Norbert Meister*, NZG 2008, 767 f.; für die Sachkapitalerhöhung außerhalb des Umwandlungsrechts auch BGH v. 19.4.2011 – II ZB 25/10, GmbHR 2011, 699 ff. und für das Neugründungsverbot durch Sacheinlage bei der Abspaltung BGH v. 11.4.2011 – II ZB 9/10, GmbHR 2011, 701 ff.; dazu *Priester*, EWiR 2011, 419 f. mwN auch zur großzügigeren Gegenauffassung; umfassende Darstellung des Meinungsstandes bei *M. Winter/J. Vetter* in Lutter, § 46 UmwG Rz. 4 ff.
2 *Simon/Nießen* in KölnKomm. UmwG, § 46 UmwG Rz. 16; *Haeder* in Henssler/Strohn, § 46 UmwG Rz. 3.
3 *M. Winter/J. Vetter* in Lutter, § 46 UmwG Rz. 2.

2. Gewährung von neuen Geschäftsanteilen an der übernehmenden GmbH (§ 46 Abs. 1 und Abs. 2 UmwG)

a) Zuordnung an bestimmte Anteilsinhaber (§ 46 Abs. 1 Satz 1 UmwG)

§ 46 Abs. 1 Satz 1 UmwG ist eine Sondervorschrift zu § 5 Abs. 1 Nr. 3 UmwG. 2 Er begnügt sich für die Verschmelzung auf eine GmbH nicht mit der Angabe des Umtauschverhältnisses der Anteile, sondern verlangt weitergehend die Angabe, welche nach ihrem Nennbetrag bezeichneten Geschäftsanteile jeder **bestimmte Anteilsinhaber eines übertragenden Rechtsträgers** erhält, um diesen den Nachweis ihres Anteilsbesitzes zu erleichtern[1].

Soweit möglich, müssen die Anteilsinhaber des übertragenden Rechtsträgers namentlich genannt werden[2]. Eine Ausnahme gilt nach § 35 UmwG für **unbekannte Aktionäre** einer übertragenden AG oder KGaA. Für sie genügt die Angabe des insgesamt auf sie entfallenden Teils des Grundkapitals der übertragenden Gesellschaft und der auf sie nach der Verschmelzung entfallenden Geschäftsanteile (vgl. § 35 UmwG Rz. 3). Eine Änderung des Verschmelzungsvertrags nach Bekanntwerden der Aktionäre gemäß § 35 Satz 2 UmwG kommt nicht in Betracht. Denn diese Vorschrift gilt im Falle einer übernehmenden GmbH nur für die nach § 52 Abs. 2 UmwG zum Handelsregister einzureichende berichtigte Gesellschafterliste. Nur insoweit gilt auch das Stimmverbot gemäß § 35 Satz 3 UmwG[3]. Ist eine namentliche Zuordnung ausnahmsweise bei einer anderen Rechtsform als einer AG oder KGaA nicht möglich, genügt auch hier eine gattungsmäßige Beschreibung[4].

Bare Zuzahlungen müssen gemäß § 5 Abs. 1 Nr. 3 UmwG nach ihrer Gesamt- 3 höhe angegeben werden. Aus dem Nachweiszweck von § 46 Abs. 1 Satz 1 UmwG ist zu folgern, dass auch die Verteilung auf die einzelnen Anteilsinhaber des übertragenden Rechtsträgers jedenfalls in bestimmbarer Form aufzunehmen ist (vgl. auch § 5 UmwG Rz. 22)[5].

---

1 Begr. RegE zur GmbH-Novelle 1980, BT-Drucks. 8/1347, S. 50.
2 *Mayer* in Widmann/Mayer, § 46 UmwG Rz. 9; *M. Winter/J. Vetter* in Lutter, § 46 UmwG Rz. 10.
3 *Simon/Nießen* in KölnKomm. UmwG, § 46 UmwG Rz. 8.
4 *Reichert* in Semler/Stengel, § 46 UmwG Rz. 2 (unter analoger Anwendung von § 35 UmwG); *Kleindiek* in Böttcher/Habighorst/Schulte, § 46 UmwG Rz. 8; iE ebenso *Haeder* in Henssler/Strohn, § 46 UmwG Rz. 4 (wenn auch unter Ablehnung der Analogie); *M. Winter/J. Vetter* in Lutter, § 46 UmwG Rz. 21 (mit Hinweis auf die Relevanz bei grenzüberschreitenden Verschmelzungen); vgl. auch § 35 UmwG Rz. 1 (allgemeiner Rechtsgedanke).
5 *Reichert* in Semler/Stengel, § 46 UmwG Rz. 15; *M. Winter/J. Vetter* in Lutter, § 46 UmwG Rz. 45 f.

Umstritten ist, ob Durchführung und Betrag einer **Kapitalerhöhung** im Verschmelzungsvertrag aufzuführen sind. Die wohl überwiegende Meinung lehnt das zu Recht ab, weil sich dies schon aus den übrigen Angaben ableiten lässt (vgl. auch § 5 UmwG Rz. 25)[1]. Zur Erleichterung der registergerichtlichen Prüfung und weil die Frage ungeklärt ist, sind Angaben hierzu in der Praxis allerdings zu empfehlen.

4 **Änderungen des Gesellschafterbestands** bleiben durch Anteilsübertragung, Gesellschafterausschluss, Einziehung etc. auch nach dem Zeitpunkt des Abschlusses des Verschmelzungsvertrags und des Verschmelzungsbeschlusses möglich. Der Verschmelzungsvertrag muss dann nicht aktualisiert werden, da der Zweck, die Anteilsinhaberschaft nachweisen zu können, durch die der jeweiligen Änderung zugrunde liegenden Dokumente gewährleistet wird. Vielmehr ist die Gesellschafterliste nach § 40 Abs. 1 Satz 1 GmbHG unverzüglich zu berichtigen[2].

b) Insbesondere: Zuordnung bei Mehrfachverschmelzung

5 Werden in einem einheitlichen Vorgang mehrere übertragende Rechtsträger verschmolzen (sog. **Mehrfachverschmelzung**), so scheint das OLG Frankfurt für einen Anteilsinhaber, der an mehreren übertragenden Rechtsträgern beteiligt ist, zu fordern, dass ihm für jeden übertragenden Rechtsträger, an dem er beteiligt ist, ein **gesonderter Anteil** des aufnehmenden Rechtsträgers zu gewähren ist[3]. Das lehnt die Literatur zu Recht ab, da es für den Anteilsnachweis als Normzweck von § 46 Abs. 1 Satz 1 UmwG genügt, dafür einen einheitlichen Anteil zu gewähren[4]. Allerdings übersieht die Kritik, dass dennoch der auf jeden Rechtsträger **entfallende Nennbetrag** des gewährten einheitlichen Geschäftsanteils anzugeben ist. Dies folgt zwar nicht aus § 46 Abs. 1 Satz 1 UmwG, aber aus der Notwendigkeit der Ermöglichung einer dinglichen Surrogation gemäß § 20 Abs. 1 Nr. 3 Satz 2 UmwG hinsichtlich Rechten Dritter an den untergehenden Anteilen (dazu § 20 UmwG Rz. 31)[5]. Dazu ist die Angabe des anteiligen Nennbetrags erforderlich aber auch genügend, da zB Pfandrechte auch an einem

---

1 *Reichert* in Semler/Stengel, § 46 UmwG Rz. 16; wohl auch *Simon/Nießen* in KölnKomm. UmwG, § 46 UmwG Rz. 24; *Kleindiek* in Böttcher/Habighorst/Schulte, § 46 UmwG Rz. 33; aA *M. Winter/J. Vetter* in Lutter, § 46 UmwG Rz. 47 ff. (jedoch mit dem Hinweis, dass sich der Inhalt durch Auslegung ergeben kann).
2 Zum Ganzen *M. Winter/J. Vetter* in Lutter, § 46 UmwG Rz. 25 ff.; *Haeder* in Henssler/Strohn, § 46 UmwG Rz. 4; *Simon/Nießen* in KölnKomm. UmwG, § 46 UmwG Rz. 13 ff.
3 OLG Frankfurt aM v. 10.3.1998 – 20 W 60/98, GmbHR 1998, 542 = DB 1998, 917.
4 *Simon/Nießen* in KölnKomm. UmwG, § 46 UmwG Rz. 12; *Haeder* in Henssler/Strohn, § 46 UmwG Rz. 4, 7; *M. Winter/J. Vetter* in Lutter, § 46 UmwG Rz. 23; *Reichert* in Semler/Stengel, § 46 UmwG Rz. 3.
5 Ablehnend aufgrund des dispositiven Charakters der Anteilsgewährung *M. Winter/J. Vetter* in Lutter, § 46 UmwG Rz. 24. Dieses Argument überzeugt nicht, weil die Konstellation bei durchgeführter Anteilsgewährung eher einer Disposition über die Surrogation entspräche, die nicht zulässig ist.

Teil eines Geschäftsanteils bestehen können, der nach seinem Nennbetrag bestimmt ist[1]. Es kommt nicht darauf an, ob im Einzelfall Rechte Dritter an den Anteilen bestehen.

c) Insbesondere: Stückelung der zu gewährenden Anteile

Bei der **Stückelung der Geschäftsanteile** gilt bei Zustimmung aller Beteiligter Vertragsfreiheit im Rahmen des Mindestnennbetrags nach § 46 Abs. 1 Satz 3 UmwG[2]. Allerdings ist zu beachten, dass jeder Anteilsinhaber eines übertragenden Rechtsträgers, der mehrere Anteile hält, einen **Anspruch auf Gewährung einer gleichen Anzahl von Geschäftsanteilen** an der übernehmenden bzw. neuen GmbH hat, soweit dies möglich ist, um eine Einschränkung der Fungibilität im Zuge der Verschmelzung zu vermeiden, vor allem bei der Verschmelzung von AG oder KGaA auf eine GmbH[3]. Die Gewährung einer größeren Anzahl neuer Geschäftsanteile ist zulässig. Nach §§ 5 Abs. 2, 55 Abs. 4 GmbHG ist die Übernahme mehrerer Geschäftsanteile unproblematisch (siehe § 55 UmwG Rz. 5)[4]. Mit Zustimmung des betroffenen Anteilsinhabers kann von der Zuteilung einer gleichen Anzahl von Geschäftsanteilen abgesehen werden. Hält der Anteilsinhaber des übertragenden Rechtsträgers bereits einen Geschäftsanteil an der übernehmenden GmbH, so kann mit seiner Zustimmung auch an Stelle der Gewährung von neuen Geschäftsanteilen eine **Nennwertaufstockung** seines bestehenden Geschäftsanteils erfolgen[5].

6

d) Keine Nennbetragsidentität (Mischverschmelzung nach § 46 Abs. 1 Satz 2 UmwG)

Ist der übertragende Rechtsträger eine AG oder KGaA, so ist nach § 46 Abs. 1 Satz 2 UmwG eine **vom Grundkapital abweichende Festsetzung des Gesamtnennbetrags der gewährten Geschäftsanteile** zulässig. Diese Vorschrift hat nur klarstellende Bedeutung und berechtigt keinesfalls zu dem Gegenschluss, dass bei einer reinen GmbH-Verschmelzung der Nennbetrag der gewährten Geschäftsanteile sich mit dem Nennbetrag der Geschäftsanteile an der übertragenden GmbH decken müsste[6]. Sonst wäre eine Verschmelzung im Wege der Auf-

7

---

1 Zustimmend LG Frankfurt aM v. 15.2.2005 – 3-16 T 37/04, GmbHR 2005, 940.
2 *Simon/Nießen* in KölnKomm. UmwG, § 46 UmwG Rz. 17.
3 *M. Winter/J. Vetter* in Lutter, § 46 UmwG Rz. 43; *Haeder* in Henssler/Strohn, § 46 UmwG Rz. 7.
4 Vgl. *Katschinski/Rawert*, ZIP 2008, 1993 (1995); *Priester* in Scholz, 11. Aufl. 2015, § 55 GmbHG Rz. 29; *Lieder* in MünchKomm. GmbHG, 2. Aufl. 2016, § 55 GmbHG Rz. 46; aA hinsichtlich Kapitalerhöhungen aber *Norbert Meister*, NZG 2008, 767 (769).
5 *Mayer* in Widmann/Mayer, § 46 UmwG Rz. 12; *M. Winter/J. Vetter* in Lutter, § 46 UmwG Rz. 34; *Haeder* in Henssler/Strohn, § 46 UmwG Rz. 7.
6 *M. Winter/J. Vetter* in Lutter, § 46 UmwG Rz. 29; *Reichert* in Semler/Stengel, § 46 UmwG Rz. 10; *Simon/Nießen* in KölnKomm. UmwG, § 46 UmwG Rz. 21.

nahme regelmäßig nur mit Zustimmung aller Anteilsinhaber des übertragenden Rechtsträgers durchführbar. Denn das Umtauschverhältnis ist durch das Unternehmenswertverhältnis vorgegeben.

8 Problematisch sind Konstellationen, in denen sich Anteilsinhaber des übertragenden Rechtsträgers bei **Spitzenbeträgen** nicht voll oder bei **Kleinstbeteiligungen** gar nicht an der übernehmenden GmbH beteiligen können. Dieses Problem kann trotz des weitgehenden Gleichklangs von § 8 Abs. 2 und 3 AktG sowie § 5 Abs. 2 Satz 1 GmbHG einerseits mit § 46 Abs. 1 Satz 3 UmwG andererseits auftreten, weil die Nennkapitalien von übertragender AG bzw. KGaA und übernehmender GmbH regelmäßig nicht identisch sind. Denn solange die Verschmelzung verhältniswahrend ist, ergibt sich der Gesamtnennbetrag der den Anteilseignern des übertragenden Rechtsträgers gewährten Anteile aus seinem Verhältnis zum Gesamtnennbetrag der den Altgesellschaftern der übernehmenden GmbH zustehenden Geschäftsanteile, das mit dem Verhältnis der Unternehmenswerte übereinstimmen muss[1]. Das neue Stammkapital und damit der Gesamtnennbetrag der einem Anteilsinhaber des übertragenden Rechtsträgers zugeordneten Geschäftsanteile kann also nicht frei bestimmt werden, sondern wird häufig niedriger festzusetzen sein. Auch bei gleichen Nennkapitalien kann das Problem im Hinblick auf nicht auf volle Euro lautende **Stückaktien** (zulässig nach § 8 Abs. 3 Satz 3 AktG)[2] oder Beteiligungen an Personenhandelsgesellschaften auftreten.

Können trotz der liberalen Mindestnennbetragsvorschriften der § 46 Abs. 1 Satz 3 UmwG, § 5 Abs. 2 GmbHG nicht in vollem Umfang Geschäftsanteile gewährt werden, ist trotz des Beteiligungsverlustes keine Zustimmung der Betroffenen nach **§ 51 Abs. 2 UmwG** erforderlich; dieser Zustimmung bedarf es nur, wenn die Beteiligungsverluste entstehen, weil die gesetzlich möglichen Mindestnennbeträge nicht ausgenutzt werden, die Beteiligungsverluste also vermeidbar waren (vgl. § 51 UmwG Rz. 9 f.)[3]. Die Beteiligungsverluste sind aber durch **bare Zuzahlung** in den Grenzen von § 54 Abs. 4 UmwG auszugleichen (§ 54 UmwG Rz. 27 f.)[4].

Bei Kleinstbeteiligungen, für die überhaupt kein Geschäftsanteil an der übernehmenden GmbH gewährt werden kann, führt dies zum Ausscheiden des betroffenen Gesellschafters gegen angemessene Barabfindung, ohne dass es seiner Zustimmung bedarf (§ 5 UmwG Rz. 9 f.)[5]. Die demgegenüber vertretene Zwangs-

---

[1] *Haeder* in Henssler/Strohn, § 46 UmwG Rz. 6.
[2] Dazu *Simon/Nießen* in KölnKomm. UmwG, § 46 UmwG Rz. 19.
[3] *M. Winter/J. Vetter* in Lutter, § 46 UmwG Rz. 39 f.; *Haeder* in Henssler/Strohn, § 46 UmwG Rz. 8; aA offensichtlich *Norbert Meister*, NZG 2008, 767 (769).
[4] *Kleindiek* in Böttcher/Habighorst/Schulte, § 46 UmwG Rz. 20; *M. Winter/J. Vetter* in Lutter, § 46 UmwG Rz. 38.
[5] *Heckschen*, DB 2008, 1363 (1366); *M. Winter/J. Vetter* in Lutter, § 46 UmwG Rz. 41 f.; *M. Winter* in FS Lutter, 2000, S. 1279 (1289); *Mayer* in Widmann/Mayer, § 46 UmwG Rz. 20.

zusammenlegung[1] kommt nicht in Betracht, weil die gemeinschaftliche Ausübung der Gesellschafterrechte nach § 18 Abs. 1 GmbHG vielfach nicht verwirklicht werden kann und auch die solidarische Haftung nach § 18 Abs. 2 GmbHG nur zumutbar ist, wenn der Gesellschafter Gelegenheit hatte, die Bonität des Mitgesellschafters zu prüfen[2]. Allerdings steht den Gesellschaftern mit Kleinstbeteiligungen die Möglichkeit offen, sich selbst zum Zwecke der gemeinschaftlichen Verwaltung ihres gemeinsamen Geschäftsanteils **vertraglich zusammenzuschließen** und die Befugnis zur Geschäftsführung auf einen der **Teilrechtsinhaber** zu übertragen, der dann auch gegenüber der Gesellschaft vertretungsberechtigt ist[3]. Wenn diese Gesellschafter spätestens in der Gesellschaftsversammlung, die über die Zustimmung zum Verschmelzungsvertrag beschließt, ihre Zustimmung zur Zusammenlegung der Teilrechte erklären, kann der Verschmelzungsvertrag nicht mehr ihr Ausscheiden gegen Barabfindung vorsehen. Diese Überlegungen gelten entsprechend für Spitzenbeträge, bei denen ebenfalls eine Zusammenlegung möglich ist.

e) Abweichende Ausstattung der neuen Geschäftsanteile einer übernehmenden GmbH (§ 46 Abs. 2 UmwG)

Wenn den Anteilsinhabern eines übertragenden Rechtsträgers gewährte neue Geschäftsanteile an einer übernehmenden GmbH abweichend von den alten Geschäftsanteilen der übernehmenden GmbH mit **Sonderrechten** ausgestattet werden sollen, so muss dies nach § 46 Abs. 2 UmwG **im Verschmelzungsvertrag ausdrücklich vorgesehen** werden. Es kann sich vor allem um Mehrstimmrechte, Bestellungs- oder Benennungsrechte für die Geschäftsführung oder den Aufsichtsrat, Zustimmungsrechte nach § 15 Abs. 5 GmbHG sowie Vorkaufs- oder Vorerwerbsrechte bezüglich anderer Geschäftsanteile handeln[4]. Hintergrund ist, dass Vorzugsrechte, die mit einem Geschäftsanteil einer übertragenden GmbH verbunden sind oder die einem Gesellschafter der übertragenden GmbH zustehen, mit der Verschmelzung untergehen[5]. Der Gesellschafter kann jedoch **deren Fortsetzung in der übernehmenden GmbH zur Wahrung seiner Rechtsstellung verlangen**. Gesichert ist er im Falle der Beeinträchtigung von individuellen Verwaltungsrechten durch das Erfordernis seiner Zustimmung nach § 50 Abs. 2 UmwG (bei einer GmbH als übertragendem Rechtsträger) und im Falle der Beeinträchtigung von Vermögensrechten durch das Recht auf bare Zuzahlung nach § 15 UmwG. Ebenfalls anwendbar ist § 46 Abs. 2 UmwG auf die Ausstattung der

9

---

1 ZB *Schöne*, Spaltung, S. 143 ff.
2 Zustimmend *Haeder* in Henssler/Strohn, § 46 UmwG Rz. 8; *Simon/Nießen* in KölnKomm. UmwG, § 46 UmwG Rz. 20.
3 *Flesch*, ZIP 1996, 2153 (2155) sowie die in der vorigen Fn. Genannten.
4 *Reichert* in Semler/Stengel, § 46 UmwG Rz. 17.
5 *M. Winter/J. Vetter* in Lutter, § 46 UmwG Rz. 54; *Simon/Nießen* in KölnKomm. UmwG, § 46 UmwG Rz. 25; *Reichert* in Semler/Stengel, § 46 UmwG Rz. 17.

neuen Anteile mit **Sonderpflichten**, die von den alten Geschäftsanteilen der übernehmenden GmbH abweichen. In beiden Fällen hat die Aufnahme in den Verschmelzungsvertrag **Warnfunktion** für diejenigen Anteilsinhaber, denen Sonderpflichten auferlegt oder Sonderrechte nicht eingeräumt werden sollen[1].

10 Die **Vorschrift ist entsprechend anzuwenden**, wenn bei einer Verschmelzung durch Aufnahme bereits **bestehende Anteile zugewiesen** werden, die im Zuge der Verschmelzung durch Satzungsänderung mit Sonderrechten ausgestattet werden sollen[2]; bei Sonderpflichten richtigerweise sogar dann, wenn diese schon vorher bestehen (Fälle des § 46 Abs. 3 UmwG).

Die Vorschrift ist ebenfalls entsprechend anzuwenden, wenn mit Geschäftsanteilen der bisherigen Anteilsinhaber der übernehmenden GmbH Sonderrechte oder -pflichten verbunden sind, die die Anteilsinhaber eines übertragenden Rechtsträgers nicht erhalten sollen[3]. Hintergrund hierfür ist, dass Sonderrechte und -pflichten der bisherigen Gesellschafter der übernehmenden GmbH grundsätzlich von der Verschmelzung unberührt bleiben. Sollen sie aufgehoben werden, so ist hierfür eine Satzungsänderung mit Zustimmung der Berechtigten erforderlich. Diese Satzungsänderung ist ebenfalls im Verschmelzungsvertrag anzugeben. Schließlich können auch im Zuge der Verschmelzung für die Alt-Gesellschafter der übernehmenden GmbH neue Sonderrechte begründet werden. Dies bedarf dann der Zustimmung der anderen bisherigen Gesellschafter der übernehmenden GmbH und zusätzlich der Aufnahme in den Verschmelzungsvertrag[4].

11 Die Schaffung mit gewährten neuen Geschäftsanteilen verbundener **Sonderrechte** und die Aufhebung von mit vorhandenen Geschäftsanteilen verbundener Sonderrechte geschehen durch Satzungsänderung bei der **übernehmenden GmbH**. Der **Beschluss über die Satzungsänderung** bedarf der **Zustimmung aller Gesellschafter** der übernehmenden GmbH, denen die Sonderrechte gleichheitswidrig nicht eingeräumt werden[5]. Er bedarf außerdem der Zustimmung der bestehenden Gesellschafter, deren Sonderrechte im Zuge der Verschmelzung aufgehoben werden sollen, oder der anderen Gesellschafter, wenn nur einigen im Rahmen der Verschmelzung neue Sonderrechte eingeräumt werden sollen (zu diesen Konstellationen Rz. 9).

---

1 *M. Winter/J. Vetter* in Lutter, § 46 UmwG Rz. 57; *Haeder* in Henssler/Strohn, § 46 UmwG Rz. 10.

2 *M. Winter/J. Vetter* in Lutter, § 46 UmwG Rz. 61; *Reichert* in Semler/Stengel, § 46 UmwG Rz. 19; *Simon/Nießen* in KölnKomm. UmwG, § 46 UmwG Rz. 27; *Mayer* in Widmann/Mayer, § 46 UmwG Rz. 22.

3 *Stratz* in Schmitt/Hörtnagl/Stratz, § 46 UmwG Rz. 17; *Simon/Nießen* in KölnKomm. UmwG, § 46 UmwG Rz. 27; *Mayer* in Widmann/Mayer, § 46 UmwG Rz. 22.

4 So nun auch *Simon/Nießen* in KölnKomm. UmwG, § 46 UmwG Rz. 27.

5 Wie hier *M. Winter/J. Vetter* in Lutter, § 46 UmwG Rz. 66; *Reichert* in Semler/Stengel, § 46 UmwG Rz. 22; *Simon/Nießen* in KölnKomm. UmwG, § 46 UmwG Rz. 31.

Beim **übertragenden Rechtsträger** geht es für die **Sonderrechte** nur um den **Zustimmungsbeschluss** zur Verschmelzung. Dessen Mehrheitserfordernisse ändern sich nicht, wenn alle Anteilsinhaber des übertragenden Rechtsträgers die Sonderrechte erhalten sollen oder alle diejenigen, denen die Sonderrechte schon bei dem übertragenden Rechtsträger zustanden. Soll davon hingegen abgewichen werden, ist der Gleichheitsgrundsatz berührt und der Beschluss bedarf der **Zustimmung derjenigen Anteilsinhaber**, denen die Sonderrechte nicht eingeräumt werden sollen, obwohl es dafür im übertragenden Rechtsträger keine entsprechende Differenzierung gab[1]. Sollen bestehende Sonderrechte im übertragenden Rechtsträger dagegen in der übernehmenden GmbH nicht wieder eingeräumt werden, ist die Zustimmung der betroffenen Gesellschafter einer übertragenden GmbH nach § 50 Abs. 2 UmwG erforderlich.

Die Schaffung von **Sonderpflichten** für die Anteilsinhaber des **übertragenden** 12
Rechtsträgers bedarf der **Zustimmung** sämtlicher davon Betroffener nach § 53 Abs. 3 GmbHG[2]. Ob das auch dann gilt, wenn diese Sonderpflichten auch alle Gesellschafter der übernehmenden GmbH treffen, ist umstritten[3], hier aber nicht weiter zu verfolgen, weil dann mangels Differenzierung zwischen den Gesellschaftern § 46 Abs. 2 UmwG nicht einschlägig ist. Im Anwendungsbereich von § 46 Abs. 2 UmwG ist aber jedenfalls dann eine Ausnahme anzuerkennen, wenn die Sonderpflichten in mindestens gleichem Umfang bereits beim übertragenden Rechtsträger bestanden, da die Anteilsinhaber des übertragenden Rechtsträgers dann durch die Verschmelzung nicht schlechter gestellt werden[4].

Bei der **übernehmenden GmbH** haben **Sonderpflichten** nur für Anteilsinhaber des übertragenden Rechtsträgers **keine Auswirkungen** auf Beschlussmehrheiten, da deren Gesellschafter dadurch nicht beeinträchtigt werden[5].

3. Gewährung vorhandener Geschäftsanteile der übernehmenden GmbH (§ 46 Abs. 3 UmwG)

Wenn statt neu durch Kapitalerhöhung geschaffener Anteile bereits vorhandene 13
Geschäftsanteile gewährt werden, ist bei deren Zuweisung jeweils ein bestimmter Nennbetrag und der namentlich bestimmte Gesellschafter der übertragenden

---

1 Ebenso *M. Winter/J. Vetter* in Lutter, § 46 UmwG Rz. 65; *Reichert* in Semler/Stengel, § 46 UmwG Rz. 21.
2 *M. Winter/J. Vetter* in Lutter, § 46 UmwG Rz. 68; *Reichert* in Semler/Stengel, § 46 UmwG Rz. 23.
3 Dazu näher § 13 UmwG Rz. 26 und *M. Winter/J. Vetter* in Lutter, § 46 UmwG Rz. 38 ff. sowie *Wälzholz*, DStR 2006, 236 ff.
4 In diese Richtung wohl auch *Simon/Nießen* in KölnKomm. UmwG, § 46 UmwG Rz. 29.
5 *M. Winter/J. Vetter* in Lutter, § 46 UmwG Rz. 70; *Reichert* in Semler/Stengel, § 46 UmwG Rz. 24.

Gesellschaft nach § 46 Abs. 1 UmwG anzugeben. Über den Wortlaut hinaus ist aufgrund des Nachweiszwecks auch anzugeben, wem der zugewiesene Geschäftsanteil bisher gehört, dem übertragenden Rechtsträger, der übernehmenden GmbH oder einem Dritten[1]. Übliche Formulierung: „Der Gesellschafter X erhält den der B-GmbH gehörenden Geschäftsanteil im Nennbetrag von ... Euro." Auch hier bleibt allerdings § 35 UmwG unberührt[2]. Bei Sonderrechten oder pflichten der bestehenden Anteile gilt § 46 Abs. 2 UmwG entsprechend (vgl. Rz. 10).

14 Wenn es sich um dem übertragenden Rechtsträger gehörende Geschäftsanteile handelt (Fall des § 54 Abs. 1 Satz 2 Nr. 2 UmwG), so erhöht sich bei der Ermittlung des Umtauschverhältnisses der Unternehmenswert des übertragenden Rechtsträgers um den der Beteiligungsquote entsprechenden anteiligen Unternehmenswert der übernehmenden GmbH. Dies führt zu einer erhöhten Anteilsgewährungspflicht.

4. Rechtsfolgen

15 Das Fehlen der Mindestangaben gemäß § 46 UmwG stellt ein **Eintragungshindernis** dar[3]. Daneben können inhaltliche Verstöße gegen zwingendes Recht und das Fehlen erforderlicher Zustimmungen zur Nichtigkeit des Verschmelzungsvertrages bzw. zur Anfechtbarkeit oder Nichtigkeit des Zustimmungsbeschlusses führen.

Eine Festsetzung von Sonderrechten oder -pflichten im Verschmelzungsvertrag schafft nach hM eine **aufschiebende Bedingung** für die Wirksamkeit des Verschmelzungsvertrages[4]. Die dafür erforderliche Satzungsänderung der übernehmenden GmbH muss ebenso wie die Kapitalerhöhung vor der Wirksamkeit der Verschmelzung durchgeführt, dh. beschlossen und eingetragen sein, was aber einer gemeinsamen Fassung und Anmeldung der Beschlüsse nicht entgegensteht[5].

---

1 *M. Winter/J. Vetter* in Lutter, § 46 UmwG Rz. 50; *Haeder* in Henssler/Strohn, § 46 UmwG Rz. 14; *Simon/Nießen* in KölnKomm. UmwG, § 46 UmwG Rz. 32.
2 *Haeder* in Henssler/Strohn, § 46 UmwG Rz. 13.
3 *Haeder* in Henssler/Strohn, § 46 UmwG Rz. 2; für Abs. 1 auch *Simon/Nießen* in KölnKomm. UmwG, § 46 UmwG Rz. 1.
4 *M. Winter/J. Vetter* in Lutter, § 46 UmwG Rz. 63 mit überzeugenden Argumenten gegen die auch vertretene Annahme einer klagbaren Verpflichtung; *Simon/Nießen* in KölnKomm. UmwG, § 46 UmwG Rz. 31; *Kleindiek* in Böttcher/Habighorst/Schulte, § 46 UmwG Rz. 29; für ein Wahlrecht zwischen Bedingung und Anspruch dagegen *Haeder* in Henssler/Strohn, § 46 UmwG Rz. 11.
5 *Simon/Nießen* in KölnKomm. UmwG, § 46 UmwG Rz. 31; *M. Winter/J. Vetter* in Lutter, § 46 UmwG Rz. 64; *Reichert* in Semler/Stengel, § 46 UmwG Rz. 20.

§ 47
Unterrichtung der Gesellschafter

Der Verschmelzungsvertrag oder sein Entwurf und der Verschmelzungsbericht sind den Gesellschaftern spätestens zusammen mit der Einberufung der Gesellschafterversammlung, die gemäß § 13 Abs. 1 über die Zustimmung beschließen soll, zu übersenden.

1. Anwendungsbereich und Überblick 1
2. Änderungen und Form der Versendung 2
3. Frist 4
4. Verzicht und Entbehrlichkeit 6
5. Rechtsfolgen 8

1. Anwendungsbereich und Überblick

Die Vorschrift gilt für jede an einer Verschmelzung als übertragender oder übernehmender Rechtsträger **beteiligte GmbH** unabhängig von der Rechtsform der anderen beteiligten Rechtsträger[1]. Es handelt sich um eine Parallelvorschrift zu § 42 UmwG. Auf die dortigen Erl. kann daher weitgehend verwiesen werden, vor allem für die Modalitäten der Übersendung. Die **Auskunfts- und Einsichtsrechte des GmbH-Gesellschafters** nach § 51a GmbHG werden durch die Vorschrift nicht eingeschränkt, sondern nach **§ 49 Abs. 3 UmwG** noch erweitert. Die Pflicht zur Übersendung ist allerdings anders als die Auskunftspflicht nach § 49 Abs. 3 UmwG nicht von einem Verlangen des Gesellschafters abhängig[2]. Geschützt werden nur die **gegenwärtigen Gesellschafter**, nicht solche, die erst mit Wirksamwerden der Verschmelzung hinzutreten, da für sie eigene Schutzmechanismen bestehen[3]. Zu übersenden ist auch hier ein vorhandener **Prüfungsbericht**[4]. 1

2. Änderungen und Form der Versendung

Redaktionelle **Änderungen** der zu übersendenden Unterlagen nach Versendung sind unschädlich. Bei wesentlichen inhaltlichen Änderungen ist eine erneute 2

---

[1] Abweichend *Haeder* in Henssler/Strohn, § 47 UmwG Rz. 1, der allein auf die übernehmende GmbH abstellt.
[2] *M. Winter/J. Vetter* in Lutter, § 47 UmwG Rz. 1; *Reichert* in Semler/Stengel, § 47 UmwG Rz. 2; *Simon/Nießen* in KölnKomm. UmwG, § 47 UmwG Rz. 2 f.
[3] Zutreffend *Simon/Nießen* in KölnKomm. UmwG, § 47 UmwG Rz. 11; aA *Mayer* in Widmann/Mayer, § 47 UmwG Rz. 8.3.
[4] *Reichert* in Semler/Stengel, § 47 UmwG Rz. 8; *M. Winter/J. Vetter* in Lutter, § 47 UmwG Rz. 10; *Haeder* in Henssler/Strohn, § 47 UmwG Rz. 3; *Simon/Nießen* in KölnKomm. UmwG, § 47 UmwG Rz. 7; aA *Mayer* in Widmann/Mayer, § 47 UmwG Rz. 4.

Versendung innerhalb der gehörigen Frist erforderlich. Bei Unwesentlichkeit mag eine umfassende Erläuterung in der Gesellschafterversammlung genügen[1], was aber in der Praxis aufgrund der schwierigen Abgrenzung risikobehaftet ist.

3   Aus § 47 UmwG ergibt sich nicht, dass die Unterlagen durch eingeschriebenen Brief oder einer sonstigen satzungsmäßigen Form für die Einberufung zu übersenden sind[2], da eine Koppelung an die Einberufung nur hinsichtlich der Frist erfolgt. Es ist daher auch eine Übermittlung mit Hilfe moderner **elektronischer Kommunikationsmittel** zulässig[3], angesichts der abweichenden Auffassung aber praktisch nicht unbedingt zu empfehlen. Bei **Mitberechtigten** an einem Geschäftsanteil genügt die Übersendung an einen der Mitberechtigten (§ 18 Abs. 3 GmbHG), wovon aber nicht ohne Not Gebrauch gemacht werden sollte[4]. Davon zu unterscheiden ist der Fall, dass der Geschäftsanteil einer rechtsfähigen Außen-GbR gehört, deren vertretungsberechtigtem Gesellschafter dann die Unterlagen übermittelt werden können[5].

3. Frist

4   Die Übersendung hat spätestens mit der Einberufung der entsprechenden Gesellschafterversammlung zu erfolgen. Für diese wiederum gilt nach § 51 Abs. 1 Satz 2 GmbHG eine Mindestfrist von einer Woche vor der Gesellschafterversammlung zuzüglich der üblicherweise zu erwartenden Zustellungszeit, wenn die Satzung nicht eine längere Einberufungsfrist vorsieht, die dann auch für § 47 UmwG maßgeblich ist[6]. Die **Frist beginnt**, sobald nach dem gewählten Übermittlungsweg mit Zugang beim letzten Gesellschafter gerechnet werden kann und berechnet sich nach §§ 187 Abs. 1, 188 Abs. 2 und 193 BGB; die Versammlung darf frühestens am Tag nach Fristablauf stattfinden[7].

5   Die Mindestfrist von einer Woche ist im Hinblick auf die einschneidenden Folgen der Verschmelzung praktisch oft unzureichend[8]. Dennoch ist diese Wertung des

---

1 So die Differenzierung bei *Simon/Nießen* in KölnKomm. UmwG, § 47 UmwG Rz. 8.
2 So aber *M. Winter/J. Vetter* in Lutter, § 47 UmwG Rz. 16 f. mwN.
3 Wie hier *Reichert* in Semler/Stengel, § 47 UmwG Rz. 13; *Haeder* in Henssler/Strohn, § 47 UmwG Rz. 2; *Simon/Nießen* in KölnKomm. UmwG, § 47 UmwG Rz. 13; *Kleindiek* in Böttcher/Habighorst/Schulte, § 47 UmwG Rz. 12.
4 *M. Winter/J. Vetter* in Lutter, § 47 UmwG Rz. 15; *Reichert* in Semler/Stengel, § 47 UmwG Rz. 11.
5 *M. Winter/J. Vetter* in Lutter, § 47 UmwG Rz. 15; *Reichert* in Semler/Stengel, § 47 UmwG Rz. 11.
6 *Haeder* in Henssler/Strohn, § 47 UmwG Rz. 4; *M. Winter/J. Vetter* in Lutter, § 47 UmwG Rz. 20.
7 *Reichert* in Semler/Stengel, § 47 UmwG Rz. 16 f.; *M. Winter/J. Vetter* in Lutter, § 47 UmwG Rz. 23.
8 *M. Winter/J. Vetter* in Lutter, § 47 UmwG Rz. 20 f; *Reichert* in Semler/Stengel, § 47 UmwG Rz. 14.

Gesetzgebers hinzunehmen, so dass auf die Nichteinhaltung einer angemessenen längeren Frist keine Anfechtung gestützt werden kann[1]. Allerdings empfiehlt sich im Interesse einer reibungslosen Abwicklung der Verschmelzung, die Gesellschafter unter Vorlage des Entwurfs des Verschmelzungsvertrags geraume Zeit vor der Einberufung der Versammlung zu **informieren** und sie zur Stellungnahme innerhalb angemessener Frist aufzufordern, ob sie auf einen förmlichen Verschmelzungsbericht verzichten werden (siehe § 42 UmwG Rz. 3). Auch ansonsten sollte die **Übersendung deutlich früher** als eine Woche vor der Versammlung erfolgen: Nur so kann ein eventuelles Prüfungsverlangen innerhalb der Frist nach § 48 Satz 1 UmwG noch rechtzeitig berücksichtigt werden[2]. Außerdem ist nur so eine zügige und reibungslose Gesellschafterversammlung zu gewährleisten. Haben die Gesellschafter nur eine Woche Vorbereitungszeit, ist mit mehr Fragen in der Versammlung zu rechnen und dafür auch mehr Zeit zuzugestehen, um eine Anfechtbarkeit wegen Verletzung des Auskunftsrechts zu vermeiden[3]. Zu Fragen bei einer von der Einladung getrennten Übersendung vgl. § 42 UmwG Rz. 5.

4. Verzicht und Entbehrlichkeit

§ 47 UmwG kann nicht abstrakt durch die Satzung ausgeschlossen werden[4]. Ein Verzicht der Gesellschafter im Einzelfall ist dagegen möglich, sollte dann aber möglichst in die notarielle Niederschrift aufgenommen werden[5].

Die Übersendung muss auch an **Gesellschafter ohne Stimmrecht** erfolgen, damit diese ihre im Zuge der Verschmelzung bestehenden Rechte ausüben können[6]. Entbehrlich ist dagegen die **Übersendung** des Verschmelzungsberichts an **Gesellschafter-Geschäftsführer**, weil diese sämtlich an seiner Erstellung mitwirken müssen (siehe § 8 UmwG Rz. 2)[7]. Ob darüber hinaus § 41 UmwG analog

6

7

---

1 Zutreffend *Simon/Nießen* in KölnKomm. UmwG, § 47 UmwG Rz. 16. Aus Gründen der Rechtssicherheit abzulehnen ist die auch vertretene Einschränkung unter (nicht näher spezifizierten) ganz besonderen Umständen, so aber *M. Winter/J. Vetter* in Lutter, § 47 UmwG Rz. 21; *Reichert* in Semler/Stengel, § 47 UmwG Rz. 15 sowie *Kleindiek* in Böttcher/Habighorst/Schulte, § 47 UmwG Rz. 15.
2 *Simon/Nießen* in KölnKomm. UmwG, § 47 UmwG Rz. 15.
3 In diese Richtung auch *Reichert* in Semler/Stengel, § 47 UmwG Rz. 4.
4 *Simon/Nießen* in KölnKomm. UmwG, § 47 UmwG Rz. 4; *Reichert* in Semler/Stengel, § 47 UmwG Rz. 5; *M. Winter/J. Vetter* in Lutter, § 47 UmwG Rz. 6.
5 *M. Winter/J. Vetter* in Lutter, § 47 UmwG Rz. 7; *Reichert* in Semler/Stengel, § 47 UmwG Rz. 5; *Haeder* in Henssler/Strohn, § 47 UmwG Rz. 2; *Simon/Nießen* in KölnKomm. UmwG, § 47 UmwG Rz. 4.
6 *Reichert* in Semler/Stengel, § 47 UmwG Rz. 9; *M. Winter/J. Vetter* in Lutter, § 47 UmwG Rz. 11; *Simon/Nießen* in KölnKomm. UmwG, § 47 UmwG Rz. 9.
7 AA *Simon/Nießen* in KölnKomm. UmwG, § 47 UmwG Rz. 10, die aber zu Unrecht nur auf die Möglichkeit der Unterzeichnung in vertretungsberechtigter Zahl abstellen und die Mitwirkung bei der Aufstellung außer Betracht lassen.

anzuwenden ist, was schon die **Erstellung** des Verschmelzungsberichts entbehrlich machen könnte, ist zweifelhaft[1]. Zur Sicherheit sollten in jedem Fall **Verzichtserklärungen** eingeholt werden. Nicht zu versenden sind die Unterlagen an erst durch die Verschmelzung hinzutretende Neugesellschafter, da diese zum Zeitpunkt der Abstimmung noch nicht Gesellschafter sind[2].

5. Rechtsfolgen

8 Die Folge einer unterbliebenen, nicht rechtzeitigen oder nicht vollständigen Übersendung ist die **Anfechtbarkeit** des Verschmelzungsbeschlusses analog § 243 AktG[3]. Dafür gilt aber die allgemeine Ausnahme für **nicht relevante Verstöße**, wenn ein objektiv denkender Gesellschafter sich durch die Abweichung nicht in der sachgerechten Wahrnehmung seiner Informations- und Teilnahmerechte gehindert sehen würde[4].

§ 48
Prüfung der Verschmelzung

Der Verschmelzungsvertrag oder sein Entwurf ist für eine Gesellschaft mit beschränkter Haftung nach den §§ 9 bis 12 zu prüfen, wenn dies einer ihrer Gesellschafter innerhalb einer Frist von einer Woche verlangt, nachdem er die in § 47 genannten Unterlagen erhalten hat. Die Kosten der Prüfung trägt die Gesellschaft.

1. Entwicklung und Normzweck ... 1	3. Bestellung der Verschmelzungsprüfer 6
2. Voraussetzungen der Verschmelzungsprüfung	4. Kosten 8
a) Verlangen eines Gesellschafters 2	5. Verhältnis zur Pflichtprüfung nach § 30 UmwG 9
b) Frist 5	6. Rechtsfolgen 10

---

1 Befürwortend *Drygala* in Lutter, § 8 UmwG Rz. 58 und für den Spaltungsbericht *Schöne*, Spaltung, S. 385 ff.; ablehnend *Bayer*, ZIP 1997, 1613 (1620); *H. Schmidt* in Lutter, § 41 UmwG Rz. 3; *Ihrig* in Semler/Stengel, § 41 UmwG Rz. 3.
2 Zutreffend *Kleindiek* in Böttcher/Habighorst/Schulte, § 47 UmwG Rz. 9; aA *Mayer* in Widmann/Mayer, § 47 UmwG Rz. 8.3.
3 *Haeder* in Henssler/Strohn, § 47 UmwG Rz. 2; *Seibt* in Scholz, 11. Aufl. 2014, § 51 GmbHG Rz. 26; *Reichert* in Semler/Stengel, § 47 UmwG Rz. 5.
4 *Simon/Nießen* in KölnKomm. UmwG, § 47 UmwG Rz. 5.

1. Entwicklung und Normzweck

Die Bestimmung hat § 355 Abs. 2 Satz 1 Halbsatz 2 iVm. §§ 340b Abs. 1, 352b Abs. 2 AktG aF ersetzt und den Regelungsgehalt auf alle Verschmelzungen unter Beteiligung einer GmbH erweitert. Die Kostenregelung in § 48 Satz 2 UmwG soll dazu beitragen, dass schon bei Vorbereitung der Verschmelzung durch den Verschmelzungsbericht so umfassende und überzeugende Informationen gegeben werden, dass die Gesellschafter eine Verschmelzungsprüfung nicht mehr für notwendig halten[1]. Sicherheit für einen planmäßigen Verlauf der Verschmelzung kann die Geschäftsführung jedoch nur erlangen, wenn sie entweder eine Prüfung freiwillig durchführt oder Verzichtserklärungen nach §§ 9 Abs. 3, 8 Abs. 3 UmwG einholt (vgl. § 44 UmwG Rz. 4). Das 2. UmwÄndG hat, wie bei § 44 UmwG, eine Wochenfrist für die Geltendmachung des Gesellschafterverlangens mit Wirkung ab 25.4.2007 eingeführt (vgl. § 44 UmwG Rz. 1). 1

2. Voraussetzungen der Verschmelzungsprüfung

a) Verlangen eines Gesellschafters

Verlangen ist eine Willenserklärung, aus der sich der Anspruch auf eine sachverständige Prüfung ergeben muss. Ein bestimmter Wortlaut oder eine bestimmte **Form** ist nicht erforderlich. Eine Dokumentation ist aber empfehlenswert (vgl. im Einzelnen § 44 UmwG Rz. 5). 2

Das Recht nach § 48 UmwG steht **jedem Gesellschafter** zu, auch wenn er Inhaber stimmrechtsloser Anteile ist[2]. Dies gilt ohne Rücksicht darauf, ob er der Verschmelzung zustimmt oder ihr widerspricht und/oder eine Abfindung nach § 29 UmwG begehrt. Es kommt nicht darauf an, ob die GmbH übertragender oder übernehmender Rechtsträger ist. Das Recht ist Bestandteil des allgemeinen Mitgliedschaftsrechts. Für die Gesellschaftereigenschaft kommt es auf den Zeitpunkt des Verlangens an (im Einzelnen vgl. § 44 UmwG Rz. 6). Für die GmbH begründet § 16 Abs. 1 Satz 1 GmbHG eine unwiderlegliche Vermutung für die Gesellschaftereigenschaft desjenigen, der als Gesellschafter in der im Handelsregister aufgenommenen Gesellschafterliste (§ 40 GmbHG) eingetragen ist. Ist die Eintragung fehlerhaft (zB der wahre Berechtigte ist nicht mehr oder noch nicht eingetragen) kommt eine Haftung des Geschäftsführers nach § 40 Abs. 3 GmbHG gegenüber dem wahren Berechtigten in Betracht. Nur dinglich am Geschäftsanteil Berechtigten (Nießbraucher, Pfandgläubiger) kommt ein Antragsrecht nicht zu[3]. 3

---

1 Begr. RegE, BR-Drucks. 75/94, S. 100.
2 *Mayer* in Widmann/Mayer, § 48 UmwG Rz. 7.
3 *Simon/Nießen* in KölnKomm. UmwG, § 48 UmwG Rz. 9.

4 Das **Verlangen** ist an die Gesellschaft zu richten. Das kann entweder durch Geltendmachung gegenüber allen Gesellschaftern (zB in der Gesellschafterversammlung) oder gegenüber einem Geschäftsführer (§ 35 Abs. 2 Satz 2 GmbHG) erfolgen.

b) Frist

5 Das Gesetz bindet das Verlangen an eine **Wochenfrist** ab Erhalt (tatsächlicher Zugang) der in § 47 UmwG genannten Unterlagen (Verschmelzungsvertrag oder Entwurf und Verschmelzungsbericht). Diese Unterlagen sind nach § 47 UmwG spätestens mit der Einberufung der Gesellschafterversammlung zu versenden, die über die Zustimmung zur Verschmelzung beschließen soll. Aus Praktikabilitätsgründen empfiehlt es sich aber, die Versendung der Unterlagen vor der Einberufung vorzunehmen und erst nach Ablauf der Wochenfrist einzuberufen. Nur so kann sichergestellt werden, dass der Gesellschafterversammlung dann auch ein Prüfungsbericht vorliegt[1]. Zur Fristbestimmung und den damit zusammenhängenden Problemen vgl. § 44 UmwG Rz. 8. Zum zwingenden Charakter der Vorschrift vgl. § 44 UmwG Rz. 11.

3. Bestellung der Verschmelzungsprüfer

6 Nach § 10 Abs. 1 UmwG wird der Verschmelzungsprüfer auf Antrag der Geschäftsführung durch das Gericht ausgewählt und bestellt. Dieses hat damit eine Alleinzuständigkeit.

7 Zu den Ausschlussgründen vgl. § 11 UmwG Rz. 4 ff. Zur Möglichkeit, **gemeinsame Verschmelzungsprüfer** zu bestellen, vgl. § 44 UmwG Rz. 14 und § 10 UmwG Rz. 20 ff. Sind an der Verschmelzung Rechtsträger anderer Rechtsform beteiligt, bestimmt sich die Notwendigkeit der Verschmelzungsprüfung bei diesen Rechtsträgern nach den für sie geltenden Bestimmungen.

4. Kosten

8 Die Kosten trägt die Gesellschaft (vgl. dazu § 44 UmwG Rz. 15).

5. Verhältnis zur Pflichtprüfung nach § 30 UmwG

9 Vgl. dazu § 44 UmwG Rz. 16.

---

[1] So zutreffend M. Winter/J. Vetter in Lutter, § 48 UmwG Rz. 31; vgl. auch Drinhausen, BB 2006, 2313 f.

6. Rechtsfolgen

Unterbleibt trotz Prüfungsverlangens eine Prüfung oder wird bei durchgeführter Prüfung der Prüfungsbericht den Gesellschaftern so spät zugänglich gemacht, dass eine angemessene Auswertung der Prüfungsinformation für die Beschlussfassung ausgeschlossen oder nicht zumutbar ist, so liegt ein **Beschlussmangel** vor, der zur Anfechtbarkeit des Verschmelzungsbeschlusses durch den Gesellschafter führt, der das Prüfungsverlangen gestellt hat. Im Übrigen wird auf die Erläuterungen zu § 44 UmwG Rz. 17 verwiesen, die entsprechend heranzuziehen sind. 10

§ 49
Vorbereitung der Gesellschafterversammlung

(1) Die Geschäftsführer haben in der Einberufung der Gesellschafterversammlung, die gemäß § 13 Abs. 1 über die Zustimmung zum Verschmelzungsvertrag beschließen soll, die Verschmelzung als Gegenstand der Beschlussfassung anzukündigen.

(2) Von der Einberufung an sind in dem Geschäftsraum der Gesellschaft die Jahresabschlüsse und die Lageberichte der an der Verschmelzung beteiligten Rechtsträger für die letzten drei Geschäftsjahre zur Einsicht durch die Gesellschafter auszulegen.

(3) Die Geschäftsführer haben jedem Gesellschafter auf Verlangen jederzeit Auskunft auch über alle für die Verschmelzung wesentlichen Angelegenheiten der anderen beteiligten Rechtsträger zu geben.

1. Anwendungsbereich 1	4. Auskunftsrechte (§ 49 Abs. 3 UmwG)
2. Beschlussankündigung (§ 49 Abs. 1 UmwG) 2	a) Auskunftsrecht hinsichtlich eigener Gesellschaft 6
3. Auslage von Unterlagen (§ 49 Abs. 2 UmwG)	b) Auskunftsrecht hinsichtlich anderer beteiligter Rechtsträger 7
a) Auszulegende Unterlagen 3	5. Rechtsfolgen 8
b) Modalitäten der Auslage 4	
c) Entbehrlichkeit der Auslage . . . 5	

Literatur: *Kocher/Thomssen*, Auszulegende Jahresabschlüsse bei aktien- und umwandlungsrechtlichen Strukturmaßnahmen, DStR 2015, 1057; *Spitzel/Diekmann*, Verbundene Unternehmen als Gegenstand des Interesses von Aktionären, ZHR 158 (1994), 447; *J. Vetter*, Auslegung der Jahresabschlüsse für das letzte Geschäftsjahr zur Vorbereitung von Strukturbeschlüssen der Gesellschafter, NZG 1999, 925.

1. Anwendungsbereich

1   Die Vorschrift gilt wie der in engem Zusammenhang stehende § 47 UmwG für jede an einer Verschmelzung, sei es als übertragender, sei es als übernehmender Rechtsträger, beteiligte GmbH[1]. Alle Absätze stehen nicht zur Disposition der Satzung, was aber einen Verzicht im konkreten Fall nicht ausschließt[2].

2. Beschlussankündigung (§ 49 Abs. 1 UmwG)

2   § 49 Abs. 1 UmwG verdrängt § 51 Abs. 4 GmbHG, nach dem es für die Wirksamkeit des Verschmelzungsbeschlusses genügen würde, dass die Verschmelzung als Gegenstand der Beschlussfassung drei Tage vor der Versammlung angekündigt wird[3]. Bei der Verschmelzung ist weder eine spätere Ankündigung noch eine gleichzeitige Ankündigung in einem separaten Schreiben zulässig; vielmehr muss die Ankündigung **in der Einberufung selbst** erfolgen[4].

Ausreichend ist in jedem Fall die Ankündigung „Beschlussfassung über die Verschmelzung mit der X-GmbH". Diese **knappe Fassung** ist mit Rücksicht auf die in § 47 UmwG vorgeschriebene Übersendung von Verschmelzungsvertrag und Verschmelzungsbericht unbedenklich. Im Hinblick auf diese Unterlagen ist nach richtiger Ansicht sogar die Angabe der anderen beteiligten Rechtsträger ebenso entbehrlich (wenn auch empfehlenswert) wie die weiterer Einzelheiten der Verschmelzung[5]. Auf die Wochenfrist für das Prüfungsverlangen nach § 48 Satz 1 UmwG muss in der Einberufung nicht hingewiesen werden[6]. Die Ankündigung ist entbehrlich, wenn sämtliche Gesellschafter anwesend sind und keiner der Abhaltung der Versammlung zum Zwecke der Beschlussfassung über die Verschmelzung unter Hinweis auf den Einberufungsmangel widerspricht oder wenn von allen ausdrücklich verzichtet wird[7].

---

1   Abweichend *Haeder* in Henssler/Strohn, § 49 UmwG Rz. 1, der allein auf die übernehmende GmbH abstellt.
2   *Simon/Nießen* in KölnKomm. UmwG, § 49 UmwG Rz. 5; *M. Winter/J. Vetter* in Lutter, § 49 UmwG Rz. 6; *Reichert* in Semler/Stengel, § 49 UmwG Rz. 3.
3   *M. Winter/J. Vetter* in Lutter, § 49 UmwG Rz. 8; *Reichert* in Semler/Stengel, § 49 UmwG Rz. 5.
4   *Reichert* in Semler/Stengel, § 49 UmwG Rz. 5; *Haeder* in Henssler/Strohn, § 49 UmwG Rz. 2; *Simon/Nießen* in KölnKomm. UmwG, § 49 UmwG Rz. 8; *M. Winter/J. Vetter* in Lutter, § 49 UmwG Rz. 9.
5   *Simon/Nießen* in KölnKomm. UmwG, § 49 UmwG Rz. 7; *Stratz* in Schmitt/Hörtnagl/Stratz, § 49 UmwG Rz. 5; *Reichert* in Semler/Stengel, § 49 UmwG Rz. 4; *Kleindiek* in Böttcher/Habighorst/Schulte, § 49 UmwG Rz. 6 f.; aA hinsichtlich der Angabe der anderen Rechtsträger *Mayer* in Widmann/Mayer, § 49 UmwG Rz. 6.
6   *Heckschen*, DNotZ 2007, 444 (448); *Haeder* in Henssler/Strohn, § 49 UmwG Rz. 2.
7   IE ebenso *Mayer* in Widmann/Mayer, § 49 UmwG Rz. 10; *Haeder* in Henssler/Strohn, § 49 UmwG Rz. 2; *Simon/Nießen* in KölnKomm. UmwG, § 49 UmwG Rz. 9; *Reichert* in Semler/Stengel, § 49 UmwG Rz. 5.

3. Auslage von Unterlagen (§ 49 Abs. 2 UmwG)

a) Auszulegende Unterlagen

§ 49 Abs. 2 UmwG bezieht sich auf die **Jahresabschlüsse** und **Lageberichte** aller beteiligten Rechtsträger jeder Rechtsform und jeder Größe. Die Auslage der Jahresabschlüsse der eigenen Gesellschaft erübrigt sich nicht im Hinblick auf die frühere Vorlage nach § 42a Abs. 1 Satz 1 GmbHG. Rechtsprechung und Literatur zu den zahlreichen vergleichbaren umwandlungs- und aktienrechtlichen Parallelvorschriften sind übertragbar[1]. Wie dort bestehen zwei einschränkende Prinzipien: Freiwillig erstellte Dokumente müssen nicht ausgelegt werden, und die Auslagepflicht führt nicht dazu, dass Abschlüsse oder sonstige Unterlagen nur wegen der Verschmelzung zusätzlich oder früher erstellt oder weitere Handlungen vorgenommen werden müssten. Dies richtet sich vielmehr nach den bilanzrechtlichen Vorschriften[2]. Ein eingetragener Verein braucht also nicht nachträglich zu bilanzieren, nur weil er an einer Verschmelzung mit einer GmbH beteiligt ist[3]. Auch braucht eine kleine Kapitalgesellschaft iS von § 267 Abs. 1 HGB nicht wegen der Beteiligung an einer Verschmelzung nachträglich **Lageberichte** zu erstellen[4]; ebenso schlagen sonstige bilanzrechtliche Befreiungen und Privilegierungen auf die Auslagepflicht durch[5]. Selbst bei einer reinen Holding müssen **Konzernabschlüsse** nicht ausgelegt werden[6]. Auch die Pflicht zur **Prüfung** der Unterlagen ist bilanzrechtlich zu ermitteln und folgt nicht aus der Auslegungspflicht, wobei selbst bei Pflichtprüfungen die Prüfungsberichte nicht auslagepflichtig sind[7].

3

Schließlich braucht der Jahresabschluss für das letzte Geschäftsjahr nicht wegen des Erfordernisses der Auslegung vorzeitig aufgestellt zu werden. Auslegungspflichtig sind die Jahresabschlüsse und Lageberichte für die letzten drei Geschäftsjahre nur, wenn sie im Zeitpunkt der Einberufung zumindest aufgestellt sind oder nach den gesetzlichen Vorschriften aufgestellt worden sein müssten[8].

3a

---

1 Umfassend hierzu *Kocher/Thomssen*, DStR 2015, 1057 (1057 f.) mit Darstellung der verschiedenen Streitfragen.
2 *Kocher/Thomssen*, DStR 2015, 1057 (1058); gleichsinnig *Simon/Nießen* in KölnKomm. UmwG, § 49 UmwG Rz. 13; *M. Winter/J. Vetter* in Lutter, § 49 UmwG Rz. 14; *Kleindiek* in Böttcher/Habighorst/Schulte, § 49 UmwG Rz. 10.
3 So auch *M. Winter/J. Vetter* in Lutter, § 49 UmwG Rz. 14; *Reichert* in Semler/Stengel, § 49 UmwG Rz. 8.
4 *Reichert* in Semler/Stengel, § 49 UmwG Rz. 8.
5 Ausführlich dazu *Kocher/Thomssen*, DStR 2015, 1057 (1060 f.).
6 *Kocher/Thomssen*, DStR 2015, 1057 (1058); *M. Winter/J. Vetter* in Lutter, § 49 UmwG Rz. 18 f. (jeweils mit Nachweisen auch zur Gegenmeinung).
7 *M. Winter/J. Vetter* in Lutter, § 49 UmwG Rz. 20 f.
8 Ausführlich *Kocher/Thomssen*, DStR 2015, 1057 (1058 f.) mit Nachweisen zum Streitstand, ob auf den aufgestellten oder den festgestellten Abschluss abzustellen ist; wie hier *J. Vetter*, NZG 1999, 925 (929); *M. Winter/J. Vetter* in Lutter, § 49 UmwG Rz. 32;

Ist ein beteiligter Rechtsträger erst vor weniger als drei Jahren gegründet oder durch Verschmelzung oder Spaltung umgewandelt worden, so brauchen nur die Abschlüsse für Geschäftsjahre nach der Gründung bzw. Umwandlung einschließlich Rumpfgeschäftsjahren ausgelegt zu werden[1]. Die Auslagepflicht ist unabhängig von der Pflicht zur Offenlegung nach den Vorschriften des HGB[2]. **Zwischenbilanzen** müssen selbst dann nicht ausgelegt werden, wenn die Verschmelzung auf ihrer Grundlage erfolgt[3], weil der Verschmelzungsbericht dann die entsprechenden Informationen zu enthalten hat und die Gesellschafter Einsicht nach § 49 Abs. 3 und § 51a GmbHG verlangen können[4]. Werden weitere Unterlagen nach der Einberufung fertiggestellt, besteht keine Aktualisierungspflicht, sondern der Gesellschafter ist auf sein allgemeines Informationsrecht verwiesen[5].

b) Modalitäten der Auslage

4 Die Auslage hat im Geschäftsraum während der üblichen Geschäftszeiten zu erfolgen, sobald üblicherweise mit dem Zugang der Einberufung beim ersten Gesellschafter zu rechnen ist. Gibt es mehrere Geschäftsräume, genügt die Auslage am Sitz iS von § 4a GmbHG. Es müssen nicht die Originale ausgelegt werden[6]. **Abschriften** brauchen in Ermangelung einer dem § 63 Abs. 3 UmwG entsprechenden Vorschrift nicht erteilt zu werden, was aber das Recht der Gesellschafter nicht ausschließt, Kopien auf eigene Kosten anzufertigen[7].

c) Entbehrlichkeit der Auslage

5 Die Auslage ist entbehrlich, wenn alle Gesellschafter hierauf **verzichten**, etwa im Zusammenhang mit dem Verzicht auf den Verschmelzungsbericht; der Verzicht auf den Verschmelzungsbericht ist allerdings nicht ohne weiteres so zu interpretieren, dass er sich auch auf § 49 Abs. 2 UmwG erstreckt[8]. Die Auslage ist ferner

---

für festgestellte Abschlüsse dagegen zB OLG Hamburg v. 11.4.2003 – 11 U 215/02, NZG 2003, 539 (542) = AG 2003, 441.
1 *Simon/Nießen* in KölnKomm. UmwG, § 49 UmwG Rz. 16; *M. Winter/J. Vetter* in Lutter, § 49 UmwG Rz. 14.
2 *Simon/Nießen* in KölnKomm. UmwG, § 49 UmwG Rz. 13.
3 *Reichert* in Semler/Stengel, § 49 UmwG Rz. 8; *Simon/Nießen* in KölnKomm. UmwG, § 49 UmwG Rz. 13.
4 *M. Winter/J. Vetter* in Lutter, § 49 UmwG Rz. 35.
5 Zutreffend *Kleindiek* in Böttcher/Habighorst/Schulte, § 49 UmwG Rz. 15.
6 Zum Ganzen *Simon/Nießen* in KölnKomm. UmwG, § 49 UmwG Rz. 11 f.
7 *Reichert* in Semler/Stengel, § 49 UmwG Rz. 8; *Haeder* in Henssler/Strohn, § 49 UmwG Rz. 4; *Simon/Nießen* in KölnKomm. UmwG, § 49 UmwG Rz. 17 f.; aA hinsichtlich des Rechts, Kopien zu erstellen, *Stratz* in Schmitt/Hörtnagl/Stratz, § 49 UmwG Rz. 6.
8 *Simon/Nießen* in KölnKomm. UmwG, § 49 UmwG Rz. 14; *M. Winter/J. Vetter* in Lutter, § 49 UmwG Rz. 15.

entbehrlich, wenn unter Verzicht auf alle gesetzlichen Formvorschriften und Fristen eine **Vollversammlung** iS von § 51 Abs. 3 GmbHG stattfindet[1], zumal wenn alle Gesellschafter der Verschmelzung zustimmen. Die Auslage ist dagegen **nicht entbehrlich** bei der aufnehmenden GmbH im Falle der Verschmelzung einer 100%igen Tochtergesellschaft auf die Muttergesellschaft[2].

4. Auskunftsrechte (§ 49 Abs. 3 UmwG)

a) Auskunftsrecht hinsichtlich eigener Gesellschaft

Das Auskunftsrecht des Gesellschafters hinsichtlich seiner eigenen Gesellschaft richtet sich nach **§ 51a GmbHG**, der durch die Vorschriften des UmwG nicht eingeschränkt wird[3]. Dabei ist nach hM eine **Auskunftsverweigerung** nur unter den sehr engen Voraussetzungen von § 51a Abs. 2 GmbHG möglich; ein Rückgriff auf den Gedanken des § 8 Abs. 2 UmwG verbietet sich, da der Gesellschafter sonst im Falle einer besonders wichtigen Maßnahme wie einer Verschmelzung weniger Informationen erhielte als im laufenden Geschäftsbetrieb[4]. 6

b) Auskunftsrecht hinsichtlich anderer beteiligter Rechtsträger

§ 49 Abs. 3 UmwG erweitert das Auskunftsrecht des Gesellschafters nach § 51a GmbHG auf die für die Verschmelzung wesentlichen Angelegenheiten der anderen beteiligten Rechtsträger. Danach kann ein Gesellschafter Auskunft über die rechtlichen ebenso wie die wirtschaftlichen Verhältnisse der anderen beteiligten Rechtsträger einschließlich ihrer Zukunftsaussichten verlangen, gegebenenfalls auch hinsichtlich verbundener Unternehmen der anderen Rechtsträger[5]. Das Auskunftsrecht richtet sich nur gegen die Geschäftsführer der eigenen Gesellschaft, die diese Auskünfte im Rahmen des ihnen Möglichen zu erteilen haben, denen gegenüber die anderen beteiligten Rechtsträger jedoch (vor wirksamem 7

---

1 *Mayer* in Widmann/Mayer, § 49 UmwG Rz. 20.
2 *M. Winter/J. Vetter* in Lutter, § 49 UmwG Rz. 13; *Reichert* in Semler/Stengel, § 49 UmwG Rz. 8.
3 *M. Winter/J. Vetter* in Lutter, § 49 UmwG Rz. 44 f.; *Simon/Nießen* in KölnKomm. UmwG, § 49 UmwG Rz. 14.
4 *Reichert* in Semler/Stengel, § 49 UmwG Rz. 10; *Simon/Nießen* in KölnKomm. UmwG, § 49 UmwG Rz. 22; *M. Winter/J. Vetter* in Lutter, § 49 UmwG Rz. 48; aA (§ 8 Abs. 2 UmwG iVm. § 131 Abs. 3 Nr. 1 AktG als Maßstab heranzuziehen) *Mayer* in Widmann/Mayer, § 49 UmwG Rz. 26.
5 *Mayer* in Widmann/Mayer, § 49 UmwG Rz. 32; *Simon/Nießen* in KölnKomm. UmwG, § 49 UmwG Rz. 26; *M. Winter/J. Vetter* in Lutter, § 49 UmwG Rz. 52; *Reichert* in Semler/Stengel, § 49 UmwG Rz. 14.

Abschluss des Verschmelzungsvertrages aus einem vorvertraglichen Schuldverhältnis) verpflichtet sind, sie entsprechend zu informieren[1].

Das **Auskunftsverweigerungsrecht** richtet sich bei § 49 Abs. 3 UmwG allerdings nach dem weiteren Maßstab von § 8 Abs. 2 UmwG, da das Zustandekommen der Verschmelzung noch nicht feststeht[2]. Die Geschäftsführer müssen jedoch besonders kritisch prüfen, ob sie ihren Gesellschaftern auf dieser eingeschränkten Informationsgrundlage die Verschmelzung empfehlen können[3].

Das Informationsrecht ist grundsätzlich nur auf Verlangen zu erfüllen. Eine initiative Erläuterungspflicht in der Gesellschafterversammlung besteht nur ausnahmsweise aufgrund der Treupflicht, vor allem wenn sich der Sachverhalt seit der schriftlichen Information der Gesellschafter wesentlich geändert hat[4]. Nach dem Wortlaut von § 49 Abs. 3 UmwG ist die Auskunft **jederzeit** zu erteilen, also auch schon vor der Gesellschafterversammlung[5].

5. Rechtsfolgen

8 Bei Verstößen gegen § 49 UmwG ist der Verschmelzungsbeschluss **anfechtbar**, sofern iS der **Relevanztheorie** objektiv eine Behinderung der sachgerechten Information oder Teilnahme vorlag[6]. Mit Rücksicht auf die vorherige Übersendung des Verschmelzungsberichts wird häufig die Anfechtungsrelevanz fehlen, wenn die Auskunft trotz der jederzeitigen Auskunftspflicht erst in der Gesellschafterversammlung erteilt wird, die über die Zustimmung zur Verschmelzung beschließen soll.

Bei **unternehmenswertbezogenen Informationsmängeln** gilt dagegen beim übertragenden Rechtsträger analog § 243 Abs. 4 Satz 2 AktG ein Anfechtungsausschluss, weil bei diesem, anders als beim übernehmenden Rechtsträger, das

---

1 *Mayer* in Widmann/Mayer, § 49 UmwG Rz. 30; *M. Winter/J. Vetter* in Lutter, § 49 UmwG Rz. 54; *Simon/Nießen* in KölnKomm. UmwG, § 49 UmwG Rz. 25; *Reichert* in Semler/Stengel, § 49 UmwG Rz. 15.
2 *Simon/Nießen* in KölnKomm. UmwG, § 49 UmwG Rz. 27; *Reichert* in Semler/Stengel, § 49 UmwG Rz. 17; *Haeder* in Henssler/Strohn, § 49 UmwG Rz. 9; ebenso *M. Winter/J. Vetter* in Lutter, § 49 UmwG Rz. 56 (unter paralleler Heranziehung von § 131 Abs. 3 Nr. 1 AktG).
3 *Reichert* in Semler/Stengel, § 49 UmwG Rz. 16; für ein Recht zur Empfehlung bei ausreichender Informationsgrundlage bspw. *Simon/Nießen* in KölnKomm. UmwG, § 49 UmwG Rz. 28. Zu großzügig (bei ordnungsgemäßer Berichterstellung immer unproblematisch) *M. Winter/J. Vetter* in Lutter, § 49 UmwG Rz. 55.
4 *Simon/Nießen* in KölnKomm. UmwG, § 49 UmwG Rz. 29. Das gilt auch hinsichtlich der eigenen Gesellschaft nach § 51a GmbHG, vgl. *M. Winter/J. Vetter* in Lutter, § 49 UmwG Rz. 46. Tendenziell weitergehend *Haeder* in Henssler/Strohn, § 49 UmwG Rz. 6f.
5 *Simon/Nießen* in KölnKomm. UmwG, § 49 UmwG Rz. 30.
6 *Mayer* in Widmann/Mayer, § 49 UmwG Rz. 11, 17, 36; *Simon/Nießen* in KölnKomm. UmwG, § 49 UmwG Rz. 14, 32; näher *Kocher/Thomssen*, DStR 2015, 1057 (1062).

Spruchverfahren eröffnet ist (vgl. dazu § 14 UmwG Rz. 14 ff.)[1]. Rechtlich möglich und im Hinblick auf § 16 Abs. 2 UmwG zu empfehlen ist ein **pauschaler Verzicht** jedes einzelnen Gesellschafters auf eine Klage gegen die Wirksamkeit des Verschmelzungsbeschlusses[2]. Auch ist die Anfechtung gemäß allgemeinem Anfechtungsrecht ausgeschlossen, wenn alle Anteilsinhaber dem Verschmelzungsbeschluss zugestimmt haben[3].

§ 50
Beschluss der Gesellschafterversammlung

(1) Der Verschmelzungsbeschluss der Gesellschafterversammlung bedarf einer Mehrheit von mindestens drei Vierteln der abgegebenen Stimmen. Der Gesellschaftsvertrag kann eine größere Mehrheit und weitere Erfordernisse bestimmen.

(2) Werden durch die Verschmelzung auf dem Gesellschaftsvertrag beruhende Minderheitsrechte eines einzelnen Gesellschafters einer übertragenden Gesellschaft oder die einzelnen Gesellschaftern einer solchen Gesellschaft nach dem Gesellschaftsvertrag zustehenden besonderen Rechte in der Geschäftsführung der Gesellschaft, bei der Bestellung der Geschäftsführer oder hinsichtlich eines Vorschlagsrechts für die Geschäftsführung beeinträchtigt, so bedarf der Verschmelzungsbeschluss dieser übertragenden Gesellschaft der Zustimmung dieser Gesellschafter.

1. Überblick	1	4. Zustimmung einzelner Gesellschafter	
2. Einberufung, Vorbereitung, Durchführung der Versammlung	2	a) Sonderrechtsinhaber (§ 50 Abs. 2 UmwG)	20
3. Beschlussfassung	3	b) Statutarische Nebenleistungen	24
a) Gegenstand	5	c) Vinkulierte Geschäftsanteile	25
b) Zeitpunkt, Reihenfolge	6	d) Nicht voll eingezahlte Geschäftsanteile	26
c) Mehrheitserfordernisse	7	e) Form, Frist	27
d) Weitergehende Anforderungen durch Satzung	8	5. Beteiligung Dritter	28
e) Sachliche Rechtfertigung	10	6. Kapitalerhöhungsbeschluss	29
f) Vertretung bei Abstimmung	11	7. Kosten	30
g) Stimmverbote	14	8. Anwendung auf Verschmelzung durch Neugründung	31
h) Form	15		
i) Widerspruch zur Niederschrift	18		
j) Erteilung von Abschriften	19		

---

1 *M. Winter/J. Vetter* in Lutter, § 49 UmwG Rz. 61; *Reichert* in Semler/Stengel, § 49 UmwG Rz. 18; ablehnend *Mayer* in Widmann/Mayer, § 49 UmwG Rz. 36.
2 Vgl. *Decher* in Lutter, § 16 UmwG Rz. 17; *Reichert* in Semler/Stengel, § 49 UmwG Rz. 19.
3 *Bayer* in Lutter/Hommelhoff, Anh. § 47 GmbHG Rz. 71.

§ 50 | Verschmelzung – Beteiligung von GmbH

Literatur: Siehe zunächst Lit. bei § 13; *Braunfels*, Gesetzliche Stimmverbote bei der GmbH, AG und Personengesellschaft, MittRhNotK 1994, 233; *Issing*, Wegfall des Umwandlungsbeschlusses im Konzern, Probleme in der Praxis, NZG 2011, 1368; *Kowalski*, Vinkulierte Geschäftsanteile – Übertragungen und Umgehungen, GmbHR 1992, 347; *Nehls*, Die Anfechtungsfrist für GmbH-Gesellschafterbeschlüsse, GmbHR 1995, 703; *Reichert*, Folgen der Anteilsvinkulierung für Umstrukturierungen, GmbHR 1995, 176; *Schäfer*, Der stimmrechtslose GmbH-Geschäftsanteil, 1997; *Schöne*, Das Aktienrecht als „Maß aller Dinge" im neuen Umwandlungsrecht?, GmbHR 1995, 325; *Schröder*, Neue Konzepte zum Beschlussmängelrecht der GmbH und der Personengesellschaften, GmbHR 1994, 532; *Wälzholz*, Nebenleistungspflichten beim aufnehmenden Rechtsträger als Verschmelzungshindernis, DStR 2006, 236.

1. Überblick

1   § 50 Abs. 1 UmwG ergänzt § 13 Abs. 1 UmwG (siehe daher auch die Erl. zu § 13 UmwG). § 50 Abs. 2 UmwG verlangt die individuelle Zustimmung von Inhabern statutarischer Minderheits- und Geschäftsführungssonderrechte.

2. Einberufung, Vorbereitung, Durchführung der Versammlung

2   Für Einberufung, Vorbereitung und Durchführung der Gesellschafterversammlung gelten die §§ 46–49, 51 GmbHG sowie die §§ 47, 49 UmwG. Eine nicht ordnungsgemäß einberufene Versammlung oder ein bekannt gemachter Gegenstand der Beschlussfassung kann bei der übertragenden GmbH zu Abfindungsansprüchen führen (§ 29 Abs. 2 UmwG).

3. Beschlussfassung

3   Die Anteilsinhaber jedes Rechtsträgers haben den Verschmelzungsbeschluss zwingend in einer **Gesellschafterversammlung** zu fassen (§ 13 Abs. 1 Satz 2 UmwG). Eine Beschlussfassung im schriftlichen Verfahren oder Übertragung auf Gesellschafterausschüsse, Aufsichtsrat, Beirat oder ähnliche Organe ist auch nicht zulässig, wenn die Satzung dies vorsieht[1].

4   Befindet sich das gesamte Stammkapital einer übertragenden GmbH in der Hand einer übernehmenden AG, KGaA oder SE, ist der Verschmelzungsbeschluss der Gesellschafterversammlung der übertragenden GmbH entbehrlich (§ 62 Abs. 4 Satz 1 UmwG). Ist hingegen eine übernehmende GmbH 100%ige Mutter einer übertragenden Kapitalgesellschaft, verbleibt es bei dem Erfordernis

---

[1] Begr. RegE bei *Ganske*, S. 61; *Reichert* in Semler/Stengel, § 50 UmwG Rz. 9; *Stratz* in Schmitt/Hörtnagl/Stratz, § 50 UmwG Rz. 2; *Simon/Nießen* in KölnKomm. UmwG, § 50 UmwG Rz. 8; *M. Winter/J. Vetter* in Lutter, § 50 UmwG Rz. 11.

des Beschlusses[1]. Ein Beschluss (bei der übernehmenden GmbH) ist auch erforderlich, wenn diese **einzige Gesellschafterin** der aufzunehmenden Kapitalgesellschaft ist. Die für die AG, KGaA, SE geltenden Regelungen des § 62 Abs. 1 UmwG bzw. des § 62 Abs. 4 Satz 1 UmwG sind auf GmbH nicht anwendbar. Auch bei Verschmelzung einer GmbH mit dem Vermögen ihres Alleingesellschafters (§ 120 UmwG) bedarf es bei übertragender GmbH eines Gesellschafterbeschlusses (§ 121 UmwG).

a) Gegenstand

Gegenstand der Beschlussfassung ist der von den beteiligten Rechtsträgern vereinbarte Verschmelzungsvertrag oder sein Entwurf, der bei Beschlussfassung vorliegen und sämtliche Abreden enthalten muss[2]. Werden Vertrag oder Entwurf nach Beschlussfassung geändert, muss die Gesellschafterversammlung erneut zustimmen, es sei denn, die Änderung ist rein redaktioneller Natur. Die Gesellschafterversammlung kann den Vertrag nur ablehnen oder ihm zustimmen. Evtl. Änderung kommt Ablehnung und Antrag an Geschäftsführer gleich, Vertrag unter Beachtung der Änderungsvorschläge neu abzuschließen[3].   5

b) Zeitpunkt, Reihenfolge

Der Verschmelzungsbeschluss kann vor, bei oder nach Abschluss des Verschmelzungsvertrages oder einem evtl. erforderlichen Kapitalerhöhungsbeschluss (§ 55 UmwG) gefasst werden. Unerheblich ist auch, in welcher Reihenfolge die Beschlüsse bei den beteiligten Rechtsträgern gefasst werden[4].   6

c) Mehrheitserfordernisse

Der Verschmelzungsbeschluss bedarf zu seiner Wirksamkeit einer Mehrheit von 3/4 der abgegebenen Stimmen (§ 50 Abs. 1 Satz 1 UmwG). Gezählt werden nur die abgegebenen gültigen Ja- und Nein-Stimmen[5]. Enthaltungen bleiben unberücksichtigt. Anders als bei AG, KGaA, SE (vgl. § 65 UmwG Rz. 5) wird eine Kapitalmehrheit nicht verlangt.   7

---

1 *Simon/Nießen* in KölnKomm. UmwG, § 50 UmwG Rz. 8; *M. Winter/J. Vetter* in Lutter, § 50 UmwG Rz. 11.
2 BGH v. 16.11.1981 – II ZR 150/80, BGHZ 82, 188 (196); *Reichert* in Semler/Stengel, § 50 UmwG Rz. 6.
3 *Heckschen* in Widmann/Mayer, § 13 UmwG Rz. 64; *Reichert* in Semler/Stengel, § 50 UmwG Rz. 6.
4 *Reichert* in Semler/Stengel, § 50 UmwG Rz. 7 mwN; *Drygala* in Lutter, § 13 UmwG Rz. 8.
5 BGH v. 25.1.1982 – II ZR 164/81, BGHZ 83, 35; BGH v. 12.1.1987 – II ZR 152/86, ZIP 1987, 635 (636); OLG Celle v. 6.8.1997 – 9 U 224/96, GmbHR 1998, 140; *M. Winter/ J. Vetter* in Lutter, § 50 UmwG Rz. 20; *Reichert* in Semler/Stengel, § 50 UmwG Rz. 13.

Das Stimmrecht von Inhabern stimmrechtsloser Geschäftsanteile lebt nicht wieder auf, sie können also nicht mitstimmen. Diese Gesellschafter werden abschließend durch § 23 UmwG geschützt[1].

d) Weitergehende Anforderungen durch Satzung

8 Die Satzung kann größere Mehrheit und weitere Erfordernisse, etwa Kapitalmehrheit oder Regelungen über Beschlussfähigkeit, vorsehen (§ 50 Abs. 1 Satz 2 UmwG), aber nicht hinter den Erfordernissen des § 50 Abs. 1 Satz 1 UmwG zurückbleiben[2].

9 Legt die Satzung für **Satzungsänderungen** allgemein höhere Anforderungen fest, gelten diese auch für den Verschmelzungsbeschluss. Denn durch die höheren Anforderungen geben die Gesellschafter zu erkennen, dass grundlegende Strukturentscheidungen erschwert werden sollen, auch wenn dadurch formal die Satzung nicht geändert wird[3].

e) Sachliche Rechtfertigung

10 Dieses grundsätzlich auch im GmbH-Recht zum Schutze der überstimmten Minderheit für strukturändernde Beschlüsse geltende Kriterium, wonach diese Beschlüsse im Interesse der Gesellschaft liegen, zur Erreichung des beabsichtigten Zwecks geeignet, erforderlich und verhältnismäßig sein müssen, ist bewusst nicht in das Gesetz aufgenommen worden[4]. Angesichts des im Gesetz angelegten strukturellen Minderheitenschutzes und den ohnehin geltenden Grenzen der Mehrheitsmacht (zB Verbot der missbräuchlichen Stimmrechtsausübung) ist eine zusätzliche, an den genannten Voraussetzungen orientierte Inhaltskontrolle abzulehnen[5] (siehe auch § 13 UmwG Rz. 12).

---

1 *M. Winter/J. Vetter* in Lutter, § 50 UmwG Rz. 22; *Mayer* in Widmann/Mayer, § 50 UmwG Rz. 35; *Stratz* in Schmitt/Hörtnagl/Stratz, § 50 UmwG Rz. 4; *Reichert* in Semler/Stengel, § 50 UmwG Rz. 14; *Simon/Nießen* in KölnKomm. UmwG, § 50 UmwG Rz. 10.

2 *M. Winter/J. Vetter* in Lutter, § 50 UmwG Rz. 6; *Reichert* in Semler/Stengel, § 50 UmwG Rz. 9; *Stratz* in Schmitt/Hörtnagl/Stratz, § 50 UmwG Rz. 6; *Simon/Nießen* in KölnKomm. UmwG, § 50 UmwG Rz. 13.

3 *M. Winter/J. Vetter* in Lutter, § 50 UmwG Rz. 35; *Stratz* in Schmitt/Hörtnagl/Stratz, § 50 UmwG Rz. 7; *Reichert* in Semler/Stengel, § 50 UmwG Rz. 10; *Reichert*, GmbHR 1995, 185; *Simon/Nießen* in KölnKomm. UmwG, § 50 UmwG Rz. 14.

4 Vgl. Begr. RegE zu § 13 UmwG, *Ganske*, S. 61.

5 *Reichert* in Semler/Stengel, § 50 UmwG Rz. 20 mwN.

f) Vertretung bei Abstimmung

Für Bevollmächtigung reicht **Vollmacht** in Textform aus[1], auch wenn in Versammlung Kapitalerhöhung beschlossen wird (§ 47 Abs. 3 GmbHG) oder einer Verschmelzung zur Neugründung zugestimmt wird (siehe § 13 UmwG Rz. 13). Für Registerzwecke dürfte es ratsam sein (zum formellen und materiellen Prüfungsrecht des Registergerichtes siehe § 19 UmwG Rz. 2 ff.), die Vollmacht aus Nachweisgründen mit Unterschrift zu versehen, sonst muss im Zweifel die Vollmachtgebereigenschaft auf andere Weise nachgewiesen werden. Beschränkungen in der Satzung sind zu beachten. Vertretung ohne Vertretungsmacht (mit anschließender Genehmigung) ist zulässig[2]. 11

Gesetzliche Vertreter Minderjähriger bedürfen keiner familiengerichtlichen Genehmigung nach § 1822 Nr. 3 BGB[3], anders gemäß § 1822 Nr. 10 BGB bei nicht voll eingezahlten Einlagen wegen drohender Ausfallhaftung gemäß § 24 GmbHG (siehe auch Erl. zu § 51 UmwG) und bei Kapitalerhöhungsbeschluss wegen möglicher Differenzhaftung (§ 55 UmwG, §§ 56 Abs. 2, 9 GmbHG)[4]. 12

Zur gesetzlichen Vertretung Minderjähriger bei Verschmelzung durch Neugründung siehe § 59 UmwG Rz. 5.

§ 181 BGB findet Anwendung. Zwar ist dies bisher nur für die Satzungsänderung bei GmbH entschieden[5]. Wegen mit Satzungsänderung vergleichbarer strukturändernder Wirkung des Verschmelzungsbeschlusses gilt dies für ihn entsprechend[6]. Bevollmächtigte, die für mehrere Gesellschafter handeln wollen, sind demnach von § 181 BGB zu befreien. Für die Bevollmächtigung von Mitgesellschaftern ist konkludente Befreiung anzunehmen[7]. 13

Eltern minderjähriger Gesellschafter können daher als Mitgesellschafter ihre Kinder nicht vertreten[8]. Es ist ein Ergänzungspfleger zu bestellen (§§ 1909, 1629 Abs. 2, 1795 Abs. 2 BGB).

---

1 *M. Winter/J. Vetter* in Lutter, § 50 UmwG Rz. 16.
2 Einzelheiten bei *K. Schmidt* in Scholz, 11. Aufl. 2014, § 47 GmbHG Rz. 76 ff.
3 Vgl. *Reichert* in Semler/Stengel, § 50 UmwG Rz. 19; aA *Mayer* in Widmann/Mayer, § 50 UmwG Rz. 39.
4 *M. Winter/J. Vetter* in Lutter, § 50 UmwG Rz. 30.
5 Vgl. BGH v. 6.6.1988 – II ZR 318/87, ZIP 1988, 1046 (1047) = GmbHR 1988, 337; ihm folgend *Bayer* in Lutter/Hommelhoff, § 53 GmbHG Rz. 9; *Kirstgen*, GmbHR 1989, 406.
6 *M. Winter/J. Vetter* in Lutter, § 50 UmwG Rz. 26; *Mayer* in Widmann/Mayer, § 50 UmwG Rz. 16; *Reichert* in Semler/Stengel, § 50 UmwG Rz. 17; *Simon/Nießen* in Köln-Komm. UmwG, § 50 UmwG Rz. 12.
7 *M. Winter/J. Vetter* in Lutter, § 50 UmwG Rz. 27; *Mayer* in Widmann/Mayer, § 50 UmwG Rz. 15; *Reichert* in Semler/Stengel, § 50 UmwG Rz. 17; *Simon/Nießen* in Köln-Komm. UmwG, § 50 UmwG Rz. 12.
8 *M. Winter/J. Vetter* in Lutter, § 50 UmwG Rz. 29 f.; *Reichert* in Semler/Stengel, § 50 UmwG Rz. 19.

g) Stimmverbote

14 An einer übertragenden GmbH beteiligte Rechtsträger unterliegen keinem Stimmverbot, § 47 Abs. 4 Satz 2 GmbHG gilt nicht[1].

h) Form

15 Der Verschmelzungsbeschluss ist nur wirksam, wenn er notariell beurkundet ist (§ 13 Abs. 3 Satz 1 UmwG; zur Heilung § 20 Abs. 1 Nr. 4 UmwG). Es gelten die gleichen Anforderungen wie bei der Satzungsänderung (§ 53 GmbHG): **Beurkundung** des Beschlusses in der Form der §§ 36, 37 BeurkG (notarielles Protokoll) oder gemäß §§ 8 ff. BeurkG (Beurkundung von Willenserklärungen). Letzteres ist typisch für Universalversammlungen[2]. Die Zustimmungsbeschlüsse der beteiligten Rechtsträger können auch in einer Urkunde beurkundet werden, was kostengünstiger ist (siehe § 13 UmwG Rz. 43).

Ist ein Gesellschafter zur Versammlung nicht zugelassen worden, sind dies und die näheren Umstände ebenfalls in die Niederschrift aufzunehmen, da dies einen Abfindungsanspruch auslösen kann (§ 29 Abs. 2 UmwG). Entsprechendes gilt, wenn Einwendungen in der Versammlung gegen die Ordnungsmäßigkeit der Einberufung und Bekanntmachung vorgebracht werden (§ 29 Abs. 2 UmwG; zum Widerspruch zur Niederschrift siehe Rz. 18).

16 Sollen in derselben Urkunde neben dem Verschmelzungsbeschluss auch der Verschmelzungsvertrag und/oder Zustimmungs- und Verzichtserklärungen beurkundet werden, ist für diese Erklärungen (nicht zwingend für den Verschmelzungsbeschluss) nur Beurkundung gemäß §§ 8 ff. BeurkG möglich[3] (siehe zur Form auch § 13 UmwG Rz. 37 ff.).

17 Als **Anlage** ist der notariellen Urkunde der Verschmelzungsvertrag bzw. sein Entwurf beizufügen (§ 13 Abs. 3 Satz 2 UmwG), der nicht mit verlesen werden muss. Fehlt die Anlage, bleibt der Beschluss dennoch wirksam[4], denn die Anlage hat nur Beweis- und keine Wirksamkeitsfunktion. Gegenüber dem Registergericht muss dann Nachweis, worauf sich Beschluss bezog, anderweitig geführt werden (siehe § 13 UmwG Rz. 39).

Zur Beurkundung im Ausland siehe § 6 UmwG Rz. 10 ff.

---

1 AllgM, vgl. zB LG Arnsberg v. 28.1.1994 – 2 O 410/93, ZIP 1994, 536 (537) = AG 1995, 334; *M. Winter/J. Vetter* in Lutter, § 50 UmwG Rz. 25; *Reichert* in Semler/Stengel, § 50 UmwG Rz. 15; *Mayer* in Widmann/Mayer, § 50 UmwG Rz. 38; *Simon/Nießen* in Köln-Komm. UmwG, § 50 UmwG Rz. 11; auch klargestellt in Begr. RegE zu § 50 UmwG, siehe *Ganske*, S. 100.

2 Vgl. OLG Köln v. 24.11.1992 – 22 U 72/92, AG 1993, 86 = BB 1993, 318; *Priester* in Scholz, 11. Aufl. 2015, § 53 GmbHG Rz. 68 ff.

3 Vgl. *Preuß* in Armbrüster/Preuß/Renner, 7. Aufl. 2015, § 36 BeurkG Rz. 7; *Mayer* in Widmann/Mayer, § 50 UmwG Rz. 53.

4 Wie hier: *Mayer* in Widmann/Mayer, § 50 UmwG Rz. 57.

i) Widerspruch zur Niederschrift

Erklärt ein Gesellschafter gegen den Verschmelzungsbeschluss Widerspruch zur Niederschrift – er muss es, wenn er sich die Ansprüche nach § 29 Abs. 1 UmwG erhalten will –, ist dieser in die notarielle Niederschrift aufzunehmen (siehe ergänzend § 13 UmwG Rz. 21). 18

j) Erteilung von Abschriften

Siehe hierzu § 13 UmwG Rz. 40. 19

4. Zustimmung einzelner Gesellschafter

a) Sonderrechtsinhaber (§ 50 Abs. 2 UmwG)

Bei der übertragenden GmbH bestehende Sonderrechte gehen durch Verschmelzung unter, wenn der Verschmelzungsvertrag nichts anderes regelt[1]. Inhaber statutarischer **Minderheitsrechte** (§ 50 Abs. 2 Alt. 1 UmwG) und statutarisch festgelegter **Geschäftsführungssonderrechte** sowie statutarischer Bestellungs- und Vorschlagsrechte für die Geschäftsführung (§ 50 Abs. 2 Alt. 2 UmwG) müssen bei Beeinträchtigung ihrer Rechte beim aufnehmenden Rechtsträger der Verschmelzung zustimmen. 20

§ 50 Abs. 2 Alt. 1 UmwG (statutarische Minderheitsrechte) setzt voraus, dass es sich um auf **Satzung** beruhende Minderheitsrechte einzelner Gesellschafter oder einer Gesellschaftergruppe handelt (etwa erhöhtes Stimmrecht, Vetorecht), weder um Vermögensrechte (zB Gewinnvorzüge, Liquidationspräferenz[2]) noch um solche Minderheitsrechte, die kraft Gesetzes aus einer bestimmten Beteiligungsquote resultieren[3]. Zu den schützenswerten Minderheitsrechten zählen auch **Vorkaufs- und Vorerwerbsrechte**, die in der Satzung verankert und als unentziehbare Individual-Rechte ausgestaltet sind[4]. Sind diese Rechte unterschiedslos allen Gesellschaftern eingeräumt, ist jeder von ihnen zustimmungsberechtigt[5]. 21

---

[1] *M. Winter/J. Vetter* in Lutter, § 50 UmwG Rz. 40; *Reichert* in Semler/Stengel, § 50 Rz. 24; *Mayer* in Widmann/Mayer, § 50 UmwG, Rz. 82; *Stratz* in Schmitt/Hörtnagl/Stratz, § 50 UmwG Rz. 9.
[2] *Reichert* in Semler/Stengel, § 50 UmwG Rz. 31.
[3] Begr. RegE bei *Ganske*, S. 100; *M. Winter/J. Vetter* in Lutter, § 50 UmwG Rz. 48; *Reichert* in Semler/Stengel, § 50 UmwG Rz. 28; *Mayer* in Widmann/Mayer, § 50 UmwG Rz. 84; *Simon/Nießen* in KölnKomm. UmwG, § 50 UmwG Rz. 18.
[4] Einzelheiten bei *Reichert*, GmbHR 1995, 176 (183); *Reichert* in Semler/Stengel, § 50 UmwG Rz. 28 f.; *M. Winter/J. Vetter* in Lutter, § 50 UmwG Rz. 53.
[5] *M. Winter/J. Vetter* in Lutter, § 50 UmwG Rz. 50; *Reichert*, GmbHR 1995, 176 (179); ders. in Semler/Stengel, § 50 UmwG Rz. 35.

22 § 50 Abs. 2 Alt. 2 UmwG (Geschäftsführungssonderrechte) hebt als zu schützende Individualrechte namentlich hervor die in der Satzung verankerten, nicht entziehbaren und für alle übrigen Gesellschafter verbindlichen[1] (Sonder-)Rechte wie besondere Rechte in der Geschäftsführung, bei der Bestellung der Geschäftsführer sowie auf Vorschlag von Geschäftsführern. Das Recht eines Gesellschafters auf Entsendung eines Mitglieds in den Aufsichtsrat oder Beirat der übertragenden GmbH wird ggf. durch § 50 Abs. 2 Alt. 1 UmwG geschützt[2].

23 Das **Zustimmungserfordernis entfällt**, wenn der übernehmende Rechtsträger den Gesellschaftern der übertragenden GmbH **gleichwertige Rechte** einräumt[3]. Dies ist im Verschmelzungsvertrag offen zu legen. Muss der übernehmende Rechtsträger die Satzung ändern, kann dafür – aus Gründen des Minderheitsschutzes – Einstimmigkeit erforderlich sein[4]. Bei AG, KGaA, SE ist zu bedenken, dass der Gewährung gleichwertiger Rechte der Grundsatz der Satzungsstrenge (§ 23 Abs. 5 AktG) entgegenstehen könnte[5].

b) Statutarische Nebenleistungen

24 Richtiger Ansicht nach müssen auch alle Gesellschafter der übertragenden GmbH dem Verschmelzungsbeschluss zustimmen, wenn die Satzung der übernehmenden Gesellschaft ihnen höhere Pflichten als bisher auferlegt (Einzelheiten bei § 13 UmwG Rz. 26).

c) Vinkulierte Geschäftsanteile

25 Bedarf die **Abtretung** von Geschäftsanteilen nach der Satzung zur Wirksamkeit der Genehmigung (= **Zustimmung** iS von § 182 BGB) **bestimmter einzelner Gesellschafter**, müssen diese bereits nach allgemeinem Verschmelzungsrecht auch dem Verschmelzungsbeschluss zustimmen (§ 13 Abs. 2 UmwG), und zwar unabhängig davon, ob die Satzung des übernehmenden Rechtsträgers gleiche Vinkulierungsrechte einräumt[6] (Einzelheiten bei § 13 UmwG Rz. 22 ff.).

---

1 *M. Winter/J. Vetter* in Lutter, § 50 UmwG Rz. 43 ff.; *Reichert* in Semler/Stengel, § 50 UmwG Rz. 42.
2 *Reichert* in Semler/Stengel, § 50 UmwG, Rz. 85.
3 *Reichert*, GmbHR 1995, 176 (181); *Reichert* in Semler/Stengel, § 50 UmwG Rz. 40; *Stratz* in Schmitt/Hörtnagl/Stratz, § 50 UmwG Rz. 10; *M. Winter/J. Vetter* in Lutter, § 50 UmwG Rz. 59; *Mayer* in Widmann/Mayer, § 50 UmwG Rz. 92.
4 Vgl. *M. Winter/J. Vetter* in Lutter, § 50 UmwG Rz. 59.
5 Vgl. *Mayer* in Widmann/Mayer, § 50 UmwG Rz. 92.
6 *M. Winter/J. Vetter* in Lutter, § 50 UmwG Rz. 60 mwN.

d) Nicht voll eingezahlte Geschäftsanteile

Zur Zustimmungspflicht einzelner Gesellschafter, wenn bei übertragender oder übernehmender GmbH Geschäftsanteile nicht voll eingezahlt sind, siehe die Erl. zu § 51 UmwG.

e) Form, Frist

Die Zustimmung ist Willenserklärung und notariell zu beurkunden (§ 13 Abs. 3 Satz 1 UmwG). Die Geschäftsführung hat zustimmungsberechtigte Gesellschafter unter Fristsetzung zur Abgabe der Erklärung aufzufordern. Die notarielle Urkunde mit der Erklärung ist der Gesellschafterversammlung[1] (dem Versammlungsleiter) oder GmbH (vertreten durch die Geschäftsführung), der der betreffende Gesellschafter angehört, in Ausfertigung zuzustellen; eine Abschrift genügt nicht (weitere Einzelheiten bei § 13 UmwG Rz. 27 ff.) Der Zugang ist dem Handelsregister nicht nachzuweisen[2].

5. Beteiligung Dritter

Inhaber dinglicher Rechte an den Geschäftsanteilen bei der übertragenden GmbH (**Nießbraucher, Pfandgläubiger**) müssen dem Verschmelzungsbeschluss nicht zustimmen (siehe § 13 UmwG Rz. 35). Ihre Rechte bestehen an den neuen Geschäftsanteilen weiter (§ 20 Abs. 1 Nr. 3 Satz 2 UmwG)[3]. Bei im gesetzlichen Güterstand deutschen Rechts lebenden **Verheirateten** kann eine Zustimmung gemäß § 1365 BGB – für ausländische Verheiratete nach deren Güterrecht – erforderlich sein (siehe § 13 UmwG Rz. 33). Zur Zustimmung des Erben bei **Testamentsvollstreckung** siehe § 13 UmwG Rz. 34.

6. Kapitalerhöhungsbeschluss

Ist zur Durchführung der Verschmelzung bei der übernehmenden GmbH eine Kapitalerhöhung erforderlich, ist der Kapitalerhöhungsbeschluss nicht weitere Wirksamkeitsvoraussetzung für den Verschmelzungsbeschluss, wohl aber für den Verschmelzungsvertrag[4].

---

[1] Einschränkend auf Geschäftsführung: *Reichert* in Semler/Stengel, § 50 UmwG Rz. 133; *Mayer* in Widmann/Mayer, § 50 UmwG Rz. 70; *M. Winter/J. Vetter* in Lutter, § 50 UmwG Rz. 65.
[2] *Mayer* in Widmann/Mayer, § 50 UmwG Rz. 70.
[3] Zum Stimmrecht dinglich Berechtigter in Ausnahmefällen siehe *K. Schmidt* in Scholz, 11. Aufl. 2014, § 47 GmbHG Rz. 18.
[4] Siehe auch *M. Winter/J. Vetter* in Lutter, § 55 UmwG Rz. 8 ff.; *Mayer* in Widmann/Mayer, § 55 UmwG Rz. 108 f.

7. Kosten

30 Es fallen Notarkosten für die Beurkundung des Verschmelzungsbeschlusses und der Zustimmungserklärungen an (siehe hierzu die Erl. zu § 13 UmwG Rz. 43 ff.). Die Übernahme der bei dem übertragenden Rechtsträger anfallenden Kosten durch die übernehmende Gesellschaft ist unbedenklich[1].

8. Anwendung auf Verschmelzung durch Neugründung

31 Die Vorschrift ist auf die Verschmelzung durch Neugründung entsprechend anzuwenden (§ 56 UmwG). Der Verschmelzungsbeschluss muss nicht zusätzlich zur Zustimmung zum Verschmelzungsvertrag ausdrücklich die Zustimmung zum Gesellschaftsvertrag der neuen Gesellschaft enthalten. Denn dieser ist zwingend Bestandteil des Verschmelzungsvertrages (vgl. § 37 UmwG) und wird daher von der Zustimmung zum Verschmelzungsvertrag mit erfasst[2]. Der Verschmelzungsvertrag muss aber ggf. zusätzlich die Zustimmung zur Bestellung der von den Anteilseignern zu wählenden Mitglieder des Aufsichtsrats bzw. der Geschäftsführer enthalten (§ 59 UmwG, Einzelheiten siehe dort).

§ 51
Zustimmungserfordernisse in Sonderfällen

(1) Ist an der Verschmelzung eine Gesellschaft mit beschränkter Haftung, auf deren Geschäftsanteile nicht alle zu leistenden Einlagen in voller Höhe bewirkt sind, als übernehmender Rechtsträger beteiligt, so bedarf der Verschmelzungsbeschluss eines übertragenden Rechtsträgers der Zustimmung aller bei der Beschlussfassung anwesenden Anteilsinhaber dieses Rechtsträgers. Ist der übertragende Rechtsträger eine Personenhandelsgesellschaft, eine Partnerschaftsgesellschaft oder eine Gesellschaft mit beschränkter Haftung, so bedarf der Verschmelzungsbeschluss auch der Zustimmung der nicht erschienenen Gesellschafter. Wird eine Gesellschaft mit beschränkter Haftung, auf deren Geschäftsanteile nicht alle zu leistenden Einlagen in voller Höhe bewirkt sind, von einer Gesellschaft mit beschränkter Haftung durch Verschmelzung aufgenommen, bedarf der Verschmelzungsbeschluss der Zustimmung aller Gesellschafter der übernehmenden Gesellschaft.

---

1 OLG Stuttgart v. 23.11.1994 – 3 U 77/94, ZIP 1995, 837 (838) = AG 1996, 35.
2 So auch *M. Winter/J. Vetter* in Lutter, § 59 UmwG Rz. 4; *Reichert* in Semler/Stengel, § 50 UmwG Rz. 51.

(2) Wird der Nennbetrag der Geschäftsanteile nach § 46 Abs. 1 Satz 2 abweichend vom Betrag der Aktien festgesetzt, so muss der Festsetzung jeder Aktionär zustimmen, der sich nicht mit seinem gesamten Anteil beteiligen kann.

1. Überblick	1	4. Zustimmung bei abweichenden Nennbeträgen (§ 51 Abs. 2 UmwG)	9
2. Offene Einlagen bei übernehmender GmbH (§ 51 Abs. 1 Satz 1 und 2 UmwG)	2	5. Analoge Anwendung auf andere Rechtsträger	12
3. Offene Einlagen bei übertragender GmbH (§ 51 Abs. 1 Satz 3 UmwG)	5	6. Verschmelzung durch Neugründung	13

Literatur: *Mayer/Weiler*, Aktuelle Änderungen des Umwandlungsrechts aus Sicht der notariellen Praxis, MittBayNot 2007, 368; *Mayer/Weiler*, Neuregelungen durch das Zweite Gesetz zur Änderung des Umwandlungsgesetzes, DB 2007, 1235 (Teil I); DB 2007, 1291 (Teil II); *Meister*, Die Auswirkungen des MoMiG auf das Umwandlungsrecht, NZG 2008, 767; *Reichert/Harbarth*, Statutarische Schiedsklauseln, NZG 2003, 379; *Robrecht*, Haftung der Gesellschafter für nicht eingezahlte Stammeinlagen im Konkurs der GmbH, GmbHR 1995, 809.

1. Überblick

§ 51 Abs. 1 UmwG verdrängt die nach diesem Gesetz geltenden Mehrheitserfordernisse (zum Schutz der Anteilsinhaber vor Ausfallhaftung für nicht voll eingezahlte Einlagen); § 51 Abs. 2 UmwG will den Aktionär der untergehenden AG, KGaA, SE vor Verlust seiner Beteiligung bewahren. 1

2. Offene Einlagen bei übernehmender GmbH (§ 51 Abs. 1 Satz 1 und 2 UmwG)

Die Anteilsinhaber jedes übertragenden Rechtsträgers übernehmen mit ihrem Beitritt (etwa durch Kapitalerhöhung) zu einer übernehmenden GmbH mit offenen Einlagen das Risiko der Ausfallhaftung (§ 24 GmbHG)[1]. Der Verschmelzungsbeschluss jedes übertragenden Rechtsträgers muss daher **von allen** bei Beschlussfassung **anwesenden** (erschienenen oder ordnungsgemäß vertretenen) **Anteilsinhabern** gefasst werden (zur Verschärfung bei übertragender Personenhandelsgesellschaft, GmbH siehe Rz. 3). Stimmenthaltungen wirken dennoch 2

---

[1] *M. Winter/J. Vetter* in Lutter, § 51 UmwG Rz. 2; *Stratz* in Schmitt/Hörtnagl/Stratz, § 51 UmwG Rz. 4; *Ihrig*, GmbHR 1995, 642; *Reichert* in Semler/Stengel, § 51 UmwG Rz. 10; *Simon/Nießen* in KölnKomm. UmwG, § 51 UmwG Rz. 10; *Haeder* in Henssler/Strohn, § 51 UmwG Rz. 1.

wie Nein-Stimmen und verhindern einen positiven Beschluss[1]. Inhaber stimmrechtsloser Anteile müssen gesondert ihre Zustimmung gemäß § 13 Abs. 3 UmwG erklären[2].

3 Sind **Personenhandelsgesellschaft, Partnerschaftsgesellschaft** oder **GmbH** übertragende Rechtsträger, müssen auch die nicht erschienenen (= die bei Beschlussfassung weder anwesenden noch ordnungsgemäß vertretenen) Gesellschafter dieser Gesellschaft zustimmen. Bei diesen Gesellschaften bedarf es also iE der positiven **Mitwirkung aller Gesellschafter** in notarieller Form[3]. Bei AG, KGaA und SE als übertragendem Rechtsträger verbleibt es beim Erfordernis der Einstimmigkeit in der Versammlung[4].

4 Wird die **Zustimmung versagt**, sind der Verschmelzungsbeschluss und damit auch der Verschmelzungsvertrag endgültig unwirksam[5].

Für die von der Ausfallhaftung bedrohten Anteilsinhaber besteht keine Pflicht zur Zustimmung. Die Versagung der Zustimmung darf nur nicht rechtsmissbräuchlich sein (weitere Einzelheiten zur Zustimmung siehe § 13 UmwG Rz. 27 ff.).

3. Offene Einlagen bei übertragender GmbH (§ 51 Abs. 1 Satz 3 UmwG)

5 Der **Anspruch** der übertragenden GmbH auf Bewirkung der restlichen Einlage **erlischt nicht** mit ihrem Untergang, sondern geht als Vermögenswert auf die übernehmende GmbH über. Schuldner bleiben weiterhin die (bisherigen) Gesellschafter der übertragenden GmbH, die für Ausfälle nach § 24 GmbHG haften[6].

6 § 51 Abs. 1 Satz 3 UmwG setzt voraus, dass im Zuge der Verschmelzung bei der übernehmenden GmbH wiederum nicht volleingezahlte Geschäftsanteile gewährt werden[7] und sich die deswegen drohende Ausfallhaftung auch auf die An-

---

1 *Haeder* in Henssler/Strohn, § 51 UmwG Rz. 3.
2 *M. Winter/J. Vetter* in Lutter, § 51 UmwG Rz. 22; *Mayer* in Widmann/Mayer, § 51 UmwG Rz. 13; *Reichert* in Semler/Stengel, § 51 UmwG Rz. 12; *Simon/Nießen* in KölnKomm. UmwG, § 51 UmwG Rz. 13; *Haeder* in Henssler/Strohn, § 51 UmwG Rz. 3.
3 *M. Winter/J. Vetter* in Lutter, § 51 UmwG Rz. 24; *Reichert* in Semler/Stengel, § 51 UmwG Rz. 13; *Stratz* in Schmitt/Hörtnagl/Stratz, § 51 UmwG Rz. 6.
4 *M. Winter/J. Vetter* in Lutter, § 51 UmwG Rz. 24 f.; *Reichert* in Semler/Stengel, § 51 UmwG Rz. 14; *Simon/Nießen* in KölnKomm. UmwG, § 51 UmwG Rz. 16; *Stratz* in Schmitt/Hörtnagl/Stratz, § 51 UmwG Rz. 6.
5 *Reichert* in Semler/Stengel, § 51 UmwG Rz. 13; *Mayer* in Widmann/Mayer, § 51 UmwG Rz. 21.
6 *M. Winter/J. Vetter* in Lutter, § 51 UmwG Rz. 28 ff.; *Reichert* in Semler/Stengel, § 51 UmwG Rz. 20 f.; *Mayer* in Widmann/Mayer, § 51 UmwG Rz. 23; *Simon/Nießen* in KölnKomm. UmwG, § 51 UmwG Rz. 23.
7 Statt vieler *Drygala* in Lutter, § 5 UmwG Rz. 22.

teile der übrigen Gesellschafter der übernehmenden GmbH – der bisherigen wie auch der übrigen durch Verschmelzung hinzukommenden Anteilsinhaber – erstreckt. Will man diese Haftung vermeiden, müssen vor Abschluss des Verschmelzungsvertrages die offenen Einlagen in voller Höhe geleistet werden[1].

Angesichts dieses Haftungsrisikos stellt § 51 Abs. 1 Satz 3 UmwG klar, dass der Verschmelzungsbeschluss (einstimmig) von allen in der Versammlung anwesenden Gesellschaftern der übernehmenden Gesellschaft zu fassen ist und ihm auch die nicht anwesenden Gesellschafter und Inhaber stimmrechtsloser Geschäftsanteile der übernehmenden GmbH gesondert – in oder außerhalb der Gesellschafterversammlung – zustimmen müssen[2].

Zur Erklärung über die Zustimmung gegenüber dem Handelsregister siehe § 52 UmwG Rz. 2 f.

Das Zustimmungserfordernis gemäß § 51 Abs. 1 UmwG besteht auch, wenn bei der beteiligten GmbH die (Bar-)Einlageverpflichtung wegen verschleierter Sacheinlage bei Gründung/Kapitalerhöhung noch nicht erfüllt ist, bei bestehender Differenzhaftung (§ 9 GmbHG) sowie Unterbilanzhaftung[3], wenn die Tatsachen für eine konkrete Haftung hinreichend glaubhaft gemacht werden. Enthält die Satzung der aufnehmenden GmbH **Nebenleistungen** oder eine Schiedsklausel, die die Satzung der übertragenden GmbH nicht kennt, wird in entsprechender Anwendung von § 53 Abs. 3 GmbHG die Zustimmung aller Gesellschafter der übertragenden GmbH[4] zum Verschmelzungsbeschluss verlangt. Eine analoge Anwendung des § 51 Abs. 1 Satz 3 UmwG auf **Mischverschmelzungen** (Verschmelzungen mit anderen übertragenden Rechtsträgern als GmbH, bei denen nicht sämtliche Einlagen eingezahlt worden sind) ist streitig[5].

---

1 *Stratz* in Schmitt/Hörtnagl/Stratz, § 51 UmwG Rz. 8; *Heckschen*, DNotZ 2007, 444 (499); *Simon/Nießen* in KölnKomm. UmwG, § 51 UmwG Rz. 23.
2 *M. Winter/J. Vetter* in Lutter, § 51 UmwG Rz. 30; *Reichert* in Semler/Stengel, § 51 UmwG Rz. 21; *Mayer* in Widmann/Mayer, § 51 UmwG Rz. 22; *Stratz* in Schmitt/Hörtnagl/Stratz, § 51 UmwG Rz. 9.
3 *Mayer* in Widmann/Mayer, § 51 UmwG Rz. 10; *Reichert* in Semler/Stengel, § 51 UmwG Rz. 11; *M. Winter/J. Vetter* in Lutter, § 51 UmwG Rz. 16 ff.; *Simon/Nießen* in KölnKomm. UmwG, § 51 UmwG Rz. 10; *Stratz* in Schmitt/Hörtnagl/Stratz, § 51 UmwG Rz. 10.
4 *M. Winter/J. Vetter* in Lutter, § 51 UmwG Rz. 42; *Reichert* in Semler/Stengel, § 51 UmwG Rz. 15 ff.; *Reichert/Harbarth*, NZG 2003, 379 (381 ff.); aA (keine planungswidrige Regelungslücke) *Mayer* in Widmann/Mayer, § 50 UmwG Rz. 115; *Simon/Nießen* in KölnKomm. UmwG, § 51 UmwG Rz. 20; *Stratz* in Schmitt/Hörtnagl/Stratz, § 51 UmwG Rz. 3 (nur für Nachschusspflichten).
5 Gegen eine Analogie *M. Winter/J. Vetter* in Lutter, § 51 UmwG Rz. 36; *Mayer* in Widmann/Mayer, § 51 UmwG Rz. 22; *Simon/Nießen* in KölnKomm. UmwG, § 51 UmwG Rz. 30; *Haeder* in Henssler/Strohn, § 51 UmwG Rz. 4; aA: *Bayer*, ZIP 1998, 1623; *Reichert* in Semler/Stengel, § 51 UmwG Rz. 20.

4. Zustimmung bei abweichenden Nennbeträgen (§ 51 Abs. 2 UmwG)

9 Erhält ein Aktionär einer übertragenden AG, KGaA, SE von der aufnehmenden GmbH Geschäftsanteile, deren Nennbeträge von denen seiner untergehenden Aktien abweichen (§ 46 Abs. 1 Satz 2 UmwG), bedarf die abweichende Festsetzung seiner Zustimmung, wenn er sich nicht mit seinem gesamten Anteil beteiligen kann, also durch die von § 46 Abs. 1 Satz 2 UmwG abweichende Festsetzung der Nennbeträge **Beteiligungsverluste** erleidet[1]. Gegebenenfalls ist das Stammkapital auf 1-Euro-Anteile zu stückeln, um den Beteiligungsverlust so gering wie möglich zu halten[2]. Ist bei übernehmender GmbH das Stammkapital noch nicht auf Euro umgestellt, sind Stammkapital und die Nennbeträge der Geschäftsanteile vorher auf Euro umzustellen und durch Kapitalerhöhung zu glätten (§ 318 UmwG, § 1 Abs. 3 EGGmbHG). Zu beachten ist dabei, dass es sich bei dieser (vorgeschalteten) Kapitalerhöhung um eine von der zur Durchführung der Verschmelzung unabhängige (reguläre) Kapitalerhöhung (§ 1 Abs. 3 EGGmbHG, § 55 GmbHG) handelt[3].

10 Einer **Zustimmung bedarf es nicht**, wenn der Aktionär der untergehenden AG, KGaA, SE Beteiligungsverluste nur deshalb erleidet, weil der Mindestnennwert von 1,- Euro (§ 5 Abs. 2 GmbHG) eingehalten worden ist. Der betreffende Gesellschafter ist dann in Geld abzufinden[4].

11 **Zuzustimmen** ist der **abweichenden Festsetzung des Nennbetrages**, die im Verschmelzungsvertrag (§ 46 Abs. 1 Satz 1 UmwG), im (evtl.) Beschluss über die Kapitalerhöhung sowie (mittelbar) durch den zustimmenden Verschmelzungsbeschluss erfolgt[5] (§ 13 Abs. 3 UmwG). Die Zustimmung bedarf der notariellen Beurkundung und kann gegenüber der AG, KGaA, SE des zustimmenden Aktionärs oder deren (durch den Leiter vertretenen) Hauptversammlung erklärt werden (siehe § 13 UmwG Rz. 27).

Hat der Aktionär in der Hauptversammlung für die Verschmelzung gestimmt, ist eine erneute gesonderte Zustimmung entbehrlich. Hat er dagegen gestimmt oder sich enthalten, kann er anschließend noch der abweichenden Festsetzung zustimmen.

---

1 Auch bei Ausfall so genannter Spitzen, siehe *M. Winter/J. Vetter* in Lutter, § 51 UmwG Rz. 63; *Reichert* in Semler/Stengel, § 51 UmwG Rz. 25; *Mayer* in Widmann/Mayer, § 51 UmwG Rz. 26.
2 vgl. auch *M. Winter/J. Vetter* in Lutter, § 51 UmwG Rz. 70 mwN.
3 Weitere Einzelheiten bei *Mayer* in Widmann/Mayer, § 55 UmwG Rz. 44 ff.
4 *M. Winter/J. Vetter* in Lutter, § 51 UmwG Rz. 65; *Reichert* in Semler/Stengel, § 51 UmwG Rz. 28.
5 Wie hier *Mayer* in Widmann/Mayer, § 51 UmwG Rz. 29; aA *Reichert* in Semler/Stengel, § 51 UmwG Rz. 27.

5. Analoge Anwendung auf andere Rechtsträger

Eine analoge Anwendung von § 51 Abs. 2 UmwG auf den gesetzlich nicht geregelten Fall des Beteiligungsverlustes einzelner Inhaber anderer übertragender Rechtsträger als AG, KGaA, SE wird abgelehnt und stattdessen auf die Anfechung wegen Treuepflichtverletzung verwiesen[1]. 12

6. Verschmelzung durch Neugründung

Die Vorschrift gilt nicht für Verschmelzung durch Neugründung (§ 56 UmwG). 13

§ 52
Anmeldung der Verschmelzung

Bei der Anmeldung der Verschmelzung zur Eintragung in das Register haben die Vertretungsorgane der an der Verschmelzung beteiligten Rechtsträger im Falle des § 51 Abs. 1 auch zu erklären, dass dem Verschmelzungsbeschluss jedes der übertragenden Rechtsträger alle bei der Beschlussfassung anwesenden Anteilsinhaber dieses Rechtsträgers und, sofern der übertragende Rechtsträger eine Personenhandelsgesellschaft, eine Partnerschaftsgesellschaft oder eine Gesellschaft mit beschränkter Haftung ist, auch die nicht erschienenen Gesellschafter dieser Gesellschaft zugestimmt haben. Wird eine Gesellschaft mit beschränkter Haftung, auf deren Geschäftsanteile nicht alle zu leistenden Einlagen in voller Höhe bewirkt sind, von einer Gesellschaft mit beschränkter Haftung durch Verschmelzung aufgenommen, so ist auch zu erklären, dass alle Gesellschafter dieser Gesellschaft dem Verschmelzungsbeschluss zugestimmt haben.

1. Überblick	1	3. Geltung bei Verschmelzung durch Neugründung	8
2. Erklärung über Gesellschafterzustimmung	2	4. Berichtigte Gesellschafterliste	9
		5. Zeitpunkt der Einreichung	13

Literatur: *Heckschen*, Das Dritte Gesetz zur Änderung des Umwandlungsgesetzes in der Fassung des Regierungsentwurfs, NZG 2010, 1041; *Neye/Kraft*, Neuigkeiten beim Umwandlungsrecht, NZG 2011, 681.

---

1 Näheres hierzu bei *M. Winter/J. Vetter* in Lutter, § 51 UmwG Rz. 69 f. und *Reichert* in Semler/Stengel, § 51 UmwG Rz. 32.

§ 52 | Verschmelzung – Beteiligung von GmbH

1. Überblick

1 § 52 ergänzt die allgemeinen Regelungen über Anmeldung der Verschmelzung zur Aufnahme mit einer GmbH (§ 16 UmwG) für den Sonderfall des § 51 Abs. 1 UmwG (Schutz vor Ausfallhaftung). § 52 Abs. 2 UmwG aF, der zusätzlich die Einreichung einer berichtigten Gesellschafterliste vorsah, wurde durch das 3. UmwGÄndG gestrichen[1].

2. Erklärung über Gesellschafterzustimmung

2 Sind bei Mischverschmelzungen oder reinen GmbH-Verschmelzungen Gesellschaften mbH beteiligt, bei denen die Einlagen noch nicht voll geleistet sind, müssen die von der Ausfallhaftung (§ 24 GmbHG) bedrohten Gesellschafter dem Verschmelzungsbeschluss zustimmen (§ 51 Abs. 1 UmwG; Einzelheiten siehe § 51 UmwG). Die Vertretungsorgane jedes der an der Verschmelzung beteiligten Rechtsträger haben bei der Anmeldung der Verschmelzung zu erklären, dass sämtliche nach § 51 Abs. 1 UmwG erforderlichen Zustimmungen vorliegen[2].

3 Die Vorschrift verlangt in Satz 1 die Erklärung über die Zustimmung aller bei Beschlussfassung anwesenden – bei GmbH, Personenhandelsgesellschaften und Partnerschaftsgesellschaften zusätzlich der nicht anwesenden – Anteilsinhaber des **übertragenden Rechtsträgers**, im Falle des Satz 2 die Erklärung über die Zustimmung aller Gesellschafter der **übernehmenden GmbH**.

4 Die Erklärung tritt **neben** die Pflicht zur Vorlage der **Zustimmungsbeschlüsse** (§ 17 Abs. 1 UmwG), die gleichwohl vorzulegen sind[3]. Zweck der Erklärung: Dem Registerrichter soll in den Fällen des § 51 Abs. 1 UmwG die Prüfung der Wirksamkeit der Verschmelzung erleichtert werden[4].

5 Die Erklärung ist **von allen Vertretungsorganen** – nicht nur den vertretungsberechtigten – der beteiligten Rechtsträger[5] „bei", also zusammen mit, nicht „in" der Anmeldung abzugeben. Sie kann daher ohne besondere Formerfordernisse auch außerhalb der Anmeldung erklärt werden. Zweckmäßigerweise erfolgt sie – schon aus Beweisgründen – schriftlich, etwa in der Anmeldung. Eine falsche

---

1 BGBl. I 2011, S. 1338.
2 M. Winter/J. Vetter in Lutter, § 52 UmwG Rz. 10; Stratz in Schmitt/Hörtnagl/Stratz, § 52 UmwG Rz. 1; Simon/Nießen in KölnKomm. UmwG, § 52 UmwG Rz. 9.
3 M. Winter/J. Vetter in Lutter, § 52 UmwG Rz. 3; Mayer in Widmann/Mayer, § 52 UmwG Rz. 4; Reichert in Semler/Stengel, § 52 UmwG Rz. 7; Simon/Nießen in KölnKomm. UmwG, § 52 UmwG Rz. 10.
4 M. Winter/J. Vetter in Lutter, § 52 UmwG Rz. 4; Mayer in Widmann/Mayer, § 52 UmwG Rz. 2.
5 Stratz in Schmitt/Hörtnagl/Stratz, § 52 UmwG Rz. 2; Mayer in Widmann/Mayer, § 52 UmwG Rz. 4; M. Winter/J. Vetter in Lutter, § 52 UmwG Rz. 14; Reichert in Semler/Stengel, § 52 UmwG Rz. 6; Simon/Nießen in KölnKomm. UmwG, § 52 UmwG Rz. 11.

Erklärung ist strafbewehrt (§ 313 Abs. 2 UmwG). Sie ist deshalb und weil sie „Wissenserklärung" ist, stets höchstpersönlich abzugeben. Bevollmächtigung ist daher ausgeschlossen[1].

Eine **fehlende Erklärung** hindert die Eintragung. Der Registerrichter hat durch Zwischenverfügung (behebbarer Mangel) darauf hinzuweisen (§ 382 Abs. 4 FamFG). Die verspätete Einreichung der Erklärung ist ohne Einfluss auf die Acht-Monats-Frist gemäß § 17 Abs. 2 Satz 4 UmwG (siehe § 17 UmwG Rz. 7).[2] 6

Die **Erklärung ist entbehrlich,** wenn alle betroffenen Gesellschafter in einer Universalversammlung der Verschmelzung zugestimmt haben. Hier liegt der Eintritt der Voraussetzung des § 51 Abs. 1 UmwG auf der Hand, ebenso bei Verschmelzung von 100%iger Tochter auf Muttergesellschaft, da keine Anteile gewährt werden (vgl. § 51 UmwG Rz. 6)[3]. 7

3. Geltung bei Verschmelzung durch Neugründung

Für die Verschmelzung durch Neugründung gilt § 52 UmwG nicht (vgl. § 56 UmwG)[4]. 8

4. Berichtigte Gesellschafterliste

Hat bei der übernehmenden GmbH anlässlich der Verschmelzung eine Anteilsgewährung stattgefunden, hat der die Verschmelzung beurkundende **Notar**[5] unverzüglich nach deren Wirksamwerden eine berichtigte Gesellschafterliste dem Register der übernehmenden GmbH einzureichen (§ 40 Abs. 2 GmbHG)[6]. Die vom Notar einzureichende berichtigte Gesellschafterliste ist mit seiner Bescheinigung zu versehen, dass die geänderten Eintragungen den Veränderungen entsprechen, an denen er mitgewirkt hat, und dass die übrigen Eintragungen mit dem Inhalt der zuletzt beim Handelsregister aufgenommenen Liste übereinstimmten (§ 40 Abs. 2 Satz 2 GmbHG). Der Notar muss zwingend an die zuletzt 9

---

1 Wie hier *Mayer* in Widmann/Mayer, § 52 UmwG Rz. 4; *M. Winter/J. Vetter* in Lutter, § 52 UmwG Rz. 15; *Reichert* in Semler/Stengel, § 52 UmwG Rz. 6; *Stratz* in Schmitt/Hörtnagl/Stratz, § 52 UmwG Rz. 2.
2 *Mayer* in Widmann/Mayer, § 52 UmwG Rz. 7; *Reichert* in Semler/Stengel, § 52 UmwG Rz. 8; *Simon/Nießen* in KölnKomm. UmwG, § 52 UwmG Rz. 14.
3 *Mayer* in Widmann/Mayer, § 52 UmwG Rz. 6; *M. Winter/J. Vetter* in Lutter, § 52 UmwG Rz. 12; *Reichert* in Semler/Stengel, § 52 UmwG Rz. 7; *Simon/Nießen* in KölnKomm. UmwG, § 52 UmwG Rz. 12.
4 *M. Winter/J. Vetter* in Lutter, § 52 UmwG Rz. 5.
5 Zur Einreichung durch ausländischen Notar siehe OLG Düsseldorf v. 2.3.2011 – I-3 Wx 236/10, GmbHR 2011, 417.
6 Diese Liste ersetzt die von § 52 Abs. 2 UmwG aF verlangte, von den Geschäftsführern einzureichende berichtigte Gesellschafterliste.

beim Handelsregister aufgenommene Liste anknüpfen[1]. Der Notar soll zur Einreichung einer berichtigten Liste auch dann verpflichtet sein[2], wenn die Wirksamkeit der Verschmelzung die Beteiligungsverhältnisse bei einer nachgeordneten GmbH ändert[3]. Aus Vorsichtsgründen wird der die Verschmelzung beurkundende Notar nachfragen, ob die übertragende Gesellschaft Beteiligungen an anderen Gesellschaften mit beschränkter Haftung hat, und vorsichtshalber auf die Einreichung einer von Geschäftsführer und Notar unterschriebenen Liste hinwirken[4].

Diese Liste hat alle (die bisherigen und neuen) an der **GmbH** beteiligten Gesellschafter, bezogen auf den Zeitpunkt des Wirksamwerdens der Verschmelzung, aufzuführen unter Angabe der Nennbeträge und laufenden Nummern der Geschäftsanteile, bei mehreren getrennt, der Namen (mit wenigstens einem Vornamen), Geburtsdatum, Wohnort (vgl. § 40 Abs. 1 GmbHG), – bei Kapitalgesellschaften, **OHG** und **KG**: Firma und Sitz (hilfreich: Angabe des Registergerichts und der HR Nummer), bei Gesamthandsgemeinschaften (**GbR, Erbengemeinschaften**): zusätzlich die Namen aller Mitglieder. Soweit die **Aktionäre** einer übertragenden AG/KGaA **unbekannt** sind, sind sie durch den insgesamt auf sie entfallenden Teil des Grundkapitals und die auf sie nach der Verschmelzung entfallenden Anteile zu bezeichnen (vgl. § 35 Satz 1 UmwG)[5]. Werden solche Aktionäre später bekannt, ist die Liste durch die Geschäftsführung zu berichtigen (§ 40 Abs. 1 GmbHG) und nicht deren Berichtigung von Amts wegen abzuwarten (vgl. § 35 Satz 2 UmwG).

10 Die Liste wird im Handelsregister aufgenommen und soll dem Registergericht sowie jedem das Register einsehenden Dritten problemlos **Überblick** über die Beteiligungsverhältnisse bei der Verschmelzung verschaffen. Das Registergericht prüft nicht die materielle Richtigkeit der Liste, sondern nur, ob sie die Angaben

---

1 *Mayer* in Widmann/Mayer, § 52 UmwG Rz. 12; *M. Winter/J. Vetter* in Lutter, § 52 UmwG Rz. 27.
2 OLG Hamm v. 1.12.2009 – 15 W 304/09, GmbHR 2010, 205 = NZG 2010, 113; *Ising*, NZG 2010, 812; *Winter* in Gehrlein/Ekkenga/Simon, 2. Aufl. 2015, § 40 GmbHG Rz. 35; *Wachter*, GmbHR 2010, 206; aA *Preuß* in FS Spiegelberger, 2009, S. 876 (883); *Mayer* in Widmann/Mayer, § 52 UmwG Rz. 15.
3 So zB bei einer Enkelgesellschaft, wenn die Tochtergesellschaft auf die Muttergesellschaft verschmolzen wurde. Weitere Einzelheiten bei: *Stratz* in Schmitt/Hörtnagl/Stratz, § 6 UmwG Rz. 9 ff.; *M. Winter/J. Vetter* in Lutter, § 53 UmwG Rz. 27. IE gilt dies auch für die Spaltung und den Formwechsel.
4 Dies ist unbedenklich OLG Hamm v. 16.2.2012 – 15 W 322/09, NZG 2010, 475 = GmbHR 2010, 430; siehe auch *Mayer*, DNotZ 2008, 403; *Mayer* in Widmann/Mayer, § 52 UmwG Rz. 15; *Wicke*, DB 2011, 1037 (1041); zur Abgrenzung bei Mitwirkung mehrerer Notare siehe zB *Winter* in Gehrlein/Ekkenga/Simon, 2. Aufl. 2015, § 40 GmbHG Rz. 39 ff.; *Krafka/Kühn*, Registerrecht, 9. Aufl. 2013, Rz. 1103.
5 *Mayer* in Widmann/Mayer, § 52 UmwG Rz. 17; *M. Winter/J. Vetter* in Lutter, § 52 UmwG Rz. 29.

gemäß § 40 Abs. 1 GmbHG (siehe Rz. 9) enthält. Im Verhältnis zur Gesellschaft allerdings gilt als Inhaber eines Geschäftsanteils nur, wer als solcher in der im Handelsregister aufgenommenen Liste eingetragen ist (§ 16 Abs. 1 Satz 1 GmbHG).

Die Liste ist nur bei **Berichtigungsbedarf** einzureichen, also wenn bei der übernehmenden Gesellschaft eine Anteilsgewährung stattgefunden hat, nicht etwa bei Verschmelzung von 100%iger Tochter auf Muttergesellschaft (§ 54 Abs. 1 Nr. 1 UmwG)[1]. Hier ist aber eine Fehlanzeige gegenüber dem Gericht ratsam[2], aber nicht zwingend. 11

Die berichtigte Liste ist von dem zuständigen Notar *zusätzlich* zu der von allen Geschäftsführern zu unterzeichnenden Liste der Übernehmer einzureichen (vgl. § 55 Abs. 1 UmwG, § 57 Abs. 3 Nr. 2 GmbHG). 12

5. Zeitpunkt der Einreichung

Die Liste ist unverzüglich nach Wirksamwerden der Veränderungen einzureichen, an denen der Notar mitgewirkt hat (§ 40 Abs. 2 Satz 1 GmbHG), d.h. nach Wirksamwerden der Verschmelzung durch ihre Eintragung im Register des übernehmenden Rechtsträgers (§ 20 UmwG)[3]. Es spricht jedoch nichts dagegen, sie bereits mit der Anmeldung (§ 16 Abs. 1 UmwG) zum Register der übernehmenden GmbH mit dem Hinweis einzureichen, sie erst nach Eintragung der Verschmelzung dort im Handelsregister aufzunehmen[4]. 13

§ 53
Eintragung bei Erhöhung des Stammkapitals

Erhöht die übernehmende Gesellschaft zur Durchführung der Verschmelzung ihr Stammkapital, so darf die Verschmelzung erst eingetragen werden, nachdem die Erhöhung des Stammkapitals im Register eingetragen worden ist.

---

1 *Mayer* in Widmann/Mayer, § 52 UmwG Rz. 16; *M. Winter/J. Vetter* in Lutter, 52 UmwG Rz. 23; *Simon/Nießen* in KölnKomm. UmwG, § 52 UmwG Rz. 12.
2 AA *M. Winter/J. Vetter* in Lutter, § 52 UmwG Rz. 23; *Mayer* in Widmann/Mayer, § 52 UmwG Rz. 11.
3 *Mayer* in Widmann/Mayer, § 52 UmwG Rz. 10.
4 So bei Kapitalveränderungen: *M. Winter/J. Vetter* in Lutter, § 52 UmwG Rz. 30; *Krafka/Kühn*, Registerrecht, 9. Aufl. 2013, Rz. 1051a; *Herrler*, DNotZ 2008, 903 (910); *Hasselmann*, NZG 2009, 486 (491); aA: *Mayer*, ZIP 2009, 1037 (1048) und *Mayer* in Widmann/Mayer, § 52 UmwG Rz. 10.

§ 53 | Verschmelzung – Beteiligung von GmbH

1. Überblick 1
2. Anmeldung
   a) Inhalt 2
   b) Beizufügende Unterlagen 6
3. Prüfung durch das Registergericht 13
4. Eintragung
   a) Reihenfolge 18
   b) Wirksamwerden der Kapitalerhöhung 19
5. Bekanntmachung 20
6. Kosten
   a) Notarkosten 21
   b) Gerichtskosten 22

1. Überblick

1 Die Vorschrift legt die Reihenfolge der Eintragung von Kapitalerhöhung und Verschmelzung im Register der aufnehmenden GmbH fest. Sie gilt nicht für eine zeitgleich mit der Verschmelzung durchgeführte reguläre Kapitalerhöhung.

2. Anmeldung

a) Inhalt

2 Die Erhöhung des Stammkapitals ist bei dem für die übernehmende GmbH zuständigen Handelsregister zur Eintragung anzumelden. Die Anmeldungen von Kapitalerhöhung und Verschmelzung können in derselben Anmeldung zusammengefasst werden[1].

3 Die Anmeldung ist von allen Geschäftsführern (§§ 55, 78 GmbHG) zu **unterzeichnen**[2], ihre Unterschriften sind öffentlich zu beglaubigen (§ 12 HGB, § 129 BGB). Eine Anmeldung in unechter Gesamtvertretung oder durch **Bevollmächtigte** ist mit Rücksicht auf die persönliche Verantwortlichkeit der Geschäftsführer (vgl. § 82 GmbHG) ausgeschlossen[3].

4 Die Anmeldung kann frühestens nach Abschluss des Verschmelzungsvertrages und Vorliegen der Verschmelzungsbeschlüsse und der sonstigen für die Wirksamkeit der Verschmelzung erforderlichen Beschlüsse erfolgen[4]. Denn erst dann kann die Erbringung der Einlage auf die neuen Geschäftsanteile als gesichert an-

---

[1] M. Winter/J. Vetter in Lutter, § 53 UmwG Rz. 8; Simon/Nießen in KölnKomm. UmwG, § 53 UmwG Rz. 7.
[2] Wie hier: M. Winter/J. Vetter in Lutter, § 55 UmwG Rz. 59; Reichert in Semler/Stengel, § 53 UmwG Rz. 4; Mayer in Widmann/Mayer, § 55 UmwG Rz. 87; Simon/Nießen in KölnKomm. UmwG, § 53 UmwG Rz. 5.
[3] Siehe auch M. Winter/J. Vetter in Lutter, § 55 UmwG Rz. 59; Simon/Nießen in KölnKomm. UmwG, § 53 UmwG Rz. 5; aA Mayer in Widmann/Mayer, § 55 UmwG Rz. 87 und Limmer in Limmer, Hdb. der Unternehmensumwandlung, Teil 2 Kap. 2 Rz. 1018.
[4] Mayer in Widmann/Mayer, § 55 UmwG Rz. 97; Simon/Nießen in KölnKomm. UmwG, § 53 UmwG Rz. 6.

gesehen werden. Der Kapitalerhöhungsbeschluss – sei es durch Beschluss der Gesellschafterversammlung (§ 55 GmbHG) oder durch Beschluss der Geschäftsführung über die Ausnutzung eines genehmigten Kapitals (§ 55a GmbHG) – kann aber bereits davor gefasst werden (siehe § 13 UmwG Rz. 8).

Anzumelden sind die Kapitalerhöhung zur Durchführung der Verschmelzung und die wegen der Änderung der Stammkapitalziffer erforderliche Satzungsänderung. Beides ist in der Anmeldung zu bezeichnen, wobei eine schlagwortartige Bezeichnung ausreicht[1]. Die bei der regulären Kapitalerhöhung erforderliche Versicherung der Geschäftsführer, dass die Einlagen sich endgültig in ihrer freien Verfügung befinden (§ 57 Abs. 2 GmbHG), entfällt (vgl. § 55 UmwG). 5

b) Beizufügende Unterlagen

Der Anmeldung zum Registergericht der übernehmenden GmbH sind die nachfolgenden Unterlagen beizufügen. Das Registergericht der übertragenden Gesellschaft kann diese Unterlagen nicht verlangen, da diese die dort einzutragende Verschmelzung nicht betreffen[2]: 6

– Notarielle Niederschrift des **Erhöhungsbeschlusses** und des Beschlusses über die Änderung der Stammkapitalziffer der Satzung[3] in Ausfertigung oder beglaubigter Abschrift; in der Regel wird der Kapitalerhöhungsbeschluss mit dem Verschmelzungsbeschluss in derselben Gesellschafterversammlung gefasst und in derselben notariellen Urkunde enthalten sein, was zwar nicht zwingend, aber kostengünstiger ist. Wurde für die Kapitalerhöhung ein in der Satzung enthaltenes **genehmigtes Kapital** (§ 55a GmbHG) ausgenutzt, ist statt des Erhöhungsbeschlusses der Ausnutzungsbeschluss der Geschäftsführung im Original oder beglaubigter Abschrift einzureichen. 7

– Notarielle Niederschrift des **Verschmelzungsvertrags** und der **Verschmelzungsbeschlüsse**/Zustimmungserklärungen in Ausfertigung oder beglaubigter Abschrift (§ 55 Abs. 2 UmwG). Diese Unterlagen ersetzen die bei der regulären Kapitalerhöhung erforderliche Übernahmeerklärung (§ 55 Abs. 1 GmbHG) und die als Nachweis der erbrachten Einlagen vorzulegenden Festsetzungsverträge[4] (§ 57 Abs. 3 Nr. 3 GmbHG), ferner sämtliche übrigen für 8

---

1 BGH v. 16.2.1987 – II ZB 12/86, NJW 1987, 3191 f. = GmbHR 1987, 423; *Krafka/Kühn*, Registerrecht, 9. Aufl. 2013, Rz. 1372; *Limmer* in Limmer, Hdb. der Unternehmensumwandlung, Teil 2 Kap. 2 Rz. 1018; *M. Winter/J. Vetter* in Lutter, § 55 UmwG Rz. 61 zB „Kapitalerhöhung zur Durchführung der Verschmelzung".
2 *Simon/Nießen* in KölnKomm. UmwG, § 53 UmwG Rz. 10.
3 Und ggf. (privatschriftlicher) Beschluss des Organs, das die Satzung nach Ausnutzung des genehmigten Kapitals ändern darf.
4 *M. Winter/J. Vetter* in Lutter, § 55 UmwG Rz. 64; *Mayer* in Widmann/Mayer, § 55 UmwG Rz. 92.

9 – (privatschriftliche) **Liste der Übernehmer** der neuen Geschäftsanteile (§ 55 UmwG, § 57 Abs. 3 Nr. 2 GmbHG). Diese Liste wird nicht durch die Festsetzungen im Verschmelzungsvertrag ersetzt[1].

   die Anmeldung der Verschmelzung beim übernehmenden Rechtsträger einzureichenden Unterlagen (siehe § 17 UmwG).

   Die Liste der Übernehmer tritt neben die gemäß § 40 Abs. 2 GmbHG nach Wirksamkeit der Verschmelzung vom Notar einzureichende berichtigte **Gesellschafterliste** (siehe § 51 UmwG Rz. 9)[2].

10 – Vollständiger Wortlaut der **Satzung** neuester Fassung (also einschließlich geänderter Stammkapitalziffer) mit notarieller Satzungsbescheinigung (§ 54 Abs. 1 Satz 2 GmbHG).

11 – Nachweis der **Werthaltigkeit** des durch Verschmelzung eingebrachten Unternehmens: Da es sich bei der Kapitalerhöhung zur Durchführung der Verschmelzung um eine solche gegen Sacheinlagen handelt[3], ist nachzuweisen, dass der Wert des durch die Verschmelzung eingebrachten Unternehmens/Vermögens dem Nennbetrag der dafür gewährten Anteile entspricht. Dieser Nachweis wird im Regelfall[4] durch die Verschmelzungsbilanz (§ 17 Abs. 2 UmwG) erbracht (siehe Rz. 14).

12 Ein **Sacherhöhungsbericht** ist nicht erforderlich und kann auch nicht verlangt werden[5] (siehe auch Rz. 14).

3. Prüfung durch das Registergericht

13 Neben der Prüfung der Ordnungsgemäßheit der Anmeldung (örtliche u. sachliche Zuständigkeit, Vertretungsbefugnis der Anmelder, Form, Vollständigkeit und Ordnungsgemäßheit der eingereichten Unterlagen und des wirksamen Zustandekommens und wirksamen Inhalts des Erhöhungsbeschlusses und der Satzungsänderung) erfolgt durch den Registerrichter auch eine Prüfung der formel-

---

1 Str., wie hier *Mayer* in Widmann/Mayer, § 55 UmwG Rz. 91; *Haeder* in Henssler/Strohn, § 55 UmwG Rz. 10; und die Registerpraxis; aA *Stratz* in Schmitt/Hörtnagl/Stratz, § 55 UmwG Rz. 25; *M. Winter/J. Vetter* in Lutter, § 55 UmwG Rz. 64 mwN.
2 *Mayer* in Widmann/Mayer, § 55 UmwG Rz. 93.
3 AllgM vgl. *M. Winter/J. Vetter* in Lutter, § 55 UmwG Rz. 68; *Stratz* in Schmitt/Hörtnagl/Stratz, § 55 UmwG Rz. 9 jew. mwN.
4 Zu den Ausnahmen siehe *Mayer* in Widmann/Mayer, § 55 UmwG Rz. 57; *M. Winter/J. Vetter* in Lutter, § 55 UmwG Rz. 69 ff.
5 Str., wie hier LG München I v. 9.6.2005 – 5 HKO 10136/03, AG 2005, 623 (626) mwN; *M. Winter/J. Vetter* in Lutter, § 55 UmwG Rz. 67; *Simon/Nießen* in KölnKomm. UmwG, § 53 UmwG Rz. 9; *Mayer* in Widmann/Mayer, § 55 UmwG Rz. 52; *Reichert* in Semler/Stengel, § 53 UmwG Rz. 7; aA *Priester* in Scholz, 11. Aufl. 2015, § 56 GmbHG Rz. 39.

len und materiellen Wirksamkeit der Verschmelzung. Denn diese ist Wirksamkeitsvoraussetzung für die Kapitalerhöhung[1].

Da es sich um eine Sachkapitalerhöhung handelt, hat der Registerrichter (anders als bei AG, KGaA, SE; siehe § 69 UmwG) wegen fehlender obligatorischer Drittprüfung insbesondere zu prüfen, ob das auf die übernehmende Gesellschaft **zu übertragende Vermögen wertmäßig den Betrag der dafür gewährten Anteile** erreicht (vgl. §§ 57a, 9c GmbHG). In der Regel reicht die Schlussbilanz der übertragenden Gesellschaft hierfür aus[2], wenn deren (Netto-)Buchwerte den Nennbetrag der übernommenen Geschäftsanteile erreichen, ansonsten kann der Richter weitere Nachweise verlangen[3]. 14

Eine **geprüfte Bilanz** kann nur bei einer mittleren und großen Gesellschaft verlangt werden[4], es sei denn, es ergeben sich bei der kleinen Gesellschaft substantielle Zweifel an der Werthaltigkeit, die anders nicht ausgeräumt werden können[5]. Die Vorlage dieser Bescheinigung wird man nur verlangen können, wenn sich die Werthaltigkeit aus der Bilanz nicht ohne weiteres entnehmen lässt[6]. 15

Maßgeblicher Zeitpunkt für die Werthaltigkeit ist der der Bewirkung der Leistung (= Eintragung der Verschmelzung bei der übernehmenden Gesellschaft). Erlangt das Registergericht bis dahin Kenntnis von Wertveränderungen, hat es ihnen nachzugehen[7]. 16

---

1 *M. Winter/J. Vetter* in Lutter, § 53 UmwG Rz. 11; *Mayer* in Widmann/Mayer, § 55 UmwG Rz. 75 ff.; *Reichert* in Semler/Stengel, § 53 UmwG Rz. 8; *Simon/Nießen* in KölnKomm. UmwG, § 53 UmwG Rz. 11.
2 *M. Winter/J. Vetter* in Lutter, § 53 UmwG Rz. 11 und § 55 UmwG Rz. 69; *Mayer* in Widmann/Mayer, § 55 UmwG Rz. 75; *Reichert* in Semler/Stengel, § 53 UmwG Rz. 9; *Simon/Nießen* in KölnKomm. UmwG, § 53 UmwG Rz. 12.
3 ZB Sachverständigengutachten, das die Gesellschaft beizubringen hat, OLG Düsseldorf v. 27.10.1995 – 22 U 53/95, GmbHR 1996, 368 (369); OLG Düsseldorf v. 29.3.1995 – 3 Wx 568/94, GmbHR 1995, 592; *Mayer* in Widmann/Mayer, § 55 UmwG Rz. 77 u. 102; *Stratz* in Schmitt/Hörtnagl/Stratz, § 55 UmwG Rz. 26; *Reichert* in Semler/Stengel, § 53 UmwG Rz. 9.
4 *Stratz* in Schmitt/Hörtnagl/Stratz, § 55 UmwG Rz. 26; *M. Winter/J. Vetter* in Lutter, § 55 UmwG Rz. 70; *Semler* in Semler/Stengel, § 53 UmwG Rz. 9; *Simon/Nießen* in KölnKomm. UmwG, § 53 Rz. 12; *Haeder* in Henssler/Strohn, § 55 UmwG Rz. 9.
5 OLG Düsseldorf v. 29.3.1995 – 3 Wx 568/94, GmbHR 1995, 593; *Reichert* in Semler/Stengel, § 53 UmwG Rz. 9; *Mayer* in Widmann/Mayer, § 55 UmwG Rz. 77, der neben der Bilanz noch eine Bescheinigung eines Steuerberaters/Wirtschaftsprüfers über die Werthaltigkeit verlangt.
6 Ähnlich *M. Winter/J. Vetter* in Lutter, § 55 UmwG Rz. 70.
7 Vgl. BGH v. 9.3.1981 – II ZR 54/80, BGHZ 80, 129 (136 f.) = GmbHR 1981, 114; *Ihrig*, GmbHR 1995, 622 (640) mwN; *Mayer* in Widmann/Mayer, § 55 UmwG Rz. 71; *Reichert* in Semler/Stengel, § 53 UmwG Rz. 10; aA *M. Winter/J. Vetter* in Lutter, § 55 UmwG Rz. 27 und *Simon/Nießen* in KölnKomm. UmwG, § 55 UmwG Rz. 41: Zeitpunkt des Eingangs der Anmeldung beim Registergericht.

17 Bemerkt der Registerrichter die **Unterdeckung**, hat er die Eintragung abzulehnen. Dies gilt allerdings nur bei nicht unwesentlicher Überbewertung (§ 55 UmwG; §§ 57a, 9c Abs. 1 Satz 2 GmbHG). Er hat aber durch Zwischenverfügung Gelegenheit zur Einzahlung des Differenzbetrages in Geld zu geben. Diese Zahlung haben die Geschäftsführer entsprechend §§ 57 Abs. 2, 8 Abs. 2 GmbHG zu versichern[1]. Der in § 55 UmwG vorgesehene Ausschluss von § 57 Abs. 2 GmbHG gilt hierfür nicht.

4. Eintragung

a) Reihenfolge

18 Die Kapitalerhöhung ist im Register der übernehmenden Gesellschaft vor der dort in einem zweiten Schritt einzutragenden Verschmelzung einzutragen. Sie wird nicht schon – wie die reguläre Kapitalerhöhung – mit Eintragung im Handelsregister wirksam, sondern erst mit Wirksamkeit der Verschmelzung (= Eintragung der Verschmelzung bei der übernehmenden Gesellschaft, § 19 Abs. 1 Satz 2 UmwG). Dann ist sichergestellt, dass die zu gewährenden neuen Geschäftsanteile vorhanden sind. Die Kapitalerhöhung steht unter der (Rechts-)Bedingung der Eintragung der Verschmelzung[2].

Die immer noch zu beobachtende Registerpraxis[3], zunächst die Kapitalerhöhung bei der übernehmenden Gesellschaft eintragen zu lassen, sodann die Verschmelzung bei der übertragenden und anschließend die Verschmelzung bei der übernehmenden GmbH, ist rechtlich zwar unbedenklich, doch völlig unnötig (wer ist gefährdet?) und zudem zeitaufwändig. Nach § 19 Abs. 1 UmwG, der die früheren verschmelzungsrechtlichen Regelungen des AktG übernimmt, lässt erst die Eintragung der Verschmelzung bei der übernehmenden Gesellschaft die Verschmelzung wirksam werden. Die Eintragung bei den untergehenden Rechtsträgern hat nur deklaratorische Bedeutung (siehe § 19 UmwG Rz. 8). Deshalb kann die Verschmelzung bei der übertragenden Gesellschaft bereits vor Eintragung (und Anmeldung) der Kapitalerhöhung bei der übernehmenden Gesellschaft eingetragen werden[4].

---

1 So auch *Mayer* in Widmann/Mayer, § 55 UmwG Rz. 79.1; *Reichert* in Semler/Stengel, § 53 UmwG Rz. 10; *Simon/Nießen* in KölnKomm. UmwG, § 53 UmwG Rz. 12.
2 HM: siehe *M. Winter/J. Vetter* in Lutter, § 53 UmwG Rz. 7, 19; *Reichert* in Semler/Stengel, § 53 UmwG Rz. 12.
3 Sich wohl stützend auf *Krafka/Kühn*, Registerrecht, 9. Aufl. 2013, Rz. 1181.
4 Wie hier *M. Winter/J. Vetter* in Lutter, § 53 UmwG Rz. 15; *Mayer* in Widmann/Mayer, § 53 UmwG Rz. 7 ff.; *Simon/Nießen* in KölnKomm. UmwG. § 53 UmwG Rz. 14; *Decher* in Lutter, § 19 UmwG Rz. 8; *Stratz* in Schmitt/Hörtnagl/Stratz, § 19 UmwG Rz. 9; aA wohl *Fronhöfer* in Widmann/Mayer, § 19 UmwG Rz. 46.

Lediglich bei der übernehmenden Gesellschaft ist darauf zu achten, dass zunächst die Kapitalerhöhung und dann die Verschmelzung eingetragen wird. Bei der Registeranmeldung sollte auf diese Reihenfolge zweckmäßigerweise hingewiesen werden.

b) Wirksamwerden der Kapitalerhöhung

Anders als bei der regulären Kapitalerhöhung ist das Stammkapital mit Eintragung der Kapitalerhöhung zur Durchführung der Verschmelzung (§ 16 UmwG) noch nicht erhöht, da die Aktiva und Passiva der übertragenden Gesellschaft noch nicht auf die übernehmende Gesellschaft übergegangen sind[1]. Diese Eintragung wirkt erst dann konstitutiv, wenn auch die Verschmelzung eingetragen und der Vermögensübergang bewirkt ist. Kapitalerhöhung und Verschmelzung sind konditional miteinander verknüpft[2]. Wird die Verschmelzung nicht durchgeführt, ist die Kapitalerhöhung unwirksam und die Eintragung gemäß § 395 Abs. 1 FamFG von Amts wegen zu löschen. Entsprechendes gilt für die Satzungsänderung.

19

Wird die Kapitalerhöhung nach Eintragung der Verschmelzung eingetragen, ist die Eintragung der Verschmelzung nicht erneut vorzunehmen[3]. Die Verschmelzung wird aber erst – da die Eintragung der Kapitalerhöhung letzter Teilakt des gesamten Verschmelzungskomplexes ist – mit Eintragung der Kapitalerhöhung wirksam[4].

5. Bekanntmachung

Die Eintragung der Kapitalerhöhung ist bekannt zu machen (§ 10 HGB). Zu veröffentlichen sind der Betrag des erhöhten Stammkapitals, Beschluss- und Eintragungsdatum und die Änderung der Satzung. Weiterhin ist anzugeben, dass die Kapitalerhöhung zur Durchführung der Verschmelzung erfolgt (vgl. §§ 33, 34 HRV). Weitere Einzelheiten bei § 19 UmwG Rz. 14.

20

---

1 *M. Winter/J. Vetter* in Lutter, § 53 UmwG Rz. 16.
2 BGH v. 21.5.2007 – II ZR 266/04 (KG), NZG 2007, 711 (714): „Annex" zum Verschmelzungsbeschluss; *M. Winter/J. Vetter* in Lutter, § 55 UmwG Rz. 19; *Simon/Nießen* in KölnKomm. UmwG, § 53 UmwG Rz. 15; *Reichert* in Semler/Stengel, § 53 UmwG Rz. 12; *Stratz* in Schmitt/Hörtnagl/Stratz, § 53 UmwG Rz. 1.
3 Wie hier *M. Winter/J. Vetter* in Lutter, § 53 UmwG Rz. 24; *Mayer* in Widmann/Mayer, § 53 UmwG Rz. 12.
4 *M. Winter/J. Vetter* in Lutter, § 53 UmwG Rz. 24; *Reichert* in Semler/Stengel, § 53 UmwG Rz. 14.

6. Kosten

a) Notarkosten

21 Der Kapitalerhöhungsbeschluss ist neben dem Verschmelzungsbeschluss (siehe hierzu § 13 UmwG Rz. 43) gesondert zu bewerten und dessen Wert (Erhöhungsbetrag) dem Wert des Verschmelzungsbeschlusses – sofern beide Beschlüsse in einer Urkunde enthalten sind – hinzuzurechnen (§§ 86 Abs. 2, 35 Abs. 1 GNotKG). Zu erheben ist eine 2,0-Gebühr (Nr. 21160 KV GNotKG), wobei der Höchstwert 5 Mio. Euro beträgt (§ 108 Abs. 5 GNotKG). Der Kapitalerhöhungsbeschluss und der Beschluss über das in der Satzung aufzunehmende Stammkapital stellen kostenrechtlich einen Beschluss dar. Erfolgen die Anmeldung der Kapitalerhöhung und der Verschmelzung in derselben Anmeldung, sind die Werte von Verschmelzung (1 % des Stammkapitals, mindestens jedoch 30000,00 Euro, § 105 Abs. 4 Nr. 1 GNotKG) und Kapitalerhöhung (Wert: Erhöhungsbetrag) zusammenzurechnen (§ 35 GNotKG). Der Höchstwert beträgt 1 Mio. Euro (§ 106 GNotKG). Es fällt eine 0,5-Gebühr an (§ 105 Abs. 4 Nr. 1 GNotKG, Anlage 1 Nr. 24102 GNotKG). Ansonsten ist die Gebühr getrennt zu erheben.

Hinzu kommen noch die Gebühren für die Erstellung der Liste der Übernehmer der Stammeinlagen und der Gesellschafterliste, jeweils höchstens 250,00 Euro (Anlage 1 Nr. 22113 KV GNotKG).

b) Gerichtskosten

22 Für die Eintragung der Kapitalerhöhung und die damit verbundene Satzungsänderung wird je eine gesonderte Gebühr erhoben (Einzelheiten siehe § 19 UmwG Rz. 18).

§ 54
Verschmelzung ohne Kapitalerhöhung

(1) Die übernehmende Gesellschaft darf zur Durchführung der Verschmelzung ihr Stammkapital nicht erhöhen, soweit
1. **sie Anteile eines übertragenden Rechtsträgers innehat;**
2. **ein übertragender Rechtsträger eigene Anteile innehat oder**
3. **ein übertragender Rechtsträger Geschäftsanteile dieser Gesellschaft innehat, auf welche die Einlagen nicht in voller Höhe bewirkt sind.**

Die übernehmende Gesellschaft braucht ihr Stammkapital nicht zu erhöhen, soweit

1. sie eigene Geschäftsanteile innehat oder
2. ein übertragender Rechtsträger Geschäftsanteile dieser Gesellschaft innehat, auf welche die Einlagen bereits in voller Höhe bewirkt sind.

Die übernehmende Gesellschaft darf von der Gewährung von Geschäftsanteilen absehen, wenn alle Anteilsinhaber eines übertragenden Rechtsträgers darauf verzichten; die Verzichtserklärungen sind notariell zu beurkunden.

(2) Absatz 1 gilt entsprechend, wenn Inhaber der dort bezeichneten Anteile ein Dritter ist, der im eigenen Namen, jedoch in einem Fall des Absatzes 1 Satz 1 Nr. 1 oder des Absatzes 1 Satz 2 Nr. 1 für Rechnung der übernehmenden Gesellschaft oder in einem der anderen Fälle des Absatzes 1 für Rechnung des übertragenden Rechtsträgers handelt.

(3) Soweit zur Durchführung der Verschmelzung Geschäftsanteile der übernehmenden Gesellschaft, die sie selbst oder ein übertragender Rechtsträger innehat, geteilt werden müssen, um sie den Anteilsinhabern eines übertragenden Rechtsträgers gewähren zu können, sind Bestimmungen des Gesellschaftsvertrags, welche die Teilung der Geschäftsanteile der übernehmenden Gesellschaft ausschließen oder erschweren, nicht anzuwenden; jedoch muss der Nennbetrag jedes Teils der Geschäftsanteile auf volle Euro lauten. Satz 1 gilt entsprechend, wenn Inhaber der Geschäftsanteile ein Dritter ist, der im eigenen Namen, jedoch für Rechnung der übernehmenden Gesellschaft oder eines übertragenden Rechtsträgers handelt.

(4) Im Verschmelzungsvertrag festgesetzte bare Zuzahlungen dürfen nicht den zehnten Teil des Gesamtnennbetrags der gewährten Geschäftsanteile der übernehmenden Gesellschaft übersteigen.

1. Überblick und Anwendungsbereich 1	3. Entbehrlichkeit einer Kapitalerhöhung (§ 54 Abs. 1 Satz 2, 3 UmwG)
2. Unzulässigkeit einer Kapitalerhöhung (§ 54 Abs. 1 Satz 1 UmwG)	a) Eigene Anteile der übernehmenden GmbH (§ 54 Abs. 1 Satz 2 Nr. 1 UmwG) 10
a) Anteile der übernehmenden GmbH am übertragenden Rechtsträger, insb. Aufwärtsverschmelzung (§ 54 Abs. 1 Satz 1 Nr. 1 UmwG) 5	b) Voll eingezahlte Geschäftsanteile des übertragenden Rechtsträgers an der übernehmenden GmbH, insbesondere Abwärtsverschmelzung (§ 54 Abs. 1 Satz 2 Nr. 2 UmwG) ... 11
b) Eigene Anteile des übertragenden Rechtsträgers (§ 54 Abs. 1 Satz 1 Nr. 2 UmwG) 8	c) Anteilsgewährung durch Dritte 17
c) Nicht voll eingezahlte Geschäftsanteile des übertragenden Rechtsträgers an der übernehmenden GmbH (§ 54 Abs. 1 Satz 1 Nr. 3 UmwG) 9	d) Vermeidung der Kapitalerhöhung durch Verzicht auf Gewährung von Geschäftsanteilen (§ 54 Abs. 1 Satz 3 UmwG) ... 18
	4. GmbH & Co. KG als übertragender Rechtsträger 23

5.	Von Dritten gehaltene Anteile (§ 54 Abs. 2 UmwG) und Mitberechtigung	24	
6.	Erleichterte Anteilsteilung (§ 54 Abs. 3 UmwG)	26	
7.	Bare Zuzahlungen (§ 54 Abs. 4 UmwG)	27	
8.	Rechtsfolgen		
	a) Verstoß gegen Kapitalerhöhungsverbote	31	
	b) Verstoß gegen Mindestnennbetrag	32	
	c) Verstoß gegen Grenzen barer Zuzahlungen	33	

Literatur: *Heckschen,* Kapitalerhaltung und Down-Stream-Merger, GmbHR 2008, 802; *Heckschen/Gassen,* Der Verzicht auf Anteilsgewähr bei Umwandlungsvorgängen aus gesellschafts- und steuerrechtlicher Sicht, GWR 2010, 101; *Ihrig,* Gläubigerschutz durch Kapitalaufbringung bei Verschmelzung und Spaltung nach neuem Umwandlungsrecht, GmbHR 1995, 622; *Kallmeyer,* Die GmbH & Co. KG im Umwandlungsrecht, GmbHR 2000, 418; *Keller/Klett,* Die sanierende Verschmelzung, DB 2010, 1220; *Klein/Stephanblome,* Der Downstream Merger – aktuelle umwandlungs- und gesellschaftsrechtliche Fragestellungen, ZGR 2007, 351; *Maier-Reimer,* Vereinfachte Kapitalherabsetzung durch Verschmelzung, GmbHR 2004, 1128; *Priester,* Anteilsgewährung und sonstige Leistungen bei Verschmelzung und Spaltung – zur Reichweite von § 54 Abs. 4, § 68 Abs. 3 UmwG, ZIP 2013, 2033; *Priester,* Kapitalschutz beim Down-stream-merger, FS Spiegelberger, 2009, S. 890.

1. Überblick und Anwendungsbereich

1 § 54 Abs. 1 Satz 1 Nr. 1 und 2 iVm. Abs. 2 UmwG enthalten ein **Kapitalerhöhungsverbot** für die Fälle, in denen die Verschmelzung im Ergebnis zur Übernahme von Geschäftsanteilen durch die übernehmende GmbH selbst führen würde, was nach heute ganz allgemeiner Ansicht bei der Kapitalerhöhung einer GmbH gegen Einlagen mangels realer Kapitalaufbringung ausgeschlossen ist[1]. Dieses Kapitalerhöhungsverbot behindert die Verschmelzung nicht, weil diese insoweit nach § 20 Abs. 1 Nr. 3 Satz 1 Halbsatz 2 UmwG ohne Gewährung von Anteilen des übernehmenden Rechtsträgers stattfindet (dazu § 20 UmwG Rz. 30)[2]. Im Fall des § 54 Abs. 1 Satz 1 Nr. 1 UmwG würde es sich um eine rechtlich nicht mögliche (Selbst-)Verpflichtung der übernehmenden GmbH handeln[3]. Im Fall des § 54 Abs. 1 Satz 1 Nr. 2 UmwG tritt mit dem Augenblick der Verschmelzung Konfusion zwischen Anspruch und Verpflichtung zur Gewährung von Geschäftsanteilen ein[4]. § 54 Abs. 1 Satz 1 Nr. 3 UmwG kann demgegenüber unter den dort angegebenen Voraussetzungen im Ergebnis eine **Ver-**

---

1 Vgl. nur *Priester* in Scholz, 11. Aufl. 2015, § 55 GmbHG Rz. 110.
2 *Mayer* in Widmann/Mayer, § 54 UmwG Rz. 12, 19.
3 *Simon/Nießen* in KölnKomm. UmwG, § 54 UmwG Rz. 20; *M. Winter/J. Vetter* in Lutter, § 54 UmwG Rz. 17.
4 *M. Winter/J. Vetter* in Lutter, § 54 UmwG Rz. 23.

schmelzung verhindern, weil sie die Anteilsgewährungspflicht unberührt lässt und § 33 GmbHG daneben Anwendung findet[1].

§ 54 Abs. 1 Satz 2, Abs. 2 UmwG betreffen die **fakultative Gewährung vorhandener eigener Geschäftsanteile** einer übernehmenden GmbH, die insoweit eine **Kapitalerhöhung entbehrlich** macht. Nicht abgebildet ist dabei der Fall des § 54 Abs. 1 Satz 1 Nr. 3 UmwG, in dem die Verschmelzung überhaupt verhindert werden kann. Das Wahlrecht im Falle des Satzes 2 sagt noch nichts darüber aus, ob und unter welchen Voraussetzungen eine **Kapitalerhöhung** in der jeweiligen Konstellation **zulässig** ist (dazu vor allem unter dem Aspekt der Kapitaldeckung § 55 UmwG Rz. 10 ff.). 2

§ 54 Abs. 1 Satz 3 UmwG macht die **Anteilsgewährung entbehrlich**, wenn die Anteilsinhaber aller übertragenden Rechtsträger durch notariell beurkundete Erklärungen darauf **verzichten**. Praktisch relevant ist dies vor allem bei der Verschmelzung auf eine vollständige Schwestergesellschaft, weil in diesem Fall die Anteilsinhaber des übertragenden Rechtsträgers bereits vor der Verschmelzung im selben Verhältnis an dem übernehmenden Rechtsträger beteiligt sind, so dass insoweit eine Anteilsgewährung entbehrlich ist. 3

§ 54 Abs. 4 UmwG beschränkt die **Zulässigkeit vereinbarter barer Zuzahlungen**. Er steht im Zusammenhang mit § 5 Abs. 1 Nr. 3 UmwG und betrifft sowohl Verschmelzungen ohne als auch mit Kapitalerhöhung. Die Regelung gilt nach § 56 UmwG auch für die Verschmelzung im Wege der Neugründung[2]. 4

2. Unzulässigkeit einer Kapitalerhöhung (§ 54 Abs. 1 Satz 1 UmwG)

a) Anteile der übernehmenden GmbH am übertragenden Rechtsträger, insb. Aufwärtsverschmelzung (§ 54 Abs. 1 Satz 1 Nr. 1 UmwG)

Soweit die übernehmende GmbH Anteile am übertragenden Rechtsträger hält, ist nach § 54 Abs. 1 Satz 1 Nr. 1 UmwG eine Kapitalerhöhung zur Gewährung neuer Geschäftsanteile ausgeschlossen und findet überhaupt keine Anteilsgewährung statt (siehe Rz. 1). Maßgebend sind die Beteiligungsverhältnisse im Zeitpunkt der Wirksamkeit der Verschmelzung durch Eintragung[3]. 5

---

1 *M. Winter/J. Vetter* in Lutter, § 54 UmwG Rz. 26 ff.; *Mayer* in Widmann/Mayer, § 54 UmwG Rz. 23.
2 *M. Winter/J. Vetter* in Lutter, § 54 UmwG Rz. 126; *Mayer* in Widmann/Mayer, § 54 UmwG Rz. 55.
3 So für den Formwechsel BGH v. 9.5.2005 – II ZR 29/03, AG 2005, 613; *Simon/Nießen* in KölnKomm. UmwG, § 54 UmwG Rz. 19; *Kleindiek* in Böttcher/Habighorst/Schulte, § 54 UmwG Rz. 8; im Ergebnis ebenso *Reichert* in Semler/Stengel, § 54 UmwG Rz. 48, der auf die Beschlussfassung abstellt, aber nachträgliche Änderungen weitgehend berücksichtigt; im Ausgangspunkt auch *M. Winter/J. Vetter* in Lutter, § 54 UmwG Rz. 43 f., den Beschlusszeitpunkt mehr betonend hingegen bei Rz. 152.

Die Vorschrift führt dazu, dass die **Verschmelzung einer 100%igen Tochtergesellschaft auf die Muttergesellschaft** (sog. **Aufwärtsverschmelzung oder upstream-merger**) vollständig ohne Anteilsgewährung und demgemäß ganz ohne Kapitalerhöhung bei der Muttergesellschaft durchgeführt wird[1]. Das bedeutet eine wesentliche Vereinfachung des Verschmelzungsvorgangs. Soweit Dritte am übertragenden Rechtsträger beteiligt sind, bleibt allerdings die Anteilsgewährungspflicht bestehen und darf und muss gegebenenfalls eine Kapitalerhöhung erfolgen[2]. Nicht gleichgestellt werden kann die Verschmelzung von **Enkelgesellschaften auf die Muttergesellschaft**[3]. Denn § 54 Abs. 2 UmwG hat nur den Fall von § 71d Satz 1 AktG, nicht auch den von § 71d Satz 2 AktG übernommen. Angesichts der bei der Tochtergesellschaft entstehenden Probleme kann nicht von einem Redaktionsversehen ausgegangen werden.

Nicht erfasst ist der Fall der **Verschmelzung auf eine 100%ige Schwester-GmbH**, also von Gesellschaften, an denen dieselben Gesellschafter im selben Verhältnis beteiligt sind[4]. In diesem Fall ist kein Grund für ein Kapitalerhöhungsverbot gegeben. Denn eigene Geschäftsanteile der übernehmenden GmbH würden nicht entstehen, die gemeinsame Mutter kann also nach Kapitalerhöhungsrecht neue Geschäftsanteile an der übernehmenden GmbH übernehmen. Außerdem fließt der übernehmenden GmbH Vermögen zu, so dass das erhöhte Kapital real aufgebracht wird. Deshalb ist die Kapitalerhöhung in diesem Fall zulässig, sie ist aber bei Verzicht auf Anteilsgewährung entbehrlich (vgl. Rz. 18 ff.). Ist bei einer Verschmelzung auf Schwestergesellschaften bei der übernehmenden GmbH eine Kapitalerhöhung erforderlich, so bemisst sich der Umfang der Kapitalerhöhung nach der **Unternehmenswertrelation der beteiligten Rechtsträger**, wobei allerdings die Anteilsinhaber und die Drittberechtigten auf eine vollwertige Anteilsgewährung verzichten können (zum Teilverzicht siehe Rz. 21). Ebenso wenig wie beim down-stream-merger schreibt das Gesetz eine Kapitalerhöhung in Höhe des gebundenen Kapitals des übertragenden Rechtsträgers vor (vgl. dazu Rz. 14). Bei der Zuführung negativen Vermögens ist allerdings das Kapitalerhaltungsrecht zu beachten (vgl. dazu Rz. 16)[5].

6 Der up-stream-merger ist auch möglich, wenn übertragender Rechtsträger eine GmbH und übernehmender Rechtsträger eine **Unternehmergesellschaft (UG) (haftungsbeschränkt)** gemäß § 5a GmbHG ist. Abgesehen davon, dass die UG nach den Regelungen des UmwG als übernehmender Rechtsträger verschmelzungsfähig ist (dazu und zu den hier nicht einschlägigen Einschränkungen § 46

---

1 M. Winter/J. Vetter in Lutter, § 54 UmwG Rz. 19.
2 Simon/Nießen in KölnKomm. UmwG, § 54 UmwG Rz. 21.
3 M. Winter/J. Vetter in Lutter, § 54 UmwG Rz. 21; Grunewald in Lutter, § 20 UmwG Rz. 67; Mayer in Widmann/Mayer, § 54 UmwG Rz. 18, § 5 UmwG Rz. 56; Reichert in Semler/Stengel, § 54 UmwG Rz. 34 f.
4 Reichert in Semler/Stengel, § 54 UmwG Rz. 6.
5 So auch M. Winter/J. Vetter in Lutter, § 54 UmwG Rz. 68, 82.

UmwG Rz. 1), liegt eine Umgehung von § 5 Abs. 1 GmbHG iVm. § 58 Abs. 2 Satz 1 GmbHG in diesem Fall auch deshalb nicht vor, weil die Aufwärtsverschmelzung eine vereinfachte Form der Liquidation der übertragenden GmbH darstellt, wie sich aus § 2 UmwG ergibt („Auflösung ohne Abwicklung"), und eine Liquidation der übertragenden GmbH durch Übertragung des Vermögens auf den Alleingesellschafter auch dann möglich wäre, wenn dieser eine UG ist. Der notwendige Schutz der Gläubiger wird durch das Recht auf Sicherheitsleistung gemäß § 22 UmwG und die Haftung der Organe nach § 25 UmwG gewährleistet.

Nachteilig ist der up-stream-merger **für Gläubiger**, die zuvor ein **Pfandrecht** an Anteilen des übertragenden, nicht aber des übernehmenden Rechtsträgers hatten. Dieses geht ersatzlos unter und der eventuell bestehende Schadenersatzanspruch (vgl. insoweit § 20 UmwG Rz. 31) wird im Verwertungsfall regelmäßig wertlos sein. In Darlehensverträgen sollten daher Schutzmechanismen dagegen vorgesehen und deren Einhaltung überwacht werden. 7

b) Eigene Anteile des übertragenden Rechtsträgers (§ 54 Abs. 1 Satz 1 Nr. 2 UmwG)

Das Verbot gemäß § 54 Abs. 1 Satz 1 Nr. 2 UmwG greift ein, soweit der **übertragende Rechtsträger eigene Anteile hält.** Dabei ist es unerheblich, ob die eigenen Anteile voll eingezahlt sind oder nicht[1]. Die **eigenen Anteile des übertragenden Rechtsträgers erlöschen** wie der übertragende Rechtsträger selbst ersatzlos (§ 20 Abs. 1 Nr. 2 UmwG)[2]. Das ist für die Ermittlung des Umtauschverhältnisses unproblematisch, da die eigenen Anteile des übertragenden Rechtsträgers dabei insoweit berücksichtigt werden, als dessen Unternehmenswert durch eine geringere Zahl von Anteilen geteilt werden muss. Die Vorschrift kann naturgemäß überhaupt nur eingreifen, wenn beim übertragenden Rechtsträger eigene Anteile rechtlich möglich sind, also nicht, soweit eine Personenhandelsgesellschaft übertragender Rechtsträger ist. 8

c) Nicht voll eingezahlte Geschäftsanteile des übertragenden Rechtsträgers an der übernehmenden GmbH (§ 54 Abs. 1 Satz 1 Nr. 3 UmwG)

Im Falle des § 54 Abs. 1 Satz 1 Nr. 3 UmwG hält der übertragende Rechtsträger nicht voll eingezahlte[3] Anteile der übernehmenden GmbH. Dabei besteht eine **Anteilsgewährungspflicht**. Deshalb wird dieser Tatbestand auch in § 20 Abs. 1 Nr. 3 Satz 1 Halbsatz 2 UmwG nicht erwähnt. Die Verschmelzung darf gegebenenfalls deshalb erst durchgeführt werden, nachdem die rückständige Einlage 9

---

[1] *Reichert* in Semler/Stengel, § 54 UmwG Rz. 7.
[2] *Simon/Nießen* in KölnKomm. UmwG, § 54 UmwG Rz. 23.
[3] Gegen das Merkmal der fehlenden Volleinzahlung aber *Simon/Nießen* in KölnKomm. UmwG, § 54 UmwG Rz. 25.

der übertragenden Gesellschaft – sei es durch Leistung des rückständigen Betrages oder durch Veräußerung der Geschäftsanteile – beseitigt worden ist[1]. Dies gilt über den Wortlaut hinaus auch, wenn die Kapitalerhöhung nach § 54 Abs. 1 Satz 2 oder 3 UmwG nicht erforderlich sein sollte und folgt dann im Grunde aus dem auch auf die Gesamtrechtsnachfolge anwendbaren Verbot des § 33 GmbHG[2]. Nach Volleinzahlung der Geschäftsanteile besteht das Wahlrecht gemäß § 54 Abs. 1 Satz 2 Nr. 2 UmwG, nach Veräußerung der nicht voll eingezahlten Geschäftsanteile darf und muss eine Kapitalerhöhung zur Durchführung der Verschmelzung stattfinden. Eine dritte Möglichkeit, die Verschmelzungsfähigkeit herzustellen, besteht darin, die nicht voll eingezahlten Anteile den Anteilsinhabern des übertragenden Rechtsträgers zu gewähren. Wegen der damit verbundenen Einlageschuld ist das jedoch nur zulässig, wenn diese zustimmen oder schon beim übertragenden Rechtsträger eine Einlageschuld in mindestens gleicher Höhe hatten[3]. Im Ergebnis irreführend ist die Formulierung, eine Kapitalerhöhung sei „insoweit" unzulässig, als der übertragende Rechtsträger **nicht voll eingezahlte Geschäftsanteile** an der übernehmenden GmbH besitzt[4]. Denn wenn der übertragende Rechtsträger auch nur einen nicht voll eingezahlten Geschäftsanteil besitzt, und sei es auch nur einen Zwerganteil, ist die Verschmelzung nicht nur insoweit, sondern insgesamt nach § 33 GmbHG unzulässig, so dass es auf die Zulässigkeit der Kapitalerhöhung nicht mehr ankommen kann.

3. Entbehrlichkeit einer Kapitalerhöhung (§ 54 Abs. 1 Satz 2, 3 UmwG)

a) Eigene Anteile der übernehmenden GmbH (§ 54 Abs. 1 Satz 2 Nr. 1 UmwG)

10 § 54 Abs. 1 Satz 2 Nr. 1 UmwG bestätigt den bereits in § 46 Abs. 3 UmwG enthaltenen Grundsatz, dass für die Anteilsgewährung auch **schon vorhandene eigene Geschäftsanteile der übernehmenden GmbH** verwandt werden können,

---

[1] *Stratz* in Schmitt/Hörtnagl/Stratz, § 54 UmwG Rz. 5; *M. Winter/J. Vetter* in Lutter, § 54 UmwG Rz. 40, 42; *Mayer* in Widmann/Mayer, § 54 UmwG Rz. 25; *Simon/Nießen* in KölnKomm. UmwG, § 54 UmwG Rz. 28.
[2] *M. Winter/J. Vetter* in Lutter, § 54 UmwG Rz. 28 ff.; *Simon/Nießen* in KölnKomm. UmwG, § 54 UmwG Rz. 26; *Mayer* in Widmann/Mayer, § 54 UmwG Rz. 23; *Reichert* in Semler/Stengel, § 54 UmwG Rz. 11; *Kleindiek* in Böttcher/Habighorst/Schulte, § 54 UmwG Rz. 15; gegen eine Anwendung von § 33 GmbHG auf Gesamtrechtsnachfolge hingegen *Widmann* in Widmann/Mayer, § 24 UmwG Rz. 388 und *Lutter/Hommelhoff* in Lutter/Hommelhoff, § 33 GmbHG Rz. 10; dagegen wiederum überzeugend *Paura* in Großkomm. GmbHG, 2. Aufl. 2014, § 33 GmbHG Rz. 11.
[3] *Simon/Nießen* in KölnKomm. UmwG, § 54 UmwG Rz. 29; *M. Winter/J. Vetter* in Lutter, § 54 UmwG Rz. 38 f.
[4] So *Mayer* in Widmann/Mayer, § 54 UmwG Rz. 23.

so dass insoweit keine Kapitalerhöhung erforderlich ist. Dies gilt auch für die Unternehmergesellschaft (haftungsbeschränkt) nach § 5a GmbHG (vgl. aber auch § 46 UmwG Rz. 1)[1]. Inwieweit dies stattfinden soll, ist nach § 46 Abs. 3 UmwG im Verschmelzungsvertrag festzulegen. Daher ist es praktisch nicht relevant, wenn die Entscheidung nach verbreiteter Ansicht nur in das Ermessen der übernehmenden GmbH gestellt wird[2]. Denn wegen der erforderlichen Zustimmung zum Verschmelzungsvertrag kann die Entscheidung nicht gegen den übertragenden Rechtsträger getroffen werden. Maßgeblicher Zeitpunkt für die Beurteilung der Voraussetzungen von § 54 Abs. 1 Satz 2 UmwG ist wie bei Satz 1 das Wirksamwerden der Verschmelzung durch Eintragung[3]. Zu Belastungen dieser Anteile vgl. Rz. 12.

b) Voll eingezahlte Geschäftsanteile des übertragenden Rechtsträgers an der übernehmenden GmbH, insbesondere Abwärtsverschmelzung (§ 54 Abs. 1 Satz 2 Nr. 2 UmwG)

Den eigenen Geschäftsanteilen der übernehmenden GmbH gleichgestellt werden nach § 54 Abs. 1 Satz 2 Nr. 2 UmwG voll eingezahlte Geschäftsanteile (sind sie nicht voll eingezahlt, gilt das Kapitalerhöhungsverbot des Satz 1 Nr. 3), die der übertragende Rechtsträger hält, weil sie im Zuge der Gesamtrechtsnachfolge nach § 20 Abs. 1 Nr. 1 UmwG zu eigenen Geschäftsanteilen der übernehmenden GmbH werden. Auch diese können also von der übernehmenden GmbH den Anteilseignern des übertragenden Rechtsträgers gewährt werden. Es findet aber **kein Durchgangserwerb** bei der übernehmenden GmbH statt[4] (vgl. auch § 20 UmwG Rz. 29 und zur parallelen buchhalterischen Behandlung § 24 UmwG Rz. 38). Da der Anteilsübergang im Moment des Wirksamwerdens der Verschmelzung stattfindet, ist auch die **Verschmelzung auf eine 100%ige Tochter-GmbH (sog. down-stream-merger)** möglich, weil zu keinem Zeitpunkt eine Kein-Mann-GmbH besteht[5]. 11

Die von dem übertragenden Rechtsträger gehaltenen Geschäftsanteile an der übernehmenden GmbH eignen sich dann nicht zur Gewährung an die Anteilsinhaber des übertragenden Rechtsträgers, wenn an ihnen **Rechte Dritter** bestehen, sie etwa verpfändet sind[6]. Eine analoge Anwendung von § 20 Abs. 1 Nr. 3 12

---

1 *Heinemann*, NZG 2008, 820 (822).
2 So zB *Simon/Nießen* in KölnKomm. UmwG, § 54 UmwG Rz. 31; *M. Winter/J. Vetter* in Lutter, § 54 UmwG Rz. 50.
3 *Simon/Nießen* in KölnKomm. UmwG, § 54 UmwG Rz. 30.
4 *Heckschen*, DB 2008, 1363 (1365); *Grunewald* in Lutter, § 20 UmwG Rz. 61; *Mayer* in Widmann/Mayer, § 5 UmwG Rz. 38; *M. Winter/J. Vetter* in Lutter, § 54 UmwG Rz. 52; *Priester* in FS Spiegelberger, 2009, S. 890 (891).
5 *Reichert* in Semler/Stengel, § 54 UmwG Rz. 16; *M. Winter/J. Vetter* in Lutter, § 54 UmwG Rz. 54; *Lieder*, GmbHR 2014, 232 (233).
6 Ebenso *Heckschen*, GmbHR 2008, 802 (803).

Satz 2 UmwG[1] wird meist nicht helfen, weil die Anteilsinhaber des übertragenden Rechtsträgers als Inhaber von freien Anteilen Anspruch auf freie Anteile an der übernehmenden GmbH haben[2]. Der Übergang der Belastung ist daher nur dann gangbar, wenn die Anteilsinhaber des übertragenden Rechtsträgers dem zustimmen oder die ursprünglichen Anteile in gleicher Weise belastet waren[3]. Ein Erlöschen der Pfandrechte[4] wäre andererseits mit dem Grundsatz der Rechtsnachfolge, sei es auch als Direkterwerb, nicht vereinbar. Es bleibt regelmäßig nur eine Freigabe durch den Dritten oder eine Kapitalerhöhung. Nach § 54 Abs. 2 UmwG werden Geschäftsanteile gleichgestellt, die ein Dritter zwar im eigenen Namen, aber für Rechnung der übernehmenden GmbH bzw. des übertragenden Rechtsträgers hält (dazu Rz. 24).

13 Trotz des scheinbar klaren Wortlauts von § 54 Abs. 1 Satz 2 Nr. 2 UmwG werden in der Literatur verschiedene Auffassungen vertreten, nach denen eine **Kapitalerhöhung beim down-stream-merger häufig doch erforderlich oder die Verschmelzung problematisch** sein soll.

14 **Erhaltung der kumulierten Haftsumme/Kapitalherabsetzung.** Nach einer vereinzelten Auffassung soll immer mindestens eine Kapitalerhöhung um das Haftkapital des übertragenden Rechtsträgers erforderlich sein, um die Gläubiger vor einer versteckten Kapitalherabsetzung zu schützen[5]. Die hM lehnt das zu Recht ab, weil es nicht mit dem Gesetz vereinbar ist, die Gläubiger bereits durch Sicherheitsleistung nach § 22 UmwG geschützt sind und (zB im Fall einer Stafettengründung) die Haftsummen schon zuvor nicht kumuliert vorliegen müssen[6]. Mit Einführung von § 54 Abs. 1 Satz 3 UmwG ist diese Auffassung nicht mehr haltbar[7]. Alternativ wird teilweise erwogen, zugunsten der Gläubiger des übertragenden Rechtsträgers die Sperrfristen für Auszahlungen nach § 58 Abs. 1 Nr. 3 GmbHG bzw. § 225 Abs. 2 AktG analog anzuwenden, wenn der übernehmende Rechtsträger ein geringeres Haftkapital hat als der übertragende[8]. Auch

---

1 Dafür *Mayer* in Widmann/Mayer, § 5 UmwG Rz. 40.2; *Klein/Stephanblome*, ZGR 2007, 351 (390).
2 *Heckschen*, GmbHR 2008, 802 (803); *Grunewald* in Lutter, § 20 UmwG Rz. 71; aA *Klein/Stephanblome*, ZGR 2007, 351 (389 f.), die zu Unrecht darauf abstellen, dass schon vorher mittelbar belastetes Eigentum vorgelegen habe, was nicht berücksichtigt, dass der übertragende Rechtsträger weiteres unbelastetes Vermögen haben kann.
3 *Simon/Nießen* in KölnKomm. UmwG, § 54 UmwG Rz. 36.
4 Dafür aber *Grunewald* in Lutter, § 20 UmwG Rz. 71; dagegen zu Recht auch *Klein/Stephanblome*, ZGR 2007, 351 (390).
5 *Petersen*, GmbHR 2004, 728 ff.; *Petersen*, Der Konzern 2004, 185 ff.
6 Zur hM *Maier-Reimer*, GmbHR 2004, 1128 ff.; *Klein/Stephanblome*, ZGR 2007, 351 (360 ff.); *Heinemann*, NZG 2008, 820 (822); *Heckschen*, GmbHR 2008, 802 (803); *Reichert* in Semler/Stengel, § 54 UmwG Rz. 26 ff.; *Heckschen*, DB 2008, 1363 (1364).
7 *Priester* in FS Spiegelberger, 2009, S. 890 (897).
8 *Ihrig*, ZHR 160 (1996), 317 (336 f.); *Maier-Reimer*, GmbHR 2004, 1128 (1131).

das ist richtigerweise abzulehnen, da es an der planwidrigen Regelungslücke fehlt[1].

Rechtslage bei Vorhandensein von Minderheitsgesellschaftern. § 54 Abs. 1 Satz 2 Nr. 2 UmwG setzt nicht voraus, dass der übertragende Rechtsträger alle Geschäftsanteile der übernehmenden GmbH hält. Die Anteile der Minderheitsgesellschafter werden allerdings wirtschaftlich **verwässert**, wenn von der Muttergesellschaft in Summe **negatives Vermögen** auf die übernehmende Tochter übertragen wird. Das kann – vor allem bei einer Holding – leicht geschehen[2], da die von der Mutter an der Tochter gehaltenen Anteile bei der Betrachtung des übertragenen Vermögens außer Acht bleiben, weil sie an die Anteilseigner der Mutter übertragen werden. Eine Meinung nimmt deshalb bei Vorhandensein von Minderheitsgesellschaftern immer eine Pflicht zur Kapitalerhöhung an, wenn diese darauf nicht verzichten[3]. Dem ist die hM zu Recht nicht gefolgt. Eine Kapitalerhöhung ist vielmehr auch beim Vorhandensein weiterer Gesellschafter der übernehmenden GmbH nur geboten, soweit die Auskehrung der vom übertragenden Rechtsträger gehaltenen voll eingezahlten Geschäftsanteile an der übernehmenden GmbH an die Anteilseigner des übertragenden Rechtsträgers nicht genügt, um das **Umtauschverhältnis** aufgrund der Unternehmenswertrelation herzustellen[4]. Alternativ können die **Minderheitsgesellschafter auf eine Kapitalerhöhung verzichten** oder können die Anteileigner des übertragenden Rechtsträgers den Minderheitsgesellschaftern **zusätzliche Anteile an der übernehmenden GmbH übertragen bzw. diese an die Minderheitsgesellschafter ausgekehrt werden**, um das gebotene Umtauschverhältnis herzustellen[5]. Ansonsten droht eine Anfechtung des Verschmelzungsbeschlusses durch die Minderheitsgesellschafter[6]. 15

Kapitalerhaltung beim down-stream-merger. Bei Übertragung negativen Vermögens (vgl. Rz. 15) kann die Verschmelzung zu einer Unterbilanz oder gar bilanziellen Überschuldung (negatives Eigenkapital) der übernehmenden GmbH führen, wenn diese nicht in mindestens gleicher Höhe über freies Eigenkapital verfügte. Darin sieht die hM zu Recht einen Verstoß gegen **§ 30 GmbHG**, der 16

---

1 Mit ausführlicher historischer Begründung dazu *Hügel* in FS Maier-Reimer, 2010, S. 265 (285 ff.).
2 Beispiele bei *Mayer* in Widmann/Mayer, § 5 UmwG Rz. 38, 40.1 und *Klein/Stephanblome*, ZGR 2007, 351 (365).
3 *Mayer* in Widmann/Mayer, § 5 UmwG Rz. 38.
4 Ebenso *Heckschen*, GmbHR 2008, 802 (803).
5 *Klein/Stephanblome*, ZGR 2007, 351 (370 ff.); in diese Richtung auch *M. Winter/J. Vetter* in Lutter, § 54 UmwG Rz. 60.
6 *Priester* in FS Spiegelberger, 2009, S. 890 (898); *M. Winter/J. Vetter* in Lutter, § 54 UmwG Rz. 58; für die Möglichkeit eines Ausscheidens gegen Abfindung § 24 UmwG Rz. 42.

nicht zur Disposition der Beteiligten steht (siehe § 24 UmwG Rz. 40)[1]. Kein Ausweg ist es, dass den Anteilsinhabern des übertragenden Rechtsträgers nur ein geringer Teil der vom übertragenden Rechtsträger gehaltenen Geschäftsanteile an der übernehmenden GmbH gewährt wird, deren Gegenwert durch Rücklagen der übernehmenden GmbH gedeckt ist, während der Rest im Wege der Gesamtrechtsnachfolge auf die übernehmende GmbH übergeht und zu eigenen Geschäftsanteilen der übernehmenden GmbH wird, da dies nach § 33 Abs. 2 Satz 1 GmbHG, § 272 HGB voraussetzt, dass sich eine entsprechende Rücklage bilden ließe[2]; außerdem sind die eigenen Anteile kein tauglicher Sacheinlagegegenstand (vgl. näher § 55 UmwG Rz. 11). Die Transaktion ist also nur möglich, wenn die Unterbilanz anderweitig vermieden wird, zB durch Einzahlungen in das Eigenkapital des übertragenden Rechtsträgers oder der aufnehmenden GmbH, eine Kapitalherabsetzung, die Hebung stiller Reserven (step-up) oder den Verzicht auf Gesellschafterdarlehen[3].

Eine Anwendung von § 30 Abs. 1 Satz 2 Var. 1 GmbHG, dh. die Zulassung eines down-stream-mergers bei Bestehen eines Beherrschungs- oder Gewinnabführungsvertrages trotz Übertragung negativen Vermögens gegen das Stammkapital der aufnehmenden GmbH, scheidet nach der ratio legis[4] des Ausnahmetatbestandes aus, da die für den Verlustausgleich analog § 302 Abs. 1 AktG zuständige Mutter als herrschendes Unternehmen mit Wirksamkeit der Verschmelzung wegfällt.

c) Anteilsgewährung durch Dritte

17 Nicht geregelt, aber ebenfalls zulässig ist es, dass **der übernehmenden GmbH eigene Geschäftsanteile von dritter Seite für die Anteilsgewährung zur Verfügung gestellt werden**. Bei einer Übertragung auf die übernehmende GmbH sind die Vorschriften über den Erwerb eigener Anteile zu beachten, es darf sich also nur um voll eingezahlte Anteile handeln, und es muss, wenn sie von der übernehmenden GmbH entgeltlich erworben werden, freies Vermögen gemäß § 33 Abs. 2 GmbHG zur Verfügung stehen[5]. Liegen diese Voraussetzungen vor,

---

1 *M. Winter/J. Vetter* in Lutter, § 54 UmwG Rz. 55; *Klein/Stephanblome*, ZGR 2007, 351 (383 ff.); *Mayer* in Widmann/Mayer, § 5 UmwG Rz. 40.1; *Priester* in FS Spiegelberger, 2009, S. 890 (892 ff.) mit überzeugenden Argumenten auch gegen eine Kompensation durch Firmenwert-Aktivierung; für die AG auch *Koppensteiner* in FS H. P. Westermann, 2008, S. 1157 (1165 ff.); zweifelnd *Heckschen*, GmbHR 2008, 802 (804); aA *Widmann* in Widmann/Mayer, § 24 UmwG Rz. 388 in Fn. 4; *Bock*, GmbHR 2005, 1023 ff.; *Enneking/Heckschen*, DB 2006, 1099 (1100); eher ablehnend auch *Riegger*, ZGR 2008, 233 (247).
2 So auch *Klein/Stephanblome*, ZGR 2007, 351 (379).
3 *Klein/Stephanblome*, ZGR 2007, 351 (378 f.); *Heckschen*, GmbHR 2008, 802 (804); *Priester* in FS Spiegelberger, 2009, S. 890 (895).
4 Hierzu statt vieler *Fastrich* in Baumbach/Hueck, § 30 GmbHG Rz. 44.
5 *Reichert* in Semler/Stengel, § 54 UmwG Rz. 18; *Mayer* in Widmann/Mayer, § 54 UmwG Rz. 47.

so genügt auch die Vereinbarung eines Treuhandverhältnisses zwischen der Gesellschaft und dem Dritten oder kann der Dritte die Anteile unmittelbar an die Anteilsinhaber des übertragenden Rechtsträgers dinglich übereignen[1]. Liegen sie nicht vor, stehen der Gestaltung ohne Durchgangserwerb bei der GmbH zwar nicht die Vorschriften des GmbHG entgegen, wohl aber regelmäßig der Anspruch der Anteilsinhaber des übertragenden Rechtsträgers auf Erhalt voll eingezahlter Anteile (vgl. dazu Rz. 9).

Kaum thematisiert werden bisher Fragen der **rechtstechnischen Gestaltung**. Vereinzelt wird vertreten, dass eine Vereinbarung hinsichtlich Herkunft und Übertragung der Anteile im Verschmelzungsvertrag – angesichts der Rechtswirkung des § 20 Abs. 1 Nr. 3 UmwG – ausreichen soll und ein gesonderter Übertragungsvertrag nicht erforderlich ist, sofern der Dritte der Anteilsgewährung zustimmt[2]. Vorzugswürdig erscheint hingegen eine ausdrückliche Vereinbarung der Übertragung unter der aufschiebenden Bedingung der Eintragung der Verschmelzung zwischen Drittem und neuem Anteilsinhaber[3]. Eine solche Vereinbarung kann dabei sowohl innerhalb des Verschmelzungsvertrages erfolgen, so dass der Dritte Partei des Verschmelzungsvertrages wird, als auch in einem gesonderten Übertragungsvertrag ohne Beteiligung des Dritten am Verschmelzungsvertrag. 17a

d) Vermeidung der Kapitalerhöhung durch Verzicht auf Gewährung von Geschäftsanteilen (§ 54 Abs. 1 Satz 3 UmwG)

Die Pflicht zur Anteilsgewährung und damit die Notwendigkeit einer Kapitalerhöhung bei der übernehmenden GmbH entfällt nach § 54 Abs. 1 Satz 3 UmwG generell, wenn die **Anteilsinhaber des übertragenden Rechtsträgers** durch notariell beurkundete Erklärungen auf die Anteilsgewährung verzichten. Es ist grundsätzlich ein einheitlicher Verzicht aller Anteilsinhaber erforderlich, wenn dadurch die Kapitalerhöhung insgesamt entbehrlich werden soll (zum Teilverzicht siehe aber Rz. 21)[4]. Insofern besteht eine Parallele zum Verzicht auf Verschmelzungsbericht und Verschmelzungsprüfung gemäß §§ 8 Abs. 3, 9 Abs. 3 UmwG. Im Falle mehrerer übertragender Rechtsträger ist die Kapitalerhöhung uU nur entbehrlich, wenn die Anteilsinhaber aller übertragenden Rechtsträger verzichten. Ein Verzicht ist auch dann möglich, wenn die Kapital- 18

---

1 *Reichert* in Semler/Stengel, § 54 UmwG Rz. 18; *M. Winter/J. Vetter* in Lutter, § 54 UmwG Rz. 62; *Mayer* in Widmann/Mayer, § 54 UmwG Rz. 46; *Kleindiek* in Böttcher/Habighorst/Schulte, § 54 UmwG Rz. 24; aA (unmittelbare Übertragung nicht zulässig) *Grunewald* in Lutter, § 20 UmwG Rz. 61.
2 *Simon/Nießen* in KölnKomm. UmwG, § 54 UmwG Rz. 40.
3 Vgl. *Mayer* in Widmann/Mayer, § 54 UmwG Rz. 46; *Reichert* in Semler/Stengel, § 54 UmwG Rz. 18.
4 Vgl. *M. Winter/J. Vetter* in Lutter, UmwG, § 54 Rz. 86.

erhöhung durch Gewährung von eigenen Geschäftsanteilen vermieden werden könnte, also in den Fällen des § 54 Abs. 1 Satz 2 UmwG, solange es sich nicht um einen down-stream-merger handelt, der bei einem Verzicht auf Anteilsgewährung zu einer Kein-Mann-GmbH führen würde, weil die Auskehrung der Anteile an die Gesellschafter des übertragenden Rechtsträgers (dazu Rz. 11) durch den Verzicht ausgeschlossen würde[1].

Bei Verschmelzung auf Schwestergesellschaften, bei denen also **Identität der Anteilsinhaber und der Beteiligungsquoten** besteht, ist eine Anteilsgewährung zum Erhalt der Mitgliedschaftsrechte der Anteilsinhaber des übertragenden Rechtsträgers nicht erforderlich. Deshalb liegt insbesondere in diesem Falle ein Verzicht der Anteilsinhaber auf die Anteilsgewährung nahe, wodurch eine Kapitalerhöhung bei der übernehmenden GmbH entbehrlich wird (§ 54 Abs. 1 Satz 3 UmwG).

Zum Teil wird vertreten, dass ein **Verzicht bei nicht voll eingezahlten Geschäftsanteilen** nicht möglich ist, so dass sich eine Prüfung dahingehend empfiehlt, ob die untergehenden Geschäftsanteile an dem übertragenden Rechtsträger, für die eine Beteiligung nicht gewährt wird, voll eingezahlt sind[2].

19 Zur **Beurkundung** der Verzichtserklärungen siehe § 13 UmwG Rz. 41 f. Die Verzichtserklärungen müssen der **Handelsregisteranmeldung** beigefügt werden (siehe § 17 Abs. 1 UmwG). In der Zustimmung zu einem Verschmelzungsvertrag, der keine Anteilsgewährung vorsieht, kann eine konkludente Verzichtserklärung liegen[3], wenn die Erklärung nach den Beurkundungsregeln für Willenserklärungen beurkundet wurde. Zu beachten ist, dass eine Verschmelzung ohne Anteilsgewährung **steuerlich** häufig zu nicht wünschenswerten Ergebnissen führen kann[4]. Zur **Einlagenrückgewähr** und zum Schutz von **Minderheitsgesellschaftern des übernehmenden Rechtsträgers** gelten die Überlegungen zum down-stream-merger entsprechend (vgl. Rz. 15 f.)[5].

20 Außerdem ist der **Schutz der Rechte Dritter** an den Anteilen des übertragenden Rechtsträgers nach § 20 Abs. 1 Nr. 3 Satz 2 UmwG zu beachten, der durchkreuzt wird, wenn an die Stelle dieser untergehenden Anteile keine anderen Anteile tre-

---

1 In diese Richtung auch *Mayer* in Widmann/Mayer, § 5 UmwG Rz. 38.
2 *Schniepp/Hensel*, NZG 2014, 857 (861) mit Verweis auf *Ihrig*, ZHR 160 (1996), 317 (339 ff.); nach aA ist ein Verzicht möglich, da der Einlageanspruch bestehen bleibe und auf den übernehmenden Rechtsträger übergehe, vgl. *Heidinger* in Henssler/Strohn, § 20 UmwG Rz. 28; *Grunewald* in Lutter, § 20 UmwG Rz. 69.
3 *Simon/Nießen* in KölnKomm. UmwG, § 54 UmwG Rz. 56; aA *M. Winter/J. Vetter* in Lutter, § 54 UmwG Rz. 88.
4 Dazu zB *Heckschen/Gassen*, GWR 2010, 101 ff.; *Krumm*, GmbHR 2010, 24 (25 ff.); *Simon/Nießen* in KölnKomm. UmwG, § 54 UmwG Rz. 56.
5 Dazu auch *Simon/Nießen* in KölnKomm. UmwG, § 54 UmwG Rz. 51 f. Dies scheint *Weiler*, NZG 2008, 527 (529 ff.) zu verkennen, der den Wegfall der Kapitalerhöhung als einzigen Schutzmechanismus kritisiert.

ten. Diese Dritten müssen daher gegebenenfalls dem Verzicht auf die Anteilsgewährung zustimmen[1]. Die Zustimmungserklärung der Inhaber von Rechten Dritter muss ebenso wie die Verzichtserklärungen notariell beurkundet und der Anmeldung der Verschmelzung zum Handelsregister beigefügt werden. Es könnte erwogen werden, in jedem Falle eines Verzichts auf die Anteilsgewährung die Geschäftsführer analog § 16 Abs. 2 UmwG bei der Anmeldung erklären zu lassen, dass an dem Anteil eines auf die Anteilsgewährung verzichtenden Anteilsinhabers keine Rechte Dritter iS von § 20 Abs. 1 Nr. 3 Satz 2 UmwG bestehen[2]. Das dürfte aber im Ergebnis nicht helfen, da die Belastung mit Rechten Dritter in der Sphäre der Anteilsinhaber geschieht, wovon die Geschäftsführer nicht in gleichem Maße Kenntnis haben werden wie von anhängigen Klagen.

Dieselben Regeln wie für den vollständigen Verzicht auf Anteilsgewährung haben auch für den **Teilverzicht** zu gelten. Auch wenn der Wortlaut auf „alle Anteilsinhaber" abstellt, sind hier verschiedene Varianten möglich[3]: Zum einen genügt ein Verzicht nur einzelner Anteilsinhaber, wenn nur diese keine Anteile erhalten sollen[4]; hinsichtlich der verbleibenden Gesellschafter bliebe eine Kapitalerhöhung dann weiterhin erforderlich, wenn diese nicht zB bereits vorhandene Anteile erhalten können. Außerdem ist zu bedenken, dass dies zu einer oft unerwünschten Veränderung der Beteiligungsquoten führen würde. Wird der Verzicht von einem Anteilsinhaber erklärt, der an der übernehmenden GmbH nicht beteiligt ist, scheidet er als Ergebnis der Verschmelzung ganz aus. Da dies hier nur mit seiner Zustimmung in Form des Verzichts geschehen kann, liegt darin kein Verstoß gegen den Grundsatz der Identität der Anteilsinhaber (vgl. näher § 1 UmwG Rz. 10). Allerdings gibt die Verzichtsmöglichkeit nach § 54 Abs. 1 Satz 3 UmwG dem Verzichtenden kein einseitiges Austrittsrecht, falls dieses nicht schon beim übertragenden Rechtsträger besteht; das Ausscheiden erfordert vielmehr einen Beschluss der Gesellschafterversammlung, der hier in deren Zustimmung zu einem Verschmelzungsvertrag liegt, der dem Betroffenen keine Anteile zuweist. Ein weiterer möglicher Teilverzicht kann im Verzicht lediglich auf eine vollwertige Anteilsgewährung entsprechend dem zutreffend ermittelten Umtauschverhältnis bestehen. Das ist insbesondere bei einem verhandelten Umtauschverhältnis zu beachten, um nicht kalkulierte Zuzahlungsansprüche nach § 15 Abs. 1 UmwG zu vermeiden. Bei der Beurteilung des Umtauschverhältnisses sind im Verschmelzungsvertrag festgesetzte bare Zuzahlungen zu berücksichtigen, die im Rahmen des § 54 Abs. 4 UmwG durch den

21

---

1 Ebenso *Simon/Nießen* in KölnKomm. UmwG, § 54 UmwG Rz. 47.
2 Gegen diese Analogie *Simon/Nießen* in KölnKomm. UmwG, § 54 UmwG Rz. 57.
3 So nun auch *M. Winter/J. Vetter* in Lutter, § 54 UmwG Rz. 90 ff.
4 Nur deren Verzicht ist richtigerweise überhaupt notwendig, da für die Anteile erhaltenden Gesellschafter kein Schutzbedürfnis besteht, vgl. *Keller/Klett*, DB 2010, 1220 (1221); *Simon/Nießen* in KölnKomm. UmwG, § 54 UmwG Rz. 49; *M. Winter/J. Vetter* in Lutter, § 54 UmwG Rz. 94 ff.; für die AG auch § 68 UmwG Rz. 16; aA *Mayer* in Widmann/Mayer, § 54 UmwG Rz. 51.2; aA wohl auch *Heckschen*, DB 2008, 1363 (1366, 1369).

Verschmelzungsbeschluss gedeckt sind und keiner Verzichtserklärung bedürfen. Der Anteilsinhaber kann seinen Teilverzicht von einer baren Zuzahlung abhängig machen[1]. Diese müsste aber im Verschmelzungsvertrag verhältniswahrend für alle Anteilseigner des übertragenden Rechtsträgers festgesetzt werden (siehe Rz. 27). Auch der Teilverzicht muss nicht ausdrücklich erklärt werden. Er liegt auch vor, wenn der Verschmelzungsvertrag das Umtauschverhältnis erkennbar abweichend von dem sich aus Bericht und Prüfung ergebenden angemessenen Umtauschverhältnis festsetzt und alle Anteilsinhaber eines übertragenden Rechtsträgers ihm zustimmen[2].

22 Der Anteilsverzicht ermöglicht oft auch erst eine **sanierende Verschmelzung** eines sanierungsbedürftigen Rechtsträgers auf eine gesunde GmbH. Die zur Anteilsgewährung sonst erforderliche Kapitalerhöhung würde an der Werthaltigkeit der Einlage scheitern[3]. Diese Gestaltung hat allerdings den Nachteil des Übergangs aller Verbindlichkeiten; außerdem sind die Rechte der Minderheitsgesellschafter der übernehmenden GmbH und eventuell die Kapitalerhaltung zu berücksichtigen[4].

4. GmbH & Co. KG als übertragender Rechtsträger

23 Problematisch ist die Verschmelzung einer GmbH & Co. KG, bei der die Komplementär-GmbH keinen Kapitalanteil hat, auf eine GmbH. Denn bei der GmbH gibt es keine Gesellschaftsanteile ohne Kapitalbeteiligung und damit Beteiligung am Gesellschaftsvermögen. Die Lösung besteht darin, dass insoweit eine Anteilsgewährungspflicht und damit auch die **Notwendigkeit einer Kapitalerhöhung entfällt**[5]. Die Komplementär-GmbH scheidet gemäß Verschmelzungsvertrag mit Eintragung der Verschmelzung aus der Gesellschaft aus[6]. Es bedarf jedoch dazu einer notariell zu beurkundenden **Zustimmungserklärung** der Komplementär-GmbH[7]. Aufgrund des Streits über diese sollte außerdem ein individueller **Verzicht** der Komplementär-GmbH auf die Anteilsgewährung

---

1 Kritisch dazu *Heckschen/Gassen*, GWR 2010, 101 ff.
2 *Drygala* in Lutter, § 5 UmwG Rz. 27.
3 *Keller/Klett*, DB 2010, 1220 (1220); *Haeder* in Henssler/Strohn, § 54 UmwG Rz. 4; *Simon/Nießen* in KölnKomm. UmwG, § 54 UmwG Rz. 50; für die Spaltung auch *Heinz/Wilke*, GmbHR 2012, 889 (891).
4 Dazu *Keller/Klett*, DB 2010, 1220 (1221 ff.).
5 AA *Mayer* in Widmann/Mayer, § 5 UmwG Rz. 24.3: Auch in diesem Fall bestehe eine zwingende Anteilsgewährpflicht, so dass die Komplementär-GmbH entweder nach allgemeinen Grundsätzen vor dem Wirksamwerden der Verschmelzung ausscheiden oder eine Beteiligung an der aufnehmenden GmbH erhalten müsse.
6 *Kallmeyer*, GmbHR 1996, 80 (82); *Drygala* in Lutter, § 5 UmwG Rz. 23; *Heckschen*, DB 2008, 1363 (1367); aA *Mayer* in Widmann/Mayer, § 5 UmwG Rz. 24.5.
7 *Kallmeyer*, GmbHR 1996, 80 (81 f.); *Priester*, DB 1997, 560 (567).

nach § 54 Abs. 1 Satz 3 UmwG erfolgen (vgl. Rz. 21)[1]. Da auch dieser individuelle Verzicht nicht allgemein anerkannt wird, ist zusätzlich eine vorherige Abstimmung mit dem Handelsregister anzuraten. Eine andere Lösung besteht in der Verschmelzung sowohl der KG als auch der Komplementär-GmbH auf die GmbH (sog. **Mehrfach-Verschmelzung**). Die Komplementär-GmbH erlischt dann ebenso wie die KG[2].

5. Von Dritten gehaltene Anteile (§ 54 Abs. 2 UmwG) und Mitberechtigung

§ 54 Abs. 2 UmwG erweitert den Anwendungsbereich von Abs. 1, indem er **für Rechnung** eines Rechtsträgers gehaltene Anteile selbst gehaltenen Anteilen gleichstellt, und zwar bei § 54 Abs. 1 Satz 1 Nr. 1 UmwG und § 54 Abs. 1 Satz 2 Nr. 1 UmwG hinsichtlich des übernehmenden Rechtsträgers und bei den restlichen Fällen hinsichtlich des übertragenden Rechtsträgers. Ein Redaktionsversehen ist der Verweis auch auf die Verzichtsmöglichkeit nach § 53 Abs. 1 Satz 3 UmwG, bei der gerade kein Verzicht auch des Treugebers erforderlich ist[3]. Für Rechnung werden Anteile bei Treuhand oder mittelbarer Stellvertretung gehalten, wenn also rechtliches und wirtschaftliches Eigentum auseinanderfallen[4]. Anders als in § 71d AktG werden von **abhängigen Gesellschaften** gehaltene Anteile dagegen nicht gleichgestellt (dazu bereits Rz. 5). 24

§ 54 Abs. 2 UmwG findet keine Anwendung, wenn der fragliche übertragende oder übernehmende Rechtsträger den betreffenden Geschäftsanteil nicht allein hält, sondern nur **Mitberechtigter** iS von § 18 GmbHG ist, da ansonsten unzulässig in die Rechte des mitberechtigten Dritten eingegriffen würde[5]. 25

6. Erleichterte Anteilsteilung (§ 54 Abs. 3 UmwG)

Ist eine **Teilung der eigenen Geschäftsanteile** der übernehmenden GmbH, die entweder sie selbst oder ein übertragender Rechtsträger hält, erforderlich, um sie den Anteilsinhabern der übertragenden Rechtsträger zu gewähren, so sind etwaige Bestimmungen des Gesellschaftsvertrags, die eine Teilung ausschließen oder erschweren, nicht anwendbar (§ 54 Abs. 3 Satz 1 UmwG). Dies gilt nach 26

---

1 Die Möglichkeit des Verzichts erkennt dagegen *Mayer* in Widmann/Mayer, § 5 UmwG Rz. 24.3 und 24.5 an.
2 Vgl. *Kallmeyer*, GmbHR 2000, 418 (419 f.).
3 *Simon/Nießen* in KölnKomm. UmwG, § 54 UmwG Rz. 60.
4 *Simon/Nießen* in KölnKomm. UmwG, § 54 UmwG Rz. 61.
5 *M. Winter/J. Vetter* in Lutter, § 54 UmwG Rz. 114; *Haeder* in Henssler/Strohn, § 54 UmwG Rz. 2; *Simon/Nießen* in KölnKomm. UmwG, § 54 UmwG Rz. 63; *Reichert* in Semler/Stengel, § 54 UmwG Rz. 36.

§ 54 Abs. 3 Satz 2 UmwG auch, wenn die zu gewährenden Geschäftsanteile von einem Dritten im eigenen Namen, aber **für Rechnung** der übernehmenden GmbH oder des übertragenden Rechtsträgers gehalten werden. Gleichzustellen ist über den Wortlaut hinaus der Fall, dass **ein Dritter** die Anteile an der übernehmenden GmbH zur Verfügung stellt, die im Rahmen (nicht nur bei Gelegenheit) der Verschmelzung gewährt werden (dazu Rz. 17)[1]. Grundsätzlich werden auch **mittelbare und wirtschaftliche Teilungserschwerungen** erfasst, wobei umstritten ist, ob das auch in Fällen gilt, die, wie zB ein Vorerwerbsrecht, noch weitere Funktionen haben[2]. Unberührt bleibt in jedem Fall das Erfordernis des **Mindestnennbetrags** von 1,00 Euro (§ 54 Abs. 3 Satz 1 Halbsatz 2 UmwG).

7. Bare Zuzahlungen (§ 54 Abs. 4 UmwG)

27 Wie sich aus § 5 Abs. 1 Nr. 3 UmwG ergibt, können im Verschmelzungsvertrag bare Zuzahlungen an die Anteilsinhaber des übertragenden Rechtsträgers festgesetzt werden (vgl. § 5 UmwG Rz. 22). Solche baren Zuzahlungen sind notwendig, wenn den Anteilsinhabern der übertragenden Rechtsträger Geschäftsanteile entsprechend dem Umtauschverhältnis wegen Spitzenbeträgen nicht voll zugeteilt werden können (dazu § 46 UmwG Rz. 8)[3]. Bare Zuzahlungen können aber auch aus anderen Gründen vorgesehen werden, allerdings im Hinblick auf den Minderheitenschutz nicht willkürlich, sondern nur unter Beachtung des Gleichbehandlungsgrundsatzes[4]. Dagegen darf nicht die Anteilsgewährung völlig durch bare Zahlungen ersetzt werden. Eine Ausnahme ist lediglich zu machen, wenn dem Anteilsinhaber kein Geschäftsanteil gewährt werden kann (§ 46 UmwG Rz. 8)[5]. Ein Verzicht auf die Anteilsgewährung ist nur nach Maßgabe des § 54 Abs. 1 Satz 3 UmwG möglich. Trotz der unglücklichen systematischen Stellung in § 54 UmwG gelten die Regelungen des Abs. 4 **auch für die in § 55 UmwG geregelte Verschmelzung mit Kapitalerhöhung**[6].

---

1 *Simon/Nießen* in KölnKomm. UmwG, § 54 UmwG Rz. 67; *M. Winter/J. Vetter* in Lutter, § 54 UmwG Rz. 123; *Reichert* in Semler/Stengel, § 54 UmwG Rz. 39; *Haeder* in Henssler/Strohn, § 54 UmwG Rz. 6.

2 Gegen deren Einbeziehung *Simon/Nießen* in KölnKomm. UmwG, § 54 UmwG Rz. 66; dafür *M. Winter/J. Vetter* in Lutter, § 54 UmwG Rz. 119 und *Reichert* in Semler/Stengel, § 54 UmwG Rz. 37.

3 *Reichert* in Semler/Stengel, § 54 UmwG Rz. 40.

4 *Simon/Nießen* in KölnKomm. UmwG, § 54 UmwG Rz. 71; *Reichert* in Semler/Stengel, § 54 UmwG Rz. 40.

5 *Reichert* in Semler/Stengel, § 54 UmwG Rz. 45; *M. Winter/J. Vetter* in Lutter, § 54 UmwG Rz. 132 ff.; aA (generelle Zulässigkeit reiner Barabfindungen bei Einverständnis aller Beteiligten) *Priester*, ZIP 2013, 2033 (2036).

6 *Simon/Nießen* in KölnKomm. UmwG, § 54 UmwG Rz. 69; *M. Winter/J. Vetter* in Lutter, § 54 UmwG Rz. 125; *Priester*, ZIP 2013, 2033 (2034).

Die baren Zuzahlungen dürfen auch nicht zu einer **versteckten Unterpari-** 28
Emission führen[1]. Dies wäre etwa der Fall, wenn neben pari ausgegebenen Anteilen, deren Nennwert dem Wert des übergegangenen Vermögens entspricht, Zuzahlungen erbracht werden, oder wenn die Zuzahlungen höher wären als deren über pari liegender Wert des übergegangenen Vermögens[2]. Bare Zuzahlungen sind auch bei der Frage zu berücksichtigen, ob eventuell eine Differenzhaftung eingreift (dazu § 55 UmwG Rz. 13)[3]. **Nicht-verhältniswahrende bare Zuzahlungen** sind nur mit Zustimmung der betroffenen Gesellschafter möglich, wenn sie nicht durch die gesetzlichen Vorschriften über den Mindestnennbetrag der gewährten Geschäftsanteile bedingt sind. Auch sind Zuzahlungen innerhalb der gesetzlichen Grenzen insoweit zulässig, als der Anteilsinhaber auf die vollwertige Anteilsgewährung verzichtet (siehe Rz. 18 ff.).

§ 54 Abs. 4 UmwG beschränkt die baren Zuzahlungen, wenn der übernehmende 29
Rechtsträger eine GmbH ist, auf **10 % des Gesamtnennbetrags der gewährten Geschäftsanteile**[4]. Die 10 %-Grenze bezieht sich nach Wortlaut und Sinn und Zweck der Vorschrift auf die Summe der Nennbeträge aller gewährten Geschäftsanteile. Dies brauchen nicht neue Geschäftsanteile zu sein, vielmehr zählen auch bereits vorhandene den Anteilsinhabern der übertragenden Rechtsträger (aber auch durch Dritte) gewährte Geschäftsanteile mit[5]. Die Einschränkung auf 10 % des Gesamtnennbetrags der gewährten Geschäftsanteile gilt nicht für bare Zuzahlungen, die das Gericht nach § 15 UmwG festsetzt[6] und ebenso wenig für Barabfindungsangebote nach § 29 UmwG[7].

Problematisch ist die Behandlung von **Sachleistungen und Darlehen** als Gegen- 30
leistung für die Anteilsinhaber des übertragenden Rechtsträgers. Beides wird verbreitet als unzulässig angesehen, da das Gesetz nur bare Zuzahlungen erlaube[8].

---

1 *M. Winter/J. Vetter* in Lutter, § 54 UmwG Rz. 131; *Mayer* in Widmann/Mayer, § 54 UmwG Rz. 66; *Simon/Nießen* in KölnKomm. UmwG, § 54 UmwG Rz. 77; *Ihrig*, GmbHR 1995, 622 (631, 641).
2 *Reichert* in Semler/Stengel, § 54 UmwG Rz. 43.
3 *Ihrig*, GmbHR 1995, 622 (631); *Mayer* in Widmann/Mayer, § 54 UmwG Rz. 59.
4 Für einen vollständigen Verzicht auf die 10 %-Grenze bei Einverständnis aller Beteiligten *Priester*, ZIP 2013, 2033 (2036 f.).
5 *Simon/Nießen* in KölnKomm. UmwG, § 54 UmwG Rz. 73; *M. Winter/J. Vetter* in Lutter, § 54 UmwG Rz. 128.
6 Begr. RegE zu § 54 UmwG, BT-Drucks. 12/6699, S. 101; *M. Winter/J. Vetter* in Lutter, § 54 UmwG Rz. 129, *Haeder* in Henssler/Strohn, § 54 UmwG Rz 7.
7 *Reichert* in Semler/Stengel, § 54 UmwG Rz. 42; *Simon/Nießen* in KölnKomm. UmwG, § 54 UmwG Rz. 72.
8 *Reichert* in Semler/Stengel, § 54 UmwG Rz. 42; *Mayer* in Widmann/Mayer, § 54 UmwG Rz. 63 f.

Dem ist innerhalb der Grenze von 10 % nicht zu folgen, sofern dies mit Zustimmung der betroffenen Gesellschafter geschieht[1].

8. Rechtsfolgen

a) Verstoß gegen Kapitalerhöhungsverbote

31 Eine entgegen dem Verbot des § 54 Abs. 1 Satz 1 UmwG beschlossene Kapitalerhöhung ist nichtig und darf ebenso wie die Verschmelzung nicht eingetragen werden[2]. Findet dennoch eine Eintragung statt, werden sowohl die Verschmelzung als auch die Kapitalerhöhung nach § 20 Abs. 2 UmwG geheilt[3]. Die so erworbenen eigenen Anteile sind allerdings unverzüglich zu veräußern[4].

b) Verstoß gegen Mindestnennbetrag

32 Lautet der Betrag nicht auf volle Euro, ist der Verschmelzungsvertrag nichtig und der Zustimmungsbeschluss anfechtbar. Eine dennoch erfolgende Eintragung führt zur Heilung nach § 20 Abs. 2 UmwG[5].

c) Verstoß gegen Grenzen barer Zuzahlungen

33 Aus Verstoß folgt Nichtigkeit der entsprechenden Bestimmung des Verschmelzungsvertrags, im Zweifel nach § 139 BGB Nichtigkeit des ganzen Verschmelzungsvertrags[6]. Die Verschmelzung darf nicht in das Handelsregister eingetragen werden. Wird sie trotzdem eingetragen, so ist sie nach § 20 Abs. 2 UmwG wirksam. Besteht Gesamtnichtigkeit, so wird der gesamte Verschmelzungsvertrag einschließlich der baren Zuzahlungen geheilt, deren Behandlung allerdings

---

1 Ebenso *Priester*, ZIP 2013, 2033 (2035 f.) (sogar unter Verzicht auf die 10 %-Grenze); für Darlehen auch *Simon/Nießen* in KölnKomm. UmwG, § 54 UmwG Rz. 74; *Kleindiek* in Böttcher/Habighorst/Schulte, § 54 UmwG Rz. 45; ebenso nun *M. Winter/J. Vetter* in Lutter, § 54 UmwG Rz. 144 ff., die bei einem verzinslichen Darlehen darüber hinaus die Zustimmung der übrigen Gesellschafter verlangen; für Sachleistungen allgemein § 5 UmwG Rz. 22 und *Stratz* in Schmitt/Hörtnagl/Stratz, § 5 UmwG Rz. 66.
2 *Reichert* in Semler/Stengel, § 54 UmwG Rz. 46 f.; *Simon/Nießen* in KölnKomm. UmwG, § 54 UmwG Rz. 78 f.; *M. Winter/J. Vetter* in Lutter, § 54 UmwG Rz. 149.
3 *Reichert* in Semler/Stengel, § 54 UmwG Rz. 47; *Simon/Nießen* in KölnKomm. UmwG, § 54 UmwG Rz. 79; *Stratz* in Schmitt/Hörtnagl/Stratz, § 54 UmwG Rz. 27; zweifelnd *M. Winter/J. Vetter* in Lutter, § 54 UmwG Rz. 154 f.
4 *Reichert* in Semler/Stengel, § 54 UmwG Rz. 47; *Stratz* in Schmitt/Hörtnagl/Stratz, § 54 UmwG Rz. 27; *Simon/Nießen* in KölnKomm. UmwG, § 54 UmwG Rz. 80.
5 *M. Winter/J. Vetter* in Lutter, § 54 UmwG Rz. 156; *Reichert* in Semler/Stengel, § 54 UmwG Rz. 49.
6 *M. Winter/J. Vetter* in Lutter, § 54 UmwG Rz. 157; *Mayer* in Widmann/Mayer, § 54 UmwG Rz. 75; *Simon/Nießen* in KölnKomm. UmwG, § 54 UmwG Rz. 83.

umstritten ist. Richtigerweise ist hier zu differenzieren: Handelt es sich um Verstöße gegen das Kapitalaufbringungsrecht (vor allem bei Unterpari-Emission), entfallen Ansprüche der Gesellschafter auf Leistung der verbotenen Zuzahlungen[1]; werden diese geleistet, besteht sogar eine Differenzhaftung[2]. Bei sonstigen Mängeln (zB bei Überschreitung der Grenze von 10 % bei voller Kapitaldeckung oder bei Gleichheitsverstoß) besteht dagegen der Zahlungsanspruch, da er das Surrogat für die ansonsten nicht (voll) perpetuierte Mitgliedschaft darstellt[3].

§ 55
Verschmelzung mit Kapitalerhöhung

(1) Erhöht die übernehmende Gesellschaft zur Durchführung der Verschmelzung ihr Stammkapital, so sind § 55 Abs. 1, §§ 56a, 57 Abs. 2, Abs. 3 Nr. 1 des Gesetzes betreffend die Gesellschaften mit beschränkter Haftung nicht anzuwenden.

(2) Der Anmeldung der Kapitalerhöhung zum Register sind außer den in § 57 Abs. 3 Nr. 2 und 3 des Gesetzes betreffend die Gesellschaften mit beschränkter Haftung bezeichneten Schriftstücken der Verschmelzungsvertrag und die Niederschriften der Verschmelzungsbeschlüsse in Ausfertigung oder öffentlich beglaubigter Abschrift beizufügen.

1. Überblick und Anwendungsbereich 1	3. Zusätzliche Anforderungen an die Anmeldung der Kapitalerhöhung (§ 55 Abs. 2 UmwG) 8
2. Anwendung der Sachkapitalerhöhungsvorschriften (§ 55 Abs. 1 UmwG)	4. Kapitaldeckung und Differenzhaftung
a) Kapitalerhöhungsbeschluss ... 4	a) Kapitaldeckung 10
b) Ausdrücklich unanwendbare Vorschriften (§ 55 Abs. 1 UmwG) 6	b) Differenzhaftung 13
c) Weitere Anpassungen des GmbHG 7	5. Beschlussmängel 15

Literatur: *Ihrig*, Gläubigerschutz durch Kapitalaufbringung bei Verschmelzung und Spaltung nach neuem Umwandlungsrecht, GmbHR 1995, 622; *Moog*, Differenzhaftung im Umwandlungsrecht, 2009; *Sandberger*, Differenzhaftung, Unterbilanz und Gründerhaftung bei Umwandlungsvorgängen, FS H.P. Westermann, 2008, S. 1401; *Thoß*, Differenzhaftung bei der Kapitalerhöhung zur Durchführung einer Verschmelzung, NZG 2006,

---

1 So ohne Einschränkung auf diese Fälle *Mayer* in Widmann/Mayer, § 54 UmwG Rz. 77.
2 *M. Winter/J. Vetter* in Lutter, § 54 UmwG Rz. 160; *Reichert* in Semler/Stengel, § 54 UmwG Rz. 50.
3 So sogar für alle Mängel *Simon/Nießen* in KölnKomm. UmwG, § 54 UmwG Rz. 84.

376; *Wälzholz*, Aktuelle Probleme der Unterbilanz- und Differenzhaftung bei Umwandlungsfällen, AG 2006, 469.

1. Überblick und Anwendungsbereich

1 Regelmäßig muss die übernehmende GmbH ihr Kapital erhöhen, um den Anteilsinhabern des übertragenden Rechtsträgers Geschäftsanteile gewähren zu können (zu den Ausnahmen vgl. § 54 UmwG). Dabei handelt es sich um eine Sachkapitalerhöhung durch Einbringung des Vermögens des übertragenden Rechtsträgers, und zwar durch diesen selbst und nicht durch seine Anteilsinhaber[1]. Darauf finden die Regeln des GmbHG für Sachkapitalerhöhungen grundsätzlich Anwendung[2]. Allerdings enthält § 55 UmwG einige Sonderregelungen, die aber nicht abschließend sind.

2 Die Vorschrift gilt nur für die Verschmelzung im Wege der Aufnahme durch eine GmbH und betrifft nur Erhöhungen des Stammkapitals „**zur Durchführung** der Verschmelzung", nicht dagegen eine nur zeitlich mit der Verschmelzung zusammenfallende, von ihr aber unabhängige Kapitalerhöhung[3]. Für diese gelten nur die Vorschriften des GmbHG und es wird empfohlen, sie wegen der zahlreichen Unterschiede nicht in einem Beschluss mit der Verschmelzungskapitalerhöhung zu verbinden[4]. Eine Kapitalerhöhung erfolgt zur Durchführung der Verschmelzung, soweit durch sie die den Anteilsinhabern der übertragenden Rechtsträger zu gewährenden Geschäftsanteile geschaffen werden sollen. Dies sollte im Verschmelzungsvertrag klargestellt werden. Formulierungsvorschlag: „Zur Durchführung der Verschmelzung wird die A-GmbH ihr Stammkapital von ... Euro um ... Euro auf ... Euro erhöhen, und zwar durch Bildung eines Geschäftsanteils im Nennbetrag von ... Euro sowie eines Geschäftsanteils im Nennbetrag von ... Euro." Die Kapitalerhöhung wird dann mit der Verschmelzung wirksam, wie sich zweifelsfrei aus § 20 Abs. 1 Nr. 3 UmwG ergibt. Andererseits kann die Verschmelzung nicht ohne die Kapitalerhöhung wirksam werden. Denn dann stünden die zu gewährenden Geschäftsanteile nicht zur Verfügung. Dem trägt das Gesetz dadurch Rechnung, dass die Verschmelzung gemäß § 53 UmwG erst nach der Kapitalerhöhung im Handelsregister eingetragen wird (§ 53 UmwG Rz. 18). Zwischen Kapitalerhöhung und Verschmelzung besteht also eine gegenseitige **Wirksamkeitsverknüpfung**[5].

---

[1] *M. Winter/J. Vetter* in Lutter, § 55 UmwG Rz. 1; *Reichert* in Semler/Stengel, § 55 UmwG Rz. 2.
[2] *Simon/Nießen* in KölnKomm. UmwG, § 55 UmwG Rz. 1, 5; *M. Winter/J. Vetter* in Lutter, § 55 UmwG Rz. 1.
[3] *M. Winter/J. Vetter* in Lutter, § 55 UmwG Rz. 13.
[4] *M. Winter/J. Vetter* in Lutter, § 55 UmwG Rz. 13.
[5] *M. Winter/J. Vetter* in Lutter, § 55 UmwG Rz. 8 f.; zur AG (gestützt auf § 139 BGB) auch OLG Frankfurt v. 20.3.2012 – 5 AktG 4/11, AG 2012, 414 (415).

Die Vorschrift gilt auch für eine Verschmelzung im Wege der Aufnahme auf eine übernehmende **Unternehmergesellschaft (UG) (haftungsbeschränkt)** gemäß § 5a GmbHG. Auch diese kann bei einer Verschmelzung durch Aufnahme übernehmender Rechtsträger sein, wenn das Stammkapital zur Durchführung der Verschmelzung auf mindestens 25000 Euro erhöht wird, vgl. § 46 UmwG Rz. 1.

3

2. Anwendung der Sachkapitalerhöhungsvorschriften (§ 55 Abs. 1 UmwG)

a) Kapitalerhöhungsbeschluss

Nach § 53 GmbHG ist ein **Kapitalerhöhungsbeschluss** der Alt-Gesellschafter der übernehmenden GmbH erforderlich. Der Kapitalerhöhungsbeschluss kann zeitlich vor dem Verschmelzungsbeschluss gefasst werden. Zweckmäßigerweise wird er jedoch – auch aus Kostengründen und zur Vermeidung von inhaltlichen Differenzen – mit dem Zustimmungsbeschluss zum Verschmelzungsvertrag bei der übernehmenden GmbH verbunden[1]. Im Kapitalerhöhungsbeschluss muss zum Ausdruck gebracht werden, dass die Sacheinlagen durch den Übergang des Vermögens des übertragenden Rechtsträgers auf die übernehmende GmbH gemäß Verschmelzungsvertrag aufgebracht werden. Übliche Formulierung: „Der Geschäftsanteil im Nennbetrag von … Euro wird dem Gesellschafter X der B-GmbH als Gegenleistung für die Übertragung des Vermögens der B-GmbH auf die A-GmbH im Wege der Verschmelzung zur Aufnahme gewährt."

4

Die Nennbeträge der neuen Geschäftsanteile müssen auf volle Euro lauten (§ 55 Abs. 4 GmbHG iVm. § 5 Abs. 2 Satz 1 GmbHG). Es können aber mehrere neue Geschäftsanteile an denselben Anteilseigner gewährt werden (§ 5 Abs. 2 Satz 2 GmbHG). Übersteigt der Buchwert des übertragenen Vermögens den Nennbetrag der Kapitalerhöhung (gegebenenfalls zuzüglich barer Zuzahlungen), ist die Differenz in die **Kapitalrücklage** nach § 272 Abs. 2 Nr. 1 HGB zu buchen, ohne dass dafür eine gesonderte Festsetzung im Kapitalerhöhungsbeschluss erforderlich wäre[2]. Der **Kapitalerhöhungsbetrag** kann auch nur mit einer **Höchstgrenze** angegeben werden. Das bietet sich an, wenn noch nicht genau feststeht, wie viele Geschäftsanteile für die Anteilseigner des übertragenden Rechtsträgers benötigt werden und wird im Erhöhungsbeschluss durch die Formulierung „bis zu" zum Ausdruck gebracht[3]. Obwohl dies im Gesetz nicht aus-

5

---

1 *Mayer* in Widmann/Mayer, § 55 UmwG Rz. 40, 96; *M. Winter/J. Vetter* in Lutter, § 55 UmwG Rz. 11.
2 *Simon/Nießen* in KölnKomm. UmwG, § 55 UmwG Rz. 8; *M. Winter/J. Vetter* in Lutter, § 55 UmwG Rz. 15.
3 *Simon/Nießen* in KölnKomm. UmwG, § 55 UmwG Rz. 9; *M. Winter/J. Vetter* in Lutter, § 55 UmwG Rz. 16 f.

drücklich erwähnt wird, ist zur Ermöglichung der Verschmelzung auch eine Sachkapitalerhöhung aus genehmigtem Kapital möglich, wenn eine entsprechende Ermächtigung bei der übernehmenden GmbH vorhanden ist und sowohl betragsmäßig als auch inhaltlich (Sachkapitalerhöhung) die Verschmelzung abdeckt[1].

b) Ausdrücklich unanwendbare Vorschriften (§ 55 Abs. 1 UmwG)

6   § 55 Abs. 1 GmbHG wird für unanwendbar erklärt. Es brauchen also neben dem Kapitalerhöhungsbeschluss **keine Übernahmeerklärungen** abgegeben zu werden, an deren Stelle Verschmelzungsvertrag und Verschmelzungsbeschlüsse treten[2].

Aus dem Ausschluss von § 56a GmbHG folgt, dass **keine Einlagen vor der Anmeldung** zum Handelsregister erbracht sein müssen. Dies erfolgt nach § 53 UmwG mit der Eintragung der Verschmelzung[3].

Die Unanwendbarkeit von § 57 Abs. 2, Abs. 3 Nr. 1 GmbHG macht neben der Übernahmeerklärung auch die Abgabe einer Versicherung über die Leistung der Einlagen überflüssig[4].

c) Weitere Anpassungen des GmbHG

7   Auch § 55 Abs. 2 GmbHG ist zu modifizieren: Es können nur Anteilsinhaber des übertragenden Rechtsträgers zur Kapitalerhöhung zugelassen und daher keine weiteren Leistungen festgesetzt werden[5].

Entgegen § 55 Abs. 3 GmbHG ist auch eine Nennwertaufstockung bestehender Geschäftsanteile möglich (vgl. § 46 UmwG Rz. 7)[6].

Entgegen § 56 GmbHG ist eine **Anteilsinhaber-bezogene Festsetzung** des Sacheinlagegegenstandes **entbehrlich**. Es genügt, auf das gesamte Vermögen des übertragenden Rechtsträgers abzustellen (vgl. die Formulierung bei Rz. 4)[7]. Der Bezugsrechtsausschluss ist einer verschmelzungsbedingten Kapitalerhöhung immanent und daher nicht weiter zu problematisieren[8].

---

1 Ausführlich M. Winter/J. Vetter in Lutter, § 55 UmwG Rz. 20 ff.
2 M. Winter/J. Vetter in Lutter, § 55 UmwG Rz. 22, 50 f.; Simon/Nießen in KölnKomm. UmwG, § 55 UmwG Rz. 11.
3 Simon/Nießen in KölnKomm. UmwG, § 55 UmwG Rz. 12.
4 Simon/Nießen in KölnKomm. UmwG, § 55 UmwG Rz. 13; M. Winter/J. Vetter in Lutter, § 55 UmwG Rz. 52 f.
5 Simon/Nießen in KölnKomm. UmwG, § 55 UmwG Rz. 16 f.
6 Simon/Nießen in KölnKomm. UmwG, § 55 UmwG Rz. 18.
7 Simon/Nießen in KölnKomm. UmwG, § 55 UmwG Rz. 19.
8 M. Winter J. Vetter in Lutter, § 55 UmwG Rz. 58.

Schließlich kann auch § 57 Abs. 1 GmbHG keine Anwendung finden, wonach die Handelsregisteranmeldung erst nach Übernahme der Geschäftsanteile erfolgen kann, die bei der verschmelzungsbedingten Kapitalerhöhung nicht stattfindet[1].

3. Zusätzliche Anforderungen an die Anmeldung der Kapitalerhöhung (§ 55 Abs. 2 UmwG)

Während § 55 Abs. 1 UmwG für die Anmeldung der Kapitalerhöhung einige Erleichterungen vorsieht, stellt § 55 Abs. 2 UmwG über das GmbHG hinausgehende Anforderungen auf. **Anmeldepflichtig** sind auch bei der verschmelzungsbedingten Kapitalerhöhung alle Geschäftsführer der übernehmenden GmbH (§ 78 GmbHG). Unzutreffend ist die Ansicht, es sei abweichend davon eine Bevollmächtigung zulässig[2]. Sie übersieht, dass die Strafbewehrung nach § 82 Abs. 1 Nr. 3 GmbHG alle Angaben im Zusammenhang mit einer Kapitalerhöhung umfasst und nicht nur die hier unanwendbare Versicherung nach § 57 Abs. 2 GmbHG[3]. 8

Nach § 55 Abs. 2 UmwG sind der Anmeldung der Kapitalerhöhung der **Verschmelzungsvertrag und die Niederschriften der Verschmelzungsbeschlüsse** (auch der übertragenden Rechtsträger) in Ausfertigung oder beglaubigter Abschrift beizufügen. Die Kapitalerhöhung kann also erst angemeldet werden, wenn die Anteilsinhaber sämtlicher an der Verschmelzung beteiligten Rechtsträger dem Verschmelzungsvertrag zugestimmt haben[4]. Der Verschmelzungsvertrag ersetzt dabei die Einbringungsverträge nach § 57 Abs. 3 Nr. 3 GmbHG[5]. Nach überwiegender Meinung ist nach § 57 Abs. 3 Nr. 2 GmbHG eine **Liste der Übernehmer** beizufügen, obwohl sich deren Inhalt auch aus den sonstigen beigefügten Unterlagen erschließen lässt[6]; in der Praxis sollte sie immer beigefügt werden. Zusätzlich erforderlich sind die nach GmbHG erforderlichen Unterlagen wie die neue Satzung mit der geänderten Stammkapitalziffer und die notariellen Protokolle über die Beschlüsse[7]. Schließlich sind auch **Wertnachweisunterlagen** vorzulegen. Bei Übernahme zu Buchwerten genügt die Einreichung der Schlussbilanz des übertragenden Rechtsträgers auch zum Handelsregister 9

---

1 *Simon/Nießen* in KölnKomm. UmwG, § 55 UmwG Rz. 28.
2 So aber *Mayer* in Widmann/Mayer, § 55 UmwG Rz. 87.
3 Zutreffend *Simon/Nießen* in KölnKomm. UmwG, § 55 UmwG Rz. 30; vgl. auch § 53 UmwG Rz. 3.
4 *M. Winter/J. Vetter* in Lutter, § 55 UmwG Rz. 63; *Simon/Nießen* in KölnKomm. UmwG, § 55 UmwG Rz. 31.
5 *Simon/Nießen* in KölnKomm. UmwG, § 55 UmwG Rz. 33.
6 *Mayer* in Widmann/Mayer, § 55 UmwG Rz. 90 f.; *Simon/Nießen* in KölnKomm. UmwG, § 55 UmwG Rz. 32; aA *Stratz* in Schmitt/Hörtnagl/Stratz, § 55 UmwG Rz. 25.
7 *Simon/Nießen* in KölnKomm. UmwG, § 55 UmwG Rz. 36 f.

des übernehmenden Rechtsträgers, evtl. mit der Bescheinigung eines Wirtschaftsprüfers oder Steuerberaters, dass die Buchwerte gemäß Schlussbilanz insgesamt mindestens den Verkehrswerten entsprechen[1]. Im Übrigen kann für die Anmeldung der Kapitalerhöhung auf § 53 UmwG Rz. 2 ff. verwiesen werden.

4. Kapitaldeckung und Differenzhaftung

a) Kapitaldeckung

10 Wie bei jeder Sachkapitalerhöhung muss der Wert der Sacheinlage, also des übergegangenen Vermögens des übertragenden Rechtsträgers, die Summe der Nennbeträge der im Zuge der Kapitalerhöhung neu geschaffenen Anteile decken[2]. Das Registergericht des Sitzes der übernehmenden GmbH hat nach §§ 57a, 9c Abs. 1 Satz 2 GmbHG diese Kapitaldeckung zu prüfen, wobei auch der **Betrag etwaiger barer Zuzahlungen** (dazu § 54 UmwG Rz. 27 ff.) gedeckt sein muss[3]. Richtigerweise kommt es dabei auch bei der **disquotalen Verschmelzung** nur auf das gesamte übertragene Vermögen und die Nennbeträge der dafür insgesamt gewährten Geschäftsanteile an[4]. Strittig ist die Behandlung der **Mehrfachverschmelzung**, ob also bei ihr nur auf das saldierte Gesamtvermögen abzustellen oder jeder übertragende Rechtsträger separat zu betrachten ist, was die Beteiligung eines vermögenslosen Rechtsträgers ausschließen würde[5]. Eine Einzelbetrachtung ist selbst auf Grundlage der hier (§ 46 UmwG Rz. 5) vertretenen Auffassung zur Notwendigkeit einer Einzelnennwertausweisung abzulehnen, da diese aus Gläubigerschutzgesichtspunkten nicht erforderlich ist und dem Konzept der Mehrfachverschmelzung zuwiderliefe[6]. Umstritten ist auch der **maßgebliche Zeitpunkt** für das Vorliegen der Kapitaldeckung: Während es bei der normalen Kapitalerhöhung auf den Zeitpunkt der Anmeldung der Erhöhung ankommt (vgl. § 9 Abs. 1 GmbHG), stellte die bisher hL bei der verschmelzungsbedingten Kapitalerhöhung auf die Eintragung der Verschmelzung bei der übernehmenden GmbH ab, weil die Sacheinlage bei dieser erst

---

1 *Mayer* in Widmann/Mayer, § 55 UmwG Rz. 57, 75, 79; *M. Winter/J. Vetter* in Lutter, § 55 UmwG Rz. 31 ff.
2 *Simon/Nießen* in KölnKomm. UmwG, § 55 UmwG Rz. 39.
3 *Ihrig*, GmbHR 1995, 622 (640); *M. Winter/J. Vetter* in Lutter, § 55 UmwG Rz. 26.
4 Wie hier *Simon/Nießen* in KölnKomm. UmwG, § 55 UmwG Rz. 39; jetzt auch *M. Winter/J. Vetter* in Lutter, § 55 UmwG Rz. 26; aA (separate Prüfung für jeden Anteilsinhaber) *Ihrig*, GmbHR 1995, 622 (635 ff.).
5 Für letztgenannte Ansicht OLG Frankfurt aM v. 10.3.1998 – 20 W 60/98, GmbHR 1998, 542 = DB 1998, 917.
6 Zutreffend *M. Winter/J. Vetter* in Lutter, § 55 UmwG Rz. 29 mwN; *Kleindiek* in Böttcher/Habighorst/Schulte, § 55 UmwG Rz. 10.

dann bewirkt werde[1]. Im Vordringen ist die Ansicht, die auch hier auf den Zeitpunkt der Anmeldung der Kapitalerhöhung abstellt[2]. Der neueren Ansicht ist zuzustimmen, weil auch bei der Verschmelzung mit Anmeldung alles getan ist, um den dinglichen Übergang zu ermöglichen[3].

Im Wege der Verschmelzung können bisher vom übertragenden Rechtsträger an der übernehmenden GmbH gehaltene Anteile auf diese übergehen, soweit sie nicht an die Anteilsinhaber des übertragenden Rechtsträgers ausgekehrt werden (dazu § 54 UmwG Rz. 11). Sie werden in diesem Fall zu **eigenen Anteilen** der übernehmenden GmbH. Obwohl diese eigenen Anteile bewertbar und aufgrund ihrer Veräußerbarkeit auch verwertbar sind[4], können Sie **nicht zur Kapitaldeckung herangezogen** werden[5]. Denn im GmbH-Recht wird diesen die Sacheinlagefähigkeit mangels realer Kapitalaufbringung mit Nutzen für die Gesellschaftsgläubiger einhellig abgesprochen[6]. Werden umgekehrt von der übernehmenden GmbH schon vor der Verschmelzung gehaltene eigene Geschäftsanteile neben den neuen Anteilen an die Anteilsinhaber der übertragenden Rechtsträger gewährt, ist deren Wert vom Wert des übergehenden Vermögens abzuziehen[7]. 11

Maßgebend ist nicht der Buchwert, sondern **der „tatsächliche" oder „wahre" Wert des übergegangenen Vermögens**[8]. Handelt es sich um ein Unternehmen, so ist der nach der Ertragswertmethode ermittelte Unternehmenswert maßgeblich[9]. Die Eintragung darf aber nach § 9c Abs. 1 Satz 2 GmbHG idF des MoMiG nur im Fall einer nicht unwesentlichen Überbewertung abgelehnt werden. 12

---

1 *Ihrig*, GmbHR 1995, 622 (640 f.); *Sandberger* in FS H.P. Westermann, 2008, S. 1401 (1407 f.); *Haeder* in Henssler/Strohn, § 55 UmwG Rz. 8; unklar *Mayer* in Widmann/Mayer, § 55 UmwG Rz. 71 ff., 81.
2 *Simon/Nießen* in KölnKomm. UmwG, § 55 UmwG Rz. 41; *Wälzholz*, AG 2006, 469 (475); so jedenfalls für den maßgeblichen Zeitpunkt der Differenzhaftung auch *Mayer* in Widmann/Mayer, § 55 UmwG Rz. 81.
3 Zutreffend *M. Winter/J. Vetter* in Lutter, § 55 UmwG Rz. 27.
4 Dazu *Blumenberg/Roßner*, GmbHR 2008, 1079 (1081 f.).
5 *Priester* in Lutter, § 24 UmwG Rz. 63; *Simon/Nießen* in KölnKomm. UmwG, § 54 UmwG Rz. 25, 34; *Maulbetsch* in Maulbetsch/Klumpp/Rose, § 24 UmwG Rz. 55; aA *Ihrig*, GmbHR 1995, 622 (641); wohl ebenfalls aA (nur Grenzen von § 33 GmbHG zu beachten) *Stoye-Benk/Cutura*, Handbuch Umwandlungsrecht, 3. Aufl. 2012, Kapitel 3 Rz. 89.
6 *Ziemons* in Ziemons/Jaeger, Beck'scher OK GmbHG, Edition 25, 2015, § 5 GmbHG Rz. 211a; *Zeidler* in Michalski, § 5 GmbHG Rz. 117; *Zöllner/Fastrich* in Baumbach/Hueck, § 56 GmbHG Rz. 7; *Lieder* in MünchKomm. GmbHG, 2. Aufl. 2016, § 55 GmbHG Rz. 118.
7 *Ihrig*, GmbHR 1995, 622 (641).
8 *Mayer* in Widmann/Mayer, § 55 UmwG Rz. 64; *M. Winter/J. Vetter* in Lutter, § 55 UmwG Rz. 31; *Reichert* in Semler/Stengel, § 55 UmwG Rz. 10.
9 *M. Winter/J. Vetter* in Lutter, § 55 UmwG Rz. 32.

b) Differenzhaftung

13 Auch bei einer Kapitalerhöhung zur Durchführung einer Verschmelzung gilt nach dem Wortlaut die Differenzhaftung nach § 9 GmbHG iVm. § 56 Abs. 2 GmbHG (diese Vorschriften sind nicht ausgenommen). Dennoch ist stark umstritten, ob die Differenz **durch Barzahlung auszugleichen** ist, wenn gemessen am Stammeinlagebetrag eine Überbewertung des anteiligen Vermögens des übertragenden Rechtsträgers vorliegt (zum maßgeblichen Zeitpunkt vgl. Rz. 10). Anknüpfungspunkt der Gegenansicht ist, dass bei den Anteilsinhabern des übertragenden Rechtsträgers insofern eine von der ordentlichen Sachkapitalerhöhung abweichende Lage besteht, als sie keine Übernahmeerklärungen und damit keine Kapitaldeckungszusage abgegeben haben und möglicherweise beim Verschmelzungsbeschluss überstimmt wurden. Teilweise wird die Differenzhaftung daher abgelehnt[1], vor allem seit der BGH diese ausdrücklich für die AG als übernehmenden Rechtsträger verneint hat[2] und eine Übertragung dieser Rechtsprechung auf die GmbH wahrscheinlich wäre. Unangemessen ist die Differenzhaftung im Ausgangspunkt in der Tat gegenüber überstimmten Minderheitsgesellschaftern, so dass teilweise vorgeschlagen wird, nur solche Gesellschafter haften zu lassen, die für den Beschluss gestimmt haben[3]. Richtigerweise ist allgemein eine Differenzhaftung aller Anteilsinhaber der übertragenden Rechtsträger anzunehmen[4]. Das entscheidende Argument hierfür ist, dass die Differenzhaftung wirtschaftlich zugleich zu einer Korrektur des Umtauschverhältnisses führt, das durch die Überbewertung des Vermögens des übertragenden Rechtsträgers ebenfalls unzutreffend war, so dass die betroffenen Gesellschafter anfänglich auch einen zu hohen Gegenwert erhalten haben[5]. Deshalb müssen sie sich gegen eine Überbewertung des Vermögens ihrer Gesellschaft durch Anfechtungs- oder Nichtigkeitsklage gegen den Verschmelzungsbeschluss wehren (siehe Rz. 15), soweit der Betrag der Überbewertung nach dem Verschmelzungsvertrag zur Kapitaldeckung herangezogen wird und sie keine Bareinlage leisten wollen. Die einzelnen Anteilsinhaber haften allerdings lediglich **pro rata** ihrer Beteiligung[6].

---

1 *Simon/Nießen* in KölnKomm. UmwG, § 55 UmwG Rz. 23.
2 BGH v. 12.3.2007 – II ZR 302/05, AG 2007, 487; kritisch dazu *Kallmeyer*, GmbHR 2007, 1121; Vorinstanz OLG München v. 27.10.2005 – 23 U 2826/05, AG 2006, 209 mit Bespr.-Aufsatz *Wälzholz*, AG 2006, 469 ff.
3 *Thoß*, NZG 2006, 376 (377 f.); dagegen *Sandberger* in FS H. P. Westermann, 2008, S. 1401 (1414).
4 *Stratz* in Schmitt/Hörtnagl/Stratz, § 55 UmwG Rz. 5 f.; *Ihrig*, GmbHR 1995, 622 (634, 642); *M. Winter/J. Vetter* in Lutter, § 55 UmwG Rz. 42; *Mayer* in Widmann/Mayer, § 55 UmwG Rz. 80; *Moog*, Differenzhaftung im Umwandlungsrecht, 2009; *Sandberger* in FS H. P. Westermann, 2008, S. 1401 (1407 ff.); *Wälzholz*, AG 2006, 469 (474 f.); *Reichert* in Semler/Stengel, § 55 UmwG Rz. 11; *Haeder* in Henssler/Strohn, § 55 UmwG Rz. 8.
5 *Kallmeyer*, GmbHR 2007, 1121 (1122).
6 *Ihrig*, GmbHR 1995, 622 (635 ff.); *M. Winter/J. Vetter* in Lutter, § 55 UmwG Rz. 43; *Mayer* in Widmann/Mayer, § 55 UmwG Rz. 81; *Reichert* in Semler/Stengel, § 55 UmwG Rz. 11; *Stratz* in Schmitt/Hörtnagl/Stratz, § 55 UmwG Rz. 6.

Ein mit Mehrheit gefasster Verschmelzungsbeschluss ist **nur rechtmäßig**, wenn 14
die Verschmelzung so gestaltet ist, dass eine **Differenzhaftung der Anteilsinhaber nahezu ausgeschlossen** ist (siehe auch § 40 UmwG Rz. 8 ff. zur Hafteinlage des Kommanditisten). Zunächst kann das Risiko einer Differenzhaftung dadurch verringert werden, dass man im Rahmen des § 54 Abs. 1 Satz 2 UmwG zum Zwecke der Anteilsgewährung vorrangig auf bereits bestehende eigene Anteile zurückgreift und nur für den Rest eine Kapitalerhöhung vorsieht. Wenn keine eigenen Anteile vorhanden sind, kommt auch die Anteilsabtretung durch die Altgesellschafter der übernehmenden Gesellschaft an die Anteilsinhaber der übertragenden Gesellschaft in Frage. Sie vollzieht sich allerdings außerhalb des Verschmelzungsvorgangs iS einer Ausgleichsleistung und kann auch die Anteilsgewährung durch die übernehmende Gesellschaft nicht vollständig ersetzen. Schließlich kann man im Falle einer Unterbilanz bei der übernehmenden GmbH das Risiko einer Differenzhaftung dadurch minimieren, dass die übernehmende GmbH vor der Verschmelzung eine (vereinfachte) Kapitalherabsetzung zum Ausgleich der Verluste durchführt und dann der Betrag der Kapitalerhöhung zur Durchführung der Verschmelzung entsprechend niedriger festgesetzt wird.

5. Beschlussmängel

Ist die Verschmelzung mit dem konkreten Risiko einer Differenzhaftung behaftet, 15
so ist der **Verschmelzungsbeschluss** bei dem **übertragenden Rechtsträger** innerhalb der Frist des § 14 Abs. 1 UmwG **anfechtbar bzw. kann die Feststellung der Nichtigkeit beantragt werden**. Zur Wahrung der Klagefrist dient die Information durch den Verschmelzungsbericht und den Verschmelzungsprüfungsbericht.

Der **Kapitalerhöhungsbeschluss der übernehmenden GmbH** kann nach all- 16
gemeinen Grundsätzen anfechtbar oder nichtig sein. Besonderheiten ergeben sich aus der Umwandlungssituation: Da § 14 Abs. 2 UmwG es den Gesellschaftern der übernehmenden GmbH erlaubt, die Anfechtung des Verschmelzungsbeschlusses auf ein fehlerhaftes **Umtauschverhältnis** zu stützen und die beiden Beschlüsse voneinander abhängig sind (dazu Rz. 2), ist es nicht nötig (wohl aber möglich), auch den Kapitalerhöhungsbeschluss mit dieser Begründung anzufechten[1]. Das **Freigabeverfahren** nach § 16 Abs. 3 UmwG erstreckt sich auch auf den Kapitalerhöhungsbeschluss (vgl. § 16 UmwG Rz. 55)[2]. Das gilt selbst dann, wenn sich Klagen ausschließlich gegen diesen richten[3], da die Kläger an-

---

1 *M. Winter/J. Vetter* in Lutter, § 55 UmwG Rz. 79; *Reichert* in Semler/Stengel, § 55 UmwG Rz. 27; aA (Vorgehen nur gegen Verschmelzungsbeschluss möglich) *Stratz* in Schmitt/Hörtnagl/Stratz, § 55 UmwG Rz. 29.
2 BGH v. 21.5.2007 – II ZR 266/04, ZIP 2007, 1524 (1526) = AG 2007, 625 (zur AG).
3 *M. Winter/J. Vetter* in Lutter, § 55 UmwG Rz. 81; *Reichert* in Semler/Stengel, § 55 UmwG Rz. 28; *Simon/Nießen* in KölnKomm. UmwG, § 55 UmwG Rz. 45; vgl. auch § 16 UmwG Rz. 55.

sonsten allein durch die Wahl ihres Anfechtungsgegenstands das Freigabeverfahren aushebeln könnten.

17 Wird nach der Kapitalerhöhung auch die Verschmelzung in das Handelsregister eingetragen, erstreckt sich die **Heilungswirkung** von § 20 Abs. 2 UmwG auch auf die Kapitalerhöhung, damit die Anteilsinhaber des übertragenden Rechtsträgers ihre ursprünglichen Anteile nicht kompensationslos verlieren[1]. Wird zwar die Kapitalerhöhung, nicht aber die Verschmelzung eingetragen, so ist die Kapitalerhöhung **von Amts wegen zu löschen**[2].

18 Enthält der Verschmelzungsbericht unzutreffende Angaben, so kommt auch nach Ablauf der Klagefrist eine **Haftung** der Mitglieder des Vertretungsorgans nach § 25 UmwG in Betracht, denn es handelt sich um eine Frage der Prüfung der Vermögenslage der Rechtsträger (§ 25 Abs. 1 Satz 2 UmwG). War die Verschmelzungsprüfung unzutreffend, so kommt eine Haftung der Verschmelzungsprüfer nach § 11 Abs. 2 Satz 2 UmwG in Betracht[3]. Darüber hinaus kommt eine Haftung des Mehrheitsgesellschafters wegen Treupflichtverletzung in Betracht. Ein Austrittsrecht wegen drohender Differenzhaftung besteht dagegen nicht[4].

Zweiter Unterabschnitt
Verschmelzung durch Neugründung

§ 56
Anzuwendende Vorschriften

Auf die Verschmelzung durch Neugründung sind die Vorschriften des Ersten Unterabschnitts mit Ausnahme der §§ 51 bis 53, 54 Absatz 1 bis 3 sowie des § 55 entsprechend anzuwenden.

1. Anwendung von Vorschriften auf eine übertragende GmbH 1	b) § 51 UmwG 4
2. Anwendung von Vorschriften auf die neue GmbH 2	c) § 52 UmwG 5
a) § 46 UmwG 3	d) § 54 Abs. 4 UmwG 6
	e) § 55 UmwG/Gründungsvorschriften des GmbHG 7

---

1 *Reichert* in Semler/Stengel, § 55 UmwG Rz. 29; *Simon/Nießen* in KölnKomm. UmwG, § 55 UmwG Rz. 46; *Kleindiek* in Böttcher/Habighorst/Schulte, § 55 UmwG Rz. 31; iE ebenso (wenn auch unter Ablehnung des Begriffs „Heilung") *M. Winter/J. Vetter* in Lutter, § 55 UmwG Rz. 82; ebenso zur AG und eine damit verbundene Kapitalherabsetzung OLG Frankfurt v. 24.1.2012 – 20 W 504/10, AG 2012, 461 = ZIP 2012, 826.
2 *Simon/Nießen* in KölnKomm. UmwG, § 55 UmwG Rz. 47.
3 *Ihrig*, GmbHR 1995, 622 (635).
4 *Ihrig*, GmbHR 1995, 622 (635); *Mayer* in Widmann/Mayer, § 55 UmwG Rz. 82 f.; *Stratz* in Schmitt/Hörtnagl/Stratz, § 55 UmwG Rz. 6.

Anzuwendende Vorschriften | § 56

1. Anwendung von Vorschriften auf eine übertragende GmbH

Auf eine **übertragende GmbH**[1] sind bei einer Verschmelzung durch Neugründung grundsätzlich die Vorschriften des Ersten Unterabschnitts mit Ausnahme der ausdrücklich von der Verweisung ausgenommenen Normen anwendbar. Auf die **Rechtsform der neuen Gesellschaft kommt es dafür nicht an**. Relevant ist das natürlich nur für solche Vorschriften des Ersten Unterabschnitts, die auf die GmbH als übertragenden Rechtsträger abstellen. Es handelt sich um die §§ 47, 48, 49 und 50 UmwG[2]. Eine Besonderheit ergibt sich bei § 47 UmwG: Den Gesellschaftern ist auch der Gesellschaftsvertrag bzw. die Satzung des neuen Rechtsträgers als Bestandteil des Verschmelzungsvertrags nach § 47 UmwG zu übersenden. Denn sie müssen nach § 59 Satz 1 UmwG dem Gesellschaftsvertrag durch den Verschmelzungsbeschluss zustimmen. Damit übereinstimmend genügt auch bei der Verschmelzung im Wege der Neugründung nach § 49 Abs. 1 UmwG die Ankündigung der „Verschmelzung mit der X-GmbH" als Beschlussgegenstand (§ 49 UmwG Rz. 2). Außer den ausdrücklich von der Verweisung ausgenommenen Vorschriften des Ersten Unterabschnitts sind auch diejenigen Vorschriften auf die übertragende GmbH unanwendbar, die auf die GmbH als übernehmenden statt als übertragenden Rechtsträger abstellen. Das gilt für §§ 46 und 54 Abs. 4 UmwG[3].

1

2. Anwendung von Vorschriften auf die neue GmbH

Auch **hinsichtlich der neuen GmbH**[4] ist die **Auflistung** in § 56 UmwG **nicht vollständig**, da einige nicht ausgenommene Normen des Ersten Unterabschnitts auf eine neue GmbH nicht passen[5]. Die Rechtsform des übertragenden Rechtsträgers ist dagegen für die Anwendung grundsätzlich bedeutungslos, wenn nur neuer Rechtsträger eine GmbH ist[6].

2

a) § 46 UmwG

Bedeutungsvoll ist die Verweisung auf § 46 Abs. 1 Satz 2 und 3 UmwG. Anwendbar ist (trotz des auf eine Kapitalerhöhung abstellenden Wortlauts) sinngemäß auch § 46 Abs. 2 UmwG mit der Maßgabe, dass er sich auf Rechte und

3

---

1 Zur UG (haftungsbeschränkt) vgl. § 3 UmwG Rz. 9.
2 *M. Winter/J. Vetter* in Lutter, § 56 UmwG Rz. 9; *Mayer* in Widmann/Mayer, § 56 UmwG Rz. 8; *Simon/Nießen* in KölnKomm. UmwG, § 56 UmwG Rz. 6.
3 *Simon/Nießen* in KölnKomm. UmwG, § 56 UmwG Rz. 8; *M. Winter/J. Vetter* in Lutter, § 56 UmwG Rz. 27.
4 Zur UG (haftungsbeschränkt) vgl. § 3 UmwG Rz. 9.
5 *Simon/Nießen* in KölnKomm. UmwG, § 56 UmwG Rz. 3.
6 *Simon/Nießen* in KölnKomm. UmwG, § 56 UmwG Rz. 9.

Pflichten bezieht, die nicht alle Anteilsinhaber der übertragenden Rechtsträger in gleicher Weise treffen[1]. § 46 Abs. 3 UmwG ist jedoch gegenstandslos[2].

b) § 51 UmwG

4   Die Nichtanwendung von § 51 Abs. 1 Satz 3 und Abs. 2 UmwG bei einer Verschmelzung zur Neugründung einer GmbH ist nach einhelliger Ansicht rechtspolitisch verfehlt, da ein vergleichbares Schutzbedürfnis besteht[3]. Teilweise wird dennoch aus dem eindeutigen Wortlaut gefolgert, dass diese Normen nicht anwendbar sind[4]. Richtigerweise ist dagegen von einem Redaktionsversehen auszugehen[5], das sich daraus erklären lässt, dass § 51 Abs. 1 Satz 1 und 2 UmwG für die Verschmelzung durch Neugründung tatsächlich nicht einschlägig sein können. Für die Praxis sollte schon aus Vorsichtsgründen von der Anwendbarkeit auch von § 51 Abs. 1 Satz 3 und Abs. 2 UmwG ausgegangen werden, solange die Frage nicht höchstrichterlich geklärt ist.

c) § 52 UmwG

5   Nach altem Recht war § 52 Abs. 2 UmwG aF über die **Gesellschafterliste** anwendbar. Diese Norm wurde durch das 3. UmwGÄndG gestrichen; insoweit gilt nun § 40 GmbHG (Einreichung durch den Notar)[6]. § 52 UmwG (entspricht § 52 Abs. 1 UmwG aF) ist auf die neue GmbH nach wie vor nicht anwendbar.

d) § 54 Abs. 4 UmwG

6   Die entsprechende Anwendung von § 54 Abs. 4 UmwG zeigt zunächst, dass auch bei einer Verschmelzung zur Neugründung **bare Zuzahlungen** zulässig sind. Entsprechende Anwendung dieser Vorschrift bedeutet, dass die Zuzahlungen jedenfalls 10 % des Stammkapitals der neuen Gesellschaft nicht übersteigen dürfen. Umstritten ist, ob sie auch 10 % des Gesamtnennbetrages der den Anteilsinhabern jedes einzelnen übertragenden Rechtsträgers gewährten Geschäfts-

---

1   *M. Winter/J. Vetter* in Lutter, § 56 UmwG Rz. 15; *Simon/Nießen* in KölnKomm. UmwG, § 56 UmwG Rz. 10; *Reichert* in Semler/Stengel, § 56 UmwG Rz. 8.
2   *M. Winter/J. Vetter* in Lutter, § 56 UmwG Rz. 11; *Simon/Nießen* in KölnKomm. UmwG, § 56 UmwG Rz. 10.
3   *M. Winter/J. Vetter* in Lutter, § 56 UmwG Rz. 20; *Simon/Nießen* in KölnKomm. UmwG, § 56 UmwG Rz. 13; *Reichert* in Semler/Stengel, § 56 UmwG Rz. 11.
4   *Simon/Nießen* in KölnKomm. UmwG, § 56 UmwG Rz. 13; *Kleindiek* in Böttcher/Habighorst/Schulte, § 56 UmwG Rz. 7.
5   Gleichsinnig *Mayer* in Widmann/Mayer, § 56 UmwG Rz. 12; iE ebenso (wenn auch mit abweichender Begründung) *M. Winter/J. Vetter* in Lutter, § 56 UmwG Rz. 22 ff.
6   Vgl. *Stöber*, CFL 2011, 266 (272); *Erkens/Lakenberg*, Der Konzern 2011, 392 (401); *Simon/Merkelbach*, DB 2011, 1317 (1323).

anteile nicht übersteigen dürfen[1]. Wie bei der Verschmelzung durch Aufnahme dürfen bare Zuzahlungen auch hier nicht zu einer versteckten Unterpari-Emission führen[2].

e) § 55 UmwG/Gründungsvorschriften des GmbHG

§ 55 UmwG wird insgesamt von der Verweisung ausgenommen, weil keine Kapitalerhöhung erfolgt. Bei einer Verschmelzung im Wege der Neugründung einer GmbH sind jedoch die Gründungsvorschriften des GmbHG über § 36 Abs. 2 UmwG anwendbar, soweit sich nicht umwandlungsrechtliche Besonderheiten ergeben (vgl. dazu auch § 36 UmwG Rz. 8 ff.)[3]. So wird § 2 Abs. 1 GmbHG durch § 36 Abs. 2 Satz 2 UmwG verdrängt und § 4 GmbHG durch § 18 UmwG modifiziert, ebenso § 5 GmbHG durch §§ 46 und 57 UmwG und § 6 GmbHG durch § 59 UmwG; §§ 7 Abs. 1 und 78 GmbHG werden durch § 38 UmwG verdrängt (die Anwendung von § 7 Abs. 2 und 3 GmbHG scheitert schon daran, dass keine gesonderten Einlagen geleistet werden), ebenso wie Teile von § 8 GmbHG durch § 17 Abs. 1 UmwG[4]. Das gründungsbezogene Haftungsrecht der GmbH (§§ 9 bis 11 GmbHG) ist grundsätzlich anwendbar, wobei wiederum verschmelzungsbedingte Besonderheiten gelten können; eine Haftung nach § 11 GmbHG oder wegen einer möglichen Unterbilanz lässt sich dabei durch Handeln im Namen des übertragenden Rechtsträgers bis zur Eintragung verhindern, weil dann für den neuen Rechtsträger vor seinem Entstehen noch keine Verbindlichkeiten begründet werden[5].

7

§ 57
Inhalt des Gesellschaftsvertrags

In den Gesellschaftsvertrag sind Festsetzungen über Sondervorteile, Gründungsaufwand, Sacheinlagen und Sachübernahmen, die in den Gesellschaftsverträgen, Partnerschaftsverträgen oder Satzungen übertragender Rechtsträger enthalten waren, zu übernehmen.

---

1 Gegen ein solches Erfordernis *M. Winter/J. Vetter* in Lutter, § 56 UmwG Rz. 17; *Simon/Nießen* in KölnKomm. UmwG, § 56 UmwG Rz. 12; *Mayer* in Widmann/Mayer, § 56 UmwG Rz. 11; wohl auch *Stratz* in Schmitt/Hörtnagl/Stratz, § 56 UmwG Rz. 9; dafür indes *Reichert* in Semler/Stengel, § 56 UmwG Rz. 10.
2 *Reichert* in Semler/Stengel, § 56 UmwG Rz. 10; *M. Winter/J. Vetter* in Lutter, § 56 UmwG Rz. 16.
3 Vgl. *M. Winter/J. Vetter* in Lutter, § 56 UmwG Rz. 28.
4 Näher dazu *M. Winter/J. Vetter* in Lutter, § 56 UmwG Rz. 29 ff.
5 Näher *M. Winter/J. Vetter* in Lutter, § 56 UmwG Rz. 55 ff. und *Reichert* in Semler/Stengel, § 56 UmwG Rz. 17.

§ 57 | Verschmelzung – Beteiligung von GmbH

1 Festsetzungen über Sondervorteile, Gründungsaufwand, Sacheinlagen und -übernahmen, die in den Gesellschaftsverträgen, Partnerschaftsverträgen und Satzungen übertragender Rechtsträger enthalten sind, müssen in dem **Gesellschaftsvertrag der neuen GmbH wiederholt** werden. Zur Übersichtlichkeit und Bestimmbarkeit der Fristen sollten die übernommenen Festsetzungen in der Satzung der neuen GmbH gesondert als solche gekennzeichnet werden[1]. Gemeint sind nur **obligatorische**, nicht auch fakultative **Festsetzungen**[2]. Soweit es sich nicht um historische Festsetzungen handelt, sondern solche nur in Bezug auf die neue GmbH getroffen werden, gilt über § 36 Abs. 2 UmwG nur das GmbHG[3]. Die praktischen Auswirkungen hängen von der **Rechtsform des übertragenden Rechtsträgers** ab:

2 Die Vorschrift hat vor allem Bedeutung, wenn es sich bei einem übertragenden Rechtsträger um eine **AG** handelt. Sie bezieht sich dann auf §§ 26 und 27 AktG. Auch in diesem Fall erübrigt sich jedoch die Übernahme, wenn die AG bereits 30 Jahre im Handelsregister eingetragen war (§§ 26 Abs. 5, 27 Abs. 5 AktG)[4]. Die §§ 26 Abs. 4 und 5, 27 Abs. 5 AktG gelten auch bei der neuen GmbH für die übernommenen Satzungsbestimmungen weiter[5]. Maßgebend für die Löschungsmöglichkeiten bleibt die Eintragung der übertragenden AG im Handelsregister; die Fristen beginnen nicht neu zu laufen[6].

3 War der übertragende Rechtsträger eine **GmbH**, so war dort ebenfalls die Festsetzung von Sondervorteilen, des von der GmbH zu erstattenden Gründungsaufwands und von Sacheinlagen und -übernahmen im Gesellschaftsvertrag erforderlich[7]. Die Festsetzungen über Gründungsaufwand oder Sacheinlagen und -übernahmen müssen bei einer GmbH mit Rücksicht auf die Verjährungsbestimmungen in § 9 Abs. 2 und § 19 Abs. 6 GmbHG zehn Jahre beibehalten werden[8]. War die übertragende GmbH also länger als zehn Jahre im Handelsregister eingetragen, erübrigt sich die Übernahme der Bestimmungen in den Gesellschaftsvertrag der neuen GmbH. Sondervorteile können ohne besondere Frist mit ihrem Wegfall gelöscht werden[9].

---

1 *Haeder* in Henssler/Strohn, § 57 UmwG Rz. 7; *Simon/Nießen* in KölnKomm. UmwG, § 57 UmwG Rz. 23.
2 *Reichert* in Semler/Stengel, § 57 UmwG Rz. 2; *Haeder* in Henssler/Strohn, § 57 UmwG Rz. 2.
3 *Simon/Nießen* in KölnKomm. UmwG, § 57 UmwG Rz. 3; *Reichert* in Semler/Stengel, § 57 UmwG Rz. 2.
4 *Reichert* in Semler/Stengel, § 57 UmwG Rz. 6.
5 *Reichert* in Semler/Stengel, § 57 UmwG Rz. 7.
6 *M. Winter/J. Vetter* in Lutter, § 57 UmwG Rz. 18.
7 Näher *Reichert* in Semler/Stengel, § 57 UmwG Rz. 8; *M. Winter/J. Vetter* in Lutter, § 57 UmwG Rz. 9 ff.
8 *M. Winter/J. Vetter* in Lutter, § 57 UmwG Rz. 12; *Reichert* in Semler/Stengel, § 57 UmwG Rz. 9.
9 *Reichert* in Semler/Stengel, § 57 UmwG Rz. 9.

Für **Personenhandelsgesellschaften und Partnerschaftsgesellschaften** als übertragende Rechtsträger hat die Vorschrift mangels anwendbarer Festsetzungsvorschriften keine Bedeutung[1]. 4

Rechtsfolge eines Verstoßes gegen die Festsetzungspflicht ist ein Eintragungshindernis, das noch nach der Anmeldung (zB auf eine Zwischenverfügung hin) beseitigt werden kann[2]. Wird dennoch eingetragen, ist zu unterscheiden: Die Nichtaufnahme nur historischer Festsetzungen, die schon vollständig abgewickelt sind, ist folgenlos[3]. War schon die Satzung des übertragenden Rechtsträgers hinsichtlich der Festsetzungen fehlerhaft, ist durch die Aufnahme beim neuen Rechtsträger **keine Heilung** möglich[4]. **Sondervorteile** der Gesellschafter gehen für die Zukunft unter, wenn sie nicht in die neue Satzung übernommen werden[5]. Noch nicht erfüllte **Verpflichtungen der Gesellschafter** bestehen auch ohne Festsetzung aufgrund der Gesamtrechtsnachfolge gegenüber der neuen GmbH fort; strittig ist dabei, ob sich ein Sacheinlageversprechen dann in eine Geldzahlungspflicht wandelt[6]. Das ist richtigerweise abzulehnen, da ansonsten einem überstimmten Gesellschafter die Möglichkeit zur Sachleistung ohne triftigen Grund entzogen würde. Aufgrund der bestehenden Unsicherheit sollten Sacheinlagen in der Praxis aber möglichst vor der Verschmelzung erbracht oder jedenfalls deutlich in die Satzung übernommen werden. 5

§ 58
Sachgründungsbericht

(1) In dem Sachgründungsbericht (§ 5 Abs. 4 des Gesetzes betreffend die Gesellschaften mit beschränkter Haftung) sind auch der Geschäftsverlauf und die Lage der übertragenden Rechtsträger darzulegen.

---

1 *Reichert* in Semler/Stengel, § 57 UmwG Rz. 11.
2 *M. Winter/J. Vetter* in Lutter, § 57 UmwG Rz. 20; *Reichert* in Semler/Stengel, § 57 UmwG Rz. 12; *Simon/Nießen* in KölnKomm. UmwG, § 57 UmwG Rz. 27.
3 *Simon/Nießen* in KölnKomm. UmwG, § 57 UmwG Rz. 29 f.; *M. Winter/J. Vetter* in Lutter, § 57 UmwG Rz. 22.
4 *Simon/Nießen* in KölnKomm. UmwG, § 57 UmwG Rz. 28; *Reichert* in Semler/Stengel, § 57 UmwG Rz. 13.
5 *Mayer* in Widmann/Mayer, § 57 UmwG Rz. 14; *Simon/Nießen* in KölnKomm. UmwG, § 57 UmwG Rz. 28; *Reichert* in Semler/Stengel, § 57 UmwG Rz. 12; *Haeder* in Henssler/Strohn, § 57 UmwG Rz. 9.
6 Für Umwandlung *Simon/Nießen* in KölnKomm. UmwG, § 57 UmwG Rz. 30; dagegen *Kleindiek* in Böttcher/Habighorst/Schulte, § 57 UmwG Rz. 11; *Reichert* in Semler/Stengel, § 57 UmwG Rz. 12; abweichend (Wahlrecht der GmbH) *M. Winter/J. Vetter* in Lutter, § 57 UmwG Rz. 24, mit der Begründung, dass die betroffenen Gesellschafter nicht schutzwürdig seien, da sie den Beschluss anfechten könnten.

§ 58 | Verschmelzung – Beteiligung von GmbH

(2) Ein Sachgründungsbericht ist nicht erforderlich, soweit eine Kapitalgesellschaft oder eine eingetragene Genossenschaft übertragender Rechtsträger ist.

1. Aufstellungspflicht	1	3. Entbehrlichkeit	4
2. Inhalt	2	4. Rechtsfolgen	6

1. Aufstellungspflicht

1 § 5 Abs. 4 GmbHG findet nach § 36 Abs. 2 Satz 1 UmwG auch auf eine Verschmelzung im Wege der Neugründung einer GmbH Anwendung. Nach § 36 Abs. 2 Satz 2 UmwG stehen die übertragenden Rechtsträger den berichtspflichtigen Gründern gleich. Die Vertretungsorgane aller übertragenden Rechtsträger melden nach § 38 Abs. 2 UmwG den neuen Rechtsträger an. Dabei handeln sie in vertretungsberechtigter Zahl (§ 38 UmwG Rz. 4). Dennoch ist der Sachgründungsbericht wegen der Strafbewehrung der Angaben nach § 82 Abs. 1 Nr. 2 GmbHG von allen Mitgliedern des Vertretungsorgans des übertragenden Rechtsträgers zu unterzeichnen und rechtsgeschäftliche Vertretung dabei ausgeschlossen[1]. Schriftform genügt, notarielle Beurkundung ist nicht erforderlich[2].

2. Inhalt

2 Nach § 5 Abs. 4 Satz 2 GmbHG iVm. § 36 Abs. 2 Satz 1 UmwG sind im Sachgründungsbericht alle für die Angemessenheit der Sachleistung wesentlichen Umstände aufzuführen. Dazu gehören für eingebrachte Unternehmen, hier also für alle übertragenden Unternehmensträger, die **Jahresergebnisse der beiden letzten vollen Geschäftsjahre**. Jahresergebnis in diesem Sinne ist nicht der gesamte Jahresabschluss, sondern nur der Jahresüberschuss oder Jahresfehlbetrag[3]. Die Frist errechnet sich ab dem Tag der Anmeldung der neuen GmbH; existiert ein übertragender Rechtsträger noch nicht so lange, sind entsprechende Angaben für die kürzere Existenzdauer zu machen, jedenfalls wenn diese ein volles Geschäftsjahr umfasst[4]. Bei einer übertragenden AG dürfte dieser Fall wegen § 76 Abs. 1 UmwG nicht auftreten.

---

1 *M. Winter/J. Vetter* in Lutter, § 58 UmwG Rz. 6; *Simon/Nießen* in KölnKomm. UmwG, § 58 UmwG Rz. 5; *Reichert* in Semler/Stengel, § 58 UmwG Rz. 4; *Mayer* in Widmann/Mayer, § 58 UmwG Rz. 5.
2 *Simon/Nießen* in KölnKomm. UmwG, § 58 UmwG Rz. 6; *Reichert* in Semler/Stengel, § 58 UmwG Rz. 5.
3 *Simon/Nießen* in KölnKomm. UmwG, § 58 UmwG Rz. 9.
4 *M. Winter/J. Vetter* in Lutter, § 58 UmwG Rz. 8; *Simon/Nießen* in KölnKomm. UmwG, § 58 UmwG Rz. 9 f.; *Reichert* in Semler/Stengel, § 58 UmwG Rz. 7.

Nach § 58 Abs. 1 UmwG sind zusätzlich der Geschäftsverlauf und die Lage der 3
übertragenden Rechtsträger darzulegen. Die Darstellung muss gemäß § 289 HGB
ein den tatsächlichen Verhältnissen entsprechendes Bild vermitteln. Außerdem
sollen die Darlegungen zum Geschäftsverlauf und zur Lage des Unternehmens
entsprechend § 289 Abs. 2 Nr. 1 und 2 HGB auch auf Vorgänge von besonderer
Bedeutung, die nach dem Umwandlungsstichtag eingetreten sind, und auf die voraussichtliche Entwicklung des Unternehmens des übertragenden Rechtsträgers
eingehen[1]. Der Bericht muss also die **Lage des Unternehmens im Zeitpunkt der
Anmeldung** berücksichtigen. Der Geschäftsverlauf ist für das im Zeitpunkt der
Anmeldung laufende Geschäftsjahr und regelmäßig die beiden letzten vollen Geschäftsjahre, für die nach § 5 Abs. 4 Satz 2 GmbHG die Ergebnisse anzugeben
sind, darzulegen[2]. Immer ist zu berücksichtigen, dass die Angaben dazu dienen
sollen, den Wert des Unternehmens des übertragenden Rechtsträgers darzulegen[3].
Daraus kann sich bei besonderen Umständen auch eine Abweichung von der
Zwei-Jahres-Regel ergeben, wenn ein besonders relevantes Ereignis davor lag[1].

3. Entbehrlichkeit

Abweichend von § 5 Abs. 4 Satz 2 GmbHG ist nach § 58 Abs. 2 ein Sachgrün- 4
dungsbericht nicht erforderlich, soweit **Kapitalgesellschaften übertragende
Rechtsträger** sind. Sind nur Kapitalgesellschaften übertragende Rechtsträger, so
entfällt der Sachgründungsbericht ganz. Sind neben Kapitalgesellschaften auch
Personenhandelsgesellschaften übertragende Rechtsträger, so ist zwar ein Sachgründungsbericht zu erstellen, er braucht dann aber keine Angaben über das
Vermögen und das Unternehmen der beteiligten Kapitalgesellschaften zu enthalten. Es genügt die Darlegung, dass der Wert des von dem berichtspflichtigen
Rechtsträger betriebenen Unternehmens den Nennbetrag der seinen Anteilsinhabern gewährten Geschäftsanteile erreicht[5] (zu den Prüfungsrechten des Registergerichts vgl. aber Rz. 6).

Da der Sachgründungsbericht nicht der Information der Gesellschafter dient, 5
sondern der Kapitalaufbringungsprüfung durch das Registergericht im Interesse
der Gläubiger[6], kann auf ihn im Gegensatz zum Verschmelzungsbericht **nicht**

---

1 *M. Winter/J. Vetter* in Lutter, § 58 UmwG Rz. 11.
2 *M. Winter/J. Vetter* in Lutter, § 58 UmwG Rz. 9; *Simon/Nießen* in KölnKomm. UmwG,
§ 58 UmwG Rz. 11.
3 *M. Winter/J. Vetter* in Lutter, § 58 UmwG Rz. 10.
4 *Simon/Nießen* in KölnKomm. UmwG, § 58 UmwG Rz. 11; *M. Winter/J. Vetter* in Lutter,
§ 58 UmwG Rz. 9; ablehnend hingegen *Reichert* in Semler/Stengel, § 58 UmwG Rz. 8.
5 *M. Winter/J. Vetter* in Lutter, § 58 UmwG Rz. 15; *Simon/Nießen* in KölnKomm. UmwG,
§ 58 UmwG Rz. 17.
6 *Reichert* in Semler/Stengel, § 58 UmwG Rz. 3; *Mayer* in Widmann/Mayer, § 58 UmwG
Rz. 2.

verzichtet werden (vgl. zum Parallelproblem beim Formwechsel auch § 192 UmwG Rz. 48).

4. Rechtsfolgen

6 Fehlt der erforderliche Sachgründungsbericht oder ist er mangelhaft, stellt dies ein **Eintragungshindernis** dar[1]. Davon unberührt bleibt die **Befugnis des Registergerichts**, bei konkretem Bedarf weitere Informationen über die Werthaltigkeit und/oder ein **Sachverständigengutachten** anzufordern[2]. Dies mag insbesondere bei übertragenden Kapitalgesellschaften notwendig werden, für die nach § 58 Abs. 2 UmwG ein Sachgründungsbericht entbehrlich ist, wenn die Schlussbilanz allein nicht aussagekräftig genug ist[3]. Damit sinkt die praktische Bedeutung der rechtspolitisch fragwürdigen Entbehrlichkeit nach § 58 Abs. 2 UmwG erheblich. Eine Eintragung trotz fehlendem Bericht lässt die Wirksamkeit der Sachgründung unberührt[4].

§ 59
Verschmelzungsbeschlüsse

Der Gesellschaftsvertrag der neuen Gesellschaft wird nur wirksam, wenn ihm die Anteilsinhaber jedes der übertragenden Rechtsträger durch Verschmelzungsbeschluss zustimmen. Dies gilt entsprechend für die Bestellung der Geschäftsführer und der Mitglieder des Aufsichtsrats der neuen Gesellschaft, soweit sie von den Anteilsinhabern der übertragenden Rechtsträger zu wählen sind.

1. Wirksamwerden des Gesellschaftsvertrages (§ 59 Satz 1 UmwG) ... 1	b) Bestellung von Aufsichtsratsmitgliedern 7
2. Bestellung der Organe (§ 59 Satz 2 UmwG)	3. Mehrheiten 9
a) Bestellung der ersten Geschäftsführer 6	4. Kosten 10

---

[1] *Reichert* in Semler/Stengel, § 58 UmwG Rz. 10; *Simon/Nießen* in KölnKomm. UmwG, § 58 UmwG Rz. 13 f.
[2] *Reichert* in Semler/Stengel, § 58 UmwG Rz. 10; *Simon/Nießen* in KölnKomm. UmwG, § 58 UmwG Rz. 15.
[3] *Reichert* in Semler/Stengel, § 58 UmwG Rz. 12.
[4] *M. Winter/J. Vetter* in Lutter, § 58 UmwG Rz. 17.

1. Wirksamwerden des Gesellschaftsvertrages (§ 59 Satz 1 UmwG)

Für die Errichtung der durch Fusion entstehenden neuen GmbH gilt grundsätzlich GmbH-Gründungsrecht (§ 36 Abs. 2 UmwG). Davon abweichend wird der Gesellschaftsvertrag nicht von den künftigen Gesellschaftern als Gründer festgestellt, sondern von den Vertretungsorganen (§§ 4 Abs. 1, 37 UmwG) der sich vereinigenden Rechtsträger (§ 36 Abs. 2 UmwG), die ihn mit Verbindlichkeit für die **künftigen Gesellschafter der GmbH** in den Verschmelzungsvertrag (ggf. als Anlage) aufzunehmen haben (§ 37 UmwG). Deshalb bedarf es zur Wirksamkeit des künftigen Gesellschaftsvertrages des neuen Rechtsträgers der **Zustimmung** der künftigen Gesellschafter durch Verschmelzungsbeschluss (§ 59 Satz 1 UmwG). Ein besonderer Zustimmungsbeschluss zur Feststellung der Satzung ist nicht erforderlich[1]. 1

Liegt bei Zustimmung durch Verschmelzungsbeschluss nur der Entwurf des Verschmelzungsvertrages vor, wird der Gesellschaftsvertrag (§ 2 Abs. 1 Satz 1 GmbHG) erst wirksam, wenn der ihn enthaltende Verschmelzungsvertrag beurkundet ist[2]. 2

Ist der Verschmelzungsvertrag wirksam, ist die neu zu gründende GmbH als **Vorgesellschaft** entstanden[3]. 3

Soll das Stimmrecht durch Bevollmächtigte ausgeübt werden, reicht bei GmbH, AG, KGaA, SE grds. Textform für die **Vollmacht** aus (§ 47 Abs. 3 GmbHG, § 134 Abs. 3 Satz 2 AktG); bei OHG, KG, Partnerschaftsgesellschaft grds. Formlos, sofern der Gesellschaftsvertrag nichts anderes vorsieht. Entsprechendes gilt für Genehmigungen (siehe § 13 UmwG Rz. 13)[4]. 4

Werden **Minderjährige** durch ihre Eltern vertreten, bedürfen diese zur Stimmabgabe gemäß § 1822 Nr. 10 BGB wegen möglicher Differenzhaftung (§ 9 GmbHG) der familiengerichtlichen Genehmigung, ebenso ein eventuell zu bestellender Ergänzungspfleger (§ 1909 BGB)[5]. **§ 181 BGB** ist zu beachten (siehe § 50 UmwG Rz. 13). 5

---

1 M. Winter/J. Vetter in Lutter, § 59 UmwG Rz. 5; Reichert in Semler/Stengel, § 59 UmwG Rz. 4; Simon/Nießen in KölnKomm. UmwG, § 59 UmwG Rz. 6; Haeder in Henssler/Strohn, § 59 UmwG Rz. 2.
2 Mayer in Widmann/Mayer, § 59 UmwG Rz. 6.
3 Mayer in Widmann/Mayer, § 59 UmwG Rz. 12; M. Winter/J. Vetter in Lutter, § 59 UmwG Rz. 16; Reichert in Semler/Stengel, § 59 UmwG Rz. 6; Ihrig, GmbHR 1995, 622 (633); Simon/Nießen in KölnKomm. UmwG, § 59 UmwG Rz. 8; K. Schmidt in Scholz, 11. Aufl. 2012, § 11 GmbHG Rz. 22.
4 Wie hier: Reichert in Semler/Stengel, § 59 UmwG Rz. 5; Simon/Nießen in KölnKomm. UmwG, § 59 UmwG Rz. 7; Mayer in Widmann/Mayer, § 59 UmwG Rz. 8; für notarielle Beglaubigung: Heckschen in Widmann/Mayer, § 13 UmwG Rz. 108.
5 So auch Mayer in Widmann/Mayer, § 59 UmwG Rz. 8.

2. Bestellung der Organe (§ 59 Satz 2 UmwG)

a) Bestellung der ersten Geschäftsführer

6 Die Bestellung der ersten Geschäftsführer muss – andernfalls wäre die GmbH bei Eintragung ohne handlungsfähiges Organ – **vor Anmeldung der GmbH**[1] zum Handelsregister erfolgen. Bestellt werden die Geschäftsführer von den übertragenden Rechtsträgern, die den Gründern gleichstehen (§ 36 Abs. 2 Satz 2 UmwG) **im Verschmelzungsvertrag**. Um den künftigen Gesellschaftern Einflussmöglichkeit auf die Zusammensetzung der Geschäftsführung zu sichern, haben die Anteilsinhaber sämtlicher übertragender Rechtsträger der Bestellung durch „Verschmelzungsbeschluss" (§ 13 Abs. 1 Satz 1 UmwG) zuzustimmen[2]. Die Gesellschafter der **Vor-GmbH** sind nicht daran gehindert, die Bestellung der Geschäftsführer durch mit einfacher Mehrheit zu fassenden Beschluss[3] selbst vorzunehmen, da sie darin von den übertragenden Rechtsträgern nicht verdrängt werden.

b) Bestellung von Aufsichtsratsmitgliedern

7 Soll oder muss bei der durch die Verschmelzung entstehenden GmbH ein Aufsichtsrat gebildet[4] und dessen Mitglieder der Anteilseigner bereits **vor Eintragung** der GmbH ins Handelsregister bestellt werden (§ 52 Abs. 2 GmbHG), wird die Bestellung erst wirksam, wenn ihr die Anteilseigner sämtlicher übertragender Rechtsträger durch „Verschmelzungsbeschluss" (§ 13 Abs. 1 Satz 1 UmwG) mit den dafür erforderlichen Mehrheiten (§ 50 Abs. 1 UmwG) zugestimmt haben. Nach Eintragung der GmbH im Handelsregister reicht ein Beschluss der Gesellschafterversammlung für die Bestellung der Aufsichtsratsmitglieder aus[5]. Anteilseignervertreter des Aufsichtsrates sind vorher also nicht mit einfacher Mehrheit durch Beschluss zu bestellen (§ 52 Abs. 2 GmbHG), die Bestellung ist – ebenso wie die Geschäftsführerbestellung – vielmehr **Bestandteil des Verschmelzungsvertrages**. Mit Zustimmung dieser Anteilsinhaber soll der Einfluss der (künftigen) Gesellschafter der neuen GmbH auf die Zusammensetzung des Aufsichtsrates sichergestellt werden[6]. Eines besonderen Beschlusses bedarf es hingegen nicht.

---

1 *M. Winter/J. Vetter* in Lutter, § 59 UmwG Rz. 13; *Mayer* in Widmann/Mayer, § 59 UmwG Rz. 12.
2 Siehe auch *M. Winter/J. Vetter* in Lutter, § 59 UmwG Rz. 14; *Reichert* in Semler/Stengel, § 59 UmwG Rz. 10.
3 Wie hier: *M. Winter/J. Vetter* in Lutter, § 59 UmwG Rz. 15; *Mayer* in Mayer/Widmann, § 59 UmwG Rz. 12; *Haeder* in Henssler/Strohn, § 59 UmwG Rz. 4; *Reichert* in Semler/Stengel, § 59 UmwG Rz. 11; aA *Simon/Nießen* in KölnKomm. UmwG, § 59 UmwG Rz. 12 ff.
4 Siehe *M. Winter/J. Vetter* in Lutter, § 59 UmwG Rz. 21.
5 *Reichert* in Semler/Stengel, § 59 UmwG Rz. 7 f.; *Simon/Nießen* in KölnKomm. UmwG, § 59 UmwG Rz. 23; *M. Winter/J. Vetter* in Lutter, § 59 UmwG Rz. 19.
6 *M. Winter/J. Vetter* in Lutter, § 59 UmwG Rz. 18; *Stratz* in Schmitt/Hörtnagl/Stratz, § 59 UmwG Rz. 2; *Reichert* in Semler/Stengel, § 59 UmwG Rz. 7.

§ 59 Satz 2 UmwG soll sowohl für den obligatorischen als auch den fakultativen Aufsichtsrat gelten[1]. 8

3. Mehrheiten

Es sind die Beschlussmehrheiten zu beachten, die bei dem betreffenden Rechtsträger für die Verschmelzungsbeschlüsse bei Verschmelzung zur Aufnahme gelten (siehe für OHG, KG: § 43 UmwG; Partnerschaftsgesellschaft: § 45d UmwG; GmbH: §§ 56, 50 UmwG; AG, KGaA, SE: §§ 73, 65 UmwG). 9

4. Kosten

Zu den Kosten für die Beurkundung des Verschmelzungsbeschlusses siehe § 13 UmwG Rz. 43 ff. Die im Verschmelzungsbeschluss enthaltene Zustimmung zum Gesellschaftsvertrag der neuen GmbH ist gegenstandsgleich (§ 109 Abs. 1 GNotKG). Zusätzlich zu bewerten ist jedoch der Beschluss über die Bestellung der Geschäftsführer und eventueller Aufsichtsratsmitglieder. 10

Dritter Abschnitt
Verschmelzung unter Beteiligung von Aktiengesellschaften
Erster Unterabschnitt
Verschmelzung durch Aufnahme

§ 60
Prüfung der Verschmelzung, Bestellung der Verschmelzungsprüfer

Der Verschmelzungsvertrag oder sein Entwurf ist für jede Aktiengesellschaft nach den §§ 9 bis 12 zu prüfen.

1. Normzweck	1	3. Bestellung der Verschmelzungsprüfer	3
2. Verschmelzungsprüfung	2		

---

[1] Anders noch 5. Auflage. Wie hier: *M. Winter/J. Vetter* in Lutter, § 59 UmwG Rz. 21; *Mayer* in Widmann/Mayer, § 59 UmwG Rz. 17; *Simon/Nießen* in KölnKomm. UmwG, § 59 UmwG Rz. 18 f.

§ 60 | Verschmelzung – Beteiligung von AG

1. Normzweck

1 Die Verschmelzungsprüfung ist – im Gegensatz zu §§ 44, 48 UmwG – ohne Rücksicht darauf durchzuführen, ob ein Aktionär sie verlangt oder nicht. Es kommt nicht darauf an, ob die AG als übertragender oder übernehmender Rechtsträger beteiligt ist. Eine Prüfung ist nur dann entbehrlich, wenn die Anteilseigner aller beteiligten Rechtsträger, also nicht nur der übertragenden Aktiengesellschaft, eine notarielle Verzichtserklärung abgegeben haben[1] oder sich alle Aktien in der Hand des übernehmenden Rechtsträgers befinden (§§ 9 Abs. 2 und 3, 8 Abs. 3 UmwG).

2. Verschmelzungsprüfung

2 Gegenstand der Prüfung, Bestellung und Verantwortlichkeit der Prüfer sowie Berichterstattung ergeben sich aus §§ 9–12 UmwG. Auf die Kommentierung dort wird vollinhaltlich verwiesen. Der Prüfungsbericht oder die Verzichtserklärungen nach § 9 Abs. 3 UmwG oder § 12 Abs. 3 UmwG sind zwingende Anlagen der Anmeldung der Verschmelzung zum Register (§ 17 UmwG). Hinzuweisen ist auf die Möglichkeit, nach § 12 Abs. 3 UmwG bei durchgeführter Prüfung auf die Erstattung eines Prüfungsberichts zu verzichten, wenn die Anteilsinhaber aller beteiligten Rechtsträger eine entsprechende Verzichtserklärung abgegeben haben (vgl. § 12 UmwG Rz. 14).

3. Bestellung der Verschmelzungsprüfer

3 Auswahl und Bestellung erfolgen auf Antrag des Vorstands durch das Gericht (§ 10 Abs. 1 Satz 1 UmwG). Grundsätzlich ist für jede beteiligte AG ein eigener Prüfer zu bestellen. Es können auch mehrere Prüfer für dieselbe AG bestellt werden. Eine gemeinsame Prüfung aller oder mehrerer beteiligter Rechtsträger ist nur nach Maßgabe des § 10 Abs. 1 Satz 2 UmwG möglich; das setzt einen gemeinsamen Antrag der Vertretungsorgane aller oder der Mehrheit der beteiligten Rechtsträger voraus. Es kann dann ein gemeinsamer Prüfungsbericht erstattet werden (§ 12 Abs. 1 Satz 2 UmwG). Prüfer können Wirtschaftsprüfer oder Wirtschaftsprüfungsgesellschaften sein (§ 11 Abs. 1 Satz 1 UmwG; § 319 Abs. 1 Satz 1 HGB), für die kleine AG auch vereidigte Buchprüfer (vgl. § 11 UmwG Rz. 2)[2]. Der Abschlussprüfer der Gesellschaft ist als Verschmelzungsprüfer nicht

---

[1] So auch *Grunewald* in Lutter, § 60 UmwG Rz. 2; *Diekmann* in Semler/Stengel, § 60 UmwG Rz. 5, obwohl Art. 10 der Richtlinie 78/855/EWG einen solchen Verzicht nicht vorsieht.

[2] AA *Drygala* in Lutter, § 11 UmwG Rz. 3.

ausgeschlossen (vgl. § 10 UmwG Rz. 5)[1]. Auf die Ausschlussgründe des §§ 319 Abs. 3 und 319a Abs. 1 HGB, § 319b HGB iVm. § 11 Abs. 1 UmwG ist hinzuweisen: Wirtschaftsprüfer sind ausgeschlossen, soweit sie an verschmelzungsrelevanten Sachverhalten mitgewirkt haben[2]. Das kann insbesondere bei einer Mitwirkung an der Feststellung des Umtauschverhältnisses in Frage kommen. Zu den besonderen Ausschlussgründen bei der Abschlussprüfung von Unternehmen von öffentlichem Interesse vgl. § 17 UmwG Rz. 37.

§ 61
Bekanntmachung des Verschmelzungsvertrags

Der Verschmelzungsvertrag oder sein Entwurf ist vor der Einberufung der Hauptversammlung, die gemäß § 13 Abs. 1 über die Zustimmung beschließen soll, zum Register einzureichen. Das Gericht hat in der Bekanntmachung nach § 10 des Handelsgesetzbuchs einen Hinweis darauf bekannt zu machen, dass der Vertrag oder Entwurf beim Handelsregister eingereicht worden ist.

1. Einreichung des Verschmelzungsvertrages	1	2. Hinweisbekanntmachung	5
		3. Beteiligte andere Rechtsträger ...	6

Literatur: *J. Schmidt*, § 123 Abs. 1 i.d.F. des UMAG und §§ 61 Satz 1, 63 Abs. 1 UmwG – ein unbeabsichtigter Richtlinienverstoß, DB 2006, 375.

1. Einreichung des Verschmelzungsvertrages

Nach § 61 Satz 1 UmwG ist der Verschmelzungsvertrag oder sein Entwurf vor der Einberufung der Hauptversammlung, die gemäß § 13 Abs. 1 UmwG über die Verschmelzung beschließen soll, zum Register einzureichen. Damit ist das **Handelsregister am Sitz der AG** gemeint (vgl. §§ 14, 36 ff. AktG)[3]. Das Registergericht kann dann ggf. Beanstandungen erheben, die spätestens bei der Beschlussfassung der Hauptversammlung noch berücksichtigt werden können. Ist sowohl der übertragende als auch der übernehmende Rechtsträger eine AG, ist

1

---

[1] LG München v. 21.10.1999 – 5 HKO 9527/99, ZIP 1999, 2152 = AG 2000, 235; *Hoffmann-Becking* in FS Fleck, 1988, S. 105 (121); *Kraft* in KölnKomm. AktG, 2. Aufl. 1990, § 340b AktG Rz. 23; *Hörtnagl* in Schmitt/Hörtnagl/Stratz, § 11 UmwG Rz. 16 ff.
[2] Vgl. OLG Karlsruhe/Freiburg v. 23.11.1995 – 9 U 24/95, BB 1995, 2644 f. = AG 1996, 227.
[3] *Diekmann* in Semler/Stengel, § 61 UmwG Rz. 2; *Simon* in KölnKomm. UmwG, § 61 UmwG Rz. 6.

der Verschmelzungsvertrag zu beiden Handelsregistern einzureichen[1]. Gemäß § 9 HGB kann jedermann, also auch zB ein Gläubiger, beim Handelsregister Einsicht in den Verschmelzungsvertrag nehmen und einen Ausdruck bzw. eine Abschrift verlangen. Diesem Informationszweck entsprechend sind eventuelle Anlagen zum Verschmelzungsvertrag mit einzureichen[2]. Etwaige Änderungen dieser Unterlagen sind unverzüglich nachzureichen[3]. Dies hat grundsätzlich vor der Einberufung der Hauptversammlung zu geschehen, es sei denn, die Änderungen beruhen auf Tatsachen, die erst später eingetreten sind[4]. Da die Vorschrift vor allem dem Informationsinteresse der Aktionäre dient, können diese auf die Einreichung und Bekanntmachung auch – formfrei[5] – verzichten[6].

2 Ein bestimmter **Zeitpunkt** ist für die Einreichung nicht vorgeschrieben. Die Einberufung der Hauptversammlung kann deshalb unmittelbar nach der Einreichung erfolgen[7]. Zwischen der Einreichung und der Hauptversammlung muss nach Art. 6 Abs. 1 der Verschmelzungsrichtlinie[8] mindestens ein Monat liegen. Dies können in Übereinstimmung mit § 123 Abs. 1 AktG 30 Tage, es können aber auch 31 Tage sein[9]. Unabhängig davon empfiehlt es sich, den Entwurf des Verschmelzungsvertrages **frühzeitig mit dem Registergericht abzustimmen**, um etwaige Bedenken schon bei der Einberufung der Hauptversammlung berücksichtigen zu können. Der Verschmelzungsvertrag oder zumindest sein wesentlicher Inhalt ist auch mit der Einberufung der Hauptversammlung bekannt zu machen (§ 124 Abs. 2 Satz 2 AktG); er ist außerdem ab dieser bei der Gesellschaft zur Einsicht der Aktionäre auszulegen (§ 63 Abs. 1 Nr. 1 UmwG) oder

---

1 *Grunewald* in Lutter, § 61 UmwG Rz. 2.
2 *Diekmann* in Semler/Stengel, § 61 UmwG Rz. 10; *Grunewald* in Lutter, § 61 UmwG Rz. 5; *Rieger* in Widmann/Mayer, § 61 UmwG Rz. 4; *Simon* in KölnKomm. UmwG, § 61 UmwG Rz. 7.
3 *Diekmann* in Semler/Stengel, § 61 UmwG Rz. 11; *Habighorst* in Böttcher/Habighorst/Schulte, § 61 UmwG Rz. 5.
4 *Diekmann* in Semler/Stengel, § 61 UmwG Rz. 11; *Grunewald* in Lutter, § 61 UmwG Rz. 5; *Simon* in KölnKomm. UmwG, § 61 UmwG Rz. 10; abw. *Rieger* in Widmann/Mayer, § 61 UmwG Rz. 4.1.
5 *Grunewald* in Lutter, § 61 UmwG Rz. 7; *Simon* in KölnKomm. UmwG, § 61 UmwG Rz. 19; aA *Diekmann* in Semler/Stengel, § 61 UmwG Rz. 17 und *Habighorst* in Böttcher/Habighorst/Schulte, § 61 UmwG Rz. 8, die notarielle Beurkundung verlangen.
6 *Diekmann* in Semler/Stengel, § 61 UmwG Rz. 17; *Grunewald* in Lutter, § 61 UmwG Rz. 7; *Simon* in KölnKomm. UmwG, § 16 UmwG Rz. 19; abl. *Rieger* in Widmann/Mayer, § 61 UmwG Rz. 10.1.
7 Vgl. *Grunewald* in Lutter, § 61 UmwG Rz. 3; *Diekmann* in Semler/Stengel, § 61 UmwG Rz. 13, enger in Rz. 14 aE; *Rieger* in Widmann/Mayer, § 61 UmwG Rz. 7; *Simon* in KölnKomm. UmwG, § 61 UmwG Rz. 14; *Stratz* in Schmitt/Hörtnagl/Stratz, § 61 UmwG Rz. 2; *Habighorst* in Böttcher/Habighorst/Schulte, § 61 UmwG Rz. 6.
8 Richtlinie 2011/35/EU des Europäischen Parlaments und des Rates v. 5.4.2011 über die Verschmelzung von Aktiengesellschaften, ABl. EU Nr. L 110 v. 29.4.2011, S. 1.
9 *J. Schmidt*, DB 2006, 375.

über die Internetseite der Gesellschaft zugänglich zu machen (§ 63 Abs. 4 UmwG). Wird die Einberufungsfrist einvernehmlich abgekürzt, so ist der Vertrag vor der verkürzten Einberufungsfrist einzureichen[1].

Ist vor der Einberufung der Hauptversammlung **keine Einreichung** erfolgt, ist ein dennoch gefasster Zustimmungsbeschluss **anfechtbar** (§ 243 Abs. 1 AktG). Allerdings wird der Zustimmungsbeschluss idR nicht auf der fehlenden oder verspäteten Einreichung zum Handelsregister beruhen; der Verstoß ist jedenfalls dann nicht relevant, wenn der Verschmelzungsvertrag von der Einberufung an ausgelegen hat[2]. Für das Registergericht ergibt sich aus einer fehlenden Einreichung **kein Eintragungshindernis.** Dies folgt schon daraus, dass die Einreichung verzichtbar ist (siehe Rz. 1), ihr Fehlen somit keine zwingenden Vorschriften iS von § 398 FamFG verletzt. Wird auf die Einberufung der Hauptversammlung, wie zB bei einer Vollversammlung (§ 121 Abs. 6 AktG), verzichtet, kann die Einreichung des Verschmelzungsvertrags unterbleiben[3]. Zur Unterrichtung der Aktionäre reicht es aus, wenn der Vertrag während der Hauptversammlung zugänglich ist (§ 64 Abs. 1 Satz 1 UmwG). 3

Die Einreichung obliegt dem **Vorstand**; er kann dazu vom Registergericht mit Zwangsgeld angehalten werden (§ 14 HGB iVm. § 316 Abs. 1 Satz 1 Halbsatz 1 UmwG). 4

2. Hinweisbekanntmachung

Um die praktische Bedeutung der Offenlegung beim Registergericht zu verstärken, hat das Gericht gemäß § 61 Satz 2 UmwG in seinem elektronischen Informations- und Kommunikationssystem (§ 10 Satz 1 HGB; Gemeinsames Registerportal der Länder: www.handelsregister.de) einen Hinweis darauf zu veröffentlichen, dass der Vertrag oder sein Entwurf beim Handelsregister eingereicht worden ist. Sollte der Hinweis nicht bekannt gemacht worden sein, liegt ein Verfahrensfehler vor. Dieser führt idR aber nicht zur Anfechtbarkeit, wenn der Verschmelzungsvertrag gemäß § 63 Abs. 1 Nr. 1 UmwG ausgelegen hat[4] und gemäß § 63 Abs. 4 UmwG zugänglich war[5]. 5

---

1 *Grunewald* in Lutter, § 61 UmwG Rz. 4; *Simon* in KölnKomm. UmwG, § 61 UmwG Rz. 18.
2 *Diekmann* in Semler/Stengel, § 61 UmwG Rz. 19; *Grunewald* in Lutter, § 61 UmwG Rz. 8; weitergehend *Junker* in Henssler/Strohn, § 61 UmwG Rz. 5.
3 *Grunewald* in Lutter, § 61 UmwG Rz. 2; *Simon* in KölnKomm. UmwG, § 61 UmwG Rz. 17; für eine Einreichung vor der Hauptversammlung auch in diesem Fall *Diekmann* in Semler/Stengel, § 61 UmwG Rz. 15.
4 *Grunewald* in Lutter, § 61 UmwG Rz. 8.
5 *Grunewald* in Lutter, § 61 UmwG Rz. 5; *Rieger* in Widmann/Mayer, § 16 UmwG Rz. 15; *Simon* in KölnKomm. UmwG., § 61 UmwG Rz. 24.

3. Beteiligte andere Rechtsträger

6 § 61 UmwG gilt für jede an einer Verschmelzung beteiligte AG, KGaA (§ 78 UmwG) oder SE (Art. 10 SE-VO). Bei Rechtsträgern anderer Rechtsform, insbesondere GmbH, OHG, KG und Partnerschaftsgesellschaft, erfolgt die Unterrichtung der Anteilsinhaber in der Weise, dass der Verschmelzungsvertrag oder sein Entwurf grundsätzlich jedem Gesellschafter mit der Einberufung der Gesellschafterversammlung übersandt wird (vgl. §§ 42, 45c Satz 2, 47, 56 UmwG).

§ 62
Konzernverschmelzungen

(1) Befinden sich mindestens neun Zehntel des Stammkapitals oder des Grundkapitals einer übertragenden Kapitalgesellschaft in der Hand einer übernehmenden Aktiengesellschaft, so ist ein Verschmelzungsbeschluss der übernehmenden Aktiengesellschaft zur Aufnahme dieser übertragenden Gesellschaft nicht erforderlich. Eigene Anteile der übertragenden Gesellschaft und Anteile, die einem anderen für Rechnung dieser Gesellschaft gehören, sind vom Stammkapital oder Grundkapital abzusetzen.

(2) Absatz 1 gilt nicht, wenn Aktionäre der übernehmenden Gesellschaft, deren Anteile zusammen den zwanzigsten Teil des Grundkapitals dieser Gesellschaft erreichen, die Einberufung einer Hauptversammlung verlangen, in der über die Zustimmung zu der Verschmelzung beschlossen wird. Die Satzung kann das Recht, die Einberufung der Hauptversammlung zu verlangen, an den Besitz eines geringeren Teils am Grundkapital der übernehmenden Gesellschaft knüpfen.

(3) Einen Monat vor dem Tage der Gesellschafterversammlung oder der Hauptversammlung der übertragenden Gesellschaft, die gemäß § 13 Abs. 1 über die Zustimmung zum Verschmelzungsvertrag beschließen soll, sind in dem Geschäftsraum der übernehmenden Gesellschaft zur Einsicht der Aktionäre die in § 63 Abs. 1 bezeichneten Unterlagen auszulegen. Gleichzeitig hat der Vorstand der übernehmenden Gesellschaft einen Hinweis auf die bevorstehende Verschmelzung in den Gesellschaftsblättern der übernehmenden Gesellschaft bekannt zu machen und den Verschmelzungsvertrag oder seinen Entwurf zum Register der übernehmenden Gesellschaft einzureichen; § 61 Satz 2 ist entsprechend anzuwenden. Die Aktionäre sind in der Bekanntmachung nach Satz 2 erster Halbsatz auf ihr Recht nach Absatz 2 hinzuweisen. Der Anmeldung der Verschmelzung zur Eintragung in das Handelsregister ist der Nachweis der Bekanntmachung beizufügen. Der Vorstand hat bei der Anmeldung zu erklären, ob ein Antrag nach Absatz 2 gestellt worden ist. Auf Verlangen ist jedem Aktionär der übernehmenden Gesellschaft un-

verzüglich und kostenlos eine Abschrift der in Satz 1 bezeichneten Unterlagen zu erteilen. Die Unterlagen können dem Aktionär mit dessen Einwilligung auf dem Wege elektronischer Kommunikation übermittelt werden. Die Verpflichtungen nach den Sätzen 1 und 6 entfallen, wenn die in Satz 1 bezeichneten Unterlagen für denselben Zeitraum über die Internetseite der Gesellschaft zugänglich sind.

(4) Befindet sich das gesamte Stamm- oder Grundkapital einer übertragenden Kapitalgesellschaft in der Hand einer übernehmenden Aktiengesellschaft, so ist ein Verschmelzungsbeschluss des Anteilsinhabers der übertragenden Kapitalgesellschaft nicht erforderlich. Ein solcher Beschluss ist auch nicht erforderlich in Fällen, in denen nach Absatz 5 Satz 1 ein Übertragungsbeschluss gefasst und mit einem Vermerk nach Absatz 5 Satz 7 in das Handelsregister eingetragen wurde. Absatz 3 gilt mit der Maßgabe, dass die dort genannten Verpflichtungen nach Abschluss des Verschmelzungsvertrages für die Dauer eines Monats zu erfüllen sind. Spätestens bei Beginn dieser Frist ist die in § 5 Absatz 3 genannte Zuleitungsverpflichtung zu erfüllen.

(5) In Fällen des Absatzes 1 kann die Hauptversammlung einer übertragenden Aktiengesellschaft innerhalb von drei Monaten nach Abschluss des Verschmelzungsvertrages einen Beschluss nach § 327a Absatz 1 Satz 1 des Aktiengesetzes fassen, wenn der übernehmenden Gesellschaft (Hauptaktionär) Aktien in Höhe von neun Zehnteln des Grundkapitals gehören. Der Verschmelzungsvertrag oder sein Entwurf muss die Angabe enthalten, dass im Zusammenhang mit der Verschmelzung ein Ausschluss der Minderheitsaktionäre der übertragenden Gesellschaft erfolgen soll. Absatz 3 gilt mit der Maßgabe, dass die dort genannten Verpflichtungen nach Abschluss des Verschmelzungsvertrages für die Dauer eines Monats zu erfüllen sind. Spätestens bei Beginn dieser Frist ist die in § 5 Absatz 3 genannte Zuleitungsverpflichtung zu erfüllen. Der Verschmelzungsvertrag oder sein Entwurf ist gemäß § 327c Absatz 3 des Aktiengesetzes zur Einsicht der Aktionäre auszulegen. Der Anmeldung des Übertragungsbeschlusses (§ 327e Absatz 1 des Aktiengesetzes) ist der Verschmelzungsvertrag in Ausfertigung oder öffentlich beglaubigter Abschrift oder sein Entwurf beizufügen. Die Eintragung des Übertragungsbeschlusses ist mit dem Vermerk zu versehen, dass er erst gleichzeitig mit der Eintragung der Verschmelzung im Register des Sitzes der übernehmenden Aktiengesellschaft wirksam wird. Im Übrigen bleiben die §§ 327a bis 327 f des Aktiengesetzes unberührt.

I. Überblick 1	b) Auslegung von Unterlagen . . 14
II. Einzelerläuterungen	c) Hinweisbekanntmachung . . . 16
1. Entbehrlichkeit des Verschmelzungsbeschlusses bei der übernehmenden Gesellschaft (§ 62 Abs. 1 UmwG)	d) Erteilung von Abschriften . . . 17
	e) Einreichung zum Registergericht 18
a) Mindestanteilsbesitz 8	f) Anmeldung der Verschmelzung 19

2. Minderheitsverlangen auf Einberufung einer Hauptversammlung (§ 62 Abs. 2 UmwG) 20
3. Wegfall des Verschmelzungsbeschlusses bei der übertragenden Gesellschaft (§ 62 Abs. 4 UmwG)
   a) Entbehrlichkeit des Verschmelzungsbeschlusses (§ 62 Abs. 4 Satz 1 und 2 UmwG) . 27
   b) Offenlegungs- und Bekanntmachungspflichten (§ 62 Abs. 4 Satz 3 UmwG) 30
   c) Zuleitung an den Betriebsrat (§ 62 Abs. 4 Satz 4 UmwG) .. 32
4. Verschmelzungsrechtlicher Squeeze-out (§ 62 Abs. 5 UmwG)
   a) Überblick 34
   b) Beteiligte Rechtsträger (§ 62 Abs. 5 Satz 1 und 7 UmwG) . 36
   c) Verschmelzungsvertrag 38
   d) 90%ige Beteiligung (§ 62 Abs. 5 Satz 1 UmwG) 39
   e) Beschlussfassung über den Squeeze-out (§ 62 Abs. 5 Satz 1–3 UmwG) 41
   f) Anmeldung des Squeeze-out (§ 62 Abs. 5 Satz 6 und 7 UmwG) 43
   g) Anmeldung der Verschmelzung 45

Literatur: *Arens,* Die Behandlung von bedingten Aktienbezugsrechten beim verschmelzungsrechtlichen Spueeze-out, WM 2014, 682; *Austmann,* Der verschmelzungsrechtliche Squeeze-out nach dem 3. UmwÄndG 2011, NZG 2011, 684; *Bayer/Schmidt,* Der Referentenentwurf zum 3. UmwÄndG: Vereinfachungen bei Verschmelzungen und Spaltungen und ein neuer verschmelzungsrechtlicher Squeeze out, ZIP 2010, 953; *Biller,* Der Transaktionsprozess des verschmelzungsrechtlichen Squeeze-out gemäß § 62 Absatz 5 UmwG – Unter besonderer Berücksichtigung spezifischer Durchführungsrisiken, 2014; *Bungert/Wettich,* Der neue verschmelzungsspezifische Squeeze out nach § 62 Abs. 5 UmwG n.F., DB 2011, 1500; Stellungnahme des Handelsrechtsausschusses des DAV zur Änderung des UmwG, NZG 2000, 802; Stellungnahme des Handelsrechtsausschusses des DAV zum RefE für ein Drittes Gesetz zur Änderung des UmwG, NZG 2010, 614; *Florstedt,* Die Grenzen der Gestaltungsfreiheit beim verschmelzungsrechtlichen Squeeze-out – Zugleich zur Bedeutung der Rechtsmissbrauchslehre des EuGH für das Gesellschaftsrecht, NZG 2015, 1212; *Freytag,* Neues zum Recht der Konzernverschmelzungen und des Squeeze out, BB 2010, 1611; *Freytag,* Der Regierungsentwurf zur Änderung des Umwandlungsrechts, BB 2010, 2839; *Göthel,* Der verschmelzungsrechtliche Squeeze out, ZIP 2011, 1541; *Habersack,* Umwandlung der AG ohne Mitwirkung der Hauptversammlung – Eine Studie zu § 62 UmwG, FS Horn, 2006, S. 337; *Heckschen,* Das Dritte Gesetz zur Änderung des Umwandlungsgesetzes in der Fassung des Regierungsentwurfs, NZG 2010, 1041; *Henze,* Die „zweistufige" Konzernverschmelzung, AG 1993, 341; *Hofmeister,* Der verschmelzungsrechtliche Squeeze out: Wichtige Aspekte und Besonderheiten der Verschmelzung, NZG 2012, 688; *IDW* (Hrsg.), Reform des Umwandlungsrechts, 1993; *Ising,* Umwandlungen im Konzern – Verzicht auf Hauptversammlungsbeschluss, NZG 2010, 1403; *Ising,* Wegfall des Umwandlungsbeschlusses im Konzern – Probleme in der Praxis, NZG 2011, 1368; *Keller/Klett,* Geplante Änderungen des Umwandlungsgesetzes – eine Evaluierung für die Praxis, GWR 2010, 415; *Kiefner/Brügel,* Der umwandlungsrechtliche Squeeze-out – Verfahren, Einsatzmöglichkeiten, Rechtsschutzfragen, AG 2011, 525; *Klie/Windt/Rödter,* Praxisfragen des umwandlungsrechtlichen Squeeze-Out, DStR 2011, 1668; *Kraft/Redenius-Hövermann,* Fristberechnung in der Konzernverschmelzung, ZIP 2013, 961; *Krieger,* Der Konzern in Fusion und Umwandlung, ZGR 1990, 517; *Lehmann,* Kummer mit dem Verschmelzungsrichtlinie-Gesetz, DB 1984, 333; *Leitzen,* Die Änderung des Umwandlungsgesetzes durch das Dritte Gesetz zur Änderung des Umwandlungsrechts, DNotZ 2011, 526; *Martens*, Der Erwerb eigener Aktien zum Umtausch im Verschmelzungsverfahren, FS Boujong, 1996, S. 335; *Mayer*, Praxisfragen des verschmelzungsrechtlichen Squeeze-out-Verfahrens, NZG 2012, 561; *Mülbert*, Aktiengesellschaft, Unternehmensgruppe und Kapitalmarkt, 1995; *Neye/Jäckel*, Umwandlungsrecht zwischen Brüssel und Berlin – Der Referentenentwurf für ein Drittes Gesetz zur Änderung des Umwandlungsgesetzes, AG 2010, 237; *Neye/Kraft*, Neuigkeiten beim Umwandlungsrecht, NZG 2011, 681; *Packi*, Inhaltliche Kontrollmöglichkeiten bei Durchführung des umwandlungsrechtlichen Squeeze-out, ZGR 2011, 776; *Priester*, Strukturänderungen – Beschlussvorbereitung und Beschlussfassung, ZGR 1990, 420; *Schmahl*, Zur Informationspflicht des Vorstands der Aktiengesellschaft bei der vereinfachten Konzernverschmelzung, NJW 1991, 2610; *Schockenhoff/Lumpp*, Der verschmelzungsrechtliche Squeeze-out in der Praxis, ZIP 2013, 749; *Simon/Merkelbach*, Das Dritte Gesetz zur Änderung des UmwG, DB 2011, 1317; *Stephanblome*, Gestaltungsmöglichkeiten beim verschmelzungsrechtlichen Squeeze-out, AG 2012, 814; *Stohlmeier*, Zuleitung der Umwandlungsdokumentation und Einhaltung der Monatsfrist: Verzicht des Betriebsrats?, BB 1999, 1394; *Wagner*, Der Regierungsentwurf für ein Drittes Gesetz zur Änderung des Umwandlungsgesetzes, DStR 2010, 1629; *Widmann*, Das Wertpapierdarlehen und der verschmelzungsspezifische Squeeze-out, AG 2014, 189.

I. Überblick

Die Vorschrift regelt verschiedene Erleichterungen bei der Verschmelzung durch 1
Aufnahme von Gesellschaften, an denen die übernehmende Gesellschaft eine
hohe Beteiligung hält (sog. **Konzernverschmelzung**). Aufgrund der Ergänzung
durch das 3. UmwGÄndG[1] sieht § 62 Abs. 5 UmwG die Möglichkeit eines Ausschlusses von Minderheitsaktionären schon ab einer Beteiligung von 90 % vor,
wenn damit eine „Verschmelzung nach oben" verbunden wird (**verschmelzungsrechtlicher Squeeze-out**). In allen von § 62 UmwG erfassten Fällen muss
der **übernehmende Rechtsträger** eine **AG** oder **KGaA** sein (§ 62 Abs. 1 Satz 1,
Abs. 4 Satz 1, Abs. 5 Satz 1; § 78 UmwG). Gemäß Art. 10 SE-VO ist die **SE**
gleichgestellt. Dass Konzernverschmelzungen auf eine GmbH als übernehmende
Gesellschaft nicht privilegiert sind, ist sachlich nicht begründet und wohl nur aus
der entsprechenden Beschränkung des früheren § 352b AktG und den Kontroversen um dessen Übernahme in das neue Recht zu erklären[2]. Dass auch der verschmelzungsrechtliche Squeeze-out gemäß § 62 Abs. 5 UmwG eine AG als übernehmenden Rechtsträger voraussetzt, erklärt sich daraus, dass diese Regelung
auf Art. 28 Abs. 2 der Dritten Richtlinie beruht, die nur die Verschmelzung von
AG zum Gegenstand hat[3]. Die Erleichterungen des § 62 Abs. 1–4 UmwG gelten

---

1 Drittes Gesetz zur Änderung des Umwandlungsgesetzes v. 11.7.2011, BGBl. I 2011, S. 1338.
2 Vgl. *Grunewald* in Lutter, § 62 UmwG Rz. 2; aA *Habersack* in FS Horn, 2006, S. 337 (341).
3 Vgl. Art. 1 Abs. 1 der Richtlinie 2011/35/EU des Europäischen Parlaments und des Rates v. 5.4.2011 über die Verschmelzung von Aktiengesellschaften, ABl. EU Nr. L 110 v. 29.4. 2011, S. 1.

außerdem nur, wenn der **übertragende Rechtsträger** eine Kapitalgesellschaft, also eine **GmbH**, **AG** oder **KGaA** ist (§ 62 Abs. 1 Satz 1 UmwG iVm. § 3 Abs. 1 Nr. 2 UmwG). Der verschmelzungsrechtliche Squeeze-out ist demgegenüber nur für den Fall vorgesehen, dass auch die übertragende Gesellschaft eine AG oder KGaA (§§ 62 Abs. 5, 78 UmwG) ist (siehe dazu auch Rz. 7). Übertragender Rechtsträger kann in allen Fällen auch eine **SE** sein (vgl. § 3 UmwG Rz. 11).

2 Die Entbehrlichkeit eines Verschmelzungsbeschlusses gemäß § 62 **Abs. 1** UmwG stellt insofern eine Besonderheit dar, als sowohl die **Eingliederung** einer 95- bis 100%igen Tochtergesellschaft als auch der Abschluss eines **Beherrschungs- oder Gewinnabführungsvertrages** mit einer solchen Gesellschaft der Zustimmung der Hauptversammlung der Muttergesellschaft bedarf (vgl. §§ 293 Abs. 2, 319 Abs. 2, 320 Abs. 1 Satz 3 AktG; vgl. auch die Regelung zum Squeezeout, § 327a Abs. 1 AktG). Die anfangs diskutierte Option, den Anwendungsbereich des § 62 Abs. 1 UmwG auf den Fall zu beschränken, dass die übernehmende Gesellschaft für alle Verbindlichkeiten der übertragenden Gesellschaft von Gesetzes wegen haftet, wurde nach berechtigter Kritik, vor allem aus der Praxis[1], wieder aufgegeben, da die Vorschrift praktisch nur noch die Verschmelzung eingegliederter Aktiengesellschaften erfasst hätte (vgl. § 322 AktG; vgl. auch die Regelung zum Squeeze-out, § 327a Abs. 1 AktG).

3 Die Regelung in § 62 Abs. 1 UmwG beruht auf der Überlegung, dass die „Einschmelzung" einer Gesellschaft, an der bereits eine Kapitalbeteiligung von mindestens 90 % besteht, für die übernehmende Gesellschaft keine besondere Bedeutung hat (sog. **Bagatellverschmelzung**). Die Hauptversammlung der übernehmenden Gesellschaft soll deshalb mit einer solchen Verschmelzung nur auf Verlangen einer qualifizierten Minderheit befasst werden. Diese gesetzliche Wertung schließt nicht aus, dass der Vorstand der übernehmenden Gesellschaft die Verschmelzung **freiwillig** gemäß § 119 Abs. 2 AktG **der Hauptversammlung zur Zustimmung** vorlegt. Ist die Verschmelzung für die übernehmende Gesellschaft von wesentlicher Bedeutung, so ist zweifelhaft, ob der Vorstand uU auch nach den Grundsätzen der **Holzmüller/Gelatine-Doktrin**[2] verpflichtet ist, die Hauptversammlung zu beteiligen[3]. Da der Einfluss der Aktionäre bei einer „Verschmelzung nach oben" nicht wie zB bei einer Ausgliederung mediatisiert, sondern im Gegenteil erweitert wird, kommt eine Zuständigkeit der Hauptversammlung nach den Grundsätzen der Holzmüller/Gelatine-Rechtsprechung nicht in Betracht[4]. Hält die Obergesellschaft bereits 90 % der Anteile,

---

1 Vgl. zB die Diskussionsbeiträge in Reform des Umwandlungsrechts, S. 62, 82, 98 f.
2 BGH v. 25.2.1982 – II ZR 174/80, BGHZ 83, 122 = AG 1982, 158; BGH v. 26.4.2004 – II ZR 155/02, ZIP 2004, 993 (1001) = AG 2004, 384 sowie BGH v. 26.4.2004 – II ZR 154/02, ZIP 2004, 1001 (1003) (Gelatine).
3 Vgl. *Rieger* in Widmann/Mayer, § 62 UmwG Rz. 3; zweifelnd *Diekmann* in Semler/Stengel, § 62 UmwG Rz. 5; verneinend OLG Frankfurt v. 7.12.2010 – 5 U 29/10, ZIP 2011, 75 (81) = AG 2011, 173.
4 Zust. *Rose* in Maulbetsch/Klumpp/Rose, § 62 UmwG Rz. 5.

kann die Verschmelzung für diese auch kaum noch wesentliche Bedeutung erlangen[1].

Entbehrlich ist nach § 62 Abs. 1 UmwG nur der Verschmelzungsbeschluss der übernehmenden AG oder KGaA. Ist zur Anteilsgewährung an die Minderheitsgesellschafter der übertragenden Gesellschaft eine **Kapitalerhöhung** erforderlich, so muss die Hauptversammlung der übernehmenden Gesellschaft über diese beschließen (vgl. dazu § 69 UmwG)[2]. Da es sich um eine Kapitalerhöhung gegen Sacheinlagen handelt, sind die Vorschriften der §§ 183, 194, 205 AktG zu beachten, uU ist eine Sacheinlagenprüfung erforderlich (vgl. dazu § 69 UmwG Rz. 6 ff.). Zur vollständigen Information der Aktionäre empfiehlt es sich, auch wenn nur über die Kapitalerhöhung beschlossen wird, der Hauptversammlung auch den Verschmelzungsvertrag (§§ 4 ff. UmwG) und ggf. die Verschmelzungs- und Prüfungsberichte (§§ 8, 12, 60 UmwG) vorzulegen.

Eine Kapitalerhöhung bei der übernehmenden AG/KGaA kann uU durch den **Erwerb eigener Aktien** vermieden werden. § 71 Abs. 1 Nr. 3 AktG lässt den Erwerb eigener Aktien ausdrücklich zwar nur zum Zwecke der Abfindung nach § 29 Abs. 1 UmwG und nicht auch allgemein zum Zwecke des Umtauschs zu. Dies beruht aber offenbar auf einem Versehen des Gesetzgebers; für eine bewusste Nichterwähnung iS eines Erwerbsverbots gibt es aus den Gesetzesmaterialien keine Anhaltspunkte. Außerdem ist eine Analogie zu den in der Vorschrift aufgeführten konzernrechtlichen Abfindungsfällen (§§ 305 Abs. 2, 320b AktG) gerechtfertigt, weil es sich bei dem Erwerb zur Durchführung einer Verschmelzung nur um einen Durchgangserwerb handelt[3]. Zur Klarstellung sollte § 71 Abs. 1 Nr. 3 AktG allerdings entsprechend ergänzt werden[4].

Aus dem durch das 3. UmwGÄndG[5] in § 62 UmwG neu eingefügten **Abs. 4** ergibt sich, dass ein **Verschmelzungsbeschluss** für die Gültigkeit des Verschmelzungsvertrages auch bei der **übertragenden** Gesellschaft **entfallen** kann, sofern sich das gesamte Stamm- oder Grundkapital in der Hand der übernehmenden Gesellschaft befindet. Diese Erleichterung gilt auch, wenn ein Übertragungsbeschluss nach § 62 Abs. 5 Satz 1 UmwG gefasst und mit einem Vermerk nach

---

1 So auch *Habersack* in FS Horn, 2006, S. 337 (343); *Diekmann* in Semler/Stengel, § 62 UmwG Rz. 5; *Grunewald* in Lutter, § 62 UmwG Rz. 8; *Junker* in Henssler/Strohn, § 62 UmwG Rz. 7; *Simon* in KölnKomm. UmwG, § 62 UmwG Rz. 26 mwN.
2 Ebenso *Simon* in KölnKomm. UmwG, § 62 UmwG Rz. 25.
3 Vgl. *Oechsler* in MünchKomm. AktG, § 71 AktG Rz. 157; *Rieckers* in Spindler/Stilz, § 71 AktG Rz. 72; *Laubert* in Hölters, § 71 AktG Rz. 10; *Mülbert*, S. 430; *Hüffer/Koch*, § 71 AktG Rz. 15 sowie ausführlich *Martens* in FS Boujong, 1996, S. 335 ff.; aA *Merkt* in Großkomm. AktG, 4. Aufl. 2007, § 71 AktG Rz. 211; *Wieneke* in Bürgers/Körber, § 71 AktG Rz. 22.
4 Vgl. Stellungnahme des *DAV* zur Änderung des Aktiengesetzes, ZIP 1997, 163 (172 f.) und zur Änderung des UmwG, NZG 2000, 802 (805 f.).
5 Drittes Gesetz zur Änderung des Umwandlungsgesetzes v. 11.7.2011, BGBl. I 2011, S. 1338.

§ 62 Abs. 5 Satz 7 UmwG in das Handelsregister der übertragenden Gesellschaft eingetragen wurde. Unabhängig davon besteht aber die Möglichkeit, einen Verschmelzungsbeschluss freiwillig zu fassen (siehe zu Abs. 4 näher Rz. 27 ff.).

7 § 62 **Abs. 5** UmwG sieht ein Verfahren zum Ausschluss von Minderheitsaktionären vor. Dieser **verschmelzungsrechtliche Squeeze-out** ist bereits ab einer Beteiligungshöhe von 90 % möglich. Weitere Voraussetzung für den Ausschluss ist allerdings eine damit verbundene „Verschmelzung nach oben". Im Unterschied zur vereinfachten Verschmelzung nach § 62 Abs. 1 UmwG muss es sich bei dem Squeeze-out nach Abs. 5 sowohl bei der **übernehmenden Gesellschaft** als auch bei der **übertragenden Gesellschaft** um eine **AG** oder **KGaA** (§ 78 UmwG) bzw. über den Verweis in Art. 10 SE-VO um eine **SE** handeln (§ 62 Abs. 5 Satz 1 und 6 UmwG; siehe Rz. 1 sowie zu Abs. 5 näher Rz. 34 ff.).

II. Einzelerläuterungen

1. Entbehrlichkeit des Verschmelzungsbeschlusses bei der übernehmenden Gesellschaft (§ 62 Abs. 1 UmwG)

a) Mindestanteilsbesitz

8 Nach § 62 Abs. 1 Satz 1 UmwG ist die Zustimmung der Hauptversammlung der übernehmenden Gesellschaft abweichend von § 13 Abs. 1 UmwG entbehrlich, wenn sich mindestens **neun Zehntel des Stamm- oder Grundkapitals** der übertragenden Gesellschaft in der Hand der Übernehmerin befinden und kein Minderheitsverlangen iS von § 62 Abs. 2 UmwG (vgl. dazu Rz. 21 ff.) gestellt wird. **Auf welchem Wege** die mindestens 90%ige Beteiligung **erworben** wird, lässt das Gesetz offen. Neben einem Erwerb durch Kauf oder Tausch kann die übernehmende Gesellschaft die Beteiligung auch durch Kapitalerhöhung gegen Sacheinlage (§§ 183, 205 AktG) erwerben. In jedem dieser Fälle kann die Verschmelzung gemäß § 62 UmwG unmittelbar nachfolgen (sog. **zweistufige Konzernverschmelzung**)[1].

9 Ein bestimmter **Zeitpunkt**, zu dem der Anteilsbesitz von mindestens 90 % vorliegen muss, ist im Gesetz nicht festgelegt. Aus § 62 Abs. 3 Satz 1 UmwG ergibt sich nicht, dass die dort genannte Frist von einem Monat vor dem Tage der Gesellschafter- oder Hauptversammlung der übertragenden Gesellschaft eine zeitliche Grenze bildet. Die Übernehmerin kann die notwendigen Aktien deshalb auch später erwerben[2]. Auch die gemäß § 63 Abs. 1 Nr. 1 UmwG auszulegenden

---

1 Vgl. dazu ausführlich *Henze*, AG 1993, 341.
2 Vgl. LG Mannheim v. 26.3.1990 – 24 O 124/88, AG 1991, 110 = ZIP 1990, 992 und EWiR § 352b AktG 1/90, 431 (*von Gerkan*); unklar OLG Karlsruhe v. 9.8.1991 – 15 U 127/90, WM 1991, 1759 (1762) = AG 1992, 33 m. abl. Anm. *Marsch-Barner*, WuB II A. § 183 AktG 3.91.

Unterlagen setzen nicht voraus, dass die erforderliche Beteiligung bereits besteht. So kann der nach § 63 Abs. 1 Nr. 1 UmwG auszulegende Verschmelzungsvertrag zB dadurch aufschiebend bedingt sein, dass die Übernehmerin mindestens 90 % der Aktien der übertragenden Gesellschaft erst noch erwirbt. Aus diesem Grunde braucht der mindestens 90%ige Anteilsbesitz auch im Zeitpunkt der **Zustimmung der Gesellschafter- oder Hauptversammlung der übertragenden Gesellschaft** noch nicht vorzuliegen[1]. Entgegen der Ansicht des OLG Karlsruhe[2] kann der erforderliche Anteilsbesitz demgemäß auch im Rahmen einer gemeinsam mit der Verschmelzung zu beschließenden Sachkapitalerhöhung erworben werden. Die gegenteilige Ansicht des OLG Karlsruhe wäre vom BGH, wie die Ausführungen des damaligen Berichterstatters *Henze*[3] zeigen, abgelehnt worden (die Klage wurde seinerzeit erst kurz vor der mündlichen Verhandlung beim BGH zurückgenommen). Notwendig ist der 90%ige Anteilsbesitz allerdings bei der **Anmeldung** der Verschmelzung **zum Handelsregister**; er muss außerdem bis zum Zeitpunkt der **Eintragung der Verschmelzung** aufrechterhalten bleiben[4].

Die Beteiligung von mindestens 90 % muss sich „in der Hand" der übernehmenden Gesellschaft befinden, dh. diese muss rechtlich Eigentümerin der betreffenden Aktien sein[5]. Daher genügt es nicht, wenn die Aktien ganz oder teilweise von einem Treuhänder oder einem Konzernunternehmen gehalten werden. Eine Zurechnung entsprechend § 16 Abs. 4 AktG erfolgt nicht[6].

Für die **Berechnung der Beteiligungshöhe** sind nach § 62 Abs. 1 Satz 2 UmwG **eigene Anteile** der übertragenden Gesellschaft und Anteile, die einem anderen

---

1 *Henze*, AG 1993, 341; *Rieger* in Widmann/Mayer, § 62 UmwG Rz. 25; *Simon* in KölnKomm. UmwG, § 62 UmwG Rz. 18 ff.; aA LG Mannheim v. 26.3.1990 – 24 O 124/88, AG 1991, 110 = ZIP 1990, 992; *Grunewald* in Lutter, § 62 UmwG Rz. 8; *Habighorst* in Böttcher/Habighorst/Schulte, § 62 UmwG Rz. 14; *Stratz* in Schmitt/Hörtnagl/Stratz, § 62 UmwG Rz. 7.
2 OLG Karlsruhe v. 9.8.1991 – 15 U 127/90, WM 1991, 1759 (1762) = AG 1992, 33.
3 *Henze*, AG 1993, 341.
4 *Habersack* in FS Horn, 2006, S. 337 (345); *Henze*, AG 1993, 341; *Bungert*, NZG 2000, 167 (168); *Diekmann* in Semler/Stengel, § 62 UmwG Rz. 20; *Rieger* in Widmann/Mayer, § 62 UmwG Rz. 24; *Simon* in KölnKomm. UmwG, § 62 UmwG Rz. 23 f.; abw. *Grunewald* in Lutter, § 62 UmwG Rz. 8; *Stratz* in Schmitt/Hörtnagl/Stratz, § 62 UmwG Rz. 7, *Habighorst* in Böttcher/Habighorst/Schulte, § 62 UmwG Rz. 14 und *Sagasser/Luke* in Sagasser/Bula/Brünger, § 9 Rz. 357: Fassung des Verschmelzungsbeschlusses, sowie *Junker* in Henssler/Strohn, § 62 UmwG Rz. 6: Zeitpunkt der Eintragung.
5 Vgl. Begr. RegE zu § 319 AktG bei *Kropff*, S. 422; *Grunewald* in Lutter, § 62 UmwG Rz. 4, 33; *Stratz* in Schmitt/Hörtnagl/Stratz, § 62 UmwG Rz. 4; *Habighorst* in Böttcher/Habighorst/Schulte, § 62 UmwG Rz. 12.
6 IE ebenso *Diekmann* in Semler/Stengel, § 62 UmwG Rz. 11; *Grunewald* in Lutter, § 62 UmwG Rz. 4; *Rieger* in Widmann/Mayer, § 62 UmwG Rz. 8 ff.; *Simon* in KölnKomm. UmwG, § 62 UmwG Rz. 11; *Habersack* in FS Horn, 2006, S. 337 (349).

für Rechnung dieser Gesellschaft gehören, vom Stamm- bzw. Grundkapital abzusetzen[1]. Diese Regelung entspricht §§ 16 Abs. 2 Satz 2, 320 Abs. 1 Satz 2 AktG. Anteile, die von einem von der übertragenden Gesellschaft abhängigen oder in deren Mehrheitsbesitz stehenden Unternehmen oder von einem anderen für Rechnung eines solchen Unternehmens gehalten werden, bleiben unberücksichtigt, obwohl auch aus diesen Anteilen gemäß §§ 71b, 71d AktG keine Stimmrechte ausgeübt werden können[2]. Der Grund dafür liegt in dem unterschiedlichen Schutzzweck dieser Vorschriften und darin, dass für den Gesetzgeber offenbar kein Anlass bestanden hat, die Konzernverschmelzung noch weiter zu erleichtern.

12 Sollen **mehrere Rechtsträger gemeinsam** auf eine AG oder KGaA verschmolzen werden, so muss der Anteilsbesitz von mindestens 90 % bei allen übertragenden Kapitalgesellschaften gegeben sein; andernfalls ist § 62 UmwG nicht anwendbar[3]. § 62 UmwG findet auch dann keine Anwendung, wenn zusammen mit einer oder mehreren Kapitalgesellschaften ein Rechtsträger anderer Rechtsform, für den § 62 UmwG nicht gilt, zB OHG oder KG, auf eine AG oder KGaA verschmolzen werden soll[4]. Soweit § 62 UmwG nicht anwendbar ist, kann die betreffende Verschmelzung gesondert nach den allgemeinen Vorschriften durchgeführt werden.

13 Für die Berechnung ist unerheblich, in welchem Umfang die der übernehmenden Gesellschaft zustehenden **Aktien stimmberechtigt** sind[5]. Nach dem Gesetzeswortlaut kommt es allein auf die **Kapitalbeteiligung** an; bei dieser zählen auch stimmrechtslose Geschäftsanteile oder Vorzugsaktien mit. Umgekehrt reicht es nicht aus, wenn die 90 %-Grenze nicht beim Kapital, sondern nur beim Stimmrecht, zB auf Grund von Mehrstimmrechten, erreicht wird. Für die vergleichbare Regelung in § 320 Abs. 1 Satz 1 AktG wird zT angenommen, dass nicht nur die Kapital-, sondern auch die entsprechende Stimmenmehrheit (bei der Eingliederung mindestens 95 %) erreicht sein müsse[6]. Wortlaut und Entste-

---

1 *Habersack* in FS Horn, 2006, S. 337 (348); *Simon* in KölnKomm. UmwG, § 62 UmwG Rz. 14; *Grunewald* in Lutter, § 62 UmwG Rz. 5.
2 Vgl. *Diekmann* in Semler/Stengel, § 62 UmwG Rz. 10; *Grunewald* in Lutter, § 62 UmwG Rz. 5; *Rieger* in Widmann/Mayer, § 62 UmwG Rz. 10; *Stratz* in Schmitt/Hörtnagl/Stratz, § 62 UmwG Rz. 5.
3 *Diekmann* in Semler/Stengel, § 62 UmwG Rz. 4 und 13; *Grunewald* in Lutter, § 62 UmwG Rz. 10; *Rieger* in Widmann/Mayer, § 62 UmwG Rz. 15; *Simon* in KölnKomm. UmwG, § 62 UmwG Rz. 15 f.; aA *Stratz* in Schmitt/Hörtnagl/Stratz, § 62 UmwG Rz. 6.
4 Ebenso *Rieger* in Widmann/Mayer, § 62 UmwG Rz. 16 f.
5 *Diekmann* in Semler/Stengel, § 62 UmwG Rz. 12; *Grunewald* in Lutter, § 62 UmwG Rz. 4; *Simon* in KölnKomm. UmwG, § 62 UmwG Rz. 13.
6 So zB *Koppensteiner* in KölnKomm. AktG, 3. Aufl. 2004, § 320 AktG Rz. 7; abl. *Hüffer/Koch*, § 320 AktG Rz. 4; offen gelassen von OLG Hamm v. 8.12.1993 – 15 W 291/93, AG 1994, 376 (377).

hungsgeschichte des § 62 UmwG bieten für eine solche Auslegung aber keine Anhaltspunkte.

b) Auslegung von Unterlagen

Für die **übertragende(n) Gesellschaft(en)** gelten die allgemeinen Bestimmungen, insbesondere über die Zustimmung der Anteilsinhaber zum Verschmelzungsvertrag gemäß §§ 13, 50 f., 65, 78 UmwG und die Vorbereitung der entsprechenden Gesellschafter- bzw. Hauptversammlungen (§§ 49, 63, 78 UmwG). Bei der **übernehmenden Gesellschaft** gilt dagegen, dass ihre Hauptversammlung dem Verschmelzungsvertrag nicht zustimmen muss, wenn die in § 62 Abs. 1 UmwG beschriebene Beteiligung besteht und kein Minderheitsverlangen nach § 62 Abs. 2 UmwG gestellt ist. Wie § 62 Abs. 3 Satz 1 UmwG klarstellt, muss die übernehmende Gesellschaft dennoch – gewissermaßen vorsorglich – die Vorschriften des § 63 Abs. 1 UmwG über die vorbereitende Unterrichtung ihrer Aktionäre beachten. Bei ihr sind alle **in § 63 Abs. 1 UmwG bezeichneten Unterlagen** zur Einsicht der Aktionäre auszulegen. Dabei handelt es sich nicht nur um den Verschmelzungsvertrag oder seinen Entwurf, sondern auch um die Jahresabschlüsse und Lageberichte der beteiligten Gesellschaften, die Verschmelzungs- und Verschmelzungsprüfungsberichte und ggf. eine Zwischenbilanz oder einen Halbjahresfinanzbericht der übertragenden Gesellschaft (vgl. § 63 UmwG Rz. 2 ff.). Erleichterungen ergeben sich insoweit nur bei 100 %-Beteiligungen (vgl. dazu Rz. 29). Sollen **mehrere Gesellschaften gemeinsam**, dh. im Rahmen einer einheitlichen Gesamtverschmelzung, auf eine AG verschmolzen werden, können die Unterlagen aller übertragenden Gesellschaften gemeinsam ausgelegt werden. Dabei hat sich der Fristbeginn an der ersten Gesellschafter- bzw. Hauptversammlung zu orientieren[1]. Die Pflicht zur Auslegung nach § 62 Abs. 3 Satz 1 UmwG entfällt nach § 62 Abs. 3 Satz 8 UmwG, wenn die Unterlagen für denselben Zeitraum über die **Internetseite** der Gesellschaft **zugänglich** sind. Durch diese Vereinfachung soll der Bürokratieaufwand für die Gesellschaften verringert und der Zugang zu den Informationen vor allem für auswärtige Aktionäre erleichtert werden[2].

14

In zeitlicher Hinsicht kommt es auf den **Tag der Gesellschafter- bzw. Hauptversammlung** der übertragenden Gesellschaften an, die gemäß § 13 Abs. 1 UmwG über die Verschmelzung beschließt. Einen **Monat vor diesem Tage** beginnt die **Pflicht zur Auslegung** der Unterlagen bei der übernehmenden Gesellschaft. Diese Frist ist insofern willkürlich, als sie mit der Frist zur Einberufung der Gesellschafter- bzw. Hauptversammlung der übertragenden Gesellschaft(en) nicht übereinstimmt. Ist die übertragende Gesellschaft eine GmbH, so ist die

15

---

1 *Simon* in KölnKomm. UmwG, § 62 UmwG Rz. 42; *Grunewald* in Lutter, § 62 UmwG Rz. 11.
2 Vgl. Begr. RegE zum ARUG, BT-Drucks. 16/11642, S. 24 zu § 52 Abs. 2 AktG.

Frist zur Einberufung der Gesellschafterversammlung entsprechend der Regelung im Gesellschaftsvertrag meist kürzer als ein Monat (vgl. § 51 Abs. 1 Satz 2 GmbHG). Ist die übertragende Gesellschaft eine AG, KGaA oder SE, so ist die Frist für die Einberufung der Hauptversammlung bei einer gemäß § 123 Abs. 2 AktG (bei der SE iVm. Art. 53 SE-VO) erforderlichen Anmeldung regelmäßig länger als ein Monat. Die **Pflicht zur Auslegung** bei der übernehmenden Gesellschaft **endet** sinngemäß mit dem Tag, an dem ein Minderheitsverlangen nicht mehr gestellt werden kann, dh. mit Ablauf der dafür gesetzten Frist oder der Anmeldung der Verschmelzung zur Eintragung im Handelsregister[1]. Für die Berechnung der Monatsfrist gelten die allgemeinen Vorschriften (§§ 187 Abs. 1, 188 Abs. 2 BGB). Da es sich um eine umwandlungsrechtliche Sonderregelung handelt, scheidet eine analoge Anwendung des § 121 Abs. 7 AktG aus. Zumindest für die AG ist aber davon auszugehen, dass der Tag der Versammlung nicht mitgerechnet wird (§ 123 Abs. 1 Satz 2 AktG). § 193 BGB gilt dagegen nicht, da die Einberufung weder eine Willenserklärung noch die Bewirkung einer Leistung darstellt[2]. Verlangt die in § 62 Abs. 2 UmwG bezeichnete Aktionärsminderheit die Einberufung einer Hauptversammlung der übernehmenden Gesellschaft, so ist bei deren Einberufung § 63 Abs. 1 UmwG zu beachten.

c) Hinweisbekanntmachung

16 Zur Unterrichtung der Aktionäre hat der Vorstand der übernehmenden Gesellschaft gleichzeitig mit der Auslegung oder der Internetveröffentlichung der Unterlagen (vgl. Rz. 14) einen **Hinweis über die bevorstehende Verschmelzung** in den Gesellschaftsblättern bekannt zu machen (§ 62 Abs. 3 Satz 2 UmwG). Das Gesetz schreibt zwar nur einen Hinweis auf das Verschmelzungsvorhaben vor. Ein Hinweis auf die zur Einsicht ausliegenden Unterlagen ist nicht erforderlich, dürfte aber ebenfalls zweckmäßig sein. Vorgeschrieben ist außerdem ein Hinweis auf das Recht zu einem **Minderheitsverlangen nach § 62 Abs. 2 UmwG** (§ 62 Abs. 3 Satz 3 UmwG). Bei dem Hinweis hierauf kann zugleich eine angemessene Frist zur etwaigen Stellung eines solchen Verlangens bestimmt werden (vgl. Rz. 21). Die Bekanntmachung hat im **Bundesanzeiger** zu erfolgen (vgl. § 25 AktG). Für den Hinweis ist keine gesonderte Bekanntmachung vorgeschrieben. Er kann deshalb auch mit anderen Bekanntmachungen verbunden werden[3]. So kann zB im Falle einer zweistufigen Konzernverschmelzung (vgl. Rz. 8) der

---

1 *Grunewald* in Lutter, § 62 UmwG Rz. 11; *Junker* in Henssler/Strohn, § 62 UmwG Rz. 13; wohl auch *Simon* in KölnKomm. UmwG, § 62 UmwG Rz. 33.
2 *Diekmann* in Semler/Stengel, § 62 UmwG Rz. 23; *Rieger* in Widmann/Mayer, § 62 UmwG Rz. 56; *Simon* in KölnKomm. UmwG, § 62 UmwG Rz. 40; *Habighorst* in Böttcher/Habighorst/Schulte, § 62 UmwG Rz. 21; aA *Grunewald* in Lutter, § 62 UmwG Rz. 11.
3 *Diekmann* in Semler/Stengel, § 62 UmwG Rz. 22; *Rieger* in Widmann/Mayer, § 62 UmwG Rz. 38 f.; *Simon* in KölnKomm. UmwG, § 62 UmwG Rz. 45.

Hinweis in der Einladung zur Hauptversammlung erfolgen, in der über den Beteiligungserwerb durch Sachkapitalerhöhung beschlossen wird[1]. Befinden sich alle Aktien des übernehmenden Rechtsträgers in der Hand eines Aktionärs, kann dieser in Absprache mit der Gesellschaft und vorsorglich auch dem Registergericht auf die Bekanntmachung nach § 62 Abs. 3 Satz 2 UmwG verzichten[2].

d) Erteilung von Abschriften

Jedem Aktionär der übernehmenden Gesellschaft ist auf Verlangen unverzüglich und kostenlos eine **Abschrift** der nach § 62 Abs. 3 Satz 1 UmwG auszulegenden Unterlagen zu erteilen (§ 62 Abs. 3 Satz 6 UmwG). Dies entspricht der Regelung bei Einberufung der Hauptversammlung (§ 63 Abs. 3 UmwG). Wegen der Einzelheiten wird auf § 63 UmwG Rz. 11 f. verwiesen. Nach § 62 Abs. 3 Satz 7 UmwG besteht zusätzlich die Möglichkeit, dass diese Unterlagen dem Aktionär mit dessen Einwilligung auf dem Wege **elektronischer Kommunikation** übermittelt werden. Davon erfasst ist die Übermittlung eines druckfähigen Dateiformats im Anhang einer Email (zB PDF), nicht aber die Übermittlung einer bloßen Leseversion, da damit die beabsichtigte Gleichwertigkeit mit Papierkopien nicht gewährleistet ist[3]. Mit **Einwilligung** ist die vorherige Zustimmung nach § 183 Satz 1 BGB gemeint; eine konkludente Einwilligung genügt. Aus Beweisgründen ist aber eine ausdrückliche und dokumentierte Einwilligung vorzuziehen (vgl. auch § 63 UmwG Rz. 11). § 62 Abs. 3 Satz 7 UmwG mildert nur die Pflichten nach Abs. 3 Satz 6 ab. Nach § 62 Abs. 3 Satz 8 UmwG entfallen demgegenüber die Verpflichtungen nach den Sätzen 1 und 6, wenn die in Abs. 1 bezeichneten Unterlagen für denselben Zeitraum auf der Internetseite der übernehmenden Gesellschaft zugänglich gemacht werden (siehe dazu auch Rz. 14).

17

e) Einreichung zum Registergericht

Gleichzeitig mit der Hinweisbekanntmachung hat der Vorstand den **Verschmelzungsvertrag** oder seinen Entwurf zum Register der übernehmenden Gesellschaft einzureichen (§ 62 Abs. 3 Satz 2 UmwG). Dadurch wird sichergestellt, dass der Vertrag auch dann zum Register gelangt, wenn die Hauptversammlung der übernehmenden Gesellschaft nicht einberufen wird. Wird die Hauptversammlung auf Grund eines entsprechenden Minderheitsverlangens einberufen, ist die Einreichungspflicht nach § 61 Satz 1 UmwG bereits erfüllt. Das Gericht hat seinerseits in dem dafür vorgesehenen Medium bekannt zu machen, dass

18

---

1 *Rieger* in Widmann/Mayer, § 62 UmwG Rz. 38.
2 *Ising*, NZG 2010, 1403 (1405); *Schockenhoff/Lumpp*, ZIP 2013, 749 (758); *Habighorst* in Böttcher/Habighorst/Schulte, § 62 UmwG Rz. 18; abl. *Diekmann* in Semler/Stengel, § 62 UmwG Rz. 22.
3 *Simon/Merkelbach*, DB 2011, 1317 (1317); *Bayer/J. Schmidt*, ZIP 2010, 953 (955); *Neye/Jäckel*, AG 2010, 237 (239).

der Verschmelzungsvertrag bzw. sein Entwurf zum Handelsregister eingereicht worden ist (§ 62 Abs. 3 Satz 2 Halbsatz 2 UmwG iVm. § 61 Satz 2 UmwG).

f) Anmeldung der Verschmelzung

19 Um sicherzustellen, dass die Aktionäre ordnungsgemäß unterrichtet worden sind, hat der Vorstand bei der Anmeldung der Verschmelzung (§§ 16, 17 UmwG) den **Nachweis der Hinweisbekanntmachung** beizufügen (§ 62 Abs. 3 Satz 4 UmwG). Dies geschieht am besten dadurch, dass ein Belegexemplar des Bundesanzeigers mit der betreffenden Bekanntmachung eingereicht wird[1]. Der Vorstand hat außerdem bei der Anmeldung zu erklären, ob ein **Antrag nach § 62 Abs. 2 UmwG** gestellt worden ist (§ 62 Abs. 3 Satz 5 UmwG). Ist ein Minderheitsverlangen gestellt worden, wird der Anmeldung der Verschmelzung im Regelfall zugleich die Niederschrift über den Verschmelzungsbeschluss der übernehmenden Gesellschaft beigefügt sein (§ 17 Abs. 1 UmwG). Ist kein Minderheitsverlangen gestellt worden, hat der Vorstand dies bei der Anmeldung zu erklären. Dabei genügt eine Erklärung von Vorstandsmitgliedern in vertretungsberechtigter Zahl[2]. Ist ein Minderheitsverlangen gestellt, vom Vorstand aber zB wegen Verfehlung des Quorums von 5 % nicht befolgt worden, ist dies dem Registergericht zu erläutern.

2. Minderheitsverlangen auf Einberufung einer Hauptversammlung (§ 62 Abs. 2 UmwG)

20 Die Zustimmung der Hauptversammlung der übernehmenden Gesellschaft zu der Verschmelzung ist nach § 62 Abs. 2 Satz 1 UmwG auch bei einer Beteiligung von mindestens 90 % erforderlich, wenn Aktionäre der übernehmenden Gesellschaft, deren Anteile an dieser zusammen 5 % erreichen, die Einberufung einer entsprechenden Hauptversammlung verlangen. Das **Einberufungsverlangen** kann sowohl an den Vorstand wie auch allgemein an die Gesellschaft gerichtet werden und **formlos** erfolgen, auch wenn Schriftform aus Beweisgründen zweckmäßig ist[3]. Eine Begründung des Verlangens ist ebenso wenig erforderlich wie die Mitteilung bestimmter Beschlussanträge.

21 Das Minderheitenrecht nach § 62 Abs. 2 UmwG ist rechtssystematisch **kein Unterfall des** allgemeinen Einberufungsverlangens nach **§ 122 Abs. 1 AktG**. Wäh-

---

1 *Diekmann* in Semler/Stengel, § 62 UmwG Rz. 32; *Grunewald* in Lutter, § 62 UmwG Rz. 14; *Simon* in KölnKomm. UmwG, § 62 UmwG Rz. 50.
2 *Diekmann* in Semler/Stengel, § 62 UmwG Rz. 32; *Rieger* in Widmann/Mayer, § 62 UmwG Rz. 48.
3 *Diekmann* in Semler/Stengel, § 62 UmwG Rz. 30; *Grunewald* in Lutter, § 62 UmwG Rz. 20; *Rieger* in Widmann/Mayer, § 62 UmwG Rz. 30; *Simon* in KölnKomm. UmwG, § 62 UmwG Rz. 31; *Stratz* in Schmitt/Hörtnagl/Stratz, § 62 UmwG Rz. 9; *Habighorst* in Böttcher/Habighorst/Schulte, § 62 UmwG Rz. 29.

rend es bei diesem um die Rechte einer Minderheit geht, steht bei § 62 Abs. 2 UmwG die Frage im Vordergrund, ob der Vorstand im Falle einer Konzernverschmelzung den Verschmelzungsvertrag allein abschließen kann (§ 62 Abs. 1 UmwG) oder ob dazu auch ein Beschluss der Aktionäre erforderlich ist (§ 62 Abs. 2 UmwG). Die Vorschrift dient also der Kompetenzabgrenzung. Ein Verlangen nach § 62 Abs. 2 UmwG kann allerdings mit einem sonstigen Verlangen nach § 122 Abs. 1 oder 2 AktG verbunden werden. Kommt der Vorstand einem Verlangen nach § 62 Abs. 2 UmwG nicht nach, so ist **§ 122 Abs. 3 AktG** nach allg. Ansicht **entsprechend** anzuwenden[1]. Beruft der Vorstand die Hauptversammlung nicht ein, so lässt sich dies allerdings nicht ohne weiteres als Missachtung des Einberufungsverlangens verstehen. Angesichts der nach § 62 Abs. 3 Satz 5 UmwG erforderlichen Erklärung (siehe dazu Rz. 19) führt bereits das Stellen des Verlangens dazu, dass der Verschmelzungsvertrag nicht mehr ohne Zustimmung der Hauptversammlung wirksam werden kann. In der Untätigkeit des Vorstandes kann deshalb auch die Entscheidung liegen, die geplante Verschmelzung vorerst nicht weiter zu verfolgen. Ein Rechtsschutzbedürfnis für einen Antrag nach § 122 Abs. 3 AktG fehlt dann[2]. Will die Minderheit in einem solchen Fall entgegen der Entscheidung des Vorstandes eine Beschlussfassung über die Verschmelzung erreichen, bleibt ihr nur der Weg über ein allgemeines Einberufungsverlangen nach § 122 Abs. 1 AktG, um den Vorstand zu entsprechenden Vorbereitungsmaßnahmen zu verpflichten (vgl. § 83 AktG).

Für die **Berechnung des Quorums von 5 %** gilt das Gleiche wie bei § 122 Abs. 1 Satz 1 AktG. Die Aktien, auf das Verlangen gestützt wird, müssen der Minderheit gehören. Eine Vertretung durch Bevollmächtigte reicht allerdings aus. Die Erfüllung des Quorums muss dem Vorstand in geeigneter Weise, zB durch Vorlage der Aktienurkunde, einer Bescheinigung der Depotbank oder der Eintragung im Aktienregister (§ 67 AktG), **nachgewiesen** werden. Bloßes Glaubhaftmachen, zB durch eidesstattliche Versicherung, genügt nicht[3]. Der durch die Aktienrechtsnovelle 2016[4] neu eingefügte § 122 Abs. 1 Satz 3, Abs. 3 Satz 5 AktG ist auch für § 62 Abs. 2 UmwG relevant und hat die Rechtslage iS der zuvor schon hM geklärt. Nunmehr ist klargestellt, dass das Quorum bis zur Entscheidung des Vorstands bzw. im Falle der Einleitung eines gerichtlichen Ermächtigungsverfahrens, bis zu einer gerichtlichen Ermächtigung vorhanden sein

---

1 Vgl. *Diekmann* in Semler/Stengel, § 62 UmwG Rz. 35; *Grunewald* in Lutter, § 62 UmwG Rz. 22; *Rieger* in Widmann/Mayer, § 62 UmwG Rz. 31.
2 *Diekmann* in Semler/Stengel, § 62 UmwG Rz. 35; *Grunewald* in Lutter, § 62 UmwG Rz. 22.
3 *Diekmann* in Semler/Stengel, § 62 UmwG Rz. 29; *Simon* in KölnKomm. UmwG, § 62 UmwG Rz. 32.
4 Gesetz zur Änderung des Aktiengesetzes (Aktienrechtsnovelle 2016) v. 22.12.2015, BGBl. I 2015, S. 2565.

muss[1]. Die in § 122 Abs. 1 Satz 3 AktG vorgesehene Mindesthaltefrist findet im Rahmen des § 62 Abs. 2 UmwG allerdings keine Anwendung.

23 Das Quorum kann **in der Satzung herabgesetzt** werden (§ 62 Abs. 2 Satz 2 UmwG). Ohne eine solche Herabsetzung gilt das gesetzliche Quorum auch dann, wenn die übertragende Gesellschaft weniger als 5 % außenstehende Aktionäre hat, das Quorum also praktisch nicht erreicht werden kann. Eine Erhöhung des Quorums ist dagegen nicht möglich[2]. Die Voraussetzungen zur Geltendmachung des Verlangens können durch die Satzung auch nicht anderweitig verschärft werden.

24 Der Vorstand hat **dem ordnungsgemäß gestellten Verlangen unverzüglich nachzukommen.** Geschieht dies nicht, kann sich die Minderheit vom Gericht analog § 122 Abs. 3 AktG zur Einberufung der Hauptversammlung ermächtigen lassen[3]; vgl. auch Rz. 21.

25 Das Verlangen kann jederzeit – formlos – **zurückgenommen** werden. War die Hauptversammlung noch nicht einberufen, kann die Einberufung unterbleiben. Ist die Einberufung bereits erfolgt, kann der Vorstand die Hauptversammlung absagen[4]. Der Widerruf der Einberufung muss wie diese in den Gesellschaftsblättern bekannt gemacht werden[5]. Eine wirksame Rücknahme liegt bereits dann vor, wenn das Verlangen aufgrund des Rückzugs einzelner Aktionäre nicht mehr von dem erforderlichen Quorum getragen wird[6].

26 Das Gesetz sieht für das Einberufungsverlangen keine bestimmte **Frist** vor. Dies kann jedoch nicht bedeuten, dass das Verlangen ohne zeitliche Begrenzung, letztlich also bis zur Eintragung der Verschmelzung möglich sein soll. Für die **Anmeldung** der Verschmelzung und die Abgabe der begleitenden Erklärung gemäß § 62 Abs. 3 Satz 5 UmwG muss Klarheit darüber bestehen, ob noch ein

---

1 *Diekmann* in Semler/Stengel, § 62 UmwG Rz. 27; *Simon* in KölnKomm. UmwG, § 62 UmwG Rz. 35; *Grunewald* in Lutter, § 62 UmwG Rz. 17; *Habighorst* in Böttcher/Habighorst/Schulte, § 62 UmwG Rz. 28; *Hüffer/Koch*, § 122 AktG Rz. 3a; vgl. auch LG Duisburg v. 21.8.2003 – 21 T 6/02, AG 2004, 159 = ZIP 2004, 76 und OLG Düsseldorf v. 16.1.2004 – I-3 Wx 290/03, ZIP 2004, 313 (314) = AG 2004, 211; abw. *Werner* in Großkomm. AktG, 4. Aufl. 1993, § 122 AktG Rz. 16: bis zur Hauptversammlung.
2 *Diekmann* in Semler/Stengel, § 62 UmwG Rz. 28; *Grunewald* in Lutter, § 62 UmwG Rz. 23; *Stratz* in Schmitt/Hörtnagl/Stratz, § 62 UmwG Rz. 9; *Habighorst* in Böttcher/ Habighorst/Schulte, § 62 UmwG Rz. 31.
3 *Diekmann* in Semler/Stengel, § 62 UmwG Rz. 35; *Grunewald* in Lutter, § 62 UmwG Rz. 22; *Rieger* in Widmann/Mayer, § 62 UmwG Rz. 31.
4 Zur wirksamen Absage einer Hauptversammlung durch den Vorstand siehe BGH v. 30.6.2015 – II ZR 142/14, AG 2015, 822.
5 *Grunewald* in Lutter, § 62 UmwG Rz. 21; *Diekmann* in Semler/Stengel, § 62 UmwG Rz. 31; *Simon* in KölnKomm. UmwG, § 62 UmwG Rz. 36.
6 *Rieger* in Widmann/Mayer, § 62 UmwG Rz. 30.1; *Simon* in KölnKomm. UmwG, § 62 UmwG Rz. 37.

Minderheitsverlangen möglich ist oder nicht. Deshalb muss das Verlangen spätestens bis zu diesem Zeitpunkt gestellt sein[1]. Die übernehmende Gesellschaft muss allerdings im Interesse der Rechtsklarheit und weil das Gesetz selbst keine Frist vorsieht, auch als berechtigt angesehen werden, in der Bekanntmachung nach § 62 Abs. 3 Satz 3 UmwG eine Frist zur Geltendmachung des Einberufungsverlangens festzulegen. Diese Frist muss **angemessen** sein; dies ist der Fall, wenn die Frist **einen Monat** beträgt und damit dem Zeitraum entspricht, der auch für die Unterrichtung der Aktionäre durch Auslegung der Unterlagen nach § 62 Abs. 3 Satz 1 UmwG vorgesehen ist (vgl. Rz. 15)[2].

3. Wegfall des Verschmelzungsbeschlusses bei der übertragenden Gesellschaft (§ 62 Abs. 4 UmwG)

a) Entbehrlichkeit des Verschmelzungsbeschlusses (§ 62 Abs. 4 Satz 1 und 2 UmwG)

Sofern sich das gesamte Stamm- oder Grundkapital einer übertragenden Kapitalgesellschaft in der Hand einer übernehmenden Aktiengesellschaft befindet, ist nach § 62 Abs. 4 Satz 1 UmwG, abweichend von § 13 Abs. 1 UmwG, ein Verschmelzungsbeschluss der Anteilsinhaber der übertragenden Gesellschaft nicht erforderlich. Ein Verschmelzungsbeschluss ist auch dann nicht nötig, wenn nach § 62 Abs. 5 Satz 1 UmwG ein Übertragungsbeschluss gefasst und mit einem Vermerk nach Abs. 5 Satz 7 in das Handelsregister eingetragen wurde (§ 62 Abs. 4 Satz 2 UmwG). Getragen wird diese Regelung von dem Gedanken, dass ein Squeeze-out zwar unter dem Vorbehalt der anschließenden Verschmelzung wirksam werden, dabei jedoch bereits wie eine 100%ige Konzernverschmelzung erfolgen soll (vgl. dazu näher Rz. 34 ff.). Für das Erfordernis einer **100%igen Beteiligung** im Falle des § 62 Abs. 4 Satz 1 UmwG gelten die gleichen Aussagen wie zu § 62 Abs. 1 Satz 1 UmwG (vgl. Rz. 8 ff.). 27

Mit der Entbehrlichkeit des Verschmelzungsbeschlusses bei der übertragenden Gesellschaft wird aufgrund der Vorgaben des Gemeinschaftsrechts[3] die sonst übliche Kompetenzverteilung bei wichtigen Umstrukturierungsmaßnahmen durchbrochen[4]. Zwar besteht weiterhin die Möglichkeit, einen Verschmelzungs- 28

---

1 *Diekmann* in Semler/Stengel, § 62 UmwG Rz. 30; *Grunewald* in Lutter, § 62 UmwG Rz. 8; *Rieger* in Widmann/Mayer, § 62 UmwG Rz. 29.1; *Simon* in KölnKomm. UmwG, § 62 UmwG Rz. 33.
2 Vgl. auch *Diekmann* in Semler/Stengel, § 62 UmwG Rz. 30; *Grunewald* in Lutter, § 62 UmwG Rz. 11; *Rieger* in Widmann/Mayer, § 62 UmwG Rz. 29.1; *Simon* in KölnKomm. UmwG, § 62 UmwG Rz. 34; *Bungert/Wettich*, DB 2011, 1500 (1502); *Ising*, NZG 2010, 1403 (1404).
3 Vgl. Art. 25 lit. c iVm. Art. 8 Abs. 1 lit. c der Dritten Richtlinie idF der Änderungsrichtlinie, ABl. EU Nr. L 110 v. 5.4.2011, S. 1.
4 *Neye/Jäckel*, AG 2010, 237 (239).

beschluss (freiwillig) zu fassen. Eine Verpflichtung zur Einholung eines Verschmelzungsbeschlusses bei wesentlicher Bedeutung der Verschmelzung kann aber nach den **Holzmüller/Gelatine**-Grundsätzen nicht angenommen werden. Dies würde Wortlaut und Zweck der gesetzlichen Erleichterung widersprechen[1]. Zudem fehlt bei einer Verschmelzung nach oben jeglicher Mediatisierungseffekt (vgl. dazu auch Rz. 3)[2]. Den Minderheitsaktionären der **übernehmenden** Gesellschaft steht aber weiterhin die Möglichkeit eines **Verlangens auf Einberufung** einer Hauptversammlung der übernehmenden Gesellschaft nach § 62 Abs. 2 UmwG offen. Zwar verweist § 62 Abs. 4 UmwG nicht ausdrücklich auf dieses Minderheitenrecht. Allerdings ergibt sich dieses mittelbar aus dem in Satz 3 für entsprechend anwendbar erklärten Abs. 3, der seinerseits in Satz 3 auf das Einberufungsrecht verweist[3]. Es ist auch nicht ersichtlich, warum das Minderheitsverlangen den Aktionären der Muttergesellschaft verwehrt sein sollte, nur weil die Mutter-AG 100 % oder 90 % der Anteile an der Tochter-AG hält. Insoweit ist ein anderer Aktionärskreis betroffen, dem über § 62 Abs. 2 UmwG Schutz gewährt werden soll. Im Übrigen wird die Möglichkeit des Minderheitsverlangens nach Abs. 2 ausdrücklich auch in der Regierungsbegründung erwähnt[4].

29 Für die Minderheitsaktionäre der **übertragenden** Gesellschaft kommt ein **Minderheitsverlangen** dagegen nicht in Betracht. Bei einer 100 %-Beteiligung im Falle von § 62 Abs. 4 Satz 1 UmwG fehlt es schon an einer Minderheit. Bei einer Beteiligung von 90 % im Falle von Abs. 4 Satz 2 gibt für eine analoge Anwendung des § 62 Abs. 2 UmwG keine Grundlage[5]. Eine Anwendung des § 122 Abs. 1 AktG würde voraussetzen, dass die Hauptversammlung zur Entscheidung berufen ist. Dies ist aber gerade nicht der Fall[6]. Auch die Dritte Richtlinie sieht ein Einberufungsrecht nur für die Minderheitsaktionäre der übernehmenden Gesellschaft vor[7]. Der Vorstand der übertragenden Gesellschaft kann die Verschmelzung der Hauptversammlung allerdings **freiwillig zur Zustimmung vorlegen** (§ 119 Abs. 2 AktG)[8]. Ein solches Vorgehen birgt aber die Gefahr, dass der Zustimmungsbeschluss wegen etwaiger Fehler angefochten wird (§ 243 Abs. 1 AktG) und die Durchführung der Verschmelzung dann nur noch über ei-

---

1 *Keller/Klett*, GWR 2010, 415 (417).
2 *Grunewald* in Lutter, § 62 UmwG Rz. 9 Fn. 2; *Rose* in Maulbetsch/Klumpp/Rose, § 62 UmwG Rz. 5; *Keller/Klett*, GWR 2010, 415 (417); anders *Diekmann* in Semler/Stengel, § 62 UmwG Rz. 5; *Heckschen* in Widmann/Mayer, § 122g UmwG Rz. 174.
3 Begr. RegE, BT-Drucks. 17/1322 v. 1.10.2010, S. 12 (li. Sp.), wonach das Minderheitenrecht nach Abs. 2 ausdrücklich unberührt bleiben soll.
4 Begr. RegE, BT-Drucks. 17/1322 v. 1.10.2010, S. 12.
5 *Hofmeister*, NZG 2012, 688 (691); *Mayer*, NZG 2012, 561 (572); *Göthel*, ZIP 2011, 1541 (1546).
6 *Hofmeister*, NZG 2012, 688 (691) mwN.
7 Vgl. Art. 25 lit. c iVm. Art. 8 Abs. 1 lit. c der Dritten Richtlinie, ABl. EU Nr. L 110 v. 29.4.2011, S. 1.
8 Vgl. *Klie/Wind/Rödter*, DStR 2011, 1668 (1671).

nen Freigabebeschluss gemäß § 16 Abs. 3 UmwG erreicht werden kann[1]. Zur Minimierung der Haftung von Vorstand und Aufsichtsrat gemäß §§ 93 Abs. 4 Satz 1, 116 AktG erscheint ein solcher Zustimmungsbeschluss ohnehin nicht erforderlich. Denn idR dürfte die Verschmelzung nicht zu einem relevanten Schaden der übertragenden AG führen[2].

b) Offenlegungs- und Bekanntmachungspflichten (§ 62 Abs. 4 Satz 3 UmwG)

Auch das Bestehen einer **100%igen Beteiligung** lässt die minderheitsschützenden **Informationspflichten gemäß § 62 Abs. 3 UmwG** zugunsten der Aktionäre der übernehmenden Gesellschaft nicht entfallen[3]. Dies hat der Gesetzgeber durch die Verweisung in § 62 Abs. 4 Satz 3 UmwG ausdrücklich klargestellt. Von den dort in Bezug genommenen Auslegungspflichten sind allerdings nur die Pflichten nach § 63 Abs. Nr. 1–3 UmwG (Verschmelzungsvertrag, Jahresabschlüsse, Zwischenbilanz) betroffen. Die Pflichten aus § 63 Abs. 1 Nr. 4 und 5 UmwG (Verschmelzungsbericht und Prüfungsbericht) entfallen bei einer 100 %-Beteiligung gemäß §§ 8 Abs. 3 Satz 1, 12 Abs. 3 UmwG. Eine Verschmelzungsprüfung ist nach §§ 8 Abs. 3 Satz 1, 9 Abs. 3 UmwG ebenfalls nicht erforderlich. Im Gesetz nicht geregelt ist, ob diese Erleichterungen auch bei einer **Verschmelzung im Anschluss an einen Squeeze-out** gemäß § 62 Abs. 5 UmwG gelten. In diesem Fall erlangt die Muttergesellschaft mit der Eintragung des Übertragungsbeschlusses für eine juristische Sekunde vor dem Vollzug der Verschmelzung (§ 62 Abs. 5 Satz 7 UmwG) alle Aktien der Tochtergesellschaft. Aufgrund dessen sind auch in diesem Falle Verschmelzungsbericht, Verschmelzungsprüfung und Prüfungsbericht nach den genannten Vorschriften entbehrlich[4]. Der Aktienerwerb erfolgt zwar erst unmittelbar vor dem Wirksamwerden der Verschmelzung. Der Schutz der Anteilsinhaber erfordert deshalb aber keine andere Wertung als bei einer von Anfang an bestehenden 100 %-Beteiligung. Da ein Verschmelzungsbeschluss der übernehmenden Gesellschaft grundsätzlich nicht erforderlich ist, müssen sich deren Anteilsinhaber auf einen solchen auch nicht vorbereiten. Hinzu kommt, dass die Minderheitsaktionäre der übertragenden Gesellschaft im Zuge der Verschmelzung ausscheiden und zu keinem Zeitpunkt Aktionäre der Muttergesellschaft werden. Der Zweck der Auslegungspflichten nach § 63 Abs. 1 Nr. 4 und 5 UmwG würde somit gar nicht erreicht und macht diese zu einer überflüssigen Formalität. Der verschmelzungsrechtliche Squeeze-out lässt sich daher dem Fall, dass von vornherein eine 100 %-Beteiligung besteht, gleichstellen. Allerdings muss damit gerechnet werden, dass

30

---

1 *Hofmeister*, NZG 2012, 688 (692); *Mayer*, NZG 2012, 561 (572).
2 *Hofmeister*, NZG 2012, 688 (691 f.).
3 Anders 4. Aufl., Rz. 25.
4 *Bungert/Wettich*, DB 2011, 1500 (1503); *Göthel*, ZIP 2011, 1541 (1546 ff.); *Klie/Wind/Rödter*, DStR 2011, 1668 (1670); aA *Neye/Kraft*, NZG 2011, 681 (683).

die Registergerichte uU gleichwohl die Vorlage der genannten Unterlagen verlangen, zumal der Gesetzgeber über deren Entbehrlichkeit keine ausdrückliche Regelung getroffen hat. Insoweit empfiehlt sich daher eine rechtzeitige Abstimmung mit dem zuständigen Registergericht[1].

31 Die Informationspflichten gemäß § 62 Abs. 3 UmwG sind für die **Dauer eines Monats** zu erfüllen (§ 62 Abs. 4 Satz 3 UmwG). Aufgrund der Entbehrlichkeit des Verschmelzungsbeschlusses ist dafür allerdings der **zeitliche Anknüpfungspunkt**, wie er in § 62 Abs. 3 Satz 1 UmwG mit dem Tag der Hauptversammlung der übertragenden Gesellschaft vorgesehen ist, weggefallen. Daher wird die Regelung in Abs. 3 durch Abs. 4 Satz 3 dahingehend modifiziert, dass die dort genannten Verpflichtungen nach **Abschluss des Verschmelzungsvertrages** zu erfüllen sind[2]. Der Gesetzgeber hat sich damit für eine „Vorwärtsfrist" ab Vertragsschluss anstelle einer Rückwärtsfrist ab Registervollzug entschieden, weil er den Zeitpunkt der Eintragung im Handelsregister der übernehmenden Gesellschaft für nicht exakt prognostizierbar ansah[3]. Dabei sorgt die Bemerkung in der Regierungsbegründung, nach der es sich um eine „Ereignisfrist im Sinne des § 187 Abs. 1 BGB" handele[4], für Verwirrung[5]. Wörtlich genommen, würde dies bedeuten, dass die Frist mit dem auf den Abschluss des Verschmelzungsvertrages folgenden Tag beginnt. Ab diesem Zeitpunkt kann zwar die Auslegung der Unterlagen gemäß § 63 Abs. 1 UmwG vorgenommen werden. Nach § 62 Abs. 3 Satz 2 UmwG muss aber „gleichzeitig" eine Hinweisbekanntmachung in den Gesellschaftsblättern und damit jedenfalls im Bundesanzeiger sowie die Einreichung des Verschmelzungsvertrages zum Handelsregister erfolgen. Aufgrund der üblichen Vorlaufzeit für die Veröffentlichung im Bundesanzeiger müssten die Unterlagen bei diesem bereits vor Abschluss des Verschmelzungsvertrages eingereicht werden, um rechtzeitig bekanntgemacht zu werden[6]. Dieses Verständnis der Regelung ist aber keineswegs zwingend. Nach dem Gesetzeswortlaut ist nur eine Erfüllung der Informationspflichten „nach Abschluss des Verschmelzungsvertrages für die Dauer eines Monats" ohne genauen Fristbeginn vorgeschrieben. Die Gesellschaft ist deshalb frei, den Beginn der Monatsfrist durch die Bekanntmachung zu bestimmen[7]. Als sachlich maßgebendes Ereignis für den Beginn der Monatsfrist wird dementsprechend überwiegend die **Hinweisbekanntmachung** im Bundesanzeiger angesehen[8]. Mit den Vorgaben der

---

1 *Göthel*, ZIP 2011, 1541 (1547 f.).
2 *Grunewald* in Lutter, § 62 UmwG Rz. 27.
3 Begr. RegE, BT-Drucks. 17/3122 v. 1.10.2010, S. 12 (li. Sp.).
4 Begr. RegE, BT-Drucks. 17/3122 v. 1.10.2010, S. 12 (re. Sp.).
5 Vgl. ausführlich *Freytag*, BB 2010, 1611 (1613 f.).
6 So *Freytag*, BB 2010, 1611 (1613 f.); *Heckschen*, NZG 2010, 1041 (1043).
7 *Wagner*, DStR 2010, 1629 (1630 f.); *Mayer*, NZG 2012, 561 (569).
8 *Wagner*, DStR 2010, 1629 (1630 f.); *Simon/Merkelbach*, DB 2011, 1317 (1320); *Göthel*, ZIP 2011, 1541 (1548); *Leitzen*, DNotZ 2011, 526 (535 f.); vgl. auch *Kiefner/Brügel*, AG 2011, 525 (530 f.); aA *Freytag*, DB 2010, 2839 (2840 f.) mit der Annahme einer Rück-

Dritten Richtlinie ist diese Auslegung ohne weiteres vereinbar. Art. 25 der Richtlinie verlangt nur, dass die Offenlegung mindestens einen Monat vor dem Zeitpunkt, zu dem der Vorgang wirksam wird, erfolgt. Auch dem Schutz der Anteilsinhaber wird ausreichend Rechnung getragen[1]. Denn für diese ist sichergestellt, dass die Pflichten gemäß § 62 Abs. 3 UmwG für die Dauer eines Monats nach der Bekanntmachung im Bundesanzeiger erfüllt werden[2]. Erst dann darf die Anmeldung zum Handelsregister vorgenommen werden[3].

c) Zuleitung an den Betriebsrat (§ 62 Abs. 4 Satz 4 UmwG)

Nach § 62 Abs. 4 Satz 4 UmwG ist der Verschmelzungsvertrag spätestens bei Beginn der Monatsfrist gemäß Abs. 3 dem zuständigen Betriebsrat nach § 5 Abs. 3 UmwG zuzuleiten. Diese Regelung bezieht sich auf den Fall, dass der Verschmelzungsbeschluss bei der übertragenden Gesellschaft entfällt. In diesem Fall kann die Monatsfrist nicht, wie dies § 5 Abs. 3 UmwG sonst vorsicht, vom Tag der Hauptversammlung, die über die Verschmelzung beschließt, rückwärts gerechnet werden. Statt dessen ist die Monatsfrist wie bei den Informationspflichten nach § 62 Abs. 4 Satz 3 UmwG vom Beginn dieser Pflichten an **nach vorn zu berechnen**. Dies ergibt sich ausdrücklich auch aus § 62 Abs. 5 Satz 4 UmwG. Auch für den Beginn der Monatsfrist zur Unterrichtung des Betriebsrates ist auf die **Bekanntmachung** im Bundesanzeiger abzustellen (dazu näher Rz. 30)[4]. Da dieser Fristbeginn umstritten ist, empfiehlt es sich allerdings, dem zuständigen Betriebsrat vorsorglich schon vorher, spätestens am Tage der Beurkundung des Verschmelzungsvertrages, einen Entwurf dieses Vertrages zukommen zu lassen[5]. Daneben besteht weiterhin die Möglichkeit, dass der Betriebsrat auf die Einhaltung der Zuleitungsfrist verzichtet[6]. 32

Auf eine Regelung des Falles, dass nur der Verschmelzungsbeschluss der übernehmenden Gesellschaft entfällt, wurde bewusst verzichtet. Dieser Fall kann eintreten, wenn bei der übernehmenden Gesellschaft kein Minderheitsverlangen gestellt wird und in der übertragenden Gesellschaft **freiwillig** ein **Verschmel**- 33

---

wärtsfrist ab Registeranmeldung und *Ising*, NZG 2011, 1368 (1371) mit der Empfehlung, mit der Auslegung schon vor Vertragsschluss zu beginnen; ähnlich *Keller/Klett*, GWR 2010, 415 (417); offen gelassen bei *Kraft/Redenius-Hövermann*, ZIP 2013, 961 (965).
1 Vgl. Art. 25 lit. a der Richtlinie 2011/35/EU v. 5.4.2011, ABl. EU Nr. L 110 v. 29.4.2011, S. 1.
2 *Simon/Merkelbach*, DB 2010, 1317 (1320).
3 *Leitzen*, DNotZ 2011, 526 (535).
4 *Göthel*, ZIP 2011, 1541 (1548); *Simon/Merkelbach*, DB 2011, 1317 (1320).
5 *Mayer*, NZG 2012, 561 (573); vgl. auch *Heckschen*, NJW 2011, 2390 (2391) und *Grunewald* in Lutter, § 62 UmwG Rz. 29.
6 *Mayer* in Widmann/Mayer, § 5 UmwG Rz. 266; *Drygala* in Lutter, § 5 UmwG Rz. 148; *Stohlmeier*, BB 1999, 1394 (1397); OLG Naumburg v. 17.3.2003 – 7 Wx 6/02, GmbHR 2003, 1433 = NZG 2004, 734.

zungsbeschluss gefasst wird (siehe dazu auch Rz. 29). Es soll dann bei der bisherigen Praxis bleiben, wonach für die Berechnung der Frist zur Zuleitung an den Betriebsrat der übernehmenden Gesellschaft an den Tag der Hauptversammlung der übertragenden Gesellschaft angeknüpft wird[1].

4. Verschmelzungsrechtlicher Squeeze-out (§ 62 Abs. 5 UmwG)

a) Überblick

34 Das 3. UmwGÄndG[2] hat mit § 62 Abs. 5 UmwG eine weitere Möglichkeit des Ausschlusses von Minderheitsaktionären neben dem übernahmerechtlichen (§ 39a WpÜG) und dem aktienrechtlichen (§ 327a AktG) Squeeze-out sowie dem Sondertatbestand des § 12 FMStBG geschaffen. Die Besonderheit des verschmelzungsrechtlichen Squeeze out liegt dabei in dem auf **90 %** des Grundkapitals abgesenkten **Beteiligungserfordernis**. Während sowohl der übernahmerechtliche als auch der aktienrechtliche Squeeze-out jeweils eine Beteiligung von mindestens 95 % voraussetzen und allein der von geringer praktischer Bedeutung in § 12 FMStBG vorgesehene Sondertatbestand eine Beteiligung von lediglich 90 % erfordert, ist diese niedrigere Beteiligungshöhe nunmehr auch in § 62 Abs. 5 UmwG vorgesehen. Dabei bedarf der verschmelzungsrechtliche Squeeze-out **keiner besonderen sachlichen Rechtfertigung**[3]. Er trägt diese vielmehr in sich, da er nur im Zusammenhang mit einer anschließenden Verschmelzung und der damit verbundenen Konzernstraffung möglich ist[4]. Bezogen auf die verfassungsrechtlichen Vorgaben aus Art. 14 GG und die Rechtsprechung des BVerfG[5] steht auch bei einer bis zu 10%igen Beteiligung das Vermögensinteresse der Aktionäre im Vordergrund und sind die Einwirkungsmöglichkeiten auf die Unternehmensführung begrenzt. Dem Vermögensinteresse wird dabei durch die angemessene Barabfindung nach § 62 Abs. 5 Satz 6 UmwG iVm. §§ 327b, 327f Satz 2 AktG ausreichend Rechnung getragen. Verfassungsrechtliche Bedenken gegen diesen Squeeze-out bestehen daher nicht[6].

---

1 Beschlussempfehlung und Bericht des Rechtsausschusses, BT-Drucks. 17/5930 v. 25.5. 2011, S. 11; *Neye/Kraft*, NZG 2011, 681 (682).

2 BGBl. I 2011, S. 1338; mit der Regelung in § 62 Abs. 5 UmwG wird von der Option des Art. 28 Abs. 2 der Dritten Richtlinie Gebrauch gemacht; vgl. Richtlinie 2011/35/EU des Europäischen Parlaments und des Rates v. 5.4.2011 über die Verschmelzung von Aktiengesellschaften, ABl. EU Nr. L 110 v. 29.4.2011, S. 1.

3 *Grunewald* in Lutter, § 62 UmwG Rz. 50; *Schockenhoff/Lumpp*, ZIP 2013, 749 (751); *Stephanblome*, AG 2012, 814 (818); *Bungert/Wettich*, DB 2011, 2545 (2550).

4 Vgl. Begr. RegE, BT-Drucks. 17/3122, S. 13; OLG Hamburg v. 14.6.2012 – 11 AktG 1/12, BB 2012, 2073 (2075 f.) = AG 2012, 639.

5 BVerfG v. 7.8.1962 – 1 BvL 16/60, AG 1962, 249; BVerfG v. 23.8.2000 – 1 BvR 68/95, 1 BvR 147/97, AG 2001, 42; BVerfG v. 30.5.2007 – 1 BvR 390/04, AG 2007, 544.

6 Vgl. Begr. RegE, BT-Drucks. 17/3122, S. 13; zust. OLG Hamburg v. 14.6.2012 – 11 AktG 1/12, BB 2012, 2073 (2074 f.) = AG 2012, 639.

In seiner **verfahrensrechtlichen Ausgestaltung** lehnt sich der verschmelzungsrechtliche Squeeze-out gemäß § 62 Abs. 5 Satz 8 UmwG an die §§ 327a–f AktG an und modifiziert diese, wo es sachgerecht und aufgrund der Verknüpfung mit der anschließenden Verschmelzung nötig ist.

b) Beteiligte Rechtsträger (§ 62 Abs. 5 Satz 1 und 7 UmwG)

Aus § 62 Abs. 5 Satz 1 UmwG ergibt sich für den verschmelzungsrechtlichen Squeeze-out, dass es sich bei der **übertragenden Gesellschaft** – anders als bei der reinen Konzernverschmelzung – stets um eine **AG** handeln muss. Eine GmbH als übertragende Gesellschaft ist nicht zugelassen. Gleiches gilt für die **übernehmende Gesellschaft** (§ 62 Abs. 5 Satz 7 UmwG). Aus § 78 UmwG bzw. Art. 10 SE-VO folgt allerdings, dass beteiligte Rechtsträger auch eine **KGaA** oder eine **SE** sein können (siehe zur SE auch Anhang I Rz. 139). Gleichwohl ist es auch für eine **GmbH** möglich, die Vorteile des Verfahrens nach § 62 Abs. 5 UmwG zu nutzen. Insoweit kommt etwa ein vorheriger **Rechtsformwechsel** in eine AG oder die Verwendung einer Vorrats-AG als **Zwischenholding** in Betracht. Solche Gestaltungen stellen im Lichte der Rechtsprechung zum aktienrechtlichen Squeeze-out[1] jedenfalls dann keinen Rechtsmissbrauch dar, wenn neben der Durchführung des Squeeze-out ein weiterer sachlicher Grund gegeben ist, der auch in der Nutzung der Gesellschaft als Akquisitionsvehikel für den Erwerb der übertragenden Gesellschaft liegen kann[2]. Mit dem Erfordernis „vernünftiger wirtschaftlicher Gründe" wird auch der Missbrauchslehre des EuGH Rechnung getragen[3]. Ob die Konzernstruktur nach dem Squeeze-out die gleiche ist wie zuvor, ist dagegen nicht entscheidend[4].

Über § 122a Abs. 3 UmwG gelten für die **grenzüberschreitende Verschmelzung** unter Beteiligung einer deutschen Kapitalgesellschaft ergänzend die allgemeinen Verschmelzungsregeln für Kapitalgesellschaften. Bei einem grenzüberschreitenden Sachverhalt mit einer übertragenden deutschen Tochtergesellschaft kann daher grundsätzlich ein Squeeze-out nach § 62 Abs. 5 UmwG vorgeschaltet wer-

---

1 BGH v. 16.3.2009 – II ZR 302/06, BGHZ 180, 154 = AG 2009, 441 (Lindner), zum Erreichen des 95 %-Quorums nach § 327a AktG durch Wertpapierleihe.
2 OLG Hamburg v. 14.6.2012 – 11 AktG 1/12, DB 2012, 2072 (2075 ff.) = AG 2012, 639; *Bungert/Wettich*, DB 2011, 1500 (1501); *Göthel*, ZIP 2011, 1541 (1549); *Klie/Wind/Rödter*, DStR 2011, 1668 (1672); *Wagner*, DStR 2010, 9 (1634); *Stratz* in Schmitt/Hörtnagl/Stratz, § 62 UmwG Rz. 18; weitergehend *Diekmann* in Semler/Stengel, § 62 UmwG Rz. 32d und *Simon/Merkelbach*, DB 2011, 1317 (1322), die auch eine Auflösung der Zwischenholding nach Durchführung der Verschmelzung für nicht rechtsmissbräuchlich halten.
3 Vgl. zB EuGH v. 10.11.2011 – Rs. C-126/10, AG 2012, 125 sowie dazu im Zusammenhang mit § 62 Abs. 5 UmwG *Florstedt*, NZG 2015, 1212 ff.
4 Vgl. *Stephanblome*, AG 2012, 814 (819); aA *Grunewald* in Lutter, § 62 UmwG Rz. 53 unter Bezugnahme auf *Packi*, ZGR 2011, 776 (804).

den[1]. Anders als bei einem rein inländischen Sachverhalt ist der **Verschmelzungsbericht** bei der übertragenden deutschen Gesellschaft nicht entbehrlich, da § 8 Abs. 3 UmwG wegen § 122e Satz 3 UmwG nicht anwendbar ist. Ein **Verschmelzungsbeschluss** kann dagegen gemäß § 122a Abs. 3 UmwG iVm. § 62 Abs. 4 Satz 2 UmwG unterbleiben[2]. Das anschließende Registerverfahren führt in seinem ersten Schritt zur **Rechtmäßigkeitskontrolle** bei dem deutschen Registergericht. Nachdem von diesem eine Verschmelzungsbescheinigung nach § 122k Abs. 2 UmwG ausgestellt wurde, steht für die zuständige Stelle der beteiligten ausländischen Rechtsordnung fest, dass die deutschen gesetzlichen Voraussetzungen erfüllt sind.

c) Verschmelzungsvertrag

38 Der sachliche und zeitliche Zusammenhang zwischen Squeeze-out und Konzernverschmelzung wird durch den Verschmelzungsvertrag hergestellt. So sieht § 62 Abs. 5 Satz 1 UmwG vor, dass der Übertragungsbeschluss nach § 327a Abs. 1 AktG innerhalb von **drei Monaten** nach Abschluss des Verschmelzungsvertrages zu fassen ist. Außerdem muss der Verschmelzungsvertrag oder sein Entwurf die **Angabe** enthalten, dass im Zusammenhang mit der Verschmelzung ein Ausschluss der Minderheitsaktionäre der übertragenden Gesellschaft erfolgen soll (§ 62 Abs. 5 Satz 2 UmwG). Die Erleichterungen des **§ 5 Abs. 2 Nr. 2 bis 5 UmwG** kommen dabei zur Anwendung.[3] Der Verschmelzungsvertrag braucht somit keine Angaben über den Umtausch der Anteile zu enthalten. Für das Eingreifen dieser Erleichterungen genügt es, dass mit der Eintragung der Verschmelzung im Register der übernehmenden Gesellschaft für eine juristische Sekunde ein 100%iges Beteiligungsverhältnis vorliegt (vgl. auch § 5 UmwG Rz. 70). Um sicherzustellen, dass die Verschmelzung tatsächlich erst nach vorherigem Squeeze-out wirksam werden soll, sollte in den Verschmelzungsvertrag eine entsprechende **aufschiebende Bedingung** aufgenommen werden[4]. Auch wenn eine börsennotierte Gesellschaft auf eine nicht börsennotierte Gesellschaft verschmolzen werden soll, braucht der Verschmelzungsvertrag **kein Barabfindungsangebot nach § 29 UmwG** zu enthalten. Aufgrund der Verweisung in § 62 Abs. 5 Satz 8 UmwG auf § 327b Abs. 1 Satz 1 AktG sind die Bestimmungen über die Barabfindung im Rahmen des Squeeze-out vorrangig[5].

---

1 *Kiefner/Brügel*, AG 2011, 525 (532 f.); *Mayer*, NZG 2012, 561 (564).
2 Anders wohl *Neye/Kraft*, NZG 2011, 681 (683), die § 122g Abs. 2 UmwG als abschließende Regelung sehen.
3 *Grunewald* in Lutter, § 62 UmwG Rz. 38; *Mayer*, NZG 2012, 561 (566); *Göthel*, ZIP 2011, 1541 (1543); *Hofmeister*, NZG 2012, 688 (689); *Austmann*, NZG 2011, 684 (687); *Heckschen*, NJW 2011, 2390 (2392).
4 *Austmann*, NZG 2011, 681 (687); *Bungert/Wettich*, DB 2011, 1500 (1502); *Göthel*, ZIP 2011, 1541 (1543); *Hofmeister*, NZG 2012, 688 (689); *Mayer*, NZG 2012, 561 (567).
5 *Grunewald* in Lutter, § 62 UmwG Rz. 39; *Mayer*, NZG 2012, 561 (566).

d) 90%ige Beteiligung (§ 62 Abs. 5 Satz 1 UmwG)

Die Hauptversammlung der übertragenden Gesellschaft kann nach § 62 Abs. 5 Satz 1 UmwG iVm. § 327a Abs. 1 Satz 1 AktG einen Übertragungsbeschluss fassen, wenn der übernehmenden Gesellschaft 90 % der Aktien „gehören". § 16 Abs. 4 AktG findet trotz dieser an § 327a AktG angelehnten Formulierung keine Anwendung, da die §§ 327a ff. AktG nur „im Übrigen" gelten (§ 62 Abs. 5 Satz 8 UmwG). Über den Verweis des § 62 Abs. 5 Satz 1 UmwG auf „die Fälle" des Abs. 1 ergibt sich, dass sich die Anteile „in der Hand" der übernehmenden Gesellschaft befinden müssen. Dies ist nur dann der Fall, wenn eine **unmittelbare Inhaberschaft** der Aktien gegeben ist (siehe Rz. 10)[1]. Dabei werden eigene Aktien und für Rechnung der Gesellschaft gehaltene Aktien vom Grundkapital der übertragenden Gesellschaft gemäß § 62 Abs. 1 Satz 2 UmwG abgezogen (siehe Rz. 11). Auf welche Weise die 90%ige Beteiligung zustande gekommen ist, spielt keine Rolle. Wie beim aktienrechtlichen Squeeze-out kommt dafür auch eine **Wertpapierleihe** in Betracht[2]. Zwar besteht dabei das Problem, dass die Aktien mit der Verschmelzung untergehen und nicht zurückgewährt werden können. Dem kann jedoch mit der Vereinbarung einer alternativen Art der Rückgewährung Rechnung getragen werden. Dieser alternative Rückgewähranspruch setzt sich nach Untergang der übertragenden Gesellschaft gegen die übernehmende Gesellschaft als Rechtsnachfolgerin fort (§ 20 Abs. 1 Satz 1 UmwG). Zur Erreichung der erforderlichen Beteiligungshöhe kann der Verschmelzung auch eine **Kapitalerhöhung** mit alleinigem Bezugsrecht des Hauptaktionärs vorgeschaltet sein (zweistufige Konzernverschmelzung, siehe dazu Rz. 8)[3]. Der Beteiligungserwerb erfolgt dann nicht nur vorübergehend, was zur nachfolgenden Verschmelzung besser passt[4].

Maßgeblich für das Vorliegen der 90%igen Beteiligung ist nach § 62 Abs. 5 Satz 1 UmwG der **Zeitpunkt**, in dem die Hauptversammlung über den Squeeze-out **beschließt**[5]. Die Beteiligungsquote muss außerdem im Zeitpunkt der Anmeldung und Eintragung des Vermerks nach § 62 Abs. 5 Satz 7 UmwG sowie der Eintragung der Verschmelzung bei der übernehmenden Gesellschaft fortbestehen[6]. Die

---

1 *Diekmann* in Semler/Stengel, § 62 UmwG Rz. 32d; *Austmann*, NZG 2011, 684 (689); *Kiefner/Brügel*, AG 2011, 525 (533); *Wagner*, DStR 2010, 1629 (1632 f.).
2 BGH v. 16.3.2009 – II ZR 302/06, BGHZ 180, 154 = AG 2009, 441; *Austmann*, NZG 2011, 684 (690), *Bungert/Wettich*, DB 2011, 1500 (1501); *Widmann*, AG 2014, 189 (194).
3 *Stephanblome*, AG 2012, 814 (815).
4 *Widmann*, AG 2014, 189 (197).
5 *Grunewald* in Lutter, § 62 UmwG Rz. 34; *Schockenhoff/Lumpp*, ZIP 2013, 749 (753); *Mayer*, NZG 2012, 561 (567); aA *Biller*, S. 77: Zeitpunkt des „konkretisierten" Übertragungsverlangens; so zum aktienrechtlichen Squeeze-out auch BGH v. 22.3.2011 – II ZR 229/09, AG 2011, 518 (521) und die hM, zB *Hüffer/Koch*, § 327a AktG Rz. 15.
6 *Göthel*, ZIP 2011, 15641 (1545); *Mayer*, NZG 2012, 561 (564); vgl. auch *Austmann*, NZG 2011, 684 (689): bis zur Eintragung des Squeeze-out; aA *Biller*, S. 78 f., 83, der im Beteiligungserfordernis nur eine auf den Hauptversammlungsbeschluss bezogene Vorausset-

Beteiligungsquote ist eine materiell-rechtliche Voraussetzung für die Durchführung des Ausschlussverfahrens, die auch noch im Zeitpunkt des Aktienerwerbs vorhanden sein muss[1]. Für einen früheren Zeitpunkt, zB den Abschluss des Verschmelzungsvertrages, bieten weder der Gesetzeswortlaut noch Sinn und Zweck der Vorschrift einen Anhaltspunkt. Ist bei Abschluss des Verschmelzungsvertrages unklar, ob die erforderliche Beteiligungshöhe erreicht wird, empfiehlt es sich, den Verschmelzungsvertrag unter der aufschiebenden Bedingung abzuschließen, dass das Quorum von 90% erreicht wird[2].

e) Beschlussfassung über den Squeeze-out (§ 62 Abs. 5 Satz 1–3 UmwG)

41 Der **Squeeze-out-Beschluss** der übertragenden Gesellschaft kann nur innerhalb von **drei Monaten nach Abschluss** des Verschmelzungsvertrages gefasst werden (§ 62 Abs. 5 Satz 1 UmwG). Inhaltlich gilt für diesen Beschluss § 327a AktG. Der Beschlussvorschlag von Vorstand und Aufsichtsrat zum Ausschluss der Minderheit (§ 124 Abs. 3 Satz 1 AktG) muss deshalb die Übertragung der Aktien der Minderheitsaktionäre auf die übernehmende Gesellschaft gegen Gewährung einer **angemessenen Barabfindung** durch diese vorsehen. Ein **Übertragungsverlangen** der übernehmenden Gesellschaft als Hauptaktionär wird wegen der Angabe im Verschmelzungsvertrag, dass der Ausschluss im Zusammenhang mit der anschließenden Verschmelzung erfolgen soll (§ 62 Abs. 5 Satz 2 UmwG), zT für entbehrlich gehalten[3]. Der bloße Hinweis im Verschmelzungsvertrag ist jedoch nicht bindend; zumindest vorsorglich sollte deshalb das Verlangen erklärt werden[4]. Dies kann auch konkludent geschehen[5]. Bei dem Übertragungsverlangen wird üblicherweise zwischen dem ersten Verlangen, mit dem das Squeeze-out-Verfahren in Gang gesetzt wird, und dem „konkretisierten" Verlangen unterschieden, in dem der Hauptaktionär dem Vorstand die Höhe der Barabfindung mitteilt[6]. Mit der Übermittlung des ersten, vorläufigen Verlangens ist der Vorstand verpflichtet, dem Hauptaktionär die Informationen zur Verfügung zu stellen, die dieser benötigt, um die Höhe der Barabfindung festzulegen[7].

---

zung sieht mit der Folge, dass die Beteiligung nach dem Beschluss wieder absinken kann; ebenso zu § 327a AktG OLG München v.12.11.2008 – 7 W 1775, 08, AG 2009, 589 (592).
1 Vgl. *Singhof* in Spindler/Stilz, § 327a AktG Rz. 18; *Fuhrmann/Simon*, NZG 2002, 1211 (1212); *Habersack* in Emmerich/Habersack, § 327a AktG Rz. 18.
2 *Mayer*, NZG 2012, 561 (564).
3 *Grunewald* in Lutter, § 62 UmwG Rz. 36; *Wagner*, DStR 2010, 1629 (1633); *Austmann*, NZG 2011, 684 (689); *Kiefner/Brügel*, AG 2011, 525 (537); *Goethel*, ZIP 2011, 1541 (1545).
4 Vgl. *Schockenhoff/Lumpp*, ZIP 2013, 749 (752); *Bungert/Wettich*, DB 2011, 1500 (1501); *Mayer*, NZG 2012, 561 (567).
5 Vgl. *Hüffer/Koch*, § 327a AktG Rz. 11.
6 Vgl. *Schockenhoff/Lumpp*, ZIP 2013, 749 (752) mwN.
7 *Schockenhoff/Lumpp*, ZIP 2013, 749 (754).

Für die Vorbereitung der Hauptversammlung der übertragenden Gesellschaft 41a
zur Fassung des Übertragungsbeschlusses gelten im Übrigen die allgemeinen Bestimmungen (§ 62 Abs. 5 Satz 8 UmwG). Gemäß § 327b Abs. 3 AktG hat der
Hauptaktionär dem Vorstand vor Einberufung der Hauptversammlung die Erklärung einer Bank zu übermitteln, in der diese die **Gewährleistung** für die Erfüllung der Abfindungsverpflichtung des Hauptaktionärs übernimmt[1]. Gemäß
§§ 327c Abs. 3, 327d Satz 1 AktG sind während der Einberufung der Hauptversammlung und in dieser die üblichen Unterlagen zur Vorbereitung des Übertragungs-Beschlusses auszulegen bzw. zugänglich zu machen. Dazu gehören ua.
der **Bericht des Hauptaktionärs** und der **Prüfungsbericht** zur Angemessenheit
der Barabfindung. Ergänzend dazu sind die verschmelzungsrechtlichen Offenlegungs- und Bekanntmachungspflichten nach § 62 Abs. 3 UmwG zu beachten.
Diese Informationspflichten sind für die Dauer eines Monats nach Abschluss
des Verschmelzungsvertrages zu erfüllen (§ 62 Abs. 5 Satz 3 UmwG). Spätestens
bei Beginn dieser Verpflichtungen ist der Verschmelzungsvertrag dem zuständigen Betriebsrat zuzuleiten (§ 62 Abs. 5 Satz 4 UmwG). Wegen der weiteren Einzelheiten dazu wird auf die Ausführungen unter Rz. 30 ff. verwiesen. Nach § 62
Abs. 5 Satz 5 UmwG ist auch der **Verschmelzungsvertrag** oder sein Entwurf
zur Einsicht der Aktionäre auszulegen.

Wird der Übertragungsbeschluss **angefochten**, führt dies zur Eintragungssperre 42
(§ 327e Abs. 2 AktG iVm. § 319 Abs. 5 Satz 2 AktG). Die Gesellschaft kann
dann das **Freigabeverfahren** gemäß § 327e Abs. 2 AktG iVm. § 319 Abs. 6
AktG einleiten und auf diesem Wege uU die Eintragung des Übertragungsbeschlusses mit Vorbehaltsvermerk erreichen. Erfolgt keine Freigabe und wird
der Anfechtungsklage rechtskräftig stattgegeben, wird der Übertragungsbeschluss endgültig nicht eingetragen. Damit entfällt auch die Voraussetzung
für die Eintragung der Verschmelzung. Da der dann nach allgemeinen Regeln
erforderliche Verschmelzungsbeschluss gemäß §§ 13, 65 UmwG fehlt, ist die
Verschmelzung insgesamt unwirksam[2].

f) Anmeldung des Squeeze-out (§ 62 Abs. 5 Satz 6 und 7 UmwG)

Der Anmeldung des Übertragungsbeschlusses ist neben den sonst einzureichen- 43
den Unterlagen (vgl. § 327e Abs. 1 AktG) zusätzlich der **Verschmelzungsvertrag** in Ausfertigung oder öffentlich beglaubigter Abschrift oder sein Entwurf
beizufügen (§ 62 Abs. 5 Satz 6 UmwG). Dass alternativ auch der Entwurf genannt wird, ist als Redaktionsversehen anzusehen, da zu diesem Zeitpunkt die
Hauptversammlung über den Squeeze-out bereits auf der Grundlage des beurkundeten Verschmelzungsvertrages beschlossen hat. Außerdem kann nur anhand des Verschmelzungsvertrages die Einhaltung der Drei-Monats-Frist gemäß

---
1 Siehe den Formulierungsvorschlag bei *Schockenhoff/Lumpp*, ZIP 2013, 749 (756).
2 *Klie/Wind/Rödter*, DStR 2010, 1668 (1670); *Mayer*, NZG 2012, 561 (570).

§ 62 Abs. 5 Satz 1 UmwG im Rahmen der Rechtmäßigkeitskontrolle durch das Registergericht überprüft werden[1]. Im Übrigen ergeben sich für die Anmeldung des Squeeze-out keine Abweichungen vom aktienrechtlichen Verfahren. Für die Anmeldung ist der Vorstand der übertragenden Gesellschaft zuständig (§ 327e Abs. 1 Satz 1 AktG). Zuständiges Gericht ist das Registergericht am Sitz der Gesellschaft (§ 14 AktG)

44 Der Übertragungsbeschluss muss in das Handelsregister der übertragenden Gesellschaft mit dem Vermerk eingetragen werden, dass er „gleichzeitig" mit der Eintragung der Verschmelzung im Register des Sitzes der übernehmenden Gesellschaft wirksam wird (§ 62 Abs. 5 Satz 7 UmwG). Mit Hilfe dieses sog. **Vorbehaltsvermerks** soll sichergestellt werden, dass der Übertragungsbeschluss erst wirksam wird, wenn auch die Verschmelzung Wirksamkeit erlangt. Auf diese Weise soll der innere Zusammenhang zwischen dem Squeeze-out und der anschließenden Verschmelzung sichergestellt werden. Ein isolierter Ausschluss der Minderheitsaktionäre ohne anschließende Verschmelzung soll von vornherein verhindert werden[2]. Zu einer aufschiebenden Bedingung im Verschmelzungsvertrag siehe Rz. 38.

g) Anmeldung der Verschmelzung

45 Die Verschmelzung ist beim Handelsregister der **übertragenden** Gesellschaft zur Eintragung anzumelden (§§ 16, 17 UmwG). Dabei kann die Anmeldung der Verschmelzung mit der Anmeldung des Squeeze-out verbunden werden[3]. Auch die Anmeldung der Verschmelzung bei der **übernehmenden** Gesellschaft folgt im Grundsatz den üblichen Regeln. Als Besonderheit ist dem Registergericht nachzuweisen, dass der Vorbehaltsvermerk gemäß § 62 Abs. 4 Satz 2 UmwG eingetragen worden ist. Erst dann steht fest, dass ein Verschmelzungsbeschluss der übertragenden Gesellschaft nicht erforderlich war. Der Vermerk muss bereits bei der Anmeldung der Verschmelzung vorliegen[4].

46 Bedingt durch den Vorläufigkeitsvermerk treten mit der **Eintragung** der Verschmelzung in einem ersten Schritt die Rechtsfolgen des Squeeze-out gemäß § 327e Abs. 3 AktG ein. Unmittelbar danach kommen die Rechtswirkungen der Verschmelzung gemäß § 20 UmwG zum Tragen. Entsprechend dieser Abfolge gehen die Aktien der Minderheitsaktionäre zunächst auf die übernehmende Gesellschaft als Hauptaktionär über. Unmittelbar danach gehen diese Aktien infolge des Erlöschens der übertragenden Gesellschaft (§ 20 Abs. 1 Nr. 2 Satz 1

---

1 *Grunewald* in Lutter, § 62 UmwG Rz. 47; *Wagner*, DStR 2010, 1629 (1633); aA *Diekmann* in Semler/Stengel, § 62 UmwG Rz. 32 f.
2 Vgl. *Neye/Kraft*, NZG 2011, 681 (683); *Packi*, ZGR 2011, 776 (781).
3 *Mayer*, NZG 2012, 561 (574).
4 So auch *Grunewald* in Lutter, § 62 UmwG Rz. 48; *Mayer*, NZG 2012, 561 (574); aA *Kiefner/Brügel*, AG 2011, 525 (532).

UmwG) unter[1]. Dass der Gesetzgeber durch die Verwendung des Begriffs „gleichzeitig" an dieser Abfolge etwas ändern wollte, ist nicht anzunehmen[2]. Die Ausschlussfolgen erfassen nur die Aktien der Minderheitsaktionäre und nicht auch etwaige Aktienbezugsrechte, zB aus Options- oder Wandelanleihen. Für diese hat der übernehmende Rechtsträger den Inhabern der Rechte gemäß § 23 UmwG gleichwertige Rechte zu gewähren[3].

§ 63
Vorbereitung der Hauptversammlung

(1) Von der Einberufung der Hauptversammlung an, die gemäß § 13 Abs. 1 über die Zustimmung zum Verschmelzungsvertrag beschließen soll, sind in dem Geschäftsraum der Gesellschaft zur Einsicht der Aktionäre auszulegen

1. der Verschmelzungsvertrag oder sein Entwurf;
2. die Jahresabschlüsse und die Lageberichte der an der Verschmelzung beteiligten Rechtsträger für die letzten drei Geschäftsjahre;
3. falls sich der letzte Jahresabschluss auf ein Geschäftsjahr bezieht, das mehr als sechs Monate vor dem Abschluss des Verschmelzungsvertrags oder der Aufstellung des Entwurfs abgelaufen ist, eine Bilanz auf einen Stichtag, der nicht vor dem ersten Tag des dritten Monats liegt, der dem Abschluss oder der Aufstellung vorausgeht (Zwischenbilanz);
4. die nach § 8 erstatteten Verschmelzungsberichte;
5. die nach § 60 in Verbindung mit § 12 erstatteten Prüfungsberichte.

(2) Die Zwischenbilanz (Absatz 1 Nr. 3) ist nach den Vorschriften aufzustellen, die auf die letzte Jahresbilanz des Rechtsträgers angewendet worden sind. Eine körperliche Bestandsaufnahme ist nicht erforderlich. Die Wertansätze der letzten Jahresbilanz dürfen übernommen werden. Dabei sind jedoch Abschreibungen, Wertberichtigungen und Rückstellungen sowie wesentliche, aus den Büchern nicht ersichtliche Veränderungen der wirklichen Werte von Vermögensgegenständen bis zum Stichtag der Zwischenbilanz zu berücksichtigen. § 8 Absatz 3 Satz 1 erste Alternative und Satz 2 ist entsprechend anzuwenden. Die Zwischenbilanz muss auch dann nicht aufgestellt werden, wenn die Gesellschaft seit dem letzten Jahresabschluss einen Halbjahresfinanzbericht gemäß § 37w des Wertpapierhandelsgesetzes veröffent-

---

1 Vgl. *Göthel*, ZIP 2011, 1541 (1543); *Mayer*, NZG 2012, 561 (574); *Neye/Kraft*, NZG 2011, 681 (683); aA *Austmann*, NZG 2011, 684 (688) und *Kiefner/Brügel*, AG 2011, 525 (528), die von einem Untergang der Anteile mit Eintragung der Verschmelzung ausgehen.
2 *Mayer*, NZG 2012, 561 (574).
3 *Arens*, WM 2014, 682 (685f.); aA *Süßmann*, AG 2013, 158 (159).

licht hat. Der Halbjahresfinanzbericht tritt zum Zwecke der Vorbereitung der Hauptversammlung an die Stelle der Zwischenbilanz.

(3) Auf Verlangen ist jedem Aktionär unverzüglich und kostenlos eine Abschrift der in Absatz 1 bezeichneten Unterlagen zu erteilen. Die Unterlagen können dem Aktionär mit dessen Einwilligung auf dem Wege elektronischer Kommunikation übermittelt werden.

(4) Die Verpflichtungen nach den Absätzen 1 und 3 entfallen, wenn die in Absatz 1 bezeichneten Unterlagen für denselben Zeitraum über die Internetseite der Gesellschaft zugänglich sind.

1. Überblick 1	4. Erteilung von Abschriften (§ 63 Abs. 3 UmwG) 14
2. Auszulegende Unterlagen (§ 63 Abs. 1 UmwG) 2	5. Sanktionen 16
3. Zwischenbilanz (§ 63 Abs. 2 UmwG) *(Lanfermann)* 5	6. Einberufung der Hauptversammlung 17

Literatur: *Bayer,* Informationsrechte bei der Verschmelzung von Aktiengesellschaften, AG 1988, 323; *Bayer/J. Schmidt,* Der Referentenentwurf zum 3. UmwÄndG: Vereinfachungen bei Verschmelzungen und Spaltungen sowie ein neuer verschmelzungsspezifischer Squeeze out, ZIP 2010, 953; *Becker,* Die gerichtliche Kontrolle von Maßnahmen bei der Verschmelzung von Aktiengesellschaften, AG 1988, 223; *Ganske,* Änderungen des Verschmelzungsrechts, DB 1981, 1551; *Hoffmann-Becking,* Das neue Verschmelzungsrecht in der Praxis, FS Fleck, 1988, S. 105; *Hommelhoff,* Zur Kontrolle strukturändernder Gesellschafterbeschlüsse, ZGR 1990, 447; *Keil,* Der Verschmelzungsbericht nach § 340a AktG, 1990; *Kocher/Thomssen,* Auszulegende Jahresabschlüsse bei aktien- und umwandlungsrechtlichen Strukturmaßnahmen, DStR 2015, 1057; *Kort,* Kein Erfordernis der Aufstellung und Auslegung eines Konzernabschlusses beim Squeeze-out (§ 327c III Nr. 2 AktG), NZG 2006, 604; *Krieger,* Der Konzern in Fusion und Umwandlung, ZGR 1990, 517; *Leuering,* Die Erteilung von Abschriften an Aktionäre, ZIP 2000, 2053; *Neye/Jäckel,* Umwandlungsrecht zwischen Brüssel und Berlin – Der Referentenentwurf für ein Drittes Gesetz zur Änderung des Umwandlungsgesetzes, AG 2010, 237; *Neye/Kraft,* Neuigkeiten beim Umwandlungsrecht, NZG 2011, 681; *Priester,* Das neue Verschmelzungsrecht, NJW 1983, 1459; *J. Schmidt,* Die Änderung der umwandlungsrechtlichen Informationspflichten durch das ARUG, NZG 2008, 734; *Simon/Merkelbach,* Das Dritte Gesetz zur Änderung des UmwG, DB 2011, 1317; *J. Vetter,* Auslegung der Jahresabschlüsse für das letzte Geschäftsjahr zur Vorbereitung von Strukturbeschlüssen der Gesellschafter, NZG 1999, 925; *Wagner,* Der Regierungsentwurf für ein Drittes Gesetz zur Änderung des Umwandlungsgesetzes, DStR 2010, 1629; *Wendt,* Die Auslegung des letzten Jahresabschlusses zur Vorbereitung der Hauptversammlung – Strukturmaßnahmen als „Saisongeschäft"?, DB 2003, 191; *Wilde,* Informationsrechte und Informationspflichten im Gefüge der Gesellschaftsorgane, ZGR 1998, 423; *Windbichler,* Die Rechte der Hauptversammlung bei Unternehmenszusammenschlüssen durch Vermögensübertragung, AG 1981, 169.

1. Überblick

§ 63 UmwG regelt ergänzend zu den allgemeinen Vorschriften des Aktiengesetzes (§§ 121 ff. AktG), wie die Hauptversammlung, die gemäß § 13 Abs. 1 UmwG über die Verschmelzung beschließt, vorbereitet und durchgeführt werden soll. Dabei steht die Vorab-Unterrichtung der Aktionäre im Mittelpunkt. Mit ihr soll sichergestellt werden, dass die Aktionäre in Kenntnis aller wesentlichen Informationen über die Verschmelzung entscheiden. Diese Unterrichtung kann nach § 63 Abs. 3 UmwG idF des 3. UmwGÄndG[1] auch elektronisch erfolgen. Die gleichzeitig erfolgte Ergänzung des § 63 Abs. 2 UmwG durch die Sätze 5–7 enthält Erleichterungen bei der Zwischenbilanz.

2. Auszulegende Unterlagen (§ 63 Abs. 1 UmwG)

Nach § 63 Abs. 1 UmwG sind **von der Einberufung** der Hauptversammlung **an**, die über die Zustimmung zum Verschmelzungsvertrag beschließt, dh. seit ihrer Bekanntmachung in den Gesellschaftsblättern (§ 121 Abs. 4 Satz 1 AktG) bis zu ihrem Beginn, in dem Geschäftsraum der Gesellschaft verschiedene Unterlagen zur Einsicht der Aktionäre auszulegen. Nach Art. 11 Abs. 1 der Dritten Richtlinie[2] muss die Frist zur Einberufung der Hauptversammlung mindestens einen Monat betragen (siehe dazu § 61 UmwG Rz. 2). Die Abweichung von § 123 Abs. 1 AktG, wonach die Einladungsfrist mindestens 30 Tage beträgt[3], ist ohne praktische Bedeutung, weil sich die Einberufungsfrist regelmäßig um die Anmeldefrist gemäß § 123 Abs. 2 AktG verlängert. Die Auslegung der genannten Unterlagen während der Hauptversammlung regelt § 64 Abs. 1 UmwG. Im Falle einer Vollversammlung ohne Einladung (§ 121 Abs. 6 AktG) entfällt die vorherige Auslegung[4]. Auch sonst können die Aktionäre auf die Auslegung verzichten[5]. Unter **Geschäftsraum** der Gesellschaft kann in Anlehnung an § 175 Abs. 2 Satz 1 AktG der Ort zu verstehen sein, an dem sich die Hauptverwaltung der Gesellschaft befindet[6]. Nach Art. 11 Abs. 1 der Dritten Richtlinie hat die Aus-

---

1 Drittes Gesetz zur Änderung des Umwandlungsgesetzes v. 11.7.2011, BGBl. I 2011, S. 1338.
2 Richtlinie 2011/35/EU des Europäischen Parlaments und des Rates v. 5.4.2011 über die Verschmelzung von Aktiengesellschaften, ABl. EU Nr. L 110 v. 29.4.2011, S. 1.
3 Vgl. hierzu *J. Schmidt*, DB 2006, 375 und *Bayer/J. Schmidt*, ZIP 2010, 953 (963).
4 *Grunewald* in Lutter, § 63 UmwG Rz. 2; *Diekmann* in Semler/Stengel, § 63 UmwG Rz. 3; *Simon* in KölnKomm. UmwG, § 63 UmwG Rz. 30; *Junker* in Henssler/Strohn, § 63 UmwG Rz. 2.
5 *Grunewald* in Lutter, § 63 UmwG Rz. 13; *Diekmann* in Semler/Stengel, § 63 UmwG Rz. 3; *Simon* in KölnKomm. UmwG, § 63 UmwG Rz. 31.
6 *Grunewald* in Lutter, § 63 UmwG Rz. 2; *Rieger* in Widmann/Mayer, § 63 UmwG Rz. 23; aA *Diekmann* in Semler/Stengel, § 63 UmwG Rz. 9 und *Simon* in KölnKomm. UmwG, § 63 UmwG Rz. 24: Satzungssitz.

legung jedoch am Sitz der Gesellschaft, dh. ihrem Satzungssitz, zu erfolgen. Dieser kann gemäß § 4a GmbHG, § 5 AktG vom Sitz der Hauptverwaltung abweichen. § 63 Abs. 1 ist deshalb richtlinienkonform dahin zu verstehen, dass die Auslegung am Satzungssitz zu erfolgen hat[1]. Hat der Vorstand einen vom Sitz der Gesellschaft abweichenden Dienstsitz, sollten die Unterlagen vorsorglich auch dort ausgelegt werden[2]. Eine weiter gehende Auslegung, zB bei wichtigen Zweigniederlassungen, ist nicht erforderlich. Will jemand Einsicht nehmen, kann die Gesellschaft verlangen, dass er sich **als Aktionär**, zB durch Vorlage einer Bankbescheinigung, **ausweist**[3]. Bei Namensaktien genügt dafür die Eintragung im Aktienregister (§ 67 Abs. 2 Satz 1 AktG). Der Zugang ist den Aktionären zu den **üblichen Geschäftszeiten** zu gewähren[4]. Zur Auslegung können Abschriften bzw. Kopien verwendet werden[5].

3   Zu den auszulegenden Unterlagen gehört vor allem der **Verschmelzungsvertrag** bzw. sein **Entwurf** (§ 63 Abs. 1 Nr. 1 UmwG). Auszulegen sind außerdem die **Jahresabschlüsse** und **Lageberichte** aller an der Verschmelzung beteiligten Rechtsträger für die letzten drei Geschäftsjahre (§ 63 Abs. 1 Nr. 2 UmwG)[6]. Gemeint sind damit die letzten drei Geschäftsjahre vor der Hauptversammlung, zu deren Vorbereitung die Unterlagen auszulegen sind[7]. Die Pflicht zur Auslegung gilt nur, soweit entsprechende Jahresabschlüsse und Lageberichte nach den bilanzrechtlichen Vorschriften zu erstellen waren und tatsächlich auch erstellt worden sind. Ist noch kein Abschluss erstellt, wird dieses Geschäftsjahr nicht mitgezählt[8]. Auszulegen ist der letzte Jahresabschluss auch nur dann, wenn er

---

1 *Bayer/J. Schmidt*, ZIP 2010, 953 (963); *Diekmann* in Semler/Stengel, § 63 UmwG Rz. 9; *Simon* in KölnKomm. UmwG, § 63 UmwG Rz. 24.
2 Vgl. *Rieger* in Widmann/Mayer, § 63 UmwG Rz. 23 sowie *Hüffer/Koch*, § 175 AktG Rz. 6.
3 LG Hagen v. 8.12.1964 – Z HO 132/64, AG 1965, 82; *Hüffer/Koch*, § 175 AktG Rz. 5; *Simon* in KölnKomm. UmwG, § 63 UmwG Rz. 33.
4 *Diekmann* in Semler/Stengel, § 63 UmwG Rz. 8; *Habighorst* in Böttcher/Habighorst/Schulte, § 63 UmwG Rz. 6; *Junker* in Henssler/Strohn, § 63 UmwG Rz. 2; wohl auch *Simon* in KölnKomm. UmwG, § 63 UmwG Rz. 26; enger *Grunewald* in Lutter, § 63 UmwG Rz. 2: übliche Kerngeschäftszeiten.
5 *Grunewald* in Lutter, § 63 UmwG Rz. 3; *Rieger* in Widmann/Mayer, § 63 UmwG Rz. 29; *Simon* in KölnKomm. UmwG, § 63 UmwG Rz. 29.
6 *Rieger* in Widmann/Mayer, § 63 UmwG Rz. 8; *Simon* in KölnKomm. UmwG, § 63 UmwG Rz. 12; *Stratz* in Schmitt/Hörtnagl/Stratz, § 63 UmwG Rz. 3.
7 *Rieger* in Widmann/Mayer, § 63 UmwG Rz. 12 f.; *Grunewald* in Lutter, § 63 UmwG Rz. 5.
8 *Diekmann* in Semler/Stengel, § 63 UmwG Rz. 11; *Grunewald* in Lutter, § 63 UmwG Rz. 5; *Simon* in KölnKomm. UmwG, § 63 UmwG Rz. 10; *J. Vetter*, NZG 1999, 925 (928); *Wendt*, DB 2003, 191 ff.; OLG Düsseldorf v. 14.1.2005 – I-16 U 59/04, WM 2005, 650 (653) = AG 2005, 293; OLG Hamburg v. 11.4.2003 – 11 U 215/02, DB 2003, 1499 (1501) = AG 2003, 441; aA Vorinstanz: LG Hamburg v. 30.10.2002 – 411 O 34/02, ZIP 2003, 168 (169 f.).

festgestellt und nicht nur erst aufgestellt ist[1]. Da die Vorschrift alle beteiligten Rechtsträger erfasst, sind auch die Jahresabschlüsse beteiligter **ausländischer Rechtsträger** auszulegen. Es genügt dabei, deren Jahresabschlüsse und Lageberichte in der Form auszulegen, wie sie nach der jeweiligen Rechtsordnung zu erstellen waren[2]. Da die Unterlagen in deutscher Sprache vorliegen müssen, ist bei fremdsprachigen Texten eine Übersetzung erforderlich[3]. Der **Konzernabschluss** und der **Konzernlagebericht** müssen nicht mit ausgelegt werden[4]. Maßgebender Zeitpunkt ist die Einberufung der Hauptversammlung. Besteht ein übertragender Rechtsträger noch keine drei Jahre, genügen die entsprechenden Unterlagen für den Zeitraum seines Bestehens[5]. Eine Aktualisierung der ausgelegten Unterlagen ist nicht vorgeschrieben, im Interesse einer zutreffenden Unterrichtung aber zu empfehlen[6]. Auf etwaige Veränderungen ist auch bei der Erläuterung der Unterlagen gemäß § 64 Abs. 1 Satz 2 UmwG einzugehen (siehe § 64 UmwG Rz. 4). Auszulegen sind auch die **Verschmelzungsberichte** gemäß § 8 UmwG und die **Prüfungsberichte** gemäß §§ 12, 60 UmwG (§ 63 Abs. 1 Nr. 4 und 5 UmwG); soweit gemeinsame Berichte erstattet worden sind (vgl. §§ 8 Abs. 1 Satz 1 aE, 12 Abs. 1 Satz 2 UmwG), sind diese auszulegen. Ein **Hinweis** auf die ausliegenden Unterlagen **in der Einberufung** der Hauptversammlung ist nicht vorgeschrieben, aber zweckmäßig.

Die Pflicht zur Auslegung gemäß § 63 Abs. 1 UmwG entfällt, wenn die Unterlagen für denselben Zeitraum über die **Internetseite** der Gesellschaft **zugänglich** sind (§ 63 Abs. 4 UmwG). Mit dieser durch das ARUG[7] eingefügten Bestim- 4

---

1 Vgl. § 175 Abs. 1, 3 AktG; OLG Hamburg v. 11.4.2003 – 11 U 215/02, DB 2003, 1499 (1501) = AG 2003, 441; *Grunewald* in Lutter, § 63 UmwG Rz. 5; *Simon* in KölnKomm. UmwG, § 63 UmwG Rz. 15; aA *Diekmann* in Semler/Stengel, § 63 UmwG Rz. 12; *Rieger* in Widmann/Mayer, § 63 UmwG Rz. 13; *J. Vetter*, NZG 1999, 925 (928) und *Kocher/Thomssen*, DStR 2015, 1057 (1060).
2 *Kocher/Thomssen*, DStR 2015, 1057 (1061).
3 OLG Dresden v. 23.4.2003 – 18 U 1976/02, AG 2003, 433 (434); OLG München v. 19.11. 2008 – 7 U 2405/08, AG 2009, 450 (453); LG München v. 31.1.2008 – 5 HK O 15082, 07, Der Konzern 2008, 295 (302 f.); *Kocher/Thomssen*, DStR 2015, 1057 (1058); vgl. auch *Habighorst* in Böttcher/Habighorst/Schulte, § 63 UmwG Rz. 12.
4 *Grunewald* in Lutter, § 63 UmwG Rz. 5; OLG Hamburg v. 11.8.2003 – 11 W 28/03, AG 2003, 696 (697); OLG Düsseldorf v. 14.1.2005 – I-16 U 59/04, WM 2005, 650 (653) = AG 2005, 293; ebenso zur vergleichbaren Regelung in § 327c Abs. 3 AktG *Kort*, NZG 2006, 604 und *Hüffer/Koch*, § 327c AktG Rz. 6 mwN sowie *Kocher/Thomssen*, DStR 2015, 1057 (1058); aA *Diekmann* in Semler/Stengel, § 63 UmwG Rz. 11 aE.
5 *Diekmann* in Semler/Stengel, § 63 UmwG Rz. 11; *Grunewald* in Lutter, § 63 UmwG Rz. 5; *Habighorst* in Böttcher/Habighorst/Schulte, § 63 UmwG Rz. 9; *Kocher/Thomssen*, DStR 2015, 1057 (1059).
6 *Diekmann* in Semler/Stengel, § 63 UmwG Rz. 12; *Simon* in KölnKomm. UmwG, § 63 UmwG Rz. 27; *J. Vetter*, NZG 1999, 925 (929); aA *Grunewald* in Lutter, § 63 UmwG Rz. 5.
7 Gesetz zur Umsetzung der Aktionärsrechterichtlinie v. 30.7.2009, BGBl. I 2009, S. 2479.

mung soll der mit der Auslegung verbundene Aufwand für die Gesellschaften reduziert werden; zugleich soll vor allem auswärtigen Aktionären der Zugang zu den Unterlagen erleichtert werden[1]. Dem entspricht die generelle Empfehlung in Ziff. 2.3.1 Satz 3 DCGK für die börsennotierten Gesellschaften, Berichte und Unterlagen für die Hauptversammlung leicht zugänglich auf der Internetseite der Gesellschaft zu veröffentlichen. Europarechtliche Bedenken[2] gegen diese Vereinfachung dürften nicht bestehen, zumal Art. 5 Abs. 4c der Aktionärsrechterichtlinie für börsennotierte Gesellschaften eine Vorabinformation per Internet vorsieht.

3. Zwischenbilanz (§ 63 Abs. 2 UmwG) *(Lanfermann)*

5 Die Zwischenbilanz soll die Aktionäre über den Vermögensbestand relativ aktuell unterrichten. Sie ist erforderlich, wenn sich der letzte Jahresabschluss der Aktiengesellschaft auf ein Geschäftsjahr bezieht, das mehr als sechs Monate vor dem Abschluss des Verschmelzungsvertrages oder der Aufstellung des Entwurfs abgelaufen ist. Abzustellen ist also auf das ordentliche Geschäftsjahresende der Gesellschaft, nicht aber auf den Verschmelzungsstichtag oder den Stichtag der Schlussbilanz nach § 17 Abs. 2 UmwG. Die Zwischenbilanz ist auf einen Stichtag aufzustellen, der nicht vor dem ersten Tag des dritten Monats liegt, der dem Abschluss des Verschmelzungsvertrags oder der Entwurfsaufstellung vorausgeht. Ist Geschäftsjahr das Kalenderjahr und wird der Verschmelzungsvertrag oder der Entwurf zB am 15.8. abgeschlossen oder aufgestellt, so ist eine Zwischenbilanz zu erstellen, die keinen früheren Stichtag als den 1.5. haben darf.

6 Der Zeitpunkt des Abschlusses des Verschmelzungsvertrages ist einfach festzustellen (§ 6 UmwG). Für die **Fristberechnung** zählt aber schon die Erstellung des Entwurfs des Verschmelzungsvertrags. Wann dieser „aufgestellt" ist, kann zweifelhaft sein. Man wird den Zeitpunkt bestimmen müssen, an dem die Vorstände/Vertretungsorgane der beteiligten Rechtsträger den Entwurf durch Unterschrift oder Paraphierung als Grundlage für die Verschmelzung festgelegt haben[3]. Dieser Zeitpunkt ist damit weitgehend planbar. Die beiden Zeitpunkte (Abschluss oder Entwurf) stehen nicht alternativ nebeneinander; es kommt vielmehr darauf an, in welcher Form der Vertrag nach § 63 Abs. 1 Nr. 1 UmwG

---

[1] Vgl. Begr. RegE zu der entsprechenden Änderung in § 52 AktG, BT-Drucks. 16/11642, S. 25.
[2] Vgl. *J. Schmidt*, NZG 2008, 734 (735) unter Hinweis auf Art. 11 Abs. 1 der Verschmelzungsrichtlinie, der eine Kenntnisnahme am Sitz der Gesellschaft vorsieht; gegen ein zu enges Verständnis dieser Vorschrift zu Recht *Noack*, NZG 2009, 441 (442/443).
[3] *Grunewald* in Lutter, § 63 UmwG Rz. 6; *Diekmann* in Semler/Stengel, § 63 UmwG Rz. 14; *Stratz* in Schmitt/Hörtnagl/Stratz, § 63 UmwG Rz. 4; *Simon* in KölnKomm. UmwG, § 63 UmwG Rz. 20.

ausgelegt wird. Damit wird auch der Zeitpunkt für die Fristberechnung nach § 63 Abs. 1 Nr. 3 UmwG festgelegt[1].

§ 63 Abs. 2 UmwG regelt die inhaltlichen Grundsätze für die Zwischenbilanz. Aufzustellen ist nur eine Zwischenbilanz, unzweifelhaft also keine Gewinn- und Verlustrechnung und kein Lagebericht. Auch ein **Anhang** ist nicht erforderlich; dieser ist zwar Bestandteil des Jahresabschlusses (§ 264 Abs. 1 Satz 1 HGB), aber nicht der Bilanz[2]. Wird ein Anhang nicht erstellt, sind allerdings alle Angaben, die sonst wahlweise in der Bilanz oder im Anhang gemacht werden können (sog. **Wahlpflichtangaben**) zwingend in die Bilanz aufzunehmen. Eine Prüfung und Testierung der Bilanz ist nicht vorgesehen.

Die Zwischenbilanz ist nach den Vorschriften aufzustellen, die auf die letzte Jahresbilanz „angewendet worden sind". Damit sind die **Ansatz- und Bewertungsmethoden** fortzuschreiben und insbesondere Wahlrechte so auszuüben, wie dies im vorausgegangenen Jahresabschluss geschehen ist. Darin unterscheidet sich die Zwischenbilanz von der Schlussbilanz nach § 17 Abs. 2 UmwG, in der Wahlrechte neu ausgeübt werden können und die Bilanzkontinuität durchbrochen werden darf (vgl. § 17 UmwG Rz. 33). **Ändern** sich in der Zeit zwischen dem Stichtag der letzten Jahresbilanz und dem Stichtag der Zwischenbilanz die einschlägigen **Rechnungslegungsvorschriften**, so sind, ungeachtet anderer Überleitungsvorschriften, auf den Zwischenabschluss noch die alten, ggf. in der Zwischenzeit außer Kraft gesetzten, Vorschriften anzuwenden. § 63 Abs. 2 Satz 1 UmwG ist insoweit die speziellere Vorschrift. Das macht auch Sinn, weil anders die Vergleichbarkeit mit den Vorjahresbilanzen nicht sichergestellt wäre. Das schließt nicht aus, dass Änderungen nach neuen Rechnungslegungsvorschriften nachrichtlich vermerkt werden oder zusätzlich eine Zwischenbilanz nach neuen Rechnungslegungsvorschriften vorgelegt wird.

Als Erleichterung sieht § 63 Abs. 2 Satz 2 UmwG vor, dass eine körperliche Bestandsaufnahme (**Inventur:** § 240 HGB) nicht erforderlich ist. Maßgebend sind also fortgeschriebene Buchwerte unter Berücksichtigung von Abgängen, Abschreibungen und Wertberichtigungen (§ 63 Abs. 2 Sätze 3 und 4 UmwG). Rückstellungen sind nach § 249 HGB zu beurteilen und ggf. aufzulösen oder neu zu bilden. Außerdem sind alle wertmindernden Erkenntnisse bis zum Stichtag der Zwischenbilanz zu berücksichtigen, dh. Vermögensgegenstände des Anlage- und Umlaufvermögens sind auf einen niedrigeren beizulegenden Wert abzuschreiben oder wertzuberichtigen (§ 253 Abs. 2 Satz 3, Abs. 3 Satz 1 und 2 HGB).

---

1 *Simon* in KölnKomm. UmwG, § 63 UmwG Rz. 19; *Rieger* in Widmann/Mayer, § 63 UmwG Rz. 14.
2 *Rieger* in Widmann/Mayer, § 63 UmwG Rz. 18; *Diekmann* in Semler/Stengel, § 63 UmwG Rz. 16; wohl auch *Stratz* in Schmitt/Hörtnagl/Stratz, § 63 UmwG Rz. 5; *Simon* in KölnKomm. UmwG, § 63 UmwG Rz. 22; *Grunewald* in Lutter, § 63 UmwG Rz. 9.

10 Unter den Vorschriften, die auf die letzte Jahresbilanz angewendet worden sind, werden ausschließlich die Bilanzvorschriften des HGB verstanden (§§ 242 ff. HGB). Große Aktiengesellschaften iS des § 267 Abs. 3 HGB, die statt des HGB-Einzelabschlusses einen Einzelabschluss nach internationaler Rechnungslegung (**IAS/IFRS**) offenlegen dürfen (§ 325 Abs. 2a HGB), sind für die Zwischenbilanz an die HGB-Vorschriften gebunden. Die Zwischenbilanz korrespondiert mit dem Pflichtabschluss nach HGB, den auch große Aktiengesellschaften neben dem optionalen Abschluss nach internationalen Rechnungslegungsstandards aufstellen müssen. Nichts steht aber im Wege, neben der HGB-Zwischenbilanz wegen des ggf. besseren Informationsgehalts einen IAS/IFRS-Abschluss auszulegen.

11 Mit dem Dritten Gesetz zur Änderung des UmwG[1] sind zwei **Ausnahmetatbestände** zur Auslegungspflicht nach § 63 Abs. 1 Nr. 2 UmwG geschaffen worden. Zum einen ist ein Zwischenabschluss nicht erforderlich, wenn alle Anteilsinhaber in entsprechender Anwendung des § 8 Abs. 3 UmwG auf die Auslegung verzichten (§ 63 Abs. 2 Satz 5 UmwG), und zum anderen, wenn die Gesellschaft seit dem letzten Jahresabschluss einen Halbjahresfinanzbericht gemäß § 37w WpHG veröffentlicht hat (§ 63 Abs. 2 Satz 6 UmwG).

12 Für den **Verzicht** ist eine Erklärung aller Anteilsinhaber aller beteiligten Rechtsträger erforderlich; es genügt nicht, wenn nur die Aktionäre einer beteiligten AG auf die Auslegung bei „ihrer" AG verzichten[2]. Das ergibt sich – neben dem Wortlaut des § 8 Abs. 3 UmwG – auch daraus, dass die Auslegungspflicht nach § 63 Abs. 1 Nr. 2 und Nr. 3 UmwG die Jahresabschlüsse als Zwischenabschlüsse aller an der Verschmelzung beteiligten Rechtsträger erfordert. Damit verengt sich praktisch der Anwendungsbereich auf AGs mit überschaubarer Aktionärszahl oder auf Konzernverschmelzungen, soweit dort nicht ohnehin die Erleichterungen des § 62 UmwG zum Zuge kommen. Die Verzichtserklärungen bedürfen, um wirksam zu sein, der notariellen Beurkundung. Dazu ist eine individuelle Verzichtserklärung erforderlich; eine einstimmige Beschlussfassung ist dafür nicht ausreichend (vgl. § 8 UmwG Rz. 38).

13 Die Auslegungspflicht entfällt weiter, wenn die Gesellschaft seit dem letzten Jahresabschluss einen **Halbjahresfinanzbericht** gemäß § 37w WpHG veröffentlicht hat. Die Befreiungsvorschrift betrifft nur Gesellschaften, die als Inlandsemittenten Aktien oder Schuldtitel iS des § 2 Abs. 1 Satz 1 WpHG begeben, die an einem organisierten Markt zugelassen sind und die nicht unter den Ausnahmetatbestand des § 2 Abs. 1 Satz 1 Halbsatz 2 WpHG fallen. Der Halbjahresbericht ist unverzüglich, spätestens zwei Monate nach Ablauf des Berichtszeitraums zu veröffentlichen bzw. im Falle des § 63 UmwG in den Geschäftsräumen der Gesellschaft auszulegen. Im Vergleich zum Zwischenabschluss bietet der Halbjahres-

---

1 BGBl. I 2011, S. 1338.
2 AA *Grunewald* in Lutter, § 63 UmwG Rz. 10, nur alle Aktionäre müssen verzichten.

finanzbericht gleichzeitig ein Mehr und ein Weniger an Information: Der Halbjahresfinanzbericht hat nach § 37w Abs. 2 WpHG einen verkürzten Abschluss (verkürzte Bilanz, verkürzte GuV, Anhang), einen Zwischenlagebericht und den sog. Bilanzeid (§§ 264 Abs. 2 Satz 3, 289 Abs. 1 Satz 5 HGB) zu enthalten. Diese Unterlagen treten an die Stelle der Zwischenbilanz (§ 63 Abs. 2 Satz 7 UmwG). Zu beachten ist, dass befreiend nur ein Halbjahresfinanzbericht ist, der sich auf den Einzelabschluss der Gesellschaft bezieht. Auf § 37y WpHG (Konzernabschluss) wird in § 63 Abs. 2 Satz 6 UmwG nicht verwiesen[1]. Macht eine Gesellschaft für die Veröffentlichung ihres Jahresabschlusses von dem Wahlrecht des § 325 Abs. 2a HGB Gebrauch und bilanziert insoweit nach internationalen Rechnungslegungsstandards (IFRS/IAS), so ist auch der Halbjahresfinanzbericht nach internationalen Rechnungslegungsstandards aufzustellen (§ 37w Abs. 3 WpHG). Demgegenüber ist die Zwischenbilanz nach § 62 Abs. 2 UmwG stets eine Bilanz nach HGB (vgl. Rz. 10). Es ist deshalb fraglich, ob ein Halbjahresfinanzbericht nach internationalen Rechnungslegungsgrundsätzen an die Stelle der Zwischenbilanz treten kann. Das ist im Interesse der Vergleichbarkeit jedenfalls dann zu verneinen, wenn die auszulegenden Abschlüsse der andere beteiligten Rechtsträger nach den Rechnungslegungsvorschriften des HGB erstellt sind[2].

4. Erteilung von Abschriften (§ 63 Abs. 3 UmwG)

Jeder Aktionär kann verlangen, dass ihm die Gesellschaft unverzüglich, also ohne schuldhaftes Zögern (vgl. § 121 Abs. 1 Satz 1 BGB), und kostenlos eine **Abschrift** der nach § 63 Abs. 1 UmwG auszulegenden Unterlagen erteilt (§ 63 Abs. 3 Satz 1 UmwG). Auf der Grundlage von Art. 11 Abs. 3 der Dritten Richtlinie[3] kann dies mit Einwilligung des Aktionärs auch **auf elektronischem Wege** geschehen (§ 63 Abs. 3 Satz 2 UmwG). Eine Form der Einwilligung ist dabei nicht vorgegeben, sodass auch eine konkludente Einwilligung genügt. Aus Beweisgründen ist allerdings eine ausdrückliche und dokumentierte Form vorzuziehen[4]. Um der Papierinformation gleichwertig zu sein, muss die elektronische Übermittlung einen Ausdruck ermöglichen[5]. Damit wird eine Kenntnisnahme dieser Unterlagen auch ohne Aufsuchen der Geschäftsräume der Gesellschaft ermöglicht. Dies ist insbesondere vor der Hauptversammlung von Bedeutung; während der Hauptversammlung müssen die Unterlagen nur zugänglich sein

14

---

1 AA *Rieger* in Widmann/Mayer, § 63 UmwG Rz. 20.3.
2 AA *Rieger* in Widmann/Mayer, § 63 UmwG Rz. 20.7.
3 Richtlinie 2011/35/EU des Europäischen Parlaments und des Rates v. 5.4.2011 über die Verschmelzung von Aktiengesellschaften, ABl. EU Nr. L 110 v. 29.4.2011, S. 1.
4 *Wagner*, DStR 2010, 1629 (1630); *Simon/Merkelbach*, DB 2011, 1317.
5 Vgl. Begr. RegE eines Dritten Gesetzes zur Änderung des Umwandlungsgesetzes v. 1.10.2010, BT-Drucks. 17/3122, S. 12; *Neye/Jäckel*, AG 2010, 237 (239); *Neye/Kraft*, NZG 2011, 681 (683).

(§ 64 Abs. 1 Satz 1 UmwG). Auf andere Unterlagen als die in § 63 Abs. 1 UmwG genannten (zB Bewertungsgutachten) erstreckt sich der Übermittlungsanspruch nicht; insofern besteht auch kein Anspruch auf weniger weit gehende Information (zB Einsichtnahme bei der Gesellschaft)[1]. Das Verlangen kann formlos gestellt werden[2]; die Gesellschaft kann auch hier darauf bestehen, dass sich der Verlangende als Aktionär legitimiert (vgl. Rz. 2). Die Gesellschaft erfüllt ihre Verpflichtung vor der Hauptversammlung durch Versendung bzw. Übermittlung der Unterlagen. Den Zugang beim Aktionär schuldet sie nicht[3].

15 Gemäß § 63 Abs. 4 UmwG entfällt die Pflicht, den Aktionären auf Verlangen eine Abschrift der Unterlagen zu erteilen, wenn die in § 63 Abs. 1 UmwG bezeichneten Unterlagen von der Einberufung der Hauptversammlung an bis zu ihrem Beginn (siehe Rz. 2) über die **Internetseite** der Gesellschaft **zugänglich** sind. Die Aktionäre können die Unterlagen dann ggf. selbst ausdrucken.

5. Sanktionen

16 Ein Verstoß gegen die Pflichten aus § 63 Abs. 1–3 UmwG macht den Verschmelzungsbeschluss **anfechtbar**, § 243 Abs. 1 AktG[4]. Von den Umständen des Einzelfalles hängt es jedoch ab, ob der Verstoß für den Beschluss **relevant** war; dies ist zB dann zu verneinen, wenn die in einer Unterlage (zB Zwischenbilanz) fehlende Angabe in einer anderen Unterlage (zB Verschmelzungsbericht) enthalten ist oder den Aktionären in anderem Zusammenhang (zB in einem Zwischenbericht) bereits mitgeteilt worden ist. Das Gleiche gilt, wenn nachweislich kein Aktionär von seinem Einsichtsrecht nach § 63 Abs. 1 Satz 1 UmwG Gebrauch gemacht hat[5]. Wurden verlangte Unterlagen nicht versandt, kann der Aktionär nur anfechten, wenn er die Unterlassung moniert und der Gesellschaft Gelegenheit gegeben hat, den Fehler zu beheben[6]. Nach § 243 Abs. 4 Satz 1 AktG führt die Verletzung von Informationspflichten nur zur Anfechtbarkeit, wenn ein objektiv urteilender Aktionär die Information als wesentliche Voraussetzung für die Ausübung seines Stimmrechts angesehen hätte. Diese Regelung folgt der neueren Rechtsprechung, wonach ein Verfahrensfehler dann nicht rele-

---

1 *Diekmann* in Semler/Stengel, § 63 UmwG Rz. 23.
2 *Diekmann* in Semler/Stengel, § 63 UmwG Rz. 20; *Simon* in KölnKomm. UmwG, § 63 UmwG Rz. 32.
3 *Diekmann* in Semler/Stengel, § 63 UmwG Rz. 22; *Leuering*, ZIP 2000, 2053 (2056); *Simon* in KölnKomm. UmwG, § 63 UmwG Rz. 36.
4 Vgl. LG Hagen v. 8.12.1964 – Z HO 132/64, AG 1965, 82 (re. Sp.).
5 Vgl. *Grunewald* in Lutter, § 63 UmwG Rz. 14; *Diekmann* in Semler/Stengel, § 63 UmwG Rz. 26; *Rieger* in Widmann/Mayer, § 63 UmwG Rz. 34; *Simon* in KölnKomm. UmwG, § 63 UmwG Rz. 38.
6 Vgl. OLG Hamm v. 28.2.2005 – 8 W 6/05, Der Konzern 2005, 374 (377) = AG 2005, 361; *Grunewald* in Lutter, § 63 UmwG Rz. 16.

vant ist, wenn es bei wertender Betrachtung ausgeschlossen ist, dass er sich auf das Beschlussergebnis ausgewirkt hat[1]. Sind verlangte Abschriften nicht oder fehlerhaft erteilt worden, so gelten diese Überlegungen entsprechend[2]. Betroffene Aktionäre könnten in solchen Fällen auch **Leistungsklage** erheben[3]. Dieser Rechtsweg hat aber schon aus Zeitgründen keine praktische Bedeutung.

6. Einberufung der Hauptversammlung

In der Einberufung der Hauptversammlung, die über die Verschmelzung beschließt, ist der **wesentliche Inhalt des Verschmelzungsvertrages** bekannt zu machen (§ 124 Abs. 2 Satz 2 AktG). Zum wesentlichen Inhalt eines Verschmelzungsvertrages gehören mindestens Angaben über die Vertragspartner und ihre Rolle bei der Verschmelzung, den Verschmelzungsstichtag (§ 5 Abs. 1 Nr. 6 UmwG), das Umtauschverhältnis (§ 5 Abs. 1 Nr. 3 UmwG), etwaige Bedingungen, Befristungen oder Kündigungsregelungen sowie die Beschaffung der zur Durchführung der Verschmelzung benötigten Aktien. Da der Verschmelzungsvertrag nach § 63 Abs. 1 Nr. 1 UmwG ausgelegt wird, brauchen an den bekannt zu machenden Inhalt grundsätzlich keine allzu hohen Anforderungen gestellt zu werden. Zur Vermeidung von Abgrenzungsschwierigkeiten empfiehlt es sich vorsorglich, den Verschmelzungsvertrag in seinem ganzen Inhalt in die Bekanntmachung der Tagesordnung aufzunehmen[4]. 17

§ 64
Durchführung der Hauptversammlung

(1) In der Hauptversammlung sind die in § 63 Absatz 1 bezeichneten Unterlagen zugänglich zu machen. Der Vorstand hat den Verschmelzungsvertrag oder seinen Entwurf zu Beginn der Verhandlung mündlich zu erläutern und über jede wesentliche Veränderung des Vermögens der Gesellschaft zu unterrichten, die seit dem Abschluss des Verschmelzungsvertrags oder der Aufstellung des Entwurfs eingetreten ist. Der Vorstand hat über solche Veränderungen auch die Vertretungsorgane der anderen beteiligten Rechtsträger zu

---

1 Vgl. zB BGH v. 12.11.2001 – II ZR 225/99, BGHZ 149, 158 (164) = AG 2002, 241; ähnlich *Grunewald* in Lutter, § 63 UmwG Rz. 16; *Rieger* in Widmann/Mayer, § 63 UmwG Rz. 34; einschränkend *Wilde*, ZGR 1998, 423 (445).
2 Vgl. *Simon* in KölnKomm. UmwG, § 63 UmwG Rz. 40.
3 *Grunewald* in Lutter, § 63 UmwG Rz. 15; *Diekmann* in Semler/Stengel, § 63 UmwG Rz. 28.
4 *Rieger* in Widmann/Mayer, § 63 UmwG Rz. 2; *Stratz* in Schmitt/Hörtnagl/Stratz, § 63 UmwG Rz. 2.

unterrichten; diese haben ihrerseits die Anteilsinhaber des von ihnen vertretenen Rechtsträgers vor der Beschlussfassung zu unterrichten. § 8 Absatz 3 Satz 1 erste Alternative und Satz 2 ist entsprechend anzuwenden.
(2) Jedem Aktionär ist auf Verlangen in der Hauptversammlung Auskunft auch über alle für die Verschmelzung wesentlichen Angelegenheiten der anderen beteiligten Rechtsträger zu geben.

1. Zugänglichmachen von Unterlagen 1
2. Erläuterung des Verschmelzungsvertrages 3
3. Ergänzende Berichterstattung 5
4. Auskunftsrecht der Aktionäre ... 12
5. Sanktionen 14

Literatur: *Heckschen*, Die Novelle des Umwandlungsgesetzes – Erleichterungen für Verschmelzungen und Squeeze-out, NJW 2011, 2390; *Marsch-Barner*, Zur Nachtragsberichterstattung bei der Verschmelzung, FS Maier-Reimer, 2010, S. 425; *Sandhaus*, Richtlinienvorschlag der Kommission zur Vereinfachung der Berichts- und Dokumentationspflichten bei Verschmelzungen und Spaltungen, NZG 2009, 41; *J. Schmidt*, Die Änderung der umwandlungsrechtlichen Informationspflichten durch das ARUG, NZG 2008, 734; *Simon/Merkelbach*, Das Dritte Gesetz zur Änderung des UmwG, DB 2011, 1317; siehe auch die Angaben zu § 63 UmwG.

1. Zugänglichmachen von Unterlagen

1 Die in **§ 63 Abs. 1 UmwG genannten Unterlagen** sind nach § 63 Abs. 1 und 4 UmwG von der Einberufung der Hauptversammlung an, die über die Zustimmung zur Verschmelzung beschließen soll, entweder zur Einsicht der Aktionäre auszulegen oder über die Internetseite der Gesellschaft zugänglich zu machen. Auch während dieser Hauptversammlung sind die Unterlagen nach der durch das ARUG geänderten Fassung des § 64 Abs. 1 Satz 1 UmwG **zugänglich zu machen**. Dieser Begriff umfasst neben einer physischen Auslegung auch eine Veröffentlichung über die Internetseite der Gesellschaft[1]. Damit die Aktionäre auch während der Hauptversammlung Zugang zu den Unterlagen haben, genügt die bloße Veröffentlichung auf der Internetseite der Gesellschaft allerdings nicht[2]. Die Aktionäre müssen vielmehr über ein oder mehrere **Monitore** die Möglichkeit haben, die Unterlagen auch während der Hauptversammlung einsehen zu können[3]. Dem Informationsbedürfnis wird auch dann Rechnung getragen, wenn die Unterlagen wie nach der früheren Gesetzesfassung während der

---

1 Vgl. Begr. RegE zu der entsprechenden Änderung in § 175 AktG, BT-Drucks. 16/11642, S. 35.
2 *J. Schmidt*, NZG 2008, 734 (735); *Diekmann* in Semler/Stengel, § 64 UmwG Rz. 4.
3 Vgl. Begr. RegE zu der entsprechenden Änderung in § 52 AktG, BT-Drucks. 16/11642, S. 25; *Grunewald* in Lutter, § 64 UmwG Rz. 3.

Hauptversammlung ausgelegt werden. Der Zugang zu den Unterlagen muss in jedem Fall während der **gesamten Dauer** der Hauptversammlung möglich sein[1]. Im Falle einer Auslegung genügt grundsätzlich die Auslegung von jeweils einem Exemplar. Bei größeren Hauptversammlungen empfiehlt es sich jedoch, vorsorglich mehrere Exemplare bereitzuhalten[2]. Ausreichend ist stets die Auslegung von Abschriften[3].

Andere Unterlagen, wie zB das idR eingeholte Gutachten zur Unternehmensbewertung und zum Umtauschverhältnis (vgl. § 8 UmwG Rz. 12) oder Berechnungen zu den erwarteten Synergieeffekten, brauchen nicht ausgelegt zu werden. Wird von diesen Unterlagen freiwillig eine Kurzfassung vorgelegt, begründet dies keinen Anspruch auf Vorlage oder Einsichtnahme in das vollständige Gutachten[4]. Die Auslegung zusätzlicher Unterlagen kann allerdings zu ergänzenden Auskunftsverlangen der Aktionäre führen (§ 131 AktG). 2

2. Erläuterung des Verschmelzungsvertrages

Der Verschmelzungsvertrag oder sein Entwurf ist vom Vorstand in der Hauptversammlung **mündlich zu erläutern** (§ 64 Abs. 1 Satz 2 UmwG). Eine Verlesung des Textes ist dafür nicht erforderlich. Zur Erläuterung gehört neben einer Darlegung des wesentlichen Vertragsinhalts die Angabe der Gründe für die Verschmelzung und ihrer wesentlichen rechtlichen und wirtschaftlichen Folgen, insbesondere für die Gesellschaft, deren Hauptversammlung der Verschmelzung zustimmen soll. Die mündliche Erläuterung ergänzt die schriftliche Vorab-Unterrichtung, die mit dem Verschmelzungsbericht des Vorstands gemäß § 8 UmwG erfolgt. Dieser Bericht geht vor allem hinsichtlich des Umtauschverhältnisses weiter als die Erläuterung nach § 64 Abs. 1 Satz 2 UmwG; für diese genügt eine **zusammenfassende Wiedergabe der Erläuterungen im Verschmelzungsbericht**[5]. Deshalb muss das im Verschmelzungsbericht bereits erläuterte Zahlen- 3

---

[1] *Diekmann* in Semler/Stengel, § 64 UmwG Rz. 4; *Habighorst* in Böttcher/Habighorst/Schulte, § 64 UmwG Rz. 4; *Rieger* in Widmann/Mayer, § 64 UmwG Rz. 2; *Simon* in KölnKomm. UmwG, § 64 UmwG Rz. 13; *Stratz* in Schmitt/Hörtnagl/Stratz, § 64 UmwG Rz. 2; inzwischen auch *Grunewald* in Lutter, § 64 UmwG Rz. 2.
[2] *Diekmann* in Semler/Stengel, § 64 UmwG Rz. 5; *Grunewald* in Lutter, § 64 UmwG Rz. 2.
[3] Vgl. *Diekmann* in Semler/Stengel, § 64 UmwG Rz. 5; *Habighorst* in Böttcher/Habighorst/Schulte, § 64 UmwG Rz. 3; *Junker* in Henssler/Strohn, § 64 UmwG Rz. 2; *Hüffer/Koch*, § 175 AktG Rz. 5.
[4] Vgl. *Diekmann* in Semler/Stengel, § 64 UmwG Rz. 7; *Simon* in KölnKomm. UmwG, § 64 UmwG Rz. 9.
[5] Vgl. *Grunewald* in Lutter, § 64 UmwG Rz. 5; *Habighorst* in Böttcher/Habighorst/Schulte, § 64 UmwG Rz. 5; *Keil*, S. 49 f.; *Rieger* in Widmann/Mayer, § 64 UmwG Rz. 6; *Simon* in KölnKomm. UmwG, § 64 UmwG Rz. 15; *Stratz* in Schmitt/Hörtnagl/Stratz, § 64 UmwG Rz. 5.

§ 64 | Verschmelzung – Beteiligung von AG

material nicht nochmals mündlich vorgetragen werden; es genügt auch, wenn im Rahmen der mündlichen Erläuterung lediglich auf das Verhältnis der Unternehmenswerte zueinander und nicht auf die jeweiligen absoluten Werte eingegangen wird[1]. Eine zusammenfassende Darstellung des gesamten Verschmelzungsberichts ist zur Erläuterung des Verschmelzungsvertrags nicht erforderlich[2].

4 Die mündliche Erläuterung muss nicht zu Beginn der Hauptversammlung[3], sondern **zu Beginn der Verhandlung** über den Tagesordnungspunkt „Zustimmung zum Verschmelzungsvertrag" erfolgen (vgl. § 64 Abs. 1 Satz 2 UmwG und die gleich lautenden Formulierungen in §§ 179a Abs. 2 Satz 5, 293g Abs. 2 Satz 1 AktG)[4]. Die fehlende oder unzureichende Erläuterung führt bei wesentlichen Mängeln zur **Anfechtbarkeit** des Verschmelzungsbeschlusses (§ 243 Abs. 1 AktG; siehe dazu auch Rz. 14).

3. Ergänzende Berichterstattung

5 Da der Inhalt des Verschmelzungsvertrages und des Verschmelzungsberichts vor der Einberufung der Hauptversammlung feststehen muss, stellt sich die Frage, wie mit etwaigen Veränderungen in den Vermögensverhältnissen der beteiligten Rechtsträger umzugehen ist, die sich während der Einberufungsfrist bis zur Hauptversammlung ergeben. Bisher wurde entsprechend § 143 UmwG aF eine Pflicht zur Aktualisierung des Verschmelzungsberichts angenommen[5]. Große praktische Bedeutung hatte diese Plicht aber nicht. Sie erschöpfte sich meist in einer vom Verschmelzungsprüfer bestätigten Negativerklärung des Vorstands, dass sich seit dem Abschluss des Verschmelzungsvertrages keine wesentlichen Vermögensveränderungen ergeben haben. Aufgrund des geänderten Art. 9 Abs. 2 der Dritten Richtlinie[6] ist § 64 Abs. 1 UmwG durch das 3. UmwGÄndG[7] um die Sätze 2–4 ergänzt worden, in denen die Aktualisierungspflicht nunmehr klarstellend geregelt ist. Danach hat der Vorstand die **Hauptversammlung** zu Beginn der Verhandlung über den Verschmelzungsvertrag (siehe dazu

---

1 *Diekmann* in Semler/Stengel, § 64 UmwG Rz. 9; *Grunewald* in Lutter, § 64 UmwG Rz. 3; *Rieger* in Widmann/Mayer, § 64 UmwG Rz. 6; *Simon* in KölnKomm. UmwG, § 64 UmwG Rz. 16; *Stratz* in Schmitt/Hörtnagl/Stratz, § 64 UmwG Rz. 5.
2 So aber *Diekmann* in Semler/Stengel, § 64 UmwG Rz. 9.
3 So *Bayer*, AG 1988, 323 (327 f.); *Habighorst* in Böttcher/Habighorst/Schulte, § 64 UmwG Rz. 5; *Rose* in Maulbetsch/Klumpp/Rose, § 64 UmwG Rz. 4.
4 *Diekmann* in Semler/Stengel, § 64 UmwG Rz. 9; *Grunewald* in Lutter, § 64 UmwG Rz. 5; *Simon* in KölnKomm. UmwG, § 64 UmwG Rz. 14.
5 Vgl. *Marsch-Barner* in FS Maier-Reimer, 2010, S. 425 f. mN zur früheren Literatur.
6 Richtlinie 2011/35/EU des Europäischen Parlaments und des Rates v. 5.4.2011 über die Verschmelzung von Aktiengesellschaften, ABl. EU Nr. L 110 v. 29.4.2011, S. 1.
7 Drittes Gesetz zur Änderung des Umwandlungsgesetzes v. 11.7.2011, BGBl. I 2011, S. 1338.

Rz. 4) über **jede wesentliche Veränderung des Vermögens** der Gesellschaft **zu unterrichten**, die seit dem Abschluss des Verschmelzungsvertrages oder der Aufstellung des Entwurfs eingetreten ist (§ 64 Abs. 1 Satz 2 UmwG). Auch wenn die Veränderung schon vor der Hauptversammlung eingetreten ist, genügt es, wenn die Aktionäre darüber erst in der Hauptversammlung unterrichtet werden. Bei börsennotierten Gesellschaften kann sich allerdings schon vorher eine Pflicht zur Ad-hoc-Mitteilung ergeben (Art. 17 MMVO, früher § 15 WpHG). Die Unterrichtung der Hauptversammlung kann, wie sich aus dem Zusammenhang mit der Erläuterung des Verschmelzungsvertrags ergibt, **mündlich** erfolgen; eine schriftliche Ergänzung des Verschmelzungsberichts ist nicht erforderlich[1]. Den Aktionären muss auch auf Anforderung kein schriftlicher Nachtragsbericht übersandt werden[2]. Es ist auch keine Aktualisierung der anderen nach § 64 Abs. 1 Satz 1 UmwG zugänglich gemachten Unterlagen erforderlich. Dem Vorstand bleibt es gleichwohl unbenommen, die eingetretenen Vermögensveränderungen in einem schriftlichen Text darzustellen, der während der Hauptversammlung und ggf. auch schon vor dieser den Aktionären zugänglich ist. Die mündliche Unterrichtung in der Hauptversammlung erübrigt sich dadurch aber nicht.

Zu unterrichten ist über jede **wesentliche Vermögensveränderung** der Gesellschaft. Dies können Änderungen im Aktiv- wie im Passivvermögen sein. Ob die Veränderung auf internen oder externen Umständen beruht, ist unerheblich. Wesentlich sind insbesondere Veränderungen, die sich auf die Bewertung des Unternehmens und dadurch mittelbar auf das Umtauschverhältnis (§ 5 Abs. 1 Nr. 3 UmwG) und/oder auf die Höhe einer im Verschmelzungsvertrag vorgesehenen Barabfindung (§ 29 UmwG) auswirken können[3]. Veränderungen außerhalb des Vermögensbereichs sind grundsätzlich nicht erfasst; insoweit kann bei börsennotierten Gesellschaften allerdings eine Ad-hoc-Mitteilungspflicht (§ 15 WpHG) bestehen. Der Gesetzeswortlaut verlangt nur eine Unterrichtung über die Vermögensveränderungen als solche und nicht auch über deren **Auswirkungen** auf die Verschmelzung. Da die Aktionäre durch die ergänzende Berichterstattung aber in die Lage versetzt werden sollen, das Verschmelzungsvorhaben auch unter Berücksichtigung der veränderten Vermögensverhältnisse sachgerecht beurteilen zu können, empfiehlt sich auch eine Erläuterung dieser Auswir- 6

---

1 *Grunewald* in Lutter, § 64 UmwG Rz. 6; *Habighorst* in Böttcher/Habighorst/Schulte, § 64 UmwG Rz. 5; *Heckschen*, NJW 2011, 2390 (2394); *Simon/Merkelbach*, DB 2011, 1317 (1319); *Stratz* in Schmitt/Hörtnagl/Stratz, § 64 UmwG Rz. 3; *Wagner*, DStR 2010, 1629 (1632).
2 *Grunewald* in Lutter, § 64 UmwG Rz. 8; *Junker* in Henssler/Strohn, § 64 UmwG Rz. 4; aA *Diekmann* in Semler/Stengel, § 64 UmwG Rz. 12b und *Habighorst* in Böttcher/Habighorst/Schulte, § 64 UmwG Rz. 7.
3 *Grunewald* in Lutter, § 64 UmwG Rz. 6; *Simon/Merkelbach*, DB 2011, 1317 (1318); *Marsch-Barner* in FS Maier-Reimer, 2010, S. 425 (427 f.) mwN aus der älteren Literatur; ähnlich *Diekmann* in Semler/Stengel, § 64 UmwG Rz. 11.

kungen, insbesondere mit Blick auf eine etwa erforderliche Anpassung des Umtauschverhältnisses.

7 Um seiner Unterrichtungspflicht nachkommen zu können, muss der Vorstand in seinem Unternehmen geeignete **organisatorische Vorkehrungen** treffen, um sicherzustellen, dass er unverzüglich über relevante Vermögensveränderungen informiert wird[1]. Dies folgt aus der allgemeinen Sorgfaltspflicht des Vorstandes (§ 93 Abs. 1 Satz 1 AktG). Eine Pflicht, bei den anderen beteiligten Rechtsträgern nachzufragen, ob sich dort wesentliche Vermögensveränderungen ergeben, besteht dagegen grundsätzlich nicht[2]. Etwas anderes gilt nur dann, wenn objektive Anhaltspunkte für solche Veränderungen bestehen, eine Mitteilung aber unterbleibt. Unabhängig davon empfiehlt sich für die Praxis eine Vereinbarung der an der Verschmelzung beteiligten Rechtsträger, sich bis zur Beschlussfassung der Gesellschafter und evtl. auch bis zur Eintragung der Verschmelzung wechselseitig unverzüglich über wesentliche Vermögensveränderungen zu unterrichten[3].

8 Der Vorstand hat auch die Vertretungsorgane der **anderen beteiligten Rechtsträger** über die eingetretenen Vermögensveränderungen zu unterrichten; diese haben ihrerseits die Anteilsinhaber des von ihnen vertretenen Rechtsträgers vor der Beschlussfassung zu unterrichten (§ 64 Abs. 1 Satz 3 UmwG). Wann und wie diese Unterrichtung zu erfolgen hat, ist nicht geregelt. Nach dem Zweck der Unterrichtung hat diese nicht erst zum Zeitpunkt der eigenen Hauptversammlung, sondern **unverzüglich** nach gesicherter Kenntnis der eingetretenen Veränderungen zu erfolgen, damit die Anteilsinhaber der anderen beteiligten Rechtsträger rechtzeitig vor deren Beschlussfassung unterrichtet werden können[4]. Ob dafür eine mündliche Unterrichtung genügt, erscheint zweifelhaft. Da die Information über die Vermögensveränderung an die Anteilsinhaber der anderen beteiligten Rechtsträger weitergeleitet werden soll, dürfte ein **schriftlicher** Text erforderlich sein[5]. Nur ein feststehender Text bietet Gewähr, dass die Information richtig entgegengenommen und inhaltsgleich weitergeleitet wird. Sind mehrere andere Rechtsträger beteiligt, kann nur mit einem einheitlichen schriftlichen Text sichergestellt werden, dass alle Rechtsträger die gleichen Informationen erhalten[6].

---

1 *Diekmann* in Semler/Stengel, § 64 UmwG Rz. 12; *Grunewald* in Lutter, § 64 UmwG Rz. 6.
2 AA *Diekmann* in Semler/Stengel, § 64 UmwG Rz. 12 unter Hinweis auf die überholten Kommentierung zu § 143 UmwG aF.
3 Vgl. die Formulierung bei *Seibt*, Beck'sches Formularbuch Mergers & Acquisitions, 2. Aufl. 2011, L II.2 § 6.2.
4 *Marsch-Barner* in FS Maier-Reimer, 2011, S. 425 (429) zu § 8 Abs. 3 Satz 2 UmwG idF des RefE.
5 *Diekmann* in Semler/Stengel, § 64 UmwG Rz. 12b; *Grunewald*, § 64 UmwG Rz. 8; *Habighorst* in Böttcher/Habighorst/Schulte, § 64 UmwG Rz. 7.
6 *Marsch-Barner* in FS Maier-Reimer, 2011, S. 425 (432).

Die Vertretungsorgane der anderen beteiligten Rechtsträger haben die Information über die Vermögensveränderung an die Anteilsinhaber der von ihnen vertretenen Rechtsträger vor der Beschlussfassung über die Verschmelzung **weiterzuleiten**. Wie nach § 64 Abs. 3 Satz 2 UmwG genügt es, wenn dies mündlich in der jeweiligen Verschmelzungshauptversammlung geschieht. Liegt eine schriftliche Information vor, empfiehlt es sich, diese vorzutragen und ergänzend während der Hauptversammlung zugänglich zu machen. Das jeweilige Vertretungsorgan hat außerdem die Auswirkungen der Veränderung auf die Verschmelzung aus seiner Sicht zu erläutern.

Nicht geregelt ist, wie zu verfahren ist, wenn sich durch die Veränderung der Vermögensverhältnisse das vereinbarte **Umtauschverhältnis ändert**. Ob deswegen die Regelung des Umtauschverhältnisses im Verschmelzungsvertrag angepasst werden soll, haben die Vertretungsorgane der beteiligten Rechtsträger nach pflichtgemessen Ermessen zu entscheiden. Dabei muss nicht jede Änderung des Umtauschverhältnisses zu einer Änderung des Verschmelzungsvertrags führen. Im allgemeinen können Änderungen des Umtauschverhältnisses von **5 % bis 10 %** als **unwesentlich** hingenommen werden, zumal es kein richtiges, sondern nur ein angemessenes Umtauschverhältnis gibt (§ 11 Abs. 2 Satz 1 UmwG)[1]. Ist bei größeren Abweichungen eine Änderung des Verschmelzungsvertrags erforderlich, so stellt sich die Frage, ob die Hauptversammlung sogleich über einen entsprechend geänderten Verschmelzungsvertrag beschließen kann oder ob dazu eine neue Hauptversammlung mit geändertem Verschmelzungsvertrag, ergänztem Verschmelzungsbericht und aktualisiertem Verschmelzungsprüfungsbericht einzuberufen ist. Da es um einen wichtigen Punkt des Verschmelzungsvertrages geht, stellt eine entsprechende Änderung des Verschmelzungsvertrags und damit des Beschlussvorschlags von Vorstand und Aufsichtsrat eine erhebliche Abweichung von dem bekanntgemachten Vorschlag dar. Eine Beschlussfassung über den geänderten Vertragstext wäre deshalb anfechtbar (§ 124 Abs. 4 Satz 1 AktG iVm. § 243 Abs. 1 AktG). Über einen Änderungsvorschlag von Aktionärsseite könnte dagegen abgestimmt werden (§ 126 AktG)[2]. Über eine geänderte Fassung des Verschmelzungsvertrags könnte auch dann abgestimmt werden, wenn alle Anteilsinhaber anwesend sind und auf die Einhaltung aller Einberufungsvorschriften verzichten. Falls keine dieser Konstellationen vorliegt, muss eine neue Hauptversammlung einberufen werden, auch wenn sich bei dieser die gleichen Anpassungsprobleme erneut ergeben können.

---

1 Vgl. *Marsch-Barner* in FS Maier-Reimer, 2010, S. 425 (437); *Simon/Merkelbach*, DB 2011, 1317 (1319); ferner LG München I v. 27.3.2000 – 5 HKO 19156/98, AG 2001, 99 (100); *Bungert*, BB 2003, 699 (701); *Paschos*, ZIP 2003, 1017 (1024); *Puszkajler*, BB 2003, 1692 (1693).
2 Vgl. OLG Hamm v. 28.2.2005 – 8 W 6/05, Der Konzern 2005, 374 (378) = AG 2005, 361; *Lüttge/Baßler*, Der Konzern 2005, 341 (346).

11 Auf die ergänzende Berichterstattung kann wie auf den Verschmelzungsbericht **verzichtet** werden. Erforderlich sind dazu Verzichtserklärungen aller Anteilsinhaber aller beteiligten Rechtsträger in notariell beurkundeter Form (§ 64 Abs. 1 Satz 4 UmwG iVm. § 8 Abs. 3 Satz 1 Alt. 1 und Satz 2 UmwG)[1]. Ein Verzicht auf den Verschmelzungsbericht enthält idR zugleich einen konkludenten Verzicht auf die Nachberichterstattung[2]. Ein Nachtragsbericht ist außerdem dann nicht erforderlich, wenn eine 100%ige Tochtergesellschaft auf die Muttergesellschaft verschmolzen werden soll (§ 64 Abs. 1 Satz 4 UmwG iVm. § 8 Abs. 3 Satz 1 Alt. 2 UmwG).

4. Auskunftsrecht der Aktionäre

12 Da zur richtigen und vollständigen Beurteilung der Verschmelzung die Kenntnis der wesentlichen Verhältnisse aller beteiligten Rechtsträger erforderlich ist, **erweitert** § 64 Abs. 2 UmwG **das Auskunftsrecht der Aktionäre**, das sich für die eigene Gesellschaft aus § 131 AktG ergibt, auf alle für die Verschmelzung **wesentlichen Angelegenheiten der anderen beteiligten Rechtsträger**. §§ 131, 132 AktG einschließlich der Auskunftsverweigerungsgründe nach § 131 Abs. 3 AktG gelten auch für dieses erweiterte Auskunftsrecht[3]. Sind die anderen beteiligten Rechtsträger konzernverbundene Unternehmen, so erstreckt sich das Auskunftsrecht auf die für die Verschmelzung wesentlichen Angelegenheiten aller weiteren verbundenen Unternehmen[4]. Auskünfte, die im Rahmen der Vorbereitung der Verschmelzung, insbesondere einer sog. **due diligence**, einem Partner des Verschmelzungsvertrages erteilt werden, fallen nicht unter § 131 Abs. 4 AktG und müssen deshalb nicht auch den Aktionären gegeben werden[5].

13 Soweit dem Vorstand die Beantwortung von Fragen zu einem anderen an der Verschmelzung beteiligten Rechtsträger **nicht möglich** ist, besteht **keine Auskunftspflicht** (§ 275 Abs. 1 BGB)[6]. Allerdings hat sich der Vorstand auf die

---

1 *Grunewald* in Lutter, § 64 UmwG Rz. 10.
2 *Heckschen*, NJW 2011, 2390 (2394).
3 Vgl. *Kropff*, AktG, S. 457; *Bayer*, AG 1988, 323 (329); *Grunewald* in Lutter, § 64 UmwG Rz. 11; *Diekmann* in Semler/Stengel, § 64 UmwG Rz. 21.
4 *Krieger*, ZGR 1990, 517 (526); *Grunewald* in Lutter, § 64 UmwG Rz. 6; *Diekmann* in Semler/Stengel, § 64 UmwG Rz. 15.
5 *Diekmann* in Semler/Stengel, § 64 UmwG Rz. 17 und 22; *Grunewald* in Lutter, § 64 UmwG Rz. 14; *Habighorst* in Böttcher/Habighorst/Schulte, § 64 UmwG Rz. 10; *Junker* in Henssler/Strohn, § 64 UmwG Rz. 7; *Rieger* in Widmann/Mayer, § 64 UmwG Rz. 131; *Simon* in KölnKomm. UmwG, § 64 UmwG Rz. 23.
6 BayObLG v. 31.7.1975 – 2 Z BR 25/75, AG 1975, 325 (327) zu § 293 Abs. 4 AktG; OLG Hamm v. 4.3.1999 – 8 W 11/99, ZIP 1999, 798 (804) = AG 1999, 422; *Diekmann* in Semler/Stengel, § 64 UmwG Rz. 21; *Grunewald* in Lutter, § 64 UmwG Rz. 12; *Rieger* in Widmann/Mayer, § 64 UmwG Rz. 14; *Simon* in KölnKomm. UmwG, § 64 UmwG Rz. 22.

Hauptversammlung vorzubereiten und in dem möglichen und voraussichtlich erforderlichen Umfang Unterlagen auch über die anderen Gesellschaften bereitzuhalten, um eventuelle Fragen beantworten zu können (vgl. zum Auskunftsrecht der beteiligten Rechtsträger untereinander § 8 UmwG Rz. 29). Zweckmäßig kann es in diesem Zusammenhang sein, Vertreter der anderen an der Verschmelzung beteiligten Rechtsträger als Hilfspersonen zur Beantwortung etwaiger Aktionärsfragen an der Hauptversammlung teilnehmen zu lassen[1]. Solche Hilfspersonen können im Auftrag des Vorstandes auch selbst Auskunft erteilen. Dabei muss deutlich werden, dass die erteilten Auskünfte dem Vorstand zuzurechnen sind[2].

5. Sanktionen

Ein Verstoß gegen die Pflicht zum **Zugänglichmachen** der Unterlagen gemäß § 64 Abs. 1 Satz 1 UmwG führt idR zur Anfechtbarkeit des Verschmelzungsbeschlusses (§ 243 Abs. 1 und 4 Satz 1 AktG)[3]. Bei geringfügigen Verstößen kann allerdings die erforderlichen Relevanz fehlen. Eine unzureichende **Erläuterung** des Verschmelzungsvertrags nach § 64 Abs. 1 UmwG macht den Verschmelzungsbeschluss regelmäßig ebenfalls anfechtbar[4]. Dies gilt wegen der Selbständigkeit der Erläuterungspflicht grundsätzlich auch dann, wenn sich die Informationen aus den vorbereitenden Unterlagen ergeben[5]. Allerdings muss es sich um für die Beschlussfassung relevante Punkte handeln. Soweit es um das Umtauschverhältnis geht, kann die Anfechtung darauf bei einem übertragenden Rechtsträger nicht gestützt werden (§ 243 Abs. 4 Satz 2 AktG). Für die **Unterrichtungspflicht** nach § 64 Abs. 1 Satz 2 und 3 UmwG gelten die vorstehenden Überlegungen entsprechend. Eine Verletzung der **Auskunftspflicht** nach § 64 Abs. 2 UmwG führt ebenfalls zur Anfechtbarkeit des Verschmelzungsbeschlusses, sofern die Information wesentlich iS von § 243 Abs. 4 Satz 1 AktG ist. Unzutreffende Erläuterungen nach § 64 Abs. 1 UmwG bzw. Auskünfte nach § 64 Abs. 2 UmwG können zudem nach § 313 Abs. 1 Nr. 1 UmwG strafbar sein.

14

---

1 Vgl. *Grunewald* in Lutter, § 64 UmwG Rz. 12; *Junker* in Henssler/Strohn, § 64 UmwG Rz. 6; *Stratz* in Schmitt/Hörtnagl/Stratz, § 64 UmwG Rz. 6; vgl. auch BayObLG v. 17.12.1974 – 2 Z BR 58/74, DB 1975, 297 zu § 293 Abs. 4 AktG.
2 *Grunewald* in Lutter, § 64 UmwG Rz. 12; *Diekmann* in Semler/Stengel, § 64 UmwG Rz. 18; *Rieger* in Widmann/Mayer, § 64 UmwG Rz. 13.
3 *Diekmann* in Semler/Stengel, § 64 UmwG Rz. 8; *Simon* in KölnKomm. UmwG, § 64 UmwG Rz. 25.
4 *Diekmann* in Semler/Stengel, § 64 UmwG Rz. 13; *Grunewald* in Lutter, § 64 UmwG Rz. 7; *Rieger* in Widmann/Mayer, § 64 UmwG Rz. 8 f.
5 *Diekmann* in Semler/Stengel, § 64 UmwG Rz. 13; *Rieger* in Widmann/Mayer, § 64 UmwG Rz. 9; *Stratz* in Schmitt/Hörtnagl/Stratz, § 64 UmwG Rz. 7; aA *Grunewald* in Lutter, § 64 UmwG Rz. 7.

§ 65
Beschluss der Hauptversammlung

(1) Der Verschmelzungsbeschluss der Hauptversammlung bedarf einer Mehrheit, die mindestens drei Viertel des bei der Beschlussfassung vertretenen Grundkapitals umfasst. Die Satzung kann eine größere Kapitalmehrheit und weitere Erfordernisse bestimmen.

(2) Sind mehrere Gattungen von Aktien vorhanden, so bedarf der Beschluss der Hauptversammlung zu seiner Wirksamkeit der Zustimmung der stimmberechtigten Aktionäre jeder Gattung. Über die Zustimmung haben die Aktionäre jeder Gattung einen Sonderbeschluss zu fassen. Für diesen gilt Absatz 1.

1. Überblick 1	a) Vinkulierte Namensaktien 16
2. Einberufung, Vorbereitung, Durchführung der Hauptversammlung 2	b) Abweichende Nennbeträge . . . 17
	c) Statutarische Nebenpflichten . . 19
	5. Zustimmung bei KGaA 20
3. Beschlussfassung durch Hauptversammlung 3	6. Sonderbeschlüsse (§ 65 Abs. 2 UmwG)
a) Gegenstand 4	a) Sonderbeschluss als Wirksamkeitserfordernis 21
b) Mehrheitserfordernisse 5	
c) Weiter gehende Anforderungen durch Satzung 6	b) Gesonderte Versammlung/ gesonderte Abstimmung 24
d) Sachliche Rechtfertigung 8	c) Rechtsfolgen 27
e) Vertretung bei Abstimmung . . 9	7. Kapitalerhöhungsbeschluss 28
f) Stimmverbote 13	8. Anfechtung 29
g) Form 14	9. Kosten 30
4. Zustimmung einzelner Aktionäre	

Literatur: *Kort*, Das Verhältnis der Umwandlung zur Satzungsänderung, Unternehmensgegenstandsänderung und Gesellschaftszweckänderung, AG 2011, 611; *Reichert*, Folgen der Anteilsvinkulierung für Umstrukturierungen von GmbH und AG nach dem Umwandlungsgesetz 1995, GmbHR 1995, 176.

1. Überblick

1 Die Vorschrift ergänzt die allgemeinen Verschmelzungsregeln über die Verschmelzungsbeschlüsse (§ 13 UmwG). Sie gilt für die Verschmelzung zwischen AG, KGaA, SE, aber auch für jede Art von Mischverschmelzung.

2. Einberufung, Vorbereitung, Durchführung der Hauptversammlung

Hierfür gelten die entsprechenden Regeln des AktG, §§ 121 ff. AktG, ergänzt 2
durch die §§ 61–64 UmwG (siehe die Erl. dort). Ist die aufnehmende AG,
KGaA, SE noch nicht zwei Jahre im Handelsregister eingetragen, sind ferner die
Nachgründungsvorschriften zu beachten (§ 67 Satz 1 UmwG), es sei denn, sie ist
privilegiert (vgl. § 67 Satz 2 UmwG).

3. Beschlussfassung durch Hauptversammlung

Siehe zunächst Erl. zu § 13 UmwG. Ein Beschluss ist bei übernehmender AG, 3
KGaA, SE nicht erforderlich, wenn die Voraussetzungen des § 62 Abs. 1 UmwG
gegeben sind und kein Minderheitsverlangen gestellt wurde (§ 62 Abs. 2). Ein
Beschluss bei der übertragenden GmbH, AG, KGaA, SE ist nicht erforderlich,
wenn sich alle Anteile an ihr in der Hand der aufnehmenden AG, KGaA, SE befinden (§ 62 Abs. 4 Satz 1 UmwG), ebenso nicht, wenn ein verschmelzungsrechtlicher Squeeze-out-Beschluss gefasst ist und mit „Vorläufigkeitsvermerk"
(siehe oben § 16 UmwG Rz. 11) im Handelsregister eingetragen wurde (§ 62
Abs. 4 Satz 2 UmwG).

a) Gegenstand

Gegenstand der Beschlussfassung ist der von den beteiligten Rechtsträgern ver- 4
einbarte Verschmelzungsvertrag bzw. dessen Entwurf. Dieser muss bei Vorlage
an die Hauptversammlung sämtliche Abreden enthalten[1]. Zu Änderungen von
Vertrag oder Entwurf siehe § 50 UmwG Rz. 5 und § 13 UmwG Rz. 7.

b) Mehrheitserfordernisse

Der Verschmelzungsbeschluss bedarf zu seiner Wirksamkeit einer Mehrheit von 5
3/4 des bei Beschlussfassung vertretenen Grundkapitals (§ 65 Abs. 1 Satz 1
UmwG). Darunter wird die **einfache Mehrheit** der abgegebenen Stimmen
(§ 133 Abs. 1 AktG) **und eine Kapitalmehrheit** von 3/4 des bei Beschlussfassung vertretenen Grundkapitals (§ 65 Abs. 1 Satz 1 UmwG) verstanden. Das vertretene Grundkapital errechnet sich aus dem bei der Beschlussfassung mit Ja
oder Nein stimmenden Grundkapital, Stimmenthaltungen werden nicht mitgezählt[2]. Inhaber stimmrechtsloser Vorzugsaktien stimmen nicht mit bzw. blei-

---
1 Vgl. BGH v. 16.11.1981 – II ZR 150/80, BGHZ 82, 188 (196).
2 *Hüffer/Koch*, § 179 AktG Rz. 14; *Diekmann* in Semler/Stengel, § 65 UmwG Rz. 11 f.; *Rieger* in Widmann/Mayer, § 65 UmwG Rz. 4; *Stratz* in Schmitt/Hörtnagl/Stratz, § 65 UmwG Rz. 3; *Simon* in KölnKomm. UmwG, § 65 UmwG Rz. 5 ff.

ben bei der Berechnung der Kapitalmehrheit unberücksichtigt[1] (§ 65 Abs. 2 Satz 1 UmwG). Ob das Stimmrecht wiederaufleben kann (§ 140 Abs. 2 AktG), ist strittig[2].

c) Weiter gehende Anforderungen durch Satzung

6 Die Satzung kann größere Kapitalmehrheit und weitere Erfordernisse vorsehen (§ 65 Abs. 1 Satz 2 UmwG). Sie kann hinter den Erfordernissen des § 65 Abs. 1 Satz 1 UmwG aber nicht zurückbleiben[3]. Möglich wären etwa die Festlegung von Regeln über Beschlussfähigkeit der Hauptversammlung[4].

7 Stellt die Satzung für **Satzungsänderungen** höhere Anforderungen auf, gelten diese auch für den Verschmelzungsbeschluss[5]. Zwar unterliegen Satzungsänderung und Verschmelzung ihren eigenen Regeln und insofern ist die Verschmelzung von der Satzungsänderung zu unterscheiden; in der Regel geben aber Aktionäre durch die höheren Anforderungen zu erkennen, dass sie vor grundlegenden Strukturentscheidungen geschützt werden wollen, auch wenn dadurch formal die Satzung nicht geändert wird[6]. Satzungsbestimmungen über die Auflösung der Gesellschaft hingegen sind auf die Verschmelzung nicht entsprechend anwendbar[7].

d) Sachliche Rechtfertigung

8 Der Gesetzgeber hat bewusst die Frage offen gelassen[8], ob auf den Verschmelzungsbeschluss die von Rechtsprechung und Literatur insbesondere für die Kapitalerhöhung mit Bezugsrechtsausschluss entwickelten Kriterien der „sachlichen Rechtfertigung" übertragen werden können, wonach der Beschluss aus Gründen des Minderheitsschutzes im Interesse der Gesellschaft liegen, zur Er-

---

1 *Hüffer/Koch*, § 179 AktG Rz. 14 mwN; *Diekmann* in Semler/Stengel, § 65 UmwG Rz. 11; *Rieger* in Widmann/Mayer, § 65 UmwG Rz. 5; *Simon* in KölnKomm. UmwG, § 65 UmwG Rz. 7.
2 Einzelheitem bei *Rieger* in Widmann/Mayer, § 65 UmwG Rz. 17 ff.
3 *Grunewald* in Lutter, § 65 UmwG Rz. 5; *Hüffer/Koch*, § 179 AktG Rz. 16.
4 Einzelheiten bei *Hüffer/Koch*, § 179 AktG Rz. 20 ff. und *Diekmann* in Semler/Stengel, § 65 UmwG Rz. 13 f.; *Rieger* in Widmann/Mayer, § 65 UmwG Rz. 6; *Stratz* in Schmitt/Hörtnagl/Stratz, § 65 UmwG Rz. 10; *Simon* in KölnKomm. UmwG, § 65 UmwG Rz. 12.
5 *Rieger* in Widmann/Mayer, § 65 UmwG Rz. 10; *Diekmann* in Semler/Stengel, § 65 UmwG Rz. 14; *Stratz* in Schmitt/Hörtnagl/Stratz, § 65 UmwG Rz. 12; *Grunewald* in Lutter, § 65 UmwG Rz. 6; einschränkend *Simon* in KölnKomm. UmwG, § 65 UmwG Rz. 15: nur wenn Auslegung der Satzung dies unterstützt.
6 *Winter* in Lutter, Umwandlungsrechtstage, S. 37 für GmbH.
7 *Diekmann* in Semler/Stengel, § 65 UmwG Rz. 13; *Rieger* in Widmann/Mayer, § 65 UmwG Rz. 10; *Stratz* in Schmitt/Hörtnagl/Stratz, § 65 UmwG Rz. 12.
8 Vgl. Begr. RegE zu § 13 UmwG, Ganske, S. 61.

reichung des beabsichtigten Zwecks geeignet, erforderlich und verhältnismäßig sein muss[1].

Angesichts des im Gesetz angelegten Minderheitenschutzes und des auch für den Verschmelzungsbeschluss geltenden Missbrauchsschutzes[2] ist dieses Kriterium als weitere Wirksamkeitsvoraussetzung abzulehnen (siehe dazu auch § 13 UmwG Rz. 12)[3].

e) Vertretung bei Abstimmung

Soll das Stimmrecht durch Bevollmächtigte (§§ 164 ff. BGB) ausgeübt werden, ist die **Vollmacht mindestens in Textform** zu erteilen, wenn die Satzung der AG, KGaA, SE nichts Abweichendes und bei börsennotierten Gesellschaften keine Erleichterung bestimmt (§ 134 Abs. 3 Satz 3 AktG). Einer öffentlichen Beglaubigung (§ 129 BGB) bedarf es nicht und kann auch nicht durch die Satzung festgelegt werden[4]. 9

Eltern benötigen bei Stimmabgabe für ihre Kinder keine familiengerichtliche Genehmigung. Etwas anderes gilt bei übertragender AG, KGaA, SE wegen möglicher Differenzhaftung bei Kapitalerhöhung (§ 50 UmwG Rz. 12). 10

Ob **§ 181 BGB** für die Stimmabgabe beim Verschmelzungsbeschluss bei AG, KGaA, SE gilt, ist str.: Die Rspr. hat dies für die Änderung der GmbH-Satzung angenommen[5]. Entsprechendes wird im GmbH-Recht für auf Grund seiner strukturändernden Wirkung der Satzungsänderung gleichkommenden Verschmelzungsbeschluss angenommen[6]. Für AG, KGaA, SE dürfte nichts Abweichendes gelten[7]. Bevollmächtigte, die das Stimmrecht für mehrere Aktionäre gleichzeitig ausüben sollen, sind daher von § 181 BGB zu befreien. Die Vollmacht an Mitaktionär enthält eine konkludente Befreiung. 11

Sind **Eltern** minderjähriger Aktionäre **ebenfalls Aktionäre**, sind sie von der Vertretung ausgeschlossen. Es ist ein Ergänzungspfleger zu bestellen (§§ 1909, 12

---

1 Vgl. BGH v. 13.3.1978 – II ZR 142/76, BGHZ 71, 40 (46); BGH v. 19.4.1982 – II ZR 55/81, BGHZ 83, 319 (321); BGH v. 7.3.1994 – II ZR 52/93, BGHZ 125, 239 (241) = AG 1994, 276.
2 Siehe BGH v. 20.3.1995 – II ZR 205/94, AG 1995, 368 = ZIP 1995, 819.
3 Vgl. auch *Diekmann* in Semler/Stengel, § 65 UmwG Rz. 20; *Rieger* in Widmann/Mayer, § 65 UmwG Rz. 12.1.
4 So für Zustimmung zur Aktienübertragung BGH v. 20.9.2004 – II ZR 288/02, AG 2004, 673 = DB 2004, 2415.
5 BGH v. 6.6.1988 – II ZR 318/87, ZIP 1988, 1046 (1047) = GmbHR 1988, 337.
6 *M. Winter/J. Vetter* in Lutter, § 50 UmwG Rz. 26; *Mayer* in Widmann/Mayer, § 50 UmwG Rz. 15; *Reichert* in Semler/Stengel, § 50 UmwG Rz. 17.
7 So auch *Diekmann* in Semler/Stengel, § 65 UmwG Rz. 19; aA *Hüffer/Koch*, § 133 AktG Rz. 4.

1629 Abs. 2, 1795 Abs. 2 BGB), dessen Handeln gegebenenfalls vom Familiengericht zu genehmigen ist (siehe Rz. 10).

f) Stimmverbote

13 Bei rein aktienrechtlicher Verschmelzung darf die übernehmende Gesellschaft mit ihrem Aktienbesitz in der übertragenden Gesellschaft stimmen, wie umgekehrt[1]. Sind AG, KGaA Gesellschafter einer übertragenden GmbH, gilt nach richtiger Ansicht das Stimmverbot des § 47 Abs. 4 Satz 2 GmbHG nicht[2]. Entsprechendes gilt, wenn AG, KGaA, SE als Gesellschafter einer übertragenden Personenhandelsgesellschaft dem Verschmelzungsvertrag zustimmen[3].

Aus eigenen Aktien steht beteiligter Gesellschaft kein Stimmrecht zu (§ 71b AktG).

g) Form

14 Der Verschmelzungsbeschluss ist notariell zu beurkunden (§ 13 Abs. 3 Satz 1 UmwG). Für die Beurkundung gilt bei AG, KGaA und SE die **Sondervorschrift** des § 130 Abs. 1 Satz 1 AktG. Bei Universalversammlung einer Mehrpersonen-AG kann Beurkundung auch gemäß §§ 8 ff. BeurkG erfolgen, sofern in der notariellen Niederschrift der zwingende Inhalt des § 130 AktG enthalten ist[4]. Der notariellen Niederschrift sind der Vertrag oder sein Entwurf als Anlage zusätzlich zu den von § 130 Abs. 3 AktG verlangten Anlagen beizufügen (§ 13 Abs. 3 Satz 2 UmwG), um dem Registergericht die Prüfung zu erleichtern, ob der abgeschlossene Vertrag und der, dem zugestimmt wurde, identisch sind. Werden in die notarielle Niederschrift über die Versammlung die nach dem Gesetz zu beurkundenden Verzichts- oder Zustimmungserklärungen der Aktionäre aufgenommen, sind diese nicht ordnungsgemäß beurkundet. Da es sich dabei um Willenserklärungen handelt, gelten für deren Beurkundung die §§ 8 ff. BeurkG (Niederschrift in Verhandlungsform; siehe auch bei § 13 UmwG Rz. 41).

Auf Verlangen haben AG, KGaA, SE jedem Aktionär auf dessen Kosten unverzüglich **Abschrift** des Vertrages oder seines Entwurfes und der notariellen Niederschrift zu erteilen (§ 13 Abs. 3 Satz 3 UmwG). Dieser Anspruch besteht nur gegenüber der Gesellschaft, nicht gegenüber dem Notar.

---

1 *Kraft* in KölnKomm. AktG, 2. Aufl. 1994, § 340c AktG Rz. 21; *Grunewald* in Lutter, § 65 UmwG Rz. 3; *Rieger* in Widmann/Mayer, § 65 UmwG Rz. 12; *Diekmann* in Semler/Stengel, § 65 UmwG Rz. 21.
2 *Rieger* in Widmann/Mayer, § 65 UmwG Rz. 12; *Diekmann* in Semler/Stengel, § 65 UmwG Rz. 21; vgl. auch *K. Schmidt* in Scholz, 11. Aufl. 2014, § 47 GmbHG Rz. 114.
3 *Drygala* in Lutter, § 13 UmwG Rz. 26.
4 Zur Einpersonen-AG *Seibert/Kiem/Schüppen*, Handbuch der kleinen AG, 5. Aufl. 2008, Rz. 4319 ff.

Erklärt ein Aktionär **Widerspruch zur Niederschrift** – er muss es, um seine Rechte aus § 29 UmwG zu wahren (§ 29 Abs. 2 UmwG) –, ist dieser in Niederschrift aufzunehmen. Im Zweifel hat der Notar auf eine eindeutige Erklärung hinzuwirken. Fehlt der Widerspruch in der Niederschrift, ist er dennoch wirksam erklärt, muss dann aber gesondert nachgewiesen werden[1] (siehe auch § 13 UmwG Rz. 21).

15

Zur Auslandsbeurkundung siehe § 6 UmwG Rz. 11.

4. Zustimmung einzelner Aktionäre

a) Vinkulierte Namensaktien

Vinkulierte Namensaktien (§ 68 AktG) gewähren kein Recht auf Zustimmung zum Verschmelzungsbeschluss, weil die Übertragung der Aktien nicht – wie § 13 Abs. 2 UmwG voraussetzt – von der Genehmigung bestimmter einzelner Aktionäre abhängig ist, sondern von Zustimmung der AG, KGaA, SE selbst oder deren Aufsichtsrat oder Hauptversammlung[2].

16

b) Abweichende Nennbeträge

Erleidet ein Aktionär einer übertragenden AG, KGaA einen Beteiligungsverlust dadurch, dass die Nennbeträge der bei der aufnehmenden GmbH zu gewährende Geschäftsanteile von denen seiner untergehenden Gesellschaft abweichen (vgl. § 46 Abs. 1 Satz 2 UmwG), muss er dem Verschmelzungsbeschluss (in notarieller Form) zustimmen (§ 51 Abs. 2 UmwG, Näheres § 51 UmwG Rz. 9).

17

Die Zustimmung ist Willenserklärung (§§ 145 ff. BGB; siehe § 13 UmwG Rz. 27) und bedarf notarieller Beurkundung (§ 13 Abs. 3 Satz 1 UmwG). Die Zustimmung ist der übertragenden AG, KGaA, SE oder (dem Vorsitzenden) ihrer Hauptversammlung gegenüber zu erklären und kann vor, bei oder nach der Hauptversammlung abgegeben werden (Einzelheiten bei § 13 UmwG Rz. 27 ff., 41 ff.).

18

c) Statutarische Nebenpflichten

Legt Satzung des übernehmenden Rechtsträgers den Aktionären der untergehenden AG, KGaA, SE bisher nicht bestehende Nebenpflichten auf, müssen richtiger Ansicht nach alle Aktionäre entspr. § 180 AktG zustimmen[3] (siehe auch § 13 UmwG Rz. 26).

19

---

1 Vgl. LG Ingolstadt v. 12.6.1990 – HKO 763/89, WM 1991, 685 (690) = AG 1991, 24.
2 Begr. RegE bei *Ganske*, S. 61; siehe auch *Reichert*, GmbHR 1995, 176 (177) und *Diekmann* in Semler/Stengel, § 65 UmwG Rz. 28.
3 *Diekmann* in Semler/Stengel, § 65 UmwG Rz. 20.

5. Zustimmung bei KGaA

20 Der Beschluss der Hauptversammlung der Kommanditaktionäre wird nur wirksam, wenn ihm auch sämtliche persönlich haftenden Gesellschafter zugestimmt haben (§ 78 Satz 3 UmwG).

6. Sonderbeschlüsse (§ 65 Abs. 2 UmwG)

a) Sonderbeschluss als Wirksamkeitserfordernis

21 Sind mehrere Gattungen von Aktien (§ 11 AktG) vorhanden, wird der Verschmelzungsbeschluss ferner nur wirksam, wenn Aktionäre jeder Gattung durch Sonderbeschluss zustimmen. Diese Sonderbeschlüsse treten neben den Verschmelzungsbeschluss[1]. Dies gilt gleichermaßen für übertragende und aufnehmende AG, KGaA, SE. Bei Einpersonen-AG sind Sonderbeschlüsse nicht erforderlich, auch wenn der Alleinaktionär Inhaber mehrerer Gattungen ist[2], ebenso nicht, wenn ein Beschluss der Hauptversammlung nicht erforderlich ist[3] (vgl. § 62 Abs. 1 und 4 UmwG). Unklar ist, ob § 141 AktG Anwendung findet, wenn der Vorrang bei der aufnehmenden Gesellschaft aufgehoben oder eingeschränkt wird[4].

22 Zustimmen müssen aber nur die **stimmberechtigten Aktionäre** jeder Gattung. Damit ist – wie auch in §§ 182 Abs. 2, 202 Abs. 2 AktG – klargestellt, dass Vorzugsaktien ohne Stimmrecht bei Beschlussfassung über die Zustimmung zum Verschmelzungsvertrag nicht mitstimmen dürfen[5]. Fällt der Vorzug weg, lebt das Stimmrecht wieder auf (§ 140 Abs. 2 Satz 1 AktG)[6]. Bestehen nur Stamm- und stimmrechtslose Vorzugsaktien, bedarf es keines Sonderbeschlusses der Stammaktionäre[7]. Er ist nur erforderlich, wenn mindestens zwei Gattungen stimmberechtigter Aktien bestehen[8].

---

1 Vgl. LG Hamburg v. 5.3.1996 – 402 O 167/95, AG 1996, 281 f.
2 Vgl. *Hüffer/Koch*, § 182 AktG Rz. 18.
3 *Stratz* in Schmitt/Hörtnagl/Stratz, § 65 UmwG Rz. 13.
4 Einzelheiten hierzu bei *Rieger* in Widmann/Mayer, § 65 UmwG Rz. 25; *Grunewald* in Lutter, § 65 UmwG Rz. 8.
5 Begr. RegE bei *Ganske*, S. 112; *Diekmann* in Semler/Stengel, § 65 UmwG Rz. 24; *Simon* in KölnKomm. UmwG, § 65 UmwG Rz. 17; *Stratz* in Schmitt/Hörtnagl/Stratz, § 65 UmwG Rz. 13; *Limmer* in Limmer, Hdb. der Unternehmensumwandlung, Teil 2 Kap. 2 Rz. 1085.
6 *Grunewald* in Lutter, § 65 UmwG Rz. 8; *Junker* in Henssler/Strohn, § 65 UmwG Rz. 7.
7 So *Hüffer/Koch*, § 182 AktG Rz. 19 für den vergleichbaren Fall des § 182 Abs. 2 AktG; *Diekmann* in Semler/Stengel, § 65 UmwG Rz. 24; *Limmer* in Limmer, Hdb. der Unternehmensumwandlung, Teil 2 Kap. 2 Rz. 1085; *Junker* in Henssler/Strohn, § 65 UmwG Rz. 1; *Simon* in KölnKomm. UmwG, § 65 UmwG Rz. 18.
8 *Limmer* in Limmer, Hdb. der Unternehmensumwandlung, Teil 2 Kap. 2 Rz. 1085; *Rieger* in Widmann/Mayer, § 65 UmwG Rz. 61 ff.

Der Sonderbeschluss ist unabhängig davon zu fassen, ob eine Gattung durch die Verschmelzung benachteiligt wird und der Verschmelzungsbeschluss einstimmig gefasst wurde[1]. 23

b) Gesonderte Versammlung/gesonderte Abstimmung

Der Sonderbeschluss kann (Ermessen des Vorstandes) in gesonderter Versammlung (vor oder nach der den Verschmelzungsbeschluss fassenden Hauptversammlung) oder durch gesonderte Abstimmung unter gesondertem Tagesordnungspunkt in derselben Hauptversammlung, die mit dem Verschmelzungsbeschluss befasst ist, gefasst werden (vgl. § 138 AktG). Die gesonderte Versammlung unterliegt den **Regeln des AktG über die Hauptversammlung** (§ 138 Satz 2 AktG) sowie den §§ 61, 63 und 64 UmwG[2]. 24

Für den Sonderbeschluss gelten die gleichen (zweifachen) **Mehrheitserfordernisse** wie für den Verschmelzungsbeschluss: einfache Stimmenmehrheit und 3/4-Kapitalmehrheit (siehe Rz. 5). Auch hier kann die Satzung eine größere Kapitalmehrheit und weitere Erfordernisse bestimmen[3]. 25

Über die gesonderte Versammlung ist eine gesonderte notarielle Niederschrift aufzunehmen (§ 130 Abs. 1 Satz 1 AktG), der Vertrag bzw. Entwurf ist als Anlage beizufügen (§ 13 Abs. 2 Satz 3 UmwG). 26

c) Rechtsfolgen

Solange der Sonderbeschluss nicht gefasst ist, bleibt der Verschmelzungsvertrag schwebend unwirksam. Die Verschmelzung kann nicht angemeldet werden. Ein die Zustimmung verweigernder Sonderbeschluss führt zur **Unwirksamkeit des Verschmelzungsbeschlusses** und damit des Verschmelzungsvertrages[4]. 27

7. Kapitalerhöhungsbeschluss

Erhöht die übernehmende AG, KGaA zur Durchführung der Verschmelzung ihr Grundkapital, ist der Kapitalerhöhungsbeschluss nicht **zusätzliche Wirksam-** 28

---

[1] Vgl. *Diekmann* in Semler/Stengel, § 65 UmwG Rz. 22.
[2] Wie hier: *Junker* in Henssler/Strohn, § 65 UmwG Rz. 8; aA, dabei unterschiedlich einschränkend: *Rieger* in Widmann/Mayer, § 65 UmwG Rz. 67; *Grunewald* in Lutter, § 65 UmwG Rz. 10; *Stratz* in Schmitt/Hörtnagl/Stratz, § 65 UmwG Rz. 13; *Simon* in Köln-Komm. UmwG, § 65 UmwG Rz. 20.
[3] *Diekmann* in Semler/Stengel, § 65 UmwG Rz. 25; *Grunewald* in Lutter, § 65 UmwG Rz. 9; *Rieger* in Widmann/Mayer, § 65 UmwG Rz. 63 f.; *Simon* in KölnKomm. UmwG, § 65 UmwG Rz. 21; *Stratz* in Schmitt/Hörtnagl/Stratz, § 65 UmwG Rz. 13.
[4] *Simon* in KölnKomm. UmwG, § 65 UmwG Rz. 22.

8. Anfechtung

29 Für die Anfechtung von Verschmelzungs- und Sonderbeschlüssen der AG, KGaA, SE gelten die allgemeinen Regeln[2].

9. Kosten

30 Zu den anfallenden Notar- und Gerichtskosten: § 13 UmwG Rz. 43; zum Kapitalerhöhungsbeschluss: § 55 UmwG Rz. 21.

Wird zur Durchführung der Verschmelzung das Grundkapital der übernehmenden AG, KGaA, SE erhöht, ist der Beschluss über die Kapitalerhöhung gesondert zu bewerten. Der Wert des Kapitalerhöhungsbeschlusses ist gemäß § 86 Abs. 2 GNotKG hinzuzurechnen. Die Höchstwert für sämtliche in einer Hauptversammlung gefassten Beschlüsse beträgt jedoch höchstens 5 Mio. Euro (§ 108 Abs. 5 GNotKG).

§ 66
Eintragung bei Erhöhung des Grundkapitals

Erhöht die übernehmende Gesellschaft zur Durchführung der Verschmelzung ihr Grundkapital, so darf die Verschmelzung erst eingetragen werden, nachdem die Durchführung der Erhöhung des Grundkapitals im Register eingetragen worden ist.

1. Überblick 1	3. Prüfung durch das Registergericht 15
2. Anmeldung der Kapitalerhöhung . 2	4. Eintragung
a) Anmeldung des Erhöhungs-	a) Reihenfolge 19
beschlusses 3	b) Wirksamwerden der Kapital-
b) Anmeldung der Durchführung	erhöhung 21
der Kapitalerhöhung 9	5. Bekanntmachung 24
c) Verbindung der Anmeldungen 14	

---

1 *Mayer* in Widmann/Mayer, § 55 UmwG Rz. 108; *Stratz* in Schmitt/Hörtnagl/Stratz, § 55 UmwG Rz. 28.
2 Siehe hierzu zB *Heckschen* in Widmann/Mayer, § 13 UmwG Rz. 158 ff. und *Hüffer/Koch* zu §§ 241, 243 AktG.

1. Überblick

Die Vorschrift bestimmt die Reihenfolge der Eintragungen von Kapitalerhöhung (Beschluss und Durchführung) und Verschmelzung im Register der übernehmenden AG, KGaA, SE. 1

2. Anmeldung der Kapitalerhöhung

Erhöhen AG, KGaA oder SE ihr Grundkapital, sind neben der Verschmelzung sowohl der **Erhöhungsbeschluss** als auch die **Durchführung** der Kapitalerhöhung zur Eintragung in das Handelsregister anzumelden (§ 69 UmwG, §§ 184, 188 AktG)[1]. Zur Verbindung der Anmeldungen siehe Rz. 14. 2

a) Anmeldung des Erhöhungsbeschlusses

Er ist vom Vorstand (den persönlich haftenden Gesellschaftern bei KGaA, § 283 AktG) in vertretungsberechtigter Zahl und dem Vorsitzenden des Aufsichtsrats (bei dessen Verhinderung von seinem Stellvertreter, § 107 Abs. 1 Satz 2 AktG) zur Eintragung in das Handelsregister des Amtsgerichts am (Satzungs-)Sitz der Gesellschaft anzumelden (§ 184 Abs. 1 Satz 1 AktG). Unechte Gesamtvertretung[2] oder Anmeldung durch Bevollmächtigte[3] ist wegen der Strafbarkeit falscher Angaben im Zusammenhang mit der Kapitalerhöhung (§ 399 AktG) nicht möglich. 3

Entsprechendes gilt, wenn die Kapitalerhöhung zur Durchführung der Verschmelzung als **bedingte Kapitalerhöhung** (§§ 192 ff. AktG) oder aus **genehmigtem Kapital** (§§ 202 ff. AktG) erfolgt[4]. Beim genehmigtem Kapital tritt an die Stelle des Erhöhungsbeschlusses der Hauptversammlung deren Ermächtigungsbeschluss (§ 203 Abs. 1 Satz 2 AktG) und der Ausnutzungsbeschluss des Vorstands sowie der Zustimmungsbeschluss des Aufsichtsrates, wenn die Ermächtigung dies vorsieht. 4

Zur Anmeldung der Durchführung der Kapitalerhöhung siehe Rz. 9; zur Anmeldung der Verschmelzung siehe Erl. zu § 16 UmwG.

Form, Inhalt. Die Anmeldung hat in öffentlich beglaubigter Form zu erfolgen (§ 12 HGB, § 129 BGB, §§ 39, 40 BeurkG). Die Anmelder müssen nicht auf 5

---

1 *Rieger* in Widmann/Mayer, § 69 UmwG Rz. 38; *Limmer* in Limmer, Hdb. der Unternehmensumwandlung, Teil 2 Kap. 2 Rz. 1133; *Grunewald* in Lutter, § 69 UmwG Rz. 22.
2 Str., wie hier *Diekmann* in Semler/Stengel, § 66 UmwG Rz. 5; *Simon* in KölnKomm. UmwG, § 66 UmwG Rz. 11; aA *Hüffer/Koch*, § 184 AktG Rz. 3 mwN; *Rieger* in Widmann/Mayer, § 69 UmwG Rz. 39.
3 *Rieger* in Widmann/Mayer, § 69 UmwG Rz. 39.
4 Siehe hierzu zB *Diekmann* in Semler/Stengel, § 66 UmwG Rz. 13; *Simon* in KölnKomm. UmwG, § 66 UmwG Rz. 7 ff.

demselben Schriftstück unterzeichnen; dies kann auch auf getrennten (inhaltsgleichen) Schriftstücken geschehen.

6 Anzumelden ist der Beschluss über die „Kapitalerhöhung zur Durchführung der Verschmelzung" (§ 184 Abs. 1 Satz 1 AktG). Bloße Bezugnahme auf das mit einzureichende bzw. bereits eingereichte (§ 130 Abs. 5 AktG) Hauptversammlungsprotokoll reicht dafür nicht aus; in der Anmeldung ist die eintragungspflichtige Tatsache (§ 39 AktG) schlagwortartig zu bezeichnen[1]. Anders als bei der regulären Kapitalerhöhung gegen Einlagen sind Angaben über nicht geleistete Einlagen entbehrlich (§ 69 UmwG, § 182 Abs. 4 AktG).

7 Der Anmeldung des Beschlusses sind **folgende Unterlagen beizufügen**[2]:
- notarielle Niederschrift des Beschlusses über die Erhöhung des Grundkapitals (§ 130 Abs. 1 Satz 1 AktG) in Ausfertigung oder beglaubigter Abschrift. Eine vom Vorsitzenden des Aufsichtsrats unterzeichnete Niederschrift (§ 130 Abs. 1 Satz 3 AktG) reicht wegen des 3/4-Mehrheitserfordernisses für den Beschluss nicht aus. Erfolgt die Kapitalerhöhung aus genehmigtem Kapital (§§ 202 ff. AktG, siehe § 69 UmwG Rz. 14), treten der Ausnutzungsbeschluss des Vorstands und der Zustimmungsbeschluss des Aufsichtsrates an seine Stelle.
- (gegebenenfalls) notarielle Niederschrift etwaiger Sonderbeschlüsse (§ 182 Abs. 2 AktG) in Ausfertigung oder beglaubigter Abschrift;
- Schlussbilanz des übertragenden Rechtsträgers bzw. Wertgutachten, um dem Registergericht die Prüfung gemäß § 69 Abs. 1 Satz 1 letzte Alternative UmwG zu ermöglichen (siehe Rz. 17);
- ggf. Bericht über die Prüfung der Sacheinlagen (§ 69 Abs. 1 UmwG, §§ 183 Abs. 3, 184 Abs. 2 AktG).

8 Ob bereits bei der Anmeldung des Beschlusses **die in § 69 Abs. 2 UmwG genannten Unterlagen**, nämlich Verschmelzungsvertrag nebst -beschlüssen als „Festsetzungsvertrag" (§ 188 Abs. 3 Nr. 2 AktG), und die Berechnung der Kapitalerhöhungskosten (§ 188 Abs. 3 Nr. 3 AktG) beizufügen sind, ist str. § 69 Abs. 2 UmwG selbst differenziert nicht zwischen den beiden Anmeldungen, sondern spricht von „Anmeldung der Kapitalerhöhung". Zur Prüfung des angemeldeten Beschlusses durch den Registerrichter sind die in Rz. 7 aufgeführten Unterlagen ausreichend[3]. Letztlich kommt dem keine besondere Bedeutung zu, da in der Praxis alle Anmedungen gebündelt dem Registergericht eingereicht werden.

---

1 BGH v. 16.2.1987 – II ZB 12/86, NJW 1987, 3191 = GmbHR 1987, 423.
2 HL, vgl. hier *Rieger* in Widmann/Mayer, § 69 UmwG Rz. 39; aA *Junker* in Henssler/Strohn, § 69 UmwG Rz. 17.
3 *Diekmann* in Semler/Stengel, § 66 UmwG Rz. 6 f.; aA *Stratz* in Schmitt/Hörtnagl/Stratz, § 69 UmwG Rz. 24; *Rieger* in Widmann/Mayer, § 69 UmwG Rz. 41 f.; *Simon* in Köln-Komm. UmwG, § 69 UmwG Rz. 35; siehe auch *Limmer* in Limmer, Hdb. der Unternehmensumwandlung, Teil 2 Kap. 2 Rz. 1138.

b) Anmeldung der Durchführung der Kapitalerhöhung

Die Anmeldung der Durchführung der Kapitalerhöhung zum Zwecke der Verschmelzung erfolgt ebenfalls durch den Vorstand (bzw. die persönlich haftenden Gesellschafter bei KGaA, § 283 AktG) in vertretungsberechtigter Zahl und den Vorsitzenden des Aufsichtsrats (§ 188 Abs. 1 AktG). Die Ausführungen zu Rz. 3 u. 4 gelten entsprechend. Die Anmeldung der Durchführung der Kapitalerhöhung zum Zwecke der Verschmelzung kann erst erfolgen, wenn der Verschmelzungsvertrag wirksam, also beurkundet, ist und die zu seiner Wirksamkeit erforderlichen Verschmelzungsbeschlüsse und etwaigen Zustimmungsbeschlüsse vorliegen[1]. 9

Anzumelden ist, dass und in welcher Höhe die Kapitalerhöhung durchgeführt ist[2]. Die Versicherung, dass die geleisteten Einlagen zur freien Verfügung des Vorstandes stehen, ist entbehrlich (§ 69 UmwG, § 188 Abs. 2 AktG). Anzumelden ist ferner die Änderung der **Satzung** hinsichtlich der Grundkapitalziffer[3] unter schlagwortartiger Bezeichnung der entsprechenden Satzungsbestimmung[4]. In der Praxis werden beide Anmeldungen beim Register verbunden. 10

Spätestens mit der Anmeldung der Durchführung der Kapitalerhöhung sind zusätzlich zu den der Anmeldung des Beschlusses beizufügenden Unterlagen dem Registergericht **einzureichen** (str., siehe Rz. 7): 11

- notarielle Niederschrift des Verschmelzungsvertrages, der Verschmelzungsbeschlüsse sowie etwaiger Sonderbeschlüsse (§ 65 Abs. 2 UmwG) und etwaiger Zustimmungserklärungen (§ 13 Abs. 3 UmwG) jeweils in Ausfertigung oder beglaubigter Abschrift (§ 69 Abs. 2 UmwG) als **Nachweis** der Durchführung der Kapitalerhöhung; daneben bestehen idR keine gesonderten „Festsetzungsverträge" iS des § 188 Abs. 3 Nr. 2 AktG;

- soweit nicht im Verschmelzungsvertrag enthalten: sonstige die Gegenleistung betreffende **Nebenvereinbarungen** (§ 69 Abs. 2 UmwG, § 188 Abs. 3 Nr. 2 AktG)[5];

- notarielle Niederschrift des Beschlusses über die Änderung der Satzung bezüglich des **Grundkapitals** (falls nicht bereits in Niederschrift über den Beschluss der Kapitalerhöhung enthalten). Ist dem Aufsichtsrat – durch Beschluss der Hauptversammlung oder Satzung – die Befugnis zur Änderung der Satzungsfassung übertragen (§ 179 Abs. 1 Satz 2 AktG), ist die entsprechende Niederschrift über die Aufsichtsratssitzung, die den Beschluss enthal-

---

1 *Grunewald* in Lutter, § 69 UmwG Rz. 23; *Limmer* in Limmer, Hdb. der Unternehmensumwandlung, Teil 2 Kap. 2 Rz. 1133 und unten § 69 UmwG Rz. 19.
2 *Hüffer/Koch*, § 188 AktG Rz. 3.
3 *Hüffer/Koch*, § 188 AktG Rz. 11.
4 BGH v. 16.2.1987 – II ZB 12/86, NJW 1987, 3191 f. = GmbHR 1987, 423.
5 *Grunewald* in Lutter, § 69 UmwG Rz. 17.

ten und den Erfordernissen des § 107 Abs. 2 AktG genügen muss, in Urschrift oder beglaubigter Abschrift einzureichen;
- vollständiger Wortlaut der **Satzung** mit notarieller Vollständigkeitsbescheinigung (§ 181 Abs. 1 Satz 1 AktG);
- Zusammenstellung der **Kosten** der Kapitalerhöhung (§ 69 Abs. 2 UmwG, § 188 Abs. 3 Nr. 3 AktG)[1].

12 **Nicht** beizufügen (weil entbehrlich) sind
- Zeichnungsscheine und ein Verzeichnis der Zeichner (vgl. § 69 Abs. 1 Satz 1 UmwG, der § 188 Abs. 3 Nr. 1 AktG für nicht anwendbar erklärt). Der wirksame Verschmelzungsvertrag ist als Grundlage für die Aktienzuteilung ausreichend;
- die Anzeige des Treuhänders (§ 71 Satz 2 UmwG). Sie erfolgt im Zusammenhang mit der Anmeldung der Verschmelzung.

13 Die elektronisch in Urschrift, Ausfertigung oder beglaubigter Abschrift übermittelten Schriftstücke werden bei dem Registergericht in den entsprechenden elektronischen Medien aufbewahrt (§ 8a HGB).

c) Verbindung der Anmeldungen

14 Die Anmeldung des Kapitalerhöhungsbeschlusses kann mit der Anmeldung der Durchführung der Kapitalerhöhung verbunden werden (§ 188 Abs. 4 AktG). Mit diesen Anmeldungen zulässigerweise weiterhin verbunden werden können die Anmeldung der Satzungsänderung und der Verschmelzung (in der Praxis üblich)[2]. Sämtliche anzumeldenden Tatsachen können also in ein Schriftstück aufgenommen werden. Wird zugleich die Verschmelzung bei der übernehmenden AG, KGaA, SE angemeldet, erscheint es ratsam, das dafür zuständige Registergericht vorsorglich darauf hinzuweisen, dass die Verschmelzung nicht vor Eintragung der Durchführung der Kapitalerhöhung und nicht vor Eintragung der Verschmelzung bei der übertragenden Gesellschaft eingetragen werden darf (siehe Rz. 19 und § 19 Abs. 1 UmwG).

3. Prüfung durch das Registergericht

15 Für die Eintragung des Kapitalerhöhungsbeschlusses und der Durchführung der Kapitalerhöhung ist ausschließlich das Registergericht des Sitzes der übernehmenden AG, KGaA, SE zuständig.

---

1 Einzelheiten bei *Hüffer/Koch*, § 188 AktG Rz. 15.
2 Vgl. auch *Rieger* in Widmann/Mayer, § 69 UmwG Rz. 42 und 45; *Diekmann* in Semler/Stengel, § 69 UmwG Rz. 25.

Neben der Prüfung der Ordnungsgemäßheit der Anmeldung (örtliche und sachliche Zuständigkeit, Vertretungsbefugnis der Anmelder, Form sowie die Vollständigkeit und Ordnungsmäßigkeit der eingereichten Unterlagen) prüft das Registergericht ferner die **formelle** und **materielle** Wirksamkeit des gesamten Erhöhungsvorgangs einschließlich der Wirksamkeit des Verschmelzungsvertrages, des Satzungsänderungsbeschlusses und etwaiger Sonderbeschlüsse. Bei Nichtigkeit des Kapitalerhöhungsbeschlusses hat das Gericht die Eintragung abzulehnen. Der Beschluss ist zu wiederholen. Ist er nur anfechtbar, hat es nach zutreffender Ansicht[1] einzutragen, wenn von dem Verstoß nur die Aktionäre – nicht aber Drittinteressen – betroffen sind[2]; ansonsten hat es vor Ablehnung der Eintragung durch Zwischenverfügung Gelegenheit zur Beseitigung des Mangels zu geben (§ 382 Abs. 4 FamFG). 16

Da die Kapitalerhöhung zur Durchführung der Verschmelzung eine Sachkapitalerhöhung ist[3], hat das Registergericht zusätzlich zu prüfen, ob der Wert der Einlage nicht unwesentlich hinter dem geringsten Ausgabebetrag der dafür zu gewährenden Aktien zurückbleibt (vgl. § 184 Abs. 3 Satz 1 AktG), also ob ein **Verstoß gegen das Verbot der Unterpariemission** vorliegt[4]. Dieses Prüfungsrecht besteht stets, auch wenn eine Prüfung durch Dritte durchzuführen ist (vgl. § 69 Abs. 1 Satz 1 UmwG). Hat das Gericht Zweifel, kann es eine Prüfung durch einen oder mehrere unabhängige Prüfer anordnen (§ 69 Abs. 1 Satz 1 Halbsatz 2 UmwG). Dies wird insbesondere der Fall sein, wenn die Buchwerte in der Verschmelzungsbilanz den geringsten Ausgabebetrag der auszugebenden Aktien nicht erreichen. 17

Das Registergericht muss (kein Ermessen)[5] die **Eintragung** der Kapitalerhöhung **ablehnen**, wenn der Wert der Einlage nicht unwesentlich hinter dem geringsten Ausgabebetrag der dafür zu gewährenden Aktien zurückbleibt (§ 184 Abs. 3 Satz 1 AktG). Geringfügige Abweichung ist also unbeachtlich. Liegt eine wesentliche Differenz zwischen (geringstem) Gesamtausgabebetrag und Wert der Einlage vor, ist der Kapitalerhöhungsbeschluss nichtig[6], die Eintragung kann nicht – anders als bei der GmbH (siehe § 53 UmwG Rz. 17) – dadurch bewirkt werden, dass die Differenz in Geld eingelegt wird[7]. 18

---

1 Vgl. *Hüffer/Koch*, § 184 AktG Rz. 6.
2 *Hüffer/Koch*, § 184 AktG Rz. 6; *Diekmann* in Semler/Stengel, § 66 UmwG Rz. 10.
3 Statt aller: *Grunewald* in Lutter, § 69 UmwG Rz. 7 ff.
4 *Diekmann* in Semler/Stengel, § 66 UmwG Rz. 10.
5 Siehe *Rieger* in Widmann/Mayer, § 69 UmwG Rz. 34; *Diekmann* in Semler/Stengel, § 66 UmwG Rz. 10.
6 *Hüffer/Koch*, § 183 AktG Rz. 20.
7 BGH v. 12.3.2007 – II ZR 302/05, AG 2007, 487; OLG München v. 27.10.2005 – 23 U 2826/05, AG 2006, 209 = DB 2006, 146; *Grunewald* in Lutter, § 69 UmwG Rz. 28; *Diekmann* in Semler/Stengel § 69 UmwG Rz. 33; *Stratz* in Schmitt/Hörtnagl/Stratz, § 69 UmwG Rz. 29.

4. Eintragung

a) Reihenfolge

19 Ebenso wie bei der GmbH (§ 53 UmwG) muss auch bei AG, KGaA, SE die Kapitalerhöhung (Beschluss und Durchführung) **vor Eintragung der Verschmelzung** bei der übernehmenden Gesellschaft eingetragen werden. Sinn und Zweck: Mit Wirksamkeit der Verschmelzung (§ 20 Abs. 1 Nr. 3 UmwG) entstehen die Aktienrechte der Anteilsinhaber der übertragenden Rechtsträger, die damit Aktionäre der übernehmenden Gesellschaft werden[1]. Diese Reihenfolge ist zwingend. Unbedenklich ist es hingegen, wenn die Kapitalerhöhung nach Eintragung der Verschmelzung bei dem übertragenden Rechtsträger eingetragen wird[2]. Denn die Eintragung dort hat lediglich verlautbarenden Charakter[3]. Diese Reihenfolge gilt auch für die GmbH (siehe § 53 UmwG Rz. 18).

Eine **Ausnahme** besteht bei der bedingten Kapitalerhöhung (siehe § 200 AktG)[4].

20 Wird die **Verschmelzung** bei der übernehmenden Gesellschaft **vor Eintragung der Durchführung** der Kapitalerhöhung eingetragen, ist dies wegen der wechselseitigen konditionalen Verknüpfung von Verschmelzung und Kapitalerhöhung zu deren Durchführung (siehe Rz. 21) **unschädlich**[5]. Die Verschmelzungswirkungen treten aber erst mit Eintragung der Durchführung der Kapitalerhöhung ein (siehe § 53 UmwG Rz. 19).

b) Wirksamwerden der Kapitalerhöhung

21 Anders als bei der regulären Kapitalerhöhung (vgl. § 189 AktG) ist das Grundkapital mit Eintragung der Durchführung der Erhöhung des Grundkapitals noch nicht wirksam erhöht. Diese Eintragung wie auch die des Erhöhungsbeschlusses wirken erst dann konstitutiv, wenn auch die Verschmelzung bei der übernehmenden AG, KGaA, SE eingetragen ist. Denn Kapitalerhöhung und Verschmelzung sind konditional miteinander verknüpft[6]. Wird die Verschmelzung nicht durchgeführt, ist die Kapitalerhöhung unwirksam und die Eintra-

---

1 *Stratz* in Schmitt/Hörtnagl/Stratz, § 66 UmwG Rz. 2; *Diekmann* in Semler/Stengel, § 66 UmwG Rz. 11.
2 *Rieger* in Widmann/Mayer, § 66 UmwG Rz. 10; *Stratz* in Schmitt/Hörtnagl/Stratz, § 66 UmwG Rz. 4.
3 So bereits *Kraft* in KölnKomm. AktG, 2. Aufl. 1990, § 346 AktG Rz. 7.
4 Siehe hierzu etwa *Simon* in KölnKomm. UmwG, § 66 UmwG Rz. 8, *Diekmann* in Semler/Stengel, § 66 UmwG Rz. 13; *Rieger* in Widmann/Mayer, § 66 UmwG Rz. 7.1.
5 *Diekmann* in Semler/Stengel, § 66 UmwG Rz. 14; *Rieger* in Widmann/Mayer, § 66 UmwG Rz. 12; *Simon* in KölnKomm. UmwG, § 66 UmwG Rz. 13; *Stratz* in Schmitt/Hörtnagl/Stratz, § 66 UmwG Rz. 4.
6 *Rieger* in Widmann/Mayer, § 69 UmwG Rz. 43ff.; *Diekmann* in Semler/Stengel, § 66 UmwG Rz. 11; *Simon* in KölnKomm. UmwG, § 66 UmwG Rz. 9.

gung von Amts wegen zu löschen (vgl. § 395 FamFG). Entsprechendes gilt für die Satzungsänderung.

Ist der **Kapitalerhöhungsbeschluss nichtig** oder wirksam angefochten[1], bleibt eine bereits im Register der übernehmenden Gesellschaft eingetragene Verschmelzung davon unberührt. Denn die Heilungswirkung des § 20 Abs. 2 UmwG erstreckt sich auch auf die Kapitalerhöhung; anders nur, wenn die Verschmelzung noch nicht eingetragen ist. Diese ist dann ebenfalls unwirksam[2]. 22

Ist der **Satzungsänderungsbeschluss mangelhaft**, hat die Eintragung grundsätzlich keine heilende Wirkung[3]. Auf die Eintragung der Kapitalerhöhung und der Verschmelzung bleibt der mangelhafte Satzungsänderungsbeschluss mangels konditionaler Verknüpfung mit den übrigen Beschlüssen aber ohne Wirkung. 23

5. Bekanntmachung

Bekannt zu machen ist die Eintragung der **Durchführung der Kapitalerhöhung** zum Zwecke der Verschmelzung nebst Satzungsänderung, nicht der Kapitalerhöhungsbeschluss. Die Bekanntmachung erfolgt auf der Internetseite des für die aufnehmende Gesellschaft zuständigen Registergerichts (weitere Einzelheiten in § 19 UmwG Rz. 14). 24

§ 67
Anwendung der Vorschriften über die Nachgründung

Wird der Verschmelzungsvertrag in den ersten zwei Jahren seit Eintragung der übernehmenden Gesellschaft in das Register geschlossen, so ist § 52 Abs. 3, 4, 6 bis 9 des Aktiengesetzes über die Nachgründung entsprechend anzuwenden. Dies gilt nicht, wenn auf die zu gewährenden Aktien nicht mehr als der zehnte Teil des Grundkapitals dieser Gesellschaft entfällt oder wenn diese Gesellschaft ihre Rechtsform durch Formwechsel einer Gesellschaft mit beschränkter Haftung erlangt hat, die zuvor bereits seit mindestens zwei Jahren im Handelsregister eingetragen war. Wird zur Durchführung der Verschmelzung das Grundkapital erhöht, so ist der Berechnung das erhöhte Grundkapital zugrunde zu legen.

---

[1] Vgl. OLG Karlsruhe v. 18.12.1985 – 11 W 86/85, AG 1986, 167 f.
[2] BGH v. 21.5.2007 – II ZR 266/04, NZG 2007, 714 = AG 2007, 625: „Annex" zum Verschmelzungsbeschluss; *Diekmann* in Semler/Stengel, § 66 UmwG Rz. 12; *Stratz* in Schmitt/Hörtnagl/Stratz, § 69 UmwG Rz. 28 f.
[3] Zu den Ausnahmen siehe *Hüffer/Koch*, § 181 AktG Rz. 27.

§ 67 | Verschmelzung – Beteiligung von AG

1. Überblick	1	4. Ausnahmen	9
2. Erfasste Verschmelzungen	2	5. Sanktionen	10
3. Vorschriften der Nachgründung	6		

Literatur: *Angermayer,* Die Prüfung von Sacheinlagen im neuen Umwandlungsrecht, WPg 1995, 681; *Bröcker,* Die aktienrechtliche Nachgründung: Wieviel Kontrolle benötigt die junge Aktiengesellschaft?, ZIP 1999, 1029; Stellungnahme der DAV zur Änderung des UmwG, NZG 2000, 802; *Hartmann/Barcaba,* Die Anforderungen an den Bericht des Aufsichtsrats im Nachgründungsverfahren, AG 2001, 437; *Krieger,* Zur Reichweite des § 52 AktG, FS Claussen, 1997, S. 223; *Lutter/Ziemons,* Die unverhoffte Renaissance der Nachgründung, ZGR 1999, 479; *Reichert,* Probleme der Nachgründung nach altem und neuem Recht, ZGR 2001, 554.

1. Überblick

1 Ziel der Vorschrift ist es, eine **Umgehung der Bestimmungen über die Nachgründung** und damit der Kapitalaufbringung **auszuschließen**[1]. Eine solche kann vor allem in Betracht kommen, wenn die übernehmende AG anlässlich der Verschmelzung ihr Grundkapital erhöht, da bei der Kapitalerhöhung eine der Gründungsprüfung entsprechende Prüfung nach § 69 Abs. 1 UmwG iVm. § 183 Abs. 3 AktG nur ausnahmsweise stattfindet. § 67 UmwG gilt aber für alle Verschmelzungen, auch solche ohne Kapitalerhöhung, zB solcher, bei denen eigene Aktien als Gegenleistung gewährt werden[2]. Die Vorschrift gilt auch unabhängig von der Einschränkung des Anwendungsbereichs der Nachgründung durch das Namensaktiengesetz v. 18.1.2001[3]. Da auf § 52 Abs. 1 AktG nicht verwiesen wird, gelten die darin enthaltenen Einschränkungen bei der Verschmelzung nicht[4].

2. Erfasste Verschmelzungen

2 § 67 UmwG gilt nur für Aktiengesellschaften in der Rolle der **übernehmenden Gesellschaft**. Wie die eigentliche Nachgründung (§ 52 Abs. 1 Satz 1 AktG) unterliegt auch die Verschmelzung nur in den **ersten zwei Jahren seit Eintragung**

---

[1] Begr. RegE zu § 330 AktG bei *Kropff,* AktG, S. 458; *Diekmann* in Semler/Stengel, § 67 UmwG Rz. 1; *Grunewald* in Lutter, § 67 UmwG Rz. 1a; *Simon* in KölnKomm. UmwG, § 67 UmwG Rz. 1.
[2] *Diekmann* in Semler/Stengel, § 67 UmwG Rz. 2; *Simon* in KölnKomm. UmwG, § 67 UmwG Rz. 3.
[3] BGBl. I 2001, S. 123; *Diekmann* in Semler/Stengel, § 67 UmwG Rz. 5.
[4] *Diekmann* in Semler/Stengel, § 67 UmwG Rz. 5; *Hartmann/Barcaba,* AG 2001, 433 (442); *Reichert,* ZGR 2001, 554 (581); *Stratz* in Schmitt/Hörtnagl/Stratz, § 67 UmwG Rz. 1; aA *Grunewald* in Lutter, § 67 UmwG Rz. 3.

der Gesellschaft den besonderen Vorschriften über die Nachgründung. Dies betrifft aber nur die übernehmende Gesellschaft; der Zeitpunkt der Eintragung der übertragenden Rechtsträger ist ohne Bedeutung. Ist die übernehmende AG durch **Formwechsel** aus einer anderen Rechtsform (zB OHG) entstanden, so greift § 67 UmwG ein, wenn die Eintragung als AG nicht länger als zwei Jahre zurückliegt[1]. Dies gilt nach der Ergänzung durch das 2. UmwGÄndG nicht, wenn die übernehmende AG zuvor bereits seit mindestens zwei Jahre als GmbH im Handelsregister eingetragen war (§ 67 Satz 2 Alt. 2 UmwG)[2]. Der Zeitraum der Eintragung ist dabei im Sinne einer Anrechnung zu verstehen[3]. Ist die AG aus einer KGaA entstanden, wird auch die Zeit als KGaA angerechnet, da für diese die gleichen Regeln der Kapitalaufbringung gelten wie bei der AG (vgl. § 278 Abs. 3 AktG)[4]. Entsprechendes gilt, wenn die AG zuvor eine SE war (Art. 10 SE-VO). Bei Verwendung einer **Vorratsgesellschaft** als übernehmender Rechtsträger ist der Zeitpunkt der wirtschaftlichen Neugründung maßgebend[5].

Maßgebender Zeitpunkt für die Wahrung der Zwei-Jahres-Frist ist der **Abschluss des Verschmelzungsvertrages** durch die Vertretungsorgane der beteiligten Rechtsträger. Die Erstellung des Entwurfs des Verschmelzungsvertrages oder die Fassung der Zustimmungsbeschlüsse spielen keine Rolle; entscheidend ist der **Tag der notariellen Beurkundung** des Vertrages (§§ 4, 6 UmwG)[6]. 3

Die **Nachgründungsvorschriften** sind nach § 67 Satz 2 UmwG **nicht anzuwenden**, wenn der Gesamtnennbetrag der zu gewährenden Aktien **10 % des Grundkapitals** der übernehmenden Gesellschaft nicht übersteigt. Bei der Berechnung dieser Quote sind alle Aktien zu berücksichtigen, die den Anteilsinhabern der übertragenden Rechtsträger gewährt werden, unabhängig davon, ob die Aktien bereits im Besitz der Übernehmerin, eines übertragenden Rechtsträgers oder eines Dritten sind oder durch Kapitalerhöhung neu geschaffen werden[7]. Bare Zuzahlungen iS von §§ 5 Abs. 1 Nr. 3, 15 UmwG bleiben unberücksichtigt. Werden gleichzeitig und sachlich zusammenhängend **mehrere Rechtsträger** verschmol- 4

---

1 Vgl. *Grunewald* in Lutter, § 67 UmwG Rz. 5; *Rieger* in Widmann/Mayer, § 67 UmwG Rz. 5; kritisch dazu DAV, NZG 2000, 802 (805).
2 Die Änderung beruht auf einem Vorschlag des *Handelsrechtsausschusses des DAV*, vgl. dessen Stellungnahme in NZG 2000, 803 (805).
3 *Simon* in KölnKomm. UmwG, § 67 UmwG Rz. 9; *Grunewald* in Lutter, § 67 UmwG Rz. 5.
4 *Grunewald* in Lutter, § 67 UmwG Rz. 5; *Rieger* in Widmann/Mayer, § 67 UmwG Rz. 7f.; *Simon* in KölnKomm. UmwG, § 67 UmwG Rz. 8.
5 *Grunewald* in Lutter, § 67 UmwG Rz. 4; *Junker* in Henssler/Strohn, § 67 UmwG Rz. 1.
6 *Diekmann* in Semler/Stengel, § 67 UmwG Rz. 8; *Grunewald* in Lutter, § 67 UmwG Rz. 4; *Habighorst* in Böttcher/Habighorst/Schulte, § 67 UmwG Rz. 4; *Rieger* in Widmann/Mayer, § 67 UmwG Rz. 5; *Simon* in KölnKomm. UmwG, § 67 UmwG Rz. 6; *Stratz* in Schmitt/Hörtnagl/Stratz, § 67 UmwG Rz. 3.
7 *Diekmann* in Semler/Stengel, § 67 UmwG Rz. 11; *Grunewald* in Lutter, § 67 UmwG Rz. 9.

zen, so sind alle Aktien, die den Anteilsinhabern der übertragenden Rechtsträger gewährt werden, zusammenzurechnen[1]. Dies gilt nicht, wenn die mehreren Verschmelzungen als Einzelvorgänge getrennt und zeitlich nacheinander durchgeführt werden, ohne dass darin eine Umgehung liegt[2]. Wird zur Durchführung der Verschmelzung das **Grundkapital erhöht** (§ 69 UmwG), so erfolgt die Berechnung vom erhöhten Grundkapital (§ 67 Satz 3 UmwG). Das Gleiche gilt bei sonstigen Kapitalerhöhungen, auch aus genehmigtem oder bedingtem Kapital, soweit sie wirksam geworden sind. Bei einem bedingten Kapital ist deshalb auch die Ausgabe von Bezugsaktien zu berücksichtigen, da bereits hierdurch und nicht erst durch die spätere Eintragung der ausgegebenen Aktien im Handelsregister das Grundkapital erhöht wird (§§ 200, 201 AktG). Maßgebend ist das Grundkapital im **Zeitpunkt der Eintragung** der Verschmelzung[3].

5 Für die 10 %-Grenze sind **Anteile**, die die Übernehmerin **an einem übertragenden Rechtsträger** hält, **ohne Bedeutung**. Mittelbar verringert sich durch solche Anteile aber das Volumen der zu gewährenden Aktien. Durch entsprechenden Erwerb kann deshalb § 67 UmwG uU vermieden werden. Ein Aufkaufen zu diesem Zweck stellt keine unzulässige Umgehung dar. Dies gilt auch dann, wenn für den Erwerb keine sonstigen Gründe vorliegen[4].

3. Vorschriften der Nachgründung

6 Sinngemäß anwendbar ist § 52 Abs. 3, 4, 6–9 AktG. Dass sich die Verweisung auch auf § 52 Abs. 6 AktG bezieht, ist durch das 2. UmwGÄndG klargestellt worden. Damit steht fest, dass der Verschmelzungsvertrag auch als Vertrag zur Nachgründung in das Handelsregister einzutragen ist[5].

7 Die Anwendung der Vorschriften über die Nachgründung bedeutet im Einzelnen Folgendes: Vor der Beschlussfassung der Hauptversammlung hat der Auf-

---

1 *Grunewald* in Lutter, § 67 UmwG Rz. 9; *Simon* in KölnKomm. UmwG, § 67 UmwG Rz. 15.
2 Vgl. *Diekmann* in Semler/Stengel, § 67 UmwG Rz. 13; *Grunewald* in Lutter, § 67 UmwG Rz. 9; *Habighorst* in Böttcher/Habighorst/Schulte, § 67 UmwG Rz. 6.
3 Vgl. *Diekmann* in Semler/Stengel, § 67 UmwG Rz. 9; *Grunewald* in Lutter, § 67 UmwG Rz. 7; *Rieger* in Widmann/Mayer, § 67 UmwG Rz. 13; *Simon* in KölnKomm. UmwG, § 67 UmwG Rz. 12; *Stratz* in Schmitt/Hörtnagl/Stratz, § 67 UmwG Rz. 5.
4 *Diekmann* in Semler/Stengel, § 67 UmwG Rz. 12; *Habighorst* in Böttcher/Habighorst/Schulte, § 67 UmwG Rz. 7; *Junker* in Henssler/Strohn, § 67 UmwG Rz. 3; *Stratz* in Schmitt/Hörtnagl/Stratz, § 67 UmwG Rz. 7; im Grundsatz auch *Rieger* in Widmann/Mayer, § 67 UmwG Rz. 14; *Simon* in KölnKomm. UmwG, § 67 UmwG Rz. 17; aA *Grunewald* in Lutter, § 67 UmwG Rz. 10, die bei unmittelbarem zeitlichen Zusammenhang mit der Verschmelzung das Vorliegen besonderer Gründe verlangt.
5 *Diekmann* in Semler/Stengel, § 67 UmwG Rz. 24; *Grunewald* in Lutter, § 67 UmwG Rz. 16.

sichtsrat den Verschmelzungsvertrag zu prüfen und darüber einen schriftlichen Bericht (sog. **Nachgründungsbericht**) zu erstatten, wobei dieser den Anforderungen von § 32 Abs. 2 und 3 AktG zu genügen hat (§ 52 Abs. 3 AktG). In dem Bericht kann der Aufsichtsrat auf den Verschmelzungsbericht (§ 8 UmwG) und den Verschmelzungsprüfungsbericht (§ 12 UmwG) Bezug nehmen[1]. Ist ein Zustimmungsbeschluss der übernehmenden Gesellschaft nach § 62 Abs. 1 UmwG ausnahmsweise nicht erforderlich, ist der Bericht entsprechend § 62 Abs. 3 Satz 1 UmwG einen Monat vor der Anteilseignerversammlung der übertragenden Gesellschaft zu erstellen[2]. Eine Auslegung des Berichts zur Unterrichtung der Aktionäre ist nicht vorgeschrieben; der Bericht muss auch nicht erläutert werden[3]. Ebenfalls vor der Beschlussfassung der Aktionäre muss grundsätzlich eine der **Gründungsprüfung** entsprechende Prüfung unter sinngemäßer Berücksichtigung der §§ 33 Abs. 3–5, 34, 35 AktG stattfinden (§ 52 Abs. 4 Satz 1 AktG)[4]. Bei der Bestellung der Nachgründungsprüfer durch das Gericht empfiehlt es sich, dafür die Verschmelzungsprüfer zu bestimmen, da sich diese bereits mit den Vermögensverhältnissen befasst haben[5]. Auch der Bericht über die Nachgründungsprüfung muss nicht ausgelegt werden. Zur Unterrichtung der Aktionäre ist dies aber empfehlenswert[6]. Hat die Hauptversammlung dem **Verschmelzungsvertrag** zugestimmt, so hat der Vorstand diesen zum Register **anzumelden** und dabei die in § 52 Abs. 6 Satz 2 AktG genannten Urkunden einzureichen; dies kann gleichzeitig mit der Anmeldung der Kapitalerhöhung bzw., wenn eine solche nicht erfolgt, mit der Anmeldung der Verschmelzung beim Register der übernehmenden Gesellschaft geschehen. Ist von einer externen Gründungsprüfung gemäß §§ 33a, 52 Abs. 4 Satz 3 AktG abgesehen worden, muss die Anmeldung eine **Werthaltigkeitserklärung** gemäß § 37a Abs. 1 Satz 3 AktG enthalten (§ 52 Abs. 6 Satz 3 AktG).

Das **Gericht** kann die **Eintragung ablehnen**, wenn Bedenken bzgl. der Richtigkeit oder Vollständigkeit des Nachgründungsberichts oder der Angemessenheit der Gegenleistung bestehen (§ 52 Abs. 7 AktG). Der Registerrichter wird die Eintragung des Verschmelzungsvertrages zB ablehnen, wenn er zu der Überzeugung gelangt ist, dass das Umtauschverhältnis für die übernehmende Gesellschaft ungünstig ist. Dabei genügt aber nicht jedes überhöhte Umtauschverhält- 8

---

1 *Diekmann* in Semler/Stengel, § 67 UmwG Rz. 15; *Grunewald* in Lutter, § 67 UmwG Rz. 12; *Rieger* in Widmann/Mayer, § 67 UmwG Rz. 21.
2 *Grunewald* in Lutter, § 67 AktG Rz. 12; abl. *Diekmann* in Semler/Stengel, § 67 UmwG Rz. 14.
3 OLG Jena v. 5.11.2008 – 6 W 288/08, NJW-RR 2009, 182 (183); *Grunewald* in Lutter, § 67 UmwG Rz. 11; eine Auslegung empfehlen *Hartmann/Barcaba*, AG 2001, 437 (443 f.).
4 Dazu näher *Angermayer*, WPg 1995, 681 (683 f.).
5 *Diekmann* in Semler/Stengel, § 67 UmwG Rz. 19; *Grunewald* in Lutter, § 67 UmwG Rz. 14; *Habighorst* in Böttcher/Habighorst/Schulte, § 67 UmwG Rz. 12.
6 Vgl. *Hartmann/Barcaba*, AG 2001, 437 (444 f.); *Habighorst* in Böttcher/Habighorst/Schulte, § 67 UmwG Rz. 11; aA *Diekmann* in Semler/Stengel, § 67 UmwG Rz. 14.

nis; erforderlich ist vielmehr, dass es unangemessen hoch ist[1]. Trägt der Registerrichter ein, so sind in die **Bekanntmachung** der Eintragung auch die Angaben gemäß § 52 Abs. 8 Satz 2 AktG aufzunehmen. Die Eintragung des Verschmelzungsvertrages ist Voraussetzung dafür, dass die Verschmelzung selbst eingetragen wird[2]. Dabei wird nicht der Wortlaut des Vertrages, sondern nur der Vertragsschluss eingetragen[3].

4. Ausnahmen

9   Erfolgt der **Erwerb** der übertragenden Gesellschaft **im Rahmen der laufenden Geschäfte** der übernehmenden Gesellschaft, so gilt § 52 AktG nicht. Dies ergibt sich aus der Verweisung auf § 52 Abs. 9 AktG. Ein solcher Fall kann in Ausnahmefällen vorliegen, wenn etwa der Erwerb von Unternehmen zum üblichen Geschäft gehört. Ausreichend ist auch, wenn der Erwerb der Vermögensgegenstände, die den übertragenden Rechtsträger prägen, zum üblichen Geschäft gehört[4]. Die übrigen Ausnahmen (Erwerb in der Zwangsvollstreckung oder an der Börse) kommen bei einer Verschmelzung nicht in Betracht[5].

5. Sanktionen

10 Ist die **Nachgründungsprüfung** nach § 52 Abs. 4 Satz 1 AktG **unterblieben**, ist der Verschmelzungsbeschluss der übernehmenden Gesellschaft gemäß § 241 Nr. 3 Alt. 2 AktG nichtig[6]. Bei **anderen Verstößen** gegen die Vorschriften der Nachgründung (zB bei Fehlen des Nachgründungsberichts des Aufsichtsrats, § 52 Abs. 3 AktG, oder nicht rechtzeitiger Vorlage des Prüfungsberichts, § 52 Abs. 4 Satz 2 AktG iVm. § 34 Abs. 2 AktG) ist der Verschmelzungsbeschluss

---

1   Vgl. *Rieger* in Widmann/Mayer, § 67 UmwG Rz. 40; *Diekmann* in Semler/Stengel, § 67 UmwG Rz. 24; *Grunewald* in Lutter, § 67 UmwG Rz. 16; *Habighorst* in Böttcher/Habighorst/Schulte, § 67 UmwG Rz. 15.
2   *Diekmann* in Semler/Stengel, § 67 UmwG Rz. 29; *Grunewald* in Lutter, § 67 UmwG Rz. 17; *Rieger* in Widmann/Mayer, § 67 UmwG Rz. 36.
3   *Rieger* in Widmann/Mayer, § 67 UmwG Rz. 44; *Grunewald* in Lutter, § 67 UmwG Rz. 16.
4   *Grunewald* in Lutter, § 67 UmwG Rz. 11.
5   *Grunewald* in Lutter, § 67 UmwG Rz. 11; *Rieger* in Widmann/Mayer, § 67 UmwG Rz. 17; *Simon* in KölnKomm. UmwG, § 67 UmwG Rz. 20.
6   *Diekmann* in Semler/Stengel, § 67 UmwG Rz. 28; *Grunewald* in Lutter, § 67 UmwG Rz. 18; *Stratz* in Schmitt/Hörtnagl/Stratz, § 67 UmwG Rz. 16; aA – nur Anfechtbarkeit – *Rieger* in Widmann/Mayer, § 67 UmwG Rz. 34 und *Simon* in KölnKomm. UmwG, § 67 UmwG Rz. 28.

nur anfechtbar, § 243 Abs. 1 AktG[1]. Wird die Verschmelzung dennoch eingetragen, ist diese trotz der Mängel wirksam (§ 20 Abs. 2 UmwG)[2].

Unterbleibt die **Eintragung des Verschmelzungsvertrages**, so wird dieser, da § 67 UmwG nicht auf § 52 Abs. 1 Satz 1 AktG verweist, nicht unwirksam; auch die Wirksamkeit der Verschmelzungsbeschlüsse wird dadurch nicht berührt. Ohne Voreintragung des Verschmelzungsvertrages unterbleibt aber die Eintragung der Verschmelzung. Wird diese dennoch vorgenommen, so hat der Mangel für die Wirksamkeit der Verschmelzung keine Bedeutung (§ 20 Abs. 2 UmwG). 11

§ 68
Verschmelzung ohne Kapitalerhöhung

(1) Die übernehmende Gesellschaft darf zur Durchführung der Verschmelzung ihr Grundkapital nicht erhöhen, soweit
1. sie Anteile eines übertragenden Rechtsträgers innehat;
2. ein übertragender Rechtsträger eigene Anteile innehat oder
3. ein übertragender Rechtsträger Aktien dieser Gesellschaft besitzt, auf die der Ausgabebetrag nicht voll geleistet ist.

Die übernehmende Gesellschaft braucht ihr Grundkapital nicht zu erhöhen, soweit
1. sie eigene Aktien besitzt oder
2. ein übertragender Rechtsträger Aktien dieser Gesellschaft besitzt, auf die der Ausgabebetrag bereits voll geleistet ist.

Die übernehmende Gesellschaft darf von der Gewährung von Aktien absehen, wenn alle Anteilsinhaber eines übertragenden Rechtsträgers darauf verzichten; die Verzichtserklärungen sind notariell zu beurkunden.

(2) Absatz 1 gilt entsprechend, wenn Inhaber der dort bezeichneten Anteile ein Dritter ist, der im eigenen Namen, jedoch in einem Fall des Absatzes 1 Satz 1 Nr. 1 oder des Absatzes 1 Satz 2 Nr. 1 für Rechnung der übernehmenden Gesellschaft oder in einem der anderen Fälle des Absatzes 1 für Rechnung des übertragenden Rechtsträgers handelt.

(3) Im Verschmelzungsvertrag festgesetzte bare Zuzahlungen dürfen nicht den zehnten Teil des auf die gewährten Aktien der übernehmenden Gesellschaft entfallenden anteiligen Betrags ihres Grundkapitals übersteigen.

---

[1] *Diekmann* in Semler/Stengel, § 67 UmwG Rz. 28; *Grunewald* in Lutter, § 67 UmwG Rz. 18; *Rieger* in Widmann/Mayer, § 67 UmwG Rz. 24; *Stratz* in Schmitt/Hörtnagl/Stratz, § 67 UmwG Rz. 16; *Habighorst* in Böttcher/Habighorst/Schulte, § 67 UmwG Rz. 18.

[2] *Diekmann* in Semler/Stengel, § 67 UmwG Rz. 26; *Grunewald* in Lutter, § 67 UmwG Rz. 18; *Simon* in KölnKomm. UmwG, § 67 UmwG Rz. 27.

§ 68 | Verschmelzung – Beteiligung von AG

1. Überblick 1
2. Kapitalerhöhungsverbot
   (§ 68 Abs. 1 Satz 1 UmwG) 2
   a) Übernehmerin besitzt Anteile
      eines übertragenden Rechtsträ-
      gers (§ 68 Abs. 1 Satz 1 Nr. 1
      UmwG) 3
   b) Übertragender Rechtsträger
      besitzt eigene Anteile (§ 68
      Abs. 1 Satz 1 Nr. 2 UmwG) ... 7
   c) Übertragender Rechtsträger
      besitzt nicht voll eingezahlte
      Aktien der Übernehmerin
      (§ 68 Abs. 1 Satz 1 Nr. 3
      UmwG) 9
   d) Aktien im Besitz eines Dritten . 10
3. Kapitalerhöhung nicht notwendig
   (§ 68 Abs. 1 Satz 2 und Satz 3
   UmwG) 11
   a) Übernehmerin besitzt eigene
      Aktien (§ 68 Abs. 1 Satz 2 Nr. 1
      UmwG) 12
   b) Übertragender Rechtsträger
      besitzt voll eingezahlte Aktien
      der Übernehmerin (§ 68 Abs. 1
      Satz 2 Nr. 2 UmwG) 13
   c) Aktien im Besitz eines Dritten . 14
   d) Verzicht auf Aktiengewährung
      (§ 68 Abs. 1 Satz 3 UmwG) ... 16
4. Folgen eines Verstoßes 19
5. Bare Zuzahlungen (§ 68 Abs. 3
   UmwG) 20

Literatur: Stellungnahme des DAV zur Änderung des UmwG, NZG 2000, 802; *Bungert/ Hentzen*, Kapitalerhöhung zur Durchführung von Verschmelzung oder Abspaltung bei parallelem Rückkauf eigener Aktien durch die übertragende Gesellschaft, DB 1999, 2501; *Geßler*, Die Behandlung eigener Aktien bei der Verschmelzung, FS W. Schilling, 1973, S. 145; *Heckschen*, Verschmelzung von Kapitalgesellschaften, 1989; *Heckschen*, Die Pflicht zur Anteilsgewährung im Umwandlungsrecht, DB 2008, 1363; *Ihrig*, Gläubigerschutz durch Kapitalaufbringung bei Verschmelzung und Spaltung nach neuem Umwandlungsrecht, GmbHR 1995, 622; *Klein/Stephanblome*, Der down-stream merger – aktuelle umwandlungs- und gesellschaftsrechtliche Fragestellungen, ZGR 2007, 351; *Knott*, Gläubigerschutz bei horizontaler und vertikaler Konzernverschmelzung, DB 1996, 2423; *Korte*, Aktienerwerb und Kapitalschutz bei Umwandlungen, WiB 1997, 953; *Kowalski*, Kapitalerhöhung bei horizontaler Verschmelzung, GmbHR 1996, 158; *Krieger*, Der Konzern in Fusion und Umwandlung, ZGR 1990, 517; *Limmer*, Anteilsgewährung und Kapitalschutz bei Verschmelzung und Spaltung nach neuem Umwandlungsrecht, FS Schippel, 1996, S. 415; *Lutter*, Mindestumfang der Kapitalerhöhung bei der Verschmelzung zur Aufnahme oder Neugründung in Aktiengesellschaften?, FS Wiedemann, 2002, S. 1097; *Maier-Reimer*, Vereinfachte Kapitalerhöhung durch Verschmelzung?, GmbHR 2004, 1128; *Mayer/Weiler*, Neuregelungen durch das Zweite Gesetz zur Änderung des Umwandlungsgesetzes, DB 2007, 1235; *Petersen*, Vereinfachte Kapitalherabsetzung durch Verschmelzung?, GmbHR 2004, 728; *Priester*, Anteilsgewährung und sonstige Leistungen bei Verschmelzung und Spaltung, ZIP 2013, 2033; *Priester*, Das neue Verschmelzungsrecht, NJW 1983, 1459; *Priester*, Notwendige Kapitalerhöhung bei Verschmelzung von Schwestergesellschaften?, BB 1985, 363; *Rodewald*, Vereinfachte „Kapitalherabsetzung" durch Verschmelzung von GmbH, GmbHR 1997, 19; *Simon*, Verschmelzung und Spaltung unter Verzicht auf Anteilsgewährung, FS Schaumburg, 2009, S. 1341; *Weiler*, Grenzen des Verzichts auf die Anteilsgewährung im Umwandlungsrecht, NZG 2008, 527; *M. Winter*, Die Anteilsgewährung – Zwingendes Prinzip des Verschmelzungsrechts?, FS Lutter, 2000, S. 1279.

1. Überblick

Die Verschmelzung auf eine AG, KGaA (§ 78 UmwG) oder SE (vgl. § 3 UmwG Rz. 11) erfordert – wie bei der Verschmelzung auf eine GmbH (vgl. dazu § 54 UmwG) – regelmäßig eine Erhöhung des Grundkapitals der Übernehmerin, weil die Gegenleistung für das Vermögen des übertragenden Rechtsträgers in Anteilen am Grundkapital, also Aktien, nicht aber in Barzahlung oder anderen Werten bestehen muss (vgl. § 2 UmwG). Bare Zuzahlungen sind grundsätzlich nur ergänzend zulässig (vgl. § 2 UmwG Rz. 13). Ein rechtsgeschäftlicher Erwerb eigener Aktien ist bei der Verschmelzung nur im Rahmen eines Abfindungsangebots nach § 29 UmwG und – in begrenztem Umfang – auch analog § 71 Abs. 1 Nr. 3 AktG zum Zwecke der Anteilsgewährung zulässig (vgl. § 62 UmwG Rz. 5). Entsprechend dieser restriktiven Grundhaltung des Gesetzgebers soll § 68 UmwG das Entstehen eigener Aktien bei der übernehmenden AG verhindern und den Abbau etwaiger Bestände erleichtern[1]. Die Möglichkeiten einer Kapitalerhöhung werden demgemäß in verschiedener Hinsicht eingeschränkt; eine Pflicht zur Kapitalerhöhung ergibt sich daraus aber nicht[2]. Das 2. UmwGÄndG hat in § 68 Abs. 1 Satz 3 UmwG – und ebenso in § 54 Abs. 1 Satz 3 UmwG – sogar die Möglichkeit eines Verzichts auf die Anteilsgewährung vorgesehen. § 68 Abs. 1 und 2 UmwG gilt nur bei einer Verschmelzung durch Aufnahme; § 68 Abs. 3 UmwG gilt dagegen auch bei einer Verschmelzung durch Neugründung (vgl. § 73 UmwG).

2. Kapitalerhöhungsverbot (§ 68 Abs. 1 Satz 1 UmwG)

§ 68 Abs. 1 Satz 1 UmwG verbietet für bestimmte Fälle des Besitzes eigener Anteile eine Kapitalerhöhung bei der Übernehmerin. Dabei gilt dieses Verbot jeweils nur insoweit, wie eigene Aktien vorhanden sind; für diese dürfen keine neuen Aktien ausgegeben werden. Im Einzelnen sind folgende Fälle zu unterscheiden:

a) Übernehmerin besitzt Anteile eines übertragenden Rechtsträgers (§ 68 Abs. 1 Satz 1 Nr. 1 UmwG)

Eine Kapitalerhöhung zur Durchführung der Verschmelzung ist unzulässig, soweit die übernehmende AG Anteile des übertragenden Rechtsträgers innehat. Anderenfalls wäre die übernehmende Gesellschaft sich selbst gegenüber umtauschberechtigt. Dies ist aber, wie auch § 20 Abs. 1 Nr. 3 Satz 1 Halbsatz 2 Alt. 1 UmwG klarstellt, unerwünscht. Ein Erwerb neuer eigener Aktien stünde

---

1 Vgl. amtl. Begr. zu § 344 AktG, BT-Drucks. 9/1065, S. 18.
2 *Limmer* in FS Schippel, 1996, S. 415 (419f.).

auch in Widerspruch zu § 56 Abs. 1 AktG[1]. Das Kapitalerhöhungsverbot gilt aber nicht, wenn die Übernehmerin nur indirekt, zB als Mitglied einer GbR, Anteile des übertragenden Rechtsträgers hält. Die neuen Anteile werden dann von der GbR erworben[2]. Maßgebender Zeitpunkt für die Inhaberschaft der Anteile ist die Eintragung der Durchführung der Kapitalerhöhung[3].

4 § 68 Abs. 1 Satz 1 Nr. 1 UmwG erfasst nicht nur **Aktien** und **Geschäftsanteile**, wenn der übertragende Rechtsträger AG, SE, KGaA oder GmbH ist, sondern auch zB **Kommanditanteile** und **Gesellschaftsanteile** einer KG, OHG oder Partnerschaftsgesellschaft.

5 Ist die übertragende Gesellschaft eine **100%ige Tochter** der Übernehmerin (upstream merger), ist eine Kapitalerhöhung ausgeschlossen und materiell-rechtlich auch nicht erforderlich[4]. Zu der Konstellation, dass die Muttergesellschaft mindestens 90 % des Kapitals hält, bestehen die Erleichterungen gemäß § 62 UmwG. Zur Verschmelzung von Schwestergesellschaften siehe Rz. 16.

6 Nicht ausgeschlossen ist die Kapitalerhöhung, soweit die **Übernehmerin selbst eigene Aktien besitzt**. Sie ist auch nicht verpflichtet, diese Aktien zur Durchführung der Verschmelzung zu verwenden[5]. Werden die eigenen Aktien nicht für die Verschmelzung verwendet, müssen sie uU aber anderweitig veräußert oder eingezogen werden (§ 71c AktG). Gemäß § 71 Abs. 1 Nr. 8 AktG kann auch eine andere Verwertung (zB Ausgabe als Gegenleistung für einen Beteiligungserwerb) vorgesehen sein.

b) Übertragender Rechtsträger besitzt eigene Anteile (§ 68 Abs. 1 Satz 1 Nr. 2 UmwG)

7 Unzulässig ist aus den gleichen Überlegungen wie bei § 68 Abs. 1 Satz 1 Nr. 1 UmwG (vgl. Rz. 3) eine Kapitalerhöhung, soweit ein übertragender Rechtsträger

---

1 *Diekmann* in Semler/Stengel, § 68 UmwG Rz. 5; *Rieger* in Widmann/Mayer, § 68 UmwG Rz. 9; *Simon* in KölnKomm. UmwG, § 68 UmwG Rz. 17; *Stratz* in Schmitt/Hörtnagl/Stratz, § 68 UmwG Rz. 5.
2 *Diekmann* in Semler/Stengel, § 68 UmwG Rz. 6; *Habighorst* in Böttcher/Habighorst/Schulte, § 68 UmwG Rz. 4.
3 *Diekmann* in Semler/Stengel, § 68 UmwG Rz. 7; *Habighorst* in Böttcher/Habighorst/Schulte, § 68 UmwG Rz. 5.
4 Vgl. zu § 344 AktG BT-Drucks. 9/1065, S. 20; BayObLG v. 5.12.1983 – BReg 3 Z 168/83, WM 1984, 553 (555) = GmbHR 1984, 122; BayObLG v. 17.10.1983 – 3 Z BR 153/83, AG 1984, 22 (23); BayObLG v. 24.5.1989 – 3 Z BR 20/89, WM 1989, 1930 (1931) = AG 1990, 161; *Diekmann* in Semler/Stengel, § 68 UmwG Rz. 5; *Simon* in KölnKomm. UmwG, § 68 UmwG Rz. 17.
5 *Diekmann* in Semler/Stengel, § 68 UmwG Rz. 13; *Limmer* in FS Schippel, 1996, S. 415 (431); *Priester* NJW 1983, 1459 (1464).

eigene Anteile innehat. Dieser Fall kommt nur vor, wenn es sich dabei um eine Kapitalgesellschaft handelt (vgl. § 33 GmbHG, §§ 71 ff. AktG). Auf solche eigenen Anteile werden keine Aktien der Übernehmerin ausgegeben; die eigenen Anteile gehen vielmehr mit dem Wirksamwerden der Verschmelzung ersatzlos unter (vgl. § 20 Abs. 1 Satz 1 Nr. 3 Halbsatz 2 Alt. 2 UmwG)[1]. Erwirbt eine übertragende AG noch nach dem Kapitalerhöhungsbeschluss der übernehmenden AG eigene Aktien, zB im Rahmen eines Aktienrückkaufprogrammes, muss der Kapitalerhöhungsbetrag entsprechend reduziert werden. Zu diesem Zweck kann die Kapitalerhöhung auch von vornherein auf einen Bis-zu-Betrag beschlossen werden, um eine entsprechende Anpassung zu ermöglichen[2].

Nicht geregelt ist der Fall, dass ein von dem übertragenden Rechtsträger **abhängiges oder in seinem Mehrheitsbesitz stehendes Unternehmen** Anteile des übertragenden Rechtsträgers hält. Eine Kapitalerhöhung könnte durch § 56 Abs. 2 AktG ausgeschlossen sein. Eine entsprechende erweiternde Auslegung des § 68 Abs. 1 Satz 1 Nr. 1 UmwG wäre aber nicht sachgerecht, weil dann das abhängige oder in Mehrheitsbesitz stehende Unternehmen keine Gegenleistung für seine Anteile an dem übertragenden Rechtsträger erhielte. Eine Kapitalerhöhung ist daher zulässig. Die dabei neu ausgegebenen Aktien unterliegen aber den Beschränkungen des § 71d AktG[3]. 8

c) Übertragender Rechtsträger besitzt nicht voll eingezahlte Aktien der Übernehmerin (§ 68 Abs. 1 Satz 1 Nr. 3 UmwG)

Besitzt der übertragende Rechtsträger Aktien der übernehmenden Gesellschaft, auf die der Ausgabebetrag nicht voll eingezahlt ist, so ist eine **Kapitalerhöhung insoweit unzulässig** (§ 68 Abs. 1 Satz 1 Nr. 3 UmwG). Solche Aktien, die vor allem bei Versicherungsunternehmen vorkommen (vgl. § 182 Abs. 4 AktG), gehen mit der Verschmelzung auf die Übernehmerin über (vgl. § 71 Abs. 1 Nr. 5, Abs. 2 Satz 3 AktG). Die noch offene Einlagepflicht erlischt dabei nicht etwa durch Konfusion[4]. Die Einlageforderung besteht vielmehr bei der Übernehmerin weiter. Ein Verzicht auf sie ist, auch im Verschmelzungsvertrag, nicht möglich (vgl. § 66 Abs. 1 AktG)[5]. Die Übernehmerin kann die nicht voll eingezahlten 9

---

1 *Diekmann* in Semler/Stengel, § 68 UmwG Rz. 8.
2 Siehe dazu *Bungert/Hentzen*, DB 1999, 2501 (2502); *Diekmann* in Semler/Stengel, § 68 UmwG Rz. 8; *Habighorst* in Böttcher/Habighorst/Schulte, § 68 UmwG Rz. 7; *Junker* in Henssler/Strohn, § 68 UmwG Rz. 8.
3 *Diekmann* in Semler/Stengel, § 68 UmwG Rz. 9; *Habighorst* in Böttcher/Habighorst/Schulte, § 68 UmwG Rz. 6; *Rieger* in Widmann/Mayer, § 68 UmwG Rz. 13.
4 *Diekmann* in Semler/Stengel, § 68 UmwG Rz. 11; aA *Rieger* in Widmann/Mayer, § 68 UmwG Rz. 18 und *Limmer* in FS Schippel, 1996, S. 415 (430).
5 *Grunewald* in Lutter, § 68 UmwG Rz. 3; *Diekmann* in Semler/Stengel, § 68 UmwG Rz. 11; *Habighorst* in Böttcher/Habighorst/Schulte, § 68 UmwG Rz. 9; aA *Heckschen*, S. 59.

Aktien aber für den Umtausch verwenden; eine Verpflichtung dazu besteht allerdings – wie auch sonst – nicht[1]. Werden die nicht voll eingezahlten Aktien nicht für den Umtausch verwendet, können auf diese Aktien nur ebenfalls nicht voll eingezahlte neue Aktien ausgegeben werden. Denn nur so können die Sanktionsmöglichkeiten der §§ 63 ff. AktG erhalten werden[2].

d) Aktien im Besitz eines Dritten

10 Durch § 68 Abs. 2 UmwG ist in den Fällen des § 68 Abs. 1 UmwG dem Anteilsbesitz eines beteiligten Rechtsträgers der Besitz eines Dritten, der zwar im eigenen Namen, aber **für Rechnung der übernehmenden Gesellschaft** oder **eines übertragenden Rechtsträgers** handelt, gleichgestellt. Dies entspricht der Regelung in §§ 56 Abs. 3, 71d Satz 1 AktG. Die Fälle des § 71d Satz 2 AktG (Aktienbesitz bei einem von der übernehmenden AG abhängigen oder in deren Mehrheitsbesitz stehenden Unternehmen) sind dagegen nicht erfasst. Insoweit besteht aus § 68 UmwG kein Kapitalerhöhungsverbot[3]. Siehe dazu auch Rz. 15.

3. Kapitalerhöhung nicht notwendig (§ 68 Abs. 1 Satz 2 und Satz 3 UmwG)

11 § 68 Abs. 1 Sätze 2 und 3 UmwG regeln die Fälle, in denen bei der Übernehmerin eine Kapitalerhöhung zur Durchführung der Verschmelzung zwar möglich, aber nicht notwendig ist. Eine Kapitalerhöhung kann in diesen Fällen **wahlweise** ganz oder teilweise durchgeführt werden oder unterbleiben. Im Einzelnen geht es um folgende Sachverhalte:

a) Übernehmerin besitzt eigene Aktien (§ 68 Abs. 1 Satz 2 Nr. 1 UmwG)

12 Besitzt die Übernehmerin eigene Aktien, kann sie diese grundsätzlich für den Umtausch an die Anteilsinhaber des übertragenden Rechtsträgers verwenden. Eine Kapitalerhöhung ist dann insoweit entbehrlich. Abweichendes kann sich uU aus dem Verschmelzungsvertrag ergeben, zB wenn den Anteilsinhabern eine andere Aktiengattung als die vorhandene (zB stimmrechtslose Vorzugsaktien an

---

1 *Diekmann* in Semler/Stengel, § 68 UmwG Rz. 10; *Habighorst* in Böttcher/Habighorst/Schulte, § 68 UmwG Rz. 8; *Korte*, WiB 1997, 953 (961 f.); aA *Grunewald* in Lutter, § 68 UmwG Rz. 3; *Rieger* in Widmann/Mayer, § 68 UmwG Rz. 19.2; *Stratz* in Schmitt/Hörtnagl/Stratz, § 68 UmwG Rz. 8.
2 *Diekmann* in Semler/Stengel, § 68 UmwG Rz. 10; *Habighorst* in Böttcher/Habighorst/Schulte, § 68 UmwG Rz. 8; aA RG JW 1933, 1012 (1014).
3 *Diekmann* in Semler/Stengel, § 68 UmwG Rz. 17; *Grunewald* in Lutter, § 20 UmwG Rz. 67; *Rieger* in Widmann/Mayer, § 68 UmwG Rz. 20; *Stratz* in Schmitt/Hörtnagl/Stratz, § 68 UmwG Rz. 14.

Stelle von Stammaktien) zur Verfügung gestellt werden soll. In diesem Fall müssen die benötigten Aktien durch Kapitalerhöhung neu geschaffen werden[1]. Auch wenn die vorhandenen Aktien für den Umtausch geeignet sind, ist die Übernehmerin frei, ob sie diese dafür einsetzen oder behalten will[2].

b) Übertragender Rechtsträger besitzt voll eingezahlte Aktien der Übernehmerin (§ 68 Abs. 1 Satz 2 Nr. 2 UmwG)

Eine Kapitalerhöhung ist auch dann nicht erforderlich, wenn und soweit ein übertragender Rechtsträger voll eingezahlte Aktien der Übernehmerin innehat. Mit dem Wirksamwerden der Verschmelzung gehen diese Aktien auf die Übernehmerin über (§ 20 Abs. 1 Nr. 1 UmwG iVm. § 71 Abs. 1 Nr. 5 AktG). Die übernehmende Gesellschaft kann die so erworbenen eigenen Aktien als Gegenleistung für die Anteilsinhaber des übertragenden Rechtsträgers verwenden; dies wird idR zweckmäßig sein, eine Verpflichtung dazu besteht nach dem Gesetzeswortlaut aber nicht. Die übernehmende Gesellschaft ist vielmehr in der Entscheidung frei[3]. Für die Bewertung des Vermögens des übertragenden Rechtsträgers als Sacheinlage bleiben diese Aktien allerdings außer Betracht[4]. Werden die Aktien nicht zum Umtausch verwendet, muss die Übernehmerin sie als eigene Anteile gemäß § 272 Abs. 1a HGB bilanzieren. Aktien, die 10 % des Grundkapitals übersteigen, müssen gemäß § 71c Abs. 2 AktG veräußert werden. Werden die auf den übernehmenden Rechtsträger übergehenden eigenen Aktien als Gegenleistung verwendet, so gehen diese **ohne Zwischenerwerb** des übernehmenden Rechtsträgers unmittelbar auf die Anteilsinhaber des übernehmenden Rechtsträgers über (siehe § 20 UmwG Rz. 29)[5]. 13

c) Aktien im Besitz eines Dritten

Nach § 68 Abs. 2 UmwG ist eine Kapitalerhöhung auch dann entbehrlich, wenn der Anteilsbesitz in den Fällen des § 68 Abs. 1 Satz 2 UmwG von einem **Dritten** in eigenem Namen, aber **für Rechnung der Übernehmerin** oder **eines übertragenden Rechtsträgers** gehalten wird. Der Dritte kann die Aktien für den Umtausch zur Verfügung stellen. Dies sollte zur Absicherung der Umtauschverpflichtung schon vor dem Wirksamwerden der Verschmelzung geschehen, zu- 14

---

1 *Diekmann* in Semler/Stengel, § 68 UmwG Rz. 13; *Habighorst* in Böttcher/Habighorst/Schulte, § 68 UmwG Rz. 10.
2 *Diekmann* in Semler/Stengel, § 68 UmwG Rz. 13; *Limmer* in FS Schippel, 1996, S. 415 (431); *Stratz* in Schmitt/Hörtnagl/Stratz, § 68 UmwG Rz. 10.
3 *Diekmann* in Semler/Stengel, § 68 UmwG Rz. 14; *Simon* in KölnKomm. UmwG, § 68 UmwG Rz. 30; *Stratz* in Schmitt/Hörtnagl/Stratz, § 68 UmwG Rz. 11; *Lutter/Drygala* in KölnKomm. AktG, 3. Aufl. 2011, § 71 AktG Rz. 229.
4 Vgl. BGH v. 20.9.2011 – II ZR 234/09, AG 2011, 876 = NZG 2011, 1271 (Ision).
5 *Simon* in KölnKomm. UmwG, § 68 UmwG Rz. 32.

mal die Anteilsinhaber der übertragenden Rechtsträger nur dann kraft Gesetzes (vgl. § 20 Abs. 1 Nr. 3 UmwG) Aktionäre der Übernehmerin werden können. Die Übertragung an die Übernehmerin muss dabei idR unentgeltlich erfolgen (vgl. § 71 Abs. 1 Nr. 4 AktG)[1]. Für die – statt dessen ebenfalls mögliche – Überlassung der Aktien an einen übertragenden Rechtsträger gilt dies allerdings nur, wenn bei diesem die Voraussetzungen des § 71d AktG vorliegen.

15 Von § 68 Abs. 2 UmwG nicht erfasst sind die Fälle, dass ein abhängiges oder im Mehrheitsbesitz stehendes Unternehmen Anteile an einem übertragenden Rechtsträger hält[2]. Diese Abweichung von § 71d Satz 2 AktG spricht dafür, dass auch der **Tochtergesellschaft** Aktien im Wege der Kapitalerhöhung gewährt werden können; andernfalls würden die Anteile an dem übertragenden Rechtsträger ohne Ausgleich untergehen, was vor allem bei Beteiligung Außenstehender an der Tochtergesellschaft nicht sachgerecht wäre[3]; siehe dazu auch § 20 UmwG Rz. 30. Dies gilt aber auch dann, wenn es sich um eine 100%ige Tochtergesellschaft handelt[4]. Soweit infolge des Umtauschs die 10 %-Grenze der §§ 71 Abs. 2, 71d Satz 2 AktG überschritten wird, sind die Aktien zu veräußern oder einzuziehen (vgl. § 71c AktG).

d) Verzicht auf Aktiengewährung (§ 68 Abs. 1 Satz 3 UmwG)

16 Nach dem durch das 2. UmwGÄndG eingefügten § 68 Abs. 1 Satz 3 UmwG darf die übernehmende Gesellschaft von der Gewährung von Aktien absehen, wenn **alle Anteilsinhaber** eines übertragenden Rechtsträgers darauf **verzichten**. Damit ist – konstitutiv[5] oder klarstellend[6] – der frühere Streit um die Zulässigkeit eines Verzichts auf die Anteilsgewährung geklärt. Praktische Bedeutung hat die Regelung vor allem bei der Verschmelzung von **Schwestergesellschaften**, dh. Gesellschaften mit identischem Gesellschafterkreis und Beteiligungsquoten, insbesondere einer gemeinsamen Obergesellschaft, die jeweils 100 % der Anteile hält. Die Möglichkeit eines Verzichts auf die Aktiengewährung entspricht der Regelung beim Verschmelzungsbericht und der Verschmelzungsprüfung (§§ 8 Abs. 3, 9 Abs. 3 UmwG). Da Art. 19 Abs. 2 der **Verschmelzungsrichtlinie** die Möglichkeit eines Verzichts auf die Anteilsgewährung nicht vorsieht, sind europarechtliche

---

1 *Diekmann* in Semler/Stengel, § 68 UmwG Rz. 16; *Stratz* in Schmitt/Hörtnagl/Stratz, § 68 UmwG Rz. 12.
2 *Diekmann* in Semler/Stengel, § 68 UmwG Rz. 17; *Grunewald* in Lutter, § 20 UmwG Rz. 67; *Rieger* in Widmann/Mayer, § 68 UmwG Rz. 20; *Simon* in KölnKomm. UmwG, § 68 UmwG Rz. 59; *M. Winter/J. Vetter* in Lutter, § 54 UmwG Rz. 110.
3 Vgl. *Korte*, WiB 1997, 953 (963 f.); *Rieger* in Widmann/Mayer, § 68 UmwG Rz. 20; *M. Winter/J. Vetter* in Lutter, § 54 UmwG Rz. 111.
4 *Grunewald* in Lutter, § 20 UmwG Rz. 67; *M. Winter/J. Vetter* in Lutter, § 54 UmwG Rz. 113.
5 So *Simon* in FS Schaumburg, 2009, S. 1341 (1345).
6 So *Reichert* in Semler/Stengel, § 54 UmwG Rz. 2 und Rz. 19.

Bedenken gegen die Regelung erhoben worden[1]. Diese Bedenken sind indessen nicht begründet. Da eine Kapitalerhöhung auch ganz geringfügig ausfallen kann, werden die Gläubigerinteressen durch einen Verzicht nicht wesentlich berührt. Im Übrigen ist davon auszugehen, dass die Richtlinie niemanden, der ausdrücklich verzichtet, zur Entgegennahme von Anteilen zwingt[2]. Die Regelung lässt nicht nur den gemeinsamen Verzicht aller Anteilsinhaber zu. Sie erlaubt sinngemäß auch, dass **einzelne Anteilsinhaber** für sich auf die Aktiengewährung verzichten. Einem solchen Teilverzicht müssen nur die Anteilsinhaber zustimmen, die keine Aktien haben wollen. Eine Zustimmung auch der anderen ist dagegen nicht notwendig, da diese durch den Verzicht keine Nachteile erleiden. Der Wortlaut des Gesetzes ist in diesem Sinne einschränkend zu verstehen[3]. Sind die Anteile mit **Rechten Dritter** belastet (§ 20 Abs. 1 Nr. 3 Satz 2 UmwG), ist idR deren Zustimmung zu dem Verzicht erforderlich, da die belasteten Anteile im Zuge der Verschmelzung ohne Surrogat untergehen (siehe auch § 54 UmwG Rz. 15)[4]. Die Möglichkeit des Verzichts besteht auch dann, wenn die übergehenden **Anteile nicht voll eingezahlt** sind. Die restliche Einlageforderung geht auch ohne Anteilsgewährung auf den übernehmenden Rechtsträger über[5]. Die Verzichtserklärungen sind **notariell zu beurkunden** (§ 68 Abs. 1 Satz 3 Halbsatz 2 UmwG). Dazu sollten vorsorglich individuelle Erklärungen abgegeben werden. Die bloße Zustimmung zu einem Verschmelzungsvertrag, der keine Kapitalerhöhung vorsieht, genügt idR nicht[6]. Die Verzichtserklärungen sind der **Anmeldung** beizufügen (§ 17 Abs. 1 UmwG). Etwa erforderliche **Zustimmungserklärungen Dritter** sind gleichfalls notariell zu beurkunden und ebenfalls der Anmeldung beizufügen[7].

Auch wenn einzelne Anteilsinhaber auf eine Anteilsgewährung verzichten, kann für die anderen Anteilsinhaber der übernehmenden Gesellschaft gleichwohl eine Kapitalerhöhung vorgesehen werden. Dies ist dann im Verschmelzungsvertrag (§ 5 Abs. 1 Nr. 3–5 UmwG) zu regeln, dem die Anteilsinhaberversammlungen der beteiligten Gesellschaften zustimmen müssen. Dabei können einzelne Anteilsinhaber auf die Anteilsgewährung auch nur **teilweise verzichten**. Einen finanziellen Ausgleich dafür können sie aber nicht als bare Zuzahlung von der

17

---

1 *Mayer/Weiler*, DB 2007, 1235 (1239); *Weiler*, NZG 2008, 527 (528).
2 *Grunewald* in Lutter, § 68 UmwG Rz. 5 und § 20 UmwG Rz. 69; *Heckschen*, DB 2008, 1363 (1365).
3 *Grunewald* in Lutter, § 20 UmwG Rz. 69; *Simon* in KölnKomm. UmwG, § 68 UmwG Rz. 45; *Simon* in FS Schaumburg, 2009, S. 1341 (1347 f.); aA *Heckschen*, DB 2008, 1363 (1366 f.).
4 *Simon* in KölnKomm. UmwG, § 68 UmwG Rz. 44; *Simon* in FS Schaumburg, 2009, S. 1341 (1346).
5 *Grunewald* in Lutter, § 20 UmwG Rz. 69.
6 *M. Winter/J. Vetter* in Lutter, § 54 UmwG Rz. 88; aA *Simon* in FS Schaumburg, 2009, S. 1341 (1350 f.).
7 *Simon* in KölnKomm. UmwG, § 68 UmwG Rz. 54; *Simon* in FS Schaumburg, 2009, S. 1341 (1351).

Gesellschaft, sondern allenfalls von den dadurch begünstigten Anteilsinhabern erhalten. Wird auf die Anteilsgewährung verzichtet, kann eine Muttergesellschaft auch auf eine Tochter-GmbH in Gestalt einer **Unternehmergesellschaft (haftungsbeschränkt)** verschmolzen werden. Da keine Kapitalerhöhung durchgeführt wird, greift das Verbot der Sacheinlage (§ 5a Abs. 2 Satz 2 GmbHG) nicht ein (zu der dabei eintretenden Entsperrung von gebundenem Kapital siehe § 22 UmwG Rz. 12)[1]. Erfolgt kein Verzicht auf Anteilsgewährung, so muss die **Höhe** einer etwaigen **Kapitalerhöhung** der übernehmenden Gesellschaft entgegen einer früher vertretenen Auffassung[2] nicht dem Nennkapital der übertragenden Gesellschaft entsprechen. Eine solche Erhöhung wäre mit den Grundsätzen zur Bestimmung des Umtauschverhältnisses nicht vereinbar. Selbst die frühere Rechtsprechung, die noch von einer Anteilsgewährungspflicht ausgegangen ist, hat sich mit einer Kapitalerhöhung in beliebiger Höhe begnügt[3]. Die Höhe der Kapitalerhöhung kann somit nach freiem Ermessen festgelegt werden. Der Gläubigerschutz wird durch die §§ 22, 23, 25, 26 UmwG gewährleistet.

18 Ist die übertragende Gesellschaft **überschuldet** und wird deshalb bei der übernehmenden Gesellschaft von einer Kapitalerhöhung abgesehen, stellt sich die Frage, wie die (Minderheits-)Gesellschafter der übernehmenden Gesellschaft gegen diese Verwässerung ihrer Beteiligung geschützt sind. Umwandlungsrechtlich ist eine solche Verschmelzung zulässig. Allerdings kann der Verschmelzungsbeschluss der übernehmenden Gesellschaft wegen **Verstoß gegen die gesellschaftsrechtliche Treuepflicht** oder wegen der Verfolgung von unzulässigen **Sondervorteilen** anfechtbar sein (siehe § 3 UmwG Rz. 22)[4].

4. Folgen eines Verstoßes

19 Ein Verstoß gegen § 68 Abs. 1 oder 2 UmwG macht den Kapitalerhöhungsbeschluss **anfechtbar**, nicht aber nichtig[5]. Nichtig ist jedoch die gesetzwidrige

---

1 *Heinemann*, NZG 2008, 820 (822).
2 So zur früheren Rechtslage *Petersen*, GmbHR 2004, 728 ff.
3 Vgl. OLG Hamm v. 20.4.1988 – 15 W 84/87, WM 1988, 1125 f. = GmbHR 1988, 395; BayObLG v. 24.5.1989 – 3 Z BR 20/89, WM 1989, 1930 (1933 f.) = AG 1990, 161; zust. *Kowalski*, GmbHR 1996, 158 (159 ff.).
4 *Weiler*, NZG 2008, 527 (530 ff.); *Simon* in KölnKomm. UmwG, § 68 UmwG Rz. 48 f.; zur Erlangung eines Sondervorteils siehe auch OLG Frankfurt v. 20.3.2012 – 5 AktG 4/11, AG 2012, 414 (416 f.).
5 *Diekmann* in Semler/Stengel, § 68 UmwG Rz. 26; *Habighorst* in Böttcher/Habighorst/Schulte, § 68 UmwG Rz. 22; *Junker* in Henssler/Strohn, § 68 UmwG Rz. 13; *Rieger* in Widmann/Mayer, § 68 UmwG Rz. 54; vgl. auch RGZ 124, 279 (305 f.); aA *Grunewald* in Lutter, § 68 UmwG Rz. 5; *Reichert* in Semler/Stengel, § 54 UmwG Rz. 46; *Stratz* in Schmitt/Hörtnagl/Stratz, § 54 UmwG Rz. 27; *Mayer* in Widmann/Mayer, § 54 UmwG Rz. 71; die Nichtigkeit gemäß § 241 Nr. 3 AktG annehmen.

Bestimmung im Verschmelzungsvertrag und damit im Zweifel der gesamte Vertrag[1]. Der Registerrichter muss die Eintragung ablehnen. Trägt er die Verschmelzung dennoch ein, sind damit auch die neuen Aktien wirksam entstanden (§ 20 Abs. 2 UmwG; siehe dazu auch § 20 UmwG Rz. 42).

5. Bare Zuzahlungen (§ 68 Abs. 3 UmwG)

Barzahlungen darf die übernehmende Gesellschaft grundsätzlich nicht leisten, weil das dem Wesen der Verschmelzung widerspricht, vgl. §§ 2, 5 Abs. 1 Nr. 2 und 3 UmwG. Ganz zu vermeiden sind Barzahlungen jedoch nicht, weil sich bei dem Umtausch der Anteile Spitzenbeträge ergeben können, die sich nicht in Aktien ausgleichen lassen. Deshalb lässt § 68 Abs. 3 UmwG bare Zuzahlungen, dagegen keine anderweitige Vergütung zu. Die Barzahlungen sind nicht auf Spitzenbeträge beschränkt; allerdings sind sie nur zulässig, wenn auch ein Umtausch von Anteilen stattfindet, nicht also, wenn gar keine neuen Aktien ausgegeben werden[2] (vgl. auch Rz. 22). Der Gesamtbetrag der baren Zuzahlungen darf **10 % des Gesamtnennbetrages** (nicht des Wertes) der von der übernehmenden Gesellschaft gewährten Aktien nicht übersteigen. Dabei sind alle gewährten Aktien zu berücksichtigen, unabhängig davon, ob sie aus einer Kapitalerhöhung nach § 69 UmwG oder einem schon vorhandenen Aktienbestand stammen[3]. Aus der Überschrift der Vorschrift – Verschmelzung ohne Kapitalerhöhung – ergibt sich insoweit keine Einschränkung. § 68 Abs. 3 UmwG gilt auch bei einer Verschmelzung mit Kapitalerhöhung sowie – trotz seiner Stellung im Gesetz – auch bei einer Verschmelzung durch Neugründung einer AG[4]. Die baren Zuzahlungen dürfen nicht zu einer **versteckten Unterpariemission** führen, § 9 Abs. 1 AktG[5]. Der Gesamtnennwert der neuen Aktien und die baren Zuzahlungen müssen deshalb durch den Wert des Vermögens des übertragenden Rechtsträgers gedeckt sein[6]. Die baren Zuzahlungen müssen außerdem im Verschmelzungsvertrag festgesetzt werden (vgl. auch § 5 Abs. 1 Nr. 3 UmwG). Gewährt der übernehmende Rechtsträger den Anteilsinhabern des übertragenden Rechts-

20

---

1 *Simon* in KölnKomm. UmwG, § 68 UmwG Rz. 73; *Habighorst* in Böttcher/Habighorst/Schulte, § 68 UmwG Rz. 22.
2 So insbes. *Rieger* in Widmann/Mayer, § 68 UmwG Rz. 39.
3 *Diekmann* in Semler/Stengel, § 68 UmwG Rz. 23; *Grunewald* in G/H/E/K, 1994, § 344 AktG Rz. 17; *Simon* in KölnKomm. UmwG, § 68 UmwG Rz. 64; *Rieger* in Widmann/Mayer, § 68 UmwG Rz. 43.
4 Vgl. *Reichert* in Semler/Stengel, § 54 UmwG Rz. 41 und *M. Winter/J. Vetter* in Lutter, § 54 UmwG Rz. 125 f.
5 *Diekmann* in Semler/Stengel, § 68 UmwG Rz. 24; *Rieger* in Widmann/Mayer, § 68 UmwG Rz. 47.
6 Vgl. *Diekmann* in Semler/Stengel, § 68 UmwG Rz. 24; *Grunewald* in Lutter, § 69 UmwG Rz. 12; *Reichert* in Semler/Stengel, § 55 UmwG Rz. 8; *M. Winter/J. Vetter* in Lutter, § 54 UmwG Rz. 131.

trägers in Höhe des Wertes, den das Vermögen des übertragenden Rechtsträgers den Nennbetrag der gewährten Anteile übersteigt, ein **Darlehen**, so ist dies eine selbständige Gegenleistung und kein Agio, das gemäß § 272 Abs. 2 Nr. 1 HGB in die Kapitalrücklage einzustellen wäre[1]. Für eine solche Gestaltung gelten allerdings die Beschränkungen des § 68 Abs. 3 UmwG (siehe dazu auch § 54 UmwG Rz. 30)[2].

21 Die Begrenzung nach § 68 Abs. 3 UmwG gilt nicht für solche Zuzahlungen, die – ggf. zusätzlich zu den im Verschmelzungsvertrag festgesetzten Zahlungen – in einem **Spruchverfahren nach dem SpruchG** festgelegt werden (§ 15 Abs. 1 Halbsatz 2 UmwG)[3]. Ebenso nicht erfasst sind Barabfindungsangebote nach § 29 UmwG[4]. Keine Zuzahlung iS von § 68 Abs. 3 UmwG liegt auch vor, wenn die übernehmende Gesellschaft eine Gleichbehandlung aller übrigen Aktionäre für den Fall zusagt, dass sie einem Aktionär eine weitere Zuzahlung gewährt. Solche **freiwilligen Zuzahlungen** sollten vorsorglich ebenfalls in den Verschmelzungsvertrag aufgenommen werden (vgl. § 5 Abs. 1 Nr. 3 UmwG). Ihr Betrag kann analog § 15 Abs. 1 Halbsatz 2 UmwG – ggf. zusammen mit den im Verschmelzungsvertrag festgesetzten Zuzahlungen – die 10 %-Grenze nach § 68 Abs. 3 UmwG übersteigen. Da zu dieser Frage noch keine gesicherte Rechtsauffassung besteht, wird eine entsprechende Zusage im Verschmelzungsvertrag vielfach vorsorglich unter dem Vorbehalt der rechtlichen Zulässigkeit erteilt[5].

22 Eine Verpflichtung, jedem Aktionär mindestens eine Aktie zu gewähren, besteht nicht; Anteilsinhaber mit geringfügiger Beteiligung können daher uU **nur eine Barzahlung** erhalten[6]. Zur Vermeidung dieses Falles können bei einer übernehmenden AG/SE/KGaA uU aber Aktien mit dem anteiligen Mindestbetrag von einem Euro ausgegeben werden (vgl. § 5 UmwG Rz. 8 f.)[7]. Unabhängig davon kann **vereinbart** werden, dass einzelne Anteilsinhaber gegen Barausgleich ausscheiden. Der Zweck des § 68 Abs. 3 UmwG verlangt nur, dass überhaupt Anteile gewährt werden, es sich also in Bezug auf die Gegenleistung insgesamt um eine Zuzahlung handelt (siehe auch Rz. 20)[8].

---

1 Vgl. OLG München v. 15.11.2011 – 31 Wx 482/11, NZG 2012, 229 (230) = AG 2012, 134 zur Ausgliederung unter Hinweis auf die gemischte Sacheinlage; aA *Mayer* in Widmann/Mayer, § 5 UmwG Rz. 67, 79 und § 54 UmwG Rz. 64.
2 *Simon* in KölnKomm. UmwG, § 68 UmwG Rz. 65; *Priester*, ZIP 2013, 2033 (2035).
3 *Diekmann* in Semler/Stengel, § 68 UmwG Rz. 21.
4 *Priester*, ZIP 2013, 2033 (2035).
5 Vgl. *Hoffmann-Becking* in MünchVertragsHdb., Form. XI.1 Anm. 12; *Hoffmann-Becking*, ZGR 1990, 482 (499 f.); *Diekmann* in Semler/Stengel, § 68 UmwG Rz. 21.
6 *Diekmann* in Semler/Stengel, § 68 UmwG Rz. 22; *Habighorst* in Böttcher/Habighorst/Schulte, § 68 UmwG Rz. 19; für die generelle Zulassung einer reinen Barabfindung *Priester*, ZIP 2013, 2033 (2036).
7 Dazu *M. Winter* in FS Lutter, 2000, S. 1285 ff.
8 *Simon* in KölnKomm. UmwG, § 68 UmwG Rz. 67.

Bei Verstoß gegen § 68 Abs. 3 UmwG ist die entsprechende Regelung im Verschmelzungsvertrag und damit im Zweifel (§ 139 BGB) der gesamte Vertrag nichtig[1]. Die gleichwohl gefassten **Verschmelzungsbeschlüsse** (§ 13 UmwG) sind **anfechtbar**; die Verschmelzung darf vorbehaltlich eines Unbedenklichkeitsbeschlusses nach § 16 Abs. 3 UmwG nicht eingetragen werden. Geschieht dies dennoch, gilt § 20 Abs. 2 UmwG; damit wird nicht nur die Verschmelzung, sondern auch der Anspruch auf bare Zuzahlung wirksam[2].

23

§ 69
Verschmelzung mit Kapitalerhöhung

(1) Erhöht die übernehmende Gesellschaft zur Durchführung der Verschmelzung ihr Grundkapital, so sind § 182 Abs. 4, § 184 Abs. 1 Satz 2, §§ 185, 186, 187 Abs. 1, § 188 Abs. 2 und 3 Nr. 1 des Aktiengesetzes nicht anzuwenden; eine Prüfung der Sacheinlage nach § 183 Abs. 3 des Aktiengesetzes findet nur statt, soweit übertragende Rechtsträger die Rechtsform einer Personenhandelsgesellschaft, einer Partnerschaftsgesellschaft oder eines rechtsfähigen Vereins haben, wenn Vermögensgegenstände in der Schlussbilanz eines übertragenden Rechtsträgers höher bewertet worden sind als in dessen letzter Jahresbilanz, wenn die in einer Schlussbilanz angesetzten Werte nicht als Anschaffungskosten in den Jahresbilanzen der übernehmenden Gesellschaft angesetzt werden oder wenn das Gericht Zweifel hat, ob der Wert der Sacheinlage den geringsten Ausgabebetrag der dafür zu gewährenden Aktien erreicht. Dies gilt auch dann, wenn das Grundkapital durch Ausgabe neuer Aktien auf Grund der Ermächtigung nach § 202 des Aktiengesetzes erhöht wird. In diesem Fall ist außerdem § 203 Abs. 3 des Aktiengesetzes nicht anzuwenden. Zum Prüfer kann der Verschmelzungsprüfer bestellt werden.

(2) Der Anmeldung der Kapitalerhöhung zum Register sind außer den in § 188 Abs. 3 Nr. 2 und 3 des Aktiengesetzes bezeichneten Schriftstücken der Verschmelzungsvertrag und die Niederschriften der Verschmelzungsbeschlüsse in Ausfertigung oder öffentlich beglaubigter Abschrift beizufügen.

1. Zweck der Kapitalerhöhung	1	4. Anwendbare Vorschriften	17
2. Zeitpunkt der Kapitalerhöhung	3	5. Anmeldung und Wirksamkeit der Kapitalerhöhung	19
3. Nicht anwendbare Vorschriften	4		

---

1 *Diekmann* in Semler/Stengel, § 68 UmwG Rz. 28; *Simon* in KölnKomm. UmwG, § 68 UmwG Rz. 73; *Stratz* in Schmitt/Hörtnagl/Stratz, § 68 UmwG Rz. 17.
2 *Diekmann* in Semler/Stengel, § 68 UmwG Rz. 28; *Simon* in KölnKomm. UmwG, § 68 UmwG Rz. 74.

§ 69 | Verschmelzung – Beteiligung von AG

Literatur: *Bayer,* Verschmelzung und Minderheitenschutz, WM 1989, 121; *Bonke,* Mängel der Verschmelzung von Aktiengesellschaften nach dem AktG vom 6. Sept. 1965, 1970; *Henze,* Die „zweistufige" Konzernverschmelzung, AG 1993, 341; *Hirte,* Bezugsrechtsausschluss und Konzernbildung, 1986; *Ihrig,* Gläubigerschutz durch Kapitalaufbringung bei Verschmelzung und Spaltung nach neuem Umwandlungsrecht, GmbHR 1995, 622; *Kallmeyer,* Differenzhaftung bei Verschmelzung mit Kapitalerhöhung und Verschmelzung im Wege der Neugründung, GmbHR 2007, 1121; *Lutter,* Mindestumfang der Kapitalerhöhung bei der Verschmelzung zur Aufnahme oder Neugründung in Aktiengesellschaften?, FS Wiedemann, 2003, S. 1097; *W. Müller,* Zum Entwurf eines Gesetzes zur Durchführung der zweiten Richtlinie des Rates der Europäischen Gemeinschaften zur Koordinierung des Gesellschaftsrechts (Kapitalschutzrichtlinie), WPg 1978, 565; *Neye,* Die Änderungen im Umwandlungsrecht nach den handels- und gesellschaftsrechtlichen Reformgesetzen in der 13. Legislaturperiode, DB 1998, 1649; *Priester,* Differenzhaftung bei der Verschmelzung, FS K. Schmidt, 2009, S. 1287; *Sandberger,* Differenzhaftung, Unterbilanzhaftung und Gründerhaftung bei Umwandlungsvorgängen, FS Westermann, 2006, S. 1401; *Simon/Merkelbach,* Das Dritte Gesetz zur Änderung des UmwG, DB 2011, 1317; *Wagner,* Der Regierungsentwurf für ein Drittes Gesetz zur Änderung des Umwandlungsgesetzes, DStR 2010, 1629.

1. Zweck der Kapitalerhöhung

1 Die Vorschrift findet auf alle Fälle Anwendung, in denen die übernehmende AG (KGaA, § 78 UmwG; oder SE, Art. 10 SE-VO) ihr **Grundkapital zur Durchführung der Verschmelzung erhöht**, sei es durch gewöhnliche Kapitalerhöhung (§§ 182 ff. AktG), durch eine bedingte Kapitalerhöhung (die die Verschmelzung vorbereiten soll, vgl. § 192 Abs. 2 Nr. 2 AktG) oder durch Ausnutzung eines genehmigten Kapitals (§§ 202 ff. AktG)[1]. Die Verwendung der neuen Aktien ergibt sich dabei jeweils aus dem Erhöhungszweck; sie dient allein der Ausgabe von Aktien an die Anteilsinhaber der übertragenden Rechtsträger und hat den diesbezüglichen Festlegungen im Verschmelzungsvertrag zu entsprechen. Im Hinblick hierauf wird die Kapitalerhöhung teilweise erleichtert.

2 Dient die Kapitalerhöhung **anderen Zwecken** als der Verschmelzung, ist § 69 UmwG nicht anwendbar; es gelten dann vielmehr die allgemeinen Vorschriften[2]. Soll die Kapitalerhöhung nur teilweise anderen Zwecken dienen, gelten, sofern der Beschluss teilbar ist, die allgemeinen Vorschriften für den Teil, der nicht zur Durchführung der Verschmelzung dient; unter Anfechtungsgesichtspunkten sicherer ist es in diesem Fall jedoch, zwei **getrennte Beschlüsse** zu fassen[3]. Eine Kapitalerhöhung, die zB dazu dient, die Beteiligung an einer anderen Gesellschaft gegen Ausgabe neuer Aktien auf 100 % aufzustocken, um die betreffende

---

1 *Diekmann* in Semler/Stengel, § 69 UmwG Rz. 6; *Simon* in KölnKomm. UmwG, § 69 UmwG Rz. 6.
2 *Diekmann* in Semler/Stengel, § 69 UmwG Rz. 3; *Rieger* in Widmann/Mayer, § 69 UmwG Rz. 3; *Habighorst* in Böttcher/Habighorst/Schulte, § 69 UmwG Rz. 1.
3 Ebenso *Stratz* in Schmitt/Hörtnagl/Stratz, § 69 UmwG Rz. 5 und *Simon* in KölnKomm. UmwG, § 69 UmwG Rz. 7.

Gesellschaft anschließend gemäß § 62 UmwG auf die AG zu verschmelzen, ist eine **normale Sachkapitalerhöhung** gemäß § 183 AktG (oder § 205 AktG) und keine Kapitalerhöhung iS von § 69 UmwG. Sie erfordert deshalb keine zusätzliche Verschmelzungsprüfung gemäß § 9 UmwG[1].

2. Zeitpunkt der Kapitalerhöhung

Die Kapitalerhöhung zur Durchführung der Verschmelzung kann **vor oder nach** Abschluss des Verschmelzungsvertrages bzw. der Aufstellung des Entwurfs oder auch **gleichzeitig** beschlossen werden[2]. Sie muss bis zur Anmeldung der Verschmelzung beschlossen sein, da die Eintragung der Durchführung der Kapitalerhöhung vor der Verschmelzung erfolgen muss (§ 66 UmwG)[3]. Die Kapitalerhöhung muss sich auf die Durchführung einer bestimmten Verschmelzung beziehen. Dieser Bezug lässt sich meist eindeutig herstellen, da über die Zustimmung zum Verschmelzungsvertrag und die zu seiner Erfüllung erforderliche Kapitalerhöhung nebst etwaigen Sonderbeschlüssen idR in derselben Hauptversammlung beschlossen wird. Die Beschlussfassung über die Kapitalerhöhung kann dabei mit dem Verschmelzungsbeschluss nach § 13 UmwG auch **zusammengefasst** werden; zweckmäßig ist dies aber nicht, da die Nichtigkeit eines Beschlussteils im Zweifel zur Nichtigkeit des Gesamtbeschlusses führt (§ 139 BGB)[4].

3

3. Nicht anwendbare Vorschriften

Gemäß § 69 Abs. 1 UmwG wird die Kapitalerhöhung zur Durchführung der Verschmelzung dadurch erleichtert, dass bestimmte Vorschriften des AktG nicht anzuwenden sind. Dabei handelt es sich um folgende Bestimmungen:

4

§ 182 Abs. 4 AktG: Die Volleinzahlung der alten Aktien ist – im Unterschied zur normalen Kapitalerhöhung – nicht Bedingung. Denn zur Durchführung der Verschmelzung werden idR nur neue Aktien, nicht aber weitere Finanzmittel benötigt[5]. Damit entfallen auch Angaben zu den nicht geleisteten Einlagen bei der Anmeldung (§ 184 Abs. 1 Satz 2 AktG)[6].

5

---

1 Vgl. *Henze*, AG 1993, 341 (349) mwN; aA OLG Karlsruhe v. 9.8.1991 – 15 U 127/90, AG 1992, 33 = WM 1991, 1759 m. abl. Anm. *Marsch-Barner*, WuB II A. § 183 AktG 3.91.
2 *Stratz* in Schmitt/Hörtnagl/Stratz, § 69 UmwG Rz. 6; *Simon* in KölnKomm. UmwG, § 69 UmwG Rz. 8.
3 *Habighorst* in Böttcher/Habighorst/Schulte, § 69 UmwG Rz. 19.
4 Vgl. BGH v. 19.5.2015 – II ZR 176/74, AG 2015, 633 zu einem zusammenfassenden Beschluss über mehrere Satzungsänderungen.
5 *Stratz* in Schmitt/Hörtnagl/Stratz, § 69 UmwG Rz. 7; *Rieger* in Widmann/Mayer, § 69 UmwG Rz. 15; *Simon* in KölnKomm. UmwG, § 69 UmwG Rz. 10.
6 *Rieger* in Widmann/Mayer, § 69 UmwG Rz. 10; *Stratz* in Schmitt/Hörtnagl/Stratz, § 69 UmwG Rz. 8.

6 **§ 183 Abs. 3 AktG:** Da die Kapitalerhöhung zur Durchführung einer Verschmelzung eine Kapitalerhöhung gegen Sacheinlagen darstellt, gilt § 183 AktG. Eine Prüfung nach § 183 Abs. 3 AktG findet aber nicht generell, sondern nur in bestimmten Einzelfällen statt. Diese **eingeschränkte Sacheinlagenprüfung** beruht auf der Überlegung, dass der Anmeldung der Verschmelzung gemäß § 17 Abs. 2 UmwG eine geprüfte Schlussbilanz zugrunde liegt[1]. Für die Kapitalerhöhung sind aber nicht die Werte dieser Schlussbilanz, sondern die echten Wertverhältnisse maßgebend[2]; die Schlussbilanz ist dafür nur ein Anhaltspunkt[3]. Gegenstand der Verschmelzungsprüfung nach §§ 9 ff. UmwG ist andererseits nicht der Wert des übertragenden Rechtsträgers als solcher, sondern die Angemessenheit des Umtauschverhältnisses (vgl. § 12 Abs. 2 UmwG). Die bestehende Problematik einer nur eingeschränkten Sacheinlagenprüfung ist allerdings dadurch entschärft worden, dass diese Prüfung durch **§ 69 Abs. 1 Satz 1 Halbsatz 2 UmwG** gegenüber dem früheren § 343 AktG wesentlich erweitert worden ist.

7 Eine Sacheinlagenprüfung hat danach stets stattzufinden, wenn der übertragende Rechtsträger die Rechtsform einer **Personenhandelsgesellschaft**, einer Partnerschaftsgesellschaft oder eines **rechtsfähigen Vereins** hat. In diesen Fällen muss der Wert des übergehenden Vermögens gesondert geprüft werden[4]. Das Registergericht kann nämlich idR nicht auf einen testierten Jahresabschluss zurückgreifen.

8 Eine Sacheinlagenprüfung ist auch notwendig, wenn **Vermögensgegenstände in der Schlussbilanz** des übertragenden Rechtsträgers **höher bewertet** worden sind als in der letzten Jahresbilanz (vgl. das Wertaufholungsgebot gemäß § 253 Abs. 5 HGB). Auch in diesem Fall sieht das Gesetz einen Anlass für eine gesonderte Werthaltigkeitsprüfung. Die Prüfung durch das Registergericht ist dabei auch dann erforderlich, wenn die Höherbewertung nur geringfügig oder offensichtlich gerechtfertigt ist. Nach dem Wortlaut des Gesetzes erstreckt sich die Prüfung außerdem stets auf die gesamte Sacheinlage und nicht nur auf die höher bewerteten Vermögensgegenstände[5]. Die Prüfungspflicht gilt sinngemäß auch, wenn die Schlussbilanz gleichzeitig Jahresbilanz ist, diese aber gegenüber der davor erstellten Jahresbilanz Höherbewertungen enthält[6]. Soll die jüngste Jahresbilanz nicht mehr zum Register eingereicht werden, genügt es, wenn der Vor-

---

1 Vgl. amtl. Begründung zu § 343 AktG, BT-Drucks. 8/1678, S. 19; *Simon* in KölnKomm. UmwG, § 69 UmwG Rz. 15; krit. *Grunewald* in Lutter, § 69 UmwG Rz. 8 mwN.
2 *W. Müller*, WPg 1978, 565 (573 f.); *Grunewald* in Lutter, § 69 UmwG Rz. 8.
3 Vgl. *Grunewald* in G/H/E/K, 1994, § 343 AktG Rz. 7; aA *Kraft* in KölnKomm. AktG, 1985, § 343 AktG Rz. 19: Wert der Sacheinlage aus Schlussbilanz abzuleiten.
4 Vgl. Begr. RegE, BT-Drucks. 12/6699, S. 104.
5 Zust. *Habighorst* in Böttcher/Habighorst/Schulte, § 69 UmwG Rz. 12.
6 *Rieger* in Widmann/Mayer, § 69 UmwG Rz. 26; *Grunewald* in Lutter, § 69 UmwG Rz. 10; *Diekmann* in Semler/Stengel, § 69 UmwG Rz. 10; *Simon* in KölnKomm. UmwG, § 69 UmwG Rz. 20.

stand, ggf. zusammen mit dem Abschlussprüfer, dem Registergericht gegenüber in der Anmeldung erklärt, dass keine Wertaufholungen vorgenommen wurden[1].

Eine Sacheinlagenprüfung ist ferner geboten, wenn die **in einer Schlussbilanz angesetzten Werte nicht als Anschaffungskosten** in der Jahresbilanz der übernehmenden Gesellschaft **angesetzt** werden. Damit ist in allen Fällen eine Sacheinlagenprüfung durchzuführen, in denen das durch die Verschmelzung übergehende Vermögen bei der übernehmenden Gesellschaft nicht zu Buchwerten fortgeführt, sondern statt dessen – wie dies § 24 UmwG alternativ zulässt – zu den Anschaffungskosten angesetzt wird. In diesem Fall werden – unter gleichzeitiger Aufdeckung stiller Reserven – die bilanziellen Wertansätze regelmäßig aufgestockt. Da die neuen Ansätze noch nicht testiert sind, ist es sachgerecht, bei dieser Bilanzierung eine Sacheinlagenprüfung stattfinden zu lassen. Praktische Probleme ergeben sich allerdings dann, wenn die künftige Bilanzierung der übernehmenden Gesellschaft im Zeitpunkt der Anmeldung der Verschmelzung noch nicht feststeht. Um eine Verzögerung der Eintragung der Kapitalerhöhung und damit der Verschmelzung zu vermeiden, empfiehlt es sich deshalb, im Verschmelzungsvertrag festzulegen, dass die Übernehmerin die Buchwerte der übertragenden Rechtsträger fortführt[2]. Anderenfalls ist dem Registergericht gegenüber zu erklären, dass eine Fortführung zu Anschaffungskosten vorgesehen ist[3]. 9

Zuletzt erwähnt das Gesetz den Fall, dass das Gericht **Zweifel** hat, **ob der Wert der Sacheinlage den geringsten Ausgabebetrag** der dafür zu gewährenden Aktien **erreicht**. Solche Zweifel können sich insbesondere aus der Schlussbilanz und dem Bericht der Verschmelzungsprüfer ergeben[4]. Angesichts der übrigen Anwendungsfälle einer Sacheinlagenprüfung stellt dieser Fall nur eine Auffangklausel dar, um eine nach § 9 AktG unzulässige Unterpariemission auch in bloßen Zweifelsfällen zu vermeiden. Die durch **§ 183a AktG** eröffnete Möglichkeit, eine **Kapitalerhöhung** mit Sacheinlagen **ohne Prüfung** durchzuführen, wenn es sich bei der Sacheinlage zB um börsennotierte Aktien handelt, ist nicht in § 69 UmwG übernommen worden. Dafür bestand auch kein Bedürfnis, da eine Sacheinlagenprüfung bei einer übertragenden Kapitalgesellschaft ohnehin nur bei Zweifeln an der Werthaltigkeit stattfindet (vgl. auch § 75 UmwG Rz. 4). 10

---

1 *Diekmann* in Semler/Stengel, § 69 UmwG Rz. 10; *Rieger* in Widmann/Mayer, § 69 UmwG Rz. 27; *Simon* in KölnKomm. UmwG, § 69 UmwG Rz. 21.
2 *Diekmann* in Semler/Stengel, § 69 UmwG Rz. 10; *Rieger* in Widmann/Mayer, § 69 UmwG Rz. 30; *Simon* in KölnKomm. UmwG, § 69 UmwG Rz. 23.
3 *Grunewald* in Lutter, § 69 UmwG Rz. 10; *Simon* in KölnKomm. UmwG, § 69 UmwG Rz. 23; für eine Abstimmung mit dem Registergericht *Habighorst* in Böttcher/Habighorst/Schulte, § 69 UmwG Rz. 13.
4 *Diekmann* in Semler/Stengel, § 69 UmwG Rz. 12; *Grunewald* in Lutter, § 69 UmwG Rz. 11; *Simon* in KölnKomm. UmwG, § 69 UmwG Rz. 25.

11 **Gegenstand der Sacheinlagenprüfung** nach § 69 Abs. 1 Satz 1 Halbsatz 2 UmwG iVm. § 183 Abs. 3 AktG ist die Frage, ob der Wert der Sacheinlage, dh. des Vermögens des übertragenden Rechtsträgers den geringsten Ausgabebetrag der im Rahmen der Verschmelzung zu gewährenden Aktien erreicht (vgl. §§ 34 Abs. 1 Nr. 2, 36a Abs. 2 Satz 3, 188 Abs. 2 AktG). Sollen **mehrere Rechtsträger** gleichzeitig auf eine AG verschmolzen werden, findet die Sacheinlagenprüfung nur bei den Vermögensübergängen statt, bei denen einer der gesetzlich geregelten Prüfungsanlässe vorliegt[1]. Handelt es sich um eine sog. Einheits- oder Gesamtverschmelzung, so genügt es, wenn das Vermögen aller übertragenden Rechtsträger zusammen den geringsten Ausgabebetrag der neuen Aktien erreicht[2].

11a Ist eine Sacheinlagenprüfung notwendig, so kann zum Prüfer auch der **Verschmelzungsprüfer** bestellt werden (§ 69 Abs. 1 Satz 4 UmwG)[3]. Mit dieser Ergänzung durch das 3. UmwGÄndG sollen die Organisation der Sacheinlagenprüfung erleichtert und Kosten gespart werden. Angesichts dieses Gesetzesziels ist davon auszugehen, dass das Gericht bei entsprechendem Antrag tatsächlich auch den Verschmelzungsprüfer zum Sacheinlagenprüfer zu bestellen hat[4]. Zur Auswahl des Verschmelzungsprüfers siehe § 11 UmwG Rz. 2 ff.

12 **§ 184 Abs. 1 Satz 2 AktG:** Die Anmeldung braucht die rückständigen Einlagen nicht anzugeben, da diese bei der Verschmelzung keine Rolle spielen (siehe Rz. 5).

§ 185 AktG: Bei der Kapitalerhöhung zur Durchführung einer Verschmelzung erfolgt keine Zeichnung der neuen Aktien; diese wird vielmehr durch den Verschmelzungsvertrag und den Verschmelzungsbeschluss ersetzt[5].

§ 186 AktG: Die alten Aktionäre haben kein Bezugsrecht auf die neuen Aktien; dieses ist notwendig ausgeschlossen, weil die neuen Aktien allein für die Anteilsinhaber des übertragenden Rechtsträgers bestimmt sind. Eine gesonderte **sachliche Rechtfertigung** des Bezugsrechtsausschlusses ist, da auch § 186 Abs. 4 Satz 2 AktG keine Anwendung findet, nicht erforderlich. Sie wird durch die

---

1 *Diekmann* in Semler/Stengel, § 69 UmwG Rz. 12; *Habighorst* in Böttcher/Habighorst/Schulte, § 69 UmwG Rz. 14; *Simon* in KölnKomm. UmwG, § 69 UmwG Rz. 26; *Stratz* in Schmitt/Hörtnagl/Stratz, § 69 UmwG Rz. 18.
2 *Grunewald* in Lutter, § 69 UmwG Rz. 12; *Diekmann* in Semler/Stengel, § 69 UmwG Rz. 12; *Simon* in KölnKomm. UmwG, § 69 UmwG Rz. 27; *Stratz* in Schmitt/Hörtnagl/Stratz, § 69 UmwG Rz. 18.
3 Drittes Gesetz zur Änderung des Umwandlungsgesetzes v. 11.7.2011, BGBl. I 2011, S. 1338.
4 *Wagner*, DStR 2010, 1629 (1631); *Simon/Merkelbach*, DB 2011, 1317 (1318); aA *Grunewald* in Lutter, § 69 UmwG Rz. 12.
5 *Bayer*, WM 1989, 121 (123); *Diekmann* in Semler/Stengel, § 69 UmwG Rz. 14; *Grunewald* in Lutter, § 69 UmwG Rz. 14; *Rieger* in Widmann/Mayer, § 69 UmwG Rz. 36; *Stratz* in Schmitt/Hörtnagl/Stratz, § 69 UmwG Rz. 9.

Pflicht zur Erläuterung und Begründung der Verschmelzung im Bericht nach § 8 UmwG ersetzt (siehe dazu auch § 8 UmwG Rz. 8)[1].

Wegen der Unanwendbarkeit von § 186 Abs. 3 AktG gelten für den Kapitalerhöhungsbeschluss die **allgemeinen Mehrheitserfordernisse** des § 182 AktG. Ggf. sind gemäß § 182 Abs. 2 AktG **Sonderbeschlüsse** der Inhaber mehrerer stimmberechtigter Aktiengattungen erforderlich. Werden bei der übernehmenden AG zur Durchführung der Verschmelzung stimmrechtslose Vorzugsaktien ausgegeben, müssen dem die schon vorhandenen Vorzugsaktionäre in einer gesonderten Versammlung zustimmen (vgl. § 141 Abs. 1 AktG).

§ 187 Abs. 1 AktG: Eine Beschränkung der Zusicherung auf den Bezug neuer Aktien besteht nicht. Allerdings ist eine solche Zusicherung der Gesellschaft gegenüber erst nach dem Erhöhungsbeschluss wirksam, § 187 Abs. 2 AktG. Soweit der Verschmelzungsvertrag den Anteilsinhabern der übertragenden Rechtsträger Aktien aus einer Kapitalerhöhung zusagt, wird diese Zusage erst wirksam, wenn die Kapitalerhöhung eingetragen ist[2].

§ 188 Abs. 2, 3 Nr. 1 AktG: Eine Einzahlung oder Leistung einer Sacheinlage vor der Anmeldung entfällt; der Anmeldung brauchen auch keine Zeichnungsscheine beigefügt zu werden (vgl. Rz. 12).

Die sich aus § 69 Abs. 1 Satz 1 UmwG ergebenden Abweichungen gelten entsprechend auch beim **genehmigten Kapital** (§ 69 Abs. 1 Satz 2 UmwG). Unanwendbar ist außerdem **§ 203 Abs. 3 AktG:** Rückständige Einlagen können somit auch hier außer Betracht bleiben (§ 69 Abs. 1 Satz 3 UmwG). Eine Sacheinlagenprüfung nach § 205 Abs. 5 Satz 1 AktG erfolgt nur unter den Voraussetzungen, unter denen § 183 Abs. 3 AktG anzuwenden ist (vgl. dazu Rz. 6 ff.).

Für das **bedingte Kapital**, insbesondere gemäß § 192 Abs. 2 Nr. 2 AktG, bestehen keine Besonderheiten. Die Einschränkungen zu § 183 Abs. 3 AktG (vgl. Rz. 6 ff.) gelten sinngemäß auch für § 194 Abs. 4 AktG. Ein bedingtes Kapital kann zweckmäßig sein, wenn - zB vor der endgültigen Festlegung des Umtauschverhältnisses - die Anzahl der auszugebenden Aktien noch nicht feststeht[3]. Ein bedingtes Kapital kommt auch in Betracht, wenn nacheinander **mehrere Gesellschaften** auf die Übernehmerin **verschmolzen** werden sollen (vgl. § 2

---

1 *Grunewald* in Lutter, § 69 UmwG Rz. 15; *Rieger* in Widmann/Mayer, § 69 UmwG Rz. 37; *Busch* in Marsch-Barner/Schäfer, Hdb. börsennotierte AG, § 44 Rz. 34; *Rieckers* in Spindler/Stilz, § 192 AktG Rz. 17; vgl. auch *Timm*, Die Aktiengesellschaft als Konzernspitze, 1980, S. 83.

2 *Diekmann* in Semler/Stengel, § 69 UmwG Rz. 16; *Grunewald* in Lutter, § 69 UmwG Rz. 16; *Habighorst* in Böttcher/Habighorst/Schulte, § 69 UmwG Rz. 7; *Stratz* in Schmitt/Hörtnagl/Stratz, § 69 UmwG Rz. 10.

3 *Diekmann* in Semler/Stengel, § 69 UmwG Rz. 21; *Rieger* in Widmann/Mayer, § 69 UmwG Rz. 49; *Simon* in KölnKomm. UmwG, § 69 UmwG Rz. 37.

UmwG Rz. 4)[1]. Wird in einem solchen Fall ein Verschmelzungsbeschluss angefochten, kann die Verschmelzung im Übrigen dennoch schon durchgeführt werden. Die gleiche Flexibilität lässt sich allerdings erreichen, wenn für jeden übertragenden Rechtsträger eine gesonderte (normale) Kapitalerhöhung beschlossen wird. Unsicherheit über den Umfang der erforderlichen Kapitalerhöhung kann auch dann bestehen, wenn zwischen den an der Verschmelzung beteiligten Unternehmen ein **Beherrschungs- und Gewinnabführungsvertrag** besteht, auf Grund dessen das übernehmende Unternehmen bis zum Wirksamwerden der Verschmelzung noch gemäß § 305 AktG Aktien der übertragenden Gesellschaft gegen Barabfindung übernehmen muss (vgl. dazu auch § 20 UmwG Rz. 18).

16 Ein bedingtes Kapital kann auch angebracht sein, um bei der übertragenden Gesellschaft bestehende **Umtausch-** oder **Bezugsrechte** in Aktien abzusichern (vgl. § 23 UmwG Rz. 11). Zu diesem Zweck kann bei der übernehmenden AG zwar auch zB ein genehmigtes Kapital geschaffen werden; praktikabler ist aber das bedingte Kapital, weil bei diesem das Grundkapital am einfachsten jeweils in dem Umfang erhöht werden kann, wie Umtausch- oder Bezugsrechte ausgeübt werden. Ist damit zu rechnen, dass zwischen dem Abschluss des Verschmelzungsvertrages und der Eintragung der Verschmelzung solche Rechte bereits ausgeübt werden, empfiehlt es sich, ein bedingtes Kapital doppelt (oder alternativ) vorzusehen, einmal zur Absicherung der ausstehenden Umtausch- oder Bezugsrechte und zum anderen als Gegenleistung für die durch Ausübung dieser Rechte zwischen dem Verschmelzungsbeschluss und dem Wirksamwerden der Verschmelzung (§ 20 Abs. 1 UmwG) beim übertragenden Rechtsträger evtl. neu entstandenen Anteile. Der Umfang des bedingten Kapitals ist allerdings auf 50 % des zurzeit der Beschlussfassung vorhandenen Grundkapitals begrenzt (§ 192 Abs. 3 Satz 1 AktG); eine Ausnahme davon ist in § 193 Abs. 3 Satz 3 und 4 AktG nur für bestimmte Kapitalerhöhungen außerhalb einer Verschmelzung vorgesehen. Beim genehmigten Kapital (Rz. 14) wird bei der entsprechenden Kapitalgrenze dagegen auf das bei der Eintragung vorhandene Grundkapital abgestellt[2].

4. Anwendbare Vorschriften

17 Die übrigen, in § 69 Abs. 1 UmwG nicht erwähnten Vorschriften über die Kapitalerhöhung sind zu beachten. Vor allem sind – mit den Einschränkungen nach § 69 Abs. 1 Satz 1 Halbsatz 2 UmwG – die Vorschriften über **Sacheinlagen** anzuwenden, §§ 183, 194, 205 AktG, da das Einbringen des Vermögens der übertragenden Gesellschaft eine Sacheinlage ist (vgl. Rz. 6 ff.)[3]. Dabei gilt das Verbot

---

1 Ebenso *Habighorst* in Böttcher/Habighorst/Schulte, § 69 UmwG Rz. 18.
2 Vgl. dazu *Handelsrechtsausschuss des DAV*, NZG 2000, 802 (806).
3 *Grunewald* in Lutter, § 69 UmwG Rz. 22 f.; *Rieger* in Widmann/Mayer, § 69 UmwG Rz. 22, 50, 52.

der **Unterpariemission** (§ 9 Abs. 1 AktG), das zB dann tangiert sein kann, wenn der Unternehmenswert einer übertragenden Gesellschaft infolge wirtschaftlicher Schwierigkeiten abgesunken ist. Gemäß § 182 Abs. 3 AktG kann für die neuen Aktien, wenn sie für einen höheren Betrag als den Nennbetrag ausgegeben werden sollen, ein **Mindestausgabebetrag** festgesetzt werden[1]. Notwendig ist eine solche Festsetzung allerdings nicht; üblich und ausreichend ist die Ausgabe der neuen Aktien zum Nennbetrag[2]. Soweit ausnahmsweise ein höherer Ausgabebetrag festgesetzt wird, ist insoweit gemäß § 272 Abs. 2 Nr. 1 HGB die Kapitalrücklage zu dotieren[3]. Art und Inhalt der neuen Aktien müssen im Übrigen der Regelung im Verschmelzungsvertrag entsprechen.

Wird der Nennbetrag der Aktien oder der höhere Ausgabebetrag nicht erreicht, so kommt eine Verpflichtung zur Einzahlung der **Wertdifferenz** in bar nicht in Betracht. Der übertragende Rechtsträger als Einleger erlischt allerdings mit dem Wirksamwerden der Verschmelzung; er kommt deshalb für eine Haftung nicht in Frage. Eine subsidiäre Haftung der Anteilsinhaber (Bardeckungspflicht) ist jedenfalls bei einer Kapitalgesellschaft als Übertragerin abzulehnen[4]. Dafür fehlt es an einer Kapitaldeckungszusage der Aktionäre[5]. Maßgebender **Zeitpunkt** für die Wertdeckung der neuen Aktien ist die Eintragung der Durchführung der Kapitalerhöhung im Register, nicht die (spätere) Eintragung der Verschmelzung[6]. Falls die Aktionäre der übernehmenden AG Anhaltspunkte dafür haben, dass sie durch den geringen Wert des übergehenden Vermögens geschädigt werden, können sie den Verschmelzungsbeschluss anfechten[7]. Ggf. bestehen auch Schadensersatzansprüche nach §§ 25 ff. UmwG[8]. 18

---

1 Dazu näher *Kraft* in KölnKomm. AktG, 1985, § 343 AktG Rz. 10.
2 *Diekmann* in Semler/Stengel, § 69 UmwG Rz. 5; *Grunewald* in Lutter, § 69 UmwG Rz. 6; aA *Stratz* in Schmitt/Hörtnagl/Stratz, § 69 UmwG Rz. 21.
3 *Grunewald* in Lutter, § 69 UmwG Rz. 6; *Rieger* in Widmann/Mayer, § 69 UmwG Rz. 18.
4 Vgl. BGH v. 12.3.2007 – II ZR 302/05, AG 2007, 487 = NZG 2007, 513; *Grunewald* in Lutter, § 69 UmwG Rz. 28; *Diekmann* in Semler/Stengel, § 69 UmwG Rz. 33; *Simon* in KölnKomm. UmwG, § 69 UmwG Rz. 40; *Stratz* in Schmitt/Hörtnagl/Stratz, § 69 UmwG Rz. 29; aA *Ihrig*, GmbHR 1995, 622 (642); *Priester* in FS K. Schmidt, 2009, S. 1287 (1293 ff., 1297); *Sandberger* in FS Westermann, 2006, S. 1401 (1416); aA auch *Kallmeyer*, GmbHR 2007, 1121 (1123) für die GmbH.
5 BGH v. 12.3.2007 – II ZR 302/05, NZG 2007, 513 (514) = AG 2007, 487; zust. *Veil/Teigelack*, WuB II P. § 2 UmwG 1.08; ebenso die Vorinstanz OLG München v. 27.10.2005 – 23 U 2826/05, ZIP 2005, 2108 (2109) = AG 2006, 209 m. zust. Anm. *Grunewald*, EWiR 2006, 29; *Diekmann* in Semler/Stengel, § 69 UmwG Rz. 33; *Stratz* in Schmitt/Hörtnagl/Stratz, § 69 UmwG Rz. 29.
6 So aber *Ihrig*, GmbHR 1995, 622 (640).
7 *Grunewald* in Lutter, § 69 UmwG Rz. 28.
8 BGH v. 12.3.2007 – II ZR 302/05, NZG 2007, 714 (715 Rz. 15).

5. Anmeldung und Wirksamkeit der Kapitalerhöhung

19 Der Anmeldung des Beschlusses über die Kapitalerhöhung zum Handelsregister sind die in § 188 Abs. 3 Nr. 2 und 3 AktG bezeichneten Schriftstücke beizufügen (§ 69 Abs. 2 UmwG). Die Anmeldung der Eintragung der Kapitalerhöhung und die ihrer Durchführung werden zweckmäßigerweise verbunden, § 188 Abs. 4 AktG. Die **Kapitalerhöhung** ist **durchgeführt**, wenn der Verschmelzungsvertrag und alle Verschmelzungsbeschlüsse vorliegen[1]. Sie müssen der Anmeldung als Anlagen beigefügt sein. Auch alle sonstigen Wirksamkeitsvoraussetzungen für die Verschmelzung (zB aufschiebende Bedingung oder erforderliche Genehmigungen) müssen erfüllt sein. Wird die **Verschmelzung nicht wirksam**, verliert auch der Kapitalerhöhungsbeschluss seine Wirkung. Die Kapitalerhöhung ist dann nicht durchgeführt und darf nicht eingetragen werden[2].

20 Das Registergericht prüft die Voraussetzungen der Eintragung der Kapitalerhöhung; es veranlasst dabei ggf. eine **Sacheinlagenprüfung** gemäß § 183 AktG iVm. § 69 Abs. 1 Satz 1 Halbsatz 1 UmwG (siehe Rz. 6 ff.). Zu diesem Zweck kann das Registergericht Angaben über Aktien, die einer Kapitalerhöhung nach § 68 UmwG entgegenstehen, verlangen[3]. Ist ein **Verschmelzungsbeschluss angefochten**, so gilt die Registersperre nach § 16 Abs. 2 UmwG nicht auch für die Kapitalerhöhung[4]. Für eine entsprechende Anwendung von § 16 Abs. 2 UmwG besteht schon deshalb kein Anlass, weil die Kapitalerhöhung durch die Wirksamkeit der Verschmelzung bedingt ist[5]. Wegen des engen Sachzusammenhangs kann sich uU jedoch eine Aussetzung der Eintragung entsprechend §§ 381, 21 FamFG empfehlen. Ist der **Kapitalerhöhungsbeschluss angefochten**, gilt für dessen Eintragung § 16 Abs. 3 UmwG entsprechend (siehe Rz. 23).

21 Die **neu geschaffenen Aktien** stehen den Anteilsinhabern des übertragenden Rechtsträgers von der Eintragung der Verschmelzung an zu (§ 20 Abs. 1 Nr. 3 UmwG). Diese Eintragung setzt die vorherige Eintragung der Durchführung der

---

1 *Grunewald* in Lutter, § 69 UmwG Rz. 23.
2 *Diekmann* in Semler/Stengel, § 69 UmwG Rz. 31; *Habighorst* in Böttcher/Habighorst/Schulte, § 69 UmwG Rz. 22; aA *Bonke*, S. 118 ff.
3 Weiter gehend *Schilling* in Großkomm. AktG, 3. Aufl. 1975, § 343 AktG Anm. 14 und *Kraft* in KölnKomm. AktG, 1985, § 343 AktG Rz. 15, wonach entsprechende Angaben bereits in der Anmeldung enthalten sein müssen; wie hier *Grunewald* in G/H/E/K, 1994, § 343 AktG Rz. 7.
4 *Diekmann* in Semler/Stengel, § 69 UmwG Rz. 27; *Habighorst* in Böttcher/Habighorst/Schulte, § 69 UmwG Rz. 22; *Simon* in KölnKomm. UmwG, § 69 UmwG Rz. 46; aA *Grunewald* in Lutter, § 69 UmwG Rz. 21; *Klumpp* in Maulbetsch/Klumpp/Rose, § 69 UmwG Rz. 18.
5 Vgl. Rz. 19; ebenso *Diekmann* in Semler/Stengel, § 69 UmwG Rz. 27 und *M. Winter/ J. Vetter* in Lutter, § 55 UmwG Rz. 9.

Kapitalerhöhung voraus, § 66 UmwG[1]. Nach § 189 AktG ist bei der **regulären Kapitalerhöhung** und beim **genehmigten Kapital** (§ 203 Abs. 1 AktG) das Grundkapital grundsätzlich zwar bereits mit der Eintragung der Kapitalerhöhung erhöht. Nach § 20 Abs. 1 Nr. 3 UmwG als lex specialis entstehen die Aktienrechte wegen des Sachzusammenhangs jedoch erst mit der Eintragung der Verschmelzung[2]. Bei der **bedingten Kapitalerhöhung** entstehen die Aktien mit ihrer Ausgabe (§ 200 AktG), frühestens aber mit der Eintragung der Verschmelzung[3].

Wird nur die Kapitalerhöhung, nicht aber auch die Verschmelzung eingetragen (zB weil ein Verschmelzungsbeschluss angefochten ist, vgl. § 16 Abs. 2 UmwG), und erweist sich der Verschmelzungsvertrag und/oder ein Verschmelzungsbeschluss als nichtig, verliert die **Kapitalerhöhung**, die **durch die Wirksamkeit der Verschmelzung bedingt** ist, ihre Wirkung[4]. 22

Klagen gegen den Kapitalerhöhungsbeschluss sind nicht entsprechend § 14 Abs. 2 UmwG eingeschränkt. Eine Anfechtung des Kapitalerhöhungsbeschlusses kann zB auch darauf gestützt werden, dass das Umtauschverhältnis zu hoch oder der Ausgabebetrag der neuen Aktien unangemessen niedrig (§ 255 Abs. 2 AktG) ist[5]. Wird die Kapitalerhöhung aufgrund einer Anfechtungs- oder Nichtigkeitsklage vom Registergericht zunächst nicht eingetragen, kann die Unbedenklichkeit der Eintragung allerdings durch das OLG entsprechend § 16 Abs. 3 UmwG festgestellt werden[6]. Daneben kommt auch das Verfahren nach § 246a AktG in Betracht[7]. 23

Stellt sich nach Eintragung der Kapitalerhöhung ihre Unwirksamkeit heraus, wird damit auch die Verschmelzung nicht wirksam. Ihre Eintragung hat dann zu unterbleiben. Ist die Verschmelzung allerdings bereits eingetragen, bleibt es bei ihrer Wirksamkeit; auch der Mangel der Kapitalerhöhung ist dann geheilt (vgl. § 20 UmwG Rz. 42 ff.). 24

---

1 Siehe dazu OLG Frankfurt v. 14.10.2004 – 20 W 418/04, GmbHR 2005, 237 = DB 2005, 154.
2 Vgl. *Grunewald* in Lutter, § 69 UmwG Rz. 20; *Lutter* in FS Wiedemann, 2003, S. 1097 (1099 f.); *Rieger* in Widmann/Mayer, § 69 UmwG Rz. 43.
3 *Diekmann* in Semler/Stengel, § 69 UmwG Rz. 18; *Grunewald* in Lutter, § 69 UmwG Rz. 25; *Stratz* in Schmitt/Hörtnagl/Stratz, § 66 UmwG Rz. 3.
4 *Stratz* in Schmitt/Hörtnagl/Stratz, § 69 UmwG Rz. 28.
5 Vgl. OLG Hamm v. 20.6.1988 – 8 U 329/87, WM 1988, 1164 (1168) = AG 1989, 31; LG Frankfurt v. 15.1.1990 – 3/11 T 62/89, WM 1990, 592 (594 ff.); *Grunewald* in G/H/E/K, 1994, § 343 AktG Rz. 11.
6 Vgl. *Grunewald* in Lutter, § 69 UmwG Rz. 23; *Mayer* in Widmann/Mayer, § 69 UmwG Rz. 105 und oben § 16 UmwG Rz. 55.
7 OLG Frankfurt v. 20.3.2012 – 5 AktG 4/11, AG 2012, 414.

§ 70
Geltendmachung eines Schadenersatzanspruchs

Die Bestellung eines besonderen Vertreters nach § 26 Abs. 1 Satz 2 können nur solche Aktionäre einer übertragenden Gesellschaft beantragen, die ihre Aktien bereits gegen Anteile des übernehmenden Rechtsträgers umgetauscht haben.

1 Die Vorschrift ergänzt die Bestimmungen des § 26 Abs. 1 UmwG über die Geltendmachung von Schadensersatzansprüchen gegen Organmitglieder einer übertragenden Gesellschaft durch einen **besonderen Vertreter**. Dieser wird auf Antrag vom Gericht am Sitz des übertragenden Rechtsträgers bestellt (§ 26 Abs. 1 Satz 2 UmwG). **Antragsberechtigt** sind neben den Gläubigern auch die **Anteilsinhaber** des übertragenden Rechtsträgers, letztere aber nur – wie § 70 UmwG bestimmt –, wenn sie ihre **Aktien bereits** gegen Anteile des übernehmenden Rechtsträgers **umgetauscht** haben. Mit dieser Voraussetzung der Antragsberechtigung sollen die Aktionäre offenbar zum Umtausch ihrer Aktien angehalten werden[1]. Außerdem sollen Schwierigkeiten, die sich bei noch laufendem Umtausch ergeben können, vermieden werden[2]. Hat der übernehmende Rechtsträger Aktien des übertragenden Rechtsträgers, ist er nicht antragsberechtigt, da diese Aktien nicht getauscht werden, sondern im Zuge der Verschmelzung untergehen (§ 20 Abs. 1 Nr. 3 Satz 1 UmwG)[3].

2 Die Vorschrift betrifft nach ihrem Wortlaut (Aktien, Anteile) nur den Fall, dass der **übertragende Rechtsträger AG, SE** oder **KGaA** ist. Die Rechtsform des übernehmenden Rechtsträgers ist ohne Bedeutung[4].

3 Der Umtausch erfolgt nach § 72 UmwG. Soweit danach eine Zusammenlegung von Aktien erforderlich ist (siehe dazu § 72 UmwG Rz. 3), sind auch diejenigen Aktionäre antragsberechtigt, die zu diesem Zweck ihre Aktienurkunden bereits eingereicht haben[5].

4 Außer auf den Umtausch kommt es darauf an, dass der **Antragsteller** im Zeitpunkt des Wirksamwerdens der Verschmelzung **Aktionär** der übertragenden Gesellschaft war. Im Falle der Gesamtrechtsnachfolge (zB Tod) geht die Antragsberechtigung auf den Rechtsnachfolger über, nicht aber, wenn die Aktien

---

1 *Grunewald* in Lutter, § 70 UmwG Rz. 2.
2 *Diekmann* in Semler/Stengel, § 70 UmwG Rz. 1; *Rieger* in Widmann/Mayer, § 70 UmwG Rz. 8.
3 *Simon* in KölnKomm. UmwG, § 70 UmwG Rz. 12.
4 *Junker* in Henssler/Strohn, § 79 UmwG Rz. 1.
5 *Diekmann* in Semler/Stengel, § 70 UmwG Rz. 6; *Grunewald* in Lutter, § 70 UmwG Rz. 4; *Rieger* in Widmann/Mayer, § 70 UmwG Rz. 8; *Simon* in KölnKomm. UmwG, § 70 UmwG Rz. 11.

nach Eintragung der Verschmelzung rechtsgeschäftlich übertragen werden[1]. Dies folgt aus dem Wortlaut der Vorschrift und ist sachgerecht, weil nur die ursprünglichen Aktionäre geschädigt sind.

Zum **Nachweis** der Aktionärseigenschaft genügt idR ein Depotauszug; bei Namensaktien ist die Eintragung im Aktienregister maßgebend (§ 67 Abs. 2 Satz 1 AktG)[2]. Bei eigenverwahrten Inhaberaktien kann jedes andere geeignete Beweismittel verwendet werden. 5

§ 71
Bestellung eines Treuhänders

(1) Jeder übertragende Rechtsträger hat für den Empfang der zu gewährenden Aktien und der baren Zuzahlungen einen Treuhänder zu bestellen. Die Verschmelzung darf erst eingetragen werden, wenn der Treuhänder dem Gericht angezeigt hat, dass er im Besitz der Aktien und der im Verschmelzungsvertrag festgesetzten baren Zuzahlungen ist.

(2) § 26 Abs. 4 ist entsprechend anzuwenden.

1. Überblick	1	4. Auslagenersatz und Vergütung . . .	14
2. Bestellung eines Treuhänders	2	5. Übergang der Mitgliedschafts-	
3. Aufgaben des Treuhänders	7	rechte	15

Literatur: *Bandehzadeh*, Verschmelzungen unter Beteiligung von Aktiengesellschaften: Bestellung eines Treuhänders bei unverbrieften Aktien (§ 71 Abs. 1 UmwG)?, DB 2007, 1514; *Bote*, Der Eigentumserwerb bei der Ausgabe von Aktienurkunden nach der Verschmelzung zweier Aktiengesellschaften, ZHR 118 (1955), 196; *zur Megede*, Verschmelzung von Aktiengesellschaften – Materielle Anspruchsberechtigung auf Erhalt einer baren Abfindung, BB 2007, 337; *Schleyer*, Die unzulässige Anerkennung alter Aktien bei der Verschmelzung von Aktiengesellschaften, AG 1958, 208 und 226.

1. Überblick

Die Vorschrift soll den Anteilsinhabern des übertragenden Rechtsträgers die Erlangung der Aktien und evtl. baren Zuzahlungen von der übernehmenden AG erleichtern. Zu diesem Zweck hat jeder übertragende Rechtsträger einen Treuhän- 1

---
1 *Diekmann* in Semler/Stengel, § 70 UmwG Rz. 5; *Habighorst* in Böttcher/Habighorst/Schulte, § 70 UmwG Rz. 3; *Rieger* in Widmann/Mayer, § 70 UmwG Rz. 5 f.; *Simon* in Köln-Komm. UmwG, § 70 UmwG Rz. 9; *Stratz* in Schmitt/Hörtnagl/Stratz, § 70 UmwG Rz. 2.
2 *Diekmann* in Semler/Stengel, § 70 UmwG Rz. 4; *Simon* in KölnKomm. UmwG, § 70 UmwG Rz. 8.

der zu bestellen, der die im Verschmelzungsvertrag vorgesehene Gegenleistung in Empfang nimmt und an die Anteilsinhaber des übertragenden Rechtsträgers weiterleitet. Materiellrechtlich werden die Anteilsinhaber allerdings schon mit der Eintragung der Verschmelzung im Register der übernehmenden AG deren Aktionäre (vgl. § 20 Abs. 1 Nr. 3 Satz 1 UmwG); die Aushändigung der Aktienurkunden durch den Treuhänder ist dafür nicht Voraussetzung. Die Einschaltung des Treuhänders soll nur die Abwicklung sicherstellen und vereinfachen[1]. Ein echtes Schutzbedürfnis der Anteilsinhaber des übertragenden Rechtsträgers besteht jedenfalls in Bezug auf die Aushändigung der baren Zuzahlung[2]. Sobald diese auf den Treuhänder übertragen sind, sind sie etwaigen Gläubigern entzogen[3].

2. Bestellung eines Treuhänders

2 Nach § 71 Abs. 1 Satz 1 UmwG hat jeder übertragende Rechtsträger einen Treuhänder zu bestellen. Sind an der Verschmelzung gleichzeitig **mehrere übertragende Rechtsträger** beteiligt, so können diese auch dieselbe Person als Treuhänder bestellen[4].

3 Die Bestellung erfolgt **zum Empfang der zu gewährenden Aktien und baren Zuzahlungen**. Die Bestellung eines Treuhänders ist auch dann erforderlich, wenn von der übernehmenden AG (SE[5] oder KGaA) keine Aktienurkunden ausgegeben und im Verschmelzungsvertrag auch keine baren Zuzahlungen vorgesehen sind. Der Treuhänder hat auch dann den Übergang der zu gewährenden Aktien zu vermitteln und/oder zu überwachen (siehe auch Rz. 8).

4 Die Bestellung des Treuhänders **obliegt dem jeweiligen Vertretungsorgan**. Dabei genügt ein Handeln in vertretungsberechtigter Zahl[6]. Ist der Treuhänder im Verschmelzungsvertrag vereinbart oder wird er durch Beschluss der Anteilsinhaber bestimmt, so bleibt das Vertretungsorgan für die Erklärung der Bestellung gegenüber dem Treuhänder zuständig. Die Bestellung wird erst wirksam, wenn der Treuhänder sie annimmt.

---

[1] Vgl. *Bote*, ZHR 118 (1955), 196 (199 f.); *Habighorst* in Böttcher/Habighorst/Schulte, § 71 UmwG Rz. 1.
[2] *Simon* in KölnKomm. UmwG, § 71 UmwG Rz. 1.
[3] *Diekmann* in Semler/Stengel, § 71 UmwG Rz. 1; *Grunewald* in Lutter, § 71 UmwG Rz. 8; *Simon* in KölnKomm. UmwG, § 71 UmwG Rz. 3; *Rieger* in Widmann/Mayer, § 71 UmwG Rz. 1.2.
[4] Vgl. *Diekmann* in Semler/Stengel, § 71 UmwG Rz. 6; *Grunewald* in Lutter, § 71 UmwG Rz. 3; *Rieger* in Widmann/Mayer, § 71 UmwG Rz. 8; *Simon* in KölnKomm. UmwG, § 71 UmwG Rz. 7; *Stratz* in Schmitt/Hörtnagl/Stratz, § 71 UmwG Rz. 3.
[5] Der übernehmende Rechtsträger existiert bei § 71 UmwG bereits; es kann sich daher auch um eine nach der SE-VO gegründete SE handeln; aA *Diekmann* in Semler/Stengel, § 71 UmwG Rz. 4.
[6] *Diekmann* in Semler/Stengel, § 71 UmwG Rz. 6; *Rieger* in Widmann/Mayer, § 71 UmwG Rz. 8; *Simon* in KölnKomm. UmwG, § 71 UmwG Rz. 6.

Treuhänder kann **jede natürliche oder juristische Person** sein[1]. In Betracht 5 kommen vor allem Banken, Treuhandgesellschaften, Wirtschaftsprüfer, Notare und Rechtsanwälte. Möglich ist auch die Bestellung mehrerer Personen (zB eines Bankenkonsortiums). Der Treuhänder muss nicht unabhängig von dem übertragenden Rechtsträger oder den übrigen, an der Verschmelzung beteiligten Rechtsträgern sein[2]. Das Gesetz statuiert – anders als beim Verschmelzungsprüfer (vgl. § 11 UmwG) – keine Bestellungsverbote; dies ist angesichts der beschränkten, im Wesentlichen rein technischen Funktion des Treuhänders auch nicht erforderlich. Der Notar, der im Rahmen der Verschmelzung bei einem der beteiligten Rechtsträger eine Beurkundung vorgenommen hat, ist wegen seiner Pflicht zur Neutralität allerdings ausgeschlossen[3]. Wird eine natürliche Person zum Treuhänder bestellt, sollte für den Fall der Verhinderung, insbesondere durch Krankheit oder Tod, vorsorglich ein **Ersatztreuhänder** bestellt werden[4]. Endet das Amt des Treuhänders vorzeitig, ohne dass ein Nachfolger bestimmt ist, kann dieser von dem übertragenden Rechtsträger nachträglich bestellt werden. Ist die Verschmelzung bereits eingetragen und der übertragende Rechtsträger damit erloschen, so erfolgt die Bestellung durch die übernehmende AG[5].

Von der Bestellung des Treuhänders ist das seine Aufgaben regelnde **Auftrags-** 6 **oder Geschäftsbesorgungsverhältnis** (§§ 662, 611, 675 BGB) zu unterscheiden. Dieses Rechtsverhältnis kommt nicht zB schon dadurch zu Stande, dass der Treuhänder im Verschmelzungsvertrag bestellt wird. Der Treuhänder muss vielmehr mit seiner Bestellung, den ihm zugewiesenen Aufgaben und evtl. seiner Vergütung einverstanden sein[6]. Dieses gesonderte Vertragsverhältnis wird idR mit dem übertragenden Rechtsträger, der die Bestellung ausspricht, begründet; der Vertrag über die Treuhändertätigkeit kann aber auch mit der übernehmenden AG geschlossen werden[7]. Mit dem Wirksamwerden der Verschmelzung besteht das Vertragsverhältnis ohnehin nur (noch) zur Übernehmerin[8].

---

1 *Grunewald* in Lutter, § 71 UmwG Rz. 4; *Diekmann* in Semler/Stengel, § 71 UmwG Rz. 5; *Simon* in KölnKomm. UmwG, § 71 UmwG Rz. 8.
2 *Grunewald* in Lutter, § 71 UmwG Rz. 4; *Rieger* in Widmann/Mayer, § 71 UmwG Rz. 7; *Simon* in KölnKomm. UmwG, § 71 UmwG Rz. 8; aA *Diekmann* in Semler/Stengel, § 71 UmwG Rz. 5; *Habighorst* in Böttcher/Habighorst/Schulte, § 71 UmwG Rz. 4.
3 *Diekmann* in Semler/Stengel, § 71 UmwG Rz. 5; *Habighorst* in Böttcher/Habighorst/Schulte, § 71 UmwG Rz. 4.
4 So auch *Diekmann* in Semler/Stengel, § 71 UmwG Rz. 8; *Simon* in KölnKomm. UmwG, § 71 UmwG Rz. 9; *Habighorst* in Böttcher/Habighorst/Schulte, § 71 UmwG Rz. 5.
5 Vgl. *Kraft* in KölnKomm. AktG, 1985, § 346 AktG Rz. 48.
6 *Grunewald* in Lutter, § 71 UmwG Rz. 5; *Simon* in KölnKomm. UmwG, § 71 UmwG Rz. 10.
7 Vgl. *Grunewald* in Lutter, § 71 UmwG Rz. 5; *Diekmann* in Semler/Stengel, § 71 UmwG Rz. 7; *Simon* in KölnKomm. UmwG, § 71 UmwG Rz. 11; aA *Rieger* in Widmann/Mayer, § 71 UmwG Rz. 9.1.
8 *Diekmann* in Semler/Stengel, § 71 UmwG Rz. 7; *Rieger* in Widmann/Mayer, § 71 UmwG Rz. 10; *Simon* in KölnKomm. UmwG, § 71 UmwG Rz. 14.

3. Aufgaben des Treuhänders

7 Die Aufgabe des Treuhänders besteht darin, die von der übernehmenden AG zur Durchführung der Verschmelzung ausgegebenen Aktienurkunden und baren Zuzahlungen entgegenzunehmen, zu verwahren und an die neuen Aktionäre weiterzugeben. Einen Rechtsanspruch auf Übergabe der Aktien und des erforderlichen Geldbetrages hat der Treuhänder von Gesetzes wegen nicht, er kann ihm aber vertraglich eingeräumt werden. Der Treuhänder hat dem Registergericht mitzuteilen, wenn er im Besitz der Aktien und baren Zuzahlungen ist (§ 71 Abs. 1 Satz 2 UmwG). Eine besondere Form ist für diese Erklärung nicht erforderlich (siehe aber Rz. 11). Aus der Anzeige muss nur hervorgehen, wie viele Aktien welcher Art und welchen Geldbetrag für welche baren Zuzahlungen der Treuhänder erhalten hat[1]. In den Fällen des § 72 UmwG obliegt dem Treuhänder meist auch der Aktienumtausch.

8 Hat die **übernehmende AG zur Durchführung der Verschmelzung eigene Aktien** im Besitz oder **neue Aktien** geschaffen, so sind diese dem Treuhänder zu übergeben. Dies gilt allerdings nur insoweit, wie diese Aktien im Rahmen des vereinbarten Umtauschverhältnisses zur Weitergabe an die Anteilsinhaber des übertragenden Rechtsträgers bestimmt sind. Die Besitzübergabe der einzelnen Aktienurkunden oder einer Globalurkunde erfolgt nach den Regeln des Sachenrechts (§§ 854 ff. BGB). Dies kann bei neu zu schaffenden Aktien schon vor der Eintragung der Kapitalerhöhung geschehen. Rechtlich entstehen die neuen Mitgliedschaftsrechte aber erst mit der Eintragung. Im Übrigen genügt es, wenn dem Treuhänder der mittelbare Besitz verschafft wird, die Aktien also unmittelbar bei einem Dritten, zB einer Bank, verwahrt werden (vgl. §§ 930, 931 BGB[2]). Ist der Treuhänder selbst eine Bank, so genügt es, wenn diese die Aktien in Girosammelverwahrung übernimmt. Ist die Mitgliedschaft beim übernehmenden Rechtsträger nicht verbrieft, ist eine Besitzverschaffung nicht möglich. Es werden dann weder Aktienurkunden noch nicht verbriefte Mitgliedschaftsrechte übertragen. Eine Pflicht zu einer verschmelzungsbedingten Verbriefung besteht nicht[3]; eine vorübergehende Verbriefung zB in Form einer Globalurkunde kann aber zweckmäßig sein. Bei fehlender Verbriefung erfolgt die Bestellung des Treuhänders nur zur Übergabe der baren Zuzahlungen[4]. Sind auch solche nicht vorhanden, wird der Treuhänder nicht benötigt. Von seiner **Bestellung** kann dann **abgesehen** werden[5].

---

1 *Grunewald* in Lutter, § 71 UmwG Rz. 12.
2 *Grunewald* in Lutter, § 71 UmwG Rz. 7.
3 *Grunewald* in Lutter, § 71 UmwG Rz. 7; *Rieger* in Widmann/Mayer, § 71 UmwG Rz. 22; *Simon* in KölnKomm. UmwG, § 71 UmwG Rz. 20; *Bandehzadeh*, DB 2007, 1514 (1515); aA *Diekmann* in Semler/Stengel, § 71 UmwG Rz. 14.
4 *Habighorst* in Böttcher/Habighorst/Schulte, § 71 UmwG Rz. 9.
5 *Bandehzadeh*, DB 2007, 1514 (1515); *Rieger* in Widmann/Mayer, § 71 UmwG Rz. 22; *Simon* in KölnKomm. UmwG, § 71 UmwG Rz. 21; *Diekmann* in Semler/Stengel, § 71

Die künftigen Aktionäre sind durch § 20 Abs. 1 Nr. 3 UmwG ausreichend geschützt.

Entsprechendes gilt für die **Übergabe** der im Verschmelzungsvertrag festgesetzten **baren Zuzahlungen**. Auch insoweit genügt die Besitzverschaffung. IdR wird dem Treuhänder allerdings kein Bargeld übergeben; vielmehr wird der erforderliche Betrag auf ein Treuhandkonto eingezahlt. Dieses Guthaben reicht als Besitzverschaffung aus[1]. 9

Ist der übertragende Rechtsträger ebenfalls eine AG, SE oder KGaA, so erfolgt die Aushändigung der Aktienurkunden zumeist gegen Vorlage der alten Aktien. Zu den Einzelheiten eines solchen **Aktienumtauschs** siehe die Erläuterungen zu § 72 UmwG. 10

Sobald der **Treuhänder im Besitz** der zu gewährenden Aktien und ggf. der baren Zuzahlungen ist, hat er dies unverzüglich (§ 121 BGB) dem für den übernehmenden Rechtsträger zuständigen Registergericht **anzuzeigen** (§ 71 Abs. 1 Satz 2 UmwG). Dies geschieht zweckmäßigerweise durch schriftliche[2] Mitteilung, in der die übergebenen Aktien mit Nennbetrag und Stückzahl sowie der Betrag der erhaltenen baren Zuzahlungen angegeben werden[3]. Für die baren Zuzahlungen ist ausdrücklich klargestellt, dass es nur um die im Verschmelzungsvertrag festgesetzten baren Zuzahlungen und nicht etwa (auch) um die Zuzahlungen geht, die evtl. erst nach der Verschmelzung in einem Spruchverfahren festgesetzt werden (vgl. dazu § 15 UmwG iVm. § 1 Nr. 4 SpruchG). Die Eintragung der Verschmelzung darf erst erfolgen, wenn dem Gericht der – vollständige – Treuhandbesitz angezeigt ist (§ 71 Abs. 1 Satz 2 UmwG)[4]. Wird die Verschmelzung trotz fehlender Anzeige eingetragen, ist die Verschmelzung gleichwohl wirksam (§ 20 Abs. 2 UmwG)[5]. Die Anteilsinhaber des übertragenden Rechtsträgers sind Aktionäre der übernehmenden AG geworden und können unmittelbar von dieser die Aushändigung der Aktienurkunden und ggf. auch die Gewährung der vereinbarten baren Zuzahlung verlangen. Sind die empfangsberechtigten Aktionäre unbekannt, so kann der Treuhänder die Aktien und die 11

UmwG Rz. 14 für den Fall, dass die Aktionäre im Kapitalerhöhungsbeschluss genannt werden; aA *Grunewald* in Lutter, § 71 UmwG Rz. 7.

1 *Grunewald* in Lutter, § 71 UmwG Rz. 10; *Rieger* in Widmann/Mayer, § 71 UmwG Rz. 14; *Simon* in KölnKomm. UmwG, § 71 UmwG Rz. 23.
2 Vgl. *Diekmann* in Semler/Stengel, § 71 UmwG Rz. 17; *Habighorst* in Böttcher/Habighorst/Schulte, § 71 UmwG Rz. 10; *Stockburger* in Maulbetsch/Klumpp/Rose, § 71 UmwG Rz. 14; aA *Grunewald* in Lutter, § 71 UmwG Rz. 12; *Simon* in KölnKomm. UmwG, § 71 UmwG Rz. 25.
3 *Grunewald* in Lutter, § 71 UmwG Rz. 12.
4 *Diekmann* in Semler/Stengel, § 71 UmwG Rz. 16.
5 *Diekmann* in Semler/Stengel, § 17 UmwG Rz. 21; *Grunewald* in Lutter, § 71 UmwG Rz. 12; *Simon* in KölnKomm. UmwG, § 71 UmwG Rz. 35.

baren Zuzahlungen mit schuldbefreiender Wirkung gemäß §§ 372 ff. BGB hinterlegen[1].

12 Bei schuldhafter Verletzung seiner Pflichten haftet der Treuhänder seiner Auftraggeberin und evtl. auch den Anteilsinhabern des übertragenden Rechtsträgers auf **Schadensersatz**[2].

13 Scheitert die Verschmelzung, so hat der Treuhänder die ihm überlassenen Aktien und baren Zuzahlungen an die Übernehmerin **zurückzugeben**[3]. Dies ist dann auch dem Registergericht mitzuteilen.

4. Auslagenersatz und Vergütung

14 Der Anspruch des Treuhänders auf Ersatz seiner Auslagen und einer Vergütung richtet sich in erster Linie nach den mit ihm **getroffenen Vereinbarungen**[4]. Ist eine Vergütung gewollt, aber nicht näher festgelegt, wird die übliche Vergütung geschuldet (§§ 632 Abs. 2, 675 BGB). Fehlt eine ausdrückliche Vereinbarung, so besteht ein Anspruch auf Ersatz angemessener barer Auslagen und auf Vergütung nach § 71 Abs. 2 UmwG iVm. § 26 Abs. 4 UmwG. Kommt eine Einigung über die Höhe nicht zu Stande, setzt auf Antrag das **Gericht** die Auslagen und die Vergütung fest (§ 26 Abs. 4 Satz 2 UmwG). Zuständig ist dabei das Gericht am Sitz des Rechtsträgers, der den Treuhänder beauftragt hat. Das Gericht entscheidet nach freiem Ermessen (§ 26 Abs. 4 Satz 3 UmwG). Gegen seine Entscheidung ist die Beschwerde möglich; die Rechtsbeschwerde ist dagegen ausgeschlossen (§ 26 Abs. 4 Satz 4 UmwG). Der rechtskräftige Gerichtsbeschluss ist zugleich Vollstreckungstitel (§ 26 Abs. 4 Satz 5 UmwG iVm. § 794 Abs. 1 Nr. 3 ZPO).

---

1 Vgl. *Diekmann* in Semler/Stengel, § 71 UmwG Rz. 8; *Rieger* in Widmann/Mayer, § 71 UmwG Rz. 21; *Simon* in KölnKomm. UmwG, § 71 UmwG Rz. 29.
2 *Diekmann* in Semler/Stengel, § 71 UmwG Rz. 20; *Rieger* in Widmann/Mayer, § 71 UmwG Rz. 32.
3 *Diekmann* in Semler/Stengel, § 71 UmwG Rz. 19; *Habighorst* in Böttcher/Habighorst/Schulte, § 71 UmwG Rz. 7.
4 Vgl. *Habighorst* in Böttcher/Habighorst/Schulte, § 71 UmwG Rz. 12; *Hoffmann-Becking* in MünchVertragsHdb., Form. XI.1 Anm. 15; *Junker* in Henssler/Strohn, § 71 UmwG Rz. 9; *Rieger* in Widmann/Mayer, § 71 UmwG Rz. 33; *Stockburger* in Maulbetsch/Klumpp/Rose, § 71 UmwG Rz. 17; aA *Grunewald* in Lutter, § 71 UmwG Rz. 6, *Simon* in KölnKomm. UmwG, § 71 UmwG Rz. 33 und *Stratz* in Schmitt/Hörtnagl/Stratz, § 71 UmwG Rz. 5, die zu Unrecht annehmen, die entsprechende Anwendung von § 26 Abs. 4 UmwG bedeute, dass nur das Gericht die Auslagen und Vergütung festsetzen könne; der Schutzzweck der Vorschrift verlangt dies jedoch nicht.

5. Übergang der Mitgliedschaftsrechte

Mit der Inbesitznahme der Aktienurkunden wird der **Treuhänder nicht Aktionär**. Ihm stehen aus den Aktien keine Mitgliedschaftsrechte, insbesondere kein Stimmrecht zu[1]. Handelt es sich um Aktien, die durch eine **Kapitalerhöhung** gemäß § 69 UmwG neu geschaffen worden sind, so stehen alle Rechte aus diesen Urkunden zunächst noch der Übernehmerin zu. Die Übergabe der Urkunden an den Treuhänder beinhaltet auch keine Ermächtigung zur Ausübung irgendwelcher Rechte[2]. Sind die Aktien schon vor der Eintragung der Durchführung der Kapitalerhöhung übergeben worden, so liegt in der Inbesitznahme durch den Treuhänder keine nach § 191 AktG verbotene Aktienausgabe[3]. Handelt es sich bei den übergebenen Urkunden um schon vorhandene **eigene Aktien**, so stehen daraus auch der Gesellschaft selbst keine Rechte zu (§ 71b AktG). 15

Mit der **Eintragung der Verschmelzung** werden die Anteilsinhaber des übertragenden Rechtsträgers Aktionäre der übernehmenden AG (§ 20 Abs. 1 Nr. 3 UmwG). Der Treuhänder ist verpflichtet, die in seinem Besitz befindlichen Aktien und baren Zuzahlungen den berechtigten Aktionären auszuhändigen. Das mit ihm bestehende Vertragsverhältnis begründet im Zweifel als Vertrag zu Gunsten Dritter (§ 328 BGB) entsprechende Herausgabeansprüche der neuen Aktionäre[4]. 16

Die Aktionäre erlangen ihre Mitgliedschaftsrechte grundsätzlich mit dem Wirksamwerden der Verschmelzung. Bestehen Namensaktien, ist zusätzlich ihre Eintragung im Aktienregister der Gesellschaft erforderlich (vgl. § 67 Abs. 2 Satz 1 AktG). Eine etwaige Vinkulierung der Aktien (§ 68 Abs. 2 AktG) ist unbeachtlich, da die Aktien von Gesetzes wegen übergehen[5]. Die Rechte aus den Aktienurkunden erhält der Aktionär erst mit deren Aushändigung durch den Treuhänder. Will der Aktionär seine Aktien schon vorher veräußern, kann dies noch nicht durch Übertragung der Urkunden, sondern nur der Mitgliedschaftsrechte selbst (§§ 398, 413 BGB) geschehen[6]. Der Anspruch auf bare Zuzahlung steht dann dem Erwerber zu[7]. 17

---

1 *Diekmann* in Semler/Stengel, § 71 UmwG Rz. 12; *Rieger* in Widmann/Mayer, § 71 UmwG Rz. 16; *Grunewald* in Lutter, § 71 UmwG Rz. 8; *Stratz* in Schmitt/Hörtnagl/Stratz, § 71 UmwG Rz. 2; aA *Schleyer*, AG 1958, 208 (210).
2 *Kraft* in KölnKomm. AktG, 1985, § 346 AktG Rz. 56.
3 *Diekmann* in Semler/Stengel, § 71 UmwG Rz. 23; *Rieger* in Widmann/Mayer, § 71 UmwG Rz. 20; *Simon* in KölnKomm. UmwG, § 71 UmwG Rz. 19; aA *Grunewald* in Lutter, § 71 UmwG Rz. 9.
4 Vgl. *Diekmann* in Semler/Stengel, § 71 UmwG Rz. 18; *Rieger* in Widmann/Mayer, § 71 UmwG Rz. 30; *Simon* in KölnKomm. UmwG, § 71 UmwG Rz. 13 und 28; *Stratz* in Schmitt/Hörtnagl/Stratz, § 71 UmwG Rz. 3; ebenso *Habighorst* in Böttcher/Habighorst/Schulte, § 71 UmwG Rz. 11; einschränkend *Grunewald* in Lutter, § 71 UmwG Rz. 5: nur bei entsprechender Vertragsgestaltung.
5 Vgl. *Hüffer/Koch*, § 68 AktG Rz. 11; aA *Diekmann* in Semler/Stengel, § 71 UmwG Rz. 27.
6 *Diekmann* in Semler/Stengel, § 71 UmwG Rz. 25.
7 *Zur Megede*, BB 2007, 337 (339).

§ 72
Umtausch von Aktien

(1) Für den Umtausch der Aktien einer übertragenden Gesellschaft gilt § 73 Abs. 1 und 2 des Aktiengesetzes, bei Zusammenlegung von Aktien dieser Gesellschaft § 226 Abs. 1 und 2 des Aktiengesetzes über die Kraftloserklärung von Aktien entsprechend. Einer Genehmigung des Gerichts bedarf es nicht.

(2) Ist der übernehmende Rechtsträger ebenfalls eine Aktiengesellschaft, so gelten ferner § 73 Abs. 3 des Aktiengesetzes sowie bei Zusammenlegung von Aktien § 73 Abs. 4 und § 226 Abs. 3 des Aktiengesetzes entsprechend.

1. Überblick	1	4. Rechtsträger anderer Rechtsform .	5
2. Übertragende AG	2	5. Rechtsfolgen bei Verstößen	7
3. Übernehmende AG	4		

Literatur: *J. Vetter*, Zum Ausgleich von Spitzen(beträgen) bei der Abfindung von Aktien, AG 1997, 6.

1. Überblick

1 Die Vorschrift regelt das Verfahren für den Umtausch der Aktienurkunden einer übertragenden AG in Anteile des übernehmenden Rechtsträgers. Ist dieser ebenfalls AG, so erfolgt ein Umtausch der alten Urkunden gegen die Ausgabe neuer Aktienurkunden. Die Vorschrift gilt für die Verschmelzung durch Aufnahme wie durch Neugründung.

2. Übertragende AG

2 Mit der Eintragung der Verschmelzung in das Register des übernehmenden Rechtsträgers werden die Aktionäre einer übertragenden AG Anteilsinhaber des übernehmenden Rechtsträgers (§ 20 Abs. 1 Nr. 2 UmwG). Zugleich erlischt der übertragende Rechtsträger mit den an ihm bestehenden Anteilen (§ 20 Abs. 1 Nr. 2 UmwG). Damit ist das Schicksal der **alten Aktienurkunden** aber noch nicht geklärt. § 72 Abs. 1 UmwG sieht insoweit folgendes Verfahren vor: Der übernehmende Rechtsträger fordert die Aktionäre der übertragenden AG durch Bekanntmachung in deren Gesellschaftsblättern, also im Bundesanzeiger (§ 25 AktG), auf, ihre Aktien bei ihm oder zB dem nach § 72 UmwG bestellten Treuhänder innerhalb einer bestimmten Frist einzureichen. Dabei kann – mit den Nachfristen gemäß §§ 73 Abs. 2, 64 Abs. 2 AktG – die Kraftloserklärung der nicht eingereichten Aktien angedroht werden. Eine gerichtliche Genehmigung

ist dazu ausnahmsweise nicht erforderlich (§ 72 Abs. 1 Satz 2 UmwG)[1]. Die Kraftloserklärung der Aktienurkunden erfolgt danach durch eine weitere selbständige Bekanntmachung (§ 73 Abs. 2 Satz 3 und 4 AktG). Dabei müssen die Aktien genau bezeichnet werden[2]. Die Mitgliedschaftsrechte selbst werden dadurch nicht betroffen[3].

Ist eine **Zusammenlegung von Aktien** erforderlich, dh. entfällt nach dem Umtauschverhältnis nur auf mehrere Aktien zusammen ein neuer Anteil des übernehmenden Rechtsträgers, so gelten insoweit die Vorschriften des § 226 Abs. 1 und 2 AktG entsprechend. Danach werden die Aktienurkunden, die trotz Aufforderung nicht eingereicht worden sind, für kraftlos erklärt. Die Kraftloserklärung umfasst in diesem Fall auch die eingereichten Aktienurkunden, welche die zum Umtausch in einen neuen Anteil nötige Zahl nicht erreichen und die dem übernehmenden Rechtsträger nicht zur Verwertung für Rechnung der Beteiligten zur Verfügung gestellt worden sind (§ 226 Abs. 1 Satz 2 AktG). Diese Aktien sind durch bare Zuzahlung auszugleichen[4]. Bei börsennotierten Gesellschaften kann auch ein Erwerb oder Verkauf von Teilrechten über die Banken erfolgen, um auf diese Weise glatte Aktienzahlen zu erreichen[5]. 3

3. Übernehmende AG

Die eingereichten Aktienurkunden werden, wenn auch der übernehmende Rechtsträger eine AG, SE (§ 3 UmwG Rz. 11) oder KGaA (§ 78 UmwG) ist, berichtigt oder gegen neue Aktienurkunden umgetauscht (§ 72 Abs. 2 UmwG iVm. § 73 Abs. 3 AktG). Die Abwicklung des Umtauschs erfolgt dabei durch den gemäß § 71 UmwG bestellten Treuhänder. Er erhält die eingereichten Aktien und händigt den Aktionären dafür die neuen Aktenurkunden und evtl. baren Zuzahlungen aus[6]. Bei Aktien in Girosammelverwahrung genügen entsprechende Umbuchungen in den Depots der Aktionäre[7]. Unter den Voraussetzungen des § 372 BGB können einzeln verbriefte Aktien auch hinterlegt werden (§ 73 Abs. 3 Satz 2 AktG). Im Falle der Globalverbriefung hat der Treuhänder 4

---

1 *Diekmann* in Semler/Stengel, § 72 UmwG Rz. 5; *Grunewald* in Lutter, § 72 UmwG Rz. 2; *Simon* in KölnKomm. UmwG, § 72 UmwG Rz. 12.
2 *Rieger* in Widmann/Mayer, § 72 UmwG Rz. 20; *Simon* in KölnKomm. UmwG, § 72 UmwG Rz. 11.
3 Vgl. *Hüffer/Koch*, § 73 AktG Rz. 6.
4 *Grunewald* in Lutter, § 72 UmwG Rz. 3; *Simon* in KölnKomm. UmwG, § 72 UmwG Rz. 15.
5 Vgl. *J. Vetter*, AG 1997, 6 (9).
6 *Diekmann* in Semler/Stengel, § 72 UmwG Rz. 12; *Grunewald* in Lutter, § 72 UmwG Rz. 4; *Rieger* in Widmann/Mayer, § 72 UmwG Rz. 7; *Simon* in KölnKomm. UmwG, § 72 UmwG Rz. 22.
7 *Diekmann* in Semler/Stengel, § 72 UmwG Rz. 7; *Grunewald* in Lutter, § 72 UmwG Rz. 4.

für die Aktien unbekannter Aktionäre ein entsprechendes Depot einzurichten[1]. Sofern eine Zusammenlegung von Aktien erforderlich ist, sind die Aktienurkunden, die an Stelle der für kraftlos erklärten Aktien ausgegeben werden, für Rechnung der beteiligten Aktionäre zu verwerten (§ 72 Abs. 2 UmwG iVm. §§ 73 Abs. 4, 226 Abs. 3 AktG). Die Verwertung wird durch den übernehmenden Rechtsträger oder den Treuhänder abgewickelt. In der Zeit bis zur Verwertung der neuen Aktien ruhen die darin verbrieften Rechte; die Vermögensrechte übt die übernehmende AG aus[2].

4. Rechtsträger anderer Rechtsform

5 Ist der übertragende Rechtsträger keine AG oder KGaA (§ 78 UmwG), sondern zB eine **GmbH** oder eine **Personenhandelsgesellschaft**, so findet kein Umtausch von Aktien statt. Aktienurkunden müssen weder eingereicht werden, noch können solche für kraftlos erklärt werden. Statt dessen fordert die übernehmende AG die bisherigen Anteilsinhaber durch entsprechende Mitteilung lediglich auf, sich bei ihr zu melden und die neuen Aktienurkunden abzuholen[3].

6 Ist nur der übertragende Rechtsträger AG, SE oder KGaA (§ 78 UmwG) und ist der übernehmende Rechtsträger zB eine **GmbH** oder **Personenhandelsgesellschaft**, so werden über deren Anteile idR keine Urkunden ausgegeben. Die eingereichten Aktien werden demgemäß auch weder berichtigt noch umgetauscht; sie dienen lediglich der Feststellung, welche Anteile auf die eingereichten Aktien entfallen und wer Inhaber dieser Anteile ist. Erforderlich bleibt allerdings die Kraftloserklärung, diese ist Aufgabe des übernehmenden Rechtsträgers[4]. Falls die Verschmelzung inzwischen eingetragen ist, sind die Aktien nach den beim übernehmenden Rechtsträger geltenden Regeln und damit den dann evtl. erforderlichen Formerfordernissen übertragbar[5].

5. Rechtsfolgen bei Verstößen

7 Wird gegen § 72 UmwG verstoßen, berührt dies die Wirksamkeit der Verschmelzung nicht. Nach den allgemeinen Regeln können aber Schadensersatz-

---

1 *Diekmann* in Semler/Stengel, § 72 UmwG Rz. 9.
2 Vgl. *Hüffer/Koch*, § 226 AktG Rz. 13; *Diekmann* in Semler/Stengel, § 72 UmwG Rz. 13; *Habighorst* in Böttcher/Habighorst/Schulte, § 72 UmwG Rz. 7.
3 *Simon* in KölnKomm. UmwG, § 72 UmwG Rz. 20.
4 *Diekmann* in Semler/Stengel, § 72 UmwG Rz. 17; *Rieger* in Widmann/Mayer, § 72 UmwG Rz. 6.
5 *Diekmann* in Semler/Stengel, § 72 UmwG Rz. 17; *Grunewald* in Lutter, § 72 UmwG Rz. 7; aA *Stratz* in Schmitt/Hörtnagl/Stratz, § 72 UmwG Rz. 5, der bis zur Kraftloserklärung noch Übertragbarkeit nach Aktienrecht annimmt.

ansprüche gegen die Organmitglieder der übernehmenden Gesellschaft und evtl. auch gegen den Treuhänder bestehen[1].

Zweiter Unterabschnitt
Verschmelzung durch Neugründung

§ 73
Anzuwendende Vorschriften

Auf die Verschmelzung durch Neugründung sind die Vorschriften des Ersten Unterabschnitts mit Ausnahme der §§ 66, 67, 68 Abs. 1 und 2 und des § 69 entsprechend anzuwenden.

1. Überblick . . . . 1 | 2. Einzelheiten der Verweisung 2

1. Überblick

Die Vorschrift regelt die Verschmelzung durch Neugründung, an der – als übertragender oder neuer Rechtsträger – mindestens eine AG (oder KGaA, § 78 UmwG) beteiligt ist[2]. Auf die SE ist die Bestimmung nicht entsprechend anwendbar, da für die Gründung einer SE durch Verschmelzung die SE-VO abschließend gilt (vgl. § 3 UmwG Rz. 11)[3]. Für die Verschmelzung zur Neugründung gelten die allgemeinen Vorschriften über die Verschmelzung durch Neugründung mit der Verweisung auf das Gründungsrecht der AG (vgl. §§ 36–38 UmwG, siehe dazu die dortigen Erläuterungen) und ergänzend die §§ 60–72 UmwG mit Ausnahme der in § 73 UmwG angeführten Vorschriften. 1

2. Einzelheiten der Verweisung

Gemäß **§ 60 UmwG** ist bei jeder übertragenden AG der Verschmelzungsvertrag nach den §§ 9–12 UmwG zu prüfen. Für mehrere übertragende AG kann gemäß 2

---

1 *Diekmann* in Semler/Stengel, § 72 UmwG Rz. 18; *Grunewald* in Lutter, § 72 UmwG Rz. 8; *Rieger* in Widmann/Mayer, § 72 UmwG Rz. 13, 34; *Simon* in KölnKomm. UmwG, § 72 UmwG Rz. 24.
2 *Diekmann* in Semler/Stengel, § 73 UmwG Rz. 2.
3 *Wardenbach* in Henssler/Strohn, § 73 UmwG Rz. 1; einschr. *Diekmann* in Semler/Stengel, § 73 UmwG Rz. 2 und *Habighorst* in Böttcher/Habighorst/Schulte, § 73 UmwG Rz. 2 wegen der Verweisung auf das nationale Gründungsrecht in Art. 15, 18 SE-VO.

§ 10 Abs. 1 Satz 2 UmwG ein gemeinsamer Prüfer bestellt werden. – Vor der Einberufung der Hauptversammlung einer jeden übertragenden AG, die gemäß § 13 Abs. 1 UmwG über die Zustimmung beschließen soll, ist der Verschmelzungsvertrag dem zuständigen Register einzureichen (§ **61 UmwG**). Einen besonderen Fall der Verschmelzung durch Aufnahme regelt § **62 UmwG**; diese Vorschrift findet deshalb bei der Verschmelzung durch Neugründung keine Anwendung; ihre Nichterwähnung in § 73 UmwG beruht offenbar auf einem Versehen[1]. Für die über die Verschmelzung beschließenden Hauptversammlungen der an der Neugründung beteiligten AG gelten jeweils die §§ **63–65 UmwG**[2]. Für die Verschmelzungsbeschlüsse enthält dabei § 76 UmwG ergänzende Bestimmungen; insbesondere müssen die Anteilsinhaber jedes übertragenden Rechtsträgers auch über die Satzung der neuen AG beschließen (vgl. auch § 37 UmwG).

3 Von der entsprechenden Geltung ausgenommen sind die Vorschriften über die **Kapitalerhöhung** (§§ **66, 68, 69 UmwG**). Bei der Verschmelzung durch Neugründung einer AG oder KGaA werden die neuen Anteile nicht durch Kapitalerhöhung, sondern im Rahmen der Gründung des neuen Rechtsträgers geschaffen; eine Kapitalerhöhung ist somit nicht erforderlich[3]. Entsprechend anwendbar bleibt allerdings § **68 Abs. 3 UmwG**, wonach die im Verschmelzungsvertrag festgesetzten **baren Zuzahlungen** an die Aktionäre des jeweiligen übertragenden Rechtsträgers den zehnten Teil des Gesamtnennbetrags der vom neuen Rechtsträger gewährten Anteile nicht übersteigen dürfen[4]. Diese Einschränkung gilt nur, wenn der neue Rechtsträger eine AG oder KGaA ist. Ist der neue Rechtsträger eine GmbH, gelten für diese die §§ 56, 54 Abs. 3 UmwG[5]. Befindet sich unter den übertragenden Rechtsträgern eine Kapitalgesellschaft, so ist auch denkbar, dass diese **eigene Anteile** hält. Für diesen Fall ist entsprechend § 68 Abs. 1 Satz 1 Nr. 2 UmwG davon auszugehen, dass der neue Rechtsträger insoweit keine neuen Anteile ausgeben darf[6]. Bei einer übertragenden GmbH mit eigenen Geschäftsanteilen ergibt sich dies aus § 54 Abs. 1 Satz 1 Nr. 2 UmwG.

4 Unanwendbar sind auch die Vorschriften über die **Nachgründung** (§ 67 UmwG). Diese werden durch § 76 Abs. 1 UmwG ersetzt, wonach eine übertra-

---

1 Vgl. *Diekmann* in Semler/Stengel, § 73 UmwG Rz. 5; *Grunewald* in Lutter, § 73 UmwG Rz. 10; *Rieger* in Widmann/Mayer, § 73 UmwG Rz. 17; *Simon* in KölnKomm. UmwG, § 73 UmwG Rz. 8; *Habighorst* in Böttcher/Habighorst/Schulte, § 73 UmwG Rz. 7 und 9.
2 *Diekmann* in Semler/Stengel, § 73 UmwG Rz. 6; *Grunewald* in Lutter, § 73 UmwG Rz. 11.
3 *Diekmann* in Semler/Stengel, § 73 UmwG Rz. 7; *Simon* in KölnKomm. UmwG, § 73 UmwG Rz. 4.
4 *Grunewald* in Lutter, § 73 UmwG Rz. 7; *Stratz* in Schmitt/Hörtnagl/Stratz, § 73 UmwG Rz 1; wohl auch *Diekmann* in Semler/Stengel, § 73 UmwG Rz. 8.
5 *Grunewald* in Lutter, § 73 UmwG Rz. 7 Fn. 1.
6 *Diekmann* in Semler/Stengel, § 73 UmwG Rz. 7; *Grunewald* in Lutter, § 73 UmwG Rz. 7.

gende AG die Verschmelzung erst beschließen darf, wenn sie und jede andere übertragende AG bereits zwei Jahre im Register eingetragen ist. Damit wird eine Umgehung der Nachgründungsvorschriften verhindert.

Die übrigen Bestimmungen des ersten Unterabschnitts (§§ **70–72 UmwG**) gelten entsprechend; insofern bestehen keine Besonderheiten. Vor Eintragung der neuen AG oder KGaA kann der Treuhänder allerdings noch keine Aktienurkunden in Empfang nehmen und dies dem Gericht anzeigen (vgl. § 41 Abs. 4 AktG). Insoweit genügen entsprechende Absichtserklärungen[1]. Die Anteilsinhaber der übertragenden Rechtsträger erhalten idR entsprechend dem Wert ihres Rechtsträgers Aktien der neuen AG. Die Zuteilung dieser Aktien an die Anteilsinhaber jedes übertragenden Rechtsträgers folgt dabei meist den früheren Beteiligungsverhältnissen. Zwingend ist dies aber nicht; mit Zustimmung aller Anteilsinhaber können auch abweichende Beteiligungsquoten vorgesehen werden[2].

§ 74
Inhalt der Satzung

In die Satzung sind Festsetzungen über Sondervorteile, Gründungsaufwand, Sacheinlagen und Sachübernahmen, die in den Gesellschaftsverträgen, Partnerschaftsverträgen oder Satzungen übertragender Rechtsträger enthalten waren, zu übernehmen. § 26 Abs. 4 und 5 des Aktiengesetzes bleibt unberührt.

Für die Bildung des neuen Rechtsträgers sind die für seine **Gründung** geltenden Vorschriften anzuwenden (§ 73 UmwG iVm. § 36 Abs. 2 UmwG). Handelt es sich bei dem neuen Rechtsträger um eine AG, so stellen die übertragenden Rechtsträger als deren Gründer die Satzung fest (§§ 73, 36 Abs. 2 UmwG iVm. §§ 23, 28 AktG). In der Satzung ist insbesondere das **Grundkapital** und seine Zerlegung in Aktien anzugeben (§ 23 Abs. 3 Nr. 3 und 4 AktG). Dabei ist darauf zu achten, dass die neuen Aktien nicht unter pari ausgegeben werden (§ 9 AktG). Das Vermögen jedes übertragenden Rechtsträgers muss den anteiligen Betrag des Grundkapitals, der den Aktionären dieses Rechtsträgers gewährt wird, decken. Dabei sind bare Zuzahlungen und etwaige Abfindungen nach § 29 UmwG abzuziehen[3]. Reicht der Wert des übertragenden Vermögens zu der er-

---

[1] *Diekmann* in Semler/Stengel, § 73 UmwG Rz. 9; *Simon* in KölnKomm. UmwG, § 73 UmwG Rz. 9; *Habighorst* in Böttcher/Habighorst/Schulte, § 73 UmwG Rz. 9; abl. *Maulbetsch* in Maulbetsch/Klumpp/Rose, § 73 UmwG Rz. 18.
[2] Vgl. *Diekmann* in Semler/Stengel, § 73 UmwG Rz. 10; *Stratz* in Schmitt/Hörtnagl/Stratz, § 73 UmwG Rz. 12.
[3] *Diekmann* in Semler/Stengel, § 74 UmwG Rz. 4; *Grunewald* in Lutter, § 74 UmwG Rz. 4; *Habighorst* in Böttcher/Habighorst/Schulte, § 74 UmwG Rz. 3.

§ 74 | Verschmelzung – Beteiligung von AG

forderlichen Kapitaldeckung nicht aus, können ergänzende Bareinlagen vereinbart werden[1]. Zu einer evtl. Differenzhaftung siehe Rz. 4. Für die Bestimmung der **Höhe des Grundkapitals** ist entscheidend, wie viele Aktien für die Anteilsinhaber der übertragenden Rechtsträger zur Verfügung gestellt werden müssen, um der Wertrelation der übergehenden Vermögen zu entsprechen[2]. In die Satzung sind auch etwaige Sondervorteile, ein Gründungsaufwand, Sacheinlagen und Sachübernahmen aufzunehmen (vgl. §§ 26, 27 AktG)[3]. Dabei geht es um solche Festsetzungen, die im Zusammenhang mit der Gründung der neuen AG vereinbart werden. Da die Neugründung zur Verschmelzung eine **Sachgründung** darstellt, sind in der Satzung gemäß § 27 Abs. 1 AktG die entsprechenden Sacheinlagen festzusetzen[4]. In Betracht kommen außerdem Festsetzungen über Sondervorteile oder Gründungsentschädigungen. Für diese gelten die Bestimmungen des § 26 Abs. 1 und 3 AktG. Etwaige Sondervorteile sind darüber hinaus auch im Verschmelzungsvertrag anzugeben (§ 5 Abs. 1 Nr. 8 UmwG). Schließlich muss die gesamte Satzung im Verschmelzungsvertrag enthalten oder festgestellt sein (vgl. § 37 UmwG).

2 § 74 UmwG **erweitert** diese **allgemeine Gründungspublizität** dahin, dass auch alle Festsetzungen über Sondervorteile, Gründungsaufwand, Sacheinlagen und Sachübernahmen, die in dem Gesellschaftsvertrag, dem Partnerschaftsvertrag oder der Satzung eines übertragenden Rechtsträgers enthalten sind, in die Satzung der neuen AG zu übernehmen sind. Ist der übertragende Rechtsträger eine **AG, SE** oder **KGaA**, so handelt es sich um etwaige Festsetzungen nach §§ 26, 27 AktG. Bei einer **GmbH** müssen Sacheinlagen und Sachübernahmen ebenfalls im Gesellschaftsvertrag festgesetzt werden (vgl. § 5 Abs. 4 GmbHG). Entsprechendes wird auch für Sonderrechte einzelner Gesellschafter und den Gründungsaufwand angenommen[5]. Besondere Beitragsleistungen wie die Einbringung von Sachen oder Sonderrechte Einzelner sind auch bei den **Personenhandelsgesellschaften** und Partnerschaftsgesellschaften regelmäßig im Gesellschaftsvertrag festgelegt (vgl. §§ 105 Abs. 2, 161 Abs. 2 HGB und in § 1 Abs. 4 PartGG iVm. §§ 705, 706 BGB)[6].

3 Nach § 74 Satz 2 UmwG bleiben die Bestimmungen des **§ 26 Abs. 4 und 5 AktG** unberührt. Diese Verweisung bezieht sich auf den Anwendungsbereich des § 26

---

[1] Vgl. *Stratz* in Schmitt/Hörtnagl/Stratz, § 73 UmwG Rz. 8; *Diekmann* in Semler/Stengel, § 73 UmwG Rz. 7.
[2] Vgl. *Lutter* in FS Wiedemann, 2003, S. 1097 (1100 ff.).
[3] *Diekmann* in Semler/Stengel, § 74 UmwG Rz. 3; *Grunewald* in Lutter, § 74 UmwG Rz. 6.
[4] Vgl. *Rieger* in Widmann/Mayer, § 74 UmwG Rz. 3; *Simon* in KölnKomm. UmwG, § 74 UmwG Rz. 10; aA *Grunewald* in Lutter, § 74 UmwG Rz. 6.
[5] Vgl. *Bayer* in Lutter/Hommelhoff, § 3 GmbHG Rz. 38, 52 sowie *Rieger* in Widmann/Mayer, § 74 UmwG Rz. 4; *Simon* in KölnKomm. UmwG, § 74 UmwG Rz. 6.
[6] *Grunewald* in Lutter, § 74 UmwG Rz. 7; *Rieger* in Widmann/Mayer, § 74 UmwG Rz. 4; *Simon* in KölnKomm. UmwG, § 74 UmwG Rz. 6.

AktG, gilt also unmittelbar nur für eine übertragende AG oder KGaA[1]. Bei diesen können die **Festsetzungen in der Satzung** über Sondervorteile und Gründungsaufwand, aber auch über Sacheinlagen und Sachübernahmen (vgl. § 27 Abs. 5 AktG) erst nach einer Sperrfrist von fünf Jahren seit Eintragung der Gesellschaft im Handelsregister **geändert** werden. Eine **Beseitigung** der Festsetzung ist erst zulässig, wenn 30 Jahre seit der Eintragung der Gesellschaft und zusätzlich fünf Jahre seit Wegfall der Verpflichtungen verstrichen sind. Diese Fristen laufen unabhängig von der Verschmelzung weiter[2]. Wird gegen sie bei der Feststellung der Satzung der neu gegründeten AG verstoßen, ein Sondervorteil also zB nicht in die neue Satzung übernommen, so geht der Anspruch auf den Sondervorteil unter[3].

Gründer der neuen AG sind die sich verschmelzenden Rechtsträger (§ 36 Abs. 2 Satz 2 UmwG). Diese trifft eine etwaige Gründerhaftung (§ 46 AktG). Allerdings erlöschen die übertragenden Rechtsträger mit der Eintragung der Verschmelzung (§ 20 Abs. 1 Nr. 2 UmwG) und damit – durch Konfusion – auch deren Haftung. Ein – anteiliger – Übergang dieser Haftung auf die Aktionäre wäre angesichts ihrer passiven Rolle nicht sachgerecht[4]. Vor allem fehlt eine individuelle Kapitaldeckungszusage, an die eine etwaige Differenzhaftung anknüpfen könnte[5]. 4

§ 75
Gründungsbericht und Gründungsprüfung

(1) In dem Gründungsbericht (§ 32 des Aktiengesetzes) sind auch der Geschäftsverlauf und die Lage der übertragenden Rechtsträger darzustellen. Zum Gründungsprüfer (§ 33 Absatz 2 des Aktiengesetzes) kann der Verschmelzungsprüfer bestellt werden.

(2) Ein Gründungsbericht und eine Gründungsprüfung sind nicht erforderlich, soweit eine Kapitalgesellschaft oder eine eingetragene Genossenschaft übertragender Rechtsträger ist.

---

1 *Diekmann* in Semler/Stengel, § 74 UmwG Rz. 6; *Simon* in KölnKomm. UmwG, § 74 UmwG Rz. 13; für Anwendbarkeit auch auf GmbH und Genossenschaften *Rieger* in Widmann/Mayer, § 74 UmwG Rz. 9 und *Grunewald* in Lutter, § 74 UmwG Rz. 8.
2 *Diekmann* in Semler/Stengel, § 74 UmwG Rz. 6; *Grunewald* in Lutter, § 74 UmwG Rz. 8; *Rieger* in Widmann/Mayer, § 74 UmwG Rz. 8; *Simon* in KölnKomm. UmwG, § 74 UmwG Rz. 6.
3 *Diekmann* in Semler/Stengel, § 74 UmwG Rz. 6; *Grunewald* in Lutter, § 74 UmwG Rz. 9; *Habighorst* in Böttcher/Habighorst/Schulte, § 74 UmwG Rz. 8; *Rieger* in Widmann/Mayer, § 74 UmwG Rz. 10; *Simon* in KölnKomm. UmwG, § 74 UmwG Rz. 6.
4 Vgl. *Diekmann* in Semler/Stengel, § 74 UmwG Rz. 5; *Grunewald* in Lutter, § 74 UmwG Rz. 5; *Habighorst* in Böttcher/Habighorst/Schulte, § 74 UmwG Rz. 4; aA *Ihrig*, GmbHR 1995, 622 (634 ff.).
5 So BGH v. 12.3.2007 – II ZR 302/05, NZG 2007, 513 ff. = AG 2007, 487.

§ 75 | Verschmelzung – Beteiligung von AG

1. Überblick	1	3. Ausnahmen	4
2. Gründungsbericht	2	4. Rechtsfolgen bei Verstoß	7

Literatur: *Angermayer*, Die Prüfung von Sacheinlagen im neuen Umwandlungsrecht, WPg 1995, 681; *Ihrig*, Gläubigerschutz durch Kapitalaufbringung bei Verschmelzung und Spaltung nach neuem Umwandlungsrecht, GmbHR 1995, 622.

1. Überblick

1 Die Vorschrift befasst sich – parallel zu § 58 UmwG für die GmbH – mit dem Gründungsbericht und der Gründungsprüfung in Bezug auf die bei der Verschmelzung durch Neugründung entstehende neue AG.

2. Gründungsbericht

2 Ist der neue Rechtsträger eine AG, so haben die übertragenden Rechtsträger als Gründer entsprechend dem allgemeinen Gründungsrecht einen schriftlichen Gründungsbericht zu erstatten, welcher der Anmeldung der neuen AG zur Eintragung in das Handelsregister beizufügen ist (vgl. § 36 Abs. 2 UmwG iVm. §§ 32, 37 Abs. 4 Nr. 4 AktG). Der gesetzliche Mindestinhalt dieses Berichts ergibt sich aus § 32 AktG. Da es sich um eine Sachgründung handelt, sind auch die wesentlichen Umstände darzulegen, von denen die Angemessenheit der Leistungen abhängt (§ 32 Abs. 2 AktG). Nach § 75 Abs. 1 Satz 1 UmwG sind in diesem Bericht auch der **Geschäftsverlauf** und die **Lage** der übertragenden Rechtsträger darzustellen. Mit diesem Erfordernis wird eine Parallele zum Lagebericht nach § 289 HGB hergestellt, in dem der Geschäftsverlauf und die Lage einer Kapitalgesellschaft so darzustellen sind, dass ein den tatsächlichen Verhältnissen entsprechendes Bild vermittelt wird[1]. Von diesem Maßstab ist auch beim Gründungsbericht auszugehen, wobei die Darlegungen zum Geschäftsverlauf und zur Lage gemäß § 75 Abs. 2 UmwG vor allem für solche übertragenden Rechtsträger verlangt werden, die keine Kapitalgesellschaften sind (vgl. Rz. 4). Die Regelung in § 32 Abs. 2 Nr. 3 AktG spricht dafür, die Darstellung des Geschäftsverlaufs und der Lage allgemein auf die **beiden letzten Geschäftsjahre** zu erstrecken[2].

3 Der Gründungsbericht soll wie § 289 Abs. 2 Nr. 1 und Abs. 1 Satz 4 HGB auch auf **Vorgänge von besonderer Bedeutung**, die nach dem Schluss des letzten Geschäftsjahres eingetreten sind, und auf die **voraussichtliche Entwicklung** der

---

[1] *Diekmann* in Semler/Stengel, § 75 UmwG Rz. 3; *Grunewald* in Lutter, § 75 UmwG Rz. 3; *Habighorst* in Böttcher/Habighorst/Schulte, § 75 UmwG Rz. 4.
[2] *Rieger* in Widmann/Mayer, § 75 UmwG Rz. 7; *Simon* in KölnKomm. UmwG, § 75 UmwG Rz. 9; *Stratz* in Schmitt/Hörtnagl/Stratz, § 75 UmwG Rz. 3.

übertragenden Rechtsträger eingehen[1]. Damit wird eine Prognose verlangt, an die allerdings keine hohen Anforderungen zu stellen sind. Ändern sich bis zur Anmeldung der neuen AG wesentliche Umstände, so ist ein **Nachtragsbericht** zu erstatten[2].

Da die Verschmelzung zur Neugründung eine Gründung mit Sacheinlagen darstellt, ist grundsätzlich eine externe Gründungsprüfung erforderlich (§ 33 Abs. 2 AktG). Wie § 75 Abs. 1 Satz 2 UmwG idF des 3. UmwGÄndG[3] vorsieht, kann dabei der **Verschmelzungsprüfer** auch zum **Gründungsprüfer** bestellt werden. Dies soll der Vereinfachung und Kosteneinsparung dienen[4]. Im Hinblick auf diesen Gesetzeszweck ist anzunehmen, dass das Gericht bei entsprechendem Antrag den Verschmelzungsprüfer auch tatsächlich zum Gründungsprüfer zu bestellen hat (vgl. auch § 69 UmwG Rz. 11a)[5]. 3a

3. Ausnahmen

Ist übertragender Rechtsträger eine Kapitalgesellschaft oder eine eingetragene Genossenschaft, sind ein **Gründungsbericht** nach § 32 AktG und eine **Gründungsprüfung** nach § 33 Abs. 2 AktG insoweit **entbehrlich** (§ 75 Abs. 2 UmwG). Gründungsbericht und Gründungsprüfung entfallen damit, wenn alle übertragenden Rechtsträger Kapitalgesellschaften sind. Sind daneben auch zB Personenhandelsgesellschaften, Partnerschaftsgesellschaften oder eingetragene Vereine übertragende Rechtsträger, so haben nur diese einen Gründungsbericht zu erstatten[6]. Dieser braucht dann nur die Vermögensverhältnisse dieser Rechtsträger darzustellen. Auch die Gründungsprüfung bezieht sich dann nur auf die Beteiligung dieser Rechtsträger als Gründer der neuen AG[7]. Dabei geht es vor allem darum, dass die Übertragung des Vermögens dieser Gründer eine Sachein- 4

---

1 Vgl. *Diekmann* in Semler/Stengel, § 75 UmwG Rz. 3; *Simon* in KölnKomm. UmwG, § 75 UmwG Rz. 8.
2 *Diekmann* in Semler/Stengel, § 75 UmwG Rz. 3; *Grunewald* in Lutter, § 75 UmwG Rz. 3; *Rieger* in Widmann/Mayer, § 75 UmwG Rz. 7 f.; *Simon* in KölnKomm. UmwG, § 75 UmwG Rz. 11; *Stratz* in Schmitt/Hörtnagl/Stratz, § 75 UmwG Rz. 3; *Habighorst* in Böttcher/Habighorst/Schulte, § 75 UmwG Rz. 4.
3 BGBl. I 2011, S. 1338; die Regelung beruht auf § 10 Abs. 5 Unterabs. 2 der Zweiten Kapitalrichtlinie 77/91/EWG idF der Änderungsrichtlinie 2009/109/EG v. 16.9.2009, ABl. EU Nr. L 259 v. 2.10.2009, S. 14.
4 Begr. RegE v. 1.10.2010, BT-Drucks. 17/3122, S. 14; *Neye/Kraft*, NZG 2011, 681 (683); *Neye/Jäckel*, AG 2010, 237 (241).
5 *Wagner*, DStR 2010, 1629 (1631); *Simon/Merkelbach*, DB 2011, 1317 (1318).
6 *Diekmann* in Semler/Stengel, § 75 UmwG Rz. 6; *Rieger* in Widmann/Mayer, § 75 UmwG Rz. 8; *Simon* in KölnKomm. UmwG, § 75 UmwG Rz. 15.
7 Ebenso *Rieger* in Widmann/Mayer, § 75 UmwG Rz. 10; aA *Grunewald* in Lutter, § 75 UmwG Rz. 4.

lage darstellt (§ 33 Abs. 2 Nr. 4 AktG). Zum Umfang der Gründungsprüfung, die durch vom Gericht bestellte Sachverständige erfolgt, siehe § 34 AktG. Auf die Möglichkeit, von einer Gründungsprüfung gemäß § **33a AktG** abzusehen, nimmt das Gesetz nicht Bezug. Dies ist angesichts der weitergehenden Befreiung gemäß § 75 Abs. 2 UmwG auch nicht erforderlich[1].

5 Gründungsbericht und Gründungsprüfung sind, soweit Kapitalgesellschaften beteiligt sind, auch dann entbehrlich, wenn ein Sachverhalt vorliegt, der bei einer Kapitalerhöhung zur Durchführung einer Verschmelzung durch Aufnahme eine Sacheinlagenprüfung erforderlich machen würde (§ 69 Abs. 1 UmwG)[2]. Bestehen Zweifel an einer ausreichenden Kapitaldeckung der neuen AG, kann das Registergericht allerdings von Amts wegen eine Gründungsprüfung anordnen (§ 26 FamFG)[3].

6 Nicht erforderlich ist nach § 75 Abs. 2 UmwG nur die Gründungsprüfung durch externe Prüfer gemäß § 33 Abs. 2 AktG. Die Pflicht der Mitglieder des **Vorstands** und des **Aufsichtsrats** zur Prüfung der Gründung nach § 33 Abs. 1 AktG bleibt unberührt[4].

4. Rechtsfolgen bei Verstoß

7 Werden die erforderlichen Berichte und Prüfungen nicht erstellt bzw. durchgeführt, so kann das Registergericht die Eintragung der Verschmelzung ablehnen. Wird die Eintragung dennoch vorgenommen, sind die Mängel geheilt (§ 20 Abs. 2 UmwG)[5]. Für die inhaltliche Richtigkeit des Gründungsberichts tragen die Gründer die zivil- und strafrechtliche Verantwortung (§§ 46, 399 AktG)[6].

---

1 *Habighorst* in Böttcher/Habighorst/Schulte, § 75 UmwG Rz. 8.
2 *Diekmann* in Semler/Stengel, § 75 UmwG Rz. 8; *Simon* in KölnKomm. UmwG, § 75 UmwG Rz. 16.
3 Vgl. *Ihrig*, GmbHR 1995, 622 (629); *Grunewald* in Lutter, § 75 UmwG Rz. 5; *Diekmann* in Semler/Stengel, § 75 UmwG Rz. 5; *Simon* in KölnKomm. UmwG, § 75 UmwG Rz. 14.
4 *Diekmann* in Semler/Stengel, § 75 UmwG Rz. 7; *Rieger* in Widmann/Mayer, § 75 UmwG Rz. 9; *Simon* in KölnKomm. UmwG, § 75 UmwG Rz. 17.
5 *Simon* in KölnKomm. UmwG, § 75 UmwG Rz. 18; *Grunewald* in Lutter, § 75 UmwG Rz. 7.
6 *Simon* in KölnKomm. UmwG, § 75 UmwG Rz. 19; *Stratz* in Schmitt/Hörtnagl/Stratz, § 75 UmwG Rz. 4.

§ 76
Verschmelzungsbeschlüsse

(1) Eine übertragende Aktiengesellschaft darf die Verschmelzung erst beschließen, wenn sie und jede andere übertragende Aktiengesellschaft bereits zwei Jahre im Register eingetragen sind.

(2) Die Satzung der neuen Gesellschaft wird nur wirksam, wenn ihr die Anteilsinhaber jedes der übertragenden Rechtsträger durch Verschmelzungsbeschluss zustimmen. Dies gilt entsprechend für die Bestellung der Mitglieder des Aufsichtsrats der neuen Gesellschaft, soweit diese nach § 31 des Aktiengesetzes zu wählen sind. Auf eine übertragende Aktiengesellschaft ist § 124 Abs. 2 Satz 3, Abs. 3 Satz 1 und 3 des Aktiengesetzes entsprechend anzuwenden.

1. Überblick 1	4. Bestellung der Mitglieder des ersten Aufsichtsrats 6
2. Zweijährige Sperrfrist (§ 76 Abs. 1 UmwG) 2	5. Mehrheiten 8
3. Wirksamwerden der Satzung (§ 76 Abs. 2 Satz 1 UmwG) 5	6. Bekanntmachung der Tagesordnung (§ 76 Abs. 2 Satz 3 UmwG) . 9
	7. Kosten 10

1. Überblick

Die Vorschrift ergänzt § 13 Abs. 1 UmwG. Sie dient dem Gläubigerschutz[1] und gilt auch für Mischverschmelzungen. 1

2. Zweijährige Sperrfrist (§ 76 Abs. 1 UmwG)

Die Aktionäre der an einer **Verschmelzung zur Neugründung**[2] einer AG, KGaA teilnehmenden übertragenden AG, KGaA dürfen den **Verschmelzungsbeschluss** (§§ 73, 65 UmwG) erst fassen[3], wenn ihre AG, KGaA am Tage der Beschlussfassung mindestens zwei Jahre **im Handelsregister eingetragen** ist. Neh- 2

---

[1] *Diekmann* in Semler/Stengel, § 76 UmwG Rz. 1; *Simon* in KölnKomm. UmwG, § 76 UmwG Rz. 1.
[2] Für eine Verschmelzung durch Aufnahme gilt die Vorschrift nicht: *Grunewald* in Lutter, § 76 UmwG Rz. 4; *Simon* in KölnKomm. UmwG, § 76 UmwG Rz. 5; *Stratz* in Schmitt/Hörtnagl/Stratz, § 76 UmwG Rz. 1; ebenso nicht für die Verschmelzung zur Neugründung einer SE siehe oben § 3 UmwG Rz. 9a und unten Anhang I Rz. 132.
[3] *Rieger* in Widmann/Mayer, § 76 UmwG Rz. 5; bzgl. SE siehe auch unten Anhang I Rz. 131 f.

men an der Gründung mehrere übertragende AG, KGaA teil, kann die Beschlussfassung bei allen AG, KGaA erst erfolgen, wenn jede von ihnen zwei Jahre eingetragen ist. Das Datum der Eintragung ist auf dem Registerblatt der betreffenden Gesellschaft in Spalte 7 unter a) vermerkt (vgl. § 27 Abs. 4 HRV). Für die Fristberechnung gelten die §§ 187 Abs. 1, 188 Abs. 2 Satz 1¹ BGB.

3 Mit der Zwei-Jahres-Sperre soll insbesondere verhindert werden, dass die fusionierenden AG, KGaA die Nachgründungsregeln (§§ 52 ff. AktG) umgehen und die **Gründung der neuen AG, KGaA intransparent wird**[2].

4 Die Zwei-Jahres-Sperre gilt nur **für die Beschlussfassung**, und zwar auch soweit Sonderbeschlüsse zu fassen sind, nicht für den Vertrag[3]. Dieser kann also während der ersten zwei Jahre ab Eintragung abgeschlossen werden. Auch der Verschmelzungsbericht ist für die Sperrfrist unmaßgeblich[4]. Ist ein Zustimmungsbeschluss unter **Missachtung** der Sperrfrist gefasst worden, sind die Zustimmungsbeschlüsse aller übertragenden AG, KGaA gemäß § 243 Abs. 1 AktG **anfechtbar**[5]. Wird die Verschmelzung gleichwohl eingetragen, ist der Verstoß unbeachtlich (vgl. § 20 Abs. 2 UmwG)[6].

3. Wirksamwerden der Satzung (§ 76 Abs. 2 Satz 1 UmwG)

5 Für die Gründung der durch Fusion entstehenden AG, KGaA gelten grundsätzlich die **Bestimmungen des AktG** (§ 36 Abs. 2 UmwG). Da die Verschmelzung zur Neugründung eine Sachgründung darstellt, ist insbesondere darauf zu achten, dass die Satzung ausweist, dass das Grundkapital der neuen Gesellschaft durch das Vermögen der übertragenden Rechtsträger aufgebracht wird[7]. Bei der Verschmelzung zur Neugründung wird die Satzung allerdings nicht, wie im Regelfall, durch die Gründer festgestellt (vgl. § 28 AktG), sondern durch die Ver-

---

1 *Diekmann* in Semler/Stengel, § 76 UmwG Rz. 6; *Rieger* in Widmann/Mayer, § 76 UmwG Rz. 10; *Simon* in KölnKomm. UmwG, § 76 UmwG Rz. 10.
2 *Stratz* in Schmitt/Hörtnagl/Stratz, § 73 UmwG Rz. 17; kritisch: *Grunewald* in Lutter, § 76 UmwG Rz. 2; *Rieger* in Widmann/Mayer § 76 UmwG Rz. 3, 8.
3 *Grunewald* in Lutter, § 76 UmwG Rz. 3; *Rieger* in Widmann/Mayer, § 76 UmwG Rz. 9.
4 *Diekmann* in Semler/Stengel, § 76 UmwG Rz. 6; *Simon* in KölnKomm. UmwG, § 76 UmwG Rz. 11.
5 *Rieger* in Widmann/Mayer, § 76 UmwG Rz. 11; *Stratz* in Schmitt/Hörtnagl/Stratz, § 73 UmwG Rz. 17; *Simon* in KölnKomm. UmwG, § 76 UmwG Rz. 22; für Anfechtbarkeit aller Zustimmungsbeschlüsse *Grunewald* in Lutter, § 76 UmwG Rz. 5; für Nichtigkeit: *Diekmann* in Semler/Stengel, § 76 UmwG Rz. 7.
6 *Diekmann* in Semler/Stengel, § 76 UmwG Rz. 7; *Rieger* in Widmann/Mayer, § 76 UmwG Rz. 8; *Simon* in KölnKomm. UmwG, § 76 UmwG Rz. 23; *Stratz* in Schmitt/Hörtnagl/Stratz, § 73 UmwG Rz. 17.
7 *Limmer* in Limmer, Hdb. der Unternehmensumwandlung, Teil 2, Kap. 2 Rz. 1157 und oben § 36 UmwG Rz. 10.

tretungsorgane der sich vereinigenden Rechtsträger (§ 36 Abs. 2 Satz 2 UmwG) im zwischen ihnen abzuschließenden Verschmelzungsvertrag, in den die Satzung der neuen AG, KGaA (gegebenenfalls als Anlage) zwingend aufzunehmen ist (§ 37 UmwG).

Verbindlich ist die Satzung aber allein **für die künftigen Aktionäre.** Deshalb ist deren Zustimmung erforderlich. § 76 Abs. 2 Satz 1 UmwG stellt klar, dass mit Zustimmung zum Verschmelzungsvertrag zugleich die Satzung der neuen AG, KGaA wirksam wird. Eines besonderen Zustimmungsbeschlusses neben dem Verschmelzungsbeschluss bedarf es nicht[1]. Wird nur dem Entwurf des Verschmelzungsvertrages zugestimmt, wird auch die Satzung – da für sie notarielle Beurkundung verlangt wird (vgl. § 23 Abs. 1 AktG) – erst wirksam, wenn anschließend der sie enthaltende Verschmelzungsvertrag beurkundet ist.

4. Bestellung der Mitglieder des ersten Aufsichtsrats

Ebenso wie bei der regulären Gründung einer AG, KGaA haben die übertragenden Rechtsträger als Gründer u.a. den ersten Aufsichtsrat (§ 36 Abs. 2 UmwG, § 30 AktG) zu bestellen, der wiederum den Vorstand bestellt (§ 30 Abs. 4 AktG). Da die Verschmelzung zur Neugründung eine **Sachgründung** darstellt, ist bei der Bestellung des ersten Aufsichtsrats auch § 31 AktG zu beachten, der eine zügige Beteiligung der Arbeitnehmer des übertragenden Rechtsträgers im Aufsichtsrat der übernehmenden AG, KGaA sicherstellen will[2]. Demnach können die Gründer nicht, sofern es sich um einen mitbestimmten Aufsichtsrat handelt und das übernommene Unternehmen fortgeführt wird[3], wie bei der Bargründung (vgl. § 30 Abs. 2 AktG) alle Mitglieder des ersten Aufsichtsrats bestellen, sondern nur so viele, wie nach den gesetzlichen Vorschriften, die nach ihrer Ansicht nach Wirksamwerden der Verschmelzung maßgeblich sind, von der Hauptversammlung der neuen AG, KGaA ohne Bindung an Wahlvorschläge zu wählen wären, mindestens jedoch drei Aufsichtsratsmitglieder (§ 31 Abs. 1 AktG)[4].

Diese Bestellung der Aufsichtsratsmitglieder der Anteilseigner durch die gründenden Rechtsträger bedarf zu ihrer Wirksamkeit der Zustimmung durch „Verschmelzungsbeschluss" (= Zustimmung zum Vertrag iS des § 13 Abs. 1 Satz 1

6

7

---

1 *Diekmann* in Semler/Stengel, § 76 UmwG Rz. 8; *Grunewald* in Lutter, § 76 UmwG Rz. 7; *Rieger* in Widmann/Mayer, § 76 UmwG Rz. 13; *Stratz* in Schmitt/Hörtnagl/Stratz, § 76 UmwG Rz. 1; *Simon* in KölnKomm. UmwG, § 76 UmwG Rz. 15.
2 Vgl. *Hüffer/Koch*, § 31 AktG Rz. 1.
3 *Stratz* in Schmitt/Hörtnagl/Stratz, § 73 UmwG Rz. 13; *Grunewald* in Lutter, § 76 UmwG Rz. 8.
4 *Diekmann* in Semler/Stengel, § 76 UmwG Rz. 10; *Simon* in KölnKomm. UmwG, § 76 UmwG Rz. 18.

UmwG). Eines besonderen Zustimmungsbeschlusses daneben bedarf es nicht. Man wird deshalb annehmen müssen, dass die Mitglieder des ersten Aufsichtsrats nicht auch außerhalb des Verschmelzungsvertrages bestellt werden können, sondern die Bestellung **Bestandteil des Verschmelzungsvertrages** ist[1], wenngleich nicht erkennbar ist, warum die Neuregelung die Anforderungen an die Bestellung der Aufsichtsratsmitglieder im Vergleich zum vor Inkrafttreten des UmwG geltenden Recht (vgl. § 353 Abs. 2 AktG aF) verschärft[2]. Dennoch wird die Praxis – um eine Diskussion über eine wirksame Bestellung der Aufsichtsratsmitglieder gar nicht erst aufkommen zu lassen – dem Wortlaut der Vorschrift folgen.

5. Mehrheiten

8   Hinsichtlich der Beschlussmehrheiten ergeben sich im Vergleich zum Verschmelzungsbeschluss bei Verschmelzung zur Aufnahme keine Besonderheiten (siehe § 65 UmwG Rz. 3 ff.).

6. Bekanntmachung der Tagesordnung (§ 76 Abs. 2 Satz 3 UmwG)

9   Jede übertragende AG, KGaA hat bei Einberufung ihrer Hauptversammlung, die über die Zustimmung zum Verschmelzungsvertrag mit darin enthaltener Satzung und Bestellung der Mitglieder des ersten Aufsichtsrats beschließt, in der Tagesordnung den wesentlichen Inhalt des Verschmelzungs-Vertrages und den vollständigen Wortlaut der Satzung (§ 124 Abs. 2 Satz 3 AktG) und die Namen, den Beruf und den Wohnort der von den gründenden Rechtsträgern bestellten Aufsichtsratsmitglieder (§ 124 Abs. 3 Satz 4 AktG) sowie die entsprechenden Beschlussvorschläge von Vorstand und Aufsichtsrat, bzw. Aufsichtsrat allein (§ 124 Abs. 3 Satz 1 AktG) bekanntzumachen, sofern keine Ausnahmefälle (siehe § 124 Abs. 3 Satz 3 AktG) vorliegen.

7. Kosten

10   Siehe hierzu zunächst § 13 UmwG Rz. 43. Die Zustimmung zur Satzungsfeststellung und zur Bestellung der Aufsichtsratsmitglieder ist nicht gesondert zu berechnen, da im Verschmelzungsbeschluss enthalten.

---

1 Wie hier: *Simon* in KölnKomm. UmwG, § 76 UmwG Rz. 19; weitergehend *Rieger* in Widmann/Mayer, § 76 UmwG Rz. 78; unklar: *Diekmann* in Semler/Stengel, § 76 UmwG Rz. 12.
2 Zutreffend *Grunewald* in Lutter, § 76 UmwG Rz. 8.

§ 77
Bekanntmachung der Eintragung der neuen Gesellschaft

Aufgehoben durch das Gesetz über elektronische Handelsregister und Genossenschaftsregister sowie das Unternehmensregister (EHUG) v. 10.11.2006, BGBl. I 2006, S. 2553.

Zu den Bekanntmachungen siehe § 19 UmwG Rz. 14.

Vierter Abschnitt
Verschmelzung unter Beteiligung von
Kommanditgesellschaften auf Aktien

§ 78
Anzuwendende Vorschriften

Auf Verschmelzungen unter Beteiligung von Kommanditgesellschaften auf Aktien sind die Vorschriften des Dritten Abschnitts entsprechend anzuwenden. An die Stelle der Aktiengesellschaft und ihres Vorstands treten die Kommanditgesellschaft auf Aktien und die zu ihrer Vertretung ermächtigten persönlich haftenden Gesellschafter. Der Verschmelzungsbeschluss bedarf auch der Zustimmung der persönlich haftenden Gesellschafter; die Satzung der Kommanditgesellschaft auf Aktien kann eine Mehrheitsentscheidung dieser Gesellschafter vorsehen. Im Verhältnis zueinander gelten Aktiengesellschaften und Kommanditgesellschaften auf Aktien nicht als Rechtsträger anderer Rechtsform im Sinne der §§ 29 und 34.

1. Überblick	1	3. Zustimmungsvorbehalt	4
2. Verweisung auf die AG-Vorschriften	2	4. Rechtsstellung der Komplementäre	7
		5. Barabfindung	9

Literatur: *Habersack*, Umwandlung der AG ohne Mitwirkung der Hauptversammlung – Eine Studie zu § 62 UmwG, FS Horn, 2006, S. 337.

1. Überblick

Ist an einer Verschmelzung eine KGaA beteiligt, so gelten insoweit die besonderen Vorschriften über die Beteiligung einer AG (§§ 60–77 UmwG) entsprechend; dies gilt sowohl bei einer Verschmelzung durch Aufnahme wie bei einer 1

Verschmelzung durch Neugründung (§ 78 Satz 1 UmwG). Besonderheiten bestehen insoweit, als der Verschmelzungsbeschluss grundsätzlich auch der Zustimmung der persönlich haftenden Gesellschafter bedarf (§ 78 Satz 3 UmwG). Außerdem wird klargestellt, dass AG und KGaA dort, wo das Gesetz auf unterschiedliche Rechtsformen abstellt, als eine Rechtsform anzusehen sind (§ 78 Satz 4 UmwG).

2. Verweisung auf die AG-Vorschriften

2 Die Verweisung auf die §§ 60 ff. UmwG ist unproblematisch, da die Rechtsstellung der Kommanditaktionäre im Wesentlichen derjenigen der Aktionäre entspricht (vgl. § 278 Abs. 3 AktG). Dementsprechend sind die Vorschriften über die **Hauptversammlung**, die über die Zustimmung zum Verschmelzungsvertrag beschließen soll, ohne weiteres übertragbar. Das Gleiche gilt für die Vorschriften über die **Kapitalerhöhung** zur Durchführung der Verschmelzung, den **Umtausch der Aktien** nach Eintragung der Verschmelzung sowie über die **Neugründung** einer KGaA bei einer Verschmelzung durch Neugründung.

3 Soweit das Gesetz von der AG spricht, tritt an deren Stelle die KGaA (§ 78 Satz 2 UmwG). Die Funktionen des Vorstands obliegen bei der KGaA den **persönlich haftenden Gesellschaftern** (vgl. § 283 AktG). Allerdings kann deren Vertretungsmacht – anders als beim Vorstand der AG (§ 78 Abs. 1 AktG) – eingeschränkt oder ausgeschlossen sein (§ 278 Abs. 2 AktG iVm. § 125 HGB). Deshalb treten an die Stelle des Vorstands nur die zur Vertretung ermächtigten Komplementäre (§ 78 Satz 2 UmwG)[1].

3. Zustimmungsvorbehalt

4 Der Verschmelzungsbeschluss ist grundsätzlich an die **Zustimmung aller persönlich haftenden Gesellschafter** gebunden (§ 78 Satz 3 UmwG). Dies entspricht der starken Stellung, die die Komplementäre einer KGaA auch sonst gegenüber der Hauptversammlung haben (vgl. § 285 Abs. 2 AktG). Der Zustimmungsvorbehalt gilt unabhängig davon, ob die KGaA übernehmender oder übertragender Rechtsträger ist[2]. Im ersten Fall wird mit der Übernahme weiteren Vermögens das Haftungsrisiko erweitert. Im zweiten Fall liegt jedenfalls ein ungewöhnliches Geschäft vor, da die KGaA dabei untergeht. Die Haftung der Komplementäre für die Verbindlichkeiten einer durch Verschmelzung unter-

---

1 *Grunewald* in Lutter, § 78 UmwG Rz. 3; *Perlitt* in Semler/Stengel, § 78 UmwG Rz. 12; *Simon* in KölnKomm. UmwG, § 78 UmwG Rz. 6.
2 *Grunewald* in Lutter, § 78 UmwG Rz. 7; *Rieger* in Widmann/Mayer, § 78 UmwG Rz. 7; *Simon* in KölnKomm. UmwG, § 78 UmwG Rz. 7.

gegangenen KGaA ist gemäß § 278 Abs. 2 AktG iVm. §§ 159, 160 HGB zeitlich begrenzt. Einer analogen Anwendung von § 45 UmwG bedarf es dafür nicht[1]. Sofern, wie im Falle von § 62 Abs. 1 Satz 1 UmwG, bei der übernehmenden KGaA ein Zustimmungsbeschluss entfällt, ist gleichwohl die Zustimmung der persönlich haftenden Gesellschafter zur Verschmelzung erforderlich[2].

Sind mehrere Komplementäre vorhanden, so ist grundsätzlich die Zustimmung aller erforderlich. Dies gilt auch dann, wenn die Komplementäre zB bei der Verschmelzung auf eine GmbH künftig nur noch als Anteilsinhaber ohne persönliche Haftung beteiligt sind[3]. Die Satzung der KGaA kann allerdings eine **Mehrheitsentscheidung** genügen lassen (§ 78 Satz 3 Halbsatz 2 UmwG). Welche Mehrheit erforderlich ist, sagt das Gesetz nicht. Nach den allgemeinen Regeln des Rechts der Kommanditgesellschaft kann auch die einfache Mehrheit der Komplementäre vorgesehen werden[4]. Eine Einschränkung oder ein Ausschluss des Zustimmungsrechts der Komplementäre durch die Satzung ist nicht möglich (vgl. § 23 Abs. 5 Satz 1 AktG)[5]. 5

Die Zustimmung der Komplementäre kann vor oder nach dem Verschmelzungsbeschluss der Hauptversammlung erklärt werden. Sie ist gemäß § 13 Abs. 3 Satz 1 UmwG **notariell zu beurkunden**. Die Zustimmung kann entsprechend § 285 Abs. 3 Satz 2 AktG auch in der Verhandlungsniederschrift über den Verschmelzungsbeschluss der Hauptversammlung oder in einem Anhang dazu beurkundet werden[6]. 6

4. Rechtsstellung der Komplementäre

Ist eine KGaA als übertragender Rechtsträger an einer Verschmelzung beteiligt, so erlischt mit der Eintragung der Verschmelzung nicht nur die Gesellschaft, sondern auch die Organstellung der Komplementäre (vgl. § 20 UmwG Rz. 28). Ist der übernehmende Rechtsträger ebenfalls KGaA, so können die ausscheidenden Komplementäre dieser als weitere Komplementäre beitreten, wenn die Satzung der übernehmenden KGaA entsprechend geändert wird (§ 281 Abs. 1 7

---

1 *Rieger* in Widmann/Mayer, § 78 UmwG Rz. 23; *Stratz* in Schmitt/Hörtnagl/Stratz, § 78 UmwG Rz. 5; aA *Perlitt* in Semler/Stengel, § 78 UmwG Rz. 32; *Grunewald* in Lutter, § 78 UmwG Rz. 10; *Simon* in KölnKomm. UmwG, § 78 UmwG Rz. 23.
2 *Habersack* in FS Horn, 2006, S. 337 (350); *Grunewald* in Lutter, § 78 UmwG Rz. 4.
3 *Grunewald* in Lutter, § 78 UmwG Rz. 7.
4 *Grunewald* in Lutter, § 78 UmwG Rz. 4; *Perlitt* in Semler/Stengel, § 78 UmwG Rz. 18; *Rieger* in Widmann/Mayer, § 78 UmwG Rz. 14; *Stratz* in Schmitt/Hörtnagl/Stratz, § 78 UmwG Rz. 5.
5 *Grunewald* in Lutter, § 78 UmwG Rz. 4; *Perlitt* in Semler/Stengel, § 78 UmwG Rz. 13; *Simon* in KölnKomm. UmwG, § 78 UmwG Rz. 12.
6 Vgl. *Stratz* in Schmitt/Hörtnagl/Stratz, § 78 UmwG Rz. 5.

AktG)[1]. Diese Satzungsänderung kann im Rahmen der Verschmelzung, aber auch unabhängig von dieser, insbesondere nach Vollzug der Verschmelzung erfolgen[2]. Soll eine KGaA durch Verschmelzung neu gegründet werden, muss sich daran mindestens ein Komplementär beteiligen (§§ 280 Abs. 2, 281 Abs. 1 AktG)[3].

8 Die persönlich haftenden Gesellschafter haben häufig **Vermögenseinlagen** erbracht, die nicht auf das Grundkapital geleistet sind (§ 281 Abs. 2 AktG). Wird die KGaA zB auf eine AG verschmolzen, so entfallen auf diese Vermögenseinlagen keine Aktien der übernehmenden AG, weil nur bestehende Anteile (Kommanditaktien) in neue Anteile (Aktien) getauscht werden[4]. Soweit die Satzung einer KGaA einem Komplementär das Recht einräumt, seine Vermögenseinlage jederzeit in **Kommanditaktien umzuwandeln**, kann diese Umwandlung ggf. vor der Verschmelzung erfolgen; die so erlangten Kommanditaktien nehmen dann am Anteilstausch im Rahmen der Verschmelzung teil[5]. Erfolgt keine derartige Umwandlung, so scheidet der Komplementär einer übertragenden KGaA im Zuge der Verschmelzung grundsätzlich aus. Seine Vermögenseinlage muss von dem übernehmenden Rechtsträger **abgefunden** werden (§ 278 Abs. 2 AktG iVm. §§ 161 Abs. 2, 105 Abs. 3 HGB, § 738 BGB). Diese Abfindung erfolgt grundsätzlich in bar; auf Grund besonderer Absprache können statt dessen auch Anteile des übernehmenden Rechtsträgers gewährt werden. So kann der Abfindungsanspruch zB als Sacheinlage im Rahmen einer Kapitalerhöhung eingebracht werden; für diese **Kapitalerhöhung** gelten die Erleichterungen der §§ 55, 69 UmwG nicht[6]. Im Verschmelzungsvertrag, in der Satzung des übernehmenden Rechtsträgers oder durch gesonderte Absprache kann auch vereinbart werden, dass die Vermögenseinlage des bisherigen Komplementärs bei dem übernehmenden Rechtsträger **fortgeführt** wird. In diesem Falle wird weder eine Abfindung gezahlt, noch wird die Vermögenseinlage in Anteile getauscht[7].

---

1 *Perlitt* in Semler/Stengel, § 78 UmwG Rz. 24; *Simon* in KölnKomm. UmwG, § 78 UmwG Rz. 18.
2 *Habighorst* in Böttcher/Habighorst/Schulte, § 78 UmwG Rz. 7.
3 *Grunewald* in Lutter, § 78 UmwG Rz. 6.
4 Vgl. *Grunewald* in Lutter, § 78 UmwG Rz. 9; *Stratz* in Schmitt/Hörtnagl/Stratz, § 78 UmwG Rz. 8; aA *Rieger* in Widmann/Mayer, § 78 UmwG Rz. 21 und *Perlitt* in Semler/Stengel, § 78 UmwG Rz. 27.
5 *Grunewald* in Lutter, § 78 UmwG Rz. 8; *Perlitt* in Semler/Stengel, § 78 UmwG Rz. 21 ff.; *Stratz* in Schmitt/Hörtnagl/Stratz, § 78 UmwG Rz. 6.
6 *Grunewald* in Lutter, § 78 UmwG Rz. 9; *Stratz* in Schmitt/Hörtnagl/Stratz, § 78 UmwG Rz. 8; *Habighorst* in Böttcher/Habighorst/Schulte, § 78 UmwG Rz. 10; aA *Perlitt* in Semler/Stengel, § 78 UmwG Rz. 27 ff.; *Rieger* in Widmann/Mayer, § 78 UmwG Rz. 21; *Simon* in KölnKomm. UmwG, § 78 UmwG Rz. 22.
7 Vgl. *Grunewald* in Lutter, § 78 UmwG Rz. 8; *Perlitt* in Semler/Stengel, § 78 UmwG Rz. 22 f.; *Stratz* in Schmitt/Hörtnagl/Stratz, § 78 UmwG Rz. 7; *Habighorst* in Böttcher/Habighorst/Schulte, § 78 UmwG Rz. 11.

5. Barabfindung

§ 78 Satz 4 UmwG stellt klar, dass AG und KGaA für die Anwendung der §§ 29, 34 UmwG keine unterschiedlichen Rechtsformen darstellen. Bei einer Mischverschmelzung zwischen AG und KGaA braucht deshalb im Verschmelzungsvertrag keine Barabfindung nach § 29 Abs. 1 Satz 1 Alt. 1 UmwG angeboten zu werden. Die eventuelle Verpflichtung zur Barabfindung nach § 29 Abs. 1 Satz 1 Alt. 2 UmwG (zB Verschmelzung einer börsennotierten AG auf eine nicht börsennotierte KGaA) oder nach § 29 Abs. 1 Satz 2 UmwG für den Fall, dass die Anteile an dem übernehmenden Rechtsträger vinkuliert sind, bleibt davon unberührt (siehe dazu § 29 UmwG Rz. 4a ff., 5 ff.)[1]. 9

§§ 79–119

Verschmelzung von Genossenschaften, Vereinen etc. nicht kommentiert.

Neunter Abschnitt
Verschmelzung von Kapitalgesellschaften mit dem Vermögen eines Alleingesellschafters

§ 120
Möglichkeit der Verschmelzung

(1) Ist eine Verschmelzung nach den Vorschriften des Ersten bis Achten Abschnitts nicht möglich, so kann eine Kapitalgesellschaft im Wege der Aufnahme mit dem Vermögen eines Gesellschafters oder eines Aktionärs verschmolzen werden, sofern sich alle Geschäftsanteile oder alle Aktien der Gesellschaft in der Hand des Gesellschafters oder Aktionärs befinden.

(2) Befinden sich eigene Anteile in der Hand der Kapitalgesellschaft, so werden sie bei der Feststellung der Voraussetzungen der Verschmelzung dem Gesellschafter oder Aktionär zugerechnet.

1. Überblick	1	3. Zurechnung eigener Anteile der Gesellschaft (§ 120 Abs. 2 UmwG)	6
2. Verschmelzung auf den Alleingesellschafter (§ 120 Abs. 1 UmwG)	2		

---

[1] *Perlitt* in Semler/Stengel, § 78 UmwG Rz. 35; *Simon* in KölnKomm. UmwG, § 78 UmwG Rz. 16; *Grunewald* in Lutter, § 78 UmwG Rz. 11.

§ 120 | Verschmelzung Kapitalgesellschaften mit Alleingesellschafter

Literatur: *Bärwaldt/Schabacker*, Ein Dauerbrenner: Die Verschmelzung einer Kapitalgesellschaft mit dem Vermögen ihres Alleingesellschafters, NJW 1997, 93; *Dehmer/Stratz*, Nochmals: Die Verschmelzung auf den Alleingesellschafter, DB 1996, 1071; *Heckschen*, Die Verschmelzung auf den Alleingesellschafter – eine missglückte gesetzliche Regelung, ZIP 1996, 450; *Neu*, Die Nutzbarmachung von Verlustvorträgen einer Kapitalgesellschaft durch Umwandlung in ein Personenunternehmen, DB 1995, 1731; *Neufang*, Verlustvortrag und Übernahmeverlust bei der Umwandlung einer GmbH in ein Einzelunternehmen oder Personengesellschaft, DB 1995, 1933; *Priester*, Die „Umwandlung" einer GmbH auf ihren nicht-vollkaufmännischen Alleingesellschafter, DB 1996, 413; *Tettinger*, UG (umwandlungsbeschränkt)?, Der Konzern 2008, 75; *Wrenger*, Verschmelzung von Kapitalgesellschaften mit dem Vermögen eines Alleingesellschafters bei fehlender Eintragungsfähigkeit in das Handelsregister, BB 1997, 1905.

1. Überblick

1 Die Vorschrift ermöglicht die Verschmelzung von Kapitalgesellschaften mit dem Vermögen des Alleingesellschafters. Mit diesem sind gemäß § 3 Abs. 2 Nr. 2 UmwG nur natürliche Personen gemeint[1]. Die Verschmelzung auf eine juristische Person als Alleingesellschafter ist im Rahmen der allgemeinen Verschmelzungsvorschriften möglich.

2. Verschmelzung auf den Alleingesellschafter (§ 120 Abs. 1 UmwG)

2 Übertragender Rechtsträger kann nur eine **Kapitalgesellschaft**, also GmbH, AG oder KGaA sein (§ 3 Abs. 1 Nr. 2 UmwG). Mit der AG kann auch eine **SE** Kapitalgesellschaft iS der Vorschrift sein[2] (siehe auch § 3 UmwG Rz. 11)[3]. Art. 66 SE-VO, der die Rückumwandlung einer SE in die AG betrifft, regelt die Umwandlungsmöglichkeiten nicht abschließend[4]. Allerdings ist auch bei einer Verschmelzung auf den Alleinaktionär die Sperrfrist von zwei Jahren zu beachten (Art. 66 Abs. 1 Satz 2 SE-VO; siehe dazu auch Anhang I Rz. 130)[5]. Die KGaA ist nicht ausgenommen, da auch hier zB ein Kommanditaktionär alle Aktien halten kann[6]. Auch eine **Unternehmergesellschaft (haftungsbeschränkt)** iS von § 5a

---

1 OLG Schleswig v. 15.11.2002 – 2 W 145/00, NJW-RR 2002, 461.
2 Vgl. *Karollus* in Lutter, § 120 UmwG Rz. 18.
3 *Karollus* in Lutter, § 120 UmwG Rz. 18; *Simon* in KölnKomm. UmwG, § 120 UmwG Rz. 18.
4 Vgl. OLG Frankfurt v. 2.12.2010 – 5 Sch 3/10, NZG 2012, 351 (352) mwN.
5 *Karollus* in Lutter, § 120 UmwG Rz. 18; *Simon* in KölnKomm. UmwG, § 120 UmwG Rz. 18; aA *Heckschen* in Widmann/Mayer, § 120 UmwG Rz. 6.2; *Jaspers* in Böttcher/Habighorst/Schulte, § 120 UmwG Rz. 4.
6 Vgl. *Hüffer/Koch*, § 278 AktG Rz. 5; *Maier-Reimer/Seulen* in Semler/Stengel, § 120 UmwG Rz. 29; *Simon* in KölnKomm. UmwG, § 120 UmwG Rz. 17, 41; *Stratz* in Schmitt/Hörtnagl/Stratz, § 120 UmwG Rz. 4; aA *Bärwaldt/Schabacker*; NJW 1997, 93 (94).

GmbHG kann übertragende Gesellschaft sein (siehe auch § 3 UmwG Rz. 9)[1]. Zweck und Unternehmensgegenstand der Kapitalgesellschaft sind ohne Bedeutung; insbesondere setzt das Gesetz kein vollkaufmännisches Handelsgewerbe voraus[2]. Die Kapitalgesellschaft muss allerdings im Handelsregister eingetragen sein. Dazu genügt eine Eintragung unmittelbar vor der Verschmelzung[3]. Ist die übertragende **Kapitalgesellschaft überschuldet**, steht dies einer Verschmelzung nach § 120 UmwG nicht entgegen[4]. Aus dem Wortlaut ergibt sich insoweit keine Einschränkung (vgl. dagegen § 152 Satz 2 UmwG). Der Gläubigerschutz ist in § 22 UmwG geregelt. Für die Verbindlichkeiten der Kapitalgesellschaft haftet der übernehmende Alleingesellschafter zudem persönlich und unbeschränkt mit seinem gesamten Vermögen. Eine **aufgelöste** Kapitalgesellschaft kann auf den Alleingesellschafter verschmolzen werden, wenn ihre Fortsetzung beschlossen werden könnte (§ 3 Abs. 3 UmwG)[5].

Der übernehmende Rechtsträger muss eine **natürliche Person** sein (vgl. dazu § 3 UmwG Rz. 17). Personengemeinschaften (zB Erbengemeinschaft, Bruchteilsgemeinschaft, stille Gesellschaft) oder Gesamthandsgemeinschaften (zB BGB-Gesellschaft) können nicht als Übernehmer fungieren[6]. Wie bei der übertragenden Kapitalgesellschaft verlangt das Gesetz auch auf Seiten des übernehmenden Alleingesellschafters **nicht** das Vorliegen der **Kaufmannseigenschaft**[7]. Dies ist durch § 122 Abs. 2 UmwG, der durch das Handelsrechtsreformgesetz v. 22.6.1998[8]. eingefügt wurde, klargestellt. Auch der BGH[9] hat noch vor dieser Änderung festgestellt, dass die Verschmelzung auf einen Alleingesellschafter, der ein nach damaligem Recht nicht eintragungsfähiges minderkaufmännisches Han- 3

---

1 *Tettinger*, Der Konzern 2008, 75 (76).
2 *Karollus* in Lutter, § 120 UmwG Rz. 18; *Maier-Reimer/Seulen* in Semler/Stengel, § 120 UmwG Rz. 9; *Stratz* in Schmitt/Hörtnagl/Stratz, § 120 UmwG Rz. 4.
3 *Heckschen* in Widmann/Mayer, § 120 UmwG Rz. 11; *Maier-Reimer/Seulen* in Semler/Stengel, § 120 UmwG Rz. 40; *Stratz* in Schmitt/Hörtnagl/Stratz, § 120 UmwG Rz. 5; *Karollus* in Lutter, § 120 UmwG Rz. 35.
4 OLG Stuttgart v. 4.10.2005 – 8 W 426/05, DB 2005, 2681 = GmbHR 2006, 380; LG Leipzig v. 18.1.2006 – 01 HKT 7414/04, DB 2006, 885; *Heckschen* in Widmann/Mayer, § 120 UmwG Rz. 23.9; *Maier-Reimer/Seulen* in Semler/Stengel, § 120 UmwG Rz. 13; *Simon* in KölnKomm. UmwG, § 120 UmwG Rz. 33; *Stratz* in Schmitt/Hörtnagl/Stratz, § 120 UmwG Rz. 4; aA *Karollus* in Lutter, § 120 UmwG Rz. 19a.
5 *Karollus* in Lutter, § 120 UmwG Rz. 19a; *Heckschen* in Widmann/Mayer, § 120 UmwG Rz. 7.2; *Maier-Reimer/Seulen* in Semler/Stengel, § 120 UmwG Rz. 11; *Simon* in KölnKomm. UmwG, § 120 UmwG Rz. 20; *Jaspers* in Böttcher/Habighorst/Schulte, § 120 UmwG Rz. 5.
6 *Heckschen* in Widmann/Mayer, § 120 UmwG Rz. 10; *Karollus* in Lutter, § 120 UmwG Rz. 23; *Maier-Reimer/Seulen* in Semler/Stengel, § 120 UmwG Rz. 20.
7 *Karollus* in Lutter, § 120 UmwG Rz. 28; *Jaspers* in Böttcher/Habighorst/Schulte, § 120 UmwG Rz. 8.
8 BGBl. I 1998, S. 1474.
9 BGH v. 4.5.1998 – II ZB 18/97, AG 1998, 426 = ZIP 1998, 1225.

delsgewerbe betrieb, zulässig ist. Die Wirkungen der Verschmelzung treten in diesen Fällen bereits mit der Eintragung der Verschmelzung im Register der übertragenden Kapitalgesellschaft ein (vgl. § 122 Abs. 2 UmwG). Ist der Alleingesellschafter **minderjährig**, benötigt sein gesetzlicher Vertreter zum Abschluss des Verschmelzungsvertrages die Genehmigung des Vormundschaftsgerichts (§§ 1643 Abs. 1, 1822 Nr. 10 BGB)[1]. Eine **Überschuldung** des Alleingesellschafters ist für die Verschmelzung an sich kein Hinderungsgrund. Allerdings sind die Gläubiger der übertragenden Gesellschaft durch § 22 UmwG nur ungenügend geschützt. Je nach den Umständen kann die Verschmelzung deshalb sittenwidrig und damit unzulässig sein (§ 138 BGB)[2].

4 Die Verschmelzung setzt nach dem Gesetzeswortlaut voraus, dass sie **nach den Vorschriften des Ersten bis Achten Abschnitts** (§§ 39-119 UmwG) **nicht möglich** ist (§ 120 Abs. 1 UmwG). Die praktische Bedeutung dieser Einschränkung ist unklar. Offenbar soll nur die ergänzende Funktion der Verschmelzung nach §§ 120 ff. UmwG betont werden.

5 Die natürliche Person muss **alleiniger Gesellschafter bzw. Aktionär** der übertragenden Kapitalgesellschaft sein. Diese Voraussetzung muss spätestens zum **Zeitpunkt der Eintragung** der Verschmelzung vorliegen[3]. Dabei müssen alle Anteile von dem Gesellschafter bzw. Aktionär selbst gehalten werden. Eine Zurechnung von Anteilen, die von einem Treuhänder oder einem Beteiligungsunternehmen gehalten werden, erfolgt – wie bei § 5 Abs. 2 und § 8 Abs. 3 UmwG – nicht[4]. Gemäß § 1 Abs. 1 UmwG liegt die Annahme nahe, dass die natürliche Person ihren Wohnsitz im Inland haben muss. Tatsächlich gilt § 1 Abs. 1 UmwG aber nur für den Sitz des sich verschmelzenden Rechtsträgers. Der Wohnsitz des übernehmenden Gesellschafters ist damit nicht gemeint. Er spielt auch keine Rolle, weil es sich bei § 120 UmwG um eine bloße Vermögensübertragung handelt. Daher kann der Alleingesellschafter auch seinen **Wohnsitz im Ausland** haben[5]. Für

---

[1] *Maier-Reimer/Seulen* in Semler/Stengel, § 120 UmwG Rz. 23; iE ebenso *Heckschen* in Widmann/Mayer, § 120 UmwG Rz. 17; *Karollus* in Lutter, § 120 UmwG Rz. 32 und *Simon* in KölnKomm. UmwG, § 120 UmwG Rz. 36; aA *Stratz* in Schmitt/Hörtnagl/Stratz, § 120 UmwG Rz. 5 unter Verweis auf § 1629a BGB.

[2] *Karollus* in Lutter, § 120 UmwG Rz. 30; *Maier-Reimer/Seulen* in Semler/Stengel, § 120 UmwG Rz. 26; *Jaspers* in Böttcher/Habighorst/Schulte, § 120 UmwG Rz. 9; aA *Heckschen* in Widmann/Mayer, § 120 UmwG Rz. 8.17.1 u. Rz. 23.9 und *Simon* in KölnKomm. UmwG, § 120 UmwG Rz. 34.

[3] Vgl. *Heckschen* in Widmann/Mayer, § 120 UmwG Rz. 11; *Karollus* in Lutter, § 120 UmwG Rz. 37; *Maier-Reimer/Seulen* in Semler/Stengel, § 120 UmwG Rz. 40; *Jaspers* in Böttcher/Habighorst/Schulte, § 120 UmwG Rz. 10.

[4] *Heckschen* in Widmann/Mayer, § 120 UmwG Rz. 11; *Karollus* in Lutter, § 120 UmwG Rz. 32; *Maier-Reimer/Seulen* in Semler/Stengel, § 120 UmwG Rz. 27.

[5] *Karollus* in Lutter, § 120 UmwG Rz. 25 f.; *Maier-Reimer/Seulen* in Semler/Stengel, § 120 UmwG Rz. 22; *Jaspers* in Böttcher/Habighorst/Schulte, § 120 UmwG Rz. 8; aA *Heckschen* in Widmann/Mayer, § 120 UmwG Rz. 14 ff.

den Alleingesellschafter gilt dann aber das Umwandlungsrecht seines Staates; dieses muss die Verschmelzung zulassen[1]. Die **Staatsangehörigkeit** der natürlichen Person ist im Übrigen ohne Bedeutung[2]. Ist die natürliche Person Alleingesellschafterin bei **mehreren Kapitalgesellschaften**, können diese alle gleichzeitig in dem Verfahren nach §§ 120 ff. UmwG verschmolzen werden[3].

3. Zurechnung eigener Anteile der Gesellschaft (§ 120 Abs. 2 UmwG)

Soweit die Kapitalgesellschaft eigene Anteile hält, werden diese dem alleinigen Gesellschafter bzw. Aktionär zugerechnet. Dies entspricht allgemeinen Grundsätzen bei der Einpersonenkapitalgesellschaft (vgl. § 35 Abs. 4 GmbHG, § 42 AktG) und ist dadurch gerechtfertigt, dass auch diese Anteile wirtschaftlich dem Alleingesellschafter gehören[4]. Zugerechnet werden nur solche Anteile, die vom Rechtsträger selbst und nicht nur mittelbar von einer Tochtergesellschaft gehalten werden[5]. Die Zurechnung nach § 120 Abs. 2 UmwG gilt nur für die Feststellung, ob der Gesellschafter bzw. Aktionär alle Anteile der übertragenden Kapitalgesellschaft innehat. Sie gilt nicht zB für deren Verschmelzungsbeschluss. Dass der einzige Gesellschafter dabei von der Kapitalgesellschaft mit eigenen Anteilen überstimmt werden könnte, ist allerdings nicht zu befürchten, da die eigenen Anteile kein Stimmrecht gewähren (vgl. §§ 71b, 278 Abs. 3 AktG)[6].

6

§ 121
Anzuwendende Vorschriften

Auf die Kapitalgesellschaft sind die für ihre Rechtsform geltenden Vorschriften des Ersten und Zweiten Teils anzuwenden.

Literatur: Siehe § 120 UmwG.

---

1 *Karollus* in Lutter, § 120 UmwG Rz. 23; *Simon* in KölnKomm. UmwG, § 120 UmwG Rz. 35.
2 *Karollus* in Lutter, § 120 UmwG Rz. 27.
3 *Karollus* in Lutter, § 120 UmwG Rz. 22; *Simon* in KölnKomm. UmwG, § 120 UmwG Rz. 27.
4 *Stratz* in Schmitt/Hörtnagl/Stratz, § 120 UmwG Rz. 9; *Karollus* in Lutter, § 120 UmwG Rz. 34.
5 *Heckschen* in Widmann/Mayer, § 120 UmwG Rz. 25; *Karollus* in Lutter, § 120 UmwG Rz. 35; *Maier-Reimer/Seulen* in Semler/Stengel, § 120 UmwG Rz. 30; *Simon* in KölnKomm. UmwG, § 120 UmwG Rz. 42.
6 Vgl. *Karollus* in Lutter, § 120 UmwG Rz. 34; ebenso die hM zur GmbH, vgl. *Fastrich* in Baumbach/Hueck, § 33 GmbHG Rz. 24.

§ 121 | Verschmelzung Kapitalgesellschaften mit Alleingesellschafter

1 Für die an der Verschmelzung mit dem Vermögen eines Alleingesellschafters beteiligte Kapitalgesellschaft sind, wie die Vorschrift klarstellt, die für ihre Rechtsform geltenden Bestimmungen des Ersten und Zweiten Teils des UmwG anzuwenden. Das sind neben den allgemeinen Vorschriften der §§ 2–35 UmwG die rechtsformspezifischen Vorschriften der §§ 46 ff. (GmbH), §§ 60 ff. (AG), § 78 (KGaA). Dabei kommt nur eine Verschmelzung durch Aufnahme und nicht (auch) durch Neugründung in Betracht[1].

2 Notwendig ist zunächst ein Verschmelzungsvertrag (§§ 4 ff. UmwG), an dem die übertragende Kapitalgesellschaft und der übernehmende Alleingesellschafter beteiligt sind. Zur Vermeidung eines **Insichgeschäfts** (§ 181 BGB) muss dabei die Kapitalgesellschaft, wenn der Gesellschafter zugleich ihr gesetzlicher Vertreter ist, entweder durch andere Geschäftsführer bzw. durch den Aufsichtsrat (vgl. § 112 AktG) vertreten werden. Notfalls ist eine vorherige satzungsgemäße Gestattung des Insichgeschäfts oder eine Gestattung im Wege der Satzungsdurchbrechung erforderlich[2]. Der Verschmelzungsvertrag braucht keine Angaben zum Umtausch der Anteile zu enthalten (§ 5 Abs. 2 UmwG)[3].

3 Erforderlich ist lediglich auf Seiten der übertragenden Kapitalgesellschaft ein **Verschmelzungsbeschluss** (§ 13 UmwG)[4]. Die diesen vorbereitenden Maßnahmen nach §§ 47, 49 oder §§ 61, 63, 64, 78 UmwG sind allerdings mangels Schutzbedürfnis des Alleingesellschafters, der am Verschmelzungsvertrag selbst beteiligt ist, entbehrlich[5], jedenfalls ist bei Nichteinhaltung im Verschmelzungsbeschluss ein konkludenter Verzicht auf die Einhaltung dieser Bestimmungen gesehen werden. Zu beachten ist ggf. die Unterrichtungspflicht gegenüber dem Betriebsrat (§ 5 Abs. 3 UmwG), und zwar sowohl auf Seiten der Kapitalgesellschaft wie auch des übernehmenden Alleingesellschafters, wenn die Verschmelzung auf sein Einzelunternehmen erfolgt[6].

4 **Verschmelzungsbericht** und **Verschmelzungsprüfung** sind entbehrlich (§§ 8 Abs. 3, 9 Abs. 3, 12 Abs. 3 UmwG). Ein besonderer Verzicht ist dazu nicht erforderlich[7].

---

1 *Maier-Reimer/Seulen* in Semler/Stengel, § 121 UmwG Rz. 1; *Simon* in KölnKomm. UmwG, § 121 UmwG Rz. 2; *Stratz* in Schmitt/Hörtnagl/Stratz, § 121 UmwG Rz. 1.
2 *Karollus* in Lutter, § 121 UmwG Rz. 4 und *Maier-Reimer/Seulen* in Semler/Stengel, § 121 UmwG Rz. 3 Fn. 11 mwN; *Stratz* in Schmitt/Hörtnagl/Stratz, § 121 UmwG Rz. 2.
3 *Stratz* in Schmitt/Hörtnagl/Stratz, § 121 UmwG Rz. 1.
4 AllgM, vgl. *Karollus* in Lutter, § 121 UmwG Rz. 10; *Heckschen* in Widmann/Mayer, § 121 UmwG Rz. 18; *Wardenbach* in Henssler/Strohn, § 121 UmwG Rz. 2; *Limmer* in Limmer, Hdb. der Unternehmensumwandlung, Teil 2 Kap. 2 Rz. 1369.
5 Ähnlich *Karollus* in Lutter, § 121 UmwG Rz. 10; *Maier-Reimer/Seulen* in Semler/Stengel, § 121 UmwG Rz. 7; *Wardenbach* in Henssler/Strohn, § 121 UmwG Rz. 1.
6 Vgl. *Karollus* in Lutter, § 121 UmwG Rz. 8; *Heckschen* in Widmann/Mayer, § 121 UmwG Rz. 17.1; *Maier-Reimer/Seulen* in Semler/Stengel, § 121 UmwG Rz. 5.
7 *Karollus* in Lutter, § 121 UmwG Rz. 6 und 7; *Maier-Reimer/Seulen* in Semler/Stengel, § 121 UmwG Rz. 5.

Die Verschmelzung ist schließlich beim Handelsregister der übertragenden Kapitalgesellschaft und, wenn der Alleingesellschafter Vollkaufmann ist, auch bei seinem Handelsregister **anzumelden** (§§ 16, 17 UmwG); siehe § 122 UmwG Rz. 2. Ist der übernehmende Alleingesellschafter kein Vollkaufmann, genügt die Eintragung im Handelsregister der übertragenden GmbH, AG, KGaA oder SE. Mit Eintragung dort ist dann die Verschmelzung wirksam (vgl. § 122 Abs. 2 UmwG). 5

§ 122
Eintragung in das Handelsregister

(1) Ein noch nicht in das Handelsregister eingetragener Alleingesellschafter oder Alleinaktionär ist nach den Vorschriften des Handelsgesetzbuchs in das Handelsregister einzutragen; § 18 Abs. 1 bleibt unberührt.

(2) Kommt eine Eintragung nicht in Betracht, treten die in § 20 genannten Wirkungen durch die Eintragung der Verschmelzung in das Register des Sitzes der übertragenden Kapitalgesellschaft ein.

1. Überblick	1	5. Eintragung	9
2. Anmeldung	2	6. Bekanntmachung	10
3. Anlagen	7	7. Firmierung	11
4. Prüfung	8		

Literatur: *Bokelmann*, Die Firma im Fall der Umwandlung, ZNotP 1998, 265; *Kögel*, Firmenrechtliche Besonderheiten des neuen Umwandlungsrechts, GmbHR 1996, 168.

1. Überblick

Die Vorschrift **ergänzt** die **allgemeinen Regeln** über die Verschmelzung von übertragenden Kapitalgesellschaften. § 122 Abs. 1 UmwG will Registereintragung des durch die Verschmelzung des Vermögens der übertragenden Kapitalgesellschaft mit dem ihres Alleingesellschafters/-aktionärs, der dadurch zum Kaufmann wird, nach den Regeln des HGB sicherstellen[1] und ihm die Fortführung der Firma ermöglichen. § 122 Abs. 2 UmwG regelt das Verfahren bei Wirksamwerden der Verschmelzung einer Kapitalgesellschaft auf ihren Alleingesellschafter/-aktionär, wenn dieser nach Verschmelzung die Voraussetzungen für die Eintragung als Einzelkaufmann im Handelsregister nicht erfüllt. 1

---

1 *Simon* in KölnKomm. UmwG, § 122 UmwG Rz. 1; *Maier-Reimer/Seulen* in Semler/Stengel, § 122 UmwG Rz. 1; *Karollus* in Lutter, § 122 UmwG Rz. 1.

2. Anmeldung

2 Für die Anmeldung der Verschmelzung bei der übertragenden Kapitalgesellschaft siehe Erl. zu § 16 UmwG. Anmeldeberechtigt ist auch der übernehmende Alleingesellschafter (§ 16 Abs. 2 UmwG). Zu dessen Register kann die Anmeldung aber nur von diesem erfolgen.

3 Ist der **Alleingesellschafter** bereits als Kaufmann im Handelsregister **eingetragen**, erfolgt die Anmeldung der Verschmelzung zu Abt. A dieses Handelsregisters. Will er sich eintragen lassen oder will er das übernommene Vermögen unter einer **neuen Firma** führen (siehe Rz. 9), erfolgt die Anmeldung zu dem Register, in dessen Bezirk sich die Niederlassung befindet (§ 29 HGB). Führt der nicht eingetragene Alleingesellschafter das übernommene (vollkaufmännische) Unternehmen fort, ist er zur Anmeldung seiner Firma verpflichtet (§ 14 HGB). Die (Vor-)Eintragung des Einzelkaufmanns ist in diesen Fällen demnach Voraussetzung für die Eintragung der Verschmelzung im Handelsregister auf ihn als aufnehmendem Rechtsträger.

4 Ist der übernehmende **Alleingesellschafter nicht** im Handelsregister **eingetragen** und betreibt die übertragende Kapitalgesellschaft kein Handelsgewerbe oder gar kein Unternehmen (zB Vermögensverwaltung oder freien Beruf), erlangt er die Kaufmannseigenschaft nicht und wird nicht ins Handelsregister eingetragen (vgl. §§ 1, 2 HGB). Deshalb kann die Eintragung nur im Register der übertragenden Kapitalgesellschaft erfolgen. Dennoch ist die Verschmelzung auch auf den nicht eingetragenen Anteilsinhaber möglich (§ 122 Abs. 2 UmwG). Denn es verbleibt dann bei der Anmeldung der Verschmelzung zum Register des übertragenden Rechtsträgers[1], die mit Eintragung dort wirksam wird (§ 122 Abs. 2 UmwG). Der Alleingesellschafter soll aber verpflichtet sein, zusätzlich zur Anmeldung durch die Organe der übertragenen Gesellschaft die Anmeldung als übernehmender Rechtsträger beim Register der übertragenden Gesellschaft zu bewirken[2].

Es erscheint jedenfalls ratsam, das Registergericht des übertragenen Rechtsträgers davon in Kenntnis zu setzen, dass eine Eintragung beim übernehmenden Rechtsträger entfällt[3].

5 Eine Eintragung des Alleingesellschafters unter den Voraussetzungen des § 2 Satz 2 HGB kann nicht verlangt werden[4]. Denn richtiger Ansicht nach will § 122

---

1 *Heckschen* in Widmann/Mayer, § 121 UmwG Rz. 46.1; *Maier-Reimer/Seulen* in Semler/Stengel, § 122 UmwG Rz. 9; *Karollus* in Lutter, § 122 UmwG Rz. 6 f.; *Simon* in Köln-Komm. UmwG, § 122 UmwG Rz. 5; siehe auch Rz. 7.
2 *Maier-Reimer* in Semler/Stengel, § 122 UmwG Rz. 13.
3 *Heckschen* in Widmann/Mayer, § 122 UmwG Rz. 21.
4 *Maier-Reimer/Seulen* in Semler/Stengel, § 122 UmwG Rz. 10; *Simon* in KölnKomm. UmwG, § 122 UmwG Rz. 7; aA wohl *Heckschen* in Widmann/Mayer, § 120 UmwG Rz. 23.2.

Abs. 2 UmwG das dem Unternehmer in § 2 HGB eingeräumte Wahlrecht, ob er sein kleingewerbliches Unternehmen eintragen will oder nicht, nicht nehmen[1].

Auch wenn der Alleingesellschafter ein registerpflichtiges **Unternehmen einstellen** will, soll eine Pflicht zur Eintragung des Alleingesellschafters bestehen[2]. 6

Strittig ist, ob der Alleingesellschafter gegenüber dem Registergericht auch erklären muss, dass er nicht überschuldet ist[3].

3. Anlagen

Grundsätzlich ist/sind der(n) Anmeldung(en) die in § 17 UmwG aufgeführten Anlagen mit folgenden Ausnahmen beizufügen: Verschmelzungsbeschluss (§ 13 UmwG) des Alleingesellschafters oder eine diesen ersetzende besondere Erklärung sind entbehrlich, ebenso die Negativerklärung gemäß § 16 Abs. 2 UmwG[4]. 7

4. Prüfung

Zur Prüfung durch das Registergericht siehe § 19 UmwG Rz. 2. Zuständig für die Ersteintragung des Alleingesellschafters ist der Rechtspfleger (§ 3 Nr. 2 lit. d RPflG). 8

5. Eintragung

Für die Verschmelzung auf den eingetragenen Alleingesellschafter/-aktionär verbleibt es bei der Eintragungsreihenfolge des § 19 UmwG (siehe § 19 UmwG Rz. 7 ff.). Ist der Alleingesellschafter nicht als Kaufmann im Handelsregister eingetragen und kann er trotz Übernahme des Vermögens der Kapitalgesellschaft nicht als Kaufmann in das Handelsregister eingetragen werden und macht er von seinem Recht auf Eintragung keinen Gebrauch (vgl. § 2 Satz 2 HGB) (siehe Rz. 3), wird die Verschmelzung bereits mit Eintragung im Register der übertragenden Gesellschaft wirksam (§ 122 Abs. 2 UmwG), bei mehreren Gesellschaf- 9

---

1 *Karollus* in Lutter, § 122 UmwG Rz. 7; *Maier-Reimer/Seulen* in Semler/Stengel, § 122 UmwG Rz. 10; *Stratz* in Schmitt/Hörtnagl/Stratz, § 122 UmwG Rz. 4.
2 *Maier-Reimer/Seulen* in Semler/Stengel, § 122 UmwG Rz. 10 aE; aA *Karollus* in Lutter, § 122 UmwG Rz. 9; *Simon* in KölnKomm. UmwG, § 122 UmwG Rz. 8.
3 Bejahend: *Maier/Reimer* in Semler/Stengel, § 122 UmwG Rz. 4; *Karollus* in Lutter, § 122 UmwG Rz. 11.
4 LG Dresden v. 11.11.1996 – 45 T 60/96, DB 1997, 88 (89) = GmbHR 1997, 175; hins. der Negativerklärung aA *Karollus* in Lutter, § 122 UmwG Rz. 11.

ten mit Eintragung bei der letzten[1]. Der (Vorläufigkeits-)Vermerk gemäß § 19 Abs. 1 Satz 2 UmwG entfällt demnach[2].

6. Bekanntmachung

10 Siehe zunächst § 19 UmwG Rz. 14 ff. Kann die Verschmelzung beim übernehmenden Alleingesellschafter wegen fehlender Kaufmannseigenschaft nicht eingetragen werden (siehe Rz. 4), erfolgt nur die Bekanntmachung bei dem übertragenden Rechtsträger, die auch allein für den Beginn der Fristen gemäß §§ 22 Abs. 1, 25 Abs. 3 UmwG maßgeblich ist.

7. Firmierung

11 a) Dem bereits **eingetragenen Alleingesellschafter** stehen folgende originäre, von keiner Zustimmung Privater abhängige[3] Möglichkeiten der Firmierung offen:

- Er behält seine bisherige Firma, die Firma der übertragenden Gesellschaft erlischt mit Wirksamwerden der Verschmelzung;
- er fügt seiner bisherigen Firma einen Hinweis auf die Firma der übertragenden Gesellschaft mit oder ohne Nachfolgezusatz bei[4];
- er übernimmt an Stelle seiner bisherigen Firma die Firma des übertragenden Rechtsträgers (§ 18 Abs. 1 UmwG) ohne Rechtsformzusatz mit oder ohne Nachfolgezusatz[5]. Dies ist auch bei reiner Sachfirma möglich; die Firma muss lediglich zur Kennzeichnung geeignet sein und Unterscheidungskraft besitzen (§ 18 Abs. 1 HGB). Stets beizufügen ist die Bezeichnung nach § 19 Abs. 1 Nr. 1 HGB („e.k.");
- er vereinigt seine bisherige Firma mit der der übertragenden Kapitalgesellschaft[6];

---

1 *Karollus* in Lutter, § 122 UmwG Rz. 15; *Simon* in KölnKomm. UmwG, § 122 UmwG Rz. 16.
2 Ähnlich *Heckschen* in Widmann/Mayer, § 122 UmwG Rz. 22; aA *Karollus* in Lutter, § 122 UmwG Rz. 13, wonach bei Beteiligung mehrerer übertragender Kapitalgesellschaften zu vermerken sei, dass die Verschmelzung erst mit der Eintragung bei der letzten wirksam werde; *Simon* in KölnKomm. UmwG, § 122 UmwG Rz. 16.
3 Siehe hierzu und zum Folgenden: *Karollus* in Lutter, § 122 UmwG Rz. 17 ff.; *Heckschen* in Widmann/Mayer, § 122 UmwG Rz. 14 ff.; *Maier-Reimer/Seulen* in Semler/Stengel, § 122 UmwG Rz. 17 ff., jeweils mwN.
4 *Karollus* in Lutter, § 122 UmwG Rz. 17.
5 OLG Schleswig v. 15.11.2000 – 2 W 145/00, BB 2001, 223 = GmbHR 2002, 205; *Karollus* in Lutter, § 122 UmwG Rz. 18; *Maier-Reimer/Seulen* in Semler/Stengel, § 122 UmwG Rz. 17.
6 *Kögel*, GmbHR 1996, 168 (169).

– er führt zwei getrennte Firmen: seine bisherige Firma für sein altes Unternehmen und die Firma des übernommenen Unternehmens[1].

b) Der eintragungsfähige Alleingesellschafter kann 12
– seine Firma gemäß § 18 HGB bilden;
– seiner neuen Firma (§ 18 HGB) ein das Nachfolgeverhältnis andeutenden Zusatz beifügen;
– die Firma der übertragenden Kapitalgesellschaft gemäß § 18 Abs. 1 UmwG fortführen[2].

Zehnter Abschnitt
Grenzüberschreitende Verschmelzung von Kapitalgesellschaften

Vorbemerkung zu §§ 122a–122l

1. Grenzüberschreitende Verschmelzungen gemäß §§ 122a–122l UmwG 1
2. Grenzüberschreitende Umwandlungen außerhalb der §§ 122a ff. UmwG 3

a) Kollisionsrechtliche Anknüpfung 4
b) Materiell-rechtliche Zulässigkeit 8

Literatur: *Bayer/J. Schmidt*, Grenzüberschreitende Sitzverlegung und grenzüberschreitende Restrukturierungen nach MoMiG, Cartesio und Trabrennbahn, ZHR 173 (2009), 735; *Bayer/J. Schmidt*, Die neue Richtlinie über die grenzüberschreitende Verschmelzung von Kapitalgesellschaften, NJW 2006, 401; *Bayer/J. Schmidt*, Der Regierungsentwurf zur Änderung des Umwandlungsgesetzes. Eine kritische Stellungnahme, NZG 2006, 841; *Bungert/Schneider*, Grenzüberschreitende Verschmelzung unter Beteiligung von Personengesellschaften, GS Gruson, 2009, S. 37; *Drinhausen*, Regierungsentwurf eines Zweiten Gesetzes zur Änderung des Umwandlungsgesetzes – ein Gewinn für die Praxis, BB 2006, 2313; *Drinhausen/Keinath*, Referentenentwurf eines Zweiten Gesetzes zur Änderung des Umwandlungsgesetzes – Erleichterung grenzüberschreitender Verschmelzungen für deutsche Kapitalgesellschaften?, BB 2006, 725; *Forsthoff*, Internationale Verschmelzungsrichtlinie: Verhältnis zur Niederlassungsfreiheit und Vorwirkung; Handlungszwang für Mitbestimmungsreform, DStR 2006, 613; *Frenzel*, Grenzüberschreitende Verschmelzung von Kapitalgesellschaften, 2008; *Frenzel*, Grenzüberschreitende Verschmelzung von Kapitalgesellschaften – nach Ablauf der Umsetzungsfrist, RIW 2008, 12; Handelsrechtsausschuss des DAV, Stellungnahme zum Regierungsentwurf eines Zweiten Gesetzes zur Änderung des Umwandlungsgesetzes,

---
1 *Karollus* in Lutter, § 122 UmwG Rz. 18 f.
2 *Karollus* in Lutter, § 122 UmwG Rz. 20.

NZG 2006, 737; *Haritz/von Wolff*, Internationalisierung des deutschen Umwandlungsrechts, GmbHR 2006, 340; *Heckschen*, Die Reform des Umwandlungsrechts, DNotZ 2007, 444; *Herrler*, Ermöglichung grenzüberschreitender Verschmelzungen von Kapitalgesellschaften durch Änderung des Umwandlungsgesetzes – Umsetzung der Verschmelzungsrichtlinie unter Vernachlässigung der primärrechtlichen Rahmenbedingungen, EuZW 2007, 295; *Herrler*, Gewährleistung des Wegzugs von Gesellschaften durch Art. 43, 48 EG nur in Form der Herausumwandlung, DNotZ 2009, 484; *Kallmeyer*, Stellungnahme der Centrale für die GmbH Dr. Otto Schmidt v. 16.3.2006 zum Referentenentwurf eines Zweiten Gesetzes zur Änderung des Umwandlungsgesetzes, GmbHR 2006, 418; *Kallmeyer*, Der gemeinsame Verschmelzungsplan für grenzüberschreitende Verschmelzungen, AG 2007, 472; *Kallmeyer/Kappes*, Grenzüberschreitende Verschmelzungen und Spaltungen nach SEVIC Systems und der EU-Verschmelzungsrichtlinie, AG 2006, 224; *Kiem*, Erwartungen der Praxis an eine künftige EU-Sitzverlegungsrichtlinie, ZHR 180 (2016), 289; *Kiem*, Die Regelung der grenzüberschreitenden Verschmelzung im deutschen Umwandlungsgesetz, WM 2006, 1091; *Klein*, Grenzüberschreitende Verschmelzung von Kapitalgesellschaften, RNotZ 2007, 565; *Krause/Kulpa*, Grenzüberschreitende Verschmelzungen – Vor dem Hintergrund der „Sevic"-Entscheidung und der Reform des deutschen Umwandlungsrechts, ZHR 171 (2007), 38; *Kronke*, Deutsches Gesellschaftsrecht und grenzüberschreitende Strukturänderungen, ZGR 1994, 26; *Krüger*, Das auf den Verschmelzungsplan nach § 122c UmwG anwendbare Recht, GS Gruson, 2009, S. 265; *Leible/Hoffmann*, Cartesio – fortgeltende Sitztheorie, grenzüberschreitender Formwechsel und Verbot materiellrechtlicher Wegzugsbeschränkungen, BB 2009, 58; *Limmer*, Grenzüberschreitende Umwandlungen nach dem *Sevic*-Urteil des EuGH und den Neuregelungen des UmwG, ZNotP 2007, 242 (Teil 1), 282 (Teil 2); *Louven*, Umsetzung der Verschmelzungsrichtlinie, ZIP 2006, 2021; *Lutter/Drygala*, Internationale Verschmelzungen in Europa, JZ 2006, 770; *Marsch-Barner*, Zur grenzüberschreitenden Mobilität deutscher Kapitalgesellschaften, FS Haarmann, 2015, S. 115; *H.-F. Müller*, Die grenzüberschreitende Verschmelzung nach dem Referentenentwurf des Bundesjustizministeriums, NZG 2007, 1081; *H.-F. Müller*, Internationalisierung des deutschen Umwandlungsrechts: Die Regelung der grenzüberschreitenden Verschmelzung, ZIP 2007, 1081; *Neye*, Die Regelung der grenzüberschreitenden Sitzverlegung – eine ungelöste Aufgabe des europäischen Gesetzgebers, FS Schwark, 2009, S. 231; *Neye/Timm*, Die geplante Umsetzung der Richtlinie zur grenzüberschreitenden Verschmelzung von Kapitalgesellschaften im Umwandlungsgesetz, DB 2006, 488; *Neye/Timm*, Mehr Mobilität für die GmbH in Europa. Das neue Recht der grenzüberschreitenden Verschmelzungen, GmbHR 2007, 561; *Passarge/Stark*, Gläubigerschutz bei grenzüberschreitenden Verschmelzungen nach dem Zweiten Gesetz zur Änderung des Umwandlungsgesetzes, GmbHR 2007, 803; *Schaper*, Grenzüberschreitender Formwechsel und Sitzverlegung: Umsetzung der Vale-Rechtsprechung des EuGH, ZIP 2014, 810; *Simon/Rubner*, Die Umsetzung der Richtlinie über grenzüberschreitende Verschmelzungen ins deutsche Recht, Der Konzern 2006, 835; *J. Tebben/T. Tebben*, Der Weg aus der Limited: Die grenzüberschreitende Verschmelzung auf eine GmbH, DB 2007, 2355; *Thümmel/Hack*, Die grenzüberschreitende Verschmelzung von Personengesellschaften, Der Konzern 2009, 1; *Veil*, Kollisionsrechtliche und sachrechtliche Lösungen für eine Verschmelzung und eine Spaltung über die Grenze, Der Konzern 2007, 98; *Verse*, Niederlassungsfreiheit und grenzüberschreitende Sitzverlegung – Zwischenbilanz nach „National Grid Indus" und „Vale", ZEuP 2013, 458; *J. Vetter*, Die Regelung der grenzüberschreitenden Verschmelzung im UmwG, AG 2006, 613; *Weyde/Hafemann*, Praxisrelevante gesellschaftsrechtliche und steuerrechtliche Aspekte bei grenzüberschreitenden Verschmelzungen, FS Meilicke, 2010, S. 779; *Wicke*, Zulässigkeit des grenzüberschreitenden Formwechsels – Rechtssache „Vale" des Europäischen Gerichtshofs zur Niederlassungsfreiheit, DStR 2012, 1756; *Winter*, Planung und Vorbereitung einer grenzüberschreitenden Verschmelzung, Der Konzern 2007, 24.

1. Grenzüberschreitende Verschmelzungen gemäß §§ 122a–122l UmwG

Mit den Vorschriften des 10. Abschnitts wird die **Richtlinie** 2005/56/EG des Europäischen Parlaments und des Rates v. 26.10.2005 **über die Verschmelzung von Kapitalgesellschaften aus verschiedenen Mitgliedstaaten**[1] – im Folgenden „10. Richtlinie" – in deutsches Recht umgesetzt[2]. Die europarechtlichen Vorgaben über die Mitbestimmung der Arbeitnehmer in den Unternehmensorganen der aus einer grenzüberschreitenden Verschmelzung hervorgehenden Gesellschaft (Art. 16 der Richtlinie) sind gesondert mit dem Gesetz zur Umsetzung der Regelungen über die Mitbestimmung der Arbeitnehmer bei einer Verschmelzung von Kapitalgesellschaften aus verschiedenen Mitgliedstaaten (MgVG) v. 21.12.2006[3] umgesetzt worden. Mit den Vorschriften der §§ 122a–122l UmwG wird zugleich der **Rechtsprechung des EuGH** zur Öffnung des UmwG für Rechtsträger aus den EU-Mitgliedstaaten[4] für den Bereich der Verschmelzung Rechnung getragen. 1

Die §§ 122a–122l UmwG regeln die grenzüberschreitende Verschmelzung in enger Anlehnung an die Bestimmungen der 10. Richtlinie. Wie in dieser werden bestimmte Eckpunkte wie der gemeinsame Verschmelzungsplan und das Verfahren der Verschmelzung geregelt. Dabei wird die Herein-Verschmelzung wie die Hinaus-Verschmelzung erfasst. Im Übrigen unterliegen die beteiligten Rechtsträger weiterhin dem auf sie jeweils anwendbaren Recht. Die aktive oder passive Beteiligung einer ausländischen Gesellschaft setzt daher voraus, dass sie sich nach dem auf sie anwendbaren Recht verschmelzen darf (Art. 4 Abs. 1 Nr. 1 lit. a der Richtlinie). Das jeweils anzuwendende Sachrecht gilt auch für das Verfahren zur Beschlussfassung, den Schutz der Gläubiger, der Arbeitnehmer und der Minderheitsgesellschafter. Die sog. **Vereinigungstheorie**[5] wird damit positiv-rechtlich verankert[6]. Durch das europarechtlich einheitliche Verfahren, 2

---

1 ABl. EU Nr. L 310 v. 25.11.2005, S. 1.
2 Vgl. das Zweite Gesetz zur Änderung des Umwandlungsgesetzes v. 19.4.2007, BGBl. I 2007, S. 542.
3 BGBl. I 2006, S. 3332.
4 Vgl. EuGH v. 13.12.2005 – Rs. C-411/03, ZIP 2005, 2311 = AG 2006, 80 (Sevic Systems AG).
5 Siehe dazu näher *Simon/Rubner* in KölnKomm. UmwG, Vor §§ 122a ff. UmwG Rz. 22 f.; *Drinhausen* in Semler/Stengel, Einl. C Rz. 16; *Kiem* in Habersack/Drinhausen, SE-Recht, Vorb. UmwG Rz. 10.
6 *Teichmann*, ZIP 2006, 355 (361); *Simon/Rubner* in KölnKomm. UmwG, § 122a UmwG Rz. 3; *Simon/Rubner*, Der Konzern 2006, 835 (836).

das weitgehend dem der dritten gesellschaftsrechtlichen Richtlinie zur Verschmelzung von Aktiengesellschaften[1] entspricht, werden die Probleme, die sich aus einer kumulativen Anwendung der beteiligten Rechtsordnungen ergeben können, deutlich reduziert. Die praktische Durchführbarkeit einer grenzüberschreitenden Verschmelzung hängt allerdings auch davon ab, wie die Umsetzung der 10. Richtlinie erfolgt ist. Mittlerweile haben aber alle EU-Mitgliedstaaten Gesetze zur Umsetzung der Richtlinie erlassen[2].

2. Grenzüberschreitende Umwandlungen außerhalb der §§ 122a ff. UmwG

3   Die §§ 122a–122l UmwG regeln nur einen Teilbereich von grenzüberschreitenden Umwandlungen, nämlich nur die grenzüberschreitende Verschmelzung von **Kapitalgesellschaften** aus verschiedenen Mitgliedstaaten der EU und des EWR. Nicht erfasst sind grenzüberschreitende Verschmelzungen unter Beteiligung anderer Rechtsträger wie insbesondere von **Personengesellschaften** sowie andere Umwandlungsvorgänge wie **grenzüberschreitende Spaltungen** oder der **grenzüberschreitende Formwechsel**. Nicht geregelt sind auch entsprechende Umwandlungsvorgänge unter Beteiligung von **Rechtsträgern aus Drittstaaten**, dh. Staaten außerhalb der EU und des EWR[3]. In allen diesen Fällen stellt sich die Frage, ob das UmwG auch solche Umwandlungen zulässt und welches Recht auf diese ggf. Anwendung findet.

a) Kollisionsrechtliche Anknüpfung

4   Sind an einer Umwandlung neben inländischen auch ausländische Rechtsträger beteiligt, stellt sich die Frage, **welches Recht** auf den betreffenden Vorgang **anzuwenden** ist. Eine gesetzliche Regelung dazu gibt es bislang nicht. Das deutsche IPR enthält keine Bestimmungen zu Gesellschaften und verwandten Rechtsträgern. Fragen des Gesellschaftsrechts, des Vereinsrechts und des Rechts der juristischen Personen sind von den bestehenden Regelungen sogar ausdrücklich ausgenommen (Art. 1 Abs. 2 lit. f Rom-I-VO[4] iVm. Art. 3 Nr. 1b EGBGB). Anknüpfungspunkt für das auf Gesellschaften bei internationalen Sachverhalten anzuwendende Recht ist nach überkommener Auffassung der **tatsächliche** („effektive") **Sitz der Verwaltung**. Diese sog. **Sitztheorie** sichert die inländi-

---

1   Richtlinie des Rates 78/855/EWG v. 9.10.1978, ABl. EG Nr. L 295 v. 20.10.1978, S. 36.
2   Vgl. dazu http://eur-lex.europa.eu/LexUriServ/LexUriServ.do?uri=CELEX:72005L0056: EN:NOT sowie *Simon/Rubner* in KölnKomm. UmwG, Vor §§ 122a ff. UmwG Rz. 70 ff.
3   *Bayer* in Lutter, § 122a UmwG Rz. 3 mwN.
4   Verordnung (EG) Nr. 593/2008 des Europäischen Parlaments und des Rates vom 17.6.2008 über das auf vertragliche Schuldverhältnisse anzuwendende Recht, ABl. EU Nr. L 177 v. 4.7.2008, S. 6, berichtigt in ABl. EU Nr. L 309 v. 24.11.2009, S. 87.

schen Standards für den Gläubiger- und Minderheitenschutz und verhindert ein Ausweichen auf eine Rechtsordnung mit geringeren Anforderungen („race to the bottom")[1]. Auch die Gründung von sog. Briefkastengesellschaften soll mit der Sitztheorie unterbunden werden. Ein Wegzug inländischer Gesellschaften durch Verlegung des Verwaltungssitzes ins Ausland ist danach grundsätzlich ausgeschlossen. Dies gilt in der Regel auch für den umgekehrten Fall, wenn eine Auslandsgesellschaft ihren Verwaltungssitz ins Inland verlegt. Erfüllt die zuziehende Gesellschaft nicht die inländischen Gründungsvoraussetzungen, wird sie unter Umständen überhaupt nicht oder nur teilweise anerkannt[2]. Andere Länder sind insoweit liberaler und erkennen ausländische Gesellschaften auch im Inland entsprechend dem Recht des Staates an, in dem sie gegründet wurden. Diese sog. **Gründungstheorie** setzt sich auch in Deutschland zunehmend durch.

Eine deutliche Einschränkung der Sitztheorie ergibt sich zunächst daraus, dass **GmbH** und **AG** nach der Neufassung der § 4a GmbHG, § 5 AktG durch das MoMiG[3] nur noch einen inländischen Satzungssitz haben müssen. Der **Verwaltungssitz** kann sich **auch im Ausland** befinden. Die Verlegung des Satzungssitzes ins Ausland bleibt dagegen verboten, auch wenn dies nach dem Recht des ausländischen Zuzugsstaates zulässig wäre[4]. Mit dieser Trennung von Satzungs- und Verwaltungssitz wird die Mobilität der inländischen Kapitalgesellschaften erhöht[5]. Sie erhalten damit die Möglichkeit, ihre Geschäfte zB im Rahmen einer Niederlassung ausschließlich im Ausland zu führen[6]. Allerdings kann die Verlegung des Verwaltungssitzes in einen Staat, in dem die Sitztheorie gilt, dazu führen, dass die Rechtspersönlichkeit nach dem dortigen Recht verloren geht[7]. Dieses Verbot kann ua. dadurch überwunden werden, dass die deutsche Gesellschaft auf eine ausländische (Kapital-)Gesellschaft verschmolzen wird. Für dieses Vorgehen gelten für den Bereich der EU und des EWR die §§ 122a ff. UmwG. Für die Sitzverlegung soll es nach verbreiteter Auffassung beim Sitz der Verwaltung als maßgeblichem Anknüpfungspunkt bleiben[8]. Nach den Änderungen zur GmbH und AG wäre es jedoch folgerichtig, zumindest auch bei der 5

---

1 Vgl. *Hüffer/Koch*, § 1 AktG Rz. 34; BGH v. 27.10.2008 – II ZR 158/06, NJW 2009, 289 (291 Rz. 21) = AG 2009, 84 (Trabrennbahn).
2 Vgl. BGH v. 27.10.2008 – II ZR 158/06, NJW 2009, 289 (290 Rz. 21 ff.) = AG 2009, 84 zu einer schweizerischen AG.
3 Gesetz zur Modernisierung des GmbH-Rechts und zur Bekämpfung von Missbräuchen (MoMiG) v. 23.10.2008, BGBl. I 2008, S. 2026.
4 Vgl. OLG München v. 4.10.2007 – 31 Wx 36/07, NZG 2007, 915 = GmbHR 2007, 1273; zur europarechtlichen Zulässigkeit einer formwechselnden Sitzverlegung EuGH v. 16.12.2008 – Rs. C-210/06, NJW 2009, 569 (Tz. 113) = AG 2009, 79 (Cartesio) und OLG Nürnberg v. 13.2.2012 – 12 W 2361/11, ZIP 2012, 572 (574 ff.).
5 *Marsch-Barner* in FS Haarmann, 2015, S. 115 (119 f.).
6 Vgl. Begr. RegE zum MoMiG v. 23.5.2007, S. 65.
7 *Kindler*, NZG 2009, 130 (132); aA *Mansel/Thorn/Wagner*, IPRax 2009, 1 (4).
8 Vgl. zB *Herrler*, DNotZ 2009, 484 (490).

OHG und KG zwischen dem Sitz der Geschäftsführung und dem gesellschaftsvertraglichen Sitz zu unterscheiden[1]. Die Rechtsprechung ist dazu allerdings zurückhaltend[2].

6 Auch auf Grund der europarechtlichen Vorgaben gilt die Sitztheorie nur noch eingeschränkt. Als in den Mitgliedstaaten der EU unmittelbar geltendes Recht ist die europarechtliche **Niederlassungsfreiheit gemäß Art. 49, 54 AEUV** (ex Art. 43, 48 EGV) zu beachten. Nach der Rechtsprechung des **EuGH** in den Fällen „Centros"[3], „Überseering"[4] und „Inspire Art"[5] gebietet die Niederlassungsfreiheit, dass die Mitgliedstaaten den **Zuzug** von Gesellschaften, die in einem anderen Mitgliedstaat wirksam gegründet wurden, nicht behindern dürfen. Verlegt eine in der EU gegründete Gesellschaft ihren Verwaltungssitz in einen anderen Mitgliedstaat, hat der Aufnahmestaat sie in dem Maße als rechts- und parteifähig anzuerkennen, wie sich dies aus dem Gründungsrecht ergibt. Dies gilt nach dem Abkommen über den Europäischen Wirtschaftsraum auch für Gesellschaften aus den Mitgliedstaaten des EWR sowie für Gesellschaften aus Drittstaaten, die aufgrund eines Staatsvertrages[6] gleichgestellt sind. Anders zu beurteilen ist dagegen der **Wegzug** von Gesellschaften aus einem Mitgliedstaat. So liegt nach den Urteilen des EuGH in den Fällen „Daily Mail"[7] und „Cartesio"[8] kein Verstoß gegen die Niederlassungsfreiheit vor, wenn ein Mitgliedstaat die Verlegung des Verwaltungssitzes einer inländischen Gesellschaft in einen anderen Mitgliedstaat einschränkt.

7 Bei Umwandlungsvorgängen mit Gesellschaften aus **Drittstaaten** gelten die aus der Niederlassungsfreiheit der Art. 49, 54 AEUV abgeleiteten Grundsätze nicht. Im Verhältnis zu diesen Staaten bleibt es daher im Grundsatz bei der Sitztheorie[9]. Eine in der Schweiz, einem nicht privilegierten Drittstaat, gegründete AG mit

---

1 *Roth* in Baumbach/Hopt, § 106 HGB Rz. 8 mwN.
2 Vgl. KG Berlin v. 16.4.2012 – 25 W 39/12, ZIP 2012, 1668; KG Berlin v. 7.2.2012 – 25 W 4/12, NZG 2012, 1346; OLG Schleswig v. 14.12.2011 – 2 W 48/11, NZG 2012, 775 = GmbHR 2012, 802.
3 EuGH v. 9.3.1999 – Rs. C-212/97, NJW 1999, 2027 = AG 1999, 226 (Centros), dazu EWiR 1999, 259 (*Neye*) und *Eidenmüller*, ZIP 2002, 2233.
4 EuGH v. 5.11.2002 – Rs. C-208/00, NJW 2002, 3614 = AG 2003, 37 (Überseering), dazu EWiR 2002, 1003 (*Neye*) und *Ziemons*, ZIP 2003, 1913.
5 EuGH v. 30.9.2003 – Rs. C-167/01, NJW 2003, 3331 = AG 2003, 680 (Inspire Art), dazu EWiR 2003, 1029 (*Drygala*).
6 Vgl. insbesondere Art. XXV Abs. 5 Satz 2 des deutsch-amerikanischen Freundschafts-, Handels- und Schifffahrtsvertrags v. 29.10.1954 (BGBl. II 1956, S. 487) und dazu BGH v. 29.1.2003 – VIII ZR 155/02, DStR 2003, 948.
7 EuGH v. 27.9.1988 – Rs. C-81/87, NJW 1989, 2186.
8 EuGH v. 16.12.2008 – Rs. C-210/06, NJW 2009, 569 = AG 2009, 79, dazu krit. *Knof/Mock*, ZIP 2009, 30.
9 *Drygala* in Lutter, § 1 UmwG Rz. 28; *Hörtnagl* in Schmitt/Hörtnagl/Stratz, § 1 UmwG Rz. 44; *Simon/Rubner* in KölnKomm. UmwG, Vor §§ 122a ff. UmwG Rz. 16.

Verwaltungssitz in Deutschland ist in Deutschland allerdings als rechtsfähige Personengesellschaft – GbR oder OHG – zu behandeln[1]. Dagegen sind US-amerikanische Gesellschaften auf Grund des deutsch-amerikanischen Freundschafts-, Handels- und Schifffahrtsvertrags v. 29.10.1954[2] als solche anzuerkennen[3]. Dafür müssen sie allerdings noch (geringe) tatsächliche Beziehungen zum Gründungsstaat aufweisen und dürfen nicht allein in Deutschland tätig sein[4].

Vor diesem Hintergrund hatte das BMJ am 7.1.2008 einen **Gesetzentwurf zum Internationalen Privatrecht der Gesellschaften, Vereine und juristischen Personen** vorgelegt[5]. Maßgebliches Gesellschaftsstatut soll danach das Recht des Staates sein, in dem die Gesellschaft in ein öffentliches Register eingetragen ist (Art. 10 EGBGB-E). Das Recht des Gründungsstaates soll auch für das bei einer Umwandlung zu beachtende Verfahren gelten (Art. 10a EGBGB-E). Der Gesetzentwurf enthält damit, ohne zwischen den Ländern der EU bzw. des EWR und anderen Staaten zu differenzieren, eine Abkehr von der Sitztheorie und sah stattdessen die gesetzliche Anerkennung der Gründungstheorie vor. Gegen den Entwurf haben sich aber erhebliche Widerstände, vor allem wegen der mitbestimmungsrechtlichen Auswirkungen, ergeben, so dass der Entwurf inzwischen nicht mehr weiter verfolgt wird. Damit bleibt es vorerst jedenfalls bei den bisherigen gewohnheitsrechtlich geltenden Grundsätzen und deren innerstaatlichen und europarechtlichen Modifikationen. Allerdings sind für eine solche Einschränkung zwingende Gründe des Allgemeininteresses erforderlich[6].

b) Materiell-rechtliche Zulässigkeit

Nach der früher hM[7] lässt **§ 1 Abs. 1 UmwG** Umwandlungen nur zu, wenn alle 8 beteiligten Rechtsträger ihren Sitz im Inland haben. Dies ist allerdings nicht als

---

1 BGH v. 27.10.2008 – II ZR 158/06, NJW 2009, 289 (290, Rz. 21) = AG 2009, 84 (Trabrennbahn); anders noch Vorinstanz OLG Hamm v. 26.5.2006 – 30 U 166/05, AG 2007, 332; vgl. auch OLG Hamburg v. 30.3.2007 – 11 U 231/04, NZG 2007, 597 = AG 2007, 870 zu einer Limited nach dem Recht der Isle of Man.
2 BGBl. II 1956, S. 487.
3 *H. F. Müller* in Spindler/Stilz, AktG, IntGesR Rz. 20 mwN.
4 BGH v. 13.10.2004 – I ZR 245/01, NZG 2005, 44 = GmbHR 2005, 51; strenger noch BGH v. 29.1.2003 – VIII ZR 155/02, NJW 2003, 1607.
5 Siehe dazu *Altenhain/Wietz*, NZG 2008, 569; *Bollacher*, RIW 2008, 200; *Clausnitzer*, NZG 2008, 321; *Franz/Laeger*, BB 2008, 678; *Kindler*, Status:Recht 2008, 68; *Kußmaul/Richter/Ruiner*, DB 2008, 451; *Leuering*, ZRP 2008, 73; *Rotheimer*, NZG 2008, 181; *C. Schneider*, BB 2008, 566.
6 EuGH v. 29.11.2011 – Rs. C-371/10, NZG 2012, 114 (116 Rz. 42 ff.) = GmbHR 2012, 56 (National Grid Indus) zu einer sog. Wegzugsteuer.
7 *Großfeld* in Staudinger, Internationales Gesellschaftsrecht, 15. Aufl. 2008, Rz. 699; *Kindler* in MünchKomm. BGB, 6. Aufl. 2015, IntGesR Rz. 860; *Hörtnagl* in Schmitt/Hörtnagl/Stratz, § 1 UmwG Rz. 23.

Verbot für internationale Umwandlungen zu verstehen, an denen Rechtsträger mit Sitz in den Mitgliedstaaten der EU und des EWR beteiligt sind. Ein solches Verbot wäre mit der europarechtlich geschützten Niederlassungsfreiheit nicht vereinbar. Die Regelung in § 1 Abs. 1 UmwG ist vielmehr nur so zu verstehen, dass sich das UmwG auf die Regelung der Fragen beschränkt, die Rechtsträger mit Satzungssitz im Inland betreffen[1] (siehe dazu auch § 1 UmwG Rz. 1 ff.). § 1 UmwG stellt insofern klar, dass die Vorschriften des UmwG von inländischen Gesellschaften auch bei einer grenzüberschreitenden Verschmelzung einzuhalten sind. Auf ausländische Rechtsträger findet das UmwG selbstverständlich keine Anwendung. Zu fragen bleibt somit nur, ob und inwieweit das UmwG inländischen Rechtsträgern erlaubt, sich an grenzüberschreitenden Umwandlungen über die §§ 122a ff. UmwG hinaus zu beteiligen und welche materiell-rechtliche Regelungen dafür ggf. gelten.

9 **aa) Verschmelzung.** Die §§ 122a ff. UmwG regeln nur die grenzüberschreitende Verschmelzung von Kapitalgesellschaften. Wollen sich **Personengesellschaften** aus verschiedenen Mitgliedstaaten der EU oder des EWR durch Verschmelzung zusammenschließen, können sie dies in der Weise erreichen, dass sie sich zunächst in eine Kapitalgesellschaft umwandeln, diese dann grenzüberschreitend verschmelzen und die übernehmende oder neue Gesellschaft anschließend in eine Personengesellschaft rückumgewandelt wird. Neben diesem Umweg kommt aber auch eine unmittelbare grenzüberschreitende Verschmelzung unter Beteiligung von Personengesellschaften in Betracht. So hat der EuGH in seiner „Sevic"-Entscheidung die Zulässigkeit der **Hinein-Verschmelzung** einer luxemburgischen SA auf eine deutsche AG aus der Niederlassungsfreiheit gemäß Art. 43, 48 EGV (jetzt Art. 49, 54 AEUV) abgeleitet, ohne dabei auf die Rechtsform der in diesem Fall beteiligten Kapitalgesellschaften abzustellen[2]. Daher wird allgemein angenommen, dass der EuGH im Falle von Personengesellschaften nicht anders entschieden hätte. Die Hinein-Verschmelzung auch für Nicht-Kapitalgesellschaften ist somit europarechtlich gesichert[3]. Dies bedeutet, dass sich inländische Gesellschaften als aufnehmende oder neue Rechtsträger auch an der Herein-Verschmelzung von Personengesellschaften aus der EU oder dem EWR beteiligen können.

---

[1] *Drygala* in Lutter, § 1 UmwG Rz. 31; *Simon/Rubner* in KölnKomm. UmwG, Vor § 122a ff. UmwG Rz. 36, 37; *Drinhausen* in Semler/Stengel, Einl. C Rz. 33; *Hörtnagl* in Schmitt/Hörtnagl/Stratz, § 1 UmwG Rz. 24 ff., 47; *Thümmel/Heck*, Der Konzern 2009, 1 (1); *Bollacher*, RIW 2008, 201; früher bereits *Lawall*, IStR 1998, 345 (347); *Kronke*, ZGR 1994, 26 (35 f.).

[2] EuGH v. 13.12.2005 – Rs. C-411/03, ZIP 2005, 2311 (2312) = AG 2006, 80 (Sevic Systems AG), wo allgemein von „Gesellschaften" mit Sitz in verschiedenen Mitgliedstaaten gesprochen wird.

[3] *Drygala* in Lutter, § 1 UmwG Rz. 12; *Thümmel/Hack*, Der Konzern, 2009, 1 (3); *Herrler*, EuZW 2007, 299; *Veil*, Der Konzern 2007, 98 (99); *J. Vetter*, AG 2006, 613 (616); *Drinhausen* in Semler/Stengel, Einl. C Rz. 27 mwN.

Weniger klar ist die Rechtslage bei der **Hinaus-Verschmelzung**, dem Fall also, 10
dass eine inländische Personengesellschaft auf eine ausländische Gesellschaft
verschmolzen werden soll. Der EuGH hat sich bislang nur mit der Sitzverlegung
ins Ausland befasst und dabei Beschränkungen seitens des Wegzugstaates unter
dem Gesichtspunkt der Niederlassungsfreiheit nicht beanstandet[1]. In der „Cartesio"-Entscheidung hat der EuGH einschränkend allerdings ausgeführt, dass der
Wegzugstaat bei einer Sitzverlegung nicht die vorherige Auflösung und Liquidation der Gesellschaft verlangen könne. Dies hat der EuGH im „National Grid
Indus"-Urteil zur Verlegung des Verwaltungssitzes bestätigt[2]. In der „Cartesio"-
Entscheidung heißt es weiter, der Gesellschaft müsse zumindest die Möglichkeit
eröffnet werden, sich in eine Gesellschaft nach dem Recht des anderen Mitgliedstaates umzuwandeln, soweit dies nach dessen Recht möglich ist. Diese Aussage
ist in der „Vale"-Entscheidung für den grenzüberschreitenden Formwechsel
noch einmal bestätigt worden[3]. Alle diese Entscheidungen sprechen dafür, dass
auch die Hinaus-Verschmelzung durch die Niederlassungsfreiheit gedeckt ist[4].
Beschränkungen auf Seiten des Wegzugstaats, zB in Bezug auf Gläubiger- und
Minderheitenschutz, sind zwar möglich, sie müssen aber durch zwingende
Gründe des Allgemeininteresses gerechtfertigt sein[5]. Das UmwG steht damit
auch einer grenzüberschreitenden Hinaus-Verschmelzung nicht entgegen. Auch
hier sind allerdings andere Konstruktionen möglich. So kann zB das Vermögen
einer Personengesellschaft auf einen ausländischen Rechtsträger auch im Wege
der Anwachsung übergeleitet werden[6].

bb) Spaltung. Für andere Umwandlungsvorgänge innerhalb von EU und EWR, 11
insbesondere die **grenzüberschreitende Spaltung**, gelten diese Überlegungen
entsprechend. Insoweit ist zunächst davon auszugehen, dass die §§ 122a ff.
UmwG keine unmittelbare Anwendung finden. Dies hat der Gesetzgeber durch
die Einschränkung der Verweisung auf das Verschmelzungsrecht in § 125
UmwG im Rahmen des 2. UmwGÄndG ausdrücklich klargestellt. Allerdings
spricht nichts dagegen, wenn sich Rechtsträger aus verschiedenen Mitgliedstaaten nach ihrem nationalen Recht in Kapitalgesellschaften spalten und diese sich
dann grenzüberschreitend verschmelzen. Anstelle eines solchen Umwegs sollte
auch eine unmittelbare grenzüberschreitende Aufspaltung, Abspaltung oder
Ausgliederung möglich sein. Die Rechtsprechung des EuGH, die generell von

---

1 Vgl. EuGH v. 27.9.1988 – Rs. 81/87, NJW 189, 2186 (Daily Mail) und EuGH v. 16.12.2008
  – Rs. C-210/06, ZIP 2009, 24 (29, Rz. 112) = AG 2009, 79 (Cartesio).
2 EuGH v. 29.11.2011 – Rs. C-371/10, NZG 2012, 114 = GmbHR 2012, 56 (National Grid
  Indus).
3 EuGH v. 12.7.2012 – Rs. C-378/10, NZG 2012, 871 (874 Rz. 32 f., 46) = GmbHR 2012,
  860 (VALE).
4 Vgl. *Drinhausen* in Semler/Stengel, Einl. C Rz. 30 Fn. 72 mwN.
5 EuGH v. 29.11.2011 – Rs. C-371/10, NZG 2012, 114 (116 Rz. 42) = GmbHR 2012, 56
  (National Grid Indus).
6 *Bungert/Schneider* in GS Gruson, 2009, S. 37 (52).

grenzüberschreitenden „Umwandlungen" spricht, lässt jedenfalls darauf schließen, dass nicht nur eine Hinein-Spaltung, sondern auch eine Hinaus-Spaltung von der Niederlassungsfreiheit gedeckt ist und dass diese Umwandlungsmöglichkeit Kapitalgesellschaften ebenso wie Personengesellschaften offen steht[1].

12 **cc) Praktische Durchführung.** Soweit grenzüberschreitende Verschmelzungen oder Spaltungen über die §§ 122a ff. UmwG hinaus grundsätzlich zulässig sind, stellt sich die Frage, **nach welchen Rechtsnormen** solche Umwandlungen innerhalb der EU und des EWR praktisch durchgeführt werden können. Als Grundlage für das Verfahren sowie den Schutz der Minderheitsgesellschafter, der Gläubiger und der Arbeitnehmer bieten sich die Bestimmungen der 3., 6. und vor allem der 10. Richtlinie an[2]. Für beteiligte **inländische** Gesellschaften liegt zudem eine analoge Anwendung der §§ 122a–122l UmwG nahe[3]. Dies gilt vor allem für die grenzüberschreitende Verschmelzung von Personengesellschaften[4], aber auch für grenzüberschreitende Spaltungen, zumal sich die Regelung der Spaltung auch im innerstaatlichen Umwandlungsrecht weitgehend an der Verschmelzung orientiert (vgl. § 125 UmwG)[5]. Ergänzend sind außerdem die Bestimmungen des allgemeinen Umwandlungsrechts, bei der Beteiligung von Personengesellschaften insbesondere die §§ 39 ff. UmwG, heranzuziehen[6]. Für die beteiligten **ausländischen** Gesellschaften gilt das nach deren Gesellschaftsstatut anwendbare Umwandlungsrecht einschließlich der nationalen Umsetzungsregeln der europäischen Richtlinien, insbesondere der 10. Richtlinie. Auf die einzelnen Umwandlungsvorgänge sind demgemäß kumulativ verschiedene Rechtsordnungen anzuwenden (sog. Vereinigungstheorie, siehe auch Rz. 2)[7]. Einzelne Aspekte wie zB die Verschmelzungsfähigkeit der beteiligten Gesellschaften werden dabei von den involvierten Rechtsordnungen jeweils gesondert geregelt. Andere Fragen wie zB die Formbedürftigkeit des Verschmelzungsplans sind dagegen in jeder der beteiligten Rechtsordnungen geregelt. Soweit sich hier Kollisionen ergeben, setzt sich das strengere Recht – also das Recht, das den Eintritt einer Rechtsfolge ablehnt oder die geringere Wirkung anordnet – durch. Bei anderen

---

1 Vgl. *Drinhausen* in Semler/Stengel, Einl. C Rz. 28, 30; *Drygala* in Lutter, § 1 UmwG Rz. 20; *Bungert*, BB 2006, 53 (56); *Krause/Kulpa*, ZHR 171 (2007), 38 (45 f.); v. *Rummel* in Kraft/Redenius-Hövermann, Umwandlungsrecht, S. 292 ff.; *Teichmann*, ZIP 2006, 355 (358); aA *Kappes*, NZG 2006, 101; *Oechsler*, NJW 2006, 812 (813).
2 Vgl. zB *Lutter/Drygala* in Lutter, 4. Aufl., § 1 UmwG Rz. 17; *Lutter/Drygala*, JZ 2006, 770 (772 f.).
3 *Drygala* in Lutter, § 1 UmwG Rz. 35; *Hörtnagl* in Schmitt/Hörtnagl/Stratz, § 1 UmwG Rz. 60; *Kallmeyer/Kappes*, AG 2006, 224 (231 ff.).
4 *Drygala* in Lutter, § 1 UmwG Rz. 35; *Veil*, Der Konzern 2007, 98 (105); *J. Vetter*, AG 2006, 613 (616); *Bungert/Schneider* in GS Gruson, 2009, S. 37 (40 ff.); einschränkend *Thümmel/Hack*, Der Konzern 2009, 1 (5): nur Übergangslösung.
5 *Drygala* in Lutter, § 1 UmwG Rz. 36.
6 *Veil*, Der Konzern 2007, 98 (104); *Bungert/Schneider* in GS Gruson, 2009, S. 37 (40 f.).
7 Siehe dazu näher *Kindler* in MünchKomm. BGB, 6. Aufl. 2015, IntGesR Rz. 779 ff.

Fragen wie etwa der Methode zur Ermittlung des Umtauschverhältnisses muss eine für beide Rechtsordnungen akzeptable Lösung gefunden werden. Dazu sind die jeweiligen nationalen Bestimmungen soweit möglich aneinander anzupassen[1]. Vor allem in diesem Bereich bestehen erhebliche Rechtsunsicherheiten.

Trotz der grundsätzlichen Zulässigkeit grenzüberschreitender Umwandlungen auch außerhalb der §§ 122a ff. UmwG gibt es damit bei der praktischen Durchführung noch zahlreiche offene Fragen. Vor allem unter dem Gesichtspunkt der **Transaktionssicherheit** wird deshalb im Einzelfall abzuwägen sein, ob tatsächlich eine grenzüberschreitende Umwandlung durchgeführt oder stattdessen eine möglicherweise umständliche, dafür aber rechtssichere Alternativstruktur gewählt werden soll[2]. 13

dd) Formwechsel. Einen **grenzüberschreitenden Formwechsel**, dh. einen identitätswahrenden Wechsel in eine ausländische Rechtsform, sieht das UmwG bislang nicht vor. Eine GmbH oder AG kann allerdings ihren **Verwaltungssitz** ins Ausland verlegen (§ 4a GmbHG, § 5 AktG). Die bewusste Zulassung einer solchen Sitzverlegung ist dabei zugleich als kollisionsrechtliche Regelung in dem Sinne zu verstehen, dass für die Verlegung des Verwaltungssitzes ins Ausland die Sitztheorie zugunsten der Gründungstheorie aufgegeben wird (§ 1 UmwG Rz. 2). Deutsche Kapitalgesellschaften, die ihren Verwaltungssitz ins Ausland verlegen, nehmen damit ihre Rechtsfähigkeit nach deutschem Gesellschaftsrecht mit[3]. Eine Verlegung auch des **Satzungssitzes** ins Ausland mit entsprechendem Statutenwechsel ist dagegen bislang nicht möglich. Ein dahingehender Gesellschafterbeschluss ist nach überwiegender Ansicht nichtig (§ 241 Nr. 3 AktG) und darf nicht ins Handelsregister eingetragen werden[4]. Eine gesetzliche Regelung, um weitergehend auch einen grenzüberschreitenden Formwechsel zu ermöglichen und dafür ein bestimmtes Verfahren vorzugeben, ist bislang nicht in Sicht. Auch der oben (Rz. 7) erwähnte Gesetzentwurf zum IPR der Gesellschaften sprach diese Möglichkeit nur kollisionsrechtlich an, ohne sie den inländischen Gesellschaften auch materiell-rechtlich zu eröffnen[5]. Einen Fortschritt 14

---

1 Vgl. *Drygala* in Lutter, § 1 UmwG Rz. 46 ff.
2 Vgl. *Bungert/Schneider* in GS Gruson, 2009, S. 37 (51 f.); *Herrler*, DNotZ 2009, 484 (491); vgl. auch *Drinhausen* in Semler/Stengel, Einl. C Rz. 36, 37; zu Personengesellschaften vgl. § 1 UmwG Rz. 5.
3 *Bayer/J. Schmidt*, ZHR 173 (2009), 735 (749 ff.); *Drescher* in Spindler/Stilz, § 5 AktG Rz. 10; *Marsch-Barner* in FS Haarmann, 2015, S. 115 (121 f.); aA *Dauner-Lieb* in KölnKomm. AktG, 3. Aufl. 2010, § 5 AktG Rz. 28; *Eidenmüller*, ZGR 2007, 168 (205 f.).
4 *Dauner-Lieb* in KölnKomm. AktG, 3. Aufl. 2010, § 5 AktG Rz. 23; *Drescher* in Spindler/Stilz, § 5 AktG Rz. 10; *Hüffer/Koch*, § 5 AktG Rz. 13; für die Annahme eines Auflösungsbeschlusses iS von § 262 Abs. 1 Nr. 2 AktG OLG Düsseldorf v. 26.3.2001 – 3 Wx 88/01, NZG 2001, 506 = GmbHR 2001, 438; OLG Hamm v. 1.2.2001 – 15 W 390/00, NZG 2001, 562 = GmbHR 2001, 440.
5 Vgl. Art. 10b EGBGB-E des Gesetzentwurfs des BMJ v. 7.1.2008 und dazu *Kußmaul/Richter/Ruiner*, DB 2008, 451 (456); *Leuering*, ZRP 2008, 73 (76); *C. Schneider*, BB 2008, 566 (572).

würde in dieser Hinsicht die Verabschiedung der **14. Richtlinie über die Verlegung des Satzungssitzes** bedeuten, deren Vorentwurf bislang nicht weiterverfolgt worden ist[1]. Eine Verlegung des Satzungssitzes ins Ausland ist gegenwärtig nur für die SE und SCE klar geregelt[2]. Die anderen Gesellschaftsformen können als Umweg zB eine Tochtergesellschaft im Ausland gründen und sich dann grenzüberschreitend auf diese nach den §§ 122a ff. UmwG verschmelzen[3].

15 Unabhängig von einer formellen Regelung hat der **EuGH** schon in der Entscheidung „Cartesio" verlangt, dass einer Gesellschaft, die ihren Satzungssitz ins Ausland verlegen will, eine entsprechende Umwandlungsmöglichkeit durch den Wegzugsstaat eröffnet werden müsse[4]. Im Falle „Vale" hat sich der EuGH erneut für die Zulässigkeit der grenzüberschreitenden Umwandlung einer Gesellschaft, dh. einen Wechsel in eine ausländische Rechtsform, ausgesprochen, sofern dies nach dem Recht des Herkunftsstaates und des Zuzugsstaates möglich ist[5]. Die Inanspruchnahme der Niederlassungsfreiheit soll dabei nur davon abhängen, dass die Gesellschaft im Zielstaat eine reale wirtschaftliche Tätigkeit mittels einer festen Einrichtung ausübt[6]. Bei der Durchführung der Umwandlung hat der Aufnahmestaat die rechtliche Kontinuität wie bei entsprechenden innerstaatlichen Vorgängen anzuerkennen (Äquivalenzprinzip). Bei der erforderlichen Zusammenarbeit im Eintragungsverfahren sind die Dokumente des Herkunftsstaates grundsätzlich zu akzeptieren (Effektivitätsgrundsatz)[7]. Nach diesen Grundsätzen muss der Zuzugsstaat mithin ausländische und inländische Gesellschaften hinsichtlich des Erwerbs der Rechtsfähigkeit gleich behandeln[8]. Dies bedeutet zunächst, dass ein grenzüberschreitender Formwechsel nur im Rahmen des numerus clausus der beim Zuzugsstaat bestehenden Gesellschaften erfolgen kann. Für die praktische Durchführung ist es sodann notwendig, die Normen der beteiligten Rechtsordnungen zum inländischen Formwechsel kumulativ heranzuziehen[9]

---

1 Vgl. den Text des Vorentwurfs in ZIP 1997, 1721 ff. und dazu *Priester*, ZGR 1999, 36 ff.; siehe dazu auch die Thesen des Arbeitskreises Europäisches Unternehmensrecht, NZG 2011, 98 ff.; zum Schicksal der Sitzverlegungsrichtlinie *Neye* in FS Schwark, 2009, S. 231 ff.; zu den Erwartungen an eine künftige Sitzverlegungsrichtlinie *Kiem*, ZHR 180 (2016), 289 ff.
2 Art. 8 SE-VO iVm. §§ 12 ff. SEAG; Art. 7 SCE-VO iVm. § 11 SCEAG.
3 Vgl. *Drygala* in Lutter, § 1 UmwG Rz. 19; *Leuering*, ZRP 2008, 71 (76); *Siems*, EuZW 2006, 135 (139).
4 EuGH v. 16.12.2008 – Rs. C-210/06, ZIP 2009, 24 (29 Tz. 111 f.) = AG 2009, 79.
5 EuGH v. 12.7.2012 – Rs. C-378/10, ZIP 2012, 1394 (1397 Tz. 43) = GmbHR 2012, 860 (VALE).
6 EuGH v. 12.7.2012 – Rs. C-378/10, ZIP 2012, 1394 (1396 Tz. 34) = GmbHR 2012, 860 (VALE).
7 EuGH v. 12.7.2012 – Rs. C-378/10, ZIP 2012, 1394 (Tz. 53, 56, 61) = GmbHR 2012, 860 (VALE).
8 OLG Nürnberg v. 19.6.2013 – 12 W 520/13, ZIP 2014, 128 (129) = GmbHR 2014, 96.
9 Vgl. OLG Nürnberg v. 19.6.2013 – 12 W 520/13, ZIP 2014, 128 (129) = GmbHR 2014, 96 und auch EuGH v. 12.7.2012 – Rs. C-378/10, ZIP 2012, 1394 (1396 Tz. 48) = GmbHR 2012, 860 (VALE).

und dabei kollidierende Rechtsvorschriften anzupassen[1]. Im Falle eines „Hereinformwechsels" sind die Voraussetzungen einer inländischen Umwandlung einzuhalten[2]. Im Falle eines „Hinausformwechsels" einer deutschen Gesellschaft muss schon bei der Anwendung der §§ 190 ff. UmwG das Recht des Zielstaates mit berücksichtigt werden. Dies gilt nicht nur für die Frage, ob der Zielstaat den angestrebten Formwechsel überhaupt erlaubt, sondern auch zB für die Frage, welche Anforderungen dieser an den Umwandlungsbeschluss und den künftigen Gesellschaftsvertrag stellt. In beiden Fällen des grenzüberschreitenden Formwechsels ist das Verfahren vor den beteiligten Registern aufeinander abzustimmen. Insofern kann auf die europarechtlichen Regelungen zur grenzüberschreitenden Verschmelzung und deren nationale Umsetzung zurückgegriffen werden[3].

Eine Einschränkung dieser Grundsätze könnte sich daraus ergeben, dass der EuGH im Falle „Vale" die Ausübung einer **wirtschaftlichen Tätigkeit** im Zuzugsstaat verlangt hat[4]. Dieses Erfordernis ist allerdings nur als Möglichkeit einer Einschränkung zu verstehen. Für den grenzüberschreitenden Formwechsel nach Deutschland dürfte diese Möglichkeit keine Rolle spielen, da nach § 191 Abs. 2 Nr. 1 UmwG auch eine GbR Zielrechtsform sein kann und im Handelsregister Gesellschaften eingetragen sind, die zB als Vorrats- oder Mantelgesellschaft keine Geschäftstätigkeit ausüben[5]. 16

Ungeklärt ist, wie sich ein grenzüberschreitender Formwechsel auf die **Mitbestimmung** im Aufsichtsrat auswirkt. Eine gesetzliche Verpflichtung einer wegziehenden deutschen Kapitalgesellschaft, die bestehende Mitbestimmung im Aufsichtsrat „mitzunehmen", ist nicht ersichtlich[6]. Erwogen wird zwar, die Vorschriften zur Mitbestimmung bei der Sitzverlegung der SE oder die diesbezüglichen Vorschriften in der 10. Richtlinie entsprechend heranzuziehen[7]. Gegen eine solche Analogie spricht aber, dass es sich jeweils um europarechtliche Spezialregelungen handelt, die nicht ohne weiteres auf den grenzüberschreitenden Formwechsel übertragen werden können, der in erster Linie nach den beteiligten nationalen Rechtsordnungen abzuwickeln ist[8]. Hinzukommt, dass für die Verfassung der Gesellschaft wie bei einer Neugründung das Recht am neuen Satzungssitz maßgebend ist. 17

---

1 *Drygala* in Lutter, § 1 UmwG Rz. 46 f.
2 OLG Nürnberg v. 19.6.2013 – 12 W 520/13, ZIP 2014, 128 (129) = GmbHR 2014, 96; KG Berlin v. 21.3.2016 – 22 W 64/15, NZG 2016, 834 (835); zust. *Schaper*, ZIP 2014, 810 ff.; abl. *Neye*, EWiR 2/2014, 45 f.
3 Zu weiteren Einzelheiten *Marsch-Barner* in FS Haarmann, 2015, S. 115 (137 f.) sowie die Checkliste des AG Charlottenburg, vgl. *Melchior*, GmbHR 2014, R 311 f.
4 EuGH v. 12.7.2012 – Rs. C-378/10, NZG 2012, 871 (873 Tz. 34) = GmbHR 2012, 860 (VALE).
5 Siehe zum letzten Gesichtspunkt *Drygala* in Lutter, § 1 UmwG Rz. 14.
6 *Verse*, ZEuP 2013, 485 (494); aA *Teichmann/Ptak*, RIW 2010, 817 (820).
7 Vgl. zB *Drygala* in Lutter, § 1 UmwG Rz. 39.
8 *Ege/Klett*, DStR 2012, 2442 (2446); *Otte/Rietschel*, GmbHR 2009, 983 (986); aA *Teichmann*, ZIP 2009, 393 (403) und AG Charlottenburg, vgl. *Melchior*, GmbHR 2014, R 311 f.

§ 122a
Grenzüberschreitende Verschmelzung

(1) Eine grenzüberschreitende Verschmelzung ist eine Verschmelzung, bei der mindestens eine der beteiligten Gesellschaften dem Recht eines anderen Mitgliedstaats der Europäischen Union oder eines anderen Vertragsstaats des Abkommens über den Europäischen Wirtschaftsraum unterliegt.

(2) Auf die Beteiligung einer Kapitalgesellschaft (§ 3 Abs. 1 Nr. 2) an einer grenzüberschreitenden Verschmelzung sind die Vorschriften des Ersten Teils und des Zweiten, Dritten und Vierten Abschnitts des Zweiten Teils entsprechend anzuwenden, soweit sich aus diesem Abschnitt nichts anderes ergibt.

1. Überblick	1	3. Anwendbares Verschmelzungs-	
2. Sachlicher Anwendungsbereich	2	recht	5

Literatur: *Bayer/J. Schmidt*, Gläubigerschutz bei (grenzüberschreitenden) Verschmelzungen, ZIP 2016, 841; *Frenzel*, Grenzüberschreitende Verschmelzung von Kapitalgesellschaften, 2008; *Frenzel*, Grenzüberschreitende Verschmelzung von Kapitalgesellschaften – nach Ablauf der Umsetzungsfrist, RIW 2008, 12; *Herrler*, Ermöglichung grenzüberschreitender Verschmelzungen von Kapitalgesellschaften durch Änderung des Umwandlungsgesetzes – Umsetzung der Verschmelzungsrichtlinie unter Vernachlässigung der primärrechtlichen Rahmenbedingungen, EuZW 2007, 295; *Simon/Rubner*, Die Umsetzung der Richtlinie über grenzüberschreitende Verschmelzungen ins deutsche Recht, Der Konzern 2006, 835; *Spahlinger/Wegen*, Deutsche Gesellschaften in grenzüberschreitenden Umwandlungen nach „Sevic" und der Verschmelzungsrichtlinie in der Praxis, NZG 2006, 721; *M. Winter*, Planung und Vorbereitung einer grenzüberschreitenden Verschmelzung, Der Konzern 2007, 24. Siehe im Übrigen die Angaben Vor §§ 122a–122l UmwG.

1. Überblick

1 § 122a Abs. 1 UmwG definiert in Anlehnung an Art. 1 der 10. Richtlinie[1] den Begriff der grenzüberschreitenden Verschmelzung und bestimmt damit den **sachlichen Anwendungsbereich** der §§ 122a–122l UmwG. Nach § 122a Abs. 2 UmwG muss eine Gesellschaft, die sich an einer solchen Verschmelzung beteiligt, entsprechend Art. 4 Abs. 1 lit. b der 10. Richtlinie die Vorschriften und Formalitäten des für sie geltenden nationalen Rechts einhalten. Welche Gesellschaftsformen an einer grenzüberschreitenden Verschmelzung teilnehmen können, ist in § 122b UmwG näher bestimmt.

---

1 Richtlinie 2005/56/EG, ABl. EU Nr. L 310 v. 25.11.2005, S. 1.

2. Sachlicher Anwendungsbereich

Grenzüberschreitend ist eine Verschmelzung nach § 122a Abs. 1 UmwG dann, wenn neben mindestens einer inländischen Gesellschaft mindestens eine der beteiligten Gesellschaften dem **Recht eines anderen Mitgliedstaates der EU oder des EWR** unterliegt. Rein innerstaatliche Verschmelzungen sowie Verschmelzungen mit Gesellschaften aus einem Drittstaat sind somit nicht erfasst. Für die Abgrenzung der beteiligungsfähigen Gesellschaften kommt es auf das anzuwendende Recht an[1]. Dies richtet sich aus deutscher Sicht nach dem **Satzungssitz** der Gesellschaft (vgl. § 4a GmbHG, § 5 AktG). Liegt dieser im In- oder Ausland, handelt es sich um eine in- oder ausländische Gesellschaft. Eine grenzüberschreitende Verschmelzung liegt daher auch vor, wenn zB eine deutsche GmbH mit einer in Deutschland mit Verwaltungssitz ansässigen Limited englischen Rechts (sog. Scheinauslandsgesellschaft) verschmolzen wird[2].

2

Der Gesetzgeber hat die Definition der grenzüberschreitenden Verschmelzung über Art. 1 der 10. Richtlinie hinaus auf Verschmelzungen ausgedehnt, an denen eine der beteiligten Gesellschaften dem Recht eines Vertragsstaates des Abkommens über den Europäischen Wirtschaftsraum (EWR)[3] unterliegt[4]. Die Bezugnahme auf die Mitgliedstaaten der EU und des EWR ist eine **dynamische Verweisung**, umfasst also alle jeweiligen Mitgliedstaaten[5].

3

Um eine grenzüberschreitende Verschmelzung handelt es sich auch, wenn ausschließlich inländische Gesellschaften auf eine **neu gegründete Gesellschaft im Ausland** verschmolzen werden (sog. NewCo-Fälle). Dass nur die neue Gesellschaft dem Recht eines anderen Mitgliedstaates unterliegt, ist ausreichend[6].

4

---

1 Ebenso *Drinhausen* in Semler/Stengel, § 122a UmwG Rz. 10.
2 *Bayer* in Lutter, § 122a UmwG Rz. 23; *Drinhausen* in Semler/Stengel, § 122a UmwG Rz. 10; *Hörtnagl* in Schmitt/Hörtnagl/Stratz, § 122a UmwG Rz. 8; *Kiem* in Habersack/Drinhausen, SE-Recht, § 122a UmwG Rz. 4; *Simon/Rubner* in KölnKomm. UmwG, § 122a UmwG Rz. 5; *H.-F. Müller*, NZG 2006, 286 (286/287); *Winter*, Der Konzern 2007, 24 (27); vgl. zur Verschmelzung einer in Deutschland ansässigen Limited auf eine GmbH *Tebben/Tebben*, DB 2007, 2355 ff.
3 ABl. EU Nr. L 1 v. 3.1.1994, S. 3.
4 Begr. RegE, BT-Drucks. 16/2919, S. 14.
5 *Drinhausen* in Semler/Stengel, § 122a UmwG Rz. 13; *Hörtnagl* in Schmitt/Hörtnagl/Stratz, § 122a UmwG Rz. 11.
6 *Bayer* in Lutter, § 122a UmwG Rz. 26; *Drinhausen* in Semler/Stengel, § 122a UmwG Rz. 10; *Hörtnagl* in Schmitt/Hörtnagl/Stratz, § 122a UmwG Rz. 9; *Kiem* in Habersack/Drinhausen, SE-Recht, § 122a UmwG Rz. 5; *Polley* in Henssler/Strohn, § 122a UmwG Rz. 10; *Simon/Rubner* in KölnKomm. UmwG, § 122a UmwG Rz. 13 ff.; *Frischhut*, EWS 2006, 55 (56); *H.-F. Müller*, NZG 2006, 286 (287); *Frenzel*, RIW 2008, 12 (14); aA *Heckschen* in Widmann/Mayer, § 122a UmwG Rz. 72; *Spahlinger/Wegen*, NZG 2006, 721 (722); *Winter*, Der Konzern 2007, 24 (27).

Zwar wird dieser Fall von Art. 1 der 10. Richtlinie wohl nicht erfasst[1], § 122a Abs. 1 UmwG stellt aber allgemein auf die beteiligten Gesellschaften ab. Darunter sind nach § 122b Abs. 1 UmwG auch neue Gesellschaften zu verstehen[2]. Im Einzelfall bleibt allerdings zu prüfen, ob die Rechtsordnung am Sitz der neuen Gesellschaft diese Form der Verschmelzung zulässt[3]. Nach dieser weiten Auslegung fällt auch der umgekehrte Fall, nämlich die Verschmelzung ausschließlich ausländischer Gesellschaften zur Neugründung einer inländischen Gesellschaft, unter den Begriff der grenzüberschreitenden Verschmelzung[4].

3. Anwendbares Verschmelzungsrecht

5   § 122a Abs. 2 UmwG beschränkt den Anwendungsbereich der §§ 122a–122l UmwG ausdrücklich auf Kapitalgesellschaften iS von § 3 Abs. 1 Nr. 2 UmwG. Erfasst sind damit alle **inländischen Kapitalgesellschaften** einschließlich der SE mit Satzungs- und Verwaltungssitz in Deutschland[5]. Für die an einer grenzüberschreitenden Verschmelzung beteiligten deutschen Gesellschaften wird auf die für innerstaatliche Verschmelzungen geltenden Vorschriften des UmwG verwiesen, soweit die §§ 122a–122l UmwG keine Sonderregelungen vorsehen[6]. Dies betrifft die allgemeinen Vorschriften über die Verschmelzung (§§ 2–38 UmwG) sowie die rechtsformspezifischen Bestimmungen für die GmbH, AG und KGaA (§§ 46–59, 60–76, 78 UmwG). Für die beteiligten **ausländischen Kapitalgesellschaften** gilt gemäß Art. 4 Abs. 1 lit. b der 10. Richtlinie deren nationales Umwandlungs- und Gesellschaftsrecht (siehe dazu auch Vor §§ 122a–122l UmwG Rz. 12)[7].

6   Für eine Beteiligung inländischer **Personengesellschaften** sind die Vorschriften über die grenzüberschreitende Verschmelzung nicht eröffnet[8]. Auch solche Ver-

---

1 Vgl. *Bayer* in Lutter, § 122a UmwG Rz. 25; *Frenzel*, Grenzüberschreitende Verschmelzung von Kapitalgesellschaften, 2008, S. 127 f.; *Frenzel*, RIW 2008, 12 (14); *Heckschen* in Widmann/Mayer, § 122a UmwG Rz. 6, 55; aA *Oechsler*, NZG 2006, 161 (166).
2 *Bayer* in Lutter, § 122a UmwG Rz. 26; *Drinhausen* in Semler/Stengel, § 122a UmwG Rz. 10; *Frenzel*, Grenzüberschreitende Verschmelzung von Kapitalgesellschaften, 2008, S. 128; *Kiem* in Habersack/Drinhausen, SE-Recht, § 122a UmwG Rz. 6; aA *Heckschen* in Widmann/Mayer, § 122a UmwG Rz. 56, 72 f.; *Winter*, Der Konzern 2007, 24 (27).
3 *Drinhausen* in Semler/Stengel, § 122a UmwG Rz. 10; *Frenzel*, Grenzüberschreitende Verschmelzung von Kapitalgesellschaften, 2008, S. 128; *Kiem* in Habersack/Drinhausen, SE-Recht, § 122a UmwG Rz. 6.
4 *Kiem* in Habersack/Drinhausen, SE-Recht, § 122a UmwG Rz. 6; *Simon/Rubner* in KölnKomm. UmwG, § 122a UmwG Rz. 18 f.
5 Begr. RegE, BT-Drucks. 16/2919, S. 14.
6 Vgl. *Simon/Rubner* in KölnKomm. UmwG, § 122a UmwG Rz. 20; *Herrler*, EuZW 2007, 295 (295).
7 *Drinhausen* in Semler/Stengel, § 122a UmwG Rz. 14; *Hörtnagl* in Schmitt/Hörtnagl/Stratz, § 122a UmwG Rz. 20.
8 Vgl. Begr. RegE, BT-Drucks. 16/2919, S. 14.

schmelzungen fallen aber unter die europarechtliche Niederlassungsfreiheit gemäß Art. 49, 54 AEUV[1]. Der Anwendungsbereich der 10. Richtlinie ist daher insoweit nicht abschließend[2]. Allerdings fehlen für die grenzüberschreitende Verschmelzung von Personengesellschaften nationalstaatliche Regelungen, sodass die Durchführung solcher Verschmelzungen schwierig ist (siehe dazu auch Vor §§ 122a-122l UmwG Rz. 9, 10, 12).

Wie der EuGH in der Rechtssache KA Finanz[3] festgestellt hat, gilt bei einer grenzüberschreitenden Verschmelzung das Prinzip der **Universalsukzession**. Es bedeutet, dass Verträge der übertragenden Gesellschaft inhaltlich unverändert auf die übernehmende Gesellschaft übergehen; es wird nur der Vertragspartner ausgetauscht (vgl. § 20 Abs. 1 Nr. 1 UmwG). Für die Auslegung der übergehenden Verträge bleibt es bei dem kollisionsrechtlich maßgebenden Vertragsstatut (seit 17.12.2009 Art. 4 ff. Rom I-VO).

§ 122b
Verschmelzungsfähige Gesellschaften

(1) An einer grenzüberschreitenden Verschmelzung können als übertragende, übernehmende oder neue Gesellschaften nur Kapitalgesellschaften im Sinne des Artikels 2 Nr. 1 der Richtlinie 2005/56/EG des Europäischen Parlaments und des Rates vom 26. Oktober 2005 über die Verschmelzung von Kapitalgesellschaften aus verschiedenen Mitgliedstaaten (ABl. EU Nr. L 310 S. 1) beteiligt sein, die nach dem Recht eines Mitgliedstaats der Europäischen Union oder eines anderen Vertragsstaats des Abkommens über den Europäischen Wirtschaftsraum gegründet worden sind und ihren satzungsmäßigen Sitz, ihre Hauptverwaltung oder ihre Hauptniederlassung in einem Mitgliedstaat der Europäischen Union oder einem anderen Vertragsstaat des Abkommens über den Europäischen Wirtschaftsraum haben.

(2) An einer grenzüberschreitenden Verschmelzung können nicht beteiligt sein:

1. Genossenschaften, selbst wenn sie nach dem Recht eines anderen Mitgliedstaats der Europäischen Union oder eines anderen Vertragsstaats des Abkommens über den Europäischen Wirtschaftsraum unter die Definition des Artikels 2 Nr. 1 der Richtlinie fallen;

---

[1] Vgl. EuGH v. 13.12.2005 – Rs. C-411/03, BB 2006, 11 (12) = AG 2006, 80 (Sevic Systems AG).

[2] *Bayer* in Lutter, § 122a UmwG Rz. 3, 12; *Kiem* in Habersack/Drinhausen, SE-Recht, § 122b UmwG Rz. 2; *Spahlinger/Wegen*, NZG 2006, 721 (723).

[3] EuGH v. 7.4.2016 – Rs. C-483/14, ZIP 2016, 712 (715 Tz. 57 f.) und dazu *Bayer/J. Schmidt*, ZIP 2016, 841.

2. Gesellschaften, deren Zweck es ist, die vom Publikum bei ihnen eingelegten Gelder nach dem Grundsatz der Risikostreuung gemeinsam anzulegen und deren Anteile auf Verlangen der Anteilsinhaber unmittelbar oder mittelbar zulasten des Vermögens dieser Gesellschaft zurückgenommen oder ausgezahlt werden. Diesen Rücknahmen oder Auszahlungen gleichgestellt sind Handlungen, mit denen eine solche Gesellschaft sicherstellen will, dass der Börsenwert ihrer Anteile nicht erheblich von deren Nettoinventarwert abweicht.

1. Überblick 1	3. Ausnahmen (§ 122b Abs. 2 UmwG) 7
2. Verschmelzungsfähige Gesellschaften (§ 122b Abs. 1 UmwG) 2	

1. Überblick

1 Die Vorschrift bestimmt, welche Gesellschaftsformen an einer grenzüberschreitenden Verschmelzung als übertragende, übernehmende oder neue Gesellschaft beteiligt sein können und regelt damit den **persönlichen Anwendungsbereich** der §§ 122a ff. UmwG. Während § 122b Abs. 1 UmwG den Kreis der beteiligungsfähigen Gesellschaften umschreibt, legt § 122b Abs. 2 UmwG in Umsetzung von Art. 3 Abs. 2 und 3 der 10. Richtlinie[1] bestimmte Ausnahmen fest.

2. Verschmelzungsfähige Gesellschaften (§ 122b Abs. 1 UmwG)

2 § 122b Abs. 1 UmwG beschränkt den Anwendungsbereich der Vorschriften über eine grenzüberschreitende Verschmelzung abstrakt auf **Kapitalgesellschaften** iS von Art. 2 Nr. 1 der 10. Richtlinie. Darunter fallen die in Art. 1 der Publizitätsrichtlinie[2] ausdrücklich aufgeführten Gesellschaftsformen sowie alle sonstigen Gesellschaften, die Rechtspersönlichkeit besitzen, über ein gesondertes Gesellschaftskapital verfügen, das allein für die Verbindlichkeiten der Gesellschaft haftet, und die nach dem für sie maßgebenden innerstaatlichen Recht Schutzbestimmungen im Sinne der Publizitätsrichtlinie zum Interesse der Gesellschafter sowie Dritter einhalten müssen[3].

3 In Deutschland sind damit die **AG**, **KGaA** und die **GmbH** einschließlich der UG (haftungsbeschränkt) erfasst[4]. Über Art. 9 Abs. 1 lit. c ii) und 10 SE-VO ist die

---

1 Richtlinie 2005/56/EG, ABl. EU Nr. L 310 v. 25.11.2005, S. 1.
2 Richtlinie 68/151/EWG, ABl. EG L Nr. 65 v. 14.3.1968, S. 8.
3 Art. 2 Nr. 1 lit. a und lit. b der 10. Richtlinie.
4 *Bayer* in Lutter, § 122b UmwG Rz. 3; *Kiem* in Habersack/Drinhausen, SE-Recht, § 122b UmwG Rz. 6.

SE mit Sitz im Inland der AG gleichgestellt[1]. Soll die grenzüberschreitende Verschmelzung zur **Gründung einer SE** führen, gelten dafür jedoch abschließend die Spezialvorschriften der **Art. 2 Abs. 1, 17 ff. SE-VO**[2]. Sollen dagegen eine inländische Kapitalgesellschaft auf eine bestehende SE mit Sitz im Ausland oder umgekehrt eine bestehende ausländische SE auf eine Kapitalgesellschaft mit Sitz im Inland verschmolzen werden, finden die §§ 122a ff. UmwG Anwendung[3]. Im zweiten Fall ist allerdings die Sperrfrist gemäß **Art. 66 Abs. 1 Satz 2 SE-VO** zu beachten, und zwar auch dann, wenn die Verschmelzung nicht auf eine AG, sondern auf eine Gesellschaft anderer Rechtsform erfolgen soll[4]. Auch wenn Art. 66 Abs. 1 SE-VO nur von der AG als Zielrechtsform spricht, bedeutet dies nicht, dass damit eine Verschmelzung auf andere Kapitalgesellschaftsformen wie zB die GmbH ausgeschlossen wäre[5]. Art. 66 Abs. 1 SE-VO ist auch zu beachten, wenn eine deutsche SE auf eine ausländische Kapitalgesellschaft verschmolzen werden soll[6].

Keine Kapitalgesellschaften iS von § 122b Abs. 1 UmwG sind der eingetragene Verein (**e.V.**) und der Versicherungsverein auf Gegenseitigkeit (**VVaG**). Für beide Rechtsträger sind nicht Anteile, sondern Mitgliedschaftsrechte kennzeichnend[7].

4

---

1 Begr. RegE, BT-Drucks. 16/2919, S. 14; *Drinhausen* in Semler/Stengel, § 122b UmwG Rz. 5; *Hörtnagl* in Schmitt/Hörtnagl/Stratz, § 122b UmwG Rz. 7.
2 *Bayer* in Lutter, § 122b UmwG Rz. 7; *Drinhausen* in Semler/Stengel, § 122b UmwG Rz. 5; *Drinhausen/Keinath*, BB 2006, 725 (726); *Kiem* in Habersack/Drinhausen, SE-Recht, § 122b UmwG Rz. 7; *Marsch-Barner* in Liber amicorum Happ, 2006, S. 165 (168 f.); *Hörtnagl* in Schmitt/Hörtnagl/Stratz, § 122b UmwG Rz. 5; aA für den Fall, dass am Ende der Verschmelzung eine SE steht, *Louven*, ZIP 2006, 2021 (2024); *Oechsler*, NZG 2006, 161 (162); *Simon/Rubner*, Der Konzern 2006, 835 (837).
3 *Bayer* in Lutter, § 122b UmwG Rz. 7; *Drinhausen* in Semler/Stengel, § 122b UmwG Rz. 5; *Heckschen* in Widmann/Mayer, § 122b UmwG Rz. 16, 64 ff.; *Hörtnagl* in Schmitt/Hörtnagl/Stratz, § 122b UmwG Rz. 5; *Simon/Rubner* in KölnKomm. UmwG, § 122b UmwG Rz. 12; *Grambow/Stadler*, BB 2010, 977 (979); *Simon/Rubner*, Der Konzern 2006, 835 (837); aA *Louven*, ZIP 2006, 2021 (2024).
4 *Drinhausen* in Semler/Stengel, § 122b UmwG Rz. 5; *Simon/Rubner* in KölnKomm. UmwG, § 122b UmwG Rz. 14; *Simon/Rubner*, Der Konzern 2006, 835 (837); aA *Bayer* in Lutter, § 122b UmwG Rz. 7; *Drygala* in Lutter, § 3 UmwG Rz. 21; *Heckschen* in Widmann/Mayer, § 122b UmwG Rz. 62, Anh. 14 Rz. 522 ff.; *Kiem* in Habersack/Drinhausen, SE-Recht, § 122b UmwG Rz. 7.
5 Vgl. *Schwarz*, 2006, Art. 66 SE-VO Rz. 30; *J. Schmidt* in Lutter/Hommelhoff/Teichmann, SE-Kommentar, Art. 66 SE-VO Rz. 7 f.; *Simon/Rubner* in KölnKomm. UmwG, § 122b UmwG Rz. 15; *C. Schäfer* in MünchKomm. AktG, 3. Aufl. 2012, Art. 66 SE-VO Rz. 14 unter Aufgabe der in der 2. Aufl. vertretenen anderen Ansicht; zum Formwechsel auch OLG Frankfurt v. 2.12.2010 – 5 Sch 3/10, NZG 2012, 351 (352).
6 *Polley* in Henssler/Strohn, § 122b UmwG Rz. 4.
7 *Louven*, ZIP 2006, 2021 (2024); *Heckschen* in Widmann/Mayer, § 122b UmwG Rz. 73; *Drinhausen* in Semler/Stengel, § 122b UmwG Rz. 6; *Hörtnagl* in Schmitt/Hörtnagl/Stratz, § 122b UmwG Rz. 6; *Kiem* in Habersack/Drinhausen, SE-Recht, § 122b UmwG Rz. 10; zweifelnd *Bayer* in Lutter, § 122b UmwG Rz. 6.

5 Um international verschmelzungsfähig zu sein, müssen die beteiligten Gesellschaften nach dem Recht eines Mitgliedstaates der EU oder des EWR **gegründet** sein und ihren satzungsmäßigen **Sitz**, ihre **Hauptverwaltung** oder **Hauptniederlassung** in einem dieser Mitgliedstaaten haben (§ 122b Abs. 1 UmwG). Mit diesen zusätzlichen Kriterien soll zum einen berücksichtigt werden, dass eine Gesellschaft nicht zwingend ihrem Gründungsrecht unterliegen muss. Außerdem soll der Möglichkeit Rechnung getragen werden, dass Gesellschaften unter Beibehaltung ihres bisherigen Gesellschaftsstatuts ihren Sitz in einen Drittstaat verlegen. Von der Beteiligung an einer grenzüberschreitenden Verschmelzung ausgeschlossen sind demgemäß Gesellschaften, die nach dem Recht eines Drittstaates gegründet und dann ihren Sitz identitätswahrend in die EU oder den EWR verlegt haben sowie Gesellschaften, die umgekehrt zwar nach dem Recht eines Mitgliedstaates von EU oder EWR gegründet wurden, aber ihren Sitz dann identitätswahrend in einen Drittstaat verlegt haben[1]. Sitz, Hauptverwaltung und Hauptniederlassung müssen sich nur alternativ und nicht kumulativ in einem Mitgliedstaat befinden[2]. Eine nach dem Recht eines Mitgliedstaates gegründete Gesellschaft kann daher zB nur ihren Sitz in einem Mitgliedstaat, ihre Hauptverwaltung aber in einem Drittstaat haben[3]. Unter die §§ 122a ff. UmwG fallen demgemäß inländische Gesellschaften, die ihren Verwaltungssitz (nach § 4a GmbHG, § 5 AktG) ins EU-Ausland verlegen, ebenso wie EU-Auslandsgesellschaften, die ihren Verwaltungssitz in Deutschland haben (§ 122a UmwG Rz. 2). Ob eine ausländische Kapitalgesellschaft grenzüberschreitend verschmelzungsfähig ist, kann allerdings durch das auf sie anwendbare Recht eingeschränkt sein. Dies kann sowohl die aktive als auch die passive Verschmelzungsfähigkeit betreffen[4].

5a Teilweise wird angenommen, dass **US-amerikanische Gesellschaften** in den Anwendungsbereich des § 122b UmwG einzubeziehen seien. Wortlaut und Begründung des Gesetzes sprechen allerdings dagegen. Auch aus dem Freundschafts-, Handels- und Schifffahrtsvertrag mit den USA v. 29.10.1954[5], insbesondere dessen Art. VII, lässt sich dies nicht herleiten[6].

6 Die Beschränkung auf Kapitalgesellschaften entspricht zwar der Richtlinie, nicht aber der Rechtsprechung des EuGH, nach der das deutsche UmwG die Betei-

---

1 Begr. RegE, BT-Drucks. 16/2919, S. 14; *Drinhausen* in Semler/Stengel, § 122b UmwG Rz. 7.
2 *Heckschen* in Widmann/Mayer, § 122b UmwG Rz. 91; *Hörtnagl* in Schmitt/Hörtnagl/Stratz, § 122b UmwG Rz. 12.
3 *Hörtnagl* in Schmitt/Hörtnagl/Stratz, § 122b UmwG Rz. 12.
4 *Bayer* in Lutter, § 122b UmwG Rz. 14; *Kiem* in Habersack/Drinhausen, SE-Recht, § 122b UmwG Rz. 14.
5 BGBl. II 1956, S. 487.
6 *Bayer* in Lutter, § 122b UmwG Rz. 11; *Drinhausen* in Semler/Stengel, § 122b UmwG Rz. 10; *Heckschen* in Widmann/Mayer, § 122a UmwG Rz. 89, § 122b UmwG Rz. 81; *Hörtnagl* in Schmitt/Hörtnagl/Stratz, § 122b UmwG Rz. 8; aA *Althoff* in Böttcher/Habighorst/Schulte, § 122b UmwG Rz. 12; *Kiem* in Habersack/Drinhausen, SE-Recht, § 122b UmwG Rz. 12; *Frenzel/Axer*, RIW 2007, 47 (48 f.).

ligung ausländischer Rechtsträger nicht generell von der Verschmelzung mit inländischen Rechtsträgern ausschließen darf[1]. Dies gilt sinngemäß auch für die Verschmelzung mit **Personenhandelsgesellschaften** und anderen Unternehmensträgern (siehe § 122a UmwG Rz. 6)[2].

3. Ausnahmen (§ 122b Abs. 2 UmwG)

Entsprechend der Ermächtigung in Art. 3 Abs. 2 der 10. Richtlinie sind **Genos-** 7 **senschaften** vom Anwendungsbereich der Vorschriften über die grenzüberschreitende Verschmelzung ausgenommen (§ 122b Abs. 2 UmwG). Dieser Ausschluss gilt allgemein. Er betrifft ausdrücklich auch ausländische Genossenschaften, selbst wenn sie nach ihrem Recht verschmelzungsfähig sind. Der Ausschluss gilt auch für inländische Genossenschaften, die in ihrer Satzung ein Mindestkapital vorgesehen haben (vgl. § 8a GenG) und sich damit einer Kapitalgesellschaft angenähert haben[3]. Ausgeschlossen ist auch die Beteiligung von Europäischen Genossenschaften (**SCE**)[4].

Vom Anwendungsbereich ausdrücklich ausgenommen sind gemäß Art. 3 Abs. 3 8 der 10. Richtlinie auch **Organismen für gemeinsame Anlagen in Wertpapieren** (**OGAW**), die vom Publikum eingesammelte Gelder nach dem Grundsatz der Risikostreuung gemeinsam anlegen und deren Anteile auf Verlangen der Anteilsinhaber zu Lasten des Vermögens der Gesellschaft zurückgenommen oder ausgezahlt werden[5]. Betroffen davon sind die Investmentaktiengesellschaften (**InvAG**) mit veränderlichem Kapital (§§ 108 ff. KAGB; früher §§ 96 ff., 105 InvG)[6]. Nicht ausgenommen sind dagegen die Kapitalverwaltungsgesellschaften (**KVG**), die das Vermögen der Anleger treuhänderisch oder in gesonderten Fonds verwalten (§§ 17, 92 ff. KAGB; früher §§ 6, 30 ff. InvG)[7].

---

1 EuGH v. 13.12.2005 – Rs. C-411/03, ZIP 2005, 2311 = AG 2006, 80 (Sevic Systems AG).
2 Vgl. Handelsrechtsausschuss des DAV, NZG 2006, 737 (740); dazu auch *Simon/Rubner*, Der Konzern 2006, 835 (842 f.).
3 *Drinhausen* in Semler/Stengel, § 122b UmwG Rz. 10.
4 Begr. RegE, BT-Drucks. 16/2919, S. 14.
5 Zur Definition vgl. Art. 1 Abs. 2 der Richtlinie 85/611/EWG v. 20.12.1985, ABl. EG Nr. L 375 v. 31.12.1985, S. 3 zur Koordinierung der Rechts- und Verwaltungsvorschriften betreffend bestimmte Organismen für gemeinsame Anlagen in Wertpapieren; neu gefasst durch die Richtlinie 2009/65/EG v. 13.7.2009, ABl. EU Nr. L 302 v. 17.11.2009, S. 32.
6 *Bayer* in Lutter, § 122b UmwG Rz. 16; *Kiem* in Habersack/Drinhausen, SE-Recht, § 122a UmwG Rz. 4; *Simon/Rubner* in KölnKomm. UmwG, § 122b UmwG Rz. 19; aA *Heckschen* in Widmann/Mayer, § 122b UmwG Rz. 111.
7 *Bayer* in Lutter, § 122b UmwG Rz. 16; *Kiem* in Habersack/Drinhausen, SE-Recht, § 122a UmwG Rz. 4; *Simon/Rubner* in KölnKomm. UmwG, § 122b UmwG Rz. 21; aA *Heckschen* in Widmann/Mayer, § 122b UmwG Rz. 118.

§ 122c
Verschmelzungsplan

(1) Das Vertretungsorgan einer beteiligten Gesellschaft stellt zusammen mit den Vertretungsorganen der übrigen beteiligten Gesellschaften einen gemeinsamen Verschmelzungsplan auf.

(2) Der Verschmelzungsplan oder sein Entwurf muss mindestens folgende Angaben enthalten:

1. Rechtsform, Firma und Sitz der übertragenden und übernehmenden oder neuen Gesellschaft,
2. das Umtauschverhältnis der Gesellschaftsanteile und gegebenenfalls die Höhe der baren Zuzahlungen,
3. die Einzelheiten hinsichtlich der Übertragung der Gesellschaftsanteile der übernehmenden oder neuen Gesellschaft,
4. die voraussichtlichen Auswirkungen der Verschmelzung auf die Beschäftigung,
5. den Zeitpunkt, von dem an die Gesellschaftsanteile deren Inhabern das Recht auf Beteiligung am Gewinn gewähren, sowie alle Besonderheiten, die eine Auswirkung auf dieses Recht haben,
6. den Zeitpunkt, von dem an die Handlungen der übertragenden Gesellschaften unter dem Gesichtspunkt der Rechnungslegung als für Rechnung der übernehmenden oder neuen Gesellschaft vorgenommen gelten (Verschmelzungsstichtag),
7. die Rechte, die die übernehmende oder neue Gesellschaft den mit Sonderrechten ausgestatteten Gesellschaftern und den Inhabern von anderen Wertpapieren als Gesellschaftsanteilen gewährt, oder die für diese Personen vorgeschlagenen Maßnahmen,
8. etwaige besondere Vorteile, die den Sachverständigen, die den Verschmelzungsplan prüfen, oder den Mitgliedern der Verwaltungs-, Leitungs-, Aufsichts- oder Kontrollorgane der an der Verschmelzung beteiligten Gesellschaften gewährt werden,
9. die Satzung der übernehmenden oder neuen Gesellschaft,
10. gegebenenfalls Angaben zu dem Verfahren, nach dem die Einzelheiten über die Beteiligung der Arbeitnehmer an der Festlegung ihrer Mitbestimmungsrechte in der aus der grenzüberschreitenden Verschmelzung hervorgehenden Gesellschaft geregelt werden,
11. Angaben zur Bewertung des Aktiv- und Passivvermögens, das auf die übernehmende oder neue Gesellschaft übertragen wird,
12. den Stichtag der Bilanzen der an der Verschmelzung beteiligten Gesellschaften, die zur Festlegung der Bedingungen der Verschmelzung verwendet werden.

(3) Befinden sich alle Anteile einer übertragenden Gesellschaft in der Hand der übernehmenden Gesellschaft, so entfallen die Angaben über den Umtausch der Anteile (Absatz 2 Nr. 2, 3 und 5), soweit sie die Aufnahme dieser Gesellschaft betreffen.

(4) Der Verschmelzungsplan muss notariell beurkundet werden.

1. Überblick 1
2. Rechtsnatur des Verschmelzungsplans 4
3. Aufstellung des Verschmelzungsplans (§ 122c Abs. 1 UmwG) 5
4. Inhalt des Verschmelzungsplans (§ 122c Abs. 2 UmwG) 8
   a) Rechtsform, Firma und Sitz (§ 122c Abs. 2 Nr. 1 UmwG) *(Marsch-Barner)* 9
   b) Umtauschverhältnis und bare Zuzahlung (§ 122c Abs. 2 Nr. 2 UmwG) *(Lanfermann)* 10
   c) Übertragung der Gesellschaftsanteile (§ 122c Abs. 2 Nr. 3 UmwG) *(Marsch-Barner)* 14
   d) Auswirkungen der Verschmelzung auf die Beschäftigten (§ 122c Abs. 2 Nr. 4 UmwG) *(Willemsen)* 15
   e) Zeitpunkt der Gewinnbeteiligung (§ 122c Abs. 2 Nr. 5 UmwG) *(Marsch-Barner)* 20
   f) Verschmelzungsstichtag (§ 122c Abs. 2 Nr. 6 UmwG) *(Lanfermann)* 21
   g) Gewährung von Sonderrechten (§ 122c Abs. 2 Nr. 7 UmwG) *(Marsch-Barner)* 24
   h) Sondervorteile (§ 122c Abs. 2 Nr. 8 UmwG) *(Marsch-Barner)* 25
   i) Satzung (§ 122c Abs. 2 Nr. 9 UmwG) *(Marsch-Barner)* 26
   j) Verfahren der Arbeitnehmerbeteiligung (§ 122c Abs. 2 Nr. 10 UmwG) *(Willemsen)* 27
   k) Bewertung des Aktiv- und Passivvermögens (§ 122c Abs. 2 Nr. 11 UmwG) *(Lanfermann)* . 31
   l) Stichtag der Bilanzen (§ 122c Abs. 2 Nr. 12 UmwG) *(Lanfermann)* 36
5. Konzernverschmelzung (§ 122c Abs. 3 UmwG) 39
6. Notarielle Beurkundung (§ 122c Abs. 4 UmwG) 40

Literatur: *Dzida*, Die Unterrichtung des „zuständigen" Betriebsrats bei innerstaatlichen und grenzüberschreitenden Verschmelzungen, GmbHR 2009, 459; *Dzida/Schramm*, Arbeitsrechtliche Pflichtangaben bei innerstaatlichen und grenzüberschreitenden Verschmelzungen, NZG 2008, 521; *Freundorfer/Festner*, Praxisempehlungen für die grenzüberschreitende Verschmelzung, GmbHR 2010, 195; *Kallmeyer*, Der gemeinsame Verschmelzungsplan für grenzüberschreitenden Verschmelzungen, AG 2007, 472; *Klein*, Grenzüberschreitende Verschmelzung von Kapitalgesellschaften, RNotZ 2007, 565; *Krüger*, Das auf den Verschmelzungsplan nach § 122c UmwG anwendbare Recht, GS Gruson, 2009, S. 265; *Weyde/Hafemann*, Praxisrelevante gesellschaftsrechtliche und steuerrechtliche Aspekte bei grenzüberschreitenden Verschmelzungen, FS Meilicke, 2010, S. 779. Siehe außerdem die Angaben Vor §§ 122a–122l UmwG.

§ 122c | Grenzüberschreitende Verschmelzung

1. Überblick

1 Der in § 122c UmwG geregelte **Verschmelzungsplan** entspricht in seiner Funktion dem Verschmelzungsvertrag (§ 5 UmwG) bei innerstaatlichen Verschmelzungen. Es handelt sich dabei wie beim Verschmelzungsvertrag um einen **einheitlichen Text** für alle an der Verschmelzung beteiligten Gesellschaften (Art. 5 der 10. Richtlinie[1]). Die Aufstellung des Plans durch die jeweiligen Vertretungsorgane (§ 122c Abs. 1 UmwG) korrespondiert mit dem Abschluss des Verschmelzungsvertrages gemäß § 5 Abs. 1 UmwG[2].

2 Inhaltlich sind die für den Verschmelzungsplan erforderlichen **Mindestangaben** gemäß § 122c Abs. 2 UmwG weitgehend identisch mit den für den Verschmelzungsvertrag nach § 5 Abs. 2 UmwG verlangten Angaben; Abweichungen enthalten nur die Nr. 9, 10, 11 und 12. Gesetzestechnisch einfacher wäre es daher gewesen, nur die Besonderheiten des Verschmelzungsplans zu regeln[3]. Die Wiederholung aller für den Verschmelzungsplan geforderten Angaben in der Diktion der Richtlinie hat jedoch den Vorteil, dass eine möglichst hohe Übereinstimmung mit den Anforderungen der beteiligten ausländischen Rechtsordnungen erreicht wird[4]. Nach der Konzeption der 10. Richtlinie muss der Verschmelzungsplan nämlich den Vorschriften aller beteiligten Rechtsordnungen entsprechen[5].

3 § 122c Abs. 3 UmwG erleichtert wie § 5 Abs. 2d UmwG die Verschmelzung einer 100%igen Tochtergesellschaft. § 122c Abs. 4 UmwG bestimmt wie § 6 UmwG, dass der Verschmelzungsplan notariell zu beurkunden ist.

2. Rechtsnatur des Verschmelzungsplans

4 Der Verschmelzungsplan ist ein **gesellschaftsrechtlicher Organisationsakt**[6]. Im Unterschied zum Verschmelzungsvertrag entfaltet er keine schuldrechtlichen

---

1 Richtlinie 2005/56/EG, ABl. EU Nr. L 310 v. 25.11.2005, S. 1.
2 *J. Vetter*, AG 2006, 613 (617); *Simon/Rubner*, Der Konzern 2006, 835 (837).
3 Vgl. *Bayer/J. Schmidt*, NZG 2006, 841 (842).
4 *Simon/Rubner*, Der Konzern 2006, 835 (837).
5 Vgl. Erwägungsgrund 3; *Bayer/J. Schmidt*, NJW 2006, 401 (402); *Frenzel*, RIW 2008, 12 (16); *Polley* in Henssler/Strohn, § 122c UmwG Rz. 9; *Simon/Rubner* in KölnKomm. UmwG, § 122c UmwG Rz. 8; *Simon/Rubner*, Der Konzern 2006, 835 (837); aA *Kallmeyer*, AG 2007, 472 (474) und *Krüger* in GS Gruson, 2009, S. 265 (271, 275), wonach nur das Recht des Aufnahmestaates anwendbar sein soll.
6 *Bayer* in Lutter, § 122c UmwG Rz. 3; *Kiem* in Habersack/Drinhausen, SE-Recht, § 122c UmwG Rz. 6; *Mayer* in Widmann/Mayer, § 122c UmwG Rz. 17; *Hörtnagl* in Schmitt/Hörtnagl/Stratz, § 122c UmwG Rz. 5; *Polley* in Henssler/Strohn, § 122c UmwG Rz. 5; *Frenzel*, RIW 2008, 12 (16); *Kallmeyer*, AG 2007, 472 (474); *Kiem*, WM 2006, 1091 (1094); aA *Forsthoff*, DStR 2006, 613 (614); *Simon/Rubner* in KölnKomm. UmwG, § 122c UmwG Rz. 6; *Simon/Rubner*, Der Konzern 2006, 835 (837); *Krause/Kulpa*, ZHR 171

Wirkungen. Er enthält deshalb anders als § 5 Abs. 1 Nr. 2 UmwG auch keine Verpflichtung zur Vermögensübertragung gegen Gewährung von Anteilen[1]. Dies schließt aber nicht aus, dass die Beteiligten auch schuldrechtliche Verpflichtungen in den Verschmelzungsplan aufnehmen. § 122c Abs. 1 UmwG schreibt nur Mindestangaben vor. Die beteiligten Gesellschaften können freiwillig weitere Punkte in den Verschmelzungsplan aufnehmen[2]. Etwaige ergänzende Verpflichtungen müssen nicht in einem gesonderten Dokument niedergelegt werden[3]. Etwas anderes empfiehlt sich nur dann, wenn die schuldrechtlichen Vereinbarungen wie zB ein Grundlagenvertrag (**Business Combination Agreement**) auch inhaltlich vom Verschmelzungsplan zu trennen sind[4].

3. Aufstellung des Verschmelzungsplans (§ 122c Abs. 1 UmwG)

Zuständig für die Aufstellung des Verschmelzungsplans ist nach § 122c Abs. 1 UmwG das jeweilige **Vertretungsorgan**. Bei der AG ist dies der Vorstand, bei der KGaA sind es die persönlich haftenden Gesellschafter und bei der GmbH die Geschäftsführer. Die dualistisch organisierte SE wird durch das Leitungsorgan vertreten. Bei der monistisch verfassten SE kommt als Vertretungsorgan nur der Verwaltungsrat in Betracht (vgl. auch § 122e UmwG Rz. 2)[5].

§ 122c Abs. 1 UmwG verlangt entsprechend Art. 5 Satz 1 der 10. Richtlinie die Aufstellung eines **gemeinsamen Verschmelzungsplans**. Dieser Plan muss nicht nur inhaltlich übereinstimmen[6], sondern auch in einem einheitlichen Dokument enthalten sein[7]. Falls einzelne Gesellschaften auf Grund ihres nationalen Rechts

---

(2007), 38 (56); *J. Vetter*, AG 2006, 613 (617); *Winter*, Der Konzern 2007, 24 (33); offengelassen von *Drinhausen* in Semler/Stengel, § 122c UmwG Rz. 6.
1 Diese Verpflichtung ergibt sich allerdings auch schon aus der Definition der Verschmelzung in § 2 UmwG, so dass die dogmatische Bedeutung dieser Verpflichtung begrenzt ist.
2 Vgl. BT-Drucks. 16/2919, S. 15 und § 5 UmwG Rz. 62.
3 *Bayer* in Lutter, § 122c UmwG Rz. 4; *Mayer* in Widmann/Mayer, § 122c UmwG Rz. 18; *Hörtnagl* in Schmitt/Hörtnagl/Stratz, § 122c UmwG Rz. 5; aA *Drinhausen* in Semler/Stengel, § 122c UmwG Rz. 6.
4 *Bayer* in Lutter, § 122c UmwG Rz. 4; *Kiem* in Habersack/Drinhausen, SE-Recht, § 122c UmwG Rz. 6.
5 *Althoff* in Böttcher/Habighorst/Schulte, § 122c UmwG Rz. 9; *Bayer* in Lutter, § 122c UmwG Rz. 6; *Drinhausen* in Semler/Stengel, § 122c UmwG Rz. 9; *Kiem* in Habersack/Drinhausen, SE-Recht, § 122c UmwG Rz. 10; *Polley* in Henssler/Strohn, § 122c UmwG Rz. 6; wohl auch *Hörtnagl* in Schmitt/Hörtnagl/Stratz, § 122c UmwG Rz. 8; aA *Mayer* in Widmann/Mayer, § 122c UmwG Rz. 22.
6 *Hörtnagl* in Schmitt/Hörtnagl/Stratz, § 122c UmwG Rz. 10; *Kallmeyer*, AG 2007, 472 (474).
7 *Drinhausen* in Semler/Stengel, § 122c UmwG Rz. 5; *Mayer* in Widmann/Mayer, § 122c UmwG Rz. 19; *Hörtnagl* in Schmitt/Hörtnagl/Stratz, § 122c UmwG Rz. 6; *Kallmeyer*, AG 2007, 472 (473); aA *Kiem* in Habersack/Drinhausen, SE-Recht, § 122c UmwG Rz. 12, 17; *Simon/Rubner* in KölnKomm. UmwG, § 122c UmwG Rz. 36.

zusätzliche Angaben aufnehmen müssen, wie zB die Abfindungsverpflichtung einer deutschen Gesellschaft im Falle der Hinausverschmelzung (§ 122i UmwG), müssen diese Angaben auch in den anderen Verschmelzungsplänen enthalten sein. Entsprechendes gilt bei zusätzlichen Angaben, die nach den beteiligten ausländischen Rechten erforderlich sind.

7 Für die beteiligten inländischen Gesellschaften ist der Verschmelzungsplan in **deutscher Sprache** aufzustellen (§ 184 GVG iVm. § 488 Abs. 3 FamFG)[1]. Dies kann aber auch eine beglaubigte Übersetzung sein[2]. Bei Beteiligung von Gesellschaften aus anderen Sprachkreisen muss der Verschmelzungsplan auch in deren Amtssprachen vorliegen. Es bietet sich dann eine **mehrsprachige Fassung** in allen beteiligten Sprachen an. Dabei dürfen aber keine inhaltlichen Divergenzen entstehen, da es sonst an einem gemeinsamen Verschmelzungsplan fehlt[3]. Für etwaige Auslegungsfragen sollte vorsorglich die Rechtsordnung vereinbart werden, der die übernehmende oder neue Gesellschaft unterliegt[4]. Ob diese Sprache auch ohne Vereinbarung gilt, ist zweifelhaft[5]. Zur Beurkundung siehe Rz. 40 f.

4. Inhalt des Verschmelzungsplans (§ 122c Abs. 2 UmwG)

8 § 122c Abs. 2 UmwG legt die Mindestangaben fest, die der Verschmelzungsplan oder sein Entwurf enthalten muss. Ergänzend dazu muss der Verschmelzungsplan zB bei der Hinausverschmelzung einer inländischen Gesellschaft ein Abfindungsangebot enthalten (§ 122i UmwG). Darüber hinaus kann der Verschmelzungsplan weitere freiwillige Regelungen enthalten (vgl. Rz. 4 und Erwägungsgrund 4 der 10. Richtlinie).

a) Rechtsform, Firma und Sitz (§ 122c Abs. 2 Nr. 1 UmwG) *(Marsch-Barner)*

9 Die Regelung entspricht § 5 Abs. 1 Nr. 1 UmwG (vgl. § 5 UmwG Rz. 2). Zusätzlich verlangt wird die Angabe der **Rechtsform** der an der Verschmelzung beteiligten Gesellschaften. Dies soll den beteiligten Registern und Behörden die Überprüfung erleichtern, ob alle Gesellschaften nach Art. 1 und 2 Nr. 1 der 10. Richt-

---

1 *Mayer* in Widmann/Mayer, § 122c UmwG Rz. 24; *Klein*, RNotZ 2007, 565 (588) mwN.
2 *Hörtnagl* in Schmitt/Hörnagl/Stratz, § 122c UmwG Rz. 42; *Klein*, RNotZ 2007, 565 (588); *Simon/Rubner* in KölnKomm. UmwG, § 122c UmwG Rz. 39; aA *Mayer* in Widmann/Mayer, § 122c UmwG Rz. 25; *Haritz/von Wolff*, GmbHR 2006, 340 (341).
3 *Bayer* in Lutter, § 122c UmwG Rz. 10; *H.-F. Müller*, ZIP 2007, 1081 (1083); *Drinhausen* in Semler/Stengel, § 122c UmwG Rz. 5 Fn. 11 aE.
4 *Polley* in Henssler/Strohn, § 122c UmwG Rz. 8; *Simon/Rubner* in KölnKomm. UmwG, § 122c UmwG Rz. 41; *Freundorfer/Festner*, GmbHR 2010, 195 (198); *Klein*, RNotZ 2007, 565 (588).
5 Dafür *Simon/Rubner* in KölnKomm. UmwG, § 122c UmwG Rz. 41; dagegen zB *Bayer* in Lutter, § 122c UmwG Rz. 10; *H.-F. Müller*, ZIP 2007, 1081 (1083).

linie beteiligungsfähig sind[1]. Zu empfehlen ist daher, die Rechtsformen in der Bezeichnung der Publizitätsrichtlinie[2] anzugeben, auf die Art. 2 Nr. 1 lit. a der 10. Richtlinie verweist. Mit dem **Sitz** ist der Satzungssitz und nicht ein ggf. abweichender Sitz der Verwaltung gemeint[3]. Die Angabe der **Firma** richtet sich nach dem nationalen Recht. Soll die Firma im Zuge der Verschmelzung geändert werden, sollte auch die künftige Firma angegeben werden[4].

b) Umtauschverhältnis und bare Zuzahlung (§ 122c Abs. 2 Nr. 2 UmwG)
(Lanfermann)

Die Vorschrift entspricht inhaltlich § 5 Abs. 1 Nr. 3 UmwG für die nationale Verschmelzung. Auf die entsprechende Kommentierung (§ 5 UmwG Rz. 17 ff.) wird verwiesen. Der Anwendungsbereich ist allerdings eingeschränkter als der des § 5 UmwG, weil nur Kapitalgesellschaften iS des Art. 2 Nr. 1 RL 2005/56/EG verschmelzungsfähig sind (§ 122b Abs. 1 UmwG). Befinden sich alle Anteile der übertragenden Gesellschaft in der Hand der übernehmenden Gesellschaft (Konzernverschmelzung), entfällt insoweit die Angabe nach § 122c Nr. 2 UmwG (§ 122c Abs. 3 UmwG). Dies gilt auch, soweit die übertragende Gesellschaft eigene Anteile hält oder Anteile einem anderen für Rechnung der übertragenden Gesellschaft gehören, wenn alle weiteren Anteile in der Hand der übernehmenden Gesellschaft sind (vgl. § 5 UmwG Rz. 23). Ein „Umtausch" findet in diesen Fällen nicht statt; die Verschmelzung erfolgt gegen Untergang der Beteiligung bei der aufnehmenden Gesellschaft. 10

Zur Angabe des **Umtauschverhältnisses** wird auf § 5 UmwG Rz. 19 verwiesen. Das Umtauschverhältnis ist Ausdruck der Wertrelation des übertragenen Vermögens zu den als Gegenleistung gewährten Anteilen der aufnehmenden Gesellschaft. Bei einer grenzüberschreitenden Verschmelzung ist besonders darauf zu achten, dass die Wertrelation der beteiligten Gesellschaften nach gleichen oder doch zumindest vergleichbaren Bewertungsmethoden bestimmt wird (zu den in Deutschland gebräuchlichen Bewertungsmethoden vgl. § 8 UmwG Rz. 13 ff.; § 9 UmwG Rz. 29 ff.)[5]. Die in Deutschland gebräuchliche Ertragswertmethode ist jenseits der Grenzen durchaus nicht allgemein anerkannt oder üblich. Eine Methodenfestschreibung im Verschmelzungsplan empfiehlt sich deshalb. Auch ein Gericht wird sich im Spruchverfahren oder ggf. im Beschlussanfechtungsverfah- 11

---

1 *Mayer* in Widmann/Mayer, § 122c UmwG Rz. 40; *Hörtnagl* in Schmitt/Hörtnagl/Stratz, § 122c UmwG Rz. 12.
2 Erste Richtlinie 68/151/EWG des Rates v. 9.3.1968 zur Koordinierung der Schutzbestimmungen, die in den Mitgliedstaaten den Gesellschaften im Sinne des Art. 58 Abs. 2 des Vertrags im Interesse der Gesellschafter sowie Dritter vorgeschrieben sind, um diese Bestimmungen gleichwertig zu gestalten, ABl. EG Nr. L 65 v. 14.3.1968, S. 8.
3 *Hörtnagl* in Schmitt/Hörtnagl/Stratz, § 122c UmwG Rz. 12.
4 *Hörtnagl* in Schmitt/Hörtnagl/Stratz, § 122c UmwG Rz. 12.
5 Vgl. dazu *Kiem*, ZGR 2007, 542; *Reuter*, AG 2007, 881.

ren nicht über eine im Verschmelzungsplan festgelegte Bewertungsmethode hinwegsetzen können, jedenfalls wenn sie international anerkannten betriebswirtschaftlichen Mindeststandards genügt.

12 Das Umtauschverhältnis ist **Kernbestandteil** des Verschmelzungsplans. Das ergibt sich schon daraus, dass das Gesetz für die Stabilität des Umtauschverhältnisses dadurch Sorge trägt, dass grundsätzlich eine Klage gegen den Verschmelzungsplan auf dessen Unrichtigkeit (zu geringe Bemessung) nicht gestützt werden kann, sondern allenfalls ein Ausgleich durch bare Zuzahlung ermöglicht wird (§§ 14 Abs. 2, 15 UmwG). Bei der grenzüberschreitenden Verschmelzung wird allerdings dieses höchst sinnvolle Prinzip dadurch kompliziert und unübersichtlich, dass der Klageausschluss (§ 14 Abs. 2 UmwG) nur greift, wenn entweder die für die anderen beteiligten Gesellschaften maßgeblichen Rechtsordnungen ebenfalls ein Verfahren ähnlich § 15 UmwG vorsehen oder die anderen beteiligten Anteilsinhaber im Verschmelzungsbeschluss der Anwendung der §§ 14 Abs. 2, 15 UmwG (Spruchverfahren) ausdrücklich zustimmen. Sind diese Voraussetzungen nicht gegeben oder können sie nicht hergestellt werden, greift der Klageausschluss nicht und das Umtauschverhältnis kann zum Gegenstand einer Anfechtungsklage gemacht werden[1].

13 Zur Angabe der Höhe **barer Zuzahlungen** wird auf § 5 UmwG Rz. 22 verwiesen. Soweit die übernehmende Gesellschaft deutschem Recht unterliegt, sind die Höchstbeträge von 10 % des Gesamtbetrags der gewährten Gesellschaftsrechte zu beachten (§§ 54 Abs. 4, 68 Abs. 3 UmwG)[2]. Soweit die übernehmende Gesellschaft ausländischem Recht unterliegt, kommt es insoweit auf das ausländische Recht an. Das kann auch Zuzahlungen über die 10 %-Grenze hinaus zulassen. Mit der Richtlinie 2005/56/EG steht das in Einklang (Art. 4 Abs. 1 lit. b Satz 1)[3].

c) Übertragung der Gesellschaftsanteile (§ 122c Abs. 2 Nr. 3 UmwG)
(Marsch-Barner)

14 Die Regelung entspricht § 5 Abs. 1 Nr. 4 UmwG (vgl. § 5 UmwG Rz. 24 ff.). Der Verschmelzungsplan muss danach Einzelheiten zur Übertragung der Anteile der übernehmenden oder neuen Gesellschaft an die Anteilsinhaber der übertragenden Gesellschaft(en) enthalten. Dabei geht es entsprechend dem Anwendungsbereich der §§ 122a ff. UmwG um die Übertragung von Anteilen an einer Kapitalgesellschaft. Ist eine inländische Kapitalgesellschaft als übertragende Gesell-

---

[1] Zur Kritik an dieser unbefriedigenden Gesetzesfassung: *Bayer* in Lutter, § 122c UmwG Rz. 16.
[2] Vgl. *Mayer* in Widmann/Mayer, § 122c UmwG Rz. 88.
[3] Vgl. dazu *Bayer* in Lutter, § 122c UmwG Rz. 16; *Simon/Rubner* in KölnKomm. UmwG, § 122c UmwG Rz. 15 wollen die 10 %-Grenze sowohl bei der Hinaus- als auch bei der Hineinverschmelzung zur Anwendung bringen, unabhängig davon, ob das ausländische Recht vergleichbare Regelungen kennt.

schaft beteiligt, hat sie gemäß §§ 122a Abs. 2, 71 UmwG einen Treuhänder zur Entgegennahme der Anteile und einer etwaigen baren Zuzahlung zu bestellen[1]. Demgemäß sind Angaben zur Übertragung der Anteile nur erforderlich, wenn es sich bei der übertragenden Gesellschaft um eine inländische AG, KGaA oder SE handelt[2]. Bei einer ausländischen übernehmenden oder neuen Gesellschaft ist die Übertragung der Anteile nach deren Recht anzugeben[3].

d) Auswirkungen der Verschmelzung auf die Beschäftigten (§ 122c Abs. 2 Nr. 4 UmwG) *(Willemsen)*

Nach § 122c Abs. 2 Nr. 4 UmwG hat der Verschmelzungsplan Angaben zu den „**voraussichtlichen Auswirkungen der Verschmelzung auf die Beschäftigung**" zu enthalten. Es ist unklar, welche Anforderungen die Formulierung „Auswirkungen auf die Beschäftigung" im Verhältnis zu der für innerstaatliche Verschmelzungen maßgeblichen **Inhaltsanforderung** des § 5 Abs. 1 Nr. 9 UmwG („Folgen für die Arbeitnehmer und ihre Vertretungen") stellt. Der deutsche Gesetzgeber hat sich bei der Umsetzung von Art. 5 Satz 2 der Verschmelzungsrichtlinie in § 122c Abs. 2 UmwG darauf beschränkt, die von der Richtlinie geforderten Angaben zu wiederholen. 15

Zum Teil wird die Auffassung vertreten, die Vorschrift des § 122c Abs. 2 Nr. 4 UmwG stelle eine **Vereinfachung** gegenüber den Anforderungen an den Verschmelzungsvertrag für innerstaatliche Verschmelzungen dar[4]. Es seien nur die **für die Gesellschafter relevanten Auswirkungen** darzustellen[5], da die Folgen für die Arbeitnehmer bei einer grenzüberschreitenden Verschmelzung vielmehr Materie des Verschmelzungsberichts[6] seien und § 122c Abs. 2 UmwG als *lex spe-* 16

---

1 *Althoff* in Böttcher/Habighorst/Schulte, § 122c UmwG Rz. 31; *Bayer* in Lutter, § 122c UmwG Rz. 17; *Drinhausen* in Semler/Stengel, § 122c UmwG Rz. 19; *Kiem* in Habersack/Drinhausen, SE-Recht, § 122c UmwG Rz. 26; für die Einschaltung eines Treuhänders auch dann, wenn die deutsche Gesellschaft übernehmender Rechtsträger ist *Mayer* in Widmann/Mayer, § 122c UmwG Rz. 93.
2 AA *Mayer* in Widmann/Mayer, § 122c UmwG Rz. 93.
3 *Drinhausen* in Semler/Stengel, § 122c UmwG Rz. 19.
4 *Heckschen*, DNotZ 2007, 444 (456) mit Verweis auf die Stellungnahme des Handelsrechtsausschusses des DAV.
5 *Bayer* in Lutter, § 122c UmwG Rz. 19; *Klein*, NotZ 2007, 565 (581); *Limmer*, ZNotP 2007, 242 (253 f.), der daraus folgert, dass der Verschmelzungsplan keine Angaben zu Auswirkungen der Verschmelzung auf die Arbeitnehmervertretungen zu enthalten hat; vgl. auch *Weyde/Hafemann* in FS Meilicke, 2010, S. 779 (800) mit dem Vorschlag, den erforderlichen Darstellungsumfang mit der zuständigen Stelle im Ausland und mit dem zuständigen Handelsregister im Inland abzustimmen; aA *Drinhausen* in Semler/Stengel, § 122c UmwG Rz. 21.
6 § 122e UmwG bestimmt, dass im Verschmelzungsbericht „... die Auswirkungen der grenzüberschreitenden Verschmelzung auf die Gläubiger und Arbeitnehmer der an

cialis gegenüber § 5 Abs. 1 Nr. 9 UmwG autonom auszulegen sei[1]. Unter den voraussichtlichen Auswirkungen auf die Beschäftigung seien lediglich die für die Gesellschafter relevanten Maßnahmen wie etwa die erwartete Gesamtzahl der Arbeitnehmer, Besetzung der Arbeitsplätze auf den oberen Führungsebenen sowie etwa beabsichtigte Personalmaßnahmen oder Restrukturierungen, die mittelbare Folge der Verschmelzung seien und deren Kosten das künftige Ergebnis des aufnehmenden Rechtsträgers beeinflussen könnten, zu verstehen[2]. Da das Gesetz bei grenzüberschreitenden Verschmelzungen gerade nicht die Zuleitung des Verschmelzungsplans an den Betriebsrat verlange, dienten die Angaben im Verschmelzungsplan lediglich der Information der Anteilsinhaber[3]. Allerdings deutet die Gesetzesbegründung darauf hin, dass der deutsche Gesetzgeber, obwohl er für die Gegenstände des Verschmelzungsplans die Formulierung der Richtlinie übernommen hat, von einer weitgehenden sachlichen Entsprechung mit dem Inhalt des § 5 Abs. 1 UmwG ausgeht[4].

17 Es ist **offen**, welcher Auslegung die Registergerichte in der Praxis folgen werden. **Vorsorglich** empfiehlt es sich daher, bis zu einer gerichtlichen Klärung der inhaltlichen Anforderungen des § 122c Abs. 2 Nr. 4 UmwG die **Folgen** der Verschmelzung für die Arbeitnehmer **umfassend iS des § 5 Abs. 1 Nr. 9 UmwG in den Verschmelzungsplan aufzunehmen**[5]. Selbst wenn derart umfassende Angaben nach § 122c Abs. 2 UmwG nicht erforderlich sind, ergeben sich jedenfalls keine Risiken aus überobligatorischen inhaltlichen Angaben im Verschmelzungsplan[6].

---

der Verschmelzung beteiligten Gesellschaft zu erläutern" sind. Vgl. hierzu im Einzelnen § 122e UmwG Rz. 8.

1 So *Simon/Hinrichs*, NZA 2008, 391 (392); vgl. auch *Dzida/Schramm*, NZG 2008, 521 (526); *Dzida*, GmbHR 2009, 459 (465); *Kallmeyer/Kappes*, AG 2006, 224 (238); *J. Vetter*, AG 2006, 613 (620); *Drygala* in Lutter, § 5 UmwG Rz. 85 beklagt, dass die Normen des europäischen Rechts und des innerstaatlichen Rechts inhaltlich nicht aufeinander abgestimmt seien.

2 Vgl. *Simon/Hinrichs*, NZA 2008, 391 (393); *Klein*, RNotZ 2007, 565 (581); *Dzida/Schramm*, NZG 2008, 521 (526); *Lutz*, BWNotZ 2010, 23 (29), allerdings mit der Empfehlung, dass aus Sicherheitsgründen Angaben entsprechend § 5 Abs. 1 Nr. 9 UmwG gemacht werden sollten.

3 *Lutz*, BWNotZ 2010, 23 (29, Fn. 53); aA *Drinhausen* in Semler/Stengel, § 122c UmwG Rz. 21.

4 Vgl. BT-Drucks. 16/2919, S. 15: „Dabei sollen zur Vermeidung von Unklarheiten alle von der Richtlinie geforderten Angaben aufgenommen werden, auch soweit sie weitgehend dem Inhalt des für innerstaatliche Verschmelzungen nach § 5 vorgeschriebenen Verschmelzungsvertrags sachlich entsprechen."; vgl. auch *Kiem*, WM 2006, 1091 (1094), der ebenfalls von einer Vergleichbarkeit des § 122c Abs. 2 Nr. 4 UmwG mit § 5 Abs. 1 Nr. 9 UmwG auszugehen scheint; ebenso *Mayer* in Widmann/Mayer, § 122c UmwG Rz. 97 f.; *Drinhausen* in Semler/Stengel, § 122c UmwG Rz. 21.

5 So auch *Simon/Hinrichs*, NZA 2008, 391 (392); *Hausch*, RNotZ 2007, 308 (328).

6 Vgl. *Drinhausen/Keinath*, RIW 2006, 81 (83).

Da die Verschmelzungsrichtlinie 2005/56/EG[1] und ebenso das deutsche Umsetzungsrecht in § 122c Abs. 1 UmwG einen gemeinsamen Verschmelzungsplan der sich verschmelzenden Gesellschaften verlangen, müssen die Auswirkungen auf die Beschäftigung auch in Bezug auf die Arbeitnehmer bzw. Beschäftigungsverhältnisse der nicht deutschen beteiligten Gesellschaft dargestellt werden.

Bei der **grenzüberschreitenden Verschmelzung** ist **umstritten, ob § 5 Abs. 3 UmwG (Pflicht zur Zuleitung des Verschmelzungsvertrages an den Betriebsrat) analog oder kraft** der generellen **Verweisung in § 122a Abs. 2 UmwG** Anwendung findet[2]. Zum Teil wird eine solche Zuleitungspflicht mit der Begründung abgelehnt, dass Art. 7 der Verschmelzungsrichtlinie 2005/56/EG eine **Zugänglichmachung nur im Hinblick auf den Verschmelzungsbericht** vorsehe[3]. Dem ist iE zuzustimmen: Aus dem Fehlen einer § 5 Abs. 3 UmwG vergleichbaren Vorschrift in § 122c UmwG ist zu schließen, dass der Gesetzgeber eine Zuleitung des Verschmelzungsplans an den Betriebsrat nicht vorsehen wollte. Es handelt sich an dieser Stelle um ein bewusstes Schweigen des Gesetzgebers.

Bis zu einer gerichtlichen Klärung der Zuleitungspflicht im Kontext grenzüberschreitender Verschmelzungen sollten die beteiligten Gesellschaften jedoch vorsorglich **auch** den **Verschmelzungsplan** dem zuständigen Betriebsrat **nach § 5 Abs. 3 UmwG** spätestens einen Monat und einen Tag[4] vor der Anteilseignerversammlung **zuleiten**[5]. Dabei kann § 5 Abs. 3 UmwG allerdings nur eine Zuleitungspflicht an den Betriebsrat der beteiligten Gesellschaft mit Sitz in Deutschland begründen[6]. Welche Verfahrensschritte in der Vorbereitungs- und Beschlussphase der Verschmelzung von einem anderen beteiligten, ausländischen Rechtsträger zu beachten sind, richtet sich nach dem Recht des entsprechenden Mitgliedstaats.

---

1 ABl. EG Nr. L 310 v. 25.11.2005, S. 1.
2 Dafür *Drinhausen/Keinath*, BB 2006, 725 (727); *Herrler*, EuZW 2007, 295 (296); *H.-F. Müller*, ZIP 2007, 1081 (1083); *Kiem*, WM 2006, 1091 (1096) und *Krause/Kulpa*, ZHR 171 (2007), 38 (60 f.); dagegen jedoch *Bayer* in Lutter, § 122c UmwG Rz. 33; *Drinhausen* in Semler/Stengel, § 122c UmwG Rz. 44; *Heckschen* in Widmann/Mayer, § 122a UmwG Rz. 98; *Mayer* in Widmann/Mayer, § 122c UmwG Rz. 10, 29–31; *Dzida*, GmbHR 2009, 459 (465); *Simon/Hinrichs*, NZA 2008, 391 (392); *Kallmeyer/Kappes*, AG 2006, 224 (238); *Simon/Rubner*, Der Konzern 2006, 835 (837); *Weyde/Hafemann* in FS Meilicke, 2010, S. 779 (809); wohl auch *J. Vetter*, AG 2006, 613 (620).
3 So *Simon/Hinrichs*, NZA 2008, 391 (392); *Bayer* in Lutter, § 122c UmwG Rz. 33; *Limmer*, ZNotP 2007, 242 (253, 256); *Lutz*, BWNotZ 2010, 23 (29).
4 Vgl. hierzu Erl. zu § 5 Abs. 3 UmwG (§ 5 UmwG Rz. 77).
5 So auch – trotz iE abweichender Ansicht – *Simon/Hinrichs*, NZA 2008, 391 (392, Fn. 12).
6 Vgl. *Klein*, RNotZ 2007, 565 (590); *Herrler*, EuZW 2007, 295 (296), die ebenfalls nur den Betriebsrat der deutschen beteiligten Gesellschaft als Adressat der Zuleitungspflicht ansehen.

e) Zeitpunkt der Gewinnbeteiligung (§ 122c Abs. 2 Nr. 5 UmwG)
(Marsch-Barner)

20 Die Bestimmung entspricht § 5 Abs. 1 Nr. 5 UmwG (vgl. § 5 UmwG Rz. 27 ff.). Wie bei der Inlandsverschmelzung können die Beteiligten vereinbaren, von welchem Zeitpunkt an die im Rahmen der Verschmelzung auszugebenden Gesellschaftsanteile das Recht auf Beteiligung am Gewinn der übernehmenden oder neuen Gesellschaft gewähren. Dabei empfehlen sich für den Fall, dass bei der Eintragung der Verschmelzung Verzögerungen auftreten, variable Regelungen (vgl. dazu § 5 UmwG Rz. 29 f.).

f) Verschmelzungsstichtag (§ 122c Abs. 2 Nr. 6 UmwG) *(Lanfermann)*

21 Die Vorschrift ist inhaltsgleich mit § 5 Abs. 1 Nr. 6 UmwG; auf die dortige Kommentierung kann vollinhaltlich verwiesen werden (§ 5 UmwG Rz. 31 ff.). Einschränkend ist hier nur von Gesellschaften statt Rechtsträgern die Rede und die Verschmelzung durch Neugründung wird ausdrücklich erwähnt.

22 Der Verschmelzungsstichtag bestimmt die ergebnismäßige Zuordnung von Aufwendungen und Erträgen: Sie sind bis zum festgelegten Zeitpunkt der übertragenden, nach dem festgelegten Zeitpunkt der übernehmenden Gesellschaft zugeordnet, dh. die übertragende Gesellschaft verbucht Geschäftsvorfälle nach dem Verschmelzungsstichtag (aber vor dem Tag des Wirksamwerdens der Verschmelzung) als Geschäfte für fremde Rechnung. Der Verschmelzungsstichtag kann grundsätzlich frei gewählt werden; spätester Zeitpunkt ist allerdings das Wirksamwerden der Verschmelzung[1]. Ist die übertragende Gesellschaft eine **deutsche Gesellschaft**, wird als Verschmelzungsstichtag idR der Stichtag der Schlussbilanz nach § 17 Abs. 2 UmwG gewählt. Das mag sinnvoll sein, ist aber nicht zwingend (ausführlich § 5 UmwG Rz. 35)[2]. Bei **ausländischen übertragenden Gesellschaften** stellt sich das Problem ggf. gar nicht, wenn das ausländische Recht eine Schlussbilanz iS des § 17 Abs. 2 UmwG nicht kennt.

23 Der Verschmelzungsstichtag wird sinnvollerweise mit dem Zeitpunkt der **Gewinnberechtigung** der von der übernehmenden Gesellschaft ausgegebenen Anteile synchronisiert (vgl. § 5 UmwG Rz. 37). Wie für die Gewinnberechtigung kann auch für den Verschmelzungsstichtag ein beweglicher Termin festgelegt werden (§ 5 UmwG Rz. 36). Zum Verhältnis Verschmelzungsstichtag zu den Rechnungslegungspflichten der übertragenden Gesellschaft vgl. § 17 UmwG Rz. 21 ff.

---

1 *Bayer* in Lutter, § 122c UmwG Rz. 22; *Drinhausen* in Semler/Stengel, § 122c UmwG Rz. 24.

2 So auch *Bayer* in Lutter, § 122c UmwG Rz. 22; aA *Drinhausen* in Semler/Stengel, § 122c UmwG Rz. 24; *Priester* in Lutter, § 24 UmwG Rz. 13.

g) Gewährung von Sonderrechten (§ 122c Abs. 2 Nr. 7 UmwG)
(Marsch-Barner)

Nach § 122c Abs. 2 Nr. 7 UmwG sind wie nach § 5 Abs. 1 Nr. 7 UmwG (siehe dazu § 5 UmwG Rz. 40 ff.) im Verschmelzungsplan die Rechte anzugeben, die die übernehmende oder neue Gesellschaft den Gesellschaftern mit Sonderrechten oder den Inhabern von anderen Wertpapieren als Gesellschaftsanteilen (zB Genussscheinen) gewährt. Nach dem Gesetzeswortlaut geht es dabei nur um die Rechte, die im Austausch für bisherige Sonderrechte gewährt werden. Besondere Rechte, die im Rahmen der Verschmelzung erstmalig gewährt werden, müssen nicht angegeben werden[1]. Eine freiwillige Angabe ist insoweit aber empfehlenswert. Im Unterschied zu § 5 Abs. 1 Nr. 7 UmwG sind auch Rechte anzugeben, die allen und nicht nur einzelnen Personen gewährt werden[2]. Die Begriffe Sonderrechte und andere Wertpapiere sind auch nach den beteiligten ausländischen Rechten zu bestimmen[3]. Anzugeben sind außerdem – wie bei der Inlandsverschmelzung – die für den genannten Personenkreis vorgeschlagenen Maßnahmen. Dies können zB Abfindungen für den Wegfall von Sonderrechten sein[4].

24

h) Sondervorteile (§ 122c Abs. 2 Nr. 8 UmwG) *(Marsch-Barner)*

Nach § 122c Abs. 2 Nr. 8 UmwG sind im Verschmelzungsplan entsprechend § 5 Abs. 1 Nr. 8 UmwG etwaige besondere Vorteile für Sachverständige, die den Verschmelzungsplan prüfen, oder für Organmitglieder der beteiligten Gesellschaften anzugeben. Anders als nach § 5 Abs. 1 Nr. 8 UmwG ist der Abschlussprüfer nicht erfasst[5]. Wie bei der Inlandsverschmelzung muss es sich um besondere Vorteile handeln, dh. solche, die aus Anlass der Verschmelzung gewährt werden. Abfindungen, die sich zB aus dem Anstellungsvertrag eines Vorstandsmitglieds ergeben, fallen nicht darunter. Siehe im Übrigen die Kommentierung bei § 5 UmwG Rz. 44 ff.

25

i) Satzung (§ 122c Abs. 2 Nr. 9 UmwG) *(Marsch-Barner)*

Nach § 122c Abs. 2 Nr. 9 UmwG ist nicht nur, wie nach § 37 UmwG, die Satzung der aus der Verschmelzung hervorgehenden neuen Gesellschaft, sondern auch die Satzung der übernehmenden Gesellschaft Teil des Verschmelzungs-

26

---

1 *Drinhausen* in Semler/Stengel, § 122c UmwG Rz. 27; *Simon/Rubner* in KölnKomm. UmwG, § 122c UmwG Rz. 18.
2 *Mayer* in Widmann/Mayer, § 122c UmwG Rz. 111; *Bayer* in Lutter, § 122c UmwG Rz. 23; *Drinhausen* in Semler/Stengel, § 122c UmwG Rz. 26.
3 *Drinhausen* in Semler/Stengel, § 122c UmwG Rz. 28.
4 *Hörtnagl* in Schmitt/Hörtnagl/Stratz, § 122c UmwG Rz. 24.
5 *Mayer* in Widmann/Mayer, § 122c UmwG Rz. 116; *Bayer* in Lutter, § 122c UmwG Rz. 23; *Drinhausen* in Semler/Stengel, § 122c UmwG Rz. 29; *Simon/Rubner* in KölnKomm. UmwG, § 122c UmwG Rz. 19.

plans. Dies ist deshalb sinnvoll, weil an der Verschmelzung zumindest eine Gesellschaft mit Sitz im Ausland beteiligt ist. Jedenfalls für deren Gesellschafter ist es wichtig, über den (vollständigen) Inhalt der Satzung der übernehmenden oder neuen Gesellschaft unterrichtet zu werden. Dies gilt auch dann, wenn die Satzung im Rahmen der Verschmelzung nicht geändert wird[1]. Die Satzung muss nicht Teil des Verschmelzungsplans sein, sondern kann diesem als Anlage beigefügt werden[2]. Änderungen der Satzung einer übernehmenden, deutschem Recht unterliegenden Gesellschaft sind nach Zustimmung zum Verschmelzungsplan möglich, wenn diese auch für die Gesellschafter der übertragenden Gesellschaft gelten[3].

j) Verfahren der Arbeitnehmerbeteiligung (§ 122c Abs. 2 Nr. 10 UmwG)
(Willemsen)

27 Nach § 122c Abs. 2 Nr. 10 UmwG hat der Verschmelzungsplan **gegebenenfalls Angaben zu dem Verfahren**, nach dem die Einzelheiten **über die Beteiligung der Arbeitnehmer an der Festlegung ihrer Mitbestimmungsrechte** in der aus der grenzüberschreitenden Verschmelzung hervorgehenden Gesellschaft geregelt werden, zu enthalten. Das Sonderregime der europarechtlich geprägten Arbeitnehmermitbestimmung wird ausführlich in Vor § 322 UmwG Rz. 97 ff. dargestellt. Die Erläuterung des Arbeitnehmerbeteiligungsverfahrens im Verschmelzungsplan ist jedoch **nicht stets erforderlich** (*„gegebenenfalls"*). Vielmehr hängt dies davon ab, ob einer der Tatbestände des § 5 MgVG einschlägig ist (hierzu näher Vor § 322 UmwG Rz. 101 ff.).

28 Sofern einer der Tatbestände des § 5 MgVG erfüllt und ein Arbeitnehmerbeteiligungsverfahren durchzuführen ist, hat der Verschmelzungsplan Angaben zu dem Verfahren zur Bildung des sogenannten Besonderen Verhandlungsgremiums durch die Arbeitnehmer bzw. ihre Vertretungen in den beteiligten und betroffenen Mitgliedstaaten zu enthalten[4]; jedoch sollte hierbei eine **Darstellung der Grundzüge des Verfahrens** genügen[5]. Insbesondere kann hier eine Beschreibung des Verfahrens zur Wahl bzw. Bestellung der Mitglieder des Besonderen Verhandlungsgremiums in sämtlichen beteiligten und betroffenen Mit-

---

1 *Heckschen*, DNotZ 2007, 444 (456); *Hörtnagl* in Schmitt/Hörtnagl/Stratz, § 122c UmwG Rz. 26.
2 *Mayer* in Widmann/Mayer, § 122c UmwG Rz. 121; *J. Vetter*, AG 2006, 613 (618); *Drinhausen* in Semler/Stengel, § 122c UmwG Rz. 30; *Klein*, RNotZ 2007, 565 (581); *Bayer* in Lutter, § 122c UmwG Rz. 24.
3 *Drinhausen* in Semler/Stengel, § 122c UmwG Rz. 30; anders jedoch bei einer Verschmelzung durch Neugründung, wo die Änderung der Gründungssatzung der neuen Gesellschaft die Zustimmung aller Gesellschafter voraussetzt.
4 Siehe Vor § 322 UmwG Rz. 104 ff.
5 So zu Recht *Bayer* in Lutter, § 122c UmwG Rz. 26; aA wohl *H.-F. Müller*, ZIP 2007, 1081 (1084): „... detaillierte Aussagen zu dem Verfahren ...".

gliedstaaten nach den verschiedenen gemäß § 9 Abs. 1 MgVG einschlägigen Rechtsordnungen nicht verlangt werden. Dies würde den Verschmelzungsplan überfrachten und außerdem weit über das Informationsbedürfnis der Anteilsinhaber hinausgehen.

Der Verschmelzungsplan sollte jedoch im Rahmen der Darstellung der Einzelheiten des europäischen Arbeitnehmerbeteiligungsverfahrens die möglichen Ergebnisse des Verfahrens für die Mitbestimmung in der aus der grenzüberschreitenden Verschmelzung hervorgehenden Gesellschaft aufführen, dh. erläutern, dass sich die Mitbestimmung in der hervorgehenden Gesellschaft je nach Ausgang des Verfahrens nach einer Mitbestimmungsvereinbarung iS der §§ 15 Abs. 1 Satz 1, 22 MgVG oder nach den gesetzlichen Auffangregelungen iS der §§ 23–28 MgVG richtet[1]. Sofern im Zeitpunkt der Aufstellung des Verschmelzungsplans das **Verhandlungs- bzw. Verfahrensergebnis schon vorliegt**, sollte **dieses in Grundzügen erläutert** werden. Zu diesem Zweck könnte eine etwa geschlossene Vereinbarung ggf. auch als Anlage zum Verschmelzungsplan beigefügt werden. Dies dürfte jedoch die Ausnahme sein, da das Arbeitnehmerbeteiligungsverfahren gemäß § 6 Abs. 2 MgVG – nach der gesetzlichen Konzeption – erst nach der Offenlegung des Verschmelzungsplans beginnt. Allerdings ist nahezu allgemein anerkannt, dass das Verfahren zur Beteiligung der Arbeitnehmer gemäß §§ 6ff. MgVG auch bereits vor der Offenlegung des Verschmelzungsplans eingeleitet werden kann[2], so dass nicht auszuschließen ist, dass das Verfahrensergebnis bereits im Zeitpunkt der Offenlegung des Verschmelzungsplans vorliegt. Es ginge jedoch zu weit, stets eine konkrete Darstellung des Verhandlungsstandes zu fordern, selbst wenn noch kein Verhandlungsergebnis erzielt wurde[3]. Hier sollte man vielmehr eine **knappe abstrakte Darstellung der denkbaren Verfahrensergebnisse genügen** lassen[4].

---

[1] Ein theoretisch weiter denkbares Ergebnis wäre die Anwendung des nationalen Mitbestimmungsrechts des Sitzstaats der aus der grenzüberschreitenden Verschmelzung hervorgehenden Gesellschaft gemäß § 18 MgVG, wenn das Besondere Verhandlungsgremium mit der erforderlichen Zwei-Drittel-Mehrheit beschließt, keine Verhandlungen aufzunehmen oder bereits aufgenommene Verhandlungen abzubrechen.

[2] *Drinhausen* in Semler/Stengel, § 122c UmwG Rz. 31 Fn. 73; vgl. zur Parallelvorschrift des § 4 Abs. 2 SEBG: *Oetker* in Lutter/Hommelhoff, Die Europäische Gesellschaft, 2005, S. 292.

[3] Nach teilweise vertretener Ansicht sollen sich die Vertretungsorgane der beteiligten Gesellschaften jedoch nicht auf abstrakte Ausführungen beschränken dürfen. Vielmehr seien konkrete Ausführungen über das Verhandlungsergebnis oder zum bisherigen Verhandlungsstand zu machen, so *Limmer*, ZNotP 2007, 242 (254); aA zu Recht *Klein*, RNotZ 2007, 565 (582) mit dem Hinweis, dass dies im Hinblick auf die Möglichkeit des Zustimmungsvorbehalts der Anteilseigner gemäß § 122g Abs. 1 UmwG nicht erforderlich sei.

[4] Vgl. *Dzida/Schramm*, NZG 2008, 521 (527); *Mayer* in Widmann/Mayer, § 122c UmwG Rz. 135.

30 Sofern die Anwendung der gesetzlichen Auffangregelungen gemäß §§ 23–28 MgVG nicht (wegen einer bereits abgeschlossenen Vereinbarung) ausgeschlossen erscheint, sollte angesichts des Informationsinteresses der Anteilseigner auch das **Ergebnis einer denkbaren Mitbestimmungslösung nach den gesetzlichen Auffangregeln** kurz beschrieben werden[1].

k) Bewertung des Aktiv- und Passivvermögens (§ 122c Abs. 2 Nr. 11 UmwG)
(Lanfermann)

31 § 122c Abs. 2 Nr. 11 UmwG verlangt Angaben zur Bewertung des Aktiv- und Passivvermögens, das auf die übernehmende oder neue Gesellschaft übertragen wird; eine Angabe, die bei nationalen Verschmelzungen nicht verlangt wird (vgl. § 5 Abs. 1 UmwG). Der nicht ohne weiteres erkennbare Sinn der Regelung liegt nicht in der Information über die Bewertung der beteiligten Gesellschaften oder über das Umtauschverhältnis. Damit haben sich der Verschmelzungsbericht (§ 122e UmwG iVm. § 8 UmwG) und die Verschmelzungsprüfung (§ 122f UmwG iVm. §§ 9–12 UmwG) zu befassen. Es geht vielmehr um die Werte, mit denen die übergehenden Vermögensgegenstände und Schulden in das Rechenwerk der übernehmenden Gesellschaft eingebucht werden[2].

32 Dabei ist kein konkreter Wertansatz für einzelne Aktiv- und Passivposten zu verlangen. Es genügt grundsätzlich die Angabe der Methode. In Frage kommen die Bewertung zu **Anschaffungskosten** (ausgegebene Geschäftsanteile plus ggf. Agio; Untergang einer Beteiligung, bare Zuzahlungen), zu **Zeitwerten** (Bilanzierungsgrundsätze für Tauschgeschäfte) oder in Ausübung des Wahlrechts nach § 24 UmwG zu **Buchwerten** bei der übertragenden Gesellschaft (vgl. § 24 UmwG Rz. 13 ff.). Auch die Angabe der Bewertung zu **Zwischenwerten** soll zulässig sein[3]. Das kann aber allenfalls dann genügen, wenn die Bandbreite der Bewertung ausreichend konkret angegeben werden kann. Wird zB – falls zulässig – eine bilanzpostenmäßig **selektive Bewertung** vorgenommen (zB Pensionsrückstellungen mit dem Zeitwert, sonstiges Vermögen und Schulden zu Anschaffungskosten), so sind auch gesonderte Angaben erforderlich.

33 § 122c Abs. 2 Nr. 11 UmwG spricht nur von Angaben zur Bewertung. Man wird die Vorschrift aber erweiternd dahin auslegen müssen, dass auch Angaben zum

---

[1] Vgl. auch *Bayer* in Lutter, § 122c UmwG Rz. 26, der zutreffend darauf hinweist, dass trotz des Terminus „Vereinbarung" auch das Ergebnis einer etwaigen Auffanglösung erfasst ist.

[2] HM, vgl. *Bayer* in Lutter, § 122c UmwG Rz. 27; *Drinhausen* in Semler/Stengel, § 122c UmwG Rz. 35; *Beutel*, Der neue rechtliche Rahmen grenzüberschreitender Verschmelzungen in der EU, 2008, S. 209; *Frenzel*, Grenzüberschreitende Verschmelzung von Kapitalgesellschaften, 2008, S. 209; *Mayer* in Widmann/Mayer, § 122c UmwG Rz. 138.

[3] *Bayer* in Lutter, § 122c UmwG Rz. 27; *Drinhausen* in Semler/Stengel, § 122c UmwG Rz. 35.

Ansatz von Bilanzposten gemacht werden müssen, jedenfalls soweit von Ansatzwahlrechten Gebrauch gemacht werden soll (zB § 248 Abs. 2 oder § 274 Abs. 1 HGB). Für das Informationsinteresse der Gesellschafter der übernehmenden oder neuen Gesellschaft kann hier kein Unterschied bestehen.

Nach dem Wortlaut des § 122c Abs. 2 Nr. 11 UmwG müssen die Angaben im Verschmelzungsplan gemacht werden. Das hat eine **Festlegung für die zukünftige Rechnungslegung** der aufnehmenden oder neuen Gesellschaft zur Folge. Bei der nicht-grenzüberschreitenden Verschmelzung werden diese Bilanzentscheidungen erst bei der Einbuchung der Vermögensgegenstände und Schulden beim aufnehmenden oder neuen Rechtsträger oder sogar erst im Rahmen der Jahresabschlussfeststellung getroffen (§ 24 UmwG Rz. 50). Es ist streitig, ob der **Angabepflicht** nach § 122c Abs. 2 Nr. 11 UmwG auch dann Genüge getan ist, wenn nur die Angabe gemacht wird, dass die endgültige Bewertung im Rahmen der Aufstellung (oder besser Feststellung) des Jahresabschlusses der aufnehmenden Gesellschaft erfolgen wird[1]. Der eindeutige Wortlaut und auch der Zweck der Vorschrift, den Gesellschaftern der übernehmenden oder neuen Gesellschaft Informationen über die bilanziellen Folgen der Verschmelzung und damit auch über die Ertragssituation in ihrer, der aufnehmenden Gesellschaft zu geben, sprechen gegen diese Möglichkeit.

34

Daraus ergibt sich die Frage, wie zu verfahren ist, wenn die übernehmende Gesellschaft in ihrem Folgejahresabschluss von der Festlegung im Verschmelzungsplan abweicht. Ein Beschlussmangel des Verschmelzungsbeschlusses (Nichtigkeit oder Anfechtbarkeit) liegt nicht vor; der Mangel liegt nicht im Beschluss, sondern im nachfolgenden Jahresabschluss der aufnehmenden Gesellschaft[2]. Eine **Abweichung vom Verschmelzungsplan** stellt per se auch keinen Nichtigkeitsgrund (§ 256 AktG) für den Jahresabschluss der aufnehmenden Gesellschaft dar. Ein Feststellungsbeschluss der Gesellschafter (§ 46 Nr. 1 GmbHG; § 173 AktG) kann jedoch anfechtbar sein. Die Festlegungen im Verschmelzungsplan, der nicht als schuldrechtliche Vereinbarung, sondern als gesellschaftsrechtlicher Organisationsakt konstruiert ist[3], haben Satzungscharakter. Stellen die Gesellschafter einen nicht satzungskonformen Jahresabschluss fest, stellt dies grundsätzlich einen Beschlussmangel dar. Bei der AG geht eine Anfechtung jedoch ins Leere, weil sie nach § 257 Abs. 1 Satz 2 AktG nicht auf Inhaltsmängel gestützt werden kann. Eine Anfechtung ist bei der AG ohnehin ausgeschlossen, wenn die Feststellungen, wie üblich, durch Vorstand und Aufsichtsrat erfolgen (§ 172

35

---

1 Bejahend: *Limmer*, ZNotP 2007, 242 (255); *J. Vetter*, AG 2006, 613 (619); *Simon/Rubner* in KölnKomm. UmwG, § 122c UmwG Rz. 31. Verneinend: *Bayer* in Lutter, § 122c UmwG Rz. 28; *Drinhausen* in Semler/Stengel, § 122c UmwG Rz. 36; vgl. dazu auch *Simon/Rubner*, Der Konzern 2006, 835 (838).

2 Eine Anfechtung des Verschmelzungsbeschlusses wird idR schon wegen Fristablauf ausgeschlossen sein (§ 14 Abs. 1 UmwG).

3 *Bayer* in Lutter, § 122c UmwG Rz. 3.

AktG). Unterliegt die aufnehmende Gesellschaft einer Abschlussprüfung, so hat der Prüfer im Bestätigungsvermerk (§ 322 HGB) ggf. auf eine Abweichung vom Verschmelzungsplan hinzuweisen[1].

l) Stichtag der Bilanzen (§ 122c Abs. 2 Nr. 12 UmwG) *(Lanfermann)*

36 Nach § 122c Abs. 2 Nr. 12 UmwG ist die Angabe der Stichtage der Bilanzen der an der Verschmelzung beteiligten Gesellschaften erforderlich, die zur Festlegung der Bedingungen der Verschmelzung verwendet werden. Die Bestimmung setzt Art. 5 lit. l der Richtlinie 2005/56/EG um; sie ist dem innerdeutschen Verschmelzungsvertrag (§ 5 UmwG) fremd und ihr Sinngehalt ist kryptisch. Anzugeben sind nur die Stichtage von Bilanzen; die Bilanzen selbst sind nach dem eindeutigen Wortlaut nicht beizufügen[2].

37 Es muss sich um Bilanzen der an der Verschmelzung beteiligten Gesellschaften handeln. Das sind übertragende und übernehmende Gesellschaften, bei der Verschmelzung durch Neugründung nur übertragende Gesellschaften (es kann sich nur um Stichtage handeln, die vor Wirksamwerden der Verschmelzung liegen). Es kommen nur unmittelbar beteiligte Gesellschaften in Betracht, nicht etwa auch Mutter-, Tochter- und Enkelgesellschaften der unmittelbar beteiligten Gesellschaften. Unmittelbar beteiligt sind allerdings auch Gesellschaften, die Gesellschafter einer übertragenden Gesellschaft sind (sie erhalten Anteile an der aufnehmenden oder neuen Gesellschaft). Es gibt aber keinen ersichtlichen Sinn, die Angabe der Stichtage dieser Bilanzen zu fordern; insoweit ist § 122c Abs. 2 Nr. 12 UmwG einschränkend auszulegen.

38 Weitere Voraussetzung ist, dass die Bilanzen „zur Festlegung der Bedingungen der Verschmelzung verwendet werden". Die Bilanzen müssen also **verschmelzungsrelevant** sein und zwar relevant für die „Bedingungen der Verschmelzung". Das ist im Einzelfall jeweils zu prüfen und mag nicht immer ganz zweifelsfrei sein. Unzweifelhaft gehören dazu:

1. Bilanzstichtage der Bilanzen der übertragenden Gesellschaften, von denen an sie für Rechnung der übernehmenden Gesellschaft handeln (**Verschmelzungsstichtag:** § 122c Abs. 2 Nr. 6 UmwG).

2. Bilanzstichtage der Bilanzen, die – in seltenen Fällen – zur Festlegung eines Umtauschverhältnisses nach **Bilanzrelationen** herangezogen werden. Anzumerken ist, dass auch die gängigen Unternehmensbewertungsmethoden regelmäßig für die GuV-, Finanz- und Bilanzplanung von konkreten Ab-

---

1 Vgl. *Schmidt/Küster* in Beck'scher Bilanz-Kommentar, § 322 HGB Rz. 31; *IDW* PS 400, IDW Fachnachrichten 2010, S. 537 ff., WPg 2010, Supplement 4, S. 25 ff.
2 *Bayer* in Lutter, § 122c UmwG Rz. 29; *Drinhausen* in Semler/Stengel, § 122c UmwG Rz. 37; *Mayer* in Widmann/Mayer, § 122c UmwG Rz. 139; *J. Vetter*, AG 2006, 613 (619); aA *Haritz/von Wolff*, GmbHR 2006, 340 (341).

schlüssen und Stichtagen ausgehen, um aus diesen Unterlagen Wertvorstellungen zu entwickeln. Solche Stichtage sind nicht anzugeben; sie werden durch den Verschmelzungsstichtag (§ 122c Abs. 2 Nr. 6 UmwG) abgedeckt.

3. Bilanzstichtag der Schlussbilanz der übertragenden Gesellschaft (§ 17 Abs. 2 UmwG), wenn die aufnehmende Gesellschaft vom Wahlrecht der **Buchwertverknüpfung** Gebrauch macht (§ 24) UmwG oder das ausländische Recht Buchwertverknüpfung zulässt.
4. Bilanzstichtag, von dem an die **Gewinnbeteiligung** der Gesellschafter der übertragenden Gesellschaften zu laufen beginnt (§ 122c Abs. 2 Nr. 5 UmwG).
5. Bilanzstichtage von Bilanzen, die für **besondere Vorteile** iS von § 122c Abs. 2 Nr. 8 UmwG relevant sind.

Da die Vorschrift nur schwer ihren Sinn erschließt und die Verschmelzungsrelevanz zu Abgrenzungsproblemen führt, ist eine restriktive Auslegung geboten. Das ist insbesondere von Bedeutung, wenn Anfechtungsklagen auf formelle Beschlussmängel gestützt werden sollten.

5. Konzernverschmelzung (§ 122c Abs. 3 UmwG)

§ 122c Abs. 3 UmwG stellt – in Umsetzung von Art. 15 Abs. 1 Spiegelstrich 1 der 10. Richtlinie und entsprechend § 5 Abs. 2 UmwG – klar, dass bestimmte Mindestangaben im Verschmelzungsplan verzichtbar sind, wenn sich alle Anteile in einer Hand befinden. Wie bei § 5 Abs. 2 UmwG (§ 5 UmwG Rz. 70) muss die 100 %-Beteiligung spätestens im Zeitpunkt der Eintragung der Verschmelzung bestehen[1]. 39

6. Notarielle Beurkundung (§ 122c Abs. 4 UmwG)

Die Regelung in § 122c Abs. 4 UmwG, wonach der Verschmelzungsplan **notariell zu beurkunden** ist, dient nur der Klarstellung, da sich dieses Erfordernis bereits aus § 122a Abs. 2 UmwG iVm. § 6 UmwG ergibt[2]. Allerdings bedeutet die Bestimmung auch, dass der Verschmelzungsplan selbst dann notariell zu beurkunden ist, wenn das Recht einer beteiligten ausländischen Gesellschaft dies nicht verlangt. Das strengere Recht setzt sich insofern durch[3]. Die Bestimmung verdeutlicht damit zugleich die Konzeption der 10. Richtlinie, wonach der Ver- 40

---

1 *Drinhausen* in Semler/Stengel, § 122c UmwG Rz. 41.
2 Begr. RegE, BT-Drucks. 16/2919, S. 15; *Bayer* in Lutter, § 122c UmwG Rz. 7; *Drinhausen* in Semler/Stengel, § 122c UmwG Rz. 42; *Klein*, RNotZ 2007, 565 (583 f.); *Drinhausen/Keinath*, BB 2006, 725 (727).
3 *Bayer* in Lutter, § 122c UmwG Rz. 7; *Klein*, RNotZ 2007, 565 (584); *Bayer/J. Schmidt*, NJW 2006, 401 (403); *H.-F. Müller*, NZG 2006, 286 (288).

schmelzungsplan den Anforderungen aller beteiligten Rechtsordnungen entsprechen muss (siehe dazu Rz. 2).

41 Das Erfordernis der notariellen Beurkundung gilt unabhängig davon, ob es sich um eine Herein- oder Hinausverschmelzung handelt[1]. Zu beurkunden sind die auf die Aufstellung des gemeinsamen Verschmelzungsplans gerichteten **Erklärungen der Vertretungsorgane** der beteiligten Gesellschaften[2]. Diese können sich dabei auch vertreten lassen, ohne dass die Vollmacht formbedürftig wäre (§ 167 Abs. 2 BGB). Aus Beweisgründen sollte die Vollmacht aber zumindest schriftlich vorliegen. Bei der Verschmelzung zur Neugründung einer deutschen Gesellschaft ist die Vollmacht wegen der Feststellung der Satzung notariell zu beglaubigen[3]. Die Beurkundung erfolgt zweckmäßigerweise in Form eines **einheitlichen Dokuments** für alle beteiligten Gesellschaften[4]. Ob anstelle der **Beurkundung** im Inland eine solche **im Ausland** genügt, hängt davon ab, ob diese der inländischen Beurkundung gleichwertig ist[5]. Verlangt ein beteiligtes ausländisches Recht eine Beurkundung nach seinen Regeln, muss diese zusätzlich neben der Beurkundung nach § 122c Abs. 4 UmwG erfolgen[6]. Unter Umständen kann im Rahmen einer deutschen Beurkundung Anforderungen des ausländischen Rechts mitentsprochen werden[7]. Fraglich ist, ob eine Beurkundung des Verschmelzungsplans dann erforderlich ist, wenn ausschließlich ausländische Gesellschaften an einer Verschmelzung durch Neugründung einer deutschen Gesellschaft beteiligt sind. § 122c Abs. 4 UmwG gilt nur für deutsche Gesellschaften[8]. Da die Anmeldung nach § 17 UmwG zu erfolgen hat, sollte vorsorglich auch hier eine Beurkundung vorgenommen werden[9]. Die Beurkundung hat

---

1 AA *Kallmeyer*, AG 2007, 472 (475) und *Ege/Klett*, GWR 2011, 399 (401), die für die Form des Verschmelzungsplans ausschließlich das Recht der aufnehmenden Gesellschaft anwenden wollen.
2 *Hörtnagl* in Schmitt/Hörtnagl/Stratz, § 122c UmwG Rz. 41.
3 Vgl. § 23 Abs. 1 Satz 2 AktG, § 2 Abs. 2 GmbHG; *Klein*, RNotZ 2007, 565 (587).
4 Vgl. *Drinhausen* in Semler/Stengel, § 122c UmwG Rz. 5; abw. *Simon/Rubner* in Köln-Komm. UmwG, § 122c UmwG Rz. 36, die auch eine getrennte Beurkundung für zulässig halten.
5 BT-Drucks. 16/2919, S. 15 unter Verweis auf BGH v. 16.2.1981 – II ZR 8/80, BGHZ 80, 76 (78); OLG Frankfurt v. 25.1.2005 – 11 U 8/04 (Kart), NZG 2005, 820 = GmbHR 2005, 764; vgl. auch BGH v. 17.12.2013 – II ZB 6/13, NZG 2014, 219 (221 Rz. 14) = GmbHR 2014, 248; *Bayer* in Lutter, § 122c UmwG Rz. 8; *Drinhausen* in Semler/Stengel, § 122c UmwG Rz. 42; *Kiem* in Habersack/Drinhausen, SE-Recht, § 122c UmwG Rz. 16; *Klein*, RNotZ 2007, 565 (584 ff.); abw. *Kallmeyer*, AG 2007, 472 (475).
6 *Bayer* in Lutter, § 122c UmwG Rz. 7; *Hörtnagl* in Schmitt/Hörtnagl/Stratz, § 122c UmwG Rz. 40; *Simon/Rubner* in KölnKomm. UmwG, § 122c UmwG Rz. 35; *H.-F. Müller*, ZIP 2004, 1790 (1793) und *H.-F. Müller*, ZIP 2007, 1081 (1083); *J. Vetter*, AG 2006, 613 (617).
7 Vgl. *Freundorfer/Festner*, GmbHR 2010, 195 (197).
8 *Simon/Rubner* in KölnKomm. UmwG, § 122c UmwG Rz. 37.
9 *Kiem* in Habersack/Drinhausen, SE-Recht, § 122c UmwG Rz. 14.

grundsätzlich in **deutscher Sprache** zu erfolgen (§ 5 Abs. 1 BeurkG). Ist der Verschmelzungsplan in einer **anderen Sprache** oder **mehrsprachig** abgefasst (dazu Rz. 7), kann ein deutscher Notar aber auch diesen beurkunden. Voraussetzung ist nur, dass er der beteiligten fremden Sprachen hinreichend kundig ist (§ 5 Abs. 2 BeurkG)[1]. Zur Bekanntmachung nach § 122d UmwG und zur Anmeldung nach § 122l Abs. 1 Satz 2 UmwG muss aber mindestens eine deutsche Übersetzung in beglaubigter Form vorliegen[2]. Wie nach § 6 UmwG ist es zulässig, dass die Beurkundung erst nach der Beschlussfassung über den Entwurf des Verschmelzungsplans vorgenommen wird[3].

§ 122d
Bekanntmachung des Verschmelzungsplans

Der Verschmelzungsplan oder sein Entwurf ist spätestens einen Monat vor der Versammlung der Anteilsinhaber, die nach § 13 über die Zustimmung zum Verschmelzungsplan beschließen soll, zum Register einzureichen. Das Gericht hat in der Bekanntmachung nach § 10 des Handelsgesetzbuchs unverzüglich die folgenden Angaben bekannt zu machen:
1. einen Hinweis darauf, dass der Verschmelzungsplan oder sein Entwurf beim Handelsregister eingereicht worden ist,
2. Rechtsform, Firma und Sitz der an der grenzüberschreitenden Verschmelzung beteiligten Gesellschaften,
3. die Register, bei denen die an der grenzüberschreitenden Verschmelzung beteiligten Gesellschaften eingetragen sind, sowie die jeweilige Nummer der Eintragung,
4. einen Hinweis auf die Modalitäten für die Ausübung der Rechte der Gläubiger und der Minderheitsgesellschafter der an der grenzüberschreitenden Verschmelzung beteiligten Gesellschaften sowie die Anschrift, unter der vollständige Auskünfte über diese Modalitäten kostenlos eingeholt werden können.

Die bekannt zu machenden Angaben sind dem Register bei Einreichung des Verschmelzungsplans oder seines Entwurfs mitzuteilen.

---

1 *Klein*, RNotZ 2007, 565 (588); *Hörtnagl* in Schmitt/Hörtnagl/Stratz, § 122c UmwG Rz. 42; *Limmer*, ZNotP 2007, 242 (250).
2 *Bayer* in Lutter, § 122c UmwG Rz. 10; *Drinhausen* in Semler/Stengel, § 122c UmwG Rz. 5; *Kiem* in Habersack/Drinhausen, SE-Recht, § 122c UmwG Rz. 18.
3 *Bayer* in Lutter, § 122c UmwG Rz. 9; *H.-F. Müller*, NZG 2006, 286 (288) und *H.-F. Müller*, ZIP 2007, 1081 (1083); *Drinhausen* in Semler/Stengel, § 122c UmwG Rz. 4; *Klein*, RNotZ 2007, 565 (587).

§ 122d | Grenzüberschreitende Verschmelzung

Literatur: *Pfeiffer/Heilmeier*, Einreichung und Bekanntmachung des Verschmelzungsplans bei grenzüberschreitender Verschmelzung – Rechtsprobleme beim Umgang mit § 122d UmwG, GmbHR 2009, 1317.

1 Nach § 122d Satz 1 UmwG ist der **Verschmelzungsplan** oder sein Entwurf spätestens einen Monat vor der Versammlung der Anteilsinhaber, die nach § 13 UmwG über ihn beschließen soll, beim zuständigen Handelsregister **einzureichen**. Diese Frist ist nach den §§ 187f. BGB rückwirkend vom Tag der Versammlung der Anteilsinhaber zu berechnen. Die Einreichung hat durch die jeweils beteiligten inländischen Kapitalgesellschaften gemäß § 12 Abs. 2 HGB[1] zu geschehen. Der notariell beurkundete Verschmelzungsplan ist danach mit einen einfachen elektronischen Zeugnis gemäß § 39a BeurkG zu übermitteln; bei einem Entwurf genügt die Einreichung einer elektronischen Aufzeichnung[2]. Wird nur ein Entwurf eingereicht, muss dieser die Fassung haben, über die die Gesellschafterversammlung beschließen soll. Wird diese Fassung später geändert, kann dies zur Anfechtbarkeit des Zustimmungsbeschlusses führen[3]. Das Registergericht hat sodann unverzüglich nach § 10 HGB einen **Hinweis** auf die Einreichung **bekannt zu machen** (§ 122d Satz 2 Nr. 1 UmwG). Nach Art. 6 Abs. 1 der 10. Richtlinie[4] soll schon die Bekanntmachung einen Monat vor der Versammlung erfolgen. Da diese Monatsfrist aufgrund der abweichenden Anknüpfung in § 122d Satz 1 UmwG unterschritten werden kann, wird die Richtlinienkonformität des § 122d Satz 1 UmwG überwiegend verneint[5]. Da die Bekanntmachung in der Regel jedoch zeitnah erfolgt, ergeben sich daraus keine praktischen Schwierigkeiten.

2 Bei der Einreichung des Verschmelzungsplans sind dem Registergericht auch die in § 122d Satz 2 UmwG aufgeführten **weiteren Angaben** mitzuteilen (§ 122d Satz 3 UmwG). Diese Angaben sind in die Bekanntmachung des Registergerichts mit aufzunehmen (§ 122d Satz 2 UmwG). Der Lauf der Monatsfrist nach Satz 1 beginnt deshalb erst, wenn dem Registergericht alle erforderlichen Angaben

---

1 *Drinhausen* in Semler/Stengel, § 122d UmwG Rz. 7, 21; *Bayer* in Lutter, § 122d UmwG Rz. 5; aA *Klein*, RNotZ 2007, 565 (589): schriftliche oder per Telefax übermittelte Einreichung genügt.
2 *Brocker*, BB 2010, 971 (973).
3 *Hörtnagl* in Schmitt/Hörtnagl/Stratz, § 122d UmwG Rz. 6.
4 Richtlinie 2005/56/EG, ABl. EU Nr. L 310 v. 25.11.2005, S. 1.
5 *Althoff* in Böttcher/Habighorst/Schulte, § 122d UmwG Rz. 5; *Bayer* in Lutter, § 122d UmwG Rz. 7; *Drinhausen* in Semler/Stengel, § 122d UmwG Rz. 8 Fn. 17; *Kiem* in Habersack/Drinhausen, SE-Recht, § 122d UmwG Rz. 7; *Mayer* in Widmann/Mayer, § 122d UmwG Rz. 8; *Simon/Rubner* in KölnKomm. UmwG, § 122d UmwG Rz. 18; für schnellstmögliche Bekanntmachung deswegen *Hörtnagl* in Schmitt/Hörtnagl/Stratz, § 122d UmwG Rz. 7, 12, sowie für eine Bekanntmachung spätestens am Tag nach der Einreichung *Mayer* in Widmann/Mayer, § 122d UmwG Rz. 34.

übermittelt worden sind[1]. Die Angaben nach § **122d Satz 2 Nr. 2 UmwG** (Rechtsform, Firma und Sitz der beteiligten Rechtsträger) sind zu veröffentlichen, obwohl sie sich auch aus dem Verschmelzungsplan ergeben (§ 122c Abs. 2 Nr. 1 UmwG). Bei einer Verschmelzung zur Neugründung sind dem Informationszweck der Vorschrift entsprechend vorsorglich auch die Rechtsform, Firma und Sitz der neuen Gesellschaft anzugeben[2]. Die Angaben nach § **122d Satz 2 Nr. 3 UmwG** (Register und Eintragungsnummer) ermöglichen es, weitere Informationen zu den beteiligten Rechtsträgern einzuholen. Nach § **122d Satz 2 Nr. 4 UmwG** ist auf die Modalitäten für die Ausübung der Rechte der **Gläubiger** (§ 122a Abs. 2 UmwG iVm. § 22, § 122j UmwG) und der **Minderheitsgesellschafter** (§§ 122h, 122i UmwG, § 122a UmwG iVm. § 29 UmwG) hinzuweisen. Der Hinweis hat neben der Angabe der Vorschriften auch eine kurze Erläuterung zu enthalten[3]. Dabei ist eine Anschrift anzugeben, unter der vollständige und kostenlose Auskünfte über diese Modalitäten eingeholt werden können. Mit der Anschrift ist herkömmlicherweise die Postanschrift gemeint; eine E-Mail-Adresse oder eine Internetseite dürften daher nicht ausreichen[4]. Es können auch mehrere Anschriften angegeben werden, wobei aber sichergestellt werden muss, dass die Auskünfte überall vollständig erteilt werden. Die Auskunftspflicht erstreckt sich nach dem Wortlaut auf alle an der Verschmelzung beteiligten Gesellschaften[5]. Bei einer Verschmelzung zur Neugründung sind dies nur die übertragenden Gesellschaften; die neue Gesellschaft entsteht erst später. Für diese genügen daher die Angaben gemäß Nr. 2. Mangels besonderer Vorgaben können die Auskünfte schriftlich oder (fern-)mündlich erteilt werden[6].

---

1 *Bayer* in Lutter, § 122d UmwG Rz. 6; *Drinhausen* in Semler/Stengel, § 122d UmwG Rz. 9; *Hörtnagl* in Schmitt/Hörtnagl/Stratz, § 122d UmwG Rz. 9; aA *Pfeiffer/Heilmeier*, GmbHR 2009, 1317 (1321): Monatsfrist beginnt bereits mit Einreichung des Verschmelzungsplans.
2 *Pfeiffer/Heilmeier*, GmbHR 2009, 1317 (1319 f.) und *Polley* in Henssler/Strohn, § 122d UmwG Rz. 10 in Analogie zu Art. 21 lit. e SE-VO; *Simon/Rubner* in KölnKomm. UmwG, § 122d UmwG Rz. 9; *Bayer* in Lutter, § 122d UmwG Rz. 11.
3 *Drinhausen* in Semler/Stengel, § 122d UmwG Rz. 18; *Mayer* in Widmann/Mayer, § 122d UmwG Rz. 17; *Bayer* in Lutter, § 122d UmwG Rz. 15; *Hörtnagl* in Schmitt/Hörtnagl/Stratz, § 122d UmwG Rz. 21; *Kiem* in Habersack/Drinhausen, SE-Recht, § 122d UmwG Rz. 18; vgl. auch *Tebben/Tebben*, DB 2007, 2355 (2358): Beschreibung der Anmeldung der Gläubigerrechte erforderlich.
4 *Bayer* in Lutter, § 122d UmwG Rz. 16; *Simon/Rubner* in KölnKomm. UmwG, § 122d UmwG Rz. 15; *Grunewald*, Der Konzern 2007, 106 (107); aA *Drinhausen* in Semler/Stengel, § 122d UmwG Rz. 18; *Hörtnagl* in Schmitt/Hörtnagl/Stratz, § 122d UmwG Rz. 22; *Kiem* in Habersack/Drinhausen, SE-Recht, § 122d UmwG Rz. 19.
5 *Handelsrechtsausschuss des DAV*, NZG 2006, 737 (740); *Drinhausen* in Semler/Stengel, § 122d UmwG Rz. 18; *Mayer* in Widmann/Mayer, § 122d UmwG Rz. 13; *Hörtnagl* in Schmitt/Hörtnagl/Stratz, § 122d UmwG Rz. 17; aA *Bayer* in Lutter, § 122d UmwG Rz. 14.
6 *Grunewald*, Der Konzern 2007, 106 (107).

3 Zu § 61 UmwG wird überwiegend angenommen, dass die Bekanntmachungspflicht verzichtbar ist, weil sie nur die Aktionäre schützen will (vgl. § 61 UmwG Rz. 1). Die **Offenlegung nach § 122d UmwG** bezweckt neben dem Schutz der Anteilsinhaber jedoch auch den Schutz der Gläubiger (vgl. Erwägungsgrund 5 der 10. Richtlinie und § 122d Satz 2 Nr. 4 UmwG). Auf sie kann deshalb **nicht verzichtet** werden[1]. Verzichten können die Anteilsinhaber aber auf die **Einhaltung der Monatsfrist**, da diese nur ihrer eigenen Vorbereitung dient[2]. Liegt der Fall einer 100 %-Beteiligung nach § 122g Abs. 2 UmwG vor, so bedarf es keines Verschmelzungsbeschlusses der deutschen übertragenden Gesellschaft. Damit entfällt zugleich die Monatsfrist für die Einreichung des Verschmelzungsplans oder seines Entwurfs zum Register nach § 122d Satz 1 UmwG[3]. Es bedarf auch keiner Suche nach einem anderen Anknüpfungszeitpunkt für diese Frist. Dies ist schon deshalb nicht erforderlich, weil sich die Anteilsinhaber bei einem nicht erforderlichen Zustimmungsbeschluss auch nicht auf diesen vorbereiten müssen. Sofern der Zustimmungsbeschluss einer ausländischen übernehmenden Gesellschaft erforderlich ist, werden deren Anteilsinhaber ggf. nach dem ausländischen Recht und nicht durch § 122d UmwG geschützt[4]. Eine Analogie zu § 62 Abs. 4 Satz 3 UmwG[5] würde bedeuten, dass eine Rückwärtsfrist in eine Vorwärtsfrist geändert würde und außerdem alle im Rahmen des § 62 Abs. 4 Satz 3 UmwG auftauchenden Auslegungsfragen in § 122d UmwG übertragen würden (vgl. § 62 UmwG Rz. 31). Außerdem würde § 122d UmwG unnötig eingeschränkt, weil dann ein bereits abgeschlossener Verschmelzungsplan vorliegen müsste, während nach § 122d UmwG die Einreichung des bloßen Entwurfs genügt. Daher bleibt es zwar bei der Pflicht zur Einreichung des Verschmelzungsplans oder seines Entwurfs, damit das Gericht seiner Bekanntmachungspflicht nachkommen kann. Die Einreichung unterliegt im Falle des § 122g Abs. 2 UmwG aber keiner Fristbindung.

---

1 H.-F. Müller, NZG 2006, 286 (288); *Bayer* in Lutter, § 122d UmwG Rz. 17; *Drinhausen* in Semler/Stengel, § 122d UmwG Rz. 11; *Hörtnagl* in Schmitt/Hörtnagl/Stratz, § 122d UmwG Rz. 10; *Kiem* in Habersack/Drinhausen, SE-Recht, § 122d UmwG Rz. 8; *Mayer* in Widmann/Mayer, § 122d UmwG Rz. 30; *Simon/Rubner* in KölnKomm. UmwG, § 122d UmwG Rz. 26; *Klein*, RNotZ 2007, 565 (590).
2 *Drinhausen* in Semler/Stengel, § 122d UmwG Rz. 12; *Bayer* in Lutter, § 122d UmwG Rz. 18; *Kiem* in Habersack/Drinhausen, SE-Recht, § 122d UmwG Rz. 8; *Simon/Rubner* in KölnKomm. UmwG, § 122d UmwG Rz. 27 f.; aA *Mayer* in Widmann/Mayer, § 122d UmwG Rz. 30.
3 *Simon/Rubner* in KölnKomm. UmwG, § 122d UmwG Rz. 19.
4 Für eine Anknüpfung an den Zeitpunkt der ausländischen Anteilsinhaberversammlung jedoch *Hörtnagl* in Schmitt/Hörtnagl/Stratz, § 122d UmwG Rz. 7 und *Polley* in Henssler/Strohn, § 122d UmwG Rz. 9.
5 Dafür *Drinhausen* in Semler/Stengel, § 122d UmwG Rz. 8.

§ 122e
Verschmelzungsbericht

Im Verschmelzungsbericht nach § 8 sind auch die Auswirkungen der grenzüberschreitenden Verschmelzung auf die Gläubiger und Arbeitnehmer der an der Verschmelzung beteiligten Gesellschaft zu erläutern. Der Verschmelzungsbericht ist den Anteilsinhabern sowie dem zuständigen Betriebsrat oder, falls es keinen Betriebsrat gibt, den Arbeitnehmern der an der grenzüberschreitenden Verschmelzung beteiligten Gesellschaft spätestens einen Monat vor der Versammlung der Anteilsinhaber, die nach § 13 über die Zustimmung zum Verschmelzungsplan beschließen soll, nach § 63 Abs. 1 Nr. 4 zugänglich zu machen. § 8 Abs. 3 ist nicht anzuwenden.

1. Überblick	1	5. Rechtsfolgen eines mangelhaften Berichts	10
2. Formelle Erfordernisse	2	6. Verzicht auf den Verschmelzungsbericht	11
3. Zugänglichmachung (§ 122e Satz 2 UmwG)	4	7. Konzernverschmelzung	12
4. Inhaltliche Anforderungen (§ 122e Satz 1 UmwG)	7		

Literatur: *Dzida*, Die Unterrichtung des „zuständigen" Betriebsrats bei innerstaatlichen und grenzüberschreitenden Verschmelzungen, GmbHR 2009, 459; *Dzida/Schramm*, Arbeitsrechtliche Pflichtangaben bei innerstaatlichen und grenzüberschreitenden Verschmelzungen, NZG 2008, 521; *Frenzel*, Grenzüberschreitende Verschmelzung von Kapitalgesellschaften – nach dem Ablauf der Umsetzungsfrist, RIW 2008, 12; *Sandhaus*, Richtlinienvorschlag der Kommission zur Vereinfachung der Berichts- und Dokumentationspflichten bei Verschmelzungen und Spaltungen, NZG 2009, 41; *J. Schmidt*, Die Änderung der umwandlungsrechtlichen Informationspflichten durch das ARUG, NZG 2008, 734; *Simon/Hinrichs*, Unterrichtung der Arbeitnehmer und ihrer Vertretungen bei grenzüberschreitenden Verschmelzungen, NZA 2008, 391; siehe außerdem die Angaben bei § 8 UmwG und Vor §§ 122a–122l UmwG.

1. Überblick

§ 122e UmwG ergänzt § 8 UmwG und regelt die zusätzlichen Anforderungen, die sich aus den Vorgaben von Art. 7 der 10. Richtlinie[1] ergeben[2]. Über § 8 UmwG hinaus sind im Bericht nach § 122e UmwG die **Auswirkungen** der Verschmelzung auf die **Gläubiger** und die **Arbeitnehmer** der beteiligten Gesellschaften zu erläutern. Mit dieser Ausdehnung der Berichtspflicht wird zugleich der Zweck des Berichts erweitert. Er dient nicht nur der Information der Anteilsinhaber, sondern auch der Unterrichtung der Arbeitnehmer. Dem Gläubi-

1

---

1 Richtlinie 2005/56/EG, ABl. EU Nr. L 310 v. 25.11.2005, S. 1.
2 Vgl. Begr. RegE, BR-Drucks. 548/06, S. 32.

gerschutz dient die erweiterte Berichtspflicht dagegen allenfalls mittelbar, da der Bericht nur den Anteilsinhabern und den Arbeitnehmern zugänglich zu machen ist[1].

2. Formelle Erfordernisse

2 Der Verschmelzungsbericht ist gemäß §§ 122a Abs. 2, 8 Abs. 1 UmwG durch das **Vertretungsorgan** der an der Verschmelzung beteiligten deutschen Gesellschaft schriftlich zu erstatten. Dabei genügt die Mitwirkung einer vertretungsberechtigten Anzahl von Organmitgliedern (vgl. § 8 UmwG Rz. 3)[2]. Schuldner der Berichtspflicht sind bei der AG der Vorstand, bei der KGaA die Komplementäre, bei der GmbH die Geschäftsführung und bei einer SE, deren Organisation dem dualistischen System folgt, das Leitungsorgan. Bei einer monistisch verfassten SE ist in richtlinienkonformer Auslegung von der Zuständigkeit des Verwaltungsrates auszugehen, da Art. 7 der Richtlinie die Berichterstattung durch das „Leitungs- oder Verwaltungsorgan" vorsieht, die geschäftsführenden Direktoren aber kein Organ sind[3].

3 Bei einer innerstaatlichen Verschmelzung können die Vertretungsorgane der beteiligten Gesellschaften einen gemeinsamen Verschmelzungsbericht erstatten (§ 8 Abs. 1 Satz 1 Halbsatz 2 UmwG). § 122e UmwG lässt offen, ob jede beteiligte Gesellschaft einen eigenen Verschmelzungsbericht zu erstellen hat oder ob auch ein **gemeinsamer Bericht** zulässig ist. Nach der allgemeinen Verweisung auf das für die jeweils beteiligte Gesellschaft anwendbare Recht in Art. 4 der 10. Richtlinie und in § 122a Abs. 2 UmwG sollte ein gemeinsamer Verschmelzungsbericht jedenfalls dann möglich sein, wenn alle beteiligten Rechtsordnungen dies zulassen[4]. Auch die Zulassung einer gemeinsamen Verschmelzungsprüfung

---

1 Der Bericht ist auch nicht gemäß § 122d UmwG offen zu legen; vgl. *Bayer* in Lutter, § 122e UmwG Rz. 4; *Drinhausen* in Semler/Stengel, § 122e UmwG Rz. 2; *Hörtnagl* in Schmitt/Hörtnagl/Stratz, § 122e UmwG Rz. 2; gegen jegliche Gläubigerschutzfunktion des Berichts *J. Vetter*, AG 2006, 613 (620); *Limmer*, ZNotP 2007, 282 (282); *Simon/Rubner* in KölnKomm. UmwG, § 122e UmwG Rz. 4; *Kiem* in Habersack/Drinhausen, SE-Recht, § 122e UmwG Rz. 2.
2 BGH v. 21.5.2007 – II ZR 266/04, NZG 2007, 714 (716) = AG 2007, 625; aA *Mayer* in Widmann/Mayer, § 122e UmwG Rz. 9 und 10; unterschiedlich *Hörtnagl* in Schmitt/Hörtnagl/Stratz, § 122e UmwG Rz. 3 und Rz. 5 sowie *Simon/Rubner* in KölnKomm. UmwG, § 122e UmwG Rz. 5 und *Simon* in KölnKomm. UmwG, § 8 UmwG Rz. 8.
3 *Drinhausen* in Semler/Stengel, § 122e UmwG Rz. 3; *Bayer* in Lutter, § 122e UmwG Rz. 3; *Hörtnagl* in Schmitt/Hörtnagl/Stratz, § 122e UmwG Rz. 3; *Kiem* in Habersack/Drinhausen, SE-Recht, § 122e UmwG Rz. 4; *Drinhausen/Keinath*, BB 2006, 725 (728).
4 *Bayer* in Lutter, § 122e UmwG Rz. 4; *Drinhausen* in Semler/Stengel, § 122e UmwG Rz. 5; *Kiem* in Habersack/Drinhausen, SE-Recht, § 122e UmwG Rz. 5; *Mayer* in Widmann/Mayer, § 122e UmwG Rz. 35; *Simon/Rubner* in KölnKomm. UmwG, § 122e UmwG

in Art. 8 Abs. 2 der 10. Richtlinie spricht für die Zulässigkeit eines gemeinsamen Verschmelzungsberichts[1]. Ein gemeinsamer Bericht muss auch inhaltlich den Anforderungen aller beteiligten Rechtsordnungen genügen. Sind **mehrere Sprachkreise** betroffen, muss der gemeinsame Bericht in allen beteiligten Amtssprachen erstellt werden[2].

3. Zugänglichmachung (§ 122e Satz 2 UmwG)

Der Verschmelzungsbericht ist den **Anteilsinhabern** und dem zuständigen **Betriebsrat** bzw., falls es keinen Betriebsrat gibt, den **Arbeitnehmern** der beteiligten inländischen Gesellschaft **zugänglich** zu machen (§ 122e Satz 2 UmwG)[3]. Gemeint ist nur der Verschmelzungsbericht dieser Gesellschaft; die Verschmelzungsberichte der anderen beteiligten Gesellschaften müssen nicht zugänglich gemacht werden[4]. Ein Anspruch auf Erteilung von Abschriften ist nicht vorgesehen; ein solcher Anspruch besteht aber nach §§ 122a Abs. 2, 63 Abs. 3 UmwG für die Aktionäre einer beteiligten AG[5]. Zur Art und Weise der Offenlegung verweist das Gesetz auf die **Auslegung** des Berichts zur Einsichtnahme bei der Gesellschaft (§ 63 Abs. 1 Nr. 4 UmwG). Diese Auslegung soll spätestens einen Monat vor der nach § 13 UmwG beschließenden Versammlung der Anteilsinhaber erfolgen. Die Pflicht zur Auslegung endet mit dem Beginn der Versammlung (§ 63 UmwG Rz. 2)[6]. Ist an der Verschmelzung eine inländische GmbH beteiligt, so hat deren Geschäftsführung den Bericht zusätzlich auch den Gesellschaftern zu übersenden (§ 122a Abs. 2 UmwG iVm. § 47 UmwG)[7]. Auf die Einhaltung

4

Rz. 9; *Bayer/Schmidt*, NJW 2006, 401 (403); *Drinhausen/Keinath*, BB 2006, 725 (728); *Kiem*, WM 2006, 1091 (1096); *J. Vetter*, AG 2006, 613 (621); *H.-F. Müller*, NZG 2006, 286 (288); *Louven*, ZIP 2006, 2021 (2026); *Limmer*, ZNotP 2007, 282 (282); *Klein*, RNotZ 2007, 565 (592); *Frenzel*, RIW 2008, 12 (17).
1 *Krause/Kulpa*, ZHR 171 (2007), 38 (62); aA *Bayer* in Lutter, § 122e UmwG Rz. 4.
2 *Drinhausen* in Semler/Stengel, § 122e UmwG Rz. 5; *Kiem* in Habersack/Drinhausen, SE-Recht, § 122e UmwG Rz. 7.
3 Vgl. Handelsrechtsausschuss des DAV, NZG 2006, 737 (741); ausführlich *Dzida*, GmbHR 2009, 459 (464 f.); *Simon/Hinrichs*, NZA 2008, 391 (393).
4 Für Zugänglichmachung der Verschmelzungsberichte aller beteiligten Gesellschaften *Bayer* in Lutter, § 122e UmwG Rz. 8; *Kiem* in Habersack/Drinhausen, SE-Recht, § 122e UmwG Rz. 2.
5 *Hörtnagl* in Schmitt/Hörtnagl/Stratz, § 122e UmwG Rz. 20; *Mayer* in Widmann/Mayer, § 122e UmwG Rz. 21.
6 *Bayer* in Lutter, § 122e UmwG Rz. 19; *Hörtnagl* in Schmitt/Hörtnagl/Stratz, § 122e UmwG Rz. 19; *Polley* in Henssler/Strohn, § 122e UmwG Rz. 17; *Simon/Rubner* in KölnKomm. UmwG, § 122e UmwG Rz. 18; aA *Mayer* in Widmann/Mayer, § 122e UmwG Rz. 15: bis zum Ende des Verfahrens zur Arbeitnehmerbeteiligung.
7 *Hörtnagl* in Schmitt/Hörtnagl/Stratz, § 122e UmwG Rz. 16; *Heckschen* in Widmann/Mayer, § 122g UmwG Rz. 51; *Simon/Rubner* in KölnKomm. UmwG, § 122e UmwG Rz. 17.

der Monatsfrist kann wie bei § 5 Abs. 3 UmwG verzichtet werden (siehe § 5 UmwG Rz. 77b)[1].

5 Das Recht zur Einsichtnahme bezieht sich auf den zuständigen **Betriebsrat** und nur ersatzweise auf die Arbeitnehmer, sollte diesen aber auch dann zustehen, wenn ein Betriebsrat besteht. Eine Pflicht zur Zuleitung wie nach § 5 Abs. 3 UmwG besteht nicht[2]. Zuständiger Betriebsrat ist bei Bestehen mehrerer Betriebsräte idR der Gesamtbetriebsrat (siehe dazu § 5 UmwG Rz. 76)[3]. Da das deutsche Recht eine Stellungnahme des Betriebsrates (vgl. Art. 7 Satz 3 der 10. Richtlinie) zu dem Verschmelzungsbericht nicht vorsieht, muss eine solche, falls sie erstellt werden sollte, nicht mit zugänglich gemacht werden[4].

6 Eine ersatzweise Veröffentlichung auf der **Internetseite** der Gesellschaft ist nicht ausdrücklich vorgesehen. Nach § 63 Abs. 4 UmwG genügt aber anstelle einer Auslegung nach § 63 Abs. 1 UmwG, wenn die Unterlagen für denselben Zeitraum über die Internetseite der Gesellschaft zugänglich sind. Dies gilt sinngemäß auch für § 122e UmwG, zumal Art. 7 Satz 2 der 10. Richtlinie selbst nur ein Zugänglichmachen verlangt[5]. Die EU-Kommission geht allerdings davon aus, dass die Aktionäre weiter das Recht haben, eine gedruckte Fassung zu verlangen[6].

4. Inhaltliche Anforderungen (§ 122e Satz 1 UmwG)

7 Der Inhalt des Berichts ergibt sich zunächst aus § 8 Abs. 1 UmwG, der durch § 122e UmwG nicht verdrängt, sondern nur ergänzt wird (siehe dazu § 8 UmwG Rz. 6ff.). Aus § 122e Satz 1 UmwG ergibt sich als zusätzliche Verpflichtung, die Auswirkung der Verschmelzung auf Gläubiger und Arbeitnehmer der an der Verschmelzung beteiligten Gesellschaft zu erläutern. Gemäß §§ 122a Abs. 2, 8 Abs. 1 UmwG muss der Bericht die Verschmelzung und den Verschmelzungsplan, insbesondere das **Umtauschverhältnis** der Anteile sowie die Höhe einer anzubietenden **Barabfindung** rechtlich und wirtschaftlich erläutern und begründen. Beim Umtauschverhältnis sind vor allem die angewandten Bewertungsmethoden zu erläutern[7]. Hinzuweisen ist auf besondere Schwierigkei-

---

1 *Kiem* in Habersack/Drinhausen, SE-Recht, § 122e UmwG Rz. 21.
2 *Bayer* in Lutter, § 122e UmwG Rz. 16; *Drinhausen* in Semler/Stengel, § 122e UmwG Rz. 17.
3 *Dzida*, GmbHR 2009, 459 (464).
4 *Simon/Rubner* in KölnKomm. UmwG, § 122e UmwG Rz. 19.
5 *Bayer* in Lutter, § 122e UmwG Rz. 20; *J. Schmidt*, NZG 2008, 734 (736); *Polley* in Henssler/Strohn, § 122e UmwG Rz. 16; zweifelnd *Simon/Rubner* in KölnKomm. UmwG, § 122e UmwG Rz. 16 Fn. 25.
6 Vgl. *Sandhaus*, NZG 2009, 41 (44) und Art. 11 Abs. 3 der 3. Richtlinie idF der Richtlinie 2009/109/EG v. 16.9.2009, ABl. EU Nr. L 259 v. 2.10.2009, S. 14.
7 Siehe dazu näher *Kiem*, ZGR 2007, 542 ff. und *Adolff*, ZHR 173 (2009), 67 ff.

ten bei der Bewertung der beteiligten Gesellschaften sowie auf die **Folgen** der Verschmelzung **für die Beteiligung der Anteilsinhaber** (§ 8 Abs. 1 Satz 2 UmwG, siehe dazu § 8 UmwG Rz. 25 ff.). Der zuletzt genannte Punkt ist vor allem bei einer Hinausverschmelzung wichtig[1]. In den Bericht sind auch Angaben über die für die Verschmelzung wesentlichen Angelegenheiten verbundener Unternehmen aufzunehmen (§ 8 Abs. 1 Satz 3 UmwG und dazu § 8 UmwG Rz. 27). Außerdem sollten Informationen zu den beteiligten **ausländischen Gesellschaften** in den Bericht aufgenommen werden, da diese für die Anteilsinhaber, Gläubiger und Arbeitnehmer der inländischen Gesellschaft meist nicht ohne weiteres zugänglich sind[2]. Bei der inhaltlichen Ausgestaltung des Berichts ist zu berücksichtigen, dass der Bericht den Anteilsinhabern eine **Plausibilitätskontrolle** der grenzüberschreitenden Verschmelzung ermöglichen soll (vgl. § 8 UmwG Rz. 6)[3].

Gemäß § 122e Satz 1 UmwG sind im Verschmelzungsbericht die Auswirkungen der Verschmelzung auf die **Gläubiger** und Arbeitnehmer der an der Verschmelzung beteiligten Gesellschaft[4] zu erläutern. Zu erläutern sind dabei die mit der Verschmelzung verbundene Gesamtrechtsnachfolge sowie die Gläubigerschutzvorschriften nach § 122j UmwG bzw. §§ 122a Abs. 2, 22 UmwG[5]. Bei einer Hinausverschmelzung ist die Rechtsform und Haftungsverfassung der übernehmenden oder neuen Gesellschaft zu erläutern. Da die Gläubigerrechte auch in der Bekanntmachung nach § 122d Satz 2 Nr. 4 UmwG dargestellt werden, können die Ausführungen zum Gläubigerschutz kurz gefasst werden. Für die **Arbeitnehmer** sind die **individual- und kollektivrechtlichen Auswirkungen** der Verschmelzung zu erläutern. Dies umfasst die Veränderungen bei den Arbeitsverhältnissen sowie in der betrieblichen und unternehmensbezogenen Mitbestimmung[6]. Zu erläutern sind auch die im Anschluss an die Verschmelzung etwa geplanten Maßnahmen wie zB die Zusammenlegung oder Stilllegung von Betrieben, Personalabbau oder die Aufstellung eines Sozialplans. Im Einzelnen gelten dieselben Grundsätze wie für die Angaben nach § 5 Abs. 1 Nr. 9 UmwG (siehe dazu § 5 UmwG Rz. 47 ff.)[7]. Beschäftigt die Gesellschaft keine Arbeitnehmer, genügt es, auf diesen Umstand hinzuweisen.

8

---

1 *Mayer* in Widmann/Mayer, § 122e UmwG Rz. 25; *Hörtnagl* in Schmitt/Hörtnagl/Stratz, § 122e UmwG Rz. 6.
2 Vgl. *Drinhausen* in Semler/Stengel, § 122e UmwG Rz. 8.
3 *Kiem* in Habersack/Drinhausen, SE-Recht, § 122e UmwG Rz. 9.
4 *Bayer* in Lutter, § 122e UmwG Rz. 7; *Hörtnagl* in Schmitt/Hörtnagl/Stratz, § 122e UmwG Rz. 7; *Drinhausen* in Semler/Stengel, § 122e UmwG Rz. 9.
5 *Bayer* in Lutter, § 122e UmwG Rz. 8; *Drinhausen* in Semler/Stengel, § 122e UmwG Rz. 10; *Kiem* in Habersack/Drinhausen, SE-Recht, § 122e UmwG Rz. 14.
6 Vgl. *Simon/Hinrichs*, NZA 2008, 391 (393 f.); *Dzida/Schramm*, NZG 2008, 521 (525 f.).
7 *Bayer* in Lutter, § 122e UmwG Rz. 9; *Hörtnagl* in Schmitt/Hörtnagl/Stratz, § 122e UmwG Rz. 11; aA *Kiem* in Habersack/Drinhausen, SE-Recht, § 122e UmwG Rz. 15.

9 Tatsachen, deren Bekanntwerden geeignet ist, einer der beteiligten Gesellschaften oder einem verbundenen Unternehmen einen nicht unerheblichen **Nachteil** zuzufügen, brauchen nicht in den Bericht aufgenommen werden (§§ 122a, 8 Abs. 2 UmwG)[1]. Allerdings sind die Gründe für die Nichtaufnahme kurz darzustellen (§ 8 Abs. 2 Satz 2 UmwG). Zur Reichweite der Grenzen der Berichtspflicht im Einzelnen § 8 UmwG Rz. 30.

5. Rechtsfolgen eines mangelhaften Berichts

10 Wird der Verschmelzungsbericht nicht formgerecht oder überhaupt nicht erstellt oder entspricht er inhaltlich nicht den gesetzlichen Anforderungen, so sind die Zustimmungsbeschlüsse der Anteilsinhaber zur Verschmelzung nach §§ 122g, 13 UmwG grundsätzlich nach § 243 Abs. 1 AktG (für die GmbH in entsprechender Anwendung) iVm. §§ 122a Abs. 2, 14 Abs. 1 UmwG **anfechtbar**. Unzureichende Informationen über die Auswirkungen auf die Arbeitnehmer sind für die Entscheidung der Anteilsinhaber idR aber nicht relevant (vgl. zum Verschmelzungsvertrag § 5 UmwG Rz. 66)[2]. Siehe dazu im Übrigen die Kommentierung bei § 8 UmwG Rz. 33 ff.

6. Verzicht auf den Verschmelzungsbericht

11 Angesichts des erweiterten Informationszwecks des Berichts können die **Anteilsinhaber** auf die Erstellung des Verschmelzungsberichts **nicht verzichten**; diese in § 8 Abs. 3 UmwG vorgesehene Möglichkeit ist ausdrücklich ausgeschlossen (§ 122e Satz 3 UmwG). Die in § 8 Abs. 3 UmwG für innerstaatliche Verschmelzungen geregelten Ausnahmen von der Berichtspflicht sind in der Richtlinie nicht vorgesehen[3]. Der Grund für den Ausschluss der Verzichtbarkeit liegt darin, dass der Bericht nicht nur zur Information der Anteilsinhaber, sondern auch der **Arbeitnehmer** dient. Auch nach diesem erweiterten Informationszweck erscheint in einschränkender Auslegung von § 122e Satz 3 UmwG ein Verzicht auf den Bericht aber dann zulässig, wenn neben den Anteilsinhabern auch der Betriebsrat bzw. alle Arbeitnehmer verzichten oder die beteiligten Gesellschaften keine Arbeitnehmer beschäftigen[4]. Dagegen spricht auch nicht, dass

---

1 *Bayer* in Lutter, § 122e UmwG Rz. 10; *Drinhausen* in Semler/Stengel, § 122e UmwG Rz. 14; *Hörtnagl* in Schmitt/Hörtnagl/Stratz, § 122e UmwG Rz. 13; *Bayer/J. Schmidt*, NJW 2006, 401 (403); *Drinhausen/Keinath*, BB 2006, 725 (728); *Krause/Kulpa*, ZHR 171 (2007), 38 (61); *H.-F. Müller*, Der Konzern 2007, 81 (82).
2 Ähnlich *Simon/Rubner* in KölnKomm. UmwG, § 122e UmwG Rz. 20.
3 Vgl. Begr. RegE, BT-Drucks. 16/2919, S. 15.
4 *Bayer* in Lutter, § 122e UmwG Rz. 13; *Drinhausen* in Semler/Stengel, § 122e UmwG Rz. 13; *Hörtnagl* in Schmitt/Hörtnagl/Stratz, § 122e UmwG Rz. 14; *Kiem* in Haber-

die Möglichkeit eines Verzichts auf den Verschmelzungsbericht nur in der 3. Richtlinie und nicht auch in der 10. Richtlinie vorgesehen ist[1]. Soweit danach ein Verzicht in Betracht kommt, sind die Verzichtserklärungen notariell zu beurkunden (§ 8 Abs. 3 Satz 3 UmwG)[2]. Sollte sich der Bestand der Arbeitnehmer häufig verändern, kann die Einholung solcher Erklärungen von allen Arbeitnehmern schwierig sein[3].

7. Konzernverschmelzung

Da § 8 Abs. 3 UmwG insgesamt nicht anwendbar ist, muss der **Verschmelzungsbericht** auch bei der grenzüberschreitenden Verschmelzung einer 100%igen Tochtergesellschaft auf ihre Muttergesellschaft erstellt werden[4]. In einem solchen Fall ist allerdings der Verschmelzungsbeschluss der Tochter und damit eine Versammlung ihrer Anteilsinhaber entbehrlich (§ 122g Abs. 2 UmwG). Mit dem Wegfall dieser Versammlung entfällt zugleich der Anknüpfungszeitpunkt bzgl. der in § 122e Satz 2 UmwG vorgesehenen Monatsfrist für das Zugänglichmachen des Verschmelzungsberichts. Da ein Verzicht auf den Verschmelzungsbericht im Normalfall ausscheidet (siehe Rz. 11 mit den dort genannten Ausnahmen), muss für die Dauer des Zugänglichmachens an einen anderen Zeitpunkt als die Anteilsinhaberversammlung angeknüpft werden. Es bietet sich an, dafür in Anlehnung an § 62 Abs. 4 Satz 3 UmwG auf den Abschluss des Verschmelzungsvertrages abzustellen. Die zu § 122d UmwG erörterten Gründe gegen eine Anlehnung an § 62 Abs. 4 Satz 3 UmwG (vgl. § 122d UmwG Rz. 3) gelten hier nicht, da das Informationsinteresse der Arbeitnehmer trotz Wegfalls des Verschmelzungsbeschlusses weiter besteht. Um dieses Interesse zu wahren, entfällt die Monatsfrist nicht; sie beginnt vielmehr mit der Aufstellung des Verschmelzungsplans (vgl. dazu auch § 62 UmwG Rz. 31).

12

---

sack/Drinhausen, SE-Recht, § 122e UmwG Rz. 23; *Simon/Rubner* in KölnKomm. UmwG, § 122e UmwG Rz. 11; *H.-F. Müller*, ZIP 2007 1081 (1084 f.); *Louven*, ZIP 2006, 2021 (2026); *J. Vetter*, AG 2006, 613 (620); *Gesell/Krömker*, DB 2006, 2558 (2562); *Bayer/J. Schmidt*, NZG 2006, 841 (842); *Sandhaus*, NZG 2009, 41 (43); *Althoff* in Böttcher/Habighorst/Schulte, § 122e UmwG Rz. 13; aA unter Hinweis auf den Gesetzeswortlaut *Simon/Rubner*, Der Konzern 2006, 835 (838); *Limmer*, ZNotP 2007, 282 (283); *Mayer* in Widmann/Mayer, § 122e UmwG Rz. 37.
1 Vgl. die Änderungsrichtlinie v. 16.9.2009, ABl. EU Nr. L 259 v. 2.10.2009, S. 14.
2 *Hörtnagl* in Schmitt/Hörtnagl/Stratz, § 122e UmwG Rz. 14.
3 Vgl. *Freundorfer/Festner*, GmbHR 2010, 195 (198); *Polley* in Henssler/Strohn, § 122e UmwG Rz. 11; *Simon/Rubner* in KölnKomm. UmwG, § 122e UmwG Rz. 12 ff.
4 *Drinhausen* in Semler/Stengel, § 122e UmwG Rz. 15; *Bayer* in Lutter, § 122e UmwG Rz. 14.

§ 122f
Verschmelzungsprüfung

Der Verschmelzungsplan oder sein Entwurf ist nach den §§ 9 bis 12 zu prüfen; § 48 ist nicht anzuwenden. Der Prüfungsbericht muss spätestens einen Monat vor der Versammlung der Anteilsinhaber, die nach § 13 über die Zustimmung zum Verschmelzungsplan beschließen soll, vorliegen.

1. Entwicklung der Vorschrift	1	4. Gemeinsamer Prüfer	9
2. Geltungsbereich	2	5. Qualifikation der Prüfer	12
3. Bestellung und Auswahl	5	6. Stellung und Verantwortlichkeit der Prüfer, Prüfungsbericht	13
a) Übertragende Gesellschaft in Deutschland	6	7. Fehlerhafte Bestellung	14
b) Übernehmende Gesellschaft in Deutschland	8	8. Rechtsfolgen	16
		9. Vorlagefrist	17

1. Entwicklung der Vorschrift

1 Mit der Bestimmung wird Art. 8 der RL 2005/56/EG umgesetzt; sie ist mit dem 2. UmwGÄndG eingefügt worden[1]. Da aufgrund des Art. 10 RL 78/855/EWG (Geltungsbereich ist die aktienrechtliche Verschmelzung) die Prüfungspflicht bereits mit den §§ 9–12 UmwG geregelt wurde, kann sich § 122f UmwG, mit Ausnahme der Vorlagepflicht nach § 122f Satz 2 UmwG, mit einer Verweisung auf die Prüfungsvorschriften für die nationale Verschmelzung begnügen. Allerdings ergeben sich aus der einschränkungslosen Verweisung eine Reihe von Problemen, weil nationale und grenzüberschreitende Verschmelzung nicht in jeder Hinsicht kompatibel sind. Der **Zweck** der Vorschrift ist allerdings voll identisch mit dem der §§ 9 ff. UmwG, nämlich der Präventivschutz der Anteilsinhaber der übertragenden wie der übernehmenden Gesellschaften, insbesondere im Hinblick auf die Angemessenheit des Umtauschverhältnisses[2].

2. Geltungsbereich

2 Die Prüfungspflicht gilt für alle an einer grenzüberschreitenden Verschmelzung beteiligten verschmelzungsfähigen Gesellschaften (§§ 122a, 122b UmwG). Es gibt keine rechtsform- oder größenklassenspezifischen Ausnahmen. Die Anwendung von § 48 UmwG wird ausdrücklich ausgeschlossen (§ 122f Satz 1 Halbsatz 2 UmwG).

---

1 BGBl. I 2007, S. 542.
2 *Mayer* in Widmann/Mayer, § 122f UmwG Rz. 4.

Entbehrlich ist die Pflichtprüfung nach § 122f UmwG iVm. § 9 Abs. 2 UmwG, 3
wenn sich alle Anteile in der Hand der übernehmenden Gesellschaft befinden
(**Konzernverschmelzung**). Eigene Anteile in der Hand der übertragenden Gesellschaft sind abzusetzen (im Einzelnen vgl. § 9 UmwG Rz. 40 ff.).

Weiterhin entbehrlich ist eine Pflichtprüfung bei einem **Verzicht** aller beteilig- 4
ten Anteilsinhaber aller beteiligten Gesellschaften (§§ 122f, 9 Abs. 3, 8 Abs. 3
UmwG). Den Verzicht müssen auch alle ausländischen Anteilsinhaber aussprechen[1]. Dieser Weg wird durch Art. 8 Abs. 4 RL 2005/56/EG eingeräumt. Auf
diesem – und wohl nur auf diesem – Wege kann bei der grenzüberschreitenden
Verschmelzung von Schwestergesellschaften eine Pflichtprüfung entbehrlich gemacht werden (vgl. § 9 UmwG Rz. 40). Die Anteilsinhaber einer deutschen beteiligten Gesellschaft müssen die Verzichtserklärung gemäß § 8 Abs. 3 Satz 2
UmwG in notariell beurkundeter Form abgeben, selbst wenn sie sich selbst nicht
in Deutschland aufhalten. Umstritten ist, ob das auch für Anteilsinhaber ausländischer beteiligter Gesellschaften gilt. Das ist natürlich der Fall, wenn das ausländische Recht notarielle oder eine ihr entsprechende Form vorschreibt. Wenn
das aber nicht der Fall ist – und Art. 8 Abs. 4 RL 2005/56/EG verlangt keine besondere Form – wird aus der einschränkungslosen Regelung in § 8 Abs. 3
UmwG (iVm. § 122f UmwG) teilweise gefolgert, dass auch insoweit notarielle
Beurkundung erforderlich sei[2]. Folgt man dieser Auffassung, ergibt sich die Frage, wieweit Auslandsbeurkundungen in Deutschland als gleichwertig anerkannt
werden können. Um einen grenzüberschreitenden Verzicht einigermaßen praktikabel zu machen und Art. 8 Abs. 4 RL 2005/56/EG zur Geltung zu verhelfen,
ist wohl jede notarielle Beurkundung nach der jeweiligen Ortsform in einem
EU- bzw. EWR-Staat anzuerkennen, ohne das Gleichwertigkeitserfordernis zu
bemühen[3]. Richtig erscheint hingegen die Auffassung, die stets auf die ausländische Ortsform abstellt. Bei Schaffung des § 8 Abs. 3 UmwG konnte die grenzüberschreitende Verschmelzung nicht mitbedacht werden; insoweit kann man
von einer planwidrigen Lücke sprechen. Da Art. 8 Abs. 4 RL 2005/56/EG ein
spezifisches Formerfordernis nicht kennt, muss eine richtlinienkonforme Auslegung dazu führen, dass die vom jeweiligen Sitzstaat geforderte oder anerkannte
Form genügt[4].

---

1 AllgM, vgl. nur *Bayer* in Lutter, § 122f UmwG Rz. 16; *Drinhausen* in Semler/Stengel, § 122f UmwG Rz. 7; *Mayer* in Widmann/Mayer, § 122f UmwG Rz. 24.
2 *Drinhausen* in Semler/Stengel, § 122f UmwG Rz. 7; *Drinhausen/Keinath*, BB 2006, 725 (728); *Heckschen*, DNotZ 2007, 444 (459); *Heckschen* in Widmann/Mayer, § 122a UmwG Rz. 149; *Limmer*, ZNotP 2007, 282 (284).
3 So *Drinhausen* in Semler/Stengel, § 122f UmwG Rz. 7; *Bayer* in Lutter, § 122f UmwG Rz. 17; *Bayer/Schmidt*, NZG 2006, 841 (842).
4 *Bayer* in Lutter, § 122f UmwG Rz. 17; *Frenzel*, RIW 2008, 12 (19); *H.-F. Müller*, Der Konzern 2007, 81 (83); *Simon/Rubner* in KölnKomm. UmwG, § 122f UmwG Rz. 13.

3. Bestellung und Auswahl

5 Für Bestellung und Auswahl der Verschmelzungsprüfer verweist § 122f UmwG vollinhaltlich auf die §§ 10 und 11 UmwG. Bei der grenzüberschreitenden Verschmelzung ist für deren Anwendung jedoch danach zu unterscheiden, ob sich die übertragende oder die übernehmende Gesellschaft im Inland oder im EU/EWR-Ausland befindet.

a) Übertragende Gesellschaft in Deutschland

6 Ist Sitz auch nur einer übertragenden Gesellschaft Deutschland, so sind §§ 10 und 11 UmwG uneingeschränkt für die übertragende Gesellschaft anwendbar, soweit für jede beteiligte Gesellschaft eine **getrennte Prüfung** durchgeführt wird. Das nach § 10 Abs. 2 UmwG zuständige Landgericht trifft die Auswahl und bestellt den Prüfer für die übertragende Gesellschaft. Eine Kompetenz zur Prüferauswahl und -bestellung für die (ausländische) übernehmende Gesellschaft scheitert jedoch an der Reichweite der deutschen Gesetzgebung, es sei denn ausländisches Recht oder ein ausländisches Gericht verweisen auf deutsches Recht zurück (Art. 4 Abs. 1 EGBGB). Andernfalls bleibt es für die übernehmende Gesellschaft bei dem Bestell- und Auswahlverfahren nach dem einschlägigen ausländischen Recht (nach Art. 10 RL 78/855/EWG ist eine Prüferbestellung durch Gericht oder Verwaltungsbehörde zumindest für Aktiengesellschaften vorgesehen).

7 Die beteiligten Gesellschafter können einen gemeinsamen Antrag für eine **gemeinsame Prüfung** (gemeinsame Prüferbestellung) für mehrere oder alle beteiligten Gesellschaften stellen (§ 10 Abs. 1 Satz 2 UmwG). Dann unterliegen Auswahl, Bestellung der Prüfer und Durchführung der Prüfung grundsätzlich deutschem Recht (zur Prüferauswahl vgl. aber Rz. 12). Insoweit wird – indirekt – die Möglichkeit einer Rechtswahl eingeräumt[1]. Dies ist sicherlich richtlinienkonform (Art. 8 Abs. 2 RL 2005/56/EG), hängt aber auch von der Regelung im ausländischen Recht ab, so dass kumulative Prüfungen nicht grundsätzlich ausgeschlossen sind[2]. Für den Fall, dass der Antrag für eine gemeinsame Prüfung bei einem ausländischen Gericht oder einer ausländischen Verwaltungsbehörde gestellt werden soll, vgl. Rz. 9f.

b) Übernehmende Gesellschaft in Deutschland

8 Hat ausschließlich die übernehmende Gesellschaft ihren Sitz in Deutschland und sollen **getrennte Prüfungen** durchgeführt werden, so kann das Bestellungsverfahren nach § 10 UmwG nicht zum Zuge kommen, weil diese Bestimmung

---

[1] Vgl. *Bayer* in Lutter, § 122f UmwG Rz. 3.
[2] Vgl *Mayer* in Widmann/Mayer, § 122f UmwG Rz. 10.

des zuständigen Landgerichts ausschließlich auf die übertragende Gesellschaft abstellt (§ 10 Abs. 2 Satz 1 UmwG). Allgemein wird eine Regelungslücke angenommen, die dadurch zu schließen sei, dass für diesen Ausnahmefall das Verfahren des § 10 UmwG für die aufnehmende Gesellschaft entsprechend zur Anwendung gelangen soll[1]. Dem ist grundsätzlich zu folgen. Sollte allerdings das für die übertragende Gesellschaft maßgebliche ausländische Recht eine ähnliche Bestimmung wie § 10 Abs. 1 UmwG kennen und die Prüferbestellung auch für die übernehmende Gesellschaft regeln, so ist iS einer richtlinienkonformen Regelung zumindest davon auszugehen, dass das Auswahlermessen des Landgerichts dahingehend eingeschränkt wird, eben diesen Prüfer zu bestellen (zur Prüferqualifikation vgl. Rz. 12), es sei denn, dem stünden überwiegende Schutzbelange (zB Ausschlussgründe nach §§ 319, 319a, 319b HGB) entgegen. Richtiger erscheint es jedoch, für diesen Fall die nach ausländischem Recht erfolgte Bestellung auch außerhalb des Verfahrens nach § 10 UmwG anzuerkennen, jedenfalls dann, wenn die übernehmende Gesellschaft diese Bestellung auch als die ihrige akzeptiert hat. Art. 8 RL 2005/56/EG verlangt nämlich nur für die gemeinsame Prüferbestellung einen gerichtlichen oder verwaltungsbehördlichen Akt (Art. 8 Abs. 2 RL 2005/56/EG). Soll eine gemeinsame Prüfung mehrerer oder aller beteiligten Gesellschaften durchgeführt werden, vgl. Rz. 9 f.

4. Gemeinsamer Prüfer

Die Bestellung gemeinsamer Prüfer für eine gemeinsame Prüfung setzt in allen Rechtsordnungen einen gemeinsamen Antrag der beteiligten Gesellschaften voraus (Art. 8 Abs. 2 RL 2005/56/EG). Der Antrag muss zu einem Gericht oder einer Verwaltungsbehörde eines beteiligten Mitgliedsstaates gestellt werden. Ähnlich wie bei Art. 22 SE-VO liegt in der Auswahl der Institution, zu der der Antrag gestellt wird, eine – zulässige – Rechtswahl[2], die grundsätzlich von den für die Prüfung der Verschmelzungsvoraussetzungen zuständigen Stellen (§ 122k UmwG: Verschmelzungsbescheinigung; Art. 10 RL 2005/56/EG: Vorabbescheinigung) akzeptiert werden muss. 9

Ist die **übertragende Gesellschaft** in Deutschland und wird der Antrag nach § 10 Abs. 2 UmwG zum zuständigen Landgericht gestellt, vgl. Rz. 7. Wird der Antrag zu einem ausländischen Gericht oder zu einer ausländischen Verwaltungsbehörde gestellt und von dieser auch der gemeinsame Prüfer bestellt, so kommen die ausländischen Verfahrens- und Prüfungsregeln an Stelle der §§ 10–12 UmwG zum Zuge und sind von den deutschen Gerichten (insbesondere im Verfahren nach § 122k Abs. 2 UmwG) zu akzeptieren, es sei denn, sie würden 10

---

1 *Bayer* in Lutter, § 122f UmwG Rz. 5; *Drinhausen* in Semler/Stengel, § 122f UmwG Rz. 5.
2 *Bayer* in Lutter, § 122f UmwG Rz. 3; *Drinhausen* in Semler/Stengel, § 122f UmwG Rz. 5; *H.-F. Müller*, NZG 2006, 286 (288).

gegen den ordre public (Art. 6 EGBGB) verstoßen[1]. Eine **kumulative Anwendung** der Verfahrensregeln aller beteiligten Rechtsordnungen oder jedenfalls der jeweils strengeren oder strengsten[2] ist weder von der RL gefordert noch richtlinienkonform, da gerade durch die RL Mindeststandards gewährleistet werden[3]. Mindestinhalt ist in jedem Falle die Prüfung des und die Erklärung zum Umtauschverhältnis nach Art. 10 Abs. 2 RL 78/855/EWG; damit entspricht der Mindeststandard auch materiell dem § 12 Abs. 2 UmwG[4].

11 Ist die **übernehmende Gesellschaft** in Deutschland und wird der Antrag auf gemeinsame Prüferbestellung bei Gericht oder bei einer Verwaltungsbehörde im Zuständigkeitsbereich einer beteiligten ausländischen Gesellschaft gestellt, so kann nichts anderes gelten. Die Prüferbestellung und -auswahl ist in Deutschland zu akzeptieren, insbesondere für das Verfahren nach § 122k UmwG. Dies muss für diesen Fall umso mehr gelten, weil eine originäre Zuständigkeit des Landgerichts nach § 10 Abs. 2 UmwG ohnehin nicht gegeben ist und allenfalls über eine analoge Anwendung zum Zuge käme.

5. Qualifikation der Prüfer

12 Erfolgt die Bestellung bei getrennter Prüfung der beteiligten Gesellschaften für die deutsche Gesellschaft (übertragende oder übernehmende) nach §§ 10 ff. UmwG, so richtet sich die Qualifikation der Prüfer nach § 11 Abs. 1 UmwG iVm. § 319 Abs. 1 HGB. Je nach Größenklasse der Gesellschaft kommen als Prüfer, Wirtschaftsprüfer und Wirtschaftsprüfungsgesellschaften oder Buchprüfer und Buchprüfungsgesellschaften in Betracht. Erfolgt die Bestellung bei gemeinsamer Prüfung der beteiligten Gesellschaften durch ein deutsches Gericht (vgl. Rz. 7), so stellt sich die Frage, ob § 11 Abs. 1 Satz 1 UmwG iVm. § 319 Abs. 1

---

1 Das wird kaum jemals der Fall sein, weil die ausländischen Vorschriften dem in RL 2005/56/EG vorgegebenen Verfahren entsprechen müssen.
2 So aber *Drinhausen* in Semler/Stengel, § 122f UmwG Rz. 5; *Mayer* in Widmann/Mayer, § 122f UmwG Rz. 10 ff.; *Hörtnagl* in Schmitt/Hörtnagl/Stratz, § 122f UmwG Rz. 3; differenzierend *Schäfer* in MünchKomm. AktG, 3. Aufl. 2012, Art. 22 SE-VO Rz. 8; *Simon/Rubner* in KölnKomm. UmwG, § 122f UmwG Rz. 9 wollen zumindest den § 12 UmwG zur Anwendung bringen, weil es sich dabei um keine Verfahrensvorschrift, sondern um eine Regelung im Interesse der Anteilsinhaber handle.
3 *Bayer* in Lutter, § 122f UmwG Rz. 3.
4 Insbesondere die in verschiedenen Staaten praktizierten verschiedenen Bewertungsmethoden werden von *Schäfer* in MünchKomm. AktG, 3. Aufl. 2012, Art. 22 SE-VO Rz. 8 als Grund für eine kumulative Vorgehensweise herangezogen. Bewertungsmethoden sind aber nicht gesetzlich vorgeschrieben; sie werden allenfalls von der Rspr. praktiziert. Es ist gerade Aufgabe der Prüfer, die gewählte Methode auf ihre Angemessenheit für den konkreten Fall zu plausibilisieren. Dazu ist ein Abgleich in verschiedenen Rechtsordnungen praktizierter Methoden nicht zwingend und ggf. auch nicht nützlich.

HGB zwingend Anwendung finden muss, ob also zwingend nur deutsche Wirtschaftsprüfer (§ 1 WPO) oder vereidigte Buchprüfer (§ 128 Abs. 1 WPO) bestellt werden dürfen. Die RL 78/855/EWG und die RL 2005/56/EG verlangen nur die Prüfung durch „unabhängige Sachverständige". In richtlinienkonformer Auslegung wird man davon ausgehen müssen, dass das deutsche Gericht zumindest dann, wenn mehrere Prüfer bestellt werden sollen, neben den deutschen WP oder vBP auch ausländische „Sachverständige" bestellen kann, wenn sie vergleichbare Qualifikationen aufweisen, insbesondere wenn ihre Berufsqualifikation der Abschlussprüferrichtlinie (RL 2006/43/EG) entspricht. Das muss aber auch dann gelten, wenn die Antragsteller ausschließlich die Bestellung von Prüfern beantragen, die nach dem Recht eines anderen Mitgliedslandes qualifiziert sind. Ein deutscher WP oder vBP muss nicht zwingend einbezogen werden[1]. Was ein Gericht aber auch bei Bestellung ausländischer Prüfer oder Prüfungsgesellschaften beachten muss, sind die Ausschlussgründe der §§ 319, 319a und 319b HGB. Zu den besonderen Ausschlussgründen bei der Abschlussprüfung von Unternehmen von öffentlichem Interesse vgl. § 17 UmwG Rz. 37.

6. Stellung und Verantwortlichkeit der Prüfer, Prüfungsbericht

Soweit bei der Bestellung deutsches Recht Anwendung findet oder bei zulässiger Rechtswahl zur Anwendung kommt (Rz. 7), wird im Hinblick auf Stellung und Verantwortlichkeit der Prüfer und im Hinblick auf den Prüfungsbericht auf die Erl. zu §§ 11 und 12 UmwG verwiesen. 13

7. Fehlerhafte Bestellung

Ist eine Prüferbestellung unter Gesichtspunkten deutschen Rechts fehlerhaft, so wird sie das Registergericht im Rahmen der Rechtmäßigkeitskontrolle im Verfahren nach § 122k UmwG beanstanden. Der Verschmelzungsplan ist nicht nach den gesetzlichen Vorschriften geprüft. Eine Verschmelzungsbescheinigung kann nicht erteilt und der Registereintrag nach § 122k Abs. 2 Satz 3 UmwG nicht vollzogen werden. 14

Ist jedoch die Verschmelzung durch Eintragung wirksam geworden (§ 122a Abs. 2 UmwG iVm. § 20 Abs. 1 UmwG), so berühren Prüfungsmängel die Wirksamkeit der Verschmelzung nicht mehr (§ 20 Abs. 2 UmwG). Dies gilt auch, wenn sich die Wirksamkeit nach ausländischem Recht richtet (Art. 17 RL 2005/56/EG)[2]. 15

---

1 So wohl auch *Schäfer* in MünchKomm. AktG, 3. Aufl. 2012, Art. 22 SE-VO Rz. 5; *Scheifele*, Die Gründung einer Europäischen Aktiengesellschaft, 2004, S. 200 f.
2 Vgl. *Bayer* in Lutter, § 122l UmwG Rz. 26.

8. Rechtsfolgen

16 Kommt der Prüfer in der Erklärung zum Umtauschverhältnis zur Unangemessenheit vgl. wegen der Rechtsfolgen § 12 UmwG Rz. 18 f. Zur Anwendung der Bestimmungen in §§ 14 Abs. 2, 15 UmwG vgl. Erl. zu § 122h UmwG.

9. Vorlagefrist

17 § 122f Satz 2 UmwG bestimmt in Umsetzung von Art. 8 Abs. 1 Satz 1 RL 2005/56 EG eine Frist für die Vorlage des Prüfungsrechts von einem Monat vor der Versammlung, die über den Verschmelzungsplan beschließt (§ 13 UmwG). Für die **Berechnung der Frist** gilt § 188 Abs. 2 und Abs. 3 BGB, wobei zu beachten ist, dass die Frist rückwärts zu berechnen ist. „Vorliegen" muss der Bericht bei dem Vertretungsorgan des jeweils beteiligten Rechtsträgers. Die Unterrichtung der Gesellschafter bzw. die Auslegung in den Geschäftsräumen der Gesellschaften bestimmt sich eigentlich nach §§ 47, 63 Abs. 1 Nr. 4 UmwG; wobei es dafür auf die Einberufungsfristen ankommt, die nicht unbedingt mit der Ein-Monats-Frist übereinstimmen müssen (vgl. § 123 Abs. 1 AktG). Bei richtlinienkonformer Auslegung wird man aber wie beim Verschmelzungsbericht (§ 122e Satz 2 UmwG) davon ausgehen müssen, dass auch der Prüfungsbericht spätestens einen Monat vor der Versammlung, die nach § 13 UmwG über den Verschmelzungsplan beschließen soll, zugänglich zu machen ist.

§ 122g
Zustimmung der Anteilsinhaber

(1) **Die Anteilsinhaber können ihre Zustimmung nach § 13 davon abhängig machen, dass die Art und Weise der Mitbestimmung der Arbeitnehmer der übernehmenden oder neuen Gesellschaft ausdrücklich von ihnen bestätigt wird.**

(2) **Befinden sich alle Anteile einer übertragenden Gesellschaft in der Hand der übernehmenden Gesellschaft, so ist ein Verschmelzungsbeschluss der Anteilsinhaber der übertragenden Gesellschaft nicht erforderlich.**

1. Überblick 1	e) Erteilung der Bestätigung 18
2. Versammlung bei der übertragenden Gesellschaft	3. Zustimmungen einzelner Anteilsinhaber 24
a) Vorbereitung 3	4. Versammlung bei der übernehmenden Gesellschaft 25
b) Verschmelzungsbeschluss 10	
c) Bestätigungsvorbehalt 16	
d) Rechtsfolgen des Bestätigungsvorbehaltes 17	5. Versammlung bei der (ausländischen) Gesellschaft 26

6. Entbehrlichkeit der Beschlussfassung (§ 122g Abs. 2 UmwG)	b) Beschlussfassung 29
a) 100 %-Besitz 27	c) Zeitpunkt 31

Literatur: *Dzida*, Die Unterrichtung des „zuständigen" Betriebsrats bei innerstaatlichen und grenzüberschreitenden Verschmelzungen, GmbHR 2009, 45; *Dzida/Schramm*, Arbeitsrechtliche Pflichtangaben bei innerstaatlichen und grenzüberschreitenden Verschmelzungen, NZG 2008, 521; *Freundorfer/Festner*, Praxisempfehlungen für die grenzüberschreitende Verschmelzung, GmbHR 2010, 196; *Gesell/Krömker*, Grenzüberschreitende Verschmelzungen nach SEVIC: Praxisbericht über die Verschmelzung einer niederländischen auf eine deutsche Kapitalgesellschaft, DB 2006, 2558; *Haritz/von Wolff*, Internationalisierung des deutschen Umwandlungsrechts zum Entwurf eines zweiten Gesetzes zur Änderung des Umwandlungsgesetzes, GmbHR 2006, 341; *Heckschen*, Die Reform des Umwandlungsrechts, DNotZ 2007, 44; *Herrler/Schneider*, Grenzüberschreitende Verschmelzungen von Gesellschaften mit beschränkter Haftung zwischen Deutschland und Österreich, GmbHR 2011, 795; *Kiefner/Brügel*, Der umwandlungsrechtliche Squeeze-out, AG 2011, 525; *Kleber*, Die grenzüberschreitende Spaltung von Kapitalgesellschaften aus deutscher Sicht, RNotZ 2016, 273; *Klein*, Grenzüberschreitende Verschmelzung von Kapitalgesellschaften, RNotZ 2007, 565; *Limmer*, Grenzüberschreitende Umwandlungen nach dem Sevic-Urteil des EuGH und den Neuregelungen des UmwG, ZNotP 2007, 242 (Teil 1), 282 (Teil 2); *Louven*, Umsetzung der Verschmelzungsrichtlinie, ZIP 2006, 2021; *Mayer*, Praxisfragen des Verschmelzungsrechtlichen Squeeze-out-Verfahrens, NZG 2012, 561; *Müller*, Internationalisierung des deutschen Umwandlungsrechts: Die Regelung der grenzüberschreitenden Verschmelzung, ZIP 2007, 108; *Schmidt*, Die Änderung der umwandlungsrechtlichen Informationspflichten durch das ARUG, NZG 2008, 734; *Schubert*, Die Bestellung der Arbeitnehmervertreter im Aufsichts- und Verwaltungsorgan bei grenzüberschreitenden Verschmelzungen, ZIP 2009, 791; *Stiegler*, Zehn Jahre internationale Verschmelzungsrichtlinie – Erreichtes, Stand und Perspektiven, GmbHR 2016, 406; *J. Tebben/T. Tebben*, Der Weg aus der Limited: Die grenzüberschreitende Verschmelzung auf eine GmbH, DB 2007, 2355.

1. Überblick

Der Verschmelzungsplan, der aus inländischer Sicht funktionell den Verschmelzungsvertrag (§ 5 UmwG) ersetzt, bedarf – ebenso wie der Verschmelzungsvertrag bei einer rein inländischen Verschmelzung – zu seiner Wirksamkeit der Zustimmung der Versammlung der Anteilseigner der an der grenzüberschreitenden Verschmelzung beteiligten Kapitalgesellschaften (vgl. §§ 122a Abs. 2, 13 Abs. 1, 50, 56 UmwG [GmbH] u. §§ 65, 73, 78 UmwG [AG, KGaA]). § 122g Abs. 1 UmwG erweitert § 13 Abs. 1 UmwG für die beteiligte inländische (übertragende oder übernehmende) Kapitalgesellschaft, insoweit als der Verschmelzungsbeschluss von einer späteren Bestätigung des Mitbestimmungsregimes der übernehmenden oder neuen Kapitalgesellschaft abhängig gemacht werden kann. Die Vorschrift lässt also zu, dass der Beschluss unter Vorbehalt 1 gestellt wird[1]. Für die beteiligte (übernehmende oder übertragende) ausländische Gesellschaft gilt diese Regelung nicht. Sie untersteht ausschließlich dem auf sie anwendbaren ausländischen Recht.

2 § 122g Abs. 2 UmwG erklärt den Verschmelzungsbeschluss bei der übertragenden Kapitalgesellschaft für entbehrlich, wenn die übernehmende Kapitalgesellschaft alle Anteile an der übertragenden Kapitalgesellschaft hält.

2. Versammlung bei der übertragenden Gesellschaft

a) Vorbereitung

3 Für jede an der grenzüberschreitenden Verschmelzung beteiligte Kapitalgesellschaft legt deren Gesellschaftsstatut fest, welche formellen und materiellen Regeln für die Durchführung der Versammlung ihrer Anteilseigner und das Zustandekommen wirksamer Verschmelzungsbeschlüsse zu beachten sind. Die Verschmelzungsrichtlinie selbst regelt das nicht[2]. Für Kapitalgesellschaften mit Satzungssitz im Inland gilt somit ausschließlich inländisches Recht (siehe oben Rz. 2).

4 Vor der Beschlussfassung hat die Kapitalgesellschaft bestimme **Informationspflichten** zu erfüllen. So sind gemäß § 122d UmwG der **Verschmelzungsplan** oder sein Entwurf (jeweils einschließlich Satzung der übernehmenden/neuen Kapitalgesellschaft) spätestens einen Monat vor Beschlussfassung der Anteilseigner der inländischen Kapitalgesellschaft unter Mitteilung der in § 122d UmwG genannten Angaben in elektronischer Form (§ 12 HGB) zum Register dieser Gesellschaft in deutscher Sprache **einzureichen**[3]. Auf die Einreichung kann schon deshalb nicht verzichtet werden, weil die davon abhängige Bekanntmachung durch das Registergereicht die Frist des § 122j UmwG in Gang setzt[4]. Ein Verzicht auf die Monats-Frist durch alle Anteilsinhaber hingegen ist unbedenklich[5], denn dadurch wird der Gläubigerschutz nicht beeinträchtigt.

5 Strittig ist, ob über § 122a Abs. 2 UmwG in entsprechender Anwendung des § 5 Abs. 3 UmwG der Verschmelzungsplan innerhalb der dort genannten Frist auch

---

1 AllgM, vgl. *Hörtnagl* in Schmitt/Hörtnagl/Stratz, § 122g UmwG Rz. 1; *Bayer* in Lutter § 122g UmwG Rz. 2; *Drinhausen* in Semler/Stengel, § 122g UmwG Rz. 8.
2 *Limmer* in Limmer, Hdb. der Unternehmensumwandlung, Teil 6 Kap. 3 Rz. 109.
3 Zur Fristberechnung: *Mayer* in Widmann/Mayer, § 122d UmwG Rz. 25. Die Auslösung der Ein-Monats-Frist ab Einreichung steht nicht im Einklang mit Art. 6 Abs. 5 der IntVRL, die für den Fristbeginn auf die Bekanntmachung abstellt (Einzelheiten dazu bei *Herrler/Schneider*, GmbHR 2011, 795).
4 *Drinhausen* in Semler/Stengel, § 122d UmwG Rz. 13; *Simon/Rubner* in KölnKomm. UmwG, § 122d UmwG Rz. 28; *Polley* in Henssler/Strohn, § 122d UmwG Rz. 14; *Mayer* in Widmann/Mayer, § 122d UmwG Rz. 28.
5 Wie hier *Mayer* in Widmann/Mayer, § 122d UmwG Rz. 30; *Hörtnagl* in Schmitt/Hörtnagl/Stratz, § 122d UmwG Rz. 10; *Drinhausen* in Semler/Stengel, § 122d UmwG Rz. 12; *Bayer* in Lutter, § 122d UmwG Rz. 18.

dem **Betriebsrat** der inländischen Gesellschaft zugänglich zu machen ist. Nach richtiger Ansicht ist das nicht erforderlich, weil der zwingend zu erstellende Verschmelzungsbericht (vgl. § 122e Satz 3 UmwG) auch dem Betriebsrat zuzuleiten und so die Unterrichtung des Betriebsrates sichergestellt ist (§ 122e Satz 2 UmwG)[1]. Bis zur gerichtlichen Klärung dieser Frage wird die Zuleitung an den Betriebsrat empfohlen (siehe § 122c UmwG Rz. 19).

Der **Verschmelzungsbericht** ist spätestens einen Monat vor der Versammlung der Anteilsinhaber diesen und dem Betriebsrat – bei Fehlen eines Betriebsrats den Arbeitnehmern der inländischen Gesellschaft – durch Auslegung in den Geschäftsräumen zugänglich zu machen[2]. Auf Verlangen der Gesellschafter ist er diesen zu übersenden (§§ 122a, 63 Abs. 3 UmwG). Bei AG, KGaA, SE ersetzt die Veröffentlichung auf der Internetseite der Gesellschaft die Auslegung und Versendung (§ 122e Satz 2 UmwG)[3]. 6

Im Einzelnen: 7

Bei **GmbH** sind Verschmelzungsplan/-entwurf und der Verschmelzungsbericht (§ 47 UmwG) sowie – obwohl das Gesetz dies nicht ausdrücklich anordnet – nach hM in der Lit. auch der Verschmelzungsprüfungsbericht[4] den Gesellschaftern spätestens zusammen mit der Einberufung der Gesellschafterversammlung zu übersenden. Die entsprechenden Unterlagen der an der Verschmelzung beteiligten ausländischen Gesellschaft sollen nicht zu übersenden sein[5].

Bei **AG, KGaA, SE** sind die in § 63 Abs. 1 UmwG genannten Unterlagen ab Einberufung der Hauptversammlung in den Geschäftsräumen auszulegen bzw. alternativ auf der Internetseite der Gesellschaft zu veröffentlichen (§ 63 Abs. 1, 4 UmwG). Hierzu zählen insbesondere der gemeinsame Verschmelzungsplan, der Verschmelzungsbericht, der Verschmelzungsprüfungsbericht sowie die Jahresabschlüsse der letzten drei Geschäftsjahre **aller** an der Verschmelzung beteilig- 8

---

1 Wie hier: *Bayer* in Lutter, § 122c UmwG Rz. 33; *Heckschen* in Widmann/Mayer, § 122a UmwG Rz. 132; *Mayer* in Widmann/Mayer, § 122c UmwG Rz. 10, 29 ff.; *Drinhausen* in Semler/Stengel, § 122c UmwG Rz. 44; *Hörtnagl* in Schmitt/Hörtnagl/Stratz, § 122c UmwG Rz. 38; *Polley* in Henssler/Strohn, § 122c UmwG Rz. 28; *Limmer*, ZNotP 2007, 242 (256); *Simon/Heinrichs*, NZA 2008, 391 (392); *Klein*, RNotZ 2007, 565 (590); aA *Krause/Kulpa*, ZHR 171 (2007), 38 (60 f.); *Müller*, ZIP 2007, 1082 (1083).
2 *Drinhausen* in Semler/Stengel, § 122e UmwG Rz. 17; *Hörtnagl* in Schmitt/Hörtnagl/Stratz, § 122e UmwG Rz. 3; oben *Marsch-Barner*, § 122e UmwG Rz. 5.
3 *Mayer* in Widmann/Mayer, § 122e UmwG Rz. 11; oben *Marsch-Barner*, § 122e UmwG Rz. 6; *Hörtnagl* in Schmitt/Hörtnagl/Stratz, § 122e UmwG Rz. 18; *Polley* in Henssler/Strohn, § 122e UmwG Rz. 16.
4 Oben *Kocher*, § 47 UmwG Rz. 1; *M. Winter/J. Vetter* in Lutter, § 47 UmwG Rz. 10; *Reichert* in Semler/Stengel, § 47 UmwG Rz. 8; *Stratz* in Schmitt/Hörtnagl/Stratz, § 47 UmwG Rz. 1; *Heckschen* in Widmann/Mayer, § 122g UmwG Rz. 52; *Polley* in Henssler/Strohn, § 122g UmwG Rz. 2.
5 *Heckschen* in Widmann/Mayer, § 122g UmwG Rz. 55 ff.; *Polley* in Henssler/Strohn, § 122g UmwG Rz. 2.

ten Gesellschaften[1] und eventuelle Zwischenbilanzen. Zu beachten ist, dass sich diese Pflicht nicht auf die inländische Gesellschaft beschränkt, sondern auch die entsprechenden Unterlagen der ausländischen Gesellschaft in deutscher Sprache vorzulegen und ggf. zu übersetzen sind[2]. Die in § 63 Abs. 1 UmwG genannten Unterlagen können auch auf elektronischem Wege übermittelt werden, wenn der Anteilsinhaber damit einverstanden ist (§ 63 Abs. 3 Satz 2 UmwG).

9 Im Übrigen sind für die Vorbereitung der Versammlung der Anteilsinhaber der inländischen Gesellschaft die rechtsformspezifischen Bestimmungen des UmwG (für GmbH §§ 47, 48, 49 UmwG; für AG/KGaA/SE §§ 63, 64 UmwG), die allgemeinen Bestimmungen der ihre Verhältnisse regelnde Gesetze (GmbHG, AktG, SE-VO) und die Regelungen der für sie geltenden Satzung maßgebend.

b) Verschmelzungsbeschluss

10 Für die an der grenzüberschreitenden Verschmelzung beteiligten inländischen Kapitalgesellschaften sehen die §§ 122a ff. UmwG für die Beschlussfassung gegenüber rein nationalen Verschmelzungen **keine Besonderheiten** vor. Demnach sind anwendbar: für die GmbH §§ 13, 50 UmwG und für AG/KGaA/SE §§ 13, 65 UmwG[3]. Die Zustimmung zum Verschmelzungsplan durch die Anteilsinhaber der inländischen Gesellschaft hat daher (§§ 122a, 13 Abs. 3 UmwG) durch notariell zu beurkundenden Beschluss (Verschmelzungsbeschluss)[4] zu erfolgen, der zwingend in einer Versammlung der Anteilsinhaber zu fassen ist (vgl. § 13 UmwG Rz. 3).

11 **Gegenstand** der Beschlussfassung sind der von den an der grenzüberschreitenden Verschmelzung beteiligten Rechtsträgern gemeinsam aufgestellte Verschmelzungsplan (§ 122c UmwG) oder sein Entwurf. Der Beschluss der Anteilseigner kann vor (in der Praxis selten) oder nach Aufstellung des Verschmelzungsplans gefasst werden.

12 Für die beteiligten ausländischen Kapitalgesellschaften gilt ausschließlich das auf sie anwendbare ausländische Recht, auch wenn dieses Recht hinter dem (strengeren) inländischen Recht zurückbleibt. Das (strengere) inländische Recht gilt ausschließlich für den Verschmelzungsvorgang im Inland.

---

1 *Limmer* in Limmer, Hdb. der Unternehmensumwandlung, Teil 6 Kap. 3 Rz. 107; *Freundorfer/Festner*, GmbHR 2010, 196 (199).
2 *Heckschen* in Widmann/Mayer, § 122g UmwG Rz. 44; *Drinhausen* in Semler/Stengel, § 122g UmwG Rz. 4; *Simon/Rubner* in KölnKomm. UmwG, § 122g UmwG Rz. 4; *Hörtnagl* in Schmitt/Hörtnagl/Stratz, § 122g UmwG Rz. 4.
3 *Drinhausen* in Semler/Stengel, § 122g UmwG Rz. 6; *Heckschen* in Widmann/Mayer, § 122g UmwG Rz. 37 ff.; *Bayer* in Lutter, § 122g UmwG Rz. 17; *Klein*, RNotZ 2007, 565 (595 f.).
4 Zur Beurkundung im Ausland siehe § 6 UmwG Rz. 10 f.

Auch bei den **Mehrheiten** für die Fassung eines Beschlusses ergeben sich keine 13
Abweichungen. Bei der **GmbH** gilt: Drei-Viertel-Mehrheit der abgegebenen
Stimmen, soweit die Satzung keine größere Mehrheit vorsieht (§§ 122a Abs. 2,
50 Abs. 2 UmwG); für **AG/KGaA** neben der einfachen Stimmenmehrheit auch
eine Mehrheit von mindestens drei Vierteln des bei der Beschlussfassung vertretenen Grundkapitals (§ 65 Abs. 1 Satz 1 UmwG). Auch insofern kann die Satzung eine größere Mehrheit und weitere Erfordernisse vorsehen (§ 65 Abs. 1
Satz 2 UmwG). Bei der KGaA bedarf der Verschmelzungsbeschluss ferner auch
der Zustimmung der persönlich haftenden Gesellschafter (§ 78 Satz 3 UmwG).
Für eine **deutsche SE** mit Satzungssitz im Inland ist strittig, welche Stimmenmehrheit neben der Drei-Viertel-Kapitalmehrheit erforderlich ist, sofern die Satzung keine größere Stimmen- oder Kapitalmehrheit oder weitere Erfordernisse
vorsieht: Zwei-Drittel-Stimmenmehrheit (Art. 59 Abs. 1 SE-VO)[1] oder einfache
Stimmenmehrheit.

Der Verschmelzungsbeschluss kann **frühestens einen Monat** nach **Einreichen** 14
des Verschmelzungsplans oder seines Entwurfes zum Handelsregister gefasst
werden (§ 122d Satz 1 UmwG). Auf die (unverzüglich[2] zu bewirkende) Bekanntmachung durch das Gericht (§ 122d Satz 2 UmwG, § 10 HGB) kommt es für
diese Frist nicht an.

Ist die Frist bei der Beschlussfassung für andere an der Verschmelzung beteiligte 15
Rechtsträger nicht abgelaufen, ist dies für die Beschlussfassung bei der inländischen Kapitalgesellschaft unbeachtlich. Ist keine Beschlussfassung erforderlich
(vgl. § 122g Abs. 2 UmwG), soll die Fristberechnung an § 62 Abs. 4 Satz 3
UmwG auszurichten sein[3].

c) Bestätigungsvorbehalt

Steht im Zeitpunkt der Beschlussfassung noch nicht fest, wie das Mitbestim- 16
mungsregime bei der übernehmenden/neuen Gesellschaft ausgestaltet ist, können sich die Anteilsinhaber der inländischen Gesellschaft in ihrem Beschluss
vorbehalten zu beschließen, dass das Mitbestimmungsregime nach dessen Ver-

---

1 So *Bayer* in Lutter, § 122g UmwG Rz. 22 mwN.
2 Zu Recht wird deshalb verlangt, dass die Bekanntmachung durch das Handelsregister ein
   oder zwei Tage nach der Einreichung des Verschmelzungsplans oder seines Entwurfs zu
   erfolgen hat, da Art. 6 Abs. 1 der Verschmelzungsrichtlinie an die Bekanntmachung des
   Verschmelzungsplans und nicht an dessen Einreichung anknüpft und so die von der
   Verschmelzungsrichtlinie verlangte Ein-Monats-Frist ab Bekanntmachung zur Vorbereitung auf die Versammlung der Anteilsinhaber zu dessen Lasten unterläuft, siehe
   Mayer in Widmann/Mayer, § 122d UmwG Rz. 8; *Polley* in Henssler/Strohn, § 122d
   UmwG Rz. 7; *Simon/Rubner* in KölnKomm. UmwG, § 122d UmwG Rz. 18; *Hörtnagl*
   in Schmitt/Hörtnagl/Stratz, § 122d UmwG Rz. 12; *Louven*, ZIP 2006, 2021 (2025).
3 *Drinhausen* in Semler/Stengel, § 122g UmwG Rz. 8.

einbarung von ihnen bestätigt wird. Dieser Vorbehalt ist unselbständiger Teil des Verschmelzungsbeschlusses und wird von dessen Erfordernissen, insbesondere auch seinen Mehrheitserfordernissen, erfasst[1].

d) Rechtsfolgen des Bestätigungsvorbehaltes

17 Mit dem Vorbehalt gibt die Versammlung der Anteilseigner zu erkennen, dass sie den Verschmelzungsbeschluss nicht wirksam werden lassen will[2]. Der Eintritt der Wirksamkeit des Verschmelzungsbeschlusses steht damit unter der aufschiebenden Bedingung der Bestätigung der Art und Weise der Mitbestimmung[3]. Der Verschmelzungsbeschluss ist also noch schwebend unwirksam.

Solange die Bestätigung nicht erfolgt ist, kann die Verschmelzung nicht im Register eingetragen bzw. die Verschmelzungsbescheinigung (§ 122k UmwG) nicht erteilt werden[4].

e) Erteilung der Bestätigung

18 Wie die Bestätigung zu erteilen ist, sagt das Gesetz nicht. Zwar wäre eine Bestätigung durch alle Anteilsinhaber der inländischen Gesellschaft durch gesonderte (Willens-)Erklärung denkbar; eine Bestätigung durch Willenserklärung dürfte aber ausscheiden, da so im Ergebnis der Verschmelzungsbeschluss mit den Stimmen aller Anteilsinhaber gefasst werden müsste und nicht mit Drei-Viertel-Mehrheit (siehe oben Rz. 13). Demnach entscheiden die Anteilsinhaber durch Beschluss[5], der **in einer weiteren Versammlung** zu fassen ist. Erzwingt das vereinbarte Mitbestimmungsregime eine Änderung des Verschmelzungsplans oder der diesem beigefügten Satzung der aufnehmenden Gesellschaft, ist diesem Verschmelzungsplan erneut zuzustimmen (§ 13 UmwG).

19 Strittig ist, ob die **Befugnis**, den Bestätigungsbeschluss zu fassen, von der Gesellschaft der Anteilseigner auch auf ein anderes Organ übertragen werden kann, zB Beirat oder Aufsichtsrat. Nach richtiger Meinung ist dies nicht möglich.

---

1 *Heckschen* in Widmann/Mayer, § 122g UmwG Rz. 109, 112; *Hörtnagl* in Schmitt/Hörtnagl/Stratz, § 122g UmwG Rz. 8; *Simon/Rubner* in KölnKomm. UmwG, § 122g UmwG Rz. 16; *Klein*, RNotZ 2007, 565 (597); *Hörtnagl* in Schmitt/Hörtnagl/Stratz, § 122g UmwG Rz. 8; *Limmer* in Limmer, Hdb. der Unternehmensumwandlung, Teil 6 Kap. 3 Rz. 114; aA *Bayer* in Lutter, § 122g UmwG Rz. 30; *Drinhausen* in Semler/Stengel, § 122g UmwG Rz. 10: einfache Stimmenmehrheit.
2 So *Simon/Rubner*, Der Konzern 2006, 835 (839) und *Limmer*, ZNotP 2007, 242 (285).
3 *Limmer* in Limmer, Hdb. der Unternehmensumwandlung, Teil 6 Kap. 3 Rz. 114; *Heckschen* in Widmann/Mayer, § 122g UmwG Rz. 106 ff.
4 AllgM, vgl. nur *Drinhausen* in Semler/Stengel, § 122g UmwG Rz. 12 mwN.
5 *Hörtnagl* in Schmitt/Hörtnagl/Stratz, § 122g UmwG Rz. 9; *Heckschen* in Widmann/Mayer, § 122g UmwG Rz. 113; *Drinhausen* in Semler/Stengel, § 122g UmwG Rz. 1.

Denn die Bestätigung ist Teil des Verschmelzungsbeschlusses, der ebenfalls nicht auf ein anderes Organ übertragen werden kann[1].

Bei der Vorbereitung der Beschlussfassung ist darauf zu achten, dass die Anteilsinhaber über die Vereinbarung des Mitbestimmungsregimes vorher informiert werden[2].

Richtiger Ansicht nach gelten für die Fassung des Bestätigungsbeschlusses die selben **Mehrheiten** wie für das Zustandekommen des Verschmelzungsbeschlusses selbst (siehe § 50 Abs. 1 UmwG für GmbH; § 65 Abs. 1 UmwG für AG/KGaA/ SE). Denn erst die Bestätigung verleiht dem Verschmelzungsbeschluss die Wirksamkeit[3]. Andernfalls würde der (unter Vorbehalt stehende) Verschmelzungsbeschluss gegenüber dem Verschmelzungsbeschluss, der das Mitbestimmungsregime von Anfang mit einbezieht, nicht nachvollziehbar anders behandelt. 20

Die Versammlung der Anteilsinhaber kann das Mitbestimmungsregime durch den Bestätigungsbeschluss allerdings **nicht selbst gestalten**. Es kann das Mitbestimmungsregime nur bestätigen oder ablehnen[4]. Dies hat im Interesse der Rechtssicherheit ausdrücklich zu erfolgen. Konkludente Bestätigung reicht nicht aus. 21

Erreicht der Bestätigungsbeschluss nicht die erforderliche Mehrheit, ist die **Bestätigung versagt**, die Bedingung für einen wirksamen Zustimmungsbeschluss nicht eingetreten und der Verschmelzungsbeschluss von Anfang an unwirksam. 22

Der Bestätigungsbeschluss bedarf ebenso wie der Verschmelzungsbeschluss der notariellen **Form** (§ 13 UmwG)[5]. 23

3. Zustimmungen einzelner Anteilsinhaber

Die Verweisung des § 122a Abs. 2 UmwG auf die Regeln der inländischen Verschmelzung erfasst auch die Bestimmungen, die die Zustimmung einzelner An- 24

---

1 Str., wie hier: *Bayer* in Lutter, § 122g UmwG Rz. 34; *Heckschen* in Widmann/Mayer, § 122g UmwG Rz. 132; *Stratz* in Schmitt/Hörtnagl/Stratz, § 122g UmwG Rz. 9; aA *Limmer* in Limmer, Hdb. der Unternehmensumwandlung, Teil 6 Kap. 3 Rz. 115; *Limmer*, ZNotP 2007, 242 (285); *Simon/Rubner* in KölnKomm. UmwG, § 122g UmwG Rz. 18; *Klein*, RNotZ 2007, 565 (597).
2 *Heckschen* in Widmann/Mayer, § 122g UmwG Rz. 114; *Hörtnagl* in Schmitt/ Stratz, § 122g UmwG Rz. 9.
3 Wie hier: *Hörtnagl* in Schmitt/Hörtnagl/Stratz, § 122g UmwG Rz. 10; *Heckschen* in Widmann/Mayer, § 122 UmwG Rz. 137; *Klein*, RNotZ 2007, 565 (597); *Polley* in Henssler/Strohn, § 122g UmwG Rz. 6; *Simon/Rubner* in KölnKomm. UmwG, § 122g UmwG Rz. 19, *Simon/Rubner*, Der Konzern 2006, 835 (839); aA *Drinhausen* in Semler/Stengel, § 122g UmwG Rz. 11; *Bayer* in Lutter, § 122g UmwG Rz. 33: einfache Mehrheit.
4 *Drinhausen* in Semler/Stengel, § 122g UmwG Rz. 9; *Bayer* in Lutter, § 122g UmwG Rz. 32; *Heckschen* in Widmann/Mayer, § 122g UmwG Rz. 134; *Hörtnagl* in Schmitt/ Hörtnagl/Stratz, § 122g UmwG Rz. 7.
5 Wie hier: *Heckschen* in Widmann/Mayer, § 122g UmwG Rz. 138.

teilsinhaber in bestimmten Fällen vorsehen[1]. Geschützt werden jedoch nur die Anteilsinhaber einer an der grenzüberschreitenden Verschmelzung beteiligten inländischen Gesellschaft (vgl. im Einzelnen § 122a UmwG Rz. 5).

4. Versammlung bei der übernehmenden Gesellschaft

25 § 122g Abs. 1 UmwG gilt nicht nur für die an der grenzüberschreitenden Verschmelzung beteiligte inländische übertragende, sondern auch für die inländische übernehmende Gesellschaft.

5. Versammlung bei der (ausländischen) Gesellschaft

26 § 122g Abs. 1 UmwG gilt für keine der an der grenzüberschreitenden Verschmelzung beteiligten ausländischen Gesellschaften. Diese unterstehen ausschließlich dem auf sie nach ihrem Gesellschaftsstatut anwendbaren Recht.

6. Entbehrlichkeit der Beschlussfassung (§ 122g Abs. 2 UmwG)

a) 100 %-Besitz

27 § 122g Abs. 2 UmwG sieht in Umsetzung von Art. 9 Abs. 3 der Verschmelzungsrichtlinie beim „up-stream-merger" vor, dass ein Verschmelzungsbeschluss der Anteilsinhaber der übertragenden Gesellschaft nicht erforderlich ist, wenn die übernehmende Gesellschaft alle Anteile an der übertragenden Gesellschaft hält, selbst wenn zugleich mehrere 100%ige **Tochtergesellschaften** übertragen werden[2]. Diese Privilegierung gilt nur für eine übertragende Gesellschaft mit Sitz im Inland[3]. Zu beachten ist jedoch, dass § 122g Abs. 2 UmwG lediglich vom Beschlusserfordernis befreit. Insbesondere unberührt bleibt die Pflicht zur Erstellung eines Verschmelzungsberichts und die Unterrichtungspflicht gegenüber den Gesellschaftern[4].

28 Hat die übertragende Gesellschaft ihren (Satzungs)Sitz im Ausland, entscheidet das auf sie anwendbare Recht, ob eine ähnliche Privilegierung wie im Inland gewährt wird. Da sie auf die Verschmelzungsrichtlinie zurückgeht, dürfte diese

---

[1] So zB bei drohender Ausfallhaftung (§ 51 UmwG). Siehe hierzu zB auch *Simon/Rubner* in KölnKomm. UmwG, § 122g UmwG Rz. 8 ff.; *Hörtnagl* in Schmitt/Hörtnagl/Stratz, § 122g UmwG Rz. 5; *Heckschen* in Widmann/Mayer, § 122g UmwG Rz. 97 f.
[2] *Heckschen* in Widmann/Mayer, § 122g UmwG Rz. 153; *Hörtnagl* in Schmitt/Hörtnagl/Stratz, § 122g UmwG Rz. 11; *Drinhausen* in Semler/Stengel, § 122g UmwG Rz. 14.
[3] *Drinhausen* in Semler/Stengel, § 122g UmwG Rz. 14; *Hörtnagl* in Schmitt/Hörtnagl/Stratz, § 122g UmwG Rz. 11; *Polley* in Henssler/Strohn, § 122g UmwG Rz. 8.
[4] Siehe auch *Heckschen* in Widmann/Mayer, § 122g UmwG Rz. 157.

Privilegierung auch für eine übertragende Gesellschaft mit (Satzungs-)Sitz in einem Land der EU/des EWR gelten. Die Ausnutzung einer ähnlichen Privilegierung hat das inländische Registergericht rechtlich im Sinne einer Rechtmäßigkeitskontrolle (siehe oben § 19 UmwG Rz. 4 ff.) nicht nachzuprüfen, da über die Rechtmäßigkeit des Verschmelzungsvorgangs im Ausland allein die Verschmelzungsbescheinigung (§ 122l Abs. 1 Satz 2 UmwG) Auskunft gibt, die für deutsche Registergerichte verbindlich ist; allerdings haben die inländischen Registergerichte im Rahmen ihrer Prüfung der Eintragungsvoraussetzungen (siehe § 122l Abs. 2 UmwG) bei der übernehmenden Gesellschaft (nicht bei der übertragenden) diese auch darauf zu erstrecken, ob die Anteilsinhaber der ausländischen Gesellschaft einem gemeinsamen, gleichlautenden Verschmelzungsplan zugestimmt haben. Ist dieser Beschluss nach ausländischem Recht entbehrlich und wird dies in der ausländischen Verschmelzungsbescheinigung nicht dokumentiert, sollte das zuständige inländische Registergericht bei der Anmeldung der Verschmelzung – ggf. unter Übersendung der ausländischen Gesetzestexte – darauf hingewiesen werden, dass nach ausländischem Recht kein Beschluss bei der übertragenden ausländischen Gesellschaft erforderlich war.

b) Beschlussfassung

Eine Beschlussfassung der Versammlungen der beteiligten Gesellschaften kann bei der grenzüberschreitenden Verschmelzung sogar **gänzlich entfallen** – eine Beschlusslosigkeit bei der ausländischen übertragenden Gesellschaft (siehe Rz. 28) unterstellt – wenn die übernehmende inländische AG, KGaA, SE mindestens 90 % aller Anteile hält und die Voraussetzungen für die Entbehrlichkeit des Beschlusses gemäß §§ 122a Abs. 2, 62 Abs. 1 und 2 UmwG vorliegen[1]. Entsprechendes gilt für den verschmelzungsrechtlichen Squeeze-out bei der übertragenden inländischen Gesellschaft (§§ 122a Abs. 2, 62 Abs. 4 Satz 2 UmwG) bei gleichzeitiger Hinausverschmelzung dieser Gesellschaft[2]. 29

Für die Prüfung, ob ein 100%iger Anteilsbesitz vorliegt, sind die zu § 62 UmwG dargestellten Kriterien heranzuziehen (vgl. § 62 UmwG Rz. 27). 30

c) Zeitpunkt

Für die Prüfung, ob die Voraussetzungen des § 122g Abs. 2 UmwG vorliegen, kommt es auf den Zeitpunkt der Eintragung der Verschmelzung beim inländischen Registergericht bzw. auf die Erteilung der Verschmelzungsbescheinigung im Inland, die die Eintragung der Verschmelzung voraussetzt, an. 31

---

1 Vgl. zB *Hörtnagl* in Schmitt/Hörtnagl/Stratz, § 122g UmwG Rz. 12; *Drinhausen* in Semler/Stengel, § 122g UmwG Rz. 15 f.; *Heckschen* in Widmann/Mayer, § 122g UmwG Rz. 165 ff.
2 Siehe auch *Mayer*, NZG 2012, 561 (564); *Kiefner/Brügel*, AG 2011, 525 (533).

§ 122h
Verbesserung des Umtauschverhältnisses

(1) § 14 Abs. 2 und § 15 gelten für die Anteilsinhaber einer übertragenden Gesellschaft nur, sofern die Anteilsinhaber der an der grenzüberschreitenden Verschmelzung beteiligten Gesellschaften, die dem Recht eines anderen Mitgliedstaats der Europäischen Union oder eines anderen Vertragsstaats des Abkommens über den Europäischen Wirtschaftsraum unterliegen, dessen Rechtsvorschriften ein Verfahren zur Kontrolle und Änderung des Umtauschverhältnisses der Anteile nicht vorsehen, im Verschmelzungsbeschluss ausdrücklich zustimmen.

(2) § 15 gilt auch für Anteilsinhaber einer übertragenden Gesellschaft, die dem Recht eines anderen Mitgliedstaats der Europäischen Union oder eines anderen Vertragsstaats des Abkommens über den Europäischen Wirtschaftsraum unterliegt, wenn nach dem Recht dieses Staates ein Verfahren zur Kontrolle und Änderung des Umtauschverhältnisses der Anteile vorgesehen ist und deutsche Gerichte für die Durchführung eines solchen Verfahrens international zuständig sind.

1. Überblick 1	3. Durchführung eines Spruchverfahrens 6
2. Anwendbarkeit des Spruchverfahrens 2	4. Spruchverfahren für Anteilsinhaber ausländischer Gesellschaften 7

Literatur: *H.-F. Müller*, Der Schutz der Minderheitsgesellschafter bei der grenzüberschreitenden Verschmelzung, Der Konzern 2007, 81; siehe im Übrigen die Angaben Vor §§ 122a–122l UmwG.

1. Überblick

1   Die Vorschrift modifiziert unter Umsetzung von Art. 10 Abs. 3 Satz 1 der 10. Richtlinie[1] die Anwendbarkeit der §§ 14 Abs. 2, 15 UmwG bei einer grenzüberschreitenden Verschmelzung. Bei der Inlandsverschmelzung können die Anteilsinhaber eines übertragenden Rechtsträgers die Angemessenheit des Umtauschverhältnisses im Spruchverfahren nach § 15 UmwG überprüfen lassen. Eine Klage gegen die Wirksamkeit des Verschmelzungsbeschlusses aufgrund eines zu niedrig bemessenen Umtauschverhältnisses ist ausgeschlossen (§ 14 Abs. 2 UmwG). Bei einer grenzüberschreitenden Verschmelzung gilt diese Regelung nach § 122h Abs. 1 UmwG nur, wenn auch die beteiligten ausländischen Rechtsordnungen ein vergleichbares Spruchverfahren vorsehen. Ist dies nicht

---
1 Richtlinie 2005/56/EG, ABl. EU Nr. L 310 v. 25.11.2005, S. 1.

der Fall, gelten die §§ 14 Abs. 2, 15 UmwG, wenn die Anteilsinhaber einer beteiligten ausländischen Gesellschaft der Durchführung eines Spruchverfahrens zustimmen. Die Regelung setzt die Beteiligung mindestens einer ausländischen übertragenden Gesellschaft voraus[1]. Verschmelzen sich ausschließlich inländische Gesellschaften durch Neugründung einer ausländischen Gesellschaft, so gelten die §§ 14 Abs. 2, 15 UmwG ohne die Einschränkungen des § 122h Abs. 1 UmwG[2]. Ist ein Spruchverfahren statthaft, können sich daran nach § 122h Abs. 2 UmwG auch die Anteilsinhaber einer ausländischen übertragenden Gesellschaft beteiligen. Voraussetzung dafür ist, dass die ausländische Rechtsordnung ein entsprechendes Verfahren vorsieht und die deutschen Gerichte für die Durchführung des Verfahrens international zuständig sind. Mit dieser Regelung sollen Doppelverfahren mit sich evtl. widersprechenden Entscheidungen vermieden werden, die zu befürchten wären, wenn die Gesellschafter sowohl einer deutschen Gesellschaft als auch einer ausländischen Gesellschaft ein Spruchverfahren betreiben[3].

2. Anwendbarkeit des Spruchverfahrens

Nach den allgemeinen Regeln (§ 122a Abs. 2 UmwG) gelten die §§ 14 Abs. 2, 15 UmwG grundsätzlich auch bei einer grenzüberschreitenden Verschmelzung für die Gesellschafter einer übertragenden inländischen Gesellschaft. Da jedoch die meisten anderen europäischen Rechtsordnungen ein solches Verfahren nicht kennen, gilt das Spruchverfahren nach § 122h Abs. 1 UmwG nur unter besonderen Voraussetzungen. Danach ist das Spruchverfahren dann eröffnet, wenn die **Rechtsordnungen** der beteiligten ausländischen Gesellschaften ebenfalls ein **Verfahren** zur Kontrolle und Änderung des Umtauschverhältnisse **vorsehen**. Dieses Verfahren muss sich auch auf den Fall einer grenzüberschreitenden Verschmelzung beziehen[4]. Es muss sich außerdem um ein gesetzlich vorgesehenes und nicht nur zB in der Satzung geregeltes oder schuldrechtlich vereinbartes Verfahren handeln[5]. Ein entsprechendes Verfahren sieht zB das österreichische Recht vor[6].

2

---

1 *Simon/Rubner* in KölnKomm. UmwG, § 122h UmwG Rz. 15.
2 *Hörtnagl* in Schmitt/Hörtnagl/Stratz, § 122h UmwG Rz. 5; *Polley* in Henssler/Strohn, § 122c UmwG Rz. 7.
3 Vgl. Begr. RegE, BT-Drucks. 16/2919, S. 16; § 122h Abs. 2 UmwG ist § 6 Abs. 4 Satz 2 SEAG nachgebildet.
4 *Simon/Rubner*, Der Konzern 2006, 835 (840); *Bayer* in Lutter, § 122h UmwG Rz. 10.
5 *Kiem* in Habersack/Drinhausen, SE-Recht, § 122h UmwG Rz. 7; *Simon/Rubner* in KölnKomm. UmwG, § 122h UmwG Rz. 7; aA *Vossius* in Widmann/Mayer, § 122i UmwG Rz. 38 ff. mit der Gleichstellung eines in der Satzung vorgesehenen Schiedsverfahrens.
6 Vgl. § 12 EU-VerschmelzungsG iVm. § 225c öst AktG; *Bayer* in Lutter, § 122h UmwG Rz. 10; *Drinhausen* in Semler/Stengel, § 122h UmwG Rz. 5.

3 Die §§ 14 Abs. 2, 15 UmwG finden nach § 122h Abs. 1 UmwG weiter dann Anwendung, wenn die **Anteilsinhaber** der beteiligten ausländischen Gesellschaften der Durchführung eines Spruchverfahrens durch die Anteilsinhaber der deutschen Gesellschaft(en) **ausdrücklich zustimmen**[1]. Diese Zustimmung soll nach dem Wortlaut der Vorschrift im Verschmelzungsbeschluss erteilt werden. Gemeint ist damit entsprechend Art. 10 Abs. 3 Satz 1 der 10. Richtlinie eine Beschlussfassung im Zusammenhang mit dem Verschmelzungsbeschluss. Daher genügt auch ein separater Zustimmungsbeschluss[2]. Entscheidend ist, dass dieser in derselben Versammlung und mit derselben Mehrheit wie der Verschmelzungsbeschluss gefasst wird[3]. Welche Mehrheit dies ist, richtet sich nach der anzuwendenden Rechtsordnung. Die Zustimmung muss sich nicht auf ein bereits anhängiges Spruchverfahren beziehen, sondern kann im Hinblick auf die bloße Möglichkeit eines solchen Verfahrens erteilt werden[4]. Dass eine solche Zustimmung erteilt wird, ist eher unwahrscheinlich, weil ein Spruchverfahren der Anteilsinhaber der übertragenden deutschen Gesellschaft dazu führen kann, dass (nur) diesen Anteilsinhabern eine bare Zuzahlung zugesprochen wird, die dann von der übernehmenden oder neuen Gesellschaft und damit wirtschaftlich zu Lasten aller Anteilsinhaber zu zahlen ist. Zwar könnte eine Entscheidung im Spruchverfahren im Wege eines Vertrages zugunsten Dritter auf die Anteilsinhaber aller übertragenden Gesellschaften ausgedehnt werden. Die Gefahr eines erheblichen Liquiditätsabflusses bei der übernehmenden oder neuen Gesellschaft bestünde aber weiter. Ein Anreiz zur Zustimmung bestünde dann, wenn auch eine Verschlechterung des Umtauschverhältnisses möglich wäre[5]. Eine solche reformatio in peius ist im Spruchverfahren aber ausgeschlossen[6].

4 Sind die Voraussetzungen einer der beiden Alternativen des § 122h Abs. 1 UmwG erfüllt, entfällt die Möglichkeit, die Angemessenheit des Umtauschverhältnisses mit der Anfechtungsklage zu rügen (§ 14 Abs. 2 UmwG). Dieser Ausschluss umfasst für die AG, KGaA und SE auch die Rüge der Verletzung von In-

---

[1] Ebenso *Bayer* in Lutter, § 122h UmwG Rz. 11; *Kiem* in Habersack/Drinhausen, SE-Recht, § 122e UmwG Rz. 9.
[2] *Drinhausen* in Semler/Stengel, § 122h UmwG Rz. 6; *Bayer* in Lutter, § 122h UmwG Rz. 11; *Hörtnagl* in Schmitt/Hörtnagl/Stratz, § 122h UmwG Rz. 7; *Kiem* in Habersack/Drinhausen, SE-Recht, § 122e UmwG Rz. 8; *Althoff* in Böttcher/Habighorst/Schulte, § 122i UmwG Rz. 10; aA *Heckschen* in Widmann/Mayer, § 122h UmwG Rz. 1.
[3] *Bayer* in Lutter, § 122h UmwG Rz. 12; *Heckschen* in Widmann/Mayer, § 122h UmwG Rz. 47; *Hörtnagl* in Schmitt/Hörtnagl/Stratz, § 122h UmwG Rz. 7; aA *Drinhausen* in Semler/Stengel, § 122e UmwG Rz. 6 und *Kiem* in Habersack/Drinhausen, SE-Recht, § 122e UmwG Rz. 8: nationales Recht maßgebend.
[4] *Polley* in Henssler/Strohn, § 122h UmwG Rz. 4.
[5] *Klein*, RNotZ 2007, 565 (598 f.).
[6] Vgl. *Klöcker/Frowein*, § 11 SpruchG Rz. 3; *Klöcker* in K. Schmidt/Lutter, AktG, § 11 SpruchG Rz. 1; *Mennicke* in Lutter, Anhang I, § 11 SpruchG Rz. 2.

formationspflichten in der Hauptversammlung (§ 243 Abs. 4 Satz 2 AktG)[1]. Die Anteilsinhaber einer übertragenden deutschen Gesellschaft sind für die Bewertungsrüge dann auf die Durchführung eines **Spruchverfahrens** verwiesen. Dieses löst im Unterschied zur Anfechtungsklage keine Eintragungssperre aus (vgl. § 16 Abs. 2 Satz 2 UmwG). Liegen die Voraussetzungen des § 122h Abs. 1 UmwG nicht vor, können die Anteilsinhaber einer übertragenden deutschen Gesellschaft die Angemessenheit des Umtauschverhältnisses – anders als bei der Inlandsverschmelzung – mit der **Anfechtungsklage** überprüfen lassen (§ 14 Abs. 1 UmwG iVm. § 243 AktG). Diese führt zur Eintragungssperre, die wiederum nur im Freigabeverfahren überwunden werden kann (§ 16 Abs. 3 Satz 1 UmwG). Eine bare Zuzahlung können die Kläger auf diesem Wege nicht erreichen; eine erfolgreiche Anfechtung führt grundsätzlich nur zur Kassation des Verschmelzungsbeschlusses (§ 248 AktG). Wurde die Eintragung trotz Klage freigegeben, kann mit der Klage nur der Anspruch auf individuellen Schadensersatz weiterverfolgt werden (§ 16 Abs. 3 Satz 10 UmwG). Für die Anteilsinhaber einer übernehmenden deutschen Gesellschaft gelten die §§ 14 Abs. 2, 15 UmwG von vornherein nicht; sie können ein fehlerhaftes Umtauschverhältnis bislang nur mit der Anfechtungsklage rügen (siehe dazu § 14 UmwG Rz. 15f.).

Grundsätzlich kann der Verschmelzungsbeschluss einer übertragenden inländischen Gesellschaft nur **binnen eines Monats** nach der Beschlussfassung angefochten werden (§ 14 Abs. 1 UmwG). Diese Regelung trifft uU nicht zu, wenn der Verschmelzungsbeschluss einer übertragenden ausländischen Gesellschaft erst später gefasst wird und von dem Ergebnis dieser Beschlussfassung abhängt, ob die Anfechtungsklage überhaupt eröffnet ist. In einem solchen Fall ist es sachgerecht, die Frist des § 14 Abs. 1 UmwG erst ab dieser Beschlussfassung beginnen zu lassen[2].

3. Durchführung eines Spruchverfahrens

Sofern ein Spruchverfahren stattfinden kann, ist für seine Durchführung das **Landgericht** zuständig, in dessen Bezirk der übertragende Rechtsträger seinen Sitz hat (§ 2 Abs. 1 Satz 1 iVm. § 1 Nr. 4 SpruchG)[3]. Dieses Gericht ist nach Art. 7 Abs. 1 lit. a EuGVVO iVm. Art. 63 Abs. 1 EuGVVO[4] auch **international**

---
1 *Kiem* in Habersack/Drinhausen, SE-Recht, § 122h UmwG Rz. 10.
2 Vgl. *Hörtnagl* in Schmitt/Hörtnagl/Stratz, § 122h UmwG Rz. 8; *Kiem* in Habersack/Drinhausen, SE-Recht, § 122h UmwG Rz. 10.
3 *Bayer* in Lutter, § 122h UmwG Rz. 22; *H.-F. Müller*, Der Konzern 2007, 81 (84); *Drinhausen* in Semler/Stengel, § 122h UmwG Rz. 7.
4 Verordnung (EG) Nr. 1215/2012 des Rates über die gerichtliche Zuständigkeit und Anerkennung und Vollstreckung von Entscheidungen in Zivil- und Handelssachen (EuGVVO) v. 12.12.2012, ABl. EG Nr. L 351 v. 20.12.2012, S. 1.

§ 122h | Grenzüberschreitende Verschmelzung

zuständig[1]. Ob ein Anspruch auf Festsetzung oder Erhöhung einer baren Zuzahlung besteht, prüft das Gericht nach Maßgabe von § 15 UmwG. Eine Verpflichtung zur Verbesserung des Umtauschverhältnisses trifft die übernehmende oder neue Gesellschaft[2]. Soweit § 15 Abs. 2 Satz 1 UmwG für den Beginn der Verzinsung einer baren Zuzahlung auf die Bekanntmachung der Eintragung nach § 19 Abs. 3 UmwG Bezug nimmt, kommt es bei einer grenzüberschreitenden Verschmelzung auf die Eintragung und Bekanntmachung nach dem Recht der übernehmenden oder neuen Gesellschaft an[3]. Die rechtskräftige Entscheidung wirkt auch zugunsten der Anteilsinhaber, die kein Spruchverfahren eingeleitet haben, insbesondere auch der Anteilsinhaber der beteiligten ausländischen Gesellschaften (§ 13 SpruchG)[4]. Die Anteilsinhaber einer ausländischen übertragenden Gesellschaft, deren Recht ein entsprechendes Verfahren nicht vorsieht, können die Bestellung eines **gemeinsamen Vertreters** beantragen, der ihre Interessen in dem Verfahren wahrnimmt (**§ 6c SpruchG**). Sind mehrere ausländische übertragende Gesellschaften beteiligt, ist auch bei mehreren Anträgen nur ein gemeinsamer Vertreter für die Interessen aller ihrer Anteilsinhaber zu bestellen[5].

Sieht das Recht einer ausländischen übertragenden Gesellschaft ebenfalls ein Spruchverfahren vor, kann nach Art. 4 Abs. 1, 63 Abs. 1 EuGVVO auch ein **ausländisches Gericht** für die Anteilsinhaber der übertragenden ausländischen Gesellschaft zuständig sein. Wird sowohl beim deutschen als auch beim ausländischen Gericht ein Verfahren eingeleitet, stellt sich die Frage, wie diese Konkurrenz aufzulösen ist. Eine pragmatische Lösung könnte darin bestehen, dass sich das später angerufene Gericht entsprechend Art. 29 Abs. 2 oder Art. 30 EuGVVO für unzuständig erklärt[6].

4. Spruchverfahren für Anteilsinhaber ausländischer Gesellschaften

7 Nach § 122h Abs. 2 UmwG können auch die Anteilseigner ausländischer übertragender Gesellschaften ein Spruchverfahren nach § 15 UmwG betreiben, wenn

---

1 *Kiem* in Habersack/Drinhausen, SE-Recht, § 122h UmwG Rz. 9; *Nießen*, NZG 2006, 441 (443 f.); *Simon/Rubner*, Der Konzern 2006, 835 (840); in der Begründung abw. *Bayer* in Lutter, § 122h UmwG Rz. 21, der auf Art. 10 Abs. 3 Satz 1 und 4 der 10. Richtlinie abstellt; auf den Zustimmungsbeschluss nehmen H.-F. *Müller*, Der Konzern 2007, 81 (84) und *Hörtnagl* in Schmitt/Hörtnagl/Stratz, § 122h UmwG Rz. 11, Bezug.
2 Vgl. *Bayer* in Lutter, § 122h UmwG Rz. 17; *Drinhausen* in Semler/Stengel, § 122h UmwG Rz. 9.
3 *Bayer* in Lutter, § 122h UmwG Rz. 19.
4 *Bayer* in Lutter, § 122h UmwG Rz. 24; *Polley* in Henssler/Strohn, § 122h UmwG Rz. 10.
5 *Simon/Rubner* in KölnKomm. UmwG, § 122h UmwG Rz. 26.
6 Ähnlich *Kiem* in Habersack/Drinhausen, SE-Recht, § 122h UmwG Rz. 9 und *Simon/Rubner* in KölnKomm. UmwG, § 122h UmwG Rz. 20.

ihre Gesellschaft dem Recht eines Mitgliedstaates von EU oder EWR unterliegt, das Recht dieses Staates ein Verfahren zur Kontrolle und Änderung des Umtauschverhältnisses vorsieht und deutsche Gerichte für die Durchführung eines solchen Verfahrens international zuständig sind. Obwohl die Vorschrift in vollem Umfang auf § 15 UmwG verweist, verleiht sie nur ein **prozessuales Recht** und begründet keinen materiell-rechtlichen Anspruch auf Verbesserung des Umtauschverhältnisses[1]. Dies folgt aus der Gesetzesbegründung, wonach die Anteilsinhaber ausländischer Gesellschaften ein „Spruchverfahren zur Verbesserung des Umtauschverhältnisses vor einem deutschen Gericht einleiten" können[2]. Verwiesen wird somit nur auf § 15 Abs. 1 Satz 2 UmwG und nicht auch auf § 15 Abs. 1 Satz 1 UmwG[3]. Ob die Anteilsinhaber der ausländischen Gesellschaft einen **Anspruch auf bare Zuzahlung** haben, richtet sich nach dem Recht dieser Gesellschaft[4].

Das Recht, dem die ausländische Gesellschaft unterliegt, muss ein Verfahren zur Kontrolle und Änderung des Umtauschverhältnisses vorsehen (siehe dazu Rz. 2). Das deutsche Gericht muss außerdem international zuständig sein. Diese **internationale Zuständigkeit** kann sich aus Art. 7 Nr. 1 lit. a EuGVVO[5] iVm. Art. 63 EuGVVO[6] oder einer Gerichtsstandsvereinbarung[7] ergeben.

Berechtigt zur Geltendmachung sind nur die Anteilsinhaber ausländischer übertragender Gesellschaften. Die Gesellschafter der **übernehmenden Gesellschaft** sind nicht geschützt[8]. Im Übrigen muss mindestens eine deutsche übertragende Gesellschaft beteiligt sein, weil nur dann die von der Gesetzesbegründung als Normzweck angeführte Vermeidung der Gefahr einer Doppelprüfung im In- und Ausland besteht[9].

---

1 *Bayer* in Lutter, § 122h UmwG Rz. 27; *Heckschen* in Widmann/Mayer, § 122h UmwG Rz. 60; wohl auch *Drinhausen* in Semler/Stengel, § 122h UmwG Rz. 10; *H.-F. Müller*, Der Konzern 2007, 81 (85).
2 Begr. RegE, BT-Drucks. 16/2919, S. 16.
3 *Hörtnagl* in Schmitt/Hörtnagl/Stratz, § 122h UmwG Rz. 12.
4 *Drinhausen* in Semler/Stengel, § 122h UmwG Rz. 10; *Hörtnagl* in Schmitt/Hörtnagl/Stratz, § 122h UmwG Rz. 12; *Kiem* in Habersack/Drinhausen, SE-Recht, § 122h UmwG Rz. 11; *Simon/Rubner* in KölnKomm. UmwG, § 122h UmwG Rz. 22.
5 *Heckschen* in Widmann/Mayer, § 122h UmwG Rz. 62.
6 *H.-F. Müller*, Der Konzern 2007, 81 (85).
7 Begr. RegE, BT-Drucks. 16/2919, S. 16; *Bayer* in Lutter, § 122h UmwG Rz. 30; *Drinhausen* in Semler/Stengel, § 122h UmwG Rz. 10.
8 Kritisch dazu *Bayer* in Lutter, § 122h UmwG Rz. 4 und 28.
9 *Bayer* in Lutter, § 122h UmwG Rz. 31.

§ 122i
Abfindungsangebot im Verschmelzungsplan

(1) Unterliegt die übernehmende oder neue Gesellschaft nicht dem deutschen Recht, hat die übertragende Gesellschaft im Verschmelzungsplan oder in seinem Entwurf jedem Anteilsinhaber, der gegen den Verschmelzungsbeschluss der Gesellschaft Widerspruch zur Niederschrift erklärt, den Erwerb seiner Anteile gegen eine angemessene Barabfindung anzubieten. Die Vorschriften des Aktiengesetzes über den Erwerb eigener Aktien sowie des Gesetzes betreffend die Gesellschaften mit beschränkter Haftung über den Erwerb eigener Geschäftsanteile gelten entsprechend, jedoch sind § 71 Abs. 4 Satz 2 des Aktiengesetzes und § 33 Abs. 2 Satz 3 zweiter Halbsatz erste Alternative des Gesetzes betreffend die Gesellschaften mit beschränkter Haftung insoweit nicht anzuwenden. § 29 Abs. 1 Satz 4 und 5 sowie Abs. 2 und die §§ 30, 31 und 33 gelten entsprechend.

(2) Die §§ 32 und 34 gelten für die Anteilsinhaber einer übertragenden Gesellschaft nur, sofern die Anteilsinhaber der an der grenzüberschreitenden Verschmelzung beteiligten Gesellschaften, die dem Recht eines anderen Mitgliedstaates der Europäischen Union oder eines anderen Vertragsstaats des Abkommens über den Europäischen Wirtschaftsraum unterliegen, dessen Rechtsvorschriften ein Verfahren zur Abfindung von Minderheitsgesellschaftern nicht vorsehen, im Verschmelzungsbeschluss ausdrücklich zustimmen. § 34 gilt auch für Anteilsinhaber einer übertragenden Gesellschaft, die dem Recht eines anderen Mitgliedstaats der Europäischen Union oder eines anderen Vertragsstaats des Abkommens über den Europäischen Wirtschaftsraum unterliegt, wenn nach dem Recht dieses Staates ein Verfahren zur Abfindung von Minderheitsgesellschaftern vorgesehen ist und deutsche Gerichte für die Durchführung eines solchen Verfahrens international zuständig sind.

1. Überblick	1	3. Anwendbarkeit des Spruchverfahrens (§ 122i Abs. 2 Satz 1 UmwG)	7
2. Austrittsrecht gegen Barabfindung (§ 122i Abs. 1 UmwG)	2	4. Internationale Zuständigkeit (§ 122i Abs. 2 Satz 2 UmwG)	8

1. Überblick

1 Die Vorschrift regelt bestimmte Aspekte des **Minderheitenschutzes**. In Umsetzung von Art. 4 Abs. 2 Satz 2 der 10. Richtlinie[1] sieht § 122i Abs. 1 UmwG für den Fall, dass die übernehmende oder neue Gesellschaft nicht dem deutschen Recht unterliegt, ein Austrittsrecht der Anteilsinhaber gegen Barabfindung vor.

---

1 Richtlinie 2005/56/EG, ABl. EU Nr. L 310 v. 25.11.2005, S. 1.

§ 122i Abs. 2 UmwG regelt in diesem Zusammenhang die Anwendbarkeit des Spruchverfahrens gemäß §§ 32, 34 UmwG und die Zuständigkeit der deutschen Gerichte.

2. Austrittsrecht gegen Barabfindung (§ 122i Abs. 1 UmwG)

Unterliegt die aus der Verschmelzung hervorgehende Gesellschaft nicht dem deutschen Recht (sog. **Hinausverschmelzung**), so hat eine übertragende deutsche Gesellschaft jedem Anteilsinhaber, der gegen den Verschmelzungsbeschluss Widerspruch zur Niederschrift erklärt, den Erwerb seiner Anteile gegen eine **angemessene Barabfindung** anzubieten (§ 122i Abs. 1 Satz 1 UmwG). Der Wechsel in die ausländische Rechtsform soll keinem Gesellschafter aufgezwungen werden[1]. Die Abfindung kann zu einer erheblichen finanziellen Belastung führen[2]. Diese Belastung ergibt sich nicht nur aus der Höhe des uU zu zahlenden Gesamtbetrages, sondern auch daraus, dass das Abfindungsangebot während der gesamten Dauer eines Spruchverfahrens angenommen werden kann (§ 122i Abs. 1 Satz 3 UmwG iVm. § 31 Satz 2 UmwG). Während dieses Zeitraums wird der Aktienkurs für die widersprechenden Aktionäre praktisch garantiert. Bei der Verschmelzung auf eine **börsennotierte Gesellschaft** ist die Verpflichtung zur Barabfindung eigentlich unnötig, da jeder Gesellschafter über eine Veräußerung seiner Anteile am Kapitalmarkt ausscheiden kann[3]. Die Abfindung steht – wie nach § 29 Abs. 1 UmwG – nur den Anteilsinhabern zu, die gegen den Verschmelzungsbeschluss **Widerspruch** zur Niederschrift erklärt haben. Ein solcher Widerspruch ist auch bei Zustimmung zum Verschmelzungsbeschluss möglich (vgl. § 29 UmwG Rz. 13)[4]. Wie sich aus der Verweisung in § 122i Abs. 1 Satz 3 UmwG weiter ergibt, ist die Angemessenheit der Abfindung durch einen Verschmelzungsprüfer zu prüfen (§ 30 Abs. 2 UmwG). Der Abfindungsanspruch ist außerdem zu verzinsen (§§ 30 Abs. 1 Satz 2, 15 Abs. 2 UmwG).

Das Abfindungsangebot ist wie nach § 29 UmwG in den **Verschmelzungsplan** oder dessen Entwurf aufzunehmen. Die in den Verschmelzungsplan aufzunehmenden Mindestangaben (§ 122a Abs. 2 UmwG) sind damit entsprechend ergänzt. Bedenken hiergegen wegen des abschließenden Charakters der Mindestangaben nach Art. 5 Satz 2 der 10. Richtlinie bestehen nicht, da von der Ermäch-

2

3

---

1 Begr. RegE, BT-Drucks. 16/2919, S. 16; *Bayer* in Lutter, § 122i UmwG Rz. 6; *Drinhausen* in Semler/Stengel, § 122i UmwG Rz. 2.
2 Vgl. *Bayer/J. Schmidt*, NZG 2006, 841 (844); *Kiem* in Habersack/Drinhausen, SE-Recht, § 122i UmwG Rz. 3; *J. Vetter*, AG 2006, 613 (623).
3 Vgl. Handelsrechtsausschuss des DAV, NZG 2006, 737 (741); *Bayer* in Lutter, § 122i UmwG Rz. 6; aA *H.-F. Müller*, Der Konzern 2007, 81 (87).
4 *Drinhausen* in Semler/Stengel, § 122i UmwG Rz. 5 mwN; aA *Kiem* in Habersack/Drinhausen, SE-Recht, § 122i UmwG Rz. 5.

tigung in Art. 4 Abs. 2 Satz 2 der Richtlinie Gebrauch gemacht wurde[1]. Ist der Verschmelzungsplan wie zB nach § 124 Abs. 2 Satz 2 AktG als Gegenstand der Beschlussfassung bekannt zu machen, muss diese Bekanntmachung den Wortlaut des Abfindungsangebots enthalten (§ 122i Abs. 1 Satz 3 UmwG iVm. § 29 Abs. 1 Satz 4 UmwG; siehe dazu § 29 UmwG Rz. 15)[2].

4 Schuldner der Abfindung ist die übertragende Gesellschaft (§ 122i Abs. 1 Satz 1 UmwG). Bei dieser muss es sich um eine deutsche Gesellschaft handeln. Auf eine übertragende ausländische Gesellschaft findet § 122i Abs. 1 UmwG keine Anwendung. § 122i Abs. 1 UmwG findet auch dann keine Anwendung, wenn eine deutsche Gesellschaft zusammen mit einer oder mehreren ausländischen Gesellschaften auf eine deutsche Gesellschaft verschmolzen wird (sog. **Hereinverschmelzung**). Das anwendbare Recht ändert sich dann nicht. Dieser Fall ist, soweit die übrigen Voraussetzungen vorliegen, in § 29 UmwG iVm. § 122a Abs. 2 UmwG geregelt[3].

5 Die Verpflichtung zum Anteilserwerb gegen Abfindung entsteht wie bei der Inlandsverschmelzung erst mit dem **Wirksamwerden der Verschmelzung** (§ 122i Abs. 1 Satz 3 UmwG iVm. § 31 Satz 1 UmwG)[4]. Die Ausschlussfrist von zwei Monaten beginnt danach sinngemäß mit der Eintragung und Bekanntmachung der Verschmelzung im Sitzstaat der übernehmenden oder neuen Gesellschaft[5]. Vor diesem Zeitpunkt ist offen, ob es überhaupt zur Verschmelzung kommt. Ist die Verschmelzung eingetragen, ist die übertragende Gesellschaft allerdings erloschen. Daher ist unklar, wie die **Verweisung** in § 122i Abs. 1 Satz 2 UmwG zu verstehen ist, wonach die Vorschriften des **AktG** und des **GmbHG** für den Erwerb eigener Aktien und eigener Geschäftsanteile – mit Ausnahme der Bestimmungen über die Nichtigkeit des schuldrechtlichen Grundgeschäfts (§ 71 Abs. 4

---

1 Vgl. *H.-F. Müller*, ZIP 2007, 1081 (1086); *Bayer* in Lutter, § 122c UmwG Rz. 29; *Drinhausen* in Semler/Stengel, § 122i UmwG Rz. 6 aE; *Hörtnagl* in Schmitt/Hörtnagl/Stratz, § 122i UmwG Rz. 7; *Simon/Rubner* in KölnKomm. UmwG, § 122i UmwG Rz. 8 Fn. 9; aA *Louven*, ZIP 2006, 2021 (2025); *Kallmeyer/Kappes*, AG 2006, 224 (231); *Krause/Kulpa*, ZHR 171 (2007), 38 (57).
2 *Kiem* in Habersack/Drinhausen, SE-Recht, § 122i UmwG Rz. 6; *Simon/Rubner* in KölnKomm. UmwG, § 122i UmwG, Rz. 9; aA *Hörtnagl* in Schmitt/Hörtnagl/Stratz, § 122i UmwG Rz. 11, der zu Unrecht auf die Bekanntmachung nach § 122d UmwG abstellt.
3 *Bayer* in Lutter, § 122i UmwG Rz. 8; *Hörtnagl* in Schmitt/Hörtnagl/Stratz, § 122i UmwG Rz. 5.
4 *Kiem* in Habersack/Drinhausen, SE-Recht, § 122i UmwG Rz. 9; *Simon/Rubner* in KölnKomm. UmwG, § 122i UmwG, Rz. 6; *Polley* in Henssler/Strohn, § 122i UmwG Rz. 7; *J. Vetter*, AG 2006, 613 (623); *Simon/Rubner*, Der Konzern 2006, 835 (840); *H.-F. Müller*, Der Konzern 2007, 81 (86); *Klein*, RNotZ 2007, 565 (601); aA *Drinhausen* in Semler/Stengel, § 122i UmwG Rz. 9; *Hörtnagl* in Schmitt/Hörtnagl/Stratz, § 122i UmwG Rz. 8 und 13; *Althoff* in Böttcher/Habighorst/Schulte, § 122i UmwG Rz. 10, 13.
5 *Drinhausen* in Semler/Stengel, § 122i UmwG Rz. 9; *Bayer* in Lutter, § 122i UmwG Rz. 17; *Kiem* in Habersack/Drinhausen, SE-Recht, § 122i UmwG Rz. 9.

Satz 2 AktG und § 33 Abs. 2 Satz 3 Halbsatz 2 Alt. 1 GmbHG) – entsprechend gelten[1]. Die Verpflichtung zum Anteilserwerb gegen Barabfindung geht zwar im Rahmen der Gesamtrechtsnachfolge auf die übernehmende oder neue Gesellschaft über (Art. 14 Abs. 1 und 2 der 10. Richtlinie)[2]. Diese Gesellschaft unterliegt aber nicht dem deutschen Recht[3]. Ob die deutschen Regelungen von einem ausländischen Gericht überhaupt beachtet werden, ist offen[4].

Nach der Fassung des Verschmelzungsbeschlusses der übertragenden Gesellschaft können die Anteile der beteiligten Rechtsträger ohne Bindung an Verfügungsbeschränkungen **veräußert** werden (§ 122i Abs. 1 Satz 3 UmwG iVm. § 33 UmwG). Dies gilt nach dem Gesetzeswortlaut auch für die beteiligten ausländischen Rechtsträger. Wegen der weiteren nach § 122i Abs. 1 Satz 3 UmwG entsprechend anwendbaren Vorschriften siehe die dortigen Anmerkungen. 6

3. Anwendbarkeit des Spruchverfahrens (§ 122i Abs. 2 Satz 1 UmwG)

Die Anteilsinhaber eines übertragenden Rechtsträgers können die Angemessenheit und das ordnungsgemäße Angebot der Barabfindung im Falle einer Inlandsverschmelzung nur im Rahmen eines Spruchverfahrens rügen (§§ 32, 34 UmwG). Bei der grenzüberschreitenden Verschmelzung hängt die Anwendbarkeit dieses Verfahrens davon ab, ob die Rechtsordnungen der beteiligten ausländischen Gesellschaften ebenfalls ein **Verfahren zur Abfindung von Minderheitsgesellschaftern** vorsehen, oder, wenn dies nicht der Fall ist, ob die Anteilsinhaber dieser Gesellschaften der Geltung der §§ 32, 34 UmwG **ausdrücklich zustimmen** (§ 122i Abs. 2 Satz 1 UmwG). Die erste Alternative setzt voraus, dass die beteiligten ausländischen Rechtsordnungen ein Abfindungsverfahren vorsehen. Dieses Verfahren muss auch für eine grenzüberschreitende Verschmelzung gelten[5]. Es muss sich außerdem um ein gesetzlich und nicht nur in der Satzung vorgesehenes oder sonst wie vereinbartes Verfahren handeln[6]. Die ausdrückliche Zustimmung zur Geltung der §§ 32, 34 UmwG soll im Ver- 7

---

1 Vgl. *Drinhausen* in Semler/Stengel, § 122i UmwG Rz. 8; *Althoff* in Böttcher/Habighorst/Schulte, § 122i UmwG Rz. 9; *Louven*, ZIP 2006, 2021 (2026); *J. Vetter*, AG 2006, 613 (623 f.).
2 Begr. RegE, BT-Drucks. 16/2919, S. 16; *Bayer* in Lutter, § 122i UmwG Rz. 15.
3 *Drinhausen* in Semler/Stengel, § 122i UmwG Rz. 8; *Kiem* in Habersack/Drinhausen, SE-Recht, § 122i UmwG Rz. 3; *Simon/Rubner* in KölnKomm. UmwG, § 122i UmwG Rz. 7; für eine Erstreckung des deutschen Rechts auf die ausländische Gesellschaft *Bayer* in Lutter, § 122i UmwG Rz. 18; *H.-F. Müller*, Der Konzern 2007, 81 (87).
4 Vgl. *Bayer* in Lutter, § 122i UmwG Rz. 18; *H.-F. Müller*, ZIP 2007, 1081 (1087).
5 *Simon/Rubner*, Der Konzern 2006, 835 (840); *Bayer* in Lutter, § 122i UmwG Rz. 21.
6 Vgl. *Bayer* in Lutter, § 122i UmwG Rz. 21 unter Hinweis auf die Umsetzungsgesetze in den Niederlanden sowie in Österreich und Polen; aA *Vossius* in Widmann/Mayer, § 122i UmwG Rz. 38 ff.

schmelzungsbeschluss erfolgen. Auch ein gesonderter Zustimmungsbeschluss dürfte jedoch genügen. Entscheidend ist, dass der Zustimmungsbeschluss in derselben Versammlung und mit derselben Mehrheit wie der Verschmelzungsbeschluss gefasst wird[1]. Ist das Spruchverfahren danach nicht eröffnet, können die Anteilsinhaber der übertragenden inländischen Gesellschaft den Verschmelzungsbeschluss auch mit der Rüge einer unangemessenen oder nicht ordnungsgemäß bekannt gemachten Barabfindung anfechten; § 32 UmwG gilt dann nicht. Dieser Fall dürfte am ehesten auftreten, da nur wenige Mitgliedstaaten ein dem Spruchverfahren vergleichbares Verfahren kennen[2]. Liegen die Voraussetzungen des § 122i Abs. 2 Satz 1 UmwG dagegen vor, können die genannten Rügen nur im Spruchverfahren geltend gemacht werden (§ 34 UmwG). Die internationale Zuständigkeit der deutschen Gerichte ergibt sich dann entweder aus dem Zustimmungsbeschluss der beteiligten ausländischen Gesellschaften (Art. 10 Abs. 3 Satz 1 der 10. Richtlinie) oder aus den allgemeinen Regeln[3], insbesondere den Bestimmungen der EuGVVO[4].

4. Internationale Zuständigkeit (§ 122i Abs. 2 Satz 2 UmwG)

8   Ist das Spruchverfahren anwendbar, gilt § 34 UmwG auch für die Anteilsinhaber einer ausländischen übertragenden Gesellschaft, wenn nach dem betreffenden ausländischen Recht ein Verfahren zur Abfindung von Minderheitsgesellschaftern vorgesehen ist und die deutschen Gerichte für die Durchführung eines solchen Verfahrens international zuständig sind (§ 122i Abs. 2 Satz 2 UmwG). Liegt ein Zustimmungsbeschluss gemäß § 122i Abs. 2 Satz 1 UmwG vor, so ergibt sich die internationale Zuständigkeit der deutschen Gerichte – wie im Falle des § 122i Abs. 2 Satz 1 UmwG (vgl. Rz. 7) – aus diesem Beschluss. Sieht das ausländische Recht ein Verfahren zur Abfindung der Minderheitsgesellschafter vor, so kann sich die internationale Zuständigkeit der deutschen Gerichte zB aus Art. 7 Abs. 1 lit. a EuGVVO iVm. 63 Abs. 1 EuGVVO oder einer Gerichtsstandsvereinbarung ergeben[5]. Mit der internationalen Zuständigkeit wird allerdings nur ein **prozessuales Recht** begründet[6]. Ob den Anteilsinhabern der beteiligten ausländischen Gesellschaften auch ein materiell-rechtlicher Anspruch auf

---

1 *Bayer* in Lutter, § 122i UmwG Rz. 22; wohl auch *Vossius* in Widmann/Mayer, § 122i UmwG Rz. 32.
2 Vgl. *Bayer* in Lutter, § 122i UmwG Rz. 21; *Simon/Rubner*, Der Konzern 2006, 835 (842).
3 *Bayer* in Lutter, § 122i UmwG Rz. 26 f.
4 Verordnung (EU) Nr. 1215/2012 des Rates v. 12.12.2012 über die gerichtliche Zuständigkeit und die Anerkennung und Vollstreckung von Entscheidungen in Zivil- und Handelssachen, ABl. EG Nr. L 351 v. 20.12.2012, S. 1; *Simon/Rubner*, Der Konzern 2006, 835 (840).
5 *Bayer* in Lutter, § 122i UmwG Rz. 27.
6 *Bayer* in Lutter, § 122i UmwG Rz. 30; *Vossius* in Widmann/Mayer, § 122i UmwG Rz. 36; *H.-F. Müller*, Der Konzern 2007, 81 (87).

Abfindung zusteht, richtet sich nach dem jeweils anwendbaren ausländischen Recht. Besteht keine internationale Zuständigkeit der deutschen Gerichte, können die Anteilsinhaber der ausländischen Gesellschaften vor den zuständigen ausländischen Gerichten am Sitz der jeweiligen Gesellschaft klagen[1]. Soweit die Anteilsinhaber der ausländischen übertragenden Gesellschaften an einem inländischen Spruchverfahren nicht beteiligt sind, können sie zur Wahrung ihrer Interessen die Bestellung eines **gemeinsamen Vertreters** beantragen (§ 6c SpruchG).

§ 122j
Schutz der Gläubiger der übertragenden Gesellschaft

(1) Unterliegt die übernehmende oder neue Gesellschaft nicht dem deutschen Recht, ist den Gläubigern einer übertragenden Gesellschaft Sicherheit zu leisten, soweit sie nicht Befriedigung verlangen können. Dieses Recht steht den Gläubigern jedoch nur zu, wenn sie binnen zwei Monaten nach dem Tag, an dem der Verschmelzungsplan oder sein Entwurf bekannt gemacht worden ist, ihren Anspruch nach Grund und Höhe schriftlich anmelden und glaubhaft machen, dass durch die Verschmelzung die Erfüllung ihrer Forderungen gefährdet wird.

(2) Das Recht auf Sicherheitsleistung nach Absatz 1 steht Gläubigern nur im Hinblick auf solche Forderungen zu, die vor oder bis zu 15 Tage nach Bekanntmachung des Verschmelzungsplans oder seines Entwurfs entstanden sind.

1. Überblick	1	3. Anwendungsbereich	4
2. Vereinbarkeit mit der 10. Richtlinie	3	4. Anspruch auf Sicherheitsleistung .	5

Literatur: *Bayer/J. Schmidt*, Gläubigerschutz bei (grenzüberschreitenden) Verschmelzungen, ZIP 2016, 841; *Grunewald*, Der Gläubigerschutz bei grenzüberschreitenden Verschmelzungen nach dem Entwurf eines zweiten Gesetzes zur Änderung des UmwG, Der Konzern 2007, 106; *Passarge/Stark*, Gläubigerschutz bei grenzüberschreitenden Verschmelzungen nach dem Zweiten Gesetz zur Änderung des Umwandlungsgesetzes, GmbHR 2007, 803; siehe im Übrigen die Angaben Vor §§ 122a–122l UmwG.

1. Überblick

Die Vorschrift regelt den **Schutz der Gläubiger** einer übertragenden Gesellschaft bei der Verschmelzung auf eine ausländische Gesellschaft. Die Vorschrift ist den Bestimmungen bei der Gründung einer SE (§§ 8 Satz 1, 13 SEAG) nach-   1

---

1 *Bayer* in Lutter, § 122i UmwG Rz. 27; *Simon/Rubner*, Der Konzern 2006, 835 (840) unter Hinweis auf Art. 2 Abs. 1, 60 Abs. 1 EuGVVO, heute Art. 4 Abs. 1, 63 Abs. 1 EuGVVO.

gebildet. Sie ist – wie § 22 UmwG – Schutzgesetz iS von § 823 Abs. 2 BGB[1]. Im Unterschied zu § 22 UmwG wird der Gläubigerschutz auf die Zeit vor der Eintragung der Verschmelzung **vorverlagert**. Die Begründung dafür lautet, dass die Gläubiger andernfalls ihre Rechte im Ausland gegen die übernehmende oder neue Gesellschaft geltend machen müssten, was ihren Interessen möglicherweise nicht gerecht wird[2]. Der Gläubigerschutz wird zusätzlich dadurch abgesichert, dass eine Verschmelzungsbescheinigung nur dann ausgestellt wird, wenn die gesetzlichen Vertreter strafbewehrt (§ 314a UmwG) **versichern**, dass allen Gläubigern, die Anspruch auf Sicherheitsleistung haben, eine angemessene Sicherheit geleistet wurde (§ 122k Abs. 1 Satz 3 und Abs. 2 UmwG)[3].

2 Die getroffene Regelung ist **rechtspolitisch problematisch**. Ist streitig, ob die Erfüllung einer Forderung durch die Verschmelzung gefährdet ist, besteht nämlich die Gefahr, dass auch unbegründete Sicherungsverlangen erfüllt werden müssen, um die Eintragung der Verschmelzung nicht zu verzögern[4]. Ob sich hier ein Betätigungsfeld für „räuberische Gläubiger" eröffnet, hängt nicht zuletzt von den Anforderungen ab, die an die Glaubhaftmachung der konkreten Erfüllungsgefährdung gestellt werden[5]. Im Übrigen ist die Durchsetzung und Vollstreckung von Forderungen gegenüber ausländischen Rechtsträgern durch die EuGVVO[6] erheblich erleichtert worden, so dass die Vorverlagerung des Gläubigerschutzes nicht zwingend geboten erscheint[7].

2. Vereinbarkeit mit der 10. Richtlinie

3 § 122j UmwG beruht auf Art. 4 Abs. 2 Satz 1 der 10. Richtlinie. Allerdings ist **zweifelhaft**, ob die allgemein gehaltene Regelung der Richtlinie iVm. deren dritten Erwägungsgrund als Grundlage für eine Verschärfung des Gläubigerschutzes gegenüber § 22 UmwG ausreicht. Danach sollen lediglich die für innerstaatliche Verschmelzungen bestehenden Regelungen unter besonderer Berücksichtigung der sich aus dem grenzüberschreitenden Bezug ergebenden Besonderheiten gel-

---

1 *Vossius* in Widmann/Mayer, § 122j UmwG Rz. 6; *Polley* in Henssler/Strohn, § 122j UmwG Rz. 1; aA *Simon/Rubner* in KölnKomm. UmwG, § 122j UmwG Rz. 3; vgl. auch § 22 UmwG Rz. 13.
2 Begr. RegE, BT-Drucks. 16/2919, S. 17.
3 Neben die strafrechtliche tritt eine zivilrechtliche Verantwortlichkeit, da § 122k Abs. 1 Satz 3 UmwG Schutzgesetz iS von § 823 Abs. 2 BGB ist; vgl. *Haritz/von Wolff*, GmbHR 2006, 341 (343); *Passarge/Stark*, GmbHR 2007, 803 (804).
4 Vgl. *Bayer* in Lutter, § 122j UmwG Rz. 1; *Grunewald*, Der Konzern 2007, 106 (107).
5 *Grunewald*, Der Konzern 2007, 106 (107); kritisch dazu *Oechsler*, NZG 2006, 161 (165).
6 Verordnung (EU) Nr. 1215/2012 des Rates v. 12.12.2012 über die gerichtliche Zuständigkeit und die Anerkennung und Vollstreckung von Entscheidungen in Zivil- und Handelssachen, ABl. EG Nr. L 351 v. 20.12.2012, S. 1.
7 *Bayer* in Lutter, § 122j UmwG Rz. 4; *Bayer/Schmidt*, NJW 2006, 401 (405); *Drinhausen/Keinath*, BB 2006, 725 (732).

ten[1]. Bei diesem Verständnis hätte es bei der Geltung des § 22 UmwG bleiben können, wobei dem grenzüberschreitenden Charakter der Verschmelzung, etwa bei der Auslegung des Merkmals der Erfüllungsgefährdung, Rechnung zu tragen wäre. Nach anderer Ansicht wird den Besonderheiten der grenzüberschreitenden Verschmelzung gerade durch die Vorverlagerung des Gläubigerschutzes Rechnung getragen[2]. Damit bestehen erhebliche, nur durch die Rechtsprechung zu klärende Unsicherheiten in der Frage, ob § 122j UmwG überhaupt anwendbar ist oder generell nur § 22 UmwG gilt[3]. Diese Rechtsunsicherheit hat der EuGH in der Rechtssache KA Finanz[4] inzwischen dahingehend geklärt, dass bei einer grenzüberschreitenden Verschmelzung für den Schutz der Gläubiger einer übertragenden Gesellschaft die Vorschriften des innerstaatlichen Rechts gelten, denen die Gesellschaft bislang unterlag. Art. 4 Abs. 2 Satz 1 der 10. Richtlinie ist danach keine Ermächtigung zum Erlass spezieller, von den Regeln für nationale Verschmelzungen abweichender Gläubigerschutzvorschriften für grenzüberschreitende Verschmelzungen, sondern eine Verweisung auf das jeweilige nationale Recht und damit auf § 22 UmwG. § 122j UmwG und § 8 SEAG iVm. § 13 SEAG mit dem darin geregelten vorgelagerten Gläubigerschutz sind somit europarechtswidrig und sollten aufgehoben werden[5].

3. Anwendungsbereich

§ 122j UmwG schützt bei einer grenzüberschreitenden Verschmelzung nur die 4 Gläubiger einer **übertragenden deutschen Gesellschaft** und dies auch nur dann, wenn die **übernehmende oder neue Gesellschaft nicht dem deutschen Recht** unterliegt. Unterliegt die übernehmende oder neue Gesellschaft deutschem Recht, gilt für die Gläubiger einer übertragenden deutschen Gesellschaft § 122a Abs. 2 UmwG iVm. § 22 UmwG. Ein vorgelagerter Schutz der Gläubiger ist dann nicht erforderlich, da diese nach Vollzug der Verschmelzung einen inländischen Rechtsträger in Anspruch nehmen können[6]. Bei der Beurteilung der

---

1 *Bayer* in Lutter, § 122j UmwG Rz. 5; *Bayer/Schmidt*, NJW 2006, 401 (405); *Drinhausen/Keinath*, BB 2006, 725 (732); *Grunewald*, Der Konzern 2007, 106 (107); *Haritz/von Wolff*, GmbHR 2006, 340 (343); kritisch auch *Herrler*, EuZW 2007, 295 (297).
2 Vgl. *H.-F. Müller*, NZG 2006, 286 (289); *Kallmeyer/Kappes*, AG 2006, 224 (233); *Passarge/Stark*, GmbHR 2007, 803 (805); wohl auch *Simon/Rubner* in KölnKomm. UmwG, § 122j UmwG Rz. 18.
3 So *Bayer* in Lutter, § 122j UmwG Rz. 6; *Drinhausen* in Semler/Stengel, § 122j UmwG Rz. 3 Fn. 5; *Drinhausen/Keinath*, BB 2006, 725 (731); aA *H.-F. Müller*, NZG 2006, 286 (288).
4 EuGH v. 7.4.2016 – Rs. C-483/14, ZIP 2016, 712 (715 Tz. 60).
5 Vgl. *Bayer/J. Schmidt*, ZIP 2016, 841 (847).
6 Begr. RegE, BT-Drucks. 16/2919, S. 17; *Drinhausen* in Semler/Stengel, § 122j UmwG Rz. 4; *Klein*, RNotZ 2007, 565 (602); *Passarge/Stark*, GmbHR 2007, 803 (804); *Hörtnagl* in Schmitt/Hörtnagl/Stratz, § 122j UmwG Rz. 10; *Simon/Rubner* in KölnKomm. UmwG, § 122j UmwG Rz. 2.

Frage, welchem Recht die übernehmende oder neue Gesellschaft unterliegt, ist auf den Satzungssitz der Gesellschaft abzustellen (siehe § 122a UmwG Rz. 2). Zum Teil wird dafür plädiert, die Vorschrift bei einer übernehmenden oder neuen Gesellschaft ausländischer Rechtsform, die ihre Geschäftstätigkeit über einen Verwaltungssitz in Deutschland ausübt (**Scheinauslandsgesellschaft**), nicht anzuwenden[1]. Allein der Umstand, dass in solchen Fällen in Bezug auf diese Gesellschaft auch ein inländischer Gerichtsstand besteht, rechtfertigt aber noch keine Einschränkung des Anwendungsbereichs der Vorschrift[2]. Ein inländischer Gerichtsstand kann auch bei echten Auslandsgesellschaften gegeben sein. Handelt es sich bei der übernehmenden oder neuen Gesellschaft um eine inländische Gesellschaft, die nur ihren Verwaltungssitz gemäß § 4a GmbHG, § 5 AktG ins Ausland verlegt hat (**Scheininlandsgesellschaft**), so liegt weiterhin eine inländische Gesellschaft vor. Die Voraussetzungen für eine Anwendbarkeit des § 122j UmwG sind deshalb insoweit nicht erfüllt[3].

4. Anspruch auf Sicherheitsleistung

5 Die Gläubiger einer übertragenden inländischen Gesellschaft können nach § 122j Abs. 1 UmwG für ihre Forderungen Sicherheit verlangen, wenn sie ihren Anspruch **binnen zwei Monaten** nach dem Tag, an dem der Verschmelzungsplan oder sein Entwurf bekannt gemacht worden ist, **anmelden**. Die Anmeldung hat schriftlich (§ 126 BGB) und unter Bezeichnung des Grundes und der Höhe des Anspruchs zu geschehen. Die dafür geltende Zwei-Monats-Frist ist eine Ausschlussfrist[4]. Sie beginnt mit der Bekanntmachung des Verschmelzungsplans oder seines Entwurfs gemäß § 122d Satz 2 UmwG. Ebenso wie bei § 22 UmwG kann die Anmeldung auch schon vor Beginn der Frist wirksam vorgenommen werden[5]. Eine Eintragung der Verschmelzung kann wegen der Versicherung nach § 122k Abs. 1 Satz 3 UmwG erst nach Ablauf der Anmeldefrist erfolgen. Das Recht auf Sicherheitsleistung steht den Gläubigern nur für solche Forderungen zu, die **vor oder bis zu 15 Tage nach der Bekanntmachung** des Verschmelzungsplans oder seines Entwurfs **entstanden** sind.

6 Der anzumeldende **Anspruch** muss entstanden (§ 122j Abs. 2 UmwG), darf aber noch nicht fällig sein (vgl. § 122j Abs. 1 Satz 1 UmwG: „soweit sie nicht Befriedigung verlangen können"). Der Anspruch auf Sicherheitsleistung ist **ausgeschlos-**

---

1 *Vossius* in Widmann/Mayer, § 122j UmwG Rz. 19 (europarechtskonforme Auslegung); *Bayer* in Lutter, § 122j UmwG Rz. 9 (teleologische Reduktion).
2 Vgl. *Hörtnagl* in Schmitt/Hörtnagl/Stratz, § 122j UmwG Rz. 4; *Polley* in Henssler/Strohn, § 122j UmwG Rz. 3.
3 IE auch *Bayer* in Lutter, § 122j UmwG Rz. 10; *Vossius* in Widmann/Mayer, § 122j UmwG Rz. 20.
4 *Bayer* in Lutter, § 122j UmwG Rz. 13.
5 *Drinhausen* in Semler/Stengel, § 122j UmwG Rz. 9; *Bayer* in Lutter, § 122j UmwG Rz. 13.

sen, wenn dem Gläubiger bereits anderweitig Sicherheit geleistet wurde und damit seine Schutzwürdigkeit entfällt[1]. Anders als nach § 22 Abs. 2 UmwG ist der Anspruch auf Sicherheitsleistung nicht von vornherein ausgeschlossen, wenn dem Gläubiger im Falle der Insolvenz ein Recht auf vorzugsweise Befriedigung aus einer **staatlich überwachten Deckungssumme** zusteht[2]. In einem solchen Fall ist jedoch genau zu prüfen, inwieweit die Erfüllung der Forderung konkret gefährdet ist. Der Anspruch geht nicht unter, falls keine ausreichende Sicherheitsleistung und diesbezügliche Versicherung nach § 122k UmwG erbracht wurde, die **Eintragung der Verschmelzung** aber gleichwohl erfolgte. In diesem Fall richtet sich der Anspruch gegen die übernehmende bzw. neue Gesellschaft[3].

Der Gläubiger muss **glaubhaft** machen, dass durch die Verschmelzung die Erfüllung seiner Forderung gefährdet wird (siehe dazu § 22 UmwG Rz. 7). Erforderlich ist dafür die Darlegung einer **konkreten Gefährdung der Forderung durch die Verschmelzung**[4]. Allein der Umstand, dass die übernehmende oder neue Gesellschaft einer anderen Rechtsordnung unterliegt, reicht nicht aus, kann aber im Einzelfall bei Hinzutreten weiterer Umstände eine Erfüllungsgefährdung begründen[5]. Eine Gefährdung kommt insbesondere dann in Betracht, wenn bedeutende Vermögensmassen der Gesellschaft ins Ausland verlagert werden[6], eine solvente Gesellschaft auf eine Gesellschaft mit Bilanzverlusten verschmolzen wird oder begründete Zweifel an der Liquidität der übernehmenden bzw. neuen Gesellschaft bestehen[7]. Das Gleiche gilt, wenn eine deutlich längere Prozessdauer im Ausland zu erwarten ist[8] oder die Prozesskosten auch im Fall des Obsiegens vom Kläger zu tragen sind[9]. Diese prozessbezogenen Gefährdungskriterien gelten allerdings nicht für den Fall, dass am bisherigen Sitz des übertragenden Rechtsträgers eine Zweigniederlassung des aufnehmenden Rechtsträgers entsteht, weil dann nach Art. 7 Nr. 5 EuGGVO die

7

---

1 *Drinhausen* in Semler/Stengel, § 122j UmwG Rz. 15; *Bayer* in Lutter, § 122j UmwG Rz. 13.
2 *Drinhausen* in Semler/Stengel, § 122j UmwG Rz. 14; *Hörtnagl* in Schmitt/Hörtnagl/Stratz, § 122j UmwG Rz. 6; *Louven*, ZIP 2006, 2021 (2028); aA *Bayer* in Lutter, § 122j UmwG Rz. 18.
3 *Drinhausen* in Semler/Stengel, § 122j UmwG Rz. 11; *Vossius* in Widmann/Mayer, § 122j UmwG Rz. 21; *Bayer* in Lutter, § 122j UmwG Rz. 19.
4 BT-Drucks. 16/2919, S. 17; *Bayer* in Lutter, § 122j UmwG Rz. 14; *Drinhausen* in Semler/Stengel, § 122j UmwG Rz. 9; *Althoff* in Böttcher/Habighorst/Schulte, § 122j UmwG Rz. 5; *Passarge/Stark*, GmbHR 2007, 803 (806, 810).
5 *Bayer* in Lutter, § 122j UmwG Rz. 13; *Drinhausen* in Semler/Stengel, § 122j UmwG Rz. 9; *Hörtnagl* in Schmitt/Hörtnagl/Stratz, § 122j UmwG Rz. 8; *Neye/Timm*, DB 2006, 488 (492); *Oechsler*, NZG 2006, 161 (165); *Grunewald*, Der Konzern 2007, 106 (107).
6 Vgl. Begr. RegE zu den Parallelvorschriften des SEAG, BT-Drucks. 15/3405, S. 35; *Drinhausen* in Semler/Stengel, § 122j UmwG Rz. 9; *Oechsler*, NZG 2006, 161 (165).
7 *Passarge/Stark*, GmbHR 2007, 803 (810); *Neye/Timm*, GmbHR 2007, 561 (564).
8 *Bayer* in Lutter, § 122j UmwG Rz. 14; *Vossius* in Widmann/Mayer, § 122j UmwG Rz. 32.
9 *Vossius* in Widmann/Mayer, § 122j UmwG Rz. 32.

Zuständigkeit deutscher Gerichte besteht[1]. Es reicht grundsätzlich nicht aus, dass die neue bzw. übernehmende Gesellschaft Kapitalaufbringungs- und -erhaltungsregeln unterliegt, die hinsichtlich des Schutzniveaus hinter den deutschen Kapitalschutzregeln zurückbleiben. Auch innerstaatliche Verschmelzungen, bei denen die aufnehmende Gesellschaft weniger strengen Kapitalschutzregeln unterliegt, sind zulässig[2]. Ebenso wenig genügt es, dass die fremde Rechtsordnung in der Insolvenz geringere Anforderungen an die Geschäftsführung stellt oder sonstige, dem Gläubigerschutz dienende Rechtsinstitute anders als im deutschen Recht ausgestaltet sind[3]. Auch hier müssen zur Annahme einer konkreten Gefährdung weitere Umstände hinzutreten.

8 Art und Umfang der **Sicherheitsleistung** richten sich ebenso wie bei § 22 UmwG nach §§ 232 ff. BGB (siehe dazu näher § 22 UmwG Rz. 12).

9 Für die Inhaber von **Sonderrechten** iS von § 23 UmwG bleibt es mangels besonderer Vorschriften bei dem Schutz nach § 122a Abs. 2 UmwG iVm. § 23 UmwG[4].

§ 122k
Verschmelzungsbescheinigung

(1) Das Vertretungsorgan einer übertragenden Gesellschaft hat das Vorliegen der sie betreffenden Voraussetzungen für die grenzüberschreitende Verschmelzung zur Eintragung bei dem Register des Sitzes der Gesellschaft anzumelden. § 16 Abs. 2 und 3 und § 17 gelten entsprechend. Die Mitglieder des Vertretungsorgans haben eine Versicherung abzugeben, dass allen Gläubigern, die nach § 122j einen Anspruch auf Sicherheitsleistung haben, eine angemessene Sicherheit geleistet wurde.

(2) Das Gericht prüft, ob für die Gesellschaft die Voraussetzungen für die grenzüberschreitende Verschmelzung vorliegen, und stellt hierüber unverzüglich eine Bescheinigung (Verschmelzungsbescheinigung) aus. Als Verschmelzungsbescheinigung gilt die Nachricht über die Eintragung der Verschmelzung im Register. Die Eintragung ist mit dem Vermerk zu versehen, dass die grenzüberschreitende Verschmelzung unter den Voraussetzungen des Rechts des Staates, dem die übernehmende oder neue Gesellschaft unter-

---

1 *Haritz/von Wolff*, GmbHR 2006, 341 (343).
2 *Bayer* in Lutter, § 122j UmwG Rz. 14; *Passarge/Stark*, GmbHR 2007, 803 (807); *Hörtnagl* in Schmitt/Hörtnagl/Stratz, § 122j UmwG Rz. 8; vgl. auch *Drinhausen* in Semler/Stengel, § 122j UmwG Rz. 9.
3 *Passarge/Stark*, GmbHR 2007, 803 (807).
4 *Forsthoff*, DStR 2006, 613 (615); *Drinhausen* in Semler/Stengel, § 122j UmwG Rz. 4; *Bayer* in Lutter, § 122j UmwG Rz. 21; *Hörtnagl* in Schmitt/Hörtnagl/Stratz, § 122j UmwG Rz. 11.

liegt, wirksam wird. Die Verschmelzungsbescheinigung darf nur ausgestellt werden, wenn eine Versicherung nach Absatz 1 Satz 3 vorliegt. Ist ein Spruchverfahren anhängig, ist dies in der Verschmelzungsbescheinigung anzugeben.

(3) Das Vertretungsorgan der Gesellschaft hat die Verschmelzungsbescheinigung innerhalb von sechs Monaten nach ihrer Ausstellung zusammen mit dem Verschmelzungsplan der zuständigen Stelle des Staates vorzulegen, dessen Recht die übernehmende oder neue Gesellschaft unterliegt.

(4) Nach Eingang einer Mitteilung des Registers, in dem die übernehmende oder neue Gesellschaft eingetragen ist, über das Wirksamwerden der Verschmelzung hat das Gericht des Sitzes der übertragenden Gesellschaft den Tag des Wirksamwerdens zu vermerken und die bei ihm aufbewahrten elektronischen Dokumente diesem Register zu übermitteln.

1. Überblick 1	4. Beizufügende Unterlagen 11
2. Anmeldung bei Hinausverschmelzung (übertragende Gesellschaft)	5. Prüfung des Registergerichts 12
a) Zuständiges Registergericht . . . 3	6. Verschmelzungsbescheinigung . . . 14
b) Inhalt 4	7. Wirksamkeitsvermerk 19
3. Erklärungen, Versicherungen	8. Anmeldung beim übernehmenden Rechtsträger, Prüfung und Eintragung 20
a) Erklärung über Anfechtung . . . 6	
b) Versicherung über Sicherheitsleistung 8	9. Kosten 21
c) Fakultative Erklärungen 10	

Literatur: Siehe die Angaben zu § 122g UmwG.

1. Überblick

§ 122k Abs. 1 UmwG gilt bei Hinausverschmelzung und nur für die **inländische** 1 **übertragende Gesellschaft**[1]. Mit der Anmeldung der inländischen übernehmenden bzw. neuen Gesellschaft befasst sich § 122l UmwG. Ausländische beteiligte Gesellschaften werden nicht erfasst; für sie gilt das auf sie anwendbare ausländische Recht[2]. Die Vertretungsorgane der übertragenden Gesellschaft haben zu versichern, dass allen Gläubigern Sicherheit geleistet wurde (§ 122j Abs. 1 UmwG).

Liegen die vorgenannten Versicherungen und die sonstigen Voraussetzungen 2 für die Eintragung der Verschmelzung bei der übertragenden inländischen Ge-

---
1 *Vossius* in Widmann/Mayer, § 122k UmwG Rz. 5.1; *Hörtnagl* in Schmitt/Hörtnagl/Stratz, § 122k UmwG Rz. 2; *Bayer* in Lutter, § 122k UmwG Rz. 3; *Drinhausen* in Semler/Stengel, § 122k UmwG Rz. 1.
2 *Limmer* in Limmer, Hdb. der Unternehmensumwandlung, Teil 6 Kap. 3 Rz. 121.

sellschaft vor, trägt das für sie zuständige Registergericht die Verschmelzung ein und erteilt der übertragenden Gesellschaft eine mit „Vorläufigkeitsvermerk" vgl. § 19 UmwG Rz. 9 versehene Eintragungsnachricht als **Verschmelzungsbescheinigung** (§ 122k Abs. 2 UmwG). § 122k Abs. 3 UmwG legt fest, innerhalb welchen Zeitraums die Bescheinigung bei der für die übernehmende/neue **ausländische** Gesellschaft zuständigen Stelle vorzulegen ist. § 122k Abs. 4 UmwG entspricht § 19 Abs. 2 Satz 2 UmwG.

2. Anmeldung bei Hinausverschmelzung (übertragende Gesellschaft)

a) Zuständiges Registergericht

3   Die inländische übertragende Gesellschaft hat durch ihr Vertretungsorgan ausschließlich das Vorliegen der sie betreffenden Voraussetzungen für die grenzüberschreitende Verschmelzung bei dem für ihren (Satzungs-)Sitz zuständigen Registergericht zur Eintragung anzumelden (§ 122k Abs. 1 Satz 1 UmwG). Das Vertretungsorgan der (ausländischen) übernehmenden Gesellschaft ist – anders als bei rein inländischer Verschmelzung – nicht berechtigt, die Verschmelzung auch bei der übertragenden Gesellschaft anzumelden. § 16 Abs. 1 Satz 2 UmwG gilt ausdrücklich nicht (vgl. § 122k Abs. 1 Satz 2 UmwG)[1].

b) Inhalt

4   Anzumelden ist nach dem Wortlaut des § 122k Abs. 1 UmwG nicht – wie bei einem rein inländischen Verschmelzungsvorgang – „die Verschmelzung", sondern, dass für die übertragende inländische Gesellschaft die „**Voraussetzungen für die grenzüberschreitende Verschmelzung**" vorliegen. Dennoch ist es unbedenklich, unter Bezugnahme auf die beigefügten Unterlagen (siehe Rz. 11) lediglich die Verschmelzung unter Bezeichnung ihrer Art (durch Aufnahme oder Neugründung) sowie Bezeichnung von Firma und Sitz der aufnehmenden und übertragenden Gesellschaft anzumelden. Denn aus inländischer Sicht entspricht die Verschmelzungsbescheinigung der Nachricht über die Eintragung der Verschmelzung, die die Eintragung der Verschmelzung voraussetzt[2].

5   Ferner dürfte die Aufnahme des **Antrags** auf Erteilung der Verschmelzungsbescheinigung in die Anmeldung ratsam sein[3].

---

1   AllgM, siehe zB *Bayer* in Lutter, § 122k UmwG Rz. 8 mwN; *Drinhausen* in Semler/Stengel, § 122k UmwG Rz. 8; *Polley* in Henssler/Strohn, § 122k UmwG Rz. 3; *Simon/Rubner* in KölnKomm. UmwG, § 122k UmwG Rz. 6; *Hörtnagl* in Schmitt/Hörtnagl/Stratz, § 122k UmwG Rz. 5.
2   Ähnlich *Hörtnagl* in Schmitt/Hörtnagl/Stratz, § 122k UmwG Rz. 7.
3   *Vossius* in Widmann/Mayer, § 122k UmwG Rz. 26 (mit Muster in Rz. 42); *Polley* in Henssler/Strohn, § 122k UmwG Rz. 5.

3. Erklärungen, Versicherungen

a) Erklärung über Anfechtung

„Bei" (= mit), nicht „in" der Anmeldung haben die Vertretungsorgane des inländischen übertragenden Rechtsträgers die Erklärung abzugeben, dass gegen den Verschmelzungsbeschluss ihrer Gesellschaft[1] – nicht der übernehmenden ausländischen Gesellschaft – eine Anfechtungsklage nicht oder nicht fristgerecht erhoben ist (§§ 122k Abs. 1 Satz 2, 16 Abs. 2 UmwG) („Negativerklärung"). Liegen die Voraussetzungen des ebenfalls geltenden § 16 Abs. 3 UmwG vor (vgl. § 122k Abs. 1 Satz 2 UmwG) wird, die Versicherung durch den Freigabebeschluss ersetzt[2].

Die **Negativerklärung** ist **entbehrlich** bei der auf ihren Anteilsinhaber übertragenden Ein-Personen-Gesellschaft; denn bei ihr ist ein Beschluss nicht erforderlich (siehe § 122g Abs. 2 UmwG), wenn aus den der Anmeldung beizufügenden Unterlagen (vgl. Rz. 11) ersichtlich ist, dass auf die Anfechtung formgültig verzichtet wurde (§ 16 Abs. 2 Satz 2 UmwG) oder alle Anteilsinhaber der Verschmelzung zugestimmt haben (siehe § 16 UmwG Rz. 29), oder wenn ein Verschmelzungsbeschluss bei der übertragenden Gesellschaft entbehrlich ist, weil sich alle Anteile an ihr in der Hand der übernehmenden Gesellschaft befinden (§ 122g Abs. 2 UmwG). Eine fehlende Negativerklärung kann ohne weiteres nachgereicht werden. Für sie gilt die Acht-Monats-Frist des § 17 Abs. 2 Satz 4 UmwG nicht (siehe auch § 16 UmwG Rz. 14).

b) Versicherung über Sicherheitsleistung

Die Mitglieder des Vertretungsorgans der übertragenden Gesellschaft haben ferner die Versicherung abzugeben, dass allen Gläubigern, die nach § 122j UmwG einen Anspruch auf Sicherheitsleistung haben, eine angemessene Sicherheit geleistet wurde. Im äußersten Fall wird diese Versicherung erst nach Ablauf der Zwei-Monats-Frist des § 122j Abs. 1 Satz 2 UmwG abgegeben werden können[3]. Es ist jedoch unbedenklich, die Anmeldung vorher einzureichen und die Versicherung nachzureichen[4]. Die Abgabe einer falschen Versicherung ist strafbewehrt (§ 314a UmwG). Deshalb, und weil sie Wissenserklärung ist, ist sie höchstpersönlich und von allen Mitgliedern des betreffenden Vertretungsorgans

---

[1] *Hörtnagl* in Schmitt/Hörtnagl/Stratz, § 122k UmwG Rz. 10; *Bayer* in Lutter, § 122k UmwG Rz. 14; *Drinhausen* in Semler/Stengel, § 122k UmwG Rz. 9; *Klein*, RNotZ 2007, 565 (604).
[2] *Limmer*, ZNotP 2007, 282 (286); *Hörtnagl* in Schmitt/Hörtnagl/Stratz, § 122k UmwG Rz. 10; *Bayer* in Lutter, § 122k UmwG Rz. 14.
[3] *Bayer* in Lutter, § 122k UmwG Rz. 15; *Hörtnagl* in Schmitt/Hörtnagl/Stratz, § 122k UmwG Rz. 11.
[4] Siehe *Vossius* in Widmann/Mayer, § 122k UmwG Rz. 31; *Hörtnagl* in Schmitt/Hörtnagl/Stratz, § 122k UmwG Rz. 11 mwN.

abzugeben. Unechte Gesamtvertretung[1] und Bevollmächtigung[2] ist nicht zulässig (vgl. § 140 UmwG Rz. 6 mwN). Hat die übertragende Gesellschaft keine sicherungsberechtigten Gläubiger, so sollte dies – um einer Zwischenverfügung vorzubeugen – in der Anmeldung klargestellt werden[3].

9 Die Negativerklärung gemäß § 16 Abs. 2 UmwG und die Versicherung gemäß § 122k Abs. 1 Satz 3 UmwG können auch getrennt von der Anmeldung erfolgen. Einer besonderen **Form** bedarf es nicht[4]. Aus Nachweisgründen ist Schriftform ratsam. Eine Abgabe durch Bevollmächtigte ist ausgeschlossen, da es sich in beiden Fällen um Wissenserklärungen handelt.

c) Fakulative Erklärungen

10 Ratsam[5] erscheint die Angabe weiterer Erklärungen, die zwar nicht zwingend ist, aber dem für die Erteilung der Verschmelzungsbescheinigung zuständigen Registergericht die Prüfung erleichtert, ob die Verschmelzungsvoraussetzungen vorliegen. Es sind dies: ein entsprechender Hinweis, wenn bei der Gesellschaft kein **Betriebsrat** besteht oder diese keine Arbeitnehmer hat, wenn eine Vereinbarung über die **Mitbestimmung** nicht geschlossen wurde oder kein **Spruchverfahren** anhängig ist (vgl. § 122k Abs. 2 Satz 5 UmwG).

Hingewiesen sollte ferner auch darauf, dass der Verschmelzungsbericht den Anteilsinhabern, dem zuständigen Betriebsrat oder hilfsweise den Arbeitnehmern rechtzeitig zugeleitet wurde (vgl. §§ 122e Satz 2, 63 Abs. 1 Nr. 4 UmwG)[6].

4. Beizufügende Unterlagen

11 Zum **Nachweis** des Vorliegens der Verschmelzungsvoraussetzungen sind der Anmeldung zum Register der **übertragenden inländischen Gesellschaft** in entsprechender Anwendung des § 17 UmwG (siehe § 122k Abs. 1 Satz 2 UmwG) folgende Unterlagen beizufügen:

---

1 AA *Bayer* in Lutter, § 122k UmwG Rz. 15; *Hörtnagl* in Schmitt/Hörtnagl/Stratz, § 122k UmwG Rz. 11; *Vossius* in Widmann/Mayer, § 122k UmwG Rz. 30.
2 *Hörtnagl* in Schmitt/Hörtnagl/Stratz, § 122k UmwG Rz. 11; *Althoff* in Böttcher/Habighorst/Schulte, § 122k UmwG Rz. 11.
3 Siehe *Vossius* in Widmann/Mayer, § 122k UmwG Rz. 33.
4 *Vossius* in Widmann/Mayer, § 122k UmwG Rz. 30; *Hörtnagl* in Schmitt/Hörtnagl/Stratz, § 122k UmwG Rz. 11.
5 *Vossius* in Widmann/Mayer, § 122k UmwG Rz. 34 f.; *Hörtnagl* in Schmitt/Hörtnagl/Stratz, § 122k UmwG Rz. 12 f.
6 *Simon/Rubner* in KölnKomm. UmwG, § 122k UmwG Rz. 10; *Hörtnagl* in Schmitt/Hörtnagl/Stratz, § 122k UmwG Rz. 12; *Vossius* in Widmann/Mayer, § 122k UmwG Rz. 34; *Drinhausen* in Semler/Stengel, § 122k UmwG Rz. 26; *Polley* in Henssler/Strohn, § 122k UmwG Rz. 10.

- in notarieller **Ausfertigung** (§ 49 BeurkG) oder öffentlich **beglaubigter Abschrift** (§ 42 BeurkG) die notariellen Niederschriften über

  - den gemeinsamen Verschmelzungsplan (§ 122c UmwG); ist der Verschmelzungsplan in gehöriger Form dem Verschmelzungsbeschluss als Anlage beigefügt (§§ 122a Abs. 2, 13 Abs. 3 Satz 2 UmwG), braucht er nicht noch einmal gesondert eingereicht zu werden,

  - den Verschmelzungsbeschluss der Versammlung der Anteilsinhaber der übertragenden Gesellschaft, falls nicht entbehrlich (§ 122g Abs. 2 UmwG); eine Einreichung des Verschmelzungsbeschlusses der übernehmenden ausländischen Gesellschaft ist entbehrlich, da sich die Rechtmäßigkeitsprüfung des inländischen Handelsregisters ausschließlich auf das Vorliegen der Voraussetzungen für die inländische übertragende Gesellschaft beschränkt (Umkehrbeschluss aus § 122l Abs. 2 UmwG)[1]. Denn § 122l UmwG gilt nur für die inländische übernehmende[2], nicht übertragende Gesellschaft.

  - ein (evtl.) Bestätigungsbeschluss (siehe § 122g UmwG Rz. 18),

  - evtl. Zustimmungserklärungen einzelner Anteilsinhaber (siehe § 122g UmwG Rz. 24),

  - den Verzicht auf Prüfung des Verschmelzungsplanes (§§ 122a Abs. 2, 9 Abs. 3 UmwG), auf Erstattung eines Verschmelzungsprüfungsberichts (§§ 122a Abs. 2, 12 Abs. 3 UmwG) der Anteilseigner **aller** beteiligten Gesellschaften[3] und ggf. Klageverzicht der Anteilsinhaber der inländischen Gesellschaft[4] (§§ 122k Abs. 1 Satz 2, 16 Abs. 2 UmwG).

- in **Urschrift** oder einfacher (= nicht öffentlich beglaubigter) **Abschrift**

  - den Verschmelzungsbericht (§ 122e UmwG); er ist von allen Mitgliedern des Vertretungsorgans des übertragenden Rechtsträgers zu unterzeichnen[5]; fehlen die Unterschriften, soll dies keine Auswirkung auf die Wirksamkeit des Berichts und den gefassten Zustimmungsbeschluss haben (siehe § 17 UmwG Rz. 3),

  - ggf. Nachweis darüber, dass der Verschmelzungsbericht den Anteilsinhabern, dem zuständigen Betriebsrat bzw., bei Fehlen eines Betriebsrates,

---

1 *Bayer* in Lutter, § 122k UmwG Rz. 12; *Drinhausen* in Semler/Stengel, § 122k UmwG Rz. 9; *Heckschen* in Widmann/Mayer, § 122a UmwG Rz. 179; *Klein*, RNotZ 2007, 565 (605).
2 *Limmer* in Limmer, Hdb. der Unternehmensumwandlung, Teil 6 Kap. 3 Rz. 120.
3 *Mayer* in Widmann/Mayer, § 122f UmwG Rz. 24; *Drinhausen* in Semler/Stengel, § 122k UmwG Rz. 10; *Hörtnagl* in Schmitt/Hörtnagl/Stratz, § 122f UmwG Rz. 7; *Klein*, RNotZ 2007, 565 (604).
4 *Limmer*, ZNotP 2007, 242 (286).
5 Siehe § 8 UmwG Rz. 2.

den Arbeitnehmern rechtzeitig vor der Versammlung der Anteilsinhaber, die gemäß § 13 UmwG über die Zustimmung zum Verschmelzungsplan beschließen soll, zugänglich gemacht wurde (§ 122e Satz 2 UmwG). Dieser Nachweis kann auch durch eine entsprechende Erklärung der Anmelder ersetzt werden[1]. Denn der Nachweis ist nicht immer zu führen (zB bei Aushang am „Schwarzen Brett"). Weder kann auf die Erstellung eines Verschmelzungsberichts noch auf die Einhaltung der Monatsfrist verzichtet werden[2]. Der Verschmelzungsplan ist dem Betriebsrat nicht zuzuleiten. § 17 Abs. 1 UmwG ist nicht anwendbar[3].

- den Verschmelzungsprüfungsbericht (falls nicht darauf verzichtet wurde),
- eine evtl. Vereinbarung über das Mitbestimmungsregime bei der übernehmenden/neuen Gesellschaft[4] dürfte nicht beizufügen sein.
- in **Urschrift** oder **beglaubigter Abschrift**
- die der Verschmelzung zugrunde liegende und festgestellte **Bilanz der übertragenden Gesellschaft**, die auf einen höchstens acht Monate vor der Anmeldung liegenden Stichtag aufgestellt sein muss (zur Fristberechnung siehe § 17 UmwG Rz. 26). Die Bilanz ist zu datieren und von allen Mitgliedern der Geschäftsführung zu unterzeichnen (§ 245 HGB)[5]. Ein Fehlen der Unterschrift macht sie jedoch nicht unwirksam.
- Sind die Unterlagen unvollständig oder fehlerhaft, können (behebbare) Mängel bis zur Eintragung behoben wurden (siehe § 17 UmwG Rz. 7).

5. Prüfung des Registergerichts

12 Vor Erteilung der Verschmelzungsbescheinigung hat das Registergericht zu prüfen, ob die Voraussetzungen für die Eintragung der grenzüberschreitenden Verschmelzung in das Register des Sitzes der übertragenden inländischen Gesellschaft vorliegen.

13 Das Registergericht prüft das Vorliegen der Voraussetzungen bei der übertragenden Gesellschaft in formeller und materieller Hinsicht. Der **Prüfungs-**

---

1 *Vossius* in Widmann/Mayer, § 122k UmwG Rz. 36.
2 *Vossius* in Widmann/Mayer, § 122k UmwG Rz. 36.
3 *Mayer* in Widmann/Mayer, § 122f UmwG Rz. 24; *Drinhausen* in Semler/Stengel, § 122k UmwG Rz. 10; *Hörtnagl* in Schmitt/Hörtnagl/Stratz, § 122f UmwG Rz. 7; *Klein*, RNotZ 2007, 565 (604).
4 Str., wie hier: *Bayer* in Lutter, § 122k UmwG Rz. 13; *Simon/Rubner* in KölnKomm. UmwG, § 122k UmwG Rz. 15; *Drinhausen* in Semler/Stengel, § 122k UmwG Rz. 11; *Hörtnagl* in Schmitt/Hörtnagl/Stratz, § 122k UmwG Rz. 9;aA: *Vossius* in Widmann/Mayer, § 122k UmwG Rz. 22, 36.
5 *Vossius* in Widmann/Mayer, § 122k UmwG Rz. 36.

umfang entspricht grundsätzlich dem bei der rein inländischen Verschmelzung (siehe § 19 UmwG Rz. 3 ff.) mit der Einschränkung, dass das Gericht nicht zu prüfen hat, ob die Voraussetzungen für die Eintragung der Verschmelzung bei den übrigen an dem Verschmelzungsvorgang beteiligten ausländischen Gesellschaften vorliegen[1]. Die Prüfung umfasst die Verschmelzungsfähigkeit der beteiligten Gesellschaften (§ 122a UmwG), die Einhaltung der Bekanntmachungspflichten (§ 122d UmwG), den Verschmelzungsplan (§ 122c UmwG), den Verschmelzungsbeschluss (§§ 122a Abs. 2, 13 UmwG), den Bestätigungsbeschluss (§ 122g UmwG) sowie das Vorliegen der Negativerklärung (Rz. 6), der Versicherung über Sicherheitsleistung (Rz. 8) und über die Anhängigkeit eines Spruchverfahrens (Rz. 10). Verschmelzungsbericht und Verschmelzungsprüfungsbericht sind lediglich auf Plausibilität zu überprüfen (siehe § 19 UmwG Rz. 3).

6. Verschmelzungsbescheinigung

Liegen die Voraussetzungen für die Eintragung der Verschmelzung bei der übertragenden inländischen Gesellschaft vor, muss das Gericht **unverzüglich** die Verschmelzungsbescheinigung ausstellen (§ 122k Abs. 2 Satz 1 UmwG). Hierauf besteht ein öffentlich-rechtlicher Anspruch (siehe § 19 UmwG Rz. 7)[2]. 14

Diese Verschmelzungsbescheinigung entspricht im Inland der **Nachricht über die Eintragung** der Verschmelzung im Register der übertragenden Gesellschaft (§ 122k Abs. 2 Satz 2 UmwG, § 383 Abs. 1 FamFG)[3], setzt also die Eintragung der Verschmelzung im Register der übertragenden Gesellschaft voraus. Eine gesonderte Verschmelzungsbescheinigung ist gesetzlich nicht vorgesehen[4]. Um Missverständnissen im Ausland vorzubeugen, vermerkt die **Registerpraxis** auf der Eintragungsnachricht an die übertragende Gesellschaft, dass es sich bei der Eintragungsnachricht um die Verschmelzungsbescheinigung im Sinne der Verschmelzungs- 15

---

1 *Bayer* in Lutter, § 122k UmwG Rz. 18; *Hörtnagl* in Schmitt/Hörtnagl/Stratz, § 122k UmwG Rz. 14; *Drinhausen* in Semler/Stengel, § 122k UmwG Rz. 14; *Simon/Rubner* in KölnKomm. UmwG, § 122k UmwG Rz. 21; *Polley* in Henssler/Strohn, § 122k UmwG Rz 13.
2 *Hörtnagl* in Schmitt/Hörtnagl/Stratz, § 122k UmwG Rz. 16; *Krause* in Happ, Konzern- und Umwandlungsrecht, 2011, Muster 8.03 Rz. 67.6.
3 Kritisch, weil nicht richtlinienkonform: *Vossius* in Widmann/Mayer, § 122k UmwG Rz. 51 ff.; *Bayer* in Lutter, § 122k UmwG Rz. 21; *Hörtnagl* in Schmitt/Hörtnagl/Stratz, § 122k UmwG Rz. 16; *Klein*, RNotZ 2007, 565 (604).
4 Deshalb fordern zB *Bayer* in Lutter, § 122k UmwG Rz. 21, *Drinhausen* in Semler/Stengel, § 122k UmwG Rz. 22; *Simon/Rubner* in KölnKomm. UmwG, § 122k UmwG Rz. 22; *Vossius* in Widmann/Mayer, § 122k UmwG Rz. 55 und *Hörtnagl* in Schmitt/Hörtnagl/Stratz, § 122k UmwG Rz. 16 eine gesonderte Bescheinigung für den Fall, dass die Eintragungsnachricht im Ausland nicht als richtlinienkonform anerkannt wird.

bescheinigung hat nur deklaratorische Bedeutung und erfolgt unabhängig von der Eintragung der Verschmelzung bei der übernehmenden ausländischen Gesellschaft.

16 Bei der Eintragung der Verschmelzung im Register der übertragenden Gesellschaft ist zu vermerken, dass die grenzüberschreitende Verschmelzung erst unter den Voraussetzungen des Rechts des Staates, dem die übernehmende oder neue Gesellschaft unterliegt, wirksam wird (§ 122k Abs. 2 Satz 3 UmwG). Mit diesem „**Vorläufigkeitsvermerk**" ist das Registerblatt der übertragenden Gesellschaft zu versehen. Dieser Vermerk ist demnach auch in der Eintragungsnachricht und somit in der Verschmelzungsbescheinigung enthalten.

17 Anders als bei der rein inländischen Verschmelzung wird im Vorläufigkeitsvermerk nicht auf die Eintragung der Verschmelzung im Register des Sitzes der übernehmenden Gesellschaft abgestellt. Dies berücksichtigt, dass das Recht des Sitzstaates der übernehmenden Gesellschaft bzw. der im Zuge der Verschmelzung neu gegründeten Gesellschaft das Wirksamwerden der Verschmelzung von anderen Voraussetzungen als der Eintragung in einem Register abhängig machen kann[1].

18 Innerhalb von **sechs Monaten** nach Ausstellung der Verschmelzungsbescheinigung hat das Vertretungsorgan der übertragenden Gesellschaft die Verschmelzungsbescheinigung mit dem gemeinsamen Verschmelzungsplan bei der für die Rechtmäßigkeitskontrolle zuständigen Stelle desjenigen Staates **vorzulegen**, dessen Recht auf die übernehmende Gesellschaft oder neue Gesellschaft Anwendung findet (§ 122k Abs. 3 UmwG). Die Vorlage erfolgt **nicht von Amts wegen**[2]. Erfolgt die Vorlage nicht innerhalb dieser Frist, ist die Verschmelzung nicht gescheitert. Denn die ausländische Stelle kann durchaus eine ältere Bescheinigung anerkennen[3]. Das für die übertragende Gesellschaft zuständige Registergericht hat auf Antrag eine neue Bescheinigung auszustellen. Das Verschmelzungsverfahren ist hingegen nicht zu wiederholen.

7. Wirksamkeitsvermerk

19 Die **ausländische Stelle**, bei der die übernehmende oder neue Gesellschaft eingetragen ist oder geführt wird, teilt **von Amts wegen** dem inländischen Registergericht des Sitzes der übertragenden Gesellschaft den Tag des Wirksamwerdens der Verschmelzung aus der Sicht seines Rechts mit. Im Register der übertragenden inländischen Gesellschaft ist sodann der Tag des Wirksamwerdens der Ver-

---

1 *Drinhausen* in Semler/Stengel, § 122k UmwG Rz. 18; *Hörtnagl* in Schmitt/Hörtnagl/Stratz, § 122k UmwG Rz. 18; *Klein*, RNotZ 2007, 565 (605).
2 *Vossius* in Widmann/Mayer, § 122k UmwG Rz. 61; *Hörtnagl* in Schmitt/Hörtnagl/Stratz, § 122k UmwG Rz. 21.
3 *Drinhausen* in Semler/Stengel, § 122k UmwG Rz. 21; *Hörtnagl* in Schmitt/Hörtnagl/Stratz, § 122k UmwG Rz. 21; *Vossius* in Widmann/Mayer, § 6 UmwG Rz. 65 Fn. 1.

schmelzung zu vermerken (§ 122k Abs. 4 UmwG). Die bei dem Gericht der übertragenden Gesellschaft aufbewahrten elektronischen Dokumente sind dem Register der übernehmenden Gesellschaft zu übermitteln. Zuvor werden die die übertragende Gesellschaft betreffenden Eintragungen auf dessen Registerblatt gerötet und das Registerblatt durchkreuzt (§ 22 HRV). Das durchkreuzte Registerblatt kann weiterhin bei dem Register der erloschenen übertragenden Gesellschaft eingesehen werden (§ 52 HRV, § 9 Abs. 1 HGB).

8. Anmeldung beim übernehmenden Rechtsträger, Prüfung und Eintragung

Die Prüfung der Anmeldung und Eintragung der Verschmelzung der ausländischen übernehmenden Gesellschaft obliegt ausschließlich der Stelle, die nach dem Recht des Staates, in dem die Gesellschaft ihren Sitz hat, dafür zuständig ist. 20

9. Kosten

Zu den Notar- und Gerichtskosten siehe § 19 UmwG Rz. 18. Für die Verschmelzungsbescheinigung wird zusätzlich zur Eintragungsgebühr eine 1,0 Gebühr (Nr. 25104 KV GNotKG) erhoben. Zugrunde zu legender Geschäftswert ist der der Handelsregisteranmeldung (§ 105 Abs. 4 GNotKG). 21

§ 122l
Eintragung der grenzüberschreitenden Verschmelzung

(1) Bei einer Verschmelzung durch Aufnahme hat das Vertretungsorgan der übernehmenden Gesellschaft die Verschmelzung und bei einer Verschmelzung durch Neugründung haben die Vertretungsorgane der übertragenden Gesellschaften die neue Gesellschaft zur Eintragung in das Register des Sitzes der Gesellschaft anzumelden. Der Anmeldung sind die Verschmelzungsbescheinigungen aller übertragenden Gesellschaften, der gemeinsame Verschmelzungsplan und gegebenenfalls die Vereinbarung über die Beteiligung der Arbeitnehmer beizufügen. Die Verschmelzungsbescheinigungen dürfen nicht älter als sechs Monate sein; § 16 Abs. 2 und 3 und § 17 finden auf die übertragenden Gesellschaften keine Anwendung.

(2) Die Prüfung der Eintragungsvoraussetzungen erstreckt sich insbesondere darauf, ob die Anteilsinhaber aller an der grenzüberschreitenden Verschmelzung beteiligten Gesellschaften einem gemeinsamen, gleichlautenden Ver-

schmelzungsplan zugestimmt haben und ob gegebenenfalls eine Vereinbarung über die Beteiligung der Arbeitnehmer geschlossen worden ist.
(3) Das Gericht des Sitzes der übernehmenden oder neuen Gesellschaft hat den Tag der Eintragung der Verschmelzung von Amts wegen jedem Register mitzuteilen, bei dem eine der übertragenden Gesellschaften ihre Unterlagen zu hinterlegen hatte.

1. Überblick 1
2. Anmeldung bei Hereinverschmelzung (übernehmende/neue) Gesellschaft
   a) Zuständiges Registergericht ... 2
   b) Anmeldende 3
   c) Inhalt 6
   d) Form/Frist 8
3. Erklärungen
   a) Erklärung über Anfechtung ... 10
   b) Weitere Erklärungen 13
4. Beizufügende Unterlagen 15
   a) Bei Verschmelzung durch Aufnahme der ausländischen Gesellschaft 16
   b) Bei Verschmelzung durch Neugründung (Hereinverschmelzung) 18
5. Prüfung des Registergerichts 19
6. Eintragung 24
7. Bekanntmachung, Mitteilungen .. 26
8. Kosten 29

Literatur: Siehe die Angaben zu § 122g UmwG.

1. Überblick

1 Die Vorschrift betrifft sowohl die Anmeldung der Verschmelzung zum Register der inländischen übernehmenden als auch die Anmeldung der durch Verschmelzung entstehenden künftigen neuen Gesellschaft (§ 122l Abs. 1 UmwG) bei der Hereinverschmelzung, ebenso die Prüfung der Eintragungsvoraussetzungen für die Eintragung der grenzüberschreitenden Verschmelzung (§ 122l Abs. 2 UmwG) sowie den Informationsaustausch der beteiligten Register (§ 122l Abs. 3 UmwG). Für die Anmeldung bei der übertragenden inländischen Gesellschaft (Hinausverschmelzung) gilt ausschließlich § 122k UmwG, insbesondere ist Abs. 2 im Rahmen des Anmeldeverfahrens bei der übertragenden Gesellschaft nicht anwendbar, für das Verfahren bezüglich der ausländischen übertragenden Gesellschaft ausschließlich das auf sie anwendbare Verschmelzungsrecht.

2. Anmeldung bei Hereinverschmelzung (übernehmende/neue) Gesellschaft

a) Zuständiges Registergericht

2 Zuständiges Registergericht für die Anmeldung der Verschmelzung ist bei Aufnahme das für den Satzungssitz der übernehmenden Gesellschaft zuständige Registergericht, bei Verschmelzung zur Neugründung das Registergericht, bei dem

die durch die Verschmelzung neu entstehende Gesellschaft ihren künftigen (Satzungs-)Sitz hat (§ 122l Abs. 1 UmwG).

b) Anmeldende

Die Verschmelzung durch **Aufnahme** meldet das Vertretungsorgan der inländischen übernehmenden Gesellschaft an. Für deren Anmeldebefugnis ergeben sich, verglichen mit der Anmeldung bei einem rein inländischen Verschmelzungsvorgang, keine Besonderheiten[1] (zu den weiteren Einzelheiten siehe daher § 16 UmwG Rz. 3 ff.). 3

Bei Verschmelzung durch **Neugründung** erfolgt die Anmeldung durch die Vertretungsorgane der übertragenden ausländischen Gesellschaften (§ 122l Abs. 1 Satz 1 UmwG). Die Vertretungsbefugnis der Organe der ausländischen beteiligten Gesellschaften richtet sich nach dem von deren Gesellschaftsstatut bestimmten Recht. Deren Vertretungsbefugnis ist durch geeignete Dokumente (zB Registerauszug, notarielle Bescheinigung) in Urschrift oder beglaubigter Abschrift, ggf. ordnungsgemäß (zB durch Apostille) legalisiert[2], nachzuweisen. Für das Anmeldeverfahren gilt allein deutsches Recht (lex fori). 4

Diese Anmeldungsbefugnis der **Vertretungsorgane** der **übertragenden Gesellschaften** ist eine ausschließliche. Sie umfasst alle Erklärungen und Handlungen, die bei regulärer Gründung für die Erstanmeldung einer GmbH, AG/KGaA oder SE notwendig oder zweckmäßig sind, sofern im Zusammenhang mit der Anmeldung nicht Wissens- oder höchstpersönliche Erklärungen abzugeben sind (wie zB die über Bestellungshindernisse für Vorstände und Geschäftsführer, § 37 Abs. 2 AktG, § 8 Abs. 3 GmbHG). Diese Befugnis dauert fort bis zum Wirksamwerden der Verschmelzung gemäß §§ 38 Abs. 1, 19 Abs. 2 UmwG (= Eintragung des neuen Rechtsträgers im Handelsregister, siehe § 38 UmwG Rz. 5). 5

c) Inhalt

Anzumelden unter Bezugnahme auf die beigefügten Unterlagen (siehe Rz. 15) ist die Verschmelzung bzw. die neue Gesellschaft (§ 122l Abs. 1 Satz 1 UmwG), nicht – wie bei der Anmeldung der Verschmelzung durch Aufnahme bei der übertragenden inländischen Gesellschaft – das Vorliegen der Voraussetzungen der Verschmelzung[3]. 6

---

1 *Bayer* in Lutter, § 122l UmwG Rz. 4; *Polley* in Henssler/Strohn, § 122l UmwG Rz. 3; *Drinhausen* in Semler/Stengel, § 122l UmwG Rz. 3; *Hörtnagl* in Schmitt/Hörtnagl/Stratz, § 122l UmwG Rz. 2.
2 *Hörtnagl* in Schmitt/Hörtnagl/Stratz, § 122l UmwG Rz. 3; *Drinhausen* in Semler/Stengel, § 122l UmwG Rz. 4; *Bayer* in Lutter, § 122l UmwG Rz. 4; *Polley* in Henssler/Strohn, § 122l UmwG Rz. 4; *Klein*, RNotZ 2007, 565 (606).
3 *Vossius* in Widmann/Mayer, § 122l UmwG Rz. 9; *Hörtnagl* in Schmitt/Hörtnagl/Stratz, § 122l UmwG Rz. 5; *Bayer* in Lutter, § 122l UmwG Rz. 6; *Klein*, RNotZ 2007, 565 (605).

§ 122l | Grenzüberschreitende Verschmelzung

7 Welche zusätzlichen für die Anmeldung der neuen Gesellschaft erforderlichen Angaben zu machen sind, verlangt das Gründungsrecht der betreffenden Kapitalgesellschaft (§§ 122a Abs. 2, 36 Abs. 2 UmwG). Bei **GmbH:** siehe § 38 UmwG Rz. 8; bei **AG/KGaA/SE:** siehe § 38 UmwG Rz. 10.

d) Form/Frist

8 Sämtliche Anmeldungen sind öffentlich zu beglaubigen (§ 12 HGB, § 40 BeurkG). Entsprechendes gilt für Vollmachten zur Anmeldung (§ 12 Abs. 2 HGB). Eine Frist ist für die Anmeldungen nicht vorgesehen[1]. Im Ausland kann die Beglaubigung durch einen deutschen Konsul (vgl. § 10 Abs. 2 Konsulargesetz) oder durch die dafür nach dem dort geltenden Recht berufene Stelle erfolgen, deren Beglaubigung dann – sofern Staatsverträge keine Befreiung vorsehen[2] – (etwa durch Apostille) zu legalisieren ist[3].

9 Siehe zur Reihenfolge der Anmeldungen bei **Kapitalerhöhung** zur Durchführung der Verschmelzung § 16 UmwG Rz. 8.

3. Erklärungen

a) Erklärung über Anfechtung

10 „Bei" (= mit), nicht „in" der Anmeldung haben die Vertretungsorgane der inländischen übernehmenden Gesellschaft die Erklärung abzugeben, dass gegen den Verschmelzungsbeschluss ihrer Gesellschaft[4] eine Anfechtungsklage nicht oder nicht fristgerecht erhoben ist (§§ 122a Abs. 2, 16 Abs. 2 UmwG) („**Negativerklärung**"). Liegen die Voraussetzungen des ebenfalls geltenden § 16 Abs. 3 UmwG vor (vgl. § 122a Abs. 2 UmwG), wird diese Erklärung durch den Freigabebeschluss ersetzt.

11 § 122l Abs. 1 Satz 3 Halbsatz 2 UmwG schließt die Anwendung des § 16 Abs. 2, 3 UmwG für die ausländischen Gesellschaften aus. Eine Negativerklärung kann von ihrem ausländischen Vertretungsorgan nicht verlangt werden[5].

---

1 *Hörtnagl* in Schmitt/Hörtnagl/Stratz, § 122l UmwG Rz. 2.
2 Siehe hierzu *Hertel* in Würzburger Notarhdb., 4. Aufl. 2015, Teil 7, Kap. 1, Rz. 24ff.
3 *Hörtnagl* in Schmitt/Hörtnagl/Stratz, § 122l UmwG Rz. 3; zur Legalisierung *Hertel* in Würzburger Notarhdb., 4. Aufl. 2015, Teil 7, Kap. 1, Rz. 27ff.
4 *Hörtnagl* in Schmitt/Hörtnagl/Stratz, § 122l UmwG Rz. 10; *Vossius* in Widmann/Mayer, § 122l UmwG Rz. 10; *Bayer* in Lutter, § 122l UmwG Rz. 10; *Klein*, RNotZ 2007, 565 (606).
5 *Drinhausen* in Semler/Stengel, § 122l UmwG Rz. 8; *Bayer* in Lutter, § 122l UmwG Rz. 10.

Die **Negativerklärung** geht bei der Verschmelzung zur Aufnahme ins Leere und ist daher **entbehrlich**, wenn es sich bei der übernehmenden Gesellschaft um eine inländische AG/KGaA/SE handelt, die mindestens 90 % der Anteile an der übertragenden Gesellschaft hält. Denn dann entfällt ein Beschluss der Anteilsinhaber der übernehmenden Gesellschaft (vgl. § 62 Abs. 1 UmwG). Entsprechendes gilt, wenn aus den der Anmeldung beigefügten Unterlagen (vgl. Rz. 15 ff.) ersichtlich ist, dass auf die Anfechtung formgültig (§ 16 Abs. 2 Satz 2 UmwG) verzichtet wurde, alle vorhandenen Anteilsinhaber der Verschmelzung zugestimmt haben (siehe § 16 UmwG Rz. 29). Bei einer Verschmelzung ausländischer Gesellschaften durch Neugründung einer inländischen Gesellschaft entfällt die Negativerklärung ebenfalls gänzlich (siehe Rz. 11). 12

b) Weitere Erklärungen

Haben weder übertragende noch übernehmende Gesellschaft einen Betriebsrat bzw. liegt keine Vereinbarung über das Mitbestimmungsregime vor, erscheint auch diese Angabe ratsam. Hingewiesen werden sollte ferner auch darauf, dass der **Verschmelzungsbericht** den Anteilsinhabern, dem zuständigen Betriebsrat oder hilfsweise den Arbeitnehmern rechtzeitig **zugänglich** gemacht worden ist (vgl. §§ 122e Satz 2, 63 Abs. 1 Nr. 4 UmwG). Entsprechendes wird für eine Erklärung über die Einleitung eines **Spruchverfahrens** vorgeschlagen, auch wenn sie nur bei der Anmeldung zum Register der übertragenden Gesellschaft zwingend vorgesehen sind (vgl. § 122k Abs. 2 Satz 5 UmwG)[1]. 13

Die **Versicherung gemäß** § 122k Abs. 1 Satz 3 UmwG über die Leistung angemessener **Sicherheit** für Gläubiger ist von dem Vertretungsorgan der aufnehmenden Gesellschaft bzw. den Vertretungsorganen der übertragenden Gesellschaften bei einer Neugründung nicht abzugeben[2]. 14

4. Beizufügende Unterlagen

Zum Nachweis der Voraussetzungen für die Eintragung der Verschmelzung zur Aufnahme bei der inländischen aufnehmenden Gesellschaft/Eintragung der neuen Gesellschaft sind der Anmeldung zum Register der aufnehmenden Gesellschaft/neuen Gesellschaft folgende Unterlagen beizufügen (§§ 122a, 17 UmwG gilt für die ausländischen übertragenden Gesellschaften ausdrücklich nicht)[3]: 15

---

1 So *Vossius* in Widmann/Mayer, § 122l UmwG Rz. 12.
2 *Vossius* in Widmann/Mayer, § 122l UmwG Rz. 13.
3 *Drinhausen* in Semler/Stengel, § 122l UmwG Rz. 8; *Hörtnagl* in Schmitt/Hörtnagl/Stratz, § 122l UmwG Rz. 8; *Bayer* in Lutter, § 122l UmwG Rz. 9; *Klein*, RNotZ 2007, 565 (606).

a) Bei Verschmelzung durch Aufnahme der ausländischen Gesellschaft

16 – in notarieller **Ausfertigung** (§ 49 BeurkG) oder **öffentlich beglaubigter Abschrift** (§ 42 BeurkG)

- der (gemeinsame) Verschmelzungsplan (§ 122l Abs. 1 Satz 2 UmwG) mit Satzung der übernehmenden Gesellschaft (§ 122c Abs. 2 Nr. 9 UmwG); ist dieser in gehöriger Form dem Verschmelzungsbeschluss als Anlage beigefügt (siehe §§ 122a Abs. 2, 13 Abs. 3 Satz 2 UmwG), braucht er nicht noch einmal gesondert eingereicht zu werden; die ordnungsgemäße Bekanntmachung der Verschmelzung muss nicht nachgewiesen werden. Sie befindet sich ohnehin in den Registerakten (vgl. § 122d UmwG)[1],

- der Verschmelzungsbeschluss (§§ 122a Abs. 2, 13 Abs. 1 UmwG) der Anteilsinhaber der übernehmenden Gesellschaft, falls nicht entbehrlich gemäß § 62 UmwG (siehe § 122g UmwG Rz. 29)[2],

- ggf. der Bestätigungsbeschluss (siehe § 122g UmwG Rz. 18),

- evtl. Zustimmungserklärungen einzelner Anteilsinhaber (siehe § 122g UmwG Rz. 24),

- ggf. der Verzicht auf Prüfung des Verschmelzungsplanes (§§ 122a Abs. 2, 9 Abs. 3 UmwG), auf den Verschmelzungsprüfungsbericht (§§ 122a Abs. 2, 12 Abs. 3 UmwG) und ggf. Klageverzicht (§§ 122k Abs. 1 Satz 2, 16 Abs. 2 UmwG),

- ggf. Verschmelzungsbeschluss der Anteilsinhaber der bzw. aller übertragenden Gesellschaft(en) (siehe Rz. 20 f.).

– in **Urschrift** oder einfacher (= nicht öffentlich beglaubigter) **Abschrift**

- Verschmelzungsbericht der übernehmenden Gesellschaft, ordnungsgemäß unterzeichnet (siehe § 122k UmwG Rz. 11),

- Verschmelzungsprüfungsbericht (falls nicht darauf verzichtet wurde),

- **Verschmelzungsbescheinigung(en)** der übertragenden (ausländischen) Gesellschaften (ggf. übersetzt und – etwa durch Apostille – legalisiert), falls keine bilateralen Befreiungsabkommen bestehen[3]. Mit dieser Bescheinigung soll dem inländischen Registergericht Sicherheit darüber verschafft werden, dass die Voraussetzungen zur Eintragung der grenzüberschreitenden Verschmelzung bei der übertragenden (ausländischen) Gesellschaft vorliegen. Ein Recht auf Prüfung der Rechtmäßigkeit des Inhalts der ausländischen Verschmelzungsbescheinigung oder eine Prüfungspflicht bezüglich der Rechtmäßigkeit des ausländischen

---

1 *Simon/Rubner* in KölnKomm. UmwG, § 122l UmwG Rz. 9.
2 Dann empfiehlt sich ein entsprechender Hinweis in der Anmeldung.
3 Siehe hierzu *Hertel* in Würzburger Notarhdb., 4. Aufl. 2015, Teil 7, Kap. 1, Rz. 24 ff.

Verschmelzungsvorgangs verstößt gegen die Verschmelzungsrichtlinie und ist deshalb nicht zulässig. Das inländische Registergericht ist an den Inhalt der Verschmelzungsbescheinigung gebunden[1]. Dem Registergericht wird man allenfalls eine summarische Prüfung zugestehen können, zB dahin gehend ob die Verschmelzungsbescheinigung von der zuständigen Stelle erteilt ist, nicht älter als sechs Monate ist, ob sie formal den Anforderungen des Art. 10 Abs. 2 der Verschmelzungsrichtlinie entspricht oder ob evidente Fehler vorliegen[2].

- Vereinbarung über die Beteiligung der Arbeitnehmer. Ist eine solche Vereinbarung nicht erforderlich, erscheint eine entsprechende Negativerklärung der Vertretungsorgane in der Anmeldung zweckmäßig, die aber auch außerhalb der Anmeldung erfolgen kann. Hierfür ist Schriftform ausreichend.
- ggf. Erklärung/Nachweis darüber, dass (vgl. § 122e Satz 2 UmwG) der Verschmelzungsbericht den Anteilsinhabern der übernehmenden Gesellschaft, dem zuständigen Betriebsrat bzw., bei dessen Fehlen, den Arbeitnehmern rechtzeitig vor der Versammlung zugänglich gemacht wurde.

Schon bei rein inländischer Verschmelzung ist allgemeine Meinung, dass die **Verschmelzungsbilanz** (§ 17 Abs. 2 UmwG) der übertragenden Gesellschaft nicht der Anmeldung zur Eintragung der Verschmelzung bei der übernehmenden Gesellschaft/neuen Gesellschaft beigefügt werden muss (§ 17 UmwG Rz. 4). Wenn sie mit eingereicht wird, soll sie als Werthaltigkeitsnachweis für eine evtl. Kapitalerhöhung zur Durchführung der Verschmelzung dienen (siehe Rz. 17). Bei einer grenzüberschreitenden Verschmelzung gilt nichts anderes.

Erhöht die übernehmende inländische Kapitalgesellschaft ihr **Kapital**, so sind weitere Unterlagen einzureichen (Einzelheiten siehe für GmbH bei § 53 UmwG, für AG/KGaA, SE bei § 66 UmwG).

17

b) Bei Verschmelzung durch Neugründung (Hereinverschmelzung)

Erfolgt die Verschmelzung durch Neugründung, sind einzureichen:

18

- in notarieller **Ausfertigung** oder öffentlich **beglaubigter Abschrift**
  - der (gemeinsame) Verschmelzungsplan mit Satzung der neuen Gesellschaft

---

1 *Klein*, RNotZ 2007, 565 (607); *Hörtnagl* in Schmitt/Hörtnagl/Stratz, § 122l UmwG Rz. 13; *Vossius* in Widmann/Mayer, § 122l UmwG Rz. 26; *Bayer* in Lutter, § 122l UmwG Rz. 19.
2 Ähnlich *Bayer* in Lutter, § 122l UmwG Rz. 20; *Drinhausen* in Semler/Stengel, § 122l UmwG Rz. 10; *Vossius* in Widmann/Mayer, § 122l UmwG Rz. 26 f.; *Hörtnagl* in Schmitt/Hörtnagl/Stratz, § 122l UmwG Rz. 13; *Klein*, RNotZ 2007, 565 (607); *Simon/Rubner* in KölnKomm. UmwG, § 122l UmwG Rz. 15.

- in **Urschrift** oder einfacher (= nicht öffentlich beglaubigter) **Abschrift**
  - Vereinbarung über die Beteiligung der Arbeitnehmer in der neuen Gesellschaft (siehe hierzu ergänzend Rz. 16),
  - die Verschmelzungsbescheinigungen aller übertragenden Rechtsträger (§ 122k Abs. 2 UmwG), die nicht älter als sechs Monate sein dürfen (§ 122l Abs. 1 Satz 3 Halbsatz 1 UmwG),
  - sofern aus den Verschmelzungsbescheinigungen nicht ersichtlich: Nachweise darüber, dass die Anteilsinhaber aller beteiligten übertragenden (ausländischen) Gesellschaften einem gleich lautenden Verschmelzungsplan zugestimmt haben (siehe ergänzend Rz. 21).

Ferner sind die Unterlagen einzureichen, die nach der für die Rechtsform des neuen Rechtsträgers geltenden **Gründungsvorschriften** (§ 36 Abs. 2 UmwG) und besonderen Vorschriften des UmwG (GmbH: §§ 55, 56 ff. UmwG; AG/KGaA: §§ 73 ff. UmwG) erforderlich sind (siehe im Einzelnen § 38 UmwG Rz. 8 ff.).

5. Prüfung des Registergerichts

19   Das Registergericht prüft bei der Verschmelzung durch **Aufnahme** das Vorliegen der formellen und materiellen Voraussetzungen für die Eintragung der Verschmelzung im Register der übernehmenden Gesellschaft, wie bei einer rein inländischen Verschmelzung (vgl. § 19 UmwG Rz. 2 ff.), allerdings beschränkt auf die übernehmende Gesellschaft. Das Vorliegen der Verschmelzungsvoraussetzungen bei der übertragenden Gesellschaft weist die Verschmelzungsbescheinigung nach. Diese Verschmelzungsbescheinigung überprüft das Registergericht der übernehmenden Gesellschaft allenfalls auf offensichtliche Fehler (siehe Rz. 16).

20   **Gegenstand der Prüfung** sind insbesondere das Vorliegen eines gemeinsamen Verschmelzungsplans[1], ob die Anteilsinhaber aller an der grenzüberschreitenden Verschmelzung beteiligten Gesellschaften einem gemeinsamen gleich lautenden Verschmelzungsplan zugestimmt haben (§ 122l Abs. 2 UmwG) (siehe Rz. 21) und ob ggf. eine Einigung über die Beteiligung der Arbeitnehmer geschlossen worden ist (§ 122l Abs. 2 UmwG).

21   **Fraglich** ist, wie weit das – sowohl bei der Verschmelzung zur Aufnahme als auch bei der Verschmelzung zur Neugründung erforderliche – dem inländischen Registergericht zustehende Recht auf Prüfung der **Zustimmung der Anteilsinhaber** aller beteiligten Gesellschaften zu einem gemeinsamen, gleich lautenden Verschmelzungsplan des inländischen Registergericht geht. Eine formelle und materielle Prüfung des ordnungsgemäßen Zustandekommens der Ver-

---

1 Diese soll nur auf eine formale Prüfung beschränkt sein, da die Verschmelzungsbescheinigung hierüber abschließend Auskunft gibt, so *Bayer* in Lutter, § 122l UmwG Rz. 14.

schmelzungsbeschlüsse der (ausländischen) übertragenden Gesellschaft kann nicht gewollt sein. Denn damit würde das inländische Registergericht die die ausländische übertragende Gesellschaft betreffenden, fremdem Recht unterliegenden Verfahrensschritte teilweise überprüfen, was die Regelung über die Erteilung einer Verschmelzungsbescheinigung gerade verhindern will (vgl. oben Rz. 16). Man wird daher nur verlangen können, dass das inländische Registergericht anhand der Verschmelzungsbescheinigung (oben § 122k UmwG und Rz. 16) überprüft, ob diese bestätigt, dass ein Zustimmungsbeschluss zum gleichlautenden Verschmelzungsplan (§ 122c UmwG) vorliegt. Soweit diese Angabe in der Verschmelzungsbescheinigung oder deren Anlagen enthalten ist, sind weitere Aufklärungsbemühungen des inländischen Registers unzulässig, weil überflüssig. Ist aus der Bescheinigung nicht erkennbar, ob demselben Verschmelzungsplan zugestimmt wurde, muss das Gericht auf weitere Nachweise (zB notarielle Bescheinigung oder Vorlage der Beschlussurkunden der ausländischen übertragenden Gesellschaften) beiziehen. Soweit sie nicht (auch) in deutscher Sprache abgefasst sind, sind sie zu übersetzen[1].

Wie weit die Überprüfung der abgeschlossenen **Vereinbarungen** über die Beteiligungen der **Arbeitnehmer** geht, ist ebenfalls strittig. Teilweise wird vertreten, dass die Prüfung Voraussetzungen und Inhalt einer solchen Vereinbarung umfasst[2]; andere hingegen beschränken die Überprüfung auf eine summarische Prüfung, ob nach dem „äußeren Bild" eine solche Vereinbarung vorliegt. Eine weitergehende Prüfung, insbesondere hinsichtlich ihres Zustandekommens oder der Zulässigkeit ihres Inhalts, wird richtigerweise abgelehnt[3]. 22

Bei der Verschmelzung durch Neugründung prüft das Gericht zusätzlich den **Gründungsvorgang** (vgl. bei GmbH § 38 UmwG Rz. 19; bei AG, KGaA § 38 UmwG Rz. 20) einschließlich Satzung der neuen Gesellschaft[4]. 23

6. Eintragung

Die Eintragung der grenzüberschreitenden Verschmelzung durch **Aufnahme** der ausländischen Gesellschaft bei der übernehmenden Gesellschaft erfolgt wie bei der Eintragung der Verschmelzung einer inländischen übernehmenden Gesellschaft (vgl. § 19 UmwG Rz. 9). Einzutragen ist bei Verschmelzung durch 24

---

1 Ähnlich: *Vossius* in Widmann/Mayer, § 122l UmwG Rz. 27 ff.; *Hörtnagl* in Schmitt/Hörtnagl/Stratz, § 122l UmwG Rz. 12; *Drinhausen* in Semler/Stengel, § 122l UmwG Rz. 8; *Bayer* in Lutter, § 122l UmwG Rz. 20.
2 So *Bayer* in Lutter, § 122l UmwG Rz. 15.
3 Wie hier: *Hörtnagl* in Schmitt/Hörtnagl/Stratz, § 122l UmwG Rz. 12; *Vossius* in Widmann/Mayer, § 122l UmwG Rz. 30; *Drinhausen* in Semler/Stengel, § 122l UmwG Rz. 13 verlangt eine Prüfung, ob die Vereinbarung formal ordnungsgemäß abgeschlossen wurde.
4 *Bayer* in Lutter, § 122l UmwG Rz. 17; *Drinhausen* in Semler/Stengel, § 122l UmwG Rz. 12.

Aufnahme in das Register der übernehmenden inländischen Gesellschaft „die Verschmelzung" (= Übertragung des Vermögen als Ganzes) unter Benennung der inländischen und ausländischen Kapitalgesellschaft, der Daten der Aufstellung des Verschmelzungsplanes, der Verschmelzungsbescheinigung(en) und des Verschmelzungsbeschlusses bei der übernehmenden Gesellschaft.

25 Bei der Verschmelzung durch **Neugründung** erfolgt die Eintragung im Handelsregister zunächst wie bei regulärer Gründung (vgl. § 10 GmbHG, § 39 AktG). Zusätzlich wird in Spalte 6 des Handelsregisters (Rechtsverhältnisse) unter Bezeichnung der übertragenden ausländischen Gesellschaften, des Datums des Verschmelzungsplanes und der Verschmelzungsbescheinigung(en) bezüglich jeder übertragenden Gesellschaft vermerkt, dass die inländische neue Gesellschaft durch Verschmelzung gegründet wurde (vgl. auch § 19 UmwG Rz. 11).

7. Bekanntmachung, Mitteilungen

26 Das Registergericht der übernehmenden/neuen Gesellschaft hat die Verschmelzung/Neugründung gemäß § 10 HGB bekannt zu machen (vgl. § 19 UmwG Rz. 14).

27 Ferner hat es dem Register, bei dem die übertragende(n) Gesellschaft(en) ihre Unterlagen zu hinterlegen hatte (gemeint ist wohl die nach dem ausländischen Recht zuständige Stelle für die Erteilung der Verschmelzungsbescheinigung), den Tag der Eintragung der Verschmelzung **von Amts wegen mitzuteilen** (§ 122l Abs. 3 UmwG)[1]. Die Mitteilung hat unverzüglich nach Eintragung zu erfolgen.

28 Für den Fall, dass neben den ausländischen übertragenden Gesellschaften auch eine inländische übertragende Gesellschaft an der Verschmelzung zur Neugründung einer inländischen Gesellschaft beteiligt ist, wird diese wie eine inländische Gesellschaft behandelt, dh. nach Mitteilung des Registergerichts der neuen Gesellschaft hat das Registergericht der inländischen übertragenden Gesellschaft den Tag des Wirksamwerdens in seinem Register zu vermerken und die bei ihm aufbewahrten elektronischen Dokumente an das Register der übernehmenden/neuen Gesellschaft zu übermitteln (§ 122k Abs. 4 UmwG).

8. Kosten

29 Zu den Notarkosten siehe § 16 UmwG Rz. 21 (Aufnahme), § 38 UmwG Rz. 31 (Neugründung).

30 Zu den Gerichtskosten siehe § 19 UmwG Rz. 18.

---

1 *Drinhausen* in Semler/Stengel, § 122l UmwG Rz. 14; *Hörtnagl* in Schmitt/Hörtnagl/Stratz, § 122l UmwG Rz. 16; *Vossius* in Widmann/Mayer, § 122l UmwG Rz. 33; *Bayer* in Lutter, § 122l UmwG Rz. 22; *Klein*, RNotZ 2007, 565 (607).

Drittes Buch
Spaltung

Erster Teil
Allgemeine Vorschriften

Erster Abschnitt
Möglichkeit der Spaltung

§ 123
Arten der Spaltung

(1) Ein Rechtsträger (übertragender Rechtsträger) kann unter Auflösung ohne Abwicklung sein Vermögen aufspalten

1. zur Aufnahme durch gleichzeitige Übertragung der Vermögensteile jeweils als Gesamtheit auf andere bestehende Rechtsträger (übernehmende Rechtsträger) oder

2. zur Neugründung durch gleichzeitige Übertragung der Vermögensteile jeweils als Gesamtheit auf andere, von ihm dadurch gegründete neue Rechtsträger

gegen Gewährung von Anteilen oder Mitgliedschaften dieser Rechtsträger an die Anteilsinhaber des übertragenden Rechtsträgers (Aufspaltung).

(2) Ein Rechtsträger (übertragender Rechtsträger) kann von seinem Vermögen einen Teil oder mehrere Teile abspalten

1. zur Aufnahme durch Übertragung dieses Teils oder dieser Teile jeweils als Gesamtheit auf einen bestehenden oder mehrere bestehende Rechtsträger (übernehmende Rechtsträger) oder

2. zur Neugründung durch Übertragung dieses Teils oder dieser Teile jeweils als Gesamtheit auf einen oder mehrere, von ihm dadurch gegründeten neuen oder gegründete neue Rechtsträger

gegen Gewährung von Anteilen oder Mitgliedschaften dieses Rechtsträgers oder dieser Rechtsträger an die Anteilsinhaber des übertragenden Rechtsträgers (Abspaltung).

(3) Ein Rechtsträger (übertragender Rechtsträger) kann aus seinem Vermögen einen Teil oder mehrere Teile ausgliedern

1. zur Aufnahme durch Übertragung dieses Teils oder dieser Teile jeweils als Gesamtheit auf einen bestehenden oder mehrere bestehende Rechtsträger (übernehmende Rechtsträger) oder

§ 123 | Möglichkeit der Spaltung

2. zur Neugründung durch Übertragung dieses Teils oder dieser Teile jeweils als Gesamtheit auf einen oder mehrere, von ihm dadurch gegründeten neuen oder gegründete neue Rechtsträger
gegen Gewährung von Anteilen oder Mitgliedschaften dieses Rechtsträgers oder dieser Rechtsträger an den übertragenden Rechtsträger (Ausgliederung).

(4) Die Spaltung kann auch durch gleichzeitige Übertragung auf bestehende und neue Rechtsträger erfolgen.

I. Allgemeine Voraussetzungen einer Spaltung	III. Gestaltungsfragen 15
1. Übertragung von Vermögensteilen 1	1. Wahl zwischen Auf- und Abspaltung 16
2. Übertragung von Vermögensteilen „als Gesamtheit" 3	2. Wahl zwischen Ausgliederung und Sacheinlage gegen Anteilsgewährung 17
3. Gewährung von Anteilen 4	
II. Spaltungsarten	3. Wahl zwischen herkömmlicher sog. Betriebsaufspaltung und Spaltung nach UmwG 21
1. Aufspaltung (§ 123 Abs. 1 UmwG) 7	
2. Abspaltung (§ 123 Abs. 2 UmwG) 9	
3. Ausgliederung (§ 123 Abs. 3 UmwG) 11	4. Gründung eines Gemeinschaftsunternehmens durch Bar- oder Sachgründung oder durch Ausgliederung nach UmwG 24
4. Kombination von Abspaltung und Ausgliederung 13	
5. Spaltung zur Aufnahme und zur Neugründung (§ 123 Abs. 4 UmwG) 14	5. Wahl zwischen sog. Realteilung und Spaltung nach UmwG bei Personengesellschaften 26

Literatur: *Aha*, Einzel- oder Gesamtrechtsnachfolge bei der Ausgliederung?, AG 1997, 345; *Altmeppen*, Ausgliederung zwecks Organschaftsbildung gegen die Sperrminorität?, DB 1998, 49; *Blumers*, Demerger – Die Spaltung börsennotierter Gesellschaften (national und international), DB 2000, 589; *Engelmeyer*, Die Spaltung von Aktiengesellschaften nach dem neuen Umwandlungsrecht, 1995; *Engelmeyer*, Das Spaltungsverfahren bei der Spaltung von Aktiengesellschaften, AG 1996, 193; *Feddersen/Kiem*, Die Ausgliederung zwischen „Holzmüller" und neuem Umwandlungsrecht, ZIP 1994, 1078; *Fuhrmann/Simon*, Praktische Probleme der umwandlungsrechtlichen Ausgliederung, Erfahrungen mit einem neuen Rechtsinstitut, AG 2000, 49; *Habersack*, Mitwirkungsrechte der Aktionäre nach Macrotron und Gelatine, AG 2005, 137; *Heckschen*, Aktuelle Probleme des Spaltungsrechts – Eine Betrachtung nach 20 Jahren –, GmbHR 2015, 897; *IDW*, Stellungnahme HFA 1/1998: Zweifelsfragen bei Spaltungen, WPg 1998, 508; *Joost*, „Holzmüller 2000" vor dem Hintergrund des Umwandlungsgesetzes, ZHR 163 (1999), 164; *Kallmeyer*, Das neue Umwandlungsgesetz, ZIP 1994, 1746; *Kallmeyer*, Kombination von Spaltungsarten nach dem neuen Umwandlungsgesetz, DB 1995, 81; *Kallmeyer*, Der Einsatz von Spaltung und Formwechsel nach dem UmwG 1995 für die Zukunftssicherung von Familienunternehmen, DB 1996, 28; *Maier/Funke*, Umwandlungsrechtliche und umwandlungssteuerrechtliche Aspekte einer mehrstufigen Kettenumwandlung, DStR 2015, 2703; *Mayer*, Zweifelsfragen bei der Durchführung von Mehrfach- und Kettenumwandlungen, FS Spiegelberger, 2009, S. 833; *Nagl*, Die Spaltung durch Einzelrechtsnachfolge und nach neuem

Umwandlungsrecht, DB 1996, 1221; *Pickhardt*, Die Abgrenzung des spaltungsrelevanten Vermögensteils als Kernproblem der Spaltung, DB 1999, 729; *Priester*, Abspaltung im faktischen Konzern – Umwandlungsrechtlicher Schutz und seine Grenzen, FS Goette, 2011, S. 369; *Priester*, Die klassische Ausgliederung – ein Opfer des Umwandlungsgesetzes 1994?, ZHR 163 (1999), 187; *Reichert*, Ausstrahlungswirkungen der Ausgliederungsvoraussetzungen nach UmwG auf andere Strukturveränderungen, in Habersack/Koch/Winter (Hrsg.), Die Spaltung im neuen Umwandlungsrecht und ihre Rechtsfolgen, 1999, S. 25; *Reichert*, Mitwirkungsrechte und Rechtsschutz der Aktionäre nach Macrotron und Gelatine, AG 2005, 150; *H. Schmidt*, Die Ausgliederung als Unterfall der Spaltung nach neuem Umwandlungsrecht, in Habersack/Koch/Winter (Hrsg.), Die Spaltung im neuen Umwandlungsrecht und ihre Rechtsfolgen, 1999, S. 10; *H. Schmidt*, Totalausgliederung nach § 123 Abs. 3 UmwG, AG 2005, 26; *Schöne*, Auf- und Abspaltung nach den §§ 123 ff. UmwG – Überblick unter Berücksichtigung der Rechtslage für die GmbH, ZAP 1995, 693; *Schöne*, Die Spaltung unter Beteiligung von GmbH, 1998; *Schwedhelm/Streck/Mack*, Die Spaltung der GmbH nach neuem Umwandlungsrecht, GmbHR 1995, 7 (Teil I), GmbHR 1995, 100 (Teil II); *Schwetlik/Emmrich*, Ausgliederung bei Kettenumwandlung, GmbHR 2014, 807; *Stockenhuber*, Das österreichische Spaltungsgesetz, RIW 1994, 278; *Trölitzsch*, Rechtsprechungsbericht: Das Umwandlungsrecht seit 1995, WiB 1997, 795; *Veil*, Aktuelle Probleme im Ausgliederungsrecht, ZIP 1998, 361.

I. Allgemeine Voraussetzungen einer Spaltung

1. Übertragung von Vermögensteilen

Die **Spaltung** ist dadurch gekennzeichnet, dass ein Rechtsträger sein Vermögen 1 zum Teil oder vollständig auf einen oder mehrere übernehmende Rechtsträger überträgt. Die gleichzeitige Beteiligung mehrerer übertragender Rechtsträger an einem einheitlichen Spaltungsvorgang ist dagegen nicht möglich. Allenfalls kommt eine schuldrechtliche Verknüpfung mehrerer hintereinandergeschalteter Spaltungsvorgänge in Betracht (siehe Rz. 2, 24 f.). Technisch vollzieht sich die Spaltung in der Regel in der Weise, dass Vermögensteile eines Rechtsträgers von diesem Rechtsträger (sog. übertragender Rechtsträger) auf einen anderen Rechtsträger übergehen. Der Vermögensteil selbst definiert sich durch die genaue Bezeichnung und Aufteilung im Spaltungs- und Übernahmevertrag nach § 126 Abs. 1 Nr. 9 UmwG. Geklärt ist, dass es sich auch lediglich um einen **einzelnen Gegenstand** handeln kann, obwohl dann die Formulierung ins Leere geht, dass der Vermögensteil „als Gesamtheit" übertragen wird[1]. Im Wege der Spaltung können auch Vermögensgegenstände übertragen werden, deren Einzelrechtsübertragung an Übertragungsbeschränkungen scheitert[2]. Das OLG Hamm[3] hat

---
1 *Teichmann* in Lutter, § 123 UmwG Rz. 6; wohl auch *Wardenbach* in Henssler/Strohn, § 123 UmwG Rz. 8.
2 AA wohl *Simon* in KölnKomm. UmwG, § 123 UmwG Rz. 11.
3 OLG Hamm v. 16.4.2014 – 8 U 82/13, NZG 2014, 783 = GmbHR 2014, 935; *Heckschen*, GmbHR 2015, 897 (908).

jüngst entschieden, dass im Rahmen einer Abspaltung zur Aufnahme die Vinkulierung als ein auf den einzelnen Gesellschaftsanteil bezogenes Übertragungshindernis nicht die Übertragung von Geschäftsanteilen im Wege der Gesamtrechtsnachfolge hindert. Das Gericht stützt seine Entscheidung auf den Willen des Gesetzgebers, der den § 132 UmwG durch das 2. UmwGÄndG aufgehoben hat. Die Vorschrift schränkte die Spaltungsfreiheit in erheblichem Umfang ein, indem sie verhinderte, dass durch die Übertragung im Wege der Spaltung allgemeingesetzliche Übertragungshindernisse umgangen werden. Möglich ist es spaltungsrechtlich auch, dass **lediglich Verbindlichkeiten** oder Vermögensteile mit einem negativen Wert übertragen werden[1]. In Betracht kommen hierfür aber nicht Spaltungen auf eine Kapitalgesellschaft[2], es sei denn, es findet keine Anteilsgewährung statt wie zB bei der up-stream-Spaltung. Auf diese Weise können Altersversorgungsverbindlichkeiten von der Tochter auf die Mutter transferiert werden. Es gibt keinen vorgesetzlichen Umwandlungsbegriff (§ 1 UmwG Rz. 6), aus dem das Erfordernis einer betriebswirtschaftlich sinnvollen Abgrenzung der Vermögensteile abzuleiten wäre[3]. Es besteht vielmehr – jedenfalls handelsrechtlich – **Vermögensaufteilungsfreiheit**[4].

2 Die gleichzeitige Beteiligung mehrerer übertragender Rechtsträger an einem einheitlichen Spaltungsvorgang, beispielsweise zur Gründung eines Gemeinschaftsunternehmens, kommt nur im Wege einer schuldrechtlichen Verknüpfung mehrerer hintereinandergeschalteter Spaltungsvorgänge in Betracht (Beispiele unter Rz. 24 f.). Solche **Kettenspaltungen** sind grundsätzlich in Rechtsprechung und Literatur anerkannt[5]. Während die einzelnen Umwandlungsvorgänge schuldrechtlich durch Vertragsschluss bzw. Fassung der erforderlichen Beschlüsse zeitgleich vereinbart und beschlossen werden können, muss ihr dinglicher Vollzug durch Eintragung in das Handelsregister in der Reihenfolge erfolgen, die das Umwandlungskonzept vorsieht[6]. Durch die Aufnahme von **Bedingungen und Befristungen** können die einzelnen Umwandlungsmaßnahmen verbunden und die Reihenfolge der Eintragungen gesichert werden[7]. Detailfra-

---

1 *Hörtnagl* in Schmitt/Hörtnagl/Stratz, § 126 UmwG Rz. 50; kritisch noch LG Hamburg v. 8.12.2005 – 417 T 16/05, ZIP 2005, 2331 (2332): Missbrauch der Rechtsform bei Ausgliederung allein von laufenden Pensionsverbindlichkeiten.
2 *Schöne*, Spaltung, S. 120; *IDW*, Stellungnahme HFA 1/1998, WPg 1998, 508 (509).
3 So aber *Pickhardt*, DB 1999, 729.
4 *Priester* in Lutter, § 126 UmwG Rz. 59; *Schöne*, Spaltung, S. 35; *Simon* in KölnKomm. UmwG, § 126 UmwG Rz. 62.
5 OLG Hamm v. 19.12.2005 – 15 W 377/05, NZG 2006, 916 = GmbHR 2006, 255; *Teichmann* in Lutter, § 123 UmwG Rz. 31 f.; *Simon* in KölnKomm. UmwG, § 123 UmwG Rz. 36; vgl. umfassend *Mayer* in FS Spiegelberger, 2009, S. 833 ff.; *Maier/Funke*, DStR 2015, 2703.
6 DNotI-Report 2012, 124 f.
7 OLG Hamm v. 19.12.2005 – 15 W 377/05, NZG 2006, 916 = GmbHR 2006, 255; *Hörtnagl* in Schmitt/Hörtnagl/Stratz, § 126 UmwG Rz. 111.

gen ergeben sich zB hinsichtlich der **Anforderungen an die Beschlussfassung**, wenn sich durch einen in der Kette geplanten Formwechsel die Rechtsform eines beteiligten Rechtsträgers ändert. Dann kommt es für die Wirksamkeit und Rechtmäßigkeit der gefassten Beschlüsse auf die Anforderungen an, die im Zeitpunkt der Beschlussfassung gelten. Dies gilt sowohl für die zu beteiligenden Anteilsinhaber als auch die formellen Anforderungen wie Form und Frist der Ladung[1]. In Hinblick auf die **materiell-rechtlichen Voraussetzungen** der nachgelagerten Umwandlungsvorgänge wird auf den Zeitpunkt des Wirksamwerdens der vorgelagerten Umwandlung durch Eintragung in das Handelsregister abgestellt[2]. Wenn der übertragende Rechtsträger eines nachgelagerten Umwandlungsvorgangs noch nicht existiert, sondern erst durch eine vorangehende Umwandlung, zB eine Spaltung zur Neugründung, hervorgehen soll, stellt sich die Frage der Vertretung einer noch nicht existenten Gesellschaft. Nach einer Ansicht können die Organe des ursprünglich übertragenden Rechtsträgers den Vertrag abschließen[3], nach anderer, zutreffender Ansicht können die aufschiebend bedingt bestellten Geschäftsführer der neuen Gesellschaft den Vertrag abschließen und vorsorglich nach Bedingungseintritt genehmigen[4]. Möglich ist auch ein Abschluss des nachgelagerten Vertrages nach Eintragung des vorhergehenden Umwandlungsvorgangs mit Vereinbarung eines in der Vergangenheit liegenden Umwandlungsstichtags[5]. Vgl. zur Wahl des Umwandlungsstichtags § 5 UmwG Rz. 37, 39. Voraussetzung für eine Ertragsteuerneutralität ist auch im Fall von Kettenspaltungen die Übertragung eines steuerlichen Teilbetriebs[6]. Hierfür genügt eine logische Sekunde, zB in dem Fall, in dem im Rahmen einer Kettenumwandlung erst Teilbetriebe aus den Tochtergesellschaften A und B auf Tochtergesellschaft C abgespalten werden, um dann diesen „für eine logische Sekunde bestehenden" Teilbetrieb der C an eine Enkelgesellschaft auszugliedern.

2. Übertragung von Vermögensteilen „als Gesamtheit"

Das entscheidende Merkmal der Umwandlung ist die **Entbehrlichkeit der Einzelrechtsübertragung** (§ 1 UmwG Rz. 7). Dieses Merkmal gilt auch für alle Spaltungsarten, und zwar nach Aufhebung des § 132 UmwG durch das 2. UmwGÄndG im Jahre 2007 auch ohne den Vorbehalt der Anwendung von Zustimmungserfordernissen nach allgemeinem Recht. In den Definitionen des § 123 UmwG kommt dies durchgehend durch die Formulierung der Übertragung von

3

---

1 *Mayer* in Widmann/Mayer, § 5 UmwG Rz. 235.12; DNotI-Report 2012, 124 f.; *Schwetlik/Emmrich*, GmbHR 2014, 807 (808).
2 *Mayer* in Widmann/Mayer, § 5 UmwG Rz. 235.12.
3 DNotI-Report 2012, 124 (125).
4 *Mayer* in Widmann/Mayer, § 5 UmwG Rz. 235.13.
5 DNotI-Report 2012, 124 (125).
6 Ausführlich zu umwandlungssteuerrechtlichen Aspekten einer Kettenumwandlung *Maier/Funke*, DStR 2015, 2703 und *Schwetlik/Emmrich*, GmbHR 2014, 807.

Vermögensteilen „als Gesamtheit" zum Ausdruck. Der Unterschied im Wortlaut zur Verschmelzung (Übertragung des Vermögens „als Ganzes") erklärt sich daraus, dass bei der Spaltung nicht das ganze Vermögen, sondern nur ein im Spaltungs- und Übernahmevertrag bestimmter Teil übertragen wird. Deshalb spricht man bei der Spaltung auch von **partieller Gesamtrechtsnachfolge** oder **Sonderrechtsnachfolge**[1]. Wenn sich demnach aus dem Umstrukturierungsbeschluss ergibt, dass eine Einzelrechtsnachfolge gewollt ist, so handelt es sich nicht um eine Spaltung und findet das UmwG keine Anwendung[2]. Eine „klassische Ausgliederung" liegt bei der Übertragung von Teilen des Gesellschaftsvermögens auf eine andere Gesellschaft vor, an der die übertragende regelmäßig allein, bisweilen aber auch gemeinsam mit Dritten beteiligt ist[3]. Das LG Karlsruhe[4] hatte in dem Fall, dass die Übertragung einen wesentlichen Teil des Gesellschaftsvermögens betrifft und die übernehmende Gesellschaft eine abhängige Gesellschaft ist, die Schutzvorschriften des UmwG zu Gunsten der Aktionäre, insbesondere die Vorschriften über den Spaltungsbericht, auf die Ausgliederung durch Einzelrechtsübertragungen entsprechend angewandt. Die Entscheidung wurde in der Literatur überwiegend als mit dem UmwG nicht vereinbar abgelehnt[5]. Insbesondere eine Übertragung formeller Anforderungen ist abzulehnen[6]. So sind die Vorschriften über den Spaltungsbericht nur ein Hinweis darauf, dass eine umfassende Aktionärsunterrichtung erforderlich ist, die jedenfalls bei Einhaltung dieser Vorschriften gewährleistet ist; die Einhaltung dieser Vorschriften ist aber kein zwingendes Erfordernis[7]. Das Informationsbedürfnis der Anteilseigner kann vielmehr auch auf andere Weise gleichwertig befriedigt werden[8]. Für die Praxis dürfte die Frage durch die Gelatine-Entscheidungen des BGH[9] wohl entschieden sein. Danach ergeben sich die Informations- und Mitwirkungsrechte der Hauptversammlung bei wesentlichen Strukturmaßnahmen nicht aus einer Analogie zum UmwG, sondern in offener Rechtsfortbildung in Anlehnung an

---

1 Zu der Frage, ob die partielle Gesamtrechtsnachfolge bei Spaltungsvorgängen nach §§ 123 ff. UmwG auch als Gesamtrechtsnachfolge iS des § 45 AO mit der Folge des Übergangs der Steuerschuld angesehen werden kann, vgl. § 131 UmwG Rz. 21.
2 LG München I v. 8.6.2006 – 5 HK O 5025/06, BB 2006, 1928 (1929); LG Hamburg v. 21.1. 1997 – 402 O 122/96, AG 1997, 238 (Wünsche AG); LG Frankfurt/M. v. 29.7.1997 – 3/5 O 162/95, ZIP 1997, 1698 = AG 1998, 45 (Altana Milupa); *Aha*, AG 1997, 345 (356); *Bungert*, NZG 1998, 367 (368).
3 *Priester*, ZHR 163 (1999), 187.
4 LG Karlsruhe v. 6.11.1997 – O 43/97 KfH 1, ZIP 1998, 385 (Badenwerk AG).
5 *Heckschen*, DB 1998, 1385 (1386); *Trölitzsch*, DStR 1999, 764 (765); *Priester*, ZHR 163 (1999), 187 (192).
6 *Priester*, ZHR 163 (1999), 187 (197); *Wardenbach* in Henssler/Strohn, § 123 UmwG Rz. 9; *Teichmann* in Lutter, § 123 UmwG Rz. 28 (mangels planwidriger Regelungslücke).
7 *Priester*, ZHR 163 (1999), 187 (200).
8 *Kallmeyer* in FS Lutter, 2000, S. 1245 (1253).
9 BGH v. 26.4.2004 – II ZR 155/02, AG 2004, 384 = NJW 2004, 1860; BGH v. 26.4.2004 – II ZR 154/02, NZG 2004, 575 = ZIP 2004, 1001.

allgemeine Grundsätze des Aktionärsschutzes[1]. Vgl. im Übrigen zur Frage der analogen Anwendung von Vorschriften des UmwG auf sonstige Umstrukturierungen § 1 UmwG Rz. 20.

3. Gewährung von Anteilen

Die Gewährung von Anteilen wird im Gesetz durchgehend als Begriffsmerkmal der Spaltung erwähnt. Dabei handelt es sich um ein unentziehbares Recht der **Anteilsinhaber des übertragenden Rechtsträgers**, weil die Spaltung nicht dazu benutzt werden darf, unliebsame Gesellschafter auszuschließen. Dieses Recht ist aber gemäß §§ 125 Satz 1, 54 Abs. 1 Satz 3, 68 Abs. 1 Satz 3 UmwG verzichtbar (vgl. § 1 UmwG Rz. 10; § 54 UmwG Rz. 18 ff.). Zu den Anteilsinhabern zählen bei einer AG oder KGaA auch Vorzugsaktionäre ohne Stimmrecht, obwohl das Gesetz die Vorzugsaktien ohne Stimmrecht bei den Sonderrechten erwähnt (dazu § 125 UmwG Rz. 34). Anteilsinhabern mit stimmberechtigten Anteilen sind wiederum stimmberechtigte Anteile zu gewähren[2]. Eine Ausnahme besteht, wenn eine AG, die bisher nur Stammaktien ausgegeben hat, auf eine AG gespalten wird, die 50 % Stamm- und 50 % Vorzugsaktien hat[3]. Das Gesetz selbst kennt Fälle, in denen aufgrund einer besonderen Konstellation keine Anteilsgewährung stattfindet (zB bei der up-stream-Spaltung). Barzahlungen des übernehmenden oder neuen Rechtsträgers sind nur als Zuzahlung neben der Gewährung von Anteilen möglich, nicht dagegen als Ersatz für die Anteilsgewährung[4]. Wenn also ein Spaltungs- und Übernahmevertrag bzw. Spaltungsplan als Gegenleistung lediglich eine Barzahlung vorsieht, so ist eine solche Spaltung nicht eintragungsfähig und kann sich der Vermögensübergang nicht durch partielle Universalsukzession vollziehen[5]. Auch eine **Ausgleichsleistung** anderer Gesellschafter kann das Recht auf Anteilsgewährung nicht ersetzen[6]. Sie ist allerdings neben einer Anteilsgewährung zulässig und sollte dann im Spaltungs- und Übernahmevertrag bzw. Spaltungsplan vorgesehen werden (siehe § 128 UmwG Rz. 4b).

Das Gesetz setzt bei der Auf- und Abspaltung nicht voraus, dass die Anteilsinhaber des übertragenden Rechtsträgers an den übernehmenden oder neuen Rechtsträgern im selben Verhältnis beteiligt werden, wie sie es am übertragenden Rechtsträger waren (**verhältniswahrende Spaltung**). Es ist vielmehr auch möglich, dass mit der Spaltung wirtschaftlich ein Tausch von Anteilen verbunden wird, indem die Beteiligungsverhältnisse bei den übernehmenden oder

---
1 Vgl. *Weißhaupt*, AG 2004, 585; *Teichmann* in Lutter, § 123 UmwG Rz. 28 f.
2 *Drygala* in Lutter, § 5 UmwG Rz. 20; *Bayer*, ZIP 1997, 1613 (1616).
3 *Drygala* in Lutter, § 5 UmwG Rz. 20.
4 *Schöne*, Spaltung, S. 125.
5 *Schöne*, Spaltung, S. 117.
6 *Priester* in Lutter, § 128 UmwG Rz. 16; *Simon* in KölnKomm. UmwG, § 128 UmwG Rz. 33–40; *Mayer* in Widmann/Mayer, § 128 UmwG Rz. 34; *Hörtnagl* in Schmitt/Hörtnagl/Stratz, § 128 UmwG Rz. 27.

neuen Rechtsträgern unterschiedlich und abweichend von dem Beteiligungsverhältnis bei dem übertragenden Rechtsträger festgesetzt werden (**nicht-verhältniswahrende Spaltung**). Im Extremfall können einzelnen Gesellschaftern des übertragenden Rechtsträgers überhaupt keine Anteile eines übernehmenden oder neuen Rechtsträgers zugewiesen werden, sog. **Spaltung „zu Null"**. Vgl. zur nicht-verhältniswahrenden Spaltung § 128 UmwG Rz. 4.

6 Die Freiheit bei der Festlegung der Beteiligungsverhältnisse an einem übernehmenden oder neuen Rechtsträger ist allerdings **auf die Gesellschafter begrenzt, die dem übertragenden Rechtsträger zum Zeitpunkt der Spaltung angehören**. Der Grundsatz der Vermögensübertragung gegen Anteilsgewährung gestattet es nicht, im Wege der Spaltung einem außenstehenden Dritten unmittelbar Anteile an einem übernehmenden oder neuen Rechtsträger zuzuweisen[1]. Hier ist vielmehr eine Abtretung erforderlich, die frühestens ab Spaltungsbeschluss der Anteilsinhaber des übertragenden Rechtsträgers vorgenommen werden kann[2]. Etwas anderes gilt lediglich bei der Spaltung auf eine neue GmbH & Co. KG. Hier kann eine dritte GmbH der neuen GmbH & Co. KG im Zuge der Spaltung als Komplementär ohne Kapitalanteil beitreten[3] (siehe auch § 1 UmwG Rz. 11 und § 40 UmwG Rz. 13). Diese Ausnahme vom Gebot der Gesellschafteridentität ist für den Formwechsel inzwischen auch in der Rechtsprechung anerkannt[4]. Die Ausnahme verstößt nicht gegen das Prinzip der Vermögensübertragung gegen Anteilsgewährung, soweit der beitretende Komplementär nicht am Kapital der Gesellschaft beteiligt ist. Auf den Beitritt einer Komplementär-GmbH zu einer neuen GmbH & Co. KG sind die allgemeinen Vorschriften der Kommanditgesellschaft sowie § 221 UmwG entsprechend anzuwenden. Im Zuge der Spaltung genügt eine einseitige Beitrittserklärung iVm. der Genehmigung des Gesellschaftsvertrags. Die Beitrittserklärung ist entsprechend § 221 UmwG notariell zu beurkunden[5].

II. Spaltungsarten

1. Aufspaltung (§ 123 Abs. 1 UmwG)

7 Die Aufspaltung ist dadurch gekennzeichnet, dass der übertragende Rechtsträger **alle Vermögensteile**, in der Summe also sein ganzes Vermögen, auf andere (übernehmende oder neue Rechtsträger) **unter Auflösung ohne Abwicklung** überträgt. Dadurch unterscheidet sie sich von der Abspaltung, bei der nur ein oder mehrere, nicht jedoch alle Vermögensteile übertragen werden und sich der

---

1 *Mayer*, DB 1995, 861 (862 zu IV.); *Schöne*, ZAP 1995, 702; aA *Priester*, DB 1997, 560 (566).
2 *Mayer*, DB 1995, 861 (862 zu IV.).
3 *Kallmeyer*, GmbHR 1996, 80 (82).
4 BGH v. 9.5.2005 – II ZR 29/03, AG 2005, 613.
5 *Kallmeyer*, GmbHR 1996, 80 (82).

übertragende Rechtsträger auch nicht auflöst, vielmehr bestehen bleibt. Bei der Ausgliederung können zwar alle Vermögensteile übertragen werden, es treten aber Anteile an ihre Stelle (siehe Rz. 12).

Die Aufspaltung ist ferner dadurch gekennzeichnet, dass die Übertragung von Vermögensteilen gegen **Gewährung von Anteilen an die Anteilsinhaber des übertragenden Rechtsträgers** erfolgt. Dadurch unterscheidet sie sich von der Ausgliederung, bei der die Anteile dem übertragenden Rechtsträger selbst gewährt werden, nicht aber von der Abspaltung. 8

2. Abspaltung (§ 123 Abs. 2 UmwG)

Die Abspaltung ist dadurch gekennzeichnet, dass anders als bei der Aufspaltung **nicht alle Vermögensteile** übertragen werden und dass **der übertragende Rechtsträger nicht erlischt**. Daraus folgt, dass auch die Anteile an dem übertragenden Rechtsträger bestehen bleiben, jedoch eine Wertminderung erfahren. Es findet also anders als bei der Verschmelzung kein Anteilstausch statt. Der übertragende Rechtsträger ist einer der mehreren Rechtsträger, die nach der Spaltung bestehen. 9

Von der Ausgliederung unterscheidet sich die Abspaltung ebenso wie die Aufspaltung dadurch, dass die Anteile an dem übernehmenden bzw. neuen Rechtsträger den Anteilsinhabern des übertragenden Rechtsträgers, nicht etwa dem übertragenden Rechtsträger selbst, gewährt werden. 10

3. Ausgliederung (§ 123 Abs. 3 UmwG)

Die Ausgliederung unterscheidet sich von Auf- und Abspaltung durch die **Anteilsgewährung an den übertragenden Rechtsträger** selbst. Die Anteilsinhaber des übertragenden Rechtsträgers werden also unmittelbar nicht betroffen. Insbesondere können sich keine Wertverschiebungen unter ihren Anteilen ergeben, weshalb keine Spaltungsprüfung vorgeschrieben ist (§ 125 Satz 2 UmwG). Andererseits besteht in allen Fällen, auch denen der Ausgliederung auf eine 100%ige Tochter oder eine 100%ige Mutter, ein Recht auf Anteilsgewährung. Allerdings ist auch hier unter den Voraussetzungen der §§ 54 Abs. 1 Satz 3, 68 Abs. 1 Satz 3 UmwG ein Verzicht auf die Anteilsgewährung möglich, obwohl die §§ 54 und 68 UmwG für die Ausgliederung von der Verweisung des § 125 Satz 1 UmwG ausgenommen sind (siehe § 125 UmwG Rz. 51). 11

Die Ausgliederung umfasst in dem Merkmal der Übertragung von Vermögensteilen sowohl die Abspaltung als auch die Aufspaltung. Dies bedeutet, dass ein Vermögensteil zurückbleiben kann, dass aber **auch alle Vermögensteile** übertragen werden können[1]. Das Vermögen des übertragenden Rechtsträgers besteht 12

---

1 *BAG* v. 16.10.2013 – 6 AZR 556/11, DZWIR 2013, 572 (574) = ZIP 2013, 1433.

dann nach der Ausgliederung nur aus den Anteilen an den übernehmenden oder neuen Rechtsträgern, der übertragende Rechtsträger wird also zur reinen **Holding**. Dem steht der Wortlaut „aus seinem Vermögen" nicht entgegen[1]. Demgemäß kann Auf- oder Abspaltung als horizontale, die Ausgliederung als vertikale Spaltung charakterisiert werden.

4. Kombination von Abspaltung und Ausgliederung

13 Abspaltung und Ausgliederung können in der Weise kombiniert werden, dass die Anteile an dem übernehmenden Rechtsträger teilweise dem übertragenden Rechtsträger, teilweise dessen Anteilsinhabern gewährt werden[2]. Mit dieser Gestaltung können die mit einer reinen Ausgliederung aus Sicht der Anteilsinhaber verbundenen Nachteile vermieden werden, ohne dass die einheitliche Leitung durch das Geschäftsführungsorgan des übertragenden Rechtsträgers beeinträchtigt wird[3]. Auch die Kombination von Aufspaltung und Ausgliederung ist möglich, wenn man die Ausgliederung aller Vermögensteile anerkennt (siehe Rz. 12).

5. Spaltung zur Aufnahme und zur Neugründung (§ 123 Abs. 4 UmwG)

14 Das Gesetz ermöglicht wie bei der Verschmelzung alle Spaltungsarten durch Übertragung der Vermögensteile auf andere bestehende Rechtsträger (Spaltung zur Aufnahme) oder durch Übertragung auf im Zuge der Spaltung gegründete neue Rechtsträger (Spaltung zur Neugründung). Spaltung zur Aufnahme und Spaltung zur Neugründung werden jeweils gesondert geregelt (vgl. §§ 126 ff. UmwG einerseits und §§ 135 ff. UmwG andererseits). Das Gesetz lässt in § 123 Abs. 4 UmwG aber auch eine Kombination beider Formen zu. Dies ist eine Besonderheit der Spaltung, die es bei der Verschmelzung naturgemäß nicht geben kann. Für die Anwendung des Gesetzes ist jeweils zwischen der reinen Spaltung zur Aufnahme oder zur Neugründung und der Misch-Spaltung zu differenzieren (§ 135 UmwG Rz. 1 und 2). Zu beachten ist, dass eine Ausgliederung zur Neugründung einer Personengesellschaft die Beteiligung eines weiteren Gründers ohne Vermögenseinlage – etwa einer Komplementär-GmbH – erforderlich macht (§ 135 UmwG Rz. 17). Dabei kann ein Komplementär ohne Kapitalanteil im Zuge der Spaltung beitreten (siehe Rz. 6). Die Komplementär-GmbH kann auch im Zuge der Ausgliederung neu gegründet werden. Es bedarf also keiner vorangehenden Gründung der Personengesellschaft und anschließenden Ausgliederung zur Aufnahme[4].

---

[1] *Teichmann* in Lutter, § 123 UmwG Rz. 25; *Simon* in KölnKomm. UmwG, § 123 UmwG Rz. 27.
[2] *Teichmann* in Lutter, § 123 UmwG Rz. 30; *Simon* in KölnKomm. UmwG, § 123 UmwG Rz. 28 ff.
[3] Vgl. Beispiel bei *Kallmeyer*, DB 1995, 81 (82).
[4] *Kallmeyer*, DB 1995, 81 (82); vgl. auch Rz. 6.

III. Gestaltungsfragen

Umwandlungsvorgänge einschließlich Spaltungen sind, von Missbrauchsfällen abgesehen, legitime Gestaltungsentscheidungen der Anteilsinhaber im Umgang mit ihren Beteiligungen und bedürfen daher nach ganz hM keiner sachlichen Rechtfertigung[1]. Die Abspaltung als solche kommt daher auch nicht etwa als ausgleichspflichtiger Nachteil iS von § 311 AktG in Betracht. Zwar soll § 311 AktG nach hM auf Umwandlungsbeschlüsse anwendbar sein. Nicht allein die Umsetzung des Abspaltungsbeschlusses, sondern nur besondere Modalitäten in der Abspaltung, etwa ein unangemessenes Umtauschverhältnis, eine Treuepflichtverletzung oder der Entzug für die Existenz notwendiger Mittel sollen demgegenüber nach neueren Auffassungen die Anwendung von § 311 AktG auf Abspaltungen begründen können[2]. Für derartige Sonderfälle greifen jedoch andere Rechtsinstitute, so dass für § 311 AktG letztlich kein Raum bleibt[3]. 15

1. Wahl zwischen Auf- und Abspaltung

Wenn man eine **horizontale Spaltung** anstrebt, so kann man diese sowohl im Wege der Aufspaltung als auch im Wege der Abspaltung erreichen. In der Regel ist die **Abspaltung zu empfehlen** aus folgenden Gründen: 16

a) So wie die Verschmelzung im Wege der Neugründung wegen der Übertragung mehrerer Vermögen der umständlichere und kostspieligere Weg ist, ist auch die **Aufspaltung** im Vergleich zur Abspaltung **umständlicher und kostspieliger**. Denn bei der Aufspaltung geht das gesamte Vermögen des übertragenden Rechtsträgers auf andere Rechtsträger über, während bei der Abspaltung die Rechtszuständigkeit eines – möglicherweise des überwiegenden – Teils des Vermögens unverändert bleibt.

b) Wenn bei einer Aufspaltung die für die Übertragung eines bestimmten Gegenstandes erforderliche **staatliche Genehmigung**[4] nicht erteilt wird, so wird die Aufspaltung damit undurchführbar. Eine Abspaltung bleibt jedoch möglich, wobei die Übertragung durch die Einräumung von Nutzungsrechten oder die Begründung von Treuhandverhältnissen ersetzt wird.

2. Wahl zwischen Ausgliederung und Sacheinlage gegen Anteilsgewährung

Die Ausgliederung nach dem UmwG konkurriert mit der herkömmlichen Sacheinlage gegen Anteilsgewährung. Der übertragende Rechtsträger hat ein **Wahlrecht**. Das Steuerrecht übt hier anders als bei der Auf- oder Abspaltung von Ka- 17

---

1 OLG Frankfurt v. 8.2.2006 – 12 W 185/05, AG 2006, 249.
2 *Habersack* in Emmerich/Habersack, Aktien- und GmbH-Konzernrecht, § 311 AktG Rz. 30a zum angemessenen Umtauschverhältnis; *Priester* in FS Goette, 2011, S. 369 ff.
3 *J. Vetter* in K. Schmidt/Lutter, § 311 AktG Rz. 80; *Tillmann/Rieckhoff*, AG 2008, 486 (493).
4 *Teichmann* in Lutter, § 131 UmwG Rz. 16.

pitalgesellschaften keinen Zwang aus, nach den Vorschriften des UmwG vorzugehen. Der grundlegende Unterschied besteht darin, dass bei der Ausgliederung nach UmwG eine **partielle Gesamtrechtsnachfolge**, bei der Einbringung dagegen eine **Einzelrechtsnachfolge** stattfindet. Ein gewichtiger Vorteil der Ausgliederung nach UmwG ist dabei, dass für die befreiende Schuldübernahme nicht die **Zustimmung der Gläubiger** entsprechend § 415 BGB erforderlich ist. Dies galt schon vor der Aufhebung des § 132 UmwG durch das 2. UmwG-ÄndG[1]. Dieser Vorteil der Ausgliederung wird jedoch eingeschränkt durch die **fünfjährige Haftung** des übertragenden Rechtsträgers für die übergehenden Verbindlichkeiten (§ 133 Abs. 1 Satz 1, Abs. 3 UmwG), die noch durch einen Anspruch der Gläubiger auf Sicherheitsleistung bei Gefährdung ihrer Forderungen ergänzt wird (§§ 133 Abs. 1 Satz 2, 22 UmwG). Die Ausgliederung nach UmwG ist trotzdem vorteilhaft bei Vorhandensein wirtschaftlich bedeutender Dauerschuldverhältnisse. Bei **Einzelrechtsnachfolge** kann der Vertragspartner seine Zustimmung zur Übernahme der Dauerschuldverhältnisse von veränderten Konditionen abhängig machen. Oder er verlangt die Sicherungen, die ihm das Gesetz bei einer Ausgliederung nach UmwG gewährt. Wird die Zustimmung endgültig verweigert, so bleibt nur die Treuhandlösung, die für lange Zeit die wirkliche Trennung des übernehmenden oder neuen Rechtsträgers vom übertragenden Rechtsträger verhindert.

Bei der Ausgliederung nach UmwG haftet der übernehmende oder neue Rechtsträger auch für alle zum Zeitpunkt der Spaltung bestehenden Verbindlichkeiten des übertragenden Rechtsträgers. Das bedeutet, dass der übernehmende oder neue Rechtsträger für diese Zeitspanne das Risiko einer **Insolvenz** des übertragenden Rechtsträgers trägt. Das kann hinderlich sein, wenn eine alsbaldige Veräußerung des neuen Unternehmens, die Gründung eines Gemeinschaftsunternehmens oder gar ein Börsengang geplant ist. Ist dagegen das übertragende Unternehmen eine „erste Adresse", so wird dies keine Rolle spielen.

18 Mitunter kann die **Mitbestimmungsbeibehaltung**, die bei der Ausgliederung, nicht dagegen bei der Sacheinlage, gilt (§ 325 UmwG), gegen die Ausgliederung nach UmwG sprechen. Auch insoweit besteht eine fünfjährige Verzögerung des Eintritts der Wirkungen der Ausgliederung.

19 Bei der Ausgliederung im Wege der Sacheinlage ist ein Gesellschafterbeschluss der ausgliedernden Gesellschaft nur erforderlich, wenn dies nach den allgemeinen Vorschriften für die betreffende Rechtsform vorgesehen ist. Bei der AG ist nach den *Holzmüller-* und *Gelatine-*Entscheidungen des BGH[2] ein Hauptversammlungsbeschluss erforderlich, wenn die Ausgliederung einen wesentlichen Vermögensteil betrifft[3]. Vergleichbare Anforderungen gelten auch bei der

---

1 OLG Dresden v. 28.4.2008 – 8 U 65/08, WM 2008, 1273 (1274).
2 BGH v. 25.1.1982 – II ZR 174/80, BGHZ 83, 122 und BGH v. 26.4.2004 – II ZR 155/02, AG 2004, 384. Dazu *Habersack*, AG 2005, 137; *Reichert*, AG 2005, 150.
3 LG München I v. 8.6.2006 – 5 HK O 5025/06, BB 2006, 1928 (1930).

GmbH[1]. Bei der Ausgliederung nach UmwG ist dagegen auch bei wirtschaftlich unbedeutenden Vermögensteilen ein Gesellschafterbeschluss der ausgliedernden Gesellschaft erforderlich. Von einer im Rahmen der Aktienrechtsnovelle 2016 diskutierten Einführung einer Bagatell-Ausgliederung für die AG/KGaA hat der Gesetzgeber bisher abgesehen[2]. Ein beträchtlicher Unterschied besteht auch hinsichtlich des Ausgliederungs- und Übernahmevertrags bzw. Ausgliederungsplans. Abgesehen von dem Erfordernis notarieller Beurkundung kann sich hier ein Zeitproblem ergeben. Bei Einzelübertragung ist die genaue Bezeichnung und Aufteilung der Gegenstände des Aktiv- und Passivvermögens (vgl. § 126 Abs. 1 Nr. 9 UmwG) dem Einbringungsvertrag überlassen, der erst nach dem Zustimmungsbeschluss und nachfolgender Gründung bzw. Kapitalerhöhung des übernehmenden Rechtsträgers abgeschlossen wird. Es genügt, wenn die Hauptversammlung einen Grundsatzbeschluss fasst[3]. Weiterhin ist belastend, dass der Ausgliederungs- und Übernahmevertrag nach § 126 Abs. 1 Nr. 11 UmwG Angaben zu den **Folgen der Ausgliederung für die Arbeitnehmer** und ihre Vertretungen sowie über die insoweit vorgesehenen Maßnahmen enthalten muss und dass der Ausgliederungs- und Übernahmevertrag nach § 126 Abs. 3 UmwG einen Monat vor dem Ausgliederungsbeschluss dem Betriebsrat zugeleitet werden muss und danach nicht mehr geändert werden kann[4]. Gegen die Ausgliederung nach UmwG konnte vor Änderung des § 141 UmwG durch das 2. UmwÄndG gegebenenfalls auch sprechen, dass nach § 141 UmwG bei einer Aktiengesellschaft innerhalb der ersten zwei Jahre nach Registereintragung eine Ausgliederung nach UmwG ausgeschlossen war[5].

Insgesamt gesehen ist das Verfahren bei der herkömmlichen Sacheinlage gegen Anteilsgewährung einfacher. Bei einer wirtschaftlich unbedeutenden Ausgliederung, bei der keine bedeutenden langfristigen Verträge übertragen werden sollen, wird man daher den Weg der Sacheinlage bevorzugen. 20

3. Wahl zwischen herkömmlicher sog. Betriebsaufspaltung und Spaltung nach UmwG

Die Spaltung kann bei einer sog. echten Betriebsaufspaltung eingesetzt werden, und zwar die Auf- und Abspaltung zur Begründung einer horizontalen, die Ausgliederung zur Begründung einer vertikalen Betriebsaufspaltung, die allerdings nur im Falle der sog. kapitalistischen Betriebsaufspaltung zu empfehlen ist[6]. 21

---

1 *Uwe H. Schneider/Sven H. Schneider* in Scholz, § 37 GmbHG Rz. 15 ff.
2 Vgl. *Teichmann* in Lutter, § 123 UmwG Rz. 27.
3 *Lutter/Leinekugel*, ZIP 1998, 805 (811).
4 *H. Schmidt* in Habersack/Koch/Winter, S. 10, 21; *Willemsen*, RdA 1998, 23 (35); lediglich „unwesentliche Abänderungen" sollen keine erneute Zuleitungspflicht auslösen, vgl. *Priester* in Lutter, § 126 UmwG Rz. 15.
5 *H. Schmidt* in Habersack/Koch/Winter, S. 10, 22.
6 Zu den Begriffen siehe *Neu* in GmbH-Handbuch, Rz. III 3610 ff.

22 Die herkömmliche Art der Begründung einer Betriebsaufspaltung im Wege der Einzelrechtsnachfolge ist auch weiterhin zulässig. Es kann daher von einem **Wahlrecht** zwischen der herkömmlichen Art der **Begründung einer Betriebsaufspaltung mit Einzelrechtsnachfolge** und der **Betriebsaufspaltung nach dem UmwG mit Sonderrechtsnachfolge** ausgegangen werden[1]. Die Sonderrechtsnachfolge könnte zB bei einem Handelsunternehmen interessant sein, das zahlreiche langfristige Geschäftsraum-Mietverträge mit Dritten abgeschlossen hat, deren Einzelübernahme jeweils der Zustimmung des anderen Vertragsteils bedarf. Diese Verträge könnten bei Betriebsaufspaltung nach dem UmwG auch mit Wirkung im Außenverhältnis auf die Betriebsgesellschaft übergeleitet werden. Dasselbe gilt für Pensionsverpflichtungen gegenüber Ruheständlern, für die § 613a BGB versagt, weil er nur den Übergang der Versorgungsanwartschaften der aktiven Arbeitnehmer bewirkt.

23 Eine Einschränkung der Wirkung der Sonderrechtsnachfolge ist die **gesamtschuldnerische Haftung** des Besitzunternehmens für seine auf das Betriebsunternehmen übergegangenen Verbindlichkeiten für die Dauer von fünf Jahren, im Falle von Versorgungsverpflichtungen auf Grund des Betriebsrentengesetzes von zehn Jahren (§ 133 UmwG). Eine weiter gehende Einschränkung der Wirkung der Spaltung sieht § 134 UmwG vor. Diese Vorschrift begründet eine Haftung des Besitzunternehmens sogar für innerhalb von fünf Jahren nach der Spaltung entstehende Sozialplanverbindlichkeiten des Betriebsunternehmens. Für diese Verbindlichkeiten haftet das Besitzunternehmen im äußersten Fall für die Dauer von zehn Jahren nach der Spaltung (§ 134 Abs. 3 UmwG). Diese weit gehende Arbeitnehmerschutzvorschrift gilt ausdrücklich auch für den Fall der Begründung einer Betriebsaufspaltung durch Übertragung von Betriebsteilen oder Wirtschaftsgütern aus einer Betriebs-Kapitalgesellschaft auf eine Besitz-Personengesellschaft. Für eine Betriebsaufspaltung im Wege der Einzelrechtsnachfolge gilt demgegenüber die **Haftungstrennung**. Denn § 134 UmwG findet auf die Begründung einer Betriebsaufspaltung außerhalb des UmwG keine Anwendung (§ 134 UmwG Rz. 6). Im Übrigen wird auf die Erl. zu § 134 UmwG verwiesen.

4. Gründung eines Gemeinschaftsunternehmens durch Bar- oder Sachgründung oder durch Ausgliederung nach UmwG

24 **Beispiel:**
Das Unternehmen A will einen Geschäftszweig mit einem Teil des Unternehmens B in einer gemeinsamen Tochtergesellschaft vereinigen. Nach allgemeinem Recht gibt es zwei Wege, die zu diesem Ziel führen: (1) A und B führen die Bargründung einer gemeinsamen Tochtergesellschaft durch. Sie führen der Gesellschaft über die Deckung des Grund-,

---

1 Siehe dazu auch *Wälzholz* in GmbH-Handbuch, Rz. I 55, I 4300 ff.; *Semler* in Semler/Stengel, § 123 UmwG Rz. 4.

Stamm- oder Kommanditkapitals hinaus finanzielle Mittel zu, sei es als Zuzahlungen in das Eigenkapital, sei es als Gesellschafterdarlehen. Mit diesen Mitteln kauft das Gemeinschaftsunternehmen die jeweiligen Betriebsvermögen von A und B zum Verkehrswert. Die Mittel, die das Grund-, Stamm- oder Kommanditkapital decken, bleiben unberührt. Es handelt sich daher nicht um eine verdeckte Sachgründung iS der Legaldefinition des § 19 Abs. 4 GmbHG in der Fassung des MoMiG. Ist das Gemeinschaftsunternehmen eine AG, so ist allerdings gemäß §§ 52, 53 AktG eine Nachgründung erforderlich. (2) A und B führen eine Sachgründung der gemeinsamen Tochtergesellschaft durch. Nachteil in Vergleich zur Bargründung: Es ist ein Sachgründungsbericht und ein Nachweis der Werthaltigkeit bzw. eine Gründungsprüfung erforderlich, die neue Gesellschaft kann erst nach Übertragung aller Vermögensgegenstände zur Eintragung im Handelsregister angemeldet werden (Zeitverlust), und der Gegenstand der Sacheinlage wird veröffentlicht. Hinzu kommt, dass Ausgleichszahlungen unter den Gesellschaftern erforderlich sind, wenn ein 50:50-Gemeinschaftsunternehmen beabsichtigt ist, die eingebrachten Vermögen aber unterschiedliche Verkehrswerte haben.

Wenn zu dem Geschäftszweig zahlreiche Verbindlichkeiten, namentlich **Pensionsverbindlichkeiten**, gehören, können **Ausgliederungen nach dem UmwG** helfen, bei denen eine partielle Gesamtrechtsnachfolge stattfindet und die Zustimmung der Gläubiger oder etwa des Pensionssicherungsvereins nicht erforderlich ist[1]. Es müssen aber zwei getrennte Ausgliederungen vorgenommen werden: A nimmt eine Ausgliederung auf eine dadurch neu gegründete Tochtergesellschaft vor. Das Unternehmen B nimmt sodann eine Ausgliederung auf die Tochtergesellschaft von A vor. Spitzen können durch bare Zuzahlung ausgeglichen werden. Ist das Gemeinschaftsunternehmen eine AG, so sind bei der Ausgliederung zur Aufnahme nach §§ 125 Satz 1, 67 UmwG die Nachgründungsvorschriften des § 52 AktG entsprechend anzuwenden. Soweit der Geschäftsbereich, der auf das Gemeinschaftsunternehmen übertragen werden soll, einer Mehrbereichs-Tochtergesellschaft gehört, muss statt der Ausgliederung eine **Abspaltung** durchgeführt werden. Auf diese Weise wird die Konzernobergesellschaft unmittelbar an dem Gemeinschaftsunternehmen beteiligt, was für Steuerung und Kontrolle zweckmäßig ist. Im Hinblick auf den Haftungsverbund nach § 133 Abs. 1, 3–5 UmwG ist in allen Fällen die Vereinbarung von Freistellungspflichten in der Grundvereinbarung erforderlich. 25

5. Wahl zwischen sog. Realteilung und Spaltung nach UmwG bei Personengesellschaften

Bei der **Spaltung einer Personenhandelsgesellschaft** (OHG oder KG einschließlich GmbH & Co. KG) zum Zwecke der Auseinandersetzung von Gesellschaftern ist die Aufspaltung oder Abspaltung nach dem UmwG nicht der einzige in Betracht kommende Weg. Als Alternative bietet sich die Auflösung mit 26

---

[1] BAG v. 22.2.2005 – 3 AZR 499/03 (A), ZIP 2005, 957; aA LG Hamburg v. 8.12.2005 – 417 T 16/05, ZIP 2005, 2331 (2332) bei isolierter Ausgliederung von Pensionsverbindlichkeiten.

der Übertragung von Teilen des Gesellschaftsvermögens auf Gesellschafter oder Gesellschaftergruppen an. Es handelt sich hierbei um eine **andere Art der Auseinandersetzung gemäß §§ 145 Abs. 1, 161 Abs. 2 HGB**. Ist eine solche vereinbart, so scheidet auch eine Spaltung aus (§ 125 Satz 1 UmwG iVm. § 39 UmwG). Wie bei der Spaltung nach dem UmwG wird eine Liquidation vermieden. Es sind aber Einzelrechtsübertragungen erforderlich, insbesondere müssen beim Übergang von Verbindlichkeiten und Verträgen alle Gläubiger zustimmen. Andererseits wird der notariell zu beurkundende Spaltungsplan bzw. Spaltungs- und Übernahmevertrag eingespart, es sei denn, es würden Grundstücke oder GmbH-Geschäftsanteile übertragen. Auch müssen der Auflösungsbeschluss und der Beschluss über die andere Art der Auseinandersetzung nicht notariell beurkundet werden. Vor allem entfällt die gesamtschuldnerische Haftung nach § 133 UmwG. Weniger ins Gewicht fallende Erleichterungen sind, dass kein formalisierter Bericht vorgeschrieben ist und auch bei Mehrheitsbeschlüssen kein Gesellschafter eine Prüfung verlangen kann. Schließlich ist nur die Eintragung im Handelsregister des Sitzes der aufgelösten Personenhandelsgesellschaft erforderlich, und diese ist auch nicht konstitutiv. Der Vorgang kann also in vielen Fällen wesentlich einfacher und kostengünstiger abgewickelt werden.

§ 124
Spaltungsfähige Rechtsträger

(1) An einer Aufspaltung oder einer Abspaltung können als übertragende, übernehmende oder neue Rechtsträger die in § 3 Abs. 1 genannten Rechtsträger sowie als übertragende Rechtsträger wirtschaftliche Vereine, an einer Ausgliederung können als übertragende, übernehmende oder neue Rechtsträger die in § 3 Abs. 1 genannten Rechtsträger sowie als übertragende Rechtsträger wirtschaftliche Vereine, Einzelkaufleute, Stiftungen sowie Gebietskörperschaften oder Zusammenschlüsse von Gebietskörperschaften, die nicht Gebietskörperschaften sind, beteiligt sein.

(2) § 3 Abs. 3 und 4 ist auf die Spaltung entsprechend anzuwenden.

1. Rechtsformen der an einer Spaltung beteiligten Gesellschaften (§ 124 Abs. 1 UmwG) 1
2. Spaltung unter Beteiligung von aufgelösten, insolventen oder ruhenden Gesellschaften (§ 124 Abs. 2 UmwG) 4
3. Misch-Spaltung (§ 124 Abs. 2 UmwG) 8

Literatur: *Heckschen*, Die Umwandlungsfähigkeit der Unternehmergesellschaft, FS Spiegelberger, 2009, S. 681; *Kallmeyer*, Der Ein- und Austritt der Komplementär-GmbH einer GmbH & Co. KG bei Verschmelzung, Spaltung und Formwechsel nach dem UmwG 1995, GmbHR 1996, 80; *Lieder/Hoffmann*, Zwei auf einen Streich – BGH klärt wichtige Streitfragen zu UG-Kapitalerhöhungen, GmbHR 2011, R 193; *Oplustil/Schneider*, Zur Stellung der Europäischen Aktiengesellschaft im Umwandlungsrecht, NZG 2003, 13; *Priester*, Mitgliederwechsel im Umwandlungszeitpunkt – Die Identität des Gesellschafterkreises – ein zwingender Grundsatz?, DB 1997, 560; *K. Schmidt*, Umwandlung von Vorgesellschaften? §§ 41 AktG, 11 GmbHG und umwandlungsrechtlicher numerus clausus, FS Zöllner, 1999, S. 521; *Wachter*, Umwandlung insolventer Gesellschaften, NZG 2015, 858.

1. Rechtsformen der an einer Spaltung beteiligten Gesellschaften (§ 124 Abs. 1 UmwG)

An einer Spaltung können sowohl als übertragender Rechtsträger als auch als übernehmender oder neuer Rechtsträger insbesondere **Gesellschaften** in den folgenden Rechtsformen beteiligt sein: 1

- offene Handelsgesellschaften
- Kommanditgesellschaften
- Partnerschaftsgesellschaften
- Gesellschaften mit beschränkter Haftung
- Unternehmergesellschaft (haftungsbeschränkt)[1]
- Aktiengesellschaften unter Einschluss der Europäischen Gesellschaft (SE)
- Kommanditgesellschaften auf Aktien (§ 124 Abs. 1 UmwG iVm. § 3 Abs. 1 Nr. 1 und 2 UmwG).

Seit der Änderung des § 141 UmwG durch das 2. UmwGÄndG kann auch eine Aktiengesellschaft oder eine Kommanditgesellschaft auf Aktien, die noch nicht zwei Jahre im Handelsregister eingetragen ist, als übertragender Rechtsträger an einer Spaltung beteiligt sein (§ 141 UmwG). Eine Vorgesellschaft kann allerdings nicht als übertragender Rechtsträger an einer Spaltung beteiligt sein[2]. Allerdings ist eine vorweggenommene Spaltung der durch Eintragung entstehenden GmbH oder AG/KGaA möglich[3]. Ebenso wie eine AG kann eine Europäische Gesellschaft (SE) mit Sitz im Inland gespalten werden[4]. Auch für sie gilt allerdings die zweijährige Sperrfrist des § 141 UmwG. Eine SE kann sich auch als übernehmender Rechtsträger an einer Spaltung beteiligen, nicht aber ist eine

---

1 Als übertragender Rechtsträger kann eine Unternehmergesellschaft (UG) an Auf- und Abspaltungen uneingeschränkt beteiligt sein, vgl. *Hörtnagl* in Schmitt/Hörtnagl/Stratz, § 124 UmwG Rz. 14; siehe zu den Besonderheiten bei der Unternehmergesellschaft als übernehmender Rechtsträger im Folgenden.
2 *K. Schmidt* in FS Zöllner, 1999, S. 521 (529).
3 *K. Schmidt* in FS Zöllner, 1999, S. 521 (529); ebenso für die Verschmelzung § 3 UmwG Rz. 10.
4 *Teichmann* in Lutter, § 124 UmwG Rz. 5; *Simon* in KölnKomm. UmwG, § 124 UmwG Rz. 5; *Wardenbach* in Henssler/Strohn, § 124 UmwG Rz. 6.

Spaltung zur Neugründung einer SE möglich[1]. Lediglich die Ausgliederung zur Neugründung von einer bereits bestehenden SE ist nach Art. 3 Abs. 2 der SE-VO unproblematisch (dazu Anhang I Rz. 137). Die durch das MoMiG eingeführte Unternehmergesellschaft (haftungsbeschränkt) ist auch spaltungsrechtlich als Sonderform der GmbH zu behandeln, wobei allerdings im Hinblick auf das Sacheinlageverbot gemäß § 5a Abs. 2 Satz 2 GmbHG Besonderheiten zu beachten sind[2]. Denn das Sacheinlageverbot des § 5a Abs. 2 Satz 2 GmbHG wird nicht durch die Sonderregelungen für Umwandlungen verdrängt[3]. Daher ist eine Neugründung einer Unternehmergesellschaft (haftungsbeschränkt) durch Abspaltung nicht möglich[4]. Gleiches hat für Neugründungen von Unternehmergesellschaften (haftungsbeschränkt) im Rahmen der anderen Spaltungsformen, namentlich der Aufspaltung und Ausgliederung zur Neugründung, zu gelten[5]. Eine bereits bestehende Unternehmergesellschaft (haftungsbeschränkt) kann nur dann übernehmender Rechtsträger einer Spaltung sein, wenn im Zuge der Spaltung das Stammkapital auf 25 000,00 Euro erhöht wird. Denn das Sacheinlageverbot des § 5a Abs. 2 Satz 2 GmbHG soll (nur dann) nicht gelten, wenn durch die Sachkapitalerhöhung der Betrag des Mindestkapitals des § 5 Abs. 1 GmbHG erreicht oder überschritten wird[6]. Dagegen kann die Unternehmergesellschaft (haftungsbeschränkt) übertragender Rechtsträger einer Spaltung sein, da in diesem Fall das Sacheinlageverbot des § 5a Abs. 2 Satz 2 GmbHG nicht entgegensteht[7]. Nicht spaltungsfähig ist eine BGB-Gesellschaft. § 105 Abs. 2 HGB idF des Handelsrechtsreformgesetzes[8] erlaubt allerdings eine Personengesellschaft, die nur eigenes Vermögen verwaltet, im Handelsregister einzutragen, die dann als OHG spaltungsfähig ist[9].

2 Übertragender Rechtsträger bei der Ausgliederung kann auch ein **Einzelkaufmann** sein (§ 124 Abs. 1 UmwG). Die §§ 152 ff. UmwG enthalten Sonderregelungen für diese Ausgliederung. Der Einzelkaufmann kann jedoch kein übertragender Rechtsträger einer Ausgliederung sein, wenn er überschuldet ist (§ 152 Satz 2 UmwG). Eine Spaltung auf einen Einzelkaufmann ist dagegen nicht möglich. Eine partielle Gesamtrechtsnachfolge auf einen Einzelkaufmann kann je-

---

1 *Teichmann* in Lutter, § 124 UmwG Rz. 7; *Simon* in KölnKomm. UmwG, § 124 UmwG Rz. 5; aA *Oplustil/Schneider* NZG 2003, 13 (17).
2 Vgl. zur Umwandlungsfähigkeit der Unternehmergesellschaft umfassend *Heckschen* in FS Spiegelberger, 2009, S. 681 ff.
3 So allerdings *Tettinger*, Der Konzern 2008, 75 (77); anders BGH v. 11.4.2011 – II ZB 9/10, ZIP 2011, 1054 = GmbHR 2011, 701.
4 BGH v. 11.4.2011 – II ZB 9/10, ZIP 2011, 1054 = GmbHR 2011, 701.
5 *Lieder/Hoffmann*, GmbHR 2011, R 193 (R 194).
6 BGH v. 19.4.2011 – II ZB 25/10, ZIP 2011, 955 = GmbHR 2011, 699.
7 *Stengel* in Semler/Stengel, § 124 UmwG Rz. 8a; *Hörtnagl* in Schmitt/Hörtnagl/Stratz, § 124 UmwG Rz. 14.
8 HRefG v. 22.6.1998, BGBl. I 1998, S. 1474.
9 *Priester*, Vertragsgestaltung bei der GmbH & Co., 3. Aufl. 2000, S. 8.

doch herbeigeführt werden, indem zunächst eine Spaltung auf eine Personenhandelsgesellschaft durchgeführt wird und die übrigen Gesellschafter anschließend aus der Gesellschaft ausscheiden; hierdurch wächst das Gesellschaftsvermögen bei dem einzig verbleibenden Gesellschafter an[1]. Alternativ hierzu ist auch eine Spaltung auf eine Einpersonen-GmbH mit einer nachfolgenden Verschmelzung der GmbH mit dem Vermögen des Alleingesellschafters möglich[2].

Die für die OHG oder KG geltenden Vorschriften erfassen grundsätzlich auch die **GmbH & Co. KG**. Allerdings wird diese Gesellschaftsform auch in ihrer typischen Gestaltung rechtlich immer noch als Kombination von GmbH und Personengesellschaft angesehen. Deshalb ist beispielsweise bei einer Abspaltung auf eine typische GmbH & Co. KG eine Mehrfachspaltung erforderlich, damit die Anteilsinhaber des übertragenden Rechtsträgers auch Anteilsinhaber der Komplementär-GmbH werden (siehe auch § 40 UmwG Rz. 5). 3

2. Spaltung unter Beteiligung von aufgelösten, insolventen oder ruhenden Gesellschaften (§ 124 Abs. 2 UmwG)

Übertragender Rechtsträger können bei einer Spaltung wie bei der Verschmelzung auch aufgelöste Gesellschaften sein, wenn die Fortsetzung dieser Rechtsträger beschlossen werden könnte (§ 124 Abs. 2 UmwG iVm. § 3 Abs. 3 UmwG). Die Möglichkeit des Fortsetzungsbeschlusses richtet sich nach allgemeinem Recht. Auf die Erl. zu § 3 UmwG wird insoweit verwiesen. Bis zur Eröffnung eines Insolvenzverfahrens und folglich auch noch nach Stellung des Insolvenzantrags bleibt die Spaltungsfähigkeit grundsätzlich erhalten[3]. Im Falle der Überschuldung soll die Fortsetzung allerdings grundsätzlich nicht beschlossen werden können[4], wohl aber nach Bestätigung eines Insolvenzplans, der den Fortbestand einer AG oder GmbH vorsieht (§ 274 Abs. 2 Nr. 1 AktG, § 60 Abs. 1 Nr. 4 GmbHG), und nach einer im Vordringen befindlichen Auffassung wohl auch bei einer Sanierungsspaltung, bei der der Insolvenzgrund der Überschuldung durch die Spaltung beseitigt wird[5]. Allerdings wird ein gefasster Fortsetzungsbeschluss ohne Überschuldungsprüfung eingetragen und eröffnet dann die Spaltung einer überschuldeten Gesellschaft[6]. Zu beachten ist aber die Insolvenzantragspflicht der werbenden Gesellschaft. Der Spaltungsbeschluss hat in al- 4

---

1 *Teichmann* in Lutter, § 124 UmwG Rz. 3 mwN.
2 *Teichmann* in Lutter, § 124 UmwG Rz. 3.
3 *Heckschen*, DB 2005, 2675.
4 BayObLG v. 4.2.1998 – 3 Z BR 462/97, GmbHR 1998, 540 (541) = EWiR § 3 UmwG 2/98, 515 (*Kiem*).
5 *Mayer* in Widmann/Mayer, § 55 UmwG Rz. 83.13, 83.14 (zur Sanierungsfusion).
6 *Kiem*, EWiR § 3 UmwG 2/98, 515 (516); *Mayer* in Widmann/Mayer, § 55 UmwG Rz. 83.12, 83.13 (zur Sanierungsfusion).

len Fällen automatisch die Wirkung eines Fortsetzungsbeschlusses[1], der Abwicklungszweck wird mit sofortiger Wirkung in einen werbenden zurückverwandelt. Die Abwicklung darf also in dem Zeitraum zwischen Spaltungsbeschluss und Eintragung der Spaltung nicht fortgeführt werden. Sonst bestünde die Gefahr, dass der Spaltungsvertrag gegenstandslos wird. Ein Grund hierfür ist auch, dass bei einer Spaltung zur Neugründung bereits mit dem Spaltungsbeschluss eine Vorgesellschaft entsteht (§ 59 UmwG Rz. 3)[2]. Die Rückverwandlung in einen werbenden Zweck gilt bei Abspaltung und Ausgliederung auch für den beim übertragenden Rechtsträger verbleibenden Vermögensteil, weil der übertragende Rechtsträger nur einheitlich fortgesetzt werden kann. Nach Abspaltung bzw. Ausgliederung müsste gegebenenfalls für den übertragenden Rechtsträger ein erneuter Auflösungsbeschluss gefasst werden. Jedenfalls kann das Registergericht die Eintragung der Spaltung eines aufgelösten Rechtsträgers nicht deshalb ablehnen, weil es an einem Fortsetzungsbeschluss fehlt. Eine Besonderheit gilt für aufgelöste Personenhandelsgesellschaften: Sie können sich nicht als übertragender Rechtsträger an einer Spaltung beteiligen, wenn die Gesellschafter nach § 145 HGB eine andere Art der Auseinandersetzung als die Abwicklung oder als die Spaltung vereinbart haben (§§ 125, 39 UmwG). Dies betrifft den Fall der vereinbarten Realteilung. Siehe die Erl. zu § 39 UmwG und zu § 123 UmwG Rz. 26.

5 Aufgelöste Gesellschaften können dagegen grundsätzlich nicht **übernehmender Rechtsträger** bei einer Spaltung sein[3], es sei denn, es handelt sich um den seltenen Fall einer Abwicklungsspaltung (vgl. zum Parallelfall bei der Verschmelzung § 3 UmwG Rz. 26)[4], bei dem die Fortsetzung noch beschlossen werden kann und noch nicht mit der Verteilung des Vermögens begonnen wurde[5]. Hält sich die Beteiligung des Rechtsträgers an der Spaltung als übernehmender Rechtsträger nicht im Rahmen des Abwicklungszwecks, so muss mindestens gleichzeitig die Fortsetzung des übernehmenden Rechtsträgers beschlossen werden (§ 3 UmwG Rz. 26)[6]. Dabei müssten eine etwa im Gesellschaftsvertrag vorgesehene höhere als die Drei-Viertel-Mehrheit erreicht sein und die etwa erforderliche Zustimmung einzelner Gesellschafter vorliegen[7]. Ist die Gesellschaft überschul-

---

1 Für die Verschmelzung: *Drygala* in Lutter, § 3 UmwG Rz. 26; nunmehr auch *Hörtnagl* in Schmitt/Hörtnagl/Stratz, § 124 UmwG Rz. 55.
2 *Drygala* in Lutter, § 4 UmwG Rz. 24.
3 OLG Naumburg v. 12.2.1997 – 10 Wx 1/97, GmbHR 1997, 1152 (1154); ebenso zur Verschmelzung OLG Brandenburg v. 27.1.2015 – 7 W 118/14, AG 2015, 572 (573) = NZG 2015, 884, wonach eine Anwendung von § 3 Abs. 3 UmwG auch auf „übernehmende Rechtsträger" ausscheiden müsse; Stratz in Schmitt/Hörtnagl/Stratz, § 3 UmwG Rz. 47 f. mwN. Zur Umwandlung insolventer Gesellschaften allgemein *Wachter*, NZG 2015, 858.
4 *Heckschen*, DB 1998, 1385 (1387).
5 AA OLG Brandenburg v. 27.1.2015 – 7 W 118/14, AG 2015, 572 (573).
6 *Drygala* in Lutter, § 3 UmwG Rz. 23; *Schöne*, Spaltung, S. 28; *Simon* in KölnKomm. UmwG, § 3 UmwG Rz. 58.
7 *Haas* in Baumbach/Hueck, § 60 GmbHG Rz. 92.

det, ohne dass ein Auflösungsbeschluss gefasst wurde, so kann sie sich als übernehmender Rechtsträger an einer Spaltung beteiligen und dadurch die Überschuldung beseitigen.

Eine Kapitalgesellschaft, die ohne Auflösungsbeschluss ihren Geschäftsbetrieb nicht nur vorübergehend aufgegeben hat, eine **ruhende Gesellschaft** also, kann ohne weiteres an einer Spaltung als übertragender und auch übernehmender Rechtsträger beteiligt sein, solange nicht eines der jeweils einschlägigen Auflösungsverfahren durchgeführt ist[1]. Soweit allerdings im Zuge der Spaltung die ruhende Gesellschaft mit einem neuen Unternehmen ausgestattet wird, muss das Stammkapital noch vorhanden sein[2]. Gegebenenfalls stellt die Abspaltung auf ruhende Tochter- oder Schwestergesellschaften eine interessante Alternative zur Abspaltung zur Neugründung dar. 6

Ruhende Personenhandelsgesellschaften einschließlich der GmbH & Co. KG wandeln sich mit Beendigung der Geschäftstätigkeit in eine Gesellschaft bürgerlichen Rechts und können als solche nicht an einer Spaltung beteiligt sein. Solange sie aber im Handelsregister eingetragen sind, können sie sich als Personenhandelsgesellschaft an einer Spaltung beteiligen (siehe Rz. 1). 7

3. Misch-Spaltung (§ 124 Abs. 2 UmwG)

Nach § 124 Abs. 2 UmwG iVm. § 3 Abs. 4 UmwG können die an einer Spaltung **beteiligten Rechtsträger unterschiedliche Rechtsform** haben. Dies bezieht sich wie bei der Verschmelzung auf übertragende, übernehmende und neue Rechtsträger. Es können also aus einem Unternehmen im Wege der Spaltung mehrere Unternehmen unterschiedlicher Rechtsform entstehen. Für die Anteilsinhaber des übertragenden Rechtsträgers entsteht daraus bei Auf- und Abspaltung eine komplexe Situation, ohne dass das Gesetz einen über § 29 UmwG hinausgehenden besonderen Minderheitenschutz vorsieht. 8

Bei **Auf- und Abspaltung einer Kapitalgesellschaft zur Neugründung einer GmbH & Co. KG** können sowohl die KG als auch die Komplementär-GmbH im Zuge des Spaltungsvorgangs gegründet werden (§ 40 UmwG Rz. 5, 13), wobei der Spaltungs- und Übernahmevertrag vorsehen muss, dass ein entsprechender Teil des zu übertragenden Vermögens auf die neue Komplementär-GmbH übergehen soll. Die Gesellschafter der übertragenden Kapitalgesellschaft werden ohne weiteres Kommanditisten der neuen GmbH & Co. KG und gleichzeitig Gesellschafter von deren neuer Komplementär-GmbH. Es bedarf lediglich noch des Beitritts der neuen GmbH als Komplementär ohne Kapitalanteil zur KG (siehe auch § 40 UmwG Rz. 5). Dieser Beitritt kann gemäß Spaltungsplan erfolgen und wird ähnlich wie eine Kapitalerhöhung oder -herabsetzung zur Durch- 9

---

1 *Fastrich* in Baumbach/Hueck, § 3 GmbHG Rz. 12.
2 BGH v. 7.7.2003 – II ZB 4/02, GmbHR 2003, 1125.

führung der Spaltung mit Eintragung der Spaltung wirksam (§ 1 UmwG Rz. 11, § 40 UmwG Rz. 13). Soll die übernehmende GmbH & Co. KG nicht als typische beteiligungsidentische GmbH & Co. KG gestaltet werden, so kann entweder einer der Anteilsinhaber der übertragenden Kapitalgesellschaft die persönliche Haftung übernehmen, oder es kann eine dritte GmbH der neuen KG als Komplementär beitreten (siehe auch § 123 UmwG Rz. 6) oder es kann die GmbH & Co. KG zuvor gegründet und dann eine Spaltung zur Aufnahme durchgeführt werden.

10 Umgekehrt wird bei der **Auf- und Abspaltung einer GmbH & Co. KG auf Kapitalgesellschaften** die Komplementär-GmbH ohne Kapitalanteil nicht an den übernehmenden oder neuen Gesellschaften beteiligt. Zwar sieht § 123 UmwG zwingend die Gewährung von Anteilen der übernehmenden oder neuen Rechtsträger an die Anteilsinhaber (Gesellschafter) des übertragenden Rechtsträgers vor. Dies gilt aber nicht für einen Komplementär ohne Kapitalanteil, dessen Nichtbeteiligung spaltungsbedingt ist (§ 1 UmwG Rz. 11, § 54 UmwG Rz. 23) Soll bei der Aufspaltung auch die Komplementär-GmbH aufgelöst werden, so kann auch sie aufgespalten oder verschmolzen werden. Es liegen dann aber zwei Umwandlungsvorgänge vor, weil die GmbH & Co. KG auch in ihrer typischen Form als Kombination zweier Rechtsträger angesehen wird (siehe Rz. 3).

§ 125
Anzuwendende Vorschriften

Auf die Spaltung sind die Vorschriften des Ersten Teils und des Ersten bis Neunten Abschnitts des Zweiten Teils des Zweiten Buches mit Ausnahme des § 9 Absatz 2 und des § 62 Absatz 5, bei Abspaltung und Ausgliederung mit Ausnahme des § 18 sowie bei Ausgliederung mit Ausnahme des § 14 Abs. 2 und der §§ 15, 29 bis 34, 54, 68 und 71 entsprechend anzuwenden, soweit sich aus diesem Buch nichts anderes ergibt. Eine Prüfung im Sinne der §§ 9 bis 12 findet bei Ausgliederung nicht statt. An die Stelle der übertragenden Rechtsträger tritt der übertragende Rechtsträger, an die Stelle des übernehmenden oder neuen Rechtsträgers treten gegebenenfalls die übernehmenden oder neuen Rechtsträger.

1. „Entsprechende" Anwendung ... 1
2. Verweisung auf Allgemeine Vorschriften über Verschmelzung durch Aufnahme
   a) Abschluss eines Spaltungs- bzw. Ausgliederungs- und Übernahmevertrags (§§ 4, 6 und 7 UmwG) 3
   b) Prüfung des Spaltungs- und Übernahmevertrags durch Wirtschaftsprüfer (§§ 9–12 UmwG) 9
   c) Zustimmungsbeschlüsse der Anteilsinhaber der beteiligten Rechtsträger zum Spaltungs- bzw. Ausgliederungs- und Übernahmevertrag (§§ 13–15 UmwG) 13

Anzuwendende Vorschriften | § 125

d) Anmeldung der Spaltung zum Handelsregister/Eintragung der Spaltung im Handelsregister (§§ 16, 17 und 19 UmwG)	21
e) Firma der übernehmenden bzw. neuen Rechtsträger (§ 18 UmwG)	28
f) Wirkungen der Eintragung im Handelsregister des übertragenden Rechtsträgers (§§ 20, 21 UmwG)	31
g) Gläubigerschutz und Schutz der Inhaber von Sonderrechten (§§ 22, 23, 25, 26 UmwG)	32
h) Rechnungslegung *(Lanfermann)*	
aa) Schlussbilanz beim übertragenden Rechtsträger (§ 17 UmwG)	35a
bb) Bilanzierung beim übertragenden Rechtsträger	35b
cc) Bilanzierung beim übernehmenden Rechtsträger (§ 24 UmwG)	35e
dd) Bilanzierung bei den Anteilsinhabern	35h
i) Barabfindung (§§ 29–34 UmwG)	36
3. Verweisung auf Allgemeine Vorschriften über Verschmelzung durch Neugründung	38
4. Verweisung auf Besondere Vorschriften über Verschmelzung unter Beteiligung von Personengesellschaften	
a) Verweisung auf § 39 UmwG ..	44
b) Verweisung auf § 40 UmwG ..	45
c) Verweisung auf §§ 41–44 UmwG	47
d) Verweisung auf § 45 UmwG ..	49
e) Verweisung auf §§ 45a–45e UmwG	49a
5. Verweisung auf Besondere Vorschriften über Verschmelzung unter Beteiligung von Gesellschaften mit beschränkter Haftung	
a) Vorbemerkung	50
b) Verweisung auf §§ 46, 56 UmwG	50a
c) Verweisung auf §§ 47–50, 56 UmwG	51
d) Verweisung auf §§ 51, 52, 56 UmwG	53
e) Verweisung auf § 54 Abs. 1–3 UmwG	54
f) Verweisung auf §§ 54 Abs. 4, 56 UmwG	60
g) Verweisung auf §§ 53, 55 UmwG	61
h) Verweisung auf §§ 57, 59 UmwG	65
i) Verweisung auf § 58 Abs. 1 UmwG	66
6. Verweisung auf Besondere Vorschriften über Verschmelzung unter Beteiligung von Aktiengesellschaften	
a) Verweisung auf §§ 60, 73 UmwG	68
b) Verweisung auf §§ 61, 73 UmwG	69
c) Verweisung auf §§ 62 Abs. 1–4, 73 UmwG	70
d) Verweisung auf §§ 63, 64, 73 UmwG	72
e) Verweisung auf §§ 65, 73 UmwG	73
f) Verweisung auf § 66 UmwG ..	74
g) Verweisung auf § 67 UmwG ..	75
h) Verweisung auf § 68 Abs. 1 und 2 UmwG	76
i) Verweisung auf §§ 68 Abs. 3, 73 UmwG	77
k) Verweisung auf § 69 UmwG ..	78
l) Verweisung auf §§ 70 und 72, 73 UmwG	81
m) Verweisung auf §§ 71, 73 UmwG	82
n) Verweisung auf § 74 UmwG ..	83
o) Verweisung auf § 75 UmwG ..	84
p) Verweisung auf § 76 UmwG ..	85
7. Verweisung auf Besondere Vorschriften über Verschmelzung unter Beteiligung von Kommanditgesellschaften auf Aktien	86
8. Tabelle anwendbarer Rechtsvorschriften	87

§ 125 | Möglichkeit der Spaltung

Literatur: *Bayer/Wirth*, Eintragung der Spaltung und Eintragung der neuen Rechtsträger – oder: Pfadsuche im Verweisungsdschungel des neuen Umwandlungsrechts, ZIP 1996, 817; *Borges*, Einheitlicher Vertrag bei Ausgliederung mehrerer Vermögensteile?, BB 1997, 589; *Brause*, Stimmrechtslose Vorzugsaktien bei Umwandlungen, 2002; *Bungert/Hentzen*, Kapitalerhöhung zur Durchführung von Verschmelzung oder Abspaltung bei parallelem Rückkauf eigener Aktien durch die übertragende Aktiengesellschaft, DB 1999, 2501; *Deubert/Lewe*, Auswirkungen von Aufwärtsabspaltungen in den handelsrechtlichen Jahresabschlüssen der beteiligten Rechtsträger, BB 2014, 2347; *Feddersen/Kiem*, Die Ausgliederung zwischen „Holzmüller" und neuem Umwandlungsrecht, ZIP 1994, 1078; *Heckschen*, Aktuelle Probleme des Spaltungsrechts – Eine Betrachtung nach 20 Jahren –, GmbHR 2015, 897; *Heckschen/Gassner*, Der Verzicht auf Anteilsgewähr bei Umwandlungsvorgängen aus gesellschafts- und steuerrechtlicher Sicht, GWR 2010, 101; *Heeb*, Bilanzierung bei Spaltungen im handelsrechtlichen Jahresabschluss (IDW RS HFA 43), WPg 2014, 189; *Heidenhain*, Spaltungsvertrag und Spaltungsplan, NJW 1995, 2873; *Ihrig*, Gläubigerschutz durch Kapitalaufbringung bei Verschmelzung und Spaltung nach neuem Umwandlungsrecht, GmbHR 1995, 622; *Kiem*, Die Stellung der Vorzugsaktionäre bei Umwandlungsmaßnahmen, ZIP 1997, 1627; *Leitzen*, Die Änderungen des Umwandlungsgesetzes durch das Dritte Gesetz zur Änderung des Umwandlungsrechts, DNotZ 2011, 526; *Naraschewski*, Haftung bei der Spaltung von Kommanditgesellschaften, DB 1995, 1265; *Neye/Jäckel*, Umwandlungsrecht zwischen Brüssel und Berlin – Der Referentenentwurf für ein Drittes Gesetz zur Änderung des Umwandlungsgesetzes, AG 2010, 237; *Reichard*, Keine inhaltlichen Anweisungen des Gerichts an den Spaltungsprüfer, GWR 2015, 520; *Reichert*, Folgen der Anteilsvinkulierung für Umstrukturierungen von Gesellschaften mit beschränkter Haftung und Aktiengesellschaften nach dem Umwandlungsgesetz 1995, GmbHR 1995, 176; *Rümker*, Anmerkungen zum Gläubigerschutz nach dem Regierungsentwurf eines Gesetzes zur Bereinigung des Umwandlungsrechts, in WM-Festgabe für Thorwald Hellner vom 9. Mai 1994, S. 73; *Schöne*, Auf- und Abspaltung nach den §§ 123 ff. UmwG – ein Überblick unter Berücksichtigung der Rechtslage für die GmbH, ZAP 1995, 693; *Schwedhelm/Streck/Mack*, Die Spaltung der GmbH nach neuem Umwandlungsrecht, GmbHR 1995, 7 (Teil I), GmbHR 1995, 100 (Teil II); *Tomat*, Umwandlung: Stellung eines Darlehens durch den übertragenden Rechtsträger bei einer Ausgliederung, GmbH-StB 2012, 14; *Wilhelm*, Das Schicksal virtueller Mitarbeiterbeteiligungen bei Abspaltung und Ausgliederung, NZG 2013, 1211; *Wöhlert*, Gestaltungsfreiheit und Gläubigerschutz bei Spaltungen, 2010.

1. „Entsprechende" Anwendung

1 Die Vorschrift ordnet die „entsprechende" Anwendung der Vorschriften über die **Verschmelzung** an, soweit die §§ 126–173 UmwG nicht Sonderregelungen enthalten, wobei in § 125 Satz 3 UmwG lediglich der Unterschied erwähnt wird, dass es bei der Spaltung nur einen übertragenden, dafür jedoch möglicherweise mehrere übernehmende oder neue Rechtsträger gibt. Die Verweisung erfasst nicht die Vorschriften des Zehnten Abschnitts des Zweiten Buches zur grenzüberschreitenden Verschmelzung von Kapitalgesellschaften (§§ 122a ff. UmwG), die erst in Umsetzung der Richtlinie 2005/56/EG des Europäischen Parlaments und des Rates v. 26.10.2005 in das UmwG eingefügt wurden. Daher verbleibt es für die Zulässigkeit der grenzüberschreitenden Spaltung und die Anwendung

des UmwG auf derartige Umwandlungsvorgänge bei den allgemeinen Erwägungen zur Anwendbarkeit des UmwG auf grenzüberschreitende Sachverhalte (dazu § 1 UmwG Rz. 4, 5)[1].

Die grundsätzliche Verweisung auf die Vorschriften des Verschmelzungsrechts ist dadurch gerechtfertigt, dass die Spaltung vielfach das **Spiegelbild der Verschmelzung** darstellt. So stellt die Aufspaltung zur Neugründung die Umkehrung einer Verschmelzung zur Neugründung dar[2]. Die Abspaltung zur Neugründung stellt die Umkehrung der Verschmelzung von Schwestergesellschaften und die Ausgliederung zur Neugründung die Umkehrung der Verschmelzung einer 100%igen Tochtergesellschaft auf die Muttergesellschaft dar. Alle Spaltungen zur Aufnahme sind dadurch gekennzeichnet, dass sie zusätzlich Elemente der Verschmelzung enthalten, was die Verweisung auf die Vorschriften des Verschmelzungsrechts geradezu zwingend erscheinen lässt.

Andererseits weisen einzelne Spaltungsarten deutliche Strukturunterschiede gegenüber der Verschmelzung auf, die in der Verweisungsnorm nicht ausdrücklich berücksichtigt sind, die aber nach Sinn und Zweck zu weiteren Modifikationen führen müssen. Jede Norm des Verschmelzungsrechts ist daher auf ihre Anwendbarkeit auf die einzelnen Spaltungsarten zu überprüfen.

2. Verweisung auf Allgemeine Vorschriften über Verschmelzung durch Aufnahme

a) Abschluss eines Spaltungs- bzw. Ausgliederungs- und Übernahmevertrags (§§ 4, 6 und 7 UmwG)

Für alle Spaltungen zur Aufnahme ist in entsprechender Anwendung des § 4 UmwG ein Vertrag erforderlich. Das Gesetz nennt ihn Spaltungs- und Übernahmevertrag (vgl. § 126 Abs. 1 UmwG) bzw. Ausgliederungs- und Übernahmevertrag (vgl. § 131 Abs. 1 Nr. 3 Satz 3 UmwG, § 157 Abs. 1 UmwG). Es handelt sich um einen einheitlichen Vertrag zwischen allen an der Spaltung beteiligten Rechtsträgern, also gegebenenfalls um einen mehrseitigen Vertrag[3]. Gleichzeitige Abspaltungen oder Ausgliederungen auf verschiedene Rechtsträger können aber auch als getrennte Vorgänge mit mehreren Verträgen durchgeführt werden[4]. Für die **Abschlusskompetenz** gilt dasselbe wie beim Verschmelzungsvertrag (dazu § 4 UmwG Rz. 4, 5). Es genügt also insbesondere das Handeln von Mitgliedern der Vertretungsorgane in vertretungsberechtigter Anzahl[5].

---

1 Vgl. *Drygala* in Lutter, § 1 UmwG Rz. 20; vgl. zur grenzüberschreitenden Spaltung auch *Wöhlert*, Gestaltungsfreiheit und Gläubigerschutz bei Spaltungen, S. 39 ff.
2 *Sagasser/Bultmann* in Sagasser/Bula/Brünger, § 18 Rz. 25.
3 *Heidenhain*, NJW 1995, 2873; *Priester* in Lutter, § 126 UmwG Rz. 8.
4 *Borges*, BB 1997, 589.
5 *Heidenhain*, NJW 1995, 2873; *Priester* in Lutter, § 126 UmwG Rz. 12.

4 Der Vertrag muss in entsprechender Anwendung des § 6 UmwG **notariell beurkundet** werden. Das gilt ebenso wie beim Verschmelzungsvertrag (§ 6 UmwG Rz. 7) sowohl für den Mindestinhalt des Spaltungs- und Übernahmevertrags als auch für dessen fakultativen Inhalt einschließlich schuldrechtlicher Nebenabreden[1]. Das betrifft etwa eine Gewährleistungsregelung (§ 126 UmwG Rz. 50). Allerdings wird der Beurkundungsmangel durch die Eintragung der Spaltung im Handelsregister insgesamt geheilt. Das gilt für Nebenabreden allerdings nur, wenn sie den Anteilsinhaberversammlungen beim Zustimmungsbeschluss vorgelegen haben (§ 131 UmwG Rz. 15). Die Beurkundungspflicht gilt auch für Änderungen des Vertrags, etwa hinsichtlich der Gegenstände des Aktiv- und Passivvermögens, die auf die übernehmenden Rechtsträger übertragen werden[2]. Solche Änderungen können sich bei der Erarbeitung des Spaltungsberichts oder im Zuge der Spaltungsprüfung ergeben. Der notariell beurkundete Spaltungs- bzw. Ausgliederungs- und Übernahmevertrag kann auch unter einer Bedingung geschlossen werden. Der Schwebezustand kann jedoch entsprechend § 7 UmwG nach fünf Jahren von jeder Seite beendet werden.

5 Bei Spaltungen ergibt sich das Sonderproblem, dass zum Spaltungs- und Übernahmevertrag oft umfangreiche **Anlagen** gehören, die der Individualisierung der zu übertragenden Vermögensteile dienen und daher mit beurkundet werden müssen[3]. Helfen kann hier eine **Bezugsurkunde** nach § 13a BeurkG. Eine Erleichterung kann auch bewirken, dass nach § 14 BeurkG Bilanzen, Inventare, Nachlassverzeichnisse oder sonstige Bestandsverzeichnisse über Sachen, Rechte und Rechtsverhältnisse nicht vorgelesen werden müssen, wenn jede Seite unterschrieben wird.

6 Der Spaltungs- und Übernahmevertrag begründet die **Verpflichtung** für die beteiligten Rechtsträger, die **Handelsregistereintragung** und damit den Übergang eines Vermögensteils **herbeizuführen**[4]. Solange die erforderlichen Zustimmungsbeschlüsse nicht vorliegen, ist der Vertrag oder Plan schwebend unwirksam[5] und kann daher diese Verpflichtung noch nicht begründen. Die Vertretungsorgane sind lediglich gehalten, den Vertrag den Anteilsinhabern zur Beschlussfassung vorzulegen. Verweigern die Anteilsinhaber die Zustimmung, so entfällt jegliche Bindung und kann der Vertrag neu verhandelt werden.

7 Bereits in der Verhandlungsphase besteht die Verpflichtung, in dem Vertragspartner keine Erwartungen zu wecken oder zu bestärken, die nach dem Ver-

---

1 *Priester* in Lutter, § 126 UmwG Rz. 13; *Simon* in KölnKomm. UmwG, § 126 UmwG Rz. 14.
2 *Priester* in Lutter, § 126 UmwG Rz. 22.
3 *Priester* in Lutter, § 126 UmwG Rz. 49.
4 Zur Durchsetzung der Verpflichtung *Priester* in Lutter, § 126 UmwG Rz. 99; *Körner/Rodewald*, BB 1999, 853 (854).
5 *Priester* in Lutter, § 126 UmwG Rz. 96; *Hörtnagl* in Schmitt/Hörtnagl/Stratz, § 126 UmwG Rz. 10.

handlungsstand nicht gerechtfertigt sind. Ein Abbruch der Verhandlungen über den Spaltungs- oder Ausgliederungsvertrag ohne triftigen Grund führt, wenn zuvor der Eindruck erweckt wurde, es werde mit Sicherheit zum Vertragsschluss kommen, zu der Verpflichtung, der anderen Seite nach §§ 311 Abs. 2, 280 Abs. 1 BGB den **Vertrauensschaden** zu ersetzen[1]. Dies gilt erst recht nach Abschluss des noch schwebend unwirksamen Vertrags.

Neben dem Spaltungs- und Übernahmevertrag können **Verträge auf Gesellschafterebene** geschlossen werden. So ist im Falle der Aufspaltung oder Abspaltung zur Sicherung der Steuerneutralität in der Regel ein auf fünf Jahre befristeter Lock-up-Vertrag zwischen den Anteilsinhabern aller beteiligten Rechtsträger zu empfehlen. Dies ist ein schuldrechtlicher Vertrag, der nicht der notariellen Beurkundung bedarf. Solche Absprachen können aber auch in den Spaltungs- bzw. Ausgliederungs- und Übernahmevertrag aufgenommen werden (§ 126 UmwG Rz. 53). 8

b) Prüfung des Spaltungs- und Übernahmevertrags durch Wirtschaftsprüfer (§§ 9–12 UmwG)

Im Falle von Auf- und Abspaltung ist der Spaltungs- und Übernahmevertrag in entsprechender Anwendung von §§ 9 Abs. 1, 10 und 11 UmwG iVm. § 319 Abs. 1 HGB durch einen oder mehrere Wirtschaftsprüfer bzw. bei mittelgroßen GmbH auch vereidigte Buchprüfer zu prüfen, wenn dies für den beteiligten Rechtsträger **in den Besonderen Vorschriften vorgeschrieben** ist. Nach ausdrücklicher gesetzlicher Vorschrift ist die Prüfung auch bei Abspaltung von einer 100%igen Tochtergesellschaft auf die Mutter erforderlich, obwohl hier keine Anteilsgewährung stattfindet, es auch nicht zu einer mittelbaren Vermögenseinbuße bei den Anteilsinhabern der übernehmenden Gesellschaft kommen kann (vgl. dazu Rz. 35g). Eine **teleologische Reduktion** des § 125 Satz 1 UmwG dahin gehend, dass § 9 Abs. 2 UmwG auf diesen Fall anwendbar bleibt[2], erscheint angesichts der speziellen Vorschrift nicht möglich. Auf die Spaltungsprüfung kann allerdings gemäß § 125 Satz 1 UmwG iVm. § 8 Abs. 3 UmwG durch notarielle Zustimmungserklärung aller Gesellschafter der Mutter verzichtet werden. Handelt es sich bei der übernehmenden Mutter um eine **Publikumsgesellschaft**, so kann eine Analogie zu § 125 Satz 1 UmwG iVm. § 62 Abs. 1 Satz 1, Abs. 4 Satz 1 UmwG in Betracht kommen. Denn die Entbehrlichkeit des grundsätzlich unverzichtbaren Zustimmungsbeschlusses ist stärker zu gewichten als die Entbehrlichkeit der verzichtbaren Spaltungsprüfung. Es scheint also ein Argument a maiore ad minus möglich. Als weiteres Argument kann die Verweisungskette § 125 9

---

1 *Drygala* in Lutter, § 4 UmwG Rz. 42 für den Verschmelzungsvertrag; *Simon* in Köln-Komm. UmwG, § 4 UmwG Rz. 41.
2 So noch *Sagasser/Bultmann* in Sagasser/Bula/Brünger, § 18 Rz. 160; *Fronhöfer* in Widmann/Mayer, § 125 UmwG Rz. 45.

Satz 1 UmwG – § 62 Abs. 3 Satz 1 UmwG – § 63 Abs. 1 Nr. 5 UmwG – § 60 UmwG – § 9 Abs. 2 UmwG angeführt werden. Allerdings müssen die Aktionäre in der Bekanntmachung nach § 62 Abs. 3 Sätze 2 und 3 UmwG auf ihr Recht, eine Spaltungsprüfung zu verlangen, hingewiesen werden.

Zu beachten ist, dass einem gemäß § 125 UmwG iVm. § 10 Abs. 1 UmwG für die Prüferbestellung zuständigen Gericht grundsätzlich keine Befugnis zukommt, einem bestellten Prüfer inhaltliche Anweisungen für die Durchführung der Prüfung zu erteilen[1].

10 Eine Prüfung ist entbehrlich, wenn alle Anteilsinhaber aller beteiligten Rechtsträger durch notariell beurkundete Erklärung darauf verzichten (§ 9 Abs. 3 UmwG iVm. § 8 Abs. 3 UmwG). Der **Verzicht** ist nur für die AG relevant, hier aber gerade unpraktisch. Denn für beteiligte Personenhandelsgesellschaften und GmbHs innerhalb der Wochenfrist der §§ 44, 48 UmwG ist eine Prüfung schon entbehrlich, wenn sie kein Gesellschafter verlangt (§§ 44, 48 UmwG).

11 Die Spaltungsprüfer haben in entsprechender Anwendung von § 12 UmwG einen schriftlichen **Prüfungsbericht** zu erstatten. Die in § 12 Abs. 2 UmwG vorgeschriebene Erklärung über die Angemessenheit des Umtauschverhältnisses ist immer dann entbehrlich, wenn sich die Beteiligungsverhältnisse nicht ändern, wie bei der Abspaltung auf Muttergesellschaften oder beteiligungsidentische Schwestergesellschaften sowie bei der Ausgliederung auf 100%ige Tochtergesellschaften oder der Ausgliederung zur Neugründung.

12 Zweckmäßigerweise geht die Spaltungsprüfung Hand in Hand mit der Vorbereitung des Spaltungs- und Übernahmevertrags bzw. Spaltungsplans. Denn aus der Spaltungsprüfung können sich Änderungen des Spaltungs- und Übernahmevertrags bzw. Spaltungsplans ergeben. Der endgültige Entwurf des Spaltungs- und Übernahmevertrags sollte erst aufgestellt oder der Spaltungsvertrag gar abgeschlossen werden, wenn die Spaltungsprüfung abgeschlossen ist. Außerdem ist der Prüfungsbericht den Anteilsinhabern angemessene Zeit vor der Beschlussfassung vorzulegen.

c) Zustimmungsbeschlüsse der Anteilsinhaber der beteiligten Rechtsträger zum Spaltungs- bzw. Ausgliederungs- und Übernahmevertrag (§§ 13–15 UmwG)

13 Der Spaltungs- bzw. Ausgliederungs- und Übernahmevertrag bedarf nach § 125 Satz 1 UmwG iVm. § 13 UmwG zu seiner Wirksamkeit jeweils eines Zustim-

---

[1] OLG Düsseldorf v. 24.9.2015 – I-26 W 13/15, WM 2016, 128 = AG 2016, 142. Der Entscheidung wird eine weitreichende Bedeutung auch für sonstige gesellschaftsrechtliche Strukturmaßnahmen (sonstige Umwandlungsfälle, Unternehmensverträge, Eingliederungen und aktienrechtliche Squeeze-outs) beigemessen, vgl. *Reichard*, GWR 2015, 520.

mungsbeschlusses der Anteilsinhaber jedes an der Spaltung beteiligten Rechtsträgers. Der Zustimmungsbeschluss zur nicht verhältniswahrenden Spaltung ist einstimmig, also auch mit Zustimmung der Begünstigten zu fassen[1]. Änderungen, die nachträglich vereinbart werden, bedürfen ebenfalls eines Zustimmungsbeschlusses der Anteilseigner mit derselben Mehrheit wie der ursprüngliche Beschluss. Die Zustimmungsbeschlüsse können nur in Versammlungen der Anteilsinhaber gefasst (§ 13 Abs. 1 Satz 2 UmwG) und müssen notariell beurkundet werden (§ 13 Abs. 3 Satz 1 UmwG). Ist längere Zeit vergangen, ohne dass die Spaltung im Handelsregister eingetragen wurde, so muss die Spaltung erneut den Anteilsinhabern zur Zustimmung vorgelegt werden[2].

Zusätzlich ist die Zustimmung solcher Anteilsinhaber eines übertragenden Rechtsträgers erforderlich, deren Zustimmung Gesellschaftsvertrag bzw. Satzung des übertragenden Rechtsträgers für die Abtretung von Anteilen verlangen (§ 13 Abs. 2 UmwG). Verlangt die **Vinkulierungsklausel** die Zustimmung aller übrigen Anteilsinhaber, müssen alle Anteilsinhaber der Spaltung zustimmen (§ 13 UmwG Rz. 23)[3]. Dasselbe gilt, wenn der Gesellschaftsvertrag oder die Satzung des übernehmenden oder neuen Rechtsträgers neue Klauseln enthält, bei deren Einführung im Wege der Satzungsänderung bei einem übertragenden Rechtsträger die Zustimmung bestimmter oder aller Gesellschafter erforderlich wäre. Dies gilt etwa für eine Zwangseinziehungsklausel, eine Schiedsklausel[4] und allgemein bei einer **Vermehrung von Leistungspflichten** (§ 13 UmwG Rz. 26)[5]. 14

Diese **Zustimmungserklärungen** einzelner oder aller Gesellschafter sind nicht Ausübung des Stimmrechts bei der Beschlussfassung. Sie können daher auch außerhalb der Versammlung abgegeben werden[6]. Allerdings müssen sie nach § 13 Abs. 3 Satz 1 UmwG notariell beurkundet werden. Bei den Zustimmungserklärungen handelt es sich um rechtsgeschäftliche Willenserklärungen, die nach den §§ 8 ff. BeurkG beurkundet werden müssen (§ 13 UmwG Rz. 41). Wenn der Gesellschafter in der **Gesellschafterversammlung** bei der Abstimmung über die Zustimmung zum Spaltungs- und Übernahmevertrag mit Ja stimmt, so liegt darin nur dann eine formgerechte Zustimmungserklärung nach § 13 Abs. 2 UmwG, wenn auch die Gesellschafterversammlung nach den Vorschriften über die Beurkundung von Willenserklärungen beurkundet wird (§ 13 UmwG Rz. 41). 15

---

1 *Priester* in Lutter, § 128 UmwG Rz. 17; *Heckschen*, GmbHR 2015, 897 (900 f.).
2 *Kiem*, ZIP 1999, 173 (180).
3 *Drygala* in Lutter, § 13 UmwG Rz. 28; *Simon* in KölnKomm. UmwG, § 13 UmwG Rz. 47 ff.
4 *Reichert/Harbarth*, NZG 2003, 379 (382, 385).
5 *Drygala* in Lutter, § 13 UmwG Rz. 35 ff.; differenzierend: *Simon* in KölnKomm. UmwG, § 13 UmwG Rz. 59 ff.
6 *Drygala* in Lutter, § 13 UmwG Rz. 15; *Simon* in KölnKomm. UmwG, § 13 UmwG Rz. 73; *M. Winter/J. Vetter* in Lutter, § 50 UmwG Rz. 68.

16 Der **Zustimmungsbeschluss** kann auch **eingeschränkt** werden. Er kann zB bestimmte Aktiva, die nach dem bereits beurkundeten Spaltungs- und Übernahmevertrag auf einen übernehmenden Rechtsträger übertragen werden sollen, von der Übertragung ausnehmen[1]. Dies ist auf der Grundlage des § 83 Abs. 1 Satz 2 AktG auch bei der AG möglich. Die Folgen richten sich nach § 139 BGB, wenn der Vertrag nicht eine salvatorische Klausel enthält[2]. Diese Situation sollte dadurch vermieden werden, dass der Vertrag als Entwurf vorgelegt und gleichzeitig mit dem Zustimmungsbeschluss beurkundet wird.

17 Bei allen Handelsgesellschaften haben die überstimmten Anteilseigner im Falle von Gesetzesverstößen das Recht zur **Klage gegen den Spaltungsbeschluss**. Die Klageerhebung verhindert die Handelsregistereintragung und damit das Wirksamwerden der Spaltung (§§ 16, 36 Abs. 1, 125 Satz 1, 135 Abs. 1 UmwG). Dies gilt auch für die Ausgliederung. Die Eintragungssperre kann nur überwunden werden, wenn das Prozessgericht die Klage für unzulässig oder offensichtlich unbegründet hält oder wenn aufgrund einer Interessenabwägung das alsbaldige Wirksamwerden der Umwandlung vorrangig erscheint (sog. Freigabe). Dann ist der klagende Anteilseigner auf Schadensersatz verwiesen. Ansonsten müsste der Beschluss kurzfristig unter Vermeidung des Mangels wiederholt werden, sofern dies möglich ist. **Nach Eintragung einer Aufspaltung** in das Handelsregister des Sitzes des übertragenden Rechtsträgers ist eine Klage gegen die Wirksamkeit des Spaltungsbeschlusses des übertragenden Rechtsträgers gegen die übernehmenden Rechtsträger zu richten (§ 28 UmwG analog). Das gilt auch für anhängige Klagen gegen den übertragenden Rechtsträger. Sie sind gegen die übernehmenden Rechtsträger fortzuführen[3]. Auf Abspaltung und Ausgliederung findet § 28 UmwG keine Anwendung.

18 Die Zustimmungsbeschlüsse können aber auch bei Spaltungen in entsprechender Anwendung der §§ 14 und 15 UmwG **nur eingeschränkt angegriffen** werden. So können alle Klagen, mit denen die Nichtigkeit, Unwirksamkeit oder Anfechtbarkeit eines Zustimmungsbeschlusses der Anteilsinhaber geltend gemacht wird, nur innerhalb eines Monats erhoben werden (§ 14 Abs. 1 UmwG). Diese Vorschrift gilt für alle Rechtsformen[4]. Darüber hinaus können bei Auf- und Abspaltung solche Klagen gegen den Zustimmungsbeschluss des übertragenden Rechtsträgers nicht darauf gestützt werden, dass das Umtauschverhältnis der Anteile zu niedrig bemessen sei (§ 14 Abs. 2 UmwG). Eine entsprechende Anwendung auf Informationsmängel betreffend das Umtauschverhältnis scheidet wie bei der Verschmelzung aus[5]. Ist bei Auf- oder Abspaltung zur Aufnahme

---

1 Vgl. *Ising/Thiell*, DB 1991, 2025.
2 *Ising/Thiell*, DB 1991, 2025.
3 LG München I v. 10.12.1998 – 5 HKO 10806/97, NZG 1999, 674 (675) = AG 1999, 283.
4 Kritisch dazu *Schöne*, DB 1995, 1317.
5 *Simon* in KölnKomm. UmwG, § 8 UmwG Rz. 82; *Gehling* in Semler/Stengel, § 8 UmwG Rz. 79.

das Umtauschverhältnis der Anteile zu niedrig bemessen, so haben die Anteilsinhaber des übertragenden Rechtsträgers in entsprechender Anwendung von § 15 UmwG einen Anspruch auf bare Zuzahlung, dessen gerichtliche Durchsetzung im Spruchverfahrensgesetz geregelt ist. Diese Vorschriften sollen nach § 125 Satz 1 UmwG bei der Ausgliederung keine Anwendung finden, weil die Anteilsinhaber des übertragenden Rechtsträgers nur mittelbar betroffen sind. Auch eine analoge Anwendung scheidet aus[1]. Der Anspruch auf bare Zuzahlung entsteht nach einer im Vordringen befindlichen Auffassung in voller Höhe unabhängig von Schutzbestimmungen zur Kapitalaufbringung und -erhaltung, ist aber nur in deren Rahmen durchsetzbar[2].

Es gibt keine **materielle Kontrolle von Spaltungsbeschlüssen**, wie sie vom BGH für Hauptversammlungsbeschlüsse der AG über den Ausschluss des gesetzlichen Bezugsrechts entwickelt worden ist[3]. Diese Rspr. verlangt, dass der Beschluss im Interesse der Gesellschaft liegt, zur Verfolgung des Unternehmensgegenstandes erforderlich und das angemessene Mittel ist. Ihre Anwendung läge beim Spaltungsbeschluss einer übernehmenden Gesellschaft nahe, weil es sich hier wirtschaftlich um einen Bezugsrechtsausschluss handelt. Aber insoweit enthält das UmwG eine erschöpfende Regelung[4]. Die bloße **Verschiebung des Stimmengewichts** stellt auch keinen wichtigen Grund zum Austritt vor Durchführung der Spaltung dar[5]. Wohl ist bei einer **Mischspaltung** der Austritt aus dem übernehmenden Rechtsträger nach § 29 UmwG möglich. Auch ist ein Recht zum Austritt aus dem übertragenden Rechtsträger aus wichtigem Grund wegen einer bevorstehenden Spaltung dann anzuerkennen, wenn in dem übernehmenden Rechtsträger Haftungsrisiken bestehen, die in dem übertragenden Rechtsträger nicht oder nicht in diesem Umfang gegeben waren[6]. Weiter gehend verlangt *Drygala* im Falle der abhängigkeitsbegründenden Verschmelzung eine sachliche Rechtfertigung[7]. Auch dies kann bei einer Spaltung, insbesondere bei einer Ausgliederung, nicht anerkannt werden[8]. Ein Konzerneingangsschutz ist dem UmwG

19

---

1 OLG Stuttgart v. 22.3.2002 – 20 W 32/2001, DB 2003, 33 (34) = AG 2003, 456.
2 *Hoger*, AG 2008, 149 (159); oben *Marsch-Barner*, § 15 UmwG Rz. 2; *Decher* in Lutter, § 15 UmwG Rz. 8.
3 BGH v. 13.3.1978 – II ZR 142/76, BGHZ 71, 40 (Kali+Salz); BGH v. 19.4.1982 – II ZR 55/81, BGHZ 83, 319 (Holzmann); BGH v. 7.3.1994 – II ZR 52/93, ZIP 1994, 529 = AG 1994, 276 (Deutsche Bank).
4 OLG Frankfurt v. 8.2.2006 – 12 W 185/05, AG 2006, 249; *Drygala* in Lutter, § 13 UmwG Rz. 45; *Gehling* in Semler/Stengel, § 13 UmwG Rz. 23; *Heckschen* in Widmann/Mayer, § 13 UmwG Rz. 163.27 f.
5 *Grunewald* in FS Boujong, 1996, S. 175 (200).
6 *Grunewald* in FS Boujong, 1996, S. 175 (200).
7 *Drygala* in Lutter, § 13 UmwG Rz. 46; dagegen *Grunewald* in FS Röhricht, 2005, S. 130.
8 *Schöne*, Spaltung, S. 258.

fremd. In besonderen Fällen kann eine Treupflichtverletzung der Mehrheit vorliegen, die den Beschluss ebenfalls anfechtbar macht[1].

20 Spaltungen fallen unter die **Überwachungsaufgabe des Aufsichtsrats** bei AG und GmbH. Die Mitglieder des Aufsichtsrats haben die Pflicht, ihre Gesellschaft, ihre Anteilsinhaber und ihre Gläubiger vor Nachteilen durch die Spaltung zu bewahren[2]. Die Spaltung gehört demgemäß zu den Angelegenheiten der Gesellschaft, über die der Vorstand bzw. die Geschäftsführung dem Aufsichtsrat nach § 90 Abs. 3 AktG zu berichten haben. Besteht für Umwandlungen ein Zustimmungsvorbehalt zu Gunsten des Aufsichtsrats gemäß § 111 Abs. 4 Satz 2 AktG, so kommt diesem keine Außenwirkung zu[3]. Das Vertretungsorgan kann den Spaltungs- und Übernahmevertrag bzw. Ausgliederungs- und Übernahmevertrag trotz der Verweigerung der Zustimmung durch den Aufsichtsrat nach § 111 Abs. 4 Satz 3 AktG der Hauptversammlung bzw. Gesellschafterversammlung zur Zustimmung vorlegen. Fasst die Gesellschafterversammlung den Spaltungsbeschluss, so wird der Spaltungs- und Übernahmevertrag trotz fehlender Zustimmung des Aufsichtsrats wirksam. Der Aufsichtsrat darf aber nicht übergangen werden. Dasselbe gilt für den Beirat einer GmbH oder GmbH & Co. KG mit entsprechenden Kompetenzen. Bei der AG hat der Aufsichtsrat kraft Gesetzes ein Vorschlagsrecht für die Beschlussfassung der Anteilseigner (§ 124 Abs. 3 AktG).

d) Anmeldung der Spaltung zum Handelsregister/Eintragung der Spaltung im Handelsregister (§§ 16, 17 und 19 UmwG)

21 Die Spaltung einschließlich der Ausgliederung ist zum Handelsregister des Sitzes jedes beteiligten Rechtsträgers anzumelden (§ 125 Satz 1 UmwG iVm. § 16 Abs. 1 UmwG). Siehe dazu die Erl. zu § 129 UmwG Rz. 2–10. Die Vorschriften des § 16 Abs. 2 und 3 UmwG über Negativerklärung und Registersperre gelten entsprechend auch für die Spaltung einschließlich der Ausgliederung. Auf die Erl. zu § 16 UmwG wird verwiesen. Bei der Ausgliederung, bei der die Anteilsinhaber der übertragenden Gesellschaft nicht unmittelbar an der neuen Gesellschaft beteiligt werden, begründet der im Ausgliederungsplan fehlende Gesellschaftsvertrag des neuen Rechtsträgers nur ein Aufschubinteresse von geringem Gewicht[4]. Obwohl das Klageverbot des § 14 Abs. 2 UmwG bei der Ausgliederung nicht gilt, begründet eine als plausibel zu unterstellende Bewertungsrüge nicht stets den Vorrang des Aufschubinteresses[5].

---

1 *Drygala* in Lutter, § 13 UmwG Rz. 54 ff.; *Simon* in KölnKomm. UmwG, § 13 UmwG Rz. 98 ff.; OLG Stuttgart v. 28.1.2004 – 20 U 3/03, DB 2004, 749 (751) = AG 2004, 271.
2 *Kraft* in KölnKomm. AktG, 2. Aufl. 1990, § 349 AktG Rz. 8 zur Verschmelzung.
3 *Drygala* in Lutter, § 4 UmwG Rz. 13 mwN.
4 OLG Stuttgart v. 17.12.1996 – 12 W 44/96, ZIP 1997, 75 = AG 1997, 138 (Kolbenschmidt) = EWiR 1997, 131 (*Bork*).
5 OLG Stuttgart v. 22.3.2002 – 20 W 32/2001, DB 2003, 33 (35) = AG 2003, 456.

§ 17 Abs. 1 UmwG über die **Anlagen der Anmeldung** gilt für die Spaltung einschließlich Ausgliederung entsprechend. Siehe dazu Erl. zu § 129 UmwG Rz. 11. 22

§ 17 Abs. 2 UmwG ist für alle drei Fälle der Spaltung entsprechend anzuwenden; dh. es ist stets eine **Schlussbilanz** des übertragenden Rechtsträgers den von ihm vorzunehmenden Registeranmeldungen beizufügen. Die „entsprechende" Anwendung kann bei Abspaltung und Ausgliederung zu Zweifelsfragen führen: Ist die Schlussbilanz eine Gesamtbilanz des übertragenden Rechtsträgers, die das gesamte Unternehmen umfasst, zerfällt sie in zwei Teilbilanzen, nämlich für die zurückbleibenden und die zu übertragenden Unternehmensteile – was am aussagefähigsten wäre –, oder ist sie eine Teilbilanz der zu übertragenden Vermögensteile? Dem Gesetzeswortlaut wird Genüge getan, wenn für alle Fälle Gesamtbilanzen eingereicht werden; eine Aufgliederung in Teilbilanzen kann nicht verlangt werden[1]. Nur so kann von der Erleichterung des § 17 Abs. 2 Satz 4 UmwG Gebrauch gemacht werden, dass der Jahresabschluss als Schlussbilanz verwendet wird, sofern er bei der Anmeldung nicht älter als acht Monate ist. Dem übertragenden Rechtsträger steht es frei, ergänzend Teilbilanzen zu erstellen und der Anmeldung beizufügen (zum Nachweis der Kapitaldeckung bei Kapitalerhöhung siehe Rz. 63). Jedoch erscheint es in Ausnahmefällen, insbesondere wenn das zu übertragende Vermögen unwesentlich im Verhältnis zum Gesamtvermögen des übertragenden Rechtsträgers ist und/oder der Stichtag der Schlussbilanz nicht mit dem vorangehenden Bilanzstichtag des übertragenden Rechtsträgers übereinstimmt, ausreichend, der Anmeldung zum Register eine geprüfte Teilbilanz beizufügen, die nur die zu übertragenden Vermögensteile umfasst[2]. 23

Bezüglich Erstellung und Prüfung wird auf die Erl. zu § 17 Abs. 2 UmwG verwiesen. 24

Ist übertragender Rechtsträger eine AG, kann eine Zwischenbilanz nach § 63 Abs. 1 Nr. 3 UmwG erforderlich werden (vgl. § 63 UmwG Rz. 5–13).

Das Registergericht prüft das **Vorliegen eines wirksamen Spaltungs- und Übernahmevertrags bzw. Spaltungsplans**. Das Fehlen der in § 126 UmwG vorgeschriebenen Mindestangaben ist ein Eintragungshindernis, so dass es auf die Anfechtung des Spaltungsbeschlusses aus diesem Grunde und die sich daraus ergebende Registersperre nicht ankommt[3]. Dies gilt grundsätzlich auch für die nach § 126 Abs. 1 Nr. 11 UmwG vorgeschriebenen Angaben über die Folgen der Spaltung für die Arbeitnehmer und ihre Vertretungen sowie die insoweit vor- 25

---

1 Vgl. *W. Müller*, WPg 1996, 857 (865); *IDW*, Stellungnahme zur Rechnungslegung: Auswirkungen einer Spaltung auf den handelsrechtlichen Jahresabschluss RS HFA 43 Tz. 7; *IDW*, Stellungnahme HFA 1/1998: Zweifelsfragen bei Spaltungen, WPg 1998, 508.
2 *IDW*, Stellungnahme HFA 1/1998: Zweifelsfragen bei Spaltungen, WPg 1998, 508 (509).
3 *Drygala* in Lutter, § 5 UmwG Rz. 113f.; *Simon* in KölnKomm. UmwG, § 5 UmwG Rz. 242.

gesehenen Maßnahmen. Der Registerrichter wird aber die Eintragung nur ablehnen dürfen, wenn der Vertrag jeder nachvollziehbaren Darstellung der arbeitsrechtlichen Folgen entbehrt, wobei eine bloße Bezugnahme auf die gesetzlichen Vorschriften nicht ausreicht[1] (siehe im Übrigen § 5 UmwG Rz. 58, 60).

26 Die **Prüfung** durch das Registergericht erstreckt sich jedoch nicht darauf, ob der **Spaltungs- bzw. Ausgliederungsbericht** den gesetzlichen Anforderungen genügt, also etwa ausführlich genug ist. Diese Prüfung ist Sache des Prozessgerichts auf eine Anfechtungsklage hin. Der Registerrichter kann die Eintragung nur verweigern, wenn ein evidenter Gesetzesverstoß vorliegt, wenn also der Spaltungsbericht offensichtlich den gesetzlichen Anforderungen nicht entspricht, was insbesondere der Fall ist, wenn die Ausführungen zu dem Umtauschverhältnis nicht ausreichend sind[2]. Schon gar nicht hat der Registerrichter die Zweckmäßigkeit der Spaltung oder das Umtauschverhältnis zu prüfen[3].

27 § 19 Abs. 3 UmwG über die **Bekanntmachung der Eintragung** gilt kraft Verweisung durch § 125 Satz 1 UmwG. Insbesondere ist die Regelung über den Zeitpunkt der Bekanntmachung bedeutsam für den Beginn der Frist zur Anmeldung von Forderungen nach § 125 Satz 1 UmwG iVm. § 22 Abs. 1 UmwG, für den Beginn der Verjährung von Schadensersatzansprüchen gegen Verwaltungsträger nach § 125 Satz 1 UmwG iVm. § 25 Abs. 3 UmwG und § 27 UmwG und für den Beginn der Frist zur Annahme eines Barabfindungsangebots nach § 125 Satz 1 UmwG iVm. § 31 Satz 1 UmwG.

e) Firma der übernehmenden bzw. neuen Rechtsträger (§ 18 UmwG)

28 Bei der **Aufspaltung**, nicht dagegen bei Abspaltung und Ausgliederung, soll § 18 UmwG entsprechende Anwendung finden. Die rechtliche Bedeutung von § 18 Abs. 1 UmwG erschöpft sich bei der Verschmelzung darin, dass es abweichend von § 22 Abs. 1 HGB nicht auf die Einwilligung des betreffenden übertragenden Rechtsträgers ankommt[4]. Bei der Aufspaltung tritt eine andere Frage in den Vordergrund: Bedeutet die entsprechende Anwendung des § 18 UmwG, dass nur derjenige übernehmende oder neue Rechtsträger die Firma fortführen darf, auf den wie bei der Verschmelzung das Unternehmen des übertragenden Rechtsträgers im Großen und Ganzen übergeht[5], oder kann bei Aufteilung des Unternehmens einer der übernehmenden oder neuen Rechtsträger nach Bestimmung im Spaltungs- und Übernahmevertrag oder im Spaltungsplan die Firma

---

1 OLG Düsseldorf v. 15.5.1998 – 3 Wx 156/98, GmbHR 1998, 745.
2 Zur Prüfungskompetenz des Registerrichters ua. bei Verschmelzung *Bokelmann*, DB 1994, 1341 (insbes. 1346 ff. zu IV. 3.).
3 *Priester* in Lutter, § 130 UmwG Rz. 6; *Hörtnagl* in Schmitt/Hörtnagl/Stratz, § 130 UmwG Rz. 16.
4 Vgl. Begr. zu § 18 UmwG, BT-Drucks. 12/6699, S. 91.
5 So *Teichmann* in Lutter, § 125 UmwG Rz. 5.

des übertragenden Rechtsträgers fortführen. Aus der Verweisung des § 125 Satz 1 UmwG auf § 18 UmwG für die Aufspaltung ist zu schließen, dass die Firmenfortführung bei der Aufspaltung abweichend von § 22 Abs. 1 HGB auch zulässig sein soll, wenn nur Teile des Handelsgeschäfts erworben werden[1]. Möglich erscheint es im Rahmen entsprechender Anwendung des § 18 UmwG auch, bei einer Aufspaltung die Firma teilweise durch einen und teilweise durch einen anderen übernehmenden oder neuen Rechtsträger fortzuführen, wenn die Firmenteile mit den jeweils übertragenen Betrieben oder Betriebsteilen in Zusammenhang stehen. Unzulässig ist dagegen eine Vervielfältigung der Firma des übertragenden Rechtsträgers derart, dass jeder übernehmende oder neue Rechtsträger zur Fortführung der ganzen Firma berechtigt ist[2]. Dies würde § 18 Abs. 1 UmwG zuwiderlaufen, ist also keinesfalls durch die Verweisung gedeckt[3].

Diese Abweichung von den in § 22 Abs. 1 HGB genannten Voraussetzungen muss dann aber auch für **Abspaltung und Ausgliederung** gelten. Denn sie ist teleologisch nicht davon abhängig, dass der übertragende Rechtsträger erlischt. Die Auflösung hat ausweislich der Begründung nur Bedeutung für den Verzicht auf die Einwilligung des übertragenden Rechtsträgers in die Firmenfortführung. Auch bei Abspaltung und Ausgliederung ist also umwandlungsrechtlich eine Firmenfortführung möglich[4]. Bei Abspaltung und Ausgliederung setzt die Fortführung der Firma des übertragenden Rechtsträgers durch einen übernehmenden oder neuen Rechtsträger mangels Auflösung des übertragenden Rechtsträgers freilich voraus, dass der übertragende Rechtsträger seine bisherige Firma aufgibt und eine neue Firma bildet. Ein solches Vorgehen ist zB bei der Abspaltung oder Ausgliederung eines Betriebs wirtschaftlich sinnvoll, dessen Unternehmensgegenstand bisher für die Firmenbildung des übertragenden Rechtsträgers als Sachfirma ausschlaggebend war[5]. Zu weiteren Einzelheiten der Firmenfortführung vgl. § 18 UmwG Rz. 6 ff. Zur Frage, ob auch die Bildung einer zusammengesetzten Firma zulässig ist, vgl. § 18 UmwG Rz. 16. Auch bei Abspaltung und Ausgliederung dürfte die nur teilweise Fortführung der Firma durch einen übernehmenden oder neuen Rechtsträger zulässig sein.

Einstweilen frei.

---

1 Vgl. *Sagasser/Bultmann* in Sagasser/Bula/Brünger, § 18 Rz. 68.
2 So aber *Kögel*, GmbHR 1996, 168 (173).
3 Ähnlich schon *Sagasser/Bultmann* in Sagasser/Bula/Brünger, § 18 Rz. 68: Im Hinblick auf § 18 Abs. 1 Satz 1 UmwG erscheine diese Lösung zweifelhaft.
4 AA noch mit nicht stichhaltiger Begründung *Kögel*, GmbHR 1996, 168 (173); *Kögel* missinterpretiert vor allem §§ 131 Abs. 1 Nr. 1 Satz 2, 132 UmwG aF. *Mayer*, DB 1995, 861 (863) und *Sagasser/Bultmann* in Sagasser/Bula/Brünger, § 18 Rz. 67 wollen demgegenüber auf § 22 HGB zurückgreifen, der aber den Fall der Unternehmensteilung gerade nicht deckt.
5 Vgl. *Mayer*, DB 1995, 861 (863).

f) Wirkungen der Eintragung im Handelsregister des übertragenden Rechtsträgers (§§ 20, 21 UmwG)

31 Die § 20 UmwG entsprechende Vorschrift ist in § 131 UmwG ausformuliert. Dabei tritt abweichend von § 125 Satz 3 UmwG an die Stelle der Eintragung in das Register des übernehmenden Rechtsträgers die Eintragung in das Register des übertragenden Rechtsträgers. Außerdem ist § 21 UmwG nach § 125 Satz 1 UmwG entsprechend anzuwenden. Dies setzt aber die **Übertragung von Betrieben oder Betriebsteilen** voraus, zu denen der nach seinem Übergang problematische gegenseitige Vertrag gehört. Wenn dagegen dieser Vertrag willkürlich einem anderen übernehmenden Rechtsträger als demjenigen übertragen wird, dem der zugehörige Betrieb oder Betriebsteil zugeordnet wird, so kann dieser übernehmende Rechtsträger nicht den Schutz des § 21 UmwG beanspruchen. Denn dann würde das Zusammentreffen der nicht miteinander zu vereinbarenden Verpflichtungen nicht auf Sachzwang beruhen, sondern auf einer willkürlichen Gestaltung des Spaltungs- und Übernahmevertrags[1].

g) Gläubigerschutz und Schutz der Inhaber von Sonderrechten (§§ 22, 23, 25, 26 UmwG)

32 Auch bei allen Spaltungsarten gilt § 22 UmwG als besonders flexible Gläubigerschutzvorschrift. Geschützt werden die Gläubiger aller an der Spaltung beteiligten Rechtsträger, also des übertragenden Rechtsträgers und aller übernehmenden Rechtsträger. Zur **Sicherheitsleistung** ist jedoch nur derjenige Rechtsträger verpflichtet, dem die Verbindlichkeit im Spaltungs- und Übernahmevertrag bzw. Spaltungsplan zugewiesen ist, also gegebenenfalls auch ein neuer Rechtsträger (§ 133 Abs. 1 Satz 2 Halbsatz 2 UmwG). Die Sicherheitsleistung nach §§ 232 ff. BGB kann für den betreffenden Rechtsträger eine erhebliche Belastung darstellen. Deshalb ist vor der Einleitung der Spaltung zu klären, in welchem Umfang Ansprüche auf Sicherheitsleistung bestehen. Eine wesentliche Rolle spielt dabei, dass den Gläubigern ein Recht auf Sicherheitsleistung nur zusteht, wenn sie eine konkrete Gefährdung der Erfüllung ihrer Forderung glaubhaft machen (§ 22 Abs. 1 Satz 2 UmwG). Hinsichtlich des Schutzes der Altgläubiger des übertragenden Rechtsträgers konkurriert das Recht auf Sicherheitsleistung mit § 133 UmwG (vgl. § 133 Abs. 1 Satz 2 UmwG). Soweit der Gläubiger schon nach § 133 UmwG ausreichend geschützt ist, kann er nicht glaubhaft machen, dass durch die Spaltung die Erfüllung seiner Forderung gefährdet wird (dazu im Einzelnen § 133 UmwG Rz. 21). Die Bestellung der Sicherheit durch den übernehmenden Rechtsträger ist im Zweifel in dem Umfang als kongruent im insolvenzrechtlichen Sinne anzusehen, in dem die Verpflichtung zur Bestellung der Sicherheit umwandlungsrechtlich besteht[2].

---

1 Vorsichtiger noch *Sagasser/Bultmann* in Sagasser/Bula/Brünger, § 18 Rz. 53: die Anwendung von § 21 UmwG erscheine zumindest zweifelhaft.
2 BGH v. 16.10.2008 – IX ZR 183/06, WM 2009, 117 (123) = MDR 2009, 404.

Anzuwendende Vorschriften | § 125

Das Recht auf Sicherheitsleistung steht auch den **Arbeitnehmern** zu, wenn sie 33
eine Gefährdung ihrer künftigen Lohnansprüche glaubhaft machen können.
Kein Recht auf Sicherheitsleistung besteht jedoch wegen ihrer von dem besonderen Insolvenzschutz durch den Pensionssicherungsverein nach §§ 7 ff. BetrAVG
erfassten Versorgungsansprüche und unverfallbaren Versorgungsanwartschaften[1]. Bei **Dauerschuldverhältnissen** sind alle künftig entstehenden Einzelansprüche sicherungsfähig. Die zu leistende Sicherheit ist jedoch nicht schlechthin nach den während der Restlaufzeit des Vertrages fällig werdenden Ansprüchen zu bemessen, sondern nach dem konkret zu bemessenden Sicherungsinteresse des Gläubigers[2]. Danach erscheint in Anlehnung an §§ 45, 133 Abs. 3
Satz 1 UmwG und § 160 HGB eine Beschränkung auf Ansprüche vertretbar, die
innerhalb von fünf Jahren nach der Spaltung fällig werden[3].

Auch bei allen Spaltungsarten gilt die Verpflichtung nach § 23 UmwG, den **In-** 34
habern von beteiligungsähnlichen Sonderrechten in dem übertragenden
Rechtsträger zum Schutz vor Verwässerung der Rechte infolge der Spaltung
gleichwertige Rechte in den übernehmenden oder neuen Rechtsträgern zu gewähren[4]. Im Fall der Abspaltung und Ausgliederung können die gleichwertigen
Rechte nach § 133 Abs. 2 Satz 2 UmwG statt in den übernehmenden Rechtsträgern auch in dem übertragenden Rechtsträger gewährt werden[5]. Die Zweckmäßigkeit dieser Regelung erscheint durchaus zweifelhaft, da ein angemessener
Verwässerungsschutz bei der Abspaltung typischerweise nur durch Gewährung
gleichartiger Rechte in allen beteiligten Rechtsträgern zu erreichen ist. Zu den
Sonderrechten gehören auch stimmrechtslose Vorzugsaktien einer AG oder
KGaA, obwohl Art. 15 der 3. Richtlinie, auf die sich auch die Begründung bezieht[6], von den Inhabern von Wertpapieren spricht, die mit Sonderrechten verbunden sind, jedoch keine Aktien sind (§ 23 UmwG Rz. 4)[7]. Statt Vorzugsaktien
ohne Stimmrecht können auch Stammaktien der übernehmenden oder neuen
AG gewährt werden (§ 23 UmwG Rz. 8)[8] (siehe im Übrigen § 123 UmwG Rz. 4).
Ein **Sonderbeschluss der Vorzugsaktionäre** der übertragenden AG oder KGaA

---

1 Vgl. Begr. zu § 22 UmwG, BT-Drucks. 12/6699, S. 92; *Joost* in Lutter, § 324 UmwG Rz. 82.
2 BGH v. 18.3.1996 – II ZR 299/94, ZIP 1996, 705 = AG 1996, 321; *Grunewald* in Lutter,
 § 22 UmwG Rz. 24; *Simon* in KölnKomm. UmwG, § 22 UmwG Rz. 50–52.
3 *Jaeger*, DB 1996, 1069.
4 Zur Ausgliederung speziell *Feddersen/Kiem*, ZIP 1994, 1082.
5 LAG Baden-Württemberg v. 9.4.2015 – 16 Sa 36/14, juris; *Vossius* in Widmann/Mayer,
 § 23 UmwG Rz. 40.
6 Begr. zu § 23 UmwG, BT-Drucks. 12/6699, S. 92.
7 *Feddersen/Kiem*, ZIP 1994, 1078 (1082); *Grunewald* in Lutter, § 23 UmwG Rz. 10; *Kiem*,
 ZIP 1997, 1627 (1631); *Stratz* in Schmitt/Hörtnagl/Stratz, § 23 UmwG Rz. 6; aA *Rümker*
 in WM-Festgabe für Hellner, 1994, S. 73 (77); *Hüffer* in FS Lutter, 2000, S. 1227 (1232);
 Brause, Stimmrechtslose Vorzugsaktien, S. 155; *Kalss* in Semler/Stengel, § 23 UmwG
 Rz. 10 f.; *Simon* in KölnKomm. UmwG, § 23 UmwG Rz. 10.
8 *Kiem*, ZIP 1997, 1627 (1632); *Drygala* in Lutter, § 5 UmwG Rz. 21 mwN.

nach § 141 Abs. 1 AktG ist nicht erforderlich[1]. Die Vorzugsaktionäre werden vielmehr nach §§ 5 Abs. 1 Nr. 3, 15 und 23 UmwG geschützt. Zu den besonderen Rechten nach § 23 UmwG gehören auch Aktienoptionen nach § 192 Abs. 2 Nr. 3 AktG und je nach Ausgestaltung virtuelle Anteile (Phantom Stocks)[2]. Bei Abspaltung bietet sich eine Anpassung der Aktienoptionen oder virtuellen Anteile beim übertragenden Rechtsträger an. Bei Ausgliederung entsteht zumeist kein Anpassungsbedürfnis. Ob ein Anspruch aus § 23 UmwG iVm. §§ 125 und 133 Abs. 2 UmwG besteht, ist durch Auslegung der ursprünglichen Vereinbarung über die Gewährung der Option oder virtuellen Beteiligung zu ermitteln[3].

35 Auch bei Spaltungen anwendbar sind die §§ 25–27 UmwG über **Schadensersatzpflichten der Verwaltungsträger** der beteiligten Rechtsträger. Auch insoweit kann auf die dortigen Erläuterungen verwiesen werden. Hervorzuheben ist, dass diese Haftungsnormen auf dem Erfordernis der Pflichtwidrigkeit basieren[4] und nur der von dem Schutzzweck dieser Organpflichten erfasste Schaden zu ersetzen ist[5].

h) Rechnungslegung *(Lanfermann)*

aa) Schlussbilanz beim übertragenden Rechtsträger (§ 17 UmwG)

35a Für alle drei Arten der Spaltung ist § 17 Abs. 2 UmwG (**Schlussbilanz**) auf den übertragenden Rechtsträger entsprechend anzuwenden, weshalb auf die Kommentierung dazu verwiesen werden kann. Der übertragende Rechtsträger muss grundsätzlich eine Schlussbilanz für sein gesamtes Vermögen, also nicht nur für den Spaltanteil, aufstellen und einreichen. Die Vermögensaufteilung ergibt sich aus dem Spaltungsvertrag (§ 126 Abs. 1 Nr. 9 UmwG) oder dem Spaltungsplan (§ 136 UmwG)[6]. Im Falle der **Abspaltung** ist es auch zulässig – und zumeist sinnvoller –, Teilbilanzen für das zu übertragende und das verbleibende Vermögen aufzustellen und beide geprüften Teilbilanzen der Anmeldung zum Handelsregister beizufügen. Bei unwesentlichen zur Abspaltung bestimmten Vermögensteilen im Verhältnis zum Gesamtvermögen wird es auch als sachgerecht angesehen, nur eine Teilbilanz für das zu übertragende Vermögen einzureichen[7]. Bei der **Ausgliederung** ist es ausreichend, nur eine Teilbilanz für das zu übertra-

---

1 *Drygala* in Lutter, § 5 UmwG Rz. 21; aA *Kiem*, ZIP 1997, 1627 (1629, 1632); *Kalss* in Semler/Stengel, § 23 UmwG Rz. 10; *Brause*, Stimmrechtslose Vorzugsaktien, S. 92, 99.
2 LAG Baden-Württemberg v. 9.4.2015 – 16 Sa 36/14, juris; *Wilhelm*, NZG 2013, 1211.
3 LAG Baden-Württemberg v. 9.4.2015 – 16 Sa 36/14, juris; *Wilhelm*, NZG 2013, 1211.
4 *Grunewald* in Lutter, § 25 UmwG Rz. 8; *Simon* in KölnKomm. UmwG, § 25 UmwG Rz. 24 f.
5 *K. Schmidt*, ZGR 1993, 376.
6 IDW RS HFA 43 Rz. 7, IDW Fachnachrichten 2012, S. 714 ff., WPg 2012, Supplement 4, S. 104 ff.
7 IDW RS HFA 43 Rz. 8, IDW Fachnachrichten 2012, S. 714 ff., WPg 2012, Supplement 4, S. 104 ff.

gende Vermögen aufzustellen und einzureichen, weil das Vermögen des übertragenden Rechtsträgers nicht vermindert wird[1].

bb) Bilanzierung beim übertragenden Rechtsträger

Bei der **Aufspaltung** erlischt der übertragende Rechtsträger (§ 131 Abs. 1 Nr. 2 UmwG) mit der Eintragung der Aufspaltung in das Handelsregister am Sitz des übertragenden Rechtsträgers. Damit endet auch seine Rechnungslegungspflicht. Für die Vermögens- und Ergebniszuordnung bis zum Wirksamwerden der Aufspaltung, sind die auf die Verschmelzung geltenden Grundsätze entsprechend anzuwenden[2]. 35b

Bei der **Abspaltung** besteht der übertragende Rechtsträger fort, geht aber eines Teils seines bilanziellen Vermögens verlustig (Auskehrung eines positiven Vermögenssaldos) oder erhält eine Vermögensmehrung (Auskehrung eines negativen Vermögenssaldos). In beiden Fällen handelt es sich um gesellschaftsrechtliche Vorgänge und nicht um laufende Geschäftsvorfälle. Damit können sich hieraus Auswirkungen auf die GuV nicht ergeben[3]. Eine bilanzielle Vermögensminderung ist vielmehr gegen das Eigenkapital zu buchen. Bei der AG sind zunächst die frei verfügbaren Rücklagen, danach die Kapitalrücklagen nach § 272 Abs. 2 Nr. 1 bis 3 HGB und dann die gesetzliche Rücklage (§ 150 Abs. 1 AktG) aufzulösen, vorausgesetzt die gesetzliche Rücklage bleibt mit 10 % des nach der Spaltung verbleibenden Grundkapitals erhalten. Entsprechend sind bei der GmbH die Rücklagen aufzulösen, soweit sie über einen Betrag hinausgehen, der 10 % des nach der Spaltung verbleibenden Stammkapitals hinausgehen. Nicht verwendungsfähig sind die nach §§ 272 Abs. 4 und 268 Abs. 8 HGB gebildeten Rücklagen. Für einen darüber hinaus verbleibenden Differenzbetrag wird eine Kapitalherabsetzung in vereinfachter Form erforderlich (vgl. §§ 139 Satz 1, 145 Satz 1 UmwG und die dortigen Erl.). Führt die Abspaltung zur Auskehrung eines negativen Vermögenssaldos und damit zu einer bilanziellen Vermögensmehrung beim übertragenden Rechtsträger, ist diese wie die Einlage der Anteilseigner zu behandeln und in die Kapitalrücklage nach § 272 Abs. 2 Nr. 4 HGB einzustellen[4]. 35c

Die **Ausgliederung** ist beim übertragenden Rechtsträger bilanziell wie ein Tauschgeschäft zu behandeln (laufender Geschäftsvorfall). Die für den übertragenen Vermögenssaldo erhaltenen Anteile sind entweder mit dem Buchwert, dem Zeitwert oder einem erfolgsneutralen Zwischenwert der übertragenen Ver- 35d

---

1 Vgl. dazu *IDW* RS HFA 43 Rz. 9, IDW Fachnachrichten 2012, S. 714 ff., WPg 2012, Supplement 4, S. 104 ff.
2 *IDW* RS HFA 43 Rz. 10, IDW Fachnachrichten 2012, S. 714 ff., WPg 2012, Supplement 4, S. 104 ff.
3 *IDW* RS HFA 43 Rz. 11, IDW Fachnachrichten 2012, S. 714 ff., WPg 2012, Supplement 4, S. 104 ff.
4 Vgl. dazu ausführlich *IDW* RS HFA 43 Rz. 11 ff., IDW Fachnachrichten 2012, S. 714 ff., WPg 2012, Supplement 4, S. 104 ff.

mögenssaldos zu bilanzieren[1]. Soweit sich Differenzen ergeben, sind diese erfolgswirksam in der GuV zu verbuchen.

cc) Bilanzierung beim übernehmenden Rechtsträger (§ 24 UmwG)

35e Bei der Spaltung zur Aufnahme ist die Übernahme der Aktiva und Passiva beim übernehmenden Rechtsträger ein laufender Geschäftsvorfall. Auf die Erl. zu § 24 UmwG kann verwiesen werden. Bei der Spaltung zur Neugründung hat/haben der/die neue/n Rechtsträger eine Eröffnungsbilanz zu erstellen (§ 242 Abs. 1 HGB). Auch auf diese Eröffnungsbilanz findet § 24 UmwG Anwendung; dies ergibt sich aus § 242 Abs. 1 Satz 2 HGB.

35f Einen gewissen Sonderfall stellt die Abspaltung von Vermögen von der **Tochtergesellschaft** auf die **Muttergesellschaft** dar (§ 125 UmwG iVm. §§ 54 Abs. 1 Nr. 1, 68 Abs. 1 Nr. 1 UmwG). Das ist bei der Muttergesellschaft ein betrieblicher Vorgang (ähnlich der Verschmelzung gegen Untergang der Beteiligung). Dem Vermögensübergang steht eine Abschreibung oder (bei vereinfachter Kapitalherabsetzung beim übertragenden Rechtsträger) ein Abgang beim Beteiligungsansatz der Tochtergesellschaft gegenüber[2]. Damit bietet sich eine erfolgsneutrale Verbuchung des hereinkommenden Vermögens mit dem Betrag der erforderlichen Beteiligungswertberichtigung an[3]. Es stehen aber auch die anderen Wahlmöglichkeiten des § 24 UmwG einschließlich Buchwertverknüpfung zur Verfügung. Die Ergebnisauswirkungen sind über die Gewinn- und Verlustrechnung zu verbuchen.

35g Verzichten die Anteilsinhaber (der Anteilsinhaber) eines übernehmenden Rechtsträgers auf die Gewährung von Anteilen (§ 125 UmwG iVm. § 54 Abs. 1 Satz 3 oder § 68 Abs. 1 Satz 3 UmwG), zB bei der Abspaltung auf eine **Schwestergesellschaft** (side-stream-split-up), so handelt es sich – abweichend vom Normalfall (Rz. 35d) – nicht um einen laufenden Geschäftsvorfall, sondern um eine Einlage auf gesellschaftsrechtlicher Ebene der Anteilsinhaber des übertragenden Rechtsträgers in den übernehmenden Rechtsträger. Die Anschaffungskosten beim übernehmenden Rechtsträger bemessen sich mit dem Zeitwert des übernommenen Vermögenssaldos[4]; die Vermögensmehrung ist in die Kapitalrücklage nach § 272 Abs. 2 Nr. 4 HGB einzustellen.

---

1 *Schubert/Gadek* in Beck'scher Bilanz-Kommentar, § 255 HGB Rz. 39 ff.; *IDW* RS HFA 43 Rz. 21, IDW Fachnachrichten 2012, S. 714 ff., WPg 2012, Supplement 4, S. 104 ff.; aA *Hörtnagl* in Schmitt/Hörtnagl/Stratz, § 24 UmwG Rz. 100: nur Zeitwert.
2 *IDW* RS HFA 43 Rz. 33, IDW Fachnachrichten 2012, S. 714 ff., WPg 2012, Supplement 4, S. 104 ff.
3 Vgl. *W. Müller*, WPg 1996, 857 (866); wohl auch *IDW* RS HFA 43 Rz. 33, IDW Fachnachrichten 2012, S. 714 ff., WPg 2012, Supplement 4, S. 104 ff.; aA *Hörtnagl* in Schmitt/Hörtnagl/Stratz, § 24 UmwG Rz. 95: nur Zeitwert.
4 IE auch *IDW* RS HFA 43 Rz. 25, IDW Fachnachrichten 2012, S. 714 ff., WPg 2012, Supplement 4, S. 104 ff. iVm. *IDW* RS HFA 42 Rz. 50 iVm. Rz. 47 ff. bzw. 75, IDW Fachnachrichten 2012, S. 701 ff., WPg 2012, Supplement 4, S. 91 ff.

dd) Bilanzierung bei den Anteilsinhabern

Bei der Abspaltung erhalten die Anteilsinhaber des übertragenden Rechtsträgers 35h
Anteile an den neuen oder an den übernehmenden Rechtsträgern. Es liegt ein
Anteilstausch vor, der, sofern die Anteilseigner bilanzierungspflichtig sind, nach
den Tauschgrundsätzen zu behandeln ist[1]. Es besteht ein Wahlrecht, die erhaltenen Anteile mit dem Buchwert der abgehenden Beteiligung, in Höhe des Zeitwerts der abgehenden Beteiligung oder in Höhe eines erfolgsneutralen Zwischenwerts anzusetzen.

Bei der Abspaltung mindert sich idR der innere **Wert der Beteiligung** am über- 35i
tragenden Rechtsträger. Dem ist durch eine Abschreibung Rechnung zu tragen,
soweit keine Kompensation durch stille Reserven stattfindet. Begründbar – und
nach *IDW*[2] sogar sachgerecht – ist es, einen mengenmäßigen Abgang auf die Beteiligung am übertragenden Rechtsträger zu buchen, und zwar im Verhältnis des
Zeitwerts des abgespaltenen Vermögens zum ursprünglichen Vermögen des
übertragenden Rechtsträgers. Für die Bestimmung der Anschaffungskosten gelten wiederum die Tauschgrundsätze, wobei als Buchwert der abgehenden Beteiligung die Abschreibung auf bzw. der Abgang bei der Beteiligung am übertragenden Rechtsträger in Ansatz kommt. Wird bei einer Auf- oder Abspaltung auf
eine Anteilsgewährung verzichtet (insbesondere bei der Abspaltung zwischen
Schwestergesellschaften mit identischen Anteilsinhabern: side-stream-split-up
bzw. spin-off), so erfolgt ein wert- bzw. mengenmäßiger Abgang der Beteiligung
am übertragenden Rechtsträger, dem ein wert- bzw. mengenmäßiger Zugang
der Beteiligung am übernehmenden Rechtsträger entspricht. Der Vorgang kehrt
sich um, wenn die Ausgliederung eines negativen Vermögenssaldos erfolgt. Es
gelten wiederum die Tauschgrundsätze[3].

Bei der **Ausgliederung** bleibt die Beteiligung am übertragenden Rechtsträger 35j
mengen- und wertmäßig unberührt. Zur Bilanzierung beim übertragenden
Rechtsträger selbst vgl. Rz. 35c.

i) Barabfindung (§§ 29–34 UmwG)

Bei einer Auf- oder Abspaltung auf einen übernehmenden oder neuen Rechts- 36
träger anderer Rechtsform (§ 124 Abs. 2 UmwG iVm. § 3 Abs. 4 UmwG) oder
gegen Gewährung von Anteilen, die Verfügungsbeschränkungen unterworfen

---

[1] *Schubert/Gadek* in Beck'scher Bilanz-Kommentar, § 255 HGB Rz. 39 ff.; *ADS*, § 255 HGB Rz. 89; *Knop/Küting* in HdR, § 255 HGB Rz. 110; *IDW* RS HFA 43 Rz. 34, IDW Fachnachrichten 2012, S. 714 ff., WPg 2012, Supplement 4, S. 104 ff.; aA *Hörtnagl* in Schmitt/Hörtnagl/Stratz, § 24 UmwG Rz. 100.

[2] *IDW* RS HFA 43 Rz. 33, IDW Fachnachrichten 2012, S. 714 ff., WPg 2012, Supplement 4, S. 104 ff.

[3] *IDW* RS HFA 43 Rz. 35, IDW Fachnachrichten 2012, S. 714 ff., WPg 2012, Supplement 4, S. 104 ff.

sind, muss der Spaltungs- und Übernahmevertrag bzw. der Spaltungsplan nach § 125 Satz 1 UmwG iVm. §§ 29, 36 UmwG ein **Barabfindungsangebot** an widersprechende Anteilseigner enthalten (§ 29 UmwG Rz. 14). Dasselbe gilt kraft ausdrücklicher gesetzlicher Regelung des § 125 Satz 1 UmwG iVm. § 29 Abs. 1 Satz 1 UmwG bei der Aufspaltung einer börsennotierten AG in zwei nicht börsennotierte AG[1]. Das Barabfindungsangebot ist jedoch keine Wirksamkeitsvoraussetzung für den Spaltungs- und Übernahmevertrag bzw. Spaltungsplan (§ 29 UmwG Rz. 16). Auch der Spaltungsbeschluss kann nicht wegen fehlenden Abfindungsangebots angefochten werden (§ 32 UmwG). Die Anteilsinhaber sind vielmehr gemäß § 34 UmwG auf das Spruchverfahren verwiesen. Im Übrigen kann man von vornherein davon absehen, ein Barabfindungsangebot in den Spaltungs- und Übernahmevertrag bzw. den Spaltungsplan aufzunehmen, wenn aufgrund der beim übertragenen Rechtsträger gegebenen Gesellschafterstruktur und den Vorgesprächen ein Widerspruch gegen den Spaltungsbeschluss des übertragenden Rechtsträgers nicht zu erwarten ist[2] oder jedenfalls mit Verzichtserklärungen der Gesellschafter in der Gesellschafterversammlung gerechnet werden kann[3]. Ein Barabfindungsangebot ist schließlich entbehrlich, soweit eine Anteilsgewährung entfällt, weil der übernehmende Rechtsträger am übertragenden Rechtsträger beteiligt ist oder weil die Anteilsinhaber auf die Anteilsgewährung verzichten, da sie ohnehin am übernehmenden Rechtsträger im selben Verhältnis beteiligt sind wie am übertragenden Rechtsträger. Der Anspruch auf Barabfindung entsteht nach einer im Vordringen befindlichen Auffassung in voller Höhe unabhängig von Schutzbestimmungen zur Kapitalaufbringung und Erhaltung, ist aber nur in deren Rahmen durchsetzbar (vgl. Rz. 18).

37 Die **Frist zur Annahme des Angebots** nach § 31 UmwG beginnt bei der Spaltung entsprechend dem Unterschied zwischen § 20 UmwG und § 131 UmwG mit Bekanntmachung der Eintragung in das Register des Sitzes des übertragenden Rechtsträgers. Die in § 33 UmwG eingeräumte **Möglichkeit einer anderweitigen Veräußerung der Anteile** des übertragenden Rechtsträgers ohne Beachtung von Verfügungsbeschränkungen aufgrund des Gesellschaftsvertrags oder der Satzung des übertragenden Rechtsträgers besteht ab Fassung des Spaltungsbeschlusses. Zu dem weiteren Inhalt der §§ 29–34 UmwG siehe Erl. dort. Im Falle der Abspaltung besteht ein wesentlicher Unterschied zur Verschmelzung darin, dass der widersprechende Anteilsinhaber bei Annahme des Barabfindungsangebots nur auf **Anteile am übernehmenden oder neuen Rechtsträger verzichtet**, nicht dagegen aus dem übertragenden Rechtsträger ausscheidet. Seine nach Durchführung der Abspaltung im übertragenden Rechtsträger verbleibende Rechtsstellung bleibt vielmehr unberührt[4].

---

1 OLG Düsseldorf v. 30.12.2004 – I-19 W 3/04 AktE, DB 2005, 657 = AG 2005, 252 noch zur Rechtslage vor dem 2. UmwGÄndG.
2 *Heidenhain*, NJW 1995, 2873 (2876).
3 *Priester* in Lutter, § 126 UmwG Rz. 83; *Schröer* in Semler/Stengel, § 126 UmwG Rz. 92.
4 *Schöne*, Spaltung, S. 266.

3. Verweisung auf Allgemeine Vorschriften über Verschmelzung durch Neugründung

§ 125 Satz 1 UmwG verweist für alle Spaltungsarten auch auf die §§ 36–38 UmwG über die Verschmelzung durch Neugründung. Auch für die Spaltung zur Neugründung gelten also die Vorschriften für die Verschmelzung durch Neugründung, daneben allerdings zusätzlich auch die Vorschriften für die Verschmelzung durch Aufnahme. Jedoch tritt an die Stelle des Spaltungs- und Übernahmevertrags der Spaltungsplan (§ 136 Satz 2 UmwG) und gelten demnach die §§ 4 und 7 UmwG nicht (§ 135 Abs. 1 Satz 1 UmwG). Insbesondere sind anzuwenden die §§ 9–12 UmwG über die Spaltungsprüfung. Bei einer verhältniswahrenden Spaltung zur Neugründung entfällt aber die Prüfung der Angemessenheit des Umtauschverhältnisses, die sonst den Schwerpunkt der Umwandlungsprüfung bildet (§ 9 UmwG Rz. 23). 38

Nach § 125 Satz 1 UmwG iVm. § 37 UmwG ist bei einer Spaltung zur Neugründung der **Gesellschaftsvertrag bzw. die Satzung des neuen Rechtsträgers notwendiger Inhalt des Spaltungsplans** (§ 136 UmwG). Nach Beurkundung des Spaltungsplans ist eine Änderung des Gesellschaftsvertrags bzw. der Satzung des neuen Rechtsträgers nur durch eine Neubeurkundung des Spaltungsplans möglich. Haben die Anteilseigner des übertragenden Rechtsträgers dem Spaltungsplan bereits zugestimmt, so ist ein erneuter Zustimmungsbeschluss erforderlich. War der Spaltungsplan bereits nach § 126 Abs. 3 UmwG dem Betriebsrat zugeleitet worden, bedarf es bei wesentlichen Änderungen einer erneuten Zuleitung unter Einhaltung der Monatsfrist (§ 5 UmwG Rz. 78). 39

Bei der Gestaltung von Gesellschaftsvertrag bzw. Satzung sind die allgemeinen für die jeweilige Rechtsform geltenden Vorschriften zu beachten[1]. Im Unterschied zu der Verschmelzung kann bei der Spaltung das Nennkapital der neuen Gesellschaften unter Beachtung des gesetzlichen Mindestkapitals beliebig festgesetzt werden. Denn es gibt kein den Kapitalbetrag bestimmendes Unternehmenswertverhältnis. Auch bei einer Aufspaltung gibt es keinen Grundsatz, wonach die Summe der Nennkapitalien der neu gegründeten Kapitalgesellschaften der Höhe des Nennkapitals der übertragenden Kapitalgesellschaft entsprechen muss[2]. Zu berücksichtigen ist, dass es sich um eine **Sachgründung** handelt. Es ist also der Einlagegegenstand in der Satzung der AG oder GmbH festzusetzen (§ 27 Abs. 1 Satz 1 AktG; § 5 Abs. 4 Satz 1 GmbHG; jeweils iVm. § 135 Abs. 2 Satz 1 UmwG). Es genügt anders als im Spaltungsplan eine schlagwortartige Bezeichnung[3]. 40

Es ist darauf Bedacht zu nehmen, dass bei Auf- und Abspaltung zur Neugründung in dem Gesellschaftsvertrag bzw. der Satzung nicht **Verfügungsbeschrän-** 41

---

1 Vgl. *Heidenhain*, NJW 1995, 2873 (2876).
2 *Schöne*, Spaltung, S. 70.
3 *Heidenhain*, NJW 1995, 2873 (2876).

kungen für die Anteile neu aufgenommen werden, weil dies nach § 29 Abs. 1 Satz 2 UmwG zu einem obligatorischen Abfindungsangebot führt.

42 In dem Gesellschaftsvertrag als Bestandteil des Spaltungsplans können gemäß § 135 Abs. 2 Satz 1 UmwG iVm. § 6 Abs. 3 Satz 2 GmbHG bereits die **Geschäftsführer einer neuen GmbH** bestellt werden[1]. Die Bestellung erhält dadurch nicht Satzungscharakter, so dass Abberufung und Neubestellung eines anderen ohne Satzungsänderung möglich sind[2]. Alternativ und praktisch zweckmäßiger kommt eine Bestellung durch Beschlussfassung der Anteilseigner der neuen Gesellschaft, die mit den Anteilseignern des übertragenden Rechtsträgers identisch sind, in Betracht. Dieser Beschluss kann frühestens gleichzeitig mit dem Spaltungsbeschluss, aber vor Anmeldung und Eintragung der neuen Gesellschaft gefasst werden[3]. Er braucht nicht notariell beurkundet zu werden. Für die Bestellung der Anteilseignervertreter im Aufsichtsrat genügt die Bestellung im Spaltungsplan bei der AG den Vorschriften der §§ 30 Abs. 1, 31 Abs. 1 AktG iVm. § 36 Abs. 2 UmwG. Der Aufsichtsrat bestellt dann seinerseits den Vorstand (§ 30 Abs. 4 AktG).

43 Der Gesellschaftsvertrag bzw. die Satzung der neuen Gesellschaft nimmt nicht an der **Rechtsbeständigkeit** der Spaltung trotz Mängeln gemäß § 131 Abs. 2 UmwG teil. Für Mängel des Gesellschaftsvertrags bzw. der Satzung gelten vielmehr die allgemeinen Vorschriften der jeweiligen Rechtsform.

4. Verweisung auf Besondere Vorschriften über Verschmelzung unter Beteiligung von Personengesellschaften

a) Verweisung auf § 39 UmwG

44 Die Verweisung in § 125 Satz 1 UmwG erfasst alle Vorschriften des Zweiten Buches, auch dessen Besondere Vorschriften. § 39 UmwG gilt daher auch für die Spaltung. Dies ist für die Aufspaltung ohne weiteres einleuchtend. Denn bei dieser wird der übertragende Rechtsträger wie bei der Verschmelzung ohne Liquidation aufgelöst, ersetzt also die Vermögensübertragung auf den übernehmenden oder den neuen Rechtsträger die Liquidation und kollidiert also mit der nach § 145 HGB vereinbarten anderen Art der Auseinandersetzung. § 39 UmwG gilt aber auch für die Abspaltung und die Ausgliederung. Auch bei der Abspaltung handelt es sich um eine Teilauseinandersetzung, so dass die Konkurrenz mit der vereinbarten Auseinandersetzungsregelung besteht. Die Ausgliederung bewirkt zwar keine Teilauseinandersetzung, führt aber zu einer der Vereinbarung nach § 145 Abs. 1 HGB widersprechenden Veränderung der Struktur des Gesellschaftsvermögens.

---

1 *Heidenhain*, NJW 1995, 2873 (2876).
2 *Fastrich* in Baumbach/Hueck, § 6 GmbHG Rz. 26.
3 Vgl. *Mayer*, DB 1995, 861 (863).

b) Verweisung auf § 40 UmwG

§ 40 Abs. 1 UmwG ist bei der Ausgliederung so zu verstehen, dass für den übertragenden Rechtsträger selbst bestimmt werden muss, ob er in den übernehmenden oder neuen Personenhandelsgesellschaften die Stellung eines persönlich haftenden Gesellschafters oder eines Kommanditisten erhalten soll. Die Ausgliederung auf eine neue Personenhandelsgesellschaft setzt allerdings den Beitritt eines weiteren Gesellschafters voraus (§ 135 UmwG Rz. 15). Eine typische beteiligungsidentische GmbH & Co. KG kann aber im Wege der Mehrfachausgliederung gegründet werden (siehe § 124 UmwG Rz. 9). 45

§ 40 Abs. 2 UmwG hat nur Bedeutung für die Auf- oder Abspaltung. Bei der Auf- oder Abspaltung auf eine Personenhandelsgesellschaft dürfen nur solche Anteilseigner zu persönlich haftenden Gesellschaftern der übernehmenden oder neuen Gesellschaft bestimmt werden, die entweder in der übertragenden Gesellschaft bereits persönlich haftende Gesellschafter sind oder dem Spaltungsbeschluss des übertragenden Rechtsträgers zustimmen. 46

c) Verweisung auf §§ 41–44 UmwG

Für eine **KG** ist regelmäßig die Erstattung eines **Spaltungs- bzw. Ausgliederungsberichts** erforderlich. Er ist gemäß § 42 UmwG zusammen mit dem Spaltungs- und Übernahmevertrag bzw. Spaltungsplan den Kommanditisten zu übersenden. Wenn der Gesellschaftsvertrag eine Spaltung durch Mehrheitsbeschluss zulässt (§ 43 Abs. 2 UmwG), kann jeder Gesellschafter nach § 44 UmwG die Prüfung der Spaltung durch Wirtschaftsprüfer auf Kosten der Gesellschaft verlangen. Dies gilt nicht bei einer Ausgliederung (§ 125 Satz 2 UmwG). Um Verzögerungen zu vermeiden, sollte im Fall einer Mehrheitsklausel vor Einberufung der Gesellschafterversammlung eine Verständigung mit allen Gesellschaftern stattfinden, ob sie eine Prüfung verlangen wollen. Ist dies, etwa bei einer Publikums-KG, nicht möglich, so sollte die Spaltung vorsorglich unabhängig von einem Verlangen geprüft werden. Die Bestellung von Spaltungsprüfern ist ohnehin erforderlich, wenn ein übernehmender oder neuer Rechtsträger eine andere Rechtsform hat als der übertragende Rechtsträger (§§ 30 Abs. 2, 125 Satz 1 UmwG). Der Spaltungsprüfungsbericht ist den Kommanditisten ebenfalls spätestens mit der Einberufung der Spaltungsversammlung zu übersenden (§ 42 UmwG Rz. 3). 47

Nach § 43 UmwG müssen grundsätzlich alle Gesellschafter der Personengesellschaft dem Spaltungs- bzw. Ausgliederungsbeschluss zustimmen. Eine Ausnahme besteht nur, wenn der Gesellschaftsvertrag auch für einen Spaltungs- bzw. Ausgliederungsbeschluss eine **Mehrheitsklausel** enthält. Die Mehrheitsklausel muss dem Bestimmtheitsgrundsatz genügen[1]. Ausreichend ist, wenn 48

---
1 Vgl. Begr. zu § 44 UmwG, BT-Drucks. 12/6699, S. 98.

"alle Maßnahmen nach dem Umwandlungsgesetz" genannt sind (§ 43 UmwG Rz. 9). Für das Widerspruchsrecht eines persönlich haftenden Gesellschafters nach § 43 Abs. 2 Satz 3 UmwG kommt eine entsprechende Anwendung auf Spaltungen nur in Betracht, sofern es sich um Spaltungen zur Aufnahme handelt, nicht dagegen bei Spaltungen zur Neugründung. Denn Hintergrund für dieses Widerspruchsrecht bei der Verschmelzung ist, dass ein persönlich haftender Gesellschafter der übertragenden Gesellschaft, der persönlich haftender Gesellschafter einer übernehmenden oder neuen Gesellschaft wird, damit zwangsläufig auch für die vor der Spaltung begründeten Verbindlichkeiten der übernehmenden oder einer anderen übertragenden Gesellschaft die persönliche und unbeschränkte Haftung übernimmt, seine persönliche Haftung sich also wesentlich erweitert[1]. Eine solche Erweiterung der persönlichen Haftung tritt bei der Auf- oder Abspaltung zur Neugründung einer Personenhandelsgesellschaft nicht ein. Außerdem ist diese Vorschrift bei Ausgliederungen gegenstandslos, weil hier die Anteilsinhaber des übertragenden Rechtsträgers nicht Gesellschafter der übernehmenden oder neuen Personenhandelsgesellschaft werden.

d) Verweisung auf § 45 UmwG

49 Die Vorschrift passt nur auf den Fall der **Aufspaltung**. Denn nur dort wird die Personenhandelsgesellschaft aufgelöst, so dass sich ein Bedarf für eine Regelung zur Nachhaftungsbegrenzung ergibt. Bei Abspaltung und Ausgliederung braucht die Nachhaftung nur für die im Zuge der Spaltung auf einen anderen Rechtsträger übergehenden Verbindlichkeiten geregelt zu werden. Dies ist durch die Mithaftung der übertragenden Personenhandelsgesellschaft nach § 133 Abs. 1 Satz 1 iVm. Abs. 3 UmwG geschehen. Da die übertragende Personenhandelsgesellschaft nicht aufgelöst wird, vielmehr fortbesteht und der Gesellschafter bei ihr persönlich haftender Gesellschafter bleibt, trifft ihn auch die gesamtschuldnerische Haftung nach § 133 UmwG persönlich. Die Mithaftung nach § 133 UmwG ist übereinstimmend mit § 45 UmwG zeitlich begrenzt. Für die bei dem übertragenden Rechtsträger verbliebenen Verbindlichkeiten kann es dagegen keine Enthaftung geben. § 45 UmwG findet also bei Abspaltung und Ausgliederung insgesamt keine Anwendung[2]. Zu den Haftungsfragen bei der Spaltung von Kommanditgesellschaften und auf Kommanditgesellschaften siehe auch § 133 UmwG Rz. 22.

e) Verweisung auf §§ 45a–45e UmwG

49a Die Auf- oder Abspaltung auf eine **Partnerschaftsgesellschaft** ist nach § 45a UmwG nur möglich, wenn alle Anteilsinhaber des übertragenden Rechtsträgers, die Gesellschafter der Partnerschaftsgesellschaft werden sollen, in dieser einen

---

1 Vgl. *Naraschewski*, DB 1995, 1265 (1266).
2 Zustimmend *Sagasser/Bultmann* in Sagasser/Bula/Brünger, § 18 Rz. 105; *Mayer* in Widmann/Mayer, Vor §§ 138–173 UmwG Rz. 15.

freien Beruf ausüben. Auf die Erl. zu § 45a UmwG kann verwiesen werden. Eine Ausgliederung auf eine Partnerschaftsgesellschaft ist danach grundsätzlich nicht möglich[1]. Die Partnerschaftsgesellschaft kann nicht Zielrechtsträger bei der Ausgliederung aus dem Vermögen eines Einzelkaufmanns sein[2]. Es kann aber ein Freiberufler sein berufsbezogenes Vermögen in eine Partnerschaftsgesellschaft ausgliedern[3]. Aufgelöste PartG können sich als übertragender Rechtsträger an einer Spaltung nur beteiligen, wenn als Art der Auseinandersetzung die Abwicklung oder die Spaltung vereinbart worden ist (§ 45e Satz 1 UmwG iVm. § 39 UmwG). Bei der Auf- oder Abspaltung auf eine Partnerschaftsgesellschaft sind in den Spaltungs- und Übernahmevertrag Name und Vorname, Wohnort und der in der PartG ausgeübte Beruf jedes Anteilsinhabers des übertragenden Rechtsträgers anzugeben, der im Zuge der Spaltung Gesellschafter der PartG wird (§ 45b UmwG). Der Spaltungs- und Übernahmevertrag und ein Spaltungsbericht sind allen Gesellschaftern einer an der Spaltung beteiligten PartG zu übersenden, die von der Führung der sog. sonstigen Geschäfte ausgeschlossen sind (§ 45c UmwG). Der Spaltungsbeschluss einer PartG kann nur einstimmig gefasst werden. Der Gesellschaftsvertrag kann aber Beschlussfassung mit Drei-Viertel-Mehrheit der abgegebenen Stimmen zulassen (§ 45d Abs. 2 UmwG). Im letzteren Fall kann jeder Gesellschafter der PartG eine Spaltungsprüfung verlangen (§ 45e Satz 2 UmwG iVm. § 44 UmwG). Im Falle der Aufspaltung einer PartG gilt für deren Gesellschafter die Nachhaftungsbegrenzung gemäß § 45 UmwG (§ 45e Satz 1 UmwG).

5. Verweisung auf Besondere Vorschriften über Verschmelzung unter Beteiligung von Gesellschaften mit beschränkter Haftung

a) Vorbemerkung

Die Besonderen Vorschriften für die Spaltung unter Beteiligung von GmbHs setzen sich aus den im Rahmen der Verweisung des § 125 Satz 1 UmwG geltenden §§ 46–59 UmwG und den §§ 138–140 UmwG (siehe Erl. dort) zusammen.

b) Verweisung auf §§ 46, 56 UmwG

§ 46 UmwG regelt in Ergänzung zu § 126 Abs. 1 Nr. 2 UmwG für alle Fälle der Spaltung mit einer GmbH als übernehmendem oder neuem Rechtsträger den **notwendigen Inhalt des Spaltungs- bzw. Ausgliederungs- und Übernahmevertrags** hinsichtlich der zu gewährenden Geschäftsanteile. Die bloße Angabe

---

1 *Teichmann* in Lutter, § 124 UmwG Rz. 10; *Simon* in KölnKomm. UmwG, § 124 UmwG Rz. 4.
2 *Karollus* in Lutter, § 152 UmwG Rz. 30; *Simon* in KölnKomm. UmwG, § 152 UmwG Rz. 32.
3 *Teichmann* in Lutter, Anh. § 137 UmwG Rz. 19.

des Umtauschverhältnisses genügt nicht. Bei der Ausgliederung tritt für die Anwendung dieser Vorschrift der übertragende Rechtsträger an die Stelle von dessen Anteilsinhabern. Nach § 46 Abs. 1 Satz 3 UmwG kann der Nennbetrag eines Geschäftsanteils auf 1 Euro oder ein Vielfaches im Einklang mit den entsprechenden Bestimmungen des GmbHG festgesetzt werden. Zudem wird in § 46 Abs. 1 Satz 2 UmwG die abweichende Festsetzung des Nennbetrags der Geschäftsanteile von denen der Anteile am übertragenden Rechtsträger zugelassen. Auch bei Auf- und Abspaltung gilt der Grundsatz, dass der Anteilsinhaber des übertragenden Rechtsträgers ebenso viele Geschäftsanteile erhalten muss, wie er Anteile am übertragenden Rechtsträger hält (siehe § 46 UmwG Rz. 6). Hiervon kann nur abgewichen werden, soweit dies unter Beachtung der gesetzlichen Mindestanforderungen bei der Gewährung von Geschäftsanteilen unmöglich ist. Bei der Spaltung zur Neugründung ist jedoch das Umtauschverhältnis beliebig (siehe auch Rz. 40). Einschränkungen für die Festsetzung des Stammkapitals ergeben sich bei ihr lediglich aus den Kapitalaufbringungsvorschriften[1]. Bei einer Spaltung zur Neugründung ist also die Gewährung einer gleichen Anzahl von Geschäftsanteilen immer möglich und seit Einführung des abgesenkten Mindestnennbetrags von 1 Euro je Geschäftsanteil auch ohne Festlegung eines unverhältnismäßig hohen Stammkapitals. Wenn die **Kapitalaufbringung** problematisch ist, bleibt nur die Ausgliederung, bei der kein Anteilstausch stattfindet. Im Übrigen werden Spitzenbeträge durch bare Zuzahlung ausgeglichen. Entfällt auf einen Aktionär kein neuer Geschäftsanteil, so scheidet er mit einem Anspruch auf Barzahlung aus (§ 5 UmwG Rz. 9).

c) Verweisung auf §§ 47–50, 56 UmwG

51 Die Vorschriften enthalten die **Regeln für die Unterrichtung und die Beschlussfassung der Gesellschafter** einer an der Spaltung als übertragender oder übernehmender Rechtsträger beteiligten GmbH. Im Vergleich zur Verschmelzung gelten keine Besonderheiten. Es kann daher auf die dortigen Erläuterungen verwiesen werden.

52 Besondere Bedeutung hat die **Beeinträchtigung von auf dem Gesellschaftsvertrag beruhenden Sonderrechten einzelner Gesellschafter der übertragenden Gesellschaft** durch die Spaltung. In diesem Fall bedarf der Spaltungsbeschluss der übertragenden Gesellschaft nach §§ 50 Abs. 2, 56 UmwG der Zustimmung dieser Gesellschafter. Eine das Vetorecht auslösende Beeinträchtigung der Sonderrechte liegt vor, wenn dem betreffenden Gesellschafter in einer übernehmenden oder neuen Gesellschaft nicht äquivalente Rechte gewährt werden. Dies gilt naturgemäß nicht für die Ausgliederung. Hier kommt es auf den Inhalt des jeweiligen Rechts und auf das relative Ausmaß der Ausgliederung an. Im Zweifel wird man sich auch in diesem Fall der Zustimmung des betroffenen Gesellschafters versichern.

---

1 *Schöne*, Spaltung, S. 61, 70.

d) Verweisung auf §§ 51, 52, 56 UmwG

§ 51 Abs. 1 Satz 1 und 2 UmwG gelten für alle Spaltungsarten, § 51 Abs. 1 Satz 3 UmwG dagegen nur für die Aufspaltung. Denn bei Abspaltung und Ausgliederung kommt eine Ausfallhaftung der Gesellschafter der übernehmenden Gesellschaft für Einlageforderungen der übertragenden Gesellschaft nicht in Betracht. Ein entsprechender Geltungsbereich kommt § 52 UmwG zu. § 51 Abs. 2 UmwG gilt wiederum nur für Auf- und Abspaltung. §§ 51 und 52 UmwG sollen nach § 125 Satz 1 UmwG iVm. § 56 UmwG bei Spaltungen zur Neugründung keine Anwendung finden. Dies ist zwar für § 51 Abs. 1 Satz 1 und 2 UmwG, nicht dagegen für § 51 Abs. 1 Satz 3 UmwG und auch nicht für § 51 Abs. 2 UmwG einsichtig[1]. 53

e) Verweisung auf § 54 Abs. 1–3 UmwG

§ 54 Abs. 1–3 UmwG sind auf die Auf- und Abspaltung zur Aufnahme entsprechend anwendbar, nicht dagegen auf die Ausgliederung (§ 54 UmwG wird für die Ausgliederung von der Verweisung in § 125 Satz 1 UmwG ausgenommen). 54

§ 54 Abs. 1 Satz 1 und Abs. 2 UmwG regeln Fälle, in denen eine übernehmende GmbH ihr Stammkapital nicht erhöhen darf. Erfasst wird insbesondere die Abspaltung von einer 100%igen Tochtergesellschaft auf die Muttergesellschaft[2]. Die Nichtanwendbarkeit dieser Vorschriften auf die Ausgliederung hängt damit zusammen, dass bei der Ausgliederung keine eigenen Anteile der übernehmenden Gesellschaft, sondern eine wechselseitige Beteiligung entsteht, die der Gesetzgeber offenbar toleriert[3]. Damit ist insoweit § 33 GmbHG außer Kraft gesetzt. Bei einer Ausgliederung von einer 100 %-Tochter auf die Mutter liegt aber ein **Verzicht** auf die Anteilsgewährung nahe[4] (zur Verzichtsmöglichkeit bei der Ausgliederung siehe Rz. 57). Die Verzichtserklärung ist aber notariell zu beurkunden. Unnötig ist die Annahme eines faktischen Verbots der Ausgliederung „von unten nach oben"[5]. Der Verzicht auf die Anteilsgewährung bei der Abspaltung ermöglicht eine weitere Gestaltungsvariante für den Unternehmenskauf mit (partieller) Gesamtrechtsnachfolge, der zur Überwindung von Übertragungshindernissen empfehlenswert sein kann. Der Kaufpreis wird dann von den Anteilsinhabern der übernehmenden GmbH ohne Bindung an die Beschränkungen des § 54 Abs. 4 UmwG gezahlt[6]. 55

---

1 *M. Winter/J. Vetter* in Lutter, § 56 UmwG Rz. 19 ff.; *Simon/Nießen* in KölnKomm. UmwG, § 56 UmwG Rz. 13.
2 *Schöne*, Spaltung, S. 119.
3 *Sagasser/Bultmann* in Sagasser/Bula/Brünger, § 18 Rz. 20.
4 Zum Verzicht auf Anteilsgewährung aus gesellschafts- und steuerrechtlicher Sicht vgl. auch *Heckschen/Gassner*, GWR 2010, 101.
5 So aber *Schöne*, Spaltung, S. 120.
6 *Heinz/Wilke*, GmbHR 2012, 889 (892).

56 Bei Auf- und Abspaltung wirft die entsprechende Anwendung von § 54 Abs. 1 Satz 1 Nr. 2 und 3 UmwG insofern Fragen auf, als die Anteile möglicherweise auf eine andere übernehmende oder neue Gesellschaft übergehen oder – im Falle der Abspaltung – bei der übertragenden Gesellschaft verbleiben. Dann trifft der gesetzgeberische Grund für den Ausschluss der Kapitalerhöhung nicht mehr zu. Es ist deshalb eine teleologische Reduktion vertretbar, die in diesen Fällen eine im Interesse der Kreditwürdigkeit der übernehmenden GmbH erwünschte Erhöhung des Stammkapitals zulässt. Als **Regel** kann also gelten: Bei Auf- und Abspaltung ist die Erhöhung des Stammkapitals einer übernehmenden GmbH zulässig, wenn die eigenen Anteile des übertragenden Rechtsträgers (§ 54 Abs. 1 Satz 1 Nr. 2 UmwG) oder die diesem zustehenden nicht voll eingezahlten Anteile an der übernehmenden GmbH (§ 54 Abs. 1 Satz 1 Nr. 3 UmwG) nach dem Spaltungs- und Übernahmevertrag nicht auf diesen, sondern auf einen anderen Rechtsträger übergehen oder (im Falle der Abspaltung) bei dem übertragenden Rechtsträger verbleiben.

57 § 54 Abs. 1 Satz 2, Abs. 2 und 3 UmwG ermöglichen die Gewährung eigener Geschäftsanteile der übernehmenden GmbH an die Anteilsinhaber des übertragenden Rechtsträgers und machen insoweit eine Kapitalerhöhung entbehrlich. Auch diese Vorschriften gelten nach § 125 Satz 1 UmwG nicht für die Ausgliederung. Die Begründung bezieht sich nur darauf, dass durch die Kapitalerhöhung nicht eigene Anteile entstehen sollen[1]. Es handelt sich also bezüglich § 54 Abs. 1 Satz 2 UmwG um ein Redaktionsversehen, zumal § 46 Abs. 3 UmwG auch bei der Ausgliederung anwendbar ist. Dasselbe gilt für § 54 Abs. 1 Satz 3 UmwG. Es ist kein Grund ersichtlich, warum nicht auch bei der Ausgliederung der übertragende Rechtsträger auf die Gewährung von Geschäftsanteilen verzichten kann[2]. Die Verzichtserklärung bedarf allerdings der notariellen Beurkundung. Wenn der Spaltungs- und Übernahmevertrag keine Anteilsgewährung vorsieht, liegt im Zustimmungsbeschluss des Alleingesellschafters zugleich seine Verzichtserklärung[3].

Des Weiteren passt die Regelung des § 54 Abs. 1 Satz 2 Nr. 2 UmwG nach ihrem gesetzgeberischen Grund nicht auf alle Fälle der Auf- und Abspaltung. Denn wenn die Anteile an der übernehmenden GmbH nicht im Wege der Spaltung auf diese übergehen, erwirbt die übernehmende GmbH auch insoweit keine eigenen Anteile, die sie den Anteilsinhabern des übertragenden Rechtsträgers gewähren kann. In diesen Fällen ist also entgegen der gesetzlichen Regelung zur Durchführung der Spaltung eine Kapitalerhöhung bei der übernehmenden GmbH erforderlich. Diese Einschränkung folgt aus der nur entsprechenden Anwendung des § 54 Abs. 1 UmwG. **Regel** ist also: Bei der Spaltung auf eine Toch-

---

1 BT-Drucks. 12/6699, S. 117.
2 IE ebenso *Priester* in Lutter, § 126 UmwG Rz. 26; aA *Simon* in KölnKomm. UmwG, § 126 UmwG Rz. 29–30.
3 *Schröer* in Semler/Stengel, § 126 UmwG Rz. 31.

ter-GmbH muss diese entgegen § 54 Abs. 1 Satz 2 Nr. 2 UmwG ihr Stammkapital erhöhen, soweit die dem übertragenden Rechtsträger gehörenden Geschäftsanteile nach dem Spaltungs- und Übernahmevertrag nicht auf die übernehmende GmbH übertragen werden.

Bei Auf- oder Abspaltung auf **beteiligungsidentische Schwestergesellschaften** ist die Gewährung von Anteilen und damit die Erhöhung des Stammkapitals der übernehmenden GmbH nicht erforderlich, wenn alle Anteilsinhaber des übertragenden Rechtsträgers in notariell beurkundeter Erklärung auf die Anteilsgewährung verzichten und keine Rechte Dritter an den Anteilen am übertragenden Rechtsträger bestehen bzw. die Dritten dem Verzicht auf die Anteilsgewährung zustimmen (§ 54 UmwG Rz. 18 ff.). 58

Hinsichtlich des § 54 Abs. 2 und 3 UmwG gelten bei der Spaltung keine Besonderheiten. Insoweit kann auf die Erl. zu § 54 UmwG verwiesen werden. 59

f) Verweisung auf §§ 54 Abs. 4, 56 UmwG

Für Auf- und Abspaltung kann auf die Erl. in § 54 UmwG Rz. 27 ff. verwiesen werden. Die Vorschrift soll nicht für Ausgliederungen gelten (der ganze § 54 UmwG ist für Ausgliederungen von der Verweisung in § 125 Satz 1 UmwG ausgenommen). Dies bedeutet: Der Ausgliederungs- und Übernahmevertrag bzw. der Ausgliederungsplan kann bare Zuzahlungen in unbeschränkter Höhe festsetzen[1]. Dies erscheint angesichts des Haftungsverbunds nach § 133 Abs. 1 Satz 1 UmwG und des Umstands, dass bei der Ausgliederung im Gegensatz zur Abspaltung die Anteilsinhaber des übertragenden Rechtsträgers nicht unmittelbar beteiligt sind[2], vertretbar. Dies eröffnet für die Ausgliederung nach UmwG die Gestaltung, dass der Gegenwert einer Sacheinlage im Wesentlichen dem Gesellschafter auf seinem Darlehenskonto gutgeschrieben wird[3], als bare Zuzahlung durch die aufnehmende Gesellschaft an den Einbringenden geleistet oder in die freien Rücklagen der Gesellschaft eingestellt werden kann[4]. 60

g) Verweisung auf §§ 53, 55 UmwG

Im Falle einer Erhöhung des Stammkapitals einer übernehmenden GmbH zur Durchführung der Spaltung, also zur Anteilsgewährung, finden die **Vorschriften des GmbHG über Sachkapitalerhöhungen** Anwendung mit Ausnahme lediglich der Vorschriften über die Übernahmeerklärung und die Leistung der Sacheinlage (§ 55 Abs. 1 Satz 1 UmwG). Der Nennbetrag eines neuen Geschäfts- 61

---

1 So auch OLG München v. 15.11.2011 – 31 Wx 482/11, AG 2012, 134.
2 OLG München v. 15.11.2011 – 31 Wx 482/11, AG 2012, 134 (135).
3 Nach OLG München v. 15.11.2011 – 31 Wx 482/11, AG 2012, 134 (135) gilt dies auch für die Ausgliederung des von einem Einzelkaufmann betriebenen Unternehmens.
4 Vgl. *Tomat*, GmbH-StB 2012, 14 (15).

anteils kann wie allgemein im GmbH-Recht auf 1 Euro oder ein Vielfaches festgesetzt werden. Der **Kapitalerhöhungsbeschluss** kann in derselben Versammlung gefasst werden, in der auch der Spaltungsbeschluss gefasst wird. Im Beschluss muss der Gegenstand der Sacheinlage, also das aufgrund der Spaltung übertragene Vermögen, festgesetzt werden (§ 56 GmbHG). Es genügt eine schlagwortartige Bezeichnung[1]. Wegen der Einzelheiten kann auf den Spaltungs- und Übernahmevertrag bzw. Spaltungsplan Bezug genommen werden. Ob auf die Kapitalerhöhung der übernehmenden GmbH zur Durchführung der Spaltung die GmbH-rechtliche Differenzhaftung anzuwenden ist, hat die Rechtsprechung in ausdrücklicher Unterscheidung zur Rechtslage bei der AG bislang offen gelassen[2]. Schon im Hinblick auf die Verweisungskette des § 125 Satz 1 UmwG ist die Anwendung der Differenzhaftung auch auf die Spaltung zur Aufnahme durch eine GmbH zu bejahen (vgl. dazu § 55 UmwG Rz. 13).

62 Die Geschäftsführer der übernehmenden GmbH haben die Kapitalerhöhung zur Eintragung in das Handelsregister ihres Sitzes anzumelden. Dabei müssen sämtliche Geschäftsführer mitwirken (siehe § 78 GmbHG). Wird daher die Anmeldung der Spaltung zum Handelsregister der übernehmenden Gesellschaft mit der Anmeldung einer Kapitalerhöhung zur Durchführung der Spaltung verbunden, so ist auch die Anmeldung der Spaltung von sämtlichen Geschäftsführern vorzunehmen. Anstelle der Übernahmeerklärungen sind bei der **Anmeldung der Kapitalerhöhung zum Handelsregister** der Spaltungs- bzw. Ausgliederungs- und Übernahmevertrag bzw. Spaltungs-/Ausgliederungsplan und die Protokolle über die Zustimmungsbeschlüsse beizufügen (§ 55 Abs. 2 UmwG). Nicht erforderlich ist die Versicherung nach § 57 Abs. 2 Satz 1 GmbHG, dass die Einlagen auf das neue Stammkapital bewirkt und dass der Gegenstand der Leistungen sich endgültig in der freien Verfügung der Geschäftsführer befindet. Eine Versicherung, dass dem Übergang des Vermögensteils auf die übernehmende GmbH keine Hindernisse entgegenstehen[3], dürfte mit Aufhebung des § 132 Satz 1 UmwG entbehrlich geworden sein.

63 Das Registergericht des Sitzes einer übernehmenden GmbH hat nach §§ 57a, 9c Abs. 1 Satz 2 GmbHG zu prüfen, ob das übergehende Vermögen ausreichend werthaltig ist, um die Summe der Nennbeträge der im Zuge der Kapitalerhöhung neu geschaffenen Anteile zu decken[4]. Deshalb ist die Aufstellung einer Bilanz des übertragenen Betriebes oder Teilbetriebes mit **Werthaltigkeitsbescheinigung** eines Angehörigen der wirtschaftsprüfenden oder steuerberatenden Berufe[5] zu empfehlen[6]. Diese Spaltungsbilanz kann aus der einzureichenden

---

[1] *Heidenhain*, NJW 1995, 2873 (2876) für die Spaltung zur Neugründung.
[2] BGH v. 12.3.2007 – II ZR 302/05, AG 2007, 487 (488).
[3] *Mayer* in Widmann/Mayer, § 135 UmwG Rz. 61, § 152 UmwG Rz. 116.
[4] *Ihrig*, GmbHR 1995, 622 (640).
[5] *Priester* in Lutter, Anh. § 134 UmwG Rz. 5.
[6] *Mayer* in Widmann/Mayer, § 126 UmwG Rz. 165.

Schlussbilanz abgeleitet werden, es sollte jedoch entsprechend § 57i Abs. 1 Satz 2 GmbHG in der Anmeldung erklärt werden, dass seit dem Stichtag der Schlussbilanz bis zum Tag der Anmeldung keine Vermögensminderung eingetreten ist, die der Kapitalerhöhung entgegenstünde, wenn sie am Tag der Anmeldung beschlossen worden wäre. Folgt man *Priester*, so ist auch ein von den Geschäftsführern aufgestellter Sachkapitalerhöhungsbericht einzureichen[1]. Ebenso wie bei der Kapitalerhöhung im Allgemeinen hat sich dieser Bericht in der Praxis allerdings nicht durchgesetzt. Das Registergericht hat ebenso wie bei der Spaltung zur Neugründung (§ 135 UmwG Rz. 12) zu prüfen, ob sich das Risiko einer Inanspruchnahme des übernehmenden Rechtsträgers aufgrund seiner Mithaft nach § 133 Abs. 1 Satz 1 UmwG bereits in einem Umfang konkretisiert hat, dass beim übernehmenden Rechtsträger durch die gebotene Passivierung eine Unterbilanz entsteht. Gegebenenfalls hat das Gericht die Eintragung abzulehnen.

Die Kapitalerhöhung muss vor der Eintragung der Spaltung eingetragen sein 64 (§ 53 UmwG). Wird die Kapitalerhöhung eingetragen, obwohl im Zeitpunkt der Anmeldung eine Überbewertung des übertragenen Vermögensteils vorliegt, so dass der Stammeinlagebetrag nicht gedeckt war, so greift die **Differenzhaftung** nach § 9 GmbHG iVm. § 56 Abs. 2 GmbHG ein (vgl. dazu Rz. 61 und 78 sowie § 55 UmwG Rz. 13). Bei der Abspaltung haften der übertragende Rechtsträger und dessen Anteilsinhaber bzw. die neuen Anteilsinhaber am übernehmenden Rechtsträger als Gesamtschuldner[2]. Die Differenzhaftung der Anteilsinhaber ist unabhängig davon, ob einzelnen von ihnen neue Anteile oder eigene Anteile der übernehmenden GmbH gewährt worden sind[3].

h) Verweisung auf §§ 57, 59 UmwG

§ 57 UmwG soll nach dem Wortlaut von § 125 Satz 1 UmwG in allen Fällen der 65 Spaltung entsprechende Anwendung finden. Er gilt daher auch für die Abspaltung und die Ausgliederung zur Neugründung, und zwar für alle neuen GmbH. § 59 UmwG gilt demgegenüber nur für Auf- und Abspaltung, weil die Anteilsinhaber des übertragenden Rechtsträgers bei der Ausgliederung nicht Gesellschafter der neuen GmbH werden.

i) Verweisung auf § 58 Abs. 1 UmwG

Bei allen Spaltungen zur Neugründung einer GmbH ist nach § 5 Abs. 4 Satz 2 66 GmbHG iVm. § 135 Abs. 2 Satz 1 UmwG ein Sachgründungsbericht erforderlich. Die Befreiung nach § 58 Abs. 2 UmwG gilt für Spaltungen nicht (§ 138 UmwG). Nach § 58 Abs. 1 UmwG sind der **Geschäftsverlauf** des übertragenden

---

1 *Priester* in Scholz, § 56 GmbHG Rz. 39; *Priester*, DNotZ 1995, 447 (zu Fn. 93).
2 *Teichmann* in Lutter, § 135 UmwG Rz. 4.
3 *Ihrig*, GmbHR 1995, 622 (642).

Rechtsträgers in dem im Zeitpunkt der Anmeldung laufenden Geschäftsjahr und in den beiden letzten vollen Geschäftsjahren sowie die Lage des Unternehmens im Zeitpunkt der Anmeldung und seine voraussichtliche Entwicklung darzustellen. Entsprechende Anwendung bei der Spaltung bedeutet, dass Geschäftsverlauf und Lage des übertragenen Betriebs oder Betriebsteils darzulegen ist. Daneben sind nach § 5 Abs. 4 Satz 2 GmbHG die für den übertragenen Unternehmensteil maßgeblichen Jahresergebnisse der beiden letzten Geschäftsjahre anzugeben[1].

67 Für Spaltungen gilt danach Folgendes: Bei der Übertragung von Betrieben oder Betriebsteilen sind im Sachgründungsbericht deren Jahresüberschuss bzw. Jahresfehlbetrag der letzten beiden Geschäftsjahre anzugeben sowie Geschäftsverlauf und Lage darzulegen. Der übertragene Betrieb oder Betriebsteil ist also zur Durchführung der Spaltung zur Neugründung einer GmbH in der Rechnungslegung zu separieren. Anders als bei der Verschmelzung, bei der man auf die Jahresabschlüsse der übertragenden Rechtsträger zurückgreifen kann, sind bei der Spaltung besondere Abschlussarbeiten nötig. Anders ist es, wenn die übertragenen Vermögensteile keinen Betrieb oder Betriebsteil bilden. Dann finden § 5 Abs. 4 Satz 2 GmbHG und § 58 Abs. 1 UmwG keine Anwendung. Im Sachgründungsbericht ist die Bewertung plausibel zu machen[2]. Als Wertnachweisunterlage kommen dann ua. in Betracht Kaufverträge, Rechnungen, Nachweise der Herstellungskosten, Preislisten, Kurszettel, Tarife[3]. Auch wenn der Inhalt des Sachgründungsberichts vollständig im Spaltungs- bzw. Ausgliederungsbericht enthalten ist, ist der Sachgründungsbericht dadurch nicht entbehrlich, wie sich mit Deutlichkeit aus § 138 UmwG ergibt. Im Sachgründungsbericht ist auch zu erklären, dass dem Übergang des Betriebsvermögens auf die neue GmbH keine Hindernisse entgegenstehen.

6. Verweisung auf Besondere Vorschriften über Verschmelzung unter Beteiligung von Aktiengesellschaften

a) Verweisung auf §§ 60, 73 UmwG

68 Die Verweisung gilt nur für **Auf- und Abspaltung**. Denn bei der Ausgliederung ist nach § 125 Satz 2 UmwG eine Prüfung nicht erforderlich.

b) Verweisung auf §§ 61, 73 UmwG

69 Die Vorschrift über die **Handelsregisterpublizität** des Verschmelzungsvertrags gilt ebenso für den Spaltungs- und Übernahmevertrag, für den Ausgliederungs-

---

1 *Ulmer/Casper* in Großkomm. GmbHG, 2. Aufl. 2013, § 5 GmbHG Rz. 170; *Veil* in Scholz, § 5 GmbHG Rz. 105.
2 Vgl. *Bayer* in Lutter/Hommelhoff, § 5 GmbHG Rz. 33.
3 *Veil* in Scholz, § 5 GmbHG Rz. 104.

und Übernahmevertrag und für den Spaltungs- und den Ausgliederungsplan, wenn eine der als übertragende oder übernehmende Rechtsträger beteiligten Gesellschaften eine AG ist.

c) Verweisung auf §§ 62 Abs. 1–4, 73 UmwG

Die Vorschrift über die Erleichterung der Verschmelzung einer mindestens 90 %-Tochter auf die Mutter findet auch bei Abspaltung auf die Mutter-AG Anwendung. Zur Frage einer evtl. erforderlichen Kapitalerhöhung siehe § 139 UmwG Rz. 3. Über die Verweisung des § 125 Satz 1 UmwG ist für Spaltungen zur Aufnahme auch die durch das 3. UmwGÄndG eingeführte Regelung des § 62 Abs. 4 UmwG anwendbar. Aufgrund der Verweisung des § 125 Satz 1 UmwG auf § 62 Abs. 4 UmwG entfällt bei Spaltungen zur Aufnahme, bei denen die übernehmende Aktiengesellschaft, KGaA oder SE alle Anteile an der sich spaltenden (Tochter-)Kapitalgesellschaft hält, das Erfordernis eines Spaltungsbeschlusses auf Seiten der übertragenden Gesellschaft[1]. Ausdrücklich ausgeschlossen von der Verweisung ist der mit dem 3. UmwGÄndG eingeführte verschmelzungsrechtliche Squeeze-out gemäß § 62 Abs. 5 UmwG, der somit für alle Formen der Spaltung keine Anwendung findet. Es soll nicht gerechtfertigt sein, den Squeeze-out nach § 62 Abs. 5 UmwG bei Spaltungen der Tochtergesellschaft zur Übertragung auf die Muttergesellschaft schon bei einer 90%igen Beteiligung zu ermöglichen, wenn bei der Tochtergesellschaft lediglich geringe Vermögensteile abgespalten werden[2]. 70

Eine entsprechende Anwendung (spiegelbildliche Anwendung) des § 62 UmwG auf den Fall, dass eine AG eine **Ausgliederung auf eine 100%ige Tochter-Kapitalgesellschaft oder zur Neugründung einer GmbH oder AG** vornimmt, kommt nur in Betracht, soweit dies nicht in einem Wertungswiderspruch zu den Holzmüller- und Gelatine-Entscheidungen des BGH steht[3], also weniger bedeutende Vermögensteile betroffen sind. 71

d) Verweisung auf §§ 63, 64, 73 UmwG

§§ 63, 64 UmwG sind für beteiligte Aktiengesellschaften unverändert auf alle Spaltungsarten, auch auf die Spaltung zur Neugründung (§ 73 UmwG), zu übertragen. Auf die dortigen Erl. kann daher verwiesen werden. Die Verweisung auf § 64 UmwG umfasst auch die seit dem 3. UmwGÄndG in § 64 Abs. 1 Satz 2 Halbsatz 2, Satz 3 UmwG geregelte Berichtspflicht bei wesentlichen Veränderungen des Vermögens, die zwischen dem Abschluss des Verschmelzungs- bzw. Spaltungsvertrags oder der Aufstellung des Entwurfs und dem Zeitpunkt der Be- 72

---

1 Vgl. *Neye/Jäckel*, AG 2010, 237 (239 f.); *Leitzen*, DNotZ 2011, 526 (535).
2 Vgl. die Begr. zum Gesetzentwurf BT-Drucks. 17/3122, S. 14.
3 Dafür *Sagasser/Bultmann* in Sagasser/Bula/Brünger, § 18 Rz. 163, 182.

schlussfassung eingetreten sind. Diese Verpflichtung zur Nachinformation war bereits vor dem 3. UmwGÄndG (nur) für Spaltungen in § 143 UmwG aF vorgesehen und wurde nunmehr durch die Übernahme in § 64 Abs. 1 UmwG auch auf Verschmelzungsvorgänge unter Beteiligung von Aktiengesellschaften und KGaAs ausgedehnt[1]. Zu dem Inhalt der Nachinformationspflicht kann auf die Erl. zu § 64 UmwG Rz. 5 ff. verwiesen werden[2]. Zu beachten ist, dass nach § 64 Abs. 2 UmwG im Falle der Abspaltung oder der Ausgliederung auch über die Angelegenheiten anderer übernehmender Rechtsträger Auskunft zu geben ist. Dies ist im Hinblick auf die gesamtschuldnerische Haftung nach § 133 Abs. 1 Satz 1 UmwG gerechtfertigt.

e) Verweisung auf §§ 65, 73 UmwG

73 Siehe Erl. dort. Zu beachten ist, dass die Fassung von Zustimmungsbeschlüssen durch Inhaber mehrerer Aktiengattungen den Hauptversammlungsbeschluss nicht ersetzen kann[3].

f) Verweisung auf § 66 UmwG

74 Siehe Erl. dort. Allerdings ist hier die Eintragung der Spaltung beim übertragenden Rechtsträger maßgeblich (§ 131 Abs. 1 UmwG).

g) Verweisung auf § 67 UmwG

75 Ist eine AG als übernehmender Rechtsträger an einer Spaltung beteiligt, so finden entsprechend § 67 UmwG die Vorschriften des § 52 Abs. 3, 4, 6–9 AktG über die Nachgründung Anwendung (dazu § 67 UmwG Rz. 6 ff.) Bei Spaltungen ist maßgebend der Zeitpunkt des Abschlusses des Spaltungs- und Übernahmevertrags bzw. Ausgliederungs- und Übernahmevertrags oder der Aufstellung des Spaltungs- bzw. Ausgliederungsplans. Die Vorschrift kommt zum einen nur zum Zuge, wenn der Gesamtnennbetrag der zu gewährenden Aktien 10 % des erhöhten Grundkapitals übersteigt (§ 67 Sätze 2 und 3 UmwG), insbesondere also nicht, wenn überhaupt keine Aktien gewährt werden. Damit scheiden Abspaltungen auf die Mutter-AG und Abspaltungen auf eine Schwester-AG mit Verzicht der Anteilsinhaber des übertragenden Rechtsträgers aus dem Anwendungsbereich aus. Darüber hinaus kommt die Vorschrift dann nicht zum Zuge, wenn die AG als übernehmender Rechtsträger ihre Rechtsform durch Form-

---

1 Im RegE war zunächst sogar vorgesehen, diese Nachinformationspflicht rechtsformübergreifend auf alle Rechtsträger Anwendung finden zu lassen, vgl. *Neye/Jäckel*, AG 2010, 237 (241 f.); *Leitzen*, DNotZ 2011, 526 (530).
2 Vgl. dazu auch *Leitzen*, DNotZ 2011, 526 (528 ff.).
3 *Trölitzsch*, WiB 1997, 795 (800) unter Bezugnahme auf LG Hamburg v. 5.3.1996 – 402 O 167/95, AG 1996, 281.

wechsel einer GmbH erlangt hat, die zuvor bereits seit mindestens zwei Jahren im Handelsregister eingetragen war.

h) Verweisung auf § 68 Abs. 1 und 2 UmwG

Die Vorschrift entspricht in allem den §§ 54 Abs. 1 und 2, 125 Satz 1 UmwG. Auf die dortigen Erl. kann daher verwiesen werden, insbesondere zur Nichtanwendung der Kapitalerhöhungsverbote nach § 68 Abs. 1 Satz 1 Nr. 2 und 3 UmwG auf eine übernehmende AG, der die Anteile an dem übertragenden Rechtsträger bzw. die eigenen Aktien nicht zugewiesen wurden. 76

Ein aktienrechtliches Problem stellt jedoch die **Up-stream-Ausgliederung** dar. Infolge der Nichtanwendbarkeit des § 68 Abs. 1 Satz 1 Nr. 1 UmwG muss die übertragende Tochtergesellschaft Aktien der Muttergesellschaft erwerben. Dies ist nach §§ 56 Abs. 2, 71d AktG verboten. Es kann nur ein Verzicht auf Anteilsgewährung helfen[1]. § 68 Abs. 1 Satz 3 UmwG findet auch im Falle der Ausgliederung Anwendung (siehe Rz. 57).

i) Verweisung auf §§ 68 Abs. 3, 73 UmwG

Die Vorschrift entspricht den §§ 54 Abs. 4, 56 UmwG für die GmbH. Es kann auf die Erl. Rz. 60 verwiesen werden, insbesondere zur unbegrenzten Zulässigkeit von baren Zuzahlungen bei der Ausgliederung. 77

k) Verweisung auf § 69 UmwG

Die Kapitalerhöhung einer übernehmenden AG zur Durchführung der Spaltung ist eine **Sachkapitalerhöhung**. Deshalb finden grundsätzlich die Vorschriften des AktG über die Sachkapitalerhöhung Anwendung. Es gibt jedoch naturgemäß keine Zeichnung der neuen Aktien (§ 185 AktG findet keine Anwendung), es gibt auch kein Bezugsrecht der Altaktionäre (§ 186 AktG findet keine Anwendung). Auch § 37 Abs. 1 AktG (iVm. § 188 Abs. 2 AktG) soll bei der Kapitalerhöhung zur Durchführung einer Verschmelzung keine Anwendung finden, so dass in der Anmeldung der Kapitalerhöhung nicht erklärt zu werden braucht, dass die Sacheinlagen vollständig geleistet sind. Aus diesen Besonderheiten des Umwandlungsvorgangs leitet die Rechtsprechung für die Verschmelzung ab, dass die bei Gründung und Kapitalerhöhung in der Aktiengesellschaft anerkannte Differenzhaftung der Aktionäre für die Vollwertigkeit der von ihnen geleisteten Sacheinlagen keine Anwendung findet. Die insoweit tragenden Gründe mögen zwar überwiegend formaler Natur sein, sie tragen jedoch den Ausschluss der Differenzhaftung auch im Falle der Spaltung zur Aufnahme auf 78

---

1 Zum Verzicht auf Anteilsgewährung aus gesellschafts- und steuerrechtlicher Sicht vgl. auch *Heckschen/Gassner*, GWR 2010, 101.

eine Aktiengesellschaft oder KGaA und letztlich auch im Falle einer Spaltung zur Neugründung einer AG oder KGaA[1]. Hat die AG oder KGaA Vorzugsaktien und sollen bei der Kapitalerhöhung neue Vorzugsaktien ausgegeben werden, so ist § 141 Abs. 2 AktG zu beachten[2].

79 Für die Kapitalerhöhung einer übernehmenden AG zur Durchführung einer Spaltung kann auch ein **genehmigtes Kapital** ausgenutzt werden. Dies ergibt sich aus § 69 Abs. 1 Satz 2 UmwG. Voraussetzung ist jedoch, dass die Ermächtigung die Ausgabe der Aktien gegen Sacheinlagen vorsieht (§ 205 Abs. 1 AktG).

80 Bzgl. der **Sacheinlageprüfung** wird § 69 UmwG für die Spaltung durch § 142 UmwG verdrängt. Danach hat die Sacheinlagenprüfung stets stattzufinden. Die Einfügung des § 69 Abs. 1 Satz 4 UmwG durch das 3. UmwGÄndG ermöglicht allerdings, den Spaltungsprüfer auch zum Prüfer der Sacheinlagen zu bestellen.

l) Verweisung auf §§ 70 und 72, 73 UmwG

81 Die Vorschriften der §§ 70 und 72 UmwG betreffen eine übertragende AG und setzen einen **Umtausch der Aktien der übertragenden AG gegen Anteile an einem übernehmenden Rechtsträger** voraus. Sie sollen nach dem Wortlaut von § 125 Satz 1 UmwG auf alle Spaltungsarten Anwendung finden. Ein Umtausch der Aktien gegen Anteile an dem übernehmenden Rechtsträger findet jedoch nur bei der Aufspaltung statt, bei der die übertragende AG erlischt. Bei Abspaltung und Ausgliederung findet allenfalls eine Kapitalherabsetzung statt, die jedoch isoliert zu sehen ist (vgl. § 145 Satz 1 UmwG) und nicht zu einem Umtausch von Aktien gegen Anteile am übertragenden Rechtsträger führt. Die Vorschriften der §§ 70 und 72 UmwG sind daher nur auf die Aufspaltung anwendbar, wobei an die Stelle des übernehmenden oder neuen Rechtsträgers die übernehmenden oder neuen Rechtsträger treten (§ 125 Satz 3 UmwG).

m) Verweisung auf §§ 71, 73 UmwG

82 § 71 UmwG über die **Bestellung eines Treuhänders** gilt nur für Auf- und Abspaltung, nicht dagegen für die Ausgliederung. Er gilt auch bei Auf- und Abspaltung nur, wenn ein übernehmender oder neuer Rechtsträger eine AG ist und wenn den Anteilsinhabern des übertragenden Rechtsträgers Aktien dieses übernehmenden oder neuen Rechtsträgers gewährt werden. Die Bestellung eines Treuhänders ist also entbehrlich im Fall der Abspaltung von einer 100 %-Tochter auf die Mutter sowie in den Fällen der Abspaltung auf 100%ige Schwester-AG, wenn die Anteilsinhaber des übertragenden Rechtsträgers auf die Gewährung von Aktien verzichten. Im Übrigen vgl. Erl. zu § 71 UmwG.

---

1 BGH v. 12.3.2007 – II ZR 302/05, AG 2007, 487.
2 *Kiem*, ZIP 1997, 1627 (1629); vgl. den Fall von *Drygala* in Lutter, § 5 UmwG Rz. 20.

n) Verweisung auf § 74 UmwG

§ 74 UmwG soll nach dem Wortlaut von § 125 Satz 1 UmwG in allen Fällen der 83 Spaltung entsprechende Anwendung finden. Er setzt aber nach Wortlaut und Sinn und Zweck das Erlöschen des übertragenden Rechtsträgers voraus. Deshalb gilt er nur für die **Aufspaltung**, hier allerdings gegebenenfalls für mehrere neue AG. Die Fristen des § 26 Abs. 4 und 5 AktG laufen weiter (§ 74 Satz 2 UmwG). Vgl. im Übrigen die Erl. zu § 74 UmwG.

o) Verweisung auf § 75 UmwG

Der **Gründungsbericht** ist vom Vertretungsorgan des übertragenden Rechtsträ- 84 gers zu erstatten (§ 135 Abs. 2 Satz 2 UmwG). In ihm sind die Betriebserträge der übertragenen Betriebe oder Betriebsteile aus den letzten beiden Geschäftsjahren (§ 32 Abs. 2 Satz 2 Nr. 3 AktG) und deren Geschäftsverlauf und Lage (§ 75 Abs. 1 UmwG) anzugeben. Im Übrigen wird auf die Erl. zu § 75 UmwG verwiesen. Gründungsbericht und Gründungsprüfung sind bei einer Spaltung auf eine neue AG abweichend von § 75 Abs. 2 UmwG stets erforderlich (§ 144 UmwG). Die Gründungsprüfung kann allerdings aufgrund der Einfügung des § 75 Abs. 1 Satz 2 UmwG durch das 3. UmwGÄndG auch durch den Spaltungsprüfer durchgeführt werden.

p) Verweisung auf § 76 UmwG

§ 76 Abs. 1 UmwG wird für die Spaltung durch § 141 UmwG mit erfasst. Gemäß 85 § 141 UmwG idF des 2. UmwGÄndG wurde allerdings klargestellt, dass das Spaltungsverbot bei einer Ausgliederung zur Neugründung nicht mehr gilt[1]. § 76 Abs. 2 UmwG gilt wie bei der Verschmelzung. Auf die dortigen Erl. kann verwiesen werden.

7. Verweisung auf Besondere Vorschriften über Verschmelzung unter Beteiligung von Kommanditgesellschaften auf Aktien

Es gilt § 78 UmwG. Auf die dortigen Erl. wird verwiesen. 86

---

1 *Diekmann* in Semler/Stengel, § 141 UmwG Rz. 6; *Simon* in KölnKomm. UmwG, § 141 UmwG Rz. 1.

§ 125 | Möglichkeit der Spaltung

8. Tabelle anwendbarer Rechtsvorschriften

87

	Aufspaltung	Abspaltung	Ausgliederung
Spaltungsbericht	§§ 127, 8 Abs. 1 Sätze 2–4, Abs. 2 und 3, 41, 45c, 142 Abs. 2	§§ 127, 8 Abs. 1 Sätze 2–4, Abs. 2 und 3, 41, 45c, 142 Abs. 2	§§ 127 (ohne Umtauschverhältnis), 8 Abs. 1 Sätze 2–4, Abs. 2 und 3, 41, 45c, 142 Abs. 2, 153
Spaltungsprüfung	§§ 9 Abs. 1 und 3, 10–12, 44, 48, 30 Abs. 2	§§ 9 Abs. 1 und 3, 10–12, 44, 48, 30 Abs. 2	§ 125 Satz 2
Spaltungs- und Übernahmevertrag	§§ 4, 6, 7, 136, 126, 5 Abs. 2, 29 Abs. 1, 40 Abs. 1, 46, 51 Abs. 2, 67, 141, 37, 57, 74	§§ 4, 6, 7, 136, 126, 5 Abs. 2, 29 Abs. 1, 40 Abs. 1, 46, 51 Abs. 2, 67, 141, 37, 57, 74	§§ 4, 6, 7, 136, 126 (außer Abs. 1 Nr. 3, 4 und 10), 5 Abs. 2, 40 Abs. 1, 46, 67, 141, 37, 57, 74
Spaltungsbeschlüsse	§§ 13–15, 43, 45d, 47, 49, 50, 51 Abs. 1, 59, 76 Abs. 2, 62 (außer Abs. 5), 63–65, 143	§§ 13–15, 43, 45d, 47, 49, 50, 51 Abs. 1 Sätze 1 und 2 (siehe Rz. 53), 59, 76 Abs. 2, 62 (außer Abs. 5), 63–65, 143	§§ 13, 14 Abs. 1, 43, 45d, 47, 49, 50, 51 Abs. 1 Sätze 1 und 2 (siehe Rz. 53), 62 (außer Abs. 5), 63–65, 143
Handelsregister	§§ 16, 17, 19 Abs. 3, 129, 130, 137	§§ 16, 17, 19 Abs. 3, 129, 130, 137, 140, 146	§§ 16, 17, 19 Abs. 3, 129, 130, 137, 140, 146, 154, 160
Kapitalerhöhung	§§ 54 Abs. 1–3, 68 Abs. 1 und 2 (Ausnahmen siehe Rz. 56, 57, 76), 53, 55, 66, 69, 142 Abs. 1	§§ 54 Abs. 1–3, 68 Abs. 1 und 2 (Ausnahmen siehe Rz. 56, 57, 76), 53, 55, 66, 69, 142 Abs. 1	§§ 53, 54 Abs. 1 Satz 3 (str.), 55, 66, 69, 142 Abs. 1
Bare Zuzahlung	§§ 54 Abs. 4, 68 Abs. 3	§§ 54 Abs. 4, 68 Abs. 3	
Abfindungsangebot	§§ 29–34	§§ 29–34	
Kapitalherabsetzung		§§ 139, 145	§§ 139, 145 (nur ausnahmsweise, siehe § 139 UmwG Rz. 4)

Zweiter Abschnitt
Spaltung zur Aufnahme

§ 126
Inhalt des Spaltungs- und Übernahmevertrags

(1) Der Spaltungs- und Übernahmevertrag oder sein Entwurf muss mindestens folgende Angaben enthalten:

1. den Namen oder die Firma und den Sitz der an der Spaltung beteiligten Rechtsträger;
2. die Vereinbarung über die Übertragung der Teile des Vermögens des übertragenden Rechtsträgers jeweils als Gesamtheit gegen Gewährung von Anteilen oder Mitgliedschaften an den übernehmenden Rechtsträgern;
3. bei Aufspaltung und Abspaltung das Umtauschverhältnis der Anteile und gegebenenfalls die Höhe der baren Zuzahlung oder Angaben über die Mitgliedschaft bei den übernehmenden Rechtsträgern;
4. bei Aufspaltung und Abspaltung die Einzelheiten für die Übertragung der Anteile der übernehmenden Rechtsträger oder über den Erwerb der Mitgliedschaft bei den übernehmenden Rechtsträgern;
5. den Zeitpunkt, von dem an diese Anteile oder die Mitgliedschaft einen Anspruch auf einen Anteil am Bilanzgewinn gewähren, sowie alle Besonderheiten in Bezug auf diesen Anspruch;
6. den Zeitpunkt, von dem an die Handlungen des übertragenden Rechtsträgers als für Rechnung jedes der übernehmenden Rechtsträger vorgenommen gelten (Spaltungsstichtag);
7. die Rechte, welche die übernehmenden Rechtsträger einzelnen Anteilsinhabern sowie den Inhabern besonderer Rechte wie Anteile ohne Stimmrecht, Vorzugsaktien, Mehrstimmrechtsaktien, Schuldverschreibungen und Genussrechte gewähren, oder die für diese Personen vorgesehenen Maßnahmen;
8. jeden besonderen Vorteil, der einem Mitglied eines Vertretungsorgans oder eines Aufsichtsorgans der an der Spaltung beteiligten Rechtsträger, einem geschäftsführenden Gesellschafter, einem Partner, einem Abschlussprüfer oder einem Spaltungsprüfer gewährt wird;
9. die genaue Bezeichnung und Aufteilung der Gegenstände des Aktiv- und Passivvermögens, die an jeden der übernehmenden Rechtsträger übertragen werden, sowie der übergehenden Betriebe und Betriebsteile unter Zuordnung zu den übernehmenden Rechtsträgern;
10. bei Aufspaltung und Abspaltung die Aufteilung der Anteile oder Mitgliedschaften jedes der beteiligten Rechtsträger auf die Anteilsinhaber des übertragenden Rechtsträgers sowie den Maßstab für die Aufteilung;

§ 126 | Spaltung zur Aufnahme

11. die Folgen der Spaltung für die Arbeitnehmer und ihre Vertretungen sowie die insoweit vorgesehenen Maßnahmen.

(2) Soweit für die Übertragung von Gegenständen im Falle der Einzelrechtsnachfolge in den allgemeinen Vorschriften eine besondere Art der Bezeichnung bestimmt ist, sind diese Regelungen auch für die Bezeichnung der Gegenstände des Aktiv- und Passivvermögens (Absatz 1 Nr. 9) anzuwenden. § 28 der Grundbuchordnung ist zu beachten. Im Übrigen kann auf Urkunden wie Bilanzen und Inventare Bezug genommen werden, deren Inhalt eine Zuweisung des einzelnen Gegenstandes ermöglicht; die Urkunden sind dem Spaltungs- und Übernahmevertrag als Anlagen beizufügen.

(3) Der Vertrag oder sein Entwurf ist spätestens einen Monat vor dem Tag der Versammlung der Anteilsinhaber jedes beteiligten Rechtsträgers, die gemäß § 125 in Verbindung mit § 13 Abs. 1 über die Zustimmung zum Spaltungs- und Übernahmevertrag beschließen soll, dem zuständigen Betriebsrat dieses Rechtsträgers zuzuleiten.

I. Geltungsbereich der Vorschrift ... 1
II. Mindestinhalt des Spaltungs- und Übernahmevertrags (§ 126 Abs. 1, 2 UmwG)
1. Angabe des Namens oder der Firma und des Sitzes der an der Spaltung beteiligten Rechtsträger (§ 126 Abs. 1 Nr. 1 UmwG) 4
2. Spaltungsvereinbarung (§ 126 Abs. 1 Nr. 2 UmwG) 5
3. Umtauschverhältnis der Anteile (§ 126 Abs. 1 Nr. 3 UmwG) *(Lanfermann)* 7
4. Einzelheiten für die Übertragung der Anteile (§ 126 Abs. 1 Nr. 4 UmwG) 13
5. Gewinnanspruch (§ 126 Abs. 1 Nr. 5 UmwG) 14
6. Spaltungsstichtag (§ 126 Abs. 1 Nr. 6 UmwG) *(Lanfermann)* ... 15
7. Besondere Rechte (§ 126 Abs. 1 Nr. 7 UmwG) 17
8. Besondere Vorteile (§ 126 Abs. 1 Nr. 8 UmwG) 18
9. Bezeichnung der übertragenen Vermögensteile (§ 126 Abs. 1 Nr. 9, Abs. 2 UmwG)
   a) Genaue Bezeichnung der Gegenstände des Aktiv- und Passivvermögens 19
   b) Aufteilung der Gegenstände des Aktiv- und Passivvermögens 22
   c) Genaue Bezeichnung und Aufteilung der übergehenden Betriebe und Betriebsteile ... 34
   d) Muster für die Bezeichnung der übertragenen Vermögensgegenstände und Verbindlichkeiten 40
10. Beteiligungsverhältnis bei den übertragenden, übernehmenden oder neuen Rechtsträgern (§ 126 Abs. 1 Nr. 10 UmwG) 41
11. Folgen für die Arbeitnehmer und ihre Vertretungen (§ 126 Abs. 1 Nr. 11 UmwG) *(Willemsen)* 43
III. Fakultativer Inhalt des Spaltungs- und Übernahmevertrags
1. Absicherung der Bewertungsgrundlagen 44
   a) Richtigkeit und Vollständigkeit von Auskünften 45
   b) Buchmäßiges Eigenkapital .. 46
   c) Stille Reserven 47
   d) Nachhaltigkeit der Erträge .. 48
   e) Folgeinvestitionen 49
   f) Rechtsfolgen der Nichteinhaltung von Gewährleistungszusicherungen 50

g) Muster einer Klausel zur Absicherung der Bewertungsgrundlagen 50a
2. Ausgleichspflichten unter den Anteilsinhabern 51
3. Beschränkung der Veräußerung von Anteilen 53
4. Stichtag der Schlussbilanz 54
5. Einholung von Zustimmungen und staatlichen Genehmigungen zur Übertragung von Gegenständen und Vornahme von Einzelübertragungen 55
6. Salvatorische Klausel 57
7. Vorsorge für den Fall der Verzögerung 57a
8. Haftungsfreistellung 58
9. Kapitalerhöhung und -herabsetzung 60
10. Umfirmierung und sonstige Änderungen von Gesellschaftsverträgen oder Satzungen 62
11. Organbestellung 63
12. Schiedsklausel 63a
13. Kostentragung 63b
IV. Auslegung des Spaltungs- und Übernahmevertrags 64
V. Zuleitung des Spaltungs- und Übernahmevertrags an die Betriebsräte (§ 126 Abs. 3 UmwG) *(Willemsen)* 68

Literatur: *Bandehzadeh,* Verschmelzungen unter Beteiligung von Aktiengesellschaften: Bestellung eines Treuhänders bei unverbrieften Aktien (§ 71 Abs. 1 UmwG)?, DB 2007, 1514; *Blasche,* Die Bezeichnung von Grundstücken, unvermessenen Teilflächen und Rechten an Grundstücken im Spaltungs- und Übernahmevertrag, NZG 2016, 328; *Boecken,* Der Übergang von Arbeitsverhältnissen bei Spaltung nach dem neuen Umwandlungsrecht, ZIP 1994, 1087; *Boecken,* Unternehmensumwandlungen und Arbeitsrecht, 1996; *Bungert,* Die Übertragung beschränkter persönlicher Dienstbarkeiten bei der Spaltung, BB 1997, 897; *Bungert/Lange,* Bezeichnungserfordernisse des Grundbuchrechts bei Abspaltungen von Dienstbarkeiten nach dem UmwG, DB 2009, 103; *Bungert/Lange,* Übertragung von Grundstücken und Rechten an Grundstücken im Wege der Spaltung nach dem UmwG, DB 2010, 547; *Fuhrmann/Simon,* Praktische Probleme der umwandlungsrechtlichen Ausgliederung – Erfahrungen mit einem neuen Rechtsinstitut, AG 2000, 49; *Gaiser,* Die Umwandlung und ihre Auswirkungen auf personenbezogene öffentlich-rechtliche Erlaubnisse – Ein unlösbarer Konflikt zwischen Umwandlungsrecht und Gewerberecht?, DB 2000, 361; *Geng,* Ausgleich und Abfindung der Minderheitsaktionäre der beherrschten Aktiengesellschaft bei Verschmelzung und Spaltung, 2003 (Univ. Jena, Diss., 2000); *Heidenhain,* Spaltungsvertrag und Spaltungsplan, NJW 1995, 2873; *Heckschen,* Aktuelle Probleme des Spaltungsrechts – Eine Betrachtung nach 20 Jahren –, GmbHR 2015, 897; *Heckschen/Gassner,* Der Verzicht auf Anteilsgewähr bei Umwandlungsvorgängen aus gesellschafts- und steuerrechtlicher Sicht, GWR 2010, 101; *Joost,* Arbeitsrechtliche Angaben im Umwandlungsvertrag, ZIP 1995, 976; *Jung,* Die stille Gesellschaft in der Spaltung, ZIP 1996, 1734; *Kiem,* Die schwebende Umwandlung, ZIP 1999, 173; *Körner/Rodewald,* Bedingungen, Befristungen, Rücktritts- und Kündigungsrechte in Verschmelzungs- und Spaltungsverträgen, BB 1999, 853; *Meister,* Übergang von Unternehmensverträgen bei der Spaltung der herrschenden Gesellschaft, DStR 1999, 1741; *Kai Mertens,* Zur Universalsukzession in einem neuen Umwandlungsrecht, AG 1994, 66; *Thomas Müller,* Umwandlung des Unternehmensträgers und Betriebsvereinbarung, RdA 1996, 287; *Rieble,* Verschmelzung und Spaltung von Unternehmen und ihre Folgen für Schuldverhältnisse mit Dritten, ZIP 1997, 301; *Rubner,* Möglichkeiten einer nicht-verhältniswahrenden Spaltung von Kapitalgesellschaften im Lichte des § 128 UmwG, NZG 2015, 761; *Schöne,* Die Spaltung unter Beteiligung von GmbH, 1998; *Schorling,* Zur Bezeichnung von Grundstücken und

Grundstücksteilflächen im Spaltungs- und Übernahmevertrag, AG 2008, 653; *Theyer,* Die Sanierungsverantwortlichkeit des Gesamtrechtsnachfolgers nach dem Bodenschutzgesetz am Beispiel der Spaltung von Unternehmen, DB 1999, 621; *Thiele/König,* Die Anforderungen an die Bezeichnung der zu übertragenden Gegenstände des Aktiv- und Passivvermögens gem. § 126 I Nr. 9 UmwG, NZG 2015, 178; *Voigt,* Umwandlung und Schuldverhältnis. Untersuchungen im Spannungsfeld von Umstrukturierungsfreiheit und vertraglicher Bindung nach dem Inkrafttreten des Umwandlungsgesetzes, Hamburger Beiträge zum Handels-, Schifffahrts- und Wirtschaftsrecht, Band 26, 1997; *Willemsen,* Arbeitsrechtliche Aspekte des neuen Umwandlungsrechts, RdA 1993, 133; *Willemsen,* Die Beteiligung des Betriebsrats im Umwandlungsverfahren, RdA 1998, 23.

I. Geltungsbereich der Vorschrift

1 Das Gesetz unterscheidet terminologisch den für Auf- und Abspaltung abzuschließenden **Spaltungs- und Übernahmevertrag** und den bei der Ausgliederung abzuschließenden **Ausgliederungs- und Übernahmevertrag** (vgl. § 131 Abs. 1 Nr. 3 Satz 3 UmwG, § 157 Abs. 1 UmwG). Die Vorschrift erwähnt nur den Spaltungs- und Übernahmevertrag. Sie gilt aber auch für den Ausgliederungs- und Übernahmevertrag, soweit sie sich nicht, wie in § 126 Abs. 1 Nr. 3, 4 und 10 UmwG, ausdrücklich auf Aufspaltung und Abspaltung beschränkt.

2 Die Vorschrift gilt unmittelbar für die Spaltung zur Aufnahme, kraft Verweisung in § 135 Abs. 1 UmwG auch für die Spaltung zur Neugründung. Es ist also jeweils der übernehmende Rechtsträger als der übernehmende oder neue Rechtsträger zu lesen. Bei der (reinen) Spaltung zur Neugründung tritt an die Stelle des Spaltungs- bzw. Ausgliederungs- und Übernahmevertrags der **Spaltungsplan** (§ 136 Satz 2 UmwG). § 126 UmwG gilt auch für den Spaltungsplan.

3 Die Vorschriften **regeln den Mindestinhalt** des Spaltungs- und Übernahmevertrags **nicht erschöpfend**. Über § 126 UmwG hinaus hat der Spaltungs- und Übernahmevertrag – nicht dagegen der Ausgliederungs- und Übernahmevertrag – unter bestimmten Voraussetzungen ein Barabfindungsangebot zu enthalten (§ 125 UmwG Rz. 36). Bei einer Spaltung zur Neugründung muss der Gesellschaftsvertrag oder die Satzung des neuen Rechtsträgers im Spaltungsplan wie auch im Ausgliederungsplan enthalten sein (§ 125 UmwG Rz. 39). Weitere rechtsformspezifische Vorschriften über den Pflichtinhalt des Spaltungs- und Übernahmevertrags sind:

– §§ 40 Abs. 1, 125 Satz 1 UmwG (Bestimmung, ob persönlich haftender Gesellschafter oder Kommanditist in einer übernehmenden Personenhandelsgesellschaft),

– §§ 46, 125 Satz 1 UmwG (Bestimmung über Geschäftsanteile an einer übernehmenden GmbH).

II. Mindestinhalt des Spaltungs- und Übernahmevertrags (§ 126 Abs. 1, 2 UmwG)

1. Angabe des Namens oder der Firma und des Sitzes der an der Spaltung beteiligten Rechtsträger (§ 126 Abs. 1 Nr. 1 UmwG)

Die in § 126 Abs. 1 Nr. 1 UmwG vorgeschriebene Angabe des Namens oder der Firma und des Sitzes der an der Spaltung beteiligten Rechtsträger geschieht bereits im Rubrum des Spaltungs- und Übernahmevertrags bzw. Spaltungsplans. Im Vertrag kann eine **Kurzbezeichnung** benutzt werden[1]. Bei der Spaltung zur Neugründung muss aber noch die Firma der neuen Gesellschaft angegeben werden (§ 135 Abs. 1 Satz 2 UmwG). Weder die Abspaltung noch die Ausgliederung haben Einfluss auf die Firma der an der Spaltung beteiligten übertragenden Rechtsträger. Dagegen erlischt die Firma des übertragenden Rechtsträgers bei einer Aufspaltung. Die Firma kann jedoch – sowohl bei einer Aufspaltung, als auch bei einer Abspaltung oder Ausgliederung – auf den übernehmenden Rechtsträger übertragen werden. Wegen der Einzelheiten wird auf § 125 UmwG Rz. 28 f. verwiesen. 4

2. Spaltungsvereinbarung (§ 126 Abs. 1 Nr. 2 UmwG)

Konstituierendes Element der Spaltung ist die **Vereinbarung der Übertragung der Teile des Vermögens des übertragenden Rechtsträgers „jeweils als Gesamtheit"** gegen Gewährung von Anteilen oder Mitgliedschaften an den übernehmenden oder neuen Rechtsträgern (vgl. § 123 UmwG Rz. 1–3). Sie ist daher notwendiger Bestandteil des Spaltungs- und Übernahmevertrags. Zu empfehlen ist, den Gesetzeswortlaut zu übernehmen, jedoch mit der Maßgabe, dass auf die nachfolgende Bezeichnung des Vermögensteils gemäß § 126 Abs. 1 Nr. 9 UmwG verwiesen wird. 5

Die Erwähnung der Gewährung von Anteilen an den übernehmenden oder neuen Rechtsträgern entfällt, wenn die Anteilsgewährung verboten ist, wie bei Auf- und Abspaltung auf eine GmbH oder AG in den Fällen der §§ 54 Abs. 1 Satz 1, 68 Abs. 1 Satz 1 (§ 125 Satz 1) UmwG. § 5 Abs. 2 UmwG gilt auch bei der Spaltung. Darunter fällt namentlich die Abspaltung auf die Mutter-Kapitalgesellschaft[2]. Die Erwähnung der Gewährung von Anteilen entfällt aber auch, wenn von einer Anteilsgewährung zulässigerweise abgesehen wird, weil die Anteilsinhaber des übertragenden Rechtsträgers bei einer Auf- oder Abspaltung gemäß §§ 54 Abs. 1 Satz 3, 68 Abs. 1 Satz 3 UmwG auf die Anteilsgewährung verzichten[3]. Das bietet sich insbesondere bei einer Auf- oder Abspaltung auf beteiligungsidentische Schwester-GmbH oder -AG an, um eine Kapitalerhöhung zu 6

---

[1] Vgl. nur *Priester* in Lutter, § 126 UmwG Rz. 19.
[2] Vgl. *Hörtnagl* in Schmitt/Hörtnagl/Stratz, § 126 UmwG Rz. 43.
[3] Zum Verzicht auf Anteilsgewährung aus gesellschafts- und steuerrechtlicher Sicht vgl. auch *Heckschen/Gassner*, GWR 2010, 101.

vermeiden (§ 125 UmwG Rz. 58). Dasselbe gilt bei der Ausgliederung auf eine 100%ige Tochter oder eine 100%ige Mutter[1] (siehe auch § 123 UmwG Rz. 11 und § 125 UmwG Rz. 57). Hier ist aber § 20 UmwStG zu beachten, nach dem die Anteilsgewährung Voraussetzung für die Buchwertverknüpfung ist.

3. Umtauschverhältnis der Anteile (§ 126 Abs. 1 Nr. 3 UmwG) *(Lanfermann)*

7 Die Vorschrift entspricht für die Aufspaltung Art. 3 Abs. 2 lit. b der Sechsten Richtlinie (82/891 EWG) und korrespondiert inhaltlich mit § 5 Abs. 1 Nr. 3 UmwG. Auf die Ausführungen zum Umtauschverhältnis kann deshalb im Wesentlichen verwiesen werden (§ 5 UmwG Rz. 17 ff.). Im Falle der Ausgliederung sind Angaben über ein „Umtauschverhältnis" oder eine Gegenleistung ausdrücklich nicht vorgeschrieben. Dies hat seinen Grund darin, dass kein Anteilstausch auf Gesellschafterebene, sondern die Übertragung von Vermögen gegen Gewährung von Gesellschaftsrechten an den übertragenden Rechtsträger selbst (Aktivtausch) stattfindet. Zu den erforderlichen Angaben vgl. Rz. 10.

8 Ein Umtauschverhältnis im eigentlichen Sinne, nämlich die Festlegung, wie viele Einheiten von Anteilen am übernehmenden Rechtsträger für eine bestimmte Einheit von Anteilen am übertragenden Rechtsträger gewährt werden[2], gibt es nur bei der **Aufspaltung** zur Aufnahme, soweit die aufnehmenden Gesellschaften nicht selbst an der Spaltgesellschaft beteiligt waren, und bei der Aufspaltung zur Neugründung.

9 Bei der **Abspaltung** kann man von einem Umtauschverhältnis nicht sprechen, weil die Anteilseigner des übertragenden Rechtsträgers keine Anteile verlieren oder hingeben; sie erleiden lediglich einen Wertverlust an den nominal unveränderten Anteilen am übertragenden Rechtsträger, der durch die auszugebenden Anteile am übernehmenden Rechtsträger auszugleichen ist. Etwas anderes gilt nur, wenn die Abspaltung eine Kapitalherabsetzung zur Folge hat (§§ 139, 145 UmwG): In diesem Fall erfolgt auch ein mengenmäßiger Abgang am Beteiligungsansatz des Anteilseigners[3]; ansonsten erfolgt nur ein wertmäßiger Abgang am Buchwert der Anteile, und zwar im Verhältnis der Verkehrswerte des abgespaltenen Vermögens zum verbleibenden Vermögen[4]. Dieser Abgang ist durch den Zugang der ausgegebenen Anteile des übernehmenden Rechtsträgers auszugleichen. Ein Umtauschverhältnis gibt es darüber hinaus auch nicht bei

---

1 *Priester* in Lutter, § 126 UmwG Rz. 26; *Sagasser/Bultmann* in Sagasser/Bula/Brünger, § 18 Rz. 184 f.; *Hörtnagl* in Schmitt/Hörtnagl/Stratz, § 126 UmwG Rz. 47, 48; aA *Heckschen* in Heckschen/Simon, § 3 Rz. 62–69; *Mayer* in Widmann/Mayer, § 126 UmwG Rz. 99; *Stengel/Schwanna* in Semler/Stengel, § 123 UmwG Rz. 24, 26.
2 Vgl. *Hörtnagl* in Schmitt/Hörtnagl/Stratz, § 126 UmwG Rz. 21.
3 Vgl. *Grottel* in Beck'scher Bilanz-Kommentar, § 282 HGB Rz. 300.
4 *IDW* RS HFA 43 Rz. 14, IDW Fachnachrichten 2012, S. 714 ff., WPg 2012, Supplement 4, S. 104 ff.

der Aufspaltung oder Abspaltung, wenn und soweit der übernehmende Rechtsträger Anteilsinhaber des übertragenden Rechtsträgers ist (Aufspaltung, Abspaltung auf die Muttergesellschaft[en]). Insoweit entfällt eine Pflicht zur Anteilsgewährung (§ 125 UmwG iVm. § 54 Abs. 1 Nr. 1 UmwG)[1] und damit auch Angaben im Spaltungs- und Übernahmevertrag.

Bei der **Ausgliederung** sind Angaben über das Umtauschverhältnis nicht erforderlich. Trotzdem sind Angaben über die Gegenleistung notwendig[2]. Bei der Ausgliederung zur Neugründung tritt ohnehin der Spaltungsplan (§ 136 UmwG) an die Stelle des Spaltungs- und Übernahmevertrages; er muss neben der Satzung auch die Kapitalfestsetzung des neuen Rechtsträgers[3] und damit die Gegenleistung enthalten. Aber auch bei der Ausgliederung zur Aufnahme ist die Gegenleistung, also die Anteile am übernehmenden Rechtsträger, festzulegen. Es handelt sich hier idR um Fälle der Sacheinlage in andere Unternehmen gegen Hergabe von Gesellschaftsrechten, die auf dem Wege der Gesamtrechtsnachfolge bewerkstelligt werden können. 10

Anzugeben sind ferner **bare Zuzahlungen**. Wegen der Einzelheiten wird auf § 5 UmwG Rz. 22 verwiesen. Hinzuweisen ist auf die Höchstgrenze von 10 % des Gesamtnennbetrages der zu gewährenden Anteile in den Fällen der Auf- und Abspaltung, wenn der übernehmende Rechtsträger die Rechtsform der GmbH oder AG hat (§ 125 UmwG Rz. 75). Diese Grenze gilt für den Spaltungsvertrag, nicht jedoch für eventuelle spätere Erhöhungen oder Neufestsetzungen im Spruchverfahren (§§ 125, 15 UmwG)[4]. Eine Angabe hat nur bei der Auf- oder Abspaltung zu erfolgen. Soweit bei der Ausgliederung neben Gesellschaftsanteilen Barzahlungen oder anderweitige Vergütungen gewährt werden, liegt idR eine gemischte Sacheinlage vor, die den entsprechenden gesellschaftsrechtlichen Regeln folgt (§ 5 Abs. 4 GmbHG; § 27 AktG)[5]. 11

Zur Feststellung des Umtauschverhältnisses selbst wird auf § 8 UmwG Rz. 10 ff. verwiesen. 12

4. Einzelheiten für die Übertragung der Anteile (§ 126 Abs. 1 Nr. 4 UmwG)

Anzugeben sind nach § 126 Abs. 1 Nr. 4 UmwG bei einer Auf- oder Abspaltung die Einzelheiten für die Übertragung der Anteile des übernehmenden Rechtsträgers oder über den Erwerb der Mitgliedschaft bei dem übernehmenden Rechtsträger (vgl. allgemein § 5 UmwG Rz. 24 ff.). Diese Vorschrift gilt nicht bei der 13

---

1 *Priester* in Lutter, § 126 UmwG Rz. 24.
2 Vgl. *Hörtnagl* in Schmitt/Hörtnagl/Stratz, § 126 UmwG Rz. 36; zustimmend *Priester* in Lutter, § 126 UmwG Rz. 34.
3 Vgl. *Priester* in Lutter, § 136 UmwG Rz. 9 f.
4 Vgl. *Priester* in Lutter, § 126 UmwG Rz. 35.
5 *Simon* in KölnKomm. UmwG, § 126 UmwG Rz. 41 will auch solche Vergütungen unter Abs. 3 Nr. 1 ausweisen.

Ausgliederung. Der Spaltungsvertrag sollte insbesondere Angaben über die Herkunft der Anteile enthalten (zB Bestand eigener Anteile, Kapitalerhöhung)[1]. Zudem sollte angegeben werden, wie die Anteile übertragen werden und welchem Rechtsträger die Kosten der Übertragung zur Last fallen[2]; nicht erforderlich ist die Angabe der Kostenhöhe (§ 5 UmwG Rz. 24). Zudem ist bei einer AG oder KGaA als übernehmender Rechtsträger grundsätzlich die Bestimmung eines Treuhänders für den Empfang der zu gewährenden Aktien und der baren Zuzahlungen erforderlich (§§ 125, 71, 73, 78 UmwG). Sind die Aktien unverbrieft und werden auch keine baren Zuzahlungen geleistet, ist ein Treuhänder dagegen nicht erforderlich (§ 71 UmwG Rz. 8)[3]. Für die Ausgliederung sind die Einzelheiten für die Übertragung der Anteile oder den Erwerb der Mitgliedschaft keine Pflichtangabe. Gleichwohl empfehlen sich auch bei einer Ausgliederung diese Angaben im Vertrag oder Ausgliederungsplan[4].

5. Gewinnanspruch (§ 126 Abs. 1 Nr. 5 UmwG)

14 Nach § 126 Abs. 1 Nr. 5 UmwG muss im Spaltungs- und Übernahmevertrag wie auch im Ausgliederungs- und Übernahmevertrag der **Stichtag für die Teilnahme am Bilanzgewinn** des übernehmenden Rechtsträgers bestimmt werden. Dieser Stichtag kann, muss aber nicht mit dem Spaltungsstichtag gemäß § 126 Abs. 1 Nr. 6 UmwG übereinstimmen[5]. Mit einem späteren Gewinnbeginn kann ein ansonsten zu günstiges Umtauschverhältnis korrigiert werden[6]. Möglich ist zB, den Beginn der Gewinnberechtigung auf die Mitte des laufenden Geschäftsjahres der übernehmenden Gesellschaft festzulegen (§ 5 UmwG Rz. 28), sinnvoll ist aber meist nur die Verwendung des Beginns eines Rechnungslegungszeitraums, so dass ein Halbjahresende oder Quartalsende in der Praxis nur bei börsennotierten Gesellschaften als Stichtag in Betracht kommen wird. Normalerweise ist es aber zu empfehlen, Spaltungsstichtag und Beginn der Ergebnisbeteiligung zusammenzulegen (§ 5 UmwG Rz. 35).

6. Spaltungsstichtag (§ 126 Abs. 1 Nr. 6 UmwG) *(Lanfermann)*

15 Der Spaltungs- und Übernahmevertrag muss den Zeitpunkt festlegen, von dem an die Handlungen des übertragenden Rechtsträgers als für Rechnung jedes der

---

1 *Simon* in KölnKomm. UmwG, § 126 UmwG Rz. 42.
2 *Priester* in Lutter, § 126 UmwG Rz. 36; *Simon* in KölnKomm. UmwG, § 126 UmwG Rz. 42.
3 *Bandehzadeh*, DB 2007, 1514 (1515); *Hörtnagl* in Schmitt/Hörtnagl/Stratz, § 126 UmwG Rz. 56; aA *Grunewald* in Lutter, § 71 UmwG Rz. 7.
4 *Simon* in KölnKomm. UmwG, § 126 UmwG Rz. 43; *Priester* in Lutter, § 126 UmwG Rz. 36.
5 *Heidenhain*, NJW 1995, 2873 (2876); *Simon* in KölnKomm. UmwG, § 126 UmwG Rz. 45.
6 *Priester* in Lutter, § 126 UmwG Rz. 38; *Schröer* in Semler/Stengel, § 126 UmwG Rz. 45.

übernehmenden Rechtsträger vorgenommen gelten. Damit wird Art. 3 Abs. 2 lit. e der Sechsten Richtlinie (82/891/EWG) umgesetzt. Inhaltlich korrespondiert die Vorschrift mit § 5 **Abs. 1 Nr. 6 UmwG**. Auf die dortige Kommentierung kann deshalb vollinhaltlich Bezug genommen werden.

Bei der Abspaltung und bei der Ausgliederung bleibt der übertragende Rechtsträger mit den ihm verbleibenden Einheiten als rechnungslegungspflichtiges Unternehmen erhalten. Es ist deshalb vom Beginn des Spaltungsstichtages an sicherzustellen, dass die für Rechnung des übernehmenden Rechtsträgers geführten Geschäfte (Aufwendungen und Erträge) in einem **eigenen Buchungskreis** erfasst werden, der bei Wirksamwerden der Spaltung, also mit Eintragung im Register am Sitz des übertragenden Rechtsträgers (§ 131 Abs. 1 Nr. 1 UmwG), auf den übernehmenden Rechtsträger Posten für Posten oder als Saldo zu übertragen ist. Hat der übertragende Rechtsträger zwischen Spaltungsstichtag und Eintragung der Spaltung einen Abschlussstichtag und muss er eine Jahresbilanz erstellen, ist für einen „für Rechnung" erwirtschafteten Gewinn zu erläutern, dass dieser nicht für Ausschüttungen zur Verfügung steht. Für einen erwirtschafteten Verlust verbietet das Imparitätsprinzip (§ 252 Abs. 1 Nr. 4 HGB) die Einbuchung eines Freistellungsanspruchs, bevor die Spaltung eingetragen ist. Bei Kapitalgesellschaften können Angaben im Anhang erforderlich (§ 264 Abs. 2 Satz 2 HGB), zumindest aber zweckmäßig werden. 16

Für die Fragen der Bilanzierung zwischen Abschluss des Spaltungs- und Übernahmevertrages und Eintragung der Spaltung wird auf § 17 UmwG Rz. 21 ff. verwiesen.

7. Besondere Rechte (§ 126 Abs. 1 Nr. 7 UmwG)

Anzugeben sind die von den übernehmenden oder neuen Rechtsträgern einzelnen Anteilsinhabern oder den Inhabern besonderer Rechte zu gewährenden Rechte oder die für die Inhaber besonderer Rechte vorgesehenen Maßnahmen (vgl. zum Begriff der besonderen Rechte § 125 UmwG Rz. 34). Anzugeben sind sowohl die Rechte, die **als Gegenleistung gewährt** werden, als auch die Rechte, die bereits **vor der Spaltung** bei einem übernehmenden Rechtsträger **bestehen**[1]. Die Bestimmung der Gegenleistung für die Inhaber von Sonderrechten bei einer GmbH ist wegen §§ 125 Satz 1, 50 Abs. 2 UmwG mit diesen Anteilsinhabern bereits im Vorfeld abzustimmen. Bei der Bestimmung der Gegenleistung für die Inhaber besonderer Rechte sind §§ 125 Satz 1, 23 UmwG zu beachten. Es muss sich um gleichwertige Rechte handeln. Bestehen keine solchen Rechte oder Vorteile, sollte dies im Vertrag ausdrücklich festgestellt werden[2]. 17

---

1 Für die Verschmelzung *Drygala* in Lutter, § 5 UmwG Rz. 76; *Simon* in KölnKomm. UmwG, § 5 UmwG Rz. 111.
2 *Heidenhain*, NJW 1995, 2873 (2875).

8. Besondere Vorteile (§ 126 Abs. 1 Nr. 8 UmwG)

18 Anzugeben ist jeder einem Mitglied eines Vertretungsorgans oder eines Aufsichtsorgans der an der Spaltung beteiligten Rechtsträger, einem geschäftsführenden Gesellschafter, einem Partner, einem Abschlussprüfer oder einem Spaltungsprüfer gewährte besondere Vorteil. Als **Mitglieder von Aufsichtsorganen** kommen nicht nur die Mitglieder obligatorischer Aufsichtsräte bei AG oder GmbH in Betracht, sondern sämtliche Mitglieder von Organen wie Beiräten, Gesellschafterausschüssen und sonstigen Organen, denen bei einem Rechtsträger nicht nur beratende, sondern echte Überwachungsfunktionen übertragen worden sind[1]. Vergünstigungen sind etwa Abfindungszahlungen und insbesondere Zusagen an Verwaltungsorgane des übertragenden Rechtsträgers, in der übernehmenden oder neuen Gesellschaft wiederum Organfunktionen zugewiesen zu bekommen[2]. Übliche Prüfungshonorare müssen nicht offen gelegt werden. Auch bezüglich besonderer Vorteile ist gegebenenfalls Fehlanzeige zu empfehlen.

9. Bezeichnung der übertragenen Vermögensteile (§ 126 Abs. 1 Nr. 9, Abs. 2 UmwG)

a) Genaue Bezeichnung der Gegenstände des Aktiv- und Passivvermögens

19 Der in § 126 Abs. 1 Nr. 9 UmwG verwendete Begriff des Gegenstandes ist im zivilrechtlichen Sinne zu verstehen, meint also die einzelne Sache oder das einzelne Recht (Forderungen, Immaterialgüterrechte, sonstige Vermögensrechte und Verbindlichkeiten)[3]. Unerheblich ist insoweit, ob der Gegenstand nach Rechnungslegungsgrundsätzen aktivierungs- oder passivierungsfähig ist[4]. Erfasst sind damit auch selbstgeschaffene immaterielle Wirtschaftsgüter (Verbot der Aktivierung nach § 248 Abs. 2 HGB), abgeschriebene Vermögensgegenstände, schwebende Geschäfte, Dauerschuldverhältnisse[5], ungewisse Verbindlichkeiten und unbekannte Verbindlichkeiten (näher dazu Rz. 27)[6]. Für die Aufteilung der Gegenstände des Aktiv- und Passivvermögens im Spaltungs- und Übernahmevertrag gilt der sachenrechtliche Bestimmtheitsgrundsatz (§ 126 Abs. 2 Satz 1 UmwG). Dies bedeutet aber nicht, dass alle Gegenstände individuell oder der Art und Zahl nach bezeichnet werden müssen, es genügt **Bestimmbarkeit** im sachenrechtlichen Sinne, insbesondere also auch die Verwendung von Sammelbezeich-

---

1 *Drygala* in Lutter, § 5 UmwG Rz. 79; *Simon* in KölnKomm. UmwG, § 5 UmwG Rz. 125; *H. Schmidt* in Lutter, § 40 UmwG Rz. 4.
2 *Sagasser/Luke* in Sagasser/Bula/Brünger, § 9 Rz. 160; *Mayer* in Widmann/Mayer, § 5 UmwG Rz. 172.
3 Vgl. Begr. zu § 126 UmwG, BT-Drucks. 12/6699, S. 118.
4 Begr. zu § 126 UmwG, BT-Drucks. 12/6699, S. 118.
5 BGH v. 8.10.2003 – XII ZR 50/02, ZIP 2003, 2155 (2157) = AG 2004, 98.
6 *Priester* in Lutter, § 126 UmwG Rz. 47; *Simon* in KölnKomm. UmwG, § 126 UmwG Rz. 53; *Hörtnagl* in Schmitt/Hörtnagl/Stratz, § 126 UmwG Rz. 68 f.

nungen und so genannten „All-Klauseln"[1]. Für Sachgesamtheiten, insbesondere Warenbestände, kann auf die bei Sicherungsübereignungen entwickelten Grundsätze zurückgegriffen werden[2]. Im Übrigen ist auf die Praxis bei Unternehmenskauf- und Übertragungsverträgen zu verweisen[3]. Soll der überwiegende Teil des Vermögens eines Rechtsträgers übertragen werden, kann es sich anbieten, eine sog. **Negativabgrenzung** vorzunehmen[4]. In diesem Fall werden nur diejenigen Vermögensgegenstände ausdrücklich bezeichnet, die beim übertragenden Rechtsträger verbleiben sollen. Bei Grundstücken und Rechten an Grundstücken ist allerdings stets § 28 GBO zu beachten (siehe dazu auch Rz. 21)[5].

Wenn ein **Betrieb oder Teilbetrieb** übertragen wird, sollte generalklauselartig festgelegt werden, dass alle wirtschaftlich zu dem Betrieb oder Betriebsteil gehörenden Gegenstände des materiellen und auch immateriellen Anlage- und Umlaufvermögens übertragen werden, gleichgültig ob bilanziert oder nicht bilanziert[6]. Es empfiehlt sich zudem ausdrücklich zu regeln, dass auch zwischenzeitliche Veränderungen, also neu hinzukommende Gegenstände, miterfasst werden[7]. So wird sichergestellt, dass keine Gegenstände zurückbleiben, was insbesondere bei der Aufspaltung zu erheblichen Problemen führen würde. Dabei sollte klargestellt werden, dass alle die Gegenstände übertragen werden, die überwiegend für den übertragenen Betrieb oder Teilbetrieb genutzt werden. Nur so ist die erforderliche Bestimmbarkeit gegeben. Zur weiteren Individualisierung genügt es, wenn nur wichtige Einzelgegenstände oder Gruppen von Gegenständen („insbesondere") genannt werden[8]. Die Beifügung von Spaltungsbilanzen allein ist regelmäßig für die Individualisierung nicht geeignet[9]. Man muss schon auf die dieser zugrunde liegenden Unterlagen in der Anlagenbuchhaltung zurückgreifen und das umfangreiche **Anlagenverzeichnis** beifügen, wenn nicht die Bestimmbarkeit nach dem Funktionszusammenhang gegeben ist. § 126 Abs. 2 Satz 3 UmwG lässt die Bezugnahme auf Bilanzen und Inventare zur Bestimmung des zu übertragenden Vermögens ausdrücklich zu. Soll eine Bilanzposition im Rahmen der Spaltung auf mehrere beteiligte Rechtsträger aufgeteilt werden, soll allerdings nach Auffassung des OLG Celle die dingliche Wirkung der Aufteilung nicht allein durch die Bezugnahme auf die Bilanzposition aus-

---

1 *Simon* in KölnKomm. UmwG, § 126 UmwG Rz. 59.
2 Begr. zu § 126 UmwG, BT-Drucks. 12/6699, S. 119.
3 *Mayer*, DB 1995, 861 (864) und *Priester* in Lutter, § 126 UmwG Rz. 50.
4 *Simon* in KölnKomm. UmwG, § 126 UmwG Rz. 59; *Mayer* in Widmann/Mayer, § 126 UmwG Rz. 202; *Schröer* in Semler/Stengel, § 126 UmwG Rz. 61; *Thiele/König*, NZG 2015, 178.
5 *Simon* in KölnKomm. UmwG, § 126 UmwG Rz. 59.
6 BGH v. 8.10.2003 – XII ZR 50/02, ZIP 2003, 2155 (2157) = AG 2004, 98.
7 *Teichmann* in Lutter, § 131 UmwG Rz. 106.
8 *Priester* in Lutter, § 126 UmwG Rz. 54.
9 *Mayer*, DB 1995, 861 (864); *Schöne*, Spaltung, S. 40; aA *Priester* in Lutter, § 126 UmwG Rz. 52; vgl. auch OLG Celle v. 5.8.2015 – 9 U 22/15, ZIP 2015, 1679 (1680).

gelöst werden können[1]. Dies überzeugt bei teilbaren Leistungen nicht. Diese Unterlagen müssen aber als Anlagen mit beurkundet werden. Ausreichend ist die Individualisierung anhand von Kontonummern, ohne dass dem Vertrag eine Zuordnung der einzelnen Kontonummern beigefügt ist[2]. Zur Beurkundung insoweit siehe § 125 UmwG Rz. 5. Auch die wesentlichen **Verträge** sowie **öffentlich-rechtliche Rechtspositionen** sollten in einer Anlage zum Spaltungs- und Übernahmevertrag aufgelistet werden, um spätere Zweifel auszuschließen. Sachbezogene Genehmigungen können zusammen mit dem betreffenden Gegenstand übertragen werden. Nicht übertragen werden können jedoch personenbezogene öffentlich-rechtliche Erlaubnisse, wie insbesondere die meisten Genehmigungen und Erlaubnisse nach dem Gewerberecht[3]. Sie müssen für den übernehmenden Rechtsträger neu erteilt werden. Die Erteilung muss mit der Behörde vorgeklärt werden. Schließlich ist die Beifügung von Verzeichnissen der nicht aktivierten, weil selbst geschaffenen **Immaterialgüterrechte (Warenzeichen, Patente)** zu empfehlen. Dabei sollten die Registerbezeichnungen angegeben werden. Schließlich können auch Wettbewerbsverbote, die sich auf den übertragenen Betrieb oder Teilbetrieb beziehen, übertragen werden[4].

21 Strenge Anforderungen gelten **bei Grundstücken**. Sie sind entsprechend § 28 GBO so genau zu bezeichnen, wie dies der beurkundende Notar bei einer Auflassung tun würde[5]. Soweit nur eine noch zu vermessende Teilfläche übertragen werden soll, ist grundsätzlich eine kartenmäßige Darstellung erforderlich, die von der zuständigen Vermessungsbehörde ohne weitere Rückfragen zur Katasterfortführung benutzt werden kann[6]. Umstritten ist, ob § 28 GBO auf die Übertragung von Rechten an Grundstücken im Wege der Spaltung anwendbar ist[7]. In diesem Sinne haben das OLG Schleswig sowie das KG Berlin entschieden[8].

---

1 OLG Celle v. 5.8.2015 – 9 U 22/15, ZIP 2015, 1679 (1680).
2 LG Essen v. 15.3.2002 – 42 T 1/02, ZIP 2002, 893 (895) = EWiR § 128 UmwG 1/02 (*Kiem*).
3 *Gaiser*, DB 2000, 361 (363); *Fuhrmann/Simon*, AG 2000, 49 (58).
4 *Fuhrmann/Simon*, AG 2000, 49 (58).
5 Begr. zu § 126 UmwG, BT-Drucks. 12/6699, S. 119; BGH v. 25.1.2008 – V ZR 79/07, ZIP 2008, 600 (602 ff.) = AG 2008, 322; siehe umfassend zur Bezeichnung von Grundstücken, unvermessenen Teilflächen und Rechten an Grundstücken im Spaltungs- und Übernahmevertrag *Blasche*, NZG 2016, 328, sowie *Heckschen*, GmbHR 2015, 897 (901 f.).
6 *Mayer* in Widmann/Mayer, § 126 UmwG Rz. 213; *Vossius* in Widmann/Mayer, § 131 UmwG Rz. 108.
7 Für die Anwendbarkeit des § 28 GBO auf Rechte an Grundstücken: *Simon* in Köln-Komm. UmwG, § 126 UmwG Rz. 60; *Mayer* in Widmann/Mayer § 126 UmwG Rz. 212; *Hörtnagl* in Schmitt/Hörtnagl/Stratz, § 126 UmwG Rz. 81; dagegen *Bungert/Lange*, DB 2010, 547 (548); vgl. dazu auch *Bungert/Lange*, DB 2009, 103 (104).
8 OLG Schleswig v. 26.8.2009 – 2 W 241/08, NJW-RR 2010, 592; KG Berlin v. 1.8.2014 – 1 W 213-214/14, AG 2015, 85 = NJW-RR 2015, 533 = RNotZ 2014, 612 (614) mit Anm. *Blasche*.

Inhalt des Spaltungs- und Übernahmevertrags | § 126

Allerdings nimmt das OLG Schleswig eine Ausnahme an, wenn die zu übertragenden Rechte im Spaltungsvertrag „für jedermann klar und eindeutig" bestimmt sind, insbesondere, wenn der Spaltungsvertrag eine sog. All-Klausel enthält, wonach sämtliche Rechte an Grundstücken des übertragenden Rechtsträgers auf den übernehmenden Rechtsträger übergehen sollen[1]. In der Literatur wird dies allerdings als Abweichung von den Grundsätzen der BGH-Rechtsprechung verstanden und daher bis auf Weiteres auch bei Rechten an Grundstücken zur Bezeichnung des Grundstücks nach § 28 GBO geraten[2].

Soweit die Anforderungen des § 28 GBO nicht eingehalten werden, sollen die betreffenden Grundstücke nach der Rspr. des BGH im Rahmen der Spaltung nicht dinglich übergehen können[3]. Dies hat zur Folge, dass als Nachweis des Übergangs des Grundstücks die Vorlage des Spaltungs- sowie Übernahmevertrags bzw. des Spaltungsplans und eine Berichtigungsbewilligung des übertragenden Rechtsträgers nicht ausreichend sind[4]. Auch das OLG Schleswig folgt in der Entscheidung betreffend Rechte an Grundstücken insoweit dem BGH. Die herrschende Lehre widerspricht dagegen der Ansicht des BGH, da die Verweisung des § 126 Abs. 2 Satz 2 UmwG auf § 28 GBO als, wenn auch überflüssige, Bezugnahme auf eine bloße Formvorschrift zu verstehen sei[5].

Für die Praxis sind diese Urteile bis auf Weiteres wie folgt zu beachten[6]: Sowohl 21a
Grundstücke als auch Rechte an Grundstücken sind im Spaltungsvertrag nach Maßgabe des § 28 GBO zu bezeichnen. Rechte an Grundstücken müssen dabei nicht ihrerseits grundbuchmäßig bezeichnet sein[7]; es genügt, wenn das von ihnen betroffene Grundstück iS des § 28 GBO bezeichnet wird. Zusätzlich ist eine All-Klausel (mit objektiven und für Dritte nachvollziehbaren Abgrenzungskriterien) aufzunehmen, um – mit der Entscheidung des OLG Schleswig – für eine Heilung bei etwaigen noch fehlenden Bezeichnungen Sorge zu tragen[8]. Werden die Anforderungen des § 28 GBO nicht eingehalten, ist ein Übergang von

---

1 OLG Schleswig v. 26.8.2009 – 2 W 241/08, NJW-RR 2010, 592; siehe auch KG Berlin v. 1.8.2014 – 1 W 213-214/14, AG 2015, 85 = NJW-RR 2015, 533.
2 *Blasche*, NZG 2016, 328, 330 mwN; *Heckschen*, GmbHR 2015, 897 (902).
3 BGH v. 25.1.2008 – V ZR 79/07, ZIP 2008, 600 (602 ff.) = AG 2008, 322; siehe zum Urteil des BGH und der Kritik aus Teilen der Literatur *Blasche*, NZG 2016, 328 f.; KG Berlin v. 1.8.2014 – 1 W 213-214/14, AG 2015, 85 = NJW-RR 2015, 533.
4 OLG Düsseldorf v. 19.4.2010 – I-3 Wx 88/10, Rpfleger 2010, 496.
5 So *Bungert/Lange*, DB 2010, 547 und DB 2009, 103; *Priester*, EWiR § 126 UmwG 1/08, 223; *Schorling*, AG 2008, 653 ff.; *Mayer* in Widmann/Mayer, § 126 UmwG Rz. 212.
6 *Bungert/Lange*, DB 2010, 547 und DB 2009, 103.
7 Vgl. *Blasche*, NZG 2016, 328 (334).
8 Siehe auch *Mayer* in Widmann/Mayer, § 126 UmwG Rz. 212.2 („Auffangklausel"); *Priester* in Lutter, § 126 UmwG Rz. 55; *Bungert/Lange*, DB 2010, 547 (549 f.); *Thiele/König*, NZG 2015, 178 (184); zuletzt *Blasche*, NZG 2016, 328 (329 f.), der vor dem Hintergrund der strengen BGH-Rechtsprechung All-Klauseln lediglich als Ergänzung einer genauen Bezeichnung empfiehlt.

Grundstücken oder Rechten an Grundstücken mit Eintragung der Spaltung im Handelsregister nur möglich, wenn zuvor die Bezeichnung nachgeholt wird. Dies erfordert eine Änderung des Spaltungs- und Übernahmevertrages unter Einhaltung des gesamten maßgeblichen Verfahrens, etwa der Zustimmungen der Gesellschafterversammlungen und der Übermittlung an die beteiligten Handelsregister. Nach Wirksamwerden der Spaltung ist eine Nachholung der Bezeichnung nur noch durch Einzelrechtsübertragung, hinsichtlich betroffener Grundstücke also durch Auflassung, möglich, die partielle Gesamtrechtsnachfolge scheidet aus. Im Ergebnis ähnlich ist bei Teilflächen vorzugehen, die bei Abschluss des Spaltungs- und Übernahmevertrages noch nicht vermessen sind: Eine Vermessung vor Wirksamwerden der Spaltung ermöglicht die Änderung des Vertrages und damit die Gesamtrechtsnachfolge. Bei Vermessung nach Wirksamkeit der Spaltung ist zur Auflassung der betreffenden Grundstücke zu raten[1].

b) Aufteilung der Gegenstände des Aktiv- und Passivvermögens

22 Die Anknüpfung an das für Einzelübertragungen geltende allgemeine Zivilrecht bedeutet, dass der **Begriff des Gegenstandes** im zivilrechtlichen Sinne zu verstehen ist, also die einzelne Sache oder das einzelne Recht meint[2]. Die einzelne Sache und das einzelne Recht ist demnach die kleinste Einheit, die der Aufteilung des Vermögens zugrunde gelegt werden kann. Dies schließt jedoch nicht aus, die einzelne Sache oder das einzelne Recht anlässlich der Spaltung nach den allgemeinen zivilrechtlichen Vorschriften zu teilen. Soweit die Teilung des Gegenstandes nach allgemeinem Recht einer Genehmigung bedarf, bleibt diese auch nach Aufhebung des § 132 UmwG erforderlich. Entbehrlich geworden ist insofern nur die Beachtung von allgemeinen Vorschriften, welche Voraussetzungen oder Genehmigungserfordernisse für die Übertragung ungeteilter Gegenstände begründen. Möglich erscheint auch, das Eigentum beim übertragenden Rechtsträger zu lassen bzw. es auf einen anderen übernehmenden oder neuen Rechtsträger zu übertragen und für den übernehmenden bzw. neuen Rechtsträger ein beschränktes dingliches Recht (Nießbrauch, Dienstbarkeit) neu zu begründen. Auch dies ist wirtschaftlich eine Rechtsnachfolge. Schließlich können auch obligatorische Nutzungsrechte begründet werden (Miete, Pacht).

23 Besondere Bedeutung hat die **Teilung von Grundstücken**. Soweit Landesbauordnungen nach Wegfall des bundesrechtlichen Erfordernisses einer Teilungsgenehmigung noch ein entsprechendes Genehmigungserfordernis vorsehen, geht das Eigentum an den Teilflächen erst nach Erteilung der Genehmigungen auf die übernehmenden Rechtsträger über[3]. Der Spaltungs- und Übernahmevertrag bzw. Spaltungsplan sollte die Folgen einer Ablehnung der Teilungsgenehmi-

---

1 Vgl. zu allem *Blasche*, NZG 2016, 328 (334).
2 Vgl. Begr. zu § 126 UmwG, BT-Drucks. 12/6699, S. 118.
3 *Priester* in Lutter, § 126 UmwG Rz. 61; *Simon* in KölnKomm. UmwG, § 126 UmwG Rz. 61.

gung regeln. So kann etwa vereinbart werden, dass die Immobilie mehreren an einer Spaltung beteiligten Gesellschaften zu einer festgesetzten Miteigentumsquote zugeordnet wird[1]. Eine andere Lösung wäre, das Eigentum einem Rechtsträger und einem anderen Rechtsträger vertraglich ein teilweises unentgeltliches Nutzungsrecht einzuräumen. Wenn dieses Nutzungsrecht langfristig unentziehbar ist, kann es auch bei dem berechtigten Rechtsträger bilanziert werden. Der Nutzungsvertrag kann auch so gestaltet sein, dass er steuerlich wirtschaftliches Eigentum für den übernehmenden Rechtsträger begründet. Das Nutzungsrecht kann auch durch beschränkte persönliche Dienstbarkeit abgesichert werden.

Die **Teilung von Forderungen** ist zulässig, wenn die Forderung ihrem Gegenstand nach teilbar ist[2]. Die Ansicht, dass neben dem Erfordernis der Teilbarkeit der Forderung auch erforderlich ist, dass die Teilung nicht durch Vereinbarung entsprechend § 399 BGB ausgeschlossen wurde[3] und dass durch die Teilung nicht der Inhalt der Forderung geändert wird, erscheint vor dem Hintergrund der Aufhebung des § 132 UmwG, der die Geltung von Übertragungshindernissen des allgemeinen Rechts anordnete, nicht mehr überzeugend. Vielmehr besteht bei der Teilung in den Fällen des § 399 BGB lediglich ein Recht zur außerordentlichen Kündigung bzw. Vertragsanpassung (vgl. § 131 UmwG Rz. 9). Uneingeschränkt teilbar sind nach hM Geldforderungen[4]. Die Zuordnung von akzessorischen Sicherungsrechten (vgl. § 401 BGB) zu einem anderen Rechtsträger ist jedoch rechtlich unwirksam[5], ebenso wie allgemein die Trennung von Haupt- und Nebenrechten[6]. So kann eine Hypothek nicht von der zu Grunde liegenden Forderung getrennt werden[7]. Entsprechend können Anfechtungs-, Rücktritts-, Kündigungs- oder Widerrufsrechte nicht ohne den Anspruch bzw. das Schuldverhältnis, dem sie zugehören, gesondert übertragen werden[8]. 24

Die Möglichkeit der **Teilung von Verbindlichkeiten** ohne Zustimmung des Gläubigers ist zu bejahen, wenn die Verbindlichkeit teilbar ist[9]. Dies gilt auch 25

---

1 So gleich lautend *Schwedhelm*, GmbHR 1995, 10 und *Mayer*, DB 1995, 861 (865).
2 *Roth* in MünchKomm. BGB, § 398 BGB Rz. 63; *Rieble*, ZIP 1997, 301 (310); ebenso *Sagasser/Bultmann* in Sagasser/Bula/Brünger, § 18 Rz. 59.
3 So *Sagasser/Bultmann* in Sagasser/Bula/Brünger, § 18 Rz. 59; *Schröer* in Semler/Stengel, § 126 UmwG Rz. 67.
4 *Roth* in MünchKomm. BGB, § 398 BGB Rz. 64; *Rieble*, ZIP 1997, 301 (310).
5 Vgl. Begr. zu § 126 UmwG, BT-Drucks. 12/6699, S. 118 und *Roth* in MünchKomm. BGB, § 399 BGB Rz. 19; *Rieble*, ZIP 1997, 301 (310).
6 Vgl. Begr. zu dem durch das 2. UmwGÄndG aufgehobenen § 132 UmwG, BT-Drucks. 12/6699, S. 121.
7 *Schwedhelm*, GmbHR 1995, 10; *Mayer*, DB 1995, 861 (865); *Priester* in Lutter, § 126 UmwG Rz. 62; *Schöne*, Spaltung, S. 42.
8 *Roth* in MünchKomm. BGB § 399 BGB Rz. 20; *Grüneberg* in Palandt, § 398 BGB Rz. 7.
9 *Heidenhain*, NJW 1995, 2873 (2877); *Priester* in Lutter, § 126 UmwG Rz. 63; *Simon* in KölnKomm. UmwG, § 126 UmwG Rz. 62; *Sagasser/Bultmann* in Sagasser/Bula/Brünger, § 18 Rz. 60; aA *Rieble*, ZIP 1997, 301 (310).

§ 126 | Spaltung zur Aufnahme

für die **Teilung von gegenseitigen Verträgen, insbesondere Dauerschuldverhältnissen**. Hier hängt die Teilbarkeit von der Auslegung des jeweiligen Vertrages ab[1]. Die Forderungen und Verbindlichkeiten können jedenfalls dann verschiedenen Rechtsträgern zugewiesen werden, wenn sie schon vorher in Übereinstimmung mit dem Vertrag verschiedenen Betrieben zuzuordnen waren[2]. Sollte die Zuweisung von Teilen einer Verbindlichkeit an verschiedene Rechtsträger als unwirksam beurteilt werden, so kann sie auf der Grundlage einer salvatorischen Klausel als teilweise Erfüllungsübernahme aufrechterhalten werden[3].

26 Einschränkungen gelten für die **Übertragung der Rechtsposition als herrschendes Unternehmen aus einem Beherrschungs- und Gewinnabführungsvertrag** im Zuge einer Spaltung oder Ausgliederung. Diese liegt nahe, wenn die zugrunde liegende Beteiligung abgespalten oder ausgegliedert wird. Als Beispiel aus der Praxis mag der Ausgliederungsvertrag zwischen der Thyssen Krupp AG und der Thyssen Krupp Steel AG dienen[4]. Im Falle der Einzelrechtsnachfolge bedarf es bei einer abhängigen AG der Zustimmung der außenstehenden Aktionäre durch einen Sonderbeschluss[5], bei einer abhängigen GmbH der Zustimmung sämtlicher Gesellschafter[6]. Diese Einschränkungen gelten auch für die Spaltung oder Ausgliederung[7]. Bei Vorhandensein außenstehender Anteilseigner sollte man sich daher vor Abfassung des Vertrags deren Zustimmung vergewissern. Ein besonderer Zustimmungsbeschluss beim herrschenden Unternehmen ist nicht zu verlangen, wenn der übertragene Unternehmensvertrag gemäß § 126 Abs. 1 Nr. 9 UmwG im Spaltungsvertrag erwähnt ist[8].

---

1 Für generelle Teilbarkeit von Darlehens-, Miet-, Pacht- und Lizenzverträgen *Heidenhain*, NJW 1995, 2873 (2877); *Schöne*, Spaltung, S. 42; *Sagasser/Bultmann* in Sagasser/Bula/Brünger, § 18 Rz. 62; *Priester* in Lutter, § 126 UmwG Rz. 64; *Simon* in KölnKomm. UmwG, § 126 UmwG Rz. 62: Rechte und Pflichten können auf mehrere Rechtsträger verteilt werden. Für Teilbarkeit unter der Voraussetzung, dass die Interessen des Vertragspartners in ausreichendem Maße geschützt werden, und mit der Maßgabe, dass die übernehmenden bzw. neuen Rechtsträger Gesamtschuldner bzw. Gesamtgläubiger werden, *Hörtnagl* in Schmitt/Hörtnagl/Stratz, § 131 UmwG Rz. 47. Gegen Teilbarkeit *Rieble*, ZIP 1997, 301 (310) sowie *Wiesner* in Habersack/Koch/Winter, S. 168 (172); *Wardenbach* in Henssler/Strohn, § 131 UmwG Rz. 21.
2 Ähnlich *Voigt*, S. 95 ff.: Eine Rechtsnachfolge in das Vertragsverhältnis durch mehrere Rechtsträger ist unter dem Gesichtspunkt der Unternehmensfortführung zulässig, vgl. Rezension von *Bayer*, ZHR 163 (1999), 138 (140).
3 Schwedhelm, GmbHR 1995, 10.
4 BAnz. Nr. 68 v. 6.4.2000, S. 6260.
5 *Emmerich* in Emmerich/Habersack, Aktien- und GmbH-Konzernrecht, § 295 AktG Rz. 27.
6 *Emmerich* in Emmerich/Habersack, Aktien- und GmbH-Konzernrecht, § 295 AktG Rz. 4a.
7 *Priester* in Lutter, § 126 UmwG Rz. 65; *K. Müller*, BB 2002, 157 (158); *Simon* in Heckschen/Simon, § 12 Rz. 69; *Schröer* in Semler/Stengel, § 126 UmwG Rz. 75: nur, wenn auf den betreffenden übernehmenden Rechtsträger die wesentlichen Ressourcen übergehen.
8 *Priester* in Lutter, § 126 UmwG Rz. 65.

Ausgeschlossen ist die **Übertragung der Rechtsposition des abhängigen Unternehmens aus einem Beherrschungs- und Gewinnabführungsvertrag** im Wege der Spaltung oder Ausgliederung. Hier bedarf es eines Neuabschlusses, wenn der Unternehmensvertrag auf den übernehmenden Rechtsträger erstreckt werden soll[1]. Eine automatische Erstreckung wird lediglich im Fall der Spaltung zur Neugründung befürwortet[2]. Der Unternehmensvertrag besteht bei Abspaltung und Ausgliederung vorbehaltlich eines Rechts zur außerordentlichen Kündigung entspr. § 297 Abs. 1 AktG mit der übertragenden Gesellschaft fort, bei der Aufspaltung erlischt er[3]. **Betriebspacht- und Betriebsüberlassungsverträge** können als schuldrechtliche Verträge bei unterschiedlicher Zuordnung der vertragsgegenständlichen Betriebe aufgeteilt werden[4].

Die **Gegenstände des Passivvermögens**, die zu ihrer Übertragung genau bezeichnet werden müssen, sind in Übereinstimmung mit § 133 Abs. 1 Satz 1 UmwG abzugrenzen, dh. erfasst sind alle Verbindlichkeiten, die vor dem Wirksamwerden der Spaltung begründet worden sind. Auf Passivierungsfähigkeit nach Rechnungslegungsgrundsätzen kommt es nicht an[5]. Das bedeutet zunächst, dass auch die ungewissen Verbindlichkeiten einzubeziehen sind, für die nur Rückstellungen gebildet werden (vgl. § 249 Abs. 1 Satz 1 HGB). Zu den Gegenständen des Passivvermögens gehören darüber hinaus aber auch beim Abschluss des Spaltungs- und Übernahmevertrags noch **unbekannte Verbindlichkeiten**, so etwa eine gesetzliche Haftpflicht wegen vor dem Wirksamwerden der Spaltung gelieferten gefährlichen Produkten oder umweltrechtlichen Altlasten, bei der noch keine Ansprüche erhoben sind, vielfach das Schadensereignis noch gar nicht eingetreten ist[6]. Auch solche Haftungen müssen rein vorsorglich im Spaltungs- und Übernahmevertrag erwähnt werden, wenn sie einem an der Spaltung beteiligten Rechtsträger zugewiesen werden sollen. Zweckmäßig ist insoweit eine allgemeine Auffangklausel des Inhalts, dass dem übernehmenden Rechtsträger alle Verbindlichkeiten zugewiesen werden, die in dem übertragenen Geschäftsbetrieb vor Wirksamwerden der Spaltung begründet wurden[7], sowie zugehörige Ansprüche aus Haftpflichtversicherungen. Bei der Aufspaltung kommt der lückenlosen Zuweisung der Verbindlichkeiten eine besondere Bedeutung zu. Dort ist die Zuweisung der unbekannten Verbindlichkeiten an einen überneh-

27

---

1 *Priester* in Lutter, § 126 UmwG Rz. 65; *Schröer* in Semler/Stengel, § 126 UmwG Rz. 74; *Simon* in Heckschen/Simon, § 12 Rz. 73.
2 *K. Müller*, BB 2002, 157 (161). Kritisch *Schröer* in Semler/Stengel, § 126 UmwG Rz. 74; *Simon* in Heckschen/Simon, § 12 Rz. 73.
3 *Priester* in Lutter, § 126 UmwG Rz. 65; *Schröer* in Semler/Stengel, § 126 UmwG Rz. 74.
4 *Hörtnagl* in Schmitt/Hörtnagl/Stratz, § 131 UmwG Rz. 51 f.; *Heidenhain*, NJW 1995, 2873 (2877).
5 Begr. zu § 126 UmwG, BT-Drucks. 12/6699, S. 118.
6 Für die Zuweisungsfreiheit auch hinsichtlich der Sanierungsverantwortlichkeit für Bodenveränderung/Altlast nach dem BBodSchG *Theuer*, DB 1999, 621.
7 Vgl. *Mayer*, DB 1995, 861 (865).

menden Rechtsträger Voraussetzung der zeitlichen Begrenzung der Haftung der anderen übernehmenden Rechtsträger. Bei fehlender Zuweisung an einen übernehmenden Rechtsträger besteht die gesamtschuldnerische Haftung nach § 133 Abs. 1 Satz 1 UmwG ad infinitum[1].

28 Vor allem müssen die **Finanzverbindlichkeiten** aufgeteilt werden. In der Zuweisung dieser Verbindlichkeiten sind die beteiligten Rechtsträger grundsätzlich frei. In der Begründung wird zwar die Zuweisung der Aktiva an einen und der Passiva an einen anderen übernehmenden Rechtsträger als missbräuchlich bezeichnet[2], aber der Gefährdung der Altforderungen der Gläubiger sieht man auch für diesen Fall mit § 133 UmwG ausreichend begegnet. Namentlich muss die Zuordnung nicht dergestalt erfolgen, dass in etwa gleiche Kapitalstrukturen entstehen bzw. dass die zugeordneten Vermögensteile mit gleichen Beschuldungsquoten belegt werden[3]. Das lässt sich aus dem Gesetz nicht herleiten. Durch eine nicht-verhältnismäßige Zuweisung der Finanzverbindlichkeiten kann ein angestrebtes Umtauschverhältnis erreicht werden, das sich aus der Ertragsbewertung der Geschäftsbereiche nicht ableiten lässt. Hierfür mag bei der nicht-verhältnismäßigen Spaltung ein Bedürfnis bestehen. Außerdem lässt sich auf diese Weise das übertragene buchmäßige Eigenkapital beeinflussen (Rz. 33).

29 Die Freiheit der Aufteilung der Verbindlichkeiten ist möglicherweise durch das **Kapitalaufbringungsrecht** beschränkt. Bei der Spaltung zur Aufnahme ist das aufzubringende Nominalkapital durch das Umtauschverhältnis vorbestimmt. Bei der Spaltung zur Neugründung ist das Nennkapital durch die Bonitätserfordernisse, bei Kapitalgesellschaften durch das gesetzliche Mindestkapital festgelegt. Die einfachste praktische Handhabung ist, die Verbindlichkeiten so aufzuteilen, dass der Netto-Buchwert des zu übertragenden Vermögensteils zur Kapitaldeckung ausreicht. Es werden dann häufig auch stille Reserven vorhanden sein, so dass die Werthaltigkeitsbescheinigung des Wirtschaftsprüfers kein Problem darstellen dürfte.

30 Besonderheiten gelten, soweit eine übernehmende Kapitalgesellschaft außer neuen Anteilen als Gegenleistung auch **eigene Anteile** gewährt. Der Buchwert dieser eigenen Anteile ist für die Kapitaldeckung von dem Wert des übertragenen Nettovermögens abzuziehen[4]. Dasselbe gilt im Fall der §§ 54 Abs. 1 Satz 2 Nr. 2, 68 Abs. 1 Satz 2 Nr. 2 UmwG, wenn keine Kapitalerhöhung stattfindet. Dies ist bei der Aufteilung der Verbindlichkeiten zu beachten.

31 Eine Einschränkung der Aufteilungsfreiheit für Verbindlichkeiten kann sich schließlich aus der Verweisung auf die **§§ 25 ff. HGB** in § 133 Abs. 1 Satz 2 UmwG ergeben. Diese Verweisung soll dahin zu verstehen sein, dass der Spal-

---

1 Vgl. *K. Schmidt*, ZGR 1993, 387.
2 Begr. zu § 133 UmwG, BT-Drucks. 12/6699, S. 122.
3 So aber *Pickhardt*, DB 1999, 729 (732).
4 *Ihrig*, GmbHR 1995, 622 (641).

tungs- und Übernahmevertrag die Verbindlichkeiten nicht einem anderen Rechtsträger zuweisen kann als demjenigen, der nach §§ 25 ff. HGB haftet[1]. Wenn also ein übernehmender oder neuer Rechtsträger den Firmenkern des übertragenden Rechtsträgers fortführt, so müssten ihm alle im Betrieb des betreffenden Geschäfts begründeten Verbindlichkeiten zugewiesen werden. Finanzverbindlichkeiten sind aber regelmäßig nicht einem bestimmten Geschäft zuzuordnen. Sie dienen allgemein der Unternehmensfinanzierung, auch wenn sie anlässlich bestimmter Investitionen begründet worden sind. § 133 Abs. 1 Satz 2 UmwG iVm. § 25 HGB beschränkt also die Freiheit der Aufteilung von Finanzierungsverbindlichkeiten nicht. Im Übrigen ist die genannte Auffassung abzulehnen[2], da der Verweisung auf die §§ 25 ff. HGB nur zu entnehmen ist, dass die §§ 25 ff. HGB durch § 133 UmwG nicht verdrängt werden, sondern gegebenenfalls kumulativ gelten.

Zu entscheiden ist mittelbar, in welcher Höhe auf welchen übernehmenden oder neuen Rechtsträger **Eigenkapital** übertragen werden soll. Die Übertragung von Eigenkapital ergibt sich als Restgröße aus der Gesamtheit der Entscheidungen über die Übertragung von Gegenständen des Aktiv- und Passivvermögens im Einzelnen. Bei einer Spaltung hat die Höhe des übertragenen Eigenkapitals unter zwei Gesichtspunkten Bedeutung: Wenn eine Gesellschaft gespalten wird, die weder 100%ige Tochtergesellschaft der übertragenden Gesellschaft noch beteiligungsidentische Schwestergesellschaft ist, muss das übertragene Eigenkapital zu dem in der übernehmenden Gesellschaft vorhandenen Eigenkapital im selben Verhältnis stehen wie der Gesamtnennbetrag der gewährten Anteile zum Gesamtnennbetrag der Anteile der Altgesellschafter. Ist das nicht der Fall, so hat die eine oder andere Gesellschaftergruppe bei künftigen Ausschüttungen und bei den steuerlichen Abschreibungen einen Nachteil. Zum anderen ist zu beachten, dass das den Ausgabebetrag der gewährten Anteile übersteigende Eigenkapital bei der übernehmenden Gesellschaft in die Kapitalrücklage eingestellt wird (§ 24 UmwG Rz. 47). Handelt es sich um eine AG, so treten damit die Verwendungsbeschränkungen gemäß § 150 AktG ein, dh. dieser Betrag kann nicht mehr ausgeschüttet werden. 32

Bei Abspaltung und Ausgliederung kann die Höhe des übertragenen Eigenkapitals dadurch beeinflusst werden, dass dem übernehmenden bzw. neuen Rechtsträger im Spaltungs- und Übernahmevertrag bzw. Spaltungsplan mehr oder weniger Verbindlichkeiten und ungewisse Verbindlichkeiten zugewiesen werden (Rz. 28). Bei der Aufspaltung kann man der Übertragung von Eigenkapital durch eine **Ausschüttung von Rücklagen** zuvorkommen. Dies muss in die Planung der Spaltung einbezogen werden. 33

---

1 *K. Schmidt*, ZGR 1993, 386.
2 *Simon* in KölnKomm. UmwG, § 126 UmwG Rz. 65.

c) Genaue Bezeichnung und Aufteilung der übergehenden Betriebe und Betriebsteile

34 Eine wesentliche Einschränkung der grundsätzlich bestehenden Freiheit der Vermögensaufteilung ergibt sich aus der **Geltung des § 613a Abs. 1 Satz 1 BGB** (vgl. Erl. zu § 324 UmwG). § 613a Abs. 1 Satz 1 BGB hat bei der Spaltung insofern eine besondere Bewandtnis, als er beim Übergang eines Betriebs oder Betriebsteils auf einen bestimmten übernehmenden Rechtsträger die zugehörigen Arbeitsverhältnisse zwangsläufig mit übergehen lässt. Dabei ist zu beachten, dass es nicht auf das Eigentum am Betriebsvermögen ankommt. Soweit der übertragenden Gesellschaft ein Nutzungsrecht zusteht (zB Miete, Pacht), kommt nur eine Übertragung der sich aus dem Nutzungsrechtsverhältnis ergebenden Rechtsposition in Betracht. Auch in diesem Fall gehen die Arbeitsverhältnisse nach § 613a Abs. 1 Satz 1 BGB auf die übernehmende Gesellschaft über. Diese Rechtsfolge gemäß § 613a Abs. 1 Satz 1 BGB hat Vorrang vor den Bestimmungen im Spaltungs- und Übernahmevertrag (Vor § 322 UmwG Rz. 6 aE)[1]. Zu beachten ist, dass § 613a BGB auf Dienstverhältnisse von Organmitgliedern nicht anwendbar ist, sodass diese ausdrücklich geregelt werden müssen und auch abweichend von dem betreffenden Betrieb oder Betriebsteil zugeordnet werden können[2]. Gleiches gilt für Versorgungsansprüche bereits ausgeschiedener Mitarbeiter; diese können sowohl dem übertragenden als auch dem übernehmenden oder neu gegründeten Rechtsträger zugeordnet werden[3]. Im **Spaltungs- und Übernahmevertrag** sind die übergehenden Betriebe und Betriebsteile **unter Zuordnung zu den übernehmenden Rechtsträgern** genau zu bezeichnen. Dies ist unbedingt zu beachten, weil sonst das Registergericht die Spaltung nicht einträgt. Die Auflistung der Belegschaftsmitglieder hat nur deklaratorische Bedeutung, könnte aber im Hinblick auf etwaige Gewährleistungsansprüche zweckmäßig sein. Die namentliche Erwähnung der Arbeitnehmer im Spaltungsvertrag begegnet allerdings aufgrund der Registerpublizität datenschutzrechtlichen Bedenken. Eine Bezeichnung durch Mitarbeiternummern ist vorzugswürdig[4]. Der Spaltungsvertrag kann auch bestehende Betriebe organisatorisch spalten und die so entstehenden Betriebsteile auf jeweils verschiedene Rechtsträger übertragen (siehe dazu § 131 UmwG Rz. 8).

35 Die Zugehörigkeit zu einem Betrieb oder Betriebsteil richtet sich gemäß Rspr. des BAG[5] nach der überwiegenden Tätigkeit. Sollen **Arbeitnehmer, die für mehrere Betriebe tätig sind**, ohne in einem der mehreren Betriebe überwiegend beschäftigt zu sein, etwa leitende Angestellte in Stabsstellen oder auch der Pfört-

---

1 Vgl. etwa *Wardenbach* in Henssler/Strohn, § 126 UmwG Rz. 37.
2 *Simon* in KölnKomm. UmwG, § 126 UmwG Rz. 68.
3 BAG v. 22.2.2005 – 3 AZR 499/03, NJW 2005, 3371 (3372); *Wardenbach* in Henssler/Strohn, § 126 UmwG Rz. 39.
4 *Simon* in KölnKomm. UmwG, § 126 UmwG Rz. 67.
5 BAG v. 20.7.1982 – 3 AZR 261/80, BAG AP Nr. 31 zu § 613a BGB.

ner des gemeinsamen Verwaltungsgebäudes, übergehen, so können sie nach Maßgabe des Spaltungs- und Übernahmevertrags auf einen übernehmenden Rechtsträger übertragen werden, auf den einer der Betriebe übertragen wurde, dazu bedarf es jedoch der Zustimmung der betreffenden Arbeitnehmer (§ 324 UmwG Rz. 54)[1]. Sofern abweichend von den Regelungen in § 613a BGB Arbeitnehmer übergehen oder gerade nicht übergehen sollen, sind solche Arbeitnehmer in den Spaltungs- und Übernahmevertrag aufzunehmen bzw. auszunehmen. Dafür ist jedoch die **Zustimmung der Arbeitnehmer** erforderlich, die gemäß §§ 182 ff. BGB durch Einwilligung oder Genehmigung erfolgen kann[2].

Auch außerhalb des Arbeitsrechts sind **Dauerschuldverhältnisse, die wirtschaftlich zu einem bestimmten Betrieb oder Betriebsteil gehören**, regelmäßig nur auf den Rechtsträger übertragbar, auf den auch der Betrieb oder Betriebsteil übergeht. Dies ergibt sich aus diesen Verträgen selbst, entweder aufgrund einer ausdrücklichen Bestimmung oder im Wege der Auslegung. 36

Bei Übertragung von Betrieben oder Betriebsteilen findet § 27 Abs. 2 MarkenG Anwendung. Wenn also im Spaltungs- und Übernahmevertrag nichts Gegenteiliges festgelegt wird, gehen **die zu dem Betrieb oder Betriebsteil gehörenden Marken** auf denselben Rechtsträger über. 37

Handelt es sich um eine Spaltung auf Kapitalgesellschaften, so ist die Übertragung von Betrieben oder Betriebsteilen Voraussetzung für eine Fortführung der steuerlichen Buchwerte und damit eine steuerneutrale Spaltung. Es kommt aber darauf an, dass der **steuerrechtliche Begriff des Teilbetriebs** erfüllt ist, und zwar bei der Abspaltung von einer Kapitalgesellschaft auch für den bei dem übertragenden Rechtsträger verbleibenden Vermögensteil (§§ 15, 16, 20 UmwStG). Eine Übertragung eines Teilbetriebs im Sinne des Steuerrechts soll ausscheiden, wenn funktional wesentliche Betriebsgrundlagen nicht mit dem Teilbetrieb übertragen werden, sondern der übernehmende Rechtsträger nur ein obligatorisches Nutzungsrecht erhält[3]. Dies ist gegebenenfalls bei der Gestaltung des Spaltungs- und Übernahmevertrags zu berücksichtigen. 38

Sollen bei einer Spaltung **immaterielle Wirtschaftsgüter erstmals bewertet** werden, so ist es zweckmäßig, diese Wirtschaftsgüter im Spaltungs- und Übernahmevertrag aufzuführen. Zu nennen ist etwa Know-how oder der sog. Kundenstamm. 39

d) Muster für die Bezeichnung der übertragenen Vermögensgegenstände und Verbindlichkeiten

„(1) Übertragen werden alle Aktiva und Passiva, die wirtschaftlich dem Geschäftsbereich B der A-Gesellschaft zuzuordnen sind, mit Ausnahme jedoch der 40

---

1 *Boecken*, ZIP 1994, 1093, weil eine inhaltliche Änderung des Aufgabenbereichs eintritt.
2 *Boecken*, ZIP 1994, 1093.
3 BFH v. 7.4.2010 – I R 96/08, GmbHR 2010, 933 = BB 2010, 1913 m. Anm. *Abele*.

§ 126 | Spaltung zur Aufnahme

Forderungen und Verbindlichkeiten aus Lieferungen und Leistungen und mit Ausnahme des Grundbesitzes. Hinsichtlich des Grundbesitzes wird für eine Übergangszeit ein Pachtvertrag gemäß Anlage I abgeschlossen. Mit übertragen werden ferner die zum Spaltungsstichtag mit... Euro valutierende Verbindlichkeit gegenüber der XY-Bank und die Darlehensverbindlichkeit in Höhe von ... Euro gegenüber dem Gesellschafter 2. Die bilanzierungsfähigen übertragenen Gegenstände des Aktiv- und Passivvermögens sind in der aus der Schlussbilanz entwickelten als Anlage II beigefügten Abspaltungsbilanz enthalten.

(2) Im Einzelnen werden insbesondere folgende zum Geschäftsbereich B gehörenden Vermögensgegenstände übertragen:

- sämtliche in dem als Anlage III beigefügten Anlagenverzeichnis aufgeführten Gegenstände des beweglichen Anlagevermögens;
- sämtliche vorhandenen Vorräte an Roh-, Hilfs- und Betriebsstoffen sowie an fertigen und unfertigen Erzeugnissen, die dem Geschäftsbereich B zuzuordnen sind;
- die in der Anlage IV aufgeführten gewerblichen Schutzrechte, das Herstellungs-Know-how und die Geschäftsbeziehungen zu allen Kunden im Geschäftsbereich B;
- sämtliche dem Geschäftsbereich B zuzuordnenden Vertragsverhältnisse mitsamt allen Rechten und Pflichten, insbesondere die Mietverträge, Leasingverträge, Verträge mit Zulieferern, Vertriebsverträge, die übernommenen Gewährleistungsbürgschaften und öffentlich-rechtlichen Verträge, die zum Spaltungsstichtag zeitgerecht abgegrenzt werden und von denen die wesentlichen in der Anlage V aufgeführt sind, jedoch ohne Versicherungsverträge;
- die in der Anlage VI aufgeführten öffentlich-rechtlichen Erlaubnisse und Genehmigungen;
- die in der Anlage VI aufgeführten Beteiligungen.

(3) Die B-Gesellschaft übernimmt sämtliche dem Geschäftsbereich B der A-Gesellschaft rechtlich oder wirtschaftlich zuzuordnende gegenwärtige, bedingte und unbedingte, bekannte und unbekannte, Verbindlichkeiten, unabhängig davon, ob diese Verbindlichkeiten bilanzierungsfähig sind oder nicht. Schadensersatzverbindlichkeiten werden nur übernommen, wenn das Schadensereignis nach der Eintragung der Spaltung im Handelsregister des Sitzes der A-Gesellschaft eingetreten ist. Im Einzelnen werden sämtliche Verbindlichkeiten, die unmittelbar oder mittelbar den vorgenannten Gegenständen zuzuordnen sind, insbesondere die Verbindlichkeiten aus den unter Abs. 2, 4. Spiegelstrich genannten bzw. in Anlage V aufgeführten Vertragsverhältnissen übertragen.

(4) Mitübertragen werden die nach dem Spaltungsstichtag bis zur Eintragung der Spaltung in das Handelsregister am Sitz der A-Gesellschaft erworbenen Vermögensgegenstände und entstandenen Verbindlichkeiten, die wirtschaftlich zu

dem Geschäftsbereich B gehören. Soweit nach dem Spaltungsstichtag Gegenstände durch die A-Gesellschaft im regelmäßigen Geschäftsverkehr veräußert worden sind, treten die Surrogate an deren Stelle.

(5) Der Geschäftsführervertrag zwischen der A-Gesellschaft und dem Gesellschafter 2 vom ... wird auf die B-Gesellschaft übertragen. Der Gesellschafter 2 hat der Übertragung rechtlich verbindlich zugestimmt."

10. Beteiligungsverhältnis bei den übertragenden, übernehmenden oder neuen Rechtsträgern (§ 126 Abs. 1 Nr. 10 UmwG)

Im Fall einer verhältniswahrenden Spaltung genügt die Angabe, dass die Anteile oder Mitgliedschaften der übernehmenden Rechtsträger den Anteilsinhabern des übertragenden Rechtsträgers in dem Verhältnis zugeteilt werden, das ihrer Beteiligung an dem übertragenden Rechtsträger entspricht[1]. Allerdings ist mit der nach § 126 Abs. 1 Nr. 3 UmwG erforderlichen Angabe eines Umtauschverhältnisses der Anteile regelmäßig auch diese Art der **Aufteilung der Anteile auf die Anteilsinhaber** des übertragenden Rechtsträgers erfolgt. Zusätzliche Angaben sind lediglich im Falle einer nicht-verhältniswahrenden Auf- oder Abspaltung (dazu § 123 UmwG Rz. 4, 5; § 128 UmwG Rz. 2–4) sowie generell bei einer GmbH oder Personengesellschaft als übernehmendem oder neuem Rechtsträger (§§ 125 Satz 1, 40 Abs. 1, 46 UmwG) erforderlich. Wird die Minderbeteiligung eines Anteilsinhabers bei einer nicht-verhältniswahrenden Spaltung durch eine Erhöhung seiner Beteiligung an dem übertragenden Rechtsträger ausgeglichen (§ 123 UmwG Rz. 5), so ist dies ebenfalls im Spaltungsvertrag anzugeben[2]. 41

Mit der Individualisierung der Anteilsinhaber des übertragenden Rechtsträgers und der ihnen gewährten Anteile am übertragenden, übernehmenden oder neuen Rechtsträger ist die Aufteilung der Anteile iS des Gesetzes angegeben. Zusätzlich ist der Maßstab für die Aufteilung anzugeben, also regelmäßig das Wertverhältnis der den übertragenden, übernehmenden oder neuen Rechtsträgern zugeordneten Vermögensteile. 42

11. Folgen für die Arbeitnehmer und ihre Vertretungen (§ 126 Abs. 1 Nr. 11 UmwG) *(Willemsen)*

Ebenso wie bei der Verschmelzung schreibt das Gesetz auch für den Spaltungs- und Übernahmevertrag in § 126 Abs. 1 Nr. 11 UmwG die Angabe der Folgen für die Arbeitnehmer und ihre Vertretungen vor. Es wird sich dabei insbeson- 43

---

[1] *Simon* in KölnKomm. UmwG, § 126 UmwG Rz. 76; *Teichmann* in Lutter, § 126 UmwG Rz. 73.
[2] *Simon* in KölnKomm. UmwG, § 126 UmwG Rz. 77; vgl. umfassend zu den Möglichkeiten einer nicht-verhältniswahrenden Spaltung von Kapitalgesellschaften Erl. zu § 128 UmwG und *Rubner/Fischer*, NZG 2014, 761.

dere um Ausführungen darüber handeln müssen, inwieweit die Spaltung zu einer Aufteilung und Neuzuordnung von Betrieben und Betriebsteilen und zu einem Übergang von Arbeitsverhältnissen nach § 613a BGB führen wird (wobei insoweit auf die Angaben zu § 126 Abs. 1 Nr. 9 UmwG verwiesen werden kann) und wie sich dies auf **Existenz und Fortbestand der Betriebsräte** (einschließlich eines etwaigen Übergangsmandats nach § 21a BetrVG) auswirkt, ferner auf das Schicksal von **Tarifverträgen** und **Betriebsvereinbarungen** sowie die **Unternehmensmitbestimmung** einschließlich einer etwaigen Mitbestimmungsbeibehaltung nach § 325 UmwG; siehe zu den arbeitsrechtlichen Folgen der Spaltung die Vorbemerkung zu § 322 UmwG. Eine Angabe zum Übergang *einzelner* Arbeitsverhältnisse ist nur notwendig, soweit sie nicht eindeutig zu einem der übergehenden Betriebe oder Betriebsteile gehören (siehe dazu auch Erl. zu § 324 UmwG)[1].

Da es sich um eine **Parallelvorschrift** zu § 5 Abs. 1 Nr. 9 UmwG handelt, kann zu allen sonstigen Fragen, insbesondere zur **Einbeziehung nur „mittelbarer" arbeitsrechtlicher Folgen** der Spaltung sowie zu den **Konsequenzen unrichtiger oder unvollständiger Angaben**, auf die Erl. in § 5 UmwG Rz. 47 ff. sinngemäß verwiesen werden.

III. Fakultativer Inhalt des Spaltungs- und Übernahmevertrags

1. Absicherung der Bewertungsgrundlagen

44 Bei einer Spaltung auf einen übernehmenden Rechtsträger mit fremden Anteilsinhabern stellt der Spaltungs- bzw. Ausgliederungs- und Übernahmevertrag **wirtschaftlich einen Unternehmenskaufvertrag** dar. Es bedarf deshalb des üblichen Zusicherungskatalogs, insbesondere sind die bewertungsrelevanten Umstände zu garantieren. Dasselbe gilt in diesem Fall auch für das Unternehmen des übernehmenden Rechtsträgers. Andererseits sollten vorsorglich die Gewährleistungsansprüche nach dem gesetzlichen Kaufrecht ausgeschlossen werden. Im Hinblick auf § 444 BGB sollte der Begriff „Garantie" im Spaltungs- bzw. Ausgliederungs- und Übernahmevertrag vermieden werden. Im Einzelnen:

a) Richtigkeit und Vollständigkeit von Auskünften

45 Die der Festlegung des Umtauschverhältnisses zugrunde liegende **Unternehmensbewertung** ist durch eine Zusicherung abzusichern, dass alle der Unternehmensbewertung des übertragenen Geschäftsbereichs zugrunde liegenden Auskünfte richtig und vollständig sind. Eine solche Zusicherung ist deshalb zu empfehlen, weil bei der Spaltung anders als bei der Verschmelzung für den übertragenen Unternehmensteil keine geprüften Jahresabschlüsse vorliegen. Sie ist

---

1 Ebenso *Simon* in Semler/Stengel, § 126 UmwG Rz. 86.

erforderlich bei der Spaltung zur Aufnahme durch eine konzernfremde Gesellschaft, wie sie insbesondere bei der Bildung eines Gemeinschaftsunternehmens vorkommen kann, sowie grundsätzlich auch bei der Spaltung zum Zwecke der Auseinandersetzung von Gesellschaftern, also in allen Fällen, in denen Bewertungen eine Rolle spielen.

b) Buchmäßiges Eigenkapital

Unerlässlich ist eine **Garantie** des buchmäßigen Eigenkapitals, das der übernehmende Rechtsträger erhält. Man wird hier von der Schlussbilanz des übertragenden Rechtsträgers ausgehen. Diese kann aber bis zu acht Monate alt sein. Es muss deshalb sichergestellt sein, dass das bilanzielle Eigenkapital ausweislich einer Übertragungsbilanz erhalten bleibt, also nicht durch Verluste oder Entnahmen/Ausschüttungen geschmälert ist. Dies ist insbesondere bei Personenhandelsgesellschaften wichtig. 46

c) Stille Reserven

Bei großen auf viele Standorte im In- und Ausland verteilten Betriebsvermögen ist es häufig nicht möglich, den Umfang der stillen Reserven vor Abschluss des Spaltungs- und Übernahmevertrags zu ermitteln. Man ist für die Zwecke des Spaltungs- und Übernahmevertrags auf bestimmte Annahmen angewiesen. Gegenstand einer vertraglichen Zusicherung ist dann, dass sich diese Annahmen verifizieren lassen. 47

d) Nachhaltigkeit der Erträge

Laufende Geschäfte werden in aller Regel auf der Grundlage einer Ertragsbewertung übertragen. Ausgangspunkt sind dabei die Vergangenheitszahlen, die aber nur der Bewertung zugrunde gelegt werden können, wenn sie nachhaltig sind, dh. wenn mit ihnen auch in der absehbaren Zukunft gerechnet werden kann. Diese Nachhaltigkeit ist bis zu einem gewissen Grade durch eine Gewährleistungsregelung abzusichern. Sie kann sich zB darauf beziehen, dass das Sachanlagevermögen ordnungsgemäß instand gehalten und nicht überaltert ist. Sie kann sich ferner darauf beziehen, dass keine behördlichen Auflagen bestehen oder drohen, die sich in Zukunft erheblich ertragsmindernd auswirken werden. Sie kann sich schließlich darauf beziehen, dass keine Verträge oder keine Rechtsstreitigkeiten außer den im Spaltungs- und Übernahmevertrag offengelegten bestehen, die die wesentlichen Betriebsgrundlagen in Frage stellen können. Schließlich erscheint es auch möglich, wenn auch praktisch kaum vorkommend, bestimmte Zukunftserträge zuzusichern, die dann der Ertragsbewertung zugrunde gelegt werden. 48

e) Folgeinvestitionen

49 Die Ertragsbewertung setzt voraus, dass die als nachhaltig unterstellten Erträge erwirtschaftet werden können, ohne dass in absehbarer Zeit wesentliche Investitionen erforderlich werden. Auch hierauf sollte sich die Zusicherung beziehen.

f) Rechtsfolgen der Nichteinhaltung von Gewährleistungszusicherungen

50 Bei Abspaltung und Ausgliederung sollten sich die beteiligten Rechtsträger im Spaltungs- bzw. Ausgliederungs- und Übernahmevertrag verpflichten, den übernehmenden (bzw. übertragenden) Rechtsträger so zu stellen, wie er stünde, wenn alle Zusicherungen zuträfen. Bei der Aufspaltung können die neuen Anteilsinhaber gegebenenfalls gegenüber den alten Anteilsinhabern bzw. die alten Anteilsinhaber gegenüber den neuen Anteilsinhabern der übernehmenden Rechtsträger zur Abtretung von Anteilen oder zur Leistung eines finanziellen Ausgleichs verpflichtet werden. Dann müssen die Anteilsinhaber aber Vertragspartei werden.

g) Muster einer Klausel zur Absicherung der Bewertungsgrundlagen

50a „(1) A-Gesellschaft und B-Gesellschaft versichern sich gegenseitig, dass die der Bewertung des Unternehmens der B-Gesellschaft einerseits und des von A-Gesellschaft auf B-Gesellschaft übertragenen Unternehmensteils andererseits zugrunde liegenden, in Anlage I aufgeführten Planungsrechnungen mit der Sorgfalt eines ordentlichen und gewissenhaften Kaufmanns erstellt worden sind und dass ihnen nach bestem Wissen keine Umstände bekannt sind, denen zufolge die diesen Planungsrechnungen zugrunde liegenden Daten unrichtig oder unvollständig sind. Schließlich sichern A-Gesellschaft und B-Gesellschaft sich gegenseitig zu, dass die zu den Unternehmen bzw. Unternehmensteilen gehörenden Vermögensgegenstände ihnen jeweils rechtlich zustehen und frei von Rechten Dritter sind sowie die bei der Unternehmensbewertung vorausgesetzte Beschaffenheit haben. Eine Haftung aus gesetzlichem Schuldverhältnis gemäß § 311 Abs. 2 BGB wegen Mängeln ist ausgeschlossen.

(2) Sollten die Zusicherungen nach vorstehendem Absatz unrichtig sein und sich demzufolge der eine oder andere Unternehmenswert erheblich verändern, so wird A-Gesellschaft die B-Gesellschaft bzw. B-Gesellschaft die A-Gesellschaft in Höhe der Wertdifferenz entschädigen." [Formel zur Berechnung der Wertdifferenz angelehnt an die dem Umtauschverhältnis zugrunde liegende Bewertung]

2. Ausgleichspflichten unter den Anteilsinhabern

51 Bei einer Realteilung im Wege einer nicht-verhältniswahrenden Auf- oder Abspaltung kann sich die Notwendigkeit ergeben, dass ein Gesellschafter oder eine Gesellschaftergruppe anderen Gesellschaftern zusätzlich bare Ausgleichsleistun-

gen gewährt (§ 123 UmwG Rz. 4). Die Verpflichtung hierzu sollte im **Spaltungs- und Übernahmevertrag** festgelegt werden.

Bei einer Spaltung zur Aufnahme kann es sich empfehlen, zur **Vermeidung ei-** 52 **ner Differenzhaftung** der Gesellschafter der übertragenden Gesellschaft den Gesamtnennbetrag der gewährten neuen Anteile an der übernehmenden Gesellschaft niedriger festzusetzen, als es dem Werteverhältnis entspricht, dafür aber die Altgesellschafter der übernehmenden Gesellschaft im Spaltungs- und Übernahmevertrag zur Abtretung von Anteilen an die Gesellschafter der übertragenden Gesellschaft zu verpflichten (§ 123 UmwG Rz. 6). Die Anteilsabtretung muss nach den allgemeinen Vorschriften vollzogen werden.

3. Beschränkung der Veräußerung von Anteilen

Bei Auf- und Abspaltung ist zu beachten, dass für einen Zeitraum von fünf Jah- 53 ren nach dem steuerlichen Übertragungsstichtag die Veräußerung von Anteilen an einer an der Spaltung beteiligten Kapitalgesellschaft, die mehr als 20 % der vor der Spaltung an der übertragenden Kapitalgesellschaft bestehenden Anteile ausmachen, die Aufdeckung der stillen Reserven auslöst (§ 15 Abs. 2 UmwStG) [1]. Um dies zu vermeiden, sollten entweder die **Anteile vinkuliert** werden, oder sämtliche Anteilsinhaber müssen sich schuldrechtlich verpflichten, ihre Anteile innerhalb dieses Zeitraums nur mit **Zustimmung einer Clearingstelle** zu veräußern. Dies ist im Spaltungs- und Übernahmevertrag festzulegen. Eine solche Klausel führt aber dazu, dass die Spaltung nur mit Zustimmung aller Gesellschafter durchführbar ist, also bei Gesellschaften mit großem Gesellschafterkreis, vor allem einer börsennotierten AG, nicht in Betracht kommt.

4. Stichtag der Schlussbilanz

Nicht gesetzlich vorgeschrieben, aber zu empfehlen ist die Angabe des Stichtags 54 der Schlussbilanz (§§ 125 Satz 1, 17 Abs. 2 UmwG) des übertragenden Rechtsträgers, weil der steuerliche Übertragungsstichtag zwingend identisch ist mit dem Stichtag der Schlussbilanz[2]. Die Schlussbilanz ist in aller Regel die **letzte Jahresabschlussbilanz**. Aus dieser Bilanz sind die Spaltungsbilanzen zu entwickeln, das sind die Bilanzen der jeweils übertragenen Vermögensteile[3] (§ 125 UmwG Rz. 63).

---

1 Dazu im Einzelnen *Neyer*, DStR 2002, 2200 und ferner FG Düsseldorf v. 27.4.2004 – 6 K 5068/01 K, F, GmbHR 2004, 1292 m. Bspr. *Dieterlen/Golücke*, GmbHR 2004, 1264.
2 *Mayer* in Widmann/Mayer, § 5 UmwG Rz. 158.
3 *Mayer*, DB 1995, 861 (864).

5. Einholung von Zustimmungen und staatlichen Genehmigungen zur Übertragung von Gegenständen und Vornahme von Einzelübertragungen

55 Soweit für den Übergang von Gegenständen auf den übernehmenden oder neuen Rechtsträger die Zustimmung Dritter oder staatliche Genehmigungen trotz Aufhebung von § 132 UmwG erforderlich bleiben (siehe Rz. 22 ff.), ist eine **Bemühensklausel** in den Spaltungs- und Übernahmevertrag aufzunehmen. Bei der Abspaltung oder Ausgliederung sollte gegebenenfalls und bei der Aufspaltung immer vorgesehen werden, dass der Gegenstand bei Verweigerung der Zustimmung oder Versagung der staatlichen Genehmigung auf einen bestimmten anderen übernehmenden oder neuen Rechtsträger übertragen wird und dass man sich gegebenenfalls um die Zustimmung oder Genehmigung hierfür bemühen wird. Im Falle des Erfordernisses einer staatlichen Genehmigung kann von vornherein ein entsprechender Hilfsantrag gestellt werden, damit die Behörde die Alternative erkennen kann. Bei der Aufspaltung muss die Zustimmung oder staatliche Genehmigung für die Übertragung auf einen der übernehmenden oder neuen Rechtsträger erteilt werden. Dies ergab sich früher jedenfalls sinngemäß aus dem durch das 2. UmwGÄndG aufgehobenen § 132 Satz 2 UmwG, hat aber auch weiterhin zu gelten. Darüber hinaus sollte geregelt werden, ob die Spaltung in dem Sinne von diesen Zustimmungen bzw. staatlichen Genehmigungen abhängig sein soll, dass sie erst nach deren Erhalt zur Eintragung im Handelsregister angemeldet wird.

56 Bei internationalen Verträgen und vor allem bei im Ausland belegenen Gegenständen, insbesondere Grundstücken, kann es sein, **dass das für die dinglichen Wirkungen anwendbare ausländische Recht die Wirkung der Spaltung gemäß § 131 Abs. 1 Nr. 1 UmwG nicht anerkennt** (§ 131 UmwG Rz. 3)[1]. Für diesen Fall ist die Verpflichtung der Vertragsparteien in den Spaltungs- und Übernahmevertrag aufzunehmen, an einer Einzelübertragung mitzuwirken. Zweckmäßigerweise führt man in allen Zweifelsfällen vorsorglich vor dem Wirksamwerden der Spaltung eine Einzelübertragung durch. Dasselbe gilt bei einer Personenhandelsgesellschaft als übertragender Rechtsträger für Vermögensgegenstände im **Sonderbetriebsvermögen**, die eine wesentliche Teilbetriebsgrundlage bilden.

6. Salvatorische Klausel

57 Der Spaltungs- und Übernahmevertrag sollte Vorsorge für den Fall treffen, dass die Wirkungen der Spaltung nicht entsprechend seinem Inhalt eintreten. Hierzu gehört zunächst der Ausschluss des § 139 BGB. Sonst wäre mangels eines wirksamen Spaltungs- und Übernahmevertrags die Eintragung der Spaltung im Han-

---

1 Vgl. hierzu ausführlich *Kollmorgen/Feldhaus*, BB 2007, 2189 ff.

delsregister gefährdet. Weiterhin ist eine Regelung für den Fall zu treffen, dass die Übertragung einzelner Gegenstände fehlschlägt, weil die Voraussetzungen für deren rechtsgeschäftliche Übertragung nach den allgemeinen Vorschriften nicht vorliegen oder eine erforderliche staatliche Genehmigung versagt wird. Dies gilt auch für Abspaltung und Ausgliederung. Die Regel des durch das 2. UmwGÄndG[1] aufgehobenen § 131 Abs. 1 Nr. 1 Satz 2 UmwG aF, nach der die Gegenstände im Eigentum oder in Inhaberschaft des übertragenden Rechtsträgers verbleiben, entsprach idR nicht den Intentionen der Beteiligten. Sie gilt aber als ungeschriebene Auslegungsregel in Zweifelsfällen fort. So kann sich die **hilfsweise Begründung von Treuhandverhältnissen,** die **ersatzweise Einräumung von Nutzungsrechten** oder **Begründung von Untermiet- bzw. -pachtverhältnissen** empfehlen. Ganz allgemein ist zu vereinbaren, dass übertragender und übernehmender bzw. neuer Rechtsträger sich in allen Fällen, in denen Sachen, Rechte oder Rechtsverhältnisse entgegen dem Spaltungs- und Übernahmevertrag nicht auf den übernehmenden Rechtsträger übergehen, im Innenverhältnis so behandeln, als ob sie vereinbarungsgemäß übergegangen wären. Bezieht sich die Spaltung auch auf Auslandsvermögen und erkennt das ausländische Recht die dingliche Wirkung des § 131 Abs. 1 Nr. 1 UmwG nicht an, sollte eine Verpflichtung zur Einzelübertragung der entsprechenden Gegenstände aufgenommen werden (siehe dazu auch § 20 UmwG Rz. 5 und § 131 UmwG Rz. 3) [2]. In Fällen, in denen die Vermögensgegenstände, deren dinglicher Übergang gefährdet ist, zu den wesentlichen Betriebsgrundlagen im steuerlichen Sinne gehören, ist wegen der Teilbetriebseigenschaft dringend eine Vorklärung mit dem Finanzamt zu empfehlen[3].

7. Vorsorge für den Fall der Verzögerung

Zwischen dem Abschluss des Spaltungs- und Übernahmevertrags bzw. des Ausgliederungs- und Übernahmevertrags und dessen Umsetzung durch Zustimmungsbeschlüsse der Anteilsinhaber der beteiligten Rechtsträger und Eintragung der Spaltung im Handelsregister kann eine erhebliche Zeitspanne liegen. Ursache dafür können unerwartete Gesellschafterverlangen nach Prüfung des Spaltungsvorgangs, Anfechtungen oder auch Zwischenverfügungen des Registergerichts sein. In dieser Zeit können sich die Verhältnisse der beteiligten Rechtsträger so wesentlich ändern, dass die vertraglichen Regelungen nicht mehr angemessen sind. Außerdem kann auch der reine Zeitablauf dazu führen, dass das Interesse an der Spaltung bei einem oder mehreren beteiligten Rechtsträgern wegfällt. Um nicht auf die allgemeinen Institute des Vertragsrechts wie Kündigung aus wichtigem Grund[4] oder Wegfall der Geschäftsgrundlage (§ 4

---

1 BGBl. I 2007, S. 542.
2 *Priester* in Lutter, § 126 UmwG Rz. 93.
3 *Fuhrmann/Simon*, AG 2000, 49 (54).
4 *Körner/Rodewald*, BB 1999, 853 (855).

UmwG Rz. 25) zurückgreifen zu müssen, sollte in geeigneten Fällen Vorsorge für Verzögerungen des Spaltungsvollzugs durch entsprechende Regelungen im Spaltungs- und Übernahmevertrag getroffen werden. Hierzu gehört einmal die **Vereinbarung variabler Stichtagsregelungen** mit einer korrespondierenden Regelung des Beginns der Gewinnberechtigung[1]. Aber damit ist noch nicht das Problem einer Verschiebung der Wertrelation gelöst. Eine schuldrechtliche Vorwegnahme von Spaltungswirkungen durch entsprechende Verhaltenspflichten der Organe der beteiligten Rechtsträger[2] kommt nicht in Betracht, weil sie irreversibel wäre. Es bleibt deshalb nur die Einführung von **auflösenden Bedingungen oder Rücktritts- und Kündigungsrechten**[3]. Man könnte sich etwa die Regelung vorstellen, dass der Vertrag endet, wenn die Spaltung nicht vor Ablauf des auf den Abschluss folgenden Geschäftsjahrs im Handelsregister eingetragen wird. Bei Vereinbarung eines Kündigungs- oder Rücktrittsrechts sollte geregelt werden, ob es zu dessen Ausübung der Zustimmung der Anteilsinhaber bedarf. Da bei einer Kettenspaltung die Eintragung der einzelnen Umwandlungsvorgänge in den beteiligten Handelsregistern in einer bestimmten Reihenfolge erfolgen soll, sind auch in dieser Konstellation Bedingungen – etwa in Form aufschiebender Bedingungen – im Vertrag sinnvoll (vgl. § 123 UmwG Rz. 2).

8. Haftungsfreistellung

58 In vielen Fällen empfiehlt sich die **Aufnahme von Freistellungsverpflichtungen** in den Spaltungs- und Übernahmevertrag. Einmal sollte vereinbart werden, dass derjenige Rechtsträger, dem im Spaltungs- und Übernahmevertrag eine Verbindlichkeit zugewiesen worden ist, bei Fälligkeit dieser Verbindlichkeit die anderen beteiligten Rechtsträger von der Haftung nach § 133 Abs. 1 Satz 1, Abs. 3 UmwG freizustellen hat. Freigestellt werden sollte auch der Kommanditist einer übertragenden GmbH & Co. KG von der möglicherweise nach § 172 Abs. 4 HGB eintretenden persönlichen Haftung[4], die nach § 45 UmwG ebenso wie die Mithaftung nach § 133 Abs. 1 Satz 1 UmwG begrenzt ist. Darüber hinaus sollte im Spaltungs- und Übernahmevertrag auch das Verhältnis angegeben werden, in dem mehrere nur mithaftende Rechtsträger zueinander haften, inwieweit also ein mithaftender Rechtsträger, der voll in Anspruch genommen worden ist, beim Ausfall des Primärschuldners von einem anderen mithaftenden Rechtsträger einen Ausgleich verlangen kann. Nach *Rümker*[5] ist das Verhältnis des Wertes des ihnen infolge der Spaltung zugewiesenen Nettoaktivvermögens ein angemessener Schlüssel. Ein übernehmender Rechtsträger mit fremden Anteils-

---

1 *Kiem*, ZIP 1999, 173 (175, 178).
2 So *Kiem*, ZIP 1999, 173 (179, 180).
3 Zur Zulässigkeit *Körner/Rodewald*, BB 1999, 853 (855); LG Hamburg v. 25.2.1999 – 415 O 2/99, AG 1999, 239 (240).
4 Vgl. *Naraschewski*, DB 1995, 1265.
5 *Rümker* in WM-Festgabe für Hellner, 1994, S. 73 (76).

inhabern sollte vollständig freigestellt werden, um ihn wie bei einer Verschmelzung zu stellen.

Muster für eine Freistellungsklausel: 59

„(1) B-Gesellschaft hat Anspruch darauf, dass A-Gesellschaft sie von allen nicht übernommenen Verbindlichkeiten einschließlich Schadensersatzverbindlichkeiten freistellt. Dies gilt auch für den Fall, dass B-Gesellschaft von Gläubigern der betreffenden Verbindlichkeiten auf Sicherheitsleistung in Anspruch genommen wird. A-Gesellschaft wird B-Gesellschaft jederzeit auf Verlangen Auskunft über ihre wirtschaftliche Lage geben und die Einsicht der Bücher und Schriften gestatten. B-Gesellschaft hat darüber hinaus unter den Voraussetzungen des § 22 UmwG einen Anspruch auf Sicherheitsleistung.

(2) B-Gesellschaft wird A-Gesellschaft von allen übernommenen Verbindlichkeiten freistellen und wird diese Verbindlichkeiten bei deren Fälligkeit auf erstes Anfordern erfüllen. Dies gilt auch für den Fall, dass A-Gesellschaft von den betreffenden Gläubigern auf Sicherheitsleistung in Anspruch genommen wird.

(3) B-Gesellschaft stellt die Kommanditisten der A-Gesellschaft von einer etwaigen nach § 172 Abs. 4 HGB aufgrund der Abspaltung eintretenden persönlichen Haftung frei."

9. Kapitalerhöhung und -herabsetzung

Sind die beteiligten Rechtsträger Kapitalgesellschaften, so sollte der Spaltungs- 60 und Übernahmevertrag im Falle der Spaltung zur Aufnahme **Angaben über eine Kapitalerhöhung beim übernehmenden Rechtsträger und/oder** im Falle der Abspaltung oder Ausgliederung Angaben über **eine (vereinfachte) Kapitalherabsetzung beim übertragenden Rechtsträger** enthalten. Auf diese Weise wird klargestellt, dass es sich um eine Kapitalerhöhung bzw. Kapitalherabsetzung „zur Durchführung der Spaltung" iS der §§ 55, 69, 125, 139, 145 UmwG handelt. Die Kapitalerhöhung bzw. Kapitalherabsetzung tritt aber nicht bereits aufgrund dieser Bestimmung des Spaltungs- und Übernahmevertrags ein, muss vielmehr gesondert beschlossen und vor der Spaltung im Handelsregister eingetragen werden (§§ 125 Satz 1, 53, 66, 139 Satz 2, 145 Satz 2 UmwG).

Eine Kapitalerhöhung ist immer dann **erforderlich**, wenn als Gegenleistung für 61 die Vermögensübertragung neue Anteile gewährt werden sollen. Eine Kapitalherabsetzung ist immer dann erforderlich, wenn sonst aufgrund der Spaltung allein durch Bildung von Nennkapital bei der aufnehmenden Gesellschaft[1] beim übertragenden Rechtsträger eine Unterbilanz entstehen würde (§ 139 UmwG Rz. 2).

---

[1] *Priester*, GmbHR 2008, 994 (995).

10. Umfirmierung und sonstige Änderungen von Gesellschaftsverträgen oder Satzungen

62 Im Spaltungs- und Übernahmevertrag ist zu regeln, **welcher übernehmende Rechtsträger** gegebenenfalls die Firma des übertragenden Rechtsträgers fortführen darf (§ 125 UmwG Rz. 28) und dementsprechend seine Firma ändert. Bei einer Abspaltung oder einer Ausgliederung ist gegebenenfalls die neue Firmierung des übertragenden Rechtsträgers zu regeln (§ 125 UmwG Rz. 29). Weiterhin sind sonstige Änderungen des Gesellschaftsvertrags bzw. der Satzung bei einer beteiligten Gesellschaft im Spaltungs- und Übernahmevertrag zu regeln. In Betracht kommen Änderung des Unternehmensgegenstandes, Änderung der Bestimmungen über Geschäftsführung, Kontrollorgane und Gesellschafterversammlung einschließlich der Mehrheitserfordernisse. Diese Änderungen treten mit der Wirksamkeit der Spaltung nicht automatisch ein, es bedarf vielmehr wie bei der Kapitalerhöhung bzw. Kapitalherabsetzung zur Durchführung der Spaltung einer gesonderten Änderung des Gesellschaftsvertrags bzw. der Satzung der übertragenden und übernehmenden Gesellschaften nach den allgemeinen Vorschriften[1].

11. Organbestellung

63 Sollen die Mitglieder des Geschäftsführungsorgans, eines Aufsichtsrats oder Beirats der übertragenden Gesellschaft auch Mitglieder in einem solchen Gremium eines oder mehrerer übernehmender Gesellschaften werden, so sollte dies im Spaltungs- und Übernahmevertrag festgelegt werden. Diese Bestimmung ersetzt aber nicht die Bestellung nach allgemeinem Gesellschaftsrecht[2]. Sind dafür die Anteilseigner des übernehmenden Rechtsträgers zuständig, so kann die Bestellung mit deren Zustimmungsbeschluss verbunden werden. Sonst könnte insoweit die Durchsetzung des Spaltungs- und Übernahmevertrags problematisch werden. Zum obligatorischen Inhalt gehört die Angabe, ob der zugehörige Anstellungsvertrag übertragen werden soll, was aber der Zustimmung des Organmitglieds bedarf. Bei Abspaltung und Ausgliederung sollte geregelt werden, ob die im übertragenden Rechtsträger für den übertragenen Unternehmensteil zuständigen Organmitglieder ihre Organstellung behalten oder verlieren. Ein Verlust der Organstellung setzt jedoch die **Zustimmung** des Betroffenen oder eine **Abberufung** aus wichtigem Grund voraus[3].

---

1 Zur Verschmelzung *Mayer* in Widmann/Mayer, § 5 UmwG Rz. 216 ff.
2 *Priester* in Lutter, § 126 UmwG Rz. 88.
3 *Buchner/Schlobach*, GmbHR 2004, 1 (2).

12. Schiedsklausel

Ist der Spaltungs- bzw. Ausgliederungsvertrag nach Vorliegen der Zustimmungsbeschlüsse der Anteilsinhaber aller beteiligten Rechtsträger wirksam geworden, kann aus ihm auf Erfüllung oder auf Schadensersatz wegen Nichterfüllung geklagt werden[1]. Deshalb bietet sich die Aufnahme einer Schiedsklausel in den Vertrag an. Sie sollte sich auf alle Streitigkeiten beziehen, die sich im Zusammenhang mit diesem Vertrag oder über seine Gültigkeit ergeben.

63a

13. Kostentragung

Zweckmäßig ist eine Bestimmung über die Kostentragung[2]. Gängige Formulierung: „Die Kosten dieses Vertrages und seiner Durchführung trägt die übernehmende Gesellschaft." Im Falle einer Spaltung zur Neugründung sind diese Kosten in die Satzung des gegründeten Rechtsträgers als Gründungsaufwand aufzunehmen[3].

63b

IV. Auslegung des Spaltungs- und Übernahmevertrags

Der Spaltungs- und Übernahmevertrag kann ebenso wie der Spaltungsplan ausgelegt werden. Entscheidend ist aber nicht der Empfängerhorizont der am Abschluss beteiligten Vertretungsorgane, sondern der **Empfängerhorizont der Anteilsinhaber** der beteiligten Rechtsträger, allerdings unter Berücksichtigung auch des Inhalts des Spaltungsberichts, in dem die Bestimmungen des Spaltungs- und Übernahmevertrags im Einzelnen erläutert und begründet werden. Denn der Spaltungsbericht ist allen beteiligten Anteilsinhabern zugänglich zu machen (§§ 125 Satz 1, 47, 63 Abs. 1 Nr. 4 UmwG) und ist Bestandteil der Handelsregisterakte (§§ 125 Satz 1, 17 Abs. 1 UmwG). Der Wille der Vertragsparteien muss aber in der beurkundeten Erklärung Ausdruck gefunden haben oder zumindest angeklungen sein[4].

64

Besondere Bedeutung hat die Auslegung des Spaltungs- und Übernahmevertrags, wenn ein beim Wirksamwerden der Spaltung vorhandener Gegenstand des Aktiv- oder Passivvermögens im Spaltungs- und Übernahmevertrag nicht bezeichnet und demgemäß keinem der übernehmenden Rechtsträger ausdrücklich zugewiesen worden ist. In diesem Fall kann die **Aufteilung im Wege der Auslegung** des Spaltungs- und Übernahmevertrags vorgenommen werden[5]. Die Auslegungsbedürftigkeit und -fähigkeit der Vermögensaufteilung im Spaltungs-

65

---

1 *Priester* in Lutter, § 126 UmwG Rz. 99.
2 *Priester* in Lutter, § 126 UmwG Rz. 95.
3 *Mayer* in Widmann/Mayer, § 126 UmwG Rz. 330.
4 *Schöne*, Spaltung, S. 40 mwN.
5 BGH v. 8.10.2003 – XII ZR 50/02, ZIP 2003, 2155 (2157) = AG 2004, 98.

und Übernahmevertrag wird durch § 131 Abs. 3 UmwG lediglich unterstrichen, nicht etwa auf die Aufspaltung beschränkt.

66 Bei der Zuteilung im Wege der Auslegung ist an die in § 126 Abs. 1 Satz 2 Nr. 9 UmwG vorgeschriebene Bezeichnung und Aufteilung der übergehenden Betriebe und Betriebsteile anzuknüpfen. Nach der Rechtsprechung des BGH sind die Anforderungen des § 126 Abs. 2 UmwG für die Bezeichnung der übergehenden Gegenstände allerdings jedenfalls bei Grundstücken zwingend, so dass insoweit eine fehlende Bezeichnung nicht im Wege der Auslegung ermittelt werden könnte[1]. Diese Rechtsprechung findet im Schrifttum jedoch keine Zustimmung (siehe Rz. 21). Soweit man die Einhaltung der Anforderungen des § 126 Abs. 2 UmwG nicht als zwingende Voraussetzung für den Übergang ansieht und hinsichtlich aller Gegenstände, die von § 126 Abs. 2 UmwG nicht erfasst werden, ist mangels gegenteiliger Anhaltspunkte anzunehmen, dass **vergessene Vermögensgegenstände**, die bei wirtschaftlicher Betrachtungsweise einem übertragenen Betrieb oder Betriebsteil zuzurechnen sind, auch ohne Auffangklausel (siehe Rz. 20) dem übernehmenden Rechtsträger zugeteilt sein sollen, auf den der betreffende Betrieb oder Betriebsteil übergeht[2]. Dies gilt jedenfalls für alle Vermögensgegenstände, die zur wesentlichen Betriebsgrundlage gehören, sowie ferner für alle Vermögensgegenstände, die weder für einen anderen Betrieb des übertragenden Rechtsträgers nutzbar sind noch einen nennenswerten Liquidationswert haben. Unter diesem Gesichtspunkt werden insbesondere immaterielle Wirtschaftsgüter erfasst, die untrennbarer Bestandteil des Betriebs sind und wesentlich seinen Wert (= Geschäftswert) ausmachen, wie beispielsweise der Kundenstamm, Produktions-know-how, Verpackungsgestaltung und Werbekonzeptionen. Dies bedeutet: Im Zweifel gehen alle Gegenstände des Anlagevermögens über, die aktuell für die Zwecke dieses Betriebs genutzt werden, und alle Vorräte, die diesem Betrieb dienen. Für Warenzeichen enthält § 27 Abs. 2 MarkenG eine entsprechende Regelung. Sofern auch nach der Auslegung Unklarheiten bei der Zuordnung verbleiben, ist bei Ausgliederungs- und Abspaltungsverträgen davon auszugehen, dass der Gegenstand im Zweifel bei dem übertragenden Rechtsträger verbleiben sollte[3].

67 **Vergessene Verbindlichkeiten** sind bei der Übertragung von Betrieben oder Teilbetrieben in der Regel dem Rechtsträger zuzuteilen, der den Betrieb oder Teilbetrieb übernommen hat, dem die Verbindlichkeiten bei betriebswirtschaftlicher Betrachtungsweise zuzurechnen sind[4]. Auf diese Weise ergibt sich eine Zuweisung iS von § 133 Abs. 3 Satz 1 UmwG[5].

---

1 BGH v. 25.1.2008 – V ZR 79/07, ZIP 2008, 600 (602) = AG 2008, 322 (324).
2 Begr. zu § 126 UmwG, BT-Drucks. 12/6699, S. 119; aA *Schöne*, Spaltung, S. 41.
3 OLG Frankfurt/M. v. 20.7.2011 – 9 U 13/10.
4 Begr. zu § 126 UmwG, BT-Drucks. 12/6699, S. 119.
5 Ebenso *Schwab* in Lutter, § 133 UmwG Rz. 88; *Simon* in KölnKomm. UmwG, § 133 UmwG Rz. 26.

V. Zuleitung des Spaltungs- und Übernahmevertrags an die Betriebsräte (§ 126 Abs. 3 UmwG) *(Willemsen)*

Insoweit kann auf die inhaltsgleiche Bestimmung des § 5 Abs. 3 UmwG und die dortigen Erläuterungen sinngemäß verwiesen werden (§ 5 UmwG Rz. 74 ff.). Die rechtzeitige Zuleitung des Spaltungs- bzw. Übernahmevertrages an die zuständigen Arbeitnehmervertretungen ist gemäß § 17 Abs. 1 UmwG iVm. § 125 UmwG **Eintragungsvoraussetzung.** 68

§ 127
Spaltungsbericht

Die Vertretungsorgane jedes der an der Spaltung beteiligten Rechtsträger haben einen ausführlichen schriftlichen Bericht zu erstatten, in dem die Spaltung, der Vertrag oder sein Entwurf im Einzelnen und bei Aufspaltung und Abspaltung insbesondere das Umtauschverhältnis der Anteile oder die Angaben über die Mitgliedschaften bei den übernehmenden Rechtsträgern, der Maßstab für ihre Aufteilung sowie die Höhe einer anzubietenden Barabfindung rechtlich und wirtschaftlich erläutert und begründet werden (Spaltungsbericht); der Bericht kann von den Vertretungsorganen auch gemeinsam erstattet werden. § 8 Abs. 1 Satz 2 bis 4, Abs. 2 und 3 ist entsprechend anzuwenden.

1. Spaltungsbericht (§ 127 Satz 1 Halbsatz 1 UmwG)
   a) Pflicht zur Erstattung eines Spaltungsberichts 1
   b) Inhalt des Spaltungsberichts . . 5
2. Gemeinsamer Bericht (§ 127 Satz 1 Halbsatz 2 UmwG) 10
3. Besondere Schwierigkeiten bei der Bewertung (§ 127 Satz 2 UmwG iVm. § 8 Abs. 1 Satz 2 UmwG) . . . 11
4. Folgen für die Beteiligung der Anteilsinhaber (§ 127 Satz 2 UmwG iVm. § 8 Abs. 1 Satz 2 UmwG) 12
5. Verbundene Unternehmen (§ 127 Satz 2 UmwG iVm. § 8 Abs. 1 Satz 3 und 4 UmwG) 14
6. Schutzklausel (§ 127 Satz 2 UmwG iVm. § 8 Abs. 2 UmwG) 15
7. Entbehrlichkeit des Berichts in Fällen der 100 %-Beteiligung, bei Ausgliederung zur Neugründung oder Verzicht (§ 127 Satz 2 UmwG iVm. § 8 Abs. 3 UmwG) 16
8. Hinweis auf den Bericht über Sacheinlageprüfung bei einer übernehmenden Aktiengesellschaft (§ 142 Abs. 2 UmwG) 18

Literatur: *Kallmeyer*, Die Auswirkungen des neuen Umwandlungsrechts auf die mittelständische GmbH, GmbHR 1993, 461; *Schöne*, Das Aktienrecht als „Maß aller Dinge" im neuen Umwandlungsrecht?, GmbHR 1995, 325; *Schöne*, Auf- und Abspaltung nach den §§ 123 ff. UmwG – ein Überblick unter Berücksichtigung der Rechtslage für die GmbH, ZAP 1995, 693; *Schöne*, Die Spaltung unter Beteiligung von GmbH, 1998.

1. Spaltungsbericht (§ 127 Satz 1 Halbsatz 1 UmwG)

a) Pflicht zur Erstattung eines Spaltungsberichts

1 Die Vorschrift enthält eine Legaldefinition des Spaltungsberichts und begründet gleichzeitig die Pflicht der Vertretungsorgane jedes beteiligten Rechtsträgers zur Erstattung eines solchen Berichts. Die Vorschrift betrifft **alle Arten der Spaltung des § 123 UmwG einschließlich der Ausgliederung**. Für die Ausgliederung nennt das Gesetz den Spaltungsbericht Ausgliederungsbericht. Für die Pflicht zur Erstattung eines Ausgliederungsberichts gibt es in den Besonderen Vorschriften der Spaltung geregelte Ausnahmen (§§ 153, 162, 169 UmwG).

2 Die Vorschrift gilt sowohl für die Spaltung zur Aufnahme als auch gemäß § 135 Abs. 1 UmwG für die **Spaltung zur Neugründung**. Bei der Spaltung zur Neugründung besteht jedoch die Pflicht zur Erstellung eines Spaltungs- bzw. Ausgliederungsberichts nur für die Vertretungsorgane bereits bestehender Rechtsträger, weil nur ihre Anteilsinhaber der Spaltung durch Beschluss zustimmen müssen. Zu der Frage, ob § 127 UmwG bei der Ausgliederung im Wege der Einzelrechtsnachfolge entsprechend anwendbar ist, vgl. § 123 UmwG Rz. 2.

3 Die Vorschrift gilt für **alle Rechtsformen**, insbesondere auch für GmbH und Personenhandelsgesellschaften, mag man dies auch für unpassend halten[1]. Bei ihnen wird jedoch die Verzichtsmöglichkeit erhöhte praktische Bedeutung erlangen[2]. Bei einer beteiligten Personengesellschaft ist der Bericht für geschäftsführungsbefugte Gesellschafter nicht erforderlich (§§ 125 Satz 1, 41 UmwG). Dafür reicht es jedoch nicht aus, dass die Kommanditisten einer GmbH & Co. KG gleichzeitig Geschäftsführer der Komplementär-GmbH sind (§ 41 UmwG Rz. 2).

4 Der Bericht ist von den Vertretungsorganen zu erstatten. Notarielle Beurkundung ist nicht erforderlich. Es genügt vielmehr **private Schriftform**. Der Bericht ist von jedem einzelnen Mitglied des Vertretungsorgans, also nicht nur in vertretungsberechtigter Zahl, zu unterzeichnen[3]. Der Spaltungsbericht ist den Gesellschaftern spätestens zusammen mit der Einberufung der Gesellschafterversammlung, die über die Spaltung beschließen soll, zu übersenden (§§ 125 Satz 1, 42, 47, 63 Abs. 1 Nr. 4 UmwG). Er ist also frühzeitig zu erstellen. Es genügt nicht, dass er erst bei Anmeldung der Spaltung zum Handelsregister (vgl. §§ 125 Satz 1, 17 Abs. 1 UmwG) vorliegt. Mängel des Berichts führen zur Anfechtbarkeit des Zustimmungsbeschlusses. Durch Anfechtung können überstimmte Minderheitsgesellschafter die Spaltung, jedenfalls vorübergehend, blockieren.

---

1 Vgl. *Kallmeyer*, GmbHR 1993, 461 (464) und *Schöne*, GmbHR 1995, 325 (334).
2 *Teichmann* in Lutter, Anh. § 137 UmwG Rz. 4 und *Priester* in Lutter, Vor § 138 UmwG Rz. 5.
3 *Schwab* in Lutter, § 127 UmwG Rz. 10; aA oben *Marsch-Barner*, § 8 UmwG Rz. 3; *Simon* in KölnKomm. UmwG, § 127 UmwG Rz. 9.

Im Falle einer Mehrheitsspaltung ist also äußerste Sorgfalt auf die Abfassung des Berichts zu verwenden.

b) Inhalt des Spaltungsberichts

Gegenstand des Spaltungsberichts sind zunächst **wirtschaftliche und rechtliche Erläuterungen und Begründungen zum Spaltungsvorhaben**. Es muss schlüssig und nachvollziehbar ausgeführt werden, warum die Spaltung das geeignete Mittel zur Verfolgung des Unternehmenszwecks des jeweiligen beteiligten Rechtsträgers ist[1]. Dies hat in drei Schritten zu erfolgen[2]: Zunächst ist über die **gegenwärtige wirtschaftliche Situation** der an der Spaltung beteiligten Rechtsträger zu berichten. Erforderlich sind insbesondere Angaben über die Geschäftstätigkeit, den Marktanteil, die Mitarbeiter, den Umsatz, die Kapitalstruktur, die wesentlichen Beteiligungen und die Gesellschafterstruktur[3]. Für das eigene Unternehmen genügt eine kurze Darstellung (§ 8 UmwG Rz. 7). Bei einer Spaltung zur Neugründung kann selbstverständlich nur über den übertragenden Rechtsträger berichtet werden. Bei einer Ausgliederung auf eine 100%ige Tochtergesellschaft können sich die Ausführungen hauptsächlich auf den Unternehmensteil beschränken, der ausgegliedert werden soll[4]. Des Weiteren ist über die **wirtschaftlichen Folgen** der Spaltung zu berichten. Es sind also die Chancen und Risiken des Spaltungsvorhabens darzustellen (vgl. § 8 UmwG Rz. 7 zur Verschmelzung). Es können Synergieeffekte und steuerliche Vorteile angeführt und es muss auf Haftungsgesichtspunkte sowie Publizitäts- und Mitbestimmungspflichten eingegangen werden[5]. Die rechtliche und wirtschaftliche Erläuterung und Begründung muss bei Spaltungen auch eine Information über die durch die Aufteilung des Aktiv- und Passivvermögens gemäß § 126 Abs. 1 Nr. 9 UmwG entstehenden Haftungs- und Einstandsrisiken nach § 133 Abs. 1, 3 UmwG enthalten[6]. Dies schließt eine Information über die einschlägigen Einschätzungen und Prognosen des Vertretungsorgans ein, soweit sich im Zeitpunkt der Erstellung des Berichts hinreichend verlässliche Anzeichen für nachteilige Auswirkungen der Haftungsrisiken gemäß § 133 UmwG auf die wirtschaftliche Entwicklung eines spaltungsbeteiligten Rechtsträgers erkennen lassen[7]. Letztlich ist eine **Abwägung** der Vor- und Nachteile des Spaltungsvorhabens vorzunehmen und

---

1 *Schwab* in Lutter, § 127 UmwG Rz. 18; *Simon* in KölnKomm. UmwG, § 127 UmwG Rz. 14.
2 *Drygala* in Lutter, § 8 UmwG Rz. 14 ff.; *Simon* in KölnKomm. UmwG, § 8 UmwG Rz. 20 ff.
3 *Drygala* in Lutter, § 8 UmwG Rz. 14; *Simon* in KölnKomm. UmwG, § 8 UmwG Rz. 20.
4 *Gehling* in Semler/Stengel, § 127 UmwG Rz. 15; *Simon* in KölnKomm. UmwG, § 127 UmwG Rz. 14.
5 *Stratz* in Schmitt/Hörtnagl/Stratz, § 8 UmwG Rz. 14.
6 *Schwab* in Lutter, § 127 UmwG Rz. 21–24; *Simon* in KölnKomm. UmwG, § 127 UmwG Rz. 16.
7 *Schöne*, Spaltung, S. 322.

auf Basis dieser Abwägung zu erläutern, wieso das geplante Spaltungsvorhaben das geeignete Mittel zur Verfolgung des Unternehmenszwecks ist. Die Erörterung von Alternativen zu der geplanten Spaltung ist nicht in jedem Falle erforderlich[1].

6 Gegenstand des Spaltungsberichts ist weiterhin die **rechtliche und wirtschaftliche Erläuterung und Begründung des Spaltungs- und Übernahmevertrags**. Es muss auf alle Bestimmungen des Vertrags eingegangen und es müssen auch Ausführungen zu den rechtlichen und bilanziellen Folgen gemacht werden. Die Vertragsbestimmungen sind nach **Sinngehalt und wirtschaftlicher Funktion** zu erklären[2].

7 Schwerpunkt des Spaltungsberichts ist die rechtliche und wirtschaftliche **Erläuterung und Begründung des Umtauschverhältnisses der Anteile und der Maßstab für ihre Aufteilung** bzw. auch einer anzubietenden **Barabfindung**. Hier sind Ausführungen über die Unternehmensbewertung zu machen. Ein solcher **Bewertungsbericht** als Bestandteil des Spaltungsberichts ist jedoch nicht erforderlich, wenn die Anteilsverhältnisse in den übernehmenden oder neuen Rechtsträgern die Verhältnisse im übertragenden Rechtsträger unverändert widerspiegeln[3]. Das ist der Fall bei der verhältniswahrenden Spaltung zur Neugründung sowie bei der verhältniswahrenden Spaltung auf beteiligungsidentische Schwestergesellschaften, immer vorausgesetzt, dass kein Anteilsinhaber nach §§ 125 Satz 1, 29 UmwG austritt. Die **Ausgliederung** ist von dieser Vorschrift generell ausgenommen. Ein Bewertungsbericht ist aber auch im Falle der Ausgliederung zur Aufnahme durch eine Gesellschaft erforderlich, an der weder die ausgliedernde Gesellschaft allein noch deren Anteilsinhaber im selben Verhältnis wie bei der ausgliedernden Gesellschaft beteiligt sind[4]. Insoweit handelt es sich um ein Redaktionsversehen. In allen Fällen der Ausgliederung, in denen der Bewertungsbericht entbehrlich ist, genügen die Erläuterungen der Gründe für die Ausgliederung[5].

8 Der Spaltungsbericht muss **ausführlich** sein. Es ist aber nicht notwendig, dass der einzelne Anteilsinhaber mit Hilfe der im Spaltungsbericht genannten Daten in die Lage versetzt wird, den Spaltungsvorgang bis in alle Einzelheiten nachzuvollziehen und auf seine inhaltliche Richtigkeit, rechtliche Korrektheit und die Angemessenheit des Umtauschverhältnisses zu kontrollieren[6]. Ausreichend

---

1 So aber wohl *Schöne*, Spaltung, S. 319.
2 *Schwab* in Lutter, § 127 UmwG Rz. 27; *Simon* in KölnKomm. UmwG, § 127 UmwG Rz. 17.
3 *Schwab* in Lutter, § 127 UmwG Rz. 30; *Simon* in KölnKomm. UmwG, § 127 UmwG Rz. 23.
4 *Hörtnagl* in Schmitt/Hörtnagl/Stratz, § 127 UmwG Rz. 9, 10; *Veil*, ZIP 1998, 361 (363).
5 Begr. zu § 127 UmwG, BT-Drucks. 12/6699, S. 119.
6 OLG Hamm v. 4.3.1999 – 8 W 11/99, GmbHR 1999, 721 (LS); OLG Düsseldorf v. 15.3.1999 – 17 W 18/99, GmbHR 1999, 721 (LS).

ist es vielmehr, dass die Anteilsinhaber aufgrund des Spaltungsberichts eine **Plausibilitätskontrolle** durchführen können (§ 8 UmwG Rz. 6)[1]. Hierzu muss er in die Lage versetzt werden, die Bewertungsgrundlagen für das Umtauschverhältnis nachzuvollziehen[2]. Jedenfalls sind auch Plan- und Prognosezahlen anzugeben[3]. Der Bewertungsbericht bereitet Schwierigkeiten, wenn die Aufteilung der Anteile zwischen allen Anteilsinhabern ausgehandelt worden ist, insbesondere auf den subjektiven Wertvorstellungen der Beteiligten beruht. In diesem Fall wird man auch gern die Handelsregisterpublizität des Spaltungsberichts vermeiden wollen. Daher bietet sich in einem solchen Fall der Verzicht auf den Spaltungsbericht nach § 127 Satz 2 UmwG iVm. § 8 Abs. 3 UmwG an (vgl. Rz. 17).

Die Erläuterung der alternativen Angaben über die **Mitgliedschaften** betrifft nur übernehmende Rechtsträger, bei denen es keine Anteile gibt, also Genossenschaften und Versicherungsvereine auf Gegenseitigkeit[4]. Es besteht kein Anlass, hier ein Redaktionsversehen anzunehmen, wie es *Schöne*[5] und ihm folgend *Schwab*[6] tun. Die von ihnen geforderten Informationen sind in § 127 Satz 2 UmwG iVm. § 8 Abs. 1 Satz 2 UmwG vorgeschrieben (Folgen für die Beteiligung der Anteilsinhaber). 9

2. Gemeinsamer Bericht (§ 127 Satz 1 Halbsatz 2 UmwG)

Die Vorschrift lässt zu, dass der Bericht von den Vertretungsorganen der beteiligten Rechtsträger gemeinsam erstattet wird. Es ist also möglich, dass für den gesamten Spaltungsvorgang nur ein Bericht erstellt wird. Möglich ist aber auch, dass der übertragende Rechtsträger einen Einzelbericht und die mehreren übernehmenden Rechtsträger einen gemeinsamen Bericht erstellen[7]. Der gemeinsame Bericht drängt sich immer dann auf, wenn die Einzelberichte denselben Inhalt hätten. Er ist aber nach dem Gesetzeswortlaut auch sonst möglich. Allerdings muss er dann auch Informationen enthalten, die zwar für die Anteilsinhaber eines beteiligten Rechtsträgers, nicht jedoch für die Anteilsinhaber aller Rechtsträger erforderlich sind[8]. Insoweit sollte bei der Erstellung des gemeinsamen Berichts darauf geachtet werden, dass klar erkennbar ist, an wen die je- 10

---

1 *Schwab* in Lutter, § 127 UmwG Rz. 33; *Simon* in KölnKomm. UmwG, § 127 UmwG Rz. 22.
2 *Mayer* in Widmann/Mayer, § 8 UmwG Rz. 25; *Schwab* in Lutter, § 127 UmwG Rz. 33.
3 *Mayer* in Widmann/Mayer, § 8 UmwG Rz. 26.
4 Vgl. Begr. zu § 2 UmwG, BT-Drucks. 12/6699, S. 81.
5 *Schöne*, GmbHR 1995, 325 (330).
6 *Schwab* in Lutter, § 127 UmwG Rz. 36.
7 *Schwab* in Lutter, § 127 UmwG Rz. 14; *Simon* in KölnKomm. UmwG, § 127 UmwG Rz. 11.
8 *Schwab* in Lutter, § 127 UmwG Rz. 15; *Simon* in KölnKomm. UmwG, § 127 UmwG Rz. 11.

weilige Information gerichtet ist[1]. Dies gilt insbesondere für Informationen über Risiken, die sich aus den Vorschriften zum Schutz der Gläubiger (§§ 133, 134 UmwG) ergeben[2].

3. Besondere Schwierigkeiten bei der Bewertung (§ 127 Satz 2 UmwG iVm. § 8 Abs. 1 Satz 2 UmwG)

11 Auf besondere Schwierigkeiten bei der Bewertung ist hinzuweisen. Sie können darin begründet sein, dass bei der Spaltung nicht immer Unternehmen oder Unternehmensteile übertragen werden, für deren Bewertung die anerkannten Grundsätze der Unternehmensbewertung gelten, sondern möglicherweise nur einzelne Vermögensgegenstände[3]. *Zöllner* erkennt hier ein Potential, der Minderheit Werte abzunehmen[4]. Umso wichtiger ist die Information im Spaltungsbericht.

4. Folgen für die Beteiligung der Anteilsinhaber (§ 127 Satz 2 UmwG iVm. § 8 Abs. 1 Satz 2 UmwG)

12 Im Spaltungsbericht ist auf die Folgen für die Beteiligung der Anteilsinhaber hinzuweisen. Hier muss angegeben werden, ob bei dem übernehmenden Rechtsträger Sperrminoritäten, Mehrheitsbeteiligungen und qualifizierte satzungsändernde Mehrheiten entstehen oder untergehen[5]. Auch sind bei einer rechtsformwechselnden Spaltung die Auswirkungen für die rechtliche Ausgestaltung der Mitgliedschaften zumindest in den Grundzügen darzustellen[6]. Bei personalistischer Inhaberstruktur ist auch eine individualisierte Darstellung erforderlich[7]. Sollte ein Anteilsinhaber im Zuge der Spaltung eine abhängigkeitsbegründende Beteiligung erwerben, so muss der Spaltungsbericht auch darauf hinweisen[8].

13 Darüber hinaus ist bei einer GmbH oder einer Personenhandelsgesellschaft als übernehmender oder neuer Gesellschaft über die **gesellschaftsvertragliche Ausgestaltung der Anteile** an dem übernehmenden oder neuen Rechtsträger zu informieren. Hier sind etwaige Abweichungen von den gesetzlichen Regelungen,

---

1 *Schwab* in Lutter, § 127 UmwG Rz. 15; *Simon* in KölnKomm. UmwG, § 127 UmwG Rz. 11.
2 *Schwab* in Lutter, § 127 UmwG Rz. 15.
3 *Hörtnagl* in Schmitt/Hörtnagl/Stratz, § 127 UmwG Rz. 17; *Simon* in KölnKomm. UmwG, § 127 UmwG Rz. 28.
4 *Zöllner*, AG 1994, 336 (340).
5 *Schöne*, Spaltung, S. 326.
6 *Schöne*, Spaltung, S. 327.
7 *Schwab* in Lutter, § 127 UmwG Rz. 38; *Mayer* in Widmann/Mayer, § 8 UmwG Rz. 41.
8 *Schwab* in Lutter, § 127 UmwG Rz. 38.

wie Vinkulierungsbestimmungen, Wettbewerbsvereinbarungen, Gewinnverwendungsbestimmungen, zu erläutern[1].

5. Verbundene Unternehmen (§ 127 Satz 2 UmwG iVm. § 8 Abs. 1 Satz 3 und 4 UmwG)

Ist ein an der Spaltung beteiligter Rechtsträger ein verbundenes Unternehmen iS von § 15 AktG, so sind in dem Bericht auch **Angaben über alle für die Spaltung wesentlichen Angelegenheiten der anderen verbundenen Unternehmen** zu machen. Dies führt insbesondere bei der Spaltung der Obergesellschaft eines Konzerns zu einer starken Ausweitung des Berichtsumfangs[2]. 14

6. Schutzklausel (§ 127 Satz 2 UmwG iVm. § 8 Abs. 2 UmwG)

Nach §§ 127 Satz 2, 8 Abs. 2 UmwG brauchen Tatsachen in den Bericht nicht aufgenommen zu werden, deren Bekanntwerden geeignet ist, einem der beteiligten Rechtsträger oder einem verbundenen Unternehmen einen nicht unerheblichen Nachteil zuzufügen. Diese Beschränkung der Berichtspflicht ist im Hinblick auf die vorgeschriebene Einreichung des Berichts zum Handelsregister wichtig. Im Bericht sind dann aber die Gründe hierfür anzugeben (§ 8 Abs. 2 Satz 2 UmwG). Eine Ausnahme von der Pflicht zur Angabe der Gründe ist jedoch zu machen, wenn ihre Darlegung nicht ohne Offenlegung der geheimhaltungsbedürftigen Tatsachen möglich ist[3]. 15

7. Entbehrlichkeit des Berichts in Fällen der 100 %-Beteiligung, bei Ausgliederung zur Neugründung oder Verzicht (§ 127 Satz 2 UmwG iVm. § 8 Abs. 3 UmwG)

Der Spaltungsbericht ist nach § 127 Satz 2 UmwG iVm. § 8 Abs. 3 UmwG entbehrlich bei Abspaltung von einer 100%igen Tochtergesellschaft auf die Mutter[4]. Dasselbe gilt bei der Ausgliederung von der Tochter auf die Mutter, durch die eine wechselseitige Beteiligung entsteht[5]. Entbehrlich ist der Spaltungsbericht 16

---

1 *Schöne*, GmbHR 1995, 325 (331); *Mayer* in Widmann/Mayer, § 8 UmwG Rz. 40; *Schwab* in Lutter, § 127 UmwG Rz. 35; *Simon* in KölnKomm. UmwG, § 127 UmwG Rz. 26.
2 *Schwab* in Lutter, § 127 UmwG Rz. 44; *Simon* in KölnKomm. UmwG, § 127 UmwG Rz. 31.
3 *Schöne*, GmbHR 1995, 325 (334).
4 *Schöne*, Spaltung, S. 363.
5 *Simon* in KölnKomm. UmwG, § 127 UmwG Rz. 36; dagegen aber *Schwab* in Lutter, § 127 UmwG Rz. 54.

uU auch bei der Ausgliederung aus dem Vermögen eines Einzelkaufmanns (§ 153 UmwG Rz. 2, § 158 UmwG Rz. 1).

17 Der Spaltungs- bzw. Ausgliederungsbericht ist entbehrlich, wenn alle Anteilsinhaber aller beteiligten Rechtsträger durch notariell beurkundete Erklärung auf seine Erstattung verzichten (§§ 127 Satz 2, 8 Abs. 3 UmwG). Das Vertretungsorgan eines beteiligten Rechtsträgers ist danach nicht befreit, wenn zwar alle Anteilsinhaber seines Rechtsträgers, nicht aber auch alle Anteilsinhaber anderer beteiligter Rechtsträger verzichten[1]. Der **Verzicht** ist insbesondere praktisch bei der Konzernspaltung auf Schwestergesellschaften, bei der es keinerlei Vermögensveränderung auf der Ebene der Anteilsinhaber gibt.

8. Hinweis auf den Bericht über Sacheinlageprüfung bei einer übernehmenden Aktiengesellschaft (§ 142 Abs. 2 UmwG)

18 Nach § 142 Abs. 2 UmwG ist in dem Spaltungsbericht auf einen Bericht über die Prüfung von Sacheinlagen bei einer übernehmenden Aktiengesellschaft gemäß § 183 Abs. 3 AktG sowie auf das Register, bei dem dieser Bericht zu hinterlegen ist, hinzuweisen. Zu beachten ist, dass diese Hinweispflicht für den Spaltungsbericht jedes beteiligten Rechtsträgers gilt (§ 142 UmwG Rz. 2). Dieser Regelung lässt sich im Umkehrschluss entnehmen, dass im Spaltungsbericht selbst nicht über eine Sacheinlageprüfung berichtet werden muss[2].

§ 128
Zustimmung zur Spaltung in Sonderfällen

Werden bei Aufspaltung oder Abspaltung die Anteile oder Mitgliedschaften der übernehmenden Rechtsträger den Anteilsinhabern des übertragenden Rechtsträgers nicht in dem Verhältnis zugeteilt, das ihrer Beteiligung an dem übertragenden Rechtsträger entspricht, so wird der Spaltungs- und Übernahmevertrag nur wirksam, wenn ihm alle Anteilsinhaber des übertragenden Rechtsträgers zustimmen. Bei einer Spaltung zur Aufnahme ist der Berechnung des Beteiligungsverhältnisses der jeweils zu übertragende Teil des Vermögens zugrunde zu legen.

1. Tatbestand (§ 128 Sätze 1 und 2 UmwG) 1	2. Zustimmung sämtlicher Anteilsinhaber des übertragenden Rechtsträgers (§ 128 Satz 1 UmwG) 5

---

[1] *Stratz* in Schmitt/Hörtnagl/Stratz, § 8 UmwG Rz. 36.
[2] *Simon* in KölnKomm. UmwG, § 127 UmwG Rz. 32; *Gehling* in Semler/Stengel, § 127 UmwG Rz. 45.

Literatur: *Cramer*, Spaltung zu Null ist zulässig, GWR 2013, 384; *Heckschen*, Aktuelle Probleme des Spaltungsrechts – Eine Betrachtung nach 20 Jahren –, GmbHR 2015, 897; *Rubner/Fischer*, Möglichkeiten einer nicht-verhältniswahrenden Spaltung von Kapitalgesellschaften im Lichte des § 128 UmwG, NZG 2015, 761; *Weiler*, Die „Spaltung zu Null" als Mittel der Umstrukturierung von Unternehmen, NZG 2013, 1326.

1. Tatbestand (§ 128 Sätze 1 und 2 UmwG)

Die Vorschrift betrifft nur **Auf- und Abspaltung**, nicht dagegen die Ausgliederung. Sie gilt nach § 135 Abs. 1 Satz 1 UmwG auch für die Spaltung zur Neugründung. 1

Der Tatbestand der Vorschrift ist die sog. nicht-verhältniswahrende Spaltung. Eine solche liegt bei **Spaltung zur Neugründung** immer dann vor, wenn die rechnerische Beteiligungsquote am neuen Rechtsträger nicht mit der rechnerischen Beteiligungsquote am übertragenden Rechtsträger übereinstimmt[1]. Die Gewährung von Teilrechten ist unschädlich. Auch sind Abweichungen unschädlich, wenn sie im Interesse der Durchführbarkeit der Spaltung notwendig sind (vgl. auch § 46 UmwG Rz. 8). Eine nicht-verhältniswahrende Spaltung liegt dagegen insoweit vor, als die Abweichungen im gesetzlich zulässigen Rahmen durch bare Zuzahlungen ausgeglichen werden[2]. Eine nicht-verhältniswahrende Spaltung liegt auch vor, wenn nur das Beteiligungsverhältnis von einigen Anteilsinhabern verändert wird, die Beteiligungsquote von anderen Anteilsinhabern dagegen unverändert bleibt[3]. 2

Bei einer **Spaltung zur Aufnahme** kommt es auf die rechnerische Beteiligungsquote an den den Anteilsinhabern des übertragenden Rechtsträgers insgesamt gewährten Anteilen an, nicht etwa auf die rechnerische Beteiligungsquote am übernehmenden Rechtsträger. Dies stellt § 128 Satz 2 UmwG klar. Eine **nichtverhältniswahrende Spaltung zur Aufnahme** liegt also nur vor, wenn sich beim übernehmenden Rechtsträger die rechnerischen Beteiligungsquoten der Anteilsinhaber des übertragenden Rechtsträgers untereinander ändern. *Beispiel:* Am übertragenden Rechtsträger sind die Gesellschafter A und B zu je ½ beteiligt. Der übernehmende Rechtsträger hat ein Kapital von 50. Alleiniger Anteilsinhaber ist C. Im Zuge der Spaltung erhöht der übernehmende Rechtsträger sein Kapital auf 100. A und B erhalten Anteile von je 25. Es handelt sich um eine verhältniswahrende Spaltung, auch wenn der Wert des Vermögens des übernehmenden Rechtsträgers vor der Spaltung niedriger war als der Wert des übertragenen Vermögensteils, die Anteilsinhaber des übertragenden Rechtsträgers also nicht dem Wertverhältnis entsprechend am übernehmenden Rechtsträger betei- 3

---

1 *Mayer* in Widmann/Mayer, § 128 UmwG Rz. 30 ff., 38.
2 AA *Mayer* in Widmann/Mayer, § 128 UmwG Rz. 34; *Schröer* in Semler/Stengel, § 128 Rz. 9; *Sagasser/Bultmann* in Sagasser/Bula/Brünger, § 18 Rz. 47; differenzierend *Priester* in Lutter, § 128 UmwG Rz. 11; *Simon* in KölnKomm. UmwG, § 128 UmwG Rz. 37 f.
3 *Schöne*, Spaltung, S. 202.

ligt werden. Die Vorschrift findet also keine Anwendung. Es wäre verfehlt, im Falle einer Spaltung zur Aufnahme auf die wertmäßige Beteiligungsquote abzustellen[1]. Der Fall einer nicht-verhältniswahrenden wertmäßigen Beteiligungsquote regelt sich nach §§ 125 Satz 1, 14 Abs. 2, 15 UmwG.

4 Eine nicht-verhältniswahrende Spaltung liegt auch vor, wenn Anteilsinhaber des übertragenden Rechtsträgers an einem übernehmenden oder neuen Rechtsträger überhaupt nicht beteiligt werden (sog. **Spaltung zu Null**, vgl. § 123 UmwG Rz. 5).

Nach Rechtsprechung und Literatur ist zB eine Beteiligungsabspaltung auf den Mehrheitsgesellschafter ohne jegliche Anteilsgewährung möglich[2]. Minderheitenrechte werden durch das Zustimmungserfordernis des § 128 UmwG gewahrt. Wird die Zustimmung verweigert, kann die Spaltung immer noch verhältniswahrend durchgeführt werden und anschließend ein Anteilstausch erfolgen. Dieses Vorgehen ist jedoch nicht steuerneutral[3]. Auch die Abspaltung auf eine beteiligungsidentische Schwestergesellschaft lässt sich ohne besondere Verzichtserklärung als Abspaltung zu Null lösen, fällt aber wegen der Beteiligungsidentität wirtschaftlich nicht in die Fallgruppe der Abspaltung zu Null. Schließlich ist bei der Spaltung einer GmbH & Co. KG das Problem des Komplementärs ohne Kapitalbeteiligung (vgl. § 54 UmwG Rz. 23) umwandlungsrechtlich zu lösen[4]. In der Regel werden auch bei einer Spaltung zu Null Ausgleichsleistungen unter den Gesellschaftern vereinbart[5]. Die von Gesellschaftern gezahlten Ausgleichsleistungen stellen keine baren Zuzahlungen iS des § 125 Satz 1 UmwG iVm. §§ 54 Abs. 4, 68 Abs. 3 UmwG dar und unterliegen damit weder einer prozentualen noch betragsmäßigen Beschränkung[6]. Allerdings kann bei einer nicht verhältniswahrenden Spaltung aus steuerlicher Sicht die bewirkte Substanzverschiebung von altem zu neuem, durch die Spaltung geschaffenen Geschäftsanteil als eine verdeckte Einlage iS von § 17 Abs. 1 Satz 2 EStG anzusehen sein und daher zu einer Besteuerung auf Anteilseignerebene führen[7].

---

1 So aber *Mayer* in Widmann/Mayer, § 128 UmwG Rz. 40 ff.
2 OLG München v. 10.7.2013 – 31 Wx 131/13, ZIP 2013, 1468 = AG 2013, 688; LG Konstanz v. 13.2.1998 – 1 HTH 6/97, GmbHR 1998, 837; *Weiler*, NZG 2013, 1326; *Heckschen*, GmbHR 2015, 897 (898 ff.) mit einer Übersicht zu verschiedenen Konstellationen der nicht verhältniswahrenden Spaltung; *Teichmann* in Lutter, § 123 UmwG Rz. 13; *Priester*, DB 1997, 560 (562); *Priester* in Lutter, § 128 UmwG Rz. 13; *Hörtnagl* in Schmitt/Hörtnagl/Stratz, § 128 UmwG Rz. 12; *Schröer* in Semler/Stengel, § 126 UmwG Rz. 29; *Mayer* in Widmann/Mayer, § 126 UmwG Rz. 274 ff., § 128 UmwG Rz. 29.
3 *Heckschen*, GmbHR 2015, 897 (899).
4 LG Essen v. 15.3.2002 – 42 T 1/02, ZIP 2002, 893 = EWiR § 128 UmwG 1/02 (*Kiem*).
5 *Hörtnagl* in Schmitt/Hörtnagl/Stratz, § 128 UmwG Rz. 26 ; *Priester* in Lutter, § 128 UmwG Rz. 16; *Simon* in KölnKomm. UmwG, § 128 UmwG Rz. 33 ff.
6 *Priester* in Lutter, § 128 UmwG Rz. 16; *Simon* in KölnKomm. UmwG, § 128 UmwG Rz. 35; *Schröer* in Semler/Stengel, § 128 UmwG Rz. 10.
7 Vgl. BFH v. 9.11.2010 – IX R 24/09, GmbHR 2011, 266 zur nicht verhältniswahrenden Verschmelzung.

Bei der Spaltung zu Null lassen sich **zwei Konstellationen** unterscheiden. In der ersten Konstellation wird ein Teil des Vermögens eines Rechtsträgers (A-GmbH) auf einen anderen Rechtsträger (B-GmbH) abgespalten, während in der zweiten Konstellation der Rechtsträger (A-GmbH) in zwei Rechtsträger (B-GmbH und C-GmbH) aufgespalten wird. Während die erste Konstellation Gegenstand der Entscheidung des OLG München ist[1], ergibt sich nach herrschender Meinung die Zulässigkeit der zweiten Konstellation bereits aus der Regierungsbegründung zum UmwG. Danach sollen bei einer Aufspaltung von Familiengesellschaften die Anteilsinhaber des übertragenden Rechtsträgers nur noch einzeln an den übernehmenden Rechtsträgern beteiligt werden[2]. Bei der Spaltung zu Null kann die Ausgleichsleistung durch die begünstigten Anteilseigner geleistet werden. Eine Ausgleichsleistung durch den übernehmenden Rechtsträger durch bare Zuzahlung ist nur in den Grenzen von §§ 54 Abs. 1 Satz 3, 68 Abs. 1 Satz 3 UmwG möglich[3]. Nach herrschender Meinung zulässig ist ebenfalls die Variante, in der der am übernehmenden Rechtsträger beteiligte Anteilsinhaber seine Beteiligung am übertragenden Rechtsträger vollständig verliert (siehe auch Rz. 4b)[4]. Umstritten und noch nicht gerichtlich entschieden ist, ob alle Anteilsinhaber auf die Anteilsgewähr am übernehmenden Rechtsträger verzichten können[5] und ob außenstehenden Dritten im Zuge der Spaltungsmaßnahme Anteile an dem übernehmenden Rechtsträger zugewiesen werden können[6]. Im letzteren Fall kann mit dem zuständigen Registergericht abgestimmt werden, ob die vorgesehene Gestaltung durchführbar ist. Bei Zweifeln kann der neue Anteilsinhaber schon vor der Spaltung mit einem symbolischen Anteil beteiligt werden.

Eine nicht-verhältniswahrende Spaltung liegt ferner vor, wenn bei einer Abspaltung die **Beteiligungsquoten am übertragenden Rechtsträger verändert** werden bzw. Anteilsinhaber im Zuge der Spaltung aus dem übertragenden Rechtsträger ausscheiden. ZB können im Zuge einer Spaltung einem Gesellschafterstamm alle Anteile am übernehmenden Rechtsträger zugewiesen werden und der Ausgleich durch Zuweisung bestimmter Anteile am übertragenden Rechtsträger an den anderen Stamm herbeigeführt werden[7].

Auch die Anteile am übertragenden Rechtsträger gehen mit Eintragung der Spaltung über. Es bedarf keiner Abtretung. Beispiel[8]: A und B sind Gesellschafter der X-GmbH, die zwei selbständige Teilbetriebe T 1 und T 2 führt. Der Teilbetrieb T

---

1 OLG München v. 10.7.2013 – 31 Wx 131/13, ZIP 2013, 1468.
2 Vgl. *Heckschen*, GmbHR 2015, 897 (900) mwN.
3 *Heckschen*, GmbHR 2015, 897 (899) mit weiterer Literatur in Fn. 15.
4 *Heckschen*, GmbHR 2015, 897 (900) mwN.
5 Zustimmend *Cramer*, GWR 2013, 384; ablehnend *Heckschen*, GmbHR 2015, 897 (900).
6 Zum Meinungsstand *Weiler*, NZG 2013, 1326 (1330).
7 *Teichmann* in Lutter, § 123 UmwG Rz. 13.
8 *Mayer*, DB 1995, 861 (863).

1 soll auf die neu gegründete Y-GmbH abgespalten werden. Die Anteile an der Y-GmbH soll nur B erhalten. A sollen sämtliche Anteile an der X-GmbH zustehen. Deshalb kann der Spaltungs- und Übernahmevertrag auch eine neue Aufteilung der Anteile des übertragenden Rechtsträgers vorsehen[1]. Interessant ist dies vor allem zur **Grunderwerbsteuervermeidung**. Denn die Anteilsvereinigung beim verbleibenden Gesellschafter der übertragenden Gesellschaft führt nicht zu einer Grunderwerbsteuerpflicht[2]. Zu beachten ist aber, dass es sich bei den im Zuge der Spaltung gewährten Anteilen am übertragenden Rechtsträger nicht um neue Anteile handeln kann, weil beim übertragenden Rechtsträger keine Kapitalerhöhung erfolgt. Es werden vielmehr im Zuge der Spaltung bestehende Anteile übertragen. Sowohl bei einer AG, als auch GmbH bzw. UG (haftungsbeschränkt) kann die neue Aufteilung der Anteile auch im Wege der Einziehung, bei Personengesellschaften als übertragenden Rechtsträgern durch Herabsetzen von Einlagen oder Aufheben von Anteilen bewirkt werden[3].

2. Zustimmung sämtlicher Anteilsinhaber des übertragenden Rechtsträgers (§ 128 Satz 1 UmwG)

5 § 128 Satz 1 UmwG verlangt im Falle einer nicht-verhältniswahrenden Spaltung für die Wirksamkeit des Spaltungs- und Übernahmevertrags die Zustimmung aller Anteilsinhaber des übertragenden Rechtsträgers, auch der nicht stimmberechtigten[4] und auch der in der Versammlung nicht erschienenen (vgl. §§ 125, 43 Abs. 1, 13 Abs. 3 UmwG)[5]. Der Zustimmungsbeschluss beim übertragenden Rechtsträger muss also **einstimmig** sein[6]. Die Zustimmungserklärungen der nicht erschienenen Anteilsinhaber sind nach §§ 125, 13 Abs. 3 Satz 1 UmwG **notariell zu beurkunden**. Bis dahin ist der Beschluss schwebend unwirksam[7]. Die fehlende Zustimmung hat die Unwirksamkeit des Spaltungsvertrages und nicht lediglich die Anfechtbarkeit des Spaltungsbeschlusses zur Folge[8]. Die Zustimmung ist unabhängig von der Stimmberechtigung, so dass es auch der Zustimmung von Inhabern stimmrechtsloser Anteile bedarf. Sind Anteile mit einem

---

1 *Kallmeyer*, DB 1996, 28; *Priester* in Lutter, § 126 UmwG Rz. 75; *Simon* in KölnKomm. UmwG, § 126 UmwG Rz. 77; *Mayer* in Widmann/Mayer, § 126 UmwG Rz. 277.
2 *Mayer* in Widmann/Mayer, § 126 UmwG Rz. 279; *Heckschen*, GmbHR 2015, 897 (900).
3 Ebenso *Heckschen*, GmbHR 2015, 897 (900).
4 *Mayer* in Widmann/Mayer, § 128 UmwG Rz. 20.
5 Siehe zum notariellen Beurkundungserfordernis für die Zustimmungserklärungen nicht erschiener Anteilsinhaber *Priester* in Lutter, § 128 UmwG Rz. 18; *Heckschen*, GmbHR 2015, 897 (900 f.).
6 *Priester* in Lutter, § 128 UmwG Rz. 18; *Simon* in KölnKomm. UmwG, § 128 UmwG Rz. 24; *Heckschen*, GmbHR 2015, 897 (900).
7 *Priester* in Lutter, § 128 UmwG Rz. 18; *Simon* in KölnKomm. UmwG, § 128 UmwG Rz. 27; *Mayer* in Widmann/Mayer, § 128 UmwG Rz. 19.
8 *Priester* in Lutter, § 128 UmwG Rz. 20.

Nießbrauch belastet, so ist auch die Zustimmung des Nießbrauchsberechtigten erforderlich[1]. Vgl. im Übrigen § 125 UmwG Rz. 15.

Eine nicht-verhältniswahrende Auf- oder Abspaltung ist also nur durchführbar, wenn sich alle Gesellschafter der übertragenden Gesellschaft einig sind. Liegt die nicht-verhältniswahrende Spaltung im vitalen Interesse des Unternehmens, so kann allerdings der Minderheitsgesellschafter unter dem Gesichtspunkt der **Treuepflicht** gehalten sein, der Spaltung zuzustimmen, vorausgesetzt, dass eine faire Bewertung vorgenommen wurde. Es muss dann aber auf Abgabe der Zustimmung geklagt werden[2]. 6

Ist die Zustimmung aller Gesellschafter nicht erreichbar, so bietet sich als Ausweg die Durchführung einer verhältniswahrenden Spaltung in Verbindung mit **schuldrechtlichen Tauschverträgen** unter einzelnen Gesellschaftern an[3]. 7

§ 129
Anmeldung der Spaltung

Zur Anmeldung der Spaltung ist auch das Vertretungsorgan jedes der übernehmenden Rechtsträger berechtigt.

1. Überblick	1	4. Reihenfolge der Anmeldungen	9
2. Zuständiges Registergericht, Anmeldende	2	5. Beizufügende Unterlagen	11
		6. Kosten der Anmeldung	16
3. Inhalt	6	7. Spaltung zur Neugründung	17

Literatur: *Ittner*, Die Spaltung nach dem neuen Umwandlungsrecht, MittRhNotK 1997, 105; *Issing*, Handelsregisteranmeldungen durch den beurkundenden Notar, NZG 2012, 289; *Rawert/Endres*, Anmeldepflichten beim Kommanditistenwechsel durch Spaltung, ZIP 2016, 1609.

1. Überblick

Die Vorschrift will klarstellen, dass ebenso wie bei der Verschmelzung zur Aufnahme (vgl. § 16 Abs. 1 Satz 2 UmwG) auch bei der Spaltung das Verschmelzungsorgan des übernehmenden Rechtsträgers anmeldeberechtigt ist, was sich ohnehin bereits über § 125 UmwG ergibt. Sie gilt für Aufspaltung, Abspaltung 1

---
1 *Mayer* in Widmann/Mayer, § 128 UmwG Rz. 23.
2 *Mayer* in Widmann/Mayer, § 128 UmwG Rz. 22; eine derartige Zustimmungspflicht zu Recht nur in engen Grenzen annehmend *Heckschen*, GmbHR 2015, 897 (901) mwN.
3 *Kallmeyer*, ZIP 1994, 1746 (1748); *Teichmann* in Lutter, § 123 UmwG Rz. 13; siehe auch *Rubner/Fischer*, NZG 2014, 761 (766).

und Ausgliederung (einschl. der aus dem Vermögen eines Einzelkaufmanns §§ 152 ff. UmwG) zur Aufnahme.

2. Zuständiges Registergericht, Anmeldende

2 Die Spaltung ist von den **vertretungsberechtigten Personen** jedes beteiligten Rechtsträgers (in vertretungsberechtigter Zahl, auch in unechter Gesamtvertretung)[1] bzw. von dem Einzelkaufmann bei dem für sie zuständigen Handelsregister zur Eintragung anzumelden (§§ 125, 16 Abs. 1 Satz 1 UmwG). Der übernehmende Rechtsträger kann auch die Spaltung beim übertragenden Rechtsträger anmelden. Bevollmächtigung ist zulässig. Anmeldung und Vollmacht sind öffentlich zu beglaubigen (§ 12 HGB, § 129 BGB).

3 Sind an der Spaltung **mehrere aufnehmende Gesellschaften beteiligt**, so ist das Vertretungsorgan jeder übernehmenden Gesellschaft zwar berechtigt, die Spaltung auch bei der übertragenden Gesellschaft anzumelden, nicht jedoch auch bei den übrigen übernehmenden Gesellschaften[2], wenngleich jede übernehmende Gesellschaft ein Interesse an einem zügigen Vermögensübergang hat[3], der jedoch erst stattfindet, wenn die Spaltung bei allen übernehmenden Gesellschaften und der übertragenden Gesellschaft eingetragen ist (§ 131 Abs. 1 Nr. 1 UmwG).

Die Vertretungsorgane des übertragenden Rechtsträgers bzw. der ausgliedernde Einzelkaufmann (§ 152 UmwG) sind nicht zur Anmeldung bei den aufnehmenden Rechtsträgern berechtigt.

4 Wird mit Anmeldung der Spaltung (dh. nur bei Abspaltung und Ausgliederung, nicht bei dem sich aufspaltenden und untergehenden Rechtsträger) bei der übertragenden (Kapital-)Gesellschaft zugleich die zu deren Durchführung erforderliche **vereinfachte Kapitalherabsetzung** angemeldet (siehe §§ 139, 145 UmwG), bleibt es bei der Anmeldung durch die Vertretungsorgane in vertretungsberechtigter Zahl (§ 78 GmbHG)[4], bei AG, KGaA muss neben den Vertretungsorganen in vertretungsberechtigter Zahl auch der Vorsitzende des Aufsichtsrates anmelden (§§ 229 Abs. 3, 223, 278 UmwG). Erfolgt bei GmbH hingegen die auch bei

---

1 *Priester* in Lutter, § 129 UmwG Rz. 3; *Schwarz* in Widmann/Mayer, § 129 UmwG Rz. 9.1; *Schwanna* in Semler/Stengel, § 129 UmwG Rz. 3; *Hörtnagl* in Schmitt/Hörtnagl/Stratz, § 129 UmwG Rz. 1.
2 *Priester* in Lutter, § 129 UmwG Rz. 2; *Hörtnagl* in Schmitt/Hörtnagl/Stratz, § 129 UmwG Rz. 2; *Wardenberg* in Henssler/Strohn, § 129 UmwG Rz. 2; *Simon* in KölnKomm. UmwG, § 129 UmwG Rz. 6; *Schwanna* in Semler/Stengel, § 129 UmwG Rz. 5.
3 Vgl. Begr. RegE bei *Ganske*, S. 67.
4 § 78 GmbHG verweist nicht auf § 58a GmbHG: Wie hier *Priester* in Scholz, 11. Aufl. 2015, § 58a GmbHG Rz. 32; *Schulze* in Gehrlein/Ekkenga/Simon, 2. Aufl. 2015, § 58a GmbHG Rz. 23; *Simon/Nießen* in KölnKomm. UmwG, § 139 UmwG Rz. 35; aA (sämtliche Geschäftsführer): *Mayer* in Widmann/Mayer, § 139 UmwG Rz. 55; *Schwanna* in Semler/Stengel, § 129 UmwG Rz. 2.

Abspaltung und Ausgliederung grundsätzlich mögliche reguläre Kapitalherabsetzung (§ 58 GmbHG), müssen alle Geschäftsführer anmelden (§§ 78, 58 Abs. 1 Nr. 3 GmbHG).

Bei gleichzeitiger Anmeldung einer erforderlichen **Kapitalerhöhung** bei übernehmender (Kapital-)Gesellschaft (vgl. §§ 125, 55, 69 UmwG) müssen bei GmbH alle Geschäftsführer anmelden (§§ 125, 55 UmwG; § 78 GmbHG), bei AG, KGaA zusätzlich der Vorsitzende des Aufsichtsrats (§§ 125, 69 UmwG; §§ 188 Abs. 1, 278 AktG). 5

3. Inhalt

a) Anzumelden ist die „**Spaltung**" selbst, nicht Spaltungsvertrag oder -beschlüsse[1]. Ebenso wie bei der Verschmelzung zur Aufnahme stellt das Gesetz für die Anmeldung – anders als etwa bei der Anmeldung von Unternehmensverträgen (vgl. § 294 AktG) – keine besonderen Voraussetzungen auf, wenngleich §§ 140, 146 UmwG darauf hinzudeuten scheinen, dass zumindest die Art der Spaltung anzumelden ist. Anmeldung ist aber Grundlage für Eintragung in das Handelsregister und anschließende Bekanntmachung im Veröffentlichungsorgan (§§ 125, 19 Abs. 3 UmwG, § 10 HGB) und hat deshalb im Interesse des Rechtsverkehrs klar und bestimmt zu sein[2]. Angegeben werden sollten daher Art der Spaltung (Auf-, Abspaltung oder Ausgliederung) zur Aufnahme oder Neugründung unter Bezeichnung von Firma und Sitz der beteiligten Rechtsträger. **Weitere Angaben** sind nicht erforderlich, sie ergeben sich aus den beizufügenden Unterlagen (siehe Rz. 11) – aber **ratsam**, um Registergericht Prüfung des Spaltungsvorgangs zu erleichtern und um Fehlern bei der Eintragung und Bekanntmachung vorzubeugen. Einige Handelsregister verlangen eine kurze Bezeichnung des übertragenen Vermögensteils. Um Zwischenverfügungen zu vermeiden, sollte diese Angabe stets in der Anmeldung enthalten sein[3]. 6

Werden mit der Spaltung zugleich **Kapitalherabsetzung** bzw. **Kapitalerhöhung** angemeldet, ist dies unter schlagwortartigem Hinweis auf die damit verbundene Satzungsänderung hervorzuheben[4]. Die Anmeldenden haben nicht die bei regulärer Kapitalerhöhung verlangte Versicherung gemäß § 57 Abs. 2 GmbHG bzw. § 188 Abs. 2 AktG abzugeben (vgl. §§ 125, 55, 69 Abs. 1 Satz 1 UmwG)[5]. 7

---

1 *Priester* in Lutter, § 129 UmwG Rz. 6; *Simon* in KölnKomm. UmwG, § 129 UmwG Rz. 10; *Schwanna* in Semler/Stengel, § 129 UmwG Rz. 7.
2 *Krafka/Kühn*, Registerrecht, 9. Aufl. 2013, Rz. 172.
3 So auch *Priester* in Lutter, § 129 UmwG Rz. 6; ähnlich *Schwanna* in Semler/Stengel, § 129 UmwG Rz. 7; *Simon* in KölnKomm. UmwG, § 129 UmwG Rz. 10.
4 BGH v. 16.2.1987 – II ZB 12/86, GmbHR 1987, 423; *Simon* in KölnKomm. UmwG, § 129 UmwG Rz. 11; *Schwanna* in Semler/Stengel, § 129 UmwG Rz. 8.
5 So auch *Priester* in Lutter, § 129 UmwG Rz. 9; *Schwanna* in Semler/Stengel, § 129 UmwG Rz. 8.

8   **b) Weitere Angaben.** Jeder Anmeldung (auch der des Einzelkaufmanns) ist die **Negativerklärung gemäß** § 16 Abs. 2 UmwG, die sämtliche Spaltungsbeschlüsse der Versammlungen der an der Spaltung beteiligten Rechtsträger umfassen muss, bzw. die notariell beurkundete Verzichtserklärung (§ 16 Abs. 2 Satz 2 UmwG) beizufügen, bei Beteiligung einer übertragenden Kapitalgesellschaft ferner die Erklärungen über die **Deckung des Nennkapitals** (§ 140 UmwG für GmbH, § 146 Abs. 1 UmwG für AG, KGaA; Einzelheiten siehe § 140 UmwG und § 146 UmwG)[1].

Zu zusätzlichen Angaben siehe § 16 UmwG Rz. 14 ff.

4. Reihenfolge der Anmeldungen

9   Eine Reihenfolge der Anmeldungen ist gesetzlich nicht vorgeschrieben, lediglich die der Eintragungen (vgl. § 130 Abs. 1 UmwG): Zunächst ist – **anders** als bei der **Verschmelzung** (vgl. § 19 UmwG) – die Spaltung bei der übernehmenden Gesellschaft einzutragen, sodann bei der übertragenden (§ 130 Abs. 1 UmwG). Erfolgt zur Durchführung der Spaltung eine Kapitalerhöhung (bei übernehmender Gesellschaft) oder Kapitalherabsetzung (bei übertragender Gesellschaft), ist bei der übernehmenden Gesellschaft vor der Spaltung die Kapitalerhöhung einzutragen (§§ 125, 53, 66 UmwG), bei der übertragenden Gesellschaft vor Eintragung der Abspaltung, Ausgliederung die Kapitalherabsetzung (§§ 139, 145 UmwG)[2]. Auf die Eintragungsreihenfolge ist bei der Einreichung der Anmeldungen besonders zu achten und das Registergericht vorsorglich darauf hinzuweisen.

10 Wie bei der Veschmelzung muss die Anmeldung der Spaltung beim Register des **übertragenden Rechtsträgers** vor Ablauf von **acht Monaten** seit dem Stichtag der einzureichenden Bilanz (§ 17 Abs. 2 Satz 4 UmwG) eingehen. Bei Verspätung ist die Anmeldung zurückzuweisen (weitere Einzelheiten zur Verfristung siehe § 17 UmwG).

5. Beizufügende Unterlagen

11 a) Siehe hierzu zunächst die Erläuterungen zu dem über § 125 UmwG anwendbaren § 17 UmwG. An die Stelle des Verschmelzungsvertrages treten der Spaltungs-/Ausgliederungs- und Übernahmevertrag (§ 126 UmwG), an die Stelle der Verschmelzungsbeschlüsse die Spaltungsbeschlüsse, an die Stelle von Verschmelzungs- und Prüfungsbericht der Spaltungsbericht und Spaltungsprü-

---

1 *Priester* in Lutter, § 129 UmwG Rz. 8; *Schwanna* in Semler/Stengel, § 129 UmwG Rz. 9; *Simon* in KölnKomm. UmwG, § 129 UmwG Rz. 11; vgl. auch § 16 UmwG Rz. 14.
2 *Hörtnagl* in Schmitt/Hörtnagl/Stratz, § 130 UmwG Rz. 4 ff.; *Priester* in Lutter, § 130 UmwG Rz. 9 f.

fungsbericht, ausgenommen bei Ausgliederung, bei der eine Prüfung nicht stattfindet (§ 125 Satz 2 UmwG). Bei der zum Register des übertragenden Rechtsträgers einzureichenden Bilanz (Rz. 10) handelt es sich um dessen **Gesamtbilanz**[1], nicht die „Spaltungs-" oder „Ausgliederungsbilanz", die in der Praxis die zu übertragenden Vermögensteile enthält und deshalb regelmäßig Teil des Spaltungs- und Übernahmevertrages, im Regelfall zur Bezeichnung des zu übertragenden Vermögens, ist. Zu Kettenübertragungen siehe § 17 UmwG Rz. 4. Ein **Sachgründungsbericht** (bei aufnehmender GmbH) kann nicht verlangt werden: § 138 UmwG gilt ausschließlich für die Gründung[2]. Falls Erklärung über die Kapitaldeckung gemäß § 140 UmwG (GmbH), § 146 UmwG (AG, KGaA, SE) nicht in der zum Register der sich spaltenden Gesellschaft einzureichenden Anmeldung enthalten ist, ist diese ebenfalls beizufügen (siehe § 140 UmwG Rz. 7, 9/ § 146 UmwG Rz. 5, 8). Der Anmeldung des übertragenden Rechtsträgers ist ferner ein beglaubigter Handelsregisterauszug beizufügen, mit dem die Voreintragung bei dem übernehmenden Rechtsträger nachgewiesen wird. Denn diese Angaben erhält das betreffende Registergericht nicht von Amts wegen[3].

Bei Ausgliederung aus dem Vermögen des **Einzelkaufmanns** ist weder eine gesonderte Vermögensübersicht dem Registergericht einzureichen – sie wird durch die Angaben im Ausgliederungs- und Übernahmevertrag ersetzt (siehe § 126 Abs. 1 Nr. 9 UmwG) – noch ein Ausgliederungsbericht (§ 153 UmwG). Der Einzelkaufmann hat jedoch zu erklären, dass er nicht überschuldet ist (siehe § 154 UmwG Rz. 5). 12

Eine übertragende AG, KGaA, SE muss dem Register des übernehmenden Rechtsträgers ferner durch beglaubigten Handelsregisterauszug den Zeitpunkt ihrer Ersteintragung im Handelsregister nachweisen, da für diese Rechtsträgertypen – mit Ausnahme der Ausgliederung zur Neugründung – jede Art der Spaltung vor Ablauf von zwei Jahren seit Gründung unzulässig ist (§ 141 UmwG). 13

b) Wird bei der übernehmenden (Kapital-)Gesellschaft das **Kapital** zur Durchführung der Spaltung **erhöht**, sind weitere Unterlagen einzureichen (für GmbH: § 53 UmwG Rz. 6ff.; für AG, KGaA, SE: § 66 UmwG Rz. 7 und 11); ein Bericht über die Prüfung des eingebrachten Vermögensteils ist bei AG, KGaA, SE dann stets notwendig und in Urschrift oder beglaubigter Abschrift[4] der Anmeldung beizufügen (§ 142 Abs. 1 UmwG, §§ 183 Abs. 3, 184 Abs. 2 AktG). 14

---

1 *Schwanna* in Semler/Stengel, § 129 UmwG Rz. 11; *Simon* in KölnKomm. UmwG, § 129 UmwG Rz. 16.
2 Begr. RegE bei *Ganske*, S. 173; *Mayer* in Widmann/Mayer, § 138 UmwG Rz. 1; *Schwanna* in Semler/Stengel, § 129 UmwG Rz. 12; *Hörtnagl* in Schmitt/Hörtnagl/Stratz, § 138 UmwG Rz. 3; unklar *Reichert* in Semler/Stengel, § 138 UmwG Rz. 2; aA *Priester* in Lutter, § 138 UmwG Rz. 8.
3 *Priester* in Lutter, § 130 UmwG Rz. 10; *Schwanna* in Semler/Stengel, § 130 UmwG Rz. 18.
4 *Hüffer/Koch*, § 184 AktG Rz. 4.

§ 130 | Spaltung zur Aufnahme

15 c) Bei **Kapitalherabsetzung** sind der Anmeldung der übertragenden Gesellschaft die notarielle Urkunde mit Kapitalherabsetzungs- und Satzungsänderungsbeschluss in Ausfertigung oder beglaubigter Abschrift und der vollständige Wortlaut der Satzung letzter Fassung beizufügen (§ 54 Abs. 1 Satz 2 GmbHG, § 181 Abs. 1 Satz 2 AktG), bei regulärer Kapitalherabsetzung (GmbH) der Nachweis über die Bekanntmachung der Kapitalherabsetzung (§ 58 Abs. 1 Nrn. 1 und 4 GmbHG).

6. Kosten der Anmeldung

16 Siehe § 16 UmwG Rz. 20, 21: Wird gleichzeitig Kapitalherabsetzung bei dem übertragenden Rechtsträger angemeldet, ist als Wert für die Notarkosten der Kapitalherabsetzungsbetrag (§ 105 Abs. 1 Nr. 3 GNotKG) zugrunde zu legen und dem Wert der Spaltung hinzuzurechnen (Mindestwert 30 000 Euro, Höchstwert 1 Mio. Euro gemäß §§ 105 Abs. 4 Satz 1, 106 GNotKG).

7. Spaltung zur Neugründung

17 Zur Anmeldung und den beizufügenden Unterlagen bei der Spaltung zur Neugründung siehe Erl. zu § 137 UmwG.

§ 130
Eintragung der Spaltung

(1) Die Spaltung darf in das Register des Sitzes des übertragenden Rechtsträgers erst eingetragen werden, nachdem sie im Register des Sitzes jedes der übernehmenden Rechtsträger eingetragen worden ist. Die Eintragung im Register des Sitzes jedes der übernehmenden Rechtsträger ist mit dem Vermerk zu versehen, dass die Spaltung erst mit der Eintragung im Register des Sitzes des übertragenden Rechtsträgers wirksam wird, sofern die Eintragungen in den Registern aller beteiligten Rechtsträger nicht am selben Tag erfolgen.

(2) Das Gericht des Sitzes des übertragenden Rechtsträgers hat von Amts wegen dem Gericht des Sitzes jedes der übernehmenden Rechtsträger den Tag der Eintragung der Spaltung mitzuteilen sowie einen Registerauszug und den Gesellschaftsvertrag, den Partnerschaftsvertrag oder die Satzung des übertragenden Rechtsträgers in Abschrift, als Ausdruck oder elektronisch zu übermitteln. Nach Eingang der Mitteilung hat das Gericht des Sitzes jedes der übernehmenden Rechtsträger von Amts wegen den Tag der Eintragung der Spaltung im Register des Sitzes des übertragenden Rechtsträgers zu vermerken.

Eintragung der Spaltung | § 130

1. Überblick 1
2. Prüfung des Registergerichts 2
3. Eintragung
   a) Zeitpunkt 7
   b) Reihenfolge 8
c) Inhalt 10
4. Zusammenwirken der Gerichte
   (§ 130 Abs. 2 UmwG) 11
5. Eintragungsmängel, Rechtsmittel . 13
6. Bekanntmachung, Kosten 14

1. Überblick

Die Vorschrift modifiziert in Abs. 1 (Reihenfolge der Eintragungen) und Abs. 2 (wechselseitige Mitteilung der Registergerichte) den über § 125 UmwG geltenden § 19 UmwG. § 19 Abs. 3 UmwG (Bekanntmachungen) gilt unverändert. 1

2. Prüfung des Registergerichts

Wie bei der Verschmelzung hat das Registergericht bei der Spaltung zu prüfen, ob die **formellen** und **materiellen Voraussetzungen** für die Eintragung der Spaltung im Handelsregister vorliegen[1] (siehe auch Erl. zu § 19 UmwG Rz. 2–6). Bei der Ausgliederung aus dem Vermögen eines **Einzelkaufmannes** hat das Registergericht insbesondere zu beachten, dass dessen Verbindlichkeiten nicht sein Vermögen übersteigen[2]. Anderenfalls hat es die Eintragung der Ausgliederung abzulehnen (§ 154 UmwG, Einzelheiten siehe dort). Ein unvollständiges Vermögensverzeichnis ist hingegen kein Ablehnungsgrund[3]. 2

Wird bei übernehmender Kapitalgesellschaft zur Durchführung der Spaltung das **Kapital erhöht** (§§ 125, 55, 69 UmwG), erstreckt sich die Prüfung des Registergerichts auch auf Ordnungsmäßigkeit der Kapitalerhöhung. Eingeschlossen ist – da jede Art der Spaltung als Sachkapitalerhöhung gewertet wird – die Prüfung, ob die übertragenen Vermögensteile wertmäßig hinter dem Gesamt-Nennbetrag/Gesamtausgabebetrag der dafür zu gewährenden Geschäftsanteile/Aktien zurückbleiben, also ob ein Verstoß gegen das Verbot der **Unterpariemission** vorliegt[4]. Die Schlussbilanz der übertragenden Gesellschaft ist als Wertnachweis hierfür nicht geeignet; als **Wertnachweis** wird (bei GmbH) in der Regel nur eine Teilbilanz dienen (siehe § 129 UmwG Rz. 11 und § 125 UmwG Rz. 23). Sofern deren ausgewiesene (Netto-)Buchwerte geringer als der Erhöhungsbetrag sind, ist der Wertnachweis anderweitig zu führen, in der Regel durch Sachverständi- 3

---

1 *Ittner*, MittRhNotK 1997, 105 (125); *Wardenbach* in Henssler/Strohn, § 130 UmwG Rz. 2; *Fischer* in Böttcher/Habighorst/Schulte, § 130 UmwG Rz. 4.
2 *Schwanna* in Semler/Stengel, § 130 UmwG Rz. 4; *Fronhöfer* in Widmann/Mayer, § 130 UmwG Rz. 4.
3 Begr. RegE bei *Ganske*, S. 184.
4 *Priester* in Lutter, § 130 UmwG Rz. 5; *Hörtnagl* in Schmitt/Hörtnagl/Stratz, § 130 UmwG Rz 15.

gengutachten[1]. Bei AG, KGaA, SE ist dies der Bericht des Sacheinlagenprüfers (vgl. § 142 UmwG, § 183 Abs. 3 AktG). Weitere Einzelheiten zum Prüfungsumfang des Registergerichts bei Kapitalerhöhung bei § 53 UmwG Rz. 13 ff. (GmbH); § 66 UmwG Rz. 15 ff. (AG).

4 Das gerichtliche Prüfungsrecht tritt neben die bei AG, KGaA, SE stets durchzuführende Werthaltigkeitsprüfung (§ 142 Abs. 1 UmwG, § 183 Abs. 3 AktG) durch Dritte[2].

5 Ist bei der übertragenden Kapitalgesellschaft eine **Kapitalherabsetzung** erforderlich, prüft das Registergericht auch deren (formelle und materielle) Ordnungsgemäßheit[3].

6 Das Registergericht ist grundsätzlich nicht berechtigt zu prüfen, ob bei der übertragenden Gesellschaft die Kapitalausstattung nach Durchführung der Spaltung noch geltendem Recht entspricht. Die Erklärung der Geschäftsführer (§ 140 UmwG) bzw. des Vorstandes/persönlich haftenden Gesellschafters (§ 146 UmwG), das dem so ist, ist als zutreffend anzusehen, da falsche Angaben strafbewehrt sind (§ 313 Abs. 2 UmwG); nur wenn das Registergericht begründete Zweifel am Inhalt der Erklärung hat, kann es weitere Aufklärung verlangen[4].

3. Eintragung

a) Zeitpunkt

7 Liegen die Eintragungsvoraussetzungen vor, muss das Gericht eintragen. Hierauf besteht öffentlich-rechtlicher Anspruch[5].

b) Reihenfolge

8 Anders als bei der Verschmelzung, die wirksam wird mit Eintragung der Verschmelzung im Register des übernehmenden Rechtsträgers (siehe § 19 Abs. 1 UmwG), wird jede Art der Spaltung (und die mit der Spaltung verbundenen Kapitalmaßnahmen, siehe Rz. 9) erst mit ihrer Eintragung im Register des übertragenden Rechtsträgers wirksam (§ 131 Abs. 1 UmwG). Die Reihenfolge ist daher anders als bei der für die Wirksamkeit auf Eintragung bei übernehmender Gesellschaft abstellenden Verschmelzung: Zunächst ist die Spaltung bei der über-

---

1 *Priester* in Lutter, § 130 UmwG Rz. 5; *Schwanna* in Semler/Stengel, § 130 UmwG Rz. 5; *Fronhöfer* in Widmann/Mayer, § 130 UmwG Rz. 14.
2 *Hüffer/Koch*, § 183 AktG Rz. 18 mwN; *Schwanna* in Semler/Stengel, § 130 UmwG Rz. 5.
3 Einzelheiten bei *Priester* in Lutter, § 139 UmwG Rz. 20; *Hüffer/Koch*, § 224 AktG Rz. 5.
4 *Schwanna* in Semler/Stengel, § 140 UmwG Rz. 8; *Priester* in Lutter, § 140 UmwG Rz. 13; so auch *Mayer* in Widmann/Mayer, § 140 UmwG Rz. 15.
5 Vgl. *Hüffer/Koch*, § 38 AktG Rz. 6.

nehmenden Gesellschaft mit „Vorläufigkeitsvermerk"[1] gemäß § 130 Abs. 1 Satz 2 Halbsatz 1 UmwG (= Hinweis darauf, dass Spaltung erst mit Eintragung im Register des übertragenden Rechtsträgers wirksam wird) einzutragen, sofern die Eintragungen in den Registern aller beteiligten Rechtsträger nicht am selben Tag erfolgen (§ 130 Abs. 1 Satz 2 Halbsatz 2 UmwG)[2]. Die Eintragung der Spaltung bei der **übernehmenden** Gesellschaft hat nur deklaratorische Bedeutung[3]. Mit konstitutiver Wirkung (§ 131 Abs. 1 UmwG) erfolgt sie im Register der **übertragenden** Gesellschaft[4]. Sodann ist bei der übernehmenden Gesellschaft der Wirksamkeitsvermerk einzutragen (§ 130 Abs. 2 Satz 2 UmwG).

Sind **mehrere übernehmende Rechtsträger** an der Spaltung beteiligt, kann sie im Register des übertragenden Rechtsträgers erst eingetragen werden, wenn die Spaltung bei allen übernehmenden Rechtsträgern erfolgt ist. Scheitert die Eintragung auch nur bei einem von ihnen, führt dies auch zum Scheitern bei den übrigen beteiligten Rechtsträgern. 9

Besonders zu achten ist auf die Reihenfolge der Eintragungen, wenn zur Durchführung der Spaltung bei der übernehmenden Gesellschaft das **Kapital erhöht** oder bei der übertragenden Gesellschaft das **Kapital herabgesetzt** wird. Die Kapitalerhöhung muss bei der übernehmenden Gesellschaft vor der Spaltung eingetragen werden (§§ 125, 53, 66 UmwG), die Kapitalherabsetzung vor der Spaltung bei der übertragenden Gesellschaft (§ 139 Satz 2 UmwG, § 145 Satz 2 UmwG)[5], kann aber der Eintragung bei der übernehmenden Gesellschaft, weil deklaratorisch, nachfolgen (zu den Folgen bei Missachtung dieser Reihenfolge siehe Rz. 13).

c) Inhalt

Einzutragen ist in das Register aller beteiligten Gesellschaften die Art der Spaltung (Auf-/Abspaltung, Ausgliederung von Vermögensteilen als Gesamtheit zur Aufnahme) unter summarischer Bezeichnung des übertragenen Vermögensteils, das Datum des Spaltungs- und Übernahmevertrages und der Spaltungsbeschlüsse[6]. 10

---

[1] *Priester*, DNotZ 1995, 427 (447).
[2] *Simon* in KölnKomm. UmwG, § 130 UmwG Rz. 4; *Schwanna* in Semler/Stengel, § 130 UmwG Rz. 8; *Hörtnagl* in Schmitt/Hörtnagl/Stratz, § 130 UmwG Rz. 6.
[3] *Simon* in KölnKomm. UmwG, § 130 UmwG Rz. 6; *Fischer* in Böttcher/Habighorst/Schulte, § 130 UmwG Rz. 9.
[4] *Fronhöfer* in Widmann/Mayer, § 130 UmwG Rz. 3; *Simon* in KölnKomm. UmwG, § 130 UmwG Rz. 5; *Hörtnagl* in Schmitt/Hörtnagl/Stratz, § 130 UmwG Rz. 23.
[5] *Hörtnagl* in Schmitt/Hörtnagl/Stratz, § 130 UmwG Rz. 5; *Priester* in Lutter, § 130 UmwG Rz. 9; *Simon* in KölnKomm. UmwG, § 130 UmwG Rz. 14; *Schwanna* in Semler/Stengel, § 130 UmwG Rz. 9 und 11.
[6] Entspr. BGH v. 24.10.1988 – II ZB 7/88, BGHZ 105, 324 (346) = AG 1989, 91 (Supermarkt); siehe auch *Priester* in Lutter, § 130 UmwG Rz. 8; *Wardenbach* in Henssler/

Die Eintragung der Spaltung im Handelsregister erfolgt in Spalte 4 (PR) bzw. Spalte 5 (HRA) und Spalte 6 (HRB) und ist den Beteiligten bekannt zu machen (§ 383 Abs. 1 FamFG).

4. Zusammenwirken der Gerichte (§ 130 Abs. 2 UmwG)

11 Das Registergericht des übertragenden Rechtsträgers hat dem Registergericht jedes übernehmenden Rechtsträgers die Eintragung der Spaltung in seinem Register mitzuteilen (§ 130 Abs. 2 Satz 1 UmwG). Sodann wird auf dem Registerblatt der übernehmenden Gesellschaft der Tag des Wirksamwerdens (= Eintragung der Spaltung beim übertragenden Rechtsträger) in Spalte 4 (PR), Spalte 5 (HRA) bzw. in Spalte 6 (HRB) eingetragen sowie in der folgenden Spalte auf das Registerblatt des übertragenden Rechtsträgers verwiesen und umgekehrt (§ 43 Nr. 6 lit. b ee HRV).

Die **Mitteilung über die Voreintragung** bei dem übernehmenden Rechtsträger erfolgt hingegen nicht von Amts wegen. Diese haben die Anmeldenden dem Registergericht der übertragenden Gesellschaft durch beglaubigten Handelsregisterauszug selbst nachzuweisen[1].

12 Anders als bei der Verschmelzung (vgl. § 19 UmwG Rz. 12) verbleiben die **Registerunterlagen** in allen Spaltungsfällen (also auch bei Aufspaltung) beim übertragenden Rechtsträger. Das Registergericht des aufnehmenden Rechtsträgers erhält lediglich den Registerauszug des übertragenden Rechtsträgers und (nur bei GmbH, AG, KGaA, nicht bei Personenhandels- und Partnerschaftsgesellschaften mangels einzureichender Gesellschafter-/Partnerschaftsverträge) dessen Gesellschaftsvertrag/Satzung in Abschrift, als Ausdruck oder elektronisch übermittelt (§ 130 Abs. 2 Satz 1 UmwG)[2].

5. Eintragungsmängel, Rechtsmittel

13 Wird die Reihenfolge bei der Eintragung nicht beachtet, bleiben die Verstöße folgenlos. Sobald die Eintragung bei der übertragenden Gesellschaft erfolgt ist, ist die Spaltung wirksam, auch wenn dann noch die Eintragung von Kapital-

---

Strohn, § 130 UmwG Rz. 1; *Fronhöfer* in Widmann/Mayer, § 130 UmwG Rz. 22; *Simon* in KölnKomm. UmwG, § 130 UmwG Rz. 7.
1 *Priester* in Lutter, § 130 UmwG Rz. 10; *Schwanna* in Semler/Stengel, § 130 UmwG Rz. 18; *Wardenbach* in Henssler/Strohn, § 130 UmwG Rz. 4.
2 *Priester* in Lutter, § 130 UmwG Rz. 14; *Simon* in KölnKomm. UmwG, § 130 UmwG Rz. 19; *Fronhöfer* in Widmann/Mayer, § 130 UmwG Rz. 24; *Hörtnagl* in Schmitt/Hörtnagl/Stratz, § 130 UmwG Rz. 24; *Schwanna* in Semler/Stengel, § 130 UmwG Rz. 19; *Wardenbach* in Henssler/Strohn, § 130 UmwG Rz. 7.

maßnahmen zur Durchführung der Spaltung fehlen (§ 131 Abs. 2 UmwG)[1]. Die fehlenden Eintragungen sind aber nachzuholen.

6. Bekanntmachung, Kosten

Siehe Erl. zu § 19 UmwG Rz. 14–19; zu den Kosten der Kapitalerhöhung siehe § 53 UmwG Rz. 21 ff., für die Kosten der Kapitalherabsetzung gilt Entsprechendes. 14

Mit dem Tag, an dem die Eintragung im Register des Sitzes des übertragenden Rechtsträgers bekannt gemacht worden ist, läuft für die gesamtschuldnerische Haftung nach § 133 Abs. 1, 3 UmwG die **fünfjährige Frist** (§ 133 Abs. 4, 6 UmwG) bzw. für die Haftung des Einzelkaufmanns (§ 157 Abs. 1 und 2 UmwG). 15

§ 131
Wirkungen der Eintragung

(1) Die Eintragung der Spaltung in das Register des Sitzes des übertragenden Rechtsträgers hat folgende Wirkungen:

1. **Das Vermögen des übertragenden Rechtsträgers, bei Abspaltung und Ausgliederung der abgespaltene oder ausgegliederte Teil oder die abgespaltenen oder ausgegliederten Teile des Vermögens einschließlich der Verbindlichkeiten gehen entsprechend der im Spaltungs- und Übernahmevertrag vorgesehenen Aufteilung jeweils als Gesamtheit auf die übernehmenden Rechtsträger über.**

2. **Bei der Aufspaltung erlischt der übertragende Rechtsträger. Einer besonderen Löschung bedarf es nicht.**

3. **Bei Aufspaltung und Abspaltung werden die Anteilsinhaber des übertragenden Rechtsträgers entsprechend der im Spaltungs- und Übernahmevertrag vorgesehenen Aufteilung Anteilsinhaber der beteiligten Rechtsträger; dies gilt nicht, soweit der übernehmende Rechtsträger oder ein Dritter, der im eigenen Namen, jedoch für Rechnung dieses Rechtsträgers handelt, Anteilsinhaber des übertragenden Rechtsträgers ist oder der übertragende Rechtsträger eigene Anteile innehat oder ein Dritter, der im eigenen Namen, jedoch für Rechnung dieses Rechtsträgers handelt, dessen**

---

[1] Anders noch die 5. Auflage; so auch *Priester* in Lutter, § 130 UmwG Rz. 11; *Fronhöfer* in Widmann/Mayer, § 130 UmwG Rz. 21 aE; *Hörtnagl* in Schmitt/Hörtnagl/Stratz, § 130 UmwG Rz. 9; *Schwanna* in Semler/Stengel, § 130 UmwG Rz. 23; *Simon* in KölnKomm. UmwG, § 130 UmwG Rz. 22.

Anteilsinhaber ist. Rechte Dritter an den Anteilen oder Mitgliedschaften des übertragenden Rechtsträgers bestehen an den an ihre Stelle tretenden Anteilen oder Mitgliedschaften der übernehmenden Rechtsträger weiter. Bei Ausgliederung wird der übertragende Rechtsträger entsprechend dem Ausgliederungs- und Übernahmevertrag Anteilsinhaber der übernehmenden Rechtsträger.

4. Der Mangel der notariellen Beurkundung des Spaltungs- und Übernahmevertrags und gegebenenfalls erforderlicher Zustimmungs- oder Verzichtserklärungen einzelner Anteilsinhaber wird geheilt.

(2) Mängel der Spaltung lassen die Wirkungen der Eintragung nach Absatz 1 unberührt.

(3) Ist bei einer Aufspaltung ein Gegenstand im Vertrag keinem der übernehmenden Rechtsträger zugeteilt worden und lässt sich die Zuteilung auch nicht durch Auslegung des Vertrags ermitteln, so geht der Gegenstand auf alle übernehmenden Rechtsträger in dem Verhältnis über, das sich aus dem Vertrag für die Aufteilung des Überschusses der Aktivseite der Schlussbilanz über deren Passivseite ergibt; ist eine Zuteilung des Gegenstandes an mehrere Rechtsträger nicht möglich, so ist sein Gegenwert in dem bezeichneten Verhältnis zu verteilen.

I. Eintragung der Spaltung im Handelsregister des übertragenden Rechtsträgers konstitutiv (§ 131 Abs. 1 UmwG) . 1
II. Übergang des Vermögensteils und der Verbindlichkeiten (§ 131 Abs. 1 Nr. 1 UmwG)
  1. Partielle Gesamtrechtsnachfolge 2
  2. Auswirkungen auf einzelne Vermögensgegenstände
    a) Bewegliche Sachen 6
    b) Grundstücke und grundstücksgleiche Rechte 7
    c) Rechte an Grundstücken . . . 8
    d) Forderungen 9
    e) Schuldverhältnisse 10
    f) Arbeitsverhältnisse, Tarifverträge und Betriebsvereinbarungen 11
    g) Organstellungen 12
    h) Vollmachten 13
    i) Beteiligungen und Mitgliedschaftsrechte 14
    j) Immaterialgüterrechte 16
    k) Öffentlich-rechtliche Rechtspositionen 17
    l) Wettbewerbsverbote und wettbewerbsrechtliche Unterlassungsansprüche 18
    m) Verfahrensstellungen 19
    n) Daten 20
    o) Verbindlichkeiten, Steuerverbindlichkeiten 21
III. Erlöschen des übertragenden Rechtsträgers bei Aufspaltung (§ 131 Abs. 1 Nr. 2 UmwG) . . . 22
IV. Anteilserwerb (§ 131 Abs. 1 Nr. 3 UmwG) 23
V. Heilung von Formmängeln (§ 131 Abs. 1 Nr. 4 UmwG) . . . 27
VI. Rechtsbeständigkeit der mangelhaften Spaltung (§ 131 Abs. 2 UmwG) 28
VII. Zuordnung „vergessener" Vermögensgegenstände und Verbindlichkeiten (§ 131 Abs. 3 UmwG) 29

VIII. Rechnungslegung beim übertragenden Rechtsträger und dessen Anteilsinhaber *(Lanfermann)*
1. Rechnungslegung beim übertragenden Rechtsträger
   a) Aufspaltung 31
   b) Abspaltung 32
   c) Ausgliederung 33
2. Rechnungslegung beim Anteilsinhaber 34

Literatur: *Bitter*, Kreditverträge in Umwandlung und Umstrukturierung, ZHR 173 (2009), 379; *Bork/Jacoby*, Das Schicksal des Zivilprozesses bei der Abspaltung, ZHR 167 (2003), 440; *Buchner/Schlobach*, Die Auswirkung der Umwandlung von Gesellschaften auf die Rechtsstellung ihrer Organpersonen, GmbHR 2004, 1; *Drinhausen*, Regierungsentwurf eines zweiten Gesetzes zur Änderung des Umwandlungsgesetzes – ein Gewinn für die Praxis?, BB 2006, 2313; *Fuhrmann/Simon*, Praktische Probleme der umwandlungsrechtlichen Ausgliederung, Erfahrungen mit einem neuen Rechtsinstitut, AG 2000, 49; *Habersack/Koch/Winter* (Hrsg.), Die Spaltung im neuen Umwandlungsrecht und ihre Rechtsfolgen, 1999; *Heckschen*, Aktuelle Probleme des Spaltungsrechts – Eine Betrachtung nach 20 Jahren –, GmbHR 2015, 897; *Heppe*, Zu den Mitteilungspflichten nach § 21 WpHG im Rahmen der Umwandlung von Gesellschaften, WM 2002, 60; *Ihrig*, Die gebundene Beteiligung bei der Spaltung, GS M. Winter, 2011, S. 297; *Kollmorgen/Feldhaus*, Probleme der Übertragung von Vermögen mit Auslandsbezug nach dem Umwandlungsgesetz, BB 2007, 2189; *Meyer*, Auswirkungen der Umwandlung von Gesellschaften nach dem UmwG auf einen anhängigen Zivilprozess, JR 2007, 136; *Moll*, Kollektivvertragliche Arbeitsbedingungen nach einem Betriebsübergang, RdA 1996, 275; *Klaus J. Müller*, Neues zur Spaltung: die geplante Streichung von §§ 131 I Nr. 1 S. 2, 132 UmwG, NZG 2006, 491; *Thomas Müller*, Umwandlung des Unternehmensträgers und Betriebsvereinbarung, RdA 1996, 287; *Welf Müller*, Zweifelsfragen zum Umwandlungsrecht, WPg 1996, 857 (865 f.); *Müntefering*, Die Bedeutung des § 1059a BGB, § 77a GenG bei Spaltungen nach dem Umwandlungsgesetz, NZG 2005, 64; *Podewils*, Umwandlung: Keine Gesamtrechtsnachfolge bei Abspaltung durch Neugründung, GmbHR 2010, 166; *Rieble*, Verschmelzung und Spaltung von Unternehmen und ihre Folgen für Schuldverhältnisse mit Dritten, ZIP 1997, 301; *Schröer*, Reichweite der partiellen Gesamtrechtsnachfolge nach Aufhebung des § 132 UmwG, FS Maier-Reimer, 2010, S. 657 ff.; *Schwedhelm/Streck/Mack*, Die Spaltung der GmbH nach neuem Umwandlungsrecht, GmbHR 1995, 7; *Schwetlik*, Abspaltung Gesamtrechtsnachfolge i.S.d. § 45 AO?, EStB 2010, 44; *Simon*, Umwandlungsrechtliche Gesamtrechtsnachfolge in Prozessrechtsverhältnissen, Der Konzern 2003, 373; *Stöber*, Die Auswirkungen einer Umwandlung nach dem Umwandlungsgesetz auf einen laufenden Zivilprozess, NZG 2006, 574; *Teichmann*, Vinkulierte Gesellschaftsanteile vs. spaltender Rechtsträger, GmbHR 2014, 393; *Veil*, Aktuelle Probleme im Ausgliederungsrecht, ZIP 1998, 361; *Volmer*, Vollzugsprobleme bei Spaltungen – Grundbuchvollzug und vollstreckbare Urkunde, WM 2002, 428; *Wöhlert*, Gestaltungsfreiheit und Gläubigerschutz bei Spaltungen, 2010.

§ 131 | Spaltung zur Aufnahme

I. Eintragung der Spaltung im Handelsregister des übertragenden Rechtsträgers konstitutiv (§ 131 Abs. 1 UmwG)

1 Mit der Eintragung der Spaltung in das Handelsregister des übertragenden Rechtsträgers wird die Spaltung gegenüber Dritten wirksam, dh. treten alle organisationsrechtlichen und dinglichen Wirkungen ein. Vor der Eintragung der Spaltung im Handelsregister besteht zwar bereits ein wirksamer Spaltungs- und Übernahmevertrag, wie sich aus §§ 125 Satz 1, 13 Abs. 1 Satz 1 UmwG ergibt. Der Spaltungs- und Übernahmevertrag entfaltet aber nur Wirkungen zwischen den beteiligten Rechtsträgern untereinander, indem aus ihm auf Erfüllung, also auf Vollzug der Spaltung geklagt werden kann[1] und indem Änderungen oder seine Aufhebung nicht mehr einseitig und auch nur mit Zustimmung der Anteilseigner möglich sind[2].

II. Übergang des Vermögensteils und der Verbindlichkeiten (§ 131 Abs. 1 Nr. 1 UmwG)

1. Partielle Gesamtrechtsnachfolge

2 Zu den Wirkungen der Eintragung der Spaltung in das Register des Sitzes des übertragenden Rechtsträgers gehört vor allem, dass die im Spaltungs- und Übernahmevertrag bezeichneten Gegenstände des Aktiv- und Passivvermögens auf den übernehmenden Rechtsträger übergehen (partielle Gesamtrechtsnachfolge)[3]. Durch das 2. UmwGÄndG v. 19.4.2007 und die damit verbundene Aufhebung des § 132 UmwG aF soll das Prinzip der Gesamtrechtsnachfolge bei Verschmelzung und Spaltung denselben Grundsätzen folgen. Danach bleiben von der Rechtsnachfolge grundsätzlich nur höchstpersönliche Rechte und Pflichten ausgenommen[4]. Die mangelnde Relevanz von Übertragungshindernissen des allgemeinen Rechts soll aber schuldrechtliche Korrekturen des dinglichen Übergangs, etwa Kündigungsrechte oder Schadensersatzansprüche, zur Folge haben

---

1 *Priester* in Lutter, § 126 UmwG Rz. 99; *Simon* in KölnKomm. UmwG, § 126 UmwG Rz. 16 f.
2 *Priester* in Lutter, § 126 UmwG Rz. 97.
3 Zu der Frage, ob die partielle Gesamtrechtsnachfolge bei Spaltungsvorgängen nach §§ 123 ff. UmwG auch als Gesamtrechtsnachfolge iS des § 45 AO mit der Folge des Übergangs der Steuerschuld angesehen werden kann, vgl. Rz. 21; siehe zum Problem der dinglichen Unbestimmtheit eines Spaltungsvertrages OLG Celle v. 5.8.2015 – 9 U 22/15, NZG 2015, 1238 = ZIP 2015, 1679.
4 BT-Drucks. 16/2919, S. 19; BGH v. 13.8.2015 – VII ZR 90/14, ZIP 2015, 1823 (1824); vgl. umfassend *Schröer* in FS Maier-Reimer, 2010, S. 657 ff.; zur Bedeutung der Spaltungsrichtlinie für den Umfang des Vermögensübergangs bei der Spaltung vgl. umfassend *Wöhler*, Gestaltungsfreiheit und Gläubigerschutz bei Spaltungen, 2010, S. 101 ff.

können¹. § 139 BGB kommt nach Eintragung der Spaltung im Handelsregister nicht mehr zum Zuge, wie sich aus § 131 Abs. 2 UmwG ergibt. Übertragungshindernisse können sich aber auch aus absoluten Veräußerungsverboten, absolut wirkenden Verfügungsbeschränkungen und aus gesetzlichen Erfordernissen der Zustimmung Dritter, insbesondere Behörden, ergeben. Maßgebend ist insofern eine Auslegung der jeweiligen gesetzlichen Bestimmung unter Berücksichtigung der Zwecke des UmwG². Wenn im Zeitpunkt der Eintragung der Spaltung im Handelsregister die für die Übertragung eines Gegenstandes erforderliche Zustimmung oder Genehmigung eines Dritten, insbesondere eine staatliche Genehmigung, noch nicht vorliegt, aber auch noch nicht versagt wurde, ist diese Übertragung schwebend unwirksam.

Gegenstände, die nicht auf den übernehmenden Rechtsträger übergehen, verbleiben im Falle von Abspaltung und Ausgliederung beim übertragenden Rechtsträger.³ Der durch das 2. UmwGÄndG aufgehobene § 131 Abs. 1 Nr. 1 Satz 2 UmwG regelte insofern eine Selbstverständlichkeit. Da bei der Aufspaltung der übertragende Rechtsträger erlischt (§ 131 Abs. 1 Nr. 2 UmwG), muss er insoweit abgewickelt werden⁴. Soweit es sich allerdings um **höchstpersönliche Rechte und Pflichten**⁵ handelt, erlöschen sie mit dem übertragenden Rechtsträger⁶. Der Beurteilung, inwieweit es sich beim konkreten Übergang um höchstpersönliche Rechte und Pflichten handelt, kommt daher große Relevanz zu. Rechte und Pflichten aus einem Versicherungsvertreterverhältnis (Agenturverhältnis) zB stellen nach der Rechtsprechung des BGH keine höchstpersönlichen Rechte da, weil § 613 Satz 2 BGB lediglich eine Auslegungsregel enthalte und die Vertragsparteien eines Handelsvertretervertrags von § 613 Satz 2 BGB Abweichendes vereinbaren können⁷. Auch die Organstellung als Wohnungseigentumsverwalter soll als höchstpersönliche Rechtsposition grundsätzlich nicht im Wege der Abspaltung und Ausgliederung übertragbar sein, und zwar unabhängig davon, ob es sich bei dem Verwalter um eine juristische oder eine natürliche Person handelt⁸. Der BGH bejaht eine Übertragbarkeit im Falle der Verschmelzung, sofern es sich bei dem Verwalter um eine juristische Person handelt. Ob die Organstellung als Wohnungseigentumsverwalter auch im Rah-

---

1 *Bitter*, ZHR 173 (2009), 379 ff.
2 *Teichmann* in Lutter, § 131 UmwG Rz. 6; *Simon* in KölnKomm. UmwG, § 131 UmwG Rz. 16; aA *Klaus J. Müller*, NZG 2006, 491 (493).
3 Für „vergessene" Gegenstände vgl. Rz. 30 aE.
4 *Teichmann* in Lutter, § 131 UmwG Rz. 22.
5 BT-Drucks. 16/2919, S. 19; *Schäfer* in Habersack/Koch/Winter, S. 114, 123; *Drinhausen*, BB 2006, 2313 (2316).
6 *Hörtnagl* in Schmitt/Hörtnagl/Stratz, § 131 UmwG Rz. 76; aA *Schäfer* in Habersack/Koch/Winter, S. 139: Übergang verbunden mit einem außerordentlichen Kündigungsrecht.
7 BGH v. 13.8.2015 – VII ZR 90/14, ZIP 2015, 1823.
8 OLG München v. 31.1.2014 – 34 Wx 469/13, GmbHR 2014, 657; *Teichmann* in Lutter, § 131 UmwG Rz. 58.

men von Spaltungs- und Ausgliederungsmaßnahmen im Wege der Gesamtrechtsnachfolge übergehen kann, hat der BGH hingegen offen gelassen[1].

4 Der Übergang des Vermögens ohne Einzelübertragungsakte lediglich aufgrund der Eintragung der Spaltung im Handelsregister wird vielfach nicht für im **Ausland** befindliches Vermögen anerkannt. Es gilt hier die lex rei sitae. Es kommt daher darauf an, ob das ausländische Recht eine Spaltung mit (partieller) Gesamtrechtsnachfolge kennt. Ist das nicht der Fall, so muss eine Einzelrechtsnachfolge nach den Vorschriften des ausländischen Rechts stattfinden (§ 20 UmwG Rz. 5)[2]. Dies sollte vor der Anmeldung der Spaltung zur Eintragung im Handelsregister geschehen.

5 Gegenstände, die dem übertragenden Rechtsträger beim Wirksamwerden der Spaltung nicht gehören, kann der übernehmende Rechtsträger trotz Aufnahme in den Spaltungs- und Übernahmevertrag nicht erwerben. Ein **gutgläubiger Erwerb** des angeblichen Eigentums eines übertragenden Rechtsträgers kommt bei einer gesetzlich angeordneten Rechtsnachfolge nicht in Betracht (§ 20 UmwG Rz. 4)[3]. Das gilt bei einer Personenhandelsgesellschaft als übertragender Rechtsträger auch für Gegenstände des Betriebsvermögens, die nicht zum Gesamthandsvermögen gehören, sondern im Alleineigentum eines Gesellschafters stehen (sog. Sonderbetriebsvermögen). Diese Vermögensgegenstände müssen von dem betreffenden Gesellschafter einzeln übertragen werden (§ 126 UmwG Rz. 56).

2. Auswirkungen auf einzelne Vermögensgegenstände

a) Bewegliche Sachen

6 Mit dem Wirksamwerden der Spaltung geht das Eigentum an beweglichen Sachen nach Maßgabe des Spaltungsvertrages auf den übernehmenden Rechtsträger über. Eine Übergabe ist für den Eigentumserwerb nicht erforderlich[4], weil der Besitz des übertragenden Rechtsträger auf den übernehmenden übergeht, ohne dass ein Tätigwerden der beteiligten Rechtsträger erforderlich wäre (vgl. § 20 UmwG Rz. 6 zur Verschmelzung). Auch das **Sicherungseigentum** an beweglichen Sachen geht über, ohne dass es zusätzlich einer Abtretung des Herausgabeanspruchs analog § 931 BGB bedürfte[5]. Obwohl eine Zuordnung zu

---

1 BGH v. 21.2.2014 – V ZR 164/13, BGHZ 200, 211 = GmbHR 2014, 654 = AG 2014, 399.
2 *Vossius* in Widmann/Mayer, § 131 UmwG Rz. 29; *Kollmorgen/Feldhaus*, BB 2007, 2189 (2190).
3 *Hörtnagl* in Schmitt/Hörtnagl/Stratz, § 131 UmwG Rz. 8 ff.; *Vossius* in Widmann/Mayer, § 131 UmwG Rz. 25; *Mayer* in Widmann/Mayer, § 126 UmwG Rz. 176; *Grunewald* in Lutter, § 20 UmwG Rz. 10; einschränkend *K. Schmidt*, AcP 191 (1991), 523: gutgläubiger Erwerb nur ausgeschlossen, wenn es sich um ein Nicht-Verkehrsgeschäft handelt, sich also die Spaltung wirtschaftlich als bloße Umstrukturierung darstellt.
4 *Volmer*, WM 2002, 428 (428); *Hörtnagl* in Schmitt/Hörtnagl/Stratz, § 131 UmwG Rz. 24.
5 *Hörtnagl* in Schmitt/Hörtnagl/Stratz, § 131 UmwG Rz. 25.

verschiedenen Rechtsträgern möglich ist, sollten die gesicherte Forderung, das Sicherungseigentum und die Sicherungsabrede ausdrücklich dem gleichen Rechtsträger zugeordnet werden, weil eine Aufteilung in der Regel nicht zweckmäßig ist[1]. Allerdings wird eine Auslegung des Spaltungsvertrages auch ohne eine ausdrückliche Zuordnung regelmäßig ergeben, dass das Sicherungseigentum und die Sicherungsabrede gemeinsam mit der gesicherten Forderung übergegangen sind[2]. Auch eine Übertragung von **Miteigentum** an beweglichen Sachen auf verschiedene Rechtsträger ist möglich[3].

b) Grundstücke und grundstücksgleiche Rechte

Entsprechend der Zuweisung im Spaltungs- und Übernahmevertrag bzw. Spaltungsplan gehen Grundstücke und grundstücksgleiche Rechte mit der Eintragung der Spaltung auf den übernehmenden Rechtsträger über[4]. Auch den Besitz an dem Grundstück erlangt der übernehmende Rechtsträger in diesem Moment, ohne dass eine weitere Handlung erforderlich wäre (vgl. § 20 UmwG Rz. 6 zur Verschmelzung). Zur Bedeutung des § 28 GBO siehe § 126 UmwG Rz. 21. Mit dem Wirksamwerden der Spaltung wird das Grundbuch unrichtig und muss berichtigt werden (§ 22 GBO). Der Nachweis der Unrichtigkeit (§ 22 Abs. 1 GBO) ist durch den Spaltungs- und Übernahmevertrag bzw. Spaltungsplan und einen Registerauszug, aus dem sich die Eintragung der Spaltung in das Register des Sitzes des übertragenden Rechtsträgers ergibt, zu führen[5]; die Dokumente sind jeweils in öffentlich beglaubigter Form vorzulegen (§ 29 GBO). Bei der Abspaltung oder Ausgliederung kann die Berichtigung auch aufgrund einer Berichtigungsbewilligung mit Zustimmung des übertragenden Rechtsträgers (§§ 22 Abs. 2, 19 GBO) erfolgen[6]. Dem Grundbuchamt ist die Unrichtigkeit des Grundbuchs auch in diesem Fall schlüssig darzulegen, wofür es die Vorlage des Spaltungs- und Übernahmevertrages verlangen kann[7]. Das Grundbuchamt hat jedoch keine materiell-rechtliche Prüfungskompetenz[8]. Bei einer **Teilflächenübertragung** kann die Grundbuchberichtigung erst nach Beibringung des Veränderungsnachweises und Abgabe einer entsprechenden Identitätserklärung

---

1 *Hörtnagl* in Schmitt/Hörtnagl/Stratz, § 131 UmwG Rz. 26.
2 *Hörtnagl* in Schmitt/Hörtnagl/Stratz, § 131 UmwG Rz. 26.
3 *Schröer* in Semler/Stengel, § 131 UmwG Rz. 22.
4 BGH v. 25.1.2008 – V ZR 79/07, WM 2008, 607 = AG 2008, 322.
5 *Hörtnagl* in Schmitt/Hörtnagl/Stratz, § 131 UmwG Rz. 13; *Teichmann* in Lutter, § 131 UmwG Rz. 32; *Simon* in KölnKomm. UmwG, § 131 UmwG Rz. 32.
6 *Volmer*, WM 2002, 428 (431); *Teichmann* in Lutter, § 131 UmwG Rz. 32; *Simon* in KölnKomm. UmwG, § 131 UmwG Rz. 32.
7 OLG Düsseldorf v. 19.4.2010 – I-3 Wx 88/10, RPfleger 2010, 496; aA *Volmer*, WM 2002, 428 (431).
8 OLG Hamm v. 10.7.2014 – 15 W 189/14, NZG 2015, 71 = AG 2015, 401 (zur Frage der wirksamen Vertretung der Beteiligten); *Heckschen*, GmbHR 2015, 897 (902).

nach § 28 GBO erfolgen (vgl. § 126 Abs. 2 Satz 2 UmwG); erforderlich ist die eindeutige Bestimmbarkeit der Teilfläche[1]. Zur Möglichkeit der **Teilung** von Grundstücken siehe auch § 126 UmwG Rz. 23. Eine Übertragung von **Miteigentum** an dem Grundstück auf verschiedene Rechtsträger ist zulässig[2]. Im Rahmen der Spaltung können Grundstücke ohne eine **öffentlich-rechtliche Genehmigung**, die bei einer Einzelübertragung des Grundstücks erforderlich wäre, übertragen werden[3]. **Wesentliche Bestandteile** eines Grundstücks (§ 93f. BGB) können – anders als unwesentliche Bestandteile, Scheinbestandteile (§ 95 BGB) und Zubehör (§ 97f. BGB) – nicht getrennt zugewiesen werden und gehen daher mit dem Grundstück auf den übernehmenden Rechtsträger über.

c) Rechte an Grundstücken

8 **Grundpfandrechte** (Hypotheken; Grundschulden; Rentenschulden) gehen auf den Rechtsträger über, dem sie im Spaltungsvertrag zugewiesen wurden. Bei verbrieften Grundpfandrechten ist für den Übergang eine Briefübergabe nicht erforderlich. Zu den grundbuchrechtlichen Anforderungen an den Spaltungsvertrag, insbesondere auch zur Möglichkeit der Verwendung von so genannten All-Klauseln, siehe § 126 UmwG Rz. 21, 21a. Mit der Eintragung der Spaltung wird das Grundbuch unrichtig und ist zu berichtigen. Zu beachten ist, dass eine Hypothek nicht isoliert übertragen werden kann (§ 1153 Abs. 2 BGB). Wird eine hypothekarisch gesicherte Forderung auf einen übernehmenden Rechtsträger übertragen, so folgt ihr die Hypothek (§ 1153 Abs. 1 BGB). Grundschuld und Rentenschuld können dagegen getrennt von der Forderung übertragen werden; dies ist jedoch in der Regel nicht zu empfehlen. Der **Nießbrauch** ist grundsätzlich nicht übertragbar (§ 1059 Satz 1 BGB). Eine Ausnahme gilt allgemein, wenn der Nießbrauch einer juristischen Person oder einer rechtsfähigen Personengesellschaft zusteht und das Vermögen im Wege der Gesamtrechtsnachfolge auf einen anderen übergeht, es sei denn, der Übergang ist ausdrücklich ausgeschlossen (§ 1059a Abs. 1 Nr. 1, Abs. 2 BGB). Diese Ausnahme gilt nach richtiger und herrschender Ansicht auch für alle Fälle der Spaltung[4]. Eine weitere Ausnahme für juristische Personen und rechtsfähige Personengesellschaften ergibt sich aus § 1059a Abs. 1 Nr. 2 BGB. Diese Norm gilt auch bei der Spaltung und ist ent-

---

1 BGH v. 19.4.2002 – V ZR 90/01, BGHZ 150, 334 = MDR 2002, 1001.
2 *Schröer* in Semler/Stengel, § 131 UmwG Rz. 22.
3 *Hörtnagl* in Schmitt/Hörtnagl/Stratz, § 131 UmwG Rz. 14; aA *Teichmann* in Lutter, § 131 UmwG Rz. 34.
4 *Schwedhelm/Streck/Mack*, GmbHR 1995, 7 (10); *Pohlmann* in MünchKomm. BGB, § 1059a BGB Rz. 5; *Hörtnagl* in Schmitt/Hörtnagl/Stratz, § 131 UmwG Rz. 17; differenzierend *Müntefering*, NZG 2005, 64 (65), der § 1059a Abs. 1 Nr. 1 BGB nur bei der Aufspaltung für anwendbar hält, wohingegen sich der Übergang bei Abspaltung und Ausgliederung unter den Voraussetzungen des § 1059a Abs. 1 Nr. 2 BGB vollziehen soll; aA *Teichmann* in Lutter, § 131 UmwG Rz. 38.

sprechend bei der Ausgliederung aus dem Vermögen eines Einzelkaufmanns anwendbar[1]. Auf die **beschränkt persönliche Dienstbarkeit** und das **dingliche Vorkaufsrecht** ist § 1059a BGB ebenfalls anwendbar (§§ 1092 Abs. 2, 1098 Abs. 3 BGB), so dass die Überlegungen zum Nießbrauch entsprechend gelten.

d) Forderungen

Der Übergang von Forderungen richtet sich nach der Zuordnung im Spaltungsvertrag. Dies gilt unabhängig davon, ob die Übertragung zu einer **Inhaltsänderung** (§ 399 Alt. 1 BGB) führt oder ein **Abtretungsverbot vereinbart** (§ 399 Alt. 2 BGB) wurde; § 399 BGB steht dem Forderungsübergang unabhängig von der Art der Spaltung nicht entgegen (vgl. auch § 123 UmwG Rz. 1)[2]. Liegt jedoch eine der Alternativen des § 399 BGB vor, kann die Übertragung der Forderung ein Recht zur außerordentlichen Kündigung[3] oder Vertragsanpassung begründen. Mit der Forderung gehen **unselbständige Nebenrechte** (Hypotheken, Pfandrechte, Bürgschaften etc.) nach § 401 BGB und **Hilfsrechte** (Anspruch auf Rechnungslegung, § 259 BGB; auf Erteilung einer Quittung, § 368 BGB; Befugnis zur Fristsetzung etc.) analog § 401 BGB auf den die Forderung übernehmenden Rechtsträger über. Auch die mit der Forderung zusammenhängenden **Gestaltungsrechte** (Kündigung; Rücktritt etc.) folgen ihr. Eine isolierte Übertragung dieser Rechte ist damit nicht möglich (§ 126 UmwG Rz. 24). Bei dem Übergang von Forderungen und anderen Rechten (§ 413 BGB) aufgrund Abspaltung oder Ausgliederung finden die **Schuldnerschutzvorschriften** der §§ 406, 407, 409, 410 BGB Anwendung[4]. Dem Schuldner bleiben also etwaige Aufrechnungsmöglichkeiten und Zurückbehaltungsrechte erhalten, und er kann in Unkenntnis des Übergangs weiterhin wirksam an den übertragenden Rechtsträger leisten. Zu beachten ist, dass die Eintragung oder Bekanntmachung der Spaltung keine Abtretungsanzeige darstellt[5].

9

e) Schuldverhältnisse

Mit der Eintragung der Spaltung gehen auch alle Rechte und Pflichten aus Schuldverhältnissen nach Maßgabe des Spaltungsvertrages über. Auch Dauerschuldver-

10

---

1 *Teichmann* in Lutter, § 131 UmwG Rz. 41.
2 Siehe zur Verschmelzung: OLG Düsseldorf v. 25.11.2014 – I-21 U 172/12, NZG 2015, 561 (562) = AG 2015, 638, wonach ein Abtretungsverbot einem wirksamen Forderungsübergang auf den übernehmenden Rechtsträger im Rahmen der Gesamtrechtsnachfolge nicht entgegenstehe; *Simon* in KölnKomm. UmwG, § 131 UmwG Rz. 27; *Schröer* in Semler/Stengel, § 131 UmwG Rz. 31; *Teichmann* in Lutter, § 131 UmwG Rz. 46.
3 *Vossius* in Widmann/Mayer, § 131 UmwG Rz. 28; so wohl auch *Schröer* in Semler/Stengel, § 131 UmwG Rz. 31; jedenfalls bei einer Inhaltsänderung auch *Hörtnagl* in Schmitt/Hörtnagl/Stratz, § 131 UmwG Rz. 33.
4 *Rieble*, ZIP 1997, 301 (309, 310); aA *Simon* in KölnKomm. UmwG, § 131 UmwG Rz. 28.
5 *Hörtnagl* in Schmitt/Hörtnagl/Stratz, § 131 UmwG Rz. 30.

hältnisse (insbesondere Mietverträge[1]) können ohne Mitwirkung des Vertragspartners übertragen werden[2]. Gleiches gilt für Schuldverhältnisse, bei denen ein besonderes Vertrauen oder eine besondere Sachkenntnis in Anspruch genommen wird.[3] Infolge der Übertragung kann dem anderen Teil allerdings ein Recht zur außerordentlichen Kündigung oder Vertragsanpassung zustehen[4]. Gesetzlich angeordnete Vertragsübernahmen (zB § 566 BGB, § 69 VVG) gelten vorrangig[5]; hier folgt also der Vertrag dem Gegenstand. Auch **Vertragsangebote** können grundsätzlich übertragen werden (vgl. § 20 UmwG Rz. 10 zur Verschmelzung). Zur Möglichkeit der **Teilung** von Schuldverhältnissen siehe § 126 UmwG Rz. 25.

f) Arbeitsverhältnisse, Tarifverträge und Betriebsvereinbarungen

11 Für den Übergang von Arbeitsverhältnissen, einschließlich der Rechte aus Tarifverträgen und Betriebsvereinbarungen gilt gemäß § 324 UmwG § 613a Abs. 1 und 4–6 BGB (vgl. § 324 UmwG Rz. 18 ff. zur Verschmelzung). Arbeitsrechtliche Einschränkungen des Übergangs von Arbeitsverhältnissen ergeben sich, wenn die Spaltung nach dem UmwG mit einer **Spaltung von Betrieben** verbunden ist. Nach ausdrücklicher Bestimmung in § 111 Nr. 3 BetrVG handelt es sich dann um eine Betriebsänderung iS des BetrVG mit der Folge, dass mit dem Betriebsrat über einen Interessenausgleich zu verhandeln ist. Kommt ein Interessenausgleich zustande, so kann darin die Zuordnung der Arbeitnehmer zu einem bestimmten Betrieb oder Betriebsteil nach § 613a Abs. 1 Satz 1 BGB vorgenommen werden. Diese Zuordnung ist für das Arbeitsgericht – grobe Fehlerhaftigkeit ausgenommen – bindend (§ 323 Abs. 2 UmwG). Eine Betriebsspaltung liegt nicht vor, wenn zwar das Eigentum am Betriebsvermögen auf mehrere Rechtsträger aufgeteilt wird, die arbeitsorganisatorische Einheit des Betriebes jedoch erhalten bleibt und dieser Betrieb von den an der Spaltung beteiligten Rechtsträgern gemeinsam geführt wird (Fall des § 322 UmwG). In diesem Fall handelt es sich um eine reine Änderung des Betriebsinhabers, für die lediglich die rechtzeitige Unterrichtung des Wirtschaftsausschusses vorgeschrieben ist. Liegt **keine Betriebsspaltung** vor, bleibt also die Identität des Betriebes erhalten, so gelten diesbezügliche Betriebsvereinbarungen auch bei dem übernehmenden Rechtsträger normativ fort (Vor § 322 UmwG Rz. 69). § 613a Abs. 1

---

1 BGH v. 8.10.2003 – XII ZR 50/02, NZG 2003, 1172 = AG 2004, 98 (Austausch des Vermieters); OLG Karlsruhe v. 19.8.2008 – 1 U 108/08, DB 2008, 2241 = GmbHR 2008, 1219 (Austausch des Mieters); *Simon* in KölnKomm. UmwG, § 131 UmwG Rz. 30.
2 *Hörtnagl* in Schmitt/Hörtnagl/Stratz, § 131 UmwG Rz. 49.
3 *Schröer* in Semler/Stengel, § 131 UmwG Rz. 35; zweifelnd *Teichmann* in Lutter, § 131 UmwG Rz. 58.
4 Begr. zur Aufhebung des § 132 UmwG, BT-Drucks. 16/2919, S. 19; *Hörtnagl* in Schmitt/Hörtnagl/Stratz, § 131 UmwG Rz. 49.
5 *Schröer* in Semler/Stengel, § 131 UmwG Rz. 36; *Hörtnagl* in Schmitt/Hörtnagl/Stratz, § 131 UmwG Rz. 66.

Satz 2 BGB findet insoweit keine Anwendung (§ 324 UmwG Rz. 25)[1]. Dasselbe gilt für einen Firmentarifvertrag. Auch er gilt für den übergehenden Betrieb normativ fort[2]. Entsprechend sind die Angaben nach § 126 Abs. 1 Nr. 11 UmwG im Spaltungs- und Übernahmevertrag abzufassen. Unabhängig von dem Weiterbestehen eines einheitlichen Betriebes soll nach § 323 Abs. 1 UmwG die **kündigungsrechtliche Stellung** der bei einer Spaltung übergehenden Arbeitnehmer für die Dauer von zwei Jahren erhalten bleiben. Insoweit wird also der Eintritt der Wirkungen einer Spaltung (einschließlich Ausgliederung) zeitlich hinausgeschoben. Die Wirkungsweise dieser Vorschrift ist problematisch. Dazu im Einzelnen Erl. zu § 323 Abs. 1 UmwG.

g) Organstellungen

Im Falle der Aufspaltung werden mit dem Erlöschen des übertragenden Rechtsträgers auch die bei ihm bestehenden Organstellungen beendet[3]. Dagegen haben weder die Abspaltung noch die Ausgliederung Einfluss auf die Organstellungen beim übertragenden Rechtsträger[4]. Die Organverhältnisse beim übertragenden Rechtsträger können nach den allgemeinen gesellschaftsrechtlichen Grundsätzen beendet und beim übernehmenden Rechtsträger neu begründet werden[5]. Die **Dienstverhältnisse** der Organmitglieder sind von der Organstellung unabhängig und können frei zugeordnet werden[6]; § 613a BGB ist auf sie nicht anwendbar[7]. Allerdings kann den Organmitgliedern wegen § 613 Satz 2 BGB ein Recht auf Vertragsanpassung oder Kündigung zustehen[8].

12

h) Vollmachten

Eine vom übertragenden Rechtsträger erteilte **Vollmacht** geht auf den übernehmenden Rechtsträger über, wenn dass ihr zugrunde liegende Rechtsverhältnis übertragen wird (§ 168 BGB)[9]. Dagegen ist eine **Prokura** oder **Handlungsvollmacht** nicht übertragbar und muss vom übernehmenden Rechtsträger neu erteilt werden[10].

13

---

1 *Moll*, RdA 1996, 275; *Müller*, RdA 1996, 287 (290).
2 *Moll*, RdA 1996, 725; für den Fall der Verschmelzung BAG v. 24.6.1998 – 4 AZR 208/87, GmbHR 1998, 1234.
3 *Buchner/Schlobach*, GmbHR 2004, 1 (2).
4 *Buchner/Schlobach*, GmbHR 2004, 1 (2).
5 *Simon* in KölnKomm. UmwG, § 131 UmwG Rz. 20.
6 BFH v. 12.12.2007 – XI B 23/07, BFH NV 2008, 376; *Hörtnagl* in Schmitt/Hörtnagl/Stratz, § 131 UmwG Rz. 84; *Langner* in Schmitt/Hörtnagl/Stratz, Vorb. §§ 322-325 UmwG Rz. 102.
7 BAG v. 13.2.2003 – 8 AZR 654/01, NZA 2003, 552 = GmbHR 2003, 765.
8 *Langner* in Schmitt/Hörtnagl/Stratz, Vorb. §§ 322–325 UmwG Rz. 104.
9 *Teichmann* in Lutter, § 131 UmwG Rz. 63.
10 *Vossius* in Widmann/Mayer, § 131 UmwG Rz. 130 (zur Prokura).

i) Beteiligungen und Mitgliedschaftsrechte

14 Bei Anteilen an **Personengesellschaften** ist zu differenzieren: Es ist umstritten, unter welchen Voraussetzungen die Beteiligung eines **Gesellschafters an einer GbR** oder eines **persönlich haftenden Gesellschafters einer Personenhandelsgesellschaft** im Rahmen der Gesamtrechtsnachfolge übergehen kann. Nach einer Ansicht können diese Beteiligungen auch im Wege der Spaltung ohne weiteres grundsätzlich übergehen[1]. Richtigerweise ist allerdings wegen der Höchstpersönlichkeit dafür erforderlich, dass die Übertragbarkeit ausdrücklich im Gesellschaftsvertrag vorgesehen ist[2]. Fehlt eine solche Regelung, verbleiben diese Beteiligungen bei einer Abspaltung und Ausgliederung nach letztgenannter Auffassung bei dem übertragenden Rechtsträger bzw. gehen im Fall einer Aufspaltung der Abfindungs- oder Liquidationsanspruch auf den Rechtsträger über, dem dieser Anspruch bzw. die Beteiligung zugewiesen wurde.

15 Dagegen sind der Anteil eines **Kommanditisten** und eines **stillen Gesellschafters** im Hinblick auf § 177 HGB und § 234 Abs. 2 HGB grundsätzlich frei übertragbar, so dass diese auch ohne ausdrückliche Regelung im Gesellschaftsvertrag und ohne Zustimmung der Mitgesellschafter grundsätzlich der partiellen Gesamtrechtsnachfolge zugänglich sind, es sei denn, die Übertragbarkeit ist durch den Gesellschaftsvertrag ausgeschlossen[3]. Die Übertragung der Mitgliedschaft in einem **Verein** ist ausgeschlossen, es sei denn, die Vereinssatzung lässt eine Übertragung zu[4]. Die Mitgliedschaft in einer **Genossenschaft** geht zunächst über, endet aber am Ende des Geschäftsjahres (§ 77a Satz 2 GenG)[5]. Anteile an einer **Kapitalgesellschaft** können frei übertragen werden[6]. Dies gilt gleichermaßen für vinkulierte Anteile (siehe auch § 123 UmwG Rz. 1)[7].

---

1 *Simon* in KölnKomm. UmwG, § 131 UmwG Rz. 22; *Ihrig* in Liber amicorum M. Winter, 2011, S. 297 (308 f.).
2 *Schröer* in Semler/Stengel, § 131 UmwG Rz. 26 mwN; *Wardenbach* in Henssler/Strohn, § 131 UmwG Rz. 7.
3 *Schröer* in Semler/Stengel, § 131 UmwG Rz. 26; *Hörtnagl* in Schmitt/Hörtnagl/Stratz, § 131 UmwG Rz. 38; *Wardenbach* in Henssler/Strohn, § 131 UmwG Rz. 7.
4 *Schröer* in Semler/Stengel, § 131 UmwG Rz. 24; *Hörtnagl* in Schmitt/Hörtnagl/Stratz, § 131 UmwG Rz. 39; aA *Teichmann* in Lutter, § 131 UmwG Rz. 69; *Simon* in KölnKomm. UmwG, § 131 UmwG Rz. 23.
5 *Hörtnagl* in Schmitt/Hörtnagl/Stratz, § 131 UmwG Rz. 38.
6 *Schröer* in Semler/Stengel, § 131 UmwG Rz. 21; *Simon* in KölnKomm. UmwG, § 131 UmwG Rz. 21.
7 Vgl. OLG Hamm v. 16.4.2014 – 8 U 82/13, NZG 2014, 783 = GmbHR 2014, 935; siehe zum Urteil des OLG Hamm, *Heckschen*, GmbHR 2015, 897 (908); *Simon* in KölnKomm. UmwG, § 131 UmwG Rz. 21; *Ihrig* in Liber amicorum M. Winter, 2011, S. 297 (308 f.); *Teichmann*, GmbHR 2014, 393.

j) Immaterialgüterrechte

Patente, Marken, Gebrauchs- und Geschmacksmuster werden, genauso wie Lizenzrechte an diesen Rechten, nach Maßgabe des Spaltungsvertrages auf den übernehmenden Rechtsträger übertragen[1]. Sollten die Rechte in einem Register eingetragen sein (Patentrolle, Markenregister, Gebrauchsmusterrolle, Geschmacksmusterregister), so wird es unrichtig und ist zu berichtigen[2]. Ein **Urheberrecht** kann im Wege der Spaltung nicht übertragen werden (§ 29 UrhG). Lediglich die Übertragung eines Nutzungsrechts an einem Urheberrecht ist möglich[3]. Zur Übertragbarkeit der **Firma** des übernehmenden Rechtsträgers siehe § 125 UmwG Rz. 28 f.

16

k) Öffentlich-rechtliche Rechtspositionen

Sachbezogene Genehmigungen (zB Baugenehmigungen) können nur zusammen mit dem Gegenstand übertragen werden, auf den sie sich beziehen[4]. Personenbezogene Genehmigungen (zB § 2 GaststättenG; § 34c GewO; § 1 HandwerksO; § 32 KWG) können dagegen nicht übertragen werden[5]. Unabhängig von der Zuweisung im Spaltungsvertrag verbleiben sie im Falle der Abspaltung und Ausgliederung beim übertragenden Rechtsträger und erlöschen bei der Aufspaltung[6]. Die Börsenzulassung von Aktien ist ebenfalls personenbezogen[7], sodass die Aufspaltung eines börsennotierten Unternehmens ein sog. kaltes Delisting zur Folge hat (§ 125 UmwG Rz. 36). In diesem Zusammenhang ist zu beachten, dass auch bei einem Verbleib der Genehmigung beim übertragenden Rechtsträger die Genehmigungsvoraussetzungen wegen der Übertragung bestimmter Vermögensgegenstände entfallen können und die Genehmigung damit erlischt bzw. widerrufen werden kann[8]. Wegen der Nichtübertragbarkeit der personenbezogenen Genehmigungen ist zu empfehlen, frühzeitig eine Neuerteilung der

17

---

1 *Grunewald* in Lutter, § 20 UmwG Rz. 16.
2 *Grunewald* in Lutter, § 20 UmwG Rz. 16.
3 *Schröer* in Semler/Stengel, § 131 UmwG Rz. 41; *Hörtnagl* in Schmitt/Hörtnagl/Stratz, § 131 UmwG Rz. 42.
4 *Teichmann* in Lutter, § 131 UmwG Rz. 79.
5 *Fuhrmann/Simon*, AG 2000, 49 (58); *Hörtnagl* in Schmitt/Hörtnagl/Stratz, § 131 UmwG Rz. 69; *Vossius* in Widmann/Mayer, § 20 UmwG Rz. 251; differenzierend *Teichmann* in Lutter, § 131 UmwG Rz. 79; *Schröer* in Semler/Stengel, § 131 UmwG Rz. 43; *Simon* in KölnKomm. UmwG, § 131 UmwG Rz. 34 und § 20 UmwG Rz. 30.
6 *Teichmann* in Lutter, § 131 UmwG Rz. 79; *Hörtnagl* in Schmitt/Hörtnagl/Stratz, § 131 UmwG Rz. 69; *Simon* in KölnKomm. UmwG, § 131 UmwG Rz. 34 und § 20 UmwG Rz. 30.
7 *Vossius* in Widmann/Mayer, § 20 UmwG Rz. 251.1.
8 *Teichmann* in Lutter, § 131 UmwG Rz. 79; *Simon* in KölnKomm. UmwG, § 131 UmwG Rz. 34 und § 20 UmwG Rz. 30.

Genehmigung für den übernehmenden Rechtsträger zu beantragen[1]. Entsprechendes gilt für öffentlich-rechtliche **Verpflichtungen**, die auf ein früheres Verhalten des übertragenden Rechtsträgers zurückzuführen sind. Beziehen sie sich auf einen bestimmten Gegenstand, gehen sie mit diesem über[2]. Beziehen sie sich auf den übertragenden Rechtsträger, so verbleiben sie im Falle von Abspaltung und Ausgliederung beim übertragenden Rechtsträger, bei der Aufspaltung erlöschen sie[3].

l) Wettbewerbsverbote und wettbewerbsrechtliche Unterlassungsansprüche

18 Die für den übertragenden Rechtsträger geltenden **Wettbewerbsverbote**, Unterlassungsverpflichtungen, Geheimhaltungsverpflichtungen etc. gehen nach dem Rechtsgedanken des § 133 Abs. 1 UmwG grundsätzlich auch auf alle übernehmenden Rechtsträger über[4]. Etwas anderes gilt für gesetzliche Unterlassungspflichten. Diese gehen – anders als vertragliche Unterlassungspflichten – nicht im Wege der Gesamtrechtsnachfolge auf den Rechtsnachfolger über[5].

Gegebenenfalls kann jedoch eine Vertragsauslegung ergeben, dass die Verpflichtung sich nur auf einen bestimmten Betrieb oder Betriebsteil bezieht[6]. **Wettbewerbsrechtliche Unterlassungsansprüche** gehen im Rahmen der Gesamtrechtsnachfolge zusammen mit dem Recht oder dem Betrieb über, aus dessen Verletzung die Ansprüche resultieren[7].

m) Verfahrensstellungen

19 Verfahrensstellungen können nicht nach umwandlungsrechtlichen Grundsätzen zugeteilt werden, weil sie nicht unter den Vermögensbegriff fallen[8]. Vielmehr

---

1 *Hörtnagl* in Schmitt/Hörtnagl/Stratz, § 131 UmwG Rz. 69; *Simon* in KölnKomm. UmwG, § 131 UmwG Rz. 34 und § 20 UmwG Rz. 30.
2 *Teichmann* in Lutter, § 131 UmwG Rz. 79; *Schröer* in Semler/Stengel, § 131 UmwG Rz. 43.
3 *Teichmann* in Lutter, § 131 UmwG Rz. 79; *Schröer* in Semler/Stengel, § 131 UmwG Rz. 43.
4 OLG Frankfurt v. 4.4.2000 – 6 W 32/00, BB 2000, 1000; *Hörtnagl* in Schmitt/Hörtnagl/Stratz, § 131 UmwG Rz. 64.
5 OLG Karlsruhe v. 22.1.2014 – 6 U 135/10, GRUR-RR 2014, 362; BGH v. 26.4.2007 – I ZR 34/05, BGHZ 172, 165 Rz. 11, 14 = ZIP 2007, 1921.
6 *Grunewald* in Lutter, § 20 UmwG Rz. 41; *Schröer* in Semler/Stengel, § 131 UmwG Rz. 30; *Hörtnagl* in Schmitt/Hörtnagl/Stratz, § 131 UmwG Rz. 64.
7 Vgl. *Büch* in Teplitzky, Wettbewerbsrechtliche Ansprüche und Verfahren, 15. Kapitel Rz. 7; OLG Hamburg v. 9.9.2010 – 3 U 58/09, BB 2010, 2706 = MDR 2010, 1479, für die Ausgliederung gemäß § 123 Abs. 3 Nr. 1 UmwG.
8 *Teichmann* in Lutter, § 131 UmwG Rz. 83; *Bork/Jacoby*, ZHR 167 (2003), 440 (442); *Simon* in KölnKomm. UmwG, § 131 UmwG Rz. 35 f.

gelten die allgemeinen prozessrechtlichen Vorschriften und Grundsätze[1]. Wird eine streitbefangene Sache übertragen, so führt der übertragende Rechtsträger in einem **Aktivprozess** bei einer Abspaltung oder Ausgliederung das Verfahren gemäß § 265 ZPO als gesetzlicher Prozessstandschafter fort[2]. Der Klageantrag muss auf Leistung an den übernehmenden Rechtsträger umgestellt werden und es gelten die §§ 325, 727 ZPO[3]. Der übernehmende Rechtsträger kann dem Verfahren als Nebenintervenient beitreten[4]. Die Aufspaltung führt bei einem Aktivprozess analog § 239 Abs. 1 ZPO zu einem gesetzlichen Parteiwechsel[5]; das Verfahren wird ohne Unterbrechung[6] mit den übernehmenden Rechtsträgern fortgeführt[7]. Wird eine streitbefangene Sache auf mehrere Rechtsträger aufgeteilt, so werden sie einfache Streitgenossen[8]. Für bereits erstrittene Titel gilt § 727 ZPO[9]. In einem **Passivprozess** hat die Übertragung der streitbefangenen Verbindlichkeit bei einer Abspaltung oder Ausgliederung keinen Einfluss auf das Prozessrechtsverhältnis; der übertragende Rechtsträger bleibt analog § 265 ZPO Partei[10]. Er führt den Prozess in gesetzlicher Prozessstandschaft fort[11]. Der übernehmende Rechtsträger kann dem Rechtsstreit als Nebenintervenient beitreten[12].

---

1 BGH v. 6.12.2000 – XII ZR 219/98, NJW 2001, 1217 (1217 f.) = ZIP 2001, 305; BFH v. 7.8.2002 – I R 99/00, NJW 2003, 1479 (1480) = GmbHR 2003, 245; BFH v. 23.3.2005 – III R 20/03, NJW 2005, 2799 (2799); *Kübler* in Semler/Stengel, § 131 UmwG Rz. 10; *Hörtnagl* in Schmitt/Hörtnagl/Stratz, § 131 UmwG Rz. 72 ff.; *Teichmann* in Lutter, § 131 UmwG Rz. 83; aA *Simon*, Der Konzern 2003, 373.
2 Vgl. OLG Hamburg v. 9.9.2010 – 3 U 58/09, BB 2010, 2706 = MDR 2010, 1479 (für die Prozessstandschaft bei übergegangenen wettbewerbsrechtlichen Unterlassungsansprüchen); *Teichmann* in Lutter, § 131 UmwG Rz. 85 mwN; *Hörtnagl* in Schmitt/Hörtnagl/Stratz, § 131 UmwG Rz. 73; *Simon* in KölnKomm. UmwG, § 131 UmwG Rz. 36; aA *Simon*, Der Konzern 2003, 373; *Meyer*, JR 2007, 136.
3 *Simon* in KölnKomm. UmwG, § 131 UmwG Rz. 36.
4 BGH v. 6.12.2000 – XII ZR 219/98, NJW 2001, 1217 (1218) = ZIP 2001, 305.
5 *Teichmann* in Lutter, § 131 UmwG Rz. 84; *Hörtnagl* in Schmitt/Hörtnagl/Stratz, § 131 UmwG Rz. 73; *Simon* in KölnKomm. UmwG, § 131 UmwG Rz. 37.
6 *Hörtnagl* in Schmitt/Hörtnagl/Stratz, § 131 UmwG Rz. 73; *Teichmann* in Lutter, § 131 UmwG Rz. 84; aA *Stöber*, NZG 2006, 574 (574); *Simon* in KölnKomm. UmwG, § 131 UmwG Rz. 37.
7 *Kübler* in Semler/Stengel, § 131 UmwG Rz. 10; *Hörtnagl* in Schmitt/Hörtnagl/Stratz, § 131 UmwG Rz. 73.
8 *Teichmann* in Lutter, § 131 UmwG Rz. 84.
9 OLG Frankfurt v. 4.4.2000 – 6 W 32/00, BB 2000, 1000.
10 BGH v. 6.12.2000 – XII ZR 219/98, NJW 2001, 1217 (1217 f.) = ZIP 2001, 305; BFH v. 7.8.2002 – I R 99/00, GmbHR 2003, 245 (246); *Hörtnagl* in Schmitt/Hörtnagl/Stratz, § 131 UmwG Rz. 74; *Teichmann* in Lutter, § 131 UmwG Rz. 86; *Simon* in KölnKomm. UmwG, § 131 UmwG Rz. 38; aA *Stöber*, NZG 2006, 574 (575).
11 *Hörtnagl* in Schmitt/Hörtnagl/Stratz, § 131 UmwG Rz. 74; *Teichmann* in Lutter, § 131 UmwG Rz. 86; wohl auch BGH v. 6.12.2000 – XII ZR 219/98, NJW 2001, 1217 (1217 f.).
12 BGH v. 6.12.2000 – XII ZR 219/98, NJW 2001, 1217 (1218) = ZIP 2001, 305; *Kübler* in Semler/Stengel, § 131 UmwG Rz. 10; *Teichmann* in Lutter, § 131 UmwG Rz. 86.

Dagegen hat die Aufspaltung in einem Passivprozess einen gesetzlichen Parteiwechsel zur Folge[1]. Der Prozess wird nicht gemäß § 239 ZPO unterbrochen[2].

n) Daten

20 Werden Verträge übertragen, so gehen ohne Verstoß gegen das Bundesdatenschutzgesetz (BDSG)[3] auch die mit diesen zusammenhängenden Daten auf den übernehmenden Rechtsträger über und können von diesem verwendet werden, ohne dass es einer Zustimmung des Vertragspartners bedürfte[4] (siehe auch § 20 UmwG Rz. 23a zur Verschmelzung). Die Daten dürfen jedoch nur zu dem ursprünglich vereinbart Zweck verwendet und müssen gelöscht werden, wenn die Nutzung der Daten für das Vertragsverhältnis nicht mehr erforderlich ist[5].

o) Verbindlichkeiten, Steuerverbindlichkeiten

21 Verbindlichkeiten können durch den Spaltungsvertrag frei zugeordnet werden; eine Beteiligung der Gläubiger (§§ 414, 415 BGB) ist nicht erforderlich[6]. Auch ist die Anwendung der §§ 417, 418 BGB unangemessen, weil der Gläubiger dem Übergang der Verbindlichkeit nicht zugestimmt hatte[7]. Zur Möglichkeit der **Teilung** von Verbindlichkeiten siehe § 126 UmwG Rz. 25 ff. **Steuerverbindlichkeiten** sollen nach einer Entscheidung des BFH nicht nach § 45 AO im Rahmen einer Abspaltung übergehen können. Denn die partielle Gesamtrechtsnachfolge im Rahmen einer Spaltung stelle keine Gesamtrechtsnachfolge nach § 45 AO dar, da der Begriff der Gesamtrechtsnachfolge iS des § 45 AO insofern enger auszulegen sei[8]. Die Entscheidung des BFH soll auch für die Aufspaltung und Ausgliederung gelten[9]. Unabhängig davon kann der übernehmende Rechtsträger

---

1 *Teichmann* in Lutter, § 131 UmwG Rz. 86; *Simon* in KölnKomm. UmwG, § 131 UmwG Rz. 38.
2 *Hörtnagl* in Schmitt/Hörtnagl/Stratz, § 131 UmwG Rz. 74.
3 In diesem Zusammenhang ist zu beachten, dass die am 25.5.2016 in Kraft getretene EU-Datenschutz-Grundverordnung (DSGVO) zum 25.5.2018 unmittelbare Wirkung in Deutschland entfaltet. Da sie den nationalen Gesetzgebern noch einen erheblichen Handlungsspielraum lässt, bleibt abzuwarten, wie der deutsche Gesetzgeber diesen ausnutzt.
4 *Schröer* in Semler/Stengel, § 131 UmwG Rz. 40; *Simon* in KölnKomm. UmwG, § 131 UmwG Rz. 41.
5 *Schröer* in Semler/Stengel, § 131 UmwG Rz. 40; *Simon* in KölnKomm. UmwG, § 131 UmwG Rz. 41; siehe ausführlich zu Datenschutz und Bankgeheimnis bei Umwandlungen *Heckschen*, GmbHR 2015, 897.
6 *Simon* in KölnKomm. UmwG, § 131 UmwG Rz. 28; *Schröer* in Semler/Stengel, § 131 UmwG Rz. 33.
7 *Rieble*, ZIP 1997, 301 (309).
8 Vgl. BFH v. 5.11.2009 – IV R 29/08, GmbHR 2010, 163, noch unter Geltung des aufgehobenen § 132 UmwG aF, zur Fortgeltung auch unter dem geltenden Recht: *Schwetlik*, EStB 2010, 44 (45); kritisch zu der Entscheidung des BFH *Podewils*, GmbHR 2010, 166.
9 Vgl. *Schwetlik*, EStB 2010, 44 (45).

schuldrechtlich gegenüber dem übertragenden Rechtsträger verpflichtet sein, ihn im Innenverhältnis von der nicht übergegangenen Steuerschuld freizustellen[1].

III. Erlöschen des übertragenden Rechtsträgers bei Aufspaltung (§ 131 Abs. 1 Nr. 2 UmwG)

Bei der Aufspaltung erlischt der übertragende Rechtsträger wie bei der Verschmelzung. Damit erlöschen auch die Anteile an dem übertragenden Rechtsträger. Anders bei Abspaltung und Ausgliederung: Da hier der übertragende Rechtsträger bestehen bleibt, bleiben auch die Anteile an ihm erhalten. Es verändert sich auch ihr Nennbetrag nicht, es sei denn, dass eine Kapitalherabsetzung stattfindet. Demgemäß findet entgegen § 126 Abs. 1 Nr. 3 UmwG bei der Abspaltung kein Anteilstausch statt (§ 126 UmwG Rz. 9). Die Anteile verlieren jedoch an Wert (vgl. Rz. 23). 22

IV. Anteilserwerb (§ 131 Abs. 1 Nr. 3 UmwG)

Mit der Eintragung der Spaltung erwerben die Anteilsinhaber des übertragenden Rechtsträgers bzw. bei der Ausgliederung der übertragende Rechtsträger selbst **automatisch** Anteile der übernehmenden bzw. neuen Rechtsträger. Die Nennbeträge bzw. Kapitalanteile bestimmen sich nach dem Spaltungs- und Übernahmevertrag. Die besondere Erwähnung der im Spaltungs- und Übernahmevertrag vorgesehenen Aufteilung zielt auf die nicht-verhältniswahrende Spaltung (§ 126 UmwG Rz. 41). Der Erwerb kraft Gesetzes gilt auch, soweit es sich um bereits beim Übernehmer vorhandene eigene Anteile oder um vom übertragenden Rechtsträger gehaltene Anteile handelt (§ 20 UmwG Rz. 29). Die von dem übertragenden Rechtsträger gehaltenen Anteile gehen gegebenenfalls ohne Durchgangserwerb auf seine Anteilsinhaber über (§ 54 UmwG Rz. 11). Der automatische Erwerb kraft Gesetzes gilt schließlich auch, soweit bei der nicht-verhältniswahrenden Abspaltung Anteile oder Teile von Anteilen am übertragenden Rechtsträger von einem Anteilsinhaber des übertragenden Rechtsträgers auf einen anderen Anteilsinhaber des übertragenden Rechtsträgers übergehen. Dies folgt aus der Ersetzung des Worts „übernehmenden" Rechtsträger durch das Wort „beteiligten" Rechtsträger durch das 1. UmwGÄndG. Siehe auch § 123 UmwG Rz. 5. Ist der übernehmende Rechtsträger eine börsennotierte Gesellschaft, so sind die Offenlegungspflichten nach §§ 21 ff. WpHG zu beachten[2]. 23

Soweit bei Auf- und Abspaltung der übernehmende Rechtsträger selbst Anteile an dem übertragenden Rechtsträger hält, erwirbt der übernehmende Rechtsträ- 24

---

[1] Vgl. *Schwetlik*, EStB 2010, 44 (45).
[2] Dazu *Heppe*, WM 2002, 60 ff.

ger **keine eigenen Anteile** (§ 131 Abs. 1 Nr. 3 Satz 1 Halbsatz 2 UmwG). Dasselbe gilt, soweit der übertragende Rechtsträger eigene Anteile hält, die gemäß Spaltungs- und Übernahmevertrag auf einen übernehmenden oder neuen Rechtsträger übergehen. Der Grund ist in beiden Fällen, dass sonst neue eigene Anteile des übernehmenden oder neuen Rechtsträgers geschaffen würden[1]. Allerdings kann der übernehmende Rechtsträger, wenn er Anteile an dem übertragenden Rechtsträger hält, diese Anteile den anderen Anteilsinhabern des übertragenden Rechtsträgers bei einer Auf- oder Abspaltung als Gegenleistung für das übertragene Vermögen zur Verfügung stellen; auch in diesem Fall sind keine neuen Anteile zu schaffen[2]. Eigene Anteile des übertragenden Rechtsträgers erlöschen bei der Abspaltung anders als bei der Verschmelzung und der Aufspaltung nicht, erfahren vielmehr lediglich eine Wertminderung. Mit diesem geminderten Wert sind sie bei der Festlegung des „Umtauschverhältnisses" zu berücksichtigen. Die Übertragung der eigenen Anteile kann also dazu beitragen, ein angestrebtes Beteiligungsverhältnis am übernehmenden oder neuen Rechtsträger zu erreichen. Für die Ausgliederung fehlt es an einer entsprechenden Regelung. § 131 Abs. 1 Nr. 3 Satz 3 UmwG ordnet vielmehr ausnahmslos an, dass bei Ausgliederung der übertragende Rechtsträger Anteilsinhaber der übernehmenden Rechtsträger wird. Damit stimmt es überein, dass nach § 125 Satz 1 UmwG die Kapitalerhöhungsverbote der §§ 54 Abs. 1 Satz 1 und 68 Abs. 1 Satz 1 UmwG für die Ausgliederung nicht gelten (siehe dazu § 125 UmwG Rz. 57). Der Grund ist einsichtig: Bei der Ausgliederung kann es in diesen Fällen nicht zum Entstehen eigener Anteile kommen.

25 § 131 Abs. 1 Nr. 3 UmwG gilt ferner nicht, wenn alle Anteilsinhaber des übertragenden Rechtsträgers gemäß §§ 54 Abs. 1 Satz 3, 68 Abs. 1 Satz 3, 125 Satz 1 UmwG durch notariell beurkundete Erklärung **auf Anteilsgewährung verzichten** (§ 125 UmwG Rz. 58, § 126 UmwG Rz. 6). Das liegt insbesondere nahe, wenn es sich um eine Abspaltung auf beteiligungsidentische Schwestergesellschaften handelt. Gegebenenfalls findet also kein Anteilserwerb nach § 131 Abs. 1 Nr. 3 UmwG statt.

26 Soweit ein Anteilserwerb stattfindet, sollen nach § 131 Abs. 1 Nr. 3 Satz 2 UmwG **Rechte Dritter**, die an den Anteilen an dem übertragenden Rechtsträger bestehen, auch an den erworbenen Anteilen am übernehmenden oder neuen Rechtsträger bestehen. Hier ist auf die Erl. zu § 20 UmwG zu verweisen. Zu berücksichtigen ist aber, dass bei Abspaltung kein Anteilstausch stattfindet, die gewährten Anteile also nicht „an die Stelle" der Anteile an dem übertragenden Rechtsträger treten. Hier verhält es sich vielmehr ähnlich wie bei der Kapitalerhöhung aus Gesellschaftsmitteln: Die Anteile an dem übernehmenden Rechtsträger werden gewissermaßen von den Anteilen an dem übertragenden Rechtsträger abgespalten. Dies rechtfertigt trotz des Wortlauts die Anwendung der

---

1 Vgl. Begr. zu § 20 UmwG, BT-Drucks. 12/6699, S. 91.
2 FG Münster v. 17.5.2006 – 7 K 5976/02 F, Der Konzern 2006, 720.

Vorschrift auch im Falle der Abspaltung. Im Falle der Ausgliederung ist sie allerdings gegenstandslos, weil die Anteilsinhaber des übertragenden Rechtsträgers keine Anteile an dem übernehmenden Rechtsträger erhalten[1].

V. Heilung von Formmängeln (§ 131 Abs. 1 Nr. 4 UmwG)

Formmängel nach § 125 UmwG iVm. § 6 UmwG und § 13 Abs. 3 Satz 1 UmwG werden gemäß § 131 Abs. 1 Nr. 4 UmwG durch die Eintragung der Spaltung im Handelsregister des übertragenden Rechtsträgers geheilt. Nicht erfasst werden jedoch Mängel bei der Beurkundung der Zustimmungsbeschlüsse. Insoweit kann sich allerdings eine Heilung aus § 242 Abs. 1 AktG ergeben (§ 20 UmwG Rz. 32). Nicht geheilt wird eine etwa **mangelnde Zustimmung** der Anteilseignerversammlung. Nebenabreden sind also auch nach Eintragung der Spaltung rechtlich unwirksam, wenn sie den Anteilseignerversammlungen beim Zustimmungsbeschluss nicht vorgelegen haben (§ 20 UmwG Rz. 32). 27

VI. Rechtsbeständigkeit der mangelhaften Spaltung (§ 131 Abs. 2 UmwG)

Gemäß § 131 Abs. 2 UmwG ist nach Eintragung der Spaltung in das Handelsregister des übertragenden Rechtsträgers eine **Rückabwicklung** selbst bei Vorliegen gravierender Mängel **ausgeschlossen**[2]. Dies gilt auch für eine Rückgängigmachung ex nunc[3]. Diese Wirkung gilt nicht für Mängel des Gesellschaftsvertrags bzw. der Satzung eines neuen Rechtsträgers bei Spaltungen zur Neugründung (§ 125 UmwG Rz. 43). § 131 Abs. 2 UmwG gilt aber auch für die Ausgliederung, die sich dadurch von der Ausgründung im Wege der Sacheinlage wesentlich unterscheidet[4]. Allerdings wird diese Rechtsbeständigkeit der Ausgliederung durch das Erfordernis der Eintragung im Handelsregister der übertragenden Gesellschaft mit Negativattest und Registersperre erkauft (§§ 125, 16 UmwG). Nach richtiger Ansicht kommt nach der Eintragung auch eine **Anfechtung** des Spaltungsbeschlusses nicht mehr in Betracht[5]. Vgl. im Übrigen Erl. zur parallelen Vorschrift des § 20 Abs. 2 UmwG für die Verschmelzung. 28

---

1 Zu den Problemen beim Nießbrauch *Teichmann* in FS Lutter, 2000, S. 1261 (1269 ff.).
2 FG Schleswig-Holstein v. 24.4.2015 – 3 K 106/11, EFG 2015, 1214; BayObLG v. 15.10.1999 – 3 Z BR 295/99, DB 1999, 2504 = AG 2000, 130; *Teichmann* in Lutter, § 131 UmwG Rz. 102.
3 *Grunewald* in Lutter, § 20 UmwG Rz. 77; *Teichmann* in Lutter, § 131 UmwG Rz. 102.
4 *Teichmann* in Lutter, § 131 UmwG Rz. 102 gegen *Veil*, ZIP 1998, 361 (365).
5 *Teichmann* in Lutter, § 131 UmwG Rz. 101; *Kübler* in Semler/Stengel, § 131 UmwG Rz. 66; vgl. zu der für die Verschmelzung geltenden Parallelvorschrift in § 20 Abs. 2 UmwG auch die überzeugende Argumentation von *Grunewald* in Lutter, § 20 UmwG Rz. 81 f.; aA OLG Stuttgart v. 28.2.2004 – 20 U 3/03, NZG 2004, 463 (465) = AG 2004, 271.

VII. Zuordnung „vergessener" Vermögensgegenstände und Verbindlichkeiten (§ 131 Abs. 3 UmwG)

29 Gegenstände iS dieser Vorschrift sind nach Auffassung des Gesetzgebers nur **Gegenstände des Aktivvermögens**[1]. Eine Zuweisung „vergessener Verbindlichkeiten" ist im Falle der Aufspaltung nur in analoger Anwendung von § 131 Abs. 3 UmwG möglich. Auch die nach dem Wortlaut des § 131 Abs. 3 UmwG vorgesehene Zuweisung des Gegenstandes an mehrere Rechtsträger nach seinem Gegenwert spricht für eine Beschränkung der Vorschrift auf „vergessene Aktiva". Andererseits ist die gesamtschuldnerische Haftung für Verbindlichkeiten des übertragenden Rechtsträgers nach § 133 Abs. 1 UmwG kein hinreichender Schutz für die Gläubiger „vergessener Verbindlichkeiten". Wird die „vergessene Verbindlichkeit" später als fünf Jahre nach Wirksamkeit der Aufspaltung fällig, greift die Nachhaftungsbegrenzung des § 133 Abs. 3 UmwG. Hier sollte den betroffenen Gläubigern durch eine Zuweisung der „vergessenen Verbindlichkeit" in analoger Anwendung des § 131 Abs. 3 UmwG geholfen werden. Die analoge Anwendung des § 131 Abs. 3 UmwG auf vergessene Verbindlichkeiten hat den Vorteil, dass damit der Aufteilungsmaßstab im Innenverhältnis feststeht. Nach anderer Ansicht soll auf vergessene Verbindlichkeiten die Regelung des § 133 Abs. 1 UmwG ohne Möglichkeit der Enthaftung nach § 133 Abs. 3 UmwG Anwendung finden. Auch diese Auffassung müsste aber wohl für die Aufteilung der Haftung im Innenverhältnis eine Lösung nach Art des § 131 Abs. 3 UmwG anbieten.

30 Für die bei einer **Aufspaltung** keinem der übernehmenden Rechtsträger – auch nicht konkludent – zugewiesenen Gegenstände des Aktivvermögens sieht die Vorschrift eine Verteilung entsprechend dem **Verhältnis** der den übernehmenden Rechtsträgern ausweislich der Schlussbilanz des übertragenden Rechtsträgers jeweils **zugewiesenen Reinvermögen** vor. Es entsteht unter den mehreren übernehmenden Rechtsträgern eine Mitberechtigung nach Bruchteilen oder eine gesamthänderische Berechtigung[2]. Ist eine Zuteilung des Gegenstandes an mehrere Rechtsträger nicht möglich, ist nach § 131 Abs. 3 Halbsatz 2 UmwG sein Gegenwert im oben bezeichneten Verhältnis zu verteilen. Unter Beteiligung der übernehmenden Rechtsträger kann dies im Wege der Nachtragsliquidation oder dadurch geschehen, dass der Gegenstand veräußert und der Erlös entsprechend verteilt wird[3]. Alternativ kann der Gegenstand auch nur einem Rechtsträger zugewiesen werden, der an die übrigen Rechtsträger einen entsprechenden Gegen-

---

1 Vgl. Begr. RegE, BT-Drucks. 12/6699, S. 120, 121.
2 *Teichmann* in Lutter, § 131 UmwG Rz. 109; *Simon* in KölnKomm. UmwG, § 131 UmwG Rz. 66.
3 *Teichmann* in Lutter, § 131 UmwG Rz. 111; *Simon* in KölnKomm. UmwG, § 131 UmwG Rz. 68.

wert überträgt[1]. Die von § 131 Abs. 3 UmwG getroffene Regelung ist wenig sachgemäß und Anlass genug, die Aufteilung im Spaltungs- und Übernahmevertrag auch mit Hilfe von General- bzw. Auffangklauseln (vgl. zur Übertragung von Betrieben oder Teilbetrieben § 126 UmwG Rz. 20) lückenlos zu gestalten[2]. Ergänzend kann einem der übernehmenden Rechtsträger das Recht eingeräumt werden, nach § 315 BGB zu bestimmen, wem die „vergessenen" Gegenstände zugewiesen werden[3]. Vergessene Gegenstände können aber auch unmittelbar im Spaltungs- und Übernahmevertrag einem der übernehmenden Rechtsträger, im Zweifel gegen eine entsprechende Ausgleichsverpflichtung, zugewiesen werden[4].

Für Ausgliederungsverträge kann sich eine Zuordnung vergessener Gegenstände aus den Grundsätzen der Auslegung gemäß §§ 133, 157 BGB ergeben, die auf Ausgliederungsverträge anwendbar sind[5]. Dies sollte auch im Falle der Abspaltung und Aufspaltung gelten (siehe § 126 UmwG Rz. 64 ff.).

VIII. Rechnungslegung beim übertragenden Rechtsträger und dessen Anteilsinhaber *(Lanfermann)*

1. Rechnungslegung beim übertragenden Rechtsträger

a) Aufspaltung

Ab dem Spaltungsstichtag (§ 126 Abs. 1 Nr. 6 UmwG) arbeitet der übertragende Rechtsträger für Rechnung der übernehmenden Rechtsträger. Für die Rechnungslegung zwischen Abschluss des Spaltungsvertrages und Wirksamwerden der Spaltung (§ 131 UmwG) gelten die Grundsätze bei der Verschmelzung entsprechend (§ 17 UmwG Rz. 21 ff.). Neben der Schlussbilanz nach § 17 Abs. 2 UmwG hat der übertragende Rechtsträger keine besondere Schlussrechnung zu erstellen. 31

b) Abspaltung

Die Abspaltung ist, wie die Aufspaltung, ein gesellschaftsrechtlicher Vorgang. **Mittelbar wird Vermögen** an die Anteilsinhaber **ausgekehrt**; mittelbar deshalb, weil diese nicht das Vermögen direkt, sondern Anteile am aufnehmenden Rechtsträger erhalten. Diese rechtliche Einordnung bestimmt die Verbuchung von Vermögensminderungen und Vermögensmehrungen beim übertragenden 32

---

1 So zutreffend *Teichmann* in Lutter, § 131 UmwG Rz. 111; *Simon* in KölnKomm. UmwG, § 131 UmwG Rz. 68.
2 Ebenso *Teichmann* in Lutter, § 131 UmwG Rz. 112; *Simon* in KölnKomm. UmwG, § 131 UmwG Rz. 69.
3 *Mayer* in Widmann/Mayer, § 126 UmwG Rz. 267.1; *Teichmann* in Lutter, § 131 UmwG Rz. 112.
4 *Teichmann* in Lutter, § 131 UmwG Rz. 112.
5 BGH v. 8.10.2003 – XII ZR 50/02, WM 2003, 2335 = AG 2004, 98.

Rechtsträger. Werden mehr Aktiva als Schulden abgespalten, ist der Negativsaldo durch Auflösung von Rücklagen, ggf. durch Kapitalherabsetzung in vereinfachter Form (§§ 139, 145 UmwG), auszugleichen[1]. Werden mehr Passiva als Aktiva (zu Buchwerten) abgespalten, ist ein positiver Differenzbetrag als Gesellschafterleistung zu behandeln und bei Kapitalgesellschaften direkt nach § 272 Abs. 2 Nr. 4 HGB in die Kapitalrücklage zu buchen[2].

c) Ausgliederung

33 Die Ausgliederung ist, im Gegensatz zu Aufspaltung und Abspaltung, ein rein betrieblicher Vorgang. **Ergebnisauswirkungen** sind über die Gewinn- und Verlustrechnung abzuwickeln[3]. Ergebnisauswirkungen ergeben sich dann, wenn die infolge der Ausgliederung gewährten Anteile an dem übernehmenden Rechtsträger zu einem anderen (idR höheren) Wert angesetzt werden, als dies den Buchwerten der ausgegliederten Aktiva und Passiva entspricht. Für die Wertansätze der gewährten Anteile gelten die Grundsätze für Anschaffungskosten beim Tausch entsprechend[4].

2. Rechnungslegung beim Anteilsinhaber

34 Bei der **Aufspaltung** gehen die Anteile am übertragenden Rechtsträger unter und werden durch die Anteile an den übernehmenden Rechtsträgern ersetzt. Für die Bilanzierung gelten die Grundsätze über den Tausch[5]; vgl. § 24 UmwG Rz. 31 ff.

35 Die **Abspaltung** führt zu einer Vermögensverschiebung vom übertragenden auf den übernehmenden Rechtsträger. Für den Anteilsinhaber bedeutet dies einen wertmäßigen oder sogar mengenmäßigen (bei vereinfachter Kapitalherabsetzung) Abgang an den Anteilen, die am übertragenden Rechtsträger bestehen. Dies ist durch eine Beteiligungsabschreibung oder einen Beteiligungsabgang zu berücksichtigen. Die Beteiligung am übertragenden Rechtsträger ist mit dem Wert anzusetzen, der ihr nach dem Spaltungsvorgang beizulegen ist (§ 253 Abs. 3 Satz 3 HGB)[6]. Für die Einbuchung der Anteile am übernehmenden Rechtsträger gelten wiederum die Tauschgrundsätze (vgl. § 24 UmwG Rz. 31 ff.):

---

1 *IDW* RS HFA 43 Rz. 13, IDW Fachnachrichten 2012, S. 714 ff., WPg 2012, Supplement 4, S. 104 ff.
2 *W. Müller*, WPg 1996, 857 (865 f.); *IDW* RS HFA 43 Rz. 19, IDW Fachnachrichten 2012, S. 714 ff., WPg 2012, Supplement 4, S. 104 ff.
3 *W. Müller*, WPg 1996, 857 (865 f.); *IDW* RS HFA 43 Rz. 21, IDW Fachnachrichten 2012, S. 714 ff., WPg 2012, Supplement 4, S. 104 ff.
4 Vgl. *ADS*, § 255 HGB Rz. 89 ff.
5 *IDW* RS HFA 43 Rz. 32, IDW Fachnachrichten 2012, S. 714 ff., WPg 2012, Supplement 4, S. 104 ff.
6 *IDW* RS HFA 43 Rz. 33, IDW Fachnachrichten 2012, S. 714 ff., WPg 2012, Supplement 4, S. 104 ff.

Sie können erfolgsneutral mit der Wertdifferenz (Abschreibung/Abgang) der Anteile am übertragenden Rechtsträger, aber auch mit einem – vorsichtig geschätzten – Zeitwert angesetzt werden. Erfolgswirksame Auswirkungen sind über die Gewinn- und Verlustrechnung zu buchen.

Die **Ausgliederung** lässt die Bilanzierung von Anteilen am übertragenden Rechtsträger unberührt, da nur ein wertgleicher Tausch von Vermögensteilen gegen Anteile am übernehmenden Rechtsträger stattfindet[1].

36

§ 132
Beachtung allgemeinen Rechts

Aufgehoben durch das 2. Gesetz zur Änderung des Umwandlungsgesetzes (2. UmwGÄndG) v. 19.4.2007, BGBl. I 2007, S. 542. Zu der Aufhebung der Vorschrift siehe § 131 UmwG Rz. 2.

§ 133
Schutz der Gläubiger und der Inhaber von Sonderrechten

(1) Für die Verbindlichkeiten des übertragenden Rechtsträgers, die vor dem Wirksamwerden der Spaltung begründet worden sind, haften die an der Spaltung beteiligten Rechtsträger als Gesamtschuldner. Die §§ 25, 26 und 28 des Handelsgesetzbuchs sowie § 125 in Verbindung mit § 22 bleiben unberührt; zur Sicherheitsleistung ist nur der an der Spaltung beteiligte Rechtsträger verpflichtet, gegen den sich der Anspruch richtet.

(2) Für die Erfüllung der Verpflichtung nach § 125 in Verbindung mit § 23 haften die an der Spaltung beteiligten Rechtsträger als Gesamtschuldner. Bei Abspaltung und Ausgliederung können die gleichwertigen Rechte im Sinne des § 125 in Verbindung mit § 23 auch in dem übertragenden Rechtsträger gewährt werden.

(3) Diejenigen Rechtsträger, denen die Verbindlichkeiten nach Absatz 1 Satz 1 im Spaltungs- und Übernahmevertrag nicht zugewiesen worden sind, haften für diese Verbindlichkeiten, wenn sie vor Ablauf von fünf Jahren nach der Spaltung fällig und daraus Ansprüche gegen sie in einer in § 197 Abs. 1 Nr. 3 bis 5 des Bürgerlichen Gesetzbuchs bezeichneten Art festgestellt sind oder eine gerichtliche oder behördliche Vollstreckungshandlung vorgenom-

---

1 *IDW* RS HFA 43 Rz. 37, IDW Fachnachrichten 2012, S. 714 ff., WPg 2012, Supplement 4, S. 104 ff.

men oder beantragt wird; bei öffentlich-rechtlichen Verbindlichkeiten genügt der Erlass eines Verwaltungsakts. Für vor dem Wirksamwerden der Spaltung begründete Versorgungsverpflichtungen auf Grund des Betriebsrentengesetzes beträgt die in Satz 1 genannte Frist zehn Jahre.

(4) Die Frist beginnt mit dem Tage, an dem die Eintragung der Spaltung in das Register des Sitzes des übertragenden Rechtsträgers nach § 125 in Verbindung mit § 19 Abs. 3 bekannt gemacht worden ist. Die für die Verjährung geltenden §§ 204, 206, 210, 211 und 212 Abs. 2 und 3 des Bürgerlichen Gesetzbuchs sind entsprechend anzuwenden.

(5) Einer Feststellung in einer in § 197 Abs. 1 Nr. 3 bis 5 des Bürgerlichen Gesetzbuchs bezeichneten Art bedarf es nicht, soweit die in Absatz 3 bezeichneten Rechtsträger den Anspruch schriftlich anerkannt haben.

(6) Die Ansprüche nach Absatz 2 verjähren in fünf Jahren. Für den Beginn der Verjährung gilt Absatz 4 Satz 1 entsprechend.

1. Gesamtschuldnerische Haftung nach § 133 Abs. 1 Satz 1 UmwG	
a) Anwendungsbereich, Legitimation 1	g) Zeitliche Begrenzung der Mithaftung (§ 133 Abs. 3–5 UmwG) 17
b) Hauptschuldner und Mithafter 2	h) Gläubigerschutz nach anderen Vorschriften 20
c) Altverbindlichkeiten 5	2. Haftung bei der Spaltung von Kommanditgesellschaften und auf Kommanditgesellschaften 22
d) Ausgleichs- bzw. Freistellungspflicht 11	
e) Bilanzierung (Lanfermann) ... 13	3. Schutz der Inhaber von Sonderrechten (§ 133 Abs. 2 und 6 UmwG) 24
f) Bedeutung der Haftung für die Kapitalaufbringung 16	

Literatur: *Ganske*, Berufsrelevante Regelungen für Wirtschaftsprüfer im neuen Umwandlungsrecht, WPg 1994, 157; *Habersack*, Grundfragen der Spaltungshaftung nach § 133 Abs. 1 Satz 1 UmwG, FS Bezzenberger, 2000, S. 93; *Heidenhain*, Fehlerhafte Umsetzung der Spaltungsrichtlinie, EuZW 1995, 327; *Heidenhain*, Spaltungsvertrag und Spaltungsplan, NJW 1995, 2873; *Ihrig*, Zum Inhalt der Haftung bei der Spaltung, in Habersack/Koch/Winter (Hrsg.), Die Spaltung im neuen Umwandlungsrecht und ihre Rechtsfolgen, 1999, S. 80; *Ihrig*, Zur Nachhaftung für Pensionsverbindlichkeiten bei der Spaltung, ZIP 2012, 749; *Maier-Reimer/Bödefeld*, Haftung für spaltungsbedingte Schulden, Liber amicorum M. Winter, 2011, S. 453; *K. Mertens*, Zur Universalsukzession in einem neuen Umwandlungsrecht, AG 1994, 70; *Naraschewski*, Haftung bei der Spaltung von Kommanditgesellschaften, DB 1995, 1265; *Rümker*, Anmerkungen zum Gläubigerschutz nach dem Regierungsentwurf eines Gesetzes zur Bereinigung des Umwandlungsrechts, WM-Festgabe für Thorwald Hellner vom 9. Mai 1994, S. 73; *K. Schmidt*, Gläubigerschutz bei Umstrukturierung zum Referentenentwurf eines Umwandlungsgesetzes, ZGR 1993, 366; *K. Schmidt/Schneider*, Haftungserhaltende Gläubigerstrategien beim Ausscheiden von Gesellschaftern bei Unternehmensübertragung, Umwandlung und Auflösung. Abstimmungsbedarf bei den §§ 26, 160 HGB, §§ 45, 133, 157, 224 UmwG und § 159 HGB, BB 2003, 1961; *Tries*, Gesamtschuldnerische Haftung und Bilanzausweis, in Habersack/Koch/Winter (Hrsg.), Die Spaltung im neuen Umwandlungsrecht und ihre Rechtsfolgen, 1999, S. 96.

1. Gesamtschuldnerische Haftung nach § 133 Abs. 1 Satz 1 UmwG

a) Anwendungsbereich, Legitimation

Die Vorschrift gilt für Aufspaltung, Abspaltung und Ausgliederung, sowohl zur 1 Aufnahme als auch zur Neugründung (§ 135 Abs. 1 UmwG), nicht aber für die **Ausgliederung aus dem Vermögen eines Einzelkaufmanns**. Für letztere gelten die Sonderregeln in den §§ 156, 157 UmwG. Ihre **Legitimation** findet die Mithaftung der anderen an der Spaltung beteiligten Rechtsträger in der weitgehenden Freiheit der Aufteilung des Aktiv- und Passivvermögens des übertragenden Rechtsträgers. Die Begründung[1] erwähnt die Zuweisung der Aktiva an einen und der Passiva an einen anderen übernehmenden Rechtsträger.

b) Hauptschuldner und Mithafter

§ 133 Abs. 1 Satz 1 UmwG ordnet eine Mithaftung derjenigen an der Spaltung 2 beteiligten Rechtsträger an, gegen die sich der Anspruch an sich nicht richtet (vgl. § 133 Abs. 1 Satz 2 UmwG) bzw. denen die Verbindlichkeit im Spaltungs- und Übernahmevertrag nicht zugewiesen ist (vgl. § 133 Abs. 3 UmwG). Dabei bezieht sich die Mithaftung auf sämtliche Verbindlichkeiten, die den übertragenden Rechtsträger unmittelbar vor dem Wirksamwerden der Spaltung belasten. Sie erfasst sowohl die im Zuge der Spaltung übertragenen als auch die (bei Abspaltung und Ausgliederung) beim übertragenden Rechtsträger verbliebenen Verbindlichkeiten. **Hauptschuldner** kann also bei einer Abspaltung oder Ausgliederung sowohl der übertragende Rechtsträger als auch ein übernehmender oder neuer Rechtsträger, bei einer Aufspaltung nur ein übernehmender oder neuer Rechtsträger sein. **Mithafter** sind sämtliche anderen an der Spaltung beteiligten Rechtsträger, also bei Abspaltung und Ausgliederung für die übertragenen Verbindlichkeiten nicht nur der übertragende Rechtsträger, sondern auch die anderen übernehmenden bzw. neuen Rechtsträger. Für den übertragenden Rechtsträger handelt es sich um eine Weiterhaftung, für die übernehmenden oder neuen Rechtsträger um eine als Spaltungswirkung neu eintretende Haftung. Der Insolvenzverwalter über das Vermögen eines an der Spaltung beteiligten übernehmenden Rechtsträgers ist nicht berechtigt, gegenüber anderen an der Spaltung beteiligten Rechtsträgern die Mithaftung der an der Spaltung beteiligten Rechtsträger in unmittelbarer oder entsprechender Anwendung der Vorschrift des § 93 InsO geltend zu machen[2].

Die Mithafter haften untereinander als **Gesamtschuldner**, nicht dagegen Haupt- 3 schuldner und Mithafter. Im Verhältnis von Mithaftern und Hauptschuldner

---

[1] BT-Drucks. 12/6699, S. 122.
[2] BGH v. 20.6.2013 – IX ZR 221/12, ZIP 2013, 1433 = AG 2013, 594.

gilt vielmehr der Grundsatz der Akzessorietät[1]. Das bedeutet insbesondere, dass § 129 Abs. 1–3 HGB analog anzuwenden ist, während § 425 BGB (Einzelwirkung von Einreden und Einwendungen) im Verhältnis zum Hauptschuldner nicht einschlägig ist[2]. Wenn der Gläubiger nach der Spaltung ein rechtskräftiges Urteil gegen den Hauptschuldner erstreitet, so sind die Einwendungen des Hauptschuldners auch zum Nachteil der Mithafter ausgeschlossen[3].

4 Auch die Mithafter haften aber grundsätzlich **auf Erfüllung**, nicht nur auf Ausgleich des Erfüllungsinteresses in Geld[4]. Etwas anderes ergibt sich insbesondere nicht daraus, dass im Spaltungs- und Übernahmevertrag der Leistungsgegenstand einem anderen beteiligten Rechtsträger zugewiesen wurde und deshalb dem in Anspruch genommenen Mithafter die Leistung subjektiv unmöglich ist[5]. Hier hilft ein Freistellungsanspruch gegen denjenigen beteiligten Rechtsträger, der zur Erfüllung in der Lage ist. Ist dies nur ein Mithafter, so ist eine entsprechende Regelung im Spaltungs- und Übernahmevertrag erforderlich. IE ist also die Zuweisung der Leistungsverbindlichkeit und des Leistungsgegenstands an verschiedene Rechtsträger – jedenfalls für einen Zeitraum von fünf Jahren – im Verhältnis zu dem Gläubiger wirkungslos.

c) Altverbindlichkeiten

5 Die gesamtschuldnerische Haftung nach § 133 Abs. 1 Satz 1 UmwG gilt nur für Verbindlichkeiten des übertragenden Rechtsträgers, die vor dem Wirksamwerden der Spaltung begründet worden sind. Die damit angesprochene Unterscheidung zwischen Alt- und Neuverbindlichkeiten des übertragenden Rechtsträgers hat nur Bedeutung bei der Abspaltung und der Ausgliederung[6]. Ebenso hat sie Bedeutung für das Recht der Gläubiger auf Sicherheitsleistung (§§ 125 Satz 1, 22 UmwG).

6 Maßgeblicher **Zeitpunkt** für die Abgrenzung der Alt- von den Neuverbindlichkeiten ist das Wirksamwerden der Spaltung. Die Wirkungen der Spaltung treten nach § 131 Abs. 1 UmwG mit ihrer Eintragung in das Handelsregister des Sitzes des übertragenden Rechtsträgers ein. In diesem Zeitpunkt gehen insbesondere

---

1 *Habersack* in FS Bezzenberger, 2000, S. 93 (96); *Schwab* in Lutter, § 133 UmwG Rz. 23 ff.; aA *Ihrig* in Habersack/Koch/Winter, S. 85; *Simon* in KölnKomm. UmwG, § 133 UmwG Rz. 18.
2 *Habersack* in FS Bezzenberger, 2000, S. 93 (103, 106).
3 *Schwab* in Lutter, § 133 UmwG Rz. 151.
4 *Maier-Reimer/Seulen* in Semler/Stengel, § 133 UmwG Rz. 40; *Simon* in KölnKomm. UmwG, § 133 UmwG Rz. 28.
5 *Schwab* in Lutter, § 133 UmwG Rz. 36 ff.; *Ihrig* in Habersack/Koch/Winter, S. 91; *Habersack* in FS Bezzenberger, 2000, S. 93 (108); aA *Maier-Reimer/Seulen* in Semler/Stengel, § 133 UmwG Rz. 41; *Simon* in KölnKomm. UmwG, § 133 UmwG Rz. 33.
6 *Schwab* in Lutter, § 133 UmwG Rz. 87.

die nach § 126 Abs. 1 Nr. 9 UmwG bezeichneten Verbindlichkeiten auf die übernehmenden bzw. neuen Rechtsträger über.

Nach dem Gesetzeswortlaut kommt es darauf an, ob die Verbindlichkeit in diesem Zeitpunkt bereits „**begründet**" war. Für die Auslegung dieses Merkmals liegt eine wertende Parallele zur Nachhaftung des ausgeschiedenen persönlich haftenden Gesellschafters gemäß § 160 HGB nahe. Eine Parallele besteht auch zum Gläubigerschutz bei der Kapitalherabsetzung einer AG nach § 225 Abs. 1 AktG. 7

Eine Verbindlichkeit ist iS des Gesetzes begründet, sobald die **Rechtsgrundlage gelegt** ist[1]. Auf Fälligkeit kommt es ebenso wenig an wie darauf, dass alle Entstehungsvoraussetzungen vor Wirksamwerden der Spaltung bereits eingetreten sind. Bei rechtsgeschäftlichen Verbindlichkeiten genügt es, dass der **Vertrag vorher abgeschlossen** wurde[2]. Dies gilt auch für **Dauerschuldverhältnisse**, so dass jede aus einem vor dem Wirksamwerden der Spaltung abgeschlossenen Dauerschuldvertrag resultierende Einzelverbindlichkeit eine Altverbindlichkeit ist[3]. Überragende Bedeutung hat dies für Ansprüche auf Ruhegelder, die vor dem Ausscheiden zugesagt waren[4]. Bei der betrieblichen Altersversorgung gilt dies sowohl für Anwartschaften als auch für im Zeitpunkt der Spaltung bereits laufende Leistungen[5]. Bei Lieferverträgen ist nicht erforderlich, dass die Lieferung vor Wirksamkeit der Spaltung erfolgt ist, dass also eine Verbindlichkeit gebucht wurde. Auch Reklamationsverbindlichkeiten aus vor der Spaltung abgeschlossenen Lieferverträgen sind Altverbindlichkeiten, selbst wenn die den Anspruch begründenden Voraussetzungen erst nachträglich eingetreten sind[6]. Schließlich sind auch spaltungsbedingte Ertragsteuern in diesem Sinne mit den Haftungsfolgen des § 133 UmwG begründet[7]. 8

Besondere Bedeutung haben **Verbindlichkeiten aus Produkt- oder Umwelthaftung**. Es kommt nicht darauf an, dass die Ansprüche bereits vor der Spaltung erhoben wurden. Weiterhin kommt es auch nicht darauf an, ob die Erhebung von Ansprüchen im Zeitpunkt der Spaltung voraussehbar war, so dass Anlass für eine Rückstellung nach § 249 Abs. 1 Satz 1 HGB bestand. Es kann schließlich auch nicht darauf ankommen, dass der Eintritt des Schadens bereits im Zeitpunkt der Spaltung bekannt war. Denn gerade wenn der Schadenseintritt unbekannt war, besteht das Schutzbedürfnis der Gläubiger, weil sie nicht rechtzeitig Sicherheitsleistung verlangen werden[8]. Weiter gehend wird man nicht verlan- 9

---

1 *K. Schmidt* in MünchKomm. HGB, § 128 HGB Rz. 49.
2 BGH v. 13.8.2015 – VII ZR 90/14, ZIP 2015, 1823 (1826); *K. Schmidt* in MünchKomm. HGB, § 128 HGB Rz. 50; *Roth* in Baumbach/Hopt, § 128 HGB Rz. 29.
3 Vgl. *K. Schmidt* in MünchKomm. HGB, § 128 HGB Rz. 50.
4 *Maier-Reimer/Seulen* in Semler/Stengel, § 133 UmwG Rz. 24.
5 *Maier-Reimer/Seulen* in Semler/Stengel, § 133 UmwG Rz. 24.
6 *Maier-Reimer/Seulen* in Semler/Stengel, § 133 UmwG Rz. 13.
7 *Maier-Reimer/Bödefeld* in Liber amicorum M. Winter, 2011, S. 433 (458 ff.).
8 Vgl. *K. Mertens*, AG 1994, 70.

gen, dass alle Tatbestandsmerkmale der Haftung vor der Spaltung verwirklicht waren. Es genügt vielmehr, dass die schadenstiftende Handlung vor der Spaltung vorgenommen wurde[1]. Wann Rechtsgutverletzung und Schaden eintreten, kann für die Frage, ob eine Neu- oder Altverbindlichkeit vorliegt, nicht entscheidend sein[2]. Für Produkt- und Umwelthaftung genügt also, wie es *Schwab* formuliert[3], dass der übertragende Rechtsträger die Wurzel für diese Verbindlichkeiten gelegt hatte. Verbindlichkeiten aus Produkthaftung sind also Altverbindlichkeiten, wenn das betreffende Produkt vor Spaltung in den Verkehr gebracht wurde, Verbindlichkeiten aus Umwelthaftung, wenn die Emissionen oder die Bodenverunreinigung vor der Spaltung stattfanden, mögen auch die Schadensfolgen später eintreten. Erträglich ist diese Ausweitung der gesamtschuldnerischen Haftung im Hinblick auf die zeitliche Begrenzung in § 133 Abs. 3 UmwG.

10 Die Haftung des bisherigen Arbeitgebers nach § 613a Abs. 2 BGB findet im Falle von Spaltungen keine Anwendung. Für die Aufspaltung ergibt sich dies bereits aus § 613a Abs. 3 BGB. Für Abspaltung und Ausgliederung wird § 613a Abs. 2 BGB durch § 133 UmwG verdrängt[4]. Damit übereinstimmend ordnet § 324 UmwG lediglich die Geltung von § 613a Abs. 1 und 4–6 BGB für Spaltungen an. Umgekehrt bestehen für **Versorgungsansprüche aktiver und ausgeschiedener Arbeitnehmer** keine Einschränkungen der Mithaft nach § 133 UmwG neben der Haftung des Betriebsübernehmers nach § 613a Abs. 1 BGB für die Versorgungsansprüche noch aktiver Arbeitnehmer.

d) Ausgleichs- bzw. Freistellungspflicht

11 Der Übertragung bzw. Nichtübertragung einer Verbindlichkeit im Spaltungs- und Übernahmevertrag lässt sich zwanglos die Bestimmung entnehmen, dass der übernehmende oder neue Rechtsträger bzw. der übertragende Rechtsträger als „Hauptschuldner" im Innenverhältnis allein haften soll[5]. Daraus ergibt sich nicht nur ein Erstattungsanspruch, wenn ein bloß mithaftender Rechtsträger einen Gläubiger befriedigt hat, sondern auch ein Befreiungsanspruch, sobald der

---

1 *Maier-Reimer/Seulen* in Semler/Stengel, § 133 UmwG Rz. 18; *Simon* in KölnKomm. UmwG, § 133 UmwG Rz. 23.
2 *K. Schmidt* in MünchKomm. HGB, § 128 HGB Rz. 57.
3 *Schwab* in Lutter, § 133 UmwG Rz. 84; vgl. auch *Simon* in KölnKomm. UmwG, § 133 UmwG Rz. 23, der darauf abstellt, ob das „schadensbegründende Ereignis bereits vorhanden war".
4 *Maier-Reimer/Seulen* in Semler/Stengel, § 133 UmwG Rz. 22.
5 *K. Schmidt*, ZGR 1993, 366 (389, Fn. 93); *Rümker* in WM-Festgabe für Hellner, 1994, S. 73 (76); *Schwab* in Lutter, § 133 UmwG Rz. 146; *Simon* in KölnKomm. UmwG, § 133 UmwG Rz. 63; *Schöne*, ZAP Nr. 13 v. 5.7.1995, S. 706; *Heidenhain*, NJW 1995, 2873 (2879); *Habersack* in FS Bezzenberger, 2000, S. 93 (108).

Anspruch fällig ist und die Inanspruchnahme droht[1]. Zu empfehlen ist jedoch, in den Spaltungs- und Übernahmevertrag weiter gehende Verpflichtungen des Hauptschuldners aufzunehmen (§ 126 UmwG Rz. 58, 59).

Wenn von dem im Innenverhältnis allein verpflichteten Rechtsträger keine Freistellung erlangt werden kann, kann der allein in Anspruch genommene nur mithaftende Rechtsträger nach § 426 Abs. 1 Satz 1 BGB von anderen mithaftenden Rechtsträgern einen Ausgleich verlangen. Mangels Regelung im Spaltungs- und Übernahmevertrag sind die mithaftenden Rechtsträger untereinander zu gleichen Teilen verpflichtet[2]. 12

e) Bilanzierung *(Lanfermann)*

Eine **Passivierung** der gesamtschuldnerischen Haftung über die im Innenverhältnis (Spaltungsvertrag, Spaltungsplan) zu tragenden Beträge hinaus ist nur geboten, wenn eine Inanspruchnahme durch die Gläubiger wirklich droht[3]. Dann sind entsprechende Ausgleichs- bzw. Rückgriffsansprüche gegen die anderen an der Spaltung beteiligten Rechtsträger zu aktivieren und (vorsichtig) zu bewerten. 13

Ist eine Passivierung nicht geboten, ist grundsätzlich auch keine **Vermerkpflicht** als Haftungsverhältnis unter der Bilanz nach § 251 HGB gegeben. § 251 HGB gilt nicht für gesetzlich normierte Haftungsverhältnisse (wie zB § 128 HGB, §§ 22, 24 GmbHG, § 322 AktG)[4]. Der Vermerk kann natürlich freiwillig gemacht werden; er kann aber auch – insbesondere bei relativ unbedeutenden Abspaltungen und Ausgliederungen – zu ganz verzerrten Bilanzaussagen führen. 14

Sind an der Spaltung **Kapitalgesellschaften** beteiligt, haben sie im Anhang nach § 285 Nr. 3a HGB idF des BilMoG über die Haftung nach § 133 UmwG zu berichten, wenn die Angabe für die Beurteilung der Finanzlage von Bedeutung ist[5]. 15

---

1 *Bydlinski* in MünchKomm. BGB, § 426 BGB Rz. 70; *Schwab* in Lutter, § 133 UmwG Rz. 147; *Simon* in KölnKomm. UmwG, § 133 UmwG Rz. 63; *Schöne*, ZAP Nr. 13 v. 5.7.1995, S. 706.
2 *Rümker* in WM-Festgabe für Hellner, 1994, S. 73 (76); *Schwab* in Lutter, § 133 UmwG Rz. 149 f.; *Schöne*, ZAP Nr. 13 v. 5.7.1995, S. 706; aA *Maier-Reimer/Seulen* in Semler/Stengel, § 133 UmwG Rz. 67: Auch ohne vertragliche Regelung soll sich der Binnenausgleich nach dem Verhältnis der übernommenen Netto-Vermögen richten.
3 *ADS*, § 246 HGB Rz. 102 ff.; *Priester* in Lutter, Anh. § 134 UmwG Rz. 19; *Maier-Reimer/Seulen* in Semler/Stengel, § 133 UmwG Rz. 69.
4 Vgl. *ADS*, § 251 HGB Rz. 7; *Priester* in Lutter, Anh. § 134 UmwG Rz. 17; *IDW RS HFA 43* Rz. 30, IDW Fachnachrichten 2012, S. 714 ff., WPg 2012, Supplement 4, S. 104 ff.; aA für die Haftung nach § 133 UmwG wohl *Ganske*, WPg 1994, 157 (162).
5 *Rümker* in WM-Festgabe für Hellner, 1994, S. 73 (76); wohl auch *Priester* in Lutter, Anh. § 134 UmwG Rz. 17; *IDW RS HFA 43* Rz. 30, IDW Fachnachrichten 2012, S. 714 ff., WPg 2012, Supplement 4, S. 104 ff.

f) Bedeutung der Haftung für die Kapitalaufbringung

16 Im Falle einer Kapitalerhöhung bei einer übernehmenden Kapitalgesellschaft oder im Fall einer Spaltung zur Neugründung einer Kapitalgesellschaft ist bei Prüfung der **Werthaltigkeit des eingebrachten Vermögensteils** durch das Registergericht auch die Mithaftung nach § 133 Abs. 1 Satz 1 UmwG zu berücksichtigen[1]. Bei der Anmeldung sollten daher hierzu Angaben gemacht werden etwa in dem Sinne, dass im Zeitpunkt der Anmeldung die übertragende Gesellschaft in der Lage ist, alle nach Maßgabe des Spaltungsvertrags bzw. -plans bei ihr verbleibenden fälligen Verbindlichkeiten aus eigenen flüssigen Mitteln zu begleichen, dass zur Absicherung für die Zukunft im Spaltungs- und Übernahmevertrag eine Freistellungsverpflichtung der übertragenden Gesellschaft bereits bei Fälligkeit einer Verbindlichkeit vereinbart ist und dass schließlich die Zukunftsaussichten der übertragenden und/oder der anderen übernehmenden Gesellschaften so gut sind, dass eine jederzeitige ausreichende Liquidität gewährleistet erscheint.

g) Zeitliche Begrenzung der Mithaftung (§ 133 Abs. 3–5 UmwG)

17 Die zeitliche Begrenzung der Haftung nach § 133 Abs. 3 UmwG gilt nur für Verbindlichkeiten, die dem betreffenden Rechtsträger nicht zugewiesen wurden. Die **Zuweisung von Verbindlichkeiten** iS von § 133 Abs. 3 Satz 1 UmwG ist nicht mit deren Übertragung nach § 126 Abs. 1 Nr. 9 UmwG gleichzusetzen. Bei Abspaltung und Ausgliederung bedeutet vielmehr deren Nichtübertragung auf einen übernehmenden oder neuen Rechtsträger deren Zuweisung an den übertragenden Rechtsträger[2]. Für die nicht übertragenen Verbindlichkeiten ist also bei Abspaltung und Ausgliederung die Haftung des übertragenden Rechtsträgers nicht zeitlich begrenzt und ist der übertragende Rechtsträger den übernehmenden oder neuen Rechtsträgern zum Ersatz verpflichtet, wenn diese aufgrund ihrer Mithaftung in Anspruch genommen werden. Bei der Aufspaltung haften alle übernehmenden oder neuen Rechtsträger für die nicht nach Maßgabe des Spaltungs- und Übernahmevertrags übertragenen („vergessene") Verbindlichkeiten nach § 133 Abs. 1 Satz 1 UmwG gesamtschuldnerisch. Diese Verbindlichkeiten sind den übernehmenden oder neuen Rechtsträgern damit zugewiesen, so dass die zeitliche Begrenzung nach § 133 Abs. 3 Satz 1 UmwG nicht gilt[3].

18 Die **Fünf-Jahres-Frist** des § 133 Abs. 3 Satz 1 UmwG beginnt mit der Bekanntmachung der Spaltung für den übertragenden Rechtsträger entsprechend §§ 19 Abs. 3, 125 UmwG (§ 133 Abs. 4 Satz 1 UmwG). Die Enthaftung ist ausgeschlossen mit der Folge, dass eine „**Endloshaftung**" besteht, wenn die Forderung vor

---

1 Ebenso *Sagasser/Bultmann* in Sagasser/Bula/Brünger, § 18 Rz. 77, 82.
2 *Habersack* in FS Bezzenberger, 2000, S. 93 (104).
3 *Schwab* in Lutter, § 133 UmwG Rz. 88; *Simon* in KölnKomm. UmwG, § 133 Rz. 37; *Habersack* in FS Bezzenberger, 2000, S. 93 (104).

Ablauf der Frist fällig ist *und* entweder durch rechtskräftiges Urteil, vollstreckbaren Vergleich, vollstreckbare Urkunde oder in einem Insolvenzverfahren festgestellt (§ 133 Abs. 3 Satz 1 UmwG) oder durch den Mithafter schriftlich anerkannt wird (§ 133 Abs. 5 UmwG)[1]. Die rechtskräftige Feststellung muss nach ausdrücklicher Vorschrift **gegenüber dem Mithafter** erfolgen, kann also nicht schon vor der Spaltung eingetreten sein[2]. Der Ablauf der Frist wird durch Erhebung der Klage oder der Klage gleichstehende Maßnahmen gehemmt (§ 133 Abs. 4 Satz 2 UmwG). Die rechtzeitige Einreichung bei Gericht reicht aus, wenn die Klage „demnächst" zugestellt wird (§ 167 ZPO)[3]. Die Hemmung dauert bis sechs Monate nach der rechtskräftigen Entscheidung oder anderweitigen Beendigung des Verfahrens. Die Fünf-Jahres-Frist verlängert sich um die Dauer der Hemmung[4]. Diese Fristverlängerung gilt aber nur für die rechtskräftige Feststellung, nicht auch für das Erfordernis der Fälligkeit[5]. Denn die Hemmung nach § 204 BGB hat nur den Sinn, den Gläubiger, der rechtzeitig klagt und am Ende einen Titel erwirkt, ebenso zu stellen wie denjenigen, dem es schon innerhalb der Frist gelingt, die Forderung zu titulieren[6]. Ein schriftliches Anerkenntnis oder die Errichtung einer vollstreckbaren Urkunde schließen danach ebenfalls nur während der Fünf-Jahres-Frist die Enthaftung aus. Keine hemmende Wirkung haben Verhandlungen mit dem Gläubiger[7]. Es muss also mangels schriftlichen Anerkenntnisses oder vollstreckbarer Urkunde vor Ablauf der Fünf-Jahres-Frist Klage erhoben werden. Für den Kernenergiebereich plant der Gesetzgeber die Einführung einer unbegrenzten Nachhaftung, um eine langfristige Konzernhaftung für die nukleare Entsorgung zu gewährleisten und so die Risiken für die öffentlichen Haushalte zu reduzieren[8].

Für **Versorgungsverpflichtungen nach dem BetrAVG**, die vor dem Wirksamwerden der Spaltung begründet wurden, verlängert sich die Fünf-Jahres-Frist des § 133 Abs. 3 Satz 1 UmwG gemäß § 133 Abs. 3 Satz 2 UmwG auf einen Zeitraum von zehn Jahren. Diese Regelung ist durch das 2. UmwGÄndG v. 19.4.2007[9] eingeführt worden. Unabhängig davon, ob die Fünf-Jahres-Frist bei In- 19

---

1 LG Dortmund v. 7.6.2013 – 3 O 644/11, juris; *Schwab* in Lutter, § 133 UmwG Rz. 108; *Simon* in KölnKomm. UmwG, § 133 UmwG Rz. 46 ff. und 52.
2 *Schwab* in Lutter, § 133 UmwG Rz. 112; *Maier-Reimer/Seulen* in Semler/Stengel, § 133 UmwG Rz. 92 ff.; aA *K. Schmidt/Schneider*, BB 2003, 1961 (1963).
3 *Schwab* in Lutter, § 133 UmwG Rz. 107; *Simon* in KölnKomm. UmwG, § 133 UmwG Rz. 48.
4 *Schwab* in Lutter, § 133 UmwG Rz. 106, 110; *Simon* in KölnKomm. UmwG, § 133 UmwG Rz. 51.
5 *Maier-Reimer/Seulen* in Semler/Stengel, § 133 UmwG Rz. 81; *Ihrig/Kranz*, ZIP 2012, 749 ff.
6 *Schwab* in Lutter, § 133 UmwG Rz. 110 aE.
7 LG Dortmund v. 18.1.2013 – 3 O 221/12, juris; *Schwab* in Lutter, § 133 UmwG Rz. 106 aE.
8 Vgl. BT-Drucks. 18/6615, S. 7 f.
9 Zweites Gesetz zur Änderung des Umwandlungsgesetzes v. 19.4.2007, BGBl. I 2007, S. 542, 546.

krafttreten der Neuregelung schon abgelaufen war, gilt die verlängerte Frist nicht für Spaltungen, die vor dem Inkrafttreten der Gesetzesänderung wirksam geworden sind, da die längere Enthaftungsfrist anderenfalls einen unzulässigen rückwirkenden Eingriff in bestehende Rechtsverhältnisse begründen würde[1]. Die Änderung schränkt die Möglichkeit der befreienden Verlagerung von Betriebsrentenverpflichtungen der Unternehmen in andere Gesellschaften ein. Daneben trifft den übertragenden Rechtsträger die arbeitsvertragliche Nebenpflicht, die „Rentnergesellschaft", auf die die Versorgungsverbindlichkeiten ausgegliedert werden, so auszustatten, dass sie die laufenden Betriebsrenten zahlen kann und zu den gesetzlich vorgesehenen Anpassungen in der Lage ist. Eine unzureichende Ausstattung des übernehmenden Rechtsträgers kann daher Schadensersatzansprüche der Versorgungsempfänger gegen den früheren Arbeitgeber auslösen[2].

h) Gläubigerschutz nach anderen Vorschriften

20 § 133 Abs. 1 Satz 2 UmwG stellt klar, dass die gesamtschuldnerische Mithaft nach § 133 Abs. 1 Satz 1 UmwG die **Übernehmer-Haftung** nach §§ 25, 26 und 28 HGB nicht verdrängt (vgl. zu dieser § 126 UmwG Rz. 31).

21 § 133 Abs. 1 Satz 2 UmwG stellt weiterhin klar, dass auch das **Recht auf Sicherheitsleistung** gemäß §§ 22, 125 UmwG nicht verdrängt wird. Denn auch für die Altgläubiger im übertragenden Rechtsträger kann die Spaltung trotz der auf fünf Jahre begrenzten gesamtschuldnerischen Haftung der anderen beteiligten Rechtsträger eine Gefährdung ihrer Forderungen bewirken[3]. Allerdings besteht das Recht auf Sicherheitsleistung nur, wenn eine konkrete Gefährdung schon im Spaltungszeitpunkt glaubhaft gemacht werden kann[4]. Es muss anhand von konkreten Tatsachen die Gefährdung des Anspruchs belegt werden[5]. Die gesamtschuldnerische Haftung kann die Gefährdung zB nicht ausräumen, wenn die Forderung erst nach mehr als fünf Jahren fällig wird, so dass vorher die Enthaftung nach § 133 Abs. 3 Satz 1 UmwG eintritt[6]. Auch kann es sein, dass alle beteiligten Rechtsträger insgesamt anfälliger sind als es vorher der übertragende Rechtsträger war. Die Gläubiger des übernehmenden Rechtsträgers sollen jedoch durch seine gesamtschuldnerische Haftung für die beim übertragenden Rechtsträger verbliebenen Verbindlichkeiten nicht gefährdet sein, da das im Wege der Spaltung übertragene Vermögen den Gläubigern des übertragenden

---

1 *Maier-Reimer/Seulen* in Semler/Stengel, § 133 UmwG Rz. 106a; *Simon* in KölnKomm. UmwG, § 133 UmwG Rz. 41; *Ihrig/Kranz*, ZIP 2012, 749 (754 ff.).
2 BAG v. 11.3.2008 – 3 AZR 358/06, GmbHR 2008, 1326 (1330).
3 So für langfristige Verbindlichkeiten sehr deutlich *Heidenhain*, EuZW 1995, 327 (330).
4 *K. Schmidt*, ZGR 1993, 382 (388).
5 LG Köln v. 17.9.2004 – 82 O 133/03, Rz. 56, juris.
6 *K. Schmidt*, ZGR 1993, 382 (383).

Rechtsträgers ebenfalls zur Verfügung stand[1]. Dies kann in dieser Allgemeinheit nicht richtig sein, da das Risiko, aus sämtlichen Verbindlichkeiten des übertragenden Rechtsträgers in Anspruch genommen zu werden, nicht zwangsläufig durch den Wert des übergegangenen Vermögens aufgewogen wird. Die Sicherheit ist von demjenigen Rechtsträger zu leisten, dem die Verbindlichkeit zugewiesen ist, bei Altgläubigern eines übernehmenden Rechtsträgers von diesem übernehmenden Rechtsträger (§ 133 Abs. 1 Satz 2 Halbsatz 2 UmwG).

2. Haftung bei der Spaltung von Kommanditgesellschaften und auf Kommanditgesellschaften

Die **Haftung** eines Kommanditisten einer übertragenden KG oder GmbH & Co. KG, der seine Einlage vollständig geleistet hat, **lebt nicht** gemäß § 172 Abs. 4 Satz 1 HGB **wieder auf**. Denn das UmwG will die Spaltung gegenüber dem bisherigen Weg der Sachgründung oder Sachkapitalerhöhung mit anschließender Auskehrung der neuen Anteile nicht nur hinsichtlich des Verfahrens, sondern auch hinsichtlich der Rechtsfolgen erleichtern. Deshalb findet § 172 Abs. 4 HGB im Falle einer Spaltung nach dem UmwG keine Anwendung[2]. Nach *Naraschewski*[3] soll demgegenüber der Haftungsausschluss nach § 171 Abs. 1 Halbsatz 2 HGB im Falle der Spaltung nur Bestand haben, wenn die Haftsumme bei der übertragenden KG entsprechend herabgesetzt und das Haftkapital bei der übernehmenden Gesellschaft um denselben Betrag erhöht wird. Dem ist nicht zuzustimmen. Es gibt bei der Spaltung keinen Grundsatz, dass die Summe der Haftbeträge gleich bleiben muss (siehe § 139 UmwG Rz. 3). Richtig ist, dass möglicherweise die Haftsumme bei der übertragenden KG insgesamt herabgesetzt werden muss, weil das abgespaltene Reinvermögen nicht durch Rücklagen gedeckt ist. Um die Wirkungen des § 174 Halbsatz 1 HGB zu vermeiden, sollte die Herabsetzung bereits zum Zeitpunkt der Wirksamkeit der Spaltung im Handelsregister des übertragenden Rechtsträgers eingetragen sein[4]. Dagegen findet bei der Abspaltung § 174 Halbsatz 2 HGB keine Anwendung und ist im Fall der Aufspaltung die Nachhaftung ausgeschlossen[5].

Derjenige Anteilsinhaber des übertragenden Rechtsträgers, der in der übernehmenden oder neuen Personenhandelsgesellschaft die Stellung eines Kommanditisten erhält, haftet nicht nach § 176 Abs. 1 bzw. 2 HGB persönlich. Eine solche

---

1 LG Köln v. 17.9.2004 – 82 O 133/03, Rz. 56, juris.
2 *Maier-Raimer* in Semler/Stengel, § 133 UmwG Rz. 116; *Simon* in KölnKomm. UmwG, § 133 UmwG Rz. 86; *Vossius* in Widmann/Mayer, § 45 UmwG Rz. 128 ff.; *Teichmann* in Lutter, Anh. § 137 UmwG Rz. 13.
3 *Naraschewski*, DB 1995, 1265 (1266).
4 *Teichmann* in Lutter, Anh. § 137 UmwG Rz. 13.
5 *Naraschewski*, DB 1995, 1265 (1266).

Haftung könnte sich allenfalls aufgrund der nach § 126 Abs. 1 Nr. 6 UmwG möglichen abrechnungsmäßigen Rückwirkung ergeben. Diese Rückwirkung schafft aber keine Verbindlichkeiten der KG iS von § 176 HGB. Jedenfalls gehen die Vorschriften des UmwG als Spezialregelung vor[1].

3. Schutz der Inhaber von Sonderrechten (§ 133 Abs. 2 und 6 UmwG)

24 Für den Anspruch der Inhaber von Sonderrechten iS der §§ 23, 125 UmwG auf Einräumung wirtschaftlich gleichwertiger Rechte in den übernehmenden Rechtsträgern wird ebenfalls eine gesamtschuldnerische Haftung aller an der Spaltung beteiligten Rechtsträger angeordnet (§ 133 Abs. 2 Satz 1 UmwG), jedoch ohne Enthaftung, vielmehr lediglich mit einer Sonderverjährung (§ 133 Abs. 6 UmwG). Der Freistellungsanspruch besteht auch hier[2]. Bei Abspaltung und Ausgliederung können die gleichwertigen Rechte auch in dem übertragenden Rechtsträger gewährt werden (§ 133 Abs. 2 Satz 2 UmwG). Insoweit besteht ein Wahlrecht[3]. Vgl. im Übrigen § 125 UmwG Rz. 34.

§ 134
Schutz der Gläubiger in besonderen Fällen

(1) Spaltet ein Rechtsträger sein Vermögen in der Weise, dass die zur Führung eines Betriebes notwendigen Vermögensteile im Wesentlichen auf einen übernehmenden oder mehrere übernehmende oder auf einen neuen oder mehrere neue Rechtsträger übertragen werden und die Tätigkeit dieses Rechtsträgers oder dieser Rechtsträger sich im Wesentlichen auf die Verwaltung dieser Vermögensteile beschränkt (Anlagegesellschaft), während dem übertragenden Rechtsträger diese Vermögensteile bei der Führung seines Betriebes zur Nutzung überlassen werden (Betriebsgesellschaft), und sind an den an der Spaltung beteiligten Rechtsträgern im Wesentlichen dieselben Personen beteiligt, so haftet die Anlagegesellschaft auch für die Forderungen der Arbeitnehmer der Betriebsgesellschaft als Gesamtschuldner, die binnen fünf Jahren nach dem Wirksamwerden der Spaltung auf Grund der §§ 111 bis 113 des Betriebsverfassungsgesetzes begründet werden. Dies gilt auch dann, wenn die Vermögensteile bei dem übertragenden Rechtsträger verblei-

---

1 So auch *Vossius* in Widmann/Mayer, § 40 UmwG Rz. 27 ff., der dennoch zur Sicherheit Berücksichtigung des § 176 HGB bei Vertragsgestaltung empfiehlt.
2 *Rümker* in WM-Festgabe für Hellner, 1994, S. 73 (77).
3 LAG Baden-Württemberg v. 9.4.2015 – 16 Sa 36/14, juris.

ben und dem übernehmenden oder neuen Rechtsträger oder den übernehmenden oder neuen Rechtsträgern zur Nutzung überlassen werden.
(2) Die gesamtschuldnerische Haftung nach Absatz 1 gilt auch für vor dem Wirksamwerden der Spaltung begründete Versorgungsverpflichtungen auf Grund des Betriebsrentengesetzes.
(3) Für die Ansprüche gegen die Anlagegesellschaft nach den Absätzen 1 und 2 gilt § 133 Abs. 3 Satz 1, Abs. 4 und 5 entsprechend mit der Maßgabe, dass die Frist fünf Jahre nach dem in § 133 Abs. 4 Satz 1 bezeichneten Tage beginnt.

1. Entstehungsgeschichte; Zweck der Norm 1
2. Anwendungsvoraussetzungen ... 2
   a) Erfasste Spaltungsarten 4
   b) Übertragung der zur Führung eines Betriebs notwendigen Vermögensteile „im Wesentlichen" 7
   c) Nutzungsüberlassung an die Betriebsgesellschaft 12
   d) Beschränkung der Anlagegesellschaft auf Verwaltungstätigkeit 15
   e) Beteiligungsidentität 16
3. Rechtsfolgen
   a) In Bezug auf Ansprüche nach §§ 111–113 BetrVG 17
   b) In Bezug auf Ansprüche aus betrieblicher Altersversorgung . 20
4. Enthaftung nach § 134 Abs. 3 UmwG 27

Literatur: *Bahnsen,* Die Übertragung von Versorgungsverbindlichkeiten bei Unternehmensspaltungen, NJW 2005, 3328; *Bauer/Lingemann,* Das neue Umwandlungsrecht und seine arbeitsrechtlichen Auswirkungen, NZA 1994, 1057; *Boecken,* Unternehmensumwandlungen und Arbeitsrecht, 1996; *Däubler,* Das Arbeitsrecht im neuen Umwandlungsgesetz, RdA 1995, 136; *Hill,* Das neue Umwandlungsrecht und seine Auswirkungen auf die betriebliche Altersversorgung, Betriebliche Altersversorgung 1995, S. 114; *Hohenstatt/Seibt,* Ausgliederung laufender Pensionsverbindlichkeiten: Eine arbeits- und umwandlungsrechtliche Betrachtung, ZIP 2005, 546; *Krüger,* Die umwandlungsrechtliche Haftungsregelung bei der Betriebsaufspaltung und ihre Analogiefähigkeit, 2001; *Langohr-Plato,* Unternehmensspaltung nach dem UmwG – Konsequenzen für betriebliche Versorgungsverpflichtungen, NZA 2005, 966; *Louven/Wenig,* Die Ausgliederung von Pensionsverbindlichkeiten – neue Optionen bei Unternehmens(ver)käufen, BB 2006, 619; *Neye,* BB-Gesetzgebungsreport: Bundestag beschließt neues Umwandlungsrecht, BB 2007, 389; *Röger/Tholuck,* Der erzwungene Sozialplan bei Betriebsspaltungen (§ 134 UmwG) und Konzernverbindungen, NZA 2012, 294; *Schweibert,* Berechnungsdurchgriff im Konzern zum Zwecke der Sozialplanfinanzierung – Schimäre oder reale Chance?, NZA 2016, 321; *Th. Seitz,* Sozialplanhaftung und Umwandlungsrecht, FS Buchner, 2009, S. 849; *Willemsen,* Arbeitnehmerschutz bei Betriebsänderungen im Konkurs, 1980; *Willemsen,* Arbeitsrecht im Umwandlungsgesetz – Zehn Fragen aus der Sicht der Praxis, NZA 1996, 791; *Wlotzke,* Arbeitsrechtliche Aspekte des neuen Umwandlungsrechts, DB 1995, 40; *Wollenweber/Ebert,* Ausgliederung von Pensionsverbindlichkeiten nach dem Umwandlungsgesetz, NZG 2006, 41.

§ 134 | Spaltung zur Aufnahme

1. Entstehungsgeschichte; Zweck der Norm

1 Die offensichtlich auf entsprechende Anregung des Bundesarbeitsministeriums[1] in das Gesetz aufgenommene und **extrem intransparent formulierte** Sonderregelung zu § 133 UmwG zielt auf eine **Haftungsverschärfung für bestimmte Arbeitnehmeransprüche** in dem Falle der als besonders „kritisch" empfundenen[2] **Betriebsaufspaltung** (hier nicht im arbeits-, sondern gesellschafts- und steuerrechtlichen Sinne) ab. Sie gilt – allerdings mit differenziertem Regelungsgehalt – ausschließlich für Ansprüche aus §§ 111 ff. BetrVG **(Sozialplan, Nachteilsausgleich) und betrieblicher Altersversorgung.** Hinsichtlich aller sonstigen Arbeitnehmeransprüche verbleibt es somit auch im Falle der („klassischen") Betriebsaufspaltung bei der Regelung des § 133 UmwG.

2. Anwendungsvoraussetzungen

2 Wie sich im Einzelnen aus dem Wortlaut von § 134 Abs. 1 Satz 1 und 2 UmwG ergibt, umfasst die Regelung die Fälle der sogenannten Betriebsaufspaltung sowohl dann, wenn die „Anlagegesellschaft" übernehmender bzw. (im Falle der Spaltung zur Neugründung) neuer Rechtsträger ist, während der übertragende Rechtsträger künftig als „Besitzgesellschaft" fungiert, wie auch die umgekehrte Konstellation, dass der übertragende Rechtsträger das notwendige Betriebsvermögen als Anlagegesellschaft behält und dieses dem übernehmenden oder neuen Rechtsträger als Betriebsgesellschaft im Rahmen eines Nutzungsvertrages (Miete, Pacht) überlässt.

3 Stets ist aber weitere Voraussetzung, dass die Tätigkeit der „Anlagegesellschaft" sich im Wesentlichen auf die **Verwaltung** der für die Betriebsführung notwendigen Betriebsteile **beschränkt** und der **Gesellschafterkreis** der an der Spaltung beteiligten Rechtsträger **im Wesentlichen identisch** ist. Der Hinzutritt von Minderheitsgesellschaftern „schadet" also nicht. Dagegen **entfällt** die Anwendbarkeit der Vorschrift, wenn die Anlagegesellschaft neben der Verwaltung des betriebsnotwendigen Vermögens nach der Spaltung über **nennenswerte eigene betriebliche Aktivitäten** verfügt[3].

a) Erfasste Spaltungsarten

4 § 134 Abs. 1 UmwG erfasst seinem Wortlaut nach nur die **Abspaltung** iS von § 123 Abs. 2 UmwG, wobei abspaltende Gesellschaft sowohl die (spätere) Be-

---

1 Vgl. Ergänzungsvorschläge zum Referentenentwurf eines Gesetzes zur Bereinigung des Umwandlungsrechts – IIIa 7 - 30941 - 3 v. 9.4.1992.
2 Vgl. Begr. RegE, BT-Drucks. 12/6699, S. 122.
3 Ebenso *Wardenbach* in Henssler/Strohn, § 134 UmwG Rz. 6; aA *Däubler*, RdA 1995, 144.

triebs- wie auch die (spätere) Anlagegesellschaft sein kann (vgl. Rz. 2); die zweite Variante wird in der Praxis schon aus steuerlichen Gründen überwiegen. Darauf, ob es sich um eine Abspaltung zur Aufnahme oder zur Neugründung handelt, kommt es nicht an. **Sehr streitig** ist, ob die Vorschrift auch bei einer **Aufspaltung** iS von § 123 Abs. 1 UmwG zur Anwendung gelangt[1]. Nach seinem Wortlaut geht § 134 Abs. 1 UmwG von dem Fortbestand des „Ausgangsrechtsträgers" aus, der bei einer Aufspaltung gerade nicht gegeben ist, da dieser Rechtsträger erlischt. Würde man es hierbei bewenden lassen, wäre es in der Praxis ein Leichtes, die Haftungsverschärfung nach § 134 UmwG durch eine Aufspaltungskonstruktion zu umgehen, obwohl der eigentliche „Gefährdungstatbestand" (Trennung in eine Anlage- und eine Betriebsgesellschaft) derselbe bliebe. Dies spricht für eine **analoge Anwendung** des § 134 UmwG auf die Fälle der Aufspaltung, allerdings nur, soweit die tatbestandlichen Voraussetzungen für den qualifizierten Arbeitnehmerschutz (dazu nachfolgend Rz. 7 ff.) entsprechend erfüllt sind.

Ebenso ist der Schutzzweck des § 134 UmwG tangiert, wenn die Betriebsgesellschaft nicht aus einer Aufspaltung, sondern aus einer **Ausgliederung** hervorgegangen ist. Zwar sind Gesellschafter der Betriebsgesellschaft in diesem Fall nicht der oder die Gesellschafter der Anlagegesellschaft, sondern die Anlagegesellschaft selbst, jedoch kann die in § 134 Abs. 1 UmwG geforderte Beteiligungsidentität (siehe dazu Rz. 16) auch bei **mittelbarer Beteiligung** des im Wesentlichen identischen Personenkreises erfüllt sein[2]. Der umgekehrten Konstellation (Betriebsgesellschaft als ausgliedernder Rechtsträger) kommt dagegen keine praktische Bedeutung zu, weil die Anteile an der Anlagegesellschaft dem Zugriff der Gläubiger der Betriebsgesellschaft unterlägen[3]. 5

Keine planwidrige Lücke liegt dagegen vor, wenn die „Abspaltung" im Wege der **Einzelrechtsnachfolge** (Singularsukzession) durchgeführt wird[4]. Derartige Sachverhalte wie zB die „Ausgliederung" von Betrieben im Wege der **Verpachtung** oder dinglichen Übertragung auf eine Betriebsgesellschaft regelt das UmwG überhaupt nicht, so dass es für eine Gesetzes- oder Rechtsanalogie an jeder Grundlage fehlt. 6

---

1 Bejahend *Schwab* in Lutter, § 134 UmwG Rz. 64 f.: planwidrige Lücke; *Maier-Reimer/ Seulen* in Semler/Stengel, § 134 UmwG Rz. 3, 34; *Th. Seitz* in FS Buchner, 2009, S. 849 (852 f.); aA *Boecken*, Unternehmensumwandlungen, Rz. 247; *Hörtnagl* in Schmitt/Hörtnagl/Stratz, § 134 UmwG Rz. 18; *Vossius* in Widmann/Mayer, § 134 UmwG Rz. 5.
2 IE ebenso *Hörtnagl* in Schmitt/Hörtnagl/Stratz, § 134 UmwG Rz. 20; *Schwab* in Lutter, § 134 UmwG Rz. 67 ff.; *Vossius* in Widmann/Mayer, § 134 UmwG Rz. 6 f.
3 Zutreffend *Schwab* in Lutter, § 134 UmwG Rz. 70.
4 Ebenso *Hörtnagl* in Schmitt/Hörtnagl/Stratz, § 134 UmwG Rz. 19; *Vossius* in Widmann/ Mayer, § 134 UmwG Rz. 16 ff.; *Maier-Reimer/Seulen* in Semler/Stengel, § 134 UmwG Rz. 4; *Th. Seitz* in FS Buchner, 2009, S. 849 (855 f.); *Wardenbach* in Henssler/Strohn, § 134 UmwG Rz. 2; *Schweibert*, NZA 2016, 321 (326); aA *Däubler*, RdA 1995, 136 (146).

b) Übertragung der zur Führung eines Betriebs notwendigen Vermögensteile „im Wesentlichen"

7 **aa) Betriebsnotwendige Vermögensteile.** Der besondere Schutz des § 134 UmwG greift zugunsten der Arbeitnehmer-Gläubiger nur ein, wenn entweder die Betriebsgesellschaft als übertragender Rechtsträger die zur Fortführung dieses Betriebs notwendigen Vermögensteile im Wesentlichen auf die Anlagegesellschaft überträgt (erste Variante) oder diese betriebsnotwendigen Vermögensteile im Falle des § 134 Abs. 1 Satz 2 UmwG bei der abspaltenden Anlagegesellschaft verbleiben und der infolge der Abspaltung entstehenden Betriebsgesellschaft lediglich zur Nutzung überlassen werden (zweite Variante). „Betrieb" iS von § 134 UmwG ist der Betrieb im **arbeitsrechtlichen**, nicht im steuerrechtlichen Sinne. Gemeint ist also die **organisatorische Einheit**, innerhalb derer ein Arbeitgeber allein oder in Gemeinschaft mit seinen Arbeitnehmern bestimmte arbeitstechnische Zwecke fortgesetzt verfolgt (vgl. Vor § 322 UmwG Rz. 20). Als betriebsnotwendiges Vermögen iS der Vorschrift sind demnach alle Bestandteile des materiellen und immateriellen **Anlage- und Umlaufvermögens** anzusehen, die – einzeln oder in ihrer Gesamtheit betrachtet – für die Erreichung des jeweiligen **Betriebszwecks** unverzichtbar sind[1], dh. ohne die die Betriebsgesellschaft ihre Funktion (arbeitstechnische Zwecksetzung wie Produktion, Erbringung von Dienstleistungen etc.) nicht erfüllen könnte.

8 Es kommt mithin nicht auf den Gesellschaftszweck bzw. den statutarischen Unternehmensgegenstand des zu spaltenden Rechtsträgers, sondern auf den konkreten Betriebszweck der (unter Umständen mehreren!) durch die Spaltung entstehenden Betriebsgesellschaften an. Es genügt auch, wenn die Betriebsgesellschaft lediglich eine organisatorisch abgrenzbare Untereinheit („**Betriebsteil**") des „Ausgangsunternehmens" übernimmt bzw. zurückbehält und dessen arbeitstechnischen Zweck fortführt[2]. Dies ergibt sich aus dem Wortlaut des § 134 Abs. 1 Satz 1 UmwG („eines" statt: „seines" Betriebes).

9 **Beispiel:**

Die A-GmbH betreibt jeweils in eigenen Geschäftsräumen ein Speditionsunternehmen sowie ein Reisebüro. Sie überträgt im Wege der Abspaltung den Betrieb der Spedition auf die B-GmbH sowie den Betrieb des Reisebüros auf die C-GmbH, hält aber wesentliche Vermögenswerte zurück, die sie künftig als Anlagegesellschaft verwaltet (Fall des § 134 Abs. 1 Satz 2 UmwG). Für die Frage, ob es sich dabei um „betriebsnotwendiges" Vermögen handelt, ist jeweils getrennt auf den Betriebszweck der B- und der C-GmbH und nicht auf den ursprünglichen Gesellschaftszweck der A-GmbH abzustellen. Dies entspricht dem **Schutzzweck** der Bestimmung, die der besonderen Gefährdung von Arbeit-

---

1 Ebenso *Vossius* in Widmann/Mayer, § 134 UmwG Rz. 32; aA *Hörtnagl* in Schmitt/Hörtnagl/Stratz, § 134 UmwG Rz. 13; *Maier-Reimer/Seulen* in Semler/Stengel, § 134 UmwG Rz. 12: nur Anlagevermögen.
2 IE ebenso *Vossius* in Widmann/Mayer, § 134 UmwG Rz. 37 sowie *Schwab* in Lutter, § 134 UmwG Rz. 28 f.

nehmeransprüchen durch die – erstmals durch die „Betriebsaufspaltung" herbeigeführte – **Trennung von Arbeitsplatz und Marktrisiken** einerseits (die bei der Betriebsgesellschaft verbleiben bzw. – im Falle von § 134 Abs. 1 Satz 2 UmwG – auf diese übergehen) und dem letztlich auch für die Sicherheit der Arbeitsplätze wesentlichem **Haftungssubstrat** andererseits (das zum Zwecke der „Abschottung" der Anlagegesellschaft zugewiesen wird) Rechnung tragen soll.

Da dieses haftungsrechtliche Substrat auch in erheblichem Umfang aus **immateriellen Werten** (Beispiel: Dienstleistungsunternehmen) oder aus **Umlaufvermögen** (Beispiel: Handelsunternehmen) bestehen kann, erscheint es nicht sinnvoll, insoweit eine Differenzierung entsprechend dem Geschäfts- oder Betriebszweck bereits auf der Ebene der „notwendigen" Vermögensteile vorzunehmen[1]. Auszuscheiden sind aber bereits auf dieser Stufe solche Vermögensbestandteile, die – etwa weil zu reinen Zwecken der **Finanzanlage** erworben – für die Erreichung des jeweiligen Betriebszwecks ersichtlich keine Rolle spielen (zB ein vom Alleingesellschafter genutztes, im Firmenbesitz befindliches Privathaus oder ein zu Anlagezwecken gebildetes Wertpapierdepot). Selbst wenn es sich hierbei um erhebliches Vermögen handeln sollte, führt allein seine Zuweisung an bzw. seine Zurückbehaltung durch die Anlagegesellschaft (noch) nicht zur Anwendung des § 134 UmwG, da der Begriff des betriebsnotwendigen Vermögens funktional zu verstehen ist[2]. Dies zeigt, dass § 134 UmwG nur in begrenztem Umfang Schutz vor einer Aushöhlung der bisher zugunsten der Arbeitnehmer bestehenden Haftungsmasse zu gewährleisten vermag.

bb) Kriterium der Wesentlichkeit. Das in diesem Sinne betriebsnotwendige Vermögen muss darüber hinaus „im Wesentlichen" auf die Anlagegesellschaft übergehen (Fall des § 134 Abs. 1 Satz 1 UmwG) bzw. bei dieser verbleiben (Fall des § 134 Abs. 1 Satz 2 UmwG). Wie stets bei der Auslegung solcher unbestimmter Rechtsbegriffe muss auch hier auf den **Schutzzweck** der Vorschrift abgestellt werden (siehe dazu Rz. 9). Es kommt mithin darauf an, ob durch die „Betriebsaufspaltung" die betriebsnotwendigen Vermögensteile als Haftungssubstrat (insbesondere für spätere Arbeitnehmeransprüche) der Betriebsgesellschaft entzogen bzw. vorenthalten werden, was nach der – rechtspolitisch angreifbaren – Wertung des Gesetzes nur der Fall ist, wenn dieses Haftungssubstrat „im Wesentlichen" auf die Anlagegesellschaft übergeht bzw. bei dieser verbleibt. Dementsprechend erscheint es geboten, den Begriff des betriebsnotwendigen Vermögens funktional, den der „Wesentlichkeit" jedoch **wertmäßig** zu definieren. Dabei liegt zwar eine Parallele zu der inzwischen aufgehobenen Vorschrift des § 419 BGB nahe[3], jedoch sollte angesichts des unterschiedlichen Wortlauts („das Vermögen" einerseits, „notwendige Vermögensteile im Wesentlichen" andererseits) sowie der *ratio legis* ein anderer, nämlich „großzügigerer" Maßstab ge-

---
1 IE ebenso *Schwab* in Lutter, § 134 UmwG Rz. 27 ff., 30.
2 Ebenso *Hörtnagl* in Schmitt/Hörtnagl/Stratz, § 134 UmwG Rz. 8.
3 *Hörtnagl* in Schmitt/Hörtnagl/Stratz, § 134 UmwG Rz. 17.

§ 134 | Spaltung zur Aufnahme

wählt werden: Es hilft den Arbeitnehmern der Betriebsgesellschaft überhaupt nichts, wenn man in Anlehnung an die Rechtsprechung zum früheren § 419 BGB die Anwendbarkeit des § 134 bereits dann verneint, wenn der Betriebsgesellschaft nur 10 bis 15 % des Ausgangsvermögens verbleibt[1]. Aufgabe der Gesetzesauslegung ist es, den Zweck der Norm zu realisieren, ohne ihrem Wortlaut Gewalt anzutun. Demnach erscheint es vertretbar, aber auch erforderlich, die Grenze bei **einem Drittel des Ausgangsvermögens** zu ziehen[2]. Werden also mindestens zwei Drittel der (wertmäßig berechneten) betriebsnotwendigen (Rz. 7 ff.) Vermögensteile auf die Anlagegesellschaft übertragen bzw. – im Falle des § 134 Abs. 1 Satz 2 – von dieser zurückbehalten, findet § 134 UmwG Anwendung. Für die Berechnung der Wertverhältnisse ist aus Gründen der Rechtssicherheit ausschließlich auf den Zeitpunkt der Spaltung abzustellen. Maßgeblich sind die tatsächlichen, nicht die bilanziellen Werte. Auf subjektive Kenntnis der Wertverhältnisse kommt es – anders als bei dem inzwischen aufgehobenen § 419 BGB – nicht an[3].

c) Nutzungsüberlassung an die Betriebsgesellschaft

12 In beiden Fällen des § 134 Abs. 1 UmwG (Satz 1: Betriebsgesellschaft als übertragender Rechtsträger; Satz 2: Anlagegesellschaft als übertragender Rechtsträger) muss ein Rechtsverhältnis zwischen der Anlage- und der Betriebsgesellschaft bestehen, kraft dessen die Betriebsgesellschaft zur Nutzung der im Eigentum der Anlagegesellschaft befindlichen betriebsnotwendigen Vermögensteile berechtigt ist. In Betracht kommt jedwede Art von entgeltlicher oder unentgeltlicher Nutzungsüberlassung, insbesondere **Miete** (§ 535 BGB) oder **Pacht** (§ 581 BGB), aber auch ein rein **faktisches Nutzungsverhältnis**[4].

13 Die Nutzungsüberlassung muss sich auf den Betrieb bzw. Betriebsteil (Rz. 7) als Ganzes im Sinne einer organisatorischen Einheit beziehen. Es reicht also nicht aus, wenn mit den zur Nutzung überlassenen Vermögensteilen bei der Betriebsgesellschaft überhaupt *erstmals* ein Betrieb gebildet wird[5]. Im Falle des § 134 Abs. 1 Satz 2 UmwG stellt sich die Nutzungsüberlassung somit als **Betriebsübergang iS von § 613a BGB** dar, so dass die Betriebsgesellschaft die arbeits-

---

1 So aber *Vossius* in Widmann/Mayer, § 134 UmwG Rz. 44; *Hörtnagl* in Schmitt/Hörtnagl/Stratz, § 134 UmwG Rz. 16 f.; *Maier-Reimer/Seulen* in Semler/Stengel, § 134 UmwG Rz. 14.
2 Gegen jede feste Wertgrenze und für eine schutzzweckorientierte Einzelfallbetrachtung dagegen *Schwab* in Lutter, § 134 UmwG Rz. 35: Maßgeblichkeit des „unternehmerischen Erfolgspotentials" des jeweiligen Vermögensteils.
3 Ebenso *Vossius* in Widmann/Mayer, § 134 UmwG Rz. 46.
4 Ebenso *Vossius* in Widmann/Mayer, § 134 UmwG Rz. 58; *Schwab* in Lutter, § 134 UmwG Rz. 41.
5 *Vossius* in Widmann/Mayer, § 134 UmwG Rz. 56.

rechtliche Leitungsmacht über den Betrieb bzw. Betriebsteil übernimmt[1] und gemäß § 324 UmwG iVm. § 613a Abs. 1 BGB in die bestehenden Arbeitsverhältnisse eintritt. Im Falle des § 134 Abs. 1 Satz 1 UmwG findet dagegen kein Betriebsübergang statt, weil der abspaltende Rechtsträger angesichts der „Rückverpachtung" der auf die Anlagegesellschaft übertragenden Vermögensteile in der Position des Betriebsinhabers und Arbeitgebers verbleibt. In dem zuletzt genannten Fall besteht damit auch kein **Widerspruchsrecht** der Arbeitnehmer nach § 613a Abs. 6 BGB (dazu § 324 UmwG Rz. 41 ff.), wohl aber im Falle des § 134 Abs. 1 Satz 2 UmwG.

Nicht erforderlich ist, dass der von der Betriebsgesellschaft benutzte Betrieb mit dem vor der Spaltung geführten Betrieb identisch ist. Dies ergibt sich schon daraus, dass § 134 UmwG auch bei der Übertragung des Vermögens einzelner Betriebe oder auch nur einzelner Betriebsteile Anwendung finden kann (siehe das Beispiel Rz. 9). 14

d) Beschränkung der Anlagegesellschaft auf Verwaltungstätigkeit

Die verschärfte Haftung der Anlagegesellschaft nach § 134 UmwG wird in der Praxis allerdings bei bloßer Abspaltung einzelner Betriebe oder Betriebsteile häufig daran scheitern, dass das Gesetz als weitere Voraussetzung die Beschränkung der Tätigkeit der Anlagegesellschaft „im Wesentlichen auf die Verwaltung dieser Vermögensteile" verlangt. Damit ist die Vorschrift immer dann unanwendbar, wenn die Anlagegesellschaft eine **nicht nur geringfügige eigene operative Tätigkeit** ausübt[2]. Nicht einzusehen ist jedoch, warum die Norm – was ihr Wortlaut zu suggerieren scheint – nicht anwendbar sein soll, wenn die Anlagegesellschaft außer dem an die Betriebsgesellschaft zur Nutzung überlassenen Vermögen **weiteres eigenes Vermögen** verwaltet. Der Zweck des Gesetzes, die Arbeitnehmer vor den besonderen Risiken einer Trennung von Betrieb und Haftungssubstrat zu schützen, ist in diesem Fall gleichermaßen tangiert[3]. 15

e) Beteiligungsidentität

Auch das Merkmal der „Beteiligungsidentität" (siehe auch Rz. 3) ist nach dem Schutzzweck der Norm auszulegen. Die Gefahr der gezielten „Auslagerung" von Haftungsmasse im Interesse der Konzentration des Betriebs- und Konkursrisikos auf eine vermögensarme Betriebsgesellschaft wird naturgemäß nur dann be- 16

---

1 Vgl. dazu BAG v. 26.3.1996 – 3 AZR 965/94, ZIP 1996, 1914 (1916) mwN.
2 *Hörtnagl* in Schmitt/Hörtnagl/Stratz, § 134 UmwG Rz. 21 ff.; aA *Maier-Reimer/Seulen* in Semler/Stengel, § 134 UmwG Rz. 15 f.: teleologische Reduktion des Merkmals auf den betroffenen Betrieb; zust. *Schwab* in Lutter, § 134 UmwG Rz. 46 ff.
3 AA *Hörtnagl* in Schmitt/Hörtnagl/Stratz, § 134 UmwG Rz. 23; wie hier: *Vossius* in Widmann/Mayer, § 134 UmwG Rz. 53 f.; *Schwab* in Lutter, § 134 UmwG Rz. 44.

stehen, wenn die Gesellschafter der Anlagegesellschaft weiterhin die **wirtschaftlichen Geschicke der Betriebsgesellschaft leiten** können. Diese Voraussetzung wird idR bereits dann erfüllt sein, wenn jeweils dieselben Gesellschafter sowohl bei der Anlage- wie auch bei der Betriebsgesellschaft jeweils zusammen über **mehr als die Hälfte der Stimmen** verfügen („Beherrschungsidentität"[1]). Nicht entscheidend ist die **Kopfzahl** der Gesellschafter; bei Auseinanderfallen von Kapital- und Stimmenmehrheit kommt es auf letztere an[2]. Bei **Treuhandabreden** kann die Voraussetzung der Beteiligungsidentität nach dem Sinn der Norm ebenfalls erfüllt sein.

3. Rechtsfolgen

a) In Bezug auf Ansprüche nach §§ 111–113 BetrVG

17 Der wesentliche Unterschied zur allgemeinen Haftung nach § 133 UmwG liegt in den Fällen des § 134 UmwG darin, dass die Anlagegesellschaft als an der Spaltung beteiligter Rechtsträger für Ansprüche nach §§ 111–113 BetrVG gemäß § 134 Abs. 1 Satz 1 UmwG auch insofern haftet, als diese **binnen fünf Jahren nach dem Wirksamwerden** der Spaltung **begründet** werden; der Zeitpunkt der **Fälligkeit** ist hierbei irrelevant. Konkret bedeutet dies, dass die Arbeitnehmer der Betriebsgesellschaft auf die Anlagegesellschaft Rückgriff nehmen können, wenn in dem Fünf-Jahres-Zeitraum nach der Spaltung dort **Massenentlassungen** oder gar eine **Betriebsstilllegung** durchgeführt und diesbezüglich ein **Sozialplan** (§ 112 Abs. 1 Satz 2 BetrVG) aufgestellt oder ein Anspruch auf **Nachteilsausgleich** nach § 113 Abs. 1 oder 3 BetrVG begründet wird[3]. Es muss sich nach dem klaren Gesetzeswortlaut von § 134 Abs. 1 Satz 1 UmwG in Bezug auf den Sozialplan allerdings um einen solchen handeln, der nach §§ 111, 112 BetrVG **erzwingbar** ist, was das Vorliegen einer **Betriebsänderung** iS von § 111 BetrVG voraussetzt[4]. Fehlt es daran, was zB beim „reinen" Betriebsübergang nach § 613a BGB der Fall ist (siehe dazu auch Vor § 322 UmwG Rz. 17ff.), findet § 134 UmwG auf einen gleichwohl **freiwillig** aufgestellten Sozialplan keine Anwendung. Die Haftungserweiterung kommt, soweit sie greift, nach dem Gesetzeswortlaut und einer in der Literatur vertretenen Auffassung selbst solchen

---

1 Vgl. *Vossius* in Widmann/Mayer, § 134 UmwG Rz. 61; ferner *Hörtnagl* in Schmitt/Hörtnagl/Stratz, § 134 UmwG Rz. 26; aA *Maier-Reimer/Seulen* in Semler/Stengel, § 134 UmwG Rz. 27 ff. (85 %).
2 Ebenso *Hörtnagl* in Schmitt/Hörtnagl/Stratz, § 134 UmwG Rz. 34; aA (Kapital- und Stimmenanteile maßgeblich) *Maier-Reimer/Seulen* in Semler/Stengel, § 134 UmwG Rz. 26.
3 Zur Schutzlücke bei fehlender Sozialplanpflichtigkeit der Betriebsgesellschaft nach § 112a Abs. 2 BetrVG vgl. *Heinze*, ZfA 1997, 1 (8).
4 Ebenso *Th. Seitz* in FS Buchner, 2009, S. 849 (853 f.).

Arbeitnehmern zugute, die erst nach der Spaltung in die Dienste der Betriebsgesellschaft getreten sind[1]. Mit dem systematischen Kontext zu § 133 UmwG und dem seitens des Gesetzgebers intendierten Schutz vor spaltungsbedingtem Verlust von Haftungsmasse wäre eine solche Gesetzesanwendung indes nicht mehr vereinbar. Daher ist der Gegenauffassung[2] zu folgen, die sich insoweit für eine **einschränkende Auslegung** der Norm ausspricht: Es kann nur um die Ansprüche von bei Eintragung der Spaltung bereits vorhandenen Arbeitnehmern („**Alt-Arbeitnehmer**") gehen, deren Ansprüche aus Sozialplan bzw. Nachteilsausgleich **nach der Spaltung begründet** worden sind. „Begründet" sind derartige Sozialplanansprüche allerdings nicht bereits mit dem Abschluss des Arbeitsvertrages und nicht erst mit der Aufstellung eines Sozialplans (durch freiwillige Einigung oder Spruch der Einigungsstelle gemäß § 112 Abs. 4 BetrVG), sondern mit der **Durchführung der Betriebsänderung** als solcher[3], was für die Berechnung der Fünf-Jahres-Frist von großer Bedeutung sein kann. Entsprechendes gilt auch für die Ansprüche auf **Nachteilsausgleich** nach § 113 BetrVG, die dann entstehen, wenn ein Unternehmer eine Betriebsänderung durchführt, ohne hierüber den **Versuch eines Interessenausgleichs** (gegebenenfalls bis hin zur Einigungsstelle) unternommen zu haben bzw. wenn er von einem bereits bestehenden **Interessenausgleich** wieder **abweicht**. Wegen der Einzelheiten muss insoweit auf das allgemeine arbeitsrechtliche Schrifttum verwiesen werden.

Der „Haftungsdurchgriff" nach § 134 Abs. 1 UmwG **steht** nach der Gesetzesbegründung **neben** einer etwaigen **konzernrechtlichen Haftung** der Anlagegesellschaft, die allerdings keineswegs immer gegeben sein wird[4]. 18

Hiervon streng zu unterscheiden und in der Literatur **umstritten** ist der sogenannte „**Bemessungsdurchgriff**", der die Frage betrifft, inwieweit bei der Begründung von Sozialplanverbindlichkeiten, bei der gemäß § 112 Abs. 5 Satz 1 BetrVG auf die „wirtschaftliche Vertretbarkeit" für das Unternehmen geachtet und gemäß § 112 Abs. 5 Satz 2 Nr. 3 BetrVG auf den **Fortbestand des Unternehmens** und die Erhaltung der nach Durchführung der Betriebsänderung verbleibenden Arbeitsplätze Bedacht genommen werden muss, die „**Finanzkraft**" **der Anlagegesellschaft berücksichtigt werden kann**. Ein solcher „Bemessungsdurchgriff" scheidet schon deshalb aus, weil die nach § 134 Abs. 1 Satz 1 UmwG als Gesamtschuldnerin für Sozialplanforderungen der Arbeitnehmer in Anspruch genommene Anlagegesellschaft ihrerseits bei der Betriebsgesellschaft **nach § 426 Abs. 1 Satz 1 und Abs. 2 BGB Regress** nehmen kann, da der nach 19

---

1 *Schwab* in Lutter, § 134 UmwG Rz. 74; aA *Hörtnagl* in Schmitt/Hörtnagl/Stratz, § 134 UmwG Rz. 4; *Vossius* in Widmann/Mayer, § 134 UmwG Rz. 89; *Wardenbach* in Hensler/Strohn, § 134 UmwG Rz. 11.
2 Vgl. auch *Hörtnagl* in Schmitt/Hörtnagl/Stratz, § 134 UmwG Rz. 4; *Maier-Reimer/Seulen* in Semler/Stengel, § 134 UmwG Rz. 37 f.
3 Vgl. dazu ausführlich *Willemsen*, Arbeitnehmerschutz, S. 283 ff.
4 Vgl. Begr. RegE, BT-Drucks. 12/6699, S. 122.

der Spaltung bei der Betriebsgesellschaft aufgestellte Sozialplan allein deren Angelegenheit ist und sie demnach im **Innenverhältnis** zur Anlagegesellschaft hierfür allein haftet[1] (zum Gesamtschuldnerregress im Rahmen der Spaltung siehe § 133 UmwG Rz. 11 f.). Damit entbehrt der ua. von *Däubler*[2] befürwortete „Bemessungsdurchgriff" nicht nur der arbeitsrechtlichen, sondern auch der gesellschaftsrechtlichen Grundlage. Anders kann sich die Sachlage lediglich im **qualifiziert faktischen Konzern** darstellen[3], dessen Haftungsregeln durch § 134 UmwG aber ohnehin – wie bereits ausgeführt – nicht berührt werden. Nach der Korrektur der BGH-Rechtsprechung ist auch im Arbeitsrecht nunmehr ausschließlich auf die Voraussetzungen des „**existenzvernichtenden Eingriffs**"[4] als besondere Fallgruppe einer sittenwidrigen Schädigung iS von § 826 BGB abzustellen[5]. Wird die Betriebsgesellschaft **insolvent**, werden die Sozialplanansprüche, für die die Anlagegesellschaft haftet, durch §§ 123, 124 InsO begrenzt[6].

19a Im Gegensatz zu der hier vertretenen Auffassung **bejaht** das **Bundesarbeitsgericht** in einem Urteil v. 15.3.2011 den Bemessungsdurchgriff in den Fällen des § 134 UmwG; dieser soll jedoch auf die Höhe der bei der Spaltung **entzogenen Vermögensteile** begrenzt sein[7]. Das BAG stützt sich insoweit auf eine schutzzweckorientierte Auslegung, geht aber auf den o.g. Aspekt des Regresses im Innenverhältnis ebenso wenig ein wie auf die Gegenstimmen im Schrifttum. Auch wenn das Ergebnis rechtspolitisch erwünscht sein mag, bleibt seine Begründung damit im Dunkeln. Mit reinen Schutzzwecküberlegungen lässt sich ein Bemessungsdurchgriff in Bezug auf die wirtschaftlichen Verhältnisse der Anlagegesellschaft nicht begründen. Zudem steht der klare Wortlaut des § 134 Abs. 1 Satz 1 UmwG entgegen, der sich lediglich auf die Haftung für entstandene Sozialplanverbindlichkeiten erstreckt und nicht auf die Modalitäten ihrer Begründung. Da der Bemessungsdurchgriff einen (sehr) seltenen Ausnahmefall darstellt, handelt

---

1 AA insoweit *Maier-Reimer/Seulen* in Semler/Stengel, § 134 UmwG Rz. 51.
2 *Däubler*, RdA 1995, 136 (144); zustimmend *Boecken*, Unternehmensumwandlungen, Rz. 250. Für einen umfassenden Bemessungsdurchgriff auch *Schwab* in Lutter, § 134 UmwG Rz. 83; *Maier-Reimer/Seulen* in Semler/Stengel, § 143 UmwG Rz. 41 iVm. Rz. 51; *Schweibert*, NZA 2016, 321 (326); dagegen *Hörtnagl* in Schmitt/Hörtnagl/Stratz, § 134 UmwG Rz. 41; *Hohenstatt/Schramm* in KölnKomm. UmwG, § 324 UmwG Rz. 23; *Mehrens*, EWiR 2011, 621 (622).
3 Siehe dazu aus arbeitsrechtlicher Sicht BAG v. 8.3.1994 – 9 AZR 197/92, NZA 1994, 931 sowie BAG v. 1.8.1995 – 9 AZR 378/94, NZA 1996, 311; BAG v. 18.2.2003 – 3 AZR 172/02, BB 2003, 2292.
4 Vgl. BGH v. 24.6.2002 – II ZR 300/00, NJW 2002, 3024 sowie insbesondere BGH v. 16.7.2007 – II ZR 3/04, GmbHR 2007, 927 = NJW 2007, 2689 – (Trihotel).
5 BAG v. 15.3.2011 – 1 ABR 97/09, AG 2011, 703 = NZA 2011, 1112; siehe dazu auch *Hohenstatt/Willemsen* in Henssler/Willemsen/Kalb, 7. Aufl. 2016, § 112 BetrVG Rz. 77.
6 AA *Maier-Reimer/Seulen* in Semler/Stengel, § 134 UmwG Rz. 41.
7 BAG v. 15.3.2011 – 1 ABR 97/09, NZA 2011, 1112; dazu *Ahrendt*, RdA 2012, 340; *Röger/Tholuck*, NZA 2012, 294.

es sich also letztlich um eine Auslegung *contra legem*. Es wäre allein Aufgabe des Gesetzgebers, eine etwa bestehende Schutzlücke zu beseitigen.

b) In Bezug auf Ansprüche aus betrieblicher Altersversorgung

aa) Allgemein. Im Unterschied zum RegE des UmwG, der seinerzeit das Haftungskonzept des § 134 Abs. 1 UmwG für Ansprüche nach §§ 111 bis 113 BetrVG auch auf Ansprüche aus betrieblicher Altersversorgung erstreckt wissen wollte[1], sieht § 134 Abs. 2 UmwG die gesamtschuldnerische Haftung nach § 134 Abs. 1 UmwG für derartige Ansprüche nur noch vor, soweit diese **vor dem Wirksamwerden** der Spaltung **begründet** worden sind[2]. Die „Bevorzugung" dieser Gläubiger im Vergleich zu § 133 UmwG erschöpft sich damit nur noch in der **Haftungsverlängerung** nach § 134 Abs. 3 UmwG. Auf Grund der Regelung in § 133 Abs. 3 Satz 2 UmwG (siehe dazu § 133 UmwG Rz. 19) ist diese Verlängerung auf **zehn Jahre** nur noch für **Altfälle** relevant (siehe auch Rz. 27). Wegen des sachlichen Zusammenhangs mit dem Betriebsrentengesetz (BetrAVG) ist davon auszugehen, dass der **Arbeitnehmerbegriff** demjenigen des § 17 Abs. 1 BetrAVG entspricht. Es können daher unter bestimmten Voraussetzungen auch **Organvertreter** juristischer Personen in den Genuss dieser Haftungsverlängerung kommen[3]. Sofern gegenüber den Versorgungsberechtigten eine **Einstandspflicht** des PSV besteht, wirkt wegen § 9 Abs. 2 BetrAVG (Überleitung des Versorgungsanspruchs) die gesamtschuldnerische Haftung des bisherigen Versorgungsträgers im praktischen Ergebnis als **Schutzvorschrift zu Gunsten des PSV**[4]. 20

„Begründet" sind derartige betriebliche Pensionsansprüche unzweifelhaft jedenfalls insoweit, als der Arbeitnehmer die maßgebliche Gegenleistung bereits erbracht hat, die Versorgung also **durch** entsprechende **Betriebstreue** nach Maßgabe der einschlägigen Versorgungsordnung und der Wertung nach §§ 1, 2 BetrAVG „**erdient**" ist. Bei **Pensionären**, also den Beziehern laufender Pensionen, trifft dies uneingeschränkt zu, so dass die Haftung nach § 134 Abs. 2 UmwG jedenfalls immer dann greift, wenn der Versorgungsfall (Alter, Invalidität usw.) *vor* dem Wirksamwerden der Spaltung eingetreten ist. Ist dies nicht der Fall, bestand also zum Zeitpunkt der Spaltung lediglich eine **Versorgungsanwartschaft**, erstreckt sich die gesamtschuldnerische Haftung nach § 134 Abs. 2 UmwG bei Eintritt des Pensionsfalls *nach* der Spaltung auf den *vor* der Spaltung bereits be- 21

---

1 Vgl. BT-Drucks. 12/6699, S. 31.
2 Vgl. Begr. des Rechtsausschusses, BT-Drucks. 12/7850, S. 143.
3 Zu den Einzelheiten im Rahmen von § 17 BetrAVG vgl. *Höfer*, § 17 BetrAVG Rz. 5555 ff., 5580 ff.
4 Siehe dazu sowie zur Kapitalisierung nach § 45 InsO *Schnitker* in Willemsen/Hohenstatt/Schweibert/Seibt, Umstrukturierung und Übertragung von Unternehmen, Rz. J 617.

gründeten Versorgungs(teil)anspruch[1]. Auf den Eintritt der Unverfallbarkeit iS von § 1 BetrAVG kommt es indes nicht an[2].

22 **bb) Insbesondere: sog. Rentnergesellschaften.** Die lange Zeit umstrittene **Frage**, ob die Ausgliederung von Pensionsverpflichtungen gegenüber ausgeschiedenen Arbeitnehmern auch **ohne Zustimmung des Versorgungsberechtigten bzw. des Pensions-Sicherungs-Vereins zulässig** ist, hat sich durch die Streichung des § 132 UmwG mit dem 2. UmwG ÄndG **erledigt**. Das BAG hatte im Einklang mit weiten Teilen der Literatur[3] schon vor der Streichung des § 132 UmwG vertreten, die §§ 133, 134 UmwG gingen als Spezialregelungen für den Fall der Gesamtrechtsnachfolge der Regelung des § 4 BetrAVG vor. Die umwandlungsrechtliche Ausgliederung von Versorgungsverbindlichkeiten auch gegenüber ausgeschiedenen Mitarbeitern erfordere daher weder die Zustimmung des Pensions-Sicherungs-Vereins noch der Versorgungsberechtigten[4]. Das BAG hat erneut bestätigt, dass die umwandlungsrechtliche Ausgliederung von Versorgungsverbindlichkeiten selbst dann möglich ist, wenn ein Rechtsträger entsteht, dessen Funktion einzig in der Verwaltung der Versorgungsverbindlichkeiten besteht („**Rentnergesellschaft**")[5]. Dabei stehe den Versorgungsberechtigten auch **kein Widerspruchsrecht** zu.

23 Die Rechtsprechung des BAG war aber durch die **Instanzgerichte** in Frage gestellt worden: So hatten das AG Hamburg[6] sowie das ihm iE (wenn auch in der Begründung nicht ganz) folgende LG Hamburg[7] die **Eintragung** einer solchen **Ausgliederung** in das Handelsregister gestützt auf § 4 BetrAVG **abgelehnt**. Der Streit entzündete sich an dem Konkurrenzverhältnis zwischen Umwandlungsrecht und § 4 BetrAVG bzw. § 613a BGB, insbesondere an der Frage, ob § 4 BetrAVG eine „allgemeine Vorschrift" iS des § 132 UmwG ist[8], und erscheint da-

---

1 Vgl. wegen der – zum Teil streitigen – Einzelheiten *Heinze*, ZfA 1997, 1 (8); oben § 133 UmwG Rz. 8 ff.; *Hill*, S. 118; *Krüger*, S. 82; *Willemsen*, NZA 1996, 791 (801); *Schnitker* in Willemsen/Hohenstatt/Schweibert/Seibt, Umstrukturierung und Übertragung von Unternehmen, Rz. J 616 ff.; aA insoweit *Schwab* in Lutter, § 134 UmwG Rz. 91 und *Maier-Reimer/Seulen* in Semler/Stengel, § 134 UmwG Rz. 47 iVm. § 133 UmwG Rz. 25: Haftung für alle bis zum Ablauf der Enthaftungsfrist nach § 134 Abs. 3 UmwG erdienten Ansprüche.
2 *Hörtnagl* in Schmitt/Hörtnagl/Stratz, § 134 UmwG Rz. 44; ebenso *Schwab* in Lutter, § 134 UmwG Rz. 90.
3 Vgl. *Hohenstatt/Seibt*, ZIP 2005, 546 ff.; *Langohr-Plato*, NZA 2005, 966 (967 ff.); *Wollenweber/Ebert*, NZG 2006, 41 (42 f.); *Louven/Weng*, BB 2006, 619 (622); *Bahnsen*, NJW 2005, 3328 (3330); *Willemsen*, NZA 1996, 791 (801).
4 BAG v. 22.2.2005 – 3 AZR 499/03, NJW 2005, 3371.
5 BAG v. 11.3.2008 – 3 AZR 358/06, NZG 2008, 863.
6 AG Hamburg v. 1.7.2005 – HRA 100711, NJW-Spezial 2005, Heft 10, 464.
7 LG Hamburg v. 8.12.2005 – 417 T 16/05, ZIP 2005, 2331.
8 Vgl. hierzu insbesondere *Wollenweber/Ebert*, NZG 2006, 41; *Louven/Weng*, BB 2006, 619.

her infolge der Streichung des § 132 UmwG **überholt**[1]. Allerdings könnte die Begründung des Beschlusses des LG Hamburg gleichwohl noch Anlass zu Verunsicherung geben, da das Gericht in der Argumentation auf einen **Gestaltungsmissbrauch** abstellt, der sich auch ungeachtet der nunmehr fehlenden Verweisungsvorschrift in § 132 UmwG heranziehen ließe. Indes dürfte die Streichung des § 132 UmwG vor dem Hintergrund der bekannten Kontroverse durchaus als ausdrückliche **Bestätigung der Rechtsprechung des BAG durch den Gesetzgeber** zu bewerten sein[2].

Das Gesetz gibt keine Antwort auf die Frage, inwieweit die Ausgliederung von Pensionsverbindlichkeiten an bestimmte **Rahmenbedingungen**, insbesondere hinsichtlich einer hinreichenden **finanziellen Ausstattung der Pensionsgesellschaft** zu knüpfen ist. 24

Nach überwiegender Ansicht in der Literatur muss der Rechtsträger, der die Pensionsverpflichtungen übernimmt, mit **genügend Eigenkapital** ausgestattet werden[3]. Dies wird nach zum Teil vertretener Ansicht bereits über den gesellschaftsrechtrechtlich vermittelten Gläubigerschutz erreicht[4]. Bei Ausgliederung in eine neu entstehende Kapitalgesellschaft müsse das zu übertragende Nettovermögen zumindest den Wert der übernommenen Aktien/Stammeinlagen nach § 9 Abs. 1 AktG bzw. §§ 9, 19 Abs. 2 GmbHG analog erreichen; andernfalls sei das Handelsregister nach § 38 Abs. 1 AktG bzw. § 9c GmbHG berechtigt, die Eintragung abzulehnen[5]. Bei Eintragung der Pensionsgesellschaft trotz unzureichender Kapitalausstattung könne sich der übertragende Rechtsträger auf Grund des Verbots der Spaltungswillkür nicht auf die anderweitige Zuordnung der Pensionsverbindlichkeiten im Spaltungsvertrag bzw. -plan berufen[6].

Das **BAG**[7] hat praktische **Leitlinien** im Hinblick auf das Erfordernis hinreichender Kapitalausstattung bei Ausgliederung einer Rentnergesellschaft aufgestellt: 25

---

1 *Schwab* in Lutter, § 134 UmwG Rz. 50.
2 Vgl. zum 2. UmwGÄndG *Neye*, BB 2007, 389.
3 Vgl. *Schwab* in Lutter, § 134 UmwG Rz. 51; *Hohenstatt/Seibt*, ZIP 2005, 546 (550 f.); *Langohr-Plato*, NZA 2005, 966 (970).
4 So *Louven/Weng*, BB 2006, 619 (623 ff.), unter Hinweis auf das Verbot der Unterpari-Emission für den Fall der Ausgliederung zur Aufnahme und auf die gesellschaftsrechtlichen Gründungsvorschriften iVm. § 135 Abs. 2 Satz 1 UmwG bzw. §§ 9, 30, 31 GmbHG und § 57 AktG für den Fall der Ausgliederung zur Neugründung. Zudem komme eine Haftung der Organe nach §§ 25, 125 UmwG in Betracht, wenn diese ihre Sorgfaltspflichten bei der Prüfung der Vermögenslage der beteiligten Rechtsträger verletzt haben; vgl. auch *Wollenweber/Ebert*, NZG 2006, 41 (44).
5 *Louven/Weng*, BB 2006, 619 (624).
6 *Schwab* in Lutter, § 134 UmwG Rz. 51; nach *Hohenstatt/Seibt*, ZIP 2005, 546 (550) kommt Rechtsmissbrauch in Betracht, wenn planmäßig Verbindlichkeiten auf einen Rechtsträger abgespalten werden, der nach Ablauf der Nachhaftungsfrist insolvent werden soll.
7 BAG v. 11.3.2008 – 3 AZR 358/06, GmbHR 2008, 1326 = NZG 2008, 863. Dazu, dass diese Rspr. inzwischen teilweise durch das BilMoG überholt sein dürfte, siehe Rz. 26.

Zwar habe eine unzureichende finanzielle Ausstattung keinen Einfluss auf die Wirksamkeit der Übertragung als solche. Allerdings bestehe eine vertragliche **Pflicht gegenüber den Versorgungsberechtigten**, auf der Grundlage einer realistischen betriebswirtschaftlichen Betrachtung eine **hinreichende finanzielle Ausstattung** der Rentnergesellschaft **sicherzustellen**. Eine laufende Finanzierung müsse dabei zwar nicht garantiert werden, aber die Finanzierung müsse langfristig gesichert sein (zB durch Kapital oder Garantien). Dies ergebe sich bei einer reinen Rentnergesellschaft aus einem **gesteigerten Vorsichtsprinzip**. Danach seien insbesondere die Sterbetafeln der Versicherungswirtschaft zu berücksichtigen. Außerdem sei bei der **Abzinsung** der Verpflichtungen ein Zinssatz an der Untergrenze einer vernünftigen **kaufmännischen Bandbreite** anzusetzen. Schließlich müsse auch künftiger **Aufwand** für die **Anpassung laufender Renten** nach § 16 BetrAVG in die Prognose einfließen[1]. Nach Ansicht des BAG vermögen **Ergebnisabführungsverträge** eine den genannten Anforderungen genügende Finanzierungssicherung grundsätzlich **nicht zu gewährleisten**, da derartige Verträge vorzeitig beendet werden können. Die skizzierten Grundsätze des BAG betreffen **ausschließlich** die Ausstattung einer Rentnergesellschaft, der im Wege der Ausgliederung nach dem UmwG **erstmals** Versorgungsverbindlichkeiten übertragen wurden. **Nicht anwendbar** sind die Grundsätze für eine im Wege des **Betriebsübergangs** entstandene Rentnergesellschaft[2] sowie für eine Rentnergesellschaft, die durch **Übertragung seines operativen Geschäfts** durch den Versorgungsschuldner entsteht[3].

26 Bei einer infolge einer pflichtwidrigen Prognose unzureichend gesicherten Finanzierung der Rentnergesellschaft wären somit auf der Grundlage der Rechtsprechung des BAG **Schadensersatzansprüche der Versorgungsberechtigten gegen den übertragenden Rechtsträger** denkbar. Allerdings dürfte eine drohende Schadensersatzpflicht angesichts der ohnehin verlängerten Mithaftung nach § 133 Abs. 3 Satz 2 UmwG für Versorgungsverbindlichkeiten keinen erheblichen zusätzlichen Effekt zeitigen, zudem dürften die **Vorgaben des BAG** iS von Rz. 25 für Sachverhalte nach Inkrafttreten des **BilMoG** weitgehend überholt sein[4].

4. Enthaftung nach § 134 Abs. 3 UmwG

27 Um dem besonderen Schutzbedürfnis der Arbeitnehmer im Falle der Betriebsaufspaltung Rechnung zu tragen, ist abweichend von § 133 Abs. 3 Satz 1 und

---

1 BAG v. 11.3.2008 – 3 AZR 358/06, GmbHR 2008, 1326 = NZG 2008, 863 sowie LAG Köln v. 14.1.2013 – 2 Sa 818/12, ZIP 2013, 1928 (Aufhebung und Zurückverweisung durch BAG v. 17.6.2014 – 3 AZR 298/13, ZIP 2014, 2459).
2 BAG v. 17.6.2014 – 3 AZR 298/13, AP Nr. 100 zu § 16 BetrAVG Rz. 56 f. = ZIP 2014, 2459.
3 BAG v. 15.9.2015 – 3 AZR 839/13, NZA 2016, 235 Rz. 25 = ZIP 2016, 135.
4 Dazu ausführlich *Schnitker* in Willemsen/Hohenstatt/Schweibert/Seibt, Umstrukturierung und Übertragung von Unternehmen, Rz. J 624 ff. iVm. Rz. J 596 ff.

Abs. 4 UmwG die Haftung zeitlich um fünf Jahre auf **zehn Jahre** nach der Spaltung verdoppelt worden. Rechtstechnisch geschieht dies dadurch, dass die Frist nach § 133 Abs. 4 UmwG erst fünf Jahre nach dem Tag der Eintragung der Spaltung beginnt[1]. Entgegen dem insoweit missverständlichen Gesetzeswortlaut beginnt diese „Nachhaftung" der Anlagegesellschaft selbstverständlich sofort nach der Spaltung und nicht erst mit Beginn des „zweiten" Fünf-Jahres-Zeitraums[2]. Wegen der Berechnungsfragen im Übrigen kann auf die Erl. zu § 133 UmwG Rz. 17 ff. verwiesen werden.

Um eine Schutzlücke im Bereich der **betrieblichen Altersversorgung** zu vermeiden, hat der Gesetzgeber im Zuge des 2. UmwGÄndG als Ausgleich für die Streichung des § 132 UmwG mit der Einführung des § 133 Abs. 3 Satz 2 UmwG die **allgemeine Mithaftungsfrist** (also über den Anwendungsbereich des § 134 Abs. 2 UmwG hinaus) für Versorgungsverbindlichkeiten von fünf auf zehn Jahre verdoppelt. Damit die Fristverlängerung des § 133 Abs. 3 Satz 2 UmwG infolge der Bezugnahme in § 134 Abs. 3 UmwG auf diese Vorschrift nicht zusätzlich (auf 15 Jahre) verlängert wird, wurde der Verweis in § 134 Abs. 3 UmwG mit dem 2. UmwGÄndG auf § 133 Abs. 3 *Satz 1* UmwG beschränkt[3]. Damit beträgt die „Nachhaftungsfrist" **für alle von § 134 UmwG erfassten** betriebsverfassungsrechtlichen und versorgungsrechtlichen **Ansprüche** auch weiterhin **einheitlich zehn Jahre**. Für den Fall der **Insolvenz** ist zusätzlich § 45 InsO zu beachten, wonach alle bis zur Insolvenzeröffnung erdienten Anwartschaften und laufenden Rentenansprüche, jedenfalls soweit sie auf den PSV übergegangen sind, **kapitalisiert** und somit **sofort fällig** werden[4].

Dritter Abschnitt
Spaltung zur Neugründung

§ 135
Anzuwendende Vorschriften

(1) Auf die Spaltung eines Rechtsträgers zur Neugründung sind die Vorschriften des Zweiten Abschnitts entsprechend anzuwenden, jedoch mit Ausnahme der §§ 129 und 130 Abs. 2 sowie der nach § 125 entsprechend anzuwendenden §§ 4, 7 und 16 Abs. 1 und des § 27. An die Stelle der übernehmenden Rechtsträger treten die neuen Rechtsträger, an die Stelle der

---
1 Vgl. Begr. des Rechtsausschusses, BT-Drucks. 12/7850, S. 143.
2 *Bauer/Lingemann*, NZA 1994, 1026.
3 Vgl. *Neye*, BB 2007, 389.
4 Siehe dazu *Schnitker* in Willemsen/Hohenstatt/Schweibert/Seibt, Umstrukturierung und Übertragung von Unternehmen, Rz. J 617.

§ 135 | Spaltung zur Neugründung

Eintragung der Spaltung im Register des Sitzes jeder der übernehmenden Rechtsträger tritt die Eintragung jedes der neuen Rechtsträger in das Register. (2) Auf die Gründung der neuen Rechtsträger sind die für die jeweilige Rechtsform des neuen Rechtsträgers geltenden Gründungsvorschriften anzuwenden, soweit sich aus diesem Buch nichts anderes ergibt. Den Gründern steht der übertragende Rechtsträger gleich. Vorschriften, die für die Gründung eine Mindestzahl der Gründer vorschreiben, sind nicht anzuwenden.

1. Anwendungsbereich der Vorschrift 1	Spaltung zur Aufnahme (§ 135 Abs. 1 UmwG) 2
2. Verweisung auf die Vorschriften des Zweiten Abschnitts über die	3. Anwendung der Gründungsvorschriften (§ 135 Abs. 2 UmwG) .. 11

Literatur: *Baßler*, Gesellschafterwechsel bei Umwandlungen, GmbHR 2007, 1252; *Heidenhain*, Entstehung vermögens- und subjektloser Kapitalgesellschaften, GmbHR 1995, 264; *Ihrig*, Gläubigerschutz durch Kapitalaufbringung bei Verschmelzung und Spaltung nach neuem Umwandlungsrecht, GmbHR 1995, 622; *Kallmeyer*, Das neue Umwandlungsgesetz – Verschmelzung, Spaltung und Formwechsel von Handelsgesellschaften, ZIP 1994, 1746; *Kallmeyer*, Der Ein- und Austritt der Komplementär-GmbH einer GmbH & Co. KG bei Verschmelzung, Spaltung und Formwechsel nach dem UmwG 1995, GmbHR 1996, 80; *Kallmeyer*, Differenzhaftung bei Verschmelzung mit Kapitalerhöhung und Verschmelzung im Wege der Neugründung, GmbHR 2007, 1121; *Priester*, Mitgliederwechsel im Umwandlungszeitpunkt. Die Identität des Gesellschafterkreises ein zwingender Grundsatz?, DB 1997, 560.

1. Anwendungsbereich der Vorschrift

1 § 135 UmwG gilt ebenso wie die §§ 136 und 137 UmwG nur für die reine Spaltung zur Neugründung. Nach § 123 Abs. 4 UmwG ist jedoch auch eine Kombination von Spaltung zur Aufnahme und Spaltung zur Neugründung zulässig. Auf diese sind die §§ 135 und 137 UmwG nur insoweit anzuwenden, als neue Rechtsträger betroffen sind, während im Übrigen die Vorschriften über die Spaltung zur Aufnahme gelten.

2. Verweisung auf die Vorschriften des Zweiten Abschnitts über die Spaltung zur Aufnahme (§ 135 Abs. 1 UmwG)

2 § 135 Abs. 1 Satz 1 UmwG begründet zunächst die entsprechende Anwendung der Regeln der Spaltung zur Aufnahme für die Spaltung zur Neugründung. Zugleich regelt Satz 1 jedoch Ausnahmen von diesen Regeln wie auch Ausnahmen von der für alle Spaltungsarten geltenden Generalverweisung des § 125 UmwG auf das Verschmelzungsrecht:

Die Ausnahmen von der Verweisung des § 125 UmwG in das Verschmelzungsrecht sind weitgehend selbstverständlich. Soweit allerdings auch § 4 Abs. 2 UmwG auf die Spaltung zur Neugründung keine entsprechende Anwendung finden soll, ist jedoch von einem Redaktionsversehen auszugehen. Auch im Falle der Spaltung zur Neugründung sollte dem Spaltungsbeschluss ein Entwurf des Spaltungsplans zugrunde gelegt werden können und der Spaltungsplan erst nach dem Gesellschafterbeschluss endgültig aufgestellt werden können. 3

§ 126 UmwG über den notwendigen Inhalt des Spaltungs- und Übernahmevertrags gilt auch für die Spaltung zur Neugründung und die Misch-Spaltung. Überall dort, wo „übernehmender Rechtsträger" steht, ist alternativ auch „neuer Rechtsträger" zu lesen (§ 135 Abs. 1 Satz 2 UmwG). An der Spaltung beteiligter Rechtsträger iS von § 126 Abs. 1 Nr. 1 und Nr. 8 UmwG ist auch ein neuer Rechtsträger, so dass auch für ihn Firma und Sitz[1] und auch die seinen Organmitgliedern gewährten besonderen Vorteile angegeben werden müssen. Auch bei einer Spaltung zur Neugründung ist die rückwirkende Festlegung des Spaltungsstichtages möglich. Denn die Rückwirkung bedeutet nur, dass die Geschäfte vom übertragenden Rechtsträger für Rechnung des künftigen Rechtsträgers geführt werden[2]. Vgl. im Übrigen § 126 UmwG Rz. 16. Demgemäß kann auch bei einer Spaltung zur Neugründung der Stichtag für die Teilnahme am Bilanzgewinn mit dem rückwirkenden Spaltungsstichtag übereinstimmen, also ggf. vor dem Stichtag der Eröffnungsbilanz (dazu § 24 UmwG Rz. 56) liegen. 4

§ 127 UmwG gilt ebenfalls in vollem Umfang bei Spaltung zur Neugründung und Misch-Spaltung. Bei der reinen Spaltung zur Neugründung hat nur das Vertretungsorgan des übertragenden Rechtsträgers einen Spaltungsbericht zu erstatten. 5

§ 128 UmwG gilt bei Spaltung zur Neugründung und bei der Misch-Spaltung. Bei der reinen Spaltung zur Neugründung ist in § 128 Abs. 1 Satz 1 UmwG „der übernehmenden Rechtsträger" als „der neuen Rechtsträger" zu lesen und findet § 128 Abs. 1 Satz 2 UmwG keine Anwendung. Bei der Misch-Spaltung ist „der übernehmenden Rechtsträger" als „der übernehmenden und der neuen Rechtsträger" zu lesen und findet § 128 Abs. 1 Satz 2 UmwG auf die übernehmenden Rechtsträger Anwendung. 6

§ 129 UmwG gilt nur bei der Misch-Spaltung. Die Vertretungsorgane der neuen Rechtsträger sind nicht zur Anmeldung der Spaltung berechtigt, wie sich aus § 137 Abs. 2 UmwG ergibt. 7

§ 130 Abs. 1 UmwG gilt für die Spaltung zur Neugründung und für die Misch-Spaltung, § 130 Abs. 2 UmwG dagegen nur für Spaltung zur Aufnahme und Misch-Spaltung. Bei der reinen Spaltung zur Neugründung darf also die Spal- 8

---

[1] Drygala in Lutter, § 5 UmwG Rz. 11; Simon in KölnKomm. UmwG, § 126 UmwG Rz. 22.
[2] Bayer in Lutter/Hommelhoff, § 5 GmbHG Rz. 20.

tung in das Register des Sitzes des übertragenden Rechtsträgers erst eingetragen werden, nachdem jeder der neuen Rechtsträger in das Register eingetragen worden ist, und die Eintragung jeder der neuen Rechtsträger ist mit dem Vermerk zu versehen, dass die Spaltung erst mit der Eintragung im Register des Sitzes des übertragenden Rechtsträgers wirksam wird (§ 130 Abs. 1 UmwG iVm. § 135 Abs. 1 Satz 2 UmwG). Das Verfahren der Eintragung der Spaltung ist in § 137 Abs. 3 UmwG besonders geregelt.

9 **§ 131 UmwG** ist auf die Spaltung zur Neugründung und die Misch-Spaltung anwendbar, bei der Spaltung zur Neugründung und der Misch-Spaltung treten lediglich an die Stelle von übernehmenden Rechtsträgern neue Rechtsträger. Für den Eintritt der Wirkungen der Spaltung kommt es wie bei der Spaltung zur Aufnahme nach § 131 UmwG auf die Eintragung der Spaltung im Register des Sitzes des übertragenden Rechtsträgers an.

10 **§§ 133, 134 UmwG** schließlich sind ebenfalls auf Spaltungen zur Neugründung und Misch-Spaltungen anwendbar. Beteiligte Rechtsträger in § 133 UmwG sind auch neue Rechtsträger. In § 134 UmwG ist die Spaltung zur Neugründung bereits erwähnt. Diese Vorschrift gilt aber auch für die Misch-Spaltung.

3. Anwendung der Gründungsvorschriften (§ 135 Abs. 2 UmwG)

11 § 135 Abs. 2 Satz 1 UmwG enthält wortgleich mit §§ 125 Satz 1, 36 Abs. 2 Satz 1 UmwG eine **allgemeine Verweisung auf die für die jeweilige Rechtsform geltenden Sachgründungsvorschriften**. Die Verweisung bezieht sich im Wesentlichen auf die Vorschriften über Mindestkapital in Verbindung mit dem Verbot der Unterpariemission bei neuen Kapitalgesellschaften, auf Vorschriften über Gründungsbericht, Gründungsprüfung und Gründerhaftung.

12 **Entbehrlich** sind dagegen die Feststellung der Satzung bzw. der Abschluss des Gesellschaftsvertrags. Die Gründung erfolgt vielmehr im Spaltungs- und Übernahmevertrag bzw. Spaltungsplan[1]. Über § 125 Satz 1 UmwG gilt § 37 UmwG, dh. in dem Spaltungs- und Übernahmevertrag bzw. Spaltungsplan muss der Gesellschaftsvertrag oder die Satzung enthalten sein oder festgestellt werden. Entbehrlich ist die Festsetzung des Gegenstands der Sacheinlage in der Satzung bzw. dem Gesellschaftsvertrag nach § 27 Abs. 1 AktG oder § 5 Abs. 4 Satz 1 GmbHG. Es genügt, dass erkennbar gemacht wird, dass es sich um eine Gründung durch Spaltung handelt[2]. Entbehrlich ist auch ein Einbringungsvertrag. Alle Einzelheiten der Einbringung sind ebenfalls im Spaltungs- und Übernahmevertrag bzw. Spaltungsplan enthalten. Auch bedarf es keiner Übernahme der Aktien oder Stammeinlagen der neuen Rechtsträger. Der Anteilserwerb vollzieht

---

1 Vgl. *Heidenhain*, GmbHR 1995, 264.
2 *Bärwaldt* in Semler/Stengel, § 135 UmwG Rz. 20, 23 mit Verweis auf § 36 UmwG Rz. 35, 48; *Simon/Nießen* in KölnKomm. UmwG, § 135 UmwG Rz. 32.

sich vielmehr entsprechend § 135 Abs. 1 UmwG iVm. § 131 Abs. 1 Nr. 3 UmwG allein aufgrund des Spaltungs- und Übernahmevertrags bzw. Spaltungsplans. Keine Anwendung finden auch § 36a Abs. 2 AktG und § 7 Abs. 2 GmbHG sowie folgerichtig § 37 Abs. 1 Satz 1 AktG und § 8 Abs. 2 GmbHG über die Erklärung bzw. Versicherung der Sacheinlageleistung, obwohl dies das Gesetz nur für die Kapitalerhöhung zur Durchführung einer Spaltung regelt.

Für die **Kapitaldeckung** kommt es auf die nach § 126 Abs. 1 Nr. 9 UmwG bezeichneten Gegenstände des Aktiv- und Passivvermögens an. Den Wert des Nettoreinvermögens hat der Registerrichter zu prüfen[1]. Im Gründungsbericht bzw. Sachgründungsbericht ist zu erklären, dass dem Übergang des Vermögensteils auf den neuen Rechtsträger keine Hindernisse entgegenstehen (§ 125 UmwG Rz. 67). 13

Die **gesamtschuldnerische Mithaft der neuen Gesellschaft** nach § 133 Abs. 1 Satz 1 UmwG ist nur zu berücksichtigen, wenn sie bereits in der Eröffnungsbilanz zu passivieren ist (vgl. dazu § 133 UmwG Rz. 15) und ihr kein werthaltiger Ausgleichsanspruch gegenübersteht[2]. 14

Nach § 135 Abs. 2 Satz 2 UmwG gilt der übertragende Rechtsträger als Gründer. Ihn trifft also die **Gründerhaftung** nach § 46 AktG und § 9a GmbHG[3]. Dies wird bestätigt durch die Begründung zu § 36 Abs. 2 Satz 3 UmwG, nach der diese Vorschrift allgemein das Erfordernis einer höheren Gründerzahl durch die Zahl der übertragenden Unternehmen ersetzen soll[4]. Nur der übertragende Rechtsträger ist also nach § 46 AktG oder § 9a GmbHG verantwortlich. 15

Bei Auf- und Abspaltung zur Neugründung einer GmbH, AG oder einer KG stellt sich die Frage nach einer persönlichen Haftung der Anteilsinhaber eines übertragenden Rechtsträgers in Form der **Differenzhaftung** (für die GmbH § 9 GmbHG, für die AG entsprechend § 9 GmbHG und für die KG § 171 Abs. 1 HGB[5], vgl. im Einzelnen auch § 125 UmwG Rz. 61, 78). Diese Haftung wird von der Rechtsprechung für die AG verneint[6] und für die GmbH bislang ausdrücklich offengelassen. Die besseren Gründe sprechen für ihre Anwendung, jedenfalls im Bereich der GmbH[7] (siehe auch § 55 UmwG Rz. 13). Die Differenzhaftung besteht unabhängig davon, ob die Anteilsinhaber für die Spaltung gestimmt haben[8]. 16

---

1 Vgl. *Ihrig*, GmbHR 1995, 622 (638).
2 *Ihrig*, GmbHR 1995, 622 (637) verlangt weiter gehend die Werthaltigkeit des Ausgleichsanspruchs gegen den Primärschuldner im Zeitpunkt der Eintragung der Spaltung im Handelsregister des übertragenden Rechtsträgers.
3 Vgl. *Kallmeyer*, ZIP 1994, 1746 (1753); *Heidenhain*, GmbHR 1995, 264; *Ihrig*, GmbHR 1995, 622 (633, 638).
4 BT-Drucks. 12/6699, S. 96.
5 *Ihrig*, GmbHR 1995, 622 (634f., 638f.) mit Einschränkung für die Abspaltung.
6 BGH v. 12.3.2007 – II ZR 302/05, AG 2007, 487 (488).
7 *Kallmeyer*, GmbHR 2007, 1121.
8 Für den Formwechsel vgl. *Decher/Hoger* in Lutter, § 197 UmwG Rz. 38.

Allerdings bezieht sich diese Haftung nur auf den Nennbetrag des neuen Kapitals ohne Berücksichtigung eines Agios[1]. Dieses Haftungsrisiko kann also regelmäßig vermieden werden, indem das neue Kapital niedrig festgesetzt wird.

17 § 135 Abs. 2 Satz 3 UmwG stellt im Anschluss an § 135 Abs. 2 Satz 2 UmwG klar, dass es der Spaltung zur Neugründung nicht entgegensteht, dass nur ein Gründer, nämlich der übertragende Rechtsträger, vorhanden ist. Einschränkungen bestehen aber für die **Spaltung einer Einpersonen-Kapitalgesellschaft zur Neugründung einer Personenhandelsgesellschaft**, weil die Personenhandelsgesellschaft nach allgemeinem Gesellschaftsrecht mindestens zwei Gesellschafter haben muss. Wenn also der übertragende Rechtsträger eine Einpersonen-Kapitalgesellschaft ist, setzt eine Auf- oder Abspaltung auf eine neue Personenhandelsgesellschaft den Beitritt eines Nicht-Anteilseigners als weiteren Gesellschafter voraus. Dasselbe gilt in allen Fällen der Ausgliederung auf eine neue Personenhandelsgesellschaft. Mit der Spaltung kann jedoch der Beitritt eines Dritten zu der neuen Personenhandelsgesellschaft als persönlich haftender Gesellschafter ohne Kapitalanteil verbunden werden[2] (siehe § 1 UmwG Rz. 12, § 40 UmwG Rz. 13, § 124 UmwG Rz. 9). Vereinzelt wird hierin von der Literatur noch eine Zuwiderhandlung gegen die Struktur des Spaltungsrechts[3] durch einen Verstoß gegen den Grundsatz der Identität des Mitgliederkreises im Zeitpunkt der Umwandlungsmaßnahme gesehen. So lange die Mitglieder der alten Rechtsform auch Mitglieder des neuen Rechtsträgers werden[4], sieht jedoch auch der BGH den Beitritt eines Dritten im Zuge eines Formwechsels für zulässig an[5]. Der Umweg, dass die Komplementär-GmbH einen Vermögensanteil an der übertragenden GmbH treuhänderisch übernimmt und vereinbart wird, dass sie später am Kapital der GmbH & Co. KG nicht beteiligt sein soll, erscheint demgegenüber unnötig und auch gefährlich, weil die Komplementär-GmbH dann auch die Rechtsstellung als persönlich haftende Gesellschafterin nur treuhänderisch innehat[6]. Die Beteiligung des Dritten an der neuen Gesellschaft muss nach §§ 37, 125 Satz 1, 136 UmwG im Spaltungs- bzw. Ausgliederungsplan vorgesehen sein. Der Dritte muss analog § 221 UmwG eine notariell beurkundete Beitrittserklärung einschließlich Genehmigung des Gesellschaftsvertrags abgeben[7] (siehe § 40 UmwG Rz. 13 für die Verschmelzung). Der Beitretende kann im Spaltungsbeschluss seinen Beitritt erklären[8].

---

1 *Bayer* in Lutter/Hommelhoff, § 9 GmbHG Rz. 4; *Veil* in Scholz, § 9 GmbHG Rz. 9.
2 Vgl. *Kallmeyer*, GmbHR 1996, 80 (82).
3 *Hörtnagl* in Schmitt/Hörtnagl/Stratz, § 135 UmwG Rz. 14.
4 *Baßler*, GmbHR 2007, 1252 (1253).
5 BGH v. 9.5.2005 – II ZR 29/03, AG 2005, 613 (613).
6 *Priester*, DB 1997, 560 (562).
7 Vgl. *Kallmeyer*, GmbHR 1996, 80 (82).
8 *Grunewald* in Lutter, § 36 UmwG Rz. 15.

§ 136
Spaltungsplan

Das Vertretungsorgan des übertragenden Rechtsträgers hat einen Spaltungsplan aufzustellen. Der Spaltungsplan tritt an die Stelle des Spaltungs- und Übernahmevertrags.

Literatur: *Heidenhain*, Spaltungsvertrag und Spaltungsplan, NJW 1995, 2873.

Bei der reinen Spaltung zur Neugründung gibt es nur einen bestehenden Rechtsträger, nämlich den übertragenden Rechtsträger. Deshalb kann es keinen Spaltungs- und Übernahmevertrag geben. Er wird ersetzt durch einen vom Vertretungsorgan des übertragenden Rechtsträgers aufzustellenden Spaltungsplan bzw. Ausgliederungsplan. Der Spaltungsplan ist eine **einseitige nicht empfangsbedürftige Willenserklärung**[1], weshalb auf ihn die allgemeinen zivilrechtlichen Vorschriften für einseitige nicht empfangsbedürftige Willenserklärungen Anwendung finden. Er ist nach § 125 Satz 1 UmwG iVm. § 6 UmwG notariell zu beurkunden. Die Beurkundung kann vor oder nach dem Spaltungsbeschluss erfolgen. Findet die Beurkundung nach dem Spaltungsbeschluss statt, so ist dem Spaltungsbeschluss ein Entwurf des Spaltungsplans zugrunde zu legen. Für seinen notwendigen Inhalt gelten § 126 Abs. 1 und 2 UmwG und §§ 125 Satz 1, 37 UmwG, da sich die inhaltlichen Anforderungen an denen des Spaltungsvertrages orientieren. Der Spaltungsplan ist auch nach § 126 Abs. 3 UmwG dem zuständigen Betriebsrat des übertragenden Rechtsträgers zuzuleiten. Er ist im Spaltungsbericht zu erläutern und durch den Spaltungsprüfer zu prüfen. Er bildet die Grundlage für die Wirkungen der Eintragung der Spaltung in das Handelsregister des übertragenden Rechtsträgers nach § 131 UmwG. 1

Die Vorschrift gilt nicht für eine **Spaltung, bei der Übertragungen auf übernehmende und neue Rechtsträger vorgenommen werden sollen** (§ 123 Abs. 4 UmwG). Hier ist nach § 125 UmwG iVm. § 4 UmwG der Abschluss eines Spaltungs- und Übernahmevertrags bzw. Ausgliederungs- und Übernahmevertrags zwischen dem übertragenden Rechtsträger und dem oder den übernehmenden Rechtsträgern erforderlich. Der Spaltungsplan ist in den Spaltungs- und Übernahmevertrag aufzunehmen[2] bzw. mit ihm zu verbinden[3]. 2

---

1 *Priester* in Lutter, § 136 UmwG Rz. 4; *Simon/Nießen* in KölnKomm. UmwG, § 136 UmwG Rz. 4.
2 *Simon/Nießen* in KölnKomm. UmwG, § 136 UmwG Rz. 7.
3 *Heidenhain*, NJW 1995, 2873 (2874).

§ 137
Anmeldung und Eintragung der neuen Rechtsträger und der Spaltung

(1) Das Vertretungsorgan des übertragenden Rechtsträgers hat jeden der neuen Rechtsträger bei dem Gericht, in dessen Bezirk er seinen Sitz haben soll, zur Eintragung in das Register anzumelden.

(2) Das Vertretungsorgan des übertragenden Rechtsträgers hat die Spaltung zur Eintragung in das Register des Sitzes des übertragenden Rechtsträgers anzumelden.

(3) Das Gericht des Sitzes jedes der neuen Rechtsträger hat von Amts wegen dem Gericht des Sitzes des übertragenden Rechtsträgers den Tag der Eintragung des neuen Rechtsträgers mitzuteilen. Nach Eingang der Mitteilungen für alle neuen Rechtsträger hat das Gericht des Sitzes des übertragenden Rechtsträgers die Spaltung einzutragen sowie von Amts wegen den Zeitpunkt der Eintragung den Gerichten des Sitzes jedes der neuen Rechtsträger mitzuteilen sowie ihnen einen Registerauszug und den Gesellschaftsvertrag, den Partnerschaftsvertrag oder die Satzung des übertragenden Rechtsträgers in Abschrift, als Ausdruck oder elektronisch zu übermitteln. Der Zeitpunkt der Eintragung der Spaltung ist in den Registern des Sitzes jedes der neuen Rechtsträger von Amts wegen einzutragen; gesetzlich vorgesehene Bekanntmachungen über die Eintragung der neuen Rechtsträger sind erst danach zulässig.

1. Überblick 1	c) Beizufügende Unterlagen 12
2. Anmeldung der neuen Rechtsträger (§ 137 Abs. 1 UmwG)	3. Anmeldung der Spaltung (§ 137 Abs. 2 UmwG) 18
a) Anmeldende 2	4. Reihenfolge der Eintragungen (§ 137 Abs. 3 UmwG) 20
b) Inhalt der Anmeldung 7	5. Bekanntmachung 26
aa) OHG, KG, Partnerschaftsgesellschaft 8	6. Eintragungsmängel, Rechtsmittel . 28
bb) GmbH 9	7. Kosten 29
cc) AG, KGaA/SE3 11	

Literatur: *Bruski*, Die Gründungsphase der Aktiengesellschaft bei der Spaltung zur Neugründung, AG 1997, 17; *Wilken*, Zur Gründungsphase bei der Spaltung zur Neugründung, DStR 1999, 677.

1. Überblick

1 Die Vorschrift bestimmt die zur Anmeldung der Eintragung der neuen Gesellschaft berechtigten Personen (§ 137 Abs. 1 u. 2 UmwG) und regelt das Zusammenwirken der Gerichte und den Zeitpunkt der Bekanntmachung über die Eintragung des neuen Rechtsträgers (§ 137 Abs. 3 UmwG).

2. Anmeldung der neuen Rechtsträger (§ 137 Abs. 1 UmwG)

a) Anmeldende

Jeder neue Rechtsträger wird unabhängig von seiner Rechtsform von dem **Ver-** 2
tretungsorgan des sich spaltenden Rechtsträgers zur Eintragung in das Handelsregister angemeldet, nicht von den nach Gründungsrecht des betreffenden Rechtsträgers zur Anmeldung Berechtigten. Zuständig ist das Register des Gerichts am künftigen Sitz des neuen Rechtsträgers (§ 137 Abs. 1 UmwG).

Diese **Anmeldebefugnis** ist eine **ausschließliche**. Sie verdrängt die nach dem 3
grundsätzlich anwendbaren Gründungsrecht (§ 135 Abs. 2 UmwG) vorgesehene Anmeldebefugnis[1] und umfasst alle Erklärungen und Handlungen, die bei regulärer Gründung zur Anmeldung der Eintragung notwendig oder zweckmäßig sind, sofern das UmwG nicht ausdrücklich etwas anderes regelt[2] oder es sich um Wissenserklärungen oder höchstpersönliche Erklärungen handelt (wie zB in Fällen des § 8 Abs. 3 GmbHG, § 37 Abs. 2 AktG).

Diese ausschließliche **Befugnis erlischt** erst mit Wirksamwerden der Spaltung 4
gemäß § 131 Abs. 1 UmwG (= Eintragung der Spaltung im Register der übertragenden Gesellschaft)[3].

Die **Anmeldung** erfolgt durch die Vertretungsorgane der übertragenden Gesell- 5
schaft in vertretungsberechtigter Zahl, unechte Gesamtvertretung ist möglich. Bevollmächtigung ist ebenfalls zulässig[4]. Anmeldung und Vollmacht bedürfen öffentlicher Beglaubigung (§ 12 HGB, § 129 BGB). Der Bevollmächtigte kann jedoch nicht die Negativerklärung nach § 16 Abs. 2 UmwG – weil Wissenserklärung[5] – oder die Erklärung gemäß §§ 140, 146 Abs. 1 UmwG – weil strafbewehrt (§ 313 Abs. 2 UmwG) – abgeben[6].

Besonderheiten bestehen bei der Ausgliederung zur Neugründung aus dem Ver- 6
mögen eines **Einzelkaufmanns:** Er kann durch Ausgliederung nur eine (oder

---

1 *Mayer* in Widmann/Mayer, § 135 UmwG Rz. 54; *Priester* in Lutter, § 137 UmwG Rz. 11; *Schwanna* in Semler/Stengel, § 137 UmwG Rz. 2; *Simon/Nießen* in KölnKomm. UmwG, § 137 UmwG Rz. 8 f.
2 *Priester* in Lutter, § 137 UmwG Rz. 11; *Schwanna* in Semler/Stengel, § 137 UmwG Rz. 2; *Hörtnagl* in Schmitt/Hörtnagl/Stratz, § 137 UmwG Rz. 2.
3 So auch *Priester* in Lutter, § 137 UmwG Rz. 11.
4 Wie hier: *Priester* in Lutter, § 137 UmwG Rz. 11; *Fronhöfer* in Widmann/Mayer, § 137 UmwG Rz. 56; *Simon/Nießen* in KölnKomm. UmwG, § 137 UmwG Rz. 8; *Schwanna* in Semler/Stengel, § 137 UmwG Rz. 14.
5 So auch *Fronhöfer* in Widmann/Mayer, § 137 UmwG Rz. 56; *Priester* in Lutter, § 137 UmwG Rz. 11; *Simon/Nießen* in KölnKomm. UmwG, § 137 UmwG Rz. 9; *Schwanna* in Semler/Stengel, § 137 UmwG Rz. 2.
6 Siehe auch *Schwab* in Lutter, § 146 UmwG Rz. 6; *Simon/Nießen* in KölnKomm. UmwG, § 137 UmwG Rz. 9; *Hörtnagl* in Schmitt/Hörtnagl/Stratz, § 140 UmwG Rz. 3; *Priester* in Lutter, § 140 UmwG Rz. 8.

mehrere) Kapitalgesellschaft(en) gründen, die gemäß § 160 Abs. 1 UmwG von dem Einzelkaufmann *und* (bei GmbH) von sämtlichen Geschäftsführern[1] sowie (bei AG) von sämtlichen Mitgliedern des Vorstandes und der des Aufsichtsrates vorzunehmen sind (weitere Einzelheiten bei § 160 UmwG Rz. 2).

b) Inhalt der Anmeldung

7 Anzumelden ist „**der neue Rechtsträger**" – unter Angabe durch welche Spaltungsart (Auf-, Abspaltung, Ausgliederung) die Neugründung erfolgt – nicht, wie bei übertragender Gesellschaft, die „Spaltung"[2]. Bezüglich weiterer Einzelheiten kann in der Anmeldung auf die beizufügenden Unterlagen verwiesen werden (siehe Rz. 12). Zweckmäßigerweise enthält die Anmeldung (außer beim Einzelkaufmann) die Negativerklärung nach §§ 125, 16 Abs. 2 UmwG, auch wenn sie nicht zwingend Teil der Anmeldung ist (siehe § 16 UmwG Rz. 14).

Der weitere Inhalt richtet sich nach dem Gründungsrecht des betreffenden neuen Rechtsträgers:

aa) OHG, KG, Partnerschaftsgesellschaft

8 Siehe hierzu die Erläuterungen zu § 38 UmwG Rz. 7, die hier entsprechend gelten. Diese Gesellschaften entstehen erst mit Wirksamwerden der Spaltung (siehe Rz. 23). Ein Entstehen kraft Geschäftsbeginns (§ 123 Abs. 1 HGB) ist nicht möglich[3].

bb) GmbH

9 Wie bei der Verschmelzung zur Neugründung (siehe § 38 UmwG Rz. 8 ff.) kann auch bei der Spaltung mit der Anmeldung weder die Versicherung nach § 8 Abs. 2 Satz 1 erster Fall GmbHG (Bewirkung der Leistung) noch zweiter Fall (freie Verfügbarkeit) verlangt werden[4], wohl aber die Versicherung der Geschäftsführer nach § 8 Abs. 3 GmbHG über nicht bestehende Bestellungshindernisse, die von den Vertretungsorganen des sich spaltenden Rechtsträgers oder

---

1 Begr. RegE bei *Ganske*, S. 187; *Mayer* in Widmann/Mayer, § 160 UmwG Rz. 3; *Simon/Nießen* in KölnKomm. UmwG, § 137 UmwG Rz. 10.
2 *Priester* in Lutter, § 137 UmwG Rz. 4; *Hörtnagl* in Schmitt/Hörtnagl/Stratz, § 137 UmwG Rz. 2; *Simon/Nießen* in KölnKomm. UmwG, § 137 UmwG Rz. 11; *Fronhöfer* in Widmann/Mayer, § 137 UmwG Rz. 20; *Fischer* in Böttcher/Habighorst/Schulte, § 137 UmwG Rz. 8.
3 Wie hier *Priester* in Lutter, § 137 UmwG Rz. 6; *Schwanna* in Semler/Stengel, § 137 UmwG Rz. 7; aA *Simon/Nießen* in KölnKomm. UmwG, § 137 UmwG Rz. 24.
4 *Ihrig*, GmbHR 1995, 622 (638); *Priester* in Lutter, § 138 UmwG Rz. 3; *Schwanna* in Semler/Stengel, § 137 UmwG Rz. 5; *Simon/Nießen* in KölnKomm. UmwG, § 137 UmwG Rz. 19 f.; aA für Fall 2 *Fronhöfer* in Widmann/Mayer, § 137 UmwG Rz. 34.

durch Bevollmächtigte nicht für die Geschäftsführer – weil höchstpersönlich – abgegeben werden kann[1]. Eine Versicherung gemäß § 8 Abs. 2 GmbHG ist aber nötig, wenn zusätzliche Barleistung erfolgt.

Die Anmeldung hat ferner die (allgemeine und konkrete) Vertretungsbefugnis der Geschäftsführer zu enthalten und die inländische Geschäftsanschrift der Gesellschaft (§ 8 Abs. 4 GmbHG).

Die UG kann nicht neuer Rechtsträger sein, weil bei ihr eine Sachgründung verboten ist[2].

Gründet der **Einzelkaufmann** durch Ausgliederung eine GmbH, hat er gegenüber dem Registergericht eine Erklärung über seinen Vermögensstatus abzugeben (siehe § 160 UmwG Rz. 7).

10

cc) AG, KGaA/SE

Eine Erklärung zur Bewirkung der Leistung oder zu deren Verfügbarkeit (vgl. §§ 37 Abs. 1, 36a Abs. 2 AktG) ist nicht abzugeben[3]. Für den vergleichbaren Fall der Kapitalerhöhung ist dies ausdrücklich bestimmt (§§ 125, 69 UmwG, § 188 Abs. 2 AktG). In der Anmeldung haben die Vorstandsmitglieder/persönlich haftenden Gesellschafter aber zu versichern, dass keine Bestellungshindernisse bestehen (§ 37 Abs. 2 AktG); diese Erklärung ist höchstpersönlich (siehe § 399 Abs. 1 Nr. 6 AktG), Vertretung durch die Vertretungsorgane der sich spaltenden Gesellschaft oder Bevollmächtigte ist daher ausgeschlossen. Die Anmeldung muss ferner die (abstrakte und konkrete) Vertretungsbefugnis der Vorstandsmitglieder enthalten bzw. die der persönlich haftenden Gesellschafter sowie Angaben zur inländischen Geschäftsanschrift der Gesellschaft (§ 37 Abs. 3 AktG).

11

c) Beizufügende Unterlagen

Für die beizufügenden Unterlagen gilt grundsätzlich § 17 **UmwG** entsprechend (§ 125 UmwG). Einzelheiten bei § 129 UmwG Rz. 11 ff.

12

Zusätzlich sind – soweit das Gesetz nichts Abweichendes vorsieht – die nach Gründungsrecht des betreffenden Rechtsträgers verlangten Unterlagen beizufügen (§ 135 Abs. 2 UmwG). Handelt es sich um eine **kombinierte Spaltung** iS des § 123 Abs. 4 UmwG, sind dem Registergericht des neuen Rechtsträgers auch die in § 17 UmwG genannten Unterlagen einzureichen, die den aufnehmenden

---

1 *Priester* in Lutter, § 137 UmwG Rz. 12; *Schwanna* in Semler/Stengel, § 137 UmwG Rz. 5; *Mayer* in Widmann/Mayer, § 135 UmwG Rz. 59.
2 So BGH v. 11.4.2011 – II ZB 9/10, NJW 2011, 1883 = GmbHR 2011, 701.
3 *Ihrig*, GmbHR 1995, 622 (630); *Priester* in Lutter, § 137 UmwG Rz. 9; *Schwanna* in Semler/Stengel, § 137 UmwG Rz. 4; *Simon/Nießen* in KölnKomm. UmwG, § 137 UmwG Rz. 14 f.

Rechtsträger betreffen, einschließlich der Erklärung gemäß § 16 Abs. 2 UmwG, um dem Registergericht zu ermöglichen, die Wirksamkeit des gesamten (einheitlichen) Spaltungsvorgangs zu überprüfen[1].

13 An die Stelle des Spaltungs- und Übernahmevertrages tritt der **Spaltungs- bzw. Ausgliederungsplan** (§ 136 UmwG) mit Satzung/Gesellschaftsvertrag des neuen Rechtsträgers (§§ 135, 37 UmwG). Bei reiner Spaltung zur Neugründung existiert nur ein Spaltungsbeschluss der Gesellschafter der übertragenden Gesellschaft, bei Spaltung durch gleichzeitige Übertragung auf bestehende und neue Rechtsträger sind auch die Spaltungsbeschlüsse bzw. Zustimmungserklärungen der aufnehmenden Rechtsträger beizufügen (siehe Rz. 12). Der Nachweis über die rechtzeitige Zuleitung an den Betriebsrat beschränkt sich bei der reinen Spaltung auf den bei der übertragenden Gesellschaft.

14 Bei **OHG, KG, Partnerschaftsgesellschaft** siehe die Erläuterung zu § 38 UmwG Rz. 13.

15 Bei GmbH:

– Beschluss über die Bestellung der **Geschäftsführer** (§§ 6 Abs. 2 Satz 2, 47 GmbHG), sofern nicht im Spaltungsplan enthalten[2].

– Liste der Gesellschafter (§ 8 Abs. 1 Nr. 3 GmbHG). Die Liste ist nicht von dem anmeldenden Vertretungsorgan der übertragenden Gesellschaft zu unterzeichnen, auch nicht von dem die Spaltung beurkundenden Notar (vgl. § 40 Abs. 2 GmbHG)[3], sondern von den Geschäftsführern der GmbH in vertretungsberechtigter Zahl (§ 135 Abs. 2 UmwG, § 8 Abs. 1 Nr. 3 GmbHG).

16 Beizufügen ist stets ein **Sachgründungsbericht** (§ 138 UmwG). § 58 Abs. 2 UmwG, der für die Verschmelzung zur Neugründung bei Kapitalgesellschaften davon absieht, gilt hier über § 135 UmwG nicht[4]. Dieser Sachgründungsbericht ist von dem sich spaltenden Rechtsträger zu erstellen (§ 135 Abs. 2 Satz 2 UmwG) und von seinen Vertretungsorganen in vertretungsberechtigter Zahl zu unterzeichnen. Eine Beurkundung oder Beglaubigung der Unterschriften ist nicht erforderlich[5]. Bevollmächtigung ist – wie bei regulärer Sachgründung[6] – nicht möglich. Ferner ist dem Gericht ein Wertnachweis (§ 8 Abs. 1 Nr. 5

---

1 Ebenso *Priester* in Lutter, § 137 UmwG Rz. 5; *Schwanna* in Semler/Stengel, § 137 UmwG Rz. 13; *Simon/Nießen* in KölnKomm. UmwG, § 137 UmwG Rz. 13.
2 *Priester* in Lutter, § 137 UmwG Rz. 8.
3 Siehe oben *Kocher*, § 56 UmwG Rz. 5.
4 Vgl. Begr. RegE bei *Ganske*, S. 173; *Hörtnagl* in Schmitt/Hörtnagl/Stratz, § 138 UmwG Rz. 2; *Simon/Nießen* in KölnKomm. UmwG, § 138 UmwG Rz. 3; *Wardenbach* in Henssler/Strohn, § 138 UmwG Rz. 4.
5 *Priester* in Lutter, § 138 UmwG Rz. 5; *Reichert* in Semler/Stengel, § 138 UmwG Rz. 9; *Wardenbach* in Henssler/Strohn, § 138 UmwG Rz. 5.
6 *Mayer* in Widmann/Mayer, § 138 UmwG Rz. 5; *Priester* in Lutter, § 138 UmwG Rz. 5; *Reichert* in Semler/Stengel, § 138 UmwG Rz. 9.

GmbH) einzureichen, etwa durch Vorlage einer Teilbilanz der zu übertragenden Vermögensteile (siehe § 125 UmwG Rz. 23) oder Wertgutachten eines Sachverständigen, gegebenenfalls sind ferner die Erklärungen gemäß § 16 Abs. 2 UmwG und § 52 UmwG beizufügen. Die von § 8 Abs. 1 Nr. 4 GmbHG verlangten Festsetzungsverträge werden durch den Spaltungsplan ersetzt.

Bei AG, KGaA, SE: 17

Es gelten die Ausführungen zu § 38 UmwG Rz. 15 entsprechend mit folgenden Besonderheiten: Als Nachweis dient in der Regel eine Teilbilanz der zu übertragenden Vermögensteile (siehe § 125 UmwG Rz. 23). Nachzuweisen durch beglaubigten Handelsregisterauszug ist dem für die neugegründete Gesellschaft zuständigen Registergericht, dass die sich spaltende (Aktien-)Gesellschaft bereits zwei Jahre im Register eingetragen ist (§ 141 UmwG). Als Stichtag wird man den Tag der Abstimmung über den Spaltungsplan – entsprechend der Regelung bei der Verschmelzung (§ 76 Abs. 1 UmwG) – ansehen müssen[1].

3. Anmeldung der Spaltung (§ 137 Abs. 2 UmwG)

Ausschließlich die Vertretungsorgane (in vertretungsberechtigter Zahl oder unechter Gesamtvertretung) der sich spaltenden Gesellschaft – nicht daneben auch die Vertretungsorgane der in Gründung befindlichen Gesellschaft – haben die Spaltung bei dem für ihre Gesellschaft zuständigen Registergericht anzumelden[2]. Bevollmächtigung ist zulässig. Anmeldung und Vollmacht bedürfen öffentlicher Beglaubigung (§ 12 HGB, § 129 BGB). Der Bevollmächtigte kann aber nicht die Erklärung über die Kapitaldeckung gemäß §§ 140, 146 UmwG abgeben. Ihre Abgabe ist – da gemäß § 313 Abs. 2 UmwG strafbewehrt – höchstpersönlich vorzunehmen. Zum Inhalt der Anmeldung siehe § 129 UmwG Rz. 6, 8; zum Zeitpunkt § 129 UmwG Rz. 10. 18

In entsprechender Anwendung (§ 135 UmwG) des § 17 UmwG sind der Anmeldung beizufügen der Spaltungsplan mit Statut des neuen Rechtsträgers, Spaltungsbeschluss, die sonstigen in § 17 UmwG Rz. 3, 4 und § 129 UmwG Rz. 13, 16 genannten Unterlagen sowie – falls nicht in der Anmeldung bereits enthalten – die Erklärung nach § 140 UmwG (bei GmbH), § 146 UmwG (bei AG, KGaA, SE), nicht jedoch die nach dem Gründungsrecht des neuen Rechtsträgers einzureichenden Unterlagen[3]. 19

---

1 Ebenso *Schwanna* in Semler/Stengel, § 137 UmwG Rz. 10.
2 *Priester* in Lutter, § 137 UmwG Rz. 10; *Fronhöfer* in Widmann/Mayer, § 137 UmwG Rz. 54 ff.; *Simon/Nießen* in KölnKomm. UmwG, § 137 UmwG Rz. 30.
3 *Priester* in Lutter, § 137 UmwG Rz. 10.

4. Reihenfolge der Eintragungen (§ 137 Abs. 3 UmwG)

20 a) Das Registergericht jedes neuen Rechtsträgers prüft die Ordnungsmäßigkeit des Gründungsvorgangs sowie der Spaltung. Diese **Prüfung** ist vergleichbar mit der bei Verschmelzung durch Neugründung (siehe Erl. zu § 38 UmwG Rz. 16 ff.).

21 **Als Wertnachweis** für die Deckung des Stamm-/Grundkapitals bei GmbH/AG, KGaA, SE reicht die Schlussbilanz der sich spaltenden Gesellschaft nicht aus; hier ist eine gesonderte Spaltungsbilanz (siehe § 125 UmwG Rz. 23; § 130 UmwG Rz. 3) oder ein geeigneter anderer Wertnachweis (etwa Sachverständigengutachten) erforderlich[1]. Das gerichtliche Prüfungsrecht tritt (bei AG, KGaA, SE) neben die nach § 144 UmwG obligatorisch durchzuführende Prüfung durch Dritte[2].

22 b) Die Eintragung selbst regelt der über § 135 UmwG entsprechend anwendbare § 130 Abs. 1 UmwG (siehe auch § 130 UmwG Rz. 8 ff.): Zunächst sind die neuen Rechtsträger wie bei einer regulären Gründung einzutragen[3]. Die Voreintragung der Kapitalherabsetzung bei der übertragenden Gesellschaft ist dafür nicht Voraussetzung (siehe § 130 UmwG Rz. 9). Sodann wird im Register vermerkt, dass die Gründung durch Spaltung erfolgte. Zugleich ist dort wegen der **deklaratorischen** Wirkung[4] der Eintragung gemäß § 130 Abs. 1 Satz 2 UmwG zu vermerken („Vorläufigkeitsvermerk")[5], dass die Eintragung des neuen Rechtsträgers erst mit Eintragung der Spaltung im Register des übertragenden Rechtsträgers wirksam wird[6], sofern die Eintragungen in den Registern aller beteiligten Rechtsträger nicht am selben Tag erfolgen (§§ 135, 130 Abs. 1 Satz 2 UmwG).

23 Nach Eintragung aller neuen Rechtsträger (ggf. mit „Vorläufigkeitsvermerk") und der ggf. erforderlichen Kapitalherabsetzung (§§ 139, 145 UmwG) erfolgt die Eintragung der Spaltung bei der übertragenden Gesellschaft (§ 137 Abs. 3 Satz 2 UmwG) unter Hinweis auf die Registerblätter der neuen Rechtsträger[7]. Zugleich entstehen die neuen Rechtsträger. Erst die **Eintragung bei der übertragenden**

---

1 *Schwanna* in Semler/Stengel, § 137 UmwG Rz. 17; *Simon/Nießen* in KölnKomm. UmwG, § 137 UmwG Rz. 37.
2 Vgl. *Hüffer/Koch*, § 38 AktG Rz. 12.
3 *Priester* in Lutter, § 137 UmwG Rz. 14; *Schwanna* in Semler/Stengel, § 137 UmwG Rz. 18; *Hörtnagl* in Schmitt/Hörtnagl/Stratz, § 137 UmwG Rz. 4.
4 *Fischer* in Böttcher/Habighorst/Schulte, § 137 UmwG Rz. 17.
5 *Priester*, DNotZ 1995, 427 (442).
6 *Neye*, GmbHR 1995, 565 (566); *Priester* in Lutter, § 137 UmwG Rz. 14; *Hörtnagl* in Schmitt/Hörtnagl/Stratz, § 137 UmwG Rz. 4; *Simon/Nießen* in KölnKomm. UmwG, § 137 UmwG Rz. 37; aA *Heidenhain*, GmbHR 1995, 264 (265) und *Heidenhain*, GmbHR 1995, 566 (567).
7 *Priester* in Lutter, § 137 UmwG Rz. 15; *Hörtnagl* in Schmitt/Hörtnagl/Stratz, § 137 UmwG Rz. 5; *Fischer* in Böttcher/Habighorst/Schulte, § 137 UmwG Rz. 18.

Gesellschaft hat **konstitutive Wirkung** und lässt die neuen Rechtsträger sowie die Anteilsrechte an ihnen entstehen[1].

c) Die Eintragung der Spaltung erfolgt, nachdem sämtliche Registergerichte der neuen Rechtsträger von Amts wegen deren Eintragung dem Register der sich spaltenden Gesellschaft mitgeteilt haben (§ 137 Abs. 3 Satz 2 UmwG). Sodann erhalten die mitteilenden Gerichte Nachricht über den Zeitpunkt der Eintragung der Spaltung, den Registerauszug des übertragenden Rechtsträgers, dessen Satzung bzw. – soweit bei Gericht einzureichen – dessen Gesellschaftsvertrag in Abschrift, als Ausdruck oder elektronisch als Ersatz für die nicht übersandten Akten (vgl. § 19 Abs. 2 Satz 2 UmwG). Im Register der neuen Rechtsträger ist der Tag der Eintragung der Spaltung beim übertragenden Rechtsträger von Amts wegen einzutragen und auf das Registerblatt der übertragenden Gesellschaft zu verweisen.   24

Zur Eintragung der Spaltung siehe Erl. zu § 130 UmwG Rz. 10.   25

5. Bekanntmachung

a) Für die Bekanntmachung der **Spaltung** gilt § 19 Abs. 3 UmwG; siehe insofern die Erl. zu § 19 UmwG Rz. 14–19.   26

b) Für die Bekanntmachung des **neuen Rechtsträgers** gilt ebenfalls § 19 Abs. 3 UmwG, vgl. auch bei § 38 UmwG Rz. 27. Da die Eintragung der neuen Rechtsträger bei Spaltung, anders als bei Verschmelzung, nur vorläufigen Charakters hat, legt § 137 Abs. 3 Satz 3 Halbsatz 2 UmwG fest, dass die Bekanntmachung der Eintragung der neuen Rechtsträger erst erfolgen darf, wenn in ihren Registern der Wirksamkeitsvermerk eingetragen ist[2].   26a

c) Zu den **Rechtsfolgen** siehe Erl. zu § 19 UmwG Rz. 17.   27

6. Eintragungsmängel, Rechtsmittel

Siehe zunächst Erl. zu § 130 UmwG Rz. 13: Erfolgt die Eintragung der Spaltung versehentlich vor Eintragung des neuen Rechtsträgers, ist die Spaltung wirksam   28

---

1 *Priester* in Lutter, § 137 UmwG Rz. 16; *Hörtnagl* in Schmitt/Hörtnagl/Stratz, § 137 UmwG Rz. 6; *Schwanna* in Semler/Stengel, § 137 UmwG Rz. 19; *Simon/Nießen* in Köln-Komm. UmwG, § 137 UmwG Rz. 38; *Fischer* in Böttcher/Habighorst/Schulte, § 137 UmwG Rz. 18; aA *Heidenhain*, GmbHR 1995, 264 (265) und *Heidenhain*, GmbHR 1995, 566 (567), der von der Entstehung der neuen Rechtsträger bereits mit deren Eintragung im Handelsregister ausgeht.
2 Begr. RegE bei *Ganske*, S. 170; *Neye*, GmbHR 1995, 565 (566).

und der neue Rechtsträger trotz fehlender Eintragung entstanden[1]. Dessen Anmeldung und Eintragung sind nachzuholen[2], ansonsten soll der neue Rechtsträger von Amts wegen zu löschen sein[3]. Wird eine Kapitalherabsetzung (§§ 139, 145 UmwG) nach der Spaltung eingetragen, ist die Spaltung nicht zu wiederholen, sondern nur im Register des betreffenden übertragenden Rechtsträgers nachzutragen[4]. Zu den Rechtsmitteln gegen die Entscheidungen des Registergerichts siehe § 19 UmwG Rz. 13.

7. Kosten

29 Es fallen Notar- und Gerichtskosten an.

a) Zu den **Notarkosten** für die Anmeldung des neuen Rechtsträgers siehe § 38 UmwG Rz. 31.

30 Für den **Spaltungsplan** ist eine 1,0-Gebühr nach Nr. 21200 KV GNotKG zu erheben, da es sich um eine einseitige Erklärung handelt. Wert: Summe der Aktiva des übertragenden Vermögens ohne Schuldenabzug (§§ 107 Abs. 1, 97 Abs. 1, 38 GNotKG) – mindestens 30 000 Euro, höchstens jedoch 10 Mio. Euro[5]. Verlustvorträge auf der Aktivseite und ein nicht durch Eigenkapital gedeckter Fehlbetrag (§ 268 Abs. 3 HGB) sind abzuziehen. Die gleichzeitige Festsetzung des Gesellschaftsvertrages/Satzung des neuen Rechtsträgers ist gegenstandsgleich und nicht gesondert zu bewerten (§ 109 Abs. 1 GNotKG).

31 Für den Spaltungsbeschluss fällt eine 2,0-Gebühr gemäß Nr. 21100 KV GNotKG an. Der Höchstwert des Beschlusses beträgt 5 Mio. Euro (§ 108 Abs. 5 GNotKG). Bei mehreren Beschlüssen in einer Urkunde fällt die Gebühr nur einmal an[6].

32 Hinzu kommen noch die Gebühren für die Erstellung der Liste der Übernehmer und der Liste der Gesellschafter, jeweils höchstens 250,00 Euro (Nr. 1 22113 KV GNotKG).

33 Zu den Kosten der Anmeldung bei Spaltung siehe § 129 UmwG Rz. 16.

---

1 Wohl auch *Priester* in Lutter, § 137 UmwG Rz. 17; *Schwanna* in Semler/Stengel, § 137 UmwG Rz. 22.
2 *Hörtnagl* in Schmitt/Hörtnagl/Stratz, § 137 UmwG Rz. 9; *Schwanna* in Semler/Stengel, § 137 UmwG Rz. 22; *Simon/Nießen* in KölnKomm. UmwG, § 137 UmwG Rz. 42.
3 *Flüh* in Hauschild/Kallrath/Wachter, Notarhdb. Gesellschafts- und Unternehmensrecht, 2011, § 22 Rz. 304 aE.
4 *Schwanna* in Semler/Stengel, § 137 UmwG Rz. 22; *Hörtnagl* in Schmitt/Hörtnagl/Stratz, § 137 UmwG Rz. 9; *Simon/Nießen* in KölnKomm. UmwG, § 137 UmwG Rz. 42; anders noch 5. Auflage.
5 Siehe zum Geschäftswert auch: *Tiedtke*, MittBayNot 1997, 209 (213); *Lappe/Schulz*, NotBZ 1997, 54 ff.
6 *Tiedtke*, MittBayNot 1997, 209 (214); *Reimann*, MittBayNot 1995, 1 (2).

b) **Gerichtskosten.** Für die Eintragung des neuen Rechtsträgers im Handels- 34
register und die damit zusammenhängenden Folgeeintragungen wird jeweils
eine Pauschalgebühr erhoben (siehe § 19 UmwG Rz. 18). Hinzu kommen die
Kosten der Veröffentlichung.

Zweiter Teil
Besondere Vorschriften

Vorbemerkung zu §§ 138–173
Spaltung unter Beteiligung von Personengesellschaften

Als Besondere Vorschriften für die Spaltung unter Beteiligung von Personengesellschaften finden gemäß § 125 Satz 1 UmwG die §§ 39 bis 45e UmwG entsprechende Anwendung (siehe Erl. bei § 125 UmwG).

Erster Abschnitt
Spaltung unter Beteiligung von Gesellschaften mit beschränkter Haftung

Vorbemerkung zu §§ 138–140

Die Besonderen Vorschriften für die Spaltung unter Beteiligung von GmbH setzen sich aus den im Rahmen der Verweisung des § 125 Satz 1 UmwG geltenden §§ 46 bis 59 UmwG (siehe Erl. bei § 125 UmwG und den §§ 138 bis 140 UmwG zusammen.

§ 138
Sachgründungsbericht

Ein Sachgründungsbericht (§ 5 Abs. 4 des Gesetzes betreffend die Gesellschaften mit beschränkter Haftung) ist stets erforderlich.

Bei einer Spaltung zur Neugründung einer GmbH ist nach § 135 Abs. 2 Satz 1 1
UmwG iVm. § 5 Abs. 4 Satz 2 GmbHG ein Sachgründungsbericht erforderlich.
Das Vertretungsorgan des übertragenden Rechtsträgers (vgl. § 135 Abs. 2 Satz 2
UmwG) hat also neben dem Spaltungs- bzw. Ausgliederungsbericht einen Sach-

gründungsbericht zu erstatten. § 138 UmwG ordnet an, dass die Befreiung nach § 58 Abs. 2 UmwG trotz der Verweisung in § 125 Satz 1 UmwG bei Spaltungen nicht gilt. Insoweit wird also die Verweisung in § 125 Satz 1 UmwG eingeschränkt.

2 Zum Inhalt des Sachgründungsberichts siehe § 125 UmwG Rz. 66, 67. Der Sachgründungsbericht ist durch die Mitglieder des Vertretungsorgans des übertragenden Rechtsträgers in vertretungsberechtigter Zahl zu unterzeichnen[1].

3 § 138 UmwG gilt seinem Wortlaut nach nur für die Spaltung zur Neugründung einer GmbH. Streitig ist, ob § 138 UmwG auf den Fall der Spaltung zur Aufnahme, die beim übernehmenden Rechtsträger zu einer Kapitalerhöhung führt, mit der Folge anzuwenden ist, dass ein dem Sachgründungsbericht entsprechender Sachkapitalerhöhungsbericht zu erstellen ist[2]. Für einen solchen Bericht fehlt es an einer hinreichenden gesetzlichen Grundlage. Er wird in der Praxis üblicherweise nicht erstellt.

§ 139
Herabsetzung des Stammkapitals

Ist zur Durchführung der Abspaltung oder der Ausgliederung eine Herabsetzung des Stammkapitals einer übertragenden Gesellschaft mit beschränkter Haftung erforderlich, so kann diese auch in vereinfachter Form vorgenommen werden. Wird das Stammkapital herabgesetzt, so darf die Abspaltung oder die Ausgliederung erst eingetragen werden, nachdem die Herabsetzung des Stammkapitals im Register eingetragen worden ist.

1. Voraussetzungen der vereinfachten Kapitalherabsetzung (§ 139 Satz 1 UmwG) 1	2. Ablauf der vereinfachten Kapitalherabsetzung 5
	3. Voreintragung der Kapitalherabsetzung (§ 139 Satz 2 UmwG) 7

Literatur: *IDW* HFA 1/1998, Zweifelsfragen bei Spaltungen, WPg 1998, 508; *Kallmeyer*, Das neue Umwandlungsgesetz – Verschmelzung, Spaltung und Formwechsel von Handelsgesellschaften, ZIP 1994, 1746 (1754); *Naraschewski*, Die vereinfachte Kapitalherabsetzung bei der Spaltung einer GmbH, GmbHR 1995, 697; *Priester*, Das neue Umwandlungsrecht aus notarieller Sicht, DNotZ 1995, 427.

---

1 *Priester* in Lutter, § 138 UmwG Rz. 5; *Simon/Nießen* in KölnKomm. UmwG, § 138 UmwG Rz. 9.
2 Bejahend *Priester* in Lutter, § 138 UmwG Rz. 8; aA *Mayer* in Widmann/Mayer, § 138 UmwG Rz. 2.1; *Simon/Nießen* in KölnKomm. UmwG, § 138 UmwG Rz. 6.

1. Voraussetzungen der vereinfachten Kapitalherabsetzung (§ 139 Satz 1 UmwG)

Bei Abspaltung oder Ausgliederung ist die Herabsetzung des Stammkapitals einer übertragenden GmbH in der vereinfachten Form der §§ 58a ff. GmbHG zulässig (§ 139 Satz 1 UmwG). Es handelt sich um eine **Rechtsfolgenverweisung**[1]. Dies bedeutet zunächst, dass die Voraussetzung des § 58a Abs. 1 GmbHG nicht gilt, dh. die Kapitalherabsetzung muss nicht dazu dienen, Wertminderungen auszugleichen oder sonstige Verluste zu decken, es braucht also bei der übertragenden GmbH vor der Spaltung keine Unterbilanz vorzuliegen.   1

Die **Kapitalherabsetzung** muss nach § 139 Satz 1 UmwG jedoch zur Durchführung der Abspaltung oder Ausgliederung **erforderlich** sein. Erforderlich ist sie nur insoweit, als die durch den Abgang eines Vermögensteils eintretende Verminderung des buchmäßigen Netto-Vermögens nicht gegen offene Eigenkapitalposten (Rücklagen, Gewinnvorträge) gebucht werden kann[2]. Denn sonst würde bei der übertragenden GmbH infolge der Spaltung eine Unterbilanz entstehen und die Anteilsauskehrung gegen die Kapitalerhaltungsvorschrift des § 30 Abs. 1 GmbHG verstoßen[3]. Daraus folgt auch, dass § 58a Abs. 2 GmbHG nicht anwendbar ist. Eine erforderliche Kapitalherabsetzung liegt deshalb nicht bereits dann vor, wenn der Nettovermögensabfluss nicht mehr durch Auflösung des gesamten Gewinnvortrags und desjenigen Teils der Kapital- und Gewinnrücklagen ausgeglichen werden kann, der zusammen über 10 % des nach der Herabsetzung verbleibenden Stammkapitals hinausgeht[4]. Dies ist eine Erleichterung, die nur Anwendung findet, wenn auch die Voraussetzungen des § 58a Abs. 1 GmbHG gegeben sind. Andererseits steht aber das Vorhandensein von stillen Reserven der Erforderlichkeit der Kapitalherabsetzung nicht entgegen[5]. Denn für § 30 Abs. 1 GmbHG kommt es allein auf das buchmäßige Eigenkapital an. Die stillen Reserven bleiben außer Ansatz. *Naraschewski*[6] will die Kapital-   2

---

1 *Mayer*, DB 1995, 861 (866); *Priester*, DNotZ 1995, 427 (448 zu Fn. 96); *Priester* in Lutter, § 139 UmwG Rz. 5; *Naraschewski*, GmbHR 1995, 697 (700); anders *Mayer* in Widmann/Mayer, § 139 UmwG Rz. 9, 23 f.; *Hörtnagl* in Schmitt/Hörtnagl/Stratz, § 139 UmwG Rz. 8.
2 *Kallmeyer*, ZIP 1994, 1746 (1754); *Priester*, DNotZ 1995, 427 (448); *Priester* in Lutter, § 139 UmwG Rz. 6; IDW HFA 1/1998 Tz. 2, WPg 1998, 508 (510).
3 Vgl. *Naraschewski*, GmbHR 1995, 697 (zu II.1.).
4 So aber *Hörtnagl* in Schmitt/Hörtnagl/Stratz, § 139 UmwG Rz. 8 und noch *Sagasser/Bultmann* in Sagasser/Bula/Brünger, § 18 Rz. 96; wie hier: *Simon/Nießen* in KölnKomm. UmwG, § 139 UmwG Rz. 16.
5 *Priester* in Lutter, § 139 UmwG Rz. 6; *Simon/Nießen* in KölnKomm. UmwG, § 139 UmwG Rz. 17; *Sagasser/Bultmann* in Sagasser/Bula/Brünger, § 18 Rz. 85; IDW HFA 1/1998 Tz. 2, WPg 1998, 508 (510): Die Erforderlichkeit der Kapitalherabsetzung ist grundsätzlich nach dem in der Schlussbilanz auszuweisenden Eigenkapital zu beurteilen, wobei dieses bis zur Beschlussfassung über die Abspaltung fortzuschreiben ist.
6 *Naraschewski*, GmbHR 1995, 697 (698 f.).

herabsetzung über die Vermeidung einer Unterbilanz hinaus zulassen, soweit das abfließende buchmäßige Eigenkapital bei der übernehmenden oder neuen Kapitalgesellschaft zu Nennkapital wird. Diese Auffassung ist mit dem Gesetzeswortlaut nicht vereinbar.

3 Im Falle der Abspaltung oder Ausgliederung auf eine GmbH ist die vereinfachte Kapitalherabsetzung nach verbreitet vertretener Auffassung höchstens in der Höhe zulässig, in der bei der übernehmenden oder neuen Gesellschaft neues Stammkapital gebildet wird, bei der Abspaltung oder Ausgliederung auf eine AG in Höhe von neuem Grundkapital und Aufgeld[1]. Diese Auffassung findet keine hinreichende Stütze im Gesetz[2]. Außerdem ließe sich dieser Grundsatz bei der Abspaltung „nach oben" wegen des nach §§ 125 Satz 1, 54, 68 UmwG bestehenden Kapitalerhöhungsverbots nicht verwirklichen. Letztlich würde bei einer Spaltung zur Aufnahme die Anteilsgewährung entsprechend Umtauschverhältnis unmöglich gemacht, für die es auf das bisherige Verhältnis von Nennkapital zu Rücklagen bei der *übernehmenden* Gesellschaft ankommt. Deshalb muss sich der Umfang der **Kapitalerhöhung** allein nach der **Anteilsgewährung** richten, während es für die Erforderlichkeit der **Kapitalherabsetzung** auf den **Nettovermögensabfluss** gemäß Spaltungsvertrag beim *übertragenden* Rechtsträger ankommt. Es geht auch nicht an, die Spaltung zur Aufnahme und die Spaltung zur Neugründung insoweit unterschiedlich zu behandeln.

4 Im Falle der **Ausgliederung** wird eine Kapitalherabsetzung nur ausnahmsweise erforderlich sein, weil an die Stelle des übertragenden Vermögens die gewährten Anteile treten, so dass regelmäßig lediglich ein Aktivtausch stattfindet[3]. Etwas anderes gilt lediglich, wenn auf die erworbenen Anteile sogleich eine Teilwertabschreibung vorzunehmen ist, etwa weil die übernehmende Gesellschaft überschuldet ist[4].

2. Ablauf der vereinfachten Kapitalherabsetzung

5 Bei der vereinfachten Kapitalherabsetzung ist kein Gläubigeraufruf erforderlich, sich meldende Gläubiger brauchen nicht befriedigt oder sichergestellt zu wer-

---

1 AG Charlottenburg v. 28.5.2008 – 99 AR 3278/08, GmbHR 2008, 993; ebenso *Priester* in Lutter, § 139 UmwG Rz. 10 f.; *Schwab* in Lutter, § 145 UmwG Rz. 15 f.; *Reichert* in Semler/Stengel, § 139 UmwG Rz. 10; *Petersen*, Der Gläubigerschutz im Umwandlungsrecht, 2001, S. 314; aA *IDW* HFA 1/1998 Tz. 2, WPg 1998, 508 (510).
2 Wie hier *Simon/Nießen* in KölnKomm. UmwG, § 139 UmwG Rz. 23.
3 *Priester* in Lutter, § 139 UmwG Rz. 4; *Simon/Nießen* in KölnKomm. UmwG, § 139 UmwG Rz. 11; *Mayer* in Widmann/Mayer, § 139 UmwG Rz. 16; *Sagasser/Bultmann* in Sagasser/Bula/Brünger, § 18 Rz. 88, 97.
4 *Mayer* in Widmann/Mayer, § 139 UmwG Rz. 17, 18; *Teichmann* in Lutter, § 123 UmwG Rz. 15; *Sagasser/Bultmann* in Sagasser/Bula/Brünger, § 18 Rz. 88; *Simon/Nießen* in KölnKomm. UmwG, § 139 UmwG Rz. 11.

den, und es braucht für die Anmeldung der Herabsetzung zum Handelsregister nicht das Sperrjahr eingehalten zu werden (vgl. § 58 Abs. 1 Nr. 3 GmbHG für die ordentliche Kapitalherabsetzung). Die vereinfachte Kapitalherabsetzung kann also **sofort durchgeführt** werden. Anderenfalls wäre die Abspaltung oder Ausgliederung erheblich erschwert, insbesondere für die Dauer eines Jahres blockiert.

Ausgeglichen werden diese Vereinfachungen durch **besondere Gläubigerschutz-** 6 **vorschriften,** insbesondere Ausschüttungsbeschränkungen[1]. Die Beschränkungen der Gewinnausschüttung nach § 58d GmbHG finden jedoch im Falle einer Kapitalherabsetzung zur Durchführung einer Spaltung keine Anwendung[2].

3. Voreintragung der Kapitalherabsetzung (§ 139 Satz 2 UmwG)

Die Abspaltung oder Ausgliederung darf erst im Handelsregister eingetragen 7 werden, nachdem die Herabsetzung des Stammkapitals eingetragen ist (§ 139 Satz 2 UmwG). Damit wird die Kapitalherabsetzung jedoch nicht vor der Abspaltung oder Ausgliederung wirksam. Denn das Wirksamwerden der Spaltung ist gesetzliche Bedingung für das Wirksamwerden der Kapitalherabsetzung[3]. Scheitert die Spaltung, so ist die Eintragung der Kapitalherabsetzung unverzüglich von Amts wegen zu löschen[4].

§ 140
Anmeldung der Abspaltung oder der Ausgliederung

Bei der Anmeldung der Abspaltung oder der Ausgliederung zur Eintragung in das Register des Sitzes einer übertragenden Gesellschaft mit beschränkter Haftung haben deren Geschäftsführer auch zu erklären, dass die durch Gesetz und Gesellschaftsvertrag vorgesehenen Voraussetzungen für die Gründung dieser Gesellschaft unter Berücksichtigung der Abspaltung oder der Ausgliederung im Zeitpunkt der Anmeldung vorliegen.

1. Überblick	1	4. Erklärende	6
2. Zweck	2	5. Form	7
3. Inhalt der Erklärung	3	6. Prüfung durch das Registergericht	8

---

[1] Vgl. dazu *Rodewald* in GmbH-Handbuch, Rz. I 700–703.
[2] *Priester* in Lutter, § 139 UmwG Rz. 16; *Simon/Nießen* in KölnKomm. UmwG, § 139 UmwG Rz. 32; ebenso für § 233 AktG *Schwab* in Lutter, § 145 UmwG Rz. 25, 26.
[3] *Mayer* in Widmann/Mayer, § 139 UmwG Rz. 45.
[4] *Simon/Nießen* in KölnKomm. UmwG, § 139 UmwG Rz. 39; *Reichert* in Semler/Stengel, § 139 UmwG Rz. 19.

1. Überblick

1 Die Vorschrift dient dem Kapitalschutz[1]. Sie verlangt von den anmeldenden Geschäftsführern der übertragenden GmbH bei Abspaltung und Ausgliederung Angaben zur Kapitalausstattung nach Spaltung gegenüber seinem Registergericht. Auf die Aufspaltung ist die Vorschrift nicht anwendbar, weil der sich aufspaltende Rechtsträger erlischt[2].

2. Zweck

2 Der Gesetzgeber hat, vornehmlich aus Kostengründen, davon abgesehen, von der übertragenden GmbH einen Sachgründungsbericht mit Angaben darüber zu verlangen, ob das in der Satzung der abspaltenden oder ausgliedernden GmbH vorgesehene Stammkapital bzw. das Mindeststammkapital (§ 5 Abs. 1 GmbHG, § 5a GmbHG gilt nicht) von dem bei ihr verbleibenden Vermögen auch noch nach der Spaltung abgedeckt ist[3]. Die Erklärung tritt an die Stelle des Sachgründungsberichtes[4]. Sie ist nur bei Abspaltung und Ausgliederung abzugeben, nicht bei Aufspaltung, weil die übertragende GmbH erlischt und ein Kapitalschutz obsolet wird (§ 131 Abs. 1 Nr. 2 UmwG).

3. Inhalt der Erklärung

3 Der Inhalt der Erklärung ist nicht klar. Aus dem Zweck der Erklärung (siehe oben Rz. 2) folgt aber, dass die Geschäftsführer anzugeben haben, dass das in der Satzung ausgewiesene Stammkapital durch das nach der Spaltung verbleibende Nettobuchvermögen ohne stille Reserven[5] gedeckt ist. Es ist daher ausreichend, wenn die Geschäftsführer dem Gericht mitteilen, dass die durch Gesetz und Gesellschaftsvertrag vorgesehenen Voraussetzungen für die Gründung der GmbH unter Berücksichtigung der Abspaltung bzw. Ausgliederung im Zeitpunkt der Anmeldung der Spaltung bei der übertragenden GmbH (= Zugang der Erklärung bei dem für diese zuständigen Registergericht)[6] vorliegen, ins-

---

1 *Hörtnagl* in Schmitt/Hörtnagl/Stratz, § 140 UmwG Rz. 1.
2 *Simon/Nießen* in KölnKomm. UmwG, § 140 UmwG Rz. 6; *Hörtnagl* in Schmitt/Hörtnagl/Stratz, § 140 UmwG Rz. 2.
3 *Priester* in Lutter, § 140 UmwG Rz. 2; *Reichert* in Semler/Stengel, § 140 UmwG Rz. 1.
4 Begr. RegE bei *Ganske*, S. 175 u. 308.
5 *Priester* in Lutter, § 140 UmwG Rz. 4f.; *Reichert* in Semler/Stengel, § 140 UmwG Rz. 2; *Mayer* in Widmann/Mayer, § 140 UmwG Rz. 6; *Hörtnagl* in Schmitt/Hörtnagl/Stratz, § 140 UmwG Rz. 7; *Wardenbach* in Henssler/Strohn, § 140 UmwG Rz. 2; *Fischer* in Böttcher/Habighorst/Schulte, § 140 UmwG Rz. 5.
6 Siehe *Priester* in Lutter, § 140 UmwG Rz. 10; *Hörtnagl* in Schmitt/Hörtnagl/Stratz, § 140 UmwG Rz. 10; *Mayer* in Widmann/Mayer, § 140 UmwG Rz. 13; *Reichert* in Semler/Stengel, § 140 UmwG Rz. 6.

besonders, dass das Stammkapital in voller Höhe durch die nach der Spaltung verbleibenden Aktiva gedeckt ist. Weiter gehende Angaben insb. zur Einhaltung der Gründungsvoraussetzungen kann das Gericht nicht verlangen[1].

Richtiger Ansicht nach ist **bei** der **Ausgliederung** zu berücksichtigen, dass beim übertragenden Rechtsträger ein **Aktivtausch** stattfindet (übertragenes Vermögen gegen Beteiligung an übernehmendem Rechtsträger)[2] und eine Unterdeckung entfällt. Die Vorschrift ist in diesem Fall teleologisch zu reduzieren[3]. Sind die gewährten Anteile allerdings nicht wertgleich mit dem ausgegliederten Vermögen, ist das Kapital entsprechend herabzusetzen[4]. Hiervon zu unterscheiden ist der Fall, dass bei der übertragenden Gesellschaft bereits **vor Abspaltung/ Ausgliederung** eine **Unterbilanz** bestand, die durch den Aktivtausch anlässlich der Vermögensübertragung entweder unberührt bleibt oder verringert wird. Auch in diesem Fall kann die Vorschrift teleologisch reduziert werden: Die Erklärung kann (differenziert unter Darstellung der Sachlage) abgegeben werden. Denn die Abspaltung/Ausgliederung ist nicht kausal für die Unterbilanz[5]. Die Geschäftsführung hat dann zu erklären, dass der Spaltungsvorgang nicht ursächlich für die Unterdeckung des Stammkapitals ist[6]. 4

Die Erklärung setzt voraus, dass die Geschäftsführer selbst eine **Prüfung** über das Vorliegen der Gründungsvoraussetzungen im oben dargestellten Sinne angestellt haben. Die Erklärung ist auch dann einzureichen, wenn die übertragende GmbH ihr Stammkapital zur Durchführung der Abspaltung/Ausgliederung (§ 139 UmwG) herabgesetzt hat. Maßgebend für die Kapitalausstattung ist dann die nach Wirksamwerden der im Zuge der Kapitalherabsetzung angepasste Stammkapitalziffer. 5

4. Erklärende

Abzugeben ist die Erklärung von den **Geschäftsführern der übertragenden GmbH**. Sie ist höchstpersönlich, da strafbewehrt gemäß § 313 Abs. 2 UmwG. 6

---

1 *Priester* in Lutter, § 140 UmwG Rz. 7; *Hörtnagl* in Schmitt/Hörtnagl/Stratz, § 140 UmwG Rz. 8; *Wardenbach* in Henssler/Strohn, § 140 UmwG Rz. 2; kritisch *Simon/Nießen* in KölnKomm. UmwG, § 140 UmwG Rz. 12.
2 Ein Aktivtausch bei der Abspaltung entfällt hingegen, weil Anteile den Gesellschaftern des abspaltenden Rechtsträgers gewährt werden, bei Aufspaltung schon deshalb, weil der übertragende Rechtsträger erlischt.
3 Vgl. § 139 UmwG Rz. 4; siehe auch *Mayer* in Widmann/Mayer, § 139 UmwG Rz. 16; *Reichert* in Semler/Stengel, § 139 UmwG Rz. 4; *Sagasser/Buhlmann* in Sagasser/Bula/Brünger, § 18 Rz. 88; *Diekmann* in Semler/Stengel, § 145 UmwG Rz. 14.
4 *Mayer* in Widmann/Mayer, § 139 UmwG Rz. 17 ff.
5 *Mayer* in Widmann/Mayer, § 139 UmwG Rz. 21.1; *Simon/Nießen* in KölnKomm. UmwG, § 140 UmwG Rz. 13; *Hörtnagl* in Schmitt/Hörtnagl/Stratz, § 139 UmwG Rz. 5.
6 *Mayer* in Widmann/Mayer, § 139 UmwG Rz. 21.1; *Simon/Nießen* in KölnKomm. UmwG, § 140 UmwG Rz. 13.

Bevollmächtigung oder Abgabe in unechter Gesamtvertretung ist daher nicht möglich[1]. Nicht klar ist, ob – wie bei regulärer Gründung – alle Geschäftsführer (§ 78 GmbHG) oder die Geschäftsführer in vertretungsberechtigter Zahl die Erklärung abgeben müssen. Zwar scheint der enge Zusammenhang mit der Anmeldung, bei der Vertretung durch Geschäftsführer in vertretungsberechtigter Zahl möglich ist, und das Fehlen einer Klarstellung wie in § 78 GmbHG darauf hin zu deuten, dass die Erklärung von den Geschäftsführern in vertretungsberechtigter Zahl abgegeben werden kann[2]. Hingegen spricht die Strafbarkeit einer falschen Erklärung dafür, *alle* Geschäftsführer in die Verantwortung zu nehmen, damit nicht – wie in der Praxis vorgekommen – Sinn und Zweck der Vorschrift dadurch umgangen werden, dass der „gutgläubige" Geschäftsführer von seinen „bösgläubigen" Mit-Geschäftsführern zur alleinigen Abgabe der Erklärung veranlasst wird[3].

Meldet das Vertretungsorgan der übernehmenden Gesellschaft an, verbleibt es – weil anderenfalls die Strafandrohung des § 313 Abs. 2 UmwG leer liefe – bei der Erklärungspflicht der Geschäftsführer der übertragenden GmbH[4].

5. Form

7 Die Erklärung ist „bei" (= zusammen mit, nicht „in") der Anmeldung abzugeben, kann also auch außerhalb der Anmeldung erfolgen. Eine Form ist für sie nicht vorgeschrieben[5]. In der Regel wird sie in der Anmeldung abgegeben werden, für die öffentliche Beglaubigung (§ 12 HGB, § 129 BGB) vorgeschrieben ist.

---

1 Ebenso *Priester* in Lutter, § 140 UmwG Rz. 8; *Reichert* in Semler/Stengel, § 140 UmwG Rz. 4; *Hörtnagl* in Schmitt/Hörtnagl/Stratz, § 140 UmwG Rz. 3; aA für AG: *Schwab* in Lutter, § 146 UmwG Rz. 6.
2 So iE *Hörtnagl* in Schmitt/Hörtnagl/Stratz, § 140 UmwG Rz. 3; *Reichert* in Semler/Stengel, § 140 UmwG Rz. 4.
3 Wie hier: *Simon/Nießen* in KölnKomm. UmwG, § 140 UmwG Rz. 20; jetzt auch *Priester* in Lutter, § 140 UmwG Rz. 8. So stets schon *Mayer* in Widmann/Mayer, § 140 UmwG Rz. 11 u. § 139 UmwG Rz. 56.
4 *Priester* in Lutter, § 140 UmwG Rz. 9; *Mayer* in Widmann/Mayer, § 140 UmwG Rz. 10; *Reichert* in Semler/Stengel, § 140 UmwG Rz. 5; *Simon/Nießen* in KölnKomm. UmwG, § 140 UmwG Rz. 18; aA *Hörtnagl* in Schmitt/Hörtnagl/Stratz, § 140 UmwG Rz. 6; *Wardenbach* in Henssler/Strohn, § 140 UmwG Rz. 3.
5 Str., wie hier: *Reichert* in Semler/Stengel, § 140 UmwG Rz. 7; *Hörtnagl* in Schmitt/Hörtnagl/Stratz, § 140 UmwG Rz. 4; *Fronhöfer* in Widmann/Mayer, § 137 UmwG Rz. 61; *Simon/Nießen* in KölnKomm. UmwG, § 140 UmwG Rz. 21; jetzt auch *Priester* in Lutter, § 140 UmwG Rz. 11 und *Mayer* in Widmann/Mayer, § 140 UmwG Rz. 16.

6. Prüfung durch das Registergericht

Das Registergericht hat grds. nicht die Befugnis zu prüfen, ob die Erklärung zutrifft, ob also die Kapitalerhaltungsvorschriften bei der übertragenden GmbH beachtet wurden[1]. Wegen der in § 313 Abs. 2 UmwG enthaltenen Strafandrohung hat es Richtigkeit der Erklärung zu unterstellen. Bei substantiierten Zweifeln an Richtigkeit der Erklärung darf das Registergericht allerdings Nachweise verlangen (§ 26 FamFG)[2]. 8

Fehlt die Erklärung bei der Anmeldung, hat das Registergericht – auch nach Ablauf der Acht-Monats-Frist des § 17 Abs. 2 Satz 4 UmwG – durch Zwischenverfügung gemäß § 382 Abs. 4 FamFG (behebbarer Mangel) zur Einreichung aufzufordern. Wird sie innerhalb der gesetzten Frist nicht nachgereicht, ist die Eintragung allerdings abzulehnen. Wird trotzdem eingetragen, hat der Mangel keine Auswirkungen auf die Wirksamkeit der Spaltung (vgl. § 131 Abs. 2 UmwG). 9

Ist die **Erklärung** über die Kapitaldeckung **unrichtig**, haben die Geschäftsführer eine berichtigte Erklärung nachzureichen – abzustellen ist auf den Eingang beim Registergericht. Änderungen nach Eingang der Erklärung bei Gericht (siehe Rz. 3) sind nicht mitzuteilen[3]. Wird die Abspaltung/Ausgliederung eingetragen, obwohl die Erklärung fehlt oder unrichtig ist, hat dies keinen Einfluss auf die Wirksamkeit der Spaltung (§ 131 UmwG Rz. 2)[4]. 10

Zweiter Abschnitt
Spaltung unter Beteiligung von Aktiengesellschaften und Kommanditgesellschaften auf Aktien

Vorbemerkung zu §§ 141–146

Die Besonderen Vorschriften für die Spaltung unter Beteiligung von Aktiengesellschaften und Kommanditgesellschaften auf Aktien setzen sich aus den im Rahmen der Verweisung des § 125 Satz 1 UmwG geltenden §§ 60 bis 78 UmwG (siehe Erl. bei § 125 UmwG) und den §§ 141 bis 146 UmwG zusammen.

---

1 *Mayer*, DB 1995, 861 (866); *Mayer* in Widmann/Mayer, § 140 UmwG Rz. 15; *Reichert* in Semler/Stengel, § 140 UmwG Rz. 8; *Simon/Nießen* in KölnKomm. UmwG, § 140 UmwG Rz. 23.
2 Wie hier: *Mayer* in Widmann/Mayer, § 140 UmwG Rz. 15; *Priester* in Lutter, § 140 UmwG Rz. 13; *Simon/Nießen* in KölnKomm. UmwG, § 140 UmwG Rz. 23.
3 *Priester* in Lutter, § 140 UmwG Rz. 10; *Hörtnagl* in Schmitt/Hörtnagl/Stratz, § 140 UmwG Rz. 10.
4 *Mayer* in Widmann/Mayer, § 140 UmwG Rz. 16.

§ 141
Ausschluss der Spaltung

Eine Aktiengesellschaft oder eine Kommanditgesellschaft auf Aktien, die noch nicht zwei Jahre im Register eingetragen ist, kann außer durch Ausgliederung zur Neugründung nicht gespalten werden.

1 Eine AG oder KGaA, die noch nicht zwei Jahre im Handelsregister eingetragen ist, kann nicht übertragender Rechtsträger bei einer Spaltung sein, gleichgültig ob sie gegründet wurde oder durch Formwechsel entstand[1], es sei denn, sie wird durch Ausgliederung zur Neugründung gespalten. Die übertragende AG oder KGaA erhält in diesem Fall für das übertragene Vermögen Anteile an dem neuen Rechtsträger[2] und ihr bleibt das ausgegliederte Vermögen mittelbar wertmäßig zugeordnet. Die Ausnahme vom Spaltungsverbot beruht auf dem 2. UmwGÄndG[3]. Auf die Rechtsform der übernehmenden oder neuen Rechtsträger kommt es nicht an[4]. Das grundsätzliche Spaltungsverbot gilt auch, wenn die AG oder KGaA durch Verschmelzung im Wege der Neugründung oder durch Spaltung zur Neugründung entstanden ist. In diesem Fall soll nach einer Auffassung die Zwei-Jahres-Frist (vgl. Rz. 2) mit Eintragung der AG[5] gemäß § 202 Abs. 1 UmwG beginnen. Sofern allerdings der formgewechselte Rechtsträger ausschließlich aus einem Formwechsel einer AG oder KGaA in eine KGaA bzw. AG hervorgegangen ist, soll nach zutreffender Auffassung für den Beginn der Zwei-Jahres-Frist der Zeitpunkt der Ersteintragung der formgewechselten AG bzw. KGaA entscheidend sein[6].

2 **Maßgebender Zeitpunkt** ist bei einer Spaltung zur Aufnahme der letzte für die Wirksamkeit des Spaltungs- und Übernahmevertrags erforderliche Spaltungsbeschluss, bei einer Spaltung zur Neugründung der Spaltungsbeschluss der Hauptversammlung der übertragenden AG oder KGaA[7]. Dies folgt daraus, dass die Regelung des früheren § 353 Abs. 2 AktG Vorbild für § 141 UmwG war[8]. Außerdem ergibt sich dies aus dem Zusammenhang mit der aktienrechtlichen Nachgründungsregelung, bei der es auf den Abschluss des schuldrechtlichen Vertrags ankommt. Zu Unrecht stellt *Schwab* bei der Spaltung zur Aufnahme

---

1 *Schwab* in Lutter, § 141 UmwG Rz. 10; *Simon* in KölnKomm. UmwG, § 141 UmwG Rz. 5.
2 BT-Drucks. 16/2919, S. 19.
3 BGBl. I 2007, S. 542.
4 *Schwab* in Lutter, § 141 UmwG Rz. 8; *Simon* in KölnKomm. UmwG, § 141 UmwG Rz. 5.
5 *Schwab* in Lutter, § 141 UmwG Rz. 9; *Simon* in KölnKomm. UmwG, § 141 UmwG Rz. 8.
6 *Rieger* in Widmann/Mayer, § 141 UmwG Rz. 6; aA *Simon* in KölnKomm. UmwG, § 141 UmwG Rz. 9.
7 AA *Rieger* in Widmann/Mayer, § 141 UmwG Rz. 12: Eintragung der Spaltung im Handelsregister.
8 Vgl. Begr. zu § 141 UmwG, BT-Drucks. 12/6699, S. 126.

bereits auf den Abschluss des Spaltungs- und Übernahmevertrags durch die Vertretungsorgane ab[1]. Dadurch werden noch keine schuldrechtlichen Bindungen begründet (§ 125 UmwG Rz. 6). Unabhängig davon, ob auf den Vertragsschluss oder den Spaltungsbeschluss abzustellen ist, können aber die zur Spaltung vorzubereitenden Maßnahmen schon vor Ablauf der Zwei-Jahres-Frist getroffen werden[2].

§ 142
Spaltung mit Kapitalerhöhung; Spaltungsbericht

(1) § 69 ist mit der Maßgabe anzuwenden, dass eine Prüfung der Sacheinlage nach § 183 Abs. 3 des Aktiengesetzes stets stattzufinden hat.

(2) In dem Spaltungsbericht ist gegebenenfalls auf den Bericht über die Prüfung von Sacheinlagen bei einer übernehmenden Aktiengesellschaft nach § 183 Abs. 3 des Aktiengesetzes sowie auf das Register, bei dem dieser Bericht zu hinterlegen ist, hinzuweisen.

Bei allen Spaltungsarten ist im Falle der Kapitalerhöhung bei einer übernehmenden AG oder KGaA eine **Sacheinlageprüfung** vorgeschrieben (§ 142 Abs. 1 UmwG). Auf die Rechtsform der übertragenden Gesellschaft kommt es – anders als bei der Verschmelzung – nicht an. Auch wenn übertragender Rechtsträger eine Kapitalgesellschaft ist, ist die Sacheinlageprüfung erforderlich. Auch kann das Vorliegen einer geprüften Schlussbilanz und einer daraus abgeleiteten Spaltungsbilanz nicht befreien, selbst wenn der Netto-Buchwert des übertragenen Vermögens den Nennbetrag der Aktien bei weitem übersteigt, also eigentlich keine Zweifel bestehen können, dass der Wert der Sacheinlage den Nennbetrag der dafür zu gewährenden Aktien erreicht (Gegenschluss aus § 69 Abs. 1 Satz 1 UmwG). Die Einfügung des § 69 Abs. 1 Satz 4 UmwG durch das 3. UmwGÄndG ermöglicht allerdings, den Spaltungsprüfer auch zum Prüfer der Sacheinlagen zu bestellen. Der Prüfungsbericht ist dem Registergericht des Satzungssitzes der AG bzw. KGaA einzureichen (§§ 183 Abs. 3, 34 Abs. 3 AktG). 1

Im Spaltungsbericht ist auf den Bericht über die Sacheinlageprüfung sowie auf dessen Hinterlegung beim Handelsregister hinzuweisen (§ 142 Abs. 2 UmwG). Diese Pflicht entfällt, wenn ein Spaltungsbericht entbehrlich ist[3]. Die **Hinweispflicht** gilt für den Spaltungsbericht jedes beteiligten Rechtsträgers[4]. 2

---

1 *Schwab* in Lutter, § 141 UmwG Rz. 13.
2 *Schwab* in Lutter, § 141 UmwG Rz. 21; *Simon* in KölnKomm. UmwG, § 141 UmwG Rz. 10 ff. und 16 f.
3 *Schwab* in Lutter, § 142 UmwG Rz. 6; *Simon* in KölnKomm. UmwG, § 142 UmwG Rz. 9.
4 *Rieger* in Widmann/Mayer, § 142 UmwG Rz. 11.

§ 143
Verhältniswahrende Spaltung zur Neugründung

Erfolgt die Gewährung von Aktien an der neu gegründeten Aktiengesellschaft oder an den neu gegründeten Aktiengesellschaften (§ 123 Absatz 1 Nummer 2, Absatz 2 Nummer 2) im Verhältnis zur Beteiligung der Aktionäre an der übertragenden Aktiengesellschaft, so sind die §§ 8 bis 12 sowie 63 Absatz 1 Nummer 3 bis 5 nicht anzuwenden.

1 Die Vorschrift wurde durch das 3. UmwGÄndG zum 15.7.2011 neu gefasst. Die früher von § 143 UmwG angeordnete besondere Unterrichtungspflicht über Vermögensveränderungen nach Abschluss des Spaltungsvertrages findet sich nun in § 64 Abs. 1 UmwG. Diese Unterrichtungspflicht ist damit auch bei der Verschmelzung durch Aufnahme oder Neugründung unter Beteiligung von Aktiengesellschaften anwendbar und gilt über § 125 Abs. 1 UmwG für jede Form der Spaltung, bei der eine Aktiengesellschaft beteiligt ist; wegen der Einzelheiten wird auf § 64 UmwG Rz. 3 ff. und § 125 UmwG Rz. 72 verwiesen. Die Regelung des § 143 UmwG in ihrer nunmehr geltenden Fassung schafft Erleichterungen für die verhältniswahrende Spaltung zur Neugründung.

2 Wie dem Wortlaut der Norm zu entnehmen ist, gilt sie nur bei einer Spaltung zur Neugründung und nur dann, wenn an der Spaltung ausschließlich Aktiengesellschaften beteiligt sind[1]. Für die Frage der **Verhältniswahrung** ist auf die quotale Beteiligung am satzungsmäßigen Grundkapital abzustellen[2]. Die Aktionäre der übertragenden Aktiengesellschaft müssen also in gleichem Umfang an der neu gegründeten Aktiengesellschaft beteiligt werden, in dem sie vorher an der übertragenden Gesellschaft beteiligt waren.

3 Liegen die Voraussetzungen der Regelung vor, so sind weder ein Spaltungsbericht (§ 8 UmwG – der fehlende Verweis des § 143 UmwG auf § 127 UmwG ist als Redaktionsversehen anzusehen) noch eine Prüfung der Spaltung mit entsprechendem Prüfungsbericht (§§ 9–11 UmwG) erforderlich. Folgerichtig erklärt § 143 UmwG für diesen Fall auch § 63 Abs. 1 Nr. 4 und 5 UmwG für unanwendbar, der die Pflicht begründet, den Spaltungs- und Prüfungsbericht von der Einberufung der Hauptversammlung an auszulegen. Darüber hinaus entfällt nach § 143 UmwG auch die Pflicht zur Auslegung einer Zwischenbilanz nach § 63 Abs. 1 Nr. 3 UmwG.

---

1 *Diekmann* in Semler/Stengel, § 143 UmwG Rz. 2.
2 Vgl. RegE eines Dritten Gesetzes zur Änderung des Umwandlungsgesetzes, BT-Drucks. 17/3122, S. 15.

§ 144
Gründungsbericht und Gründungsprüfung

Ein Gründungsbericht (§ 32 des Aktiengesetzes) und eine Gründungsprüfung (§ 33 Abs. 2 des Aktiengesetzes) sind stets erforderlich.

Weitergehend als bei einer Gründung nach allgemeinen Vorschriften und vor allem weitergehend als bei einer Gründung zur Durchführung einer Verschmelzung sind bei der Gründung einer AG zur Durchführung einer Spaltung ein Gründungsbericht und eine Gründungsprüfung[1] stets erforderlich. Dies ist darauf zurückzuführen, dass im Falle einer Spaltung zur Neugründung nicht das gesamte Vermögen des übertragenden Rechtsträgers übergeht. Dadurch erhöht sich das Risiko einer Unterpari-Emission[2]. § 144 UmwG ist auf Spaltungen zur Neugründung (§§ 135 ff. UmwG) und auf die Spaltung zur Neugründung im Rahmen von kombinierten Spaltungen gemäß § 123 Abs. 4 UmwG anwendbar, nicht aber auf Spaltungen zur Aufnahme. 1

Der **Gründungsbericht** ist schriftlich zu verfassen und hat auch den Hergang der Gründung zu erläutern. 2

Er hat die für die Angemessenheit der Leistung von Sacheinlagen wesentlichen Umstände darzulegen, beim Übergang eines Unternehmens, wie typischerweise bei der Spaltung der Fall, auch die Ergebnisse der letzten beiden Geschäftsjahre. Er soll die Kapitalaufbringung bei einer Sachgründung zum Schutz der Gesellschaftsgläubiger sichern und dem Gericht die Prüfung erleichtern. Sein Fehlen führt zur Zurückweisung der Anmeldung, wenn trotz Beanstandung keine Abhilfe geschaffen wird[3].

Auch für die **Gründungsprüfung** gelten die Vorschriften des Aktiengesetzes. Sie ist durch einen vom Registergericht bestellten unabhängigen Prüfer durchzuführen[4]. Es steht nichts entgegen, dem Spaltungsprüfer zugleich die Gründungsprüfung zu übertragen[5]. Die Gründungsprüfung kann allerdings aufgrund der Ein- 3

---

1 So ie wohl auch *Hörtnagl* in Schmitt/Hörtnagl/Stratz, § 144 UmwG Rz. 3 und *Simon* in KölnKomm. UmwG, § 144 UmwG Rz. 11; dagegen halten *Diekmann* in Semler/Stengel, § 144 UmwG Rz. 7 und *Schwab* in Lutter, § 144 UmwG Rz. 11 eine Gründungsprüfung nur im Falle einer Sachgründung bzw. unter den Voraussetzungen des § 33 Abs. 2 AktG für erforderlich. Dieser Streit hat jedoch letztlich keine Relevanz, weil eine reine Bargründung im Rahmen einer Spaltung nach dem UmwG in der Praxis kaum denkbar ist.
2 *Diekmann* in Semler/Stengel, § 144 UmwG Rz. 3; *Simon* in KölnKomm. UmwG, § 144 UmwG Rz. 3.
3 BayObLG v. 10.12.1998 – 3 Z BR 237/98, GmbHR 1999, 295.
4 *Schwab* in Lutter, § 144 UmwG Rz. 12; *Simon* in KölnKomm. UmwG, § 144 UmwG Rz. 7.
5 *Schwab* in Lutter, § 144 UmwG Rz. 12; *Simon* in KölnKomm. UmwG, § 144 UmwG Rz. 7.

fügung des § 75 Abs. 1 Satz 2 UmwG durch das 3. UmwGÄndG auch durch den Spaltungsprüfer durchgeführt werden. Gegenstand, Umfang und Ziel der Gründungsprüfung ergeben sich aus § 34 AktG. Über die Gründungsprüfung ist ein Gründungsprüfungsbericht zu erstellen (§ 34 Abs. 2 AktG). Der Gründungsprüfungsbericht wie auch der Gründungsbericht sind bei Anmeldung der neuen Gesellschaft zum Handelsregister einzureichen (§ 37 Abs. 4 Nr. 4 AktG).

§ 145
Herabsetzung des Grundkapitals

Ist zur Durchführung der Abspaltung oder der Ausgliederung eine Herabsetzung des Grundkapitals einer übertragenden Aktiengesellschaft oder Kommanditgesellschaft auf Aktien erforderlich, so kann diese auch in vereinfachter Form vorgenommen werden. Wird das Grundkapital herabgesetzt, so darf die Abspaltung oder die Ausgliederung erst eingetragen werden, nachdem die Durchführung der Herabsetzung des Grundkapitals im Register eingetragen worden ist.

Literatur: *Groß*, Deckung eines Spaltungsverlustes bei einer Aktiengesellschaft durch Auflösung nach § 150 III und IV AktG gebundener Rücklagen?, NZG 2010, 770; *IDW HFA*, Zweifelsfragen bei Spaltungen, WPg 1998, 508; *Ihrig*, Zum Kapitalschutz bei Spaltung von Aktiengesellschaften, FS K. Schmidt, 2009, S. 779.

1 Diese Vorschrift ist wortgleich mit § 139 UmwG. Sie bezieht sich auf das Verfahren gemäß §§ 229 ff. AktG. Auf die Erl. zu § 139 UmwG kann verwiesen werden. Eine Besonderheit der AG liegt allerdings in der Kapitalbindung nach § 57 AktG und in der Bindung von Rücklagen nach § 150 Abs. 3 und 4 AktG. Während die Abspaltung allgemein als Ausnahmetatbestand zu § 57 AktG begriffen werden kann[1], besteht zur Behandlung der gebundenen Rücklagen keine Einigkeit. Nach einer Auffassung können gebundene Rücklagen auch im Rahmen einer Abspaltung nicht aufgelöst werden[2], so dass die Herabsetzung des Grundkapitals bereits dann erforderlich ist, wenn das übertragene Nettobuchvermögen nicht durch **ungebundene Rücklagen** aufgefangen werden kann[3]. Konsequenz dieser Auffassung wäre allerdings auch, dass die Kapitalherabsetzung nur über den Umweg der vorherigen Kapitalerhöhung aus Gesellschaftsmitteln unter Ausnutzung des § 208 AktG durchgeführt werden könnte, wenn die Kapitalherabsetzung ohne die vorherige Kapitalerhöhung aus Gesellschaftsmitteln zu

---
1 *Ihrig* in FS K. Schmidt, 2009, S. 779 (786).
2 *Schwab* in Lutter, § 145 UmwG Rz. 18; *Ihrig* in FS K. Schmidt, 2009, S. 779 (789 f.).
3 *Schwab* in Lutter, § 145 UmwG Rz. 9; *Ihrig* in FS K. Schmidt, 2009, S. 779 (789 f.).

einem Unterschreiten des Mindestkapitals nach § 7 AktG führen würde[1]. Nach der Gegenansicht sind die gebundenen Rücklagen vollständig aufzulösen[2], so dass nur noch in dem Umfang, in dem nach Auflösung der gebundenen Rücklagen eine spaltungsbedingte Unterdeckung vorliegt, eine vereinfachte Kapitalherabsetzung zulässig sei. Nach einer vermittelnden Auffassung sind die gebundenen Rücklagen des § 150 Abs. 3 und 4 AktG zwar aufzulösen, allerdings nur insoweit, wie die 10 %-Grenze des § 229 Abs. 2 AktG überschritten würde, so dass erst in dem Umfang, in dem dann noch eine Unterdeckung vorliegt, eine Kapitalherbsetzung nach § 145 UmwG erforderlich und im vereinfachten Verfahren nach § 229 Abs. 2 AktG durchzuführen ist[3]. Da § 145 UmwG nicht ohne weiteres zu entnehmen ist, dass neben den tatbestandlichen Voraussetzungen der §§ 229 ff. AktG auch die Voraussetzungen des § 150 AktG für die Auflösung gebundener Rücklagen abbedungen werden sollen, gebührt der erstgenannten Auffassung trotz ihrer praktischen Widrigkeiten der Vorzug.

§ 146
Anmeldung der Abspaltung oder der Ausgliederung

(1) Bei der Anmeldung der Abspaltung oder der Ausgliederung zur Eintragung in das Register des Sitzes einer übertragenden Aktiengesellschaft hat deren Vorstand oder einer Kommanditgesellschaft auf Aktien haben deren zu ihrer Vertretung ermächtigte persönlich haftende Gesellschafter auch zu erklären, dass die durch Gesetz und Satzung vorgesehenen Voraussetzungen für die Gründung dieser Gesellschaft unter Berücksichtigung der Abspaltung oder der Ausgliederung im Zeitpunkt der Anmeldung vorliegen.

(2) Der Anmeldung der Abspaltung oder der Ausgliederung sind außer den sonst erforderlichen Unterlagen auch beizufügen:
1. der Spaltungsbericht nach § 127;
2. bei Abspaltung der Prüfungsbericht nach § 125 in Verbindung mit § 12.

1. Überblick	1	5. Form	5
2. Zweck	2	6. Weitere Unterlagen	6
3. Inhalt der Erklärung	3	7. Prüfung durch das Registergericht	7
4. Erklärende	4		

---
[1] Vgl. *Groß*, NZG 2010, 770 (771).
[2] *IDW* HFA, WPg 1998, 508 (510).
[3] Vgl. *Groß*, NZG 2010, 770 (772); *Sagasser/Bultmann* in Sagasser/Bula/Brünger, § 18 Rz. 96.

§ 146 | Spaltung – Beteiligung von AG und KGaA

1. Überblick

1 Die Vorschrift verlangt von den anmeldenden Vertretungsorganen der übertragenden AG, KGaA, SE bei Ausgliederung und Abspaltung Angaben zur Kapitalausstattung gegenüber dem Registergericht (siehe ergänzend auch die Ausführungen zu § 140 UmwG).

2. Zweck

2 Der Gesetzgeber hat aus Kostengründen davon abgesehen, die übertragende AG, KGaA, SE nach Abspaltung/Ausgliederung einer erneuten Gründungsprüfung dahin gehend zu unterziehen, ob das bei ihr verbleibende Nettoaktivvermögen noch den Gesamtbetrag des in der Satzung vorgesehenen Grundkapitals abdeckt. Ersetzt wird diese Prüfung durch die in § 146 Abs. 1 UmwG verlangte Erklärung und die nach § 146 Abs. 2 UmwG einzureichenden Unterlagen[1]. Erklärung und Unterlagen sind nur bei Abspaltung und Ausgliederung einzureichen, nicht bei Aufspaltung, weil bei ihr die übertragende Gesellschaft erlischt (§ 131 Abs. 1 Nr. 2 UmwG).

3. Inhalt der Erklärung

3 Aus dem Zweck der Erklärung (siehe oben Rz. 2) folgt, dass dem Registergericht anzugeben ist, ob das **Grundkapital** gemäß Satzung durch das bei der AG, KGaA nach der Spaltung verbleibende Nettobuchvermögen (ohne stille Reserven) **noch gedeckt** ist[2]. Weitere Angaben hinsichtlich der Beobachtung der Gründungsvoraussetzungen, etwa zu sonstigen statutarischen Voraussetzungen, sind nicht zu machen[3]. Es reicht daher aus, wenn erklärt wird, dass die durch Gesetz und Satzung vorgesehenen Voraussetzungen für die Gründung der übertragenden AG, KGaA unter Berücksichtigung der Abspaltung/Ausgliederung im Zeitpunkt der Anmeldung (= Zugang der Anmeldung bei dem für die übertragende AG, KGaA zuständigen Registergericht)[4] noch vorliegen, insbesondere, dass das Grundkapital noch durch die nach Spaltung verbleibenden Aktiva gedeckt ist. Zur Anwendbarkeit bei Ausgliederung und Abspaltung mit Aktivtausch und Unterbilanz bei übertragender Gesellschaft vor diesen Spaltungsmaßnahmen siehe § 140 UmwG Rz. 4.

---

1 Begr. RegE bei *Ganske*, S. 179.
2 *Schwab* in Lutter, § 146 UmwG Rz. 9; *Rieger* in Widmann/Mayer, § 146 UmwG Rz. 10; *Simon* in KölnKomm. UmwG, § 146 UmwG Rz. 8.
3 *Schwab* in Lutter, § 146 UmwG Rz. 10; *Diekmann* in Semler/Stengel, § 146 UmwG Rz. 8; *Rieger* in Widmann/Mayer, § 146 UmwG Rz. 11; *Hörtnagl* in Schmitt/Hörtnagl/Stratz § 146 UmwG Rz. 4.
4 *Hörtnagl* in Schmitt/Hörtnagl/Stratz, § 146 UmwG Rz. 6; *Schwab* in Lutter, § 146 UmwG Rz. 11; *Simon* in KölnKomm. UmwG, § 146 UmwG Rz. 10.

Die Erklärung ist auch dann einzureichen, wenn die AG, KGaA ihr Grundkapital zur Durchführung der Abspaltung/Ausgliederung herabgesetzt hat[1].

4. Erklärende

Abzugeben ist die Erklärung von sämtlichen Mitgliedern des Vorstandes (AG) bzw. persönlich haftenden Gesellschaftern (KGaA); zur Begründung vgl. § 140 UmwG Rz. 6)[2]. Die Erklärung hat höchstpersönlichen Charakter, da sie strafbewehrt ist (§ 313 Abs. 2 UmwG). Eine Erklärung in unechter Gesamtvertretung oder durch Bevollmächtigte ist nicht zulässig[3]. 4

Meldet das Vertretungsorgan des übernehmenden Rechtsträgers an, verbleibt es – anderenfalls liefe § 313 Abs. 2 UmwG leer – bei der (ausschließlichen) Erklärungspflicht der Vertretungsorgane der übertragenden AG, KGaA[4].

5. Form

Die Erklärung ist „bei" (= zusammen mit, nicht „in") der Anmeldung abzugeben, kann also auch außerhalb der Anmeldung erfolgen. **Eine besondere Form ist nicht vorgeschrieben**[5]. In der Regel wird sie Teil der öffentlich zu beglaubigenden (§ 12 HGB, § 129 BGB) Anmeldung sein. 5

6. Weitere Unterlagen

§ 146 Abs. 2 UmwG verlangt, dass der Anmeldung von Abspaltung/Ausgliederung zum Registergericht der übertragenden AG, KGaA auch der Spaltungsbericht (§ 127 UmwG) und – nur bei Abspaltung – der Spaltungsprüfungsbericht (§§ 125, 12 UmwG) in Urschrift oder Abschrift (§ 17 UmwG) beigefügt 6

---

1 *Hörtnagl* in Schmitt/Hörtnagl/Stratz, § 146 UmwG Rz. 4.
2 So auch *Simon* in KölnKomm. UmwG, § 146 UmwG Rz. 11; *Burg* in Böttcher/Habighorst/Schulte, § 146 UmwG Rz. 10; *Rieger* in Widmann/Mayer, § 146 UmwG Rz. 7; aA *Schwab* in Lutter, § 146 UmwG Rz. 6; *Diekmann* in Semler/Stengel, § 146 UmwG Rz. 5; *Hörtnagl* in Schmitt/Hörtnagl/Stratz, § 146 UmwG Rz. 2.
3 So auch *Priester* in Lutter, § 140 UmwG Rz. 8 (für GmbH); *Hörtnagl* in Schmitt/Hörtnagl/Stratz, § 146 UmwG Rz. 2; aA *Schwab* in Lutter, § 146 UmwG Rz. 6 für unechte Gesamtvertretung, zweifelnd bei Bevollmächtigung.
4 Wie hier *Schwab* in Lutter, § 146 UmwG Rz. 8; *Rieger* in Widmann/Mayer, § 146 UmwG Rz. 8; aA *Hörtnagl* in Schmitt/Hörtnagl/Stratz, § 146 UmwG Rz. 3.
5 Zustimmend *Schwab* in Lutter, § 146 UmwG Rz. 12; *Diekmann* in Semler/Stengel, § 146 UmwG Rz. 9; *Simon* in KölnKomm. UmwG, § 146 UmwG Rz. 12; *Hörtnagl* in Schmitt/Hörtnagl/Stratz, § 146 UmwG Rz. 3; aA *Rieger* in Widmann/Mayer, § 146 UmwG Rz. 9; *Engelmeyer*, AG 1996, 193 (204): beide für notarielle Beglaubigung.

wird. Diese Unterlagen sollen das Gericht in die Lage versetzen, Zweifel an der Solidität der nach der Spaltung verbleibenden Rumpfgesellschaft nachzugehen[1]. Die Einreichungspflicht entfällt, wenn auf Spaltungsbericht und Prüfungsbericht wirksam verzichtet worden ist (§§ 127 Satz 2, 8 Abs. 3; 125, 12 Abs. 3 UmwG). Die Pflicht zur Einreichung der Berichte folgt bereits aus §§ 127, 17 UmwG. Einer erneuten Regelung hätte es daher nicht bedurft[2].

7. Prüfung durch das Registergericht

7 Das Gericht hat nicht die Befugnis zu prüfen, ob die Erklärung zutrifft, sondern hat angesichts der Strafandrohung in § 313 Abs. 2 UmwG davon auszugehen, dass sie der Wahrheit entspricht. Ergeben sich anhand der eingereichten, auf Plausibilität und offensichtliche Unrichtigkeiten zu überprüfenden Unterlagen begründete Zweifel an der **Richtigkeit** der Erklärung, kann das Gericht weitere Nachweise verlangen (§ 26 FamFG)[3].

8 **Fehlt die Erklärung** bei der Anmeldung, ist diese nicht unwirksam. Das Registergericht hat – auch nach Ablauf der Acht-Monats-Frist des § 17 Abs. 2 Satz 4 UmwG – durch Zwischenverfügung (§ 382 Abs. 4 FamFG) zur Einreichung aufzufordern. Wird sie innerhalb der gesetzlichen Frist nicht nachgereicht, ist die gesamte Anmeldung abzulehnen[4]. Wird trotzdem eingetragen, hat der Mangel keine Auswirkungen auf die Wirksamkeit der Spaltung (§ 131 Abs. 2 UmwG)[5]. Entsprechendes gilt für nach § 146 Abs. 2 UmwG einzureichende Unterlagen, sofern auf sie nicht wirksam verzichtet wurde (siehe Rz. 6).

9 Ist die **Erklärung über die Kapitaldeckung** unrichtig, ist eine berichtigte Erklärung nachzureichen. Änderungen nach Eingang der Erklärung bei Gericht (siehe Rz. 3) sind nicht mitzuteilen[6].

§§ 147–151

Spaltung von Genossenschaften, Vereinen etc. nicht kommentiert.

---

1 Begr. RegE bei *Ganske*, S. 179.
2 Siehe auch *Schwab* in Lutter, § 146 UmwG Rz. 14; *Simon* in KölnKomm. UmwG, § 146 UmwG Rz. 16; *Diekmann* in Semler/Stengel, § 146 UmwG Rz. 10.
3 Wie hier *Schwab* in Lutter, § 146 UmwG Rz. 15.
4 *Schwab* in Lutter, § 146 UmwG Rz. 15.
5 Für Heilung gemäß § 131 Abs. 1 UmwG: *Diekmann* in Semler/Stengel Rz. 13.
6 *Hörtnagl* in Schmitt/Hörtnagl/Stratz, § 146 UmwG Rz. 6; *Priester* in Lutter, § 140 UmwG Rz. 11 (für GmbH).

Siebenter Abschnitt
Ausgliederung aus dem Vermögen eines Einzelkaufmanns
Erster Unterabschnitt
Möglichkeit der Ausgliederung

§ 152
Übernehmende oder neue Rechtsträger

Die Ausgliederung des von einem Einzelkaufmann betriebenen Unternehmens, dessen Firma im Handelsregister eingetragen ist, oder von Teilen desselben aus dem Vermögen dieses Kaufmanns kann nur zur Aufnahme dieses Unternehmens oder von Teilen dieses Unternehmens durch Personenhandelsgesellschaften, Kapitalgesellschaften oder eingetragene Genossenschaften oder zur Neugründung von Kapitalgesellschaften erfolgen. Sie kann nicht erfolgen, wenn die Verbindlichkeiten des Einzelkaufmanns sein Vermögen übersteigen.

Nach § 124 Abs. 1 UmwG können an einer Ausgliederung als übertragende Rechtsträger auch Einzelkaufleute beteiligt sein. Bei unbefangener Betrachtung könnte man annehmen, dass sie in Übereinstimmung mit § 123 Abs. 3 UmwG auch Teile ihres Privatvermögens nach den Vorschriften des UmwG auf eine bestehende oder neue Handelsgesellschaft gegen Gewährung von Anteilen übertragen können. Hierin sah der Gesetzgeber jedoch die Gefahr einer Umgehung der allgemeinen zivilrechtlichen Vorschriften über die Übertragung von Gegenständen und die Überleitung von Verbindlichkeiten[1]. Die Ausgliederungsmöglichkeiten für den Einzelkaufmann werden daher durch § 152 UmwG eingegrenzt. Danach sind nur sein **Unternehmen** oder **Teile seines Unternehmens** ausgliederungsfähig (§ 152 Satz 1 UmwG). Der Begriff des Unternehmensteils setzt keine besondere wirtschaftliche Qualifikation voraus[2]. Diese Gestaltungsfreiheit hat insbesondere praktische Bedeutung bei der Begründung einer Betriebsaufspaltung unter Zurückbehaltung etwa des unbeweglichen Anlagevermögens[3]. Dabei ist es nicht erforderlich, dass bei dem Einzelkaufmann ein Teil seines Vermögens verbleibt. Der Einzelkaufmann kann auch sein gesamtes Vermögen übertragen[4] (vgl. auch § 123 UmwG Rz. 12). Außerdem können Gegenstände des Privatvermögens – unter Umständen auch Verbindlichkeiten – zunächst dem Unternehmen gewidmet und sodann in die Ausgliederung einbezogen wer-

---

1 Vgl. Begr. zu § 152 UmwG, BT-Drucks. 12/6699, S. 128, 129.
2 *Karollus* in Lutter, § 152 UmwG Rz. 39; *Simon* in KölnKomm. UmwG, § 152 UmwG Rz. 36.
3 *Karollus* in Lutter, § 152 UmwG Rz. 37; *Mayer* in Widmann/Mayer, § 152 UmwG Rz. 61.
4 BAG v. 16.5.2013 – 6 AZR 556/11, DZWIR 2013, 572 (574) = ZIP 2013, 1433; *Karollus* in Lutter, § 152 UmwG Rz. 42.

den[1]. Wird das vom Einzelkaufmann betriebene Unternehmen insgesamt in eine GmbH ausgegliedert, so hat dies das Erlöschen der von dem Einzelkaufmann geführten Firma zur Folge, und das gesamte Vermögen des Unternehmens einschließlich aller Verbindlichkeiten geht als Gesamtheit auf den übernehmenden Rechtsträger ohne Zustimmung betroffener Gläubiger oder Vertragspartner über (§ 155 UmwG iVm. § 131 Abs. 1 Nr. 1 UmwG)[2]. Die Ausgliederung kann also gezielt zur Enthaftung des Einzelkaufmanns hinsichtlich der Verbindlichkeiten seines Unternehmens eingesetzt werden (vgl. aber Rz. 4).

2 Die Ausgliederung kann **nicht** auf eine **neue Personenhandelsgesellschaft** erfolgen, weil es bei der Personenhandelsgesellschaft keine Einmann-Gründung gibt[3]. Auch die Ausgliederung auf eine neue GmbH & Co. KG kann nur durch Gründung der GmbH & Co. KG und anschließende Ausgliederung zur Aufnahme erreicht werden[4].

3 Die Ausgliederung steht nur einem Einzelkaufmann offen, dessen **Firma im Handelsregister** eingetragen ist (§ 152 Satz 1 UmwG), aber auch einer Erbengemeinschaft nach einem Einzelkaufmann[5]. Nach §§ 1 Abs. 2, 2 HGB steht die Firmeneintragung und damit die Ausgliederung jedem gewerblichen Unternehmer offen.

4 Die Ausgliederung ist ausgeschlossen, wenn der Einzelkaufmann insgesamt überschuldet ist (§ 152 Satz 2 UmwG). Zur Feststellung der **Überschuldung** ist ein Vermögensvergleich vorzunehmen, bei dem das gesamte Vermögen des Einzelkaufmanns (Unternehmens- und Privatvermögen) zu wahren Werten der Summe der in seinem Unternehmen begründeten und der privaten Verbindlichkeiten gegenüberzustellen ist. Auf eine Fortführungsprognose kommt es dagegen nicht an[6].

---

1 OLG Brandenburg v. 8.8.2013 – 5 W 84/13, AG 2014, 203 (204) = NZG 2014, 713 (714); *Karollus* in Lutter, § 152 UmwG Rz. 41; *Simon* in KölnKomm. UmwG, § 152 UmwG Rz. 37; *Mayer* in Widmann/Mayer, § 152 UmwG Rz. 62.
2 OLG Karlsruhe v. 19.8.2008 – 1 U 108/08, GmbHR 2008, 1219 (1219 f.).
3 *Karollus* in Lutter, § 152 UmwG Rz. 31; *Simon* in KölnKomm. UmwG, § 152 UmwG Rz. 32.
4 *Mayer* in Widmann/Mayer, § 152 UmwG Rz. 222 ff.
5 *Karollus* in Lutter, § 152 UmwG Rz. 14; *Simon* in KölnKomm. UmwG, § 152 UmwG Rz. 16; *Maier-Reimer/Seulen* in Semler/Stengel, § 152 UmwG Rz. 26; aA *Mayer* in Widmann/Mayer, § 152 UmwG Rz. 30 ff.; *Hörtnagl* in Schmitt/Hörtnagl/Stratz, § 152 UmwG Rz. 4.
6 *Karollus* in Lutter, § 152 UmwG Rz. 45 f.; differenzierend: *Simon* in KölnKomm. UmwG, § 152 UmwG Rz. 41–43.

Zweiter Unterabschnitt
Ausgliederung zur Aufnahme

§ 153
Ausgliederungsbericht

Ein Ausgliederungsbericht ist für den Einzelkaufmann nicht erforderlich.

Das Gesetz nennt den in § 127 UmwG definierten Spaltungsbericht im Falle einer Ausgliederung Ausgliederungsbericht (§ 127 UmwG Rz. 1). Demgemäß gilt § 127 UmwG auch für den Ausgliederungsbericht. 1

Der Ausgliederungsbericht ist nach § 153 UmwG nur **für den Einzelkaufmann entbehrlich**, nicht dagegen zur Unterrichtung der Anteilseigner des übernehmenden Rechtsträgers. Deshalb hat das Vertretungsorgan des übernehmenden Rechtsträgers auch bei Ausgliederung aus dem Vermögen eines Einzelkaufmanns nach § 127 UmwG einen Ausgliederungsbericht zu erstatten. Gänzlich entbehrlich ist dagegen der Ausgliederungsbericht nach dieser Vorschrift[1] bei der Ausgliederung auf eine bestehende Einpersonen-Kapitalgesellschaft des Einzelkaufmanns. In diesem Fall stellt sich bei einer übernehmenden GmbH aber auch die Frage nach dem Erfordernis eines Sachkapitalerhöhungsberichts (vgl. dazu § 125 UmwG Rz. 63). 2

Der Ausgliederungsbericht ist deshalb entbehrlich, weil der Einzelkaufmann **keinen Ausgliederungsbeschluss** fasst, sondern lediglich eine einseitige Erklärung abgibt, die notariell zu beurkunden ist[2]. Bei der übernehmenden Gesellschaft, etwa einer GmbH, ist dagegen ein notariell beurkundeter Zustimmungsbeschluss erforderlich[3]. Handelt es sich um eine Einpersonen-Kapitalgesellschaft des Einzelkaufmanns, so ist die einseitige Ausgliederungserklärung des Einzelkaufmanns auch insoweit ausreichend. Eines Zustimmungsbeschlusses beim übernehmenden Rechtsträger bedarf es in diesem Fall nicht[4]. 3

---

1 *Büteröwe* in Hensssler/Strohn, § 153 UmwG Rz. 2; zweifelnd *Karollus* in Lutter, § 153 UmwG Rz. 6; er empfiehlt deshalb einen ausdrücklichen Verzicht.
2 *Mayer* in Widmann/Mayer, § 152 UmwG Rz. 232.
3 *Karollus* in Lutter, Vor § 153 UmwG Rz. 13; *Mayer* in Widmann/Mayer, § 152 UmwG Rz. 233.
4 *Karollus* in Lutter, § 121 UmwG Rz. 11; *Simon* in KölnKomm. UmwG, § 121 UmwG Rz. 15.

§ 154
Eintragung der Ausgliederung

Das Gericht des Sitzes des Einzelkaufmanns hat die Eintragung der Ausgliederung auch dann abzulehnen, wenn offensichtlich ist, dass die Verbindlichkeiten des Einzelkaufmanns sein Vermögen übersteigen.

1. Überblick 1	5. Anmeldung und Eintragung im Register des übernehmenden Rechtsträgers 11
2. Zweck 2	
3. Anmeldung 3	
4. Prüfung durch das Registergericht 4	6. Bekanntmachungen 12

1. Überblick

1   Die Vorschrift verbietet die Eintragung der Ausgliederung bei Überschuldung des Einzelkaufmanns (§ 152 Satz 2 UmwG).

2. Zweck

2   Die Vorschrift ergänzt § 152 Satz 2 UmwG, der die Ausgliederung materiellrechtlich verbietet, wenn die Verbindlichkeiten des Einzelkaufmanns sein Vermögen übersteigen, aus registerverfahrensrechtlicher Sicht. Allerdings darf das Registergericht die Ausgliederung eintragen, wenn die Überschuldung nicht offensichtlich ist[1].

3. Anmeldung

3   Die **Anmeldung zur Eintragung der Ausgliederung** aus dem Vermögen des Einzelkaufmanns folgt den allgemeinen Regeln (siehe §§ 125, 16 Abs. 1 UmwG): Sie hat sowohl zum Handelsregister des Einzelkaufmanns als auch zu dem Register jedes übernehmenden Rechtsträger zu erfolgen. Die **Anmeldung bei dem Register des übertragenden Einzelkaufmanns** unterliegt keinen Besonderheiten. Das Vertretungsorgan eines übernehmenden Rechtsträgers kann für den Einzelkaufmann zum Register seines Rechtsträgers anmelden (§ 129 UmwG)[2] (siehe auch § 129 UmwG Rz. 3).

---

1 *Simon* in KölnKomm. UmwG, § 154 UmwG Rz. 1 f.; *Maier-Reimer/Seulen* in Semler/Stengel, § 154 UmwG Rz. 1; *Karollus* in Lutter, § 154 UmwG Rz. 3; *Hörtnagl* in Schmitt/Hörtnagl/Stratz, § 154 UmwG Rz. 4.

2 Wie hier: *Maier-Reimer/Seulen* in Semler/Stengel, § 154 UmwG Rz. 2; so auch *Karollus* in Lutter, § 154 UmwG Rz. 6; *Simon* in KölnKomm. UmwG, § 154 UmwG Rz. 10.

Das Gesetz verlangt über die beim Register des Einzelkaufmanns gemäß § 17 Abs. 2 UmwG einzureichende, von ihm zu unterzeichnende (§ 245 HGB), idR nicht zu prüfende und nicht zu testierende Bilanz[1] hinaus keine weiteren Angaben zu seiner Vermögenssituation; insbesondere ist **keine Vermögensübersicht** zum Handelsregister einzureichen. Diese ersetzen die Angaben im Ausgliederungs- und Übernahmevertrag (§ 126 Abs. 1 Nr. 9 UmwG). Ferner ist weder ein Ausgliederungsbericht (§ 153 UmwG) einzureichen, noch eine gesonderte, den beim Einzelkaufmann entfallenden Zustimmungsbeschluss ersetzende Zustimmungserklärung des Einzelkaufmanns. Eine solche enthält konkludent der Ausgliederungs- und Übernahmevertrag[2]. Der Einzelkaufmann hat daher nur die Negativerklärung (§ 16 Abs. 2 UmwG)[3] bezüglich der Beschlüsse der übernehmenden Rechtsträger abzugeben[4].

Zur Erklärung über seinen **Vermögensstatus** siehe Rz. 5.

4. Prüfung durch das Registergericht

a) Das für den Einzelkaufmann zuständige Registergericht prüft zusätzlich zur formellen und materiellen Ordnungsmäßigkeit der Ausgliederung (siehe § 130 UmwG Rz. 2), ob eine **Überschuldung** beim Einzelkaufmann vorliegt. Hierzu hat es sein gesamtes Unternehmens- und Privatvermögen heranzuziehen und mit den Unternehmens- und Privatverbindlichkeiten zu vergleichen[5]. Das Registergericht muss die Eintragung ablehnen, wenn offensichtlich ist, dass die Verbindlichkeiten des Einzelkaufmanns sein Vermögen übersteigen. Offensichtlich

4

---

1 OLG Düsseldorf v. 29.3.1995 – 3 Wx 568/94, GmbHR 1995, 592; *Maier-Reimer/Seulen* in Semler/Stengel, § 154 UmwG Rz. 10; *Karollus* in Lutter, § 154 UmwG Rz. 10.
2 Siehe *Karollus* in Lutter, § 154 UmwG Rz. 12; *Maier-Reimer/Seulen* in Semler/Stengel, § 154 UmwG Rz. 11; *Hörtnagl* in Schmitt/Hörtnagl/Stratz, vor §§ 152–160 UmwG Rz. 8; *Simon* in KölnKomm. UmwG, § 154 UmwG Rz. 12; aA *Mayer* in Widmann/Mayer, § 152 UmwG Rz. 94, 232 (gesonderte Erklärung erforderlich), siehe aber auch dort Rz. 95.
3 *Karollus* in Lutter, § 154 UmwG Rz. 8; *Mayer* in Widmann/Mayer, § 152 UmwG Rz. 239; *Maier-Reimer/Seulen* in Semler/Stengel, § 154 UmwG Rz. 5; *Simon* in KölnKomm. UmwG, § 154 UmwG Rz. 10.
4 Vgl. LG Dresden v. 14.11.1996 – 45 T 60/96, GmbHR 1997, 175 = DB 1997, 89; *Karollus* in Lutter, § 154 UmwG Rz. 8; *Mayer* in Widmann/Mayer, § 152 UmwG Rz. 239; *Maier-Reimer/Seulen* in Semler/Stengel, § 154 UmwG Rz. 5; *Simon* in KölnKomm. UmwG, § 154 UmwG Rz. 10.
5 *Hörtnagl* in Schmitt/Hörtnagl/Stratz, § 152 UmwG Rz. 26; *Karollus* in Lutter, § 152 UmwG Rz. 43 ff.; *Mayer* in Widmann/Mayer, § 152 UmwG Rz. 78 und oben § 152 UmwG Rz. 4.

§ 154 | Ausgliederung aus dem Vermögen eines Einzelkaufmanns

ist die **Überschuldung**, wenn daran keine begründeten Zweifel bestehen[1]. Bleiben trotz Aufklärung Zweifel, ist einzutragen[2].

5 Dem Registergericht stehen außer der (acht Monate alten) Bilanz des Einzelkaufmanns (§ 17 Abs. 2 UmwG und oben Rz. 3) keine Unterlagen zur Prüfung zur Verfügung, ob Ausgliederungsverbot bei Überschuldung (§ 152 Satz 2 UmwG) beachtet wurde. Die hM zu § 56e UmwG 1969 sah deshalb eine entsprechende **Erklärung** des Einzelkaufmanns vor, dass seine gesamten Verbindlichkeiten sein gesamtes Vermögen vor Ausgliederung nicht übersteigen, als erforderlich, aber auch als ausreichend an[3]. Da der Gesetzgeber die Bestimmungen der §§ 50–56f UmwG 1969 inhaltlich übernommen hat[4], soll eine solche Erklärung des Einzelkaufmanns auch nach der Neuregelung des UmwG vorzulegen sein[5]. Die Erklärung bedarf keiner besonderen Form. Zweckmäßigerweise erfolgt sie in der Anmeldung.

6 Die Erklärung ist grundsätzlich ausreichend. Bei **substantiellen Zweifeln** an der Vermögenssituation kann das Gericht gemäß § 26 FamFG Nachweise (ggf. Sachverständigengutachten) verlangen[6]. Der Einzelkaufmann hat sich also vor Abgabe der Erklärung einer entsprechenden Selbstprüfung zu unterziehen.

7 Wird eine Überschuldung beseitigt, muss das Gericht eintragen; Gleiches gilt, wenn die Überschuldung erst infolge der Ausgliederung eintritt[7].

8 **b)** Voraussetzung für die Eintragung der (konstitutiv wirkenden) Ausgliederung beim Einzelkaufmann ist weiterhin, dass dieser spätestens bei Eintragung der Ausgliederung (§ 130 UmwG) **im Handelsregister eingetragen** ist[8]. Es kommt nicht darauf an, ob er ein vollkaufmännisches Handelsgewerbe betreibt (vgl. § 2 HGB).

9 Nach Ablehnung der Eintragung wegen Überschuldung hat das Gericht in entsprechender Anwendung des § 130 Abs. 2 Satz 1 Halbsatz 1 UmwG dem Registergericht jedes übernehmenden Rechtsträgers davon Mitteilung zu machen. Die

---

1 Vgl. *Karollus* in Lutter, § 154 UmwG Rz. 3; *Hörtnagl* in Schmitt/Hörtnagl/Stratz, § 154 UmwG Rz. 5; *Maier-Reimer/Seulen* in Semler/Stengel, § 154 UmwG Rz. 15; *Simon* in KölnKomm. UmwG, § 154 UmwG Rz. 4.
2 *Karollus* in Lutter, § 154 UmwG Rz. 3; *Mayer* in Widmann/Mayer, § 154 UmwG Rz. 12; *Simon* in KölnKomm. UmwG, § 154 UmwG Rz. 4; *Maier-Reimer/Seulen* in Semler/Stengel, § 154 UmwG Rz. 15.
3 Einzelheiten bei *Dehmer* 1. Aufl., § 56e UmwG 1969 Anm. 6 mwN.
4 Vgl. Begr. RegE bei *Ganske*, S. 182.
5 Siehe *Hörtnagl* in Schmitt/Hörtnagl/Stratz, § 154 UmwG Rz. 4; *Maier-Reimer/Seulen* in Semler/Stengel, § 154 UmwG Rz. 3; *Mayer* in Widmann/Mayer, § 154 UmwG Rz. 12; aA *Karollus* in Lutter, § 154 UmwG Rz. 11; *Simon* in KölnKomm. UmwG, § 154 UmwG Rz. 6.
6 *Hörtnagl* in Schmitt/Hörtnagl/Stratz, § 154 UmwG Rz. 5; *Karollus* in Lutter, § 154 UmwG Rz. 4 mwN; *Simon* in KölnKomm. UmwG, § 154 UmwG Rz. 6.
7 *Hörtnagl* in Schmitt/Hörtnagl/Stratz, § 152 UmwG Rz. 28; *Maier-Reimer/Seulen* in Semler/Stengel, § 152 UmwG Rz. 81; *Karollus* in Lutter, § 152 UmwG Rz. 44.
8 *Karollus* in Lutter, § 152 UmwG Rz. 24.

bei dem übernehmenden Rechtsträger eingetragene Kapitalerhöhung und Ausgliederung sind anschließend von Amts wegen zu löschen (§ 395 Abs. 1 FamFG).

Wird die Ausgliederung trotz Überschuldung des Einzelkaufmanns eingetragen, ist sie dennoch wirksam[1]. Das ausgegliederte Vermögen ist auf den aufnehmenden Rechtsträger übergegangen (§ 131 Abs. 2 UmwG). 10

Zur Eintragung siehe auch Erl. zu § 130 UmwG Rz. 7 ff.

5. Anmeldung und Eintragung im Register des übernehmenden Rechtsträgers

Für Anmeldung und Eintragung der Ausgliederung im Register des übernehmenden Rechtsträgers ergeben sich grundsätzlich keine Besonderheiten (siehe die Erl. zu §§ 129, 130 UmwG). 11

Für die Eintragung der Ausgliederung im Register des aufnehmenden Rechtsträgers fehlt es an einer gesetzlich festgelegten vergleichbaren Eintragungssperre (anders bei Ausgliederung zur Neugründung, siehe § 160 Abs. 2 UmwG). Das Registergericht des aufnehmenden Rechtsträgers ist ohnehin berechtigt, die Eintragung der (deklaratorisch wirkenden) Ausgliederung und der Kapitalerhöhung abzulehnen, wenn der Einzelkaufmann überschuldet ist und es deshalb an der Werthaltigkeit seiner Einlage bei der aufnehmenden Kapitalgesellschaft fehlt. Darüber hinaus folgt auch aus dem Prüfungsrecht des Registergerichts (siehe § 19 UmwG Rz. 3 ff.) seine Befugnis, den Ausgliederungsvorgang dahingehend zu überprüfen, ob das bei Überschuldung bestehende Ausgliederungsverbot (§ 152 Satz 2 UmwG) verfahrensrechtlich, wie in der Vorschrift vorgegeben, eingehalten ist. Zweckmäßigerweise sollte daher auch diesem Registergericht die Erklärung des Einzelkaufmanns über seine Vermögenssituation (siehe Rz. 5) eingereicht werden. Im Zweifel hat das Gericht auf Aufklärung hinzuwirken (§ 26 FamFG)[2].

6. Bekanntmachungen

Siehe die Erl. zu § 130 UmwG Rz. 15. Die fünfjährige Verjährungsfrist für die Haftung des Einzelkaufmanns (§ 157 Abs. 1 UmwG) beginnt an dem Tag zu laufen, an dem die Eintragung der Ausgliederung für den Einzelkaufmann bekannt gemacht wurde (§§ 157 Abs. 2, 125, 19 Abs. 3 UmwG). 12

---

1 *Hörtnagl* in Schmitt/Hörtnagl/Stratz, § 152 UmwG Rz. 30; *Simon* in KölnKomm. UmwG, § 152 UmwG Rz. 46; *Karollus* in Lutter, § 152 UmwG, Rz. 49; *Mayer* in Widmann/Mayer, § 160 UmwG Rz. 16.
2 Enger (nur auf die Werthaltigkeit der Einlage bezogen) *Maier-Reimer/Seulen* in Semler/Stengel, § 154 UmwG Rz. 16; ablehnend *Karollus* in Lutter, § 154 UmwG Rz. 11 Fn. 4 und *Simon* in KölnKomm. UmwG, § 154 UmwG Rz. 8 f.

§ 155
Wirkungen der Ausgliederung

Erfasst die Ausgliederung das gesamte Unternehmen des Einzelkaufmanns, so bewirkt die Eintragung der Ausgliederung nach § 131 das Erlöschen der von dem Einzelkaufmann geführten Firma. Das Erlöschen der Firma ist von Amts wegen in das Register einzutragen.

1 Grundsätzlich erlischt die Firma des Einzelkaufmanns mit Ausgliederung des gesamten Unternehmens automatisch[1]. Die Firma eines Einzelkaufmanns erlischt nicht, wenn ein auch nur **unbedeutender unternehmerischer Teil** bei dem Einzelkaufmann verbleibt[2].

2 Werden nur Teile des Unternehmens übertragen und verbleibt dem Einzelkaufmann kein **Gewerbebetrieb** mehr, so ist er nach § 31 Abs. 2 Satz 1 HGB verpflichtet, die Firmenlöschung zu beantragen[3]. Dies kann insbesondere bei der Begründung einer Betriebsaufspaltung durch Ausgliederung des beweglichen Anlage- und Umlaufvermögens und lediglich Zurückbehaltung des unbeweglichen Anlagevermögens der Fall sein[4].

3 Das Erlöschen der Firma schließt nicht aus, dass der übernehmende Rechtsträger eine gleiche Firma neu bildet. Dies dürfte nach dem allgemeinen Firmenrecht des übernehmenden Rechtsträgers möglich sein. Soweit das ausnahmsweise nicht der Fall ist, kann § 22 HGB angewandt werden[5]. Zur Firmenfortführung bei Ausgliederung nur eines Unternehmensteils oder bei Ausgliederung von Unternehmensteilen auf verschiedene übernehmende oder neue Rechtsträger siehe § 125 UmwG Rz. 28, 29.

§ 156
Haftung des Einzelkaufmanns

Durch den Übergang der Verbindlichkeiten auf übernehmende oder neue Gesellschaften wird der Einzelkaufmann von der Haftung für die Verbindlichkeiten nicht befreit. § 418 des Bürgerlichen Gesetzbuchs ist nicht anzuwenden.

---

1 Vgl. OLG Karlsruhe v. 19.8.2008 – 1 U 108/08, GmbHR 2008, 1219 (1219 f.).
2 *Karollus* in Lutter, § 155 UmwG Rz. 2; *Maier-Reimer/Seulen* in Semler/Stengel, § 155 UmwG Rz. 4; *Simon* in KölnKomm. UmwG, § 155 UmwG Rz. 3.
3 *Karollus* in Lutter, § 155 UmwG Rz. 5.
4 *Mayer* in Widmann/Mayer, § 155 UmwG Rz. 4; ausführlich *Röhricht* in Röhricht/Graf von Westphalen/Haas, § 1 HGB Rz. 45.
5 *Karollus* in Lutter, § 155 UmwG Rz. 6; *Simon* in KölnKomm. UmwG, § 155 UmwG Rz. 8; *Mayer* in Widmann/Mayer, § 155 UmwG Rz. 12.

§ 156 Satz 1 UmwG deckt sich für die Haftung des Einzelkaufmanns mit § 133 Abs. 1 Satz 1 UmwG. Das zeigt sich insbesondere an der zeitlichen Begrenzung dieser Haftung nach § 157 UmwG. Danach haftet der Einzelkaufmann weiterhin für die übertragenen Verbindlichkeiten[1]. Zum Schutz der Gläubiger ordnet § 156 Satz 2 UmwG darüber hinaus an, dass anders als bei der befreienden Schuldübernahme mit Zustimmung des Gläubigers von Dritten bestellte Sicherheiten bestehen bleiben.

Für die Haftung des übernehmenden Rechtsträgers für die nicht übertragenen Verbindlichkeiten des Einzelkaufmanns gilt die allgemeine Vorschrift des § 133 UmwG. Danach haftet der übernehmende Rechtsträger für die Dauer von **fünf Jahren** für alle im Zeitpunkt der Ausgliederung bestehenden Verbindlichkeiten des Einzelkaufmanns, auch für Privatverbindlichkeiten[2]. Für Versorgungsverpflichtungen aufgrund des Betriebsrentengesetzes, die vor dem Wirksamwerden der Spaltung begründet wurden, beträgt diese Frist zehn Jahre. Dies sollte im Ausgliederungsbericht erläutert werden. Für die Verbindlichkeiten des im Zuge der Ausgliederung aufgeteilten Unternehmens, bei dem verschiedene Teile auf unterschiedliche übernehmende Rechtsträger übergehen, haften alle übernehmenden Rechtsträger neben dem Einzelkaufmann als Gesamtschuldner (§ 133 Abs. 1 Satz 1 UmwG). Bei einer Betriebsaufspaltung gilt für den Einzelkaufmann schließlich die erweiterte Haftung nach § 134 UmwG[3].

§ 157
Zeitliche Begrenzung der Haftung für übertragene Verbindlichkeiten

(1) Der Einzelkaufmann haftet für die im Ausgliederungs- und Übernahmevertrag aufgeführten Verbindlichkeiten, wenn sie vor Ablauf von fünf Jahren nach der Ausgliederung fällig und daraus Ansprüche gegen ihn in einer in § 197 Abs. 1 Nr. 3 bis 5 des Bürgerlichen Gesetzbuchs bezeichneten Art festgestellt sind oder eine gerichtliche oder behördliche Vollstreckungshandlung vorgenommen oder beantragt wird; bei öffentlich-rechtlichen Verbindlichkeiten genügt der Erlass eines Verwaltungsakts. Eine Haftung des Einzelkaufmanns als Gesellschafter des aufnehmenden Rechtsträgers nach § 128 des Handelsgesetzbuchs bleibt unberührt.

---

1 BAG v. 16.9.2013 – 6 AZR 556/11, DZWIR 2013, 572 (574) = ZIP 2013, 1433; *Karollus* in Lutter, § 156 UmwG Rz. 1; *Simon* in KölnKomm. UmwG, § 156 UmwG Rz. 1, 2.
2 *Karollus* in Lutter, § 156 UmwG Rz. 11; *Simon* in KölnKomm. UmwG, § 156 UmwG Rz. 15.
3 *Karollus* in Lutter, § 156 UmwG Rz. 6; *Simon* in KölnKomm. UmwG, § 156 UmwG Rz. 12.

(2) Die Frist beginnt mit dem Tage, an dem die Eintragung der Ausgliederung in das Register des Sitzes des Einzelkaufmanns nach § 125 in Verbindung mit § 19 Abs. 3 bekannt gemacht worden ist. Die für die Verjährung geltenden §§ 204, 206, 210, 214 und 212 Abs. 2 und 3 des Bürgerlichen Gesetzbuchs sind entsprechend anzuwenden.

(3) Einer Feststellung in einer in § 197 Abs. 1 Nr. 3 bis 5 des Bürgerlichen Gesetzbuchs bezeichneten Art bedarf es nicht, soweit der Einzelkaufmann den Anspruch schriftlich anerkannt hat.

(4) Die Absätze 1 bis 3 sind auch anzuwenden, wenn der Einzelkaufmann in dem Rechtsträger anderer Rechtsform geschäftsführend tätig wird.

1 Die Vorschrift ist § 45 UmwG und § 133 Abs. 3 bis 6 UmwG nachgebildet. Auf die dortigen Erläuterungen kann verwiesen werden. Die Enthaftungsfrist des § 133 Abs. 4 UmwG beginnt, entgegen dem Wortlaut des § 133 Abs. 4 UmwG, schon mit dem ggf. früher liegenden Tag, an dem der Gläubiger positive Kenntnis von der Ausgliederung erlangt hat. Die Rechtsprechung zu § 160 HGB[1] ist auch zu §§ 45, 133, 157 und 224 UmwG zu berücksichtigen[2].

2 Die **zeitliche Begrenzung** gilt nur für die Nachhaftung des Einzelkaufmanns, nicht dagegen für seine persönliche Haftung als Gesellschafter des übernehmenden Rechtsträgers, etwa als Gesellschafter einer OHG oder als Komplementär einer KG (§ 157 Abs. 1 Satz 2 UmwG).

Dritter Unterabschnitt
Ausgliederung zur Neugründung

§ 158
Anzuwendende Vorschriften

Auf die Ausgliederung zur Neugründung sind die Vorschriften des Zweiten Unterabschnitts entsprechend anzuwenden, soweit sich aus diesem Unterabschnitt nichts anderes ergibt.

1 Auf die Ausgliederung aus dem Vermögen eines Einzelkaufmanns zur Neugründung findet § 153 UmwG entsprechende Anwendung. Für den Einzelkaufmann ist auch hier **kein Ausgliederungsbericht** erforderlich. Bei der reinen Ausgliederung zur Neugründung erübrigt sich also ein Ausgliederungsbericht. Bei der Neugründung einer GmbH oder AG ist jedoch ein Sachgründungsbericht zwingend erforderlich[3].

---

1 BGH v. 24.9.2007 – II ZR 284/05, BGHZ 174, 7 = NJW 2007, 3784.
2 *Seinicke*, EWiR § 160 HGB 1/08, 179 (180).
3 BayObLG v. 10.12.1998 – 3 Z BR 237/98, GmbHR 1999, 295.

An die Stelle des Abschlusses eines Ausgliederungs- und Übernahmevertrags 2
tritt bei der reinen Ausgliederung zur Neugründung die Aufstellung eines **Ausgliederungsplans**. Der Gesellschaftsvertrag der neuen Gesellschaft muss im Ausgliederungsplan enthalten sein (§ 37 UmwG iVm. § 125 Satz 1 UmwG). An die Stelle des Zustimmungsbeschlusses tritt eine notariell zu beurkundende **Ausgliederungserklärung** des Einzelkaufmanns[1]. Regelmäßig ist in dem notariell beurkundeten Ausgliederungsplan die Ausgliederungserklärung enthalten[2].

Bei der Ausgliederung zur Neugründung **haftet** der Einzelkaufmann ebenso wie 3
bei der Ausgliederung zur Aufnahme nach § 156 UmwG für die übertragenen Verbindlichkeiten mit der zeitlichen Begrenzung nach § 157 UmwG weiter. Auch der neue Rechtsträger haftet für die Altverbindlichkeiten des Einzelkaufmanns nach § 133 UmwG für die Dauer von fünf Jahren gesamtschuldnerisch. Für Versorgungsverbindlichkeiten aufgrund des Betriebsrentengesetzes, die vor dem Wirksamwerden der Spaltung begründet wurden, beträgt diese Frist zehn Jahre.

Die Ausgliederung zur Neugründung kann mit einer Ausgliederung zur Auf- 4
nahme kombiniert werden[3]. In diesem Falle bleibt es beim Ausgliederungs- und Übernahmevertrag, auch wenn es sich bei dem übernehmenden Rechtsträger um eine Einpersonen-GmbH des Einzelkaufmanns handelt. Ein Ausgliederungsbericht ist aber auch in diesem Fall entbehrlich (§ 153 UmwG Rz. 2).

§ 159
Sachgründungsbericht, Gründungsbericht und Gründungsprüfung

(1) Auf den Sachgründungsbericht (§ 5 Abs. 4 des Gesetzes betreffend die Gesellschaften mit beschränkter Haftung) ist § 58 Abs. 1, auf den Gründungsbericht (§ 32 des Aktiengesetzes) § 75 Abs. 1 entsprechend anzuwenden.

(2) Im Falle der Gründung einer Aktiengesellschaft oder einer Kommanditgesellschaft auf Aktien haben die Prüfung durch die Mitglieder des Vorstands und des Aufsichtsrats (§ 33 Abs. 1 des Aktiengesetzes) sowie die Prüfung durch einen oder mehrere Prüfer (§ 33 Abs. 2 des Aktiengesetzes) sich auch darauf zu erstrecken, ob die Verbindlichkeiten des Einzelkaufmanns sein Vermögen übersteigen.

---

1 *Mayer* in Widmann/Mayer, § 152 UmwG Rz. 94.
2 *Mayer* in Widmann/Mayer, § 152 UmwG Rz. 95.
3 *Karollus* in Lutter, § 152 UmwG Rz. 32; *Simon* in KölnKomm. UmwG, § 152 UmwG Rz. 34.

§ 159 | Ausgliederung aus dem Vermögen eines Einzelkaufmanns

(3) Zur Prüfung, ob die Verbindlichkeiten des Einzelkaufmanns sein Vermögen übersteigen, hat der Einzelkaufmann den Prüfern eine Aufstellung vorzulegen, in der sein Vermögen seinen Verbindlichkeiten gegenübergestellt ist. Die Aufstellung ist zu gliedern, soweit das für die Prüfung notwendig ist. § 320 Abs. 1 Satz 2 und Abs. 2 Satz 1 des Handelsgesetzbuchs gilt entsprechend, wenn Anlass für die Annahme besteht, dass in der Aufstellung aufgeführte Vermögensgegenstände überbewertet oder Verbindlichkeiten nicht oder nicht vollständig aufgeführt worden sind.

1 Auf die Gründung der neuen Rechtsträger sind auch im Falle der Ausgliederung aus dem Vermögen eines Einzelkaufmanns nach § 135 Abs. 2 UmwG die allgemeinen Gründungsvorschriften anzuwenden. Die Vorschrift ordnet hierzu einige Besonderheiten an. Zunächst wird die entsprechende Anwendung der §§ 58 Abs. 1 und 75 Abs. 1 UmwG bestätigt (§ 159 Abs. 1 UmwG), was hier wohl nur heißen kann, dass in dem Sachgründungsbericht auch der **Geschäftsverlauf** und die **Lage des Unternehmens** des Einzelkaufmanns darzulegen ist[1].

2 Weiterhin ist bei Ausgliederung auf eine neue AG oder KGaA die **Gründungsprüfung** auch auf die Überschuldung des Einzelkaufmanns zu erstrecken (§ 159 Abs. 2 UmwG). Der Einzelkaufmann hat den Gründungsprüfern hierzu eine Aufstellung seines Vermögens und seiner Verbindlichkeiten vorzulegen (§ 159 Abs. 3 UmwG). Diese Aufstellung soll es den Prüfern ermöglichen zu ermitteln, ob das Ausgliederungsverbot des § 152 Satz 2 UmwG, nämlich das Verbot der Überschuldung des Einzelkaufmanns, beachtet wurde[2]. Die Aufstellung hat das gesamte bis zur Ausgliederung vorhandene Vermögen zu enthalten, dh. sowohl das auszugliedernde als auch das beim Einzelkaufmann verbleibende Vermögen[3]. Ferner hat die Aufstellung nicht nur das Betriebsvermögen zu enthalten, sondern auch das Privatvermögen und die Privatverbindlichkeiten, weil nur so dem Zweck der Prüfung der Überschuldung Rechnung getragen werden kann[4]. Nicht einheitlich beantwortet wird die Frage, ob die Aufstellung zwingend nach Betriebsvermögen und Privatvermögen gegliedert werden muss[5] oder eine solche Gliederung lediglich nur sinnvoll bzw. zweckmäßig, aber nicht zwingend ist[6].

---

1 *Karollus* in Lutter, § 159 UmwG Rz. 7, 26; *Simon* in KölnKomm. UmwG, § 159 UmwG Rz. 1, 5.
2 *Hörtnagl* in Schmitt/Hörtnagl/Stratz, § 159 UmwG Rz. 5; *Simon* in KölnKomm. UmwG, § 159 UmwG Rz. 2.
3 *Karollus* in Lutter, § 159 UmwG Rz. 11; *Simon* in KölnKomm. UmwG, § 159 UmwG Rz. 11; *Hörtnagl* in Schmitt/Hörtnagl/Stratz, § 159 UmwG Rz. 5.
4 *Maier-Reimer/Seulen* in Semler/Stengel, § 159 UmwG Rz. 13; *Simon* in KölnKomm. UmwG, § 159 UmwG Rz. 11; *Karollus* in Lutter, § 159 UmwG Rz. 11; *Hörtnagl* in Schmitt/Hörtnagl/Stratz, § 159 UmwG Rz. 5.
5 So *Karollus* in Lutter, § 159 UmwG Rz. 11; *Hörtnagl* in Schmitt/Hörtnagl/Stratz, § 159 UmwG Rz. 7.
6 So *Maier-Reimer/Seulen* in Semler/Stengel, § 159 UmwG Rz. 16; *Mayer* in Widman/Mayer, § 159 UmwG Rz. 9; *Simon* in KölnKomm. UmwG, § 159 UmwG Rz. 13.

Da die Unterscheidung zwischen Betriebsvermögen und Privatvermögen nicht allgemein für die Überschuldungsprüfung notwendig ist, besteht regelmäßig auch keine Verpflichtung, die Vermögensaufstellung in dieser Weise zu gliedern. Bei einer Aufgliederung in Betriebsvermögen und Privatvermögen ist das von dem Privatvermögen durch die Ausgliederung umgewidmete Vermögen entsprechend zu kennzeichnen[1]. Die Vermögensgegenstände sind mit ihrem Zeitwert anzugeben. Stille Reserven müssen aufgedeckt werden (§ 152 UmwG Rz. 4).

Wenn Anlass für die Annahme besteht, dass in der Aufstellung aufgeführte Vermögensgegenstände überbewertet oder Verbindlichkeiten nicht oder nicht vollständig aufgeführt worden sind, können die Prüfer darüber hinaus die Bücher und Schriften des Einzelkaufmanns sowie seine Vermögensgegenstände und Schulden, namentlich die Kasse und die Bestände an Wertpapieren und Waren, prüfen (§ 159 Abs. 3 Satz 3 UmwG iVm. § 320 Abs. 1 Satz 2 HGB) sowie von dem Einzelkaufmann alle Aufklärungen und Nachweise verlangen, die für eine sorgfältige Prüfung notwendig sind (§ 159 Abs. 3 Satz 3 UmwG iVm. § 320 Abs. 2 Satz 1 HGB). 3

§ 160
Anmeldung und Eintragung

(1) Die Anmeldung nach § 137 Abs. 1 ist von dem Einzelkaufmann und den Geschäftsführern oder den Mitgliedern des Vorstands und des Aufsichtsrats einer neuen Gesellschaft vorzunehmen.

(2) Die Eintragung der Gesellschaft ist abzulehnen, wenn die Verbindlichkeiten des Einzelkaufmanns sein Vermögen übersteigen.

1. Überblick	1	3. Eintragung der neuen Gesellschaft	6
2. Anmeldung der neuen Gesellschaft		4. Anmeldung, Eintragung der Ausgliederung bei Einzelkaufmann	12
a) Inhalt	2		
b) Beizufügende Unterlagen	5	5. Kosten	13

1. Überblick

§ 160 Abs. 1 UmwG ergänzt die Bestimmungen über die Anmeldung der durch Ausgliederung neugegründeten (Kapital-)Gesellschaft (§ 137 Abs. 1 UmwG); § 160 Abs. 2 UmwG untersagt deren Eintragung bei Überschuldung des ausgliedernden Einzelkaufmanns. Anders als bei der Ausgliederung zur Aufnahme (§ 154 UmwG) muss die Überschuldung nicht offensichtlich sein. 1

---

1 *Maier-Reimer/Seulen* in Semler/Stengel, § 159 UmwG Rz. 16.

2. Anmeldung der neuen Gesellschaft

a) Inhalt

2   Zuständig ist das Handelsregister am Sitz der künftigen Gesellschaft(en). Zum Inhalt der Anmeldung der neuen Gesellschaft(en) siehe zunächst die Erl. zu § 137 UmwG Rz. 7 ff. Sie können gemäß § 152 Satz 1 letzte Alt. UmwG nur Ein-Personen-GmbH, -AG oder -KGaA sein[1] (die Gründerzahl nach § 280 Abs. 1 Satz 1 AktG gilt gemäß § 135 Abs. 2 Satz 3 UmwG nicht).

3   Die Anmeldung ist gemeinsam von dem ausgründenden Einzelkaufmann und **sämtlichen** Geschäftsführern (bei GmbH) bzw. sämtlichen Mitgliedern des Vorstandes und denen des Aufsichtsrates anzumelden[2]. Anmeldung auf getrennten, aber gleich lautenden Schriftstücken ist bedenkenfrei[3]. Bei Unklarheiten ist die Anmeldung im Zweifel so auszulegen, dass die Eintragung erfolgen kann[4].

4   Vertretung ist zulässig (siehe § 137 UmwG Rz. 5), allerdings nicht hinsichtlich der von den Geschäftsführern gemäß § 8 Abs. 3 GmbHG bzw. den Vorstandsmitgliedern gemäß § 37 Abs. 2 AktG abzugebenden Versicherung über Bestellungshindernisse[5]. Anmeldung und Vollmacht bedürfen öffentlicher Beglaubigung (§ 12 HGB, § 129 BGB).

b) Beizufügende Unterlagen

5   Siehe hierzu zunächst die Erläuterungen zu § 137 UmwG Rz. 12. Die Vorlage einer Acht-Monats-Bilanz kann nicht verlangt werden[6]. Der Ausgliederungsbeschluss entfällt ebenfalls. Es ist statt dessen auch keine gesonderte Ausgliederungserklärung des Einzelkaufmanns einzureichen[7]. Diese ist konkludent im Ausgliederungsplan enthalten. Ebenso nicht die Erklärung nach § 16 Abs. 2 UmwG, da es keinen Anfechtungsberechtigten gibt[8], und der Ausgliederungs-

---

1   Zur Zulässigkeit der Ein-Personen-KGaA vgl. *Hüffer/Koch*, § 278 AktG Rz. 5 mwN.
2   Begr. RegE bei *Ganske*, S. 187; *Maier-Reimer/Seulen* in Semler/Stengel, § 160 UmwG Rz. 2; *Karollus* in Lutter, § 160 UmwG Rz. 3; *Simon* in KölnKomm. UmwG, § 160 UmwG Rz. 5.
3   *Maier-Reimer/Seulen* in Semler/Stengel, § 160 UmwG Rz. 2; *Karollus* in Lutter, § 160 UmwG Rz. 3; *Simon* in KölnKomm. UmwG, § 160 UmwG Rz. 80.
4   Vgl. BayObLG v. 16.2.2000 – 3 Z BR 389/99, GmbHR 2000, 493 = DB 2000, 811.
5   *Mayer* in Widmann/Mayer, § 160 UmwG Rz. 4; *Maier-Reimer/Seulen* in Semler/Stengel, § 160 UmwG Rz. 3.
6   BayObLG v. 10.12.1998 – 3 Z BR 237/98, GmbHR 1999, 295 = ZIP 1999, 968; *Mayer* in Widmann/Mayer, § 160 UmwG Rz. 7.3; *Maier-Reimer/Seulen* in Semler/Stengel, § 160 UmwG Rz. 5; *Karollus* in Lutter, § 160 UmwG, Rz. 5.
7   So aber *Mayer* in Widmann/Mayer, § 152 UmwG Rz. 94; aA *Karollus* in Lutter, § 154 UmwG Rz. 12.
8   Vgl. LG Dresden v. 14.11.1996 – 45 T 60/96, DB 1997, 88 (89).

Anmeldung und Eintragung | § 160

bericht (§§ 158, 153 UmwG), wohl aber eine Erklärung des Einzelkaufmanns, dass er nicht überschuldet ist (siehe Rz. 7).

3. Eintragung der neuen Gesellschaft

a) Das Registergericht prüft zunächst die formelle und materielle Ordnungsmäßigkeit des Ausgliederungs- und Gründungsvorganges, insbesondere die Werthaltigkeit des ausgegliederten Vermögensteils. Denn materiell-rechtlich handelt es sich um eine Sachgründung, bei der das statutarische Grund-/Stammkapital durch das ausgegliederte Netto-Vermögen gedeckt sein muss (Einzelheiten bei § 137 UmwG Rz. 20). Für die Werthaltigkeit des übertragenen Vermögens ist auf den Zeitpunkt der Eintragung der Ausgliederung im Register des Einzelkaufmanns abzustellen[1]. 6

b) Zusätzlich prüft das Registergericht neben dem für den ausgliedernden Einzelkaufmann zuständigen Registergericht (§ 154 UmwG), ob die Verbindlichkeiten des Einzelkaufmanns sein Vermögen übersteigen[2]. Dabei ist das gesamte positive wie negative (Unternehmens- und Privat-)Vermögen des Einzelkaufmanns heranzuziehen[3]. Das Registergericht muss die Eintragung ablehnen, wenn die Verbindlichkeiten des Einzelkaufmanns sein Vermögen übersteigen (§ 160 Abs. 2 UmwG). Anders als im Verfahren zur Eintragung der Ausgliederung beim Einzelkaufmann (nur offensichtliche Überschuldung maßgebend, § 154 UmwG) reichen für die Ablehnung bereits ernste Zweifel[4]. Wird die **Überschuldung** beseitigt, muss das Gericht die neue Gesellschaft eintragen; Gleiches gilt, wenn die Überschuldung erst infolge der Ausgliederung zur Neugründung eintritt[5]. 7

Bei **AG, KGaA** steht dem Richter zur Prüfung der Überschuldung des Einzelkaufmanns ein **Prüfungsbericht** zur Verfügung, der auch die Angaben zur Überschuldung des Einzelkaufmanns zu enthalten hat (§ 159 Abs. 3 UmwG). Der Bericht ist für das Gericht jedoch nicht bindend. Bei substantiierten Zweifeln kann es weitere Nachweise anfordern (§ 26 FamFG). 8

Bei **GmbH** hingegen liegt dem Richter nur der Sachgründungsbericht vor, der nicht zwingend auch Angaben zum Vermögensstatus des Einzelkaufmanns ent- 9

---

1 *Maier-Riemer/Seulen* in Semler/Stengel, § 160 UmwG Rz. 10 mwN.
2 *Karollus* in Lutter, § 160 UmwG Rz. 7; *Hörtnagl* in Schmitt/Hörtnagl/Stratz, § 160 UmwG Rz. 4 ff.; *Maier-Reimer/Seulen* in Semler/Stengel, § 160 UmwG Rz. 8 f.
3 *Karollus* in Lutter, § 152 UmwG Rz. 44, 45; *Hörtnagl* in Schmitt/Hörtnagl/Stratz, § 152 UmwG Rz. 26 ff.
4 *Karollus* in Lutter, § 160 UmwG Rz. 8; ähnlich *Hörtnagl* in Schmitt/Hörtnagl/Stratz, § 160 UmwG Rz. 6; *Maier-Reimer/Seulen* in Semler/Stengel Rz. 8; *Simon* in KölnKomm. UmwG, § 160 UmwG Rz. 10.
5 *Karollus* in Lutter, § 152 UmwG Rz. 44; *Hörtnagl* in Schmitt/Hörtnagl/Stratz, § 152 UmwG Rz. 30; so schon früher *Priester* in Scholz, 7. Aufl., § 56a UmwG Rz. 8.

halten muss (vgl. §§ 159 Abs. 1, 58 Abs. 1 UmwG). Zusätzlich hat daher, wie zur Vorläuferregelung von der hM gefordert[1], der Einzelkaufmann dem Registergericht gegenüber zu erklären, dass seine gesamten Verbindlichkeiten sein gesamtes Vermögen vor Ausgliederung nicht übersteigen[2]. Bestehen substantiierte Zweifel an seiner Erklärung, kann das Gericht Nachweise verlangen (§ 26 FamFG).

10 Die Erklärung kann formlos abgegeben werden, zweckmäßigerweise in der Anmeldung oder in dem vom Einzelkaufmann ohnehin zu erstellenden Sachgründungsbericht. Sie kann auch getrennt erfolgen[3].

11 **Zur Eintragung** der neuen Gesellschaft siehe ergänzend § 137 UmwG Rz. 20 ff.

4. Anmeldung, Eintragung der Ausgliederung bei Einzelkaufmann

12 Zur **Anmeldung** der Ausgliederung und deren **Eintragung** im Register des Einzelkaufmanns, siehe Erl. zu § 154 UmwG; erfasst die Ausgliederung das gesamte Unternehmen des Einzelkaufmanns, ist das Erlöschen der Firma des Einzelkaufmanns vorsorglich in der Anmeldung zu erklären, damit die Löschung der Firma von Amts wegen ohne Rückfragen des Gerichts erfolgen kann (§ 155 UmwG); für die **Bekanntmachung** der Eintragung der neuen Gesellschaft siehe § 137 UmwG Rz. 26.

5. Kosten

13 Es fallen Notar- und Gerichtskosten an (siehe hierzu § 137 UmwG Rz. 29 ff.). Der Notar erhebt für den Ausgliederungsplan mit Gesellschaftsvertrag/Satzung der neuen Gesellschaft eine 1,0-Gebühr nach Nr. 21200 KV GNotKG, weil es sich dabei um eine einseitige Erklärung handelt. Wert: ausgegliedertes Aktiv-Vermögen ohne Schuldenabzug (§§ 107 Abs. 1, 97 Abs. 1, 38 GNotKG; Mindestwert 30 000 Euro, Höchstwert 10 Mio. Euro). Kosten für den Ausgliederungsbeschluss entfallen (siehe Rz. 5). Zu den Gerichtskosten siehe § 19 UmwG Rz. 18.

§§ 161–173

Ausgliederung aus dem Vermögen rechtsfähiger Stiftungen sowie aus dem Vermögen von Gebietskörperschaften oder Zusammenschlüssen von Gebietskörperschaften nicht kommentiert.

---

1 Vgl. *Dehmer*, 1. Aufl., § 56e UmwG 1969 Anm. 6 mwN.
2 *Mayer* in Widmann/Mayer, § 160 UmwG Rz. 9.
3 Vgl. *Priester* in Scholz, 7. Aufl., § 56e UmwG Rz. 7.

Viertes Buch
Vermögensübertragung

Erster Teil
Möglichkeit der Vermögensübertragung

§ 174
Arten der Vermögensübertragung

(1) Ein Rechtsträger (übertragender Rechtsträger) kann unter Auflösung ohne Abwicklung sein Vermögen als Ganzes auf einen anderen bestehenden Rechtsträger (übernehmender Rechtsträger) gegen Gewährung einer Gegenleistung an die Anteilsinhaber des übertragenden Rechtsträgers, die nicht in Anteilen oder Mitgliedschaften besteht, übertragen (Vollübertragung).

(2) Ein Rechtsträger (übertragender Rechtsträger) kann

1. unter Auflösung ohne Abwicklung sein Vermögen aufspalten durch gleichzeitige Übertragung der Vermögensteile jeweils als Gesamtheit auf andere bestehende Rechtsträger,

2. von seinem Vermögen einen Teil oder mehrere Teile abspalten durch Übertragung dieses Teils oder dieser Teile jeweils als Gesamtheit auf einen oder mehrere bestehende Rechtsträger oder

3. aus seinem Vermögen einen Teil oder mehrere Teile ausgliedern durch Übertragung dieses Teils oder dieser Teile jeweils als Gesamtheit auf einen oder mehrere bestehende Rechtsträger

gegen Gewährung der in Absatz 1 bezeichneten Gegenleistung in den Fällen der Nummer 1 oder 2 an die Anteilsinhaber des übertragenden Rechtsträgers, im Falle der Nummer 3 an den übertragenden Rechtsträger (Teilübertragung).

Die Vermögensübertragung betrifft den Fall der Übertragung des ganzen (**Vollübertragung**) oder von Teilen (**Teilübertragung**) des Vermögens eines Rechtsträgers auf einen anderen bestehenden Rechtsträger (es gibt also keine Vermögensübertragung im Wege der Neugründung). Sowohl Vollübertragung (§ 174 Abs. 1 UmwG) als auch Teilübertragung (§ 174 Abs. 2 UmwG) weisen das allgemeine Merkmal der Umwandlungen nach dem UmwG, nämlich die Gesamtrechtsnachfolge, auf. Bei der Teilübertragung gibt es zudem Parallelen zur Aufspaltung (§ 174 Abs. 2 Nr. 1 UmwG), zur Abspaltung (§ 174 Abs. 2 Nr. 2 UmwG) und zur Ausgliederung (§ 174 Abs. 2 Nr. 3 UmwG). Sowohl bei der Vollübertragung als auch bei der Teilübertragung ist eine Gegenleistung grundsätzlich an die Anteilsinhaber des übertragenden Rechtsträgers zu gewähren. Im 1

Gegensatz zur Verschmelzung und Spaltung kann die Gegenleistung nach § 174 Abs. 1 UmwG aber nicht in der Gewährung von Anteilen oder Mitgliedschaften bestehen. Bei Umstrukturierungen innerhalb des Konzerns ist in Bezug auf die Gegenleistung zudem eine Besonderheit zu beachten: Die Gegenleistung ist in dem Umfang ausgeschlossen, in dem der übernehmende Rechtsträger an dem übertragenden Rechtsträger beteiligt ist. Dem liegt der Gedanke zugrunde, dass die Anteilsinhaber des übertragenden Rechtsträgers sich nicht selbst aus ihrem Vermögen eine Gegenleistung gewähren sollen[1]. Bei der Vollübertragung von einer 100-prozentigen Tochter auf die Muttergesellschaft ist die Gegenleistung daher vollständig ausgeschlossen, bei nur teilweiser Beteiligung entsprechend anteilig[2]. In der Literatur wird darüber hinaus teilweise ein Verzicht der Anteilseigner auf die Gegenleistung in analoger Anwendung der §§ 54 Abs. 1 Satz 3, 68 Abs. 3 Satz 1 UmwG für möglich gehalten, jedoch aufgrund der damit einhergehenden Rechtsunsicherheiten nicht empfohlen[3]. Schließlich kann es immer nur einen übertragenden Rechtsträger geben. Dies grenzt das Rechtsinstitut von der Verschmelzung ab. Das Gesetz sieht nicht ausdrücklich vor, dass der Begriff der Vollübertragung in der Dokumentation zwingend verwendet werden muss. Eine Vollübertragung kann im Wege der Auslegung auch dann vorliegen, wenn der Umwandlungsvertrag fälschlicherweise als Verschmelzung durch Aufnahme bezeichnet ist, jedoch die Vollübertragung gewollt war und deren Voraussetzungen vorliegen[4].

2 Das Schicksal des übertragenden Rechtsträgers gestaltet sich verschieden, je nachdem welche Variante der Vermögensübertragung vollzogen wird. Bei der Vollübertragung wird der übertragende Rechtsträger ebenso wie bei Verschmelzung ohne Abwicklung aufgelöst (§ 174 Abs. 1 UmwG). Dasselbe gilt bei der Übertragung aller Vermögensteile analog zur Aufspaltung (§ 174 Abs. 2 Nr. 1 UmwG). Werden analog zur Abspaltung und Ausgliederung nur Teile übertragen, so bleibt der übertragende Rechtsträger bestehen (§ 174 Abs. 2 Nr. 2 und 3 UmwG).

---

1 *Heckschen* in Widmann/Mayer, § 174 UmwG Rz. 29; *Fonk* in Semler/Stengel, § 174 UmwG Rz. 23; *H. Schmidt* in Lutter, § 174 UmwG Rz. 8.
2 *Heckschen* in Widmann/Mayer, § 174 UmwG Rz. 29; *Fonk* in Semler/Stengel, § 174 UmwG Rz. 23; *H. Schmidt* in Lutter, § 174 UmwG Rz. 8.
3 *Heckschen* in Widmann/Mayer, § 174 UmwG Rz. 30.
4 Vgl. OLG Dresden v. 22.10.2014 – 17 W 1160/14, NotBZ 2015, 313.

§ 175
Beteiligte Rechtsträger

Eine Vollübertragung ist oder Teilübertragungen sind jeweils nur möglich
1. von einer Kapitalgesellschaft auf den Bund, ein Land, eine Gebietskörperschaft oder einen Zusammenschluss von Gebietskörperschaften;
2. a) von einer Versicherungs-Aktiengesellschaft auf Versicherungsvereine auf Gegenseitigkeit oder auf öffentlich-rechtliche Versicherungsunternehmen;
   b) von einem Versicherungsverein auf Gegenseitigkeit auf Versicherungs-Aktiengesellschaften oder auf öffentlich-rechtliche Versicherungsunternehmen;
   c) von einem öffentlich-rechtlichen Versicherungsunternehmen auf Versicherungs-Aktiengesellschaften oder auf Versicherungsvereine auf Gegenseitigkeit.

Der Anwendungsbereich der Vermögensübertragung ist sehr eingeschränkt. Es 1 gibt einmal die Übertragung des Vermögens oder von Vermögensteilen einer Kapitalgesellschaft auf die öffentliche Hand (§ 175 Nr. 1 UmwG)[1]. Dieser Fall ist im Zweiten Teil des Vierten Buchs (§§ 176, 177 UmwG) besonders geregelt. Es gibt weiterhin die Vermögensübertragung unter Versicherungsunternehmen (§ 175 Nr. 2 UmwG). Beteiligte können außer öffentlich-rechtlichen Versicherungsunternehmen nur Versicherungsvereine auf Gegenseitigkeit und Aktiengesellschaften, die den Betrieb von Versicherungsgeschäften zum Gegenstand haben (§ 109 UmwG), sein. Die Vermögensübertragung unter Versicherungsunternehmen ist im Dritten Teil des Vierten Buchs (§§ 178–189 UmwG) besonders geregelt. Im Übrigen gelten die Bestimmungen des Verschmelzungs- und Spaltungsrechts entsprechend[2].

§§ 176–189

Übertragung des Vermögens oder von Vermögensteilen einer Kapitalgesellschaft auf die öffentliche Hand sowie Vermögensübertragung unter Versicherungsunternehmen nicht kommentiert.

---

1 Vgl. OLG Dresden v. 22.10.2014 – 17 W 1160/14, NotBZ 2015, 313.
2 *H. Schmidt* in Lutter, Vor § 174 UmwG Rz. 6; *Leuering* in KölnKomm. UmwG, § 174 UmwG Rz. 5.

Fünftes Buch
Formwechsel

Erster Teil
Allgemeine Vorschriften

§ 190
Allgemeiner Anwendungsbereich

(1) Ein Rechtsträger kann durch Formwechsel eine andere Rechtsform erhalten.

(2) Soweit nicht in diesem Buch etwas anderes bestimmt ist, gelten die Vorschriften über den Formwechsel nicht für Änderungen der Rechtsform, die in anderen Gesetzen vorgesehen oder zugelassen sind.

1. Gesetzesaufbau	1	5. Änderungen der Rechtsform nach Vorschriften außerhalb des UmwG	13
2. Wesen des Formwechsels	6	6. Zwingendes Recht, Anwendbarkeit außerhalb des UmwG	16
3. Grundstruktur des Ablaufs eines Formwechsels	8	7. Internationaler Formwechsel	19
4. Beteiligte Rechtsträger; numerus clausus der Formwechselfälle (Analogieverbot)	9		

Literatur: *Balzer*, Die Umwandlung von Vereinen der Fußball-Bundesligen in Kapitalgesellschaften zwischen Gesellschafts-, Vereins- und Verbandsrecht, ZIP 2001, 175; *Bayer/ J. Schmidt*, Das Vale-Urteil des EuGH: Die endgültige Bestätigung der Niederlassungsfreiheit als „Formwechselfreiheit", ZIP 2012, 1481; *Berninger*, Die Unternehmergesellschaft (haftungsbeschränkt) – Sachkapitalerhöhungsverbot und Umwandlungsrecht, GmbHR 2010, 63; Deutsches Notarinstitut (Hrsg.), Gutachten zum Umwandlungsrecht, 1996/97; *Eberle*, Anmerkungen zu Kadel, „Die Umwandlung eines Einzelunternehmens in eine UG (haftungsbeschränkt) bzw. GmbH", BWNotZ 2010, 178; *Fischer*, Formwechsel zwischen GmbH und GmbH & Co. KG, BB 1995, 2173; *Freund*, Der Rechtsformwechsel zwischen Personengesellschaften, 2005; *Friedemann*, Umwandlungen von GmbH und GmbH & Co. KG in eine GmbH & Co. KGaA, GmbHR 2002, 310 (Teil I), GmbHR 2002, 359 (Teil II); *Heckschen*, Identität der Anteilseigner beim Formwechsel, DB 2008, 2122; *Heinemann*, Die Unternehmergesellschaft als Zielgesellschaft von Formwechsel, Verschmelzung und Spaltung nach dem Umwandlungsgesetz, NZG 2008, 820; *Hennrichs*, Formwechsel und Gesamtrechtsnachfolge bei Umwandlungen, einschließlich Verschmelzung und Spaltung, 1995; *Hennrichs*, Zum Formwechsel und zur Spaltung nach dem neuen Umwandlungsgesetz, ZIP 1995, 794; *Jaensch*, Der grenzüberschreitende Formwechsel: Das EuGH-Urteil VALE, EWS 2012, 353; *Kadel*, Die Umwandlung eines Einzelunternehmens in eine UG (haftungsbeschränkt) bzw. GmbH, BWNotZ 2010, 46; *Kallmeyer*, Der Ein- und Austritt der

Komplementär-GmbH einer GmbH & Co. KG bei Verschmelzung, Spaltung und Formwechsel nach dem UmwG 1995, GmbHR 1996, 80; *Kallmeyer*, Der Einsatz von Spaltung und Formwechsel nach dem UmwG 1995 für die Zukunftssicherung von Familienunternehmen, DB 1996, 28; *Kallmeyer*, Der Formwechsel der GmbH oder GmbH & Co. in die AG oder KGaA zur Vorbereitung des Going public, GmbHR 1995, 888; *Kallmeyer*, Gläubigerschutz bei Umwandlung beteiligungsidentischer GmbH & Co. KG, GmbHR 2000, 541; *Kallmeyer*, Die GmbH & Co. KG im Umwandlungsrecht, GmbHR 2000, 418; *Mayer/Kretzschmar/Oeser*, Die Umwandlung von Sportvereinen in Kapitalgesellschaften, 2. Aufl. 1998; *N. Meister*, Die Auswirkungen des MoMiG auf das Umwandlungsrecht, NZG 2008, 767; *H.-J. Mertens*, Die formwechselnde Umwandlung einer GmbH in eine Aktiengesellschaft mit Kapitalerhöhung und die Gründungsvorschriften, AG 1995, 561; *Meyer-Landrut/Kiem*, Der Formwechsel einer Publikumsaktiengesellschaft – Erste Erfahrungen aus der Praxis –, WM 1997, 1361 (Teil I), WM 1997, 1413 (Teil II); *Neye*, Partnerschaft und Umwandlung, ZIP 1997, 722; *von der Osten*, Die Umwandlung einer GmbH in eine GmbH & Co., GmbHR 1995, 438; *Priester*, Gründungsrecht contra Identitätsprinzip – Kapitalausstattung beim Formwechsel, FS Zöllner, 1999, S. 449; *Priester*, Kapitalgrundlage beim Formwechsel, DB 1995, 911; *Priester*, Mitgliederwechsel im Umwandlungszeitpunkt, DB 1997, 560; *Reiner*, Formwechsel einer SE in eine KGaA und „vernünftige" Zweifel an der Auslegung des Art. 66 SE-VO, Der Konzern 2011, 135; *K. Schmidt*, Formwechsel zwischen GmbH und GmbH & Co. KG, GmbHR 1995, 693; *K. Schmidt*, Umwandlung von Vorgesellschaften? §§ 41 AktG, 11 GmbHG und umwandlungsrechtlicher numerus clausus, FS Zöllner, 1999, S. 521; *T. Schöne*, Das Aktienrecht als „Maß aller Dinge" im neuen Umwandlungsrecht?, GmbHR 1995, 325; *Schwedhelm*, Die Umstrukturierung von Kapitalgesellschaften in Personengesellschaften zur Vorbereitung der Unternehmensnachfolge, ZEV 2003, 8; *Sigel*, Von der GmbH in die GmbH & Co. KG, GmbHR 1998, 1208; *Steck*, „Going private" über das UmwG – Das Gesellschaftsrecht des „kalten Delisting", AG 1998, 460; *Steffan/Schmidt*, Die Auswirkungen der Euro-Einführung bei GmbH, Genossenschaft und Personengesellschaft sowie im Umwandlungsrecht, DB 1998, 709; *Streck/Mack/Schwedhelm*, Verschmelzung und Formwechsel nach dem neuen Umwandlungsgesetz, GmbHR 1995, 161; *Teichmann*, Der grenzüberschreitende Formwechsel ist spruchreif: das Urteil des EuGH in der Rs. Vale, DB 2012, 2085; *Tettinger*, UG (umwandlungsbeschränkt)?, Der Konzern 2008, 75; *Thiermann*, „Grenzüberschreitende Neugründung einer Gesellschaft" – ein neues Rechtsinstitut innerhalb der Europäischen Union?, EuZW 2012, 209; *Timm*, Die Rechtsfähigkeit der Gesellschaft des bürgerlichen Rechts und ihre Haftungsverfassung – Notwendigkeit einer Neuorientierung im Anschluss an §§ 191, 202 UmwG, NJW 1995, 3209; *Veil*, Der nicht-verhältniswahrende Formwechsel von Kapitalgesellschaften – Eröffnet das neue Umwandlungsgesetz den partiellen Ausschluss von Anteilsinhabern?, DB 1996, 2529; *Veil*, Umwandlung einer Aktiengesellschaft in eine Gesellschaft mit beschränkter Haftung, 1996; *Wertenbruch*, Partnerschaftsgesellschaft und neues Umwandlungsrecht, ZIP 1995, 712; *Wiedemann*, Identität beim Rechtsformwechsel, ZGR 1999, 568; *Zöllner*, Grundsatzüberlegungen zur umfassenden Umstrukturierbarkeit der Gesellschaftsformen nach dem Umwandlungsgesetz, FS Claussen, 1997, S. 423; *Zürbig*, Der Formwechsel einer Personengesellschaft in eine Kapitalgesellschaft, 1999.

§ 190 | Formwechsel – Allgemeine Vorschriften

1. Gesetzesaufbau

1 Wie für die anderen Grundformen der Umwandlung gilt auch für den Formwechsel zunächst das nur aus einem Paragraphen bestehende Erste Buch des UmwG (Arten der Umwandlung, gesetzliche Beschränkungen, § 1 UmwG).

2 Anders als etwa das Spaltungsrecht (§§ 123–173 UmwG), das durch umfassende Verweisungen auf dem Verschmelzungsrecht (§§ 2–122 UmwG) aufbaut, enthält das Recht des Formwechsels im Fünften Buch eine selbständig ausformulierte, eigenständige und in sich geschlossene Regelung, die nur ausnahmsweise bei besonderer Ähnlichkeit der Sach- und Rechtslage auf Einzelvorschriften des Verschmelzungsrechts verweist.

3 Das aus zwei Teilen bestehende Fünfte Buch enthält in seinem Ersten Teil die **Allgemeinen Vorschriften (§§ 190–213 UmwG)**, welche rechtsformübergreifend für alle Arten des im UmwG vorgesehenen Formwechsels gelten.

4 In seinem Zweiten Teil enthält das Fünfte Buch die **Besonderen Vorschriften (§§ 214–304 UmwG)**, welche rechtsformspezifisch ergänzende und abändernde Bestimmungen treffen für den Formwechsel

- **von Personengesellschaften** (Personenhandelsgesellschaften, Partnerschaftsgesellschaften) in Kapitalgesellschaften und eingetragene Genossenschaften (Erster Abschnitt, §§ 214–225c UmwG),

- **von Kapitalgesellschaften** (Zweiter Abschnitt, §§ 226–257 UmwG) in Personengesellschaften (§§ 228–237 UmwG), in Kapitalgesellschaften anderer Rechtsform (§§ 238–250 UmwG) oder in eingetragene Genossenschaften (§§ 251–257 UmwG),

- **von eingetragenen Genossenschaften** (Dritter Abschnitt, §§ 258–271 UmwG),

- **von rechtsfähigen Vereinen** (Vierter Abschnitt, §§ 272–290 UmwG),

- **von Versicherungsvereinen auf Gegenseitigkeit** (Fünfter Abschnitt, §§ 291–300 UmwG) und

- **von Körperschaften und Anstalten des öffentlichen Rechts** (Sechster Abschnitt, §§ 301–304 UmwG).

5 Die **Rangfolge von allgemeinen und besonderen Vorschriften** ist also grundsätzlich dreistufig (§ 1 UmwG als allgemeine Vorschrift des Umwandlungsrechts, §§ 190–213 UmwG als allgemeine Vorschriften des Formwechselrechts, §§ 214–304 UmwG als besondere Vorschriften für die verschiedenen Formwechselfälle).

2. Wesen des Formwechsels

Das Wesen des Formwechsels liegt im Wechsel der Rechtsform bei **Wahrung der Identität des Rechtsträgers:** Da der Rechtsträger identisch bleibt, findet ein Vermögensübergang nicht statt[1].

Die Institution des identitätswahrenden Rechtsformwechsels war nach dem vor Inkrafttreten des UmwG geltenden Recht nur für den Formwechsel einer Kapitalgesellschaft in eine Kapitalgesellschaft anderer Rechtsform vertraut (§§ 362 ff. AktG aF). Das UmwG lässt auch den Formwechsel von Personengesellschaften in Kapitalgesellschaften (§§ 214 ff. UmwG) und von Kapitalgesellschaften in Personengesellschaften (§§ 226, 228 ff. UmwG) zu. Die Zulassung des identitätswahrenden Formwechsels auch für diese Fälle bricht mit traditionellen gesellschaftsrechtlichen Vorstellungen[2]. Sie ist als gesetzgeberische Entscheidung verbindlich, auch wenn ihre dogmatische Bewältigung Schwierigkeiten bereitet. Nach einer Auffassung stellt sie das Wesen der Personengesellschaft als Gesamthandsgemeinschaft insgesamt zur Disposition, so dass die Personengesellschaft nunmehr als juristische Person zu behandeln ist[3]. Nach anderer Ansicht enthält sie nur eine rechtliche Fiktion, welche die gewollten Rechtsfolgen ermöglicht, nämlich die Kontinuität des Rechtssubjekts und der ihm zugeordneten dinglichen und schuldrechtlichen Rechtsverhältnisse[4]. Als Folge der Anerkennung der Rechtssubjektivität der Gesamthandsgemeinschaft durch den BGH[5] hat die Kontroverse an Bedeutung verloren. Zu den praktischen Auswirkungen des Identitätsprinzips vgl. § 191 UmwG Rz. 10, § 194 UmwG Rz. 21 ff., § 202 UmwG Rz. 29 ff.

6

7

3. Grundstruktur des Ablaufs eines Formwechsels

Der Formwechsel erfordert grundsätzlich folgende Schritte:

8

a) **Umwandlungsbericht:** Das Vertretungsorgan des formwechselnden Rechtsträgers erstattet den Umwandlungsbericht (§ 192 UmwG).

b) **Umwandlungsbeschluss:** Die Anteilsinhaber des formwechselnden Rechtsträgers fassen den Umwandlungsbeschluss (§§ 193 ff. UmwG).

---

1 Begr. RegE, BT-Drucks. 12/6699, S. 136.
2 Vgl. Begr. RegE, BT-Drucks. 12/6699, S. 136: „... entspricht einer modernen Auffassung von der Natur der Personenhandelsgesellschaft".
3 Vgl. *K. Schmidt*, AcP 191 (1991), 495 (509); *Timm*, NJW 1995, 3209; *Raiser*, AcP 194 (1994), 495 (498, 512); *Raiser* in FS Zöllner, 1999, S. 469; kritisch: *Ulmer*, AcP 198 (1998), 113 (120); *Wiedemann*, ZGR 1996, 286 (289); *Zöllner* in FS Claussen, 1997, S. 423 (429).
4 Vgl. *Hennrichs*, ZIP 1995, 794 (796, 797); *Streck/Mack/Schwedhelm*, GmbHR 1995, 161 (171).
5 Vgl. grundlegend BGH v. 29.1.2001 – II ZR 331/00, BGHZ 146, 341 (346); BGH v. 17.5.2011 – II ZR 285/09, NJW 2011, 2355 = MDR 2011, 927.

c) **Anmeldung zum Register:** Die neue Rechtsform ist zur Eintragung in das maßgebliche Register anzumelden (§§ 198, 199 UmwG).

d) **Eintragung und Bekanntmachung:** Wirksam wird der Formwechsel mit der Eintragung der neuen Rechtsform im Register (§ 202 UmwG). Die Eintragung ist durch das Gericht bekannt zu machen (§ 201 UmwG).

4. Beteiligte Rechtsträger; numerus clausus der Formwechselfälle (Analogieverbot)

9 An dem Formwechsel ist begriffsnotwendig (Identität des Rechtsträgers: Rz. 6, 7) jeweils nur **ein einziger Rechtsträger** beteiligt (§ 1 Abs. 1 UmwG)[1].

10 Das Gesetz regelt ausschließlich den Formwechsel von Rechtsträgern mit **Sitz im Inland** (§ 1 Abs. 1 Nr. 4 UmwG; vgl. Rz. 19 und Vor §§ 122a–122l UmwG Rz. 14 f. zum internationalen Formwechsel).

11 Welche Rechtsträger ihrer Rechtsform nach formwechselfähig sind, legt § 191 UmwG in Abs. 1 und Abs. 2 in einem Katalog „formwechselnder Rechtsträger" (§ 191 Abs. 1 UmwG) und in einem Katalog der zugelassenen „Rechtsträger neuer Rechtsform" (§ 191 Abs. 2 UmwG) **enumerativ** fest. Aus diesen Katalogen ergeben sich iVm. den zugehörigen besonderen Bestimmungen des UmwG die Fälle des nach dem UmwG zugelassenen Formwechsels (vgl. § 191 UmwG Rz. 2 ff.). Vgl. zu den nach dem Fünften Buch zulässigen Arten des Formwechsels das Schaubild in § 191 UmwG Rz. 9.

12 Außer den durch das Fünfte Buch zugelassenen Fällen ist ein Formwechsel iS des UmwG nur möglich, wenn er durch ein anderes Bundes- oder Landesgesetz ausdrücklich zugelassen ist (§ 1 Abs. 1 Nr. 4, Abs. 2 UmwG). Die Festlegung der zugelassenen Typen des Formwechsels durch das UmwG ist damit abschließend (numerus clausus der Umwandlungsfälle; vgl. § 1 UmwG Rz. 16). Eine Zulassung weiterer Fälle ist auch durch analoge Anwendung des UmwG nicht möglich („ausdrücklich" in § 1 Abs. 2 UmwG; **Analogieverbot**).

5. Änderungen der Rechtsform nach Vorschriften außerhalb des UmwG

13 Die abschließende Regelung des UmwG gilt nur für die im UmwG geregelte Technik des Formwechsels; andere Techniken der Änderung der Rechtsform nach Vorschriften außerhalb des UmwG (und teilweise ohne Wahrung der

---

1 Vgl. Begr. RegE, BT-Drucks. 12/6699, S. 137.

Identität des betreffenden Rechtsträgers) bleiben davon unberührt (§ 1 Abs. 1 Nr. 4, Abs. 2 UmwG – „Umwandlung iS des Absatzes 1", § 190 Abs. 2 UmwG[1]).

Zulässige Änderungen der Rechtsform außerhalb des UmwG sind zB[2]: 14

- der Übergang von einer Form der Personenhandelsgesellschaft in eine andere Form der Personenhandelsgesellschaft (also Umwandlung einer OHG in eine KG durch Eintritt von Kommanditisten, Umwandlung einer KG in eine OHG durch Austritt von Kommanditisten, Änderung der Rechtsform einer OHG oder KG durch Umwandlung von Kommanditbeteiligungen in Komplementärbeteiligungen oder umgekehrt)[3];

- die Umwandlung einer GbR in eine OHG oder KG durch Aufnahme eines Handelsgewerbes oder durch Eintragung der Firma im Handelsregister, die Umwandlung einer OHG oder KG in eine GbR durch Beendigung des Handelsgewerbes oder Löschung der Firma (§ 105 Abs. 1, 2 HGB)[4] oder Vereinbarung zwischen den Gesellschaftern, den Gesellschaftszweck, der nicht Handelsgewerbe ist, nicht mehr in der Rechtsform der OHG, sondern der GbR betreiben zu wollen[5];

- die Umwandlung einer Kapitalgesellschaft & Co. bzw. einer Stiftung & Co. in eine reine Kapitalgesellschaft bzw. Stiftung durch Ausscheiden aller Kommanditisten mit Anwachsung bei der Kapitalgesellschaft bzw. Stiftung, welche die Komplementärstellung innehatte, oder durch Kapitalerhöhung gegen Einbringung der Kommanditeinlagen in die Komplementär-Kapitalgesellschaft[6];

- die Umwandlung einer KGaA in eine AG durch Ausscheiden aller Komplementäre; die KGaA wird zur AG[7];

- die Umwandlung einer GbR in eine Partnerschaftsgesellschaft gemäß § 2 Abs. 2 Halbsatz 2 PartGG iVm. § 24 Abs. 2 HGB[8];

---

1 Begr. RegE, BT-Drucks. 12/6699, S. 80.
2 Vgl. zu Fällen der Änderung der Rechtsform außerhalb des UmwG: *Vossius* in Widmann/Mayer, § 191 UmwG Rz. 22 (vgl. auch Rz. 23: Fälle, in denen Änderungen der Rechtsform auch nach allgemeinem Recht nicht möglich sind); *Schwedhelm*, Unternehmensumwandlung, 8. Aufl. 2016, passim; *Drinhausen/Keinath* in Henssler/Strohn, § 190 UmwG Rz. 14, 15 (zur sog. Mischverschmelzung); *Petersen* in KölnKomm. UmwG, § 190 UmwG Rz. 7 ff.
3 Vgl. *K. Schmidt*, ZGR 1990, 580 (590 ff. mwN).
4 Klarstellend, dass die bloße Beendigung des Handelsgewerbes bei eingetragener Gesellschaft aufgrund des § 105 Abs. 2 Satz 1 HGB alleine noch nicht zur Entstehung einer GbR führen kann, DNotI-Report 13/2011, 97 (99 f.).
5 Centrale-Gutachtendienst, GmbHR 2000, 1040.
6 Sog. erweitertes Einbringungsmodell; *Finken/Decher*, AG 1989, 391 (393 f.). Vgl. auch *N. Meister*, NZG 2008, 767 (768) (Einbringung aller Anteile an einer Personengesellschaft in eine an dieser beteiligten UG [haftungsbeschränkt]).
7 *Kallmeyer*, ZIP 1994, 1746 (1751).
8 Dazu BayObLG v. 26.11.1997 – 3Z BR 279/97, NJW 1998, 1158 = MDR 1998, 310; *Sommer*, NJW 1998, 3549.

– die Umwandlung einer Aktiengesellschaft in eine SE (Societas Europaea/Europäische Gesellschaft) gemäß Art. 37 der SE-Verordnung[1] oder einer SE in eine Aktiengesellschaft gemäß Art. 66 SE-Verordnung.

Der Übergang von der UG (haftungsbeschränkt) zur „normalen" GmbH durch Erhöhung des Stammkapitals auf 25 000 Euro (§ 5a Abs. 5 GmbHG)[2] stellt keine Änderung der Rechtsform dar, denn die UG (haftungsbeschränkt) ist bereits GmbH[3]. Vgl. im Übrigen § 191 UmwG Rz. 2 und 8. Auch die „Umwandlung" einer Partnerschaftsgesellschaft in eine **Partnerschaftsgesellschaft mit beschränkter Berufshaftung (mbB)** durch die Herbeiführung der Haftungsprivilegierung nach § 8 Abs. 4 PartGG stellt keinen Wechsel der Rechtsform dar. Bei der Partnerschaftsgesellschaft mbB handelt es sich lediglich um eine Rechtsformvariante[4]. Eine bereits bestehende Partnerschaft wird automatisch zur Partnerschaftsgesellschaft mbB, wenn und sobald sie die Berufshaftpflichtversicherung abschließt und unterhält (§ 8 Abs. 4 Satz 1 PartGG).

15 Bei **Planung einer Änderung der Rechtsform** wird jeweils zu prüfen sein, ob ein Formwechsel iS des UmwG nach den Vorschriften des UmwG die geeignete Technik darstellt, ob ein durch andere Gesetze etwa ausdrücklich zugelassener sonstiger Formwechsel iS des UmwG zur Verfügung steht und den Vorzug verdient oder ob eine sonstige Änderung der Rechtsform nach Vorschriften außerhalb des UmwG Vorteile bietet. Im Einzelfall wird auch zu prüfen sein, ob nicht das Ziel einer Änderung der Rechtsform am besten durch einen anderen Umwandlungsgrundtyp des UmwG (Verschmelzung, Spaltung, Vermögensübertragung) zu verwirklichen ist, auch wenn dessen Hauptfunktion nicht die Änderung der Rechtsform, sondern der Vermögensübergang im Wege der Gesamtrechtsnachfolge ist.

6. Zwingendes Recht, Anwendbarkeit außerhalb des UmwG

16 Die Vorschriften des UmwG zum Formwechsel sind zwingend, soweit sie nicht ausdrücklich abweichende Regelungen zulassen (§ 1 Abs. 3 Satz 1 UmwG). **Ergänzende Regelungen** in Verträgen, Satzungen und Willenserklärungen sind zulässig, soweit das UmwG nicht eine abschließende Regelung trifft (§ 1 Abs. 3 Satz 2 UmwG).

---

1 Verordnung (EG) Nr. 2157/2001 des Rates v. 8.10.2001 über das Statut der Europäischen Gesellschaft (SE), ABl. EG Nr. L 294 v. 10.11.2001, S. 1.
2 Dazu OLG Hamm v. 5.5.2011 – 27 W 24/11, GmbHR 2011, 655; OLG Stuttgart v. 13.10.2011 – 8 W 341/11, GmbHR 2011, 1275 und OLG München v. 7.11.2011 – 31 Wx 475/11, GmbHR 2011, 1276.
3 Vgl. RegE des MoMiG, BT-Drucks. 16/6140, S. 74 („Rechtsformvariante"); *Tettinger*, Der Konzern 2008, 75 (76); *Kadel*, BWNotZ 2010, 46 (47).
4 *Uwer/Roeding*, AnwBl 2013, 309 (311); vgl. zur PartGmBB allgemein *Sommer/Treptow*, NJW 2013, 3269; *Leuering*, NZG 2013, 1001.

Gemäß § 190 Abs. 2 UmwG gelten die Bestimmungen des Formwechselrechts 17
im Fünften Buch nicht für Änderungen der Rechtsform, die in anderen Gesetzen vorgesehen oder zugelassen sind[1], soweit im Fünften Buch des UmwG nicht etwas anderes bestimmt ist. Die Regelung betrifft die **Anwendung einzelner Bestimmungen** des Formwechselrechts **außerhalb des UmwG**. Anders als das aus dem numerus clausus der Umwandlungsfälle in § 1 Abs. 2 UmwG („ausdrücklich") hergeleitete Analogieverbot enthält § 190 Abs. 2 UmwG kein Analogieverbot[2], wie auch § 1 Nr. 2 UmwG nicht die analoge Anwendung einzelner Bestimmungen des UmwG verbietet (vgl. § 1 UmwG Rz. 19).

Die Regelung in § 190 Abs. 2 UmwG gilt sowohl für in anderen Gesetzen etwa zu- 18
gelassene Formwechsel iS des UmwG als auch für sonstige Änderungen der Rechtsform außerhalb des UmwG, die nicht Formwechsel iS des UmwG sind[3]. Die Vorschriften des Fünften Buches gelten insbesondere nicht für die Umwandlung einer AG in eine **Europäische Aktiengesellschaft (SE)** (Art. 37 SE-VO) oder umgekehrt (Art. 66 SE-VO); vgl. dazu Anhang I Rz. 92 ff. und § 191 UmwG Rz. 6.

7. Internationaler Formwechsel

Ein Formwechsel über die Grenze enthält zwei Elemente: den **Formwechsel** (dh. 19
die Änderung der Rechtsform) und die **Sitzverlegung** (dh. die Verlegung des statutarischen und/oder Verwaltungssitzes) **über die Grenze**. Ob und wie ein Formwechsel möglich ist, richtet sich aus deutscher Sicht nach §§ 1 Abs. 1 Nr. 4, 191 Abs. 1 und 2 UmwG. Ob und wie eine Sitzverlegung über die Grenze möglich ist, findet im UmwG derzeit keine Regelung, sondern richtet sich nach dem jeweils auf den formwechselnden Rechtsträger und den Rechtsträger neuer Rechtsform anwendbaren Normensystem des Herkunftsstaates und des Zuzugsstaates. De lege lata ist der Formwechsel nur bei bereits in Deutschland ansässigen Rechtsträgern vorgesehen[4]. Nach Art. 49 und 54 AEUV ist jedoch ein grenzüberschreitender Formwechsel unter Einhaltung der nationalen Vorschriften über die Gründung bzw. Umwandlung aufgrund der Niederlassungsfreiheit zu gewähren[5]. Bei einem grenzüberschreitenden Formwechsel mit Deutschland als Zuzug- oder Wegzugstaat sind daher die §§ 190 ff. UmwG europarechtskonform anzuwenden[6].

---

1 BGH v. 27.2.2004 – IXa ZB 162/03, AG 2004, 320 (321): keine Anwendung der §§ 192, 193 UmwG auf den unmittelbar durch Gesetz bewirkten Formwechsel der früheren DG Bank Genossenschaftsbank in eine AG.
2 So auch *Jaensch* in Keßler/Kühnberger, § 190 UmwG Rz. 11.
3 Begr. RegE, BT-Drucks. 12/6699, S. 137.
4 OLG Nürnberg v. 13.2.2012 – 12 W 2361/11, ZIP 2012, 572 (574); nun aber OLG Nürnberg v. 19.6.2013 – 12 W 520/13, ZIP 2014, 128.
5 EuGH v. 12.7.2012 – Rs. C-378/10, ZIP 2012, 1394 (1395 f.) - Vale.
6 OLG Nürnberg v. 19.6.2013 – 12 W 520/13, ZIP 2014, 128; *Heckschen*, ZIP 2015, 2049 (2050 f.); *Decher/Hoger* in Lutter, Vor § 190 UmwG Rz. 39.

Einzelheiten sind derzeit unklar[1]. Vom Formwechsel über die Grenze zu unterscheiden ist die identitäts- und rechtsformwahrende Sitzverlegung über die Grenze: Eine Änderung der Rechtsform findet gerade nicht statt. Vgl. zu EU-grenzüberschreitenden Umwandlungen im Übrigen Vor §§ 122a–122l UmwG Rz. 14 f.

§ 191
Einbezogene Rechtsträger

(1) Formwechselnde Rechtsträger können sein:
1. Personenhandelsgesellschaften (§ 3 Abs. 1 Nr. 1) und Partnerschaftsgesellschaften;
2. Kapitalgesellschaften (§ 3 Abs. 1 Nr. 2);
3. eingetragene Genossenschaften;
4. rechtsfähige Vereine;
5. Versicherungsvereine auf Gegenseitigkeit;
6. Körperschaften und Anstalten des öffentlichen Rechts.

(2) Rechtsträger neuer Rechtsform können sein:
1. Gesellschaften des bürgerlichen Rechts;
2. Personenhandelsgesellschaften und Partnerschaftsgesellschaften;
3. Kapitalgesellschaften;
4. eingetragene Genossenschaften.

(3) Der Formwechsel ist auch bei aufgelösten Rechtsträgern möglich, wenn ihre Fortsetzung in der bisherigen Rechtsform beschlossen werden könnte.

1. Einbezogene Rechtsträger, Formwechselfälle 1	5. Formwechsel zwischen Einmann-Kapitalgesellschaft und Personengesellschaft 10
2. Formwechselnde Rechtsträger (§ 191 Abs. 1 UmwG) 2	6. Formwechsel unter Beteiligung einer Kapitalgesellschaft/Stiftung & Co. . 13
3. Rechtsträger neuer Rechtsform (§ 191 Abs. 2 UmwG) 7	7. Formwechsel aufgelöster Rechtsträger (§ 191 Abs. 3 UmwG) 16
4. Schaubild der Formwechselfälle nach dem UmwG 9	8. Formwechsel von Vorgesellschaften 22

Literatur: Vgl. die Angaben zu § 190 UmwG.

---

[1] Im Einzelnen *Heckschen*, ZIP 2015, 2049 (2051) (für eine ergänzende Anwendung der Vorschriften über die Sitzverlegung nach Art. 7 SE-VO); ähnlich *Melchior*, GmbHR 2014, R 311: „Checkliste" der Richterinnen und Richter des Amtsgerichts Charlottenburg – Handelsregister – betreffend die anzuwendenden Rechtsnormen bei grenzüberschreitenden Sitzverlegungen.

Einbezogene Rechtsträger | § 191

1. Einbezogene Rechtsträger, Formwechselfälle

§ 191 UmwG enthält einen abschließenden (vgl. § 190 UmwG Rz. 12) Katalog 1
der Rechtsträger, die formwechselnde Rechtsträger (§ 191 Abs. 1 UmwG) oder
Rechtsträger neuer Rechtsform (§ 191 Abs. 2 UmwG) sein können. Nicht jeder
formwechselnde Rechtsträger iS von § 191 Abs. 1 UmwG kann in die Rechtsform jedes Rechtsträgers neuer Rechtsform iS von § 191 Abs. 2 UmwG wechseln. Welche Kombinationen im Einzelnen zulässig sind, ergibt sich aus § 191
Abs. 1 und 2 UmwG nur iVm. den zugehörigen Besonderen Vorschriften der
§§ 214–304 UmwG.

2. Formwechselnde Rechtsträger (§ 191 Abs. 1 UmwG)

§ 191 Abs. 1 UmwG fuhrt die als formwechselnde Rechtsträger (**Ausgangs-** 2
rechtsform) zugelassenen Rechtsträger in der Reihenfolge auf, in welcher im
Zweiten Teil die Besonderen Vorschriften für die verschiedenen Formwechselfälle aufeinander folgen: **Personenhandelsgesellschaften** (§ 191 Abs. 1 Nr. 1
UmwG) (OHG, KG); **Partnerschaftsgesellschaften** (§ 191 Abs. 1 Nr. 1 UmwG);
Kapitalgesellschaften (§ 191 Abs. 1 Nr. 2 UmwG) (GmbH, als Unterform der
GmbH ist auch die UG (haftungsbeschränkt) ein von § 191 Abs. 1 Nr. 2 UmwG
erfasster formwechselnder Rechtsträger[1], AG, KGaA); **eingetragene Genossenschaften** (§ 191 Abs. 1 Nr. 3 UmwG); **rechtsfähige Vereine** (§ 191 Abs. 1 Nr. 4
UmwG); **Versicherungsvereine auf Gegenseitigkeit** (§ 191 Abs. 1 Nr. 5
UmwG); **Körperschaften und Anstalten öffentlichen Rechts** (§ 191 Abs. 1
Nr. 6 UmwG).

§ 191 Abs. 1 UmwG lässt als formwechselnden Rechtsträger **nicht** zu den Ge- 3
schäftsbetrieb des **Einzelunternehmens** (gleichgültig, ob Handelsgewerbe iS von
§§ 1, 2 HGB oder nicht); offen ist jedoch der Weg aus dem Einzelhandelsunternehmen in die Einmann-Kapitalgesellschaft durch Ausgliederung gemäß
§§ 152–160 UmwG[2]. Auch **Stiftungen** können nicht Ausgangsrechtsform für einen Formwechsel sein, sondern nur einer Ausgliederung gemäß §§ 124 Abs. 1,
161–167 UmwG. Die **Erbengemeinschaft** kann ebenfalls nicht formwechselnder
Rechtsträger sein[3], ebenso nicht die **stille Gesellschaft**, der **nicht rechtsfähige
Verein**, der kleinere **Verein gemäß § 53 VAG** und die **Partenreederei**[4].

---

1 *Decher/Hoger* in Lutter, § 191 UmwG Rz. 2; *Tettinger*, Der Konzern 2008, 75 (77).
2 Zur „Umwandlung" eines Einzelunternehmens in eine UG (haftungsbeschränkt) bzw.
 GmbH vgl. *Kadel*, BWNotZ 2010, 46 und *Eberle*, BWNotZ 2010, 178. Zu der Frage
 der Umwandlung eines einzelkaufmännischen Unternehmens in eine GmbH & Co.
 KG ferner DNotI-Report 5/2012, 33.
3 DNotI, Gutachten zum Umwandlungsrecht, 1996, S. 2 ff.
4 *Decher/Hoger* in Lutter, § 191 UmwG Rz. 6; *Petersen* in KölnKomm. UmwG, § 191
 UmwG Rz. 7.

4 Weiter lässt § 191 Abs. 1 UmwG den Formwechsel aus der **Gesellschaft bürgerlichen Rechts** nicht zu[1]. Ein Bedürfnis der Einbeziehung der GbR als Ausgangsrechtsform wird insbesondere für die als Außengesellschaft auftretende GbR (zB Arbeitsgemeinschaft) gesehen, zumal die im Rechtsverkehr auftretende GbR als rechtsfähig anerkannt worden ist[2], jedenfalls dann, wenn die GbR ein Kleingewerbe betreibt[3]. Für letzteren Fall besteht die Notwendigkeit für die Einbeziehung der GbR nicht mehr, da gemäß § 105 Abs. 2 HGB eine Gesellschaft, die ein Kleingewerbe betreibt oder eigenes Vermögen verwaltet, durch Eintragung der Firma zur OHG wird, so dass es die Gesellschafter in der Hand haben, sich eine zulässige Ausgangsrechtsform zu geben[4].

5 Streitig ist, ob der Formwechsel aus der **Europäischen Wirtschaftlichen Interessenvereinigung (EWIV)** zulässig ist. Das ist zu bejahen, da gemäß § 1 EWIVAG die EWIV wie eine OHG zu behandeln und die für die OHG geltenden Vorschriften subsidiär auf die EWIV anzuwenden sind[5]. Eine im Geltungsbereich des UmwG gegründete **Europäische Gesellschaft (SE)** unterliegt gemäß Art. 9 Abs. 1 lit. c SE-Verordnung den inländischen Rechtsvorschriften über die AG. Dazu gehört auch das UmwG mit seinen auf die AG anwendbaren Bestimmungen. Eine bereits bestehende inländische SE kann daher formwechselnder Rechtsträger sein[6]; vgl. dazu Anhang I Rz. 131 f. Zu beachten ist jedoch die Sperrfrist des Art. 66 Abs. 1 Satz 2 SE-Verordnung.

6 Einstweilen frei.

3. Rechtsträger neuer Rechtsform (§ 191 Abs. 2 UmwG)

7 § 191 Abs. 2 UmwG lässt als Rechtsträger neuer Rechtsform (**Zielrechtsform**) vier Kategorien von Rechtsträgern zu: **Gesellschaften bürgerlichen Rechts** (§ 191 Abs. 2 Nr. 1 UmwG): Der Weg in die GbR als Zielrechtsform ist nur für Kapitalgesellschaften als Ausgangsrechtsform eröffnet (§ 226 UmwG); **Personenhandelsgesellschaften und Partnerschaftsgesellschaften** (§ 191 Abs. 2 Nr. 2 UmwG): Der Weg in die Personenhandelsgesellschaft (OHG, KG, EWIV) und die Partnerschaftsgesellschaft als Zielrechtsform ist nur für Kapitalgesellschaften als Ausgangsrechtsform eröffnet (§ 226 UmwG); **Kapitalgesellschaften**

---

1 Vgl. Begr. RegE, BT-Drucks. 12/6699, S. 147.
2 *Decher/Hoger* in Lutter, § 191 UmwG Rz. 3 unter Hinweis auf BGH v. 29.1.2001 – II ZR 331/00, BGHZ 146, 341 (346) = AG 2001, 307.
3 *Joost* in Lutter, Umwandlungsrechtstage, S. 246.
4 So auch *Petersen* in KölnKomm. UmwG, § 191 UmwG Rz. 8.
5 Ebenso *Decher/Hoger* in Lutter, § 191 UmwG Rz. 2; *K. Schmidt*, NJW 1995, 1 (7); *Joost* in Lutter, Umwandlungsrechtstage, S. 246; aA *Vossius* in Widmann/Mayer, § 191 UmwG Rz. 9, 10.
6 Kritisch *Reiner*, Der Konzern 2011, 135 (138 ff.) mwN.

(§ 191 Abs. 2 Nr. 3 UmwG): Der Weg in die Kapitalgesellschaft (GmbH, AG und KGaA) als Zielrechtsform ist für alle in § 191 Abs. 1 UmwG zugelassenen Ausgangsrechtsformen eröffnet; **eingetragene Genossenschaften** (§ 191 Abs. 2 Nr. 4) UmwG: Der Weg in die eingetragene Genossenschaft als Zielrechtsform ist für die Ausgangsrechtsform der Personenhandelsgesellschaften (OHG, KG, EWIV), der Partnerschaftsgesellschaften, der Kapitalgesellschaften und des rechtsfähigen Vereins eröffnet.

Nicht zugelassen als Zielrechtsform eines Formwechsels (Rechtsträger neuer Rechtsform) sind: der Geschäftsbetrieb eines **Einzelunternehmens** (gleichgültig ob Handelsgewerbe iS von §§ 1, 2 HGB oder nicht); offen ist dagegen der Weg der Verschmelzung auf natürliche Personen, die als Alleingesellschafter einer Kapitalgesellschaft deren Vermögen übernehmen (§ 3 Abs. 2 Nr. 2 UmwG), oder aus der Personengesellschaft durch Anwachsung; die **Stiftung**; der **rechtsfähige Verein** (nur als Ausgangsrechtsform zugelassen: § 191 Abs. 1 Nr. 4 UmwG); der **Versicherungsverein auf Gegenseitigkeit** (nur als Ausgangsrechtsform zugelassen: § 191 Abs. 1 Nr. 5 UmwG); die **Körperschaft und Anstalt öffentlichen Rechts** (nur als Ausgangsrechtsform zugelassen: § 191 Abs. 1 Nr. 6 UmwG). Auch die **UG (haftungsbeschränkt)** steht nicht als neue Rechtsform zur Verfügung: Sie kann nur durch Neugründung errichtet werden (§ 5a Abs. 1 Satz 1 GmbHG) und damit nicht durch Formwechsel, der keine Neugründung darstellt (vgl. § 197 UmwG Rz. 7)[1]. Außerdem sind bei der UG (haftungsbeschränkt) Sacheinlagen ausgeschlossen (§ 5a Abs. 2 Satz 2 GmbHG)[2]. 8

4. Schaubild der Formwechselfälle nach dem UmwG

Aus dem Zusammenspiel des Katalogs der zugelassenen Ausgangsrechtsformen und Zielrechtsformen mit den Besonderen Vorschriften des Fünften Buches ergeben sich folgende nach dem UmwG zugelassenen Formwechselfälle (numerus clausus: § 190 UmwG Rz. 12): 9

---

[1] *Berninger*, GmbHR 2010, 63 (66 ff.); ferner *Stengel* in Semler/Stengel, § 191 UmwG Rz. 14.
[2] Zur Unzulässigkeit der Neugründung einer UG (haftungsbeschränkt) durch Abspaltung mit Verweis auf das Sacheinlagenverbot BGH v. 11.4.2011 – II ZB 9/10, GmbHR 2011, 701 = EWiR 2011, § 5a GmbHG 2/11, 419 (*Priester*). Vgl. ferner *Heinemann*, NZG 2008, 820 f.; *N. Meister*, NZG 2008, 767 (768); *Tettinger*, Der Konzern 2008, 75 (77 f.). AA *Decher/Hoger* in Lutter, § 191 UmwG Rz. 5; *Drygala* in Lutter, § 3 UmwG Rz. 8 (Sacheinlageverbot trete in Umwandlungsfällen zurück).

§ 191 | Formwechsel – Allgemeine Vorschriften

In Von	GbR	oHG	KG	PartG	GmbH[1]	AG	KGaA	e.G.
GbR		1	1	4	3	3	3	
oHG	1		2		§§ 214–225	§§ 214–225	§§ 214–225	§§ 214–225
KG	1	2			§§ 214–225	§§ 214–225	§§ 214–225	§§ 214–225
PartG					§§ 225a–225c	§§ 225a–225c	§§ 225a–225c	§§ 225a–225c
GmbH[2]	§§ 226, 228–237	§§ 226, 228–237	§§ 226, 228–237	§§ 226, 228–237		§§ 226, 238–250	§§ 226, 238–250	§§ 226, 251–257
AG (SE)[3]	§§ 226, 228–237	§§ 226, 228–237	§§ 226, 228–237	§§ 226, 228–237	§§ 226, 238–250		§§ 226, 238–250	§§ 226, 251–257
KGaA	§§ 226, 228–237	§§ 226, 228–237	§§ 226, 228–237	§§ 226, 228–237	§§ 226, 238–250	§§ 226, 238–250		§§ 226, 227, 251–257
e.G.					§§ 258–271	§§ 258–271	§§ 258–271	
e.V.					§§ 272, 273–282	§§ 272, 273–282	§§ 272, 273–282	§§ 272, 283–290
großer VVaG					§§ 291–300			
Körperschaft/ Anstalt ö.R.					§§ 301–304	§§ 301–304	§§ 301–304	

Formwechsel außerhalb des UmwG:

1 Änderung der Rechtsform durch Eintragung/Löschung der Firma im Handelsregister (§ 105 Abs. 2 Satz 1 HGB) (§ 190 UmwG Rz. 14); Centrale-Gutachtendienst, GmbHR 2000, 1040: identitätswahrende Umwandlung einer OHG in eine GbR durch Vereinbarung zwischen den Gesellschaftern, den Gesellschaftszweck (der nicht Handelsgewerbe ist) nicht mehr als OHG, sondern als GbR betreiben zu wollen.

2 Änderung der Rechtsform durch Eintritt oder Austritt von Kommanditisten oder durch Umwandlung von Kommandit- in Komplementärbeteiligungen oder umgekehrt (§ 190 UmwG Rz. 14).

---

1 Außer UG (haftungsbeschränkt).
2 Einschließlich UG (haftungsbeschränkt). Vgl. auch *Tettinger*, Der Konzern 2008, 75 (77 Fn. 13), wonach eine Umwandlung direkt in eine AG wegen § 247 UmwG nicht durchführbar ist; siehe auch *N. Meister*, NZG 2008, 767 (768).
3 Vgl. oben Rz. 5.

3 Neugründung gegen Sacheinlage.
4 Umwandlung einer GbR in eine PartG gemäß § 2 Abs. 2 Halbsatz 2 PartGG iVm. § 24 Abs. 2 HGB (§ 190 UmwG Rz. 14).

5. Formwechsel zwischen Einmann-Kapitalgesellschaft und Personengesellschaft

Da die Personengesellschaft begriffsnotwendig mindestens zwei Gesellschafter 10 hat und der Formwechsel Identität der Anteilsinhaber voraussetzt (§ 194 UmwG Rz. 21 ff.; § 202 UmwG Rz. 29 ff.), ist weder der unmittelbare Formwechsel der Einmann-Kapitalgesellschaft unter Beitritt weiterer Gesellschafter in eine Personengesellschaft, noch der unmittelbare Formwechsel einer Personenhandelsgesellschaft unter Austritt von Gesellschaftern in eine Einmann-Kapitalgesellschaft möglich[1].

Der Wechsel aus einer **Einmann-Kapitalgesellschaft in eine Personengesell-** 11 **schaft** (Gesellschaft bürgerlichen Rechts oder Personenhandelsgesellschaft) ist jedoch dadurch möglich, dass die Einmann-Kapitalgesellschaft zunächst einen weiteren Gesellschafter erhält, sei es durch Anteilsabtretung oder im Wege der Kapitalerhöhung unter Bezugsrechtsausschluss, und anschließend durch Formwechsel in eine Personengesellschaft umgewandelt wird. Der Wechsel aus der **Personenhandelsgesellschaft in die Einmann-Kapitalgesellschaft** ist in der Weise möglich, dass zunächst der Formwechsel aus der Personenhandelsgesellschaft in eine Kapitalgesellschaft so erfolgt, dass jeder Gesellschafter der Personenhandelsgesellschaft auch Gesellschafter der Kapitalgesellschaft wird. Die Vereinigung der Anteile an der Kapitalgesellschaft in einer Hand muss anschließend vollzogen werden, zB dadurch, dass ein Gesellschafter die Anteile aller anderen Gesellschafter übernimmt oder alle Anteile mit Ausnahme der Anteile eines Gesellschafters eingezogen werden.

Nach anderer (herrschender) Auffassung (vgl. § 1 UmwG Rz. 11 und § 228 12 UmwG Rz. 7) soll der Beitritt oder Austritt von Gesellschaftern mit deren Zustimmung auch bereits im **Umwandlungsbeschluss** bestimmt werden können[2].

---

1 Vgl. *Priester*, DB 1997, 560 (562).
2 *Decher/Hoger* in Lutter, § 202 UmwG Rz. 12; *Bärwaldt* in Semler/Stengel, § 197 UmwG Rz. 13; *Kallmeyer*, GmbHR 1996, 80 ff.; *Priester*, DB 1997, 560 (566 f.); *K. Schmidt*, GmbHR 1995, 693 (695); *Jaensch* in Keßler/Kühnberger, § 202 UmwG Rz. 21; unklar BGH v. 9.5.2005 – II ZR 29/03, AG 2005, 613 unter Berufung auf BGH v. 17.5.1999 – II ZR 293/98, ZIP 1999, 1126 (1128) (obiter dictum): zulässig, dass „im Zuge" des Formwechsels ein neuer Komplementär (ohne Kapitalbeteiligung?) hinzutritt (wobei es in dem entschiedenen Fall gerade nicht um eine Einmann-AG als Ausgangsrechtsform ging, dh., der BGH hat nur gesagt, dass zu den bereits vorhandenen mehreren Anteilsinhabern ein neuer Komplementär hinzutreten kann; dazu *Heckschen*, DB 2008, 2122 (2123 f.); *Mayer* in Widmann/Mayer, § 197 UmwG Rz. 22.

Dogmatisch ist die aus Vereinfachungsgründen zu begrüßende Ansicht de lege lata nur schwer zu begründen, weil der Beitritt oder Austritt von persönlich haftenden Gesellschaftern nur für den Formwechsel in die oder aus der KGaA (§§ 218 Abs. 2, 247 Abs. 2 UmwG) sowie aus dem VVaG Niederschlag im Gesetz gefunden hat (dazu vgl. § 194 UmwG Rz. 26 und 27). Eine entsprechende Anwendung dieser Vorschriften dürfte nicht in Betracht kommen: Die KGaA ist Kapitalgesellschaft (und nicht Personengesellschaft) und kann als Einmann-Gesellschaft (mit Personenidentität zwischen alleinigem Komplementär und einzigem Kommanditaktionär) errichtet werden[1] und Zielrechtsform eines Formwechsels sein. Das Problem zweier Gesellschafter stellt sich also gerade nicht.

Außerdem können durch den Umwandlungsbeschluss selbst nur Änderungen in der Rechtsform, nicht aber Veränderungen in den Anteilsverhältnissen gestaltet werden. Dies wird dadurch deutlich, dass auch nach dieser Auffassung der eintretende/austretende Anteilsinhaber an dem Umwandlungsbeschluss (in Wahrheit dem Eintritt/Austritt bzw. der Anteilsübertragung) mitwirken muss und darüber hinaus alle Anteilsinhaber dem nicht verhältniswahrenden Formwechsel (in Wahrheit dem Eintritt/Austritt bzw. der Anteilsübertragung) zustimmen müssen. Wäre diese Auffassung richtig, müsste der nicht verhältniswahrende Formwechsel durch Mehrheitsbeschluss zulässig sein. Das wird jedoch nicht angenommen. Für die Praxis bleibt, dass nach beiden Auffassungen alle (betroffenen) gegenwärtigen und zukünftigen Anteilsinhaber an dem Umwandlungsbeschluss mitwirken müssen, so dass der Unterschied hauptsächlich in der Formulierung und in dem Zeitpunkt der Wirksamkeit des Eintritts/Austritts bzw. der Anteilsübertragung besteht. Aus Vorsichtsgründen ist in der Praxis bis zu einer etwaigen Gesetzesänderung der in Rz. 11 beschriebene Weg zu gehen. Zum Verhältnis zwischen Ein- und Austritt von Anteilsinhabern und Formwechsel vgl. auch § 194 UmwG Rz. 25 und § 202 UmwG Rz. 30.

6. Formwechsel unter Beteiligung einer Kapitalgesellschaft/Stiftung & Co.

13 Der klassische Fall der Kapitalgesellschaft/Stiftung & Co. ist die KG, an der als persönlich haftender Gesellschafter eine Kapitalgesellschaft oder Stiftung beteiligt ist (zB GmbH & Co. KG). Die Kapitalgesellschaft/Stiftung & Co. ist aber auch in der Rechtsform der OHG möglich, an der eine Kapitalgesellschaft oder Stiftung als Gesellschafter beteiligt ist, oder in der Rechtsform einer GbR (letztere nur als Rechtsträger neuer Rechtsform, nicht als formwechselnder Rechtsträger zugelassen; Rz. 4), an der eine Kapitalgesellschaft oder Stiftung beteiligt ist. In jedem Fall handelt es sich bei der Kapitalgesellschaft/Stiftung & Co. um eine „echte" Kommanditgesellschaft, offene Handelsgesellschaft oder Gesell-

---

[1] *Perlitt* in MünchKomm. AktG, 4. Aufl. 2015, § 280 AktG Rz. 27 ff.; *Hüffer/Koch*, § 278 AktG Rz. 5.

schaft bürgerlichen Rechts, die grundsätzlich in gleicher Weise als formwechselnder Rechtsträger oder als Rechtsträger neuer Rechtsform an einem Formwechsel beteiligt sein kann wie eine Personengesellschaft, an der nur natürliche Personen beteiligt sind[1].

Bei dem Formwechsel **aus der Kapitalgesellschaft/Stiftung & Co. in die Kapitalgesellschaft** werden alle kapitalmäßig an der Personengesellschaft beteiligten Gesellschafter kraft Formwechsels Gesellschafter der Kapitalgesellschaft. Häufig ist jedoch die Kapitalgesellschaft/Stiftung an der Personenhandelsgesellschaft nur als Komplementärin ohne Kapitalanteil beteiligt (klassischerweise so bei der GmbH & Co. KG). In diesem Fall kann bei strenger Anwendung des Gebots der Identität der Anteilsinhaber (§ 194 UmwG Rz. 21 ff.; § 202 UmwG Rz. 29 ff.) die Kapitalgesellschaft/Stiftung nicht kraft Formwechsels als Gesellschafterin ausscheiden, noch kann sie kraft Formwechsels Gesellschafter der Kapitalgesellschaft neuer Rechtsform werden. Hier bietet sich die (treuhänderische) Übertragung eines Zwergkapitalanteils an der formwechselnden Personengesellschaft auf die Komplementärin vor dem Formwechsel mit Rückübertragung nach dem Formwechsel an. Bei dem Formwechsel **aus der Kapitalgesellschaft in die Kapitalgesellschaft/Stiftung & Co.** werden alle Gesellschafter der Kapitalgesellschaft kraft Formwechsels (kapitalmäßig beteiligte) Gesellschafter der Personenhandelsgesellschaft. Soll eine Kapitalgesellschaft/Stiftung an der Personenhandelsgesellschaft nur als Komplementärin **ohne Kapitalanteil** beteiligt sein, lässt sich dieses Ergebnis bei strenger Anwendung des Gebots der Identität der Anteilsinhaber (§ 194 UmwG Rz. 21 ff.; § 202 UmwG Rz. 29 ff.) kraft bloßen Formwechsels ebenfalls nicht erreichen. Möglich ist jedoch, die als Komplementär ohne kapitalmäßige Beteiligung vorgesehene Kapitalgesellschaft/Stiftung vor dem Formwechsel (treuhänderisch) mit einem Zwerganteil an der formwechselnden Kapitalgesellschaft zu beteiligen. Nach dem Formwechsel überträgt sie den Kapitalanteil an der KG auf die Kommanditisten zurück[2].

14

Wegen der Umständlichkeit dieser Hilfskonstruktionen wird die aus Vereinfachungsgründen zu begrüßende Ansicht vertreten, der Eintritt bzw. das Ausscheiden der Komplementär-GmbH könnten im Umwandlungsbeschluss selbst bestimmt werden (vgl. Literaturangaben in Rz. 12; § 1 UmwG Rz. 11; § 228

15

---

1 Vgl. Begr. RegE, BT-Drucks. 12/6699, S. 137.
2 Vgl. BayObLG v. 4.11.1997 – 3Z BR 333/99, DB 2000, 36 (37) = GmbHR 2000, 89: zukünftige Komplementär-GmbH kann in der Zeit zwischen Fassung des Umwandlungsbeschlusses und Eintragung des Formwechsels Gesellschafter der formwechselnden GmbH werden; Centrale-Gutachtendienst, GmbHR 1998, 4 und GmbHR 1998, 83: Vor-GmbH (als Komplementär-GmbH) kann Anteil an formwechselnder GmbH erwerben, so dass Eintragung des Formwechsels bereits vor Eintragung der Komplementär-GmbH möglich; DNotI, Gutachten zum Umwandlungsrecht, 1996, S. 314 ff., 321 ff.; *Sigel*, GmbHR 1998, 1208 (1210); *von der Osten*, GmbHR 1995, 438 (439); *Priester*, DNotZ 1995, 427 (449). Zur Umwandlung der Personengesellschaft in die GmbH & Co. KGaA *Haritz*, GmbHR 1997, 592; *Niedner/Kusterer*, DB 1998, 2405.

UmwG Rz. 7)[1]. Diese Auffassung ist aus den in Rz. 12 genannten Gründen weiterhin kritisch[2] und der Praxis aus Vorsichtsgründen bis zu einer etwaigen Gesetzesänderung nach wie vor nicht zu empfehlen. Zum Verhältnis zwischen Ein- und Austritt von Anteilsinhabern und Formwechsel vgl. auch § 194 UmwG Rz. 25 und § 202 UmwG Rz. 30.

7. Formwechsel aufgelöster Rechtsträger (§ 191 Abs. 3 UmwG)

16 Gemäß § 191 Abs. 3 UmwG ist der Formwechsel aufgelöster Rechtsträger (nur) möglich, wenn ihre Fortsetzung in der bisherigen Rechtsform beschlossen werden könnte.

17 Die Vorschrift entspricht den Regelungen von § 3 Abs. 3 UmwG für die Verschmelzung und von § 124 Abs. 2 UmwG für die Spaltung.

18 Zweck der Vorschrift ist sicherzustellen, dass nur solche aufgelösten Rechtsträger durch Formwechsel umgewandelt werden können, die im Zeitpunkt des Umwandlungsbeschlusses **noch über Vermögen verfügen**, das den Gläubigern nach dem Formwechsel als Haftungsmasse des Rechtsträgers neuer Rechtsform zur Verfügung steht[3].

19 Ob der Rechtsträger aufgelöst ist und ob die Fortsetzung von den Anteilsinhabern beschlossen werden kann, richtet sich nach den Vorschriften, welche für die Rechtsform des formwechselnden Rechtsträgers gelten[4].

20 Für die **OHG/KG** ergeben sich die Auflösungsgründe aus § 131 Abs. 1 HGB. Für die **Kapitalgesellschaft & Co. KG** gilt zusätzlich § 131 Abs. 2 HGB. Für die **GmbH** gilt § 60 GmbHG, für die **AG** § 262 AktG und für die **KGaA** § 289 AktG. Die Gesellschafter können die Fortsetzung beschließen, wenn im Falle der Auf-

---

1 Dazu auch Vorschläge des Handelsrechtsausschusses des Deutschen Anwaltvereins e.V. zur Änderung des UmwG, NZG 2000, 802 (807): Gesetzgeber sollte Ausscheiden und Beitritt von Gesellschaftern ohne Anteil am Gesellschaftsvermögen erlauben; *K. Schmidt*, GmbHR 1995, 693 (696); *Kallmeyer*, GmbHR 1995, 888 (889); *Kallmeyer*, GmbHR 1996, 80 (82); *Priester*, DB 1997, 560 (566); *Bayer*, ZIP 1997, 1613 (1617); *Bärwaldt/Schabacker*, ZIP 1998, 1293 (1294, 1298); *Wiedemann*, ZGR 1999, 568 (578); BGH v. 17.5.1999 – II ZR 293/98, ZIP 1999, 1126 (1128) zu § 23 LwAnpG betrifft anderen Fall: Treuhandkommanditist zur Vertretung einer Vielzahl von Anteilsinhabern verstößt gegen Identitätsprinzip.
2 Überinterpretiert (so *Stoye-Benk/Cutura*, Handbuch Umwandlungsrecht, 3. Aufl. 2012, S. 305) wird insbesondere BGH v. 9.5.2005 (siehe Rz. 12): Der BGH sagt in seinem obiter dictum nur, dass „im Zuge" eines Formwechsels ein neu hinzutretender Komplementär „gewählt" werden könne, nicht aber, dass dieser „durch" den Formwechsel (vgl. § 247 Abs. 2 UmwG) beitrete.
3 Vgl. Begr. RegE zu § 214 UmwG und § 39 UmwG, BT-Drucks. 12/6699, S. 148, 97 f.; *Jaensch* in Keßler/Kühnberger, Umwandlungsrecht, § 191 UmwG Rz. 8.
4 *Decher/Hoger* in Lutter, § 191 UmwG Rz. 10; *Stratz* in Schmitt/Hörtnagl/Stratz, § 191 UmwG Rz. 34; *Drinhausen/Keinath* in Henssler/Strohn, § 191 UmwG Rz. 7.

lösung durch Eröffnung des Insolvenzverfahrens das Verfahren auf Antrag des Schuldners eingestellt oder nach Bestätigung eines Insolvenzplans, der den Fortbestand der Gesellschaft vorsieht, aufgehoben wird (§ 144 Abs. 1 HGB; § 60 Abs. 1 Nr. 4 GmbHG; § 274 Abs. 2 Nr. 1 AktG; § 289 Abs. 1 AktG iVm. §§ 161, 144 Abs. 1 HGB; vgl. auch Anhang II Rz. 14–16). Seit dem Inkrafttreten des Gesetzes zur weiteren Erleichterung der Sanierung von Unternehmen (ESUG) kann der Insolvenzplan gesellschaftsrechtliche Strukturmaßnahmen und damit auch einen Formwechsel vorsehen (§ 225a Abs. 3 InsO)[1]. Die Fortsetzung kann nicht mehr beschlossen werden, wenn die Eröffnung des Insolvenzverfahrens mangels Masse abgelehnt worden ist (§§ 143 Abs. 1, 131 Abs. 2 HGB; § 60 Abs. 1 Nr. 5 GmbHG; § 262 Abs. 1 Nr. 4 AktG; § 289 Abs. 2 Nr. 1 AktG)[2] oder die Gesellschaft überschuldet ist[3] oder mit der Verteilung des Vermögens bereits begonnen wurde[4] oder das Insolvenzverfahren nach dem Schlusstermin (§ 200 InsO) oder mangels Masse eingestellt wird (§ 207 InsO)[5].

Für aufgelöste **Personenhandelsgesellschaften** gilt zusätzlich zu § 191 Abs. 3 UmwG einschränkend **§ 214 Abs. 2 UmwG**, wonach der Formwechsel nicht gestattet ist, wenn die Gesellschafter nach § 145 Abs. 1 HGB im Gesellschaftsvertrag eine andere Art der Auseinandersetzung als die Abwicklung oder den Formwechsel vereinbart haben, zB die Übernahme des Handelsgeschäfts durch einen Gesellschafter oder die Einbringung des Handelsgeschäfts in eine Kapitalgesellschaft (vgl. Erl. zu § 214 UmwG). 21

8. Formwechsel von Vorgesellschaften

Eine Vorgesellschaft kann nicht formwechselnder Rechtsträger sein[6]. Dies gilt jedoch nur für den Zeitpunkt des Wirksamwerdens des Formwechsels. Der Umwandlungsbeschluss kann den Formwechsel einer Vorgesellschaft vorsehen. Die Anmeldung zur Eintragung erfolgt mit der Maßgabe, dass zunächst der Rechtsträger in der ursprünglichen Rechtsform und dann der Formwechsel eingetragen werden[7]. Beim Formwechsel in die Kapitalgesellschaft & Co. KG kann die Komplementär-Kapitalgesellschaft bereits im Stadium der Vorgesellschaft einen 22

---

1 *Decher/Hoger* in Lutter, § 191 UmwG Rz. 11; Brünkmans, ZInsO 2014, 2533 (2548).
2 KG Berlin v. 22.9.1998 – 1 W 2161/97, GmbHR 1998, 1232.
3 BayObLG v. 4.2.1998 – 3Z BR 462/97, ZIP 1998, 739 (740) = GmbHR 1998, 540: auch dann, wenn die Auflösung auf einem Beschluss der Gesellschafter beruht.
4 OLG Naumburg v. 6.7.1997 – 7 U 236/96, GmbHR 1997, 1152 (1154) = EWiR § 3 UmwG 1/97, 807 (*Bayer*).
5 So auch *Petersen* in KölnKomm. UmwG, § 191 UmwG Rz. 22.
6 *Drygala* in Lutter, § 3 UmwG Rz. 5; *Decher/Hoger* in Lutter, § 191 UmwG Rz. 7.
7 *K. Schmidt* in FS Zöllner, 1999, S. 521 (527 f.); *Schwedhelm*, Unternehmensumwandlung, 8. Aufl. 2016, Rz. 1209; *Stratz* in Schmitt/Hörtnagl/Stratz, § 3 UmwG Rz. 23; *Jaensch* in Keßler/Kühnberger, § 191 UmwG Rz. 3.

Anteil an dem formwechselnden Rechtsträger erwerben[1]. Neben dem Formwechsel der Vorgesellschaft mit Zwischeneintragung des Rechtsträgers in der ursprünglichen Rechtsform soll außerhalb des UmwG auch eine Direktumwandlung der Vorgesellschaft ohne Zwischeneintragung zulässig sein[2].

§ 192
Umwandlungsbericht

(1) Das Vertretungsorgan des formwechselnden Rechtsträgers hat einen ausführlichen schriftlichen Bericht zu erstatten, in dem der Formwechsel und insbesondere die künftige Beteiligung der Anteilsinhaber an dem Rechtsträger rechtlich und wirtschaftlich erläutert und begründet werden (Umwandlungsbericht). § 8 Abs. 1 Satz 2 bis 4 und Abs. 2 ist entsprechend anzuwenden. Der Umwandlungsbericht muss einen Entwurf des Umwandlungsbeschlusses enthalten.

(2) Ein Umwandlungsbericht ist nicht erforderlich, wenn an dem formwechselnden Rechtsträger nur ein Anteilsinhaber beteiligt ist oder wenn alle Anteilsinhaber auf seine Erstattung verzichten. Die Verzichtserklärungen sind notariell zu beurkunden.

1. Allgemeines 1	6. Erstattung des Berichts durch das Vertretungsorgan 35
2. Bestandteile des Umwandlungsberichts 7	7. Form, Adressat, Fristen; sonstige Empfänger; sonstige Berichtspflichten
3. Erläuterungs- und Begründungsteil des Umwandlungsberichts (§ 192 Abs. 1 Satz 1, 2 UmwG)	a) Form, Adressat, Fristen 38
a) Allgemeines 8	b) Sonstige Empfänger 41
b) Eingehen auf besondere Bewertungsschwierigkeiten 13	c) Sonstige Berichts- und Informationspflichten 44
c) Angaben zu Angelegenheiten verbundener Unternehmen ... 15	8. Sachgründungsbericht 47
4. Entwurf des Umwandlungsbeschlusses (§ 192 Abs. 1 Satz 3 UmwG) 16	9. Grundsätzlich keine Prüfung des Formwechsels 49
	10. Verzicht auf den Umwandlungsbericht (§ 192 Abs. 2 UmwG) 56
5. Keine Pflicht zu nachteiligen Offenlegungen 30	11. Mängel des Umwandlungsberichts 61

Literatur: *Bayer/J. Schmidt*, Der Regierungsentwurf zur Änderung des Umwandlungsgesetzes, NZG 2006, 841; *Engelmayer*, Informationsrechte und Verzichtsmöglichkeiten im

---

1 Centrale-Gutachtendienst, GmbHR 1998, 4 und GmbHR 1998, 83; vgl. Rz. 14 aE.
2 *K. Schmidt* in FS Zöllner, 1999, S. 521 (529 ff.).

Umwandlungsgesetz, BB 1998, 330; *Heckschen*, Die Entwicklung des Umwandlungsrechts aus Sicht der Rechtsprechung und Praxis, DB 1998, 1385; *Hüffer*, Die gesetzliche Schriftform bei Berichten des Vorstands gegenüber der Hauptversammlung, FS Claussen, 1997, S. 171; *Keil*, Der Verschmelzungsbericht nach § 340a AktG, 1990; *Mayer/Weiler*, Aktuelle Änderungen des Umwandlungsrechts aus Sicht der notariellen Praxis, MittBayNot 2007, 368; *H.-J. Mertens*, Die Gestaltung von Verschmelzungs- und Verschmelzungsprüfungsbericht, AG 1990, 20; *Messer*, Die Kausalität von Mängeln des Verschmelzungsberichts als Voraussetzung für die Anfechtbarkeit des Verschmelzungsbeschlusses, FS Quack, 1991, S. 321; *Möller*, Der aktienrechtliche Verschmelzungsbeschluss, 1991; *Nirk*, Der Verschmelzungsbericht nach § 340a AktG, FS Steindorff, 1990, S. 187; *Noelle*, Gegenstand der Umwandlungsprüfung nach § 378 Abs. 3 AktG, AG 1990, 475; *Priester*, Strukturänderungen – Beschlussvorbereitung und Beschlussfassung, ZGR 1990, 420; *Rodewald*, Zur Ausgestaltung von Verschmelzungs- und Verschmelzungsprüfungsbericht – Transparenzgebot versus Unternehmensschutz, BB 1992, 237; *Timm*, Der Verschmelzungsbericht der „Hypothekenbank-Schwestern", ZIP 1990, 270; vgl. auch die Angaben zu § 8 UmwG.

1. Allgemeines

§ 192 UmwG schreibt für den Formwechsel einen Umwandlungsbericht vor. Die Regelung verweist teilweise auf die Bestimmungen für den Verschmelzungsbericht (§ 192 Abs. 1 Satz 2 UmwG iVm. § 8 Abs. 1 Satz 2 bis 4 und Abs. 2 UmwG). Bei der entsprechenden Anwendung von § 8 Abs. 1 Satz 2 bis 4 und Abs. 2 UmwG ist zu berücksichtigen, dass der Verschmelzungsbericht den Vorgang eines Vermögensübergangs begründet und erläutert, während der Umwandlungsbericht des § 192 UmwG den Formwechsel unter Wahrung der Identität des Rechtsträgers **ohne Vermögensübergang** betrifft (§ 190 UmwG Rz. 6). 1

Der Umwandlungsbericht soll den Anteilsinhabern rechtzeitig vor der Beschlussfassung über die Umwandlung, dh. spätestens zusammen mit der Einberufung der Gesellschafterversammlung wirtschaftliche und rechtliche Informationen als Beurteilungsgrundlage zur Vorbereitung ihrer Entscheidung über den Formwechsel zur Verfügung stellen[1]. Er dient dem **Schutz der Anteilsinhaber**, und zwar ausschließlich der Anteilsinhaber, nicht etwa der Arbeitnehmer (arg. § 192 Abs. 2 UmwG: Umwandlungsbericht nicht erforderlich, wenn nur ein Anteilsinhaber beteiligt; Recht zum Verzicht durch alle Anteilsinhaber)[2]. Ein ausreichender Umwandlungsbericht liegt nicht vor, wenn ein zunächst lückenhafter Umwandlungsbericht erst auf Fragen der Anteilsinhaber in der Gesellschafterversammlung ergänzt wird[3], nicht wesentliche Klarstellungen oder Ergänzungen sind jedoch zulässig. 2

---

1 OLG Frankfurt/M. v. 25.6.2003 – 20 W 415/02, GmbHR 2003, 1274 (1275).
2 Vgl. auch Begr. RegE zu § 8 UmwG, BT-Drucks. 12/6699, S. 84.
3 *Decher/Hoger* in Lutter, § 192 UmwG Rz. 15 mwN; LG Mainz v. 19.12.2000 – 10 HK O 143/99, DB 2001, 1136 (1137, 1138) = AG 2002, 247; BGH v. 29.10.1990 – II ZR 146/89, ZIP 1990, 1560 (1562) = AG 1991, 102.

3   § 192 UmwG ist **zwingend**. **Abweichende Regelungen** sind nicht zulässig (§ 1 Abs. 3 Satz 1 UmwG). Gesellschaftsvertrag oder Satzung können nicht etwa Erleichterungen ad hoc für einen konkreten Formwechsel oder generell für künftige Formwechsel vorsehen. Zum Verzicht aller Anteilsinhaber auf einen Umwandlungsbericht vgl. § 192 Abs. 2 UmwG und Rz. 56 ff.; der Verzicht kann nur für den konkreten Formwechsel, nicht etwa vorweg für künftige Formwechsel, schon gar nicht mit Wirkung für künftige Anteilsinhaber erklärt werden, auch nicht, wenn dies im Gesellschaftsvertrag oder in der Satzung unter Wahrung der Form notarieller Beurkundung (§ 192 Abs. 2 UmwG) geschieht[1]. **Ergänzende Regelungen** zum Umwandlungsbericht in Gesellschaftsvertrag oder Satzung sind zulässig, da § 192 UmwG keine abschließende Regelung enthält (§ 1 Abs. 3 Satz 2 UmwG). Damit wären verschärfende Vorschriften hinsichtlich Inhalt und Form des Berichts und Zeitpunkt der Berichterstattung zulässig; zulässig wäre auch die Bestimmung, dass der Umwandlungsbericht zu prüfen ist.

4   Ein Umwandlungsbericht ist grundsätzlich für alle Formwechselfälle vorgeschrieben (§ 192 Abs. 1 Satz 1 UmwG)[2]. Er ist jedoch **entbehrlich**, wenn an dem formwechselnden Rechtsträger **nur ein Anteilsinhaber beteiligt ist** (§ 192 Abs. 2 Satz 1 UmwG). Ist formwechselnder Rechtsträger eine Personenhandelsgesellschaft, ist ein Umwandlungsbericht dann entbehrlich, wenn **alle Gesellschafter zur Geschäftsführung berechtigt** sind (§ 215 UmwG). Der Umwandlungsbericht ist schließlich auch entbehrlich, wenn **alle Anteilsinhaber** auf ihn **verzichten** (§ 192 Abs. 2 UmwG, vgl. Rz. 56 ff.).

5   Da der Umwandlungsbericht für alle Formwechselfälle vorgeschrieben ist (Rz. 4), hat er **unabhängig von der Rechtsform** des formwechselnden Rechtsträgers grundsätzlich den gleichen Anforderungen zu genügen[3].

6   Der Umwandlungsbericht oder die Erklärungen über den Verzicht auf seine Erstellung sind **der Registeranmeldung** des Formwechsels **beizufügen** (§ 199 UmwG). In geeigneten Fällen sollten daher die Anteilsinhaber auf den Umwandlungsbericht verzichten.

2. Bestandteile des Umwandlungsberichts

7   Der Umwandlungsbericht besteht aus **zwei Teilen**[4]. Kern des Umwandlungsberichts ist der **Erläuterungs- und Begründungsteil** (§ 192 Abs. 1 Satz 1

---

1 Ebenso *Drygala* in Lutter, § 8 UmwG Rz. 56 (zum Verzicht auf den Verschmelzungsbericht).
2 Begr. RegE zu § 192 UmwG, BT-Drucks. 12/6699, S. 138.
3 Ebenso *Decher/Hoger* in Lutter, § 192 UmwG Rz. 11; kritisch *Schöne*, GmbHR 1995, 325 (334).
4 Checkliste zum Umwandlungsbericht bei *Mayer* in Widmann/Mayer, § 192 UmwG Rz. 99 und *Althoff/Narr* in Böttcher/Habighorst/Schulte, § 192 UmwG Rz. 6; Muster für ausführlichen Umwandlungsbericht in Widmann/Mayer, Anhang 4 Mustersätze, Rz. M 168.

UmwG; vgl. Rz. 8 ff.). Zusätzlich muss der Bericht den **Entwurf des Umwandlungsbeschlusses** enthalten (§ 192 Abs. 1 Satz 3 UmwG; vgl. Rz. 16 ff.). Entfallen ist das frühere Erfordernis, dem Umwandlungsbericht eine Vermögensaufstellung beizufügen. Die Sinnhaftigkeit der Regelung war verbreitet in Frage gestellt worden, da ohnehin wegen der Anwendbarkeit der Gründungsvorschriften (§ 197 Satz 1 UmwG) im Rahmen der Gründungsprüfung ein Werthaltigkeitsnachweis zu führen und für die Bemessung der Barabfindung eine Unternehmensbewertung vorzunehmen ist (§§ 208, 30 Abs. 2 UmwG)[1].

3. Erläuterungs- und Begründungsteil des Umwandlungsberichts (§ 192 Abs. 1 Satz 1, 2 UmwG)

a) Allgemeines

Der Formwechsel ist rechtlich und wirtschaftlich **zu erläutern**. Das erfordert die Darstellung der **rechtlichen und wirtschaftlichen Änderungen**, welche der Formwechsel **für den Rechtsträger** mit sich bringt, ebenso der steuerlichen Folgen[2]. Das Gesetz verlangt insbesondere auch die Erläuterung der künftigen Beteiligung der Anteilsinhaber an dem Rechtsträger neuer Rechtsform (§ 192 Abs. 1 Satz 1 UmwG). Die Darstellung muss sich auch auf die wesentlichen rechtlichen, wirtschaftlichen und grundlegenden **steuerlichen Folgen** des Formwechsels **für die Anteilseigner** erstrecken (§ 192 Abs. 1 Satz 2 UmwG iVm. § 8 Abs. 1 Satz 1 UmwG)[3]. Der Anteilsinhaber ist auf alle wesentlichen Änderungen in seiner Rechtsstellung hinzuweisen, welche sich aus dem Formwechsel ergeben[4]. Da der Formwechsel idR keine quantitative Änderung der Beteiligungsverhältnisse zur Folge hat (zu Ausnahmen vgl. § 194 UmwG Rz. 34), wird die Erläuterung die qualitative Änderung der Anteils- und Mitgliedschaftsrechte zum Gegenstand haben[5].

8

---

1 Vgl. *Bayer/Schmidt*, NZG 2006, 841 (846); *Mayer/Weiler*, MittBayNot 2007, 368 (374).
2 *Stratz* in Schmitt/Hörtnagl/Stratz, § 192 UmwG Rz. 11 und 13; *Decher/Hoger* in Lutter, § 192 UmwG Rz. 26; zur Darlegung der steuerlichen Folgen im Verschmelzungsbericht OLG Hamm v. 4.3.1999 – 8 W 11/99, ZIP 1999, 798 (802) = AG 1999, 422 (Hauptsacheverfahren LG Essen v. 8.2.1999 – 44 O 249/98, AG 1999, 329) (Thyssen/Krupp).
3 *Meyer-Landruth/Kiem*, WM 1997, 1413 (1416): nur abstrakte Darstellung der steuerlichen Folgen.
4 *Priester*, ZGR 1990, 420 (428): keine lehrbuchhafte Darlegung der Rechte und Pflichten des Anteilsinhabers in der neuen Rechtsform; *Bayer*, ZIP 1997, 1613 (1619): Mitteilung über individuelle Beteiligungsquote und generelle Änderungen in der Beteiligungsstruktur; *Decher/Hoger* in Lutter, § 192 UmwG Rz. 21 f. und 25: Hinweis auf Delisting bei dem Formwechsel einer börsennotierten AG.
5 Begr. RegE, BT-Drucks. 12/6699, S. 138; LG Heidelberg v. 7.8.1996 – O 4/96 KfH II, DB 1996, 1768 (1770); vgl. auch *Schöne*, GmbHR 1995, 326 (331): zum Verschmelzungsbericht gemäß § 8 Abs. 1 UmwG.

§ 192 | Formwechsel – Allgemeine Vorschriften

9   **Erläuterungen** sind zB zu geben zu Übertragbarkeit und Beleihbarkeit der **Anteile**, etwaigen Änderungen in den **Beteiligungsverhältnissen**, Abgeltung von **Sonderrechten**, Informations- und sonstigen **Minderheitenrechten**, Geschäftsführungsbefugnissen, Haftungsfragen, außergewöhnlichen Bestimmungen in Satzung/Gesellschaftsvertrag. Zur Erläuterung des Formwechsels gehört auch die Stellungnahme dazu, ob die Voraussetzungen für **bare Zuzahlungen** iS von § 196 UmwG vorliegen (§ 196 UmwG Rz. 6). Weiter gehört zu ihr die Erläuterung der angebotenen **Barabfindung** (vgl. im Einzelnen § 207 UmwG Rz. 21)[1], die eine Unternehmensbewertung erforderlich macht (§§ 208, 30 Abs. 2 UmwG).

10 Die rechtliche und wirtschaftliche **Begründung** des Formwechsels erfordert eine Darstellung und **Abwägung** der rechtlichen und wirtschaftlichen **Vor- und Nachteile** des Formwechsels für das Unternehmen und für die Anteilsinhaber[2]. Sie muss darlegen, warum die Vorteile die Nachteile überwiegen, gegebenenfalls unter Nennung und Erörterung anderer Gestaltungsmöglichkeiten, die erwogen, aber verworfen wurden[3]. Die Pflicht, den Formwechsel zu begründen, besagt aber nicht, dass ein Formwechsel einer sachlichen Rechtfertigung bedürfte, deren Vorliegen gerichtlich überprüfbar wäre[4] (§ 193 UmwG Rz. 10), sondern nur, dass die Vor- und Nachteile des Formwechsels so darzulegen sind, wie das Vertretungsorgan sie sieht[5]. **Überprüfbar** ist **gerichtlich**, ob die Gründe dargelegt sind, von denen sich das Vertretungsorgan leiten lässt, **nicht, ob** die **Abwägung** und Schlussfolgerung **sachlich richtig** ist.

11 Das Gesetz verlangt einen **ausführlichen Umwandlungsbericht**, in dem der Formwechsel und die zukünftige Beteiligung der Anteilsinhaber rechtlich und wirtschaftlich zu erläutern und zu begründen ist (§ 192 Abs. 1 Satz 1 UmwG). Die Unbestimmtheit des Rechtsbegriffs der Ausführlichkeit und des Umfangs der Erläuterungs- und Begründungspflicht stellt die Praxis wie bei der Verschmelzung (§ 8 UmwG Rz. 1) vor erhebliche Schwierigkeiten[6]. Der Bericht sollte sich an der umfangreichen Rechtsprechung und Literatur zum Verschmel-

---

1   LG Heidelberg v. 7.8.1996 – O 4/96 KfH II, DB 1996, 1768 (1769); KG v. 27.11.1998 – 14 U 2892/97, AG 1999, 126 (128) (Aqua Butzke-Werke AG); aA Vorinstanz LG Berlin v. 26.2.1997 – 99 O 17/96, GmbHR 1997, 658.
2   *Decher/Hoger* in Lutter, § 192 UmwG Rz. 18; *Bayer*, ZIP 1997, 1613 (1620): Darlegung, warum auf Grund der bisherigen Entwicklung und der für die Zukunft gestellten Prognosen die Änderung der Rechtsform zweckmäßig erscheint.
3   BGH v. 19.4.1982 – II ZR 55/81, BGHZ 83, 319 (326) = MDR 1982, 825; LG München v. 31.8.1999 – 5 HKO 8188/99, AG 2000, 86 (87) (MHM Mode); LG Mannheim v. 19.12.2013 – 23 O 50/13, AG 2014, 589 (590).
4   Vgl. OLG Stuttgart v. 26.11.2007 – 20 W 8/07, AG 2008, 464 (465) (Aesculap); *Decher/Hoger* in Lutter, § 193 UmwG Rz. 9; *Göthel* in Lutter, § 233 UmwG Rz. 52.
5   Vgl. *Priester*, ZGR 1990, 420 (433).
6   *Petersen* in KölnKomm. UmwG, § 192 UmwG Rz. 7.

zungsbericht gemäß § 340a AktG aF orientieren[1] wie auch an der Rechtsprechung zum Verschmelzungsbericht nach dem UmwG[2].

Für die **gerichtliche Überprüfung** gilt, dass der Bericht eine schlüssige und plausible Darstellung der wesentlichen Umstände und Gründe enthalten muss, welche einem verständigen Anteilsinhaber unter Berücksichtigung der beigefügten Unterlagen eine ausreichende Entscheidungsgrundlage bietet. Der Bericht muss einem verständigen Anteilsinhaber eine **Plausibilitätskontrolle** ermöglichen[3]. In den Bericht gehören nur Aussagen, die zum Verständnis des Zusammenhangs erforderlich sind oder bei deren Fehlen die Entscheidung eines vernünftigen Anteilsinhabers möglicherweise anders ausfallen würde. 12

b) Eingehen auf besondere Bewertungsschwierigkeiten

Auf besondere Schwierigkeiten der Bewertung ist hinzuweisen (§ 192 Abs. 1 Satz 2 iVm. § 8 Abs. 1 Satz 2 UmwG). Gemeint sind Schwierigkeiten bei der Bestimmung der angebotenen Barabfindung. Dabei ist auch anzugeben, in welcher Weise man den Schwierigkeiten Rechnung getragen hat (vgl. § 8 UmwG Rz. 24). 13

Nach der Rechtsprechung zum Verschmelzungsbericht gemäß § 340a AktG aF bzw. § 8 UmwG zur Darstellung des Unternehmenswertes für das Umtauschverhältnis – entsprechend beim Formwechsel für die Berechnung der Barabfindung gemäß § 207 UmwG – darf sich der Bericht nicht auf die Darlegung der Bewertungsgrundsätze beschränken[4], sondern muss **Angaben und Zahlen** enthalten, die eine **Plausibilitätskontrolle** ermöglichen[5]. Als ausreichend wurde angese- 14

---
1 BGH v. 22.5.1989 – II ZR 206/88, BGHZ 107, 296 ff. (Kochs/Adler); BGH v. 18.12.1989 – II ZR 254/88, ZIP 1990, 168 ff. (DAT/Altana II); BGH v. 29.10.1990 – II ZR 146/89, ZIP 1990, 1560 ff. = AG 1991, 102 (SEN); BGH v. 2.7.1990 – II ZB 1/90, BGHZ 112, 9 ff. (Hypothekenbank-Schwestern), jeweils mit Vorinstanzen.
2 OLG Düsseldorf v. 15.3.1999 – 17 W 18/99, ZIP 1999, 793 = AG 1999, 418 = EWiR § 8 UmwG 1/99, 1185 (*Keil*) (Thyssen/Krupp); OLG Hamm v. 4.3.1999 – 8 W 11/99, ZIP 1999, 798 (802) = AG 1999, 422 (Thyssen/Krupp); LG München I v. 31.8.1999 – 5 HKO 8188/99, AG 2000, 86 und LG München I v. 5.8.1999 – 5 HKO 11213/99, AG 2000, 87 (MHM Mode); OLG Düsseldorf v. 11.8.2006 – I-15 W 110/05, DB 2006, 2223 (2224 ff.) = AG 2007, 363.
3 *Decher/Hoger* in Lutter, § 192 UmwG Rz. 10; *Stratz* in Schmitt/Hörtnagl/Stratz, § 192 UmwG Rz. 8; vgl. auch OLG Frankfurt/M. v. 20.3.2012 – 5 AktG 4/11, NotBZ 2012, 305/307 = AG 2012, 414: unzulässiger Verschmelzungsbericht; OLG Jena v. 5.11.2008 – 6 W 288/08, AG 2009, 582: Bericht muss nicht ermöglichen, einzelne Vorgänge bis in alle Einzelheiten nachzuvollziehen; OLG Stuttgart v. 26.11.2007 – 20 W 8/07, AG 2008, 464 (466) (Aesculap); OLG Düsseldorf v. 11.8.2006 – I-15 W 110/05, DB 2006, 2223 (2224 ff.) = AG 2007, 363 (Verschmelzungsbericht); vgl. Rz. 14.
4 BGH v. 29.10.1990 – II ZR 146/89, ZIP 1990, 1560 (1561) (SEN) und BGH v. 18.12.1989 – II ZR 254/88, ZIP 1990, 168 (169) (DAT/Altana II).
5 LG Frankenthal v. 5.10.1989 – 2 (HK) O 80/89, ZIP 1990, 232 (234, 270) = AG 1990, 549 (Hypothekenbank-Schwestern), mit Anm. *Timm*; OLG Karlsruhe v. 30.6.1989 – 15 U 76/

hen, das Bewertungsergebnis, Erläuterungen zum Kapitalisierungszinssatz sowie das zugrunde liegende Zahlenwerk aufgeschlüsselt nach Umsatzerlösen, Bestandsveränderungen/Eigenleistungen, Materialaufwand, Personalaufwand, übrige Aufwendungen, Abschreibungen/Investitionen, Beteiligungsergebnis, Zinsergebnis, Steuern, Ergebnisanteil der Anteilsinhaber sowie Prognosen/Planzahlen unter Hinweis auf vorhandene Aufträge, Nachfrage, Konjunkturaussichten, optimierte Strukturen und Produktivitätssteigerungen anzugeben[1], im Konzern idR auf konsolidierter Basis[2]. Bezüglich des Angebots der angemessenen Barabfindung ist anzugeben, welche Bewertungsmethoden angewandt wurden und aus welchen Gründen die Anwendung dieser Methoden angemessen ist[3]. Die Höhe der Barabfindung muss (unter Beachtung der vorstehenden Grundsätze) plausibel erläutert werden[4], ebenso die Höhe einer eventuellen baren Zuzahlung (falls ausnahmsweise einschlägig). Die Verletzung von Informations-, Auskunfts- oder Berichtspflichten im Zusammenhang mit der gemäß § 207 UmwG anzubietenden Barabfindung kann jedoch nicht durch Klage gegen die Wirksamkeit des Umwandlungsbeschlusses gerügt werden, sondern wegen des Klageausschlusses in § 210 UmwG ausschließlich im Spruchverfahren[5].

c) Angaben zu Angelegenheiten verbundener Unternehmen

15 Ist der formwechselnde Rechtsträger ein verbundenes Unternehmen iS von § 15 AktG, so sind Angaben über alle für den Formwechsel **wesentlichen Angelegenheiten** der anderen verbundenen Unternehmen zu machen (§ 192 Abs. 1 Satz 2 UmwG iVm. § 8 Abs. 1 Satz 3 UmwG)[6]. Auf besondere Schwierigkeiten bei der Bewertung von Beteiligungen ist gemäß § 192 Abs. 1 Satz 2 UmwG iVm. § 8 Abs. 1 Satz 2 UmwG hinzuweisen. Darüber hinaus für den Formwechsel wesentliche Angelegenheiten dieser Unternehmen dürften die Ausnahme bilden (zB

88, ZIP 1989, 988 (990) = AG 1990, 35 (SEN); OLG Hamm v. 20.6.1988 – 8 U 329/87, ZIP 1988, 1051 (1053) = AG 1989, 31 (Kochs/Adler); OLG Frankfurt/M. v. 22.8.2000 – 14 W 23/00, ZIP 2000, 1928.
1 OLG Düsseldorf v. 15.3.1999 – 17 W 18/99, ZIP 1999, 793 (797) = AG 1999, 418 (Thyssen/Krupp).
2 OLG Frankfurt/M. v. 8.2.2006 – 12 W 185/05, AG 2006, 249 (254f.); OLG Düsseldort v. 8.7.2003 – 19 W 6/00 AktE, AG 2003, 688 (691).
3 LG Heidelberg v. 7.8.1996 – O 4/96 KfH II, DB 1996, 1768 (1769).
4 KG v. 27.11.1998 – 14 U 2892/97, AG 1999, 126 (Aqua Butzke-Werke AG); aA Vorinstanz LG Berlin v. 26.2.1997 – 99 O 178/96, GmbHR 1997, 658: keine detaillierte Erläuterung des für die Barabfindung notwendigen Gesellschaftsvermögens.
5 BGH v. 18.12.2000 – II ZR 1/99, DB 2001, 319 (321) = AG 2001, 301 (MEZ) und BGH v. 29.1.2001 – II ZR 368/98, AG 2001, 263 = WM 2001, 467 (Aqua Butzke) unter ausdrücklicher Aufgabe der früheren Rspr.
6 Vgl. *Winter* in Lutter, Umwandlungsrechtstage, S. 31.

Beendigung oder Begründung einer Organschaft)[1]. Bei sonstigen verbundenen Unternehmen, etwa einem an dem formwechselnden Rechtsträger mehrheitlich beteiligten dritten Unternehmen, ist zwecks Vermeidung einer Ausuferung der Angaben darauf zu achten, dass nur Angaben in den Bericht aufgenommen werden, die für die Beurteilung der Frage wesentlich sind, ob ein Anteilsinhaber der Änderung der **Rechtsform** des Rechtsträgers zustimmen will oder nicht. Rechtlich ist jeweils entscheidend, ob ein verständiger Anteilsinhaber in Kenntnis der Angabe möglicherweise anders entschieden hätte als ohne diese Kenntnis.

4. Entwurf des Umwandlungsbeschlusses (§ 192 Abs. 1 Satz 3 UmwG)

Der Umwandlungsbericht muss den **Entwurf des Umwandlungsbeschlusses** enthalten (§ 192 Abs. 1 Satz 3 UmwG)[2]. Der Umwandlungsbeschluss tritt an die Stelle des Umwandlungsvertrages bei Verschmelzung und Spaltung, der bei dem Formwechsel begrifflich nicht denkbar ist (nur *ein* beteiligter Rechtsträger)[3]. Soweit der Umwandlungsbeschluss nicht bereits aus sich heraus verständlich ist, muss er ebenfalls im Umwandlungsbericht erläutert werden[4]. 16

Die **Abfassung des Entwurfs** des Beschlusses liegt in der Hand des **Vertretungsorgans**, das den Prüfungsbericht erarbeitet (§ 192 Abs. 1 UmwG). Der Mindestinhalt des Umwandlungsbeschlusses ist in § 194 Abs. 1 UmwG vorgeschrieben (vgl. Erl. zu § 194 UmwG). 17

Abweichungen von dem Entwurf durch Beschluss der Anteilsinhaber sind **grundsätzlich zulässig**, auch wenn sie über bloß redaktionelle Änderungen hinausgehen. Jeder Anteilsinhaber, welcher der beschlussfassenden Gesellschafterversammlung fernbleibt, muss damit rechnen, dass der Umwandlungsbeschluss in der beschlussfassenden Versammlung geändert wird. Ist der Entwurf des Umwandlungsbeschlusses dem Betriebsrat gemäß § 194 Abs. 2 UmwG zugeleitet worden, sind ohne erneute Zuleitung nur unwesentliche Änderungen möglich[5]. 18

Der Entwurf des Umwandlungsbeschlusses ist, anders als der Rest des Umwandlungsberichts einen Monat vor dem Tag der Beschlussfassung dem zuständigen **Betriebsrat zuzuleiten** (§ 194 Abs. 2 UmwG, § 194 UmwG Rz. 60f.). Die Verpflichtung gemäß § 194 Abs. 2 UmwG, dem Betriebsrat den Entwurf des Um- 19

---

1 Vgl. *Decher/Hoger* in Lutter, § 192 UmwG Rz. 40; *Petersen* in KölnKomm. UmwG, § 192 UmwG Rz. 19; *Jaensch* in Keßler/Kühnberger, § 192 UmwG Rz. 11.
2 Vgl. dazu *Decher/Hoger* in Lutter, § 192 UmwG Rz. 28; *Priester*, DNotZ 1995, 427 (449).
3 Vgl. § 190 UmwG Rz. 9; Begr. RegE, BT-Drucks. 12/6699, S. 138; *Decher/Hoger* in Lutter, § 192 UmwG Rz. 28.
4 *Mayer* in Widmann/Mayer, § 192 UmwG Rz. 37; *Decher/Hoger* in Lutter, § 192 UmwG Rz. 28.
5 *Decher/Hoger* in Lutter, § 194 UmwG Rz. 44.

wandlungsbeschlusses zuzuleiten, besteht auch dann, wenn ein Umwandlungsbericht entbehrlich ist (Rz. 4) oder die Anteilsinhaber auf ihn verzichten (Rz. 56)[1].

20–29 Einstweilen frei.

5. Keine Pflicht zu nachteiligen Offenlegungen

30 Gemäß § 192 Abs. 1 Satz 2 UmwG iVm. § 8 Abs. 2 Satz 1 UmwG braucht der Bericht solche Tatsachen nicht zu enthalten, deren Bekanntwerden **geeignet** ist, **dem formwechselnden Rechtsträger oder einem verbundenen Unternehmen** einen **nicht unerheblichen Nachteil** zuzufügen.

31 In Anlehnung an § 131 Abs. 3 Satz 1 Nr. 1 AktG kann **Nachteil** jede Beeinträchtigung legitimer Interessen sein, nicht nur ein Schaden iS der §§ 249 ff. BGB (siehe auch § 8 UmwG Rz. 30 mwN), sondern jede Beeinträchtigung des Gesellschafterinteresses von einigem Gewicht[2]. Er muss dem formwechselnden Rechtsträger drohen oder einem mit ihm verbundenen Unternehmen (iS von § 15 AktG). Es sind also nicht nur die Geheimhaltungsinteressen einer Tochter- oder Beteiligungsgesellschaft des formwechselnden Rechtsträgers zu berücksichtigen, sondern zB auch die eines ihn beherrschenden Unternehmens. Die Geheimhaltungsinteressen sonstiger Dritter sind nicht geschützt.

32 Sicherheit des Nachteilseintritts ist nicht erforderlich; die **Eignung, Nachteile zu bewirken, reicht** aus. Der Nachteil darf **nicht unerheblich** sein: Das Merkmal erfordert eine Abwägung des Geheimhaltungsinteresses der Unternehmen und des Informationsinteresses der Anteilsinhaber.

33 Auch gegenüber der Pflicht zur Offenlegung von **Bewertungsschwierigkeiten** und des Umgangs mit diesen (§ 192 Abs. 1 Satz 2 UmwG iVm. § 8 Abs. 1 Satz 2 UmwG) kann sich das Geheimhaltungsrecht je nach Lage der Dinge durchsetzen. Zu Beispielen des Vorrangs des Geheimhaltungsinteresses vgl. § 8 UmwG Rz. 31.

34 Der **Umwandlungsbericht muss die Gründe angeben**, aus denen geheimhaltungsbedürftige Tatsachen nicht aufgenommen wurden (§ 192 Abs. 1 Satz 2 UmwG iVm. § 8 Abs. 2 Satz 2 UmwG; zum Meinungsstand vgl. § 8 UmwG Rz. 32)[3]. Die Darlegung muss so detailliert sein, dass sie eine Plausibilitätsprüfung ermöglicht[4]. Die allgemeine Feststellung, geheimhaltungsbedürftige Angaben seien in den Bericht nicht aufgenommen worden, reicht nicht aus. Die De-

---

1 *Jaensch* in Keßler/Kühnberger, § 192 UmwG Rz. 8.
2 *Spindler* in K. Schmidt/Lutter, § 131 AktG Rz. 74.
3 Vgl. insbes. BGH v. 22.5.1989 – II ZR 206/88, BGHZ 107, 296 (305 f.) (Kochs/Adler); BGH v. 18.12.1989 – II ZR 254/88, ZIP 1990, 168 (169) (DAT/Altana II); BGH v. 29.10.1990 – II ZR 146/89, ZIP 1990, 1560 (1561 ff.) = AG 1991, 102 (SEN).
4 *Petersen* in KölnKomm. UmwG, § 192 UmwG Rz. 21.

taillierungspflicht findet da ihre Grenze, wo die Detaillierung der Gründe ihrerseits geeignet ist, nicht unerhebliche Nachteile zu verursachen. Die Abgrenzung hat besonderes Gewicht, da die unzureichende Begründung die Anfechtbarkeit des Beschlusses durch Unwirksamkeitsklage (§ 195 Abs. 1 UmwG) zur Folge haben kann.

6. Erstattung des Berichts durch das Vertretungsorgan

Berichtspflichtig ist nicht der formwechselnde Rechtsträger, sondern das **Vertretungsorgan** des formwechselnden Rechtsträgers (§ 192 Abs. 1 Satz 1 UmwG)[1], dh. bei der OHG und der KG die persönlich haftenden Gesellschafter, bei der AG der Vorstand, bei der GmbH die Geschäftsführer, bei der KGaA die persönlich haftenden Gesellschafter, bei dem rechtsfähigen Verein, bei dem VVaG und bei der Genossenschaft der Vorstand, bei Körperschaften und Anstalten des öffentlichen Rechts die dort zuständigen Organe. 35

Verantwortlich für die Erstellung ist das **gesamte Vertretungsorgan**, also jedes einzelne Mitglied des Vertretungsorgans (zur Haftung vgl. §§ 205 Abs. 1, 25 Abs. 1 Satz 2 UmwG; zur Strafbarkeit wegen unrichtiger Darstellungen im Umwandlungsbericht vgl. § 313 UmwG) unabhängig davon, wie die Vertretungsbefugnisse der einzelnen Mitglieder geregelt sind, etwa Einzelvertretung oder Gesamtvertretung. Es reicht also nicht aus, wenn der Bericht von Mitgliedern des Vertretungsorgans in vertretungsberechtigter Zahl erstellt wird[2]. Ein Mitglied des Vertretungsorgans kann sich nicht bei der Erstellung des Berichts vertreten lassen, auch nicht durch ein anderes Mitglied des Vertretungsorgans[3]. Davon zu unterscheiden ist die Frage, von wem der Umwandlungsbericht zu unterzeichnen ist (siehe Rz. 38). 36

Die Mitglieder des Vertretungsorgans sind bei der Erstellung des Berichts **zur Mitwirkung verpflichtet**[4], und zwar auch dann, wenn sie dem Formwechsel ablehnend gegenüberstehen[5]. Meinungsverschiedenheiten innerhalb des Vertretungsorgans über den Inhalt des Berichts sind nicht etwa nach den für Geschäftsführungsangelegenheiten geltenden Regeln (zB durch Mehrheitsbeschluss) zu entscheiden, sondern durch Aufnahme der unterschiedlichen Auffassungen in den Bericht zum Ausdruck zu bringen, wenn sie sich nicht ausräumen lassen. 37

---

1 LG Berlin v. 8.9.2003 – 93 O 47/03, AG 2003, 646 = NZG 2004, 337 (Vattenfall Europe AG) = EWiR § 8 UmwG 1/04, 141 (*Keil*) zum Verschmelzungsbericht.
2 Ebenso *Bärwaldt* in Semler/Stengel, § 192 UmwG Rz. 21.
3 Zu § 340a AktG aF *Grunewald* in G/H/E/K, 1994, § 340a AktG Rz. 18: „Vertretung ist ausgeschlossen, da es sich nicht um die Abgabe einer Willenserklärung handelt".
4 So auch *Drinhausen/Keinath* in Henssler/Strohn, § 192 UmwG Rz. 10.
5 Vgl. *Grunewald* in G/H/E/K, 1994, § 340a AktG Rz. 18.

7. Form, Adressat, Fristen; sonstige Empfänger; sonstige Berichtspflichten

a) Form, Adressat, Fristen

38 Der Umwandlungsbericht ist **schriftlich** zu erstatten (§ 192 Abs. 1 Satz 1 UmwG). Für den Verschmelzungsbericht genügt Unterzeichnung durch Mitglieder in **vertretungsberechtigter Anzahl**[1]. Dem kann die Praxis auch für den Umwandlungsbericht folgen[2], auch wenn sich weiterhin die Unterzeichnung durch alle Mitglieder des Vertretungsorgans empfiehlt[3], da hierdurch dokumentiert wird, dass auch alle Mitglieder bei der Erstellung mitgewirkt haben. Unterzeichnet zu werden braucht nur der Originalbericht; für Druckexemplare etwa für börsennotierte Aktiengesellschaften reicht eine Faksimile-Unterschrift oder die Angabe „Der Vorstand" (§ 8 UmwG Rz. 3). Notarielle Beglaubigung der Unterschriften ist nicht erforderlich. Der **Entwurf des Umwandlungsbeschlusses**, den der Umwandlungsbericht zu enthalten hat (§ 192 Abs. 1 Satz 3 UmwG), muss **von der Unterzeichnung gedeckt** sein, also entweder in den Text des unterzeichneten Umwandlungsberichts integriert oder, falls als Anlage beigefügt, gesondert unterzeichnet sein.

39 Regeln betreffend die **Adressaten** des Umwandlungsberichts und betreffend **Form und Frist seiner Mitteilung** an die Adressaten finden sich in den Besonderen Vorschriften im Zweiten Teil des Fünften Buches für die verschiedenen Formwechselfälle (§§ 216; 230; 238 Satz 1, 239; 251 Abs. 1 Satz 1, 230; 251 Abs. 2, 239; 260 Abs. 2 Satz 1, 230 Abs. 2; 261 Abs. 1 Satz 1; 274 Abs. 1 Satz 1, 230 Abs. 2; 274 Abs. 2, 239; 292 Abs. 1, 230 Abs. 2; 292 Abs. 2, 239 UmwG).

40 **Adressaten** sind diejenigen Anteilsinhaber, deren Schutz der Umwandlungsbericht dient, also etwa bei der Personenhandelsgesellschaft als formwechselndem Rechtsträger die Anteilsinhaber, die von der Geschäftsführung ausgeschlossen sind (§ 216 UmwG). Der Umwandlungsbericht ist bei der Personenhandelsgesellschaft (§ 216 UmwG) und der GmbH (§ 230 Abs. 1 UmwG) jedem geschützten Anteilsinhaber **zuzusenden**. Bei Rechtsträgern mit einer regelmäßig größeren Zahl von Anteilsinhabern (AG, KGaA, eG, e.V., VVaG) lässt das Gesetz die **Auslegung in den Geschäftsräumen** spätestens ab dem Zeitpunkt der Einberufung der beschlussfassenden Versammlung genügen, ergänzt durch die Verpflichtung, auf Verlangen Abschriften zuzusenden[4], und durch die Ver-

---

1 BGH v. 21.5.2007 – II ZR 266/04, AG 2007, 625 (628) (obiter dictum).
2 So auch *Decher/Hoger* in Lutter, § 192 UmwG Rz. 5 („unnötiger Formalismus"); *Stratz* in Schmitt/Hörtnagl/Stratz, § 192 UmwG Rz. 4; *Drinhausen/Keinath* in Henssler/Strohn, § 192 UmwG Rz. 9; tendenziell auch *Mayer* in Widmann/Mayer, § 192 UmwG Rz. 25.
3 So auch *Althoff/Narr* in Böttcher/Habighorst/Schulte, § 192 UmwG Rz. 3 („sicherheitshalber").
4 Mit dessen Einwilligung kann der Umwandlungsbericht dem Aktionär und dem von der Geschäftsführung ausgeschlossenen persönlich haftenden Gesellschafter auf dem Wege elektronischer Kommunikation übermittelt werden (§ 230 Abs. 2 Satz 3 UmwG).

pflichtung, den Bericht in der beschlussfassenden Versammlung zu erläutern (vgl. die in Rz. 39 zitierten Paragraphen). Gemäß § 230 Abs. 2 Satz 4 UmwG entfallen die Verpflichtungen zur Auslegung und Versendung, wenn der Umwandlungsbericht auf der Internetseite der Gesellschaft zugänglich ist.

b) Sonstige Empfänger

Der **Entwurf des Umwandlungsbeschlusses** ist gemäß § 194 Abs. 2 UmwG dem zuständigen **Betriebsrat** spätestens einen Monat vor Beschlussfassung der Anteilseigner zuzuleiten (§ 194 UmwG Rz. 60): Den Kernteil des Umwandlungsberichts, den Erläuterungs- und Begründungsteil, erhält der Betriebsrat nicht[1]. 41

Der Anmeldung des Formwechsels zum **Handelsregister** ist nicht nur die Niederschrift des Umwandlungsbeschlusses, sondern auch der Umwandlungsbericht selbst beizufügen (§ 199 UmwG). In den (elektronischen) Registerakten sind die Unterlagen kraft Öffentlichkeit des Handelsregisters (§ 9 HGB) allgemein zugänglich. Dem Verzicht auf den Umwandlungsbericht (Rz. 56) kommt daher große praktische Bedeutung zu. 42

Ob und inwieweit der Umwandlungsbericht **anderen gesellschaftsrechtlichen Organen des formwechselnden Rechtsträgers**, etwa einem Aufsichtsrat, zuzuleiten ist, gar dessen Zustimmung oder sonstige Mitwirkung bedarf (zur Haftung der Mitglieder des Aufsichtsrats vgl. §§ 205 Abs. 1, 25 Abs. 1 Satz 2 UmwG), bestimmt sich nach den allgemeinen gesellschaftsrechtlichen, gegebenenfalls mitbestimmungsrechtlichen Vorschriften. 43

c) Sonstige Berichts- und Informationspflichten

Die Pflicht zur Erstattung des Umwandlungsberichts steht neben den **allgemeinen gesellschaftsrechtlichen Auskunftspflichten** (§ 131 AktG, § 51a GmbHG, §§ 118, 166 HGB). Der Umfang der Berichtspflicht im Umwandlungsbericht geht idR über die allgemeinen Auskunftspflichten hinaus (insbesondere gegenüber Aktionären und Kommanditisten); die allgemeinen Auskunftspflichten (insbesondere § 118 HGB und § 51a GmbHG) werden jedoch nicht beschnitten[2]. Der Anteilsinhaber kann in der Hauptversammlung (§ 239 Abs. 2 UmwG: Pflicht zur Erläuterung) oder sonstigen Beschlussversammlung (im Rahmen der jeweiligen Auskunftspflichten) Erläuterungen zu dem Umwandlungsbericht verlangen[3]. Umgekehrt wird jedoch ein mangelhafter Umwandlungsbericht durch weitere Erläuterungen in der Hauptversammlung oder sonstigen Beschlussversammlung nicht geheilt[4] (§ 8 UmwG Rz. 35 mwN). 44

---

1 So auch *Decher/Hoger* in Lutter, § 194 UmwG Rz. 43.
2 Vgl. auch *Decher/Hoger* in Lutter, § 192 UmwG Rz. 2, 13 f.; *Drygala* in Lutter, § 8 UmwG Rz. 4.
3 *Heckschen*, DB 1998, 1385 (1390 mwN); *Engelmeyer*, BB 1998, 330 (334 mwN).
4 LG Mainz v. 19.12.2000 – 10 HKO 143/99, DB 2001, 1136 (1137) = AG 2002, 247.

45 Außerhalb des Gesellschaftsrechts können sich **Publizitätspflichten** aus dem **Wertpapierhandelsgesetz** ergeben, wenn der formwechselnde Rechtsträger an der Börse notiert ist.

46 Zu den Informationspflichten gegenüber den **betriebsverfassungsrechtlichen Organen** vgl. § 194 UmwG Rz. 60.

8. Sachgründungsbericht

47 Für Zwecke des Formwechsels kann ein Sachgründungsbericht zu erstellen sein, soweit die Gründungsvorschriften für die Rechtsform des neuen Rechtsträgers dies verlangen und das UmwG keine Ausnahmen vorsieht (§§ 197, 220 Abs. 2, 245 Abs. 1–4 UmwG; vgl. näher § 197 UmwG Rz. 26, 44). Dieser Sachgründungsbericht ist **selbstständig neben dem Umwandlungsbericht** zu erstellen und folgt den für ihn geltenden eigenen Regeln[1]. Der Begründungs- und Erläuterungsteil des Umwandlungsberichts muss jedoch in seine Darstellung der Folgen des Formwechsels die Erstellung des Sachgründungsberichts und dessen Ergebnisse mit einbeziehen. Eine Beifügung des Sachgründungsberichts ist aber nicht erforderlich.

48 Der Sachgründungsbericht ist im Gegensatz zum Umwandlungsbericht **nicht verzichtbar**, da er nicht dem Schutz der Anteilsinhaber, sondern dem Nachweis der Kapitalaufbringung und damit dem Schutz Dritter dient.

9. Grundsätzlich keine Prüfung des Formwechsels

49 Anders als bei der Verschmelzung (§§ 9 ff. UmwG) und bei der Spaltung (§§ 125, 9 Abs. 1 und 3, 10 ff. UmwG) findet eine **Prüfung** des Formwechsels durch externe Prüfer **grundsätzlich nicht** statt[2].

50 Eine partielle Prüfung des Formwechsels kann sich jedoch aus der Verweisung des Formwechselrechts (§ 197 UmwG) auf die für den Rechtsträger neuer Rechtsform geltenden Gründungsvorschriften ergeben, soweit diese einen **Sachgründungsbericht** und eine **Gründungsprüfung** vorsehen (§ 220 Abs. 3 UmwG; vgl. § 197 UmwG Rz. 26, 44). In diesem Fall beschränkt sich die Prüfung auf die Gründungsprüfung und erstreckt sich nicht etwa auf sonstige Aspekte des Formwechsels, die ihrer Art nach einer Prüfung zugänglich wären. Das Ergebnis der Gründungsprüfung hat der Darstellungs- und Begründungsteil des Umwandlungsberichts darzustellen. Weder Sachgründungsbericht noch Prüfungsbericht sind indes zwingend Bestandteil oder Anlage des Umwandlungsberichts.

---

1 Vgl. auch *Schulze-Osterloh*, ZGR 1993, 420 (445).
2 Begr. RegE, BT-Drucks. 12/6699, S. 139.

Einen zweiten Bereich partieller Prüfung des Formwechsels eröffnet die Regelung, dass die **Angemessenheit einer Barabfindung**, welche widersprechenden Anteilsinhabern als Inhalt des Umwandlungsbeschlusses (§ 194 Abs. 1 Nr. 6 UmwG) anzubieten ist (§§ 207 ff. UmwG), durch Prüfer geprüft werden muss, die einen schriftlichen Prüfungsbericht vorzulegen haben (§§ 208, 30 Abs. 2 UmwG). 51

Auch diese **Prüfung** erfasst nicht etwa den gesamten Formwechsel, sondern **beschränkt** sich auf die Prüfung der Angemessenheit der Barabfindung. Über das Ergebnis der Prüfung ist im Darstellungs- und Begründungsteil des Umwandlungsberichts zu berichten[1]. 52

Fraglich ist, ob bei der AG der Prüfungsbericht entsprechend §§ 208, 30 Abs. 2 Satz 2, 12 UmwG iVm. § 63 Abs. 1 Nr. 5 UmwG von der Einberufung der beschlussfassenden Hauptversammlung an in den Geschäftsräumen der AG zur Einsicht der Aktionäre auszulegen und gemäß § 63 Abs. 3 UmwG auf Verlangen zu übersenden ist[2]. Noch fraglicher ist, ob der Prüfungsbericht Anteilsinhabern von Rechtsträgern anderer Rechtsform ab Einberufung zugänglich gemacht werden muss[3]. Dagegen spricht, dass § 216 UmwG (für die Personenhandelsgesellschaft) und § 231 Satz 1 UmwG (für die GmbH/AG/KGaA) nur die Übersendung bzw. Bekanntmachung des Barabfindungsangebots nach § 207 UmwG, **nicht** jedoch die Übersendung oder sonstige **Zuleitung** des Prüfungsberichts über die Angemessenheit der Barabfindung anordnen. Aufgrund der klar unterschiedlichen gesetzlichen Regelungen für die Verschmelzung einerseits und den Formwechsel andererseits ist für eine Analogie kein Raum. Der Prüfungsbericht ist deshalb auch nicht zwingend Bestandteil des Umwandlungsberichts oder diesem als Anlage beizufügen[4]. 53

Für die **baren Zuzahlungen** zur Verbesserung des Beteiligungsverhältnisses gemäß § 196 UmwG ist keine Prüfung vorgesehen. Auf sie ist auch nicht etwa die Prüfung der Barabfindung zu erstrecken. 54

Die **Organmitglieder** sind zivilrechtlich (§ 205 Abs. 1 UmwG) und strafrechtlich (§ 313 Abs. 1 Nr. 1 UmwG) für die Richtigkeit des Umwandlungsberichts **verantwortlich**. Eine Prüfung durch externe Prüfer kann daher auch im Interesse der Organmitglieder liegen (vgl. § 205 UmwG Rz. 15). 55

---

1 Zu den formellen und inhaltlichen Anforderungen an den Prüfungsbericht und die Berichterstattung: LG Heidelberg v. 7.8.1996 – O 4/96 KfH II, DB 1996, 1768 (1769).
2 Offen gelassen in LG Heidelberg v. 7.8.1996 – O 4/96 KfH II, DB 1996, 1768 (1769).
3 Bejahend *H. Schmidt* in Lutter, § 42 UmwG Rz. 5 und *M. Winter/J. Vetter* in Lutter, § 47 UmwG Rz. 7.
4 So auch *Decher/Hoger* in Lutter, § 208 UmwG Rz. 20 mwN; LG Berlin v. 26.2.1997 – 99 O 178/96, GmbHR 1997, 658 (659) (Aqua Butzke-Werke AG); wohl aA KG Berlin v. 27.11.1998 – 14 U 2892/97, AG 1999, 126 (128) (2. Instanz) und *Bayer*, ZIP 1997, 1613 (1622).

10. Verzicht auf den Umwandlungsbericht (§ 192 Abs. 2 UmwG)

56 Der Umwandlungsbericht ist entbehrlich, wenn **alle Anteilsinhaber** auf die Erstattung **verzichten** (§ 192 Abs. 2 Satz 1 Halbsatz 2 UmwG). Das gilt für alle Formwechselfälle. Die Anteilsinhaber können auch lediglich auf Teile des Umwandlungsberichts verzichten.

57 Obwohl bei der **Personenhandelsgesellschaft** als formwechselndem Rechtsträger der Umwandlungsbericht nur dem Schutz der von der Geschäftsführung ausgeschlossenen Gesellschafter dient (arg. § 215 UmwG: nicht erforderlich, wenn alle Gesellschafter geschäftsführungsberechtigt sind; § 216 UmwG: Übersendung nur an die von der Geschäftsführung ausgeschlossenen Gesellschafter), ist auch hier der Umwandlungsbericht nur entbehrlich, wenn alle Gesellschafter, also auch die geschäftsführungsberechtigten Gesellschafter, ihren Verzicht erklären. Zum einen hat das UmwG es in den besonderen Bestimmungen für den Formwechsel von Personenhandelsgesellschaften (§§ 214ff. UmwG) bei der Bestimmung von § 192 Abs. 2 Satz 1 Halbsatz 2 UmwG belassen, zum anderen haben die geschäftsführenden Gesellschafter ein eigenes legitimes Interesse daran, dass die anderen Gesellschafter über den Formwechsel auf der Grundlage eines Umwandlungsberichtes entscheiden, der ihnen die dazu erforderlichen wirtschaftlichen und rechtlichen Informationen zur Verfügung stellt (arg: Haftungsrisiko auch gegenüber den Anteilsinhabern: § 205 Abs. 1 Satz 1 UmwG).

58 Bei der Verzichtserklärung handelt es sich um eine **einseitige, empfangsbedürftige**, gegenüber dem Rechtsträger – vertreten durch das Vertretungsorgan – abzugebende **Willenserklärung**[1].

59 Die Verzichtserklärungen sind **notariell zu beurkunden** (§ 192 Abs. 2 Satz 2 UmwG); bloße Unterschriftsbeglaubigung reicht nicht aus. Die Beurkundung hat Nachweisfunktion gegenüber dem Registergericht (der Anmeldung beizufügen: § 199 UmwG) und Warnfunktion gegenüber dem verzichtenden Anteilsinhaber[2]; der Notar hat über die Bedeutung des Verzichts zu belehren.

60 Der Verzicht kann **bei Fassung des Umwandlungsbeschlusses** erklärt und mit diesem beurkundet werden. Er kann auch **im Voraus** erklärt und beurkundet werden[3]. Um der Warnfunktion der notariellen Beurkundung gerecht zu werden, ist ein gewisser zeitlicher Zusammenhang zwischen dem Verzicht und der Fassung des Umwandlungsbeschlusses erforderlich, sodass gewährleistet ist, dass sich der Verzicht auf eine konkret bevorstehende Umwandlung bezieht[4].

---

1 *Decher/Hoger* in Lutter, § 192 UmwG Rz. 46; *Bärwaldt* in Semler/Stengel, § 192 UmwG Rz. 24.
2 Begr. RegE zu § 8 UmwG, BT-Drucks. 12/6699, S. 84.
3 So auch *Mayer* in Widmann/Mayer, § 192 UmwG Rz. 16; *Petersen* in KölnKomm. UmwG, § 192 UmwG Rz. 26.
4 Vgl. *Mayer* in Widmann/Mayer, § 192 UmwG Rz. 16; *Petersen* in KölnKomm. UmwG, § 192 UmwG Rz. 26.

Die Übernahme der Verpflichtung, bei der späteren Beschlussfassung auf den Umwandlungsbericht zu verzichten, wäre mangels Beurkundung rechtlich nicht verbindlich. Die Gesellschafter können **auch nach** Fassung des Umwandlungsbeschlusses in notariell beurkundeter Form auf den Umwandlungsbericht verzichten und damit den Mangel des Umwandlungsbeschlusses heilen. Spätester Zeitpunkt für die Abgabe der Verzichtserklärung ist der Zeitpunkt der Registeranmeldung[1], da die Verzichtserklärung gemäß § 199 UmwG der Registeranmeldung beizufügen ist.

11. Mängel des Umwandlungsberichts

Mängel des Umwandlungs**berichts** können zur Fehlerhaftigkeit des Umwandlungs**beschlusses** führen, zu dessen Vorbereitung er dient (zur Fehlerhaftigkeit des Umwandlungsbeschlusses: § 194 UmwG Rz. 63; § 195 UmwG Rz. 29). 61

Falls der Umwandlungsbericht den gesetzlichen Anforderungen nicht entspricht, blieb nach früherer Rechtsprechung zu prüfen, ob die Fehlerhaftigkeit des Umwandlungsbeschlusses auf der Mangelhaftigkeit des Umwandlungsberichts beruht (Kausalität). Maßstab für diese Frage war, wie ein objektiv urteilender Anteilsinhaber in Kenntnis aller für die Beurteilung maßgebenden Umstände abgestimmt hätte[2]. **Auf die Kausalität kommt es nicht an:** Werden einem Aktionär Auskünfte vorenthalten, die aus Sicht eines objektiv urteilenden Aktionärs zur sachgerechten Beurteilung erforderlich sind, so liegt darin ein relevanter Verstoß gegen das Teilnahme- und Mitwirkungsrecht, ohne dass es darauf ankommen soll, wie ein objektiver Aktionär bei voller Kenntnis abgestimmt hätte[3]. 62

Gemäß **§ 210 UmwG** kann eine Unwirksamkeitsklage gegen den Umwandlungsbeschluss weder darauf gestützt werden, dass das Angebot der **Barabfindung** gemäß § 207 UmwG zu niedrig war, noch darauf, dass die Barabfindung im Umwandlungsbeschluss nicht oder nicht ordnungsgemäß angeboten worden ist. Die Unwirksamkeitsklage kann auch nicht auf eine fehlende oder unzulängliche Erläuterung des Barabfindungsangebots im Umwandlungsbericht gestützt 63

---

1 *Decher/Hoger* in Lutter, § 192 UmwG Rz. 46.
2 Vgl. BGH v. 22.5.1989 – II ZR 206/88, BGHZ 107, 296 ff. (306 f.) = ZIP 1989, 980 (983) (Kochs/Adler); BGH v. 18.12.1989 – II ZR 254/88, ZIP 1990, 168 ff. (171) (DAT/Altana II); BGH v. 29.10.1990 – II ZR 146/89, ZIP 1990, 1560 (1562) = AG 1991, 102 (SEN); LG Frankenthal v. 5.10.1989 – 2 (HK) O 80/89, ZIP 1990, 232 (235) = AG 1990, 549 (Hypothekenbank-Schwestern).
3 BGH v. 12.11.2001 – II ZR 225/99, BGHZ 149, 158 (164 f.) = AG 2002, 241; BGH v. 18.10.2004 – II ZR 250/02, Der Konzern 2005, 51 (53) = AG 2005, 87 (ThyssenKrupp); vgl. auch BGH v. 21.5.2007 – II ZR 266/04, DB 2007, 1858 (1859 f.) = AG 2007, 625; OLG Düsseldorf v. 11.8.2006 – I-15 W 110/05, DB 2006, 2223 (2225 f.) = AG 2007, 363.

werden[1]. **§ 195 Abs. 2 UmwG** schließt mit Rücksicht auf die in § 196 UmwG vorgesehenen **baren Zuzahlungen** zur Verbesserung des Beteiligungsverhältnisses Klagen gegen den Umwandlungsbeschluss aus, die darauf gestützt werden, dass die Anteile an dem Rechtsträger neuer Rechtsform zu niedrig bemessen sind oder keinen angemessenen Gegenwert darstellen. In entsprechender Anwendung der Rechtsprechung zu §§ 207, 210 UmwG dürfte der Klageausschluss des § 195 Abs. 2 UmwG auch für die Rüge der unzulänglichen Erläuterung und Begründung von baren Zuzahlungen im Umwandlungsbericht gelten (§ 195 UmwG Rz. 29 f.).

§ 193
Umwandlungsbeschluss

(1) Für den Formwechsel ist ein Beschluss der Anteilsinhaber des formwechselnden Rechtsträgers (Umwandlungsbeschluss) erforderlich. Der Beschluss kann nur in einer Versammlung der Anteilsinhaber gefasst werden.

(2) Ist die Abtretung der Anteile des formwechselnden Rechtsträgers von der Genehmigung einzelner Anteilsinhaber abhängig, so bedarf der Umwandlungsbeschluss zu seiner Wirksamkeit ihrer Zustimmung.

(3) Der Umwandlungsbeschluss und die nach diesem Gesetz erforderlichen Zustimmungserklärungen einzelner Anteilsinhaber einschließlich der erforderlichen Zustimmungserklärungen nicht erschienener Anteilsinhaber müssen notariell beurkundet werden. Auf Verlangen ist jedem Anteilsinhaber auf seine Kosten unverzüglich eine Abschrift der Niederschrift des Beschlusses zu erteilen.

1. Überblick 1	b) Sonstige Zustimmungserfordernisse 19
2. Umwandlungsbeschluss	c) Wirksamwerden 20
a) Bedeutung 2	5. Beteiligung Dritter 26
b) Zeitpunkt 5	6. Form des Umwandlungsbeschlusses 28
c) Mehrheitserfordernisse 7	
d) Sachliche Rechtfertigung 10	7. Form der Zustimmungserklärungen 31
e) Vertretung bei Stimmabgabe .. 11	
f) Wirkung des Umwandlungsbeschlusses 14	8. Kosten 33
3. Widerspruch zur Niederschrift ... 15	9. Anfechtung 36
4. Zustimmung einzelner Anteilsinhaber	10. Aufhebung des Umwandlungsbeschlusses 37
a) Vinkulierte Anteile (§ 193 Abs. 2 UmwG) 16	

---

1 BGH v. 18.12.2000 – II ZR 1/99, GmbHR 2001, 200 (MEZ) mit Anm. *Kallmeyer*, unter ausdrücklicher Aufgabe der früheren Rspr.; bestätigt durch BGH v. 29.1.2001 – II ZR 368/98, GmbHR 2001, 247 (Aqua Butzke) mit Anm. *Bärwaldt*.

1. Überblick

Der Formwechsel erfolgt lediglich durch Beschluss der Anteilseigner[1], und nicht – wie bei Verschmelzung und Spaltung – durch Vertrag/Plan und Beschluss. Die Vorschrift ist **Generalnorm** und gilt unabhängig von der Art des umzuwandelnden Rechtsträgers. Ergänzend geltend die rechtsformspezifischen Besonderheiten des UmwG. Abs. 1 stellt klar, dass die Anteilsinhaber des formwechselnden Rechtsträgers in einer Versammlung den Formwechsel beschließen müssen; Abs. 2 ist zusätzlich die Zustimmung der Inhaber vinkulierter Anteile erforderlich; Abs. 3 legt die Form dieser und anderer Zustimmungserklärungen fest und gewährt Anteilsinhabern Informationsrechte. Die Vorschrift entspricht § 13 UmwG.

2. Umwandlungsbeschluss

a) Bedeutung

Der Formwechsel berührt die Grundlagen des Rechtsträgers und fällt in die originäre Zustimmung seiner Anteilsinhaber, die ihn zu beschließen haben. Der Beschluss ist erst wirksam, wenn die erforderlichen Zustimmungserklärungen vorliegen[2]. Bis dahin ist der Beschluss schwebend unwirksam. Die Vertretungsorgane können den Beschluss lediglich vorbereiten (vgl. § 192 UmwG).

Der Umwandlungsbeschluss ist zwingend in einer **Versammlung** der Anteilsinhaber zu fassen (§ 193 Abs. 1 Satz 2 UmwG)[3]. Gesellschaftsvertrag/Satzung kann hiervon nicht abweichen. Eine Beschlussfassung außerhalb der Versammlung (etwa im schriftlichen Umlaufverfahren) oder eine Übertragung der Befugnis zur Beschlussfassung auf andere Organe (zB Beirat, Aufsichtsrat) ist ausgeschlossen[4].

Stimmrecht in der Versammlung haben zunächst alle Gesellschafter, deren Stimmrecht weder vertraglich (bei Personengesellschaft) noch statuarisch (bei Kapitalgesellschaft) ausgeschlossen ist. Fraglich ist, ob das Stimmrecht der Gesellschafter, deren Anteile gesellschaftsvertraglich oder statuarisch kein Stimmrecht ermitteln, angesichts der Bedeutung des Formwechsels für die Gesellschafterstellung bei der Abstimmung über den Formwechsel in der Gesellschafterversammlung wieder auflebt. Bei AG und KGaA bleibt es beim Stimmrechts-

---

1 *Stratz* in Schmitt/Hörtnagl/Stratz, § 193 UmwG Rz. 2.
2 *Decher/Hoger* in Lutter, § 193 UmwG Rz. 3; *Bärwaldt* in Semler/Stengel, § 193 UmwG Rz. 1; *Drinhausen/Keinath* in Henssler/Strohn, § 193 UmwG Rz. 1.
3 *Stratz* in Schmitt/Hörtnagl/Stratz, § 193 UmwG Rz. 3; *Decher/Hoger*, § 193 UmwG Rz. 3.
4 *Decher/Hoger* in Lutter, § 193 UmwG Rz. 3; *Drinhausen/Keinath* in Henssler/Strohn, § 193 UmwG Rz. 2; *Bärwaldt* in Semler/Stengel, § 193 UmwG Rz. 8; *Vollrath* in Widmann/Mayer, § 193 UmwG Rz. 5; *Petersen* in KölnKomm. UmwG, § 193 UmwG Rz. 20.

ausschluss. Dies folgt bereits aus §§ 241, 65 Abs. 2 UmwG. Inhaber stimmrechtloser Anteile an einer Kapitalgesellschaft werden abschließend durch §§ 204, 23 UmwG geschützt, die auch auf den Formwechsel anwendbar sind[1]. Werden hingegen Sonderrechte dieser Gesellschafter beeinträchtigt und bedarf es deswegen einer gesonderten Zustimmung, sind auch diese Gesellschafter zustimmungsberechtigt.

Bei Personenhandelsgesellschaftern stellt sich dies angesichts des vertraglichen Stimmrechtsausschlusses anders dar. Deren Stimmrecht lebt wieder auf, weil der Umwandlungsbeschluss die Rechtsstellung des Gesellschafters grundlegend ändert[2].

b) Zeitpunkt

5 Der Beschluss kann frühestens nach Ablauf der Monatsfrist des § 194 Abs. 2 UmwG (Zuleitung des Beschlusses an den Betriebsrat) gefasst werden. **Vorbereitung und Durchführung** der Versammlung richten sich nach den für den umzuwandelnden Rechtsträger geltenden allgemeinen Regeln und dessen Gesellschaftsvertrag/Satzung, sofern das Fünfte Buch dieses Gesetzes (siehe für **Personenhandelsgesellschaften** §§ 214 ff. UmwG; für **Partnerschaftsgesellschaften** §§ 225a ff. UmwG; für **GmbH, AG, KGaA** §§ 226 ff. UmwG) diesen nicht vorgeht.

6 **Gegenstand der Beschlussfassung** ist der Formwechsel mit dem von § 194 Abs. 1 UmwG verlangten (Mindest-)Inhalt und den für die betreffende Rechtsform verlangten weiteren Angaben (siehe zB §§ 217 Abs. 1, 218, 235 Abs. 1, 243 UmwG).

c) Mehrheitserfordernisse

7 Die Vorschrift lässt offen, mit welchen Mehrheiten der Umwandlungsbeschluss zu fassen ist. Die Mehrheiten bestimmen sich nach den auf den betreffenden Rechtsträger anzuwendenden besonderen Vorschriften dieses Gesetzes und ggf. den strengeren Regelungen des Gesellschaftsvertrages/Satzung (vgl. zB § 233 Abs. 2 Satz 2 UmwG):

Bei **Personenhandels- und Partnerschaftsgesellschaften** müssen grundsätzlich alle Gesellschafter zustimmen (§§ 217 Abs. 1 Satz 1, 225c UmwG), falls der Gesellschaftsvertrag Mehrheitsentscheidung vorsieht, mindestens 3/4 der abgegebenen Stimmen der Gesellschafter (§§ 217 Abs. 1 Satz 2 und 3, 225c UmwG).

---

1 *Drinhausen/Keinath* in Henssler/Strohn, § 193 UmwG Rz. 4; *Bärwaldt* in Semler/Stengel, § 193 UmwG Rz. 9.
2 *Joost* in Lutter, § 217 UmwG Rz. 6; *Stratz* in Schmitt/Hörtnagl/Stratz, § 193 UmwG Rz. 7 mwN.

Beim Formwechsel von einer Kapitalgesellschaft (GmbH, AG, KGaA) in eine **GbR, OHG** oder **Partnerschaftsgesellschaft** müssen angesichts der bei diesen Gesellschaften drohenden persönlichen Haftung **alle Anteilsinhaber** zustimmen (§ 233 Abs. 1 UmwG), beim Wechsel der Kapitalgesellschaften in die **KG** reicht 3/4-Mehrheit der abgegebenen Stimmen (GmbH) bzw. des vertretenen Grundkapitals (AG, KGaA) aus (§ 233 Abs. 2 Satz 1 UmwG; zur Berechnung siehe § 65 UmwG Rz. 3 ff.), allerdings müssen die Anteilsinhaber zustimmen, die persönlich haftende Gesellschafter der KG werden sollen (§ 233 Abs. 2 Satz 3 UmwG).

Beim Formwechsel einer Kapitalgesellschaft in eine **Kapitalgesellschaft** anderer Rechtsform wird eine Mehrheit von 3/4 der abgegebenen Stimmen (GmbH) oder des vertretenen Grundkapitals (AG, KGaA) verlangt (§ 240 Abs. 1 Satz 1 UmwG). Sind bei AG, KGaA verschiedene Aktiengattungen vorhanden, ist eine 3/4-Mehrheit des vertretenen Grundkapitals jeder **Gattung** erforderlich (§§ 233 Abs. 2 Satz 1 Halbsatz 1; 240 Abs. 1 Satz 1 Halbsatz 1 UmwG). Bei der KGaA müssen dem Beschluss ferner die persönlich haftenden Gesellschafter zustimmen (§§ 233 Abs. 3, 240 Abs. 3 UmwG). Wird eine GmbH, AG in eine **KGaA** umgewandelt, müssen auch die Anteilsinhaber zustimmen, die künftig in der KGaA persönlich haftende Gesellschafter werden (§ 240 Abs. 1 Satz 1 UmwG).

Ein zustimmender Beschluss liegt nur vor, wenn die Mehrheit allein **in der Versammlung** erreicht wurde. Ein Hinzurechnen der außerhalb der Versammlung abgegebenen Zustimmungserklärungen nicht erschienener Anteilsinhaber ist angesichts des klaren Wortlauts („nur in einer Versammlung ...") nicht möglich[1]. 8

Die Satzung (von GmbH, AG, KGaA) kann für den Formwechsel **strengere**, keine milderen **Anforderungen für die Beschlussfassung** aufstellen (vgl. zB §§ 233 Abs. 2 Satz 2, 240 Abs. 1 Satz 2 UmwG). Ausnahme: Bei Umwandlung von KGaA in AG ist geringere Mehrheit möglich[2] (§ 240 Abs. 1 Satz 2 Halbsatz 2 UmwG). Sieht die Satzung einer Kapitalgesellschaft generell für Satzungsänderungen höhere Anforderungen vor, gelten diese auch für den Umwandlungsbeschluss wegen der ihm mit einer Satzungsänderung vergleichbaren Wirkung[3], nicht jedoch, wenn Satzung/Gesellschaftsvertrag dies nur für einzelne Regelung bestimmt. 9

---

1 *Decher/Hoger* in Lutter, § 193 UmwG Rz. 3; *Petersen* in KölnKomm. UmwG, § 193 UmwG Rz. 6; so auch für die Verschmelzung § 13 UmwG Rz. 10.
2 *Limmer* in Limmer, Hdb. der Unternehmensumwandlung, Teil 4 Kap. 1 Rz. 115; *Stratz* in Schmitt/Hörtnagl/Stratz, § 240 UmwG Rz. 4.
3 *Göthel* in Lutter, § 233 UmwG Rz. 20; unten *Blasche*, § 240 UmwG Rz. 2 aE; *Rieger* in Widmann/Mayer, § 240 UmwG Rz. 27.

d) Sachliche Rechtfertigung

10 Der Gesetzgeber hat die von Rspr. und Lit. im Aktienrecht zur Kapitalerhöhung mit Bezugsrechtausschluss vertretene Auffassung, wonach der Beschluss zum Schutze der Minderheit sachlich gerechtfertigt, dh. im Interesse der Gesellschaft liegen, zur Erreichung des beabsichtigten Zwecks geeignet, erforderlich und verhältnismäßig sein muss[1], als weiteres Erfordernis für die Wirksamkeit des Umwandlungsbeschlusses *nicht* übernommen[2]. Dies wäre angesichts des auch im Recht des Formwechsels strukturell angelegten **Minderheitenschutzes**, der sich etwa ausdrückt in den hohen Mehrheitserfordernissen (§§ 217 Abs. 1, 233 Abs. 1, 240 Abs. 1 UmwG), dem Verwässerungsschutz (§§ 204, 23 UmwG), den nominierten Zustimmungserfordernissen (zB §§ 193 Abs. 2, 242, 241 Abs. 3 UmwG) sowie den vorgesehenen Informationsrechten (§§ 216, 230, 232 Abs. 2, 239 Abs. 2 UmwG) abzulehnen[3]. Zum Verschmelzungsrecht siehe § 13 UmwG Rz. 12 mwN.

e) Vertretung bei Stimmabgabe

11 Sie richtet sich nach den allgemeinen Bestimmungen des auf den formwechselnden Rechtsträger anwendbaren Rechts. Eine Vertretung durch Bevollmächtigte oder vollmachtlose Vertreter ist zulässig, nicht aber durch Boten, es sei denn der Gesellschaftsvertrag lässt sie zu[4]. Für die Stimmrechtsvollmacht bestehen keine besonderen Formerfordernisse: Bei GmbH (§ 47 Abs. 3 GmbHG), bei AG und KGaA reicht grundsätzlich Textform, soweit Satzung davon nicht abweicht (§ 134 Abs. 3 Satz 3 AktG), bei Personenhandels- und Partnerschaftsgesellschaft ist sie grundsätzlich formlos gültig (siehe § 43 UmwG Rz. 16 f.), soweit der Gesellschaftsvertrag nicht entgegensteht; aus Beweissicherungsgründen ist Schriftform ratsam.

Öffentliche Beglaubigung der Vollmacht ist nicht erforderlich, obwohl subsidiär Gründungsvorschriften anzuwenden sind (§ 197 UmwG): Bei Gründung von Kapitalgesellschaften ist dies nur für die Vereinbarung des Gesellschaftsvertrages vorgesehen (vgl. § 2 GmbHG, §§ 2, 23 Abs. 1 Satz 2 AktG), beim Formwechsel

---

1 Vgl. BGH v. 13.3.1978 – II ZR 142/76, BGHZ 71, 40 (46); BGH v. 19.4.1982 – II ZR 55/81, BGHZ 83, 319 (321); BGH v. 7.3.1994 – II ZR 52/93, BGHZ 125, 239 (241); *Hüffer/Koch*, § 186 AktG Rz. 25; *Bayer* in Lutter/Hommelhoff, § 55 GmbHG Rz. 24.
2 Vgl. Begr. RegE bei *Ganske* S. 216, 61; zustimmend *Decher/Hoger* in Lutter, § 193 UmwG Rz. 9.
3 So auch *Decher/Hoger* in Lutter, § 193 UmwG Rz. 9; *Göthel* in Lutter, § 233 UmwG Rz. 52 ff.; *Bärwaldt* in Semler/Stengel, § 193 UmwG Rz. 17; *Göthel* in Lutter, § 233 UmwG Rz. 52.
4 *Bärwaldt* in Semler/Stengel, § 193 UmwG Rz. 12; *Stratz* in Schmitt/Hörtnagl/Stratz, § 193 UmwG Rz. 8; *Vollrath* in Widmann/Mayer, § 193 UmwG Rz. 23; *Decher/Hoger* in Lutter, § 193 UmwG Rz. 4; *Petersen* in KölnKomm. UmwG, § 193 UmwG Rz. 4.

in die Kapitalgesellschaft sind Gesellschaftsvertrag und Satzung hingegen Inhalt des Beschlusses. Sie werden durch Beschlussfassung festgestellt[1]. Insoweit wird das Gründungsrecht verdrängt.

§ 181 BGB ist bei Beschlussfassung aller Gesellschaften stets zu beachten. Vollmacht an Mitgesellschafter enthält konkludente Befreiung[2]. 12

Gesetzliche Vertreter minderjähriger Gesellschafter unterliegen den Beschränkungen der §§ 1629 Abs. 2, 1795 BGB, ggf. ist also ein Ergänzungspfleger zu bestellen (§ 1909 Abs. 1 Satz 1 BGB). Familiengerichtliche Genehmigung ist nur erforderlich, wenn dem Minderjährigen Haftungsgefahren drohen (vgl. §§ 1643, 1822 Nrn. 3 und 10 BGB). Dies ist etwa der Fall, wenn eine Kapitalgesellschaft in eine Personengesellschaft umgewandelt wird oder in eine andere Kapitalgesellschaft – bei der Haftungsgefahren drohen[3]. Bei Formwechsel in KG ist Zustimmung des Gerichts wegen des gleichzeitig mit Beschluss erfolgenden Abschlusses des Gesellschaftsvertrages einzuholen. Bei Kapitalgesellschaften ist der Beschluss grundsätzlich genehmigungsfrei, da er nur Qualität eines Satzungsänderungsbeschlusses hat[4]. Sind bei in GmbH umzuwandelnde AG und KG allerdings die Einlagen nicht voll geleistet, ist wegen der in der GmbH drohenden Solidarhaftung Genehmigung (§ 1822 Nr. 10 BGB) erforderlich[5]. 13

f) Wirkung des Umwandlungsbeschlusses

Er ändert die Rechtsform selbst nicht; die neue Rechtsform entsteht erst mit ihrer Eintragung im Handelsregister (§ 202 Abs. 1 Nr. 1 UmwG). Beschluss mit Feststellung von Gesellschaftsvertrag/Satzung bindet jedoch sämtliche – mit Ausnahme bei Personenhandels- und Partnerschaftsgesellschaft (§ 217 Abs. 1 UmwG) auch die überstimmten und nicht erschienenen – Anteilsinhaber und ist zugleich Anweisung an das Vertretungsorgan, den Beschluss durchzuführen, wenn erforderliche Zustimmungserklärungen vorliegen. 14

---

1 Wie hier *Decher/Hoger* in Lutter, § 193 UmwG Rz. 4; *Bärwaldt* in Semler/Stengel, § 193 UmwG Rz. 12; *Göthel* in Lutter, § 233 UmwG Rz. 37 f.; einschränkend *Stratz* in Schmitt/Hörtnagl/Stratz, § 193 UmwG Rz. 8: nur für gesonderte Zustimmungserklärung; *Limmer* in Limmer, Hdb. der Unternehmensumwandlung, Teil 4 Kap. 1 Rz. 125; aA *Vollrath* in Widmann/Mayer, § 193 UmwG Rz. 24: öffentliche Beglaubigung beim Formwechsel einer börsennotierten AG/KGaA ein für die Praxis wohl kaum gangbarer Weg.
2 *Bärwaldt* in Semler/Stengel, § 193 UmwG Rz. 15; *Göthel* in Lutter, § 233 UmwG Rz. 39 ff. mit weiteren Einzelheiten.
3 *Göthel* in Lutter, § 233 UmwG Rz. 49 ff.
4 Str., wie hier *Göthel* in Lutter, § 240 UmwG Rz. 22 ff.; *Arnold* in Semler/Stengel, § 240 UmwG Rz. 31; *Stratz* in Schmitt/Hörtnagl/Stratz, § 193 UmwG Rz. 10; aA *Vollrath* in Widmann/Mayer, § 193 UmwG Rz. 22; *Bärwaldt* in Semler/Stengel, § 193 UmwG Rz. 13; *Petersen* in KölnKomm. UmwG, § 193 UmwG Rz. 4 (mit Beispielen).
5 *Göthel* in Lutter, § 240 UmwG Rz. 23.

3. Widerspruch zur Niederschrift

15 Der Anteilsinhaber muss gegen den Umwandlungsbeschluss Widerspruch zur Niederschrift erklären (zur Form Rz. 28 ff.), wenn er sich die Rechte auf Barabfindung (§ 207 UmwG) erhalten will. Der Widerspruch muss nicht begründet werden (Einzelheiten siehe bei § 207 UmwG). Bloßes Abstimmen mit Nein oder gar Enthaltung bei Stimmabgabe genügen nicht. Widerspruch ist in der Niederschrift der Versammlung (siehe Rz. 28 f.) zu vermerken. Im Zweifel hat Notar auf eindeutige Erklärung hinzuwirken. Wird Widerspruch auf andere Weise nachgewiesen, ist fehlende Protokollierung unschädlich[1]. Der Widerspruch ist nur beachtlich, wenn der widersprechende Anteilsinhaber auch gegen den Umwandlungsbeschluss gestimmt hat (weitere Einzelheiten siehe § 13 UmwG Rz. 21).

4. Zustimmung einzelner Anteilsinhaber

a) Vinkulierte Anteile (§ 193 Abs. 2 UmwG)

16 Der Umwandlungsbeschluss ist so lange schwebend unwirksam, bis ihm auch die Anteilsinhaber zugestimmt haben, die nach Gesellschaftsvertrag/Satzung – schuldrechtliche Vereinbarungen mit diesen Anteilsinhabern oder Dritten sind unbeachtlich[2] – einer Anteilsübertragung zustimmen müssen. Im Aktienrecht, das die Zustimmung von Aktionären zur Aktienübertragung grundsätzlich nicht kennt (vgl. § 68 Abs. 2 AktG), gilt dies hingegen nur eingeschränkt[3].

17 Dieses **Sonderrecht** steht nur **bestimmten einzelnen Anteilsinhabern** zu, nicht dem Rechtsträger oder dessen Versammlung oder einem anderen Organ[4]. Bestimmte einzelne Anteilsinhaber sind solche, die Gesellschaftsvertrag/Satzung namentlich oder den Eigenschaften nach als Zustimmungsberechtigte nennt oder die zu einer Gruppe von Anteilseignern gehören, der das Recht zur Zustimmung eingeräumt ist[5]. Auch wenn eine Anteilsübertragung (trotz Mehrheitsklausel für den Formwechsel) von der Zustimmung aller, aller übrigen Anteilsinhaber oder von einem mit allen vorhandenen Stimmen zu fassenden Beschluss abhängig oder die Abtretung völlig ausgeschlossen ist, muss jeder einzelne An-

---

1 Vgl. LG Ingolstadt v. 12.6.1990 – HKO 763/89, AG 1991, 24 = WM 1991, 689 zur AG.
2 *Bärwaldt* in Semler/Stengel, § 193 UmwG Rz. 25; *Decher/Hoger* in Lutter, § 193 UmwG Rz. 19; *Petersen* in KölnKomm. UmwG, § 193 UmwG Rz. 14.
3 Vgl. *Decher/Hoger* in Lutter, § 193 UmwG Rz. 13; *Petersen* in KölnKomm. UmwG, § 193 UmwG Rz. 10, wenn die AG-Satzung Zustimmung aller Aktionäre vorsieht.
4 *Drygala* in Lutter, § 13 UmwG Rz. 30; *Petersen* in KölnKomm. UmwG, § 193 UmwG Rz. 14; *Stratz* in Schmitt/Hörtnagl/Stratz, § 193 UmwG Rz. 17; *Decher/Hoger* in Lutter, § 193 UmwG Rz. 14.
5 Siehe *Decher/Hoger* in Lutter, § 193 UmwG Rz. 14; *Reichert*, GmbHR 1995, 176 (179).

teilsinhaber zustimmen[1]. Um Umwandlungen nicht unnötig zu erschweren, empfehlen sich Vinkulierungsklauseln in Gesellschaftsverträgen/Satzungen zu Gunsten einzelner Personen nicht mehr.

Unbeachtlich sind Zustimmungsrechte der Gesellschafterversammlung oder anderer Organe wie Aufsichtsrat, Beirat[2]. Auch Vorkaufs- bzw. Vorerwerbsrechte geben kein Vetorecht[3]. Sie können aber unter Sonderrechte des über §§ 233 Abs. 2, 241 Abs. 2 UmwG anwendbaren § 50 Abs. 2 UmwG fallen. 18

b) Sonstige Zustimmungserfordernisse

Zu beachten sind ferner die in besonderen Fällen nötigen Zustimmungserklärungen einzelner Anteilsinhaber (siehe hierzu Erl. zu §§ 233 Abs. 1 Halbsatz 2 und Abs. 2 Satz 2 und Abs. 3 Satz 1; 241 Abs. 2 und 3; 242 UmwG). 19

c) Wirksamwerden

Die Zustimmung ist nicht Bestandteil, sondern weitere Wirksamkeitsvoraussetzung des Umwandlungsbeschlusses[4]. Sie ist empfangsbedürftige **Willenserklärung** (§ 182 BGB), nicht Beschluss, auch wenn mehrere Personen zustimmen müssen, und unterliegt deren Regeln (zB hins. Zugang, Anfechtbarkeit). Sie kann vor, bei und nach Fassung des Beschlusses erteilt werden[5] und ist entweder der Versammlung (dem Vorsitzenden) oder dem formwechselnden Rechtsträger gegenüber abzugeben, nicht den übrigen Anteilsinhabern[6]. Bevollmächtigung ist zulässig. Vollmacht bedarf keiner Form (§ 167 Abs. 2 BGB)[7]. 20

Bejahendes Mitstimmen bei Beschlussfassung gilt als konkludente Zustimmung. Erneuter Zustimmung bedarf es nicht (§ 13 UmwG Rz. 28). 21

---

1 Vgl. *Bärwaldt* in Semler/Stengel, § 193 UmwG Rz. 21; *Stratz* in Schmitt/Hörtnagl/Stratz, § 193 UmwG Rz. 17; *Reichert*, GmbHR 1995, 176 (179); *Drinhausen/Keinath* in Henssler/Strohn, § 193 UmwG Rz. 7; aA bei Mehrheitsklausel im Gesellschaftsvertrag der Personengesellschaft *Decher/Hoger* in Lutter, § 193 UmwG Rz. 17.
2 *Mayer*, DB 1995, 861 (865); *Bärwaldt* in Semler/Stengel, § 193 UmwG Rz. 23; *Decher/Hoger* in Lutter, § 193 UmwG Rz. 16; *Petersen* in KölnKomm. UmwG, § 193 UmwG Rz. 14.
3 So auch *Bärwaldt* in Semler/Stengel, § 193 UmwG Rz. 25; *Stratz* in Schmitt/Hörtnagl/Stratz, § 193 UmwG Rz. 18; *Decher/Hoger* in Lutter, § 193 UmwG Rz. 24; *Drinhausen/Keinath* in Henssler/Strohn, § 193 UmwG Rz. 7; *Petersen* in KölnKomm. UmwG, § 193 UmwG Rz. 16.
4 *Decher/Hoger* in Lutter, § 193 UmwG Rz. 22.
5 *Stratz* in Schmitt/Hörtnagl/Stratz, § 193 UmwG Rz. 19; *Decher/Hoger* in Lutter, § 193 UmwG Rz. 22 f.; *Petersen* in KölnKomm. UmwG, § 193 UmwG Rz. 17.
6 Ähnlich *Göthel* in Lutter, § 233 UmwG Rz. 15, siehe auch Rz. 22; *Drinhausen/Keinath* in Henssler/Strohn, § 193 UmwG Rz. 8; *Bärwaldt* in Semler/Stengel, § 193 UmwG Rz. 27.
7 AA *Vollrath* in Widmann/Mayer, § 193 UmwG Rz. 24 ff.: notarielle Beurkundung.

22 Mit **Zugang** der Zustimmungserklärung wird der Umwandlungsbeschluss rückwirkend auf den Tag der Beschlussfassung wirksam (§ 184 BGB)[1]. Solange die Zustimmung fehlt, ist der Beschluss schwebend unwirksam[2] und Eintragung des Formwechsels gehindert. Die Vertretungsorgane haben die Zustimmungsberechtigten zur Abgabe ihrer Erklärung, ggf. unter angemessener Fristsetzung, aufzufordern. Verstreicht die Frist ungenutzt, gilt die Zustimmung als versagt (entsprechend §§ 108 Abs. 2, 177 Abs. 2 BGB)[3].

23 Wird die **Zustimmung versagt oder eingeschränkt erteilt**, ist der Beschluss endgültig unwirksam[4]. Diese Wirkung kann weder durch spätere Zustimmung noch Eintragung des Formwechsels im Handelsregister beseitigt werden. Die Heilungsvorschrift des § 202 Abs. 1 Nr. 3 UmwG erfasst nur Formmängel. Ein Mangel ist aber wegen § 202 Abs. 3 UmwG unbeachtlich.

24 Eine **Verpflichtung zur Zustimmung** besteht nicht. Die Zustimmung steht im pflichtgemäßen Ermessen des betreffenden Anteilsinhabers. In besonders gelagerten Fällen kann es die Treuepflicht gebieten zuzustimmen[5].

25 Wer als Zustimmungsberechtigter gegen den Formwechsel gestimmt hat, kann später ohne weiteres noch zustimmen, vorausgesetzt, der Beschluss hat die erforderliche Mehrheit erreicht (siehe Rz. 6).

5. Beteiligung Dritter

26 Lebt ein Anteilsinhaber des formwechselnden Rechtsträgers im gesetzlichen Güterstand der Zugewinngemeinschaft, muss dessen **Ehegatte** der Stimmabgabe nicht zustimmen. Denn angesichts der Identität von formwechselndem und Rechtsträger neuer Rechtsform kann eine Verfügung durch Beschluss nicht angenommen werden[6]. Anders aber, wenn der Anteilseigner in Gütergemeinschaft

---

1 *Decher/Hoger* in Lutter, § 193 UmwG Rz. 4; *Petersen* in KölnKomm. UmwG, § 193 UmwG Rz. 17; aA *Göthel* in Lutter, § 233 UmwG Rz. 9: Zeitpunkt des Zugangs der letzten Erklärung.
2 *Stratz* in Schmitt/Hörtnagl/Stratz, § 193 UmwG Rz. 20; *Decher/Hoger* in Lutter, § 193 UmwG Rz. 23; *Bärwaldt* in Semler/Stengel, § 193 UmwG Rz. 27.
3 Wie hier *Bärwaldt* in Semler/Stengel, § 193 UmwG Rz. 27 mwN.
4 *Stratz* in Schmitt/Hörtnagl/Stratz, § 193 UmwG Rz. 20; *Decher/Hoger* in Lutter, § 193 UmwG Rz. 23; *Bärwaldt* in Semler/Stengel, § 193 UmwG Rz. 27.
5 Zur rechtsmissbräuchlichen Versagung: BGH v. 9.6.1954 – II ZR 70/53, BGHZ 14, 25 (38 f.); siehe auch *Stratz* in Schmitt/Hörtnagl/Stratz, § 193 UmwG Rz. 20; *Ihrig* in Semler/Stengel, § 233 UmwG Rz. 18.
6 AA *Bärwaldt* in Semler/Stengel, § 193 UmwG Rz. 26 für alle Fälle des Formwechsels, einschränkend für Umwandlung in Personenhandelsgesellschaft *Ihrig* in Semler/Stengel, § 233 UmwG Rz. 9; *Göthel* in Lutter, § 233 UmwG Rz. 48 und § 240 UmwG Rz. 25; *Arnold* in Semler/Stengel, § 240 UmwG Rz. 34.

lebt (häufig bei ausländischen Güterständen); dann kann die Verpflichtung bestehen, dass die Stimmabgabe nur einheitlich durch beide Ehegatten gemeinsam erfolgt.

Unterliegt die Beteiligung der **Testamentsvollstreckung**, dürfte die Stimmabgabe des Testamentsvollstreckers allein nicht ausreichen, und zwar unabhängig davon, ob dem Erben durch Formwechsel persönliche Haftungsgefahren drohen[1]. Hier ist zusätzlich die Zustimmung des Erben erforderlich. Denn das Stimmrecht wird man wegen der strukturändernder Wirkung von Umwandlungen regelmäßig dem **Kernbereich** der Mitgliedschaft zuordnen müssen[2], so dass es durch den Testamentsvollstrecker allein nicht ausgeübt werden kann. Da hier noch vieles ungeklärt ist, empfiehlt es sich, vorsorglich stets die Zustimmung der Erben einzuholen. 27

6. Form des Umwandlungsbeschlusses

Der Beschluss ist mit dem Mindestinhalt (§ 194 Abs. 1 UmwG) und dem rechtsformspezifischen Inhalt (§§ 217 Abs. 2, 218, 234, 243 UmwG) notariell zu beurkunden (§ 193 Abs. 3 Satz 1 UmwG), ansonsten ist er nichtig[3] (zur Heilung von Formmängeln siehe § 202 Abs. 1 Nr. 3 UmwG). Die Beurkundung erfolgt im Regelfall in Protokollform (§ 130 AktG, §§ 36, 37 BeurkG)[4], d.h. der Beschlussinhalt wird zwar vom Notar niedergeschrieben, nicht aber verlesen. Dies gilt auch für das mit dem Beschluss festgestellte Statut des neuen Rechtsträgers, falls dies Inhalt des Beschlusses ist (so etwa in den Fällen der §§ 218, 234 Nr. 3, 243/244 UmwG). Bei Universalversammlungen ist die Beurkundung auch in Verhandlungsform (§§ 8 ff. BeurkG) möglich, da sie mit ihren Anforderungen über die für eine Tatsachenprotokollierung hinausgeht. Dies gilt auch für AG, KGaA mit der Einschränkung, dass die Voraussetzungen des § 130 AktG (als Spezialnorm vgl. § 59 BeurkG) beachtet werden müssen (zur gleichzeitigen Beurkundung der Zustimmungserklärung siehe Rz. 31). 28

Notarielle **Niederschrift** ist Beschluss-, nicht Verlaufsprotokoll. In den Fällen der §§ 217 Abs. 2, 244 Abs. 1 UmwG sind in ihr zusätzlich die Gesellschafter na- 29

---

1 Str., aA LG Mannheim v. 10.11.1998 – 20 193/98, ZEV 1999, 443; *Göthel* in Lutter, § 233 UmwG Rz. 44, solange keine weiter gehenden Verpflichtungen begründet werden.
2 *K. Schmidt* in FS Brandner, 1996, S. 133 (146); *Heckschen* in Widmann/Mayer, § 13 UmwG Rz. 142, 143.1; *Priester*, ZGR 1990, 420 (439); zur Kernbereichslehre allgemein: *Pauli* in Bengel/Reimann, Hdb. Testamentsvollstreckung, 5. Aufl. 2013, Rz. 270 f. mwN; siehe auch *Weidlich*, MittBayNot 1996, 1 und *Reimann*, ZEV 2000, 381.
3 Vgl. BayObLG v. 5.7.1996 – 3 Z BR 114/96, MittRhNotK 1996, 421.
4 *Decher/Hoger* in Lutter, § 193 UmwG Rz. 10; *Vossius* in Widmann/Mayer, § 217 UmwG Rz. 29; *Petersen* in KölnKomm. UmwG, § 193 UmwG Rz. 19; *Happ* in Happ, Konzern- und Umwandlungsrecht, 2011, Muster 11.01 Rz. 24.1 ff.

mentlich aufzuführen. Sind bei der Umwandlung einer KGaA, AG in eine Personenhandelsgesellschaft die Aktionäre unbekannt, sind sie entsprechend §§ 213, 35 UmwG zu bezeichnen.

Ferner sind in der Niederschrift alle sonstigen für die Beurteilung der Wirksamkeit des Beschlusses oder zur Wirkung von Rechten der Anteilseigner maßgeblichen Umstände aufzuführen, wie etwa Widerspruch zur Niederschrift (§ 207 Abs. 1 Satz 1 UmwG), Rügen über nicht ordnungsgemäße Einberufung der Versammlung und Bekanntgabe des Beschlussgegenstandes (vgl. §§ 216, 230 UmwG).

Zur Beurkundung des Umwandlungsbeschlusses im Ausland siehe § 6 UmwG Rz. 10 ff.

30 Jeder Anteilsinhaber kann die Erteilung einer **Abschrift** der Niederschrift des Beschlusses verlangen (§ 193 Abs. 3 Satz 2 UmwG). Verpflichtet ist allein der Rechtsträger des Anteilsinhabers, nicht der beurkundende Notar[1].

Die Kosten dafür trägt der betreffende Anteilsinhaber.

7. Form der Zustimmungserklärungen

31 § 193 Abs. 3 Satz 1 UmwG stellt klar, dass die im Recht des Formwechsels erforderlichen Zustimmungserklärungen zum Schutz der Anteilsinhaber **notariell** beurkundet werden müssen. Dem Registergericht soll damit die Prüfung erleichtert werden, ob alle Erfordernisse des Formwechsels erfüllt sind[2].

Für die Beurkundung der Zustimmungserklärung gelten allein die Bestimmungen über die Beurkundung von Willenserklärungen (§§ 8 ff. BeurkG). Es reicht für die Einhaltung des Formerfordernisses nicht aus, im Protokoll (§ 130 AktG, §§ 36, 37 BeurkG) lediglich zu vermerken, dass die Zustimmungserklärung abgegeben wurde[3]; vielmehr ist grds. eine gesonderte notarielle Urkunde erforderlich[4], der der Beschluss nicht beigefügt werden muss. Zur Form der Zustimmungserklärung des persönlich haftenden Gesellschafters einer KGaA siehe § 285 Abs. 3 Satz 2 AktG.

32 Die Zustimmungserklärungen sind in **Ausfertigung** (§ 47 BeurkG) zuzustellen. Adressat sind sowohl die Versammlung (vertreten durch den Vorsitzenden) wie

---

1 *Vollrath* in Widmann/Mayer, § 193 UmwG Rz. 33; *Bärwaldt* in Semler/Stengel, § 193 UmwG Rz. 29; *Stratz* in Schmitt/Hörtnagl/Stratz, § 193 UmwG Rz. 23.
2 Vgl. Begr. RegE bei *Ganske*, S. 62.
3 Siehe auch *Usler*, MittRhNotK 1998, 21 (43); *Bärwaldt* in Semler/Stengel, § 193 UmwG Rz. 28; *Vossius* in Widmann/Mayer, § 217 UmwG Rz. 34 ff.; *Petersen* in KölnKomm. UmwG, § 193 UmwG Rz. 19.
4 *Stratz* in Schmitt/Hörtnagl/Stratz, § 193 UmwG Rz. 22; *Vollrath* in Widmann/Mayer, § 193 UmwG Rz. 13.

auch der formwechselnde Rechtsträger. Es kann ratsam sein, den die Beschlüsse beurkundenden Notar zu bevollmächtigen, die Zustimmungserklärungen für alle Beteiligten entgegenzunehmen. Dem Registergericht ist der Zugang nicht nachzuweisen.

8. Kosten

Für die **Beurkundung** der Beschlüsse erhält der Notar eine 2,0-Gebühr (Nr. 21100 KV GNotKG, Höchstwert 5 Mio. Euro, § 108 Abs. 5 GNotKG). Sie ist mit dem Wert des Aktivvermögens des formwechselnden Rechtsträgers anzusetzen (§§ 108 Abs. 3; 38 GNotKG). Die im Beschluss enthaltene Satzung/der Gesellschaftsvertrag betrifft denselben Beurkundungsgegenstand (§ 109 Abs. 1 GNotKG). Eine zusätzliche Bewertung scheidet daher aus. 33

Zu den Kosten der **Zustimmungserklärungen** siehe Erl. zu § 13 UmwG Rz. 44; für die Kosten der Beurkundung der Verzichtserklärungen (§ 192 Abs. 3 Satz 2 UmwG) siehe Erl. zu § 13 UmwG Rz. 45, die hier entsprechend gelten. 34

Zu den Kosten der Anmeldung siehe § 198 UmwG Rz. 26 f., der Eintragung des Beschlusses § 19 UmwG Rz. 18. 35

9. Anfechtung

Die Anfechtung des **Umwandlungsbeschlusses** unterliegt den allgemeinen für den betreffenden Rechtsträger geltenden Bestimmungen. Die Anfechtung der **Zustimmungs- und Verzichtserklärung** richtet sich nach den §§ 119 ff. BGB[1]. 36

10. Aufhebung des Umwandlungsbeschlusses

Seine Aufhebung erfolgt ebenfalls durch Beschluss, für den die gleichen Mehrheiten gelten, wie für den Umwandlungsbeschluss[2]. Eine Beurkundung des Aufhebungsbeschlusses ist hingegen nicht erforderlich[3]. 37

---

1 Vgl. *Göthel* in Lutter, § 233 UmwG Rz. 68.
2 Str., wie hier: *Priester* in Scholz, 11. Aufl. 2015, § 53 GmbHG Rz. 188; aA *Bärwaldt* in Semler/Stengel, § 193 UmwG Rz. 1; *Decher/Hoger* in Lutter, § 193 UmwG Rz. 28; *Stratz* in Schmitt/Hörtnagl/Stratz, § 193 UmwG Rz. 6.
3 So auch *Vollrath* in Widmann/Mayer, § 193 UmwG Rz. 57.

§ 194
Inhalt des Umwandlungsbeschlusses

(1) In dem Umwandlungsbeschluss müssen mindestens bestimmt werden:
1. die Rechtsform, die der Rechtsträger durch den Formwechsel erlangen soll;
2. der Name oder die Firma des Rechtsträgers neuer Rechtsform;
3. eine Beteiligung der bisherigen Anteilsinhaber an dem Rechtsträger nach den für die neue Rechtsform geltenden Vorschriften, soweit ihre Beteiligung nicht nach diesem Buch entfällt;
4. Zahl, Art und Umfang der Anteile oder der Mitgliedschaften, welche die Anteilsinhaber durch den Formwechsel erlangen sollen oder die einem beitretenden persönlich haftenden Gesellschafter eingeräumt werden sollen;
5. die Rechte, die einzelnen Anteilsinhabern sowie den Inhabern besonderer Rechte wie Anteile ohne Stimmrecht, Vorzugsaktien, Mehrstimmrechtsaktien, Schuldverschreibungen und Genussrechte in dem Rechtsträger gewährt werden sollen, oder die Maßnahmen, die für diese Personen vorgesehen sind;
6. ein Abfindungsangebot nach § 207, sofern nicht der Umwandlungsbeschluss zu seiner Wirksamkeit der Zustimmung aller Anteilsinhaber bedarf oder an dem formwechselnden Rechtsträger nur ein Anteilsinhaber beteiligt ist;
7. die Folgen des Formwechsels für die Arbeitnehmer und ihre Vertretungen sowie die insoweit vorgesehenen Maßnahmen.

(2) Der Entwurf des Umwandlungsbeschlusses ist spätestens einen Monat vor dem Tage der Versammlung der Anteilsinhaber, die den Formwechsel beschließen soll, dem zuständigen Betriebsrat des formwechselnden Rechtsträgers zuzuleiten.

1. Allgemeines 1	6. Bestimmung des Sitzes 19
2. Keine Bestimmung zu Vermögensübergang, Umwandlungsstichtag oder Umwandlungsbilanz 8	7. Bestimmung des Kapitals 20
3. Bestimmung der Rechtsform (§ 194 Abs. 1 Nr. 1 UmwG); Berücksichtigung von Gründungsvorschriften 12	8. Bestimmung der Beteiligung (§ 194 Abs. 1 Nr. 3 UmwG); Identität der Anteilsinhaber; Ausscheiden und Eintritt von Anteilsinhabern 21
4. Feststellung von Gesellschaftsvertrag bzw. Satzung 15	9. Bestimmung von Zahl, Art und Umfang der Anteile oder Mitgliedschaften (§ 194 Abs. 1 Nr. 4 UmwG); Identität der Beteiligungen; quantitative Änderungen der Beteiligungen 30
5. Bestimmung von Name oder Firma (§ 194 Abs. 1 Nr. 2 UmwG) 18	

10. Bestimmung besonderer Rechte (§ 194 Abs. 1 Nr. 5 UmwG); qualitative Änderungen der Beteiligungen 36	14. Abberufung oder Bestellung von Organen 56
a) Rechte einzelner Anteilsinhaber 40	15. Bestellung des Abschlussprüfers für das erste Geschäftsjahr 57
b) Inhaber besonderer Rechte .. 42	16. Folgen für die Arbeitnehmer und ihre Vertretungen (§ 194 Abs. 1 Nr. 7 UmwG) *(Willemsen)* 58
11. Abfindungsangebot (§ 194 Abs. 1 Nr. 6 UmwG) 44	17. Zuleitung des Entwurfs des Umwandlungsbeschlusses an den Betriebsrat (§ 194 Abs. 2 UmwG) *(Willemsen)* 60
12. Bare Zuzahlungen 48	
13. Gründerstellung 55	18. Mängel des Beschlusses 63

Literatur: *Binnewies*, Formelle und materielle Voraussetzung von Umwandlungsbeschlüssen – Beschlossen ist beschlossen?, GmbHR 1997, 727; *Bungert*, Darstellungsweise und Überprüfbarkeit der Angaben über Arbeitnehmerfolgen im Umwandlungsvertrag, DB 1997, 2209; *Habersack*, Zur Reichweite des umwandlungsrechtlichen Freigabeverfahrens beim Formwechsel, dargestellt am Beispiel der Umwandlung von stimmrechtlosen Anteilen in Stimmrechte verkörpernde Anteile, Liber amicorum M. Winter, 2011, S. 177; *Hausch*, Arbeitsrechtliche Pflichten nach dem UmwG, RNotZ 2007, 308 (Teil 1), RNotZ 2007, 396 (Teil 2); *Heckschen*, Die Entwicklung des Umwandlungsrechts aus der Sicht der Rechtsprechung und Praxis, DB 1998, 1385; *Joost*, Arbeitsrechtliche Angaben im Umwandlungsvertrag, ZIP 1995, 976; *Kerschbaumer*, Praktische Probleme bei der Anwendung der GmbH-Gründungsvorschriften beim Formwechsel von der AG in die GmbH nach § 197 UmwG, NZG 2011, 892; *Kiem*, Die Stellung der Vorzugsaktionäre bei Umwandlungsmaßnahmen, ZIP 1997, 1627; *Meining*, Der Formwechsel einer grundbesitzenden Zweipersonen-GmbH & Co. KG – Spannungen zwischen Umwandlungsgesetz und Umwandlungsbzw. Grunderwerbsteuergesetz, GmbHR 2011, 916; *Priester*, Das neue Umwandlungsrecht aus notarieller Sicht, DNotZ 1995, 427; *Stohlmeyer*, Zuleitung der Umwandlungsdokumentation und Einhaltung der Monatsfrist: Verzicht des Betriebsrats?, BB 1999, 1394; *Veil*, Der nicht-verhältniswahrende Formwechsel von Kapitalgesellschaften – Eröffnet das neue Umwandlungsgesetz den partiellen Ausschluss von Anteilsinhabern?, DB 1996, 2529; *Willemsen*, Die Beteiligung des Betriebsrats im Umwandlungsverfahren, RdA 1998, 23.

1. Allgemeines

§ 194 Abs. 1 UmwG legt den Mindestinhalt des Umwandlungsbeschlusses fest. 1
§ 194 Abs. 2 UmwG verlangt die Zuleitung des Entwurfes des Umwandlungsbeschlusses an den zuständigen Betriebsrat spätestens einen Monat vor der Versammlung der Anteilsinhaber, die über ihn beschließen soll.

Der Umwandlungsbeschluss ist in einer **Versammlung der Anteilsinhaber** zu 2 fassen (§ 193 Abs. 1 Satz 2 UmwG). Zu Einberufung, Ankündigung, Mehrheits-, Zustimmungs- und Formerfordernissen vgl. § 193 UmwG. Zur Notwendigkeit der Bezeichnung **unbekannter Aktionäre** im Umwandlungsbeschluss vgl. § 213 UmwG.

3 Der **Entwurf** des Umwandlungsbeschlusses ist bereits in den **Umwandlungsbericht** aufzunehmen und den Anteilsinhabern mit diesem zuzuleiten (vgl. § 192 UmwG Rz. 16), soweit ein Umwandlungsbericht erforderlich ist (vgl. § 192 Abs. 2 UmwG; § 192 UmwG Rz. 4, 56). Auch wenn kein Umwandlungsbericht erforderlich ist, muss der Entwurf des Umwandlungsbeschlusses dem Betriebsrat gemäß § 194 Abs. 2 UmwG zugeleitet werden (Rz. 60 f.).

4 § 194 Abs. 1 UmwG legt den **Mindestinhalt** des Umwandlungsbeschlusses **zwingend** (§ 1 Abs. 3 Satz 1 UmwG) fest (Ausnahmen: Sonderrechte sachlich nicht geboten, § 194 Abs. 1 Nr. 5 UmwG; Verzicht auf Barabfindungsangebot gemäß § 207 UmwG, § 194 Abs. 1 Nr. 6 UmwG). Ein Verzicht auf vorgeschriebene Angaben ist auch dann nicht möglich, wenn alle Anteilsinhaber auf die betreffenden Angaben verzichten.

5 Da § 194 Abs. 1 UmwG nur den Mindestinhalt festlegt, sind **zusätzliche Regelungen** im Umwandlungsbeschluss grundsätzlich nicht ausgeschlossen (§ 1 Abs. 3 Satz 2 UmwG; vgl. Rz. 15, 16, 19, 20, 48–57)[1].

6 Die Regelung in § 194 Abs. 1 UmwG ist **rechtsformübergreifend**. Abweichende bzw. ergänzende Bestimmungen finden sich rechtsformspezifisch in § 218 UmwG (Formwechsel von Personenhandelsgesellschaften), § 234 UmwG (Formwechsel einer Kapitalgesellschaft in eine Personengesellschaft), § 243 UmwG (Formwechsel einer Kapitalgesellschaft in eine Kapitalgesellschaft anderer Rechtsform), § 253 UmwG (Formwechsel einer Kapitalgesellschaft in eine eingetragene Genossenschaft), § 263 UmwG (Formwechsel eingetragener Genossenschaften), §§ 276, 285 UmwG (Formwechsel rechtsfähiger Vereine) und § 294 UmwG (Formwechsel von Versicherungsvereinen auf Gegenseitigkeit).

7 Seiner **Funktion** nach entspricht der Umwandlungsbeschluss dem Verschmelzungsvertrag bei der Verschmelzung (§ 5 UmwG) und dem Spaltungs- und Übernahmevertrag bei der Spaltung durch Aufnahme (§ 126 UmwG) bzw. dem Spaltungsplan bei der Spaltung zur Neugründung (§ 136 UmwG).

2. Keine Bestimmung zu Vermögensübergang, Umwandlungsstichtag oder Umwandlungsbilanz

8 Eine Regelung zum **Vermögensübergang** ist begriffsnotwendig ausgeschlossen: Ein Vermögensübergang findet nicht statt (vgl. § 190 UmwG Rz. 6). § 194 Abs. 1 UmwG verlangt daher im Umwandlungsbeschluss (anders als § 5 Abs. 1 Nr. 2 UmwG für den Verschmelzungsvertrag) keine Bestimmungen für den Übergang des Vermögens des formwechselnden Rechtsträgers auf den Rechtsträger neuer Rechtsform[2].

---

1 So auch *Decher/Hoger* in Lutter, § 194 UmwG Rz. 39.
2 *Petersen* in KölnKomm. UmwG, § 194 UmwG Rz. 33.

Auch die Festlegung eines **Formwechselstichtags** ist nicht möglich. Da der Formwechsel zwingend mit Eintragung im Register wirksam wird (§ 202 UmwG Rz. 12), fehlt es insofern schon an der Rechtsmacht, im Umwandlungsbeschluss etwas anderes zu bestimmen. Aber auch im Innenverhältnis ist die Bestimmung eines Stichtages umwandlungsrechtlich weder erforderlich noch auch nur möglich (str., vgl. § 202 UmwG Rz. 12)[1]. 9

Eine Festlegung des Verschmelzungsstichtages im Verschmelzungsvertrag (§ 5 Abs. 1 Nr. 6 UmwG), also des **Zeitpunkts**, von dem an das Unternehmen **für Rechnung** des übernehmenden Rechtsträgers geführt wird, kommt für den Formwechsel nicht in Frage, weil es nur einen Rechtsträger gibt. Für diesen wird das Unternehmen geführt, vor wie nach dem Formwechsel. 10

Aus denselben Gründen ist beim Formwechsel auch für eine **Umwandlungsbilanz** kein Raum (vgl. § 202 UmwG Rz. 12). Wenn **ertragsteuerlich** (beim Formwechsel aus Personenhandelsgesellschaften oder in Personengesellschaften) eine steuerliche Schlussbilanz und Eröffnungsbilanz erforderlich ist, bestehen andererseits keine Bedenken gegen die Feststellung im Umwandlungsbeschluss, dass der Formwechsel steuerlich auf dieser Grundlage erfolgt; rechtlich erforderlich ist dies nicht. 11

3. Bestimmung der Rechtsform (§ 194 Abs. 1 Nr. 1 UmwG); Berücksichtigung von Gründungsvorschriften

Der Beschluss muss die Rechtsform bestimmen, die der Rechtsträger durch den Formwechsel erlangen soll (§ 194 Abs. 1 Nr. 1 UmwG). Die Bestimmung der Rechtsform bestimmt zum einen darüber, welche **Gründungsvorschriften** gemäß § 197 Satz 1 UmwG bei dem Formwechsel zu berücksichtigen sind. Zum anderen legt sie das **Normensystem** fest, das in Zukunft auf den Rechtsträger Anwendung finden soll (vgl. § 202 UmwG Rz. 21 ff.). Dieses tritt mit seinen gesellschaftsrechtlichen und sonstigen Vorschriften (zB mitbestimmungsrechtlichen, soweit sie auf die Rechtsform abheben) an die Stelle des bisher maßgeblichen Normensystems. Der Austausch bewirkt einschneidende Änderungen, insbesondere für die Rechtsstellung der Anteilsinhaber, aber auch für die Organe des Rechtsträgers. Er erfasst sowohl die Vorschriften zwingenden als auch diejenigen dispositiven Rechts. 12

Der Beschluss muss klar machen, dass ein Formwechsel von der einen Rechtsform in die andere erfolgt (etwa: „Die Rechtsform der X-AG wird durch Formwechsel gemäß §§ 190 ff. UmwG in die Rechtsform der GmbH geändert"); auf 13

---

1 AA *Decher/Hoger* in Lutter, § 194 UmwG Rz. 36: für das Verhältnis zwischen den Anteilsinhabern.

die Verwendung des Wortes „Formwechsel" kommt es indes nicht entscheidend an, solange klar wird, was gewollt ist[1].

14 Die Bestimmung der Rechtsform ist ihrer Natur nach auch Bestandteil des Gesellschaftsvertrags bzw. der Satzung des Rechtsträgers neuer Rechtsform (zur Möglichkeit der Verweisung vgl. Rz. 16).

4. Feststellung von Gesellschaftsvertrag bzw. Satzung

15 § 194 Abs. 1 UmwG selbst verlangt nicht, dass der Umwandlungsbeschluss (beim Registergericht mit der Anmeldung einzureichen und damit allgemein zugänglich; § 199 UmwG) den Wortlaut des Gesellschaftsvertrages, der Satzung des Rechtsträgers neuer Rechtsform festlegt[2]. Die besonderen Vorschriften der §§ 214 ff. UmwG verlangen dies jedoch für den Formwechsel von Personenhandelsgesellschaften (§ 218 Abs. 1 UmwG) und Partnerschaftsgesellschaften (§§ 225c, 218 Abs. 1 UmwG), der nur in eine Kapitalgesellschaft oder eine eingetragene Genossenschaft möglich ist, für den Formwechsel einer Kapitalgesellschaft in eine Personengesellschaft (§ 234 Nr. 3 UmwG) und für den Formwechsel einer Kapitalgesellschaft in eine Kapitalgesellschaft anderer Rechtsform (§§ 243 Abs. 1 Satz 1, 218 Abs. 1 UmwG).

16 Nach § 194 Abs. 1 UmwG sind im Umwandlungsbeschluss teilweise Regelungen zu treffen, die ihrer Natur nach auch **Inhalt des Gesellschaftsvertrages oder der Satzung** des Rechtsträgers neuer Rechtsform sein müssen (vgl. zB § 194 Abs. 1 Nr. 1, Nr. 4 und Nr. 5 UmwG). Da der Umwandlungsbeschluss selbst den Gesellschaftsvertrag oder die Satzung feststellen muss, ist hinsichtlich dieser Regelungen die **Verweisung** auf die Regelungen in Gesellschaftsvertrag bzw. Satzung zulässig[3].

17 Einstweilen frei.

5. Bestimmung von Name oder Firma (§ 194 Abs. 1 Nr. 2 UmwG)

18 Der Beschluss muss den Namen oder die Firma des Rechtsträgers neuer Rechtswahl bestimmen (§ 194 Abs. 1 Nr. 2 UmwG). Auch diese Bestimmung ist ihrer Natur nach zusätzlich Bestandteil des Gesellschaftsvertrags bzw. der Satzung des Rechtsträgers neuer Rechtsform (zur Möglichkeit der Verweisung vgl. Rz. 16). Die besonderen Vorschriften enthalten gegenüber § 194 Abs. 1 Nr. 2 UmwG

---

1 *Bärwaldt* in Semler/Stengel, § 194 UmwG Rz. 5; *Decher/Hoger* in Lutter, § 194 UmwG Rz. 4; *Drinhausen/Keinath* in Henssler/Strohn, § 194 UmwG Rz. 3.
2 Vgl. *Vollrath* in Widmann/Mayer, § 194 UmwG Rz. 58; *Decher/Hoger* in Lutter, § 194 UmwG Rz. 3 und 34 f.
3 Begr. RegE, BT-Drucks. 12/6699, S. 140.

keine abweichende oder ergänzende Regelung. Zur Zulässigkeit der Beibehaltung oder Neubildung von Name oder Firma vgl. § 200 UmwG.

6. Bestimmung des Sitzes

§ 194 Abs. 1 UmwG verlangt – anders als § 5 Abs. 1 Nr. 1 UmwG für die Verschmelzung – nicht, dass der Umwandlungsbeschluss den Sitz des Rechtsträgers bestimmt. Eine Abweichung davon enthält § 234 Nr. 1 UmwG, der für den Formwechsel der Kapitalgesellschaft in die Personengesellschaft die Bestimmung des Sitzes der Personengesellschaft im Umwandlungsbeschluss verlangt. 19

7. Bestimmung des Kapitals

Ebenso wenig wie in § 194 Abs. 1 UmwG selbst die Feststellung von Gesellschaftsvertrag oder Satzung des Rechtsträgers neuer Rechtsform im Umwandlungsbeschluss vorgeschrieben ist (vgl. Rz. 15), verlangt § 194 Abs. 1 UmwG, dass der Umwandlungsbeschluss selbst die Kapitalausstattung des Rechtsträgers neuer Rechtsform festlegt. 20

8. Bestimmung der Beteiligung (§ 194 Abs. 1 Nr. 3 UmwG); Identität der Anteilsinhaber; Ausscheiden und Eintritt von Anteilsinhabern

§ 194 Abs. 1 Nr. 3 UmwG verlangt, dass der Umwandlungsbeschluss die Beteiligung der bisherigen Anteilsinhaber des formwechselnden Rechtsträgers an dem Rechtsträger neuer Rechtsform bestimmt, soweit nicht ihre Beteiligung nach dem Fünften Buch des UmwG entfällt. 21

Die Vorschrift regelt nicht nur, dass der Umwandlungsbeschluss die Beteiligung bestimmen muss, sondern auch, wie er sie bestimmen muss („nach den für die neue Rechtsform geltenden Vorschriften"; str.)[1]. Sie schreibt nicht nur formal den Inhalt des Umwandlungsbeschlusses vor, sondern enthält ein materiellrechtliches Gebot. Der Umwandlungsbeschluss muss bestimmen, dass alle Anteilsinhaber des formwechselnden Rechtsträgers Anteilsinhaber des Rechtsträgers in seiner neuen Rechtsform bleiben, soweit nicht ihre Beteiligung nach Formwechselrecht entfällt. Dieses Gebot der **Identität der Anteilsinhaber** ist tragender Grundsatz des Formwechselrechts[2]. 22

---

1 AA *Decher/Hoger* in Lutter, § 194 UmwG Rz. 6; *Vollrath* in Widmann/Mayer, § 194 UmwG Rz. 8.
2 Begr. RegE, BT-Drucks. 12/6699, S. 144; vgl. auch § 202 UmwG Rz. 28 ff.

23 Das Institut des Formwechsels steht von vornherein nur zur Verfügung, wenn die Identität der Anteilsinhaber gewahrt ist. Es geht dabei nicht etwa um die Frage, ob es gesellschaftsrechtlich zulässig ist, einen Anteilsinhaber durch Gesellschafterbeschluss aus dem Rechtsträger auszuschließen, etwa bei der GmbH seine Anteile einzuziehen. Selbst wenn das im konkreten Fall zulässig ist, hindert das formwechselrechtliche Gebot der Identität der Anteilsinhaber, dass der Ausschluss kraft Formwechsels erfolgt. Er hat vor dem Formwechsel oder danach zu erfolgen. Selbst bei Zustimmung aller Anteilsinhaber kann der **Ausschluss nicht kraft Formwechsels** erfolgen: ZB können bei dem Formwechsel aus der GmbH in die OHG die Gesellschafter der GmbH im Umwandlungsbeschluss auch einstimmig nicht bestimmen, dass an dem Rechtsträger neuer Rechtsform alle Gesellschafter der formwechselnden GmbH beteiligt sind, mit Ausnahme des Gesellschafters X, welcher gegen eine Barabfindung mit Wirksamwerden des Formwechsels als Anteilsinhaber bei dem Rechtsträger ausscheidet. Für eine solche Gestaltung steht der Formwechsel nicht zur Verfügung (vgl. jedoch § 191 UmwG Rz. 12, 15).

24 Das Gebot der Identität der Anteilsinhaber bedeutet auch, dass ein **Hinausdrängen (Squeeze-out)** von Gesellschaftern kraft Formwechsels nicht möglich ist, sondern nur gemäß dem auf den Rechtsträger allgemein anwendbaren Normensystem[1].

25 Streng genommen lässt sich dem Wortlaut von § 194 Abs. 1 Nr. 3 UmwG nur das Gebot entnehmen, dass *alle* Anteilsinhaber des formwechselnden Rechtsträgers auch Anteilsinhaber des Rechtsträgers neuer Rechtsform sein müssen, nicht das weiter gehende Gebot, dass *nur* die Anteilsinhaber des formwechselnden Rechtsträgers am Rechtsträger neuer Rechtsform beteiligt sein dürfen, soweit das Formwechselrecht nicht einen Beitritt ausdrücklich zulässt. § 194 Abs. 1 Nr. 3 UmwG ist jedoch ein Identitätsgebot zu entnehmen, das vorbehaltlich anderer Regelungen im Formwechselrecht auch einem **Eintritt** kraft Formwechsels entgegensteht (vgl. § 202 UmwG Rz. 30)[2]. Der Grundsatz der Identität der Anteilsinhaber bedeutet daher zum einen, dass ein freiwilliges oder unfreiwilliges Ausscheiden oder Eintreten von Anteilsinhabern kraft Umwandlungsbeschluss nicht möglich ist, und zum anderen, dass diejenigen Anteilsinhaber, die zum Zeitpunkt der Eintragung des Formwechsels Anteilsinhaber sind, auch **Anteilsinhaber an dem Rechtsträger neuer Rechtsform bleiben und werden** (vgl. § 202 UmwG Rz. 30). Vor dem Umwandlungsbeschluss, in der Zeit zwischen Umwandlungsbeschluss und Eintragung und nach der Eintragung können nach

---

1 Begr. RegE zu § 202 UmwG, BT-Drucks. 12/6699, S. 144; *Decher* in Lutter, Umwandlungsrechtstage, S. 215; *K. Schmidt*, GmbHR 1995, 693 (695); *Veil*, DB 1996, 2529.
2 So auch *K. Schmidt*, GmbHR 1995, 693 (694 ff.) mit dem richtigen Hinweis, dass die Anteilsübertragung sowie Eintritt und Austritt von Anteilsinhabern „im Verein mit" – aber rechtstechnisch außerhalb – des Formwechsels zulässig sind; aA *Petersen* in KölnKomm. UmwG, § 194 UmwG Rz. 6.

den allgemein anwendbaren Regeln Anteilsinhaber freiwillig oder unfreiwillig ein- oder austreten und kann frei über Anteile oder Mitgliedschaften verfügt werden[1]; vgl. auch § 202 UmwG Rz. 30. Solche Veränderungen im Bestand der Anteilsinhaber geschehen nicht „durch" (vgl. anders § 247 Abs. 2 UmwG für das Ausscheiden persönlich haftender Gesellschafter bei Formwechsel aus der KGaA), sondern lediglich „im Zuge" des Formwechsels (vgl. § 191 UmwG Rz. 15). Im Falle von **Verfügungen** erlangt der Zessionar die durch den Umwandlungsbeschluss geschaffene Rechtsposition des Zedenten und beziehen sich die Wirkungen der Eintragung auf ihn (ggf. ist die Verfügung dem Registergericht mitzuteilen)[2]. Im Falle des Eintritts neuer Anteilsinhaber, die an dem Umwandlungsbeschluss nicht mitgewirkt haben, oder des Ausscheidens von Anteilsinhabern, die an der Beschlussfassung mitgewirkt haben, in der Zeit zwischen Fassung des Umwandlungsbeschlusses und Eintragung muss der Umwandlungsbeschluss gegebenenfalls angepasst oder neu gefasst werden. Nach anderer (herrschender) Ansicht soll der Beitritt oder Austritt von Gesellschaftern mit deren Zustimmung kraft Formwechsel möglich sein (vgl. § 1 UmwG Rz. 11, § 191 UmwG Rz. 12, § 228 UmwG Rz. 7).

Das Gebot der Identität der Anteilsinhaber gemäß § 194 Abs. 1 Nr. 3 UmwG gilt ausdrücklich nur, soweit das Fünfte Buch, also das **Formwechselrecht** selbst, keine **Ausnahmen** zulässt. Die Ausnahmen vom Erfordernis der Identität der Anteilsinhaber finden sich in § 233 Abs. 3 Satz 3 UmwG (Formwechsel aus einer KGaA in eine Personengesellschaft: die persönlich haftenden Gesellschafter können im Zuge des Formwechsels ausscheiden), § 247 Abs. 2 UmwG (Formwechsel aus der KGaA in eine Kapitalgesellschaft anderer Rechtsform: die persönlich haftenden Gesellschafter scheiden kraft Gesetzes durch den Formwechsel aus) sowie § 255 Abs. 3 UmwG (Formwechsel aus der KGaA in eine eingetragene Genossenschaft: die persönlich haftenden Gesellschafter scheiden kraft Gesetzes durch den Formwechsel aus). Es ist nicht erforderlich (str.)[3], aber zweckmäßig, dass der Umwandlungsbeschluss in den vorgenannten Fällen auf das Ausscheiden der betreffenden Gesellschafter hinweist. Schließlich können Mitglieder eines formwechselnden VVaG, die diesem bei der Beschlussfassung noch keine drei Jahre angehören, von der Beteiligung an der AG (neuer Rechtsform) ausgeschlossen werden (§ 294 Abs. 1 Satz 2 UmwG). 26

Eine weitere Durchbrechung des Identitätsgrundsatzes findet sich in §§ 218 Abs. 2, 221 UmwG für den Formwechsel aus der Personenhandelsgesellschaft in 27

---

1 BayObLG v. 2.4.2003 – 3Z BR 57/03, NZG 2003, 829 (830).
2 Vgl. BayObLG v. 4.11.1999 – 3Z BR 333/99, GmbHR 2000, 89 = EWiR § 190 UmwG 1/2000, 457 (*Rottnauer*): Zulässigkeit des Eintritts des zukünftigen Komplementärs beim Formwechsel einer GmbH in eine KG in der Zeit zwischen Fassung des Umwandlungsbeschlusses und Eintragung.
3 AA wohl *Bärwaldt* in Semler/Stengel, § 194 UmwG Rz. 8; *Decher/Hoger* in Lutter, § 194 UmwG Rz. 7: Hinzutreten oder Beitreten ist mitzuteilen.

§ 194 | Formwechsel – Allgemeine Vorschriften

die KGaA: Der Umwandlungsbeschluss muss entweder vorsehen, dass an der KGaA mindestens ein Gesellschafter der formwechselnden Gesellschaft als persönlich haftender Gesellschafter beteiligt ist oder – hier die Durchbrechung des Identitätsgrundsatzes – dass der KGaA mindestens ein persönlich haftender Gesellschafter beitritt. Entsprechende Regelungen gelten gemäß §§ 243 Abs. 1 Satz 1, 218 UmwG für den Formwechsel einer Kapitalgesellschaft in die KGaA (vgl. auch § 245 Abs. 1 Satz 1 UmwG).

28 Probleme mit dem Gebot der Anteilsinhaberidentität ergeben sich nach wie vor beim Formwechsel aus der oder in die Kapitalgesellschaft/Stiftung & Co. (dazu § 191 UmwG Rz. 14 und 15; § 202 UmwG Rz. 31; § 218 UmwG Rz. 12 ff.). Beim Formwechsel einer AG in eine (Publikums-)GmbH & Co. KG liegt kein Verstoß gegen das Gebot der Identität der Anteilsinhaber vor, wenn die bereits als Minderheitsaktionärin an der AG beteiligte 100%ige Tochtergesellschaft der Mehrheitsaktionärin zur Komplementärin der KG bestellt sind, während die Mehrheitsaktionärin wie die übrigen Minderheitsaktionäre die Rechtsstellung eines Kommanditisten erhält[1].

29 Zum Wechsel aus der **Einmann-Kapitalgesellschaft** in eine Personengesellschaft, die rechtsformimmanent zwingend mehrere Anteilsinhaber verlangt, und dem Identitätsgrundsatz vgl. § 191 UmwG Rz. 10–12.

9. Bestimmung von Zahl, Art und Umfang der Anteile oder Mitgliedschaften (§ 194 Abs. 1 Nr. 4 UmwG); Identität der Beteiligungen; quantitative Änderungen der Beteiligungen

30 Gemäß § 194 Abs. 1 Nr. 4 UmwG muss der Umwandlungsbeschluss **Zahl, Art und Umfang** der Anteile oder der Mitgliedschaften bestimmen, welche die Anteilsinhaber durch den Formwechsel erlangen sollen oder die einem beitretenden persönlich haftenden Gesellschafter eingeräumt werden sollen.

31 Gemäß § 202 Abs. 1 Nr. 2 UmwG sind die Anteilsinhaber des formwechselnden Rechtsträgers mit Registereintragung **kraft Gesetzes** an dem Rechtsträger neuer Rechtsform mit ein und derselben Beteiligung beteiligt (**Identität der Beteiligung**; vgl. § 202 UmwG Rz. 34 ff.), jedoch ebenfalls kraft Gesetzes nach den für die neue Rechtsform geltenden Vorschriften (**Austausch des Normensystems**; vgl. § 202 UmwG Rz. 21 ff.). Für die Bestimmung von Art, Zahl und Umfang der Anteile oder Mitgliedschaften bedeutet das:

32 Bezüglich der **Art** der Beteiligungen bestehen kraft Austausch des Normensystems zB Geschäftsanteile als Aktien fort und umgekehrt. Innerhalb des neuen Normensystems ist jedoch gemäß § 194 Abs. 1 Nr. 4 UmwG **im Umwandlungs-**

---

[1] BGH v. 9.5.2005 – II ZR 29/03, AG 2005, 613; *Habersack* in Liber amicorum M. Winter, 2011, S. 177 (183).

beschluss zu bestimmen, welcher Art die Anteile oder Beteiligungen sind: also zB Nennbetrag von Geschäftsanteilen, Nennbetrags- oder Stückaktien, Stammaktien oder Vorzugsaktien, Inhaberaktien oder Namensaktien, Komplementär- oder Kommanditbeteiligungen, Geschäftsanteile mit oder ohne besondere Stimm- oder Gewinnbezugsrechte. Da dem Umwandlungsbeschluss Gesellschaftsvertrag oder Satzung beigefügt werden müssen (vgl. Rz. 15), kann hierauf verwiesen werden (vgl. Rz. 16).

Die Anteilsinhaber sind grundsätzlich frei, wie sie im Umwandlungsbeschluss die **Zahl** der Anteile oder Beteiligungen der einzelnen Anteilsinhaber festlegen, müssen sich dabei jedoch an Beschränkungen aufgrund zwingenden Rechts des neuen Normensystems (zB Mindestnennbeträge für Geschäftsanteile (§ 243 Abs. 3 Satz 2 UmwG; § 5 Abs. 2 Satz 1 GmbHG) oder Nennbetragsaktien (§ 8 Abs. 2 Satz 1 AktG) oder des Fünften Buches halten. Beim Formwechsel **in die Personengesellschaft** können nicht für einen Anteilsinhaber mehrere Mitgliedschaften begründet werden und ist die Höhe der Hafteinlage anzugeben (§ 234 Nr. 2 UmwG). Beim Formwechsel **aus der Personenhandelsgesellschaft** in die Kapitalgesellschaft hat eine Zuordnung der Kapitalkonten zum Nennkapital bzw. zu den Kapitalrücklagen zu erfolgen; sonstige Konten (zB Darlehenskonten) werden zu Fremdkapital[1]. 33

Der Grundsatz der Identität der Beteiligung verbietet nicht, dass der Umfang der Anteile oder der Mitgliedschaft einzelner Anteilsinhaber vor und nach dem Formwechsel voneinander abweicht (**nicht-verhältniswahrender Formwechsel**)[2]. Dies folgt bereits aus §§ 241 Abs. 1, 242 UmwG, setzt in diesen Fällen aber die Zustimmung der betroffenen Anteilsinhaber (gegen bare Zuzahlung gemäß § 196 UmwG) voraus. Auch im Übrigen bedarf eine quotale Änderung des Umfangs der Beteiligung der Zustimmung der betroffenen Anteilsinhaber[3]. In der Sache handelt es sich um Anteilsübertragungen zwischen den betreffenden Anteilsinhabern, die nicht „durch", sondern lediglich bei Gelegenheit, aber rechtstechnisch außerhalb des Formwechsels vorgenommen werden (vgl. Rz. 25). 34

Sind die Anteile zu niedrig bemessen oder stellen sie keinen ausreichenden Gegenwert für die Anteile dar, an deren Stelle sie treten, gilt der Klageausschluss gemäß § 195 Abs. 2 UmwG, verknüpft mit einem Anspruch auf bare Zuzahlungen gemäß § 196 UmwG (vgl. Rz. 48-52). In den Fällen des nicht-verhältniswahrenden Formwechsels besteht der Anspruch gemäß § 196 UmwG nicht, wenn und soweit der Anteilsinhaber der Benachteiligung im Umwandlungsbeschluss sehenden Auges zugestimmt hat (vgl. § 196 UmwG Rz. 11 und 27). 35

---

1 *Bärwaldt* in Semler/Stengel, § 194 UmwG Rz. 16; *Decher/Hoger* in Lutter, § 194 UmwG Rz. 11; *Drinhausen/Keinath* in Henssler/Strohn, § 194 UmwG Rz. 7.
2 Ebenso *Decher/Hoger* in Lutter, § 194 UmwG Rz. 13; *Meining*, GmbHR 2011, 916 (917); *Vollrath* in Widmann/Mayer, § 194 UmwG Rz. 17; *Priester*, DNotZ 1995, 427 (451).
3 *Priester*, DNotZ 1995, 427 (451); *Veil*, DB 1996, 2529.

10. Bestimmung besonderer Rechte (§ 194 Abs. 1 Nr. 5 UmwG); qualitative Änderungen der Beteiligungen

36 Gemäß § 194 Abs. 1 Nr. 5 UmwG sind im Umwandlungsbeschluss die Rechte zu bestimmen, die **einzelnen Anteilsinhabern** oder **Inhabern besonderer Rechte** wie Anteile ohne Stimmrecht, Vorzugsaktien, Mehrstimmrechtsaktien, Schuldverschreibungen und Genussrechte in dem Rechtsträger gewährt werden sollen, oder die Maßnahmen, die für diese Personen vorgesehen sind. Die Regelung entspricht fast wörtlich dem, was § 5 Abs. 1 Nr. 7 UmwG als Inhalt des Verschmelzungsvertrages verlangt.

37 § 194 Abs. 1 Nr. 5 UmwG betrifft nur Rechte, die „gewährt", und Maßnahmen, die „vorgesehen" werden. Er verlangt also **nicht** etwa die Angabe von **Rechten** oder Folgen des Formwechsels, die **kraft Gesetzes** entstehen[1]. So stellt zB ein durch den Formwechsel einer AG in eine GmbH & Co. KG allein der Mehrheitsgesellschafterin aufgrund allgemeiner Steuergesetze entstehender Steuervorteil keinen verbotenen Sondervorteil iS von §§ 53a, 243 Abs. 2 AktG dar[2]. Werden keine Rechte gewährt oder Maßnahmen vorgesehen, kann sich zur Klarstellung eine ausdrückliche Negativanzeige im Umwandlungsbeschluss empfehlen[3].

38 Die von § 194 Abs. 1 Nr. 5 UmwG geforderte Bestimmung von Rechten und Maßnahmen im Umwandlungsbeschluss ist **kein Wirksamkeitserfordernis** für die Gewährung der betreffenden Rechte oder für die Zusage der betreffenden Maßnahmen. Diese beurteilt sich vielmehr nach allgemeinen Grundsätzen. Der Zweck der Regelung in § 194 Abs. 1 Nr. 5 UmwG liegt darin, dafür zu sorgen, dass besondere Rechte, die gewährt, und besondere Maßnahmen, die zugesagt werden, offen gelegt werden[4]. Die **Offenlegung** soll deren Überprüfung an Hand der maßgeblichen materiellrechtlichen Vorschriften ermöglichen, etwa des Gleichbehandlungsgrundsatzes (§ 53a AktG) oder der Bestimmungen in §§ 204, 23 UmwG (§ 5 UmwG Rz. 42)[5].

39 Im Übrigen richtet sich die Frage, wie die Beteiligung inhaltlich auszugestalten ist, welche besonderen Rechte gewährt und welche Maßnahmen zugesagt werden können (was ist rechtstechnisch möglich) und gewährt bzw. zugesagt werden dürfen oder müssen (was ist materiell-rechtlich erlaubt oder geboten) rechtsformspezifisch nach den maßgeblichen besonderen Vorschriften und nach dem **maßgeblichen Gesellschaftsrecht**[6]. Dabei kommt zunächst die Gewährung

---

1 *Petersen* in KölnKomm. UmwG, § 194 UmwG Rz. 14: auch nicht schuldrechtliche Rechte.
2 BGH v. 9.5.2005 – II ZR 29/03, AG 2005, 613 (614).
3 *Decher/Hoger* in Lutter, § 194 UmwG Rz. 16. Zur Entbehrlichkeit einer Negativerklärung im Verschmelzungsbericht, wenn derartige besondere Rechte nicht gewährt werden, OLG Frankfurt v. 4.4.2011 – 20 W 466/10, AG 2011, 793 = RNotZ 2012, 49.
4 Vgl. *Bärwaldt* in Semler/Stengel, § 194 UmwG Rz. 21.
5 *Drygala* in Lutter, § 5 UmwG Rz. 76.
6 So auch *Petersen* in KölnKomm. UmwG, § 194 UmwG Rz. 14; *Vollrath* in Widmann/Mayer, § 194 UmwG Rz. 41; *Feddersen/Kiem*, ZIP 1994, 1078 (1082).

entsprechender Rechte in Betracht, wenn das auf den Rechtsträger neuer Rechtsform anwendbare Normensystem diese zulässt. Ist dies nicht möglich, so sind Rechte zu gewähren, die dem durch den Formwechsel untergehenden Recht rechtlich und wirtschaftlich am ehesten entsprechen[1].

a) Rechte einzelner Anteilsinhaber

In den Umwandlungsbeschluss aufzunehmen sind Rechte, die einzelnen Anteilsinhabern gewährt, oder Maßnahmen, die für diese vorgesehen werden. Aufzunehmen sind nur Rechte oder Maßnahmen für einzelne Anteilsinhaber in Abweichung vom Gleichheitsgrundsatz: Was allen Anteilsinhabern in gleicher Weise zugute kommt, braucht nach § 194 Abs. 1 Nr. 5 UmwG nicht in den Umwandlungsbeschluss aufgenomen zu werden[2], wird möglicherweise aber gemäß § 194 Abs. 1 Nr. 4 UmwG als Teil der Angabe der Art der gewährten Anteile und Mitgliedschaften zu regeln sein (vgl. Rz. 32). 40

Gemäß § 194 Abs. 1 Nr. 5 UmwG sind etwaige **qualitative Änderungen** der Anteile oder Mitgliedschaften der Anteilsinhaber entweder durch die Gewährung von Rechten oder sonstige Maßnahmen zu bestimmen (zu quantitativen Änderungen vgl. Rz. 34). Dabei kommen Fälle, in denen keine entsprechenden Rechte gewährt werden können, in Betracht[3]: **Nebenverpflichtungen** einzelner Anteilsinhaber (zB dauernde Dienstleistungspflichten), beim Formwechsel in die AG nur möglich gegen vinkulierte Namensaktien (§ 55 Abs. 1 AktG, § 241 Abs. 3 UmwG); **Vorabgewinnrechte**, beim Formwechsel in die AG nicht möglich als Verzinsung des Kapitals (§ 57 Abs. 2 AktG), sondern nur als Vorzugsaktien mit oder ohne Stimmrecht; **Vetorechte** bei der Organbestellung, beim Formwechsel in die AG nicht abbildbar; **Mehrstimmrechte**, beim Formwechsel in die AG nach § 12 Abs. 2 AktG unzulässig; **Vinkulierungen**, beim Formwechsel in die AG nur möglich durch Bindung an Zustimmung der AG (durch Vorstand), des Aufsichtsrats oder der Hauptversammlung (vinkulierte Namensaktien gemäß § 68 Abs. 2 AktG); nicht jedoch einzelner Aktionäre (Zustimmung des Anteilsinhabers gemäß § 193 Abs. 2 UmwG zum Umwandlungsbeschluss erforderlich). Streitig ist, ob durch den Formwechsel erstmals eine Vinkulierung auch ohne Zustimmung aller Anteilsinhaber (gegebenenfalls gegen Zahlung einer baren Zuzahlung) eingeführt werden kann[4]. Statt Erhöhung der quantitativen Beteiligung zur Kompensation einer Reduzierung der qualitativen Beteiligung kommt immer auch die bare Zuzahlung gemäß § 196 UmwG in Betracht (vgl. Rz. 48–52). 41

---

1 *Petersen* in KölnKomm. UmwG, § 194 UmwG Rz. 16.
2 Ebenso *Decher/Hoger* in Lutter, § 194 UmwG Rz. 17.
3 Vgl. im Einzelnen *Vollrath* in Widmann/Mayer, § 194 UmwG Rz. 41.6–41.13; *Zöllner* in FS Claussen, 1997, S. 423 (434 ff.).
4 *Göthel* in Lutter, § 243 UmwG Rz. 32 ff.; *Mutter* in Semler/Stengel, § 243 UmwG Rz. 12, 13.

b) Inhaber besonderer Rechte

42 In den Umwandlungsbeschluss aufzunehmen sind Rechte, die den Inhabern besonderer Rechte (wie zB von Vorzugsaktien[1], sonstigen Anteilen ohne Stimmrecht, von Wandelschuldverschreibungen, Gewinnschuldverschreibungen oder Genussrechten) gewährt, oder Maßnahmen, die für diese vorgesehen werden.

43 Der materielle Inhalt der Inhabern von Sonderrechten zu gewährenden Rechte wird durch §§ 204, 23 UmwG konkretisiert. Es sind **gleichwertige Rechte** in dem Rechtsträger neuer Rechtsform zu gewähren (vgl. § 204 UmwG Rz. 22 ff.). Soweit das auf den Rechtsträger in seiner neuen Rechtsform anwendbare Normensystem die Sonderrechte weiterhin zulässt, bleiben die Sonderrechte wegen der Identität des Rechtsträgers ohnehin bestehen (vgl. § 204 UmwG Rz. 23). Dies ist im Umwandlungsbeschluss gemäß § 194 Abs. 1 Nr. 5 UmwG festzustellen.

11. Abfindungsangebot (§ 194 Abs. 1 Nr. 6 UmwG)

44 Gemäß § 194 Abs. 1 Nr. 6 UmwG hat der Umwandlungsbeschluss ein **Abfindungsangebot nach § 207 UmwG** zu bestimmen[2], sofern nicht der Umwandlungsbeschluss zu seiner Wirksamkeit der Zustimmung aller Anteilsinhaber bedarf oder an dem formwechselnden Rechtsträger nur ein Anteilsinhaber beteiligt ist[3].

45 Das **Abfindungsangebot** ist **entbehrlich**, wenn der Umwandlungsbeschluss von Gesetzes wegen oder kraft Gesellschaftsvertrag bzw. Satzung der Zustimmung aller Anteilsinhaber bedarf (Formwechsel von Personengesellschaften, § 217 Abs. 1 Satz 1 UmwG; Formwechsel in die GbR oder OHG, § 233 Abs. 1 UmwG; Zustimmung aller Anteilsinhaber gemäß § 193 Abs. 2 UmwG), nicht jedoch, wenn lediglich faktisch wegen der Mehrheitsverhältnisse die Zustimmung aller Anteilsinhaber erforderlich ist[4]. Das Abfindungsangebot ist außerdem entbehrlich, wenn der formwechselnde Rechtsträger nur einen Anteilsinhaber hat, außerdem beim Formwechsel einer KGaA für den persönlich haftenden Gesellschafter (§ 227 UmwG) und beim Formwechsel der AG in die KGaA und umgekehrt (§ 250 UmwG); vgl. auch § 207 UmwG Rz. 9 ff.

46 Eines Abfindungsangebotes im Umwandlungsbeschluss bedarf es nicht, wenn alle Anteilsinhaber in notariell beurkundeter Form auf ein solches Angebot ver-

---

1 Dazu *Kiem*, ZIP 1997, 1627 (1630).
2 LG München I v. 24.9.2009 – 5HK O 5697/09, AG 2010, 419 (420 ff.): Kein bekanntmachungsfreier Antrag für einen Hauptversammlungsbeschluss über die Erhöhung der Barabfindung im Rahmen des Formwechsels einer AG in eine GmbH.
3 *Decher/Hoger* in Lutter, § 194 UmwG Rz. 21 f.
4 Ebenso *Decher/Hoger* in Lutter, § 194 UmwG Rz. 21; *Jaensch* in Keßler/Kühnberger, § 194 UmwG Rz. 15; aA *Sagasser/Luke* in Sagasser/Bula/Brünger, § 26 Rz. 67.

zichtet haben. Gemäß § 208 iVm. § 30 Abs. 2 Satz 3 UmwG können die Berechtigten in notariell beurkundeter Form auf die **Prüfung des Abfindungsangebots** oder auf den **Prüfungsbericht** verzichten. Hieraus kann jedoch nicht im Umkehrschluss geschlossen werden, dass auf das **Abfindungsangebot als solches** nicht **verzichtet** werden kann. Der Verzicht ist vielmehr gemäß den allgemeinen Regeln der §§ 311 Abs. 1, 397 BGB möglich und hat in notariell beurkundeter Form zu erfolgen (arg. § 30 Abs. 2 Satz 3 Halbsatz 2 UmwG)[1]. Die Verzichtserklärungen sind zum Handelsregister einzureichen (§ 199 UmwG entsprechend).

Gemäß § 210 UmwG kann eine **Unwirksamkeitsklage** gegen den Umwandlungsbeschluss nicht darauf gestützt werden, dass das Angebot nach § 207 UmwG zu niedrig bemessen oder dass die Barabfindung im Umwandlungsbeschluss nicht oder nicht ordnungsgemäß angeboten worden ist. 47

12. Bare Zuzahlungen

Während § 194 Abs. 1 Nr. 6 UmwG verlangt, dass der Umwandlungsbeschluss gegebenenfalls ein Abfindungsangebot nach § 207 UmwG bestimmt, verlangt § 194 Abs. 1 UmwG nicht, dass der Umwandlungsbeschluss gegebenenfalls bare Zuzahlungen nach § 196 UmwG bestimmt[2]. Gemäß § 196 Satz 1 UmwG sind bare Zuzahlungen zu gewähren, wenn die in dem Umwandlungsbeschluss bestimmten Anteile an dem Rechtsträger neuer Rechtsform **zu niedrig bemessen** sind oder wenn die Mitgliedschaft bei diesem **kein ausreichender Gegenwert** für die Anteile oder die Mitgliedschaft an dem formwechselnden Rechtsträger ist. 48

Die Bemessung der Anteile ist gemäß § 194 Abs. 1 Nr. 4 UmwG in dem Umwandlungsbeschluss vorzunehmen. Es geht um die **quantitative** Aufteilung der Anteile auf die Anteilsinhaber. Falls die einzelnen Anteilsinhabern zugeteilten Anteile **zu niedrig bemessen** sind, hat der Umwandlungsbeschluss gemäß § 194 Abs. 1 Nr. 5 UmwG die Maßnahmen zu bestimmen, welche für einzelne Anteilsinhaber vorgesehen sind. Zu diesen gehört gegebenenfalls die Gewährung von baren Zuzahlungen gemäß § 196 Satz 1 UmwG[3]. 49

Der Mangel, dass die Mitgliedschaft bei dem Rechtsträger neuer Rechtsform **qualitativ kein ausreichender Gegenwert** für die Anteile bzw. die Mitgliedschaft an dem formwechselnden Rechtsträger ist, kann Anteilsinhaber iS von § 194 Abs. 1 Nr. 5 UmwG betreffen. In diesem Fall hat der Umwandlungsbeschluss gemäß § 194 Abs. 1 Nr. 5 UmwG diejenigen Maßnahmen zu bestimmen, die für die betreffenden Anteilsinhaber vorgesehen sind. Zu diesen gehört gegebenenfalls die Gewährung von baren Zuzahlungen gemäß § 196 Satz 1 UmwG. 50

---

1 So *Decher/Hoger* in Lutter, § 194 UmwG Rz. 23; *Bärwaldt* in Semler/Stengel, § 194 UmwG Rz. 29; *Priester*, DNotZ 1995, 427 (450).
2 *Drinhausen/Keinath* in Henssler/Strohn, § 194 UmwG Rz. 9.
3 So auch *Decher/Hoger* in Lutter, § 194 UmwG Rz. 18.

51 § 194 Abs. 1 Nr. 5 UmwG verlangt also gegebenenfalls die Bestimmung barer Zuzahlungen[1]. Das ist auch sachgerecht, da **sowohl** die **Empfänger** barer Zuzahlungen **als auch** diejenigen Anteilsinhaber, welche sie – **Schuldner** der baren Zuzahlungen ist der Rechtsträger – letztlich wirtschaftlich tragen, ein legitimes Interesse daran haben, bei Beschlussfassung über den Formwechsel zu wissen, welche baren Zuzahlungen anfallen.

52 Unterbleibt die Bestimmung barer Zuzahlungen im Umwandlungsbeschluss, so greift der **Klageausschluss** gemäß § 195 Abs. 2 UmwG (vgl. Rz. 64).

53–54 Einstweilen frei.

13. Gründerstellung

55 § 194 Abs. 1 UmwG selbst verlangt nicht, dass im Umwandlungsbeschluss die Personen namentlich bezeichnet werden, die nach Formwechselrecht den Gründern gleichstehen, also insbesondere Träger der Gründerhaftung sind[2]. Eine solche Angabe im Umwandlungsbeschluss ist jedoch erforderlich gemäß § 217 Abs. 2 UmwG iVm. § 219 UmwG beim Formwechsel von Personengesellschaften und gemäß § 244 Abs. 1 UmwG iVm. § 245 Abs. 1 bis 3 UmwG beim Formwechsel GmbH in AG/KGaA, AG in KGaA oder umgekehrt.

14. Abberufung oder Bestellung von Organen

56 § 194 Abs. 1 UmwG verlangt nicht, dass im Umwandlungsbeschluss Organe des formwechselnden Rechtsträgers abberufen oder des Rechtsträgers neuer Rechtsform bestellt werden. Je nach Sachlage kann dies geboten oder zweckmäßig sein (vgl. im Einzelnen § 197 UmwG Rz. 20 ff., 37 ff. und 58 ff.; § 203 Satz 2 UmwG), erfolgt jedoch rechtstechnisch nicht im Umwandlungsbeschluss, sondern nur in zeitlichem und sachlichem Zusammenhang mit diesem.

15. Bestellung des Abschlussprüfers für das erste Geschäftsjahr

57 § 194 Abs. 1 UmwG enthält keine Regelung zur Aufnahme der Bestellung eines Abschlussprüfers in den Umwandlungsbeschluss. Je nach Sachlage kann sie jedoch geboten oder zweckmäßig sein (vgl. im Einzelnen § 197 UmwG Rz. 22 und 40).

---

1 So auch *Decher/Hoger* in Lutter, § 194 UmwG Rz. 18; aA *Stratz* in Schmitt/Hörtnagl/Stratz, § 194 UmwG Rz. 7.
2 So die überwiegende Auffassung, vgl. *Kerschbaumer*, NZG 2011, 892 (896); *Mayer* in Widmann/Mayer, § 197 UmwG Rz. 80.5; aA *Wälzholz* in Widmann/Mayer, § 213 UmwG Rz. 5.

16. Folgen für die Arbeitnehmer und ihre Vertretungen (§ 194 Abs. 1 Nr. 7 UmwG) *(Willemsen)*

Es handelt sich um eine **Parallelvorschrift** zu § 5 Abs. 1 Nr. 9 UmwG und § 126 Abs. 1 Nr. 11 UmwG, so dass auf die dortigen Anmerkungen (§ 5 UmwG Rz. 47 ff.) verwiesen werden kann. Da es beim Formwechsel keinen Umwandlungsvertrag gibt, bestimmt § 194 Abs. 1 Nr. 7 UmwG, dass die Folgen des Formwechsels für die Arbeitnehmer und ihre Vertretungen in dem Umwandlungsbeschluss bestimmt werden müssen. Allerdings wird der **Umfang** der erforderlichen Angaben idR deutlich geringer sein, weil der reine Formwechsel im Unterschied zu Verschmelzung und Spaltung **keinen Arbeitgeberwechsel** bewirkt (Prinzip der **Identität**[1]) und die Schutzinteressen der Belegschaft auch in Bezug auf die Fortgeltung von Tarifverträgen deutlich weniger betroffen sind; wegen der Auswirkungen im Einzelnen ist auf die systematische Darstellung in der Vorbemerkung zu § 322 UmwG zu verweisen. Erforderlich sind aber in jedem Falle Angaben darüber, ob sich durch den Formwechsel das **Mitbestimmungsstatut** ändert (ggf. auch in Form einer **Negativerklärung**); siehe zu den mitbestimmungsrechtlichen Konsequenzen des Formwechsels Vor § 322 UmwG Rz. 92 ff. Die **Mitbestimmungssicherung gemäß § 325 UmwG** gilt beim Formwechsel ausweislich des Gesetzeswortlauts **nicht**. Im **Betriebsverfassungsrecht** werden sich dagegen idR keine Veränderungen ergeben, weil dieses rechtsformneutral ausgestaltet ist. Da der Formwechsel als solcher keine betriebsbezogene Relevanz aufweist, sind personelle Maßnahmen, die im zeitlichen Zusammenhang mit dem Formwechsel durchgeführt werden, nicht dessen „Folgen" iS von § 194 Abs. 1 Nr. 1 UmwG und brauchen daher im Umwandlungsbeschluss nicht erwähnt zu werden[2] (vgl. demgegenüber zur Problematik sog. mittelbarer Folgen bei Verschmelzung und Spaltung Erl. zu § 5 UmwG Rz. 50 f.). Anzugeben sind schließlich die für die Arbeitnehmer relevanten Veränderungen des **Haftungsregimes**, wie sie mit dem Formwechsel (zB von einer Personen- in eine Kapitalgesellschaft) oftmals verbunden sind[3]. 58

Die Angaben nach § 194 Abs. 1 Nr. 7 UmwG müssen auch bei **Fehlen eines Betriebsrats** gemacht werden[4]. Hingegen entfallen die Angaben nach § 194 Abs. 1 Nr. 7 UmwG, und es genügt ein **Negativtestat** im Umwandlungsbeschluss, wenn der formwechselnde Rechtsträger **keine Arbeitnehmer** beschäftigt[5]. 59

---

1 Vgl. *Petersen* in KölnKomm. UmwG, § 202 UmwG Rz. 2; *Decher/Hoger* in Lutter, § 194 UmwG Rz. 25.
2 Ebenso: *Decher/Hoger* in Lutter, § 194 UmwG Rz. 28.
3 Ebenso *Bärwaldt* in Semler/Stengel, § 194 UmwG Rz. 32.
4 Zweifelnd *Decher/Hoger* in Lutter, § 194 UmwG Rz. 31 unter Hinweis auf LG Stuttgart v. 11.12.1995 – 4 KfH T 22/95, WiB 1996, 994 und LG Stuttgart v. 29.3.1996 – 4 KfH T 1/96, WiB 1997, 32 (jeweils zu § 5 Abs. 1 Nr. 9 UmwG).
5 So auch *Decher/Hoger* in Lutter, § 194 UmwG Rz. 31.

17. Zuleitung des Entwurfs des Umwandlungsbeschlusses an den Betriebsrat (§ 194 Abs. 2 UmwG) *(Willemsen)*

60 Auch hier haben – ebenso wie zu § 194 Abs. 1 Nr. 7 UmwG – die entsprechenden Regelungen bei Verschmelzung (§ 5 Abs. 3 UmwG) und Spaltung (§ 126 Abs. 3 UmwG) Pate gestanden. Da es beim Formwechsel keinen Umwandlungsvertrag gibt, sieht § 194 Abs. 2 UmwG vor, dass der **Entwurf** des Umwandlungsbeschlusses spätestens einen Monat vor der Versammlung der Anteilsinhaber, die den Formwechsel beschließen soll, dem Betriebsrat zuzuleiten ist. Von dem Umwandlungsbericht im Übrigen erhält der Betriebsrat dagegen keine Kenntnis[1].

61 Aus dem Gesetzeszweck des § 194 Abs. 2 UmwG iVm. § 194 Abs. 1 Nr. 7 UmwG ist zu folgern, dass der Entwurf eines Umwandlungsbeschlusses auch dann erforderlich ist, wenn auf Grund der in § 192 Abs. 2 UmwG zugelassenen Ausnahmen die Erstattung eines **Umwandlungsberichts entfällt**. Obwohl der Entwurf des Umwandlungsbeschlusses gemäß § 192 Abs. 1 Satz 3 UmwG nur ein unselbständiger Teil des Umwandlungsberichts ist, verbleibt es in diesem Fall bei der verbindlichen Regelung des § 194 Abs. 2 UmwG, die insoweit **Vorrang** vor § 192 Abs. 2 UmwG genießt[2]. Es ist also auch in diesem Falle ein kompletter Entwurf des Umwandlungsbeschlusses mit sämtlichen Angaben nach Abs. 1 erforderlich. Ohne den Nachweis einer rechtzeitigen Zuleitung an den zuständigen Betriebsrat kann der Umwandlungsbeschluss nicht in das Handelsregister eingetragen werden (§ 199 UmwG). Wegen aller weiteren Einzelheiten kann auf die Erl. zu § 5 Abs. 3 UmwG (§ 5 UmwG Rz. 74 ff.) sinngemäß verwiesen werden.

Nach der Information des Betriebsrats beschlossene **Änderungen des Umwandlungsbeschlusses** begründen grundsätzlich keine erneute Zuleitungspflicht. Nur bei Änderungen betreffend die Angaben nach § 197 Abs. 1 Nr. 7 UmwG oder bei wesentlichen grundsätzlichen Änderungen, die den Formwechsel als solchen betreffen, bedarf es einer erneuten Zuleitung des geänderten Umwandlungsbeschlusses an den Betriebsrat[3].

62 Bei der **Gründung einer SE durch formwechselnde Umwandlung** gemäß Artt. 2 Abs. 4, 37 SE-VO tritt an die Stelle des Umwandlungsbeschlusses im innerstaatlichen Sinne der **Umwandlungsplan** gemäß Art. 37 Abs. 4 SE-VO[4]. Die

---

1 Decher/Hoger in Lutter, § 194 UmwG Rz. 43.
2 Ebenso *Joost*, ZIP 1995, 976 (977); zustimmend Decher/Hoger in Lutter, § 194 UmwG Rz. 42.
3 Ebenso Decher/Hoger in Lutter, § 194 UmwG Rz. 44 mit dem Beispiel der Änderung des Formwechsels in eine andere Rechtsform. Vgl. auch *Hausch*, RNotZ 2007, 308 (316). Siehe auch die Ausführungen zu § 5 UmwG Rz. 78. Vgl. auch LG Essen v. 15.3.2002 – 42 T 1/02, NZG 2002, 737 zu § 126 Abs. 3 UmwG unter Hinweis auf die im Gesetzgebungsverfahren bekundete Auffassung des Rechtsausschusses.
4 Vgl. *Schröder* in Manz/Mayer/Schröder, Europäische Aktiengesellschaft SE, 2. Aufl. 2010, Art. 37 SE-VO Rz. 70, 72.

Inhalt des Umwandlungsbeschlusses | § 194

SE-VO enthält anders als für den Verschmelzungsplan nach Art. 20 Abs. 1 SE-VO keine Vorgaben zum Inhalt des Umwandlungsplans. Umstritten und noch nicht abschließend geklärt ist, ob und inwieweit der Umwandlungsplan Angaben zu den Folgen der Umwandlung für die Arbeitnehmer und ihre Vertretungen zu enthalten hat. Über Art. 15 Abs. 1 SE-VO könnte insoweit § 194 Abs. 1 Nr. 7 UmwG ergänzend zur Anwendung gelangen[1].

Jedenfalls bis zu einer höchstrichterlichen Klärung empfiehlt es sich in der Praxis, für den Inhalt des Umwandlungsplans bei der Gründung einer SE sich an den Mindestanforderungen des § 194 Abs. 1 UmwG zu orientieren und auch die Folgen der Umwandlung für die Arbeitnehmer im Umwandlungsplan darzustellen[2]. Analog Art. 20 Abs. 1 lit. i SE-VO sollte der Umwandlungsplan zudem Ausführungen zu dem Verfahren zur Beteiligung der Arbeitnehmer gemäß der Richtlinie 2001/86/EG enthalten[3].

Bis zu einer höchstrichterlichen Klärung sollte der **Umwandlungsplan** im Zuge der SE-Gründung des Weiteren vorsorglich gemäß Art. 15 Abs. 1 SE-VO iVm. § 194 Abs. 2 UmwG entsprechend dem innerstaatlichen Umwandlungsrecht **dem zuständigen Betriebsrat zugeleitet werden**[4]. Die Frage des zuständigen Be-

---

1 So *Drinhausen* in van Hulle/Maul/Drinhausen, Handbuch zur Europäischen Gesellschaft (SE), 2007, § 5 Rz. 12; *Jannott* in Jannott/Frodermann, Handbuch der Europäischen Aktiengesellschaft, 2. Aufl. 2014, Kapitel 3 Rz. 237 (allerdings wohl unabhängig von der Verweisungsnorm des Art. 15 Abs. 1 SE-VO); vgl. auch *J. Schmidt* in Lutter/Hommelhoff/Teichmann, SE-Kommentar, Art. 37 SE-VO Rz. 14 ff. und *Bayer* in Lutter/Hommelhoff, Die Europäische Gesellschaft, 2005, S. 61; für eine Anwendung des § 194 UmwG auch *Schröder* in Manz/Mayer/Schröder, Europäische Aktiengesellschaft SE, 2. Aufl. 2010, Art. 37 SE-VO Rz. 71, 75. AA *Seibt* in Lutter/Hommelhoff, SE-Kommentar, 2008, Art. 37 SE-VO Rz. 33, der einen Rückgriff auf nationales Umwandlungsrecht, insbesondere auf § 194 Abs. 1 UmwG, für ausgeschlossen hält. *Schäfer* in MünchKomm. AktG, 3. Aufl. 2012, Art. 37 SE-VO Rz. 10 hält einen definierten Mindestinhalt des Umwandlungsplans trotz Schweigens der SE-VO ebenfalls für erforderlich, er spricht sich aber statt eines Rückgriffs auf nationales Umwandlungsrecht hinsichtlich der inhaltlichen Vorgaben für eine Analogie zu Art. 20 Abs. 1, 32 Abs. 2 Satz 3 SE-VO aus; ebenso *Schwarz*, 2006, Art. 37 SE-VO Rz. 17 ff.
2 Daneben hat gemäß Art. 37 Abs. 4 SE-VO der Umwandlungsbericht Angaben zu den Auswirkungen der Umwandlung für die Arbeitnehmer zu enthalten.
3 Vgl. *Schäfer* in MünchKomm. AktG, 3. Aufl. 2012, Art. 37 SE-VO Rz. 4, 11; *Schwarz*, 2006, Art. 37 SE-VO Rz. 27; *Drinhausen* in van Hulle/Maul/Drinhausen, Handbuch zur Europäischen Gesellschaft (SE), 2007, § 5 Rz. 13. AA *Seibt* in Lutter/Hommelhoff, SE-Kommentar, Art. 37 SE-VO Rz. 20.
4 So *Schäfer* in MünchKomm. AktG, 3. Aufl. 2012, Art. 37 SE-VO Rz. 20; *Jannott* in Jannott/Frodermann, Handbuch der Europäischen Aktiengesellschaft, 2. Aufl. 2014, Kapitel 3 Rz. 239 will § 194 Abs. 2 UmwG unabhängig von der Verweisung in Art. 15 Abs. 1 SE-VO analog anwenden; ebenso *Schröder* in Manz/Mayer/Schröder, Europäische Aktiengesellschaft SE, 2. Aufl. 2010, Art. 37 SE-VO Rz. 81. AA *Schwarz*, 2006, Art. 37 SE-VO Rz. 37, der von einer abschließenden Information der Arbeitnehmer gemäß den Vorschriften zur Umsetzung der SE-Richtlinie 2001/86/EG ausgeht.

triebsrats beurteilt sich hier ebenso wie im innerstaatlichen Umwandlungsrecht[1]. Die Tatsache, dass das Arbeitnehmerbeteiligungsverfahren nach den Vorschriften des SEBG unternehmensübergreifend die Arbeitnehmer auch der Tochtergesellschaften der formwechselnden Gesellschaft einschließt, rechtfertigt nicht die Annahme der grundsätzlichen Zuständigkeit eines etwa vorhandenen Konzernbetriebsrats. Soweit für Zwecke des Arbeitnehmerbeteiligungsverfahrens eine Information der Arbeitnehmer bzw. ihrer Vertretungen erforderlich ist, ist dies in der Richtlinie 2001/86/EG und den entsprechenden Umsetzungsgesetzen abschließend geregelt, so dass für die Frage des zuständigen Zuleitungsempfängers nach § 194 Abs. 2 UmwG das Arbeitnehmerbeteiligungsverfahren keine vom innerstaatlichen Recht abweichenden Zuständigkeitserwägungen gebietet.

18. Mängel des Beschlusses

63 Die Mangelhaftigkeit des Umwandlungsbeschlusses und deren Folgen sind grundsätzlich durch **Unwirksamkeitsklage** gemäß § 195 UmwG nach den für die betreffende Rechtsform geltenden Regeln zu beurteilen (vgl. § 195 UmwG Rz. 6). Maßgebend sind die Regeln, die für die Rechtsform des formwechselnden Rechtsträgers, nicht diejenigen, die für Beschlüsse des Rechtsträgers neuer Rechtsform gelten (vgl. § 195 UmwG Rz. 7). In geeigneten Fällen empfiehlt sich die Aufnahme eines **Verzichts** auf die Unwirksamkeitsklage im Umwandlungsbeschluss, damit das Registergericht mit der Eintragung nicht bis zum Ablauf der Monatsfrist des § 195 Abs. 1 UmwG warten muss[2].

64 Vorrang haben Bestimmungen und Grundsätze des UmwG zu Vorliegen und Folgen von Mängeln des Umwandlungsbeschlusses: **§ 195 Abs. 2 UmwG** schließt mit Rücksicht auf die in § 196 UmwG vorgesehenen **baren Zuzahlungen** zur Verbesserung des Beteiligungsverhältnisses Klagen gegen den Umwandlungsbeschluss aus, die darauf gestützt werden, dass die Anteile an dem Rechtsträger neuer Rechtsform zu niedrig bemessen sind oder keinen angemessenen Gegenwert darstellen (vgl. § 195 UmwG Rz. 21 ff. und § 196 UmwG Rz. 6 ff.). Gemäß **§ 210 UmwG** kann eine Klage gegen den Umwandlungsbeschluss weder darauf gestützt werden, dass das Angebot der **Barabfindung** gemäß § 207 UmwG zu niedrig bemessen war, noch darauf, dass die Barabfindung im Umwandlungsbericht nicht oder nicht ordnungsgemäß angeboten worden ist (vgl. § 195 UmwG Rz. 21 und § 210 UmwG Rz. 6 ff.). Zum Verhältnis der Klageausschlüsse in § 195 Abs. 1 UmwG und in § 210 UmwG zu Unwirksamkeitsklagen, welche die unzulängliche Erläuterung und Begründung im Umwandlungsbericht rügen, vgl. § 195 UmwG Rz. 29 und 30 und § 210 UmwG Rz. 9.

---

1 Vgl. hierzu die Ausführungen bei § 5 UmwG Rz. 76 und die ausführliche Darstellung des Meinungsstands bei *Hausch*, RNotZ 2007, 308 (312 f.).
2 *Decher/Hoger* in Lutter, § 194 UmwG Rz. 38.

§ 195
Befristung und Ausschluss von Klagen gegen den Umwandlungsbeschluss

(1) Eine Klage gegen die Wirksamkeit des Umwandlungsbeschlusses muss binnen eines Monats nach der Beschlussfassung erhoben werden.

(2) Eine Klage gegen die Wirksamkeit des Umwandlungsbeschlusses kann nicht darauf gestützt werden, dass die in dem Beschluss bestimmten Anteile an dem Rechtsträger neuer Rechtsform zu niedrig bemessen sind oder dass die Mitgliedschaft kein ausreichender Gegenwert für die Anteile oder die Mitgliedschaft bei dem formwechselnden Rechtsträger ist.

1. Allgemeines 1
2. Begriff der Klage gegen die Wirksamkeit des Umwandlungsbeschlusses 5
3. Monatsfrist für Klagen gegen die Wirksamkeit des Umwandlungsbeschlusses (§ 195 Abs. 1 UmwG) 11
4. Klageausschluss wegen Unzulänglichkeit des Beteiligungsverhältnisses (§ 195 Abs. 2 UmwG) 21

Literatur: *Bokelmann*, Eintragung eines Beschlusses: Prüfungskompetenz des Registerrichters bei Nichtanfechtung, rechtsmissbräuchlicher Anfechtungsklage und bei Verschmelzung, DB 1994, 1341; *Bork*, Beschlussverfahren und Beschlusskontrolle nach dem Referentenentwurf eines Gesetzes zur Bereinigung des Umwandlungsrechts, ZGR 1993, 343; *Boujong*, Rechtsmissbräuchliche Anfechtungsklagen vor dem Bundesgerichtshof, FS Kellermann, 1991, S. 1; *Büchel*, Voreilige Eintragung von Verschmelzung oder Formwechsel und die Folgen, ZIP 2006, 2289; *Hirte*, Die Behandlung unbegründeter oder missbräuchlicher Gesellschafterklagen im Referentenentwurf eines Umwandlungsgesetzes, DB 1993, 777; *Hommelhoff*, Zur Kontrolle strukturändernder Gesellschafterbeschlüsse, ZGR 1990, 447; *Hommelhoff*, Minderheitenschutz bei Umstrukturierungen, ZGR 1993, 452; *Kiem*, Das neue Umwandlungsrecht und die Vermeidung „räuberischer" Anfechtungsklagen, AG 1992, 430; *Noack/Zetzsche*, Die Informationsanfechtung nach der Neufassung des § 243 Abs. 4 AktG, ZHR 170 (2006), 218; *Pluskat*, Nicht missbräuchliche Gestaltungen zur Erlangung der Beteiligungshöhe beim Squeeze-out, NZG 2007, 725; *K. Schmidt*, Zur gesetzlichen Befristung der Nichtigkeitsklage gegen Verschmelzungs- und Umwandlungsbeschlüsse, DB 1995, 1849; *Schöne*, Die Klagefrist des § 14 Abs. 1 UmwG: Teils Rechtsfortschritt, teils „Aufforderung" zu sanktionslosen Geheimbeschlüssen?, DB 1995, 1317; *Weißhaupt*, Informationsmängel in der Hauptversammlung: die Neuregelungen durch das UMAG, ZIP 2005, 1766.

1. Allgemeines

Nach § 195 Abs. 1 UmwG können Klagen gegen die Wirksamkeit eines Umwandlungsbeschlusses nur innerhalb eines Monats erhoben werden. 1

Nach § 195 Abs. 2 UmwG sind Klagen gegen die Wirksamkeit eines Umwandlungsbeschlusses ausgeschlossen, wenn sie darauf gestützt werden, dass die An- 2 teile an dem Rechtsträger neuer Rechtsform zu niedrig bemessen sind oder keinen ausreichenden Gegenwert darstellen. § 195 Abs. 2 UmwG steht im Zusammenhang mit § **196 Satz 1 UmwG**, nach welchem Anteilsinhaber, die durch § 195 Abs. 2 UmwG mit einer Klage ausgeschlossen sind, einen Anspruch auf Ausgleich durch **bare Zuzahlung** haben, wenn ihre Anteile an dem neuen Rechtsträger zu niedrig bemessen sind oder keinen ausreichenden Gegenwert darstellen. Eine ähnliche Regelung wie in § 195 Abs. 2 UmwG iVm. § 196 Satz 1 UmwG findet sich in §§ 207, 210 UmwG hinsichtlich der **Barabfindung**.

3 Die Regelung in § 195 UmwG ist grundsätzlich ausgestaltet wie die Regelung in § **14 UmwG** betreffend Klagen gegen die Wirksamkeit von Verschmelzungsbeschlüssen[1]. § 195 Abs. 1 UmwG ist der Regelung in § 246 Abs. 1 AktG – Klagefrist für aktienrechtliche Anfechtungsklagen – nachgebildet[2].

4 § 195 UmwG regelt Klagefrist und Klageausschluss **einheitlich für alle Fälle des Formwechsels**, gleichgültig um welche Rechtsform es sich bei dem formwechselnden Rechtsträger und bei dem Rechtsträger neuer Rechtsform handelt[3]. **Besondere Vorschriften**, welche Abweichungen von § 195 UmwG vorsehen, finden sich im Formwechselrecht nicht[4].

2. Begriff der Klage gegen die Wirksamkeit des Umwandlungsbeschlusses

5 § 195 UmwG regelt Klagefrist und Klageausschluss für „**Klagen gegen die Wirksamkeit**" des Umwandlungsbeschlusses. Der **Begriff** der Klage gegen die Wirksamkeit in § 195 UmwG gilt **in gleicher Weise** für die Klagefrist nach § **195 Abs. 1 UmwG** wie für den Klageausschluss nach § **195 Abs. 2 UmwG**.

6 **Welche Mängel** die Unwirksamkeit des Beschlusses begründen und **welche Klagen** gegen die Wirksamkeit des Umwandlungsbeschlusses **wem** zur Verfügung stehen, ist nach den **für die betreffende Rechtsform geltenden Regeln** zu beurteilen, vorbehaltlich vorrangiger Sonderregelungen im UmwG (vgl. § 195 Abs. 2 UmwG iVm. § 196 UmwG und § 210 UmwG).

7 Maßgebend sind die **Regeln**, welche **für die Rechtsform des formwechselnden Rechtsträgers**, nicht diejenigen, welche für Beschlüsse des Rechtsträgers neuer Rechtsform gelten. Bei dem Formwechsel einer AG in eine OHG richtet sich der Angriff gegen die Wirksamkeit des Beschlusses also nach den Regeln des Aktienrechts, nicht nach denen des Personengesellschaftsrechts. Erfolgt während des laufenden Prozesses die Eintragung des Formwechsels, ist das Rubrum zu berichtigen[5].

---

1 Begr. RegE, BT-Drucks. 12/6699, S. 140.
2 Begr. RegE, BT-Drucks. 12/6699, S. 87.
3 Begr. RegE, BT-Drucks. 12/6699, S. 87.
4 Ebenso *Wälzholz* in Widmann/Mayer, § 195 UmwG Rz. 4.
5 *Wälzholz* in Widmann/Mayer, § 195 UmwG Rz. 18.

Der Begriff der Klage gegen die Wirksamkeit in § 195 UmwG (identisch in § 14 8
Abs. 1 UmwG und in §§ 198 Abs. 3, 16 Abs. 2 UmwG) erfasst **alle Klagetypen**,
„mit denen die Nichtigkeit, Unwirksamkeit oder Anfechtbarkeit eines Beschlusses der Anteilsinhaber geltend gemacht werden kann"[1]. Er umfasst damit als
Oberbegriff rechtsformübergreifend die bei den verschiedenen Rechtsformen
(Kapitalgesellschaften, Personengesellschaften, Vereine, Genossenschaften) jeweils unterschiedlich verfügbaren Unwirksamkeitsklagen[2].

Klagen gegen die Wirksamkeit iS von § 195 UmwG sind also sowohl Gestaltungs- 9
klagen wie die **Anfechtungs- und Nichtigkeitsklage** im Recht der AG und der
GmbH mit Wirkung inter omnes[3], als auch die **allgemeine Feststellungsklage** gemäß § 256 ZPO, welche nur Wirkung inter partes entfaltet[4] (vgl. auch § 14 UmwG
Rz. 6 ff.). Keine Klagen gegen die Wirksamkeit sind **Unterlassungsklagen** und entsprechende **einstweilige Verfügungen** gegen die Durchführung des Formwechsels, die ergänzend zu einer fristgemäß erhobenen Unwirksamkeitsklage dazu dienen, Maßnahmen zur faktischen Vollziehung der Umwandlung zu verhindern[5].

Der Begriff erfasst nicht nur Klagen der Anteilsinhaber, sondern auch **Klagen** 10
von Organen und Organmitgliedern (etwa die Klagen der nach § 249 AktG
klageberechtigten Vorstände und Aufsichtsräte)[6]. Arbeitnehmervertretungen[7],
insbesondere ein Betriebsrat, und außenstehende Dritte (zB Gläubiger)[8] sind dagegen nicht klagebefugt.

3. Monatsfrist für Klagen gegen die Wirksamkeit des Umwandlungsbeschlusses (§ 195 Abs. 1 UmwG)

Gemäß § 195 Abs. 1 UmwG können Klagen gegen die Wirksamkeit des Um- 11
wandlungsbeschlusses **nur binnen eines Monats** nach dem Tag der Beschlussfassung erhoben werden, gleichgültig, ob Anfechtungs- oder Nichtigkeitsgründe
geltend gemacht werden[9]. Der Tag der Beschlussfassung wird gemäß § 187

---

1 Vgl. Begr. RegE zu § 14 UmwG, BT-Drucks. 12/6699, S. 87.
2 So auch *Decher/Hoger* in Lutter, § 195 UmwG Rz. 3; *Schöne*, DB 1995, 1317.
3 *Schöne*, DB 1995, 1317.
4 So auch *Bärwaldt* in Semler/Stengel, § 195 UmwG Rz. 8; *Decher/Hoger* in Lutter, § 195
  UmwG Rz. 6; OLG Frankfurt/M. v. 17.2.1998 – 5 W 32/97, AG 1998, 428 = DB 1998,
  1222; aA *Schöne*, DB 1995, 1317 (1321); *K. Schmidt*, DB 1995, 1849 (1850): nur Anfechtungs- und Nichtigkeitsklage, nicht allgemeine Feststellungsklage.
5 *Decher/Hoger* in Lutter, § 195 UmwG Rz. 7; *Petersen* in KölnKomm. UmwG, § 195
  UmwG Rz. 3.
6 So auch *K. Schmidt*, DB 1995, 1849 (1850); *Schöne*, DB 1995, 1317 (1321).
7 OLG Naumburg v. 6.2.1997 – 7 U 236/96, AG 1998, 430; *Petersen* in KölnKomm.
  UmwG, § 195 UmwG Rz. 3.
8 Vgl. § 14 UmwG Rz. 6 mwN.
9 *Petersen* in KölnKomm. UmwG, § 195 UmwG Rz. 5.

Abs. 1 BGB nicht mitgerechnet[1]. Für den Fristbeginn kommt es nicht darauf an, wann der Anteilsinhaber eine Abschrift der Niederschrift über den Beschluss erhalten oder ob er überhaupt Kenntnis von dem Umwandlungsbeschluss erlangt hat[2]. Für das Fristende gelten die Bestimmungen der §§ 188 Abs. 2, 3, 193 BGB.

12 Die Regelung ist **zwingend** (§ 1 Abs. 3 Satz 1 UmwG): Eine Verlängerung der Frist oder eine abweichende Bestimmung des Fristbeginns (zB Kenntniserlangung vom Umwandlungsbeschluss) ist weder generell in **Satzung oder Gesellschaftsvertrag** zulässig[3] noch ad hoc durch Vereinbarung zwischen den Parteien (§ 14 UmwG Rz. 2 ff. mwN). Gleiches gilt für eine Verkürzung der Frist (§ 1 Abs. 3 Satz 1 UmwG). Auch ad hoc ist die Vereinbarung einer Verkürzung nicht möglich. Obwohl die Klagefrist nicht verkürzt werden kann, können Klageberechtigte ganz auf ihr Klagerecht verzichten. Der Verzicht kann bereits im Umwandlungsbeschluss erklärt werden[4].

13 Die Regelung hat als **lex specialis** Vorrang vor längeren Klagefristen, welche etwa nach allgemeinem Gesellschaftsrecht maßgeblich sind (vgl. etwa § 242 Abs. 2 AktG) für die Nichtigkeitsklage), und verkürzt diese für Klagen gegen die Wirksamkeit des Umwandlungsbeschlusses auf einen Monat nach dem Tag der Beschlussfassung[5]. Umgekehrt verlängert sie nach allgemeinem Gesellschaftsrecht etwa maßgebliche kürzere Fristen für Klagen gegen die Wirksamkeit von Umwandlungsbeschlüssen.

14 Die Klagefrist nach § 195 Abs. 1 UmwG gilt für **alle Klagearten**, mit welchen die Wirksamkeit des Umwandlungsbeschlusses in Frage gestellt wird (vgl. Rz. 5 ff.). Die Klagefrist gilt nicht für allgemeine Unterlassungsklagen oder **einstweilige Verfügungen** gegen Vollzugshandlungen, wenn diese der Sicherung einer zuvor fristgemäß erhobenen Wirksamkeitsklage dienen[6].

15 Die Klagefrist gilt umgekehrt **nur** für Klagen, mit welchen die Wirksamkeit eines **Umwandlungsbeschlusses** angegriffen wird. Sie gilt **nicht** etwa entsprechend für Unwirksamkeitsklagen gegen **andere Beschlüsse** der Anteilsinhaber, die im Zusammenhang mit dem Umwandlungsbeschluss gefasst wurden[7].

---

1 *Drinhausen/Keinath* in Henssler/Strohn, § 195 UmwG Rz. 3; *Hüffer/Koch*, § 246 AktG Rz. 22.
2 *Wälzholz* in Widmann/Mayer, § 195 UmwG Rz. 14.
3 *Schöne*, DB 1995, 1317 (1318); *Wälzholz* in Widmann/Mayer, § 195 UmwG Rz. 17.
4 So auch *Decher/Hoger* in Lutter, § 195 UmwG Rz. 9.
5 *K. Schmidt*, DB 1995, 1849 (1850); kritisch dagegen *Bork*, ZGR 1993, 343 (355); *Schöne*, DB 1995, 1317 (1319).
6 So auch *Decher/Hoger* in Lutter, § 195 UmwG Rz. 7; vgl. auch *Hüffer/Koch*, § 243 AktG Rz. 66.
7 So auch *Decher* in Lutter, § 14 UmwG Rz. 6, 7; kritisch *Wälzholz* in Widmann/Mayer, § 195 UmwG Rz. 11.

Die Monatsfrist nach § 195 Abs. 1 UmwG ist ihrer Rechtsnatur nach **Ausschlussfrist**, die nicht der Hemmung oder Unterbrechung unterliegt[1]. Sie hat **materiell-rechtlichen Charakter**; verspätete Klagen sind **unbegründet**, nicht unzulässig[2] (§ 14 UmwG Rz. 2). 16

Der **Ablauf der Monatsfrist** schließt nicht nur die nachträgliche Erhebung einer Klage aus. Er schließt im Falle fristgerecht erhobener Klage auch das **Nachschieben von Unwirksamkeitsgründen** aus, die nicht vor Fristablauf geltend gemacht wurden[3]. Es genügt jedoch, wenn die Unwirksamkeitsgründe innerhalb der Frist in ihrem wesentlichen tatsächlichen Kern in den Prozess eingeführt werden[4]. Berichtigender oder ergänzender Tatsachenvortrag bleibt bis zur Grenze der Klageänderung zulässig[5]. 17

Der Ablauf der Frist als solcher hat **keine materiell-rechtlich heilende Wirkung** für Mängel, die mit einer Unwirksamkeitsklage hätten geltend gemacht werden können[6]. Er beendet zwar, falls keine Klage erhoben wurde, die sog. Registersperre, während deren Dauer das Registergericht nicht berechtigt ist, den Formwechsel einzutragen (§ 198 UmwG). Jedoch begründet der Fristablauf keine Verpflichtung des Registergerichts, den Formwechsel nunmehr ohne jede Rücksicht auf verfristete Wirksamkeitsmängel einzutragen. 18

Das **Registergericht** ist vielmehr weiterhin berechtigt und verpflichtet, die Eintragungsfähigkeit **in eigener Verantwortung zu prüfen** und dabei auch Mängel zu berücksichtigen, welche gemäß § 195 Abs. 1 UmwG verfristet sind[7]. Das entspricht auch der Rechtslage nach klaglosem Ablauf der aktienrechtlichen Anfechtungsfrist gemäß § 246 Abs. 1 AktG, an dem sich die Regelung orientiert[8].

---

1 BGH v. 27.10.1951 – II ZR 44/50, NJW 1952, 98; *Hüffer/Koch*, § 246 AktG Rz. 21; *Bork*, ZGR 1993, 345 (354) zu § 14 Abs. 2 RefE.
2 Vgl. *Decher/Hoger* in Lutter, § 195 UmwG Rz. 8; *Hüffer/Koch*, § 246 AktG Rz. 20.
3 OLG Düsseldorf v. 15.3.1999 – 17 W 18/99, ZIP 1999, 793 = AG 1999, 418 (Thyssen/Krupp); OLG Hamm v. 4.3.1999 – 8 W 11/99, ZIP 1999, 798 (803) = AG 1999, 422 (Thyssen/Krupp); vgl. zu § 246 AktG RG v. 11.1.1918 – II 257/17, RGZ 91, 316 (323); BGH v. 10.11.1954 – II ZR 299/53, BGHZ 15, 177 (180 f.); BGH v. 11.7.1966 – I ZR 135/65, BB 1966, 917 = AG 1966, 397; BGH v. 9.11.1992 – II ZR 230/91, BGHZ 120, 141 (157) = NJW 1993, 400 (404); BGH v. 14.3.2005 – II ZR 153/03, ZIP 2005, 706 (708) = AG 2005, 395; *Hüffer/Koch*, § 246 AktG Rz. 26.
4 KG Berlin v. 27.11.1998 – 14 U 2892/97, AG 1999, 126 (127) (Aqua Butzke-Werke AG); BGH v. 9.11.1992 – II ZR 230/91, BGHZ 120, 141 (157) = NJW 1993, 400 (404).
5 BGH v. 17.11.1986 – II ZR 96/86, NJW 1987, 780; *Hüffer/Schäfer* in MünchKomm. AktG, 4. Aufl. 2016, § 246 AktG Rz. 46 mwN.
6 Ebenso *K. Schmidt*, DB 1995, 1849; *Bokelmann*, DB 1994, 1341 (1342).
7 *Bokelmann*, DB 1994, 1341 (1342); *Bork*, ZGR 1993, 345 (356 ff., 361 f.) zu § 14 Abs. 2 RefE; *K. Schmidt*, DB 1995, 1849 (1850).
8 Vgl. *Hüffer/Koch*, § 243 AktG Rz. 56 mwN.

Die Frage, welche konkreten Mängel den Registerrichter zur Ablehnung der Eintragung verpflichten, ist im Einzelnen umstritten[1].

19 Umgekehrt besteht auch nach Eintragung des Formwechsels das Rechtsschutzbedürfnis für eine rechtzeitig erhobene Unwirksamkeitsklage im Hinblick auf mögliche Schadensersatzansprüche fort (vgl. § 198 Abs. 3 UmwG iVm. § 16 Abs. 3 Satz 10 UmwG)[2].

20 Zur Heilung durch Eintragung vgl. § 202 UmwG Rz. 47 ff. Zur Wirkung des Klageverzichts vgl. § 198 Abs. 3 UmwG iVm. § 16 Abs. 2 Satz 2 UmwG.

4. Klageausschluss wegen Unzulänglichkeit des Beteiligungsverhältnisses (§ 195 Abs. 2 UmwG)

21 § 195 Abs. 2 UmwG schließt Klagen gegen die Wirksamkeit des Umwandlungsbeschlusses aus, soweit sie darauf gestützt werden, dass die Anteile an dem neuen Rechtsträger **zu niedrig bemessen** sind oder dass die Mitgliedschaft an dem Rechtsträger neuer Rechtsform **kein ausreichender Gegenwert** für die Anteile oder die Mitgliedschaft an dem formwechselnden Rechtsträger ist[3]. Ein entsprechender Klageausschluss findet sich in **§ 210 UmwG** hinsichtlich der Unzulänglichkeit eines **Barabfindungsangebots**.

22 § 195 Abs. 2 UmwG korrespondiert mit § 196 Satz 1 UmwG, wonach Anteilsinhaber, welche nach § 195 Abs. 2 UmwG mit einer Klage gegen die Wirksamkeit des Beschlusses ausgeschlossen sind, einen Anspruch auf **Ausgleich durch bare Zuzahlung** nach den Vorschriften des Spruchverfahrensgesetzes geltend machen können, wenn die Anteile zu niedrig bemessen sind oder keinen ausreichenden Gegenwert darstellen. Während die gemäß § 195 Abs. 2 UmwG ausgeschlossenen Klagen die sog. Registersperre auslösen, begründet die Geltendmachung von Ansprüchen im Spruchverfahren keine Registersperre.

---

1 Vgl. *Bokelmann*, DB 1994, 1341 (1343 ff. mwN); zur Prüfungskompetenz *Frenz*, ZNotP 1998, 178 (183); *Hüffer/Koch*, § 243 AktG Rz. 56 mwN; *Wälzholz* in Widmann/Mayer, § 195 UmwG Rz. 15: jedenfalls Nichtigkeitsgründe (Geheimbeschluss); BayObLG v. 5.7.1996 – 3Z BR 114/96, AG 1996, 468 = DB 1996, 1814 (Pfersee-Kolbermoor): Nichteintragung des Formwechsels bei Verstoß gegen die Anforderungen an die namentliche Bezeichnung der Aktionäre gemäß §§ 234 Nr. 2, 213, 35 UmwG; OLG Düsseldorf v. 15.5.1998 – 3 Wx 156/98, AG 1998, 587 = ZIP 1998, 1190 = EWiR § 5 UmwG 1/98, 855 (*Willemsen/Müller*): zumindest formelles Prüfungsrecht des Registergerichts; Ablehnung der Eintragung bei Fehlen jeder nachvollziehbaren Darstellung der arbeitsrechtlichen Folgen im Verschmelzungsvertrag; OLG Düsseldorf v. 11.8.2006 – I-15 W 110/05, AG 2007, 363 = DB 2006, 2223: Registergericht habe grds. alle Sach- und Rechtsfragen, von denen die zu verfügende Eintragung abhängt, selbst zu prüfen und zu entscheiden.
2 OLG Hamburg v. 16.4.2004 – 11 U 11/03, Der Konzern 2004, 433 (436) = AG 2004, 619; siehe auch *Büchel*, ZIP 2006, 2289 (2295).
3 OLG Hamm v. 4.3.1999 – 8 W 11/99, ZIP 1999, 798 (799) = AG 1999, 422 (*Thyssen/Krupp*).

Der Klageausschluss gilt für **alle Klagearten**, mit welchen die Wirksamkeit des Umwandlungsbeschlusses in Frage gestellt werden kann (vgl. Rz. 5 ff.). 23

Der Klageausschluss gilt **auch in krassen Fällen**, etwa bei **offensichtlich falschem** oder **kollusiv gestaltetem Beteiligungsverhältnis** (§ 14 UmwG Rz. 13). Dem ist im Interesse der Rechtssicherheit grundsätzlich zuzustimmen. Lediglich in extremen Fällen vorsätzlich schädigenden Verhaltens (Verstoß gegen das Willkürverbot) kann daran gedacht werden, die Berufung auf § 195 Abs. 2 UmwG zu versagen[1]. Unwirksamkeitsgrund ist in diesen Fällen nicht die Unzulänglichkeit des Beteiligungsverhältnisses als solche, sondern die Art des Zustandekommens des Beschlusses. 24

Der Klageausschluss durch § 195 Abs. 2 UmwG hat zur Folge, dass eine gleichwohl wegen Unzulänglichkeit des Beteiligungsverhältnisses erhobene Unwirksamkeitsklage als **unzulässig** abzuweisen ist[2]. 25

Wird eine Unwirksamkeitsklage trotz des Klageausschlusses in § 195 Abs. 2 UmwG innerhalb der Klagefrist gemäß § 195 Abs. 1 UmwG erhoben, löst sie zunächst die **Registersperre** aus. Das Gericht kann jedoch (bei einer nur auf die Unzulänglichkeit des Beteiligungsverhältnisses gestützten Klage) die Registersperre zügig durch einen **Unbedenklichkeitsbeschluss** wegen Unzulässigkeit der Klage beenden (§ 16 Abs. 3 Satz 3 Nr. 1 Alt. 1 UmwG)[3]. 26

Der Klageausschluss durch § 195 Abs. 2 UmwG hat auch **materiell-rechtliche Bedeutung**. Er besagt, dass eine Unzulänglichkeit des Beteiligungsverhältnisses iS von § 195 Abs. 2 UmwG als solche den Umwandlungsbeschluss **nicht unwirksam** macht[4]. 27

Der Ausschlusstatbestand des **§ 195 Abs. 2 UmwG bindet** deshalb auch den **Registerrichter**. Dieser kann die Eintragung des Formwechsels nicht deshalb verweigern, weil das Beteiligungsverhältnis iS von § 195 Abs. 2 UmwG unzulänglich ausgestaltet ist[5]. Dafür spricht auch § 4 Abs. 1 Satz 1 Nr. 4 SpruchG iVm. § 1 Nr. 4 SpruchG, § 196 UmwG, wonach ein Antrag auf gerichtliche Entscheidung über bare Zuzahlung nur binnen drei Monaten seit dem Tag gestellt werden kann, an dem die Eintragung der Umwandlung bekannt gemacht worden ist. 28

---

1 So auch *Decher/Hoger* in Lutter, § 195 UmwG Rz. 13 und 20; *Drinhausen/Keinath* in Henssler/Strohn, § 195 UmwG Rz. 6; OLG Düsseldorf v. 15.3.1999 – 17 W 18/99, ZIP 1999, 793 (794) = AG 1999, 418 (Thyssen/Krupp).
2 *Wälzholz* in Widmann/Mayer, § 195 UmwG Rz. 22; *Bork*, ZGR 1993, 345 (347) zu § 14 Abs. 2 RefE.
3 Zur Parallelvorschrift des § 14 Abs. 2 UmwG OLG Düsseldorf v. 15.3.1999 – 17 W 18/99, ZIP 1999, 793 (794) = AG 1999, 418 (Thyssen/Krupp).
4 So auch *Jaensch* in Keßler/Kühnberger, § 195 UmwG Rz. 8; *Bork*, ZGR 1993, 343 (347) zu § 14 Abs. 2 RefE; *Hommelhoff*, ZGR 1990, 447 (473).
5 So auch *Bork*, ZGR 1993, 345 (346) zu § 14 Abs. 2 RefE.

29 § 195 Abs. 2 UmwG schließt nur die Berufung auf die Unzulänglichkeit des Beteiligungsverhältnisses aus, lässt die **Geltendmachung anderer Unwirksamkeitsgründe** jedoch unberührt. Insbesondere kann der Umwandlungsbeschluss auf Verfahrensfehler oder inhaltliche Mängel (Verstoß gegen zwingende Anforderungen der §§ 192, 194 Abs. 1 UmwG) hin überprüft werden[1]. Die Überprüfung des Inhalts des Umwandlungsbeschlusses ist auf eine Missbrauchskontrolle von Mehrheitsmacht beschränkt, wenn zB die Mehrheit bei der Festlegung der Gesellschaftsverfassung des Rechtsträgers neuer Rechtsform ihr gestalterisches Ermessen derart ausübt, dass sie diesen einseitig unter Hintansetzung der übrigen Anteilsinhaber allein auf ihre Belange maßschneidert[2]. Die **Rechtsprechung** hatte sich bisher unter anderem mit folgenden Unwirksamkeitstatbeständen zu befassen: **Änderung des Barabfindungsbetrages** kein bekanntmachungsfreier Antrag[3]; Nichtigkeit des Formwechsels einer AG in eine GmbH bei **Einladung zur Hauptversammlung** ohne Wiedergabe des Wortlauts von Umwandlungsbeschluss und neuer Satzung[4]; Anfechtung der Umwandlung einer AG in eine GmbH wegen Verletzung der **Auskunftsansprüche** der Aktionäre durch unzureichenden Inhalt bzw. Nichtvorlage des **Prüfungsberichts zur Angemessenheit der Barabfindung**[5] und hinsichtlich der Bilanzposition „sonstige Rückstellungen"[6]. Keine Registersperre wegen Anfechtungsklage gegen Ausgliederungsbeschluss bei Rüge eines bloßen Formfehlers – fehlende **Bekanntmachung** der vollständigen Satzung des übernehmenden Rechtsträgers –, der in der nächsten Hauptversammlung behebbar ist[7]. Wirksame Anfechtung des Umwandlungsbeschlusses bei Formwechsel AG in GmbH & Co. KG wegen Ankündigung einer anderen als der beschlossenen **Komplementärin**; Einhaltung von §§ 35, 213 UmwG. Keine Nichtigerklärung des Umwandlungsbeschlusses bei Formwechsel AG in GmbH & Co. KG wegen Bestellung einer 100%igen Tochtergesellschaft der Mehrheitsaktionärin zur Komplementärin der KG; der Mehrheitsaktionärin aufgrund allgemeiner Steuergesetze entstehende **Steuervorteile** stellen keinen

---

1 So auch *Decher/Hoger* in Lutter, § 195 UmwG Rz. 15 ff.; *Stratz* in Schmitt/Hörtnagl/Stratz, § 195 UmwG Rz. 9.
2 OLG Düsseldorf v. 16.1.2003 – 6 U 60/02, ZIP 2003, 1749 (1752) = AG 2003, 578.
3 LG München v. 24.9.2009 – 5HK O 5679/09, AG 2010, 419 (420).
4 LG Hanau v. 2.11.1995 – 5 O 149/95, AG 1996, 184 = ZIP 1996, 422 und LG Hanau v. 5.10.1995 – 5 O 183/95, GmbHR 1996, 129 (Schwab/Otto); BGH v. 9.5.2005 – II ZR 29/03, AG 2005, 613 (614 ff.) zur Inhaltskontrolle von einzelnen Bestimmungen des Gesellschaftsvertrags des Rechtsträgers neuer Rechtsform.
5 LG Heidelberg v. 7.8.1996 – O 4/96 KfH II, DB 1996, 1768 (1769 f.); KG Berlin v. 27.11.1998 – 14 U 2892/97, AG 1999, 126 (127) = NZG 1999, 508 mit Anm. *Zeidler* (Aqua Butzke-Werke AG); plausible Erläuterung der Barabfindung im Umwandlungsbericht; spätere Erläuterung in der Hauptversammlung nicht ausreichend; aA die Vorinstanz LG Berlin v. 26.2.1997 – 99 O 178/96, AG 1997, 335 = DB 1997, 969.
6 LG Heidelberg v. 7.8.1996 – O 4/96 KfH II, DB 1996, 1768 (1770).
7 OLG Stuttgart v. 17.12.1996 – 12 W 44/96, AG 1997, 138 = ZIP 1997, 75 (Kolbenschmidt).

verbotenen Sondervorteil dar[1]. Beweislast für einen ggf. in der Kombination von Formwechsel AG & Co. KG in AG mit anschließendem Squeeze-out liegenden **Treueverstoß** trifft die Minderheitsgesellschafter[2]. Ein die Voraussetzungen für einen **Squeeze-out** schaffender Verschmelzungsbeschluss, der von anzuerkennenden Motiven sachgerechter Unternehmensführung getragen wird, ist nicht rechtsmissbräuchlich[3]. Keine Heilung eines unzulänglichen Umwandlungsberichts durch **spätere Erläuterungen in der Hauptversammlung**[4]. Verschmelzungsbericht muss konkret sein und Plausibilitätskontrolle ermöglichen; Heilung von Mängeln des Verschmelzungsberichts durch nachträgliche Auskünfte in Hauptversammlung scheidet aus. Verschmelzungsbericht muss Aktionäre nicht in die Lage versetzen, den Verschmelzungsvorgang auf **inhaltliche Richtigkeit**, rechtliche Korrektheit und **Angemessenheit des Umtauschverhältnisses** zu kontrollieren. Diese Kontrolle ist Verschmelzungsprüfern zugewiesen. Zweck des Verschmelzungsberichts ist es, Verschmelzungsvorgang und Hintergründe transparent zu gestalten, damit sich Aktionäre ein Bild darüber machen können, ob Verschmelzung wirtschaftlich zweckmäßig ist und gesetzlichen Anforderungen genügt (**Plausibilitätskontrolle**)[5]. Umtauschverhältnis muss im Verschmelzungsbericht ausreichend dargelegt und begründet werden: plausible Darstellung des Verhältnisses der Unternehmenswerte, der **Bewertungsgrundsätze** und -methoden, des Bewertungsergebnisses, des zu Grunde liegenden **Zahlenwerks** (aufgeschlüsselt nach Umsatzerlösen, Bestandsveränderungen, Eigenleistungen, Materialaufwand, Personalaufwand, Abschreibungen/Investitionen, Beteiligungsergebnis, Zinsergebnis, Steuern, Ergebnisanteil außenstehender Aktionäre, Prognosen, Planzahlen); keine Angaben über Höhe potentieller **Ausgleichszahlungen** im Spruchverfahren erforderlich; keine konkrete Darstellung der Einzelvorhaben und damit bezweckter Synergieeffekte (**Synergiefahrplan**); nur abstrakte Darstellung der **steuerlichen Folgen**. **Auskunftsverweigerung** bei Verschmelzung[6]. Einwendungen gegen Bewertung auf Grundlage **IFRS** sind unbegründet[7]. Vgl. auch *Heckschen*[8] mit zahlreichen Rechtsprechungshinweisen und *Bayer*[9].

---

1 BGH v. 9.5.2005 – II ZR 29/03, NZG 2005, 722 (723 ff.) = AG 2005, 613.
2 OLG Stuttgart v. 26.11.2007 – 20 W 8/07, AG 2008, 464 (465 ff.) (Aescullap).
3 OLG Hamburg v. 1.2.2008 – 11 U 288/05, BB 2008, 2199 (2200 ff.); vgl. auch *Pluskat*, NZG 2007, 725 ff. (Kombination Formwechsel und Squeeze-out ist generell zulässig).
4 LG Mainz v. 19.12.2000 – 10 HKO 143/99, DB 2001, 1136 (1137) = AG 2002, 247.
5 OLG Düsseldorf v. 15.3.1999 – 17 W 18/99, ZIP 1999, 793 = AG 1999, 418 (Thyssen/Krupp) = EWiR § 8 UmwG 1/99, 1185 (*Keil*) und OLG Hamm v. 4.3.1999 – 8 W 11/99, AG 1999, 422 = ZIP 1999, 798 (Hauptsacheverfahren LG Essen v. 8.2.1999 – 44 O 249/88, AG 1999, 329) (Thyssen/Krupp).
6 BGH v. 18.10.2004 – II ZR 250/02, Der Konzern 2005, 51 (53) = AG 2005, 87 (Thyssen-Krupp).
7 OLG Düsseldorf v. 11.8.1006 – I-15 W 110/05, DB 2006, 2223 (2225) = AG 2007, 363.
8 *Heckschen*, DB 1998, 1385 (1388, 1390 ff.).
9 *Bayer*, ZIP 1997, 1613 (1617, 1619 ff.).

30 Gemäß Teilen der vorgenannten Rechtsprechung und Literatur besteht die Auffassung, § 195 Abs. 2 UmwG schließe es nicht aus, die Unwirksamkeitsklage damit zu begründen, das Beteiligungsverhältnis sei im **Umwandlungsbericht** nicht hinreichend erläutert und begründet[1] (Nachw. bei § 14 UmwG Rz. 14). Auch wenn § 243 Abs. 4 Satz 2 AktG den Klageausschluss nur für Fälle der unrichtigen, unvollständigen oder unzureichenden Information *auf der Hauptversammlung* vorsieht, dürfte diese Auffassung durch die Rspr. des BGH[2] überholt sein, wonach der in §§ 210, 212 UmwG für die Fälle des zu niedrigen, des nicht ordnungsgemäßen und des fehlenden Barabfindungsangebots normierte Ausschluss von Klagen gegen den Umwandlungsbeschluss auch insoweit gelten soll, als die Anteilsinhaber die Verletzung von Informations-, Auskunfts- oder Berichtspflichten im Zusammenhang mit der gemäß § 207 UmwG anzubietenden Barabfindung geltend machen. Solche **abfindungswertbezogenen Informationsmängel** können nur noch im **Spruchverfahren** gerügt werden. Diese für die Barabfindung gemäß § 207 UmwG geltende Rspr. des BGH sollte auch für Informationsmängel bezüglich der Bemessung der Anteile/des ausreichenden Gegenwertes bzw. der baren Zuzahlung gemäß §§ 195 Abs. 2, 196 UmwG gelten[3].

§ 196
Verbesserung des Beteiligungsverhältnisses

Sind die in dem Umwandlungsbeschluss bestimmten Anteile an dem Rechtsträger neuer Rechtsform zu niedrig bemessen oder ist die Mitgliedschaft bei diesem kein ausreichender Gegenwert für die Anteile oder die Mitgliedschaft bei dem formwechselnden Rechtsträger, so kann jeder Anteilsinhaber, dessen Recht, gegen die Wirksamkeit des Umwandlungsbeschlusses Klage zu erheben, nach § 195 Abs. 2 ausgeschlossen ist, von dem Rechtsträger einen Ausgleich durch bare Zuzahlung verlangen. Die angemessene Zuzahlung wird

---

1 So *Decher/Hoger* in Lutter, § 195 UmwG Rz. 16 ff.; KG Berlin v. 27.11.1998 – 14 U 2892/97, AG 1999, 126 (127) = NZG 1999, 508 m. Anm. *Zeidler* (Aqua Butzke-Werke AG); OLG Düsseldorf v. 15.3.1999 – 17 W 18/99, AG 1999, 418 = ZIP 1999, 793 und OLG Hamm v. 4.3.1999 – 8 W 11/99, AG 1999, 422 = ZIP 1999, 798 (Thyssen/Krupp); für den Ausschluss der Anfechtungsklage mit dem Argument der unzureichenden Information über die „Gegenleistung" – Barabfindung/bare Zuzahlung – *Hommelhoff*, ZGR 1990, 447 (474) zu § 14 RefE; *Hommelhoff*, ZGR 1993, 452 (471); vgl. auch *Boujong* in FS Kellermann, 1991, S. 1 (14).
2 BGH v. 18.12.2000 – II ZR 1/99, GmbHR 2001, 200 (MEZ) mit Anm. *Kallmeyer*, unter ausdrücklicher Aufgabe der früheren Rspr.; bestätigt durch BGH v. 29.1.2001 – II ZR 368/98, GmbHR 2001, 247 (Aqua Butzke) mit Anm. *Bärwaldt*; BGH v. 16.3.2009 – II ZR 302/06, ZIP 2009, 908 (913) = AG 2009, 441.
3 So auch *Wälzholz* in Widmann/Mayer, § 195 UmwG Rz. 23.

auf Antrag durch das Gericht nach den Vorschriften des Spruchverfahrensgesetzes bestimmt. § 15 Abs. 2 ist entsprechend anzuwenden.

1. Allgemeines	1	5. Der Anspruch: bare Zuzahlung; Entstehen; Verzinsung; weiterer Schaden	15
2. Unzulänglichkeit des Beteiligungsverhältnisses (§ 196 Satz 1 UmwG)	6	6. Geltendmachung und Durchsetzung des Anspruchs; Spruchverfahren (§ 196 Satz 2 UmwG)	22
3. Anspruchsberechtigte Anteilsinhaber	10		
4. Schuldner des Anspruchs	14	7. Verzicht; Vergleich	27

Literatur: *Hoger*, Kapitalschutz als Durchsetzungsschranke umwandlungsrechtlicher Ausgleichsansprüche von Gesellschaftern, AG 2008, 149; zur *Megede*, Verschmelzung von Aktiengesellschaften – Materielle Anspruchsberechtigung auf Erhalt einer baren Zuzahlung, BB 2007, 337; *Petersen*, Der Gläubigerschutz im Umwandlungsrecht, 2001; *Veil*, Der nicht-verhältniswahrende Formwechsel von Kapitalgesellschaften – Eröffnet das neue Umwandlungsrecht den partiellen Ausschluss von Anteilsinhabern?, DB 1996, 2529; *Veith*, Der Gläubigerschutz beim Formwechsel nach dem Umwandlungsgesetz, 2003; vgl. außerdem die Angaben zu §§ 190, 195, 210 und 212 UmwG.

1. Allgemeines

Die Regelung steht in Zusammenhang mit § 195 Abs. 2 UmwG. Nach **§ 195 Abs. 2 UmwG** kann eine Unwirksamkeitsklage nicht darauf gestützt werden, dass die Anteile an dem Rechtsträger neuer Rechtsform zu niedrig bemessen sind oder die Mitgliedschaft am Rechtsträger neuer Rechtsform keinen ausreichenden Gegenwert für die Anteile oder die Mitgliedschaft bei dem formwechselnden Rechtsträger darstellt. Nach **§ 196 Satz 1 UmwG** steht dem Anteilsinhaber, dessen Klagerecht nach § 195 Abs. 2 UmwG ausgeschlossen ist, ein Anspruch auf Ausgleich durch bare Zuzahlung zu, wenn seine Anteile an dem Rechtsträger neuer Rechtsform zu niedrig bemessen sind oder seine Mitgliedschaft an diesem keinen ausreichenden Gegenwert für die Anteile oder Mitgliedschaft bei dem formwechselnden Rechtsträger darstellt. 1

Die Regelung in § 196 Satz 1 UmwG ist ähnlich gestaltet wie die Regelung in § **15 Abs. 1 UmwG** bei der **Verschmelzung**. Die Regelung in **§ 196 Satz 3 UmwG** verweist auf § 15 Abs. 2 UmwG: Die **Verzinsung** der baren Zuzahlung (§ 196 Satz 3 UmwG iVm. § 15 Abs. 2 Satz 1 UmwG) und der **Vorbehalt weiterer Schadensersatzansprüche** (§ 196 Satz 3 UmwG iVm. § 15 Abs. 2 Satz 2 UmwG) sind wie bei der Verschmelzung geregelt. Eine ähnliche Regelung findet sich in § **28 Abs. 2 LwAnpG**, zu der es umfangreiche Rechtsprechung gibt. 2

§ 196 UmwG regelt den Ausgleichsanspruch auf bare Zuzahlung **einheitlich für alle Formwechselfälle**; die Besonderen Vorschriften des Fünften Buches enthalten keine abweichenden oder ergänzenden Bestimmungen. Die Regelung ist 3

zwingend (§ 1 Abs. 3 Satz 1 UmwG): abweichende Bestimmungen in Gesellschaftsvertrag oder Satzung sind nichtig.

4 Der Anspruch auf bare Zuzahlung ist gemäß § 196 Satz 2 UmwG im **Spruchverfahren** nach den Vorschriften des SpruchG geltend zu machen. Das Spruchverfahren steht der Eintragung des Formwechsels nicht entgegen. Die Entscheidung im Spruchverfahren wirkt für und gegen alle (§ 13 Satz 2 SpruchG), also auch für und gegen die am Verfahren nicht beteiligten Anteilsinhaber[1].

5 Die gesetzliche Regelung zum Anspruch auf **Barabfindung** (§§ 207–210 UmwG) steht **unabhängig neben** der Regelung zum Anspruch auf **bare Zuzahlung** bei Unzulänglichkeit des Beteiligungsverhältnisses. Der Anspruch auf Barabfindung kann auch bei Unzulänglichkeit des Beteiligungsverhältnisses bestehen, setzt diese aber nicht voraus. Der Anspruch auf Barabfindung setzt voraus, dass der Anspruchsteller sich für das Ausscheiden als Anteilsinhaber entscheidet. Der Anspruch auf bare Zuzahlung setzt voraus, dass der Anspruchsteller Anteilsinhaber des Rechtsträgers bleibt. Liegt eine Unzulänglichkeit des Beteiligungsverhältnisses vor, hat der Anteilsinhaber also die Wahl: Entweder er bleibt Anteilsinhaber und verlangt bare Zuzahlung, oder er scheidet aus und verlangt Barabfindung. Falls ein Spruchverfahren anhängig gemacht worden ist, kann der Anteilsinhaber das Wahlrecht bis zum Ablauf der zweiten Annahmefrist des § 209 Satz 2 UmwG ausüben[2]. Mit Annahme der Barabfindung entfällt der Zuzahlungsanspruch und wird der Antrag auf bare Zuzahlung unzulässig[3].

2. Unzulänglichkeit des Beteiligungsverhältnisses (§ 196 Satz 1 UmwG)

6 Ein Anspruch auf bare Zuzahlung besteht zum einen, wenn die im Umwandlungsbeschluss bestimmten Anteile an dem Rechtsträger neuer Rechtsform „**zu niedrig bemessen**" sind, zum anderen, wenn die Mitgliedschaft bei dem Rechtsträger neuer Rechtsform „**kein ausreichender Gegenwert**" für die Anteile oder die Mitgliedschaft bei dem formwechselnden Rechtsträger" ist. Die Definition der beiden Tatbestände in § 196 Satz 1 UmwG entspricht wörtlich der in § 195 Abs. 2 UmwG (Klageausschluss).

7 Der Tatbestand der **zu niedrigen Bemessung der Anteile** spricht die **quantitative Ausgestaltung** des Beteiligungsverhältnisses gemäß § 194 Abs. 1 Nr. 4 UmwG an, also zB die Frage der Bemessung des Nennbetrages des Geschäftsanteiles an der GmbH beim Formwechsel aus der KG in die GmbH. Während die Bemessung der Anteile bei der Verschmelzung eines der zentralen Probleme

---

1 Vgl. *Klöcker* in K. Schmidt/Lutter, AktG, § 13 SpruchG Rz. 3.
2 OLG Schleswig v. 27.10.2004 – 2 W 97/04, ZIP 2004, 2433 = EWiR § 209 UmwG 1/05, 321 (*Klöcker/Frowein*).
3 Vgl. OLG Stuttgart v. 19.3.2008 – 20 W 3/06, ZIP 2008, 2020 (2021) = AG 2008, 510.

darstellt, da sie die Bewertung der beteiligten Unternehmen voraussetzt (vgl. § 15 Abs. 1 UmwG: „Umtauschverhältnis der Anteile zu niedrig bemessen"), ist sie beim Formwechsel idR unproblematisch. Angesichts der Wahrung der Identität des Rechtsträgers und der Beteiligungsverhältnisse (§ 202 UmwG Rz. 13 ff. und 28 ff.) kommt es beim Formwechsel idR nicht zu quantitativen Veränderungen. Bare Zuzahlungen wegen zu niedriger Bemessung der Anteile am Rechtsträger neuer Rechtsform kommen also nur in Ausnahmefällen in Betracht[1].

Auch in Fällen des sog. **nicht-verhältniswahrenden Formwechsels** sind Anteils- 8 inhaber nicht auf die bare Zuzahlung verwiesen. Sie können den Umwandlungsbeschluss gemäß § 195 Abs. 1 UmwG durch Unwirksamkeitsklage angreifen, da eine Veränderung der Beteiligungsquoten stets die Zustimmung der betroffenen Anteilsinhaber voraussetzt[2]. Das UmwG verbietet zwar nicht einen Formwechsel unter Veränderung der Beteiligungsquoten, das Herausdrängen von (unliebsamen) Anteilsinhabern soll aber durch das UmwG nicht ermöglicht werden[3]. Der benachteiligte Anteilsinhaber kann sich jedoch dafür entscheiden, dem Formwechsel zuzustimmen und bare Zuzahlung im Spruchverfahren geltend zu machen[4].

Der Tatbestand, dass die neue Mitgliedschaft **kein ausreichender Gegenwert** für 9 die Mitgliedschaft an dem formwechselnden Rechtsträger ist, spricht die **qualitative Ausgestaltung** des Beteiligungsverhältnisses an. Er betrifft idR nicht den Fall, in dem *alle* Anteile an dem formwechselnden Rechtsträger mit gleichen Rechten ausgestattet waren, die nun bei dem Rechtsträger neuer Rechtswahl für alle Anteilsinhaber in gleicher Weise geschmälert sind, zB Reduzierung der gesetzlichen Mitwirkungsrechte bei einem Formwechsel aus der GmbH in die AG[5] oder geringere Fungibilität der Anteile bei einem Formwechsel von der AG in die GmbH & Co. KG[6]. Bei dem Tatbestand geht es vielmehr um die Fälle, in welchen gemäß § 194 Abs. 1 Nr. 5 UmwG im Umwandlungsbeschluss *einzelnen* Anteilsinhabern (im Gegensatz zu allen) oder den Inhabern besonderer Rechte bestimmte Rechte gewährt oder genommen oder Maßnahmen für sie vorgesehen werden[7]. Ein Anspruch auf bare Zuzahlung steht nur denjenigen Anteils-

---

1 *Priester*, DNotZ 1995, 427 (451); *Decher/Hoger* in Lutter, § 196 UmwG Rz. 7; *Fronhöfer* in Widmann/Mayer, § 196 UmwG Rz. 5; vgl. auch BGH v. 26.10.1999 – BLw 7/99, NZG 2000, 212 (213) zu § 28 Abs. 2 LwAnpG: bare Zuzahlung (nur) dann, wenn die umgewandelten Anteile oder Mitgliedschaften quotal nicht dem (früheren) Anteil am Eigenkapital der LPG entsprechen.
2 Vgl. § 194 UmwG Rz. 34; *Veil*, DB 1996, 2529.
3 Vgl. § 194 UmwG Rz. 24; Begr. RegE, BT-Drucks. 12/6699, S. 144.
4 Vgl. *Decher/Hoger* in Lutter, § 196 UmwG Rz. 9.
5 So auch *Decher/Hoger* in Lutter, § 196 UmwG Rz. 11.
6 OLG Düsseldorf v. 27.2.2004 – I-19 W 3/00 AktE, Der Konzern 2004, 673 (675) = AG 2004, 324; OLG Stuttgart v. 22.9.2009 – 20 W 20/06, AG 2010, 42 (46): kaltes Delisting.
7 OLG Stuttgart v. 22.9.2009 – 20 W 20/06, AG 2010, 42 (46); zustimmend *Petersen* in KölnKomm. UmwG, § 196 UmwG Rz. 8.

inhabern zu, die eine individuelle Benachteiligung erleiden; allgemeine Veränderungen in der rechtlichen Ausgestaltung der Mitgliedschaft alleine lösen den Anspruch nicht aus[1].

3. Anspruchsberechtigte Anteilsinhaber

10 Anspruchsberechtigt nach § 196 Satz 1 UmwG sind diejenigen Anteilsinhaber, welche gemäß § 195 Abs. 2 UmwG mit einer Unwirksamkeitsklage wegen Unzulänglichkeit des Beteiligungsverhältnisses ausgeschlossen sind. Anspruchsberechtigt ist also nur, wer **Unwirksamkeitsklage erheben könnte**, wenn dem nicht der Klageausschluss gemäß § 195 Abs. 2 UmwG entgegenstünde.

11 Anspruchsvoraussetzung ist jedoch **nicht**, dass der Anteilsinhaber gegen den Umwandlungsbeschluss **Widerspruch zur Niederschrift** erklärt hat[2]. Voraussetzung für einen Anspruch ist nicht einmal, dass der Anteilsinhaber gegen den Beschluss gestimmt hat[3]; selbst wenn der Anteilsinhaber dem Beschluss ausdrücklich zugestimmt hat, ist er nicht gehindert, einen Anspruch auf bare Zuzahlung geltend zu machen[4]. Allenfalls im Einzelfall kann sich die Frage stellen, ob der Zustimmung zu dem Umwandlungsbeschluss angesichts der ganz konkreten Umstände des Einzelfalls (Vorgespräche etc.) nach allgemeinen Auslegungsgrundsätzen ein ausdrücklicher oder stillschweigender Verzicht auf den Anspruch zu entnehmen ist[5].

12 Anspruchsberechtigt sind **Anteilsinhaber des formwechselnden Rechtsträgers**, die zum Zeitpunkt des Beschlusses Anteilsinhaber waren, falls sie nicht im Zuge des Formwechsels ausscheiden, wie zB Komplementäre einer formwechselnden KGaA[6]. Anspruchsberechtigt sind auch Anteilsinhaber, die den Anteil erst nach der Beschlussfassung über den Formwechsel im Wege der **Gesamtrechtsnachfolge** erworben haben, unter der Voraussetzung, dass der ursprüngliche Anteilsinhaber anspruchsberechtigt war[7]. Unklar ist, ob dies auch für den Fall der **Ein-**

---

1 Vgl. auch OLG Stuttgart v. 19.3.2008 – 20 W 3/06, ZIP 2008, 2020 (2022) = AG 2008, 510.
2 Begr. RegE, BT-Drucks. 12/6699, S. 88; *Decher/Hoger* in Lutter, § 196 UmwG Rz. 6; anderes gilt bei der Barabfindung: § 207 Abs. 1 Satz 1, Abs. 2 UmwG iVm. § 29 Abs. 2 UmwG.
3 *Petersen* in KölnKomm. UmwG, § 196 UmwG Rz. 4.
4 Ebenso *Decher/Hoger* in Lutter, § 196 UmwG Rz. 6; *Decher* in Lutter, § 15 UmwG Rz. 3; *Jaensch* in Keßler/Kühnberger, § 196 UmwG Rz. 3.
5 Zur Möglichkeit des Verzichts Rz. 27; vgl. auch BGH v. 23.10.1998 – BLw 40/98, NZG 1999, 88 zu § 28 Abs. 2 LwAnpG: konkludenter Verzicht bei Zustimmung zu einer das Beteiligungsverhältnis korrigierenden Erhöhung des Geschäftsanteils.
6 Ebenso *Decher/Hoger* in Lutter, § 196 UmwG Rz. 5.
7 *Bärwaldt* in Semler/Stengel, § 196 UmwG Rz. 9; *Decher/Hoger* in Lutter, § 196 UmwG Rz. 6; zur *Megede*, BB 2007, 337 (339 f.); *Stratz* in Schmitt/Hörtnagl/Stratz, § 196 UmwG Rz. 3.

zelrechtsnachfolge[1] gilt, was davon abhängt, ob es sich bei dem Anspruch auf bare Zuzahlung um einen mitgliedschaftlichen an den Anteil geknüpften Anspruch oder um einen selbständigen schuldrechtlichen Anspruch in der Person des anspruchsberechtigten Anteilsinhabers handelt[2]. Nach erster Auffassung kann der Anspruch nur zusammen mit dem Anteil abgetreten werden und geht mit dem Anteilserwerb auf den Erwerber über. Nach anderer Auffassung kann der Anspruch getrennt abgetreten werden[3], mit der Folge, dass ein Anteilserwerber (zB ein Erwerber von Aktien des formwechselnden Rechtsträgers über die Börse bis zur Eintragung des Formwechsels) nicht wüsste, ob er den (nicht bereits anderweitig abgetretenen) Zuzahlungsanspruch (mit)erworben hat.

Von der materiell-rechtlichen Frage, ob der Anspruch auf bare Zuzahlung mit dem zugehörigen Anteil übergeht, ist die verfahrensrechtliche Frage zu unterscheiden, wie sich eine **Abtretung des Anteils oder Zuzahlungsanspruchs nach Beginn des Spruchverfahrens** auswirkt. Nach richtiger Meinung bleibt im Falle des Übergangs des Anteils zusammen mit dem Zuzahlungsanspruch oder allein des Zuzahlungsanspruchs während des Spruchverfahrens der Anteils- bzw. Anspruchsinhaber zu Beginn des Spruchverfahrens entsprechend § 265 ZPO aktivlegitimiert[4]. 13

4. Schuldner des Anspruchs

Gemäß § 196 Satz 1 UmwG kann die bare Zuzahlung von „dem Rechtsträger" verlangt werden. Die Formulierung trägt der Identität von formwechselndem Rechtsträger und Rechtsträger neuer Rechtsform Rechnung (vgl. dazu § 202 UmwG Rz. 13 ff.). Da der Anspruch endgültig erst mit Eintragung des Formwechsels im Register entsteht, richtet sich der Anspruch letztlich gegen den 14

---

1 So zu § 306 AktG: OLG Düsseldorf v. 3.5.1989 – 19 W 5/89, AG 1990, 396 (397) = ZIP 1989, 642 = EWiR § 306 AktG 1/89, 633 m. Anm. *Timm*; OLG Frankfurt/M. v. 18.12. 1989 – 20 W 478/89, AG 1990, 393 (394) = ZIP 1990, 40 = EWiR § 306 AktG 1/90, 227 (*Heckschen*); aA (kein Übergang bei Einzelrechtsnachfolge) *Grunewald* in G/H/E/K, 1994, § 352c AktG Rz. 11 mwN zu § 352c AktG aF; *Hüffer/Koch*, § 245 AktG Rz. 7 zur Anfechtungsbefugnis von Aktionären gegen Hauptversammlungsbeschlüsse (Erwerb vor Bekanntmachung der Tagesordnung).
2 Vgl. *zur Megede*, BB 2007, 337 (339) im Anschluss an BGH v. 8.5.2006 – II ZR 27/05, NZG 2006, 623 (624 ff.) = AG 2006, 543 (Jenoptik) zu dem Anspruch aus § 305 AktG; OLG München v. 14.5.2007 – 31 Wx 87/06, AG 2007, 701 (702): Bei Anteilsveräußerung verbleibt Zuzahlungsanspruch nach § 15 UmwG grds. beim bisherigen Anteilsinhaber; Frage der selbständigen Abtretbarkeit konnte offen bleiben.
3 Dazu *Decher* in Lutter, § 15 UmwG Rz. 2 (Anteil und Zuzahlungsanspruch können generell „getrennte Wege gehen"); *Philipp*, AG 1998, 264 (266); *Schulenberg*, AG 1998, 74 (78 f.); *zur Megede*, BB 2007, 337 (339 f.).
4 OLG Stuttgart v. 19.3.2008 – 20 W 3/06, ZIP 2008, 2020 f. = AG 2008, 510; *Klöcker* in K. Schmidt/Lutter, AktG, § 3 SpruchG Rz. 25.

Rechtsträger in seiner neuen Rechtsform[1]. Er kann jedoch als aufschiebend bedingter Anspruch schon vor der Eintragung geltend gemacht werden (Rz. 23). Wird der Formwechsel während des laufenden Spruchverfahrens eingetragen, ist lediglich der Klageantrag oder das Rubrum zu berichtigen; eine Klageänderung liegt nicht vor.

5. Der Anspruch: bare Zuzahlung; Entstehen; Verzinsung; weiterer Schaden

15 Der Anspruch ist auf bare Zuzahlung gerichtet, also auf **Leistung in Geld**. Weder der Anspruchsberechtigte noch der Anspruchsschuldner können einseitig verlangen, dass die geschuldete Leistung in anderer Form als in Geld erfolgt[2]. Der Anspruch richtet sich auch nicht etwa dann auf Gewährung zusätzlicher Anteile, wenn eine zu niedrige Bemessung der Anteile bei dem Rechtsträger neuer Rechtsform vorliegt. Ebenso wenig richtet er sich bei unzureichendem Gegenwert der neuen Anteile auf Maßnahmen iS von § 194 Abs. 1 Nr. 5 UmwG (aE), welche die Unzulänglichkeit ab initio hätten vermeiden können.

16 **Die Gewährung eigener Anteile** zur Ablösung des Anspruchs auf bare Zuzahlung ist unzulässig[3]. Gegen die Zulässigkeit spricht das Gebot der Gleichbehandlung der Gesellschafter.

17 Da die Regelung des § 196 UmwG **zwingend** ist, können weder Gesellschaftsvertrag oder Satzung noch der Formwechselbeschluss selbst bestimmen, dass etwa geschuldete Zuzahlungen in anderer Form als in Geld erfolgen können oder müssen.

18 Nach § 197 Satz 1 UmwG finden auf den Formwechsel grundsätzlich die für die neue Rechtsform maßgeblichen Gründungsvorschriften Anwendung, zu denen je nach Rechtsform auch die Vorschriften zur **Sicherung der Kapitalaufbringung und Kapitalerhaltung** gehören. Diese können mit Ansprüchen auf bare Zuzahlung dann in Konflikt geraten, wenn nach Befriedigung dieser Ansprüche das zur Gründung erforderliche Kapital nicht mehr vorhanden wäre. Der Konflikt ließe sich zu Gunsten des Anspruchs auf bare Zuzahlung entscheiden: Dann müsste die Sicherung der Kapitalaufbringung und der Kapitalerhaltung zurückstehen; bare Zuzahlungen wären auch insoweit zu zahlen, als sie das Grundkapital oder Stammkapital aushöhlen[4]. Der Konflikt ließe sich zu Gunsten

---

1 *Drinhausen/Keinath* in Henssler/Strohn, § 196 UmwG Rz. 4.
2 So auch *Decher/Hoger* in Lutter, § 196 UmwG Rz. 15; aA zu § 15 UmwG *Maier-Reimer*, ZHR 164 (2000), 563 ff.: Zuzahlung auch in Form von Anteilen.
3 *Decher* in Lutter, § 15 UmwG Rz. 9; vgl. zu § 352c AktG aF: *Kraft* in KölnKomm. AktG, 2. Aufl. 1990, § 352c AktG Rz. 16; *Grunewald* in G/H/E/K, 1994, § 352c AktG Rz. 20.
4 So *Decher/Hoger* in Lutter, § 196 UmwG Rz. 16; *Seetzen*, WM 1999, 566.

der Sicherung der Kapitalaufbringung und der Kapitalerhaltung entscheiden: Dann wäre der Anspruch auf bare Zuzahlung zu kürzen, soweit seine Befriedigung zu einer Aushöhlung des Grundkapitals oder Stammkapitals führen würde[1], oder insoweit zumindest einstweilen nicht durchsetzbar[2]. Denkbar wäre auch, den Formwechsel insgesamt dann nicht zuzulassen, wenn die volle Befriedigung der Ansprüche auf bare Zuzahlung zu einer Aushöhlung des Grundkapitals oder Stammkapitals führen würde. Das müsste auch bedeuten, dass eine Unwirksamkeitsklage zwar nach § 195 Abs. 2 UmwG nicht auf die Unzulänglichkeit des Beteiligungsverhältnisses gestützt werden kann, aber darauf, dass die zum Ausgleich geschuldeten baren Zuzahlungen eine Aushöhlung des Grundkapitals oder Stammkapitals zur Folge hätten. Der Nachteil dieser Lösung liegt darin, dass die Entscheidung über die Unwirksamkeit des Formwechsels idR eine inzidente Entscheidung über Bestehen und Höhe eines Anspruchs auf bare Zuzahlung verlangen würde. Richtigerweise wird man eine Kürzung des Anspruchs auf bare Zuzahlung ablehnen und für den Fall der Aushöhlung des Grundkapitals oder Stammkapitals eine auf diejenigen Anteilsinhaber beschränkte Differenzhaftung annehmen, deren Bevorteilung durch die bare Zuzahlung ausgeglichen werden soll[3].

Der **Anspruch entsteht** endgültig zu dem Zeitpunkt, zu dem der Formwechsel 19 durch Eintragung im Register wirksam wird (§ 202 UmwG). Auf die Bekanntmachung der Eintragung gemäß § 201 UmwG kommt es nicht an (§ 202 UmwG Rz. 59). Bis zur Eintragung besteht der Anspruch aufschiebend bedingt. Zur Geltendmachung des Anspruchs schon vor der Eintragung vgl. Rz. 23. Der Anspruch entfällt, wenn das Angebot auf Barabfindung angenommen wird (vgl. Rz. 5).

Der Anspruch ist gemäß § 196 Satz 3 UmwG iVm. § 15 Abs. 2 Satz 1 UmwG 20 nach Ablauf des Tages, an dem die Registereintragung bekannt gemacht worden ist, mit jährlich fünf Prozentpunkten über dem jeweiligen Basiszinssatz nach § 247 BGB **zu verzinsen**. Zur Frage, ob der Zinsanspruch um den Gewinnanteil gekürzt werden kann, vgl. § 15 UmwG Rz. 9 und § 29 UmwG Rz. 22 mwN.

Gemäß § 196 Satz 3 UmwG iVm. § 15 Abs. 2 Satz 2 UmwG ist die **Geltendma-** 21 **chung** eines **weiteren Schadens** nicht ausgeschlossen. Während der Zinsanspruch gemäß §§ 196 Satz 3, 15 Abs. 2 Satz 1 UmwG kraft Gesetzes unabhängig davon besteht, wann der Anspruch tatsächlich geltend gemacht worden ist, setzt ein weiter gehender Schadensersatzanspruch iS von § 196 Satz 3 UmwG iVm. § 15 Abs. 2 Satz 2 UmwG Verzug voraus (vgl. § 288 Abs. 4 BGB).

---

1 *Petersen* in KölnKomm. UmwG, § 196 UmwG Rz. 13; *Veith*, S. 107.
2 Vgl. *Hoger*, AG 2008, 149 (158 ff.); *Decher* in Lutter, § 15 UmwG Rz. 8.
3 So auch *Bärwaldt* in Semler/Stengel, § 196 UmwG Rz. 16.

6. Geltendmachung und Durchsetzung des Anspruchs; Spruchverfahren (§ 196 Satz 2 UmwG)

22 Der Anspruch ist durch den Anspruchsberechtigten **geltend zu machen** („kann verlangen" in § 196 UmwG). Einer besonderen Form bedarf die Geltendmachung nicht, ebenso wenig einer Bezifferung des Anspruchs.

23 Obwohl der Anspruch erst mit Eintragung des Formwechsels endgültig entsteht (Rz. 19), kann er schon vorher aufschiebend bedingt auf das Wirksamwerden des Formwechsels geltend gemacht werden[1]. Er ist dann gegenüber dem Vertretungsorgan des formwechselnden Rechtsträgers geltend zu machen. Wird der Anspruch nach Eintragung des Formwechsels geltend gemacht, muss dies gegenüber dem Vertretungsorgan des Rechtsträgers neuer Rechtsform geschehen (vgl. auch Rz. 14).

24 Entspricht der Anspruchsschuldner dem Verlangen nicht, ist der Anspruch im **Spruchverfahren** gemäß den Vorschriften des SpruchG geltend zu machen. Der Antrag muss binnen einer Frist von drei Monaten seit Bekanntmachung der Eintragung gestellt werden (§ 4 Abs. 1 Satz 1 Nr. 4 SpruchG iVm. § 1 Nr. 4 SpruchG). Ein weiterer Schaden iS von § 196 Satz 3 UmwG iVm. § 15 Abs. 2 Satz 2 UmwG (vgl. Rz. 21) kann nicht im Spruchverfahren geltend gemacht werden, sondern nur im Wege der Leistungsklage[2] (§ 15 UmwG Rz. 10).

25 Die **Antragsbegründung** muss gemäß § 4 Abs. 2 Satz 1 Nr. 2 SpruchG eine Darlegung der Antragsberechtigung nach § 3 Satz 1 Nr. 3 SpruchG enthalten, wobei die Antragsberechtigung gemäß § 3 Satz 2 SpruchG nur gegeben ist, wenn der Antragsteller zum Zeitpunkt der Antragstellung Anteilsinhaber ist. Die Antragsbegründung muss außerdem konkrete Einwendungen gegen die Angemessenheit der baren Zuzahlung enthalten (§ 4 Abs. 2 Satz 1 Nr. 4 Satz 1 SpruchG)[3].

26 Die Entscheidung (**Beschluss**) im Spruchverfahren hat nur **Feststellungscharakter** und ist kein vollstreckbarer Titel. Ihre Durchsetzung erfordert eine zusätzliche Leistungsklage[4]. Die Leistungsklage setzt ihrerseits die vorausgehende Festsetzung der baren Zuzahlung im Spruchverfahren voraus. Da **die Entscheidung im Spruchverfahren für und gegen alle wirkt** (§ 13 Satz 2 SpruchG), kann die Zahlungsklage auch von Anteilsinhabern erhoben werden, die an dem Verfahren nicht beteiligt waren[5].

---

1 So auch *Drinhausen/Keinath* in Hensssler/Strohn, § 196 UmwG Rz. 4.
2 *Decher* in Lutter, § 15 UmwG Rz. 11.
3 *Klöcker* in K. Schmidt/Lutter, AktG, § 4 SpruchG Rz. 22.
4 *Klöcker* in K. Schmidt/Lutter, AktG, § 11 SpruchG Rz. 3.
5 *Klöcker* in K. Schmidt/Lutter, AktG, § 16 SpruchG Rz. 4.

7. Verzicht; Vergleich

Jeder Anteilsinhaber kann jederzeit auf seinen Anspruch auf bare Zuzahlung verzichten oder sich über ihn vergleichen. Weder Verzicht noch Vergleich bedürfen einer besonderen Form. Nimmt ein Anteilsinhaber auf Grund Verzichts oder Vergleichs seinen Antrag im Spruchverfahren zurück, können der gemeinsame Vertreter der übrigen Anteilsinhaber (die nicht ihrerseits selbst Antragsteller sind) und die übrigen Antragsteller das Spruchverfahren weiterführen (§ 6 Abs. 3 Satz 1 SpruchG für den gemeinsamen Vertreter). Aus der Sicht des Rechtsträgers ist ein Vergleich daher idR nur dann sinnvoll, wenn er von allen Antragstellern und einem gegebenenfalls bestellten gemeinsamen Vertreter akzeptiert wird[1]. 27

§ 197
Anzuwendende Gründungsvorschriften

Auf den Formwechsel sind die für die neue Rechtsform geltenden Gründungsvorschriften anzuwenden, soweit sich aus diesem Buch nichts anderes ergibt. Vorschriften, die für die Gründung eine Mindestzahl der Gründer vorschreiben, sowie die Vorschriften über die Bildung und Zusammensetzung des ersten Aufsichtsrats sind nicht anzuwenden. Beim Formwechsel eines Rechtsträgers in eine Aktiengesellschaft ist § 31 des Aktiengesetzes anwendbar.

1. Allgemeines 1	ee) Sachgründungsvorschriften, Kapitalaufbringung 23
2. Zweck der Verweisung auf die Gründungsvorschriften 5	ff) Anmeldung 27
3. Rechtsformübergreifende Technik der Verweisung auf die Gründungsvorschriften 6	gg) Eintragung 28
	b) Formwechsel in die AG 29
	aa) Grundkapital, Aktien, Gründerzahl 30
4. Gründungsvorschriften beim Formwechsel in eine Kapitalgesellschaft 8	bb) Firma 32
	cc) Satzung 33
a) Formwechsel in die GmbH . . . 9	dd) Aufsichtsrat, Vorstand, Abschlussprüfer 37
aa) Stammkapital, Geschäftsanteile, Gründerzahl 10	ee) Sachgründungsvorschriften, Kapitalaufbringung 41
bb) Firma 12	ff) Anmeldung 45
cc) Gesellschaftsvertrag 13	gg) Eintragung 46
dd) Aufsichtsrat, Geschäftsführung, Abschlussprüfer 20	c) Formwechsel in die KGaA 47

---

1 *Klöcker* in K. Schmidt/Lutter, AktG, § 11 SpruchG Rz. 8 und 20.

5. Gründungsvorschriften beim Formwechsel in eine Personengesellschaft/Partnerschaftsgesellschaft 51
6. Aufsichtsrat; Bildung und Zusammensetzung des ersten Aufsichtsrats
   a) Obligatorischer oder fakultativer Aufsichtsrat beim Rechtsträger neuer Rechtsform 58
   b) Unanwendbarkeit der Vorschriften über die Bildung und Zusammensetzung des ersten Aufsichtsrats 61
   c) Aufsichtsrat des Rechtsträgers entfällt im Zuge des Formwechsels 62
   d) Rechtsträger erhält im Zuge des Formwechsels erstmals einen Aufsichtsrat 66
   e) Rechtsträger hat vor und nach dem Formwechsel einen Aufsichtsrat 70
   f) Besetzung des erstmals zu bildenden Aufsichtsrates und Statusverfahren nach § 197 Satz 3 UmwG, §§ 31, 97 ff. AktG 73

Literatur: *Bärwaldt/Schabacker*, Der Formwechsel als modifizierte Neugründung, ZIP 1998, 1293; *Bärwaldt/Schabacker*, Der vorsorgliche Formwechsel in eine OHG beim Formwechsel einer Kapitalgesellschaft in eine GbR, NJW 1999, 623; *Busch*, Die Deckung des Grundkapitals bei Formwechsel einer GmbH in eine Aktiengesellschaft, AG 1995, 555; *Carlé/Bauschatz*, Der Ausgleichsposten nach § 220 Abs. 1 UmwG im Umwandlungs- und Umwandlungssteuerrecht, GmbHR 2001, 1149; *Gottschalk*, Die „erste" Aufsichtsrat bei Umwandlung einer Anstalt öffentlichen Rechts in eine mitbestimmte Aktiengesellschaft, NZG 2003, 713; *Habersack*, Konstituierung des ersten Aufsichts- oder Verwaltungsorgans der durch Formwechsel entstandenen SE und Amtszeit seiner Mitglieder, Der Konzern 2008, 67; *Habersack/Schürnbrand*, Das Schicksal gebundener Ansprüche beim Formwechsel, NZG 2007, 81; *Happ*, Zur Reichweite anwendbaren Gründungsrechts beim Formwechsel, Liber amicorum M. Winter, 2011, S. 191; *Hoger*, Fortdauer und Beendigung der organschaftlichen Rechtsstellung von Geschäftsleitern beim Formwechsel nach dem UmwG, ZGR 2007, 868; *Joost*, Die Bildung des Aufsichtsrats beim Formwechsel einer Personenhandelsgesellschaft in eine Kapitalgesellschaft, FS Claussen, 1997, S. 187; *Kallmeyer*, Der Formwechsel der GmbH oder GmbH & Co. in die AG oder KGaA zur Vorbereitung des Going public, GmbHR 1995, 888; *Kerschbaumer*, Praktische Probleme bei der Anwendung der GmbH-Gründungsvorschriften beim Formwechsel von der AG in die GmbH nach § 197 UmwG, NZG 2011, 892; *Kiem/Uhrig*, Der umwandlungsbedingte Wechsel des Mitbestimmungsstatuts, NZG 2001, 680; *Kowalski/Schmidt*, Das aktienrechtliche Statusverfahren nach §§ 96 Abs. 2, 97 ff. AktG – (k)ein Fallstrick im Gesellschaftsrecht, DB 2009, 551; *Krause-Ablaß/Link*, Fortbestand, Zusammensetzung und Kompetenzen des Aufsichtsrats nach Umwandlung einer AG in eine GmbH, GmbHR 2005, 731; *Leßmann/Glattfeld*, Der Aufsichtsrat beim Formwechsel einer GmbH in eine Aktiengesellschaft, ZIP 2013, 2390; *Martens*, Nachgründungskontrolle beim Formwechsel einer GmbH in eine AG, ZGR 1999, 548; *Mayer/Weiler*, Aktuelle Änderungen des Umwandlungsrechts aus Sicht der notariellen Praxis, MittBayNot 2007, 368; *Mertens*, Die formwechselnde Umwandlung einer GmbH in eine Aktiengesellschaft mit Kapitalerhöhung und die Gründungsvorschriften, AG 1995, 561; *Parmentier*, Das Statusverfahren beim Formwechsel in eine Aktiengesellschaft, AG 2006, 476; *Petersen*, Der Gläubigerschutz im Umwandlungsrecht, 2001; *Petersen*, Der Gläubigerschutz im System des Umwandlungsrechts, Der Konzern 2004, 185; *Priester*, Das neue Umwandlungsrecht aus notarieller Sicht, DNotZ 1995, 427; *Priester*, Gründungsrecht contra Identitätsprinzip – Kapitalausstattung beim Formwechsel, FS Zöllner, Bd. I, 1999, S. 449; *Priester*, Kapitalgrundlage beim Formwechsel – Zwang zur Buchwertfortführung?, DB 1995, 911; *K. Schmidt*, Volleinzahlungsgebot beim Formwechsel in eine AG oder GmbH?, ZIP 1995, 1385; *Timmermans*, Kapitalaufbringung und Kapitalfestsetzung bei dem Formwechsel einer Personenhandelsgesellschaft in eine Kapitalgesellschaft, DB 1999, 948; *Veil*, Umwandlung einer Aktiengesellschaft in eine Gesellschaft mit beschränkter Haftung, 1996; *Veith*, Der Gläubigerschutz beim Formwechsel nach dem Umwandlungsgesetz, 2003; *Wälzholz*, Aktuelle Probleme der Unterbilanz- und Differenzhaftung bei Umwandlungsvorgängen, AG 2006, 469; *Wulff/Buchner*, Sicherung der Amtskontinuität des Aufsichtsrats bei Verschmelzung und Formwechsel, ZIP 2007, 314; *Zürbig*, Der Formwechsel einer Personengesellschaft in eine Kapitalgesellschaft, 1999.

1. Allgemeines

Gemäß **§ 197 Satz 1 UmwG** sind auf den Formwechsel die Gründungsvorschriften anzuwenden, welche für den Rechtsträger neuer Rechtsform gelten, soweit sich aus dem Fünften Buch, also aus den §§ 190–304 UmwG, nichts anderes ergibt. 1

Für den **Formwechsel in die AG** ist die Verweisung auf Gründungsvorschriften durch § 197 Satz 1 UmwG weitgehend **gemeinschaftsrechtlich vorgegeben**[1]. 2

In **§ 197 Satz 2 UmwG** finden sich zwei ausdrückliche Einschränkungen zu der Verweisung auf gründungsrechtliche Vorschriften in § 197 Satz 1 UmwG: Zum einen sind Vorschriften nicht anwendbar, welche für die Gründung eine Mindestzahl der Gründer vorschreiben. Zum anderen sollen die Vorschriften über die Bildung des ersten Aufsichtsrates keine Anwendung finden. Gemäß der mit dem 2. UmwGÄndG eingefügten Vorschrift des **§ 197 Satz 3 UmwG** ist beim Formwechsel in eine (mitbestimmte) Aktiengesellschaft § 31 AktG über die Besetzung des (ersten) Aufsichtsrats bei Sachgründung anzuwenden. 3

Eine ähnliche Regelung wie in § 197 UmwG findet sich in **§ 36 Abs. 2 UmwG** für die Verschmelzung durch Neugründung, in **§ 135 Abs. 2 UmwG** für die Spaltung zur Neugründung. 4

2. Zweck der Verweisung auf die Gründungsvorschriften

Für die Rechtsträger verschiedener Rechtsformen gelten unterschiedlich strenge Gründungsvorschriften. Weitgehend betreffen sie nicht nur Gründungsformalitäten, sondern stehen in innerem Zusammenhang mit dem materiell auf den 5

---

1 Vgl. die Anforderungen an Umwandlungen in Aktiengesellschaften, insbesondere betreffend Gründungsprüfung und Gründerhaftung, in Art. 15 der Richtlinie 2012/30/EU des Europäischen Parlaments und des Rates v. 25.10.2012, ABl. EU Nr. 315 v. 14.11.2012, S. 74; vgl. auch Begr. RegE, BT-Drucks. 12/6699, S. 141.

Rechtsträger anwendbaren Normensystem. Der Formwechsel ermöglicht den Übergang aus einer Rechtsform in eine andere Rechtsform und in das für sie geltende Normensystem, ohne dass es der Liquidation mit anschließender Neugründung bedarf. Um zu vermeiden, dass **Gründungsanforderungen** durch den Formwechsel **unterlaufen werden**, etwa bei dem Formwechsel aus einer Rechtsform mit unbeschränkter Haftung der Gesellschafter und geringen Gründungsanforderungen (zB die OHG) in eine Rechtsform mit strikt beschränkter Haftung der Gesellschafter und entsprechend strengen Gründungsanforderungen (zB die AG), verweist § 197 Satz 1 UmwG auf die jeweils maßgeblichen Gründungsvorschriften[1].

3. Rechtsformübergreifende Technik der Verweisung auf die Gründungsvorschriften

6 § 197 Satz 1 UmwG verweist auf „die für die neue Rechtsform geltenden" Gründungsvorschriften, „soweit sich aus diesem Buch nichts anderes ergibt".

7 Der Vorbehalt zu Gunsten vorrangiger Regelungen des Formwechselrechts („soweit sich aus diesem Buch nichts anderes ergibt") erfasst, über die Bestimmung in § 197 Satz 2 UmwG hinaus, insbesondere **rechtsformspezifische Regelungen in den Besonderen Vorschriften**; vgl. etwa §§ 225c, 219, 220 UmwG für den Formwechsel von Partnerschaftsgesellschaften in Kapitalgesellschaften oder eingetragene Genossenschaften, §§ 219, 220 UmwG für den Formwechsel von Personenhandelsgesellschaften in Kapitalgesellschaften oder eingetragene Genossenschaften, §§ 243 Abs. 1 Satz 2, 3 und 245 UmwG für den Formwechsel von Kapitalgesellschaften in Kapitalgesellschaften anderer Rechtsform. Er verschafft jedoch nicht nur ausdrücklich den von allgemeinen Gründungsvorschriften abweichenden Sondervorschriften der §§ 190 ff. UmwG Vorrang, sondern zwingt bei der Heranziehung von Gründungsvorschriften jeweils generell zur Prüfung der Frage, ob sie mit den allgemeinen Grundgedanken des Formwechselrechts in Einklang stehen. Der Formwechsel ist **nicht Neugründung in Form der Sachgründung**[2]. Die jeweiligen Sachgründungsvorschriften sind daher restriktiv und nicht extensiv heranzuziehen. Insbesondere verbietet sich eine nachträgliche Prüfung der ursprünglichen Gründung oder späterer Kapitalerhöhungen

---

1 Vgl. Begr. RegE, BT-Drucks. 12/6699, S. 141; *Decher/Hoger* in Lutter, § 197 UmwG Rz. 1 und 5.
2 OLG Frankfurt v. 19.2.1999 – 20 W 72/99, DB 1999, 733 = EWiR § 11 PartGG 1/99, 417 (*Seibert*); OLG Frankfurt v. 19.3.2015 – 20 W 160/13, GmbHR 2015, 808 mit Anm. *Wachter*; *Drinhausen/Keinath* in Henssler/Strohn, § 197 UmwG Rz. 1; *Decher/Hoger* in Lutter, § 197 UmwG Rz. 5 ff.; *Martens*, ZGR 1999, 548 (555 f.); aA *Bärwaldt/Schabacker*, ZIP 1998, 1293 (1297) („modifizierte Neugründung"); *Zöllner* in FS Claussen, 1997, S. 423 (432).

des formwechselnden Rechtsträgers; diese kommt allenfalls bei engem zeitlichem Zusammenhang zwischen Gründung und nachfolgendem Formwechsel unter Umgehungsgesichtspunkten in Betracht[1].

4. Gründungsvorschriften beim Formwechsel in eine Kapitalgesellschaft

Der Formwechsel in eine Kapitalgesellschaft (GmbH, AG, KGaA) kann aus einer Personenhandelsgesellschaft oder Partnerschaftsgesellschaft heraus (§§ 214 ff., 225a UmwG) oder aus einer Kapitalgesellschaft anderer Rechtsform heraus erfolgen (§§ 226, 238 ff. UmwG). Überblickartig im Folgenden **die wesentlichen Gründungsvorschriften**, die zu beachten sind (wegen weiterer Einzelheiten vgl. die Kommentierung der einschlägigen Bestimmungen in den Besonderen Vorschriften): 8

a) Formwechsel in die GmbH

Zu den Gründungsvorschriften für die GmbH zählen §§ 1–11 GmbHG. Ihre Anwendbarkeit auf den Formwechsel gemäß § 197 Satz 1 UmwG bestimmt sich wie folgt: 9

aa) Stammkapital, Geschäftsanteile, Gründerzahl. Grundsätzlich anwendbar sind die Vorschriften über den **Betrag des Stammkapitals** und der **Geschäftsanteile** (§ 5 Abs. 1–3 GmbHG). Vorrangige Sondervorschriften finden sich im UmwG in § 242 UmwG und in § 243 Abs. 3 UmwG. Nach § 243 Abs. 3 Satz 1 UmwG kann im Gesellschaftsvertrag oder der Satzung der Gesellschaft neuer Rechtsform der auf die Anteile entfallende Betrag des Stamm- oder Grundkapitals abweichend vom Betrag der Anteile der formwechselnden Gesellschaft festgesetzt werden. § 243 Abs. 3 Satz 2 UmwG legt entsprechend § 5 Abs. 2 Satz 1 GmbHG nur noch fest, dass der Anteil bei der GmbH auf volle Euro lauten muss (vgl. § 243 UmwG Rz. 10) (zur Umstellung von Deutsche Mark auf Euro vgl. § 318 Abs. 2 UmwG). Die Möglichkeit, dass ein Gesellschafter mehrere Geschäftsanteile übernehmen kann, ergibt sich aus § 5 Abs. 2 Satz 2 GmbHG. Die GmbH-Variante der UG (haftungsbeschränkt) (§ 5a GmbHG) steht nicht als Zielrechtsform für einen Formwechsel zur Verfügung (vgl. § 191 UmwG Rz. 8). 10

Da das GmbH-Recht schon im Gründungsstadium die Einmann-GmbH zulässt (§ 1 GmbHG), ist für den Formwechsel in die GmbH die Bestimmung in § 197 Satz 2 UmwG ohne Bedeutung, nach der **Vorschriften über Mindestzahlen von Gründern** für den Formwechsel nicht gelten. 11

---

[1] Ebenso *Decher/Hoger* in Lutter, § 197 UmwG Rz. 9 bis 11; kritisch zur Überprüfung der ursprünglichen Gründung unter Umgehungsgesichtspunkten *Veith*, S. 62; eine solche Prüfung ablehnend *Petersen*, S. 79 f.

12 **bb) Firma.** Für die Firma der GmbH gilt § 4 GmbHG iVm. § 197 Satz 1 UmwG nach näherer Maßgabe der Sonderregelung in § 200 UmwG.

13 **cc) Gesellschaftsvertrag.** Grundsätzlich anwendbar sind die Vorschriften in §§ 2, 3 GmbHG zu Form und Inhalt des Gesellschaftsvertrages. Das Musterprotokoll (§ 2 Abs. 1a GmbHG) kann schon deshalb nicht verwendet werden, weil es nur die Neuerrichtung einer GmbH sowie Bareinlagen vorsieht.

14 Gemäß § 218 Abs. 1 UmwG hat beim Formwechsel aus einer Personenhandelsgesellschaft oder Partnerschaftsgesellschaft in die GmbH der **Umwandlungsbeschluss** selbst den Wortlaut des Gesellschaftsvertrages festzulegen. Gleiches gilt für den Formwechsel aus einer Kapitalgesellschaft anderer Rechtsform in eine GmbH (§§ 243 Abs. 1 Satz 1, 218 Abs. 1 UmwG, vgl. § 218 UmwG Rz. 2).

15 Die gemäß § 2 Abs. 1 Satz 1 GmbHG für den Gesellschaftsvertrag geforderte **notarielle Beurkundung** ist mit der Feststellung im Umwandlungsbeschluss gewahrt, da der Umwandlungsbeschluss selbst der notariellen Beurkundung bedarf (§ 193 Abs. 3 Satz 1 UmwG). Vollmachten müssen notariell errichtet oder beglaubigt sein (§ 2 Abs. 2 GmbHG).

16 Die **Unterzeichnung** des Gesellschaftsvertrages gemäß § 2 Abs. 1 Satz 2, Abs. 2 GmbHG bleibt gemäß § 197 Satz 1 UmwG grundsätzlich erforderlich. Im Falle des Formwechsels aus der Personenhandelsgesellschaft durch Mehrheitsbeschluss gemäß § 217 Abs. 1 Satz 2 UmwG hat die Unterzeichnung durch die zustimmenden Gesellschafter zu erfolgen (§ 219 UmwG). Die Ausnahmeregelung in §§ 218 Abs. 1 Satz 2, 243 Abs. 1 Satz 1 UmwG betrifft nur die Unterzeichnung der Satzung beim Formwechsel in eingetragene Genossenschaften durch die Mitglieder. Beim Formwechsel aus einer AG oder KGaA in die GmbH braucht der Gesellschaftsvertrag gemäß § 244 Abs. 2 UmwG nicht unterzeichnet zu werden.

17 Analog § 26 AktG sind im Gesellschaftsvertrag Festsetzungen über **Sondervorteile** zu treffen, die gemäß § 194 Abs. 1 Nr. 5 UmwG auch notwendiger Bestandteil des Umwandlungsbeschlusses sind. Festsetzungen über Sondervorteile, die schon in der Satzung einer formwechselnden AG enthalten sind, müssen gemäß § 243 Abs. 1 Satz 2 UmwG in den Gesellschaftsvertrag der GmbH als Rechtsträger neuer Rechtsform übernommen werden, und zwar auch dann, wenn die bei Gründung zugesagten Leistungen inzwischen vollständig abgewickelt sind; arg. § 243 Abs. 1 Satz 3 UmwG iVm. § 26 Abs. 4 und 5 AktG[1] (vgl. auch § 243 UmwG Rz. 5).

18 Festsetzungen zum **Gründungsaufwand** sind analog § 26 AktG iVm. § 243 Abs. 1 Satz 2 UmwG ebenfalls in den Gesellschaftsvertrag der GmbH als Rechtsträger neuer Rechtsform zu übernehmen. Zusätzlich bedarf es im Gesellschafts-

---

1 Ebenso *Decher/Hoger* in Lutter, § 197 UmwG Rz. 20; *Stratz* in Schmitt/Hörtnagl/Stratz, § 197 UmwG Rz. 25.

vertrag einer Festsetzung über die von der Gesellschaft zu tragenden **Kosten des Formwechsels**[1]. Ebenso sind im Gesellschaftsvertrag des formwechselnden Rechtsträgers getroffene Festsetzungen über **Sacheinlagen** oder **Sachübernahmen** in den Gesellschaftsvertrag des Rechtsträgers neuer Rechtsform gemäß § 243 Abs. 1 Satz 2 UmwG zu übernehmen[2], wenn die Fristen von §§ 27 Abs. 5, 26 Abs. 4 bzw. 5 AktG noch nicht abgelaufen sind (§ 243 Abs. 1 Satz 3 UmwG). Beim Formwechsel einer durch Sacheinlagen kapitalisierten Personenhandelsgesellschaft in die GmbH sind gemäß § 197 Satz 1 UmwG iVm. § 5 Abs. 4 Satz 1 GmbHG im Gesellschaftsvertrag der GmbH Festsetzungen über Sacheinlagen zu treffen[3].

Soweit die Angaben, die gemäß § 3 GmbHG in den Gesellschaftsvertrag aufzunehmen sind, sich mit den Bestimmungen decken, welche gemäß § 194 Abs. 1 Nr. 4 oder 5 UmwG im Umwandlungsbeschluss zu treffen sind, ist im Umwandlungsbeschluss die **Verweisung** auf die Angaben im **Gesellschaftsvertrag** zulässig, da der Gesellschaftsvertrag im Umwandlungsbeschluss selbst festzustellen ist (Rz. 14) und eine Wiederholung der Angaben nicht erforderlich ist[4]. 19

dd) Aufsichtsrat, Geschäftsführung, Abschlussprüfer. Falls der Rechtsträger 20 neuer Rechtsform einen **Aufsichtsrat** hat, finden auf diesen die Vorschriften über die Bildung und Zusammensetzung des *ersten* Aufsichtsrats keine Anwendung (§ 197 Satz 2 UmwG). Der Aufsichtsrat ist dann bei dem Rechtsträger neuer Rechtsform grundsätzlich nach den allgemeinen Vorschriften zu bilden und zusammenzusetzen, soweit nicht ein bisher schon bestehender Aufsichtsrat nach § 203 UmwG im Amt bleibt (vgl. dazu im Einzelnen Rz. 58 ff.).

Für die **Geschäftsführer** gilt grundsätzlich § 6 GmbHG iVm. § 197 Satz 1 21 UmwG. Die Bestellung der **ersten Geschäftsführer** erfolgt im Gesellschaftsvertrag (§ 6 Abs. 3 Satz 2 GmbHG iVm. § 197 Satz 1 UmwG) oder durch Gesellschafterbeschluss (§ 46 Nr. 5, 6 Abs. 3 Satz 2 GmbHG iVm. § 197 Satz 1 UmwG), soweit hierfür nicht nach MitbestG 1976 der Aufsichtsrat zuständig ist[5]. Der Gesellschafterbeschluss zur Bestellung der ersten Geschäftsführer kann in den Umwandlungsbeschluss aufgenommen werden. Die Ämter der gesetzlichen Vertreter des formwechselnden Rechtsträgers enden mit Wirksamwerden des Formwechsels, also mit dessen Eintragung im Handelsregister (vgl. § 202 UmwG Rz. 24). Zur Beendigung der Dienstverträge vgl. § 202 UmwG Rz. 24.

---

1 *Mayer* in Widmann/Mayer, § 197 UmwG Rz. 27; vgl. auch OLG Celle v. 22.10.2014 – 9 W 124/14 (n. rkr.), GmbHR 2015, 139 (140) mit Anm. *Wachter*: Gründungskosten iH von 60 % des Stammkapitals bei Formwechsel in eine GmbH unzulässig.
2 *Petersen* in KölnKomm. UmwG, § 197 UmwG Rz. 5; vgl. auch OLG Frankfurt v. 19.3.2015 – 20 W 160/13, GmbHR 2015, 808 mit Anm. *Wachter*.
3 *Decher/Hoger* in Lutter, § 197 UmwG Rz. 16.
4 Begr. RegE, BT-Drucks. 12/6699, S. 140; vgl. allgemein § 194 UmwG Rz. 16.
5 AA *Hoger*, ZGR 2007, 868 (877 ff.) (keine Pflicht zur Neubestellung von Geschäftsleitern).

22 Das GmbHG enthält keine dem § 30 Abs. 1 AktG entsprechende Gründungsvorschrift über die **Bestellung des ersten Abschlussprüfers**. Es gelten die allgemeinen Vorschriften der §§ 316 ff. HGB über die Abschlussprüfung.

23 **ee) Sachgründungsvorschriften, Kapitalaufbringung.** Zum Wesen des Formwechsels gehört, dass er **keinen Vermögensübergang** zur Folge hat, dass vielmehr das Vermögen bei dem Rechtsträger bleibt, bei dem es sich befindet, und dieser nur seine rechtliche Verfassung ändert (vgl. § 202 UmwG Rz. 13). Für die Anwendbarkeit der Gründungsvorschriften, welche die Sacheinlage und die Kapitalaufbringung betreffen, bedeutet dies:

24 Vorschriften, welche sich auf den Einbringungs**vorgang** und auf Einbringungs**akte** beziehen, sind grundsätzlich nicht etwa so anwendbar, als wäre der Formwechsel seiner Natur nach in Wirklichkeit eine Sachgründung (vgl. etwa § 5 Abs. 4 Satz 1 GmbHG: Festsetzung des Gegenstandes der Sacheinlagen im Gesellschaftsvertrag, dazu auch Rz. 18; § 7 Abs. 3 GmbHG: Leistung der Sacheinlagen vor Anmeldung; § 8 Abs. 1 Nr. 4 GmbHG: Beifügung der Verträge über die Leistung von Sacheinlagen bei der Anmeldung). Hinsichtlich der Erbringung der Einlagen gilt § 197 Satz 1 UmwG iVm. § 7 Abs. 2, 3 GmbHG: Waren bis zum Formwechsel aus der Kapitalgesellschaft in die GmbH die Anteile in zulässiger Weise nicht voll eingezahlt, müssen sie auch nicht anlässlich des Formwechsels voll eingezahlt werden, etwa mit der Begründung, dass der Formwechsel als solcher wie eine Sachgründung zu behandeln wäre und deshalb noch nicht geleistete Bareinlagen nunmehr voll einzuzahlen wären, da Sacheinlagen gemäß § 7 Abs. 3 GmbHG stets voll zu leisten sind. Ein erweiterter Gläubigerschutz anlässlich des Formwechsels ist nicht geboten[1]. Beim Formwechsel aus der Personenhandelsgesellschaft müssen bislang nicht erbrachte Bar- oder Sacheinlagen im Zuge des Formwechsels in der in § 7 Abs. 2, 3 GmbHG geforderten Höhe erbracht werden[2]; zur Festsetzung von Sacheinlagen im Gesellschaftsvertrag der GmbH vgl. Rz. 18 aE.

25 Der Grundsatz, dass der Wert des durch den Formwechsel „eingebrachten" Vermögens mindestens dem Stammkapital entsprechen muss (§§ 9, 9c Abs. 1 Satz 2 GmbHG), ist als das zentrale Anliegen der **Sicherung der Kapitalaufbringung** im UmwG selbst niedergelegt: § 220 Abs. 1 UmwG (vgl. auch § 245 Abs. 1 Satz 2, Abs. 2 Satz 2, Abs. 3 Satz 2 UmwG, jeweils iVm. § 220 Abs. 1 UmwG)[3]. Abzustellen für die Ermittlung des Vermögens iS von § 220 Abs. 1 UmwG ist

---

1 Ebenso *Decher/Hoger* in Lutter, § 197 UmwG Rz. 14; *Habersack/Schürnbrand*, NZG 2007, 81 (82); *Göthel* in Lutter, § 245 UmwG Rz. 15; *Priester* in FS Zöllner, 1999, S. 449 (462); *K. Schmidt*, ZIP 1995, 1385 (1389); OLG Frankfurt v. 19.3.2015 – 20 W 160/13, GmbHR 2015, 808 mit Anm. *Wachter*.
2 *Decher/Hoger* in Lutter, § 197 UmwG Rz. 14; weitergehend, für ein Volleinzahlungsgebot *Petersen*, S. 104; aA *Mayer* in Widmann/Mayer, § 197 UmwG Rz. 57.
3 Vgl. Centrale-Gutachtendienst, GmbHR 2000, 1091 zur Umwandlung einer OHG mit negativen Kapitalkonten in eine GmbH; *Priester*, DNotZ 1995, 427 (451); *Priester*, DB

Beim Formwechsel aus einer Personenhandelsgesellschaft oder Partnerschaftsgesellschaft in die AG hat der **Umwandlungsbeschluss** selbst den Wortlaut der **Satzung festzustellen** (§ 218 Abs. 1 UmwG). Gleiches gilt für den Formwechsel aus einer Kapitalgesellschaft anderer Rechtsform in eine AG (§§ 243 Abs. 1 Satz 1, 218 Abs. 1 UmwG). Vollmachten müssen notariell beglaubigt sein (§ 23 Abs. 1 Satz 2 AktG). 34

In der Satzung festzusetzen sind gemäß § 26 AktG iVm. § 197 Satz 1 UmwG die einzelnen Aktionären oder Dritten im Zusammenhang mit dem Formwechsel gewährten **Sondervorteile** (§ 26 Abs. 1 AktG) sowie der **Gründungsaufwand** iS von § 26 Abs. 2 AktG, also der Gesamtaufwand des Rechtsträgers zur Entschädigung oder Belohnung von Aktionären oder Dritten für den Formwechsel oder seine Vorbereitung. Vgl. dazu die gemäß § 194 Abs. 1 Nr. 5 UmwG geforderten Bestimmungen im Umwandlungsbeschluss (§ 194 UmwG Rz. 36 ff.). Festsetzungen im Gesellschaftsvertrag des formwechselnden Rechtsträgers über Sondervorteile, Gründungsaufwand, Sacheinlagen oder Sachübernahmen (§§ 26, 27 AktG) sind in die Satzung zu übernehmen (§ 243 Abs. 1 Satz 2 UmwG), soweit nicht die Fristen gemäß § 26 Abs. 4 und 5 AktG abgelaufen sind (§ 243 Abs. 1 Satz 3 UmwG; vgl. § 243 UmwG Rz. 5). Beim Formwechsel einer durch Sacheinlagen kapitalisierten Personenhandelsgesellschaft in die AG sind gemäß § 197 Satz 1 UmwG iVm. § 27 Abs. 1 AktG in der Satzung der AG Festsetzungen über Sacheinlagen zu treffen (vgl. Rz. 18 aE). 35

Soweit die Angaben, die gemäß § 23 AktG in die Satzung aufzunehmen sind, sich mit den Bestimmungen decken, welche gemäß § 194 Abs. 1 Nr. 4 oder 5 UmwG im Umwandlungsbeschluss zu treffen sind, ist im Umwandlungsbeschluss die Verweisung auf die Angaben in der Satzung zulässig, da die Satzung im Umwandlungsbeschluss selbst festzustellen ist (§§ 243 Abs. 1 Satz 1, 218 Abs. 1 UmwG) und eine Wiederholung der Angaben überflüssig wäre[1]. 36

dd) Aufsichtsrat, Vorstand, Abschlussprüfer. Zu den Gründungsvorschriften für die AG gehören auch die Vorschriften über die Bestellung von Aufsichtsrat, Vorstand und Abschlussprüfer in §§ 30, 31 AktG. 37

Gemäß § 197 Satz 2 UmwG finden an sich die Vorschriften über die Bildung und Zusammensetzung des **ersten Aufsichtsrats** keine Anwendung, wohl aber gemäß § 197 Satz 3 UmwG die Vorschrift des § 31 AktG über die Bestellung des Aufsichtsrats bei Sachgründung (vgl. dazu Rz. 58 ff.). 38

Die Bestellung des **ersten Vorstands** erfolgt durch den Aufsichtsrat (§ 197 Satz 1 UmwG iVm. § 30 Abs. 4 AktG)[2]. Dabei sind gegebenenfalls die Vorschriften des MitbestG 1976 zu beachten. Die Ämter der gesetzlichen Vertreter des form- 39

---
1 Begr. RegE, BT-Drucks. 12/6699, S. 140; vgl. § 194 UmwG Rz. 16.
2 AA *Hoger*, ZGR 2007, 868 (877 ff.) (keine Pflicht zur Neubestellung von Geschäftsleitern).

wechselnden Rechtsträgers enden mit Wirksamwerden des Formwechsels, also mit dessen Eintragung im Handelsregister (vgl. § 202 UmwG Rz. 24); zu den Dienstverträgen vgl. § 202 UmwG Rz. 24. Der Formwechsel ist durch den Vorstand und gegebenenfalls den Aufsichtsrat des Rechtsträgers neuer Rechtsform zur Eintragung im Handelsregister anzumelden (§§ 198 Abs. 1, 222 Abs. 1, 246 Abs. 1 UmwG).

40 Der **Abschlussprüfer** für das erste Voll- oder Rumpfgeschäftsjahr ist durch die jeweils als Gründer geltenden Anteilsinhaber (§ 197 Satz 1 UmwG iVm. §§ 219, 245 Abs. 1 Satz 1 UmwG) zu bestellen (§ 197 Satz 1 UmwG iVm. § 30 Abs. 1 Satz 1 AktG)[1]. Die Bestellung bedarf der notariellen Beurkundung (§ 197 Satz 1 UmwG iVm. § 30 Abs. 1 Satz 2 AktG). Es ist daher zweckmäßig, sie in den Umwandlungsbeschluss aufzunehmen (§ 194 UmwG).

41 **ee) Sachgründungsvorschriften, Kapitalaufbringung.** Wesen des Formwechsels ist die Identität des Rechtsträgers. Es findet kein Vermögensübergang statt (vgl. Rz. 23). Für die Anwendbarkeit der Gründungsvorschriften, welche Sacheinlagen und die Kapitalaufbringung betreffen, bedeutet dies:

42 Vorschriften, welche sich auf den Einbringungs**vorgang** und auf Einbringungs**akte** beziehen, sind grundsätzlich nicht etwa so anwendbar, als wäre der Formwechsel seiner Natur nach in Wirklichkeit eine Sachgründung (vgl. etwa §§ 36, 36a AktG: Leistung von Bareinlagen zu mindestens 25 %; vollständige Leistung der Sacheinlagen spätestens innerhalb von fünf Jahren seit Eintragung) (vgl. auch Rz. 24).

43 Der Grundsatz, dass der Wert des „eingebrachten" Vermögens mindestens dem Grundkapital entsprechen muss (§ 36a Abs. 2 Satz 3 AktG), ist als das zentrale Anliegen der **Sicherung der Kapitalaufbringung** im UmwG selbst niedergelegt: § 245 Abs. 1 Satz 2, Abs. 3 Satz 2 UmwG, jeweils iVm. § 220 Abs. 1 UmwG (vgl. die Nachw. in Rz. 25).

44 Zur Sicherung der Kapitalaufbringung sind die Vorschriften über **Gründungsbericht** (§ 32 AktG iVm. § 197 Satz 1 UmwG; dazu § 220 UmwG Rz. 13), **Gründungsprüfung** (§§ 33 ff. AktG iVm. § 197 Satz 1 UmwG) und **Gründerhaftung** (§§ 46 ff. AktG iVm. § 197 Satz 1 UmwG) entsprechend anwendbar (vgl. Rz. 26). Für die Differenzhaftung bei der AG wird § 9 GmbHG analog angewandt[2]. Auch die **Nachgründungsvorschriften** (§ 52 AktG) gelten entsprechend, nicht allerdings beim Formwechsel aus der AG/KGaA in die KGaA/AG (§ 245 Abs. 2 Satz 3, Abs. 3 Satz 3 UmwG) und im Falle des Formwechsels einer GmbH in die AG/KGaA nur dann, wenn die GmbH vor Wirksamwerden des Formwechsels nicht schon zwei Jahre im Handelsregister eingetragen war (§ 245 Abs. 1 Satz 3

---

1 Einschränkend *Happ* in Liber amicorum M. Winter, 2011, S. 191 (198 ff.), der die erneute Bestellung eines Abschlussprüfers im Falle eines Formwechsels einer bereits prüfungspflichtigen Gesellschaft in eine AG oder KGaA ablehnt.
2 Vgl. *Hüffer/Koch*, § 9 AktG Rz. 27.

UmwG)[1]. Weitere **Sonderregelungen** enthalten die Besonderen Vorschriften (§§ 214 ff. UmwG), um festzulegen, wer als **Gründer** gilt: §§ 219, 245 Abs. 1–3 UmwG; zum **Gründungsbericht:** § 245 Abs. 1 Satz 2, Abs. 3 Satz 2 UmwG, jeweils iVm. § 220 Abs. 2 UmwG; zur **Gründungsprüfung:** § 245 Abs. 1 Satz 2, Abs. 3 Satz 2 UmwG, jeweils iVm. § 220 Abs. 3 Satz 1 UmwG; und zur **Nachgründung:** § 245 Abs. 1 Satz 2, Abs. 3 Satz 2 UmwG, jeweils iVm. § 220 Abs. 3 Satz 2 UmwG.

ff) Anmeldung. Für die Anmeldung des Formwechsels in die AG zur Eintragung im Handelsregister gelten grundsätzlich die §§ 36, 37, 37a AktG iVm. § 197 Satz 1 UmwG, soweit die Regelungen in §§ 198, 199, 222, 223, 235, 246 UmwG dafür Raum lassen. Beim Formwechsel aus der Personenhandels- oder Partnerschaftsgesellschaft in die AG hat die Anmeldung die Versicherung gemäß § 37 Abs. 2 AktG zu enthalten (vgl. Rz. 27). 45

gg) Eintragung. Für die Eintragung des Formwechsels im Handelsregister gelten grundsätzlich §§ 38 und 39 AktG iVm. § 197 Satz 1 UmwG, soweit nicht §§ 201, 202 UmwG abweichende Regelungen enthalten. Zum Umfang der Prüfungspflicht des Registergerichts vgl. Rz. 28. 46

c) Formwechsel in die KGaA

Beim Formwechsel in die KGaA gilt im Wesentlichen das Gleiche wie beim Formwechsel in die AG. Folgende Bestimmungen sind zusätzlich zu beachten: 47

§ 278 Abs. 3 AktG verweist für die Gründung der KGaA grundsätzlich auf die für die AG maßgeblichen **Gründungsvorschriften**. Für die **Firma** gilt die Sondervorschrift in § 279 AktG. Das sich aus § 280 Abs. 1 Satz 1 aF AktG ergebende Erfordernis, die Satzung von mindestens fünf Personen festzustellen, ist mit dem UMAG entfallen[2]. Die Regelung in § **197 Satz 2 UmwG**, nach der Vorschriften über eine **Mindestzahl von Gründern** für den Formwechsel nicht gelten, ist daher auch für den Formwechsel in die KGaA ohne Belang. Im Übrigen enthalten §§ 280, 281 AktG weitere Sonderregelungen für die Feststellung und den Inhalt der **Satzung**. §§ 282, 283 AktG enthalten die maßgeblichen Vorschriften für die **persönlich haftenden Gesellschafter**. Für den **Aufsichtsrat** gilt § 31 AktG (Rz. 73). 48

Der **Beitritt** eines persönlich haftenden Gesellschafters im Zuge des Formwechsels ist vorgesehen, um sicherzustellen, dass **zumindest ein persönlich haftender Gesellschafter** an der KGaA beteiligt ist: §§ 218 Abs. 2, 221, 240 Abs. 2 Satz 2 UmwG. Zu der Durchbrechung des Identitätsprinzips, die darin liegt, vgl. § 194 UmwG Rz. 27. Auch beitretende persönlich haftende Gesellschafter gelten als **Gründer:** §§ 219 Satz 2 Halbsatz 2, 245 Abs. 1 Satz 1 und Abs. 2 UmwG. 49

---

[1] Vgl. *Decher/Hoger* in Lutter, § 197 UmwG Rz. 42 ff.
[2] Gesetz zur Unternehmensintegrität und Modernisierung des Anfechtungsrechts (UMAG) v. 22.9.2005, BGBl. I 2005, S. 2802.

50 Für die Anmeldung der persönlich haftenden Gesellschafter zur **Eintragung** im Handelsregister gelten §§ 222 Abs. 1 Satz 1, Abs. 2, 223, 246 Abs. 2 UmwG.

5. Gründungsvorschriften beim Formwechsel in eine Personengesellschaft/Partnerschaftsgesellschaft

51 Die Verweisung auf die Gründungsvorschriften des Rechtsträgers neuer Rechtsform in § 197 Satz 1 UmwG gilt auch für den Formwechsel einer Kapitalgesellschaft in eine Personengesellschaft, welchen §§ 226, 228 UmwG in die **GbR**, in die **OHG**, die **KG** oder die **Partnerschaftsgesellschaft** zulassen (auch in die „& Co. KG", dazu § 191 UmwG Rz. 14 und 15).

52 Hinsichtlich der **Kapitalaufbringung** gilt Folgendes: Bei Personengesellschaften ist die Haftung der Gesellschafter grundsätzlich nicht beschränkt, mit Ausnahme der KG, bei der die Haftung der Kommanditisten auf ihre Hafteinlage beschränkt ist (§§ 171 Abs. 1, 172, 173 HGB). Bei den Gründungsvorschriften für die Personengesellschaften spielt dementsprechend die Sicherung der Kapitalaufbringung keine Rolle. Das gilt auch für die KG, bei welcher der Kommanditist eben (nur) bis zur Höhe seiner Hafteinlage persönlich haftet, solange und soweit er sie noch nicht erbracht oder wieder entnommen hat. Der Betrag der Hafteinlage ist gemäß § 234 Nr. 2 UmwG im Umwandlungsbeschluss zu bestimmen (vgl. § 234 UmwG Rz. 5). Erst in einem späteren Haftungsprozess stellt sich die Frage, ob und inwieweit die Hafteinlage durch „Einbringung" des Handelsgeschäfts der formwechselnden Kapitalgesellschaft tatsächlich erbracht wurde[1].

53 **Gründungsbericht** oder **Gründungsprüfung** kommen bei den Personengesellschaften nicht vor.

54 Die **GbR** besteht begriffsnotwendig aus mindestens zwei Gesellschaftern, also aus **mindestens zwei Gründern**. Die Bestimmung in § 197 Satz 2 UmwG, dass Vorschriften über eine Mindestzahl von Gründern beim Formwechsel keine Anwendung finden, dispensiert nicht von diesem Erfordernis. Die Gründung der GbR erfordert den Abschluss eines **Gesellschaftsvertrages** (§ 705 BGB), der im Umwandlungsbeschluss enthalten sein muss (§ 234 Nr. 3 UmwG). Der **Zweck** der GbR kann **nicht** auf den **Betrieb eines Handelsgewerbes** gerichtet sein, weil es sich dann kraft Gesetzes um eine OHG handelt (§ 105 Abs. 1 HGB). Die GbR ist nicht in ein **Register** einzutragen; diesbezügliches Gründungsrecht existiert also nicht[2]. Für die **Anmeldung, Eintragung** und **Bekanntmachung** des Formwechsels in die GbR gelten ausschließlich die Bestimmungen des UmwG (§§ 198

---

1 So auch *Priester*, DNotZ 1995, 427 (451); vgl. im Einzelnen § 234 UmwG.
2 OLG Bremen v. 1.10.2015 – 5 U 21/14 (n. rkr.), GmbHR 2015, 1321 (1322 f.); *Decher/ Hoger* in Lutter, § 198 UmwG Rz. 8, 11.

Abs. 1, 199, 202, 235 UmwG). Anzumelden ist die Umwandlung der Gesellschaft beim bisher zuständigen Register der GmbH (§ 235 Abs. 1 Satz 1 UmwG)[1]. Zur Angabe eines **Sitzes** der GbR im Umwandlungsbeschluss vgl. § 234 Nr. 1 UmwG.

Die **OHG** muss begriffsnotwendig mindestens zwei Gesellschafter, also auch **mindestens zwei Gründer** haben. Die Bestimmung in § 197 Satz 2 UmwG, dass Vorschriften über eine Mindestzahl von Gründern nicht Formwechsel keine Anwendung finden, dispensiert nicht von diesem Erfordernis. Die Gründung der OHG erfordert den Abschluss eines **Gesellschaftsvertrages** (§ 105 Abs. 3 HGB; § 705 BGB), der im Umwandlungsbeschluss enthalten sein muss (§ 234 Nr. 3 UmwG). Die Gründung der OHG erfordert den **Betrieb eines Handelsgewerbes** (§ 105 Abs. 1 HGB) oder **Eintragung der Firma im Handelsregister** (§ 105 Abs. 2 HGB). Demgemäß bestimmt § 228 Abs. 1 UmwG, dass der Formwechsel nur dann in die OHG (oder KG) führen kann, wenn der Rechtsträger den genannten Vorschriften genügt. Die früher durch § 228 Abs. 2 UmwG aF eröffnete Flexibilität, als Zielrechtsform die GbR vorzusehen, falls der Unternehmensgegenstand den Anforderungen der § 105 Abs. 1 und 2 HGB nicht genügt, ist entfallen. Bestehen Zweifel, ob die Anforderungen des § 105 Abs. 1 oder 2 HGB erfüllt werden, sollte dies vorab mit dem Registergericht geklärt und/oder neben dem Formwechsel in die OHG/KG vorsorglich auch ein Formwechsel in die GbR beschlossen werden (aufschiebend bedingt auf Zurückweisung der Handelsregistereintragung der OHG/KG)[2]. Zum Gründungsrecht zählt das Erfordernis einer **Firma** (§§ 6 Abs. 1, 18, 19, 29, 105 Abs. 1 und 2, 106 Abs. 2 Nr. 2 HGB), das nach Maßgabe von § 202 UmwG auch für den Formwechsel in die OHG gilt. Die OHG muss einen **Sitz** haben (§§ 6 Abs. 1, 29, 106 Abs. 1, Abs. 2 Nr. 2 HGB); § 234 Nr. 1 UmwG verlangt, dass der Sitz im Umwandlungsbeschluss bestimmt wird. Die Vorschriften des Gründungsrechts über die **Anmeldung** der OHG zum **Handelsregister** und über die **Eintragung** und die **Bekanntmachung** der Eintragung (§§ 6 Abs. 1, 29, 106, 108 HGB) gelten nach Maßgabe der §§ 198, 199, 201, 202 und 235 Abs. 2 UmwG (vgl. § 235 UmwG Rz. 5).

Für die **KG** gelten die Gründungsvorschriften für die OHG entsprechend (§ 161 Abs. 2 HGB). Gemäß § 234 Nr. 2 UmwG muss der Umwandlungsbeschluss beim Formwechsel in eine Kommanditgesellschaft die Angabe des Kommanditisten sowie des Betrages der Einlage eines jeden Kommanditisten enthalten. Beim Formwechsel in die **Kapitalgesellschaft & Co. KG** (vgl. dazu § 191 UmwG Rz. 14, 15) ist zu beachten, dass bei der Komplementär-Kapitalgesellschaft kraft Mitbestimmungsrechts ein **Aufsichtsrat** obligatorisch sein kann (nach § 4 MitbestG; nicht jedoch nach DrittelbG).

55

56

---

1 *Priester*, GmbHR 2015, 1289 (1292): zusätzlich Eintragung des Namens der GbR und der Gesellschafter in das Handelsregister des formwechselnden Rechtsträgers.
2 So *Mayer/Weiler*, MittBayNot 2007, 368 (374); *Mayer* in Widmann/Mayer, § 197 UmwG Rz. 234.

57 Der Formwechsel in die **Partnerschaftsgesellschaft** ist gemäß § 228 Abs. 2 UmwG nur möglich, wenn im Zeitpunkt des Wirksamwerdens des Formwechsels alle Anteilsinhaber des formwechselnden Rechtsträgers **natürliche Personen** sind, die einen **Freien Beruf** gemäß § 1 Abs. 1 und 2 PartGG ausüben. Die Berufsausübung in der Partnerschaft kann durch andere gesetzliche Vorschriften ausgeschlossen oder von weiteren Voraussetzungen abhängig gemacht werden (§ 1 Abs. 3 PartGG). Soweit sich aus dem PartGG nichts anderes ergibt, finden die Vorschriften über die **GbR**, also auch die Gründungsvorschriften, Anwendung (§ 1 Abs. 4 PartGG). Der **Partnerschaftsvertrag** muss im Umwandlungsbeschluss enthalten sein (§ 234 Nr. 3 UmwG). Zum **Namen** (ggf. mit dem Zusatz „mit beschränkter Berufshaftung" oder „mbB", § 8 Abs. 4 Satz 3 PartGG) vgl. § 200 UmwG Rz. 29 ff. Auf die **Anmeldung** zur Eintragung im **Partnerschaftsregister** sind § 106 Abs. 1 und § 108 HGB anzuwenden (§ 4 Abs. 1 Satz 1 PartGG). In der Anmeldung ist die Zugehörigkeit jedes Partners zu dem Freien Beruf anzugeben (§ 4 Abs. 2 Satz 1 PartGG). Das Registergericht geht von der Richtigkeit aus, kann aber prüfen (§ 4 Abs. 2 Satz 2 PartGG). Zu **Eintragung** und **Bekanntmachung** vgl. § 5 PartGG.

6. Aufsichtsrat; Bildung und Zusammensetzung des ersten Aufsichtsrats

a) Obligatorischer oder fakultativer Aufsichtsrat beim Rechtsträger neuer Rechtsform

58 Die Bildung eines Aufsichtsrats bei dem Rechtsträger neuer Rechtsform kann allein schon **kraft Rechtsform obligatorisch** sein (zB bei der AG: § 95 AktG). Die Bildung eines Aufsichtsrats kann auch **kraft Mitbestimmungsrechts obligatorisch** sein, wobei das Mitbestimmungsrecht insofern auf die Rechtsform abstellt, als es bei bestimmten Rechtsformen trotz Vorliegens der sonstigen Voraussetzungen keinen mitbestimmten Aufsichtsrat verlangt (Personengesellschaften unterliegen weder der Mitbestimmung gemäß MitbestG noch gemäß DrittelbG; Ausnahme § 4 MitbestG für die Kapitalgesellschaft & Co. KG).

59 Falls ein Aufsichtsrat für den Rechtsträger nicht obligatorisch ist (etwa bei der nicht mitbestimmten GmbH), liegt die Entscheidung über die Schaffung eines Aufsichtsrats bei den Anteilsinhabern; **fakultativer Aufsichtsrat**.

60 Für die Frage, ob der Rechtsträger neuer Rechtsform einen Aufsichtsrat haben muss, kommt es nur auf die **Verhältnisse des Rechtsträgers neuer Rechtsform** an, nicht darauf, ob der Rechtsträger in seiner bisherigen Rechtsform einen Aufsichtsrat haben musste oder hatte. Die Regelung in **§ 325 Abs. 1 UmwG**, welche die zeitlich beschränkte Beibehaltung eines mitbestimmten Aufsichtsrats auch bei Wegfall der Voraussetzungen der Mitbestimmung vorschreibt, gilt nur für die Abspaltung und Ausgliederung; eine entsprechende Regelung für den Form-

wechsel existiert nicht. Die Frage der Beibehaltung der Mitbestimmung für alle Umwandlungsfälle war im Gesetzgebungsverfahren umstritten[1].

b) Unanwendbarkeit der Vorschriften über die Bildung und Zusammensetzung des ersten Aufsichtsrats

Nach § **197 Satz 2 UmwG** finden die Vorschriften über die Bildung und Zusammensetzung des ersten Aufsichtsrats beim Formwechsel keine Anwendung, obwohl auch sie zu den Gründungsvorschriften gehören, auf welche § 197 Satz 1 UmwG verweist[2]. Danach findet insbesondere § 30 Abs. 2 AktG keine Anwendung, der bestimmt, dass bei der Zusammensetzung und Bestellung des ersten Aufsichtsrats die Vorschriften über die Bestellung von Aufsichtsratsmitgliedern der Arbeitnehmer nicht anwendbar sind. Unanwendbar gemäß § 197 Satz 2 UmwG sind weiter § 30 Abs. 3 AktG (kurze Amtszeit der Mitglieder des ersten Aufsichtsrats) und § 113 Abs. 2 AktG (Vergütung der Mitglieder des ersten Aufsichtsrats)[3]. Durch den durch das 2. UmwGÄndG eingefügten § **197 Satz 3 UmwG** wurde hingegen § 31 AktG (Bestellung des Aufsichtsrats bei Sachgründung) für anwendbar erklärt mit der Folge, dass die Vertretung der Arbeitnehmer im Aufsichtsrat des Rechtsträgers neuer Rechtsform nicht schon zum Zeitpunkt des Wirksamwerdens des Formwechsels bestehen muss (vgl. Rz. 73 ff.).

61

c) Aufsichtsrat des Rechtsträgers entfällt im Zuge des Formwechsels

Der Formwechsel kann dazu führen, dass bei einem bisher aufsichtsratspflichtigen Rechtsträger **nach dem Formwechsel kein Aufsichtsrat mehr erforderlich** ist.

62

Das ist der Fall, wenn der Rechtsträger in seiner bisherigen Rechtsform nur **kraft Rechtsform** (AG/KGaA) aufsichtsratspflichtig war, in seiner neuen Rechtsform dagegen nicht mehr aufsichtsratspflichtig ist (zB Formwechsel aus der AG/KGaA in die GmbH oder in eine Personengesellschaft). Das ist auch der Fall, wenn der Rechtsträger in seiner bisherigen Rechtsform **kraft Mitbestimmungsrechts** aufsichtsratspflichtig war und der Formwechsel in eine Rechtsform führt, für welche das Mitbestimmungsrecht keinen Aufsichtsrat verlangt, etwa für den Formwechsel in die Personengesellschaft oder für den Formwechsel einer vor dem 10.8.1994 eingetragenen AG/KGaA, die weniger als 500 Arbeitnehmer beschäftigt und keine Familiengesellschaft ist (§ 1 Abs. 1 Nr. 1/Nr. 2 DrittelbG), in die GmbH (§ 1 Abs. 1 Nr. 3 DrittelbG).

63

---

1 Vgl. Begr. Rechtsausschuss, BT-Drucks. 12/7850, S. 145.
2 Vgl. auch *Parmentier*, AG 2006, 476 (481) (der erstmals zu bildende Aufsichtsrat ist kein erster Aufsichtsrat iS der Gründungsvorschriften).
3 So auch *Drinhausen/Keinath* in Henssler/Strohn, § 197 UmwG Rz. 11; *Decher/Hoger* in Lutter, § 197 UmwG Rz. 47; aA *Bärwaldt* in Semler/Stengel, § 197 UmwG Rz. 69.

64 Der Aufsichtsrat kann auch beim Formwechsel aus der Kapitalgesellschaft in die „**Kapitalgesellschaft & Co.**" (vgl. dazu § 191 UmwG Rz. 14 und 15) entfallen. Da die „Kapitalgesellschaft & Co." (genauer: die Kapitalgesellschaft als persönlich haftender Gesellschafter) zwar nach § 4 MitbestG, nicht jedoch nach DrittelbG mitbestimmungspflichtig ist, entfällt das Erfordernis eines Aufsichtsrats beim Formwechsel im Anwendungsbereich des DrittelbG.

65 Hatte der Rechtsträger bisher einen Aufsichtsrat, entfällt dieser jedoch als Folge des Formwechsels, **erlöschen die Ämter** der Aufsichtsratsmitglieder bei Eintragung des Formwechsels kraft Gesetzes[1]; einer Abberufung bedarf es nicht (§ 203 UmwG Rz. 2). Das gilt sowohl für den obligatorischen als auch für einen fakultativen Aufsichtsrat.

d) Rechtsträger erhält im Zuge des Formwechsels erstmals einen Aufsichtsrat

66 Der Formwechsel kann dazu führen, dass als Folge des Formwechsels **erstmals ein Aufsichtsrat** erforderlich ist, weil ein Rechtsträger aufsichtsratspflichtig wird, der in seiner bisherigen Rechtsform keinen Aufsichtsrat haben musste.

67 Das ist einmal dann der Fall, wenn das Mitbestimmungsrecht für den Rechtsträger keinen Aufsichtsrat verlangt und der Rechtsträger in seiner bisherigen Rechtsform auch nicht etwa kraft Rechtsform einen Aufsichtsrat haben musste (zB GmbH oder Anstalt öffentlichen Rechts[2]), der Formwechsel aber nun in eine Rechtsform führt, die schon **kraft Rechtsform** einen Aufsichtsrat verlangt (zB AG). Das ist auch dann der Fall, wenn der Rechtsträger trotz Vorliegens der sonstigen Voraussetzungen nach Mitbestimmungsrecht wegen seiner bisherigen Rechtsform nicht aufsichtsratspflichtig war (zB OHG), nun aber in eine Rechtsform wechselt, in der er **kraft Mitbestimmungsrecht** einen Aufsichtsrat haben muss (zB GmbH mit mehr als 500 Arbeitnehmern). Ein Rechtsträger, der bisher keinen Aufsichtsrat hatte, kann im Zuge des Formwechsels auch dadurch in seiner neuen Rechtsform erstmals einen Aufsichtsrat erhalten, dass die Anteilseigner einen **fakultativen Aufsichtsrat** bilden.

68 Hat der Rechtsträger in seiner neuen Rechtsform erstmals einen Aufsichtsrat, sind die Mitglieder zu **bestellen** bzw. zu **wählen**. Die Vorschriften für die Bildung und Bestellung des ersten Aufsichtsrats finden keine Anwendung (§ 197 Satz 2 UmwG), so dass § 30 AktG nicht anwendbar ist (vgl. Rz. 61). Ist der Aufsichtsrat nicht mitbestimmt, werden alle Aufsichtsratsmitglieder durch die Anteilseigner bestellt.

69 Ist der Aufsichtsrat mitbestimmt, sind gemäß **§ 197 Satz 3 UmwG** iVm. § 31 AktG zunächst nur die **Anteilseignervertreter** von den Anteilseignern zu bestel-

---

1 AA *Krause-Ablaß/Link*, GmbHR 2005, 731 ff. (Aufsichtsrat bleibe bis Abschluss eines erforderlichen Statusverfahrens im Amt).
2 Dazu *Gottschalk*, NZG 2003, 713.

len (vgl. Rz. 73). Damit wird eine mit der langen Dauer der Wahl der Arbeitnehmervertreter verbundene Verzögerung der Eintragung und damit des Wirksamwerdens des Formwechsels vermieden[1].

e) Rechtsträger hat vor und nach dem Formwechsel einen Aufsichtsrat

Auch wenn der Rechtsträger, der in seiner bisherigen Rechtsform einen Aufsichtsrat hatte, in der neuen Rechtsform ebenfalls einen Aufsichtsrat hat, **erlischt** mit Eintragung des Formwechsels im Register **das Amt** bisheriger Aufsichtsratsmitglieder kraft Gesetzes, soweit nicht die Ausnahmeregelung in § 203 Satz 1 UmwG eingreift (dazu Rz. 71)[2]. Die Anteilsinhaber besitzen nicht die Rechtsmacht, die Fortdauer des Aufsichtsratsamtes anzuordnen, etwa im Umwandlungsbeschluss. Dies gilt unabhängig davon, ob der formwechselnde Rechtsträger oder der Rechtsträger neuer Rechtsform einen obligatorischen oder einen fakultativen Aufsichtsrat hat. 70

Nach der Ausnahmeregelung des **§ 203 Satz 1 UmwG** bleiben die bisherigen Aufsichtsratsmitglieder dann (und nur dann) im Amt, wenn bei dem Rechtsträger in seiner bisherigen Rechtsform und in seiner neuen Rechtsform ein **Aufsichtsrat in gleicher Weise gebildet und zusammengesetzt** wird, etwa beim Formwechsel aus einer GmbH, deren Aufsichtsrat nach dem MitbestG mitbestimmt ist, in die AG. In diesem Fall bleiben nach § 203 Satz 1 UmwG die bisherigen Aufsichtsratsmitglieder grundsätzlich im Amt (vgl. § 203 UmwG Rz. 6 ff.). Dies soll auch beim Formwechsel einer Kapitalgesellschaft & Co. KG in eine Kapitalgesellschaft bzw. umgekehrt gelten, obwohl in diesem Falle der Aufsichtsrat nicht bei dem formwechselnden Rechtsträger selbst bestand bzw. nicht mehr bei dem Rechtsträger neuer Rechtsform bestehen wird, sondern bei dem persönlich haftenden Gesellschafter[3]. 71

Auch wenn die Aufsichtsratsmitglieder gemäß § 203 Satz 1 UmwG im Amt bleiben, können die Anteilseigner nach **§ 203 Satz 2 UmwG** im Umwandlungsbeschluss ihre Vertreter im Aufsichtsrat abberufen. Soweit die Anteilseigner ihre Vertreter abberufen, können sie auch neue Anteilseignervertreter bestellen (vgl. § 203 UmwG Rz. 14). 72

f) Besetzung des erstmals zu bildenden Aufsichtsrates und Statusverfahren nach § 197 Satz 3 UmwG, §§ 31, 97 ff. AktG

Gemäß **§ 197 Satz 3 UmwG** ist beim Formwechsel in die (mitbestimmte) AG § 31 AktG ausdrücklich für anwendbar erklärt: Es werden im Zusammenhang mit dem Formwechselbeschluss zunächst allein die Anteilseignervertreter be- 73

---
1 Zu dieser Problematik vgl. 3. Aufl. Rz. 73.
2 Vgl. auch *Parmentier*, AG 2006, 476 (482 f.) mwN.
3 Vgl. *Wulff/Buchner*, ZIP 2007, 314 (317 f.) mwN.

stellt (§ 31 Abs. 1 AktG). Diese können ihrerseits den Vorstand bestellen, den Gründungsprüfungsbericht unterzeichnen und zusammen mit der Anmeldung des Formwechsels zum Handelsregister angemeldet werden. Eine Verzögerung der Anmeldung und Eintragung des Formwechsels durch die Wahl der Arbeitnehmervertreter im Aufsichtsrat wird vermieden[1]. Nach dem Wortlaut von § 197 Satz 3 UmwG ist § 31 AktG nicht anwendbar auf den Formwechsel in die KGaA. Es dürfte sich jedoch um ein Redaktionsversehen handeln und § 31 AktG daher auch beim Formwechsel in die KGaA anwendbar sein[2]. Ebenso wenig erfasst der Wortlaut den Formwechsel in die GmbH. Für diese soll § 31 AktG jedoch analog gelten[3], so dass auch beim Formwechsel in die mitbestimmte GmbH keine Verzögerungen zu befürchten sind[4].

74 Die gemäß § 31 Abs. 3 Satz 1 AktG erforderliche Bekanntmachung der Zusammensetzung des Aufsichtsrats und ein sich daran etwa anschließendes **Statusverfahren** (§§ 97–99 AktG) sowie das komplizierte und mehrere Monate dauernde Wahlverfahren für die Arbeitnehmervertreter im Aufsichtsrat sind schon vor Wirksamwerden des Formwechsels einzuleiten[5]. Die Vorschriften der §§ 97 ff. AktG gelten nicht nur für die **AG** und die **KGaA** (§ 278 Abs. 3 AktG), sondern sind entsprechend anwendbar auf die **GmbH** und auf bergrechtliche Gewerkschaften (§ 27 EGAktG), die **eG** (§ 1 Abs. 1 Nr. 5 DrittelbG) und den **VVaG** (§ 35 Abs. 3 Satz 1 VAG). Ein Statusverfahren kommt nur dann in Betracht, wenn der (nach den vor dem Formwechsel maßgebenden gesetzlichen Vorschriften zusammengesetzte) obligatorische Aufsichtsrat nach dem Formwechsel nicht mehr „nach den für ihn maßgebenden gesetzlichen Vorschriften zusammengesetzt" ist (§ 97 Abs. 1 Satz 1 AktG)[6]. Das Statusverfahren ist also nur dann durchzuführen, wenn als Folge des Formwechsels die **bisherige Zusammensetzung nicht mehr den** für den Aufsichtsrat des Rechtsträgers neuer Rechtsform geltenden **gesetzlichen Vorschriften entspricht** oder wenn der formwechselnde Rechtsträger keinen Aufsichtsrat hat und im Zuge des Formwechsels erstmals ein Aufsichtsrat zu bilden ist[7].

75 Die Einleitung eines Statusverfahrens ist insbesondere dann nicht erforderlich, wenn der **Aufsichtsrat** des Rechtsträgers gemäß § 203 Satz 1 UmwG **im Amt**

---

1 So auch *Decher/Hoger* in Lutter, § 197 UmwG Rz. 49.
2 Vgl. auch *Habersack*, Der Konzern 2008, 67 (69).
3 Vgl. *Joost* in Lutter, § 218 UmwG Rz. 16.
4 Nach aA sollen beim Formwechsel in die GmbH die mitbestimmungsrechtlichen Vorschriften ohnehin erst ab Entstehung der GmbH eingreifen, vgl. *Mayer* in Widmann/Mayer, § 197 UmwG Rz. 14 aE, 15.
5 Vgl. *Decher/Hoger* in Lutter, § 197 UmwG Rz. 49; zum Statusverfahren vgl. auch *Habersack*, Der Konzern 2008, 67 (69 f.); *Parmentier*, AG 2006, 476 ff.
6 Ebenso *Decher/Hoger* in Lutter, § 203 UmwG Rz. 14.
7 Ebenso *Decher/Hoger* in Lutter, § 197 UmwG Rz. 48, 50 und § 203 UmwG Rz. 12 f.; vgl. auch BAG v. 16.4.2008 – 7 ABR 6/07, ZIP 2008, 1630 (1631 f.) = AG 2008, 708 (Statusverfahren, wenn Erforderlichkeit eines Aufsichtsrats streitig).

bleibt, da dies gemäß § 203 Satz 1 UmwG eben gerade voraussetzt, dass der Aufsichtsrat nach dem Formwechsel weiter „in gleicher Weise gebildet und zusammengesetzt" wird wie bisher (vgl. § 203 UmwG Rz. 15) oder wenn es sich bei dem Aufsichtsrat des Rechtsträgers neuer Rechtsform nicht mehr um einen obligatorischen, sondern einen fakultativen Aufsichtsrat handelt[1].

Wird nach Einleitung des Statusverfahrens das nach § 98 Abs. 1 AktG zuständige Gericht innerhalb eines Monats nach der Bekanntmachung angerufen (§ 97 Abs. 2 Satz 1 AktG), ist die **Entscheidung des Gerichts** für die Zusammensetzung des Aufsichtsrats maßgeblich (§ 98 Abs. 4 AktG). 76

§ 198
Anmeldung des Formwechsels

(1) Die neue Rechtsform des Rechtsträgers ist zur Eintragung in das Register, in dem der formwechselnde Rechtsträger eingetragen ist, anzumelden.

(2) Ist der formwechselnde Rechtsträger nicht in einem Register eingetragen, so ist der Rechtsträger neuer Rechtsform bei dem zuständigen Gericht zur Eintragung in das für die neue Rechtsform maßgebende Register anzumelden. Das Gleiche gilt, wenn sich durch den Formwechsel die Art des für den Rechtsträger maßgebenden Registers ändert oder durch eine mit dem Formwechsel verbundene Sitzverlegung die Zuständigkeit eines anderen Registergerichts begründet wird. Im Falle des Satzes 2 ist die Umwandlung auch zur Eintragung in das Register anzumelden, in dem der formwechselnde Rechtsträger eingetragen ist. Diese Eintragung ist mit dem Vermerk zu versehen, dass die Umwandlung erst mit der Eintragung des Rechtsträgers neuer Rechtsform in das für diese maßgebende Register wirksam wird, sofern die Eintragungen in den Registern aller beteiligten Rechtsträger nicht am selben Tag erfolgen. Der Rechtsträger neuer Rechtsform darf erst eingetragen werden, nachdem die Umwandlung nach den Sätzen 3 und 4 eingetragen worden ist.

(3) § 16 Abs. 2 und 3 ist entsprechend anzuwenden.

1. Überblick	1	c) Neueintragung in ein anderes Register (§ 198 Abs. 2 Satz 2 Alt. 1 UmwG)	5
2. Zuständigkeit des Registergerichts a) Voreingetragener Rechtsträger (§ 198 Abs. 1 UmwG)	2	d) Registerwechsel durch Sitzverlegung (§ 198 Abs. 2 Satz 2 Alt. 2 UmwG)	7
b) Rechtsträger ohne Voreintragung (§ 198 Abs. 2 Satz 1 UmwG) ..	4		

---

1 So zum Statusverfahren schon OLG Hamm v. 23.2.2000 – 15 W 46/00, AG 2001, 145 = DB 2000, 915: § 104 AktG beschränkt auf zwingend zu bildenden Aufsichtsrat der AG oder der GmbH; *Decher/Hoger* in Lutter, § 203 UmwG Rz. 12; *Kowalski/Schmidt*, DB 2009, 551 (554).

§ 198 | Formwechsel – Allgemeine Vorschriften

3. Anmeldung		5. Prüfung durch das Registergericht	17
a) Anmeldende	8	6. Eintragungsreihenfolge	21
b) Pflicht zur Anmeldung	9	7. Bekanntmachung	25
c) Form	10	8. Kosten	26
d) Inhalt der Anmeldung	11	9. Negativerklärung/Registersperre	28
4. Beizufügende Unterlagen	16		

Literatur: *Berninger*, Handelsregistereintragung des Formwechsels einer AG in die Rechtsform der GmbH bzw. umgekehrt, GmbHR 2004, 659; *Usler*, Der Formwechsel nach dem neuen Umwandlungsrecht, MittRhNotK 1998, 21; *Veil*, Die Registersperre bei der Umwandlung einer AG in eine GmbH, ZIP 1996, 1065.

1. Überblick

1 Die Vorschrift legt die Registerzuständigkeit fest für die Anmeldung und Eintragung des Formwechsels bei voreingetragenem Rechtsträger (§ 198 Abs. 1 UmwG), bei nicht voreingetragenem Rechtsträger (§ 198 Abs. 2 Satz 1 UmwG) und bei Wechsel der Art des Registers oder bei im Rahmen des Formwechsels den Sitz verlegenden Rechtsträger (§ 198 Abs. 2 Satz 2 UmwG). Nach § 198 Abs. 3 UmwG ist bei Anmeldung eine Negativerklärung nach den Regeln des Verschmelzungsrechts (§ 16 Abs. 2 UmwG) abzugeben und wird das Unbedenklichkeitsverfahren (§ 16 Abs. 3 UmwG) für anwendbar erklärt. Die Vorschrift ist Grundnorm für alle anzumeldenden Formwechsel. Stets sind ergänzend die rechtsformspezifischen Besonderheiten für die hier behandelten Gesellschaften zu beachten (vgl. §§ 222f., 225c, 235, 246, 254 UmwG und Rz. 12ff.). Die Vorschrift gilt **nicht** für die SE (Art. 66 SE-VO).

2. Zuständigkeit des Registergerichts

a) Voreingetragener Rechtsträger (§ 198 Abs. 1 UmwG)

2 Ist der formwechselnde Rechtsträger bereits im Register eingetragen und ist er auch in seiner neuen Rechtsform in seinem bisherigen Register einzutragen, ist der Formwechsel allein zu diesem Register anzumelden, und zwar zu der bisherigen Abteilung des Handelsregisters (für Einzelkaufleute und Personenhandelsgesellschaften: Abteilung A; für Kapitalgesellschaften: Abteilung B).

3 Nach Prüfung der formellen und materiellen Ordnungsmäßigkeit des Formwechsels (Einzelheiten siehe Rz. 17) wird das Registerblatt des formwechselnden Rechtsträgers geschlossen und ein **neues Registerblatt** mit einer neuen HR-Nummer angelegt, und zwar auch dann, wenn sich die Art des Registers – wie beim Formwechsel unter Kapitalgesellschaften – nicht ändert. § 198 Abs. 1 UmwG betrifft Formwechsel von Personenhandelsgesellschaften (§ 214 UmwG) und Kapitalgesellschaften (§§ 220, 238 UmwG). Beim Formwechsel in die (nicht

eintragungsfähige) GbR erfolgen Anmeldung und Eintragung zum bzw. im Register des formwechselnden Rechtsträgers[1].

b) Rechtsträger ohne Voreintragung (§ 198 Abs. 2 Satz 1 UmwG)

Formwechselfähige Rechtsträger (§ 191 Abs. 1 UmwG) ohne Voreintragung sind lediglich der wirtschaftliche Verein und die Körperschaft/Anstalt des öffentlichen Rechts[2]. In diesem Fall ist für Anmeldung und Eintragung das Registergericht des (Satzungs-)Sitzes des neuen Rechtsträgers zuständig[3]. 4

c) Neueintragung in ein anderes Register (§ 198 Abs. 2 Satz 2 Alt. 1 UmwG)

Ändert sich durch den Formwechsel die Art des Registers (zB vom Partnerschaftsregister ins Handelsregister oder vom Vereinsregister ins Handelsregister) sind **zwei Anmeldungen** erforderlich: Eine zu dem Registergericht des formwechselnden Rechtsträgers (§ 198 Abs. 2 Satz 3 UmwG) und eine zu dem Registergericht, in dem der Rechtsträger neuer Rechtsform einzutragen ist (zur Eintragungsreihenfolge siehe Rz. 21). Ein Wechsel der Art des Registers liegt hingegen nicht vor beim **Wechsel** lediglich **der Abteilungen** (A und B) des Handelsregisters[4]. 5

In welcher Reihenfolge die Anmeldungen eingereicht werden, ist unerheblich. Entscheidend ist die richtige **Eintragungsreihenfolge** (siehe hierzu Rz. 21). 6

d) Registerwechsel durch Sitzverlegung (§ 198 Abs. 2 Satz 2 Alt. 2 UmwG)

Wird zugleich mit dem Formwechsel eine Sitzverlegung beschlossen, sind ebenfalls **zwei Anmeldungen** erforderlich. Die Ausführungen zu Rz. 5, 6 gelten entsprechend[5]. 7

---

1 *Vossius* in Widmann/Mayer, § 198 UmwG Rz. 10; *Decher/Hoger* in Lutter, § 198 UmwG Rz. 8; *Schwanna* in Semler/Stengel, § 198 UmwG Rz. 1.
2 *Decher/Hoger* in Lutter, § 198 UmwG Rz. 4; *Vossius* in Widmann/Mayer, § 198 UmwG Rz. 13; *Stratz* in Schmitt/Hörtnagl/Stratz, § 198 UmwG Rz. 7; *Drinhausen/Keinath* in Henssler/Strohn, § 198 UmwG Rz. 4.
3 *Schwanna* in Semler/Stengel, § 198 UmwG Rz. 3.
4 *Priester*, DNotZ 1995, 427 (449); *Decher/Hoger* in Lutter, § 198 UmwG Rz. 6; *Schwanna* in Semler/Stengel, § 198 UmwG Rz. 4; *Petersen* in KölnKomm. UmwG, § 198 UmwG Rz. 4; *Stratz* in Schmitt/Hörtnagl/Stratz, § 198 UmwG Rz. 8.
5 *Schwanna* in Semler/Stengel, § 198 UmwG Rz. 5; *Stratz* in Schmitt/Hörtnagl/Stratz, § 198 UmwG Rz. 9.

3. Anmeldung

a) Anmeldende

8 Die Vorschrift legt nicht fest, wer anzumelden hat, sondern überlässt dies den **besonderen Vorschriften** des Gesetzes über den Formwechsel: siehe bzgl. Personenhandelsgesellschaft § 222 UmwG; Partnerschaftsgesellschaft §§ 225c, 222 UmwG; Kapitalgesellschaft §§ 235, 246, 254 UmwG; bzgl. Genossenschaft §§ 265, 222 Abs. 1 und 3 UmwG; bzgl. Verein §§ 278, 222 Abs. 1 und 3 UmwG. Soweit nach diesen Vorschriften die Anmeldung von „den Vertretungsorganen" vorzunehmen ist, geschieht dies in vertretungsberechtigter Zahl, auch – soweit nach Gesellschaftsvertrag/Satzung zulässig – in unechter Gesamtvertretung[1]. **Bevollmächtigung** ist zulässig, soweit in der Anmeldung keine höchstpersönlichen Erklärungen abgegeben werden (zur Form siehe Rz. 10)[2].

b) Pflicht zur Anmeldung

9 Liegen sämtliche Voraussetzungen für die Wirksamkeit des Umwandlungsbeschlusses vor, sind die zur Anmeldung befugten Personen zur Anmeldung gegenüber den Gesellschaftern und dem Rechtsträger verpflichtet. Wegen der konstitutiven Wirkung der Eintragung (siehe § 202 UmwG) besteht aber keine öffentlich-rechtliche, unter Zwangsgeldandrohung stehende Anmeldepflicht (§ 316 Abs. 2 UmwG).

c) Form

10 Die Anmeldung ist in öffentlich beglaubigter Form einzureichen (§ 12 Abs. 1 HGB, § 129 BGB), dh. die Unterschriften der Anmeldenden sind notariell zu beglaubigen. Entsprechendes gilt für Vollmachten (§ 12 Abs. 2 HGB).

d) Inhalt der Anmeldung

11 **aa)** Ist das Registergericht des formwechselnden Rechtsträgers für die Eintragung des Formwechsels allein zuständig (§ 198 Abs. 1 UmwG), ist die **neue Rechtsform** des Rechtsträgers zur Eintragung anzumelden. Dies trifft zB zu bei Formwechsel von OHG, KG in AG, KGaA, GmbH oder umgekehrt, von einer Kapitalgesellschaft in eine andere Kapitalgesellschaft oder von VVaG in eine AG[3]. Bei

---

1 *Decher/Hoger* in Lutter, § 198 UmwG Rz. 10; *Vossius* in Widmann/Mayer, § 198 UmwG Rz. 28; *Schwanna* in Semler/Stengel, § 198 UmwG Rz. 12.
2 *Schwanna* in Semler/Stengel, § 198 UmwG Rz. 12; *Decher/Hoger* in Lutter, § 198 UmwG Rz. 10.
3 *Decher/Hoger* in Lutter, § 198 UmwG Rz. 3; *Schwanna* in Semler/Stengel, § 198 UmwG Rz. 2; *Stratz* in Schmitt/Hörtnagl/Stratz, § 198 UmwG Rz. 2; *Petersen* in KölnKomm. UmwG, § 198 UmwG Rz. 2.

fehlender Voreintragung, Änderung der Art des Registers und Sitzverlegung (§ 198 Abs. 2 UmwG) ist der Rechtsträger in seiner neuen Rechtsform anzumelden[1]. Beim Formwechsel in eine **GbR** ist statt der neuen Rechtsform die **Umwandlung** anzumelden (§ 235 Abs. 1 UmwG).

bb) Den **weiteren** Inhalt der Anmeldung bestimmt das Gründungsrecht des neuen Rechtsträgers: 12

- **OHG, KG:** Hier hat die Anmeldung zusätzlich zu enthalten Namen, Geburtsdatum, Wohnort jedes Gesellschafters, Firma, Sitz, die generelle Vertretungsregelung, evtl. Beschränkung der Vertretungsmacht (§ 106 Abs. 2 HGB), die inländische Geschäftsanschrift (§ 106 Abs. 2 Nr. 2 HGB) sowie, bei KG, den Betrag der (Haft)summe jedes Kommanditisten (§ 162 HGB). Zweckmäßig ist weiterhin Angabe des Unternehmensgegenstandes (vgl. § 24 Abs. 4 HRV)[2].
- Die Anmeldung der **Partnerschaft** hat zusätzlich zu enthalten (vgl. § 4 PartGG): Namen und Sitz der Partnerschaft, den Namen, den Vornamen, Geburtsdatum sowie den in der Partnerschaft ausgeübten Beruf und den Wohnort jedes Partners, den Gegenstand der Partnerschaft und Angaben zur Zugehörigkeit jedes Partners, zu dem von ihm in der Partnerschaft ausgeübten freien Beruf (§§ 3 Abs. 2, 4 Abs. 1 und 2 PartGG)[3].
- **GmbH:** Anzumelden ist zusätzlich die Bestellung der Geschäftsführer. Die bei Anmeldung der Gründung der GmbH von sämtlichen Geschäftsführern abzugebende **Versicherung**, dass die Leistungen auf die neuen Stammeinlagen bewirkt sind und sich die Einlagen endgültig in ihrer freien Verfügung befinden (§ 8 Abs. 2 Satz 1 GmbHG), ist **entbehrlich**. Für die Umwandlung unter Kapitalgesellschaften ist dies ausdrücklich geregelt (§ 246 Abs. 3 UmwG). Dies gilt aber auch für die Umwandlung anderer Rechtsträger, insbesondere von Personenhandelsgesellschaften in die GmbH, da es zu einer Einlageleistung mangels Vermögensübertragung nicht kommt[4]. Die Geschäftsführer haben bei der Anmeldung aber die Versicherung über etwaige Bestellungshindernisse (§ 8 Abs. 3 GmbHG) abzugeben, die auch außerhalb der Anmeldung erfolgen kann. 13

Die Anmeldung hat auch Angaben zur Vertretungsbefugnis (abstrakt und konkret) der Geschäftsführer zu enthalten (§ 8 Abs. 4 Nr. 2 GmbHG) und die inländische Geschäftsanschrift der Gesellschaft (§ 8 Abs. 4 Nr. 1 GmbHG).

---

1 *Decher/Hoger* in Lutter, § 198 UmwG Rz. 4; *Althoff/Narr* in Böttcher/Habighorst/Schulte, § 198 UmwG Rz. 6; *Stratz* in Schmitt/Hörtnagl/Stratz, § 198 UmwG Rz. 5.
2 *Vossius* in Widmann/Mayer, § 198 UmwG Rz. 41; *Schwanna* in Semler/Stengel, § 198 UmwG Rz. 9; *Decher/Hoger* in Lutter, § 198 UmwG Rz. 13; *Althoff/Narr* in Böttcher/Habighorst/Schulte, § 198 UmwG Rz. 9.
3 Siehe ergänzend hierzu *Krafka/Kühn*, Registerrecht, 9. Aufl 2013, Rz. 2032 ff.
4 *Priester*, DNotZ 1995, 427 (452); *Stratz* in Schmitt/Hörtnagl/Stratz, § 246 UmwG Rz. 4; *Joost* in Lutter, § 220 UmwG Rz. 17; *Decher/Hoger* in Lutter, § 198 UmwG Rz. 15, der zur Versicherung aus Gründen äußerster Vorsicht rät.

14 - **AG, KGaA:** Auch bei AG, KGaA ist keine Erklärung über die freie Verfügbarkeit der geleisteten Einlage (§ 37 Abs. 1 AktG) aus den Gründen zu Rz. 13 abzugeben. Die Vorstandsmitglieder sind anzumelden, die zu versichern haben, ob Bestellungshindernisse bestehen (§ 37 Abs. 2 AktG). Anzugeben sind auch die (abstrakte und konkrete) Vertretungsbefugnis der Vorstandsmitglieder (§ 37 Abs. 3 Nr. 2 AktG) und die inländische Geschäftsanschrift der Gesellschaft (§ 37 Abs. 3 Nr. 1 AktG). Entsprechendes gilt für die persönlich haftenden Gesellschafter bei KGaA (§§ 278 Abs. 3, 283 Nr. 1 AktG).

15 **cc) Prokuren.** Einer Neuanmeldung bestehender Prokuren bedarf es nicht[1]; sie sind von Amts wegen auf dem neuen Registerblatt einzutragen. Dennoch ist eine Klarstellung in der Anmeldung, welche Prokuren beim Rechtsträger neuer Rechtsform weiter gelten sollen, hilfreich, um – die in der Praxis häufigen – Rückfragen des Registergerichts zu vermeiden. Eine Zeichnung der Namensunterschrift durch die Prokuristen ist nicht erforderlich.

4. Beizufügende Unterlagen

16 Siehe hierzu Erl. zu § 199 UmwG.

5. Prüfung durch das Registergericht

17 Das Registergericht prüft den Umwandlungsvorgang in **formeller und materieller Hinsicht**, um die Richtigkeit der Eintragung sicherzustellen[2]. Dabei hat es auch die Eintragungsreihenfolge zu beachten (§ 198 Abs. 2 Satz 5 UmwG, siehe Rz. 21). Die Prüfung erfolgt anhand der Anmeldung und der eingereichten Unterlagen (§ 199 UmwG). Einzureichende Berichte sind lediglich auf offensichtliche Unvollständigkeit und offensichtliche Unrichtigkeit zu überprüfen[3] (siehe auch § 19 UmwG Rz. 5).

18 Zur **formellen Prüfung** gehört die Prüfung der örtlichen und sachlichen Zuständigkeit des Gerichts, Anmeldeberechtigung der Anmeldenden (siehe Rz. 8), Vollständigkeit der einzureichenden Unterlagen (§ 199 UmwG).

19 Die **materielle Prüfung** umfasst insbesondere die Prüfung der Wirksamkeit des Umwandlungsbeschlusses und die Ordnungsmäßigkeit der Errichtung des

---

1 OLG Köln v. 6.5.1996 – 2 Wx 9/96, GmbHR 1996, 773; *Decher/Hoger* in Lutter, § 198 UmwG Rz. 20.
2 *Decher/Hoger* in Lutter, § 198 UmwG Rz. 23 ff.; *Bokelmann*, DB 1994, 1341 (1342) mwN; *Schwanna* in Semler/Stengel, § 198 UmwG Rz. 13.
3 *Decher/Hoger* in Lutter, § 198 UmwG Rz. 25.

neuen Rechtsträgers sowie – beim Wechsel eines Rechtsträgers anderer Rechtsform in eine Kapitalgesellschaft – ob im Zeitpunkt der Anmeldung[1] der Nennbetrag des Stamm-/Grundkapitals durch das nach Abzug der Schulden verbleibende Vermögen des umwandelnden Rechtsträgers gedeckt ist[2]. Als **Wertnachweis** kommt etwa die Bilanz des formwechselnden Rechtsträgers in Frage. Erreichen deren Nettobuchwerte nicht den Nennbetrag des Kapitals, muss das Gericht von Amts wegen weitere Nachforschungen anstellen (§ 26 FamFG), zB ein Wertgutachten von dem Rechtsträger verlangen[3]. Bei AG, KGaA tritt diese Prüfung neben die obligatorische Drittprüfung (§ 220 Abs. 3 UmwG).

Wertdifferenzen sind durch Barzahlung auszugleichen[4]. Die Differenzzahlung ist dem Registergericht zu versichern[5] (§ 8 Abs. 2 GmbHG, § 37 Abs. 1 Satz 1 AktG), bei AG, KGaA zusätzlich durch Bankbestätigung nachzuweisen (§ 37 Abs. 1 Satz 3 AktG). 20

6. Eintragungsreihenfolge

Bei **Änderung** der **Art** des Registers und des **Sitzes** (siehe Rz. 5, 6) sind zwei Anmeldungen und Eintragungen erforderlich. Zunächst ist der Formwechsel beim bisherigen Registergericht mit dem Vermerk einzutragen, dass die Umwandlung erst mit der Eintragung des Rechtsträgers neuer Rechtsform in das für diese maßgebende Register wirksam wird (§ 198 Abs. 2 Satz 4 Halbsatz 1 UmwG: „Vorläufigkeitsvermerk")[6], sofern die Eintragungen in den Registern aller beteiligten Rechtsträgern nicht am selben Tag erfolgen (§ 198 Abs. 2 Satz 4 Halbsatz 2 UmwG). Diese Eintragung hat nur deklaratorische Bedeutung[7]. Anschließend erfolgt die Eintragung des Rechtsträgers neuer Rechtsform in dem für diesen maßgeblichen Register mit **konstitutiver Wirkung** (§ 198 Abs. 2 Satz 5 UmwG)[8]. 21

---

1 *Priester*, DNotZ 1995, 427 (452); *Priester*, DNotZ 1995, 908 (914); *Schwanna* in Semler/Stengel, § 198 UmwG Rz. 16.
2 *Decher/Hoger* in Lutter, § 198 UmwG Rz. 25; *Priester*, DNotZ 1995, 427 (452); *Schwanna* in Semler/Stengel, § 198 UmwG Rz. 16.
3 OLG Düsseldorf v. 29.3.1995 – 3 Wx 568/94, GmbHR 1995, 592; *K. Schmidt*, ZIP 1995, 1385 (1390); *Schwanna* in Semler/Stengel, § 198 UmwG Rz. 16.
4 Vgl. hierzu auch *Stratz* in Schmitt/Hörtnagl/Stratz, § 220 UmwG Rz. 3; *Joost* in Lutter, § 219 UmwG Rz. 3.
5 *Schwanna* in Semler/Stengel, § 198 UmwG Rz. 16.
6 *Priester*, DNotZ 1995, 427 (442).
7 *Stratz* in Schmitt/Hörtnagl/Stratz, § 198 UmwG Rz. 10; *Schwanna* in Semler/Stengel, § 198 UmwG Rz. 23.
8 *Schwanna* in Semler/Stengel, § 198 UmwG Rz. 23; *Petersen* in KölnKomm. UmwG, § 198 UmwG Rz. 8.

22 Erfolgt die konstitutive Eintragung vor der deklaratorischen, bleibt der Formwechsel dennoch wirksam (§ 202 Abs. 3 UmwG). Die Eintragung in das bisherige Register ist lediglich nachzuholen[1].

23 Anders als bei der Verschmelzung (siehe § 19 Abs. 2 UmwG) wirken die verschiedenen **Registergerichte** von Amts wegen **nicht zusammen**. Dem künftigen Register ist demnach die Eintragung des Formwechsels im Register des formwechselnden Rechtsträgers durch beglaubigten Handelsregisterauszug zusätzlich zu den in § 199 UmwG genannten Unterlagen nachzuweisen.

24 **Keine Reihenfolge** ist vorgeschrieben, wenn es bei der Zuständigkeit des Registergerichts verbleibt, in dem die neue Rechtsform einzutragen ist (§ 198 Abs. 1 UmwG). Die Registerpraxis trägt zunächst den Formwechsel im Registerblatt des formwechselnden Rechtsträgers ein. Sodann wird für die neue Rechtsform ein neues Registerblatt mit einer neuen HR-Nummer – auch beim Formwechsel unter Kapitalgesellschaften – angelegt, anschließend die Eintragungen im alten Registerblatt gerötet und das Blatt selbst durchkreuzt.

7. Bekanntmachung

25 Zur Bekanntmachung der Eintragung siehe § 201 UmwG. Den Personen, die die Eintragung bewirkt haben, ist sie durch Eintragungsnachricht bekannt zu geben (§ 383 Abs. 2 FamFG).

8. Kosten

26 **Kosten des Notars.** Beglaubigt der Notar lediglich die Unterschriften unter der von ihm nicht gefertigten Anmeldung, erhält er eine 0,2-Gebühr gemäß Nr. 25100 KV GNotKG, höchstens 70 Euro; zzgl. einer 0,6-Vollzugsgebühr für die Erzeugung der XML-Strukturdaten (Nr. 22125 KV GNotKG, höchstens 250,– Euro) und der Übermittlungsgebühr (Nr. 22124 KV GNotKG) in Höhe von 20,– Euro. Hat der Notar die Anmeldung entworfen, erhält er eine 0,5-Gebühr nach Nr. 24102 KV GNotKG, höchstens jedoch 867,50 Euro (Höchstwert gemäß § 106 GNotKG = 1 Mio. Euro) zzgl. einer 0,3-Vollzugsgebühr für die Erzeugung der XML-Strukturdaten (Nr. 22114 KV GNotKG, höchstens 250,– Euro). Wertberechnung erfolgt gemäß § 105 GNotKG. Daneben kann (zB für die Erstellung des Entwurfs der Liste der Gesellschafter bei einer GmbH) eine Gebühr gemäß Nr. 22113 KV GNotKG entstehen (höchstens 250,– Euro).

---

1 *Stratz* in Schmitt/Hörtnagl/Stratz, § 198 UmwG Rz. 10; *Schwanna* in Semler/Stengel, § 198 UmwG Rz. 24.

Gehört **Grundbesitz** zum Vermögen des formwechselnden Rechtsträgers, ist das 27
Grundbuch zu berichtigen. Hierfür fällt beim Grundbuchamt eine keine Gebühr
an (KV-Nr. 14110 GNotKG)[1].

9. Negativerklärung/Registersperre

§ 198 Abs. 3 UmwG erklärt § 16 Abs. 2 und 3 UmwG für anwendbar und er- 28
streckt die dort geforderte Negativerklärung und angeordnete Registersperre
auch auf alle Fälle des Formwechsels. Auf die Ausführungen zu § 16 UmwG
Rz. 22 ff.[2] wird ergänzend verwiesen. Abzugeben ist die – nicht formbedürftige –
Erklärung im Zusammenhang mit der Anmeldung, sie ist also nicht Bestandteil
der Anmeldung. Zur Erklärung verpflichtet sind die „Vertretungsorgane". Darunter wird man die Personen verstehen müssen, die nach den besonderen Vorschriften den Formwechsel anzumelden haben[3].

Der Formwechsel kann trotz Anfechtungsklage gemäß § 16 Abs. 3 UmwG eingetragen werden, wenn ein Verfahrensmangel durch spätere Beschlussfassung
behoben werden kann[4] oder die Voraussetzungen des § 16 Abs. 3 Satz 3 UmwG
vorliegen, also insbesondere den beteiligten Rechtsträgern und ihren Anteilsinhabern wirtschaftliche Nachteile von Gewicht drohen[5].

§ 199
Anlagen der Anmeldung

Der Anmeldung der neuen Rechtsform oder des Rechtsträgers neuer Rechtsform sind in Ausfertigung oder öffentlich beglaubigter Abschrift oder, soweit sie nicht notariell zu beurkunden sind, in Urschrift oder Abschrift außer
den sonst erforderlichen Unterlagen auch die Niederschrift des Umwandlungsbeschlusses, die nach diesem Gesetz erforderlichen Zustimmungserklärungen einzelner Anteilsinhaber einschließlich der Zustimmungserklärungen
nicht erschienener Anteilsinhaber, der Umwandlungsbericht oder die Erklä-

---

1 Einzelheiten bei *Vossius* in Widmann/Mayer, § 198 UmwG Rz. 44 ff., Rz. 56; *Decher/Hoger* in Lutter, § 198 UmwG Rz. 29 ff., Rz. 31.
2 Dazu auch *Decher/Hoger* in Lutter, § 198 UmwG Rz. 35 ff.
3 Siehe auch *Decher/Hoger* in Lutter, § 198 UmwG Rz. 35; *Vossius* in Widmann/Mayer, § 198 UmwG Rz. 33.
4 Vgl. OLG Stuttgart v. 17.12.1996 – 12 W 44/96, AG 1997, 138 = ZIP 1997, 75; *Petersen* in KölnKomm. UmwG, § 198 UmwG Rz. 18.
5 OLG Frankfurt/M. v. 9.6.1997 – 10 W 12/97, ZIP 1997, 1291; siehe auch *Decher/Hoger* in Lutter, § 198 UmwG Rz. 51; *Stratz* in Schmitt/Hörtnagl/Stratz, § 198 UmwG Rz. 12; *Petersen* in KölnKomm. UmwG, § 198 UmwG Rz. 8.

§ 199 | Formwechsel – Allgemeine Vorschriften

rungen über den Verzicht auf seine Erstellung, ein Nachweis über die Zuleitung nach § 194 Abs. 2 beizufügen.

1 **1. Überblick.** Die Vorschrift gilt auch für die Anmeldung beim bisher zuständigen Registergericht (§ 198 Abs. 2 Satz 3 UmwG) mit Ausnahme der nach Gründungsrecht beizufügenden Unterlagen[1]. Die Unterlagen sollen dem Registergericht die Prüfung der Einhaltung aller formellen und materiellen Voraussetzungen für die Eintragung des Formwechsels erleichtern.

2 **2. Stets** sind der Anmeldung für alle Registergerichte folgende Unterlagen **beizufügen**[2]:

in **notarieller Ausfertigung** (§ 49 BeurkG) oder öffentlich **beglaubigter Abschrift** (§ 42 BeurkG) die notariellen Niederschriften

- des Umwandlungsbeschlusses (§§ 193, 194 UmwG),
- evtl. Zustimmungserklärungen einzelner Anteilsinhaber (§§ 193 Abs. 2, 217 Abs. 3, 233 Abs. 2 Satz 3, Abs. 3 Satz 1, 240 Abs. 2 Satz 1, Abs. 3 Satz 1, § 241 Abs. 1 Satz 1, Abs. 3, § 242 UmwG),
- evtl. Zustimmungserklärung der bei Beschlussfassung nicht erschienenen Anteilsinhaber (§ 233 Abs. 1 UmwG),
- des (evtl.) Verzichts auf einen Umwandlungsbericht (§ 192 Abs. 2 UmwG);

3 in **Urschrift** oder einfacher (= nicht öffentlich beglaubigter) **Abschrift**

- falls nicht verzichtet oder am Formwechsel nur ein Anteilseigner beteiligt ist: Umwandlungsbericht (§ 192 Abs. 1 UmwG),
- Nachweis der rechtzeitigen Zuleitung des Umwandlungsbeschlusses an den Betriebsrat (§ 194 Abs. 2 UmwG). Der Zugang kann etwa durch datierte Empfangsquittung des Betriebsratsvorsitzenden nachgewiesen werden (zum Nachweis bei fehlendem Betriebsrat siehe § 17 UmwG Rz. 3).

4 Bei Änderung der Art des Registers oder Sitzverlegung (§ 198 Abs. 2 Satz 2, 3 UmwG) ist dem künftigen Registergericht auch ein beglaubigter Handelsregisterauszug als Nachweis der Eintragung des Formwechsels im Register des formwechselnden Rechtsträgers zu übermitteln (siehe § 198 UmwG Rz. 23).

5 **3. Die „Sonst erforderlichen Unterlagen":** Dies sind die von den besonderen Vorschriften und dem Gründungsrecht des neuen Rechtsträgers verlangten Unterlagen. Bei Formwechsel in:

---

[1] Decher/Hoger in Lutter, § 199 UmwG Rz. 13; Schwanna in Semler/Stengel, § 199 UmwG Rz. 3.
[2] Siehe hierzu und zum Folgenden insbesondere auch Decher/Hoger in Lutter, § 199 UmwG Rz. 3 ff.; Vossius in Widmann/Mayer, § 199 UmwG Rz. 3, 5 ff.; Stratz in Schmitt/Hörtnagl/Stratz, § 199 UmwG Rz. 2; Althoff/Narr in Böttcher/Habighorst/Schulte, § 199 UmwG Rz. 11 ff.

OHG, KG, Partnerschaft
- Unterlagen sind nicht erforderlich. Insbesondere sind – anders als bei GmbH und AG – keine Nachweise hinsichtlich der Werthaltigkeit des Vermögens des umgewandelten Rechtsträgers vorzulegen[1] (siehe ergänzend § 17 UmwG Rz. 9 ff.).
- Keine weiteren Unterlagen (Ausnahme bei Partnerschaft: Zulassungsurkunden der jeweiligen Berufsträger).

GmbH 6
- (privatschriftlicher) Beschluss über die Bestellung der Geschäftsführer, sofern diese nicht im Umwandlungsbeschluss bestellt sind,
- (privatschriftliche) von den anmeldenden Geschäftsführern (§ 222 Abs. 1, § 246 Abs. 1 UmwG, § 8 Abs. 1 Nr. 3 GmbHG) zu unterzeichnende Liste der Gesellschafter mit Angabe von Namen, Vornamen, Geburtsdatum, Wohnort bzw. bei einer Gesellschaft Firma und Sitz sowie die übernommenen Geschäftsanteile. Sind beim Formwechsel von AG, KGaA in GmbH die Aktionäre unbekannt, sind sie in der Liste durch Angabe des insgesamt auf sie entfallenden Teils des Grundkapitals der Gesellschaft und der auf sie nach dem Formwechsel entfallenden Anteile zu bezeichnen (§§ 213, 35 UmwG)[2],
- Sachgründungsbericht (beim Formwechsel von AG, KGaA, von Genossenschaft sowie von rechtsfähigem Verein entbehrlich, vgl. §§ 245 Abs. 4, 264 Abs. 2, 277 UmwG). Der Sachgründungsbericht ist von den Gründern zu unterzeichnen. Einer Beglaubigung der Unterschrift bedarf es nicht,
- Werthaltigkeitsnachweis, dass Nennbetrag des Stammkapitals das nach Abzug der Verbindlichkeiten verbleibende Vermögen des formwechselnden Rechtsträgers nicht übersteigt (vgl. § 220 Abs. 1, § 245 Abs. 1, § 264 Abs. 1 UmwG), zB Bilanz oder Werthaltigkeitsbescheinigung durch Wirtschaftsprüfer,
- Versicherung der Geschäftsführer gemäß § 8 Abs. 3 GmbHG, jeweils in öffentlich beglaubigter Form (§ 12 HGB, § 129 BGB), soweit nicht in der Anmeldung bereits enthalten,
- ggf. Urkunden über Bestellung der Mitglieder des Aufsichtsrats (§ 52 Abs. 2 GmbHG) sowie Liste der Mitglieder des Aufsichtsrats mit dem gesetzlich vorgeschriebenen Inhalt (vgl. § 37 Abs. 4 Nr. 3a AktG).

AG, KGaA 7
- notarielle Ausfertigung oder beglaubigte Abschrift der Urkunde über die Bestellung der Aufsichtsratsmitglieder, falls nicht im Beschluss enthalten (§§ 197 Satz 2, 203 UmwG),

---

1 *Schwanna* in Semler/Stengel, § 198 UmwG Rz. 10; *Decher/Hoger* in Lutter, § 199 UmwG Rz. 8.
2 *Schwanna* in Semler/Stengel, § 199 UmwG Rz. 8.

- notarielle Ausfertigung oder beglaubigte Abschrift der Urkunde über die Bestellung der Abschlussprüfer für das erste Voll- oder Rumpfgeschäftsjahr (§ 30 Abs. 1 AktG),
- den (privatschriftlichen) Beschluss des Aufsichtsrats über die Bestellung des Vorstands (§ 37 Abs. 4 Nr. 3 AktG),
- Gründungsbericht der Gründer (§ 32 AktG) und Gründungsprüfungsbericht von Vorstand und Aufsichtsrat (§ 220 Abs. 3 UmwG, §§ 33 Abs. 2, 34 Abs. 3 AktG),
- Berechnung des durch den Formwechsel entstehenden (Gründungs-)Aufwands (§ 37 Abs. 4 Nr. 2 AktG),
- Versicherung gemäß § 37 Abs. 2 AktG in öffentlich beglaubigter Form (§ 12 HGB, § 129 BGB), soweit nicht bereits in der Anmeldung enthalten.
- Bei KGaA außerdem Urkunden über den Beitritt persönlich haftender Gesellschafter (§ 232 UmwG),
- Liste der Mitglieder des Aufsichtsrats mit dem gesetzlich vorgeschriebenen Inhalt (vgl. § 37 Abs. 4 Nr. 3a AktG),
- Werthaltigkeitsnachweis, dass der Nennbetrag des Grundkapitals nach Abzug der Verbindlichkeiten das verbleibende Vermögen des formwechselnden Rechtsträgers nicht übersteigt (§§ 220 Abs. 1, 245 Abs. 1, 264 Abs. 1 UmwG), zB Bilanz oder Werthaltigkeitsbescheinigung durch Wirtschaftsprüfer.

8 **eG**
- Satzung in Ausfertigung oder beglaubigter Abschrift,
- Abschrift der Urkunden über die Bestellung des Vorstands und des Aufsichtsrats,
- Prüfungsgutachten gemäß § 259 UmwG (in Urschrift oder beglaubigter Abschrift, § 265 UmwG).

9 Sind Unterlagen unvollständig oder fehlerhaft, können (behebbare) **Mängel** bis zur Wirksamkeit des Formwechsels (= Eintragung im Register, § 202 UmwG) behoben werden. Hierzu hat das Registergericht durch Zwischenverfügung unter Fristsetzung Gelegenheit zu geben (§ 382 Abs. 4 FamFG). Entsprechendes gilt für das Nachreichen fehlender Unterlagen[1].

10 Wegen Rechtsmittel siehe § 19 UmwG Rz. 13.

---

1 *Schwanna* in Semler/Stengel, § 199 UmwG Rz. 9; *Stratz* in Schmitt/Hörtnagl/Stratz, § 199 UmwG Rz. 4.

§ 200
Firma oder Name des Rechtsträgers

(1) Der Rechtsträger neuer Rechtsform darf seine bisher geführte Firma beibehalten, soweit sich aus diesem Buch nichts anderes ergibt. Zusätzliche Bezeichnungen, die auf die Rechtsform der formwechselnden Gesellschaft hinweisen, dürfen auch dann nicht verwendet werden, wenn der Rechtsträger die bisher geführte Firma beibehält.

(2) Auf eine nach dem Formwechsel beibehaltene Firma ist § 19 des Handelsgesetzbuchs, § 4 des Gesetzes betreffend die Gesellschaften mit beschränkter Haftung, §§ 4, 279 des Aktiengesetzes oder § 3 des Genossenschaftsgesetzes entsprechend anzuwenden.

(3) War an dem formwechselnden Rechtsträger eine natürliche Person beteiligt, deren Beteiligung an dem Rechtsträger neuer Rechtsform entfällt, so darf der Name dieses Anteilsinhabers nur dann in der beibehaltenen bisherigen oder in der neu gebildeten Firma verwendet werden, wenn der betroffene Anteilsinhaber oder dessen Erben ausdrücklich in die Verwendung des Namens einwilligen.

(4) Ist formwechselnder Rechtsträger oder Rechtsträger neuer Rechtsform eine Partnerschaftsgesellschaft, gelten für die Beibehaltung oder Bildung der Firma oder des Namens die Absätze 1 und 3 entsprechend. Eine Firma darf als Name einer Partnerschaftsgesellschaft nur unter den Voraussetzungen des § 2 Abs. 1 des Partnerschaftsgesellschaftsgesetzes beibehalten werden. § 1 Abs. 3 und § 11 des Partnerschaftsgesellschaftsgesetzes sind entsprechend anzuwenden.

(5) Durch den Formwechsel in eine Gesellschaft des bürgerlichen Rechts erlischt die Firma der formwechselnden Gesellschaft.

1. Allgemeines 1	b) Der Gedanke der Firmenkontinuität (§ 200 Abs. 1 Satz 1 UmwG) 20
2. Neubildung oder Beibehaltung der Firma nach § 200 UmwG; keine Weiterführung nach allgemeinen Fortführungsgrundsätzen 11	c) Fortführung des Geschäftsbetriebs keine Voraussetzung der Beibehaltung der Firma . . . 21
3. Neubildung der Firma	d) Kein Nachfolgehinweis 22
a) Anwendbare Regeln 14	e) Unveränderte Beibehaltung der bisher geführten Firma 23
b) Schutz des Namens ausscheidender Anteilsinhaber (§ 200 Abs. 3 UmwG) 15	f) Rechtsformhinweise (§ 200 Abs. 1 Satz 2, Abs. 2 UmwG) . . 25
c) Neubildung einer reinen Sachfirma 16	g) Schutz des Namens ausscheidender Anteilsinhaber (§ 200 Abs. 3 UmwG) 26
d) Erlöschen der alten Firma 17	
4. Beibehaltung der Firma (§ 200 Abs. 1 bis 4 UmwG)	h) Kein Erlöschen der Firma; Rangwahrung 28
a) Anwendbare Regeln 18	

§ 200 | Formwechsel – Allgemeine Vorschriften

5. Partnerschaftsgesellschaften (§ 200 Abs. 4 UmwG) 29	6. Erlöschen der Firma durch Formwechsel in die Gesellschaft bürgerlichen Rechts (§ 200 Abs. 5 UmwG) 32

Literatur: *Bokelmann*, Die Firma im Fall der Umwandlung, ZNotP 1998, 265; *Kögel*, Firmenrechtliche Besonderheiten des neuen Umwandlungsrechts, GmbHR 1996, 168; *Limmer*, Firmenrecht und Umwandlung nach dem Handelsrechtsreformgesetz, NotBZ 2000, 101.

1. Allgemeines

1 Gemäß § 194 Abs. 1 Nr. 2 UmwG hat der Umwandlungsbeschluss den Namen oder die Firma des Rechtsträgers neuer Rechtsform zu bestimmen. Dabei sind die Regelungen in § 200 UmwG zur **Firmierung** zu beachten.

2 § 200 UmwG in seiner ursprünglichen Fassung ist durch das Gesetz zur Neuregelung des Kaufmanns- und Firmenrechts und zur Änderung anderer handels- und gesellschaftsrechtlicher Vorschriften (Handelsrechtsreformgesetz – HRefG) v. 22.6.1998[1] und das Gesetz zur Änderung des Umwandlungsgesetzes, des Partnerschaftsgesellschaftsgesetzes und anderer Gesetze v. 22.7.1998[2] umfassend geändert worden. § 200 Abs. 4 UmwG wurde aufgrund der Erstreckung des UmwG auf **Partnerschaftsgesellschaften** eingefügt.

3 Die Firmierungsvorschriften in § 200 UmwG gelten **rechtsformübergreifend** für die verschiedenen Fälle des Formwechsels. Die **besonderen Vorschriften** der §§ 214–250 UmwG enthalten keine abweichenden (oder ergänzenden) Bestimmungen.

4 Die firmenrechtlichen Regelungen in § 200 UmwG sind **zwingend** (§ 1 Abs. 3 Satz 1 UmwG) und **abschließend** (§ 1 Abs. 3 Satz 2 UmwG): Gesellschaftsvertrag bzw. Satzung können weder von ihnen abweichen noch sie ergänzen.

5 **§ 200 Abs. 1 Satz 1 UmwG** bestimmt, dass der Rechtsträger die bisher geführte Firma grundsätzlich **beibehalten** darf, soweit sich aus dem Fünften Buch (§§ 190–304) UmwG nichts anderes ergibt. Die **Neubildung** der Firma ist dadurch nicht ausgeschlossen, § 200 UmwG enthält Vorschriften sowohl zur Beibehaltung als auch zur Neubildung der Firma.

6 **§ 200 Abs. 1 Satz 2 UmwG** stellt im Interesse der Firmenwahrheit klar, dass auch bei Beibehaltung der Firma **Hinweise auf die frühere Rechtsform** des formwechselnden Rechtsträgers in der Firma unzulässig sind; für den Fall der Neubildung der Firma gilt dies nach allgemeinen Grundsätzen ohnehin.

7 **§ 200 Abs. 2 UmwG** verlangt umgekehrt im Interesse der Firmenwahrheit gemäß dem jeweils anwendbaren allgemeinen Firmenrecht die Aufnahme eines

---

1 BGBl. I 1998, S. 1474.
2 BGBl. I 1998, S. 1878.

Hinweises auf die neue Rechtsform in die Firma, wenn der Rechtsträger die Firma in der neuen Rechtsform beibehält (vgl. Rz. 25). Für den Fall der Neubildung der Firma gilt ein entsprechendes Gebot unmittelbar.

§ 200 Abs. 3 UmwG macht zum Schutz natürlicher Personen, deren Beteiligung an dem Rechtsträger im Zuge des Formwechsels entfällt (zB durch Ausscheiden gegen Barabfindung; § 207 UmwG), die **Zustimmung** dieser Personen oder ihrer Erben zur **Voraussetzung der Verwendung ihres Namens** in der Firma des Rechtsträgers in seiner neuen Rechtsform, und zwar unabhängig davon, ob es sich um einen Fall der Beibehaltung oder der Neubildung der Firma handelt. 8

Beim Formwechsel aus oder in **Partnerschaftsgesellschaften** gelten § 200 Abs. 1 bis 3 UmwG entsprechend. Die Firma darf als Name der Partnerschaftsgesellschaft nur beibehalten werden, wenn sie den Namen einer natürlichen Person enthält (§ 2 Abs. 1 PartGG). Es gilt der Berufsrechtsvorbehalt des § 1 Abs. 3 PartGG. Nach § 11 Abs. 1 Satz 1 PartGG dürfen nur Partnerschaftsgesellschaften den Zusatz „Partnerschaft" oder „und Partner" führen. Dies gilt auch für die Zusätze „Part" oder „PartG" und „mit beschränkter Berufshaftung" oder „mbB" für die Partnerschaftsgesellschaft mit beschränkter Berufshaftung nach § 8 Abs. 4 PartGG[1]. Die Bezugnahme auf § 11 PartGG gewährleistet zudem die Möglichkeit, für vor dem 1.7.1995 gegründete Altgesellschaften, den Firmenbestandteil „Partnerschaft" oder „und Partner" beibehalten zu können, auch wenn die Gesellschaft keine Partnerschaftsgesellschaft ist. 9

Gemäß § 200 Abs. 5 UmwG erlischt beim **Formwechsel in die Gesellschaft bürgerlichen Rechts** die Firma des formwechselnden Rechtsträgers: Die Gesellschaft bürgerlichen Rechts hat keine Firma[2]. 10

2. Neubildung oder Beibehaltung der Firma nach § 200 UmwG; keine Weiterführung nach allgemeinen Fortführungsgrundsätzen

§ 200 UmwG lässt sowohl die **Beibehaltung** der bisherigen Firma wie die **Bildung einer neuen Firma** für den Rechtsträger in seiner neuen Rechtsform zu (§ 200 Abs. 1 Satz 1 UmwG)[3]. 11

Die Frage, ob neben der Beibehaltung der bisherigen Firma nach § 200 UmwG die Möglichkeit der **Fortführung** der Firma des formwechselnden Rechtsträgers **nach allgemeinen Fortführungsgrundsätzen** (§§ 22 ff. HGB und allgemeine 12

---

1 *Decher/Hoger* in Lutter, § 200 UmwG Rz. 14.
2 So auch *Petersen* in KölnKomm. UmwG, § 200 UmwG Rz. 11; aA *Decher/Hoger* in Lutter, § 200 UmwG Rz. 11.
3 So auch *Decher/Hoger* in Lutter, § 200 UmwG Rz. 12; *Stratz* in Schmitt/Hörtnagl/Stratz, § 200 UmwG Rz. 2.

Grundsätze der Firmenfortführung bei Gesamtrechtsnachfolge) besteht, ist zu verneinen. Die allgemeinen Fortführungsgrundsätze setzen ausnahmslos einen Vermögensübergang voraus. An diesem fehlt es im Recht des Formwechsels wegen der Identität des Rechtsträgers. Umgekehrt ist die Fortführung des Geschäftsbetriebs nicht Voraussetzung für die Beibehaltung der Firma.

13 Für den Formwechsel bestehen also **nur zwei Möglichkeiten:** Beibehaltung der bisherigen oder Bildung einer neuen Firma, beides nach näherer Maßgabe von § 200 UmwG. Die **Entscheidung** über die Weiterführung der bisherigen oder die Bildung einer neuen Firma ist **im Umwandlungsbeschluss** zu treffen. Er muss den Namen oder die Firma des Rechtsträgers in seiner neuen Rechtsform bestimmen (§ 194 Abs. 1 Nr. 2 UmwG).

3. Neubildung der Firma

a) Anwendbare Regeln

14 Für die Neubildung der Firma des Rechtsträgers neuer Rechtsform gilt grundsätzlich das für die neue Rechtsform allgemein maßgebliche Firmenrecht, also insbesondere § 18 HGB (Kennzeichnungskraft; Unterscheidungskraft; keine Irreführung) und für Personenhandelsgesellschaften § 19 HGB, für die GmbH § 4 GmbHG, für die AG § 4 AktG, für die KGaA § 279 AktG und für die eG § 3 GenG. Das allgemeine Firmenrecht wird jedoch durch § 200 UmwG modifiziert.

b) Schutz des Namens ausscheidender Anteilsinhaber (§ 200 Abs. 3 UmwG)

15 Die Verwendung des Namens in der neu gebildeten Firma bedarf nur dann der Einwilligung der natürlichen Person oder ihrer Erben gemäß § 200 Abs. 3 UmwG, wenn die natürliche Person zum Zeitpunkt des Formwechsels an dem formwechselnden Rechtsträger beteiligt ist. Andernfalls richtet sich die Zulässigkeit der Verwendung des Namens allein nach allgemeinem Firmen-, Namens- und Persönlichkeitsrecht[1]. Zu weiteren Einzelheiten siehe Rz. 26, 27.

c) Neubildung einer reinen Sachfirma

16 Gemäß § 19 HGB kann auch im Falle des Formwechsels in die Personenhandelsgesellschaft eine reine Sachfirma gewählt werden. Der neu gebildete Name einer Partnerschaftsgesellschaft muss dagegen den Namen einer natürlichen Person enthalten (§ 2 Abs. 1 PartGG; vgl. Rz. 29).

---

1 *Decher* in Lutter, § 18 UmwG Rz. 6; vgl. auch BayObLG v. 26.11.1997 – 3Z BR 279/79, DB 1998, 253: Fortführung des Namens eines ausgeschiedenen Gesellschafters bei „Umwandlung" einer GbR in eine Partnerschaftsgesellschaft gemäß § 2 Abs. 2 Halbsatz 2 PartGG iVm. § 24 Abs. 2 HGB.

d) Erlöschen der alten Firma

Die für den Rechtsträger neuer Rechtsform neu gebildete Firma wird wirksam mit Eintragung im Register. Zum gleichen Zeitpunkt erlischt die bisherige Firma des formwechselnden Rechtsträgers. 17

4. Beibehaltung der Firma (§ 200 Abs. 1 bis 4 UmwG)

a) Anwendbare Regeln

§ 200 UmwG privilegiert die **Beibehaltung** der bisherigen Firma des formwechselnden Rechtsträgers. Auch soweit er die Weiterführung zulässt, ist die Firma nicht etwa generell der **Überprüfung an den allgemeinen Grundsätzen des Firmenrechts** entzogen. Aus ihnen ergeben sich Einschränkungen auch für eine Firma, deren Beibehaltung grundsätzlich zugelassen ist: 18

Beibehalten werden darf nur eine Firma, die schon bisher zulässig war. Die **Unzulässigkeit der bisherigen Firma** muss sich der Rechtsträger auch in seiner neuen Rechtsform entgegenhalten lassen, falls nicht gerade der Wechsel der Rechtsform zur Heilung führt. Umgekehrt kann eine bisher zulässige **Firma** nicht beibehalten werden, wenn sie bei dem Rechtsträger **wegen** seiner **neuen Rechtsform unzulässig** wird, etwa keine Kennzeichnungs- oder Unterscheidungskraft hat oder irreführend ist. 19

b) Der Gedanke der Firmenkontinuität (§ 200 Abs. 1 Satz 1 UmwG)

Mit der grundsätzlichen Zulassung und Privilegierung der Beibehaltung der Firma des formwechselnden Rechtsträgers knüpft § 200 Abs. 1 Satz 1 UmwG an die Vorstellung vom identitätswahrenden Rechtsformwechsel ohne Vermögensübergang an, die das Formwechselrecht prägt: zur Kontinuität des Rechtsträgers, der Anteilsinhaber und der Beteiligungen tritt die grundsätzliche **Kontinuität der Firma**[1]. 20

c) Fortführung des Geschäftsbetriebs keine Voraussetzung der Beibehaltung der Firma

Der Rechtsträger kann seine Firma deshalb beibehalten, weil er fortbesteht. Auf die Fortführung des bisherigen Geschäftsbetriebs kommt es nicht an[2]. Der Gesetzgeber hat bewusst davon abgesehen, diese nach allgemeinem Recht (§ 22 HGB) für die Firmenfortführung und nach früherem Recht (vgl. zB § 6 Abs. 3 UmwG 1969) für die Firmenfortführung bei der übertragenden Umwandlung erforderliche Voraussetzung in das Recht des Formwechsels zu übernehmen[3]. 21

---

1 Begr. RegE, BT-Drucks. 12/6699, S. 143.
2 So auch *Decher/Hoger* in Lutter, § 200 UmwG Rz. 1.
3 Begr. RegE, BT-Drucks. 12/6699, S. 143.

d) Kein Nachfolgehinweis

22 Weil der Rechtsträger seine *eigene* Firma beibehält, nicht eine *fremde* Firma fortführt, ist auch ein **Hinweis auf ein Nachfolgeverhältnis** in der Firma im Formwechselrecht nicht vorgesehen[1], nicht zulässig und auch nicht sinnvoll[2].

e) Unveränderte Beibehaltung der bisher geführten Firma

23 Eine Weiterführung der Firma liegt nur vor, wenn die bisher geführte Firma **unverändert** – vorbehaltlich der Abweichungen, welche für die Beibehaltung gesetzlich gefordert oder zugelassen sind – fortgeführt wird. Die weitere Verwendung nur eines Teils der bisherigen Firma oder der ganzen bisherigen Firma unter Hinzufügung von Zusätzen ist nicht Beibehaltung der Firma, sondern Neubildung nach den für diese geltenden Regeln[3].

24 Die Befugnis zur Beibehaltung bezieht sich nur auf die **bisher geführte** (§ 200 Abs. 1 Satz 1 UmwG) Firma, also auf die Firma, die bis zum Wirksamwerden des Formwechsels durch Eintragung **tatsächlich geführt** wurde. Der Rückgriff auf eine früher geführte Firma unterliegt nicht den Regeln für die Beibehaltung, sondern denen für die Neubildung der Firma.

f) Rechtsformhinweise (§ 200 Abs. 1 Satz 2, Abs. 2 UmwG)

25 Im Interesse der Firmenwahrheit und Firmenklarheit gebietet § 200 UmwG die Streichung bisheriger Rechtsformzusätze und die Aufnahme der jeweils anwendbaren neuen Rechtsformhinweise in die beibehaltene Firma. Gemäß **§ 200 Abs. 1 Satz 2 UmwG** sind **Hinweise auf die Rechtsform des formwechselnden Rechtsträgers** in der Firma des Rechtsträgers in seiner neuen Rechtsform **unzulässig**[4]. Umgekehrt ist gemäß **§ 200 Abs. 2 UmwG** ein nach dem jeweiligen auf den Rechtsträger neuer Rechtsform anwendbaren Firmenrecht gebotener Rechtsformzusatz in die Firma aufzunehmen: § 19 Abs. 1 Nr. 2 HGB für die OHG; § 19 Abs. 1 Nr. 3 HGB für die KG; § 19 Abs. 2 HGB für die Kapitalgesellschaft & Co. KG (beim Formwechsel in die GmbH & Co. KG soll wegen § 19 Abs. 1 Nr. 3 HGB („Kommanditgesellschaft" oder Abkürzung) die Firmierung als „GmbH & Co." unzulässig sein[5]); § 4 GmbHG für die GmbH; § 4 AktG für die AG; § 279 Abs. 1 AktG für die KGaA; § 279 Abs. 2 AktG für die Kapitalgesellschaft & Co. KGaA; § 3 GenG für die eG. Die Auswechslung des Rechtsform-

---

1 Begr. RegE, BT-Drucks. 12/6699, S. 143.
2 So auch *Decher/Hoger* in Lutter, § 200 UmwG Rz. 6.
3 *Schwanna* in Semler/Stengel, § 200 UmwG Rz. 3.
4 OLG Frankfurt/M. v. 19.2.1999 – 20 W 72/99, DB 1999, 733 (734) = EWiR § 11 PartGG 1/99, 417 (*Seibert*); *Bokelmann*, ZNotP 1998, 265 (270).
5 *Limmer* NotBZ 2000, 101 (107) mwN.

zusatzes soll keine Firmenänderung darstellen[1]. Für den Fall der Neubildung der Firma gilt ein entsprechendes Gebot der Aufnahme eines Rechtsformzusatzes unmittelbar.

g) Schutz des Namens ausscheidender Anteilsinhaber (§ 200 Abs. 3 UmwG)

Die Regelung in § 200 Abs. 3 UmwG zum Schutz der Namensinteressen natürlicher Personen, deren Beteiligung an dem Rechtsträger im Zuge des Formwechsels entfällt (vgl. etwa die Fälle nach § 233 Abs. 3 Satz 3 UmwG), gilt nicht nur für die Neubildung der Firma (dazu Rz. 15), sondern auch für den Fall der Beibehaltung der bisherigen Firma. Auch soweit die Beibehaltung der bisherigen Firma unter Einschluss des Namens ausscheidender Anteilsinhaber grundsätzlich zulässig ist, lässt § 200 Abs. 3 UmwG die Verwendung dieser Namen nur mit ausdrücklicher Einwilligung der ausscheidenden Anteilsinhaber oder ihrer Erben zu. Damit erhalten die Namensinteressen ausscheidender Anteilsinhaber Vorrang vor dem Interesse an der Beibehaltung der bisherigen Firma. Die Beibehaltung der Firma kann daran mangels Einwilligung insgesamt scheitern, da die Firma grundsätzlich nur vollständig beibehalten werden kann (Rz. 23), eine teilweise Beibehaltung unter Aussparung des betreffenden Namens daher nicht möglich ist[2]. § 200 Abs. 3 UmwG bezieht sich ausschließlich auf die Namen von Personen, deren Beteiligung im Zuge des Formwechsels wegfällt. Eine entsprechende Anwendung auf andere Fälle ist unzulässig[3], wenn etwa die natürliche Person vor Beschlussfassung über den Formwechsel ausscheidet[4]. 26

Die Einwilligung muss ausdrücklich und kann nicht konkludent erfolgen. Bloßes Dulden reicht jedenfalls nicht aus[5] (siehe § 18 UmwG Rz. 13). Sie muss nicht vorher, aber in unmittelbarem zeitlichen Zusammenhang mit der Eintragung der Firma vorliegen (siehe § 18 UmwG Rz. 13). Sie ist bis zur Eintragung (mangels abweichender Vereinbarung) widerruflich[6]; danach nur noch aus wichtigem Grund[7]. Streitig ist, ob die Einwilligung nur persönlich oder auch durch In- 27

---

1 OLG Frankfurt/M. v. 19.2.1999 – 20 W 72/99, DB 1999, 733 (734) = EWiR § 11 PartGG 1/99, 417 (*Seibert*).
2 *Schwanna* in Semler/Stengel, § 200 UmwG Rz. 11.
3 So auch *Decher/Hoger* in Lutter, § 200 UmwG Rz. 9. AA *Petersen* in KölnKomm. UmwG, § 200 UmwG Rz. 6, der § 200 Abs. 3 UmwG entsprechend auf die Erben angewendet wissen will, wenn der Namensgeber vor der Beschlussfassung über den Formwechsel verstirbt.
4 *Jaensch* in Keßler/Kühnberger, § 200 UmwG Rz. 5.
5 *Decher/Hoger* in Lutter, § 200 UmwG Rz. 9; *Decher* in Lutter, § 18 UmwG Rz. 7; teilw. aA *Stratz* in Schmitt/Hörtnagl/Stratz, § 18 UmwG Rz. 19 (stillschweigende Einwilligung sei möglich).
6 AA *Decher/Hoger* in Lutter, § 200 UmwG Rz. 9.
7 *Decher* in Lutter, § 18 UmwG Rz. 8.

solvenzverwalter oder Testamentsvollstrecker erteilt werden kann[1] (siehe § 18 UmwG Rz. 12).

h) Kein Erlöschen der Firma; Rangwahrung

28   Bei Beibehaltung der Firma gemäß § 200 UmwG besteht die Firma nach Eintragung des Formwechsels fort; es handelt sich nicht etwa um das Erlöschen der bisherigen und das Entstehen einer gleichen neuen Firma. Daher gehen durch den Formwechsel Rechte im Hinblick auf Priorität und Dauer der Benutzung im Verhältnis zu Namen, Firmen oder Marken Dritter nicht verloren[2].

5. Partnerschaftsgesellschaften (§ 200 Abs. 4 UmwG)

29   Für Formwechsel aus oder in Partnerschaftsgesellschaften gelten gemäß § 200 Abs. 4 Satz 1 UmwG die Absätze 1 bis 3 entsprechend. Gemäß § 200 Abs. 4 Satz 2 UmwG iVm. § 2 Abs. 1 PartGG muss beim Formwechsel in die Partnerschaftsgesellschaft die beibehaltene Firma als Name der Partnerschaftsgesellschaft den **Namen mindestens eines der Partner** enthalten. Dieser kann gemäß § 1 Abs. 1 Satz 3 PartGG nur eine natürliche Person sein. Unzulässig ist daher die Beibehaltung einer Sach- oder Phantasiefirma als Name der Partnerschaftsgesellschaft[3]. Die Beibehaltung einer aus einem Familiennamen (§ 2 Abs. 1 Satz 2 PartGG) und einem Firmenzusatz bestehenden Mischfirma ist jedoch zulässig[4]. Die beibehaltene Firma darf als Name der Partnerschaftsgesellschaft nicht den Namen anderer Personen als der Partner enthalten (§ 200 Abs. 4 Satz 2 UmwG iVm. § 2 Abs. 1 Satz 3 PartGG) und muss außerdem alle in der Partnerschaftsgesellschaft ausgeübten sog. Freien Berufe benennen (vgl. § 1 Abs. 2 Satz 2 PartGG) sowie den Rechtsformzusatz „und Partner" oder „Partnerschaft" enthalten (ggf. mit dem Hinweis auf die beschränkte Berufshaftung „mbB" oder „mit beschränkter Berufshaftung").

30   Gemäß § 200 Abs. 4 Satz 3 UmwG iVm. § 1 Abs. 3 PartGG gilt der sog. **Berufsrechtsvorbehalt**, wonach die Berufsausübung in der Partnerschaft in Vorschriften über einzelne Berufe ausgeschlossen oder von weiteren Voraussetzungen abhängig gemacht werden kann, auch für die Namensbeibehaltung[5].

31   § 200 Abs. 4 Satz 3 UmwG erklärt § 11 PartGG (Übergangsvorschrift) für entsprechend anwendbar. Gemäß § 11 Abs. 1 Satz 1 PartGG ist der Rechtsform-

---

1   *Decher/Hoger* in Lutter, § 200 UmwG Rz. 9; ablehnend *Petersen* in KölnKomm. UmwG, § 200 UmwG Rz. 9.
2   Vgl. zum früheren Recht BGH v. 25.11.1982 – I ZR 130/80, DB 1983, 601 (602).
3   Begr. RegE, BT-Drucks. 13/8808, S. 11, 15.
4   Begr. RegE, BT-Drucks. 13/8808, S. 11, 15.
5   Begr. RegE, BT-Drucks. 13/8808, S. 11, 15.

zusatz „Partnerschaft" oder „und Partner" Partnerschaftsgesellschaften vorbehalten. Handelt es sich bei dem formwechselnden Rechtsträger jedoch um eine vor dem 1.7.1995 gegründete Altgesellschaft (§ 11 Abs. 1 Satz 2, 3 PartGG), die in ihrer Firma den Bestandteil „Partner" (sowie einen Hinweis auf ihre eigene Rechtsform) führt, so kann der Bestandteil „Partner" auch bei einem Formwechsel in eine andere Rechtsform als der Partnerschaftsgesellschaft beibehalten werden[1].

6. Erlöschen der Firma durch Formwechsel in die Gesellschaft bürgerlichen Rechts (§ 200 Abs. 5 UmwG)

Gemäß § 200 Abs. 5 UmwG erlischt beim Formwechsel in eine Gesellschaft bürgerlichen Rechts die Firma des formwechselnden Rechtsträgers. Die Regelung trägt der Tatsache Rechnung, dass die Gesellschaft bürgerlichen Rechts nicht zur Führung einer Firma berechtigt ist[2]. Die Firma erlischt zu dem Zeitpunkt, zu dem der Formwechsel wirksam wird, also mit Eintragung des Formwechsels im Register (§ 202 UmwG). Der GbR kann jedoch eine Namensbezeichnung gegeben werden, unter der sie im Rechtsverkehr auftritt[3].

32

§ 201
Bekanntmachung des Formwechsels

Das für die Anmeldung der neuen Rechtsform oder des Rechtsträgers neuer Rechtsform zuständige Gericht hat die Eintragung der neuen Rechtsform oder des Rechtsträgers neuer Rechtsform nach § 10 des Handelsgesetzbuchs ihrem ganzen Inhalt nach bekannt zu machen.

1. Inhalt .... 1 | 2. Rechtsfolgen 5

1. Inhalt

Die Vorschrift enthält eine dem § 19 Abs. 3 UmwG nachgebildete Regelung über die Veröffentlichung. Das weiterhin zuständige (§ 198 Abs. 1 UmwG) und das zukünftige Registergericht (§ 198 Abs. 2 Satz 1 u. 2 UmwG) haben ihre Eintra-

1

---

1 Begr. RegE, BT-Drucks. 13/8808, S. 11, 15; OLG Frankfurt/M. v. 19.2.1999 – 20 W 72/99, DB 1999, 733 (734) = EWiR § 11 PartGG 1/99, 417 (*Seibert*): OHG in GmbH.
2 Begr. RegE, BT-Drucks. 12/6699, S. 143; kritisch *Bokelmann*, ZNotP 1998, 265 (271); vgl. auch *Kögel*, GmbHR 1996, 168 (174).
3 Vgl. *Decher/Hoger* in Lutter, § 200 UmwG Rz. 11.

gung des Formwechselvorgangs ihrem ganzen Inhalt[1] nach in dem von der Justizverwaltung bestimmtem elektronischen Informationssystem (§ 10 HGB) bekannt zu machen (siehe § 19 UmwG Rz. 14). Ferner sind die Eintragungen den Verfahrensbeteiligten bekannt zu geben (§ 383 Abs. 1 FamFG). Entsprechendes gilt für die Bekanntmachung der Eintragung beim bisherigen Handelsregister (vgl. § 198 Abs. 2 Satz 3, 4 UmwG). Auch die Eintragung dort ist ihrem ganzen Inhalt – mit Vorläufigkeitsvermerk, es sei denn, die Eintragungen erfolgen tagleich (§ 198 Abs. 2 Satz 4 UmwG) – in der vorgenannten Weise bekannt zu machen.

2 Eine zusätzliche Bekanntmachung in den Gesellschaftsblättern der Gesellschaften ist entfallen[2]. Die Vertretungsorgane des Rechtsträgers neuer Rechtsform treffen aber Benachrichtigungspflichten (vgl. §§ 267, 268, 281, 299 UmwG).

3 Jedes Gericht hat die Gläubiger in der Bekanntmachung zusätzlich darauf hinzuweisen, dass sie **Sicherheitsleistung** verlangen können (§§ 204, 22 Abs. 1 Satz 3 UmwG)[3]. Die Bekanntmachung ist auch ohne diesen Hinweis wirksam, sein Fehlen kann aber Amtshaftungsansprüche auslösen.

4 Die Bekanntmachung ist erfolgt, wenn sie auf der elektronischen Seite des betreffenden Registergerichts für Bekanntmachungen für die Öffentlichkeit einsehbar eingestellt ist.

2. Rechtsfolgen

5 Für die Wirksamkeit des Formwechsels ist die Bekanntmachung ohne Bedeutung. Sie hat nur **verlautbarende Wirkung**[4]. Mit Ablauf des Tages, an dem die Eintragung des Formwechsels bekannt gemacht worden ist (Rz. 4), beginnen **Fristen** zu laufen: die Sechs-Monats-Frist für die Anmeldung der Gläubigeransprüche (§§ 204, 22 Abs. 1 UmwG), die fünfjährige Verjährungsfrist für die Geltendmachung von Schadensersatzansprüchen (§§ 205 Abs. 2, 224 Abs. 3 UmwG), die Zwei-Monats-Frist für die Annahme des Abfindungsangebots (§ 209 UmwG), die Möglichkeit einer anderweitigen Anteilsveräußerung (§ 211 UmwG), die Fortdauer und zeitliche Begrenzung der persönlichen Haftung ausgeschiedener Anteilsinhaber (§§ 224 Abs. 3, 237, 249, 257 UmwG), die Drei-Monats-Frist für die Einleitung des Spruchverfahrens (§ 4 Abs. 1 Nr. 4 SpruchG).

---

1 *Decher/Hoger* in Lutter, § 201 UmwG Rz. 2; *Schwanna* in Semler/Stengel, § 201 UmwG Rz. 2; *Stratz* in Schmitt/Hörtnagl/Stratz, § 201 UmwG Rz. 1; *Vossius* in Widmann/Mayer, § 201 UmwG Rz. 41.
2 *Vossius* in Widmann/Mayer, § 201 UmwG Rz. 39.
3 *Decher/Hoger* in Lutter, § 201 UmwG Rz. 2; *Vossius* in Widmann/Mayer, § 201 UmwG Rz. 42; *Schwanna* in Semler/Stengel, § 201 UmwG Rz. 3; *Petersen* in KölnKomm. UmwG, § 201 UmwG Rz. 7.
4 *Decher/Hoger* in Lutter, § 201 UmwG Rz. 6; *Schwanna* in Semler/Stengel, § 201 UmwG Rz. 4; *Petersen* in KölnKomm. UmwG, § 201 UmwG Rz. 7.

Neben der elektronischen Bekanntmachung ist die Eintragung den Beteiligten durch **Eintragungsnachricht** bekannt zu geben (§ 383 Abs. 1 FamFG). 6

§ 202
Wirkungen der Eintragung

(1) Die Eintragung der neuen Rechtsform in das Register hat folgende Wirkungen:
1. Der formwechselnde Rechtsträger besteht in der in dem Umwandlungsbeschluss bestimmten Rechtsform weiter.
2. Die Anteilsinhaber des formwechselnden Rechtsträgers sind an dem Rechtsträger nach den für die neue Rechtsform geltenden Vorschriften beteiligt, soweit ihre Beteiligung nicht nach diesem Buch entfällt. Rechte Dritter an den Anteilen oder Mitgliedschaften des formwechselnden Rechtsträgers bestehen an den an ihre Stelle tretenden Anteilen oder Mitgliedschaften des Rechtsträgers neuer Rechtsform weiter.
3. Der Mangel der notariellen Beurkundung des Umwandlungsbeschlusses und gegebenenfalls erforderlicher Zustimmungs- oder Verzichtserklärungen einzelner Anteilsinhaber wird geheilt.

(2) Die in Absatz 1 bestimmten Wirkungen treten in den Fällen des § 198 Abs. 2 mit der Eintragung des Rechtsträgers neuer Rechtsform in das Register ein.

(3) Mängel des Formwechsels lassen die Wirkung der Eintragung der neuen Rechtsform oder des Rechtsträgers neuer Rechtsform in das Register unberührt.

1. Allgemeines 1	bb) Firma 23
2. Die Eintragung (§ 202 Abs. 1, 2 UmwG) 5	cc) Organe/Vollmachten 24
3. Wirkung der Eintragung auf die Rotationspflicht von Abschlussprüfern (*Lanfermann*) 11a	dd) Arbeitnehmer und Arbeitnehmervertretungen 27
4. Stichtag des Formwechsels (Umwandlungsstichtag); Umwandlungsbilanz 12	6. Fortbestehen der Beteiligungen trotz Änderung der Rechtsform (§ 202 Abs. 1 Nr. 2 Satz 1 UmwG) 28
5. Fortbestehen des Rechtsträgers trotz Änderung der Rechtsform (§ 202 Abs. 1 Nr. 1 UmwG)	a) Identität der Anteilsinhaber ... 29
a) Kein Vermögensübergang 13	b) Identität der Beteiligungen ... 34
b) Austausch des Normensystems 21	c) Forthaftung von Anteilsinhabern, Haftung für Altverbindlichkeiten 42
aa) Gesellschaftsvertrag, Satzung 22	7. Fortbestehen der Rechte Dritter an den Beteiligungen (§ 202 Abs. 1 Nr. 2 Satz 2 UmwG) 44

8. Wirkung der Eintragung auf Mängel des Formwechsels
 a) Heilung des Mangels notarieller Beurkundung durch Eintragung (§ 202 Abs. 1 Nr. 3 UmwG) ... 47

b) Wirkung der Eintragung bei sonstigen Mängeln (§ 202 Abs. 3 UmwG) 55
 c) Die maßgebliche Eintragung .. 59

Literatur: *Baldamus,* Organschaft und Rückwirkung bei Umwandlungen, Der Konzern 2003, 813; *Berninger,* Handelsregistereintragung des Formwechsels einer AG in die Rechtsform der GmbH bzw. umgekehrt, GmbHR 2004, 659; *Böhringer,* Grundbuchberichtigung bei Umwandlungen nach dem Umwandlungsgesetz, Rpfleger 2001, 59; *Bokelmann,* Eintragung eines Beschlusses: Prüfungskompetenz des Registerrichters bei Nichtanfechtung, rechtsmissbräuchlicher Anfechtungsklage und bei Verschmelzung, DB 1994, 1341; *Büchel,* Voreilige Eintragung von Verschmelzung oder Formwechsel und die Folgen, ZIP 2006, 2289; *Eckert,* Der Formwechsel einer Kapitalgesellschaft in eine Personengesellschaft und seine Auswirkungen auf öffentlich-rechtliche Erlaubnisse, ZIP 1998, 1950; *Gaiser,* Die Umwandlung und ihre Auswirkungen auf personenbezogene öffentlich-rechtliche Erlaubnisse – Ein unlösbarer Konflikt zwischen Umwandlungsrecht und Gewerberecht?, DB 2000, 361; *Habersack/Schürnbrand,* Das Schicksal gebundener Ansprüche beim Formwechsel, NZG 2007, 81; *Heckschen/Simon,* Umwandlungsrecht – Gestaltungsschwerpunkte der Praxis, 2003; *Hennrichs,* Formwechsel und Gesamtrechtsnachfolge bei Umwandlungen, einschließlich Verschmelzung und Spaltung, 1995; *Hoger,* Fortdauer und Beendigung der organschaftlichen Rechtsstellung von Geschäftsleitern beim Formwechsel nach dem UmwG, ZGR 2007, 868; *Hoger,* Kontinuität beim Formwechsel nach dem UmwG und der grenzüberschreitenden Verlegung des Sitzes einer SE, 2008; *Kort,* Bedeutung und Reichweite des Bestandsschutzes von Umwandlungen, AG 2010, 230; *Meilicke,* Kein Rechtsschutz gegen rechtswidrige Handelsregistereintragungen?, DB 2001, 1235; *K. Mertens,* Die stille Beteiligung an der GmbH und ihre Überleitung bei Umwandlungen in die AG, AG 2000, 32; *Priester,* Das neue Umwandlungsrecht aus notarieller Sicht, DNotZ 1995, 427; *C. Schäfer,* Die „Bestandskraft" fehlerhafter Strukturänderungen im Aktien- und Umwandlungsrecht – zu neuen, rechtlich nicht vertretbaren Ausdehnungstendenzen und zu ihrer prinzipiellen Ungeeignetheit, missbräuchliche Anfechtungsklagen zu vermeiden, FS K. Schmidt, 2009, S. 1389; *Scholz,* Akzessorietätstheorie und Formwechsel, NZG 2002, 414; *Schwarz,* Auswirkungen des Formwechsels einer beherrschten Kapitalgesellschaft in eine Personengesellschaft auf Organschaftsverträge, ZNotP 2002, 106; *Stöber,* Die Auswirkungen einer Umwandlung nach dem Umwandlungsgesetz auf einen laufenden Zivilprozess, NZG 2006, 574.

1. Allgemeines

1 § 202 UmwG bestimmt die Wirkungen der Eintragung. Ohne Eintragung treten die Wirkungen des Formwechsels nicht ein; die Eintragung hat **konstitutive Wirkung**[1].

---

1 *Decher/Hoger* in Lutter, § 202 UmwG Rz. 5; *Drinhausen/Keinath* in Henssler/Strohn, § 202 UmwG Rz. 2.

Die Wirkungen der Eintragung entsprechen der Vorstellung vom Formwechsel 2
als einer **identitätswahrenden** Änderung der Rechtsform: Die Rechtsform ändert sich, der Rechtsträger bleibt (§ 202 Abs. 1 Nr. 1 UmwG); die Rechtsnatur der Anteile ändert sich, die Anteile (und die Rechte Dritter an ihnen) bestehen fort (§ 202 Abs. 1 Nr. 2 UmwG). Die Eintragung soll **Rechtssicherheit** schaffen: Bestimmte Beurkundungsmängel werden durch die Eintragung geheilt (§ 202 Abs. 1 Nr. 3 UmwG). Sonstige Mängel des Formwechsels lassen die Wirkungen der Eintragung unberührt (§ 202 Abs. 3 UmwG). Sind **mehrere Eintragungen** erforderlich, ergibt sich aus § 202 Abs. 2 UmwG iVm. § 202 Abs. 1 UmwG, welche dieser Eintragungen die Wirkungen des Formwechsels auslöst.

Die Wirkungen der Eintragung sind in § 202 UmwG **rechtsformübergreifend** 3
für alle Formwechselfälle geregelt. Die **Besonderen Vorschriften** enthalten nur wenige ergänzende Regelungen: Beim Formwechsel von Personenhandelsgesellschaften beginnt die Fünfjahresfrist für die Forthaftung der Gesellschafter mit der Bekanntmachung der Eintragung des Formwechsels (§ 224 Abs. 3 UmwG; § 225c UmwG); entsprechendes gilt für den Formwechsel einer KGaA in eine KG (§ 237 UmwG) oder in eine AG oder GmbH (§ 249 UmwG). Beim Formwechsel einer KGaA in eine Personengesellschaft scheiden die persönlich haftenden Gesellschafter, welche nach § 233 Abs. 3 Satz 3 UmwG ihr Ausscheiden erklärt haben, mit Wirksamwerden des Formwechsels (Eintragung) aus der Gesellschaft aus (§ 236 UmwG). Für den Formwechsel einer Kapitalgesellschaft in eine Kapitalgesellschaft anderer Rechtsform enthält § 247 UmwG in Abs. 1 und Abs. 2 ergänzende Regelungen zu § 202 UmwG: Das Stammkapital einer GmbH wird zum Grundkapital der AG und umgekehrt (§ 247 Abs. 1 UmwG); die persönlich haftenden Gesellschafter einer formwechselnden KGaA scheiden mit dem Formwechsel aus der Gesellschaft aus (§ 247 Abs. 2 UmwG).

Parallelvorschriften zu § 202 UmwG, welche die Wirkung der Eintragung für 4
die anderen Umwandlungsgrundtypen regeln, finden sich in § 20 UmwG (Verschmelzung), § 131 UmwG (Spaltung zur Aufnahme), §§ 135 Abs. 1 Satz 1, 131 UmwG (Spaltung zur Neugründung), § 155 UmwG (Ausgliederung zur Aufnahme) und §§ 158, 155 UmwG (Ausgliederung zur Neugründung). Sie unterscheiden sich von § 202 UmwG grundlegend dadurch, dass sie einen Vermögensübergang voraussetzen, sind aber im Übrigen weitgehend wie § 202 UmwG gestaltet.

2. Die Eintragung (§ 202 Abs. 1, 2 UmwG)

Der Formwechsel wird wirksam mit Eintragung (§ 202 UmwG), nicht erst mit 5
deren Bekanntmachung (§ 201 UmwG); diese ist für die Wirksamkeit des Formwechsels ohne Bedeutung (zu den Wirkungen der Bekanntmachung vgl. § 201 UmwG).

Inhalt der Eintragung ist trotz der Terminologie des Gesetzes („Eintragung der 6
neuen Rechtsform" in § 198 Abs. 1 UmwG, § 202 Abs. 1 und 3 UmwG; „Eintra-

gung des Rechtsträgers neuer Rechtsform" in § 202 Abs. 2 und 3 UmwG) der Formwechsel als solcher[1].

7 Grundsätzlich ist der Formwechsel (nur) bei dem **Register** anzumelden und einzutragen, **in dem der formwechselnde Rechtsträger eingetragen ist** (§ 198 Abs. 1 UmwG; etwa Formwechsel aus GmbH in AG ohne Sitzverlegung; Formwechsel aus GmbH in GbR, die in kein Register einzutragen ist). Es ist dann diese (eine) Eintragung des Rechtsträgers neuer Rechtsform im Register des formwechselnden Rechtsträgers, welche die Wirkung des Formwechsels auslöst (§ 202 Abs. 1 UmwG iVm. § 198 Abs. 1 UmwG). Bei der Umwandlung einer Kapitalgesellschaft in eine GbR ist Gegenstand der Anmeldung nicht die Anmeldung der neuen Rechtsform, sondern die Umwandlung der formwechselnden Kapitalgesellschaft in eine GbR (§ 235 Abs. 1 Satz 1 UmwG). Die Bezeichnung der GbR und die ihr angehörenden Gesellschafter sind dagegen keine eintragungspflichtigen Tatsachen[2].

8 Ist der formwechselnde Rechtsträger nicht in einem Register eingetragen, ist der Formwechsel zum **Register des Rechtsträgers neuer Rechtsform** anzumelden und dort einzutragen (Formwechsel eines nicht in das Vereinsregister eingetragenen wirtschaftlichen Vereins in eine Kapitalgesellschaft oder eine eingetragene Genossenschaft, §§ 272–290 UmwG; §§ 22, 55 Abs. 1 BGB; einer Körperschaft oder Anstalt öffentlichen Rechts in eine Kapitalgesellschaft, §§ 301–304 UmwG). Es ist dann diese (eine) Eintragung im Register des neuen Rechtsträgers, welche die Wirkungen des Formwechsels auslöst (§ 198 Abs. 2 Satz 1 UmwG iVm. § 202 Abs. 2 UmwG).

9 Wenn sich durch den Formwechsel die **Art des Registers ändert** (zB Handelsregister statt Genossenschaftsregister), ist der Formwechsel sowohl zum Register des Rechtsträgers neuer Rechtsform (§ 198 Abs. 2 Satz 2 UmwG) als auch zum Register des formwechselnden Rechtsträgers (§ 198 Abs. 2 Satz 3 UmwG) anzumelden. Zuerst hat die Eintragung im Register des formwechselnden Rechtsträgers zu erfolgen, erst danach im Register des Rechtsträgers neuer Rechtsform (§ 198 Abs. 2 Satz 5 UmwG). Dies gilt auch bei einem Wechsel innerhalb des Handelsregisters von Abt. A zu Abt. B (oder umgekehrt), obwohl keine Änderung der Art des Registers vorliegt, so dass die Anmeldung nur zum Register des formwechselnden Rechtsträgers erfolgt. In diesen Fällen ist es die **Eintragung im Register des Rechtsträgers neuer Rechtsform**, welche den Formwechsel wirksam werden lässt (§ 202 Abs. 2 UmwG iVm. § 198 Abs. 2 UmwG).

10 Erfolgen die **Eintragungen nicht taggleich** in allen Registern, so ist im Register des formwechselnden Rechtsträgers der Formwechsel zunächst mit dem Vermerk einzutragen, dass er erst mit Eintragung des Rechtsträgers neuer Rechts-

---

1 So auch *Vossius* in Widmann/Mayer, § 198 UmwG Rz. 36 (zum Inhalt der Anmeldung); vgl. zur Formulierung der Eintragung § 198 UmwG.
2 OLG Bremen v. 1.10.2015 – 5 U 21/14, GmbHR 2015, 1321 (1322) (n. rkr.).

form in das für diesen maßgebliche Register wirksam wird (§ 198 Abs. 2 Satz 4 UmwG). Der Vermerk ist von Amts wegen zu löschen, wenn der Formwechsel wirksam geworden ist.

Entsprechendes gilt, wenn mit dem Formwechsel eine **Verlegung des Sitzes** des Rechtsträgers verbunden ist; der Formwechsel wird erst wirksam mit Eintragung im Register des für den neuen Sitz zuständigen Gerichts (§ 202 Abs. 2 UmwG iVm. § 198 Abs. 2 Satz 2 Halbsatz 2, Satz 1, Satz 3 und 4 UmwG). 11

3. Wirkung der Eintragung auf die Rotationspflicht von Abschlussprüfern *(Lanfermann)*

Im Zuge der **EU-Abschlussprüferreform** kam es insbesondere zu Änderungen im Hinblick auf die Vorschriften bzgl. der Abschlussprüfung von Unternehmen von öffentlichem Interesse. Ein Kernaspekt dabei ist die Pflichtrotation von Abschlussprüfern solcher Unternehmen. Abschlussprüfer haben grundsätzlich eine Grundrotationszeit von zehn aufeinanderfolgenden Jahren bei Prüfungen von Unternehmen von öffentlichem Interesse zu beachten (Art. 17 Abs. 1 Unterabs. 2 VO (EU) Nr. 537/2014). Generell knüpft die **Dauer der Prüfungsmandatsbeziehung** an die jeweilige rechtliche Einheit an. Sofern aus einem Umwandlungsvorgang eine **neue rechtliche Einheit** entsteht, würde die Dauer der Prüfungsmandatsbeziehung mit Gründung dieser rechtlichen Einheit neu zu ermitteln sein – vorausgesetzt, dass es sich bei der rechtlichen Einheit auch um ein Unternehmen von öffentlichem Interesse handelt. Die bisherigen Prüfungsmandatsdauern der übertragenden Rechtsträger sind unbeachtlich[1]. Hinsichtlich der genauen Berechnung der relevanten Prüfungsmandatsbeziehung hat die Europäische Kommission klargestellt, dass für einen Rechtsträger, der im Laufe des Geschäftsjahres erstmalig die Voraussetzungen für das Vorliegen eines Unternehmens von öffentlichem Interesse erfüllt, die Zählung der für die Pflichtrotation relevanten Mandatsdauer mit dem Beginn des ersten Geschäftsjahres beginnt, das dem Geschäftsjahr folgt, in dem der Rechtsträger zum Unternehmen von öffentlichem Interesse wurde[2]. 11a

In **Umwandlungsfällen** ist also für die Dauer der Prüfungsmandatsbeziehung zu bestimmen, ob im Zuge der Umwandlung ein neuer Rechtsträger entsteht, der zudem die Voraussetzungen eines Unternehmens von öffentlichem Interesse erfüllt, mit Sitz in Deutschland. Dafür sind zwei Bedingungen kumulativ zu erfüllen. Zunächst muss die Gründung des neuen Rechtsträgers stattgefunden haben. Dies geschieht stets mit dem Zeitpunkt der Eintragung in das Handelsregister. 11b

---

1 Vgl. Europäische Kommission in Q&A – Implementation of the New Statutory Audit Framework 3.9.2014, S. 6.
2 Vgl. Europäische Kommission in Additional Q&A – Implementation of the New Statutory Audit Framework 31.5.2016, S. 1.

Weiterhin muss die Eigenschaft als Unternehmen von öffentlichem Interesse gegeben sein, dh. die Kapitalmarktorientierung iS von § 264d HGB oder das Vorliegen eines CRR-Kreditinstituts iS des § 1 Abs. 3d Satz 1 KWG[1] oder das Vorliegen eines Versicherungsunternehmens iS des Art. 2 Abs. 1 der Versicherungsrichtlinie 91/674/EWG[2]. Eine Kapitalmarktorientierung iS von § 264d HGB besteht dabei, wenn die Zulassung der Wertpapiere an einem in der EU geregelten Markt beantragt wurde.

11c Im Falle der **Gründung einer Europäischen Gesellschaft** ist für die Dauer der Prüfungsmandatsbeziehung zu bestimmen, ob eine neue rechtliche Einheit vorliegt. Dies ist bei der Gründung mittels Verschmelzung, durch Neugründung oder der Gründung einer Holding- oder Tochtergesellschaft der Fall. Dabei kommt es auf die Eintragung im Handelsregister und ggf. der Beantragung der Zulassung der Wertpapiere an einem geregelten Markt an. Bei der Gründung durch Formwechsel oder der Gründung mittels Verschmelzung durch Aufnahme besteht eine Kontinuität des Rechtsträgers, womit kein neues Unternehmen von öffentlichen Interesse entsteht[3]. Für Versicherungsunternehmen und Kreditinstitute gelten zusätzliche Regelungen, wie zB §§ 14, 44, 111d VAG (Bestandsübertragung); für Kreditinstitute sind diese überwiegend aufsichtsrechtlicher Natur.

4. Stichtag des Formwechsels (Umwandlungsstichtag); Umwandlungsbilanz

12 Der Formwechsel wird **wirksam mit Eintragung** im Handelsregister (§ 202 Abs. 1, 2 UmwG). Die Regelung ist **zwingend** (§ 1 Abs. 3 Satz 1 UmwG); die Anteilsinhaber können nicht etwa einen anderen Zeitpunkt für das Wirksamwerden festlegen[4]. Auch im **Innenverhältnis** ist die Bestimmung eines abweichenden Umwandlungsstichtages, etwa im Umwandlungsbeschluss, handelsrechtlich weder zweckmäßig noch möglich (§ 194 UmwG Rz. 9)[5]. Ein Vermögensübergang findet eben nicht statt. Etwaige Abreden zum Rechnungswesen oder dem Beginn von Gewinnbezugsrechten, die von abweichenden Stichtagen ausgehen, können getroffen werden, haben mit dem Formwechsel und seinen Wirkungen aber nichts zu tun. Auch eine handelsrechtliche **Umwandlungsbilanz** ist nicht erforderlich (vgl. § 194 UmwG Rz. 11)[6]. Ertragsteuerlich sind dagegen in den Fällen

---

1 Mit Ausnahme der in § 2 Abs. 1 Nr. 1 und 2 KWG genannten Institute.
2 Vgl. IDW Positionspapier zu Inhalten und Zweifelsfragen der EU-Verordnung und der Abschlussprüferrichtlinie (Stand: 11.4.2016), S. 13 ff.
3 Vgl. IDW Positionspapier zu Inhalten und Zweifelsfragen der EU-Verordnung und der Abschlussprüferrichtlinie (Stand: 11.4.2016), S. 15.
4 *Decher/Hoger* in Lutter, § 202 UmwG Rz. 6.
5 AA *Vossius* in Widmann/Mayer, § 202 UmwG Rz. 34; *Decher/Hoger* in Lutter, § 202 UmwG Rz. 6.
6 *Decher/Hoger* in Lutter, § 202 UmwG Rz. 35.

des Formwechsels aus einer Personengesellschaft in eine Kapitalgesellschaft und des Formwechsels aus einer Kapitalgesellschaft in eine Personengesellschaft sowohl ein Umwandlungsstichtag als auch eine Übertragungs(schluss)bilanz und eine Eröffnungsbilanz erforderlich[1].

5. Fortbestehen des Rechtsträgers trotz Änderung der Rechtsform (§ 202 Abs. 1 Nr. 1 UmwG)

a) Kein Vermögensübergang

Der Formwechsel hat keinen Vermögensübergang zur Folge (vgl. § 190 UmwG Rz. 6). Der **Rechtsträger** bleibt **identisch**, nur das Normensystem, dem er unterliegt, wird ausgetauscht. Inhaber des Vermögens mit allen Rechten und Pflichten ist und bleibt derselbe Rechtsträger. 13

Die **Verbindlichkeiten** des Rechtsträgers bestehen inhaltlich unverändert fort. Der Zustimmung von Dritten, insbesondere von Gläubigern, bedarf es daher nicht. Die **Gläubiger** des Rechtsträgers (entscheidend ist, wer im Zeitpunkt der Eintragung des Formwechsels Gläubiger ist) können jedoch **Sicherheitsleistung** verlangen, wenn sie glaubhaft machen, dass der Formwechsel die Erfüllung ihrer Forderungen gefährdet (§ 204 UmwG iVm. § 22 UmwG; vgl. im Einzelnen § 204 UmwG Rz. 3 ff.). Auf dieses Recht sind sie in der Bekanntmachung der Eintragung des Formwechsels hinzuweisen (§ 204 UmwG iVm. § 22 Abs. 1 Satz 3 UmwG). 14

Rechtsstreitigkeiten werden nicht unterbrochen[2]. Eine Rechtsnachfolge gemäß § 265 ZPO tritt nicht ein. Eine Klageänderung gemäß § 263 ZPO ist nicht erforderlich; es muss lediglich das Rubrum berichtigt werden[3]. Ein vor Rechtshängigkeit erfolgter Formwechsel lässt die Parteifähigkeit selbst dann unberührt, wenn der Rechtsträger noch unter seiner früheren Rechtsform klagt und unter dieser im Prozess auftritt; es handelt sich lediglich um eine falsche Bezeichnung, die jederzeit berichtigt werden kann[4]. Die gesetzliche Vertretung im Prozess bestimmt sich nach den allgemein für den Rechtsträger neuer Rechtsform geltenden Regeln[5]. 15

---

1 *Schumacher* in Lutter, Anh. 1 nach § 304 UmwG Rz. 12, 30.
2 *Decher/Hoger* in Lutter, § 202 UmwG Rz. 41; *Stöber*, NZG 2006, 574 (576 f.).
3 *Vossius* in Widmann/Mayer, § 202 UmwG Rz. 40; *Decher/Hoger* in Lutter, § 202 UmwG Rz. 41; *Stöber*, NZG 2006, 574 (576 f.).
4 OLG Köln v. 5.8.2003 – 3 U 30/03, GmbHR 2003, 1489.
5 BGH v. 12.5.1997 – II ZR 50/96, GmbHR 1997, 647 = EWiR § 112 AktG 1/98, 99 (*Pfeiffer*); sowie BGH v. 1.12.2003 – II ZR 161/02, AG 2004, 142 = EWiR § 112 AktG 9/04, 97 (*Ziemons*): nach Formwechsel einer GmbH in AG Vertretung durch den Aufsichtsrat im (fortdauernden) Prozess gegen ehemaligen Geschäftsführer der GmbH.

§ 202 | Formwechsel – Allgemeine Vorschriften

16 **Vollstreckbare Titel** bleiben für und gegen den Rechtsträger wirksam, müssen aber gegebenenfalls umgeschrieben werden[1]. Ist der Rechtsträger nach einer formwechselnden Umwandlung von einer Kapital- oder einer Personenhandelsgesellschaft in eine GbR jedoch noch unter seiner alten Rechtsform im Grundbuch eingetragen, bedarf es für die Zwangsvollstreckung in ein Grundstück aufgrund eines auf den Rechtsträger alter Rechtsform lautenden Titels keiner Umschreibung des Titels nach § 727 ZPO[2].

17 **Verträge** des Rechtsträgers bleiben unverändert in Kraft[3]. Allenfalls aus den Verträgen selbst kann sich anderes ergeben, etwa Rücktrittsrechte oder auflösende Bedingungen oder besondere Anzeigepflichten für den Fall des Wechsels der Rechtsform. Ebenso bestehen **Beteiligungen** des Rechtsträgers an anderen Rechtsträgern fort. Eintragungen im Handelsregister als Gesellschafter (bei OHG, KG, EWIV) sind zu berichtigen[4].

18 Auch **Unternehmensverträge** iS von § 291 AktG bleiben grundsätzlich unberührt[5]. Zweifelhaft ist, ob Unternehmensverträge enden, wenn sich als Folge des Formwechsels die kraft Unternehmensvertrag bestehenden Rechte und Pflichten beider Vertragsteile mit der neuen Rechtsform nicht vereinbaren lassen[6]. Teilweise wird die Meinung vertreten, dass ein Beherrschungs- und/oder Gewinnabführungsvertrag iS von § 291 AktG ende, wenn das beherrschte Unternehmen von der Rechtsform der Kapitalgesellschaft in eine Personengesellschaft umgewandelt wird[7]. Nach differenzierender Ansicht besteht der Unternehmensvertrag fort, wenn an der beherrschten Personenhandelsgesellschaft überhaupt keine natürlichen Personen beteiligt sind, oder jedenfalls nicht als persönlich haftende Gesellschafter, und das herrschende Unternehmen wenigstens als Kommanditist beteiligt ist[8]. Nach wieder anderer Ansicht besteht der Unternehmensvertrag fort, kann jedoch (zB wegen fehlender steuerlicher Anerkennung

---

1 Vgl. BGH v. 14.1.2016 – V ZB 148/14, ZIP 2016, 765 (766); OLG Köln v. 5.8.2003 – 3 U 30/03, GmbHR 2003, 1489 (1492): Klauselvermerk; vgl. zur formwechselnden Umwandlung alten Rechts *Semler/Grunewald* in G/H/E/K, 1994, § 365 AktG Rz. 6.
2 BGH v. 14.1.2016 – V ZB 148/14, ZIP 2016, 765.
3 Vgl. BGH v. 27.11.2009 – LwZR 15/09, DB 2010, 612 (613) = AG 2010, 251; *Hoger*, S. 75.
4 *Vossius* in Widmann/Mayer, § 202 UmwG Rz. 61, 38.
5 So auch *Decher/Hoger* in Lutter, § 202 UmwG Rz. 47.
6 Dazu *Altmeppen* in MünchKomm. AktG, 3. Aufl. 2010, § 297 AktG Rz. 137; *Geßler* in G/H/E/K, 1994, § 297 AktG Rz. 50.
7 *Simon* in Heckschen/Simon, Umwandlungsrecht, 2003, § 12 Rz. 78; *Kübler* in Semler/Stengel, § 202 UmwG Rz. 16 (für die GbR und eG bei Beherrschungs- und Gewinnabführungsverträgen); aA *Emmerich* in Emmerich/Habersack, Aktien- und GmbH-Konzernrecht, 8. Aufl. 2016, § 297 AktG Rz. 45.
8 Vgl. OLG Düsseldorf v. 27.2.2004 – 19 W 3/00 AktE, NZG 2005, 280 (282 mwN) = AG 2004, 324 (Eisenbahn-Verkehrsmittel AG); BayObLG v. 10.12.1992 – 3Z BR 130/92, NJW 1993, 1804 (1805) = AG 1993, 177; BGH v. 5.2.1979 – II ZR 210/76, AG 1980, 47 (49) (Gervais Danone); *Schwarz*, ZNotP 2002, 106 (108).

als Organschaft) aus wichtigem Grund vorzeitig beendet werden[1]. Ist der Abschluss eines Unternehmensvertrags auch mit einer Gesellschaft in der neuen Rechtsform möglich, kann er nicht anlässlich des Formwechsels (aus wichtigem Grund) gekündigt werden[2]. Grundsätzlich unberührt bleibt ebenfalls eine **stille Gesellschaft**[3]. Beim Formwechsel einer GmbH & Co. KG in eine GmbH ist die rückwirkende Begründung eines Organschaftsverhältnisses möglich, wenn die GmbH & Co. KG die Eingliederungsvoraussetzungen bereits seit dem Beginn des Wirtschaftsjahres tatsächlich erfüllt hat[4].

Angesichts der Identität des Rechtsträgers bedarf es auch für Vermögensgegenstände, die in **öffentlichen Registern** (zB Grundbuch, Patentrolle, Markenregister etc.) eingetragen sind, keiner Umschreibung: Die Register werden unrichtig; sie sind auf Antrag des Rechtsträgers neuer Rechtsform zu berichtigen[5]. Dies gilt auch für die Umwandlung einer Kapitalgesellschaft in eine GbR, da die GbR grundbuchfähig ist, dh. die GbR selbst mit ihrem Namen (und nicht ihre Gesellschafter) im Grundbuch eingetragen wird[6]. Der Nachweis des Formwechsels wird durch Vorlage eines beglaubigten Registerauszugs geführt[7]. Die „Umwandlung" einer GbR erfolgt zwar nicht kraft Gesetzes, sondern durch Rechtsgeschäft; gleichwohl soll wegen der Identität der Gesellschaften eine Auflassung nicht erforderlich sein und damit eine bloße Grundbuchberichtigung genügen[8]. Auch bedarf es bei der Umwandlung einer GbR in eine GmbH & Co. KG nicht der Voreintragung der aufgenommenen GmbH als Gesellschafter[9]. Wegen der

19

---

1 So *Decher/Hoger* in Lutter, § 202 UmwG Rz. 47.
2 OLG Düsseldorf v. 27.2.2004 – 19 W 3/00 AktE, NZG 2005, 280 (283) = AG 2004, 324.
3 *K. Mertens*, AG 2000, 32 (37): Besonderheiten können jedoch zu beachten sein, wenn im Rechtsträger neuer Rechtsform strengere Anforderungen an den Abschluss einer stillen Gesellschaft gestellt werden; zB bei dem Formwechsel in die AG (Behandlung als Teilgewinnabführungsvertrag; §§ 292 Abs. 1 Nr. 2, 293 Abs. 1, 3, 294 AktG); vgl. dazu näher *Heckschen* in Heckschen/Simon, Umwandlungsrecht, 2003, § 9 Rz. 24 ff.
4 BFH v. 17.9.2003 – I R 55/02, BStBl. II 2004, 534 = GmbHR 2004, 60; dazu BMF-Schreiben v. 24.5.2004 – IV A 2 - S 2770 - 15/04, BStBl. I 2004, 549 = Der Konzern 2004, 514; *Baldamus*, Der Konzern 2003, 813.
5 *Böhringer*, Rpfleger 2001, 59 (66); vgl. zu den Kosten für die Grundbuchberichtigung OLG Oldenburg v. 23.4.1997 – 5 W 33/97, DB 1997, 1126 f.; BayObLG v. 25.6.1998 – 3Z BR 136/98, ZfIR 1998, 753; BayObLG v. 6.5.1998 – 3Z BR 421/97, DB 1998, 1402; OLG Nürnberg v. 14.12.2015 – 15 W 2277/15, MDR 2016, 488.
6 BGH v. 4.12.2008 – V ZB 74/08, ZIP 2009, 66 (67 f.); vgl. auch KG Berlin v. 25.6.2008 – 1 W 319/06, ZIP 2008, 1178. Auch im Falle einer GbR als formwechselnder Rechtsträger genügt bloße Berichtigung, KG Berlin v. 1.10.2008 – 1 W 38/08, 1 W 29/08, 1 W 203/07, 1 W 220/07, RNotZ 2009, 239 f.; OLG München v. 30.11.2015 – 34 Wx 70/15, MDR 2016, 168.
7 *Vossius* in Widmann/Mayer, § 202 UmwG Rz. 40.
8 LG München I v. 18.6.2001 – 1 T 8299/01, DNotI-Report 17/2001, 143.
9 OLG München v. 30.11.2015 – 34 Wx 70/15, MDR 2016, 168. Diese Frage ist vor allem von gebührenrechtlicher Relevanz, da für die Eintragung als Gesellschafter nach § 34 GNotKG, KV Nr. 14110 eine volle Gebühr anfallen würde, während die Richtigstellung

Identität des Rechtsträgers unterliegt der Formwechsel **nicht der Grunderwerbsteuer**[1]. Die Berichtigung des Grundbuchs erfordert daher nicht die Vorlage einer steuerlichen Unbedenklichkeitsbescheinigung[2]. Der Notar ist dennoch gemäß § 18 GrEStG zur Anzeige an das zuständige Finanzamt verpflichtet[3].

20 **Öffentlich-rechtliche Berechtigungen** wie Erlaubnisse und Genehmigungen, auch personenbezogen, bleiben grundsätzlich in Kraft[4] (vgl. auch § 20 UmwG Rz. 26). Je nach Art der Berechtigung mag es erforderlich sein, den Wechsel der Rechtsform anzuzeigen oder ihn vorher genehmigen zu lassen[5]. **Öffentlich-rechtliche Verpflichtungen** bleiben bestehen, insbesondere Steuerschulden (vgl. § 20 UmwG Rz. 27 mwN). Eine datenschutzrechtlich relevante Übermittlung von Daten findet nicht statt[6]. Auch hat der Formwechsel wegen der Identität des Rechtsträgers keine Auswirkungen auf das Fortbestehen einer in der Person des Rechtsträgers begründeten Gefahr der Wiederholung einer wettbewerbswidrigen Verhaltensweise[7].

b) Austausch des Normensystems

21 Mit Eintragung des Formwechsels im Register ist kraft Gesetzes das Normensystem ausgetauscht, das für den Rechtsträger gilt. Das hat Auswirkungen nicht nur auf Gesellschaftsvertrag bzw. Satzung des Rechtsträgers, auf das für diesen geltende Organisationsrecht, auf die Stellung seiner Organe, sondern insbesondere auch auf Stellung und Rechte und Pflichten der Anteilsinhaber. So können etwa gesellschaftsrechtlich begründete Bindungen von Ansprüchen der Gesellschaft gegenüber ihren Gesellschaftern (nicht aber die Ansprüche selbst) durch den Formwechsel entfallen oder durch neue Vorgaben ersetzt werden[8]. Die Be-

---

der Bezeichnung des Rechtsträgers gebührenfrei ist, vgl. *Böhringer*, BWNotZ 2013, 67 (71).
1 BFH v. 4.12.1996 – II B 116/96, DB 1997, 79 = GmbHR 1997, 136; FinMin Baden-Württemberg, DB 1998, 166 (167) = GmbHR 1998, 204 (205); FinMin Baden-Württemberg, DB 1999, 2187 = GmbHR 1999, 1267 (1268); einschränkend BFH v. 18.12.2002 – II R 13/01, GmbHR 2003, 485 = Der Konzern 2003, 352 und FinMin Baden-Württemberg, BB 1998, 1830: Grunderwerbsteuer fällt an, wenn in zeitlichem und sachlichem Zusammenhang ein Grundstück steuerbegünstigt in eine Gesamthand eingebracht und diese sodann formwechselnd in eine Kapitalgesellschaft umgewandelt wird.
2 LG Dresden v. 16.7.1998 – 2 T 626/98, DB 1998, 1807 (1808).
3 *Kahlfeld*, BWNotZ 1999, 142 (143).
4 BFH v. 30.9.2003 – III R 6/02, GmbHR 2004, 196; *Eckert*, ZIP 1998, 1950 (1952); einschränkend für personenbezogene Erlaubnisse: *Vossius* in Widmann/Mayer, § 202 UmwG Rz. 107; *Gaiser*, DB 2000, 361 (363); *Hoger*, S. 81.
5 *Eckert*, ZIP 1998, 1950 (1953); aA *Gaiser*, DB 2000, 361 (363): Anzeigemöglichkeit sieht das Gesetz nicht vor.
6 *Lüttge*, NJW 2000, 2463.
7 BGH v. 12.2.2015 – I ZR 213/13, ZIP 2015, 1608 = NZG 2015, 922.
8 *Habersack/Schürnbrand*, NZG 2007, 81 (82 ff.).

stimmung der Rechtsform im Umwandlungsbeschluss enthält die entscheidende Weichenstellung (§ 194 UmwG Rz. 12). Die entsprechende Anwendung der für den Rechtsträger neuer Rechtsform maßgeblichen Gründungsvorschriften erleichtert den Übergang (§ 197 Satz 1 UmwG, vgl. § 197 UmwG Rz. 6 ff.).

aa) Gesellschaftsvertrag, Satzung. Beim Formwechsel einer Personenhandels- oder Partnerschaftsgesellschaft in eine Kapitalgesellschaft muss der Umwandlungsbeschluss auch die Satzung der AG oder den Gesellschaftsvertrag der GmbH feststellen (§ 218 Abs. 1 UmwG). Das Gleiche gilt beim Formwechsel einer Kapitalgesellschaft in eine Personengesellschaft (§ 234 Nr. 3 UmwG). Wenn und soweit Gesellschaftsvertrag oder Satzung des Rechtsträgers neuer Rechtsform keine Regelung enthalten, gelten ab Eintragung die gesetzlichen Regeln für die jeweilige neue Rechtsform[1]. Mit Wirksamwerden des Formwechsels treten Gesellschaftsvertrag, Partnerschaftsvertrag bzw. Satzung des Rechtsträgers alter Rechtsform kraft Gesetzes außer Kraft, soweit sie zwingenden Vorschriften des neuen Normensystems widersprechen. 22

bb) Firma. Der Rechtsträger kann trotz Formwechsels seine bisherige Firma grundsätzlich nach näherer Maßgabe von § 200 UmwG beibehalten. Da sich idR zumindest hinsichtlich rechtsformspezifischer Zusätze Änderungen ergeben (§ 200 UmwG Rz. 25), muss diesen im Umwandlungsbeschluss (vgl. § 194 UmwG Rz. 18) oder im Rahmen der Änderung des Gesellschaftsvertrages (vgl. § 194 UmwG Rz. 18) sowie bei der Anmeldung des Formwechsels zur Eintragung im Register (§ 198 UmwG) Rechnung getragen werden. Etwaige Änderungen der Firma werden mit Eintragung im Register wirksam. 23

cc) Organe/Vollmachten. Mit Eintragung des Formwechsels im Register endet die Organstellung der **gesetzlichen Vertreter** des formwechselnden Rechtsträgers[2]. Dienstverträge der Organmitglieder bleiben jedoch (vorbehaltlich besonderer Bestimmungen im Dienstvertrag) bestehen[3]. Der Formwechsel stellt keinen Grund zur außerordentlichen Kündigung der Dienstverträge dar[4]. Eine außerordentliche Kündigung kann jedoch ausnahmsweise zulässig sein, wenn das Organmitglied eine ihm angebotene zumutbare Tätigkeit unterhalb der Organebene ablehnt[5]. Die Bestellung der gesetzlichen Vertreter für den Rechtsträger in 24

---

1 *Priester*, DNotZ 1995, 427 (450).
2 *Kübler* in Semler/Stengel, § 202 UmwG Rz. 17. AA *Hoger*, ZGR 2007, 868 (884 ff.) (grds. Amtskontinuität); *Decher/Hoger* in Lutter, § 202 UmwG Rz. 39.
3 BGH v. 12.5.1997 – II ZR 50/96, ZIP 1997, 1106 ff. = AG 1997, 418; BGH v. 8.1.2007 – II ZR 267/05, NZG 2007, 590 (591 f.) = GmbHR 2007, 606; *Decher/Hoger* in Lutter, § 202 UmwG Rz. 39; vgl. auch BGH v. 19.12.1988 – II ZR 74/88, NJW 1989, 1928 (1930 f.) = MDR 1989, 427.
4 So auch *Drinhausen/Keinath* in Henssler/Strohn, § 202 UmwG Rz. 4; aA *Decher/Hoger* in Lutter, § 202 UmwG Rz. 39 für die außerordentliche Kündigung durch das Organmitglied.
5 *Röder/Lingemann*, DB 1993, 1341 (1346, 1347); BGH v. 14.7.1966 – II ZR 212/64, AG 1966, 366 = DB 1966, 1306; BGH v. 9.2.1978 – II ZR 189/76, GmbHR 1978, 85 = DB 1978, 878.

seiner neuen Rechtsform richtet sich nach den für diese Rechtsform geltenden Regeln iVm. den maßgeblichen Bestimmungen des UmwG (§ 194 UmwG Rz. 56 und § 197 UmwG Rz. 21 und 39).

25 Entsprechendes gilt für **sonstige Organe**, etwa durch Gesellschaftsvertrag bzw. Satzung geschaffene Organe wie Beiräte, Gesellschafterausschüsse etc. Zum **Aufsichtsrat** vgl. § 197 Satz 2, 3 UmwG (§ 197 UmwG Rz. 58 ff.) und § 203 UmwG.

26 **Prokuren, Handlungsvollmachten** (§ 54 HGB) und **sonstige Vollmachten** bleiben aufgrund der Identität des Rechtsträgers bestehen, da es für diese keine rechtsformspezifischen Eigenheiten gibt; die gegenteiligen Stellungnahmen zur Prokura nach früherem Recht beziehen sich auf übertragende Umwandlungen, bei denen die übertragende Gesellschaft erlischt[1]. Für Prokuristen des formwechselnden Rechtsträgers wird bei dem Rechtsträger neuer Rechtsform eingetragen, dass die Prokura bestehen bleibt[2].

27 **dd) Arbeitnehmer und Arbeitnehmervertretungen.** Gemäß § 194 Abs. 1 Nr. 7 UmwG sind die Folgen des Formwechsels für die Arbeitnehmer und ihre Vertretungen und die insofern vorgesehenen Maßnahmen im Umwandlungsbeschluss zu bestimmen (vgl. § 194 UmwG Rz. 58). Mangels Arbeitgeberwechsels (Identität des Rechtsträgers) ergeben sich bei dem Formwechsel kaum relevante Folgen. Die bestehenden Arbeitsverträge, Betriebsvereinbarungen und Tarifverträge bleiben kraft Identität des Rechtsträgers unverändert in Kraft: § 613a BGB findet keine Anwendung[3]. Da der Formwechsel als solcher keine organisatorischen Änderungen im Betrieb zur Folge hat, lässt er auch die Verfassung des Betriebs iS des Betriebsverfassungsgesetzes unverändert. Ändern kann sich jedoch die Zuständigkeit für die Ausübung des arbeitsrechtlichen Direktionsrechts: Bis zum Formwechsel wird sie von den gesetzlichen Vertretern des formwechselnden Rechtsträgers, danach von den gesetzlichen Vertretern des Rechtsträgers in seiner neuen Rechtsform ausgeübt. Zu Veränderungen der Mitbestimmung und damit des Aufsichtsrats vgl. § 197 UmwG Rz. 62 ff. und 66 ff. und § 203 UmwG.

6. Fortbestehen der Beteiligungen trotz Änderung der Rechtsform (§ 202 Abs. 1 Nr. 2 Satz 1 UmwG)

28 Gemäß § 202 Abs. 1 Nr. 2 Satz 1 UmwG sind die Anteilsinhaber des formwechselnden Rechtsträgers an dem Rechtsträger nach den für die neue Rechtsform geltenden Vorschriften beteiligt, soweit ihre Beteiligung nicht nach dem Fünften

---

1 Nachweise bei *Hennrichs*, Formwechsel und Gesamtrechtsnachfolge bei Umwandlungen, S. 77.
2 OLG Köln v. 6.5.1996 – 2 Wx 9/96, GmbHR 1996, 773 (774); vgl. auch BayObLG v. 16.12.1970 – BReg 2 Z 58/70, BB 1971, 238 (239).
3 *Decher/Hoger* in Lutter, § 202 UmwG Rz. 25; *Hanau*, ZGR 1990, 548 (557); *Kreßel*, BB 1995, 925 (926).

Buch des UmwG (§§ 190–304 UmwG) entfällt (Kontinuität der Mitgliedschaft)[1]. In der Vorschrift kommt zum Ausdruck, dass das Formwechselrecht sowohl vom Grundsatz der **Identität der Anteilsinhaber** als auch von der **Identität der Beteiligungen** ausgeht (§ 194 UmwG Rz. 21 ff. und 30 ff.).

a) Identität der Anteilsinhaber

Identität der Anteilsinhaber bedeutet zum einen, dass *alle* an dem formwechselnden Rechtsträger beteiligten Anteilsinhaber auch nach dem Formwechsel an dem Rechtsträger neuer Rechtsform beteiligt sein müssen und auch sind. Die Ausnahmen, für welche § 202 Abs. 1 Nr. 2 Satz 1 Halbsatz 2 UmwG insofern einen Vorbehalt macht, betreffen nur wenige Fälle: Sonderregelung für den Formwechsel einer VVaG, § 294 Abs. 1 Satz 2 UmwG; Formwechsel aus der KGaA, §§ 233 Abs. 3 Satz 3, 236, 247 Abs. 2, 255 Abs. 3 UmwG. Andere Ausnahmen gibt es nicht. Identität der Anteilsinhaber bedeutet zum anderen, dass *nur* die Anteilsinhaber des formwechselnden Rechtsträgers nach dem Formwechsel Anteilsinhaber an dem Rechtsträger neuer Rechtsform sind (vgl. § 191 UmwG Rz. 10 ff. und § 194 UmwG Rz. 25). Eine Abweichung von diesem Erfordernis enthalten nur §§ 218 Abs. 2, 221 UmwG für den Formwechsel aus einer Personenhandelsgesellschaft in die KGaA; sie verlangen, dass sich mindestens ein Gesellschafter als persönlich haftender Gesellschafter beteiligt oder mindestens ein persönlich haftender Gesellschafter beitritt. 29

Für die Identität der Anteilsinhaber kommt es auf und nur auf den **Zeitpunkt der Eintragung** (dh. des Wirksamwerdens des Formwechsels) an. Wer zu diesem Zeitpunkt (und nicht etwa zum Zeitpunkt der Fassung des Umwandlungsbeschlusses oder der Stellung des Eintragungsantrags oder zu einem sonstigen Zeitpunkt) Anteilsinhaber an dem formwechselnden Rechtsträger ist, der bleibt Anteilsinhaber an dem Rechtsträger neuer Rechtsform. Daraus beantworten sich alle Fragen nach der Möglichkeit und Zulässigkeit von **Veränderungen im Gesellschafterbestand** „im Zuge" oder „während" des Formwechsels: Sie haben mit dem Formwechsel selbst und seinen Wirkungen gemäß § 202 UmwG nichts zu tun. Sie finden nicht zum Zeitpunkt des Formwechsels statt. Sie richten sich nicht nach Formwechselrecht, sondern nach allgemein anwendbarem Recht (vgl. § 194 UmwG Rz. 25). Nach anderer (herrschender) Auffassung soll der Beitritt oder Austritt von Gesellschaftern mit deren Zustimmung *nach Formwechselrecht* möglich sein (vgl. § 1 UmwG Rz. 11, § 191 UmwG Rz. 12, § 194 UmwG Rz. 25 und § 228 UmwG Rz. 7). 30

Keine Abweichungen von dem Gebot der Anteilsinhaberidentität sind gesetzlich vorgesehen für den Formwechsel aus der **Kapitalgesellschaft/Stiftung & Co. KG** oder in die Kapitalgesellschaft/Stiftung & Co. KG (vgl. § 191 UmwG Rz. 13). 31

---

1 Begr. RegE, BT-Drucks. 12/6699, S. 144.

Daraus ergeben sich für die Praxis nach wie vor gestalterische Probleme, zB beim Formwechsel einer Kapitalgesellschaft in eine GmbH & Co. KG (Eintritt der Komplementär-GmbH, die regelmäßig keinen Kapitalanteil an der KG halten soll) und beim Formwechsel einer GmbH & Co. KG in eine Kapitalgesellschaft (Austritt der Komplementär-GmbH, die regelmäßig keinen Kapitalanteil an der KG hält). Zur Lösung dieser Schwierigkeiten vgl. § 191 UmwG Rz. 14, 15; § 228 UmwG Rz. 7[1]. (Auch) beim Formwechsel in die GmbH & Co. KG muss die vorgesehene Komplementär-GmbH nicht bereits zum Zeitpunkt des Umwandlungsbeschlusses Gesellschafterin des formwechselnden Rechtsträgers sein. Es genügt, wenn dies im Zeitpunkt der Eintragung, dh. des Wirksamwerdens des Formwechsels der Fall ist[2].

32 Nichts mit dem Grundsatz der Identität der Anteilsinhaber hat die Frage zu tun, ob sich der **Kreis der Anteilsinhaber** des Rechtsträgers vor dem Formwechsel **ändern** kann, was dann nach Formwechselrecht zur Folge hat, dass die neuen Anteilsinhaber nach dem Formwechsel an dem Rechtsträger in seiner neuen Rechtsform beteiligt bleiben; sie beantwortet sich nach dem für den formwechselnden Rechtsträger geltenden Gesellschaftsrecht[3]. Entsprechendes gilt für die Frage, ob sich der Kreis der an dem Rechtsträger beteiligten Anteilsinhaber nach dem Formwechsel ändern kann; sie beurteilt sich nach dem für den Rechtsträger neuer Rechtsform geltenden Recht.

33 Der **Umwandlungsbeschluss** muss nach § 194 Abs. 1 Nr. 3 UmwG die Beteiligungen bestimmen (§ 194 UmwG Rz. 21 ff.). Er kann dabei von dem Gebot der Identität der Anteilsinhaber grundsätzlich nicht abweichen (§ 194 UmwG Rz. 22).

b) Identität der Beteiligungen

34 Gemäß § 202 Abs. 1 Nr. 2 Satz 1 UmwG „sind" die Anteilsinhaber des formwechselnden Rechtsträgers an dem Rechtsträger nach den für die neue Rechtsform geltenden Vorschriften „beteiligt", soweit ihre Beteiligung nicht nach dem Fünften Buch des UmwG (§§ 190–304 UmwG) entfällt.

35 Das Formwechselrecht geht damit davon aus, dass nicht etwa eine frühere Beteiligung erlischt und eine neue entsteht, sondern dass **ein und dieselbe Beteiligung** bestehen bleibt, mag diese sich auch quantitativ oder qualitativ verändert haben.

36 Bereits der **Umwandlungsbericht**, soweit er erforderlich ist, muss die Beteiligungen rechtlich und wirtschaftlich erläutern und begründen (§ 192 Abs. 1 Satz 1 UmwG, vgl. § 192 UmwG Rz. 8 ff.). Der **Umwandlungsbeschluss** muss

---

1 Dazu auch *Decher/Hoger* in Lutter, § 202 UmwG Rz. 11 f.
2 BayObLG v. 4.11.1999 – 3 Z BR 333/99, GmbHR 2000, 89 (90) = NZG 2000, 166 m. Anm. *Bungert*.
3 Vgl. OLG Bremen v. 1.10.2015 – 5 U 21/14, GmbHR 2015, 1321 (1322).

gemäß § 194 Abs. 1 Nr. 4 UmwG die Beteiligungen nach Art, Zahl und Umfang der Anteile bzw. Mitgliedschaften bestimmen (vgl. dazu auch § 194 UmwG Rz. 30 ff.).

37 Der Grundsatz der Identität der Beteiligung besagt nichts zu der Frage, ob die Beteiligung nach dem Formwechsel **quantitativ** der Beteiligung vor dem Formwechsel entsprechen muss, dh. ob der Formwechsel in jedem Fall verhältniswahrend sein muss[1] (vgl. dazu auch § 194 UmwG Rz. 34).

38 Nach § 202 Abs. 1 Nr. 2 UmwG bestehen die Beteiligungen als Folge der Eintragung des Formwechsels **„nach den für die neue Rechtsform geltenden Vorschriften"** weiter. Es erfolgt also ein Austausch des Normensystems („Diskontinuität der Rechtsordnung"). Aus diesem Grundsatz ergeben sich idR erhebliche **qualitative** Veränderungen in den mit der Beteiligung verbundenen Rechten und Pflichten. Die Änderungen können sowohl die mit der Beteiligung verbundenen Vermögensrechte als auch die mit ihnen verbundenen Herrschaftsrechte betreffen[2].

39 Der **Austausch des Normensystems** erfolgt bei Eintragung des Formwechsels **kraft Gesetzes**. ZB bestehen bei einem Formwechsel aus einer GmbH in eine AG die Geschäftsanteile an dem formwechselnden Rechtsträger kraft Gesetzes als Aktien an dem Rechtsträger in seiner neuen Rechtsform fort. Eines Austausches von Geschäftsanteilen gegen Aktien, etwa der Übergabe von Aktienurkunden, bedarf es zur Wirksamkeit dieser Änderung nicht[3]. Gemäß § 248 AktG iVm. § 226 AktG sind nicht eingereichte Aktien für kraftlos zu erklären.

40 Zu den Vorschriften, welche nach Eintragung des Formwechsels für die Beteiligungen an dem Rechtsträger in seiner neuen Rechtsform gelten, zählen auch die Bestimmungen von **Gesellschaftsvertrag** bzw. **Satzung** in ihrer nach dem Formwechsel maßgeblichen Fassung. Soweit der Umwandlungsbeschluss oder der im Umwandlungsbeschluss enthaltene Gesellschaftsvertrag (§§ 218 Abs. 1 Satz 1, 234 Nr. 3, 243 Abs. 1 Satz 1 UmwG) gemäß § 194 Abs. 1 Nr. 5 UmwG in zulässiger Weise **besondere Rechte** für die Beteiligungen an dem Rechtsträger in seiner neuen Rechtsform bestimmt (vgl. dazu § 194 UmwG Rz. 36 ff.), entstehen diese besonderen Rechte ebenfalls mit Eintragung des Formwechsels.

41 Der Grundsatz der Identität der Beteiligung sagt **darüber hinaus nichts dazu aus, wie die Beteiligungen** an dem Rechtsträger **qualitativ auszugestalten sind** und inwieweit die Ausgestaltung von der bisherigen Ausgestaltung abweichen darf; vgl. dazu § 194 UmwG Rz. 40 ff.

---

1 *Decher/Hoger* in Lutter, § 202 UmwG Rz. 14, 15.
2 *Kübler* in Semler/Stengel, § 202 UmwG Rz. 17; *Decher/Hoger* in Lutter, § 202 UmwG Rz. 9, 31.
3 So bereits bei der formwechselnden Umwandlung nach altem Recht; vgl. BGH v. 2.7.1956 – II ZR 124/55, BGHZ 21, 175 (177): „kein Umtausch im materiellen Sinne"; *Semler/Grunewald* in G/H/E/K, 1994, § 373 AktG Rz. 2.

§ 202 | Formwechsel – Allgemeine Vorschriften

c) Forthaftung von Anteilsinhabern, Haftung für Altverbindlichkeiten

42   Beim **Formwechsel** eines Rechtsträgers **in eine Rechtsform mit beschränkter Haftung** (GmbH, AG, KGaA) aus einer Rechtsform, in der alle oder einzelne Anteilsinhaber persönlich für Verbindlichkeiten des Rechtsträgers haften, wird mit Eintragung des Formwechsels auch den bisher persönlich haftenden Anteilsinhabern die Rechtswohltat der beschränkten Haftung zuteil: Für Verbindlichkeiten, welche nach der Eintragung entstehen, haften sie nicht mehr persönlich. Ihre Haftung für Verbindlichkeiten, welche bis zur Eintragung entstanden sind, dauert jedoch nach Maßgabe der für den betreffenden Fall des Formwechsels einschlägigen besonderen Vorschriften fort (vgl. § 224 UmwG: Formwechsel aus Personenhandelsgesellschaften; §§ 225c, 224 UmwG: Formwechsel aus Partnerschaftsgesellschaften; §§ 237, 224 UmwG: Formwechsel aus KGaA in KG; §§ 249, 224 UmwG: Formwechsel aus KGaA in AG oder GmbH)[1].

43   Beim **Formwechsel** eines Rechtsträgers **in eine Rechtsform, bei welcher** alle oder einzelne **Anteilsinhaber persönlich haften**, trifft als Folge der Eintragung des Formwechsels diese Haftung die betreffenden Anteilsinhaber nach Maßgabe der einschlägigen gesellschaftsrechtlichen Vorschriften auch hinsichtlich der Altverbindlichkeiten des Rechtsträgers, also der Verbindlichkeiten, welche vor Eintragung des Formwechsels entstanden sind. Das gilt etwa bei dem Formwechsel in eine KGaA für die persönlich haftenden Gesellschafter. Einer ausdrücklichen Regelung im UmwG, wie sie sich für diesen Fall in §§ 365 Satz 2, 391 Satz 3 AktG aF fand, bedarf es dazu nicht: § 278 Abs. 2 AktG iVm. §§ 161 Abs. 2, 128, 130 HGB[2]. Beim Formwechsel aus der GmbH in eine KG, deren persönlich haftender Gesellschafter eine natürliche Person ist, sollen als eigenkapitalersetzend zu qualifizierende Gesellschafterleistungen ihre Verstrickung verlieren[3].

7. Fortbestehen der Rechte Dritter an den Beteiligungen (§ 202 Abs. 1 Nr. 2 Satz 2 UmwG)

44   Gemäß § 202 Abs. 1 Nr. 2 Satz 2 UmwG bestehen **Rechte Dritter** an den Anteilen oder Mitgliedschaften des formwechselnden Rechtsträgers an den an ihre Stelle tretenden Anteilen oder Mitgliedschaften des Rechtsträgers neuer Rechtsform fort.

45   Die Vorschrift in § 202 Abs. 1 Nr. 2 Satz 2 UmwG entspricht der Regelung für die Verschmelzung in § **20 Abs. 1 Nr. 3 Satz 2 UmwG**. Wie diese dient sie dem Schutz der Gläubiger der Anteilsinhaber des formwechselnden Rechtsträgers[4].

---

1   Vgl. die Kommentierung der genannten Vorschriften und *Joost* in Lutter, Umwandlungsrechtstage, S. 259 f.
2   Vgl. zu § 365 AktG aF *Semler/Grunewald* in G/H/E/K, 1994, § 365 AktG Rz. 12.
3   OLG Dresden v. 7.8.2008 – 1 U 1317/07, ZIP 2009, 1382 (1383) = EWiR § 32a GmbHG 1/09, 445 (*Heckschen*).
4   Begr. RegE, BT-Drucks. 12/6699, S. 144.

§ 202 Abs. 1 Nr. 2 Satz 2 UmwG gilt nur für **dingliche Rechte** wie Pfandrechte 46
und Nießbrauch, nicht für schuldrechtliche Ansprüche wie Vorkaufs- oder Ankaufsrechte[1]. Schuldrechtliche Rechte an Anteilen oder Mitgliedschaften (zB Unterbeteiligungen, Treuhandverhältnisse, schuldrechtliche Abtretungsansprüche) fallen nicht unter die Vorschrift[2]. Die dinglichen Rechte Dritter **bestehen kraft Gesetzes** an den Beteiligungen am Rechtsträger neuer Rechtsform **fort**[3]. Irgendwelcher Bestellungsakte bedarf es für die Fortgeltung nicht, auch wenn für die Neubegründung bei dem Rechtsträger in seiner neuen Rechtsform ganz andere Grundsätze gelten würden (zB notarielle Beurkundung bei der Verpfändung eines GmbH-Anteils), als sie die Begründung bei dem Rechtsträger in seiner bisherigen Rechtsform erforderte[4]. Die sich aus dem dinglichen Recht ergebenden Rechte und Pflichten (zB Art der Verwertung) ändern sich jedoch mit der Änderung des auf den Rechtsträger und die Anteile an dem Rechtsträger anwendbaren Normensystems. Dingliche Rechte an Anteilen setzen sich kraft dinglicher Surrogation (§§ 1075, 1287 BGB) an einer baren Zuzahlung gemäß § 196 UmwG oder einer Abfindung gemäß § 207 UmwG fort[5].

8. Wirkung der Eintragung auf Mängel des Formwechsels

a) Heilung des Mangels notarieller Beurkundung durch Eintragung (§ 202 Abs. 1 Nr. 3 UmwG)

Gemäß § 202 Abs. 1 Nr. 3 UmwG wird der Mangel der notariellen Beurkundung 47
des Umwandlungsbeschlusses und gegebenenfalls erforderlicher Zustimmungs- oder Verzichtserklärungen einzelner Anteilsinhaber durch die Eintragung geheilt.

Die Vorschrift entspricht der Regelung für die Verschmelzung in **§ 20 Abs. 1** 48
Nr. 4 UmwG[6]. Die Bestimmung des § 202 Abs. 1 Nr. 3 UmwG ähnelt der Regelung in **§ 242 Abs. 1 AktG**, nach welcher die Nichtigkeit von Hauptversammlungsbeschlüssen wegen bestimmter Beurkundungsmängel „nicht mehr geltend gemacht werden kann", wenn der Beschluss in das Handelsregister eingetragen worden ist. Obwohl § 242 Abs. 1 AktG nicht von Heilung spricht, ist die Rege-

---

1 *Vossius* in Widmann/Mayer, § 202 UmwG Rz. 171; *Decher/Hoger* in Lutter, § 202 UmwG Rz. 20, 22; *Jaensch* in Keßler/Kühnberger, § 202 UmwG Rz. 33.
2 So auch *Decher/Hoger* in Lutter, § 202 UmwG Rz. 22; zur Behandlung der Unterbeteiligung an einer OHG vgl. *Schmidt-Diemitz*, DB 1978, 2397 ff.
3 *Decher/Hoger* in Lutter, § 202 UmwG Rz. 21; *Kübler* in Semler/Stengel, § 202 UmwG Rz. 29; zum früheren Recht: *Semler/Grunewald* in G/H/E/K, 1994, § 372 AktG Rz. 11 mwN.
4 *Meyer-Landrut* in GK, 3. Aufl. 1975, § 372 AktG Anm. 2.
5 *Decher/Hoger* in Lutter, § 202 UmwG Rz. 21; RG v. 8.12.1933 – II 52/33, RGZ 142, 373 (378 f.).
6 Begr. RegE, BT-Drucks. 12/6699, S. 144.

lung (nach allerdings strittiger Meinung) iS einer materiell-rechtlich wirkenden Heilung zu verstehen[1].

49 Geheilt wird nach § 202 Abs. 1 Nr. 3 UmwG **nur** der **Mangel der notariellen Beurkundung**, nicht etwa andere Mängel, wie etwa das Fehlen erforderlicher Zustimmungs- oder Verzichtserklärungen. Für die Wirkung der Eintragung trotz anderer Mängel gilt ausschließlich § 202 Abs. 3 UmwG.

50 Da wegen der Prüfungspflicht des Registergerichts eine Eintragung trotz fehlender Beurkundung insgesamt praktisch ausgeschlossen ist, liegt die eigentliche Bedeutung der Vorschrift in der Heilung von Mängeln der notariellen Beurkundung, zB einer unvollständigen und damit **unwirksamen Beurkundung** des Umwandlungsbeschlusses oder von Verzichtserklärungen[2] oder einer unzulässigen Beurkundung im Ausland[3].

51 Heilung iS von § 202 Abs. 1 Nr. 3 UmwG bedeutet, dass der Mangel der Beurkundung **ex tunc mit materiell-rechtlicher Wirkung** behoben ist; die Eintragung ersetzt die (fehlerhafte) Beurkundung[4].

52 Eine nach Eintritt der Heilung wegen des Mangels der Beurkundung erhobene Unwirksamkeitsklage iS von § 195 Abs. 1 UmwG ist **unbegründet**. Eine vor Eintritt der Heilung erhobene Klage wird – wenn es trotz Anhängigkeit der Klage zur Eintragung kommt, etwa aufgrund eines Unbedenklichkeitsbeschlusses des Prozessgerichts gemäß §§ 198 Abs. 3, 16 Abs. 3 Satz 1 UmwG – nachträglich unbegründet.

53 Da die Eintragung den Mangel materiell-rechtlich heilt, kommt auch eine **Löschung** der Eintragung **von Amts wegen** gemäß § 398 FamFG wegen des Mangels der Beurkundung nicht in Betracht (vgl. § 242 Abs. 2 Satz 3 iVm. Abs. 2 Satz 1 AktG). Die Vorschrift lässt eine Amtslöschung nur zu, soweit es sich um die in § 241 Nr. 1, 3 und 4 AktG genannten Nichtigkeitsgründe handelt, bezieht sich jedoch nicht auf den in §§ 241 Nr. 2, 242 Abs. 1 AktG genannten Nichtigkeitsgrund des Beurkundungsmangels.

54 Der Geltendmachung von **Schadensersatzansprüchen** gegen Organe gemäß §§ 205, 206 UmwG oder von Amtshaftungsansprüchen steht die Heilung nicht entgegen[5].

---

1 Vgl. BGH v. 6.11.1995 – II ZR 181/94, ZIP 1995, 1983 (1984) = AG 1996, 176; *Hüffer/Schäfer* in MünchKomm. AktG, 4. Aufl. 2016, § 242 AktG Rz. 3, 19 f. mwN; *Hüffer/Koch*, § 242 AktG Rz. 1, 7 mwN.
2 So auch *Stratz* in Schmitt/Hörtnagl/Stratz, § 202 UmwG Rz. 9; *Decher/Hoger* in Lutter, § 202 UmwG Rz. 50.
3 *Drinhausen/Keinath* in Henssler/Strohn, § 202 UmwG Rz. 12.
4 Vgl. *Hüffer/Schäfer* in MünchKomm. AktG, 4. Aufl. 2016, § 242 AktG Rz. 3, 19, 28; *K. Schmidt* in Großkomm. AktG, 4. Aufl. 1996, § 242 AktG Rz. 1, 7; *Vossius* in Widmann/Mayer, § 202 UmwG Rz. 178.
5 So auch *Vossius* in Widmann/Mayer, § 202 UmwG Rz. 186; *Decher/Hoger* in Lutter, § 202 UmwG Rz. 51.

b) Wirkung der Eintragung bei sonstigen Mängeln (§ 202 Abs. 3 UmwG)

Gemäß § 202 Abs. 3 UmwG lassen Mängel des Formwechsels die „Wirkung der Eintragung der neuen Rechtsform oder des Rechtsträgers neuer Rechtsform" in das Register „unberührt". Für Beurkundungsmängel gilt § 202 Abs. 1 Nr. 3 UmwG (vgl. Rz. 47 ff.). 55

Die Vorschrift soll Rechtssicherheit und Bestandsschutz auch bei schwer wiegenden Mängeln des Formwechsels schaffen. Eine Differenzierung zwischen **leichten und schweren Mängeln** ist nicht geboten[1]. Die Anteilsinhaber hatten die Möglichkeit, vor Eintragung gemäß § 195 Abs. 1 UmwG Unwirksamkeitsklage zu erheben, und können gegebenenfalls **Schadensersatzansprüche** gemäß §§ 205, 206 UmwG geltend machen[2]. Eine Ausnahme kommt nur für Fälle in Betracht, in denen der Formwechsel keine Grundlage im Gesetz hat, also zB bei Fehlen eines Umwandlungsbeschlusses, bei Vorliegen eines Nichtbeschlusses oder Wahl einer nicht zulässigen Rechtsform für den Rechtsträger neuer Rechtsform[3]. Bei Vorliegen der entsprechenden Voraussetzungen kann eine fehlerhafte oder vorzeitige Eintragung zu Amtshaftungsansprüchen führen[4]. Eine Verfassungsbeschwerde gegen die Ablehnung der Löschung ist unzulässig, wenn nicht vorher vorläufiger Rechtsschutz gemäß § 16 Abs. 2 HGB iVm. §§ 935 ff. ZPO in Anspruch genommen oder der Eintragung unter Hinweis auf die gegen den Umwandlungsbeschluss gerichtete Anfechtungsklage widersprochen wurde[5]. 56

Die **Wirkung der Eintragung** besteht im Wesentlichen darin, dass der Rechtsträger nunmehr eine neue Rechtsform hat, dass für ihn und die Beteiligungen an ihm diejenigen Rechtssätze gelten, welche auf die neue Rechtsform Anwendung finden, und dass die Rechte Dritter an den Beteiligungen am Rechtsträger fortbestehen: Die formwechselnde GmbH ist nunmehr AG, die Geschäftsanteile an der GmbH sind nunmehr Aktien, die bisher an den Geschäftsanteilen bestehenden Rechte Dritter bestehen an den Aktien fort. Es sind diese Wirkungen der 57

---

1 So auch *Decher/Hoger* in Lutter, § 202 UmwG Rz. 53; *Kort*, AG 2010, 230 (231, 233 f.); aA *Veil*, ZIP 1996, 1065 (1068); *K. Schmidt*, ZIP 1998, 181 (187): Rückabwicklung bei schweren Mängeln; vgl. auch *Decher/Hoger* in Lutter, § 202 UmwG Rz. 54 f. zur Rspr. des BGH zu schweren Mängeln bei LPG-Umwandlungen gemäß LwAnpG.
2 So auch *Stratz* in Schmitt/Hörtnagl/Stratz, § 202 UmwG Rz. 11; *Decher/Hoger* in Lutter, § 202 UmwG Rz. 8.
3 Vgl. *Decher/Hoger* in Lutter, § 202 UmwG Rz. 55 mwN; OLG Hamm v. 27.11.2000 – 15 W 347/00, DB 2001, 85 (87): Lediglich solche Mängel können zur (Amts-)Löschung führen, die nach § 241 Nr. 3 und 4 AktG die Nichtigkeit des Hauptversammlungsbeschlusses begründen.
4 Vgl. BGH v. 5.10.2006 – III ZR 283/05, AG 2006, 934 ff. sowie vorinstanzlich OLG Hamm v. 9.11.2005 – 11 U 70/04, NZG 2006, 274 (275 ff.); dazu *Büchel*, ZIP 2006, 2289 ff.; LG Dortmund v. 12.11.2001 – 8 O 26/01, DB 2002, 783 (784); LG Dortmund v. 16.1.2004 – 8 O 26/01, DB 2004, 805; dazu *Meilicke* DB 2001, 1235.
5 BVerfG v. 13.10.2004 – 1 BvR 2303/00, NZG 2005, 280.

Eintragung, welche von Mängeln gemäß § 202 Abs. 3 UmwG unberührt bleiben. Sie können durch Unwirksamkeitsklagen gemäß § 195 UmwG (sowohl Anfechtungs- wie Nichtigkeitsklagen oder allgemeine Feststellungsklagen iS von § 256 ZPO) nicht mehr in Frage gestellt werden. Sie bleiben bestehen, auch wenn zB der Umwandlungsbeschluss anfechtbar oder nichtig war[1]. Eine **nachträgliche Rückführung** der Rechtsform des Rechtsträgers in die Ausgangsrechtsform **erfolgt nicht**[2]. § 202 Abs. 3 UmwG hindert sowohl Anteilsinhaber und Organe einerseits als auch Dritte andererseits, gegen die Eintragung im Wege der Beschwerde bzw. der Amtslöschung vorzugehen[3]. Dies gilt gemäß § 16 Abs. 3 Satz 10 UmwG selbst dann, wenn eine Klage gegen die Wirksamkeit des Verschmelzungsbeschlusses nach Eintragung der Verschmelzung Erfolg hat[4]. Das Rechtsschutzbedürfnis für die Unwirksamkeitsklage bleibt jedoch trotz Eintragung im Hinblick auf mögliche Schadensersatzansprüche bestehen[5]. Auch von Amts wegen ist die nachträgliche Rückführung der Rechtsform des Rechtsträgers durch das Registergericht gemäß § 398 FamFG in die Ursprungsrechtsform nicht möglich[6].

58 Eine ganz andere Frage ist, welchen Einfluss Mängel des Formwechsels haben, wo es nicht um die Wirkungen der Eintragung, sondern um **andere Wirkungen des Formwechsels** geht. Stellt etwa der – mangels ordnungsgemäßer Einberufung nichtige – Umwandlungsbeschluss den Gesellschaftsvertrag bzw. die Satzung für den Rechtsträger in der neuen Rechtsform mit einem Inhalt fest, der

---

1 OLG München v. 14.4.2010 – 7 U 5167/09, AG 2010, 458 f. = EWiR § 202 UmwG 1/10, 687 (*Blasche*).
2 So auch *Petersen* in KölnKomm. UmwG, § 202 UmwG Rz. 28; aA *C. Schäfer* in FS K. Schmidt, 2009, S. 1389 (1393 f., 1398), der in Bezug auf die Parallelvorschrift des § 20 Abs. 2 UmwG Bestandskraft der fehlerhaften Umwandlung nur bis zur Nichtigerklärung des Beschlusses annimmt, sodann eine „Entschmelzung" durch Spaltung zu erfolgen habe.
3 OLG Frankfurt/M. v. 26.5.2003 – 20 W 61/03, AG 2003, 641 = EWiR § 20 UmwG 1/03, 941 (*Grunewald*): keine Beschwerde möglich bei Verstoß gegen § 16 Abs. 2 UmwG oder bei sonstigen materiellen Mängeln des Verschmelzungsbeschlusses; BayObLG v. 15.10.1999 – 3Z BR 295/99, AG 2000, 130 = MittBayNot 2000, 121 m. Anm. *D. Mayer*; vgl. auch BGH v. 5.10.2006 – III ZR 283/05, AG 2006, 934 (936) (weder Beschwerde noch Rechtspflegererinnerung).
4 OLG Hamburg v. 16.4.2004 – 11 U 11/03, AG 2004, 619 = Der Konzern 2004, 433; BayObLG v. 15.10.1999 – 3Z BR 295/99, AG 2000, 130; vgl. dazu *Heermann*, ZIP 1999, 1861 (1862).
5 OLG Hamburg v. 16.4.2004 – 11 U 11/03, AG 2004, 619 = Der Konzern 2004, 433; OLG München v. 14.4.2010 – 7 U 5167/09, AG 2010, 458 (459) = EWiR § 202 UmwG 1/10, 687 (*Blasche*).
6 OLG Hamm v. 27.11.2000 – 15 W 347/00, DB 2001, 85 ff.: keine Amtslöschung bei Verstoß durch das Registergericht gegen § 16 Abs. 2 UmwG; vgl. auch BGH v. 5.10.2006 – III ZR 283/05, AG 2006, 934 (936); OLG München v. 14.4.2010 – 7 U 5167/09, AG 2010, 458 (459) = EWiR § 202 UmwG 1/10, 687 (*Blasche*); krit. *Büchel*, ZIP 2006, 2289 (2292 f.).

von (an sich dispositiven) Rechtsvorschriften abweicht, so ist die entsprechende Bestimmung nichtig. Frühere Mängel, zB bei der Gründung, oder historische Kapitalmaßnahmen des formwechselnden Rechtsträgers werden ebenfalls nicht geheilt oder wirksam[1]. Der Geltendmachung derartiger Mängel steht die Regelung in § 202 Abs. 3 UmwG nicht im Wege; insofern ist je nach Lage der Dinge Anfechtungs- oder Nichtigkeitsklage oder die allgemeine Feststellungsklage gemäß § 256 ZPO verfügbar. Das gilt auch für Kapitalerhöhungen oder -herabsetzungen im Umwandlungsbeschluss; nicht jedoch dann, wenn die Kapitalherabsetzung als „notwendiger Annex" zur Deckung des Reinvermögens gemäß § 220 UmwG erforderlich ist[2]. Bestandsschutz erhalten nur die Wirkungen der Eintragung gemäß § 202 Abs. 1 UmwG, nicht jedoch der Umwandlungsbeschluss im Übrigen. Hat ein Aktionär im Falle des Formwechsels aus der AG in die GmbH & Co. KG in der Zeit zwischen Umwandlungsbeschluss und Eintragung des Formwechsels im Handelsregister über seine Aktien verfügt und wurde dennoch als Kommanditist im Handelsregister eingetragen, hat die Amtslöschung des fälschlicherweise eingetragenen Kommanditisten zu erfolgen[3].

c) Die maßgebliche Eintragung

Sowohl für § 202 Abs. 1 Nr. 3 UmwG wie für § 202 Abs. 3 UmwG ist diejenige Eintragung entscheidend, welche die sonstigen Wirkungen der Eintragung auslöst (Rz. 5 ff.). Auf die Bekanntmachung der Eintragung kommt es nicht an. 59

§ 203
Amtsdauer von Aufsichtsratsmitgliedern

Wird bei einem Formwechsel bei dem Rechtsträger neuer Rechtsform in gleicher Weise wie bei dem formwechselnden Rechtsträger ein Aufsichtsrat gebildet und zusammengesetzt, so bleiben die Mitglieder des Aufsichtsrats für den Rest ihrer Wahlzeit als Mitglieder des Aufsichtsrats des Rechtsträgers neuer Rechtsform im Amt. Die Anteilsinhaber des formwechselnden Rechtsträgers können im Umwandlungsbeschluss für ihre Aufsichtsratsmitglieder die Beendigung des Amtes bestimmen.

1. Allgemeines	1	3. Ausnahme: Fortdauer der Amtszeit bisheriger Aufsichtsratsmitglieder (§ 203 Satz 1 UmwG)	6
2. Grundsatz: Ende der Amtszeit bisheriger Aufsichtsratsmitglieder ...	2		

---

1 *Decher/Hoger* in Lutter, § 202 UmwG Rz. 59.
2 OLG Frankfurt/M. v. 24.1.2012 – 20 W 504/10, RNotZ 2012, 398 (402) = AG 2012, 461 zu § 20 Abs. 2 UmwG; *Decher/Hoger* in Lutter, § 202 UmwG Rz. 60.
3 BayObLG v. 2.4.2003 – 3Z BR 57/03, DB 2003, 1377.

§ 203 | Formwechsel – Allgemeine Vorschriften

4. Abberufung von Anteilseignervertretern auch bei Fortdauer der Amtszeit bisheriger Aufsichtsratsmitglieder (§ 203 Satz 2 UmwG) .. 14

5. Kein Statusverfahren nach §§ 97 ff. AktG 15

Literatur: Vgl. Angaben zu § 197 UmwG.

1. Allgemeines

1 § 203 UmwG enthält Sonderregelungen für bestimmte Fälle, in denen der Rechtsträger sowohl in seiner bisherigen Rechtsform als auch in seiner neuen Rechtsform einen Aufsichtsrat hat (vgl. zu diesen Fällen § 197 UmwG Rz. 71). Zum Wegfall des Aufsichtsrats infolge Formwechsels und zur erstmaligen Bildung eines Aufsichtsrats infolge Formwechsels vgl. § 197 UmwG Rz. 62 ff. und 66 ff.

2. Grundsatz: Ende der Amtszeit bisheriger Aufsichtsratsmitglieder

2 Außer im Falle von § 203 Satz 1 UmwG **erlischt** mit Eintragung des Formwechsels im Register das **Amt** der bisherigen Aufsichtsratsmitglieder **kraft Gesetzes**, selbst wenn der Rechtsträger auch in seiner neuen Rechtsform einen (aber anders gebildeten oder zusammengesetzten) Aufsichtsrat hat. Einer Abberufung bedarf es nicht (§ 197 UmwG Rz. 65). Die Anteilsinhaber besitzen nicht die Rechtsmacht, die Fortdauer des Aufsichtsratsamtes anzuordnen, etwa im Umwandlungsbeschluss. Sie können nur neue Aufsichtsratsmitglieder bestellen (vgl. dazu § 197 UmwG Rz. 72).

3 Das Erlöschen des Amtes eines Aufsichtsratsmitglieds lässt dessen **Dienstvertrag** grundsätzlich unberührt; dessen Beendigung richtet sich nach allgemeinen Grundsätzen[1].

4 All das gilt **unabhängig davon**, ob es sich vor und nach dem Formwechsel um einen kraft Rechtsform oder kraft Mitbestimmungsrechts **obligatorischen** Aufsichtsrat handelt, ob es sich vor und nach dem Formwechsel um einen **fakultativen** Aufsichtsrat handelt oder ob es sich im einen Fall um einen fakultativen, im anderen Fall um einen obligatorischen Aufsichtsrat handelt.

5 Die geschilderten Grundsätze entsprechen der hM schon nach früherem Recht[2]. Das UmwG hat diese Auffassung bestätigt, lediglich in § 203 Satz 1 UmwG eine Ausnahme vorgesehen[3].

---

1 Str. ist, ob Aufsichtsratsmitglieder überhaupt in einem Dienstverhältnis zur Gesellschaft stehen, vgl. *Hüffer/Koch*, § 101 AktG Rz. 2, und ob dieses mit der Umwandlung endet.
2 *Semler/Grunewald* in G/H/E/K, 1994, § 370 AktG Rz. 14 mwN.
3 So ausdrücklich Begr. RegE, BT-Drucks. 12/6699, S. 145.

3. Ausnahme: Fortdauer der Amtszeit bisheriger Aufsichtsratsmitglieder (§ 203 Satz 1 UmwG)

Nach § 203 Satz 1 UmwG bleiben ausnahmsweise die bisherigen Aufsichtsratsmitglieder im Amt, wenn bei dem Rechtsträger in seiner bisherigen Rechtsform und in seiner neuen Rechtsform ein **Aufsichtsrat in gleicher Weise gebildet und zusammengesetzt** wird. Die Bestimmung soll der wirtschaftlichen und rechtlichen Identität des Rechtsträgers Rechnung tragen, soweit sich durch den Formwechsel das auf die Bildung und Zusammensetzung des Aufsichtsrats anwendbare Recht nicht ändert[1]. 6

Das ist insbesondere dann der Fall, wenn der Rechtsträger in seiner bisherigen und in seiner neuen Rechtsform nach den gleichen **mitbestimmungsrechtlichen Vorschriften** einen mitbestimmten Aufsichtsrat haben muss, wenn etwa eine nach dem MitbestG aufsichtsratspflichtige GmbH in die Rechtform der AG wechselt[2]. 7

Gleiche Bildung und Zusammensetzung des Aufsichtsrates liegt nur dann vor, wenn sich auch die **zahlenmäßige Zusammensetzung des Aufsichtsrats** nicht ändert[3]. Amtskontinuität besteht jedoch auch dann, wenn die zahlenmäßige Zusammensetzung nicht *durch* den Formwechsel, sondern lediglich *anlässlich* des Formwechsels geändert wird, etwa durch Vergrößerung oder Verkleinerung des Aufsichtsrats. 8

Die Regelung des § 203 Satz 1 UmwG gilt auch, aber nicht nur für Fälle gleicher Bildung und Zusammensetzung des Aufsichtsrats kraft Mitbestimmungsrechts. 9

Auch **außerhalb des Mitbestimmungsrechts** ist es denkbar, dass nach Maßgabe der einschlägigen Rechtsvorschriften ein kraft Rechtsform zu bildender Aufsichtsrat des Rechtsträgers vor und nach dem Formwechsel iS von § 203 Satz 1 UmwG in gleicher Weise gebildet und zusammengesetzt wird, etwa bei dem Formwechsel aus der KGaA in die AG oder umgekehrt (beachte jedoch § 1 Abs. 1 Nr. 1 und 2 DrittelbG). Auch in diesem Fall findet § 203 Satz 1 UmwG Anwendung. 10

Fraglich ist, ob § 203 Satz 1 UmwG auch Anwendung findet, wenn sich nicht aus Rechtsnormen, sondern aus **Gesellschaftsvertrag oder Satzung** ergibt, dass der Aufsichtsrat des Rechtsträgers vor und nach dem Formwechsel in gleicher Weise gebildet und zusammengesetzt wird. Das wäre bei einem fakultativen Aufsichtsrat etwa dann der Fall, wenn bei dem Formwechsel aus der AG in die GmbH kraft Satzungsregelung für die GmbH ein Aufsichtsrat nach den Grund- 11

---
1 Begr. RegE, BT-Drucks. 12/6699, S. 144; vgl. auch *Wulff/Buchner*, ZIP 2007, 314 (317 f.) zum Formwechsel einer Kapitalgesellschaft & Co. in eine Kapitalgesellschaft.
2 Begr. RegE, BT-Drucks. 12/6699, S. 145; vgl. auch *Leßmann/Glattfeld*, ZIP 2013, 2390 (2392 ff.) zum Formwechsel einer GmbH in eine AG.
3 Begr. RegE, BT-Drucks. 12/6699, S. 145.

sätzen des Aktienrechts vorgesehen würde. Der Wortlaut von § 203 Satz 1 UmwG stünde seiner Anwendung auch in diesem Fall nicht entgegen. Der in gleicher Weise gebildete und zusammengesetzte fakultative Aufsichtsrat des Rechtsträgers neuer Rechtsform beruht jedoch nicht auf zwingend anwendbarem Recht, sondern auf einer freiwilligen Entscheidung der Anteilsinhaber, den neuen Aufsichtsrat (zufälligerweise) ebenso auszugestalten wie den Aufsichtsrat des formwechselnden Rechtsträgers. Seinem Zweck nach findet § 203 Satz 1 UmwG deshalb nur dann Anwendung, wenn der Aufsichtsrat **nach Maßgabe der anwendbaren rechtlichen Vorschriften** unverändert gebildet und zusammengesetzt wird[1].

12 Amtskontinuität nach § 203 Satz 1 UmwG gilt auch für **Ersatzmitglieder**[2]. Das bedeutet nicht nur, dass Ersatzmitglieder, die noch vor dem Formwechsel in den Aufsichtsrat nachgerückt sind, für den Rest ihrer Amtszeit im Amt bleiben. Es bedeutet auch, dass vor dem Formwechsel noch nicht in den Aufsichtsrat nachgerückte Ersatzmitglieder nach dem Formwechsel weiterhin Ersatzmitglieder bleiben und dann in den Aufsichtsrat nachrücken, wenn die Voraussetzungen dafür später eintreten.

13 Nach § 203 Satz 1 UmwG bleiben Aufsichtsratsmitglieder **für den Rest ihrer Wahlzeit** im Amt. Maßgebend ist die konkrete restliche Wahlzeit des jeweiligen einzelnen Aufsichtsratsmitglieds[3]. § 203 Satz 1 UmwG verlängert die Amtszeit nicht, auch nicht etwa über den Zeitpunkt des Erreichens einer Altersgrenze hinaus, wenn diese vor Ablauf der ansonsten maßgeblichen Wahlzeit erreicht wird.

4. Abberufung von Anteilseignervertretern auch bei Fortdauer der Amtszeit bisheriger Aufsichtsratsmitglieder (§ 203 Satz 2 UmwG)

14 Auch soweit Aufsichtsratsmitglieder nach § 203 Satz 1 UmwG grundsätzlich im Amt bleiben, können die Anteilseigner nach § 203 Satz 2 UmwG ihre Vertreter im Aufsichtsrat abberufen. Die Abberufung kann nur im Umwandlungsbeschluss erfolgen (§ 203 Satz 2 UmwG). Teilweise wird die Meinung vertreten, dass der Abberufungsbeschluss auch noch nach dem Umwandlungsbeschluss oder sogar nach Wirksamwerden des Formwechsels gefasst werden könne[4]. Es

---

1 So auch die Regierungsbegründung, wonach die Vorschrift der Kontinuität des Rechtsträgers Rechnung tragen soll, „soweit sich durch den Formwechsel das auf die Bildung und Zusammensetzung des Aufsichtsrats anwendbare Recht nicht ändert", Begr. RegE, BT-Drucks. 12/6699, S. 144; so auch *Decher/Hoger* in Lutter, § 203 UmwG Rz. 9 f.
2 So auch *Decher/Hoger* in Lutter, § 203 UmwG Rz. 4; *Drinhausen/Keinath* in Henssler/Strohn, § 203 UmwG Rz. 5.
3 So auch *Petersen* in KölnKomm. UmwG, § 203 UmwG Rz. 6.
4 *Vossius* in Widmann/Mayer, § 203 UmwG Rz. 31 f.: Es reicht aus, wenn der Abberufungsbeschluss in einem inneren Zusammenhang mit dem Umwandlungsbeschluss steht; wie hier *Jaensch* in Keßler/Kühnberger, § 203 UmwG Rz. 8.

handelt sich dann jedoch nicht mehr um eine Beendigung des Amtes gemäß § 203 Satz 2 UmwG, sondern um eine vorzeitige Abberufung nach den jeweils anwendbaren Regeln. Die Anteilsinhaber können im Umwandlungsbeschluss auch einzelne ihrer Vertreter im Aufsichtsrat abberufen, die anderen aber im Amt belassen. Soweit die Anteilseigner ihre Vertreter gemäß § 203 Satz 2 UmwG abberufen, können sie auch neue Anteilseignervertreter bestellen (dazu § 197 UmwG Rz. 72). Geschieht dies nicht, sind die Anteilseignervertreter gerichtlich zu bestellen (§ 6 MitbestG, § 1 Abs. 1 Nr. 3 DrittelbG, § 104 AktG).

5. Kein Statusverfahren nach §§ 97 ff. AktG

Für ein Statusverfahren gemäß §§ 97 ff. AktG ist kein Raum, wenn die Voraussetzungen für die Fortdauer des Amtes der Aufsichtsratsmitglieder nach § 203 Satz 1 UmwG vorliegen[1]. Ein Statusverfahren ist nur dann einzuleiten, wenn sich durch den Formwechsel die Bildung und Zusammensetzung des Aufsichtsrates ändert (dazu § 197 UmwG Rz. 75 f.). 15

§ 204
Schutz der Gläubiger und der Inhaber von Sonderrechten

Auf den Schutz der Gläubiger ist § 22, auf den Schutz der Inhaber von Sonderrechten § 23 entsprechend anzuwenden.

1. Schutz der Gläubiger		2. Schutz der Inhaber von Sonderrechten	
a) Allgemeines	1		
b) Anspruchsberechtigte Gläubiger	3	a) Allgemeines	10
c) Glaubhaftmachung der Gefährdung der Erfüllung (§§ 204, 22 Abs. 1 Satz 2 UmwG)	6	b) Rechte in dem formwechselnden Rechtsträger ohne Stimmrecht	14
d) Inhalt des Anspruchs auf Sicherheitsleistung	7	c) Gewährung gleichwertiger Rechte in dem Rechtsträger neuer Rechtsform	22
e) Geltendmachung des Anspruchs auf Sicherheitsleistung	8	d) Rechtsfolgen	25
f) Ausschluss des Anspruchs auf Sicherheitsleistung (§§ 204, 22 Abs. 2 UmwG)	9		

---

1 So auch *Decher/Hoger* in Lutter, § 203 UmwG Rz. 12; *Simon* in Semler/Stengel, § 203 UmwG Rz. 10 („vorsorglich"); aA *Kowalski/Schmidt*, DB 2009, 551 (554).

§ 204 | Formwechsel – Allgemeine Vorschriften

Literatur: *Habersack*, Zur Reichweite des umwandlungsrechtlichen Freigabeverfahrens beim Formwechsel, dargestellt am Beispiel der Umwandlung von stimmrechtslosen Anteilen in Stimmrechte verkörpernde Anteile, Liber amicorum M. Winter, 2011, S. 177; *Habersack/Schürnbrand*, Das Schicksal gebundener Ansprüche beim Formwechsel, NZG 2007, 81; *Hoger*, Kontinuität beim Formwechsel nach dem UmwG und der grenzüberschreitenden Verlegung des Sitzes einer SE, 2008; *Jaeger*, Sicherheitsleistung für Ansprüche aus Dauerschuldverhältnissen bei Kapitalherabsetzung, Verschmelzung und Beendigung eines Unternehmensvertrages – Zugleich Besprechung des Urteils BGH vom 18.3. 1996 – II ZR 299/94, DB 1996, 930, DB 1996, 1069; *Kiem*, Die Stellung der Vorzugsaktionäre bei Umwandlungsmaßnahmen, ZIP 1997, 1627; *Petersen*, Der Gläubigerschutz im Umwandlungsrecht, 2001; *Rinnert*, Auswirkungen eines Formwechsels von einer AG in eine GmbH auf das bedingte Kapital zur Sicherung von Bezugsrechten, NZG 2001, 865; *Schröer*, Sicherheitsleistung für Ansprüche aus Dauerschuldverhältnissen bei Unternehmensumwandlungen, DB 1999, 317; *Veil*, Umwandlung einer Aktiengesellschaft in eine Gesellschaft mit beschränkter Haftung, 1996; *Veith*, Der Gläubigerschutz beim Formwechsel nach dem Umwandlungsgesetz, 2003.

1. Schutz der Gläubiger

a) Allgemeines

1 Da trotz Identität des Rechtsträgers auch der Formwechsel zu einer Gefährdung der Ansprüche von Gläubigern führen kann (Rz. 6), erklärt § 204 UmwG zum Schutz der Gläubiger die verschmelzungsrechtliche Regelung in **§ 22 UmwG** für **entsprechend anwendbar:** Den Gläubigern des formwechselnden Rechtsträgers ist Sicherheit zu leisten, wenn sie ihren Anspruch nach Grund und Höhe binnen sechs Monaten nach dem Tag schriftlich anmelden, an dem die Eintragung des Formwechsels gemäß § 201 UmwG bekanntgemacht worden ist, soweit sie nicht Befriedigung verlangen können (**§§ 204, 22 Abs. 1 Satz 1 UmwG**). Dieses Recht steht ihnen jedoch nur zu, wenn sie glaubhaft machen, dass durch den Formwechsel die Erfüllung ihrer Forderung gefährdet wird (**§§ 204, 22 Abs. 1 Satz 2 UmwG**). Das Recht, Sicherheitsleistung zu verlangen, steht Gläubigern nicht zu, welche im Fall der Insolvenz ein Recht auf vorzugsweise Befriedigung aus einer Deckungsmasse haben, die nach gesetzlicher Vorschrift zu ihrem Schutz errichtet und staatlich überwacht ist (**§§ 204, 22 Abs. 2 UmwG**). Ergänzt wird der Gläubigerschutz beim Formwechsel durch die **Schadensersatzpflicht der Verwaltungsträger** des formwechselnden Rechtsträgers gemäß §§ 205, 206 UmwG. Ebenfalls dem Schutz der Gläubiger dient beim Formwechsel einer Personenhandelsgesellschaft, einer Partnerschaftsgesellschaft und einer KGaA die **Nachhaftung persönlich haftender Gesellschafter bzw. Partner** (§§ 224, 225c, 237, 249, 257 UmwG).

2 Die Regelung ist **zwingend:** Die Frist kann **nicht abgekürzt**, sondern **nur verlängert** werden[1].

---

[1] Auch gegen Verlängerung *Stratz* in Schmitt/Hörtnagl/Stratz, § 22 UmwG Rz. 12; aA *Grunewald* in Lutter, § 22 UmwG Rz. 19: Verkürzungen durch Einzelabreden möglich.

b) Anspruchsberechtigte Gläubiger

Geschützt sind Gläubiger **gesetzlicher oder vertraglicher schuldrechtlicher** 3
Ansprüche jeder Art gegen den Rechtsträger. **Dingliche** Ansprüche, etwa der Herausgabeanspruch nach § 985 BGB, genießen keinen Schutz[1] (siehe § 22 UmwG Rz. 2). Auch **Gesellschafter und Organmitglieder** können für ihre Ansprüche gegen den Rechtsträger Sicherung verlangen, soweit sie diesem wie Dritte gegenüberstehen und es sich nicht um rein innergesellschaftliche Ansprüche handelt[2].

Sicherheitsleistung kann nur verlangt werden für schon **vor Wirksamwerden** 4
des Formwechsels begründete Ansprüche[3] (aA *Marsch-Barner*, § 22 UmwG Rz. 3: Anspruch muss bis zum Zeitpunkt der Bekanntmachung der Eintragung begründet sein[4]). Nicht geschützt sind Ansprüche, für welche der Gläubiger vom Rechtsträger bereits Befriedigung verlangen kann, also **fällige Ansprüche** (§§ 204, 22 Abs. 1 Satz 1 UmwG aE). Der Gläubiger kann ohne Umweg über eine Sicherheitsleistung unmittelbar Erfüllung verlangen. Maßgebend ist, dass der Anspruch **gerade gegenüber dem Rechtsträger fällig** ist. Dass der Anspruch gegen einen Dritten, etwa einen Gesamtschuldner, schon fällig ist, steht dem Anspruch auf Sicherheitsleistung nicht entgegen[5]. Für fällige Ansprüche kann auch dann keine Sicherheitsleistung verlangt werden, wenn die Ansprüche bestritten und deshalb nicht sofort durchsetzbar sind[6]. Ebenso wenig geschützt sind Ansprüche, die nur deshalb noch nicht fällig sind, weil der **Gläubiger pflichtwidrig seine eigenen Verpflichtungen nicht erfüllt** hat, etwa bei Zug um Zug Leistungen[7].

Bei Ansprüchen aus **Dauerschuldverhältnissen** kann Sicherheitsleistung nicht 5
verlangt werden für sämtliche nach Eintragung des Formwechsels bis Ablauf der Restlaufzeit des Vertrages fällig werdenden Ansprüche, sondern nur, soweit dem Grunde nach durch den Formwechsel das normale Erfüllungsrisiko des Gläubigers erhöht wird (vgl. dazu Rz. 6) und der Gläubiger der Höhe nach unter Be-

---

1 *Stratz* in Schmitt/Hörtnagl/Stratz, § 22 UmwG Rz. 5 mwN; *Decher/Hoger* in Lutter, § 204 UmwG Rz. 4.
2 *Decher/Hoger* in Lutter, § 204 UmwG Rz. 4.
3 *Decher/Hoger* in Lutter, § 204 UmwG Rz. 6; *Grunewald* in Lutter, § 22 UmwG Rz. 7; *Kalss* in Semler/Stengel, § 204 UmwG Rz. 3; *Jaensch* in Keßler/Kühnberger, § 204 UmwG Rz. 3.
4 *Drinhausen/Keinath* in Henssler/Strohn, § 204 UmwG Rz. 5.
5 *Decher/Hoger* in Lutter, § 204 UmwG Rz. 9; aA *Stratz* in Schmitt/Hörtnagl/Stratz, § 22 UmwG Rz. 17.
6 OLG Celle v. 2.11.1988 – 9 U 54/88, BB 1989, 868.
7 *Stratz* in Schmitt/Hörtnagl/Stratz, § 22 UmwG Rz. 17: auch kein Anspruch bei Zurückbehaltungsrecht; *Decher/Hoger* in Lutter, § 204 UmwG Rz. 8: kein Anspruch bei Zug um Zug Leistungen, wenn der Gläubiger die Voraussetzungen für die eigene Leistung noch nicht geschaffen hat.

achtung der individuellen Gegebenheiten (zB Dauer der Restlaufzeit) ein schützenswertes Sicherungsinteresse hat[1].

c) Glaubhaftmachung der Gefährdung der Erfüllung (§§ 204, 22 Abs. 1 Satz 2 UmwG)

6 Das Recht auf Sicherheitsleistung steht Gläubigern nur zu, wenn sie glaubhaft machen, dass durch den Formwechsel die Erfüllung ihrer Forderung gefährdet wird (§§ 204, 22 Abs. 1 Satz 2 UmwG). Da der Formwechsel die Identität und Haftungsmasse des Rechtsträgers unberührt lässt, führt er idR nicht unmittelbar zu einer Gefährdung der Erfüllung von Ansprüchen der Gläubiger. Eine solche Gefährdung kann jedoch dann vorliegen, wenn das Normensystem, welches für die neue Rechtsform gilt, weniger Gläubigerschutz gewährt, als bei dem formwechselnden Rechtsträger galt, etwa weil **gesetzliche Kapitalschutzvorschriften oder die Haftung von Gesellschaftern entfallen**[2]. Die Anforderungen an die Glaubhaftmachung richten sich nach allgemeinem Zivilprozessrecht (§ 294 ZPO): Es genügt (ist aber auch erforderlich), dass der Gläubiger eine **überwiegende Wahrscheinlichkeit für die Gefährdung** darlegt[3]. Die bloße Glaubhaftmachung reicht für die Darlegung der Gefährdung des Anspruchs aus, nicht für das Bestehen des Anspruchs: Ist dieser strittig, muss der Gläubiger vollen Beweis antreten[4]. Die Glaubhaftmachung muss nicht innerhalb der in §§ 204, 22 Abs. 1 Satz 1 UmwG festgelegten Sechs-Monats-Frist erfolgen[5].

d) Inhalt des Anspruchs auf Sicherheitsleistung

7 Der Inhalt des Anspruchs auf Sicherheitsleistung richtet sich nach §§ 232 ff. BGB (zB Hinterlegung, Grundpfandrechte, Bürgschaft)[6].

e) Geltendmachung des Anspruchs auf Sicherheitsleistung

8 Die Gläubiger haben ihren Anspruch, für den sie Sicherheitsleistung verlangen, **nach Grund und Höhe binnen sechs Monaten** nach dem Tage schriftlich anzumelden, an dem die Eintragung des Formwechsels gemäß § 201 UmwG bekannt gemacht worden ist (§§ 204, 22 Abs. 1 Satz 1 UmwG). Die Anmeldung

---

1 BGH v. 18.3.1996 – II ZR 299/94, AG 1996, 321 (322) = DB 1996, 930 (931, 932), dazu *Jaeger*, DB 1996, 1069; so auch *Stratz* in Schmitt/Hörtnagl/Stratz, § 22 UmwG Rz. 6.
2 Vgl. Begr. RegE, BT-Drucks. 12/6699, S. 145; *Decher/Hoger* in Lutter, § 204 UmwG Rz. 13 f.; *Petersen* in KölnKomm. UmwG, § 204 UmwG Rz. 2–7.
3 *Stratz* in Schmitt/Hörtnagl/Stratz, § 22 UmwG Rz. 13.
4 *Decher/Hoger* in Lutter, § 204 UmwG Rz. 16; OLG Celle v. 2.11.1988 – 9 U 54/88, BB 1989, 868 (869).
5 *Vossius* in Widmann/Mayer, § 204 UmwG Rz. 38.
6 Vgl. *Vossius* in Widmann/Mayer, § 204 UmwG Rz. 33.

des Anspruchs nach Grund und Höhe muss so präzise sein, dass sie dem Rechtsträger nicht nur die Identifizierung des Anspruchs ermöglicht, sondern auch die (gemäß §§ 232, 235 BGB ihm obliegende und allein zustehende) Entscheidung über die Art der Sicherheitsleistung[1]. Soweit die Höhe des Anspruchs noch nicht beziffert werden kann, soll die **Angabe des Grundes genügen**[2]: Das wirft jedoch Schwierigkeiten bei der Bestimmung der zu leistenden Sicherheit auf, weshalb ein geschätzter oder ein Mindestbetrag anzugeben sein wird[3]. Die Sechs-Monats-Frist ist eine **Ausschlussfrist**[4]. Unterbleibt der nach §§ 204, 22 Abs. 1 Satz 3 UmwG erforderliche Hinweis auf das Recht, Sicherheitsleistung zu verlangen, in der Bekanntmachung der Eintragung des Formwechsels, ändert dies am Fristablauf nichts[5].

f) Ausschluss des Anspruchs auf Sicherheitsleistung (§§ 204, 22 Abs. 2 UmwG)

Das Recht, Sicherheitsleistung zu verlangen, steht Gläubigern nicht zu, welche 9 im Fall der Insolvenz ein **Recht auf vorzugsweise Befriedigung** aus einer Deckungsmasse haben, die nach gesetzlicher Vorschrift zu ihrem Schutz errichtet und staatlich überwacht ist (§§ 204, 22 Abs. 2 UmwG). Die Regelung ist der verschmelzungsrechtlichen Regelung in § 347 Abs. 2 AktG aF nachgebildet. Insbesondere besteht kein Anspruch auf Sicherheitsleistung für Betriebsrenten, die über die Insolvenzsicherung des Pensionssicherungsvereins gemäß §§ 7 ff. BetrAVG (bereits) gesichert sind[6].

2. Schutz der Inhaber von Sonderrechten

a) Allgemeines

Gemäß §§ 204, 23 UmwG sind den Inhabern von Rechten in einem formwech- 10 selnden Rechtsträger, die kein Stimmrecht gewähren, insbesondere den Inhabern von Anteilen ohne Stimmrecht, von Wandelschuldverschreibungen, von Gewinnschuldverschreibungen und von Genussrechten gleichwertige Rechte in dem Rechtsträger neuer Rechtsform zu gewähren.

---

1 Vgl. *Vossius* in Widmann/Mayer, § 204 UmwG Rz. 36, § 22 UmwG Rz. 51; Begr. RegE, BT-Drucks. 12/6699, S. 92.
2 *Stratz* in Schmitt/Hörtnagl/Stratz, § 22 UmwG Rz. 8 mwN.
3 *Decher/Hoger* in Lutter, § 204 UmwG Rz. 10.
4 *Stratz* in Schmitt/Hörtnagl/Stratz, § 22 UmwG Rz. 12; oben § 22 UmwG Rz. 5.
5 *Stratz* in Schmitt/Hörtnagl/Stratz, § 22 UmwG Rz. 11. Zu Form und Frist der Anmeldung vgl. weiter *Grunewald* in Lutter, § 22 UmwG Rz. 18–21.
6 Begr. RegE, BT-Drucks. 12/6699, S. 92; BAG v. 30.7.1996 – 3 AZR 397/95, AG 1997, 268 (269). Zu weiteren Ausschlusstatbeständen vgl. *Decher/Hoger* in Lutter, § 204 UmwG Rz. 19, 20 mwN.

§ 204 | Formwechsel – Allgemeine Vorschriften

11 **Zweck** der Regelung kann angesichts der Rechtsträgeridentität beim Formwechsel nicht der Verwässerungsschutz sein wie bei der verschmelzungsrechtlichen Regelung in § 23 UmwG. Beim Formwechsel dient die Regelung vielmehr dem **Schutz vor rechtsformbedingten Beeinträchtigungen** der geschützten Rechte[1].

12 Die Regelung gilt **rechtsformübergreifend** für alle Formwechselfälle. Die Besonderen Vorschriften (§§ 214–304 UmwG) enthalten keine ergänzenden oder abweichenden Regelungen.

13 Die Regelung in §§ 204, 23 UmwG ist **zwingend** insofern, als der Umwandlungsbeschluss keine abweichende Regelung treffen kann[2]. Dagegen können mit den Rechtsinhabern bei Begründung der durch §§ 204, 23 UmwG geschützten Rechte durchaus abweichende Vereinbarungen für den Fall eines späteren Formwechsels getroffen werden. Auch nachträglich können die Rechtsinhaber auf den Schutz der §§ 204, 23 UmwG verzichten oder sich über ihn vergleichen.

b) Rechte in dem formwechselnden Rechtsträger ohne Stimmrecht

14 §§ 204, 23 UmwG schützen Rechte *in* einem formwechselnden Rechtsträger, die **keine Stimmrechte** gewähren. Eine bloße **Beschränkung des Stimmrechts** reicht nicht aus. Geschützt sind also nur Rechtsinhaber, die am Umwandlungsbeschluss von vornherein nicht mitwirken können[3].

15 Als Beispiel für stimmrechtslose Rechte in einem Rechtsträger führen §§ 204, 23 UmwG – nicht abschließend[4], „insbesondere" – **Anteile ohne Stimmrecht** und – insofern anknüpfend an die entsprechenden Begriffe in § 221 AktG – **Wandelschuldverschreibungen, Gewinnschuldverschreibungen** und **Genussrechte** an[5] (siehe § 23 UmwG Rz. 4 ff.).

16 Zu den Rechten in dem formwechselnden Rechtsträger gehören zu allererst stimmrechtslose **Anteile und Mitgliedschaftsrechte** an dem Rechtsträger (zB stimmrechtslose Vorzugsaktien[6]). Für diese gelten §§ 204, 23 UmwG, wenn sie kein Stimmrecht vermitteln, seien sie nun von vornherein ihrer Rechtsnatur nach nicht mit einem Stimmrecht ausgestattet, sei das Stimmrecht von vornherein oder nachträglich statutarisch ausgeschlossen[7].

17 Die Regelung kann auch für **Sonder- oder Vorzugsrechte** im engeren Sinn gelten. Trotz der amtlichen Überschrift (Schutz der Inhaber von „Sonderrechten")

---

1 Ebenso *Kalss* in Semler/Stengel, § 204 UmwG Rz. 4.
2 Entsprechend für den Verschmelzungsvertrag *Stratz* in Schmitt/Hörtnagl/Stratz, § 23 UmwG Rz. 15.
3 Vgl. *Veil*, S. 248; iE zustimmend *Hoger*, S. 231.
4 *Stratz* in Schmitt/Hörtnagl/Stratz, § 23 UmwG Rz. 4.
5 Zu den einzelnen Beispielen vgl. *Stratz* in Schmitt/Hörtnagl/Stratz, § 23 UmwG Rz. 10–14; *Decher/Hoger* in Lutter, § 204 UmwG Rz. 22–25.
6 Dazu *Kiem*, ZIP 1997, 1627.
7 Beispiele bei *Stratz* in Schmitt/Hörtnagl/Stratz, § 23 UmwG Rz. 6.

gilt sie indes **nicht nur** für Sonder- oder Vorzugsrechte im engeren Sinn und auch **nicht für alle** Sonder- oder Vorzugsrechte im engeren Sinn:

Wenn einem **Anteilsinhaber stimmrechtsloser Anteile** zum Ausgleich für das Fehlen des Stimmrechts Vorzugs- oder Sonderrechte zustehen, gelten für diese Anteile samt Vorzugs- und Sonderrechten die §§ 204, 23 UmwG. Wenn ein **Anteilsinhaber voll stimmberechtigter Anteile** neben stimmberechtigten Anteilen **auch über stimmrechtslose Anteile** mit zugehörigen Vorzugs- oder Sonderrechten verfügt, gelten für diese stimmrechtslosen Anteile samt Vorzugs- und Sonderrechten ebenfalls die §§ 204, 23 UmwG. Die Tatsache, dass der Anteilsinhaber auch über Anteile mit vollem Stimmrecht verfügt, ändert daran nichts. Wenn dagegen ein **Anteilsinhaber voll stimmberechtigter Anteile zusätzlich über Sonder- oder Vorzugsrechte** verfügt, etwa über Rechte zur Entsendung von Organmitgliedern, über Vetorechte bei geschäftspolitischen Entscheidungen, über Vorkaufs- oder Ankaufsrechte für Anteile, finden die §§ 204, 23 UmwG auf diese Vorzugs- oder Sonderrechte keine Anwendung[1]. Es handelt sich hierbei nicht um ihrer Rechtsnatur nach stimmrechtslose Sonder- oder Vorzugsrechte, sondern um Sonder- oder Vorzugsrechte, die einzelnen Anteilsinhabern zusätzlich gerade wegen ihrer stimmberechtigten Anteile zustehen. In diesem Fall fehlt es dem stimmberechtigten Anteilsinhaber von Vorzugs- und Sonderrechten nicht an Schutz: Der Formwechsel bedarf gemäß § 193 Abs. 2 UmwG (bei Vinkulierungen) oder gemäß §§ 241 Abs. 2, 50 Abs. 2 UmwG (bei Minderheits- oder Entsendungsrechten in der GmbH) oder gemäß § 217 Abs. 1 Satz 1 UmwG (beim Formwechsel der Personenhandelsgesellschaft) der Zustimmung des stimmberechtigten Anteilsinhabers, dessen Vorzugs- oder Sonderrechte durch den Formwechsel beeinträchtigt werden[2]. Derartige Sonder- oder Vorzugsrechte einzelner Anteilsinhaber sind daher im Umwandlungsbeschluss bereits gemäß § 194 Abs. 1 Nr. 4 UmwG (Art, Zahl und Umfang der Anteile oder Mitgliedschaften) oder gemäß § 194 Abs. 1 Nr. 5 Alt. 1 UmwG (Rechte einzelner Anteilsinhaber) zu berücksichtigen (vgl. § 194 UmwG Rz. 32 und 36). Können gleichwertige Rechte in dem Rechtsträger neuer Rechtsform nicht gewährt werden, kommt als **Kompensation** für den Verlust solcher Sonder- oder Vorzugsrechte von stimmberechtigten Anteilsinhabern entweder eine **Erhöhung der quantitativen Beteiligung** oder die **bare Zuzahlung** gemäß § 196 UmwG in Betracht.

Auch **Rechte, die nicht mitgliedschaftlich sind**, also weder Mitgliedschaften darstellen, noch – wie etwa **Wandelschuldverschreibungen** – Anspruch auf den späteren Erwerb von Mitgliedschaften begründen, können Rechte in einem Rechtsträger sein und damit den Schutz der §§ 204, 23 UmwG genießen, wie die Beispiele der Gewinnschuldverschreibungen und der Genussrechte belegen[3]. Nicht geschützt sind dagegen **rein schuldrechtliche Ansprüche** an den form-

---
1 Ebenso *Decher/Hoger* in Lutter, § 204 UmwG Rz. 23.
2 Vgl. auch *Decher/Hoger* in Lutter, § 204 UmwG Rz. 23.
3 *Stratz* in Schmitt/Hörtnagl/Stratz, § 23 UmwG Rz. 4, 5.

wechselnden Rechtsträger (zB aus **Inhaberschuldverschreibungen** oder **Schuldscheinen**); deren Inhalt bleibt vom Formwechsel unberührt, für ihre Sicherung gelten §§ 204, 22 UmwG[1] (siehe § 23 UmwG Rz. 3).

20 Die **Abgrenzung** rein schuldrechtlicher Ansprüche gegen den Rechtsträger von stimmrechtsloser Rechten in dem Rechtsträger wirft Zweifelsfragen auf. Entscheidend für die Abgrenzung ist, ob die Rechtsform als solche den Inhalt der Rechte verändert: Dann kommt die Anwendung der §§ 204, 23 UmwG in Betracht. Lässt der Formwechsel den Inhalt der Ansprüche unberührt, ist für Gewährung gleichwertiger Rechte im Rechtsträger neuer Rechtsform kein Raum: Kraft Identität des Rechtsträgers bleiben die Rechte ohne weiteres unverändert bestehen. Allenfalls kann je nach Lage der Dinge die Erfüllung der entsprechenden Forderungen der Gläubiger gefährdet sein: Dann gilt die Gläubigerschutzregelung der §§ 204, 22 UmwG.

21 Auf die Rechte eines (typischen oder atypischen) **stillen Gesellschafters** sollen die §§ 204, 23 UmwG Anwendung finden (aA *Marsch-Barner*, § 23 UmwG Rz. 3)[2]. Erwogen wird deren Anwendung auch auf **andere gewinnabhängige vertragliche Rechte**[3] (aA *Marsch-Barner*, § 23 UmwG Rz. 3). Wendet man die Bestimmungen nur auf die Fälle an, in welchen die Rechte durch den Formwechsel tatsächlich inhaltlich verändert werden, kann man dem zustimmen. Große praktische Bedeutung wird dies nicht haben. Auf die Rechte eines **Lizenzgebers**, dessen Lizenzgebühr vom Jahresergebnis des Rechtsträgers abhängig gemacht ist, sind sie nicht anwendbar.

c) Gewährung gleichwertiger Rechte in dem Rechtsträger neuer Rechtsform

22 Den Inhabern geschützter Rechte in dem formwechselnden Rechtsträger müssen gleichwertige Rechte in dem Rechtsträger neuer Rechtsform gewährt werden. Die Rechte in dem Rechtsträger neuer Rechtsform sind gemäß § 194 Abs. 1 Nr. 5 UmwG bereits im **Umwandlungsbeschluss** zu bestimmen (vgl. § 194 UmwG Rz. 36 ff.).

23 Die in dem Rechtsträger neuer Rechtsform gewährten Rechte müssen den bisherigen Rechten gleichwertig sein[4]. Erforderlich ist **wirtschaftliche Gleichwertigkeit**[5]. Das bedeutet nicht, dass Rechte in dem formwechselnden Rechtsträger beliebig durch Rechte anderer Art in dem Rechtsträger neuer Rechtsform ersetzt werden

---

1 *Stratz* in Schmitt/Hörtnagl/Stratz, § 23 UmwG Rz. 1, 4.
2 *Stratz* in Schmitt/Hörtnagl/Stratz, § 23 UmwG Rz. 5, 8; *Decher/Hoger* in Lutter, § 204 UmwG Rz. 24.
3 *Kalss* in Semler/Stengel, § 23 UmwG Rz. 7; aA *Grunewald* in Lutter, § 23 UmwG Rz. 21.
4 Dazu im Einzelnen *Stratz* in Schmitt/Hörtnagl/Stratz, § 23 UmwG Rz. 9 ff.; *Rinnert*, NZG 2001, 865 zur Angestaltung von Bezugsrechten aus Wandelschuldverschreibungen beim Formwechsel aus der AG in die GmbH.
5 *Stratz* in Schmitt/Hörtnagl/Stratz, § 23 UmwG Rz. 9.

können, wenn diese nur wirtschaftlich den gleichen Wert haben. In erster Linie sind **Rechte gleicher Art** zu gewähren[1]. Änderungen der Rechte sind von vornherein nur insofern zulässig, als sie sich aus der Änderung der Rechtsform und dem auf die neue Rechtsform anwendbaren Normensystem rechtstechnisch zwingend ergeben. Soweit Abweichungen zwingend sind, müssen diese so gestaltet sein, dass insgesamt wirtschaftliche Gleichwertigkeit besteht (vgl. § 194 UmwG Rz. 39).

Die Erfüllung des Anspruchs auf Gewährung eines gleichwertigen Rechts soll auch durch Gewährung eines **höherwertigen Rechts** erfüllt sein[2], etwa durch Gewährung eines stimmberechtigten Anteils für einen stimmrechtslosen[3]. Das ist indes nur insoweit zulässig, als die Gewährung eines höherwertigen Rechts an Inhaber von Sonderrechten nicht die Rechte von anderen Anteilsinhabern verletzt[4] (siehe auch § 23 UmwG Rz. 8). 24

d) Rechtsfolgen

Der Anspruch auf Gewährung gleichwertiger Rechte in dem Rechtsträger neuer Rechtsform gemäß §§ 204, 23 UmwG ist durch Klage durchsetzbar, idR durch **Leistungsklage**[5]. Schuldner des sonstigen Rechts ist der Rechtsträger; die Klage ist daher gegen diesen zu erheben. Eine Klage gegen die Wirksamkeit des Umwandlungsbeschlusses ist gemäß § 195 Abs. 2 UmwG ausgeschlossen. Anteilsinhaber können gemäß § 196 UmwG ihren Anspruch auf bare Zuzahlung im Spruchverfahren geltend machen[6] (aA *Marsch-Barner*, § 23 UmwG Rz. 13). 25

§ 205
Schadenersatzpflicht der Verwaltungsträger des formwechselnden Rechtsträgers

(1) Die Mitglieder des Vertretungsorgans und, wenn ein Aufsichtsorgan vorhanden ist, des Aufsichtsorgans des formwechselnden Rechtsträgers sind als Gesamtschuldner zum Ersatz des Schadens verpflichtet, den der Rechtsträger, seine Anteilsinhaber oder seine Gläubiger durch den Formwechsel erleiden. § 25 Abs. 1 Satz 2 ist entsprechend anzuwenden.

---

1 *Vossius* in Widmann/Mayer, § 204 UmwG Rz. 46; *Decher/Hoger* in Lutter, § 204 UmwG Rz. 26; *Hoger*, S. 124.
2 Begr. RegE, BT-Drucks. 12/6699, S. 93; *Kalss* in Semler/Stengel, § 204 UmwG Rz. 5.
3 *Decher/Hoger* in Lutter, § 204 UmwG Rz. 28; *Habersack* in Liber amicorum M. Winter, 2011, S. 177 (182 f.).
4 So auch *Jaensch* in Keßler/Kühnberger, § 204 UmwG Rz. 8.
5 *Stratz* in Schmitt/Hörtnagl/Stratz, § 23 UmwG Rz. 16 mwN.
6 *Decher/Hoger* in Lutter, § 204 UmwG Rz. 30.

(2) Die Ansprüche nach Absatz 1 verjähren in fünf Jahren seit dem Tage, an dem die anzumeldende Eintragung der neuen Rechtsform oder des Rechtsträgers neuer Rechtsform in das Register bekannt gemacht worden ist.

1. Allgemeines	1	a) Schaden	11
2. Ersatzpflichtige (§ 205 Abs. 1 Satz 1 UmwG)	5	b) Kausalität	13
		5. Pflichtverletzung; Verschulden	14
3. Anspruchsberechtigte	9	6. Beweislast	19
4. Schaden; Kausalität	10	7. Verjährung (§ 205 Abs. 2 UmwG)	20

Literatur: Vgl. Angaben zu § 25 UmwG.

1. Allgemeines

1 Gemäß § 205 Abs. 1 Satz 1 UmwG sind die Mitglieder des Vertretungsorgans und eines etwaigen Aufsichtsorgans des formwechselnden Rechtsträgers als Gesamtschuldner zum **Ersatz des Schadens** verpflichtet, den der Rechtsträger, seine Anteilsinhaber oder seine Gläubiger durch den Formwechsel erleiden. § 205 Abs. 1 Satz 2 UmwG erklärt § 25 Abs. 1 Satz 2 UmwG für entsprechend anwendbar, nach dem Organmitglieder, die bei der Prüfung der Vermögenslage der Rechtsträger und beim Abschluss des Verschmelzungsvertrags ihre Sorgfaltspflicht beachtet haben, von der Ersatzpflicht befreit sind. § 205 Abs. 2 UmwG bestimmt eine fünfjährige Verjährungsfrist.

2 **Zweck** der Regelung ist es, über die Ersatzansprüche des Rechtsträgers nach allgemeinen Organhaftungsregeln hinaus auch den Anteilsinhabern und den Gläubigern des formwechselnden Rechtsträgers einen Schadensersatzanspruch gegen Organmitglieder zu gewähren.

3 Die Regelung gilt **rechtsformübergreifend** für alle Formwechselfälle. Die Besonderen Vorschriften (§§ 214–304 UmwG) enthalten ergänzende Bestimmungen, bei denen es jedoch nicht um Schäden gerade durch den Formwechsel geht, sondern um die Haftung für Verbindlichkeiten des Rechtsträgers: §§ 224, 225c UmwG (Fortdauer der Haftung der Gesellschafter beim Formwechsel von Personenhandelsgesellschaften und Partnerschaftsgesellschaften); §§ 197, 219, 220, 245 UmwG (Haftung im Rahmen der anwendbaren Gründungsvorschriften und im Zusammenhang mit der Kapitalaufbringung, insbesondere Gründerhaftung und Haftung für falsche Angaben zu Gründungszwecken); § 237 UmwG (Fortdauer der Haftung von persönlich haftenden Gesellschaftern beim Formwechsel einer KGaA; § 249 UmwG (Fortdauer der Haftung beim Formwechsel einer KGaA); §§ 221, 219 UmwG (Gründerhaftung für beitretende persönlich haftende Gesellschafter beim Formwechsel von Personenhandelsgesellschaften oder Partnerschaftsgesellschaften in die KGaA); §§ 240 Abs. 3, 221, 219 UmwG (Gründerhaftung für beitretende persönlich haftende Gesellschafter beim Formwechsel von Kapitalgesellschaften in die KGaA).

Die Regelung in § 205 UmwG ist **zwingend** insofern, als der Umwandlungsbeschluss keine abweichende Regelung treffen kann. Die Anspruchsberechtigten oder der besondere Vertreter (§ 206 UmwG) nach seiner Bestellung können jedoch auf Schadensersatzansprüche **verzichten** oder sich über diese **vergleichen**. Dies gilt auch für den Rechtsträger; fraglich ist lediglich, ob § 93 Abs. 4 Satz 3 AktG anwendbar ist[1]. 4

2. Ersatzpflichtige (§ 205 Abs. 1 Satz 1 UmwG)

Ersatzpflichtig sind die Mitglieder des Vertretungsorgans und eines etwaigen Aufsichtsorgans des **formwechselnden Rechtsträgers** als Gesamtschuldner; nicht solche des Rechtsträgers neuer Rechtsform, wenn diese erst im Zuge des Formwechsels neu bestellt werden. 5

Mitglieder des **Vertretungsorgans** sind bei der GmbH die Geschäftsführer, bei der AG die Mitglieder des Vorstands, bei Personenhandelsgesellschaften und bei der KGaA die persönlich haftenden Gesellschafter, auch die nicht geschäftsführenden, sowie bei der Partnerschaftsgesellschaft die Partner. Nicht zum Vertretungsorgan gehören bei der KG die geschäftsführenden Kommanditisten[2]. 6

Aufsichtsorgan der GmbH, der AG und der KGaA ist der Aufsichtsrat. Auch Mitglieder eines bei einer Personenhandelsgesellschaft zur Beaufsichtigung der Geschäftsführung gebildeten Organs sind ersatzpflichtig. Mitglieder von Organen des formwechselnden Rechtsträgers, die andere Aufgaben wahrnehmen, etwa Mitglieder eines Beirats mit beratender Funktion, sind nicht ersatzpflichtig. Anteilsinhaber als Mitglieder eines Gesellschafterausschusses, der Rechte der Anteilsinhaber wahrzunehmen hat, sind nicht ersatzpflichtig, auch wenn zu diesen Aufgaben die Beaufsichtigung der Geschäftsführung gehört[3]. 7

Mehrere ersatzpflichtige Organmitglieder haften als **Gesamtschuldner** auch dann, wenn sie verschiedenen Organen angehören[4]. Ersatzpflichtige Mitglieder des Vertretungsorgans haften also gesamtschuldnerisch mit ersatzpflichtigen Mitgliedern des Aufsichtsorgans. Für das Innenverhältnis gilt § 426 BGB. 8

---

1 Vgl. *Decher/Hoger* in Lutter, § 205 UmwG Rz. 23 (Zustimmung der Versammlung der Anteilsinhaber nötig).
2 Ebenso *Decher/Hoger* in Lutter, § 205 UmwG Rz. 2; aA *Kübler* in Semler/Stengel, § 205 UmwG Rz. 4.
3 Ebenso *Decher/Hoger* in Lutter, § 205 UmwG Rz. 4; *Jaensch* in Keßler/Kühnberger, § 205 UmwG Rz. 5; aA *Kübler* in Semler/Stengel, § 205 UmwG Rz. 5.
4 *Decher/Hoger* in Lutter, § 205 UmwG Rz. 5.

3. Anspruchsberechtigte

9 Anspruchsberechtigt sind der geschädigte **Rechtsträger**, geschädigte **Anteilsinhaber** und geschädigte **Gläubiger** (§ 205 Abs. 1 Satz 1 UmwG). Die Regelung gewährt Anteilsinhabern und Gläubigern damit unmittelbare Ansprüche gegen die Ersatzpflichtigen. Sie geht insofern über die klassische Organhaftung hinaus, nach welcher Gesellschafter Ersatzansprüche gegen Organmitglieder nur zu Gunsten der Gesellschaft, Gläubiger Ersatzansprüche gegen Organmitglieder nur bei Ausfall ihrer Forderungen gegen die Gesellschaft geltend machen können (vgl. etwa § 93 Abs. 4 und 5 AktG).

4. Schaden; Kausalität

10 Der **Anspruch** geht auf Ersatz des Schadens, welchen das pflichtwidrige Verhalten des Organmitglieds (Rz. 14) bei dem betreffenden Anspruchsberechtigten verursacht hat. Ein ersatzpflichtiger Schaden kann nur entstehen, wenn der Formwechsel tatsächlich durch Eintragung wirksam geworden ist[1].

a) Schaden

11 Die praktische Bedeutung der Ersatzpflicht ist beschränkt, da der Formwechsel die Identität des Rechtsträgers und seines Vermögens wahrt, so dass der Formwechsel nur in Ausnahmefällen einen Schaden bei Rechtsträger, Anteilsinhabern oder Gläubigern verursachen wird[2].

12 Die Entstehung eines Schadens **beim Rechtsträger** selbst ist nur in Ausnahmefällen denkbar[3]. Ein ersatzpflichtiger Schaden **beim Anteilsinhaber** liegt nur vor, wenn diesem ein Schaden entstanden ist, der sich nicht nur als Reflex aus einer Schädigung des Rechtsträgers ergibt[4]. Liegt der Schaden des Anteilsinhabers darin, dass seine Beteiligung an dem Rechtsträger neuer Rechtsform zu niedrig bemessen oder sonst unzulänglich ist, steht ihm gemäß § 196 UmwG ein im Spruchverfahren gegen den Rechtsträger neuer Rechtsform geltend zu machender Anspruch auf bare Zuzahlung zu. Dessen Verhältnis zu einem Ersatz-

---

1 *Stratz* in Schmitt/Hörtnagl/Stratz, § 205 UmwG Rz. 13.
2 Etwa beim Formwechsel überschuldeter Rechtsträger; dazu *Petersen* in KölnKomm. UmwG, § 205 UmwG Rz. 10.
3 Dazu *Decher/Hoger* in Lutter, § 205 UmwG Rz. 7 mwN; *Stratz* in Schmitt/Hörtnagl/Stratz, § 205 UmwG Rz. 11.
4 *Decher/Hoger* in Lutter, § 205 UmwG Rz. 10 (Zuspruch einer baren Zuzahlung im Spruchverfahren lässt Schaden iS von § 205 UmwG entfallen; Nichtbetreiben eines solchen Verfahrens kann Mitverschulden begründen, jedoch kein Vorrang des Spruchverfahrens). Zu den (beschränkten) Möglichkeiten einer Schädigung von Anteilsinhabern durch den Formwechsel vgl. *Decher/Hoger* in Lutter, § 205 UmwG Rz. 8–11.

anspruch gegen Organmitglieder gemäß § 205 Abs. 1 Satz 1 UmwG ist unklar[1]. Der Ersatzanspruch gegen Organmitglieder wird jedenfalls dann relevant, wenn der Anspruch auf bare Zuzahlung nicht durchsetzbar ist. Der Formwechsel selber stellt keinen Schaden dar; Naturalrestitution durch Rückabwicklung ist ausgeschlossen[2]. Auch **bei Gläubigern** wird der Formwechsel wegen der Identität des Vermögens idR keinen Schaden verursachen[3]. Gegen eine etwaige Gefährdung der Erfüllung des Anspruchs des Gläubigers sichert diesen in erster Linie sein Recht, gemäß §§ 204, 22 UmwG Sicherheitsleistung zu verlangen.

b) Kausalität

Eine Schädigung von Rechtsträger, Anteilsinhabern oder Gläubigern durch den Formwechsel löst eine Organhaftung nur dann aus, wenn der Schaden durch das **Verhalten** der in Anspruch zu **nehmenden Organträger** verursacht wurde, und zwar gerade durch dasjenige Verhalten, welches sich als schuldhafte Pflichtverletzung darstellt[4]. 13

5. Pflichtverletzung; Verschulden

Nach der verschmelzungsrechtlichen Vorschrift des **§ 25 Abs. 1 Satz 2 UmwG**, welche § 205 Abs. 1 Satz 2 UmwG für **entsprechend anwendbar** erklärt, sind bei der Verschmelzung Organmitglieder, die bei der Prüfung der Vermögenslage der Rechtsträger und bei Abschluss des Verschmelzungsvertrages ihre Sorgfaltspflicht beachtet haben, von der Ersatzpflicht befreit. Für den Formwechsel bedeutet die Verweisung auf § 25 Abs. 1 Satz 2 UmwG, dass die Organmitglieder nach § 205 Abs. 1 Satz 2 UmwG nicht haften, wenn sie ihre Sorgfaltspflicht bei der Prüfung der Vermögenslage des formwechselnden Rechtsträgers und hinsichtlich der Fassung des Umwandlungsbeschlusses erfüllt haben[5]. Für Pflichtverletzungen außerhalb dieses besonderen Pflichtenkreises bleibt es bei der allgemeinen Organhaftung, welche unmittelbar nur gegenüber dem Rechtsträger besteht, bzw. der Haftung nach allgemeinen Rechtsgrundsätzen. 14

Eine Pflichtverletzung bei **Prüfung der Vermögenslage des Rechtsträgers** kann darin liegen, dass die Organmitglieder einen Formwechsel in eine GmbH oder AG zugelassen haben, obwohl das Vermögen des Rechtsträgers den Betrag des Stammkapitals bzw. Grundkapitals bei dem Rechtsträger neuer Rechtsform 15

---

1 Vgl. *Decher/Hoger* in Lutter, § 205 UmwG Rz. 9 und 10 mwN.
2 *Drinhausen/Keinath* in Henssler/Strohn, § 205 UmwG Rz. 4.
3 Vgl. *Decher/Hoger* in Lutter, § 205 UmwG Rz. 12.
4 *Decher/Hoger* in Lutter, § 205 UmwG Rz. 20; *Kübler* in Semler/Stengel, § 205 UmwG Rz. 18.
5 *Decher/Hoger* in Lutter, § 205 UmwG Rz. 13–21.

nicht deckt[1]. Die Organmitglieder werden daher im Einzelnen zu entscheiden haben, ob eine Prüfung durch externe Prüfer auch da ratsam ist, wo diese gesetzlich nicht vorgeschrieben ist (vgl. im Einzelnen § 192 UmwG Rz. 49 ff.).

16 Zu den Pflichten der Organmitglieder hinsichtlich der **Fassung des Umwandlungsbeschlusses** gehören alle Verpflichtungen, welche die Organmitglieder zur Vorbereitung und Durchführung der Beschlussfassung über den Formwechsel treffen[2]. Dazu gehört insbesondere die Verpflichtung zur Erstattung des Umwandlungsberichtes samt Entwurf des Umwandlungsbeschlusses. Hierzu gehört weiter die ordnungsgemäße Einladung der Anteilsinhaber zur beschlussfassenden Versammlung, die Beachtung von Zustimmungserfordernissen einzelner Anteilsinhaber, die ordnungsgemäße Bestimmung von Anteilen und Mitgliedschaften gemäß § 194 Abs. 1 Nr. 4 UmwG, von Rechten und Maßnahmen gemäß § 194 Abs. 1 Nr. 5 UmwG und des Abfindungsangebots gemäß § 194 Abs. 1 Nr. 6 UmwG im Umwandlungsbeschluss, sowie die Auskunftserteilung gegenüber den Anteilsinhabern in der beschlussfassenden Versammlung (Letzteres str.[3]).

17 Die Organhaftung setzt neben einer objektiven Pflichtverletzung **Verschulden** voraus; leichte Fahrlässigkeit reicht aus[4] (siehe § 25 UmwG Rz. 7).

18 Die Tatsache, dass die **Anteilsinhaber** mit dem Umwandlungsbeschluss **dem Formwechsel zugestimmt haben**, schließt die Haftung der Organmitglieder gegenüber dem Rechtsträger und den Gläubigern grundsätzlich nicht aus[5]. Das gilt idR auch für die Haftung gegenüber Anteilsinhabern. Eine Haftungsbefreiung gegenüber Anteilsinhabern kann ausnahmsweise in Betracht kommen, soweit eine zulässige **Weisung** der Anteilsinhaber vorliegt[6] oder Anteilsinhaber dem Formwechsel im Umwandlungsbeschluss (Kenntnis aller relevanten Umstände vorausgesetzt) ausdrücklich zugestimmt haben (vgl. § 25 UmwG Rz. 7; alles str.[7]).

---

1 *Decher/Hoger* in Lutter, § 205 UmwG Rz. 14.
2 Weitergehend *Vossius* in Widmann/Mayer, § 205 UmwG Rz. 20: allgemeine Pflicht, den Rechtsträger, die Anteilsinhaber und die Gläubiger vor Nachteilen im Zusammenhang mit dem Formwechsel zu bewahren; dagegen *Decher/Hoger* in Lutter, § 205 UmwG Rz. 17. Gegen eine Haftung für „konzeptionelle Fehler" *Petersen* in KölnKomm. UmwG, § 205 UmwG Rz. 17.
3 Vgl. dazu *Grunewald* in Lutter, § 25 UmwG Rz. 10 mwN.
4 *Decher/Hoger* in Lutter, § 205 UmwG Rz. 19; *Stratz* in Schmitt/Hörtnagl/Stratz, § 25 UmwG Rz. 22.
5 *Kübler* in Semler/Stengel, § 205 UmwG Rz. 19.
6 *Vossius* in Widmann/Mayer, § 205 UmwG Rz. 35.
7 *Grunewald* in Lutter, § 25 UmwG Rz. 19–21; *Decher/Hoger* in Lutter, § 205 UmwG Rz. 22; jeweils mwN.

6. Beweislast

Die Beweislast dafür, dass ein bestimmtes Verhalten der Organmitglieder den Rechtsträger, die Anteilsinhaber oder Gläubiger geschädigt hat, dh. für Schaden und Kausalität, liegt bei dem Anspruchsteller[1]. Dies entspricht der bei der allgemeinen **Organhaftung** geltenden **Beweislastverteilung**[2]. Gleiches gilt für die Umkehr der Beweislast für schuldhaft pflichtwidriges Verhalten der Organmitglieder: Gemäß § 205 Abs. 1 Satz 2 UmwG iVm. § 25 Abs. 1 Satz 2 UmwG obliegt es den Organmitgliedern, sich durch den Nachweis zu exkulpieren, dass sie sich nicht pflichtwidrig oder nicht schuldhaft verhalten haben[3]. 19

7. Verjährung (§ 205 Abs. 2 UmwG)

Ansprüche gemäß § 205 Abs. 1 UmwG verjähren in fünf Jahren seit dem Tag, an dem die Registereintragung gemäß § 201 Satz 2 UmwG bekannt gemacht worden ist. Für den Beginn der Verjährung kommt es also nicht auf den Zeitpunkt der Entstehung des Schadens (§ 199 BGB) oder der Kenntnis des Anspruchstellers an. Für die Verjährung gelten die allgemeinen Vorschriften (§§ 203 ff. BGB). 20

§ 206
Geltendmachung des Schadenersatzanspruchs

Die Ansprüche nach § 205 Abs. 1 können nur durch einen besonderen Vertreter geltend gemacht werden. Das Gericht des Sitzes des Rechtsträgers neuer Rechtsform hat einen solchen Vertreter auf Antrag eines Anteilsinhabers oder eines Gläubigers des formwechselnden Rechtsträgers zu bestellen. § 26 Abs. 1 Satz 3 und 4, Abs. 2, Abs. 3 Satz 2 und 3 und Abs. 4 ist entsprechend anzuwenden; an die Stelle der Blätter für die öffentlichen Bekanntmachungen des übertragenden Rechtsträgers treten die entsprechenden Blätter des Rechtsträgers neuer Rechtsform.

1. Allgemeines 1	4. Aufforderung zur Anmeldung von Ansprüchen 13
2. Rechtsstellung des besonderen Vertreters 6	5. Geltendmachung von Ansprüchen 14
3. Bestellung des besonderen Vertreters 7	6. Verteilung des erzielten Schadensersatzbetrages 15
	7. Kosten 16

Literatur: Vgl. Angaben zu § 26 UmwG.

---

1 *Decher/Hoger* in Lutter, § 205 UmwG Rz. 19; *Grunewald* in Lutter, § 25 UmwG Rz. 12.
2 Vgl. dazu *Hüffer/Koch*, § 93 AktG Rz. 53.
3 *Grunewald* in Lutter, § 25 UmwG Rz. 12; *Decher/Hoger* in Lutter, § 205 UmwG Rz. 19.

§ 206 | Formwechsel – Allgemeine Vorschriften

1. Allgemeines

1 Schadensersatzansprüche des Rechtsträgers, der Anteilsinhaber und der Gläubiger gegen Organmitglieder nach § 205 Abs. 1 UmwG können nur durch einen besonderen Vertreter geltend gemacht werden (**§ 206 Satz 1 UmwG**). Der besondere Vertreter ist auf Antrag eines Anteilsinhabers oder Gläubigers des formwechselnden Rechtsträgers gerichtlich zu bestellen (**§ 206 Satz 2 UmwG**). Gläubiger sind nur antragsberechtigt, wenn sie von dem Rechtsträger neuer Rechtsform keine Befriedigung verlangen können (**§ 206 Satz 3 UmwG iVm. § 26 Abs. 1 Satz 3 UmwG**). Gegen die Entscheidung findet die Beschwerde statt (**§ 206 Satz 3 UmwG iVm. § 26 Abs. 1 Satz 4 UmwG**). Der besondere Vertreter hat unter Hinweis auf den Zweck seiner Bestellung die Anteilsinhaber und Gläubiger des Rechtsträgers aufzufordern, die Ansprüche nach § 205 Abs. 1 UmwG binnen einer angemessenen Frist, die mindestens einen Monat betragen soll, anzumelden (**§ 206 Satz 3 UmwG iVm. § 26 Abs. 2 Satz 1 UmwG**). Die Aufforderung ist im Bundesanzeiger und ggf. in den Gesellschaftsblättern des Rechtsträgers neuer Rechtsform bekannt zu machen (**§ 206 Satz 3 UmwG iVm. § 26 Abs. 2 Satz 2 UmwG**). Für die Verteilung gelten die Vorschriften über die Verteilung entsprechend, die im Falle der Abwicklung eines Rechtsträgers in der Rechtsform des formwechselnden Rechtsträgers anzuwenden sind (**§ 206 Satz 3 UmwG iVm. § 26 Abs. 3 Satz 2 UmwG**). Gläubiger und Anteilsinhaber, die sich nicht fristgerecht gemeldet haben, werden bei der Verteilung nicht berücksichtigt (**§ 206 Satz 3 UmwG iVm. § 26 Abs. 3 Satz 3 UmwG**). Für die Erstattung der Auslagen und für die Vergütung des besonderen Vertreters gilt **§ 206 Satz 3 UmwG iVm. § 26 Abs. 4 UmwG**.

2 Die Regelung hat den **Zweck**, die Geltendmachung aller Schadensersatzansprüche gemäß § 205 Abs. 1 UmwG im Interesse der Prozessökonomie und der Gleichbehandlung aller Anspruchsberechtigten in einem einzigen Verfahren zu bündeln.

3 Die Regelung entspricht im Wesentlichen den verschmelzungsrechtlichen Vorschriften in **§ 26 UmwG**, auf deren entsprechende Anwendung § 206 Satz 3 UmwG zum Teil verweist.

4 Die Regelung gilt **rechtsformübergreifend** für alle Formwechselfälle. Die Besonderen Vorschriften (§§ 214–304 UmwG) enthalten keine ergänzenden oder abweichenden Regelungen.

5 Die Regelung ist **zwingend**. Gesellschaftsvertrag, Satzung und Umwandlungsbeschluss können abweichende Regelung nicht treffen.

2. Rechtsstellung des besonderen Vertreters

6 Der besondere Vertreter ist gemäß § 206 Satz 1 UmwG **ausschließlich zuständig** zur Geltendmachung von Schadensersatzansprüchen des Rechtsträgers, der

Anteilsinhaber und der Gläubiger gegen Organmitglieder nach Maßgabe von § 205 Abs. 1 UmwG. Der besondere Vertreter handelt im eigenen Namen als **Partei kraft Amtes**[1]. Einmal bestellt, ist der besondere Vertreter an Weisungen der materiell Anspruchsberechtigten nicht gebunden[2]. Angesichts der ausschließlichen Klagebefugnis des besonderen Vertreters wäre eine **unmittelbare Klage der materiell Anspruchsberechtigten unzulässig**[3]. Der Beitritt zum Verfahren als Nebenintervenienten gemäß § 66 ZPO steht den Anspruchsberechtigten jedoch offen[4].

3. Bestellung des besonderen Vertreters

Bestellt wird gemäß § 206 Satz 1 UmwG nur *ein* besonderer Vertreter für alle Anspruchsberechtigten[5]. Die gerichtliche Bestellung erfolgt auf **Antrag** eines Anteilsinhabers oder Gläubigers des formwechselnden Rechtsträgers (§ 206 Satz 1 UmwG). 7

Anteilsinhaber, welche ihre Anteile nach Wirksamwerden des Formwechsels im Wege der Einzelrechtsnachfolge erworben haben, sind nicht Anteilsinhaber des formwechselnden Rechtsträgers und damit nicht antragsberechtigt[6]. Beim Erwerb des Anteils im Wege der Gesamtrechtsnachfolge soll anderes gelten[7]. Das Antragsrecht ist für sich allein nicht abtretbar[8]. 8

Gläubiger sind nur dann Gläubiger des formwechselnden Rechtsträgers und damit nur dann antragsberechtigt, wenn ihre Forderung schon vor Wirksamwerden des Formwechsels begründet war. Gläubiger sind weiter nur antragsberechtigt, wenn sie von dem Rechtsträger neuer Rechtsform keine Befriedigung erlangen können (§ 206 Satz 3 UmwG iVm. § 26 Abs. 1 Satz 3 UmwG). Gläubiger müssen also zunächst gemäß §§ 204, 22 UmwG Sicherheitsleistung verlangen und sind nur antragsberechtigt, wenn sie aus der Sicherheit keine Befriedigung erlangen können[9]. 9

---

1 *Stratz* in Schmitt/Hörtnagl/Stratz, § 26 UmwG Rz. 8; *Grunewald* in Lutter, § 26 UmwG Rz. 15 mwN.
2 *Stratz* in Schmitt/Hörtnagl/Stratz, § 26 UmwG Rz. 18 und 23; *Grunewald* in Lutter, § 26 UmwG Rz. 15.
3 *Kübler* in Semler/Stengel, § 206 UmwG Rz. 3.
4 *Grunewald* in Lutter, § 26 UmwG Rz. 4 mwN.
5 Vgl. *Decher/Hoger* in Lutter, § 206 UmwG Rz. 9 mwN.
6 *Decher/Hoger* in Lutter, § 206 UmwG Rz. 5; *Grunewald* in Lutter, § 26 UmwG Rz. 6.
7 *Decher/Hoger* in Lutter, § 206 UmwG Rz. 5; *Grunewald* in Lutter, § 26 UmwG Rz. 6.
8 *Grunewald* in Lutter, § 26 UmwG Rz. 7.
9 *Decher/Hoger* in Lutter, § 206 UmwG Rz. 6; *Grunewald* in Lutter, § 26 UmwG Rz. 8; kritisch zur Umständlichkeit der gesetzlichen Konstruktion *Petersen* in KölnKomm. UmwG, § 206 UmwG Rz. 2.

10 Antragsberechtigt sind nur Anteilsinhaber oder Gläubiger, welche die **Geltendmachung eines jeweils ihnen selbst entstandenen Schadens** begehren. Soweit eine Schädigung des Rechtsträgers selbst vorliegt, ist ein Anteilsinhaber oder Gläubiger antragsberechtigt, falls er selbst durch die Schädigung des Rechtsträgers mittelbar geschädigt ist.

11 Der **Rechtsträger** selbst kann den Antrag nicht stellen (§ 206 Satz 2 UmwG), obwohl gemäß § 205 Abs. 1 UmwG auch der Schaden zu ersetzen ist, den der Rechtsträger selbst erleidet. Für die Erstreckung der Antragsbefugnis auch auf den Rechtsträger selbst besteht angesichts des klaren Wortlauts der Regelung kein Raum (str.)[1]. Für eine Erstreckung besteht auch kein Bedürfnis, nicht nur, weil eine Schädigung des Rechtsträgers beim Formwechsel praktisch wenig wahrscheinlich ist[2], sondern auch deshalb nicht, weil bei einer Schädigung des Rechtsträgers der auf Antrag eines Anteilsinhabers oder Gläubigers bestellte besondere Vertreter den Anspruch auch zu Gunsten des Rechtsträgers geltend machen muss[3].

12 Zuständig für die Bestellung ist das **Gericht** des Sitzes des Rechtsträgers neuer Rechtsform (§ 206 Satz 2 UmwG), und zwar das Amtsgericht (§ 23a Abs. 1 Nr. 2, Abs. 2 Nr. 4 GVG iVm. § 375 Nr. 5 FamFG). Die Entscheidung ergeht im Verfahren der **Freiwilligen Gerichtsbarkeit**[4]. Die Voraussetzungen der Antragsberechtigung müssen durch den Antragsteller **glaubhaft** gemacht werden[5]. Gegen die Entscheidung findet die **Beschwerde** statt (§ 206 Satz 3 UmwG iVm. § 26 Abs. 1 Satz 4 UmwG).

4. Aufforderung zur Anmeldung von Ansprüchen

13 Der besondere Vertreter hat unter Hinweis auf den Zweck seiner Bestellung die Anteilsinhaber und Gläubiger des Rechtsträgers aufzufordern, ihre Ansprüche nach § 205 Abs. 1 UmwG binnen einer angemessenen Frist, die mindestens einen Monat betragen soll, anzumelden (§ 206 Satz 3 UmwG iVm. § 26 Abs. 2 Satz 1 UmwG). Die Aufforderung ist im Bundesanzeiger und, wenn der Gesellschaftsvertrag oder die Satzung des Rechtsträgers neuer Rechtsform andere Blät-

---

1 *Kübler* in Semler/Stengel, § 206 UmwG Rz. 7; für eine Antragsberechtigung des formwechselnden Rechtsträgers: *Decher/Hoger* in Lutter, § 206 UmwG Rz. 7 mit Hinweis auf das Verschmelzungsrecht; *Vossius* in Widmann/Mayer, § 206 UmwG Rz. 19: bei kollusivem Zusammenwirken der Vertretungsorgane des formwechselnden Rechtsträgers und seinen (eventuell personenidentischen) Anteilsinhabern.
2 *Decher/Hoger* in Lutter, § 206 UmwG Rz. 7.
3 So auch *Jaensch* in Keßler/Kühnberger, § 206 UmwG Rz. 3; zustimmend auch *Decher/Hoger* in Lutter, § 206 UmwG Rz. 7.
4 *Stratz* in Schmitt/Hörtnagl/Stratz, § 26 UmwG Rz. 12.
5 *Stratz* in Schmitt/Hörtnagl/Stratz, § 26 UmwG Rz. 17; OLG Hamm v. 8.10.1991 – 15 W 276/91, AG 1992, 232 = DB 1991, 2535.

ter für die öffentlichen Bekanntmachungen bestimmen, auch in diesen Blättern bekannt zu machen (§ 206 Satz 3 UmwG iVm. § 26 Abs. 2 Satz 2 UmwG). Die in der Aufforderung zu setzende Frist ist eine **Ausschlussfrist:** Gläubiger und Anteilsinhaber, die sich nicht fristgerecht gemeldet haben, werden bei der Verteilung des Erlöses der Geltendmachung von Ersatzansprüchen nicht berücksichtigt (§ 206 Satz 3 UmwG iVm. § 26 Abs. 3 Satz 3 UmwG)[1].

5. Geltendmachung von Ansprüchen

Der besondere Vertreter macht die Ansprüche als Partei kraft Amtes im eigenen 14 Namen geltend (Rz. 6). Er kann die Ansprüche sowohl **gerichtlich** als auch **außergerichtlich** geltend machen. Der besondere Vertreter hat auch die Rechtsmacht, sich über die Ansprüche jederzeit auch ohne Zustimmung der materiell Anspruchsberechtigten zu vergleichen[2]. Im Innenverhältnis zu den materiell Anspruchsberechtigten ist er jedoch verpflichtet, deren Ansprüche nach besten Kräften durchzusetzen, was auch die Möglichkeiten einer vergleichsweisen Regelung beschränkt. Die **Haftung** des besonderen Vertreters für die pflichtgemäße Geltendmachung der Ansprüche und Verteilung des Erlöses sowie die Verpflichtung zur Auskunfts- und Rechenschaftspflicht ergibt sich in entsprechender Anwendung der Rechtsvorschriften, welche für sonstige vom Gericht zu Gunsten Dritter bestellte Personen (zB Vormund, Pfleger, Betreuer) gelten[3].

6. Verteilung des erzielten Schadensersatzbetrages

Für die Verteilung gelten die Vorschriften entsprechend, die im Falle der **Ab-** 15 **wicklung eines Rechtsträgers** in der Rechtsform des formwechselnden Rechtsträgers anzuwenden sind (§ 206 Satz 3 UmwG iVm. § 26 Abs. 3 Satz 2 UmwG). Die Verweisung auf die Abwicklungsvorschriften für den formwechselnden Rechtsträger[4] ist unproblematisch, soweit nur Ersatzansprüche des Rechtsträgers selbst erfolgreich geltend gemacht wurden. Soweit Schadensersatzansprüche einzelner Anteilsinhaber oder Gläubiger oder Gruppen geltend gemacht wurden, steht der erzielte Erlös nur denjenigen zu, für welche Ersatzansprüche erfolgreich geltend gemacht wurden. Die den einzelnen Gläubigern und Anteilsinhabern zustehenden Schadensersatzansprüche sind der Höhe nach festzustellen. **Reicht der Erlös nicht** aus, um alle Ansprüche zu bedienen, bedeutet die Ver-

---

1 Zu den Einzelheiten der Aufforderung zur Anmeldung und der Anmeldung von Ansprüchen vgl. *Grunewald* in Lutter, § 26 UmwG Rz. 20–24.
2 *Decher/Hoger* in Lutter, § 206 UmwG Rz. 12.
3 *Grunewald* in Lutter, § 26 UmwG Rz. 16; vgl. auch *Stratz* in Schmitt/Hörtnagl/Stratz, § 26 UmwG Rz. 27: Organhaftung, Deliktsrecht, Auftragsrecht.
4 Kritisch dazu *Decher/Hoger* in Lutter, § 206 UmwG Rz. 13.

weisung in § 206 Satz 3 UmwG iVm. § 26 Abs. 3 Satz 2 UmwG im Grundsatz, dass zunächst die anspruchsberechtigten Gläubiger zu befriedigen, erst danach die anspruchsberechtigten Anteilsinhaber zu bedienen sind[1]. Auf die möglicherweise unterschiedlich hohen Ansprüche von Gläubigern ist der Erlös gegebenenfalls anteilig entsprechend der Höhe der erfolgreich geltend gemachten Ansprüche zu verteilen[2]. Ein etwa verbleibender Erlös soll gemäß dem Wortlaut von § 26 Abs. 3 Satz 2 UmwG auf die anspruchsberechtigten Anteilsinhaber gemäß den rechtsformspezifischen Regeln über die Erlösverteilung in der Abwicklung nach Köpfen oder quotaler Beteiligung verteilt werden[3]. Richtiger wäre auch hier eine quotale Verteilung entsprechend der Höhe der erfolgreich geltend gemachten Ansprüche. Gläubiger und Anteilsinhaber, die sich nicht fristgerecht gemeldet haben, werden bei der Verteilung nicht berücksichtigt (§ 206 Satz 3 UmwG iVm. § 26 Abs. 3 Satz 3 UmwG).

7. Kosten

16 Der besondere Vertreter hat Anspruch auf Ersatz angemessener barer **Auslagen** und auf **Vergütung** seiner Tätigkeit (§ 206 Satz 3 UmwG iVm. § 26 Abs. 4 Satz 1 UmwG). Diese werden von dem Gericht festgesetzt (§ 206 Satz 3 UmwG iVm. § 26 Abs. 4 Satz 2 UmwG) und nach den gesamten Verhältnissen des einzelnen Falles nach freiem Ermessen den beteiligten Anteilsinhabern und Gläubigern auferlegt (§ 206 Satz 3 UmwG iVm. § 26 Abs. 4 Satz 3 UmwG). Gegen die Entscheidung findet die Beschwerde statt; die Rechtsbeschwerde ist ausgeschlossen (§ 206 Satz 3 UmwG iVm. § 26 Abs. 4 Satz 4 UmwG). Aus der rechtskräftigen Entscheidung findet die Zwangsvollstreckung nach der ZPO statt (§ 206 Satz 3 UmwG iVm. § 26 Abs. 4 Satz 5 UmwG)[4].

§ 207
Angebot der Barabfindung

(1) **Der formwechselnde Rechtsträger hat jedem Anteilsinhaber, der gegen den Umwandlungsbeschluss Widerspruch zur Niederschrift erklärt, den Erwerb seiner umgewandelten Anteile oder Mitgliedschaften gegen eine angemessene Barabfindung anzubieten; § 71 Abs. 4 Satz 2 des Aktiengesetzes**

---

1 *Stratz* in Schmitt/Hörtnagl/Stratz, § 26 UmwG Rz. 24.
2 *Decher/Hoger* in Lutter, § 206 UmwG Rz. 13; aA *Grunewald* in Lutter, § 26 UmwG Rz. 25 und 26 mwN: gleiche Quote, wenn die Ansprüche auf demselben Sachverhalt beruhen.
3 *Grunewald* in Lutter, § 26 UmwG Rz. 27.
4 Zu Einzelheiten vgl. *Grunewald* in Lutter, § 26 UmwG Rz. 17 ff.; *Decher/Hoger* in Lutter, § 206 UmwG Rz. 14 f.

ist insoweit nicht anzuwenden. Kann der Rechtsträger auf Grund seiner neuen Rechtsform eigene Anteile oder Mitgliedschaften nicht erwerben, so ist die Barabfindung für den Fall anzubieten, dass der Anteilsinhaber sein Ausscheiden aus dem Rechtsträger erklärt. Der Rechtsträger hat die Kosten für eine Übertragung zu tragen.

(2) § 29 Abs. 2 ist entsprechend anzuwenden.

1. Allgemeines zur Regelung der §§ 207–212 UmwG 1
2. Allgemeines zu § 207 UmwG 3
3. Pflicht zum Angebot einer Barabfindung; Anspruch auf Barabfindung; Verhältnis zum Anspruch auf bare Zuzahlung
   a) Pflicht zum Angebot einer Barabfindung 5
   b) Fehlen oder Fehlerhaftigkeit eines erforderlichen Angebots: keine Unwirksamkeitsklage ... 6
   c) Anspruch auf Leistung einer Barabfindung unabhängig von einem Abfindungsangebot 7
   d) Verhältnis des Anspruchs auf Barabfindung zum Anspruch auf bare Zuzahlung gemäß § 196 UmwG 8
4. Ausnahmen von der Pflicht zum Angebot einer Barabfindung 9
5. Voraussetzungen des Anspruchs auf Barabfindung 12
   a) Widerspruch zur Niederschrift (§ 207 Abs. 1 Satz 1 Halbsatz 1 UmwG) 13

   b) Unverschuldete Verhinderung (§ 207 Abs. 2 UmwG iVm. § 29 Abs. 2 UmwG) 17
6. Form des Angebots; Mitteilungspflichten; Öffentlichkeit 18
7. Inhalt des Angebots 25
8. Angebot der Barabfindung gegen Abtretung von Anteilen oder Mitgliedschaften (§ 207 Abs. 1 Satz 1 UmwG); Vorschriften zur Kapitalerhaltung 30
9. Angebot der Barabfindung gegen Ausscheiden als Anteilsinhaber des Rechtsträgers (§ 207 Abs. 1 Satz 2 UmwG) 41
10. Rechtsnatur des Angebots; Annahme; Vollzug der Barabfindung ... 42
11. Kosten der Übertragung von Anteilen und Mitgliedschaften (§ 207 Abs. 1 Satz 3 UmwG) 44
12. Verzicht auf Angebot oder Leistung der Barabfindung und Vergleich über die Barabfindung 45

Literatur: *Hoger*, Kapitalschutz als Durchsetzungsschranke umwandlungsrechtlicher Ausgleichsansprüche von Gesellschaftern, AG 2008, 149; *Hoger*, Kontinuität beim Formwechsel nach dem UmwG und der grenzüberschreitenden Verlegung des Sitzes einer SE, 2008; *Meyer-Landrut/Kiem*, Der Formwechsel einer Publikumsaktiengesellschaft – Erste Erfahrungen aus der Praxis, WM 1997, 1413 (Teil II); *Petersen*, Der Gläubigerschutz im Umwandlungsrecht, 2001; *Veil*, Umwandlung einer Aktiengesellschaft in eine Gesellschaft mit beschränkter Haftung, 1996; *Veith*, Der Gläubigerschutz beim Formwechsel nach dem Umwandlungsgesetz, 2003.

§ 207 | Formwechsel – Allgemeine Vorschriften

1. Allgemeines zur Regelung der §§ 207–212 UmwG

1 Die Barabfindung ist in den **§§ 207–212 UmwG grundsätzlich rechtsformübergreifend** für alle Formwechselfälle geregelt. Jedoch nehmen verschiedene der Besonderen Vorschriften (§§ 214–304 UmwG) einzelne Formwechselfälle ganz oder teilweise von der Regelung aus: Gemäß **§ 227 UmwG** sind bei dem Formwechsel einer KGaA die §§ 207–212 UmwG zwar grundsätzlich anwendbar, nicht jedoch auf deren persönlich haftende Gesellschafter, und zwar sowohl beim Formwechsel in eine Personengesellschaft als auch beim Formwechsel in eine Kapitalgesellschaft anderer Rechtsform. Auf den Formwechsel der KGaA in die AG und auf den Formwechsel der AG in die KGaA sind die §§ 207–212 UmwG gemäß **§ 250 UmwG** von vornherein insgesamt nicht anwendbar. Gemäß **§ 282 Abs. 2 UmwG** finden die §§ 207–212 UmwG keine Anwendung auf den Formwechsel eines eingetragenen Vereins, wenn dieser gemäß § 5 Abs. 1 Nr. 9 KStG von der Körperschaftsteuer befreit ist.

2 Gemäß **§ 302 Satz 1 UmwG** sind die §§ 207–212 UmwG auf den Formwechsel von Körperschaften und Anstalten öffentlichen Rechts nur anzuwenden, wenn sich aus dem maßgebenden Bundes- oder Landesrecht nichts anderes ergibt. Darüber hinaus enthalten die Besonderen Vorschriften abweichende oder ergänzende Regelungen zu einzelnen Vorschriften der §§ 207–212 UmwG (vgl. dort und vgl. § 216 UmwG, § 231 UmwG).

2. Allgemeines zu § 207 UmwG

3 § 207 UmwG begründet die **Pflicht zum Angebot** einer Barabfindung. Sie besteht gegenüber jedem Anteilsinhaber, der gegen den Formwechselbeschluss Widerspruch zur Niederschrift erklärt hat (§ 207 Abs. 1 Satz 1 Halbsatz 1 UmwG) oder unverschuldet gehindert war, dies zu tun (§ 207 Abs. 2 UmwG iVm. § 29 Abs. 2 UmwG). Das Angebot richtet sich auf den Erwerb der umgewandelten Anteile oder Mitgliedschaften des Anteilsinhabers **durch den Rechtsträger** neuer Rechtsform gegen Zahlung einer angemessenen Barabfindung (§ 207 Abs. 1 Satz 1 Halbsatz 1 UmwG). Kann der Rechtsträger wegen seiner neuen Rechtsform eigene Anteile nicht erwerben (so bei der Personengesellschaft), richtet sich das Angebot auf Leistung einer angemessenen Barabfindung für den Fall, dass der Anteilsinhaber seinen Austritt aus dem Rechtsträger erklärt (§ 207 Abs. 1 Satz 2 UmwG). Nach § 207 Abs. 1 Satz 3 UmwG hat der Rechtsträger die Kosten für die Übertragung zu tragen. Zusätzlich und unabhängig von dem Barabfindungsangebot durch den Rechtsträger gemäß § 207 UmwG kann ein **Mehrheitsgesellschafter** zur Erleichterung des Formwechsels den übrigen Anteilsinhabern ein **freiwilliges Übernahmeangebot** unterbreiten[1].

---

1 *Meyer-Landrut/Kiem*, WM 1997, 1413 (1420) mit Nachweisen aus der Praxis; vgl. dazu den Tatbestand von LG Wiesbaden v. 8.6.1998 – 11 O 65/96, AG 1999, 189 (Chemische

Die **Regelung in § 207 UmwG ist zwingend** (§ 1 Abs. 3 Satz 1 UmwG): Abwei- 4
chende Bestimmungen in Gesellschaftsvertrag bzw. Satzung sind nichtig. Das
gälte etwa für eine Regelung, wonach widersprechende Anteilsinhaber gegen
eine im Gesellschaftsvertrag festgesetzte Abfindung aus dem Rechtsträger ausscheiden[1] oder bei künftigen Umwandlungen eine Barabfindung nicht angeboten werden muss oder die Abfindung nicht angemessen zu sein braucht. Zur
Möglichkeit, im Einzelfall auf das Angebot einer Barabfindung oder auf die Barabfindung zu verzichten oder sich über sie zu vergleichen, vgl. Rz. 45 ff.

3. Pflicht zum Angebot einer Barabfindung; Anspruch auf Barabfindung; Verhältnis zum Anspruch auf bare Zuzahlung

a) Pflicht zum Angebot einer Barabfindung

Die Regelung in § 207 UmwG hat Doppelfunktion: Einerseits begründet sie eine 5
Verpflichtung, das Angebot einer Barabfindung zu machen, das dann gemäß
§ 209 UmwG angenommen werden kann. Andererseits begründet sie darüber
hinaus einen materiellrechtlichen Anspruch auf Barabfindung, der unabhängig
davon besteht, ob der formwechselnde Rechtsträger das vorgeschriebene Angebot wirklich gemacht hat (Rz. 7). Zur Abtretbarkeit des Barabfindungsanspruchs § 211 UmwG Rz. 10.

b) Fehlen oder Fehlerhaftigkeit eines erforderlichen Angebots: keine Unwirksamkeitsklage

Eine Unwirksamkeitsklage gegen den Umwandlungsbeschluss kann nicht darauf 6
gestützt werden, dass das Angebot zu niedrig bemessen war oder dass die Barabfindung im Umwandlungsbeschluss nicht oder nicht angemessen angeboten
worden ist (§ 210 UmwG).

c) Anspruch auf Leistung einer Barabfindung unabhängig von einem Abfindungsangebot

Das UmwG begründet den materiellrechtlichen Anspruch auf Barabfindung 7
durch die Pflicht zur Abgabe des Angebots und das Recht zur Annahme der
Barabfindung. Von der Beachtung dieser Vorschriften ist indes die Existenz und
Durchsetzbarkeit des Anspruchs auf Barabfindung nicht abhängig: Der Anteilsinhaber, dem materiellrechtlich eine Barabfindung zusteht, kann seinen An-

---

Werke Brockhues): erfolgreiche Unwirksamkeitsklage trotz freiwilligen, noch in der Hauptversammlung erhöhten Kaufangebots.
1 OLG Karlsruhe v. 26.9.2002 – 9 U 195/01, DB 2003, 31 (32) = EWiR § 207 UmwG 1/03, 181 (*Kowalski/Dörrbecker*); dazu *Simon/Leuering*, NJW-Spezial 2004, 363.

spruch im Spruchverfahren auch dann geltend machen, wenn die ihm angebotene Barabfindung zu niedrig bemessen war (§ 212 Satz 1 UmwG) oder wenn die Barabfindung nicht oder nicht ordnungsgemäß angeboten worden ist (§ 212 Satz 2 UmwG).

d) Verhältnis des Anspruchs auf Barabfindung zum Anspruch auf bare Zuzahlung gemäß § 196 UmwG

8 Die Regelung zur **Barabfindung** in den §§ 207–212 UmwG gilt neben den Vorschriften, welche die **Leistung barer Zuzahlungen** bei Unzulänglichkeit des Beteiligungsverhältnisses (dazu § 196 UmwG Rz. 5) regeln. Liegen die Voraussetzungen für beide Ansprüche vor, muss sich der Anteilsinhaber entscheiden: Er kann entweder Anteilsinhaber bleiben und bare Zuzahlung verlangen, oder er verlangt Barabfindung und tritt seine Anteile ab bzw. erklärt seinen Austritt als Anteilsinhaber. Ist ein Spruchverfahren eingeleitet worden, muss er die Entscheidung erst bis zum Ablauf der zweiten Zwei-Monats-Frist des § 209 Satz 2 UmwG treffen[1].

4. Ausnahmen von der Pflicht zum Angebot einer Barabfindung

9 Eine Verpflichtung zum Angebot einer Barabfindung besteht dann nicht, wenn an dem Rechtsträger **nur ein Anteilsinhaber beteiligt** ist (§ 194 Abs. 1 Nr. 6 UmwG).

10 Eine Verpflichtung zum Angebot einer Barabfindung besteht auch dann nicht, wenn der Umwandlungsbeschluss zu seiner Wirksamkeit der **Zustimmung aller Anteilsinhaber** bedarf (§ 194 Abs. 1 Nr. 6 UmwG). Das gilt unabhängig davon, ob sich das Erfordernis der Zustimmung aller Anteilsinhaber aus dem Gesetz oder aus Gesellschaftsvertrag bzw. Satzung des Rechtsträgers ergibt, nicht jedoch, wenn lediglich faktisch wegen der Mehrheitsverhältnisse die Zustimmung aller Anteilsinhaber erforderlich ist[2] (vgl. § 194 UmwG Rz. 45). Gemäß § 233 Abs. 1 UmwG ist die Zustimmung aller Anteilsinhaber erforderlich beim Formwechsel einer Kapitalgesellschaft in eine GbR oder OHG. Gemäß § 217 Abs. 1 Satz 1 UmwG bedarf der Formwechsel einer Personenhandelsgesellschaft in eine Kapitalgesellschaft oder eG der Zustimmung aller Gesellschafter, wenn nicht der Gesellschaftsvertrag der formwechselnden Personenhandelsgesellschaft eine Mehrheitsentscheidung zulässt (§ 217 Abs. 1 Satz 2, 3 UmwG). Gleiches gilt gemäß §§ 225a, 225c UmwG iVm. § 217 Abs. 1 UmwG für die Partnerschaftsgesellschaft. Das Erfordernis der Zustimmung aller Anteilsinhaber kann sich schließ-

---

1 OLG Schleswig v. 27.10.2004 – 2 W 97/04, ZIP 2004, 2433 = EWiR § 209 UmwG 1/05, 321 (*Klöcker/Frowein*).
2 *Jaensch* in Keßler/Kühnberger, § 207 UmwG Rz. 3.

lich über § 193 Abs. 2 UmwG daraus ergeben, dass die Abtretung von Anteilen der Zustimmung *aller* Anteilsinhaber bedarf[1]. Die Tatsache, dass der Umwandlungsbeschluss zu seiner Wirksamkeit der Zustimmung *einzelner* Anteilsinhaber bedarf (etwa gemäß § 193 Abs. 2 UmwG: Zustimmung derjenigen Anteilsinhaber, von deren Genehmigung die Abtretung von Anteilen des formwechselnden Rechtsträgers abhängig ist), macht das Angebot einer Barabfindung nicht entbehrlich. Ein Verzicht auf das Angebot einer Barabfindung macht das Angebot (nur) entbehrlich, wenn alle Anteilsinhaber auf das Angebot verzichten (Rz. 45).

Das Abfindungsangebot entfällt schließlich beim Formwechsel einer **KGaA** für den persönlich haftenden Gesellschafter (§ 227 UmwG) und beim Formwechsel der AG in die KGaA und umgekehrt (§ 250 UmwG). 11

5. Voraussetzungen des Anspruchs auf Barabfindung

Eine Barabfindung ist jedem Anteilsinhaber anzubieten, der Widerspruch gegen den Umwandlungsbeschluss zur Niederschrift erklärt (§ 207 Abs. 1 Satz 1 UmwG) oder iS von § 207 Abs. 2 UmwG iVm. § 29 Abs. 2 UmwG daran unverschuldet gehindert ist. 12

a) Widerspruch zur Niederschrift (§ 207 Abs. 1 Satz 1 Halbsatz 1 UmwG)

Gemäß § 207 Abs. 1 Satz 1 Halbsatz 1 UmwG hat der formwechselnde Rechtsträger jedem Anteilsinhaber eine angemessene Barabfindung anzubieten, der Widerspruch zur Niederschrift des Umwandlungsbeschlusses (§ 193 Abs. 1 UmwG) erklärt hat. 13

Für die **Erklärung des Widerspruchs** zur Niederschrift gelten die **allgemeinen Grundsätze**. Die Erklärung des Widerspruchs zur Niederschrift ist ein Formalakt; die Stimmabgabe gegen den Beschluss reicht nicht aus. Der Widerspruch bringt zum Ausdruck, dass sich der Anteilsinhaber vorbehält, unter Verzicht auf seine Beteiligung an dem neuen Rechtsträger Barabfindung zu verlangen[2]. Teilweise wird zutreffend vertreten, der Anteilsinhaber, der mehrere Anteile halte, müsse für alle Anteile Widerspruch erklären, wenn er für alle Anteile eine Barabfindung erhalten wolle[3]. Eine Begründung des Widerspruchs ist nicht erforderlich[4]. Der Widerspruch muss von dem persönlich erschienenen oder ordnungsgemäß vertretenen Anteilsinhaber erklärt werden[5]. Nicht entscheidend ist, 14

---

1 So auch *Decher/Hoger* in Lutter, § 207 UmwG Rz. 4.
2 Vgl. BGH v. 3.7.1989 – II ZR 5/89, BGHZ 108, 217 (219) zur Verschmelzung.
3 *Decher/Hoger* in Lutter, § 207 UmwG Rz. 7; siehe auch § 209 UmwG Rz. 7 zur teilweisen Annahme des Barabfindungsangebots.
4 Ebenso *Decher/Hoger* in Lutter, § 207 UmwG Rz. 7.
5 Ebenso *Decher/Hoger* in Lutter, § 207 UmwG Rz. 7.

ob die Erklärung in die Niederschrift tatsächlich aufgenommen wird; die Erklärung des Widerspruchs zur Niederschrift reicht aus[1]. Dass die Erklärung abgegeben wurde, kann mit allen zulässigen Beweismitteln nachgewiesen werden[2]. Ein nachträglicher Widerspruch außerhalb der Versammlung reicht nicht aus[3].

15 Anspruch auf Barabfindung hat auch ein **Anteilsinhaber, der bei der Beschlussfassung für den Formwechsel gestimmt hat,** anschließend jedoch gegen den Beschluss Widerspruch zur Niederschrift erklärt (str)[4]. Weder der Wortlaut des Gesetzes noch dessen Entstehungsgeschichte stehen dem entgegen. Es ist idR auch nicht etwa rechtsmissbräuchlich oder treuwidrig, bei der Abstimmung erst für den Beschluss zu stimmen, dann aber gegen den Beschluss Widerspruch zur Niederschrift zu erklären[5]. Dies kann im Gegenteil sogar Ausdruck der Rücksichtnahme auf die Interessen der anderen Anteilsinhaber oder des Rechtsträgers sein. Das gilt etwa für einen Anteilsinhaber, dessen Stimme bei der Beschlussfassung erforderlich ist, um die zum Formwechsel erforderliche Mehrheit zu erreichen, der einerseits dem Rechtsträger in seiner neuen Rechtsform nicht mehr angehören will, andererseits dem Wunsch nach einem Formwechsel nicht im Wege stehen möchte[6]. Die Gegenansicht ließe diesem Anteilsinhaber nur die Wahl, entweder gegen den Formwechsel zu stimmen und ihn damit unter Umständen zu verhindern oder dem Formwechsel zuzustimmen und sich damit der Möglichkeit zu begeben, gegen Barabfindung auszuscheiden.

16 Entsprechendes gilt, falls **einzelne Anteilsinhaber,** deren **Zustimmung** zur Wirksamkeit des Umwandlungsbeschlusses erforderlich ist, ihre **Zustimmung zwar erteilt haben, gegen den Beschluss selbst aber Widerspruch zur Niederschrift** erklären. Zwar entfällt die Verpflichtung zum Angebot einer Barabfindung von vornherein, wenn der Umwandlungsbeschluss zu seiner Wirksamkeit der Zustimmung *aller* Anteilsinhaber bedarf (§ 194 Abs. 1 Nr. 6 UmwG und Rz. 10). Das gilt jedoch nicht, wenn der Umwandlungsbeschluss zu seiner Wirksamkeit nur der Zustimmung *einzelner* Anteilsinhaber bedarf, etwa gemäß § 193 Abs. 2 UmwG der Zustimmung derjenigen Anteilsinhaber, von deren Genehmigung die Abtretung von Anteilen des formwechselnden Rechtsträgers abhängt. Auch in diesen Fällen kann ein legitimes Interesse daran bestehen, den Form-

---

1 Vgl. *Hüffer/Koch*, § 245 AktG Rz. 15 zur aktienrechtlichen Anfechtungsklage.
2 Vgl. *Hüffer/Koch*, § 245 AktG Rz. 15.
3 *Decher/Hoger* in Lutter, § 207 UmwG Rz. 7; *Kalss* in Semler/Stengel, § 207 UmwG Rz. 7.
4 Ebenso *Decher/Hoger* in Lutter, § 207 UmwG Rz. 8; *Veil*, S. 114 ff.; aA *Stratz* in Schmitt/Hörtnagl/Stratz, § 207 UmwG Rz. 4; *Grunewald* in Lutter, § 29 UmwG Rz. 10; *Hoger*, S. 229; *Wälzholz* in Widmann/Mayer, § 29 UmwG Rz. 30; *Drinhausen/Keinath* in Henssler/Strohn, § 207 UmwG Rz. 4.
5 *Petersen* in KölnKomm. UmwG, § 207 UmwG Rz. 2: allg. zu Fragen der Missbräuchlichkeit des Ausscheidens gegen Barabfindung.
6 So aber *Wälzholz* in Widmann/Mayer, § 207 UmwG Rz. 11: Die Beeinträchtigung der Möglichkeit des Formwechsels sei hinzunehmen (kein Wahlrecht zum „dulde und liquidiere").

wechsel durch Zustimmung zu ermöglichen, sich gleichzeitig aber das Ausscheiden gegen Barabfindung vorzubehalten.

b) Unverschuldete Verhinderung (§ 207 Abs. 2 UmwG iVm. § 29 Abs. 2 UmwG)

Dem **Widerspruch** zur Niederschrift **steht es gleich**, wenn der Anteilsinhaber 17 zu Unrecht zur Versammlung der Anteilsinhaber nicht zugelassen wurde[1], wenn die Versammlung nicht ordnungsgemäß einberufen war oder wenn der Gegenstand der Beschlussfassung nicht ordnungsgemäß bekannt gemacht worden ist (§ 207 Abs. 2 UmwG iVm. § 29 Abs. 2 UmwG). Die Voraussetzung des Widerspruchs dient der Überschaubarkeit der zu leistenden Barabfindungen und damit der Rechtssicherheit. Die Ausnahmeregelung in § 207 Abs. 2 UmwG iVm. § 29 Abs. 2 UmwG ist nicht entsprechend auf andere Fälle unverschuldeter Hinderung am Widerspruch anwendbar (str.)[2].

6. Form des Angebots; Mitteilungspflichten; Öffentlichkeit

Nach § 194 Abs. 1 Nr. 6 UmwG ist das Angebot im **Umwandlungsbeschluss** zu 18 bestimmen, der gemäß § 193 Abs. 3 Satz 1 UmwG notarieller Beurkundung bedarf.

Schon der von dem Vertretungsorgan des formwechselnden Rechtsträgers auf- 19 zustellende **Umwandlungsbericht** muss gemäß § 192 Abs. 1 Satz 3 UmwG einen **Entwurf des Umwandlungsbeschlusses** enthalten und damit auch einen Entwurf für das Abfindungsangebot.

Das Abfindungsangebot ist **den Anteilsinhabern mitzuteilen spätestens** mit 20 der Einladung zu der Versammlung, die über den Formwechsel beschließen soll (§ 216 UmwG: Übersendung von Umwandlungsbericht und Abfindungsangebot; §§ 231 Satz 1, 238, 251 Abs. 1 Satz 1, 260 Abs. 2 Satz 1, 274 Abs. 1 Satz 1, 283 Abs. 1 Satz 1, 292 Abs. 1 UmwG: Übersendung des Abfindungsangebots; §§ 231 Satz 2, 238 Satz 1, 251 Abs. 1 Satz 1 UmwG: Zulässigkeit der Bekanntmachung im Bundesanzeiger oder in den sonst bestimmten Gesellschaftsblättern an Stelle der Übersendung)[3].

---

1 *Wälzholz* in Widmann/Mayer, § 207 UmwG Rz. 38: § 207 Abs. 2 UmwG findet auch dann Anwendung, wenn ein Neugesellschafter noch nicht in die Gesellschafterliste iS der §§ 16, 40 GmbHG eingetragen ist und deshalb nicht zur Beschlussfassung zugelassen wird, da die Möglichkeit der Berichtigung mit ex-tunc-Wirkung gemäß § 16 Abs. 1 Satz 2 GmbHG besteht.
2 Tendenziell in diese Richtung, jedoch iE offen gelassen, OLG München v. 3.2.2010 – 31 Wx 135/09, AG 2010, 677 (678) = EWiR § 29 UmwG 1/10 (*Heckschen*); aA *Decher/Hoger* in Lutter, § 207 UmwG Rz. 11.
3 So auch *Drinhausen/Keinath* in Henssler/Strohn, § 207 UmwG Rz. 3.

21 Gemäß §§ 208, 30 Abs. 2, 10 ff. UmwG ist die Barabfindung hinsichtlich ihrer **Angemessenheit durch externe Prüfer zu prüfen**[1]. Im Prüfungsbericht ist über die bloße Bestätigung der Angemessenheit der Barabfindung hinaus anzugeben, nach welchen Methoden die vorgeschlagene Barabfindung ermittelt wurde und aus welchen Gründen die Anwendung dieser Methoden angemessen ist[2]. Der Prüfungsbericht ist den Anteilsinhabern, zumindest durch Wiedergabe des wesentlichen Inhalts, bekannt zu machen. Die Bekanntmachung des Inhalts des Prüfungsberichts hat in der Einladung zu erfolgen, im Falle einer Aktiengesellschaft spätestens durch Verlesung auf der beschlussfassenden Hauptversammlung[3].

22 Gemäß § 194 Abs. 2 UmwG ist der **Entwurf des Umwandlungsbeschlusses**, und damit auch der Entwurf für das Abfindungsangebot, dem zuständigen **Betriebsrat** spätestens einen Monat vor der Versammlung **zuzuleiten**, die über den Formwechsel beschließen soll (dazu § 194 UmwG Rz. 60).

23 Das Abfindungsangebot ist zum **Handelsregister einzureichen:** Der Anmeldung des Formwechsels zur Eintragung im Handelsregister (§ 198 UmwG) ist eine Ausfertigung oder öffentlich beglaubigte Abschrift der Niederschrift des Umwandlungsbeschlusses beizufügen (§ 199 UmwG). Da der Umwandlungsbeschluss das Abfindungsangebot enthält, wird dieses wie der Umwandlungsbeschluss Teil der allgemein zugänglichen (§§ 9, 9a HGB) Registerakten.

24 Soweit Bereitschaft aller Anteilseigner besteht, auf eine Barabfindung zu verzichten (dazu Rz. 46), sollte zur Vermeidung der mit dem Abfindungsangebot verbundenen Publizität der Bewertungsvorstellungen für den Rechtsträger ein **Verzicht schon auf das Angebot der Abfindung** eingeholt werden, damit von vornherein ein Angebot entfallen kann (Rz. 45)[4].

7. Inhalt des Angebots

25 § 207 Abs. 1 Satz 1 und Satz 2 UmwG verpflichten den formwechselnden Rechtsträger, den berechtigten Anteilsinhabern eine angemessene Barabfindung gegen Abtretung der Anteile oder Mitgliedschaften (§ 207 Abs. 1 Satz 1 Halb-

---

1 LG Heidelberg v. 7.8.1996 – O 4/96 KfH II, DB 1996, 1768 (1769).
2 LG Heidelberg v. 7.8.1996 – O 4/96 KfH II, DB 1996, 1768 (1769); KG Berlin v. 27.11. 1998 – 14 U 2892/97, AG 1999, 126 = NZG 1999, 508 mit Anm. *Zeidler* (Aqua Butzke-Werke AG); aA Vorinstanz LG Berlin v. 26.2.1997 – 99 O 178/96, DB 1997, 969 (970) = EWiR § 192 UmwG 1/97 (*Kiem*); jüngst in diesem Sinne OLG Stuttgart v. 14.9.2011 – 20 W 4/10, AG 2012, 221; einschränkend hingegen OLG Karlsruhe/Freiburg v. 13.11.1998 – 14 U 24/98, AG 1999, 470.
3 LG Heidelberg v. 7.8.1996 – O 4/96 KfH II, DB 1996, 1768 (1769); zu den Rechtsfolgen von Verstößen gegen Auskunftspflichten und Mängeln des Prüfungsberichts vgl. § 192 UmwG Rz. 14; § 195 UmwG Rz. 29, 30 sowie § 210 UmwG Rz. 9.
4 Vgl. auch *Priester*, DNotZ 1995, 427 (450).

satz 1 UmwG) oder gegen die Erklärung des Ausscheidens aus dem Rechtsträger (§ 207 Abs. 1 Satz 2 UmwG) anzubieten.

Anzubieten ist eine „angemessene" Barabfindung. Diese bestimmt sich nach § 208 UmwG iVm. § 30 Abs. 1 Satz 1 UmwG: Maßgebend sind die Verhältnisse des formwechselnden Rechtsträgers zum Zeitpunkt der Beschlussfassung über den Formwechsel (§ 208 UmwG iVm. § 30 Abs. 1 Satz 1 UmwG)[1]. Zur Fälligkeit, zur Verzinsung und zur Geltendmachung weiteren Schadens vgl. § 208 Abs. 2 UmwG iVm. § 30 Abs. 1 Satz 2 UmwG iVm. § 15 Abs. 2 Satz 1 UmwG. 26

Das Angebot muss so **präzise** bestimmt sein, dass es durch eine Annahmeerklärung gemäß § 209 UmwG einfach angenommen werden kann. Das erfordert zumindest die eindeutige Bestimmung des Inhalts der Barabfindung, also ihres Betrages, die klare Bezeichnung der Anteilsinhaber, denen die Barabfindung angeboten wird, und die Festlegung der Gegenleistung für die Barabfindung, also Abtretung der Anteile oder Erklärung des Ausscheidens aus dem Rechtsträger. 27

Die Barabfindung muss betraglich konkret beziffert, also mit einem **festen Geldbetrag** angeboten werden[2]. Nicht ausreichend wäre etwa das Angebot einer noch durch einen Wirtschaftsprüfer festzustellenden angemessenen Barabfindung. Ebenso wäre das Angebot einer nach einer angegebenen Formel noch zu errechnenden Barabfindung ungenügend[3]. Der Rechtsträger und einzelne Anteilsinhaber können jedoch gemäß § 364 Abs. 1 BGB eine andere Form der Abfindung, zB in Sachwerten oder Anteilen, vereinbaren. 28

Nicht erforderlich, aber zweckmäßig ist die Angabe der kraft Gesetzes vorgegebenen **Fälligkeit** und **Verzinsung** der Barabfindung. 29

8. Angebot der Barabfindung gegen Abtretung von Anteilen oder Mitgliedschaften (§ 207 Abs. 1 Satz 1 UmwG); Vorschriften zur Kapitalerhaltung

Das Abfindungsangebot richtet sich grundsätzlich auf Leistung der Barabfindung gegen Erwerb der umgewandelten Anteile oder Mitgliedschaften des Anteilsinhabers (§ 207 Abs. 1 Satz 1 Halbsatz 1 UmwG). Das Angebot wird durch den formwechselnden Rechtsträger vor Wirksamwerden des Formwechsels unterbreitet. Die **Annahme** des Angebots (§ 209 UmwG) und der Vollzug der Barabfindung (Rz. 42 f.) erfolgen regelmäßig nach Wirksamwerden des Formwechsels: Das Angebot ist damit gerichtet auf den Erwerb von Anteilen oder Mitgliedschaften an dem Rechtsträger in seiner neuen Rechtsform. Zur Möglichkeit der Annahme und des Vollzugs vor Wirksamwerden des Formwechsels auf den Zeitpunkt des Wirksamwerdens vgl. § 209 UmwG Rz. 3. 30

---

1 Dazu LG Heidelberg v. 7.8.1996 – O 4/96 KfH II, DB 1996, 1768 (1769).
2 *Veil*, S. 111 ff.; *Decher/Hoger* in Lutter, § 207 UmwG Rz. 15.
3 *Kalss* in Semler/Stengel, § 207 UmwG Rz. 9.

31 Der **Erwerb von Anteilen** oder Mitgliedschaften an dem Rechtsträger neuer Rechtsform durch diesen ist nicht möglich, falls und soweit der Erwerb eigener Anteile oder Mitgliedschaften durch diesen **rechtlich nicht zulässig** ist. Nicht möglich ist der Erwerb von eigenen Anteilen oder Mitgliedschaften bei dem Formwechsel in eine Gesellschaft bürgerlichen Rechts, eine Personenhandelsgesellschaft (OHG, KG), eine Partnerschaftsgesellschaft, eine eingetragene Genossenschaft oder in einen eingetragenen Verein.

32 Nur **beschränkt zulässig** ist der **Erwerb eigener Anteile** bei dem Formwechsel in die KGaA, die AG und in die GmbH:

33 Für den Fall des Formwechsels in die Rechtsform der **AG/KGaA** lässt § 71 Abs. 1 Nr. 3 AktG den Erwerb eigener Anteile ausdrücklich zu. Die Tatsache, dass Aktien nicht voll eingezahlt sind, steht ihrem Erwerb im Zuge eines Formwechsels nicht entgegen (§ 71 Abs. 2 Satz 3 AktG). Gemäß § 71 Abs. 2 Satz 1 AktG ist der Erwerb eigener Aktien, auch wenn er im Zuge des Formwechsels erfolgt, jedoch nur zulässig, soweit die insgesamt von der AG gehaltenen eigenen Aktien zehn vom Hundert des Grundkapitals nicht übersteigen, und gemäß § 71 Abs. 2 Satz 2 AktG ist der Erwerb weiter nur insoweit zulässig, als die AG im Zeitpunkt des Erwerbs eine Rücklage in Höhe der Aufwendungen für den Erwerb bilden könnte, ohne dadurch das Grundkapital oder eine kraft Gesetzes oder Satzung zu bildende Rücklage zu mindern, die nicht zu Zahlungen an Aktionäre verwandt werden darf[1].

34 Ein **Verstoß gegen diese Vorschriften** macht jedoch den Erwerb der eigenen Aktien nicht unwirksam (§ 71 Abs. 4 Satz 1 AktG). Abweichend von § 71 Abs. 4 Satz 2 AktG macht er auch das zugrunde liegende schuldrechtliche Geschäft (Abfindungsangebot und Annahme) nicht unwirksam (§ 207 Abs. 1 Satz 1 Halbsatz 2 UmwG). Eine Zurückhaltung oder Zurückforderung der Barabfindung ist damit auch nicht etwa nach § 57 Abs. 1 Satz 1 AktG bzw. § 62 Abs. 1 Satz 1 AktG zulässig[2].

35 Der **Umwandlungsbeschluss** ist jedoch **rechtswidrig** und anfechtbar, wenn vor dem Formwechsel erkennbar ist, dass er zu einem unzulässigen Erwerb eigener Aktien führen wird[3]. Ist dies nicht der Fall oder kommt es nicht zu einer an sich möglichen Anfechtung, räumen die genannten Vorschriften dem Abfindungsinteresse des Anteilsinhabers den Vorrang vor dem Grundsatz der Kapitalerhaltung ein[4].

---

1 So auch *Decher/Hoger* in Lutter, § 207 UmwG Rz. 17; *Kalss* in Semler/Stengel, § 207 UmwG Rz. 11; *Drinhausen/Keinath* in Henssler/Strohn, § 207 UmwG Rz. 5; aA *Stratz* in Schmitt/Hörtnagl/Stratz, § 207 UmwG Rz. 7.
2 Ebenso *Decher/Hoger* in Lutter, § 207 UmwG Rz. 19; aA *Hoger*, AG 2008, 149 (154 f.); *Petersen* in KölnKomm. UmwG, § 207 UmwG Rz. 15 ff.
3 So auch *Decher/Hoger* in Lutter, § 207 UmwG Rz. 18; *Grunewald* in Lutter, § 29 UmwG Rz. 24.
4 So auch *Decher/Hoger* in Lutter, § 207 UmwG Rz. 18; aA *Petersen*, S. 32; *Veith*, S. 101.

Für den Fall des Formwechsels in die Rechtsform der **GmbH** erleichtert § 33 36
Abs. 3 GmbHG den Erwerb eigener Anteile zur Abfindung von Gesellschaftern
gegenüber den Beschränkungen in § 33 Abs. 1 und 2 GmbHG. Gemäß § 33
Abs. 3 GmbHG ist der Erwerb binnen einer Sechs-Monats-Frist nach Wirksamwerden des Formwechsels oder Rechtskraft der gerichtlichen Entscheidung im
Spruchverfahren zulässig, sofern die Gesellschaft im Zeitpunkt des Erwerbs eine
Rücklage in Höhe der Aufwendungen für den Erwerb bilden könnte, ohne Minderung des Stammkapitals und einer kraft Satzung zu bildenden Rücklage, die
nicht zu Zahlungen an die Gesellschafter verwandt werden darf.

Der Erwerb eigener Anteile ist abweichend von § 33 Abs. 1 GmbHG auch zuläs- 37
sig, wenn diese nicht voll eingezahlt sind (vgl. § 33 Abs. 1, Abs. 2 GmbHG mit
Beschränkung auf voll eingezahlte Anteile und § 33 Abs. 3 GmbHG ohne diese
Beschränkung; gleicher Rechtsgedanke wie bei § 71 Abs. 2 Satz 3 AktG)[1].

§ 33 Abs. 3 GmbHG erweitert die in § 33 Abs. 2 GmbHG enthaltene Zulassung 38
des Erwerbs eigener Anteile. Ist der Erwerb nach § 33 Abs. 3 GmbHG und nach
§ 33 Abs. 2 GmbHG unzulässig, macht dieser Verstoß den gleichwohl erfolgten
Erwerb dinglich nicht unwirksam (§ 33 Abs. 2 Satz 3 Halbsatz 1 GmbHG). Er
führt jedoch zur Nichtigkeit des zu Grunde liegenden schuldrechtlichen Geschäfts (§ 33 Abs. 2 Satz 3 Halbsatz 2 GmbHG). Dem steht § 207 Abs. 1 Satz 1
Halbsatz 2 UmwG nicht entgegen, da dieser nur die Unwirksamkeit des schuldrechtlichen Geschäfts nach § 71 Abs. 4 Satz 2 AktG ausschließt, nicht diejenige
nach § 33 Abs. 2 Satz 3 Halbsatz 2 GmbHG[2]. Bei einem **Verstoß** gegen § 33
Abs. 2 und 3 GmbHG bleibt es also nach dem Gesetzeswortlaut bei den Rechtsfolgen der §§ 30, 31 GmbHG[3]. Die Gesellschaft kann die Leistung der Barabfindung verweigern, soweit sie gegen § 33 GmbHG verstößt (§ 30 GmbHG). Sie
kann eine etwa bereits geleistete Barabfindung insoweit zurückfordern (§ 31
GmbHG). Die Kapitalerhaltungsvorschriften genießen Vorrang vor dem Interesse des Gesellschafters und seinem Austrittsrecht gegen Barabfindung. Die unterschiedliche Behandlung zur AG ist jedoch nicht einsichtig (vgl. Rz. 34). Sie
wurde vom Gesetzgeber mit dem UmwGÄndG für die Verschmelzung behoben
(vgl. § 29 Abs. 1 Satz 1 Halbsatz 2 Alt. 2 UmwG), nicht jedoch für den Formwechsel. Auch diese Differenzierung ist nicht nachvollziehbar[4].

Ist der **Verstoß gegen die Kapitalerhaltungsvorschriften** bereits **vor** Fassung 39
des Umwandlungsbeschlusses erkennbar, macht dies den Beschluss rechtswidrig
und anfechtbar (vgl. Rz. 35). Ist der Beschluss gefasst worden, ohne dass der

---

1 So auch *Wälzholz* in Widmann/Mayer, § 207 UmwG Rz. 14.
2 Ebenso *Kalss* in Semler/Stengel, § 207 UmwG Rz. 11; aA *Decher/Hoger* in Lutter, § 207 UmwG Rz. 20; *Veith*, S. 105.
3 Vgl. auch *Hoger*, AG 2008, 149 (155 ff.).
4 Vgl. *Wälzholz* in Widmann/Mayer, § 207 UmwG Rz. 15: Das im Rahmen des UmwGÄndG ausdrücklich behobene Redaktionsversehen in § 29 UmwG ist uneingeschränkt auf § 207 UmwG übertragbar.

Verstoß schon erkennbar war, begründet dies keine Anfechtbarkeit. Es bleibt bei dem Formwechsel. Der Gesellschafter kann nicht gegen Barabfindung aus der Gesellschaft ausscheiden[1].

40 Ein Verstoß gegen die Kapitalerhaltungsvorschriften und die Vorschriften betreffend den Erwerb eigener Anteile kann weder bei dem Formwechsel in die AG noch bei dem Formwechsel in die GmbH dadurch vermieden werden, dass das Abfindungsangebot im Umwandlungsbeschluss auf den **Erwerb der Anteile durch einen** (für eigene Rechnung handelnden) **Dritten** und die Leistung der Barabfindung durch diesen geht[2]. Zwar würde dies den Verstoß gegen die genannten Vorschriften vermeiden. § 207 UmwG geht jedoch eindeutig von dem Erwerb der Anteile und der Leistung der Abfindung gerade durch den Rechtsträger neuer Rechtsform aus. Einer nach Fassung des Umwandlungsbeschlusses getroffenen Vereinbarung dieses Inhalts steht dagegen nichts entgegen. Sie ist nach Maßgabe von § 211 UmwG auch dann zulässig, wenn Satzung oder Gesellschaftsvertrag des Rechtsträgers neuer Rechtsform die Abtretung der Aktien oder Anteile eigentlich untersagen oder beschränken. Zur Möglichkeit eines freiwilligen Übernahmeangebots durch den Mehrheitsgesellschafter zusätzlich und unabhängig von dem Angebot gemäß § 207 UmwG vgl. Rz. 3.

9. Angebot der Barabfindung gegen Ausscheiden als Anteilsinhaber des Rechtsträgers (§ 207 Abs. 1 Satz 2 UmwG)

41 Kann der Rechtsträger aufgrund seiner neuen Rechtsform eigene Anteile oder Mitgliedschaften nicht erwerben, so ist die Barabfindung für den Fall anzubieten, dass der Anteilsinhaber sein **Ausscheiden** aus dem Rechtsträger erklärt (§ 207 Abs. 1 Satz 2 UmwG). Diese Voraussetzungen liegen vor bei dem Formwechsel in eine Gesellschaft bürgerlichen Rechts, eine Personenhandelsgesellschaft (OHG oder KG), eine Partnerschaftsgesellschaft, eine eingetragene Genossenschaft oder in einen eingetragenen Verein. Der Anteilsinhaber bleibt also zunächst Anteilsinhaber des Rechtsträgers in seiner neuen Rechtsform und kann dann sein Ausscheiden gegen Barabfindung erklären[3]. Die Erklärung des Ausscheidens aus dem Rechtsträger folgt den für die neue Rechtsform des Rechtsträgers geltenden Regeln. Bei der Gesellschaft bürgerlichen Rechts, der Personenhandelsgesellschaft und der Partnerschaftsgesellschaft bedeutet dies, dass der Anteilsinhaber ausscheidet, seine Beteiligung erlischt und sein Anteil am Vermögen des Rechtsträgers den übrigen Anteilsinhabern anwächst (§ 738 BGB).

---

1 Zum Austrittsrecht aus wichtigem Grund vor dem Formwechsel vgl. *Grunewald* in Lutter, § 29 UmwG Rz. 32.
2 *Kalss* in Semler/Stengel, § 207 UmwG Rz. 14.
3 *Grunewald* in Lutter, § 29 UmwG Rz. 23.

10. Rechtsnatur des Angebots; Annahme; Vollzug der Barabfindung

Das Angebot gemäß § 207 UmwG richtet sich auf den Abschluss des schuldrechtlichen Geschäfts über die Leistung der Barabfindung, wie sich aus § 207 Abs. 1 Satz 1 Halbsatz 2 UmwG iVm. § 71 Abs. 4 Satz 2 AktG ergibt. Mit Annahme (§ 209 UmwG) des Angebots ist ein **schuldrechtlicher Vertrag** zustande gekommen, dessen Erfüllung gesonderter Rechtsgeschäfte bedarf, etwa der Leistung der Barabfindung Zug um Zug gegen Abtretung der Anteile oder Mitgliedschaften an den Rechtsträger oder Erklärung des Austritts aus dem Rechtsträger (zur Rechtsnatur und zum Zeitpunkt der Annahme und des Vollzugs vgl. § 209 UmwG Rz. 2 ff.). Die Durchsetzung der vertraglichen Ansprüche erfolgt nach allgemeinen Regeln durch Leistungsklage[1], also auch hinsichtlich der Barabfindung nicht etwa durch Geltendmachung des Anspruchs im Spruchverfahren gemäß § 212 UmwG.

42

Da der abfindungsberechtigte Anteilsinhaber zunächst Inhaber des Anteils oder der Mitgliedschaft an dem Rechtsträger in seiner neuen Rechtsform bleibt, richten sich sowohl die **Übertragung der Anteile** bzw. Mitgliedschaften nach Form und Inhalt wie auch die Erklärung des Ausscheidens nach den für den Rechtsträger in seiner neuen Rechtsform geltenden Vorschriften[2].

43

11. Kosten der Übertragung von Anteilen und Mitgliedschaften (§ 207 Abs. 1 Satz 3 UmwG)

Die Kosten für eine in Vollzug der Barabfindung erfolgende Übertragung von Anteilen oder Mitgliedschaften trägt der Rechtsträger (§ 207 Abs. 1 Satz 3 UmwG). Zu denken ist insbesondere an die Kosten der gemäß § 15 Abs. 3 GmbHG erforderlichen notariellen Beurkundung der Abtretung eines Geschäftsanteils an einer GmbH.

44

12. Verzicht auf Angebot oder Leistung der Barabfindung und Vergleich über die Barabfindung

Die Aufnahme eines Barabfindungsangebots in den Umwandlungsbeschluss gemäß § 194 Abs. 1 Nr. 6 UmwG ist entbehrlich, wenn **alle Anteilsinhaber** darauf in notariell beurkundeter Form **verzichtet** haben (vgl. § 194 UmwG Rz. 46). Die

45

---

1 *Kalss* in Semler/Stengel, § 207 UmwG Rz. 9.
2 *Decher/Hoger* in Lutter, § 207 UmwG Rz. 12; *Wälzholz* in Widmann/Mayer, § 207 UmwG Rz. 28.

Verzichtserklärung ist zum Handelsregister einzureichen (§ 199 UmwG entsprechend)[1].

46 Auf die Geltendmachung des Anspruchs auf Barabfindung kann auch der **einzelne Anteilsinhaber** ganz oder teilweise verzichten[2], und zwar sowohl vor wie nach Fassung des Umwandlungsbeschlusses und unabhängig davon, ob der Umwandlungsbeschluss ein ordnungsgemäßes Abfindungsangebot enthält oder unzulässigerweise nicht enthält. Der Verzicht erfordert eine Vereinbarung zwischen dem Rechtsträger und dem betreffenden Anteilsinhaber[3]. Die Vereinbarung bedarf zu ihrer Wirksamkeit keiner besonderen Form[4].

47 Ein **Vergleich** über den Anspruch auf Barabfindung ist zulässig, und zwar sowohl vor wie nach Fassung des Umwandlungsbeschlusses und unabhängig davon, ob der Beschluss ein ordnungsgemäßes Abfindungsangebot enthält. Der Vergleich erfordert eine Vereinbarung zwischen dem Rechtsträger und dem Anteilsinhaber. Er bedarf zu seiner Wirksamkeit keiner besonderen Form.

48 Nimmt ein Anteilsinhaber aufgrund Verzichts oder Vergleichs seinen Antrag im Spruchverfahren zurück, können der gemeinsame Vertreter der übrigen Anteilsinhaber (die nicht ihrerseits selbst Antragsteller sind) und die übrigen Antragsteller das Spruchverfahren weiterführen (§ 6 Abs. 3 Satz 1 SpruchG für den gemeinsamen Vertreter). Für den Rechtsträger ist ein Vergleich daher idR **nur dann sinnvoll, wenn er von allen Antragstellern und** einem gegebenenfalls bestellten **gemeinsamen Vertreter akzeptiert** wird[5].

§ 208
Inhalt des Anspruchs auf Barabfindung und Prüfung der Barabfindung

Auf den Anspruch auf Barabfindung ist § 30 entsprechend anzuwenden.

1. Entwicklung der Vorschrift, Normzweck 1
2. Verhältnisse im Zeitpunkt der Beschlussfassung 2
3. Verzinsung und weiterer Schaden . 4
4. Prüfung 5

---

1 So auch *Decher/Hoger* in Lutter, § 207 UmwG Rz. 22; *Wälzholz* in Widmann/Mayer, § 207 UmwG Rz 34.
2 *Priester*, DNotZ 1995, 427 (450).
3 AA *Wälzholz* in Widmann/Mayer, § 207 UmwG Rz. 35.
4 So auch *Grunewald* in Lutter, § 29 UmwG Rz. 18; *Wälzholz* in Widmann/Mayer, § 207 UmwG Rz. 35; *Decher/Hoger* in Lutter, § 207 UmwG Rz. 22.
5 *Klöcker* in K. Schmidt/Lutter, AktG, § 11 SpruchG Rz. 20.

1. Entwicklung der Vorschrift, Normzweck

Durch die Verweisung auf § 30 Abs. 2 UmwG wird auch für den Formwechsel 1 eine Prüfung der Angemessenheit vorgesehen. Im Übrigen ist der Umwandlungsvorgang, insbesondere der Umwandlungsbericht, nicht zu prüfen. Dies soll nach der Begründung des RegE[1] den Anfall zu hoher Kosten bei der Umwandlung vermeiden. Dieser Zweck ist aber wohl nur erreichbar, wenn die Berechtigten nach §§ 208, 30 Abs. 2 Satz 3 UmwG auch auf die Barabfindungsprüfung verzichten[2]. Im Übrigen wird auf § 30 UmwG Rz. 2 und 3 verwiesen.

2. Verhältnisse im Zeitpunkt der Beschlussfassung

Die Barabfindung muss die Verhältnisse im Zeitpunkt des Umwandlungs- 2 beschlusses (§ 193 UmwG) berücksichtigen. Zwar bleibt beim Formwechsel der Rechtsträger identisch (es gibt keinen übertragenden Rechtsträger iS des § 30 Abs. 1 Satz 1 UmwG), jedoch wechselt die Rechtsform. Soweit die Rechtsform für die Angemessenheit der Barabfindung von Bedeutung sein kann, muss der Bewertung die **Rechtsform vor Formwechsel** zugrunde gelegt werden. ZB können für die Bewertung von Personengesellschaften andere Zuschläge zum Kapitalisierungszinsfuß in Frage kommen wie bei der Kapitalgesellschaft, da die Fungibilität der Anteile unterschiedlich ist[3].

Besonderheiten der Anteilsrechte (zB Mehrstimmrechte, Vorzugsgewinnantei- 3 le) sind in der Bewertung mit dem Wert zu berücksichtigen, den sie in der bisherigen Rechtsform hatten (im Zeitpunkt des Umwandlungsbeschlusses). Die Ermittlung der angemessenen Barabfindung darf sich nicht auf eine Gesamtbewertung mit Aufteilung nach Anteilsrechten beschränken, sondern muss die besondere Ausstattung der Anteilsrechte bei der Verteilung des Gesamtwertes berücksichtigen[4]. Im Übrigen wird auf die Erl. zu § 30 UmwG Rz. 8 ff. verwiesen.

3. Verzinsung und weiterer Schaden

Über §§ 208, 30 Abs. 1 Satz 2 UmwG ist § 15 Abs. 2 UmwG auf die Barabfin- 4 dung entsprechend anzuwenden. Danach ist die Barabfindung nach Ablauf des Tages, an dem die Eintragung des Formwechsels nach § 201 UmwG iVm. § 10 HGB bekannt gemacht ist, mit jährlich **5 %-Punkten** über Basiszinssatz zu ver-

---

1 BR-Drucks. 75/94, S. 139.
2 Vgl. auch *Stratz* in Schmitt/Hörtnagl/Stratz, § 208 UmwG Rz. 1.
3 AA *Korth*, BB 1992, Beil. 19, 1 (12).
4 Zutreffend *Decher/Hoger* in Lutter, § 208 UmwG Rz. 10; OLG Düsseldorf v. 20.11.2001 – 19 W 2/00 AktE, DB 2002, 781 (783) = AG 2002, 398.

zinsen. Darüber hinaus ist die Geltendmachung eines weiteren Schadens nicht ausgeschlossen. Ein solcher **weitergehender Schaden** kann nicht im Spruchverfahren, sondern muss im Zivilprozess mit einer Leistungsklage geltend gemacht werden[1]. Im Übrigen wird auf die Erl. zu § 30 UmwG Rz. 13–15 verwiesen.

4. Prüfung

5 Die Prüfung im Rahmen der §§ 208, 30 Abs. 2 UmwG bezieht sich ausschließlich auf die **Angemessenheit der Barabfindung**, nicht dagegen auf den Umwandlungsbericht. Zur Angemessenheit selbst vgl. § 30 UmwG Rz. 4 f. Die Angemessenheit ist stets zu prüfen. Das gilt natürlich nur dann, wenn ein Abfindungsangebot überhaupt gemacht werden muss. Das ist zB nicht der Fall, wenn der Umwandlungsbeschluss zu seiner Wirksamkeit der Zustimmung aller Anteilsinhaber bedarf oder nur ein Anteilsinhaber beteiligt ist (§ 194 Abs. 1 Nr. 6 UmwG). Weitere Fälle, in denen ein Abfindungsangebot nicht erforderlich ist, finden sich in §§ 227, 250, 282 Abs. 2, 302 Satz 2 UmwG[2]. Ein Abfindungsangebot ist ferner nicht erforderlich, wenn alle Anteilsinhaber einstimmig von vornherein auf eine Barabfindung gemäß § 207 UmwG verzichten. Dann ist ein besonderer Verzicht nach §§ 208, 30 Abs. 2 Satz 3 UmwG nicht erforderlich[3].

6 Es ist nicht Aufgabe des Prüfers, die Barabfindung selbst festzustellen. Allerdings wird eine sorgfältige Prüfung eigene **Kontrollrechnungen** erfordern[4].

7 Für die Bestellung, Stellung und Verantwortlichkeit und den Prüfungsbericht finden über §§ 208, 30 Abs. 2 Satz 3 UmwG die Bestimmungen der §§ 10–12 UmwG Anwendung. Auf die dortigen Erl. wird verwiesen.

8 Der Prüfungsbericht ist den Anteilsinhabern, zumindest durch Wiedergabe des wesentlichen Inhalts, **bekannt zu machen** (§ 207 UmwG Rz. 21)[5]. Das ist im Gesetz zwar nicht ausdrücklich geregelt und begründet damit bei einem Unterlassen keinen Form- oder Ladungsfehler. Die Pflicht zur Bekanntgabe mindestens an die dem Umwandlungsbeschluss widersprechenden Gesellschafter ergibt sich aber aus der Eröffnung einer gerichtlichen Nachprüfung (§ 212 UmwG). Der Anteilsinhaber kann nur bei Kenntnis der Bewertung eine sinnvolle Entscheidung treffen, ob er zur gerichtlichen Nachprüfung schreitet oder nicht.

9 Die Berechtigten können auf die Prüfung oder den Prüfungsbericht **verzichten** (§§ 208, 30 Abs. 2 Satz 3 UmwG). Die Verzichtserklärungen sind notariell zu beurkunden. Auf die Erl. in § 30 UmwG Rz. 20–22 wird verwiesen.

---

1 *Decher/Hoger* in Lutter, § 208 UmwG Rz. 12; *Stratz* in Schmitt/Hörtnagl/Stratz, § 15 UmwG Rz. 32 f.
2 Vgl. *Decher/Hoger* in Lutter, § 207 UmwG Rz. 3 ff.
3 *Decher/Hoger* in Lutter, § 207 UmwG Rz. 22, § 208 UmwG Rz. 23.
4 IDW HFA 6/1988, WPg 1989, 42 f.
5 AA *Decher/Hoger* in Lutter, § 208 UmwG Rz. 20.

Wegen der **Folgen einer unterbliebenen Prüfung**, wenn die Verzichtsvoraus- 10
setzungen nicht vorliegen, vgl. Erl. zu § 30 UmwG Rz. 22. Kommt der Prüfer zu
dem Ergebnis, dass die angebotene Barabfindung nicht angemessen ist, so führt
das, genauso wie ein nicht oder nicht ordnungsgemäß abgegebenes Angebot,
nicht zur Unwirksamkeit des Formwechsels, sondern ggf. zu einer gerichtlichen
Nachprüfung der Abfindung (§§ 210, 212 UmwG).

§ 209
Annahme des Angebots

Das Angebot nach § 207 kann nur binnen zwei Monaten nach dem Tage angenommen werden, an dem die Eintragung der neuen Rechtsform oder des Rechtsträgers neuer Rechtsform in das Register bekannt gemacht worden ist. Ist nach § 212 ein Antrag auf Bestimmung der Barabfindung durch das Gericht gestellt worden, so kann das Angebot binnen zwei Monaten nach dem Tage angenommen werden, an dem die Entscheidung im Bundesanzeiger bekannt gemacht worden ist.

1. Allgemeines	1	a) Erste Zwei-Monats-Frist	8
2. Die Annahme		b) Zweite Zwei-Monats-Frist	9
a) Rechtsnatur der Annahme	2	c) Fristberechnung	11
b) Form der Annahme	4	d) Ausschlussfristen	12
c) Inhalt der Annahme	5	4. Abweichende Vereinbarungen statt Annahme	13
d) Teilweise Annahme	7		
3. Die Annahmefristen			

1. Allgemeines

Die Regelung in § 209 UmwG ist **rechtsformübergreifend**. Die Besonderen 1
Vorschriften der §§ 214 ff. UmwG enthalten keine abweichenden Bestimmungen. Die Regelung in § 209 UmwG ist **zwingend**: Weder Gesellschaftsvertrag, Satzung noch der Umwandlungsbeschluss, welcher das Abfindungsangebot enthält, können die in § 209 UmwG bestimmten Annahmefristen verlängern oder verkürzen.

2. Die Annahme

a) Rechtsnatur der Annahme

Das Barabfindungsangebot im Umwandlungsbeschluss gemäß § 194 Abs. 1 2
Nr. 6 UmwG bedarf im Interesse der Rechtssicherheit der **ausdrücklichen An-**

nahme; § 151 Satz 1 BGB findet keine Anwendung[1]. Die fristgerechte Annahme bringt die schuldrechtliche Barabfindungsvereinbarung zwischen dem Rechtsträger und dem Anteilsinhaber zustande, in deren Erfüllung dann die Barabfindung Zug um Zug gegen Abtretung der Anteile oder Mitgliedschaften bzw. gegen Erklärung des Ausscheidens aus dem Rechtsträger zu leisten ist. Die Annahmeerklärung ist **einseitige empfangsbedürftige Willenserklärung** und somit bedingungsfeindlich[2]. Ihre Auslegung richtet sich nach §§ 133, 157 BGB[3]. Für den Zugang gelten die allgemeinen Regeln des BGB, einschließlich § 149 BGB[4].

3 In der Regel wird die Annahme erst nach **Wirksamwerden des Formwechsels** erklärt werden, so dass die Erklärung an den Rechtsträger neuer Rechtsform zu richten ist. Die Annahme kann jedoch auch schon vor Wirksamwerden des Formwechsels erklärt werden (und wird automatisch wirksam mit Wirksamkeit des auf die Eintragung des Formwechsels aufschiebend bedingten Angebots gemäß § 207 UmwG; vgl. § 207 UmwG Rz. 42). Die Erklärung richtet sich dann an den formwechselnden Rechtsträger noch in seiner alten Rechtsform. Auch das **dingliche Erfüllungsgeschäft** kann bereits vor Eintragung des Formwechsels auf den Zeitpunkt des Wirksamwerdens des Formwechsels abgeschlossen werden. Der Anteilsinhaber wird dann erst gar nicht Anteilsinhaber des Rechtsträgers neuer Rechtsform mit damit etwa verbundenen unerwünschten Rechten und Pflichten (str.)[5].

b) Form der Annahme

4 Die Annahme bedarf **keiner besonderen Form**[6]. Das gilt auch dann, wenn nach allgemeinen Regeln für eine Vereinbarung mit dem Inhalt der Abfindungsvereinbarung Formzwang besteht, etwa beim Formwechsel in die GmbH die Begründung der Verpflichtung zur Abtretung eines Geschäftsanteils, welche gemäß § 15 Abs. 4 Satz 1 GmbHG zu ihrer Wirksamkeit der notariellen Beurkundung bedürfte. Für die Erfüllung der Abfindungsvereinbarung durch Abtretung des Geschäftsanteils bleibt es indes bei dem Erfordernis notarieller Beurkundung[7].

---

1 *Stratz* in Schmitt/Hörtnagl/Stratz, § 209 UmwG Rz. 4; aA oben *Marsch-Barner*, § 31 UmwG Rz. 4 (konkludentes Verhalten genügt); unklar *Grunewald* in Lutter, § 31 UmwG Rz. 3: Es reicht, dass der Wille, das Angebot anzunehmen bzw. aus dem Rechtsträger auszutreten, zum Ausdruck kommt.
2 So auch *Kalss* in Semler/Stengel, § 209 UmwG Rz. 5; oben § 31 UmwG Rz. 5.
3 *Stratz* in Schmitt/Hörtnagl/Stratz, § 209 UmwG Rz. 4.
4 *Stratz* in Schmitt/Hörtnagl/Stratz, § 209 UmwG Rz. 4.
5 AA *Grunewald* in Lutter, § 31 UmwG Rz. 9–11: vor Wirksamwerden nur Austritt nach den allgemeinen Austrittsregeln.
6 *Stratz* in Schmitt/Hörtnagl/Stratz, § 209 UmwG Rz. 4.
7 Ebenso *Stratz* in Schmitt/Hörtnagl/Stratz, § 209 UmwG Rz. 4; *Decher/Hoger* in Lutter, § 209 UmwG Rz. 5; *Petersen* in KölnKomm. UmwG, § 210 UmwG Rz. 7; aA *Grunewald* in Lutter, § 31 UmwG Rz. 3.

c) Inhalt der Annahme

Die Annahme muss eindeutig erkennen lassen, dass der Anteilsinhaber genau 5
das Angebot der Barabfindung gemäß Umwandlungsbeschluss annimmt. Eine
Annahme unter Erweiterungen, Einschränkungen oder sonstigen Änderungen
ist keine Annahme, sondern gilt als Ablehnung, verbunden mit einem neuen
Angebot (§ 150 Abs. 2 BGB).

Erfolgt die Annahme nach Feststellung einer vom Angebot im Umwandlungs- 6
beschuss abweichenden Abfindung **im Spruchverfahren** gemäß § 212 UmwG,
richtet sich die Annahme auf das durch die gerichtliche Entscheidung modifizierte Angebot[1]. Auch ein Anteilsinhaber, der das Angebot gemäß Umwandlungsbeschluss schon vor der gerichtlichen Feststellung einer höheren Barabfindung angenommen hat, ist berechtigt, Behandlung nach Maßgabe der gerichtlichen Entscheidung, also Nachbesserung zu verlangen (vgl. § 13 Satz 2 SpruchG)[2]. Er kann dann nochmals seine Annahme des – nunmehr durch gerichtliche Entscheidung modifizierten – Angebots erklären, freilich nur innerhalb der gemäß § 209 Satz 2 UmwG maßgeblichen weiteren Annahmefrist. Das setzt nicht voraus, dass der Anteilsinhaber sich bei Annahme des ursprünglichen Abfindungsangebots die Nachbesserung vorbehalten hat[3]. Ein Nachbesserungsanspruch besteht nur dann nicht, wenn der Anteilsinhaber bei der Annahme des ursprünglichen Abfindungsangebots auf Nachbesserungsansprüche verzichtet hat[4]. Ein solcher Verzicht ist nur dann anzunehmen, wenn er ausdrücklich erklärt ist[5].

d) Teilweise Annahme

In der Regel wird der abfindungsberechtigte Anteilsinhaber das Abfindungs- 7
angebot entweder insgesamt annehmen und damit aus dem Rechtsträger neuer
Rechtsform ausscheiden wollen oder an dem Rechtsträger in vollem Umfang beteiligt bleiben, also das Abfindungsangebot insgesamt nicht annehmen wollen.
Zweifelhaft ist, ob ein Anteilsinhaber berechtigt ist, bezüglich eines Teils seiner
Anteile oder Mitgliedschaften in dem Rechtsträger neuer Rechtsform zu verbleiben und bezüglich eines weiteren Teils Abtretung seiner Anteile/Mitgliedschaf-

---

1 Vgl. *Kalss* in Semler/Stengel, § 209 UmwG Rz. 3 (Annahme des uU geänderten Barabfindungsangebots).
2 Vgl. LG Dortmund v. 14.2.1996 – 20 AktE 3/94, AG 1996, 278 = DB 1996, 721 zu § 305 AktG; BayObLG v. 19.10.1995 – 3Z BR 17/90, DB 1995, 2590 (2593 mwN) = AG 1996, 127 (130) zu § 305 AktG. Zum sog. „Abfindungsergänzungsanspruch" vgl. auch OLG Stuttgart v. 19.3.2008 – 20 W 3/06, ZIP 2008, 2020 (2021) = AG 2008, 510.
3 *Klöcker* in K. Schmidt/Lutter, AktG, § 13 SpruchG Rz. 4 mwN.
4 *Jaensch* in Keßler/Kühnberger, § 209 UmwG Rz. 3.
5 Vgl. zu § 13 UmwG 1969 *Dehmer*, 1. Aufl. 1994, § 13 UmwG Anm. 5 und §§ 35–37 UmwG Anm. 4 mwN.

ten oder Ausscheiden aus dem Rechtsträger gegen Barabfindung zu wählen. Überwiegend wird die teilweise Annahme des Barabfindungsangebots für zulässig gehalten[1]. Der Systematik von § 207 UmwG folgend dürfte die teilweise Annahme unzulässig sein. Sie wäre eine **modifizierte Annahme** des auf den Erwerb der gesamten Anteile oder Mitgliedschaften gerichteten Barabfindungsangebots gemäß § 207 UmwG und damit ein neues Angebot (vgl. Rz. 5). § 207 Abs. 1 Satz 1 UmwG spricht vom Erwerb „seiner" (Plural) Anteile oder Mitgliedschaften. Die teilweise Annahme sollte nur dann möglich sein, wenn das Angebot gemäß § 207 UmwG auf den Erwerb der Anteile oder Mitgliedschaften insgesamt oder teilweise lautet oder sich ausdrücklich nur auf die Anteile eines Anteilinhabers bezieht, bezüglich derer Widerspruch erklärt wird.

3. Die Annahmefristen

a) Erste Zwei-Monats-Frist

8 Gemäß § 209 Satz 1 UmwG iVm. § 201 UmwG ist die Annahme zulässig nur binnen zwei Monaten nach dem Tage, zu welchem die gemäß § 201 UmwG gebotene Bekanntmachung der Eintragung des Formwechsels nach § 10 HGB, also auch auf elektronischem Wege, bekannt gemacht wurde. Erster Tag der Zwei-Monats-Frist gemäß § 209 Satz 1 UmwG ist der darauf folgende Tag. Zur Fristberechnung vgl. Rz. 11. Erfolgt keine gerichtliche Überprüfung des Abfindungsangebots gemäß § 212 UmwG, ist mit Ablauf der Frist gemäß § 209 Satz 1 UmwG die Annahme des Abfindungsangebots endgültig nicht mehr möglich (Ausschlussfrist: Rz. 12).

b) Zweite Zwei-Monats-Frist

9 Die gerichtliche Überprüfung des Abfindungsangebots nach § 212 UmwG kann gemäß § 4 Abs. 1 Satz 1 Nr. 4 SpruchG iVm. § 1 Nr. 4 SpruchG nur binnen drei Monaten seit dem Tage beantragt werden, an dem die Eintragung der Umwandlung bekannt gemacht worden ist. Für den Fall einer gerichtlichen Überprüfung beginnt gemäß § 209 Satz 2 UmwG eine weitere Zwei-Monats-Frist, innerhalb derer das Abfindungsangebot noch angenommen werden kann, auch wenn die Frist gemäß § 209 Satz 1 UmwG bereits abgelaufen ist. Die weitere Zwei-Monats-Frist **beginnt** nach dem Tage, an welchem die unter omnes wirkende gerichtliche Entscheidung im Spruchverfahren (§§ 11 Abs. 1, 13 Satz 2 SpruchG) im Bundesanzeiger bekannt gemacht worden ist (§ 209 Satz 2 UmwG). Maßgeb-

---

1 *Decher/Hoger* in Lutter, § 209 UmwG Rz. 5 mwN: Der Anteilsinhaber, der nur für einzelne seiner Anteile Widerspruch erkläre und für andere nicht, habe ohnehin nur insoweit einen Barabfindungsanspruch; § 29 UmwG Rz. 19 unter Hinweis darauf, dass die Abfindungsregelungen dem Schutz der Anteilsinhaber dienen.

lich ist die endgültige rechtskräftige Entscheidung im Spruchverfahren[1]. Je nach Lage der Dinge beginnt die weitere Zwei-Monats-Frist also möglicherweise erst Jahre nach Ablauf der ersten Zwei-Monats-Frist gemäß § 209 Satz 1 UmwG[2].

Die weitere Zwei-Monats-Frist gemäß § 209 Satz 2 UmwG eröffnet die **Möglichkeit zur Nachholung einer an sich verfristeten Annahme** jedoch erst dann, wenn sie – mit Bekanntmachung der rechtskräftigen gerichtlichen Entscheidung – tatsächlich beginnt. Es ist also nach Ablauf der ersten Zwei-Monats-Frist nicht etwa zulässig, schon vor Abschluss des Spruchverfahrens nachträglich die Annahme des Abfindungsangebots zu erklären. Endet das Spruchverfahren nicht durch rechtskräftige Entscheidung, sondern durch Antragsrücknahme oder Erledigung, kommt es zu keiner weiteren Zwei-Monats-Frist (str.). Im Falle eines (nur inter partes wirkenden) Vergleichs kommt es zu einer weiteren Zwei-Monats-Frist nur dann, wenn die Wirkung des Vergleichs inter omnes und die Bekanntmachung des Vergleichs im Wege eines Vertrags zugunsten Dritter (§ 328 Abs. 1 BGB) in dem Vergleich vereinbart wird (str.)[3].

Die weitere Zwei-Monats-Frist gemäß § 209 Satz 2 UmwG steht nicht nur den **abfindungsberechtigten Anteilsinhabern** zu Gebote, welche die gerichtliche Überprüfung der Barabfindung selbst beantragt oder sich jedenfalls an dem Verfahren beteiligt haben, sondern **allen abfindungsberechtigten Anteilsinhabern**. Sie steht also auch Anteilsinhabern zu Gebote, welche das ursprüngliche Abfindungsangebot innerhalb der ersten Zwei-Monats-Frist gemäß § 209 Satz 1 UmwG ausdrücklich angenommen haben; auch sie haben gegebenenfalls einen Nachbesserungsanspruch (Rz. 6). Sie steht auch Anteilsinhabern zur Verfügung, welche das Abfindungsangebot innerhalb der ersten Zwei-Monats-Frist nicht angenommen haben, also ohne Einleitung eines Spruchverfahrens durch andere Anteilsinhaber endgültig Anteilsinhaber des Rechtsträgers neuer Rechtsform bleiben würden; sie haben nach dem Abschluss des Spruchverfahrens nochmals Gelegenheit, ihren Standpunkt zu überdenken und gegebenenfalls zu revidieren. Das gilt selbst dann, wenn das Spruchverfahren zu einer Bestätigung der ursprünglich angebotenen Barabfindung geführt hat.

c) Fristberechnung

Die Berechnung der Fristen erfolgt nach §§ 187 Abs. 1, 188 Abs. 2 BGB. Für die Wahrung der Frist kommt es auf den Zugang der Annahmeerklärung bei dem Rechtsträger an[4].

---

1 *Stratz* in Schmitt/Hörtnagl/Stratz, § 31 UmwG Rz. 6.
2 *Decher/Hoger* in Lutter, § 209 UmwG Rz. 4.
3 AA *Grunewald* in Lutter, § 31 UmwG Rz. 2: auch anderweitige Beendigung des Spruchverfahrens als durch Entscheidung ist zu veröffentlichen mit der Folge, dass die weitere Frist beginnt; so auch oben *Marsch-Barner*, § 31 UmwG Rz. 9.
4 *Stratz* in Schmitt/Hörtnagl/Stratz, § 209 UmwG Rz. 4.

d) Ausschlussfristen

12 Beide Zwei-Monats-Fristen sind materielle Ausschlussfristen: Bei Fristversäumnis kann der Anteilsinhaber weder Wiedereinsetzung verlangen noch sonstige Rechtsbehelfe geltend machen[1]. Falls der Umwandlungsbeschluss unter Verstoß gegen § 194 Abs. 1 Nr. 6 UmwG kein Barabfindungsangebot enthält und der Formwechsel gleichwohl mit der Rechtsfolge des § 202 Abs. 3 UmwG eingetragen wird, liegt kein Angebot gemäß § 207 UmwG vor, so dass die erste Ausschlussfrist nicht zu laufen beginnt[2]. Die Anteilsinhaber können in diesem Fall auch noch nach Ablauf der ersten Zwei-Monats-Frist gemäß § 212 Satz 2 UmwG das Spruchverfahren einleiten und können das im Spruchverfahren bestimmte Angebot innerhalb der zweiten Zwei-Monats-Frist gemäß § 209 Satz 2 UmwG annehmen.

4. Abweichende Vereinbarungen statt Annahme

13 Siehe § 207 UmwG Rz. 46 ff.

§ 210
Ausschluss von Klagen gegen den Umwandlungsbeschluss

Eine Klage gegen die Wirksamkeit des Umwandlungsbeschlusses kann nicht darauf gestützt werden, dass das Angebot nach § 207 zu niedrig bemessen oder dass die Barabfindung im Umwandlungsbeschluss nicht oder nicht ordnungsgemäß angeboten worden ist.

1. Allgemeines	1	3. Klageausschluss	6
2. Begriff der Unwirksamkeitsklage	5		

Literatur: *Heckschen*, Beschränkung des Klagerechts im Umwandlungsverfahren, NotBZ 2001, 206; *Kleindiek*, Abfindungsbezogene Informationsmängel und Anfechtungsausschluss, NZG 2001, 552; *Noack/Zetzsche*, Die Informationsanfechtung nach der Neufassung des § 243 Abs. 4 AktG, ZHR 170 (2006), 218; *E. Vetter*, Abfindungswertbezogene Informationsmängel und Rechtsschutz – Anmerkungen zu den Urteilen des BGH vom

---

1 *Stratz* in Schmitt/Hörtnagl/Stratz, § 209 UmwG Rz. 3; § 31 UmwG Rz. 3.
2 Vgl. *Decher/Hoger* in Lutter, § 209 UmwG Rz. 3 unter Hinweis auf BGH v. 22.2.1994 – BLw 98/93, BGHZ 125, 166 (171) und v. 8.12.1995 – BLw 28/95, BGHZ 131, 260 (262) zu § 36 Abs. 2 LwAnpG.

18.12.2000 – MEZ und vom 29.1.2001 – Aqua Butzke, FS Wiedemann, 2002, S. 1323; *Weißhaupt*, Informationsmängel in der Hauptversammlung: die Neuregelungen durch das UMAG, ZIP 2005, 1766.

1. Allgemeines

§ 210 UmwG schließt Unwirksamkeitsklagen wegen derjenigen Mängel aus, derentwegen **§ 212 UmwG** eine gerichtliche Nachprüfung im Spruchverfahren zulässt. Zu niedrige Bemessung, Fehlen oder mangelnde Ordnungsmäßigkeit des Barabfindungsangebots sollen den Anspruch eines Anteilsinhabers auf angemessene Barabfindung nicht schmälern, die Wirksamkeit des Umwandlungsbeschlusses jedoch nicht in Frage stellen. 1

Eine parallele Regelung zu § 210 UmwG findet sich in **§ 195 Abs. 2 UmwG** iVm. **§ 196 Satz 1 UmwG:** Anspruch auf bare Zuzahlung unter Ausschluss der Unwirksamkeitsklage bei zu niedriger Bemessung oder sonstiger Unzulänglichkeit der Anteile oder Mitgliedschaften am Rechtsträger neuer Rechtsform. 2

Die Regelung des § 210 UmwG iVm. § 212 UmwG ist grundsätzlich ausgestaltet wie die Regelung in **§ 32 UmwG iVm. § 34 UmwG** betreffend den Klageausschluss und die gerichtliche Nachprüfung der Barabfindung bei **Verschmelzungsbeschlüssen**. 3

§ 210 UmwG regelt den Klageausschluss **rechtsformübergreifend** für alle Fälle des Formwechsels, gleichgültig um welche Rechtsform es sich bei dem formwechselnden Rechtsträger und bei dem Rechtsträger neuer Rechtsform handelt. **Besondere Vorschriften**, welche Abweichungen von § 210 UmwG vorsehen, finden sich im Formwechselrecht nicht. 4

2. Begriff der Unwirksamkeitsklage

§ 210b UmwG betrifft „**Klagen gegen die Wirksamkeit**" des Umwandlungsbeschlusses. Der Begriff hat dieselbe Bedeutung wie in § 195 Abs. 1 und 2 UmwG. Der Begriff erfasst als **Oberbegriff rechtsformübergreifend** alle bei den verschiedenen Rechtsformen jeweils verfügbaren Klagetypen, mit denen die Nichtigkeit, Anfechtbarkeit oder Unwirksamkeit eines Beschlusses geltend gemacht werden kann. Vgl. im Einzelnen § 195 UmwG Rz. 5 ff. 5

3. Klageausschluss

Nach § 210 UmwG kann eine Unwirksamkeitsklage nicht darauf gestützt werden, dass das Angebot nach § 207 UmwG zu niedrig bemessen oder dass die Barabfindung im Umwandlungsbeschluss nicht oder nicht ordnungsgemäß an- 6 geboten ist. Der Klageausschluss gilt grundsätzlich auch in **besonders krassen Fällen** (vgl. dazu § 195 UmwG Rz. 24).

7 Soweit eine Unwirksamkeitsklage auf Gründe gestützt ist, welche gemäß § 210 UmwG ausgeschlossen sind, ist die **Klage unzulässig**[1]. Die Erhebung der unzulässigen Klage löst gleichwohl zunächst die **Registersperre** gemäß § 198 Abs. 3 UmwG iVm. § 16 Abs. 2 UmwG aus (str.)[2]. Soweit sich die Klage ausschließlich auf Gründe stützt, welche nach § 210 UmwG ausgeschlossen sind, kann das Gericht die Registersperre jedoch durch einen **Beschluss gemäß § 198 Abs. 3 UmwG iVm. § 16 Abs. 3 Satz 1, Satz 3 Nr. 1 Alt. 1 UmwG** zügig lösen[3].

8 Darüber hinaus bedeutet die Regelung in § 210 UmwG, dass die als Klagegründe ausgeschlossenen Mängel die Wirksamkeit des Umwandlungsbeschlusses auch **materiell-rechtlich** unberührt lassen. Der Ausschlusstatbestand des § 210 UmwG bindet auch das **Registergericht**; dieses kann die Eintragung nicht unter Berufung auf die in § 210 UmwG als Unwirksamkeitsgründe ausgeschlossenen Mängel verweigern[4].

9 Die Regelung in § 210 UmwG lässt die Geltendmachung anderer Unwirksamkeitsgründe als der dort genannten unberührt. Eine fehlende oder unzureichende **Darstellung und Erläuterung** der Barabfindung im **Umwandlungsbericht** (dazu § 207 UmwG Rz. 21) kann jedoch nicht geltend gemacht werden: Der in §§ 210, 212 UmwG normierte Ausschluss von Klagen gegen den Umwandlungsbeschluss gilt auch insoweit, als die Anteilsinhaber die Verletzung von Informations-, Auskunfts- oder Berichtspflichten im Zusammenhang mit der anzubietenden Barabfindung geltend machen[5]. Solche abfindungswertbezogenen Informationsmängel können nur im Spruchverfahren gerügt werden. Vgl. auch § 192 UmwG Rz. 14; § 195 UmwG Rz. 29, 30 und § 207 UmwG Rz. 21. Anders als im Rahmen von § 243 Abs. 4 Satz 2 AktG gilt dies weiterhin auch für Berichtsmängel im Vorfeld der Anteilseignerversammlung, die über den Formwechsel beschließt[6].

10 Gemäß § 210 UmwG kann eine Unwirksamkeitsklage nicht darauf gestützt werden, dass die **Barabfindung zu niedrig** bemessen ist. Ausgeschlossen ist jedoch auch die Unwirksamkeitsklage mit der Begründung, die **Barabfindung sei zu**

---

1 So auch *Decher/Hoger* in Lutter, § 210 UmwG Rz. 2; *Petersen* in KölnKomm. UmwG, § 210 UmwG Rz. 4.
2 AA *Bärwaldt* in Semler/Stengel, § 210 UmwG Rz. 4.
3 AA *Decher/Hoger* in Lutter, § 210 UmwG Rz. 2 mwN, offensichtlich in der Annahme, eine unzulässige Klage löse keine Registersperre aus (vgl. aber Wortlaut von § 16 Abs. 3 Satz 3 Nr. 1 Alt. 1 UmwG).
4 Ebenso *Bärwaldt* in Semler/Stengel, § 210 UmwG Rz. 4.
5 BGH v. 18.12.2000 – II ZR 1/99, AG 2001, 301 (MEZ); BGH v. 29.1.2001 – II ZR 368/98, AG 2001, 263 (Aqua Butzke).
6 *Decher/Hoger* in Lutter, § 210 UmwG Rz. 4; zu § 243 Abs. 4 Satz 2 AktG vgl. *Hüffer/Koch*, § 243 AktG Rz. 47c.

hoch bemessen. Die Regelung in § 210 UmwG soll verhindern, dass Meinungsverschiedenheiten über die Bemessung der Barabfindung das Wirksamwerden des Formwechsels verzögern. Eine zu hoch bemessene Barabfindung ist deshalb „nicht ordnungsgemäß angeboten" iS von § 210 UmwG, so dass auch sie als Unwirksamkeitsgrund ausgeschlossen ist. Der Ausschluss der Unwirksamkeitsklage wegen zu hoher Bemessung der Barabfindung für die dadurch benachteiligten Anteilsinhaber ergibt sich aus § 195 Abs. 2 UmwG: Der Sache nach rügen sie, ihre durch eine zu hohe Barabfindung in dem Rechtsträger neuer Rechtsform belasteten Anteile seien kein ausreichender Gegenwert für ihre bisherige Beteiligung am formwechselnden Rechtsträger. Für diesen Fall schließt § 195 Abs. 2 UmwG die Unwirksamkeitsklage aus und verweist in § 196 UmwG die benachteiligten Anteilsinhaber auf die Geltendmachung eines Anspruchs auf bare Zuzahlung[1].

§ 211
Anderweitige Veräußerung

Einer anderweitigen Veräußerung des Anteils durch den Anteilsinhaber stehen nach Fassung des Umwandlungsbeschlusses bis zum Ablauf der in § 209 bestimmten Frist Verfügungsbeschränkungen nicht entgegen.

1. Allgemeines	1	3. Privilegierte Anteilsinhaber	9
2. Suspendierte Verfügungsbeschränkungen	7	4. Privilegierte Veräußerung	10
		5. Ausschlussfrist	11

Literatur: *Reichert*, Folgen der Anteilsvinkulierung für Umstrukturierungen von Gesellschaften mit beschränkter Haftung und Aktiengesellschaften nach dem Umwandlungsgesetz 1995, GmbHR 1995, 176; vgl. außerdem die Angaben zu § 33 UmwG.

1. Allgemeines

Gelten weder beim formwechselnden Rechtsträger oder beim Rechtsträger neuer Rechtsform Verfügungsbeschränkungen, unabhängig davon, ob sie auf Gesellschaftsvertrag, Satzung oder Gesetz beruhen, kann der Anteilsinhaber, der ausscheiden will, jederzeit, auch nach Wirksamwerden des Formwechsels, seine Anteile frei veräußern, wenn er das Angebot auf Barabfindung nicht annehmen will. Je nachdem, ob man den Barabfindungsanspruch als mitgliedschaftlichen   1

---

[1] *Bärwaldt* in Semler/Stengel, § 210 UmwG Rz. 5 aE; aA *Decher/Hoger* in Lutter, § 210 UmwG Rz. 5 und *Jaensch* in Keßler/Kühnberger, § 210 UmwG Rz. 3, jeweils mwN: für Zulässigkeit der Unwirksamkeitsklage.

an den Anteil geknüpften Anspruch oder als selbständigen schuldrechtlichen Anspruch ansieht, der nur in der Person des Anteilsinhabers besteht, der Widerspruch zur Niederschrift erklärt hat, geht der Anspruch im Wege der Einzelrechtsnachfolge mit dem Anteil auf den Erwerber über (vgl. § 196 UmwG Rz. 12 für den Anspruch auf bare Zuzahlung)[1].

2 § 211 UmwG verstärkt den **Minderheitenschutz** für den Fall, dass bei dem formwechselnden Rechtsträger Verfügungsbeschränkungen bestehen: Gemäß § 211 UmwG kann der Anteilsinhaber, der gemäß § 207 UmwG einen Anspruch auf Barabfindung gegen Veräußerung seiner Anteile oder gegen Ausscheiden aus dem Rechtsträger hat, seine Anteile statt dessen ab dem Zeitpunkt der Fassung des Umwandlungsbeschlusses bis zum Ablauf der in § 209 UmwG bestimmten Frist auch anderweitig veräußern, selbst wenn dem statutarische oder gesetzliche Verfügungsbeschränkungen entgegenstehen[2].

3 Die Vorschrift entspricht der Regelung in **§ 33 UmwG** für die Verschmelzung.

4 Die Regelung in § 211 UmwG gilt grundsätzlich **rechtsformübergreifend** für alle Fälle des Formwechsels, gleichgültig um welche Rechtsform es sich bei dem formwechselnden Rechtsträger und bei dem Rechtsträger neuer Rechtsform handelt. Die Besonderen Vorschriften der §§ 214 ff. UmwG enthalten keine von § 211 UmwG abweichenden Bestimmungen.

5 Die Regelung ist **zwingend:** Weder Gesellschaftsvertrag oder Satzung noch der Umwandlungsbeschluss können die durch § 211 UmwG zugelassene Veräußerung untersagen oder beschränken[3]. Auch eine Regelung, nach welcher kraft § 211 UmwG veräußerte Anteile eingezogen werden können, wäre als Umgehung von § 211 UmwG unzulässig[4]. Schuldrechtliche Vereinbarungen, mit denen Anteilsinhaber auf die durch § 211 UmwG eröffnete Veräußerungsmöglichkeit verzichten, sind jedoch zulässig und wirksam[5]. Sie bedürfen keiner besonderen Form.

6 § 211 UmwG[6] stellt klar, dass bei dem formwechselnden Rechtsträger bestehende Verfügungsbeschränkungen, unabhängig davon, ob sie auf Vertrag oder

---

1 Vgl. *van Aerssen*, AG 1999, 249 (255 f.): Abfindungsanspruch nach §§ 29, 207 UmwG richtet sich nur an diejenigen Anteilsinhaber, die selbst Widerspruch erklärt haben, nicht an Einzelrechtsnachfolger; nur solche Anteilsinhaber sind antragsbefugt im Spruchverfahren; *Kalss* in Semler/Stengel, § 212 UmwG Rz. 11.
2 So auch *Petersen* in KölnKomm. UmwG, § 211 UmwG Rz. 1.
3 *Decher/Hoger* in Lutter, § 211 UmwG Rz.
4 *Stratz* in Schmitt/Hörtnagl/Stratz, § 33 UmwG Rz. 8; *Decher/Hoger* in Lutter, § 211 UmwG Rz. 9; aA *Reichert*, GmbHR 1995, 176 (190), vgl. auch LG Heidelberg v. 7.8. 1996 – O 4/96 KfH II, DB 1996, 1768 (1771) zur Zulässigkeit der Einführung einer allgemeinen Einziehungsklausel im Gesellschaftsvertrag aus wichtigem Grund.
5 AA *Wälzholz* in Widmann/Mayer, § 211 UmwG Rz. 5.
6 BGBl. I 1998, S. 1878.

Gesetz beruhen, einer freien Veräußerung des Anteils nicht entgegenstehen, sobald der Umwandlungsbeschluss gefasst worden ist[1].

2. Suspendierte Verfügungsbeschränkungen

Kraft Gesetzes geltende Verfügungsbeschränkungen, die durch § 211 UmwG suspendiert werden, sind insbesondere die (mangels abweichender Regelung im Gesellschaftsvertrag) kraft Gesetzes geltende Unübertragbarkeit der Mitgliedschaft in einer Gesellschaft bürgerlichen Rechts, Personenhandelsgesellschaft, Partnerschaftsgesellschaft oder in einem nicht rechtsfähigen Verein[2]. 7

Statutarische Verfügungsbeschränkungen reichen von dem schlichten Verbot der Verfügung über die Bindung der Verfügung an die Zustimmung von Anteilsinhabern oder Organen des Rechtsträgers[3]. Um eine statutarische, nicht um eine gesetzliche Verfügungsbeschränkung handelt es sich auch bei der Vinkulierung von Namensaktien gemäß § 68 Abs. 2 AktG[4]. Nicht entscheidend ist, ob die Beschränkungen dingliche Wirkung entfalten oder die Wirksamkeit der unzulässigen Verfügung unberührt lassen (str.)[5]. Auch statutarische Vorkaufsrechte und Andienungspflichten zu Gunsten von Anteilsinhabern stellen unabhängig davon, ob sie mit Vinkulierungsklauseln verbunden sind, Verfügungsbeschränkungen dar (str.)[6]. Keine Anwendung findet § 211 UmwG jedoch auf rein schuldrechtlich außerhalb von Gesellschaftsvertrag oder Satzung vereinbarte Beschränkungen, und zwar selbst dann, wenn sie zwischen allen Anteilsinhabern vereinbart wurden (so auch § 33 UmwG Rz. 4)[7]. 8

3. Privilegierte Anteilsinhaber

Die Suspendierung von Verfügungsbeschränkungen gilt nur zu Gunsten derjenigen Anteilsinhaber, welche andernfalls Anspruch auf Barabfindung haben[8]: 9

---

1 Begr. RegE, BT-Drucks. 13/8808, S. 11, 15.
2 *Decher/Hoger* in Lutter, § 211 UmwG Rz. 5, 6; aA *Kalss* in Semler/Stengel, § 211 UmwG Rz. 3, 4: § 211 UmwG sei bei nicht übertragbaren Beteiligungen nicht anwendbar, wie etwa im Falle von Beteiligungen an Personenhandelsgesellschaften, die nicht gesellschaftsvertraglich übertragbar gestellt wurden.
3 Vgl. *Reichert*, GmbHR 1995, 176 (177) mwN; *Decher/Hoger* in Lutter, § 211 UmwG Rz. 5.
4 *Decher/Hoger* in Lutter, § 211 UmwG Rz. 5.
5 AA *Decher/Hoger* in Lutter, § 211 UmwG Rz. 6: nur Verfügungsbeschränkungen mit dinglicher Wirkung, ebenso *Kalss* in Semler/Stengel, § 211 UmwG Rz. 6.
6 Vgl. *Reichert*, GmbHR 1995, 176 (190, 194); aA *Wälzholz* in Widmann/Mayer, § 211 UmwG Rz. 12f.
7 So auch *Petersen* in KölnKomm. UmwG, § 211 UmwG Rz. 5; *Jaensch* in Keßler/Kühnberger, § 211 UmwG Rz. 2.
8 *Decher/Hoger* in Lutter, § 211 UmwG Rz. 3.

Privilegiert sind damit nur Anteilsinhaber, welche gegen den Umwandlungsbeschluss Widerspruch zur Niederschrift erklärt haben (§ 207 Abs. 1 UmwG) oder diesen gemäß §§ 207 Abs. 2, 29 Abs. 2 UmwG gleichstehen (dazu § 207 UmwG Rz. 17). Nicht erforderlich ist, dass der Anteilsinhaber zusätzlich gegen den Beschluss gestimmt hat (dazu § 207 UmwG Rz. 15).

4. Privilegierte Veräußerung

10 Privilegiert ist die Veräußerung des Anteils sowohl an dem formwechselnden Rechtsträger als auch an dem Rechtsträger neuer Rechtsform (str.)[1]. Die Veräußerung richtet sich nach den für den Rechtsträger in seiner jeweiligen Rechtsform geltenden Vorschriften, zB nach § 15 GmbHG. Privilegiert ist sowohl die Veräußerung an andere Anteilsinhaber als auch an Dritte. Der Anteilsinhaber kann den Preis und die Bedingungen der Veräußerung frei vereinbaren. Das gilt auch für die Regelung der Kosten der Übertragung (§ 207 Abs. 1 Satz 3 UmwG ist nicht anwendbar).

5. Ausschlussfrist

11 Gemäß der Gesetzesbegründung zu § 211 UmwG beginnt die Frist für die freie Veräußerbarkeit des Anteils mit dem Zeitpunkt, an dem der Umwandlungsbeschluss mit der erforderlichen Mehrheit gefasst worden ist[2]. Demnach kommt es für den **Fristbeginn** nur darauf an, dass der Umwandlungsbeschluss mit der erforderlichen Mehrheit gefasst wurde. Sonstige Mängel des Umwandlungsbeschlusses, auch wenn sie zur Nichtigkeit oder Anfechtbarkeit führen, bleiben für den Fristbeginn außer Betracht. Es kommt somit auch nicht darauf an, ob gegen den Umwandlungsbeschluss Unwirksamkeitsklage erhoben wird. Für den veräußerungswilligen Anteilsinhaber entsteht daher gegenüber der früheren Fassung von § 211 UmwG, wonach die Frist gemäß §§ 211 aF, 209 UmwG erst mit dem Wirksamwerden des Formwechsels begann, die Unsicherheit, dass er seinen Anteil vor Wirksamwerden des Formwechsels veräußert und der Formwechsel später gar nicht wirksam wird. Will der Anteilsinhaber dieses Risiko vermeiden, kann die Anteilsveräußerung unter der aufschiebenden Bedingung des Wirksamwerdens des Formwechsels erfolgen[3].

12 Die **Frist endet** (wie auch gemäß § 211 UmwG aF) mit dem Ende der in § 209 Satz 1 UmwG oder im Falle der Einleitung eines Spruchverfahrens der in § 209 Satz 2 UmwG bestimmten Frist.

---

1 *Decher/Hoger* in Lutter, § 211 UmwG Rz. 4; *Wälzholz* in Widmann/Mayer, § 211 UmwG Rz. 20; aA *Kalss* in Semler/Stengel, § 211 UmwG Rz. 7: Privilegierung nur bei Veräußerung von Anteilen des Rechtsträgers neuer Rechtsform.
2 Begr. RegE, BT-Drucks. 13/8808, S. 11, 15.
3 So auch *Wälzholz* in Widmann/Mayer, § 211 UmwG Rz. 30.

§ 212
Gerichtliche Nachprüfung der Abfindung

Macht ein Anteilsinhaber geltend, dass eine im Umwandlungsbeschluss bestimmte Barabfindung, die ihm nach § 207 Abs. 1 anzubieten war, zu niedrig bemessen sei, so hat auf seinen Antrag das Gericht nach den Vorschriften des Spruchverfahrensgesetzes die angemessene Barabfindung zu bestimmen. Das Gleiche gilt, wenn die Barabfindung nicht oder nicht ordnungsgemäß angeboten worden ist.

1. Allgemeines 1	4. Bestimmung der angemessenen Barabfindung 8
2. Antragsberechtigung 6	5. Verhältnis zur Unwirksamkeitsklage 9
3. Antragsfrist 7	

Literatur: Vgl. Angaben zu § 207 UmwG.

1. Allgemeines

§ 207 UmwG gewährt ein Recht auf angemessene Barabfindung. § 210 UmwG schließt Unwirksamkeitsklagen aus, die darauf gestützt werden, dass das Barabfindungsangebot zu niedrig bemessen oder die Barabfindung im Umwandlungsbeschluss nicht oder nicht ordnungsgemäß angeboten worden ist. § 212 UmwG bestimmt für diese Fälle, dass die angemessene Barabfindung auf Antrag des Anteilsinhabers durch das Gericht zu bestimmen ist. § 212 Satz 1 UmwG betrifft den Fall der zu niedrigen Bemessung einer im Umwandlungsbeschluss bestimmten Barabfindung. § 212 Satz 2 UmwG enthält die entsprechende Regelung für den Fall, dass die Barabfindung im Umwandlungsbeschluss überhaupt nicht oder nicht ordnungsgemäß angeboten worden ist. Die gerichtliche Bestimmung gemäß § 212 UmwG erfolgt im Spruchverfahren gemäß den Vorschriften des Gesetzes über das gesellschaftsrechtliche Spruchverfahren (SpruchG). 1

Für **bare Zuzahlungen** bei Unangemessenheit des Beteiligungsverhältnisses finden sich den §§ 210, 212 UmwG entsprechende Bestimmungen in **§§ 195 Abs. 2, 196 UmwG**. 2

Die Vorschriften in § 212 UmwG entsprechen im Wesentlichen der Regelung in § 34 UmwG für Barabfindungen bei der Verschmelzung. 3

Die Regelung in § 212 UmwG gilt grundsätzlich **rechtsformübergreifend** für alle Fälle des Formwechsels, gleichgültig um welche Rechtsform es sich bei dem formwechselnden Rechtsträger und bei dem Rechtsträger neuer Rechtsform handelt. Die Besonderen Vorschriften der §§ 214 ff. UmwG enthalten keine von § 211 UmwG abweichenden Bestimmungen. 4

5 Die Regelung ist **zwingend:** Weder Gesellschaftsvertrag oder Satzung noch der Umwandlungsbeschluss können die durch § 212 UmwG zugelassene gerichtliche Überprüfung ausschließen oder beschränken.

2. Antragsberechtigung

6 Antragsberechtigt sind nur Anteilsinhaber, denen ein Anspruch auf Barabfindung zusteht, also nur Anteilsinhaber, welche **gegen den Umwandlungsbeschluss Widerspruch zur Niederschrift** erklärt haben (§ 207 Abs. 1 UmwG), und Anteilsinhaber, welche diesen gemäß §§ 207 Abs. 2, 29 Abs. 2 UmwG gleichstehen (dazu § 207 UmwG Rz. 17). Nicht erforderlich ist, dass der Anteilsinhaber zusätzlich gegen den Beschluss gestimmt hat (dazu § 207 UmwG Rz. 15). Ein Anteilsinhaber, der das Barabfindungsangebot angenommen hat, ist nicht mehr antragsberechtigt[1]. Setzt das Gericht die Barabfindung auf Antrag eines anderen Anteilsinhabers im Spruchverfahren höher fest, als im Umwandlungsbeschluss angeboten, kann er jedoch gemäß § 13 Satz 2 SpruchG Nachbesserung verlangen, obwohl er das ursprüngliche Angebot angenommen hat (vgl. § 209 UmwG Rz. 6)[2].

3. Antragsfrist

7 Der Antrag kann gemäß § 4 Abs. 1 Satz 1 Nr. 4 SpruchG iVm. § 1 Nr. 4 SpruchG nur binnen **drei Monaten** nach dem Tage gestellt werden, an dem die Eintragung der Umwandlung bekannt gemacht worden ist. Die endgültige Entstehung des Anspruchs auf Barabfindung setzt voraus, dass der Formwechsel im Register eingetragen ist (vgl. die Bestimmung des Fristbeginns für die Annahme in § 209 UmwG). Bis dahin besteht der Anspruch aufschiebend bedingt.

4. Bestimmung der angemessenen Barabfindung

8 Gegenstand der gerichtlichen Entscheidung ist die Bestimmung der angemessenen Barabfindung iS von § 207 Abs. 1 Satz 1 Halbsatz 1 UmwG: Das Gericht setzt die Höhe der Barabfindung mit Wirkung für und gegen alle fest (§ 13 Satz 2 SpruchG). Die Vollstreckung aus der Entscheidung ist nicht möglich. Bei Verweigerung der Leistung durch den Rechtsträger neuer Rechtsform ist der Anteilsinhaber auf die Leistungsklage vor dem ordentlichen Zivilgericht angewiesen (§ 16 SpruchG).

---

1 *Decher/Hoger* in Lutter, § 212 UmwG Rz. 3; aA *Jaensch* in Keßler/Kühnberger, § 212 UmwG Rz. 2.

2 Sog. „Abfindungsergänzungsanspruch". Vgl. OLG Stuttgart v. 19.3.2008 – 20 W 3/06, ZIP 2008, 2020 (2021) = AG 2008, 510; *Klöcker* in K. Schmidt/Lutter, AktG, § 13 SpruchG Rz. 4; zustimmend *Decher/Hoger* in Lutter, § 212 UmwG Rz. 3.

5. Verhältnis zur Unwirksamkeitsklage

Zur inhaltlichen Abgrenzung zwischen Unwirksamkeitsklage und Spruchverfahren bei fehlender oder unzureichender Darstellung und Erläuterung der Barabfindung im Umwandlungsbericht vgl. § 210 UmwG Rz. 9.   9

§ 213
Unbekannte Aktionäre

Auf unbekannte Aktionäre ist § 35 entsprechend anzuwenden.

1. Allgemeines	1	4. Nachträgliche Berichtigung von Register und Listen (§ 213 UmwG iVm. § 35 Satz 2 UmwG)	10
2. Anwendungsfälle von §§ 213, 35 UmwG	2		
3. Bezeichnung unbekannter Aktionäre als Anteilsinhaber (§ 213 UmwG iVm. § 35 Satz 1 UmwG) .	7	5. Ruhen des Stimmrechts (§ 213 UmwG iVm. § 35 Satz 3 UmwG) .	11

Literatur: *Bandehzadeh*, Zur Zulässigkeit gesellschaftsvertraglicher Handelsregistervollmachten bei Personenhandelsgesellschaften – Speziell bei durch Umwandlung entstehenden (Publikums-)Kommanditgesellschaften, DB 2003, 1663; *Kerschbaumer*, Praktische Probleme bei der Anwendung der GmbH-Gründungsvorschriften beim Formwechsel von der AG in die GmbH nach § 197 UmwG; *Meyer-Landrut/Kiem*, Der Formwechsel einer Publikumsaktiengesellschaft – Erste Erfahrungen aus der Praxis, WM 1997, 1413 (Teil II); *Schmittmann*, Vorschusspflicht im Spruchverfahren und registerrechtliche Behandlung unbekannter Aktionäre – Anmerkungen zum Beschluss des OLG Düsseldorf vom 11.3. 1998, AG 1998, 514; *Wied*, Der Umgang mit unbekannten Minderheitsaktionären nach einem Formwechsel, GmbHR 2016, 15.

1. Allgemeines

§ 213 UmwG verweist auf die verschmelzungsrechtliche Regelung in § 35   1
UmwG. Soweit beim Formwechsel der AG bzw. der KGaA in eine andere
Rechtsform die Benennung der Anteilsinhaber des Rechtsträgers neuer Rechtsform gesetzlich vorgeschrieben ist, stößt dieses Erfordernis dann auf Schwierigkeiten, wenn die Aktionäre einer formwechselnden AG bzw. KGaA unbekannt sind. §§ 213, 35 UmwG suchen zu verhindern, dass daran der Formwechsel scheitert. Den Vorschlag, die unbekannten Aktionäre im Zuge der Umwandlung auszuschließen, hat der Gesetzgeber nicht aufgegriffen[1], sondern hat eine andere Lösung gewählt: Gemäß § 213 UmwG iVm. § 35 Satz 1 UmwG sind unbekannte

---
1 Begr. RegE, BT-Drucks. 12/6699, S. 95.

Aktionäre im Umwandlungsbeschluss, bei Anmeldungen zur Eintragung in ein Register oder bei der Eintragung in eine Liste von Anteilsinhabern durch die Angabe des insgesamt auf sie entfallenden Teils des Grundkapitals der Gesellschaft und der auf sie nach dem Formwechsel entfallenden Anteile zu bezeichnen. Zulässig ist dies nur für solche Anteilsinhaber, die zusammen mit höchstens 5 % am Grundkapital der Gesellschaft beteiligt sind (§ 213 UmwG iVm. § 35 Satz 1 Halbsatz 2 UmwG). § 213 UmwG iVm. § 35 Satz 2 UmwG schreibt vor, dass Register oder Listen von Amts wegen zu berichtigen sind, wenn solche Anteilsinhaber später bekannt werden. § 213 UmwG iVm. § 35 Satz 3 UmwG bestimmt ferner, dass bis zu einer solchen Berichtigung das Stimmrecht aus den betreffenden Anteilen ruht. Die §§ 213, 35 UmwG gelten nur für den Formwechsel der AG und der KGaA in eine andere Rechtsform. Für eine unmittelbare oder entsprechende Anwendung auf andere Fälle des Formwechsels besteht angesichts des klaren Wortlauts keine Möglichkeit[1].

2. Anwendungsfälle von §§ 213, 35 UmwG

2 Beim Formwechsel der AG/KGaA in die **KG**, der gemäß § 233 Abs. 2 Satz 1 UmwG mit drei Vierteln des vertretenen Grundkapitals (also ohne unbekannte Aktionäre) beschlossen werden kann, sind die unbekannten Aktionäre als Kommanditisten im Umwandlungsbeschluss mit dem Betrag ihrer Einlage anzugeben (§ 234 Nr. 2 UmwG) und müssen außerdem als Kommanditisten der KG zum Handelsregister angemeldet und im Handelsregister eingetragen werden (§ 197 UmwG iVm. §§ 106 Abs. 2 Nr. 1, 162 Abs. 1 HGB).

3 Das Gleiche gilt beim Formwechsel der AG/KGaA in die **OHG** oder **KG** für unbekannte Aktionäre, die im Wege des Banken-Depotstimmrechts „im Namen dessen, den es angeht" gemäß § 135 Abs. 5 Satz 2 AktG an der Abstimmung über den Formwechsel teilgenommen und dem Formwechsel zugestimmt haben (§ 233 Abs. 1 bzw. Abs. 2 UmwG). Gleichgültig, ob das Depotstimmrecht im Namen des Aktionärs oder im Namen dessen, den es angeht, ausgeübt wird, lässt sich jedoch bei Publikumsgesellschaften wegen der Technik der Depot- oder Girosammelverwahrung nicht feststellen, welche Aktienurkunden welchem unbekannten Aktionär gehören. Der Aktionär ist lediglich Inhaber eines Miteigentumsanteils am Depot oder im Rahmen der Girosammelverwahrung. Nachforschungen bei den Depotbanken scheitern am Bankgeheimnis.

4 Beim Formwechsel der AG/KGaA in die **GmbH** ist die Bezeichnung unbekannter Aktionäre erforderlich, da die Geschäftsführung der GmbH die gemäß § 197

---

1 So auch *Decher/Hoger* in Lutter, § 213 UmwG Rz. 3; *Wälzholz* in Widmann/Mayer, § 213 UmwG Rz. 5, § 35 UmwG Rz. 7; *Petersen* in KölnKomm. UmwG, § 213 UmwG Rz. 3; aA *Grunewald* in Lutter, § 35 UmwG Rz. 2: allgemeiner Rechtsgedanke; entsprechende Anwendung auf Verein und Publikums-KG.

UmwG iVm. § 8 Abs. 1 Nr. 3 GmbHG[1] vorgeschriebene Liste der Gesellschafter zum Handelsregister einzureichen hat.

Beim Formwechsel der AG/KGaA in die eG muss im Umwandlungsbeschluss die Beteiligung jedes Mitglieds mit mindestens einem Geschäftsanteil vorgesehen werden (§ 253 Abs. 2 Satz 1 UmwG) und ist die namentliche Nennung der Mitglieder in der Mitgliederliste vorgeschrieben (§ 30 GenG). 5

Die oben beschriebenen Bestimmungen gehören jeweils zum **zwingenden Inhalt des Umwandlungsbeschlusses** (§ 194 UmwG). Fehlen die Bestimmungen, so ist der Beschluss unwirksam und darf in das Handelsregister nicht eingetragen werden[2]. Das Registergericht ist zur entsprechenden Überprüfung des Beschlusses berechtigt und verpflichtet. 6

3. Bezeichnung unbekannter Aktionäre als Anteilsinhaber (§ 213 UmwG iVm. § 35 Satz 1 UmwG)

Gemäß § 35 Satz 1 UmwG genügt die Angabe des insgesamt auf die Aktionäre entfallenden **Teils des Grundkapitals** der Gesellschaft und der auf sie nach dem Formwechsel entfallenden Anteile. Eine möglichst genaue Angabe ihrer Aktienurkunden ist nicht erforderlich. Allerdings gilt dies nur dann, wenn die unbekannten Aktionären zum Zeitpunkt des Umwandlungsbeschlusses zusammen mit nicht mehr als 5 % am Grundkapital der Gesellschaft beteiligt sind (§ 213 UmwG iVm. § 35 Satz 1 Halbsatz 2 UmwG)[3]. 7

Die Berufung auf praktische Schwierigkeiten bei der Ermittlung unbekannter Aktionäre allein ist unzulässig und führt zur Unwirksamkeit des Umwandlungsbeschlusses[4]. Ob dies mit Blick auf die in § 35 Satz 1 UmwG eingezogene Missbrauchsgrenze[5] (5 % des Grundkapitals) anders zu beurteilen ist, ist noch nicht geklärt[6]. Vor Anwendung der §§ 213, 35 Satz 1 UmwG ist daher für die Praxis

---

1 *Schwanna* in Semler/Stengel, § 213 UmwG Rz. 4. Die nach § 40 GmbHG durch die Geschäftsführer oder den beteiligten Notar einzureichenden aktualisierten Gesellschafterlisten betreffen nur Fälle von Änderungen im Gesellschafterkreis der GmbH, während bei Anmeldung des Formwechsels in die GmbH erstmals eine Gesellschafterliste einzureichen ist.
2 BayObLG v. 5.7.1996 – 3Z BR 114/96, ZIP 1996, 1467 (1468) = AG 1996, 468 (Pfersee-Kolbermoor).
3 *Decher/Hoger* in Lutter, § 213 UmwG Rz. 5.
4 BayObLG v. 5.7.1996 – 3Z BR 114/96, ZIP 1996, 1467 = AG 1996, 468 (Pfersee-Kolbermoor); aA *Ihrig* in Semler/Stengel, § 234 UmwG Rz. 11.
5 Begr. RegE, BR-Drucks. 548/06, S. 25 f.
6 Vgl. *Decher/Hoger* in Lutter, § 213 UmwG Rz. 6 (keine Ermittlungen); *Schwanna* in Semler/Stengel, § 213 UmwG Rz. 7 (Ermittlungen); *Grunewald* in Lutter, § 35 UmwG Rz. 7 (keine Nachforschungen, aber Nutzung offen zutage tretender Ermittlungsmöglichkei-

weiterhin zu empfehlen, dass die AG/KGaA bereits in ihrer Einladung zur beschlussfassenden Hauptversammlung ihre Aktionäre auffordert, ihren Aktienbesitz unter Angabe des Namens, Vornamens, Geburtsdatums, Wohnorts und der Aktiennummern der Gesellschaft anzuzeigen[1]. Darüber hinaus sollten unbekannte Aktionäre über die Anwesenheitsliste der Hauptversammlung[2] und über auf den Namen ausgestellte Eintritts- und Stimmkarten für die Hauptversammlung[3] identifiziert werden. Ergänzend kann sich ein besonderer Aufruf an die Aktionäre über die depotführenden Banken, im Bundesanzeiger und etwaigen anderen Gesellschaftsblättern empfehlen. Wird der Formwechsel trotz unterlassener oder unvollständiger Ermittlung unbekannter Aktionäre eingetragen, lässt ein etwa vorliegender Mangel des Formwechsels die Wirkungen der Eintragung unberührt (§ 202 Abs. 3 UmwG).

8 Sind unbekannte Aktionäre zu **mehr als 5 %** am Grundkapital der Gesellschaft beteiligt, kommt eine Anwendung von § 213 UmwG iVm. § 35 UmwG aufgrund des klaren Wortlauts nicht in Betracht[4]. Zwar verbieten § 213 UmwG iVm. § 35 UmwG einen Formwechsel auch für diese Fälle nicht ausdrücklich[5]. Jedoch sieht das Gesetz keine Regelung mehr vor, wie bei höherer Beteiligungsquote unbekannter Aktionäre verfahren werden darf. Der Praxis kann daher nur empfohlen werden, den Aktionärsbestand weitmöglichst aufzuklären (dazu Rz. 7) und damit die Quote unbekannter Aktionäre auf maximal 5 % zu senken. Hierzu könnten auch ohnehin erwogene Kapitalmaßnahmen abgewartet oder vorgezogen werden[6].

9 Für die spätere **registerrechtliche Handlungsfähigkeit** einer durch Mehrheitsbeschluss formgewechselten KG (mit unbekannten Kommanditisten) sollte in dem durch Mehrheitsbeschluss zustande gekommenen Gesellschaftsvertrag der KG auf jeden Fall eine Handelsregistervollmacht für den geschäftsführenden Ge-

---

ten); *Wälzholz* in Widmann/Mayer, § 35 UmwG Rz. 28 f. (keine Ermittlungen nötig, jedoch aus Sicherheitsgründen empfehlenswert); *Petersen* in KölnKomm. UmwG, § 213 UmwG Rz. 9 (alle erdenkbaren Anstrengungen zur Ermittlung).
1 BayObLG v. 5.7.1996 – 3Z BR 114/96, ZIP 1996, 1468 = AG 1996, 468 (Pfersee-Kolbermoor); kritisch oben *Marsch-Barner*, § 35 UmwG Rz. 4; zust. *Neye*, EWiR § 213 UmwG 2/96, 762.
2 LG Augsburg v. 16.4.1996 – 2 HKT 1318/96, ZIP 1996, 1011 (1012); kritisch *Schöne*, EWiR § 213 UmwG 1/96, 619 (620).
3 BayObLG v. 5.7.1996 – 3Z BR 114/96, ZIP 1996, 1467 (1468) = AG 1996, 468 (Pfersee-Kolbermoor).
4 So auch *Petersen* in KölnKomm. UmwG, § 213 UmwG Rz. 9.
5 Vgl. *Göthel* in Lutter, § 234 UmwG Rz. 26.
6 Vgl. *Grunewald* in Lutter, § 35 UmwG Rz. 10; *Wälzholz* in Widmann/Mayer, § 35 UmwG Rz. 22: Maßgeblich sei, dass die 5 %-Quote bei Eintragung des Formwechsels nicht mehr überschritten werde; *Kerschbaumer*, NZG 2011, 893 (896 f.): Maßgeblich ist der Zeitpunkt der Anmeldung zum Registergericht; zu weiteren Lösungsansätzen *Göthel* in Lutter, § 234 UmwG Rz. 25–31.

sellschafter vorgesehen werden[1]. Andernfalls stellt sich die Frage, ob für spätere Handelsregisteranmeldungen (§§ 108, 161 Abs. 2 HGB; zB des Ausscheidens von Kommanditisten) gemäß § 1913 BGB ein Pfleger für die unbekannten Kommanditisten bestellt werden muss und kann[2].

4. Nachträgliche Berichtigung von Register und Listen (§ 213 UmwG iVm. § 35 Satz 2 UmwG)

Werden unbekannte Aktionäre nach Fassung des Umwandlungsbeschlusses bekannt, sind gemäß § 213 UmwG iVm. § 35 Satz 2 UmwG Register und Listen von Anteilsinhabern von Amts wegen zu berichtigen. Dem entspricht eine Verpflichtung der gesetzlichen Vertreter des Rechtsträgers neuer Rechtsform, nach Wirksamwerden des Formwechsels unbekannte Aktionäre auch nachträglich noch zur Eintragung im Handelsregister mitzuteilen und in die maßgeblichen Listen der Anteilsinhaber aufzunehmen[3]. Die Erfüllung dieser Verpflichtung kann durch Zwangsgeld gemäß § 14 HGB erzwungen werden; für Geschäftsführer einer GmbH steht § 79 Abs. 2 GmbHG dem nicht entgegen[4]. 10

5. Ruhen des Stimmrechts (§ 213 UmwG iVm. § 35 Satz 3 UmwG)

Solange Register und Listen nicht berichtigt sind (Rz. 10), kann das Stimmrecht aus den betreffenden Anteilen am Rechtsträger neuer Rechtsform gemäß § 213 UmwG iVm. § 35 Satz 3 UmwG nicht ausgeübt werden[5]. Das bloße Bekanntwerden des Anteilsinhabers allein führt nicht zum Wiederaufleben seines Stimmrechts[6]. Kommt der Rechtsträger neuer Rechtsform der Verpflichtung zur Berichtigung von Register und Listen gemäß § 213 UmwG iVm. § 35 Satz 2 UmwG nicht nach, kann der Anteilsinhaber ggf. Schadensersatzansprüche geltend machen[7]. 11

---

1 Vgl. OLG Schleswig v. 4.6.2003 – 2 W 50/03, NZG 2003, 830 (831); *Bandehzadeh*, DB 2003, 1663 (1665).
2 So OLG Hamm v. 2.7.2002 – 15 W 162/02, DB 2002, 2428 (2429); *Wied*, GmbHR 2016, 15 (18f.); kritisch *Meilicke*, DB 2002, 2422 ff.; für die Bestellung eines Pflegers für unbekannte Gesellschafter einer aus einem Formwechsel einer Publikums-AG hervorgegangenen GmbH bei deren weiterem Formwechsel in eine GmbH & Co. KG OLG Bremen v. 15.5.2003 – 4 W 13/03, DB 2003, 1498 (1499).
3 *Decher/Hoger* in Lutter, § 213 UmwG Rz. 8; *Schmittmann*, AG 1998, 514 (516).
4 *Stratz* in Schmitt/Hörtnagl/Stratz, § 35 UmwG Rz. 7; aA *Wälzholz* in Widmann/Mayer, § 35 UmwG Rz. 24.
5 Insofern ist auch keine Ladung erforderlich, vgl. *Wälzholz* in Widmann/Mayer, § 35 UmwG Rz. 31.
6 Vgl. *Decher/Hoger* in Lutter, § 213 UmwG Rz. 9; *Grunewald* in Lutter, § 35 UmwG Rz. 13; aA *Wälzholz* in Widmann/Mayer, § 35 UmwG Rz. 30.
7 *Decher/Hoger* in Lutter, § 213 UmwG Rz. 9.

Zweiter Teil
Besondere Vorschriften
Erster Abschnitt
Formwechsel von Personengesellschaften
Erster Unterabschnitt
Formwechsel von Personenhandelsgesellschaften

§ 214
Möglichkeit des Formwechsels

(1) Eine Personenhandelsgesellschaft kann auf Grund eines Umwandlungsbeschlusses nach diesem Gesetz nur die Rechtsform einer Kapitalgesellschaft oder einer eingetragenen Genossenschaft erlangen.

(2) Eine aufgelöste Personenhandelsgesellschaft kann die Rechtsform nicht wechseln, wenn die Gesellschafter nach § 145 des Handelsgesetzbuchs eine andere Art der Auseinandersetzung als die Abwicklung oder als den Formwechsel vereinbart haben.

1. Überblick	1	4. Rechtsträger neuer Rechtsform . . .	7
2. Gründe für den Formwechsel	2	5. Aufgelöste Rechtsträger	11
3. Formwechselnde Rechtsträger . . .	3	6. Rechtsfolgen von Verstößen	15

Literatur: *Arens,* Zweifelsfragen „in SPE" – Die Gründung einer „Societas Privata Europaea" (SPE) durch Umwandlung bestehender Gesellschaften, Der Konzern 2010, 395; *Bärwaldt/Schabacker,* Der Formwechsel als modifizierte Neugründung, ZIP 1998, 1293; *Blasche,* Umwandlungsmöglichkeiten bei Auflösung, Überschuldung oder Insolvenz eines der beteiligten Rechtsträger, GWR 2010, 441; *Frank,* Umwandlung einer Personengesellschaft in eine Kapitalgesellschaft durch den Testamentsvollstrecker – Ist eine Umwandlungsanordnung anzuraten?, ZEV 2003, 5; *Grunewald,* Rechtsmissbräuchliche Umwandlungen, FS Röhricht, 2005, S. 129; *Halasz/Kloster/Kloster,* Umwandlungen von GmbH und GmbH & Co. KG in eine GmbH & Co. KGaA (II), GmbHR 2002, 359; *Happ,* Zur Reichweite anwendbaren Gründungsrechts beim Formwechsel, Liber amicorum M. Winter, 2011, S. 191; *Haritz,* Bewertung im Umwandlungs- und Umwandlungssteuerrecht, FS Spiegelberger, 2009, S. 674; *Heckschen,* Die Reform des Umwandlungsrechts, DNotZ 2007, 444; *Heckschen,* Die Umwandlungsfähigkeit der Unternehmergesellschaft, FS Spiegelberger, 2009, S. 681; *Heidinger/Blath,* Die Vertretung im Umwandlungsrecht, FS Spiegelberger, 2009, S. 692; *Heinemann,* Die Unternehmergesellschaft als Zielgesellschaft von Formwechsel, Verschmelzung und Spaltung nach dem Umwandlungsgesetz, NZG 2008, 820; *Irriger/Longrée,* Aktienrechtliche Mitteilungspflichten gem. § 20 AktG nach Formwechsel in eine AG, NZG 2013, 1289; *Joost,* Formwechsel von Personenhandelsgesellschaften, in Lutter (Hrsg.), Kölner Umwandlungsrechtstage – Verschmelzung, Spaltung, Formwechsel nach neuem Umwandlungsrecht und Umwandlungssteuerrecht, 1995, S. 245; *Kallmeyer,* Der Einsatz von Spaltung und Formwechsel nach dem UmwG 1995 für die Zukunftssicherung von Familienunternehmen, DB 1996, 28; *Kallmeyer*, Der Formwechsel der GmbH oder GmbH & Co. in die AG oder KGaA zur Vorbereitung des Going public, GmbHR 1995, 888; *Kallmeyer*, Der Ein- und Austritt der Komplementär-GmbH einer GmbH & Co. KG bei Verschmelzung, Spaltung und Formwechsel nach dem UmwG 1995, GmbHR 1996, 80; *Kallmeyer*, Die GmbH & Co. KG im Umwandlungsrecht, GmbHR 2000, 418; *Limmer*, Der Identitätsgrundsatz beim Formwechsel in der Praxis, FS Widmann, 2000, S. 51; *Limmer*, Kapitel 27 – Unternehmensumstrukturierungen vor und in der Insolvenz unter Einsatz des Umwandlungsrechts, in Arbeitskreis für Insolvenzwesen Köln e.V. (Hrsg.), Kölner Schrift zur Insolvenzordnung, 3. Aufl. 2009, S. 859; *Marsch-Barner*, Die Rechtsstellung der europäischen Gesellschaft (SE) im Umwandlungsrecht, Liber amicorum Happ, 2006, S. 165; *Mayer/Weiler*, Neuregelungen durch das Zweite Gesetz zur Änderung des Umwandlungsgesetzes (Teil II), DB 2007, 1291; *Meining*, Der Formwechsel einer grundbesitzenden Zweipersonen-GmbH & Co. KG, GmbHR 2011, 916; *Pflüger*, Optimale Umwandlung einer GbR in eine GmbH, GStB 2010, 356; *Priester*, Mitgliederwechsel im Umwandlungszeitpunkt, DB 1997, 560; *Priester*, Personengesellschaften im Umwandlungsrecht, DStR 2005, 788; *K. Schmidt*, Formwechsel zwischen GmbH und GmbH & Co. KG, GmbHR 1995, 693; *Schnorbus*, Gestaltungsfreiheit im Umwandlungsrecht, 2001; *Streck/Mack/Schwedhelm*, Verschmelzung und Formwechsel nach dem neuen Umwandlungsgesetz, BB 1995, 161; *Werner*, Der Wechsel von der GmbH & Co. KG in die GmbH, NWB 2010, 2717; *Widder*, Mitteilungspflichten gemäß §§ 21 ff. WpHG und Anteilserwerb nach UmwG, NZG 2010, 455; *Wiedemann*, Identität beim Rechtsformwechsel, ZGR 1999, 568; *Zürbig*, Der Formwechsel einer Personengesellschaft in eine Kapitalgesellschaft, 1999; vgl. auch die Angaben zu § 190 UmwG.

1. Überblick

§ 214 Abs. 1 UmwG enthält eine Modifikation zu § 191 Abs. 2 UmwG dergestalt, dass für den Formwechsel von Personenhandelsgesellschaften der Kreis zulässiger Rechtsträger neuer Rechtsform auf Kapitalgesellschaften und die eingetragene Genossenschaft beschränkt wird. **§ 214 Abs. 2 UmwG** verringert als Parallelnorm zu § 39 UmwG im Vergleich zu § 191 Abs. 3 UmwG die Möglichkeiten des Formwechsels für Personenhandelsgesellschaften. 1

2. Gründe für den Formwechsel

Die Gründe für den Formwechsel von Personenhandelsgesellschaften in eine Kapitalgesellschaft sind so vielfältig wie die **Unterschiede zwischen Personenhandels- und Kapitalgesellschaften**[1]. Häufig sind steuerliche Erwägungen ausschlaggebend. Auch kann beabsichtigt sein, ein Fremdmanagement in der Gesellschaft zu installieren, nach dem Formwechsel in eine AG oder KGaA die hohe Fungibilität der Aktien für einen Börsengang zu nutzen oder die für Kapi- 2

---

1 Dazu etwa *Vossius* in Widmann/Mayer, Vor § 214 UmwG Rz. 1 ff.; *Schlitt* in Semler/Stengel, § 214 UmwG Rz. 6 f.

talgesellschaften geltende Haftungsbeschränkung zu erlangen. Durch Letztere wird die Gesellschaft attraktiver für einen breiteren Anlegerkreis. Die fehlende persönliche Haftung als Gesellschafter einer Kapitalgesellschaft ab dem Wirksamwerden des Formwechsels (§ 202 Abs. 1 und 2 UmwG) befreit dagegen die vormaligen Gesellschafter der Personenhandelsgesellschaft nicht von der Nachhaftung gemäß § 224 UmwG (näher dazu die Kommentierung zu § 224 UmwG).

3. Formwechselnde Rechtsträger

3 **Personenhandelsgesellschaften** können auf Grund eines Formwechselbeschlusses nach dem UmwG nur die Rechtsform einer Kapitalgesellschaft oder eingetragenen Genossenschaft erlangen (§ 214 Abs. 1 UmwG). Der Wortlaut von § 214 Abs. 1 UmwG macht allerdings, wie auch der von § 190 Abs. 2 UmwG und § 1 Abs. 2 UmwG deutlich, dass den Personenhandelsgesellschaften eine Umwandlung in andere Rechtsformen nach Vorschriften außerhalb des Umwandlungsgesetzes nicht verwehrt ist[1]. So kann zB eine OHG durch Aufnahme eines beschränkt haftenden Gesellschafters zur KG werden (zu Umwandlungen außerhalb des UmwG siehe ausführlich § 190 UmwG Rz. 14). Aus § 191 Abs. 1 Nr. 1 UmwG iVm. der Legaldefinition in § 3 Abs. 1 Nr. 1 UmwG ergibt sich, dass mit dem Begriff Personenhandelsgesellschaften OHGs und KGs gemeint sind, wobei die KGaA nicht zu den KGs, sondern zu den Kapitalgesellschaften zählt (§§ 191 Abs. 1 Nr. 2, 3 Abs. 1 Nr. 2 UmwG). Dabei spielt es keine Rolle, ob die Gesellschafter natürliche oder juristische Personen sind. Entscheidend ist die Rechtsform der Gesellschaft, nicht die der Gesellschafter[2]. Nach diesen Grundsätzen kommt auch die Kapitalgesellschaft & Co. KG im Rahmen der §§ 214 ff. UmwG als formwechselnder Rechtsträger in Betracht.

4 Auf die **Europäische wirtschaftliche Interessenvereinigung (EWIV)** sind gemäß § 1 des EWIV-Ausführungsgesetzes v. 14.4.1988[3] die für eine OHG geltenden Vorschriften subsidiär entsprechend anzuwenden (§ 191 UmwG Rz. 5). Auch die EWIV kann deshalb nach allgemeiner Meinung Ausgangsrechtsträger für einen Formwechsel in eine Kapitalgesellschaft sein[4]. Vgl. auch § 3 UmwG Rz. 4 für die Verschmelzung.

5 § 191 Abs. 1 UmwG nennt die **Gesellschaft bürgerlichen Rechts (GbR)** nicht als formwechselnden Rechtsträger. Sie kommt nach § 191 Abs. 2 Nr. 1 UmwG

---

1 *Stratz* in Schmitt/Hörtnagl/Stratz, § 214 UmwG Rz. 1; *Schlitt* in Semler/Stengel, § 214 UmwG Rz. 32.
2 *Joost* in Lutter, § 214 UmwG Rz. 2; *Schlitt* in Semler/Stengel, § 214 UmwG Rz. 10 f.
3 BGBl. I 1988, S. 514.
4 *Joost* in Lutter, § 214 UmwG Rz. 4; *Dauner-Lieb/P. W. Tettinger* in KölnKomm. UmwG, § 214 UmwG Rz. 2, jeweils mwN.

nur als Rechtsträger neuer Rechtsform in Betracht und auch nur dann, wenn eine Kapitalgesellschaft Ausgangsrechtsträger ist (vgl. § 226 UmwG). Dementsprechend sieht § 214 Abs. 1 UmwG die GbR nicht als Ausgangsrechtsträger vor. Die GbR hat aber jedenfalls seit der Einfügung des heutigen Abs. 2 in § 105 HGB durch das HRefG v. 22.6.1998[1] die Möglichkeit, auch dann, wenn sie kein Handelsgewerbe betreibt oder nur eigenes Vermögen verwaltet, durch Eintragung in das Handelsregister zur OHG zu werden. Dann stehen ihr als OHG die Möglichkeiten des Formwechsels nach § 214 Abs. 1 UmwG offen. Soll eine GbR ohne diesen Zwischenschritt in eine Kapitalgesellschaft umgewandelt werden, sind die außerhalb des UmwG bestehenden Möglichkeiten einzusetzen, wie zB die Einbringung des Vermögens der GbR in eine gleichzeitig zu errichtende Kapitalgesellschaft als Sacheinlage oder der Eintritt einer Kapitalgesellschaft in die GbR mit anschließendem Austritt aller anderen Gesellschafter oder Übertragung aller ihrer Gesellschaftsanteile auf die Kapitalgesellschaft und Anwachsung des Gesellschaftsvermögens bei dieser (vgl. auch § 3 UmwG Rz. 2)[2].

Die **Partnerschaftsgesellschaft (PartG)** ist keine Personenhandelsgesellschaft, 6 weil sich in ihr Angehörige Freier Berufe zur Ausübung ihrer Berufe zusammenschließen und sie daher kein Handelsgewerbe betreibt (§ 1 Abs. 1 PartGG). Sie kann auf Grund eines Umwandlungsbeschlusses nach dem UmwG ebenfalls nur die Rechtsform einer Kapitalgesellschaft oder einer eingetragenen Genossenschaft erlangen (§ 225a UmwG). Da es sich bei der **Partnerschaftsgesellschaft mit beschränkter Berufshaftung** lediglich um eine Rechtsformvariante zur herkömmlichen Partnerschaftsgesellschaft handelt[3], ist auch die Einführung einer Beschränkung der Haftung gemäß § 8 Abs. 4 PartGG nicht als Formwechsel einzuordnen. § 225c UmwG erklärt § 214 Abs. 2 UmwG und §§ 217–225 UmwG auf den Formwechsel einer PartG für entsprechend anwendbar.

4. Rechtsträger neuer Rechtsform

Als Rechtsträger neuer Rechtsform können im Falle des Formwechsels einer 7 Personenhandelsgesellschaft nur **Kapitalgesellschaften oder eingetragene Genossenschaften** gewählt werden (§ 214 Abs. 1 UmwG). Nach der Legaldefinition in § 3 Abs. 1 Nr. 2 UmwG sind Kapitalgesellschaften GmbHs, AGs und KGaAs.

Der Formwechsel in eine **Unternehmergesellschaft (haftungsbeschränkt)** ist 8 nicht möglich, weil er gegen das in § 5a Abs. 2 Satz 2 GmbHG geregelte Verbot von Sacheinlagen verstoßen würde. Mit dieser Begründung hat der BGH die Möglichkeit der Gründung einer UG (haftungsbeschränkt) durch Abspaltung

---

1 BGBl. I 1998, S. 1474 (1476).
2 *Schlitt* in Semler/Stengel, § 214 UmwG Rz. 15; *K. Schmidt*, NJW 1995, 1 (7).
3 Siehe hierzu OLG Nürnberg v. 5.2.2014 – 12 W 351/14, GmbHR 2014, 429 = RNotZ 2014, 390 m. Anm. *Blasche*.

verneint[1]. Gleiches gilt für den Formwechsel in eine UG (haftungsbeschränkt), weil dieser ebenfalls als Sachgründung des Rechtsträgers neuer Rechtsform zu behandeln wäre[2]. Dies schließt freilich **Alternativlösungen über Anwachsungsmodelle** nicht aus, sofern es dabei nicht zu Sacheinlagen bei der UG (haftungsbeschränkt) kommt[3].

9 Auch der Formwechsel einer Personenhandelsgesellschaft in eine **SE** ist nicht möglich. Die SE-VO sieht verschiedene Gründungsmöglichkeiten für die SE vor (Art. 2, 15 ff. SE-VO), die abschließend sind[4]. Möglich ist freilich ein Formwechsel der Personenhandelsgesellschaft in eine AG, die dann in einem zweiten Schritt gemäß Art. 2 Abs. 4, 37 SE-VO in eine SE umgewandelt werden kann, wenn sie seit mindestens zwei Jahren eine dem Recht eines anderen Mitgliedstaats unterliegende Tochtergesellschaft hat (Anhang I Rz. 93 f.). Alternativ sind auch hier Anwachsungsmodelle denkbar.

10 Für den Formwechsel von Personenhandelsgesellschaften kommt als Zielrechtsform letztlich auch die **eingetragene Genossenschaft** (§ 1 Abs. 1 GenG) als Rechtsträger neuer Rechtform in Betracht. Demgegenüber ist ein Formwechsel in eine **Europäische Genossenschaft (SCE)** nicht möglich. Die Gründungsmöglichkeiten für die SCE sind in Art. 2, 17 ff. SCE-VO abschließend genannt[5].

5. Aufgelöste Rechtsträger

11 Der Formwechsel ist gemäß **§ 191 Abs. 3 UmwG** auch bei aufgelösten Rechtsträgern möglich, wenn ihre Fortsetzung in der bisherigen Rechtsform beschlossen werden könnte. Für das Bestehen einer Fortsetzungsmöglichkeit kommt es wesentlich auf den Auflösungsgrund an[6]. Die Auflösungsgründe für die OHG und die KG (§ 161 Abs. 2 HGB) finden sich ua.[7] in § 131 Abs. 1 und Abs. 2 HGB. Im Übrigen sei auf die Kommentierung zu § 191 Abs. 3 UmwG verwiesen (§ 191 UmwG Rz. 16 ff.).

12 **§ 214 Abs. 2 UmwG** schränkt die Regelung des **§ 191 Abs. 3 UmwG** zusätzlich dahingehend **ein**, dass eine aufgelöste Personenhandelsgesellschaft die Rechts-

---

1 BGH v. 11.4.2011 – II ZB 9/10, GmbHR 2011, 701 (702).
2 Siehe *Joost* in Lutter, § 214 UmwG Rz. 12; *Dauner-Lieb/P.W. Tettinger* in KölnKomm. UmwG, § 214 UmwG Rz. 11; *N. Meister*, NZG 2008, 767 (768); *Heckschen* in FS Spiegelberger, 2009, S. 681 (686).
3 Dazu *Jaensch* in Keßler/Kühnberger, § 214 UmwG Rz. 5; *N. Meister*, NZG 2008, 767 (768); *P.W. Tettinger*, Der Konzern 2008, 75 (78).
4 *Joost* in Lutter, § 214 UmwG Rz. 12; *Marsch-Barner* in Liber amicorum Happ, 2006, S. 165 (167 und 177); unten *Marsch-Barner*, Anhang I Rz. 5.
5 *Joost* in Lutter, § 214 UmwG Rz. 12. Vgl. *Schlitt* in Semler/Stengel, § 214 UmwG Rz. 17.
6 *Blasche*, GWR 2010, 441 (442).
7 Zu weiteren Auflösungsgründen außerhalb von § 131 HGB siehe etwa *Kamanabrou* in Oetker, 4. Aufl. 2015, § 131 HGB Rz. 16 f.

form nicht wechseln kann, wenn die Gesellschafter nach § 145 HGB eine andere Art der Auseinandersetzung als die Abwicklung oder den Formwechsel vereinbart haben. § 214 Abs. 2 UmwG soll sicherstellen, dass das Vermögen der aufgelösten Personenhandelsgesellschaft im Zeitpunkt des Umwandlungsbeschlusses noch vorhanden ist[1]. Die Notwendigkeit dieser Regelung ist allerdings aus rechtspolitischer Sicht zweifelhaft[2]. So ist der Formwechsel von einer Personenhandels- in eine Kapitalgesellschaft gemäß § 220 Abs. 1 UmwG ohnehin nur möglich, wenn das Grundkapital bzw. Stammkapital durch das Reinvermögen der formwechselnden Gesellschaft gedeckt ist (siehe dazu § 220 UmwG Rz. 2ff.). Außerdem unterliegen die Gesellschafter der formwechselnden Gesellschaft der Nachhaftung gemäß § 224 UmwG.

Die **Vereinbarung über eine andere Art der Auseinandersetzung** wird regelmäßig im Gesellschaftsvertrag getroffen. Sie kann aber auch außerhalb des Gesellschaftsvertrages erfolgen[3] oder im Auflösungsbeschluss enthalten sein. Die Möglichkeiten für eine Vereinbarung iS des § 214 Abs. 2 UmwG sind vielfältig. Es kommen zB die Vereinbarung einer Realteilung, die Übernahme des Gesellschaftsvermögens durch einen Gesellschafter oder die Einbringung des Gesellschaftsvermögens in eine andere Gesellschaft in Betracht[4]. 13

Wollen die Gesellschafter den Formwechsel ermöglichen, können sie die **Vereinbarung aufheben**. Dies ist jedenfalls dann denkbar, wenn noch nicht mit der Verteilung des Vermögens begonnen wurde[5]. Bei einem einstimmig gefassten Formwechselbeschluss ist von einer konkludenten Aufhebung der Vereinbarung auszugehen. Dies gilt hingegen nicht, wenn für den Formwechselbeschluss ausnahmsweise eine qualifizierte Mehrheit ausreicht (§ 217 Abs. 1 Satz 2 und 3 UmwG), für die Aufhebung der Vereinbarung aber eine größere Mehrheit oder Einstimmigkeit erforderlich ist[6]. In jedem Fall ist für die Aufhebung der Vereinbarung die Zustimmung der Gesellschafter notwendig, die durch die Vereinbarung Rechte erworben haben[7]. 14

---

1 BT-Drucks. 12/6699, S. 148.
2 Dazu auch *Joost* in Lutter, § 214 UmwG Rz. 7; *Schlitt* in Semler/Stengel, § 214 UmwG Rz. 26.
3 *Roth* in Baumbach/Hopt, § 145 HGB Rz. 8; vgl. auch die Ausführungen zu § 191 UmwG Rz. 16ff. und zu § 39 UmwG Rz. 3ff..
4 *Roth* in Baumbach/Hopt, § 145 HGB Rz. 10.
5 *Joost* in Lutter, § 214 UmwG Rz. 9; *Althoff/Narr* in Böttcher/Habighorst/Schulte, § 214 UmwG Rz. 22. Für eine Aufhebung auch nach diesem Zeitpunkt *Dauner-Lieb/P. W. Tettinger* in KölnKomm. UmwG, § 214 UmwG Rz. 21 ff.; *Schlitt* in Semler/Stengel, § 214 UmwG Rz. 28; *Vossius* in Widmann/Mayer, § 214 UmwG Rz. 24; *Stratz* in Schmitt/Hörtnagl/Stratz, § 214 UmwG Rz. 4.
6 *Vossius* in Widmann/Mayer, § 214 UmwG Rz. 26; *Schlitt* in Semler/Stengel, § 214 UmwG Rz. 29.
7 *Schlitt* in Semler/Stengel, § 214 UmwG Rz. 29.

6. Rechtsfolgen von Verstößen

15 Im Falle eines Verstoßes gegen § 214 Abs. 1 oder Abs. 2 UmwG ist der Formwechselbeschluss nichtig. Trägt der Registerrichter den Formwechsel trotz **Verstoßes gegen § 214 Abs. 1 UmwG** in das Handelsregister ein, wird der Formwechsel dennoch nicht gemäß § 202 Abs. 3 UmwG bestandskräftig, weil die Bestandskraft sonst zu einem Formwechsel in einen gesetzlich für Personenhandelsgesellschaften nicht zugelassenen Zielrechtsträger führen würde (vgl. § 202 UmwG Rz. 56)[1]. Demgegenüber wird der Formwechsel bei einem **Verstoß gegen § 214 Abs. 2 UmwG**[2] gemäß § 202 Abs. 3 UmwG durch Eintragung im Handelsregister bestandskräftig[3]. Die Anwendung von § 202 Abs. 3 UmwG führt allerdings nicht zu einer Heilung der Mängel des Formwechselbeschlusses[4]. Wird der Formwechsel nach § 202 Abs. 3 UmwG bestandskräftig, kommen Schadensersatzansprüche der Minderheitsgesellschafter in Betracht[5].

§ 215
Umwandlungsbericht

Ein Umwandlungsbericht ist nicht erforderlich, wenn alle Gesellschafter der formwechselnden Gesellschaft zur Geschäftsführung berechtigt sind.

1. Überblick 1
2. Berechtigung zur Geschäftsführung 2
3. Rechtsfolgen 5
4. Verhältnis von § 215 UmwG zu § 192 Abs. 2 UmwG 6

Literatur: Vgl. die Angaben zu § 214 UmwG.

---

1 *Dauner-Lieb/P. W. Tettinger* in KölnKomm. UmwG, § 214 UmwG Rz. 25; *Schlitt* in Semler/Stengel, § 214 UmwG Rz. 30.
2 Hierbei ist zu beachten, dass es bereits an einem Verstoß gegen § 214 Abs. 2 UmwG fehlt, wenn die Vereinbarung über eine andere Art der Auseinandersetzung durch den Formwechselbeschluss konkludent aufgehoben wird (siehe dazu Rz. 14).
3 *Dauner-Lieb/P. W. Tettinger* in KölnKomm. UmwG, § 214 UmwG Rz. 26.
4 OLG München v. 14.4.2010 – 7 U 5167/09, AG 2010, 458 = EWiR 2010, 687 (*Blasche*). So bezüglich eines Ausgliederungsbeschlusses auch OLG Stuttgart v. 28.1.2004 – 20 U 3/03, AG 2004, 271 (273) und bezüglich eines Verschmelzungsbeschlusses OLG Hamburg v. 16.4.2004 – 11 U 11/03, AG 2004, 619 (620f.).
5 *Dauner-Lieb/P. W. Tettinger* in KölnKomm. UmwG, § 214 UmwG Rz. 26; *Schlitt* in Semler/Stengel, § 214 UmwG Rz. 31.

1. Überblick

§ 215 UmwG begründet neben § 192 Abs. 2 Var. 1 und 2 UmwG eine **weitere** 1
Ausnahme von der Regel des **§ 192 Abs. 1 UmwG**, nach der das Vertretungsorgan des formwechselnden Rechtsträgers einen Umwandlungsbericht zu erstatten hat. § 215 UmwG dient wie § 216 UmwG der Information der nicht zur Geschäftsführung berechtigten Gesellschafter der formwechselnden Gesellschaft und entspricht dem für die Verschmelzung geltenden § 41 UmwG. Sind alle Gesellschafter zur Geschäftsführung berechtigt und deshalb in der Lage, sich über die geplante Umwandlung durch Einsicht in die entsprechenden Unterlagen zu unterrichten und bei der Vorbereitung des Vollzuges der geplanten Umwandlung mitzuwirken, ist ein besonderer Schutz nicht erforderlich und es entfällt die Notwendigkeit eines Umwandlungsberichts[1].

2. Berechtigung zur Geschäftsführung

§ 215 UmwG findet nur Anwendung, wenn alle Gesellschafter geschäftsführungsberechtigt sind. Entscheidend dafür ist nicht die generelle gesetzliche Regelung, sondern die ggf. davon abweichende konkrete Ausgestaltung im Gesellschaftsvertrag[2]. In der **OHG** sind grundsätzlich alle persönlich haftenden Gesellschafter zur Geschäftsführung befugt, sofern im Gesellschaftsvertrag hinsichtlich einzelner Gesellschafter keine abweichenden Regelungen getroffen worden sind (§ 114 HGB). Bei der **KG** sind die persönlich haftenden Gesellschafter zur Geschäftsführung befugt und die Kommanditisten regelmäßig von der Geschäftsführung ausgeschlossen (§ 164 HGB). Auch Kommanditisten kann jedoch durch den Gesellschaftsvertrag die Geschäftsführungsbefugnis übertragen werden[3]. Da der Umwandlungsbericht gemäß § 199 UmwG der Anmeldung des Formwechsels zur Eintragung im Handelsregister als Anlage beizufügen ist, muss dem Handelsregister im Falle des § 215 UmwG nachgewiesen werden, dass dessen Voraussetzungen erfüllt sind und daher ein Umwandlungsbericht nicht erforderlich ist. Dies geschieht durch Vorlage des Gesellschaftsvertrags. Soll die Einreichung des nicht der Registerpublizität unterliegenden Gesellschaftsvertrags des formwechselnden Rechtsträgers vermieden werden, kommt alternativ ein Verzicht aller Anteilsinhaber auf den Umwandlungsbericht gemäß § 192 Abs. 2 UmwG in Betracht[4]. Gleiches gilt, wenn die Gesellschafter der formwechselnden

---

1 BT-Drucks. 12/6699, S. 148 und 98.
2 *Schlitt* in Semler/Stengel, § 215 UmwG Rz. 2; *Dauner-Lieb/P. W. Tettinger* in Köln-Komm. UmwG, § 215 UmwG Rz. 4.
3 BGH v. 4.3.1976 – II ZR 178/74, BB 1976, 526. Gleichzeitig können die persönlich haftenden Gesellschafter von der Geschäftsführungsbefugnis ausgeschlossen werden, BGH v. 9.12.1968 – II ZR 33/67, BGHZ 51, 198 (201).
4 *Rose* in Maulbetsch/Klumpp/Rose, § 215 UmwG Rz. 7.

Gesellschaft keinen schriftlichen Gesellschaftsvertrag geschlossen haben. Alternativ kommt auch eine eidesstattliche Versicherung aller Gesellschafter betreffend die Geschäftsführungsbefugnis in Betracht.

3 Bei der **GmbH & Co. KG** ist, wenn, wie häufig, die Kommanditisten zugleich Gesellschafter der Komplementär-GmbH sind, der Umwandlungsbericht nicht allein deshalb nach § 215 UmwG entbehrlich[1]. Sind alle Kommanditisten allerdings zugleich Gesellschafter der Komplementär-GmbH und deren Geschäftsführer, ist eine weitergehende Information bzw. ein Schutz der Gesellschafter durch den Umwandlungsbericht nicht erforderlich und § 215 UmwG in diesem Fall daher anwendbar. Gleiches gilt[2], wenn die Kommanditisten lediglich Geschäftsführer der Komplementär-GmbH, nicht aber auch deren Gesellschafter sind, denn auch dann sind die Kommanditisten bei der formwechselnden Gesellschaft ebenfalls sowohl Gesellschafter als auch geschäftsführungsbefugt. Weitere Voraussetzungen für die Anwendung von § 215 UmwG sind mit Blick auf Sinn und Zweck der Norm nicht erforderlich.

4 Für die **EWIV** finden grundsätzlich die für eine OHG geltenden Vorschriften entsprechende Anwendung (§ 214 UmwG Rz. 4). Allerdings werden nach Art. 19 Abs. 1 der Verordnung (EWG) Nr. 2137/85 des Rates vom 25.7.1985 über die Schaffung einer Europäischen wirtschaftlichen Interessenvereinigung (EWIV)[3] die Geschäfte der EWIV durch einen oder mehrere Geschäftsführer geführt. Fremdorganschaft ist bei der EWIV also anders als bei der OHG möglich. § 215 UmwG findet deshalb regelmäßig keine Anwendung. Sind hingegen alle Gesellschafter zu Geschäftsführern bestellt, ist § 215 UmwG anwendbar[4].

3. Rechtsfolgen

5 Ist der **Umwandlungsbericht nicht erforderlich**, sollte den Anteilsinhabern dennoch der Entwurf des Umwandlungsbeschlusses sowie des Gesellschaftsvertrags bzw. der Satzung des Rechtsträgers neuer Rechtsform, die beide Bestandteil des Umwandlungsberichts gewesen wären, übersandt werden (näher dazu § 216 UmwG Rz. 3). In jedem Fall verbleibt die Notwendigkeit, dann, wenn der Formwechselbeschluss nicht der Zustimmung aller Anteilsinhaber bedarf, ein **Abfin-**

---

[1] *Joost* in Lutter, § 215 UmwG Rz. 4.
[2] *Schlitt* in Semler/Stengel, § 215 UmwG Rz. 10; *Joost* in Lutter, § 215 UmwG Rz. 4; *Streck/Mack/Schwedhelm*, GmbHR 1995, 161 (174). AA *Stratz* in Schmitt/Hörtnagl/Stratz, § 215 UmwG Rz. 1. AA für die Verschmelzung oben *Kocher*, § 41 UmwG Rz. 2 und *H. Schmidt* in Lutter, § 41 UmwG Rz. 5. Wie hier auch *Rose* in Maulbetsch/Klumpp/Rose, § 215 UmwG Rz. 5, mit dem zutreffenden Hinweis, dass Entsprechendes für die AG & Co. KG gilt, wenn alle Kommanditisten zugleich auch dem Vorstand der Komplementär-AG angehören.
[3] ABl. EG Nr. L 199 v. 31.7.1985, S. 1.
[4] *Schlitt* in Semler/Stengel, § 215 UmwG Rz. 11; *Joost* in Lutter, § 215 UmwG Rz. 5.

dungsangebot zu übersenden (§ 194 Abs. 1 Nr. 6 UmwG iVm. § 217 Abs. 1 Satz 2 UmwG), das nicht Teil des Umwandlungsberichts ist[1]. Die Verpflichtung zur **Übersendung des Entwurfs des Umwandlungsbeschlusses an den Betriebsrat** (§ 194 Abs. 2 UmwG) bleibt ebenfalls bestehen, auch wenn kein Umwandlungsbericht erforderlich ist. Dies kann auch nicht durch einen Verzicht nach § 192 Abs. 2 UmwG auf den Umwandlungsbericht, der den Umwandlungsbeschluss enthält, umgangen werden (siehe dazu § 192 UmwG Rz. 19)[2].

4. Verhältnis von § 215 UmwG zu § 192 Abs. 2 UmwG

Die Möglichkeit des **Verzichts** auf die Erstattung des Umwandlungsberichts gemäß § 192 Abs. 2 UmwG (näher dazu unter § 192 UmwG Rz. 56 ff.) wird von § 215 UmwG nicht berührt. Diesbezüglich ist aber unklar, ob es ausreicht, wenn allein die nicht zur Geschäftsführung berechtigten Gesellschafter verzichten[3] oder Verzichte von allen, also auch den geschäftsführungsberechtigten Gesellschaftern[4], erklärt werden müssen. Sofern beabsichtigt ist, nur Verzichtserklärungen der nicht zur Geschäftsführung berechtigten Gesellschafter einzuholen, sollte dies jedenfalls vorab mit dem zuständigen Handelsregister abgestimmt werden.

6

§ 216
Unterrichtung der Gesellschafter

Das Vertretungsorgan der formwechselnden Gesellschaft hat allen von der Geschäftsführung ausgeschlossenen Gesellschaftern spätestens zusammen mit der Einberufung der Gesellschafterversammlung, die den Formwechsel beschließen soll, diesen Formwechsel als Gegenstand der Beschlussfassung in Textform anzukündigen und einen nach diesem Buch erforderlichen Umwandlungsbericht sowie ein Abfindungsangebot nach § 207 zu übersenden.

1. Überblick	1	3. Umwandlungsbericht	3
2. Ankündigung des Formwechsels .	2	4. Abfindungsangebot	5

---

1 So auch *Schlitt* in Semler/Stengel, § 215 UmwG Rz. 16; *Joost* in Lutter, § 215 UmwG Rz. 10.
2 *Joost* in Lutter, § 215 UmwG Rz. 8; *Joost*, ZIP 1995, 976 (977); *Schlitt* in Semler/Stengel, § 215 UmwG Rz. 15.
3 *Joost* in Lutter, § 215 UmwG Rz. 11; *Mayer* in Widmann/Mayer, § 192 UmwG Rz. 21; *Schlitt* in Semler/Stengel, § 215 UmwG Rz. 17; *Stratz* in Schmitt/Hörtnagl/Stratz, § 215 UmwG Rz. 2; *Dauner-Lieb/P.W. Tettinger* in KölnKomm. UmwG, § 215 UmwG Rz. 8.
4 So oben *Meister/Klöcker*, § 192 UmwG Rz. 57 und *Dirksen*, 4. Aufl., § 215 UmwG Rz. 5.

5. Unterrichtung durch das Vertretungsorgan 6	8. Zeitpunkt der Unterrichtung 9
6. Adressat der Unterrichtung 7	9. Verzicht 11
7. Form 8	10. Rechtsfolgen von Verstößen 13

Literatur: Vgl. die Angaben zu § 214 UmwG.

1. Überblick

1 Der **Formwechselbeschluss** kann – in Abweichung von den allgemeinen Grundsätzen für die Beschlussfassung der Gesellschafter von Personengesellschaften[1] – gemäß § 193 Abs. 1 Satz 2 UmwG **nur in einer Versammlung** der Anteilsinhaber gefasst werden. § 216 UmwG knüpft daran an und enthält Vorgaben für die Vorbereitung dieser Versammlung. Die Vorschrift dient wie § 215 UmwG der **Information der nicht zur Geschäftsführung berechtigten Gesellschafter** der formwechselnden Gesellschaft und findet Parallelen in §§ 42, 47, 230 Abs. 1, 238 UmwG. Sie konkretisiert das Kontrollrecht des von der Geschäftsführung ausgeschlossenen Gesellschafters einer OHG (§ 118 HGB) und gewährt den Kommanditisten einer KG neben § 166 HGB ein selbständiges Auskunftsrecht[2].

2. Ankündigung des Formwechsels

2 Den Gesellschaftern ist mitzuteilen, dass ein Formwechsel in die entsprechende Zielrechtsform beabsichtigt ist und Tagesordnungspunkt der Gesellschafterversammlung sein wird[3]. Diese Ankündigung sowie die ebenfalls erforderliche Übersendung von Umwandlungsbericht und Abfindungsangebot fasst die amtliche Überschrift unter dem Begriff „Unterrichtung" zusammen.

3. Umwandlungsbericht

3 Die Ankündigung des Formwechsels wird durch den ebenfalls zu übersendenden Umwandlungsbericht konkretisiert, sofern die Erstattung eines Umwandlungsberichts erforderlich ist (vgl. zur Entbehrlichkeit § 192 Abs. 2 UmwG und § 215 UmwG). Der Umwandlungsbericht muss gemäß § 192 Abs. 1 Satz 3 UmwG einen Entwurf des Umwandlungsbeschlusses enthalten, dessen Mindestinhalt sich in erster Linie aus § 194 UmwG ergibt. Dazu gehört unter den Voraussetzungen des § 194 Abs. 1 Nr. 6 UmwG auch das Abfindungsangebot nach § 207 UmwG.

---

1 Siehe dazu BGH v. 19.2.1990 – II ZR 42/89, NJW-RR 1990, 798 (799) = ZIP 1990, 505; RG v. 13.4.1940 – II 143/39, RGZ 163, 385 (392).
2 BT-Drucks. 12/6699, S. 148 iVm. S. 98.
3 Siehe ua. *Schlitt* in Semler/Stengel, § 216 UmwG Rz. 11.

Gemäß § 218 Abs. 1 Satz 1 UmwG hat der Entwurf des Umwandlungsbeschlusses außerdem den Entwurf des Gesellschaftsvertrags bzw. der Satzung des Rechtsträgers neuer Rechtsform zu enthalten. Ist der Umwandlungsbericht aufgrund eines Verzichts (§ 192 Abs. 2 UmwG) oder wegen § 215 UmwG (Geschäftsführungsbefugnis aller Anteilsinhaber) entbehrlich, sollte den Anteilsinhabern dennoch der Entwurf des Umwandlungsbeschlusses sowie des Gesellschaftsvertrags bzw. der Satzung des Rechtsträgers neuer Rechtsform übersandt werden. Dies trägt der Bedeutung des Tagesordnungspunkts „Formwechsel" Rechnung und erleichtert den Anteilsinhabern die Vorbereitung ihrer Entscheidung.

Eine Pflicht zur Auslegung des Umwandlungsberichts in den Geschäftsräumen der Gesellschaft ab Einberufung der Gesellschafterversammlung in analoger Anwendung von §§ 230 Abs. 2 Satz 1, 238 Satz 1 UmwG existiert nicht[1]. Auch besteht weder eine Verpflichtung zur Zugänglichmachung des Umwandlungsberichts während der Gesellschafterversammlung analog §§ 232 Abs. 1, 239 Abs. 1 UmwG noch ist der Entwurf des Umwandlungsbeschlusses analog §§ 232 Abs. 2, 239 Abs. 2 UmwG in der Gesellschafterversammlung von dem Vertretungsorgan der Gesellschaft zu erläutern[2]. 4

4. Abfindungsangebot

Den Gesellschaftern ist, auch bei Verzicht auf den Umwandlungsbericht, unter den Voraussetzungen des § 194 Abs. 1 Nr. 6 UmwG ein Abfindungsangebot gemäß § 207 UmwG (nicht hingegen der Prüfungsbericht) zu übersenden. Diese Verpflichtung besteht gemäß § 194 Abs. 1 Nr. 6 UmwG[3] nur dann, wenn die Umwandlung mehrheitlich beschlossen werden kann, also nur, wenn der Gesellschaftsvertrag der formwechselnden Gesellschaft eine qualifizierte Mehrheitsentscheidung nach § 217 Abs. 1 Satz 2 und 3 UmwG vorsieht. 5

5. Unterrichtung durch das Vertretungsorgan

Die Ankündigung des Formwechsels als Gegenstand der Beschlussfassung und die Übersendung von Umwandlungsbericht und Abfindungsangebot haben gemäß § 216 UmwG durch das Vertretungsorgan der formwechselnden Gesellschaft zu erfolgen. Vertretungsorgan ist bei der **OHG** jeder alleinvertretungsberechtigte persönlich haftende Gesellschafter (§ 125 Abs. 1 HGB) oder, soweit 6

---

1 *Schlitt* in Semler/Stengel, § 216 UmwG Rz. 19.
2 Ausführlich dazu *Joost* in Lutter, § 216 UmwG Rz. 11 f.
3 Die weitere in § 194 Abs. 1 Nr. 6 UmwG genannte Ausnahme, nach der es auch dann keines Abfindungsangebots bedarf, wenn an dem formwechselnden Rechtsträger nur ein Anteilsinhaber beteiligt ist, ist im Falle des Formwechsels von Personenhandelsgesellschaften nicht einschlägig, weil diese mehr als einen Gesellschafter haben müssen.

der Gesellschaftsvertrag eine entsprechende Regelung vorsieht, mehrere zur gemeinschaftlichen Vertretung berechtigte Gesellschafter (§ 125 Abs. 2 HGB) bzw. ein Gesellschafter zusammen mit einem Prokuristen (§ 125 Abs. 3 HGB). Ein Prokurist allein kann mangels Organstellung allerdings nicht handeln[1]. Bei der **KG** gilt über den Verweis in § 161 Abs. 2 HGB Gleiches für die persönlich haftenden Gesellschafter. Da Kommanditisten die KG nicht organschaftlich vertreten können (vgl. § 170 HGB)[2], ist eine Unterrichtung durch sie auch dann nicht möglich, wenn ihnen durch den Gesellschaftsvertrag Geschäftsführungsbefugnis eingeräumt wurde[3]. Bei der **EWIV** hat jeder Geschäftsführer gemäß Art. 20 Abs. 1 der Verordnung (EWG) Nr. 2137/85 des Rates vom 25.7.1985 über die Schaffung einer Europäischen wirtschaftlichen Interessenvereinigung (EWIV)[4] Einzelvertretungsbefugnis vorbehaltlich anderweitiger Regelungen im Gesellschaftsvertrag (Art. 20 Abs. 2 EWIV-VO).

6. Adressat der Unterrichtung

7 Die Unterrichtung hat sich gemäß § 216 UmwG an alle Gesellschafter, die von der Geschäftsführung ausgeschlossen sind, zu richten. Siehe dazu § 215 UmwG Rz. 2 ff. Das Gesetz schreibt nicht vor, dass auch die zur Geschäftsführung befugten Gesellschafter in gleicher Weise unterrichtet werden müssen. Die Notwendigkeit einer Unterrichtung wird sich aber häufig ausdrücklich aus dem Gesellschaftsvertrag oder im Einzelfall aus der gesellschafterlichen Treuepflicht ergeben[5]. In der Praxis empfiehlt sich in jedem Fall die vorsorgliche Unterrichtung aller Gesellschafter[6].

7. Form

8 Die **Ankündigung** hat gemäß § 216 UmwG in **Textform (§ 126b BGB)** zu erfolgen. Damit ist anders als bei der Schriftform (§ 126 BGB) keine eigenhändige Unterschrift erforderlich und es genügt beispielsweise eine E-Mail[7]. Dabei ist die Person des Erklärenden zu nennen und der Abschluss der Erklärung durch Nachbildung der Namensunterschrift oder anders erkennbar zu machen (§ 126b BGB). Für die **Übersendung des Umwandlungsberichts und des Abfindungsangebots** ist ebenfalls die Textform ausreichend. Zwar ist der Wortlaut der

---

1 *Joost* in Lutter, § 216 UmwG Rz. 6; *Schlitt* in Semler/Stengel, § 216 UmwG Rz. 6.
2 BGH v. 9.12.1968 – II ZR 33/67, BGHZ 51, 198 (200).
3 *Joost* in Lutter, § 216 UmwG Rz. 7; *Schlitt* in Semler/Stengel, § 216 UmwG Rz. 7.
4 ABl. EG Nr. L 199 v. 31.7.1985, S. 1.
5 *Vossius* in Widmann/Mayer, § 216 UmwG Rz. 3. Zu Letzterem auch *Schlitt* in Semler/Stengel, § 216 UmwG Rz. 10.
6 *Joost* in Lutter, § 216 UmwG Rz. 2; *Schlitt* in Semler/Stengel, § 216 UmwG Rz. 10.
7 Siehe dazu ausführlich *Blasche*, Jura 2009, 890 (891).

Norm insoweit nicht eindeutig, die mit der Ersetzung der früher vorgeschriebenen Schriftform durch die Textform[1] intendierte Erleichterung würde aber weitgehend entwertet, wenn für die Übersendung des Umwandlungsberichts und des Abfindungsangebots eine andere Form als für die Ankündigung des geplanten Formwechsels erforderlich wäre[2]. Von der Form für die Übersendung von Umwandlungsbericht und Abfindungsangebot ist die **Form zu unterscheiden, in der beide zu erstellen sind.** § 192 Abs. 1 Satz 1 UmwG fordert die Erstattung eines schriftlichen Umwandlungsberichts. Dieser ist von Mitgliedern des Vertretungsorgans in vertretungsberechtigter Zahl zu unterzeichnen[3]. Das Abfindungsangebot ist gemäß §§ 192 Abs. 1 Satz 3, 194 Abs. 1 Nr. 6 UmwG in dem Umwandlungsbericht enthalten.

8. Zeitpunkt der Unterrichtung

Die Unterrichtung hat gemäß § 216 UmwG **spätestens zusammen mit der Einladung** zur Gesellschafterversammlung, in der über den Formwechsel beschlossen werden soll, zu erfolgen. Das Gesetz schreibt nicht vor, wann die Einladung zu erfolgen hat. Soweit dies nicht durch den Gesellschaftervertrag geregelt ist, ist mangels gesetzlicher Vorschriften die allgemeine Regel[4] einzuhalten, dass die Einladung so rechtzeitig zu erfolgen hat, dass alle Gesellschafter an der Versammlung teilnehmen können und sich darauf angemessen vorbereiten können[5]. Dementsprechend hängt die erforderliche Einberufungsfrist vom Einzelfall ab. Die gesetzlichen Regelungen zu den Kapitalgesellschaften können dafür Anhaltspunkte bieten[6]. Ist die Einladung zur Gesellschafterversammlung verspätet, ist auch die gleichzeitig versandte Unterrichtung nach § 216 UmwG verspätet. 9

Wie sich aus dem Gesetzeswortlaut ergibt, kann die **Unterrichtung früher als die Einladung** erfolgen[7]. Dies ist häufig zweckmäßig, um den Gesellschaftern 10

---

1 Art. 26 Nr. 1 des Gesetzes zur Anpassung der Formvorschriften des Privatrechts und anderer Vorschriften an den modernen Rechtsgeschäftsverkehr v. 13.7.2001, BGBl. I 2001, S. 1542 (1548).
2 *Joost* in Lutter, § 216 UmwG Rz. 4; *Dauner-Lieb/P. W. Tettinger* in KölnKomm. UmwG, § 216 UmwG Rz. 19.
3 Dies ist aus BGH v. 21.5.2007 – II ZR 266/04, AG 2007, 625 (628, Rz. 27) zu schließen, obgleich sich die Entscheidung auf den Verschmelzungsbericht bezog und die Frage letztlich nicht abschließend entschieden wurde.
4 Vgl. *Roth* in Baumbach/Hopt, § 119 HGB Rz. 29.
5 *Joost* in Lutter, § 216 UmwG Rz. 8; *Schlitt* in Semler/Stengel, § 216 UmwG Rz. 14.
6 Bei personalistisch verfassten Gesellschaften wird in Orientierung an § 51 Abs. 1 Satz 2 GmbHG eine Frist von einer Woche in der Regel für ausreichend gehalten (*Schlitt* in Semler/Stengel, § 216 UmwG Rz. 14). Siehe auch *Dauner-Lieb/P. W. Tettinger* in KölnKomm. UmwG, § 216 UmwG Rz. 22. Für eine Orientierung an der 30-Tage-Frist des § 123 Abs. 1 AktG *Stratz* in Schmitt/Hörtnagl/Stratz, § 216 UmwG Rz. 3.
7 *Dauner-Lieb/P. W. Tettinger* in KölnKomm. UmwG, § 216 UmwG Rz. 24.

eine hinreichende Überlegungsfrist zu verschaffen und Gelegenheit zu geben, zusätzliche Informationen zu verlangen und damit einen reibungslosen Ablauf der Gesellschafterversammlung zu sichern. Hat die Gesellschaft einen Betriebsrat, sollte die Unterrichtung der Gesellschafter spätestens zeitgleich mit der Information des Betriebsrats erfolgen, also entsprechend § 194 Abs. 2 UmwG spätestens einen Monat vor der Gesellschafterversammlung[1].

9. Verzicht

11 Auf die **rechtzeitige Unterrichtung** nach § 216 UmwG kann zwar nicht vorab im Gesellschaftsvertrag, aber im Einzelfall verzichtet werden[2]. Erfolgt die Einberufung ohne rechtzeitige Unterrichtung, weil zu erwarten ist, dass die Anteilsinhaber in der Versammlung einen allgemeinen Verzicht aussprechen, ist die Einberufung wirksam, wenn der Verzicht in der Versammlung erfolgt. Dieser Verzicht bedarf anders als der Verzicht auf die Erstattung des Umwandlungsberichts (§ 192 Abs. 2 Satz 2 UmwG) und auf das Abfindungsangebot (Rz. 12) keiner notariellen Beurkundung[3]. Er sollte jedoch schon allein zu Dokumentationszwecken zusammen mit dem Umwandlungsbeschluss sowie etwaigen Zustimmungserklärungen abwesender Gesellschafter (§ 217 Abs. 1 Satz 1 HalbSatz 2 UmwG) protokolliert werden[4].

12 Von diesem Verzicht ist der Verzicht auf den Umwandlungsbericht und das Abfindungsangebot zu unterscheiden, für die jeweils besondere Formvorschriften gelten. So ist die Erstattung des **Umwandlungsberichts** gemäß § 192 Abs. 2 UmwG nicht erforderlich, wenn alle Anteilsinhaber auf seine Erstattung in notariell beurkundeter Form verzichten. Die gleiche Form gilt für einen Verzicht auf das **Abfindungsangebot** (§ 194 UmwG Rz. 46). In dem Verzicht auf die Erstattung des Umwandlungsberichts sowie in dem Verzicht auf das Abfindungsangebot ist gleichzeitig ein Verzicht auf die Übersendung des Umwandlungsberichts bzw. des Abfindungsangebots zu sehen[5].

---

1 *Drinhausen/Keinath* in Henssler/Strohn, § 216 UmwG Rz. 7; *Streck/Mack/Schwedhelm*, GmbHR 1995, 161 (173). Für einen entsprechenden Anspruch der Gesellschafter *Schlitt* in Semler/Stengel, § 216 UmwG Rz. 16.
2 *Vossius* in Widmann/Mayer, § 216 UmwG Rz. 20 ff.; *Drinhausen/Keinath* in Henssler/ Strohn, § 216 UmwG Rz. 12.
3 *Joost* in Lutter, § 216 UmwG Rz. 9; *Schlitt* in Semler/Stengel, § 216 UmwG Rz. 27. AA für den Verzicht im Vorfeld der Gesellschafterversammlung *Dauner-Lieb/P. W. Tettinger* in KölnKomm. UmwG, § 216 UmwG Rz. 26.
4 Siehe auch *Schlitt* in Semler/Stengel, § 216 UmwG Rz. 27; *Vossius* in Widmann/Mayer, § 216 UmwG Rz. 21.
5 *Vossius* in Widmann/Mayer, § 216 UmwG Rz. 22; *Schlitt* in Semler/Stengel, § 216 UmwG Rz. 28.

10. Rechtsfolgen von Verstößen

Werden die Gesellschafter nicht rechtzeitig oder unvollständig nach § 216 UmwG unterrichtet, ist der Beschluss unwirksam[1]. Dies gilt allerdings nicht bei einer Verletzung von Informations-, Auskunfts- oder Berichtspflichten im Zusammenhang mit dem Abfindungsangebot. Nach der Rechtsprechung des BGH[2] kann ein derartiger Mangel nur im Spruchverfahren nach dem SpruchG gerügt werden. Der Formwechsel wird ungeachtet etwaiger Verstöße gegen § 216 UmwG gemäß § 202 Abs. 3 UmwG durch Eintragung im Handelsregister bestandskräftig. Dies führt allerdings nicht zu einer Heilung der Mängel des Formwechselbeschlusses[3].

13

§ 217
Beschluss der Gesellschafterversammlung

(1) Der Umwandlungsbeschluss der Gesellschafterversammlung bedarf der Zustimmung aller anwesenden Gesellschafter; ihm müssen auch die nicht erschienenen Gesellschafter zustimmen. Der Gesellschaftsvertrag der formwechselnden Gesellschaft kann eine Mehrheitsentscheidung der Gesellschafter vorsehen. Die Mehrheit muss mindestens drei Viertel der abgegebenen Stimmen betragen.

(2) Die Gesellschafter, die im Falle einer Mehrheitsentscheidung für den Formwechsel gestimmt haben, sind in der Niederschrift über den Umwandlungsbeschluss namentlich aufzuführen.

(3) Dem Formwechsel in eine Kommanditgesellschaft auf Aktien müssen alle Gesellschafter zustimmen, die in dieser Gesellschaft die Stellung eines persönlich haftenden Gesellschafters haben sollen.

---

1 *Stratz* in Schmitt/Hörtnagl/Stratz, § 216 UmwG Rz. 8. Für eine Unwirksamkeit nur bei Kausalität des Fehlers für das Beschlussergebnis *Schlitt* in Semler/Stengel, § 216 UmwG Rz. 29; *Drinhausen/Keinath* in Henssler/Strohn, § 216 UmwG Rz. 13. Gegen dieses Kausalitätserfordernis, aber für ein Relevanzkriterium *Dauner-Lieb/P. W. Tettinger* in Köln-Komm. UmwG, § 216 UmwG Rz. 29 ff.
2 BGH v. 18.12.2000 – II ZR 1/99, BGHZ 146, 179 (182 ff.), bestätigt durch BGH v. 29.1.2001 – II ZR 368/98, GmbHR 2001, 247.
3 OLG München v. 14.4.2010 – 7 U 5167/09, AG 2010, 458 = EWiR 2010, 687 (*Blasche*). So bezüglich eines Ausgliederungsbeschlusses auch OLG Stuttgart v. 28.1.2004 – 20 U 3/03, AG 2004, 271 (273) und bezüglich eines Verschmelzungsbeschlusses OLG Hamburg v. 16.4.2004 – 11 U 11/03, AG 2004, 619 (620 f.).

§ 217 | Formwechsel von Personenhandelsgesellschaften

1. Überblick 1	d) Grenzen der Ausgestaltung des
2. Formwechsel durch einstimmigen	Gesellschaftsvertrags bzw. der
Beschluss (§ 217 Abs. 1 Satz 1	Satzung 12
UmwG) 2	4. Aufführung der Gründer in der
3. Formwechsel durch Mehrheits-	Niederschrift bei Mehrheitsent-
beschluss (§ 217 Abs. 1 Satz 2 und	scheidung (§ 217 Abs. 2 UmwG) . 14
3 UmwG)	5. Zustimmung aller zukünftigen per-
a) Mehrheitsbeschluss 6	sönlich haftenden Gesellschafter
b) Formelle Legitimation 10	der KGaA (§ 217 Abs. 3 UmwG) . 15
c) Materielle Wirksamkeit 11	6. Mitwirkung Dritter 16

Literatur: *Binnewies,* Formelle und materielle Voraussetzungen von Umwandlungsbeschlüssen, GmbHR 1997, 727; *Mayer,* Die Testamentsvollstreckung über GmbH-Anteile, ZEV 2002, 209; *H. Schmidt,* Mehrheitsklauseln für Umwandlungsbeschlüsse in Gesellschaftsverträgen von Personenhandelsgesellschaften nach neuem Umwandlungsrecht, FS Brandner, 1996, S. 133; *Schlitt/Beck,* Spezielle Probleme bei stillen Beteiligungen im Vorfeld eines Börsengangs, NZG 2001, 688; vgl. auch die Angaben zu § 214 UmwG.

1. Überblick

1 § **217 Abs. 1 UmwG** macht als Parallelnorm zu § 43 UmwG die Zustimmung aller Gesellschafter zum Regelfall und knüpft damit an die allgemeine Regelung in § 119 Abs. 1 HGB an. Um die Gesellschafter, die Gründerverantwortung tragen, festzustellen, sind in der Niederschrift der Gesellschafterversammlung die zustimmenden Gesellschafter namentlich aufzuführen (§ **217 Abs. 2 UmwG**). Bei dem Formwechsel in eine KGaA ist die Zustimmung aller Gesellschafter erforderlich, die in der Gesellschaft die Stellung eines persönlich haftenden Gesellschafters übernehmen sollen (§ **217 Abs. 3 UmwG**).

2. Formwechsel durch einstimmigen Beschluss (§ 217 Abs. 1 Satz 1 UmwG)

2 Der Umwandlungsbeschluss kann nur in einer **Versammlung** der Anteilsinhaber gefasst werden (§ 193 Abs. 1 Satz 2 UmwG) und bedarf der notariellen Beurkundung (§ 193 Abs. 3 Satz 1 UmwG). In Abweichung von § 193 Abs. 1 Satz 2 UmwG können abwesende Gesellschafter ihre Zustimmung zwar auch gemäß § 217 Abs. 1 Satz 1 Halbsatz 2 UmwG außerhalb der Gesellschafterversammlung erteilen, dies ändert aber nichts daran, dass aufgrund des Versammlungszwangs (§ 193 Abs. 1 Satz 2 UmwG) in jedem Fall eine Gesellschafterversammlung stattfinden muss[1], an der zumindest ein Gesellschafter teilnimmt[2].

---

1 *Blasche,* GmbHR 2011, 232.
2 Siehe auch *Vossius* in Widmann/Mayer, § 217 UmwG Rz. 10; *Schlitt* in Semler/Stengel, § 217 UmwG Rz. 6.

Der Beschluss bedarf der **Zustimmung aller Gesellschafter.** Eine Vertretung in 3
der Gesellschafterversammlung ist nur zulässig, wenn sie durch Gesellschaftsvertrag oder Ad-hoc-Zustimmung der übrigen Gesellschafter zugelassen ist[1]. Im Gesellschaftsvertrag sollte daher ausdrücklich eine Vertretungsmöglichkeit vorgesehen werden. Bei Mehrfachvertretung ist auf die Befreiung von § 181 BGB zu achten, weil es sich um einen Grundlagenbeschluss handelt, bei dem die Gesellschafter ihre Beziehungen im Verhältnis zueinander regeln[2]. Stimmenthaltungen von in der Gesellschafterversammlung anwesenden Gesellschaftern sind keine Zustimmung und lassen den Formwechsel scheitern. Nur abwesende Gesellschafter können ihre **Zustimmung vor oder nach der Gesellschafterversammlung** in notariell beurkundeter Form (§ 193 Abs. 3 Satz 1 UmwG) erklären[3]. Dabei ist stets darauf zu achten ist, dass sich die Zustimmung dem konkreten Beschluss bzw. Beschlussentwurf zuordnen lässt[4]. Es empfiehlt sich, im Formwechselbeschluss für die Abgabe von Zustimmungserklärungen nach der Gesellschafterversammlung eine Frist zu bestimmen und die anwesenden Gesellschafter bis zum Ablauf dieser Frist ausdrücklich an ihre Zustimmungserklärungen zu binden, um spätestens nach Fristablauf Klarheit über die Wirksamkeit der Beschlussfassung zu schaffen (ausführlich zur Bindung an die Stimmabgabe unter § 233 UmwG Rz. 3)[5]. Eine Ausfertigung der Zustimmungserklärung ist der Gesellschaft oder der Anteilseignerversammlung auszuhändigen[6]. Aus praktischen Gründen und um Unsicherheiten hinsichtlich der **Empfangszuständigkeit** zu vermeiden[7], empfiehlt sich allerdings eine entsprechende gesellschaftsvertragliche Regelung. Mit Zugang der letzten außerhalb der Gesellschafterversammlung beurkundeten Zustimmungserklärung ist der Umwandlungsbeschluss zustande gekommen.

Es ist die Zustimmung aller Gesellschafter erforderlich, gleichgültig, ob sie per- 4
sönlich haftende Gesellschafter oder Kommanditisten sind. Auch wenn einzelne

---

1 *Hopt* in Baumbach/Hopt, § 119 HGB Rz. 21.
2 *Ellenberger* in Palandt, 75. Aufl. 2016, § 181 BGB Rz. 11a; *Blasche*, Jura 2011, 359 (363) und oben § 193 UmwG Rz. 12.
3 *Althoff/Narr* in Böttcher/Habighorst/Schulte, § 217 UmwG Rz. 8. So dürften ua. auch *Schlitt* in Semler/Stengel, § 217 UmwG Rz. 10; *Joost* in Lutter, § 217 UmwG Rz. 3 zu verstehen sein. Demgegenüber bezieht *Rose* in Maulbetsch/Klumpp/Rose, § 217 UmwG Rz. 5 auch Gesellschafter mit ein, die in der Gesellschafterversammlung anwesend waren.
4 Ua. *Joost* in Lutter, § 217 UmwG Rz. 3.
5 *Vossius* in Widmann/Mayer, § 217 UmwG Rz. 92.
6 *Schlitt* in Semler/Stengel, § 217 UmwG Rz. 10; *Joost* in Lutter, § 217 UmwG Rz. 3. Zur aA siehe die nächste Fn.
7 So halten *Dauner-Lieb/P. W. Tettinger* in KölnKomm. UmwG, § 217 UmwG Rz. 15 ua. unter Hinweis auf Praktikabilitätserwägungen nur die Gesellschaft, dh. deren Geschäftsführer, für empfangszuständig. *Vossius* in Widmann/Mayer, § 217 UmwG Rz. 91 hingegen stellt, sofern keine gesellschaftsvertragliche Regelung getroffen ist, auf den Zugang bei dem letztempfangenden Mitgesellschafter ab.

§ 217 | Formwechsel von Personenhandelsgesellschaften

Gesellschafter von der **Stimmausübung** kraft Gesellschaftsvertrags **ausgeschlossen** sind, sind sie beim Formwechselbeschluss stimmberechtigt. Der Formwechselbeschluss greift in den Kernbereich der Rechtsstellung des Gesellschafters ein, auf den sich der Stimmrechtsausschluss nicht erstreckt[1]. Allerdings kann in einer beteiligungsidentischen Kapitalgesellschaft & Co. KG das Stimmrecht der Komplementärgesellschaft auch im Kernbereich der Mitgliedschaftsrechte ausgeschlossen werden[2], mit der Folge, dass ihre Zustimmung zum Formwechsel nicht erforderlich ist[3]. Soll hingegen die Komplementärgesellschaft einer beteiligungsidentischen Kapitalgesellschaft & Co. KG beim Formwechsel in eine KGaA dort die Stellung eines persönlich haftenden Gesellschafters übernehmen, ist die Zustimmung der Komplementärgesellschaft gemäß § 217 Abs. 3 UmwG erforderlich.

5 Gesellschafter sind aufgrund der gesellschafterlichen **Treuepflicht** regelmäßig nicht zur Zustimmung verpflichtet. Die Treuepflicht kann nur in Ausnahmefällen eine Zustimmungspflicht begründen[4]. Solche Ausnahmefälle sind keiner Generalisierung zugänglich und ihr Vorliegen ist deshalb im Einzelfall zu prüfen. Sind Gesellschafter ausnahmsweise aufgrund der Treuepflicht oder aufgrund eines Stimmbindungsvertrages **zur Zustimmung verpflichtet**, ersetzt diese Verpflichtung nicht die Zustimmungserklärung[5], da es sich bei der Beschlussfassung über den Formwechsel um einen Grundlagenbeschluss handelt[6]. Die Zustimmung ist erforderlichenfalls durch ein entsprechendes Urteil zu ersetzen und gilt dann erst mit Rechtskraft des Urteils als abgegeben (§ 894 Abs. 1 ZPO). Die Klage auf Zustimmung kann auch durch einzelne Gesellschafter erhoben werden[7]. Eine auf dem Klageweg erlangte Zustimmung kann aber eine vorher in der Gesellschafterversammlung erklärte Ablehnung des zur Zustimmung verpflich-

---

1 Zu den Grenzen des Stimmrechtsausschlusses BGH v. 14.5.1956 – II ZR 229/54, BGHZ 20, 363 (369 f.); BGH v. 24.5.1993 – II ZR 73/92, GmbHR 1993, 591 (592). Bezüglich der Zuordnung des Formwechselbeschlusses zu dem Kernbereich der Rechtsstellung des Gesellschafters siehe ua. *Vossius* in Widmann/Mayer, § 217 UmwG Rz. 42; *Schlitt* in Semler/Stengel, § 217 UmwG Rz. 12.
2 BGH v. 24.5.1993 – II ZR 73/92, GmbHR 1993, 591 (592).
3 Weitergehender *Kallmeyer*, GmbHR 1996, 80 (82); *Schlitt* in Semler/Stengel, § 217 UmwG Rz. 9, nach denen eine Zustimmung der Komplementärgesellschaft offenbar auch ohne entsprechenden Ausschluss des Stimmrechts im Gesellschaftsvertrag entbehrlich sein soll.
4 BGH v. 28.4.1975 – II ZR 16/73, BGHZ 64, 253 (257); BGH v. 19.10.2009 – II ZR 240/08, BGHZ 183, 1 (8, Rz. 23).
5 Ua. *Joost* in Lutter, § 217 UmwG Rz. 7; *Dauner-Lieb/P. W. Tettinger* in KölnKomm. UmwG, § 217 UmwG Rz. 24.
6 Zu der umstrittenen Frage, ob eine durch die gesellschafterliche Treuepflicht begründete Zustimmungspflicht der Durchsetzung im Wege der Klage auf Zustimmung bedarf oder die Zustimmung als erteilt gilt, *Ulmer/Schäfer* in MünchKomm. BGB, 6. Aufl. 2013, § 705 BGB Rz. 240 f. mwN.
7 BGH v. 28.4.1975 – II ZR 16/73, BGHZ 64, 253 (256).

teten Gesellschafters nicht substituieren. Der zunächst aufgrund der Ablehnung gescheiterte Umwandlungsbeschluss ist dann zu wiederholen[1].

3. Formwechsel durch Mehrheitsbeschluss (§ 217 Abs. 1 Satz 2 und 3 UmwG)

a) Mehrheitsbeschluss

Der Gesellschaftsvertrag kann eine Mehrheitsentscheidung für den Formwechselbeschluss vorsehen (§ 217 Abs. 1 Satz 2 UmwG). Im Falle einer solchen Mehrheitsentscheidung wird die Minderheit dadurch geschützt, dass der Formwechselbeschluss gemäß § 194 Abs. 1 Nr. 6 UmwG ein Abfindungsangebot vorsehen muss und damit die Möglichkeit eröffnet, gegen Abfindung aus der Gesellschaft auszuscheiden (§§ 207 ff. UmwG). Die Mehrheit muss aber mindestens **drei Viertel der abgegebenen Stimmen** betragen (§ 217 Abs. 1 Satz 3 UmwG). Da § 217 Abs. 1 Satz 3 UmwG zwingendes Recht ist, kann der Gesellschaftsvertrag keine geringere Mehrheit vorsehen[2]. 6

Eine Mehrheitsklausel nach § 217 Abs. 1 Satz 2 und 3 UmwG kann in den verschiedensten Situationen als **Gestaltungselement** genutzt werden. So ist eine entsprechende Regelung etwa bei großen Publikumsgesellschaften von Anfang an unverzichtbar, weil bei ihnen die Zustimmung aller Gesellschafter faktisch nicht erreichbar ist. Auch dann, wenn der Formwechsel an einzelnen Gesellschaftern, die nicht bereit sind, Gründerverantwortung zu übernehmen, zu scheitern droht, kann es zur Freistellung dieser Gesellschafter von der Gründerverantwortung (§ 219 Satz 2 UmwG) sinnvoll sein, vor dem Formwechselbeschluss den Gesellschaftsvertrag durch Einführung einer Mehrheitsklausel zu ändern[3]. Einzelne Minderheitsgesellschafter können dann gegen den Formwechsel stimmen oder sich enthalten und somit die Übernahme der Gründerverantwortung vermeiden. Das kann für Kommanditisten wichtig sein, die eine Differenzhaftung vermeiden wollen (§ 219 UmwG Rz. 3). Sieht der Gesellschaftsvertrag einer GmbH & Co. KG eine Beschlussfassung durch Mehrheitsentscheidung vor, ist im Gesellschaftsvertrag der Komplementärgesellschaft zweckmäßigerweise zu regeln, dass der Anteil eines widersprechenden Gesellschafters, der von seinem Recht Gebrauch macht, gegen Abfindung aus der KG auszuscheiden (§ 207 UmwG), eingezogen werden kann, um sicherzustellen, dass der Gesellschafter im Falle des Ausscheidens auch nicht indirekt über die Komplementärgesellschaft an der umgewandelten Kapitalgesellschaft beteiligt bleibt[4]. Eine 7

---

1 *Dauner-Lieb/P. W. Tettinger* in KölnKomm. UmwG, § 217 UmwG Rz. 24; *Schlitt* in Semler/Stengel, § 217 UmwG Rz. 14.
2 *Joost* in Lutter, § 217 UmwG Rz. 16.
3 *Schlitt* in Semler/Stengel, § 217 UmwG Rz. 17; *Joost* in Lutter, § 219 UmwG Rz. 5.
4 *Schlitt* in Semler/Stengel, § 217 UmwG Rz. 18.

Klausel im Gesellschaftsvertrag, die vorsieht, dass ein Kommanditist, der einer Umwandlung nicht zustimmt, automatisch aus der Gesellschaft ausscheidet, ist als Abweichung (vgl. § 1 Abs. 3 Satz 1 UmwG) von dem gesetzlichen Konzept, das allein die Möglichkeit des freiwilligen Ausscheidens gegen Abfindung vorsieht, indessen unzulässig[1].

8 Anders als bei dem Formwechsel durch einstimmigen Beschluss ist davon auszugehen, dass bei dem Formwechsel durch Mehrheitsbeschluss **die notwendige Mehrheit bereits in der Gesellschafterversammlung erreicht werden muss**, nicht hingegen erst durch nachträgliche Zustimmungserklärungen[2]. Die Drei-Viertel-Mehrheit nach § 217 Abs. 1 Satz 3 UmwG bezieht sich ausdrücklich auf die **abgegebenen Stimmen** und nicht auf die Gesamtzahl der stimmberechtigten Gesellschafter[3]. Würde man dennoch für die Erreichung der Drei-Viertel-Mehrheit nicht nur auf die in der Gesellschafterversammlung abgegebenen Stimmen abstellen, sondern auch nachträgliche Stimmabgaben berücksichtigen, so müsste dies nicht nur für nachträgliche Ja-Stimmen, sondern auch für nachträgliche Nein-Stimmen gelten, mit der Folge, dass es dann contra legem doch auf die Gesamtzahl der stimmberechtigten Gesellschafter ankäme[4].

9 **Abgestimmt** wird nach Köpfen oder – soweit im Gesellschaftsvertrag vorgesehen – nach Kapitalanteilen (vgl. § 119 Abs. 2 HGB). Letzteres ist ebenso zulässig wie grundsätzlich auch Mehrstimmrechte[5]. Etwaige Stimmrechtsausschlüsse greifen aufgrund der Kernbereichsrelevanz des Formwechselbeschlusses nicht ein (Rz. 4)[6]. Müssen einzelne Gesellschafter, also nicht etwa „die Gesellschafterversammlung" oder „die Gesellschafter", im Rahmen von Vinkulierungsklauseln der Abtretung der Gesellschaftsanteile zustimmen, ist deren Zustimmung Wirksamkeitsvoraussetzung für den Formwechselbeschluss (§ 193 Abs. 2 UmwG; vgl. § 193 UmwG Rz. 16 ff.). Gleiches gilt für die Zustimmung der Inhaber von Sonderrechten[7].

b) Formelle Legitimation

10 Der Mehrheitsbeschluss bedarf einer formellen Legitimation, für die es aber ausreicht, wenn sich **aus dem Gesellschaftsvertrag** ausdrücklich oder durch Aus-

---

1 OLG Karlsruhe v. 26.9.2002 – 9 U 195/01, ZIP 2003, 78 (79 f.).
2 *Dauner-Lieb/P. W. Tettinger* in KölnKomm. UmwG, § 217 UmwG Rz. 28; *Joost* in Lutter, § 217 UmwG Rz. 16. AA hier in der 4. Aufl. *Dirksen*, § 217 UmwG Rz. 9; *Schlitt* in Semler/Stengel, § 217 UmwG Rz. 20 mwN.
3 Dies sollte durch das Erste Gesetz zur Änderung des UmwG (BGBl. I 1998, S. 1878) klargestellt werden (siehe dazu BT-Drucks. 13/8808, S. 15).
4 Dazu bereits *Dauner-Lieb/P. W. Tettinger* in KölnKomm. UmwG, § 217 UmwG Rz. 28.
5 *Roth* in Baumbach/Hopt, § 119 HGB Rz. 14.
6 *Schlitt* in Semler/Stengel, § 217 UmwG Rz. 12; *Dauner-Lieb/P. W. Tettinger* in KölnKomm. UmwG, § 217 UmwG Rz. 25.
7 *Schlitt* in Semler/Stengel, § 217 UmwG Rz. 24.

legung nach den allgemeinen Auslegungsgrundsätzen **ergibt, dass der betreffende Beschlussgegenstand einer Mehrheitsentscheidung unterliegt**[1]. Dem früher vom BGH vertretenen Bestimmtheitsgrundsatz[2] kommt für die formelle Legitimation einer Mehrheitsentscheidung indessen keine Bedeutung mehr zu[3]. Er ist auch nicht etwa bei der Auslegung in Gestalt einer Auslegungsregel des Inhalts zu berücksichtigen, dass eine allgemeine Mehrheitsklausel restriktiv auszulegen ist oder sie jedenfalls dann, wenn sie außerhalb eines konkreten Anlasses vereinbart wurde, Beschlussgegenstände, die die Grundlagen der Gesellschaft betreffen oder ungewöhnliche Geschäfte beinhalten, regelmäßig nicht erfasst[4].

c) Materielle Wirksamkeit

Ist die Entscheidung der Mehrheit der Gesellschafter nach den vorstehenden   11
Grundsätzen von einer Regelung im Gesellschaftsvertrag gedeckt, ist nach dem BGH auf einer zweiten Stufe zu prüfen, ob sie sich als **treuwidrige** Ausübung der Mehrheitsmacht gegenüber der Minderheit darstellt und deshalb inhaltlich unwirksam ist[5]. Hierbei kommt es nach dem BGH – abgesehen von unverzichtbaren und schon deshalb unentziehbaren Rechten – bei einem Eingriff in die individuelle Rechtsstellung des Gesellschafters, dh. in seine rechtliche und vermögensmäßige Person in der Gesellschaft, letztlich maßgeblich immer darauf an, ob der Eingriff im Interesse der Gesellschaft geboten und dem betroffenen Gesellschafter unter Berücksichtigung seiner eigenen schutzwerten Belange zumutbar ist[6].

d) Grenzen der Ausgestaltung des Gesellschaftsvertrags bzw. der Satzung

Bezüglich der Ausgestaltung des Gesellschaftsvertrags bzw. der Satzung der Ka-   12
pitalgesellschaft als Rechtsträger neuer Rechtsform ist **zu beachten**, dass der BGH in der Freudenberg-Entscheidung hinsichtlich eines gesellschaftsvertraglich zugelassenen Mehrheitsbeschlusses für den Formwechsel einer KG in eine Kapitalgesellschaft festgehalten hat, dass aus dieser Regelung nicht geschlossen werden könne, dass im Rahmen des für die neue Rechtsform geltenden Organisationsrechts ein beliebiger Spielraum zur Neuordnung der Gesellschaftsverhältnisse bestehe[7]. Der BGH verweist auch hier auf die gesellschafterliche **Treue-**

---

1 BGH v. 21.10.2014 – II ZR 84/13, GmbHR 2014, 1303 (LS 1 und 1304 ff., Rz. 9 ff.); BGH v. 16.10.2012 – II ZR 251/10, GmbHR 2013, 197 (200, Rz. 22); BGH v. 16.10.2012 – II ZR 239/11, GmbHR 2013, 194 (195 f., Rz. 14).
2 Vgl. etwa BGH v. 15.11.1982 – II ZR 62/82, BGHZ 85, 350 (355 f.).
3 BGH v. 21.10.2014 – II ZR 84/13, GmbHR 2014, 1303 (LS 2 und 1306, Rz. 14).
4 BGH v. 21.10.2014 – II ZR 84/13, GmbHR 2014, 1303 (LS 2 und 1306, Rz. 14).
5 BGH v. 16.10.2012 – II ZR 239/11, GmbHR 2013, 194 (196, Rz. 19); BGH v. 16.10.2012 – II ZR 251/10, GmbHR 2013, 197 (200, Rz. 36).
6 BGH v. 21.10.2014 – II ZR 84/13, GmbHR 2014, 1303 (1307, Rz. 19).
7 BGH v. 15.11.1982 – II ZR 62/82, BGHZ 85, 350 (360).

pflicht der Mehrheit gegenüber der Minderheit, aus der folge, dass die aus betriebswirtschaftlichen Gründen beschlossene Umwandlung von der Mehrheit nicht dazu ausgenutzt werden dürfe, weitere, nicht durch die Umwandlung selbst oder ihre Gründe notwendig veranlasste Veränderungen der bestehenden Gesellschaftsstruktur zu beschließen. Vielmehr seien der Charakter der Familiengesellschaft, die Grundzüge der Gesellschaftsorganisation, die Kompetenzen der Gesellschaftsorgane und die Rechtspositionen der einzelnen Gesellschafter im Rahmen des rechtlich und tatsächlich Möglichen zu erhalten oder anzupassen und notwendige Veränderungen nur nach den Grundsätzen des geringstmöglichen Eingriffs vorzunehmen[1]. Außerdem verweist der BGH auf den **Gleichbehandlungsgrundsatz** und legt dar, dass zudem die persönliche Rechtsposition der Gesellschafter dadurch weitgehend gesichert sei, dass der Gleichbehandlungsgrundsatz auch hier gelte und der Kernbereich der gesellschaftsrechtlichen Position des einzelnen Gesellschafters grundsätzlich in seinem Bestand geschützt sei[2].

13 Der BGH hat schließlich 2005 ausgeführt, dass zweifelhaft sei, ob die in der Freudenberg-Entscheidung zu dem Formwechsel einer KG in eine Kapitalgesellschaft entwickelten Treuepflichtaspekte auf die umgekehrte Konstellation des Formwechsels einer AG in eine GmbH & Co. KG ohne weiteres übertragbar seien, dies aber letztlich offen gelassen[3]. Eine Absage an die Anwendung der Freudenberg-Grundsätze auf den Formwechsel von Personenhandelsgesellschaften ist damit aber in jedem Fall nicht verbunden. Dennoch sind die Grenzen der vom BGH postulierten Kontrolle nicht eindeutig gezogen. Zwar differenziert der BGH zwischen **durch den Formwechsel notwendigerweise veranlassten Veränderungen und anderen nicht notwendigen Veränderungen**[4], sollte dies aber im Sinne einer umfassenden Strukturgarantie bzw. einer umfassenden Verhältnismäßigkeitsprüfung zu verstehen sein, wäre dies abzulehnen[5]. Eine solche Kontrolle ist im Umwandlungsrecht nicht angelegt. Trotzdem lässt sich jedenfalls festhalten, dass beispielsweise die unterschiedlichen durch den Formwechsel bedingten steuerlichen Folgen als gesetzlich vorgesehene Folge des Formwechsels von der Minderheit hinzunehmen sind[6]. Auch eine Kontrolle der mit dem Formwechsel verbundenen Motive findet bis zu der allgemeinen Grenze des **Rechtsmissbrauchs** nicht statt[7].

---

1 BGH v. 15.11.1982 – II ZR 62/82, BGHZ 85, 350 (360 f.).
2 BGH v. 15.11.1982 – II ZR 62/82, BGHZ 85, 350 (361).
3 BGH v. 9.5.2005 – II ZR 29/03, AG 2005, 613 (613 f.).
4 Ausführlich dazu und zu verschiedenen in diesem Zusammenhang denkbaren Konstellationen *Göthel* in Lutter, § 233 UmwG Rz. 58 ff.; *Dauner-Lieb/P. W. Tettinger* in KölnKomm. UmwG, § 233 UmwG Rz. 51 ff.
5 Siehe auch *Dauner-Lieb/P. W. Tettinger* in KölnKomm. UmwG, § 217 UmwG Rz. 39 ff.
6 BGH v. 9.5.2005 – II ZR 29/03, NZG 2005, 722 (724) = AG 2005, 613.
7 Siehe dazu OLG Naumburg v. 6.2.1997 – 7 U 236/96, AG 1998, 430 (431).

4. Aufführung der Gründer in der Niederschrift bei Mehrheitsentscheidung (§ 217 Abs. 2 UmwG)

Das Protokoll der Gesellschafterversammlung bedarf gemäß § 193 Abs. 3 Satz 1 UmwG der notariellen Beurkundung. Wird der Formwechsel mehrheitlich beschlossen, wird gemäß § 217 Abs. 2 UmwG durch **namentliche Aufführung der zustimmenden Gesellschafter** in der Niederschrift festgehalten, wer die Gründerverantwortung trägt. Gründerverantwortung tragen im Falle der Mehrheitsentscheidung (§ 217 Abs. 1 Satz 2 und 3 UmwG) nur die zustimmenden Gesellschafter (§ 219 Satz 2 UmwG). Bedarf der Beschluss der Einstimmigkeit (§ 217 Abs. 1 Satz 1 UmwG), tragen alle Gesellschafter Gründerverantwortung (§ 219 Satz 1 UmwG) und es entfällt die Notwendigkeit der namentlichen Nennung in der Niederschrift.

14

5. Zustimmung aller zukünftigen persönlich haftenden Gesellschafter der KGaA (§ 217 Abs. 3 UmwG)

Alle Gesellschafter, die in einer zukünftigen KGaA **die Stellung eines persönlich haftenden Gesellschafters** übernehmen sollen, müssen der Übernahme dieser Stellung in der Gesellschafterversammlung oder außerhalb des Formwechselbeschlusses durch gesonderte notariell zu beurkundende Erklärung zustimmen (§ 217 Abs. 3 UmwG), die in Ausfertigung der Gesellschaft zu übersenden ist. Dies beruht auf der Erwägung, dass niemand ohne seine Zustimmung eine persönliche Haftung übernehmen soll[1]. § 217 Abs. 3 UmwG bezieht sich nur auf der Gesellschaft bereits angehörende Gesellschafter. Für im Zeitpunkt des Formwechsels neu eintretende persönlich haftende Gesellschafter gilt § 221 UmwG. Die Zustimmung nach § 217 Abs. 3 UmwG ist auch dann erforderlich, wenn Gesellschafter in der formwechselnden Gesellschaft bereits persönlich haften[2]. Dies folgt daraus, dass sie als persönlich haftende Gesellschafter der KGaA als Rechtsträger neuer Rechtsform gemäß § 278 Abs. 2 AktG iVm. §§ 161 Abs. 2, 128 HGB auch für Neuverbindlichkeiten des Rechtsträgers neuer Rechtsform haften und die Haftungsbegrenzung des § 224 Abs. 2 bis 4 UmwG für Altverbindlichkeiten dann für sie ausscheidet (§ 224 UmwG Rz. 9). Ist der Formwechsel durch Mehrheitsbeschluss zulässig (§ 217 Abs. 1 Satz 2 und 3 UmwG), ändert dies nichts daran, dass es nach § 217 Abs. 3 UmwG der Zustimmung aller zukünftigen persönlich haftenden Gesellschafter bedarf[3]. Die Komplementärgesellschaft der beteiligungsidentischen Kapitalgesellschaft & Co. KG muss ihre Zu-

15

---

1 BT-Drucks. 12/6699, S. 149.
2 *Joost* in Lutter, § 217 UmwG Rz. 21; *Stratz* in Schmitt/Hörtnagl/Stratz, § 217 UmwG Rz. 4.
3 *Joost* in Lutter, § 217 UmwG Rz. 21.

stimmung als zukünftige persönlich haftende Gesellschafterin auch dann erteilen, wenn sie vom Stimmrecht durch Gesellschaftervertrag ausgeschlossen ist[1].

6. Mitwirkung Dritter

16 **Minderjährige** werden regelmäßig durch ihre Eltern vertreten (§ 1629 Abs. 1 BGB). Diese bedürfen aber der Genehmigung des Familiengerichts, um für den Minderjährigen für den Formwechsel zu stimmen, weil ihn dann nach § 219 UmwG die Gründerhaftung trifft (§ 1643 Abs. 1 BGB iVm. § 1822 Nr. 3 und 10 BGB)[2]. Sind die Eltern selbst an der Gesellschaft beteiligt, ist ein Ergänzungspfleger zu bestellen (§ 1909 Abs. 1 Satz 1 BGB). Die Zustimmung des **Ehegatten** (§ 1365 Abs. 1 BGB) ist selbst zu einer Ja-Stimme zu dem Formwechselbeschluss nicht erforderlich, auch wenn der Gesellschafter im gesetzlichen Güterstand lebt und die Beteiligung praktisch sein sämtliches Vermögen darstellt (§ 193 UmwG Rz. 26)[3]. Unterliegt die Beteiligung der **Testamentsvollstreckung**, ist neben der Zustimmung des Testamentsvollstreckers zusätzlich die Zustimmung der Erben einzuholen (vgl. Erl. zu § 193 UmwG Rz. 27)[4].

§ 218
Inhalt des Umwandlungsbeschlusses

(1) In dem Umwandlungsbeschluss muss auch der Gesellschaftsvertrag der Gesellschaft mit beschränkter Haftung oder die Satzung der Genossenschaft enthalten sein oder die Satzung der Aktiengesellschaft oder der Kommanditgesellschaft auf Aktien festgestellt werden. Eine Unterzeichnung der Satzung durch die Mitglieder ist nicht erforderlich.

(2) Der Beschluss zur Umwandlung in eine Kommanditgesellschaft auf Aktien muss vorsehen, dass sich an dieser Gesellschaft mindestens ein Gesellschafter der formwechselnden Gesellschaft als persönlich haftender Gesellschafter beteiligt oder dass der Gesellschaft mindestens ein persönlich haftender Gesellschafter beitritt.

(3) Der Beschluss zur Umwandlung in eine Genossenschaft muss die Beteiligung jedes Mitglieds mit mindestens einem Geschäftsanteil vorsehen. In

---

1 *Schlitt* in Semler/Stengel, § 217 UmwG Rz. 41.
2 *Joost* in Lutter, § 217 UmwG Rz. 9; *Schlitt* in Semler/Stengel, § 217 UmwG Rz. 27.
3 *Dauner-Lieb/P. W. Tettinger* in KölnKomm. UmwG, § 217 UmwG Rz. 51 ff.; *Joost* in Lutter, § 217 UmwG Rz. 10; *Schlitt* in Semler/Stengel, § 217 UmwG Rz. 28. AA *Vossius* in Widmann/Mayer, § 217 UmwG Rz. 52 ff.
4 *Schlitt* in Semler/Stengel, § 217 UmwG Rz. 29.

dem Beschluss kann auch bestimmt werden, dass jedes Mitglied bei der Genossenschaft mit mindestens einem und im Übrigen mit so vielen Geschäftsanteilen, wie sie durch Anrechnung seines Geschäftsguthabens bei dieser Genossenschaft als voll eingezahlt anzusehen sind, beteiligt wird.

1. Überblick	1	a) Firma	21
2. Gesellschaftsvertrag bzw. Satzung als Bestandteil des Umwandlungsbeschlusses (§ 218 Abs. 1 UmwG)	2	b) Sitz	22
		c) Unternehmensgegenstand	23
		d) Grundkapital	24
3. Formwechsel in eine GmbH	4	e) Zerlegung des Grundkapitals; Aktiengattungen; Inhaber- oder Namensaktien	25
a) Firma	5		
b) Sitz	6		
c) Unternehmensgegenstand	7	f) Angaben gemäß § 27 AktG; Verteilung der Aktien	26
d) Stammkapital	8		
e) Geschäftsanteile	9	g) Sonstige Regelungen in der Satzung	27
f) Verteilung der Geschäftsanteile	11		
g) Formwechsel der Kapitalgesellschaft & Co. KG	12	h) Bestellung des Vorstands	28
		i) Bestellung des Aufsichtsrats	29
h) Sonstige Regelungen im Gesellschaftsvertrag	15	5. Formwechsel in eine KGaA	30
		a) Persönlich haftender Gesellschafter (§ 218 Abs. 2 UmwG)	31
i) Bestellung der Geschäftsführer	16		
j) Bestellung des Aufsichtsrats	17	b) Satzung	34
4. Formwechsel in eine AG	20	c) Sonstiges	35

Literatur: *Binnewies*, Formelle und materielle Voraussetzungen von Umwandlungsbeschlüssen, GmbHR 1997, 727; *Buchner/Schlobach*, Die Auswirkung der Umwandlung von Gesellschaften auf die Rechtsstellung ihrer Organpersonen, GmbHR 2004, 1; *Halm*, Notwendigkeit der Bildung des mitbestimmten Aufsichtsrats bei der GmbH vor Eintragung in das Handelsregister?, BB 2000, 1849; *Happ*, Immer Ärger mit den Fristen – Zu einigen Fristenfragen des Umwandlungsgesetzes, FS Maier-Reimer, 2010, S. 173; *Hergeth/Mingau*, Mitbestimmung und Aufsichtsratsbesetzung bei Umwandlung einer Personengesellschaft in eine Aktiengesellschaft, DStR 1999, 1948; *Joost*, Die Bildung des Aufsichtsrats beim Formwechsel einer Personenhandelsgesellschaft in eine Kapitalgesellschaft, FS Claussen, 1997, S. 187; *Kiem/Uhrig*, Der umwandlungsbedingte Wechsel des Mitbestimmungsstatuts, NZG 2001, 680; *Kögel*, Firmenrechtliche Besonderheiten des neuen Umwandlungsrechts, GmbHR 1996, 168; *Priester*, Mitgliederwechsel im Umwandlungszeitpunkt, DB 1997, 560; vgl. auch die Angaben zu § 214 UmwG.

1. Überblick

§ 218 UmwG ergänzt die Regelung des § 194 Abs. 1 UmwG über den notwendigen Inhalt des Umwandlungsbeschlusses. Durch **§ 218 Abs. 1 UmwG** gehört auch der Gesellschaftsvertrag bzw. die Satzung des Rechtsträgers neuer Rechtsform zum notwendigen Inhalt des Umwandlungsbeschlusses. **§ 218 Abs. 2 UmwG** bezieht sich auf die Beteiligung bzw. den Beitritt mindestens eines persönlich haftenden Gesellschafters beim Formwechsel in die KGaA. **§ 218 Abs. 3**

1

UmwG ergänzt § 194 Abs. 1 Nr. 3 UmwG, wird hier aber nicht weiter vertieft, da der Formwechsel in eine eingetragene Genossenschaft nicht kommentiert ist.

2. Gesellschaftsvertrag bzw. Satzung als Bestandteil des Umwandlungsbeschlusses (§ 218 Abs. 1 UmwG)

2 Der **Gesellschaftsvertrag bzw. die Satzung** des Rechtsträgers neuer Rechtsform ist gemäß § 218 Abs. 1 UmwG Bestandteil des Umwandlungsbeschlusses und muss in ihm vollständig enthalten sein bzw. festgestellt werden. Soweit der Umwandlungsbeschluss gesellschaftsrechtliche Regelungen zu enthalten hat, die ihrer Natur nach auch Gegenstand des Gesellschaftsvertrags bzw. der Satzung sind, kann darauf im Umwandlungsbeschluss verwiesen werden[1]. Die **notarielle Beurkundung** des Umwandlungsbeschlusses kann nach den Vorschriften über die Beurkundung tatsächlicher Vorgänge (§§ 36, 37 BeurkG) erfolgen, bei der allein der Notar über seine Wahrnehmungen berichtet, so dass die Niederschrift nur von ihm gemäß §§ 37 Abs. 3, 13 Abs. 3 BeurkG zu unterschreiben ist (§ 193 UmwG Rz. 28). Der Gesellschaftsvertrag bzw. die Satzung kann hierzu als Anlage genommen werden und gilt dann gemäß § 37 Abs. 1 Satz 2 BeurkG als mitbeurkundet. Eine Beurkundung des Umwandlungsbeschlusses gemäß den Vorschriften über die Beurkundung von Willenserklärungen (§§ 8 ff. BeurkG), bei der die Niederschrift sowohl von allen Beteiligten als auch dem beurkundenden Notar unterschrieben wird (vgl. § 13 Abs. 1 Satz 1 und Abs. 3 Satz 1 BeurkG), ist ebenfalls möglich (§ 193 UmwG Rz. 28)[2]. Auch hier wird der Gesellschaftsvertrag bzw. die Satzung in der Regel nicht in die notarielle Niederschrift aufgenommen, sondern ihr als Anlage beigefügt. Der Gesellschaftsvertrag bzw. die Satzung ist dann gemäß § 9 Abs. 1 Satz 2 BeurkG mitbeurkundet, ohne dass es einer zusätzlichen Unterzeichnung der Anlage bedürfte. Vereinzelt wird vertreten, dass bei dem Formwechsel einer Personengesellschaft in eine Kapitalgesellschaft die nach allgemeinem Gründungsrecht erforderliche Unterzeichnung des Gesellschaftsvertrags (§ 2 Abs. 1 Satz 2 GmbHG) bzw. der Satzung[3] erforderlich

---

1 BT-Drucks. 12/6639, S. 140; vgl. auch § 194 UmwG Rz. 16 und § 197 UmwG Rz. 19.
2 OLG Köln v. 17.7.1992 – 2 Wx 32/92, BB 1993, 317 (318). Vgl. auch *Schlitt* in Semler/Stengel, § 218 UmwG Rz. 6.
3 Die nach § 23 Abs. 1 Satz 1 AktG bzw. § 280 Abs. 1 Satz 1 AktG notwendige Feststellung der Satzung einer AG oder KGaA erfolgt durch Unterzeichnung der nach §§ 8 ff. BeurkG aufgenommenen notariellen Niederschrift durch die Beteiligten sowie den beurkundenden Notar (siehe dazu etwa *Hüffer/Koch*, § 23 AktG Rz. 9 und § 280 AktG Rz. 1). Die notarielle Beurkundung des Gesellschaftsvertrags einer GmbH nach § 2 Abs. 1 GmbHG erfolgt letztlich in dem gleichen Verfahren. Aus der nach § 2 Abs. 1 Satz 2 GmbHG ausdrücklich geforderten Unterzeichnung des Gesellschaftsvertrags ergibt sich nichts anderes (ausführlich zu dem Verfahren *J. Mayer* in MünchKomm. GmbHG, 2. Aufl. 2015, § 2 GmbHG Rz. 27 ff.).

Inhalt des Umwandlungsbeschlusses | § 218

und damit nur eine Beurkundung nach §§ 8 ff. BeurkG möglich sei[1]. Auch wenn dies von der hM zu Recht abgelehnt wird[2], kann den Bedenken der Gegenauffassung durch die Wahl der Beurkundung nach §§ 8 ff. BeurkG begegnet werden. Haben einzelne Gesellschafter an der Gesellschafterversammlung nicht teilgenommen, bedarf ihre Zustimmung ebenfalls der notariellen Beurkundung (§ 193 Abs. 3 Satz 1 UmwG). Da die Beurkundung der Zustimmungserklärungen ohnehin nur nach §§ 8 ff. BeurkG erfolgen kann (§ 193 UmwG Rz. 31), stellt sich hier die vorstehende Streitfrage nicht. Diese Zustimmung umfasst ebenfalls die Zustimmung zu dem Gesellschaftsvertrag bzw. der Satzung des Rechtsträgers neuer Rechtsform. Letztere braucht in der Zustimmungserklärung nicht gesondert erklärt zu werden[3].

Genügt aufgrund des Gesellschaftsvertrags der Personenhandelsgesellschaft für den Umwandlungsbeschluss eine **qualifizierte Mehrheit** von drei Vierteln der abgegebenen Stimmen der Gesellschafter (§ 217 Abs. 1 Satz 3 UmwG), gilt dies auch für die Beschlussfassung über den Gesellschaftsvertrag bzw. die Satzung[4]. 3

3. Formwechsel in eine GmbH

Die Anforderungen an den **Gesellschaftsvertrag der GmbH** richten sich nach §§ 3 ff. GmbHG und sollen im Nachfolgenden in ihren wesentlichen Elementen mit Blick auf die bei der Entstehung der GmbH durch einen Formwechsel relevanten Unterschiede kurz umrissen werden (zu der Anwendung der Gründungsvorschriften für die GmbH vgl. den Überblick unter § 197 UmwG Rz. 9 ff.). Der Formwechsel einer Personenhandelsgesellschaft in eine UG (haftungsbeschränkt) ist nicht möglich, weil dieser einen Verstoß gegen das in § 5a Abs. 2 Satz 2 GmbHG geregelte Verbot von Sacheinlagen bedeuten würde (§ 214 UmwG Rz. 8). Als Zielrechtsträger kommt also nur die herkömmliche Form der GmbH in Betracht. 4

a) Firma

Die Firma der GmbH ist Teil des Umwandlungsbeschlusses (§ 194 Abs. 1 Nr. 2 UmwG) und des Gesellschaftsvertrags (§ 3 Abs. 1 Nr. 1 GmbHG) (siehe auch 5

---

1 *Joost* in Lutter, § 218 UmwG Rz. 3 unter Hinweis auf § 218 Abs. 1 Satz 2 UmwG und § 244 Abs. 2 UmwG.
2 *Stratz* in Schmitt/Hörtnagl/Stratz, § 218 UmwG Rz. 5; *Vossius* in Widmann/Mayer, § 218 UmwG Rz. 6 und § 217 UmwG Rz. 24 ff.; *Dauner-Lieb/P. W. Tettinger* in KölnKomm. UmwG, § 218 UmwG Rz. 17.
3 *Schlitt* in Semler/Stengel, § 218 UmwG Rz. 6.
4 *Dauner-Lieb/P. W. Tettinger* in KölnKomm. UmwG, § 218 UmwG Rz. 13; *Schlitt* in Semler/Stengel, § 218 UmwG Rz. 7. Vgl. BGH v. 15.11.1982 – II ZR 62/82, BGHZ 85, 350 (360 f.).

§ 194 UmwG Rz. 18). Sie kann entweder neu gebildet oder nach den Maßgaben des § 200 UmwG unter Änderung des Rechtsformzusatzes beibehalten werden (siehe die Kommentierung zu § 200 UmwG)[1].

b) Sitz

6 Der Sitz der Gesellschaft muss nicht im Umwandlungsbeschluss (§ 194 UmwG Rz. 19), aber im Gesellschaftsvertrag bestimmt werden (§ 3 Abs. 1 Nr. 1 GmbHG). Er kann entweder beibehalten oder im Rahmen des Formwechsels verlegt werden (vgl. § 198 Abs. 2 Satz 2 Var. 2 UmwG). Im Falle der gleichzeitigen Sitzverlegung wird der Formwechsel erst mit Eintragung der Gesellschaft in das dann zuständige Handelsregister wirksam (§ 198 Abs. 2 Satz 4 UmwG). Von der hier angesprochenen Satzungssitzverlegung ist die bloße Verlegung des tatsächlichen Verwaltungssitzes zu unterscheiden[2].

c) Unternehmensgegenstand

7 In dem Gesellschaftsvertrag ist der Gegenstand des Unternehmens hinreichend individualisiert[3] zu bezeichnen (§ 3 Abs. 1 Nr. 2 GmbHG). Im Regelfall wird sich der Unternehmensgegenstand aus dem bisherigen Gesellschaftsvertrag ergeben, kann aber auch ergänzt oder verändert werden. Es bietet sich an, den Unternehmensgegenstand anlässlich des Formwechsels sorgfältig zu überprüfen, weil er den Handlungsspielraum der Geschäftsführer begrenzt und diese gleichzeitig verpflichtet, den Unternehmensgegenstand auch tatsächlich auszufüllen[4].

d) Stammkapital

8 Im Gesellschaftsvertrag ist der Betrag des Stammkapitals der Gesellschaft anzugeben (§ 3 Abs. 1 Nr. 3 GmbHG). Das Stammkapital hat **mindestens 25 000 Euro** zu betragen (§ 5 Abs. 1 GmbHG). Ein Formwechsel in eine UG (haftungsbeschränkt), bei der das Stammkapital den Betrag des Mindeststammkapitals unterschreiten (§ 5a Abs. 1 GmbHG) und sogar nur 1 Euro betragen kann (§ 5 Abs. 2 Satz 1 GmbHG), ist hingegen nicht möglich (§ 214 UmwG Rz. 8). **§ 220 Abs. 1 UmwG begrenzt** die Festsetzung des Stammkapitals der GmbH dergestalt, dass der Nennbetrag des Stammkapitals das nach Abzug der Schulden verbleibende **Reinvermögen** der Personenhandelsgesellschaft nicht

---

1 Nach OLG Frankfurt/M. v. 19.2.1999 – 20 W 72/99, GmbHR 1999, 411 verstößt die Beibehaltung des Zusatzes „und Partner" nicht gegen § 200 Abs. 1 Satz 2 UmwG.
2 Dazu und zu entsprechenden Gestaltungsmöglichkeiten *Blasche*, GWR 2010, 25.
3 Siehe BGH v. 3.11.1980 – II ZB 1/79, DB 1981, 466.
4 Zur Über- und Unterschreitung des Unternehmensgegenstandes ausführlich *Blasche*, DB 2011, 517 (519 f.). Zu Letzterem OLG Stuttgart v. 14.5.2003 – 20 U 31/02, ZIP 2003, 1981 (1987).

überschreiten darf (zur Ermittlung des Reinvermögens siehe § 220 UmwG Rz. 6ff.). Das Reinvermögen der GmbH muss deshalb mindestens 25000 Euro im Zeitpunkt der Eintragung des Formwechsels in das Handelsregister erreichen. Anderenfalls müssen die Gesellschafter das Reinvermögen der Gesellschaft entsprechend auffüllen (vgl. § 220 UmwG Rz. 8). Liegt das Reinvermögen der Gesellschaft über 25000 Euro, können die Gesellschafter das Stammkapital entsprechend höher festsetzen. Eine Verpflichtung dazu besteht aber nicht. Es bieten sich verschiedene andere Alternativen (siehe dazu sogleich unter Rz. 9).

e) Geschäftsanteile

Gemäß § 3 Abs. 1 Nr. 4 GmbHG sind im Gesellschaftsvertrag auch die Zahl und 9 die Nennbeträge der Geschäftsanteile, die jeder Gesellschafter gegen Einlage auf das Stammkapital (Stammeinlage) übernimmt, anzugeben (vgl. auch § 194 UmwG Rz. 33). Die Festsetzung der Zahl der Geschäftsanteile ist Gegenstand des Formwechselbeschlusses (§ 194 Abs. 1 Nr. 4 UmwG). Die Summe der Nennbeträge der Geschäftsanteile muss mit dem Stammkapital übereinstimmen (§ 5 Abs. 3 Satz 2 GmbHG). Einem Gesellschafter können auch mehrere Geschäftsanteile zugeteilt werden (§ 5 Abs. 2 Satz 2 GmbHG). Jeder Gesellschafter des formwechselnden Rechtsträgers muss wegen des Identitätsprinzips grundsätzlich[1] mindestens einen Geschäftsanteil übernehmen. Der Nennbetrag jedes Geschäftsanteils hat auf volle Euro zu lauten (§ 5 Abs. 2 Satz 1 GmbHG). Ergeben sich bei der Verteilung der Geschäftsanteile überschießende Beträge, können diese in die Rücklagen eingestellt werden[2]. Alternativ können sie nach dem Verhältnis der beteiligten Gesellschafter am Gesellschaftsvermögen auch in Gesellschafterdarlehen umgewandelt werden[3]. Ebenso ist eine Rückzahlung zulässig[4].

Durch die Beschlussfassung über den Gesellschaftsvertrag entsteht keine Verpflich- 10 tung zur Erbringung einer Einlage, weil es bei der Festsetzung der Stammeinlagen nicht um die Begründung von Einlagepflichten, sondern um die Zuordnung der Stammeinlagen zu den einzelnen Gesellschaftern als Rechnungsgrößen geht[5].

---

1 Zum Ein- und Austritt von Gesellschaftern vgl. Rz. 12ff. und § 228 UmwG Rz. 6f.
2 *Joost* in Lutter, § 218 UmwG Rz. 9; *Schlitt* in Semler/Stengel, § 218 UmwG Rz. 16; IDW, WPg 1996, 507 (508); *Timmermans*, DB 1999, 948 (949).
3 *Schlitt* in Semler/Stengel, § 218 UmwG Rz. 16; *Rose* in Maulbetsch/Klumpp/Rose, § 218 UmwG Rz. 6. Allerdings hält *Vossius* in Widmann/Mayer, § 220 UmwG Rz. 55 die Einbuchung als Darlehen nur dann für zulässig, wenn der überschüssige Betrag zunächst in die Kapitalrücklage eingebucht, nach dem Formwechsel die Kapitalrücklage aufgelöst und der Ausschüttungsbetrag dann als Darlehen der Gesellschafter an die Gesellschaft gewährt wird.
4 Ausführlich zu der umstrittenen Frage, inwiefern eine Rückzahlung an Kommanditisten einen Verstoß gegen § 174 HGB darstellen kann *Schlitt* in Semler/Stengel, § 218 UmwG Rz. 16 und § 220 UmwG Rz. 11.
5 *Joost* in Lutter, § 218 UmwG Rz. 10; *Schlitt* in Semler/Stengel, § 218 UmwG Rz. 17.

Die Gesellschafter erbringen ihre Stammeinlagen durch das Vermögen der Personenhandelsgesellschaft, das mit dem Wirksamwerden des Formwechsels zum Vermögen der GmbH als Rechtsträger neuer Rechtsform wird. Das Vermögen der Gesellschaft ist also die von den Gesellschaftern erbrachte **Sacheinlage**[1]. Gemäß § 197 Satz 1 UmwG iVm. § 5 Abs. 4 Satz 1 GmbHG müssen im Gesellschaftsvertrag der Gegenstand der Sacheinlage und der Nennbetrag des Geschäftsanteils, auf den sich die Sacheinlage bezieht, angegeben werden. Dies ist auch beim Formwechsel zu beachten. Demgemäß sind im Gesellschaftsvertrag nicht nur die Gesellschafter und die von ihnen übernommenen Geschäftsanteile anzugeben, sondern auch, dass die jeweiligen Stammeinlagen durch den Formwechsel im Wege der Sacheinlage erbracht worden sind[2], und zwar in Form des Vermögens des formwechselnden Rechtsträgers, also des Handelsgeschäfts der Personenhandelsgesellschaft[3]. Dies gilt auch, wenn die Personenhandelsgesellschaft durch Bargründung gegründet wurde[4]. Wie bei einer Gründung der GmbH im Wege der Sachgründung (§ 5 Abs. 4 Satz 2 GmbHG) ist im Falle des Formwechsels mit einer GmbH als Rechtsträger neuer Rechtsform ein **Sachgründungsbericht** zu erstellen, für den sich in § 220 Abs. 2 UmwG zusätzliche Vorgaben finden (ausführlich dazu unter § 220 UmwG Rz. 15 ff.).

f) Verteilung der Geschäftsanteile

11 Entsprechend den Festsetzungen im Umwandlungsbeschluss (§ 194 Abs. 1 Nr. 4 UmwG) ist im Gesellschaftsvertrag das Vermögen der Gesellschaft den Gesellschaftern durch Verteilung der Geschäftsanteile zuzuordnen (§ 3 Abs. 1 Nr. 4 GmbHG). Dies richtet sich nach dem Verteilungsmaßstab für den Fall der Liquidation der Gesellschaft, der zumeist im Gesellschaftsvertrag des formwechselnden Rechtsträgers geregelt ist[5]. Die Verteilung richtet sich nach den festen Kapitalkonten unter Hinzurechnung bzw. Abzug der variablen Kapitalkonten mit Eigenkapitalcharakter[6]. Andere Positionen, wie zB Darlehenskonten, werden auch in der Kapitalgesellschaft automatisch zu Fremdkapital[7]. Die Gesellschafter sind aber bei der Verteilung der Geschäftsanteile frei. Sie können also mit Zustimmung der Betroffenen auch abweichende Vereinbarungen treffen und an-

---

1 Siehe etwa *Dauner-Lieb/P. W. Tettinger* in KölnKomm. UmwG, § 218 UmwG Rz. 26.
2 *Schlitt* in Semler/Stengel, § 218 UmwG Rz. 17.
3 *Joost* in Lutter, § 218 UmwG Rz. 12.
4 *Schlitt* in Semler/Stengel, § 218 UmwG Rz. 8 f.; *Mayer* in Widmann/Mayer, § 197 UmwG Rz. 42. AA *Decher/Hoger* in Lutter, § 197 UmwG Rz. 16; *Stratz* in Schmitt/Hörtnagl/Stratz, § 197 UmwG Rz. 16.
5 Ua. *Sagasser/Luke* in Sagasser/Bula/Brünger, § 26 Rz. 125.
6 *Schlitt* in Semler/Stengel, § 218 UmwG Rz. 19; *Decher/Hoger* in Lutter, § 194 UmwG Rz. 11; *Dauner-Lieb/P. W. Tettinger* in KölnKomm. UmwG, § 218 UmwG Rz. 30.
7 *Schlitt* in Semler/Stengel, § 218 UmwG Rz. 19; *Vossius* in Widmann/Mayer, § 218 UmwG Rz. 23.

dere Quoten festlegen (nicht-verhältniswahrender Formwechsel; § 194 UmwG Rz. 34 mwN). Eine Quotenverschiebung kann insbesondere Nachfolgeregelungen in Familiengesellschaften vereinfachen.

g) Formwechsel der Kapitalgesellschaft & Co. KG

Das Identitätsprinzip (§ 194 UmwG Rz. 31; § 202 UmwG Rz. 34 f.), nach dem die Gesellschafter des formwechselnden Rechtsträgers auch Gesellschafter des Rechtsträgers neuer Rechtsform werden, führt zu Problemen bei dem Formwechsel der Kapitalgesellschaft & Co. KG, weil hier die **Komplementärgesellschaft regelmäßig nicht am Vermögen der KG beteiligt ist**. Eine Auffassung hält es deshalb für erforderlich, dass die Komplementärgesellschaft vor dem Formwechsel eine Kommanditeinlage (ggf. treuhänderisch) erwirbt. Ein Ausscheiden der Komplementärgesellschaft im Zeitpunkt des Wirksamwerdens des Formwechsels wird für ausgeschlossen gehalten. Dem stehe das Identitätsprinzip entgegen[1]. Eine andere Auffassung hält den Austritt der Komplementärgesellschaft mit dem Wirksamwerden des Formwechsels hingegen für zulässig[2]. Die Regelungen der §§ 194 Abs. 1 Nr. 3, 202 Abs. 1 Nr. 2 Satz 1 UmwG, aus denen das Identitätsprinzip abgeleitet werde, erfassten nach Wortlaut und Sinn nur am Gesellschaftskapital beteiligte Gesellschafter, also nicht die Komplementärgesellschaft der Kapitalgesellschaft & Co. KG, die am Gesellschaftskapital nicht beteiligt sei[3].

12

Die Konsequenz aus der erstgenannten Auffassung ist, dass der Formwechsel einer Kapitalgesellschaft & Co. KG in eine Kapitalgesellschaft davon abhängig gemacht wird, dass sich der persönlich haftende Gesellschafter zuvor, ggf. treuhänderisch, am Gesellschaftsvermögen der KG beteiligt[4]. Ein solches Hindernis ist nach zutreffender letztgenannter Auffassung durch das Gesetz aber nicht gerechtfertigt. Die richtige Schlussfolgerung aus der Tatsache, dass die Komplementärgesellschaft nicht Gesellschafterin der Zielrechtsform werden kann, weil sie nicht am Gesellschaftsvermögen beteiligt ist, kann nur sein, dass die **Komplementärgesellschaft**, wenn sie sich nicht doch noch am Gesellschaftsvermögen beteiligt, zum Zeitpunkt des Wirksamwerdens des Formwechsels aus der Gesellschaft **ausscheidet**[5].

13

---

1 Siehe ua. § 202 UmwG Rz. 31; *Bärwaldt/Schabacker*, ZIP 1998, 1293 (1294); *Mayer*, MittBayNot 1997, 329 (333); *Siegel*, GmbHR 1998, 1208 (1210); *Eilers/Müller-Eising*, WiB 1995, 449 (450).
2 *Schlitt* in Semler/Stengel, § 218 UmwG Rz. 21; *Dauner-Lieb/P. W. Tettinger* in KölnKomm. UmwG, § 218 UmwG Rz. 36; *K. Schmidt*, GmbHR 1995, 693 (696); *Kallmeyer*, GmbHR 1995, 888 (889 f.); *Kallmeyer*, GmbHR 1996, 80; iE auch *Priester*, DB 1997, 560 (566).
3 So auch *Kallmeyer*, GmbHR 1996, 80 (81 ff.).
4 *Bärwaldt/Schabacker*, ZIP 1998, 1293 (1294); *Mayer*, MittBayNot 1997, 329 (333); *Siegel*, GmbHR 1998, 1208 (1210); *Eilers/Müller-Eising*, WiB 1995, 449 (450).
5 *Schlitt* in Semler/Stengel, § 218 UmwG Rz. 21; *Dauner-Lieb/P. W. Tettinger* in KölnKomm. UmwG, § 218 UmwG Rz. 36, jeweils mwN.

14 Der **BGH** musste sich zwar bisher mit dieser Frage noch nicht befassen, es dürfte sich aber aus seiner bisherigen Rechtsprechung ergeben, dass er der hier vertretenen Auffassung zuneigt. So hat er anlässlich der Umwandlung einer AG in eine GmbH & Co. KG ausgeführt, dass aus dem aus §§ 194 Abs. 1 Nr. 3, 202 Abs. 1 Nr. 2 Satz 1 UmwG abzuleitenden Gebot der Kontinuität der Mitgliedschaft bei der umgewandelten Gesellschaft lediglich folge, dass Berechtigte, die zum Zeitpunkt der Eintragung des Formwechsels Anteilsinhaber seien, auch Mitglieder des Rechtsträgers neuer Rechtsform würden[1]. Dem lag allerdings ein Fall zugrunde, in dem die künftige Komplementärin bereits Minderheitsgesellschafterin der formwechselnden Kapitalgesellschaft war. Dies steht dennoch der Eindeutigkeit der Aussage des BGH nicht entgegen. Ist für den Fall der Umwandlung einer Kapitalgesellschaft & Co. die Komplementärgesellschaft gerade nicht am Gesellschaftskapital beteiligt, so dürfte es auf Grundlage der Aussage des BGH zulässig sein, dass sie zum Zeitpunkt der Wirksamwerdens des Formwechsels aus der Gesellschaft ausscheidet. Hierfür spricht, dass es der BGH jedenfalls für den Formwechsel einer LPG in eine GmbH & Co. KG ausdrücklich für möglich gehalten hat, dass der persönlich haftende Gesellschafter im Zuge des Formwechsels neu hinzutritt[2]. Es ist kein Grund ersichtlich, warum dementsprechend nicht auch der Austritt des persönlich haftenden Gesellschafters im Zuge des Formwechsels der GmbH & Co. KG als Ausgangsrechtsform möglich sein sollte. Dennoch empfiehlt sich für die Praxis bis zu einer eindeutigen Entscheidung des BGH aus **Vorsichtsgründen** der Weg über das **Treuhandmodell**[3]. Zur Beschreitung dieses Weges dürfte es aber ausreichend sein, wenn die Komplementärgesellschaft im Rahmen einer nicht verhältniswahrenden Umwandlung ohne vorherige treuhänderische Beteiligung am Gesellschaftsvermögen der KG einen Anteil an der GmbH erhält, den sie eine juristische Sekunde nach dem Wirksamwerden der Umwandlung an den ehemaligen Kommanditisten der KG weiterüberträgt[4].

h) Sonstige Regelungen im Gesellschaftsvertrag

15 Soll das Unternehmen auf eine gewisse Zeit beschränkt sein oder sollen den Gesellschaftern statutarische Nebenleistungspflichten, wie zB die Erbringung weiterer Geldleistungen, auferlegt werden, so bedürfen diese Bestimmungen gemäß § 3 Abs. 2 GmbHG der Aufnahme in den Gesellschaftsvertrag. Die Regelung zum Gründungsaufwand gemäß § 26 Abs. 2 AktG gilt analog[5]. Weicht die Gewinnverteilung in der Personenhandelsgesellschaft von den Kapitalkonten ab,

---

1 BGH v. 9.5.2005 – II ZR 29/03, AG 2005, 613.
2 BGH v. 17.5.1999 – II ZR 293/98, BGHZ 142, 1 (5).
3 So auch *Dauner-Lieb/P. W. Tettinger* in KölnKomm. UmwG, § 218 UmwG Rz. 36 und mit weiteren Alternativvorschlägen *Schlitt* in Semler/Stengel, § 218 UmwG Rz. 22.
4 Ebenso *Dauner-Lieb/P. W. Tettinger* in KölnKomm. UmwG, § 218 UmwG Rz. 36.
5 *Schlitt* in Semler/Stengel, § 218 UmwG Rz. 31; *Joost* in Lutter, § 218 UmwG Rz. 13.

können zur Fortführung der Gewinnverteilung bei der GmbH Vorzugsgeschäftsanteile gebildet werden (§ 29 Abs. 3 Satz 2 GmbHG)[1].

i) Bestellung der Geschäftsführer

Im Rahmen des Formwechsels sind die Geschäftsführer der GmbH zu bestellen. Dies kann im Gesellschaftsvertrag (§ 197 Satz 1 UmwG iVm. § 6 Abs. 3 Satz 2 GmbHG) oder durch gesonderten Gesellschafterbeschluss (§ 197 Satz 1 UmwG iVm. §§ 6 Abs. 3 Satz 2, 46 Nr. 5 GmbHG) erfolgen. Da die neue Rechtsform gemäß § 222 Abs. 1 Satz 1 UmwG von allen Mitgliedern des künftigen Vertretungsorgans zur Eintragung in das Handelsregister anzumelden ist, muss die Bestellung der Geschäftsführer in jedem Fall vor der Anmeldung erfolgen[2]. Zuständig für die Bestellung sind die Gesellschafter der formwechselnden Gesellschaft. Die Bestellung der Geschäftsführer durch sie erfolgt regelmäßig durch gesonderten Beschluss nach dem eigentlichen Formwechselbeschluss. Unterliegt die Gesellschaft hingegen den Bestimmungen des MitbestG, erfolgt die Bestellung der Geschäftsführer durch den Aufsichtsrat (§§ 25, 31 MitbestG). Zudem bedarf es gemäß § 33 Abs. 1 MitbestG der Bestellung eines Arbeitsdirektors. Entsprechende Regelungen gibt es im DrittelbG nicht. 16

j) Bestellung des Aufsichtsrats

Der Gesellschaftsvertrag kann die Bestellung eines **fakultativen** Aufsichtsrats vorsehen (§ 52 GmbHG). In diesem Falle werden die Aufsichtsratsmitglieder allein durch die Gesellschafter der formwechselnden Gesellschaft bestellt. Es ist aber auch denkbar, dass die Gesellschaft aufgrund des Formwechsels in eine Kapitalgesellschaft zwingend einen **mitbestimmten** Aufsichtsrat zu bilden hat, weil sie mehr als 500 Arbeitnehmer (§ 1 Abs. 1 Nr. 3 DrittelbG) oder mindestens 2000 Arbeitnehmer beschäftigt (§ 1 MitbestG). Der Aufsichtsrat ist dann bereits vor dem Wirksamwerden des Formwechsels zu bilden, weil die Mitglieder eines obligatorischen Aufsichtsrats gemäß § 222 Abs. 1 Satz 1 UmwG den Formwechsel zusammen mit den Geschäftsführern zur Eintragung in das Handelsregister anzumelden haben (§ 222 UmwG Rz. 2)[3]. Die Anteilseignervertreter sind auch dann unproblematisch von den Gesellschaftern zu bestellen. Es fragt sich allerdings, zu welchem Zeitpunkt die Arbeitnehmervertreter in den Aufsichtsrat zu 17

---

1 *Schlitt* in Semler/Stengel, § 218 UmwG Rz. 20.
2 *Joost* in Lutter, § 218 UmwG Rz. 14; *Dauner-Lieb/P. W. Tettinger* in KölnKomm. UmwG, § 218 UmwG Rz. 38.
3 *Joost* in Lutter, § 218 UmwG Rz. 16; *Dauner-Lieb/P. W. Tettinger* in KölnKomm. UmwG, § 218 UmwG Rz. 41. AA *Stratz* in Schmitt/Hörtnagl/Stratz, § 222 UmwG Rz. 3; *Vossius* in Widmann/Mayer, § 222 UmwG Rz. 17 f. unter Hinweis darauf, dass bei der GmbH im Gründungsstadium noch kein Aufsichtsrat gebildet werden müsse. Zur Spaltung vgl. BayObLG v. 9.6.2000 – 3Z BR 92/00, GmbHR 2000, 982.

wählen sind. Dies ist aufgrund der langen Dauer des Wahlverfahrens von Bedeutung. Der Zeitpunkt für die Wahl der Arbeitnehmervertreter ist wie bei der normalen Gründung einer GmbH[1] umstritten und sollte daher in jedem Fall vorab mit dem Handelsregister abgestimmt werden[2]. Das GmbHG enthält diesbezüglich keine Regelung und in § 197 Satz 3 UmwG wird § 31 AktG, der die Bestellung des ersten Aufsichtsrats im Falle einer Sachgründung regelt, lediglich für den Formwechsel in eine AG für anwendbar erklärt. Zum Teil wird vertreten, dass die Arbeitnehmervertreter bereits vor dem Wirksamwerden des Formwechsels zu bestellen seien, dies aber ggf. auch durch eine gerichtliche Bestellung gemäß § 104 AktG erreicht werden könne, um Verzögerungen durch die Länge des Wahlverfahrens für die Arbeitnehmervertreter zu vermeiden[3]. Richtigerweise findet aber § 31 AktG für den Formwechsel in eine GmbH **analoge Anwendung**[4], denn beim Formwechsel in eine GmbH besteht eine vergleichbare Situation wie beim Formwechsel in eine AG. Dem Gesetzgeber ging es darum, die bei einer Sachgründung geltende Regelung des § 31 AktG im Falle des Formwechsels für anwendbar zu erklären[5]. Eine Sachgründung liegt aber nicht nur beim Formwechsel in eine AG, sondern auch beim Formwechsel in eine GmbH vor. Für eine unterschiedliche Behandlung beider Zielrechtsformen ist kein Grund ersichtlich. Dementsprechend ist davon auszugehen, dass bei dem Formwechsel in eine GmbH die Gesellschafter analog § 31 Abs. 1 AktG die Anteilseignervertreter bestellen. Die Anmeldung der Gesellschaft durch Geschäftsführung und Aufsichtsrat erfolgt durch die Geschäftsführer und die im Zeitpunkt der Anmeldung bestellten Aufsichtsratsmitglieder (vgl. § 222 UmwG Rz. 2 f.). § 31 Abs. 1 Satz 2 AktG stellt sicher, dass der Aufsichtsrat durch die gemäß § 31 AktG bestellten Aufsichtsratsmitglieder in jedem Fall beschlussfähig ist (vgl. § 108 Abs. 2 Satz 3 AktG) ist. Die Geschäftsführer sind gemäß § 31 Abs. 3 AktG verpflichtet, unverzüglich nach dem Wirksamwerden des Formwechsels durch Eintragung im Handelsregister[6] bekanntzumachen, nach welchen gesetzlichen Vorschriften der Aufsichtsrat nach seiner Ansicht zusammengesetzt sein muss. Die Geschäftsführer können die Bekanntmachung auch freiwillig schon vor der Eintragung des Formwechsels vornehmen[7]. Das weitere Verfahren richtet sich nach

---

1 Siehe dazu etwa *Oetker* in ErfK, 16. Aufl. 2016, § 6 MitbestG Rz. 3 mwN.
2 *Dauner-Lieb/P. W. Tettinger* in KölnKomm. UmwG, § 218 UmwG Rz. 42.
3 *Schlitt* in Semler/Stengel, § 218 UmwG Rz. 27; *Rose* in Maulbetsch/Klumpp/Rose, § 218 UmwG Rz. 14.
4 So auch *Joost* in Lutter, § 218 UmwG Rz. 16; *Jaensch* in Keßler/Kühnberger, § 218 UmwG Rz. 9. Für eine Heranziehung des § 31 AktG in doppelter Analogie *Althoff/Narr* in Böttcher/Habighorst/Schulte, § 218 UmwG Rz. 36.
5 BT-Drucks. 16/2919, S. 19.
6 Siehe *Happ* in FS Maier-Reimer, 2010, S. 173 (177 ff.) zum Formwechsel in die AG. AA *Dauner-Lieb/P. W. Tettinger* in KölnKomm. UmwG, § 218 UmwG Rz. 58 zum Formwechsel in die AG: Unverzüglich nach der Bestellung.
7 So bereits *Happ* in FS Maier-Reimer, 2010, S. 173 (181) zum Formwechsel in die AG.

§ 31 Abs. 3 AktG iVm. §§ 97 bis 99 AktG. Für die Amtszeit der Anteilseignervertreter gilt über § 31 Abs. 5 AktG die Beschränkung des § 30 Abs. 3 Satz 1 AktG.

Obgleich gemäß § 194 Abs. 1 Nr. 7 UmwG im Formwechselbeschluss **Angaben** 18 **über die Folgen des Formwechsels** für die Arbeitnehmervertretungen und damit ua. auch **über den Aufsichtsrat** zu machen sind, ist eine Regelung im Gesellschaftsvertrag im Hinblick auf die Ausgestaltung der Rechtsstellung des Aufsichtsrats zweckmäßig und üblich, wenn auch nicht vorgeschrieben. Im Umwandlungsbeschluss kann insoweit auf die Regelungen im Gesellschaftsvertrag verwiesen werden. Die Bestellung der Aufsichtsratsmitglieder erfolgt regelmäßig durch gesonderten Beschluss nach dem eigentlichen Formwechselbeschluss.

Personenhandelsgesellschaften mit mehr als 2 000 Arbeitnehmern[1] sind häufig 19 in der Rechtsform der **GmbH & Co. KG** organisiert und haben dann unter den Voraussetzungen des § 4 Abs. 1 Satz 1 MitbestG einen bei der Komplementärgesellschaft angesiedelten Aufsichtsrat. Wird in einem solchen Fall die KG umgewandelt, bleiben die Mitglieder des Aufsichtsrats in analoger Anwendung von § 203 Satz 1 UmwG für den Rest ihrer Amtszeit als Mitglieder des Aufsichtsrats des Rechtsträgers neuer Rechtsform im Amt. § 203 Satz 1 UmwG passt zwar vom Wortlaut her nicht, weil nicht die Komplementärgesellschaft, sondern die KG umgewandelt wird, ist aber nach seinem Sinn und Zweck analog anwendbar[2]. Das fehlende Amtsverhältnis der Aufsichtsratsmitglieder zur formwechselnden KG[3] beruht auf den Besonderheiten der Mitbestimmung bei der GmbH & Co. KG und ändert daher nichts an der Fortführung des Amts bei dem Rechtsträger neuer Rechtsform. Die Geschäftsführer werden in diesem Fall vom Aufsichtsrat der Komplementärgesellschaft bestellt (§ 31 MitbestG iVm. § 84 AktG).

4. Formwechsel in eine AG

Die Satzung der AG gehört gemäß § 218 Abs. 1 UmwG zum notwendigen Inhalt 20 des notariell zu beurkundenden Umwandlungsbeschlusses. In der **notariellen Urkunde** sind gemäß § 197 Satz 1 UmwG iVm. § 23 Abs. 2 Nr. 1 AktG die Gründer anzugeben. Den **Gründern** stehen bei einem Einstimmigkeitserfordernis für den Umwandlungsbeschluss (§ 217 Abs. 1 Satz 1 UmwG) alle bisherigen Gesellschafter der Personenhandelsgesellschaft gleich (§ 219 Satz 1 UmwG). Bei einer Mehrheitsentscheidung (§ 217 Abs. 1 Satz 2 und 3 UmwG) treten an die Stelle der Gründer nur die Gesellschafter, die für den Formwechsel gestimmt haben (§ 219 Satz 2 UmwG). Eine Mindestgründerzahl ist nicht vorgeschrieben

---

1 Zur Zurechnung der Arbeitnehmer von Konzernunternehmen siehe § 5 Abs. 2 MitbestG.
2 So auch *Dauner-Lieb/P. W. Tettinger* in KölnKomm. UmwG, § 218 UmwG Rz. 43; *Schlitt* in Semler/Stengel, § 218 UmwG Rz. 28.
3 Aus diesem Grunde gegen eine analoge Anwendung von § 203 Satz 1 UmwG und für eine analoge Anwendung von § 31 AktG *Joost* in Lutter, § 218 UmwG Rz. 16.

(§ 197 Satz 2 UmwG und § 2 AktG). Angaben zum eingezahlten Betrag des Grundkapitals gemäß § 23 Abs. 2 Nr. 3 AktG sind nicht erforderlich, weil das Grundkapital durch das Vermögen der formwechselnden Personenhandelsgesellschaft unterlegt wird (Rz. 26)[1]. Außerdem sind gemäß § 23 Abs. 2 Nr. 2 AktG bei der Gründung einer AG Angaben zur **Übernahme der Aktien** durch die Gründer zu machen. Diese Angaben sind im Falle des Formwechsels bereits gemäß § 194 Abs. 1 Nr. 4 UmwG in den Formwechselbeschluss aufzunehmen[2]. Aufgrund der Nähe des Formwechsels zur Sachgründung sind diese Angaben wegen § 27 Abs. 1 Satz 1 AktG zusätzlich auch in die Satzung aufzunehmen (siehe unter Rz. 26)[3]. Da gemäß § 197 UmwG auf den Formwechsel grundsätzlich die Gründungsvorschriften Anwendung finden und nach der Rechtsprechung des BGH auch der Gründer einer nicht börsennotierten AG zu einer Mitteilung gemäß § 20 AktG verpflichtet ist[4], ist § 20 AktG auch auf den Formwechsel in eine AG anzuwenden[5]. Die Anforderungen an die **Satzung der AG** sollen im Nachfolgenden in ihren wesentlichen Elementen mit Blick auf die bei der Entstehung der AG durch einen Formwechsel relevanten Unterschiede kurz umrissen werden (zu der Anwendung der Gründungsvorschriften für die AG vgl. den Überblick unter § 197 UmwG Rz. 29 ff.).

a) Firma

21 Die Satzung der AG hat deren Firma zu bezeichnen (§ 23 Abs. 3 Nr. 1 AktG). Sie kann entweder neu gebildet oder nach den Maßgaben des § 200 UmwG unter Änderung des Rechtsform beibehalten werden (siehe die Kommentierung zu § 200 UmwG).

b) Sitz

22 Die Satzung muss auch den Sitz der Gesellschaft bestimmen (§ 23 Abs. 3 Nr. 1 AktG). Wird zugleich mit dem Formwechsel eine Sitzverlegung beschlossen, wird der Formwechsel erst mit Eintragung der Gesellschaft in das dann zuständige Handelsregister wirksam (§ 198 Abs. 2 Satz 4 UmwG).

c) Unternehmensgegenstand

23 Die Satzung hat den Gegenstand des Unternehmens zu bestimmen (§ 23 Abs. 3 Nr. 2 AktG). Trotz § 23 Abs. 3 Nr. 2 Halbsatz 2 AktG unterscheiden sich die

---

[1] *Joost* in Lutter, § 218 UmwG Rz. 18.
[2] *Joost* in Lutter, § 218 UmwG Rz. 18.
[3] Ebenso *Dauner-Lieb/P. W. Tettinger* in KölnKomm. UmwG, § 218 UmwG Rz. 50 f. AA *Schlitt* in Semler/Stengel, § 218 UmwG Rz. 36.
[4] BGH v. 24.4.2006 – II ZR 30/05, AG 2006, 501.
[5] *Irriger/Longrée*, NZG 2013, 1289 (1290 f.).

Anforderungen an die Individualisierung des Unternehmensgegenstands bei der AG nicht von denen bei der GmbH[1]. Es gelten die Ausführungen zum Formwechsel in eine GmbH entsprechend (Rz. 7).

d) Grundkapital

Das in der Satzung anzugebende Grundkapital (§ 23 Abs. 3 Nr. 3 AktG) beträgt gemäß § 7 AktG **mindestens 50 000 Euro**. Liegt das Reinvermögen der Gesellschaft über 50 000 Euro, können die Gesellschafter das Grundkapital entsprechend höher festsetzen, müssen dies aber nicht (siehe Rz. 8 f.). **§ 220 Abs. 1 UmwG begrenzt** die Festsetzung des Grundkapitals. Deckt das **Reinvermögen** der Personenhandelsgesellschaft das Grundkapital nicht, ist der Formwechsel unzulässig. Die Gesellschafter können aber bei einer Unterdeckung das Reinvermögen der Gesellschaft vor dem Formwechsel entsprechend auffüllen (§ 220 UmwG Rz. 8). 24

e) Zerlegung des Grundkapitals; Aktiengattungen; Inhaber- oder Namensaktien

§ 23 Abs. 3 Nr. 4 AktG schreibt vor, dass in der Satzung die **Zerlegung des Grundkapitals** entweder in Nennbetragsaktien oder in Stückaktien, bei Nennbetragsaktien deren Nennbeträge und die Zahl der Aktien jedes Nennbetrags sowie bei Stückaktien deren Zahl anzugeben ist. Der Nennbetrag einer Aktie beträgt mindestens 1 Euro (§ 8 Abs. 2 Satz 1 AktG). Das Problem nicht zuordnenbarer Spitzenbeträge wird sich daher in aller Regel nicht stellen. Bei unterschiedlichen Aktiengattungen sind auch die Gattungen und die Zahl der Aktien jeder Gattung in der Satzung anzugeben (§ 23 Abs. 3 Nr. 4 AktG). **Aktien gleicher Gattung** sind Aktien, die gleiche Rechte, insbesondere bei der Verteilung des Gewinns und des Gesellschaftsvermögens, gewähren (§ 11 AktG). Gemäß § 23 Abs. 3 Nr. 5 AktG ist ferner anzugeben, ob die **Aktien auf den Namen oder den Inhaber** ausgestellt werden (§ 10 Abs. 1 AktG). Sind Bareinlagen noch nicht vollständig geleistet, ist nur die Ausgabe von Namensaktien zulässig (§ 10 Abs. 2 AktG). Zu offenen Einlageforderungen siehe § 220 UmwG Rz. 10. 25

f) Angaben gemäß § 27 AktG; Verteilung der Aktien

Die Gesellschafter erbringen ihre Einlagen durch das Vermögen der Personenhandelsgesellschaft, das mit dem Wirksamwerden des Formwechsels zum Vermögen der AG als Rechtsträger neuer Rechtsform wird. Das Vermögen der formwechselnden Personengesellschaft, also das Handelsgeschäft der Personenhandelsgesellschaft, ist die von den Gesellschaftern erbrachte **Sacheinlage**. Die- 26

---

1 *Blasche*, DB 2011, 517.

ser Tatbestand ist gemäß § 27 AktG in der Satzung festzusetzen (siehe dazu bereits unter Rz. 10 mwN). Für die **Verteilung der Aktien** gelten die Ausführungen zu Rz. 11 sinngemäß. Jeder Gesellschafter der Personenhandelsgesellschaft muss grundsätzlich[1] mindestens eine Aktie übernehmen. Es ist ein **Gründungsbericht** zu erstellen, für den sich in § 220 Abs. 2 UmwG zusätzliche Vorgaben finden (ausführlich dazu unter § 220 UmwG Rz. 12 ff.).

g) Sonstige Regelungen in der Satzung

27 Gemäß § 23 Abs. 4 AktG muss die Satzung ferner Bestimmungen über die **Bekanntmachungen** der Gesellschaft enthalten (§ 25 AktG). In der Satzung sind gemäß § 197 Satz 1 UmwG iVm. § 26 AktG die einem Aktionär oder Dritten im Zusammenhang mit dem Formwechsel eingeräumten **Sondervorteile** (§ 26 Abs. 1 AktG) sowie der **Gründungsaufwand**, nämlich der Gesamtaufwand, der zu Lasten der Gesellschaft an Aktionäre oder an andere Personen als Entschädigung oder als Belohnung für die Gründung oder ihre Vorbereitung gewährt wird (§ 26 Abs. 2 AktG), festzusetzen. Haben die Gesellschafter der Personenhandelsgesellschaft **Nebenleistungsverpflichtungen** übernommen, können diese den Aktionären im Rahmen vinkulierter Namensaktien in den Grenzen des § 55 AktG auferlegt werden. Die Anteilsvinkulierung ist auf die Fälle des § 68 Abs. 2 AktG beschränkt. Soll bestimmten Aktionären oder den jeweiligen Inhabern bestimmter Aktien das Recht, **Mitglieder in den Aufsichtsrat zu entsenden**, eingeräumt werden, ist dies ebenfalls in der Satzung zu regeln (§ 101 Abs. 2 Satz 1 AktG)[2].

h) Bestellung des Vorstands

28 In der Satzung sind die Zahl der Mitglieder des Vorstands oder die Regeln, nach denen die Zahl festgelegt wird, anzugeben (§ 23 Abs. 3 Nr. 6 AktG). Die Bestellung des Vorstands erfolgt durch den Aufsichtsrat (§ 84 AktG). Hinsichtlich des Formwechsels einer Kapitalgesellschaft & Co. KG in eine AG sei auf die Ausführungen in Rz. 12–14 verwiesen.

i) Bestellung des Aufsichtsrats

29 Die AG hat einen Aufsichtsrat (§ 95 AktG), dessen Zusammensetzung sich nach den einschlägigen Gesetzen richtet (§ 96 AktG). Für die Bestellung des Aufsichtsrats verweist § 197 Satz 3 UmwG auf § 31 AktG. Es gelten die Ausführungen in Rz. 17 ff. entsprechend.

---

1 Zum Ein- und Austritt von Gesellschaftern vgl. Rz. 12 ff. und § 228 UmwG Rz. 68.
2 *Joost* in Lutter, § 218 UmwG Rz. 35; *Dauner-Lieb/P. W. Tettinger* in KölnKomm. UmwG, § 218 UmwG Rz. 64.

5. Formwechsel in eine KGaA

Für den Formwechsel in eine KGaA gilt im Wesentlichen das Gleiche wie beim Formwechsel in eine AG (Rz. 20 ff.). § 278 Abs. 3 AktG verweist für die Gründung der KGaA auf die für die AG geltenden Gründungsvorschriften. 30

a) Persönlich haftender Gesellschafter (§ 218 Abs. 2 UmwG)

Gemäß § 218 Abs. 2 UmwG muss der Beschluss zur Umwandlung in eine KGaA vorsehen, dass sich an dieser Gesellschaft mindestens ein Gesellschafter der formwechselnden Gesellschaft als persönlich haftender Gesellschafter beteiligt oder dass der Gesellschaft mindestens ein persönlich haftender Gesellschafter beitritt. Damit eröffnet das Gesetz **zwei Möglichkeiten**. Zum einen kann einer der bisherigen Gesellschafter persönlich haftender Gesellschafter in der KGaA werden. Dies gilt unabhängig davon, ob er in der formwechselnden Gesellschaft persönlich haftender Gesellschafter oder Kommanditist ist[1]. Zum anderen ist es aber auch denkbar, dass der persönlich haftende Gesellschafter der Gesellschaft beitritt. Er kann dann durch den Beitritt entweder alleiniger persönlich haftender Gesellschafter werden (auch an Stelle des bisherigen persönlich haftenden Gesellschafters) oder neben andere persönlich haftende Gesellschafter aus dem Kreis der Gesellschafter des formwechselnden Rechtsträgers treten[2]. Jeder bisherige Gesellschafter, der als persönlich haftender Gesellschafter der KGaA vorgesehen ist, muss dem Beschluss über den Formwechsel zustimmen (§ 217 Abs. 3 UmwG). Beitretende Gesellschafter müssen notariell beurkundet ihren Beitritt erklären und die Satzung der KGaA genehmigen (§ 221 UmwG Rz. 2 ff.). 31

Persönlich haftende Gesellschafterin einer KGaA kann auch eine Kapitalgesellschaft oder eine Personenhandelsgesellschaft sein[3], wie § 279 Abs. 2 AktG[4] verdeutlicht.[5] Dies ist insbesondere wichtig für die **Umwandlung der Kapitalgesellschaft & Co. KG in eine KGaA**, weil davon auszugehen ist, dass bei einer derart organisierten Gesellschaft auch nach dem Formwechsel keine natürliche Person die Stellung eines persönlich haftenden Gesellschafters übernehmen soll. Dementsprechend kann beispielsweise die bisherige Komplementär-GmbH der 32

---

1 *Joost* in Lutter, § 218 UmwG Rz. 38; *Schlitt* in Semler/Stengel, § 218 UmwG Rz. 48.
2 *Joost* in Lutter, § 218 UmwG Rz. 38; *Schlitt* in Semler/Stengel, § 218 UmwG Rz. 49.
3 BGH v. 24.2.1997 – II ZB 11/96, BGHZ 134, 392 (393 ff.) = GmbHR 1997, 595 zur GmbH als tauglicher persönlich haftende Gesellschafterin einer KGaA (siehe auch *Hüffer/Koch*, § 278 AktG Rz. 8).
4 Seit der Neufassung durch Art. 8 Nr. 5 HRefG v. 22.6.1998, BGBl. I 1998, S. 1474 (1479).
5 Nach BGH v. 9.5.2005 – II ZR 29/03, AG 2005, 613 (allerdings zur Umwandlung einer AG in eine GmbH & Co. KG) ist es zur Wahrung der Kontinuität der Mitgliedschaft nicht geboten, die bisherigen Aktionäre an der Komplementärgesellschaft zu beteiligen. Zu der Frage, ob die Gesellschafter einen Anspruch auf Beteiligung an der Komplementär-GmbH haben, vgl. *Dirksen/Möhrle*, ZIP 1998, 1377 (1381 f.).

GmbH & Co. KG, nicht aber die GmbH & Co. KG selber[1], persönlich haftende Gesellschafterin der KGaA werden. Anstelle dessen kann auch eine Kapitalgesellschaft als persönlich haftende Gesellschafterin der KGaA beitreten.

33 Der persönlich haftende Gesellschafter kann mit einer **Kapitaleinlage** beteiligt sein, muss dies aber nicht. **Vermögenseinlagen** des persönlich haftenden Gesellschafters, **die nicht auf das Grundkapital geleistet werden**, müssen als Sondereinlagen nach Höhe und Art in der Satzung festgesetzt werden (§ 281 Abs. 2 AktG).

b) Satzung

34 Der Inhalt der Satzung der KGaA richtet sich gemäß § 278 Abs. 3 AktG grundsätzlich nach den Vorschriften über die Satzung der AG (vgl. Rz. 20 ff.). Bezüglich der Firma der KGaA gelten § 279 AktG und § 200 UmwG. Für die Feststellung und den Inhalt der Satzung gelten ferner die Sondervorschriften der §§ 280, 281 AktG. Die Satzung der KGaA muss gemäß § 281 Abs. 1 AktG außer den Festsetzungen nach § 23 Abs. 3 und 4 AktG den Namen, Vornamen und Wohnort jedes persönlich haftenden Gesellschafters enthalten. Ist der persönlich haftende Gesellschafter keine natürliche Person, sondern eine Kapitalgesellschaft oder eine Personenhandelsgesellschaft, ist zumindest die Angabe der Firma und des Sitzes der Gesellschaft erforderlich[2]. Der persönlich haftende Gesellschafter kann zugleich Kommanditaktionär sein. Soll er eine Vermögenseinlage erbringen, die nicht auf das Grundkapital zu leisten ist, muss dies ebenfalls nach Art und Höhe in der Satzung festgesetzt werden (§ 281 Abs. 2 AktG). Eine solche Vermögenseinlage wird nach der Satzung der KGaA in der Regel wie bei einer Personenhandelsgesellschaft auf ein festes Kapitalkonto des persönlich haftenden Gesellschafters gebucht[3]. Für den persönlich haftenden Gesellschafter sind §§ 282, 283 AktG zu beachten.

c) Sonstiges

35 Für die Bestellung des Aufsichtsrats ist in analoger Anwendung von § 197 Satz 3 UmwG die Regelung in § 31 AktG maßgeblich[4]. Die Ausführungen in Rz. 17 ff. über die Bestellung des Aufsichtsrats gelten entsprechend.

---

1 *Schlitt* in Semler/Stengel, § 218 UmwG Rz. 50; *Dauner-Lieb/P. W. Tettinger* in Köln-Komm. UmwG, § 218 UmwG Rz. 67.
2 *Perlitt* in MünchKomm. AktG, 4. Aufl. 2015, § 281 AktG Rz. 11.
3 *Schlitt* in Semler/Stengel, § 218 UmwG Rz. 54.
4 *Joost* in Lutter, § 218 UmwG Rz. 46.

§ 219
Rechtsstellung als Gründer

Bei der Anwendung der Gründungsvorschriften stehen den Gründern die Gesellschafter der formwechselnden Gesellschaft gleich. Im Falle einer Mehrheitsentscheidung treten an die Stelle der Gründer die Gesellschafter, die für den Formwechsel gestimmt haben, sowie beim Formwechsel in eine Kommanditgesellschaft auf Aktien auch beitretende persönlich haftende Gesellschafter.

1. Überblick 1
2. Gründer bei einstimmigem Formwechselbeschluss (§ 219 Satz 1 UmwG) 2
3. Gründer bei Mehrheitsbeschluss (§ 219 Satz 2 Halbsatz 1 UmwG) . 4
4. Gründer beim Formwechsel in die KGaA (§ 219 Satz 2 Halbsatz 2 UmwG) 6
5. Inhalt der Gründerverantwortung beim Formwechsel in eine GmbH . 7
   a) Differenzhaftung gemäß § 9 GmbHG 8
   b) Haftung für falsche Angaben gemäß §§ 9a, 9b GmbHG 9
   c) Vorbelastungs- bzw. Unterbilanzhaftung 10
   d) Keine Handelndenhaftung (§ 11 Abs. 2 GmbHG) 11
6. Inhalt der Gründerverantwortung beim Formwechsel in eine AG oder KGaA 12

Literatur: *Moog*, Differenzhaftung im Umwandlungsrecht, 2009; *Wälzholz*, Aktuelle Probleme der Unterbilanz- und Differenzhaftung bei Umwandlungsvorgängen, AG 2006, 469; *Wolf*, Die Haftung des Kommanditisten beim Formwechsel in die GmbH, ZIP 1996, 1200; *Zürbig*, Der Formwechsel einer Personengesellschaft in eine Kapitalgesellschaft, 1999.

1. Überblick

Nach § 197 Satz 1 UmwG sind auf den Formwechsel die für die neue Rechtsform geltenden Gründungsvorschriften anzuwenden, soweit sich nicht aus den Vorschriften zum Formwechsel etwas anderes ergibt. Dieser Verweis bezieht sich auch auf die Regelungen zur Gründerhaftung. § 219 UmwG enthält, da der Formwechsel keine von den allgemeinen Gründungsvorschriften vorausgesetzte Neugründung darstellt, eine notwendige **Ergänzung zu § 197 UmwG**, indem er festlegt, wer im Falle des Formwechsels von Personengesellschaften als Gründer zu behandeln ist. 1

2. Gründer bei einstimmigem Formwechselbeschluss (§ 219 Satz 1 UmwG)

Im Falle des einstimmig beschlossenen Formwechsels stehen nach § 219 Satz 1 UmwG **alle Gesellschafter** den Gründern gleich. Die Gründerhaftung beginnt mit dem Wirksamwerden des Formwechsels durch Eintragung in das Handels- 2 register, so dass derjenige Adressat der Gründerhaftung ist, der zu diesem Zeitpunkt Gesellschafter des formwechselnden Rechtsträgers ist[1]. Wird also die Beteiligung davor übertragen, unterliegt nur der Erwerber der Gründerhaftung. Scheidet ein Gesellschafter mit dem Wirksamwerden des Formwechsels aus der Gesellschaft aus, ist § 219 UmwG nicht anwendbar[2]. Dies gilt insbesondere für die in der Regel nicht am Gesellschaftsvermögen beteiligte Komplementärgesellschaft der Kapitalgesellschaft & Co. KG, sofern man davon ausgeht, dass diese mit dem Wirksamwerden des Formwechsels aus der Gesellschaft ausscheidet, wenn sie sich nicht doch noch am Gesellschaftsvermögen beteiligt (siehe zu diesem Streitpunkt § 218 UmwG Rz. 12 ff.).

3 Die **Gründerhaftung trifft auch Kommanditisten**, und zwar selbst dann, wenn sie ihre Kommanditeinlage voll erbracht haben[3]. Nach aA soll § 219 UmwG im Wege der teleologischen Reduktion auf Kommanditisten keine Anwendung finden.[4] Dies überzeugt nicht[5]. Eine einschränkende Auslegung ist zudem überflüssig. Den Kommanditisten trifft die Gründerhaftung nur, wenn er der Umwandlung zustimmt. Möchte er das nicht, kann er seine Ablehnung ankündigen und die Gesellschafter veranlassen, in den Gesellschaftsvertrag eine Klausel aufzunehmen, die einen Mehrheitsbeschluss ausreichen lässt (vgl. § 217 UmwG Rz. 7)[6]. Diese Gestaltungsmöglichkeit stößt freilich dort auf Grenzen, wo aufgrund der fehlenden Zustimmung des Kommanditisten die für den Formwechsel erforderliche Mehrheit nicht mehr erreicht werden kann[7]. Dann ist an **Alternativen** wie die verschiedenen Anwachsungsmodelle zu denken (dazu § 214 UmwG Rz. 5)[8].

3. Gründer bei Mehrheitsbeschluss (§ 219 Satz 2 Halbsatz 1 UmwG)

4 Bestimmt der Gesellschaftsvertrag, dass der Umwandlungsbeschluss mehrheitlich gefasst werden kann (§ 217 Abs. 1 Satz 2 und 3 UmwG), treten gemäß § 219

---

1 *Vossius* in Widmann/Mayer, § 219 UmwG Rz. 5 f.; *Schlitt* in Semler/Stengel, § 219 UmwG Rz. 5; *Drinhausen/Keinath* in Hensssler/Strohn, § 219 UmwG Rz. 7.
2 *Schlitt* in Semler/Stengel, § 219 UmwG Rz. 5. AA *Joost* in Lutter, § 219 UmwG Rz. 2.
3 *Petersen* in KölnKomm. UmwG, § 219 UmwG Rz. 4 ff.; *Vossius* in Widmann/Mayer, § 219 UmwG Rz. 25 mit Fn. 4; *Schlitt* in Semler/Stengel, § 219 UmwG Rz. 14; *Priester*, DNotZ 1995, 427 (452).
4 *Joost* in Lutter, § 219 UmwG Rz. 4; *Wolf*, ZIP 1996, 1200 ff.
5 *Schlitt* in Semler/Stengel, § 219 UmwG Rz. 14; *Petersen* in KölnKomm. UmwG, § 219 UmwG Rz. 4 ff. Siehe auch *Stratz* in Schmitt/Hörtnagl/Stratz, § 219 UmwG Rz. 3.
6 Stimmt der Kommanditist bei einem solchen Mehrheitsbeschluss dann gegen den Formwechsel oder enthält er sich der Stimme, unterliegt er keiner Gründerverantwortung, unabhängig davon, ob er von der Möglichkeit, gegen Barabfindung aus der Gesellschaft auszuscheiden (§§ 207 ff. UmwG), Gebrauch macht (Rz. 4 f.).
7 *Rose* in Maulbetsch/Klumpp/Rose, § 219 UmwG Rz. 6.
8 Siehe *Schlitt* in Semler/Stengel, § 219 UmwG Rz. 18.

Satz 2 Halbsatz 1 UmwG an die Stelle der Gründer **nur die Gesellschafter, die für den Formwechsel gestimmt haben.** Sie sind deshalb gemäß § 217 Abs. 2 UmwG in der Niederschrift über den Umwandlungsbeschluss namentlich aufzuführen. Die Regelung in § 219 Satz 2 Halbsatz 1 UmwG hat zur Folge, dass in den Fällen, in denen der Formwechsel mit qualifizierter Mehrheit beschlossen wird, Gesellschafter, die gegen den Formwechsel gestimmt oder sich der Stimme enthalten haben, keiner Gründerverantwortung unterliegen. Die durch § 217 Abs. 1 Satz 2 und 3 UmwG eingeräumte **Gestaltungsmöglichkeit** kann also zulässigerweise dazu genutzt werden, erst anlässlich eines geplanten Formwechsels die Möglichkeit einer Mehrheitsentscheidung durch Änderung des Gesellschaftsvertrages einzuräumen, damit den Formwechsel zu ermöglichen und alle Gesellschafter, die nicht für den Formwechsel gestimmt haben, der Gründerhaftung zu entziehen[1].

Hat ein Gesellschafter für den Formwechsel gestimmt, unterliegt er auch dann der Gründerverantwortung, wenn er anschließend gegen den Beschluss Widerspruch zur Niederschrift erklärt[2] und letztlich gemäß §§ 207, 209 UmwG **gegen Barabfindung** aus der Gesellschaft **ausscheidet.** Stimmt ein Gesellschafter jedoch gegen den Formwechsel oder enthält er sich der Stimme, scheidet eine Gründerverantwortung in jedem Fall aus, denn diese ist nicht an die Ausübung des Rechts nach §§ 207 ff. UmwG geknüpft[3]. 5

4. Gründer beim Formwechsel in die KGaA (§ 219 Satz 2 Halbsatz 2 UmwG)

Tritt der Gesellschaft beim Formwechsel in die KGaA ein **persönlich haftender Gesellschafter** bei und genehmigt er die Satzung der Gesellschaft (§ 221 Satz 2 UmwG), erlangt er gemäß § 219 Satz 2 Halbsatz 2 UmwG die Stellung eines Gründers. Dafür ist es unerheblich, ob der Formwechselbeschluss einstimmig oder per Mehrheitsbeschluss gefasst wurde[4]. Tritt der persönlich haftende Gesellschafter erst nach dem Wirksamwerden des Formwechsels bei, findet § 219 Satz 2 UmwG keine Anwendung. Der beitretende persönlich haftende Gesellschafter haftet aber in jedem Fall gemäß § 278 Abs. 2 AktG, §§ 161 Abs. 2, 128, 130 HGB für die vor seinem Beitritt begründeten Verbindlichkeiten der Gesellschaft[5]. 6

---

1 *Joost* in Lutter, § 219 UmwG Rz. 5; vgl. auch § 217 UmwG Rz. 7.
2 Ein solches Verhalten ist nach richtiger Auffassung möglich. Siehe dazu oben *Meister/ Klöcker*, § 207 UmwG Rz. 15 mwN auch zur aA.
3 Siehe auch *Stratz* in Schmitt/Hörtnagl/Stratz, § 219 UmwG Rz. 3; *Petersen* in Köln-Komm. UmwG, § 219 UmwG Rz. 10.
4 *Joost* in Lutter, § 219 UmwG Rz. 6; *Schlitt* in Semler/Stengel, § 219 UmwG Rz. 8.
5 *Joost* in Lutter, § 219 UmwG Rz. 8; *Schlitt* in Semler/Stengel, § 219 UmwG Rz. 9.

5. Inhalt der Gründerverantwortung beim Formwechsel in eine GmbH

7 Der Inhalt der Gründerverantwortung ergibt sich aus dem Verweis in § 197 Satz 1 UmwG auf die Gründungsvorschriften der Kapitalgesellschaften, die anwendbar sind, soweit sich aus dem Umwandlungsgesetz nichts anderes ergibt. Dies bedeutet vor allem, dass die **Vorschriften über die Gründerhaftung** anwendbar sind[1].

a) Differenzhaftung gemäß § 9 GmbHG

8 Bei dem Formwechsel in eine GmbH unterliegen die Gesellschafter der Differenzhaftung nach § 9 GmbHG (vgl. dazu auch § 24 GmbHG), mit Ausnahme derer, die im Falle einer Mehrheitsentscheidung gegen den Formwechsel gestimmt oder sich der Stimme enthalten haben[2]. Eine Ausnahme von dieser Haftung für Kommanditisten besteht nicht (siehe unter Rz. 3).

b) Haftung für falsche Angaben gemäß §§ 9a, 9b GmbHG

9 Im Rahmen des Formwechsels haften die Gründer gemäß §§ 9a, 9b GmbHG für falsche Angaben, insbesondere in dem durch sie zu erstellenden **Sachgründungsbericht** (siehe dazu § 220 UmwG Rz. 15 ff.).

c) Vorbelastungs- bzw. Unterbilanzhaftung

10 Die Gründer unterliegen ferner der als reine Innenhaftung[3] ausgestalteten Vorbelastungs- bzw. Unterbilanzhaftung, wenn der Wert des Gesellschaftsvermögens im Zeitpunkt der Eintragung des Formwechsels in das Handelsregister das Stammkapital der Gesellschaft nicht deckt[4].

d) Keine Handelndenhaftung (§ 11 Abs. 2 GmbHG)

11 Die Handelndenhaftung gemäß § 11 Abs. 2 GmbHG ist im Falle des Formwechsels in eine GmbH nicht Bestandteil der Gründerhaftung, denn alle Handlungen

---

1 Siehe ua. *Stratz* in Schmitt/Hörtnagl/Stratz, § 219 UmwG Rz. 2; *Priester*, DNotZ 1995, 421 (452); BT-Drucks. 12/6699, S. 141.
2 So ua. *Schlitt* in Semler/Stengel, § 219 UmwG Rz. 13; *Joost* in Lutter, § 219 UmwG Rz. 3; *Habersack/Schürnbrand*, NZG 2007, 81 (84). Dagegen bejahen eine Differenzhaftung auch im Falle der verweigerten Zustimmung *Decher/Hoger* in Lutter, § 197 UmwG Rz. 38; *Vossius* in Widmann/Mayer, § 219 UmwG Rz. 22 f.
3 BGH v. 24.10.2005 – II ZR 129/04, GmbHR 2006, 88.
4 Für die GmbH-Gründung BGH v. 9.3.1981 – II ZR 54/80, BGHZ 80, 129 (140 ff.); v. 27.1.1997 – II ZR 123/94, BGHZ 134, 333 (338). Für den Formwechsel in eine GmbH ua. *Schlitt* in Semler/Stengel, § 219 UmwG Rz. 15; *Joost* in Lutter, § 219 UmwG Rz. 3.

vor Eintragung des Formwechsels erfolgen für den formwechselnden Rechtsträger in seiner bisherigen Rechtsform[1].

6. Inhalt der Gründerverantwortung beim Formwechsel in eine AG oder KGaA

Die Gründerhaftung ist beim Formwechsel in eine **AG oder KGaA** vergleichbar mit der beim Formwechsel in eine GmbH (Rz. 7 ff.)[2]. Auch hier ist sowohl eine Differenzhaftung der Gründer[3] als auch eine Vorbelastungs- bzw. Unterbilanzhaftung denkbar[4]. Ferner haften die Gründer gemäß § 46 AktG (iVm. § 278 Abs. 3 AktG) für falsche Angaben, insbesondere im Zusammenhang mit dem Gründungsbericht. Eine Handelndenhaftung gemäß § 41 Abs. 1 Satz 2 AktG (iVm. § 278 Abs. 3 AktG) scheidet wie beim Formwechsel in eine GmbH aus.

12

§ 220
Kapitalschutz

(1) Der Nennbetrag des Stammkapitals einer Gesellschaft mit beschränkter Haftung oder des Grundkapitals einer Aktiengesellschaft oder einer Kommanditgesellschaft auf Aktien darf das nach Abzug der Schulden verbleibende Vermögen der formwechselnden Gesellschaft nicht übersteigen.

(2) In dem Sachgründungsbericht beim Formwechsel in eine Gesellschaft mit beschränkter Haftung oder in dem Gründungsbericht beim Formwechsel in eine Aktiengesellschaft oder in eine Kommanditgesellschaft auf Aktien sind auch der bisherige Geschäftsverlauf und die Lage der formwechselnden Gesellschaft darzulegen.

(3) Beim Formwechsel in eine Aktiengesellschaft oder in eine Kommanditgesellschaft auf Aktien hat die Gründungsprüfung durch einen oder mehrere Prüfer (§ 33 Abs. 2 des Aktiengesetzes) in jedem Fall stattzufinden. Die für Nachgründungen in § 52 Abs. 1 des Aktiengesetzes bestimmte Frist von zwei Jahren beginnt mit dem Wirksamwerden des Formwechsels.

---

1 Ua. *Joost* in Lutter, § 219 UmwG Rz. 3; *Schlitt* in Semler/Stengel, § 219 UmwG Rz. 16; *Vossius* in Widmann/Mayer, § 219 UmwG Rz. 21. AA hier in der 4. Aufl. *Dirksen*, § 219 UmwG Rz. 4; *Mayer* in Widmann/Mayer, § 197 UmwG Rz. 195 ff.; *Bärwaldt/ Schabacker*, ZIP 1998, 1293 (1295 f.).
2 *Schlitt* in Semler/Stengel, § 219 UmwG Rz. 17.
3 BGH v. 27.2.1975 – II ZR 111/72, BGHZ 64, 53 (62); BGH v. 14.3.1977 – II ZR 156/75, BGHZ 68, 191 (195).
4 *Hüffer/Koch*, § 41 AktG Rz. 8 f. mwN. Für die KGaA *Bachmann* in Spindler/Stilz, § 280 AktG Rz. 18.

§ 220 | Formwechsel von Personenhandelsgesellschaften

1. Kapitaldeckung (§ 220 Abs. 1 UmwG) 1
   a) Stammkapital und Grundkapital 2
   b) Reinvermögensdeckung 4
   c) Ermittlung des Reinvermögens 6
   d) Deckung durch Bar- oder Sacheinlagen 9
   e) Offene Einlageforderungen ... 10
   f) Bilanzierung (*Lanfermann*) ... 11
   g) Versicherung gemäß § 8 Abs. 2 GmbHG bzw. Erklärung gemäß § 37 Abs. 1 AktG 12
   h) Nachweis der Kapitaldeckung . 13
2. Zusätzliche Anforderungen an den Inhalt des (Sach-)Gründungsberichts (§ 220 Abs. 2 UmwG) ... 15
3. Gründungsprüfung (§ 220 Abs. 3 Satz 1 UmwG) 18
4. Nachgründung (§ 220 Abs. 3 Satz 2 UmwG) 19

Literatur: *Carlé/Bauschatz*, Der Ausgleichsposten nach § 220 Abs. 1 UmwG im Umwandlungs- und Umwandlungssteuerrecht, GmbHR 2001, 1149; *Fischer*, Formwechsel zwischen GmbH und GmbH & Co. KG, BB 1995, 2173; *Habersack/Schürnbrand*, Das Schicksal gebundener Ansprüche beim Formwechsel, NZG 2007, 81; *Kallmeyer*, Der Formwechsel der GmbH oder GmbH & Co. in die AG oder KGaA zur Vorbereitung des Going public, GmbHR 1995, 888; *Petersen*, Der Gläubigerschutz im Umwandlungsrecht, 2001; *Priester*, Kapitalgrundlage beim Formwechsel, DB 1995, 911; *Priester*, Gründungsrecht contra Identitätsprinzip – Kapitalausstattung beim Formwechsel, FS Zöllner, Band I, 1998, S. 449; *K. Schmidt*, Volleinzahlungsgebot beim Formwechsel in die AG oder GmbH?, ZIP 1995, 1385; *Timmermans*, Kapitalaufbringung und Kapitalfestsetzung bei dem Formwechsel einer Personenhandelsgesellschaft in eine Kapitalgesellschaft, DB 1999, 948; *Wälzholz*, Aktuelle Probleme der Unterbilanz- und Differenzhaftung bei Umwandlungsvorgängen, AG 2006, 469; *Wolfsteiner*, Gründungsaufwand beim Formwechsel, FS Bezzenberger, 2000, S. 467; vgl. auch die Angaben zu § 214 UmwG.

1. Kapitaldeckung (§ 220 Abs. 1 UmwG)

1 Die in § 220 Abs. 1 UmwG enthaltene Regelung zur Kapitaldeckung ist für den Formwechsel einer Personenhandelsgesellschaft in eine Kapitalgesellschaft erforderlich, weil zum **Schutz der Gläubiger** die Deckung des Stamm- bzw. Grundkapitals des Rechtsträgers neuer Rechtsform auch im Falle des Formwechsels gesichert sein muss[1]. So wird im Interesse der Gläubiger des Rechtsträgers neuer Rechtsform[2] sichergestellt, dass dieser zumindest anfangs mit einem Reinvermögen ausgestattet ist, das seinem Stamm- bzw. Grundkapital entspricht. § 220 Abs. 1 UmwG schützt aber ebenso die Gläubiger der formwechselnden Personenhandelsgesellschaft, denn diese verlieren nach Ablauf der Fristen des § 224 UmwG den Zugriff auf die Gesellschafter und sind dann allein auf das Gesellschaftsvermögen des Rechtsträgers neuer Rechtsform als Haftungsmasse verwiesen. Zwar sind auf den Formwechsel gemäß § 197 Satz 1 UmwG grundsätzlich

---

1 BT-Drucks. 12/6699, S. 150.
2 Zu dem durch § 220 Abs. 1 UmwG bewirkten Gläubigerschutz etwa *Joost* in Lutter, § 220 UmwG Rz. 2; *Petersen* in KölnKomm. UmwG, § 220 UmwG Rz. 3.

die Gründungsvorschriften anzuwenden, hieraus folgt aber keine rechtliche Gleichstellung des Formwechsels mit der Gründung, da dieser nicht mit einem Vermögensübergang verbunden ist und beim Formwechsel dem Rechtsträger nicht „von außen" durch die Gesellschafter (Sach-)Einlagen zugeführt werden, sondern das dem formwechselnden Rechtsträger bereits zugeordnete eigene Vermögen bei diesem verbleibt[1]. Die Grundsätze der Kapitaldeckung beziehen sich daher anders als bei der Gründung auf das dem formwechselnden Rechtsträger bereits zugeordnete eigene Vermögen und dies ist auch bei der Anwendung der Gründungsvorschriften zu berücksichtigen[2]. Daher können beispielsweise grundsätzlich auch Forderungen der Gesellschaft gegen die Gesellschafter bei der Kapitaldeckung berücksichtigt werden, obgleich diese kein tauglicher Gegenstand einer Sacheinlage sein können, denn § 7 Abs. 3 GmbHG findet hier keine Anwendung[3].

a) Stammkapital und Grundkapital

Die Höhe des Stammkapitals der GmbH bzw. des Grundkapitals der AG ergibt sich aus den jeweiligen Vorschriften im GmbHG und AktG. Danach beträgt das Stammkapital der GmbH mindestens 25 000 Euro (§ 5 Abs. 1 GmbHG)[4] und das Grundkapital der AG mindestens 50 000 Euro (§ 7 AktG). Stamm- bzw. Grundkapital sind im Gesellschaftsvertrag der GmbH bzw. der Satzung der AG zu bestimmen (§ 3 Abs. 1 Nr. 3 GmbHG bzw. § 23 Abs. 3 Nr. 3 AktG), wobei der Gesellschaftsvertrag bzw. die Satzung zu dem Inhalt des Umwandlungsbeschlusses gehört (§ 218 Abs. 1 Satz 1 UmwG).

Das Vermögen der Gesellschaft und das von den Gesellschaftern aufzubringende Stamm- bzw. Grundkapital sind nicht identisch. Das Stamm bzw. Grundkapital ist ein reiner Rechnungsposten in der Bilanz[5]. Es muss durch das Aktivvermögen der Gesellschaft rechnerisch, wertmäßig und bilanziell abgedeckt sein (**Kapitaldeckungsprinzip**).

---

1 OLG Frankfurt a.M. v. 19.3.2015 – 20 W 160/13, GmbHR 2015, 808 = RNotZ 2015, 373 (375f.) m. Anm. *Blasche*.
2 OLG Frankfurt a.M. v. 19.3.2015 – 20 W 160/13, GmbHR 2015, 808 = RNotZ 2015, 373 (375f.) m. Anm. *Blasche*. Siehe auch *Priester* in FS Zöllner, 1998, S. 449 (465); *Schlitt* in Semler/Stengel, § 218 UmwG Rz. 8.
3 OLG Frankfurt a.M. v. 19.3.2015 – 20 W 160/13, GmbHR 2015, 808 = RNotZ 2015, 373 (375f.) m. Anm. *Blasche*. Vgl. auch oben *Meister/Klöcker*, § 197 UmwG Rz. 24.
4 Ein Formwechsel in die UG (haftungsbeschränkt), bei der das Stammkapital den Betrag des Mindeststammkapitals unterschreiten (§ 5a Abs. 1 GmbHG) und sogar nur 1 Euro betragen kann (§ 5 Abs. 2 Satz 1 GmbHG), ist nicht möglich (§ 214 UmwG Rz. 8).
5 Dazu und zu dem Folgenden etwa *K. Schmidt*, Gesellschaftsrecht, § 37 III 1b; *Joost* in Lutter, § 220 UmwG Rz. 5; *Petersen* in KölnKomm. UmwG, § 220 UmwG Rz. 5.

b) Reinvermögensdeckung

4 § 220 Abs. 1 UmwG macht die Zulässigkeit des Formwechsels davon abhängig, dass die Deckung des in dem Gesellschaftsvertrag bzw. der Satzung festgesetzten Stamm- bzw. Grundkapitals gewährleistet ist. Nach dem Konzept des § 220 Abs. 1 UmwG wird der angestrebte Kapitalschutz also dadurch erreicht, dass das Stamm- bzw. Grundkapital des Rechtsträgers neuer Rechtsform maximal die Höhe des Reinvermögens der formwechselnden Gesellschaft betragen darf. Ein etwaiges Agio bleibt beim Formwechsel in eine GmbH, nicht hingegen beim Formwechsel in eine AG[1], außer Betracht[2].

5 Aus § 220 Abs. 1 UmwG folgt, dass der Formwechsel – sofern die Gesellschafter das Vermögen der Gesellschaft nicht auffüllen (Rz. 8) – ausgeschlossen ist, wenn bei dem Rechtsträger neuer Rechtsform eine materielle Unterbilanz bestehen würde oder er sogar überschuldet wäre. Die rein formelle Unterbilanz, also eine Unterbilanz auf Grundlage der Buchwerte, ist unschädlich, sofern die Verkehrswerte[3] das gewünschte Stamm- bzw. Grundkapital des Rechtsträgers neuer Rechtsform decken, also trotz formeller Unterbilanz keine materielle Unterbilanz vorliegt[4]. Eine Unterbilanz liegt vor, wenn das Aktivvermögen nach Abzug der Schulden das Stamm- bzw. Grundkapital der Gesellschaft nicht erreicht[5]. Eine Überschuldung besteht, wenn das Aktivvermögen noch nicht einmal die Schulden der Gesellschaft deckt[6]. Danach ist die gemäß § 220 Abs. 1 UmwG erforderliche Kapitaldeckung also gegeben, wenn der Rechtsträger **im Zeitpunkt der Registeranmeldung**[7] über ein Aktivvermögen verfügt, das die Schulden und das Stamm- bzw. Grundkapital des Rechtsträgers neuer Rechtsform deckt.

c) Ermittlung des Reinvermögens

6 Weder aus dem Gesetz noch aus den Gesetzesmaterialien ergibt sich, nach welchen Maßstäben das Reinvermögen der Gesellschaft festzustellen ist. Wäre das Reinvermögen am Jahresabschluss der Personengesellschaft zu messen, müsste auf die Buchwerte zurückgegriffen werden. Die Buchwerte können aber bei ge-

---

1 Siehe dazu BGH v. 6.12.2011 – II ZR 149/10, NZG 2012, 69 (71, Rz. 16 ff.) = AG 2012, 87.
2 *Vossius* in Widmann/Mayer, § 220 UmwG Rz. 10 (auch bezüglich des Agios beim Formwechsel in eine AG).
3 Siehe zur Ermittlung des Reinvermögens ausführlich sogleich in Rz. 6 ff.
4 OLG Frankfurt a.M. v. 19.3.2015 – 20 W 160/13, GmbHR 2015, 808 = RNotZ 2015, 373, 377 m. Anm. *Blasche*.
5 *K. Schmidt*, Gesellschaftsrecht, § 37 III 1d; *Joost* in Lutter, § 220 UmwG Rz. 8; *Schlitt* in Semler/Stengel, § 220 UmwG Rz. 10.
6 Siehe die Nachweise in der vorangehenden Fn.
7 Siehe etwa *Vossius* in Widmann/Mayer, § 220 UmwG Rz. 16; *Joost* in Lutter, § 220 UmwG Rz. 14. Für bis zur Eintragung eintretende Vermögensminderungen gelten die Grundsätze der Vorbelastungs- bzw. Unterbilanzhaftung (siehe § 219 UmwG Rz. 10 sowie auch *Joost* in Lutter, § 220 UmwG Rz. 14).

nauer Betrachtung für § 220 Abs. 1 UmwG nicht maßgeblich sein. So stellte schon die zum früheren Recht hM bezüglich §§ 40 ff. bzw. §§ 46 ff. UmwG 1969 auf die wirklichen Werte ab und bestimmte sie durch sorgfältige Ermittlung der Zeitwerte[1]. Dies folgte schon daraus, dass gemäß §§ 40 ff., 46 ff. UmwG 1969 die Personenhandelsgesellschaft nicht formwechselnd „in", sondern übertragend „auf" eine Kapitalgesellschaft umgewandelt wurde, so dass die übertragende Umwandlung eine vereinfachte Sachgründung war[2]. Obgleich die Regelung des § 220 Abs. 1 UmwG in Abkehr vom früheren Recht auf dem Identitätsprinzip (§ 190 Abs. 1 UmwG und § 202 Abs. 1 Nr. 1 UmwG) (vgl. § 194 UmwG Rz. 31; § 202 UmwG Rz. 34 f.) beruht, die Personenhandelsgesellschaft also „in" eine Kapitalgesellschaft umgewandelt wird, hat dies für die Ermittlung des Reinvermögens keinen Einfluss[3]. So sind für den Formwechsel gemäß § 197 Satz 1 UmwG grundsätzlich die für den Rechtsträger neuer Rechtsform geltenden Gründungsvorschriften maßgeblich. Das Gesetz stellt den Formwechsel also grundsätzlich der Sachgründung gleich, bei der aus Gläubigerschutzgesichtspunkten nicht die Buchwerte, sondern die Verkehrswerte maßgeblich sind[4]. Der Formwechsel ist deshalb bezüglich der Kapitalaufbringung grundsätzlich[5] so zu behandeln, als würden die Gesellschafter der Personenhandelsgesellschaft eine Kapitalgesellschaft unter Einbringung des Unternehmens der Personenhandelsgesellschaft als Sacheinlage neu gründen[6]. Die ganz hM stellt daher bei der Ermittlung des Reinvermögens zu Recht auf die **Verkehrswerte** ab[7].

Reinvermögen ist demnach das nach Abzug der Schulden der Gesellschaft verbleibende, nach Verkehrswerten zu bestimmende Aktivvermögen der Gesellschaft. Hierzu gehören alle Gegenstände, denen ein Vermögenswert beizumessen ist, auch wenn sie nicht bilanzierungspflichtig oder -fähig sind[8]. Die Verkehrswerte sind dabei nach den Grundsätzen zu bestimmen, die bei einer Gründung der Kapitalgesellschaft heranzuziehen wären[9]. Dies führt dazu, dass

7

---

1 *Zimmermann* in Rowedder, GmbHG, 2. Aufl. 1990, Anh. § 77 GmbHG Rz. 307 mwN.
2 *K. Schmidt*, ZIP 1995, 1385 (1387).
3 Vgl. *Busch*, AG 1995, 555; *Hennrichs*, ZIP 1995, 794 (797).
4 *Joost* in Lutter, § 220 UmwG Rz. 10.
5 Allerdings sind bei der Anwendung der Gründungsvorschriften die Unterschiede zwischen einer Sachgründung und einem Formwechsel zu berücksichtigen (siehe dazu unter Rz. 1).
6 Vgl. *Stratz* in Schmitt/Hörtnagl/Stratz, § 220 UmwG Rz. 6.
7 Vgl. ua. OLG Frankfurt a.M. v. 19.3.2015 – 20 W 160/13, GmbHR 2015, 808 = RNotZ 2015, 373, 377 m. Anm. *Blasche*; *Joost* in Lutter, § 220 UmwG Rz. 10; *Stratz* in Schmitt/Hörtnagl/Stratz, § 220 UmwG Rz. 6; *Vossius* in Widmann/Mayer, § 220 UmwG Rz. 16; *Schlitt* in Semler/Stengel, § 220 UmwG Rz. 13; *Petersen* in KölnKomm. UmwG, § 220 UmwG Rz. 6 ff.; *Mertens*, AG 1995, 561 (Fn. 3); *Blasche*, GWR 2010, 441 (445); *Timmermans*, DB 1999, 948 (948 f.).
8 *Schlitt* in Semler/Stengel, § 220 UmwG Rz. 9; *Vossius* in Widmann/Mayer, § 220 UmwG Rz. 14 f.; *Stratz* in Schmitt/Hörtnagl/Stratz, § 220 UmwG Rz. 6.
9 *Joost* in Lutter, § 220 UmwG Rz. 10.

eine Unternehmensbewertung vorzunehmen ist, weil das Unternehmen des formwechselnden Rechtsträgers im Rahmen des Formwechsels als Sacheinlage dient (siehe dazu § 218 UmwG Rz. 10 und 26)[1].

8 **Übersteigt das** so berechnete **Reinvermögen** das für den Rechtsträger neuer Rechtsform gewünschte Stamm- bzw. Grundkapital, bieten sich den Gesellschaftern verschiedene Gestaltungsmöglichkeiten (siehe dazu § 218 UmwG Rz. 9). **Reicht das Reinvermögen** der Personenhandelsgesellschaft hingegen auch bei Berücksichtigung stiller Reserven **nicht aus**, um das Stamm- bzw. Grundkapital des Rechtsträgers neuer Rechtsform in der gewünschten Höhe darzustellen, können die Gesellschafter zB vor Anmeldung des Formwechsels das Vermögen der Gesellschaft entsprechend auffüllen, sich um eine Reduzierung der Verbindlichkeiten der Gesellschaft bemühen[2] oder das Stamm- bzw. Grundkapital bis zur Grenze des Mindestkapitals entsprechend niedriger festsetzen.

d) Deckung durch Bar- oder Sacheinlagen

9 Außerdem kommt die Leistung von Bar- oder Sacheinlagen in Betracht, um damit die Differenz zwischen dem Reinvermögen und dem gewünschten Stamm- bzw. Grundkapital des Rechtsträgers neuer Rechtsform zu decken. Dies ist zwar stark umstritten[3], es lässt sich aber nicht erkennen, dass die Besonderheiten des Formwechsels eine Abweichung von den allgemeinen, über § 197 Satz 1 UmwG grundsätzlich anwendbaren Gründungsvorschriften rechtfertigen könnten. Ließe man es nicht zu, die Differenz zwischen Reinvermögen und gewünschtem Stamm- bzw. Grundkapital durch zusätzliche Bar- oder Sacheinlagen auszugleichen, wäre das gewünschte Ergebnis dennoch ohne weiteres (jedenfalls solange sich das Mindeststamm- bzw. Mindestgrundkapital darstellen ließe) durch eine Kapitalerhöhung nach dem Formwechsel zu erreichen. Es gibt daher keinen Grund, die Übernahme entsprechender Bar- oder Sacheinlagen im Rahmen des Formwechsels zu versagen. Für die Höhe der notwendigen Mindesteinzahlung gelten § 7 Abs. 2 GmbHG und § 36a AktG.

e) Offene Einlageforderungen

10 Umstritten ist, wie offene Einlageforderungen im Rahmen des Formwechsels zu behandeln sind, insbesondere ob offene Einlageforderungen zu dem Reinvermögen gezählt werden können. Zum Teil wird vertreten, dass in dieser Konstel-

---

1 *Busch*, AG 1995, 555 (558); *Schlitt* in Semler/Stengel, § 220 UmwG Rz. 14.
2 Siehe *Blasche*, GWR 2010, 132 (133) mwN.
3 Wie hier *Schlitt* in Semler/Stengel, § 220 UmwG Rz. 17; *Stratz* in Schmitt/Hörtnagl/Stratz, § 220 UmwG Rz. 3; *Drinhausen/Keinath* in Henssler/Strohn, § 220 UmwG Rz. 5; *Priester*, DStR 2005, 788 (794); *Priester* in FS Zöllner, 1998, S. 449 (465 f.). AA *Petersen* in KölnKomm. UmwG, § 220 UmwG Rz. 27 ff.; *Joost* in Lutter, § 220 UmwG Rz. 16; *Vossius* in Widmann/Mayer, § 220 UmwG Rz. 30 ff.

lation das Volleinzahlungsgebot gelte und daher eine Berücksichtigung im Rahmen des Reinvermögens nur bei Volleinzahlung möglich sei[1]. Dahinter steht die Überlegung, dass der Formwechsel der Sache nach eine Sachgründung beinhalte und daher, wie bei Sacheinlagen, auch für die ausstehenden Einlageforderungen eine Volleinzahlung erforderlich sei[2]. Es sei überdies nicht gerechtfertigt, den Gesellschaftern den Formwechsel in die Kapitalgesellschaft zu gestatten, wenn sie noch nicht einmal in der Lage seien, Reinvermögen in Höhe der Kapitalziffer aufzubringen[3]. Dieser Auffassung ist nicht zu folgen. Offene Einlageforderungen der Personenhandelsgesellschaft können vielmehr **bei der Berechnung des Reinvermögens berücksichtigt werden, sofern sie vollwertig** sind[4]. Sie werden durch den Formwechsel nicht zu Sacheinlagen. Für die Einordnung offener Einlageforderungen als Sacheinlagen gibt es weder eine Regelung noch einen Grund[5]. Zwar dient das Vermögen des formwechselnden Rechtsträgers als Sacheinlage (§ 218 UmwG Rz. 10 und 26), doch ist damit noch nichts darüber gesagt, wie sich dieses Vermögen zusammensetzen muss. Notwendige Voraussetzung für eine Berücksichtigung offener Einlageforderungen ist freilich deren Vollwertigkeit und die Leistung der Mindesteinzahlung.

f) Bilanzierung *(Lanfermann)*

Die Kapitalschutzvorschrift des § 220 Abs. 1 UmwG löst ein besonderes Bilanzierungsproblem aus. Da die Identität der Gesellschaft erhalten bleibt, sind nach allgemeinen handelsrechtlichen Grundsätzen die Bilanzwerte der bisherigen Personenhandelsgesellschaft fortzuführen (**Grundsatz der Bilanzkontinuität**). Bei der zwingenden Buchwertfortführung kann der Buchwertsaldo jedoch ggf. geringer ausfallen als der Betrag des Stamm- oder Grundkapitals. Die Stellungnahme des IDW RS HFA 41[6] lässt zum Bilanzausgleich die Einstellung eines gesonderten Abzugspostens innerhalb des bilanziellen Eigenkapitals zu, der in der Folgezeit wie ein Verlustvortrag vor jeglicher Gewinnausschüttung zu tilgen ist. Ähnlich spricht *Stratz*[7] von einem „formwechselbedingten Unterschiedsbetrag", der als Ausschüttungssperre wirkt und mit zukünftigen Gewinnen zu verrech-

---

1 *Joost* in Lutter, § 220 UmwG Rz. 12; *Petersen* in KölnKomm. UmwG, § 220 UmwG Rz. 19 ff.; *Vossius* in Widmann/Mayer, § 220 UmwG Rz. 29 f.; *Priester*, DStR 2005, 788 (794).
2 *Joost* in Lutter, § 220 UmwG Rz. 12; *Petersen* in KölnKomm. UmwG, § 220 UmwG Rz. 23.
3 *Joost* in Lutter, § 220 UmwG Rz. 12; *Petersen* in KölnKomm. UmwG, § 220 UmwG Rz. 25.
4 *K. Schmidt*, ZIP 1995, 1385 (1386 ff.); *Limmer* in FS Widmann, 2000, S. 51 (64); *Schlitt* in Semler/Stengel, § 220 UmwG Rz. 16.
5 Dazu *K. Schmidt*, ZIP 1995, 1385 (1386 ff.).
6 IDW RS HFA 41 Rz. 9, IDW Fachnachrichten 2012, S. 539 ff., WPg 2012, Supplement 4, S. 85 ff.
7 *Stratz* in Schmitt/Hörtnagl/Stratz, § 220 UmwG Rz. 11; ähnlich *Widmann* in Widmann/Mayer, § 24 UmwG Rz. 486.

nen ist. *Joost*[1] lässt eine Aufwertung der Buchwerte bis zur Deckung des Nennkapitals als Ausnahmefall unter Durchbrechung des Grundsatzes der Bilanzkontinuität zu[2]. Der Auffassung des HFA und von *Stratz* ist der Vorzug zu geben: Sie bleibt systemkonform und führt zu einer Ausschüttungssperre, die allein der Kapitalschutzvorschrift des § 220 UmwG gerecht wird[3].

g) Versicherung gemäß § 8 Abs. 2 GmbHG bzw. Erklärung gemäß § 37 Abs. 1 AktG

12 Eine Anmeldeversicherung gemäß § 8 Abs. 2 GmbHG bzw. Erklärung gemäß § 37 Abs. 1 AktG ist nicht erforderlich, denn das Reinvermögen ist und bleibt Vermögen des formwechselnden Rechtsträgers[4]. Werden allerdings neue Bar- oder Sacheinlagen übernommen (siehe dazu Rz. 9), ist insoweit in jedem Fall eine entsprechende Versicherung erforderlich[5].

h) Nachweis der Kapitaldeckung

13 Zu der Prüfung des Formwechsels durch das Registergericht gehört auch die Prüfung der Kapitaldeckung im Zeitpunkt der Registeranmeldung (Rz. 5), also die Prüfung, ob die Voraussetzungen des § 220 Abs. 1 UmwG erfüllt sind[6]. Ist dies nicht der Fall, hat das Registergericht die Eintragung des Formwechsels abzulehnen (§ 197 Satz 1 Halbsatz 1 UmwG iVm. § 9c Abs. 1 Satz 2 GmbHG bzw. § 38 Abs. 2 Satz 2 AktG). Deshalb ist dem Registergericht die Deckung des Stamm- bzw. Grundkapitals nachzuweisen. Dies geschieht beim Formwechsel in die AG oder KGaA durch die Gründungsprüfungsberichte (vgl. Rz. 18). Fraglich ist allerdings, wie dieser Nachweis bei dem Formwechsel in eine GmbH zu führen ist, bei dem kein Gründungsprüfungsbericht erstellt wird. Eine Regelung dazu fehlt. Die Aufstellung einer handelsrechtlichen Schluss- oder Eröffnungsbilanz ist anlässlich des Formwechsels nicht vorgeschrieben[7]. Auch die Grün-

---

1 *Joost* in Lutter, 4. Aufl., § 220 UmwG Rz. 20.
2 Noch viel weiter gehend *Priester*, DB 1995, 911 ff.; *Priester* in FS Zöllner, 1998, S. 449 (457 ff.).
3 Vgl. auch W. *Müller*, WPg 1996, 857 (867); so auch *Schlitt* in Semler/Stengel, § 220 UmwG Rz. 23.
4 *Joost* in Lutter, § 220 UmwG Rz. 17; *Schlitt* in Semler/Stengel, § 220 UmwG Rz. 18. AA *Stratz* in Schmitt/Hörtnagl/Stratz, § 222 UmwG Rz. 11; *Vossius* in Widmann/Mayer, § 222 UmwG Rz. 58, 63 und 68; *K. Schmidt*, ZIP 1995, 1385 (1391).
5 *Joost* in Lutter, § 220 UmwG Rz. 17; *Schlitt* in Semler/Stengel, § 220 UmwG Rz. 18.
6 *Joost* in Lutter, § 220 UmwG Rz. 18; *Schlitt* in Semler/Stengel, § 220 UmwG Rz. 19. Siehe zur Rechtslage vor dem Inkrafttreten des UmwG LG München v. 21.9.1995 – 17 HKT 11633/95, GmbHR 1996, 128 (129).
7 *Schlitt* in Semler/Stengel, § 220 UmwG Rz. 19; *Fischer*, BB 1995, 2173 (2178); *Priester*, DStR 2005, 788 (793).

dungsvorschriften verlangen keine Aufstellung einer Bilanz. Die formwechselnde Personenhandelsgesellschaft hat aber auf den Übertragungsstichtag eine steuerliche Einbringungsbilanz aufzustellen (§ 25 Satz 2 UmwStG), die zum Nachweis der Kapitaldeckung dienen kann, sofern sich bereits aus den Buchwerten ein zur Deckung des Haftkapitals ausreichendes Reinvermögen ergibt[1]. Reichen die Buchwerte hingegen nicht aus, ist der Nachweis zweckmäßigerweise durch einen Vermögensstatus mit den wirklichen Werten und aufgedeckten stillen Reserven sowie eine Werthaltigkeitsbescheinigung von einem Wirtschaftsprüfer oder Steuerberater zu erbringen[2]. Darauf kann dann in dem Sachgründungsbericht (siehe dazu Rz. 15 ff.) verwiesen werden[3].

Wird der Nachweis der Deckung des Stamm- bzw. Grundkapital des Rechtsträgers neuer Rechtsform nicht erbracht, lehnt das Registergericht die Eintragung ab[4]. Trägt das Registergericht hingegen den Formwechsel trotz Verstoßes gegen § 220 Abs. 1 UmwG in das Handelsregister ein, ist der Formwechsel gemäß § 202 Abs. 3 UmwG wirksam. Stellt sich nach Eintragung des Formwechsels heraus, dass das Vermögen der Personenhandelsgesellschaft überbewertet worden ist, greift die Differenzhaftung der Personen, die nach § 219 UmwG die Rechtsstellung der Gründer haben (§ 219 UmwG Rz. 8 und 12). 14

2. Zusätzliche Anforderungen an den Inhalt des (Sach-)Gründungsberichts (§ 220 Abs. 2 UmwG)

Beim Formwechsel einer Personenhandelsgesellschaft in eine GmbH oder AG bzw. KGaA ist ein **(Sach-)Gründungsbericht** zu erstellen (§ 197 Satz 1 UmwG iVm. § 5 Abs. 4 Satz 2 GmbHG bzw. §§ 32, 278 Abs. 3 AktG). Der (Sach-)Gründungsbericht ist von dem Umwandlungsbericht zu unterscheiden und **nicht gemäß § 192 Abs. 2 UmwG verzichtbar** (§ 192 UmwG Rz. 48). Er ist von den nach § 219 UmwG zu bestimmenden Gründern zu erstellen und zu unterzeichnen. Eine Vertretung ist nicht möglich[5]. Der (Sach-)Gründungsbericht bedarf keiner notariellen Beurkundung. 15

Der **Inhalt** des (Sach-)Gründungsberichtes wird durch § 5 Abs. 4 Satz 2 GmbHG und bei der Gründung einer AG bzw. KGaA durch § 32 AktG be- 16

---

1 *Stratz* in Schmitt/Hörtnagl/Stratz, § 220 UmwG Rz. 7; *Schlitt* in Semler/Stengel, § 220 UmwG Rz. 19.
2 Ausführlich dazu *Schlitt* in Semler/Stengel, § 220 UmwG Rz. 19 f. mwN; *Moszka/Hübner* in MünchVertragshdb. GesR, Muster XIII.1 Anm. 15 und Muster XIII.3 Anm. 3; *Stratz* in Schmitt/Hörtnagl/Stratz, § 220 UmwG Rz. 7; *Priester* in FS Zöllner, 1998, S. 449 (457 ff.).
3 *Schlitt* in Semler/Stengel, § 220 UmwG Rz. 24; *Vossius* in Widmann/Mayer, § 220 UmwG Rz. 38.
4 *Joost* in Lutter, § 220 UmwG Rz. 18; *Schlitt* in Semler/Stengel, § 220 UmwG Rz. 21.
5 *Fastrich* in Baumbach/Hueck, § 5 GmbHG Rz. 54; *Hüffer/Koch*, § 32 AktG Rz. 2.

stimmt. Ergänzend dazu sind die gemäß § 220 Abs. 2 UmwG vorgeschriebenen Angaben zu machen. Bei dem **Formwechsel in eine GmbH** hat der **Sachgründungsbericht** gemäß § 5 Abs. 4 Satz 2 GmbHG Darlegungen zu den für die Angemessenheit der Leistungen für Sacheinlagen wesentlichen Umständen, also im Falle des Formwechsels zu der Deckung des Stammkapitals durch das Reinvermögen des formwechselnden Rechtsträgers, zu enthalten. Insoweit ist ein Verweis auf die in Rz. 13 genannten Unterlagen zum Nachweis der Kapitaldeckung möglich[1]. Es sind ferner gemäß § 5 Abs. 4 Satz 2 GmbHG die Jahresergebnisse der beiden letzten Geschäftsjahre anzugeben, weil Gegenstand der Sacheinlage das Unternehmen des formwechselnden Rechtsträgers ist. Auch in dem **Gründungsbericht** bei dem **Formwechsel in eine AG** sind gemäß § 32 Abs. 2 Satz 1 AktG in § 32 Abs. 2 Satz 2 AktG näher konkretisierte Angaben zu der Deckung des Grundkapitals durch Sacheinlagen zu machen. Gegenstand des Berichts ist außerdem gemäß § 32 Abs. 1 AktG der Hergang der Gründung, also der Hergang des Formwechsels. Anzugeben sind alle für die Entstehung der AG wesentlichen Umstände[2]. Es ist somit ua. über den Inhalt des Umwandlungsbeschlusses, das Grundkapital, die Übernahme der Aktien und die Bestellung der Organe zu berichten[3]. Ferner sind Angaben gemäß § 32 Abs. 3 AktG erforderlich.

17 Zusätzlich sind in den (Sach-)Gründungsbericht die gemäß **§ 220 Abs. 2 UmwG** erforderlichen Angaben aufzunehmen. Danach ist außerdem der bisherige Geschäftsverlauf und die Lage der formwechselnden Personenhandelsgesellschaft darzulegen. In Orientierung an § 5 Abs. 4 Satz 2 GmbHG und § 32 Abs. 2 Satz 2 Nr. 3 AktG ist über den **bisherigen Geschäftsverlauf** der letzten zwei vollen Geschäftsjahre zu berichten[4]. Existiert die Gesellschaft erst kürzer, ist dies entsprechend zu vermerken[5]. Hinsichtlich der **Lage der Gesellschaft** ist eine Orientierung an den Vorgaben für den Lagebericht gemäß § 289 HGB angezeigt[6]. Gemäß § 289 Abs. 1 Satz 1 HGB muss die Darstellung ein den tatsächlichen Verhältnissen entsprechendes Bild vermitteln, und nach § 289 Abs. 2 Nr. 1 HGB soll auf Vorgänge von besonderer Bedeutung nach Schluss des Geschäftsjahres (hier des Umwandlungsstichtages) eingegangen werden. Der Bericht muss also die Lage des Unternehmens im Zeitpunkt der Anmeldung berücksichtigen.

---

1 *Schlitt* in Semler/Stengel, § 220 UmwG Rz. 24; *Vossius* in Widmann/Mayer, § 220 UmwG Rz. 38.
2 *Hüffer/Koch*, § 32 AktG Rz. 3.
3 *Joost* in Lutter, § 220 UmwG Rz. 22; *Vossius* in Widmann/Mayer, § 220 UmwG Rz. 46; *Schlitt* in Semler/Stengel, § 220 UmwG Rz. 27.
4 *Vossius* in Widmann/Mayer, § 220 UmwG Rz. 40 und 48; *Schlitt* in Semler/Stengel, § 220 UmwG Rz. 25; *Noelle*, AG 1990, 475 (479).
5 *Joost* in Lutter, § 220 UmwG Rz. 23.
6 *Joost* in Lutter, § 220 UmwG Rz. 23; *Schlitt* in Semler/Stengel, § 220 UmwG Rz. 25.

3. Gründungsprüfung (§ 220 Abs. 3 Satz 1 UmwG)

Bei dem Formwechsel in eine AG oder KGaA haben die zukünftigen **Mitglieder** 18 **des Vorstands** (bei der KGaA die persönlich haftenden Gesellschafter) und **des Aufsichtsrats** der Gesellschaft den Hergang des Formwechsels zu prüfen (§ 197 Satz 1 UmwG iVm. § 33 Abs. 1 AktG) und einen Gründungsprüfungsbericht zu erstellen (§ 34 Abs. 2 AktG). Der Umfang der Prüfung ergibt sich aus § 34 AktG. Er erstreckt sich auf alle Umstände, die für die späteren Aktionäre und Gläubiger von Belang sein können[1]. Wie § 34 Abs. 1 AktG zeigt, gehört dazu insbesondere die Prüfung der Deckung des Reinvermögens (§ 220 Abs. 1 UmwG)[2]. Gemäß §§ 197 Satz 1, 220 Abs. 3 Satz 1 UmwG iVm. § 33 Abs. 2 Nr. 4 AktG hat in jedem Fall zusätzlich eine Gründungsprüfung durch dafür qualifizierte **Prüfer** stattzufinden. Diese haben über ihre Prüfung gemäß § 34 Abs. 2 AktG ebenfalls einen eigenen[3] Gründungsprüfungsbericht zu erstellen. Obgleich gemäß § 220 Abs. 3 Satz 1 UmwG die Gründungsprüfung „in jedem Fall" stattzufinden hat, ist davon auszugehen, dass eine Prüfung durch Gründungsprüfer im Fall des neuen[4] § 33a Abs. 1 Nr. 2 AktG nicht erforderlich ist, weil dem der Sinn und Zweck des § 33a Abs. 1 Nr. 2 AktG[5] entgegensteht, der Wortlaut des § 220 Abs. 3 Satz 1 UmwG aus der Zeit vor der entsprechenden Änderung im AktG stammt und nicht anzunehmen ist, dass für den Formwechsel strengere Anforderungen gelten sollen als für die Gründung[6]. Die Gründungsprüfer werden entsprechend § 33 Abs. 3 Satz 2 AktG durch das für den Sitz der zukünftigen Kapitalgesellschaft zuständige Amtsgericht bestellt. Demgegenüber erfolgt beim Formwechsel einer Personenhandelsgesellschaft in eine GmbH keine Gründungsprüfung durch Gesellschaftsorgane oder externe Prüfer.

4. Nachgründung (§ 220 Abs. 3 Satz 2 UmwG)

§ 197 Satz 1 Halbsatz 1 UmwG verweist auch auf die Vorschriften über die 19 Nachgründung (§§ 52, 53 AktG). Eine Nachgründung liegt gemäß § 52 Abs. 1 Satz 1 AktG vor, wenn die AG bzw. KGaA binnen zwei Jahren seit der Eintragung der Gesellschaft in das Handelsregister Verträge mit Gründern oder mit mehr als 10 vom Hundert des Grundkapitals an der Gesellschaft beteiligten Aktionären abschließt, nach denen sie vorhandene oder herzustellende Anlagen

---

1 *Pentz* in MünchKomm. AktG, 4. Aufl. 2016, § 33 Rz. 9.
2 *Joost* in Lutter, § 220 UmwG Rz. 24; *Schlitt* in Semler/Stengel, § 220 UmwG Rz. 29.
3 Siehe etwa *Hüffer/Koch*, § 34 AktG Rz. 4.
4 Eingefügt durch Art. 1 Nr. 1a ARUG vom 30.7.2009, BGBl. I 2009, S. 2479 (2480).
5 § 33a AktG soll es ermöglichen, von einer externen Gründungsprüfung abzusehen, wenn für die Bewertung der die Sacheinlage bildenden Vermögensgegenstände eindeutige Anhaltspunkte vorliegen (BT-Drucks. 16/11642, S. 22).
6 *Joost* in Lutter, § 220 UmwG Rz. 24.

oder andere Vermögensgegenstände für eine den zehnten Teil des Grundkapitals übersteigende Vergütung erwerben soll. Der Abschluss solcher Verträge unterliegt gemäß § 52 AktG besonderen prozeduralen Anforderungen. § 220 Abs. 3 Satz 2 UmwG stellt klar, dass die **Zwei-Jahres-Frist** des § 52 Abs. 1 AktG mit dem Wirksamwerden des Formwechsels zu laufen beginnt, also mit der Eintragung des Formwechsels in das Handelsregister der Kapitalgesellschaft (§ 202 UmwG). Eine abweichende Regelung im Umwandlungsbeschluss oder in der Satzung ist nicht möglich[1]. Für die GmbH gibt es keine Nachgründungsvorschriften.

§ 221
Beitritt persönlich haftender Gesellschafter

Der in einem Beschluss zur Umwandlung in eine Kommanditgesellschaft auf Aktien vorgesehene Beitritt eines Gesellschafters, welcher der formwechselnden Gesellschaft nicht angehört hat, muss notariell beurkundet werden. Die Satzung der Kommanditgesellschaft auf Aktien ist von jedem beitretenden persönlich haftenden Gesellschafter zu genehmigen.

1. Überblick 1
2. Beitrittserklärung (§ 221 Satz 1 UmwG) 2
3. Genehmigung der Satzung (§ 221 Satz 2 UmwG) 4
4. Rechtsfolgen der Eintragung des Formwechsels und Mängel der Beitrittserklärung oder der Genehmigung 5

1. Überblick

1 Bei dem Formwechsel in eine KGaA kann gemäß § 218 Abs. 2 UmwG entweder ein der Gesellschaft schon bisher angehörender Gesellschafter persönlich haftender Gesellschafter werden oder der persönlich haftende Gesellschafter kann der Gesellschaft im Rahmen des Formwechsels beitreten (siehe dazu § 218 UmwG Rz. 31 ff.). Die Übernahme der Stellung eines persönlich haftenden Gesellschafters durch einen der Gesellschaft bereits angehörenden Gesellschafter ist in § 217 Abs. 3 UmwG geregelt. § 221 UmwG betrifft lediglich den **Beitritt eines neu in die Gesellschaft eintretenden Dritten**. Der Beitretende ist gemäß § 219 Satz 2 UmwG Gründer der KGaA und trägt dementsprechend Gründerverantwortung (§ 219 UmwG Rz. 6).

---

1 *Schlitt* in Semler/Stengel, § 220 UmwG Rz. 32.

2. Beitrittserklärung (§ 221 Satz 1 UmwG)

Die Beitrittserklärung des persönlich haftenden Gesellschafters bedarf im Hinblick auf ihre weit reichenden Wirkungen gemäß § 221 Satz 1 UmwG der **notariellen Beurkundung**. Da es sich um die Abgabe einer Willenserklärung handelt und die Beurkundung ua. der Belehrung des Beitretenden vor der Abgabe dieser Willenserklärung dient, ist eine Beurkundung der Beitrittserklärung nur nach §§ 8 ff. BeurkG, nicht hingegen gemäß §§ 36 ff. BeurkG möglich[1]. Dies schließt aber eine Beurkundung zusammen mit dem Umwandlungsbeschluss nicht aus, sofern Umwandlungsbeschluss und Beitrittserklärung zusammen gemäß §§ 8 ff. BeurkG beurkundet werden[2]. Anstelle dessen kann die Beitrittserklärung auch gesondert beurkundet werden. Sie ist der Gesellschaft als empfangsbedürftige Willenserklärung in Ausfertigung zu übersenden. Der Zugang einer einfachen oder beglaubigten Abschrift bei der Gesellschaft reicht indessen grundsätzlich nicht[3]. Eine Annahmeerklärung durch die Gesellschaft ist nicht erforderlich[4]. Die Beitrittserklärung kann nicht befristet, bedingt oder zurückgenommen werden, wobei allerdings die Bedingung des Beitritts auf das Wirksamwerden des Formwechsels möglich ist[5]. Eine Stellvertretung ist zulässig. Die Vollmacht dazu bedarf analog § 280 Abs. 1 Satz 3 AktG der notariellen Beglaubigung[6], wobei allerdings vielfach sogar notarielle Beurkundung für erforderlich gehalten wird[7]. 2

Auch wenn gute Argumente dafür sprechen, dass die Beitrittserklärung schon vor dem Umwandlungsbeschluss abgegeben werden kann[8], ist jedenfalls für die Praxis davon abzuraten[9]. Der Begriff „genehmigen" (§ 221 Satz 2 UmwG) wird nämlich von der herrschenden Auffassung nach dem allgemeinen Begriffsver- 3

---

1 *Dauner-Lieb/P.W. Tettinger* in KölnKomm. UmwG, § 221 UmwG Rz. 8; *Vossius* in Widmann/Mayer, § 221 UmwG Rz. 12. AA *Stratz* in Schmitt/Hörtnagl/Stratz, § 221 UmwG Rz. 3; *Schlitt* in Semler/Stengel, § 221 UmwG Rz. 7.
2 *Vossius* in Widmann/Mayer, § 221 UmwG Rz. 12, Fn. 1.
3 Etwas anderes gilt nur dann, wenn die Parteien (ausdrücklich oder stillschweigend) Abweichendes vereinbaren. Siehe hierzu allgemein *Ellenberger* in Palandt, 75. Aufl. 2016, § 130 BGB Rz. 10 und 19 mwN.
4 Ua. *Stratz* in Schmitt/Hörtnagl/Stratz, § 221 UmwG Rz. 2; *Joost* in Lutter, § 221 UmwG Rz. 2.
5 Siehe etwa *Vossius* in Widmann/Mayer, § 221 UmwG Rz. 9; *Schlitt* in Semler/Stengel, § 221 UmwG Rz. 6.
6 *Dauner-Lieb/P. W. Tettinger* in KölnKomm. UmwG, § 221 UmwG Rz. 9; *Rose* in Maulbetsch/Klumpp/Rose, § 221 UmwG Rz. 6.
7 So *Vossius* in Widmann/Mayer, § 221 UmwG Rz. 10; *Schlitt* in Semler/Stengel, § 221 UmwG Rz. 6; *Drinhausen/Keinath* in Henssler/Strohn, § 221 UmwG Rz. 2.
8 *Dauner-Lieb/P. W. Tettinger* in KölnKomm. UmwG, § 221 UmwG Rz. 7. AA *Stratz* in Schmitt/Hörtnagl/Stratz, § 221 UmwG Rz. 4; *Joost* in Lutter, § 221 UmwG Rz. 3; *Schlitt* in Semler/Stengel, § 221 UmwG Rz. 8.
9 *Dauner-Lieb/P.W. Tettinger* in KölnKomm. UmwG, § 221 UmwG Rz. 7.

ständnis als nachträgliche Zustimmung (vgl. § 184 Abs. 1 BGB) verstanden und daraus gefolgert, dass der **Zeitpunkt** für Beitritt und Genehmigung der Satzung erst nach dem Umwandlungsbeschluss, in dem die Satzung festgestellt wird (§ 218 Abs. 1 UmwG), liegen könne[1]. Dies hindert freilich nicht eine Beurkundung der Beitritts- und Genehmigungserklärung unmittelbar in der Urkunde über den Umwandlungsbeschluss (Rz. 2). Da sowohl die Beitrittserklärung als auch die Genehmigung der Satzung gemäß § 223 UmwG der Anmeldung des Formwechsels beizufügen sind (§ 223 UmwG Rz. 2), müssen beide in jedem Fall vor der Anmeldung erklärt werden. Der Beitritt von persönlich haftenden Gesellschaftern nach dem Wirksamwerden des Formwechsels bestimmt sich nach allgemeinen Regeln[2].

3. Genehmigung der Satzung (§ 221 Satz 2 UmwG)

4 Die Genehmigung der Satzung der KGaA gemäß § 221 Satz 2 UmwG ist zweckmäßiger-, aber nicht notwendigerweise[3] in Verbindung mit der Beitrittserklärung auszusprechen. Auch wenn teilweise vertreten wird, dass sich die Genehmigungserklärung konkludent aus der Beitrittserklärung ergeben könne[4], sollte die Genehmigung der Satzung in jedem Fall, also auch dann, wenn gleichzeitig der Beitritt erklärt wird, ausdrücklich erfolgen. Die Genehmigungserklärung bedarf der **notariellen Beurkundung** und hat auf den Umwandlungsbeschluss und die Satzung Bezug zu nehmen[5]. Die Genehmigung kann wie die Beitrittserklärung (Rz. 2) nicht befristet, bedingt oder zurückgenommen werden. Gleiches wie für die Beitrittserklärung gilt auch für den Zeitpunkt der Genehmigung (Rz. 3). Soll nach der Genehmigung der Satzung, aber vor der Eintragung des Formwechsels eine Satzungsänderung erfolgen, bedarf diese der notariell beurkundeten Zustimmung des Beitretenden (§ 285 Abs. 2 und Abs. 3 AktG analog)[6].

---

1 *Stratz* in Schmitt/Hörtnagl/Stratz, § 221 UmwG Rz. 4; *Joost* in Lutter, § 221 UmwG Rz. 3; *Schlitt* in Semler/Stengel, § 221 UmwG Rz. 8.
2 *Schlitt* in Semler/Stengel, § 221 UmwG Rz. 8.
3 So aber *Joost* in Lutter, § 221 UmwG Rz. 6; *Dauner-Lieb/P. W. Tettinger* in KölnKomm. UmwG, § 221 UmwG Rz. 4. Wie hier *Schlitt* in Semler/Stengel, § 221 UmwG Rz. 12; *Vossius* in Widmann/Mayer, § 221 UmwG Rz. 14.
4 *Schlitt* in Semler/Stengel, § 221 UmwG Rz. 10; *Vossius* in Widmann/Mayer, § 221 UmwG Rz. 19 für den Fall, dass der zukünftige persönlich haftende Gesellschafter bei der Gesellschafterversammlung, die den Umwandlungsbeschluss fasst, zugegen ist und auf dieser Grundlage seinen Beitritt erklärt. AA *Joost* in Lutter, § 221 UmwG Rz. 6.
5 *Vossius* in Widmann/Mayer, § 221 UmwG Rz. 18 und 21; *Schlitt* in Semler/Stengel, § 221 UmwG Rz. 10 f.
6 *Joost* in Lutter, § 221 UmwG Rz. 7; *Schlitt* in Semler/Stengel, § 221 UmwG Rz. 13.

4. Rechtsfolgen der Eintragung des Formwechsels und Mängel der Beitrittserklärung oder der Genehmigung

Die Eintragung des Formwechsels im Handelsregister kann erst erfolgen, wenn alle persönlich haftenden Gesellschafter, deren Beitritt in dem Umwandlungsbeschluss vorgesehen ist, beigetreten sind[1]. Mit der Eintragung erlangt der Beitretende die Stellung eines persönlich haftenden Gesellschafters der KGaA. Damit trifft ihn auch die Haftung für die im Zeitpunkt des Formwechsels begründeten Verbindlichkeiten der Personenhandelsgesellschaft (§ 278 Abs. 2 AktG iVm. §§ 161 Abs. 2, 130, 128 HGB). Diese Haftungsfolge ist zur Vermeidung einer überflüssigen Doppelregelung nicht ausdrücklich im UmwG wiederholt worden[2].

Bei dem Formwechsel in eine KGaA hat das Registergericht auch zu prüfen, ob der in dem Umwandlungsbeschluss vorgesehene Beitritt persönlich haftender Gesellschafter und die Genehmigung der Satzung wirksam erfolgt sind. Sollte dies nicht der Fall sein, hat es die Eintragung des Formwechsels abzulehnen. Erkennt das Registergericht eine etwaige Unwirksamkeit des Beitritts nicht und trägt den Formwechsel in das Handelsregister ein, ist der Formwechsel gemäß § 202 Abs. 3 UmwG dennoch bestandskräftig. Für den unwirksam Beigetretenen gelten dann die Grundsätze über den fehlerhaften Gesellschafterbeitritt und der unwirksame Beitritt begründet, sofern der unwirksam Beigetretene der einzige persönlich haftende Gesellschafter ist, einen Auflösungsgrund[3].

§ 222
Anmeldung des Formwechsels

(1) Die Anmeldung nach § 198 einschließlich der Anmeldung der Satzung der Genossenschaft ist durch alle Mitglieder des künftigen Vertretungsorgans sowie, wenn der Rechtsträger nach den für die neue Rechtsform geltenden Vorschriften einen Aufsichtsrat haben muss, auch durch alle Mitglieder dieses Aufsichtsrats vorzunehmen. Zugleich mit der Genossenschaft sind die Mitglieder ihres Vorstandes zur Eintragung in das Register anzumelden.

(2) Ist der Rechtsträger neuer Rechtsform eine Aktiengesellschaft oder eine Kommanditgesellschaft auf Aktien, so haben die Anmeldung nach Absatz 1 auch alle Gesellschafter vorzunehmen, die nach § 219 den Gründern dieser Gesellschaft gleichstehen.

---

1 *Joost* in Lutter, § 221 UmwG Rz. 9.
2 BT-Drucks. 12/6699, S. 149.
3 *Dauner-Lieb/P. W. Tettinger* in KölnKomm. UmwG, § 221 UmwG Rz. 11 f.; *Joost* in Lutter, § 221 UmwG Rz. 8.

§ 222 | Formwechsel von Personenhandelsgesellschaften

(3) Die Anmeldung der Umwandlung zur Eintragung in das Register nach § 198 Abs. 2 Satz 3 kann auch von den zur Vertretung der formwechselnden Gesellschaft ermächtigten Gesellschaftern vorgenommen werden.

1. Überblick 1
2. Die GmbH als neue Rechtsform .. 2
3. Die AG/KGaA als neue Rechtsform 3
4. Registerwechsel (§ 222 Abs. 3 UmwG) 6
5. Inhalt der Anmeldung und Anlagen 7

Literatur: *Scheel,* Befristete und bedingte Handelsregistereintragungen bei Umstrukturierungen von Kapitalgesellschaften, DB 2004, 2355.

1. Überblick

1   Die Vorschrift regelt (mit Ausnahme von § 222 Abs. 1 Satz 2 UmwG bezüglich des hier nicht kommentierten Formwechsels in die eingetragene Genossenschaft), wer zur Anmeldung der neuen Rechtsform verpflichtet ist. § 222 UmwG ergänzt damit § 198 UmwG, der keine Regelung zu den anmeldepflichtigen Personen enthält (§ 198 UmwG Rz. 8). Entsprechend dem Verweis auf das Gründungsrecht in § 197 Satz 1 UmwG sind die künftigen gesetzlichen Vertreter, Aufsichtsräte und (teilweise) die Gesellschafter der Gesellschaft neuer Rechtsform **anmeldepflichtig**. Eine Vertretung bei der Anmeldung ist nicht möglich[1]. Die bisherigen gesetzlichen Vertreter (mit Ausnahme von § 222 Abs. 3 UmwG) und ausscheidenden Gesellschafter sind an der Anmeldung nicht beteiligt. Alle Anmeldungen sind elektronisch in öffentlich beglaubigter Form einzureichen (§ 12 HGB).

2. Die GmbH als neue Rechtsform

2   Die **Anmeldung** des Formwechsels erfolgt gemäß § 222 Abs. 1 Satz 1 UmwG durch alle zukünftigen **Geschäftsführer** (§ 197 Satz 1 UmwG, §§ 7 Abs. 1, 78 GmbHG). Zur Bestellung der Geschäftsführer siehe § 218 UmwG Rz. 16. Da § 222 Abs. 2 UmwG nur für den Formwechsel in eine AG oder KGaA gilt, sind bei dem Formwechsel in die GmbH die Gesellschafter, die gemäß § 219 UmwG als Gründer gelten, nicht zur Anmeldung verpflichtet. Sofern die GmbH als Rechtsträger neuer Rechtsform einen Aufsichtsrat hat, ist die Frage, ob die **Aufsichtsratsmitglieder** gemäß § 222 Abs. 1 Satz 1 UmwG neben den Geschäftsführern zur Anmeldung verpflichtet sind, differenziert zu beantworten. Im Falle des fakultativen Aufsichtsrats ist dies zu verneinen[2]. Der Wortlaut des § 222 Abs. 1 Satz 1 UmwG („haben muss") ist eindeutig. Anderes gilt allerdings für den Fall

---

[1] Siehe etwa *Stratz* in Schmitt/Hörtnagl/Stratz, § 222 UmwG Rz. 5; *Schlitt* in Semler/Stengel, § 222 UmwG Rz. 9 und 18.
[2] *Joost* in Lutter, § 222 UmwG Rz. 4; *Schlitt* in Semler/Stengel, § 222 UmwG Rz. 10.

des obligatorischen Aufsichtsrats[1]. Dieser ist schon vor dem Wirksamwerden des Formwechsels zu bilden, wobei § 31 AktG für den Formwechsel in eine GmbH analoge Anwendung findet (§ 218 UmwG Rz. 17). Die im Zeitpunkt der Anmeldung bestellten Mitglieder des Aufsichtsrats haben dann den Formwechsel gemäß § 222 Abs. 1 Satz 1 UmwG zusammen mit den Geschäftsführern anzumelden (§ 218 UmwG Rz. 17). Die Arbeitnehmervertreter müssen zu diesem Zeitpunkt noch nicht bestellt sein[2]. Dennoch empfiehlt sich mit Blick auf die verschiedenen zu dieser Frage vertretenen Meinungen eine vorherige Abstimmung mit dem zuständigen Handelsregister[3].

3. Die AG/KGaA als neue Rechtsform

An der **Anmeldung der AG** als neue Rechtsform haben, wie auch im Falle des § 36 Abs. 1 AktG, gemäß § 222 Abs. 1 und 2 UmwG sämtliche **Vorstandsmitglieder**, alle Mitglieder des Aufsichtsrats und die Gesellschafter, die gemäß § 219 UmwG Gründerverantwortung tragen, mitzuwirken. Hinsichtlich des **Aufsichtsrats** gilt Gleiches wie bei dem Formwechsel in eine GmbH mit obligatorischem Aufsichtsrat (Rz. 2). § 197 Satz 3 UmwG verweist für den Formwechsel in eine AG ausdrücklich auf § 31 AktG (§ 218 UmwG Rz. 29). 3

Die Anmeldung durch die nach § 219 UmwG den Gründern gleichstehenden **Gesellschafter** (§ 222 Abs. 2 UmwG) kann aus Praktikabilitätsgründen (insbesondere sinnvoll bei dem Formwechsel von Publikumsgesellschaften) im unmittelbaren Anschluss an die Gesellschafterversammlung, die über den Formwechsel beschließt, öffentlich beglaubigt werden[4]. Dabei ist allerdings zu beachten, dass bei der Anmeldung – anders als in der über den Formwechsel beschließenden Gesellschafterversammlung – keine Vertretung möglich ist (Rz. 1). Zusätzlich kann, soweit in der Gesellschafterversammlung schon die Mitglieder des Aufsichtsrats bestellt wurden und der Aufsichtsrat den Vorstand bestellt hat[5], der Gründungsbericht unterzeichnet werden[6]. Auch außerhalb der Gesellschafterversammlung zustimmende Gesellschafter (§ 217 Abs. 1 Satz 1 Halbsatz 2 UmwG) können gleichzeitig mit ihrer Zustimmung die Anmeldung unterzeichnen. Bezüglich der Zustimmung bedarf es der notariellen Beurkundung (§ 193 Abs. 3 Satz 1 UmwG), während für die Anmeldung öffentliche Beglaubi- 4

---

1 *Joost* in Lutter, § 222 UmwG Rz. 4; *Schlitt* in Semler/Stengel, § 222 UmwG Rz. 9.
2 *Joost* in Lutter, § 222 UmwG Rz. 3f.; *Drinhausen/Keinath* in Henssler/Strohn, § 222 UmwG Rz. 2. AA *Schlitt* in Semler/Stengel, § 222 UmwG Rz. 9.
3 *Dauner-Lieb/P. W. Tettinger* in KölnKomm. UmwG, § 222 UmwG Rz. 6.
4 *Schlitt* in Semler/Stengel, § 222 UmwG Rz. 18; *Vossius* in Widmann/Mayer, § 222 UmwG Rz. 39.
5 Diese zeitliche Abfolge ergibt sich aufgrund der nach § 32 Abs. 3 AktG erforderlichen Angaben (*Hüffer/Koch*, § 32 AktG Rz. 2).
6 *Dauner-Lieb/P. W. Tettinger* in KölnKomm. UmwG, § 222 UmwG Rz. 9.

gung ausreicht. Die notarielle Beurkundung der Anmeldung ersetzt allerdings die öffentliche Beglaubigung (§ 129 Abs. 2 BGB).

5 Für den Formwechsel in die **KGaA** gilt Vergleichbares wie für die den Formwechsel in eine AG. Die Anmeldung erfolgt gemäß § 222 Abs. 1 und 2 UmwG durch sämtliche **persönlich haftende Gesellschafter**, alle Mitglieder des Aufsichtsrats und die **Gesellschafter**, die nach § 219 UmwG den Gründern gleichstehen. Für die KGaA ist in analoger Anwendung von § 197 Satz 3 UmwG die Regelung in § 31 AktG ebenfalls anzuwenden (§ 218 UmwG Rz. 35), so dass hier bezüglich des **Aufsichtsrats** Gleiches wie bei dem Formwechsel in eine GmbH mit obligatorischem Aufsichtsrat (Rz. 2) gilt. Neu beitretende Gesellschafter gehören ebenso wie die Gesellschafter des formwechselnden Rechtsträgers gemäß § 219 Satz 2 UmwG zu den Gründern und sind somit gemäß § 222 Abs. 2 UmwG anmeldepflichtig.

4. Registerwechsel (§ 222 Abs. 3 UmwG)

6 Ein Registerwechsel erfolgt beim Formwechsel dann, wenn sich durch den Formwechsel die Art des für den Rechtsträger maßgebenden Registers ändert (der bloße Wechsel der Abteilung, also etwa von HRA nach HRB, ist kein Registerwechsel) oder durch eine mit dem Formwechsel verbundene Sitzverlegung die Zuständigkeit eines anderen Registergerichts begründet wird (§ 198 Abs. 2 Satz 2 UmwG). Der Formwechsel ist dann sowohl bei dem für den Rechtsträger neuer Rechtsform zuständigen Registergericht zur Eintragung anzumelden als auch bei dem Register, in das der formwechselnde Rechtsträger eingetragen ist (§ 198 Abs. 2 Satz 2 und 3 UmwG). Hier knüpft § 222 Abs. 3 UmwG an und lässt die Anmeldung bei dem bisher zuständigen Register durch die vertretungsberechtigten Gesellschafter der formwechselnden Gesellschaft zu. Dafür reicht die Anmeldung durch Gesellschafter in vertretungsberechtigter Zahl; eine Anmeldung durch alle vertretungsberechtigten Gesellschafter ist nicht erforderlich[1]. Eine Anmeldung durch einen gesamtvertretungsberechtigten Gesellschafter zusammen mit einem Prokuristen ist hingegen nicht möglich[2], weil der Wortlaut des § 222 Abs. 3 UmwG nur eine Anmeldung durch Gesellschafter zulässt[3]. Anstelle dessen kann die Anmeldung bei dem bisher zuständigen Register auch durch die nach § 222 Abs. 1 und 2 UmwG für die Anmeldung zuständigen Personen erfolgen[4]. Da die Anmeldung bei dem für den Rechtsträger neuer Rechtsform zuständigen Handelsregister in jedem Fall durch die nach § 222

---

1 *Joost* in Lutter, § 222 UmwG Rz. 10; *Dauner-Lieb/P. W. Tettinger* in KölnKomm. UmwG, § 222 UmwG Rz. 16.
2 *Stratz* in Schmitt/Hörtnagl/Stratz, § 222 UmwG Rz. 10; *Schlitt* in Semler/Stengel, § 222 UmwG Rz. 27.
3 *Vossius* in Widmann/Mayer, § 222 UmwG Rz. 12.
4 *Joost* in Lutter, § 222 UmwG Rz. 10; *Schlitt* in Semler/Stengel, § 222 UmwG Rz. 27.

Abs. 1 und 2 UmwG zuständigen Personen erfolgen muss, ist eine Anmeldung durch diese auch bei dem bisher zuständigen Register jedenfalls dann vorzugswürdig, wenn sie sich von den gemäß § 222 Abs. 3 UmwG zur Anmeldung befugten Personen unterscheiden[1].

5. Inhalt der Anmeldung und Anlagen

Der **Inhalt der Anmeldung** ergibt sich aus § 198 UmwG sowie dem Gründungsrecht des Rechtsträgers neuer Rechtsform (siehe dazu die Erl. zu § 198 UmwG Rz. 11 ff.). Obwohl eine dem § 246 Abs. 2 UmwG entsprechende Vorschrift hier fehlt, ist – schon nach allgemeinem Gründungsrecht (§ 197 Satz 1 UmwG) – auch die Angabe der Vertretungsorgane sowie ihrer abstrakten und konkreten Vertretungsbefugnis erforderlich (§ 8 Abs. 4 Nr. 2 GmbHG, §§ 37 Abs. 3 Nr. 2, 283 Nr. 1 AktG). Die Vertretungsorgane haben in der Anmeldung die **Versicherungen** gemäß § 8 Abs. 3 GmbHG, §§ 37 Abs. 2, 283 Nr. 1 AktG abzugeben. Durch sie, also nicht etwa auch durch die Mitglieder des Aufsichtsrats oder die Gründer[2], erfolgt auch die Negativerklärung gemäß § 16 Abs. 2 UmwG. Eine Versicherung gemäß § 8 Abs. 2 GmbHG bzw. Erklärung gemäß § 37 Abs. 1 AktG ist hingegen nicht erforderlich (§ 220 UmwG Rz. 12). Die der Anmeldung beizufügenden **Anlagen** ergeben sich aus § 199 UmwG sowie dem Gründungsrecht des Rechtsträgers neuer Rechtsform (dazu bei § 199 UmwG Rz. 2 ff.), wobei für den Formwechsel in eine KGaA ferner § 223 UmwG zu beachten ist (siehe die Kommentierung zu § 223 UmwG). 7

§ 223
Anlagen der Anmeldung

Der Anmeldung der neuen Rechtsform oder des Rechtsträgers neuer Rechtsform sind beim Formwechsel in eine Kommanditgesellschaft auf Aktien außer den sonst erforderlichen Unterlagen auch die Urkunden über den Beitritt aller beitretenden persönlich haftenden Gesellschafter in Ausfertigung oder öffentlich beglaubigter Abschrift beizufügen.

1. Überblick 1
2. Urkunden über den Beitritt und die Genehmigung der Satzung . . . 2

---

1 *Schlitt* in Semler/Stengel, § 222 UmwG Rz. 28.
2 *Schlitt* in Semler/Stengel, § 222 UmwG Rz. 20; *Dauner-Lieb/P. W. Tettinger* in Köln-Komm. UmwG, § 222 UmwG Rz. 10. AA oben *Zimmermann*, § 198 UmwG Rz. 28; *Decher/Hoger* in Lutter, § 198 UmwG Rz. 34, die auf die anmeldepflichtigen Personen abstellen.

1. Überblick

1 Die der Anmeldung des Formwechsels beizufügenden Unterlagen ergeben sich in erster Linie aus § 199 UmwG sowie dem Gründungsrecht des Rechtsträgers neuer Rechtsform (siehe dazu die Erl. zu § 199 UmwG). § 223 UmwG enthält eine **Ergänzung zu § 199 UmwG** und den Gründungsvorschriften für den Fall des Beitritts eines persönlich haftenden Gesellschafters beim Formwechsel in eine KGaA gemäß §§ 218 Abs. 2 Var. 2, 221 UmwG (siehe zu den beiden von § 218 Abs. 2 UmwG eröffneten Möglichkeiten § 218 UmwG Rz. 31 ff.). Übernimmt hingegen ein der Gesellschaft bereits angehörender Gesellschafter die Stellung eines persönlich haftenden Gesellschafters (§ 218 Abs. 2 Var. 1 UmwG), muss er der Übernahme dieser Stellung in der Gesellschafterversammlung oder außerhalb des Formwechselbeschlusses durch gesonderte notariell zu beurkundende und der Anmeldung in notarieller Ausfertigung oder öffentlich beglaubigter Abschrift beizufügende Erklärung zustimmen (§§ 193 Abs. 3 Satz 1, 199, 217 Abs. 3 UmwG)[1].

2. Urkunden über den Beitritt und die Genehmigung der Satzung

2 Im Falle des Beitritts eines persönlich haftenden Gesellschafters ist sowohl seine Beitrittserklärung gemäß § 221 Satz 1 UmwG als auch die Genehmigung der Satzung der KGaA gemäß § 221 Satz 2 UmwG notariell zu beurkunden (§ 221 UmwG Rz. 2 ff.). Der Anmeldung der neuen Rechtsform (§ 198 Abs. 1 UmwG) oder des Rechtsträgers neuer Rechtsform (§ 198 Abs. 2 Satz 1 bis 3 UmwG) ist dann eine Ausfertigung oder öffentlich beglaubigte Abschrift der Beitrittserklärung beizufügen. Sofern die Genehmigung der Satzung der KGaA nicht in der Urkunde über die Beitrittserklärung enthalten ist, weil diese getrennt von der Beitrittserklärung erfolgt (vgl. § 221 UmwG Rz. 4), ist – obgleich dies in § 223 UmwG nicht ausdrücklich vorgesehen ist – der Anmeldung auch eine Ausfertigung oder öffentlich beglaubigte Abschrift[2] der Beitrittserklärung beizufügen[3].

---

1 Genügt zwar für die Handelsregisteranmeldung die Beifügung der Erklärung in Ausfertigung oder beglaubigter Abschrift, so ist für den Zugang der Erklärung bei der Gesellschaft grundsätzlich der Zugang einer Ausfertigung erforderlich (siehe hierzu § 221 UmwG Rz. 2).
2 Zu der für den Zugang bei der Gesellschaft erforderlichen Form siehe die vorstehende Fn.
3 *Schlitt* in Semler/Stengel, § 223 UmwG Rz. 8; *Stratz* in Schmitt/Hörtnagl/Stratz, § 223 UmwG Rz. 1.

§ 224
Fortdauer und zeitliche Begrenzung der persönlichen Haftung

(1) Der Formwechsel berührt nicht die Ansprüche der Gläubiger der Gesellschaft gegen einen ihrer Gesellschafter aus Verbindlichkeiten der formwechselnden Gesellschaft, für die dieser im Zeitpunkt des Formwechsels nach § 128 des Handelsgesetzbuchs persönlich haftet.

(2) Der Gesellschafter haftet für diese Verbindlichkeiten, wenn sie vor Ablauf von fünf Jahren nach dem Formwechsel fällig und daraus Ansprüche gegen ihn in einer in § 197 Abs. 1 Nr. 3 bis 5 des Bürgerlichen Gesetzbuchs bezeichneten Art festgestellt sind oder eine gerichtliche oder behördliche Vollstreckungshandlung vorgenommen oder beantragt wird; bei öffentlich-rechtlichen Verbindlichkeiten genügt der Erlass eines Verwaltungsakts.

(3) Die Frist beginnt mit dem Tage, an dem die Eintragung der neuen Rechtsform oder des Rechtsträgers neuer Rechtsform in das Register bekannt gemacht worden ist. Die für die Verjährung geltenden §§ 204, 206, 210, 211 und 212 Abs. 2 und 3 des Bürgerlichen Gesetzbuchs sind entsprechend anzuwenden.

(4) Einer Feststellung in einer in § 197 Abs. 1 Nr. 3 bis 5 des Bürgerlichen Gesetzbuchs bezeichneten Art bedarf es nicht, soweit der Gesellschafter den Anspruch schriftlich anerkannt hat.

(5) Die Absätze 1 bis 4 sind auch anzuwenden, wenn der Gesellschafter in dem Rechtsträger anderer Rechtsform geschäftsführend tätig wird.

1. Überblick 1	a) Fünf-Jahres-Frist und Folgen des Fristablaufs 11
2. Nachhaftung der persönlich haftenden Gesellschafter (§ 224 Abs. 1 UmwG) 2	b) Fälligkeit 12
3. Nachhaftung der Kommanditisten (§ 224 Abs. 1 UmwG) 7	c) Enthaftungsverhindernde Maßnahmen 13
4. Begrenzung der Nachhaftung (§ 224 Abs. 2 bis 5 UmwG) 9	5. Innenverhältnis 18
	6. Dispositivität 19

Literatur: *Bärwaldt/Schabacker*, Das Ausscheiden des Kommanditisten ohne Nachhaftung, NJW 1998, 1909; *Maier-Reimer*, Nachhaftungsbegrenzung und neues Verjährungsrecht, DB 2002, 1818; *Petersen*, Der Gläubigerschutz im System des Umwandlungsrechts, Der Konzern 2004, 185; *K. Schmidt/C. Schneider*, Haftungserhaltende Gläubigerstrategien beim Ausscheiden von Gesellschaftern bei Unternehmensübertragung, Umwandlung und Auflösung, BB 2003, 1961; *Seibert*, Nachhaftungsbegrenzungsgesetz – Haftungsklarheit für den Mittelstand, DB 1994, 461; *Steinbeck*, Das Nachhaftungsbegrenzungsgesetz, WM 1996, 2041.

1. Überblick

1 Die Vorschrift entspricht der Regelung des § 45 UmwG. § 224 UmwG knüpft zwar an Verbindlichkeiten der Gesellschaft an, regelt aber nur die **Nachhaftung der Gesellschafter**. Die Gesellschaft neuer Rechtsform bleibt mit der Personenhandelsgesellschaft identisch (§ 202 Abs. 1 Nr. 1 UmwG) und haftet für deren Verbindlichkeiten ungeschmälert weiter[1].

2. Nachhaftung der persönlich haftenden Gesellschafter (§ 224 Abs. 1 UmwG)

2 § 224 Abs. 1 UmwG stellt für den Formwechsel einer Personenhandelsgesellschaft klar, dass sich der Formwechsel auf die Haftung der persönlich haftenden Gesellschafter für Altverbindlichkeiten zunächst nicht auswirkt. Eine etwaige Haftungsbeschränkung bei dem Rechtsträger neuer Rechtsform greift demnach nur für nach dem Wirksamwerden des Formwechsels begründete Verbindlichkeiten ein. Da der Zweck des Formwechsels in eine Kapitalgesellschaft in der Regel gerade auch in der Begrenzung der Haftung der Gesellschafter liegt, der Formwechsel jedoch keinen besonderen Enthaftungstatbestand hinsichtlich der Altverbindlichkeiten darstellen soll, hat der Gesetzgeber diese ausdrückliche Regelung in § 224 Abs. 1 UmwG getroffen[2].

3 Die Haftung persönlich haftender Gesellschafter der formwechselnden Personenhandelsgesellschaft nach § 128 HGB besteht gemäß § 224 Abs. 1 UmwG für bis zur Eintragung des Formwechsels im Handelsregister begründete **Verbindlichkeiten der Gesellschaft** auch nach dem Wirksamwerden des Formwechsels fort. Der Rechtsgrund, auf dem diese Verbindlichkeiten beruhen, spielt dabei keine Rolle. In Betracht kommen ua. Verbindlichkeiten aus Vertrag, Delikt, Zusagen auf Zahlung einer betrieblichen Altersversorgung[3] oder aus anderen privatrechtlichen oder öffentlich-rechtlichen Gründen, wie zB Steuerforderungen[4]. Die Haftung erstreckt sich nicht nur auf Primärverbindlichkeiten, sondern auch auf daraus resultierende Sekundärverpflichtungen, wie zB vertragliche Schadenersatzansprüche (§§ 280 ff. BGB), Vertragsstrafen und Mängelgewährleistungsansprüche[5]. Da § 224 Abs. 1 UmwG nur auf Verbindlichkeiten der formwechselnden Gesellschaft abstellt, sind hingegen von dem persönlich haftenden Gesellschafter persönlich übernommene Verbindlichkeiten, beispielsweise in Form einer Bürgschaft oder Garantie, nicht von § 224 Abs. 1

---

1 *Joost* in Lutter, § 224 UmwG Rz. 35; *Schlitt* in Semler/Stengel, § 224 UmwG Rz. 37.
2 BT-Drucks. 12/6699, S. 151.
3 BGH v. 19.5.1983 – II ZR 50/82, BGHZ 87, 286 (288).
4 *Joost* in Lutter, § 224 UmwG Rz. 4; *Schlitt* in Semler/Stengel, § 224 UmwG Rz. 10.
5 BGH v. 21.12.1961 – II ZR 74/59, BGHZ 36, 224 (226); v. 13.7.1967 – II ZR 268/64, BGHZ 48, 203.

UmwG erfasst[1]. Dies gilt selbst dann, wenn die persönlich übernommene Verbindlichkeit sich auf eine Verbindlichkeit der Gesellschaft bezieht, der Gesellschafter also beispielsweise für eine Verbindlichkeit der Gesellschaft gebürgt hat[2].

Wie bei der Haftung des ausscheidenden Gesellschafters gemäß § 160 HGB sind von der Haftung gemäß § 224 Abs. 1 UmwG auch ohne ausdrückliche Klarstellung im Wortlaut der Norm nur solche Verbindlichkeiten der Gesellschaft erfasst, die **vor dem Formwechsel begründet** worden sind[3]. Maßgeblicher Zeitpunkt dafür ist die Eintragung des Formwechsels in das Handelsregister (§ 202 Abs. 1 und 2 UmwG)[4]. Für die Frage, ob eine Verbindlichkeit zu diesem **Zeitpunkt** bereits begründet war, gelten die im Rahmen des § 160 HGB für das Ausscheiden eines persönlich haftenden Gesellschafters aus einer Personenhandelsgesellschaft entwickelten Grundsätze[5]. Danach muss der Rechtsgrund für die Altschuld vor dem Ausscheiden gelegt sein, auch wenn weitere Voraussetzungen ihres Entstehens erst später erfüllt werden[6]. Dies ist insbesondere relevant für Dauerschuldverhältnisse. Dort ist nämlich die Rechtsgrundlage für die einzelnen Verpflichtungen bereits in dem Vertrag selber angelegt, mit der Folge, dass diese mit dem Vertragsschluss als entstanden anzusehen sind, auch wenn einzelne Verpflichtungen erst später fällig werden[7]. Vertragliche Forderungen sind also grundsätzlich mit Abschluss des Vertrags begründet. 4

§ 224 UmwG gilt nicht für **persönlich haftende Gesellschafter, die vor der Eintragung des Formwechsels** – gegebenenfalls aus Anlass des Formwechsels – **ausgeschieden sind**[8]. Für sie gilt die allgemeine Regelung zur Nachhaftung ausgeschiedener persönlich haftender Gesellschafter (§§ 128, 160 HGB). Sind dagegen Gesellschafter **vor der Eintragung des Formwechsels** als persönlich haftende Gesellschafter **eingetreten**, haften sie gemäß § 130 HGB auch für die vor ihrem Eintritt begründeten Verbindlichkeiten der Gesellschaft und unterliegen dann im Falle des Formwechsels der Nachhaftung gemäß § 224 UmwG im gleichen Umfang wie die übrigen persönlich haftenden Gesellschafter. 5

---

1 *Joost* in Lutter, § 224 UmwG Rz. 10.
2 *Schlitt* in Semler/Stengel, § 224 UmwG Rz. 12.
3 *Schlitt* in Semler/Stengel, § 224 UmwG Rz. 11; *Dauner-Lieb/P. W. Tettinger* in KölnKomm. UmwG, § 224 UmwG Rz. 10.
4 Denkbar ist auch eine Rechtsscheinhaftung für in der Zeit zwischen Eintragung und Bekanntmachung des Formwechsels begründete Verbindlichkeiten, wenn dem Gläubiger die Änderung der Rechtsform bei Begründung der Verbindlichkeit nicht bekannt war (*Dauner-Lieb/P. W. Tettinger* in KölnKomm. UmwG, § 224 UmwG Rz. 10).
5 *Joost* in Lutter, § 224 UmwG Rz. 5.
6 St. Rspr., BGH v. 21.12.1970 – II ZR 258/67, BGHZ 55, 267 (269 f.); *Roth* in Baumbach/Hopt, § 128 HGB Rz. 29 f. mit verschiedenen Einzelfällen.
7 BGH v. 19.5.1983 – II ZR 50/82, BGHZ 87, 286 (289 ff.); BGH v. 27.9.1999 – II ZR 356/98, BGHZ 142, 324 (329).
8 Dazu und zu dem Folgenden etwa *Schlitt* in Semler/Stengel, § 224 UmwG Rz. 7; *Vossius* in Widmann/Mayer, § 224 UmwG Rz. 36.

§ 224 | Formwechsel von Personenhandelsgesellschaften

6 § 224 Abs. 1 bis 4 UmwG gelten gemäß § 224 Abs. 5 UmwG auch für solche Gesellschafter, die in dem Rechtsträger neuer Rechtsform geschäftsführend tätig werden. Dies ist eine Klarstellung mit Blick auf die frühere Rechtsprechung[1] zur Sonderverjährung gemäß § 159 HGB aF, nach der der ehemalige persönlich haftende Gesellschafter, der beim Formwechsel einer Handelsgesellschaft in eine GmbH & Co. KG Kommanditist wurde und als Geschäftsführer der Komplementär-GmbH die Geschäfte der Gesellschaft weiterführte, die Sonderverjährung gemäß § 159 HGB aF nicht in Anspruch nehmen können sollte.

3. Nachhaftung der Kommanditisten (§ 224 Abs. 1 UmwG)

7 Auch den **Kommanditisten** kann eine **persönliche Haftung** gegenüber den Gesellschaftsgläubigern treffen. Dazu gehören die persönliche Haftung wegen Nichtleistung der Einlage (§ 171 Abs. 1 HGB), Rückzahlung der Einlage oder übermäßiger Gewinnentnahme (§ 172 Abs. 4 HGB) und Aufnahme des Geschäfts der KG vor ihrer Eintragung in das Handelsregister (§ 176 Abs. 1 HGB). Zu denken ist auch an die persönliche Haftung des Kommanditisten bei Eintritt in eine bestehende Gesellschaft bis zur Eintragung des Eintritts in das Handelsregister (§ 176 Abs. 2 HGB). Bezüglich des Tatbestands der Rückzahlung der Einlage an den Kommanditisten (§ 172 Abs. 4 Satz 1 HGB) ist allerdings zu beachten, dass darunter nicht das Ausscheiden des Kommanditisten gegen Zahlung einer Barabfindung nach dem Wirksamwerden des Formwechsels (§§ 207 ff. UmwG) fällt. Die Zahlung erfolgt nämlich allein aus dem Vermögen der Kapitalgesellschaft als Rechtsträger neuer Rechtsform und unterliegt allein deren Kapitalerhaltungsregeln[2].

8 Eine etwaige persönliche Haftung des Kommanditisten besteht nach dem Formwechsel gemäß § 224 Abs. 1 UmwG fort[3]. Es gibt weder einen Grund, die persönliche Haftung des Kommanditisten wegen des Formwechsels erlöschen zu lassen, noch die Enthaftungsregelung des § 224 Abs. 2 bis 5 UmwG auf den persönlich haftenden Gesellschafter zu beschränken. Die Enthaftungsregelung befreit aber nur von der Außenhaftung gegenüber den Gläubigern. Die interne Pflicht zur Leistung der Einlage wird dadurch nicht betroffen[4].

4. Begrenzung der Nachhaftung (§ 224 Abs. 2 bis 5 UmwG)

9 Ist der Formwechsel im Handelsregister eingetragen, wird der bisherige persönlich haftende Gesellschafter **gemäß § 224 Abs. 2 bis 5 UmwG enthaftet**. Dies gilt

---

1 BGH v. 22.9.1980 – II ZR 204/79, BGHZ 78, 114 (118 f.); BAG v. 28.11.1989 – 3 AZR 818/87, GmbHR 1991, 415 (416).
2 *Joost* in Lutter, § 224 UmwG Rz. 7; *Schlitt* in Semler/Stengel, § 224 UmwG Rz. 9; *Bärwaldt/Schabacker*, NJW 1998, 1909.
3 Ua. *Schlitt* in Semler/Stengel, § 224 UmwG Rz. 8. Siehe auch BT-Drucks. 12/6699, S. 151.
4 *K. Schmidt*, Gesellschaftsrecht, § 13 II 3d; *Schlitt* in Semler/Stengel, § 224 UmwG Rz. 38.

nicht, wenn die Personenhandelsgesellschaft in eine KGaA umgewandelt wird und der bisherige persönlich haftende Gesellschafter diese Stellung auch in der Gesellschaft neuer Rechtsform beibehält, weil sich dann seine Haftung nach dem Grundsatz der Kontinuität der Mitgliedschaft sowie gemäß § 278 Abs. 2 AktG iVm. §§ 161 Abs. 2, 128 HGB auch auf die vor dem Formwechsel begründeten Verbindlichkeiten des Rechtsträgers neuer Rechtsform bezieht[1]. Die Nachhaftung wird durch § 224 Abs. 2 bis 5 UmwG in gleicher Weise begrenzt wie bei § 160 HGB für den Fall des Ausscheidens eines persönlich haftenden Gesellschafters aus einer Personenhandelsgesellschaft. Damit besteht ein Gleichlauf zwischen dem Fall des Ausscheidens eines persönlich haftenden Gesellschafters und dem Formwechsel in eine neue Rechtsform mit Haftungsbeschränkung[2]. Aufgrund der Parallelen zwischen § 160 HGB und § 224 UmwG kann im Rahmen des § 224 UmwG ergänzend auf die zu § 160 HGB entwickelten Maßstäbe zurückgegriffen werden[3].

Die Nachhaftung gemäß § 224 Abs. 1 UmwG setzt nach § 224 Abs. 2 bis 4 UmwG voraus, dass die betreffende Verbindlichkeit vor Ablauf von fünf Jahren nach der Bekanntmachung des Formwechsels (§ 224 Abs. 3 UmwG) fällig wird und innerhalb dieser Frist eine der in § 224 Abs. 2 und Abs. 4 UmwG genannten enthaftungsverhindernden Maßnahmen erfolgt ist. Dabei ist zu beachten, dass § 224 UmwG **Einwendungen und Einreden gegen den Anspruch unberührt** lässt und zwar sowohl solche, die in der Person des Gesellschafters begründet sind, als auch solche der Gesellschaft, die der Gesellschafter gemäß § 129 HGB geltend machen kann[4].

10

a) Fünf-Jahres-Frist und Folgen des Fristablaufs

Die Fünf-Jahres-Frist **beginnt** gemäß § 224 Abs. 3 Satz 1 UmwG mit dem Tage, an dem die Eintragung der neuen Rechtsform oder des Rechtsträgers neuer Rechtsform in das Register bekannt gemacht worden ist. Die Bekanntmachung erfolgt nach § 201 UmwG iVm. § 10 HGB in dem von der Landesjustizverwaltung bestimmten elektronischen Informations- und Kommunikationssystem. Dies ist die Homepage http://www.handelsregisterbekanntmachungen.de. Die Frist **endet** fünf Jahre später mit dem Ablauf des Tages, der dem Tag des Fristbeginns, also dem Tag der Bekanntmachung, zahlenmäßig entspricht (§ 188 Abs. 2 BGB). Erfolgt beispielsweise die Bekanntmachung am 3.6.2016, endet die Fünf-Jahres-Frist mit Ablauf des 3.6.2021. Fällt das Ende der Frist auf einen Samstag, Sonntag oder Feiertag, endet sie erst am nächsten Werktag (§ 193

11

---

1 *Joost* in Lutter, § 224 UmwG Rz. 14; *Schlitt* in Semler/Stengel, § 224 UmwG Rz. 15. Vgl. zu dem umgekehrten Fall des Formwechsels einer KGaA in eine Personenhandelsgesellschaft § 227 UmwG Rz. 4.
2 Siehe auch BGH v. 27.11.2009 – LwZR 15/09, AG 2010, 251 (254).
3 *Joost* in Lutter, § 224 UmwG Rz. 12.
4 *Vossius* in Widmann/Mayer, § 224 UmwG Rz. 20; *Schlitt* in Semler/Stengel, § 224 UmwG Rz. 35.

BGB). Eine **Hemmung** des Fristlaufs ist gemäß § 224 Abs. 3 Satz 2 UmwG durch entsprechende Anwendung verschiedener Hemmungstatbestände des BGB zur Verjährung denkbar. Am praxisrelevantesten ist hier sicherlich die Hemmung durch Rechtsverfolgung nach § 204 BGB, also etwa durch die Erhebung einer Leistungs- oder Feststellungsklage. Der Zeitraum der Hemmung wird in die Frist nicht eingerechnet. Obwohl die insofern einschlägige Vorschrift des § 209 BGB nicht in § 224 Abs. 3 UmwG erwähnt wird, ist die Nichteinrechnung des Zeitraums, währenddessen der Fristlauf gehemmt ist, die notwendige Folge der in § 224 Abs. 3 Satz 2 UmwG genannten Hemmungstatbestände und die Anwendung des § 209 BGB deshalb zwingend[1]. § 224 Abs. 2 UmwG enthält eine **Ausschluss-, keine Verjährungsfrist**, mit der Folge, dass der Ablauf der Frist von Amts wegen zu beachten ist[2]. Der Eintritt der Verjährung aufgrund anderer Vorschriften bleibt unberührt (Rz. 10).

b) Fälligkeit

12 Die Haftung des ehemaligen persönlich haftenden Gesellschafters für eine Altverbindlichkeit setzt gemäß § 224 Abs. 2 UmwG zunächst voraus, dass diese vor Ablauf der Fünf-Jahres-Frist fällig geworden ist. Fälligkeit kann dabei vor oder nach dem Formwechsel eingetreten sein[3]. Fälligkeit ist der Zeitpunkt, ab dem der Gläubiger die Leistung verlangen kann[4]. Die Vorschrift des § 224 Abs. 2 UmwG hat deshalb Bedeutung für Dauerschuldverhältnisse wie zB Mietverträge und Anstellungsverhältnisse, weil sämtliche Forderungen aus Dauerschuldverhältnissen mit deren Abschluss zwar bereits begründet sind (Rz. 4), einzelne Verpflichtungen aus ihnen aber erst später fällig werden. Für Verpflichtungen, die erst nach Ablauf der Fünf-Jahres-Frist fällig werden, wie zB Mietzinsen oder Gehälter, haftet der Gesellschafter deshalb nicht. Auch Ansprüche aus Direktzusagen des Arbeitgebers auf eine betriebliche Altersversorgung gemäß § 1 BetrAVG werden erst mit dem Eintritt des Versorgungsfalls fällig[5].

c) Enthaftungsverhindernde Maßnahmen

13 Weitere Voraussetzung für die Inanspruchnahme des Gesellschafters ist die Vornahme einer der in § 224 Abs. 2 und 4 UmwG genannten enthaftungsverhindernden Maßnahmen. Wie bei dem Eintritt der Fälligkeit ist es auch hier ausreichend, wenn eine der enthaftungsverhindernden Maßnahmen schon vor dem Formwechsel erfolgt ist[6].

---

1 *Vossius* in Widmann/Mayer, § 224 UmwG Rz. 53 unter Verweis auf § 45 UmwG Rz. 168.
2 *Joost* in Lutter, § 224 UmwG Rz. 32; *Schlitt* in Semler/Stengel, § 224 UmwG Rz. 34.
3 *Schlitt* in Semler/Stengel, § 224 UmwG Rz. 17.
4 *Grüneberg* in Palandt, 75. Aufl. 2016, § 271 BGB Rz. 1.
5 *Schlitt* in Semler/Stengel, § 224 UmwG Rz. 17.
6 *Joost* in Lutter, § 224 UmwG Rz. 20.

aa) Feststellung von Ansprüchen in einer in § 197 Abs. 1 Nr. 3 bis 5 BGB be- 14
zeichneten Art. Als enthaftungsverhindernde Maßnahmen nennt § 224 Abs. 2
UmwG zunächst die Feststellung von Ansprüchen gegen den persönlich haftenden Gesellschafter in einer in § 197 Abs. 1 Nr. 3 bis 5 BGB bezeichneten Art. In
Betracht kommt etwa die rechtskräftige Feststellung des Anspruchs (§ 197
Abs. 1 Nr. 3 BGB). Es muss also ein rechtskräftiger Titel gegen den persönlich
haftenden Gesellschafter innerhalb der Fünf-Jahres-Frist erwirkt werden. Hierbei ist das Zusammenspiel mit den in § 224 Abs. 3 Satz 2 UmwG genannten
Hemmungstatbeständen zu beachten. So wird beispielsweise durch die Erhebung einer Klage oder die Verwirklichung eines anderen Tatbestandes iS des
§ 204 BGB vor Ablauf der Frist der Fristablauf gehemmt (Rz. 11), und ein erst
später erlangtes rechtskräftiges Urteil ist dann noch rechtzeitig. Zu beachten ist
aber, dass sich, wie der Wortlaut der Norm zeigt, die Klage gegen den ehemaligen persönlich haftenden Gesellschafter richten muss[1]. Eine Klage gegen die
Gesellschaft oder einen Mitgesellschafter reicht nicht aus, weil der persönlich
haftende Gesellschafter innerhalb der Fünf-Jahres-Frist wissen soll, ob er noch
in Anspruch genommen wird. Alternativ zu der rechtskräftigen Feststellung des
Anspruchs (§ 197 Abs. 1 Nr. 3 BGB) kann dieser Gegenstand eines vollstreckbaren Vergleichs oder einer vollstreckbaren Urkunde sein (§ 197 Abs. 1 Nr. 4
BGB). Ebenso reicht es aus, wenn der Anspruch durch die im Insolvenzverfahren erfolgte Feststellung vollstreckbar geworden ist (§ 197 Abs. 1 Nr. 5 BGB).

bb) Gerichtliche oder behördliche Vollstreckungshandlung. Ausreichend ist 15
gemäß § 224 Abs. 2 UmwG auch die Vornahme oder Beantragung einer gerichtlichen oder behördlichen Vollstreckungshandlung. § 212 Abs. 2 und 3 BGB finden gemäß § 224 Abs. 3 Satz 2 BGB entsprechende Anwendung. Da die Vollstreckungshandlung einen vollstreckbaren Titel voraussetzt, ein solcher aber
schon durch den Verweis auf § 197 Abs. 1 Nr. 3 bis 5 BGB die Enthaftung hindert, ist davon auszugehen, dass dieser Variante keine eigenständige Bedeutung
zukommt[2]. Anderes würde nur dann gelten, wenn man, anders als hier (Rz. 13),
die Erlangung eines vollstreckbaren Titels vor dem Formwechsel als enthaftungsverhindernde Maßnahme nicht ausreichen lassen würde.

cc) Erlass eines Verwaltungsakts. Für öffentlich-rechtliche Forderungen genügt 16
gemäß § 224 Abs. 2 UmwG der Erlass eines Verwaltungsakts **innerhalb der
Fünf-Jahres-Frist**. Bloße behördliche Bekanntmachungen, Ankündigungen
oder Aufforderungen genügen nicht. Es muss vielmehr ein Verwaltungsakt entsprechend den gesetzlichen Erfordernissen nach den Verwaltungsgesetzen des
Bundes bzw. der Länder ergangen sein (zur Definition des Verwaltungsakts vgl.
§ 35 VwVfG), und dieser muss dem Schuldner innerhalb der Fünf-Jahres-

---

1 *Joost* in Lutter, § 224 UmwG Rz. 24; *Schlitt* in Semler/Stengel, § 224 UmwG Rz. 22.
2 *Schlitt* in Semler/Stengel, § 224 UmwG Rz. 28; *Dauner-Lieb/P. W. Tettinger* in Köln-Komm. UmwG, § 224 UmwG Rz. 35.

Frist iS des § 41 VwVfG bekannt gemacht worden sein. Erst mit der Bekanntgabe ist der Verwaltungsakt erlassen[1].

17 **dd) Anerkenntnis.** Gemäß § 224 Abs. 4 UmwG ist es auch ausreichend, wenn der Gesellschafter vor Ablauf der Fünf-Jahres-Frist den **Anspruch schriftlich anerkennt.** Dies verlangt kein abstraktes Schuldanerkenntnis iS des § 781 BGB, der Anerkennungswille muss sich aber hinreichend deutlich aus der Erklärung ergeben[2]. Das Anerkenntnis kann auch im Zusammenhang mit anderen Erklärungen abgegeben werden, muss aber in jedem Fall schriftlich (§ 126 BGB) oder in der die Schriftform ersetzenden (§ 126 Abs. 3 BGB) elektronischen Form (§ 126a BGB) erfolgen. Zu beachten ist, dass das Anerkenntnis die Feststellung gemäß § 197 Abs. 1 Nr. 3 bis 5 BGB nur „soweit" (vgl. § 224 Abs. 4 UmwG) entbehrlich macht, wie es reicht. Es kommt also darauf an, ob das Anerkenntnis den Anspruch vollständig umfasst oder nur ein Teilanerkenntnis vorliegt.

5. Innenverhältnis

18 Bei der Inanspruchnahme eines persönlich haftenden Gesellschafters durch einen Gläubiger der Gesellschaft gelten auch im Falle des Formwechsels die allgemeinen Grundsätze[3] über den Ausgleich im Innenverhältnis[4]. Wird der Gesellschafter persönlich in Anspruch genommen, hat er nach dem Wirksamwerden des Formwechsels in entsprechender Anwendung von § 110 HGB, § 670 BGB einen **Ausgleichsanspruch**[5] **gegen die Gesellschaft**[6]. Gleiches gilt im Falle der persönlichen Haftung des Kommanditisten[7]. Subsidiär haften dem in Anspruch Genommenen die **anderen Gesellschafter**, die dem Gläubiger gemäß § 128 Satz 1 HGB als Gesamtschuldner verpflichtet waren, gemäß § 426 Abs. 1 BGB nach den besonderen Rechtsverhältnissen der Gesellschaft, nämlich pro rata in Höhe ihrer Verlustbeteiligung[8]. Ferner geht die Forderung des Gläubigers gemäß § 426 Abs. 2 BGB auf den in Anspruch genommenen Gesellschafter über.

---

1 *U. Stelkens* in Stelkens/Bonk/Sachs, VwVfG, 8. Aufl. 2014, § 41 VwVfG Rz. 3; *Joost* in Lutter, § 224 UmwG Rz. 29.
2 *Schlitt* in Semler/Stengel, § 224 UmwG Rz. 27; *Joost* in Lutter, § 224 UmwG Rz. 27.
3 Ausführlich dazu *Roth* in Baumbach/Hopt, § 128 HGB Rz. 25 ff.
4 *Joost* in Lutter, § 224 UmwG Rz. 36 f.; *Schlitt* in Semler/Stengel, § 224 UmwG Rz. 38 f.; *Dauner-Lieb/P. W. Tettinger* in KölnKomm. UmwG, § 224 UmwG Rz. 37 ff.
5 Zu dem Ausgleichsanspruch gemäß § 110 HGB BGH v. 2.7.1962 – II ZR 204/60, BGHZ 37, 299 (301 f.).
6 *Joost* in Lutter, § 224 UmwG Rz. 36; *Schlitt* in Semler/Stengel, § 224 UmwG Rz. 38.
7 *Schlitt* in Semler/Stengel, § 224 UmwG Rz. 38.
8 BGH v. 2.7.1962 – II ZR 204/60, BGHZ 37, 299 (302 ff.); BGH v. 15.1.1988 – V ZR 183/86, BGHZ 103, 72 (76).

6. Dispositivität

§ 224 UmwG ist dispositiv, so dass die Nachhaftung in einer Vereinbarung zwischen Gesellschafter und Gläubiger ganz ausgeschlossen, verkürzt, verlängert oder modifiziert werden kann[1]. Aufgrund der weitreichenden Folgen einer solchen Vereinbarung ist dafür jedenfalls dann entsprechend § 224 Abs. 4 UmwG Schriftform erforderlich, wenn die Nachhaftung des Gesellschafters verschärft werden soll[2]. 19

§ 225
Prüfung des Abfindungsangebots

Im Falle des § 217 Abs. 1 Satz 2 ist die Angemessenheit der angebotenen Barabfindung nach § 208 in Verbindung mit § 30 Abs. 2 nur auf Verlangen eines Gesellschafters zu prüfen. Die Kosten trägt die Gesellschaft.

1. Normzweck 1	c) Frist 4
2. Voraussetzungen der Prüfung	3. Verzicht 6
a) Mehrheitsbeschluss 2	4. Kosten 7
b) Verlangen eines Gesellschafters 3	5. Rechtsfolgen 8

1. Normzweck

Die Vorschrift hat keine Vorgängerbestimmung, ist aber die Parallelvorschrift zu § 44 UmwG[3]. Sie macht die in § 208 UmwG als Pflichtprüfung angelegte Prüfung beim Formwechsel von Personenhandelsgesellschaften zu einer **fakultativen Prüfung**. Bedarf der Formwechsel einer Personengesellschaft nach § 217 Abs. 1 Satz 1 UmwG der Zustimmung aller Gesellschafter, ist ein Barabfindungsangebot nicht zu machen, und eine Prüfung kommt ohnehin nicht in Betracht (vgl. § 208 UmwG Rz. 5). Im Falle der Mehrheitsumwandlung nach § 217 Abs. 1 Satz 2 UmwG dagegen ist jedem widersprechenden Gesellschafter ein Barabfindungsangebot zu machen. Zu prüfen ist es aber nur, wenn ein Gesellschafter es verlangt, sofern dieser, wenn er zugleich Berechtigter iS von §§ 208, 30 Abs. 2 Satz 3 ist, nicht auf eine Prüfung verzichtet hat. Die Prüfung erfolgt durch einen Prüfer, der auf Antrag des geschäftsführenden Gesellschafters durch 1

---

1 *Joost* in Lutter, § 224 UmwG Rz. 33.
2 Siehe auch *Schlitt* in Semler/Stengel, § 224 UmwG Rz. 36. Ohne diese Einschränkung für Schriftform *Dauner-Lieb/P. W. Tettinger* in KölnKomm. UmwG, § 224 UmwG Rz. 25. Demgegenüber für Formfreiheit *Joost* in Lutter, § 224 UmwG Rz. 33; hier in der 4. Aufl. *Dirksen*, § 224 UmwG Rz. 12.
3 Begr. RegE, BR-Drucks. 75/94, S. 151.

das Gericht bestellt wird (§ 225 UmwG iVm. § 30 Abs. 2 Satz 2 UmwG iVm. § 10 UmwG). Zur Pflicht, den Prüfungsbericht den Gesellschaftern zu übermitteln, vgl. § 208 UmwG Rz. 8[1]. § 225 UmwG liegt derselbe Rechtsgedanke zugrunde wie § 44 UmwG. Auf die dortigen Erl. kann weitgehend verwiesen werden.

2. Voraussetzungen der Prüfung

a) Mehrheitsbeschluss

2   Ein Prüfungsverlangen kann nur im Fall einer Mehrheitsumwandlung (§ 217 Abs. 1 Satz 2 UmwG) gestellt werden (vgl. dazu im Einzelnen die Erl. zu § 44 UmwG Rz. 2–4). Eine Mehrheitsumwandlung iS des § 225 UmwG liegt auch dann nicht vor, wenn zwar der Gesellschaftsvertrag eine Mehrheitsumwandlung zulässt, der Zustimmungsbeschluss aber **von allen Gesellschaftern gefasst** wird. Dann erübrigen sich sowohl Barabfindungsangebot wie Prüfung. Dies gilt auch dann, wenn bei einer Umwandlung, die der Zustimmung aller Gesellschafter bedarf, ein widerstrebender Gesellschafter aufgrund der gesellschaftsrechtlichen Treuepflicht zustimmen muss. Auch in diesem Falle ist ein Barabfindungsangebot nicht zu machen. Damit fehlt jeder Ansatzpunkt für eine Prüfung[2].

b) Verlangen eines Gesellschafters

3   Die Prüfung setzt das Verlangen eines Gesellschafters voraus. Nicht erforderlich ist, dass dieser Gesellschafter **Widerspruch** zur Niederschrift erklärt (§ 207 Abs. 1 Satz 1 UmwG) und damit „Berechtigter" iS der §§ 208, 30 Abs. 2 UmwG geworden ist. Es kann also jeder, auch ein zustimmender, Gesellschafter sein. Eine Beschränkung dieser Bestimmung durch teleologische Reduktion auf den abfindungsberechtigten Gesellschafter ist nicht vorzunehmen: Die Barabfindung ist aus dem Vermögen des formwechselnden Rechtsträgers zu zahlen und wirkt sich deshalb auch auf die verbleibenden Gesellschafter aus. Ist sie zu hoch, wird dies der ausscheidende Gesellschafter gern akzeptieren und eine Prüfung möglichst vermeiden. Es kann also ein dringendes Interesse bestehen, dass gerade die verbleibenden Gesellschafter eine Prüfung verlangen können.

Im Übrigen wird auf § 44 UmwG Rz. 5–7 verwiesen.

c) Frist

4   Eine Frist, binnen derer das Verlangen gestellt werden muss, sieht das Gesetz nicht vor. Im Gegensatz zu § 44 UmwG hat das 2. UmwÄndG hier keine Wo-

---

1   AA *Decher/Hoger* in Lutter, § 208 UmwG Rz. 20.
2   *Schlitt* in Semler/Stengel, § 225 UmwG Rz. 5; aA *Dauner-Lieb/Tettinger* in KölnKomm. UmwG, § 225 UmwG Rz. 5; *Vossius* in Widmann/Mayer, § 225 UmwG Rz. 11.

chenfrist vorgesehen. Eine Frist kann jedoch im Gesellschaftsvertrag festgelegt (§ 1 Abs. 3 Satz 2 UmwG) oder auch mit der Unterrichtung der Gesellschafter nach § 216 UmwG und Hinweis auf das Recht nach § 225 UmwG verbunden werden. Es ist ohnehin davon auszugehen, dass die **Informationspflicht** nach § 216 UmwG bei einer Mehrheitsumwandlung nach § 217 Abs. 1 Satz 2 UmwG einen Hinweis auf das Prüfungsrecht nach § 225 UmwG mitumfasst. Zur Gesellschafterversammlung sollte dann zweckmäßigerweise erst nach Ablauf der gesetzten Frist eingeladen werden. Fehlt es daran, kommt es darauf an, ob ein nachträgliches Verlangen gegen die gesellschaftsrechtliche Treuepflicht verstößt. Dies ist idR nicht der Fall, wenn die Gesellschafter über ihr Recht nicht belehrt worden sind. Dann kann das Verlangen noch in der Gesellschafterversammlung gestellt werden. Auch hier kann im Fall eines Prüfungsverlangens der Umwandlungsbeschluss erst gefasst werden, wenn der Prüfungsbericht vorliegt. Anderenfalls ist er fehlerhaft und damit nichtig.

Ob das **Verlangen** auch noch **nach Beschlussfassung** gestellt werden kann ist 5 streitig, da dem ausscheidenden Gesellschafter die gerichtliche Nachprüfung der Angemessenheit im Spruchverfahren (§ 212 UmwG; § 1 Nr. 4 SpruchG) offensteht, allerdings mit anderer Kostenregelung (§ 15 Abs. 2 SpruchG). Die Frage ist jedoch zu bejahen, da auch nach Beschlussfassung die Angemessenheit für die Annahme oder Ablehnung des Angebots nach § 207 UmwG relevant ist und der Gesetzestext dem nicht entgegensteht[1]. Allerdings wird bei den zustimmenden Gesellschaftern und generell bei einer rechtzeitigen Unterrichtung über das Prüfungsrecht nach § 225 UmwG die gesellschaftsrechtliche Treuepflicht einem Verlangen entgegenstehen. Eine **zeitliche Grenze** wird jedenfalls durch § 209 Satz 1 UmwG bestimmt. Das Angebot auf Barabfindung kann nur binnen zwei Monaten nach dem Tage angenommen werden, an dem die Eintragung der neuen Rechtsform nach § 201 UmwG bekannt gemacht worden ist. Kann das Angebot aber nicht mehr angenommen werden, erübrigt sich auch eine Prüfung[2].

3. Verzicht

Haben alle Gesellschafter einen notariell beurkundeten Verzicht auf Prüfung 6 nach §§ 208, 30 Abs. 2 Satz 3 UmwG abgegeben, ist ein Verlangen nach § 225 UmwG gegenstandslos. Verzichtet ein widersprechender Gesellschafter auf das Barabfindungsgebot, so bleibt sein Recht, eine Prüfung zu verlangen, wenigstens

---

1 *Schlitt* in Semler/Stengel, § 225 UmwG Rz. 9; *Joost* in Lutter, § 225 UmwG Rz. 5; *Vossius* in Widmann/Mayer, § 225 Rz. 21; aA *Dauner-Lieb/Tettinger* in KölnKomm. UmwG, § 225 UmwG Rz. 11.
2 Vgl. *Stratz* in Schmitt/Hörtnagl/Stratz, § 225 UmwG Rz. 4; *Joost* in Lutter, § 225 UmwG Rz. 5.

dann erhalten, wenn andere Gesellschafter von dem Barabfindungsgebot Gebrauch machen bzw. einen entsprechenden Verzicht nicht ausgesprochen haben[1].

4. Kosten

7 Die Kosten der Prüfung trägt die Gesellschaft; dies entspricht § 44 Satz 2 UmwG (vgl. § 44 UmwG Rz. 15).

5. Rechtsfolgen

8 Bezüglich der Rechtsfolgen einer unterbliebenen oder fehlerhaften Prüfung wird auf § 44 UmwG Rz. 17 ff. verwiesen.

Zweiter Unterabschnitt
Formwechsel von Partnerschaftsgesellschaften

§ 225a
Möglichkeit des Formwechsels

Eine Partnerschaftsgesellschaft kann auf Grund eines Umwandlungsbeschlusses nach diesem Gesetz nur die Rechtsform einer Kapitalgesellschaft oder einer eingetragenen Genossenschaft erlangen.

1. Überblick 1	3. Rechtsträger neuer Rechtsform ... 3
2. Die Partnerschaftsgesellschaft als formwechselnder Rechtsträger ... 2	4. Alternative Gestaltungsmöglichkeiten 5

Literatur: *Neye,* Partnerschaft und Umwandlung, ZIP 1997, 722; *Neye,* Die Änderungen im Umwandlungsrecht nach den handels- und gesellschaftsrechtlichen Reformgesetzen in der 13. Legislaturperiode, DB 1998, 1649.

1. Überblick

1 §§ 225a ff. UmwG regeln die besonderen Vorschriften für den Formwechsel von Partnerschaftsgesellschaften (§ 1 PartGG) im Wesentlichen durch einen umfassenden Verweis auf §§ 214 Abs. 2, 217 bis 225 UmwG in § 225c UmwG. Diese Regelungssystematik ist dadurch zu erklären, dass der Formwechsel von Part-

---

[1] *Dauner-Lieb/Tettinger* in KölnKomm. UmwG, § 225 UmwG Rz. 16.

nerschaftsgesellschaften erst nachträglich durch das 1. Gesetz zur Änderung des UmwG v. 22.7.1998[1] in das UmwG eingefügt worden ist. Neben diesen besonderen Vorschriften sind die allgemeinen Regelungen zum Formwechsel in den §§ 190 ff. UmwG auch auf den Formwechsel von Partnerschaftsgesellschaften grundsätzlich anwendbar.

2. Die Partnerschaftsgesellschaft als formwechselnder Rechtsträger

Formwechselnder Rechtsträger kann nur eine **im Partnerschaftsregister eingetragene** (vgl. § 7 Abs. 1 PartGG) Partnerschaftsgesellschaft sein. Vor der Eintragung ist die Partnerschaftsgesellschaft eine GbR, die nicht umwandlungsfähig ist[2]. Ist die Partnerschaftsgesellschaft aufgelöst, findet § 214 Abs. 2 UmwG über den Verweis in § 225c UmwG Anwendung. Die **Partnerschaft mit beschränkter Berufshaftung** (§ 8 Abs. 4 PartGG) ist lediglich eine Rechtsformvariante zur herkömmlichen Partnerschaftsgesellschaft[3], so dass auch für sie §§ 225a ff. UmwG uneingeschränkt gelten[4]. 2

3. Rechtsträger neuer Rechtsform

Als Rechtsträger neuer Rechtsform kommt gemäß § 225a UmwG nur eine **Kapitalgesellschaft** oder eine **eingetragene Genossenschaft** in Betracht (zu diesen Begrifflichkeiten § 214 UmwG Rz. 7). Da es sich bei der Partnerschaftsgesellschaft mit beschränkter Berufshaftung lediglich um eine Rechtsformvariante zur herkömmlichen Partnerschaftsgesellschaft handelt[5], ist auch die Einführung einer Beschränkung der Haftung gemäß § 8 Abs. 4 PartGG nicht als Formwechsel einzuordnen und die Partnerschaftsgesellschaft mbB damit auch kein tauglicher Rechtsträger neuer Rechtsform. Verstößt der Umwandlungsbeschluss gegen § 225a UmwG, ist er nichtig. Trägt der Registerrichter trotz eines Verstoßes gegen § 225a UmwG den Formwechsel in das Handelsregister ein, wird der Formwechsel dennoch nicht gemäß § 202 Abs. 3 UmwG wirksam, weil der Formwechselbeschluss einen Formwechsel in einen vom Gesetz für eine Umwandlung von Partnerschaftsgesellschaften nicht vorgesehenen Rechtsträger neuer Rechtsform vorsieht (vgl. § 214 UmwG Rz. 15)[6]. 3

---

1 BGBl. I 1998, S. 1878.
2 *Joost* in Lutter, § 225a UmwG Rz. 2; *Dauner-Lieb/P. W. Tettinger* in KölnKomm. UmwG, § 225a UmwG Rz. 4.
3 OLG Nürnberg v. 5.2.2014 – 12 W 351/14, GmbHR 2014, 429 = RNotZ 2014, 390 m. Anm. *Blasche*.
4 *Joost* in Lutter, § 225a UmwG Rz. 2.
5 Siehe hierzu OLG Nürnberg v. 5.2.2014 – 12 W 351/14, GmbHR 2014, 429 = RNotZ 2014, 390 m. Anm. *Blasche*.
6 Siehe auch *Schlitt* in Semler/Stengel, § 225a UmwG Rz. 6.

4 Die Regelungen im UmwG bieten nur den gesellschaftsrechtlichen Rahmen für den Formwechsel von Partnerschaftsgesellschaften, so dass es für die Zulässigkeit des Formwechsels immer auch darauf ankommt, ob **die gewünschte Rechtsform** für die berufliche Zusammenarbeit überhaupt mit dem jeweiligen **Berufsrecht vereinbar** ist[1]. So wäre beispielsweise der Formwechsel einer Partnerschaftsgesellschaft von Rechtsanwälten in eine Rechtsanwaltsgesellschaft (GmbH) gemäß § 59c BRAO möglich. Der Formwechsel in eine GmbH stellt auch den praktisch bedeutendsten Anwendungsfall der §§ 225a ff. UmwG dar[2]. Ebenso möglich wäre ein Formwechsel in eine Rechtsanwalts-AG, deren berufsrechtliche Zulässigkeit der BGH anerkannt hat[3].

4. Alternative Gestaltungsmöglichkeiten

5 Den Partnerschaftsgesellschaften stehen neben dem Formwechsel gemäß §§ 225a ff. UmwG weitere alternative Gestaltungsmöglichkeiten für den Wechsel ihrer Rechtsform offen. Zu denken ist hier etwa an die Löschung der Partnerschaftsgesellschaft aus dem Partnerschaftsregister und Fortführung als GbR oder an ein Anwachsungsmodell[4]. Auch diese Gestaltungen setzen freilich voraus, dass die gewünschte Rechtsform für die berufliche Zusammenarbeit mit dem jeweiligen Berufsrecht vereinbar ist.

§ 225b
Umwandlungsbericht und Unterrichtung der Partner

Ein Umwandlungsbericht ist nur erforderlich, wenn ein Partner der formwechselnden Partnerschaft gemäß § 6 Abs. 2 des Partnerschaftsgesellschaftsgesetzes von der Geschäftsführung ausgeschlossen ist. Von der Geschäftsführung ausgeschlossene Partner sind entsprechend § 216 zu unterrichten.

1. Überblick 1	3. Unterrichtung (§ 225b Satz 2	
2. Umwandlungsbericht (§ 225b	UmwG) 3	
Satz 1 UmwG) 2		

---

1 Dies wurde vom Gesetzgeber als selbstverständlich angesehen und daher im UmwG nicht ausdrücklich erwähnt (s. BT-Drucks. 13/8808, S. 8).
2 *Joost* in Lutter, § 225a UmwG Rz. 1; *Schlitt* in Semler/Stengel, § 225a UmwG Rz. 3.
3 BGH v. 10.1.2005 – AnwZ (B) 27/03 und 28/03, BGHZ 161, 376 (381 ff.).
4 Ausführlich dazu mit zahlreichen Beispielen *Vossius* in Widmann/Mayer, § 225a UmwG Rz. 11 ff.

1. Überblick

§ 225b Satz 1 UmwG entspricht § 215 UmwG. § 225b Satz 2 UmwG verweist für die Unterrichtung von Partnern, die von der Geschäftsführung ausgeschlossen sind, auf § 216 UmwG. Grund für diese Regelungen ist wie bei der Parallelnorm des § 45c UmwG die Erwägung, dass nur die von der Geschäftsführung ausgeschlossenen Partner einen Umwandlungsbericht und die Unterrichtung gemäß § 216 UmwG benötigen, weil sie sich mangels Teilnahme an der Geschäftsführung nicht hinreichend selbst über alle Vorgänge im Zusammenhang mit dem geplanten Formwechsel informieren können[1]. 1

2. Umwandlungsbericht (§ 225b Satz 1 UmwG)

Auch bei dem Formwechsel einer Partnerschaftsgesellschaft ist gemäß § 192 UmwG grundsätzlich ein Umwandlungsbericht zu erstatten. Dieser ist gemäß § 192 Abs. 2, Satz 1 Var. 2 UmwG[2] dann entbehrlich, wenn alle Partner auf seine Erstattung mittels notariell beurkundeter Erklärungen verzichten. Darüber hinaus ist ein Umwandlungsbericht ohne einen solchen Verzicht gemäß § 225b Satz 1 UmwG von vornherein **entbehrlich, wenn kein Partner** der formwechselnden Partnerschaft **gemäß § 6 Abs. 2 PartGG von der Geschäftsführung ausgeschlossen** ist. Im Unterschied zur Personenhandelsgesellschaft ist ein solcher Ausschluss von der Geschäftsführung bei der Partnerschaftsgesellschaft gemäß § 6 Abs. 2 PartGG nur bezüglich der sonstigen Geschäfte, also der nicht zur Ausübung des Freien Berufs gehörenden Geschäfte der Partnerschaft[3], möglich. 2

3. Unterrichtung (§ 225b Satz 2 UmwG)

§ 225b Satz 2 UmwG regelt, dass von der Geschäftsführung gemäß § 6 Abs. 2 PartGG ausgeschlossene Partner entsprechend § 216 UmwG zu unterrichten sind. Art und Umfang der Unterrichtung bestimmen sich dann entsprechend der Vorgaben in § 216 UmwG (siehe die Kommentierung zu § 216 UmwG). Auch wenn das Gesetz in § 225b Satz 2 UmwG nicht vorschreibt, dass auch die zur Geschäftsführung befugten Partner in gleicher Weise unterrichtet werden müssen, empfiehlt sich in jedem Fall die vorsorgliche Unterrichtung aller Partner (vgl. § 216 UmwG Rz. 7). Erforderlich ist die Ankündigung des Formwechsels als Gegenstand der Beschlussfassung in Textform spätestens zusammen mit der Einberufung der Gesellschafterversammlung, die den Formwechsel beschlie- 3

---

1 BT-Drucks. 13/8808, S. 15 iVm. S. 12.
2 § 192 Abs. 2 Var. 1 UmwG kommt demgegenüber nicht in Betracht, weil eine Partnerschaftsgesellschaft mindestens zwei Partner haben muss.
3 *Schäfer* in MünchKomm. BGB, 6. Aufl. 2013, § 6 PartGG Rz. 9.

ßen soll, sowie die Übersendung eines ggf. erforderlichen Umwandlungsberichts sowie ggf. eines Abfindungsangebots nach § 207 UmwG.

§ 225c
Anzuwendende Vorschriften

Auf den Formwechsel einer Partnerschaftsgesellschaft sind § 214 Abs. 2 und die §§ 217 bis 225 entsprechend anzuwenden.

1 § 225c UmwG enthält einen umfassenden Verweis auf die besonderen Vorschriften für den Formwechsel von Personenhandelsgesellschaften (§§ 214 Abs. 2, 217 bis 225 UmwG). Nur § 215 UmwG und § 216 UmwG sind davon wegen der Regelungen in § 225b UmwG ausgeschlossen. Neben diesen besonderen Vorschriften sind die allgemeinen Normen zum Formwechsel in §§ 190 ff. UmwG auf den Formwechsel von Partnerschaftsgesellschaften grundsätzlich anwendbar.

2 Der Verweis in § 225c UmwG beinhaltet auch den Verweis auf die Regelungen zur Nachhaftung in **§ 224 UmwG**. An die Stelle des von § 224 Abs. 1 UmwG in Bezug genommenen § 128 HGB tritt bei der Partnerschaftsgesellschaft **§ 8 Abs. 1 Satz 1 PartGG**, nach dem die Partner den Gläubigern der Partnerschaftsgesellschaft neben der Partnerschaft gesamtschuldnerisch haften. Es gilt dann die Enthaftungsregelung gemäß § 224 Abs. 2 bis 5 UmwG. Zu beachten ist allerdings, dass für berufliche Fehler die Haftung nach § 8 Abs. 1 Satz 1 PartGG gemäß **§ 8 Abs. 2 PartGG** nur die Partner betrifft, die mit der Bearbeitung des Auftrags befasst waren und nicht nur einen Bearbeitungsbeitrag von untergeordneter Bedeutung geleistet haben[1]. Ansprüche gegen die nach § 8 Abs. 2 PartGG verantwortlichen Partner unterliegen ebenfalls der Enthaftungsregelung gemäß § 224 Abs. 2 bis 5 UmwG[2]. Auch eine eventuelle Haftungsbegrenzung auf Höchstbeträge (vgl. **§ 8 Abs. 3 PartGG**) ist im Rahmen des § 224 UmwG zu beachten[3]. Bei der Partnerschaft mit beschränkter Berufshaftung (§ 8 Abs. 4 PartGG) scheidet im Anwendungsbereich des § 8 Abs. 4 PartGG eine Nachhaftung der Partner gemäß § 224 UmwG aus[4].

---

1 Diese Regelung gilt für Ansprüche, die seit dem 1.8.1998 entstanden sind (Art. 1a des Gesetzes zur Änderung des UmwG, des PartGG und anderer Gesetze v. 22.7.1998, BGBl. I 1998, S. 1878 [1981]).
2 *Schlitt* in Semler/Stengel, § 225c UmwG Rz. 4.
3 *Dauner-Lieb/P. W. Tettinger* in KölnKomm. UmwG, § 225c UmwG Rz. 2.
4 Siehe auch *Vossius* in Widmann/Mayer, § 225a UmwG Rz. 53.

Zweiter Abschnitt
Formwechsel von Kapitalgesellschaften
Erster Unterabschnitt
Allgemeine Vorschriften

§ 226
Möglichkeit des Formwechsels

Eine Kapitalgesellschaft kann auf Grund eines Umwandlungsbeschlusses nach diesem Gesetz nur die Rechtsform einer Gesellschaft des bürgerlichen Rechts, einer Personenhandelsgesellschaft, einer Partnerschaftsgesellschaft, einer anderen Kapitalgesellschaft oder einer eingetragenen Genossenschaft erlangen.

1. Überblick	1	4. Rechtsträger neuer Rechtsform	6
2. Gründe für den Formwechsel	3	5. Rechtsfolgen von Verstößen	7
3. Formwechselnde Rechtsträger	4		

Literatur: *Happ*, Formwechsel von Kapitalgesellschaften, in Lutter (Hrsg.), Kölner Umwandlungsrechtstage – Verschmelzung, Spaltung, Formwechsel nach neuem Umwandlungsrecht und Umwandlungssteuerrecht, 1995, S. 223; *Heckschen*, Umstrukturierung krisengeschüttelter Kapitalgesellschaften: Umwandlungsmaßnahmen nach Stellung des Insolvenzantrags, DB 2005, 2675; *Irriger/Longrée*, Aktienrechtliche Mitteilungspflichten gem. § 20 AktG nach Formwechsel in eine AG, NZG 2013, 1289; *Kerschbaumer*, Praktische Probleme bei der Anwendung der GmbH-Gründungsvorschriften beim Formwechsel von der AG in die GmbH nach § 197 UmwG, NZG 2011, 892; *Krause-Ablaß/Link*, Fortbestand, Zusammensetzung und Kompetenzen des Aufsichtsrats nach Umwandlung einer AG in eine GmbH, GmbHR 2005, 731; *Meyer-Landrut/Kiem*, Der Formwechsel einer Publikumsaktiengesellschaft (Teil I), WM 1997, 1361; *Oplustil/Schneider*, Zur Stellung der europäischen Aktiengesellschaft im Umwandlungsrecht, NZG 2003, 13; *Rinnert*, Auswirkung eines Formwechsels von einer AG in eine GmbH auf das bedingte Kapital zur Sicherung von Bezugsrechten, NZG 2001, 865; *Sarrazin*, Von der Kapital- in die Personengesellschaft, DStZ 1996, 321; *K. Schmidt*, Umwandlung von Vorgesellschaften? §§ 41 AktG, 11 GmbHG und umwandlungsrechtlicher numerus clausus, FS Zöllner, Band I, 1998, S. 521; *Seibt/Reinhard*, Umwandlung der Aktiengesellschaft in die Europäische Gesellschaft (Societas Europaea), Der Konzern 2005, 407; *Stegemann/Middendorf*, Das Schicksal der Unterbeteiligung bei Formwechsel der Hauptgesellschaft, BB 2006, 1084; *Thiel*, Wege aus der Kapitalgesellschaft – Gestaltungsmöglichkeiten und Zweifelsfragen, BB 1995, 1196; *Veil*, Der nicht-verhältniswahrende Formwechsel von Kapitalgesellschaften – Eröffnet das neue Umwandlungsgesetz den partiellen Ausschluß von Anteilsinhabern?, DB 1996, 2529; *Wulff/Buchner*, Sicherung der Amtskontinuität des mitbestimmten Aufsichtsrats bei Verschmelzung und Formwechsel, ZIP 2007, 314; vgl. auch die Angaben zu §§ 214, 226 UmwG.

§ 226 | Formwechsel von Kapitalgesellschaften – Allgemeine Vorschriften

1. Überblick

1 § 226 UmwG knüpft an die Regelung in § 191 Abs. 2 UmwG an. Da § 226 UmwG die in § 191 Abs. 2 UmwG genannten zulässigen Rechtsträger neuer Rechtsform aber nicht einschränkt, sondern lediglich wiederholt, ist § 226 UmwG ohne eigenen originären Regelungsgehalt[1]. Die Vorschrift stellt jedoch noch einmal klar, welche Zielrechtsformen speziell beim Formwechsel von Kapitalgesellschaften zur Verfügung stehen. Je nach gewünschter Zielrechtsform sind für den Formwechsel von Kapitalgesellschaften neben den §§ 190 ff. UmwG und §§ 226 f. UmwG die für den Formwechsel in die jeweilige Zielrechtsform geltenden besonderen Vorschriften anzuwenden. Beim Formwechsel einer Kapitalgesellschaft in eine Personengesellschaft gelten also zusätzlich die Regelungen im zweiten Unterabschnitt (§§ 228–237 UmwG) und beim Formwechsel in eine Kapitalgesellschaft anderer Rechtsform die Regelungen im dritten Unterabschnitt (§§ 238–250 UmwG). Für den hier nicht kommentierten Formwechsel einer Kapitalgesellschaft in eine Genossenschaft gelten zusätzlich die Normen im vierten Unterabschnitt (§§ 251–257 UmwG).

2 Neben den im UmwG vorgesehenen Arten des Formwechsels bestehen für Kapitalgesellschaften **alternative Gestaltungsmöglichkeiten**, wie etwa die Übertragung aller Aktiva und Passiva im Wege der Einbringung oder der Totalausgliederung[2], die freilich nicht zur automatischen Beendigung der Kapitalgesellschaft führen. Die bei Personengesellschaften bekannten Anwachsungsmodelle (§ 190 UmwG Rz. 14) sind bei Kapitalgesellschaften nicht möglich[3].

2. Gründe für den Formwechsel

3 Die Gründe für einen Formwechsel von der Kapital- in die Personengesellschaft oder eine Kapitalgesellschaft anderer Rechtsform sind so vielfältig wie die **Unterschiede zwischen Personen- und Kapitalgesellschaften sowie zwischen den einzelnen Formen der Kapitalgesellschaften**[4]. Neben steuerlichen Gründen kann bezweckt sein, sich der Formstrenge der aktienrechtlichen Vorschriften zu entziehen oder die Mitbestimmung im Aufsichtsrat zu beenden[5]. Außerdem wird durch einen Formwechsel in eine Personengesellschaft die Anwendung der für Kapitalgesellschaften geltenden Publizitätsvorschriften vermieden. Bei börsennotierten AGs führt überdies der Formwechsel in eine GmbH oder eine Personengesellschaft zu

---

1 *Ihrig* in Semler/Stengel, § 226 UmwG Rz. 2; *Drinhausen/Keinath* in Henssler/Strohn, § 226 UmwG Rz. 1.
2 *Göthel* in Lutter, § 226 UmwG Rz. 3; *Vossius* in Widmann/Mayer, § 226 UmwG Rz. 13 ff.
3 Siehe auch *Rose* in Maulbetsch/Klumpp/Rose, § 226 UmwG Rz. 6.
4 Siehe dazu bereits § 214 UmwG Rz. 2 sowie ua. *Göthel* in Lutter, § 226 UmwG Rz. 4 ff.; *Ihrig* in Semler/Stengel, § 226 UmwG Rz. 7 f. auch zu dem Folgenden.
5 Vgl. zu Letzterem OLG Naumburg v. 6.2.1997 – 7 U 236/96, AG 1998, 430 (431).

einem kalten Delisting sowie zum Fortfall aller für börsennotierte AGs geltenden besonderen Vorgaben, wie etwa der Pflicht zur Abgabe der Entsprechenserklärung zum DCGK gemäß § 161 AktG. Umgekehrt kann beispielsweise der Formwechsel von einer GmbH in eine AG dazu dienen, einen Börsengang vorzubereiten.

3. Formwechselnde Rechtsträger

§ 226 UmwG bezieht sich auf den Formwechsel von Kapitalgesellschaften. **Kapitalgesellschaften** sind nach § 191 Abs. 1 Nr. 2 UmwG iVm. § 3 Abs. 1 Nr. 2 UmwG GmbHs, AGs und KGaAs. Formwechselnder Rechtsträger kann auch die **Unternehmergesellschaft (haftungsbeschränkt)** als Rechtsformvariante der GmbH sein[1]. Das Verbot von Sacheinlagen (§ 5a Abs. 2 Satz 2 GmbHG) steht zwar dem Formwechsel in eine UG (haftungsbeschränkt) als Rechtsträger neuer Rechtsform entgegen (§ 214 UmwG Rz. 8), es besteht aber kein vergleichbarer Grund der UG (haftungsbeschränkt) als Ausgangsrechtsträger den Formwechsel in eine Personengesellschaft oder eine andere Kapitalgesellschaft zu verwehren. Kein Formwechsel ist hingegen der Übergang der UG (haftungsbeschränkt) in eine normale GmbH, der sich allein nach § 5a Abs. 5 GmbHG vollzieht. Auch eine **SE** kann nach herrschender Auffassung statt der Rückumwandlung in eine AG gemäß § 66 Abs. 1 Satz 1 SE-VO nach den Vorschriften des UmwG einen Formwechsel in eine andere Rechtsform als die der AG vollziehen[2], sofern die Sperrfrist gemäß § 66 Abs. 1 Satz 2 SE-VO beachtet wird[3].

4

Aufgelöste Kapitalgesellschaften können nach Maßgabe des § 191 Abs. 3 UmwG (§ 191 UmwG Rz. 16 ff.) formwechselnder Rechtsträger sein. Da § 191 Abs. 1 Nr. 2 UmwG iVm. § 3 Abs. 1 Nr. 2 UmwG die Eintragung der dort genannten Kapitalgesellschaften im Handelsregister und damit deren Entstehung voraussetzt, scheiden **Vorgesellschaften** als solche als formwechselnde Rechtsträger aus[4]. Dies hindert die Gesellschafter der Vorgesellschaft allerdings nicht daran, bereits in diesem Stadium einen Formwechselbeschluss zu fassen und den Formwechsel zum Handelsregister mit der Bestimmung anzumelden, dass der Formwechsel erst nach Eintragung der formwechselnden Gesellschaft im Handelsregister eingetragen wird[5].

5

---

1 *Dauner-Lieb/P. W. Tettinger* in KölnKomm. UmwG, § 226 UmwG Rz. 2; *N. Meister*, NZG 2008, 767 (768); *P. W. Tettinger*, Der Konzern 2008, 75 (77); *Heckschen* in FS Spiegelberger, 2009, S. 681 (689).
2 Siehe zu dem Formwechsel einer SE in die Rechtsform der KGaA OLG Frankfurt/M. v. 2.12.2010 – 5 Sch 3/10, NZG 2012, 351 (352).
3 Unten *Marsch-Barner*, Anhang I Rz. 133; *Dauner-Lieb/P. W. Tettinger* in KölnKomm. UmwG, § 226 UmwG Rz. 5, jeweils mwN.
4 Ua. *Ihrig* in Semler/Stengel, § 226 UmwG Rz. 9.
5 Oben *Meister/Klöcker*, § 191 UmwG Rz. 22; *Decher/Hoger* in Lutter, § 191 UmwG Rz. 7; *Dauner-Lieb/P. W. Tettinger* in KölnKomm. UmwG, § 226 UmwG Rz. 7.

4. Rechtsträger neuer Rechtsform

6 Rechtsträger neuer Rechtsform kann gemäß § 226 UmwG eine Gesellschaft bürgerlichen Rechts (§§ 705 ff. BGB), eine Personenhandelsgesellschaft (§ 3 Abs. 1 Nr. 1 UmwG) einschließlich der Kapitalgesellschaft & Co. KG, eine Partnerschaftsgesellschaft (§ 1 Abs. 1 PartGG), eine Kapitalgesellschaft anderer Rechtsform (§ 3 Abs. 1 Nr. 2 UmwG) oder eine eingetragene Genossenschaft (§ 1 Abs. 1 GenG) sein. Als Rechtsträger neuer Rechtsform kommt darüber hinaus auch die Europäische wirtschaftliche Interessenvereinigung (EWIV) in Betracht[1], weil auf diese gemäß § 1 des EWIV-Ausführungsgesetzes v. 14.4.1988[2] die für eine OHG geltenden Vorschriften subsidiär entsprechend anzuwenden sind. Für den Formwechsel in eine Personenhandelsgesellschaft ist § 228 Abs. 1 UmwG zu beachten (dazu § 228 UmwG Rz. 3). Eine Personengesellschaft muss spätestens im Zeitpunkt des Wirksamwerdens des Formwechsels mindestens zwei Gesellschafter haben (§ 228 UmwG Rz. 8 und 9), die taugliche Gesellschafter einer Personengesellschaft sein können (§ 228 UmwG Rz. 4 f. und 9). Für den Formwechsel in eine Partnerschaftsgesellschaft ist § 228 Abs. 2 UmwG zu beachten (§ 228 UmwG Rz. 10). Darüber hinaus muss auch die Partnerschaftsgesellschaft mindestens zwei Gesellschafter haben (§ 228 UmwG Rz. 10).

5. Rechtsfolgen von Verstößen

7 Sieht der Formwechselbeschluss den Formwechsel in eine nicht durch § 226 UmwG zugelassene Rechtsform vor, ist er nichtig. Sofern der Registerrichter den Formwechsel trotz dieses Verstoßes in das Handelsregister einträgt, wird dadurch der Formwechsel dennoch nicht gemäß § 202 Abs. 3 UmwG wirksam (vgl. § 202 UmwG Rz. 56; § 214 UmwG Rz. 15).

§ 227
Nicht anzuwendende Vorschriften

Die §§ 207 bis 212 sind beim Formwechsel einer Kommanditgesellschaft auf Aktien nicht auf deren persönlich haftende Gesellschafter anzuwenden.

1. Überblick 1
2. Abfindungsanspruch des ausscheidenden persönlich haftenden Gesellschafters 2
3. Anwendung von §§ 207 ff. UmwG auf den Kommanditaktionär 3
4. Nachhaftung des ausscheidenden persönlich haftenden Gesellschafters 4

Literatur: Vgl. die Angaben zu § 226 UmwG.

---

[1] *Göthel* in Lutter, § 226 UmwG Rz. 1; *Dauner-Lieb/P. W. Tettinger* in KölnKomm. UmwG, § 226 UmwG Rz. 2. AA *Vossius* in Widmann/Mayer, Vor § 226 UmwG Rz. 1 und 11.
[2] BGBl. I 1988, S. 514.

1. Überblick

§ 227 UmwG gilt für den Formwechsel einer KGaA in eine der in § 226 UmwG genannten Rechtsträger neuer Rechtsform und schließt das Recht des persönlich haftenden Gesellschafters auf ein Abfindungsangebot gemäß §§ 207 ff. UmwG aus. Im Falle des **Formwechsels einer KGaA in eine Personengesellschaft** (§§ 228 ff. UmwG) hat der persönlich haftende Gesellschafter das Recht, sein Ausscheiden aus dem Rechtsträger für den Zeitpunkt, in dem der Formwechsel wirksam wird, zu erklären (§ 233 Abs. 3 Satz 3 UmwG iVm. § 236 UmwG). Anderenfalls wird er Gesellschafter in dem Rechtsträger neuer Rechtsform. Demgegenüber scheidet der persönlich haftende Gesellschafter bei dem Formwechsel einer **KGaA in eine Kapitalgesellschaft anderer Rechtsform** (§ 247 Abs. 2 UmwG) sowie bei dem hier nicht kommentierten Formwechsel in eine eingetragene Genossenschaft (§ 255 Abs. 3 UmwG) in jedem Fall „als solcher" aus der Gesellschaft aus.

2. Abfindungsanspruch des ausscheidenden persönlich haftenden Gesellschafters

Die Regelung in § 227 UmwG knüpft an das Ausscheiden des persönlich haftenden Gesellschafters aus der KGaA an und bestimmt, dass die Vorschriften bezüglich des Abfindungsangebots an Anteilsinhaber, die gegen den Umwandlungsbeschluss Widerspruch zur Niederschrift erklären (§§ 207 bis 212 UmwG), auf den ausscheidenden persönlich haftenden Gesellschafter keine Anwendung finden. Der ausscheidende persönlich haftende Gesellschafter erhält also kein Abfindungsangebot gemäß § 207 UmwG. Regelungen zu seiner Abfindung sind damit auch nicht Gegenstand des Umwandlungsbeschlusses. Der Abfindungsanspruch des ausscheidenden persönlich haftenden Gesellschafters richtet sich vielmehr nach den **allgemeinen Regeln (§ 278 Abs. 2 AktG iVm. §§ 161 Abs. 2, 105 Abs. 3 HGB, §§ 738 ff. BGB) sowie etwaigen einschlägigen Satzungsregelungen**. Hat der persönlich haftende Gesellschafter keine Sondereinlage erbracht, steht ihm freilich nach der gesetzlichen Regelung allein aufgrund seiner Stellung als persönlich haftender Gesellschafter kein Abfindungsanspruch zu, es sei denn, es ist in der Satzung eine Beteiligung an den stillen Reserven vorgesehen[1]. Der Abfindungsanspruch entsteht und ist fällig mit dem Wirksamwerden des Formwechsels[2] und ist nicht an die Frist des § 209 UmwG gebunden. Scheidet der persönlich haftende Gesellschafter bei dem Formwechsel einer KGaA in eine Personengesellschaft hingegen nicht aus der Gesellschaft aus und bleibt persönlich haftender Gesellschafter in dem Rechtsträger neuer Rechtsform

---

1 *Vossius* in Widmann/Mayer, § 227 UmwG Rz. 16; *Rieger* in Widmann/Mayer, § 247 UmwG Rz. 45.
2 *Göthel* in Lutter, § 227 UmwG Rz. 4.

oder wird dort Kommanditist[1], findet keine Auseinandersetzung statt. Demgegenüber ist das Ausscheiden des persönlich haftenden Gesellschafters „als solcher" bei dem Formwechsel einer KGaA in eine Kapitalgesellschaft anderer Rechtsform obligatorisch (§ 247 Abs. 2 UmwG).

3. Anwendung von §§ 207 ff. UmwG auf den Kommanditaktionär

3 Sofern der **persönlich haftende Gesellschafter gleichzeitig Kommanditaktionär** ist, bleibt diese Stellung von der Regelung in § 227 UmwG unberührt. Insoweit finden die Regelungen in §§ 207 ff. UmwG Anwendung, sofern kein Formwechsel von einer AG in eine KGaA oder einer KGaA in eine AG vorliegt (§ 250 UmwG)[2]. Auch auf Gesellschafter, die ausschließlich **Kommanditaktionäre** der formwechselnden KGaA sind, finden die Regelungen der §§ 207 bis 212 UmwG Anwendung, soweit nicht § 250 UmwG einschlägig ist.

4. Nachhaftung des ausscheidenden persönlich haftenden Gesellschafters

4 Die Nachhaftung des ausscheidenden persönlich haftenden Gesellschafters ist in § 227 UmwG nicht geregelt. Sie richtet sich nach allgemeinen Grundsätzen (**§ 278 Abs. 2 AktG iVm. §§ 161 Abs. 2, 160 HGB**[3]), wobei die Ausschlussfrist des § 160 Abs. 1 Satz 1 HGB mit dem Zeitpunkt des Ausscheidens gemäß § 236 UmwG, also dem Wirksamwerden des Formwechsels, beginnt (§ 236 UmwG Rz. 3). Ausgeschiedenen persönlich haftenden Gesellschaftern steht bei Inanspruchnahme durch einen Gesellschaftsgläubiger ein Ausgleichsanspruch gegen die Gesellschaft und ggf. subsidiär gegen die anderen ehemaligen persönlich haftenden Gesellschafter der KGaA sowie im Falle des Formwechsels in eine Personengesellschaft die persönlich haftenden Gesellschafter des Rechtsträgers neuer Rechtsform zu (siehe dazu § 224 UmwG Rz. 18; § 236 UmwG Rz. 3 und § 249 UmwG Rz. 2). Sofern der persönlich haftende Gesellschafter der KGaA bei einem Formwechsel in eine KG dort die Stellung eines Kommanditisten erlangt, ist für die Nachhaftung **§ 224 UmwG über den Verweis in § 237 UmwG** entsprechend anzuwenden. Im Falle des Formwechsels einer KGaA in eine AG oder GmbH findet **§ 224 UmwG über den Verweis in § 249 UmwG** entsprechende Anwendung. Der Beginn der Ausschlussfrist des § 224 Abs. 2 UmwG richtet sich gemäß § 224 Abs. 3 Satz 1 UmwG nach der Bekanntmachung der

---

1 *Göthel* in Lutter, § 227 UmwG Rz. 3; *Ihrig* in Semler/Stengel, § 227 UmwG Rz. 7; *Vossius* in Widmann/Mayer, § 227 UmwG Rz. 24 ff.
2 *Ihrig* in Semler/Stengel, § 227 UmwG Rz. 2 und 7; *Drinhausen/Keinath* in Henssler/Strohn, § 227 UmwG Rz. 4.
3 *Dauner-Lieb/P. W. Tettinger* in KölnKomm. UmwG, § 227 UmwG Rz. 6.

Eintragung des Formwechsels. Wird der persönlich haftende Gesellschafter bei dem Formwechsel einer KGaA in eine Personenhandelsgesellschaft in dieser ebenfalls persönlich haftender Gesellschafter, haftet er ohne zeitliche Begrenzung unverändert auch für vor dem Formwechsel begründete Verbindlichkeiten. Dies ergibt sich aus dem Grundsatz der Kontinuität der Mitgliedschaft sowie aus §§ 161 Abs. 2, 128 HGB[1]. Einer gesetzlichen Regelung der Nachhaftung bedarf es daher für diesen Fall nicht[2].

Zweiter Unterabschnitt
Formwechsel in eine Personengesellschaft

§ 228
Möglichkeit des Formwechsels

(1) Durch den Formwechsel kann eine Kapitalgesellschaft die Rechtsform einer Personenhandelsgesellschaft nur erlangen, wenn der Unternehmensgegenstand im Zeitpunkt des Wirksamwerdens des Formwechsels den Vorschriften über die Gründung einer offenen Handelsgesellschaft (§ 105 Abs. 1 und 2 des Handelsgesetzbuchs) genügt.

(2) Ein Formwechsel in eine Partnerschaftsgesellschaft ist nur möglich, wenn im Zeitpunkt seines Wirksamwerdens alle Anteilsinhaber des formwechselnden Rechtsträgers natürliche Personen sind, die einen freien Beruf ausüben (§ 1 Abs. 1 und 2 des Partnerschaftsgesellschaftsgesetzes). § 1 Abs. 3 des Partnerschaftsgesellschaftsgesetzes bleibt unberührt.

1. Überblick 1
2. Formwechsel in eine Personenhandelsgesellschaft
   a) Unternehmensgegenstand (§ 228 Abs. 1 UmwG) 3
   b) Gesellschaftereigenschaft 4
3. Formwechsel in eine GbR 9
4. Formwechsel in eine Partnerschaftsgesellschaft (§ 228 Abs. 2 UmwG) . 10
5. Hilfsformwechsel 11
6. Haftung der Gesellschafter des Rechtsträgers neuer Rechtsform .. 14
7. Rechtsfolgen der Eintragung des Formwechsels trotz Mängeln des Umwandlungsbeschlusses 15

---

1 *Göthel* in Lutter, § 236 UmwG Rz. 5 und *Drinhausen/Keinath* in Henssler/Strohn, § 236 UmwG Rz. 3 nennen neben § 128 HGB auch § 130 HGB. Da sowohl der Rechtsträger als auch die Beteiligung vor und nach dem Formwechsel identisch sind, dürfte der Verweis allein auf § 128 HGB näher liegen. Vgl. zu dem umgekehrten Fall des Formwechsels einer Personenhandelsgesellschaft in eine KGaA § 224 UmwG Rz. 9.
2 *Vossius* in Widmann/Mayer, § 237 UmwG Rz. 5.

§ 228 | Formwechsel in eine Personengesellschaft

Literatur: *Bärwaldt/Schabacker,* Der vorsorgliche Formwechsel in eine OHG beim Formwechsel einer Kapitalgesellschaft in eine GbR, NJW 1999, 623; *Baßler,* Gesellschafterwechsel bei Umwandlungen, GmbHR 2007, 1252; *Eckert,* Der Formwechsel einer Kapitalgesellschaft in eine Personengesellschaft und seine Auswirkungen auf öffentlich-rechtliche Erlaubnisse, ZIP 1998, 1950; *Fischer,* Formwechsel zwischen GmbH und GmbH & Co. KG, BB 1995, 2173; *Priester,* Mitgliederwechsel im Umwandlungszeitpunkt, DB 1997, 560; *Mayer/Weiler,* Aktuelle Änderungen des Umwandlungsrechts aus Sicht der notariellen Praxis, MittBayNot 2007, 368; *K. Schmidt,* Formwechsel zwischen GmbH und GmbH & Co. KG, GmbHR 1995, 693; *K. Schmidt,* Umwandlung von Vorgesellschaften?, §§ 41 AktG, 11 GmbHG und umwandlungsrechtlicher numerus clausus, FS Zöllner, Band I, 1998, S. 521; *Sigel,* Von der GmbH in die GmbH & Co. KG, GmbHR 1998, 1208; vgl. auch die Angaben zu § 214 UmwG.

1. Überblick

1 § 228 UmwG enthält Voraussetzungen für den Formwechsel einer Kapitalgesellschaft in eine Personenhandelsgesellschaft bzw. eine Partnerschaftsgesellschaft. Die Vorschrift ist aber weder so zu verstehen, dass nur die in § 228 UmwG genannten Rechtsträger neuer Rechtsform bei einem Formwechsel der Kapitalgesellschaft in eine Personengesellschaft gewählt werden können, noch dahin, dass die in § 228 UmwG genannten Voraussetzungen für den Formwechsel in den jeweiligen Zielrechtsträger abschließend sind. So kommen als Rechtsträger neuer Rechtsform auch die in § 226 UmwG genannte Gesellschaft bürgerlichen Rechts sowie die Europäische wirtschaftliche Interessenvereinigung (EWIV) in Betracht (§ 226 UmwG Rz. 6). Weitere Voraussetzung für den Formwechsel in eine Personengesellschaft ist, dass ihre Gesellschafter zu dem Kreis der grundsätzlich in Frage kommenden Gesellschafter gehören (Rz. 4 f. und Rz. 9) und durch den Formwechsel keine Einpersonen-Personengesellschaft entsteht (Rz. 8 und Rz. 9). Auch die Partnerschaftsgesellschaft muss mindestens zwei Gesellschafter haben (Rz. 10).

2 Anders als beim Formwechsel einer Personengesellschaft in eine Kapitalgesellschaft (dazu § 220 UmwG) und teilweise auch beim Formwechsel einer Kapitalgesellschaft in eine andere Kapitalgesellschaft (§ 245 UmwG Rz. 7 f.) findet **§ 220 UmwG** beim Formwechsel einer Kapitalgesellschaft in eine Personengesellschaft **keine Anwendung**, mit der Folge, dass selbst eine Überschuldung der Kapitalgesellschaft dem Formwechsel nicht entgegensteht[1]. Dies beruht auf dem im Vergleich zur Kapitalgesellschaft anders gestalteten Haftungskonzept der Personengesellschaft. Zu beachten ist auch, dass beim Formwechsel einer Kapitalgesellschaft in eine Personengesellschaft mehrere von den Gesellschaftern gehaltene Aktien oder Geschäftsanteile mit dem Wirksamwerden des Formwechsels stets zu **einem Anteil** werden, weil bei einer Personengesellschaft die aus

---

[1] Siehe auch *Vossius* in Widmann/Mayer, Vor § 228 UmwG Rz. 20 ff.

der Mitgliedschaft entspringende Beteiligung in der Hand desselben Gesellschafters nur eine einheitliche sein kann[1].

2. Formwechsel in eine Personenhandelsgesellschaft

a) Unternehmensgegenstand (§ 228 Abs. 1 UmwG)

Für den Formwechsel in eine Personengesellschaft bestimmt § 228 Abs. 1 UmwG, dass dieser nur dann möglich ist, wenn der Unternehmensgegenstand im Zeitpunkt des Wirksamwerdens des Formwechsels den Anforderungen des **§ 105 Abs. 1 und 2 HGB** genügt. Seit dem Handelsrechtsreformgesetz v. 22.6.1998[2] sind die Voraussetzungen für die Erlangung der Rechtsform einer Personenhandelsgesellschaft wesentlich herabgesenkt worden, da seitdem auch ein Kleingewerbe durch Eintragung der Firma des Unternehmens in das Handelsregister zur OHG werden kann. Ebenso sind Vermögensverwaltungsgesellschaften eintragungsfähig. Damit bleiben kaum noch Fälle, in denen der Formwechsel einer Kapitalgesellschaft in eine Personenhandelsgesellschaft an den Vorgaben des § 228 Abs. 1 UmwG iVm. § 105 Abs. 1 und 2 HGB scheitern kann. Denkbar ist dies aber noch im Falle einer Kapitalgesellschaft von **Freiberuflern.** Dieser ist der Formwechsel in die Rechtsform der Personenhandelsgesellschaft regelmäßig[3] verwehrt. Es bleibt dann nur die Umwandlung in eine GbR oder,

3

---

1 BGH v. 11.4.1957 – II ZR 182/55, BGHZ 24, 106 (108); BGH v. 20.4.1972 – II ZR 143/69, BGHZ 58, 316 (318).
2 BGBl. I 1998, S. 1474.
3 Nach dem Gesellschaftsrechtssenat (II.) des BGH kann allerdings eine Steuerberatungsgesellschaft in der Form einer Kommanditgesellschaft mit dem Gesellschaftszweck „geschäftsmäßige Hilfeleistung in Steuersachen einschließlich der Treuhandtätigkeit" im Handelsregister eingetragen werden (BGH v. 15.7.2014 – II ZB 2/13, GmbHR 2014, 1194). Dies ergibt sich nach dem Gesellschaftsrechtssenat des BGH ua. daraus, dass auch eine untergeordnete Treuhandtätigkeit als gewerblich einzuordnen ist und § 49 Abs. 2 StBerG eine spezialgesetzliche Regelung zu § 105 Abs. 2 HGB enthält. Diese Sondersituation bei Steuerberatungsgesellschaften lässt indessen die Abgrenzung nach allgemeinem Handelsrecht im Übrigen bestehen. Hiernach richtet sich dann, wenn eine Gesellschaft gewerbliche und nichtgewerbliche Tätigkeiten betreibt, die Einordnung des Geschäftsbetriebs als Handelsgewerbe nach dem Gesamtbild des Betriebes also danach, was den Schwerpunkt darstellt bzw. welche Tätigkeitsart wesentlich und prägend ist (so die ständige Rechtsprechung des BGH, ua. der Anwaltssenat des BGH v. 18.7.2011 – AnwZ (Brfg) 18/10, GmbHR 2011, 1036 sowie auch der Gesellschaftsrechtssenat in der og. Entscheidung). Dementsprechend lehnte der Anwaltssenat des BGH die Zulassung einer Rechtsanwaltsgesellschaft in der Rechtsform der GmbH & Co. KG ab (BGH v. 18.7.2011 – AnwZ (Brfg) 18/10, GmbHR 2011, 1036). Der Anwaltssenat des BGH wendet allerdings in der vorgenannten Entscheidung in einem obiter dictum diese allgemeinen handelsrechtlichen Vorgaben auch auf Steuerberatungsgesellschaften an und hält diese nur bei überwiegender Treuhandtätigkeit als OHG oder KG für zulässig.

sofern die Voraussetzungen nach § 228 Abs. 2 UmwG iVm. § 1 Abs. 1 bis 3 PartGG vorliegen, in eine Partnerschaftsgesellschaft.

b) Gesellschaftereigenschaft

4 Bei einer Personenhandelsgesellschaft ist der Kreis der grundsätzlich in Frage kommenden Gesellschafter zwar sehr weit, bleibt aber dennoch hinter den für eine Kapitalgesellschaft geeigneten Gesellschaftern[1] zurück. Daher ist es für den Formwechsel einer Kapital- in eine Personenhandelsgesellschaft erforderlich, dass die Personenhandelsgesellschaft im Zeitpunkt des Wirksamwerdens des Formwechsels nur Gesellschafter hat, die für die Rechtsform der Personenhandelsgesellschaft überhaupt in Frage kommen. Gesellschafter einer Personenhandelsgesellschaft können ua. natürliche und juristische Personen, Vorgesellschaften oder Personenhandelsgesellschaften sein[2]. Ebenso kann sich eine ausländische juristische Person an einer Personenhandelsgesellschaft beteiligen, wenn ihre im Ausland erworbene allgemeine Rechtsfähigkeit auch im Inland anerkannt wird und sie die besondere Rechtsfähigkeit hat, sich an einer inländischen Gesellschaft des betreffenden Rechtscharakters zu beteiligen[3]. Auch eine GbR kommt als Kommanditistin einer KG in Betracht (vgl. § 162 Abs. 1 Satz 2 HGB)[4]. Ebenso kann die GbR nach herrschender Auffassung die Stellung als persönlich haftende Gesellschafterin übernehmen[5].

5 Demgegenüber **scheiden** als taugliche Gesellschafter einer Personenhandelsgesellschaft Erbengemeinschaften, eheliche Gütergemeinschaften, Bruchteilsgemeinschaften, stille Gesellschaften und der nicht rechtsfähige Verein **aus**[6]. Für die Durchführung des Formwechsels von einer Kapitalgesellschaft in eine Personenhandelsgesellschaft ist daher in diesen Fällen eine vorherige Auseinandersetzung erforderlich. Diese muss nicht bis zur Fassung des Formwechselbeschlusses erfolgen[7], sondern kann auch noch anschließend vereinbart wer-

---

1 Vgl. etwa für die GmbH *Fastrich* in Baumbach/Hueck, § 1 GmbHG Rz. 22 ff.
2 *Roth* in Baumbach/Hopt, § 105 HGB Rz. 28 ff.
3 BayObLG v. 21.3.1986 – BReg 3 Z 148/85, GmbHR 1986, 305 (307); OLG Saarbrücken v. 21.4.1989 – 5 W 60/88, NJW 1990, 647 = GmbHR 1990, 348. AA AG Bad Oeynhausen v. 15.3.2005 – 16 AR 15/05, GmbHR 2005, 692 (693).
4 BGH v. 16.7.2001 – II ZB 23/00, BGHZ 148, 291 (293).
5 LG Berlin v. 8.4.2003 – 102 U 6/03, GmbHR 2003, 719 (720 f.); *Roth* in Baumbach/Hopt, § 105 HGB Rz. 28 f.; *Bergmann*, ZIP 2003, 2231 (2241). AA *Ulmer/Schäfer* in MünchKomm. BGB, 6. Aufl. 2013, § 705 BGB Rz. 317.
6 *Ihrig* in Semler/Stengel, § 228 UmwG Rz. 18; *Göthel* in Lutter, § 228 UmwG Rz. 7. Siehe auch *Roth* in Baumbach/Hopt, § 105 HGB Rz. 29. AA für den nicht rechtsfähigen Verein jedoch *Dauner-Lieb/P. W. Tettinger* in KölnKomm. UmwG, § 228 UmwG Rz. 21, nach denen dieser jedenfalls wie die GbR zu behandeln sei und daher zumindest Kommanditist sein könne.
7 So aber *Ihrig* in Semler/Stengel, § 228 UmwG Rz. 19.

den[1]. Allerdings ist vor der dem Registergericht nachzuweisenden Auseinandersetzung die Eintragung des Formwechsels nicht möglich.

c) Formwechsel in eine Kapitalgesellschaft & Co. KG. Übernimmt einer der Gesellschafter der formwechselnden Kapitalgesellschaft bei dem Formwechsel in eine Kapitalgesellschaft & Co. KG die Stellung des persönlich haftenden Gesellschafters, ergeben sich keine Besonderheiten. Soll diese Stellung hingegen ein neuer, der Gesellschaft beitretender Gesellschafter übernehmen, stellt sich die Frage, ob der Betreffende mit Blick auf das Identitätsprinzip (§ 194 UmwG Rz. 31; § 202 UmwG Rz. 34 f.) bereits vor dem Wirksamwerden des Formwechsels der formwechselnden Kapitalgesellschaft beitreten und damit an dem Kapital der Kapitalgesellschaft, wenn auch ggf. treuhänderisch, beteiligt werden muss, oder ob es ausreicht, wenn der persönlich haftende Gesellschafter erst im Zeitpunkt des Wirksamwerdens des Formwechsels beitritt. Dies ist vergleichbar mit der Problematik, ob bei dem Formwechsel aus der Kapitalgesellschaft & Co. KG der persönlich haftende Gesellschafter im Zeitpunkt des Wirksamwerdens des Formwechsels austreten kann (dazu ausführlich § 218 UmwG Rz. 12 ff.). 6

Richtigerweise ist davon auszugehen, dass bei dem Formwechsel in eine Kapitalgesellschaft & Co. KG der **Beitritt des persönlich haftenden Gesellschafters im Zeitpunkt des Wirksamwerdens des Formwechsels** möglich und ausreichend ist[2]. Dies lässt sich noch deutlicher aus der BGH-Rechtsprechung ablesen als die Möglichkeit des Austritts des persönlich haftenden Gesellschafters im Zeitpunkt des Wirksamwerdens des Formwechsels aus der Kapitalgesellschaft & Co. KG (dazu § 218 UmwG Rz. 14). So hat der BGH anlässlich der Umwandlung einer AG in eine GmbH & Co. KG ausgeführt, dass aus dem aus §§ 194 Abs. 1 Nr. 3, 202 Abs. 1 Nr. 2 Satz 1 UmwG abzuleitenden Gebot der Kontinuität der Mitgliedschaft bei der umgewandelten Gesellschaft lediglich folge, dass Berechtigte, die zum Zeitpunkt der Eintragung des Formwechsels Anteilsinhaber sind, auch Mitglieder des Rechtsträgers neuer Rechtsform werden[3]. Dem lag allerdings ein Fall zugrunde, in dem die künftige Komplementärin bereits Minderheitsgesellschafterin der formwechselnden Kapitalgesellschaft war. Dennoch hat es der BGH jedenfalls für den Fall der Umwandlung einer LPG in eine GmbH & Co. KG für möglich gehalten, dass der persönlich haftende Gesellschafter im Zuge des Formwechsels neu hinzutritt[4]. Es ist kein Grund dafür ersichtlich, dies für 7

---

1 *Vossius* in Widmann/Mayer, § 228 UmwG Rz. 67; *Dauner-Lieb/P. W. Tettinger* in KölnKomm. UmwG, § 228 UmwG Rz. 40.
2 *Göthel* in Lutter, § 228 UmwG Rz. 24 ff.; *Ihrig* in Semler/Stengel, § 228 UmwG Rz. 22 ff.; *Dauner-Lieb/P. W. Tettinger* in KölnKomm. UmwG, § 228 UmwG Rz. 25 ff.; *Stratz* in Schmitt/Hörtnagl/Stratz, § 226 UmwG Rz. 3; *K. Schmidt*, GmbHR 1995, 693 (695 f.); *Kallmeyer*, GmbHR 1996, 80 (81 f.); *Priester*, DB 1997, 560 (566). AA oben *Meister/Klöcker*, § 191 UmwG Rz. 14 f.; *Heckschen*, DB 1998, 1385 (1397).
3 BGH v. 9.5.2005 – II ZR 29/03, AG 2005, 613.
4 BGH v. 17.5.1999 – II ZR 293/98, BGHZ 142, 1 (5).

die Umwandlung einer Kapitalgesellschaft anders zu beurteilen. Auch lassen §§ 218 Abs. 2, 221 UmwG gerade den Beitritt eines persönlich haftenden Gesellschafters – wenn auch nur für den Formwechsel einer Personenhandelsgesellschaft in eine KGaA – zu[1]. Dies zeigt, dass der Beitritt eines Gesellschafters im Zeitpunkt des Wirksamwerdens des Formwechsels mit den für den Formwechsel geltenden Grundsätzen vereinbar ist[2]. Dem lässt sich auch nicht entgegenhalten, dass es sich bei §§ 218 Abs. 2, 221 UmwG um nicht verallgemeinerungsfähige Ausnahmevorschriften handele, denn der Gesetzgeber hat den Formwechsel in die und von der Kapitalgesellschaft & Co. KG gerade nicht[3] besonders geregelt[4]. **Aus Vorsichtsgründen** ist aber der Weg über das **Treuhandmodell**, nach welchem dem zukünftigen Komplementär vor dem Wirksamwerden des Formwechsels treuhänderisch ein Anteil an der Kapitalgesellschaft übertragen wird, den dieser nach dem Wirksamwerden des Formwechsels zurücküberträgt, bis zu einer endgültigen obergerichtlichen Klärung der Rechtslage vorzugswürdig[5].

8 **d) Kein Formwechsel in eine Einpersonen-Personengesellschaft.** Der Formwechsel in eine Personenhandelsgesellschaft sowie auch in eine GbR oder eine Partnerschaftsgesellschaft setzt nach allgemeinen Grundsätzen voraus, dass die Personengesellschaft **mindestens zwei Gesellschafter** hat. Einer etwaigen Einpersonen-Kapitalgesellschaft muss also ein weiterer Gesellschafter beitreten. Entscheidender Zeitpunkt dafür ist das Wirksamwerden des Formwechsels. Hinsichtlich der Frage, ob der Beitritt zwingend vor dem Wirksamwerden des Formwechsels erfolgen muss oder auch ein Beitritt im Zeitpunkt des Wirksamwerdens des Formwechsels genügt, gelten die gleichen Erwägungen wie für den Beitritt eines persönlich haftenden Gesellschafters (Rz. 6 f.). Der **Beitritt eines Gesellschafters im Zeitpunkt des Wirksamwerdens des Formwechsels** ist mit den Grundsätzen des Formwechsels vereinbar, und zwar nicht nur im Falle des Beitritts eines persönlich haftenden Gesellschafters gemäß §§ 218 Abs. 2, 221 UmwG, sondern auch im Falle des Beitritts eines Gesellschafters als Kommanditist unter Leistung oder Vereinbarung einer Einlage an die Personengesellschaft als Rechtsträger neuer Rechtsform[6]. Die darin liegende Veränderung der Beteiligungsverhältnisse ist mit Zustimmung aller Beteiligten zulässig (vgl. § 128 UmwG). Auf diesem Weg lässt sich also das Entstehen einer Einpersonen-Per-

---

1 Siehe auch *Kallmeyer*, GmbHR 1996, 80 (81) in Bezug auf § 221 UmwG.
2 Deshalb für eine entsprechende Anwendung von § 218 Abs. 2 UmwG *Dauner-Lieb/P. W. Tettinger* in KölnKomm. UmwG, § 228 UmwG Rz. 27.
3 Siehe BT-Drucks. 12/6699, S. 97 und 147.
4 *Ihrig* in Semler/Stengel, § 228 UmwG Rz. 24; *Dauner-Lieb/P. W. Tettinger* in KölnKomm. UmwG, § 228 UmwG Rz. 27.
5 *Ihrig* in Semler/Stengel, § 228 UmwG Rz. 25.
6 Siehe auch *Göthel* in Lutter, § 228 UmwG Rz. 27; *Ihrig* in Semler/Stengel, § 228 UmwG Rz. 14.

sonengesellschaft vermeiden. Wegen der nicht hinreichend geklärten Rechtslage sollte in der Praxis insoweit allerdings **aus Vorsichtsgründen** die Wahl auf einen Beitritt vor dem Wirksamwerden des Formwechsels fallen.

3. Formwechsel in eine GbR

Der Formwechsel in eine GbR kommt immer dann in Betracht, wenn als Rechtsträger neuer Rechtsform nicht zwingend gemäß § 105 Abs. 1 HGB eine Personenhandelsgesellschaft zu wählen ist. Zu denken ist etwa an ein Unternehmen, das nach Art oder Umfang keinen in kaufmännischer Weise eingerichteten Geschäftsbetrieb erfordert. Bezüglich der **tauglichen Gesellschafter** einer GbR gilt Vergleichbares wie bezüglich der Personenhandelsgesellschaften (Rz. 4 f.). Insbesondere kann auch eine GbR Gesellschafter einer anderen GbR sein[1]. Anders als bei der Personenhandelsgesellschaft wird die Gesellschaftereigenschaft eines nicht rechtsfähigen Vereins bezüglich der GbR allerdings überwiegend bejaht[2]. Ebenso wie bei der Personenhandelsgesellschaft bedarf die GbR **mindestens zweier Gesellschafter**, so dass zur Ermöglichung des Formwechsels ggf. ein weiterer Gesellschafter beitreten muss (Rz. 8).

9

4. Formwechsel in eine Partnerschaftsgesellschaft (§ 228 Abs. 2 UmwG)

Der Formwechsel in eine Partnerschaftsgesellschaft hat gemäß § 228 Abs. 2 UmwG iVm. § 1 Abs. 1 bis 3 PartGG zur Voraussetzung, dass spätestens im Zeitpunkt der Eintragung des Formwechsels der Gesellschaft nur **natürliche Personen** angehören, die einen **freien Beruf** ausüben und die Berufsausübung in der Partnerschaft nicht durch **berufsrechtliche Regelungen** ausgeschlossen oder von weiteren Voraussetzungen abhängig gemacht wird. Es ist davon auszugehen, dass ein Austritt von Personen, die keinen freien Beruf ausüben, im Zeitpunkt des Wirksamwerdens des Formwechsels genügt[3]. Im Zweifel sollte aber der Austritt bzw. die ebenfalls mögliche Übertragung der Beteiligung von dem ausscheidenden Gesellschafter an einen Angehörigen eines freien Berufs[4] vor dem Wirksamwerden des Formwechsels erfolgen (vgl. zum Beitritt von Gesellschaftern Rz. 6 ff.). Für die Partnerschaftsgesellschaft bedarf es wie bei den anderen Personengesellschaften **mindestens zweier Gesellschafter**, so dass zur

10

---

1 So bereits das RG v. 3.5.1932 – II 438/31, RGZ 136, 236 (240 f.). Außerdem BGH v. 2.10.1997 – II ZR 249/96, NZG 1998, 23.
2 *Ulmer/Schäfer* in MünchKomm. BGB, 6. Aufl. 2013, § 705 BGB Rz. 80; *Habermeier* in Staudinger, Neubearbeitung 2003, § 705 BGB Rz. 29.
3 *Göthel* in Lutter, § 228 UmwG Rz. 29.
4 Dazu *Dauner-Lieb/P. W. Tettinger* in KölnKomm. UmwG, § 228 UmwG Rz. 39.

Ermöglichung des Formwechsels ggf. ein weiterer Gesellschafter beitreten muss (Rz. 8).

5. Hilfsformwechsel

11 Vor dem Inkrafttreten des 2. UmwGÄndG[1] enthielt der damalige § 228 Abs. 2 UmwG (der heutige Abs. 2 war damals noch Abs. 3) eine Regelung zum sog. Hilfsformwechsel dergestalt, dass durch den Umwandlungsbeschluss bestimmt werden konnte, dass die formwechselnde Gesellschaft die Rechtsform einer Gesellschaft bürgerlichen Rechts erlangen soll, wenn der Gegenstand des Unternehmens den Vorschriften des § 228 Abs. 1 UmwG iVm. § 105 Abs. 1 und 2 HGB nicht genügt. § 228 Abs. 2 UmwG aF ist dann schließlich durch das 2. UmwGÄndG gestrichen worden, weil der Gesetzgeber die Vorschrift im Hinblick auf die Änderung des § 105 HGB durch das Handelsrechtsreformgesetz v. 22.6.1998[2] für entbehrlich hielt[3].

12 Es dürfte weitgehend Einigkeit darüber bestehen, dass trotz der Änderungen durch das Handelsrechtsreformgesetz in verschiedenen Konstellationen durchaus noch das Bedürfnis für einen Hilfsformwechsel bestehen kann[4]. Dies gilt etwa dann, wenn bei einem Formwechsel in eine Personenhandelsgesellschaft die Gewerbeeigenschaft zweifelhaft ist, aber auch in dem Fall des Formwechsels in eine Partnerschaftsgesellschaft, bei dem die Freiberuflichkeit zweifelhaft ist. Unklar ist hingegen, wie sich die **Streichung von § 228 Abs. 2 UmwG aF** auf die Zulässigkeit eines Hilfsformwechsels ausgewirkt hat. Teilweise wird der Hilfsformwechsel in eine GbR auch weiterhin für möglich gehalten[5] oder vertreten, dass der Hilfsformwechsel nunmehr sogar über den Regelungsgegenstand von § 228 Abs. 2 UmwG aF hinausgehende Fälle erfasse und unabhängig von der Zielrechtsform zulässig sei[6]. Andere wiederum halten den Hilfsformwechsel jetzt für unzulässig[7].

---

1 BGBl. I 2007, S. 542.
2 BGBl. I 1998, S. 1474 (1476).
3 BT-Drucks. 16/2919, S. 19.
4 *Vossius* in Widmann/Mayer, § 228 UmwG Rz. 26; *Dauner-Lieb/P. W. Tettinger* in KölnKomm. UmwG, § 228 UmwG Rz. 29; *Rose* in Maulbetsch/Klumpp/Rose, § 228 UmwG Rz. 3.
5 *Drinhausen/Keinath* in Henssler/Strohn, § 228 UmwG Rz. 9.
6 *Ihrig* in Semler/Stengel, § 228 UmwG Rz. 36. Siehe auch *Vossius* in Widmann/Mayer, § 228 UmwG Rz. 3. Für eine Zulässigkeit des hilfsweisen Formwechsels ohne ausdrückliche Einschränkung auf den Fall des Formwechsels in eine GbR auch *Althoff/Narr* in Böttcher/Habighorst/Schulte, § 228 UmwG Rz. 16.
7 *Göthel* in Lutter, § 228 UmwG Rz. 17 f.; *Rose* in Maulbetsch/Klumpp/Rose, § 228 UmwG Rz. 3. In diese Richtung auch *Dauner-Lieb/P. W. Tettinger* in KölnKomm. UmwG, § 228 UmwG Rz. 32.

Die Schwierigkeit bei der Beurteilung, ob ein Hilfsformwechsel nach wie vor 13
denkbar ist, liegt darin, dass rechtlich die Konstruktion eines hilfsweisen Formwechsels mittels einer Bedingung nach allgemeinen Grundsätzen möglich wäre[1], dies jedoch den Gesetzgeber nicht daran hindert, die Möglichkeit eines Hilfsformwechsels als Gestaltungsoption auszuschließen, und allein das Bedürfnis nach einer solchen Gestaltungsmöglichkeit dann nicht ausschlaggebend sein könnte[2]. Dennoch lässt sich aus der Gesetzesbegründung nicht erkennen, dass es dem Gesetzgeber tatsächlich darum ging, den Hilfsformwechsel durch die Streichung von § 228 Abs. 2 UmwG aF für unzulässig zu erklären. Er sah vielmehr lediglich kein Bedürfnis mehr für eine solche Konstruktion[3]. Eine gesetzgeberische Absicht, den nach allgemeinen Grundsätzen möglichen Hilfsformwechsel in Konstellationen, in denen dafür durchaus noch ein Bedürfnis besteht, für unzulässig zu erklären, lässt sich also nicht feststellen. Demnach ist der **Hilfsformwechsel auch nach der Streichung von § 228 Abs. 2 UmwG aF noch möglich.** Der hilfsweise gefasste Formwechselbeschluss muss aber in jedem Fall klar zum Ausdruck bringen, dass er nur für den Fall gefasst ist, dass der vorrangig gefasste Umwandlungsbeschluss nichtig ist[4], und muss allen Anforderungen genügen, denen ein Formwechsel in die hilfsweise gewünschte Rechtsform unterliegt[5]. Um den Rechtsweg ausschöpfen zu können, empfiehlt es sich, den hilfsweisen Formwechsel davon abhängig zu machen, dass die Anmeldung auf Eintragung des Formwechsels rechtskräftig zurückgewiesen wird[6]. Dadurch wird die Möglichkeit offen gehalten, die Anmeldung zurückzunehmen.

6. Haftung der Gesellschafter des Rechtsträgers neuer Rechtsform

Mit dem Wirksamwerden des Formwechsels haften die Gesellschafter des 14
Rechtsträgers neuer Rechtsform für dessen Verbindlichkeiten nach den für die neue Rechtsform geltenden Grundsätzen. Es greift außerdem eine Haftung für **Altverbindlichkeiten.** So haften die **persönlich haftenden Gesellschafter** einer OHG für Altverbindlichkeiten, wobei offen bleiben kann, ob dies aus § 128 HGB[7], § 130 HGB[8] oder aus einer analogen Anwendung von § 130 HGB[9] folgt.

---

1 Für eine Gestaltung mit einem Bedingungszusammenhang auch *Mayer/Weiler*, MittBayNot 2007, 368 (374). Siehe ebenfalls *Stratz* in Schmitt/Hörtnagl/Stratz, § 228 UmwG Rz. 7.
2 Siehe dazu auch *P. W. Tettinger*, Der Konzern 2006, 844 (847).
3 BT-Drucks. 16/2919, S. 19.
4 Siehe dazu auch *Ihrig* in Semler/Stengel, § 228 UmwG Rz. 37.
5 *Vossius* in Widmann/Mayer, § 228 UmwG Rz. 23.
6 Ähnlich *Mayer/Weiler*, MittBayNot 2007, 368 (374).
7 *Mülbert*, AcP 199 (1999), 38 (84).
8 *Vossius* in Widmann/Mayer, § 228 UmwG Rz. 30.
9 *K. Schmidt*, ZGR 1990, 580 (583 f.).

Gleiches gilt für die persönlich haftenden Gesellschafter einer KG[1]. Die **Kommanditisten** haften hingegen nur dann, wenn ihre Hafteinlage höher ist als der wertmäßige Anteil des Kommanditisten am Vermögen des formwechselnden Rechtsträgers (§ 234 UmwG Rz. 7). Eine Haftung gemäß § 176 HGB kommt indessen nicht in Frage[2]. Bei dem Formwechsel in eine GbR haften die **GbR-Gesellschafter** gemäß § 130 HGB analog wie persönlich haftende Gesellschafter einer Personenhandelsgesellschaft für Altverbindlichkeiten[3]. Der BGH hat die Haftung für Altverbindlichkeiten für den in eine bestehende GbR eintretenden Gesellschafter bejaht[4], und Vergleichbares gilt auch für den Formwechsel. Bei der Partnerschaftsgesellschaft folgt die Haftung der **Partner** für Altverbindlichkeiten aus § 8 Abs. 1 Satz 2 PartGG iVm. § 130 HGB[5]. Eine Begrenzung der Haftung gemäß § 8 Abs. 2 PartGG kommt nicht in Betracht[6].

7. Rechtsfolgen der Eintragung des Formwechsels trotz Mängeln des Umwandlungsbeschlusses

15 Bei Verstößen gegen die Vorgaben in § 228 Abs. 1 oder 2 UmwG ist der Formwechselbeschluss nichtig. Trägt der Registerrichter den Formwechsel trotzdem in das Handelsregister ein, ist davon auszugehen, dass **§ 202 Abs. 3 UmwG** dergestalt zur Anwendung kommt, dass der **Rechtsträger seine frühere Rechtsform verliert**, nicht hingegen, dass er ab Eintragung in der in dem Formwechselbeschluss unter Verstoß gegen § 228 Abs. 1 oder Abs. 2 UmwG bestimmten Rechtsform fortbesteht[7]. § 202 Abs. 3 UmwG findet nur dann keine Anwendung, wenn der Mangel der Umwandlung derart gravierend ist, dass die Umwandlung als nichtig anzusehen ist, wobei dies dann anzunehmen ist, wenn die gewählte Umwandlungsform oder die Gesellschaftsform, in die umgewandelt werden sollte, nicht dem Gesetz entsprach[8]. Bei einem Verstoß gegen § 228 Abs. 1 oder Abs. 2 UmwG ist der gewählte Rechtsträger neuer Rechtsform als

---

1 Ua. *Vossius* in Widmann/Mayer, § 228 UmwG Rz. 31; *Ihrig* in Semler/Stengel, § 228 UmwG Rz. 42.
2 *Vossius* in Widmann/Mayer, § 228 UmwG Rz. 34 f.
3 *Ihrig* in Semler/Stengel, § 228 UmwG Rz. 44 ff.; *Göthel* in Lutter, § 228 UmwG Rz. 16; *Dauner-Lieb/P. W. Tettinger* in KölnKomm. UmwG, § 228 UmwG Rz. 35.
4 BGH v. 7.4.2003 – II ZR 56/02, BGHZ 154, 370.
5 *Ihrig* in Semler/Stengel, § 228 UmwG Rz. 43; *Dauner-Lieb/P. W. Tettinger* in KölnKomm. UmwG, § 228 UmwG Rz. 36; *Vossius* in Widmann/Mayer, § 228 UmwG Rz. 40.1.
6 *Vossius* in Widmann/Mayer, § 228 UmwG Rz. 40.1; *Dauner-Lieb/P. W. Tettinger* in KölnKomm. UmwG, § 228 UmwG Rz. 38.
7 *Göthel* in Lutter, § 228 UmwG Rz. 20; *Dauner-Lieb/P. W. Tettinger* in KölnKomm. UmwG, § 228 UmwG Rz. 41.
8 BGH v. 29.6.2001 – V ZR 186/00, ZIP 2001, 2006, zu § 20 Abs. 2 UmwG.

Zielrechtsform für den Formwechsel einer Kapitalgesellschaft grundsätzlich möglich. Ein Verstoß gegen § 228 Abs. 1 oder Abs. 2 UmwG ist daher nicht derart gravierend, dass § 202 Abs. 3 UmwG ausnahmsweise nicht anzuwenden wäre[1].

Die Lösung liegt vielmehr darin, dass dem Verstoß gegen die Voraussetzungen in § 228 Abs. 1 oder Abs. 2 UmwG bei der Bestimmung der Art des Rechtsträgers neuer Rechtsform Rechnung zu tragen ist. Sieht der Formwechselbeschluss etwa den Formwechsel in eine GbR vor, obwohl das Unternehmen nach Art und Umfang einen in kaufmännischer Weise eingerichteten Geschäftsbetrieb erfordert, entsteht durch Eintragung im Handelsregister der formwechselnden Kapitalgesellschaft (vgl. § 235 UmwG) in jedem Fall eine OHG[2]. Die Gesellschafter sind dann gemäß § 106 Abs. 1 HGB verpflichtet, die Gesellschaft zur Eintragung in das Handelsregister anzumelden[3]. Betreibt die Gesellschaft im umgekehrten Fall gar kein Gewerbe[4], sieht der Formwechselbeschluss jedoch den Formwechsel in eine OHG vor, so entsteht durch die Eintragung eine GbR[5], es gelten aber §§ 2, 5 HGB[6]. Sieht der Formwechselbeschluss entgegen § 228 Abs. 2 UmwG einen Formwechsel in eine Partnerschaftsgesellschaft vor, entsteht durch die Eintragung im Partnerschaftsregister eine GbR oder eine OHG[7]. Davon zu unterscheiden ist die Frage nach der Haftung der Gesellschafter in solchen Fällen. Hier ist insbesondere die Haftung der Kommanditisten bei fehlerhaftem, aber trotzdem in das Handelsregister eingetragenen Formwechsel in eine KG umstritten[8].

16

---

1 Dies dürfte sich aus BGH v. 29.6.2001 – V ZR 186/00, ZIP 2001, 2006 (2006 f.) ableiten lassen. Dort ging es um die grundsätzlich mögliche Verschmelzung einer GmbH i.L. auf eine GmbH. Die GmbH i.L. hätte allerdings im konkreten Fall gemäß § 3 Abs. 3 UmwG nicht mehr verschmolzen werden dürfen. Der BGH stellte dazu fest, dass dies zwar einen Fehler darstelle, aber nicht generell die Rechtsgrundlage für die Verschmelzung entfallen lasse.
2 *Ihrig* in Semler/Stengel, § 228 UmwG Rz. 28 und 38; *Göthel* in Lutter, § 228 UmwG Rz. 20; *Vossius* in Widmann/Mayer, § 228 UmwG Rz. 28.
3 *Dauner-Lieb/P. W. Tettinger* in KölnKomm. UmwG, § 228 UmwG Rz. 42.
4 Betreibt die Gesellschaft hingegen ein Kleingewerbe, so ist der Formwechsel in eine OHG problemlos möglich. Die Eintragung der OHG im Handelsregister wirkt dann konstitutiv.
5 *Göthel* in Lutter, § 228 UmwG Rz. 20; *Dauner-Lieb/P. W. Tettinger* in KölnKomm. UmwG, § 228 UmwG Rz. 42.
6 *Vossius* in Widmann/Mayer, § 228 UmwG Rz. 27; *Drinhausen/Keinath* in Henssler/Strohn, § 228 UmwG Rz. 10.
7 *Ihrig* in Semler/Stengel, § 228 UmwG Rz. 49; *Dauner-Lieb/P. W. Tettinger* in KölnKomm. UmwG, § 228 UmwG Rz. 42; *Drinhausen/Keinath* in Henssler/Strohn, § 228 UmwG Rz. 10; *Rose* in Maulbetsch/Klumpp/Rose, § 228 UmwG Rz. 18.
8 Dazu und zu den Haftungsfolgen ausführlich *Göthel* in Lutter, § 228 UmwG Rz. 21 ff.; *Dauner-Lieb/P. W. Tettinger* in KölnKomm. UmwG, § 228 UmwG Rz. 43 ff.

17 Denkbar ist letztlich auch eine **Eintragung** des Formwechsels im Handelsregister **trotz fehlender Gesellschaftereigenschaft** (Rz. 4f. und Rz. 9) **oder des Vorhandenseins nur eines Gesellschafters** der formwechselnden Kapitalgesellschaft (Rz. 8, Rz. 9 und Rz. 10). Bei Letzterem ist die Personengesellschaft mit Eintragung des Formwechsels beendet[1]. Bei Ersterem soll es statt eines Ausscheidens aus der Gesellschaft zu einer pro-rata-Beteiligung der an der Gemeinschaft Beteiligten kommen[2]. Für den Fall des Formwechsel in eine Partnerschaftsgesellschaft, bei dem Gesellschafter nicht die nach § 228 Abs. 2 UmwG iVm. § 1 Abs. 1 und 2 PartGG erforderliche Gesellschaftereigenschaft haben, siehe Rz. 16.

§ 229
Vermögensaufstellung

Die Vorschrift ist zusammen mit § 192 Abs. 2 UmwG aF durch das Zweite Gesetz zur Änderung des Umwandlungsgesetzes v. 19.4.2007, BGBl. I 2007, S. 542 aufgehoben worden, da es durch die Aufhebung von § 192 Abs. 2 UmwG aF keiner Vermögensaufstellung mehr bedarf.

§ 230
Vorbereitung der Versammlung der Anteilsinhaber

(1) Die Geschäftsführer einer formwechselnden Gesellschaft mit beschränkter Haftung haben allen Gesellschaftern spätestens zusammen mit der Einberufung der Gesellschafterversammlung, die den Formwechsel beschließen soll, diesen Formwechsel als Gegenstand der Beschlussfassung in Textform anzukündigen und den Umwandlungsbericht zu übersenden.

(2) Der Umwandlungsbericht einer Aktiengesellschaft oder einer Kommanditgesellschaft auf Aktien ist von der Einberufung der Hauptversammlung an, die den Formwechsel beschließen soll, in dem Geschäftsraum der Gesellschaft zur Einsicht der Aktionäre auszulegen. Auf Verlangen ist jedem Aktionär und jedem von der Geschäftsführung ausgeschlossenen persönlich haftenden Gesellschafter unverzüglich und kostenlos eine Abschrift des Umwandlungsberichts zu erteilen. Der Umwandlungsbericht kann dem

---

1 *Ihrig* in Semler/Stengel, § 228 UmwG Rz. 13 für den Formwechsel in eine Personenhandelsgesellschaft. Entsprechendes gilt für den Formwechsel in eine GbR oder eine Partnerschaftsgesellschaft.
2 *Ihrig* in Semler/Stengel, § 228 UmwG Rz. 20f.; *Rose* in Maulbetsch/Klumpp/Rose, § 228 UmwG Rz. 9 für den Formwechsel in eine Personenhandelsgesellschaft.

Aktionär und dem von der Geschäftsführung ausgeschlossenen persönlich haftenden Gesellschafter mit seiner Einwilligung auf dem Wege elektronischer Kommunikation übermittelt werden. Die Verpflichtungen nach den Sätzen 1 und 2 entfallen, wenn der Umwandlungsbericht für denselben Zeitraum über die Internetseite der Gesellschaft zugänglich ist.

1. Überblick 1
2. Vorbereitung der Gesellschafterversammlung der GmbH (§ 230 Abs. 1 UmwG)
   a) Einberufung der Gesellschafterversammlung und Ankündigung des Formwechsels 2
   b) Übersendung des Umwandlungsberichts 4
   c) Ankündigender/Einberufungsberechtigter 5
   d) Adressat 6
   e) Form 7
3. Vorbereitung der Hauptversammlung der AG oder KGaA (§ 230 Abs. 2 UmwG)
   a) Einberufung der Hauptversammlung 8
   b) Umwandlungsbericht 11
4. Verzichtsmöglichkeiten 14
5. Rechtsfolgen mangelhafter Vorbereitung 15

Literatur: *Meyer-Landrut/Kiem,* Der Formwechsel einer Publikumsaktiengesellschaft, WM 1997, 1361 (Teil I), 1413 (Teil II); *J. Schmidt,* Die Änderung der umwandlungsrechtlichen Informationspflichten durch das ARUG, NZG 2008, 734.

1. Überblick

Die Vorschrift findet Parallelen in §§ 42, 47, 216 und 238 UmwG. Sie betrifft die 1
Information der Gesellschafter der formwechselnden Kapitalgesellschaft im Vorfeld der Gesellschafter- bzw. Hauptversammlung und ergänzt die rechtsformspezifischen Vorschriften des GmbH- und Aktienrechts über die Einberufung der Gesellschafter- bzw. Hauptversammlung in §§ 49 ff. GmbHG und §§ 121 ff. AktG.

2. Vorbereitung der Gesellschafterversammlung der GmbH (§ 230 Abs. 1 UmwG)

a) Einberufung der Gesellschafterversammlung und Ankündigung des Formwechsels

Die Einberufung der Gesellschafterversammlung der GmbH erfolgt gemäß 2
§§ 49 ff. GmbHG. Hierzu bestimmt § 230 Abs. 1 UmwG, dass die Ankündigung des Formwechsels als „Gegenstand der Beschlussfassung", mithin als Tagesordnungspunkt, **spätestens zusammen mit der Einberufung** der Gesellschafterversammlung zu erfolgen hat. Die Einberufung der Gesellschafterversammlung erfolgt gemäß § 51 Abs. 1 GmbHG mittels eingeschriebener Briefe und ist mit ei-

ner Frist von mindestens einer Woche zu bewirken. Ist die im Gesellschaftsvertrag vorgeschriebene Einberufungsfrist länger, ist diese Frist einzuhalten. Die Frist beginnt mit dem Tag, an dem der eingeschriebene Brief bei ordnungsgemäßer Zustellung unter normalen Umständen dem letzten Gesellschafter zugegangen wäre[1]. Die **Ankündigung** des Formwechsels hat also spätestens zusammen mit dieser Einberufung zu erfolgen, **kann aber auch**, wie der Wortlaut und die entsprechenden Regelungen der §§ 42, 47, 216 UmwG zeigen, **vor der Einberufung erfolgen**[2]. Eine Vorabankündigung ist sinnvoll, um den Gesellschaftern im Hinblick auf die äußerst knapp bemessene[3] Mindestfrist in § 51 Abs. 1 Satz 2 GmbHG hinaus eine längere Überlegungsfrist zu verschaffen[4]. Mag auch selbst im Falle von Grundlagenbeschlüssen keine Pflicht der Geschäftsführer zu noch frühzeitigerer Information bestehen[5], so ist die möglichst frühzeitige Information aber jedenfalls ein Element guter Unternehmensführung. Eine Vorabankündigung ist außerdem dann angezeigt, wenn die Gesellschaft über einen Betriebsrat verfügt. Diesem ist der Entwurf des Umwandlungsbeschlusses spätestens einen Monat vor der Gesellschafterversammlung zu übersenden (§ 194 Abs. 2 UmwG), und die Gesellschafter sollten nicht später als der Betriebsrat unterrichtet werden (vgl. auch § 216 UmwG Rz. 10). Auch im Falle der Vorabankündigung ist der Formwechsel freilich als Grundlagenbeschluss in der **nachfolgenden Einberufung** gemäß § 51 GmbHG als Tagesordnungspunkt **erneut anzukündigen**[6].

3 Der **Inhalt der Ankündigung** ist die Unterrichtung der Gesellschafter über den geplanten Formwechsel als Gegenstand der Beschlussfassung. Erfolgt die Ankündigung in der Einladung zur Gesellschafterversammlung, genügt eine Aufnahme des Formwechsels als Tagesordnungspunkt[7]. Die Ankündigung wird durch den Umwandlungsbericht konkretisiert, falls dieser nicht gemäß § 192 Abs. 2 UmwG entbehrlich ist.

---

1 BGH v. 30.3.1987 – II ZR 180/86, BGHZ 100, 264 (267 ff.); *Zöllner* in Baumbach/Hueck, § 51 GmbHG Rz. 19.
2 *Dauner-Lieb/P. W. Tettinger* in KölnKomm. UmwG, § 230 UmwG Rz. 16. AA *Drinhausen/Keinath* in Henssler/Strohn, § 230 UmwG Rz. 2.
3 BGH v. 30.3.1987 – II ZR 180/86, BGHZ 100, 264 (268).
4 Alternativ zu einer separaten Vorabankündigung kann selbstverständlich auch die Einladung deutlich vor der Mindestfrist des § 51 Abs. 1 Satz 2 GmbHG erfolgen.
5 Vgl. etwa *Bayer* in Lutter/Hommelhoff, § 51 GmbHG Rz. 20 zu der (im Falle des Formwechsels wegen § 230 Abs. 1 UmwG nicht anwendbaren) Drei-Tages-Frist in § 51 Abs. 4 GmbHG.
6 *Ihrig* in Semler/Stengel, § 230 UmwG Rz. 8.
7 *Ihrig* in Semler/Stengel, § 230 UmwG Rz. 10; *Drinhausen/Keinath* in Henssler/Strohn, § 230 UmwG Rz. 2.

b) Übersendung des Umwandlungsberichts

Auch der Umwandlungsbericht ist den Gesellschaftern gemäß § 230 Abs. 1 **4**
UmwG **spätestens mit der Einberufung** der Gesellschafterversammlung zu
übersenden, sofern er nicht gemäß § 192 Abs. 2 UmwG entbehrlich ist. Auch insoweit (siehe Rz. 2) gilt, dass den Gesellschaftern der Umwandlungsbericht
möglichst frühzeitig, ggf. vor der Einberufung, zugänglich gemacht werden sollte. Teil des Umwandlungsberichts ist der Entwurf des Umwandlungsbeschlusses
(§ 192 Abs. 1 Satz 3 UmwG), der den Entwurf des Gesellschaftsvertrags der Zielgesellschaft zu enthalten hat (§ 234 Nr. 3 UmwG). Der Umwandlungsbericht ist
weder in den Geschäftsräumen der Gesellschaft in analoger Anwendung von
§§ 230 Abs. 2 Satz 1, 238 Satz 1 UmwG auszulegen, noch ist der Entwurf des
Umwandlungsbeschlusses analog §§ 232 Abs. 2, 239 Abs. 2 UmwG in der Gesellschafterversammlung von dem Vertretungsorgan der Gesellschaft zu erläutern (vgl. § 216 UmwG Rz. 4).

c) Ankündigender/Einberufungsberechtigter

Die Ankündigung obliegt gemäß § 230 Abs. 1 UmwG den Geschäftsführern der **5**
Gesellschaft. Dies entspricht der Kompetenz für die Einberufung der Gesellschafterversammlung nach § 49 Abs. 1 GmbHG. Ein etwaiges Ankündigungs-
oder Einberufungsrecht des Aufsichtsrats[1] gemäß § 111 Abs. 3 AktG iVm. § 52
Abs. 1 GmbHG, § 25 Abs. 1 Satz 1 Nr. 2 MitbestG oder § 1 Abs. 1 Nr. 3 DrittelbG oder einer Gesellschafterminderheit gemäß § 50 Abs. 3 GmbHG bleibt bezüglich des Formwechsels jedenfalls ohne praktische Bedeutung[2]. Einberufungsberechtigt ist **jeder Geschäftsführer**, auch wenn Gesamtvertretung angeordnet
ist[3]. Jeder zur Einberufung berechtigte Geschäftsführer kann auch die Ankündigung des Formwechsels und den Umwandlungsbericht vorab allein übersenden.

d) Adressat

Adressat der Einladung zur Gesellschafterversammlung (§ 51 Abs. 1 Satz 1 **6**
GmbHG) sowie, sofern sie vor der Einladung erfolgt, der Ankündigung gemäß
§ 230 Abs. 1 UmwG sind alle Gesellschafter der formwechselnden Gesellschaft.

---

1 Gegen ein solches Recht im Falle des § 230 Abs. 1 UmwG hier in der 4. Aufl. *Dirksen*,
§ 230 UmwG, Rz. 5. Dafür *Göthel* in Lutter, § 230 UmwG Rz. 4.
2 So auch *Dauner-Lieb/P. W. Tettinger* in KölnKomm. UmwG, § 230 UmwG Rz. 8.
3 OLG Düsseldorf v. 14.11.2003 – 16 U 95/98, NZG 2004, 916 (921) = GmbHR 2004, 572;
BayObLG v. 2.7.1999 – 3Z BR 298/99, GmbHR 1999, 984 = NZG 1999, 1063; *Bayer* in
Lutter/Hommelhoff, § 49 GmbHG Rz. 2; *Göthel* in Lutter, § 230 UmwG Rz. 3. Es ist allerdings umstritten, ob das Einberufungsrecht ausgeschlossen oder eingeschränkt werden kann. Siehe dazu etwa *Zöllner* in Baumbach/Hueck, § 49 GmbHG Rz. 4 mwN.

Hierfür kommt es nicht auf ihre Stimmberechtigung an[1]. Der Kreis der Gesellschafter bestimmt sich nach § 16 Abs. 1 GmbHG[2].

e) Form

7 Für die **Ankündigung** des geplanten Formwechsels ist gemäß § 230 Abs. 1 UmwG Textform (§ 126b BGB) vorgesehen. Wurde die Ankündigung nicht vor der Einladung zur Gesellschafterversammlung vorgenommen, hat sie spätestens zusammen mit der Einberufung der Gesellschafterversammlung zu erfolgen. Dann kommt der separaten Ankündigung in Textform neben der für die Einberufung vorgesehenen Form der Einladung mittels eingeschriebener Briefe (§ 51 Abs. 1 Satz 1 GmbHG) keine Bedeutung zu, weil die Einladung den Formwechsel ohnehin als Tagesordnungspunkt anzukündigen hat. Die für die Ankündigung vorgesehene Textform ist also nur dann relevant, wenn sie vor der Einladung erfolgt. Gleiches gilt bezüglich der Form für die Übersendung des **Umwandlungsberichts**[3]. Von der Form für die Übersendung des Umwandlungsberichts ist allerdings die Form zu unterscheiden, in der er zu erstellen ist. § 192 Abs. 1 Satz 1 UmwG fordert die Erstattung eines schriftlichen Umwandlungsberichts, der von Mitgliedern des Vertretungsorgans in vertretungsberechtigter Zahl zu unterzeichnen ist (vgl. auch § 216 UmwG Rz. 8).

3. Vorbereitung der Hauptversammlung der AG oder KGaA (§ 230 Abs. 2 UmwG)

a) Einberufung der Hauptversammlung

8 Die Einberufung der Hauptversammlung richtet sich nach §§ 121 ff. AktG und obliegt gemäß § 121 Abs. 2 AktG dem Vorstand bzw. gemäß § 283 Nr. 6 AktG den persönlich haftenden Gesellschaftern. Wie bei der GmbH (Rz. 5) kommt der Einberufung durch den Aufsichtsrat (§ 111 Abs. 3 AktG) oder durch eine Aktionärsminderheit (§ 122 Abs. 3 AktG) bei einem Formwechsel keine praktische Bedeutung zu.

9 Die Einberufung ist gemäß § 121 Abs. 4 Satz 1 AktG in den Gesellschaftsblättern bekannt zu machen. Dies erfordert jedenfalls eine Publikation im Bundesanzeiger (§ 25 AktG)[4]. Wenn die Aktionäre der Gesellschaft namentlich bekannt sind,

---

1 BGH v. 12.7.1971 – II ZR 127/69, NJW 1971, 2225.
2 *Zöllner* in Baumbach/Hueck, § 51 GmbHG Rz. 3; *Göthel* in Lutter, § 230 UmwG Rz. 10; *Blasche*, RNotZ 2014, 34 (34 f.).
3 *Dauner-Lieb/P. W. Tettinger* in KölnKomm. UmwG, § 230 UmwG Rz. 23. Für eine Übersendung des Umwandlungsberichts mittels eingeschriebenen Briefs auch im Falle der Vorabübersendung hingegen *Ihrig* in Semler/Stengel, § 230 UmwG Rz. 21.
4 Seit dem 1.4.2012 wird der Bundesanzeiger nur noch elektronisch herausgegeben (BAnzDiG v. 22.12.2011, BGBl. I 2011, S. 3044 [3045]).

kann die Hauptversammlung gemäß § 121 Abs. 4 Satz 2 AktG auch durch eingeschriebenen Brief einberufen werden, sofern die Satzung nichts anderes bestimmt. Bei Namensaktien ergeben sich Name und Anschrift der Aktionäre aus dem Aktienregister (§ 67 Abs. 1 Satz 1 und Abs. 2 Satz 1 AktG). Bei Inhaberaktien werden im Regelfall nicht sämtliche Aktionäre bekannt sein und es wird deshalb eine Bekanntmachung in den Gesellschaftsblättern erfolgen. **Sind nicht alle Aktionäre bekannt**, bietet es sich an, in die Einladung eine Aufforderung an die Aktionäre aufzunehmen, ihre Beteiligungen unter Angabe von Namen, Vornamen, Geburtsdatum, Wohnort und Nummern der Aktienurkunden mitzuteilen. Eine entsprechende Verpflichtung zur Ermittlung unbekannter Aktionäre ist zwar mangels gesetzlicher Grundlage zu verneinen[1], die Aufforderung ist aber insbesondere bei einem Formwechsel in eine KG sinnvoll, um möglichst viele Kommanditisten in der Handelsregisteranmeldung benennen zu können (§ 234 Nr. 2 UmwG; siehe dazu § 234 UmwG Rz. 3 f.)[2].

Die Hauptversammlung ist gemäß § 123 Abs. 1 Satz 1 AktG mindestens dreißig Tage vor dem Tag der Hauptversammlung einzuberufen. Der Tag der Einberufung ist gemäß § 123 Abs. 1 Satz 2 AktG nicht mitzurechnen und die Frist kann durch die Satzung verlängert werden[3]. Der Inhalt der Einberufung richtet sich nach den Vorgaben in § 121 Abs. 3 AktG. Der beabsichtigte Formwechsel in eine Personengesellschaft ist als Tagesordnungspunkt vorzusehen (vgl. § 121 Abs. 3 Satz 2 AktG). Soll die Hauptversammlung über eine Satzungsänderung oder einen Vertrag beschließen, der nur mit Zustimmung der Hauptversammlung wirksam wird, bestimmt **§ 124 Abs. 2 Satz 2 AktG**, dass dann auch der Wortlaut der vorgeschlagenen Satzungsänderung oder der wesentliche Inhalt des Vertrags bekanntzumachen ist. Hieran anknüpfend wird für den Fall des Formwechsels vertreten, dass deshalb sowohl der Wortlaut des vorgeschlagenen Formwechselbeschlusses als auch die beabsichtigte Satzung des Rechtsträgers neuer Rechtsform vollständig bekannt gemacht werden müssen[4]. Dieser Auffassung wird überwiegend nicht[5] bzw. jedenfalls bezüglich des nach § 194 Abs. 1

---

1 *Ihrig* in Semler/Stengel, § 230 UmwG Rz. 32; *Dauner-Lieb/P. W. Tettinger* in Köln-Komm. UmwG, § 230 UmwG Rz. 25, Fn. 62. AA BayObLG v. 5.7.1996 – 3Z BR 114/96, ZIP 1996, 1467 (1468) = AG 1996, 468.
2 *Göthel* in Lutter, § 230 UmwG Rz. 46.
3 Zu Letzterem *Hüffer/Koch*, § 123 AktG Rz. 2.
4 LG Hanau v. 2.11.1995 – 5 O 149/95, ZIP 1996, 422 (423) = AG 1996, 184 (185). In diese Richtung auch *Ihrig* in Semler/Stengel, § 230 UmwG Rz. 12 ff.
5 Nur eine Bekanntgabe des wesentlichen Inhalts befürworten *Rieger* in Widmann/Mayer, § 238 UmwG Rz. 12; *Wilde*, ZGR 1998, 423 (437). In diese Richtung auch *Meyer-Landrut/Kiem*, WM 1997, 1413 (1414). Zu der Bekanntmachung eines Spaltungs- und Übernahmevertrags OLG Stuttgart v. 17.12.1996 – 12 W 44/96, ZIP 1997, 75 (76) = AG 1997, 138 (138 f.).

Nr. 7 UmwG notwendigen Inhalts des Formwechselbeschlusses nicht geteilt[1]. In jedem Fall dürfte weitgehende Einigkeit darüber bestehen, in der Praxis vorsichtshalber eine umfangreichere Bekanntmachung vorzunehmen, um die ansonsten drohenden Mängelfolgen zu vermeiden. Änderungen des bekannt gemachten Beschlussvorschlags sind nach allgemeinen Grundsätzen möglich[2]. Eine Bekanntmachung des Umwandlungsberichts ist keinesfalls erforderlich[3]. Das Gesetz sieht für den Umwandlungsbericht ausdrücklich nur die Publizität nach § 230 Abs. 2 UmwG vor. Ein Hinweis in der Einberufung auf die Auslegung des Umwandlungsberichts in den Geschäftsräumen der Gesellschaft (§ 230 Abs. 2 Satz 1 UmwG)[4] bzw. die Publikation auf der Internetseite der Gesellschaft (§ 230 Abs. 2 Satz 4 UmwG) ist aber sinnvoll. Das Abfindungsangebot ist ebenfalls nicht gemäß § 124 Abs. 2 Satz 2 AktG bekannt zu machen, denn hierfür gelten die Regelungen in § 231 UmwG[5].

b) Umwandlungsbericht

11 § 230 Abs. 2 UmwG regelt die Publizität des Umwandlungsberichts im Falle des Formwechsels einer AG oder KGaA. Der Umwandlungsbericht ist zusammen mit dem Entwurf des Umwandlungsbeschlusses (§ 192 Abs. 1 Satz 3 UmwG) gemäß § 230 Abs. 2 Satz 1 UmwG ab der Einberufung der Hauptversammlung in den Geschäftsräumen der Hauptverwaltung[6] **auszulegen**, sofern der Umwandlungsbericht nicht gemäß § 192 Abs. 2 UmwG entbehrlich ist. Die Auslegung des Prüfungsberichts und dessen Übersendung an die Gesellschafter sieht das Gesetz hingegen nicht vor[7]. Für den Beginn der Auslegungsverpflichtung ist nach herrschender Auffassung die erste Bekanntmachung in einem der Gesellschaftsblätter (§ 121 Abs. 4 Satz 1 AktG) bzw. die Absendung der eingeschriebenen Briefe (§ 121 Abs. 4 Satz 2 AktG) maßgeblich[8]. Richtigerweise ist aber in dem letztgenannten Fall nicht auf die Absendung der eingeschriebenen Briefe, sondern den Tag des erwarteten ersten Zugangs abzustellen[9].

---

1 *Dauner-Lieb/P. W. Tettinger* in KölnKomm. UmwG, § 230 UmwG Rz. 29. Siehe auch *Göthel* in Lutter, § 230 UmwG Rz. 38.
2 Ausführlich dazu *Göthel* in Lutter, § 230 UmwG Rz. 39 f.; *Ihrig* in Semler/Stengel, § 230 UmwG Rz. 13. Siehe auch den Ansatz von *Dauner-Lieb/P. W. Tettinger* in KölnKomm. UmwG, § 230 UmwG Rz. 37 ff.
3 *Dauner-Lieb/P. W. Tettinger* in KölnKomm. UmwG, § 230 UmwG Rz. 30.
4 *Göthel* in Lutter, § 230 UmwG Rz. 41.
5 *Ihrig* in Semler/Stengel, § 230 UmwG Rz. 14. Siehe auch *Dauner-Lieb/P. W. Tettinger* in KölnKomm. UmwG, § 230 UmwG Rz. 28.
6 *Ihrig* in Semler/Stengel, § 230 UmwG Rz. 29; *Vossius* in Widmann/Mayer, § 230 UmwG Rz. 43.
7 BGH v. 29.1.2001 – II ZR 368/98, AG 2001, 263 (265).
8 *Ihrig* in Semler/Stengel, § 230 UmwG Rz. 28; *Göthel* in Lutter, § 230 UmwG Rz. 43; *Vossius* in Widmann/Mayer, § 230 UmwG Rz. 37.
9 *Dauner-Lieb/P. W. Tettinger* in KölnKomm. UmwG, § 230 UmwG Rz. 34.

Alle (Kommandit-)Aktionäre – auch solche ohne Stimmrecht[1] – sowie von der 12
Geschäftsführung ausgeschlossene persönlich haftende Gesellschafter haben gemäß § 230 Abs. 2 Satz 2 UmwG einen **Anspruch auf** unverzügliche (§ 121
Abs. 1 Satz 1 BGB) und kostenlose **Übersendung** einer einfachen Abschrift des
Umwandlungsberichts. Der Umwandlungsbericht kann dem (Kommandit-)Aktionär und dem von der Geschäftsführung ausgeschlossenen persönlich haftenden Gesellschafter gemäß § 230 Abs. 2 Satz 3 UmwG[2] mit seiner Einwilligung
auf dem Wege elektronischer Kommunikation, also insbesondere als Dateianhang einer E-Mail[3], übermittelt werden. Die Satzung der Gesellschaft kann
Regelungen zu der Art und Weise, wie der Betreffende seine Einwilligung zu der
elektronischen Übermittlung erklärt, treffen[4]. Neben dem, vorbehaltlich des
§ 230 Abs. 2 Satz 4 UmwG gegebenen, Anspruch des Aktionärs auf Übermittlung des Umwandlungsberichts nach § 230 Abs. 2 Satz 2 UmwG steht ihm in jedem Fall das **Auskunftsrecht gemäß § 131 AktG** zu, wobei sich das Fragerecht
auch auf den Inhalt des nicht bekanntzumachenden Prüfungsberichts erstreckt[5].

Da nach **§ 230 Abs. 2 Satz 4 UmwG**[6] die **Verpflichtungen gemäß § 230 Abs. 2** 13
Satz 1 und Satz 2 UmwG entfallen, wenn der Umwandlungsbericht für den in
§ 230 Abs. 2 Satz 1 UmwG benannten Zeitraum über die Internetseite der Gesellschaft zugänglich ist, stellen sich bei einer Vielzahl formwechselnder AGs
oder KGaAs keine Fragen im Zusammenhang mit der Auslegung oder Übersendung des Umwandlungsberichts mehr. Für die Bereitstellung des Umwandlungsberichts gemäß § 230 Abs. 2 Satz 4 UmwG ist erforderlich, dass das Dokument leicht aufzufinden ist[7]. Indessen berühren nicht von der Gesellschaft verschuldete Unterbrechungen der Bereitstellung im Internet sowie Unterbrechungen, die zB der Systemwartung dienen, die Erfüllung der Verpflichtung aus
§ 230 Abs. 2 Satz 4 UmwG nicht[8].

4. Verzichtsmöglichkeiten

Auf die Einhaltung der oben dargestellten Formalia und Fristen für die Vor- 14
bereitung der Gesellschafter- bzw. Hauptversammlung können die Gesellschaf-

---

1 *Ihrig* in Semler/Stengel, § 230 UmwG Rz. 30.
2 Eingefügt durch das Dritte Gesetz zur Änderung des Umwandlungsgesetzes (3. UmwGÄndG) v. 11.7.2011, BGBl. I 2011, S. 1338 (1339).
3 BT-Drucks. 17/3122, S. 12.
4 BT-Drucks. 17/3122, S. 12.
5 LG Heidelberg v. 7.8.1996 – O 4/96 KfH II, DB 1996, 1768 ff. = AG 1996, 523 ff.; *Dauner-Lieb/P. W. Tettinger* in KölnKomm. UmwG, § 230 UmwG Rz. 36.
6 Ursprünglich als § 230 Abs. 2 Satz 3 UmwG eingefügt durch das Gesetz zur Umsetzung der Aktionärsrechterichtlinie (ARUG) v. 30.7.2009, BGBl. I 2009, S. 2479 (2490).
7 *Vossius* in Widmann/Mayer, § 230 UmwG Rz. 44.1; *Göthel* in Lutter, § 230 UmwG Rz. 4.
8 BT-Drucks. 16/11642, S. 44 iVm. S. 24.

ter im Einzelfall, nicht hingegen mittels einer entsprechenden Satzungsregelung, verzichten[1]. Auch auf die Erstattung des Umwandlungsberichts kann gemäß § 192 Abs. 2 UmwG durch notariell beurkundete Verzichtserklärungen aller Anteilsinhaber verzichtet werden. Anders als der Verzicht auf den Umwandlungsbericht bedarf der Verzicht auf die anderen Formalia und Fristen für seine Wirksamkeit zwar keiner notariellen Beurkundung[2], sollte jedoch schon allein zu Dokumentationszwecken zusammen mit dem Umwandlungsbeschluss sowie etwaigen Zustimmungserklärungen abwesender Gesellschafter (§ 233 Abs. 1 Halbsatz 2 UmwG) protokolliert werden (§ 216 UmwG Rz. 11 mwN).

5. Rechtsfolgen mangelhafter Vorbereitung

15 Eine fehlerhafte Vorbereitung der Hauptversammlung kann eine Nichtigkeits- oder Anfechtungsklage gemäß §§ **241 ff.** AktG begründen. Für die GmbH finden die Regelungen in §§ 241 ff. AktG entsprechende Anwendung, soweit nicht die rechtsformspezifischen Besonderheiten der GmbH eine Abweichung notwendig machen[3]. Im Zusammenhang mit der fehlerhaften Einberufung der Hauptversammlung ist der Formwechselbeschluss gemäß § 241 Nr. 1 AktG nur dann nichtig, wenn er in einer Hauptversammlung gefasst worden ist, die unter Verstoß gegen § 121 Abs. 2 und Abs. 3 Satz 1 oder Abs. 4 AktG einberufen wurde[4]. Ein **Verstoß gegen § 230 Abs. 1 oder Abs. 2 UmwG** führt dagegen lediglich zu einem **Anfechtungsgrund**[5]. Ob der Beschluss auf dem Verfahrensverstoß beruht, ist ohne Bedeutung. Entscheidend ist vielmehr die **Relevanz** des Verfahrensverstoßes[6] **für das Mitgliedschafts- bzw. Mitwirkungsrecht** des Aktionärs im Sinne eines dem Beschluss anhaftenden Legitimationsdefizits, das bei einer wertenden, am Schutzzweck der verletzten Norm orientierten Betrachtung die Rechtsfolge der Anfechtbarkeit gemäß § 243 Abs. 1 AktG rechtfertigt[7] (vgl. dazu

---

1 *Ihrig* in Semler/Stengel, § 230 UmwG Rz. 5; *Drinhausen/Keinath* in Henssler/Strohn, § 230 UmwG Rz. 8.
2 Anders für den Fall, dass die mit dem Verzicht verbundenen Auswirkungen dem Verzicht auf die Erstellung des Umwandlungsberichts nahekommen, *Dauner-Lieb/P. W. Tettinger* in KölnKomm. UmwG, § 230 UmwG Rz. 50.
3 BGH v. 16.12.1953 – II ZR 167/52, BGHZ 11, 231 (235); *Bayer* in Lutter/Hommelhoff, Anh zu § 47 GmbHG Rz. 1.
4 Näher dazu etwa *Hüffer/Koch*, § 241 AktG Rz. 8 ff.
5 *Drinhausen/Keinath* in Henssler/Strohn, § 230 UmwG Rz. 7.
6 Siehe auch *Dauner-Lieb/P.W. Tettinger* in KölnKomm. UmwG, § 230 UmwG Rz. 42.
7 BGH v. 18.10.2004 – II ZR 250/02, BGHZ 160, 385 (392). Dort heißt es auch, dass dann, wenn einem Aktionär Auskünfte vorenthalten werden, die aus der Sicht eines objektiv urteilenden Aktionärs in der Fragesituation zur sachgerechten Beurteilung des Beschlussgegenstands erforderlich sind, darin zugleich ein relevanter Verstoß gegen das Teilnahme- und Mitwirkungsrecht des betreffenden Aktionärs liegt. Siehe bereits BGH v. 12.11.2001 – II ZR 225/99, BGHZ 149, 158 (164 f.).

§ 243 Abs. 4 Satz 1 AktG[1]). Fristgerecht erhobene Anfechtungsklagen begründen grundsätzlich eine Registersperre (§ 198 Abs. 3 UmwG iVm. § 16 Abs. 2 und 3 UmwG). Beziehen sich die Mängel auf das Barabfindungsangebot, ist der Gesellschafter allerdings nicht zur Anfechtung berechtigt. Eine Verletzung der insoweit bestehenden Informations-, Auskunfts- und Berichtspflichten ist allein im Rahmen des Spruchverfahrens geltend zu machen[2]. Sind die Beschlüsse in einer **Vollversammlung** ohne Widerspruch[3] gefasst worden, werden Einberufungsmängel geheilt (vgl. § 121 Abs. 6 AktG, § 51 Abs. 3 GmbHG). Auch ist zu beachten, dass die Gesellschafter auf die Einhaltung der Formalia und Fristen für die Vorbereitung der Gesellschafter- bzw. Hauptversammlung **verzichten** können (Rz. 14).

§ 231
Mitteilung des Abfindungsangebots

Das Vertretungsorgan der formwechselnden Gesellschaft hat den Gesellschaftern oder Aktionären spätestens zusammen mit der Einberufung der Gesellschafterversammlung oder der Hauptversammlung, die den Formwechsel beschließen soll, das Abfindungsangebot nach § 207 zu übersenden. Der Übersendung steht es gleich, wenn das Abfindungsangebot im Bundesanzeiger und den sonst bestimmten Gesellschaftsblättern bekannt gemacht wird.

---

1 Zu dem Verhältnis von § 243 Abs. 4 Satz 1 AktG zu der Rechtsprechung des BGH, insbesondere im Hinblick auf das in § 243 Abs. 4 Satz 1 AktG genannte Merkmal der Wesentlichkeit, siehe etwa *Hüffer/Koch*, § 243 AktG Rz. 46ff.
2 BGH v. 18.12.2000 – II ZR 1/99, BGHZ 146, 179 (182ff.) mit Verweis auf §§ 210, 212 UmwG. Bestätigt durch BGH v. 29.1.2001 – II ZR 368/98, AG 2001, 263 = NJW 2001, 1428. Die durch das UMAG (BGBl. I 2005, S. 2802) mit Wirkung vom 1.11.2005 in das AktG eingefügte Regelung in § 243 Abs. 4 Satz 2 AktG bezieht sich allerdings nur auf Informationsmängel *in* der Hauptversammlung. Es ist aber davon auszugehen, dass dies nichts an der Anwendbarkeit der Grundsätze aus der vorangegangenen Rechtsprechung des BGH zum Formwechsel ändert (so auch *Dauner-Lieb/P. W. Tettinger* in KölnKomm. UmwG, § 231 UmwG Rz. 16. Allgemein gegen eine Anwendung von § 243 Abs. 4 Satz 2 AktG für alle Vorgänge außerhalb der Hauptversammlung aber etwa BT-Drucks. 15/5092, S. 26; *Hüffer/Schäfer* in MünchKomm. AktG, 4. Aufl. 2016, § 243 AktG Rz. 124 mwN).
3 Das Erfordernis des Fehlens eines Widerspruchs folgt für die AG schon aus dem Wortlaut des § 121 Abs. 6 AktG. Auch für die GmbH geht der BGH in Übereinstimmung mit der herrschenden Meinung in ständiger Rechtsprechung davon aus, dass ein Gesellschafter dann nicht „anwesend" iS des § 51 Abs. 3 GmbHG ist, wenn er zwar erschienen ist, aber der Durchführung der Versammlung oder der Beschlussfassung, sei es ausdrücklich oder konkludent, widerspricht (BGH v. 30.3.1987 – II ZR 180/86, BGHZ 100, 264 [269f.]).

§ 231 | Formwechsel in eine Personengesellschaft

1. Überblick 1
2. Erforderlichkeit eines Abfindungsangebots 2
3. Übersendung des Abfindungsangebots (§ 231 Satz 1 UmwG) ... 4
4. Bekanntmachung des Abfindungsangebots (§ 231 Satz 2 UmwG) ... 8
5. Rechtsfolgen von Verstößen 9

1. Überblick

1 § 231 UmwG ergänzt ebenso wie § 230 UmwG die rechtsformspezifischen Vorschriften des GmbH- und Aktienrechts über die Einberufung der Gesellschafter- bzw. Hauptversammlung in §§ 49 ff. GmbHG und §§ 121 ff. AktG. Sinn der Vorschrift ist, dass die Anteilsinhaber unmittelbaren **Zugang zu dem Abfindungsangebot** haben, welches nur innerhalb der Frist des § 209 UmwG angenommen werden kann, so dass eine Auslegung in den Geschäftsräumen der Gesellschaft nicht ausreichend wäre[1].

2. Erforderlichkeit eines Abfindungsangebots

2 Die formwechselnde Kapitalgesellschaft hat gemäß § 207 UmwG jedem Anteilsinhaber, der gegen den Formwechselbeschluss Widerspruch zur Niederschrift erklärt, ein Abfindungsangebot zu machen, das zu dem Inhalt des Formwechselbeschlusses gehört (§ 194 Abs. 1 Nr. 6 UmwG). Ein Abfindungsangebot ist **gemäß § 194 Abs. 1 Nr. 6 UmwG entbehrlich**, wenn die formwechselnde Gesellschaft nur einen Anteilsinhaber hat oder der Formwechselbeschluss nur einstimmig gefasst werden kann. Letzteres ist vorbehaltlich abweichender gesellschaftsvertraglicher Regelungen der Fall bei der Umwandlung in eine GbR, OHG oder Partnerschaftsgesellschaft (§ 233 Abs. 1 UmwG) oder wenn die Satzung bzw. der Gesellschaftsvertrag der formwechselnden Kapitalgesellschaft für den Formwechselbeschluss Einstimmigkeit verlangt. Erforderlich ist ein Abfindungsangebot hingegen regelmäßig bei dem Formwechsel in eine KG (auch in eine Kapitalgesellschaft & Co. KG), weil diese Umwandlung grundsätzlich mit qualifizierter Mehrheit beschlossen werden kann (§ 233 Abs. 2 UmwG). Hat die Gesellschaft einen Minderheitsgesellschafter, der aufgrund einer Sperrminorität den Formwechsel verhindern kann und ist deshalb ein faktischer Zwang zur Einstimmigkeit gegeben, verbleibt es dennoch bei der Notwendigkeit, ihm ein Abfindungsangebot zu machen (§ 194 UmwG Rz. 45).

3 Ein Abfindungsangebot ist auch dann entbehrlich, wenn alle Anteilsinhaber der formwechselnden Gesellschaft darauf in notariell beurkundeter Form **verzichten**

---

[1] BT-Drucks. 12/6699, S. 153 f.

(§ 194 UmwG Rz. 46)[1]. Da dieser Verzicht in der Praxis oft erst in der über den Formwechsel beschließenden Gesellschafter- bzw. Hauptversammlung erklärt wird, ist dem Vertretungsorgan der Gesellschaft nur dann zu empfehlen, im Vorgriff darauf von der Vorabübersendung oder -bekanntmachung abzusehen, wenn mit hinreichender Sicherheit davon ausgegangen werden kann, dass alle Anteilsinhaber in der Anteilsinhaberversammlung tatsächlich auf das Abfindungsangebot verzichten[2]. Statt des Verzichts auf das Abfindungsangebot als solches, ist auch ein Verzicht denkbar, der sich lediglich auf die vorherige Mitteilung des Abfindungsangebots nach § 231 UmwG bezieht[3].

3. Übersendung des Abfindungsangebots (§ 231 Satz 1 UmwG)

Das Vertretungsorgan der formwechselnden Kapitalgesellschaft kann grundsätzlich wählen, ob es das Abfindungsangebot den Anteilsinhabern gemäß § 231 Satz 1 UmwG übersendet oder gemäß § 231 Satz 2 UmwG bekanntmacht. Eine Übersendung ist allerdings nur möglich, wenn alle Anteilsinhaber namentlich bekannt sind. In Gesellschaften mit einem großen Gesellschafterkreis wird regelmäßig die Bekanntmachung vorzugswürdig sein[4]. Die Übersendung hat **spätestens zusammen mit der Einberufung** der Gesellschafterversammlung bzw. Hauptversammlung, die über den Formwechsel beschließen soll, zu erfolgen. Auch eine Übersendung bereits vor der Einberufung ist möglich[5]. Die Einberufungsfristen ergeben sich entweder aus dem Gesetz (§ 51 Abs. 1 Satz 2 GmbHG, § 123 Abs. 1 AktG) oder sind durch den Gesellschaftsvertrag bzw. die Satzung verlängert. Eine Vorabübersendung ist insbesondere mit Blick auf die sehr kurze Mindestfrist in § 51 Abs. 1 Satz 2 GmbHG sinnvoll, um den Gesellschaftern eine längere Überlegungsfrist zu verschaffen (vgl. § 230 UmwG Rz. 2). Die Übersendung an die Anteilsinhaber sollte jedenfalls nicht später als die Information eines etwaigen Betriebsrates erfolgen, dem gemäß § 194 Abs. 2 UmwG spätestens einen Monat vor der Gesellschafterversammlung der Entwurf des Umwandlungsbeschlusses zu übersenden ist, der nach § 194 Abs. 1 Nr. 6 UmwG auch das Abfindungsangebot enthält (vgl. § 230 UmwG Rz. 2).

---

1 Bei dem Formwechsel einer KGaA ist ein Verzicht des persönlich haftenden Gesellschafters nicht erforderlich, weil sich seine Abfindung nach den allgemeinen Regelungen in § 278 Abs. 2 AktG iVm. §§ 161 Abs. 2, 105 Abs. 3 HGB, §§ 738 ff. BGB bestimmt und ihm daher gemäß § 227 UmwG kein Abfindungsangebot nach § 207 UmwG zu machen ist (§ 227 UmwG Rz. 2; *Dauner-Lieb/P. W. Tettinger* in KölnKomm. UmwG, § 231 UmwG Rz. 6).
2 *Ihrig* in Semler/Stengel, § 231 UmwG Rz. 5.
3 *Dauner-Lieb/P. W. Tettinger* in KölnKomm. UmwG, § 231 UmwG Rz. 7; *Vossius* in Widmann/Mayer, § 231 UmwG Rz. 19 ff.
4 *Ihrig* in Semler/Stengel, § 231 UmwG Rz. 9; *Drinhausen/Keinath* in Henssler/Strohn, § 231 UmwG Rz. 3.
5 *Dauner-Lieb/P. W. Tettinger* in KölnKomm. UmwG, § 231 UmwG Rz. 14.

5 § 231 Satz 1 UmwG sagt nichts darüber, in welcher **Form** die Übersendung des Abfindungsangebots zu erfolgen hat. Insoweit wird teilweise vertreten, dass analog § 51 Abs. 1 Satz 1 GmbHG bzw. § 121 Abs. 4 Satz 2 AktG die Übersendung mittels eingeschriebenen Briefes zu erfolgen habe[1]. Dies ist zwar bei gleichzeitiger Übersendung mit der Einladung sinnvoll, hingegen mit Blick auf den Begriff der Übersendung keinesfalls zwingend, so dass auch die Übersendung mit einfachem Brief oder E-Mail ausreicht[2]. Schriftform gemäß § 126 BGB, also eine eigenhändige Unterschrift, ist nicht erforderlich[3]. Es genügt die Übersendung in Textform gemäß § 126b BGB (siehe auch § 216 UmwG Rz. 8, dort auch zu der, von der Frage der Form der Übersendung zu unterscheidenden, Form, in der Umwandlungsbericht und Abfindungsangebot zu erstellen sind).

6 Zur Übersendung des Abfindungsangebots ist gemäß § 231 Satz 1 UmwG das **Vertretungsorgan** der formwechselnden Gesellschaft verpflichtet. Dies ist schon deshalb zwingend erforderlich, weil das Vertretungsorgan den formwechselnden Rechtsträger bei der Abgabe des Abfindungsangebots vertritt und damit den Anteilsinhabern ein Angebot auf Abschluss eines schuldrechtlichen Erwerbsvertrages macht[4], der mit Annahme des Abfindungsangebots durch den jeweiligen Anteilsinhaber (§ 209 UmwG) geschlossen wird (vgl. § 207 UmwG Rz. 42). **Adressaten** des Angebots sind alle Anteilsinhaber, die als Adressaten eines Abfindungsangebots gemäß § 207 UmwG in Frage kommen[5].

7 Sofern ein Umwandlungsbericht erforderlich ist (vgl. § 192 Abs. 2 UmwG), ist dieser den Gesellschaftern einer formwechselnden GmbH[6] gemäß § 230 Abs. 1 UmwG zu übersenden. Er hat gemäß § 192 Abs. 1 Satz 3 UmwG einen Entwurf des Umwandlungsbeschlusses zu enthalten, der seinerseits das Abfindungsangebot enthält (§ 194 Abs. 1 Nr. 6 UmwG). Dies soll dazu führen, dass dann eine **Übersendung** oder Bekanntmachung des Abfindungsangebots gemäß § 231

---

1 Hier in der 4. Aufl. von *Dirksen*, § 231 UmwG Rz. 6; *Ihrig* in Semler/Stengel, § 231 UmwG Rz. 9.
2 *Dauner-Lieb/P. W. Tettinger* in KölnKomm. UmwG, § 231 UmwG Rz. 12.
3 *Stratz* in Schmitt/Hörtnagl/Stratz, § 231 UmwG Rz. 2; *Drinhausen/Keinath* in Henssler/Strohn, § 231 UmwG Rz. 2.
4 *Ihrig* in Semler/Stengel, § 231 UmwG Rz. 7; *Dauner-Lieb/P. W. Tettinger* in KölnKomm. UmwG, § 231 UmwG Rz. 3.
5 Damit scheiden die persönlich haftenden Gesellschafter einer formwechselnden KGaA aus, weil ihnen gemäß § 227 UmwG kein Abfindungsangebot nach § 207 UmwG zu machen ist. Siehe § 227 UmwG Rz. 2; *Ihrig* in Semler/Stengel, § 231 UmwG Rz. 9; *Dauner-Lieb/P. W. Tettinger* in KölnKomm. UmwG, § 231 UmwG Rz. 9.
6 Bei einer formwechselnden AG oder KGaA hat eine Übersendung des Umwandlungsberichts nur auf Verlangen gemäß § 230 Abs. 2 Satz 2 UmwG zu erfolgen. Ansonsten reicht die Auslegung gemäß § 230 Abs. 2 Satz 1 UmwG. Alternativ ist die Veröffentlichung des Umwandlungsberichts auf der Internetseite der Gesellschaft möglich (§ 230 Abs. 2 Satz 4 UmwG). Vgl. dazu § 230 UmwG Rz. 11 ff.

UmwG **entbehrlich** ist[1]. Auch sofern der vollständige Wortlaut des Abfindungsangebots bereits gemäß § 124 Abs. 2 Satz 2 AktG bekannt gemacht worden ist[2], soll sich § 231 UmwG erübrigen[3]. Bezüglich beider Vorgänge wird berechtigterweise zu bedenken gegeben, dass darin nicht ohne weiteres ein Angebot zum Abschluss des schuldrechtlichen Erwerbsvertrages (Rz. 6) gesehen werden könne, auch wenn sich ein entsprechender Erklärungsinhalt durchaus begründen lasse[4]. Infolgedessen ist aus **Vorsichtsgründen** in beiden Konstellationen dennoch ein Vorgehen gemäß § 231 UmwG zu empfehlen.

4. Bekanntmachung des Abfindungsangebots (§ 231 Satz 2 UmwG)

Statt der Übersendung kann das Abfindungsangebot gemäß § 231 Satz 2 UmwG 8 auch **im Bundesanzeiger** und den sonst von der Satzung bzw. dem Gesellschaftsvertrag bestimmten Gesellschaftsblättern bekannt gemacht werden (vgl. auch § 25 AktG und § 12 GmbHG). Auch eine Bekanntmachung des Angebots hat beziffert und vollständig zu erfolgen[5]. Die durch § 230 Abs. 2 Satz 4 UmwG mögliche Veröffentlichung des Umwandlungsberichts im Internet gilt nicht für das Abfindungsangebot. Bezüglich der Notwendigkeit eines Vorgehens nach § 231 UmwG trotz Übersendung eines Umwandlungsberichts oder einer Bekanntmachung gemäß § 124 Abs. 2 Satz 2 AktG siehe unter Rz. 7.

5. Rechtsfolgen von Verstößen

Verstöße gegen § 231 UmwG begründen zwar einen Mangel des Formwechsel- 9 beschlusses, berechtigen die Gesellschafter allerdings nicht zu dessen Anfechtung[6]. Eine Verletzung der Informations-, Auskunfts- und Berichtspflichten ist allein im Rahmen des **Spruchverfahrens** geltend zu machen[7].

---

1 *Stratz* in Schmitt/Hörtnagl/Stratz, § 231 UmwG Rz. 1; *Vossius* in Widmann/Mayer, § 231 UmwG Rz. 2 und 6.
2 Die Anwendung des § 124 Abs. 2 Satz 2 AktG ist umstritten. Siehe dazu § 230 UmwG Rz. 10.
3 *Göthel* in Lutter, § 231 UmwG Rz. 4.
4 *Dauner-Lieb/P. W. Tettinger* in KölnKomm. UmwG, § 231 UmwG Rz. 15.
5 Ein Formulierungsbeispiel findet sich bei *Vossius* in Widmann/Mayer, § 231 UmwG Rz. 14.
6 *Göthel* in Lutter, § 231 UmwG Rz. 9; *Ihrig* in Semler/Stengel, § 231 UmwG Rz. 11. AA *Vossius* in Widmann/Mayer, § 231 UmwG Rz. 22.
7 BGH v. 18.2.2000 – II ZR 1/99, BGHZ 146, 179 (182 ff.) mit Verweis auf §§ 210, 212 UmwG. Bestätigt durch BGH v. 29.1.2001 – II ZR 368/98, AG 2001, 263 = NJW 2001, 1428. Die durch das UMAG (BGBl. I 2005, S. 2802) mit Wirkung vom 1.11.2005 in das AktG eingefügte Regelung in § 243 Abs. 4 Satz 2 AktG bezieht sich allerdings nur auf Informationsmängel *in* der Hauptversammlung. Es ist aber davon auszugehen, dass

§ 232
Durchführung der Versammlung der Anteilsinhaber

(1) In der Gesellschafterversammlung oder in der Hauptversammlung, die den Formwechsel beschließen soll, ist der Umwandlungsbericht auszulegen. In der Hauptversammlung kann der Umwandlungsbericht auch auf andere Weise zugänglich gemacht werden.

(2) Der Entwurf des Umwandlungsbeschlusses einer Aktiengesellschaft oder einer Kommanditgesellschaft auf Aktien ist von deren Vertretungsorgan zu Beginn der Verhandlung mündlich zu erläutern.

1. Überblick 1
2. Zugänglichmachung des Umwandlungsberichts (§ 232 Abs. 1 UmwG) 2
3. Erläuterung des Entwurfs des Umwandlungsbeschlusses (§ 232 Abs. 2 UmwG) 3
4. Allgemeine Informationsrechte .. 5
5. Rechtsfolgen von Verstößen 8

1. Überblick

1 § 232 Abs. 1 UmwG findet Parallelen in §§ 64 Abs. 1 Satz 1, 78 Satz 1 und 2 UmwG und § 232 Abs. 2 UmwG in §§ 64 Abs. 1 Satz 2, 78 Satz 1 und 2 UmwG. Die Vorschrift befasst sich mit der **Information der Anteilsinhaber in der Gesellschafter- bzw. Hauptversammlung**, während § 230 UmwG die Information im Vorfeld der Gesellschafter- bzw. Hauptversammlung betrifft. Die allgemeinen Informationsrechte der Anteilsinhaber (§ 51a GmbHG, § 131 AktG) bleiben von § 232 UmwG unberührt[1].

2. Zugänglichmachung des Umwandlungsberichts (§ 232 Abs. 1 UmwG)

2 Sofern ein Umwandlungsbericht erforderlich ist (vgl. § 192 Abs 2 UmwG), muss dieser gemäß § 232 Abs. 1 UmwG in der Gesellschafter- bzw. Hauptversammlung ausgelegt werden. Diese Pflicht bezieht sich aber nicht auf den Prüfungs-

---

dies nichts an der Anwendbarkeit der Grundsätze aus der vorangegangenen Rechtsprechung des BGH zum Formwechsel ändert (so auch *Dauner-Lieb/P. W. Tettinger* in KölnKomm. UmwG, § 231 UmwG Rz. 16. Allgemein gegen eine Anwendung von § 243 Abs. 4 Satz 2 AktG für alle Vorgänge außerhalb der Hauptversammlung aber etwa BT-Drucks. 15/5092, S. 26; *Hüffer/Schäfer* in MünchKomm. AktG, 4. Aufl. 2016, § 243 AktG Rz. 124 mwN).

[1] *Vossius* in Widmann/Mayer, § 232 UmwG Rz. 5; *Dauner-Lieb/P. W. Tettinger* in KölnKomm. UmwG, § 232 UmwG Rz. 1.

bericht[1]. Bei einer Hauptversammlung kann der Umwandlungsbericht gemäß § 232 Abs. 1 Satz 2 UmwG alternativ zu der Auslegung auch auf andere Weise zugänglich gemacht werden. Damit muss der Umwandlungsbericht nicht in Papierform vorliegen, sondern kann elektronisch, wie etwa über Monitore, bereitgestellt werden[2]. Der **Zeitraum**, in dem der Umwandlungsbericht ausgelegt bzw. auf andere Weise zugänglich gemacht werden muss, ist umstritten[3]. Schon aus Vorsichtsgründen sollte er daher während der gesamten Versammlung zugänglich gemacht werden. Ein **Verzicht** auf die Einhaltung von § 232 Abs. 1 UmwG ist möglich (nicht hingegen ein Ausschluss der Rechte aus § 232 UmwG durch den Gesellschaftsvertrag bzw. die Satzung[4]) und kann auch konkludent erfolgen, indem die Versammlung den Formwechselbeschluss ohne Rüge des Mangels fasst[5].

3. Erläuterung des Entwurfs des Umwandlungsbeschlusses (§ 232 Abs. 2 UmwG)

Bei dem Formwechsel einer **AG oder KGaA** ist der Entwurf des Umwandlungsbeschlusses in der Hauptversammlung gemäß § 232 Abs. 2 UmwG zu Beginn der Verhandlung mündlich zu erläutern. Diese Pflicht trifft das **Vertretungsorgan** der Gesellschaft, also den Vorstand bzw. die persönlich haftenden Gesellschafter. Welches Organmitglied die Erläuterung übernimmt, bleibt dem Vertretungsorgan selbst überlassen. Eine Delegation an Dritte ist zwar möglich, nicht jedoch hinsichtlich der Kernelemente[6]. **Zeitlich** kann die Erläuterung entweder zu Beginn des entsprechenden Tagesordnungspunkts oder vor einer Generaldebatte erfolgen[7].

3

Gemäß § 192 Abs. 1 Satz 1 UmwG ist bereits im Umwandlungsbericht der Formwechsel und insbesondere die künftige Beteiligung der Anteilsinhaber an dem Rechtsträger rechtlich und wirtschaftlich zu erläutern und zu begründen. Dies ist für den notwendigen **Umfang** der Erläuterungen nach § 232 Abs. 2

4

---

1 LG Berlin v. 26.2.1997 – 99 O 178/96, DB 1997, 969 (970) = GmbHR 1997, 658; *Göthel* in Lutter, § 232 UmwG Rz. 3.
2 BT-Drucks. 16/11642, S. 45 iVm. S. 25.
3 Für eine Auslegung von dem Beginn bis zum Ende der Versammlung *Dauner-Lieb/P. W. Tettinger* in KölnKomm. UmwG, § 232 UmwG Rz. 5. Demgegenüber hält *Vossius* in Widmann/Mayer, § 232 UmwG Rz. 12 nur eine Auslegung ab dem Aufruf des Tagesordnungspunkts „Formwechsel" bis zur Verkündung des Abstimmungsergebnisses für erforderlich.
4 *Ihrig* in Semler/Stengel, § 232 UmwG Rz. 18; *Dauner-Lieb/P. W. Tettinger* in KölnKomm. UmwG, § 232 UmwG Rz. 18; *Göthel* in Lutter, § 232 UmwG Rz. 13.
5 *Vossius* in Widmann/Mayer, § 232 UmwG Rz. 29 ff.; *Ihrig* in Semler/Stengel, § 232 UmwG Rz. 16.
6 *Vossius* in Widmann/Mayer, § 232 UmwG Rz. 25; *Ihrig* in Semler/Stengel, § 232 UmwG Rz. 11; *Dauner-Lieb/P. W. Tettinger* in KölnKomm. UmwG, § 232 UmwG Rz. 9. AA *Deipenbrock* in Keßler/Kühnberger, § 232 UmwG Rz. 9.
7 *Vossius* in Widmann/Mayer, § 232 UmwG Rz. 21; *Ihrig* in Semler/Stengel, § 232 UmwG Rz. 8.

UmwG in der Hauptversammlung zu beachten. Sie müssen keinesfalls derart ausführlich und detailliert sein wie der Umwandlungsbericht[1], zumal die Aktionäre bei Bedarf von ihrem Fragerecht (§ 131 AktG) Gebrauch machen können. Die Erläuterung in der Hauptversammlung hat daher den Zweck, den wesentlichen Inhalt des Umwandlungsberichtes in komprimierter und verständlicher Form zu wiederholen und dabei insbesondere auf die rechtlichen und wirtschaftlichen Hintergründe, zu denen Bewertungsfragen sowie die Erläuterung des Abfindungsangebots gehören, einzugehen[2]. Im Rahmen der Erläuterungen sind die in dem Umwandlungsbericht enthaltenen Informationen, sofern notwendig, zu aktualisieren, wobei allerdings durch die Erläuterungen etwaige – von einer bloßen Aktualisierung zu unterscheidende – Mängel des Umwandlungsberichts nicht geheilt werden können[3]. Für die **GmbH** gilt die Erläuterungspflicht nicht. Die Gesellschafter können sich aber durch Ausübung ihres Informationsrechts nach § 51a GmbHG (siehe dazu Rz. 5 f.) die für erforderlich gehaltenen Informationen in gleicher Weise verschaffen.

4. Allgemeine Informationsrechte

5 Neben den Rechten aus § 232 UmwG stehen den Anteilsinhabern die allgemeinen Informationsrechte aus § 51a GmbHG bzw. § 131 AktG uneingeschränkt zu (Rz. 1). Deren Ausübung kann sich auch auf den Prüfungsbericht, dessen Ergebnisse und die zugrunde gelegten Bewertungsmethoden beziehen[4], obgleich der Prüfungsbericht den Anteilsinhabern weder gemäß §§ 230, 232 UmwG vorab zu übersenden noch vor oder während der Gesellschafter- bzw. Hauptversammlung zugänglich zu machen ist (vgl. Rz. 2 sowie § 230 UmwG Rz. 11).

6 GmbH-Gesellschafter haben auch im Falle des Formwechsels gegenüber den Geschäftsführern gemäß **§ 51a GmbHG** ein umfangreiches **Auskunftsrecht** sowie ein **Einsichtsrecht** in die Bücher und Geschäftsunterlagen der Gesellschaft. Diese Rechte können die Gesellschafter schon vor der Gesellschafterversammlung, die über den Formwechsel beschließen soll, geltend machen[5]. Sie bestehen

---

1 *Dauner-Lieb/P. W. Tettinger* in KölnKomm. UmwG, § 232 UmwG Rz. 11; *Göthel* in Lutter, § 232 UmwG Rz. 5.
2 *Vossius* in Widmann/Mayer, § 232 UmwG Rz. 17; *Ihrig* in Semler/Stengel, § 232 UmwG Rz. 9. Mit *Ihrig*, § 232 UmwG Rz. 10, abzulehnen ist allerdings die These von *Vossius* in Widmann/Mayer, § 232 UmwG Rz. 28, dass die Anforderungen an die Erläuterungen umso niedriger seien, je mehr Informationsmaterial in schriftlicher Form zur Verfügung gestellt werde.
3 Ausführlich dazu sowie zu den Grenzen der Aktualisierung *Dauner-Lieb/P. W. Tettinger* in KölnKomm. UmwG, § 232 UmwG Rz. 12 ff. mwN.
4 BGH v. 29.1.2001 – II ZR 368/98, NJW 2001, 1428 (1430) = AG 2001, 263 zu § 131 AktG.
5 OLG Köln v. 18.2.1986 – 22 W 56/85, NJW-RR 1987, 99 (100) = GmbHR 1986, 385; *Göthel* in Lutter, § 232 UmwG Rz. 11; *Ihrig* in Semler/Stengel, § 232 UmwG Rz. 14.

in den Grenzen des § 51a Abs. 2 GmbHG und werden nicht durch §§ 192 Abs. 1 Satz 2, 8 Abs. 2 UmwG verkürzt[1]. Ein Bedürfnis für die Ausübung der Rechte aus § 51a GmbHG besteht schon deshalb, weil § 232 Abs. 2 UmwG die Erläuterung des Formwechselbeschlusses nur für die AG oder KGaA als formwechselnden Rechtsträger vorsieht.

Den Aktionären einer AG/KGaA steht das allgemeine **Auskunftsrecht gemäß** 7
§ 131 AktG zu. Gegenstand des Auskunftsrechts sind alle Umstände, die sich auf die Gesellschaft und ihre Tätigkeit beziehen[2] und zur sachgemäßen Beurteilung des Gegenstands der Tagesordnung erforderlich sind (§ 131 Abs. 1 Satz 1 AktG aE). Dieses Erforderlichkeitskriterium soll missbräuchliche, ausufernde Auskunftsbegehren verhindern[3] und ist daher weit zu verstehen. Maßstab für die Erforderlichkeit bzw. Beurteilungserheblichkeit eines Auskunftsverlangens ist der Standpunkt eines objektiv urteilenden Aktionärs, der die Gesellschaftsverhältnisse nur auf Grund allgemein bekannter Tatsachen kennt und daher die begehrte Auskunft als nicht nur unwesentliches Beurteilungselement benötigt[4]. Das Informationsrecht der Aktionäre besteht in den im Vergleich zu § 51a Abs. 2 GmbHG engeren Grenzen des Auskunftsverweigerungsrechts nach § 131 Abs. 3 Satz 1 Nr. 1 AktG. Dieses deckt sich sachlich mit den Grenzen für die Berichtspflicht für den Umwandlungsbericht (§§ 192 Abs. 1 Satz 2, 8 Abs. 2 UmwG)[5]. Die Aktionäre können das Auskunftsrecht sowohl für Nachfragen zu den Erläuterungen nach § 232 Abs. 2 UmwG nutzen als auch dafür, sich über weitere, nicht angesprochene Punkte zu informieren[6].

5. Rechtsfolgen von Verstößen

Verstöße gegen § 232 Abs. 1 oder Abs. 2 UmwG führen **grundsätzlich zur An-** 8
fechtbarkeit des Formwechselbeschlusses[7]. Dennoch kann eine Anfechtung aus verschiedenen Gründen ausscheiden (siehe auch § 230 UmwG Rz. 15), wie etwa im Falle des konkludenten Verzichts auf die Einhaltung von § 232 UmwG durch Fassung des Formwechselbeschlusses ohne die Rüge des Mangels (Rz. 2) oder der fehlenden Anfechtungsbefugnis mangels Widerspruchs zur Niederschrift gegen den Beschluss (§ 245 Nr. 1 AktG). Auch ist die Geltendmachung eines Verstoßes gegen § 232 Abs. 2 UmwG nur dann möglich, wenn der Versuch unternommen wurde, die angeblich unzureichenden Erläuterungen durch Ausübung

---

1 *Ihrig* in Semler/Stengel, § 232 UmwG Rz. 14 f.
2 *Hüffer/Koch*, § 131 AktG Rz. 11.
3 BGH v. 18.10.2004 – II ZR 250/02, BGHZ 160, 385 (388 f.) = AG 2005, 87.
4 BGH v. 18.10.2004 – II ZR 250/02, BGHZ 160, 385 (389) = AG 2005, 87.
5 Siehe auch *Ihrig* in Semler/Stengel, § 232 UmwG Rz. 15.
6 *Dauner-Lieb/P. W. Tettinger* in KölnKomm. UmwG, § 232 UmwG Rz. 17.
7 *Vossius* in Widmann/Mayer, § 232 UmwG Rz. 33; *Drinhausen/Keinath* in Henssler/Strohn, § 232 UmwG Rz. 5.

des allgemeinen Fragerechts (§ 131 AktG) ergänzen zu lassen[1]. Bei Mängeln, die sich auf das Barabfindungsangebot beziehen, scheidet eine Anfechtung aus und bleibt nur die Möglichkeit des Spruchverfahrens (§ 230 UmwG Rz. 15).

§ 233
Beschluss der Versammlung der Anteilsinhaber

(1) Der Umwandlungsbeschluss der Gesellschafterversammlung oder der Hauptversammlung bedarf, wenn die formwechselnde Gesellschaft die Rechtsform einer Gesellschaft des bürgerlichen Rechts, einer offenen Handelsgesellschaft oder einer Partnerschaftsgesellschaft erlangen soll, der Zustimmung aller anwesenden Gesellschafter oder Aktionäre; ihm müssen auch die nicht erschienenen Anteilsinhaber zustimmen.

(2) Soll die formwechselnde Gesellschaft in eine Kommanditgesellschaft umgewandelt werden, so bedarf der Umwandlungsbeschluss einer Mehrheit von mindestens drei Vierteln der bei der Gesellschafterversammlung einer Gesellschaft mit beschränkter Haftung abgegebenen Stimmen oder des bei der Beschlussfassung einer Aktiengesellschaft oder einer Kommanditgesellschaft auf Aktien vertretenen Grundkapitals; § 50 Abs. 2 und § 65 Abs. 2 sind entsprechend anzuwenden. Der Gesellschaftsvertrag oder die Satzung der formwechselnden Gesellschaft kann eine größere Mehrheit und weitere Erfordernisse bestimmen. Dem Formwechsel müssen alle Gesellschafter oder Aktionäre zustimmen, die in der Kommanditgesellschaft die Stellung eines persönlich haftenden Gesellschafters haben sollen.

(3) Dem Formwechsel einer Kommanditgesellschaft auf Aktien müssen ferner deren persönlich haftende Gesellschafter zustimmen. Die Satzung der formwechselnden Gesellschaft kann für den Fall des Formwechsels in eine Kommanditgesellschaft eine Mehrheitsentscheidung dieser Gesellschafter vorsehen. Jeder dieser Gesellschafter kann sein Ausscheiden aus dem Rechtsträger für den Zeitpunkt erklären, in dem der Formwechsel wirksam wird.

1. Überblick 1	b) Grenzen der Ausgestaltung des Gesellschaftsvertrags der KG . . 8
2. Formwechsel in eine GbR, OHG oder Partnerschaftsgesellschaft (§ 233 Abs. 1 UmwG) 2	c) Zustimmung der Inhaber von Minderheits- und Sonderrechten (§ 50 Abs. 2 UmwG) sowie Sonderbeschlüsse bei mehreren Aktiengattungen (§ 65 Abs. 2 UmwG) 9
3. Formwechsel in eine KG (§ 233 Abs. 2 UmwG) a) Mehrheitsbeschluss 6	

---

1 *Dauner-Lieb/P. W. Tettinger* in KölnKomm. UmwG, § 232 UmwG Rz. 19; *Göthel* in Lutter, § 232 UmwG Rz. 8.

d) Zustimmung aller zukünftigen persönlich haftenden Gesellschafter (§ 233 Abs. 2 Satz 3 UmwG) ... 10
e) Zustimmung einzelner Anteilsinhaber gemäß § 193 Abs. 2 UmwG ... 11
4. Formwechsel einer KGaA (§ 233 Abs. 3 UmwG)
a) Zustimmung aller persönlich haftenden Gesellschafter (§ 233 Abs. 3 Satz 1 UmwG) ... 12
b) Mehrheitsentscheidung aufgrund Satzungsregelung (§ 233 Abs. 3 Satz 2 UmwG) ... 13
c) Austritt persönlich haftender Gesellschafter (§ 233 Abs. 3 Satz 3 UmwG) ... 14
5. Mitwirkung Dritter ... 16
6. Beschlussmängel ... 17

Literatur: *Binnewies*, Formelle und materielle Voraussetzungen von Umwandlungsbeschlüssen, GmbHR 1997, 727; *Decher*, Zulässigkeit und Grenzen der Gestaltung der Rechte der Minderheitsgesellschafter durch Mehrheitsbeschluss beim Formwechsel einer AG – zugleich Besprechung von BGH, Urteil vom 9.5.2005 – II ZR 29/03 (FPB Holding), Der Konzern 2005, 621; *Kiem*, Die Stellung der Vorzugsaktionäre bei Umwandlungsmaßnahmen, ZIP 1997, 1627; *Kort*, Das Verhältnis der Umwandlung zur Satzungsänderung, Unternehmensgegenstandsänderung und Gesellschaftszweckänderung, AG 2011, 611; *Lutter*, Zur inhaltlichen Begründung von Mehrheitsentscheidungen – Besprechung der Entscheidung BGH WM 1980, 378, ZGR 1981, 171; *Lutter/Leinekugel*, Planmäßige Unterschiede im umwandlungsrechtlichen Minderheitenschutz?, ZIP 1999, 261; *Melchior*, Vollmachten bei Umwandlungsvorgängen – Vertretungshindernisse und Interessenkollisionen, GmbHR 1999, 520; *Meyer-Landrut/Kiem*, Der Formwechsel einer Publikumsaktiengesellschaft (Teil I), WM 1997, 1361; vgl. auch die Angaben zu §§ 214, 217, 218 UmwG.

1. Überblick

§ 233 UmwG regelt in Ergänzung von § 193 UmwG die Mehrheits- bzw. Zustimmungserfordernisse des Umwandlungsbeschlusses für den Fall des Formwechsels einer GmbH, AG oder KGaA in eine GbR, Personenhandelsgesellschaft oder Partnerschaftsgesellschaft. Dabei betrifft **Abs. 1** den Formwechsel in eine OHG, GbR oder Partnerschaftsgesellschaft, während **Abs. 2** entsprechende Vorschriften für den Formwechsel in eine KG enthält. In **Abs. 3** finden sich schließlich für den Formwechsel einer KGaA besondere Vorschriften bezüglich der persönlich haftenden Gesellschafter.

2. Formwechsel in eine GbR, OHG oder Partnerschaftsgesellschaft (§ 233 Abs. 1 UmwG)

Im Hinblick auf die unbeschränkte Haftung der Gesellschafter einer GbR, einer OHG sowie außerhalb des Anwendungsbereichs des § 8 Abs. 4 PartGG auch der Partner einer Partnerschaftsgesellschaft bedarf der Formwechselbeschluss gemäß § 233 Abs. 1 UmwG der **Zustimmung aller Gesellschafter bzw. Aktionä-**

re. Keinem Anteilsinhaber soll die persönliche Haftung in dem Rechtsträger neuer Rechtsform ohne seine Zustimmung auferlegt werden[1]. Erforderlich ist deshalb auch die Zustimmung nicht stimmberechtigter Anteilsinhaber[2]. Für den Formwechselbeschluss gilt § 193 Abs. 1 Satz 2 UmwG, wonach der Umwandlungsbeschluss nur in einer **Versammlung der Anteilsinhaber** gefasst werden kann (dazu § 193 UmwG Rz. 3). An dieser Versammlung muss mindestens ein Anteilsinhaber teilnehmen[3]. Bei der Versammlung abwesende Anteilsinhaber oder solche, die in der Versammlung nicht ordnungsgemäß vertreten waren, können **nach der Anteilsinhaberversammlung ihre Zustimmung** in notariell beurkundeter Form (§ 193 Abs. 3 Satz 1 UmwG) erteilen und dadurch die erforderliche Einstimmigkeit herbeiführen (siehe dazu auch Rz. 3). Dies gilt aber nicht für in der Anteilsinhaberversammlung erschienene oder ordnungsgemäß vertretene Gesellschafter, die gegen den Formwechsel gestimmt haben[4]. Ebenso bringen in der Anteilsinhaberversammlung erschienene Gesellschafter, die sich der Stimme enthalten, den Umwandlungsbeschluss zum Scheitern[5]. Die **Zustimmung** kann auch bereits **vor der Anteilsinhaberversammlung** zu einem konkreten Entwurf des Formwechselbeschlusses erteilt werden[6]. Dies macht freilich nur dann Sinn, wenn der in Bezug genommene Entwurf in dieser Form bzw. mit lediglich redaktionellen Änderungen tatsächlich in der Versammlung der Anteilsinhaber gefasst wird, da andernfalls eine erneute Zustimmung (in oder nach der Versammlung) erforderlich wird[7]. Die Zustimmung muss sich dem konkreten Beschluss bzw. Beschlussentwurf zuordnen lassen[8]. **Empfangszuständig ist die Gesellschaft** vertreten durch ihr Vertretungsorgan[9]. Erteilt ein Gesellschafter seine Zustimmung außerhalb der Anteilsinhaberversammlung, ist eine Ausfertigung der notariell beurkundeten Zustimmungserklärung der Gesellschaft zu übersenden. Der Zugang einer einfachen oder beglaubigten Abschrift bei der Gesellschaft reicht indessen grundsätzlich nicht[10]. Die Zustim-

---

1 BT-Drucks. 12/6699, S. 154.
2 *Göthel* in Lutter, § 233 UmwG Rz. 4; *Ihrig* in Semler/Stengel, § 233 UmwG Rz. 11; *Kiem*, ZIP 1997, 1627 (1630).
3 *Ihrig* in Semler/Stengel, § 233 UmwG Rz. 12; *Dauner-Lieb/P. W. Tettinger* in KölnKomm. UmwG, § 233 UmwG Rz. 5.
4 *Göthel* in Lutter, § 233 UmwG Rz. 7.
5 *Göthel* in Lutter, § 233 UmwG Rz. 7; *Ihrig* in Semler/Stengel, § 233 UmwG Rz. 11.
6 Ua. *Dauner-Lieb/P. W. Tettinger* in KölnKomm. UmwG, § 233 UmwG Rz. 10; *Vossius* in Widmann/Mayer, § 233 UmwG Rz. 46.
7 *Ihrig* in Semler/Stengel, § 233 UmwG Rz. 16; *Göthel* in Lutter, § 233 UmwG Rz. 13.
8 *Dauner-Lieb/P. W. Tettinger* in KölnKomm. UmwG, § 233 UmwG Rz. 10; *Ihrig* in Semler/Stengel, § 233 UmwG Rz. 16.
9 *Ihrig* in Semler/Stengel, § 233 UmwG Rz. 14; *Dauner-Lieb/P. W. Tettinger* in KölnKomm. UmwG, § 233 UmwG Rz. 10.
10 Etwas anderes gilt nur dann, wenn die Parteien (ausdrücklich oder stillschweigend) Abweichendes vereinbaren. Siehe hierzu allgemein *Ellenberger* in Palandt, 75. Aufl. 2016, § 130 BGB Rz. 10 und 19 mwN.

mung ist schließlich mit der Anmeldung des Formwechsels zum Handelsregister in Ausfertigung oder beglaubigter Abschrift einzureichen (§ 199 UmwG).

Steht die Zustimmung einzelner Gesellschafter nach der Anteilsinhaberversammlung noch aus, kommt der Formwechselbeschluss bis zum Zugang der letzten Zustimmungserklärung bei der Gesellschaft nicht zustande[1]. Die in der Versammlung erschienenen Anteilsinhaber sind bis dahin jedenfalls dann **an ihre Stimmabgabe gebunden**, wenn sie ausdrücklich oder stillschweigend einen entsprechenden Bindungswillen erklärt haben[2]. Dies ist etwa dann der Fall, wenn mit der Beschlussfassung die Erwartung verbunden ist, dass die ausstehenden Zustimmungen in Kürze erfolgen werden[3]. In den meisten Fällen wird jedenfalls die konkludente Erklärung eines Bindungswillens zumindest bis zu einer unverzüglichen (§ 121 Abs. 1 Satz 1 BGB) Zustimmung der restlichen Gesellschafter anzunehmen sein, da in der Regel nicht davon auszugehen ist, dass die Gesellschafter die mit einer jederzeitigen Widerrufbarkeit verbundene Rechtsunsicherheit gewollt haben. Dementsprechend wird man in der Regel auch davon auszugehen haben, dass nach der Anteilsinhaberversammlung abgegebene Zustimmungserklärungen bindend sind[4]. Anderes gilt hingegen für vor der Anteilsinhaberversammlung abgegebene Zustimmungserklärungen. Diese sind erst ab der Beschlussfassung der Anteilsinhaberversammlung bindend[5]. Dies muss schon deshalb gelten, weil die vorherige Zustimmung den Gesellschafter nicht hindert, an der beschlussfassenden Anteilsinhaberversammlung teilzunehmen, wodurch seine außerhalb der Anteilsinhaberversammlung erklärte Zustimmung obsolet würde[6]. In jedem Fall empfiehlt es sich auch hier (siehe dazu § 217 UmwG Rz. 3)[7], im Formwechselbeschluss für die Abgabe von Zustimmungserklärungen nach der Anteilsinhaberversammlung eine Frist zu bestimmen und die anwesenden Gesellschafter bis zum Ablauf dieser Frist ausdrücklich an ihre Zustimmungserklärungen zu binden, um spätestens nach Fristablauf Klarheit über die Wirksamkeit der Beschlussfassung zu schaffen.

Eine Vertretung in der Anteilsinhaberversammlung aufgrund **Vollmacht** ist möglich. Bei einer GmbH als formwechselndem Rechtsträger ist gemäß § 47 Abs. 3 GmbHG die Erteilung der Vollmacht in Textform ausreichend. Gleiches gilt gemäß § 134 Abs. 3 Satz 3 AktG bei der AG oder der KGaA, sofern in der Satzung oder der Einberufung nichts Abweichendes bestimmt ist (vgl. auch § 193 UmwG

---

1 *Dauner-Lieb/P. W. Tettinger* in KölnKomm. UmwG, § 233 UmwG Rz. 10.
2 BGH v. 19.2.1990 – II ZR 42/89, BB 1990, 869 (871) = ZIP 1990, 505.
3 BGH v. 19.2.1990 – II ZR 42/89, BB 1990, 869 (871) = ZIP 1990, 505.
4 Vgl. *Ihrig* in Semler/Stengel, § 233 UmwG Rz. 17.
5 *Dauner-Lieb/P. W. Tettinger* in KölnKomm. UmwG, § 233 UmwG Rz. 12 mwN auch zur aA.
6 *Dauner-Lieb/P. W. Tettinger* in KölnKomm. UmwG, § 233 UmwG Rz. 12.
7 Siehe auch *Vossius* in Widmann/Mayer, § 233 UmwG Rz. 54; *Ihrig* in Semler/Stengel, § 233 UmwG Rz. 14.

Rz. 11)[1]. Bei der GmbH kann die Stimmrechtsausübung durch Bevollmächtigte in der Satzung eingeschränkt oder ggf. ausgeschlossen werden[2]. Die Vollmacht muss sich ausdrücklich auf den Formwechsel als Gegenstand der Beschlussfassung beziehen, so dass eine allgemeine Stimmrechtsvollmacht nicht ausreicht[3]. Bei Mehrfachvertretung ist auf die Befreiung von § 181 BGB zu achten, weil es sich um einen Grundlagenbeschluss handelt, bei dem die Gesellschafter ihre Beziehungen im Verhältnis zueinander regeln[4]. In der Regel wird man aber davon ausgehen können, dass mit der Bevollmächtigung eines Mitgesellschafters für die über den Formwechsel beschließende Anteilsinhaberversammlung auch eine konkludente Befreiung von den Beschränkungen des § 181 BGB erteilt worden ist (vgl. auch § 193 UmwG Rz. 12)[5]. Ist für einen Gesellschafter nur ein Vertreter ohne Vertretungsmacht erschienen, hat dies zur Folge, dass der Gesellschafter in der Anteilsinhaberversammlung nicht anwesend ist, aber nachträglich seine Zustimmung in notariell beurkundeter Form erteilen kann (§ 233 Abs. 1 Halbsatz 2 UmwG iVm. § 193 Abs. 3 Satz 1 UmwG). Die in anderen Fällen üblicherweise erteilte Genehmigung des Handelns des vollmachtlosen Vertreters kommt aufgrund der ausdrücklichen gesetzlichen Regelung hier nicht in Betracht[6].

5 Gesellschafter sind aufgrund der gesellschafterlichen **Treuepflicht** regelmäßig nicht zur Zustimmung verpflichtet. Die gesellschafterliche Treuepflicht kann nur in Ausnahmefällen eine Zustimmungspflicht begründen[7] (siehe dazu sowie zu einer gerichtlichen Durchsetzung der Zustimmungspflicht § 217 UmwG Rz. 5).

3. Formwechsel in eine KG (§ 233 Abs. 2 UmwG)

a) Mehrheitsbeschluss

6 Der Formwechsel einer Kapitalgesellschaft in eine KG bedarf nicht der Zustimmung aller Anteilsinhaber. Es genügt vielmehr gemäß § 233 Abs. 2 Satz 1

---

1 Bezüglich der Vollmacht für die Ausübung des Stimmrechts durch Kreditinstitute und geschäftsmäßig Handelnde siehe außerdem § 135 Abs 1 Satz 2 und 3 AktG.
2 *Zöllner* in Baumbach/Hueck, § 47 GmbHG Rz. 44 mwN.
3 *Göthel* in Lutter, § 233 UmwG Rz. 38; *Ihrig* in Semler/Stengel, § 233 UmwG Rz. 6.
4 *Ellenberger* in Palandt, 75. Aufl. 2016, § 181 BGB Rz. 11a; *Blasche*, Jura 2011, 359 (363) und oben § 193 UmwG Rz. 12.
5 So für die Beschlussfassung über die Abänderung eines Gesellschaftsvertrages BGH v. 24.11.1975 – II ZR 89/74, NJW 1976, 958 (959). Siehe auch *Dauner-Lieb/P. W. Tettinger* in KölnKomm. UmwG, § 233 UmwG Rz. 9.
6 BayObLG v. 3.7.1959 – 2Z BR 22/59, BayObLGZ 59, 255 (261); *Dauner-Lieb/P. W. Tettinger* in KölnKomm. UmwG, § 233 UmwG Rz. 9; *Göthel* in Lutter, § 233 UmwG Rz. 6.
7 BGH v. 28.4.1975 – II ZR 16/73, BGHZ 64, 253 (257); BGH v. 19.10.2009 – II ZR 240/08, BGHZ 183, 1 (8, Rz. 23). Bezüglich einer Zustimmungsverpflichtung aufgrund eines Stimmbindungsvertrages zu Recht kritisch *Dauner-Lieb/P. W. Tettinger* in KölnKomm. UmwG, § 233 UmwG Rz. 17 mwN zur insoweit aA.

UmwG eine Mehrheit von mindestens drei Vierteln der bei der Gesellschafterversammlung einer GmbH abgegebenen Stimmen bzw. des bei der Beschlussfassung einer AG oder KGaA vertretenen Grundkapitals (zusätzlich zu der Mehrheit der abgegebenen Stimmen gemäß § 133 Abs. 1 AktG). Die Satzung bzw. der Gesellschaftsvertrag kann gemäß § 233 Abs. 2 Satz 2 UmwG allerdings die Anforderungen an die Beschlussfassung verschärfen. Dies kann durch eine größere Mehrheit „und/oder" weitere Erfordernisse geschehen[1]. Sind solche Erfordernisse im Gesellschaftsvertrag bzw. der Satzung nur allgemein für Satzungsänderungen vorgesehen, finden sie erst recht auf den Formwechsel, der in seinen Wirkungen über eine reine Satzungsänderung hinausgeht, Anwendung[2]. Gegenstand des Mehrheitsbeschlusses ist auch der Gesellschaftsvertrag der KG, der gemäß § 234 Nr. 3 UmwG in dem Formwechselbeschluss enthalten sein muss[3] (zu den Grenzen der Ausgestaltung des Gesellschaftsvertrags siehe Rz. 8). Im Gegensatz zu § 233 Abs. 1 UmwG ist im Rahmen von § 233 Abs. 2 Satz 1 UmwG eine Stimmabgabe außerhalb der Anteilsinhaberversammlung nicht möglich (vgl. § 217 UmwG Rz. 8)[4]. Dies gilt jedoch nicht für die nach § 233 Abs. 2 Satz 3 UmwG erforderliche Zustimmung der zukünftigen persönlich haftenden Gesellschafter[5]. Eine gesellschaftsvertragliche Regelung, die vorsieht, dass Gesellschafter, die gegen den Formwechsel stimmen, automatisch aus der Gesellschaft ausscheiden, ist als Abweichung von dem gesetzlichen Konzept (vgl. § 1 Abs. 3 Satz 1 UmwG), das allein die Möglichkeit des freiwilligen Ausscheidens gegen Barabfindung vorsieht, unzulässig[6].

Hinsichtlich der **Vertretung** bei der Beschlussfassung gilt Gleiches wie bei § 233 Abs. 1 UmwG (Rz. 4), mit der Ausnahme, dass im Rahmen des § 233 Abs. 2 UmwG auch ein Vertreter ohne Vertretungsmacht auftreten und der Gesellschafter dessen Handeln nachträglich schriftlich genehmigen kann, weil § 233 Abs. 1 Halbsatz 2 UmwG keine Anwendung findet[7]. Die **Berechnung der notwendigen Mehrheiten** ergibt sich aus den für die jeweilige Rechtsform maßgeblichen Grundsätzen. Bei der **GmbH** bedarf es einer Mehrheit von mindestens drei Vierteln der bei der Gesellschafterversammlung abgegebenen Stimmen. 7

---

1 *Vossius* in Widmann/Mayer, § 233 UmwG Rz. 67.
2 *Dauner-Lieb/P. W. Tettinger* in KölnKomm. UmwG, § 233 UmwG Rz. 34; *Göthel* in Lutter, § 233 UmwG Rz. 20.
3 BT-Drucks. 16/2919, S. 19; *Ihrig* in Semler/Stengel, § 233 UmwG Rz. 30; *Dauner-Lieb/P. W. Tettinger* in KölnKomm. UmwG, § 233 UmwG Rz. 47 ff.
4 *Göthel* in Lutter, § 233 UmwG Rz. 8 und 23; *Dauner-Lieb/P. W. Tettinger* in KölnKomm. UmwG, § 233 UmwG Rz. 29. AA hier in der 4. Aufl. *Dirksen*, § 233 UmwG Rz. 6; *Althoff/Narr* in Böttcher/Habighorst/Schulte, § 233 UmwG Rz. 19.
5 *Göthel* in Lutter, § 233 UmwG Rz. 26; *Vossius* in Widmann/Mayer, § 233 UmwG Rz. 82.
6 OLG Karlsruhe v. 26.9.2002 – 9 U 195/01, ZIP 2003, 78 (79 f.).
7 *Dauner-Lieb/P. W. Tettinger* in KölnKomm. UmwG, § 233 UmwG Rz. 27; *Ihrig* in Semler/Stengel, § 233 UmwG Rz. 22; aA *Göthel* in Lutter, § 233 UmwG Rz. 88; *Vossius* in Widmann/Mayer, § 233 UmwG Rz. 17.

Mehrstimmrechte sind zu berücksichtigen[1]. Stimmenthaltungen zählen nicht mit[2]. Etwaige **Stimmrechtsausschlüsse** greifen aufgrund der Kernbereichsrelevanz des Formwechselbeschlusses nicht ein[3]. Für den Formwechselbeschluss einer **AG oder KGaA** bedarf es neben der Kapitalmehrheit (§ 233 Abs. 2 Satz 1 UmwG) gemäß § 133 Abs. 1 AktG auch der Mehrheit der abgegebenen Stimmen. Für die Berechnung der Mehrheiten werden – wie bei der GmbH – nur die Ja-Stimmen, nicht hingegen Stimmenthaltungen mitgezählt[4]. Stimmrechtsbeschränkungen sind zwar bei der Ermittlung der Stimmenmehrheit[5], gemäß § 134 Abs. 1 Satz 6 AktG aber nicht bei der Ermittlung der Kapitalmehrheit zu berücksichtigen. Bei der Berechnung des bei der Beschlussfassung vertretenen Grundkapitals sind stimmrechtlose Vorzugsaktien, mit Ausnahme der Fälle des § 140 Abs. 2 Satz 2 AktG, nicht miteinzubeziehen[6].

b) Grenzen der Ausgestaltung des Gesellschaftsvertrags der KG

8 Bei dem Formwechsel einer Kapitalgesellschaft in eine KG aufgrund eines Mehrheitsbeschlusses stellt sich ebenso wie bei dem umgekehrten Fall des Formwechsels einer Personengesellschaft in eine Kapitalgesellschaft (dazu § 217 UmwG Rz. 12 f.) die Frage, welchen **Grenzen** die Gesellschaftermehrheit **bei der Ausgestaltung des Gesellschaftsvertrags** der KG unterliegt. Der BGH hat es für zweifelhaft gehalten, ob die in der Freudenberg-Entscheidung[7] entwickelten Treuepflichtaspekte (dazu § 217 UmwG Rz. 12) ohne weiteres auf den Formwechsel einer AG in eine GmbH & Co. KG übertragbar seien, dies aber letztlich offen gelassen[8]. Zwar gehört zu der notwendigen Berücksichtigung der Umstände des Einzelfalls[9] auch die Einbeziehung der Ausgangs- und Zielrechtsform, es ist allerdings insoweit nur davon auszugehen, dass sich diese Umstände auf den Maßstab der Prüfung, nicht hingegen auf die Anwendung der Prüfungsgrundsätze als solche auswirkt. Folglich darf auch bei dem Formwechsel einer Kapitalgesellschaft in eine KG die Ausgestaltung des Gesellschaftsvertrags des Rechtsträgers neuer Rechtsform keinen Verstoß gegen die gesellschafterliche

---

1 *Ihrig* in Semler/Stengel, § 233 UmwG Rz. 21; *Dauner-Lieb/P. W. Tettinger* in KölnKomm. UmwG, § 233 UmwG Rz. 26.
2 *Göthel* in Lutter, § 233 UmwG Rz. 22; *Ihrig* in Semler/Stengel, § 233 UmwG Rz. 21.
3 AA etwa hier *Dirksen*, 4. Aufl., § 233 UmwG Rz. 9; *Göthel* in Lutter, § 233 UmwG Rz. 24; *Ihrig* in Semler/Stengel, § 233 UmwG Rz. 21. Zweifelnd *Dauner-Lieb/P. W. Tettinger* in KölnKomm. UmwG, § 233 UmwG Rz. 26. Zum Formwechsel von Personenhandelsgesellschaften vgl. § 217 UmwG Rz. 4.
4 *Göthel* in Lutter, § 233 UmwG Rz. 22; *Ihrig* in Semler/Stengel, § 233 UmwG Rz. 23.
5 *Göthel* in Lutter, § 233 UmwG Rz. 22.
6 Dies ergibt sich aus einem Umkehrschluss aus § 140 Abs. 2 Satz 2 AktG. Siehe dazu auch *Hüffer/Koch*, § 139 AktG Rz. 13.
7 BGH v. 15.11.1982 – II ZR 62/82, BGHZ 85, 350 (360 f.).
8 BGH v. 9.5.2005 – II ZR 29/03, AG 2005, 613 f.
9 *Ihrig* in Semler/Stengel, § 233 UmwG Rz. 33.

Treuepflicht, den **Gleichbehandlungsgrundsatz** oder das Verbot des **Rechtsmissbrauchs** begründen (siehe dazu § 217 UmwG Rz. 12f. mwN). Ebenso gilt das **Verbot der Verfolgung von Sondervorteilen** (§ 243 Abs. 2 AktG)[1]. Zur Wahrung der **Kontinuität der Mitgliedschaft** ist es aber nicht geboten, die bisherigen Aktionäre an der Komplementärgesellschaft zu beteiligen[2].

c) Zustimmung der Inhaber von Minderheits- und Sonderrechten (§ 50 Abs. 2 UmwG) sowie Sonderbeschlüsse bei mehreren Aktiengattungen (§ 65 Abs. 2 UmwG)

§ 233 Abs. 2 Satz 1 Halbsatz 2 UmwG erklärt § 50 Abs. 2 UmwG und § 65 Abs. 2 UmwG für den Formwechsel in eine KG für entsprechend anwendbar. Demnach bedarf der Formwechselbeschluss für den Formwechsel einer GmbH in eine KG gemäß § 50 Abs. 2 UmwG der Zustimmung der Inhaber von auf dem Gesellschaftsvertrag beruhenden Minderheits- oder Sonderrechten, wenn diese durch den Formwechsel beeinträchtigt werden. Gleiches gilt beim Formwechsel einer AG oder KGaA in eine KG nach dem allgemeinen Rechtsgedanken des § 35 BGB, auf dem auch § 50 Abs. 2 UmwG beruht, für (Kommandit-)Aktionäre, denen die Satzung Minderheits- oder Sonderrechte einräumt[3]. Der Formwechselbeschluss einer AG oder KGaA in eine KG bedarf, wenn mehrere Gattungen von Aktien vorhanden sind, gemäß § 65 Abs. 2 UmwG zu seiner Wirksamkeit der Zustimmung der stimmberechtigten Aktionäre jeder Gattung. Jede Gruppe muss dann in gesonderter Abstimmung oder gesonderter Versammlung (§ 138 AktG) mit Drei-Viertel-Mehrheit zustimmen. Bestehen bei dem Formwechsel einer GmbH in eine KG unterschiedliche Gattungen von Geschäftsanteilen, ist zwar § 65 Abs. 2 UmwG nicht anwendbar, das Erfordernis von Sonderbeschlüssen kann sich aber aus einer Auslegung des Gesellschaftsvertrages ergeben, und es ist überdies eine analoge Anwendung des § 179 Abs. 3 Satz 2 AktG angezeigt, wenn das bisherige Verhältnis beider Gattungen zum Nachteil einer Gattung geändert werden soll[4].

9

d) Zustimmung aller zukünftigen persönlich haftenden Gesellschafter (§ 233 Abs. 2 Satz 3 UmwG)

Anteilsinhaber einer GmbH, AG oder KGaA, die in der KG die Stellung eines persönlich haftenden Gesellschafters übernehmen sollen, müssen dem Formwechsel gemäß § 233 Abs. 2 Satz 3 UmwG zustimmen. Dies gilt ebenfalls un-

10

---

1 BGH v. 9.5.2005 – II ZR 29/03, AG 2005, 613 (614); *Göthel* in Lutter, § 233 UmwG Rz. 56f.
2 BGH v. 9.5.2005 – II ZR 29/03, AG 2005, 613.
3 *Göthel* in Lutter, § 240 UmwG Rz. 20; *Arnold* in Semler/Stengel, § 240 UmwG Rz. 30.
4 *Drinhausen/Keinath* in Henssler/Strohn, § 233 UmwG Rz. 6. Siehe auch *Göthel* in Lutter, § 240 UmwG Rz. 8; *Arnold* in Semler/Stengel, § 240 UmwG Rz. 15.

abhängig von einem etwaigen Stimmrechtsausschluss (siehe Rz. 7). Die Zustimmungserklärungen bedürfen der notariellen Beurkundung (§ 193 Abs. 3 UmwG) und können innerhalb oder außerhalb der Anteilsinhaberversammlung abgegeben werden (siehe Rz. 6). Wird die Zustimmung außerhalb der Versammlung erklärt, ist eine Ausfertigung der Gesellschaft zuzuleiten. Der Zugang einer einfachen oder beglaubigten Abschrift bei der Gesellschaft reicht indessen grundsätzlich nicht[1]. Zur Bindungswirkung gelten die Ausführungen unter Rz. 3 entsprechend. Die Zustimmung der Anteilsinhaber, denen die Stellung eines **Kommanditisten** zugewiesen wird, ist nicht erforderlich. Anderes gilt aber dann, wenn ihnen durch den Formwechsel eine persönliche Haftung nach § 171 Abs. 1 HGB droht, weil das Reinvermögen der Gesellschaft die ihnen zugewiesene Kommanditeinlage offensichtlich nicht vollständig deckt[2]. Insoweit kommt der § 233 Abs. 1 UmwG zugrunde liegende Grundsatz zum Tragen, dass niemand gegen seinen Willen eine persönliche Haftung übernehmen soll. Dieses Zustimmungserfordernis kann durch eine Herabsetzung des Kommanditkapitals vermieden werden.

e) Zustimmung einzelner Anteilsinhaber gemäß § 193 Abs. 2 UmwG

11 Häufig ist die Abtretung von Geschäftsanteilen von der Zustimmung einzelner Gesellschafter abhängig (Vinkulierungsklausel). Diese Gesellschafter müssen gemäß § 193 Abs. 2 UmwG ausdrücklich zustimmen (siehe dazu § 193 UmwG Rz. 16 ff.). Die erforderliche Zustimmung kann außerhalb der Anteilsinhaberversammlung erteilt werden und bedarf der **notariellen Beurkundung** (§ 193 Abs. 3 UmwG).

4. Formwechsel einer KGaA (§ 233 Abs. 3 UmwG)

a) Zustimmung aller persönlich haftenden Gesellschafter (§ 233 Abs. 3 Satz 1 UmwG)

12 Die Kommanditaktionäre einer KGaA beschließen über den Formwechsel der KGaA in eine Personengesellschaft mit den in § 233 Abs. 1 bzw. Abs. 2 UmwG vorgesehenen Mehrheiten. Außerdem ist gemäß § 233 Abs. 3 Satz 1 UmwG

---

[1] Etwas anderes gilt nur dann, wenn die Parteien (ausdrücklich oder stillschweigend) Abweichendes vereinbaren. Siehe hierzu allgemein *Ellenberger* in Palandt, 75. Aufl. 2016, § 130 BGB Rz. 10 und 19 mwN.

[2] In diese Richtung auch *Dauner-Lieb/P. W. Tettinger* in KölnKomm. UmwG, § 233 UmwG Rz. 37. Hier *Dirksen*, 4. Aufl., § 233 UmwG Rz. 11 sogar ohne dieses Offensichtlichkeitskriterium. AA *Ihrig* in Semler/Stengel, § 233 UmwG Rz. 25, der die Betroffenen auf die Anfechtung des Formwechselbeschlusses verweist. Wie hier allerdings für den Fall des § 40 Abs. 2 UmwG *Ihrig* in Semler/Stengel, § 40 UmwG Rz. 15. AA zu § 40 Abs. 2 UmwG *H. Schmidt* in Lutter, § 40 UmwG Rz. 10.

(entsprechend § 285 Abs. 2 AktG) die Zustimmung aller persönlich haftenden Gesellschafter der KGaA erforderlich, auch wenn sie in dem Rechtsträger neuer Rechtsform die Stellung eines Kommanditisten erhalten sollen. Sofern persönlich haftende Gesellschafter auch in der KG die Stellung eines persönlich haftenden Gesellschafters übernehmen sollen, ist ihre Zustimmung gemäß § 233 Abs. 3 Satz 1 UmwG zusätzlich zu der Zustimmung gemäß § 233 Abs. 2 Satz 3 UmwG erforderlich[1]. Letztere kann aber zusammen mit der Zustimmung nach § 233 Abs. 3 Satz 1 UmwG abgegeben werden. Ist der persönlich haftende Gesellschafter gleichzeitig Kommanditaktionär der formwechselnden KGaA, ist er außerdem im Rahmen des Formwechselbeschlusses der Kommanditaktionäre gemäß § 233 Abs. 1 bzw. Abs. 2 Satz 1 UmwG zu beteiligen. § 233 UmwG kann also zu einer dreifachen Beteiligung führen[2]. Der persönlich haftende Gesellschafter ist nicht gehindert, als Kommanditaktionär gegen den Formwechsel zu stimmen und gegen den Beschluss Widerspruch zur Niederschrift nach § 207 UmwG zu erklären, gleichzeitig aber dem Formwechsel gemäß § 233 Abs. 3 Satz 1 UmwG zuzustimmen, um den Formwechsel nicht zu verhindern[3]. Widersprüchliches Verhalten ist lediglich dann gegeben, wenn ein persönlich haftender Gesellschafter in seiner Eigenschaft als Kommanditaktionär für den Formwechsel stimmt, aber seine Zustimmung nach § 233 Abs. 3 Satz 1 UmwG verweigert[4]. Die Zustimmung gemäß § 233 Abs. 3 Satz 1 UmwG bedarf der **notariellen Beurkundung** (§ 193 Abs. 3 UmwG[5]) und kann auch außerhalb der Hauptversammlung abgegeben werden[6]. Sofern Zustimmungserklärungen außerhalb der Hauptversammlung abgegeben werden, sind sie der Gesellschaft in Ausfertigung zu übermitteln. Der Zugang einer einfachen oder beglaubigten Abschrift bei der Gesellschaft reicht indessen grundsätzlich nicht[7]. Die Zustimmungserklärungen sind schließlich mit der Anmeldung des Formwechsels zum Handelsregister in Ausfertigung oder beglaubigter Abschrift einzureichen (§ 199 UmwG).

---

1 *Göthel* in Lutter, § 233 UmwG Rz. 74; *Ihrig* in Semler/Stengel, § 233 UmwG Rz. 37. Differenzierend *Dauner-Lieb/P. W. Tettinger* in KölnKomm. UmwG, § 233 UmwG Rz. 80.
2 *Drinhausen/Keinath* in Henssler/Strohn, § 233 UmwG Rz. 9.
3 *Göthel* in Lutter, § 233 UmwG Rz. 76; *Ihrig* in Semler/Stengel, § 233 UmwG Rz. 36; *Stratz* in Schmitt/Hörtnagl/Stratz, § 233 UmwG Rz. 7.
4 *Göthel* in Lutter, § 240 UmwG Rz. 17; *Arnold* in Semler/Stengel, § 240 UmwG Rz. 27.
5 Für eine analoge Anwendung von § 193 Abs. 3 UmwG *Göthel* in Lutter, § 233 UmwG Rz. 79. *Dauner-Lieb/P. W. Tettinger* in KölnKomm. UmwG, § 233 UmwG Rz. 73 wenden § 285 Abs. 3 Satz 2 AktG an und gehen davon aus, dass die Zustimmungserklärungen in der Verhandlungsniederschrift oder in einem Anhang zur Niederschrift zu beurkunden seien, so dass eine gesonderte Urkunde nicht genüge.
6 *Stratz* in Schmitt/Hörtnagl/Stratz, § 233 UmwG Rz. 6; *Ihrig* in Semler/Stengel, § 233 UmwG Rz. 35.
7 Etwas anderes gilt nur dann, wenn die Parteien (ausdrücklich oder stillschweigend) Abweichendes vereinbaren. Siehe hierzu allgemein *Ellenberger* in Palandt, 75. Aufl. 2016, § 130 BGB Rz. 10 und 19 mwN.

b) Mehrheitsentscheidung aufgrund Satzungsregelung (§ 233 Abs. 3 Satz 2 UmwG)

13 Die Satzung der KGaA kann für den Fall des Formwechsels in eine KG gemäß § 233 Abs. 3 Satz 2 UmwG statt der Zustimmung aller persönlich haftenden Gesellschafter eine Mehrheitsentscheidung der persönlich haftenden Gesellschafter vorsehen. Dies ist so zu verstehen, dass die Satzung eine Mehrheitsentscheidung aller persönlich haftenden Gesellschafter[1], nicht hingegen eine Mehrheit der in der Versammlung erschienen persönlich haftenden Gesellschafter[2], zulassen kann.

c) Austritt persönlich haftender Gesellschafter (§ 233 Abs. 3 Satz 3 UmwG)

14 Bei dem Formwechsel einer KGaA in eine Personengesellschaft kann jeder der persönlich haftenden Gesellschafter gemäß § 233 Abs. 3 Satz 3 UmwG sein Ausscheiden aus dem Rechtsträger für den Zeitpunkt erklären, in dem der Formwechsel wirksam wird. Persönlich haftenden Gesellschaftern steht also ein **Wahlrecht** zu, in der Gesellschaft zu verbleiben und die im Umwandlungsbeschluss für sie vorgesehene Beteiligung zu übernehmen oder ihren Austritt zu erklären. Erklären sie ihren Austritt, scheiden sie gemäß § 236 UmwG mit dem Wirksamwerden des Formwechsels aus der Gesellschaft aus. Das Bestehen eines Abfindungsanspruchs ausscheidender persönlich haftender Gesellschafter richtet sich dann nach den allgemeinen Regeln (§ 278 Abs. 2 AktG iVm. §§ 161 Abs. 2, 105 Abs. 3 HGB, §§ 738 ff. BGB) sowie etwaigen einschlägigen Satzungsregelungen (ausführlich dazu § 227 UmwG Rz. 2).

15 Die **Abgabe der Austrittserklärung** ist formlos möglich und nicht fristgebunden[3]. Die Ausübung des Austrittsrechts ist bis zum **Zeitpunkt** des Wirksamwerdens des Formwechsels durch Eintragung im Handelsregister möglich[4]. Häufig wird zwar vertreten, dass die Austrittserklärung spätestens bis zur Fassung des Formwechselbeschlusses abgegeben werden müsse, da eine spätere Erklärung den Inhalt des Formwechselbeschlusses maßgeblich beeinflusse und daher als Verstoß gegen die gesellschafterliche Treuepflicht unbeachtlich sei[5], dies über-

---

1 *Vossius* in Widmann/Mayer, § 233 UmwG Rz. 111 f.; *Ihrig* in Semler/Stengel, § 233 UmwG Rz. 38.
2 So aber *Dauner-Lieb/P. W. Tettinger* in KölnKomm. UmwG, § 233 UmwG Rz. 78 mit Fn. 152, für den Fall, dass die Satzung klar zum Ausdruck bringt, dass sie eine Mehrheit Anwesender genügen lässt.
3 Ua. *Göthel* in Lutter, § 233 UmwG Rz. 82; *Ihrig* in Semler/Stengel, § 233 UmwG Rz. 39.
4 *Vossius* in Widmann/Mayer, § 233 UmwG Rz. 131. Demgegenüber ziehen *Dauner-Lieb/P. W. Tettinger* in KölnKomm. UmwG, § 233 UmwG Rz. 88 die Klagefrist des § 195 Abs. 1 UmwG heran.
5 So etwa hier in der 4. Aufl. *Dirksen*, § 233 UmwG Rz. 13; *Ihrig* in Semler/Stengel, § 233 UmwG Rz. 39.

zeugt aber nicht. So wäre es insbesondere nicht sachgerecht, einem persönlich haftenden Gesellschafter, der im Rahmen einer Mehrheitsentscheidung nach § 233 Abs. 3 Satz 2 UmwG unterliegt, die Ausübung seines Austrittsrechts zu verwehren[1]. Den Interessen der Kommanditaktionäre an hinreichender Klarheit im Zeitpunkt ihrer Beschlussfassung kann durch alternative Regelungen im Formwechselbeschluss Rechnung getragen werden[2].

5. Mitwirkung Dritter

Die Mitwirkung Dritter kann ua. dann erforderlich sein, wenn **Minderjährige** 16 beteiligt sind. Minderjährige werden regelmäßig durch ihre Eltern vertreten. Hier ist allerdings eine Genehmigung des Familiengerichts nach § 1643 Abs. 1 BGB iVm. § 1822 Nr. 3 und Nr. 10 BGB erforderlich[3]. Sind die Eltern selbst Gesellschafter, können sie den Minderjährigen nicht vertreten (§§ 1629 Abs. 2 Satz 1, 1795 BGB) und es ist ein Ergänzungspfleger zu bestellen (§ 1909 Abs. 1 Satz 1 BGB). Die Zustimmung des **Ehegatten** zu einer Ja-Stimme zu dem Formwechselbeschluss kann gemäß § 1365 BGB erforderlich sein, wenn die Beteiligung das ganze oder nahezu das ganze Vermögen[4] des Gesellschafter-Ehegatten ist. Der Verweis auf das Identitätsprinzip[5] genügt nicht. Die Beteiligung des Ehegatten erhält eine neue Qualität, indem sie nunmehr mit der Übernahme persönlicher Haftung verbunden ist und insbesondere auch die Fungibilität der Beteiligung eingeschränkt wird[6]. Allerdings greift § 1365 BGB nach ständiger Rechtsprechung nur dann ein, wenn der „Vertragspartner" positiv weiß, dass es sich bei dem in Frage stehenden „Gegenstand" um das ganze oder nahezu das ganze Vermögen des Ehegatten handelt oder wenn er zumindest die Verhältnisse kennt, aus denen sich dies ergibt[7]. Eine solche Einschränkung gilt auch bei dem Formwechsel[8]. Unterliegt die Beteiligung der **Testamentsvollstreckung**, ist neben der Zustimmung des Testamentsvollstreckers zusätzlich die Zustimmung der Erben einzuholen (vgl. die Erl. zu § 193 UmwG Rz. 27).

---

1 *Dauner-Lieb/P. W. Tettinger* in KölnKomm. UmwG, § 233 UmwG Rz. 88.
2 *Vossius* in Widmann/Mayer, § 233 UmwG Rz. 136; *Dauner-Lieb/P. W. Tettinger* in Köln-Komm. UmwG, § 233 UmwG Rz. 87.
3 *Göthel* in Lutter, § 233 UmwG Rz. 49 f.; *Vossius* in Widmann/Mayer, § 233 UmwG Rz. 36 f.
4 BGH v. 28.4.1961 – V ZB 17/60, BGHZ 35, 135 (143).
5 Unter Hinweis darauf aA oben *Zimmermann*, § 193 UmwG Rz. 26.
6 *Göthel* in Lutter, § 233 UmwG Rz. 48; *Ihrig* in Semler/Stengel, § 233 UmwG Rz. 9. Siehe auch *Vossius* in Widmann/Mayer, § 233 UmwG Rz. 29 ff. Differenzierend *Dauner-Lieb/ P. W. Tettinger* in KölnKomm. UmwG, § 233 UmwG Rz. 22.
7 BGH v. 26.2.1965 – V ZR 227/62, NJW 1965, 909 (910).
8 Siehe auch *Dauner-Lieb/P. W. Tettinger* in KölnKomm. UmwG, § 233 UmwG Rz. 23.

6. Beschlussmängel

17 Bei Beschlussmängeln gelten die §§ 241 ff. AktG. Für die GmbH finden die Regelungen in §§ 241 ff. AktG entsprechende Anwendung, soweit nicht die rechtsformspezifischen Besonderheiten der GmbH eigene Maßstäbe erfordern[1]. Die Einordnung, ob Beschlussmängel die Nichtigkeit oder Anfechtbarkeit des Formwechselbeschlusses begründen, richtet sich nach der Art des Mangels. So ist der Formwechselbeschluss etwa bei Verstößen gegen die Vorgaben in § 228 Abs. 1 oder 2 UmwG nichtig (§ 228 UmwG Rz. 15). Gleiches gilt, wenn eine der nach § 234 UmwG erforderlichen Angaben fehlt[2], die erforderlichen Mehrheiten nicht zustande gekommen sind[3] oder notwendige Zustimmungserklärungen fehlen[4]. Verstöße gegen § 232 Abs. 1 oder Abs. 2 UmwG führen grundsätzlich nur zur Anfechtbarkeit des Formwechselbeschlusses (§ 232 UmwG Rz. 8). Eine Verletzung von im Zusammenhang mit dem Barabfindungsangebot bestehenden Informations-, Auskunfts- und Berichtspflichten ist hingegen allein im Rahmen des Spruchverfahrens geltend zu machen[5].

§ 234
Inhalt des Umwandlungsbeschlusses

In dem Umwandlungsbeschluss müssen auch enthalten sein:

1. die Bestimmung des Sitzes der Personengesellschaft;

2. beim Formwechsel in eine Kommanditgesellschaft die Angabe der Kommanditisten sowie des Betrages der Einlage eines jeden von ihnen;

---

1 BGH v. 16.12.1953 – II ZR 167/52, BGHZ 11, 231 (235); *Bayer* in Lutter/Hommelhoff, Anh zu § 47 GmbHG Rz. 1.
2 BayObLG v. 5.7.1996 – 3Z BR 114/96, ZIP 1996, 1467 (1469) = AG 1996, 468; *Ihrig* in Semler/Stengel, § 234 UmwG Rz. 16; *Stratz* in Schmitt/Hörtnagl/Stratz, § 234 UmwG Rz. 1.
3 *Göthel* in Lutter, § 233 UmwG Rz. 84. Differenzierend *Ihrig* in Semler/Stengel, § 233 UmwG Rz. 42.
4 Siehe zum Verschmelzungsbeschluss § 14 UmwG Rz. 7.
5 BGH v. 18.12.2000 – II ZR 1/99, BGHZ 146, 179 (182 ff.) mit Verweis auf §§ 210, 212 UmwG. Bestätigt durch BGH v. 29.1.2001 – II ZR 368/98, AG 2001, 263 = NJW 2001, 1428. Die durch das UMAG (BGBl. I 2005, S. 2802) mit Wirkung vom 1.11.2005 in das AktG eingefügte Regelung in § 243 Abs. 4 Satz 2 AktG bezieht sich allerdings nur auf Informationsmängel *in* der Hauptversammlung. Es ist aber davon auszugehen, dass dies nichts an der Anwendbarkeit der Grundsätze aus der vorangegangenen Rechtsprechung des BGH zum Formwechsel ändert (so auch *Dauner-Lieb/P. W. Tettinger* in KölnKomm. UmwG, § 231 UmwG Rz. 16. Allgemein gegen eine Anwendung von § 243 Abs. 4 Satz 2 AktG für alle Vorgänge außerhalb der Hauptversammlung aber etwa BT-Drucks. 15/5092, S. 26; *Hüffer/Schäfer* in MünchKomm. AktG, 4. Aufl. 2016, § 243 AktG Rz. 124 mwN).

3. der Gesellschaftsvertrag der Personengesellschaft. Beim Formwechsel in eine Partnerschaftsgesellschaft ist § 213 auf den Partnerschaftsvertrag nicht anzuwenden.

1. Überblick 1	b) Bezeichnung der Einlagen der Kommanditisten 5
2. Sitz der Personengesellschaft (§ 234 Nr. 1 UmwG) 1	c) Haftung der Kommanditisten . 7
3. Angabe der Kommanditisten sowie des Betrags ihrer Einlagen (§ 234 Nr. 2 UmwG)	4. Gesellschaftsvertrag der Personengesellschaft (§ 234 Nr. 3 UmwG) . 8
a) Bezeichnung der Kommanditisten 3	

Literatur: *Priester*, Das neue Umwandlungsrecht aus notarieller Sicht, DNotZ 1995, 427; vgl. auch die Angaben zu § 233 UmwG.

1. Überblick

§ 234 UmwG ergänzt § 194 Abs. 1 UmwG um verschiedene weitere notwendige Inhalte des Formwechselbeschlusses spezifisch für den Formwechsel einer Kapitalgesellschaft in eine Personengesellschaft. Bei nach § 234 Nr. 1 und 2 UmwG erforderlichen Festsetzungen reicht ein Verweis auf entsprechende Angaben im Gesellschaftsvertrag, weil dieser gemäß § 234 Nr. 3 UmwG ohnehin zum Inhalt des Formwechselbeschlusses gehört[1].   1

2. Sitz der Personengesellschaft (§ 234 Nr. 1 UmwG)

Der Sitz der Personengesellschaft ist gemäß § 234 Nr. 1 UmwG im Formwechselbeschluss anzugeben. Durch die Änderung von § 4a GmbHG und § 5 AktG durch das MoMiG[2] ist fraglich geworden, ob bei Personenhandelsgesellschaften der Ort der tatsächlichen (Haupt-)Verwaltung der Sitz der Gesellschaft ist oder auch hier der Gesellschaftsvertrag einen vom tatsächlichen Verwaltungssitz abweichenden Sitz festlegen kann[3]. Die Gesellschafter können jedenfalls im Zuge des Formwechsels den bisherigen gesellschaftsvertraglichen Sitz der Kapitalgesellschaft an einen anderen Ort verlegen. In diesem Fall ist der Formwechsel sowohl bei dem bisher zuständigen als auch bei dem nach Sitzverlegung zuständi-   2

---

1 *Ihrig* in Semler/Stengel, § 234 UmwG Rz. 4; *Drinhausen/Keinath* in Henssler/Strohn, § 234 UmwG Rz. 2.
2 BGBl. I 2008, S. 2026. Bei § 4a GmbHG und § 5 AktG wurde jeweils der zweite Absatz gestrichen und damit die Verknüpfung von Satzungs- und Verwaltungssitz aufgehoben (siehe dazu *Blasche*, GWR 2010, 25 ff.).
3 Siehe dazu *Roth* in Baumbach/Hopt, § 106 HGB Rz. 8 mwN.

gen Registergericht zur Eintragung anzumelden (§ 198 Abs. 2 Satz 2 und 3 UmwG). Auch der Sitz einer zukünftigen GbR muss festgesetzt werden, obwohl die Gesellschaft nicht in das Handelsregister eingetragen wird[1].

3. Angabe der Kommanditisten sowie des Betrags ihrer Einlagen (§ 234 Nr. 2 UmwG)

a) Bezeichnung der Kommanditisten

3   Gemäß § 234 Nr. 2 UmwG sind beim Formwechsel in eine KG die Kommanditisten in dem Formwechselbeschluss anzugeben. Die herrschende Meinung verlangt in Orientierung an den für die Handelsregisteranmeldung notwendigen Angaben (§§ 162 Abs. 1, 106 Abs. 2 Nr. 1 HGB) die Nennung von Name, Vorname, Geburtsdatum und Wohnort[2]. Richtigerweise reicht es im Rahmen des § 234 Nr. 2 UmwG jedoch aus, dass anhand der Angaben in dem Formwechselbeschluss die Identität der zukünftigen Kommanditisten feststeht[3]. Dies ändert freilich nichts daran, dass die nach §§ 162 Abs. 1, 106 Abs. 2 Nr. 1 HGB erforderlichen Angaben spätestens im Zeitpunkt der Anmeldung des Formwechsels zum Handelsregister notwendig sind. Aus § 234 Nr. 2 UmwG ist insbesondere nicht zu schließen, dass die Verteilung der Gesellschafterpositionen in der KG bereits im Zeitpunkt des Formwechselbeschlusses feststehen muss; es genügt vielmehr, dass die in dem Formwechselbeschluss enthaltenen Bestimmungen zusammen mit dem Abstimmungsverhalten oder weiteren Erklärungen zu einer eindeutigen Festlegung vor der Handelsregisteranmeldung führen[4].

4   Aus dem Grundsatz der Identität der Anteilsinhaber (siehe dazu § 194 UmwG Rz. 22 ff.; § 202 UmwG Rz. 28 ff.) folgt, dass die Gesellschafter bzw. Aktionäre der formwechselnden Kapitalgesellschaft grundsätzlich auch Kommanditisten werden. Bei dem Formwechsel einer **GmbH** in eine KG gilt gemäß § 16 Abs. 1 Satz 1 GmbHG derjenige als Gesellschafter, der in der im Handelsregister aufgenommenen Gesellschafterliste eingetragen ist[5]. Bei der **AG** sowie der **KGaA** gelten bei Namensaktien diejenigen gemäß § 67 Abs. 2 AktG als Aktionäre, die als solche im Aktienregister eingetragen sind. Sind hingegen Inhaberaktien ausgegeben, stellt sich häufig das Problem **unbekannter Aktionäre** (vgl. §§ 213, 35 UmwG) und die Frage nach ihrer Ermittlung bzw. einer entsprechenden Ermit-

---

1 *Göthel* in Lutter, § 234 UmwG Rz. 15; *Ihrig* in Semler/Stengel, § 234 UmwG Rz. 5. AA *Dauner-Lieb/P. W. Tettinger* in KölnKomm. UmwG, § 234 UmwG Rz. 3.
2 *Göthel* in Lutter, § 234 UmwG Rz. 18; *Drinhausen/Keinath* in Henssler/Strohn, § 234 UmwG Rz. 3; *Stratz* in Schmitt/Hörtnagl/Stratz, § 234 UmwG Rz. 3.
3 *Ihrig* in Semler/Stengel, § 234 UmwG Rz. 7. Gegen die hM auch *Dauner-Lieb/P. W. Tettinger* in KölnKomm. UmwG, § 234 UmwG Rz. 10.
4 So richtigerweise *Dauner-Lieb/P.W. Tettinger* in KölnKomm. UmwG, § 234 UmwG Rz. 11.
5 Siehe hierzu ausführlich *Blasche*, RNotZ 2014, 34 (34 f.).

lungspflicht der Gesellschaft. Insoweit wird die Gesellschaft teilweise für verpflichtet gehalten, die Aktionäre in der Einladung zu der Hauptversammlung aufzufordern, ihre Beteiligungen unter Angabe von Namen, Vornamen, Geburtsdatum, Wohnort und Nummern der Aktienurkunden mitzuteilen[1]. Auch wenn sich ein solches Vorgehen regelmäßig für die Gesellschaft empfiehlt, um möglichst viele Kommanditisten in der Anmeldung zum Handelsregister benennen zu können, ist eine entsprechende Verpflichtung abzulehnen[2]. Daran hat sich durch die in § 35 Satz 1 Halbsatz 2 UmwG eingefügte Missbrauchsgrenze nichts geändert[3]. Ebenso hängt die Anwendung von § 35 UmwG nicht davon ab, dass die Gesellschaft ernsthafte Ermittlungsbemühungen in ihrem Eintragungsantrag darlegt[4]. Durch den Verweis in § 213 UmwG auf § 35 UmwG besteht seit der Änderung des § 35 UmwG durch das 2. UmwGÄndG v. 19.4.2007[5] eine praxisnahe Regelung zum Vorgehen im Falle unbekannter Aktionäre. So genügt seitdem[6] nach §§ 213, 35 Satz 1 UmwG die Angabe des insgesamt auf unbekannte Aktionäre entfallenden Teils des Grundkapitals sowie die Bezeichnung der auf sie nach dem Formwechsel entfallenden Kommanditanteile. Das Problem wird also durch eine **Sammelbezeichnung** gelöst. Werden solche Anteilsinhaber später bekannt, ist dies dem Handelsregister mitzuteilen, damit eine Berichtigung von Amts wegen erfolgen kann (§ 35 UmwG Rz. 6). Bis zu einem Bekanntwerden unbekannter Aktionäre ruht deren Stimmrecht gemäß § 35 Satz 3 UmwG. Gemäß § 35 Satz 1 Halbsatz 2 UmwG ist eine Sammelbezeichnung aber nur zulässig für Anteilsinhaber, deren Anteile zusammen 5 % des Grundkapitals der formwechselnden Gesellschaft nicht überschreiten. Daraus folgt, dass der Formwechsel bei einer Überschreitung dieser Grenze nicht möglich ist[7]. Dies ergibt sich sowohl aus dem Wortlaut des Gesetzes als auch aus der Gesetzesbegründung, nach der die 5 %-Grenze der Verhinderung von Missbräu-

---

1 BayObLG v. 5.7.1996 – 3Z BR 114/96, ZIP 1996, 1467 (1468) = AG 1996, 468; hier in der 4. Aufl. *Dirksen*, § 234 UmwG Rz. 3.
2 *Göthel* in Lutter, § 234 UmwG Rz. 20. Siehe auch *Ihrig* in Semler/Stengel, § 234 UmwG Rz. 11.
3 Dies ist umstritten. Vgl. die Nachweise bei § 213 UmwG Rz. 7.
4 So zutreffend das BayObLG v. 5.7.1996 – 3Z BR 114/96, ZIP 1996, 1467 (1469) = AG 1996, 468 gegen die Vorinstanz LG Augsburg v. 16.4.1996 – 2 HKT 1318/96, ZIP 1996, 1011 (1012).
5 BGBl. I 2007, S. 542.
6 § 35 Satz 1 UmwG aF sah die Angabe der Aktienurkunden unbekannter Aktionäre vor und stellte die Praxis damit vor Probleme, wenn sich die Aktien in Girosammelverwahrung ohne Einzelverbriefung befanden oder der Verbriefungsanspruch gemäß § 10 Abs. 5 AktG sogar ganz ausgeschlossen war, so dass der Gesetzgeber sich zur Abhilfe veranlasst sah (BT-Drucks. 16/2919, S. 13).
7 Oben *Marsch-Barner*, § 35 UmwG Rz. 3; *Dauner-Lieb/P. W. Tettinger* in KölnKomm. UmwG, § 234 UmwG Rz. 15 f. In diese Richtung auch *Ihrig* in Semler/Stengel, § 234 UmwG Rz. 12a. AA *Göthel* in Lutter, § 234 UmwG Rz. 25 ff., nach dem auch nach der Änderung von § 35 UmwG noch Raum für andere Lösungsmöglichkeiten sein soll.

chen dienen soll[1]. In einem solchen Fall kann die Gesellschaft aber durch verschiedene Maßnahmen, wie etwa eine Kapitalerhöhung oder die Ermittlung unbekannter Aktionäre, versuchen, die Voraussetzungen für die Anwendung des § 35 UmwG zu schaffen[2].

b) Bezeichnung der Einlagen der Kommanditisten

5 Nach § 234 Nr. 2 UmwG ist auch die Einlage jedes Kommanditisten anzugeben. Gemeint ist die **Hafteinlage**, dh. der Betrag, mit dem der Kommanditist im Außenverhältnis haftet[3], nicht etwa die zwischen den Gesellschaftern vereinbarte Pflichteinlage, die von der Hafteinlage abweichen kann[4]. Ebenso sind gemäß § 194 Abs. 1 Nr. 4 UmwG Angaben zu Zahl, Art und Umfang der künftigen Beteiligung erforderlich. Hierbei ist zu beachten, dass Kommanditisten an einer Personengesellschaft nicht mehrere Beteiligungen halten können, sondern an dieser nur durch ein einheitliches Mitgliedschaftsrecht beteiligt sind[5], so dass die Gesellschafter der Kapitalgesellschaft, auch wenn sie mehrere Geschäftsanteile bzw. Aktien halten, in der Personengesellschaft nur eine Beteiligung zugewiesen bekommen[6].

6 Die Kommanditisten erbringen ihre Einlage durch das **Reinvermögen** der formwechselnden Gesellschaft, die einzelnen Kommanditisten also durch den auf sie entfallenden Anteil am Gesellschaftsvermögen. Zulässig ist bei Zustimmung der Betroffenen auch eine Quotenverschiebung, also eine von der bisherigen Beteiligungsquote abweichende Beteiligung im Rahmen eines nicht-verhältniswahrenden Formwechsels[7]. Entscheidend für die Bestimmung des auf die Anteilsinhaber jeweils entfallenden Anteils am Gesellschaftsvermögen ist der tatsächliche Wert des Reinvermögens, nicht die Buchwerte[8] oder der Nennbetrag der GmbH-Anteile oder Aktien[9], denn für die Haftungsbefreiung des Kommanditisten kommt es allein auf den objektiven Wert des Geleisteten im Vergleich zu seiner Haftein-

---

1 BT-Drucks. 16/2919, S. 13. Der Bitte des Bundesrats, im weiteren Verlauf des Gesetzgebungsverfahrens zu regeln, in welcher Form unbekannte Aktionäre zu bezeichnen sind, wenn sie Anteile im Wert von insgesamt mehr als 5 % des Grundkapitals halten (BT-Drucks. 16/2919, S. 23), wurde nicht nachgekommen.
2 Oben *Marsch-Barner*, § 35 UmwG Rz. 3.
3 *Göthel* in Lutter, § 234 UmwG Rz. 32.
4 Zur Unterscheidung zwischen Haft- und Pflichteinlage BGH v. 28.3.1977 – II ZR 230/75, NJW 1977, 1820 (1821).
5 *Roth* in Baumbach/Hopt, § 124 HGB Rz. 16; *K. Schmidt*, Gesellschaftsrecht, § 45 I 2b. mwN.
6 *Göthel* in Lutter, § 234 UmwG Rz. 7.
7 Siehe etwa oben *Meister/Klöcker*, § 194 UmwG Rz. 34; *Ihrig* in Semler/Stengel, § 234 UmwG Rz. 8; *Göthel* in Lutter, § 234 UmwG Rz. 34; *Stratz* in Schmitt/Hörtnagl/Stratz, § 234 UmwG Rz. 2.
8 *Rose* in Maulbetsch/Klumpp/Rose, § 234 UmwG Rz. 7.
9 *Göthel* in Lutter, § 234 UmwG Rz. 35.

lage an (siehe dazu auch Rz. 7)[1]. Werden die Hafteinlagen der Kommanditisten niedriger angesetzt als der jeweils auf sie entfallende Teil des Reinvermögens, sollte dies ausdrücklich festgehalten werden, um eine Nachweismöglichkeit im Hinblick auf eine etwaige spätere Haftsummenerhöhung oder Entnahme zu schaffen[2]. In jedem Fall bleibt aber zu beachten, dass der Nachweis eines über die Buchwerte hinausgehenden Reinvermögens mangels registergerichtlicher Werthaltigkeitsprüfung (vgl. auch § 228 UmwG Rz. 2) problematisch sein kann und es sich daher ggf. mit Blick auf die Haftung der Kommanditisten (Rz. 7) empfiehlt, die Hafteinlagen in Orientierung an den anteiligen Buchwerten festzulegen[3].

c) Haftung der Kommanditisten

Eine Kapitalgarantie in dem Sinne, dass die Kommanditeinlagen in die Gesellschaft eingebracht werden müssen, gibt es bei der KG nicht[4]. Kommanditisten haften aber gemäß **§ 171 Abs. 1 HGB** persönlich bis zur Höhe ihrer Hafteinlage, soweit diese nicht geleistet ist. Entspricht die Hafteinlage des Kommanditisten seinem Anteil am Reinvermögen der Gesellschaft, gilt seine Einlage durch den Formwechsel als erbracht und es kommt eine persönliche Haftung gegenüber den Gläubigern der Gesellschaft nicht mehr in Betracht[5]. Ist die Hafteinlage hingegen höher als der wertmäßige Anteil des Kommanditisten am Gesellschaftsvermögen, kann er für die Differenz persönlich auf Zahlung in Anspruch genommen werden[6]. Die Kommanditisten unterliegen allerdings in jedem Fall **keiner Haftung nach § 176 Abs. 1 HGB**, denn die formwechselnde Kapitalgesellschaft führt nach dem Formwechselbeschluss die Geschäfte bis zum Wirksamwerden des Formwechsels fort[7]. 7

4. Gesellschaftsvertrag der Personengesellschaft (§ 234 Nr. 3 UmwG)

§ 234 Nr. 3 UmwG[8] bestimmt, dass der Gesellschaftsvertrag der Personengesellschaft **Teil des Umwandlungsbeschlusses** ist. Er kann deshalb mit den **Mehrheiten nach § 233 UmwG**, insbesondere also auch bei dem Formwechsel in die 8

---

1 BGH v. 8.7.1985 – II ZR 269/84, BGHZ 95, 188 (197).
2 *Göthel* in Lutter, § 234 UmwG Rz. 33; *Stratz* in Schmitt/Hörtnagl/Stratz, § 234 UmwG Rz. 5.
3 *Rose* in Maulbetsch/Klumpp/Rose, § 234 UmwG Rz. 7.
4 BGH v. 8.7.1985 – II ZR 269/84, BGHZ 95, 188 (197).
5 *Göthel* in Lutter, § 234 UmwG Rz. 35; *Dauner-Lieb/P. W. Tettinger* in KölnKomm. UmwG, § 234 UmwG Rz. 18.
6 *Göthel* in Lutter, § 234 UmwG Rz. 35; *Stratz* in Schmitt/Hörtnagl/Stratz, § 234 UmwG Rz. 4.
7 *Göthel* in Lutter, § 234 UmwG Rz. 37; *Ihrig* in Semler/Stengel, § 234 UmwG Rz. 9.
8 § 234 Nr. 3 UmwG ist durch das 2. UmwGÄndG v. 19.4.2007, BGBl. I 2007, S. 542 (546), in das UmwG eingefügt worden.

KG mit Drei-Viertel-Mehrheit nach § 233 Abs. 2 UmwG, beschlossen werden[1]. Die Aufnahme des Gesellschaftsvertrags der Personengesellschaft in den Formwechselbeschluss bewirkt dreierlei. So ist der Gesellschaftsvertrag entgegen den sonst für Personengesellschaften geltenden Grundsätzen[2] notariell zu beurkunden[3] und unterliegt der Registerpublizität. Außerdem führt die Aufnahme in den Formwechselbeschluss dazu, dass der Gesellschaftsvertrag als Bestandteil des Entwurfs des Formwechselbeschlusses gemäß § 194 Abs. 2 UmwG dem Betriebsrat zuzuleiten ist.

9 § 234 Nr. 3 UmwG verlangt nur die Beschlussfassung eines Gesellschaftsvertrags, begründet aber keine Verpflichtung, **in den Gesellschaftsvertrag** über die nach dem Umwandlungsrecht für den Umwandlungsbeschluss zwingend erforderlichen **Angaben** (§§ 194 Abs. 1 Nr. 1 bis 5, 234 Nr. 1 und 2 UmwG) hinaus weitere Angaben aufzunehmen, wenngleich sich dies in der Regel empfehlen wird[4]. Die notarielle Beurkundung des Gesellschaftsvertrags anlässlich des Formwechsels führt indessen nicht dazu, dass auch nachfolgende Änderungen entgegen den Regelungen des allgemeinen Gesellschaftsrechts beurkundungsbedürftig sind[5].

10 Für den **Partnerschaftsvertrag** ordnet § 234 Nr. 3 UmwG ausdrücklich die Nichtanwendung von § 213 UmwG an. Dies folgt allerdings schon daraus, dass ein Formwechsel in eine Partnerschaftsgesellschaft nur dann möglich ist, wenn alle Anteilsinhaber des formwechselnden Rechtsträgers natürliche Personen sind, die einen freien Beruf ausüben (§ 228 Abs. 2 UmwG iVm. § 1 Abs. 1 bis 3 PartGG) und deshalb alle Anteilsinhaber, die Partner des Rechtsträgers neuer Rechtsform werden sollen, bekannt sein müssen[6].

---

1 Vor der Einführung von § 234 Nr. 3 UmwG war in § 234 UmwG nicht ausdrücklich vorgeschrieben, dass der Gesellschaftsvertrag Bestandteil des Formwechselbeschlusses sein muss, so dass der Gesetzgeber durch die Einfügung von § 234 Nr. 3 UmwG Unsicherheiten in der Praxis darüber, ob bei dem Formwechsel in die KG der Gesellschaftsvertrag gemäß § 233 Abs. 2 UmwG mit Dreiviertelmehrheit beschlossen werden kann, begegnen wollte (BT-Drucks. 16/2919, S. 19).
2 Der Gesellschaftsvertrag der Personenhandelsgesellschaft bedürfte ansonsten keiner Form und der Partnerschaftsvertrag einer Partnerschaftsgesellschaft lediglich der Schriftform (§ 3 Abs. 1 PartGG).
3 Der Gesetzgeber hielt das durch § 234 Nr. 3 UmwG begründete Formerfordernis bei einem Formwechsel von einer Kapital- in eine Personengesellschaft für angemessen (BT-Drucks. 16/2919, S. 19 f.).
4 *Göthel* in Lutter, § 234 UmwG Rz. 40 f.; *Ihrig* in Semler/Stengel, § 234 UmwG Rz. 17 f.; *Dauner-Lieb/P. W. Tettinger* in KölnKomm. UmwG, § 234 UmwG Rz. 5.
5 *Dauner-Lieb/P. W. Tettinger* in KölnKomm. UmwG, § 234 UmwG Rz. 7 mit der Empfehlung, die Formfreiheit bzw. eine stattdessen autonom gewollte (Schift- oder Text-) Form künftiger Abänderungen in dem Gesellschaftsvertrag explizit festzuhalten, um einer Auslegung des Gesellschaftsvertrags im Sinne einer Beurkundungsbedürftigkeit von Änderungen zu begegnen.
6 Siehe auch *Dauner-Lieb/P. W. Tettinger* in KölnKomm. UmwG, § 234 UmwG Rz. 22.

§ 235
Anmeldung des Formwechsels

(1) Beim Formwechsel in eine Gesellschaft des bürgerlichen Rechts ist statt der neuen Rechtsform die Umwandlung der Gesellschaft zur Eintragung in das Register, in dem die formwechselnde Gesellschaft eingetragen ist, anzumelden. § 198 Abs. 2 ist nicht anzuwenden.

(2) Die Anmeldung nach Absatz 1 oder nach § 198 ist durch das Vertretungsorgan der formwechselnden Gesellschaft vorzunehmen.

1. Überblick 1	3. Zuständigkeit für die Anmeldung des Formwechsels einer Kapital- in eine Personengesellschaft (§ 235 Abs. 2 UmwG) 5
2. Gegenstand der Anmeldung beim Formwechsel einer Kapitalgesellschaft in eine GbR (§ 235 Abs. 1 UmwG) 2	

Literatur: *Bärwaldt/Schabacker*, Der vorsorgliche Formwechsel in eine OHG beim Formwechsel einer Kapitalgesellschaft in eine GbR, NJW 1999, 623; *Melchior*, Vollmachten bei Umwandlungsvorgängen – Vertretungshindernisse und Interessenkollisionen, GmbHR 1999, 520.

1. Überblick

§ 235 Abs. 1 UmwG modifiziert in Abweichung von § 198 Abs. 1 UmwG den Gegenstand der Anmeldung für den Fall des Formwechsels einer Kapitalgesellschaft in eine GbR, weil die GbR nicht in das Handelsregister eingetragen wird. Da § 198 UmwG keine Regelung zu den anmeldepflichtigen Personen enthält, regelt § 235 Abs. 2 UmwG die Anmeldezuständigkeit für alle Fälle des Formwechsels einer Kapital- in eine Personengesellschaft. Die der Anmeldung des Formwechsels beizufügenden Anlagen ergeben sich aus § 199 UmwG sowie dem Gründungsrecht des Rechtsträgers neuer Rechtsform (siehe dazu die Erl. zu § 199 UmwG). Die Anmeldung ist elektronisch in öffentlich beglaubigter Form einzureichen (§ 12 Abs. 1 Satz 1 HGB).

2. Gegenstand der Anmeldung beim Formwechsel einer Kapitalgesellschaft in eine GbR (§ 235 Abs. 1 UmwG)

Beim Formwechsel einer Kapitalgesellschaft in eine GbR ist zu berücksichtigen, dass die GbR nicht in das Handelsregister eingetragen wird. Deshalb ist gemäß § 235 Abs. 1 UmwG anders als bei § 198 Abs. 1 UmwG nicht die Anmeldung der neuen Rechtsform, sondern die **Umwandlung der formwechselnden Kapi-**

talgesellschaft in eine GbR Gegenstand der Handelsregisteranmeldung[1]. Die Anmeldung erfolgt dementsprechend nur bei dem Handelsregister, in dem die formwechselnde Kapitalgesellschaft eingetragen ist. Da mangels Eintragungsfähigkeit der GbR eine Anmeldung bei einem für den Rechtsträger neuer Rechtsform zuständigen Register nicht möglich ist, kommt auch die Anwendung von § 198 Abs. 2 UmwG nicht in Betracht (§ 235 Abs. 1 Satz 2 UmwG).

3 Das Registergericht trägt ein und veröffentlicht, dass die Kapitalgesellschaft durch Formwechsel in eine GbR erloschen ist; dies ist „Eintragung der neuen Rechtsform" iS von § 201 UmwG und § 202 UmwG[2]. Nach der gesetzlichen Regelung in § 235 Abs. 1 UmwG bedarf es nur der Angabe der neuen Rechtsform GbR, nicht hingegen des Namens der GbR oder der an ihr im Zeitpunkt des Wirksamwerdens des Formwechsels beteiligten Gesellschafter[3]. Gläubigerschutzgesichtspunkte sprechen indessen dafür, über den Wortlaut der Norm hinaus auch die Eintragung dieser zusätzlichen Angaben für erforderlich zu halten[4]. Der **Formwechsel** wird mit Eintragung in dem für die Kapitalgesellschaft zuständigen Handelsregister gemäß § 202 Abs. 1 UmwG **wirksam**[5].

4 Im Falle des auch nach Streichung von § 228 Abs. 2 UmwG aF nach der hier vertretenen Auffassung noch möglichen **hilfsweisen Formwechsels in eine GbR** (§ 228 UmwG Rz. 11 ff.) kann entweder zunächst nur der vorrangig begehrte Formwechsel in eine OHG angemeldet werden oder der hilfsweise Formwechsel in eine GbR zugleich unter der Bedingung der rechtskräftigen Zurückweisung der Anmeldung auf Eintragung des in erster Linie begehrten Formwechsels mitangemeldet werden[6].

3. Zuständigkeit für die Anmeldung des Formwechsels einer Kapital- in eine Personengesellschaft (§ 235 Abs. 2 UmwG)

5 § 235 Abs. 2 UmwG regelt, dass die Anmeldung des Formwechsels einer Kapital- in eine Personengesellschaft allein durch das **Vertretungsorgan der formwechselnden Gesellschaft**, also durch die Geschäftsführer der GmbH, den Vor-

---

1 *Ihrig* in Semler/Stengel, § 235 UmwG Rz. 9; *Göthel* in Lutter, § 235 UmwG Rz. 10.
2 *Moszka/Hübner* in MünchVertragsHdb. GesR, Bd. 1, XIII. 39 Anm. 5 f.
3 So auch *Priester*, GmbHR 2015, 1289 m. Fn. 2 mit dem Hinweis, dass dennoch nicht ganz selten Registergerichte auch diese zusätzlichen Angaben eintragen.
4 Siehe ausführlich *Priester*, GmbHR 2015, 1289 (1290 ff.). AA OLG Bremen v. 1.10.2015 – 5 U 21/14, GmbHR 2015, 1321 (1322 f.), das mangels eintragungspflichtiger Tatsachen auch die Anwendung von § 15 Abs. 3 HGB verneint. Gegen diese Entscheidung wurde unter dem Az. II ZR 314/15 Revision beim BGH eingelegt.
5 OLG Bremen v. 1.10.2015 – 5 U 21/14, GmbHR 2015, 1321 (1322); *Moszka/Hübner* in MünchVertragsHdb. GesR, Bd. 1, XIII. 39 Anm. 6; *Göthel* in Lutter, § 236 UmwG Rz. 3; *Ihrig* in Semler/Stengel, § 236 UmwG Rz. 5; *Usler*, MittRhNotK 1998, 22 (50).
6 *Dauner-Lieb/P. W. Tettinger* in KölnKomm. UmwG, § 235 UmwG Rz. 14 mwN.

stand der AG bzw. die persönlich haftenden Gesellschafter der KGaA erfolgt. So vermeidet die Vorschrift die ansonsten nach dem Gründungsrecht der Personenhandelsgesellschaften notwendige Anmeldung durch alle Gesellschafter (§§ 108, 161 Abs. 2 HGB)[1]. Die Anmeldung durch Mitglieder des Vertretungsorgans in vertretungsberechtigter Zahl ist – auch im Wege unechter Gesamtvertretung – ausreichend, nicht hingegen die Anmeldung allein durch Prokuristen[2]. Eine Vertretung bei der Anmeldung mittels (gemäß § 12 Abs. 1 Satz 2 HGB öffentlich beglaubigter) Vollmacht ist grundsätzlich möglich. In Betracht kommt eine Vertretung aufgrund der Höchstpersönlichkeit der Negativverklärung gemäß §§ 198 Abs. 3, 16 Abs. 2 UmwG allerdings nur dann, wenn ein Freigabebeschluss nach §§ 198 Abs. 3, 16 Abs. 3 UmwG ergangen ist oder Verzichte nach §§ 198 Abs. 3, 16 Abs. 2 Satz 2 UmwG vorliegen, so dass es keiner Negativerklärung bedarf[3]. Die Vertretungsorgane trifft die allgemeine Organpflicht zur Anmeldung des Formwechsels als Umsetzung des Formwechselbeschlusses der Anteilseignerversammlung[4]. Kommen sie dieser Verpflichtung nicht nach, machen sie sich schadensersatzpflichtig[5].

§ 236
Wirkungen des Formwechsels

Mit dem Wirksamwerden des Formwechsels einer Kommanditgesellschaft auf Aktien scheiden persönlich haftende Gesellschafter, die nach § 233 Abs. 3 Satz 3 ihr Ausscheiden aus dem Rechtsträger erklärt haben, aus der Gesellschaft aus.

1. Überblick	1	3. Rechtsfolgen des Ausscheidens	3
2. Ausscheiden persönlich haftender Gesellschafter (§ 236 UmwG)	2		

1. Überblick

Entgegen der zu weiten amtlichen Überschrift befasst sich § 236 UmwG nur mit dem Ausscheiden persönlich haftender Gesellschafter im Zeitpunkt des Wirk- 1

---

1 BT-Drucks. 12/6699, S. 155.
2 Ua. *Göthel* in Lutter, § 235 UmwG Rz. 7; *Ihrig* in Semler/Stengel, § 235 UmwG Rz. 8.
3 Ua. *Göthel* in Lutter, § 235 UmwG Rz. 7; *Ihrig* in Semler/Stengel, § 235 UmwG Rz. 8.
4 *Dauner-Lieb/P. W. Tettinger* in KölnKomm. UmwG, § 235 UmwG Rz. 6; *Göthel* in Lutter, § 235 UmwG Rz. 5.
5 Oben *Zimmermann*, § 16 UmwG Rz. 6; *Vossius* in Widmann/Mayer, § 235 UmwG Rz. 35.

samwerdens des Formwechsels einer KGaA in eine Personengesellschaft. Die übrigen Wirkungen des Formwechsels ergeben sich aus § 202 UmwG.

2. Ausscheiden persönlich haftender Gesellschafter (§ 236 UmwG)

2   Die persönlich haftenden Gesellschafter der formwechselnden KGaA bleiben grundsätzlich auch nach dem Wirksamwerden des Formwechsels Anteilsinhaber des Rechtsträgers neuer Rechtsform. Jeder von ihnen kann aber auch gemäß § 233 Abs. 3 Satz 3 UmwG sein Ausscheiden aus dem Rechtsträger für den Zeitpunkt erklären, in dem der Formwechsel wirksam wird (dazu § 233 UmwG Rz. 14). Daran anknüpfend regelt § 236 UmwG, dass solche persönlich haftenden Gesellschafter mit dem Wirksamwerden des Formwechsels aus der Gesellschaft ausscheiden. Der **Formwechsel wird** mit der Eintragung der neuen Rechtsform in das Handelsregister (§ 202 Abs. 1 UmwG) bzw. bei dem Formwechsel in eine GbR mit der Eintragung des Formwechsels in das Handelsregister der formwechselnden Kapitalgesellschaft (§ 235 Abs. 1 UmwG) **wirksam**. Im Falle der Sitzverlegung oder des Formwechsels in eine Partnerschaftsgesellschaft wird der Formwechsel gemäß § 202 Abs. 2 UmwG mit Eintragung des Rechtsträgers neuer Rechtsform in das für den Rechtsträger neuer Rechtsform zuständige Register (vgl. § 198 Abs. 2 UmwG) wirksam[1]. Bei dem Formwechsel in eine GbR scheidet mangels Eintragungsfähigkeit der GbR eine Anwendung von § 198 Abs. 2 UmwG von vornherein aus (vgl. § 235 Abs. 1 Satz 2 UmwG).

3. Rechtsfolgen des Ausscheidens

3   Mit dem Wirksamwerden des Formwechsels[2] steht ausscheidenden persönlich haftenden Gesellschaftern nach den allgemeinen Regeln (§ 278 Abs. 2 AktG iVm. §§ 161 Abs. 2, 105 Abs. 3 HGB, §§ 738 ff. BGB) sowie etwaigen einschlägigen Satzungsregelungen ggf. ein **Abfindungsanspruch** zu (ausführlich dazu § 227 UmwG Rz. 2). Ausscheidende persönlich haftende Gesellschafter unterliegen nach allgemeinen Grundsätzen der **Nachhaftung** für bis zu ihrem Ausscheiden begründete Verbindlichkeiten (§ 278 Abs. 2 AktG iVm. §§ 161 Abs. 2, 160 HGB) (§ 227 UmwG Rz. 4). Ihre Nachhaftung ist allerdings durch die Ausschlussfrist gemäß § 278 Abs. 2 AktG iVm. §§ 161 Abs. 2, 160 Abs. 1 Satz 1 HGB auf fünf Jahre begrenzt. Diese beginnt mit dem Zeitpunkt des Ausscheidens, also dem Wirksamwerden des Formwechsels[3], zu laufen und damit früher

---

1 Zu dem Zeitpunkt des Wirksamwerdens des Formwechsels siehe etwa § 202 UmwG Rz. 5 ff.; *Dauner-Lieb/P. W. Tettinger* in KölnKomm. UmwG, § 236 UmwG Rz. 5.
2 *Göthel* in Lutter, § 227 UmwG Rz. 4.
3 *Ihrig* in Semler/Stengel, § 236 UmwG Rz. 7; *Göthel* in Lutter, § 236 UmwG Rz. 4; *Vossius* in Widmann/Mayer, § 236 UmwG Rz. 14.

als im Falle des § 224 UmwG. Ausgeschiedenen persönlich haftenden Gesellschaftern steht bei Inanspruchnahme durch einen Gesellschaftsgläubiger ein Ausgleichsanspruch gegen die Gesellschaft und ggf. subsidiär gegen die anderen ehemaligen persönlich haftenden Gesellschafter der KGaA, deren Nachhaftung noch nicht erloschen ist, sowie die persönlich haftenden Gesellschafter des Rechtsträgers neuer Rechtsform zu (vgl. dazu § 224 UmwG Rz. 18)[1]. Scheidet der persönlich haftende Gesellschafter nicht aus, sondern wird in der Personenhandelsgesellschaft ebenfalls persönlich haftender Gesellschafter, haftet er ohne zeitliche Begrenzung unverändert auch für vor dem Formwechsel begründete Verbindlichkeiten (§ 227 UmwG Rz. 4). Sofern der persönlich haftende Gesellschafter der KGaA bei dem Formwechsel in eine KG dort die Stellung eines Kommanditisten erlangt, ist für die Nachhaftung § 224 UmwG über den Verweis in § 237 UmwG entsprechend anzuwenden (§ 227 UmwG Rz. 4; § 237 UmwG Rz. 2).

§ 237
Fortdauer und zeitliche Begrenzung der persönlichen Haftung

Erlangt ein persönlich haftender Gesellschafter einer formwechselnden Kommanditgesellschaft auf Aktien beim Formwechsel in eine Kommanditgesellschaft die Rechtsstellung eines Kommanditisten, so ist auf seine Haftung für die im Zeitpunkt des Formwechsels begründeten Verbindlichkeiten der formwechselnden Gesellschaft § 224 entsprechend anzuwenden.

1. Überblick	1	3. Haftung als Kommanditist der KG als Rechtsträger neuer Rechtsform	3
2. Nachhaftung gemäß §§ 237, 224 UmwG	2		

1. Überblick

§ 237 UmwG bezieht sich nur auf den Fall, dass bei dem Formwechsel einer KGaA in eine KG **der persönlich haftende Gesellschafter der KGaA in der KG** als Rechtsträger neuer Rechtsform die Rechtsstellung eines **Kommanditisten** erlangt. Scheidet er hingegen gemäß §§ 233 Abs. 3 Satz 3, 236 UmwG aus der KGaA aus, unterliegt er nach allgemeinen Grundsätzen der Nachhaftung für bis zu seinem Ausscheiden begründete Verbindlichkeiten (§ 278 Abs. 2 AktG iVm. §§ 161 Abs. 2, 160 HGB) (siehe § 227 UmwG Rz. 4; § 236 UmwG Rz. 3; dort 1

---

1 Siehe *Ihrig* in Semler/Stengel, § 237 UmwG Rz. 6.

auch zu dem unterschiedlichen Fristbeginn bei § 160 HGB und § 224 UmwG). Verbleibt der persönlich haftende Gesellschafter als solcher in der Personenhandelsgesellschaft, haftet er ohne zeitliche Begrenzung unverändert auch für vor dem Formwechsel begründete Verbindlichkeiten (§ 227 UmwG Rz. 4; § 236 UmwG Rz. 3). § 237 UmwG betrifft ebenfalls nicht die Haftung der Gesellschafter, die in dem Rechtsträger neuer Rechtsform erstmalig die persönliche Haftung übernehmen. Diese haften ohne zeitliche Begrenzung der Haftung auch für Altverbindlichkeiten (§ 228 UmwG Rz. 14)[1].

2. Nachhaftung gemäß §§ 237, 224 UmwG

2 Der persönlich haftende Gesellschafter der formwechselnden KGaA, der in der KG als Rechtsträger neuer Rechtsform die Rechtsstellung eines Kommanditisten erlangt, haftet gemäß §§ 237, 224 Abs. 1 UmwG für die bis zur Eintragung des Formwechsels im Handelsregister begründeten Verbindlichkeiten der Gesellschaft auch nach dem Wirksamwerden des Formwechsels weiter. Seine **Haftung ist allerdings gemäß §§ 237, 224 Abs. 2 bis 4 UmwG begrenzt** (siehe dazu § 224 UmwG Rz. 9 ff.). Die Ausschlussfrist des § 224 Abs. 2 Satz 1 UmwG beginnt gemäß § 224 Abs. 3 Satz 1 UmwG mit dem Tag der Bekanntmachung des Formwechsels (anders § 160 Abs. 1 Satz 2 HGB für den Fall des Ausscheidens des persönlich haftenden Gesellschafters). Sie gilt nur zu Gunsten des bisherigen persönlich haftenden Gesellschafters, nicht hingegen für die Gesellschaft oder ihre verbleibenden Gesellschafter. Wird der ehemalige persönlich haftende Gesellschafter tatsächlich vor Eintritt der Enthaftung nach §§ 237, 224 Abs. 2 bis 4 UmwG durch einen Gesellschaftsgläubiger in Anspruch genommen, steht ihm ein **Ausgleichsanspruch** gegen die Gesellschaft und ggf. subsidiär gegen die anderen ehemaligen persönlich haftenden Gesellschafter der KGaA, deren Nachhaftung noch nicht erloschen ist, sowie die persönlich haftenden Gesellschafter des Rechtsträgers neuer Rechtsform zu (vgl. dazu § 236 UmwG Rz. 3 sowie § 224 UmwG Rz. 18)[2]. Ist eine Verbindlichkeit vor der Eintragung des Formwechsels begründet worden und tritt deren Fälligkeit erst nach Ablauf der Fünf-Jahres-Frist des § 224 UmwG ein oder ist bei Fälligkeit nicht innerhalb der Fünf-Jahres-Frist eine enthaftungsverhindernde Maßnahme nach §§ 237, 224 Abs. 2 oder Abs. 4 UmwG (siehe dazu § 224 UmwG Rz. 13 ff.) vorgenommen worden, ist eine Haftung ausgeschlossen, soweit die Kommanditeinlage geleistet ist (§ 171 Abs. 1 HGB).

---

[1] *Dauner-Lieb/P. W. Tettinger* in KölnKomm. UmwG, § 237 UmwG Rz. 5; *Ihrig* in Semler/Stengel, § 237 UmwG Rz. 7.
[2] *Ihrig* in Semler/Stengel, § 237 UmwG Rz. 6.

3. Haftung als Kommanditist der KG als Rechtsträger neuer Rechtsform

Für alle Verbindlichkeiten, die nach der Eintragung des Formwechsels begründet worden sind, haften die Kommanditisten nur soweit ihre Einlage nicht oder nicht vollständig geleistet wurde (§ 171 Abs. 1 Halbsatz 2 HGB)[1]. Hierbei ist zu beachten, dass die Kommanditisten ihre Hafteinlage durch den auf sie entfallenden wertmäßigen Anteil des Reinvermögens des formwechselnden Rechtsträgers erbringen und daher nur dann haften, wenn dieser niedriger ist als ihre Hafteinlage (§ 234 UmwG Rz. 7).

3

Dritter Unterabschnitt
Formwechsel in eine Kapitalgesellschaft anderer Rechtsform

§ 238
Vorbereitung der Versammlung der Anteilsinhaber

Auf die Vorbereitung der Gesellschafterversammlung oder der Hauptversammlung, die den Formwechsel beschließen soll, sind die §§ 230 und 231 entsprechend anzuwenden. § 192 Abs. 2 bleibt unberührt.

1. Überblick	1	3. Vorbereitung der Hauptversammlung der AG oder KGaA . . .	4
2. Vorbereitung der Gesellschafterversammlung der GmbH	2	4. Rechtsfolgen mangelhafter Vorbereitung	5

1. Überblick

§ 238 UmwG ergänzt die rechtsformspezifischen Vorschriften des GmbH- und Aktienrechts über die Einberufung der Gesellschafter- bzw. Hauptversammlung in §§ 49 ff. GmbHG und §§ 121 ff. AktG, indem für den Formwechsel einer Kapitalgesellschaft in eine Kapitalgesellschaft anderer Rechtsform § 230 UmwG und § 231 UmwG für entsprechend anwendbar erklärt werden. § 230 Abs. 1

1

---

[1] *Dauner-Lieb/P. W. Tettinger* in KölnKomm. UmwG, § 237 UmwG Rz. 3 mit dem zutreffenden Hinweis, dass eine Rechtsscheinhaftung des ehemaligen persönlich haftenden Gesellschafters für in der Zeit zwischen Eintragung und Bekanntmachung des Formwechsels begründete Verbindlichkeiten in Frage kommt, wenn dem Gläubiger die Änderung der Rechtsform bei Begründung der Verbindlichkeit nicht bekannt war (dazu *Dauner-Lieb/P. W. Tettinger* in KölnKomm. UmwG, § 224 UmwG Rz. 10).

§ 238 | Formwechsel in eine Kapitalgesellschaft anderer Rechtsform

UmwG gilt auch bei dieser entsprechenden Anwendung nur für eine GmbH als formwechselnder Rechtsträger. § 230 Abs. 2 UmwG bezieht sich nur auf den Formwechsel einer AG oder KGaA und § 231 UmwG gilt für den Formwechsel aller Kapitalgesellschaften (§§ 191 Abs. 1 Nr. 2, 3 Abs. 1 Nr. 2 UmwG). Die Regelung in § 238 Satz 2 UmwG ist lediglich deklaratorisch.

2. Vorbereitung der Gesellschafterversammlung der GmbH

2 Bei dem Formwechsel einer GmbH erfolgt die Einberufung der Gesellschafterversammlung gemäß §§ 49 ff. GmbHG. Nach §§ 238 Satz 1, 230 Abs. 1 UmwG hat die **Ankündigung des Formwechsels** als „Gegenstand der Beschlussfassung", mithin als Tagesordnungspunkt, spätestens zusammen mit der Einberufung der Gesellschafterversammlung zu erfolgen. Außerdem ist der **Umwandlungsbericht** den Gesellschaftern gemäß §§ 238 Satz 1, 230 Abs. 1 UmwG spätestens mit der Einberufung der Gesellschafterversammlung zu übersenden, sofern dieser nicht gemäß §§ 238 Satz 2, 192 Abs. 2 UmwG entbehrlich ist. Auf die Kommentierung zu § 230 UmwG Rz. 2 ff. wird verwiesen.

3 Ferner bedarf es entweder nach §§ 238 Satz 1, 231 Satz 1 UmwG der Übersendung eines **Abfindungsangebots** spätestens zusammen mit der Einberufung der Gesellschafterversammlung bzw. Hauptversammlung, die über den Formwechsel beschließen soll, oder einer Bekanntmachung des Abfindungsangebots gemäß §§ 238 Satz 1, 231 Satz 2 UmwG. Insoweit sei auf die Kommentierung zu § 231 UmwG verwiesen. §§ 238 Satz 1, 231 UmwG gilt freilich nur dann, wenn das Abfindungsangebot nicht ohnehin gemäß § 194 Abs. 1 Nr. 6 UmwG oder aufgrund eines notariell beurkundeten Verzichts aller Anteilsinhaber des formwechselnden Rechtsträgers entbehrlich ist. Ebenso ist ein Verzicht, der sich lediglich auf die vorherige Mitteilung des Abfindungsangebots nach § 231 UmwG bezieht, denkbar (siehe dazu § 231 UmwG Rz. 2 f.).

3. Vorbereitung der Hauptversammlung der AG oder KGaA

4 Die Einberufung der Hauptversammlung richtet sich nach §§ 121 ff. AktG. Gemäß §§ 238 Satz 1, 230 Abs. 2 Satz 1 UmwG ist der **Umwandlungsbericht** samt Entwurf des Umwandlungsbeschlusses (§ 192 Abs. 1 Satz 3 UmwG) ab der Einberufung der Hauptversammlung in den Geschäftsräumen der Hauptverwaltung auszulegen, sofern der Umwandlungsbericht nicht gemäß § 192 Abs. 2 UmwG entbehrlich ist. Auch § 230 Abs. 2 Satz 2 bis 4 UmwG finden über den Verweis in § 238 Satz 1 UmwG Anwendung. Auf die Kommentierung zu § 230 UmwG Rz. 8 ff. wird verwiesen. Bezüglich der Übersendung eines **Abfindungsangebots** und dessen Entbehrlichkeit gilt das unter Rz. 3 Ausgeführte entsprechend. Außerdem entfällt ein Abfindungsangebot bei dem Formwechsel einer AG in eine

KGaA sowie dem umgekehrten Fall (§ 250 UmwG). Auch bei dem Formwechsel einer KGaA in eine GmbH entfällt das Abfindungsangebot für die persönlich haftenden Gesellschafter (§ 227 UmwG).

4. Rechtsfolgen mangelhafter Vorbereitung

Hinsichtlich der Rechtsfolgen mangelhafter Vorbereitung gelten die Ausführungen unter § 230 UmwG Rz. 15 und § 231 UmwG Rz. 9 entsprechend. 5

§ 239
Durchführung der Versammlung der Anteilsinhaber

(1) In der Gesellschafterversammlung oder in der Hauptversammlung, die den Formwechsel beschließen soll, ist der Umwandlungsbericht auszulegen. In der Hauptversammlung kann der Umwandlungsbericht auch auf andere Weise zugänglich gemacht werden.

(2) Der Entwurf des Umwandlungsbeschlusses einer Aktiengesellschaft oder einer Kommanditgesellschaft auf Aktien ist von deren Vertretungsorgan zu Beginn der Verhandlung mündlich zu erläutern.

§ 239 UmwG befasst sich mit der Information der Anteilsinhaber in der Gesellschafter- bzw. Hauptversammlung, während § 238 UmwG die Information im Vorfeld der Gesellschafter- bzw. Hauptversammlung betrifft. § 239 Abs. 1 UmwG gilt für den Formwechsel aller Kapitalgesellschaften (§§ 191 Abs. 1 Nr. 2, 3 Abs. 1 Nr. 2 UmwG) und befasst sich mit der Zugänglichmachung des Umwandlungsberichts. § 239 Abs. 2 UmwG gilt hingegen nur für den Formwechsel einer AG oder KGaA und verlangt die Erläuterung des Entwurfs des Umwandlungsbeschlusses in der Hauptversammlung. § 239 UmwG ist deckungsgleich mit § 232 UmwG, so dass auf die Kommentierung zu § 232 UmwG verwiesen werden kann. 1

Den Anteilsinhabern stehen neben den Rechten aus § 239 UmwG die allgemeinen Informationsrechte (§ 51a GmbHG bzw. § 131 AktG) uneingeschränkt zu (siehe dazu § 232 UmwG Rz. 5 ff.). Verstöße gegen § 239 Abs. 1 oder Abs. 2 UmwG führen grundsätzlich zur Anfechtbarkeit des Formwechselbeschlusses (siehe § 232 UmwG Rz. 8). 2

§ 240
Beschluss der Versammlung der Anteilsinhaber

(1) Der Umwandlungsbeschluss bedarf einer Mehrheit von mindestens drei Vierteln der bei der Gesellschafterversammlung einer Gesellschaft mit beschränkter Haftung abgegebenen Stimmen oder des bei der Beschlussfassung einer Aktiengesellschaft oder einer Kommanditgesellschaft auf Aktien vertretenen Grundkapitals; § 65 Abs. 2 ist entsprechend anzuwenden. Der Gesellschaftsvertrag oder die Satzung der formwechselnden Gesellschaft kann eine größere Mehrheit und weitere Erfordernisse, beim Formwechsel einer Kommanditgesellschaft auf Aktien in eine Aktiengesellschaft auch eine geringere Mehrheit bestimmen.

(2) Dem Formwechsel einer Gesellschaft mit beschränkter Haftung oder einer Aktiengesellschaft in eine Kommanditgesellschaft auf Aktien müssen alle Gesellschafter oder Aktionäre zustimmen, die in der Gesellschaft neuer Rechtsform die Stellung eines persönlich haftenden Gesellschafters haben sollen. Auf den Beitritt persönlich haftender Gesellschafter ist § 221 entsprechend anzuwenden.

(3) Dem Formwechsel einer Kommanditgesellschaft auf Aktien müssen ferner deren persönlich haftende Gesellschafter zustimmen. Die Satzung der formwechselnden Gesellschaft kann eine Mehrheitsentscheidung dieser Gesellschafter vorsehen.

1. Überblick	1	4. Formwechsel einer KGaA (§ 240 Abs. 3 UmwG)	6
2. Beschlussfassung (§ 240 Abs. 1 UmwG)	2	5. Mitwirkung Dritter	7
3. Formwechsel in eine KGaA (§ 240 Abs. 2 UmwG)	5	6. Beschlussmängel	9

Literatur: *Brause*, Stimmrechtslose Vorzugsaktien bei Umwandlungen, 2002; *Habersack*, Zur Reichweite des umwandlungsrechtlichen Freigabeverfahrens beim Formwechsel, dargestellt am Beispiel der Umwandlung von stimmrechtslosen Anteilen in Stimmrechte verkörpernde Anteile, Liber amicorum M. Winter, 2011, S. 177; *Marsch-Barner*, Abschaffung von stimmrechtslosen Vorzugsaktien nach den Regeln des AktG oder des UmwG, Liber amicorum M. Winter, 2011, S. 467; *Mayer*, Zweifelsfragen bei der Durchführung von Mehrfach- und Kettenumwandlungen, FS Spiegelberger, 2009, S. 833; *Reichert*, Folgen der Anteilsvinkulierung für Umstrukturierungen von Gesellschaften mit beschränkter Haftung und Aktiengesellschaften nach dem Umwandlungsgesetz 1995, GmbHR 1995, 176; *Veil*, Umwandlung einer Aktiengesellschaft in eine Gesellschaft mit beschränkter Haftung, 1996; *Zöllner*, Grundsatzüberlegungen zur umfassenden Umstrukturierbarkeit der Gesellschaftsformen nach dem Umwandlungsgesetz, FS Claussen, 1997, S. 423; vgl. auch die Angaben zu § 233 UmwG.

1. Überblick

§ 240 UmwG regelt ergänzend zu § 193 UmwG die Mehrheits- bzw. Zustimmungserfordernisse für den Fall des Formwechsels von einer Kapitalgesellschaft in eine Kapitalgesellschaft anderer Rechtsform. Dabei gilt **Abs. 1** für alle insoweit denkbaren Kombinationen von Ausgangs- und Zielrechtsträgern. **Abs. 2** betrifft hingegen nur den Formwechsel einer GmbH oder AG in eine KGaA und **Abs. 3** nur den Formwechsel einer KGaA in eine GmbH oder AG.

2. Beschlussfassung (§ 240 Abs. 1 UmwG)

Für den Formwechsel einer GmbH, AG oder KGaA in eine Kapitalgesellschaft anderer Rechtsform bedarf es gemäß § 240 Abs. 1 Satz 1 UmwG grundsätzlich einer **Drei-Viertel-Mehrheit** der bei der Gesellschafterversammlung abgegebenen Stimmen bzw. des bei der Beschlussfassung vertretenen Grundkapitals. Aufgrund der Parallelen zwischen § 240 Abs. 1 UmwG und § 233 Abs. 2 UmwG kann diesbezüglich grundsätzlich auf die Kommentierung zu § 233 Abs. 2 UmwG (§ 233 UmwG Rz. 6 ff.) verwiesen werden. Abweichend von § 233 Abs. 2 Satz 2 UmwG kann der Gesellschaftsvertrag oder die Satzung der formwechselnden Gesellschaft gemäß § 240 Abs. 1 Satz 2 UmwG nicht nur eine **größere Mehrheit „und/oder" weitere Erfordernisse** vorsehen, sondern im Falle des Formwechsels einer KGaA in eine AG auch eine **geringere Mehrheit** bestimmen. Regelungen in der Satzung, die geringere Mehrheiten lediglich allgemein für Satzungsänderungen vorsehen, finden keine Anwendung auf den Formwechselbeschluss, weil dieser in seinen Wirkungen über eine bloße Satzungsänderung hinausgeht[1]. Dementsprechend müssen verschärfende Anforderungen, die der Gesellschaftsvertrag bzw. die Satzung nur allgemein für Satzungsänderungen vorsieht, erst Recht auch für die Beschlussfassung über den Formwechsel gelten (§ 233 UmwG Rz. 6).

Gemäß § 240 Abs. 1 Satz 1 Halbsatz 2 UmwG findet die Regelung über **Sonderbeschlüsse bei mehreren** Aktiengattungen in § 65 Abs. 2 UmwG entsprechende Anwendung. Insoweit ist aber davon auszugehen, dass § 240 Abs. 1 Satz 2 Halbsatz 2 UmwG gegenüber § 65 Abs. 2 Satz 3 UmwG spezieller ist und somit die Satzung bei dem Formwechsel einer KGaA in eine AG auch für den Sonderbeschluss geringere Mehrheiten vorsehen kann[2]. Entsprechende Sonderbeschlüsse sind auch bei dem Formwechsel einer GmbH denkbar, wenn unterschiedliche **Gattungen** von Geschäftsanteilen bestehen (§ 233 UmwG Rz. 9). Außerdem verweist § 241 Abs. 2 UmwG für den Formwechsel einer GmbH auf die notwendige **Zustimmung der Inhaber von Minderheits- und Sonderrech-

---

1 *Arnold* in Semler/Stengel, § 240 UmwG Rz. 9; *Petersen* in KölnKomm. UmwG, § 240 UmwG Rz. 13.
2 *Göthel* in Lutter, § 240 UmwG Rz. 6; *Arnold* in Semler/Stengel, § 240 UmwG Rz. 18; *Rieger* in Widmann/Mayer, § 240 UmwG Rz. 41.

ten nach § 50 Abs. 2 UmwG. Werden Rechte beeinträchtigt, die nicht in § 50 Abs. 2 UmwG genannt sind, löst dies ebenfalls ein Zustimmungserfordernis aus, das aus dem in § 35 BGB zum Ausdruck kommenden allgemeinen Rechtsgedanken folgt (§ 241 UmwG Rz. 6). Aus diesem ergibt sich auch, dass bei dem Formwechsel einer AG oder KGaA die Zustimmung von (Kommandit-)Aktionären, denen die Satzung Minderheits- oder Sonderrechte einräumt, erforderlich ist (§ 233 UmwG Rz. 9).

4 Bei dem Formwechsel einer Kapitalgesellschaft in eine Kapitalgesellschaft anderer Rechtsform stellt sich, wie bei dem Formwechsel von Personengesellschaften in Kapitalgesellschaften (siehe dazu § 217 UmwG Rz. 12 f.) und dem Formwechsel von Kapitalgesellschaften in Personengesellschaften (siehe dazu § 233 UmwG Rz. 8), ebenfalls die Frage nach den **Grenzen**, die der Gesellschaftermehrheit bei der **Ausgestaltung der Satzung bzw. des Gesellschaftsvertrags** des Rechtsträgers neuer Rechtsform gezogen sind. Hier gilt Gleiches wie bei dem Formwechsel von Kapitalgesellschaften in Personengesellschaften (§ 233 UmwG Rz. 8). Es ist unter Berücksichtigung der Umstände des Einzelfalls zu prüfen, ob die Ausgestaltung der Satzung bzw. des Gesellschaftsvertrags des Rechtsträgers neuer Rechtsform einen Verstoß gegen die gesellschafterliche **Treuepflicht**, den **Gleichbehandlungsgrundsatz** oder das Verbot des **Rechtsmissbrauchs** begründet (§ 233 UmwG Rz. 8). So kann der Formwechsel beispielsweise nicht dazu genutzt werden, **nach allgemeinem Gesellschaftsrecht notwendige Zustimmungen**, wie etwa bei der Einführung von Vinkulierungen von Anteilen, zu umgehen. Derartiger Zustimmungen bedarf es auch im Falle des Formwechsels[1]. Ebenso gilt das **Verbot der Verfolgung von Sondervorteilen** (§ 243 Abs. 2 AktG).

3. Formwechsel in eine KGaA (§ 240 Abs. 2 UmwG)

5 Für den Formwechsel einer GmbH oder AG in eine KGaA bedarf es, wie bei § 217 Abs. 3 UmwG, nach **§ 240 Abs. 2 Satz 1 UmwG** der Zustimmung aller bisherigen Gesellschafter oder Aktionäre, die in der KGaA die Stellung eines persönlich haftenden Gesellschafters übernehmen sollen, da die Übernahme der persönlichen Haftung nur mit Zustimmung der Betroffenen erfolgen soll[2]. § 240 Abs. 2 Satz 1 UmwG bezieht sich nur auf die Gesellschaft bereits angehörende Gesellschafter. Den Beitritt persönlich haftender Gesellschafter regelt **§ 240 Abs. 2 Satz 2 UmwG** durch einen **Verweis auf § 221 UmwG** (siehe die Kommentierung zu § 221 UmwG). Hinsichtlich der Zustimmung nach § 240 Abs. 2 Satz 1 UmwG gelten die Ausführungen zu § 233 Abs. 2 Satz 3 UmwG (§ 233 UmwG Rz. 10) entsprechend.

---

1 *Petersen* in KölnKomm. UmwG, § 243 UmwG Rz. 9; *Mutter* in Semler/Stengel, § 243 UmwG Rz. 13. Differenzierend für den Fall der Einführung einer Vinkulierung hingegen *Göthel* in Lutter, § 243 UmwG Rz. 34.
2 BT-Drucks. 12/6699, S. 156.

4. Formwechsel einer KGaA (§ 240 Abs. 3 UmwG)

Der Formwechsel einer KGaA in eine GmbH oder AG bedarf gemäß § 240 Abs. 3 Satz 1 UmwG der **Zustimmung aller persönlich haftenden Gesellschafter der formwechselnden KGaA**, weil diese mit dem Wirksamwerden des Formwechsels gemäß § 247 Abs. 2 UmwG „als solche" aus der Gesellschaft ausscheiden (siehe dazu § 247 UmwG Rz. 5)[1]. Dieses Zustimmungserfordernis kann nicht in der Satzung abbedungen werden[2]. Möglich ist aber, in der Satzung eine **Mehrheitsentscheidung** der persönlich haftenden Gesellschafter vorzusehen (§ 240 Abs. 3 Satz 2 UmwG). Die Ausführungen zu § 233 Abs. 3 Satz 1 und 2 UmwG (§ 233 UmwG Rz. 12 f.) gelten entsprechend. 6

5. Mitwirkung Dritter

Eltern bedürfen bei der Vertretung **Minderjähriger** der Genehmigung des Familiengerichts, wenn mit dem Formwechsel die Übernahme persönlicher Haftung verbunden ist (vgl. § 1643 Abs. 1 BGB iVm. § 1822 Nr. 10 BGB), also etwa dann, wenn bei dem Formwechsel einer AG oder KGaA Aktionäre ihre Einlage noch nicht voll erbracht haben und daher durch den Formwechsel eine Haftung nach § 24 GmbHG entsteht[3]. Ist dies nicht der Fall, ist fraglich, ob der Formwechsel ein Genehmigungserfordernis nach § 1643 Abs. 1 BGB iVm. § 1822 Nr. 3 BGB auslöst. Dies wird von der herrschenden Auffassung verneint[4]. Der dabei bemühte Verweis auf die Rechtsprechung des BGH, die bei Änderungen von Gesellschaftsverträgen § 1822 Nr. 3 BGB nicht anwendet[5], vermag insoweit nicht zu überzeugen, als der Formwechsel gerade über eine bloße Änderung des Gesellschaftsvertrags hinausgeht. Der Formwechsel kann daher durchaus als Abschluss eines Gesellschaftsvertrags iS des § 1822 Nr. 3 BGB verstanden werden. Sind die Eltern selbst Gesellschafter, können sie den Minderjährigen nicht vertreten (§§ 1629 Abs. 2 Satz 1, 1795 BGB) und es ist ein Ergänzungspfleger zu bestellen (§ 1909 Abs. 1 Satz 1 BGB). 7

Anders als bei dem Formwechsel von Kapitalgesellschaften in eine Personengesellschaft (§ 233 UmwG Rz. 16), ist bei dem Formwechsel einer Kapitalgesellschaft in eine Kapitalgesellschaft anderer Rechtsform keine Zustimmung des **Ehegatten** gemäß § 1365 BGB zu einer positiven Stimmabgabe bei der Be- 8

---

1 *Göthel* in Lutter, § 240 UmwG Rz. 6; *Rieger* in Widmann/Mayer, § 240 UmwG Rz. 56.
2 *Arnold* in Semler/Stengel, § 240 UmwG Rz. 26; *Petersen* in KölnKomm. UmwG, § 240 UmwG Rz. 16.
3 BGH v. 20.2.1989 – II ZR 148/88, BGHZ 107, 23 (25 ff.) = ZIP 1989, 445; *Göthel* in Lutter, § 240 UmwG Rz. 23; *Arnold* in Semler/Stengel, § 240 UmwG Rz. 32.
4 *Arnold* in Semler/Stengel, § 240 UmwG Rz. 31; *Göthel* in Lutter, § 240 UmwG Rz. 22.
5 BGH v. 20.9.1962 – II ZR 209/61, BGHZ 38, 26 (28 ff.); BGH v. 25.9.1972 – II ZR 5/71, WM 1972, 1368 (1370).

schlussfassung über den Formwechsel erforderlich, es sei denn, es wird beim Rechtsträger neuer Rechtsform erstmalig eine Vinkulierung der Anteile vorgesehen[1]. Unterliegt die Beteiligung der **Testamentsvollstreckung**, ist neben der Zustimmung des Testamentsvollstreckers zusätzlich die Zustimmung der Erben einzuholen (vgl. die Erl. zu § 193 UmwG Rz. 27).

6. Beschlussmängel

9 Für Beschlussmängel gelten die Ausführungen unter § 233 UmwG Rz. 17 entsprechend.

§ 241
Zustimmungserfordernisse beim Formwechsel einer Gesellschaft mit beschränkter Haftung

(1) Werden durch den Umwandlungsbeschluss einer formwechselnden Gesellschaft mit beschränkter Haftung die Aktien in der Satzung der Aktiengesellschaft oder der Kommanditgesellschaft auf Aktien auf einen höheren als den Mindestbetrag nach § 8 Abs. 2 oder 3 des Aktiengesetzes und abweichend vom Nennbetrag der Geschäftsanteile der formwechselnden Gesellschaft gestellt, so muss dem jeder Gesellschafter zustimmen, der sich nicht dem Gesamtnennbetrag seiner Geschäftsanteile entsprechend beteiligen kann.

(2) Auf das Erfordernis der Zustimmung einzelner Gesellschafter ist ferner § 50 Abs. 2 entsprechend anzuwenden.

(3) Sind einzelnen Gesellschaftern außer der Leistung von Kapitaleinlagen noch andere Verpflichtungen gegenüber der Gesellschaft auferlegt und können diese wegen der einschränkenden Bestimmung des § 55 des Aktiengesetzes bei dem Formwechsel nicht aufrechterhalten werden, so bedarf der Formwechsel auch der Zustimmung dieser Gesellschafter.

1. Überblick 1	4. Zustimmung bei Wegfall von Nebenleistungspflichten (§ 241 Abs. 3 UmwG) 7
2. Zustimmung bei nicht-verhältniswahrendem Formwechsel (§ 241 Abs. 1 UmwG) 2	5. Sonstige Zustimmungserfordernisse 10
3. Zustimmung der Inhaber von Sonderrechten (§ 241 Abs. 2 UmwG) 6	6. Zustimmungserklärung 11
	7. Rechtsfolgen der verweigerten Zustimmung 12

---

1 *Göthel* in Lutter, § 240 UmwG Rz. 25; *Arnold* in Semler/Stengel, § 240 UmwG Rz. 34.

Literatur: *Niedner/Kusterer*, Der Weg von der GmbH in die GmbH & Co. KGaA, GmbHR 1998, 584; *Veil*, Der nicht-verhältniswahrende Formwechsel von Kapitalgesellschaften – Eröffnet das neue Umwandlungsgesetz den partiellen Ausschluss von Anteilsinhabern?, DB 1996, 2529; vgl. auch die Angaben zu § 240 UmwG.

1. Überblick

§ 241 UmwG normiert verschiedene Zustimmungserfordernisse für den Formwechsel einer GmbH in eine AG oder KGaA. Dies erfolgt vor dem Hintergrund, dass der Formwechsel einer GmbH gemäß § 240 Abs. 1 UmwG regelmäßig mit einer qualifizierten Mehrheit beschlossen werden kann und dabei verhindert werden soll, dass bestimmte Anteilsinhaber ohne ihre Zustimmung benachteiligt werden[1]. 1

2. Zustimmung bei nicht-verhältniswahrendem Formwechsel (§ 241 Abs. 1 UmwG)

Mit dem Wirksamwerden des Formwechsels wird das bisherige Stammkapital der formwechselnden GmbH zum Grundkapital der AG bzw. KGaA als Rechtsträger neuer Rechtsform (§ 247 Abs. 1 UmwG). Die Geschäftsanteile der Gesellschafter werden dabei zu Aktien der AG bzw. KGaA[2]. Diese Aktien können gemäß § 8 Abs. 1 AktG als Nennbetrags- oder als Stückaktien begründet werden. Die auf die Aktien entfallenden Beträge des Grundkapitals können entsprechend den Beträgen der Geschäftsanteile der formwechselnden GmbH festgesetzt werden oder gemäß § 243 Abs. 3 Satz 1 UmwG auch abweichend davon. § 241 Abs. 1 UmwG fordert dabei für den Fall, dass sich bei abweichender Festsetzung Gesellschafter an der AG bzw. KGaA nicht entsprechend des Gesamtnennbetrags ihrer Geschäftsanteile beteiligen können, die Zustimmung der betroffenen Gesellschafter zu dieser Festsetzung[3]. Diese haben also keinen Anspruch auf den Erhalt ihrer Beteiligungsverhältnisse[4], können aber den Formwechsel durch die Verweigerung ihrer Zustimmung verhindern. Entscheidend ist dabei nicht der Betrag einzelner Anteile, sondern der **Gesamtnennbetrag der Geschäftsanteile der jeweilgen Anteilsinhaber** im Vergleich zu dem Gesamtnennbetrag der jeweils für sie vorgesehenen Nennbetragsaktien bzw. zu dem gesamten auf 2

---

1 *Arnold* in Semler/Stengel, § 241 UmwG Rz. 1; *Rieger* in Widmann/Mayer, § 241 UmwG Rz. 6.
2 *Göthel* in Lutter, § 241 UmwG Rz. 2; *Arnold* in Semler/Stengel, § 241 UmwG Rz. 4.
3 *Rieger* in Widmann/Mayer, § 241 UmwG Rz. 66; *Drinhausen/Keinath* in Henssler/Strohn, § 241 UmwG Rz. 4; *Stratz* in Schmitt/Hörtnagl/Stratz, § 241 UmwG Rz. 6.
4 *Petersen* in KölnKomm. UmwG, § 241 UmwG Rz. 7; *Arnold* in Semler/Stengel, § 241 UmwG Rz. 5; *Stratz* in Schmitt/Hörtnagl/Stratz, § 241 UmwG Rz. 2. AA hier in der 4. Aufl. *Dirksen*, § 241 UmwG Rz. 1.

ihre Stückaktien entfallenden Betrag des Grundkapitals[1]. Auf die Höhe der freien Spitze kommt es dabei nicht an.

3   Dementsprechend liegt beispielsweise kein Anwendungsfall von § 241 Abs. 1 UmwG vor, wenn ein Gesellschafter an der formwechselnden GmbH einen Geschäftsanteil von 6 000 Euro sowie einen weiteren von 12 000 Euro hält, Aktien im Nennbetrag von 60 Euro und 120 Euro ausgegeben werden und der Gesellschafter 300 Aktien à 60 Euro oder 150 Aktien à 120 Euro erhält. Jeder Gesellschafter kann dabei die Stückelung seiner Anteile unter Berücksichtigung des Gleichbehandlungsgrundsatzes selbst wählen[2]. Ebenfalls liegt kein Fall von § 241 Abs. 1 UmwG vor, wenn ein Gesellschafter zwei Geschäftsanteile von je 250 Euro hält, die Aktiennennbeträge auf 500 Euro festgesetzt werden und ihm eine Aktie zugeteilt wird. Demgegenüber wäre in dem letztgenannten Fall § 241 UmwG anzuwenden, wenn die Aktiennennbeträge auf 200 Euro festgesetzt würden, weil sich der Gesellschafter dann in Höhe einer freien Spitze von 100 Euro nicht beteiligen könnte. § 241 UmwG ist ebenso anzuwenden, wenn sich ein Gesellschafter aufgrund der Aktiennennbeträge gar nicht beteiligen kann[3], also etwa, wenn in dem vorstehenden Fall die Aktiennennbeträge auf 600 Euro festgesetzt würden.

4   Das **Zustimmungserfordernis nach § 241 Abs. 1 UmwG** lässt sich unkompliziert **vermeiden**, indem der Aktiennennbetrag bzw. im Falle von Stückaktien der auf eine einzelne Stückaktie entfallende anteilige Betrag des Grundkapitals so bemessen wird, dass keine freien Spitzen entstehen. Mittlerweile können sowohl GmbH-Geschäftsanteile (§ 5 Abs. 2 Satz 1 GmbHG) als auch Nennbetragsaktien (§ 8 Abs. 2 Satz 1 AktG) einen Mindestnennbetrag von einem Euro haben. Auch der auf eine einzelne Stückaktie entfallende anteilige Betrag des Grundkapitals muss gemäß § 8 Abs. 3 Satz 3 mindestens ein Euro sein. Deshalb lässt sich der jeweilige Gesamtnennbetrag der Geschäftsanteile aller Gesellschafter der formwechselnden GmbH stets auch in einer entsprechenden Aktienbeteiligung darstellen, mit der Folge, dass die Bedeutung des § 241 Abs. 1 UmwG stark zurückgegangen ist[4]. Anderes gilt freilich dann, wenn das Stammkapital der formwechselnden GmbH noch auf DM lautet und der Formwechsel ohne vorherige Umstellung des Stammkapitals auf Euro erfolgt, mit der Folge, dass notwendigerweise freie Spitzen entstehen[5]. Es empfiehlt sich also in jedem Fall eine Umstellung des Stammkapitals auf Euro vor dem Formwechsel.

---

1 Vgl. *Arnold* in Semler/Stengel, § 241 UmwG Rz. 12; *Rieger* in Widmann/Mayer, § 241 UmwG Rz. 22.
2 *Arnold* in Semler/Stengel, § 241 UmwG Rz. 15; *Stratz* in Schmitt/Hörtnagl/Stratz, § 241 UmwG Rz. 3.
3 *Arnold* in Semler/Stengel, § 241 UmwG Rz. 11; *Rose* in Maulbetsch/Klumpp/Rose, § 241 UmwG Rz. 5.
4 Siehe auch *Drinhausen/Keinath* in Henssler/Strohn, § 241 UmwG Rz. 3.
5 Zu den Problemen im Zusammenhang mit der nicht erfolgten Umstellung des Nennkapitals auf Euro siehe ausführlich *Göthel* in Lutter, § 247 UmwG Rz. 5.

Sollte dennoch der Aktiennennbetrag bzw. im Falle von Stückaktien der auf eine 5
einzelne Stückaktie entfallende anteilige Betrag des Grundkapitals so gewählt
werden, dass **freie Spitzen** entstehen und stimmen die betroffenen Gesellschafter dieser Festsetzung zu, ist zur Zusammenlegung freier Spitzen ein Vorgehen
nach **§ 248 Abs. 1 UmwG iVm. § 226 AktG** denkbar (dazu auch § 248 UmwG
Rz. 4f.). Durch die danach mögliche Kraftloserklärung können Aktien ausgegeben werden, die das zusammengelegte Mitgliedschaftsrecht verbriefen und den
betroffenen Gesellschaftern in Miteigentum zustehen[1]. § 226 Abs. 3 AktG sieht
vor, dass die an Stelle der für kraftlos erklärten Anteilsscheine ausgegebenen
neuen Aktien unverzüglich für Rechnung der Beteiligten öffentlich zu versteigern sind. Für eine andere Art der Verwertung bedarf es der Zustimmung aller
betroffenen Anteilsinhaber[2]. Es ist auch denkbar, dass betroffene Anteilsinhaber
anderen Anteilsinhabern Spitzen veräußern, so dass diese zusammengelegt eine
Aktie ergeben und eine öffentliche Versteigerung vermieden wird[3]. Die betroffenen Gesellschafter werden die Zustimmung nach § 241 Abs. 1 UmwG in der Regel nur dann erteilen, wenn feststeht, wie mit den freien Spitzen verfahren wird.

3. Zustimmung der Inhaber von Sonderrechten (§ 241 Abs. 2 UmwG)

Der Formwechsel bedarf gemäß § 241 Abs. 2 UmwG iVm. **§ 50 Abs. 2 UmwG** 6
auch der Zustimmung der Inhaber von Sonderrechten, wenn diese durch den
Formwechsel beeinträchtigt werden. Gleiches gilt dann, wenn **nicht in § 50
Abs. 2 UmwG genannte Rechte** durch den Formwechsel beeinträchtigt werden.
Das Zustimmungserfordernis folgt dann aus dem allgemeinen Rechtsgedanken,
der in § 35 BGB zum Ausdruck kommt[4].

4. Zustimmung bei Wegfall von Nebenleistungspflichten (§ 241 Abs. 3 UmwG)

Ein weiteres Zustimmungserfordernis besteht gemäß § 241 Abs. 3 UmwG beim 7
Wegfall von Nebenleistungspflichten. Dazu kommt es bei dem Formwechsel einer GmbH in eine AG oder KGaA häufig, weil **§ 55 AktG** anders als § 3 Abs. 2
GmbHG nur Nebenleistungspflichten in Form von wiederkehrenden, nicht in

---

1 *Hüffer/Koch*, § 226 AktG Rz. 12f.
2 *Hüffer/Koch*, § 226 AktG Rz. 15.
3 *Scheel* in Semler/Stengel, § 248 UmwG Rz. 22; *Rieger* in Widmann/Mayer, § 248 UmwG Rz. 35.
4 *Petersen* in KölnKomm. UmwG, § 241 UmwG Rz. 12; *Mutter* in Semler/Stengel, § 241 UmwG Rz. 20; *Göthel* in Lutter, § 241 UmwG Rz. 10. Zur Zustimmung von (Kommandit-)Aktionären, denen die Satzung Minderheits- oder Sonderrechte einräumt, siehe § 240 UmwG Rz. 3.

Geld bestehenden Leistungen und dies auch nur im Falle vinkulierter Namensaktien zulässt. Damit sind sowohl die Möglichkeit der Begründung von Nebenleistungspflichten als auch die insoweit in Frage kommenden Arten durch § 55 AktG im Vergleich zu § 3 Abs. 2 GmbHG erheblich eingeschränkt, so dass Nebenleistungspflichten bei dem Rechtsträger neuer Rechtsform häufig nicht aufrechterhalten werden können.

8 Das bei dem Wegfall von Nebenleistungspflichten bestehende Zustimmungserfordernis erklärt sich daraus, dass Nebenleistungspflichten, wie zB die entgeltliche Überlassung von Grundstücken oder gewerblichen Schutzrechten, häufig mit Nebenleistungsrechten (Mietzins, Lizenzgebühren) korrespondieren und der Wegfall einer Nebenleistungspflicht dann durchaus einen Nachteil für den betroffenen Gesellschafter bedeuten kann[1]. Ausgehend davon findet § 241 Abs. 3 UmwG keine Anwendung, wenn der Wegfall der Nebenleistungspflicht mangels aus der Nebenleistungspflicht für den betroffenen Gesellschafter folgender Vorteile für ihn ausschließlich vorteilhaft ist[2]. Gleiches gilt, wenn die mit der Nebenleistungspflicht verbundenen Rechte anhand einer Auslegung des Gesellschaftsvertrags als entziehbare Rechte einzuordnen sind, weil dann eine Entziehung auch mittels qualifizierter Mehrheitsentscheidung im Rahmen eines satzungsändernden Beschlusses möglich gewesen wäre[3].

9 Entgegen seines Wortlauts ist **§ 241 Abs. 3 UmwG auch dann anwendbar**, wenn eine für alle Gesellschafter bestehende Nebenleistungspflicht wegfällt. § 241 Abs. 3 UmwG geht es nämlich nicht um die Vermeidung einer Ungleichbehandlung, sondern darum, zu verhindern, dass einem Gesellschafter ohne seine Zustimmung das mit der Nebenleistungspflicht korrespondierende Recht entzogen wird[4]. Ebenso ist eine Zustimmung des Betroffenen erforderlich, wenn die Fortführung der Nebenleistungspflicht nur schuldrechtlich vereinbart wird, weil die Nebenleistungspflicht dann nicht, wie in § 55 AktG vorgesehen, in der Satzung des Rechtsträgers neuer Rechtsform enthalten ist[5].

5. Sonstige Zustimmungserfordernisse

10 Neben den in § 241 UmwG geregelten Zustimmungserfordernissen kann sich die Notwendigkeit von (weiteren) Zustimmungen auch aus anderen Regelungen ergeben. Zu denken ist etwa an Vinkulierungsklauseln, die für die Abtretung von Geschäftsanteilen die Zustimmung einzelner Gesellschafter vorsehen und

---

1 *Göthel* in Lutter, § 241 UmwG Rz. 12; *Mutter* in Semler/Stengel, § 241 UmwG Rz. 24.
2 So ua. auch *Rieger* in Widmann/Mayer, § 241 UmwG Rz. 54; *Göthel* in Lutter, § 241 UmwG Rz. 14.
3 Ua. *Göthel* in Lutter, § 241 UmwG Rz. 13; *Mutter* in Semler/Stengel, § 241 UmwG Rz. 26.
4 *Rieger* in Widmann/Mayer, § 241 UmwG Rz. 50; *Mutter* in Semler/Stengel, § 241 UmwG Rz. 28.
5 *Mutter* in Semler/Stengel, § 241 UmwG Rz. 27.

gemäß **§ 193 Abs. 2 UmwG** dazu führen, dass im Falle des Formwechsels der Umwandlungsbeschluss der Zustimmung dieser Gesellschafter bedarf (vgl. dazu § 193 UmwG Rz. 16 ff.). Ein Zustimmungserfordernis kann sich auch aus dem **Gesellschaftsvertrag** ergeben. Hierfür genügt es, wenn der Gesellschaftsvertrag einen Zustimmungsvorbehalt allgemein für Satzungsänderungen vorsieht, Umwandlungen hingegen nicht ausdrücklich nennt[1].

6. Zustimmungserklärung

Die Zustimmungserklärung kann entweder in, vor oder nach der Gesellschafterversammlung erteilt werden[2]. Sie bedarf gemäß § 193 Abs. 3 UmwG der **notariellen Beurkundung**. Erteilt ein Gesellschafter seine Zustimmung außerhalb der Gesellschafterversammlung, ist eine Ausfertigung der Gesellschaft zu übersenden. Der Zugang einer einfachen oder beglaubigten Abschrift bei der Gesellschaft reicht indessen grundsätzlich nicht[3]. Die Zustimmung ist schließlich mit der Anmeldung des Formwechsels **zum Handelsregister** in Ausfertigung oder beglaubigter Abschrift **einzureichen** (§ 199 UmwG). Die positive Stimmabgabe für den Formwechselbeschluss in der Gesellschafterversammlung ersetzt nicht die Zustimmung nach § 241 UmwG[4], so dass letztere bei Erteilung in der Gesellschafterversammlung sinnvollerweise unter einem gesonderten Tagesordnungspunkt protokolliert werden sollte[5].

11

7. Rechtsfolgen der verweigerten Zustimmung

Hinsichtlich der Rechtsfolgen der fehlenden Zustimmung ist zwischen der fehlenden Zustimmung zu der abweichenden Festsetzung gemäß § 241 Abs. 1 UmwG und dem Fehlen der Zustimmung zu dem Formwechsel gemäß § 241 Abs. 2 oder Abs. 3 UmwG zu **unterscheiden**. Bei dem Fehlen der Zustimmung nach § 241 Abs. 1 UmwG ist der Formwechselbeschluss bei Erreichen der erfor-

12

---

1 *Göthel* in Lutter, § 241 UmwG Rz. 17; *Mutter* in Semler/Stengel, § 241 UmwG Rz. 30; *Rieger* in Widmann/Mayer, § 241 UmwG Rz. 63.
2 Ua. *Göthel* in Lutter, § 241 UmwG Rz. 18; *Stratz* in Schmitt/Hörtnagl/Stratz, § 241 UmwG Rz. 11.
3 Etwas anderes gilt nur dann, wenn die Parteien (ausdrücklich oder stillschweigend) Abweichendes vereinbaren. Siehe hierzu allgemein *Ellenberger* in Palandt, 75. Aufl. 2016, § 130 BGB Rz. 10 und 19 mwN.
4 Anders *Rieger* in Widmann/Mayer, § 241 UmwG Rz. 31 für den Fall, dass bei § 241 Abs. 1 UmwG die Tatsache der nicht verhältniswahrenden Beteiligung des Gesellschafters ausdrücklich aus dem Umwandlungsbeschluss hervorgeht. Wie hier die in der nachfolgenden Fn. Genannten.
5 *Göthel* in Lutter, § 241 UmwG Rz. 19; *Mutter* in Semler/Stengel, § 241 UmwG Rz. 31; *Petersen* in KölnKomm. UmwG, § 241 UmwG Rz. 2.

derlichen Mehrheiten wirksam[1], im Falle des Fehlens einer Zustimmungserklärung gemäß § 241 Abs. 2 UmwG oder § 241 Abs. 3 UmwG hingegen schwebend unwirksam[2]. In allen Fällen darf aber jedenfalls der Registerrichter den Formwechsel nicht ins Handelsregister eintragen[3]. Tut er dies trotzdem, wird der Formwechsel durch die Eintragung gemäß **§ 202 Abs. 3 UmwG bestandskräftig**[4]. Betroffene Gesellschafter können dann ggf. Schadensersatzansprüche nach §§ 205 f. UmwG bzw. Amtshaftungsansprüche[5] geltend machen[6].

§ 242
Zustimmungserfordernis beim Formwechsel einer Aktiengesellschaft oder einer Kommanditgesellschaft auf Aktien

Wird durch den Umwandlungsbeschluss einer formwechselnden Aktiengesellschaft oder Kommanditgesellschaft auf Aktien der Nennbetrag der Geschäftsanteile in dem Gesellschaftsvertrag der Gesellschaft mit beschränkter Haftung abweichend vom Betrag der Aktien festgesetzt, so muss der Festsetzung jeder Aktionär zustimmen, der sich nicht mit seinem gesamten Anteil beteiligen kann.

1. Überblick 1
2. Zustimmung bei nicht-verhältniswahrendem Formwechsel 2
3. Zustimmungserklärung und Rechtsfolgen der verweigerten Zustimmung 5

Literatur: Vgl. die Angaben zu § 240 UmwG.

1. Überblick

1 Die Vorschrift behandelt als Parallelnorm zu § 241 UmwG die Zustimmungserfordernisse bei dem Formwechsel einer AG oder KGaA in eine GmbH. Da ein solcher Formwechsel gemäß § 240 Abs. 1 UmwG regelmäßig mit einer qualifi-

---

1 Die Festsetzungen sind dann, ggf. durch das Gericht nach einer Anfechtung, so vorzunehmen, dass sich alle betroffenen Gesellschafter voll beteiligen können (siehe dazu die Nachweise in der nachfolgenden Fn.).
2 *Göthel* in Lutter, § 241 UmwG Rz. 21; *Mutter* in Semler/Stengel, § 241 UmwG Rz. 33 f.
3 *Rieger* in Widmann/Mayer, § 241 UmwG Rz. 69; *Mutter* in Semler/Stengel, § 241 UmwG Rz. 35.
4 Siehe die Nachweise in der vorangehenden Fn.
5 BGH v. 5.10.2006 – III ZR 283/05, AG 2006, 934.
6 *Mutter* in Semler/Stengel, § 241 UmwG Rz. 36.

zierten Mehrheit beschlossen werden kann, soll § 242 UmwG verhindern, dass Anteilsinhaber ohne ihre Zustimmung dadurch benachteiligt werden, dass sie sich aufgrund der Festsetzung der Nennbeträge der Geschäftsanteile nicht mit ihrem gesamten vor dem Formwechsel bestehenden Anteil beteiligen können[1].

2. Zustimmung bei nicht-verhältniswahrendem Formwechsel

Das Grundkapital der formwechselnden AG bzw. KGaA wird mit dem Wirksamwerden des Formwechsel zum Stammkapital der GmbH als Rechtsträger neuer Rechtsform (§ 247 Abs. 1 UmwG) und die Aktien werden zu Geschäftsanteilen an der GmbH[2]. Die auf die Geschäftsanteile entfallenden Beträge des Stammkapitals können entsprechend den auf die Aktien entfallenden Beträgen des Grundkapitals festgesetzt[3] werden oder gemäß § 243 Abs. 3 Satz 1 UmwG auch abweichend davon. § 242 UmwG regelt dabei den Fall, dass sich Aktionäre bei abweichender Festsetzung nicht mit ihrem gesamten vor dem Formwechsel bestehenden Anteil beteiligen können und lässt dies nur bei Zustimmung aller betroffenen Aktionäre zu dieser Festsetzung zu. Es kommt also nicht auf den Betrag einzelner Anteile, sondern auf einen Vergleich zwischen dem **Gesamtnennbetrag der Nennbetragsaktien der jeweiligen Anteilsinhaber bzw. dem gesamten auf ihre Stückaktien entfallenden Betrag des Grundkapitals** und dem Gesamtnennbetrag der jeweils für sie vorgesehenen Geschäftsanteile an. Die Ausführungen zu § 241 UmwG Rz. 2 f. gelten entsprechend[4]. 2

Aufgrund der seit dem Inkrafttreten des MoMiG[5] möglichen Festsetzung von GmbH-Geschäftsanteilen auf den Mindestnennbetrag von einem Euro (vgl. § 5 Abs. 2 Satz 1 GmbHG), lässt sich das **Zustimmungserfordernis nach § 242 UmwG** jedenfalls dann **vermeiden**, wenn bei der formwechselnden Gesellschaft Nennbetragsaktien ausgegeben sind, weil diese gemäß § 8 Abs. 2 Satz 4 AktG auf volle Euro lauten müssen und daher in jedem Fall – auch im Falle **unbekannter Aktionäre** – durch die Festsetzung von Geschäftsanteilen in Höhe des Mindestnennbetrags von einem Euro ein Zustimmungserfordernis nach § 242 UmwG vermieden werden kann[6]. Ebenso kann in dem Formwechselbeschluss 3

---

1 *Mutter* in Semler/Stengel, § 242 UmwG Rz. 1; *Petersen* in KölnKomm. UmwG, § 242 UmwG Rz. 1.
2 Siehe dazu § 241 UmwG Rz. 2 mwN für den umgekehrten Fall.
3 Eine Ermächtigung im Formwechselbeschluss an die künftige Geschäftsführung zur Festsetzung der Nennbeträge der Geschäftsanteile ist nicht möglich. Siehe etwa *Göthel* in Lutter, § 242 UmwG Rz. 3; *Mutter* in Semler/Stengel, § 242 UmwG Rz. 2.
4 Siehe § 240 UmwG Rz. 3, auch zur Zustimmung von (Kommandit-)Aktionären, denen die Satzung Minderheits- oder Sonderrechte einräumt.
5 BGBl. I 2008, S. 2026.
6 Siehe auch *Stratz* in Schmitt/Hörtnagl/Stratz, § 242 UmwG Rz. 5; *Petersen* in KölnKomm. UmwG, § 242 UmwG Rz. 6.

bestimmt werden, dass jedem (unbekannten) Aktionär ein Geschäftsanteil zugeordnet wird, der seinem Gesamtanteil am Grundkapital der formwechselnden AG bzw. KGaA entspricht, bzw. dass (unbekannte) Aktionäre für jede Aktie einen Geschäftsanteil erhalten, der dem Anteil der Aktie am Grundkapital entspricht[1]. Gleiches gilt, wenn **Stückaktien** ausgegeben sind und der auf einzelne Stückaktien entfallende Betrag volle Euro ergibt[2]. Die Bedeutung von § 242 UmwG ist deshalb erheblich zurückgegangen (vgl. § 241 UmwG Rz. 4). Problematisch sind Stückaktien hingegen dann, wenn der auf einzelne Stückaktien entfallende Betrag über dem Mindestbetrag nach § 8 Abs. 3 Satz 3 AktG liegt und keine vollen Euro ergibt[3], weil sich dann in der Regel nicht allen Anteilsinhabern Geschäftsanteile für den gesamten auf ihre Stückaktien entfallenden Betrag des Grundkapitals zuordnen lassen. Im Falle unbekannter Aktionäre ist dann auch die Einholung ihrer Zustimmung faktisch ausgeschlossen. Eine Zusammenlegung der Anteile unbekannter Aktionäre kann dabei nicht helfen, da dieses Vorgehen unzulässig ist[4]. Eine Lösung bietet sich aber dann, wenn man in einem solchen Fall davon ausgeht, dass ein Zustimmungserfordernis nach § 242 UmwG dann ausscheidet, wenn die Geschäftsanteile auf den Mindestbetrag nach § 5 Abs. 2 Satz 1 GmbHG von einem Euro festgesetzt werden, weil diese Festsetzung dann durch § 243 Abs. 3 Satz 2 UmwG bedingt ist[5].

4 Sofern die Nennbeträge der Geschäftsanteile so gewählt werden, dass **freie Spitzen** entstehen und die betroffenen Gesellschafter dieser Festsetzung zustimmen, gilt **§ 248 Abs. 2 UmwG iVm. § 226 Abs. 1 und 2 AktG**. Siehe dazu unter § 248 UmwG Rz. 8.

3. Zustimmungserklärung und Rechtsfolgen der verweigerten Zustimmung

5 Hinsichtlich der Zustimmungserklärung sowie den Rechtsfolgen der verweigerten Zustimmung sei auf § 241 UmwG Rz. 11 f. verwiesen.

---

1 *Rieger* in Widmann/Mayer, § 242 UmwG Rz. 8; *Mutter* in Semler/Stengel, § 242 UmwG Rz. 11; *Göthel* in Lutter, § 242 UmwG Rz. 17.
2 Zwar muss auch der auf eine einzelne Stückaktie entfallende anteilige Betrag des Grundkapitals gemäß § 8 Abs. 3 Satz 3 AktG mindestens ein Euro sein, höhere anteilige Beträge brauchen hingegen keine vollen Euro ergeben (siehe etwa *Hüffer/Koch*, § 8 AktG Rz. 19).
3 Vgl. dazu die vorstehende Fn.
4 Ua. *Rieger* in Widmann/Mayer, § 242 UmwG Rz. 10.
5 Siehe auch – allerdings unter Bezugnahme auf die aF von § 242 UmwG, die eine Zustimmung ausdrücklich nur dann vorsah, wenn die Festsetzung nicht durch die Regelung in § 243 Abs. 3 Satz 2 UmwG aF bedingt war – *Mutter* in Semler/Stengel, § 242 UmwG Rz. 11 sowie *Rieger* in Widmann/Mayer, § 242 UmwG Rz. 9 (noch zur alten Rechtslage).

§ 243
Inhalt des Umwandlungsbeschlusses

(1) Auf den Umwandlungsbeschluss ist § 218 entsprechend anzuwenden. Festsetzungen über Sondervorteile, Gründungsaufwand, Sacheinlagen und Sachübernahmen, die in dem Gesellschaftsvertrag oder in der Satzung der formwechselnden Gesellschaft enthalten sind, sind in den Gesellschaftsvertrag oder in die Satzung der Gesellschaft neuer Rechtsform zu übernehmen. § 26 Abs. 4 und 5 des Aktiengesetzes bleibt unberührt.

(2) Vorschriften anderer Gesetze über die Änderung des Stammkapitals oder des Grundkapitals bleiben unberührt.

(3) In dem Gesellschaftsvertrag oder in der Satzung der Gesellschaft neuer Rechtsform kann der auf die Anteile entfallende Betrag des Stamm- oder Grundkapitals abweichend vom Betrag der Anteile der formwechselnden Gesellschaft festgesetzt werden. Bei einer Gesellschaft mit beschränkter Haftung muss er auf volle Euro lauten.

1. Überblick 1
2. Umwandlungsbeschluss (§ 243 Abs. 1 UmwG)
   a) Angaben nach § 194 Abs. 1 UmwG 2
   b) Gesellschaftsvertrag bzw. Satzung des Rechtsträgers neuer Rechtsform 3
   c) Persönlich haftender Gesellschafter 6
3. Grund- bzw. Stammkapital (§ 243 Abs. 2 UmwG) 7
4. Betrag der Anteile (§ 243 Abs. 3 UmwG) 10

Literatur: *Buchner/Schlobach*, Die Auswirkung der Umwandlung von Gesellschaften auf die Rechtsstellung ihrer Organpersonen, GmbHR 2004, 1; *Mertens*, Die formwechselnde Umwandlung einer GmbH in eine Aktiengesellschaft mit Kapitalerhöhung und die Gründungsvorschriften, AG 1995, 561; *Meyer-Landrut/Kiem*, Der Formwechsel einer Publikumsaktiengesellschaft (Teil I), WM 1997, 1361; *Reichert*, Folgen der Anteilsvinkulierung für Umstrukturierungen von Gesellschaften mit beschränkter Haftung und Aktiengesellschaften nach dem Umwandlungsgesetz 1995, GmbHR 1995, 176; *K. Schmidt*, Volleinzahlungsgebot beim Formwechsel in die AG oder GmbH?, ZIP 1995, 1385; *Veil*, Umwandlung einer Aktiengesellschaft in eine Gesellschaft mit beschränkter Haftung, 1996.

1. Überblick

§ 243 Abs. 1 UmwG enthält für den Formwechsel einer Kapitalgesellschaft in 1 eine Kapitalgesellschaft anderer Rechtsform verschiedene Vorgaben für den Umwandlungsbeschluss, so ua. einen umfassenden Verweis auf § 218 UmwG. Dieser schließt allerdings trotz des zu weitgehenden Wortlauts von § 243 Abs. 1 UmwG § 218 Abs. 3 UmwG nicht mit ein, da § 218 Abs. 3 UmwG den Formwechsel in eine Genossenschaft voraussetzt[1]. § 243 Abs. 2 UmwG befasst sich mit der Änderung des Stamm- bzw. Grundkapitals anlässlich des Formwechsels und § 243 Abs. 3 UmwG mit der Stückelung der Anteile.

2. Umwandlungsbeschluss (§ 243 Abs. 1 UmwG)

a) Angaben nach § 194 Abs. 1 UmwG

2 Der Umwandlungsbeschluss muss zunächst die nach § 194 Abs. 1 UmwG erforderlichen Angaben enthalten. Auf die Kommentierung zu § 194 UmwG kann daher weitgehend verwiesen werden. Bezüglich der Angaben zu Zahl, Art und Umfang der künftigen Beteiligung gemäß § 194 Abs. 1 Nr. 4 UmwG ist eine Nennung der Namen der Anteilsinhaber nicht zwingend erforderlich. Eine abstrakte Bestimmung, nach der jeder Anteilsinhaber der formwechselnden Gesellschaft an der Gesellschaft neuer Rechtsform Anteile erhält, die dem Gesamtnennbetrag der von ihm gehaltenen Anteile entsprechen, ist ausreichend. Im Falle eines großen Gesellschafterkreises oder wenn unbekannte Aktionäre vorhanden sind, ist eine solche allgemeine Bestimmung häufig auch unvermeidbar. Es genügt dabei die Angabe des Maßstabs, nach dem die Zuteilung erfolgt („Für jeden Geschäftsanteil mit einem Nominalbetrag von x Euro werden y Aktien mit einem Nominalbetrag von je z Euro zugeteilt")[2]. Ferner ist zu beachten, dass, soweit der Umwandlungsbeschluss gesellschaftsrechtliche Regelungen zu enthalten hat, die ihrer Natur nach auch Gegenstand des Gesellschaftsvertrags bzw. der Satzung sind, im Umwandlungsbeschluss insoweit Bezug auf den Gesellschaftsvertrag bzw. die Satzung genommen werden kann[3].

b) Gesellschaftsvertrag bzw. Satzung des Rechtsträgers neuer Rechtsform

3 Der Umwandlungsbeschluss muss gemäß § 243 Abs. 1 Satz 1 UmwG iVm. § 218 Abs. 1 UmwG den Gesellschaftsvertrag bzw. die Satzung des Rechtsträgers neuer Rechtsform enthalten. Es sind also nicht nur die durch den Formwechsel bedingten Änderungen notwendiger Bestandteil des Umwandlungsbeschlusses, sondern der gesamte Wortlaut des Gesellschaftsvertrags bzw. der Satzung. Zu den Anforderungen an den Gesellschaftsvertrag bzw. die Satzung des Rechtsträgers neuer Rechtsform sei auf die Kommentierung zu § 218 UmwG verwiesen (§ 218 UmwG Rz. 4 ff. für die GmbH, § 218 UmwG Rz. 20 ff. für die AG und § 218 UmwG Rz. 34 für die KGaA). Zu den Grenzen der Ausgestaltung der Satzung bzw. des Gesellschaftsvertrags des Rechtsträgers neuer Rechtsform siehe § 240 UmwG Rz. 4.

---

1 *Petersen* in KölnKomm. UmwG, § 243 UmwG Rz. 5; *Stratz* in Schmitt/Hörtnagl/Stratz, § 243 UmwG Rz. 1; *Mutter* in Semler/Stengel, § 243 UmwG Rz. 6.
2 *Göthel* in Lutter, § 243 UmwG Rz. 10; *Mutter* in Semler/Stengel, § 243 UmwG Rz. 5.
3 BT-Drucks. 12/6699, S. 140; vgl. auch § 194 UmwG Rz. 16 und § 197 UmwG Rz. 19.

Inhalt des Umwandlungsbeschlusses | § 243

Bei dem Gesellschaftsvertrag bzw. der Satzung des Rechtsträgers neuer Rechts- 4
form ist zu beachten, dass gemäß § 243 Abs. 1 Satz 2 UmwG Festsetzungen
über **Sondervorteile, Gründungsaufwand, Sacheinlagen und Sachübernahmen**, die in dem Gesellschaftsvertrag oder der Satzung des formwechselnden
Rechtsträgers enthalten sind, übernommen werden müssen. Dies gilt unabhängig davon, ob der Gründungsaufwand beglichen, die Sacheinlagen erbracht oder
die Sachübernahmen vollzogen sind[1]. § 243 Abs. 1 Satz 2 UmwG betrifft allein
Festsetzungen, die bereits in dem Gesellschaftsvertrag bzw. der Satzung des
formwechselnden Rechtsträgers enthalten waren. Werden diese Festsetzungen
nicht übernommen, gehen die auf ihnen beruhenden Rechte mit dem Wirksamwerden des Formwechsels unter[2]. Entsprechende Festsetzungen, die erstmalig
beim neuen Rechtsträger geregelt werden sollen, sind nicht von § 243 Abs. 1
Satz 2 UmwG erfasst, denn sie müssen schon nach dem gemäß § 197 Satz 1
UmwG grundsätzlich anwendbaren allgemeinen Gründungsrecht in dem Gesellschaftsvertrag bzw. der Satzung des Rechtsträgers neuer Rechtsform enthalten
sein[3].

§ 243 Abs. 1 Satz 3 UmwG stellt klar, dass die aktienrechtlichen Regelungen zur 5
Abänderung und Aufhebung von Festsetzungen über Sondervorteile und
Gründungsaufwand in **§ 26 Abs. 4 und 5 AktG** anwendbar bleiben. Da § 26
AktG für die GmbH sinngemäß gilt[4], bleiben § 26 Abs. 4 und 5 AktG auch bei
dem Formwechsel einer GmbH in eine AG oder KGaA anwendbar[5]. Für die Abänderung und die Aufhebung von Festsetzungen über Sacheinlagen oder Sachübernahmen finden gemäß § 27 Abs. 5 AktG ebenfalls § 26 Abs. 4 und 5 AktG
Anwendung. Obgleich § 27 Abs. 5 AktG von dem Verweis in § 243 Abs. 1 Satz 3
UmwG nicht erfasst ist, steht der Formwechsel einer nach allgemeinen Vorschriften möglichen Abänderung oder Aufhebung von Festsetzungen über Sacheinlagen oder Sachübernahmen nicht entgegen[6].

c) Persönlich haftender Gesellschafter

Bei dem **Formwechsel in eine KGaA** muss der Umwandlungsbeschluss gemäß 6
§ 243 Abs. 1 Satz 1 UmwG iVm. § 218 Abs. 2 UmwG vorsehen, dass sich an der
Gesellschaft mindestens ein Gesellschafter der formwechselnden Gesellschaft als
persönlich haftender Gesellschafter beteiligt oder dass der Gesellschaft mindestens ein persönlich haftender Gesellschafter beitritt. Insoweit sei auf die Kommentierung zu § 218 Abs. 2 UmwG verwiesen (§ 218 UmwG Rz. 31 ff.). Der

---

1 *Stratz* in Schmitt/Hörtnagl/Stratz, § 243 UmwG Rz. 3; *Mutter* in Semler/Stengel, § 243 UmwG Rz. 14.
2 *Göthel* in Lutter, § 243 UmwG Rz. 22; *Mutter* in Semler/Stengel, § 243 UmwG Rz. 19.
3 *Rieger* in Widmann/Mayer, § 243 UmwG Rz. 20; *Göthel* in Lutter, § 243 UmwG Rz. 22.
4 *Hüffer/Koch*, § 26 AktG Rz. 1; *Mutter* in Semler/Stengel, § 243 UmwG Rz. 15.
5 *Rieger* in Widmann/Mayer, § 243 UmwG Rz. 22.
6 *Göthel* in Lutter, § 243 UmwG Rz. 24; *Mutter* in Semler/Stengel, § 243 UmwG Rz. 18.

§ 243 | Formwechsel in eine Kapitalgesellschaft anderer Rechtsform

Formwechsel bedarf gemäß § 240 Abs. 2 Satz 1 UmwG der Zustimmung aller Anteilsinhaber, die in der KGaA die Stellung eines persönlich haftenden Gesellschafters übernehmen sollen. Im Falle des Beitritts persönlich haftender Gesellschafter gilt § 240 Abs. 2 Satz 2 UmwG iVm. § 221 UmwG. Ist die **KGaA Ausgangsrechtsform**, müssen gemäß § 240 Abs. 3 Satz 1 UmwG, vorbehaltlich der Zulassung einer Mehrheitsentscheidung durch die Satzung nach § 240 Abs. 3 Satz 2 UmwG, alle persönlich haftenden Gesellschafter dem Formwechsel zustimmen. Der Umwandlungsbeschluss sollte festhalten, dass die bisherigen persönlich haftenden Gesellschafter mit dem Wirksamwerden des Formwechsels gemäß § 247 Abs. 2 UmwG als solche aus der Gesellschaft ausscheiden[1].

3. Grund- bzw. Stammkapital (§ 243 Abs. 2 UmwG)

7 Durch den Formwechsel wird das Stammkapital der GmbH zum Grundkapital der AG bzw. KGaA oder das Grundkapital der AG bzw. KGaA zum Stammkapital der GmbH (§ 247 Abs. 1 UmwG). Eine Änderung des Stamm- bzw. Grundkapitals der Gesellschaft durch den Formwechsel ist demnach nicht möglich[2]. Für eine Kapitalerhöhung oder Kapitalherabsetzung stehen gemäß **§ 243 Abs. 2 UmwG** aber die **allgemeinen Regelungen des Gesellschaftsrechts** zur Verfügung, von denen anlässlich des Formwechsels Gebrauch gemacht werden kann. Erforderlich ist also eine förmliche Kapitalmaßnahme, um zu vermeiden, dass die insoweit einschlägigen Schutzvorschriften umgangen werden[3]. Eine Veränderung des Stamm- bzw. Grundkapitals kann beispielsweise im Wege der Kapitalherabsetzung erfolgen, um eine bestehende Unterbilanz zu beseitigen (siehe auch § 245 UmwG Rz. 7) oder im Wege der Kapitalerhöhung, um das für den Formwechsel von einer GmbH oder UG (haftungsbeschränkt)[4] in eine AG notwendige Mindestkapital von 50 000 Euro (§ 7 AktG) zu erreichen[5].

8 Das für die **Kapitalmaßnahme anwendbare Recht** bestimmt sich nach dem Recht, das im Zeitpunkt der Eintragung der Kapitalmaßnahme im Handelsregister auf den Rechtsträger anwendbar ist[6]. Die entscheidende Zäsur bildet damit das Wirksamwerden des Formwechsels durch seine Eintragung im Handels-

---

1 *Göthel* in Lutter, § 243 UmwG Rz. 6; *Mutter* in Semler/Stengel, § 243 UmwG Rz. 4.
2 Die Kapitalziffer bleibt auch bei dem in § 247 Abs. 1 UmwG nicht geregelten Formwechsel von einer AG in eine KGaA und umgekehrt unverändert (siehe dazu § 247 UmwG Rz. 2).
3 BT-Drucks. 12/6699, S. 157.
4 Die UG (haftungsbeschränkt) kommt zwar nicht als Zielrechtsträger, durchaus aber als Ausgangsrechtsträger in Betracht (siehe dazu § 214 UmwG Rz. 8 und § 226 UmwG Rz. 4).
5 Siehe etwa *Göthel* in Lutter, § 243 UmwG Rz. 40.
6 Siehe dazu *Rieger* in Widmann/Mayer, § 243 UmwG Rz. 47 ff.; *Drinhausen/Keinath* in Henssler/Strohn, § 243 UmwG Rz. 7; *Mutter* in Semler/Stengel, § 243 UmwG Rz. 23.

register. Daher ist es entgegen einer teilweise vertretenen Auffassung nicht möglich, dass eine Kapitaländerung, die von dem Wirksamwerden des Formwechsels abhängig ist, vor der Eintragung des Formwechsels in das Handelsregister eingetragen und bereits dem Recht des Rechtsträgers neuer Rechtsform unterstellt wird[1]. Ebenso ist es ausgeschlossen, eine Kapitalmaßnahme, die ausdrücklich von der Wirksamkeit des Formwechsels abhängig gemacht und erst nach dem Wirksamwerden des Formwechsels im Handelsregister eingetragen wird, wahlweise auch dem Recht des formwechselnden Rechtsträger zu unterstellen[2]. Um diesen Unsicherheiten zu begegnen, empfiehlt sich in der Praxis eine Eintragungsreihenfolge für Formwechsel und Kapitalmaßnahme in die Anmeldung zum Handelsregister aufzunehmen[3].

Anlässlich des Formwechsels können sich im Falle des **bedingten Kapitals** 9 (§§ 192 ff. AktG) einerseits Probleme ergeben, weil die GmbH als Zielrechtsform kein bedingtes Kapital kennt, und andererseits möglicherweise zwischen der Beschlussfassung über den Formwechsel und dessen Wirksamwerden noch Bezugsaktien ausgegeben werden, mit deren Ausgabe das Grundkapital der Gesellschaft erhöht ist (vgl. § 200 AktG)[4]. Jedenfalls bei Schuldverschreibungen werden diese Probleme aber in der Regel nicht relevant, weil deren Bedingungen dazu grundsätzlich Regelungen enthalten[5]. Nach Einführung des **genehmigten Kapitals** für die GmbH (§ 55a GmbHG), kann dieses bei dem Formwechsel einer AG oder KGaA in eine GmbH und auch umgekehrt grundsätzlich fortbestehen[6].

4. Betrag der Anteile (§ 243 Abs. 3 UmwG)

Zusätzlich zu den Angaben im Umwandlungsbeschluss nach § 194 Abs. 1 Nr. 4 10 UmwG (Rz. 2), muss auch die gemäß § 243 Abs. 1 Satz 1 UmwG iVm. § 218 Abs. 1 UmwG ebenfalls im Umwandlungsbeschluss enthaltene Satzung bzw. der Gesellschaftsvertrag des Rechtsträgers neuer Rechtsform Angaben zu der Zahl und den Nennbeträgen der einzelnen Anteile bzw. bei Stückaktien zu deren

---

1 AA *Mutter* in Semler/Stengel, § 243 UmwG Rz. 25. Vgl. auch *Göthel* in Lutter, § 243 UmwG Rz. 44.
2 AA *Rieger* in Widmann/Mayer, § 243 UmwG Rz. 50 ff.; *Drinhausen/Keinath* in Henssler/Strohn, § 243 UmwG Rz. 7.
3 Vgl. *Mutter* in Semler/Stengel, § 243 UmwG Rz. 23.
4 Ausführlich dazu *Rieger* in Widmann/Mayer, § 243 UmwG Rz. 63 ff.; *Göthel* in Lutter, § 243 UmwG Rz. 45.
5 *Mutter* in Semler/Stengel, § 243 UmwG Rz. 27; *Petersen* in KölnKomm. UmwG, § 243 UmwG Rz. 13.
6 *Drinhausen/Keinath* in Henssler/Strohn, § 243 UmwG Rz. 7. Vor der Einfügung des § 55a GmbHG durch das MoMiG war davon auszugehen, dass die Ermächtigung des Vorstands zur Kapitalerhöhung mit dem Wirksamwerden des Formwechsels endet (siehe etwa *Göthel* in Lutter, § 243 UmwG Rz. 45).

Zahl enthalten (§ 3 Abs. 1 Nr. 4 GmbHG; § 23 Abs. 3 Nr. 4 AktG). Durch den Formwechsel bleibt zwar das Grund- bzw. Stammkapital der Gesellschaft unverändert (vgl. § 247 Abs. 1 UmwG sowie Rz. 7), eine **andere Stückelung** der Anteile ist aber unter Beachtung des Gleichbehandlungsgrundsatzes (vgl. § 241 UmwG Rz. 3) gemäß § 243 Abs. 3 Satz 1 UmwG möglich. Entsprechend § 5 Abs. 2 Satz 1 GmbHG muss der Nennbetrag jedes GmbH-Geschäftsanteils gemäß § 243 Abs. 3 Satz 2 UmwG auf volle Euro lauten. Ebenso müssen Nennbetragsaktien gemäß § 8 Abs. 2 Satz 4 AktG auf volle Euro und damit mindestens auf einen Euro (so ausdrücklich § 8 Abs. 2 Satz 1 AktG) lauten. Auch der auf eine einzelne Stückaktie entfallende anteilige Betrag des Grundkapitals muss gemäß § 8 Abs. 3 Satz 3 AktG zwar mindestens ein Euro sein, höhere anteilige Beträge brauchen hingegen keine vollen Euro ergeben[1]. Bleibt im Rahmen des nicht-verhältniswahrenden Formwechsels die Gesamtbeteiligung eines Gesellschafters nach dem Formwechsel hinter seiner Gesamtbeteiligung vor dem Formwechsel zurück, bedarf es gemäß **§ 241 UmwG** bzw. **§ 242 UmwG** seiner Zustimmung.

§ 244
Niederschrift über den Umwandlungsbeschluss; Gesellschaftsvertrag

(1) In der Niederschrift über den Umwandlungsbeschluss sind die Personen, die nach § 245 Abs. 1 bis 3 den Gründern der Gesellschaft gleichstehen, namentlich aufzuführen.

(2) Beim Formwechsel einer Aktiengesellschaft oder einer Kommanditgesellschaft auf Aktien in eine Gesellschaft mit beschränkter Haftung braucht der Gesellschaftsvertrag von den Gesellschaftern nicht unterzeichnet zu werden.

1. Überblick 1	d) Formwechsel einer AG oder KGaA in eine GmbH 6
2. Nennung der den Gründern gleichstehenden Personen (§ 244 Abs. 1 UmwG) 2	e) Notwendige Angaben zur Bezeichnung der den Gründern gleichstehenden Personen 7
a) Formwechsel einer GmbH in eine AG oder KGaA 3	f) Folgen bei einem Verstoß gegen § 244 Abs. 1 UmwG 8
b) Formwechsel einer AG in eine KGaA 4	3. Keine Unterzeichnung des Gesellschaftsvertrags (§ 244 Abs. 2 UmwG) 9
c) Formwechsel einer KGaA in eine AG 5	

---

1 Siehe etwa *Hüffer/Koch*, § 8 AktG Rz. 19.

1. Überblick

§ 244 Abs. 1 UmwG hat den Zweck durch die Identifizierung der nach § 245 Abs. 1 bis 3 UmwG der Gründerverantwortung unterliegenden Personen in der Niederschrift über den Formwechselbeschluss die Durchsetzung der Gründerhaftung zu erleichtern[1]. **§ 244 Abs. 2 UmwG** dient der Klarstellung, dass der Gesellschaftsvertrag der GmbH als Rechtsträger neuer Rechtsform nicht der nach Gründungsrecht (§ 2 Abs. 1 Satz 2 GmbHG) ansonsten erforderlichen Unterzeichnung durch die Gesellschafter bedarf[2]. 1

2. Nennung der den Gründern gleichstehenden Personen (§ 244 Abs. 1 UmwG)

Die Rechtsstellung als Gründer ergibt sich allein aus § 245 Abs. 1 bis 3 UmwG. Die dort genannten Personen übernehmen bei dem Formwechsel die Gründerverantwortung, die sich über den Verweis in § 197 Satz 1 UmwG aus dem allgemeinen Gesellschaftsrecht ergibt. § 244 Abs. 1 UmwG regelt ausschließlich die Aufnahme der den Gründern nach § 245 Abs. 1 bis 3 UmwG gleichstehenden Personen in die Niederschrift über den Formwechselbeschluss. 2

a) Formwechsel einer GmbH in eine AG oder KGaA

Bei dem Formwechsel einer GmbH in eine AG oder KGaA sind die Gesellschafter, die für den Formwechsel gestimmt haben, sowie beim Formwechsel in eine KGaA zusätzlich alle (§ 245 UmwG Rz. 3) persönlich haftenden Gesellschafter der KGaA als Gründer zu behandeln (§ 245 Abs. 1 Satz 1 UmwG) und daher gemäß § 244 Abs. 1 UmwG in der Niederschrift aufzuführen. Sofern persönlich haftende Gesellschafter erst nach der Gesellschafterversammlung beitreten sollen, müssen diese in der Niederschrift nicht namentlich aufgeführt werden[3]. Es genügt die Nennung in der ebenfalls notariell zu beurkundenden Beitrittserklärung nach §§ 240 Abs. 2 Satz 2, 221 UmwG[4]. 3

b) Formwechsel einer AG in eine KGaA

Bei dem Formwechsel einer AG in eine KGaA sind nach der Begründung des Regierungsentwurfs in der Niederschrift keine Personen als Gründer aufzuführen, da bei einem solchen Formwechsel gemäß § 245 Abs. 2 Satz 1 UmwG nur 4

---

1 *Göthel* in Lutter, § 244 UmwG Rz. 3; *Mutter* in Semler/Stengel, § 244 UmwG Rz. 7.
2 BT-Drucks. 12/6699, S. 157.
3 So aber hier in der 4. Aufl. *Dirksen*, § 244 UmwG Rz. 2 und *Mutter* in Semler/Stengel, § 244 UmwG Rz. 10.
4 *Göthel* in Lutter, § 244 UmwG Rz. 5; *Rieger* in Widmann/Mayer, § 244 UmwG Rz. 8.

die künftigen persönlich haftenden Gesellschafter der KGaA den Gründern der Gesellschaft gleichstehen[1]. Dagegen spricht allerdings der eindeutige Wortlaut des § 244 Abs. 1 UmwG, der auch auf § 245 Abs. 2 UmwG verweist[2]. Schon allein aus Vorsichtsgründen sollte die Niederschrift daher in der Praxis vorsorglich die zukünftigen persönlich haftenden Gesellschafter der KGaA nennen[3]. Im Falle des Beitritts persönlich haftender Gesellschafter nach der Hauptversammlung reicht auch hier die Nennung in der Beitrittserklärung (vgl. Rz. 3).

c) Formwechsel einer KGaA in eine AG

5 Im Falle des Formwechsels einer KGaA in eine AG treten gemäß § 245 Abs. 3 Satz 1 UmwG bei der Anwendung der Gründungsvorschriften des AktG die persönlich haftenden Gesellschafter der KGaA an die Stelle der Gründer und sind daher gemäß § 244 Abs. 1 UmwG in der Niederschrift zu nennen.

d) Formwechsel einer AG oder KGaA in eine GmbH

6 Bei dem Formwechsel einer AG oder KGaA in eine GmbH sind in der Niederschrift keine Gründer zu nennen. § 244 Abs. 1 UmwG verweist nicht auf § 245 Abs. 4 UmwG, da bei dem Formwechsel einer AG oder KGaA in eine GmbH niemand die Stellung eines Gründers hat und damit auch eine Gründerhaftung ausscheidet (vgl. § 245 UmwG Rz. 6).

e) Notwendige Angaben zur Bezeichnung der den Gründern gleichstehenden Personen

7 Die Bezeichnung der den Gründern gleichstehenden Personen hat in Orientierung an § 106 Abs. 2 Nr. 1 HGB unter Angabe von Name, Vorname, Geburtsdatum und Wohnort zu erfolgen[4]. Bei juristischen Personen und Handelsgesellschaften sind Firma, Sitz und inländische Geschäftsanschrift zu nennen. Bei der GbR sind wie im Fall des § 162 Abs. 1 Satz 2 HGB auch deren Gesellschafter anzugeben[5].

---

1 BT-Drucks. 12/6699, S. 157. Dem folgend hier in der 4. Aufl. *Dirksen*, § 244 UmwG Rz. 4.
2 *Mutter* in Semler/Stengel, § 244 UmwG Rz. 5; *Göthel* in Lutter, § 244 UmwG Rz. 8.
3 *Göthel* in Lutter, § 244 UmwG Rz. 9; *Rieger* in Widmann/Mayer, § 244 UmwG Rz. 10.
4 Der Umfang der notwendigen Angaben ist umstritten. *Rieger* in Widmann/Mayer, § 244 UmwG Rz. 12 und *Rose* in Maulbetsch/Klumpp/Rose, § 244 UmwG Rz. 3 verlangen möglichst die Angabe von Vor- und Zuname, Geburtsdatum und Adresse. Andere lassen die Angabe von Name, Vorname und Wohnort genügen (*Mutter* in Semler/Stengel, § 244 UmwG Rz. 8; hier in der 4. Aufl. *Dirksen*, § 244 UmwG Rz. 2). Nach *Petersen* in KölnKomm. UmwG, § 244 UmwG Rz. 2 muss die Nennung den Maßgaben der ZPO (§§ 130 Nr. 1, 253 Abs. 4 ZPO) genügen.
5 Siehe auch *Petersen* in KölnKomm. UmwG, § 244 UmwG Rz. 4. AA *Göthel* in Lutter, § 244 UmwG Rz. 3; *Mutter* in Semler/Stengel, § 244 UmwG Rz. 9.

f) Folgen bei einem Verstoß gegen § 244 Abs. 1 UmwG

Das Fehlen oder die Unrichtigkeit der namentlichen Auflistung der den Gründern 8 gleichstehenden Personen begründet weder die Nichtigkeit noch die Anfechtbarkeit des Umwandlungsbeschlusses[1]. Da die namentliche Aufführung im öffentlichen Interesse liegt, besteht allerdings ein Eintragungshindernis, so dass dem Registerrichter die Eintragung des Formwechsels im Handelsregister verwehrt ist[2].

3. Keine Unterzeichnung des Gesellschaftsvertrags (§ 244 Abs. 2 UmwG)

Der Gesellschaftsvertrag bzw. die Satzung des Rechtsträgers neuer Rechtsform 9 gehört gemäß § 243 Abs. 1 Satz 1 UmwG iVm. § 218 Abs. 1 Satz 1 UmwG zum Inhalt des Umwandlungsbeschlusses. § 244 Abs. 2 UmwG bestimmt für den **Formwechsel** einer AG oder KGaA **in eine GmbH** ausdrücklich, dass der Gesellschaftsvertrag von den Gesellschaftern nicht unterzeichnet werden muss. Eine Beurkundung des Umwandlungsbeschlusses gemäß den Vorschriften über die Beurkundung von Willenserklärungen (§§ 8 ff. BeurkG) ist also nicht erforderlich (näher dazu § 218 UmwG Rz. 2). Aus § 244 Abs. 2 UmwG lässt sich indes nicht der Umkehrschluss ziehen, beim **Formwechsel in eine AG oder KGaA** sei eine Unterzeichnung der Satzung notwendig[3]. Aus Vorsichtsgründen ist aber auch eine Unterzeichnung, mithin eine Beurkundung nach §§ 8 ff. BeurkG, möglich[4].

§ 245
Rechtsstellung als Gründer; Kapitalschutz

(1) Bei einem Formwechsel einer Gesellschaft mit beschränkter Haftung in eine Aktiengesellschaft oder in eine Kommanditgesellschaft auf Aktien treten bei der Anwendung der Gründungsvorschriften des Aktiengesetzes an die Stelle der Gründer die Gesellschafter, die für den Formwechsel gestimmt haben, sowie beim Formwechsel einer Gesellschaft mit beschränkter Haftung in eine Kommanditgesellschaft auf Aktien auch beitretende persönlich haftende Gesellschafter. § 220 ist entsprechend anzuwenden. § 52 des Aktiengesetzes

---

1 *Göthel* in Lutter, § 244 UmwG Rz. 12; *Mutter* in Semler/Stengel, § 244 UmwG Rz. 11; *Rieger* in Widmann/Mayer, § 244 UmwG Rz. 13.
2 *Göthel* in Lutter, § 244 UmwG Rz. 13; *Rieger* in Widmann/Mayer, § 244 UmwG Rz. 14.
3 *Mutter* in Semler/Stengel, § 244 UmwG Rz. 15; *Stratz* in Schmitt/Hörtnagl/Stratz, § 244 UmwG Rz. 2; *Rieger* in Widmann/Mayer, § 244 UmwG Rz. 15 ff. AA *Petersen* in Köln-Komm. UmwG, § 244 UmwG Rz. 10; *Göthel* in Lutter, § 244 UmwG Rz. 15.
4 *Mutter* in Semler/Stengel, § 244 UmwG Rz. 15.

ist nicht anzuwenden, wenn die Gesellschaft mit beschränkter Haftung vor dem Wirksamwerden des Formwechsels bereits länger als zwei Jahre in das Register eingetragen war.

(2) Beim Formwechsel einer Aktiengesellschaft in eine Kommanditgesellschaft auf Aktien treten bei der Anwendung der Gründungsvorschriften des Aktiengesetzes an die Stelle der Gründer die persönlich haftenden Gesellschafter der Gesellschaft neuer Rechtsform. § 220 ist entsprechend anzuwenden. § 52 des Aktiengesetzes ist nicht anzuwenden.

(3) Beim Formwechsel einer Kommanditgesellschaft auf Aktien in eine Aktiengesellschaft treten bei der Anwendung der Gründungsvorschriften des Aktiengesetzes an die Stelle der Gründer die persönlich haftenden Gesellschafter der formwechselnden Gesellschaft. § 220 ist entsprechend anzuwenden. § 52 des Aktiengesetzes ist nicht anzuwenden.

(4) Beim Formwechsel einer Aktiengesellschaft oder einer Kommanditgesellschaft auf Aktien in eine Gesellschaft mit beschränkter Haftung ist ein Sachgründungsbericht nicht erforderlich.

1. Überblick 1	d) Keine Gründer beim Formwechsel einer AG oder KGaA in eine GmbH 6
2. Gründerstellung	
a) Formwechsel einer GmbH in eine AG oder KGaA (§ 245 Abs. 1 Satz 1 UmwG) 2	3. Reinvermögensdeckung 7
b) Formwechsel einer AG in eine KGaA (§ 245 Abs. 2 Satz 1 UmwG) 4	4. Gründungsbericht und Gründungsprüfung 9
	5. Gründerhaftung 10
c) Formwechsel einer KGaA in eine AG (§ 245 Abs. 3 Satz 1 UmwG) 5	6. Nachgründung 11

Literatur: *Busch,* Die Deckung des Grundkapitals bei Formwechsel einer GmbH in eine Aktiengesellschaft, AG 1995, 555; *Mertens,* Die formwechselnde Umwandlung einer GmbH in eine Aktiengesellschaft mit Kapitalerhöhung und die Gründungsvorschriften, AG 1995, 561; *Moog,* Differenzhaftung im Umwandlungsrecht, 2009; vgl. auch die Angaben zu § 220 UmwG.

1. Überblick

1 Auf den Formwechsel einer Kapitalgesellschaft in eine Kapitalgesellschaft anderer Rechtsform finden gemäß § 197 Satz 1 UmwG grundsätzlich die für die neue Rechtsform geltenden Gründungsvorschriften Anwendung. Da der Formwechsel aber keine von den allgemeinen Gründungsvorschriften vorausgesetzte Neugründung darstellt, bestimmt § 245 UmwG als notwendige **Ergänzung zu § 197 UmwG,** wer als Gründer zu behandeln ist. Die der Gründerverantwortung unterliegenden Personen sind nach § 244 Abs. 1 UmwG in die Niederschrift über

den Formwechselbeschluss aufzunehmen. Ferner regelt § 245 UmwG die Anwendbarkeit von § 220 UmwG (Kapitalschutz) und § 52 AktG (Nachgründung).

2. Gründerstellung

a) Formwechsel einer GmbH in eine AG oder KGaA (§ 245 Abs. 1 Satz 1 UmwG)

Bei dem Formwechsel einer GmbH in eine AG oder KGaA treten gemäß § 245 Abs. 1 Satz 1 Halbsatz 1 UmwG an die Stelle der Gründer die **Gesellschafter, die für den Formwechsel gestimmt haben.** Dabei entscheidet allein die Stimmabgabe in der Gesellschafterversammlung. Sofern in dem Gesellschaftsvertrag nichts Gegenteiliges geregelt ist, lässt sich die Gründerstellung und damit das Haftungsrisiko auf einen Gesellschafter beschränken, indem nur dieser für den Formwechsel stimmt und die übrigen Gesellschafter sich der Stimme enthalten oder der Versammlung fernbleiben[1]. Allein das Ausscheiden gegen Barabfindung gemäß §§ 207, 209 UmwG kann die Gründerstellung und die damit verbundene Haftung nicht begründen (siehe auch § 219 UmwG Rz. 5)[2]. Gleiches gilt für Gesellschafter, die zwar in der Gesellschafterversammlung nicht für den Formwechsel stimmen, aber eine für den Formwechsel erforderliche Zustimmungserklärung, wie etwa nach § 193 Abs. 2 UmwG, abgeben[3]. Eine Gründerstellung dieser Gesellschafter widerspräche dem Wortlaut des § 245 Abs. 1 Satz 1 UmwG und würde angesichts der damit verbundenen Haftung zu Unbilligkeiten führen[4]. Ebenso sind Gesellschafter, die erst aufgrund einer im Zusammenhang mit dem Formwechsel beschlossenen Kapitalerhöhung in die Gesellschaft eintreten, nicht als Gründer zu behandeln[5].

Für den Fall des Formwechsels einer **GmbH in eine KGaA** treten gemäß § 245 Abs. 1 Satz 1 Halbsatz 2 UmwG auch beitretende **persönlich haftende Gesellschafter** an die Stelle der Gründer. Da die Beitretenden aus eigener Kenntnis keine Informationen über die Verhältnisse der Gesellschaft haben, steht ihnen ein entsprechender Informationsanspruch zu[6], wenngleich in der Praxis ohne-

---

1 *Scheel* in Semler/Stengel, § 245 UmwG Rz. 12; *Drinhausen/Keinath* in Henssler/Strohn, § 245 UmwG Rz. 11.
2 Vgl. *Stratz* in Schmitt/Hörtnagl/Stratz, § 245 UmwG Rz. 3; *Drinhausen/Keinath* in Henssler/Strohn, § 245 UmwG Rz. 2.
3 AA hier in der 4. Aufl. *Dirksen*, § 245 UmwG, Rz. 2; *Rieger* in Widmann/Mayer, § 245 UmwG Rz. 28 f.; *Göthel* in Lutter, § 245 UmwG Rz. 19; *Stratz* in Schmitt/Hörtnagl/Stratz, § 245 UmwG Rz. 3.
4 *Drinhausen/Keinath* in Henssler/Strohn, § 245 UmwG Rz. 3; *Scheel* in Semler/Stengel, § 245 UmwG Rz. 5 ff.; *Rose* in Maulbetsch/Klumpp/Rose, § 245 UmwG Rz. 4.
5 *Göthel* in Lutter, § 245 UmwG Rz. 21; *Drinhausen/Keinath* in Henssler/Strohn, § 245 UmwG Rz. 3.
6 *Göthel* in Lutter, § 245 UmwG Rz. 20; *Scheel* in Semler/Stengel, § 245 UmwG Rz. 18.

hin davon auszugehen ist, dass der Beitritt nicht ohne hinreichende vorherige Information erklärt wird. Neben den beitretenden persönlich haftenden Gesellschaftern sind auch Gesellschafter der formwechselnden GmbH, die nach dem Formwechsel die Stellung eines persönlich haftenden Gesellschafters erhalten sollen, als Gründer zu behandeln[1]. Eines durch die beabsichtigte Übernahme der Stellung als persönlich haftender Gesellschafter begründeten Informationsanspruchs bedarf es hier mit Blick auf das umfassende Auskunfts- und Informationsrecht von GmbH-Gesellschaftern nach § 51a GmbHG nicht[2].

b) Formwechsel einer AG in eine KGaA (§ 245 Abs. 2 Satz 1 UmwG)

4 Im Falle des Formwechsels einer AG in eine KGaA sind gemäß § 245 Abs. 2 Satz 1 UmwG nur die **persönlich haftenden Gesellschafter der KGaA** als Gründer zu behandeln. Auch hier (siehe bereits Rz. 3) besteht ein Informationsanspruch der zukünftigen persönlich haftenden Gesellschafter, und zwar wegen des im Vergleich zu § 51a GmbHG eingeschränkten Informationsrechts nach § 131 AktG unabhängig davon, ob die Betreffenden der Gesellschaft beitreten oder bereits Aktionäre der formwechselnden AG waren[3].

c) Formwechsel einer KGaA in eine AG (§ 245 Abs. 3 Satz 1 UmwG)

5 Beim Formwechsel einer KGaA in eine AG treten gemäß § 245 Abs. 3 Satz 1 UmwG die **persönlich haftenden Gesellschafter der formwechselnden KGaA** an die Stelle der Gründer. Sofern die Satzung der formwechselnden KGaA gemäß § 240 Abs. 3 Satz 2 UmwG eine Mehrheitsentscheidung der persönlich haftenden Gesellschafter vorsieht, gilt dies mit Blick auf den Wortlaut des § 245 Abs. 3 Satz 1 UmwG auch für persönlich haftende Gesellschafter, die nicht für den Formwechsel gestimmt haben[4]. Relevanter Zeitpunkt für die Bestimmung der den Gründern gleichstehenden Personen ist die Eintragung des Formwechsels im Handelsregister[5].

---

1 *Scheel* in Semler/Stengel, § 245 UmwG Rz. 19 ff.; *Stratz* in Schmitt/Hörtnagl/Stratz, § 245 UmwG Rz. 3.
2 Vorsichtiger hingegen *Scheel* in Semler/Stengel, § 245 UmwG Rz. 18 Fn. 24.
3 Ausführlich dazu *Scheel* in Semler/Stengel, § 245 UmwG Rz. 24.
4 *Göthel* in Lutter, § 245 UmwG Rz. 25; *Drinhausen/Keinath* in Henssler/Strohn, § 245 UmwG Rz. 6; *Rose* in Maulbetsch/Klumpp/Rose, § 245 UmwG Rz. 15. AA *Rieger* in Widmann/Mayer, § 245 UmwG Rz. 37. *Scheel* in Semler/Stengel, § 245 UmwG Rz. 32 befürwortet einen Anspruch der persönlich haftenden Gesellschafter auf Umwandlung ihrer Komplementärstellung in eine Kommanditistenstellung analog § 139 Abs. 1 HGB vor Eintragung des Formwechsels.
5 Siehe dazu sowie zur Rechtsnachfolge § 219 UmwG Rz. 2. Wie hier *Scheel* in Semler/Stengel, § 245 UmwG Rz. 30. Für den Zeitpunkt der Beschlussfassung *Rieger* in Widmann/Mayer, § 245 UmwG Rz. 36; *Drinhausen/Keinath* in Henssler/Strohn, § 245 UmwG Rz. 5.

d) Keine Gründer beim Formwechsel einer AG oder KGaA in eine GmbH

Für den Formwechsel einer GmbH in eine AG oder KGaA enthält § 245 Abs. 4 UmwG keine Regelung zu der Gründerstellung. Grund dafür ist die gesetzgeberische Erwägung, dass in diesem Fall der formwechselnde Rechtsträger schärferen Kapitalschutzvorschriften unterliegt als der Rechtsträger neuer Rechtsform[1]. Diese Erwägung ist zwar insofern zweifelhaft, als auch bei der AG oder KGaA das Grundkapital im Zeitpunkt des Formwechsels durch Verluste aufgezehrt worden sein kann[2], aus der gesetzlichen Regelung folgt aber dennoch eindeutig, dass im Falle des Formwechsels einer AG oder KGaA in eine GmbH niemand als Gründer zu behandeln ist und damit auch eine Gründerhaftung ausscheidet[3].

6

3. Reinvermögensdeckung

Sowohl im Falle des **Formwechsels** einer **GmbH in eine AG oder KGaA** (§ 245 Abs. 1 Satz 2 UmwG), einer **AG in eine KGaA** (§ 245 Abs. 2 Satz 2 UmwG) als auch einer **KGaA in eine AG** (§ 245 Abs. 3 Satz 2 UmwG) gilt das Prinzip der **Reinvermögensdeckung nach § 220 Abs. 1 UmwG**. Dies bedeutet, dass der Formwechsel in den vorgenannten Fällen nur dann möglich ist, wenn die Deckung des in dem Gesellschaftsvertrag des Rechtsträgers neuer Rechtsform festgesetzten Grundkapitals durch das Reinvermögen der formwechselnden Gesellschaft gewährleistet ist (näher dazu § 220 UmwG Rz. 4 ff.). Wie bei der unmittelbaren Anwendung von § 220 Abs. 1 UmwG im Falle des Formwechsels einer Personen- in eine Kapitalgesellschaft, sind auch hier nicht die Buchwerte, sondern die Verkehrswerte entscheidend[4] (ausführlich zur Ermittlung des Reinvermögens, der Deckung durch Bar- oder Sacheinlagen und der Problematik offener Einlageforderungen § 220 UmwG Rz. 6 ff.). Der Formwechsel ist dementsprechend nur dann ausgeschlossen, wenn bei dem Rechtsträger neuer Rechtsform eine materielle[5] Unterbilanz bestehen würde oder er sogar überschuldet wäre. Reicht das nach Verkehrswerten berechnete Reinvermögen nicht aus, können die Gesellschafter, wie bei dem Formwechsel einer Personen- in eine Kapitalgesellschaft, beispielsweise vor Anmeldung des Formwechsels das Vermögen der Gesellschaft entsprechend auffüllen oder sich um eine Reduzierung der Verbindlichkeiten der Gesellschaft bemühen und damit den Weg für

7

---

1 BT-Drucks. 12/6699, S. 157.
2 Siehe auch *Scheel* in Semler/Stengel, § 245 UmwG Rz. 45.
3 *Göthel* in Lutter, § 245 UmwG Rz. 26; *Scheel* in Semler/Stengel, § 245 UmwG Rz. 33.
4 Ua. *Rieger* in Widmann/Mayer, § 245 UmwG Rz. 56 f.; *Scheel* in Semler/Stengel, § 245 UmwG Rz. 41.
5 Eine rein formelle Unterbilanz, also eine Unterbilanz auf Grundlage der Buchwerte, ist unschädlich, sofern die Verkehrswerte das gewünschte Stamm- bzw. Grundkapital des Rechtsträgers neuer Rechtsform decken, also trotz formeller Unterbilanz keine materielle Unterbilanz vorliegt.

den Formwechsel frei machen. Daneben kommt bei dem Formwechsel einer Kapitalgesellschaft in eine Kapitalgesellschaft anderer Rechtsform auch eine dem Formwechsel vorangehende Kapitalherabsetzung in Betracht (siehe auch § 243 UmwG Rz. 7). Zu der Prüfung des Formwechsels durch das Registergericht gehört auch die Prüfung der Kapitaldeckung im Zeitpunkt der Registeranmeldung (§ 220 UmwG Rz. 13 f.).

8 Demgegenüber ist ein **Formwechsel** von einer **AG oder KGaA in eine GmbH** auch bei materieller Unterbilanz möglich[1]. Zwar ist trotz der für die formwechselnde AG oder KGaA geltenden strengeren Kapitalschutzvorschriften nicht gesichert, dass das Grundkapital im Zeitpunkt des Formwechsels auch tatsächlich noch vorhanden ist (Rz. 6), da aber § 245 Abs. 4 UmwG nicht auf § 220 UmwG verweist, ist eine **Reinvermögensdeckung** nach § 220 Abs. 1 UmwG **nicht erforderlich**.

4. Gründungsbericht und Gründungsprüfung

9 Bei dem **Formwechsel** einer **GmbH in eine AG oder KGaA**, einer **AG in eine KGaA** sowie einer **KGaA in eine AG** ist von den jeweils in § 245 Abs. 1 bis 3 UmwG bezeichneten Gründern ein Gründungsbericht zu erstellen, der gemäß § 245 Abs. 1 Satz 2 UmwG, § 245 Abs. 2 Satz 2 UmwG bzw. § 245 Abs. 3 Satz 2 UmwG die zusätzlichen Angaben nach § 220 Abs. 2 UmwG enthalten muss. Insoweit sei auf § 220 UmwG Rz. 15 ff. verwiesen. Der Gründungsbericht ist anschließend durch die zukünftigen Mitglieder des Vorstands (bei der KGaA durch die persönlich haftenden Gesellschafter) und des Aufsichtsrats des Rechtsträgers neuer Rechtsform zu prüfen. Die Prüfung hat sich dabei insbesondere auf die Deckung des Reinvermögens zu erstrecken. Zusätzlich hat eine Gründungsprüfung durch externe Prüfer stattzufinden. Zur Gründungsprüfung siehe § 220 UmwG Rz. 18. Bei dem Formwechsel einer AG oder KGaA in eine GmbH bedarf es hingegen gemäß § 245 Abs. 4 UmwG keines Sachgründungsberichts. Eine Gründungsprüfung wie bei der AG oder KGaA gibt es bei der GmbH nicht.

5. Gründerhaftung

10 Eine Gründerhaftung kommt nur beim **Formwechsel in die AG oder KGaA** für die jeweils in § 245 Abs. 1 bis 3 UmwG bezeichneten Gründer in Betracht (vgl. Rz. 2 ff.). Die Gründer haften gemäß § 46 AktG für falsche Angaben, insbesondere im Zusammenhang mit dem Gründungsbericht. Darüber hinaus ist um-

---

[1] Siehe etwa *Rieger* in Widmann/Mayer, § 245 UmwG Rz. 46 f.; *Stratz* in Schmitt/Hörtnagl/Stratz, § 245 UmwG Rz. 6; *Göthel* in Lutter, § 245 UmwG Rz. 4.

stritten, ob eine Differenzhaftung der Gründer möglich ist[1]. Eine Handelndenhaftung (§ 41 AktG) scheidet jedenfalls aus (vgl. § 219 UmwG Rz. 12).

6. Nachgründung

Für den Fall des **Formwechsels** einer **GmbH in eine AG oder KGaA** bestimmt § 245 Abs. 1 Satz 3 UmwG, dass § 52 AktG nicht anzuwenden ist, wenn die GmbH vor dem Wirksamwerden des Formwechsels bereits länger als zwei Jahre in das Register eingetragen ist. Ist dies nicht der Fall, stellt sich die Frage, wann die Zwei-Jahres-Frist des § 52 Abs. 1 Satz 1 AktG zu laufen beginnt. Insoweit wird teilweise darauf abgestellt, dass die Verweisung in § 245 Abs. 1 Satz 2 UmwG die Regelung des § 220 Abs. 3 Satz 2 UmwG miteinschließe und daraus gefolgert, dass die Frist erst mit dem Wirksamwerden des Formwechsels zu laufen beginne[2]. Obwohl das GmbH-Recht keine Regelungen zur Nachgründung enthält, erscheint dies dennoch nicht sachgerecht, da § 220 Abs. 3 Satz 2 UmwG gerade auf den Formwechsel von Personengesellschaften, bei denen es im Gegensatz zur GmbH keinerlei Kapitalaufbringung gibt, zugeschnitten ist[3]. Es ist daher davon auszugehen, dass die Frist mit der Eintragung der formwechselnden GmbH in das Handelsregister bei Gründung zu laufen beginnt[4], gleichsam aber auch dann erst nach Ablauf von zwei Jahren endet, wenn das Fristende zeitlich nach dem Wirksamwerden des Formwechsels liegt. 11

Bei dem **Formwechsel** einer **AG in eine KGaA** sowie einer **KGaA in eine AG** wird § 52 AktG in § 245 Abs. 2 Satz 2 UmwG und § 245 Abs. 3 Satz 3 UmwG jeweils für nicht anwendbar erklärt. Aus Anlass des Formwechsels findet also § 52 AktG nicht erneut Anwendung. Die Zwei-Jahres-Frist des § 52 Abs. 1 Satz 1 AktG läuft vielmehr ab der Eintragung der formwechselnden AG oder KGaA im Handelsregister bei Gründung für die Dauer von zwei Jahren, und zwar unabhängig davon, ob das Fristende zeitlich vor oder nach dem Wirksamwerden des Formwechsels liegt[5]. Nach dem Wirksamwerden des **Formwechsels** einer **AG oder KGaA in eine GmbH** scheidet eine Nachgründung indessen aus, weil das GmbH-Recht keine Regelungen zur Nachgründung kennt[6]. 12

---

1 Siehe dazu *Drinhausen/Keinath* in Henssler/Strohn, § 245 UmwG Rz. 9 und *Göthel* in Lutter, § 245 UmwG Rz. 57, jeweils mwN.
2 *Petersen* in KölnKomm. UmwG, § 245 UmwG Rz. 25. So aufgrund des Wortlauts von § 245 Abs. 1 Satz 3 UmwG auch *Rieger* in Widmann/Mayer, § 245 UmwG Rz. 90.4.
3 In diese Richtung weist auch die Gesetzesbegründung, die feststellt, dass sich die Kapitalaufbringung bei der GmbH nicht grundlegend von den Kapitalaufbringungsregeln des AktG unterscheidet (BT-Drucks. 16/2919, S. 20).
4 IE auch *Göthel* in Lutter, § 245 UmwG Rz. 63; *Scheel* in Semler/Stengel, § 245 UmwG Rz. 66.
5 *Göthel* in Lutter, § 245 UmwG Rz. 65; *Rieger* in Widmann/Mayer, § 245 UmwG Rz. 93.
6 *Göthel* in Lutter, § 245 UmwG Rz. 64.

§ 246
Anmeldung des Formwechsels

(1) Die Anmeldung nach § 198 ist durch das Vertretungsorgan der formwechselnden Gesellschaft vorzunehmen.

(2) Zugleich mit der neuen Rechtsform oder mit dem Rechtsträger neuer Rechtsform sind die Geschäftsführer der Gesellschaft mit beschränkter Haftung, die Vorstandsmitglieder der Aktiengesellschaft oder die persönlich haftenden Gesellschafter der Kommanditgesellschaft auf Aktien zur Eintragung in das Register anzumelden.

(3) § 8 Abs. 2 des Gesetzes betreffend die Gesellschaften mit beschränkter Haftung und § 37 Abs. 1 des Aktiengesetzes sind auf die Anmeldung nach § 198 nicht anzuwenden.

1. Überblick 1	4. Keine Versicherung gemäß § 8 Abs. 2 GmbHG bzw. Erklärung gemäß § 37 Abs. 1 AktG (§ 246 Abs. 3 UmwG) 5
2. Zuständigkeit für die Anmeldung (§ 246 Abs. 1 UmwG) 2	
3. Anmeldung der gesetzlichen Vertreter des Rechtsträgers neuer Rechtsform (§ 246 Abs. 2 UmwG) 3	

Literatur: *Hoger,* Fortdauer und Beendigung der organschaftlichen Rechtsstellung von Geschäftsleitern beim Formwechsel nach dem UmwG, ZGR 2007, 868; *Melchior,* Vollmachten bei Umwandlungsvorgängen – Vertretungshindernisse und Interessenkollisionen, GmbHR 1999, 520.

1. Überblick

1 § 246 UmwG regelt ergänzend zu §§ 198, 199 UmwG die Modalitäten der Anmeldung für den Formwechsel einer Kapitalgesellschaft in eine Kapitalgesellschaft anderer Rechtsform. Der weitere **Inhalt der Anmeldung** sowie die der Anmeldung beizufügenden **Anlagen** ergeben sich aus §§ 198, 199 UmwG sowie dem Gründungsrecht des Rechtsträgers neuer Rechtsform (siehe dazu § 198 UmwG Rz. 11 ff. sowie § 199 UmwG Rz. 2 ff.). Die Anmeldung ist elektronisch in öffentlich beglaubigter Form einzureichen (§ 12 Abs. 1 Satz 1 HGB).

2. Zuständigkeit für die Anmeldung (§ 246 Abs. 1 UmwG)

2 Die Anmeldung hat nach § 246 Abs. 1 UmwG durch das **Vertretungsorgan der formwechselnden Gesellschaft**, also durch die Geschäftsführer der GmbH, den Vorstand der AG bzw. die persönlich haftenden Gesellschafter der KGaA zu er-

folgen. Wie ein Vergleich mit § 222 Abs. 1 Satz 1 UmwG zeigt, muss die Anmeldung nicht durch alle Mitglieder des Vertretungsorgans, sondern nur durch Mitglieder in vertretungsberechtigter Anzahl erfolgen, wobei auch unechte Gesamtvertretung zulässig ist[1]. Der Aufsichtsrat wirkt bei der Anmeldung nicht mit, es sei denn bei dem Formwechsel einer AG oder KGaA wurde anlässlich des Formwechsels eine Kapitalerhöhung oder -herabsetzung beschlossen (vgl. §§ 184, 223 AktG). Die Vertretungsorgane haben die allgemeine Organpflicht zur Anmeldung des Formwechsels als Umsetzung des Formwechselbeschlusses der Anteilseignerversammlung, deren Verletzung Schadensersatzansprüche nach sich ziehen kann[2]. Eine Vertretung bei der Anmeldung mittels (gemäß § 12 Abs. 1 Satz 2 HGB öffentlich zu beglaubigender) Vollmacht ist zwar grundsätzlich möglich, allerdings aufgrund der Höchstpersönlichkeit der Negativerklärung gemäß §§ 198 Abs. 3, 16 Abs. 2 UmwG nur dann sinnvoll, wenn es keiner Negativerklärung bedarf, weil ein Freigabebeschluss nach §§ 198 Abs. 3, 16 Abs. 3 UmwG ergangen ist oder Verzichte nach §§ 198 Abs. 3, 16 Abs. 2 Satz 2 UmwG vorliegen[3].

3. Anmeldung der gesetzlichen Vertreter des Rechtsträgers neuer Rechtsform (§ 246 Abs. 2 UmwG)

Zum **Inhalt der Anmeldung** gehört nach § 246 Abs. 2 UmwG auch die Anmeldung aller[4] gesetzlichen Vertreter des Rechtsträgers neuer Rechtsform. Dabei ist ihre abstrakte und konkrete Vertretungsbefugnis anzugeben (§ 197 Satz 1 UmwG iVm. § 8 Abs. 4 Nr. 2 GmbHG, §§ 37 Abs. 3 Nr. 2, 283 Nr. 1 AktG). Gemäß § 197 Satz 1 UmwG iVm. § 8 Abs. 3 GmbHG, §§ 37 Abs. 2, 283 Nr. 1 AktG bedarf es der Versicherung über das Nichtvorliegen von Bestellungshindernissen und die erfolgte Belehrung über die unbeschränkte Auskunftspflicht gegenüber dem Gericht[5]. Liegt ein Verstoß gegen § 246 Abs. 2 UmwG vor oder fehlt die Versicherung nach § 8 Abs. 3 GmbHG bzw. §§ 37 Abs. 2, 283 Nr. 1 AktG, stellt dies zwar ein Eintragungshindernis dar, trägt hingegen der Registerrichter den Formwechsel in das Handelsregister ein, wird der Formwechsel wirksam[6]. Ist die Bestellung der gesetzlichen Vertreter unterblieben, ist sie nachzuholen oder ggf. eine Notgeschäftsführung zu bestellen[7].

---

1 Ua. *Scheel* in Semler/Stengel, § 246 UmwG Rz. 2f.; *Petersen* in KölnKomm. UmwG, § 246 UmwG Rz. 3.
2 Oben *Zimmermann*, § 16 UmwG Rz. 6; *Scheel* in Semler/Stengel, § 246 UmwG Rz. 5.
3 *Göthel* in Lutter, § 246 UmwG Rz. 5; *Scheel* in Semler/Stengel, § 246 UmwG Rz. 8.
4 *Rieger* in Widmann/Mayer, § 246 UmwG Rz. 42.
5 *Göthel* in Lutter, § 246 UmwG Rz. 10; *Scheel* in Semler/Stengel, § 246 UmwG Rz. 7.
6 *Rieger* in Widmann/Mayer, § 246 UmwG Rz. 48f.; *Göthel* in Lutter, § 246 UmwG Rz. 11.
7 *Rieger* in Widmann/Mayer, § 246 UmwG Rz. 49.

4 Die Mitglieder eines etwaigen **Aufsichtsrats** des Rechtsträgers neuer Rechtsform sind zwar von § 246 Abs. 2 UmwG nicht erfasst, gemäß § 197 Satz 1 UmwG iVm. § 37 Abs. 4 Nr. 3[1] und Nr. 3a AktG sind aber der Anmeldung die Urkunde über die Bestellung des Aufsichtsrats, sofern diese nicht in der Urkunde über den Formwechselbeschluss enthalten ist, sowie eine Liste der Mitglieder des Aufsichtsrats beizufügen[2]. **Prokuren** müssen anlässlich des Formwechsels nicht neu angemeldet werden[3], ein Hinweis in der Handelsregisteranmeldung auf das Fortbestehen der Prokuren ist aber zu empfehlen[4]. Es bedarf keiner Zeichnung der Namenunterschrift[5]. Im Falle des Formwechsels einer AG oder KGaA in eine GmbH ist der Anmeldung gemäß § 197 Satz 1 UmwG iVm. § 8 Abs. 1 Nr. 3 GmbHG eine **Gesellschafterliste** beizufügen[6]. Im Falle unbekannter Aktionäre genügt gemäß §§ 213, 35 Satz 1 UmwG die Angabe des insgesamt auf **unbekannte Aktionäre** entfallenden Teils des Grundkapitals sowie die Bezeichnung der auf sie nach dem Formwechsel entfallenden Anteile (§ 234 UmwG Rz. 4).

4. Keine Versicherung gemäß § 8 Abs. 2 GmbHG bzw. Erklärung gemäß § 37 Abs. 1 AktG (§ 246 Abs. 3 UmwG)

5 Eine Versicherung gemäß § 8 Abs. 2 GmbHG bzw. Erklärung gemäß § 37 Abs. 1 AktG ist gemäß § 246 Abs. 3 UmwG nicht erforderlich. Dies ist folgerichtig, denn das Reinvermögen ist und bleibt Vermögen des formwechselnden Rechtsträgers (vgl. § 220 UmwG Rz. 4 ff.; siehe zur Reinvermögensdeckung § 245 UmwG Rz. 7 f.)[7].

---

1 Nach § 37 Abs. 4 Nr. 3 AktG ist auch der Beschluss des Aufsichtsrats über die Bestellung des Vorstands beizufügen. Für den Beschluss zur Bestellung der Geschäftsführer bei dem Formwechsel in eine GmbH gilt § 8 Abs. 1 Nr. 2 GmbHG, sofern die Bestellung nicht schon in der Urkunde über den Formwechselbeschluss enthalten ist.
2 *Deipenbrock* in Keßler/Kühnberger, § 218 UmwG Rz. 12.
3 OLG Köln v. 6.5.1996 – 2 Wx 9/96, GmbHR 1996, 773 (774).
4 Oben *Zimmermann*, § 198 UmwG Rz. 15; *Göthel* in Lutter, § 246 UmwG Rz. 18.
5 Siehe die Nachweise in der vorstehenden Fn.
6 Aus dem über den Verweis in § 197 Satz 1 UmwG anwendbaren § 8 Abs. 1 Nr. 3 GmbH ergibt sich, dass die Gesellschafterliste von den Anmeldenden und nicht von dem den Formwechsel beurkundenden Notar zu unterschreiben ist.
7 Nicht überzeugend ist hingegen die Gesetzesbegründung, nach der § 246 Abs. 3 UmwG der beibehaltenen Möglichkeit des Formwechsels bei Unterbilanz Rechnung tragen soll (BT-Drucks. 12/6699, S. 158). Nur der Formwechsel von einer AG oder KGaA in eine GmbH ist auch bei materieller Unterbilanz möglich (§ 245 UmwG Rz. 7 f.).

§ 247
Wirkungen des Formwechsels

(1) Durch den Formwechsel wird das bisherige Stammkapital einer formwechselnden Gesellschaft mit beschränkter Haftung zum Grundkapital der Gesellschaft neuer Rechtsform oder das bisherige Grundkapital einer formwechselnden Aktiengesellschaft oder Kommanditgesellschaft auf Aktien zum Stammkapital der Gesellschaft neuer Rechtsform.

(2) Durch den Formwechsel einer Kommanditgesellschaft auf Aktien scheiden deren persönlich haftende Gesellschafter als solche aus der Gesellschaft aus.

1. Überblick	1	3. Ausscheiden persönlich haftender	
2. Stamm- und Grundkapital (§ 247 Abs. 1 UmwG)	2	Gesellschafter (§ 247 Abs. 2 UmwG)	5

Literatur: *Heidinger*, Die Euroumstellung beim Formwechsel von Kapitalgesellschaften, NZG 2000, 532; *Priester*, Kapitalgrundlage beim Formwechsel, DB 1995, 911.

1. Überblick

§ 247 UmwG enthält entgegen der zu weiten amtlichen Überschrift nur **Ergänzungen zu** den nach § 202 UmwG eintretenden Wirkungen des Formwechsels für den Fall des Formwechsels einer Kapitalgesellschaft in eine Kapitalgesellschaft anderer Rechtsform. 1

2. Stamm- und Grundkapital (§ 247 Abs. 1 UmwG)

Als Konsequenz aus dem Identitätsprinzip (§ 194 UmwG Rz. 31; § 202 UmwG Rz. 34 f.) wird das Nennkapital der Gesellschaft neuer Rechtsform beim Formwechsel nicht neu geschaffen, sondern im Gesellschaftsvertrag bzw. der Satzung des Rechtsträgers neuer Rechtsform lediglich fortgeschrieben und im Zeitpunkt der Eintragung des Formwechsels vom Stamm- zum Grundkapital und umgekehrt[1]. Ist eine GmbH Ausgangs- oder Zielrechtsträger, **ändert** sich lediglich die **Bezeichnung von Stamm- in Grundkapital oder umgekehrt**, die **Kapitalziffer bleibt** aber durch den Formwechsel **unverändert**. Dies verdeutlicht § 247 Abs. 1 UmwG. Nicht geregelt ist in § 247 Abs. 1 UmwG hingegen der Formwechsel von einer AG in eine KGaA und umgekehrt. Dies beruht anscheinend darauf, dass es in diesem Fall bei der Bezeichnung des Haftkapitals als Grundkapital verbleibt, ändert aber freilich nichts daran, dass auch hier die Kapitalziffer durch 2

---
1 BT-Drucks. 12/6699, S. 158.

den Formwechsel unverändert bleibt[1]. Um Problemen im Falle des Formwechsels einer Kapitalgesellschaft, deren Haftkapital noch auf DM lautet, zu begegnen, sollte vor dem Formwechsel eine Umstellung des Haftkapitals auf Euro erfolgen[2].

3 **Kapitalerhöhungen und -herabsetzungen** bleiben gemäß § 243 Abs. 2 UmwG nach den allgemeinen Regelungen des Gesellschaftsrechts möglich und sind vor dem Formwechsel unter Umständen sogar erforderlich, um eine Unterbilanz zu beseitigen oder das Mindestkapital nach § 7 AktG zu erreichen (ausführlich dazu § 243 UmwG Rz. 7 ff.). Auch eine vereinfachte Kapitalherabsetzung kann nach allgemeinen Grundsätzen gemäß §§ 229 ff. AktG bzw. §§ 58a ff. GmbHG erfolgen. Hierbei ist eine Rückwirkung der vereinfachten Kapitalherabsetzung nach § 234 AktG bzw. § 58e GmbHG möglich, so dass das veränderte Nennkapital bereits in dem Jahresabschluss für das der Kapitalherabsetzung vorangehende Geschäftsjahr ausgewiesen werden kann[3]. Ebenso denkbar ist die verbreitete Praxis, die vereinfachte Kapitalherabsetzung mit einer Kapitalerhöhung zu verbinden und auch diese gemäß § 235 AktG bzw. § 58f GmbHG schon in dem Jahresabschluss für das der Kapitalerhöhung vorangehende Geschäftsjahr zu berücksichtigen[4].

4 Eine **andere Stückelung** der einzelnen Anteile ist im Rahmen des Formwechsels unter Beachtung des Gleichbehandlungsgrundsatzes gemäß **§ 243 Abs. 3 Satz 1 UmwG** möglich (§ 243 UmwG Rz. 10). Davon zu unterscheiden ist die **Änderung der Gesamtbeteiligung** eines Gesellschafters nach dem Formwechsel im Vergleich zu seiner Gesamtbeteiligung vor dem Formwechsel (nicht-verhältniswahrender Formwechsel), für die es gemäß **§ 241 UmwG** bzw. **§ 242 UmwG** der Zustimmung der dadurch benachteiligten Gesellschafter bedarf.

3. Ausscheiden persönlich haftender Gesellschafter (§ 247 Abs. 2 UmwG)

5 Bei dem Formwechsel einer KGaA in eine AG oder GmbH scheiden die persönlich haftenden Gesellschafter gemäß § 247 Abs. 2 UmwG mit dem Wirksamwerden des Formwechsels durch Eintragung in das Handelsregister (§ 202 UmwG) „als solche" aus der Gesellschaft aus. Dies bedeutet, dass, sofern persönlich haftende Gesellschafter zugleich Kommanditaktionäre der KGaA sind, diese Stel-

---

1 *Rieger* in Widmann/Mayer, § 247 UmwG Rz. 13 f.; *Scheel* in Semler/Stengel, § 247 UmwG Rz. 2.
2 Ausführlich dazu *Göthel* in Lutter, § 247 UmwG Rz. 5.
3 Siehe ua. *Göthel* in Lutter, § 247 UmwG Rz. 13 ff.; *Scheel* in Semler/Stengel, § 247 UmwG Rz. 7.
4 Ua. *Göthel* in Lutter, § 247 UmwG Rz. 17; *Rieger* in Widmann/Mayer, § 247 UmwG Rz. 32 f.

lung von § 247 Abs. 2 UmwG unberührt bleibt und sie insoweit Geschäftsanteile an der GmbH bzw. Aktien an der AG als Rechtsträger neuer Rechtsform erhalten[1]. Persönlich haftende Gesellschafter scheiden als solche aber in jedem Fall aus der Gesellschaft aus. Sie haben als solche auch keinen Anspruch auf eine Beteiligung an der AG oder GmbH als Rechtsträger neuer Rechtsform[2], und zwar selbst dann nicht, wenn die Satzung gemäß § 240 Abs. 3 Satz 2 UmwG eine Mehrheitsentscheidung der persönlich haftenden Gesellschafter zulässt[3].

Das Bestehen eines **Abfindungsanspruchs** ausscheidender persönlich haftender Gesellschafters richtet sich nach den allgemeinen Regeln (§ 278 Abs. 2 AktG iVm. §§ 161 Abs. 2, 105 Abs. 3 HGB, §§ 738 ff. BGB) sowie etwaigen einschlägigen Satzungsregelungen (ausführlich dazu § 227 UmwG Rz. 2). Ausscheidende persönlich haftende Gesellschafter unterliegen der **Nachhaftung** gemäß §§ 249, 224 UmwG für Altverbindlichkeiten (siehe die Kommentierung zu § 249 UmwG). Im Falle der Inanspruchnahme durch einen Gläubiger der Gesellschaft steht ihnen aber ein Ausgleichsanspruch gegen die Gesellschaft und ggf. subsidiär gegen andere ehemalige persönlich haftende Gesellschafter der KGaA, deren Nachhaftung noch nicht erloschen ist, zu (§ 227 UmwG Rz. 4). Für Neuverbindlichkeiten wird zwar eine Rechtsscheinhaftung für möglich gehalten[4], an einem Rechtsschein wird es aber schon deshalb fehlen, weil nach Eintragung des Formwechsels der KGaA in eine AG oder GmbH kein Rechtsschein persönlicher Haftung besteht[5]. 6

§ 248
Umtausch der Anteile

(1) **Auf den Umtausch der Geschäftsanteile einer formwechselnden Gesellschaft mit beschränkter Haftung gegen Aktien ist § 73 des Aktiengesetzes, bei Zusammenlegung von Geschäftsanteilen § 226 des Aktiengesetzes über die Kraftloserklärung von Aktien entsprechend anzuwenden.**

---

1 *Scheel* in Semler/Stengel, § 247 UmwG Rz. 10; *Petersen* in KölnKomm. UmwG, § 247 UmwG Rz. 10.
2 *Rieger* in Widmann/Mayer, § 247 UmwG Rz. 51; *Petersen* in KölnKomm. UmwG, § 247 UmwG Rz. 10.
3 *Scheel* in Semler/Stengel, § 247 UmwG Rz. 17 f.; *Drinhausen/Keinath* in Henssler/Strohn, § 247 UmwG Rz. 5. Vgl. auch BGH v. 9.5.2005 – II ZR 29/03, AG 2005, 613 zu dem Formwechsel einer AG in eine GmbH & Co. KG, bei dem es nach dem BGH zur Wahrung der Kontinuität der Mitgliedschaft nicht geboten ist, die bisherigen Aktionäre an der Komplementärgesellschaft zu beteiligen.
4 *Göthel* in Lutter, § 247 UmwG Rz. 22.
5 *Scheel* in Semler/Stengel, § 247 UmwG Rz. 15; *Rieger* in Widmann/Mayer, § 247 UmwG Rz. 46; *Drinhausen/Keinath* in Henssler/Strohn, § 247 UmwG Rz. 6.

§ 248 | Formwechsel in eine Kapitalgesellschaft anderer Rechtsform

(2) Auf den Umtausch der Aktien einer formwechselnden Aktiengesellschaft oder Kommanditgesellschaft auf Aktien gegen Geschäftsanteile einer Gesellschaft mit beschränkter Haftung ist § 73 Abs. 1 und 2 des Aktiengesetzes, bei Zusammenlegung von Aktien § 226 Abs. 1 und 2 des Aktiengesetzes über die Kraftloserklärung von Aktien entsprechend anzuwenden.

(3) Einer Genehmigung des Gerichts bedarf es nicht.

1. Überblick 1	b) Zusammenlegung (§ 248 Abs. 2 UmwG iVm. § 226 Abs. 1 und 2 AktG) 8
2. Formwechsel einer GmbH in eine AG oder KGaA (§ 248 Abs. 1 UmwG)	
a) Umtausch (§ 248 Abs. 1 UmwG iVm. § 73 AktG) 2	4. Übertragung der Anteile 9
b) Zusammenlegung (§ 248 Abs. 1 UmwG iVm. § 226 AktG) 4	a) Formwechsel einer GmbH in eine AG oder KGaA 10
3. Formwechsel einer AG oder KGaA in eine GmbH (§ 248 Abs. 2 UmwG)	b) Formwechsel einer AG oder KGaA in eine GmbH 11
a) Umtausch (§ 248 Abs. 2 UmwG iVm. § 73 Abs. 1 und 2 AktG) . 6	

1. Überblick

1 Mit der Eintragung des Formwechsels im Handelsregister wird das Haftkapital des Ausgangsrechtsträgers zum Haftkapital des Rechtsträgers neuer Rechtsform (§ 247 Abs. 1 UmwG) und die Anteilsinhaber bleiben an dem Rechtsträger neuer Rechtsform nach den für diesen geltenden Vorschriften beteiligt (§ 202 Abs. 1 Nr. 2 Satz 1 UmwG). Dies ist eine Konsequenz aus dem **Identitätsprinzip** (§ 194 UmwG Rz. 31; § 202 UmwG Rz. 34 f.). Die Beteiligung an der formwechselnden Kapitalgesellschaft wird also kraft Gesetzes mit dem Wirksamwerden des Formwechsels zu einer Beteiligung an der Kapitalgesellschaft anderer Rechtsform. Die Umwandlung der Beteiligung beruht demnach, entgegen des insoweit missverständlichen Wortlauts des § 248 UmwG, nicht auf einem tatsächlichen „Umtausch", sondern erfolgt bereits kraft Gesetzes. Daran anknüpfend regelt **§ 248 UmwG** das **Verfahren**, um die schon mit Eintragung des Formwechsels erfolgte Umwandlung der Beteiligung in eine Beteiligung an einer Kapitalgesellschaft anderer Rechtsform nachzuvollziehen. § 248 UmwG erfasst **nicht den Formwechsel einer AG in eine KGaA sowie den umgekehrten Fall,** weil die Beteiligung dabei vor und nach dem Formwechsel durch Aktien verkörpert wird.

2. Formwechsel einer GmbH in eine AG oder KGaA (§ 248 Abs. 1 UmwG)

a) Umtausch (§ 248 Abs. 1 UmwG iVm. § 73 AktG)

Das Umtauschverfahren richtet sich im Falle des Formwechsels einer GmbH in eine AG oder KGaA nach § 248 Abs. 1 UmwG iVm. § 73 AktG. Anteilsscheine über GmbH-Geschäftsanteile werden nur sehr selten ausgegeben und sind selbst dann nur Beweisurkunden, aber keine Wertpapiere[1]. Der von § 248 Abs. 1 UmwG in Bezug genommene „Umtausch" ist, wenn keine Anteilsscheine ausgegeben wurden, die Zuteilung und Ausgabe von Aktien auf der Grundlage eines Nachweises der Mitgliedschaft[2]. Das Verfahren nach § 248 Abs. 1 UmwG iVm. § 73 AktG hat dann die Funktion, die Aktionäre nach diesen Maßgaben zur Abholung ihrer Aktien aufzufordern[3]. Eine solche Aufforderung ist allerdings nicht verpflichtend[4]. Wurden ausnahmsweise für die Geschäftsanteile Anteilsscheine ausgegeben, erfasst das Verfahren auch eine Aufforderung zur Einreichung der Anteilsscheine und bietet die Grundlage für ihre spätere Kraftloserklärung (vgl. § 73 Abs. 2 AktG). Ein Vorgehen nach § 248 Abs. 1 UmwG iVm. § 73 AktG erübrigt sich freilich dann, wenn die Anteilsinhaber den „Umtausch" freiwillig vornehmen[5].

2

Zuständig für die Durchführung des Umtauschverfahrens ist bis zur Eintragung des Formwechsels das Vertretungsorgan der formwechselnden Gesellschaft und nach Eintragung das Vertretungsorgan des Rechtsträgers neuer Rechtsform[6]. Das Umtauschverfahren beginnt mit der **Aufforderung** der Aktionäre zur Abholung ihrer Aktien sowie, falls für die Geschäftsanteile Anteilsscheine ausgegeben wurden, zur Einreichung ihrer Anteilsscheine. Die Aufforderung kann bereits ab dem Formwechselbeschluss erfolgen[7]. Sie hat auf die Möglichkeit der Hinterlegung der Aktienurkunden des Rechtsträgers neuer Rechtsform (§ 73 Abs. 3 AktG) hinzuweisen[8] und die Kraftloserklärung der Anteilsscheine der

3

---

1 *Fastrich* in Baumbach/Hueck, § 14 GmbHG Rz. 8.
2 *Göthel* in Lutter, § 248 UmwG Rz. 4; *Petersen* in KölnKomm. UmwG, § 248 UmwG Rz. 3.
3 *Rieger* in Widmann/Mayer, § 248 UmwG Rz. 10; *Scheel* in Semler/Stengel, § 248 UmwG Rz. 5.
4 *Göthel* in Lutter, § 248 UmwG Rz. 4.
5 Dazu *Scheel* in Semler/Stengel, § 248 UmwG Rz. 4; *Rieger* in Widmann/Mayer, § 248 UmwG Rz. 13 ff.
6 *Rieger* in Widmann/Mayer, § 248 UmwG Rz. 7.
7 *Göthel* in Lutter, § 248 UmwG Rz. 5; *Scheel* in Semler/Stengel, § 248 UmwG Rz. 5; *Rieger* in Widmann/Mayer, § 248 UmwG Rz. 17. AA *Stratz* in Schmitt/Hörtnagl/Stratz, § 248 UmwG Rz. 2, der auch eine Aufforderung vor dem Formwechselbeschluss für möglich hält.
8 *Göthel* in Lutter, § 248 UmwG Rz. 6; *Drinhausen/Keinath* in Henssler/Strohn, § 248 UmwG Rz. 2.

formwechselnden GmbH gemäß § 73 Abs. 2 Satz 1 AktG anzudrohen. Die **Kraftloserklärung** kann gemäß § 73 Abs. 2 Satz 2 AktG außerdem nur erfolgen, wenn die Aufforderung für die Einreichung der Anteilsscheine in der nach § 64 Abs. 2 AktG bestimmten Weise bekanntgemacht worden ist. Erforderlich ist also eine dreimalige Bekanntmachung in den Gesellschaftsblättern (§ 64 Abs. 2 Satz 1 AktG), wobei die Zeitpunkte für die Bekanntmachungen nach den Vorgaben des § 64 Abs. 2 Satz 2 und 3 AktG in Orientierung an den jeweils anderen Bekanntmachungen und dem Ablauf der für die Einreichung der Anteilsscheine gesetzten Frist zu bestimmen sind. Sind die Anteilsscheine innerhalb der Frist nicht eingereicht worden, können[1] diese nach § 73 Abs. 2 Satz 3 und 4 AktG für kraftlos erklärt werden. Eine **Genehmigung des Gerichts** (vgl. § 73 Abs. 1 Satz 1 AktG) ist dafür gemäß § 248 Abs. 3 UmwG **nicht erforderlich**. Sind die Anteilsscheine für kraftlos erklärt worden, sind dafür, sofern kein Fall des § 10 Abs. 5 AktG vorliegt, gemäß § 73 Abs. 3 Satz 1 AktG **neue Aktien** auszugeben und den jeweils Berechtigten **auszuhändigen oder**, wenn ein Recht zur **Hinterlegung** (§ 372 BGB) besteht, zu hinterlegen. Zusätzlich zu der Durchführung des Aufforderungsverfahrens ist also, wenn für die Geschäftsanteile der formwechselnden GmbH ausnahmsweise Anteilsscheine ausgegeben wurden, die Kraftloserklärung der Anteilsscheine der formwechselnden GmbH Voraussetzung für eine Hinterlegung der Aktienurkunden des Rechtsträgers neuer Rechtsform[2]. Eine Anzeige an das Gericht gemäß § 73 Abs. 3 Satz 2 AktG bezüglich der Aushändigung oder Hinterlegung ist nicht erforderlich[3].

b) Zusammenlegung (§ 248 Abs. 1 UmwG iVm. § 226 AktG)

4   Wird der Aktiennennbetrag bzw. im Falle von Stückaktien der auf eine einzelne Stückaktie entfallende anteilige Betrag des Grundkapitals der AG oder KGaA als Rechtsträger neuer Rechtsform so gewählt, dass **freie Spitzen** entstehen und stimmen die betroffenen Gesellschafter dieser Festsetzung zu (siehe dazu ausführlich § 241 UmwG Rz. 2 ff.), ist eine Zusammenlegung der betroffenen Anteile erforderlich. Hiefür steht das Verfahren nach § 248 Abs. 1 UmwG iVm. § 226 AktG zur Verfügung. In der Praxis lässt sich aber das **Entstehen freier Spitzen vermeiden**, indem der Aktiennennbetrag bzw. im Falle von Stückaktien der auf eine einzelne Stückaktie entfallende anteilige Betrag des Grundkapitals so bemessen wird, dass keine freie Spitzen entstehen (§ 241 UmwG Rz. 4). Dem-

---

1 Eine Verpflichtung zur Kraftloserklärung besteht nicht (*Scheel* in Semler/Stengel, § 248 UmwG Rz. 8; *Drinhausen/Keinath* in Henssler/Strohn, § 248 UmwG Rz. 2).

2 *Rieger* in Widmann/Mayer, § 248 UmwG Rz. 19 f.; *Scheel* in Semler/Stengel, § 248 UmwG Rz. 12.

3 *Rieger* in Widmann/Mayer, § 248 UmwG Rz. 22; *Stratz* in Schmitt/Hörtnagl/Stratz, § 248 UmwG Rz. 3; *Göthel* in Lutter, § 248 UmwG Rz. 8. AA *Scheel* in Semler/Stengel, § 248 UmwG Rz. 14.

entsprechend hat das Verfahren nach § 248 Abs. 1 UmwG iVm. § 226 AktG nur sehr geringe Praxisrelevanz[1].

Das Vorgehen nach § 248 Abs. 1 UmwG iVm. § 226 AktG hat Ähnlichkeiten mit dem nach § 248 Abs. 1 UmwG iVm. § 73 AktG. Dabei ist ebenfalls nach einem entsprechenden Verfahren (§ 226 Abs. 2 AktG iVm. § 64 Abs. 2 AktG) eine Kraftloserklärung der betroffenen Anteilsscheine möglich. Gegenstand der Kraftloserklärung ist hier allerdings eine Veränderung des Mitgliedschaftsrechts[2], so dass eine Kraftloserklärung auch für Mitgliedschaftsrechte, für die keine Anteilsscheine ausgegeben wurden, möglich ist[3]. Durch die Kraftloserklärung können Aktien ausgegeben werden, die das zusammengelegte Mitgliedschaftsrecht verbriefen und den betroffenen Gesellschaftern in Miteigentum zustehen[4]. Die an Stelle der für kraftlos erklärten Anteilsscheine ausgegebenen neuen Aktien sind unverzüglich für Rechnung der Beteiligten öffentlich zu versteigern (§ 226 Abs. 3 Satz 1 AktG). Andere Arten der Verwertung sind aber grundsätzlich möglich (dazu § 241 UmwG Rz. 5). 5

3. Formwechsel einer AG oder KGaA in eine GmbH (§ 248 Abs. 2 UmwG)

a) Umtausch (§ 248 Abs. 2 UmwG iVm. § 73 Abs. 1 und 2 AktG)

Im Falle des Formwechsels einer AG oder KGaA in eine GmbH besteht der „Umtausch" darin, dass die Geschäftsanteile der GmbH als Rechtsträger neuer Rechtsform den Anteilsinhabern aufgrund eines entsprechenden Nachweises zugeordnet werden und die Anteilsinhaber ihre Aktienurkunden einreichen[5]. Sofern die Anteilsinhaber den „Umtausch" freiwillig vornehmen, ist ein Vorgehen nach § 248 Abs. 2 UmwG iVm. § 73 Abs. 1 und 2 AktG nicht erforderlich[6]. Die eingereichten Aktien sind dann zu vernichten oder als ungültig zu lochen oder zu stempeln[7]. Sind keine Aktienurkunden ausgegeben, haben sich die Aktionäre 6

---

1 *Göthel* in Lutter, § 248 UmwG Rz. 13; *Drinhausen/Keinath* in Henssler/Strohn, § 248 UmwG Rz. 3.
2 *Scheel* in Semler/Stengel, § 248 UmwG Rz. 18; *Petersen* in KölnKomm. UmwG, § 248 UmwG Rz. 7.
3 *Scheel* in Semler/Stengel, § 248 UmwG Rz. 19. Vgl. *Stratz* in Schmitt/Hörtnagl/Stratz, § 248 UmwG Rz. 5; *Drinhausen/Keinath* in Henssler/Strohn, § 248 UmwG Rz. 3. AA *Rieger* in Widmann/Mayer, § 248 UmwG Rz. 26.
4 *Hüffer/Koch*, § 226 AktG Rz. 12 f.
5 Siehe auch *Göthel* in Lutter, § 248 UmwG Rz. 20 f.; *Rieger* in Widmann/Mayer, § 248 UmwG Rz. 39.
6 Auch im Falle von Globalurkunden wird es in der Praxis in der Regel nicht zu ihrer Kraftloserklärung kommen, weil hier schon die Gesellschaft die Clearstream Banking AG nach deren AGB (vgl. Ziffer X Abs. 2) zur Herausgabe der Globalurkunde veranlassen kann (näher dazu *Cahn* in Spindler/Stilz, § 73 AktG Rz. 4).
7 *Rieger* in Widmann/Mayer, § 248 UmwG Rz. 44; *Göthel* in Lutter, § 248 UmwG Rz. 21.

durch einen geeigneten Nachweis, insbesondere eine entsprechende Bankbestätigung, zu legitimieren[1].

7 Das Verfahren nach § 248 Abs. 2 UmwG iVm. § 73 Abs. 1 und 2 AktG ist grundsätzlich vergleichbar mit dem unter Rz. 3 dargestellten, allerdings bezieht sich der Verweis in § 248 Abs. 2 UmwG nicht auf § 73 Abs. 3 AktG. Die Ausgabe von Anteilsscheinen nach Kraftloserklärung ist also nicht wie beim Formwechsel einer GmbH in eine AG oder KGaA grundsätzlich[2] obligatorisch[3]. Dies ist dem Umstand geschuldet, dass Anteilsscheine über GmbH-Geschäftsanteile nur sehr selten ausgegeben werden. Daraus kann aber nicht der Schluss gezogen werden, ausnahmsweise ausgegebenen Anteilsscheinen die Hinterlegungsfähigkeit abzusprechen[4]. Anders als bei dem Verfahren nach § 248 Abs. 1 UmwG iVm. § 73 AktG ist die Kraftloserklärung nach Fristablauf nicht eingereichter Aktien im Interesse des Verkehrsschutzes verpflichtend[5].

b) Zusammenlegung (§ 248 Abs. 2 UmwG iVm. § 226 Abs. 1 und 2 AktG)

8 Sofern die Nennbeträge der Geschäftsanteile der GmbH als Rechtsträger neuer Rechtsform so gewählt werden, dass freie Spitzen entstehen[6], und die betroffenen Gesellschafter dieser Festsetzung zustimmen, hält § 248 Abs. 2 UmwG iVm. § 226 Abs. 1 und 2 AktG ein Verfahren für die Zusammenlegung bereit. Für diesen Fall gelten die Ausführungen unter Rz. 5 entsprechend, mit der Ausnahme, dass eine Versteigerung nach § 226 Abs. 3 AktG nicht ohne Zustimmung der betroffenen Anteilsinhaber stattfinden kann, weil § 248 Abs. 2 UmwG nicht auf § 226 Abs. 3 AktG verweist[7].

4. Übertragung der Anteile

9 Die Beteiligung der Anteilsinhaber wandelt sich bereits im Zeitpunkt des Wirksamwerdens des Formwechsels durch Eintragung im Handelsregister in eine Be-

---

1 *Göthel* in Lutter, § 248 UmwG Rz. 20.
2 Auch beim Formwechsel einer GmbH in eine AG oder KGaA sind nur dann gemäß § 73 Abs. 3 Satz 1 AktG neue Aktien auszugeben, wenn kein Fall des § 10 Abs. 5 AktG vorliegt (Rz. 3).
3 Vgl. *Rieger* in Widmann/Mayer, § 248 UmwG Rz. 40.
4 *Scheel* in Semler/Stengel, § 248 UmwG Rz. 25; *Petersen* in KölnKomm. UmwG, § 248 UmwG Rz. 8. AA offenbar *Stratz* in Schmitt/Hörtnagl/Stratz, § 248 UmwG Rz. 6; *Drinhausen/Keinath* in Henssler/Strohn, § 248 UmwG Rz. 4.
5 *Göthel* in Lutter, § 248 UmwG Rz. 22; *Scheel* in Semler/Stengel, § 248 UmwG Rz. 24; *Rieger* in Widmann/Mayer, § 248 UmwG Rz. 47.
6 Siehe dazu § 242 UmwG Rz. 3, insbesondere bezüglich der Problematik bei Stückaktien, wenn der auf einzelne Stückaktien entfallende Betrag über dem Mindestbetrag nach § 8 Abs. 3 Satz 3 AktG liegt und keine vollen Euro ergibt.
7 *Scheel* in Semler/Stengel, § 248 UmwG Rz. 31; *Göthel* in Lutter, § 248 UmwG Rz. 33.

teilligung an dem Rechtsträger neuer Rechtsform (siehe dazu Rz. 1). Ist der in § 248 UmwG iVm. § 73 AktG geregelte „Umtausch" noch nicht vollzogen, stellt sich dann allerdings die Frage, wie die Beteiligung an dem Rechtsträger neuer Rechtsform übertragen werden kann.

a) Formwechsel einer GmbH in eine AG oder KGaA

Im Falle des Formwechsels einer GmbH in eine AG oder KGaA werden die Anteile ab Eintragung des Formwechsels nach aktienrechtlichen Bestimmungen übertragen[1]. Sind die Aktien (noch) nicht verbrieft, erfolgt die Übertragung im Wege der Abtretung nach §§ 413, 398 BGB[2]. Ist eine Verbriefung erfolgt, sind die Aktien nach allgemeinen Grundsätzen übertragbar. Für eine Übertragung kommt dann neben der Abtretung die Übertragung nach sachen- bzw. wertpapierrechtlichen Grundsätzen sowie bei depotverwahrten Aktien subsidiär nach depotrechtlichen Sonderformen in Frage[3].

10

b) Formwechsel einer AG oder KGaA in eine GmbH

Obwohl im Falle des Formwechsels einer AG oder KGaA in eine GmbH die Beteiligung der Anteilsinhaber mit dem Wirksamwerden des Formwechsels bereits eine Beteiligung an einer GmbH ist und sich nach GmbH-Recht richtet, ist diese nach herrschender Auffassung bis zur Kraftloserklärung der Aktienurkunden noch nach Aktienrecht übertragbar[4], ohne dass es der Form des § 15 Abs. 3 GmbHG bedarf. Dafür werden Verkehrsschutzgesichtspunkte angeführt[5]. Hiergegen bestehen Bedenken, weil damit das Beurkundungserfordernis des § 15 Abs. 3 GmbHG sowie die sich daran anschließende Pflicht des beurkundenden Notars zur Einreichung einer aktualisierten Gesellschafterliste zum Handelsregister gemäß § 40 Abs. 2 GmbHG ausgehöhlt werden. Außerdem entsteht Rechtsunsicherheit daraus[6], dass neben der Übertragung nach Aktienrecht auch eine Übertragung im Wege notarieller Beurkundung nach § 15 Abs. 3 GmbHG möglich sein soll[7]. Eine Übertragung nach Aktienrecht kommt hingegen auch nach herrschender Auffassung nicht in Betracht, wenn die Aktien nicht verbrieft sind, bereits zum Umtausch eingereicht oder für kraftlos erklärt wurden[8].

11

---

1 Ua. *Scheel* in Semler/Stengel, § 248 UmwG Rz. 32; *Göthel* in Lutter, § 248 UmwG Rz. 38; *Rieger* in Widmann/Mayer, § 248 UmwG Rz. 65.
2 LG Berlin v. 27.8.1993 – 85 O 140/93, AG 1994, 378 (379).
3 Siehe ausführlich dazu *Vatter* in Spindler/Stilz, § 10 AktG Rz. 50 ff.
4 BGH v. 2.7.1956 – II ZR 124/55, BGHZ 21, 175 (178); *Stratz* in Schmitt/Hörtnagl/Stratz, § 248 UmwG Rz. 10.
5 *Rieger* in Widmann/Mayer, § 248 UmwG Rz. 73; *Göthel* in Lutter, § 248 UmwG Rz. 36.
6 Dazu und auch im Übrigen kritisch *Scheel* in Semler/Stengel, § 248 UmwG Rz. 33 ff.
7 Hier in der 4. Aufl. *Dirksen*, § 248 UmwG Rz. 9; *Göthel* in Lutter, § 248 UmwG Rz. 36.
8 *Rieger* in Widmann/Mayer, § 248 UmwG Rz. 74 f.; *Göthel* in Lutter, § 248 UmwG Rz. 37.

§ 249
Gläubigerschutz

Auf den Formwechsel einer Kommanditgesellschaft auf Aktien in eine Gesellschaft mit beschränkter Haftung oder in eine Aktiengesellschaft ist auch § 224 entsprechend anzuwenden.

1. Überblick 1
2. Nachhaftung gemäß §§ 249, 224 UmwG 2

Literatur: Vgl. die Angaben zu § 224 UmwG.

1. Überblick

1 Im Falle des Formwechsels einer KGaA in eine GmbH oder AG scheiden die persönlich haftenden Gesellschafter der KGaA gemäß **§ 247 Abs. 2 UmwG** als solche mit dem Wirksamwerden des Formwechsels aus der Gesellschaft aus (siehe dazu § 247 UmwG Rz. 5). § 249 UmwG regelt die Nachhaftung des ausscheidenden persönlich haftenden Gesellschafters durch einen umfassenden Verweis auf § 224 UmwG.

2. Nachhaftung gemäß §§ 249, 224 UmwG

2 Der Verweis auf § 224 UmwG in § 249 UmwG stellt eine Rechtsgrundverweisung dar, so dass eine Nachhaftung nur dann eintritt, wenn alle **Tatbestandsvoraussetzungen für eine Haftung gemäß § 224 UmwG** vorliegen[1]. Insbesondere darf die Haftung nicht gemäß § 224 Abs. 2 bis 4 UmwG ausgeschlossen sein. Zu beachten ist ua., dass die fünfjährige Ausschlussfrist nach § 224 Abs. 2 UmwG gemäß § 224 Abs. 3 Satz 1 UmwG (anders als bei § 160 Abs. 1 Satz 2 HGB) erst mit dem Tag beginnt, an dem die Eintragung der neuen Rechtsform oder des Rechtsträgers neuer Rechtsform in das Register bekannt gemacht worden ist[2]. Auf die Kommentierung zu § 224 UmwG sei umfassend verwiesen. Die Haftung nach §§ 249, 224 UmwG besteht unabhängig davon, ob der gemäß § 247 Abs. 2 UmwG „als solcher" ausscheidende persönlich haftende Gesellschafter aufgrund einer gleichzeitig bestehenden Kommanditbeteiligung oder eines Anteilserwerbs Anteilsinhaber der GmbH bzw. der AG als Rechtsträger neuer Rechtsform wird[3].

---

1 *Vossius* in Widmann/Mayer, § 249 UmwG Rz. 4; *Petersen* in KölnKomm. UmwG, § 249 UmwG Rz. 2.
2 *Scheel* in Semler/Stengel, § 249 UmwG Rz. 3; *Göthel* in Lutter, § 249 UmwG Rz. 2.
3 *Scheel* in Semler/Stengel, § 249 UmwG Rz. 2; *Drinhausen/Keinath* in Henssler/Strohn, § 249 UmwG Rz. 1.

Im Falle der Inanspruchnahme durch einen Gesellschaftsgläubiger aufgrund der Nachhaftung gemäß §§ 249, 224 UmwG steht dem ausgeschiedenen persönlich haftenden Gesellschafter ein **Ausgleichsanspruch** gegen die Gesellschaft und ggf. subsidiär gegen andere ehemalige persönlich haftende Gesellschafter der KGaA zu (§ 224 UmwG Rz. 18; § 227 UmwG Rz. 4; § 247 UmwG Rz. 6).

§ 250
Nicht anzuwendende Vorschriften

Die §§ 207 bis 212 sind auf den Formwechsel einer Aktiengesellschaft in eine Kommanditgesellschaft auf Aktien oder einer Kommanditgesellschaft auf Aktien in eine Aktiengesellschaft nicht anzuwenden.

1. Überblick	1	2. Ausschluss der Regelungen in den §§ 207 bis 212 UmwG	2

1. Überblick

Der Ausschluss der Regelungen in den §§ 207 bis 212 UmwG durch § 250 UmwG beruht auf der Erwägung, dass die Rechtsstellung des einzelnen Aktionärs beim Formwechsel einer AG in eine KGaA und umgekehrt im Wesentlichen unverändert bleibt, so dass ihm auch bei einem Formwechsel mit Mehrheitsbeschluss zugemutet werden kann, in der Gesellschaft zu verbleiben oder seinen Anteil selbst zu veräußern[1]. Zwar ist die Stellung eines Aktionärs in Bezug auf einige Aspekte anders als die eines Kommanditaktionärs ausgestaltet, es lässt sich aber nicht sagen, welche nun für ihn günstiger oder schlechter ist[2]. Wirtschaftlich bleibt sie jedenfalls unverändert, und deshalb ist eine teleologische Reduktion des § 250 UmwG für Fälle, in denen sich ausnahmsweise eine Verschlechterung der Rechtsstellung des (Kommandit-)Aktionärs ergibt[3], abzulehnen[4]. 1

2. Ausschluss der Regelungen in den §§ 207 bis 212 UmwG

§ 250 UmwG schließt die Anwendung der Regelungen in den §§ 207 bis 212 UmwG für den Fall des Formwechsels einer AG in eine KGaA und umgekehrt 2

---

1 BT-Drucks. 12/6699, S. 159.
2 Ausführlich dazu *Göthel* in Lutter, § 250 UmwG Rz. 2 f. Siehe auch *Rieger* in Widmann/Mayer, § 250 UmwG Rz. 11.
3 Für diesen Fall erwägt *Petersen* in KölnKomm. UmwG, § 250 UmwG Rz. 4 eine teleologische Reduktion.
4 *Scheel* in Semler/Stengel, § 250 UmwG Rz. 2.

aus. Im Falle des Formwechsels einer KGaA folgt dies für deren persönlich haftende Gesellschafter bereits aus § 227 UmwG, so dass § 250 UmwG nur für Kommanditaktionäre bzw. im Falle des Formwechsels einer AG für Aktionäre Bedeutung hat[1]. § 250 UmwG schließt dabei auch § 211 UmwG aus, mit der Folge, dass eine Vinkulierung eine freie Veräußerung der Aktien hindert[2]. Da die **(Kommandit-)Aktionäre kein Abfindungsangebot** erhalten, erübrigen sich auch alle weiteren an das Abfindungsangebot anknüpfenden Erfordernisse, wie etwa die Aufnahme des Abfindungsangebots in den Formwechselbeschluss nach § 194 Abs. 1 Nr. 6 UmwG[3].

§§ 251–304

Formwechsel bei eingetragenen Genossenschaften, Vereinen etc. nicht kommentiert.

§§ 305–312

Die Vorschriften wurden durch das Gesetz zur Neuordnung des gesellschaftsrechtlichen Spruchverfahrens (BGBl. I 2003, S. 838) aufgehoben und durch das Spruchverfahrensgesetz (SpruchG) ersetzt. Von einer Kommentierung dieses Gesetzes wird an dieser Stelle abgesehen. Es wird auf die Kommentierung des SpruchG von *Klöcker* im Anhang des Kommentars K. Schmidt/Lutter (Hrsg.), Aktiengesetz, Band II, 3. Aufl. 2015, verwiesen.

---

[1] *Rieger* in Widmann/Mayer, § 250 UmwG Rz. 13; *Scheel* in Semler/Stengel, § 250 UmwG Rz. 3.
[2] Siehe *Rieger* in Widmann/Mayer, § 250 UmwG Rz. 12.
[3] *Göthel* in Lutter, § 250 UmwG Rz. 5; *Scheel* in Semler/Stengel, § 250 UmwG Rz. 3.

Sechstes Buch
Strafvorschriften und Zwangsgelder

§ 313
Unrichtige Darstellung

(1) Mit Freiheitsstrafe bis zu drei Jahren oder mit Geldstrafe wird bestraft, wer als Mitglied eines Vertretungsorgans, als vertretungsberechtigter Gesellschafter oder Partner, als Mitglied eines Aufsichtsrats oder als Abwickler eines an einer Umwandlung beteiligten Rechtsträgers bei dieser Umwandlung

1. die Verhältnisse des Rechtsträgers einschließlich seiner Beziehungen zu verbundenen Unternehmen in einem in diesem Gesetz vorgesehenen Bericht (Verschmelzungsbericht, Spaltungsbericht, Übertragungsbericht, Umwandlungsbericht), in Darstellungen oder Übersichten über den Vermögensstand, in Vorträgen oder Auskünften in der Versammlung der Anteilsinhaber unrichtig wiedergibt oder verschleiert, wenn die Tat nicht in § 331 Nr. 1 oder Nr. 1a des Handelsgesetzbuchs mit Strafe bedroht ist, oder

2. in Aufklärungen und Nachweisen, die nach den Vorschriften dieses Gesetzes einem Verschmelzungs-, Spaltungs- oder Übertragungsprüfer zu geben sind, unrichtige Angaben macht oder die Verhältnisse des Rechtsträgers einschließlich seiner Beziehungen zu verbundenen Unternehmen unrichtig wiedergibt oder verschleiert.

(2) Ebenso wird bestraft, wer als Geschäftsführer einer Gesellschaft mit beschränkter Haftung, als Mitglied des Vorstands einer Aktiengesellschaft, als zur Vertretung ermächtigter persönlich haftender Gesellschafter einer Kommanditgesellschaft auf Aktien oder als Abwickler einer solchen Gesellschaft in einer Erklärung nach § 52 über die Zustimmung der Anteilsinhaber dieses Rechtsträgers oder in einer Erklärung nach § 140 oder § 146 Abs. 1 über die Deckung des Stammkapitals oder Grundkapitals der übertragenden Gesellschaft unrichtige Angaben macht oder seiner Erklärung zugrunde legt.

1. Überblick	1	d) Tathandlung nach § 313 Abs. 1 Nr. 2 UmwG	9
2. Strafbarkeit nach § 313 Abs. 1 UmwG		3. Strafbarkeit nach § 313 Abs. 2 UmwG	10
a) Betroffene Personen	3	4. Vorsatz	11
b) Tathandlung nach § 313 Abs. 1 Nr. 1 UmwG	4	5. Strafrahmen	13
c) Subsidiarität	8		

Literatur: *Dierlamm*, Der faktische Geschäftsführer im Strafrecht – ein Phantom?, NStZ 1996, 153; *Haas*, Die Rechtsfigur des „faktischen GmbH-Geschäftsführers", NZI 2006, 494; *Kratzsch*, Das „faktische Organ" im Gesellschaftsrecht, ZGR 1985, 506; *Stein*, Die

Normadressaten der §§ 64, 84 GmbHG und die Verantwortlichkeit von Nichtgeschäftsführern wegen Konkursverschleppung, ZHR 148 (1984), 207; *Weimar,* Grundprobleme und offene Fragen um den faktischen GmbH-Geschäftsführer, GmbHR 1997, 473 (Teil I), 538 (Teil II).

1. Überblick

1   § 313 UmwG stellt die unrichtige Darstellung im Zusammenhang mit einer Umwandlung unter Strafe. Ähnliche Tatbestände mit entsprechendem Täterkreis und gleichem Strafrahmen enthalten die § 400 AktG, § 82 Abs. 2 Nr. 2 GmbHG und § 331 HGB sowie die § 147 GenG, § 143 VAG, § 17 PublG und § 15 SpTrUG. Zusammen mit der Einfügung der Nr. 1a in § 331 HGB durch das Bilanzrechtsreformgesetz v. 4.12.2004[1] wurde auch § 313 Abs. 1 Nr. 1 UmwG entsprechend ergänzt.

2   Neben dem Vertrauen der Allgemeinheit in die Richtigkeit bestimmter Angaben dient die Vorschrift auch dem Interesse bestimmter Personengruppen an zutreffender Unterrichtung. Für diese Personen, insbesondere die Anteilsinhaber und Gläubiger, ist § 313 UmwG deshalb zugleich **Schutzgesetz** iS von § 823 Abs. 2 BGB[2].

2. Strafbarkeit nach § 313 Abs. 1 UmwG

a) Betroffene Personen

3   Täter können nur **natürliche Personen** sein, die für einen an der Umwandlung beteiligten Rechtsträger in der Funktion als Mitglied des Vertretungsorgans, vertretungsberechtigter Gesellschafter oder Partner, Mitglied eines Aufsichtsorgans oder Abwickler handeln[3]. Auch die tatsächliche Ausübung einer solchen Funktion kann, unabhängig von der Wirksamkeit der Bestellung, die Tätereigenschaft begründen[4]. Eine faktische Funktionsausübung reicht nach der Rechtsprechung

---

1   BGBl. I 2004, S. 3166.
2   Vgl. *Kuhlen* in Lutter, § 313 UmwG Rz. 7; *Vossius* in Widmann/Mayer, § 313 UmwG Rz. 4; *Böttcher* in Böttcher/Habighorst/Schulte, § 313 UmwG Rz. 2 sowie BGH v. 11.7. 1988 – II ZR 243/87, BGHZ 105, 121 = AG 1988, 331 zu § 399 Abs. 1 Nr. 4 AktG; enger *Taschke* in Semler/Stengel, § 313 UmwG Rz. 7.
3   *Kuhlen* in Lutter, § 313 UmwG Rz. 9; *Taschke* in Semler/Stengel, § 313 UmwG Rz. 14; *Böttcher* in Böttcher/Habighorst/Schulte, § 313 UmwG Rz. 4.
4   Vgl. BGH v. 24.6.1952 – 1 StR 153/52, BGHSt 3, 32; BGH v. 22.9.1982 – 3 StR 287/82, BGHSt 31, 118 (122) = GmbHR 1983, 43 zum faktischen Geschäftsführer einer GmbH und BGH v. 28.6.1966 – 1 StR 414/65, BGHSt 21, 101 (104 ff.) zum faktischen Vorstandsmitglied einer AG; kritisch dazu *Stein,* ZHR 148 (1984), 207; zustimmend *Kratzsch,* ZHR 149 (1985), 506 (515 ff.); differenzierend *Kuhlen* in Lutter, § 313 UmwG Rz. 11 ff.; einschr. *Taschke* in Semler/Stengel, § 313 UmwG Rz. 18 ff.; differenzierend *Rönnau* in KölnKomm. UmwG, § 313 UmwG Rz. 34 ff.

insbesondere dann aus, wenn sie im Einverständnis oder mit Duldung der Anteilsinhaber oder gemeinsam mit einem ordnungsgemäß bestellten Funktionsträger erfolgt[1]. Erforderlich ist allerdings, dass Geschäftsführerfunktionen in maßgeblichem Umfang übernommen worden sind[2]. Als vertretungsberechtigter Gesellschafter oder Partner handelt allerdings nur, wer diese Stellung rechtswirksam innehat[3].

b) Tathandlung nach § 313 Abs. 1 Nr. 1 UmwG

Die Tathandlung besteht in der unrichtigen Wiedergabe oder Verschleierung der Verhältnisse des Rechtsträgers. Mit den **Verhältnissen** sind alle Daten und Umstände gemeint, die für die Beurteilung des Rechtsträgers erheblich sind oder sein können[4]. Von diesem weiten Begriff sind, wie dies das Gesetz ausdrücklich klarstellt, die Beziehungen des Rechtsträgers zu verbundenen Unternehmen mitumfasst. Welche Unternehmen verbunden sind, richtet sich dabei entsprechend § 8 Abs. 1 Satz 3 UmwG nach § 15 AktG.

4

Unrichtig ist die Wiedergabe dann, wenn sie mit der Wirklichkeit objektiv nicht übereinstimmt[5]. Dies kann auch bei unvollständiger Wiedergabe der Fall sein, sofern berechtigterweise Vollständigkeit erwartet werden kann[6]. Falsche Bewertungen sind nur dann unrichtig, wenn sie nach eindeutigem Urteil der Fachleute unvertretbar sind[7]. **Verschleiert** werden die Verhältnisse, wenn sie irreführend oder so unklar dargestellt werden, dass das Erkennen des wirklichen Sachverhalts erschwert wird[8].

5

---

1 Vgl. *Kuhlen* in Lutter, § 313 UmwG Rz. 12 f.; *Taschke* in Semler/Stengel, § 313 UmwG Rz. 20; *Vossius* in Widmann/Mayer, § 313 UmwG Rz. 15 f.
2 Vgl. BayObLG v. 20.2.1997 – 5 St RR 159/96, GmbHR 1997, 453 = BB 1997, 850.
3 *Vossius* in Widmann/Mayer, § 313 UmwG Rz. 16; vgl. auch KG v. 26.11.1996 – 9 U 6892/95, NJW-RR 1997, 1126; *Taschke* in Semler/Stengel, § 313 UmwG Rz. 16.
4 *Kuhlen* in Lutter, § 313 UmwG Rz. 14; *Rönnau* in KölnKomm. UmwG, § 313 UmwG Rz. 43; *Böttcher* in Böttcher/Habighorst/Schulte, § 313 UmwG Rz. 2; für eine einschränkende Auslegung OLG Frankfurt v. 19.6.2002 – 2 Ws 36/02, NStZ-RR 2002, 275 (276) = AG 2003, 517 zu § 400 AktG: keine Tatbestandsmäßigkeit von Erklärungen, die für Entscheidungen des geschützten Personenkreises irrelevant sind.
5 *Kuhlen* in Lutter, § 313 UmwG Rz. 15; *Rönnau* in KölnKomm. UmwG, § 313 UmwG Rz. 52; *Taschke* in Semler/Stengel, § 313 UmwG Rz. 43; *Vossius* in Widmann/Mayer, § 313 UmwG Rz. 39.
6 Vgl. *Rönnau* in KölnKomm. UmwG, § 313 UmwG Rz. 53; *Tiedemann* in Scholz, 10. Aufl. 2010, § 82 GmbHG Rz. 152; *Kuhlen* in Lutter, § 313 UmwG Rz. 15; *Taschke* in Semler/Stengel, § 313 UmwG Rz. 43; *Vossius* in Widmann/Mayer, § 313 UmwG Rz. 40.
7 *Kuhlen* in Lutter, § 313 UmwG Rz. 15; ähnlich *Taschke* in Semler/Stengel, § 313 UmwG Rz. 44.
8 Vgl. *Kuhlen* in Lutter, § 313 UmwG Rz. 16; *Taschke* in Semler/Stengel, § 313 UmwG Rz. 45.

6 Die unrichtige Darstellung muss in einem im UmwG vorgesehenen **Bericht** (Verschmelzungsbericht, § 8 UmwG; Spaltungsbericht, §§ 127, 135 Abs. 1 UmwG; Übertragungsbericht, §§ 8, 176 ff. UmwG; Umwandlungsbericht, § 192 UmwG) erfolgen. Dabei genügt es, wenn es sich um einen freiwillig erstatteten Bericht handelt[1]. Berichte, die nicht im UmwG vorgesehen sind, wie zB ein Bericht über eine Ausgliederung mit Einzelrechtsübertragung, sind dagegen nicht erfasst; hierfür gelten uU andere Vorschriften (zB § 400 Abs. 1 Nr. 1 AktG)[2].

7 Erfasst ist auch die unrichtige Wiedergabe oder Verschleierung in **Darstellungen** oder **Übersichten über den Vermögensstand** des Rechtsträgers[3]. Dazu gehört vor allem die Darstellung in einer Bilanz. Während mit der Übersicht Zahlenwerke angesprochen sind, die einen Gesamtüberblick geben, geht es bei den Darstellungen um Berichte jeglicher Art. Die Bezugnahme auf den Vermögensstand bedeutet dabei, dass der Bericht ein Gesamtbild der wirtschaftlichen Lage ermöglicht und den Eindruck der Vollständigkeit erweckt[4]. Strafbar sind auch fehlerhafte Angaben, die in **Vorträgen** oder **Auskünften** in der Versammlung der Anteilsinhaber gemacht werden, die über eine Umwandlung beschließt[5].

c) Subsidiarität

8 Im Interesse eines einheitlichen Bilanzstrafrechts ist § 313 Abs. 1 Nr. 1 UmwG gegenüber dem übergreifend anwendbaren § 331 Nr. 1 und Nr. 1a HGB subsidiär. Dies bedeutet insoweit zugleich eine Einschränkung der Strafbarkeit auf erhebliche Gesetzesverletzungen. Denn nach § 334 Abs. 1 HGB sind bestimmte Verletzungen von Rechnungslegungsvorschriften nur Ordnungswidrigkeiten; diese sind damit auch im Rahmen von § 331 Nr. 1 oder Nr. 1a HGB nicht strafbar[6].

---

1 *Kuhlen* in Lutter, § 313 UmwG Rz. 17; *Rönnau* in KölnKomm. UmwG, § 313 UmwG Rz. 46.
2 *Rönnau* in KölnKomm. UmwG, § 313 UmwG Rz. 45; *Taschke* in Semler/Stengel, § 313 UmwG Rz. 37.
3 Vgl. BVerfG v. 27.4.2006 – 2 BvR 131/05, AG 2006, 539 = ZIP 2006, 1096 zu § 400 Abs. 1 Nr. 1 AktG.
4 BGH v. 16.12.2004 – 1 StR 420/03, NJW 2005, 445 (447) = AG 2005, 162; *Rönnau* in KölnKomm. UmwG, § 313 UmwG Rz. 49; *Tiedemann* in Scholz, 10. Aufl. 2010, § 82 GmbHG Rz. 146; *Taschke* in Semler/Stengel, § 313 UmwG Rz. 41 und *Böttcher* in Böttcher/Habighorst/Schulte, § 313 UmwG Rz. 9: Eindruck der Vollständigkeit muss erweckt werden; aA *Kuhlen* in Lutter, § 313 UmwG Rz. 19.
5 *Rönnau* in KölnKomm. UmwG, § 313 UmwG Rz. 50; *Taschke* in Semler/Stengel, § 313 UmwG Rz. 42.
6 Vgl. *Taschke* in Semler/Stengel, § 313 UmwG Rz. 78; aA (nur restriktive Auslegung) *Kuhlen* in Lutter, § 313 UmwG Rz. 33 Fn. 1 und *Grottel/H. Hoffmann* in Beck'scher Bilanz-Kommentar, § 331 HGB Rz. 20.

d) Tathandlung nach § 313 Abs. 1 Nr. 2 UmwG

§ 313 Abs. 1 Nr. 2 UmwG stellt die unrichtige Darstellung gegenüber einem nach dem UmwG hinzuzuziehenden Prüfer (Verschmelzungsprüfer, § 11 UmwG; Spaltungsprüfer, § 125 UmwG; Übertragungsprüfer, §§ 11, 176 UmwG) unter Strafe. Damit sind nur Pflichtprüfungen und nicht auch freiwillige Prüfungen erfasst[1]. Zur unrichtigen Darstellung gehören dabei – über Nr. 1 hinaus – auch unrichtige Angaben. Eine Täuschung des Prüfers ist aber nicht erforderlich[2]. Der Umfang der Auskunftspflicht gegenüber dem jeweiligen Prüfer ergibt sich unmittelbar oder über eine Verweisung aus § 11 Abs. 1 Satz 1 UmwG iVm. § 320 Abs. 1 Satz 2, Abs. 2 Satz 1 und 2 HGB. Erfasst sind alle Aufklärungen und Nachweise, die für eine sorgfältige Prüfung notwendig sind (§ 320 Abs. 2 Satz 1 HGB). 9

3. Strafbarkeit nach § 313 Abs. 2 UmwG

Die Tathandlung besteht darin, dass in bestimmten Erklärungen unrichtige Angaben gemacht oder zugrunde gelegt werden. Die erfassten Erklärungen – nach §§ 52 Abs. 1, 140 und 146 Abs. 1 UmwG – sind abschließend aufgeführt[3]. Täter kann nur sein, wer Geschäftsführer einer GmbH, Vorstandsmitglied einer AG, vertretungsberechtigter Komplementär einer KGaA oder Abwickler einer dieser Gesellschaften ist. Stellvertretende Amtsträger sind dabei miterfasst (vgl. §§ 44, 69 Abs. 1 GmbHG; §§ 94, 265 Abs. 1 AktG)[4]. Wie bei § 313 Abs. 1 UmwG genügt bei unwirksamer Bestellung auch die faktische Ausübung der mit dem Amt verbundenen Funktion (siehe Rz. 3). 10

4. Vorsatz

Die Vorschrift setzt in allen Alternativen vorsätzliches, also bewusstes und gewolltes Handeln voraus. Fahrlässiges Handeln ist straflos (vgl. § 15 StGB). Allerdings genügt bedingter Vorsatz, dh. es reicht aus, wenn die Verwirklichung des Tatbestandes als möglich erkannt und billigend in Kauf genommen wird[5]. Ein 11

---

1 *Kuhlen* in Lutter, § 313 UmwG Rz. 20; *Rönnau* in KölnKomm. UmwG, § 313 UmwG Rz. 61; *Taschke* in Semler/Stengel, § 313 UmwG Rz. 53; *Böttcher* in Böttcher/Habighorst/Schulte, § 313 UmwG Rz. 16.
2 *Kuhlen* in Lutter, § 313 UmwG Rz. 20; *Rönnau* in KölnKomm. UmwG, § 313 UmwG Rz. 65; *Taschke* in Semler/Stengel, § 313 UmwG Rz. 58; *Vossius* in Widmann/Mayer, § 313 UmwG Rz. 60.
3 *Böttcher* in Böttcher/Habighorst/Schulte, § 313 UmwG Rz. 21.
4 *Rönnau* in KölnKomm. UmwG, § 313 UmwG Rz. 69; *Taschke* in Semler/Stengel, § 313 UmwG Rz. 61.
5 Vgl. zur Abgrenzung von der bewussten Fahrlässigkeit BGH v. 4.11.1988 – 1 StR 262/88, BGHSt 36, 1 (9 f.) und *Rönnau* in KölnKomm. UmwG, § 313 UmwG Rz. 74.

Irrtum über die Tatbestandsmäßigkeit, zB die Unrichtigkeit einer Angabe, schließt den Vorsatz aus. Fehlt die Einsicht, Unrecht zu tun und ist dieser Irrtum vermeidbar, handelt der Täter ohne Schuld[1].

12 Neben der Täterschaft (§ 25 StGB) ist auch die **Teilnahme** strafbar, wobei der Teilnehmer (Anstifter oder Gehilfe) milder bestraft wird, wenn er keine der im Gesetz vorausgesetzten Funktionen (zB als GmbH-Geschäftsführer) erfüllt (vgl. § 28 Abs. 1 StGB). Praktisch bedeutsam kann zB die Beihilfe durch einen Berater sein[2].

5. Strafrahmen

13 Die Strafdrohung besteht in Freiheitsstrafe bis zu drei Jahren oder in Geldstrafe. Die Tat ist damit nach fünf Jahren verjährt (§ 78 Abs. 1 Nr. 4 StGB). Die Verjährung beginnt mit der Beendigung der Tat (§ 78a Satz 1 StGB).

§ 314
Verletzung der Berichtspflicht

(1) Mit Freiheitsstrafe bis zu drei Jahren oder mit Geldstrafe wird bestraft, wer als Verschmelzungs-, Spaltungs- oder Übertragungsprüfer oder als Gehilfe eines solchen Prüfers über das Ergebnis einer aus Anlass einer Umwandlung erforderlichen Prüfung falsch berichtet oder erhebliche Umstände in dem Prüfungsbericht verschweigt.

(2) Handelt der Täter gegen Entgelt oder in der Absicht, sich oder einen anderen zu bereichern oder einen anderen zu schädigen, so ist die Strafe Freiheitsstrafe bis zu fünf Jahren oder Geldstrafe.

1. Überblick	1	5. Vollendung, Versuch	9
2. Betroffene Personen	2	6. Qualifikation (§ 314 Abs. 2 UmwG)	10
3. Tathandlung	4		
4. Vorsatz	8		

Literatur: *Dierlamm*, Verletzung der Berichtspflicht gem. § 332 HGB – eine Analyse des gesetzlichen Tatbestandes, NStZ 2000, 130.

---

1 Vgl. § 17 StGB; *Kuhlen* in Lutter, § 313 UmwG Rz. 25; *Taschke* in Semler/Stengel, § 313 UmwG Rz. 76.
2 Vgl. BGH v. 11.7.1988 – II ZR 243/87, BGHZ 105, 121 (133f.) = AG 1988, 331 = EWiR § 399 AktG 1/88, 951 m. Anm. *Schulze-Osterloh*; LG Koblenz v. 21.12.1990 – 105 Js (Wi) 22346/87–10 KLs, WM 1991, 1507 = WuB II A. § 399 AktG 2.91 m. Anm. *Marsch-Barner*.

1. Überblick

Die Vorschrift stellt die Verletzung der Berichtspflicht von Prüfern und ihren Gehilfen unter Strafe. Sie schützt damit das Vertrauen in die Richtigkeit der vom UmwG vorgeschriebenen Prüfungsberichte. Die Vorschrift dient daneben auch dem Interesse der Anteilsinhaber und Gläubiger der geprüften Rechtsträger und ist zu deren Gunsten Schutzgesetz iS von § 823 Abs. 2 BGB[1]. 1

2. Betroffene Personen

Täter können nur die Prüfer und deren Gehilfen bei einer Verschmelzungsprüfung (§§ 9ff. UmwG iVm. §§ 30 Abs. 2, 44, 48, 60 Abs. 1, 81, 100, § 122f UmwG), Spaltungsprüfung (§ 125 UmwG) oder Übertragungsprüfung (§§ 176 Abs. 1, 177 Abs. 1 UmwG) sein. Die **Prüfung** muss erforderlich, dh. **gesetzlich vorgeschrieben** und nicht nur freiwillig vorgenommen sein[2]. Ist die Bestellung der Prüfer – durch das Gericht auf Antrag des Vertretungsorgans (vgl. § 10 UmwG) – mangelhaft, so genügt es, wenn der Prüfer seine Tätigkeit tatsächlich aufgenommen hat[3]. **Prüfergehilfe** ist jeder, der den Prüfer bei seiner Prüfungstätigkeit unterstützt; bloße Schreib- und sonstige Bürokräfte sind allerdings nicht erfasst[4]. Die Strafbarkeit setzt im Übrigen voraus, dass Prüfer und Gehilfe in dieser Eigenschaft handeln. 2

Ist eine **juristische Person** (zB WP-Gesellschaft) als Prüfer bestellt worden, verlagert sich die Strafbarkeit auf deren **gesetzliche Vertreter**[5]. Dabei können auch solche gesetzlichen Vertreter strafbar sein, die selbst nicht an der Prüfung teilgenommen haben, aber erkennen, dass von den unmittelbar beteiligten Personen ein unrichtiger Prüfungsbericht erstellt wird[6]. Nach § 14 Abs. 2 StGB können auch **Mitarbeiter** der juristischen Person, die mit der Durchführung der Prüfung beauftragt worden sind, strafbar sein. 3

---

1 *Taschke* in Semler/Stengel, § 314 UmwG Rz. 2; *Rönnau* in KölnKomm. UmwG, § 314 UmwG Rz. 3f.; *Böttcher* in Böttcher/Habighorst/Schulte, § 314 UmwG Rz. 2.
2 *Kuhlen* in Lutter, § 314 UmwG Rz. 4; *Rönnau* in KölnKomm. UmwG, § 314 UmwG Rz. 12f.; *Taschke* in Semler/Stengel, § 314 UmwG Rz. 9f.; *Böttcher* in Böttcher/Habighorst/Schulte, § 314 UmwG Rz. 3.
3 Vgl. *Kuhlen* in Lutter, § 314 UmwG Rz. 4; *Rönnau* in KölnKomm. UmwG, § 314 UmwG Rz. 8; *Böttcher* in Habighorst/Böttcher/Schulte, § 314 UmwG Rz. 4; aA *Taschke* in Semler/Stengel, § 314 UmwG Rz. 4.
4 *Kuhlen* in Lutter, § 314 UmwG Rz. 5; *Taschke* in Semler/Stengel, § 314 UmwG Rz. 6.
5 § 14 Abs. 1 StGB; *Kuhlen* in Lutter, § 314 UmwG Rz. 4; *Böttcher* in Böttcher/Habighorst/Schulte, § 314 UmwG Rz. 6.
6 Vgl. *Rönnau* in KölnKomm. UmwG, § 314 UmwG Rz. 9; *Taschke* in Semler/Stengel, § 314 UmwG Rz. 6; *Otto* in Großkomm. AktG, 4. Aufl. 1997, § 403 AktG Rz. 11.

3. Tathandlung

4 Strafbarkeit besteht nach § 314 Abs. 1 Alt. 1 UmwG, wenn über das Ergebnis der Prüfung **falsch berichtet** wird. Damit ist der schriftliche Prüfungsbericht gemeint[1]. Falsch ist ein Bericht, wenn er von den Prüfungsfeststellungen inhaltlich abweicht. Ob das Prüfungsergebnis objektiv richtig oder falsch ist, ist dabei unerheblich. Entscheidend ist, ob das Ergebnis der Prüfung mit dem Inhalt des Prüfungsberichts übereinstimmt[2]. Falsch ist ein Bericht deshalb zB dann, wenn ein festgestellter Mangel verschwiegen wird. Ist der Mangel dagegen nicht erkannt worden und wird deshalb nicht über ihn berichtet, ist die Berichterstattung iS von § 314 UmwG nicht falsch[3]. Dies gilt sowohl für tatsächliche Feststellungen wie für Werturteile.

5 Mit § 314 Abs. 1 Alt. 2 UmwG wird das **Verschweigen erheblicher Umstände** erfasst. Auch dieses Merkmal bezieht sich auf das Prüfungsergebnis. Dabei handelt es sich lediglich um einen anderen Aspekt der ersten Alternative: Während die falsche Berichterstattung die ausdrückliche Täuschung im Auge hat, umfasst das Verschweigen erheblicher Umstände auch lediglich konkludentes Verhalten[4]. Die Beschränkung auf erhebliche, dh. für das Ergebnis der Prüfung bedeutsame Umstände gilt demgemäß auch für die falsche Berichterstattung[5].

6 Da der **Prüfungsgehilfe** selbst nicht berichtet, besteht seine Tathandlung sinngemäß darin, dass er ähnlich wie ein Mittäter oder mittelbarer Täter eine falsche oder unvollständige Berichterstattung bewirkt[6].

7 Tatbestandsmäßig sind **nur Äußerungen im Prüfungsbericht**. Dies folgt daraus, dass der Verschmelzungs-, Spaltungs- und Übertragungsprüfer schriftlich zu berichten hat (vgl. § 12 UmwG). Mündliche Äußerungen außerhalb dieses Berichts liegen außerhalb der gesetzlichen Prüfungspflicht und sind deshalb durch § 314 UmwG nicht geschützt[7].

---

1 *Vossius* in Widmann/Mayer, § 314 UmwG Rz. 21; *Taschke* in Semler/Stengel, § 314 UmwG Rz. 9; *Kuhlen* in Lutter, § 314 UmwG Rz. 6.
2 OLG Düsseldorf v. 19.11.1998 – 8 U 59/98, NZG 1999, 901 (903) zu § 332 HGB; *Taschke* in Semler/Stengel, § 314 UmwG Rz. 13; *Kuhlen* in Lutter, § 314 UmwG Rz. 7; *Rönnau* in KölnKomm. UmwG, § 314 UmwG Rz. 16; *Böttcher* in Böttcher/Habighorst/Schulte, § 314 UmwG Rz. 8.
3 Vgl. *Otto* in Großkomm. AktG, 4. Aufl. 1997, § 403 AktG Rz. 18.
4 *Otto* in Großkomm. AktG, 4. Aufl. 1997, § 403 AktG Rz. 24.
5 *Kuhlen* in Lutter, § 314 UmwG Rz. 7; *Taschke* in Semler/Stengel, § 314 UmwG Rz. 16; *Böttcher* in Böttcher/Habighorst/Schulte, § 314 UmwG Rz. 9.
6 Vgl. *Otto* in Großkomm. AktG, 4. Aufl. 1997, § 403 AktG Rz. 9; *Rönnau* in KölnKomm. UmwG, § 314 UmwG Rz. 10; *Taschke* in Semler/Stengel, § 314 UmwG Rz. 17; *Dierlamm*, DStZ 2000, 130 (131).
7 *Taschke* in Semler/Stengel, § 314 UmwG Rz. 11; *Vossius* in Widmann/Mayer, § 314 UmwG Rz. 21; *Otto* in Großkomm. AktG, 4. Aufl. 1997, § 403 AktG Rz. 21; *Rönnau* in

4. Vorsatz

Die Verwirklichung eines Tatbestandes setzt Vorsatz voraus. Dabei genügt bedingter Vorsatz. 8

5. Vollendung, Versuch

Der Tatbestand ist erst vollendet, wenn der falsche oder unvollständige Bericht 9 einem der gesetzlichen Empfänger, also dem Vertretungsorgan des Rechtsträgers oder dem Registergericht, zugegangen ist. Der Versuch ist nicht strafbar (§§ 12 Abs. 2, 23 Abs. 1 StGB).

6. Qualifikation (§ 314 Abs. 2 UmwG)

Die in § 314 Abs. 1 UmwG vorgesehene Strafdrohung von bis zu drei Jahren 10 Freiheitsstrafe wird in § 314 Abs. 2 UmwG auf fünf Jahre erweitert, wenn die Handlung gegen Entgelt vorgenommen wurde oder der Täter beabsichtigte, sich oder einen anderen zu bereichern oder einen anderen zu schädigen. **Entgelt** ist nach § 11 Abs. 1 Nr. 9 StGB jede in einem Vermögensvorteil bestehende Gegenleistung. Ein Handeln gegen Entgelt liegt aber nur vor, wenn die Gegenleistung schon vor der Tat vereinbart worden ist. **Bereicherungsabsicht** ist gegeben, wenn das Verhalten des Prüfers oder seines Gehilfen auf die Erlangung eines Vermögensvorteils abzielt[1]. Nach dem Wortlaut des Gesetzes muss der angestrebte Vermögensvorteil nicht rechtswidrig sein[2]. **Schädigungsabsicht** liegt vor, wenn der Täter darauf abzielt, einen anderen zu schädigen. Dies muss nach dem Gesetzeswortlaut nicht notwendig ein Vermögensnachteil sein; auch ein immaterieller Schaden, zB eine Rufschädigung, genügt[3].

KölnKomm. UmwG, § 314 UmwG Rz. 17; ebenso *Kuhlen* in Lutter, § 314 UmwG Rz. 6 und *Böttcher* in Böttcher/Habighorst/Schulte, § 314 UmwG Rz. 11.
1 Vgl. *Kuhlen* in Lutter, § 314 UmwG Rz. 11; *Taschke* in Semler/Stengel, § 314 UmwG Rz. 23.
2 *Kuhlen* in Lutter, § 314 UmwG Rz. 11; *Rönnau* in KölnKomm. UmwG, § 314 UmwG Rz. 23; *Vossius* in Widmann/Mayer, § 314 UmwG Rz. 29; *Fischer*, 59. Aufl. 2012, § 203 StGB Rz. 50; aA *Otto* in Großkomm. AktG, 4. Aufl. 1997, § 403 AktG Rz. 32; *Taschke* in Semler/Stengel, § 314 UmwG Rz. 23; *Grottel/H. Hoffmann* in Beck'scher Bilanz-Kommentar, § 332 HGB Rz. 46.
3 *Kuhlen* in Lutter, § 314 UmwG Rz. 11; *Rönnau* in KölnKomm. UmwG, § 314 UmwG Rz. 24; *Vossius* in Widmann/Mayer, § 314 UmwG Rz. 29; *Grottel/H. Hoffmann* in Beck'scher Bilanz-Kommentar, § 332 HGB Rz. 47; aA *Geilen* in KölnKomm. AktG, 1985, § 403 AktG Rz. 36; *Otto* in Großkomm. AktG, 4. Aufl. 1997, § 403 AktG Rz. 35; *Taschke* in Semler/Stengel, § 314 UmwG Rz. 24.

§ 314a
Falsche Angaben

Mit Freiheitsstrafe bis zu drei Jahren oder mit Geldstrafe wird bestraft, wer entgegen § 122k Abs. 1 Satz 3 eine Versicherung nicht richtig abgibt.

1. Überblick	1	3. Tatbestand	4
2. Betroffene Personen	3		

Literatur: *Altenhain*, Der strafbare falsche Bilanzeid, WM 2008, 1141; *Fleischer*, Der deutsche „Bilanzeid" nach § 264 Abs. 2 Satz 3 HGB, ZIP 2007, 97; *Hönsch*, Der Bilanzeid, ZCG 2006, 117.

1. Überblick

1 Die Vorschrift ist durch das 2. UmwGÄndG[1] eingefügt worden. Sie ergänzt den Schutz der Gläubiger der übertragenden Gesellschaft im Falle einer grenzüberschreitenden Verschmelzung[2].

2 Nach § 122k Abs. 1 Satz 3 UmwG haben die Mitglieder des Vertretungsorgans eines an einer grenzüberschreitenden Verschmelzung beteiligten übertragenden Rechtsträgers eine Versicherung dahin abzugeben, dass allen Gläubigern, die nach § 122j UmwG einen Anspruch auf Sicherheitsleistung haben, eine angemessene Sicherheit geleistet wurde (siehe dazu näher § 122j UmwG Rz. 5 ff.). Diese Versicherung ist Voraussetzung dafür, dass eine Verschmelzungsbescheinigung ausgestellt wird (§ 122k Abs. 2 Satz 4 UmwG). Die Abgabe einer nicht richtigen Versicherung wird mit § 314a UmwG unter Strafe gestellt. Eine vergleichbare strafrechtliche Absicherung des Gläubigerschutzes besteht bei einer inländischen Verschmelzung nicht (vgl. § 22 UmwG). § 314a UmwG stellt insofern eine Besonderheit der grenzüberschreitenden Verschmelzung dar.

2. Betroffene Personen

3 Täter können nur die Mitglieder des Vertretungsorgans eines übertragenden deutschen Rechtsträgers sein[3]. Erfasst sind dabei auch stellvertretende, fehlerhaft

---

[1] Zweites Gesetz zur Änderung des Umwandlungsgesetzes v. 19.4.2007, BGBl. I 2007, S. 542.
[2] *Kuhlen* in Lutter, § 314a UmwG Rz. 1; *Rönnau* in KölnKomm. UmwG, § 314a UmwG Rz. 2.
[3] *Kuhlen* in Lutter, § 314a UmwG Rz. 6.

bestellte und faktische Mitglieder[1]. Wird die Versicherung in unechter Gesamtvertretung abgegeben, kann auch ein Prokurist Täter sein[2].

3. Tatbestand

Tathandlung ist die nicht richtige Versicherung gemäß § 122k Abs. 1 Satz 3 UmwG. Dazu gehört auch eine unvollständige Versicherung, die sich zB nur auf bestimmte Gläubiger bezieht[3]. Wird überhaupt keine Versicherung abgegeben, ist der Tatbestand nicht erfüllt[4]. Die Begehung setzt **Vorsatz** voraus. Dieser muss sich auf die Unrichtigkeit der abgegebenen Versicherung beziehen. Ein den Vorsatz ausschließender Verbotsirrtum kann sich zB in Bezug auf das Vorliegen der Voraussetzungen für einen Anspruch auf Sicherheitsleistung nach § 122j UmwG ergeben[5]. Die Tat ist mit Zugang der Versicherung beim zuständigen Registergericht vollendet[6]. 4

§ 315
Verletzung der Geheimhaltungspflicht

(1) Mit Freiheitsstrafe bis zu einem Jahr oder mit Geldstrafe wird bestraft, wer ein Geheimnis eines an einer Umwandlung beteiligten Rechtsträgers, namentlich ein Betriebs- oder Geschäftsgeheimnis, das ihm in seiner Eigenschaft als

1. Mitglied des Vertretungsorgans, vertretungsberechtigter Gesellschafter oder Partner, Mitglied eines Aufsichtsrats oder Abwickler dieses oder eines anderen an der Umwandlung beteiligten Rechtsträgers,

2. Verschmelzungs-, Spaltungs- oder Übertragungsprüfer oder Gehilfe eines solchen Prüfers

bekannt geworden ist, unbefugt offenbart, wenn die Tat im Falle der Nummer 1 nicht in § 85 des Gesetzes betreffend die Gesellschaften mit beschränk-

---

1 *Rönnau* in KölnKomm. UmwG, § 314a UmwG Rz. 4; ebenso zum Bilanzeid nach § 264 Abs. 2 Satz 3 HGB iVm. § 331 Nr. 3a HGB; *Böttcher* in Böttcher/Habighorst/Schulte, § 314a UmwG Rz. 4; *Fleischer*, ZIP 2007, 97 (100); aA *Hönsch*, ZCG 2006, 117.
2 *Vossius* in Widmann/Mayer, § 314a UmwG Rz. 4; *Böttcher* in Böttcher/Habighorst/Schulte, § 314a UmwG Rz. 4; aA Rönnau in KölnKomm. UmwG, § 314a UmwG Rz. 4.
3 *Kuhlen* in Lutter, § 314a UmwG Rz. 4; *Rönnau* in KölnKomm. UmwG, § 314a UmwG Rz. 8.
4 *Kuhlen* in Lutter, § 314a UmwG Rz. 3; *Rönnau* in KölnKomm. UmwG, § 314a UmwG Rz. 8.
5 *Kuhlen* in Lutter, § 314a UmwG Rz. 5.
6 *Kuhlen* in Lutter, § 314a UmwG Rz. 7; *Vossius* in Widmann/Mayer § 314a UmwG Rz. 8.

ter Haftung, § 404 des Aktiengesetzes oder § 151 des Genossenschaftsgesetzes, im Falle der Nummer 2 nicht in § 333 des Handelsgesetzbuchs mit Strafe bedroht ist.

(2) Handelt der Täter gegen Entgelt oder in der Absicht, sich oder einen anderen zu bereichern oder einen anderen zu schädigen, so ist die Strafe Freiheitsstrafe bis zu zwei Jahren oder Geldstrafe. Ebenso wird bestraft, wer ein Geheimnis der in Absatz 1 bezeichneten Art, namentlich ein Betriebs- oder Geschäftsgeheimnis, das ihm unter den Voraussetzungen des Absatzes 1 bekannt geworden ist, unbefugt verwertet.

(3) Die Tat wird nur auf Antrag eines der an der Umwandlung beteiligten Rechtsträger verfolgt. Hat ein Mitglied eines Vertretungsorgans, ein vertretungsberechtigter Gesellschafter oder Partner oder ein Abwickler die Tat begangen, so sind auch ein Aufsichtsrat oder ein nicht vertretungsberechtigter Gesellschafter oder Partner antragsberechtigt. Hat ein Mitglied eines Aufsichtsrats die Tat begangen, sind auch die Mitglieder des Vorstands, die vertretungsberechtigten Gesellschafter oder Partner oder die Abwickler antragsberechtigt.

1. Überblick	1	5. Vollendung, Versuch	10
2. Betroffene Personen	3	6. Qualifikation (§ 315 Abs. 2 UmwG)	11
3. Tathandlung	6		
4. Vorsatz	9	7. Strafantrag	12

1. Überblick

1   Die Vorschrift stellt die unbefugte Offenbarung (§ 315 Abs. 1 UmwG) und Verwertung (§ 315 Abs. 2 Satz 2 UmwG) von Geheimnissen der an einer Umwandlung beteiligten Rechtsträger durch Organmitglieder, Prüfer oder Prüfergehilfen unter Strafe. Sie schützt damit sowohl das Vermögen der beteiligten Rechtsträger wie auch das Vertrauen der Allgemeinheit in die berufliche Zuverlässigkeit dieses Personenkreises[1]. Die Vorschrift ist zu Gunsten der beteiligten Rechtsträger und ihrer Anteilsinhaber **Schutzgesetz** iS von § 823 Abs. 2 BGB[2]. Gläubiger und Arbeitnehmer sind dagegen nicht unmittelbar begünstigt; sie können deshalb aus § 823 Abs. 2 BGB keine Schadensersatzansprüche herleiten[3].

---

1 Vgl. *Hefendehl* in Spindler/Stilz, § 404 AktG Rz. 4; *Kuhlen* in Lutter, § 315 UmwG Rz. 3; *Taschke* in Semler/Stengel, § 315 UmwG Rz. 2; abl. *Hohn* in KölnKomm. UmwG, § 315 UmwG Rz. 5 f. und *Altenhain* in KölnKomm. AktG, 3. Aufl. 2013, § 404 AktG Rz. 3.
2 *Hefendehl* in Spindler/Stilz, § 404 AktG Rz. 9; *Schaal* in MünchKomm. AktG, 3. Aufl. 2011, § 404 AktG Rz. 4; aA *Altenhain* in KölnKomm. AktG, 3. Aufl. 2013, § 404 AktG Rz. 4: nur zugunsten der Gesellschaft ohne deren Gesellschafter.
3 Vgl. *Otto* in Großkomm. AktG, 4. Aufl. 1997, § 404 AktG Rz. 2; *Hohn* in KölnKomm. UmwG, § 315 UmwG Rz. 7; *Taschke* in Semler/Stengel, § 315 UmwG Rz. 1; aA *Kuhlen* in Lutter, § 315 UmwG Rz. 3 in Bezug auf die Arbeitnehmer.

§ 315 UmwG ist gegenüber den Paralleltatbeständen in § 85 GmbHG, § 404 2
AktG, § 151 GenG, § 333 HGB hinsichtlich der dort jeweils bezeichneten Personen und Rechtsformen **subsidiär** (§ 315 Abs. 1 UmwG aE). Die Bedeutung
des § 315 UmwG liegt damit hauptsächlich im Geheimnisschutz der an einer
Umwandlung beteiligten Personenhandelsgesellschaften, Partnerschaftsgesellschaften, Vereine und Stiftungen. Die ursprüngliche Bezugnahme auch auf
§ 138 VAG ist durch das Gesetz zur Modernisierung der Finanzaufsicht über
Versicherungen v. 1.4.2015 (BGBl. I 2015, S. 434) entfallen.

2. Betroffene Personen

Täter können nur die in § 315 Abs. 1 UmwG bezeichneten Personen, also (§ 315 3
Abs. 1 Nr. 1 UmwG) Mitglieder des Vertretungsorgans, vertretungsberechtigte
Gesellschafter oder Partner, Mitglieder eines Aufsichtsorgans und Abwickler sowie (§ 315 Abs. 1 Nr. 2 UmwG) Verschmelzungs-, Spaltungs- und Übertragungsprüfer sowie deren Gehilfen sein. Die faktische Wahrnehmung einer solchen Funktion genügt (siehe dazu § 313 UmwG Rz. 3). Dem möglichen **Täter**
muss **in der vom Gesetz genannten Eigenschaft** ein Geheimnis eines an der
Umwandlung beteiligten Rechtsträgers bekannt geworden sein. Eine Kenntniserlangung außerhalb dieser Eigenschaft, zB vor der Bestellung zum Mitglied des
Vertretungsorgans oder auf Grund einer Unterrichtung im privaten Bereich, ist
nicht erfasst[1]. Erforderlich ist außerdem stets, dass im Zeitpunkt der Tat (noch)
ein Geheimnis des Rechtsträgers vorliegt. Die unbefugte Offenbarung oder Verwertung eines solchen Geheimnisses ist andererseits aber auch dann noch strafbar, wenn der Täter im Zeitpunkt der Tat nicht mehr dem beschriebenen Personenkreis angehört[2].

Um ein **Geheimnis** iS von § 315 UmwG handelt es sich dann, wenn nicht offen- 4
kundige, einen an einer Umwandlung beteiligten Rechtsträger betreffende Tatsachen vorliegen, in Bezug auf welche dieser Rechtsträger ein objektives Geheimhaltungsinteresse hat und die er nicht offenbaren will[3]. Nicht offenkundig
ist eine Tatsache, die nur einem begrenzten Personenkreis bekannt und anderen

---

1 Vgl. *Taschke* in Semler/Stengel, § 315 UmwG Rz. 6; *Vossius* in Widmann/Mayer, § 315
UmwG Rz. 8; *Kuhlen* in Lutter, § 315 UmwG Rz. 4; *Böttcher* in Böttcher/Habighorst/
Schulte, § 315 UmwG Rz. 5; *Altenhain* in KölnKomm. AktG, 3. Aufl. 2013, § 404
AktG Rz. 19; *Schaal* in MünchKomm. AktG, 3. Aufl. 2011, § 404 AktG Rz. 19; *Otto* in
Großkomm. AktG, 4. Aufl. 1997, § 404 AktG Rz. 8 und 10.
2 *Kuhlen* in Lutter, § 315 UmwG Rz. 4; *Taschke* in Semler/Stengel, § 315 UmwG Rz. 6.
3 Vgl. *Kuhlen* in Lutter, § 315 UmwG Rz. 5; *Taschke* in Semler/Stengel, § 315 UmwG
Rz. 10; *Böttcher* in Böttcher/Habighorst/Schulte, § 315 UmwG Rz. 6; krit. zum Erfordernis eines Geheimhaltungswillens *Hohn* in KölnKomm. UmwG, § 315 UmwG Rz. 16f.

nur schwer zugänglich ist[1]. Ob ein rechtlich schutzwürdiges Geheimhaltungsinteresse besteht, hängt von den Umständen, insbesondere davon ab, ob dem Rechtsträger aus der Offenbarung des Geheimnisses ein Schaden droht[2]. Schließlich muss auf Seiten des Rechtsträgers ein Geheimhaltungswille bestehen, wobei dieser nicht ausdrücklich erklärt sein muss. Es genügt, wenn sich der Geheimhaltungswille aus der Interessenlage ergibt[3].

5 Geschützt sind **alle Arten von Geheimnissen**. Eine nähere Unterscheidung zwischen Betriebs- oder Geschäftsgeheimnis ist deshalb entbehrlich. Auch rechtswidrige Sachverhalte, zB ein Verstoß gegen Steuer- oder Wettbewerbsrecht, können ein Geheimnis iS von § 315 UmwG darstellen[4].

3. Tathandlung

6 Die Tathandlung besteht im unbefugten Offenbaren (§ 315 Abs. 1 UmwG) oder Verwerten (§ 315 Abs. 2 Satz 2 UmwG) eines Geheimnisses. **Offenbart** wird ein Geheimnis, wenn es einem anderen, dem das Geheimnis noch nicht bekannt ist, mitgeteilt wird[5]. Ausreichend ist dabei bereits, wenn dem anderen die Möglichkeit der Kenntnisnahme verschafft wird[6]. Ob der Empfänger der Mitteilung seinerseits zur Verschwiegenheit verpflichtet ist, ist grundsätzlich unerheblich[7]. Die Mitteilung an einen zuvor schon anderweitig Informierten genügt aber nicht[8].

---

1 Vgl. *Hohn* in KölnKomm. UmwG, § 315 UmwG Rz. 15; *Kuhlen* in Lutter, § 315 UmwG Rz. 5; *Altenhain* in KölnKomm. AktG, 3. Aufl. 2013, § 404 AktG Rz. 11 und *Taschke* in Semler/Stengel, § 315 UmwG Rz. 11.
2 Vgl. *Altenhain* in KölnKomm. AktG, 3. Aufl. 2013, § 404 AktG Rz. 12; *Otto* in Großkomm. AktG, 4. Aufl. 1997, § 404 AktG Rz. 15.
3 Vgl. *Kuhlen* in Lutter, § 315 UmwG Rz. 6; *Taschke* in Semler/Stengel, § 315 UmwG Rz. 15; aA *Altenhain* in KölnKomm. AktG, 3. Aufl. 2013, § 404 AktG Rz. 14: Geheimhaltungswille nicht erforderlich.
4 Vgl. *Hohn* in KölnKomm. UmwG, § 315 UmwG Rz. 22; *Kuhlen* in Lutter, § 315 UmwG Rz. 8; *Taschke* in Semler/Stengel, § 315 UmwG Rz. 16; *Vossius* in Widmann/Mayer, § 315 UmwG Rz. 14.
5 *Hohn* in KölnKomm. UmwG, § 315 UmwG Rz. 38; *Kuhlen* in Lutter, § 315 UmwG Rz. 9; *Taschke* in Semler/Stengel, § 315 UmwG Rz. 17; *Böttcher* in Böttcher/Habighorst/Schulte, § 315 UmwG Rz. 8.
6 *Otto* in Großkomm. AktG, 4. Aufl. 1997, § 404 AktG Rz. 25; *Taschke* in Semler/Stengel, § 315 UmwG Rz. 17.
7 Vgl. BayObLG v. 8.11.1994 – 2 St RR 157/94, NJW 1995, 1623; *Kuhlen* in Lutter, § 315 UmwG Rz. 10.
8 *Kuhlen* in Lutter, § 315 UmwG Rz. 9; *Altenhain* in KölnKomm. AktG, 3. Aufl. 2013, § 404 AktG Rz. 52; *Schaal* in MünchKomm. AktG, 3. Aufl. 2011, § 404 AktG Rz. 29.

Verwertet wird das Geheimnis, wenn es zur Erzielung eines Vermögensvorteils 7
genutzt wird. Ein Ausnutzen zu lediglich ideellen Zwecken genügt nicht[1]. Andererseits ist nicht erforderlich, dass ein wirtschaftlicher Vorteil tatsächlich erzielt wird; die hierauf gerichtete Tätigkeit ist vielmehr ausreichend[2].

Die Offenbarung und die Verwertung müssen jeweils **unbefugt** erfolgen. Dieses 8
Merkmal wird überwiegend nur als Hinweis auf das allgemeine Erfordernis eines rechtswidrigen Handelns angesehen[3]. Eine Befugnis zB zur Offenbarung eines Geheimnisses ergibt sich darüber hinaus aber auch aus der Organstellung, zB bei der Information der GmbH-Geschäftsführer untereinander oder einer Unterrichtung des Aufsichtsrats oder Abschlussprüfers durch die Geschäftsführung bzw. den Vorstand. Solche auf Grund der Organstellung erfolgenden Offenbarungen sind, wenn sie sich im Rahmen der Organaufgabe bewegen, nicht von vornherein tatbestandsmäßig[4]. Befugt ist sodann auch die Offenbarung oder Verwertung durch einen Dritten, wenn sie mit **Zustimmung des Geheimnisträgers** erfolgt[5]. Zuständig für die Erteilung der Zustimmung ist dabei idR das Vertretungsorgan, also die Geschäftsführung, der Vorstand oder die zur Vertretung berechtigten Komplementäre.

4. Vorsatz

Die Tathandlung nach § 315 Abs. 1 oder Abs. 2 UmwG setzt jeweils Vorsatz vo- 9
raus, wobei sich dieser auch auf das Vorliegen eines Geheimnisses beziehen muss. Bedingter Vorsatz genügt.

5. Vollendung, Versuch

Der Tatbestand der unbefugten Offenbarung ist vollendet, sobald das Geheimnis 10
einem Dritten zur Kenntnis gelangt ist. Ob die Mitteilung auch verstanden wur-

---

1 *Kuhlen* in Lutter, § 315 UmwG Rz. 15; *Altenhain* in KölnKomm. AktG, 3. Aufl. 2013, § 404 AktG Rz. 27; *Otto* in Großkomm. AktG, 4. Aufl. 1997, § 404 AktG Rz. 27.
2 *Otto* in Großkomm. AktG, 4. Aufl. 1997, § 404 AktG Rz. 28; *Kuhlen* in Lutter, § 315 UmwG Rz. 15.
3 Vgl. *Altenhain* in KölnKomm. AktG, 3. Aufl. 2013, § 404 AktG Rz. 28; *Otto* in Großkomm. AktG, 4. Aufl. 1997, § 404 AktG Rz. 30, 37 ff.
4 Ebenso *Kuhlen* in Lutter, § 315 UmwG Rz. 11; *Taschke* in Semler/Stengel, § 315 UmwG Rz. 19 ff.; *Vossius* in Widmann/Mayer, § 315 UmwG Rz. 17 f.; *Böttcher* in Böttcher/Habighorst/Schulte, § 315 UmwG Rz. 9.
5 *Altemhain* in KölnKomm. AktG, 3. Aufl. 2013, § 404 AktG Rz. 28; *Otto* in Großkomm. AktG, 4. Aufl. 1997, § 404 AktG Rz. 30; *Kuhlen* in Lutter, § 315 UmwG Rz. 12; *Böttcher* in Böttcher/Habighorst/Schulte, § 315 UmwG Rz. 9.

de, ist ohne Bedeutung. Bei schriftlicher Mitteilung genügt idR deren Übergabe[1]. Der Tatbestand der unbefugten Verwertung ist schon dann vollendet, wenn die Realisierung des erstrebten Vorteils unmittelbar bevorsteht[2]. Der Versuch ist nicht strafbar (§ 23 Abs. 1 StGB)[3].

6. Qualifikation (§ 315 Abs. 2 UmwG)

11 Die in § 315 Abs. 1 UmwG vorgesehene Strafdrohung von bis zu einem Jahr Freiheitsstrafe wird in § 315 Abs. 2 UmwG auf zwei Jahre erhöht, wenn die Handlung gegen Entgelt vorgenommen wurde oder der Täter beabsichtigte, sich oder einen anderen zu bereichern oder einen anderen zu schädigen. Diese qualifizierten Umstände entsprechen denen in § 314 Abs. 2 UmwG (siehe § 314 UmwG Rz. 10).

7. Strafantrag

12 Die Tat wird gemäß § 315 Abs. 3 Satz 1 UmwG nur auf Antrag eines an der Umwandlung beteiligten Rechtsträgers verfolgt. Zuständig für die Antragstellung ist idR dessen **Vertretungsorgan**, also die Geschäftsführung, der Vorstand oder die zur Vertretung berechtigten Komplementäre oder Partner. Zur Vermeidung von Interessenkollisionen wird der Kreis der Antragsberechtigten in § 315 Abs. 3 Satz 2 und 3 UmwG erweitert; entsprechende Regelungen enthalten die § 85 Abs. 3 Satz 2 und 3 GmbHG, § 404 Abs. 3 Satz 2 AktG und § 151 Abs. 3 GenG.

13 Der Strafantrag muss innerhalb von drei Monaten schriftlich gestellt werden (§§ 77b Abs. 1, 158 Abs. 2 StPO). Diese **Frist** beginnt mit Ablauf des Tages, an dem der antragsberechtigte Rechtsträger von der Tat und dem Täter Kenntnis erlangt hat. Sind mehrere Personen antragsberechtigt, kommt es auf die Kenntnis aller Antragsberechtigten an[4]. Eine Rücknahme des Antrags ist möglich (§ 77d StGB).

---

1 Vgl. *Kuhlen* in Lutter, § 315 UmwG Rz. 18; abl. *Hohn* in KölnKomm. UmwG, § 315 UmwG Rz. 42, der auf die tatsächliche Kenntnisnahme abstellt.
2 Vgl. *Kuhlen* in Lutter, § 315 UmwG Rz. 18; *Taschke* in Semler/Stengel, § 315 UmwG Rz. 32; *Otto* in Großkomm. AktG, 4. Aufl. 1997, § 404 AktG Rz. 34; aA *Altenhain* in KölnKomm. AktG, 3. Aufl. 2013, § 404 AktG Rz. 37: Vornahme der Handlung genügt.
3 *Böttcher* in Böttcher/Habighorst/Schulte, § 315 UmwG Rz. 10.
4 Vgl. *Otto* in Großkomm. AktG, 4. Aufl. 1997, § 404 AktG Rz. 57.

§ 316
Zwangsgelder

(1) Mitglieder eines Vertretungsorgans, vertretungsberechtigte Gesellschafter, vertretungsberechtigte Partner oder Abwickler, die § 13 Abs. 3 Satz 3 sowie § 125 Satz 1, § 176 Abs. 1, § 177 Abs. 1, § 178 Abs. 1, § 179 Abs. 1, § 180 Abs. 1, § 184 Abs. 1, § 186 Satz 1, § 188 Abs. 1 und § 189 Abs. 1, jeweils in Verbindung mit § 13 Abs. 3 Satz 3, sowie § 193 Abs. 3 Satz 2 nicht befolgen, sind hierzu von dem zuständigen Registergericht durch Festsetzung von Zwangsgeld anzuhalten; § 14 des Handelsgesetzbuchs bleibt unberührt. Das einzelne Zwangsgeld darf den Betrag von fünftausend Euro nicht übersteigen.

(2) Die Anmeldungen einer Umwandlung zu dem zuständigen Register nach § 16 Abs. 1, den §§ 38, 122k Abs. 1, § 122l Abs. 1, §§ 129 und 137 Abs. 1 und 2, § 176 Abs. 1, § 177 Abs. 1, § 178 Abs. 1, § 179 Abs. 1, § 180 Abs. 1, § 184 Abs. 1, §§ 186, 188 Abs. 1, § 189 Abs. 1, §§ 198, 222, 235, 246, 254, 265, 278 Abs. 1, §§ 286 und 296 werden durch Festsetzung von Zwangsgeld nicht erzwungen.

1. Überblick	1	4. Rechtswidrigkeit, Verschulden . . .	5
2. Zwangsgeldbewehrte Pflichten . . .	2	5. Verfahren	6
3. Verpflichtete Personen	4	6. Höhe des Zwangsgeldes	9

1. Überblick

Die Vorschrift modifiziert § 14 HGB, wonach das Registergericht die Pflicht zur Anmeldung, zur Zeichnung der Unterschrift oder zur Einreichung von Schriftstücken zum Handelsregister durch Festsetzung von Zwangsgeld erzwingen kann. § 316 Abs. 1 UmwG führt in Ergänzung dieser Regelung die Vorschriften auf, für die im Bereich des UmwG ein entsprechender Registerzwang besteht; § 316 Abs. 2 UmwG nimmt die umwandlungsrechtlichen Anmeldungen von dem Registerzwang aus. 1

2. Zwangsgeldbewehrte Pflichten

§ 316 Abs. 1 Satz 1 Halbsatz 1 UmwG zählt die umwandlungsrechtlichen Handlungspflichten gegenüber dem Registergericht auf, die für den Fall der Nichterfüllung mit einem Zwangsgeld bedroht sind. Es handelt sich dabei um die Pflicht, einem Anteilseigner auf Verlangen eine Abschrift des Verschmelzungsvertrages, des Spaltungs- und Übertragungsvertrages, des Vertrages zur vollständigen oder teilweisen Vermögensübertragung oder des Umwandlungsbeschlusses zu erteilen (vgl. § 13 Abs. 3 Satz 1 UmwG nebst den Verweisungen hierauf und § 193 Abs. 3 Satz 2 UmwG). Diese **Aufzählung** ist **abschließend**. Pflichten, die weder in § 316 Abs. 1 Satz 1 UmwG aufgezählt sind noch sich aus der all- 2 gemeinen Regelung des § 14 HGB ergeben, können nicht mit Zwangsgeld durchgesetzt, sondern nur eingeklagt werden[1].

3 Abweichend von § 14 HGB sind die umwandlungsrechtlichen **Anmeldungen** gemäß § 316 Abs. 2 UmwG nicht mit einem Zwangsgeld sanktioniert. Dies beruht auf der Überlegung, dass die beteiligten Rechtsträger ein starkes Eigeninteresse an der Herbeiführung der – konstitutiv wirkenden – Registereintragung haben und deshalb kein öffentliches Interesse an einer Erzwingbarkeit der hierzu erforderlichen Anmeldung besteht[2]. Diese Ausnahme gilt zunächst nur für die in § 316 Abs. 2 UmwG aufgeführten Anmeldungen selbst. Die bei einer Anmeldung regelmäßig bestehende Pflicht, dieser bestimmte **Unterlagen beizufügen** (vgl. zB § 17 UmwG), ist vom Gesetz nicht ausgenommen. Die Annahme eines Registerzwangs für die Beifügung von Unterlagen ist aber nur sinnvoll, wenn es trotz unvollständiger Unterlagen zur Eintragung gekommen ist. Vor der Eintragung genügt es, wenn das Registergericht durch Zwischenverfügung auf den Mangel hinweist und dessen Beseitigung ermöglicht. Werden die erforderlichen Unterlagen nicht nachgereicht, entspricht die Anmeldung nicht den gesetzlichen Vorschriften und ist deshalb zurückzuweisen[3].

3. Verpflichtete Personen

4 Die Handlungspflichten gegenüber dem Registergericht obliegen nach dem Gesetzeswortlaut nicht den beteiligten Rechtsträgern, sondern den für sie handelnden Personen, nämlich den Mitgliedern des Vertretungsorgans, den vertretungsberechtigten Gesellschaftern oder Abwicklern (§ 316 Abs. 1 Satz 1 UmwG). Hierbei wird es sich in der Regel um **natürliche Personen** handeln. Bei den Personenhandelsgesellschaften und der KGaA kann allerdings auch eine **juristische Person** vertretungsberechtigter Komplementär sein; das Gleiche gilt allgemein für den Abwickler (vgl. § 265 Abs. 2 Satz 3 AktG). Adressaten des Zwangsgelds sind in diesen Fällen die natürlichen Personen, die als Geschäftsführer bzw. Vorstandsmitglieder der betreffenden juristischen Personen bestellt sind[4]. Müssen

---

1 Vgl. *Kuhlen* in Lutter, § 316 UmwG Rz. 3; *Hohn* in KölnKomm. UmwG, § 316 UmwG Rz. 7; *Schwanna* in Semler/Stengel, § 316 UmwG Rz. 2; *Böttcher* in Böttcher/Habighorst/Schulte, § 316 UmwG Rz. 3.

2 Vgl. Begr. RegE zu § 316 UmwG bei *Ganske*, S. 310 f.; *Kuhlen* in Lutter, § 316 UmwG Rz. 4.

3 Vgl. *Kuhlen* in Lutter, § 316 UmwG Rz. 4; *Hüffer/Koch*, § 407 AktG Rz. 9, 11; *Otto* in Großkomm. AktG, 4. Aufl. 1997, § 404 AktG Rz. 56; aA, nämlich für einen uneingeschränkten Registerzwang auch für die beizufügenden Unterlagen, *Vossius* in Widmann/Mayer, § 316 UmwG Rz. 4.

4 Vgl. *Hohn* in KölnKomm. UmwG, § 316 UmwG Rz. 4; *Kuhlen* in Lutter, § 316 UmwG Rz. 5; *Vossius* in Widmann/Mayer, § 316 UmwG Rz. 11; *Böttcher* in Böttcher/Habighorst/Schulte, § 316 UmwG Rz. 6.

mehrere Personen (zB Geschäftsführer in vertretungsberechtigter Zahl) an der Vornahme der Handlung mitwirken, so richtet sich das Zwangsgeldverfahren gegen jede einzelne Person; ausgenommen bleiben dann ggf. diejenigen, die zur Mitwirkung bereit sind[1].

4. Rechtswidrigkeit, Verschulden

Die Rechtswidrigkeit des Verhaltens, das mit der Zwangsgeldfestsetzung erzwungen werden soll, ergibt sich idR aus der zu Grunde liegenden Pflichtverletzung. Theoretisch kann allerdings ein **Rechtfertigungsgrund** vorliegen. Verschulden ist, da es sich um eine Beugemaßnahme handelt, nicht erforderlich[2]. 5

5. Verfahren

Für das Zwangsgeldverfahren gelten die §§ 388 ff. FamFG. **Zuständig** ist danach das Registergericht am Sitz des Rechtsträgers, dessen Organmitglieder eine von § 316 UmwG oder § 14 HGB erfasste Pflicht nicht erfüllt haben. Innerhalb des Gerichts liegt die Zuständigkeit beim Rechtspfleger (§ 3 Nr. 2 lit. d RPflG). Das Verfahren ist **von Amts wegen einzuleiten**, sobald das Registergericht glaubhafte Kenntnis von der Pflichtverletzung hat[3]. Das Verfahren beginnt mit einer Verfügung des Gerichts, in der dem Adressaten unter Androhung eines konkret bezifferten Zwangsgeldes aufgegeben wird, innerhalb einer bestimmten Frist einer näher bezeichneten gesetzlichen Verpflichtung nachzukommen oder die Unterlassung mittels Einspruch zu rechtfertigen. Wird innerhalb der gesetzten Frist weder Einspruch erhoben noch die Verpflichtung erfüllt, wird das angedrohte Zwangsgeld festgesetzt. Dabei ist die Verfügung unter Androhung eines weiteren Zwangsgeldes zu wiederholen (§ 389 FamFG). 6

Gegen die Einleitungsverfügung kann der Betroffene **Einspruch** einlegen, über den das Registergericht – wiederum durch den Rechtspfleger[4] – entscheidet. Ist der Einspruch begründet, wird die Verfügung aufgehoben (§ 390 Abs. 3 FamFG). Anderenfalls wird der Einspruch verworfen und das angedrohte Zwangsgeld festgesetzt (§ 390 Abs. 4 FamFG). Dabei ist eine weitere Androhungsverfügung zu erlassen (§ 390 Abs. 5 FamFG). 7

---

1 Vgl. OLG Hamm, JMBl. NRW 1959, 32; *Kuhlen* in Lutter, § 316 UmwG Rz. 5; *Vossius* in Widmann/Mayer, § 316 UmwG Rz. 10.
2 *Kuhlen* in Lutter, § 316 UmwG Rz. 6 mwN.
3 *Kuhlen* in Lutter, § 316 UmwG Rz. 8.
4 KG Berlin v. 14.5.1959 – 1 W 744/59, NJW 1959, 1829 f.; *Kuhlen* in Lutter, § 316 UmwG Rz. 10.

§ 316 | Strafvorschriften und Zwangsgelder

8 Gegen die Festsetzung des Zwangsgeldes ist auch ohne vorherigen Einspruch die **Beschwerde** zum OLG gegeben (§ 391 Abs. 1 FamFG iVm. § 58 FamFG; § 119 Abs. 1 Nr. 1 GVG). Hat der Beschwerdeführer gegen die Androhungsverfügung keinen Einspruch eingelegt, kann er die Beschwerde nicht darauf stützen, dass die Androhungsverfügung nicht gerechtfertigt gewesen sei (§ 391 Abs. 2 FamFG). Er kann jedoch rügen, dass Verfahrensmängel vorliegen, zB die gesetzte Frist zu kurz oder das Zwangsgeld zu hoch bemessen sei[1].

6. Höhe des Zwangsgeldes

9 Das Zwangsgeld beträgt bis zu 5 000 Euro (§ 316 Abs. 1 Satz 2 UmwG). Dieser Rahmen kann bei jeder Festsetzung ausgeschöpft werden, auch wenn es sich um eine wiederholte Zwangsgeldfestsetzung handelt. Die konkrete Höhe des Zwangsgeldes richtet sich nach dem **öffentlichen Interesse** an der Vornahme der Handlung und, bei wiederholter Festsetzung, nach dem **Maß des Widerstandes**, der gebeugt werden soll[2]. Wegen der Beugefunktion sind außerdem die wirtschaftlichen Verhältnisse der verpflichteten Person zu berücksichtigen. Auf das Verschulden des Verpflichteten kommt es dagegen nicht an.

---

1 OLG Hamm, JMBl. NRW 1953, 185 f.; *Kuhlen* in Lutter, § 316 UmwG Rz. 10.
2 Vgl. *Kuhlen* in Lutter, § 316 UmwG Rz. 7; *Schwanna* in Semler/Stengel, § 316 UmwG Rz. 11; *Böttcher* in Böttcher/Habighorst/Schulte, § 316 UmwG Rz. 12; gegen eine Berücksichtigung des öffentlichen Interesses *Hohn* in KölnKomm. UmwG, § 316 UmwG Rz. 9 und *Vossius* in Widmann/Mayer, § 316 UmwG Rz. 24.

Siebentes Buch
Übergangs- und Schlussvorschriften

§§ 317–320

Übergangsvorschriften der §§ 317–320 UmwG nicht kommentiert.

§ 321
Übergangsvorschrift zum Gesetz zur Umsetzung der Aktionärsrechterichtlinie und zum Dritten Gesetz zur Änderung des Umwandlungsgesetzes

(1) Im Fall des § 15 Abs. 2 Satz 1 bleibt es für die Zeit vor dem 1. September 2009 bei dem bis dahin geltenden Zinssatz.

(2) § 16 Abs. 3 Satz 3 Nr. 2 in der Fassung des Gesetzes zur Umsetzung der Aktionärsrechterichtlinie vom 30. Juli 2009 (BGBl. I S. 2479) ist nicht auf Freigabeverfahren und Beschwerdeverfahren anzuwenden, die vor dem 1. September 2009 anhängig waren.

(3) § 62 Absatz 4 und 5, § 63 Absatz 2 Satz 5 bis 7, § 64 Absatz 1 sowie § 143 in der Fassung des Dritten Gesetzes zur Änderung des Umwandlungsgesetzes vom 11. Juli 2011 (BGBl. I S. 1338) sind erstmals auf Umwandlungen anzuwenden, bei denen der Verschmelzungs- oder Spaltungsvertrag nach dem 14. Juli 2011 geschlossen worden ist.

Die Vorschrift regelt das Inkrafttreten zweier Änderungen des UmwG durch das Gesetz zur Umsetzung der Aktionärsrechterichtlinie (ARUG) v. 30.7.2009 sowie mehrerer Änderungen durch das Dritte Gesetz zur Änderung des UmwG v. 11.7.2011. Nach § 321 Abs. 1 UmwG gilt der in § 15 Abs. 2 Satz 1 UmwG von 2 % auf fünf Prozentpunkte über dem jeweiligen Basiszinssatz nach § 247 BGB erhöhte Zinssatz (siehe dazu § 15 UmwG Rz. 9) ab dem 1.9.2009. 1

Nach § 321 Abs. 2 UmwG gilt der Mindestanteilsbesitz eines Antragsgegners im Freigabeverfahren gemäß § 16 Abs. 3 Satz 3 Nr. 2 UmwG (siehe dazu § 16 UmwG Rz. 41a und 41b) nicht für Freigabe- und Beschwerdeverfahren, die vor dem 1.9.2009 anhängig waren. In diesen Verfahren ist das neue Quorum daher noch nicht anzuwenden. Für den Wechsel der Zuständigkeit für das Freigabeverfahren von den Landgerichten zum OLG sieht die Vorschrift keine Übergangsfrist vor. Auch für vor dem 1.9.2009 anhängige Freigabeverfahren ist daher sofort das OLG zuständig. Anhängige Beschwerdeverfahren sind nach dem Gesetzeswortlaut weiterzuführen, obwohl es nach der Neufassung des § 16 Abs. 3 2

UmwG keine Beschwerde mehr gibt (vgl. § 16 Abs. 3 Satz 9 UmwG). Für solche Verfahren ist weiter das OLG zuständig.

3 § 321 Abs. 3 UmwG wurde durch das 3. UmwGÄndG hinzugefügt. Danach sind die §§ 62 Abs. 4 und 5, 63 Abs. 2 Satz 5–7, 64 Abs. 1, 143 UmwG idF des 3. UmwGÄndG erstmals auf Umwandlungen anzuwenden, bei denen der Verschmelzungs- oder Spaltungsvertrag nach dem 14.7.2011 geschlossen wurde. Die Änderungen betreffen die Entbehrlichkeit des Verschmelzungsbeschlusses der übertragenden Kapitalgesellschaft bei einer 100%igen Konzernverschmelzung, den verschmelzungsrechtlichen Squeeze-out, die Entbehrlichkeit einer Zwischenbilanz, die Unterrichtungspflicht des Vorstandes bei wesentlichen Vermögensveränderungen und die verhältniswahrende Spaltung zur Neugründung.

Vorbemerkung zu § 322
Arbeitsrechtliche Auswirkungen der Umwandlung

A. Einführung 1
B. Auswirkungen der Umwandlung auf das einzelne Arbeitsverhältnis 4
  I. Übertragende Umwandlungen (Verschmelzung, Spaltung, Ausgliederung, Vermögens[teil]übertragung) 5
  II. Formwechsel 10
C. Auswirkungen auf die Rechtsstellung und das Amt des Betriebsrats/Gesamtbetriebsrats/Konzernbetriebsrats/Wirtschaftsausschusses/Europäischen Betriebsrats sowie des Sprecherausschusses der leitenden Angestellten 14
  I. Übertragende Umwandlungen (Verschmelzung, Spaltung, Ausgliederung, Vermögens[teil]übertragung)
    1. Betriebsrat
      a) Beteiligungsrechte in Bezug auf den Umwandlungsvorgang 15
      b) Rechtsfolgen für das Betriebsratsamt und die Rechtsstellung der Betriebsratsmitglieder ... 19
    2. Gesamtbetriebsrat
      a) Beteiligungsrechte in Bezug auf den Umwandlungsvorgang 40
      b) Rechtsfolgen für das Amt des Gesamtbetriebsrats 43
    3. Konzernbetriebsrat
      a) Beteiligungsrechte in Bezug auf den Umwandlungsvorgang 47
      b) Rechtsfolgen für das Amt des Konzernbetriebsrats 49
    4. Besonderheiten bei Bestehen von Vereinbarungen gemäß § 3 BetrVG 51
    5. Wirtschaftsausschuss
      a) Beteiligungsrechte in Bezug auf den Umwandlungsvorgang 52
      b) Rechtsfolgen für den Bestand des Wirtschaftsausschusses .. 53
    6. Sprecherausschuss der leitenden Angestellten
      a) Beteiligungsrechte in Bezug auf den Umwandlungsvorgang 54
      b) Rechtsfolgen für das Amt des Sprecherausschusses und die Rechtsstellung der Sprecherausschussmitglieder 55

7. Europäischer Betriebsrat
   a) Beteiligungsrechte in Bezug auf den Umwandlungsvorgang 59
   b) Rechtsfolgen für das Amt und die Rechtsstellung Europäischer Betriebsräte 62
II. Formwechsel
   1. Beteiligungsrechte in Bezug auf den Umwandlungsvorgang 64
   2. Rechtsfolgen für das Amt des Betriebsrats/Gesamtbetriebsrats/Konzernbetriebsrats/Wirtschaftsausschusses/Europäischen Betriebsrats sowie des Sprecherausschusses der leitenden Angestellten 66

D. **Auswirkungen auf bestehende Betriebsvereinbarungen und Tarifverträge** 68
   I. Übertragende Umwandlungen (Verschmelzung, Spaltung, Ausgliederung, Vermögens[teil]übertragung)
      1. Betriebsvereinbarung, Gesamt- und Konzernbetriebsvereinbarung, Sprecherausschussvereinbarung 69
      2. Tarifverträge 79
         a) Firmentarifverträge 80
         b) Verbands("Flächen"-)tarifverträge 83
   II. Formwechsel 85

E. **Auswirkungen auf die Unternehmensmitbestimmung** 86
   I. Übertragende Umwandlungen (Verschmelzung, Spaltung, Ausgliederung, Vermögens[teil]übertragung) 87
   II. Formwechsel 92

F. **Arbeitnehmerbeteiligung und Mitbestimmung in der SE und bei grenzüberschreitender Verschmelzung**
   I. Arbeitnehmerbeteiligung bei SE-Gründung 96

II. Arbeitnehmerbeteiligung bei grenzüberschreitender Verschmelzung 97
   1. Wesentliche Unterschiede zur Arbeitnehmerbeteiligung bei der SE-Gründung 98
   2. Anwendungsvoraussetzungen des MgVG 99
   3. Tatbestände des § 5 MgVG
      a) § 5 Nr. 1 MgVG 101
      b) § 5 Nr. 2 MgVG 102
      c) § 5 Nr. 3 MgVG 103
   4. Arbeitnehmerbeteiligungsverfahren nach §§ 6 ff. MgVG 104
      a) Einleitung des Verfahrens . . . 105
      b) Zusammensetzung des Besonderen Verhandlungsgremiums 106
      c) Bildung des Besonderen Verhandlungsgremiums 107
      d) Wählbarkeitsvoraussetzungen 108
      e) Zeitrahmen 109
   5. Verhandlungen mit dem BVG
      a) Verhandlungsfrist und -ziel . . 110
      b) Abschluss der Verhandlungen 111
   6. Gesetzliche Auffangregelung . . . 112
      a) Größe und Zusammensetzung des Aufsichtsrats 113
      b) Wahl bzw. Bestellung der Arbeitnehmervertreter im Aufsichtsrat 115
      c) Geschlechterquote bei börsennotierten Gesellschaften 115a
   7. Optierung für die gesetzliche Auffangregelung ohne vorhergehende Verhandlung (§ 23 Abs. 1 Satz 1 Nr. 3 MgVG) 116
   8. Nichtverhandlungs- bzw. Abbruchbeschluss des BVG (§ 18 MgVG) 118

G. **Haftungsrechtliche Auswirkungen im Bereich des Arbeitsrechts**
   I. Übertragende Umwandlungen (Verschmelzung, Spaltung, Ausgliederung, Vermögens[teil]übertragung) 119
   II. Formwechsel 123

Willemsen | 1455

| H. Auswirkungen auf den Inhalt | J. Zusammenfassung .... 126 |
| des Umwandlungsvertrages ... 124 | |

Literatur: *Annuß/Kühn/Rudolph/Rupp*, EBRG, 2014; *Arens/Düwell/Wichert* (Hrsg.), Handbuch Umstrukturierung und Arbeitsrecht, 2. Aufl. 2013; *Bachner/Köstler/Matthießen/Trittin*, Arbeitsrecht bei Unternehmensumwandlung und Betriebsübergang, 4. Aufl. 2012; *Bauer/Haußmann/Krieger*, Umstrukturierung, 3. Aufl. 2015; *Brandes*, Mitbestimmungsvermeidung mittels grenzüberschreitender Verschmelzung, ZIP 2008, 2193; *Cisch/Hock*, Konzernbetriebsvereinbarungen zur betrieblichen Altersversorgung im Lichte eines Share Deal, BB 2012, 2113; *Däubler/Kittner/Klebe/Wedde*, BetrVG, 15. Aufl. 2016 (zit. DKKW); *Drinhausen/Keinath*, Mitbestimmung bei grenzüberschreitender Verschmelzung mitbestimmungsfreier Gesellschaften, AG 2010, 398; *Düwell*, BetrVG, 4. Aufl. 2014; Erfurter Kommentar zum Arbeitsrecht, 16. Aufl. 2016 (zit. ErfK); *Dzida*, Die Unterrichtung des „zuständigen" Betriebsrats bei innerstaatlichen und grenzüberschreitenden Verschmelzungen, GmbHR 2009, 459; *Fitting/Engels/Schmidt/Trebinger/Linsenmaier*, BetrVG, 28. Aufl. 2016; *Fuhlrott/Oltmanns*, Das Schicksal von Betriebsräten bei Betriebs(teil)übergängen, BB 2015, 1013; *B. Gaul*, Das Arbeitsrecht der Betriebs- und Unternehmensspaltung, 2002; *Gaul/Otto*, Konsequenzen einer Spaltung nach § 123 UmwG für Firmentarifverträge, BB 2014, 500; Gemeinschaftskommentar zum Kündigungsschutzgesetz und zu sonstigen kündigungsschutzrechtlichen Vorschriften, 11. Aufl. 2016 (zit. KR); *Gussen/Dauck*, Die Weitergeltung von Betriebsvereinbarungen und Tarifverträgen bei Betriebsübergang und Umwandlung, 2. Aufl. 1997; *Henssler/Willemsen/Kalb* (Hrsg.), Arbeitsrecht Kommentar, 7. Aufl. 2016; *Hohenstatt/Kröpelin/Bertke*, Die Novellierung des Gesetzes über Europäische Betriebsräte (EBRG): Handlungsbedarf bei freiwilligen Vereinbarungen?, NZA 2011, 1313; *Hohenstatt/Müller-Bonanni*, Auswirkungen eines Betriebsinhaberwechsels auf Gesamtbetriebsrat und Gesamtbetriebsvereinbarung, NZA 2003, 766; *Hohenstatt/Schramm*, Der Gemeinschaftsbetrieb im Recht der Unternehmensmitbestimmung, NZA 2010, 846; *Hromadka/Maschmann/Wallner*, Der Tarifwechsel, 1996; *Kauffmann-Lauven/Lenze*, Auswirkungen der Verschmelzung auf den mitbestimmten Aufsichtsrat, AG 2010, 532; *Kern*, Störfälle im Anwendungsbereich von Konzernbetriebsvereinbarungen, NZA 2009, 1313; *Maschmann*, Betriebsrat und Betriebsvereinbarung nach einer Umstrukturierung, NZA Beil. 2009, 32; *Kiefner/Friebel*, Zulässigkeit eines Aufsichtsrats mit einer nicht durch drei teilbaren Mitgliederzahl bei einer SE mit Sitz in Deutschland, NZG 2010, 537; *O. Kittner*, Beschränkter Umfang des Übergangsmandats nach § 21a BetrVG, NZA 2012, 541; *Lunk/Hinrichs*, Die Mitbestimmung der Arbeitnehmer bei grenzüberschreitenden Verschmelzungen nach dem MgVG, NZA 2007, 773; *Mengel*, Umwandlungen im Arbeitsrecht, 1997; *C. Meyer*, Betriebsübergang: Neues zur Transformation gem. § 613a Abs. 1 Satz 2 BGB, DB 2010, 1404; *Moll/Ersfeld*, Betriebsratsstruktur nach Betriebsübergang, DB 2011, 1108; *Müller-Bonanni*, Der Betriebsinhaberwechsel im Rahmen des Umwandlungsgesetzes, 2004; *Müller-Bonanni/Mehrens*, Auswirkungen von Umstrukturierungen auf die Tarifsituation, ZIP 2012, 1217; *Müller-Bonanni/Müntefering*, Grenzüberschreitende Verschmelzung ohne Arbeitnehmerbeteiligung?, NJW 2009, 2347; *Nikoleyczik/Führ*, Mitbestimmungsgestaltung in grenzüberschreitenden Konzern unter besonderer Berücksichtigung der SE und grenzüberschreitender Verschmelzungen, DStR 2010, 1743; *Picot/Schnitker*, Arbeitsrecht bei Unternehmenskauf und Restrukturierung, 2001; *Preis/Willemsen*, Umstrukturierung von Betrieb und Unternehmen im Arbeitsrecht, 1999; *Richardi* (Hrsg.), BetrVG, 15. Aufl. 2016; *Sagan*, Die kollektive Fortgeltung von Tarifverträgen und Betriebsvereinbarungen nach § 613a Abs. 1 Sätze 2–4 BGB, RdA 2011, 163; *Schönhöft/Brahmstaedt*, Betriebsvereinbarungen und Gemeinschaftsbetrieb, NZA 2010, 851; *Schubert*, Die Mitbestimmung der Arbeitnehmer bei grenzüberschreitender Verschmelzung, RdA 2007, 9; *Sieg/Maschmann*, Unternehmensumstrukturierung aus arbeitsrechtlicher Sicht, 2. Aufl. 2010; *Teichmann*, Mitbestimmung und grenzüberschreitende Verschmelzung, Der Konzern 2007, 89; *Trappehl/Nussbaum*, Auswirkungen einer Verschmelzung auf den Bestand von Gesamtbetriebsvereinbarungen, BB 2011, 2869; *Völksen*, Beendigung fortgeltender freiwilliger Betriebsvereinbarungen nach einem Betriebsübergang, NZA 2013, 1182; *Willemsen/Hohenstatt/Schweibert/Seibt*, Umstrukturierung und Übertragung von Unternehmen, 5. Aufl. 2016; *Windbichler*, Arbeitsrecht im Konzern, 1989; *Wollwert*, Zulässigkeit der Errichtung eines Konzernbetriebsrats durch den konzernweit einzigen Gesamtbetriebsrat, NZA 2011, 437.

A. Einführung

Arbeitsrechtliche Aspekte werden im Umwandlungsgesetz nur vereinzelt[1] angesprochen. Eine geschlossene Systematik des „Arbeitsrechts der Umwandlung" gibt es nicht[2]. Das Gesetz enthält nur einige rudimentäre Regelungen, deren wichtigste die in § 324 UmwG enthaltene Klarstellung in Bezug auf die Anwendbarkeit des § 613a BGB bei übertragenden Umwandlungen (zum Begriff siehe Rz. 4) ist. Die §§ 322, 323 und 325 UmwG bilden lediglich partiell wirkende Sonderbestimmungen zu den ansonsten **unverändert anwendbaren Regelungen des allgemeinen Arbeitsrechts**. 1

Die Antwort auf die meisten arbeitsrechtlichen Fragestellungen im Zusammenhang mit Umwandlungen ergibt sich somit aus den allgemein geltenden gesetzlichen Regelungen und von der Rechtsprechung entwickelten Grundsätzen beispielsweise des Kündigungs-, Betriebsverfassungs- und Tarifvertragsrechts, wobei allerdings stets der durch die Umwandlung bewirkte **Rechtsträger- bzw. Rechtsformwechsel** beachtet werden muss, soweit er für die jeweils anzuwendende arbeitsrechtliche Norm **relevant** sein kann. Die Spannbreite reicht dabei von der arbeitsrechtlich nahezu neutralen Umwandlung einer (bereits zuvor mitbestimmungspflichtigen) GmbH in eine AG bis zur Ausgliederung von Betriebsteilen auf einen oder mehrere neu gegründete(n) Rechtsträger unter Verlust der **Identität**[3] des bisherigen Betriebs, die vielfache Folgefragen aufwirft, insbesondere hinsichtlich des „Schicksals" der Arbeitsverhältnisse, des Fortbestands bzw. der Neuwahl von Betriebsräten, der Fortgeltung von Betriebsver- 2

---

1 Siehe insb. § 5 Abs. 1 Nr. 9, Abs. 3 UmwG; § 126 Abs. 1 Nr. 11, Abs. 3 UmwG; § 134 UmwG; § 194 Abs. 1 Nr. 7, Abs. 2 UmwG; §§ 322–325 UmwG.
2 Siehe die zusammenfassenden Darstellungen von *B. Gaul*, Das Arbeitsrecht der Betriebs- und Unternehmensspaltung, 1. Aufl. 2002; *Picot/Schnitker*, Arbeitsrecht bei Unternehmenskauf und Restrukturierung, 2001; *Sieg/Maschmann*, Unternehmensumstrukturierung aus arbeitsrechtlicher Sicht, 2. Aufl. 2010; *Willemsen/Hohenstatt/Schweibert/Seibt*, Umstrukturierung und Übertragung von Unternehmen, 5. Aufl. 2016.
3 Zu Begriff und Bedeutung der Betriebsidentität in diesem Zusammenhang vgl. *Thüsing* in Richardi, § 21a BetrVG Rz. 5.

einbarungen und Tarifverträgen sowie der Beteiligung des Betriebsrats hinsichtlich der mit der Umwandlung verbundenen organisatorischen Umstrukturierung (Betriebsänderungen iS von § 111 BetrVG) als solcher. Kommt es im Zusammenhang und in Folge der Umwandlung zu einer **Personalanpassung, Versetzung** von Mitarbeitern und/oder **Änderungen von Arbeitsbedingungen**, stellen sich die üblichen, nach allgemeinem Arbeitsrecht zu beantwortenden Fragen wie etwa der Zulässigkeit betriebsbedingter Kündigungen gemäß § 1 KSchG, Anpassung individueller und kollektiver Vereinbarungen sowie der Reichweite des arbeitsrechtlichen Weisungsrechts[1].

3 Die Antwort auf all diese Fragen ist, soweit das Gesetz nicht ausnahmsweise eine Sonderregelung bereithält, den einschlägigen arbeitsrechtlichen Normen und der diesbezüglichen Rechtsprechung zu entnehmen. Mit der Aufhebung der §§ 321 und 322 Abs. 1 UmwG aF und deren Ersetzung durch § 21a bzw. § 1 Abs. 2 Nr. 2 BetrVG[2] gilt dies ausnahmslos auch für die Auswirkungen der Umwandlung auf das Betriebsratsmandat. Die Streichung dieser Bestimmungen aus den Übergangs- und Schlussvorschriften des Gesetzes sowie der ohnehin nur fragmentarische Charakter des „arbeitsrechtlichen Teils" lassen es sinnvoll erscheinen, die arbeitsrechtlichen Auswirkungen der Umwandlung zunächst in Form einer **Gesamtskizze** darzustellen[3], bevor die verbleibenden Regelungen (§§ 322 bis 325 UmwG) im Detail erläutert werden.

B. Auswirkungen der Umwandlung auf das einzelne Arbeitsverhältnis

4 Für die arbeitsrechtliche Bewertung ist die Unterscheidung zwischen **übertragenden** und (lediglich) **formwechselnden** Umwandlungen von zentraler Bedeutung[4]. Die übertragenden Umwandlungen (Verschmelzung, Spaltung, Ausgliederung und Vermögensübertragung) sind definitionsgemäß mit einer Übertragung von Vermögen (Aktiva und Passiva) im Wege der (Sonder-) Gesamtrechtsnachfolge auf einen anderen Rechtsträger verbunden, während der Formwechsel als solcher ohne jede Vermögensbewegung und ohne jeglichen Rechtsträgerwechsel erfolgt. Dementsprechend sind die arbeitsrechtlichen Konsequenzen einer übertragenden Umwandlung in aller Regel deutlich gravierender als diejenigen eines Formwechsels.

---

1 Zum sog. arbeitsrechtlichen Direktionsrecht vgl. *Preis*, Der Arbeitsvertrag, 5. Aufl. 2015, Teil II D 30, S. 759 ff.; *Thüsing* in Henssler/Willemsen/Kalb, § 611 BGB Rz. 293 ff.
2 Neu eingefügt durch das BetrVerfReformG v. 23.7.2001 (BGBl. I 2001, S. 1852), vgl. Neubekanntmachung v. 25.9.2001 (BGBl. I 2001, S. 2518).
3 Siehe dazu auch *Willemsen* in Willemsen/Hohenstatt/Schweibert/Seibt, Umstrukturierung, Rz. B 81 ff.
4 Siehe dazu Kommentierung zu § 1 UmwG Rz. 6 sowie das Schaubild bei *Lutter/Bayer* in Lutter, Einleitung I Rz. 50 f.

I. Übertragende Umwandlungen (Verschmelzung, Spaltung, Ausgliederung, Vermögens[teil]übertragung)

Die übertragende Umwandlung ist (nur) in den Fällen der **Verschmelzung** (§ 2 UmwG), der **Aufspaltung** (§ 123 UmwG) und der **Vermögensvollübertragung** (§ 174 UmwG) zwingend mit dem Übergang von Arbeitsverhältnissen verbunden, soweit solche bei dem übertragenden und durch die Umwandlung ohne Abwicklung erlöschenden Rechtsträger bestanden haben[1]. Bei allen sonstigen übertragenden Umwandlungen, die nicht mit dem Erlöschen des bisherigen Rechtsträgers verbunden sind, also bei der Abspaltung (§ 123 Abs. 2 UmwG), Ausgliederung (§ 123 Abs. 3 UmwG) sowie bei der Vermögens*teil*übertragung (§§ 177, 179 UmwG) hängt das „Schicksal" der bei dem übertragenden Rechtsträger vorhandenen Arbeitsverhältnisse maßgeblich davon ab, ob es sich bei dem jeweiligen Rechtsträgerwechsel zugleich um den Fall eines **Betriebs- oder Betriebsteilübergangs iS von § 613a BGB** handelt.

5

§ 324 UmwG stellt die Anwendbarkeit dieser Bestimmung für alle Fälle der übertragenden Umwandlung klar[2]. Anders als bei Verschmelzung, Aufspaltung und Vermögensvollübertragung hängt es in den Fällen der nur partiellen Gesamtrechtsnachfolge, also bei Abspaltung, Ausgliederung und Vermögensteilübertragung, maßgeblich vom **Inhalt des Umwandlungsvertrages bzw. -beschlusses** ab, inwieweit die bei dem übertragenden Rechtsträger vorhandenen Arbeitsverhältnisse davon überhaupt berührt werden. Gliedert beispielsweise eine AG lediglich einen Teil ihrer Verbindlichkeiten sowie einige nicht betriebsnotwendige Grundstücke und Unternehmensbeteiligungen in eine neu gegründete Tochtergesellschaft aus, sind die Arbeitsverhältnisse bei der AG hiervon augenscheinlich nicht betroffen: Umwandlungsrechtlich nicht, weil sie nicht Gegenstand des Übertragungsvorgangs sind, nach § 613a BGB nicht, weil die zu übertragenden Gegenstände weder einen Betrieb noch einen vom Betriebsteil iS dieser Vorschrift bilden[3]. Daher sind die Voraussetzungen des § 613a BGB jedenfalls bei der **Spaltung, Ausgliederung und Vermögensteilübertragung stets eigenständig zu prüfen** (siehe auch § 324 UmwG Rz. 2). Nur soweit mit der Vermögensverschiebung ein Betriebs- oder Betriebsteilübergang einhergeht, kommt es zu einem gesetzlichen Übergang der hieran „gebundenen" Arbeitsverhältnisse[4] sowie den weiteren hieran gemäß § 613a Abs. 1 Satz 2-4, Abs. 2-6

6

---

1 Über dieses Ergebnis besteht in der Rechtsprechung und Literatur Einigkeit; umstritten ist jedoch, ob es sich ausschließlich aus arbeitsrechtlichen (§ 613a BGB iVm. § 324 UmwG) oder (ggf. zusätzlich) aus den Grundsätzen der umwandlungsrechtlichen Gesamtrechtsnachfolge ergibt; siehe dazu *Joost* in Lutter, § 324 UmwG Rz. 16; *Willemsen* in Willemsen/Hohenstatt/Schweibert/Seibt, Umstrukturierung, Rz. B 90 f.
2 Zur Bedeutung dieser Vorschrift siehe im Übrigen Erl. zu § 324 UmwG Rz. 2 ff.
3 Allgemein zu den Voraussetzungen eines Betriebs/Betriebsteils iS des § 613a BGB *Willemsen* in Henssler/Willemsen/Kalb, § 613a BGB Rz. 11 ff.
4 Zu den damit verbundenen Zuordnungsfragen siehe § 324 UmwG Rz. 51 ff.

BGB geknüpften Rechtsfolgen. Die *Auf*spaltung führt zwar, wie oben ausgeführt, definitionsgemäß zu einer Übertragung der beim übertragenden und mit der Aufspaltung erlöschenden Rechtsträger bestehenden Arbeitsverhältnisse; gleichwohl sind auch hier die Voraussetzungen des § 613a BGB in Bezug auf jeden übernehmenden Rechtsträger gesondert zu prüfen, weil hiervon abhängt, auf *welchen* von ihnen das jeweilige Arbeitsverhältnis nach § 613a BGB übergeht. Die Rechtsfolgen dieser arbeitsrechtlichen Norm haben gemäß der Klarstellung in § 324 UmwG **Vorrang** gegenüber etwaigen gegenteiligen Bestimmungen im Umwandlungsvertrag[1].

7 Nur soweit § 613a BGB (in Ermangelung eines Betriebsübergangs oder Betriebsteilübergangs) nicht greift, kommt eine **rein umwandlungsrechtliche Übertragung** einzelner Arbeitsverhältnisse in Betracht. Dazu bedarf es neben entsprechender Bestimmungen im Umwandlungsvertrag der **Zustimmung** der betroffenen Arbeitnehmer (vgl. § 324 UmwG Rz. 57 sowie das dort aufgeführte Beispiel).

8 Geht dagegen ein Arbeitsverhältnis im Zuge der Umwandlung gemäß § 613a BGB (iVm. § 324 UmwG) auf einen anderen Rechtsträger über, tritt diese Rechtsfolge **kraft Gesetzes** und ohne das Erfordernis einer ausdrücklichen oder konkludenten Zustimmung des Arbeitnehmers ein. Dieser ist allerdings gemäß § 613a Abs. 5 BGB über die Folgen des Betriebsübergangs in Textform zu **unterrichten** und hat nach näherer Maßgabe von § 613a Abs. 6 BGB ein **Widerspruchsrecht** (siehe dazu § 324 UmwG Rz. 41 ff.). Ob dieses auch besteht, wenn der übertragende Rechtsträger im Zuge der Umwandlung erlischt (wie bei Verschmelzung, Aufspaltung, Vollübertragung), war lange Zeit umstritten. Hierzu hat das BAG für die Praxis verbindlich entschieden, dass ein Widerspruchsrecht nach § 613a Abs. 6 BGB gegen den Übergang eines Arbeitsverhältnisses nicht besteht in Fällen, in denen ein Arbeitsverhältnis wegen gesellschaftsrechtlicher Gesamtrechtsnachfolge auf einen neuen Arbeitgeber übergegangen und der bisherige Arbeitgeber erloschen ist[2] (vgl. hierzu näher § 324 UmwG Rz. 44; wegen der weiteren Rechtsfolgen der Anwendung des § 613a BGB in Bezug auf den Übergang von Arbeitsverhältnissen vgl. die Erl. zu § 324 UmwG Rz. 18 ff.).

9 Für **Mitglieder des gesetzlichen Vertretungsorgans** (Vorstandsmitglieder, Geschäftsführer) **gilt § 613a BGB** dagegen **nicht**[3]. Die Auswirkungen der Um-

---

1 Dieser Vorrang bezieht sich allerdings nur auf die Rechtsfolgen der im Umwandlungsvertrag vorgesehenen Vermögensverschiebung, nicht jedoch auf die Gegenstände der Vermögensverschiebung als solche; vgl. § 324 UmwG Rz. 3 ff.
2 BAG v. 21.2.2008 – 8 AZR 157/07, ZIP 2008, 1296. Im konkreten Fall ging es um eine Anwachsung nach § 738 Abs. 1 Satz 1 BGB. Allerdings hat das BAG in den Gründen klargestellt, dass die gleichen Erwägungen auch für Umwandlungen nach dem Umwandlungsgesetz gelten.
3 Vgl. BAG v. 13.2.2003 – 3 AZR 59/02, NJW 2003, 2930 für freie Dienstverhältnisse; für GmbH-Geschäftsführer: BAG v. 13.2.2003 – 8 AZR 654/01, NJW 2003, 2473; *Willemsen/Müller-Bonanni* in Henssler/Willemsen/Kalb, § 613a BGB Rz. 226; es erscheint ratsam,

wandlung sowohl auf ihre Bestellung wie auch auf ihr Anstellungsverhältnis sind somit nach dem Umwandlungsrecht iVm. §§ 611 ff. BGB zu bestimmen[1].

II. Formwechsel

Beim Formwechsel (§ 190 UmwG) bleibt die **Rechtsträgerschaft** des bisherigen **Arbeitgebers** sowohl in Bezug auf den Betrieb als auch in Bezug auf das einzelne Arbeitsverhältnis **bestehen**[2]. Dementsprechend findet auch § 613a BGB auf den Formwechsel als solchen unstreitig **keine Anwendung**. Anderes kommt in Betracht, wenn der Formwechsel zum Anlass für weiterführende, betriebs- oder unternehmensbezogene Umstrukturierungen, etwa im Wege des *Asset Deals*, genommen oder von vornherein mit einer übertragenden Umwandlung (zB Ausgliederung) kombiniert wird.

10

Der Formwechsel als solcher lässt jedoch das einzelne Arbeitsverhältnis unberührt; es ändert sich praktisch nur der „rechtliche Name" des als solcher identisch bleibenden Arbeitgebers. Der Arbeitnehmer braucht dem Formwechsel – selbstverständlich – weder zuzustimmen, noch hat er ein Widerspruchsrecht, da **§ 613a Abs. 6 BGB weder direkt noch analog gilt**. Auch ein **außerordentliches Kündigungsrecht** nach § 626 Abs. 1 BGB zu Gunsten des Arbeitnehmers **besteht nicht**, selbst wenn sich die Haftungsverhältnisse (wie insbesondere bei Umwandlung einer Personen- in eine Kapitalgesellschaft) durch die Umwandlung grundlegend ändern. Dies folgt zum einen daraus, dass dem Arbeitnehmer mit dem Formwechsel kein anderer Arbeitgeber „aufgedrängt" wird, zum anderen daraus, dass der Gesetzgeber die haftungsrechtlichen Konsequenzen des Formwechsels selbst geregelt hat (vgl. §§ 204, 205 UmwG), diese somit *per se* die Fortsetzung des Arbeitsverhältnisses für den Arbeitnehmer nicht unzumutbar machen können. Ausnahmen sind allerdings – nur – dann vorstellbar, wenn ein in eine Kapitalgesellschaft umgewandeltes Unternehmen gezielt „ausgeplündert" und damit die Erfüllung *künftiger* Lohnansprüche erheblich gefährdet wird[3].

11

Alle bestehenden arbeitsvertraglichen Vereinbarungen einschließlich solcher aus sogenannter betrieblicher Übung bleiben im Falle des Formwechsels unverändert bestehen[4]. Eine etwaige Neufassung des Arbeitsvertrages in Bezug auf die

12

---

die Entwicklung der Rspr. bzgl. Fremdgeschäftsführern zu verfolgen: vgl. EuGH v. 11.11. 2010 – C-232/09, NZA 2011, 143 (Danosa), dazu *Junker*, NZA 2011, 950 (950 f.).
1 Siehe dazu § 20 UmwG Rz. 13 ff. sowie ausführlich *Buchner/Schlobach*, GmbHR 2004, 1.
2 Vgl. dazu § 190 UmwG Rz. 6: Prinzip der Wahrung der Identität des Rechtsträgers.
3 Zu der – umstrittenen – Frage, inwieweit nach § 204 UmwG (iVm. § 22 UmwG) bei Ansprüchen aus Dauerschuldverhältnissen überhaupt Sicherheit für erst nach der Eintragung des Formwechsels fällig werdende Ansprüche verlangt werden kann, vgl. oben § 204 UmwG Rz. 5.
4 Allgemein zum Fortbestand von Vereinbarungen bei Formwechsel § 202 UmwG Rz. 17 ff.

Person des Arbeitgebers hat demzufolge nur deklaratorische Bedeutung; allerdings ist der Arbeitgeber gemäß § 3 NachwG iVm. § 2 Abs. 1 Nr. 1 NachwG **verpflichtet**, allen Mitarbeitern die durch den Formwechsel bewirkte **Namensänderung mitzuteilen**[1]. Willenserklärungen (zB Kündigungen), die der Arbeitnehmer in Unkenntnis des zwischenzeitlichen Formwechsels noch an den Arbeitgeber früherer Rechtsform richtet, bleiben wirksam.

13 **Weitergehende Konsequenzen** kann der Formwechsel allerdings für das Amt und die vertragliche Stellung von **Organmitgliedern** haben. Der Fortbestand der Identität des Rechtsträgers ändert nämlich nichts daran, dass die Organstellung an die (bisherige) Rechtsform anknüpft und daher mit Eintragung des Formwechsels endet (**Prinzip der Diskontinuität**)[2]. Es ist mithin in aller Regel eine Neubestellung erforderlich (vgl. zB §§ 222 Abs. 1 Satz 2, 246 Abs. 2 UmwG). Der zugrunde liegende **Anstellungsvertrag** bleibt dagegen durch den Formwechsel grundsätzlich unberührt; seine **außerordentliche Kündigung** durch die Gesellschaft oder das Organmitglied ist nur ausnahmsweise zulässig[3].

C. Auswirkungen auf die Rechtsstellung und das Amt des Betriebsrats/Gesamtbetriebsrats/Konzernbetriebsrats/Wirtschaftsausschusses/Europäischen Betriebsrats sowie des Sprecherausschusses der leitenden Angestellten

14 Sowohl bei der übertragenden Umwandlung wie auch beim Formwechsel sieht das Gesetz eine rudimentäre Beteiligung der Betriebsräte vor, die sich allerdings in einem **reinen Informationsrecht** bezüglich des Inhalts des Umwandlungsvertrages bzw. -beschlusses erschöpft. Die Beteiligung des Betriebsrats in Bezug auf organisatorisch-personelle Veränderungen (**Umstrukturierungen**) im Zusammenhang mit der Umwandlung sowie deren Auswirkung auf das **Betriebsratsamt** selbst sind dagegen dem **BetrVG** und der diesbezüglichen Rechtsprechung zu entnehmen.

---

1 Dies folgt daraus, dass bei juristischen Personen als Arbeitgebern im Rahmen des § 2 Abs. 1 Nr. 1 NachwG auch deren Rechtsform zu den mitteilungspflichtigen, wesentlichen Vertragsbedingungen gehört; vgl. dazu *Kliemt* in Henssler/Willemsen/Kalb, § 2 NachwG Rz. 14; *Preis* in ErfK, § 2 NachwG Rz. 11.

2 Vgl. oben *Meister/Klöckner*, § 202 UmwG Rz. 24; aA *Decher/Hoger* in Lutter, § 202 UmwG Rz. 39.

3 Siehe dazu *Meister/Klöckner*, § 202 UmwG Rz. 24 sowie *Decher/Hoger* in Lutter, § 202 UmwG Rz. 39, jeweils mwN. Zu den anstellungsvertraglichen Konsequenzen im Übrigen siehe *Willemsen* in Willemsen/Hohenstatt/Schweibert/Seibt, Umstrukturierung, Rz. H 159 ff.

I. Übertragende Umwandlungen (Verschmelzung, Spaltung, Ausgliederung, Vermögens[teil]übertragung)

1. Betriebsrat

a) Beteiligungsrechte in Bezug auf den Umwandlungsvorgang

Insoweit ist zwischen der **umwandlungsrechtlichen** und der (allgemeinen) **betriebsverfassungsrechtlichen** Beteiligung des Betriebsrats zu unterscheiden, die **kumulativ** nebeneinander bestehen[1]. 15

Umwandlungsrechtlich ist für alle Umwandlungsarten die **Zuleitung** des Umwandlungsvertrags/-beschlusses bzw. seines Entwurfs an den „zuständigen" Betriebsrat des oder der beteiligten Rechtsträger(s) vorgesehen (vgl. § 5 Abs. 3 UmwG, § 126 Abs. 3 UmwG, § 194 Abs. 2 UmwG), und zwar jeweils **einen Monat** vor der Beschlussfassung der Anteilsinhaber über die Umwandlung[2]. 16

Betriebsverfassungsrechtlich sind abhängig von dem mit der Umwandlung verfolgten tatsächlichen (betriebsorganisatorischen) **Umstrukturierungskonzept** sämtliche allgemeinen Beteiligungsrechte des Betriebsrats zu beachten, insbesondere diejenigen nach **§§ 99 ff.** (Versetzungen), **§§ 102 ff.** (Kündigung) und **§ 111** (Betriebsänderung) BetrVG. Gerade dem zuletzt genannten Beteiligungsrecht des Betriebsrats bei Betriebsänderungen iS des § 111 BetrVG kann im Zusammenhang mit übertragenden Umwandlungen eine zentrale Bedeutung zukommen. Auslösendes Moment für die weitreichenden Mitwirkungsrechte des Betriebsrats in Bezug auf einen **Interessenausgleich und Sozialplan** (vgl. § 112 BetrVG) ist allerdings nicht bereits die mit der Umwandlung verbundene Änderung der Vermögenszuordnung als solche, sondern nur eine – in § 111 Satz 3 BetrVG katalogartig aufgeführte – **Änderung der tatsächlichen betrieblich-organisatorischen Verhältnisse** wie etwa eine im Zuge der Ausgliederung vorgenommene **Aufspaltung eines bisher einheitlichen Betriebs** (iS einer arbeitstechnischen Einheit[3]) in künftig zwei oder mehrere organisatorisch eigenständige Einheiten (vgl. § 111 Satz 3 Nr. 3 Alt. 2 BetrVG) oder die mit der Verschmelzung verbundene **örtliche Verlagerung** eines Betriebs und dessen **Zusammenschluss** mit einem bereits vorhandenen Betrieb des aufnehmenden Rechtsträgers (vgl. § 111 Satz 3 Nr. 2 Alt. 1 und Nr. 3 Alt. 1 BetrVG). Ähnlich wie bei § 613a BGB ist auch hier das Vorliegen der jeweiligen Tatbestandsmerkmale **eigenständig zu prüfen**[4] und durch die Wahl des Umwandlungsinstruments noch nicht zwingend vorgegeben. 17

---

1 Vgl. *Drygala* in Lutter, § 5 UmwG Rz. 108 ff.; siehe auch § 5 UmwG Rz. 48.
2 Siehe zu innerbetrieblichen und grenzüberschreitenden Verschmelzungen *Dzida*, GmbHR 2009, 459.
3 Zur Definition des arbeitsrechtlichen Betriebsbegriffs siehe auch Rz. 20.
4 Allgemein zum Verhältnis zwischen Umwandlungsrecht und §§ 111 ff. BetrVG *Willemsen* in Willemsen/Hohenstatt/Schweibert/Seibt, Umstrukturierung, Rz. B 94 ff.

18 Es gelten insoweit dieselben Überlegungen wie beim sogenannten *Asset Deal*[1], dh., es ist zu prüfen, ob es **im Zuge** der jeweiligen Umwandlung und der Umsetzung des damit verbundenen wirtschaftlichen Zwecks (zB Hebung von Synergiepotentialen) zu is von § 111 BetrVG grundlegenden **Veränderungen in der organisatorischen und personellen Zusammensetzung von Betrieben** der beteiligten Rechtsträger kommen wird. Ergibt eine solche Prüfung, dass das jeweilige Umstrukturierungskonzept eine Betriebsänderung iS von § 111 BetrVG mit umfasst, bedarf es im Hinblick auf den zeitlichen Ablauf der Umwandlung einer **besonders sorgfältigen Planung**, weil die Verletzung der Beteiligungsrechte des Betriebsrats nach §§ 111 ff. BetrVG für das Unternehmen **schwerwiegende Konsequenzen** zeitigen kann. Wie sich aus dem Zusammenhang des § 112 Abs. 1–3 BetrVG und § 113 Abs. 3 BetrVG ergibt, darf der Unternehmer mit der **Durchführung** einer Betriebsänderung erst **beginnen**, wenn der Interessenausgleich iS von § 112 Abs. 1 Satz 1 BetrVG entweder **unterschrieben** oder sein **Versuch** vor der Einigungsstelle endgültig **gescheitert** ist (vgl. § 112 Abs. 3 BetrVG). Die Durchführung der Betriebsänderung (mit der allerdings nicht die Umwandlung als solche, sondern die Änderung der konkreten betrieblichen Verhältnisse einschließlich des Ausspruchs von Kündigungen gemeint ist, vgl. Rz. 17) ohne vorherigen (vollständigen) Versuch eines Interessenausgleichs löst nicht nur **Nachteilsausgleichsansprüche** der betroffenen Arbeitnehmer nach **§ 113 Abs. 3 BetrVG**, sondern darüber hinaus möglicherweise sogar den Erlass einer **einstweiligen Unterlassungsverfügung** durch das zuständige Arbeitsgericht aus[2]. Auch diese kann sich allerdings nur gegen den **organisatorischen Vollzug** der Umwandlung (zB Betriebsverlagerung oder -aufspaltung, Ausspruch von Kündigungen etc.), **nicht jedoch gegen umwandlungsrechtliche Akte** (zB Beschluss oder Eintragung einer Verschmelzung als solcher) richten (vgl. § 5 UmwG Rz. 56)[3].

b) Rechtsfolgen für das Betriebsratsamt und die Rechtsstellung der Betriebsratsmitglieder

19 **aa) Unterscheidung von Betriebs- und Unternehmensspaltung.** Seit der Reform des Betriebsverfassungsgesetzes im Jahre 2001[4] ist an die Stelle der umwandlungsspezifischen Norm des § 321 UmwG aF die allgemeine betriebsverfassungsrechtliche Bestimmung des **§ 21a BetrVG** getreten. Sie hat folgenden Wortlaut:

---

1 Siehe dazu *Willemsen* in Willemsen/Hohenstatt/Schweibert/Seibt, Umstrukturierung, Rz. B 119 ff.
2 Zu der insoweit umstrittenen Rechtslage sowie der unterschiedlichen Judikatur der verschiedenen Landesarbeitsgerichte vgl. *Schweibert* in Willemsen/Hohenstatt/Schweibert/Seibt, Umstrukturierung, Rz. C 366 ff.
3 *Willemsen*, NZA 1996, 791 (798); *Willemsen* in Willemsen/Hohenstatt/Schweibert/Seibt, Umstrukturierung, Rz. B 147.
4 Vgl. dazu BetrVerfReformG v. 23.7.2001, BGBl. I 2001, S. 1852.

§ 21a[1] Übergangsmandat

(1) Wird ein Betrieb gespalten, so bleibt dessen Betriebsrat im Amt und führt die Geschäfte für die ihm bislang zugeordneten Betriebsteile weiter, soweit sie die Voraussetzungen des § 1 Abs. 1 Satz 1 erfüllen und nicht in einen Betrieb eingegliedert werden, in dem ein Betriebsrat besteht (Übergangsmandat). Der Betriebsrat hat insbesondere unverzüglich Wahlvorstände zu bestellen. Das Übergangsmandat endet, sobald in den Betriebsteilen ein neuer Betriebsrat gewählt und das Wahlergebnis bekanntgegeben ist, spätestens jedoch sechs Monate nach Wirksamwerden der Spaltung. Durch Tarifvertrag oder Betriebsvereinbarung kann das Übergangsmandat um weitere sechs Monate verlängert werden.

(2) Werden Betriebe oder Betriebsteile zu einem Betrieb zusammengefasst, so nimmt der Betriebsrat des nach der Zahl der wahlberechtigten Arbeitnehmer größten Betriebs oder Betriebsteils das Übergangsmandat wahr. Absatz 1 gilt entsprechend.

(3) Die Absätze 1 und 2 gelten auch, wenn die Spaltung oder Zusammenlegung von Betrieben und Betriebsteilen im Zusammenhang mit einer Betriebsveräußerung oder einer Umwandlung nach dem Umwandlungsgesetz erfolgt.

Auch wenn infolge der Verlagerung in das Betriebsverfassungsgesetz der spezielle umwandlungsrechtliche Bezug fehlt, kommt der – mit § 321 UmwG aF in weiten Teilen wortgleichen – Bestimmung für die arbeitsrechtliche Umsetzung von Umwandlungen nach wie vor eine zentrale Bedeutung zu; das ergibt sich auch aus dem – lediglich deklaratorischen – Hinweis in § 21a Abs. 3 BetrVG. Die rechtzeitige Prüfung und ggf. Gestaltung[2] der Auswirkungen auf das Amt bestehender Betriebsräte gehören zu den „Pflichtaufgaben" in der umwandlungsrechtlichen Beratung, da der Wegfall bestehender und die Konstitution neuer Betriebsräte sowohl erwünschte wie auch unerwünschte Auswirkungen auf die interne Unternehmens- und Betriebspolitik haben können.[3]

Für das Verständnis des § 21a BetrVG im Zusammenhang mit Umwandlungen (insbesondere Spaltungen iS des UmwG) ist zunächst die arbeitsrechtliche **Unterscheidung** zwischen **Betrieb und Unternehmen** von essentieller Bedeutung. Danach ist ein **Betrieb** die **organisatorische Einheit**, innerhalb derer ein Arbeitgeber (ggf. auch mehrere Arbeitgeber gemeinsam[4]) mit Hilfe von **personellen, sächlichen und immateriellen Mitteln** bestimmte **arbeitstechnische Zwecke**

20

---

1 [Amtl. Anm.:] Diese Vorschrift dient der Umsetzung des Artikels 6 der Richtlinie 2001/23/EG des Rates vom 12. März 2001 zur Angleichung der Rechtsvorschriften der Mitgliedstaaten über die Wahrung von Ansprüchen der Arbeitnehmer beim Übergang von Unternehmen, Betrieben oder Betriebsteilen (ABl. EG Nr. L 82, S. 16).
2 „Gestaltung" meint hier sowohl das Umstrukturierungskonzept als solches wie auch ggf. den Abschluss von Vereinbarungen nach § 3 BetrVG; siehe dazu Rz. 51 ff.
3 Es handelt sich nachfolgend um eine überblickartige Darstellung. Eine eingehende Beschreibung der Folgen der Umstrukturierung auf die Organe der Betriebsverfassung (insbes. Betriebsräte, Gesamt- und Konzernbetriebsräte) findet sich bei *Hohenstatt* in Willemsen/Hohenstatt/Schweibert/Seibt, Umstrukturierung, Rz. D 1 ff.
4 Zum Gemeinschaftsbetrieb mehrerer Unternehmen vgl. Rz. 24 sowie § 322 UmwG Rz. 2 ff.

fortgesetzt verfolgt bzw. verfolgen[1]. Demgegenüber ist aus arbeitsrechtlicher Sicht vom Betrieb das **Unternehmen** abzugrenzen; hiermit ist der jeweilige **Rechtsträger** gemeint[2]. Bloße **Veränderungen** der **rechtlichen Unternehmensstruktur**, die nicht mit einer (tatsächlichen) Organisationsveränderung auf Betriebsebene einhergehen, **berühren** daher die **Zusammensetzung des Betriebs** im arbeitsrechtlichen Sinne und die Existenz der dort bestehenden **Betriebsräte nicht**[3]. Es ist daher streng zwischen der **Unternehmens- und der Betriebsspaltung** zu **unterscheiden**.

Beispiel:

Ein bisher rechtlich einheitliches Unternehmen (U-GmbH) wird in der Weise aufgespalten, dass der Hauptbetrieb (120 Arbeitnehmer) in Köln der (neugegründeten) X-GmbH und der Zweitbetrieb in München (40 Arbeitnehmer) der (ebenfalls neu gegründeten) Y-GmbH zugewiesen wird. An beiden Standorten bestehen Betriebsräte; bei der U-GmbH wurde ein Gesamtbetriebsrat gebildet. Die tatsächliche Organisation der Betriebe wird nicht geändert. *Rechtsfolgen:* Die in Köln und München gewählten Betriebsräte bleiben unverändert bestehen; § 21a BetrVG ist *nicht* einschlägig, also auch kein Übergangsmandat, sondern Fortbestand der Betriebsratsmandate bis zum Ablauf der regulären Amtszeit. Auch ein Fall der §§ 111 ff. BetrVG (Betriebsänderung) liegt nicht vor. Allerdings endet das Amt des bisher bei der U-GmbH bestehenden Gesamtbetriebsrats, weil dieser – anders als der Einzelbetriebsrat – nicht auf Betriebs-, sondern auf Unternehmensebene gebildet wird und die U-GmbH infolge der Aufspaltung als Rechtsträger erlischt[4].

21 Generell lässt sich feststellen, dass eine **Betriebsratsneubildung**, gegebenenfalls verbunden mit einem Übergangsmandat nach § 21a BetrVG, grundsätzlich nur in solchen (tatsächlichen) Konstellationen in Betracht kommt, in denen ein bisher bestehender Betrieb infolge tiefgreifender organisatorisch-personeller Veränderungen seine bisherige betriebsverfassungsrechtliche **Identität** verliert[5]. Darüber hinaus kann sich die Notwendigkeit zur Betriebsratsneubildung (nur) dann ergeben, wenn Betriebsratsmitglieder durch Ausübung ihres **Widerspruchsrechts** nach § 613a Abs. 6 BGB (siehe dazu § 324 UmwG Rz. 41 ff.) in dem Arbeitsverhältnis mit der Veräußerergesellschaft verbleiben und damit die Wählbarkeit im übergehenden Betrieb verlieren (vgl. § 24 Nr. 4 BetrVG iVm. § 13 Abs. 2 Nr. 2 BetrVG[6]). Demgegenüber bleibt der **Widerspruch einzelner Arbeitnehmer** gegen den Übergang ihres Arbeitsverhältnisses nach § 613a Abs. 6 BGB auf den Fortbestand des Betriebsrats beim Erwerber **ohne Einfluss**.

---

1 Vgl. zu dieser, auf *Jacobi* zurückgehenden, Definition *Fitting/Engels/Schmidt/Trebinger/Linsenmaier*, § 1 BetrVG Rz. 63; *B. Gaul* in Henssler/Willemsen/Kalb, § 1 BetrVG Rz. 6.
2 Vgl. BAG v. 23.8.1989 – 7 ABR 39/88, AP Nr. 7 zu § 106 BetrVG 1972; zum Ganzen *Joost*, Betrieb und Unternehmen als Grundbegriffe im Arbeitsrecht, 1988.
3 Vgl. zu diesem „Trennungsprinzip" *Willemsen*, NZA 1996, 791 (795 ff.).
4 Zum Schicksal des Gesamtbetriebsrats im Falle von Umwandlungen vgl. im Übrigen Rz. 43 ff.
5 Zum Identitätsaspekt siehe auch Rz. 26, 34 f., 39.
6 Dazu *Moll/Ersfeld*, DB 2011, 1108.

Die widersprechenden Arbeitnehmer verbleiben in diesem Fall bei der Veräußerergesellschaft. Dem auf den Erwerber übergegangenen Betriebsrat steht hinsichtlich der beim Veräußerer „zurückgebliebenen" Arbeitnehmer auch **kein Übergangs- oder Restmandat** nach § 21a oder § 21b BetrVG (analog) zu[1]. Dies gilt nach Ansicht des BAG[2] selbst dann, wenn eine Mehrzahl von Arbeitnehmern dem Übergang ihres Arbeitsverhältnisses widerspricht.

bb) Betriebsspaltung (§ 21a Abs. 1 BetrVG). § 21a Abs. 1 BetrVG regelt nicht 22 Fälle der Unternehmens-, sondern (nur) solche der **Betriebsspaltung**. Für **Umwandlungen** bedeutet dies, dass die Vorschrift nur zur Anwendung gelangt, wenn sich mit der Umwandlung gleichzeitig die **Struktur** der bisher vorhandenen Betriebe in dem oben beschriebenen tatsächlich-organisatorischen Sinne ändert. Wird, anders als in dem soeben (Rz. 20) behandelten Beispiel, lediglich ein Betriebsteil im Zuge der Spaltung in eine andere Gesellschaft eingebracht, verliert nach allgemeinen betriebsverfassungsrechtlichen Grundsätzen, sofern sich die beteiligten Rechtsträger nicht auf die Führung eines Gemeinschaftsbetriebs verständigen (vgl. dazu Rz. 24), der Betriebsrat des „abgebenden Betriebs" die Zuständigkeit für die in dem von der Abspaltung betroffenen Betriebsteil beschäftigten Arbeitnehmer; sofern das „aufnehmende" Unternehmen betriebsratslos ist – was jedenfalls bei Neugründungen in der Anfangsphase der Fall ist – wären die Arbeitnehmer gerade in der unter Umständen „kritischen" Phase unmittelbar nach der Betriebsspaltung ohne Repräsentation. Dieses als unerwünscht empfundene Ergebnis soll durch das zeitlich begrenzte **Übergangsmandat** des bisher zuständigen Betriebsrats gemäß § 21a BetrVG vermieden werden[3].

Eine **Betriebsspaltung** iS einer Realteilung eines bisher als einheitliche Organi- 23 sation existierenden Betriebs kann das **Produkt** sowohl einer **Spaltung/Ausgliederung** wie auch einer **Verschmelzung** im umwandlungsrechtlichen Sinne sein.

Beispiel (für eine Betriebsspaltung im Zuge der Verschmelzung):
Die B-GmbH wird auf die A-GmbH verschmolzen, die zwei betriebsratslose Betriebe an zwei unterschiedlichen Standorten unterhält. Dabei wird ein Teil des bisher einheitlichen Betriebs der B-GmbH örtlich und organisatorisch mit dem vorhandenen Betrieb der A-GmbH an dem ersten Standort, der andere Teil des Betriebs mit dem Betrieb der A-GmbH an dem zweiten Standort zusammengefasst. Unterstellt man, dass beide von der Verschmelzung betroffenen Betriebsteile jeweils über die Voraussetzungen des § 1 Abs. 1 BetrVG (idR fünf ständige wahlberechtigte Arbeitnehmer, von denen drei wählbar sind) erfüllen und für den Betrieb der B-GmbH ein Betriebsrat bestand, kommt diesem nun-

---

1 Ebenso *Fuhlrott/Oltmanns*, BB 2015, 1013 f.
2 BAG v. 24.5.2012 – 2 AZR 62/11, DB 2013, 1731 = NZA 2013, 277 Rz. 56.
3 So die amtliche Begründung zu § 321 UmwG aF, BT-Drucks. 12/6699, S. 174; zu § 21a BetrVG vgl. BT-Drucks. 14/5741, S. 39; vgl. zum Ganzen auch *Bachner/Köstler/Matthießen/Trittin*, Arbeitsrecht bei Unternehmensumwandlung, § 4 Rz. 37 ff.; *Hohenstatt* in Willemsen/Hohenstatt/Schweibert/Seibt, Umstrukturierung, Rz. D 74 ff.

mehr nach § 21a Abs. 1 Satz 1 BetrVG ein Übergangsmandat zu, weil die Eingliederung jeweils in betriebsratslose Betriebe erfolgt[1]. Es ist daher folgerichtig, wenn § 21a Abs. 3 BetrVG die Absätze 1 und 2 dieser Norm **nicht nur** für die **Spaltung**, sondern **generell für Umwandlungen** nach dem Umwandlungsgesetz für anwendbar erklärt.

24 Stets muss es aber im Zuge der Umwandlung tatsächlich zu einer **Spaltung** eines bisher einheitlichen **Betriebs** kommen, damit das Übergangsmandat nach § 21a Abs. 1 BetrVG zur Anwendung gelangt. Daran **fehlt** es nicht nur, wenn ein Betrieb „1:1" auf einen anderen Rechtsträger übergeht (siehe Rz. 20), sondern auch dann, wenn ein Betriebsteil zwar im umwandlungsrechtlichen Sinne abgespalten oder ausgegliedert wird, sich die daran beteiligten Rechtsträger jedoch auf die Führung eines **gemeinsamen Betriebs** iS von § 1 Abs. 1 Satz 2 BetrVG nach der Abspaltung bzw. Ausgliederung verständigen[2]. Für das Vorliegen eines solchen Gemeinschaftsbetriebs streitet gemäß § **1 Abs. 2 Nr. 2 BetrVG** im Falle der **Unternehmensspaltung**[3] sogar eine **Vermutung**, wenn diese „... zur Folge hat, dass von einem Betrieb ein oder mehrere Betriebsteile einem an der Spaltung beteiligten anderen Unternehmen zugeordnet werden, ohne dass sich dabei die Organisation des betroffenen Betriebs wesentlich ändert"[4].

25 Führen im Falle einer Umwandlung die beteiligten Rechtsträger den oder die hiervon betroffenen Betriebsteile als gemeinsamen Betrieb iS von § 1 Abs. 1 Satz 2 BetrVG weiter, bleibt dieser als betriebsverfassungsrechtliche Einheit bestehen, und der bisherige Betriebsrat behält auch für die Arbeitnehmer des rechtlich ausgegliederten Betriebsteils sein Amt; ein **Übergangsmandat** entsteht, da **überflüssig**, nicht. Da es infolge der Bildung eines Gemeinschaftsbetriebs gerade *nicht* zur Spaltung eines Betriebs im betriebsverfassungsrechtlichen Sinne kommt, braucht der Betriebsrat des übertragenden Rechtsträgers in einer solchen Konstellation *nicht* gemäß § 111 Satz 3 Nr. 3 BetrVG beteiligt zu werden[5], so dass die Verpflichtung zum **Versuch eines Interessenausgleichs** und zur

---

1 Zu der – umstrittenen – Frage, ob sich das Übergangsmandat in einer derartigen Konstellation nur auf die bisher schon durch einen Betriebsrat repräsentierten Arbeitnehmer oder auf sämtliche Arbeitnehmer des jeweiligen Betriebs erstreckt, vgl. Rz. 28.
2 Allgemein zum Gemeinschaftsbetrieb mehrerer Arbeitgeber im betriebsverfassungsrechtlichen Sinne B. Gaul in Henssler/Willemsen/Kalb, § 1 BetrVG Rz. 13 ff. m. zahlreichen w.N.; Hohenstatt in Willemsen/Hohenstatt/Schweibert/Seibt, Umstrukturierung, Rz. D 18 ff. sowie § 322 UmwG Rz. 2 ff.
3 Nach der Gesetzesbegründung ist der Begriff der Unternehmensspaltung in § 1 Abs. 2 Nr. 2 BetrVG umfassend zu verstehen und soll sogar auf die Ausgliederung gemäß Einzelrechtsnachfolge anwendbar sein; vgl. Hohenstatt in Willemsen/Hohenstatt/Schweibert/Seibt, Umstrukturierung, Rz. D 32.
4 Zur Anwendung dieser, aus § 322 Abs. 1 UmwG aF hervorgegangenen, Bestimmung vgl. Hohenstatt in Willemsen/Hohenstatt/Schweibert/Seibt, Umstrukturierung, Rz. D 30 ff.; siehe dazu auch die Kommentierung in der 2. Aufl. zu § 322 Abs. 1 UmwG Rz. 5.
5 Siehe zu den Voraussetzungen einer Beteiligung nach §§ 111 ff. BetrVG Rz. 17.

Aufstellung eines **Sozialplans** unter dem Gesichtspunkt der Betriebsspaltung **entfällt**. Die Bildung eines Gemeinschaftsbetriebs ist somit ein **geeignetes Mittel**, um weitreichenden Forderungen von Betriebsrats- und Arbeitnehmerseite im Hinblick auf die arbeitsrechtliche Gestaltung und deren Folgen, insbesondere im Zusammenhang mit der Aufstellung eines Sozialplans, zuvorzukommen[1] (siehe zum Ganzen auch Erl. zu § 322 UmwG Rz. 6f.).

Für das Verständnis des § 21a Abs. 1 BetrVG von wesentlicher Bedeutung ist ferner, dass sich das **Übergangsmandat** idR nur auf die abgespaltenen Betriebsteile, **nicht** jedoch auf den **abspaltenden Betrieb selbst** bezieht. Der dortige Betriebsrat bleibt vielmehr für den „Restbetrieb" unverändert und ohne zeitliche Begrenzung im Amt; lediglich unter den Voraussetzungen des § 13 Abs. 2 BetrVG müssen dort **Neuwahlen** durchgeführt werden[2]. Für die Dauer des Übergangsmandats übt der bisherige Betriebsrat somit eine Art „Doppelfunktion" aus (reguläres „Hauptmandat" für den verbleibenden Betrieb einerseits, Übergangsmandat für den bzw. die abgespaltene(n) Betriebsteil(e) andererseits). Etwas anderes gilt nur dann, wenn ein bisher einheitlicher Betrieb iS des BetrVG derart zerlegt (atomisiert) wird, dass von einem seine **Identität** bewahrenden „Restbetrieb" nicht mehr die Rede sein kann (*Beispiel:* Betrieb A mit 240 Arbeitnehmern wird in sechs Betriebe zu je 40 Arbeitnehmern aufgeteilt); in diesem Fall hat der bisherige Betriebsrat insgesamt nur (noch) ein zeitlich befristetes Übergangsmandat iS von § 21a Abs. 1 bzw. ein Restmandat nach § 21b BetrVG. 26

cc) Zusammenfassung von Betrieben oder Betriebsteilen zu einem Betrieb (§ 21a Abs. 2 BetrVG). In Anlehnung an § 321 Abs. 2 UmwG aF[3] bestimmt § 21a Abs. 2 BetrVG, dass im Falle der **Zusammenfassung** von „Betrieben oder Betriebsteilen" der Betriebsrat des nach der Zahl der wahlberechtigten Arbeitnehmer größten Betriebs oder Betriebsteils das Übergangsmandat wahrnimmt und § 21 Abs. 1 BetrVG insoweit entsprechend gilt. Die Vorschrift betrifft sowohl den Fall, dass zwei oder mehr „ganze" **Betriebe** zu einem **neuen, einheitlichen Betrieb zusammengefasst** werden, wie auch den zuvor ausdrücklich in § 321 Abs. 2 Satz 1 UmwG aF geregelten Fall, dass aus mehreren Betrieben **Betriebsteile** herausgelöst (abgespalten) und ihrerseits zu einem **neuen Betrieb zusammengefasst** werden[4]. Neben der Einbeziehung auch der Zusammenfassung ganzer Betriebe zu einem Betrieb liegt der Regelungsgehalt des § 21a Abs. 2 BetrVG darin, dass er auch für den Fall der Umwandlung (vgl. § 21a Abs. 3 BetrVG) festlegt, *welchem* der jeweils „abgebenden" Betriebsräte das Übergangsmandat zukommt. 27

---

1 Dazu ausführlich *Willemsen* in Willemsen/Hohenstatt/Schweibert/Seibt, Umstrukturierung, Rz. B 121 ff.
2 Vgl. *Däubler*, RdA 1995, 136 (145); *Kreßel*, BB 1995, 925 (927); *Willemsen*, RdA 1993, 133 (139 f.).
3 Siehe dazu die Kommentierung in der 2. Aufl. zu § 321 UmwG Rz. 8 ff.
4 Ebenso *Hohenstatt* in Willemsen/Hohenstatt/Schweibert/Seibt, Umstrukturierung, Rz. D 80; vgl. dazu auch die 2. Aufl. zu § 321 UmwG Rz. 8 ff.

Danach kommt es entscheidend darauf an, welchem der beteiligten Betriebsräte bisher, dh. zum Zeitpunkt des Zusammenschlusses[1], der nach der **Zahl der Arbeitnehmer größte Betrieb** bzw. **Betriebsteil** zugeordnet war. Dieser nimmt sodann das Übergangsmandat für den ganzen, aus der Umwandlung hervorgehenden neuen Betrieb wahr.

28 **Problematisch** erscheint diese Rechtsfolge für beide in § 21a Abs. 2 BetrVG behandelten Konstellationen dann, wenn einzelne der zu einem neuen Betrieb zusammengefassten Betriebe bzw. Betriebsteile bisher nicht über eine betriebsverfassungsrechtliche Vertretung verfügten, die ihnen bei Geltung des Übergangsmandats zugunsten des (bisherigen) Betriebsrats eines anderen Betriebs gewissermaßen ohne demokratische Beteiligung der Belegschaft „übergestülpt" würde. Die Problematik entsteht dadurch, dass das Übergangsmandat nach § 21a Abs. 2 iVm. Abs. 1 BetrVG sich nach insoweit ganz überwiegender Meinung grundsätzlich auf den **gesamten** neu gebildeten **Betrieb erstreckt**[2], da die Konkurrenz mehrerer das Übergangsmandat ausübender Betriebsräte vermieden werden sollte[3]. Entsprechendes soll aber auch für die vom Gesetzgeber offenbar nicht mitbedachte Konstellation gelten, dass **bisher betriebsratslose Betriebe oder Betriebsteile** mit Einheiten zusammengeschlossen werden, die ihrerseits über einen Betriebsrat verfügen[4]. Für diese Ansicht spricht, dass eine nur partielle Zuständigkeit des Betriebsrats im Übergangsmandat für die schon bisher von einem Betriebsrat vertretenen Arbeitnehmer angesichts der Kollektivbezogenheit und betrieblichen Ausrichtung der Mitbestimmungsrechte erhebliche praktische Schwierigkeiten mit sich brächte und der Konzeption des § 21a Abs. 2 BetrVG widerspräche[5].

29 Kommt somit für die Anwendung des § 21a Abs. 2 BetrVG schon aus praktischen Gründen nur ein „Alles oder Nichts"-Prinzip in Betracht, könnte sie – wie dies schon zu der „Vorgängernorm" des § 321 Abs. 2 UmwG aF vertreten wurde – im Wege der **teleologischen Reduktion** dahingehend ausgelegt werden, dass das Übergangsmandat nach § 21a Abs. 2 BetrVG insgesamt nur greift, wenn der

---

1 Vgl. *Hohenstatt* in Willemsen/Hohenstatt/Schweibert/Seibt, Umstrukturierung, Rz. D 81; ausführlich *Rieble/Gutzeit*, ZIP 2004, 693 ff., die zutreffend auf das erhebliche Risiko auf Arbeitgeberseite im Falle einer Beteiligung des „falschen" Betriebsrats hinweisen; aA *Fitting/Engels/Schmidt/Trebinger/Linsenmaier*, § 21a BetrVG Rz. 18: maßgeblich sei der Zeitpunkt der letzten Betriebsratswahl.
2 *Koch* in ErfK, § 21a BetrVG Rz. 4; *Fitting/Engels/Schmidt/Trebinger/Linsenmaier*, § 21a BetrVG Rz. 11a, 23; *Hohenstatt* in Willemsen/Hohenstatt/Schweibert/Seibt, Umstrukturierung, Rz. D 88; aA *Kittner*, NZA 2012, 541 (545).
3 *Hohenstatt* in Willemsen/Hohenstatt/Schweibert/Seibt, Umstrukturierung, Rz. D 82.
4 Siehe auch *Rieble*, NZA 2002, 233 (237); *B. Gaul*, Betriebsspaltung, S. 1067 sowie die Kommentierung in der 2. Aufl. zu § 321 UmwG Rz. 9; *Maschmann*, NZA Beil. 2009, 32 (36 f.); *Fuhlrott/Oltmanns*, BB 2015, 1013 (1017).
5 Ebenso *Hohenstatt* in Willemsen/Hohenstatt/Schweibert/Seibt, Umstrukturierung, Rz. D 85; *Willemsen/Hohenstatt*, DB 1997, 2609 (2611 f.).

nach der Arbeitnehmerzahl größte der betroffenen Betriebe bzw. Betriebsteile schon bisher durch einen Betriebsrat repräsentiert war; dieser nimmt dann das Übergangsmandat auch für die kleineren, ggf. bisher betriebsratslosen Betriebe bzw. Betriebsteile wahr. Fehlt dagegen in dem relativ größten Betrieb oder Betriebsteil ein Betriebsrat, entfiele das Übergangsmandat insgesamt[1].

Diese Auffassung, die dem Prinzip der demokratischen Legitimation des Betriebsrats wohl am besten entspräche, lässt sich allerdings gerade für die hier erörterten Fälle einer **übertragenden Umwandlung** unter der Geltung des § 21a Abs. 2 BetrVG iVm. Abs. 3 BetrVG **nicht mehr aufrechterhalten**. Diese Bestimmung dient nämlich laut einer amtlichen Anmerkung (wiedergegeben in Rz. 19) der Umsetzung des Art. 6 der Richtlinie 2001/23/EG des Rates v. 12.3.2001 (sog. Betriebsübergangsrichtlinie[2]). Gemäß Art. 6 Abs. 1 Unterabs. 4 dieser Richtlinie treffen die Mitgliedstaaten für den Fall, dass „... das Unternehmen, der Betrieb oder der Unternehmens- bzw. Betriebsteil seine Selbständigkeit nicht (behält), ... die erforderlichen Maßnahmen, damit die vom Übergang betroffenen Arbeitnehmer, die vor dem Übergang vertreten wurden, während des Zeitraums, der für die Neubildung oder Neubenennung der Arbeitnehmervertretung erforderlich ist, im Einklang mit dem Recht und der Praxis der Mitgliedstaaten weiterhin angemessen vertreten werden". 30

Da diese Richtlinie gemäß ihrem Art. 1a auf sämtliche Unternehmens-, Betriebs- bzw. Unternehmens- und Betriebsteilübergänge durch **vertragliche Übertragung** oder durch **Verschmelzung** anwendbar ist, muss ihr Art. 6 iS einer **richtlinienkonformen Auslegung** bei der Anwendung des § 21a Abs. 2 BetrVG im Zusammenhang mit allen übertragenden Umwandlungen, also der Verschmelzung, Spaltung und Vermögens(teil)übertragung, Berücksichtigung finden. Daraus folgt, dass eine Interpretation, wie sie noch zu § 321 Abs. 2 UmwG aF vertreten wurde, nicht mehr möglich ist, weil sie in der Rz. 28 geschilderten Konstellation Arbeitnehmer, die bislang von einem Betriebsrat repräsentiert wurden, jedenfalls für die Zeitspanne bis zur Neuwahl eines Betriebsrats vertretungslos beließe, was Art. 6 Abs. 1 Unterabs. 1 der Betriebsübergangsrichtlinie zuwiderliefe[3]. 31

Da sich für das deutsche Betriebsverfassungsrecht aber aus den in Rz. 30 genannten Gründen die an sich richtlinienkonforme Konstruktion eines nur auf die schon bislang von einem Betriebsrat repräsentierten Arbeitnehmer beschränkten Übergangsmandats verbietet, erstreckt sich dieses jedenfalls seit Inkrafttreten des § 21a BetrVG bei Zusammenfassung (Verschmelzung) von Be- 32

---

1 So noch die 2. Aufl. zu § 321 UmwG Rz. 9 und 11.
2 ABl. EG Nr. L 82 v. 22.3.2001, S. 16.
3 Zutreffend *Fitting/Engels/Schmidt/Trebinger/Linsenmaier*, § 21a BetrVG Rz. 19; aA *Rieble*, NZA 2002, 233 (237 f.); *Hohenstatt* in Willemsen/Hohenstatt/Schweibert/Seibt, Umstrukturierung, Rz. D 86; *Thüsing* in Richardi, § 21a BetrVG Rz. 13.

trieben bzw. Betriebsteilen zu einem neuen Betrieb auf dessen gesamte Belegschaft; es wird von dem Betriebsrat wahrgenommen, der im Vergleich zu den anderen beteiligten Betriebsräten bisher die (relativ) größte Arbeitnehmerzahl vertreten hat, selbst wenn es sich dabei im Vergleich zur Gesamtbelegschaft des neuen Betriebs nur um eine Minderheit handeln sollte[1]. Dieses Ergebnis ist zwar aus den in Rz. 30 genannten Gründen unbefriedigend, entspricht aber offensichtlich dem Willen des Gesetzgebers und erscheint rechtspolitisch allenfalls vor dem Hintergrund der **zeitlichen Befristung** des Übergangsmandats auf sechs, maximal zwölf Monate (vgl. § 21a Abs. 1 Satz 2 und 3 BetrVG) hinnehmbar.

33 **dd) Weitere Voraussetzungen für das Übergangsmandat in den Fällen des § 21a Abs. 1 und 2 BetrVG. (1) Betriebsratsfähigkeit der abgespaltenen Betriebsteile.** Das Übergangsmandat setzt sowohl im Falle der Abspaltung von Betriebsteilen gemäß § 21a Abs. 1 BetrVG wie auch im Falle der Zusammenfassung von Betrieben und Betriebsteilen gemäß § 21a Abs. 2 BetrVG[2] voraus, dass die Einheit, auf die es sich erstrecken soll, **betriebsratsfähig** ist, also die in § 1 Abs. 1 Satz 1 BetrVG genannte Mindestzahl von fünf wahlberechtigten Arbeitnehmern verfügt, von denen drei wählbar sein müssen. Maßgeblich ist insofern der Arbeitnehmerbegriff des § 5 BetrVG, so dass leitende Angestellte iS von § 5 Abs. 3 BetrVG nicht mitzählen. Der Grund für diese Einschränkung ist in der **Überleitungsfunktion** des Übergangsmandats nach § 21a Abs. 1 BetrVG zu sehen, das keinen Sinn ergibt, wenn der abgespaltene Betriebsteil angesichts seiner geringen Größe in Zukunft nicht betriebsratsfähig iS von § 1 BetrVG ist. Entsprechend dem Gesetzessinn wird man im Falle des § 21a Abs. 2 BetrVG auf die Arbeitnehmerzahl des durch die Zusammenfassung neu entstehenden Betriebs abstellen müssen. Die Beschränkung des Übergangsmandats auf betriebsratsfähige Einheiten steht mit Art. 6 Abs. 1 Unterabs. 4 der Richtlinie 2001/23/EG (vgl. Rz. 30) im Einklang[3].

34 **(2) Keine Eingliederung in Betrieb mit Betriebsrat.** Diese weitere Einschränkung des Anwendungsbereichs von § 21a Abs. 1 und 2 BetrVG resultiert ebenfalls aus dem Schutzzweck der Vorschrift. Eines Übergangsmandats des „abgebenden" Betriebsrats bedarf es nicht, wenn der abgespaltene Betriebsteil in Zukunft kein organisatorisches Eigenleben führt und auch nicht iS von § 21a Abs. 2 BetrVG mit anderen Betrieben oder Betriebsteilen zu einem *neuen* Betrieb zusammengefasst, sondern in einen bereits bestehenden (und nach der

---

1 IE ebenso *Fitting/Engels/Schmidt/Trebinger/Linsenmaier*, § 21a BetrVG Rz. 19; differenzierend zwischen Eingliederung in einen bestehenden und Zusammenfassung zu einem neuen Betrieb und nur für den letzteren Fall zustimmend *Hohenstatt* in Willemsen/Hohenstatt/Schweibert/Seibt, Umstrukturierung, Rz. D 87 ff.
2 Dort aufgrund der entsprechenden Anwendbarkeit von § 21a Abs. 1 BetrVG gemäß § 21a Abs. 2 Satz 2 BetrVG.
3 Ebenso *Fitting/Engels/Schmidt/Trebinger/Linsenmaier*, § 21a BetrVG Rz. 13.

Umwandlung weiter bestehenden) Betrieb eingegliedert wird[1]. Eine solche **Eingliederung** liegt (im Gegensatz zu der Betriebsneubildung iS von § 21a Abs. 2 BetrVG) dann vor, wenn der **Betrieb, in den** der Betriebsteil integriert wurde, hierdurch seine **Identität** nicht verliert[2], so dass der **dort bereits gebildete Betriebsrat** unverändert **fortbesteht** und die Arbeitnehmer des eingegliederten Betriebs in Zukunft mit vertreten kann. Diese Voraussetzungen werden idR dann erfüllt sein, wenn die **Arbeitnehmerzahl** des **aufnehmenden Betriebs wesentlich höher ist** als die des einzugliedernden Betriebsteils. In diesem Fall vertritt der Betriebsrat des aufnehmenden Betriebs – ohne dass sich an seiner personellen Zusammensetzung zunächst etwas ändert – als reguläres Vertretungsorgan, also ohne die Begrenzung auf sechs Monate, „nahtlos" auch die Arbeitnehmer des eingegliederten Betriebsteils; der Betriebsrat des „abgebenden" Betriebs verliert mit der Eingliederung seine Zuständigkeit. Die Notwendigkeit einer Neuwahl kann sich aber sowohl in dem abgebenden wie auch in dem aufnehmenden Betrieb aus den allgemeinen betriebsverfassungsrechtlichen Bestimmungen, insbesondere aus § 13 Abs. 2 Nr. 1 BetrVG ergeben (Anstieg oder Absinken der Zahl der regelmäßig beschäftigten Arbeitnehmer binnen 24 Monaten seit der letzten Wahl um die Hälfte, mindestens aber um 50).

Von einer „Eingliederung" iS von § 21a Abs. 1 BetrVG kann allerdings nicht 35 mehr die Rede sein, wenn durch die Integration des einen in den anderen Betrieb ein völlig neuer Betrieb im betriebsverfassungsrechtlichen Sinne entsteht, *beide* Ursprungsbetriebe somit ihre **Identität verlieren**, was nach allgemeinen betriebsverfassungsrechtlichen Grundsätzen zu beurteilen ist[3]. In einem derartigen Fall findet § 21a Abs. 2 BetrVG Anwendung, der gerade (auch) auf den Fall eines Verlustes der Betriebsidentität in Bezug auf alle an der Zusammenfassung beteiligten Betriebe zugeschnitten ist.

ee) Inhalt und Dauer des Übergangsmandats gemäß § 21a BetrVG; Zusam- 36 **mensetzung und Status der Betriebsratsmitglieder im Übergangsmandat.** Im **Gegensatz** zu dem **Restmandat** nach § 21b BetrVG[4] entspricht das Übergangsmandat für seine Dauer inhaltlich in allen Punkten dem „normalen" Betriebsratsamt mit allen sich aus dem BetrVG ergebenden Konsequenzen („**Vollman-**

---

1 BAG v. 21.1.2003 – 1 ABR 9/02, AP Nr. 1 zu § 21a BetrVG 1972.
2 Zu dem Gesichtspunkt der Identitätswahrung siehe bereits Rz. 21, 26.
3 Siehe dazu ausführlich *Hohenstatt* in Willemsen/Hohenstatt/Schweibert/Seibt, Umstrukturierung, Rz. D 53 ff.
4 Siehe dazu und zur Abgrenzung des Übergangs- vom Restmandat *Thüsing* in Richardi, § 21b BetrVG Rz. 7 f.; *Bachner/Köstler/Matthießen/Trittin*, Arbeitsrecht bei Unternehmensumwandlung, § 4 Rz. 84 ff.; *Fitting/Engels/Schmidt/Trebinger/Linsenmaier*, § 21b BetrVG Rz. 13. Das Übergangsmandat schließt das Restmandat des „abgebenden" Betriebsrats nicht aus; ebenso *Fitting/Engels/Schmidt/Trebinger/Linsenmaier*, § 21b BetrVG Rz. 13; *Thüsing* in Richardi, § 21b BetrVG Rz. 7; *Reichold* in Henssler/Willemsen/Kalb, § 21b BetrVG Rz. 17.

dat")[1]. Eine Einschränkung des Mandats nur auf Beteiligungsrechte im Zusammenhang mit der Umwandlung wäre weder mit dem Wortlaut noch mit dem Sinn der Vorschrift vereinbar. Der **Umfang** des Mitbestimmungsrechts bestimmt sich nach der **neuen Betriebsgröße** nach Spaltung bzw. Verschmelzung[2]. Wegen der weiteren Einzelheiten, insbesondere in Bezug auf die Bestellung von Wahlvorständen gemäß § 21a Abs. 1 Satz 2 BetrVG ist auf die allgemeinen Kommentierungen zu verweisen[3]; dies gilt auch in Bezug auf die grundsätzlich auf sechs Monate begrenzte Dauer des Übergangsmandats[4].

37 Ebenso wie § 321 UmwG aF regelt auch § 21a BetrVG *nicht* die **personelle Zusammensetzung** des Betriebsrats, der das Übergangsmandat auszuüben hat. Dies hat unter § 321 UmwG aF zu verschiedenen, kontrovers diskutierten Fragestellungen geführt[5]. Für § 21a BetrVG nimmt **die herrschende Meinung** an, dass der Betriebsrat während der Dauer seines Übergangsmandats **in seiner bisherigen personellen Zusammensetzung bestehen bleibe**, auch wenn einzelne Betriebsratsmitglieder einem im Zuge der Umwandlung ausgegliederten Betriebsteil und daher nicht mehr dem Ursprungsbetrieb angehörten[6]. Für den Fall, dass der Ursprungsbetrieb seine betriebsverfassungsrechtliche Identität behält und der dortige Betriebsrat damit sein „reguläres" Mandat weiterführt, halten einige Vertreter dieser Auffassung eine **unterschiedliche personelle Zusammensetzung** für erforderlich: Für das **„Regelmandat"** sollen die durch die Spaltung gemäß § 24 Nr. 3 und 4 BetrVG aus dem Betriebsrat ausscheidenden Arbeitnehmer durch Ersatzmitglieder gemäß § 25 BetrVG ausgetauscht werden, während die Zusammensetzung für das **Übergangsmandat** unverändert bleiben soll[7].

---

1 Ebenso *Däubler*, RdA 1995, 136 (144); *Thüsing* in Richardi, § 21a BetrVG Rz. 19; *Pirscher*, Betriebsteilung, 2000, S. 61; ebenso für § 21a BetrVG *Hohenstatt* in Willemsen/Hohenstatt/Schweibert/Seibt, Umstrukturierung, Rz. D 92; *Fitting/Engels/Schmidt/Trebinger/Linsenmaier*, § 21a BetrVG Rz. 20; *Reichold* in Henssler/Willemsen/Kalb, § 21a BetrVG Rz. 10. Zu weiteren mit dem Übergangsmandat verbundenen Fragen vgl. *Gragert*, NZA 2004, 289.
2 *Reichold* in Henssler/Willemsen/Kalb, § 21a BetrVG Rz. 10 mwN.
3 Vgl. etwa *Fitting/Engels/Schmidt/Trebinger/Linsenmaier*, § 21a BetrVG Rz. 20 ff.; *Reichold* in Henssler/Willemsen/Kalb, § 21a BetrVG Rz. 10 f.; *Hohenstatt* in Willemsen/Hohenstatt/Schweibert/Seibt, Umstrukturierung, Rz. D 91 ff.
4 *Fitting/Engels/Schmidt/Trebinger/Linsenmaier*, § 21a BetrVG Rz. 24 ff.; *Reichold* in Henssler/Willemsen/Kalb, § 21a BetrVG Rz. 12.
5 Siehe dazu 2. Aufl. zu § 321 UmwG Rz. 18 ff. mwN.
6 *Fitting/Engels/Schmidt/Trebinger/Linsenmaier*, § 21a BetrVG Rz. 16; *Gragert*, NZA 2004, 289 (290); *Buschmann* in DKKW, § 21a BetrVG Rz. 35; *Hohenstatt* in Willemsen/Hohenstatt/Schweibert/Seibt, Umstrukturierung, Rz. D 95; *Koch* in ErfK, § 21a BetrVG Rz. 7; im Grundsatz auch *Reichold* in Henssler/Willemsen/Kalb, § 21a BetrVG Rz. 14; aA *Düwell*, § 21a BetrVG Rz. 39.
7 So *Reichold* in Henssler/Willemsen/Kalb, § 21a BetrVG Rz. 15; gegen eine solche Differenzierung ua. *Fitting/Engels/Schmidt/Trebinger/Linsenmaier*, § 21a BetrVG Rz. 16; *Hohenstatt* in Willemsen/Hohenstatt/Schweibert/Seibt, Umstrukturierung, Rz. D 95.

Für eine solchermaßen differenzierte Zusammensetzung ein und desselben betriebsverfassungsrechtlichen Organs gibt der Wortlaut des § 21a BetrVG jedoch nichts her; sie wäre systemfremd und würde überdies praktische Schwierigkeiten mit sich bringen[1].

Wie bereits in der 2. Aufl. zu § 321 UmwG aF (siehe dort Rz. 19 f.) dargelegt wurde, kann der herrschenden Meinung auch in Bezug auf § 21a BetrVG nur für den Fall gefolgt werden, dass der Ursprungsbetrieb infolge der Betriebsspaltung seine **Identität verliert**, dh. durch „Atomisierung" in verschiedene, kleinere Betriebe betriebsverfassungsrechtlich untergeht (siehe dazu Rz. 26). Ebenso wie bereits § 321 UmwG aF ist auch § 21a BetrVG seinem Wortlaut nach in erster Linie auf diesen Fall zugeschnitten, wie die Formulierung: „... so bleibt dessen Betriebsrat im Amt" belegt; sie ist nämlich bei Wahrung der Betriebsidentität trotz Spaltung des Betriebs überflüssig. Bei Verlust der Identität des Ursprungsbetriebs – etwa im Wege der vollständigen Spaltung in verschiedene neue Betriebe – enthält das Gesetz eine verdeckte Regelungslücke, bei der der allgemein vorgesehene Mechanismus eines Ausscheidens von Betriebsratsmitgliedern und deren Austausch durch Ersatzmitglieder (§§ 24, 25 BetrVG) nicht funktionieren kann. Diese, auch im Rahmen des § 21a BetrVG fortbestehende **Regelungslücke** muss dahingehend geschlossen werden, dass das **Amt** sämtlicher Mitglieder des nunmehr *nur noch* als **„reiner" Übergangsbetriebsrat amtierenden Vertretungsorgans** für die Dauer der Sechs-Monats-Frist (bei entsprechender Verlängerung durch Tarifvertrag oder Betriebsvereinbarung für zwölf Monate) mit allen Rechten und Pflichten **fortbesteht**[2]. 38

Bleibt dagegen der Betriebsrat des Ursprungsbetriebs mit seinem „**regulären**" Mandat **im Amt** (siehe dazu auch Rz. 26), richtet sich seine personelle Zusammensetzung, auch soweit er das Übergangsmandat nach § 21a BetrVG wahrnimmt, **entgegen der herrschenden Literaturmeinung** ausschließlich nach den für das Regelmandat maßgeblichen gesetzlichen Bestimmungen. Die gleichzeitige Wahrnehmung des Übergangsmandats nach § 21a BetrVG zwingt insoweit nicht zu Einschränkungen oder Abweichungen[3]. Dass nach diesen allgemeinen Regeln (insbesondere § 24 Nr. 3 und 4 BetrVG) unter Umständen ausgerechnet solche Betriebsratsmitglieder ihr Amt verlieren, deren Arbeitsverhältnisse im Zuge der Spaltung (hier: im umwandlungsrechtlichen Sinne) gemäß § 613a BGB iVm. § 324 UmwG auf einen anderen Rechtsträger übergehen, kann entgegen 39

---

1 Ablehnend auch *Hohenstatt* in Willemsen/Hohenstatt/Schweibert/Seibt, Umstrukturierung, Rz. D 95; *Rieble*, NZA 2002, 233 (235); iE ebenso *B. Gaul*, Betriebsspaltung, S. 1062 f.
2 Wegen weiterer Einzelheiten, insb. zu den Fragen der Freistellungspflicht und Kostentragung für die Betriebsratstätigkeit, ist auf die Kommentierungen zu § 21a BetrVG zu verweisen; vgl. etwa *Thüsing* in Richardi, § 21a BetrVG Rz. 30; *Reichold* in Henssler/Willemsen/Kalb, § 21a BetrVG Rz. 18.
3 Ebenso *Thüsing* in Richardi, § 21a BetrVG Rz. 27.

den Vertretern der herrschenden Meinung[1] nicht gegen diese Lösung vorgebracht werden. Zum einen üben die Betriebsratsmitglieder ihr Amt stets für den gesamten Betrieb und nicht nur für einzelne Betriebsteile aus; eine Wahl „für" solche einzelnen Betriebsteile ist im Gesetz nicht vorgesehen. Zum anderen ist zu bedenken, dass der Fortbestand des Betriebsrats im „regulären" Mandat nur für den Fall der *A*bspaltung einzelner Betriebsteile in Betracht kommt, durch die die **Identität** des Ursprungsbetriebs nicht aufgehoben wird. Bei dem hierfür vorauszusetzenden deutlichen zahlen- und größenmäßigen Übergewicht des verbleibenden Betriebs im Vergleich zu den abgespaltenen Betriebsteilen ist ein Verlust der Funktionsfähigkeit des Betriebsrats bei Ausscheiden der auf einen anderen Rechtsträger übergehenden Arbeitnehmer – anders als im Falle einer Betriebsaufspaltung mit Identitätsverlust – in aller Regel nicht zu besorgen.

2. Gesamtbetriebsrat

a) Beteiligungsrechte in Bezug auf den Umwandlungsvorgang

40 In Rz. 17 wurden die Beteiligungsrechte des **örtlichen Betriebsrats** (Einzelbetriebsrat) hinsichtlich des Umwandlungsvorgangs dargestellt. An seine Stelle kann jedoch insoweit unter bestimmten Voraussetzungen ein bei dem jeweiligen (übertragenden oder aufnehmenden) Rechtsträger bestehender **Gesamtbetriebsrat** treten. Zu den Voraussetzungen für die Bildung eines Gesamtbetriebsrats siehe Rz. 43.

41 Die Zuständigkeitsabgrenzung zwischen Einzel- und Gesamtbetriebsrat ergibt sich aus der zwingenden[2] Vorschrift des § 50 Abs. 1 BetrVG. Danach ist der Gesamtbetriebsrat „... zuständig für die Behandlung von Angelegenheiten, die das Gesamtunternehmen oder mehrere Betriebe betreffen *und*[3] nicht durch die einzelnen Betriebsräte innerhalb ihrer Betriebe geregelt werden können". Ergänzend zu dieser **originären Zuständigkeit** des Gesamtbetriebsrats kommt eine sogenannte **Auftragszuständigkeit** gemäß § 50 Abs. 2 BetrVG in Betracht[4].

Im Grundsatz werden somit die Beteiligungsrechte nach dem Betriebsverfassungsgesetz von den Einzelbetriebsräten ausgeübt; die Zuständigkeit des Ge-

---

1 ZB *B. Gaul*, Betriebsspaltung, S. 1062.
2 Vgl. BAG v. 28.4.1992 – 1 ABR 68/91, AP Nr. 11 zu § 50 BetrVG 1972; BAG v. 21.1.2003 – 3 ABR 26/02, NZA 2003, 992; BAG v. 14.11.2006 – 1 ABR 4/06, AP Nr. 43 zu § 87 BetrVG 1972.
3 Dazu, dass diese Voraussetzungen kumulativ vorliegen müssten, vgl. BAG v. 26.1.1993 – 1 AZR 303/92, AP Nr. 102 zu § 99 BetrVG 1972; *Hohenstatt/Dzida* in Henssler/Willemsen/Kalb, § 50 BetrVG Rz. 2 mit Verweis auf BAG v. 26.1.1993 – 1 AZR 303/92, AP Nr. 102 zu § 99 BetrVG 1972.
4 Zu den damit verbundenen Einzelfragen vgl. *Fitting/Engels/Schmidt/Trebinger/Linsenmaier*, § 50 BetrVG Rz. 15 ff., 35 ff., 62 ff.; *Hohenstatt/Dzida* in Henssler/Willemsen/Kalb, § 50 BetrVG Rz. 3 ff.

samtbetriebsrats ist also nur **subsidiär**[1], er ist den Einzelbetriebsräten nicht übergeordnet. Soweit seine Zuständigkeit besteht, erstreckt sie sich gemäß § 50 Abs. 1 Satz 1 Halbsatz 2 BetrVG allerdings auch auf **betriebsratslose Betriebe**[2]. Besteht für den jeweiligen Rechtsträger ein Gesamtbetriebsrat, nimmt dieser **anstelle** des bzw. der örtlichen Betriebsräte das umwandlungsrechtliche „Beteiligungsrecht" gemäß § 5 Abs. 3 UmwG bzw. § 126 Abs. 3 UmwG wahr, dh., der **Umwandlungsvertrag** bzw. sein **Entwurf** sind **ausschließlich dem Gesamtbetriebsrat** des übertragenden bzw. aufnehmenden Rechtsträgers zuzuleiten (siehe § 5 UmwG Rz. 76).

Ob und inwieweit der Gesamtbetriebsrat auch für die Wahrnehmung etwaiger Beteiligungsrechte nach §§ 111 ff. BetrVG (siehe dazu Rz. 17 f.) an die Stelle des bzw. der örtlichen Betriebsräte tritt, ist im Einzelfall anhand des § 50 Abs. 1 BetrVG zu beurteilen, wobei das Ergebnis in Bezug auf die Zuständigkeit für die Beratung und den Versuch bzw. den Abschluss eines **Interessenausgleichs** *einerseits* und die Aufstellung eines **Sozialplans** *andererseits* jedenfalls nach herrschender Meinung unterschiedlich ausfallen kann[3]. Für personelle Einzelmaßnahmen iS der §§ 99 und 102 BetrVG verbleibt es dagegen in jedem Falle bei der Zuständigkeit der Einzelbetriebsräte[4]. Im Hinblick darauf, dass für **sämtliche** Mitwirkungsrechte der Einzelbetriebsräte die Möglichkeit einer **Delegation nach § 50 Abs. 2 BetrVG** besteht, sollte vorsorglich hiernach gefragt werden, soweit nicht ohnehin nach dem vorstehend Ausgeführten der Gesamtbetriebsrat originär zuständig ist. Die Beteiligung des „falschen" Gremiums macht diese nämlich in aller Regel **rechtlich unwirksam**. 42

b) Rechtsfolgen für das Amt des Gesamtbetriebsrats

§ 21a BetrVG betrifft nur die örtlichen, auf Betriebsebene gebildeten Betriebsräte und enthält keine Aussage zum „Schicksal" von **Gesamtbetriebsräten**, die gemäß § 47 BetrVG in **Unternehmen** zu bilden sind, in denen **mehrere Betriebsräte bestehen**. Im Gegensatz zu den (Einzel-)Betriebsräten gemäß § 1 BetrVG kommt der Gesamtbetriebsrat **nicht durch Wahl, sondern** durch Entsendung seitens der Einzelbetriebsräte zustande (§ 47 Abs. 2 BetrVG); es handelt sich um eine **Dauereinrichtung**. 43

---

1 *Annuß* in Richardi, § 50 BetrVG Rz. 3; *Hohenstatt/Dzida* in Henssler/Willemsen/Kalb, § 50 BetrVG Rz. 2.
2 Zum Umfang (kein „Ersatzbetriebsrat") *Hohenstatt/Dzida* in Henssler/Willemsen/Kalb, § 50 BetrVG Rz. 16.
3 BAG v. 11.12.2001 – 1 AZR 193/01, DB 2002, 1276 ff.; BAG v. 3.5.2006 – 1 ABR 15/05, AP Nr. 29 zu § 50 BetrVG 1972; vgl. aber BAG v. 23.10.2002 – 7 ABR 55/01, AP Nr. 26 zu § 50 BetrVG 1972; *Hohenstatt/Dzida* in Henssler/Willemsen/Kalb, § 50 BetrVG Rz. 13 f.
4 Vgl. BAG v. 3.2.1982 – 7 AZR 791/79, DB 1982, 1624 f.

44 Durch übertragende Umwandlungen können die gesetzlichen Voraussetzungen für die Errichtung von Gesamtbetriebsräten **sowohl erstmals erfüllt** werden **wie auch in Wegfall geraten.**

Beispiel 1:
Die B-GmbH wird auf die A-GmbH verschmolzen. Beide Unternehmen haben bisher je einen Betrieb mit je einem Betriebsrat. Beide Betriebe bestehen nach der Verschmelzung bei der A-GmbH organisatorisch unverändert weiter. Bei der A-GmbH ist erstmals gemäß § 47 BetrVG ein Gesamtbetriebsrat zu bilden.

Beispiel 2:
Die X-GmbH hat bisher zwei Betriebe mit je einem Betriebsrat sowie einen Gesamtbetriebsrat gemäß § 47 BetrVG. Betrieb 2 wird im Zuge der Ausgliederung in die neu gegründete Y-GmbH eingebracht, Betrieb 1 verbleibt bei der X-GmbH. Wegen Wegfalls der gesetzlichen Voraussetzungen des § 47 Abs. 1 BetrVG (ein Unternehmen mit mehreren Betriebsräten) wird der Gesamtbetriebsrat bei der X-GmbH kraft Gesetzes aufgelöst[1].

45 **Einigkeit** besteht im arbeitsrechtlichen Schrifttum insoweit, als das **Ausscheiden nur einzelner von mehreren Betrieben** aus dem Unternehmen **keine Auswirkung** auf den Bestand des **Gesamtbetriebsrats** hat[2]. Der Gesamtbetriebsrat verliert für den ausscheidenden Betrieb seine Zuständigkeit; ein **Übergangsmandat ist für den Gesamtbetriebsrat nicht vorgesehen**[3]. Verliert der Gesamtbetriebsrat seine Existenzgrundlage, wenn beim Betriebsveräußerer nur noch ein Betrieb verbleibt, hat der Gesamtbetriebsrat kein Übergangsmandat, mit dem er die eigene Legitimationsgrundlage durch Einleitung einer Betriebsratswahl wieder herbeiführen kann[4]. **Ebenso wenig** ist es möglich, nach einer Ausgliederung von Betrieben oder Betriebsteilen auf einen anderen Rechtsträger im allseitigen Einverständnis einen **„unternehmensübergreifenden" Gesamtbetriebsrat** zu bilden, da dessen Aktionsradius auf den bisherigen Rechtsträger beschränkt ist[5]. Besteht bei dem aufnehmenden Unternehmen ein Gesamtbetriebsrat, wird dieser kraft Gesetzes auch für den übernommenen Betrieb zuständig; erfüllt das aufnehmende Unternehmen erstmals mit dem Hinzutreten des weiteren Betriebes die gesetzlichen Voraussetzungen für die Existenz eines Gesamtbetriebsrats, ist dieser von den Einzelbetriebsräten umgehend zu bilden[6]. Eine Pflicht des Arbeitgebers, hierauf hinzuwirken, besteht indes nicht.

---

1 Vgl. BAG v. 5.6.2002 – 7 ABR 17/01, NZA 2003, 336.
2 *Fitting/Engels/Schmidt/Trebinger/Linsenmaier,* § 47 BetrVG Rz. 18.
3 Vgl. *Hohenstatt* in Willemsen/Hohenstatt/Schweibert/Seibt, Umstrukturierung, Rz. D 111.
4 ArbG Bielefeld v. 2.4.2008 – 6 BV 16/08.
5 Siehe dazu und zu den Risiken einer solchen Vorgehensweise *Hoffmann/Alles,* NZA 2014, 757. Zu den – eingeschränkten – Möglichkeiten anderer Arbeitnehmervertretungsstrukturen nach § 3 Abs. 1 Nr. 3 BetrVG siehe BAG v. 13.3.2013 – 7 ABR 70/11, NZA 2013, 738.
6 Ebenso *Fitting/Engels/Schmidt/Trebinger/Linsenmaier,* § 47 BetrVG Rz. 18.

Sehr umstritten ist die Rechtslage in Bezug auf den **Fortbestand des Gesamt-** 46
betriebsrats, wenn ein Rechtsträger bisher über mehrere Betriebe und somit über einen Gesamtbetriebsrat verfügte und **alle** oder jedenfalls der ganz überwiegende Teil dieser Betriebe im Wege der Abspaltung oder Ausgliederung auf einen **anderen Rechtsträger** übertragen werden, der seinerseits noch nicht über Betriebsräte verfügt. Ein Teil des Schrifttums vertritt hierzu die Auffassung, der Gesamtbetriebsrat bleibe im Falle der Veräußerung einzelner Betriebe so lange im Amt, wie im veräußernden Unternehmen überhaupt nur die Voraussetzungen für seine Bildung erfüllt seien, das Unternehmen also über mindestens zwei Betriebe mit je einem Betriebsrat verfüge[1]. Andererseits ist der Gesamtbetriebsrat nach dieser Auffassung an den **Rechtsträger gebunden**, bei dem er gebildet wurde, so dass er mit diesem **untergeht, wenn** der **Rechtsträger** – etwa durch Verschmelzung – **erlischt**[2]. Ein **anderer Teil** des Schrifttums folgt diesem Ansatz nicht und hält es grundsätzlich für möglich, dass der Gesamtbetriebsrat im Falle einer übertragenden Umwandlung oder sonstigen Unternehmensübertragung als „Organ" **auf den neuen Rechtsträger übergeht**[3]. Dies erscheint insofern konsequent, als der Gesamtbetriebsrat kein Organ „des" jeweiligen Rechtsträgers, sondern lediglich auf der Ebene desselben gebildet ist und sich insofern strukturell und qualitativ nicht von den Einzelbetriebsräten unterscheidet[4]. Das Bundesarbeitsgericht scheint dieser Konzeption jedoch – allenfalls – dann folgen zu wollen, wenn **sämtliche** Betriebe eines Unternehmens auf einen anderen Rechtsträger übergehen. In einem im Jahre 2002 entschiedenen Fall[5] lehnte der 7. Senat einen Übergang des Gesamtbetriebsrats auf den übernehmenden Rechtsträger ab, weil das übertragende Unternehmen zwar über 200 Warenhäuser transferiert, jedoch einen Teil der Hauptverwaltung zurückbehalten hatte[6]. Die Frage ist also für die Praxis weiterhin offen. Dasselbe gilt hinsichtlich der Entsendung in den Gesamtbetriebsrat für den Fall, dass durch eine Umstrukturierung ein **gemeinschaftlicher Betrieb** zweier Unternehmen entsteht[7].

---

1 So *Koch* in ErfK, § 47 BetrVG Rz. 11; *Fitting/Engels/Schmidt/Trebinger/Linsenmaier*, § 47 BetrVG Rz. 17, 26.
2 *Fitting/Engels/Schmidt/Trebinger/Linsenmaier*, § 47 BetrVG Rz. 18, allerdings mit der Ausnahme, dass sämtliche Betriebe eines Unternehmens unverändert auf ein anderes Unternehmen übertragen werden.
3 Ausführlich dazu *Hohenstatt* in Willemsen/Hohenstatt/Schweibert/Seibt, Umstrukturierung, Rz. D 99 ff.; *Fuhlrott/Oltmanns*, BB 2015, 1013 (1017); *Hohenstatt/Müller-Bonanni*, NZA 2003, 766.
4 *Hohenstatt* in Willemsen/Hohenstatt/Schweibert/Seibt, Umstrukturierung, Rz. D 101.
5 BAG v. 5.6.2002 – 7 ABR 17/01, AP Nr. 11 zu § 47 BetrVG 1972; siehe auch BAG v. 18.9.2002 – 1 ABR 54/01, AP Nr. 7 zu § 77 BetrVG 1972; *Hauck* in FS Richardi, 2007, S. 537 (540).
6 Kritisch dazu *Hohenstatt* in Willemsen/Hohenstatt/Schweibert/Seibt, Umstrukturierung, Rz. D 100 ff.
7 Siehe dazu ausführlich *Hohenstatt* in Willemsen/Hohenstatt/Schweibert/Seibt, Umstrukturierung, Rz. D 115 ff.

3. Konzernbetriebsrat

a) Beteiligungsrechte in Bezug auf den Umwandlungsvorgang

47 Die Zuständigkeitsabgrenzung zwischen dem **Konzernbetriebsrat** (zu den Voraussetzungen seiner Bildung vgl. Rz. 49) einerseits und dem bzw. den **Einzelbetriebsräten** bzw. **Gesamtbetriebsrat** andererseits ergibt sich aus § 58 BetrVG und folgt ähnlichen Grundsätzen, wie sie oben (Rz. 41) für den Gesamtbetriebsrat dargestellt wurden. Es ist auch hier zwischen einer originären (§ 58 Abs. 1 BetrVG) und einer „bloßen" Auftragszuständigkeit (§ 58 Abs. 2 BetrVG) zu unterscheiden[1], wobei die originäre Zuständigkeit im Vergleich zu § 50 Abs. 1 BetrVG für den Konzernbetriebsrat an noch deutlich restriktivere Anforderungen geknüpft ist: Es muss sich um die Behandlung von Angelegenheiten handeln, „... die den Konzern oder mehrere Konzernunternehmen betreffen *und* nicht durch die einzelnen Gesamtbetriebsräte innerhalb ihrer Unternehmen geregelt werden können". Hat ein Unternehmen (Rechtsträger) nur *einen* Betrieb, tritt dessen Betriebsrat im Rahmen der Zuständigkeitsabgrenzung an die Stelle des Gesamtbetriebsrats (vgl. § 54 Abs. 2 BetrVG).

48 In der Praxis kommt eine originäre Zuständigkeit des Konzernbetriebsrats daher nur recht selten vor[2]. Sie kann aber bei (notwendig) **konzerneinheitlichen Umstrukturierungen** zu bejahen sein[3]. **Sehr umstritten** ist, ob der Konzernbetriebsrat bei **konzernweiten Umwandlungen** „zuständiger Betriebsrat" für die **Zuleitung** des (Entwurfs des) **Umwandlungsvertrags** iS des § 5 Abs. 3 UmwG, § 126 Abs. 3 UmwG sein kann[4]. Dies ist nach zutreffender Auffassung bereits wegen des Wortlauts der jeweiligen Vorschrift („zuständiger Betriebsrat *dieses* Rechtsträgers"), aber auch im Hinblick auf die größere **Sachnähe** des Einzel- bzw. Gesamtbetriebsrats zu **verneinen**[5]. Im Hinblick auf die Strittigkeit des Themas ist eine **vorsorgliche Übersendung** auch an den Konzernbetriebsrat, die keine weiterreichenden Erörterungs- oder Beratungspflichten auslöst, allerdings aus Gründen der Vorsorge **zu empfehlen**. Überflüssige Zuleitungen sind im

---

1 Siehe dazu im Einzelnen *Fitting/Engels/Schmidt/Trebinger/Linsenmaier*, § 58 BetrVG Rz. 7 ff. und 25 ff.; *Hohenstatt/Dzida* in Henssler/Willemsen/Kalb, § 58 BetrVG Rz. 2 ff. und 12 ff.
2 Vgl. die Beispiele bei *Fitting/Engels/Schmidt/Trebinger/Linsenmaier*, § 58 BetrVG Rz. 12 ff. und *Hohenstatt/Dzida* in Henssler/Willemsen/Kalb, § 58 BetrVG Rz. 5 ff.
3 Siehe dazu *Schweibert* in Willemsen/Hohenstatt/Schweibert/Seibt, Umstrukturierung, Rz. C 379 ff., auch zur Vorgehensweise bei unklaren Kompetenzverhältnissen; *Hohenstatt/Dzida* in Henssler/Willemsen/Kalb, § 58 BetrVG Rz. 8.
4 Siehe dazu die Nachweise bei *Willemsen* in Willemsen/Hohenstatt/Schweibert/Seibt, Umstrukturierung, Rz. C 440; vgl. ausführlich zum Meinungsstand *Hausch*, RNotZ 2007, 308 (312 f.).
5 Zutreffend *Boecken*, Unternehmensumwandlungen, Rz. 334; *Hohenstatt/Dzida* in Henssler/Willemsen/Kalb, § 58 BetrVG Rz. 9; siehe dazu auch § 5 UmwG Rz. 76.

Sinne einer weitreichenden Offenlegung der Umwandlungsinformation gegenüber der Belegschaft jedenfalls unschädlich[1].

b) Rechtsfolgen für das Amt des Konzernbetriebsrats

Der Konzernbetriebsrat ist gemäß § 54 Abs. 1 BetrVG ein **fakultativ** (vgl. § 54 Abs. 1 Satz 1 BetrVG) für **Unterordnungskonzerne** iS des § 18 Abs. 1 AktG zu errichtendes Betriebsverfassungsorgan, das ebenso wie der Gesamtbetriebsrat durch Entsendung (§ 55 BetrVG) gebildet wird und kraft Gesetzes – nur – zuständig ist für die Behandlung von Angelegenheiten, die den Konzern oder mehrere Konzernunternehmen betreffen und nicht durch die einzelnen Gesamtbetriebsräte innerhalb ihrer Unternehmen geregelt werden können (§ 58 Abs. 1 BetrVG). Er ist eine **Dauereinrichtung** und nicht an eine Amtszeit gebunden[2]. Der Konzernbetriebsrat **erlischt** automatisch kraft Gesetzes, wenn ein Konzern nicht mehr besteht[3]. **Sehr umstritten** ist, ob das Bestehen von mindestens zwei Gesamtbetriebsräten (bzw. Betriebsräten iS von § 54 Abs. 2 BetrVG) Voraussetzung für die Errichtung eines Konzernbetriebsrates ist[4] oder ob bereits das Bestehen eines (Gesamt-)Betriebsrates ausreicht, sofern dieser mehr als 50 % der Arbeitnehmer des Konzernunternehmens repräsentiert[5]. Die Amtszeit des Konzernbetriebsrats endet, wenn der Konzern, für den er bislang gebildet war, in einen anderen Konzern integriert wird[6].

49

Beispiel 1:

Die beiden (einzigen) Tochtergesellschaften T1 und T2 werden auf ihre Muttergesellschaft, die M-AG, verschmolzen. Ein bei der M-AG gebildeter Konzernbetriebsrat endet kraft Gesetzes, weil die Voraussetzungen des § 54 BetrVG nicht mehr erfüllt sind.

---

1 Vgl. auch *Hausch*, RNotZ 2007, 308 (313).
2 BAG v. 23.8.2006 – 7 ABR 51/05, AP Nr. 12 zu § 54 BetrVG 1972; BAG v. 9.2.2011 – 7 ABR 11/10, NZA 2011, 866 (870); *Fitting/Engels/Schmidt/Trebinger/Linsenmaier*, § 54 BetrVG Rz. 50; *Hohenstatt* in Willemsen/Hohenstatt/Schweibert/Seibt, Umstrukturierung, Rz. D 133. Zur Bildung eines Konzernbetriebsrats im öffentlich-privatrechtlichen *Mischkonzernen* vgl. BAG v. 27.10.2010 – 7 ABR 85/09, ZIP 2011, 587.
3 *Trittin* in DKKW, § 54 BetrVG Rz. 125; *Annuß* in Richardi, § 54 BetrVG Rz. 49.
4 BAG v. 13.10.2004 – 7 ABR 56/03, AP Nr. 54 zu § 54 BetrVG; *Annuß* in Richardi, § 54 BetrVG Rz. 32; *Hohenstatt* in Willemsen/Hohenstatt/Schweibert/Seibt, Umstrukturierung, Rz. D 122; *Hohenstatt/Dzida* in Henssler/Willemsen/Kalb, § 54 BetrVG Rz. 11; ausführlich: *Wollwert*, NZA 2011, 437 (438 ff.).
5 *Kreutz*, NZA 2008, 259 (261 ff.); *Trittin/Gilles*, AuR 2009, 253 (254); *Franzen* in GK-BetrVG, § 54 BetrVG Rz. 46; *Trittin* in DKKW, § 54 BetrVG Rz. 112; *Fitting/Engels/Schmidt/Trebinger/Linsenmaier*, § 54 BetrVG Rz. 39; *Koch* in ErfK, § 54 BetrVG Rz. 6.
6 *Annuß* in Richardi, § 54 BetrVG Rz. 52; *Hohenstatt* in Willemsen/Hohenstatt/Schweibert/Seibt, Umstrukturierung, Rz. D 133.

Beispiel 2:
Die A-AG, selbst herrschendes Unternehmen eines Konzerns iS von § 18 Abs. 1 AktG, übernimmt im Zuge der Verschmelzung sämtliche Anteile an der Holding-Gesellschaft (H-GmbH) eines Konzerns, die ihrerseits sämtliche Anteile an den insgesamt 15 Tochtergesellschaften hält. Ein bei der H-GmbH gebildeter Konzernbetriebsrat erlischt jedenfalls dann, wenn man – freilich gegen die wohl hM – die Möglichkeit der Existenz mehrerer Konzernbetriebsräte in ein und demselben Konzern verneint (kein „**Konzern im Konzern**" im Hinblick auf die Bildung von Konzernbetriebsräten)[1]. Nach der Rechtsprechung des BAG ist bei einem **ausländischen Konzern** die Bildung eines Konzernbetriebsrats im inländischen Konzern nur bei Existenz einer entsprechenden inländischen Konzernspitze möglich[2]. Fraglich ist, ob im Falle einer **Erweiterung** eines bestehenden Konzerns das **gesetzliche Quorum** für die Bildung eines dort bestehenden Konzernbetriebsrats (Zustimmung der (Gesamt-)Betriebsräte der Konzernunternehmen, in denen mehr als **50 %** der Arbeitnehmer der Konzernunternehmen beschäftigt sind) **neu geprüft** werden muss, was insbesondere dann, wenn Unternehmen erworben werden, in denen bisher kein bzw. nur wenige Betriebsräte bestehen, zum Wegfall des Konzernbetriebsrats in dem aufnehmenden Konzern führen kann[3].

50 Scheiden dagegen **nur einzelne Unternehmen** infolge der Umwandlung aus dem Konzernverbund aus, bleibt der bestehende Konzernbetriebsrat angesichts seines Charakters als Dauereinrichtung (siehe Rz. 49) in aller Regel **unverändert** bestehen; die zu den veräußerten bzw. ausgegliederten Unternehmen gehörenden Konzernbetriebsratsmitglieder verlieren ihr Mandat[4]. Ob umgekehrt bei (nahezu) vollständiger Übertragung eines Konzerns auf einen (bislang betriebsratslosen) Rechtsträger dieser den bisher bestehenden Konzernbetriebsrat „**übernehmen**" kann bzw. muss **oder** ob der Konzernbetriebsrat bei Wechsel der Konzernobergesellschaft zwingend **erlischt**, ist – ähnlich wie beim Gesamtbetriebsrat (siehe Rz. 46) **umstritten**[5].

Besondere Fragen und Schwierigkeiten können sich schließlich sowohl beim Konzern- wie auch beim Gesamtbetriebsrat in Fällen von Umwandlungen mit **Auslandsberührung** ergeben[6].

---

1 Siehe dazu *Hohenstatt* in Willemsen/Hohenstatt/Schweibert/Seibt, Umstrukturierung, Rz. D 133; für eine solche Möglichkeit allerdings BAG v. 21.10.1980 – 6 ABR 41/78, AP Nr. 1 zu § 54 BetrVG 1972.
2 BAG v. 14.2.2007 – 7 ABR 26/06, AP Nr. 13 zu § 54 BetrVG 1972.
3 Für eine solche Möglichkeit *Hohenstatt* in Willemsen/Hohenstatt/Schweibert/Seibt, Umstrukturierung, Rz. D 134; vgl. ferner *Annuß* in Richardi, § 54 BetrVG Rz. 53 aE; nunmehr auch *Franzen* in GK-BetrVG, § 54 BetrVG Rz. 61.
4 *Annuß* in Richardi, § 54 BetrVG Rz. 51; *Fitting/Engels/Schmidt/Trebinger/Linsenmaier*, § 57 BetrVG Rz. 7, 13.
5 Für die Möglichkeit des Fortbestands eines Konzernbetriebsrats bei Übertragung eines Konzerns *Hohenstatt* in Willemsen/Hohenstatt/Schweibert/Seibt, Umstrukturierung, Rz. D 136 f.; unklar („allenfalls") *Fuhlrott/Oltmanns*, BB 2015, 1013 (1017).
6 Dazu ausführlich *Hohenstatt* in Willemsen/Hohenstatt/Schweibert/Seibt, Umstrukturierung, Rz. D 138 ff.

4. Besonderheiten bei Bestehen von Vereinbarungen gemäß § 3 BetrVG

Seit der Reform des Betriebsverfassungsgesetzes im Jahre 2001 (dazu bereits 51 Rz. 19) besteht die Möglichkeit, die gesetzlichen Strukturen von Einzel-, Gesamt- und Konzernbetriebsräten durch „**maßgeschneiderte**", auf die individuellen Verhältnisse des Unternehmens oder Konzerns zugeschnittene **Lösungen** zu **ersetzen**. Vor jeder Umwandlung ist daher das Vorhandensein solcher durch **Tarifvertrag** oder (unter bestimmten Voraussetzungen) durch **Betriebsvereinbarung** geschaffenen **Vereinbarungslösungen** iS von § 3 BetrVG zu prüfen. Auf eine Darstellung der zahlreichen **Gestaltungsmöglichkeiten**, die zu einer erheblichen **Flexibilisierung** von Betriebsratsstrukturen beitragen können, muss hier verzichtet werden[1]. Ebenso wie bei den „regulären" gesetzlichen Vertretungsstrukturen ergeben sich im Falle von Umwandlungen, insbesondere durch den Wegfall bzw. das Hinzutreten von Betrieben und Betriebsteilen, zahlreiche Fragestellungen hinsichtlich der Auswirkungen auf die bestehenden Vertretungsgremien (zB Spartenbetriebsräte, vgl. § 3 Abs. 1 Nr. 2 BetrVG) und deren Mitglieder. Eine grundlegende Veränderung von Unternehmens- und Konzernstrukturen kann zum **Wegfall der Geschäftsgrundlage** für bestehende Vereinbarungslösungen nach § 3 BetrVG führen. Dem sollte durch die **Vereinbarung von Kündigungsrechten** in den abzuschließenden Tarifverträgen bzw. Betriebsvereinbarungen Rechnung getragen werden[2]. Ein solches Kündigungsrecht kann insbesondere vonnöten sein, um eine nach § 111 Satz 3 Nr. 3 BetrVG beteiligungspflichtige **Betriebsspaltung** zu vermeiden, wenn ein **unternehmenseinheitlicher Betriebsrat** gemäß § 3 Abs. 1 Nr. 1 lit. a BetrVG gebildet wurde und aus dem kraft gesetzlicher Fiktion einheitlichen Betrieb (vgl. § 3 Abs. 5 BetrVG) einzelne Teilbereiche, insbesondere ein kompletter Betrieb (im allgemeinen betriebsverfassungsrechtlichen Sinne) herausgelöst werden soll[3].

Umstritten ist, ob und unter welchen Voraussetzungen eine Vereinbarung nach § 3 BetrVG auf den Erwerber eines Betriebs (übernehmenden Rechtsträger) übergeht. Die Frage beantwortet sich nach den allgemeinen Grundsätzen zur Fortgeltung von Tarifverträgen und Betriebsvereinbarungen im Falle eines Betriebsübergangs (siehe Rz. 68ff.). Danach kommt nur beim **Firmentarifvertrag** unter bestimmten Voraussetzungen eine **Gesamtrechtsnachfolge** durch den übernehmenden Rechtsträger in Betracht. Ansonsten tritt der Betriebserwerber nicht in die kollektivrechtliche Rechtsstellung des Betriebsveräußerers aus einem

---

1 Vgl. etwa die Darstellung bei *Hohenstatt* in Willemsen/Hohenstatt/Schweibert/Seibt, Umstrukturierung, Rz. D 150ff.
2 Ausführlich zu den Folgen von Umstrukturierungen auf bestehende Vereinbarungen nach § 3 BetrVG *Hohenstatt* in Willemsen/Hohenstatt/Schweibert/Seibt, Umstrukturierung, Rz. D 191ff.; *Däubler*, DB 2005, 666.
3 Siehe zu dieser Problematik *Hohenstatt* in Willemsen/Hohenstatt/Schweibert/Seibt, Umstrukturierung, Rz. D 192; *Picot/Schnitker*, Arbeitsrecht bei Unternehmenskauf und Restrukturierung, Teil III Rz. B 45.

Tarifvertrag ein[1]. Auch § 613a Abs. 1 Satz 2–4 BGB (siehe dazu § 324 UmwG Rz. 23) hilft nicht weiter, weil es sich bei Vereinbarungen nach § 3 BetrVG um sog. betriebsverfassungsrechtliche Normen handelt[2]. Eine analoge Anwendung des § 3 Abs. 3 TVG kommt ebenfalls nicht in Betracht[3]. Demzufolge binden bestehende tarifliche Vereinbarungen nach § 3 Abs. 1 BetrVG den Übernehmer eines einzelnen Betriebs idR nicht. Entsprechendes gilt für eine mit dem Gesamtbetriebsrat abgeschlossene **Betriebsvereinbarung** nach § 3 Abs. 2 BetrVG[4]. Es gibt auch kein allgemeines Prinzip der „Kontinuität der Betriebsratsarbeit", welches dem Erfordernis einer Neuwahl beim aufnehmenden Rechtsträger entgegengehalten werden könnte[5].

5. Wirtschaftsausschuss

a) Beteiligungsrechte in Bezug auf den Umwandlungsvorgang

52 Besteht bei dem umzuwandelnden Rechtsträger ein **Wirtschaftsausschuss** gemäß § 106 BetrVG[6], ist dieser „rechtzeitig und umfassend" (§ 106 Abs. 2 BetrVG) bereits über das **Umwandlungsvorhaben** und nicht erst über dessen Vollzug zu unterrichten. Dies ergibt sich aus § 106 Abs. 3 Nr. 8 BetrVG, der – insoweit über den Katalog des § 111 Satz 3 Nr. 3 BetrVG hinausgehend – eine Informationspflicht auch für den **Zusammenschluss** oder die **Spaltung** von **Unternehmen** vorschreibt[7]. Die (bußgeldbewehrte, vgl. § 121 BetrVG) Informationspflicht gegenüber dem Wirtschaftsausschuss besteht in aller Regel *vor* der Zuleitung des Umwandlungsvertrags bzw. seines Entwurfs an den Betriebsrat gemäß § 5 Abs. 3 UmwG und § 126 Abs. 3 UmwG.

In gleicher Weise ist auch der Wirtschaftsausschuss eines **aufnehmenden Rechtsträgers** gemäß § 106 Abs. 3 Nr. 8 BetrVG frühzeitig unter Vorlage der erforderlichen **Unterlagen** zu informieren.

---

1 Siehe für den Firmentarifvertrag Rz. 80 ff.; für den Verbandstarifvertrag Rz. 83 f. Anders beim Verbandstarifvertrag nur, wenn der Erwerber selbst Mitglied des vertragsschließenden Arbeitgeberverbandes ist oder wird oder einen sog. Anerkennungstarifvertrag mit der vertragsschließenden Gewerkschaft vereinbart.
2 AA *Däubler*, DB 2005, 666 (667).
3 AA *Däubler*, DB 2005, 666 (668).
4 *Hohenstatt* in Willemsen/Hohenstatt/Schweibert/Seibt, Umstrukturierung, Rz. D 195.
5 AA *Fitting/Engels/Schmidt/Trebinger/Linsenmaier*, § 3 BetrVG Rz. 84, 89.
6 Zu den Voraussetzungen für die Bildung eines Wirtschaftsausschusses sogleich unten Rz. 53.
7 Siehe dazu *Willemsen/Lembke* in Henssler/Willemsen/Kalb, § 106 BetrVG Rz. 79; beachte auch § 106 Abs. 3 Nr. 9a BetrVG, dazu *Willemsen/Lembke* in Henssler/Willemsen/Kalb, § 106 BetrVG Rz. 81a ff.

b) Rechtsfolgen für den Bestand des Wirtschaftsausschusses

Der Wirtschaftsausschuss kann gemäß § 106 Abs. 1 BetrVG in allen **Unternehmen mit idR mehr als 100 ständig beschäftigten Arbeitnehmern** gebildet werden. Wegen der Bestellungskompetenz, Zusammensetzung sowie der gesetzlichen Aufgaben des Wirtschaftsausschusses ist auf das allgemeine betriebsverfassungsrechtliche Schrifttum zu verweisen[1]. 53

Durch Umwandlung kann der Schwellenwert von 100 Arbeitnehmern sowohl dauerhaft unter- wie auch erstmals überschritten werden. Im ersteren Fall **endet das Amt des Wirtschaftsausschusses automatisch**, und zwar unabhängig davon, ob der Betriebsrat bzw. Gesamtbetriebsrat, der den Wirtschaftsausschuss bestellt hat, seinerseits fortbesteht[2]. Im zweiten Fall ist durch den Betriebsrat bzw. Gesamtbetriebsrat erstmals ein Wirtschaftsausschuss gemäß § 107 Abs. 2 BetrVG zu bestimmen. Ein **Konzernwirtschaftsausschuss** ist im BetrVG **nicht vorgesehen**[3].

6. Sprecherausschuss der leitenden Angestellten

a) Beteiligungsrechte in Bezug auf den Umwandlungsvorgang

Ähnlich wie der Wirtschaftsausschuss ist auch ein bestehender[4] Sprecherausschuss der leitenden Angestellten beim übertragenden bzw. beim aufnehmenden Rechtsträger über **geplante**[5] Umwandlungsvorhaben zu unterrichten; ein **Beratungsrecht** steht ihm dagegen, im Unterschied zum Wirtschaftsausschuss (vgl. § 106 Abs. 1 Satz 2 BetrVG) **nicht** zu[6]. Der Unterrichtungsanspruch folgt für **übertragende Umwandlungen** aus der Verweisung in § 32 Abs. 1 Satz 1 SprAuG auf § 106 Abs. 3 BetrVG, der in Nr. 8 den Zusammenschluss oder die Spaltung von Unternehmen aufführt. 54

Die Unterrichtungspflicht besteht **nicht** gegenüber Sprecherausschüssen der leitenden Angestellten in **Tendenzunternehmen** (vgl. § 32 Abs. 1 Satz 2 SprAuG iVm. § 118 Abs. 1 BetrVG).

---

1 Vgl. *Fitting/Engels/Schmidt/Trebinger/Linsenmaier*, § 106 BetrVG Rz. 14 ff.; *Willemsen/Lembke* in Hensseler/Willemsen/Kalb, § 106 BetrVG Rz. 15 ff.
2 Ebenso BAG v. 7.4.2004 – 7 ABR 41/03, NZA 2005, 311 (313); *Hohenstatt* in Willemsen/Hohenstatt/Schweibert/Seibt, Umstrukturierung, Rz. D 228; *Willemsen/Lembke* in Hensseler/Willemsen/Kalb, § 106 BetrVG Rz. 22 und § 107 BetrVG Rz. 24; aA *Däubler* in DKKW, § 106 BetrVG Rz. 14.
3 Vgl. BAG v. 23.8.1989 – 7 ABR 39/88, AP Nr. 7 zu § 106 BetrVG m. Anm. *Wiedemann*.
4 Zu den verschiedenen „Arten" von Sprecherausschüssen siehe Rz. 55 ff.
5 § 32 Abs. 1 SprAuG spricht zwar nur von einer mindestens halbjährlichen Unterrichtung; davon unabhängig besteht aber die Pflicht zur rechtzeitigen Unterrichtung; vgl. *Annuß/Girlich* in Hensseler/Willemsen/Kalb, § 32 SprAuG Rz. 5.
6 *Annuß/Girlich* in Hensseler/Willemsen/Kalb, § 32 SprAuG Rz. 4.

b) Rechtsfolgen für das Amt des Sprecherausschusses und die Rechtsstellung der Sprecherausschussmitglieder

55 Wenn **betriebliche Sprecherausschüsse** gemäß § 1 Abs. 1 SprAuG bestehen, sind diese an dieselbe organisatorische Einheit geknüpft wie der Betriebsrat gemäß § 1 Abs. 1 BetrVG[1]. Soweit übertragende Umwandlungen Auswirkungen auf bestehende Betriebe haben, gelten die Ausführungen zum „Schicksal" von Betriebsräten (Rz. 19 ff.) somit entsprechend. Wird also ein Betrieb im Zuge (beispielsweise) der Spaltung *insgesamt* auf einen anderen Inhaber (Rechtsträger) übertragen, bleibt der im Betrieb gebildete Sprecherausschuss ebenso wie der Betriebsrat im Amt[2].

56 Bei einer **Betriebsspaltung** im Zuge der Umwandlung gilt dies dagegen nur, wenn der Ausgangsbetrieb seine **Identität** behält[3]; in der abgespaltenen Einheit ist gegebenenfalls – bei Erreichen des Schwellenwertes des § 1 Abs. 1 SprAuG – ein neuer Sprecherausschuss zu errichten[4]. Wird der abgespaltene Betriebsteil allerdings in einen anderen Betrieb **eingegliedert**, in dem bereits ein Sprecherausschuss besteht, ist dieser – vergleichbar der Rechtslage gemäß § 21a Abs. 1 Satz 1 BetrVG – ab sofort für die leitenden Angestellten des eingegliederten Betriebsteils zuständig[5]. Ein **Übergangsmandat** des „abgebenden" Sprecherausschusses sieht das Sprecherausschussgesetz dagegen in **keinem Fall** vor. Der Gesetzgeber hat die Reform des Betriebsverfassungsrechts im Jahre 2001 nicht zum Anlass genommen, auch das Sprecherausschussgesetz entsprechend zu ergänzen[6]. Angesichts dieser eindeutigen Rechtslage kommt eine **Analogie zu § 21a BetrVG nicht in Betracht**[7].

57 Werden im Rahmen der Umwandlung (zB Verschmelzung) zwei oder mehrere **Betriebe zusammengefasst**, kommt es – ähnlich wie beim Betriebsrat (siehe Rz. 34) – darauf an, ob es sich um die Eingliederung in einen „identisch" fortbestehenden Betrieb oder um die Entstehung eines neuen Betriebs handelt; insoweit haben die jeweiligen Personalzahlen (bezogen auf die Gesamtbelegschaft, nicht alleine auf die leitenden Angestellten) eine wesentliche Indizfunktion

---

1 *Marquardt* in Tschöpe (Hrsg.), Arbeitsrecht Handbuch, 9. Aufl. 2015, Teil 4 A Rz. 1118; *Annuß/Girlich* in Henssler/Willemsen/Kalb, § 1 SprAuG Rz. 7.
2 *Hohenstatt* in Willemsen/Hohenstatt/Schweibert/Seibt, Umstrukturierung, Rz. D 205.
3 Zum Identitätserfordernis für den Fortbestand des Betriebsrats siehe bereits Rz. 34 f., 39.
4 Zu den Einzelheiten *Hohenstatt* in Willemsen/Hohenstatt/Schweibert/Seibt, Umstrukturierung, Rz. D 205.
5 Vgl. *Löwisch* in Löwisch, 2. Aufl. 1994, § 5 SprAuG Rz. 17; *Hauck*, in FS Richardi, 2007, S. 537 (541).
6 Siehe dazu die 2. Aufl. zu § 321 UmwG Rz. 31.
7 IE ebenso *Rieble* NZA 2002, 233, 240, der auf den darin liegenden Verstoß gegen die EG-Betriebsübergangsrichtlinie hinweist; vgl. ferner *Annuß/Girlich* in Henssler/Willemsen/Kalb, §§ 3–8 SprAuG Rz. 15; aA *Oetker* in ErfK, §§ 3–8 SprAuG Rz. 8; *Hromadka/Sieg*, 3. Aufl. 2014, § 5 SprAuG Rz. 33.

(siehe Rz. 27). Im **Eingliederungsfall** bleibt der Sprecherausschuss des aufnehmenden Betriebs **im Amt**, während er bei **Verlust der Betriebsidentität** aller beteiligten Betriebe **neu zu bilden** ist[1].

Neben dem betrieblichen Sprecherausschuss sieht das Sprecherausschussgesetz den **Gesamtsprecherausschuss** (§ 16 SprAuG) sowie – fakultativ – den **Unternehmenssprecherausschuss** (§ 20 SprAuG) vor. Dabei entspricht der Gesamtsprecherausschuss in jeglicher Hinsicht dem Gesamtbetriebsrat, so dass hinsichtlich der Auswirkungen von Umwandlungen und Umstrukturierungen insoweit sinngemäß auf die Darstellung zum Gesamtbetriebsrat verwiesen werden kann (siehe Rz. 43 ff.). 58

Keine unmittelbare **Parallele** zu den gesetzlichen Organen des Betriebsverfassungsgesetzes hat dagegen der **Unternehmenssprecherausschuss** gemäß § 20 SprAuG, der in der Praxis häufig an die Stelle von betrieblichen Sprecherausschüssen tritt. Er wird unmittelbar von allen leitenden Angestellten des **Unternehmens**, also über die Grenzen der einzelnen Betriebe hinaus, gewählt (vgl. zu den Einzelheiten § 20 SprAuG). Sofern bei einer **Verschmelzung oder Aufspaltung** im aufnehmenden Unternehmen bereits ein Unternehmenssprecherausschuss besteht, vertritt dieser die leitenden Angestellten des übertragenden Rechtsträgers, deren Unternehmenssprecherausschuss erlischt. Dagegen besteht der Unternehmenssprecherausschuss des übertragenden Rechtsträgers fort, wenn alle Betriebe übertragen worden und beim aufnehmenden Rechtsträger keine Betriebe vorhanden sind. Zu einer Neubildung des Unternehmenssprecherausschusses besteht dann ebenso, wie dies bereits für den Gesamtbetriebsrat festgestellt wurde (siehe Rz. 46), kein Anlass.[2]

7. Europäischer Betriebsrat

a) Beteiligungsrechte in Bezug auf den Umwandlungsvorgang

Das EBRG wurde auf Basis der RL 2009/38/EG[3] mit Wirkung zum 18.6.2011 neu gefasst[4]. Die Darstellung der Beteiligungsrechte des Europäischen Betriebsrats im Falle von übertragenden Umwandlungen bereitet insofern gewisse Schwierigkeiten, als die §§ 29 ff. EBRG zum einen nur für nach deutschem Recht gebildete Europäische Betriebsräte gelten (vgl. § 2 Abs. 1 EBRG) und zum anderen zwar bestimmte Mitwirkungsrechte des Europäischen Betriebsrats, insbesondere bei strukturverändernden Maßnahmen, vorsehen (vgl. § 29 Abs. 2 EBRG), es sich hierbei jedoch nur um **gesetzliche Auffangregelungen** handelt; 59

---

1 Ebenso *Hohenstatt* in Willemsen/Hohenstatt/Schweibert/Seibt, Umstrukturierung, Rz. D 205.
2 *Hohenstatt* in Willemsen/Hohenstatt/Schweibert/Seibt, Umstrukturierung, Rz. D 208 f.
3 ABl. EU Nr. L 122 v. 16.5.2009, S. 28.
4 BGBl. I 2011, S. 2650; dazu *Hohenstatt/Kröpelin/Bertke*, NZA 2011, 1313.

Vor § 322 | Übergangs- und Schlussvorschriften

diese werden in der Praxis vielfach durch die **weitgehend frei gestaltbaren Vereinbarungen** über die grenzübergreifende Unterrichtung und Anhörung der Arbeitnehmer nach § 17 EBRG bzw. gemäß § 41 EBRG mit „Bestandsschutz" versehene Altregelungen verdrängt[1]. Nach der Neufassung des Gesetzes müssen diese Vereinbarungen im Falle **wesentlicher struktureller Veränderungen** des Unternehmens bzw. Konzerns gemäß § 37 Abs. 1 Satz 1 EBRG grundsätzlich neu verhandelt werden[2]. Nach § 37 Abs. 1 Satz 2 EBRG gelten – entsprechend dem Erwägungsgrund 40 der Richtlinie 2009/38/EG – unter anderem der **Zusammenschluss** sowie die **Spaltung** von Unternehmen und Unternehmensgruppen als wesentliche Strukturänderungen, so dass entsprechende Umwandlungen eine **Neuverhandlungspflicht** nach sich ziehen können. Problematisch ist, dass derartige Vorgänge in größeren Konzernen quasi zum „Tagesgeschäft" gehören[3]. Daher sollten die Europäischen Betriebspartner vorbeugend Vereinbarungen abschließen, welche die gesetzliche Regelung angemessen modifizieren oder ersetzen. Insbesondere erscheint es ratsam, eine „dynamische" Zusammensetzung des Europäischen Betriebsrates zu vereinbaren, um sicherzustellen, dass die verschiedenen Belegschaften auch nach Strukturänderungen noch angemessen repräsentiert werden[4]. Sofern bei einem Zusammenschluss von Unternehmen sich inhaltlich widersprechende EBR-Vereinbarungen aufeinandertreffen, dürften Neuverhandlungen unumgänglich sein[5].

Für deren Dauer wird das amtierende Gremium nach § 37 Abs. 2 Satz 1 EBRG mit einem Übergangsmandat ausgestattet. Kommt es nicht zu einer Vereinbarung nach § 18 oder § 19 EBRG, so ist gemäß § 37 Abs. 4 EBRG in den Fällen des § 21 Abs. 1 EBRG ein Europäischer Betriebsrat nach den gesetzlichen Vorgaben in §§ 22, 23 EBRG zu errichten.

In allen vorgenannten Fällen des Vorliegens von Vereinbarungen sind etwaige Beteiligungsrechte des Europäischen Betriebsrats bei übertragenden Umwandlungen den darin getroffenen Bestimmungen und *nicht* den §§ 29 ff. EBRG zu entnehmen, deren Anwendbarkeit sich angesichts der weiten Verbreitung derartiger Vereinbarungen somit eher als **Ausnahmefall** darstellt[6].

60 Im Rahmen dieser gesetzlichen Auffangregelungen kommt für Umwandlungen insbesondere § 29 Abs. 2 Nr. 1 EBRG eine gewisse Bedeutung zu, wonach die **turnusmäßige** Unterrichtung (§ 1 Abs. 4 EBRG) des Europäischen Betriebsrats (einmal im Kalenderjahr) sich (ua.) auf die „Struktur des Unternehmens oder

---

1 Siehe dazu *Blanpain/Schmidt/Schweibert*, Europäisches Arbeitsrecht, 2. Aufl. 1996, Rz. 653 ff. mwN.
2 Vgl. dazu *Hohenstatt/Kröpelin/Bertke*, NZA 2011, 1313 (1316 ff.).
3 *Hohenstatt/Kröpelin/Bertke*, NZA 2011, 1313 (1316).
4 Vgl. *Hohenstatt/Kröpelin/Bertke*, NZA 2011, 1313 (1316 f.).
5 *Hohenstatt/Kröpelin/Bertke*, NZA 2011, 1313 (1317).
6 Ebenso *Schweibert* in Willemsen/Hohenstatt/Schweibert/Seibt, Umstrukturierung, Rz. C 516.

der Unternehmensgruppe sowie die wirtschaftliche und finanzielle Lage" zu erstrecken hat. Ausdrücklich erwähnt werden in § 29 Abs. 2 Nr. 8 EBRG darüber hinaus „**Zusammenschlüsse oder Spaltungen von Unternehmen oder Betrieben**".

Grundvoraussetzung für eine diesbezügliche Unterrichtungspflicht, die demzufolge grundsätzlich auch Umwandlungen iS des Umwandlungsgesetzes betreffen kann, ist allerdings, dass es sich um eine **grenzüberschreitende Angelegenheit** is von § 1 Abs. 2 EBRG handelt; dh., dass mindestens **zwei Betriebe** oder **zwei Unternehmen** in **verschiedenen Mitgliedstaaten betroffen** sind. Dies ist zunächst in den – in der Vergangenheit eher seltenen – Fällen einer grenzüberschreitenden Umwandlung der Fall und wird angesichts der nunmehr bestehenden Möglichkeit einer grenzüberschreitenden Verschmelzung gemäß den §§ 122a ff. UmwG vermehrt zu erwarten sein[1]. Da § 29 Abs. 2 Nr. 1 und 8 EBRG allerdings nicht allein auf Unternehmen (= Rechtsträger), sondern auch auf Betriebe abstellt, kann eine Informationspflicht im Rahmen der **jährlichen Unterrichtung** nach § 29 EBRG auch dann bestehen, wenn die Umwandlung als solche zwar ausschließlich im Inland erfolgt, hiervon aber auch im Ausland gelegene Betriebe oder Betriebsteile eines an der Umwandlung beteiligten Rechtsträgers betroffen sind.

Eine Verpflichtung zur **Ad-hoc-Unterrichtung** des Europäischen Betriebsrats 61 nach § **30 EBRG** besteht dagegen nur, wenn es im Zusammenhang mit der Umwandlung zur **Verlegung von Unternehmen, Betrieben oder wesentlichen Betriebsteilen** (§ 30 Abs. 1 Nr. 1 EBRG), zur **Stilllegung von Unternehmen, Betrieben oder wesentlichen Betriebsteilen** (§ 30 Abs. 1 Nr. 2 EBRG) oder zu **Massenentlassungen** (§ 30 Abs. 1 Nr. 3 EBRG) kommt. Es ist zu beachten, dass gemäß § 1 Abs. 7 EBRG nF die Unterrichtung und Anhörung des Europäischen Betriebsrates spätestens gleichzeitig mit derjenigen der nationalen Arbeitnehmervertretungen durchzuführen sind. Ob der Europäische Betriebsrat, solange seine ordnungsgemäße Unterrichtung noch nicht stattgefunden hat, den Vollzug der mit der Umwandlung verbundenen betrieblichen Strukturveränderungen sowie den Ausspruch von Kündigungen durch Erwirken einer **einstweiligen Verfügung** beim Arbeitsgericht blockieren kann, ist ebenso wie bei der Beteiligung des örtlichen Betriebsrats nach §§ 111 ff. BetrVG (siehe dazu Rz. 18) **umstritten**, richtiger Auffassung zufolge aber zu **verneinen**[2].

---

1 Zur grenzüberschreitenden Umwandlung siehe § 1 UmwG Rz. 4; zur Umwandlung unter Beteiligung einer SE vgl. Anhang I.
2 Verneinend LAG Köln v. 8.9.2011 – 13 Ta 26/11, BB 2012, 197; im Ergebnis ebenso in einer Entscheidung im Hauptsacheverfahren LAG Baden-Württemberg v. 12.10.2015 – 9 TaBV 2/15, NZA-RR 2016, 358 (Rechtsbeschwerde beim BAG unter dem Aktenzeichen 1 ABR 9/16) m. zust. Anm. *Monz/Sittard*. Siehe zum Meinungsstand *Schweibert* in Willemsen/Hohenstatt/Schweibert/Seibt, Umstrukturierung, Rz. C 522.

Eindeutig ist allerdings, dass dem Europäischen Betriebsrat **nicht** das Recht auf **Zuleitung des Umwandlungsvertrags** bzw. **seines Entwurfs** zusteht, wie es das Gesetz für die örtlichen Betriebsräte in § 5 Abs. 3 UmwG, § 126 Abs. 3 UmwG und § 194 Abs. 2 UmwG vorsieht.

b) Rechtsfolgen für das Amt und die Rechtsstellung Europäischer Betriebsräte

62 Die Anwendbarkeit des deutschen EBRG oder (im Falle eines Statuswechsels im Zuge grenzüberschreitender Verschmelzungen) eines entsprechenden Gesetzes eines anderen Mitgliedstaates hängt aufgrund der insoweit einheitlichen Voraussetzungen vom Erreichen der Schwellenwerte gemäß § 3 EBRG sowie des Weiteren davon ab, dass in Bezug auf das Unternehmen bzw. die Unternehmensgruppe die Merkmale einer gemeinschaftsweiten Tätigkeit iS von § 3 Abs. 1 bzw. Abs. 2 EBRG erfüllt sind. Infolge von übertragenden Umwandlungen können diese Voraussetzungen **sowohl entfallen** wie auch **erstmals erfüllt** werden.

Beispiel 1:

Die A-AG mit Sitz in Düsseldorf hat 850 Arbeitnehmer in Deutschland sowie 200 Arbeitnehmer in den Niederlanden. Damit sind die Voraussetzungen des § 3 Abs. 1 EBRG erfüllt; es ist, sofern es nicht zu einer entsprechenden freiwilligen Vereinbarung kommt, kraft Gesetzes ein Europäischer Betriebsrat zu bilden. Dieser **entfällt** aber wieder kraft Gesetzes, wenn die A-AG einen Betrieb mit 120 Arbeitnehmern auf einen anderen, bestehenden Rechtsträger ausgliedert (§ 123 Abs. 3 Nr. 2 UmwG), an dem sie lediglich eine Minderheitsbeteiligung hält, so dass sie nicht als herrschendes Unternehmen iS von § 6 EBRG in Betracht kommt.

Beispiel 2:

Die B-GmbH wird auf die A-GmbH verschmolzen, die bisher fünf Betriebe mit insgesamt 1250 Arbeitnehmern im Inland hat. Die B-GmbH war Alleingesellschafterin einer Tochtergesellschaft in Frankreich mit 175 Arbeitnehmern. Bei der A-GmbH ist erstmals ein Europäischer Betriebsrat zu bilden, weil sie künftig herrschendes Unternehmen einer gemeinschaftsweit tätigen Unternehmensgruppe gemäß §§ 3 und 6 EBRG ist.

Derartige Folgen von Umwandlungen in Bezug auf Bildung und Zusammensetzung von Europäischen Betriebsräten, die hier nur kurz angedeutet werden können[1], sollten vor jeder übertragenden Umwandlung geprüft werden.

63 Weiterhin ist für die Fälle der **Umwandlung in eine SE** zu berücksichtigen, dass gemäß § 47 Abs. 1 Nr. 2 SEBG die Regelungen des **EBRG** ab der Gründung der SE **keine Anwendung mehr finden**, es sei denn, das besondere Verhandlungsgremium der Arbeitnehmer hat einen Nichtverhandlungs- bzw. Abbruchbeschluss gemäß § 16 SEBG gefasst. **Europäische Betriebsräte**, die im Zeitpunkt der Eintragung der SE bei einem der beteiligten Unternehmen bestanden haben,

---

1 Siehe die weitergehende Darstellung bei *Hohenstatt* in Willemsen/Hohenstatt/Schweibert/Seibt, Umstrukturierung, Rz. D 243 ff.

werden daher mit Inkrafttreten einer etwaigen Beteiligungsvereinbarung iS des § 21 SEBG bzw. der gesetzlichen Auffangregelungen gemäß §§ 22 ff. SEBG gegenstandslos und entfallen im Zeitpunkt der Eintragung der SE[1]. Grund hierfür ist, dass der Gesetzgeber die Einrichtung eines Europäischen Betriebsrats neben dem SE-Betriebsrat ausschließen wollte, da der Europäische Betriebsrat ähnliche Funktionen erfüllt wie der SE-Betriebsrat und letzterer Vorrang haben soll[2]. Richtigerweise kann sich der Vorrang jedoch nur auf einen Europäischen Betriebsrat beziehen, der auf der Ebene der SE oder einer ihrer Tochtergesellschaften angesiedelt ist. Europäische Betriebsräte, die auf einer der SE übergeordneten Konzernebene errichtet wurden, werden von der Regelung des § 47 Abs. 1 Nr. 2 SEBG nicht erfasst[3]. Indes erfasst § 47 Abs. 1 Nr. 2 SEBG auch Europäische Betriebsräte, die bei einer Tochtergesellschaft der künftigen SE errichtet sind. Dies folgt aus einer richtlinienkonformen Auslegung, da Art. 13 Abs. 1 der SE-Richtlinie 2001/86/EG die Geltung der Europäischen Betriebsräte-Richtlinie 94/45/EG und ihrer nationalen Umsetzungsgesetze sowohl für die SE als auch für ihre Tochtergesellschaften ausschließt.

II. Formwechsel

1. Beteiligungsrechte in Bezug auf den Umwandlungsvorgang

Umwandlungsrechtlich steht dem **Betriebsrat** im Falle des Formwechsels nach § 190 UmwG ein Recht auf **Zuleitung des Entwurfs des Umwandlungsbeschlusses** nach § 194 Abs. 2 UmwG zu, vgl. § 194 UmwG Rz. 60 f. Besteht für den jeweiligen Rechtsträger ein **Gesamtbetriebsrat** nach §§ 47 ff. BetrVG, hat die Zuleitung ausschließlich an diesen zu erfolgen (siehe dazu § 5 UmwG Rz. 76). 64

Betriebsverfassungsrechtlich löst der Formwechsel **keine Beteiligungsrechte** des Betriebsrats aus. Er ist, anders als übertragende Umwandlungen, auch nicht typischerweise oder zumindest regelmäßig mit Veränderungen der organisatorischen und personellen Zusammensetzung von Betrieben verbunden, an die die speziellen betriebsverfassungsrechtlichen Mitwirkungstatbestände anknüpfen. Der Betriebsrat hat zwar nach dem Grundsatz der vertrauensvollen Zusammenarbeit (§ 2 Abs. 1 BetrVG) sowie insbesondere nach § 80 Abs. 2 BetrVG gewisse Informationsrechte, denen allerdings im Regelfall bereits durch die Erfüllung der ohnehin bestehenden Pflicht nach § 194 Abs. 2 UmwG Genüge getan sein 65

---

1 Vgl. *Jacobs* in MünchKomm. AktG, 4. Aufl. 2016, § 21 SEBG Rz. 15, § 47 SEBG Rz. 4.
2 Vgl. *Jacobs* in MünchKomm AktG, 4. Aufl. 2016, § 47 SEBG Rz. 4.
3 Siehe auch *Jacobs* in MünchKomm AktG, 4. Aufl. 2016, § 47 SEBG Rz. 4, der die Verdrängungswirkung des SE-Betriebsrats bezweifelt, wenn eine gemeinsame Tochter-SE gegründet wird, da hier der SE-Betriebsrat auf der Ebene der beherrschten Gesellschaft eingerichtet wird, während der Europäische Betriebsrat auf der Ebene der herrschenden Gründungsgesellschaften angesiedelt sein wird.

dürfte. Eine frühzeitigere Information kann allerdings gegenüber dem **Wirtschaftsausschuss** geboten sein (vgl. § 106 Abs. 2 BetrVG iVm. Abs. 3 Nr. 10 BetrVG)[1], weil dessen Informations- und Beratungsrechte sich nicht nur auf betriebsorganisatorische Änderungen, sondern auch auf wesentliche unternehmensbezogene Vorgänge beziehen. Die entsprechenden Verpflichtungen auf Unternehmensseite sind bußgeldbewehrt (§ 121 BetrVG); ihre Verletzung begründet aber keinen Unterlassungsanspruch des Betriebsrats.

Weitergehende Beteiligungsrechte des Betriebsrats bestehen beim Formwechsel nicht, so dass **keine Verzögerung** des Umwandlungsvorgangs aus dieser Sicht zu besorgen ist. Für den Formwechsel „**begleitende**" betriebsbezogene Maßnahmen, etwa die zeitgleich beschlossene Personalreduzierung oder Zusammenfassung von Betrieben oder Betriebsteilen, sind selbstverständlich die allgemeinen Beteiligungsrechte des Betriebsrats, insbesondere nach §§ 102 ff. und §§ 111 ff. BetrVG, zu beachten.

2. Rechtsfolgen für das Amt des Betriebsrats/Gesamtbetriebsrats/Konzernbetriebsrats/Wirtschaftsausschusses/Europäischen Betriebsrats sowie des Sprecherausschusses der leitenden Angestellten

66 Der Formwechsel ist für das Amt bestehender Betriebsräte und deren Zusammensetzung **ohne jegliche Relevanz**. Dies folgt daraus, dass er sich auf den Rechtsträger, also die Rechtsform des **Unternehmens**, nicht jedoch auf den Betrieb als arbeitstechnisch-organisatorische Einheit bezieht[2] und zudem die Identität des Unternehmens (= Rechtsträgers) erhalten bleibt. Mit dem Formwechsel sind daher betriebsverfassungsrechtlich keine Veränderungen verbunden, da die betriebsverfassungsrechtliche Organisation nicht an eine bestimmte Rechtsform des jeweiligen Unternehmens geknüpft ist[3]. Die „arbeitsrechtlichen Angaben" zu diesem Punkt im Umwandlungsbeschluss (vgl. § 194 Abs. 1 Nr. 7 UmwG) können daher entsprechend kurz und lapidar ausfallen.

67 Diese Aussage lässt sich **entsprechend** auch auf den **Gesamtbetriebsrat, Konzernbetriebsrat, Wirtschaftsausschuss, Europäischen Betriebsrat** sowie den **Sprecherausschuss der leitenden Angestellten** übertragen: Auch hier bewirkt der „reine" Formwechsel keinerlei Veränderung, weil er die Identität des Unternehmensträgers unberührt lässt und die den jeweiligen Gremien zugrunde liegenden Organisationsvorschriften **rechtsformneutral** ausgestaltet sind. Etwas anderes gilt nur bezüglich des Europäischen Betriebsrates bei der Umwandlung in eine SE (siehe Rz. 63).

---

1 Vgl. dazu *Willemsen/Lembke* in Henssler/Willemsen/Kalb, § 106 BetrVG Rz. 79; zum Wirtschaftsausschuss auch Rz. 52 f.
2 Zur Betriebsdefinition iS des BetrVG siehe Rz. 20.
3 Vgl. *Buschmann* in DKKW, § 21 BetrVG Rz. 34 f.; *Fitting/Engels/Schmidt/Trebinger/Linsenmaier*, § 21 BetrVG Rz. 35; *Thüsing* in Richardi, § 21 BetrVG Rz. 31.

D. Auswirkungen auf bestehende Betriebsvereinbarungen und Tarifverträge

Die unter Umständen tiefgreifenden und komplexen Auswirkungen von Umwandlungen auf im übertragenden und/oder übernehmenden Rechtsträger bestehende Betriebsvereinbarungen und Tarifverträge können im Rahmen dieser Gesamtübersicht nur kurz behandelt werden; im Übrigen ist auf die allgemeine arbeitsrechtliche Literatur[1] und die Erl. zu § 324 UmwG (§ 324 UmwG Rz. 23 ff.) zu verweisen. 68

I. Übertragende Umwandlungen (Verschmelzung, Spaltung, Ausgliederung, Vermögens[teil]übertragung)

1. Betriebsvereinbarung, Gesamt- und Konzernbetriebsvereinbarung, Sprecherausschussvereinbarung

Ähnlich wie beim Betriebsrat (siehe dazu Rz. 21, 26, 34 f., 39) hängt auch das „Schicksal" von Betriebsvereinbarungen davon ab, ob der jeweilige Betrieb, für den sie bisher gegolten hat, unbeschadet der Umwandlung auf Unternehmensebene seine **Identität** behält. 69

Ist dies der Fall, gilt die Betriebsvereinbarung **kollektivrechtlich**, dh. mit **normativer Wirkung** iS von § 77 Abs. 1 Satz 1 BetrVG und damit auch für nach der Verschmelzung, Spaltung bzw. Vermögens- (teil)übertragung **neu eintretende** Arbeitnehmer weiter; an die Stelle des bisherigen Arbeitgebers als Partei der Betriebsvereinbarung tritt der übernehmende Rechtsträger[2]. Dies folgt daraus, dass die Betriebsvereinbarung als kollektiver Normenvertrag[3] an den Betrieb als arbeitstechnische Organisationseinheit iS des BetrVG[4] anknüpft und als solche, solange der Betrieb unverändert fortbesteht, den **Wechsel des Betriebsinhabers überdauert**. 70

Dieser Grundsatz gilt unstreitig in allen Fällen der (partiellen) **Universalsukzession** nach dem UmwG; darüber hinaus aber auch in den Fällen der Einzelrechtsnachfolge (*Asset Deal*) iS von § 613a BGB[5]. **§ 613a Abs. 1 Satz 2–4 BGB** kommt 71

---

1 Vgl. *Joost* in Lutter, § 324 UmwG Rz. 30 ff.; *Hohenstatt* in Willemsen/Hohenstatt/Schweibert/Seibt, Umstrukturierung, Rz. E 1 ff. und E 92 ff.; *Preis* in ErfK, § 613a BGB Rz. 111 ff.; *Th. Müller*, RdA 1996, 287 ff.; *Bachner/Köstler/Matthießen/Trittin*, Arbeitsrecht bei Unternehmensumwandlung, § 4 und § 5; *Hauck* in FS Richardi, 2007, S. 537 (542 ff.).
2 Vgl. nur *Boecken*, Unternehmensumwandlungen, Rz. 156 ff.; *Däubler*, RdA 1995, 136 (140); *Hohenstatt* in Willemsen/Hohenstatt/Schweibert/Seibt, Umstrukturierung, Rz. E 11; *Willemsen*, NZA 1996, 791 (802).
3 Vgl. *Fitting/Engels/Schmidt/Trebinger/Linsenmaier*, § 77 BetrVG Rz. 13.
4 Zur Definition Rz. 20.
5 Vgl. *Fitting/Engels/Schmidt/Trebinger/Linsenmaier*, § 77 BetrVG Rz. 167 f.; *B. Gaul* in Henssler/Willemsen/Kalb, § 77 BetrVG Rz. 69.

in einem solchen Fall der Identitätswahrung – auch iVm. § 324 UmwG – **nicht zur Anwendung**, weil es sich hierbei um eine **Auffangregelung** handelt, die – lediglich – für den Fall konzipiert wurde, dass die bisherige Betriebsvereinbarung infolge Verlustes der Betriebsidentität im Zuge der Umwandlung oder sonstigen Umstrukturierung als solche rechtlich „untergeht"[1].

72 **Verliert** dagegen der Betrieb im Zuge der Umwandlung seine betriebsverfassungsrechtliche **Identität**, was insbesondere durch eine **Betriebsspaltung** iS von §§ 21a Abs. 1, 111 Satz 3 Nr. 3 BetrVG oder durch die **Zusammenfassung** von Betrieben iS von §§ 21a Abs. 2, 111 Satz 3 Nr. 3 BetrVG bewirkt werden kann, scheidet ein originär-betriebsverfassungsrechtlicher Fortbestand der dort bisher geltenden Betriebsvereinbarungen aus[2]; das gilt – entgegen einer in der Literatur teilweise vertretenen Auffassung – auch dann, wenn dem Betriebsrat dieses Betriebes ein **Übergangsmandat** nach § 21a BetrVG zufällt. Die **Rechtsprechung des BAG** geht allerdings in die **entgegengesetzte Richtung** (siehe dazu § 324 UmwG Rz. 25 und die dortigen Nachweise).

Bei Verlust der Betriebsidentität im Zuge übertragender Umwandlungen findet – jedenfalls über § 324 UmwG – die Regelung des § 613a Abs. 1 Satz 2–4 BGB mit der dort vorgegebenen Möglichkeit einer (späteren) Ablösung durch im aufnehmenden Betrieb neu abzuschließende oder bereits bestehende[3] Betriebsvereinbarungen Anwendung. Insoweit ist auf die Erläuterungen zu § 324 UmwG (§ 324 UmwG Rz. 23 ff.) zu verweisen.

73 Eine **Besonderheit** gilt hierzu insoweit, als ein **Betriebsteil** im Zuge der (übertragenden) Umwandlung **abgespalten** und in einen Betrieb (mit bestehendem Betriebsrat) eingegliedert wird, der seinerseits seine Identität behält (siehe zu dieser Konstellation im Zusammenhang mit den Auswirkungen auf das Betriebsratsamt bereits Rz. 34). Hier findet zwar § 613a Abs. 1 Satz 2 BGB Anwendung, aber mit der weiteren Maßgabe, dass infolge **Ablösung** nach § 613a Abs. 1 *Satz 3* BGB von Anfang an die Betriebsvereinbarungen des aufnehmenden Betriebs gelten, und zwar mit kollektivrechtlicher Wirkung (siehe § 324 UmwG Rz. 26 f.)[4].

74 Wird dagegen ein **Betriebsteil** zwar **abgespalten**, aber vom übernehmenden Rechtsträger organisatorisch eigenständig fortgeführt, ist die Anwendung des § 613a Abs. 1 Satz 2–4 BGB **streitig**[5].

---

1 Vgl. BAG v. 27.7.1994 – 7 ABR 37/93, NZA 1995, 222 (225); *Henssler*, NZA 1994, 913 (914); *Röder/Haußmann*, DB 1999, 1754; siehe auch § 324 UmwG Rz. 24.
2 Siehe zu Gemeinschaftsbetrieben *Schönhöft/Brahmstaedt*, NZA 2010, 851.
3 Siehe zu dieser Möglichkeit § 324 UmwG Rz. 26 f.
4 Ausführlich *Hohenstatt* in Willemsen/Hohenstatt/Schweibert/Seibt, Umstrukturierung, Rz. E 6 ff.
5 Siehe dazu im Einzelnen *Hohenstatt* in Willemsen/Hohenstatt/Schweibert/Seibt, Umstrukturierung, Rz. E 20 ff.; *Willemsen/Müller-Bonanni* in Henssler/Willemsen/Kalb, § 613a BGB Rz. 256 f.

Vielfache, zum Teil ebenfalls kontrovers diskutierte Fragen wirft der Einfluss von 75 Umwandlungen auf bestehende **Gesamtbetriebsvereinbarungen** und **Konzernbetriebsvereinbarungen** auf, die ihrem Namen entsprechend vom Gesamtbetriebsrat/Konzernbetriebsrat des übertragenden bzw. aufnehmenden Rechtsträgers abgeschlossen wurden. Klar ist zunächst, dass Gesamtbetriebsvereinbarungen im Falle einer organisatorisch **unveränderten Übernahme** mehrerer Betriebe bei dem übernehmenden Rechtsträger ihren Rechtscharakter als solche behalten.

Beispiel 1:
Die X-AG gliedert ihre sämtlichen fünf Betriebe in die Y-GmbH aus.

Beispiel 2:
Die X-AG gliedert lediglich zwei ihrer fünf Betriebe in die Y-GmbH aus.

Im Beispielsfall 1 gelten sämtliche bei der X-AG abgeschlossene Gesamtbetriebsvereinbarungen kollektivrechtlich (ohne Rücksicht auf § 613a Abs. 1 Satz 2–4 BGB) weiter[1]. Fraglich kann dieses Ergebnis nur werden, wenn die Y-GmbH nicht arbeitnehmerlos ist, sondern ihrerseits über eigene Betriebe mit entsprechenden Kollektivvereinbarungen verfügt; in diesem Fall scheidet eine Fortgeltung von Gesamtbetriebsvereinbarungen des übertragenden Rechtsträgers nach richtiger, freilich **umstrittener Auffassung** aus; es findet dann § 613a Abs. 1 Satz 2–4 BGB Anwendung[2].

Das **BAG** nimmt dagegen für den Fall, dass ein **Betrieb** seine **Identität** beim aufnehmenden Rechtsträger wahrt oder ein übertragener Betriebsteil als selbständiger Betrieb fortgeführt wird, die Umwandlung der Gesamt- in eine Einzelbetriebsvereinbarung an (Beispiel 2)[3]. Dies gelte auch dann, wenn die in der Gesamtbetriebsvereinbarung geregelten Rechte und Pflichten beim aufnehmenden Unternehmen nicht normativ ausgestaltet sind[4].

Sofern Gesamtbetriebsvereinbarungen nicht nach den Regeln des Betriebsverfas- 76 sungsrechts weitergelten, wirken sie gemäß § 613a Abs. 1 Satz 2 BGB (iVm. § 324 UmwG) fort. Die dogmatische Einordnung der Rechtsfolge von § 613a Abs. 1 Satz 2 BGB ist **umstritten**. Nach vorzugswürdiger Ansicht handelt es sich um eine **gesetzlich angeordnete Nachbindung**, die für die Dauer der Jahresfrist

---

1 Vgl. BAG v. 18.9.2002 – 1 ABR 54/01, NZA 2003, 670; *Hohenstatt* in Willemsen/Hohenstatt/Schweibert/Seibt, Umstrukturierung, Rz. E 59; *Willemsen/Müller-Bonanni* in Henssler/Willemsen/Kalb, § 613a BGB Rz. 258; aA *Salamon*, RdA 2007, 103 (109).
2 Vgl. zum Ganzen ausführlich *Hohenstatt* in Willemsen/Hohenstatt/Schweibert/Seibt, Umstrukturierung, Rz. E 58 ff. mit umfangreichen Nachweisen zum Meinungsstand; *Willemsen/Müller-Bonanni* in Henssler/Willemsen/Kalb, § 613a BGB Rz. 258.
3 BAG v. 18.9.2002 – 1 ABR 54/01, NZA 2003, 670; ebenso *Fitting/Engels/Schmidt/Trebinger/Linsenmaier*, § 77 BetrVG Rz. 169; *Hanau*, Arbeitsrechtliche Folgen der Umstrukturierung, in Hromadka (Hrsg.), Flexibilisierung zur Überwindung der Massenarbeitslosigkeit, 1997, S. 82, 98; siehe zu Verschmelzungen *Trappehl/Nussbaum*, BB 2011, 2869.
4 BAG v. 5.5.2015 – 1 AZR 763/13, NZA 2015, 1331 Rz. 46 ff.

zwingend ist und in ihren Wirkungen den tarifvertraglichen Nachbindungen § 3 Abs. 3 TVG entspricht (siehe § 324 UmwG Rz. 26)[1]. Die Auslegung der ggf. beim Übernehmer existierenden Gesamtbetriebsvereinbarungen kann ergeben, dass zum gleichen Regelungsgegenstand abgeschlossene Gesamtbetriebsvereinbarungen des aufgenommenen Rechtsträgers nach § 613a Abs. 1 Satz 3 BGB **abgelöst** werden[2].

77 **Konzernbetriebsvereinbarungen** gelten beim aufnehmenden Rechtsträger **als solche** kollektivrechtlich, also ohne Anwendung von § 613a Abs. 1 Satz 2–4 BGB iVm. § 324 UmwG weiter, wenn auch der neue Betriebsinhaber zum Konzern des bisherigen Arbeitgebers gehört[3]. Dies wird bei übertragenden Umwandlungen häufig der Fall sein. Scheidet das übertragene Unternehmen dagegen aus dem Konzernverbund aus, findet wiederum § 613a Abs. 1 Satz 2–4 BGB Anwendung, wobei auch hier eine Ablösung gemäß § 613a Abs. 1 Satz 3 BGB durch eine im „aufnehmenden" Konzern bestehende Konzernbetriebsvereinbarung in Betracht kommen kann. Folgt man allerdings der Auffassung des BAG zur kollektivrechtlichen Fortgeltung von Gesamtbetriebsvereinbarungen bei Wahrung der Betriebsidentität (siehe Rz. 75), wird man Entsprechendes auch für Konzernbetriebsvereinbarungen annehmen müssen[4].

78 In Bezug auf **Sprecherausschussvereinbarungen** (vgl. § 28 Abs. 1 und 2 SprAuG) gelten hinsichtlich einer kollektivrechtlichen Fortgeltung die zu Betriebsvereinbarungen (Rz. 69 ff.) entwickelten Grundsätze zur Betriebsidentität entsprechend, und zwar unabhängig davon, ob es sich um eine Richtlinie ohne normative Wirkung (§ 28 Abs. 1 SprAuG) oder eine „echte" Sprecherausschussvereinbarung iS von § 28 Abs. 2 Satz 1 SprAuG handelt[5]. Bleibt die Betriebsidentität nicht erhalten, findet § 613a Abs. 1 Satz 2 und 3 BGB **analoge Anwendung**[6]. Hinsichtlich der Fortgeltung von **Gesamtsprechervereinbarungen** und **Unternehmenssprechervereinbarungen** gelten die Grundsätze zur Gesamtbetriebsvereinbarung (Rz. 75 f.) entsprechend[7].

---

1 Ausführlich *Hohenstatt* in Willemsen/Hohenstatt/Schweibert/Seibt, Umstrukturierung, Rz. E 2, E 36, E 123 ff. mwN; *Sagan*, RdA 2011, 163 ff.; den kollektivrechtlichen Charakter bejaht auch BAG v. 22.4.2009 – 4 AZR 100/08, NZA 2010, 41 (46); kritisch dazu *C. Meyer*, DB 2010, 1404.
2 Siehe zu dieser Problematik *Hohenstatt* in Willemsen/Hohenstatt/Schweibert/Seibt, Umstrukturierung, Rz. E 50.
3 *Hohenstatt* in Willemsen/Hohenstatt/Schweibert/Seibt, Umstrukturierung, Rz. E 70; *Picot/Schnitker*, Arbeitsrecht bei Unternehmenskauf und Restrukturierung, Teil I F, Rz. 260.
4 Vgl. *Hohenstatt* in Willemsen/Hohenstatt/Schweibert/Seibt, Umstrukturierung, Rz. E 70 ff. sowie zum Ganzen *Kern*, NZA 2009, 1313 (1316 ff.); für Konzernbetriebsvereinbarungen zur betrieblichen Altersversorgung *Cisch/Hock*, BB 2012, 2113.
5 *Hohenstatt* in Willemsen/Hohenstatt/Schweibert/Seibt, Umstrukturierung, Rz. E 73.
6 *Löwisch* in Löwisch, 2. Aufl. 1994, § 28 SprAuG Rz. 24; *Oetker*, ZfA 1990, 63 (85); *Hromadka/Sieg*, 3. Aufl. 2014, § 28 SprAuG Rz. 59.
7 *Hohenstatt* in Willemsen/Hohenstatt/Schweibert/Seibt, Umstrukturierung, Rz. E 73.

2. Tarifverträge

Hier ist einerseits zwischen Firmen- und Verbandstarifverträgen[1], zum anderen nach den einzelnen Umwandlungsarten zu entscheiden.

79

a) Firmentarifverträge

aa) Verschmelzung. Nach ganz herrschender Meinung **geht** der vom übertragenden Rechtsträger abgeschlossene Firmen- oder Haustarifvertrag nach § 20 Abs. 1 Nr. 1 UmwG auf den neuen Rechtsträger **über**[2]. Einer Anwendung des § 613a Abs. 1 Satz 2 BGB iVm. § 324 UmwG bedarf es somit nicht. Probleme können sich ergeben, wenn es sich um eine Verschmelzung durch Aufnahme iS des § 2 Nr. 2 UmwG handelt, weil sich dann die Frage einer Erstreckung des nach § 20 Abs. 1 Nr. 1 UmwG fortgeltenden Tarifvertrags auf die im übernehmenden Rechtsträger bereits vorhandenen Arbeitnehmer stellt; eine solche Erstreckung ist jedoch nach richtiger Ansicht zu verneinen (siehe § 324 UmwG Rz. 24).

80

bb) Spaltung/Ausgliederung. Bei einer **Aufspaltung** (§ 123 Abs. 1 UmwG) wird der übertragende Rechtsträger aufgelöst, so dass bei diesem keine Bindung an den Firmentarifvertrag mehr bestehen kann. *Welcher* der übernehmenden Rechtsträger in diese Rechtsstellung eintritt, richtet sich nach dem **Spaltungs- und Übernahmevertrag**, der diese Frage somit **regeln muss**. Soweit der Spaltungs- und Übernahmevertrag **keine Übernahme** vorsieht, gilt der Firmentarifvertrag nach § 324 UmwG iVm. § 613a Abs. 1 Satz 2 BGB fort, sofern nicht beim übernehmenden Rechtsträger ein anderer Tarifvertrag gilt (§ 613a Abs. 1 Satz 3 BGB). Vgl. dazu auch § 324 UmwG Rz. 24, 26.

81

Im Falle der **Abspaltung** (§ 123 Abs. 2 UmwG) und der **Ausgliederung** (§ 123 Abs. 3 UmwG) bleibt die Tarifgebundenheit des übertragenden Rechtsträgers erhalten. Sehr **streitig** ist, ob in diesem Falle auch eine **Aufteilung** des bislang zweiseitigen Firmentarifvertrags möglich ist mit der Konsequenz, dass die tarifvertraglichen Gestaltungsmöglichkeiten (zB Kündigung) nach Spaltung/Ausgliederung durch die übernehmenden Rechtsträger unabhängig voneinander ausgeübt werden können[3]. Dies ist – entgegen einer im Schrifttum verbreiteten Auffassung – zu **verneinen** (siehe § 324 UmwG Rz. 24).

---

1 Zum Begriff vgl. *Henssler* in Henssler/Willemsen/Kalb, § 1 TVG Rz. 5.
2 BAG v. 24.6.1998 – 4 AZR 208/97, NZA 1998, 1346; BAG v. 10.6.2009 – 4 ABR 21/08, NZA 2010, 51 (Rz. 27); *Henssler* in Henssler/Willemsen/Kalb, § 3 TVG Rz. 47; ausführlich hierzu *Däubler*, RdA 2002, 303 ff. Anders bei der Einzelrechtsnachfolge iS von § 613a BGB; hier bedarf es der Neubegründung durch eigene, konstitutive Erklärung des Betriebserwerbers; vgl. BAG v. 10.6.2009 – 4 ABR 21/08, NZA 2010, 51 (Rz. 28).
3 Dazu ausführlich *B. Gaul*, Betriebsspaltung, S. 882.

82 **cc) Vermögensübertragung.** Für die Vollübertragung (§ 174 Abs. 1 UmwG) gelten die Ausführungen zur Verschmelzung (Rz. 80), für die Teilübertragung (§ 174 Abs. 2 UmwG) gelten die Ausführungen zur Spaltung (Rz. 81) entsprechend.

b) Verbands(„Flächen"-)tarifverträge

83 **aa) Verschmelzung.** Verbandstarifverträge gelten gemäß § 3 Abs. 1 TVG zwischen den Mitgliedern der Tarifvertragsparteien, so dass auf Arbeitgeberseite die Mitgliedschaft in dem tarifschließenden Arbeitgeberverband erforderlich ist. Die **Mitgliedschaft** geht im Falle der Verschmelzung nach wohl allgemeiner Meinung **nicht** auf den übernehmenden Rechtsträger **über**[1]. Eine kollektivrechtliche Fortgeltung des Verbandstarifvertrages kommt somit nur in Betracht, wenn der übernehmende Rechtsträger seinerseits Mitglied des zuständigen Arbeitgeberverbandes ist bzw. wird (worauf im **Verschmelzungsvertrag** gemäß § 5 Abs. 1 Nr. 9 besonders **hinzuweisen** ist!) *oder* wenn der Verbandstarifvertrag nach § 5 TVG bzw. nach den Regelungen des Arbeitnehmer-Entsendegesetzes (AEntG) **allgemeinverbindlich** ist. In allen anderen Fällen findet § 324 UmwG iVm. § 613a Abs. 1 Satz 2–4 BGB Anwendung[2].

84 **bb) Spaltung/Ausgliederung.** Ähnlich wie bei der Verschmelzung ist – erst recht – bei der Spaltung gemäß §§ 123 ff. UmwG ein Übergang des Vertrags qua Gesamtrechtsnachfolge auf den aufnehmenden Rechtsträger ausgeschlossen (siehe § 324 UmwG Rz. 24). Es gilt vielmehr, soweit der aufnehmende Rechtsträger nicht seinerseits Verbandsmitglied wird, der Grundsatz der Fortgeltung nach **§ 613a Abs. 1 Satz 2–4 BGB** (iVm. § 324 UmwG). Wegen der Möglichkeit der Ablösung durch einen beim übernehmenden Rechtsträger bestehenden Tarifvertrag ist auf die Erläuterungen zu § 324 UmwG Rz. 26 f. zu verweisen.

II. Formwechsel

85 Da weder Betriebsvereinbarungen noch Firmen- oder Verbandstarifverträge an eine bestimmte Rechtsform des Arbeitgebers anknüpfen, ist der Formwechsel als solcher hierfür idR **ohne jegliche Relevanz**. Eine Änderung kann sich insofern nur für die Haftung *aus* bestehenden Betriebsvereinbarungen und Tarifverträgen ergeben (siehe dazu Rz. 119 ff.); des Weiteren, wenn infolge des Formwechsels der Geltungsbereich eines Tarifvertrags verlassen wird, etwa bei der Umwandlung einer Körperschaft öffentlichen Rechts in eine GmbH.

---

1 Ständige Rechtsprechung des BAG; vgl. die Nachweise bei *Hohenstatt* in Willemsen/Hohenstatt/Schweibert/Seibt, Umstrukturierung, Rz. E 94 sowie § 324 UmwG Rz. 24.
2 Ebenso *Henssler* in Henssler/Willemsen/Kalb, § 3 TVG Rz. 48; *Hohenstatt* in Willemsen/Hohenstatt/Schweibert/Seibt, Umstrukturierung, Rz. E 94.

Arbeitsrechtliche Auswirkungen der Umwandlung | Vor § 322

E. Auswirkungen auf die Unternehmensmitbestimmung

Sowohl übertragende Umwandlungen wie auch der Formwechsel können zu tiefgreifenden Veränderungen hinsichtlich der Mitbestimmung auf Unternehmensebene nach dem **Drittelbeteiligungsgesetz**[1], dem **Mitbestimmungsgesetz**[2], dem **Montan-Mitbestimmungsgesetz**[3] und dem **Montan-Mitbestimmungs-Ergänzungsgesetz**[4] führen[5]. Hinzu tritt die Möglichkeit grenzüberschreitender Mitbestimmungsregime nach dem **MgVG** bei einer grenzüberschreitenden Verschmelzung nach §§ 122a ff. UmwG (siehe dazu Rz. 97 ff.) oder nach dem **SEBG** im Falle der Gründung einer SE etwa durch formwechselnde Umwandlung oder Verschmelzung (siehe dazu Anhang I). 86

I. Übertragende Umwandlungen (Verschmelzung, Spaltung, Ausgliederung, Vermögens[teil]übertragung)

Gemäß einem allgemeinen Strukturprinzip sämtlicher gesetzlicher Mitbestimmungsstatute setzen diese – von der Ausnahme für Altgesellschaften nach § 1 Abs. 1 Nr. 1 Satz 2 DrittelbG abgesehen – jeweils eine **Mindestzahl** der beim mitbestimmten Rechtsträger beschäftigten Arbeitnehmer voraus (vgl. insbes. § 1 Abs. 1 Nr. 1 DrittelbG, § 1 Abs. 1 Nr. 2 MitbestG, § 1 MontanMitbestG), bei deren Unterschreitung eine zuvor bestehende Mitbestimmung der Arbeitnehmer nach der einschlägigen Regelung kraft Gesetzes entweder ganz entfällt oder durch eine Mitbestimmung auf der „nächstniedrigen" Stufe (insbes. nach dem DrittelbG) abgelöst wird. Zuvor, dh. vor der Zusammensetzung des Aufsichtsrats nach den künftig geltenden gesetzlichen Bestimmungen, ist allerdings zunächst ein sogenanntes **Statusverfahren** nach §§ 97 ff. AktG durchzuführen[6]. *Umgekehrt* führt die Überschreitung der maßgeblichen Schwellenwerte durch Hinzutreten weiterer Arbeitnehmer zur erstmaligen Anwendbarkeit der Unternehmensmitbestimmung überhaupt (insbes. beim erstmaligen Erreichen des Grenzwerts von 500 Arbeitnehmern für die Mitbestimmung nach dem DrittelbG[7]) oder zu deren Verstärkung (insbes. bei Wechsel vom DrittelbG zum 87

---

1 DrittelbG v. 18.5.2004, BGBl. I 2004, S. 974.
2 MitbestG v. 4.5.1976, BGBl. I 1976, S. 1153.
3 MontanMitbestG v. 21.5.1951, BGBl. I 1951, S. 347.
4 MontanMitbestErgG v. 7.8.1956, BGBl. I 1956, S. 707.
5 Zum System der unternehmensbezogenen Mitbestimmung in Deutschland siehe *Seibt* in Willemsen/Hohenstatt/Schweibert/Seibt, Umstrukturierung, Rz. F 1 ff. Zur Auswirkung von Umwandlungen auf die Mitbestimmung in der SE vgl. Anhang I Rz. 111 f.
6 Dazu ausführlich *Seibt* in Willemsen/Hohenstatt/Schweibert/Seibt, Umstrukturierung, Rz. F 187 ff. Zur Anwendbarkeit der §§ 97 ff. AktG auf die SE vgl. LG Nürnberg-Fürth v. 8.2.2010 – 1 HK O 8471/09, AG 2010, 384.
7 Vgl. BAG v. 16.4.2008 – 7 ABR 6/07, AP Nr. 1 zu § 98 AktG; *Henssler* in Henssler/Strohn, § 52 GmbHG Rz. 25.

MitbestG), wobei auch dazu vor der entsprechenden „Umsetzung" das Statusverfahren nach §§ 97 ff. AktG zwingend erforderlich ist[1].

88 Da **übertragende Umwandlungen** sehr häufig zu einer **Veränderung der Arbeitnehmerzahl** sowohl beim übertragenden wie auch beim übernehmenden Rechtsträger führen, liegt ihre Relevanz für die Weitergeltung bisheriger bzw. für die erstmalige Anwendung gesetzlicher Mitbestimmungsregelungen auf der Hand[2]. **Erlischt** der übertragende Rechtsträger mit Eintragung der Umwandlung in das Handelsregister, was bei der Verschmelzung (§ 20 Abs. 1 Nr. 2 Satz 1 UmwG), der Aufspaltung (§ 131 Abs. 1 Nr. 2 Satz 1 UmwG) und der Vermögens*voll*übertragung (§ 176 Abs. 3 Satz 2 UmwG) der Fall ist, so erlöschen auch dessen Organe und die Organstellung der Komplementäre, Geschäftsführer, Vorstands- und Aufsichtsratsmitglieder[3] und damit die Voraussetzungen für die Mitbestimmung überhaupt. Bei dem bzw. den **aufnehmende(n) Rechtsträger(n)** *kann*, muss es aber nicht zwingend zu einem **Mitbestimmungszuwachs** kommen. Dies ist vor allem dann der Fall, wenn durch das **Hinzutreten von Arbeitnehmern** erstmals die für die Anwendung eines bestimmten Mitbestimmungsregimes (zB MitbestG 1976) relevante Arbeitnehmerzahl erreicht wird[4].

89 Bleibt der übertragende Rechtsträger dagegen (wie bei der Abspaltung, Ausgliederung und Vermögens*teil*übertragung) rechtlich existent, hängt der Fortbestand des bisherigen Mitbestimmungsregimes zunächst davon ab, ob durch den „Abfluss" von Arbeitsverhältnissen mitbestimmungsrechtlich relevante Zahlengrenzen beim übertragenden Rechtsträger **unterschritten** werden. Ist dies nicht der Fall, verbleibt es bei der Anwendung der bisherigen Mitbestimmungsregeln, wobei es allerdings unter Umständen zu einer *Verkleinerung* des Aufsichtsrats kommen kann (vgl. insbes. § 7 Abs. 1 MitbestG, der die Zahl der Aufsichtsratsmitglieder in Abhängigkeit von der Zahl der regelmäßig beschäftigten Arbeitnehmer definiert)[5]. Sinkt beim abspaltenden bzw. ausgliedernden Rechts-

---

1 So jedenfalls die überwiegende Literaturauffassung und Unternehmenspraxis; vgl. *Seibt* in Willemsen/Hohenstatt/Schweibert/Seibt, Umstrukturierung, Rz. F 190 f.; *Göz*, ZIP 1998, 1523 (1524); *Kauffmann-Lauven/Lenze*, AG 2010, 532, auch zu den insoweit bestehenden Gestaltungsmöglichkeiten; *Zöllner/Noack* in Baumbach/Hueck, § 52 GmbHG Rz. 14, 15; aA *Raiser* in Hachenburg, § 52 GmbHG Rz. 161.
2 Zu der Gefahr von Mehrfachzurechnungen bei der Bildung von Gemeinschaftsbetrieben siehe *Hohenstatt/Schramm*, NZA 2010, 846.
3 *Grunewald* in Lutter, § 20 UmwG Rz. 28; sowie oben § 20 UmwG Rz. 13 und 16.
4 Siehe dazu die ausführlichen Erl. und tabellarische Darstellung der Auswirkung der Verschmelzung bzw. Spaltung auf die Unternehmensmitbestimmung sowohl des übertragenden wie auch des übernehmenden Rechtsträgers bei *Seibt* in Willemsen/Hohenstatt/Schweibert/Seibt, Umstrukturierung, Rz. F 88 ff., 96, 104 ff., 107, 108 ff.
5 Zweifelhaft ist, ob und unter welchen Voraussetzungen auch insoweit zunächst ein Statusverfahren nach §§ 97 ff. AktG durchzuführen ist; vgl. *Seibt* in Willemsen/Hohenstatt/Schweibert/Seibt, Umstrukturierung, Rz. F 193 ff.

träger die Arbeitnehmerzahl unter die für die (bisherige) Unternehmensmitbestimmung relevanten Zahlengröße, ist zunächst zu **prüfen**, ob dieser „Verlust" nicht durch die (unter Umständen erstmalige) **Anwendung von Arbeitnehmerzurechnungsnormen** doch noch „kompensiert" wird. Insofern ist für **Konzernsachverhalte** vor allem auf § 5 Abs. 1 und 3 MitbestG hinzuweisen, während eine entsprechende Zurechnung im Rahmen des DrittelbG nur unter den wesentlich engeren Voraussetzungen eines **Beherrschungsvertrags** oder einer **Eingliederung** des abhängigen in das herrschende Unternehmen in Betracht kommt (vgl. § 2 Abs. 2 DrittelbG)[1].

Lässt sich auch durch eine solche Zurechnung die Mitbestimmung im übertragenden Rechtsträger nicht „retten", kommt schließlich – nur – bei der **Abspaltung** oder **Ausgliederung** die **zeitlich befristete Mitbestimmungsbeibehaltung** beim **übertragenden** Rechtsträger gemäß **§ 325 UmwG** ins Spiel. Sie bereitet wiederum eine Reihe von Auslegungsfragen, wegen derer auf die Erläuterungen zu § 325 UmwG verwiesen wird. Bei Verschmelzung und Aufspaltung scheidet eine Anwendung dieser Bestimmung schon wegen Erlöschens des übertragenden Rechtsträgers aus[2]; eine **Analogie** für den Fall der Vermögensteilübertragung ist **abzulehnen** (siehe § 325 UmwG Rz. 2). 90

In dem besonderen Fall der **grenzüberschreitenden Verschmelzung** gemäß §§ 122a ff. UmwG mit einer deutschen Gesellschaft als aufnehmendem Rechtsträger wird ebenfalls häufig die Einleitung eines Statusverfahrens nach Eintragung der Verschmelzung erforderlich sein, da sich ab der Eintragung das Mitbestimmungsstatut ändert, wenn einer der Tatbestände des § 5 MgVG erfüllt ist[3]. In diesem Fall richtet sich die Mitbestimmung im Aufsichtsrat der aus der grenzüberschreitenden Verschmelzung hervorgehenden Gesellschaft mit Sitz in Deutschland nach dem Mitbestimmungsregime des MgVG, dh. nach einer etwa abgeschlossenen Mitbestimmungsvereinbarung iS des § 22 MgVG oder nach den gesetzlichen Auffangregelungen der §§ 23–28 MgVG[4]. In beiden Fällen ändern sich die „maßgebenden gesetzlichen Vorschriften", nach denen der Aufsichtsrat zusammenzusetzen ist. Dies dürfte auch für den Fall gelten, dass der Arbeitnehmeranteil im Aufsichtsrat bei gleicher Aufsichtsratsgröße erhalten bleibt, da es jedenfalls bei Geltung der gesetzlichen Auffangregelung zu einer Internationalisierung der Arbeitnehmerbank gemäß § 25 Abs. 1 Sätze 2 und 3 91

---

1 Vgl. OLG Hamburg v. 29.10.2007 – 11 W 27/07, DB 2007, 2762 (2764).
2 Ebenso *Joost* in Lutter, § 325 UmwG Rz. 12.
3 Vgl. *Müller-Bonanni/Müntefering*, NJW 2009, 2347; *Drinhausen/Keinath*, AG 2010, 398; *Nikoleyczik/Führ*, DStR 2010, 1743.
4 In dem Sonderfall eines Beschlusses des Besonderen Verhandlungsgremiums der Arbeitnehmer („BVG") gemäß § 18 MgVG, keine Verhandlungen aufzunehmen oder aufgenommene Verhandlungen abzubrechen, findet gemäß § 18 Satz 3 MgVG das innerstaatliche Mitbestimmungsrecht (dh. DrittelbG bzw. MitbestG) Anwendung, soweit seine Voraussetzungen erfüllt sind, vgl. auch Rz. 118.

MgVG kommt. Infolgedessen würde sich der Geltungsbereich der Arbeitnehmerrepräsentation im Aufsichtsrat auch auf das Ausland erstrecken und insofern eine Änderung der Aufsichtsratszusammensetzung bewirken.

II. Formwechsel

92 Eine ebenso große Bedeutung wie der Arbeitnehmerzahl kommt für die Anwendbarkeit der Mitbestimmung auf Unternehmensebene der **Rechtsform** des jeweiligen Unternehmensträgers zu. Alle gesetzlichen Mitbestimmungssysteme sind **rechtsformspezifisch** ausgestaltet, und zwar sowohl im Hinblick auf die Beteiligung der Arbeitnehmer im Aufsichtsrat als solche („ob") wie auch im Hinblick auf die Intensität und Effizienz der dem mitbestimmten Aufsichtsrat zukommenden Kompetenzen („wie"). So fehlt beispielsweise dem Aufsichtsrat einer dem MitbestG unterliegende KGaA die **Personalkompetenz** (Bestellung und Abberufung der Geschäftsleitungsorgane; vgl. § 31 Abs. 1 Satz 2 MitbestG); in der GmbH bleibt das **Weisungsrecht** der Gesellschafterversammlung trotz der Kompetenzen des mitbestimmten Aufsichtsrats bestehen[1].

93 Der Formwechsel kann sowohl **mitbestimmungsneutral** sein als auch zum **Wegfall** oder zur **erstmaligen Anwendung** eines gesetzlichen Mitbestimmungsregimes führen. Mitbestimmungsneutral ist der Formwechsel, wenn trotz Änderung der Rechtsform (zB von der AG in die GmbH) die Anwendungsvoraussetzungen des bislang maßgeblichen Mitbestimmungsgesetzes bestehen bleiben (vgl. § 1 Abs. 1 Nr. 1 MitbestG), auch wenn – wie in Rz. 92 angemerkt – die Befugnisse des Aufsichtsrats aufgrund der gesetzlichen oder gesellschaftsrechtlichen Regelungen in der neuen Rechtsform weiter oder enger sein können. In derartigen Fällen gilt nach § 203 Satz 1 UmwG für die Mitglieder des Aufsichtsrats der Grundsatz der **Amtskontinuität** (siehe dazu § 203 UmwG Rz. 6 ff.).

94 Anders liegt es dagegen beim Formwechsel mit **Mitbestimmungszuwachs**[2] und mit **Mitbestimmungsverlust**[3]: Hier erlischt der bisherige Aufsichtsrat als Träger der Unternehmensmitbestimmung mit Wirksamwerden des Formwechsels (§ 202 Abs. 1 UmwG), und es ist entweder auf der Grundlage eines zuvor durchgeführten Statusverfahrens nach §§ 97 ff. AktG[4] ein nach dem nunmehr einschlägigen Mitbestimmungsgesetz zusammengesetzter Aufsichtsrat zu bilden (bei Mitbestimmungszuwachs) *oder* der Aufsichtsrat ist ohne Arbeitnehmerver-

---

1 Vgl. *Oetker* in ErfK, § 25 MitbestG Rz. 10.
2 Siehe zu den praktisch relevanten Konstellationen *Seibt* in Willemsen/Hohenstatt/Schweibert/Seibt, Umstrukturierung, Rz. F 73 ff.
3 Dazu *Seibt* in Willemsen/Hohenstatt/Schweibert/Seibt, Umstrukturierung, Rz. F 76 ff.
4 Zu dessen Erforderlichkeit *Seibt* in Willemsen/Hohenstatt/Schweibert/Seibt, Umstrukturierung, Rz. F 74; vgl. allgemein zum Statusverfahren beim Wechsel des Mitbestimmungsmodells *Schnitker/Grau*, NZG 2007, 486.

treter neu zu konstituieren (bei Mitbestimmungsverlust)[1]. Einer vorherigen förmlichen Abberufung der bisherigen Aufsichtsratsmitglieder bedarf es in beiden Fällen *nicht* (§ 203 UmwG Rz. 2).

Bei der **formwechselnden Umwandlung in eine SE** tritt – trotz ggf. identischer Aufsichtsratsgröße[2] und identischem Arbeitnehmeranteil – gemäß § 203 UmwG idR **Diskontinuität** ein, da sich in der Organbesetzung auf der Arbeitnehmerseite regelmäßig eine entscheidende Veränderung ergibt: Nach der gesetzlichen Auffangregelung des § 36 Abs. 1 Satz 3 SEBG kommt es zwingend zu einer „Internationalisierung" der Arbeitnehmerbank. Dieses vom Territorialitätsprinzip der nationalen deutschen Mitbestimmungsgesetze abweichende Erfordernis zur Einbeziehung von Mitarbeitern aus dem Ausland rechtfertigt im Umkehrschluss aus § 203 Satz 1 UmwG eine Diskontinuität der Aufsichtsratsmandate, da der Aufsichtsrat bei dem Rechtsträger neuer Rechtsform nicht „in gleicher Weise wie bei dem formwechselnden Rechtsträger gebildet und zusammengesetzt" wird[3]. Nach mittlerweile überwiegender und zutreffender Auffassung ist die Durchführung eines **Statusverfahrens** in der Gründungsphase der SE entbehrlich[4]. Bei der formwechselnden Umwandlung in eine SE werden die §§ 97 ff. AktG durch das Arbeitnehmerbeteiligungsverfahren nach dem SEBG und durch die Vorschrift des Art. 12 Abs. 2, 4 SE-VO verdrängt[5]. Umstritten ist ferner, ob der erste Aufsichtsrat der SE bis zum Zusammentreten der ersten Hauptversammlung nach Art. 54 SE-VO mitbestimmungsfrei bleibt[6]. Um auch bis zum Abschluss der Wahlen der Arbeitnehmervertreter eine Vertretung der Arbeit-

---

1 Hier ist die Durchführung eines Statusverfahrens nach §§ 97 ff. AktG nicht erforderlich, vgl. *Henssler*, ZfA 2000, 241 (255); *Seibt* in Willemsen/Hohenstatt/Schweibert/Seibt, Umstrukturierung, Rz. F 77.
2 Siehe zur Möglichkeit einer Abweichung vom Dreiteilungsgebot LG Nürnberg-Fürth v. 8.2.2010 – 1 HK O 8471/09, AG 2010, 384; *Kiefner/Friebel*, NZG 2010, 537.
3 Vgl. *Drygala* in Lutter/Hommelhoff/Teichmann, SE-Kommentar, 2. Aufl. 2015, Art. 40 SE-VO Rz. 27; *Reichert/Brandes* in MünchKomm. AktG, 3. Aufl. 2012, Art. 40 SE-VO Rz. 47; vgl. allgemein zum Grundsatz der Amtsdiskontinuität beim Formwechsel *Decher/Hoger* in Lutter, § 203 UmwG Rz. 2.
4 *Habersack*, Der Konzern 2008, 67 (71 ff.); *Drygala* in Lutter/Hommelhoff/Teichmann, 2. Aufl. 2015, SE-Kommentar, Art. 40 SE-VO Rz. 27; nunmehr auch *Reichert/Brandes* in MünchKomm. AktG, 3. Aufl. 2012, Art. 40 SE-VO Rz. 54 f.; aA *Paefgen* in KölnKomm. AktG, 3. Aufl. 2012, Art. 40 SE-VO Rz. 74.
5 *Habersack*, Der Konzern 2008, 67 (71 ff.); gegen die Durchführung eines Statusverfahrens für den Fall, dass das Verfahren über die Beteiligung der Arbeitnehmer bereits vor der Einladung zur Hauptversammlung, in der über die Umwandlung beschlossen wird, abgeschlossen wurde, auch *Kowalski/Schmidt*, DB 2009, 551 (555).
6 So *Drygala* in Lutter/Hommelhoff/Teichmann, SE-Kommentar, 2. Aufl. 2015, Art. 40 SE-VO Rz. 16; dagegen *Schwarz*, SE-VO Kommentar, 2006, Art. 40 Rz. 52 mit der Begründung, dass der Bestellung der Arbeitnehmervertreter durch die Hauptversammlung gemäß § 36 Abs. 4 SEBG lediglich bestätigender Charakter zukomme, so dass die Arbeitnehmervertreter auch schon vorher durch das jeweils zuständige Wahlgremium bestellt

nehmer im Aufsichtsrat zu gewährleisten, kann jedoch bis zum Abschluss der Wahlen eine gerichtliche Bestellung gemäß Art. 9 Abs. 1 lit. c ii SE-VO iVm. § 104 AktG erfolgen[1].

95 Eine **Mitbestimmungsbeibehaltungsregelung**, wie sie gemäß § 325 **UmwG** für die Fälle der Abspaltung oder Ausgliederung gilt (siehe Rz. 90), sieht das Gesetz für den **Formwechsel nicht vor**; eine **Analogie** kommt angesichts des eindeutigen Gesetzeswortlauts **nicht in Betracht** (siehe auch § 325 UmwG Rz. 2). Angesichts der Struktur- und Organisationsfreiheit der Gesellschafter kann auch von einem **Gestaltungsmissbrauch** oder einer **Gesetzesumgehung**[2] selbst dann keine Rede sein, wenn die Mitbestimmungsvermeidung ein tragendes **Motiv** für den Formwechsel ist[3]. Dies gilt auch bei der Gründung einer SE; das in § 43 Satz 1 SEBG enthaltene Missbrauchsverbot bestimmt zwar, dass eine SE nicht dazu missbraucht werden darf, den Arbeitnehmern Beteiligungsrechte zu entziehen oder vorzuenthalten. Weder das SEBG noch die § 43 SEBG zugrunde liegende Vorschrift in Art. 11 der SE-Richtlinie 2001/86/EG v. 8.10.2001 enthalten eine begriffliche Präzisierung des Missbrauchsbegriffs[4]. Richtigerweise kann aber jedenfalls gesetzmäßiges Handeln unter Ausnutzung der durch das SE-Recht eröffneten Gestaltungsspielräume für sich genommen selbst dann nicht den Missbrauchstatbestand des § 43 Satz 1 SEBG verwirklichen, wenn dieses Handeln zu einer Einschränkung von Beteiligungsrechten führt[5]. Dies wird auch durch die Begründung zum Regierungsentwurf zum SEBG gestützt, in der es heißt, bei der Konkretisierung des Missbrauchsbegriffs sei zu berücksichtigen, dass die SE-Verordnung gerade die grenzüberschreitende wirtschaftliche Tätigkeit erleichtern solle. Die Nutzung der vorgesehenen Handlungsmöglichkeiten allein könne daher den Vorwurf des Missbrauchs nach § 43 SEBG nicht begründen[6]. IE dürfte der Anwendungsbereich des § 43 Satz 1 SEBG daher eher eng auszulegen sein.

---

werden könnten. Gegen Mitbestimmungsfreiheit und eine Begrenzung der Amtszeit des ersten Aufsichtsrats *Habersack*, Der Konzern 2008, 67 (73 f.).
1 *Decher/Hoger* in Lutter, § 197 UmwG Rz. 49; *Reichert/Brandes* in MünchKomm. AktG, 3. Aufl. 2012, Art. 40 SE-VO Rz. 53.
2 Dazu *Henssler*, ZfA 2000, 241 (244).
3 Zu – etwaigen – Einschränkungen vgl. *Mengel*, Umwandlungen im Arbeitsrecht, 1997, S. 404; *Seibt* in Willemsen/Hohenstatt/Schweibert/Seibt, Umstrukturierung, Rz. F 178.
4 Vgl. *Köklu* in van Hulle/Maul/Drinhausen, Handbuch zur Europäischen Gesellschaft (SE), 2007, 6. Abschnitt Rz. 251; *Oetker* in Lutter/Hommelhoff/Teichmann, SE-Kommentar, 2. Aufl. 2015, § 43 SEBG Rz. 5.
5 Vgl. *Köklu* in van Hulle/Maul/Drinhausen, Handbuch zur Europäischen Gesellschaft (SE), 2007, 6. Abschnitt Rz. 254; *Kienast* in Jannott/Frodermann, Handbuch der Europäischen Aktiengesellschaft – Societas Europaea, 2. Aufl. 2014, 13. Kapitel Rz. 528.
6 Vgl. BT-Drucks. 15/3405, S. 57.

F. Arbeitnehmerbeteiligung und Mitbestimmung in der SE und bei grenzüberschreitender Verschmelzung

Unter Mitarbeit von Rechtsanwältin Dr. Alice Jenner (geb. Nieroba), Düsseldorf

I. Arbeitnehmerbeteiligung bei SE-Gründung

Im Zuge der Gründung einer SE mit Sitz im Inland ist gemäß §§ 4 ff. SEBG ein Arbeitnehmerbeteiligungsverfahren durchzuführen, welches dazu dient, ein Verfahren zur Unterrichtung und Anhörung der Arbeitnehmer in grenzüberschreitenden Angelegenheiten („SE-Betriebsrat") sowie die Mitbestimmung der Arbeitnehmer im Aufsichts- oder Verwaltungsrat der SE zu regeln. Im Einzelnen wird auf die Ausführungen im Anhang I Rz. 67 ff. verwiesen. 96

II. Arbeitnehmerbeteiligung bei grenzüberschreitender Verschmelzung

Mit dem **Gesetz über die Mitbestimmung der Arbeitnehmer bei einer grenzüberschreitenden Verschmelzung (MgVG)**[1] hat der deutsche Gesetzgeber Art. 16 der Richtlinie 2005/56/EG[2] über die Verschmelzung von Kapitalgesellschaften aus verschiedenen Mitgliedstaaten umgesetzt. Das MgVG regelt entsprechend dem weitgehenden Verweis in Art. 16 Abs. 3 der Richtlinie auf die SE-Richtlinie 2001/86/EG[3] die Durchführung eines Arbeitnehmerbeteiligungsverfahrens zur Bestimmung des in der aus der grenzüberschreitenden Verschmelzung hervorgehenden Gesellschaft anwendbaren Mitbestimmungsregimes. Sein **Geltungsbereich** ergibt sich aus § 3 MgVG. 97

1. Wesentliche Unterschiede zur Arbeitnehmerbeteiligung bei der SE-Gründung

Im Gegensatz zum SEBG sieht das MgVG keine Regelungen betreffend die Anhörung und Unterrichtung in grenzüberschreitenden Angelegenheiten vor. Es wird daher **kein Äquivalent zum SE-Betriebsrat** geregelt. Diese „Lücke" dürfte jedoch angesichts der ggf. bestehenden Möglichkeit zur Errichtung eines Europäischen Betriebsrats der Arbeitnehmerbeteiligung nicht abträglich sein. 98

Anders als nach dem SEBG ist die Durchführung eines **Arbeitnehmerbeteiligungsverfahrens nicht stets erforderlich** und damit Eintragungsvorausset-

---

1 BGBl. I 2006, S. 3332.
2 Richtlinie 2005/56/EG des Europäischen Parlaments und des Rates v. 26.10.2005 über die Verschmelzung von Kapitalgesellschaften aus verschiedenen Mitgliedstaaten, ABl. EU Nr. L 310 v. 25.11.2005, S. 1.
3 Richtlinie 2001/86/EG des Rates v. 8.10.2001 zur Ergänzung des Statuts der Europäischen Gesellschaft hinsichtlich der Beteiligung der Arbeitnehmer, ABl. EG Nr. L 294 v. 10.11.2001, S. 22.

zung für die grenzüberschreitende Verschmelzung. Das MgVG **knüpft** die Einschlägigkeit des europarechtlichen Arbeitnehmerbeteiligungsverfahrens an das **Vorliegen bestimmter Tatbestände**[1]. Nach dem in § 4 MgVG geregelten gesetzlichen Grundprinzip richtet sich die Mitbestimmung in der aus der grenzüberschreitenden Verschmelzung hervorgehenden Gesellschaft – vorbehaltlich der besonderen Tatbestände des § 5 MgVG – nach den nationalen Regelungen über die Mitbestimmung der Arbeitnehmer in den Unternehmensorganen desjenigen Mitgliedstaats, in dem die aus der Verschmelzung hervorgehende Gesellschaft ihren Sitz hat.

Im **Gegensatz zum SEBG** enthält das MgVG **kein Missbrauchsverbot** entsprechend § 43 SEBG. Dies entspricht dem Verweis in Art. 16 Abs. 3 lit. f der Verschmelzungsrichtlinie 2005/56/EG, da auch der europäische Gesetzgeber die insoweit maßgebliche Vorschrift des Art. 11 der SE-Richtlinie in seinem Verweis wohl bewusst ausgespart hat.

Weiterhin **fehlt** im MgVG eine § 18 Abs. 3 SEBG entsprechende Vorschrift zur Regelung einer **Neuverhandlungspflicht** im Falle struktureller Änderungen. Es besteht lediglich eine Regelung für den Fall einer der grenzüberschreitenden Verschmelzung nachfolgenden innerstaatlichen Verschmelzung: § 30 Satz 1 MgVG bestimmt, dass sich bei nachfolgenden innerstaatlichen Verschmelzungen die Mitbestimmung der Arbeitnehmer entsprechend § 4 MgVG nach den nationalen Regelungen richtet. Sehen diese Regelungen nicht mindestens den in der aus der grenzüberschreitenden Verschmelzung hervorgegangenen Gesellschaft bestehenden Umfang an Mitbestimmung iS des § 5 Nr. 2 MgVG vor, gelten nach § 30 Satz 2 MgVG die für diese Gesellschaft maßgeblichen Regelungen über die Mitbestimmung für die Dauer von drei Jahren ab deren Eintragung in der aus der innerstaatlichen Verschmelzung hervorgehenden Gesellschaft fort. Die Vorschrift des § 30 MgVG wirft zahlreiche Auslegungsfragen für die Praxis auf, wobei auch Zweifel an ihrer Richtlinienkonformität angemeldet werden könnten[2]. Denn der Wortlaut der zugrunde liegenden Richtlinienregelung in Art. 16 Abs. 7 der Verschmelzungsrichtlinie 2005/56/EG scheint auf der Rechtsfolgenseite Abweichendes („... *entsprechende Anwendung der Vorschriften dieses Artikels* ..." – dh. wohl ein erneutes Verhandlungsverfahren) anzuordnen[3]. Soweit ersichtlich existiert zu § 30 MgVG noch keine Rechtsprechung. Es bleibt abzuwarten, welche Folgen diese Vorschrift für die Praxis haben wird[4].

---

1 Siehe dazu Rz. 101–103.
2 Vgl. ausführlich *Rudolph* in Annuß/Kühn/Rudolph/Rupp, § 30 MgVG Rz. 8 ff. mwN.
3 Daher für ein Umsetzungsdefizit *Thüsing/Forst* in Habersack/Drinhausen, § 30 MgVG Rz. 7; aA *Kleinsorge* in Nagel/Freis/Kleinsorge, § 30 MgVG Rz. 10.
4 Wohl für Unanwendbarkeit der Vorschrift *Thüsing/Forst* in Habersack/Drinhausen, § 30 MgVG Rz. 10; zur möglichen Verfassungswidrigkeit der Regelung in § 30 Satz 2 MgVG vgl. *Rudolph* in Annuß/Kühn/Rudolph/Rupp, § 30 MgVG Rz. 11.

2. Anwendungsvoraussetzungen des MgVG

Gemäß § 4 MgVG unterliegen aus einer grenzüberschreitenden Verschmelzung 99 hervorgehende Gesellschaften **unter bestimmten Voraussetzungen** nicht den innerstaatlichen Mitbestimmungsgesetzen (DrittelbG, MitbestG etc.), sondern dem **Sondermitbestimmungsregime des MgVG**.

Das Gesetz **zielt** auf eine **Aufrechterhaltung** des im Zeitpunkt der grenzüberschreitenden Verschmelzung bestehenden **mitbestimmungsrechtlichen Zustands**, unabhängig von der Zahl der in der Unternehmensgruppe beschäftigten Arbeitnehmer. Aus einer grenzüberschreitenden Verschmelzung hervorgehende Gesellschaften, die vor der Verschmelzung dem Drittelbeteiligungsgesetz unterlagen, bleiben deshalb auch dann drittelmitbestimmt, wenn die Zahl der im Inland tätigen Arbeitnehmer danach auf mehr als 2 000 ansteigen sollte („Einfrieren der Mitbestimmungssituation")[1].

Mit Blick auf die Entscheidung des LG Frankfurt in Sachen Deutsche Börse vom 16.2.2015[2] bleibt abzuwarten, ob künftig für die Ermittlung der mitbestimmungsrechtlichen Ausgangssituation weiterhin lediglich die im Inland beschäftigten Konzernmitarbeiter für die Berechnung der Schwellenwerte nach nationalem Recht (vgl. § 1 Abs. 1, 5 Abs. 1 Satz 1 MitbestG und § 2 Abs. 2 DrittelbG) mitzuzählen sind. Nach Ansicht des LG Frankfurt sind entgegen der bislang vorherrschenden Meinung[3] für Zwecke der mitbestimmungsrechtlichen Schwellenwerte nach nationalem Recht auch die im Ausland beschäftigten Konzernmitarbeiter mitzuzählen. Dies widerspricht jedoch dem im Mitbestimmungsrecht vom deutschen Gesetzgeber anerkannten Territorialitätsprinzip[4]. Europarechtliche Bedenken greifen jedenfalls in Bezug auf die Berechnung mitbestimmungsrechtlicher Schwellenwerte nicht durch: Ein Verstoß gegen das Diskriminierungsverbot gemäß Art. 18 AEUV scheidet insofern aus, da das Zählen bzw. Nichtzählen von Arbeitnehmern für Zwecke der Schwellenwerte isoliert betrachtet keinerlei diskriminierenden Effekt hat[5]. Auch die europarechtlich geschützte Arbeitnehmerfreizügigkeit gemäß Art. 45 AEUV wird durch die Berechnungsmethode der nationalen mitbestimmungsrechtlichen Schwellenwerte nicht beeinträchtigt[6]. Nach zutreffender Ansicht kann die Entscheidung des LG

---

1 *Brandes*, Mitbestimmungsvermeidung mittels grenzüberschreitender Verschmelzung, ZIP 2008, 2193 (2194); *Habersack*, Grundsatzfragen der Mitbestimmung in SE und SCE sowie bei grenzüberschreitender Verschmelzung, ZHR 171 (2007), 613 (640 f.).
2 LG Frankfurt v. 16.2.2015 – 3-16 O 1/14, NZG 2015, 683. Abweichend in etwas anderem Kontext: LG Berlin v. 1.6.2015 – 102 O 65/14 AktG, ZIP 2015, 1291, welches in der Begründung in Widerspruch zu der Entscheidung des LG Frankfurt steht.
3 Vgl. beispielsweise *Henssler* in Ulmer/Habersack/Henssler, § 3 MitbestG Rz. 42.
4 *Winter/Marx/De Decker*, NZA 2015, 1111 (1112 f., 1115).
5 *Winter/Marx/De Decker*, NZA 2015, 1111 (1114).
6 *Winter/Marx/De Decker*, NZA 2015, 1111 (1114); *Wißmann* in Wlotzke/Wißmann/Koberski/Kleinsorge, Vorbem. MitbestG Rz. 63b.

Frankfurt daher in Bezug auf die Schwellenwertberechnung keinen Bestand haben[1]. Anders könnte die Situation ggf. zu beurteilen sein in Bezug auf das bislang nach deutschem Recht fehlende aktive und passive Wahlrecht von im europäischen Ausland beschäftigten Arbeitnehmern, wenn insoweit die vorgenannten europarechtlichen Bedenken durchgreifen[2]. Dann würde sich die weitere komplexe Folgefrage nach den Rechtsfolgen stellen. Beides soll an dieser Stelle nicht vertieft werden.

Voraussetzung für das Eingreifen des europäischen Sondermitbestimmungsregimes des MgVG einschließlich der gesetzlichen Auffangregelungen nach §§ 23ff. MgVG (dazu Rz. 112ff.) ist gemäß § 4 MgVG 1. das **Vorliegen einer grenzüberschreitenden Verschmelzung** sowie 2. die Erfüllung einer der **Tatbestandsvoraussetzungen** des § 5 MgVG.

100 Unter einer grenzüberschreitenden Verschmelzung iS des § 4 MgVG ist eine Verschmelzung von Kapitalgesellschaften (iS des Art. 2 Nr. 1 der Verschmelzungsrichtlinie 2005/56/EG)[3] zu verstehen, bei der mindestens eine der beteiligten Gesellschaften dem Recht eines anderen Mitgliedstaats der Europäischen Union oder eines anderen Vertragsstaats des Abkommens über den Europäischen Wirtschaftsraum („**Mitgliedstaaten**") unterliegt (§ 122a Abs. 1 UmwG). Inländische Kapitalgesellschaften in diesem Sinne sind GmbH, AG, KGaA und auch eine SE mit Sitz im Inland[4]. Erfasst sind sowohl Verschmelzungen durch Neugründung als auch Verschmelzungen durch Aufnahme[5].

Nicht eindeutig ist, ob auch eine grenzüberschreitende **Verschmelzung arbeitnehmerloser Gesellschaften** die eingangs (Rz. 99) angesprochenen mitbestimmungsrechtlichen „Privilegierungen" bewirken kann. Hierfür spricht, dass dem Wortlaut des § 5 MgVG insoweit keine Einschränkungen zu entnehmen sind[6].

---

1 *Winter/Marx/De Decker*, NZA 2015, 1111 (1115); vgl. auch *Seibt*, DB 2015, 912.
2 Vgl. hierzu: *Henssler* in Ulmer/Habersack/Henssler, § 3 MitbestG Rz. 43; vgl. auch LG Berlin v. 1.6.2015 – 102 O 65/14 AktG, ZIP 2015, 1291, welches einen Verstoß des hergebrachten deutschen Mitbestimmungsrechts gegen das Diskriminierungsverbot und die Arbeitnehmerfreizügigkeit verneint. Die zweite Instanz (KG Berlin v. 16.10.2015 – 14 W 89/15, ZIP 2015, 2172 = AG 2015, 872) hat die Frage dem EuGH zur Vorabentscheidung vorgelegt.
3 Für grenzüberschreitende Anwachsungen gilt das MgVG nicht; siehe hierzu ausführlich *Müller-Bonanni/Müntefering*, NJW 2009, 2347 (2350).
4 *Drinhausen* in Semler/Stengel, § 122b UmwG Rz. 4f.; *Hörtnagl* in Schmitt/Hörtnagl/Stratz, § 122b UmwG Rz. 5. Zu der Frage des Verhältnisses von § 18 Abs. 3 SEBG zu den Vorschriften des MgVG im Falle einer grenzüberschreitenden Verschmelzung unter Beteiligung einer bereits gegründeten SE: *Grambow/Stadler*, BB 2010, 977.
5 Vgl. *Bayer* in Lutter, § 122a UmwG Rz. 19.
6 Befürwortend daher *Brandes*, ZIP 2008, 2193 (2196).

3. Tatbestände des § 5 MgVG

a) § 5 Nr. 1 MgVG

Gemäß § 5 Nr. 1 MgVG finden die Mitbestimmungsregeln des MgVG Anwendung, wenn in den **sechs Monaten vor der Veröffentlichung** des Verschmelzungsplans mindestens **eine** der an der Verschmelzung beteiligten Gesellschaften durchschnittlich **mehr als 500 Arbeitnehmer** beschäftigt **und** in dieser Gesellschaft ein **System der Mitbestimmung** is des § 2 Abs. 7 MgVG **besteht**[1]. 101

b) § 5 Nr. 2 MgVG

Alternativ[2] ist der Anwendungsbereich der Regelungen der §§ 6 ff. MgVG eröffnet, wenn die Tatbestandsvoraussetzungen des § 5 Nr. 2 MgVG erfüllt sind. Die Vorschrift stellt is des Vorher-Nachher-Prinzips auf einen **Mitbestimmungsvergleich** ab: Die Sonderregeln des MgVG finden Anwendung, wenn das für die aus der grenzüberschreitenden Verschmelzung hervorgehende Gesellschaft **maßgebende innerstaatliche Recht nicht mindestens den gleichen Umfang an Mitbestimmung der Arbeitnehmer** vorsieht, wie er in den jeweiligen an der Verschmelzung beteiligten Gesellschaften **bestand**. Der Umfang an Mitbestimmung bemisst sich dabei nach dem Anteil der Arbeitnehmervertreter im Verwaltungs- oder Aufsichtsorgan, in Ausschüssen, in denen die Mitbestimmung der Arbeitnehmer erfolgt, **oder** im Leitungsgremium, das für die Ergebniseinheiten der Gesellschaften zuständig ist. 102

Sowohl der erste als auch der zweite Tatbestand stellen auf den „bestehenden" Mitbestimmungsstatus ab. Damit kommt es auf ein – ggf. nach Durchführung eines Statusverfahrens – tatsächlich eingerichtetes Mitbestimmungssystem an[3], dh. für inländische verschmelzungsbeteiligte Gesellschaften, ob es tatsächlich gewählte Arbeitnehmervertreter im Aufsichtsrat gibt; die objektive Rechtslage allein, dh. ob die Gesellschaft nach geltendem Recht der Mitbestimmung unterliegt oder nicht, ist ohne entsprechende tatsächliche Umsetzung nicht entscheidend[4].

---

1 Zu Einzelheiten vgl. *Brandes*, ZIP 2008, 2193 (2196); *Lunk/Hinrichs*, Die Mitbestimmung der Arbeitnehmer bei grenzüberschreitenden Verschmelzungen nach dem MgVG, NZA 2007, 773 (774); *Müller-Bonanni/Müntefering*, Grenzüberschreitende Verschmelzung ohne Arbeitnehmerbeteiligung?, NJW 2009, 2347 (2348, 2349 f.); *Schubert*, Die Mitbestimmung der Arbeitnehmer bei grenzüberschreitender Verschmelzung, RdA 2007, 9 (11).
2 Vgl. EuGH v. 20.6.2013 – C-365/11, EuZW 2013, 662; *Annuß* in Annuß/Kühn/Rudolph/Rupp, § 5 MgVG Rz. 2; *Müller-Bonanni/Müntefering*, NJW 2009, 2347 (2349); aA *Thüsing/Forst* in Habersack/Drinhausen, § 5 MgVG Rz. 2 f.; *Forst*, AG 2013, 588 (589 f.): § 5 Nr. 1 MgVG steht in einem Kumulativverhältnis zu § 5 Nr. 2 und 3 MgVG.
3 *Annuß* in Annuß/Kühn/Rudolph/Rupp, § 5 MgVG Rz. 8.
4 *Annuß* in Annuß/Kühn/Rudolph/Rupp, § 5 MgVG Rz. 8.

c) § 5 Nr. 3 MgVG

103 Als **dritter Tatbestand** kommt gemäß § 5 Nr. 3 MgVG in Betracht, dass das für die aus der grenzüberschreitenden Verschmelzung hervorgehende Gesellschaft maßgebende **innerstaatliche Recht für Arbeitnehmer in Betrieben dieser Gesellschaft**, die sich **in anderen Mitgliedstaaten** befinden, nicht **den gleichen Anspruch auf Ausübung von Mitbestimmung vorsieht**, wie sie den Arbeitnehmern in demjenigen Mitgliedstaat gewährt werden, in dem die aus der grenzüberschreitenden Verschmelzung hervorgehende Gesellschaft ihren Sitz hat. Unklar ist, ob dieser Tatbestand **abstrakt oder konkret auszulegen ist**[1]. Bei einer **abstrakten** Betrachtung würde jede grenzüberschreitende Verschmelzung mit einer hervorgehenden Gesellschaft mit Sitz im Inland von dem Sonderregime der europäischen Mitbestimmungsregeln erfasst, da das **innerstaatliche deutsche Mitbestimmungsrecht** entsprechend dem zumindest bislang[2] tradierten **Territorialitätsprinzip ein Wahlrecht** lediglich **für die Arbeitnehmer der im Inland gelegenen Betriebe vorsieht**[3]. Damit bewirkt das innerstaatliche Mitbestimmungsrecht eine **Diskriminierung** von im mitgliedstaatlichen Ausland beschäftigten Arbeitnehmern, die § 5 Nr. 3 MgVG zu verhindern sucht. Bei einer konkreten Betrachtung käme es auf die im **konkreten** Fall auf die hervorgehende Gesellschaft anwendbaren Mitbestimmungsregeln an. Wenn die hervorgehende Gesellschaft nach innerstaatlichem Mitbestimmungsrecht (wegen Nichterreichens der mitbestimmungsrechtlichen Schwellenwerte) ohnehin mitbestimmungsfrei bliebe, würde sich bei dieser Betrachtung das Problem der mitbestimmungsrechtlichen Diskriminierung von Arbeitnehmern im mitgliedstaatlichen Ausland nicht stellen. Der letztgenannten Auffassung gebührt der Vorzug[4].

4. Arbeitnehmerbeteiligungsverfahren nach §§ 6ff. MgVG

104 Gemäß § 6 Abs. 1, 2 MgVG ist – nur – unter den Voraussetzungen des § 5 MgVG im Rahmen der grenzüberschreitenden Verschmelzung ein **Arbeitnehmerbeteiligungsverfahren** durchzuführen. Der gesetzmäßige Abschluss des Arbeitnehmerbeteiligungsverfahrens ist in diesem Falle gemäß § 122l Abs. 2

---

1 *Müller-Bonanni/Müntefering*, NJW 2009, 2347 (2349).
2 Vgl. aber LG Frankfurt v. 16.2.2015 – 3-16 O 1/14, NZG 2015, 683 und hierzu Rz. 99.
3 Jüngst bestätigt durch LG Berlin v. 1.6.2015 – 102 O 65/14 AktG, ZIP 2015, 1291. Für eine abstrakte Auslegung wohl *Annuß* in Annuß/Kühn/Rudolph/Rupp, § 5 MgVG Rz. 12 sowie Brandes, ZIP 2008, 2193 (2196), mit dem Hinweis, dass § 5 Nr. 3 MgVG bei Verschmelzungen auf eine deutsche Gesellschaft immer einschlägig sei.
4 So zu Recht *Kolb/Rothenfußer*, GmbHR 2013, 130 (135); *Morgenroth/Salzmann*, NZA-RR 2013, 449 (452); *Müller-Bonanni/Müntefering*, NJW 2009, 2347 (2349); *Nikoleyczik/Führ*, DStR 2010, 1743 (1744f.) mit dem zutreffenden Hinweis, dass bei einer abstrakten Betrachtungsweise die Tatbestände des § 5 Nr. 1 und Nr. 2 MgVG keinen eigenständigen Anwendungsbereich hätten.

UmwG Voraussetzung für die Eintragung der Verschmelzung in das Handelsregister[1]. Dies folgt aus dem Verweis in Art. 16 Abs. 3 der Verschmelzungsrichtlinie 2005/56/EG auf Art. 12 Abs. 2 SE-VO[2].

a) Einleitung des Verfahrens

Das Arbeitnehmerbeteiligungsverfahren wird gemäß § 6 MgVG dadurch eingeleitet, dass die Unternehmensleitungen der zu verschmelzenden Gesellschaften die Arbeitnehmer und deren Vertretungen in den Mitgliedstaaten über das Verschmelzungsvorhaben **informieren** und schriftlich **zur Bildung des so genannten Besonderen Verhandlungsgremiums der Arbeitnehmer ("BVG") auffordern**. Die Information erstreckt sich gemäß § 6 Abs. 2, 3 MgVG insbesondere auf 1. die **Identität und Struktur** der zu verschmelzenden Gesellschaften, der betroffenen Tochtergesellschaften und der betroffenen Betriebe sowie deren Verteilung auf die Mitgliedstaaten; 2. die gegebenenfalls in diesen Gesellschaften und Betrieben bestehenden **Arbeitnehmervertretungen**; 3. die **Zahl** der in diesen Gesellschaften und Betrieben jeweils **beschäftigten Arbeitnehmer** sowie die daraus zu errechnende Gesamtzahl der in einem Mitgliedstaat beschäftigten Arbeitnehmer und 4. die **Zahl der Arbeitnehmer**, denen **Mitbestimmungsrechte** in den Organen dieser Gesellschaften zustehen. Maßgeblicher Zeitpunkt für die Ermittlung der Zahl der Arbeitnehmer ist der **Zeitpunkt** dieser **Informationserteilung** (§ 6 Abs. 4 MgVG). Praktisch ist eine derartige Stichtagserhebung der Mitarbeiterzahlen am Tag der Informationserteilung selbst in den meisten Fällen nicht möglich. Es genügen daher die vorhandenen aktuellsten Arbeitnehmerzahlen, beispielsweise die zum letzten Quartalsende erhobenen Daten[3]. Zum Teil werden – mit Blick auf § 8 Abs. 2 Satz 2 MgVG – auch Angaben zum Geschlechterverhältnis verlangt[4]. Dies geht jedoch zu weit, zumal sich § 8 Abs. 2 Satz 2 MgVG nur auf die Wahl der BVG-Mitglieder für das Inland bezieht und es sich außerdem nur um eine Sollvorschrift handelt. Es ist daher dem für die Wahl der inländischen BVG-Mitglieder zuständigen Wahlgremium durchaus zumutbar, die maßgebliche Geschlechterquote bei der Personalabteilung zu erfragen. Auf der Grundlage dieser Informationen wird das BVG gebildet[5]. Zur – umstrittenen – Frage der Entbehrlichkeit der Bildung eines BVG bei einem Optierungsbeschluss der Leitungen nach § 23 Abs. 1 Satz 1 Nr. 3 MgVG siehe Rz. 116f.

105

---

1 *Bayer* in Lutter, § 122l UmwG Rz. 15.
2 Verordnung (EG) Nr. 2157/2001 des Rates v. 8.10.2001 über das Statut der Europäischen Gesellschaft (SE), ABl. EG Nr. L 294 v. 10.11.2001, S. 1.
3 *Hohenstatt/Dzida* in Henssler/Willemsen/Kalb, SEBG Rz. 13 Fn. 6; *Jacobs* in MünchKomm. AktG, 4. Aufl. 2016, § 4 SEBG Rz. 26.
4 So wohl *Rudolph* in Annuß/Kühn/Rudolph/Rupp, § 4 SEBG Rz. 32.
5 Vgl. die Darstellung zum Arbeitnehmerbeteiligungsverfahren bei der SE-Gründung im Anhang I Rz. 110 ff.

b) Zusammensetzung des Besonderen Verhandlungsgremiums

106 Das BVG setzt sich gemäß § 7 Abs. 1 Satz 1 MgVG zusammen aus Vertretern der Arbeitnehmer in allen Mitgliedstaaten der EU und den übrigen Vertragsstaaten des Europäischen Wirtschaftsraums („**Mitgliedstaaten**"), in denen die zu verschmelzenden Gesellschaften oder ihre Tochtergesellschaften Arbeitnehmer beschäftigen. Das Arbeitnehmerbeteiligungsverfahren erstreckt sich damit auf alle in einem Mitgliedstaat beschäftigten Arbeitnehmer der zu verschmelzenden Gesellschaften selbst sowie derjenigen Tochtergesellschaften und Betriebe, die zu Tochtergesellschaften oder Betrieben der aus der Verschmelzung hervorgehenden Gesellschaft werden sollen (vgl. § 2 Abs. 4 MgVG). Auf **jeden Mitgliedstaat**, in dem die zu verschmelzenden Gesellschaften oder ihre Tochtergesellschaften Arbeitnehmer beschäftigen, entfällt daher **mindestens ein Sitz im BVG**. Die **Anzahl** der einem Mitgliedstaat zugewiesenen **Sitze erhöht** sich gemäß § 7 Abs. 1 Satz 2 MgVG um jeweils einen weiteren Sitz, wenn in einem Mitgliedstaat mehr als **10 %, 20 %, 30 %** usw. der **Gesamtbelegschaft** (der zu verschmelzenden Gesellschaften und ihrer Tochtergesellschaften) in den Mitgliedstaaten beschäftigt sind.

c) Bildung des Besonderen Verhandlungsgremiums

107 Das **Verfahren** zur Wahl bzw. Bestellung der BVG-Mitglieder richtet sich nach dem **Recht des jeweiligen Mitgliedstaats**, in dem die Mitglieder des BVG zu wählen bzw. zu bestellen sind. Im **Inland** erfolgt die Wahl im Grundsatz durch ein **Wahlgremium**, das sich gemäß § 10 Abs. 2–5 MgVG aus den Mitgliedern der jeweils „höchsten" Stufe der Arbeitnehmervertretung zusammensetzt (Einzelheiten siehe dort). Das Wahlgremium darf dabei aber gemäß § 10 Abs. 6 MgVG aus höchstens 40 Mitgliedern bestehen. **Besteht keine Arbeitnehmervertretung**, findet gemäß § 10 Abs. 7 MgVG eine **Urwahl** der im Inland beschäftigten Arbeitnehmer statt. Dabei hat der Gesetzgeber bislang davon abgesehen, eine Wahlordnung iS der Wahlen nach dem BetrVG, DrittelbG oder dem MitbestG aufzustellen. In der Praxis dürfte ein **Wahlverfahren**, das sich im Grundsatz an diesen Wahlordnungen anlehnt, den Anforderungen an eine ordnungsgemäße Wahl genügen. Andererseits wird man nicht soweit gehen können, bei Nichtberücksichtigung sämtlicher Wahlformalitäten aus den Wahlordnungen zum MitbestG bzw. DrittelbG eine Anfechtbarkeit anzunehmen. Dafür fehlt es an einer hinreichenden Rechtsgrundlage, da der Gesetzgeber sich in § 10 Abs. 7 MgVG auf die Anordnung wesentlicher Wahlgrundsätze beschränkt hat, die auch für die Mitbestimmungsgesetze gelten[1], dabei aber keine umfassende Wahlordnung wie für MitbestG bzw. DrittelbG geschaffen und auch keinen Verweis auf eine solche angeordnet hat. Im Übrigen war der Gesetzgeber mit der Regelung des § 10 MgVG bestrebt, Aufwand und Kosten möglichst gering zu

---
1 So die Begründung zum Gesetzentwurf zu § 10 Abs. 7 MgVG: BT-Drucks. 16/2922, S. 23.

halten, weshalb zuvorderst die vorhandenen Betriebsratsstrukturen für die Bildung des Wahlgremiums zuständig sein sollen[1].

d) Wählbarkeitsvoraussetzungen

Zu Mitgliedern des BVG für das Inland sind die im Inland tätigen Arbeitnehmer (einschließlich der leitenden Angestellten iS des § 5 Abs. 3 BetrVG) sowie Vertreter einer in der inländischen Gesellschaft oder in ihren inländischen Tochtergesellschaften vertretenen Gewerkschaften (§ 8 Abs. 2, 3 MgVG) wählbar. Die wählbaren Gewerkschaftsvertreter können, müssen aber nicht Arbeitnehmer der Unternehmensgruppe sein. Entfallen auf das Inland mehr als zwei BVG-Mitglieder, so ist jedes dritte Mitglied zwingend auf Vorschlag einer Gewerkschaft zu wählen, die in einer an der Verschmelzung beteiligten Gesellschaft oder in einer ihrer Tochtergesellschaften vertreten ist (§§ 8 Abs. 3, 10 Abs. 1 Satz 2 MgVG). Gemäß § 8 Abs. 4 MgVG muss jedes siebte auf das Inland entfallende BVG-Mitglied ein leitender Angestellter sein. Die nicht auf Gewerkschaftsvertreter bzw. leitende Angestellte entfallenden BVG-Sitze sind entsprechend dem in § 9 Abs. 2–4 MgVG vorgesehenen Verteilungsschlüssel auf die inländischen Gesellschaften entsprechend ihren Arbeitnehmerzahlen zu verteilen. 108

e) Zeitrahmen

Für die Bildung des BVG steht gemäß § 13 Abs. 1 Satz 1 MgVG ein **Zeitraum von zehn Wochen** seit Zugang der Information gemäß § 6 Abs. 2, 3 MgVG zur Verfügung. Wenn innerhalb dieses Zeitraums **nicht alle Mitglieder** des BVG **gewählt** sind, finden die Verhandlungen über die Beteiligung der Arbeitnehmer **mit den bereits gewählten BVG-Mitgliedern** statt. Nach Ablauf der Zehn-Wochen-Frist gewählte oder bestellte Mitglieder des BVG können sich jederzeit an dem Verhandlungsverfahren beteiligen (§ 13 Abs. 2 MgVG), müssen dann aber den aktuellen Verhandlungsstand akzeptieren[2]. 109

5. Verhandlungen mit dem BVG

a) Verhandlungsfrist und -ziel

Mit dem Tag, auf den die Unternehmensleitungen zur konstituierenden Sitzung des BVG eingeladen haben (§§ 14 Abs. 1 Satz 1, 13 Abs. 1 Satz 1 MgVG), beginnt eine **sechsmonatige Verhandlungsfrist**; § 21 Abs. 1 Satz 1 MgVG. **Eine Verlängerung der Frist auf ein Jahr** ist **möglich**, erfordert jedoch das Einvernehmen sowohl der Leitungen der zu verschmelzenden Gesellschaften als auch dasjenige des BVG; § 21 Abs. 2 MgVG. 110

---

1 Begründung zum Gesetzentwurf zu § 10 MgVG: BT-Drucks. 16/2922, S. 22.
2 Vgl. zur Parallelvorschrift des § 11 SEBG *Hohenstatt/Müller-Bonanni* in Habersack/Drinhausen, § 11 SEBG Rz. 3.

Gegenstand der Verhandlungen zwischen dem BVG und den Vorständen der zu verschmelzenden Gesellschaften ist der **Abschluss einer Vereinbarung** über die Mitbestimmung der Arbeitnehmer in der aus der grenzüberschreitenden Verschmelzung hervorgehenden Gesellschaft. Für den **Inhalt** einer solchen Mitbestimmungsvereinbarung stellt § 22 Abs. 1 MgVG einen **Mindestkatalog** von zu regelnden Angelegenheiten auf (ua. Geltungsbereich der Vereinbarung, Anteil der Arbeitnehmervertreter im Aufsichts- bzw. Verwaltungsrat und das Verfahren, nach dem die Arbeitnehmervertreter zu wählen oder zu bestellen sind), überlässt deren Ausgestaltung aber weitgehend den Verhandlungsparteien.

b) Abschluss der Verhandlungen

111 Für den Abschluss der Verhandlungen gibt es **vier Möglichkeiten:**

1. Es kommt zum **Abschluss einer schriftlichen Vereinbarung** über die Mitbestimmung der Arbeitnehmer in der aus der grenzüberschreitenden Verschmelzung hervorgehenden Gesellschaft („Mitbestimmungsvereinbarung"; § 22 MgVG). In diesem Fall richtet sich die Unternehmensmitbestimmung ab der Eintragung der Verschmelzung nach dieser Vereinbarung.

2. Innerhalb der Verhandlungsfrist kommt **keine Vereinbarung** zustande, so dass nach § 23 Abs. 1 Satz 1 Nr. 2 MgVG die gesetzlichen **Auffangregeln** gemäß §§ 23–28 MgVG[1] Anwendung finden.

3. Das **BVG beschließt, keine Verhandlungen aufzunehmen** oder bereits aufgenommene Verhandlungen **abzubrechen** mit der Folge, dass die nationalen Mitbestimmungsregeln am Sitz der aus der Verschmelzung hervorgehenden Gesellschaft (in Deutschland also das MitbestG, DrittelbG) Anwendung finden; § 18 MgVG[2].

4. Die **Leitungsorgane** der an der Verschmelzung beteiligten Gesellschaften **beschließen** gemäß § 23 Abs. 1 Satz 1 Nr. 3 MgVG, **ohne vorhergehende Verhandlungen** mit dem BVG die gesetzlichen Auffangregelungen der §§ 23–28 MgVG ab Eintragung der Verschmelzung **anzuwenden**[3].

6. Gesetzliche Auffangregelung

112 Nach der gesetzlichen Auffangregelung der §§ 23–28 MgVG richtet sich die Mitbestimmung in der hervorgehenden Gesellschaft nach dem **weitestgehenden Mitbestimmungssystem**, das vor der Verschmelzung in den zu verschmelzenden Gesellschaften bestand. Dabei bemisst sich die Mitbestimmung nicht nach qualitativen Aspekten, sondern allein nach dem **Anteil der Arbeitnehmerver-**

---

1 Vgl. hierzu nachfolgend Rz. 112 ff.
2 Vgl. hierzu Rz. 118.
3 Vgl. hierzu Rz. 116 f.

treter, der in den Organen der beteiligten Gesellschaften bestand (§ 24 Abs. 1 Satz 2 MgVG).

a) Größe und Zusammensetzung des Aufsichtsrats

Die **Größe des Aufsichtsrats** kann der Satzungsgeber der hervorgehenden Gesellschaft im Rahmen der gesetzlichen Auffangregelung **frei bestimmen.** Lediglich das anteilige Verhältnis zwischen Arbeitnehmervertretern und Anteilseignervertretern ist geschützt. Das ergibt sich aus § 25 Abs. 1 MgVG, der hinsichtlich der Aufsichtsratsgröße keine Vorgaben trifft, und aus § 5 MgVG, wonach die innerstaatlichen deutschen Mitbestimmungsgesetze auf die aus der grenzüberschreitenden Verschmelzung hervorgehende Gesellschaft keine Anwendung finden[1]. Vor dem Hintergrund der Entscheidung des LG Nürnberg-Fürth[2] (allerdings zu einer SE-Beteiligungsvereinbarung) stellt sich die Frage, ob bei der Wahl der Aufsichtsratsgröße – wie bis dato vertreten – die Grenzen des § 95 Sätze 1–4 AktG, insbesondere der – durch die Aktienrechtsnovelle, vgl. § 95 Satz 3 AktG, nunmehr eingeschränkte – sog. **Dreiteilbarkeitsgrundsatz**, beachtet werden müssen. Nach der Ansicht des **LG Nürnberg-Fürth** soll eine Beteiligungsvereinbarung oder die gesetzliche Auffangregelung nach dem SEBG zu einer anderen zahlenmäßigen Zusammensetzung des Aufsichtsrats führen können. Dies folge aus dem in § 95 Satz 5 AktG angeordneten Vorrang der Mitbestimmungsgesetze gegenüber den Vorgaben ua. des § 95 Satz 3 AktG. Das Gericht hat damit im Ergebnis den Parteien einer Beteiligungsvereinbarung die Kompetenz zugesprochen, die absolute Größe des Aufsichtsrats zu bestimmen und eine nicht durch drei teilbare Anzahl an Aufsichtsratsmitgliedern zu vereinbaren[3]. Damit widersetzt es sich einer verbreiteten Auffassung im Schrifttum, wonach die absolute Größe des Aufsichtsrats nicht Gegenstand einer Beteiligungsvereinbarung sein könne[4]. Das Landgericht stützt seine Auffassung maßgeblich auf § 95 Satz 5 AktG, indem es die Beteiligungsvereinbarung den in dieser Vorschrift aufgeführten gesetzlichen Mitbestimmungsregelungen gleichsetzte. Dieser Begründungsansatz ließe sich wohl auch auf eine im Rahmen einer grenzüberschreitenden Verschmelzung nach dem MgVG geschlossenen Beteiligungsvereinbarung übertragen. Es bleibt abzuwarten, ob sich die Auffassung des Landgericht Nürnberg-Fürth allgemein durchsetzen[5] und ob sie auch auf Beteiligungsvereinbarungen nach dem MgVG übertragen werden wird[6].

113

---

1 Vgl. *Brandes*, ZIP 2008, 2193 (2198); *Müller-Bonanni/Müntefering*, NJW 2009, 2347 (2351).
2 LG Nürnberg-Fürth v. 8.2.2010 – 1 HK O 8471/09, AG 2010, 384 = NZG 2010, 547.
3 *Kiefner/Friebel*, NZG 2010, 537 (538).
4 Siehe z.B. *Jacobs* in MünchKomm. AktG, 4. Aufl. 2016, § 21 SEBG Rz. 36.
5 Kritisch *Jacobs* in MünchKomm. AktG, 4. Aufl. 2016, § 21 SEBG Rz. 36.
6 Dafür *Hohenstatt/Dzida* in Henssler/Willemsen/Kalb, MgVG Rz. 17; *Nagel* in Nagel/Freis/Kleinsorge, § 22 MgVG Rz. 1; dagegen *Rudolph* in Annuß/Kühn/Rudolph/Rupp, § 22 MgVG Rz. 8; *Thüsing/Forst* in Habersack/Drinhausen, § 22 MgVG Rz. 18.

114 Die **Verteilung der Arbeitnehmersitze** im Aufsichtsrat auf die Mitgliedstaaten erfolgt gemäß § 25 Abs. 1 Satz 1 MgVG durch das BVG entsprechend dem **jeweiligen Anteil der in den Mitgliedstaaten beschäftigten Arbeitnehmer** (§ 25 Abs. 1 Satz 2 MgVG). Eine **Ausnahme** besteht für den letzten Arbeitnehmersitz, wenn die anteilige Verteilung dazu führen würde, dass Arbeitnehmer aus einem oder mehreren Mitgliedstaaten **keinen Sitz erhalten würden**. Dann ist der **letzte Arbeitnehmersitz** gemäß § 25 Abs. 1 Satz 3 MgVG **zwingend** einem bislang (dh. nach der anteiligen Verteilung) **unberücksichtigten Mitgliedstaat** zuzuweisen, und zwar, soweit angemessen, dem Mitgliedstaat, in dem die aus der Verschmelzung hervorgehende Gesellschaft ihren Sitz haben wird. Insoweit kommt dem BVG ein Ermessensspielraum zu. Damit wird zugleich gewährleistet, dass es zwingend zu einer „Internationalisierung" der Arbeitnehmerbank im Aufsichts- bzw. Verwaltungsrat kommt.

b) Wahl bzw. Bestellung der Arbeitnehmervertreter im Aufsichtsrat

115 Die Wahl bzw. Bestellung der Arbeitnehmervertreter im Aufsichtsrat richtet sich nach der **Rechtsordnung des jeweiligen Mitgliedstaats**, auf den ein Arbeitnehmersitz entfällt. **Wahlberechtigt** sind dabei nur die Arbeitnehmer bzw. deren Vertretungen in den Mitgliedstaaten, in denen Arbeitnehmervertreter im Aufsichtsrat zu wählen sind, vgl. § 25 Abs. 2, 3 MgVG. Die auf das Inland entfallenden Arbeitnehmervertreter im Aufsichtsrat werden gemäß § 25 Abs. 3 Satz 1 MgVG analog zur Wahl der inländischen BVG-Mitglieder gewählt.

c) Geschlechterquote bei börsennotierten Gesellschaften

115a Bei börsennotierten Gesellschaften, die aus einer grenzüberschreitenden Verschmelzung hervorgegangen sind, ist ferner die zwingende Geschlechterquote gemäß § 96 Abs. 3 AktG zu beachten: Wenn bei der aus der grenzüberschreitenden Verschmelzung hervorgegangenen Gesellschaft das Aufsichts- oder Verwaltungsorgan aus derselben Zahl von Anteilseigner- und Arbeitnehmervertretern, dh. eine paritätische Mitbestimmung, besteht, müssen in dem Aufsichts- bzw. Verwaltungsorgan Frauen und Männer jeweils mit einem Anteil von mindestens 30 Prozent vertreten sein. Dabei gilt gemäß § 96 Abs. 3 Satz 2 iVm. Abs. 2 Satz 2 AktG der Grundsatz der Gesamterfüllung, dh. der Mindestanteil ist vom Aufsichts- bzw. Verwaltungsrat insgesamt zu erfüllen.

7. Optierung für die gesetzliche Auffangregelung ohne vorhergehende Verhandlung (§ 23 Abs. 1 Satz 1 Nr. 3 MgVG)

116 Im Gegensatz zum Arbeitnehmerbeteiligungsverfahren bei der SE-Gründung haben die Unternehmensleitungen der zu verschmelzenden Gesellschaften gemäß § 23 Abs. 1 Satz 1 Nr. 3 MgVG die **Möglichkeit, das Arbeitnehmerbeteiligungsverfahren abzukürzen**, indem sie sich ohne vorhergehende Verhandlun-

gen mit dem BVG für die Geltung der **gesetzlichen Auffangregelungen** entscheiden. Es muss dann nicht der Ablauf der sechsmonatigen Verhandlungsfrist des § 21 Abs. 1 MgVG abgewartet werden.

Voraussetzung für ein solches Optieren zugunsten der gesetzlichen Auffanglösung ist, dass vor der Eintragung der Verschmelzung in einer oder mehreren der zu verschmelzenden Gesellschaften eine oder mehrere Formen der Mitbestimmung bestanden haben und diese sich gemäß § 23 Abs. 1 Satz 2 Nr. 1 MgVG auf mindestens ein Drittel der Gesamtbelegschaft aller beteiligten Gesellschaften und betroffenen Tochtergesellschaften in den Mitgliedstaaten erstreckte oder diese sich gemäß § 23 Abs. 1 Satz 2 Nr. 2 MgVG auf weniger als ein Drittel der Gesamtzahl der Arbeitnehmer aller beteiligter Gesellschaften und betroffenen Tochtergesellschaften erstreckte und das BVG einen entsprechenden Beschluss zugunsten der Anwendung der gesetzlichen Auffangregelungen fasst. Nach dem Sinn und Zweck der Regelung in § 23 Abs. 1 Satz 1 Nr. 3 MgVG ist § 23 Abs. 1 Satz 2 Nr. 2 MgVG aber dahin teleologisch zu reduzieren, dass ein „kompensierender" Beschluss des BVG im Falle der Optierung der Leitungen für die gesetzliche Auffangregelung trotz Unterschreitens des Drittel-Schwellenwerts nicht erforderlich ist: Die Vorschrift des § 23 Abs. 1 Satz 2 Nr. 2 MgVG beruht auf dem Verweis der Verschmelzungsrichtlinie auf die SE-Richtlinie. Bei der SE-Gründung ist das Erfordernis eines Beschlusses des BVG auch zweckmäßig, da es ohne den Beschluss des BVG bei Unterschreiten des Schwellenwerts keine Mitbestimmung gäbe. Im Falle des § 23 Abs. 1 Satz 1 Nr. 3 MgVG besteht jedoch kein Bedürfnis mehr für einen solchen Beschluss, da die Leitungen bereits die Anwendung der gesetzlichen Auffangregelungen beschlossen haben[1].

Umstritten ist, ob im Falle eines Optierens für die Auffanglösung **lediglich die** 117 **Verhandlungen** mit dem BVG über eine Mitbestimmungsvereinbarung **oder auch die Bildung des BVG entbehrlich werden**. Ein Teil der Literatur spricht sich für die Entbehrlichkeit der BVG-Bildung aus[2]. Allerdings **spricht** der **Wortlaut des Gesetzes** mit der Zuweisung bestimmter Aufgaben an das BVG im Rahmen der Anwendung der gesetzlichen Auffangregelungen (vgl. §§ 23 Abs. 2 Satz 1, 25 Abs. 1 Sätze 1 und 3, 25 Abs. 2 MgVG) **für die Erforderlichkeit der Bildung eines BVG auch bei Ausübung des Optierungsrechts**[3]. So weist § 25 Abs. 1 Satz 1 MgVG die Zuständigkeit für die Verteilung der Arbeitnehmersitze im Aufsichtsrat auf die Mitgliedstaaten dem BVG zu. Ferner hat das BVG gemäß § 25 Abs. 1 Satz 3 MgVG ggf. den letzten Arbeitnehmersitz nach einer Er-

---

1 Vgl. hierzu *Müller-Bonanni/Müntefering*, NJW 2009, 2347 (2352) mwN.
2 So *Morgenroth/Salzmann*, NZA-RR 2013, 449 (451); *Brandes*, ZIP 2007, 2193 (2197 f.); *Teichmann*, Der Konzern 2007, 89 (92).
3 Dafür auch *Rudolph* in Annuß/Kühn/Rudolph/Rupp, § 23 MgVG Rz. 11; *Schubert*, RdA 2007, 9 (14); differenzierend *Habersack* in Ulmer/Habersack/Henssler, § 6 MgVG Rz. 1; *Müller-Bonanni/Müntefering*, NJW 2009, 2347 (2352).

messensentscheidung einem Mitgliedstaat zuzuweisen. Wenn kein BVG gebildet würde, wäre fraglich, wie die Zuweisung des letzten Sitzes bei Nichtberücksichtigung aller Mitgliedstaaten, in denen Arbeitnehmer der Unternehmensgruppe beschäftigt werden, zu erfolgen hätte. Überdies obliegt dem BVG gemäß § 25 Abs. 2 MgVG die Bestimmung der Arbeitnehmervertreter für Mitgliedstaaten, die über die Besetzung der ihnen zugewiesenen Sitze im Aufsichtsrat keine eigenen Regelungen treffen. Mit Blick auf die dem BVG bei Anwendung der gesetzlichen Auffangregelung zugewiesenen Aufgaben in Bezug auf die Zusammensetzung des Aufsichtsrats bietet es sich an, dass das BVG einmal einen abstrakten Länderverteilungsschlüssel für den letzten Sitz beschließt, der auch für künftige Neuwahlen zum Aufsichtsrat gilt[1]. Außerdem könnte es eine abstrakte Regelung für die Wahl der Arbeitnehmervertreter aus solchen Mitgliedstaaten bestimmen, deren Rechtsordnung keine Regelungen zur Wahl von Arbeitnehmervertretern vorsieht (beispielsweise durch einen ersatzweisen Verweis auf die Regelungen zur BVG-Wahl in dem entsprechenden Land). Auf diese Weise könnte vermieden werden, dass das BVG bei jeder turnusgemäßen Neuwahl erneut zusammentreten bzw. ein neues BVG gewählt werden muss.

8. Nichtverhandlungs- bzw. Abbruchbeschluss des BVG (§ 18 MgVG)

118 Nach § 18 MgVG kann das BVG beschließen, keine Verhandlungen mit den Unternehmensleitungen aufzunehmen oder bereits begonnene Verhandlungen abzubrechen. Ein solcher Beschluss des BVG bedarf einer **Zwei-Drittel-Mehrheit**, die zugleich zwei Drittel der Arbeitnehmer aus mindestens zwei Mitgliedstaaten repräsentieren muss. Folge eines solchen Beschlusses wäre gemäß § 18 MgVG, dass nicht das Sondermitbestimmungsregime des MgVG eingreifen würde, sondern das innerstaatliche Mitbestimmungsrecht zur Anwendung käme (dh. für eine aus der grenzüberschreitenden Verschmelzung hervorgehende Gesellschaft mit Sitz im Inland das DrittelbG oder das MitbestG bei Vorliegen der entsprechenden Anwendungsvoraussetzungen).

G. Haftungsrechtliche Auswirkungen im Bereich des Arbeitsrechts

I. Übertragende Umwandlungen (Verschmelzung, Spaltung, Ausgliederung, Vermögens[teil]übertragung)

119 Bei übertragenden Umwandlungen stehen hinsichtlich der Haftung des übertragenden und des übernehmenden Rechtsträgers für arbeitsrechtliche Verbindlichkeiten zwei unterschiedliche Regelungssysteme scheinbar unverbunden nebeneinander: Nach **§ 613a Abs. 1 BGB**, der gemäß § 324 UmwG in Fällen der übertragenden Umwandlung mit Übergang von Betrieben oder Betriebsteilen

---

1 Vgl. *Thüsing/Forst* in Habersack/Drinhausen, § 25 MgVG Rz. 10.

gilt, tritt der übernehmende Rechtsträger als **neuer Arbeitgeber** vollen Umfangs in die Verpflichtungen aus den Arbeitsverhältnissen und aus Kollektivverträgen ein, und zwar mit Wirkung sowohl für die **Vergangenheit** als auch für die **Zukunft** (siehe Rz. 5 ff.)[1]. Der bisherige Rechtsträger haftet bei Anwendung des § 613a Abs. 2 BGB im Außenverhältnis nur noch zeitlich beschränkt und wird für solche Ansprüche, die später als **ein Jahr** nach dem Übergang fällig werden (zB Ansprüche auf Altersversorgung), überhaupt nicht mehr in die Pflicht genommen. In der Praxis ist die „Nachhaftung" des bisherigen Arbeitgebers im Falle des § 613a BGB daher sachlich und zeitlich eng begrenzt und kommt vor allem in der **zeitanteiligen Haftung** für Urlaubsvergütungs- und -abgeltungsansprüche sowie Einmalzahlungen zum Tragen[2].

In deutlichem **Kontrast** dazu steht die Haftung des übertragenden Rechtsträgers nach dem **Umwandlungsgesetz**. Bleibt dieser nach der Umwandlung bestehen, also bei Abspaltung und Ausgliederung, haftet er, soweit ihm die (hier: arbeitsrechtlichen) Verbindlichkeiten im Spaltungs- und Übernahmevertrag *nicht* zugewiesen sind, für die vor dem Wirksamwerden der Spaltung begründeten[3] Verbindlichkeiten, wenn sie vor Ablauf von **fünf bzw. zehn Jahren** nach der Spaltung fällig und Ansprüche daraus gegen ihn gerichtlich geltend gemacht werden (§ 133 Abs. 1 iVm. Abs. 3–5 UmwG). Die **umwandlungsrechtliche Nachhaftung** nach § 133 UmwG ist für die Arbeitnehmer somit deutlich **günstiger** als die lediglich auf ein Jahr begrenzte Haftung des bisherigen Arbeitgebers nach § 613a Abs. 2 BGB. Diese **Konkurrenz** ist nach zutreffender Auffassung durch einen **Vorrang der umwandlungsrechtlichen Nachhaftung** aufzulösen (siehe § 324 UmwG Rz. 22). **Kein Unterschied** besteht dagegen, wenn der übertragende Rechtsträger **erlischt**, also bei Verschmelzung, Aufspaltung und Vollübertragung (§ 20 Abs. 1 Nr. 2 UmwG und § 131 Abs. 1 Nr. 2 UmwG): Hier schließt bereits § 613a Abs. 3 BGB – insoweit lediglich deklaratorisch – die Anwendung des § 613a Abs. 2 BGB aus[4]. 120

Generell lässt sich somit sagen, dass bei übertragenden Umwandlungen hinsichtlich der **Folgen für das Arbeitsverhältnis als Ganzes** ein **Primat des Arbeitsrechts**, insbesondere des § 613a BGB (iVm. § 324 UmwG) gilt, während hinsichtlich der Haftung für **einzelne**, vor der Verschmelzung oder Spaltung begründete **Ansprüche** der Arbeitnehmer ein **Vorrang des umwandlungsrechtlichen Haftungssystems** gilt. In diesem Zusammenhang ist insbesondere auf die 121

---

1 Zum Umfang vgl. *Willemsen/Müller-Bonanni* in Henssler/Willemsen/Kalb, § 613a BGB Rz. 295; *Preis* in ErfK, § 613a BGB Rz. 134; *Willemsen* in Willemsen/Hohenstatt/Schweibert/Seibt, Umstrukturierung, Rz. G 198 f.
2 Vgl. *Willemsen/Müller-Bonanni* in Henssler/Willemsen/Kalb, § 613a BGB Rz. 296 ff.
3 Zur Auslegung dieses Begriffs, insbes. bei Dauerschuldverhältnissen, siehe § 133 UmwG Rz. 8 ff.
4 Zu Bedeutung und Aussagekraft dieser Bestimmung siehe auch *Joost* in Lutter, § 324 UmwG Rz. 80.

Sonderbestimmung des § 134 UmwG hinzuweisen, die unter bestimmten Voraussetzungen sogar eine Haftung des übertragenden Rechtsträgers für erst nach der Spaltung begründete Arbeitnehmeransprüche vorsieht[1] sowie auf § 45 UmwG für den Fall einer Übertragung des Vermögens einer Personenhandelsgesellschaft auf eine Kapitalgesellschaft[2].

122 Hinzuweisen ist schließlich darauf, dass in allen Fällen der übertragenden Umwandlung die Gläubiger bei glaubhaft gemachter **Gefährdung** ihrer Ansprüche **Sicherheitsleistung** verlangen können (vgl. für die Verschmelzung § 22 UmwG, für die Spaltung iVm. § 125 UmwG). Dieses Recht steht unter Umständen auch den Arbeitnehmern hinsichtlich ihrer Lohn- und sonstigen Ansprüche zu. Wegen der Einzelheiten ist auf die Erläuterungen zu § 22 UmwG Rz. 2 ff. und § 125 UmwG Rz. 32 ff. zu verweisen[3].

II. Formwechsel

123 Beim Formwechsel stellen sich Haftungsfragen nur ausnahmsweise, da der **Grundsatz der Schuldner- und Vermögensidentität** gilt[4]. Gleichwohl sieht das Gesetz (in § 204 UmwG) einen Anspruch der Gläubiger auf **Sicherheitsleistung** entsprechend § 22 UmwG vor[5]. Berechtigt sind auch hier nur **Altgläubiger**; ein Anspruch auf Sicherheitsleistung kann vor allem beim **Formwechsel einer Kapitalgesellschaft in eine Personengesellschaft** bestehen[6], nicht jedoch im umgekehrten Fall[7]. Bei Ansprüchen aus Dauerschuldverhältnissen (insbes. **Arbeitsverhältnissen**) kann dementsprechend für nach Eintragung des Formwechsels bis zum Ablauf der Restlaufzeit des Vertrages fällig werdende Ansprüche Sicherheit verlangt werden, wenn durch den Formwechsel das bisherige **Erfüllungsrisiko** erhöht wird[8]. Erleiden Gläubiger durch den Formwechsel einen sonstigen Schaden, kommt auch im Hinblick auf Arbeitnehmeransprüche eine Haftung der Vertretungs- und Aufsichtsorgane des formwechselnden Rechtsträgers nach § 205 UmwG des Gesetzes in Betracht[9].

---

1 Siehe auch hier im Einzelnen Erl. zu § 134 UmwG.
2 Siehe dazu Erl. zu § 45 UmwG sowie *Willemsen/Müller-Bonanni* in Henssler/Willemsen/Kalb, § 613a BGB Rz. 303.
3 Ausführlich *Willemsen* in Willemsen/Hohenstatt/Schweibert/Seibt, Umstrukturierung, Rz. G 207 f.
4 *Decher/Hoger* in Lutter, § 202 UmwG Rz. 7, sowie § 202 UmwG Rz. 13 f.
5 Zu den Gründen vgl. § 204 UmwG Rz. 1, 6; *Decher/Hoger* in Lutter, § 204 UmwG Rz. 1.
6 *Decher/Hoger* in Lutter, § 204 UmwG Rz. 13; siehe auch § 204 UmwG Rz. 6.
7 *Decher/Hoger* in Lutter, § 204 UmwG Rz. 14.
8 BGH v. 18.3.1996 – II ZR 299/94, WM 1996, 816 (817); siehe auch § 204 UmwG Rz. 5 f.
9 Zu den Voraussetzungen § 205 UmwG Rz. 10 ff.

Arbeitsrechtliche Auswirkungen der Umwandlung | **Vor § 322**

H. Auswirkungen auf den Inhalt des Umwandlungsvertrages

Wegen der vielfältigen, oben im Einzelnen aufgezeichneten Auswirkungen von Umwandlungen auf die Rechtsstellung der Arbeitnehmer und ihrer Vertretungsorgane, den Bestand von Kollektivverträgen, die Unternehmensmitbestimmung und schließlich die Haftung für arbeitsrechtliche Verbindlichkeiten hat sich der Gesetzgeber des Umwandlungsgesetzes dazu entschlossen, für die einzelnen Arten von Umwandlungsverträgen einen bestimmten Mindestinhalt in Form von speziellen arbeitsrechtlichen **Pflichtangaben** vorzuschreiben. Diese werden allerdings – anders als in § 613a Abs. 5 Nr. 1–4 BGB – nicht im Einzelnen aufgelistet, sondern jeweils lediglich pauschal umschrieben mit den „Folgen der *Verschmelzung* (§ 5 Abs. 1 Nr. 9 UmwG) bzw. der *Spaltung* (§ 126 Abs. 1 Nr. 11 UmwG) bzw. des *Formwechsels* (§ 194 Abs. 1 Nr. 7 UmwG) für die Arbeitnehmer und ihre Vertretungen sowie die insoweit vorgesehenen Maßnahmen". Diese stereotype und pauschale Umschreibung der arbeitsrechtlichen Mindestinhalte des Umwandlungsvertrags wird weder den Bedürfnissen der Praxis nach klaren Richtlinien für die Vertragsgestaltung noch der Bedeutung dieser Angaben für den weiteren Fortgang des Umwandlungsverfahrens gerecht. 124

Auch wenn die arbeitsrechtlichen Angaben im Umwandlungsvertrag nur **deklaratorische Bedeutung** (siehe § 5 UmwG Rz. 49) haben, müssen sie sehr **ernst genommen** werden, weil der gesamte Umwandlungsvertrag/-beschluss oder sein Entwurf einen Monat vor Beschlussfassung der Anteilsinhaber des beteiligten Rechtsträgers dessen **Betriebsrat zugeleitet** werden muss (§ 5 Abs. 3 UmwG, § 126 Abs. 3 UmwG, § 194 Abs. 3 UmwG) und die Zuleitung **Eintragungsvoraussetzung** für die Umwandlung ist (siehe § 5 UmwG Rz. 74). Jedenfalls eine offensichtlich unvollständige oder unrichtige Darstellung der Folgen der Umwandlung für die Arbeitnehmer und ihre Vertretungen kann die **Eintragungsfähigkeit** der Umwandlung gefährden (siehe § 5 UmwG Rz. 57 ff.). 125

J. Zusammenfassung

Die arbeitsrechtlichen Folgen von Umwandlungen erschließen sich nur aus einer **Zusammenschau** der umwandlungs- und arbeitsrechtlichen Regelungs- und Haftungssysteme. Die diesbezüglichen Bestimmungen im UmwG selbst haben nur **fragmentarischen Charakter** und bleiben ohne Kenntnis und Würdigung der arbeitsrechtlichen Hintergründe weitgehend unvollständig. Während der Formwechsel mit Ausnahme der Unternehmensmitbestimmung arbeitsrechtlich weitgehend neutral ist, werfen übertragende Umwandlungen regelmäßig eine Vielzahl von individual- und kollektivarbeitsrechtlichen Fragestellungen auf, die nur durch fachkundige, beide Regelungssysteme in den Blick nehmende **Gestaltung** zutreffend gelöst werden können. 126

§ 322
Gemeinsamer Betrieb

Führen an einer Spaltung oder an einer Teilübertragung nach dem Dritten oder Vierten Buch beteiligte Rechtsträger nach dem Wirksamwerden der Spaltung oder der Teilübertragung einen Betrieb gemeinsam, gilt dieser als Betrieb im Sinne des Kündigungsschutzrechts.

1. Entstehungsgeschichte; systematischer Zusammenhang und Bedeutung der Vorschrift 1
2. Gemeinschaftsbetrieb im betriebsverfassungsrechtlichen Sinne
   a) Voraussetzungen; gesetzliche Vermutung des § 1 Abs. 2 Nr. 2 BetrVG 2
   b) Betriebsverfassungsrechtliche Konsequenzen des Vorliegens eines Gemeinschaftsbetriebs nach der Spaltung 5
   c) Mitbestimmungsrechtliche Konsequenzen des Vorliegens eines Gemeinschaftsbetriebs nach der Spaltung 8a
3. Gemeinschaftsbetrieb im kündigungsschutzrechtlichen Sinne (§ 322 UmwG)
   a) Bedeutung 9
   b) Voraussetzungen; Gestaltungsfreiheit der an der Spaltung beteiligten Rechtsträger 14
   c) Auflösung des Gemeinschaftsbetriebs 17

Literatur: Vgl. die Angaben zu Vor § 322 UmwG sowie *Bonanni*, Der gemeinsame Betrieb mehrerer Unternehmen, 2003; *Däubler*, Der Gemeinschaftsbetrieb im Arbeitsrecht, FS Zeuner, 1994, S. 19; *B. Gaul*, Das Arbeitsrecht der Betriebs- und Unternehmensspaltung, 2002, § 20 Rz. 61 ff.; *Hohenstatt/Schramm*, Der Gemeinschaftsbetrieb im Recht der Unternehmensmitbestimmung, NZA 2010, 846; *Kreutz*, Gemeinsamer Betrieb und einheitliche Leitung, FS Richardi, 2007, S. 637; *Rieble*, Kompensation der Betriebsspaltung durch den Gemeinschaftsbetrieb mehrerer Unternehmen (§ 322 UmwG), FS Wiese, 1998, S. 453.

1. Entstehungsgeschichte; systematischer Zusammenhang und Bedeutung der Vorschrift

1 § 322 UmwG bestand ursprünglich aus zwei Absätzen, deren erster den gemeinsamen Betrieb im betriebsverfassungsrechtlichen Sinne betraf und für dessen Vorliegen unter bestimmten Voraussetzungen **eine gesetzliche Vermutung** vorsah[1]. Diese Regelung findet sich seit der Betriebsverfassungsreform 2001 – mit einem im Vergleich zu § 322 Abs. 1 UmwG aF etwas geänderten Wortlaut[2] – in **§ 1 Abs. 2 Nr. 2 BetrVG**[3]. Infolge der gleichzeitigen Streichung von § 322 Abs. 1

---
1 Siehe dazu 2. Aufl., § 322 UmwG Rz. 1 ff.
2 Zur Kritik an der Vorläufervorschrift vgl. 2. Aufl., Erl. zu § 322 UmwG Rz. 1 mwN.
3 Die Einführung erfolgte durch das Gesetz zur Reform des BetrVG v. 23.7.2001, BGBl. I 2001, S. 1852.

Gemeinsamer Betrieb | § 322

UmwG aF enthält die Norm nur noch eine Aussage zu der **kündigungsrechtlichen Relevanz** eines bestehenden Gemeinschaftsbetriebs, ohne diesen selbst zu definieren. Für das Verständnis der Vorschrift muss daher auf die allgemein für das Arbeitsrecht, insbesondere das BetrVG, entwickelte Rechtsfigur des gemeinsamen Betriebs mehrerer rechtlich selbständiger Unternehmen zurückgegriffen werden.

2. Gemeinschaftsbetrieb im betriebsverfassungsrechtlichen Sinne

a) Voraussetzungen; gesetzliche Vermutung des § 1 Abs. 2 Nr. 2 BetrVG

§ 322 UmwG knüpft an die von der Rechtsprechung des BAG entwickelte und seitens des Gesetzgebers in § 1 Abs. 1 Satz 2 BetrVG ausdrücklich anerkannte Rechtsfigur des **gemeinsamen Betriebs mehrerer rechtlich selbständiger Unternehmen** an. Demnach muss ein Betrieb (iS einer arbeitstechnisch-organisatorischen Einheit; vgl. Vor § 322 UmwG Rz. 20) nicht notwendigerweise von nur *einem* Arbeitgeber geleitet werden; vielmehr können mehrere rechtlich selbständige Unternehmen einen gemeinsamen Betrieb (nachfolgend auch kurz Gemeinschaftsbetrieb) im betriebsverfassungsrechtlichen Sinne haben[1]. Wichtigste Konsequenz eines solchen Gemeinschaftsbetriebes im betriebsverfassungsrechtlichen Sinne ist, dass dieser nur **einen einheitlichen Betriebsrat** für sämtliche beteiligten Unternehmen (nicht zu verwechseln mit dem Gesamtbetriebsrat nach §§ 47 ff. BetrVG!) hat. 2

Die allgemeinen Voraussetzungen eines solchen Gemeinschaftsbetriebs sind nach wie vor streitig. Die Rechtsprechung verlangt einen **einheitlichen Leitungsapparat**, der in der Lage ist, die Gesamtheit der für die Erreichung der arbeitstechnischen Zwecke eingesetzten personellen, technischen und immateriellen Mittel im Rahmen einer **einheitlichen Organisation** zu leiten; dabei soll die einheitliche Leistung in den der sozialen (§ 87 BetrVG) und personellen (§§ 92 ff. BetrVG) Mitbestimmung unterliegenden Angelegenheiten erforderlich, aber auch ausreichend sein. Zusätzlich bedarf es nach – teilweise kritisierter – Auffassung des BAG einer **Vereinbarung über die gemeinsame Leitung**. Diese muss jedoch nicht ausdrücklich getroffen werden, sondern kann sich auch kon- 3

---

1 St. Rspr. des BAG, vgl. BAG v. 7.8.1986 – 6 ABR 57/85, AP Nr. 5 zu § 1 BetrVG 1972; BAG v. 29.1.1987 – 6 ABR 23/85, AP Nr. 6 zu § 1 BetrVG 1972; BAG v. 14.9.1988 – 7 ABR 10/87, AP Nr. 9 zu § 1 BetrVG 1972; BAG v. 5.3.1987 – 2 AZR 623/85, AP Nr. 30 zu § 15 KSchG 1969; BAG v. 18.1.1990 – 2 AZR 355/89, AP Nr. 9 zu § 23 KSchG 1969; sowie die weiteren Nachweise bei *Fitting/Engels/Schmidt/Trebinger/Linsenmaier*, § 1 BetrVG Rz. 78 ff.; *Richardi* in Richardi, § 1 BetrVG Rz. 60 ff.; umfassende Darstellung der Thematik bei *Hohenstatt* in Willemsen/Hohenstatt/Schweibert/Seibt, Umstrukturierung, Rz. D 18 ff.; *Bonanni*, Der gemeinsame Betrieb mehrerer Unternehmen, S. 32 ff.; *Bachner/Köstler/Matthießen/Trittin*, Arbeitsrecht bei Unternehmensumwandlung und Betriebsübergang, § 4 Rz. 11 ff.; *Salamon*, RdA 2008, 24 (28 ff.).

kludent aus den Umständen des Einzelfalls ergeben[1]. Welcher Art diese Umstände sein müssen und welches Gewicht den maßgeblichen Indizien[2] jeweils zukommt, ist bislang noch nicht hinreichend geklärt und in der Praxis Anlass für zahlreiche Zweifelsfälle. Daran hat auch die „allgemeine" Vermutungsregel des § 1 Abs. 2 Nr. 1 **BetrVG** nichts geändert, da sie im Wesentlichen nur eine Tautologie enthält. Eine eigenständige Definition des Gemeinschaftsbetriebs enthält § 1 Abs. 2 BetrVG demgegenüber nicht, so dass die von der Rechtsprechung zum Gemeinschaftsbetrieb entwickelten Grundsätze auch nach dem Inkrafttreten des Betriebsverfassungsreformgesetzes weitergelten[3].

4   Für das Umwandlungsrecht von spezifischer Bedeutung ist dagegen die im Zuge der Betriebsverfassungsreform im Jahre 2001 dorthin „transplantierte", ursprünglich in § 322 Abs. 1 UmwG enthaltene Vermutung des **§ 1 Abs. 2 Nr. 2 BetrVG**. Danach wird ein gemeinsamer Betrieb mehrerer Unternehmen **vermutet**, wenn „… die Spaltung eines Unternehmens zur Folge hat, dass von einem Betrieb ein oder mehrere Betriebsteile einem an der Spaltung beteiligten anderen Unternehmen zugeordnet werden, ohne dass sich dabei die Organisation des betroffenen Betriebes wesentlich ändert." Wie sich aus dem letzten Halbsatz ergibt, wird der Betrieb in diesem Fall – anders als das Unternehmen – gerade *nicht* gespalten, sondern er besteht als einheitlicher Betrieb (mit *einem* Betriebsrat) iS des BetrVG fort.

Beispiel:
Die A-GmbH wird in der Weise gespalten, dass nur die Verwaltung bei der A-GmbH verbleibt, Produktion, Vertrieb und Entwicklung jedoch auf die B-, C- und D-GmbH übergehen. Ändert sich in diesem Fall die Organisation des bisher einheitlich geführten Betriebs nicht, greift nunmehr die gesetzliche Vermutung nach § 1 Abs. 2 Nr. 2 BetrVG, „dass dieser Betrieb von den an der Spaltung beteiligten Rechtsträgern (im Beispielsfall: A-, B-, C-, D-GmbH) gemeinsam geführt wird".

Hinsichtlich der Voraussetzungen der Vermutung des § 1 Abs. 2 Nr. 2 BetrVG und ihrer Widerlegung ist auf das allgemeine betriebsverfassungsrechtliche Schrifttum zu verweisen[4].

b) Betriebsverfassungsrechtliche Konsequenzen des Vorliegens eines Gemeinschaftsbetriebs nach der Spaltung

5   Sind die Voraussetzungen des Gemeinschaftsbetriebs im betriebsverfassungsrechtlichen Sinne erfüllt, hat dies erhebliche Auswirkungen nicht nur für die Zeit nach der Spaltung, sondern bereits für deren **Planung und Durchführung**:

---

1 Vgl. BAG in der vorherigen Fn.
2 Siehe dazu *Fitting/Engels/Schmidt/Trebinger/Linsenmaier*, § 1 BetrVG Rz. 87.
3 So ausdrücklich BAG v. 11.2.2004 – 7 ABR 27/03, DB 2004, 1213.
4 Vgl. *Fitting/Engels/Schmidt/Trebinger/Linsenmaier*, § 1 BetrVG Rz. 92 ff.; *B. Gaul* in Henssler/Willemsen/Kalb, § 1 BetrVG Rz. 18 ff.; *Richardi* in Richardi, § 1 BetrVG Rz. 77 f.

Gemeinsamer Betrieb | § 322

- Wegen des unveränderten Fortbestandes des bisherigen Betriebs als betriebsverfassungsrechtlicher Organisationseinheit liegt keine Betriebsspaltung und damit keine Betriebsänderung iS von § 106 Abs. 3 Nr. 8 und § 111 Satz 2 Nr. 3 BetrVG[1] vor; eine Beteiligung des Betriebsrats nach §§ 111 ff. BetrVG (Interessenausgleich/Sozialplan) entfällt insoweit[2]; es besteht lediglich die allgemeine Unterrichtungspflicht gegenüber Betriebsrat und Wirtschaftsausschuss[3]. Dies ist von erheblicher praktischer Tragweite, da bei Nichtvorliegen einer Betriebsänderung wegen Entfalls des häufig sehr zeit- und kostenaufwendigen Verfahrens zum Versuch eines Interessenausgleichs gemäß § 112 Abs. 1 bis 3 BetrVG die Auf- oder Abspaltung bzw. Ausgliederung idR wesentlich zügiger durchgeführt werden kann. 6

- Ein **Übergangsmandat** des bisherigen Betriebsrats gemäß § 21a BetrVG (dazu Vor § 322 UmwG Rz. 19) ist obsolet, weil dieser unverändert (auf Dauer!) bestehen bleibt[4]. Dasselbe gilt für alle bei der Spaltung bereits vorhandenen **Betriebsvereinbarungen**. 7

- Eine **Vervielfältigung betriebsverfassungsrechtlicher Institutionen** (mehrere Betriebsräte, unter Umständen Konzernbetriebsrat gemäß §§ 54 ff. BetrVG) wird **vermieden**, da für die verschiedenen Rechtsträger ein einheitlicher Betriebsrat zuständig bleibt, der sich künftig aus Arbeitnehmern der verschiedenen, an der Spaltung beteiligten Rechtsträger zusammensetzt. Es liegt kein Ausscheiden aus dem Arbeitsverhältnis mit dem Inhaber des Betriebs vor, da der Gemeinschaftsbetrieb *jedem* hieran beteiligten Rechtsträger betriebsverfassungsrechtlich zugerechnet wird. Bezogen auf § 1 BetrVG sind daher alle Arbeitnehmer des gemeinsamen Betriebs zu berücksichtigen[5]. Entsprechendes gilt für die Berechnung betriebsverfassungsrechtlicher **Schwellenwerte**. Ein Entsendungsrecht in die **Gesamtbetriebsräte** der Trägerunternehmen dürfte für den Betriebsrat des Gemeinschaftsbetriebs im Grundsatz zu bejahen sein, wobei die Einzelheiten allerdings trotz der mittelbaren Bestätigung durch § 47 Abs. 9 BetrVG streitig sind[6]. 8

---

1 Insoweit ergänzt durch Art. 13 UmwBerG.
2 Ebenso *Kreßel*, BB 1995, 925 (927).
3 Insbesondere gemäß § 106 Abs. 3 Nr. 8 BetrVG; dazu *Annuß* in Richardi, § 106 BetrVG Rz. 52 ff.; *Fitting/Engels/Schmidt/Trebinger/Linsenmaier*, § 106 BetrVG Rz. 69 ff.; *Willemsen/Lembke* in Henssler/Willemsen/Kalb, § 106 BetrVG Rz. 77 ff.
4 *Langner* in Schmitt/Hörtnagl/Stratz, § 322 UmwG Rz. 16.
5 *Boecken*, Unternehmensumwandlungen, Rz. 394.
6 Vgl. *Hohenstatt* in Willemsen/Hohenstatt/Schweibert/Seibt, Umstrukturierung, Rz. D 115 ff. mwN; *Windbichler*, Arbeitsrecht im Konzern, 1989, S. 294 f.; *Rieble* in FS Wiese, 1998, S. 453 (464); *Däubler* in FS Zeuner, 1994, S. 19 (28 f.); *Fitting/Engels/Schmidt/Trebinger/Linsenmaier*, § 47 BetrVG Rz. 80 ff.

c) Mitbestimmungsrechtliche Konsequenzen des Vorliegens eines Gemeinschaftsbetriebs nach der Spaltung

8a Umstritten ist, ob und inwieweit Arbeitnehmer eines Gemeinschaftsbetriebs den jeweiligen Trägerunternehmen zwecks **Ermittlung der mitbestimmungsrechtlichen Schwellenwerte** (siehe dazu Vor § 322 UmwG Rz. 88) **zugerechnet** werden können. Eine solche Mehrfachzuordnung ist entgegen einer Entscheidung des LAG Hamburg v. 21.10.2008[1] zu **verneinen**; bei der Berechnung der Schwellenwerte sind vielmehr nur diejenigen Arbeitnehmer zu berücksichtigen, die zu dem jeweiligen Trägerunternehmen in einem Arbeitsverhältnis stehen[2].

3. Gemeinschaftsbetrieb im kündigungsschutzrechtlichen Sinne (§ 322 UmwG)

a) Bedeutung

9 Da die Rechtsprechung die Rechtsfigur des gemeinsamen Betriebs mehrerer rechtlich selbständiger Unternehmen inzwischen nicht nur für das Betriebsverfassungsrecht, sondern auch für das Kündigungsrecht „entdeckt" hatte[3], sah sich der Gesetzgeber des Umwandlungsgesetzes offenbar veranlasst, im Sinne einer „Klarstellung"[4] auf die Möglichkeit eines solchen kündigungsschutzrechtlichen Gemeinschaftsbetriebes als Resultat einer vorausgegangenen Spaltung eines zuvor einheitlichen Rechtsträgers besonders hinzuweisen. Diese Bestimmung ist nach der „Ausgliederung" des früheren § 322 Abs. 1 UmwG in das BetrVG (siehe dazu Rz. 1) als nunmehr nur noch fragmentarische Regelung im Gesetz verblieben.

10 Haben sich nach dem Wirksamwerden der Spaltung selbständige Rechtsträger zur gemeinsamen Führung eines Betriebs rechtlich verbunden, so ist im Falle einer betriebsbedingten Kündigung zB für die Prüfung einer **anderweitigen Beschäftigungsmöglichkeit** (§ 1 Abs. 2 Satz 2 Nr. 1 lit. b, Satz 3 KSchG) oder bei der Frage der **Sozialauswahl** (§ 1 Abs. 3 KSchG) auf die Verhältnisse des gemeinsamen Betriebs abzustellen[5]. Im Klartext bedeutet dies: Liegt nach der Spaltung der Rechtsträger ein Gemeinschaftsbetrieb der an der Spaltung beteiligten Rechtsträger vor, werden die kündigungsschutzrechtlichen Folgen der Spaltung

---

1 LAG Hamburg v. 21.10.2008 – 417 O 171/07, ZIP 2008, 2364.
2 Ebenso *Hohenstatt/Schramm*, NZA 2010, 846.
3 Vgl. etwa BAG v. 13.6.1985 – 2 AZR 452/84, AP Nr. 10 zu § 1 KSchG 1969; BAG v. 18.1.1990 – 2 AZR 355/89, AP Nr. 9 zu § 23 KSchG 1969; weitere Nachweise bei *Bader* in KR, § 23 KSchG Rz. 63 ff.; zu Bedeutung und Folgen für das Kündigungsrecht siehe *Bonanni*, Der gemeinsame Betrieb mehrerer Unternehmen, S. 124 ff., 224 ff.
4 Vgl. Begr. RegE, BT-Drucks. 12/6699, S. 174.
5 So wörtlich die Begr. RegE, BT-Drucks. 12/6699, S. 174.

gewissermaßen „**neutralisiert**", indem alle im Rahmen des Kündigungsschutzgesetzes relevanten Fragestellungen so behandelt werden, als ob dieser Betrieb weiterhin ein und demselben Rechtsträger zugeordnet wäre. Diese Rechtsfolge ist im Verhältnis zu den betroffenen Arbeitnehmern **nicht abdingbar**[1]. Eine wichtige **Einschränkung** ergibt sich allerdings insofern, als sich der betriebsbedingt gekündigte Arbeitnehmer auch im Gemeinschaftsbetrieb nur auf **Weiterbeschäftigungsmöglichkeiten** iS von § 1 Abs. 2 Satz 2 Nr. 1 lit. b KSchG berufen kann, soweit sich die entsprechenden (freien!) Arbeitsplätze **in anderen Betrieben desjenigen Unternehmens** befinden, mit dem ihn ein **Arbeitsverhältnis** verbindet[2] (zur separaten Zuordnung der Arbeitsverhältnisse im Gemeinschaftsbetrieb sogleich unter Rz. 11).

Diese quasi „gesamtschuldnerische Haftung im kündigungsschutzrechtlichen Außenverhältnis" lässt es ratsam erscheinen, dass die beteiligten Rechtsträger bei Vorliegen eines Gemeinschaftsbetriebs **interne Ausgleichsregelungen**, etwa für im Rahmen der §§ 9, 10 KSchG oder auf Grund arbeitsgerichtlicher Vergleiche fällig werdende **Abfindungen**, treffen. Der Gemeinschaftsbetrieb führt nämlich keineswegs zwangsläufig dazu, dass alle beteiligten Rechtsträger „Gesamt-Arbeitgeber" sämtlicher Betriebsangehörigen werden; vielmehr können die Arbeitsverhältnisse individualarbeitsrechtlich durchaus separat zugeordnet werden[3]. 11

Beispiel:
In dem in Rz. 4 aufgeführten Fall bleiben die Mitarbeiter der Verwaltung Arbeitnehmer der A-GmbH, während im Zuge der Spaltung die Produktionsmitarbeiter auf die B-GmbH, der Außendienst auf die C-GmbH und die Arbeitnehmer aus der Entwicklungsabteilung auf die D-GmbH übergehen.

Die unabhängig hiervon bei Vorliegen eines Gemeinschaftsbetriebes gebotene einheitliche Behandlung im Rahmen des Kündigungsschutzgesetzes kann nun dazu führen, dass nach den Grundsätzen der Sozialauswahl (§ 1 Abs. 3 KSchG) unter Umständen **Austauschkündigungen** bei A durchgeführt werden müssen, weil C im Bereich des Außendienstes Personal abbaut und sich ein sozial besonders schutzbedürftiger, von der Kündigung bedrohter Arbeitnehmer von C auf die Möglichkeit der Weiterbeschäftigung auf einem vergleichbaren, mit einem sozial weniger schutzbedürftigen Arbeitnehmer besetzten Arbeitsplatz bei A beruft. 12

Eine weitere Bedeutung von § 322 UmwG liegt darin, dass bei Vorliegen eines Gemeinschaftsbetriebes bei der Ermittlung der **Mindestarbeitnehmerzahl** für 13

---

1 Unstr.; vgl. nur *Boecken*, Unternehmensumwandlungen, Rz. 304 ff.
2 Vgl. *Boecken*, Unternehmensumwandlungen, Rz. 296; *B. Gaul*, Betriebsspaltung, § 20 Rz. 57; *Simon* in Semler/Stengel, § 322 UmwG Rz. 14; *Willemsen* in Willemsen/Hohenstatt/Schweibert/Seibt, Umstrukturierung, Rz. H 149; aA *Joost* in Lutter, § 322 UmwG Rz. 14.
3 Vgl. BAG v. 5.3.1987 – 2 AZR 623/85, AP Nr. 30 zu § 15 KSchG 1969.

das Eingreifen des Kündigungsschutzgesetzes gemäß § 23 KSchG alle Arbeitnehmer ohne Rücksicht auf ihre individualarbeitsrechtliche Zuordnung zu den einzelnen Rechtsträgern **zusammenzurechnen** sind[1].

b) Voraussetzungen; Gestaltungsfreiheit der an der Spaltung beteiligten Rechtsträger

14 Die materiellen Voraussetzungen für das Vorliegen eines Gemeinschaftsbetriebes im kündigungsschutzrechtlichen Sinne sind grundsätzlich dieselben wie im Rahmen des Betriebsverfassungsgesetzes (vgl. Rz. 3 f.); **die Vermutung des § 1 Abs. 2 Nr. 2 BetrVG gilt hier** jedoch – ebenso wie die „Vorläuferregelung" in § 322 Abs. 1 UmwG aF des Gesetzes – **nicht**.

15 Diese Frage war und ist allerdings in der Literatur zu § 322 Abs. 2 UmwG aF und § 322 UmwG heutiger Fassung **streitig**[2]. Die praktische Bedeutung der Streitfrage sollte allerdings nicht überschätzt werden, da sich die Arbeitsgerichte im Kündigungsschutzprozess im Zweifel an der „vorgefundenen" betriebsverfassungsrechtlichen Situation orientieren werden. Die Unterschiede in Bezug auf die Darlegungs- und Beweislast dürften daher wohl idR nur relevant werden, wenn zum Zeitpunkt des Kündigungsschutzprozesses noch eine Auseinandersetzung zwischen Arbeitgeber und Betriebsrat über das Vorliegen oder Nichtvorliegen eines Gemeinschaftsbetriebes iS von § 1 Abs. 2 Nr. 2 BetrVG anhängig ist.

16 Unabhängig von der vorstehend behandelten Frage bewirkt § 322 UmwG weder für sich genommen noch iVm. § 323 Abs. 1 UmwG einen rechtlichen Zwang, den bisher einheitlichen Betrieb nach der Spaltung als Gemeinschaftsbetrieb im Sinne der Rechtsprechung zu führen. Es stellt vielmehr eine wesentliche, durch die vorgenannten Bestimmungen keineswegs eingeschränkte **unternehmerisch-strategische Entscheidung** dar, ob die an der Spaltung beteiligten Rechtsträger künftig kündigungsschutzrechtlich eigenständig und getrennt agieren oder

---

1 Ebenso *Bauer/Lingemann*, NZA 1994, 1057 (1060); *Boecken*, Unternehmensumwandlungen, Rz. 293; *Joost* in Lutter, § 322 UmwG Rz. 14; *Wlotzke*, DB 1995, 40 (44).

2 Wie hier *Bauer/Lingemann*, NZA 1994, 1057 (1060); *Boecken*, Unternehmensumwandlungen, Rz. 290; *Heinze*, ZfA 1997, 1 (12); *Hohenstatt/Schramm* in KölnKomm. UmwG, § 322 UmwG Rz. 5; *Kreßel*, BB 1995, 925 (928); *Kallmeyer*, ZIP 1994, 1746 (1757); *Mengel*, Umwandlungen im Arbeitsrecht, S. 314 f.; *Langner* in Schmitt/Hörtnagl/Stratz, § 322 UmwG Rz. 10; *Simon* in Semler/Stengel, § 322 UmwG Rz. 7; *Wlotzke*, DB 1995, 40 (44); *Wälzholz* in Widmann/Mayer, § 322 UmwG Rz. 12; für die entsprechende Anwendung der Vermutungsregel des § 322 Abs. 1 UmwG aF demgegenüber *Joost* in Lutter, Umwandlungsrechtstage, S. 328, nach dessen Ansicht es nicht ersichtlich sei, weshalb die Vermutung für das Betriebsverfassungsgesetz sinnvoll sein soll, für das Kündigungsschutzrecht dagegen nicht; ebenso für die jetzige Rechtslage (§ 1 Abs. 2 Nr. 2 BetrVG) *Joost* in Lutter, § 322 UmwG Rz. 13.

durch einen gemeinsamen Betrieb miteinander verbunden sein sollen[1]. Allerdings reicht insoweit eine bloße Willensbetätigung der beteiligten Rechtsträger nicht aus; es müssen, wenn eine **Separierung** gewollt ist, auch die entsprechenden Fakten (insbesondere **getrennte Leitung** in **sozialen** und **personellen Angelegenheiten**) geschaffen werden. Eine derartige Separierung löst unter dem Gesichtspunkt der Betriebsspaltung (§ 111 Satz 3 Nr. 3 BetrVG) Beteiligungsrechte des Betriebsrates aus[2].

c) Auflösung des Gemeinschaftsbetriebs

Mit der Auflösung des Gemeinschaftsbetriebs und der (tatsächlichen) Aufspaltung in zwei oder mehr separate Organisationseinheiten mit eigenständiger sozialer und personeller Leitung entfallen die oben (Rz. 10 ff.) beschriebenen Rechtsfolgen. Das mag sich zwar für einzelne Arbeitnehmer bei späteren Kündigungen (zB im Rahmen der Sozialauswahl nach § 1 Abs. 3 KSchG) nachteilig auswirken, **fällt** aber **nicht** unter das **Verschlechterungsverbot** nach § 323 Abs. 1 UmwG[3]. Zu einer Beendigung des Gemeinschaftsbetriebes kann es zudem auch bei der **Stilllegung** eines Betriebsteils der Beteiligten kommen; uU gilt dies bereits ab dem Zeitpunkt, zu dem die Stilllegung „greifbare Formen" angenommen hat[4]. 17

§ 323
Kündigungsrechtliche Stellung

(1) Die kündigungsrechtliche Stellung eines Arbeitnehmers, der vor dem Wirksamwerden einer Spaltung oder Teilübertragung nach dem Dritten oder Vierten Buch zu dem übertragenden Rechtsträger in einem Arbeitsverhältnis steht, verschlechtert sich auf Grund der Spaltung oder Teilübertragung für die Dauer von zwei Jahren ab dem Zeitpunkt ihres Wirksamwerdens nicht.

(2) Kommt bei einer Verschmelzung, Spaltung oder Vermögensübertragung ein Interessenausgleich zustande, in dem diejenigen Arbeitnehmer namentlich bezeichnet werden, die nach der Umwandlung einem bestimmten Betrieb oder Betriebsteil zugeordnet werden, so kann die Zuordnung der Arbeitnehmer durch das Arbeitsgericht nur auf grobe Fehlerhaftigkeit überprüft werden.

---

1 IE ebenso *Joost* in Lutter, § 322 UmwG Rz. 9.
2 Vgl. *B. Gaul*, Betriebsspaltung, § 20 Rz. 58.
3 AA *Joost* in Lutter, § 323 UmwG Rz. 25.
4 BAG v. 24.2.2005 – 2 AZR 214/04, NZA 2005, 867.

§ 323 | Übergangs- und Schlussvorschriften

1. Erhaltung der kündigungsrechtlichen Stellung nach Spaltung oder Teilübertragung (§ 323 Abs. 1 UmwG)
   a) Bedeutung und Inhalt der Vorschrift 1
   b) Von § 323 Abs. 1 UmwG erfasste kündigungsrechtliche Regelungen 11
   c) Abdingbarkeit 17
   d) Analogiefähigkeit 19
2. Zuordnung von Arbeitnehmern im Interessenausgleich (§ 323 Abs. 2 UmwG) 20

Literatur: Vgl. die Angaben zu Vor § 322 UmwG sowie *B. Gaul*, Das Arbeitsrecht der Betriebs- und Unternehmensspaltung, 2002, § 20 Rz. 116 ff.; *Gentges*, Die Zuordnung von Arbeitsverhältnissen beim Betriebsübergang, RdA 1996, 265; *Hartmann*, Die privatautonome Zuordnung von Arbeitsverhältnissen nach Umwandlungsrecht, ZfA 1997, 21; *Müller-Bonanni*, Kündigungsschutz nach einem Betriebsübergang, RdA 2008, 114.

1. Erhaltung der kündigungsrechtlichen Stellung nach Spaltung oder Teilübertragung (§ 323 Abs. 1 UmwG)

a) Bedeutung und Inhalt der Vorschrift

1 **aa) Analyse des Gesetzeswortlauts.** Es handelt sich um die wohl **rätselhafteste Bestimmung** des gesamten Umwandlungsgesetzes. § 323 Abs. 1 UmwG ist geradezu ein Paradebeispiel dafür, wie durch ungenaue Terminologie des Gesetzgebers fortwährender Rechtsunsicherheit Tür und Tor geöffnet wird; eine alsbaldige Korrektur erscheint dringend angezeigt, ist aber wohl kaum zu erwarten.

2 Nach dem Wortlaut von § 323 Abs. 1 UmwG verschlechtert sich die „kündigungsrechtliche Stellung" eines Arbeitnehmers auf Grund der Spaltung oder Teilübertragung für die Dauer von zwei Jahren ab dem Zeitpunkt ihres Wirksamwerdens nicht. Die erste Kernfrage lautet, was mit „kündigungsrechtlicher Stellung" gemeint ist, ein Terminus, der sich sonst bisher in keinem arbeitsrechtlichen Gesetz findet. Ist damit (nur) der *permanente*, durch entsprechende rechtliche Regelungen „verbriefte" rechtliche *Status* gemeint, oder sichert § 323 Abs. 1 UmwG darüber hinaus auch das bisherige faktische kündigungsrechtliche Umfeld, das in einem späteren Kündigungsschutzprozess relevant werden kann (also beispielsweise die Zahl der bisher im Betrieb beschäftigten Arbeitnehmer, Existenz und Zahl vergleichbarer Arbeitsplätze, Sozialdaten der anderen, bisher im Betrieb beschäftigten Arbeitnehmer, alles Umstände, die für den Ausgang eines Kündigungsschutzprozesses bedeutsam werden und damit die „kündigungsrechtliche Stellung eines Arbeitnehmers" zumindest mittelbar beeinflussen können).

3 Einen ersten Hinweis zur Beantwortung der Auslegungsfrage gibt das Gesetz selbst, indem es von einer Verschlechterung der kündigungsrechtlichen Stellung „auf Grund der Spaltung oder Teilübertragung" spricht. Die geforderte **kausale Verknüpfung** zwischen Verschlechterung der kündigungsrechtlichen Stellung

und Spaltung bzw. Teilübertragung lässt darauf schließen, dass § 323 Abs. 1 UmwG nur vor solchen negativen Statusveränderungen in kündigungsrechtlicher Hinsicht schützen soll, die sich aktuell und unmittelbar bereits mit dem „Wirksamwerden" der Spaltung (Teilübertragung) ergeben; die kündigungsrechtliche Stellung muss also in Form eines aktuellen „Schutzdefizits" bereits im Zeitpunkt des Wirksamwerdens der Spaltung direkt berührt sein. Von einer solchen aktuellen und konkreten Einbuße kündigungsrechtlichen Schutzes kann aber nur die Rede sein, wenn den kündigungsrechtlichen Status prägende Normen auf Grund der Spaltung (Teilübertragung) mit ihrem Wirksamwerden keine Anwendung mehr finden; lediglich latente Verschlechterungen, die sich nicht bereits im Zeitpunkt der Spaltung (Teilübertragung), sondern, wenn überhaupt, erst im weiteren Verlauf *nach* der Spaltung (Teilübertragung) manifestieren können, wie etwa die Einengung des Kreises der in die Sozialauswahl gemäß § 1 Abs. 3 KSchG einzubeziehenden Arbeitnehmer auf Grund der Abtrennung eines Teils der bisherigen Belegschaft, müssen als nicht unmittelbar und dauerhaft statusprägende Merkmale bei dieser Auslegung außer Betracht bleiben.

bb) Entstehungsgeschichte. Die Interpretation von § 323 Abs. 1 UmwG im Sinne der befristeten Beibehaltung (unmittelbar) statusprägender kündigungsrechtlicher Normen wird durch die Entwicklung der Vorschrift im Laufe des Gesetzgebungsverfahrens untermauert.

In der Begründung zu der Gesetz gewordenen Regelung des § 323 Abs. 1 UmwG[1] heißt es wörtlich:

„Für eine Übergangszeit von zwei Jahren nach dem Wirksamwerden der Spaltung oder Teilübertragung eines Rechtsträgers soll sich die kündigungsrechtliche Stellung eines Arbeitnehmers dieses Rechtsträgers auch dann nicht verschlechtern können, wenn in dem neuen, ihn beschäftigenden Rechtsträger die für die Anwendbarkeit kündigungsrechtlicher Regelungen notwendige Beschäftigtenzahl nicht erreicht wird; dies betrifft insbesondere § 23 Abs. 1 des KSchG."

cc) Teleologische und systematische Auslegung. Einen weiteren Auslegungshinweis gibt die systematische Stellung des § 323 Abs. 1 UmwG im Gesetzesaufbau der §§ 322 bis 325 UmwG. Gemäß § 322 UmwG gilt ein Betrieb nach der Spaltung dann – aber auch nur dann – als einheitlicher Betrieb iS des Kündigungsschutzrechts, wenn die beteiligten Rechtsträger ihn nach der Spaltung oder Teilübertragung gemeinsam führen; ob dies der Fall ist, obliegt allein ihrer Entscheidung und Gestaltung (siehe Erl. zu § 322 UmwG Rz. 16).

Wollte man § 323 Abs. 1 UmwG iS der Erhaltung nicht nur des rechtlichen, sondern auch des faktischen Status quo (*ein* Betrieb) interpretieren, würde damit die in § 322 UmwG vorausgesetzte Privatautonomie der beteiligten Rechtsträger iE für die Dauer von zwei Jahren aufgehoben; es bliebe ihnen dann praktisch gar nichts anderes übrig, als den Betrieb für diesen Zeitraum als einheitlichen iS des

---
1 Begr. RegE, BT-Drucks. 12/6699, S. 175.

Kündigungsschutzgesetzes fortzuführen[1]. Gerade dies zeigt aber, dass nur die oben (Rz. 3) dargestellte „enge" Auslegung von § 323 Abs. 1 UmwG der Gesetzessystematik gerecht wird.

8 Den Vertretern der **Gegenansicht**[2] ist einzuräumen, dass der (zu) vage gefasste Wortlaut von § 323 Abs. 1 UmwG eine Interpretation im Sinne einer Beibehaltung „kündigungsrechtlicher Begleitumstände" (= ein einheitlicher Betrieb) für sich genommen zwar nicht zwingend ausschließt, wenngleich, wie oben (Rz. 2 f.) dargelegt wurde, die Qualifizierung solcher nur mittelbar den Kündigungsschutz beeinflussender Umstände als (auf Dauer angelegte) „kündigungsrechtliche Stellung" bereits zweifelhaft erscheint.

9 Angesichts der Entstehungsgeschichte und des systematischen Zusammenhangs der Norm ist jedoch davon auszugehen, dass derartige **weitere kündigungsrechtlich relevanten Umstände von § 323 Abs. 1 UmwG nicht fingiert werden**[3], die Bedeutung der Norm sich entsprechend der Begründung des Regierungsentwurfs mithin darin erschöpft, die **Fortgeltung kündigungsrechtlicher Normen** für einen Zeitraum von zwei Jahren nach der Spaltung bzw. Teilübertragung sicherzustellen, deren Anwendung ansonsten, insbesondere wegen Absinkens der Beschäftigtenzahl unter die jeweils maßgebliche Mindestgrenze, entfallen würde.

10 Anders gewendet: § 323 Abs. 1 UmwG garantiert für den dort genannten Zeitraum lediglich, *dass* die bisher für das Arbeitsverhältnis maßgeblichen kündigungsrechtlichen Normen auch nach der Spaltung (Teilübertragung) angewandt werden; *wie* sie jedoch angewandt werden, richtet sich ausschließlich **nach den tatsächlichen und rechtlichen Verhältnissen, wie sie sich nach der Spaltung bzw. Teilübertragung ergeben**[4]. Es wird mithin insbesondere nicht die Einheitlichkeit des bisherigen Betriebs fingiert, wenn gleichzeitig mit dem bisherigen Rechtsträger auch der Betrieb gespalten wurde und die sich an der Spaltung be-

---

[1] So folgerichtig vom Standpunkt der Gegenmeinung *Kallmeyer*, ZIP 1994, 1746 (1757); *Trümner*, AiB 1995, 309 (312 f.).
[2] Vgl. zB *Bachner*, NJW 1995, 2881 (2884); *Boecken*, Unternehmensumwandlungen, Rz. 275; *Düwell*, NZA 1996, 393 (397); *Däubler*, RdA 1995, 136 (143); *Herbst*, AiB 1995, 5 (12 f.); *Mengel*, Umwandlungen im Arbeitsrecht, 1997, S. 265 ff.; differenzierend *Wlotzke*, DB 1995, 40 (44); jedenfalls in der Tendenz wie hier dagegen *Bauer/Lingemann*, NZA 1994, 1057 (1060); *Hansch*, RNotZ 2007, 308 (335 f.); *Hohenstatt/Schramm* in Köln-Komm. UmwG, § 323 UmwG Rz. 10 ff.; *Joost* in Lutter, § 323 UmwG Rz. 17 f.; *Kreßel*, BB 1995, 925 (928); *Simon* in Semler/Stengel, § 323 UmwG Rz. 6; *Wälzholz* in Widmann/Mayer, § 323 UmwG Rz. 3.3 f.; vgl. ferner *Willemsen*, NZA 1996, 791 (799 f.); *Willemsen* in Willemsen/Hohenstatt/Schweibert/Seibt, Umstrukturierung, Rz. H 154. Vgl. zum Ganzen auch *B. Gaul*, Betriebsspaltung, § 20 Rz. 118 ff.
[3] Zutreffend *Kreßel*, BB 1995, 925 (928); anders die in Rz. 8 genannten Vertreter der Gegenmeinung.
[4] *Willemsen*, NZA 1996, 791 (800).

teiligten Rechtsträger nicht gemäß § 322 UmwG auf die Weiterführung als einheitlichen Betrieb verständigt haben. Dies gilt insbesondere für die Sozialauswahl nach § 1 Abs. 3 KSchG und die Möglichkeit der unternehmensbezogenen Weiterbeschäftigung nach § 1 Abs. 2 KSchG. Dieser Auffassung hat sich der 6. Senat des **Bundesarbeitsgerichts ausdrücklich angeschlossen**[1].

Aus dem (individuellen) Schutzzweck des § 323 Abs. 1 UmwG folgt des Weiteren, dass **er nur für solche Arbeitsverhältnisse gilt**, die bei Wirksamwerden der Geltung oder Teilübertragung im rechtlichen Sinne **bereits begründet waren**[2]. Darauf, ob das Arbeitsverhältnis im Zuge der Spaltung bzw. Teilübertragung auf einen übernehmenden Rechtsträger übergeht oder bei dem übertragenden Rechtsträger verbleibt, kommt es allerdings nicht an[3].

10a

b) Von § 323 Abs. 1 UmwG erfasste kündigungsrechtliche Regelungen

aa) Grundsatz. Eine weitere Unklarheit des § 323 Abs. 1 UmwG bezieht sich darauf, was mit „**kündigungsrechtlicher**" Stellung eines Arbeitnehmers gemeint ist. Nach der Begründung zum Regierungsentwurf[4] zielt die Norm zwar in allererster Linie auf § 23 Abs. 1 KSchG, also die **Erhaltung des gesetzlichen Kündigungsschutzes** trotz **Absinkens der Beschäftigtenzahl** unter die maßgebliche Grenze[5]. *Bauer/Lingemann*[6] meinen, dass man „kündigungsrechtlich" restriktiv iS von „kündigungs*schutz*rechtlich" verstehen müsse. Dem ist in der Literatur zu Recht der differenzierte Sprachgebrauch des Gesetzgebers entgegengehalten worden[7], wie er sich insbesondere aus einem Vergleich mit § 322 UmwG („im Sinne des Kündigungs*schutz*rechts") ergibt. Es kommen also außer den Normen des Kündigungsschutzgesetzes auch sonstige kündigungsrechtliche Regelungen in Betracht, allerdings mit der Maßgabe, dass *(1)* nur die (befristete) weitere Anwendung dieser Normen, nicht aber ein „Einfrieren" der für ihre Anwendung maßgeblichen tatsächlichen Begleitumstände verlangt werden kann (siehe Rz. 9 f.) und *(2)* es sich um solche Normen handeln muss, die die „kündigungsrechtliche Stellung des Arbeitnehmers" selbst inhaltlich regeln, nicht aber solche, die sich lediglich im Wege des „Reflexes" zugunsten des Arbeitnehmers auswir-

11

---

1 Vgl. BAG v. 22.9.2005 – 6 AZR 526/04, ZIP 2006, 631; der 2. Senat hat die Frage bisher offengelassen; vgl. BAG v. 24.5.2012 – 2 AZR 62/11, NZA 2013, 277.
2 Ebenso *Simon* in Semler/Stengel, § 323 UmwG Rz. 4.
3 Ebenso *Joost* in Lutter, § 323 UmwG Rz. 9.
4 BT-Drucks. 12/6699, S. 175.
5 Insoweit unstreitig; vgl. zB BAG v. 15.2.2007 – 8 AZR 397/06, AP Nr. 38 zu § 23 KSchG 2969; *Bauer/Lingemann*, NZA 1994, 1057 (1060); *Däubler*, RdA 1995, 136 (143); *Hohenstatt/Schramm* in KölnKomm. UmwG, § 323 UmwG Rz. 13; *Joost* in Lutter, Umwandlungsrechtstage, S. 326; *Kreßel*, BB 1995, 925 (928).
6 *Bauer/Lingemann*, NZA 1994, 1057 (1060).
7 *Trümner*, AiB 1995, 309 (311 ff.); *Wlotzke*, DB 1995, 40 (44); *Simon* in Semler/Stengel, § 323 UmwG Rz. 7.

§ 323 | Übergangs- und Schlussvorschriften

ken oder auswirken können. Entsprechend dem Wortsinn des Begriffs „Stellung" muss es sich also um eine dem Arbeitnehmer selbst eingeräumte (**subjektive**) **Rechtsposition** handeln.

12 **bb) Einzelne Anwendungsfälle.** Als gemäß § 323 Abs. 1 UmwG befristet weiter anzuwendende Regelungen kommen demzufolge aus dem Kündigungsschutzgesetz neben §§ **1 bis 15** insbesondere auch §§ **17 ff.** KSchG in Betracht, **sofern** man die Regelungen über **Massenentlassungen** auch als Schutznormen zugunsten der einzelnen Arbeitnehmer auffasst. Richtiger Ansicht nach verfolgt der in den §§ 17 bis 22 KSchG geregelte Massenentlassungsschutz aber arbeitsmarktpolitische Ziele[1]; er bezweckt (und erreicht) demgegenüber keine Verstärkung des individuellen Bestandsschutzes[2]. Eine unveränderte Anwendung der §§ 17 ff. KSchG entsprechend der bisher (vor der Spaltung) maßgeblichen Arbeitnehmerzahl könnte sich sogar als kontraproduktiv erweisen, wie *Trümner*[3] überzeugend nachgewiesen hat. Die §§ 17 ff. KSchG fallen mithin *nicht* unter § 323 Abs. 1 UmwG[4].

13 In Bezug auf **§ 15 KSchG** (Sonderkündigungsschutz für Betriebsratsmitglieder etc.) wird der bisher geschützte Arbeitnehmer lediglich die weitere Anwendung der Bestimmung als solcher verlangen können, nicht jedoch die Fiktion des Fortbestands des Betriebsrats- oder sonstigen Amts, wenn er infolge der Spaltung aus dem jeweiligen Gremium ausgeschieden ist. In diesen Fällen gilt mithin für den **Zwei-Jahres-Zeitraum** nach § 323 Abs. 1 UmwG der nachwirkende Kündigungsschutz gemäß § 15 Abs. 1 Satz 2 KSchG bzw. die entsprechende Regelung für andere Amtsträger, und zwar ungeachtet der nunmehrigen Betriebsgröße, nicht jedoch das Zustimmungserfordernis nach § 15 Abs. 1 Satz 1 KSchG iVm. § 103 Abs. 1 BetrVG[5].

14 Sehr streitig ist die Frage, ob auch **betriebsverfassungsrechtliche Regelungen**, die sich mit der Kündigung von Arbeitsverhältnissen und deren Folgen befassen (zB § 95 BetrVG [Auswahlrichtlinien], § 99 BetrVG [bei Änderungskündigung],

---

1 Vgl. BAG v. 11.12.1975 – 2 AZR 426/74, AP Nr. 1 zu § 15 KSchG [unter 5b) der Gründe]; BAG v. 5.12.1980 – 7 AZR 781/78, AP Nr. 9 zu § 15 KSchG; BAG v. 6.12.1973 – 2 AZR 10/73, AP Nr. 1 zu § 17 KSchG 1969; *Linck* in Schaub, Arbeitsrechtshandbuch, 16. Aufl. 2015, § 142 Rz. 1.
2 Vgl. BAG v. 6.12.1973 – 2 AZR 10/73, AP Nr. 1 zu § 17 KSchG 1969.
3 *Trümner*, AiB 1995, 309 (313).
4 Wie hier *Bauer/Lingemann*, NZA 1994, 1057 (1061); *Hohenstatt/Schramm* in KölnKomm. UmwG, § 323 UmwG Rz. 16; *Joost* in Lutter, § 323 UmwG Rz. 19; *Willemsen* in Willemsen/Hohenstatt/Schweibert/Seibt, Umstrukturierung, Rz. H 152 mwN; aA *Buschmann* in DKKW, § 21a BetrVG Rz. 56; *Boecken*, Unternehmensumwandlungen, Rz. 275; *Mengel*, Umwandlungen im Arbeitsrecht, 1997, S. 266 mwN; *Simon* in Semler/Stengel, § 323 UmwG Rz. 14.
5 Vgl. *Hohenstatt/Schramm* in KölnKomm. UmwG, § 323 UmwG Rz. 18; *Joost* in Lutter, § 323 UmwG Rz. 12; *Willemsen* in Willemsen/Hohenstatt/Schweibert/Seibt, Umstrukturierung, Rz. H 153.

§§ 102, 103 BetrVG [Mitwirkung des Betriebsrats bei Kündigungen] und §§ 111, 112, 112a BetrVG [Interessenausgleich/Sozialplan bei Betriebsänderungen und Massenentlassungen]), von der befristeten „Bestandsgarantie" des § 323 Abs. 1 UmwG erfasst werden[1]. Die Frage ist nach dem hier vertretenen Standpunkt (siehe Rz. 3) schon deshalb zu verneinen, weil es sich hierbei nicht um Normen handelt, die die individuelle kündigungsrechtliche Rechtsstellung des Arbeitnehmers regeln. Darüber hinaus würde eine Erstreckung von § 323 Abs. 1 UmwG auf kündigungsrechtlich relevante Mitbestimmungsrechte des Betriebsrats zu einem unauflösbaren **Wertungswiderspruch** zu § 325 Abs. 2 UmwG führen[2].

Dies gilt auch für alle sonstigen betriebsverfassungsrechtlichen Regelungen, die 15 im Zusammenhang mit Kündigungen relevant werden, insbesondere die §§ 111 ff. BetrVG (**Interessenausgleich** und **Sozialplan bei Betriebsänderungen**). Die bloße Aussicht, im Falle von Betriebsänderungen/Massenentlassungen in den Genuss eines Sozialplans zu gelangen, gehört nicht zur **kündigungsrechtlichen** Stellung und wird daher nicht geschützt, wenn der „Spaltbetrieb" weniger als 21 Arbeitnehmer hat und damit aus dem Anwendungsbereich der §§ 111 ff. BetrVG herausfällt[3]. Die Beibehaltung der Beteiligungsrechte des Betriebsrats ist in diesem Falle (nach Ablauf eines etwaigen Übergangsmandats iS von § 21a BetrVG) nur im Rahmen einer Kollektivvereinbarung nach § 325 Abs. 2 UmwG möglich[4]. Der Verlust der „Aussicht" auf einen Sozialplan bei späteren Betriebsänderungen ist auch kein im Rahmen der Spaltung ausgleichspflichtiger Nachteil iS von § 112 BetrVG[5].

Bei **tariflichen Regelungen** über Kündigungsfristen und sogenannte „**Unkünd-** 16 **barkeit**" sowie entsprechenden Regelungen in **Betriebsvereinbarungen** lässt sich der erforderliche direkte Bezug zur „kündigungsrechtlichen Stellung eines Arbeitnehmers" indes nicht in Abrede stellen[6]. Hier ist allerdings die entscheidende Frage, ob der Gesetzgeber solche kollektivrechtlichen Regelungen überhaupt von § 323 Abs. 1 UmwG erfasst wissen wollte oder ob ihr Fortbestand

---

1 Dafür insbesondere *Mengel*, Umwandlungen im Arbeitsrecht, 1997, S. 266 ff.; ablehnend *Bauer/Lingemann*, NZA 1994, 1057 (1060 f.); *Boecken*, Unternehmensumwandlungen, Rz. 277 f.; *Joost* in Lutter, § 323 UmwG Rz. 15; *Simon* in Semler/Stengel, § 323 UmwG Rz. 15.
2 So zu Recht *Trümner*, AiB 1995, 309 (313); *Boecken*, Unternehmensumwandlungen, Rz. 278.
3 IE wie hier *Bauer/Lingemann*, NZA 1994, 1057 (1061); *Hohenstatt/Schramm* in Köln-Komm. UmwG, § 323 UmwG Rz. 20; *Trümner*, AiB 1995, 309 (312).
4 Ebenso *Trümner*, AiB 1995, 309 (312).
5 Vgl. BAG v. 10.12.1996 – 1 ABR 32/96, DB 1997, 1416; dazu ausführlich *Schweibert* in Willemsen/Hohenstatt/Schweibert/Seibt, Umstrukturierung, Rz. C 291 f.
6 Ebenso *Trümner*, AiB 1995, 309 (314), allerdings mit zu weitreichenden Schlussfolgerungen hinsichtlich des Fortbestandes der Unkündbarkeit nach Ablauf der Zwei-Jahres-Frist; *Wlotzke*, DB 1995, 40 (44).

sich nicht ausschließlich nach § 613a Abs. 1 Satz 2–4 BGB richten soll, die gemäß § 324 UmwG auf alle Spaltungsfälle anwendbar sind (siehe dazu im Einzelnen bei § 324 UmwG). Die **Gesetzesmaterialien** (siehe Rz. 5) legen eher den Schluss nahe, dass bei § 323 Abs. 1 UmwG an tarifvertragliche und sonstige kollektivrechtliche Regelungen überhaupt nicht gedacht war. Dies spricht dafür, „kündigungsrechtlich" iS von „kündigungsgesetzlich" auszulegen mit der Folge, dass sich der Fortbestand kollektivrechtlicher Kündigungsbestimmungen ausschließlich nach § 613a Abs. 1 Satz 2–4 BGB richtet[1]. Die Frage wird insbesondere dann praktisch relevant, wenn nach der Spaltung/Teilübertragung die bisher die kündigungsrechtliche Stellung des Arbeitnehmers regelnden Tarifnormen gemäß § 613a Abs. 1 Satz 3 BGB durch einen anderen, insoweit ungünstigeren Tarifvertrag abgelöst werden. Nach der hier vertretenen Auffassung ist dies trotz § 323 Abs. 1 UmwG möglich.

c) Abdingbarkeit

17 § 323 Abs. 1 UmwG ist seinem Schutzzweck entsprechend grundsätzlich nicht im Vorhinein abdingbar[2]. Allerdings schließt er nur Verschlechterungen „auf Grund der Spaltung oder Teilübertragung" aus, **Veränderungen aus sonstigen Gründen** bleiben also **zulässig**[3].

18 Für die Zeit *nach* der Umwandlung werden die privatautonomen Regelungsmöglichkeiten der Parteien durch § 323 Abs. 1 UmwG nicht eingeschränkt[4]. Allerdings ist in diesem Zusammenhang die Rechtsprechung des BAG zu beachten, wonach im Anwendungsbereich des § 613a BGB Änderungen von Arbeitsbedingungen anlässlich eines Betriebsübergangs eines „sachlichen Grundes" bedürfen[5].

---

1 IE ebenso *Hohenstatt/Schramm* in KölnKomm. UmwG, § 323 UmwG Rz. 22; *Kreßel*, BB 1995, 925 (928); *Willemsen* in Willemsen/Hohenstatt/Schweibert/Seibt, Umstrukturierung, Rz. H 156; *Simon* in Semler/Stengel, § 323 UmwG Rz. 16: § 324 UmwG iVm. § 613a BGB als *lex specialis*; aA und genau umgekehrt dagegen *Wlotzke*, DB 1995, 40 (44): § 323 Abs. 1 UmwG geht insoweit dem § 613a Abs. 1 Satz 2 bis 4 BGB als lex specialis vor; ebenso *Boecken*, Unternehmensumwandlungen, Rz. 276; *Düwell*, NZA 1996, 393 (397); *B. Gaul*, Betriebsspaltung, § 20 Rz. 126; *Joost* in Lutter, § 323 UmwG Rz. 24.
2 *Simon* in Semler/Stengel, § 323 UmwG Rz. 18; *Joost* in Lutter, § 323 UmwG Rz. 22.
3 *Bauer/Lingemann*, NZA 1994, 1057.
4 *Simon* in Semler/Stengel, § 323 UmwG Rz. 18; *Joost* in Lutter, § 323 UmwG Rz. 22; *Bauer/Lingemann*, NZA 1994, 1057 (1061).
5 Vgl. BAG v. 18.8.1976 – 5 AZR 95/75, AP Nr. 4 zu § 613a BGB; BAG v. 26.1.1977 – 5 AZR 302/75, AP Nr. 5 zu § 613a BGB und BAG v. 17.1.1980 – 3 AZR 160/79, AP Nr. 18 zu § 613a BGB; BAG v. 29.10.1985 – 3 AZR 485/83, DB 1986, 1779; kritisch dazu *Willemsen*, RdA 1987, 327. Einschränkend aber BAG v. 7.11.2007 – 5 AZR 1007/06, NJW 2008, 939.

d) Analogiefähigkeit

Eine analoge Anwendung der gesetzestechnisch missglückten Regelung des § 323   19
Abs. 1 UmwG auf Umstrukturierungsfälle außerhalb des Umwandlungsgesetzes
ist **abzulehnen**[1]. Die Vorschrift stellt eine allein für das Umwandlungsrecht geltende arbeitsrechtliche Schutzvorschrift dar; sie ist daher nicht analog auf einen
Betriebsteilübergang im Wege der Einzelrechtsnachfolge anzuwenden[2].

2. Zuordnung von Arbeitnehmern im Interessenausgleich (§ 323 Abs. 2 UmwG)

Die Vorschrift ist ein „Produkt der allerletzten Phase der Gesetzesberatungen im   20
BT-Rechtsausschuss"[3] und lehnt sich an „ähnliche Vorschriften in der neuen Insolvenzordnung" (gemeint ist § 125 InsO) an[4]. Sie soll die **Zuordnung** von Arbeitnehmern insbesondere bei **Spaltung** (Teilung) von Betrieben **erleichtern**, indem den Betriebspartnern ein entsprechender Gestaltungsspielraum im Rahmen
eines Interessenausgleichs gemäß § 112 Abs. 1 BetrVG eingeräumt wird. Wegen
der engen Verzahnung dieser Bestimmung mit § 126 Abs. 1 Nr. 9 UmwG einerseits und § 613a BGB andererseits sollen weitere Einzelheiten **im Zusammenhang mit § 324 UmwG** (§ 324 UmwG Rz. 51 ff.) **dargestellt** werden.

§ 324
Rechte und Pflichten bei Betriebsübergang

§ 613a Abs. 1, 4 bis 6 des Bürgerlichen Gesetzbuchs bleibt durch die Wirkungen der Eintragung einer Verschmelzung, Spaltung oder Vermögensübertragung unberührt.

1. Anwendbarkeit von § 613a
   Abs. 1, 4 bis 6 BGB in allen
   Umwandlungsfällen außer Formwechsel; Tatbestandsvoraussetzungen
   a) Entstehungsgeschichte; Rechts-
      grundverweisung   1

b) Erfasste Umwandlungsarten;
   praktische Relevanz des § 613a
   BGB   3
c) Übergang eines Betriebs/Be-
   triebsteils   6
d) Übergang durch Rechtsgeschäft;
   Zeitpunkt des Übergangs   12

---

1 So ausdrücklich auch BAG v. 15.2.2007 – 8 AZR 397/06, AP Nr. 38 zu § 23 KSchG 1969;
  vgl. auch *B. Gaul*, Betriebsspaltung, § 20 Rz. 128 f.; *Hanau* in Hromadka, Arbeitsrecht
  und Beschäftigungskrise, 1997, S. 82, 91; *Mengel*, Umwandlungen im Arbeitsrecht, 1997,
  S. 451 f.; *Simon* in Semler/Stengel, § 323 UmwG Rz. 3; *Willemsen*, NZA 1996, 791 (800).
2 BAG v. 15.2.2007 – 8 AZR 397/06, AP Nr. 38 zu § 23 KSchG 1969 unter Verweis auf BT-
  Drucks. 12/6699, S. 174.
3 *Wlotzke*, DB 1995, 40 (45).
4 Vgl. Begr. des Rechtsausschusses, BT-Drucks. 12/7850, S. 145.

2. Rechtsfolgen der Geltung von
§ 613a Abs. 1, 4 bis 6 BGB
a) Übergang des Arbeitsverhältnisses kraft Gesetzes; Widerspruchsrecht des Arbeitnehmers 18
b) „Kündigungsverbot" gemäß § 613a Abs. 4 BGB 21
c) Haftungsfragen 22
d) Fortgeltung von Tarifverträgen und Betriebsvereinbarungen gemäß § 613a Abs. 1 Sätze 2–4 BGB 23
   aa) Auffangregelung; Vorrang der kollektivrechtlichen Fortgeltung 24
   bb) Transformation nach § 613a Abs. 1 Satz 2 BGB und Ablösungsmöglichkeiten 26
e) Unterrichtung der Arbeitnehmer gemäß § 613a Abs. 5 BGB
   aa) Geltungsbereich 30
   bb) Parteien des Unterrichtungsanspruchs 31
   cc) Form und Zeitpunkt der Unterrichtung 32
   dd) Inhalt der Unterrichtung .. 33
   ee) Rechtliche, wirtschaftliche und soziale Folgen des Übergangs für die Arbeitnehmer 34
   ff) In Aussicht genommene Maßnahmen 37
   gg) Rechtsfolgen unrichtiger, unvollständiger oder verspäteter Unterrichtung ... 38
f) Widerspruchsrecht des Arbeitnehmers gemäß § 613a Abs. 6 BGB
   aa) Entwicklung 41
   bb) Rechtsnatur des Widerspruchsrechts 42
   cc) Anwendungsbereich des Widerspruchsrechts 43
   dd) Ausübung des Widerspruchsrechts 45
   ee) Massenhafte Ausübung des Widerspruchsrechts 46
   ff) Rechtsfolgen des Widerspruchs 47
   gg) Verzicht auf das Widerspruchsrecht; Verwirkung . 50
3. Die Zuordnung von Arbeitnehmern bei Verschmelzung, Spaltung und Vermögensübertragung (Verhältnis von § 613a BGB zu § 323 Abs. 2 UmwG)
a) Gestaltungsfreiheit hinsichtlich der Zuordnung von Betrieben und Betriebsteilen 51
b) Bindung der Zuordnung von Arbeitsverhältnissen an § 324 UmwG iVm. § 613a Abs. 1 Satz 1 BGB 52
c) Zuordnung in unklaren Fällen; Möglichkeit der Zuordnung in einem Interessenausgleich gemäß § 323 Abs. 2 UmwG
   aa) Bei Nichtbestehen eines Betriebsrats bzw. Nichtzustandekommen eines Interessenausgleichs nach § 323 Abs. 2 UmwG 54
   bb) Bei Zustandekommen eines Interessenausgleichs nach § 323 Abs. 2 UmwG . 58
4. Zuordnung von Versorgungsansprüchen ausgeschiedener Arbeitnehmer (Pensionäre und Versorgungsanwärter) 64

Literatur: Vgl. die Angaben zu Vor § 322 UmwG sowie *Arnold*, Übergang von Pensionsverbindlichkeiten im Licht der Änderung des Umwandlungsgesetzes, DB 2008, 986; *Ascheid* in Preis/Willemsen, Umstrukturierung von Betrieb und Unternehmen im Arbeitsrecht, 1999, § 613a BGB: Aktuelle Tendenzen zur Neubestimmung seines Anwendungsbereichs, S. 20; *Boecken*, Unternehmensumwandlungen im Arbeitsrecht, 1996; *Dzida*, Die Verwirkung des Widerspruchsrechts als Korrektiv zur uferlosen Unterrichtungspflicht beim Betriebsübergang?, NZA 2009, 641; *Elking*, Zuordnungsentscheidung und

Versetzung vor Betriebsübergang, NZA 2014, 295; *Eylert/Spinner*, Sozialauswahl nach Widerspruch des Arbeitnehmers gegen einen (Teil-)Betriebsübergang, BB 2008, 50; *Fandel/ Hausch*, Das Widerspruchsrecht gem. § 613a Abs. 6 BGB bei Umwandlungen nach dem UmwG unter Wegfall übertragender Rechtsträger, BB 2008, 2402; *B. Gaul*, Das Schicksal von Tarifverträgen und Betriebsvereinbarungen bei der Umwandlung von Unternehmen, NZA 1995, 717; *B. Gaul*, Das Arbeitsrecht der Betriebs- und Unternehmensspaltung, 2002; *Gaul/Niklas*, Wie gewonnen, so zerronnen: Unterrichtung, Widerspruch und Verwirkung bei § 613a BGB, DB 2009, 452; *Gentges*, Die Zuordnung von Arbeitsverhältnissen beim Betriebsübergang, RdA 1996, 265; *Göpfert/Buschbaum*, „Vierseitiger Vertrag" zur Abwendung von Widerspruchsrisiken bei Insolvenz des Betriebserwerbers, ZIP 2011, 64; *Grau*, Unterrichtung und Widerspruchsrecht der Arbeitnehmer bei Betriebsübergang gem. § 613a Abs. 5 und 6 BGB, 2005; *Gussen/Dauck*, Die Weitergeltung von Betriebsvereinbarungen und Tarifverträgen bei Betriebsübergang und Umwandlung, 2. Aufl. 1997; *Hanau/Vossen*, Die Auswirkungen des Betriebsinhaberwechsels auf Betriebsvereinbarungen und Tarifverträge, FS für Hilger und Stumpf, 1983, S. 271; *Hartmann*, Die privatautonome Zuordnung von Arbeitsverhältnissen nach Umwandlungsrecht, ZfA 1997, 21; *Hennrichs*, Zum Formwechsel und zur Spaltung nach dem neuen Umwandlungsgesetz, ZIP 1995, 794; *Henssler*, Unternehmensumstrukturierung und Tarifrecht, FS Schaub, 1998, S. 311; *Henssler/Willemsen/Kalb* (Hrsg.), Arbeitsrecht Kommentar, 7. Aufl. 2016, Komm. zu § 613a BGB; *Hey/Simon*, Arbeitgeberstellung im Rahmen einer Kündigung bei Kettenverschmelzung, BB 2010, 2957; *Hill*, Das neue Umwandlungsrecht und seine Auswirkungen auf die betriebliche Altersversorgung, Betriebliche Altersversorgung 1995, 114; *Hohenstatt/Grau*, Arbeitnehmerunterrichtung beim Betriebsübergang, NZA 2007, 13; *Hromadka/Maschmann/Wallner*, Der Tarifwechsel, 1996; *Kallmeyer*, Spaltung nach neuem Umwandlungsgesetz: Anwendung des § 133 UmwG auf Arbeitnehmeransprüche?, ZIP 1995, 550; *Th. Klein*, Das Schicksal dynamischer Bezugnahmeklauseln bei Betriebsübergang – Korrekturmöglichkeit durch EuGH, NZA 2016, 410; *Kreft*, Normative Fortgeltung von Betriebsvereinbarungen nach einem Betriebsübergang, in Arbeitsrecht im sozialen Dialog, FS für Hellmut Wißmann zum 65. Geburtstag, 2005, S. 347; *Lembke/Oberwinter*, Unterrichtungspflicht und Widerspruchsrecht beim Betriebsübergang im Lichte der neuesten Rechtsprechung, ZIP 2007, 310; *Lingemann*, Richtig unterrichten beim Betriebsübergang – neue Hilfestellungen des BAG, NZA 2012, 546; *Mehrens/Voland*, Fortbestand der Gewährträgerhaftung nach der Umstrukturierung öffentlich-rechtlicher Kreditinstitute: Das Beispiel Versorgungsverbindlichkeiten, WM 2014, 831; *K. Mertens*, Umwandlung und Universalsukzession, 1992; *K. Mertens*, Zur Universalsukzession in einem neuen Umwandlungsrecht, AG 1994, 66; *Moll*, Kollektivvertragliche Arbeitsbedingungen nach einem Betriebsübergang, RdA 1996, 275; *Mückl/Götte*, Zuordnung nach § 323 II UmwG kann frei von § 613a BGB erfolgen, GWR 2016, 106; *Th. Müller*, Umwandlung des Unternehmensträgers und Betriebsvereinbarung, RdA 1996, 287; *Th. Müller-Bonanni*, Der Betriebsinhaberwechsel im Rahmen des Umwandlungsgesetzes, 2004; *Quander*, Betriebsinhaberwechsel bei Gesamtrechtsnachfolge, 1990; *Reinhard*, Die Pflicht zur Unterrichtung über wirtschaftliche Folgen eines Betriebsübergangs – ein weites Feld, NZA 2009, 63; *Sagan*, Die kollektive Fortgeltung von Tarifverträgen und Betriebsvereinbarungen nach § 613a Abs. 1 Sätze 2–4 BGB, RdA 2011, 163; *Sagan*, Unterrichtung und Widerspruch bei Betriebsübergang aus deutscher und europäischer Sicht, ZIP 2011, 1641; *Schaub*, Tarifverträge und Betriebsvereinbarungen beim Betriebsübergang und Umwandlung von Unternehmen, FS Wiese, 1998, S. 535; *K. Schmidt*, Universalsukzession kraft Rechtsgeschäfts – Bewährungsprobe eines zivilrechtsdogmatischen Rechtsinstituts im Unternehmensrecht,

AcP 191 (1991), 495; *Schneider/Sittard*, Annahmeverzug des Arbeitgebers bei Widerspruch gegen den Betriebsübergang, BB 2007, 2230; *Seiter*, Betriebsinhaberwechsel, 1980; *Sieg/Maschmann*, Unternehmensumstrukturierung aus arbeitsrechtlicher Sicht, 2. Aufl. 2010; *Sittard/Flockenhaus*, „Scattolon" und die Folgen für die Ablösung von Tarifverträgen und Betriebsvereinbarungen nach einem Betriebsübergang, NZA 2013, 652; *Trappehl/ Nussbaum*, Auswirkungen einer Verschmelzung auf den Bestand des Gesamtbetriebsvereinbarungen, BB 2011, 2869; *Wellenhofer-Klein*, Tarifwechsel durch Unternehmensstrukturierung, ZfA 1999, 239; *Wiedemann*, Dynamische Bezugnahmeklauseln und ein Gesetzesvorschlag zur Betriebsübertragung, BB 2016, 1400; *Willemsen* in Willemsen/Hohenstatt/Schweibert/Seibt, Umstrukturierung und Übertragung von Unternehmen, 5. Aufl. 2016, Teil G; *Willemsen*, Aktuelle Tendenzen zur Abgrenzung des Betriebsübergangs, DB 1995, 924; *Willemsen*, Aktuelles zum Betriebsübergang, NJW 2007, 2065; *Willemsen*, Der Grundtatbestand des Betriebsübergangs nach § 613a BGB, RdA 1991, 204; *Willemsen*, Erneute Wende im Recht des Betriebsübergangs – ein „Christel Schmidt II"-Urteil des EuGH?, NZA 2009, 289; *Willemsen*, Aktuelle Rechtsprechung des EuGH zum Arbeits- und Sozialrecht – Befristung, Betriebsübergang, RdA 2012, 291; *Willemsen*, Mehr Klarheit nach „Klarenberg", NZA 2014, 1010; *Willemsen/Annuß*, Neue Betriebsübergangsrichtlinie – Anpassungsbedarf im deutschen Recht?, NJW 1999, 2073; *Willemsen/Sagan*, Der Tatbestand des Betriebsübergangs nach „Klarenberg", ZIP 2010, 1205; *E.M. Willemsen*, Die arbeitsvertragliche Bezugnahme auf den Tarifwechsel, 2009; *Winter*, Betriebsübergang und Tarifvertragsersetzung – was ergibt sich aus dem Urteil Scattolon?, RdA 2013, 36; *Wollenschläger/Pollert*, Rechtsfragen des Betriebsübergangs nach § 613a BGB, ZfA 1996, 547; *Zerres*, Arbeitsrechtliche Aspekte bei der Verschmelzung von Unternehmen, ZIP 2001, 359.

1. Anwendbarkeit von § 613a Abs. 1, 4 bis 6 BGB in allen Umwandlungsfällen außer Formwechsel; Tatbestandsvoraussetzungen

a) Entstehungsgeschichte; Rechtsgrundverweisung

1 Die Vorschrift ist erst auf Grund der Beratungen im Rechtsausschuss „entsprechend dem von Gewerkschaftsseite bei der Anhörung am 20.4.1994 geäußerten Wunsch"[1] in das Gesetz aufgenommen worden. Trotz der etwas unklaren Formulierung („bleibt unberührt") ist damit die zuvor in Rechtsprechung und Literatur höchst kontrovers diskutierte Frage, ob § 613a BGB, der einen Betriebsübergang „durch Rechtsgeschäft" verlangt, auch im Falle der Gesamtrechtsnachfolge gilt[2], jedenfalls für die Verschmelzung, Spaltung und Vermögensübertragung nunmehr **positiv entschieden**. *Neye*[3] spricht gar von einer „plakative(n) Klarstellung" in § 324 UmwG, dass § 613a BGB auch in Umwandlungsfällen An-

---

1 *Neye*, ZIP 1994, 919.
2 Vgl. zum früheren Diskussionsstand die Nachweise bei *Boecken*, ZIP 1994, 1087 (1089, Fn. 20); *Hanau*, ZGR 1990, 515 (548, Fn. 6); *K. Schmidt*, AcP 191 (1991), 495 (516, Fn. 132) sowie zum Ganzen *Quander*, Betriebsinhaberwechsel.
3 *Neye* in Lutter, Umwandlungsrechtstage, S. 17.

wendung findet". Damit sei „… die im arbeitsrechtlichen Schrifttum immer wieder vertretene These nun wirklich nicht länger haltbar, bei Betriebsübergang im Wege der Gesamtrechtsnachfolge sei § 613a nicht anwendbar".

Obwohl *Neye* iE zuzustimmen ist[1], muss angemerkt werden, dass die Bedeutung und Tragweite der Geltung des § 613a BGB auch in Fällen der „partiellen Universalsukzession kraft Rechtsgeschäfts" erst recht spät erkannt worden ist; der Referentenentwurf enthielt hierzu sehr widersprüchliche Aussagen[2]. Der Regierungsentwurf[3] sah dann zunächst lediglich in § 132 einen Hinweis auf § 613a BGB vor, der „durch die Wirkungen der Eintragung nach § 131 unberührt" bleiben sollte. Erst kurz vor der Verabschiedung des Gesetzes (siehe Rz. 1) wurde dann eine eigenständige Regelung über „Rechte und Pflichten bei Betriebsübergang" in das Gesetz eingefügt. Richtiger Auffassung zufolge[4] handelt es sich um eine **Rechtsgrundverweisung**, nicht um eine Rechtsfolgenverweisung; dh. die Frage, **ob** und **wann** ein Tatbestand des Betriebs- oder Betriebsteilübergangs iS von § 613a BGB vorliegt, muss in jedem der in § 324 UmwG genannten Umwandlungsfälle und für jede der in Betracht kommenden (Teil-)Einheiten **eigenständig geprüft** werden (siehe dazu auch Rz. 6 ff.). Ursprünglich umfasste die Verweisung nur die Absätze 1 und 4 des § 613a BGB; nach dessen Ergänzung um die Absätze 5 und 6[5] wurde § 324 UmwG an die geänderte Fassung von § 613a BGB angepasst[6]. § 613a Abs. 5 BGB (Unterrichtung der Arbeitnehmer) und § 613a Abs. 6 BGB (Widerspruchsrecht) gelten damit auch für Umwandlungsfälle.

2

---

1 Für die Anwendung des § 613a BGB auf Grund von § 324 auch das BAG v. 24.6.1998 – 4 AZR 208/97, AP Nr. 1 zu § 20 UmwG = DB 1999, 290 und die ganz hM in der Literatur, vgl. *Bauer/Lingemann*, NZA 1994, 1057 (1061); *Boecken*, ZIP 1994, 1087 (1089 ff.); *Boecken*, Unternehmensumwandlungen, Rz. 63 ff.; *Däubler*, RdA 1995, 136 (139); *Langner* in Schmitt/Hörtnagl/Stratz, § 324 UmwG Rz. 1 f.; *Joost* in Lutter, § 324 UmwG Rz. 3; *Kreßel*, BB 1995, 925 (928); *Mengel*, Umwandlungen im Arbeitsrecht, S. 52 ff. mwN in Fn. 342 (S. 73); *Mertens*, AG 1994, 73; *Schaub* in FS Wlotzke, 1996, S. 104 ff.; *Willemsen*, NZA 1996, 791 (798 f.); *Wlotzke*, DB 1995, 40 (42) (mit Hinweis auf die Gesetzesmaterialien); aA *Berscheid*, WPrax 1994, 6.
2 Vgl. *Willemsen*, RdA 1993, 135 ff.
3 BT-Drucks. 12/6699.
4 Vgl. *Langner* in Schmitt/Hörtnagl/Stratz, § 324 UmwG Rz. 1; ebenso BAG v. 25.5.2000 – 8 AZR 416/99, DB 2000, 1966 (1967); BAG v. 6.10.2005 – 2 AZR 316/04, AP Nr. 150 zu § 102 BetrVG 1972; LAG Schleswig-Holstein v. 5.11.2015 – 5 Sa 437/14, Juris = BeckRS 2016, 66237; *Th. Müller-Bonanni*, Betriebsinhaberwechsel, S. 22 ff.; für Rechtsfolgenverweisung dagegen *Salje*, RdA 2000, 126.
5 Vgl. hierzu *Willemsen/Müller-Bonanni* in Henssler/Willemsen/Kalb, § 613a BGB Rz. 315 ff. und 341 ff.
6 Durch Art. 5 des Gesetzes v. 23.3.2002, BGBl. I 2002, S. 1163.

b) Erfasste Umwandlungsarten; praktische Relevanz des § 613a BGB

3 Die Anwendung von § 613a BGB kommt bei allen **Umwandlungsarten** in Betracht, die mit einem **Rechtsträgerwechsel** verbunden sind, also bei der **Verschmelzung**, allen Formen der **Spaltung** sowie bei der **Vermögensübertragung**, nicht dagegen beim Formwechsel, weil hier der Rechtsträger (Arbeitgeber) identisch bleibt und lediglich sein „Rechtskleid" sich ändert. Für die **Spaltung** besteht eine Wechselbeziehung zu § 126 Abs. 1 Nr. 9 UmwG, wonach der Spaltungs- und Übernahmevertrag ua. enthalten muss „... die genaue Bezeichnung und Aufteilung der Gegenstände des Aktiv- und Passivvermögens, die an jeden der übernehmenden Rechtsträger übertragen werden, sowie der übergehenden **Betriebe und Betriebsteile** unter Zuordnung zu dem übernehmenden Rechtsträger". Soweit in derartigen Fällen ein Betriebs- bzw. Betriebsteilübergang iS von § 613a BGB zeitlich mit der Umwandlung zusammenfällt, richten sich die Rechtsfolgen für die Arbeitnehmer ausschließlich nach dieser arbeitsrechtlichen Norm, so dass abweichende umwandlungsvertragliche Gestaltungen unbeachtlich sind; gerade dies ist der Sinn der gesetzlichen Anordnung, wonach § 613a Abs. 1 und Abs. 4 bis 6 BGB durch die Wirkung der Eintragung einer Verschmelzung, Spaltung oder Vermögensübertragung „unberührt" bleiben sollen. Nur soweit § 613a BGB mangels Vorliegens eines Betriebs- oder zumindest Betriebsteilübergangs *nicht* eingreift, kommt eine (rein) umwandlungsrechtliche Gestaltung der Rechtsfolgen für die Arbeitsverhältnisse in Betracht (siehe dazu Rz. 56 f.). Entsprechendes gilt für **Dienstverhältnisse, die keine Arbeitsverhältnisse** iS von § 613a BGB sind, also insbesondere für die Verträge mit **Organvertretern**. Sie verbleiben beim übertragenden Rechtsträger, soweit dieser nicht im Zuge der Umwandlung erlischt oder keine anderweitige Zuordnung in dem jeweiligen Umwandlungsvertrag bzw. -beschluss erfolgt[1].

4 Ob und in Bezug auf welche Arbeitsverhältnisse es im Zusammenhang mit einer Umwandlung zu einem Betriebs- oder Betriebsteilübergang iS von § 613a BGB kommt, ist in **jedem Einzelfall** unter Zugrundelegung der maßgeblichen **Rechtsprechung des Bundesarbeitsgerichts** zu § 613a BGB zu prüfen. Dies folgt aus der Qualifizierung des § 324 UmwG als Rechtsgrundverweisung (siehe Rz. 2). Die maßgebliche Tatsachengrundlage hierfür ist den Bestimmungen des Umwandlungsvertrages (insbesondere in Bezug auf die jeweils zu übertragenden Vermögensgegenstände) zu entnehmen. Daher sollte bereits bei ihrer Formulierung darauf geachtet werden, dass der Bezug zu den von der Rechtsprechung des BAG aufgestellten Kriterien (Rz. 8) erkennbar wird. Die in Umwandlungsverträgen häufig anzutreffende gemeinsame abstrakte Feststellung der Parteien, dass es sich um einen bzw. mehrere Betriebs(teil)übergänge iS von § 613a BGB handele, hat für die arbeitsrechtliche Beurteilung allenfalls indizielle Bedeutung und bindet die Arbeitsgerichte in einem nachfolgenden Rechtsstreit daher nicht.

---

1 Siehe dazu *Willemsen* in Willemsen/Hohenstatt/Schweibert/Seibt, Umstrukturierung, Rz. G 130, H 159 ff.

Die **praktische Relevanz** der Anwendung des § 613a BGB in Umwandlungsfäl- 5
len ist unübersehbar: Es liegt in der **privatautonomen Entscheidung der Parteien** eines Umwandlungsvertrags, **ob und inwieweit** überhaupt **Betriebe oder
Betriebsteile übertragen werden.** Für eine Unternehmensaufspaltung nach
dem UmwG ist es **nicht erforderlich**, dass das vorhandene Vermögen **nur** in
Form der Übertragung **ganzer Betriebe oder Betriebsteile** aufgespalten werden
kann[1]. Sobald aber mit dem Übertragungsvorgang ein **Betriebs- oder Betriebsteilübergang** iS dieser Bestimmung verbunden ist, hat der übernehmende
Rechtsträger hinsichtlich der auf ihn übergehenden Arbeitsverhältnisse **kein
freies Auswahlermessen** mehr (siehe dazu Rz. 52); anderseits bedarf es für die
Übertragung der Arbeitsverhältnisse **nicht mehr** der **individuellen Zustimmung** der betroffenen Arbeitnehmer (dazu sowie zum Widerspruchsrecht der
Arbeitnehmer siehe unten Rz. 18, 41 ff.). Des Weiteren kommt es beim Übergang eines Betriebs oder Betriebsteils zur Fortgeltung bzw. Ablösung von in **Kollektivverträgen** (Tarifverträgen, Betriebsvereinbarungen) geregelten Arbeitsbedingungen entweder auf kollektivrechtlicher Grundlage oder gemäß § 613a
Abs. 1 Satz 2 bis 4 BGB (dazu Rz. 26 ff.). Schließlich findet das „**Kündigungsverbot**" gemäß § 613a Abs. 4 BGB ebenso Anwendung wie die Pflicht zur **Unterrichtung** der Arbeitnehmer gemäß § 613a Abs. 5 BGB und das **Widerspruchsrecht** gemäß § 613a Abs. 6 BGB.

c) Übergang eines Betriebs/Betriebsteils

Angesichts dieser offenkundigen Auswirkungen einer Anwendung des § 613a 6
BGB ist es unerlässlich, seine tatbestandlichen Voraussetzungen bereits bei der
Strukturierung jeder übertragenden Umwandlung zu prüfen. Diese Prüfung
kann sich als sehr schwierig erweisen, weil § 613a BGB **keine eigenständige Definition des Betriebs oder Betriebsteils** enthält. Es verwundert daher nicht,
dass die Auslegung dieses Begriffs seit Einführung der Norm in das BGB im
Jahre 1972 zu umfangreichen Kontroversen in der Rechtsprechung und Literatur sowie zu einer beispiellosen Verunsicherung in der Vertrags- und Beratungs-
praxis geführt hat[2]. Einer der Hauptgründe hierfür lag darin, dass die zuständigen BAG-Senate es über viele Jahre unterlassen hatten, ihre Rechtsprechung
zum Begriff des Betriebs- bzw. Betriebsteilübergangs mit derjenigen des EuGH
zu harmonisieren, obwohl bereits seit 1977 eine europäische Betriebsübergangsrichtlinie[3] existierte, hinter deren Anforderungen die Auslegung des § 613a BGB
durch die nationalen Gerichte nicht zurückbleiben darf. Für die zutreffende Interpretation des Betriebs(teils) iS von § 613a BGB kommt daher der Rechtspre-

---

1 So ausdrücklich auch LAG Schleswig-Holstein v. 5.11.2015 – 5 Sa 437/14, Juris = BeckRS 2016, 66237 Rz. 47 (Revision eingelegt unter dem Az. 8 AZR 50/16).
2 Siehe dazu die Darstellung bei *Willemsen* in Willemsen/Hohenstatt/Schweibert/Seibt, Umstrukturierung, Rz. G 5 ff.
3 Richtlinie 77/187/EWG, abgedruckt in RdA 1977, 162.

chung des EuGH zentrale Bedeutung zu, wie inzwischen auch der zuständige 8. Senat des BAG erkannt und ausdrücklich eingeräumt hat[1]. Nach einem eher verwirrenden Judikat in Sachen *Christel Schmidt*[2] hat der EuGH die bis auf den heutigen Tag **maßgeblichen Eckpfeiler** seiner Rechtsprechung zum Betriebsübergangsbegriff in dem grundlegenden Urteil in Sachen *Ayse Süzen*[3] zusammengefasst und näher präzisiert. Der europäische Normgeber hatte diese EuGH-Rechtsprechung durch Neufassung der Betriebsübergangsrichtlinie nachvollzogen und dabei die in dem EuGH-Urteil v. 11.3.1997 entwickelten Grundsätze in nur leicht modifizierter Wortwahl de facto übernommen[4]. Auf Grund der umfangreichen Änderungen wurde die Richtlinie ohne inhaltliche Änderung durch die Richtlinie 2001/23/EG v. 12.3.2001 neu kodifiziert[5].

7 Nach Art. 1 Abs. 1 lit. b der vorgenannten Richtlinie gilt als Übergang im Sinne dieser Richtlinie

„... der Übergang einer ihre **Identität bewahrenden wirtschaftlichen Einheit** im Sinne einer **organisierten Zusammenfassung von Ressourcen** zur Verfolgung einer wirtschaftlichen Haupt- oder Nebentätigkeit".

Die Weiterführung einer bestimmten Tätigkeit ohne gleichzeitige Übernahme der betrieblich-organisatorischen Grundlagen (sogenannte **Funktionsnachfolge) reicht somit nicht aus**, wie der EuGH in ständiger Rspr. (ua. mit dem vorgenannten Urteil v. 11.3.1997) eindeutig klargestellt hat[6]. **Ebensowenig** ist § 613a BGB – entgegen der früheren BAG-Rechtsprechung! – bereits dann anwendbar, wenn der Erwerber von Betriebsmitteln mit diesen den bisherigen Betrieb oder Betriebsteil unverändert fortführen *könnte*[7]. Der Übergang einer ihre Identität wahrenden wirtschaftlichen Einheit iS der Richtlinie setzt vielmehr voraus, dass der Erwerber der Betriebsmittel von der Fortführungsmöglichkeit tat-

---

1 Grundlegend BAG v. 22.5.1997 – 8 AZR 101/96, NJW 1997, 3188.
2 EuGH v. 14.4.1994 – C-392/92, ZIP 1994, 1040; dazu kritisch ua. *Willemsen*, DB 1995, 924.
3 EuGH v. 11.3.1997 – C-13/95, ZIP 1997, 516.
4 Richtlinie 98/50/EG, ABl. EG Nr. L 201 v. 17.7.1998, S. 88.
5 ABl. EG Nr. L 82 v. 22.3.2001, abgedruckt bei *Willemsen/Hohenstatt/Schweibert/Seibt*, Umstrukturierung, Anhang.
6 Dazu und zur Bedeutung dieser Aussage für die Outsourcing-Praxis vgl. *Annuß*, NZA 1998, 70 (72); *Willemsen/Annuß*, DB 1997, 1875 (1876); *Willemsen* in Henssler/Willemsen/Kalb, § 613a BGB Rz. 14, 91, 172.
7 So zB noch BAG v. 29.10.1975 – 5 AZR 444/74, AP Nr. 2 zu § 613a BGB; BAG v. 15.11.1978 – 5 AZR 199/77, AP Nr. 14 zu § 613a BGB; BAG v. 26.2.1987 – 2 AZR 768/85, Nr. 59 zu § 613a BGB; ausdrücklich anders BAG v. 18.3.1999 – 8 AZR 159/98, RdA 2000, 242 m. Anm. *B. Gaul*; kritisch zu der inzwischen überholten „Theorie der Fortführungsmöglichkeit" *Willemsen*, RdA 1991, 204 ff.; *Willemsen*, DB 1995, 924 (928 f.); vgl. aber nunmehr EuGH v. 12.2.2009 – Rs. C-466/07, NZA 2009, 289 (Klarenberg), der einen Betriebsübergang auch dann bejaht, wenn der Betrieb in die Struktur beim Erwerber eingegliedert wird (dazu Rz. 9).

sächlich **Gebrauch macht**, und sei es auch nur übergangsweise, etwa um den Betrieb nach einer Übergangsphase auf einen anderen Betriebszweck umzustellen[1]. Siehe allerdings zur *Klarenberg*-Entscheidung des EuGH unten Rz. 9.

Auch in Zukunft schwierig und nur mit entsprechender Expertise in den zahlreichen **Grenzfällen** zu beantworten ist die verbleibende **Kernfrage**, wann der in Rede stehende Betrieb/Betriebsteil – insoweit geht die Rechtsprechung von einheitlichen Kriterien aus – auf Seiten des Erwerbers seine ursprüngliche Identität tatsächlich beibehält. Nach der vom BAG auch insoweit vorbehaltlos übernommenen[2] Judikatur des EuGH[3] erfordert die Feststellung eines Betriebsübergangs eine **Gesamtbetrachtung** aller den betreffenden Vorgang kennzeichnenden Tatsachen, für die folgender **7-Punkte-Katalog** gilt[4]: 8

1. Art des (bisherigen) Betriebs/Unternehmens
2. Etwaiger Übergang der materiellen Betriebsmittel (Gebäude, bewegliche Güter)
3. Wert der immateriellen Aktiva im Zeitpunkt des Übergangs
4. Etwaige Übernahme der Hauptbelegschaft durch den neuen Inhaber
5. Etwaiger Übergang der Kundschaft
6. Grad der Ähnlichkeit zwischen den vor und nach dem Übergang verrichteten Tätigkeiten
7. Dauer einer eventuellen Unterbrechung der Tätigkeit

Gesamtbewertung

Besonders hervorzuheben ist, dass nach diesem für die Praxis verbindlichen Katalog die tatsächliche Übernahme von Personal insbesondere bei sogenannten „betriebsmittelarmen" (Dienstleistungs-)**Tätigkeiten** (zB Reinigung, Bewachung, Beratung etc.) ein ganz wesentliches, mitunter sogar ausschlaggebendes Kriterium für die Anwendung des § 613a BGB sein kann (aA die frühere BAG-Rechtsprechung). Die **Übernahme von Personal** muss allerdings so ausgestaltet sein, dass hieraus auf den Fortbestand der vom Veräußerer geschaffenen **Arbeitsorganisation** geschlossen werden kann[5]. Der Übertragung von Betriebsmit-

---

1 Vgl. *Willemsen* in Willemsen/Hohenstatt/Schweibert/Seibt, Umstrukturierung, Rz. G 69.
2 Vgl. zB BAG v. 11.9.1997 – 8 AZR 555/95, NJW 1998, 1253; BAG v. 11.12.1997 – 8 AZR 426/94, DB 1998, 885; BAG v. 22.1.1998 – 8 AZR 775/96, DB 1998, 1137; BAG v. 6.4.2006 – 8 AZR 249/04, BB 2006, 2192 (2193).
3 EuGH v. 18.3.1986 – Rs. 24/85, EAS RL 77/187/EWG Nr. 2 (Spijkers); EuGH v. 19.5.1992 – Rs. C-29/91, NZA 1994, 207 (Redmond Stichting); EuGH v. 11.3.1997 – Rs. C-13/95, AP Nr. 14 zu RL Nr. 77/187/EWG (Ayse Süzen).
4 Wegen der hier aus Platzgründen nicht zu erörternden Einzelheiten wird verwiesen auf die Kommentierung bei *Willemsen* in Henssler/Willemsen/Kalb, § 613a BGB Rz. 100 ff.
5 BAG v. 11.12.1997 – 8 AZR 729/96, ZIP 1998, 666; *Willemsen* in Henssler/Willemsen/Kalb, § 613a BGB Rz. 16, 137 ff. mit weiteren Rspr.-Nachweisen.

teln kommt bei Überwiegen solcher immaterieller Strukturelemente nur noch untergeordnete Bedeutung zu (anders dagegen bei Produktionsbetrieben[1]). Vor diesem Hintergrund empfiehlt es sich, die Frage, ob und inwieweit der übernehmende Rechtsträger sich zur Weiterbeschäftigung von Personal verpflichtet, wegen der möglichen Auswirkungen bereits auf den *Tatbestand (!)* des § 613a BGB im Umwandlungsvertrag sowohl im Außen- wie auch im Innenverhältnis (zB interner Ausgleich hinsichtlich nicht zu übernehmender Arbeitsverhältnisse) eindeutig zu regeln.

9 Die Abgrenzung der Tatbestandsseite des § 613a BGB wirft somit in **Umwandlungsfällen** grundsätzlich dieselben Fragestellungen und Schwierigkeiten auf wie in den von dieser Rechtsnorm nach der Entstehungsgeschichte zunächst erfassten Fällen der Singularsukzession. Unbeschadet der **Kasuistik**, die sich in der Rechtsprechung des BAG in der Folge von *Ayse Süzen* und anderen EuGH-Entscheidungen bereits herausgebildet hat[2], ist für die richtige Subsumtion der **Kerngedanke** der Regelung entscheidend, dass nämlich nur die Weiternutzung einer vorhandenen, vom bisherigen Betriebsinhaber geschaffenen, auf Dauer angelegten und auf einen bestimmten Betriebszweck ausgerichteten **Arbeitsorganisation** durch den „Übernehmer" die – schwerwiegende – Rechtsfolge des automatischen Eintritts in alle dieser (Teil-)Organisation „anhaftenden" Arbeitsverhältnisse zu rechtfertigen vermag[3]. Mit dieser Maßgabe kann § 613a BGB grundsätzlich auch auf **grenzüberschreitende** Sachverhalte anwendbar sein[4]. Die **Abgrenzungsproblematik**, ob die Identität einer übertragenen Einheit in hinreichendem Maße beim Erwerber gewahrt bleibt, hat sich infolge **der EuGH-Entscheidung im Fall** *Klarenberg*[5] **noch verschärft**. Ein **Betriebsübergang** im arbeitsrechtlichen Sinne sei nach Ansicht des EuGH auch dann **nicht auszuschließen, wenn die übertragene Einheit ihre organisatorische Selbständigkeit verliert und in einen bestehenden Betrieb des Erwerbers eingegliedert** wird. Zudem soll die Beibehaltung der organisatorischen Selbständigkeit der übertragenen Einheit beim Erwerber **lediglich eines der Kriterien sein**, auf deren Grundlage in einer Zusammenschau die Würdigung vorzunehmen sei, ob

---

1 Vgl. *Willemsen* in Willemsen/Hohenstatt/Schweibert/Seibt, Umstrukturierung, Rz. G 64 ff. und G 104 ff.
2 Vgl. die Darstellung des Fallmaterials bei *Willemsen* in Willemsen/Hohenstatt/Schweibert/Seibt, Umstrukturierung, Rz. G 47 ff.
3 Vgl. BAG v. 11.9.1997 – 8 AZR 555/95, NJW 1998, 1253: Gegensatzbildung zwischen Übernahme einer bestehenden und dem Aufbau einer neuen Arbeitsorganisation; ausführlich dazu *Willemsen* in Willemsen/Hohenstatt/Schweibert/Seibt, Umstrukturierung, Rz. G 30 und G 66; *Willemsen*, RdA 1998, 204.
4 Siehe zu den – auch IPR-rechtlichen – Voraussetzungen BAG v. 26.5.2011 – 8 AZR 37/10, NZA 2011, 1143; *Willemsen* in Willemsen/Hohenstatt/Schweibert/Seibt, Umstrukturierung, Rz. G 46 a f.
5 EuGH v. 12.2.2009 – Rs. C-466/07, NZA 2009, 251; Schlussanträge des Generalanwalts *Mengozzi* v. 6.11.2008, Rs. C-466/07, ZIP 2008, 2278 ff.

ein Betriebsübergang stattfinde oder nicht. Der EuGH bejaht einen Übergang iS der Richtlinie 2001/23/EG bereits dann, wenn die „**funktionelle Verknüpfung zwischen den übertragenen Produktionsfaktoren beibehalten wird** und sie es dem Erwerber erlaubt, diese Faktoren zu nutzen". Für die Praxis birgt diese weite Formulierung ein hohes Maß an **Rechtsunsicherheit** in sich[1]. Nach zutreffender Auffassung des Bundesarbeitsgerichts ändert die „*Klarenberg*"-Entscheidung allerdings nichts daran, dass die fragliche „Einheit" **bereits beim Veräußerer** die **Qualität eines Betriebsteils** gehabt haben muss, um die Anwendung des § 613a BGB auszulösen[2]. Diese Sichtweise hat der EuGH nach „*Klarenberg*" wiederholt bestätigt[3]. Es **reicht** also **nicht aus**, wenn der Erwerber mit einzelnen, bislang nicht teilbetrieblich organisierten Betriebsmitteln **erst einen Betrieb oder Betriebsteil gründet**[4]. Entscheidend ist vielmehr, ob der Erwerber eine bereits beim Veräußerer **vorhandene Verknüpfung** von Betriebsmitteln iS einer betrieblichen Organisation oder Teilorganisation **weiternutzt**.

Bei der **Verschmelzung** wird der vom EuGH formulierte Grundgedanke in aller Regel zum Tragen kommen, weil der übertragende Rechtsträger erlischt (§ 20 Abs. 1 Nr. 2 UmwG) und die Weiterführung der von diesem aufgebauten betrieblichen Strukturen und bisher verfolgten wirtschaftlichen Zwecke durch den aufnehmenden Rechtsträger die geradezu „klassische" Zielsetzung einer Fusion ist. Das von der Betriebsteilübertragung bekannte Unterscheidungsproblem, ob eine organisatorisch abgrenzbare Einheit oder lediglich arbeitstechnisch unverbundene „bloße" Betriebsmittel übertragen werden, stellt sich hier nicht, weil die **ungeteilte Rechtsnachfolge** nach **§ 20 Abs. 1 Nr. 1 UmwG** sämtliche materiellen und immateriellen Betriebsmittel erfasst; der übernehmende Rechtsträger rückt in vollem Umfang in die Rechtsstellung des Überträgers ein. Betreibt dieser ein Unternehmen mit Arbeitnehmern, ist die Anwendung des § 613a Abs. 1 BGB somit idR vorgegeben. Entsprechendes gilt bei der Vermögens*voll*übertragung iS von § 174 Abs. 1 UmwG. 10

Gänzlich anders stellt sich die Rechtslage insoweit bei allen sonstigen Formen der **übertragenden** Umwandlung, also bei der **Spaltung, Ausgliederung und Vermögens*teil*übertragung** dar (siehe dazu auch Vor § 322 UmwG Rz. 6). Hier 11

---

1 Vgl. zu dem EuGH-Urteil v. 12.2.2009 die Besprechung durch *Willemsen*, NZA 2009, 289 ff. sowie *Willemsen/Sagan*, ZIP 2010, 1205 ff. Ausführlich dazu *Willemsen* in Henssler/Willemsen/Kalb, § 613a BGB Rz. 90, 128 e ff.
2 BAG v. 13.10.2011 – 8 AZR 455/10, NZA 2012, 505 – Folgeentscheidung zu „Klarenberg". Kritisch zur Abgrenzung des Betriebsteils in der Rspr. des BAG *Annuß* in Staudinger, Neubearb. 2016, § 613a BGB Rz. 60 ff.
3 EuGH v. 6.9.2011 – C-108/10, NZA 2011, 1077 Tz. 51 (Scattolon); EuGH v. 6.3.2014 – C-458/12, NZA 2014, 423 Tz. 32 (Lorenzo Amatori); siehe dazu *Willemsen*, NZA 2014, 1010.
4 BAG v. 23.5.2013 – 8 AZR 1023/12, NZA 2014, 436 (st. Rspr.). Zu weiteren aktuellen BAG-Entscheidungen in diesem Zusammenhang siehe *Willemsen* in Henssler/Willemsen/Kalb, § 613a BGB Rz. 37.

kann – und wird in der Praxis sehr häufig – die **umwandlungsrechtliche** Gesamtrechtsnachfolge in Gegenstände des Anlage- und Umlaufvermögens („Betriebsmittel") zugleich die arbeitsrechtliche Sonderrechtsnachfolge in die jeweils „zugehörigen" Arbeitsverhältnisse auslösen; **zwingend** ist dies – im Gegensatz zur Verschmelzung – aber **keineswegs**. Der Grund für die insoweit notwendige **Unterscheidung** liegt formal in dem Charakter des § 324 UmwG als Rechtsgrundverweisung (siehe Rz. 2) und materiell in der praktisch unbegrenzten **Zuweisungsfreiheit** der am Spaltungs-/Ausgliederungsvertrag bzw. Spaltungsplan beteiligten Parteien hinsichtlich der übergehenden Vermögensgegenstände, die durch die Anwendung des § 613a BGB in Umwandlungsfällen **nicht in Frage gestellt** wird. Rechtsträgerspaltungen brauchen daher keineswegs so strukturiert zu werden, dass die jeweils zu übertragenden Vermögensbestandteile arbeitsrechtlich betrachtet einen Betrieb oder Betriebsteil bilden und mit ihnen auch die zuzuordnenden Arbeitsverhältnisse gemäß § 613a BGB auf den übernehmenden Rechtsträger übergehen (siehe Rz. 51). So kann zB in einem Ausgliederungsvertrag die Übertragung (nur) eines Betriebsgrundstücks auf einen neuen Rechtsträger vereinbart werden, ohne dass dieser damit mangels Übergangs einer wirtschaftlichen Einheit iS der EuGH- und BAG-Rechtsprechung (siehe oben Rz. 7) in die Arbeitsverhältnisse der auf dem Betriebsgrundstück beschäftigten Arbeitnehmer einträte. Die zwingende Wirkung des § 613a BGB entfaltet sich also nicht auf der Tatbestands-, sondern auf der Rechtsfolgenseite (siehe dazu im Einzelnen Rz. 18 ff.). Insoweit – und nur insoweit – ist es daher zutreffend, von einem **Vorrang des § 613a Abs. 1 BGB** gegenüber der umwandlungsrechtlichen (partiellen) Gesamtrechtsnachfolge auszugehen.

d) Übergang durch Rechtsgeschäft; Zeitpunkt des Übergangs

12 Die rechtsdogmatische Einordnung des § 324 UmwG als Rechtsgrundverweisung ist auch bei der Auslegung und Anwendung des Merkmals „**durch Rechtsgeschäft**" zu beachten. Allerdings ist die frühere Streitfrage, ob es sich bei der umwandlungsrechtlichen Universalsukzession um eine solche durch Rechtsgeschäft handele, durch das „Machtwort des Gesetzgebers" (siehe Rz. 1) im positiven Sinne entschieden[1]. Als „Rechtsgeschäft" ist in den Umwandlungsfällen somit idR der Verschmelzungsvertrag, Spaltungsplan/-vertrag bzw. in den Fällen der Vermögensübertragung nach § 174 UmwG der Übertragungsvertrag anzusehen. Weiter gehender Rechtsgeschäfte zwischen übertragendem und übernehmendem Rechtsträger bedarf es insoweit zur Auslösung der Rechtsfolgen des § 613a BGB nicht. Zur Problematik der sog. **Kettenumwandlung** siehe Rz. 28.

13 Die Qualifizierung des Umwandlungsvertrags als Rechtsgeschäft iS von § 613a BGB ist für die Bestimmung des genauen **Zeitpunkts**, zu dem die Arbeitsver-

---

1 Ebenso *Joost* in Lutter, § 324 UmwG Rz. 14; *Bauer/Lingemann*, NZA 1994, 1057 (1061); vgl. auch *Willemsen* in Henssler/Willemsen/Kalb, § 613a BGB Rz. 187 ff.

hältnisse im Falle der Betriebs- oder Betriebsteilübertragung auf den übernehmenden Rechtsträger übergehen, von erheblicher Bedeutung. Soweit sich aus dem Umwandlungsvertrag und seiner **tatsächlichen Durchführung** nichts Abweichendes ergibt (dazu sogleich unten), **fallen** das **Wirksamwerden** des umwandlungsrechtlichen dinglichen Übertragungsakts einerseits und die gesetzliche Nachfolge des übernehmenden Rechtsträgers in die dem zu übertragenden Betrieb oder Betriebsteil „anhaftenden" Arbeitsverhältnisse somit zeitlich **zusammen**. Maßgeblich ist insoweit der Zeitpunkt der Eintragung der Verschmelzung oder sonstigen Umwandlung in das Handelsregister (vgl. § 20 Abs. 1 Nr. 1 UmwG, § 131 Abs. 1 Nr. 1 UmwG), **nicht** dagegen der **Verschmelzungsstichtag** is von § 5 Abs. 1 Nr. 6 UmwG bzw. der Spaltungsstichtag is von § 126 Abs. 1 Nr. 6 UmwG. Eine auf diese Stichtage **rückwirkende Übertragung** von Arbeitsverhältnissen nach § 613a BGB durch Vereinbarung im Umwandlungsvertrag **kommt** somit **nicht in Betracht**. Für die Beurteilung, wann ein Betriebsübergang eingetreten ist, kommt es vielmehr entscheidend auf die tatsächlichen Umstände an. Die bloße vertragliche Verpflichtung, einen Betrieb zu einem bestimmten Zeitpunkt zu übernehmen, genügt nicht für die Annahme eines Betriebsübergangs zu diesem Zeitpunkt[1] (siehe dazu auch Rz. 15).

Wohl aber können sich die Vertragsparteien darauf verständigen bzw. kann im Spaltungsplan vorgesehen werden, dass der übernehmende Rechtsträger in der **Zwischenphase** zwischen Abschluss des umwandlungsrechtlichen Rechtsgeschäfts und Wirksamwerden des dinglichen Übertragungsakts gemäß § 20 Abs. 1 Nr. 1 UmwG bzw. § 131 Abs. 1 Nr. 1 UmwG in die Stellung des Betriebsinhabers is von § 613a BGB einrückt, was einen entsprechend **früheren Übergang der Arbeitsverhältnisse** zur Folge hat[2]. Maßgeblich für den Zeitpunkt des Betriebs(teil)übergangs ist nämlich, wann der Erwerber **tatsächlich** die **rechtlich begründete Leitungsmacht** über den Betrieb **erlangt** hat[3]. Rechtsgrundlage für einen solchen vorgezogenen Betriebsübergang ist dann aber nicht der Umwandlungsvertrag als solcher, sondern ein zeitgleich oder später abgeschlossener Betriebs(teil)überlassungsvertrag, dessen Möglichkeit daraus resultiert, dass § 613a BGB nicht die dingliche Übertragung von Rechtsmitteln voraussetzt, sondern die rechtsgeschäftliche Einräumung der **Nutzungsbefugnis** an den Betriebsmitteln (zB iS eines Pacht- oder sonstigen Überlassungsvertrages) ausreichen lässt[4]. Es kommt also für § 613a BGB und die Bestimmung des Betriebsinhabers iS die- 14

---

1 BAG v. 21.2.2008 – 8 AZR 77/07, ZIP 2008, 2132.
2 So auch BAG v. 25.5.2000 – 8 AZR 416/99, DB 2000, 1966 (1967); aA *Salje*, RdA 2000, 126, der für eine zwingende Verzahnung von Betriebsübergang und Umwandlung plädiert und für den Übergang der Arbeitsverhältnisse ausschließlich auf den Zeitpunkt der Eintragung abstellen will.
3 BAG v. 31.1.2008 – 8 AZR 2/07, AP Nr. 339 zu § 613a BGB; st. Rspr., zB BAG v. 10.5. 2012 – 8 AZR 434/11, NZA 2012, 1161 Rz. 27. Siehe dazu *Willemsen* in Willemsen/Hohenstatt/Schweibert/Seibt, Umstrukturierung, Rz. G 124.
4 AllgM; vgl. nur *Seiter*, Betriebsinhaberwechsel, S. 41, 44.

ser Norm nicht entscheidend darauf an, wem die Betriebsmittel gehören, sondern darauf, wem die zivilrechtliche Befugnis zusteht, **den Betrieb im eigenen Namen** und (jedenfalls idR) für eigene Rechnung zu **führen**[1].

15 Die Übertragung dieser sog. **„betrieblichen Leitungsmacht"**[2] kann daher unabhängig von und zeitlich vor dem dinglichen Übergang der Betriebsmittel infolge der umwandlungsrechtlichen Universalsukzession erfolgen, wenn eine entsprechende Vereinbarung zwischen den beteiligten Rechtsträgern vorliegt, die unter Umständen auch konkludent, durch tatsächlichen (vorzeitigen) Eintritt in die Arbeitgeberstellung und die betrieblich-organisatorische Leitung mit Einverständnis des übertragenden Rechtsträgers zustande kommen kann. Hier ist in der Praxis also eine gewisse **Vorsicht** angezeigt, zumal ein solches zeitliches Auseinanderklaffen von Betriebs(teil)übergang iS von § 613a BGB einerseits und Wirksamwerden der Verschmelzung/Spaltung andererseits schwierige Zweifels- und Abgrenzungsfragen (zB im Hinblick auf den Beginn des Fristablaufs für das Widerspruchsrecht der Arbeitnehmer; siehe dazu Rz. 18 ff.) und gegebenenfalls auch steuerrechtliche Komplikationen mit sich bringen kann. Soll sichergestellt werden, dass Vermögens- und Betriebsübergang zeitlich zusammenfallen, muss auf Eingriffe des übernehmenden Rechtsträgers in die Betriebsführung und -organisation vor der Eintragung entweder ganz verzichtet oder zumindest im Verhältnis zu den Arbeitnehmern (!) eindeutig klargestellt werden, dass die faktische Übernahme von Leitungsfunktionen in dieser Zwischenphase **im Namen und für Rechnung** des übertragenden Rechtsträgers erfolgt. Derartige bloße **Betriebsführungsverträge** lösen nämlich **nicht** die Rechtsfolge des § 613a BGB aus, wenn und solange der Betriebsführer gegenüber der Belegschaft im Namen des „eigentlichen" Betriebsinhabers auftritt[3]. Zur Problematik sog. **Kettenumwandlungen** siehe Rz. 28.

16 Die Rechtsfigur des **Betriebsführungsvertrages** kann aber auch für die Zeit **nach** dem Wirksamwerden der Verschmelzung/Spaltung erhebliche Bedeutung erlangen. Mit ihrer Hilfe lässt sich nämlich – so gewollt – der Übergang von Arbeitsverhältnissen gemäß § 613a BGB auf den die wesentlichen Betriebsmittel übernehmenden Rechtsträger vermeiden, indem dieser zeitgleich mit der Umwandlung (konkret nur möglich, soweit diese nicht zum Erlöschen des übertragenden Rechtsträgers führt) mit dem übertragenden Rechtsträger einen **Betriebsführungsvertrag** schließt, der diesen dazu verpflichtet, die zu übertragende betriebliche Einheit weiterhin (gegenüber den Arbeitnehmern!) **im eigenen Namen**, wenn auch künftig für Rechnung des übernehmenden Rechtsträgers, zu führen. Da es sich bei einer solchen Vertragsgestaltung der Sache nach nur um eine **Gewinnabführung** handelt, die aber an der Betriebsinhaber-

---

1 Vgl. *Seiter*, Betriebsinhaberwechsel, S. 41.
2 Zum Begriff vgl. *Willemsen* in Henssler/Willemsen/Kalb, § 613a BGB Rz. 45 ff.
3 Vgl. dazu *Willemsen* in Willemsen/Hohenstatt/Schweibert/Seibt, Umstrukturierung, Rz. G 77 ff.

schaft nichts ändert, findet solchenfalls ein Übergang der Arbeitsverhältnisse auf den übernehmenden Rechtsträger nicht statt[1]. Auch hieran zeigt sich der **Vorrang der arbeitsrechtlichen vor der umwandlungsrechtlichen Bewertung** der Rechtsfolgen von Umwandlungsvorgängen in Bezug auf die Überleitung von Arbeitsverhältnissen.

Ist somit das **Konkurrenzverhältnis** zwischen umwandlungsrechtlicher Gesamtrechtsnachfolge einerseits und der Sonderrechtsnachfolge in Arbeitsverhältnisse gemäß § 613a BGB andererseits grundsätzlich **geklärt**, muss hinsichtlich der in der Praxis unter Umständen überaus schwierigen Feststellung der tatbestandlichen Voraussetzungen des Betriebs(teil)übergangs ergänzend auf das allgemeine arbeitsrechtliche Schrifttum Bezug genommen werden[2]. Auch die nachfolgende Darstellung der Rechtsfolgen einer Anwendung des § 613a BGB muss sich im Wesentlichen auf spezifisch umwandlungsrechtliche Fragestellungen beschränken und kann im Übrigen, dh. hinsichtlich der allgemein sich auf der Rechtsfolgenseite ergebenden Fragen, nur einen **Überblick** vermitteln[3].

2. Rechtsfolgen der Geltung von § 613a Abs. 1, 4 bis 6 BGB

a) Übergang des Arbeitsverhältnisses kraft Gesetzes; Widerspruchsrecht des Arbeitnehmers

Gemäß § 613a Abs. 1 BGB geht das Arbeitsverhältnis im Falle eines Betriebsinhaberwechsels kraft Gesetzes, also ohne dass es irgendwelcher hierauf gerichteter rechtsgeschäftlicher Erklärungen der Beteiligten bedarf, auf den neuen Betriebsinhaber über. Der gesetzliche Übergang erfasst den **gesamten Inhalt** des Arbeitsverhältnisses einschließlich der **Versorgungsanwartschaften** aktiver Arbeitnehmer (zur Rechtslage bei ausgeschiedenen Versorgungsanwärtern und Pensionären siehe Rz. 64)[4]. Genau dieselbe Rechtsfolge ergibt sich nach dem Grundsatz der Gesamtrechtsnachfolge in den Fällen der Verschmelzung, Spaltung oder Vermögensübertragung. Auch ohne die Geltung von § 613a Abs. 1 BGB würden die Arbeitsverhältnisse mithin – beispielsweise im Falle der Spaltung gemäß § 131 UmwG, solange der Spaltungsvertrag keine gegenseitigen Festlegungen enthielte – mit dem Betrieb bzw. Betriebsteil auf den bzw. die übernehmenden Rechtsträger übergehen; § 613 Satz 2 BGB (nur „im Zweifel"

---

1 Ebenso *Seiter*, Betriebsinhaberwechsel, S. 38. Siehe zum Ganzen *Willemsen* in Willemsen/Hohenstatt/Schweibert/Seibt, Umstrukturierung, Rz. G 77 ff.
2 Siehe dazu ausführlich *Willemsen* in Willemsen/Hohenstatt/Schweibert/Seibt, Umstrukturierung, Rz. G 64 ff.
3 Ausführlich *Willemsen/Müller-Bonanni* in Henssler/Willemsen/Kalb, § 613a BGB Rz. 221 ff.
4 Zu den Folgen für den Fortbestand der sog. Gewährträgerhaftung nach der Umstrukturierung öffentlich-rechtlicher Kreditinstitute vgl. *Mehrens/Voland*, WM 2014, 831.

keine Übertragbarkeit des Anspruchs auf Dienstleistung) stünde dem nicht entgegen, solange der Inhalt des Arbeitsverhältnisses unverändert bleibt[1]. Eine derartige Inhaltsänderung ist aber idR zu verneinen, wenn das Arbeitsverhältnis auch nach der Spaltung dem bisherigen Betrieb bzw. Betriebsteil zugeordnet bleibt. Für die Übertragung des Arbeitsverhältnisses als Ganzes allein auf umwandlungsrechtlicher Grundlage würde es allerdings jedenfalls bei der Spaltung der – gegebenenfalls konkludenten – Zustimmung der betroffenen Arbeitnehmer bedürfen.

19 Die Bedeutung des Hinweises auf § 613a Abs. 1 BGB liegt demnach in Bezug auf die Übertragbarkeit von Arbeitsverhältnissen darin, dass er zum einen den gesetzlichen Übergang der Arbeitsverhältnisse zusammen mit dem Betrieb bzw. Betriebsteil – und zwar **ohne** insoweit bestehende **Gestaltungsfreiheit** der Parteien des Umwandlungsvertrages (Rz. 52) und **ohne notwendige Zustimmung der Arbeitnehmer** – bestätigt, zum anderen aber auch darin, dass das von der Rechtsprechung des BAG[2] unter Billigung des EuGH[3] entwickelte und inzwischen in § 613a Abs. 6 BGB gesetzlich anerkannte **Widerspruchsrecht des Arbeitnehmers** infolge der pauschalen Verweisung in § 324 UmwG zugleich mit in das Gesetz „implantiert" wird[4]. Soweit § 613a BGB eingreift, braucht der einzelne Arbeitnehmer also nicht im Rahmen der Verschmelzung, Spaltung usw. um Zustimmung zum Übergang eines Arbeitsverhältnisses ersucht zu werden (Widerspruchs- statt Zustimmungslösung); eine Zustimmung ist dagegen, wie *Boecken*[5] richtig erkannt hat, nur bei rein spaltungsrechtlicher Übertragung von Arbeitsverhältnissen, also außerhalb eines Betriebs- oder Betriebsteilübergangs, erforderlich (siehe dazu auch Rz. 57 sowie ausführlicher zum Widerspruchsrecht Rz. 41 ff.).

Wenn der Arbeitnehmer anlässlich einer Verschlechterung seiner Arbeitsbedingungen infolge eines Betriebsübergangs sein Arbeitsverhältnis selbst kündigt, soll nach Art. 4 Abs. 2 der Richtlinie 2001/23/EG die Eigenkündigung des Arbeitnehmers als Kündigung des Arbeitgebers zu behandeln sein. Das deutsche Recht kennt keine der Vorschrift des Art. 4 Abs. 2 der Richtlinie entsprechende

---

1 Vgl. *Boecken*, ZIP 1994, 1093.
2 St. Rspr. seit BAG v. 2.10.1974 – 5 AZR 504/73, AP Nr. 1 zu § 613a BGB; vgl. ferner BAG v. 7.4.1993 – 2 AZR 449/91, AP Nr. 109 zu § 613a BGB.
3 EuGH v. 16.12.1992 – Rs. C-132/91, ZIP 1993, 221.
4 Auf diese Konsequenz weist eindeutig auch die Begründung zum Regierungsentwurf in BT-Drucks. 12/6699, S. 121 hin; iE ebenso BAG v. 25.5.2000 – 8 AZR 416/99, DB 2000, 1966 (1967); *Bauer/Lingemann*, NZA 1994, 1057 (1061); *Boecken*, ZIP 1994, 1087 (1091 ff.); *Däubler*, RdA 1995, 136 (140); *Hanau*, ZGR 1990, 548 (556 f.); *Joost* in Lutter, § 324 UmwG Rz. 65 ff.; *Kreßel*, BB 1995, 925 (930); *Mertens*, AG 1994, 73; *Willemsen*, RdA 1993, 137; *Willemsen*, NZA 1996, 798; *Wlotzke*, DB 1995, 40 (43); aA *Hennrichs*, ZIP 1995, 794 (799 f.).
5 *Boecken*, ZIP 1994, 1087 (1093).

Vorschrift. Doch dürfte dies angesichts der im deutschen Recht geltenden Widerspruchslösung entbehrlich sein. Nach jüngerer Rechtsprechung des EuGH **verlangt die Richtlinie nicht**, dass dem **Arbeitnehmer**, der infolge einer **wesentlichen Änderung** seiner Arbeitsbedingungen aufgrund des Betriebsübergangs das Arbeitsverhältnis **kündigt**, vom Erwerber eine **Entschädigung** gezahlt werden müsse[1]. Die Richtlinie gebe insbesondere nicht vor, welche wirtschaftlichen Folgen es hat, wenn dem Arbeitgeber unter den genannten Umständen die Beendigung des Arbeitsvertrags oder Arbeitsverhältnisses zugerechnet wird. Diese Folgen seien deshalb in jedem Mitgliedstaat nach den einschlägigen nationalen Vorschriften festzulegen. Der Arbeitnehmer sei aber jedenfalls so zu stellen, als ob das Arbeitsverhältnis rechtmäßig durch den Arbeitgeber gekündigt worden wäre, dh. er hat ua. Anspruch auf Zahlung des Arbeitsentgelts bis zum Ablauf der (fiktiven) vom Arbeitgeber einzuhaltenden Kündigungsfrist. Dieser Auslegung der Richtlinie durch den EuGH dürfte das nach deutschem Recht gewährte Widerspruchsrecht genügen: Bei einer Verschlechterung der Arbeitsbedingungen hat der Arbeitnehmer das Recht, dem Übergang seines Arbeitsverhältnisses auf den Erwerber zu widersprechen. Dann besteht das Arbeitsverhältnis mit dem Veräußerer fort, so dass er auch seine Zahlungsansprüche gegen den Veräußerer behält[2].

Auf den **Formwechsel** passt § 613a BGB nicht, da in diesem Fall die Identität 20 des bisherigen Arbeitgebers vollständig erhalten bleibt. Daher erwähnt § 324 UmwG diesen Umwandlungsfall zu Recht nicht.

b) „Kündigungsverbot" gemäß § 613a Abs. 4 BGB

§ 613a Abs. 4 BGB, der eine Kündigung „wegen Betriebsübergangs" für unwirk- 21 sam erklärt, Kündigungen „aus anderen Gründen" jedoch unberührt lässt, stellt eine spezialgesetzliche Ausprägung des allgemeinen Umgehungsverbots dar[3]. Soweit die Umwandlung mit einem Betriebsübergang oder Betriebsteilübergang einhergeht, ist auf Grund der nunmehr ausdrücklichen Klarstellung im Gesetzestext das in § 613a Abs. 4 BGB enthaltene **Kündigungsverbot** anwendbar[4]. Es gilt grundsätzlich für Kündigungen sowohl vor wie auch nach dem Betriebsübergang. Schließt ein Arbeitnehmer mit dem Veräußerer einen Aufhebungsvertrag und vereinbart er sogleich mit dem Erwerber ein neues Arbeitsverhältnis, so ist der Aufhebungsvertrag gemäß § 134 BGB wegen Umgehung des

---

1 Vgl. dazu EuGH v. 27.11.2008 – Rs. C-396/07, NJW 2009, 45 m. zustimmender Anm. *Krieger*.
2 Vgl. *Krieger*, NJW 2009, 47 f.
3 Vgl. *Willemsen*, ZIP 1983, 411 (413, mwN in Fn. 12); aus der Rechtsprechung BAG v. 31.1.1985 – 2 AZR 530/83, AP Nr. 40 zu § 613a BGB; BAG v. 5.12.1985 – 2 AZR 3/85, AP Nr. 47 zu § 613a BGB; BAG v. 28.4.1988 – 2 AZR 623/87, AP Nr. 74 zu § 613a BGB; BAG v. 19.5.1988 – 2 AZR 596/87, AP Nr. 75 zu § 613a BGB.
4 Unstreitig, vgl. nur *Willemsen*, NZA 1996, 799; *Wlotzke*, DB 1995, 40 (43).

§ 613a Abs. 4 BGB nichtig[1]. Wie § 613a Abs. 4 Satz 2 BGB zeigt, schließt das Verbot Kündigungen, die nur im **zeitlichen und sachlichen Zusammenhang** mit der Umwandlung bzw. dem Betriebsübergang ausgesprochen werden, jedoch auf „anderen", dh. **eigenständigen Gründen** beruhen (zB Auftragsrückgang, Rationalisierung, Entstehen von Synergieeffekten), keineswegs aus; **insoweit** gilt – entgegen weit verbreiteter Ansicht in der Praxis – auch **keine einjährige Sperre**. Wegen der Einzelheiten muss auch hier auf das allgemeine arbeitsrechtliche Schrifttum verwiesen werden[2].

c) Haftungsfragen

22 Es fällt auf, dass § 324 UmwG lediglich Abs. 1 und Abs. 4 bis 6 des § 613a BGB in Bezug nimmt, Abs. 2 und 3 mithin ausdrücklich ausklammert. Welche Schlussfolgerungen sich daraus im Einzelnen ableiten lassen, insbesondere, ob in Bezug auf die Haftung für arbeitsrechtliche Ansprüche § 613a Abs. 2 BGB neben oder anstelle der Regelung gemäß § 22 UmwG und § 133 UmwG gilt, ist in der Literatur umstritten[3]. Die durch Art. 2 des Gesetzes vorgenommene Anpassung des Textes von § 613a Abs. 3 BGB beantwortet diese Frage jedenfalls nicht. Für den Vorrang der umwandlungsrechtlichen Haftung sprechen aber ihr spezialgesetzlicher Charakter sowie die Erwägung, dass ein Grund für eine Schlechterstellung der Arbeitnehmer gegenüber anderen Gläubigern nicht erkennbar ist[4].

d) Fortgeltung von Tarifverträgen und Betriebsvereinbarungen gemäß § 613a Abs. 1 Sätze 2–4 BGB

23 Durch § 324 UmwG ist ferner klargestellt, dass in Fällen der Verschmelzung, Spaltung und Vermögensübertragung auch § 613a Abs. 1 Sätze 2–4 BGB An-

---

1 BAG v. 21.5.2008 – 8 AZR 481/07, DB 2009, 291 (293). Das BAG bejaht dabei einen Betriebsübergang, wenn der Erwerber die übernommenen Arbeitnehmer an den Veräußerer „zurück verleiht".
2 Vgl. zB *Edenfeld* in Erman, 14. Aufl. 2014, § 613a BGB Rz. 104 ff.; *Wank* in MünchHdb. ArbR, 3. Aufl. 2009, § 103 Rz. 1 ff.; ausführlich zur Reichweite und Bedeutung des § 613a Abs. 4 BGB *Annuß* in Staudinger, Neubearb. 2016, § 613a BGB Rz. 370 ff. sowie *Willemsen* in Willemsen/Hohenstatt/Schweibert/Seibt, Umstrukturierung, Rz. H 86 ff.; *Willemsen/Müller-Bonanni* in Henssler/Willemsen/Kalb, § 613a BGB Rz. 304 ff.
3 Für einen generellen Vorrang der umwandlungsrechtlichen Haftungsbestimmungen gegenüber § 613a Abs. 2 BGB *Hohenstatt/Schramm* in KölnKomm. UmwG, § 324 UmwG Rz. 103; *Joost* in Lutter, § 324 UmwG Rz. 79 ff.; *Sickinger*, oben § 133 UmwG Rz. 10; *Wlotzke*, DB 1995, 40 (43); unklar *Däubler*, RdA 1995, 136 (142); für eine „Anspruchsgrundlagenpluralität" *Hausch*, RNotZ 2007, 308 (338).
4 *Willemsen* in Willemsen/Hohenstatt/Schweibert/Seibt, Umstrukturierung, Rz. G 204 f.; siehe dazu auch Vor § 322 UmwG Rz. 120. Zu den haftungsrechtlichen Besonderheiten beim Betriebsübergang im Insolvenzverfahren siehe *Willemsen* in Willemsen/Hohenstatt/Schweibert/Seibt, Umstrukturierung, Rz. G 126.

wendung finden, die das Schicksal von **Tarifverträgen und Betriebsvereinbarungen** im Falle eines Betriebsübergangs zum Gegenstand haben[1]. Danach gelten die bisherigen Normen von Tarifverträgen und Betriebsvereinbarungen nach einem Betriebsübergang fort, indem sie zum Inhalt des Arbeitsverhältnisses zwischen Arbeitnehmer und neuem Betriebsinhaber werden und für **ein Jahr nach Betriebsübergang** nicht zum Nachteil der Arbeitnehmer geändert werden dürfen. Die Regelung beruht auf der EG-Richtlinie 77/187 EWG über den Betriebsübergang v. 14.2.1977[2] und gibt Anlass zu zahlreichen Zweifelsfragen, die hier nicht umfassend behandelt werden können[3].

aa) Auffangregelung; Vorrang der kollektivrechtlichen Fortgeltung

Für das Verständnis und die praktische Handhabung ist wichtig, dass es sich bei 24 den gemäß § 324 UmwG auch im Umwandlungsfall anwendbaren Bestimmungen des § 613a Abs. 1 Sätze 2–4 BGB lediglich um eine **Auffangregelung** handelt. Eine solche ist erforderlich, weil die Mitgliedschaft des (bisherigen) Arbeitgebers in einem bestimmten **Arbeitgeberverband** und damit auch die Bindung an einen Verbandstarifvertrag nicht automatisch kraft Gesamtrechtsnachfolge auf den neuen Rechtsträger übergeht[4], derartige Tarifverträge also nicht „automatisch" kollektivrechtlich weitergelten[5]. Daraus folgt aber umgekehrt, dass es der Regelung des § 613a Abs. 1 Satz 2 BGB dann nicht bedarf, wenn die bisherigen Tarifverträge kollektivrechtlich weitergelten. Dies ist insbesondere dann der Fall, wenn es sich um einen **Firmentarifvertrag** handelt[6]. Dieser gehört bei der

---

1 Siehe dazu auch Vor § 322 UmwG Rz. 79 ff.
2 ABl. EG Nr. L 61 v. 5.3.1977, S. 26.
3 Wegen der arbeitsrechtlichen Detailfragen sei beispielhaft auf *Edenfeld* in Erman, 14. Aufl. 2014, § 613a BGB Rz. 71 ff.; *Hromadka/Maschmann/Wallner*, Der Tarifwechsel, 1996, Rz. 318 ff.; *Th. Müller*, RdA 1996, 287 ff.; *Wank*, NZA 1987, 5 ff.; *Hohenstatt* in Willemsen/Hohenstatt/Schweibert/Seibt, Umstrukturierung, Rz. E 1 ff. und E 92 ff., sowie *Willemsen/Müller-Bonanni* in Henssler/Willemsen/Kalb, § 613a BGB Rz. 249 ff. verwiesen.
4 Vgl. BAG v. 13.7.1994 – 4 AZR 555/93, AP Nr. 14 zu § 3 TVG Verbandszugehörigkeit; BAG v. 24.6.1998 – 4 AZR 208/97, DB 1999, 290; ebenso *Henssler* in Henssler/Willemsen/Kalb, § 3 TVG Rz. 48 f.; *Joost*, ZIP 1995, 979; *Oetker* in Wiedemann, 7. Aufl. 2007, § 3 TVG Rz. 163, 165.
5 BAG v. 5.10.1993 – 3 AZR 586/92, AP Nr. 42 zu § 1 BetrAVG Zusatzversorgungskassen; BAG v. 13.7.1994 – 4 AZR 555/93, AP Nr. 14 zu § 3 TVG Verbandszugehörigkeit; für die Möglichkeit einer Rechtsnachfolge in die Verbandsmitgliedschaft bei entsprechender Regelung im Spaltungs- und Übernahmevertrag LAG Baden-Württemberg v. 24.10. 2000 – 10 TaBV 2/99, BB 2001, 257; rkr.
6 BAG v. 24.6.1998 – 4 AZR 208/97, DB 1999, 290 m. Anm. *Trappehl/Lambrich*; BAG v. 4.7.2008 – 4 AZR 491/06, AP Nr. 35 zu § 4 TVG Tarifkonkurrenz m. Anm. *Hertzfeld/Isenhardt*, EWiR 2008, 345; *B. Gaul*, NZA 1995, 717 (722 f.); *Henssler* in Henssler/Willemsen/Kalb, § 3 TVG Rz. 47; *Joost* in Lutter, § 324 UmwG Rz. 33 f.; *Schaub* in FS Wiese, 1998, S. 535 (538); aA *Gussen/Dauck*, Weitergeltung, Rz. 367 ff.

Verschmelzung zu den Verbindlichkeiten iS von § 20 Abs. 1 Nr. 1 UmwG[1] und geht daher im Wege der Gesamtrechtsnachfolge auf den übernehmenden Rechtsträger über; allerdings bleibt sein **Geltungsbereich** auf die betrieblichen Verhältnisse bei dem übertragenden Rechtsträger beschränkt, so dass der kollektivrechtlich fortgeltende Firmentarifvertrag nicht für Arbeitnehmer des aufnehmenden Rechtsträgers gilt (mit der Konsequenz sog. Tarifpluralität)[2]. Bei der **Auf-/Abspaltung** bzw. **Ausgliederung** geht der **Firmentarifvertrag** gemäß § 131 Abs. 1 Nr. 1 UmwG (nur) insoweit auf den bzw. die übernehmenden Rechtsträger über, wie dies im Spaltungs- und Übernahmevertrag vorgesehen ist[3]. Es kann hier aber **nicht** zu einer „**Vervielfachung**" des Firmentarifvertrags kommen[4] (str.); vielmehr kann die Vertragsstellung aus einem Firmentarifvertrag jeweils nur *einem* Rechtsträger zugewiesen werden, weil allein dies der vertragsrechtlichen Grundlage entspricht. Diese Auffassung vertritt inzwischen auch das BAG[5]. Wird der Firmentarifvertrag einem der aufnehmenden Rechtsträger zugeordnet, kann er beim übertragenden Rechtsträger nicht weitergelten. Die Tarifbindung bleibt dann aber nach § **3 Abs. 3 TVG** aufrechterhalten, bis der Tarifvertrag endet[6]. Im Falle des **Verbands-(Flächen-)Tarifvertrages** besteht die kollektivrechtliche Bindung auf Arbeitgeberseite fort, wenn der neue Rechtsträger demselben Arbeitgeberverband wie der bisherige Rechtsträger angehört bzw. beitritt oder wenn der Tarifvertrag gemäß § 5 TVG für **allgemeinverbindlich** erklärt worden ist. Bei einer solchen kollektivrechtlichen Fortgeltung findet § 613a Abs. 1 Satz 2 BGB **keine Anwendung**[7].

---

1 BAG v. 24.6.1998 – 4 AZR 208/97, DB 1999, 290.
2 Dazu eingehend *Hohenstatt* in Willemsen/Hohenstatt/Schweibert/Seibt, Umstrukturierung, Rz. E 101 ff.; ebenso *Joost* in Lutter, § 324 UmwG Rz. 34; *Müller-Bonanni/Mehrens*, ZIP 2012, 1217 (1218); teilweise aA *B. Gaul*, NZA 1995, 717 (722 ff.); *Gaul/Otto*, BB 2014, 500 (504); *Hanau*, ZGR 1990, 548 (554). Zu den Auswirkungen des Tarifeinheitsgesetzes (§ 4a TVG) auf die Fortgeltung von Firmentarifverträgen beim aufnehmenden Rechtsträger siehe *Hohenstatt* in Willemsen/Hohenstatt/Schweibert/Seibt, Umstrukturierung, Rz. E 105.
3 BAG v. 21.11.2012 – 4 AZR 85/11, NZA 2013, 512 Rz. 25; *Henssler* in Henssler/Willemsen/Kalb, § 3 TVG Rz. 47; *Hohenstatt* in Willemsen/Hohenstatt/Schweibert/Seibt, Umstrukturierung, Rz. E 110 ff. mwN.
4 So jedoch *Wellenhofer-Klein*, ZfA 1999, 239 (262 mwN); *Gaul/Otto*, BB 2014, 500 (502); aA *Boecken*, Unternehmensumwandlungen, Rz. 207; *Oetker* in Wiedemann, 7. Aufl. 2007, § 3 TVG Rz. 198; *Hohenstatt* in Willemsen/Hohenstatt/Schweibert/Seibt, Umstrukturierung, Rz. E 110; *Müller-Bonanni/Mehrens*, ZIP 2012, 1217 (1220). Allgemein zur Aufteilung von Vertragsverhältnissen bei umwandlungsrechtlichen Spaltungen *Berner/Klett*, NZG 2008, 601.
5 BAG v. 21.11.2012 – 4 AZR 85/11, NZA 2013, 512 Rz. 25; insoweit zweifelnd *Gaul/Otto*, BB 2014, 500 (502, Fn. 27).
6 *Hohenstatt* in Willemsen/Hohenstatt/Schweibert/Seibt, Umstrukturierung, Rz. E 111; aA *Gaul/Otto*, BB 2014, 500 (503 f.).
7 AllgM, vgl. nur BAG v. 24.6.1990 – 4 AZR 208/97, DB 1999, 290; *Joost* in Lutter, § 324 UmwG Rz. 32.

Entsprechendes gilt auch für **Betriebsvereinbarungen**. Behält der Betrieb nach 25
der Verschmelzung oder Spaltung des Rechtsträgers seine **Identität** bei[1], ändert
sich seine arbeitstechnisch-organisatorische Zusammensetzung also nicht oder
nur unwesentlich, gelten nach neuerer Rechtsprechung des BAG alle bestehenden
Betriebsvereinbarungen für und gegen den neuen Betriebsinhaber (Rechtsträger)
normativ weiter[2]. Wird dagegen ein **Betriebsteil** aus einem bestehenden Betrieb
im Zuge der Umwandlung tatsächlich **ausgegliedert** (Betriebsspaltung, siehe
dazu auch oben Vor § 322 UmwG Rz. 22 f.), scheidet eine originär-kollektivrechtliche Fortgeltung der bisher geltenden Betriebsvereinbarung für diesen Betriebsteil aus, und es findet § 613a Abs. 1 Sätze 2-4 BGB Anwendung. Dies gilt nach –
streitiger, aber zutreffender – Auffassung auch dann, wenn dem Betriebsrat des
„abgebenden" Betriebs für den abgespaltenen Betriebsteil ein **Übergangsmandat**
nach § 21a BetrVG zusteht[3]. Die **Praxis** wird sich allerdings an der **neueren
Rechtsprechung des BAG** zu orientieren haben, die eine **kollektivrechtliche
Fortgeltung** der im Ausgangsbetrieb geltenden Betriebsvereinbarungen auch im
„abgespaltenen" Betriebsteil annimmt, soweit dieser zukünftig organisatorisch
selbständig fortbesteht[4]. Diese Aussicht führt ua. insoweit zu anderen Ergebnissen, als danach auch **neu eingestellte Arbeitnehmer** von der Fortgeltung erfasst
werden[5]. Bei **Gesamtbetriebsvereinbarungen** kommt eine normative Weitergeltung (nur) in Betracht, soweit der Betrieb in der „Zuständigkeit" des abschließenden Gesamtbetriebsrats verbleibt (sehr str.)[6]. Entsprechendes gilt für **Konzernbetriebsvereinbarungen**[7]. Es ist mithin vor Anwendung des § 613a Abs. 1 Sätze 2-4 BGB **stets zu prüfen**, ob die Regelungen eines Tarifvertrages oder einer
Betriebsvereinbarung bereits auf **kollektivrechtlicher Grundlage** weitergelten.

---

1 Zu den Voraussetzungen im Einzelnen *Hohenstatt* in Willemsen/Hohenstatt/Schweibert/Seibt, Umstrukturierung, Rz. D 68 ff.
2 Vgl. BAG v. 5.2.1991 – 1 ABR 32/90, AP Nr. 89 zu § 613a BGB und BAG v. 27.7.1994 – 7 ABR 37/93, AP Nr. 118 zu § 613a BGB; *Hanau/Vossen* in FS Hilger/Stumpf, 1983, S. 271 ff.
3 Wie hier (noch zu § 321 BetrVG aF) *Th. Müller*, RdA 1996, 287 (291); aA *Bachner*, NZA 1997, 79 (81 f.); *Düwell*, NZA 1996, 393 (395); *Fitting/Engels/Schmidt/Trebinger/Linsenmeier*, § 77 BetrVG Rz. 174; *Kreft* in FS Wißmann, 2005, S. 347, 352 ff.; *Gussen/Dauck*, Weitergeltung Rz. 333 f.; vgl. zum Ganzen auch *Hohenstatt* in Willemsen/Hohenstatt/Schweibert/Seibt, Umstrukturierung, Rz. E 20 ff. unter Hinweis auf die zT abweichende Rspr. des BAG.
4 BAG v. 18.9.2003 – 1 ABR 54/01, NZA 2003, 670 (675).
5 Vgl. *Hohenstatt* in Willemsen/Hohenstatt/Schweibert/Seibt, Umstrukturierung, Rz. E 24.
6 Vgl. *Th. Müller*, RdA 1996, 291 f., mwN zum Meinungsstand; für kollektivrechtliche Fortgeltung als Einzelbetriebsvereinbarung dagegen BAG v. 18.9.2002 – 1 ABR 54/01, NZA 2003, 670; *Hanau* in Hromadka (Hrsg.), Flexibilisierung zur Überwindung der Massenerwerbslosigkeit, 1997, S. 82, 98; *Trappehl/Nussbaum*, BB 2011, 2869 (2871); sowie *C. Meyer*, DB 2000, 1174 (1177); siehe dazu Vor § 322 UmwG Rz. 74 ff.
7 Vgl. dazu *Hohenstatt* in Willemsen/Hohenstatt/Schweibert/Seibt, Umstrukturierung, Rz. E 70 ff. sowie Vor § 322 UmwG Rz. 77.

bb) Transformation nach § 613a Abs. 1 Satz 2 BGB und Ablösungsmöglichkeiten

26 Ist dies nicht der Fall, weil der übernehmende Rechtsträger nicht derselben Tarifbindung unterliegt wie der bisherige Rechtsträger oder – bezogen auf Betriebsvereinbarungen – der Arbeitnehmer nach der Umwandlung nicht mehr demselben Betrieb angehört wie zuvor, gilt die Regelung des § 613a Abs. 1 Satz 2 BGB[1] mit der einjährigen Veränderungssperre (für abweichende Regelungen zuungunsten des Arbeitnehmers), es sei denn, dass bei dem neuen Rechtsträger eine **andere kollektivrechtliche Regelung** (Tarifvertrag oder Betriebsvereinbarung) mit normativer Wirkung zur Anwendung gelangt. Es gilt dann die **Ablösungsregel** des § 613a Abs. 1 Satz 3 BGB, wonach es nicht zu einer Weitergeltung der „alten" Kollektivnormen kommt, „wenn die Rechte und Pflichten bei dem neuen Inhaber durch Rechtsnormen eines **anderen Tarifvertrags** oder durch eine **andere Betriebsvereinbarung** geregelt werden." Dies ist bei Tarifverträgen etwa dann der Fall, wenn für den übernehmenden Rechtsträger ein entsprechender Firmentarifvertrag mit **gleichem Regelungsgegenstand** gilt oder der Arbeitnehmer der **Gewerkschaft beitritt**, die einen für den übernehmenden Rechtsträger einschlägigen **Verbandstarifvertrag** abgeschlossen hat. Bei **Betriebsvereinbarungen** ergibt sich eine vergleichbare Situation, wenn ein Betrieb oder Betriebsteil in einen anderen Betrieb eingegliedert wird, wobei der aufnehmende Betrieb im Wesentlichen unverändert bleibt, also seine Identität bewahrt. Es ist dann der Betriebsrat des aufnehmenden Betriebs in vollem Umfang zuständig, und es gelten von Anfang an kollektivrechtlich die Betriebsvereinbarungen des aufnehmenden Betriebs[2], selbst wenn diese, bezogen auf den jeweils identischen Regelungsgegenstand, **ungünstiger** sind als die bisher geltenden Betriebsvereinbarungen[3]. Eine derartige **Ablösungswirkung** hat allerdings nur eine mit dem Betriebsrat des aufnehmenden Betriebs förmlich abgeschlossene

---

1 Nach der neueren Rechtsprechung des 4. BAG-Senats handelt es sich dabei *nicht* um eine individualrechtliche Fortgeltung auf der Ebene des Arbeitsvertrags; vielmehr entsprechen die Wirkungsweise der nach § 613a Abs. 1 Satz 2 BGB transformierten Normen regelmäßig derjenigen, die bei einem Verbandsaustritt des Veräußerers nach § 3 Abs. 3 TVG (sog. Nachbindung) eintreten würde; BAG v. 22.4.2009 – 4 AZR 100/08, NZA 2010, 41. Siehe zum Ganzen auch *Hohenstatt* in Willemsen/Hohenstatt/Schweibert/Seibt, Umstrukturierung, Rz. E 115 ff.; *Völksen*, NZA 2013, 1182; *Sagan*, RdA 2011, 163.
2 Vgl. *Kreßel*, BB 1995, 925 (929) mwN.
3 Zum Ausschluss des Günstigkeitsprinzips bei § 613a Abs. 1 Satz 3 BGB vgl. BAG v. 14.8.2001 – 1 AZR 619/00, NZA 2002, 276; *Annuß* in Staudinger, Neubearb. 2016, § 613a BGB Rz. 220; *Hohenstatt* in Willemsen/Hohenstatt/Schweibert/Seibt, Umstrukturierung, Rz. E 46. Zu Zweifeln hinsichtlich der Ablösbarkeit auch durch (deutlich) ungünstigere Tarifverträge oder Betriebsvereinbarungen könnte die Entscheidung des EuGH v. 6.9.2011 – Rs. C-108/10, NZA 2011, 1077 (Ivana Scattolon), Anlass geben. Siehe dazu *Willemsen*, RdA 2012, 291 (301 f.); *Sittard/Flockenhaus*, NZA 2013, 652; *Winter*, RdA 2013, 36.

Rechte und Pflichten bei Betriebsübergang | § 324

Betriebsvereinbarung (zB im Bereich von Sondervergütungen, der Arbeitszeit oder der **betrieblichen Altersversorgung**); eine lediglich individualrechtlich wirkende sog. **Gesamtzusage** oder betriebliche **Übung** reicht hierfür **nicht aus**[1]. Ein gemäß § 613a Abs. 1 Satz 2 BGB weitergeltender Tarifvertrag geht nach Auffassung des BAG einer beim Erwerber bestehenden Betriebsvereinbarung vor[2]; eine sog. „**Überkreuzablösung**" sei zu verneinen[3]. Für die zutreffende Beurteilung der Rechtsfolgen gemäß § 613a Abs. 1 Sätze 2–4 BGB ist daher die Ermittlung der jeweils einschlägigen **Rechtsgrundlagen** sowohl im abgebenden wie auch im aufnehmenden Betrieb bereits im Rahmen der **Due Diligence** unverzichtbar.

Nach der Rechtsprechung des BAG findet die soeben zitierte Bestimmung des 27 § 613a Abs. 1 Satz 3 BGB auch dann Anwendung, wenn der die bisherigen Arbeitsbedingungen ablösende Tarifvertrag bzw. die Betriebsvereinbarung **erst nach dem Betriebsübergang abgeschlossen** wurde[4]. Da für ablösende Kollektivvereinbarungen nach § 613a Abs. 1 Satz 3 BGB im Übrigen weder die einjährige Veränderungssperre nach § 613a Abs. 1 Satz 2 noch das Günstigkeitsprinzip gelten[5], kann es ratsam sein, dass der bzw. die übernehmenden Rechtsträger alsbald nach der Betriebsübernahme mit den bei ihnen bestehenden Betriebsräten **neue, den dortigen Verhältnissen angepasste Betriebsvereinbarungen abschließen**, die dann die nur noch gemäß § 613a Abs. 1 Satz 2 BGB individualrechtlich weitergeltenden früheren Betriebsvereinbarungen ablösen[6]. Diese Möglichkeit wird insbesondere dann praktisch, wenn mehrere, bislang verschiedenen Rechtsträgern zugeordnete Betriebsteile zu einem neuen, eigenständigen Betrieb zusammengefasst werden. Der Abschluss einer neuen Betriebsvereinbarung mit der **Ablösungsfunktion** nach § 613a Abs. 1 Satz 3 BGB (gegebenenfalls auch zuungunsten der Arbeitnehmer) bietet hier die Chance, das „Durcheinander" verschiedener, nach § 613a Abs. 1 Satz 2 BGB „nachwirkender" Betriebsverein-

---

1 Vgl. *Hohenstatt* in Willemsen/Hohenstatt/Schweibert/Seibt, Umstrukturierung, Rz. E 47, auch zum Prinzip des **Vertrauensschutzes** hinsichtlich bereits „erdienter" **Versorgungsanwartschaften**.
2 BAG v. 6.11.2007 – 1 AZR 862/06, AP Nr. 337 zu § 613a BGB; BAG v. 13.11.2007 – 3 AZR 191/06, AP Nr. 336 zu § 613a BGB.
3 BAG v. 6.11.2007 – 1 AZR 862/06, AP Nr. 337 zu § 613a BGB; BAG v. 3.7.2013 – 4 AZR 961/11, NZA-RR 2014, 80; teilweise aA etwa *Willemsen/Müller-Bonanni* in Henssler/Willemsen/Kalb, § 613a BGB Rz. 273; *Döring/Grau*, BB 2009, 158 ff., jeweils mwN.
4 BAG v. 14.8.2001 – 1 AZR 619/00, NZA 2002, 276; BAG v. 19.3.1986 – 4 AZR 640/84, NZA 1986, 687; BAG v. 20.4.1994 – 4 AZR 342/93, AP Nr. 108 zu § 613a BGB; *Moll*, RdA 1996, 282; *Hohenstatt* in Willemsen/Hohenstatt/Schweibert/Seibt, Umstrukturierung, Rz. E 48.
5 Siehe dazu oben § 324 UmwG Rz. 26 sowie *Kreßel*, BB 1995, 925 (929); *Seiter*, Betriebsinhaberwechsel, S. 94.
6 Siehe dazu das Beispiel bei *Hohenstatt* in Willemsen/Hohenstatt/Schweibert/Seibt, Umstrukturierung, Rz. E 51.

barungen zu vermeiden[1]. Andererseits ist ein Unternehmen, das nach Schaffung eines neuen einheitlichen Betriebes durch Verschmelzung die bislang in (Gesamt-)Betriebsvereinbarungen unterschiedlich geregelten Arbeitsbedingungen gemäß § 613a Abs. 1 Satz 2 BGB individualvertraglich weiter anwendet, nicht verpflichtet, alle Arbeitnehmer künftig gleich zu behandeln, insb. gleich zu vergüten. In der **Beibehaltung der unterschiedlichen Arbeitsbedingungen** der aus den Einzelbetrieben übernommenen Belegschaftsgruppen kann **kein Verstoß gegen den Gleichbehandlungsgrundsatz** gesehen werden[2]. Noch nicht abschließend geklärt ist, ob und mit welchen Voraussetzungen der **Betriebserwerber** berechtigt ist, sich von Betriebsvereinbarungen, an die er (nur) nach § 613a Abs. 1 Satz 2 BGB gebunden ist, **loszusagen**, und wem gegenüber eine solche Kündigung zu erfolgen hat. In der Literatur wird eine solche Möglichkeit ua. mit Hinweis auf eine zum Tarifrecht ergangene Entscheidung des BAG v. 22.4.2009[3], **bejaht**[4].

Hinsichtlich der **Ablösung von Tarifverträgen** stellt sich die Rechtslage schwieriger dar, weil hierfür nach herrschender Meinung die beiderseitige Tarifbindung von Arbeitgeber und Arbeitnehmer erforderlich ist, die Arbeitnehmer nach dem Betriebsübergang auf Grund **Branchenwechsels** aber oftmals nicht mehr der „korrespondierenden" Gewerkschaft angehören werden (*Beispiel:* Ausgliederung des Restaurants eines Kaufhauses in eine selbständige GmbH). Teilweise wird hierzu im neueren Schrifttum allerdings die Auffassung vertreten, dass in einem solchen Fall nach dem Prinzip der sogenannten **Tarifeinheit** die alleinige Bindung des (neuen) Arbeitgebers an den einschlägigen Tarifvertrag genüge, um eine Ablösung nach § 613a Abs. 1 Satz 3 BGB herbeizuführen[5]. Das BAG hat allerdings entschieden, dass eine Ablösung nach § 613a Abs. 1 Satz 3 BGB die **beiderseitige Tarifgebundenheit** erfordere[6]. Auch sogenannte arbeitsvertragliche **Bezugnahmeklauseln** auf „jeweils einschlägige" Tarifverträge können in diesem Zusammenhang eine erhebliche Rolle spielen und schwierige **Auslegungsfragen** aufwerfen. Da derartige Bezugnahmeklauseln individualvertraglicher Natur sind und somit im Falle des Betriebsübergangs nach § 613a Abs. 1 *Satz 1* BGB weitergelten, können sie zu einer **volldynamischen Weitergeltung** der bisher in Bezug genommenen Tarifverträge führen, die die lediglich „statische" Weitergeltung gemäß § 613a Abs. 1 *Satz 2* BGB nach den Regeln des

---

[1] Vgl. BAG v. 20.4.1994 – 4 AZR 342/93, AP Nr. 108 zu § 613a BGB; *Annuß* in Staudinger, Neubearb. 2016, § 613a BGB Rz. 232 mwN.
[2] BAG v. 31.8.2005 – 5 AZR 517/04, NZA 2006, 26; LAG Kiel v. 26.8.2004 – 3 Sa 189/04, EWiR 2005, 443 m. Anm. *Schnitker/Grau*.
[3] BAG v. 22.4.2009 – 4 AZR 100/08, NZA 2010, 41.
[4] Ausführliche Darstellung bei *Hohenstatt* in Willemsen/Hohenstatt/Schweibert/Seibt, Umstrukturierung, Rz. E 56 f.; siehe auch *Völksen*, NZA 2013, 1182.
[5] Siehe dazu ausführlich *Hohenstatt* in Willemsen/Hohenstatt/Schweibert/Seibt, Umstrukturierung, Rz. E 149 ff. mit ausführlicher Darstellung des Meinungsstandes.
[6] BAG v. 21.2.2001 – 4 AZR 18/00, DB 2001, 1837 m. Anm. *Haußmann* NZA 2001, 1318.

Günstigkeitsprinzips verdrängt. Ob es dazu kommt, hängt insbesondere davon ab, ob die frühere Rechtsprechung des 4. BAG-Senats zur sog. **Gleichstellungsabrede** noch Anwendung findet. Wegen dieser und weiterer damit zusammenhängender Fragen ist auf das arbeitsrechtliche Spezialschrifttum zu verweisen[1]. Handelt es sich um eine volldynamische einzelvertragliche Verweisung, ist der Erwerber hieran gemäß § 613a Abs. 1 Satz 1 BGB gebunden und muss spätere tarifliche Anpassungen „übernehmen", obwohl er, solange er nicht dem tarifschließenden Arbeitgeberverband angehört, keinen Einfluss auf die weitere Tarifentwicklung hat. Ob dies mit grundrechtlichen und europarechtlichen Gesichtspunkten vereinbar ist, wird insbesondere durch eine neuere Entscheidung des EuGH v. 18.7.2013 in der Rechtssache *Alemo-Herron* in Frage gestellt[2], wodurch sich das BAG veranlasst sah, einen entsprechenden Vorlagebeschluss an den EuGH zu verfassen[3]. Der Ausgang des Verfahrens ist für die Praxis von erheblicher Bedeutung[4].

Zu bedenken ist schließlich, dass der Mechanismus des § 613a Abs. 1 Satz 2 und 3 BGB auch bei **mehrfachen Betriebsübergängen** gilt[5], wie sie auch und gerade in Umwandlungsfällen immer wieder vorkommen (*Beispiel:* Ausgliederung eines Betriebs oder Betriebsteils in die Tochtergesellschaft A, die diesen im Wege der (weiteren) Ausgliederung oder Einzelrechtsübertragung sogleich an die Enkelgesellschaft B „weiterreicht"). Bei derartigen „**Kettenumwandlungen**" ist besondere **Vorsicht** geboten, weil bislang höchstrichterlich ungeklärt ist, ob die logische Sekunde des „Durchgangserwerbs" ausreichen kann, die betreffenden Arbeitsverhältnisse gemäß § 613a Abs. 1 Satz 3 BGB mit den (uU deutlich günstigeren) tarifvertraglichen Arbeitsbedingungen des Ersterwerbers (in obigem Beispiel A) „anzureichern", obwohl diese letztlich nur beim Zweiterwerber (B) tätig werden sollen. Dieses Risiko besteht jedenfalls dann, wenn es beim Zweiterwerber zu dem betreffenden Regelungsgegenstand keine nach § 613a Abs. 1 Satz 3 BGB ablösenden Kollektivregelungen gibt. Nach richtiger Auffassung ist bei einer Kette von Rechtsgeschäften, bei der es zu einer sofortigen „Weitergabe" des Betriebs kommt, nur *ein* Betriebsübergang gegeben, nämlich zwischen dem ersten und letzten Glied in der Kette. Ein „Zwischenbetriebsüber-

28

---

1 Siehe dazu *Hohenstatt* in Willemsen/Hohenstatt/Schweibert/Seibt, Umstrukturierung, Rz. E 174 ff.; *Müller-Bonanni/Mehrens*, ZIP 2012, 1217 (1222 f.); *E. M. Willemsen*, Die arbeitsvertragliche Bezugnahme auf den Tarifvertrag bei Tarifwechsel, 2009; *Willemsen/Müller-Bonanni* in Henssler/Willemsen/Kalb, § 613a BGB Rz. 277 ff.
2 EuGH v. 18.7.2013 – Rs. C-426/11, NZA 2013, 835 = ZIP 2013, 1686.
3 BAG v. 17.6.2015 – 4 AZR 61/14 (A), ZIP 2016, 336 = NZA 2016, 373; dazu *Klein*, NZA 2016, 410.
4 Siehe zum Stand der Diskussion *Hohenstatt* in Willemsen/Hohenstatt/Schweibert/Seibt, Umstrukturierung, Rz. E 197 mwN; *Sagan*, ZESAR 2016, 116; *Wiedemann*, BB 2016, 1400; *Willemsen/Grau*, NJW 2014, 12.
5 Vgl. BAG v. 20.4.1994 – 4 AZR 342/93, AP Nr. 108 zu § 613a BGB; *Moll*, RdA 1996, 275 (279).

gang" für den Zeitraum einer logischen Sekunde scheidet aus, da es beim „Zwischenerwerber" niemals zur tatsächlichen Übernahme der betrieblichen Leitungsmacht kommt[1].

28a Scheidet eine Ablösung der bisher geltenden Tarifverträge nach § 613a Abs. 1 Satz 3 BGB wegen fehlender beiderseitiger Tarifgebundenheit (siehe dazu Rz. 27) sowohl des neuen Betriebsinhabers wie auch des übernommenen Arbeitnehmers aus, kann ein vergleichbarer Effekt nach § 613a Abs. 1 Satz 4 Alt. 2 BGB dadurch erreicht werden, dass die Geltung der für den neuen Arbeitgeber **fachlich und räumlich einschlägigen Tarifvertrags** vertraglich vereinbart wird, wozu es allerdings der Zustimmung jedes einzelnen Arbeitnehmers bedarf; eine Regelung durch Betriebsvereinbarung ist insoweit nicht möglich[2]. Derartige Vereinbarungen können richtiger Auffassung zufolge auch bereits vor dem Betriebsübergang abgeschlossen werden[3].

29 Dies alles zeigt, dass die Folgen einer Verschmelzung oder Spaltung in Bezug auf arbeitsrechtliche Kollektivverträge schon **frühzeitig geprüft** und bedacht werden müssen. Hierzu besteht im Übrigen auch deshalb Anlass, weil die Auswirkungen der Umwandlung auf bestehende Tarifverträge und Betriebsvereinbarungen zu den „**Pflichtangaben**" nach §§ 5 Abs. 1 Nr. 9, 126 Abs. 1 Nr. 11 UmwG (siehe dazu die dortigen Erl.) gehören[4].

e) Unterrichtung der Arbeitnehmer gemäß § 613a Abs. 5 BGB

aa) Geltungsbereich

30 § 613a Abs. 5 BGB ist am 1.4.2002 in Kraft getreten[5]. Er gilt seitdem für alle Betriebs(teil)übergänge auch im Zusammenhang mit Umwandlungen. Der **Zweck** der Unterrichtungspflicht besteht darin, dem Arbeitnehmer eine **informierte Entscheidung** über die Ausübung des **Widerspruchsrechts** nach § 613a Abs. 6 BGB (dazu Rz. 41 ff.) zu **ermöglichen**[6].

---

1 *Willemsen* in Willemsen/Hohenstatt/Schweibert/Seibt, Umstrukturierung, Rz. G 117; siehe dazu auch *Hohenstatt/Schramm* in KölnKomm. UmwG, § 324 UmwG Rz. 64; *Hey/Simon*, BB 2010, 2957.
2 Siehe dazu und zu weiteren Einzelheiten *Willemsen/Müller-Bonanni* in Henssler/Willemsen/Kalb, § 613a BGB Rz. 283.
3 Vgl. für den insofern parallelen Fall der Nachwirkung gemäß § 4 Abs. 5 TVG BAG v. 17.1.2006 – 9 AZR 41/05, NZA 2006, 923; zum Ganzen *Hohenstatt* in Willemsen/Hohenstatt/Schweibert/Seibt, Umstrukturierung, Rz. E 206 f. mwN.
4 Ebenso *Joost*, ZIP 1995, 984.
5 Vgl. Art. 10 des Gesetzes zur Änderung des Seemannsgesetzes und anderer Gesetze v. 23.3.2002, BGBl. I 2002, S. 1163. Vgl. zur Entstehungsgeschichte *Willemsen/Müller-Bonanni* in Henssler/Willemsen/Kalb, § 613a BGB Rz. 315 ff.
6 Vgl. BAG v. 10.11.2011 – 8 AZR 430/10, NJOZ 2012, 860 Rz. 23; BAG v. 26.3.2015 – 2 AZR 783/13, NZA 2015, 866.

Die Pflicht zur Unterrichtung besteht **unabhängig von der Betriebsgröße** und unabhängig davon, ob in dem betreffenden Betrieb ein **Betriebsrat** existiert[1]. Sie tritt **neben** die sonstigen **Unterrichtungspflichten** gegenüber den zuständigen Arbeitnehmervertretungen, insbesondere neben die Unterrichtungspflichten nach § 106 Abs. 3 Nr. 10, § 111 Satz 1 BetrVG[2] und ebenso **neben die arbeitsrechtlichen Angaben im Umwandlungsvertrag** gemäß § 5 Abs. 1 Nr. 9 UmwG und § 126 Abs. 1 Nr. 11 UmwG. Ihre praktische Bedeutung liegt vor allem darin, dass nur eine vollständige ordnungsgemäße Unterrichtung nach § 613a Abs. 5 BGB die **Frist** für die Ausübung des **Widerspruchsrechts** nach § 613a Abs. 6 BGB auslöst. Daraus resultieren **enorme Risiken** sowohl für die übertragenden Unternehmen wie auch für ihre Berater.

Im Lichte der Klarstellung des BAG[3], dass im Falle des **Erlöschens** des bisherigen Arbeitgebers infolge **gesellschaftsrechtlicher Gesamtrechtsnachfolge** ein **Widerspruchsrecht** nach § 613a Abs. 6 BGB **nicht besteht**, könnte auf der Grundlage einer parallelen teleologischen Reduktion des § 613a Abs. 5 BGB in diesen Fällen auch die **Unterrichtungspflicht bezweifelt** werden. Schließlich kann ihr Hauptzweck – dem Arbeitnehmer eine informierte Entscheidung über die Ausübung seines Widerspruchsrechts zu ermöglichen – hier gerade ohnehin nicht erreicht werden. Wegen der europarechtlichen Verankerung der Unterrichtungspflicht (vgl. Art. 7 Abs. 6 der Betriebsübergangsrichtlinie 2001/23/EG) muss jedoch auch für diesen Fall von einer Anwendbarkeit des § 613a Abs. 5 BGB ausgegangen werden[4].

bb) Parteien des Unterrichtungsanspruchs

Die Unterrichtungspflicht trifft den bisherigen und den neuen Betriebsinhaber als Gesamtschuldner iS des § 421 BGB[5]. Ihnen steht nach den Grundsätzen von Treu und Glauben wechselseitig ein **Auskunftsanspruch** hinsichtlich der für die Unterrichtung der Arbeitnehmer bedeutsamen Tatsachen zu[6]. In der Praxis empfiehlt es sich, die wechselseitige Auskunftserteilung ebenso wie die Frage der Haftung für eine unrichtige oder unvollständige Auskunftserteilung im Unternehmenskaufvertrag zu regeln. Zu unterrichten ist nach dem Eingangssatz des § 613a Abs. 5 BGB jeder „von dem Übergang betroffene" Arbeitnehmer. Ge-

---

1 BT-Drucks. 14/7760, S. 19; st. Rspr.; vgl. BAG v. 10.11.2011 – 8 AZR 430/10, NJOZ 2012, 860 Rz. 23.
2 *Willemsen/Lembke*, NJW 2002, 1159 (1161).
3 BAG v. 21.2.2008 – 8 AZR 157/07, ZIP 2008, 1296; siehe dazu auch unten Rz. 44.
4 *Willemsen* in Willemsen/Hohenstatt/Schweibert/Seibt, Umstrukturierung, Rz. G 210; weitgehend aA *Simon/Weninger*, BB 2010, 117 (118 ff.).
5 *Willemsen/Lembke*, NJW 2002, 1159 (1161); ausführlich *Willemsen* in Willemsen/Hohenstatt/Schweibert/Seibt, Umstrukturierung, Rz. G 214.
6 *Willemsen/Lembke*, NJW 2002, 1159 (1161).

meint sind nur Arbeitnehmer, deren Arbeitsverhältnis nach § 613a Abs. 1 Satz 1 BGB auf den neuen Betriebsinhaber übergeht[1].

cc) Form und Zeitpunkt der Unterrichtung

32 Die Unterrichtung hat in **Textform iS des § 126b BGB** zu erfolgen[2]. Eine Unterrichtung per E-Mail ist daher zulässig, wenn der Arbeitnehmer dem Arbeitgeber seine E-Mail-Adresse mitgeteilt hat; Voraussetzung ist aber, dass das Schreiben den Aussteller erkennen lässt.[3] Schon aus Beweisgründen sollte aber eine „verkörperte" Form der Unterrichtung gewählt werden. Die Erklärung muss den Arbeitnehmern **individuell zugehen**; ein **Aushang** im Betrieb **genügt nicht**[4]. **Zweckmäßigerweise** wird die Unterrichtung spätestens **einen Monat** vor dem Zeitpunkt des Betriebs(teil)übergangs vorgenommen, weil die Frist für den Widerspruch gegen den Übergang des Arbeitsverhältnisses einen Monat beträgt und erst mit der ordnungsgemäßen Unterrichtung gemäß § 613a Abs. 5 BGB zu laufen beginnt. Zwar ist ein Zeitpunkt, vor dem nicht unterrichtet werden darf, gesetzlich nicht normiert, jedoch ist es idR treuwidrig, die Arbeitnehmer zu einem Zeitpunkt zu unterrichten, in dem die Folgen des Betriebsübergangs noch nicht mit hinreichender Sicherheit feststehen. Erfolgt die Unterrichtung in diesem Sinne verfrüht, kann der Lauf der Widerspruchsfrist nicht in Gang gesetzt werden[5]. Soweit dies für das Verständnis aus Arbeitnehmersicht erforderlich ist, muss auch das der Transaktion zugrunde liegende wirtschaftliche Gesamtkonzept (**Umstrukturierungskonzept**) kurz geschildert werden[6]. Die Monatsfrist für einen Widerspruch kann grds. auch noch durch eine **Unterrichtung nach dem Betriebsübergang** ausgelöst werden[7]. Dies ist vor allem bedeutsam, wenn sich die ursprüngliche Unterrichtung als fehlerhaft erweist. Maßgeblich für die Richtigkeit und Vollständigkeit der Unterrichtung ist der Zeitpunkt des **Zugangs** der Unterrichtungserklärung (siehe Rz. 40).

---

1 *Willemsen/Lembke*, NJW 2002, 1159 (1161).
2 Vgl. hierzu statt vieler *Ellenberger* in Palandt, 75. Aufl. 2016, § 126b BGB Rz. 3.
3 *Willemsen/Müller-Bonanni* in Henssler/Willemsen/Kalb, § 613a BGB Rz. 321. Unzureichend daher die Unterzeichnung durch „Personnel Services", vgl. BAG v. 23.7.2009 – 8 AZR 538/08, NZA 2010, 89 = ZIP 2010, 46.
4 *Willemsen/Müller-Bonanni* in Henssler/Willemsen/Kalb, § 613a BGB Rz. 321.
5 Zu den Folgen unrichtiger, unvollständiger oder verspäteter Unterrichtung vgl. ausführlich *Willemsen/Müller-Bonanni* in Henssler/Willemsen/Kalb, § 613a BGB Rz. 336 ff.; *Willemsen* in Willemsen/Hohenstatt/Schweibert/Seibt, Umstrukturierung, Rz. G 228 ff.
6 Siehe dazu *Willemsen* in Willemsen/Hohenstatt/Schweibert/Seibt, Umstrukturierung, Rz. G 215a mwN.
7 Vgl. BAG v. 23.7.2009 – 8 AZR 538/08, NZA 2010, 89 = ZIP 2010, 46; *Willemsen* in Willemsen/Hohenstatt/Schweibert/Seibt, Umstrukturierung, Rz. G 226 mwN.

dd) Inhalt der Unterrichtung

Gemäß § 613a Abs. 5 BGB ist über den Zeitpunkt des Übergangs, den Grund für den Übergang, die Folgen des Übergangs für die Arbeitnehmer und die hinsichtlich der Arbeitnehmer in Aussicht genommenen Maßnahmen zu unterrichten[1]. 33

§ 613a Abs. 5 Nr. 1 BGB verpflichtet zur Unterrichtung der Arbeitnehmer über den Zeitpunkt bzw., wenn dieser noch nicht feststeht, den geplanten Zeitpunkt des Übergangs. Mit „Übergang" ist der Übergang des Arbeitsverhältnisses gemeint, welcher in dem Zeitpunkt stattfindet, in dem der neue Betriebsinhaber im eigenen Namen die betriebliche Leitungsmacht über den veräußerten Betrieb(steil) übernimmt[2]. Steht dieser Zeitpunkt – insbes. im Hinblick auf eine noch ausstehende **Eintragung** einer Umwandlung im **Handelsregister** – noch nicht definitiv fest, ist auf diesen Umstand hinzuweisen und der **geplante Zeitpunkt** anzugeben[3]. Kommt es danach zu einer **Verschiebung**, bedarf es grds. keiner erneuten Unterrichtung[4]. Über den Wortlaut von Nr. 1 hinaus verlangt die Rechtsprechung die **genaue Bezeichnung des Erwerbers** (übernehmenden Rechtsträgers), bei juristischen Personen also der **Firma**, des **Sitzes** der Gesellschaft, der **Geschäftsanschrift** sowie des bzw. der gesetzlichen Vertreter(s)[5]; ferner eine ausdrückliche Aussage darüber, dass dessen Eintritt in die Arbeitsverhältnisse **kraft Gesetzes** erfolgt[6]. Ebenso bedarf es einer genauen Darstellung des Gegenstands des Betriebsübergangs[7].

§ 613a Abs. 5 Nr. 2 BGB verpflichtet zur Angabe des **Grundes** über den Übergang des Arbeitsverhältnisses. Gemeint ist hier nicht die gesetzliche Anordnung des § 613a Abs. 1 Satz 1 BGB, vielmehr soll eine kurze, **schlagwortartige Beschreibung** der **wirtschaftlichen Gründe** für die Betriebs(teil)übertragung (zB „Konzentration auf das Kerngeschäft")[8] und des zu Grunde liegenden Rechtsgeschäfts (zB „durch Verschmelzungsvertrag vom ...") gegeben werden[9].

---

1 Vgl. allgemein zum Inhalt und zur Darstellungstiefe der Unterrichtung *Hohenstatt/Grau*, NZA 2007, 13 ff.; *Willemsen* in Willemsen/Hohenstatt/Schweibert/Seibt, Umstrukturierung, Rz. G 215 ff.
2 Hierzu ausführlich *Willemsen* in Henssler/Willemsen/Kalb, § 613a BGB Rz. 82; siehe auch Rz. 13.
3 Siehe dazu *Lembke/Oberwinter*, ZIP 2007, 310; *Willemsen* in Willemsen/Hohenstatt/Schweibert/Seibt, Umstrukturierung, Rz. G 215a.
4 *Willemsen* in Willemsen/Hohenstatt/Schweibert/Seibt, Umstrukturierung, Rz. G 215a.
5 BAG v. 23.7.2009 – 8 AZR 538/08, NZA 2010, 89 = ZIP 2010, 46; weitere Einzelheiten bei *Willemsen* in Willemsen/Hohenstatt/Schweibert/Seibt, Umstrukturierung, Rz. G 216.
6 BAG v. 22.1.2009 – 8 AZR 808/07, NZA 2009, 547.
7 BAG v. 13.7.2006 – 8 AZR 305/05, NZA 2006, 1268. Eine schlagwortartige Bezeichnung kann uU genügen, vgl. BAG v. 14.12.2006 – 8 AZR 763/05, NZA 2007, 682.
8 Vgl. BAG v. 10.11.2011 – 8 AZR 430/10, NJOZ 2012, 860 Rz. 32.
9 BAG v. 23.7.2009 – 8 AZR 538/08, NZA 2010, 89 = ZIP 2010, 46; BAG v. 13.7.2006 – 8 AZR 303/05, NZA 2006, 1273; BAG v. 10.11.2011 – 8 AZR 430/10, NJOZ 2012, 860; *Willemsen* in Willemsen/Hohenstatt/Schweibert/Seibt, Umstrukturierung, Rz. G 215a; *Gaul/Otto*, DB 2002, 634 (635).

Eine ordnungsgemäße, inhaltlich umfassende Unterrichtung wird durch die Anforderung der Rechtsprechung erschwert, die Unterrichtung in einer **für Laien verständlichen Form** abzufassen[1]. Dies steht im **Konflikt** mit der gleichzeitigen Anforderung einer **präzisen Information** über die rechtlichen Folgen des Betriebsübergangs. Beispielhaft sei hier auf die komplexen Rechtsfolgen hingewiesen, die sich im Hinblick auf die Art der Fortgeltung von Kollektivvereinbarungen ergeben können. Eine juristisch präzise Darstellung dürfte für einen nicht entsprechend vorgebildeten Laien schwerlich nachvollziehbar sein. Angesichts der **widerstreitenden Anforderungen** an eine ordnungsgemäße Unterrichtung wird es **nur in seltenen, sehr einfach gelagerten Fällen möglich** sein, ein in jeder Hinsicht einwandfreies Unterrichtungsschreiben zu entwerfen, wie es das BAG inzwischen in **ständiger Rechtsprechung** verlangt; eine lediglich „im Kern" zutreffende Unterrichtung sei nicht ausreichend[2]. Immerhin lässt es das BAG aber genügen, wenn zu (schwierigen) Rechtsfragen eine **vertretbare Ansicht** geäußert wird[3].

ee) Rechtliche, wirtschaftliche und soziale Folgen des Übergangs für die Arbeitnehmer

34 Ausweislich der Begründung des Regierungsentwurfs[4] ergeben sich die rechtlichen, wirtschaftlichen und sozialen Folgen[5] des Übergangs iS des **§ 613a Abs. 5 Nr. 3 BGB** „vor allem aus den […] Regelungen der Absätze 1 bis 4". Das betreffe die Fragen der **Weitergeltung** oder Änderung der bisherigen **Rechte und Pflichten** aus dem Arbeitsverhältnis, der **Haftung** des bisherigen Arbeitgebers und des neuen Inhabers gegenüber dem Arbeitnehmer[6], des **Kündigungsschutzes** sowie

---

1 BAG v. 13.7.2006 – 8 AZR 303/05, AP Nr. 318 zu § 613a BGB; BAG v. 14.12.2006 – 8 AZR 763/05, AP Nr. 318 zu § 613a BGB; BAG v. 23.7.2009 – 8 AZR 538/08, NZA 2010, 89 = ZIP 2010, 46.
2 BAG v. 26.5.2011 – 8 AZR 18/10, AP Nr. 407 zu § 613a BGB; siehe ferner BAG v. 22.1.2009 – 8 AZR 808/07, NZA 2009, 547. Für ausreichend erklärt wurde ein Unterrichtungsschreiben im Urteil BAG v. 10.11.2011 – 8 AZR 424/10, AP Nr. 420 zu § 613a BGB; siehe dazu *Lingemann*, NZA 2012, 546.
3 BAG v. 13.7.2006 – 8 AZR 303/05, NZA 2006, 1273.
4 Vgl. BT-Drucks. 14/7760, S. 19.
5 Vgl. hierzu auch *Grau*, Unterrichtung und Widerspruchsrecht, S. 139 ff.; *Willemsen/Müller-Bonanni* in Henssler/Willemsen/Kalb, § 613a BGB Rz. 325 ff.; *Sieg/Maschmann*, Unternehmensumstrukturierung, Rz. 160 ff.; *Willemsen* in Willemsen/Hohenstatt/Schweibert/Seibt, Umstrukturierung, Rz. G 217 ff.
6 Vgl. BAG v. 20.3.2008 – 8 AZR 1016/06, BB 2008, 2072. Das BAG hat die Anforderungen an die Darstellung der Haftungsregelung (Zusammenspiel von § 613a Abs. 1 und 2 BGB) sukzessive verschärft und verlangt in diesem Zusammenhang auch eine Darstellung der Begriffe Anspruchsentstehung und Fälligkeit; vgl. BAG v. 23.7.2009 – 8 AZR 538/08, NZA 2010, 89 = ZIP 2010, 46; deutlich „großzügiger" demgegenüber BAG v. 10.11.2011 – 8 AZR 430/10, NJOZ 2012, 860 Rz. 34; siehe dazu den Formulierungsvorschlag bei *Willemsen* in Willemsen/Hohenstatt/Schweibert/Seibt, Umstrukturierung, Rz. G 220.

die weitere Anwendbarkeit bzw. Ablösung von **Tarifverträgen** und **Betriebsvereinbarungen**[1]. Es muss also zumindest eine Aussage zu den in § 613a Abs. 1 bis 4 BGB geregelten Materien (einschließlich der spezialgesetzlichen Haftungsvorschriften der §§ 133, 134 UmwG) getroffen werden. Ein bloßer Hinweis auf § 613a BGB oder eine schlichte Wiedergabe des Gesetzeswortlauts genügt nicht. Es können die Grundsätze herangezogen werden, die für die Angabe der Folgen der Umwandlung für die Arbeitnehmer im Umwandlungsvertrag gelten[2]. Dies gilt insbesondere für die Angabe nur **mittelbarer Folgen** (siehe dazu § 5 UmwG Rz. 55). Das BAG bejaht ausgehend von Sinn und Zweck der Unterrichtungspflicht das Erfordernis eines Hinweises auf mittelbare Folgen (sog. Sekundärfolgen) des Betriebsübergangs[3]. Dies gelte beispielsweise für mögliche **Sozialplanansprüche** nach Widerspruchsrechtsausübung. Wenn sich **Kündigungen** abzeichnen, ist auch auf die kündigungsrechtliche Situation einzugehen[4]. Bislang nicht hinreichend geklärt ist, ob und inwieweit auch über die **Bonität und wirtschaftliche Ausstattung** des Erwerbers/aufnehmenden Rechtsträgers zu unterrichten ist[5]. Dies ist im Grundsatz zu **verneinen**, solange keine konkrete **Insolvenzgefährdung** besteht[6]. Nach Auffassung des BAG muss aber die durch die „Zurückbehaltung" des **Betriebsgrundstücks** bewirkte Vereinigung der Haftungsmasse ebenso offengelegt werden[7] wie der Verbleib von **Schlüsselpatenten** beim Veräußerer[8].

Zweifelhaft ist des weiteren, ob über den **Fortbestand des Betriebsrats** und sonstiger Arbeitnehmervertretungen zu unterrichten ist. Hiergegen spricht ein Vergleich mit den umwandlungsrechtlichen Unterrichtungspflichten aus §§ 5 Abs. 1 Nr. 9, 126 Abs. 1 Nr. 11 UmwG, in denen die Folgen für die Arbeitnehmer „und ihre Vertretungen" ausdrücklich angesprochen sind, während ein entsprechender Passus in § 613a Abs. 5 BGB fehlt[9]. Auch Art. 7 Abs. 6 der Betriebs-

35

---

[1] Siehe dazu *Willemsen* in Willemsen/Hohenstatt/Schweibert/Seibt, Umstrukturierung, Rz. G 221, insbes. auch zur Problematik dynamischer Bezugnahmeklauseln.
[2] *Joost* in Lutter, § 324 UmwG Rz. 59; *Willemsen* in Willemsen/Hohenstatt/Schweibert/Seibt, Umstrukturierung, Rz. G 217.
[3] BAG v. 20.3.2008 – 8 AZR 1016/06, BB 2008, 2072 (2074); BAG v. 13.7.2006 – 8 AZR 303/05, AP Nr. 311 zu § 613a BGB; *Willemsen/Müller-Bonanni* in Henssler/Willemsen/Kalb, § 613a BGB Rz. 330.
[4] BAG v. 10.11.2011 – 8 AZR 430/10, NJOZ 2012, 860 Rz. 27.
[5] Siehe dazu BAG v. 31.1.2008 – 8 AZR 1116/06, NZA 2008, 642; *Reinhard*, NZA 2009, 63 (65 ff.); dazu ausführlich *Willemsen* in Willemsen/Hohenstatt/Schweibert/Seibt, Umstrukturierung, Rz. G 224 mwN.
[6] Vgl. BAG v. 31.1.2008 – 8 AZR 1116/06, NZA 2008, 642; *Willemsen* in Willemsen/Hohenstatt/Schweibert/Seibt, Umstrukturierung, Rz. G 224.
[7] BAG v. 31.1.2008 – 8 AZR 1116/06, NZA 2008, 642.
[8] BAG v. 23.7.2009 – 8 AZR 538/10, NZA 2010, 89.
[9] *B. Gaul*, Betriebs- und Unternehmensspaltung, § 11 Rz. 17; *Willemsen/Lembke*, NJW 2002, 1159 (1162); hiergegen *Franzen*, RdA 2002, 258 (265); *Joost* in Lutter, § 324 UmwG Rz. 60; differenzierend *Grau*, Unterrichtung und Widerspruchsrecht, S. 182 ff.

übergangsrichtlinie 2001/23/EG ist nicht mit dem erforderlichen Maß an Klarheit zu entnehmen, dass eine dahingehende Unterrichtung geboten wäre[1]. Bis zu einer gerichtlichen Klärung der Frage sollte vorsorglich auch über den Fortbestand des Betriebsrates und der übrigen Arbeitnehmervertretungen informiert werden.

36 Dass auch das **Widerspruchsrecht** nach § 613a Abs. 6 BGB in der Unterrichtung angesprochen werden müsste, lässt sich dem Gesetz nicht entnehmen[2]. Insbesondere gehört das Widerspruchsrecht als „Abwehrrecht" gegen die Hauptfolge des Betriebsinhaberwechsels, den Übergang der Arbeitsverhältnisse nach § 613a Abs. 1 Satz 1 BGB, streng genommen nicht zu den „rechtlichen Folgen des Übergangs" iS des § 613a Abs. 5 Nr. 3 BGB. Dennoch geht das **BAG** davon aus, dass die betroffenen Arbeitnehmer darüber in Kenntnis zu setzen sind[3]. Es handele sich um eine „rechtliche Folge" iS des § 613a Abs. 5 Nr. 3 BGB. Aus praktischer Sicht kann eine Unterrichtung über das Widerspruchsrecht zudem durchaus sinnvoll sein. Es ist zugleich darauf hinzuweisen, dass der Widerspruch der **Schriftform** (§ 126 BGB) bedarf[4] und für die Wahrung der Monatsfrist des § 613a Abs. 6 BGB der Zugang der Widerspruchserklärung beim Empfänger maßgeblich ist, nicht deren Abgabe[5]. Auf diese Weise lässt sich das Risiko von Auseinandersetzungen über die Wirksamkeit und Rechtzeitigkeit der erklärten Widersprüche reduzieren. Zweckmäßig ist der in der Praxis übliche Hinweis, dass sich der Arbeitnehmer durch einen Widerspruch gegen den Übergang seines Arbeitsverhältnisses dem Risiko einer betriebsbedingten Kündigung aussetzt[6]. Ob in diesem Fall dem Arbeitnehmer eine Sperrfristverhängung nach § 159 SGB III droht, ist umstritten[7].

---

1 Zur Stellung von Art. 7 Abs. 6 RL 2001/23/EG im gesamten Kontext der Regelung des Art. 7 der Richtlinie vgl. auch *Franzen*, RdA 2002, 285 (259).
2 *Bauer/v. Steinau-Steinrück*, ZIP 2002, 457 (463); *Willemsen/Müller-Bonanni* in Henssler/Willemsen/Kalb, § 613a BGB Rz. 330, 332; aA *Nehles*, NZA 2003, 822 (825); *Steffan* in Ascheid/Preis/Schmidt, 4. Aufl. 2012, § 613a BGB Rz. 210; differenzierend nach Widerspruchsrecht/Ausübungsmodalitäten und Folgen der Widerspruchsausübung *Grau*, Unterrichtung und Widerspruchsrecht, S. 172 ff.
3 BAG v. 20.3.2008 – 8 AZR 1016/06, NZA 2008, 1354 (1357); BAG v. 13.7.2006 – 8 AZR 305/05, NZA 2006, 1268; v. 22.6.2011 – 8 AZR 752/09, NZA-RR 2012, 507 Rz. 26; BAG v. 10.11.2011 – 8 AZR 430/10, NJOZ 2012, 860 Rz. 27; zustimmend *Sagan*, ZIP 2011, 1641 (1644).
4 Dies verlangt ausdrücklich BAG v. 22.6.2011 – 8 AZR 752/09, NZA-RR 2012, 507 Rz. 26.
5 Vgl. zur Ausübung des Widerspruchsrechts *Willemsen/Müller-Bonanni* in Henssler/Willemsen/Kalb, § 613a BGB Rz. 345 ff.
6 Bei der Formulierung eines solchen Hinweises ist allerdings Vorsicht geboten; siehe dazu und zu einem Formulierungsvorschlag *Willemsen* in Willemsen/Hohenstatt/Schweibert/Seibt, Umstrukturierung, Rz. G 222.
7 Nachweise bei *Willemsen* in Willemsen/Hohenstatt/Schweibert/Seibt, Umstrukturierung, Rz. G 168.

ff) In Aussicht genommene Maßnahmen

Auch hierzu ist auf die Erl. zu § 5 Abs. 1 Nr. 9 UmwG sinngemäß zu verweisen. Zu den hinsichtlich der Arbeitnehmer in Aussicht genommenen Maßnahmen iS des § 613a Abs. 5 Nr. 4 BGB gehören insbesondere **Versetzungen** und **Entlassungen** sowie bereits konkret geplante Betriebsänderungen iS des § 111 BetrVG[1]. Nach der Begründung des Regierungsentwurfs sollen auch **Weiterbildungsmaßnahmen** hierzu gehören[2]. Es genügt, dass es sich um eine im Zeitpunkt der Unterrichtung „in Aussicht genommene" Maßnahme handelt. Es ist deshalb nicht erforderlich, dass die Geschäftsführung des neuen Betriebsinhabers bereits die Durchführung der Maßnahme beschlossen hat[3]. Nach Auffassung des BAG sind **Umstrukturierungen** und **andere Maßnahmen** erfasst, welche die **berufliche Entwicklung der Arbeitnehmer** betreffen; darüber hinaus alle durch den bisherigen oder neuen Inhaber **geplanten erheblichen Änderungen** der **rechtlichen, wirtschaftlichen und sozialen Situation** der von dem Betriebsübergang betroffenen Arbeitnehmer[4]. Beabsichtigt der Erwerber Maßnahmen zur Entgeltanpassung auf freiwilliger Basis, ist auch hierüber in dem Unterrichtungsschreiben zu informieren[5]. 37

gg) Rechtsfolgen unrichtiger, unvollständiger oder verspäteter Unterrichtung

Folge einer unrichtigen oder unvollständigen Unterrichtung ist, dass die Monatsfrist des § 613a Abs. 6 BGB für die Ausübung des Widerspruchsrechts nicht zu laufen beginnt[6]. Der Arbeitnehmer kann sein Widerspruchsrecht in diesen Fällen deshalb theoretisch zeitlich unbegrenzt ausüben. Darauf, dass der Unterrichtungsmangel für die verspätete Ausübung des Widerspruchsrechts kausal war, soll es nach ständiger Rechtsprechung des BAG nicht ankommen[7]. Das Widerspruchsrecht kann verwirken, wenn der Verpflichtete annehmen durfte, er 38

---

1 *Gaul/Otto*, DB 2002, 634 (635); aA *Bauer/v. Steinau-Steinrück*, ZIP 2002, 457 (463).
2 BT-Drucks. 14/7760, S. 19.
3 Vgl. *Willemsen/Müller-Bonnani* in Henssler/Willemsen/Kalb, § 613a BGB Rz. 335.
4 BAG v. 10.11.2011 – 8 AZR 430/10, NJOZ 2012, 860 Rz. 30; siehe auch *Hohenstatt/Grau*, NZA 2007, 13 (17).
5 BAG v. 10.11.2011 – 8 AZR 430/10, NJOZ 2012, 860 Rz. 52.
6 Vgl. BAG v. 13.7.2006 – 8 AZR 305/05, NZA 2006, 1273; BAG v. 20.3.2008 – 8 AZR 1016/06, NZA 2008, 1354; BAG v. 10.11.2011 – 8 AZR 430/10, NJOZ 2012, 860 Rz. 29. Zu den damit verbundenen Fragestellungen vgl. *Willemsen/Müller-Bonanni* in Henssler/Willemsen/Kalb, § 613a BGB Rz. 336 ff.
7 Vgl. aber BAG v. 20.3.2008 – 8 AZR 1016/06, NZA 2008, 1354. Zum Ganzen *Willemsen* in Willemsen/Hohenstatt/Schweibert/Seibt, Umstrukturierung, Rz. G 228 ff., mit zT abweichender Ansicht hinsichtlich der Folgen nur partiell unrichtiger Informationen. Möglicherweise zeichnet sich insoweit ein vorsichtiger Rechtsprechungswandel ab; vgl. BAG v. 10.11.2011 – 8 AZR 430/10, NJOZ 2012, 860 Rz. 45; dazu *Willemsen* in Willemsen/Hohenstatt/Schweibert/Seibt, Umstrukturierung, Rz. G 229a.

werde nicht mehr in Anspruch genommen[1], wobei auch hier die Einzelheiten bisher nur zum Teil geklärt sind. Die Rechtsprechung des BAG hat hierzu inzwischen eine umfangreiche Kasuistik entwickelt, die hier nicht im Einzelnen dargestellt werden kann[2]. Festzuhalten sei an dieser Stelle nur, dass die bloße – auch längere – widerspruchslose Weiterarbeit beim Betriebserwerber noch nicht den Verwirkungseinwand zu begründen vermag[3]. Im Übrigen ist die Rechtsprechung zu diesem Thema kaum noch überschaubar.

39 Im Falle einer unrichtigen oder unvollständigen Unterrichtung können dem Arbeitnehmer **Schadensersatzansprüche** aus § 280 Abs. 1 BGB (gegen den bisherigen Betriebsinhaber) oder aus §§ 280 Abs. 1, 311 Nr. 3, 241 Abs. 2 BGB (gegen den neuen Betriebsinhaber) zustehen[4]. Den in Anspruch genommenen bisherigen oder neuen Betriebsinhaber muss dabei ein Verschulden an der fehlerhaften oder unvollständigen Unterrichtung treffen, wobei im Verschulden eines Gesamtschuldners nicht automatisch auch ein Verschulden des anderen Gesamtschuldners liegt[5]. Da die Rechtsprechung im Falle unzureichender Unterrichtung den nachträglichen Widerspruch, dh. nach Ablauf der Monatsfrist, zulässt (siehe Rz. 38), kommt dem Schadensersatzanspruch in der **Praxis** aber **keine erhebliche Bedeutung** zu[6].

40 Entscheidend für die Beurteilung der Richtigkeit und Vollständigkeit der Information des Arbeitnehmers ist die Sachlage im **Zeitpunkt der Unterrichtung**; nachträgliche eintretende Änderungen machen eine ursprünglich zutreffende Unterrichtung nicht unrichtig[7]. Treten **nachträglich Veränderungen ein**, besteht **grundsätzlich keine Pflicht zur Nachbesserung**[8]. Etwas anderes gilt aber, wenn sich wesentliche Parameter ändern, insb. wenn der Betrieb(steil) auf einen anderen als den ursprünglichen Erwerber übergehen soll[9].

---

1 BAG v. 24.7.2008 – 8 AZR 205/07, AP Nr. 346 zu § 613a BGB; BAG v. 20.3.2008 – 8 AZR 1016/06, BB 2008, 2072; BAG v. 15.2.2007 – 8 AZR 431/06, AP Nr. 320 zu § 613a BGB; siehe auch *Gaul/Niklas*, DB 2009, 452 (455 ff.).
2 Siehe dazu ausführlich *Willemsen* in Willemsen/Hohenstatt/Schweibert/Seibt, Umstrukturierung, Rz. G 150 ff.; *Willemsen/Müller-Bonanni* in Henssler/Willemsen/Kalb, § 613a BGB Rz. 346 ff.
3 St. Rspr.; vgl. zB BAG v. 24.2.2011 – 8 AZR 469/09, NZA 2011, 973; BAG v. 15.3.2012 – 8 AZR 700/10, NZA 2012, 1097; aA für lang andauernde Weiterarbeit *Dzida*, NZA 2009, 641 (645).
4 Vgl. BAG v. 13.7.2006 – 8 AZR 382/05, NZA 2006, 1406; *Lunk*, RdA 2009, 48; *Willemsen* in Willemsen/Hohenstatt/Schweibert/Seibt, Umstrukturierung, Rz. G 229; *Krügermeyer-Kalthoff/Reutershan*, MDR 2003, 541 (544 f.).
5 Vgl. *Willemsen/Müller-Bonanni* in Henssler/Willemsen/Kalb, § 613a BGB Rz. 338 mwN.
6 Siehe dazu *Willemsen* in Willemsen/Hohenstatt/Schweibert/Seibt, Umstrukturierung, Rz. G 229 f.
7 St. Rspr.; vgl. nur BAG v. 10.11.2011 – 8 AZR 430/10, NJOZ 2012, 860 Rz. 24.
8 BAG v. 13.7.2006 – 8 AZR 303/05, NZA 2006, 1273 Rz. 31; *Willemsen/Müller-Bonanni* in Henssler/Willemsen/Kalb, § 613a BGB Rz. 339; *Göpfert/Winzer*, ZIP 2008, 761 ff. mwN.
9 BAG v. 25.10.2007 – 8 AZR 986/06, NZA 2008, 357.

Rechte und Pflichten bei Betriebsübergang | § 324

f) Widerspruchsrecht des Arbeitnehmers gemäß § 613a Abs. 6 BGB

aa) Entwicklung

§ 613a Abs. 6 BGB wurde durch Art. 4 des Gesetzes zur Änderung des Seemannsgesetzes[1] mit Wirkung zum 1.4.2002 in das Gesetz eingefügt und kodifiziert im Wesentlichen die frühere Rechtsprechung des BAG[2], die daher für das Verständnis und die Auslegung der Vorschrift weiterhin bedeutsam bleibt. § 613a Abs. 6 BGB gilt gemäß § 324 UmwG auch für Umwandlungen. Vor dieser Neuregelung hatte das BAG bereits in ständiger Rechtsprechung[3] angenommen, der betroffene Arbeitnehmer müsse dem Übergang seines Arbeitsverhältnisses mit Rücksicht auf die durch Art. 12 Abs. 1 GG verbürgte Berufsfreiheit und den Schutz des allgemeinen Persönlichkeitsrechts durch Art. 1, 2 Abs. 1 GG widersprechen können. Durch die gesetzliche Neuregelung steht das Widerspruchsrecht des Arbeitnehmers außer Frage. Es ist allerdings in seiner nationalen Ausgestaltung im Sinne eines Rechts auf Fortsetzung des Arbeitsverhältnisses mit dem bisherigen Betriebsinhaber **nicht europarechtlich** geboten. Zwar hat der EuGH die Einräumung einer Lösungsmöglichkeit zugunsten des Arbeitnehmers in der *Katsikas*-Entscheidung als **Gebot** der Gemeinschaftsgrundrechte angesehen[4]. Er hat es aber den Mitgliedstaaten ausdrücklich überlassen, selbst zu regeln, welche Rechtsfolgen ein Widerspruch des Arbeitnehmers hat, zB dass das Arbeitsverhältnis in einem solchen Fall als gekündigt gilt[5]. Das deutsche Recht geht soweit durch die Ausgestaltung als **Fortsetzungsanspruch über die europarechtlichen Vorgaben hinaus**. Zur Rechtslage bei Erlöschen des übertragenden Rechtsträgers siehe Rz. 44.

41

bb) Rechtsnatur des Widerspruchsrechts

Das Widerspruchsrecht ist seiner Rechtsnatur nach ein Gestaltungsrecht[6], das als solches bedingungsfeindlich ist[7]. Nicht möglich ist daher ein Widerspruch für den Fall, dass der neue Betriebsinhaber ungünstigere Arbeitsbedingungen gewähren sollte als der bisherige Inhaber. Gleiches gilt für einen Widerspruch

42

---

1 Gesetz v. 23.3.2002, BGBl. I 2002, S. 1163.
2 Vgl. die Begr. RegE, BT-Drucks. 14/7760, S. 19.
3 Seit BAG v. 2.10.1974 – 5 AZR 504/73, AP Nr. 1 zu § 613a BGB m. Anm. *Seiter*; BAG v. 25.5.2000 – 8 AZR 416/99, ZIP 2000, 1630 (1634).
4 EuGH v. 16.12.1992 – Rs. C-132/91 u.a., NZA 1993, 169 (Katsikas).
5 BAG v. 21.8.2014 – 8 AZR 619/13, NZA 2014, 1405 Rz. 23, unter Bezugnahme auf EuGH v. 16.12.1992 – Rs. C-132/91 u.a., NZA 1993, 169 (Katsikas).
6 BAG v. 30.10.1986 – 2 AZR 101/85, AP Nr. 55 zu § 613a BGB; BAG v. 22.4.1993 – 2 AZR 50/92, AP Nr. 103 zu § 613a BGB, st. Rspr.; *Franzen*, RdA 2002, 258 (263); *Annuß* in Staudinger, Neubearb. 2016, § 613a BGB Rz. 295.
7 *Preis* in ErfK, § 613a BGB Rz. 97.

unter dem Vorbehalt, dass der bisherige Betriebsinhaber keine betriebsbedingte Kündigung des Arbeitsverhältnisses in Betracht zieht[1].

cc) Anwendungsbereich des Widerspruchsrechts

43 Das Widerspruchsrecht besteht in sämtlichen Fällen eines rechtsgeschäftlichen Betriebsinhaberwechsels iS des § 613a Abs. 1 Satz 1 BGB und auf Grund der Verweisung in § 324 UmwG auch für Betriebsinhaberwechsel im Rahmen des Umwandlungsgesetzes, dh. bei Verschmelzungen, Spaltungen oder Vermögensübertragungen. Da bei einem Formwechsel der bisherige Rechtsträger in seiner Identität erhalten bleibt, liegt kein Betriebsübergang auf einen neuen Arbeitgeber als Rechtsperson vor. Ein Widerspruch des Arbeitnehmers bei Formwechsel ist daher nicht möglich[2].

44 Das **Widerspruchsrecht** kann allerdings denkgesetzlich dann **nicht zum Tragen kommen**, wenn der bisherige **Inhaber** (Rechtsträger) im Zeitpunkt des Betriebsübergangs **erlischt**. Dies hat auch das BAG ausdrücklich bestätigt: Das Widerspruchsrecht nach § 613a Abs. 6 BGB besteht nicht in Fällen der gesellschaftsrechtlichen Gesamtrechtsnachfolge, in denen der bisherige Rechtsträger erlischt[3]. Dies soll nach Ansicht des BAG im Wege der teleologischen Reduktion des § 613a Abs. 6 BGB sowohl für Fälle der gesellschaftsrechtlichen Anwachsung als auch für Umwandlungen nach dem Umwandlungsgesetz gelten[4]. Namentlich bedeutsam wird dies in den Fällen der **Verschmelzung, Aufspaltung** und **vollständigen Vermögensübertragung**. Ein Teil des Schrifttums will das Widerspruchsrecht deshalb in diesen Fällen iS eines außerordentlichen Lösungsrechts interpretieren[5]. Übersehen wird dabei jedoch, dass auch die Rechtsfolge des Widerspruchsrechts, die anfängliche Verhinderung des Übergangs des Arbeitsverhältnisses, in den Fällen des Erlöschens des bisherigen Betriebsinhabers sinnvollerweise nicht eingreifen kann. Verschmelzung, Aufspaltung und Vermögensvollübertragung haben gemäß §§ 20 Abs. 1 Nr. 2; 131 Abs. 1 Nr. 1, 2; 176 Abs. 1 UmwG iVm. § 20 Abs. 1 Nr. 1, 2 UmwG das Erlöschen des übertragenden Rechtsträgers unter Auflösung ohne Abwicklung zur Folge[6]. Deshalb kann § 613a Abs. 6 BGB in Fällen des Erlöschens des bisherigen Betriebsinhabers

---

1 *Preis* in ErfK, § 613a BGB Rz. 97; *Seiter*, Betriebsinhaberwechsel, 1980, S. 74.
2 So auch *Joost* in Lutter, § 324 UmwG Rz. 66; aA *Rieble*, ZIP 1997, 301 (306 in Anm. 54).
3 BAG v. 21.2.2008 – 8 AZR 157/07, ZIP 2008, 1296.
4 BAG v. 21.2.2008 – 8 AZR 157/07, ZIP 2008, 1296 (1298).
5 *Boecken*, Unternehmensumwandlungen, Rz. 84 f.; *Bauer/Lingemann*, NZA 1994, 1057 (1061); *Annuß* in Staudinger, Neubearb. 2016, § 613a BGB Rz. 310; *Simon* in Semler/Stengel, § 324 UmwG Rz. 51 ff.; *Grau*, Unterrichtung und Widerspruchsrecht, S. 342 ff.; *Altenburg/Leister*, NZA 2005, 15 (16 ff.); ebenso ArbG Münster v. 14.4.2000 – 3 Ga 13/00, DB 2000, 1182; in der Tendenz auch BAG v. 25.5.2000 – 8 AZR 416/99, AP Nr. 209 zu § 613a BGB.
6 Oben *Marsch-Barner*, § 20 UmwG Rz. 28; oben *Sickinger*, § 131 UmwG Rz. 22.

keine Anwendung finden[1]. Den Arbeitnehmern steht jedoch unter Grundrechtsgesichtspunkten (Art. 2 Abs. 1, Art. 12 Abs. 1 GG – Vertrags- und Berufsfreiheit; zum europäischen Grundrechtsschutz siehe Rz. 41) das **Recht zur außerordentlichen Kündigung** zu[2], wobei der wichtige Grund in dem ansonsten eintretenden Übergang des Arbeitsverhältnisses als solchem liegt[3]. Die **Zwei-Wochen-Frist des § 626 Abs. 2 BGB** beginnt dabei erst ab Kenntnis von der **Eintragung** der zum Erlöschen des bisherigen Arbeitgebers führenden Umwandlung zu laufen[4]. Ein infolge Erlöschens des bisherigen Arbeitgebers ins Leere gehender Widerspruch iS des § 613a Abs. 6 BGB kann aber **nicht** in eine außerordentliche Kündigung **umgedeutet** werden, da ein derartiges Ersatzgeschäft in seinen rechtlichen Wirkungen weiter reichen würde als die unwirksame intendierte Willenserklärung. Ein wirksamer Widerspruch würde nämlich zum Fortbestand des Arbeitsverhältnisses mit dem bisherigen Arbeitgeber führen, während eine Kündigung auf die gänzliche Beendigung des Arbeitsverhältnisses gerichtet ist[5]. Unklar bleibt in Fällen des Erlöschens des bisherigen Arbeitgebers, ob trotz Entfallens eines Widerspruchsrechts eine Unterrichtungspflicht gemäß § 613a Abs. 5 BGB besteht[6] (dazu Rz. 30).

dd) Ausübung des Widerspruchsrechts

Der Widerspruch[7] bedarf der **Schriftform** iS des § 126 BGB und ist damit auch 45 in qualifizierter elektronischer Form (§ 126 Abs. 3 BGB iVm. § 126a BGB) möglich; ein Widerspruch per **E-Mail** ohne elektronische Signatur oder per **Telefon** ist somit unwirksam[8]. Nach seiner Wahl kann der Arbeitnehmer den Widerspruch gemäß § 613a Abs. 6 Satz 2 BGB **gegenüber dem bisherigen Arbeitgeber oder dem neuen Inhaber** erklären, und zwar unabhängig davon, wer von beiden die Unterrichtung nach § 613a Abs. 5 BGB vorgenommen hat[9]. Eine **Begründung** ist nicht erforderlich[10]. Der einmal erklärte Widerspruch kann nicht widerrufen oder nachträglich mit einem Vorbehalt versehen werden, und zwar selbst dann nicht, wenn die Informationen nach § 613a Abs. 5 BGB noch nicht

---

1 Hiervon geht auch die Gesetzesbegründung aus, vgl. BT-Drucks. 14/7760, S. 20.
2 BAG v. 21.2.2008 – 8 AZR 157/07, ZIP 2008, 1296 (1300).
3 IE ebenso *Kreßel*, BB 1995, 925 (930); *Wlotzke*, DB 1995, 40 (43); *Willemsen* in Willemsen/Hohenstatt/Schweibert/Seibt, Umstrukturierung, Rz. G 157ff.
4 BAG v. 21.2.2008 – 8 AZR 157/07, ZIP 2008, 1296 (1300).
5 BAG v. 21.2.2008 – 8 AZR 157/07, ZIP 2008, 1296 (1300).
6 Gegen eine Unterrichtungspflicht in Fällen der Anwachsung *Neufeld*, BB 2008, 1739.
7 Vgl. ausf. zur Ausübung des Widerspruchs *Willemsen/Müller-Bonanni* in Henssler/Willemsen/Kalb, § 613a BGB Rz. 345ff.
8 *Preis* in ErfK, § 613a BGB Rz. 98.
9 *Willemsen/Müller-Bonanni* in Henssler/Willemsen/Kalb, § 613a BGB Rz. 350.
10 Vgl. BAG v. 30.9.2004 – 8 AZR 462/03, NZA 2005, 43; BAG v. 19.2.2009 – 8 AZR 176/08, NZA 2009, 1095.

erteilt waren[1]. Eine zwischen dem bisherigen Inhaber und dem Arbeitnehmer vereinbarte Aufhebung des Widerspruchs ist dem neuen Inhaber gegenüber unwirksam[2]. Gemäß § 613a Abs. 6 Satz 1 BGB ist der Widerspruch nur **innerhalb eines Monats** nach Zugang der Unterrichtung möglich, die von den Arbeitgebern gemäß § 613a Abs. 5 BGB vorzunehmen ist (zu den Auswirkungen unrichtiger oder unvollständiger Unterrichtung auf das Widerspruchsrecht siehe Rz. 38). Das Widerspruchsrecht kann nach umstrittener Ansicht des BAG auch noch **nach Beendigung des Arbeitsverhältnisses ausgeübt werden**[3], solange die Frist des § 613a Abs. 6 BGB noch nicht abgelaufen ist. Seine **konkludente Ausübung** kommt angesichts des Schriftformerfordernisses nur noch unter engen Voraussetzungen (sog. Andeutungstheorie) in Betracht[4].

45a Besondere Probleme wirft die Ausübung des Widerspruchs im Falle eines **mehrstufigen Betriebsübergangs**, etwa im Rahmen sog. **Kettenumwandlungen** auf. Zunächst ist in solchen Fällen stets zu prüfen, ob tatsächlich mehrere Betriebsübergänge vorliegen oder es sich in Wirklichkeit um einen Betriebsübergang vom bisherigen Betriebsinhaber auf das „letzte Glied in der Kette" handelt (siehe dazu Rz. 28). Liegt nur **ein** Betriebsübergang vor, ergeben sich insoweit keine Besonderheiten. Handelt es sich dagegen um **zwei oder mehrere** zeitlich aufeinander folgende Betriebsübergänge, muss der Arbeitnehmer, der beim ursprünglichen Arbeitgeber verbleiben will, **auf jeder Stufe** dem Übergang seines Arbeitsverhältnisses nach § 613a BGB widersprechen, und zwar jeweils gegenüber einer der beiden Parteien des jeweiligen Betriebsübergangs[5]. Hat der Arbeitnehmer es also versäumt, bei einem früheren Betriebsübergang rechtzeitig dem Übergang seines Arbeitsverhältnisses zu widersprechen, kann er dies bei einem weiteren Betriebsübergang nicht mehr nachholen. Allerdings setzt der Lauf der Widerspruchsfrist nach § 613a Abs. 6 BGB nach der Rechtsprechung des BAG eine vorherige ordnungsgemäße Unterrichtung nach § 613a Abs. 5 BGB voraus (siehe Rz. 38). Im Interesse der **Rechtssicherheit** macht der 8. Senat neuerdings eine Einschränkung insoweit, als der Arbeitnehmer einem früheren Betriebsübergang trotz an sich fehlerhafter Unterrichtung nicht mehr soll widersprechen können, wenn er über dessen „Grunddaten" (Zeitpunkt, Gegenstand, Person des Betriebsübernehmers) in Textform in Kenntnis gesetzt wurde und

---

1 BAG v. 30.10.2003 – 8 AZR 491/02, NZA 2004, 481.
2 BAG v. 30.10.2003 – 8 AZR 491/02, AP Nr. 262 zu § 613a BGB.
3 BAG v. 20.3.2008 – 8 AZR 1016/06, BB 2008, 2072; aA *Willemsen* in FS Küttner, 2006, S. 417 (432); *Willemsen*, NJW 2007, 2065 (2073); *Rieble*, NZA 2004, 1 (6). Zum aktuellen Diskussionsstand siehe *Willemsen* in Willemsen/Hohenstatt/Schweibert/Seibt, Umstrukturierung, Rz. G 151.
4 Vgl. *Willemsen* in Willemsen/Hohenstatt/Schweibert/Seibt, Umstrukturierung, Rz. G 149.
5 BAG v. 21.8.2014 – 8 AZR 619/13, NZA 2014, 1405 Rz. 24 ff.; BAG v. 19.11.2015 – 8 AZR 773/14, ZIP 2016, 990 Rz. 22 ff.; *Willemsen* in Willemsen/Hohenstatt/Schweibert/Seibt, Umstrukturierung, Rz. G 149 mwN.

der so unterrichtete Arbeitnehmer dem Übergang seines Arbeitsverhältnisses **nicht** innerhalb **eines Monats nach Zugang der Unterrichtung** über den infolge eines **weiteren** Betriebsübergangs eintretenden Übergang seines Arbeitsverhältnisses widersprochen hat. Weitere Voraussetzung – so das BAG – sei, dass diese Monatsfrist noch vor dem weiteren Betriebsübergang abgelaufen sei[1]. Mit diesem teilweise **Rechtsprechungswandel**, der mit der § 613a Abs. 6 BGB immanenten Befriedungsfunktion[2] begründet wird, versucht der inzwischen neu besetzte 8. BAG-Senat offensichtlich, die **negativen Folgen** der Verknüpfung des Laufs der Widerspruchsfrist nach § 613a Abs. 6 BGB mit der der vollständig ordnungsgemäßen Unterrichtung nach Abs. 5 (siehe Rz. 30, 38) für den Fall des mehrstufigen Betriebsübergangs **abzumildern**.

ee) Massenhafte Ausübung des Widerspruchsrechts

Die Ausübung des Widerspruchsrechts kann gegen Treu und Glauben (§ 242 BGB) verstoßen und deshalb unbeachtlich sein[3]. Dies ist etwa dann der Fall, wenn das Widerspruchsrecht von einer Gruppe von Arbeitnehmern koordiniert (kollektiv) zu Zwecken ausgeübt wird, die sich **nicht in der Sicherung des vertraglichen Status quo erschöpfen** und/oder auf die kein Rechtsanspruch besteht (zB eine Standortgarantie)[4]. Jedoch liegt ein Verstoß gegen Treu und Glauben nicht bereits darin, dass das Widerspruchsrecht massenhaft, insbesondere mittels vorbereiteter **Musterschreiben** der Gewerkschaft[5] ausgeübt wird, und zwar selbst dann nicht, wenn die Arbeitnehmer dem Übergang ihres Arbeitsverhältnisses aus Gründen widersprechen, die hinzunehmen ihnen das Gesetz zumutet[6]. Der bisherige Betriebsinhaber kann hierdurch in die Lage geraten, eine gemäß §§ 111 ff. BetrVG interessenausgleichs- und sozialplanpflichtige Massenentlassung durchführen zu müssen. Im Rahmen der Ermittlung, ob die für das Vorliegen einer Betriebsänderung maßgeblichen Schwellenwerte erreicht werden, sind auch die widersprechenden Arbeitnehmer mitzuzählen[7]. Arbeitneh-

46

---

1 BAG v. 19.11.2015 – 8 AZR 773/14, ZIP 2016, 990 Rz. 38 ff.
2 BAG v. 19.11.2015 – 8 AZR 773/14, ZIP 2016, 990 Rz. 28.
3 BAG v. 24.7.2008 – 8 AZR 175/07, AP Nr. 347 zu § 613a BGB; BAG v. 19.3.1998 – 8 AZR 139/97, AP Nr. 177 zu § 613a BGB; siehe zum Ganzen *Willemsen* in Willemsen/Hohenstatt/Schweibert/Seibt, Umstrukturierung, Rz. G 153.
4 Siehe dazu ausführlich BAG v. 30.9.2004 – 8 AZR 462/03, NZA 2005, 43; BAG v. 23.7.2009 – 8 AZR 538/08, NZA 2010, 89; *Willemsen/Müller-Bonanni* in Henssler/Willemsen/Kalb, § 613a BGB Rz. 352; *Annuß* in Staudinger, Neubearb. 2016, § 613a BGB Rz. 331; *Edenfeld* in Erman, 14. Aufl. 2014, § 613a BGB Rz. 55; *Melot de Beauregard*, BB 2005, 826; aA *Raab* in Soergel, 12. Aufl. 1997, § 613a BGB Rz. 163.
5 Siehe dazu BAG v. 2.4.2009 – 8 AZR 473/07, AP Nr. 2 zu § 613a BGB Umstrukturierung m. Anm. *Hohenstatt*; BAG v. 23.7.2009 – 8 AZR 538/08, NZA 2010, 89.
6 BAG v. 30.9.2004 – 8 AZR 462/03, BB 2005, 605 m. Anm. *Melot de Beauregard*, BB 2005, 826.
7 BAG v. 10.12.1996 – 1 AZR 290/96, AP Nr. 32 zu § 113 BetrVG 1972.

mer, die dem Übergang ihres Arbeitsverhältnisses ohne sachlichen Grund widersprechen, sind in entsprechender Anwendung des § 112 Abs. 5 Satz 2 Nr. 2 BetrVG von den Leistungen eines **Sozialplans** auszuschließen[1]. Zu den Folgen massenhafter Widersprüche auf den Betriebsübergang als solchen siehe Rz. 47.

ff) Rechtsfolgen des Widerspruchs

47 – **Verhinderung des Übergangs; Fortbestand des Arbeitsverhältnisses mit dem bisherigen Betriebsinhaber.** Die Ausübung des Widerspruchsrechts ist mit einer doppelten Rechtsfolge verbunden. Vor dem Zeitpunkt des Inhaberwechsels verhindert der Widerspruch den Übergang des Arbeitsverhältnisses auf den neuen Betriebsinhaber[2]. Diese erste Folge der Verhinderung des Übergangs des Arbeitsverhältnisses ergibt zugleich auch die zweite Folge der Ausübung des Widerspruchsrechts, dass nämlich das Arbeitsverhältnis bei dem bisherigen Betriebsinhaber verbleibt[3]. Hingegen kann der Arbeitnehmer durch die Ausübung des Widerspruchsrechts nicht erreichen, dass im Falle einer Aufspaltung in mehrere Betriebe sein Arbeitsverhältnis mit dem Erwerber eines anderen Betriebsteils fortgeführt wird[4]. Sofern das Widerspruchsrecht zulässigerweise erst nach dem Zeitpunkt des Inhaberwechsels ausgeübt wird, **wirkt** der Widerspruch auf diesen Zeitpunkt **zurück**[5]. Auch im Falle eines zulässigen nachträglichen Widerspruchs geht das Arbeitsverhältnis nach herrschender, allerdings kritikwürdiger Auffassung zu keinem Zeitpunkt auf den neuen Betriebsinhaber über[6]; es soll in der Zwischenzeit lediglich ein sog. faktisches Arbeitsverhältnis mit dem Betriebserwerber entstehen. **Grundsätzlich verhindert** der Widerspruch nach § 613a Abs. 6 BGB **nur den Übergang einzelner Arbeitsverhältnisse, nicht** jedoch den **Betriebsübergang als solchen** auf den übernehmenden Rechtsträger. Dies gilt jedenfalls in denjenigen Fällen, in denen – wie vor allem bei Produktionsbetrieben – der Tatbestand des Betriebs(teil)übergangs nicht von der tatsächlichen Weiterbeschäftigung eines großen bzw. des überwiegenden Teils des Personals abhängt. **Anders** hingegen bei sog. **„betriebsmittelarmen" Betrieben**

---

1 *Annuß* in Staudinger, Neubearb. 2016, § 613a BGB Rz. 323.
2 BAG v. 30.10.1986 – 2 AZR 101/85, AP Nr. 55 zu § 613a BGB; BAG v. 22.4.1993 – 2 AZR 50/92, AP Nr. 103 zu § 613a BGB.
3 BAG v. 30.10.1986 – 2 AZR 101/85, AP Nr. 55 zu § 613a BGB; BAG v. 22.4.1993 – 2 AZR 50/92, AP Nr. 103 zu § 613a BGB; *Preis* in ErfK, § 613a BGB Rz. 105.
4 Siehe dazu BAG v. 21.2.2013 – 8 AZR 877/11, NZA 2013, 617 Rz. 48 f.; *Willemsen* in Willemsen/Hohenstatt/Schweibert/Seibt, Umstrukturierung, Rz. G 162 u. 135.
5 St. Rspr.; vgl. nur BAG v. 22.4.1993 – 2 AZR 50/92, AP Nr. 103 zu § 613a BGB; BAG v. 13.7.2006 – 8 AZR 382/05, NZA 2006, 1406 (1410); *Preis* in ErfK, § 613a BGB Rz. 105; aA *Rieble*, NZA 2004, 1 (3 ff.); *Willemsen*, NJW 2007, 2065 (2072 ff.).
6 Zu den Folgeproblemen vgl. *Willemsen/Müller-Bonanni* in Henssler/Willemsen/Kalb, § 613a BGB Rz. 355.

Rechte und Pflichten bei Betriebsübergang | § 324

(zum Begriff Rz. 8): Hier können die Widersprüche des überwiegenden Teils der Belegschaft den **Betriebsübergang** nach § 613a BGB **insgesamt zu Fall bringen** mit der Folge, dass auch die nicht widersprechenden Arbeitnehmer, soweit keine vertragliche Übernahme erfolgt, beim Veräußerer verbleiben. Die sich hieraus möglicherweise ergebenden Probleme sollten bereits bei der Vertragsgestaltung beachtet werden[1].

- **Kündigungsrechtliche Folgen.** Mit einem Widerspruch gegen den Übergang seines Arbeitsverhältnisses setzt sich der Arbeitnehmer dem **Risiko einer betriebsbedingten Kündigung** aus, weil ihn der bisherige Betriebsinhaber infolge des Betriebsübergangs häufig nicht mehr beschäftigen kann. Eine solche Kündigung scheitert nicht bereits an § 613a Abs. 4 Satz 1 BGB[2]. Die Wirksamkeit einer betriebsbedingten Kündigung gegenüber widersprechenden Arbeitnehmern beurteilt sich im Ausgangspunkt nach den allgemeinen Grundsätzen des Kündigungsrechts[3]. Der bisherige Betriebsinhaber muss insbesondere vor dem Ausspruch einer betriebsbedingten Kündigung gemäß § 1 Abs. 2 KSchG anderweitige, freie Arbeitsplätze im Unternehmen anbieten. Nach Ansicht des BAG ist der bisherige Betriebsinhaber sogar verpflichtet, zumutbare und **geeignete freie Arbeitsplätze** auf die bloße Möglichkeit hin, dass Arbeitnehmer dem Übergang ihres Arbeitsverhältnisses widersprechen, **freizuhalten**[4]. Weitere Besonderheiten ergeben sich im Hinblick auf die nach § 1 Abs. 3 KSchG durchzuführende Sozialauswahl. Nach der früheren Auffassung der Rechtsprechung mussten im Rahmen der **Sozialauswahl** die Gründe, die den Arbeitnehmer zu seinem Widerspruch bewogen haben, Berücksichtigung finden. Nur wenn der widersprechende Arbeitnehmer einen baldigen Arbeitsplatzverlust oder eine baldige wesentliche Verschlechterung seiner Arbeitsbedingungen zu befürchten habe, könne dieser einen Arbeitskollegen, der nicht ganz erheblich weniger schutzbedürftig sei, verdrängen[5]. Ob daran auch nach der Neufassung des **§ 1 Abs. 3 KSchG** im Jahre

48

---

1 Siehe dazu ausführlich *Willemsen* in Willemsen/Hohenstatt/Schweibert/Seibt, Umstrukturierung, Rz. G 154 ff.
2 Umfassend dazu *Willemsen* in Willemsen/Hohenstatt/Schweibert/Seibt, Umstrukturierung, Rz. G 162 ff.; auch zu der Möglichkeit einer Kündigung trotz Sonderkündigungsschutz.
3 Zur Betriebsratsanhörung nach § 102 BetrVG in einem solchen Fall vgl. BAG v. 8.5.2014 – 2 AZR 1005/12, NZA 2015, 889.
4 Ob diese Pflicht auch bereits vor Beginn der Frist des § 613a Abs. 6 Satz 1 BGB oder nach dem Ablauf dieser Frist bestehen könne, hat der 2. Senat ausdrücklich offen gelassen, vgl. BAG v. 15.8.2002 – 2 AZR 195/01, ZIP 2003, 365, zu II.1. d) bb) der Gründe. Siehe dazu *Willemsen/Müller-Bonanni* in Henssler/Willemsen/Kalb, § 613a BGB Rz. 357 mwN auch zur Gegenansicht.
5 BAG v. 18.3.1999 – 8 AZR 190/98, AP Nr. 41 zu § 1 KSchG 1969 – Soziale Auswahl; BAG v. 5.12.2002 – 2 AZR 522/01, AP Nr. 126 zu § 1 KSchG 1969 – Betriebsbedingte Kündigung; BAG v. 21.3.1996 – 2 AZR 559/95, AP Nr. 81 zu § 102 BetrVG 1972.

2004 noch festgehalten werden konnte, war jedoch sehr fraglich. Das BAG hat sich den diesbezüglichen Bedenken angeschlossen: Da die Auswahlkriterien vom Gesetzgeber in der Neufassung **abschließend** benannt seien, komme eine Berücksichtigung der Gründe für den Widerspruch seit dem 1.1.2004 nicht mehr in Betracht. Eine Herausnahme **nicht widersprechender** Arbeitnehmer nach **§ 1 Abs. 3 Satz 2 KSchG** sei nur höchst ausnahmsweise möglich[1]. Den sich hieraus ergebenden Risiken kann uU durch „korrigierende Versetzungen" begegnet werden[2].

49 – **Sonstige Folgen.** Der Widerspruch gegen den Übergang des Arbeitsverhältnisses ist als solcher **kein Grund** für die Verhängung einer **Sperrzeit** beim Bezug von Arbeitslosengeld gemäß § 159 SGB III[3]. Die Tarifvertragsparteien dürfen Arbeitnehmer, die dem Übergang ihres Arbeitsverhältnisses ohne sachlichen Grund widersprechen, von einer Abfindungsregelung für den Fall des Verlustes des Arbeitsplatzes ausnehmen[4]. Weiterhin können die Betriebspartner Arbeitnehmer, die dem Übergang ihres Arbeitsverhältnisses ohne sachlichen Grund widersprechen, von **Sozialplanansprüchen** ausschließen[5]. Dies gilt insbesondere auch in Fällen, in denen durch die massenhafte Ausübung des Widerspruchsrechts (dazu Rz. 46) überhaupt erst die Notwendigkeit zur Aufstellung eines Sozialplans entsteht[6]. Für den bisherigen Arbeitgeber besteht schließlich das Risiko, durch die Ausübung des Widerspruchsrechts seitens des Arbeitnehmers diesem gegenüber im **Annahmeverzug** iS von § 615 Satz 1 BGB zu geraten, wenn er ihn – wie häufig – infolge des Widerspruchs nicht weiterbeschäftigen kann[7]. Diesem Risiko lässt sich uU dadurch begegnen, dass der **Betriebserwerber** dem widersprechenden Arbeitnehmer eine **befristete Weiterbeschäftigung** zu unveränderten Bedingungen **anbietet**. Nimmt der Arbeitnehmer ein solches Angebot nicht an, kann ihm böswilliges Unterlassen anderweitigen Erwerbs iS von § 615 Satz 2 BGB entgegengehalten werden[8].

---

1 Vgl. BAG v. 31.5.2007 – 2 AZR 276/06, NZA 2008, 33; *Preis* in ErfK, § 613a BGB Rz. 108.
2 Siehe dazu *Eylert/Spinner*, BB 2008, 50 (53).
3 BSG v. 8.7.2009 – B 11 AL 17/08R, BB 2010, 443; ausf. *Klumpp*, NZA 2009, 354 mwN.
4 BAG v. 10.11.1993 – 4 AZR 184/93, AP Nr. 43 zu § 1 TVG – Tarifverträge: Einzelhandel.
5 BAG v. 5.2.1997 – 10 AZR 553/96, AP Nr. 112 zu § 112 BetrVG 1972; BAG v. 10.12.1996 – 1 AZR 290/96, AP Nr. 32 zu § 113 BetrVG 1972; BAG v. 15.12.1998 – 1 AZR 332/98, AP Nr. 126 zu § 112 BetrVG 1972; BAG v. 24.5.2012 – 2 AZR 62/11, NZA 2013, 277; *Willemsen/Müller-Bonanni* in Henssler/Willemsen/Kalb, § 613a BGB Rz. 361.
6 Siehe dazu *Willemsen* in Willemsen/Hohenstatt/Schweibert/Seibt, Umstrukturierung, Rz. G 167 mwN.
7 Siehe dazu *Willemsen/Müller-Bonanni* in Henssler/Willemsen/Kalb, § 613a BGB Rz. 356; *Willemsen* in Willemsen/Hohenstatt/Schweibert/Seibt, Umstrukturierung, Rz. G 166; *Schneider/Sittard*, BB 2007, 2230.
8 Dazu und zu den weiteren Voraussetzungen siehe BAG v. 19.3.1998 – 8 AZR 139/97, NZA 1998, 750; BAG v. 9.9.2010 – 2 AZR 582/09, DB 2011, 119.

gg) Verzicht auf das Widerspruchsrecht; Verwirkung

Der Arbeitnehmer kann auf sein Widerspruchsrecht verzichten[1]. Der Verzicht setzt **nicht** voraus, dass der Arbeitnehmer zuvor gemäß § 613a Abs. 5 BGB unterrichtet wurde[2]. Eine **Schriftform** ist für den Verzicht zwar nicht vorgeschrieben, ihre Wahrung aus Gründen der Beweissicherung aber ratsam. Ein **konkludenter Verzicht** auf das Widerspruchsrecht liegt idR vor, wenn der Arbeitnehmer mit dem bisherigen oder dem neuen Betriebsinhaber einen Übergang seines Arbeitsverhältnisses auf den neuen Inhaber vereinbart[3]. Ein arbeitsvertraglich vereinbarter „**Blanko-Verzicht**" für den Fall, dass es zu einem Betriebsinhaberwechsel kommen sollte, ist **nicht möglich**; vielmehr setzt die wirksame Vereinbarung eines Verzichts stets einen konkret bevorstehenden Inhaberwechsel voraus[4]. Das Widerspruchsrecht kann durch eine Betriebsvereinbarung oder einen Tarifvertrag nicht ausgeschlossen werden[5]. Neben dem Verzicht kommt ein Verlust des Widerspruchsrechts durch **Verwirkung** und/oder **Bestätigung** des übergegangenen Arbeitsverhältnisses gemäß § 144 BGB analog in Betracht[6].

50

3. Die Zuordnung von Arbeitnehmern bei Verschmelzung, Spaltung und Vermögensübertragung (Verhältnis von § 613a BGB zu § 323 Abs. 2 UmwG)

a) Gestaltungsfreiheit hinsichtlich der Zuordnung von Betrieben und Betriebsteilen

Gemäß § 613a Abs. 1 Satz 1 BGB (iVm. § 324 UmwG) geht das Arbeitsverhältnis auf den „neuen" Betriebsinhaber über. Wer das ist, bestimmt sich im Umwandlungsfalle nach den Bestimmungen des Verschmelzungs-, Spaltungs- bzw. Übertragungsvertrags, bei der Spaltung zur Neugründung nach dem Spaltungsplan gemäß § 136 UmwG. Da § 613a BGB lediglich die Rechtsfolgen einer Be-

51

---

1 So bereits BAG v. 2.10.1974 – 5 AZR 504/73, AP Nr. 1 zu § 613a BGB; BAG v. 19.3.1998 – 8 AZR 139/97, AP Nr. 177 zu § 613a BGB; *Annuß* in Staudinger, Neubearb. 2016, § 613a BGB Rz. 326.
2 Ebenso *Preis* in ErfK, § 613a BGB Rz. 102; *Göpfert/Buschbaum*, ZIP 2011, 64 (65); *Willemsen/Müller-Bonanni* in Henssler/Willemsen/Kalb, § 613a BGB Rz. 362.
3 Vgl. BAG v. 15.2.1984 – 5 AZR 123/82, AP Nr. 37 zu § 613a BGB; BAG v. 19.3.1998 – 8 AZR 139/97, AP Nr. 177 zu § 613a BGB.
4 *Preis* in ErfK, § 613a BGB Rz. 102; *Annuß* in Staudinger, Neubearb. 2016, § 613a BGB Rz. 326 f.
5 *Willemsen/Müller-Bonanni* in Henssler/Willemsen/Kalb, § 613a BGB Rz. 362.
6 Zur Verwirkung siehe Rz. 38 sowie insb. BAG v. 20.3.2008 – 8 AZR 1016/06, NZA 2008, 1354 und BAG v. 27.11.2008 – 8 AZR 174/07, NZA 2009, 552; zur Bestätigung analog § 144 BGB; LAG Düsseldorf v. 29.10.2008 – 7 Sa 1306/07, BeckRS 2009, 53377. BAG v. 22.6.2011 – 8 AZR 752/09, NZA-RR 2012, 507; BAG v. 15.3.2012 – 8 AZR 700/10, NZA 2012, 1097. Siehe dazu auch die weiteren Nachweise in Rz. 38.

triebs- bzw. Betriebsteilübertragung regelt, nicht aber die rechtsgeschäftliche Disposition über derartige Vermögensgegenstände selbst normiert oder gar einschränkt, liegt es unbeschadet von § 324 UmwG iVm. § 613a BGB in der **Privatautonomie der beteiligten Rechtsträger**, die Zuordnung von Betrieben und Betriebsteilen für die Zeit nach der Umwandlung zu regeln, insbesondere bestehende Betriebe organisatorisch zu spalten und die so entstehenden Betriebsteile auf jeweils verschiedene Rechtsträger zu übertragen. Insoweit sind also für das Arbeitsrecht die Festlegungen im Spaltungs- und Übernahmevertrag (vgl. § 126 Abs. 1 Nr. 9 UmwG und die dortigen Erläuterungen) maßgeblich. Bei der **Verschmelzung** ergibt sich insoweit kein Regelungsbedarf, weil künftiger Betriebsinhaber (Arbeitgeber) nur der übernehmende bzw. (bei Verschmelzung durch Neugründung) nur der neugegründete Rechtsträger sein kann.

b) Bindung der Zuordnung von Arbeitsverhältnissen an § 324 UmwG iVm. § 613a Abs. 1 Satz 1 BGB

52 Während über das „Ob" des Betriebs(teil)übergangs also rechtsgeschäftlich entschieden wird (siehe dazu auch Vor § 322 UmwG Rz. 6), sind die Parteien des Spaltungsvertrages (bzw. bei Auf- oder Abspaltung zur Neugründung das Vertretungsorgan des übertragenden Rechtsträgers bei Aufstellung des Spaltungsplans nach § 136 UmwG) hinsichtlich der **Zuordnung der Arbeitsverhältnisse** keineswegs frei. Insoweit gilt vielmehr (über § 324 UmwG) § 613a Abs. 1 Satz 1 BGB, der **zwingend vorschreibt**, dass die **Arbeitsverhältnisse mit dem Betrieb bzw. Betriebsteil verbunden bleiben** müssen, zu dem sie funktional gehören, der Verbund zwischen übergehendem Betrieb(steil) und Arbeitsverhältnis also bestehen bleiben muss[1]. Die noch in § 126 UmwG des Referentenentwurfs v. 15.4.1992 enthaltene Möglichkeit einer „beliebigen" Zuordnung von Arbeitsverhältnissen im Spaltungs- und Übernahmevertrag[2] ist zu Recht nicht Gesetz geworden. Vielmehr heißt es zutreffend in der Begründung zu § 126 Abs. 1 Nr. 9 UmwG[3], die Freiheit der Beteiligten, grundsätzlich jeden Gegenstand jedem beliebigen Rechtsträger zuzuweisen, erfahre hinsichtlich der Arbeitsverhältnisse durch die zwingende Regelung des § 613a Abs. 1 Satz 1 BGB eine **Einschränkung**.

53 Die Arbeitsverhältnisse müssen also im Spaltungsvertrag/-plan bzw. Übernahmevertrag so zugeordnet werden, wie dies der **objektiven Zugehörigkeit** zu den jeweils zu übertragenden Betrieben oder Betriebsteilen im Zeitpunkt des Über-

---

[1] Eingehend zu dem Prinzip des „Gleichlaufs" von Arbeitsplatz und Arbeitsverhältnis im Rahmen von § 613a BGB *Willemsen*, RdA 1993, 134f.; *Willemsen*, NZA 1996, 798f.; iE wie hier *Boecken*, ZIP 1994, 1087 (1091); *Boecken*, Unternehmensumwandlungen, Rz. 67ff.; *Kallmeyer*, ZIP 1994, 1757; siehe ferner § 126 UmwG Rz. 34.
[2] Dazu kritisch *Willemsen*, RdA 1993, 135f.
[3] BT-Drucks. 12/6699, S. 118.

gangs[1] entspricht. Die Zuordnung hat also insbesondere danach zu erfolgen, wo der **Schwerpunkt** der Tätigkeit des jeweiligen Arbeitnehmers lag und in welchen **Betriebsteil** er tatsächlich **eingegliedert** war[2]. Eine dem entgegenstehende anderweitige Zuordnung im Spaltungs- oder Übernahmevertrag ist **ohne Zustimmung** des betreffenden Arbeitnehmers **unwirksam**[3]. Andererseits ist der Arbeitgeber nicht gehindert, **vor einem Betriebsübergang**, ggf. auch „von heute auf morgen", eine Zuordnung des Arbeitnehmers, ggf. im Wege der Versetzung, zu einem bestimmten Betrieb oder Betriebsteil vorzunehmen, wenn das Einverständnis des Arbeitnehmers vorliegt oder die Zuordnung durch das **Weisungsrecht** des Arbeitgebers (§ 106 GewO) gedeckt ist[4]. § 613a BGB steht dem – jedenfalls bis zur Grenze des Rechtsmissbrauchs – nicht entgegen, entfaltet also keine (negative) Vorwirkung[5].

c) Zuordnung in unklaren Fällen; Möglichkeit der Zuordnung in einem Interessenausgleich gemäß § 323 Abs. 2 UmwG

aa) Bei Nichtbestehen eines Betriebsrats bzw. Nichtzustandekommen eines Interessenausgleichs nach § 323 Abs. 2 UmwG

Die Anwendung des § 613a BGB bereitet – auch außerhalb des UmwG – spezifische Schwierigkeiten dort, wo von der Spaltung eines Betriebs betroffene Arbeitsverhältnisse nicht eindeutig einem Betriebsteil zugeordnet werden können, so dass unklar ist, *ob* und ggf. auf *welchen* neuen Rechtsträger sie gemäß § 613a Abs. 1 Satz 1 übergehen sollen[6]. Diese Problematik ergibt sich insbesondere dann, wenn ein Arbeitnehmer in verschiedenen Betriebsteilen („**Springer**") beschäftigt war oder **betriebsteilübergreifende Funktionen** wahrgenommen hat (Verwaltung, Stabsfunktionen). Nach Auffassung von *Boecken*[7] sollen hinsichtlich dieser „übergreifenden" Funktionen bei spaltungsbedingter Aufteilung eines Betriebs die Arbeitnehmer überhaupt nicht nach § 613a Abs. 1 Satz 1 BGB übergehen; vielmehr erfolge die Zuordnung der Arbeitsverhältnisse wegen der Unanwendbarkeit von § 613a Abs. 1 Satz 1 BGB rein spaltungsrechtlich entsprechend der Festlegung im Spaltungs- und Übernahmevertrag oder im Spaltungsplan. Eine solche rein spaltungsrechtliche Übertragung erfordere aber wegen des

54

---

1 Vgl. BAG v. 21.6.2012 – 8 AZR 243/11, AP Nr. 430 zu § 613a BGB Rz. 65.
2 BAG v. 21.6.2012 – 8 AZR 181/11, NZA-RR 2013, 6 Rz. 80; BAG v. 22.7.2004 – 8 AZR 350/03, NZA 2004, 1383.
3 Ebenso *Boecken*, ZIP 1994, 1087 (1091); *Boecken*, Unternehmensumwandlungen, Rz. 68; *Hartmann*, ZfA 1997, 1 (24 f.); *Kallmeyer*, ZIP 1994, 1757; *Willemsen*, RdA 1993, 135 f.
4 So ausdrücklich BAG v. 21.6.2012 – 8 AZR 243/11, AP Nr. 430 zu § 613a BGB Rz. 65.
5 Ebenso *Mückl/Götte*, GWR 2016, 106 (107); aA *Elking*, NZA 2014, 295 (297 ff.).
6 Siehe dazu allgemein *Gentges*, RdA 1996, 265; *Kreitner*, Kündigungsrechtliche Probleme beim Betriebsinhaberwechsel, 1989; *Kreitner*, NZA 1990, 429; *Lieb*, ZfA 1994, 229 (232 ff.).
7 *Boecken*, ZIP 1994, 1091; *Boecken*, Unternehmensumwandlungen, Rz. 72.

in § 132 Satz 1 UmwG (inzwischen aufgehoben) niedergelegten Übertragbarkeitsvorbehalts (hier: § 613 Satz 2 BGB) im Gegensatz zur Widerspruchslösung in § 613a BGB sogar eine **Zustimmung** der betroffenen Arbeitnehmer[1].

55 Daran ist richtig, dass im Falle „unklarer" Zuordnungen – soweit nicht § 323 Abs. 2 UmwG zur Anwendung gelangt, dazu Rz. 58 ff. – eine Zuordnung praktisch nur im Spaltungs- oder Übernahmevertrag erfolgen kann[2]; in dieselbe Richtung zielt auch die Begründung zum Gesetzentwurf[3], wo es heißt, die Bezeichnung der übergehenden Arbeitsverhältnisse im Spaltungs- und Übernahmevertrag sei nur dann „unverzichtbar", wenn durch die Spaltung nicht auch der Betrieb oder Betriebsteil, bei dem diese Arbeitsverhältnisse bestünden, übertragen werde; im Übrigen komme die Bezeichnung der Arbeitsverhältnisse im Spaltungs- und Übernahmevertrag „wegen der Geltung von § 613a BGB nur deklaratorische Bedeutung" zu. Bei **unklarer Zuordnung** ist dementsprechend auch nach der „Logik" der Begründung zum Regierungsentwurf eine Bezeichnung der übergehenden Arbeitsverhältnisse im Spaltungs- und Übernahmevertrag ratsam, wenn nicht gar „unverzichtbar". Aus praktischer Sicht empfiehlt es sich, die **Zuordnung in Form von Personallisten** als Anlage zum Spaltungs- bzw. Übernahmevertrag vorzunehmen. Diese Zuordnung vollzieht sich allerdings **nicht außerhalb des § 613a BGB**, sondern ist vielmehr an dessen Wertungen gebunden, wenn und solange das Arbeitsverhältnis nach objektiven Gesichtspunkten *schwerpunktmäßig* einem Betrieb bzw. Betriebsteil zugeordnet werden kann. War beispielsweise ein Betriebselektriker zuletzt zu 70 % in der Produktion und zu 30 % in der Betriebswerkstatt eingesetzt, gebietet es § 613a BGB im Falle der Aufspaltung des Betriebs, ihn dem Betriebsteil „Produktion" zuzuordnen (es sei denn, dass mit Zustimmung des Arbeitnehmers eine anderweitige Regelung getroffen wird). Bei Wahrung solcher objektiver Kriterien kommt dem Spaltungs- bzw. Übernahmevertrag in Bezug auf § 613a Abs. 1 Satz 1 BGB eine **quasi-konstitutive Bedeutung** zu[4] (siehe auch § 126 UmwG Rz. 34 ff.). Entgegen der Auffassung von *Boecken*[5] bedarf es dann insoweit auch nicht der Zustimmung des betroffenen Arbeitnehmers; es verbleibt vielmehr bei dem allgemeinen Widerspruchsrecht im Rahmen von § 613a BGB (dazu Rz. 41 ff.). Ob die Zuordnung „übergreifender" Arbeitsverhältnisse sachlichen Gesichtspunkten iS einer Schwerpunktbildung entspricht, unterliegt allerdings – anders als eine Zuordnung im Interessenausgleich gemäß § 323 Abs. 2 UmwG (dazu Rz. 58 ff.) – in **vollem Umfang der gerichtlichen Nachprüfung**. Um diesbezüglichen Risiken vorzubeugen, kann es sich uU empfehlen, bereits im **Vor-**

---

1 *Boecken*, ZIP 1994, 1093; vgl. demgegenüber die differenzierende Lösung bei *Hartmann*, ZfA 1997, 26 ff.
2 Ebenso *Joost* in Lutter, Umwandlungsrechtstage, S. 320.
3 BT-Drucks. 12/6699, S. 118.
4 Vgl. *Willemsen*, RdA 1993, 137; ebenso bereits für den Spaltungsplan nach dem SpTrUG *Ising/Thiell*, DB 1991, 2084.
5 *Boecken*, ZIP 1994, 1091.

feld der Spaltung für eine sachgerechte Zuordnung der Arbeitsverhältnisse – gegebenenfalls auch im Wege „**korrigierender Versetzungen**" (siehe dazu auch Rz. 53) – Sorge zu tragen[1].

Grundsätzlich anders zu beurteilen sind demgegenüber diejenigen Fälle, in denen ein Arbeitnehmer nicht *in* verschiedenen Betrieben bzw. Betriebsteilen, sondern *für* verschiedene Betriebe bzw. Betriebsteile tätig ist. Es handelt sich jeweils um Arbeitnehmer mit **überbetrieblichen Leitungsfunktionen** (zB Leiter des Einkaufs für mehrere Betriebe) oder um Arbeitnehmer in **Stabs- und Querschnittsbereichen** (zB zentrale Warendisposition, Buchhaltung, Personalverwaltung). Hier kommt – anders als bei den sogenannten „Springern" (Rz. 54) – nach neuerer Rechtsprechung des BAG eine **schwerpunktmäßige Zuordnung** mit der Rechtsfolge des Übergangs der Arbeitsverhältnisse nach § 613a BGB **nicht in Betracht**; erst recht können solche Stabs- und Querschnittsfunktionen nach Ausgliederung einzelner Betriebsteile, *für* die sie tätig waren, nicht anteilig auf diese „umgelegt" werden. Ihr Arbeitsverhältnis geht vielmehr nur dann gemäß § 613a BGB auf den aufnehmenden Rechtsträger über, wenn dieser (gemäß Spaltungs- bzw. Aufgliederungsvertrag) auch jene Abteilung übernimmt, in die sie eingebunden sind; eine bloße (mittelbare) Tätigkeit *für* den jeweiligen Betriebsteil reicht – entgegen der früheren BAG-Rechtsprechung, die auf einen derartigen **Funktionsbezug** abstellte – **nicht mehr** aus. Der Arbeitsplatz des Arbeitnehmers muss also in die **Struktur** des jeweils zu übertragenden Betriebs bzw. Betriebsteils **eingebunden** sein; andernfalls verbleibt er bei dem ausgliedernden Rechtsträger[2]. 56

Beispiel:

Arbeitnehmer A ist als Mitarbeiter der Debitorenbuchhaltung der X-GmbH ausschließlich für den Geschäftsbereich „Kraftwerkstechnik" zuständig, der im Wege der Ausgliederung auf die Tochtergesellschaft X-GmbH übertragen wird. Trotz der klaren funktionalen Zuordnung geht sein Arbeitsverhältnis nicht gemäß § 613a BGB auf die Y-GmbH über, solange diese nicht gemäß dem Ausgliederungsvertrag auch die Buchhaltungsabteilung oder zumindest den auf ihre Aktivitäten entfallenden Teil dieser Buchhaltungsabteilung übernimmt. Das Arbeitsverhältnis des A verbleibt daher bei der X-GmbH, es sei denn, dass im Wege dreiseitiger Vereinbarung (zwischen A, X-GmbH und Y-GmbH) eine anderweitige Zuordnung zustande kommt[3]. Es handelt sich dann um eine Lösung *außerhalb* von § 613a BGB[4].

---

1 Vgl. hierzu auch *Gentges*, RdA 1996, 265 (273, 275); *Willemsen*, RdA 1993, 137. Ausführlich zu der gesamten Zuordnungsproblematik *Willemsen* in Willemsen/Hohenstatt/Schweibert/Seibt, Umstrukturierung, Rz. G 134 ff.
2 Grundlegend BAG v. 11.9.1997 – 8 AZR 555/95, DB 1997, 2540 = EzA § 613a BGB Nr. 153 m. Anm. *Willemsen/Annuß*; BAG v. 13.11.1997 – 8 AZR 375/96, DB 1998, 372; BAG v. 18.10.2012 – 6 AZR 41/11, NZI 2013, 151; st. Rspr.; vgl. dazu und zu der einschlägigen EuGH-Rechtsprechung *Willemsen* in Willemsen/Hohenstatt/Schweibert/Seibt, Umstrukturierung, Rz. G 134 f.
3 Vgl. dazu *Willemsen* in Willemsen/Hohenstatt/Schweibert/Seibt, Umstrukturierung, Rz. G 136.
4 Ebenso *Annuß*, NZA 1998, 70 (76) mwN.

§ 324 | Übergangs- und Schlussvorschriften

57 Der (vorherigen oder nachträglichen) Zustimmung des Arbeitnehmers bedarf es mithin nur dann, wenn der Übergang des Arbeitsverhältnisses eindeutig **außerhalb des § 613a BGB** stattfinden soll, also wenn etwa im Zuge der Spaltung überhaupt kein Betrieb oder (geschlossener) Betriebsteil auf einen anderen Rechtsträger übergeht oder wenn zwar ein Betriebsteil übergeht, das betreffende Arbeitsverhältnis jedoch zu dem „zurückbleibenden" (Rest-)Betrieb gehört[1]. In diesem Fall handelt es sich in der Tat um einen **„rein spaltungsrechtlichen" Übergang** von Arbeitsverhältnissen, für den § 613a BGB insgesamt *nicht* gilt[2].

Beispiel:
Bei der Abspaltung des Marketing- und Vertriebsbereichs aus einem Pharma-Unternehmen sollen laut Spaltungsplan fünf Chemiker aus der (bei dem abspaltenden Unternehmen verbleibenden) Forschungs- und Entwicklungsabteilung mit in die künftige Vertriebsgesellschaft übergehen, um die dort tätigen Außendienstmitarbeiter beratend zu unterstützen. Eine solche Regelung wäre nur mit Zustimmung der betreffenden Arbeitnehmer wirksam (die auch noch nachträglich erteilt werden kann). Kommt es auf diese Weise zum Übergang der Arbeitsverhältnisse, ist an eine *analoge* Anwendung (nur) des § 613a Abs. 1 Sätze 2–4 BGB hinsichtlich des (einstweiligen) Fortbestands kollektivrechtlich begründeter Ansprüche zu denken (siehe dazu Rz. 26 ff.). Der Übergang der Arbeitsverhältnisse selbst vollzieht sich aber nicht auf Grund von § 613a Abs. 1 BGB, sondern (allein) auf Grund des Spaltungsplans. Dieser muss die **außerhalb** von § 613a BGB übergehenden Arbeitsverhältnisse **namentlich aufführen**[3]; die bloße Nennung von Betrieben oder Betriebsteilen (§ 126 Abs. 1 Nr. 9 UmwG aE) reicht hier gerade **nicht** aus[4].

bb) Bei Zustandekommen eines Interessenausgleichs nach § 323 Abs. 2 UmwG

58 Die Vorschrift des § 323 Abs. 2 UmwG (Entstehungsgeschichte siehe § 323 UmwG Rz. 20) ermöglicht es Arbeitgeber und Betriebsrat in Anlehnung an § 125 InsO, bei **Verschmelzung, Spaltung und Vermögensübertragung** die Zuordnung der Arbeitnehmer für die Zeit nach der Umwandlung zu einem bestimmten Betrieb oder Betriebsteil in einem **Interessenausgleich** iS von § 112 Abs. 1 BetrVG zu regeln. Bei Zustandekommen eines solchen, nur auf **freiwilliger Basis** möglichen Interessenausgleichs kann die Zuordnung der Arbeitnehmer durch das Arbeitsgericht nur noch auf **grobe Fehlerhaftigkeit** überprüft werden. Voraussetzung für einen solchen Interessenausgleich ist allerdings das

---

1 Insoweit zutreffend *Boecken*, ZIP 1994, 1087 (1091); vgl. auch *Boecken*, Unternehmensumwandlungen, Rz. 71, auch zu weiteren insoweit denkbaren Konstellationen.
2 Siehe zu einer derartigen Konstellation auch LAG Schleswig-Holstein v. 5.11.2015 – 5 Sa 437/14, Juris = BeckRS 2016, 66237 (Revision unter dem Az. 8 AZR 50/16 zugelassen).
3 Ebenso Begr. RegE, BR-Drucks. 75/94, S. 118.
4 Vgl. dazu und zu weiteren mit der umwandlungsrechtlichen Zuordnung verbundenen Fragen *Willemsen* in Willemsen/Hohenstatt/Schweibert/Seibt, Umstrukturierung, Rz. G 142 ff.

Vorliegen einer **Betriebsänderung** iS von §§ 111 ff. BetrVG; ohne eine solche ist die Regelung im Interessenausgleich wirkungslos[1].

Der rechtssystematische Standort der Bestimmung ist unklar. Sie scheint eine Art „Kompensation" dafür zu sein, dass die in § 126 des Referentenentwurfs v. 15.4.1992 noch enthaltene Möglichkeit, die Zuordnung der Arbeitsverhältnisse mehr oder weniger beliebig im Spaltungs- und Übernahmevertrag zu regeln, nicht Gesetz geworden ist (siehe dazu auch Rz. 52). Ein solches „freies" Zuordnungsrecht hätte § 613a BGB und dem europäischen Recht (EG-Richtlinie v. 14.2.1977 über den Betriebsübergang) widersprochen. Es kann indes nicht angenommen werden, dass der Gesetzgeber mit § 323 Abs. 2 UmwG diese zwingenden Vorgaben „überspielen" wollte. § 323 Abs. 2 UmwG ist daher gesetzes- und europarechtskonform dahin gehend auszulegen, dass die Betriebsparteien bei einer Zuordnung qua Interessenausgleich an die **Vorgaben des § 613a BGB** gebunden sind, wonach die Arbeitsverhältnisse dem Betrieb bzw. Betriebsteil „folgen", dem sie bisher angehört haben, wenn und insoweit diese auf den neuen Inhaber übergehen[2]. Lediglich bei insoweit bestehenden **Zweifeln**, etwa im Falle von „Springern" (siehe dazu Rz. 54), können die Betriebsparteien im Interessenausgleich eine eigenständige, gleichsam konstitutive Regelung treffen, die dann sowohl im Individualprozess wie auch in einem arbeitsgerichtlichen Beschlussverfahren nur noch auf „grobe Fehlerhaftigkeit" überprüft werden kann[3]. Frei von § 613a BGB kann die Zuordnung (nur) erfolgen, wenn der bisherige Betrieb zerschlagen wird und lediglich einzelne **Assets** auf einen anderen Inhaber übergehen[4]. 59

Was „**grobe Fehlerhaftigkeit**" bedeutet, muss wiederum im Lichte des § 613a BGB interpretiert werden: Es ist nicht zulässig, in einem Interessenausgleich nach § 323 Abs. 2 UmwG aus **reinen Zweckmäßigkeitserwägungen** – etwa wegen einer ohnehin für die Zeit nach der Umwandlung vorgesehenen Rationalisierung oder Umstrukturierung – Arbeitnehmer ohne ihre Zustimmung einem anderen Betrieb oder Betriebsteil zuzuordnen als demjenigen, dem sie bisher 60

---

1 Vgl. *Willemsen* in Willemsen/Hohenstatt/Schweibert/Seibt, Umstrukturierung, Rz. G 138 ff.; aA *Simon* in Semler/Stengel, § 323 UmwG Rz. 20 mwN; wie hier dagegen *Hohenstatt/Schramm* in KölnKomm. UmwG, § 323 UmwG Rz. 39.
2 LAG Schleswig-Holstein v. 5.11.2015 – 5 Sa 437/14, Juris = BeckRS 2016, 66237 Rz. 51 (Revision unter dem Az. 8 AZR 50/16 zugelassen); dazu *Mückl/Götte*, GWR 2016, 106.
3 IE ebenso *Joost* in Lutter, § 323 UmwG Rz. 40; *Wlotzke*, DB 1995, 40 (45); unklar *Bauer/Lingemann*, NZA 1994, 1057 (1061); *Däubler*, RdA 1995, 136 (141); grundsätzlich aA dagegen *Boecken*, Unternehmensumwandlungen, Rz. 123 ff., der den Anwendungsbereich von § 323 Abs. 2 von vornherein auf den Übergang von Arbeitsverhältnissen *außerhalb* von § 613a BGB begrenzen will; damit würde die Vorschrift aber weitgehend ihres – vom Gesetzgeber offensichtlich intendierten – praktischen Anwendungsbereichs beraubt.
4 LAG Schleswig-Holstein v. 5.11.2015 – 5 Sa 437/14, Juris = BeckRS 2016, 66237 (Revision unter dem Az. 8 AZR 50/16 zugelassen); dazu *Mückl/Götte*, GWR 2016, 106.

(eindeutig) angehörten[1]. Ein eigenes Regelungsermessen haben die Betriebsparteien daher nur in den bereits mehrfach erwähnten Zweifelsfällen, deren Bedeutung durch die neuere Rechtsprechung des BAG (Rz. 56) allerdings deutlich zurückgegangen ist und sich nunmehr auf diejenigen Fälle beschränken dürfte, in denen ein Arbeitnehmer *in* (nicht *für*) verschiedene(n) Betriebe bzw. Betriebsteile(n) tätig gewesen ist[2]. Hier ist die Zuordnung im Interessenausgleich nur gerichtlich angreifbar bei „grober Fehlerhaftigkeit", die bereits dann zu verneinen ist, wenn es für die Zuordnung einen **sachlichen Grund** gibt, der die Zuordnung mindestens **vertretbar** erscheinen lässt. Dieser sachliche Grund muss sich seinerseits am Zweck des § 613a BGB orientieren, dh., die Betriebsparteien müssen bei der Zuordnung der Arbeitnehmer objektive Kriterien zugrunde legen, die für die (gegebenenfalls schwerpunktmäßige) Zugehörigkeit eines Arbeitnehmers zu einem bestimmten Betrieb oder Betriebsteil sprechen. Nur wo derartige Kriterien fehlen oder zu keinem greifbaren Ergebnis führen, haben die Betriebsparteien im Rahmen des Interessenausgleichs nach § 323 Abs. 2 UmwG weitgehend freie Hand[3]. Liegt überhaupt **kein Fall des § 613a BGB** vor (siehe dazu Rz. 5 f.), entfällt die Bindung an den (früheren) Betriebsteil, so dass eine Prüfung nur im Hinblick auf **Willkür oder Sittenwidrigkeit** zu erfolgen hat[4]. Die **Darlegungs- und Beweislast** für grobe Fehlerhaftigkeit der Zuordnung trägt der **Arbeitnehmer**[5].

61 Unklar ist auch die **rechtliche Wirkungsweise** eines nach § 323 Abs. 2 UmwG zustande gekommenen, nicht „offensichtlich fehlerhaften" Interessenausgleichs[6]. Nach bisheriger Rechtsprechung des BAG entfaltet ein Interessenausgleich iS von § 112 Abs. 1 BetrVG **keine normative Wirkung**; es handelt sich lediglich um eine „Naturalobligation" im Verhältnis zwischen Arbeitgeber und Betriebsrat[7]. Da nicht angenommen werden kann, dass der Gesetzgeber des Umwand-

---

1 Zustimmend LAG Schleswig-Holstein v. 5.11.2015 – 5 Sa 437/11, Juris = BeckRS 2016, 66237 Rz. 50 (Revision unter dem Az. 8 AZR 50/16 zugelassen).
2 AA offenbar *Joost* in Lutter, § 323 UmwG Rz. 38 iVm. Rz. 29 f., der eine Zuordnung nach § 323 Abs. 2 UmwG auch für Arbeitnehmer mit betriebs(teil)übergreifenden Tätigkeiten zulassen will; dem steht aber die oben in Rz. 56 genannte Rspr. des BAG entgegen.
3 IE ebenso *Joost* in Lutter, § 323 UmwG Rz. 38; weitergehend offenbar *Bauer/Lingemann*, NZA 1994, 1057 (1061). Siehe zum Begriff der „groben Fehlerhaftigkeit" auch *B. Gaul*, Betriebs- und Unternehmensspaltung, § 12 Rz. 125, unter Hinweis auf § 1 Abs. 5 KSchG.
4 LAG Schleswig-Holstein v. 5.11.2015 – 5 Sa 437/11, Juris = BeckRS 2016, 66237 Rz. 67 (Revision unter dem Az. 8 AZR 50/16 zugelassen).
5 Ebenso LAG Schleswig-Holstein v. 5.11.2015 – 5 Sa 437/11, Juris = BeckRS 2016, 66237 Rz. 59 ff., 79 (Revision unter dem Az. 8 AZR 50/16 zugelassen); *Hohenstatt/Schramm* in KölnKomm. UmwG, § 323 UmwG Rz. 45.
6 Dazu ausführlich *Hartmann*, ZfA 1997, 21 (31 ff.) mwN; *Mengel*, Umwandlungen im Arbeitsrecht, S. 109 f.; *B. Gaul*, Betriebs- und Unternehmensspaltung, § 12 Rz. 114 ff.
7 Vgl. BAG v. 28.8.1991 – 7 ABR 72/90, AP Nr. 2 zu § 85 ArbGG 1979; *Willemsen/Hohenstatt*, NZA 1997, 345 ff.; kritisch dazu im vorliegenden Zusammenhang *Däubler*, RdA 1995, 136 (141).

lungsgesetzes dem Interessenausgleich iS von § 323 Abs. 2 UmwG eine neuartige, von § 112 Abs. 1 BetrVG abweichende Rechtsqualität beimessen wollte, dürfte seine Wirkungsweise im Rahmen von § 323 Abs. 2 UmwG wohl am ehesten so zu erklären sein, dass der Interessenausgleich in diesem Falle eine kraft Gesetzes wirkende Ergänzung des Verschmelzungs-, Spaltungs- bzw. Übernahmevertrages darstellt[1]. Es handelt sich gewissermaßen um eine „Kompensation" für die ursprünglich ins Auge gefasste, dann aber wieder fallengelassene **freie Zuordnungskompetenz** der Parteien des Umwandlungsvertrages, die – in freilich deutlich beschränktem Umfang – durch eine solche der *Betriebs*parteien ersetzt wurde. Es handelt sich also keineswegs um ein mehr oder weniger freies Gestaltungsrecht, sondern lediglich um die gesetzliche Einschränkung der gerichtlichen Nachprüfungsmöglichkeit einer letztlich vom Arbeitgeber vorzunehmenden Zuordnung[2]; allerdings bleibt dem Arbeitnehmer auch in diesem Falle das **Widerspruchsrecht** im Rahmen von § 613a BGB (siehe Rz. 41 ff.), mit dessen Ausübung er jedoch nur den **Verbleib beim bisherigen Arbeitgeber**, nicht jedoch die **Zuordnung** zu einem **anderen Rechtsträger** erreichen kann[3] (zu der Situation bei Erlöschen des übertragenden Rechtsträgers siehe Rz. 44). Widerspricht der Arbeitnehmer im Falle eines Betriebsübergangs dem Übergang seines Arbeitsverhältnisses, **bedarf** es vielmehr einer ausdrücklichen **Zuordnungsentscheidung** des Arbeitgebers, wenn das Arbeitsverhältnis von einem **weiteren Betriebsübergang** erfasst werden soll[4]. Aus der „privilegierten" Zuordnungskompetenz der Betriebsparteien ist zu folgern, dass bei einem **Widerspruch** zwischen der Zuordnung nach Verschmelzungs-/Spaltungsvertrag einerseits und Interessenausgleich iS von § 323 Abs. 2 UmwG andererseits letzterem der **Vorrang** gebührt[5].

Wegen des Vorrangs der Zuordnung im **Interessenausgleich** empfiehlt es sich, 62 einen solchen **möglichst vor bzw. zeitgleich** mit dem Verschmelzungs-/Spal-

---

1 Vgl. auch *Willemsen*, NZA 1996, 799; zustimmend *Hohenstatt/Schramm* in KölnKomm. UmwG, § 323 UmwG Rz. 44; anders *B. Gaul*, Betriebs- und Unternehmensspaltung, § 12 Rz. 118 f.: lex specialis zu § 315 Abs. 3 BGB.
2 Siehe dazu auch *Hohenstatt*, NZA 1998, 846 (852); *Willemsen* in Willemsen/Hohenstatt/Schweibert/Seibt, Umstrukturierung, Rz. G 139.
3 BAG v. 21.2.2013 – 8 AZR 877/11, NZA 2013, 617 Rz. 48 ff.; siehe zum Ganzen *Willemsen* in Willemsen/Hohenstatt/Schweibert/Seibt, Umstrukturierung, Rz. G 135, 162a.
4 BAG v. 21.2.2013 – 8 AZR 877/11, NZA 2013, 617 Rz. 41 ff.
5 So auch *Annuß* in Staudinger, Neubearb. 2016, § 613a BGB Rz. 336, 339; *Hohenstatt/Schramm* in KölnKomm. UmwG, § 323 UmwG Rz. 47; anders *Joost* in Lutter, § 323 UmwG Rz. 40, nach dessen Auffassung bei Bestehen eines Betriebsrats die Zuordnung nur im Interessenausgleich erfolgen kann. Dagegen spricht aber, dass ein Interessenausgleich nach allg. betriebsverfassungsrechtlichen Grundsätzen nicht erzwingbar ist, vgl. § 112 Abs. 2 und 3 BetrVG, so dass jedenfalls bei Scheitern eines solchen Interessenausgleichs ein praktisches Bedürfnis für die Regelung „unklarer" Fälle im Verschmelzungsbzw. Spaltungsvertrag bestehen kann.

tungsvertrag abzuschließen. Ist mit der Umwandlung die **Spaltung eines Betriebs** verbunden, muss das Unternehmen ohnehin *vor* deren Durchführung den Betriebsrat unterrichten und über die geplanten Maßnahmen mit dem Ziel eines Interessenausgleichs beraten (vgl. §§ 111 Satz 3 Nr. 3, 112 BetrVG). Zur Vermeidung künftiger Streitigkeiten ist es dringend ratsam, einen solchen Interessenausgleich anzustreben, der auch die Zuordnungsfrage regelt. Ein derartiger Interessenausgleich ist allerdings, wie bereits erwähnt, anders als ein Sozialplan (vgl. § 112 Abs. 4 BetrVG) **nicht durch Spruch einer Einigungsstelle erzwingbar**, sondern kann nur auf freiwilliger Basis im Wege der Einigung mit dem Betriebsrat zustande kommen.

63   Ein nach § 323 Abs. 2 UmwG zustande gekommener Interessenausgleich, der die Zuordnung der Arbeitnehmer zu einem bestimmten Betrieb bzw. Betriebsteil nach der Umwandlung regelt, konsumiert („**verbraucht**") richtiger Auffassung zufolge das ansonsten bestehende **Mitbestimmungsrecht gemäß § 99 BetrVG** bei (einzelnen) Einstellungen und Versetzungen[1]. Der Betriebsrat kann also bei einer derartigen einvernehmlichen Zuordnung der Einstellung nicht mehr gemäß § 99 Abs. 2 BetrVG widersprechen.

4. Zuordnung von Versorgungsansprüchen ausgeschiedener Arbeitnehmer (Pensionäre und Versorgungsanwärter)

64   Nach ganz hM in der arbeitsrechtlichen Rechtsprechung und Literatur gilt § 613a BGB **nicht für Pensionäre und ausgeschiedene Versorgungsanwärter**, da diese nicht mehr in einem Arbeitsverhältnis zum Betriebsinhaber stehen. Die Möglichkeit der Zuweisung von Pensionsverpflichtungen gegenüber dem vorgenannten Personenkreis wird also infolge der Verweisung auf § 613a BGB **nicht eingeschränkt**[2].

Eine Einschränkung der Zuordnungsfreiheit bei Spaltung in Bezug auf Versorgungsverpflichtungen gegenüber bereits ausgeschiedenen Arbeitnehmern folgt auch nicht aus **§ 4 BetrAVG**. Diese auf die vertragliche Schuldübernahme zugeschnittene Bestimmung findet im Falle der Spaltung gerade **keine Anwendung**[3]. Konkret bedeutet dies die weitgehende **Gestaltungsfreiheit** bei der Zu-

---

1   Ebenso *Däubler*, RdA 1995, 136 (141); *Hartmann*, ZfA 1997, 21 (32); offengelassen von *Wlotzke*, DB 1995, 40 (45).
2   Ebenso BAG v. 22.2.2005 – 3 AZR 499/03 (A), Rz. 22, DB 2005, 954 = BetrAV 2005, 404 und BAG v. 11.3.2008 – 3 AZR 358/06, NZG 2008, 863; *Hill*, BetrAV 1995, 114 (116); gegen die Ansicht des BAG AG Hamburg v. 1.7.2005 – HRA 100711, ZIP 2005, 1249.
3   Ebenso iE *Hill*, BetrAV 1995, 117; *Willemsen*, NZA 1996, 791 (801); *Sieger/Aleth*, DB 2002, 1487 (1488); aA AG Hamburg v. 1.7.2005 – HRA 100711, ZIP 2005, 1249; offen lassend LG Hamburg v. 8.12.2005 – 417 T 16/05, DB 2006, 941 (942); dazu *Hohenstatt/Schramm*, ZIP 2006, 546 (549 ff.).

ordnung von Pensionsverpflichtungen im Zuge der Spaltung, zu der es demzufolge einer Zustimmung weder des betroffenen Pensionärs bzw. Versorgungsanwärters noch des **Pension-Sicherungs-Vereins** (PSV) bedarf[1]. Der PSV ist insoweit auf die umwandlungsrechtlichen **Gläubigerschutzbestimmungen** verwiesen. Eine abschließende **höchstrichterliche Entscheidung** zu dieser praktisch äußerst bedeutsamen Frage liegt mit den Urteilen des 3. Senats v. 22.2. 2005[2] und v. 11.3.2008[3] vor, der sich der hier dargestellten Auffassung vollen Umfangs angeschlossen hat (siehe ausführlich § 134 UmwG Rz. 22 ff.; auch zur erforderlichen **Kapitalausstattung** sog. **Rentnergesellschaften**).

§ 325
Mitbestimmungsbeibehaltung

(1) Entfallen durch Abspaltung oder Ausgliederung im Sinne des § 123 Abs. 2 und 3 bei einem übertragenden Rechtsträger die gesetzlichen Voraussetzungen für die Beteiligung der Arbeitnehmer im Aufsichtsrat, so finden die vor der Spaltung geltenden Vorschriften noch für einen Zeitraum von fünf Jahren nach dem Wirksamwerden der Abspaltung oder Ausgliederung Anwendung. Dies gilt nicht, wenn die betreffenden Vorschriften eine Mindestzahl von Arbeitnehmern voraussetzen und die danach berechnete Zahl der Arbeitnehmer des übertragenden Rechtsträgers auf weniger als idR ein Viertel dieser Mindestzahl sinkt.

(2) Hat die Spaltung oder Teilübertragung eines Rechtsträgers die Spaltung eines Betriebes zur Folge und entfallen für die aus der Spaltung hervorgegangenen Betriebe Rechte oder Beteiligungsrechte des Betriebsrats, so kann durch Betriebsvereinbarung oder Tarifvertrag die Fortgeltung dieser Rechte und Beteiligungsrechte vereinbart werden. Die §§ 9 und 27 des Betriebsverfassungsgesetzes bleiben unberührt.

---

1 Ebenso BAG v. 22.2.2005 – 3 AZR 499/03 (A), Rz. 40 ff., DB 2005, 954 = ZIP 2005, 957; *Hill*, BetrAV 1995, 117; ausführlich zu dieser Thematik *Schnitker* in Willemsen/Hohenstatt/Schweibert/Seibt, Umstrukturierung, Rz. J 583 ff. mwN; aA AG Hamburg v. 1.7. 2005 – HRA 100711, ZIP 2005, 1249 (1250), das aus Schutzgesichtspunkten § 4 BetrAVG nicht als reines Zustimmungspostulat, sondern als gesetzliches Verfügungsverbot mit der Folge der Nichtabspaltbarkeit verstanden wissen will (unter II.1. der Gründe); vgl. dazu *Hohenstatt/Schramm*, ZIP 2006, 546 (549 ff.).
2 BAG v. 22.2.2005 – 3 AZR 499/03 (A), DB 2005, 954 = ZIP 2005, 957 = BetrAV 2005, 404; aA AG Hamburg v. 1.7.2005 – HRA 100711, ZIP 2005, 1249.
3 BAG v. 11.3.2008 – 3 AZR 358/06, NZG 2008, 863.

§ 325 | Übergangs- und Schlussvorschriften

1. Befristete Beibehaltung der Unternehmensmitbestimmung (§ 325 Abs. 1 UmwG)
   a) Gesetzesgeschichte, Regelungsgegenstand 1
   b) Anwendungsbereich und -voraussetzungen 4
   c) Rechtsfolgen 10

2. Fortgeltung der Beteiligungsrechte des Betriebsrats (§ 325 Abs. 2 UmwG)
   a) Gesetzesgeschichte, Regelungsgegenstand 11
   b) Anwendungsbereich 13
   c) Regelungsinstrumente 15
   d) Sonderfall: Teilübertragung ... 17

Literatur: Vgl. die Angaben zu Vor § 322 UmwG sowie *Bartodziej*, Reform des Umwandlungsrechts und Mitbestimmung, ZIP 1994, 580; *Boecken*, Unternehmensumwandlungen und Arbeitsrecht, 1996; *B. Gaul*, Das Arbeitsrecht der Betriebs- und Unternehmensspaltung, 2002, § 34 Rz. 10 ff.; *Henssler*, Umstrukturierung von mitbestimmten Unternehmen, ZfA 2000, 241; *Jung*, Umwandlungen unter Mitbestimmungsverlust, 2000; *Schupp*, Mitbestimmungsbeibehaltung bei Veränderung der Unternehmensstruktur, 2001; *Trittin/Gilles*, Mitbestimmungsbeibehaltung nach Umstrukturierung, RdA 2011, 46.

1. Befristete Beibehaltung der Unternehmensmitbestimmung (§ 325 Abs. 1 UmwG)

a) Gesetzesgeschichte, Regelungsgegenstand

1 Die seinerzeit erst im Vermittlungsausschuss in den Gesetzestext aufgenommene Norm des § 325 Abs. 1 UmwG[1] bricht mit der noch dem Regierungsentwurf zugrunde liegenden Absicht, die unternehmensbezogene **Mitbestimmungsordnung** durch das Umwandlungsgesetz unverändert zu lassen und aus dieser Neutralität möglicherweise resultierende mittelbare Beeinträchtigungen der Mitbestimmungsrechte von Arbeitnehmern im Aufsichtsrat hinzunehmen[2]. Die jetzige Regelung ist zurückzuführen auf die Ansicht der Bundesratsmehrheit, durch Beibehaltungsregeln müsse sichergestellt werden, dass sich der bestehende Mitbestimmungsstatus durch Unternehmensumwandlungen nicht verschlechtert[3], worauf schließlich auch die Verweigerung der Zustimmung des Bundesrates zum Regierungsentwurf gestützt wurde[4]. Während die SPD-Fraktion für sämtliche Umwandlungsarten iS des § 1 UmwG eine Öffnungsklausel bevorzugte, wonach durch Tarifvertrag die Beibehaltung des Mitbestimmungsregimes oder die Schaffung eines Beirates hätte vereinbart werden können, ordnet § 325 Abs. 1 Satz 1 in Anlehnung an die Konzeption des § 1 Abs. 3 Montan-MitbestG eine auf die Fälle der **Abspaltung** (§ 123 Abs. 2 UmwG) und **Ausgliederung** (§ 123 Abs. 3 UmwG) beschränkte sowie auf fünf Jahre **befristete** Beibehaltung der Mitbestimmung an.

---

1 BR-Drucks. 843/94, Anlage Nr. 3.
2 BT-Drucks. 12/6699, S. 75.
3 BT-Drucks. 12/7265, S. 5.
4 Vgl. *Neye*, DB 1994, 2069.

Die Gesetz gewordene Kompromisslösung offenbart eine gesetzgeberische In- 2
konsequenz, da man einerseits von der mitbestimmungsneutralen Gestaltung
des Umwandlungsrechts abgerückt ist, was im Kern zu einer Erweiterung des
geltenden Mitbestimmungsrechts geführt hat[1], andererseits jedoch die Umwandlungsformen der Verschmelzung und Vermögensübertragung wie auch
des Formwechsels (siehe dazu auch die Erl. zu § 203 UmwG) trotz des hier praktisch gleichermaßen möglichen Verlustes von Mitbestimmungsrechten[2] unberücksichtigt ließ. Auch bei *Auf*spaltung gilt § 325 Abs. 1 UmwG nicht. Eine
Analogie scheidet angesichts des völlig eindeutigen Gesetzeswortlauts aus[3]. Die
Regelung ist **zwingend** und jedenfalls einer Einschränkung im Vereinbarungs-
wege nicht zugänglich[4]. Denkbar erscheint allenfalls eine Erweiterung im Wege
freiwilliger Vereinbarung. Auch diese wird jedoch von der wohl überwiegenden
Meinung zu Recht abgelehnt[5].

Die Regelungswirkung des § 325 Abs. 1 UmwG ist auf die **Beibehaltung** des 3
Mitbestimmungsstatuts **beim übertragenden Rechtsträger beschränkt**, so dass
sich die Unternehmensmitbestimmung bei den übernehmenden Rechtsträgern
ohne weiteres nach den allgemeinen gesetzlichen Vorschriften richtet[6]. Hinsichtlich der **übernehmenden Rechtsträger** wird also **in keinem Fall** die Mit-
bestimmungspflicht **erweitert**[7]. Mitbestimmungsverluste, die durch Veränderungen bei einem **anderen als dem übertragenden**, bisher mitbestimmungspflichtigen **Rechtsträger** verursacht werden, sind ebenfalls durch § 325 UmwG
nicht erfasst[8].

b) Anwendungsbereich und -voraussetzungen

Die gesetzlichen Voraussetzungen für die Beteiligung der Arbeitnehmer im Auf- 4
sichtsrat müssen durch **Abspaltung** oder **Ausgliederung** entfallen. Die für die-

---

1 So richtig *Bartodziej*, ZIP 1994, 580.
2 Dazu *Bartodziej*, ZIP 1994, 580.
3 *Joost* in Lutter, § 325 UmwG Rz. 12 f.; *Jung*, Umwandlungen, S. 255; *Seibt* in Willemsen/
Hohenstatt/Schweibert/Seibt, Umstrukturierung, Rz. F 100; *Moll* in Henssler/Strohn,
§ 325 UmwG Rz. 3; *Willemsen*, NZA 1996, 791 (803); aA *Trittin/Gilles*, RdA 2011, 46
(48).
4 Ebenso *Simon* in Semler/Stengel, § 325 UmwG Rz. 25.
5 Bejahend *Joost* in Lutter, § 325 UmwG Rz. 35; ablehnend *Simon* in Semler/Stengel, § 325
UmwG Rz. 25; *Boecken*, Unternehmensumwandlungen und Arbeitsrecht, 1996,
Rz. 439 ff.; *Mengel*, Umwandlungen im Arbeitsrecht, 1997, S. 415 f.
6 *Joost*, ZIP 1995, 983; *Kreßel* BB 1995, 926; *Hohenstatt/Schramm* in KölnKomm. UmwG,
§ 325 UmwG Rz. 5; *Moll* in Henssler/Strohn, § 325 UmwG Rz. 4.
7 *Willemsen*, NZA 1996, 791 (803).
8 Vgl. die Beispiele bei *Seibt* in Willemsen/Hohenstatt/Schweibert/Seibt, Umstrukturierung, Rz. F 121 ff. zu den teilweise komplexen Konzernsachverhalten sowie zu Umwandlungen bei der GmbH & Co. KG.

sen Fall vorgesehene befristete Weitergeltung der Unternehmensmitbestimmung erfasst sämtliche insoweit bestehenden Systeme, also sowohl die entsprechenden Regelungen des DrittelbG und des MontanMitbestG als auch die Mitbestimmungsordnung des MitbestG. Dagegen reicht eine bloße spaltungsbedingte **Veränderung innerhalb** ein und desselben Mitbestimmungsgesetzes (zB Verkleinerung des nach § 7 Abs. 1 MitbestG gebildeten Aufsichtsrats) für die Anwendung der Vorschrift **nicht aus**[1].

5 Auf den ersten Blick könnte zweifelhaft sein, ob es nur auf den Entfall der Voraussetzungen des bisherigen Mitbestimmungsregimes ankommt oder ob allein jene Fälle erfasst sein sollen, in denen eine Vertretung der Arbeitnehmer im Aufsichtsrat nach keinem der drei Mitbestimmungssysteme mehr gegeben wäre. Klarheit schafft insoweit § 325 Abs. 1 Satz 1 Halbsatz 2 UmwG, der die Beibehaltung des bisherigen Mitbestimmungsstatuts und nicht etwa eine Sicherung des „Minimalstandes" nach dem BetrVG 1952 vorsieht. Dies kann nur erreicht werden, wenn man für die Anwendbarkeit des § 325 Abs. 1 UmwG ausschließlich auf den **Wegfall der Voraussetzungen nach dem bisher einschlägigen Mitbestimmungssystem** abstellt[2].

Beispiel:

Gliedert etwa die M-GmbH mit 2 500 Arbeitnehmern Vermögensteile mit 600 Arbeitnehmern auf eine dritte, nicht konzernangehörige Gesellschaft (F-GmbH) aus, so wäre die verbleibende GmbH nicht mehr von dem MitbestG (§ 1 Abs. 1 Nr. 2 MitbestG) erfasst und unterläge nur noch der „drittelparitätischen" Mitbestimmung nach dem DrittelbG. Für die Dauer von fünf Jahren behält jedoch § 325 Abs. 1 Satz 1 UmwG die Anwendung des MitbestG bei, so dass der Aufsichtsrat des übertragenden Unternehmens erst nach Ablauf dieses Zeitraums nach § 1 Abs. 1 Nr. 3 DrittelbG iVm. § 4 Abs. 1 DrittelbG drittelparitätisch zu besetzen ist. Für die Tochter gilt dagegen von Anfang an das Mitbestimmungsstatut des DrittelbG. Anders läge der Fall, wenn es sich bei der F-GmbH um eine Konzerngesellschaft der M-GmbH handelte, weil dann die Zurechnungsvorschrift des § 5 Abs. 3 MitbestG Platz greifen würde mit der Folge, dass es bei der Anwendung des MitbestG verbliebe.

6 Die praktisch wichtigste Ursache für den Entfall des bisherigen Mitbestimmungsstatuts dürfte die des Absinkens unter die jeweiligen Zahlengrenzen (§ 1 Abs. 1 Nr. 2 MitbestG, § 1 Abs. 2 Montan-MitbestG, §§ 1, 2 DrittelbG) sein, wobei die frühere Mitbestimmungsordnung nach § 325 Abs. 1 Satz 2 UmwG nur dann aufrechterhalten wird, wenn die Zahl der beim übertragenden Unternehmen beschäftigten Arbeitnehmer nach der Spaltung **wenigstens noch einem Viertel** der jeweiligen gesetzlichen Mindestzahl entspricht (die „kritische Gren-

---

1 *Simon* in Semler/Stengel, § 325 UmwG Rz. 7.
2 IE ebenso: *Boecken*, Unternehmensumwandlungen, Rz. 429 ff.; *Joost* in Lutter, § 325 UmwG Rz. 20; *Seibt* in Willemsen/Hohenstatt/Schweibert/Seibt, Umstrukturierung, Rz. F 119; *Simon* in Semler/Stengel, § 325 UmwG Rz. 6; *Wißmann* in Widmann/Mayer, § 325 UmwG Rz. 11; aA *Henssler*, ZfA 2000, 241 (252 f.); *B. Gaul*, Betriebsspaltung, § 34 Rz. 11.

ze" liegt also für die befristete Fortgeltung des MitbestG bei 500, für diejenige der drittelparitätischen Mitbestimmung nach dem DrittelbG bei 125 Arbeitnehmern). In vielen dieser Fälle bedarf es der Mitbestimmungsbeibehaltung nach § 325 Abs. 1 Satz 1 UmwG jedoch wegen Geltung der mitbestimmungsrechtlichen **Konzernklauseln** (vgl. § 5 MitbestG, §§ 1, 2 Abs. 2 DrittelbG) nicht. Soweit diese eingreifen, finden weder das „25 %-Quorum" noch die Fünf-Jahres-Frist Anwendung[1].

Dagegen ist § 325 Abs. 1 Satz 1 UmwG nicht einschlägig, wenn auf Grund der Unternehmensspaltung erstmals die **Tendenzbindung** des übertragenden Unternehmens nach § 1 Abs. 4 MitbestG eintreten sollte, wobei insoweit allerdings nicht allein quantitative Merkmale den Ausschlag geben dürfen[2]. Der Fortbestand des bisherigen Mitbestimmungsstatuts gemäß § 325 Abs. 1 UmwG kommt in diesem Falle nicht in Betracht, da dies gegen die den einschlägigen Gesetzen (insbesondere § 1 Abs. 4 MitbestG) zugrunde liegende verfassungsrechtliche Wertung (insbesondere Art. 4 und 5 GG) verstieße[3]. 7

Unsicher erscheint, ob das bisherige Mitbestimmungsregime auch dann noch beizubehalten ist, wenn nach der Spaltung die **Gesamtzahl** der Arbeitnehmer in den an der Spaltung beteiligten Unternehmen unter die jeweiligen Zahlengrenzen absinkt, weil dann die vom Gesetz geforderte **Kausalität** der Spaltung für den Verlust des bisherigen Mitbestimmungsstatuts zweifelhaft wird. 8

Beispiel:
Eine GmbH mit 2050 Arbeitnehmern (A) gliedert einen Unternehmensteil mit 400 Arbeitnehmern auf eine neue GmbH (B) aus. Kurz darauf werden bei A 40 Arbeitnehmer und bei B 20 Arbeitnehmer entlassen, so dass beide Unternehmen zusammen weniger als 2000 Arbeitnehmer beschäftigen.

Es ist davon auszugehen, dass auch in diesen Fällen die Unternehmensmitbestimmung fortbesteht, für das Eingreifen von § 325 Abs. 1 Satz 1 UmwG mithin **allein auf den Zeitpunkt der Spaltung** abzustellen ist. Anderenfalls bliebe unberücksichtigt, dass insbesondere die Abspaltung oder Ausgliederung zur Aufnahme bedeutende **Rationalisierungseffekte** nach sich ziehen und damit verschiedene Möglichkeiten der Personaleinsparung eröffnen kann. § 325 Abs. 1 Satz 1 UmwG soll nach seinem Schutzzweck gerade auch diesen Entwicklungen begegnen[4]. Aus dem Abstellen allein auf den Zeitpunkt der Spaltung folgt wei-

---

1 *Seibt* in Willemsen/Hohenstatt/Schweibert/Seibt, Umstrukturierung, Rz. F 115; *Simon* in Semler/Stengel, § 325 UmwG Rz. 5.
2 Vgl. zur sog. „Geprägetheorie": *Raiser/Veil/Jacobs*, 6. Aufl. 2015, § 1 MitbestG Rz. 50 mwN.
3 *Willemsen*, NZA 1996, 803; *Seibt* in Willemsen/Hohenstatt/Schweibert/Seibt, Umstrukturierung, Rz. F 126; *B. Gaul*, Betriebsspaltung, § 34 Rz. 14.
4 AA für die soeben geschilderte Konstellation offenbar *Wißmann* in Widmann/Mayer, § 325 UmwG Rz. 18; *B. Gaul*, Betriebsspaltung, § 34 Rz. 14; wie hier dagegen *Moll* in Hensler/Strohn, § 325 UmwG Rz. 9.

terhin, dass ein erst *nach* diesem Zeitpunkt durchgeführter Personalabbau bei dem übertragenden Rechtsträger, der zu der erstmaligen Unterschreitung der für das bisherige Mitbestimmungsstatut relevanten Arbeitnehmerzahl führt, nicht die Anwendung des § 325 Abs. 1 Satz 1 UmwG auslöst[1].

9 Umstritten ist das **Verhältnis zu § 1 Abs. 3 MontanMitbestG**, der im Falle des dauerhaften Absinkens unter die Beschäftigtenzahlen des § 1 Abs. 2 MontanMitbestG eine Fortgeltung der Vorschriften des MontanMitbestG für die Dauer von sechs Jahren vorsieht. Nach einer Auffassung regelt § 325 Abs. 1 UmwG die Folgen des auf Grund einer Abspaltung oder Ausgliederung an sich eintretenden Mitbestimmungsverlustes **abschließend** und lässt deshalb insoweit für die etwas weiter greifende Beibehaltungsvorschrift des § 1 Abs. 3 MontanMitbestG keinen Raum[2]. Richtiger erscheint es jedoch, mit der Gegenauffassung[3] von einem Vorrang von § 1 Abs. 3 MontanMitbestG auszugehen. Entsprechendes gilt dann auch für § **16 Abs. 2 MitbestErgG**.

c) Rechtsfolgen

10 Soweit § 325 Abs. 1 UmwG greift, sind bei dem übertragenden Rechtsträger – und nur bei diesem (siehe Rz. 3) – die vor der Spaltung geltenden Vorschriften bezüglich der „**Beteiligung der Arbeitnehmer im Aufsichtsrat**" für den Zeitraum von fünf Jahren nach dem Wirksamwerden der Abspaltung oder Ausgliederung weiterhin anzuwenden. Dieser Wortlaut spricht für eine restriktive Auslegung, insbesondere **gegen** eine Einbeziehung der Regelungen über den Arbeitsdirektor[4]. **Nach Ablauf** der Fünf-Jahres-Frist hat der Vorstand bzw. die Geschäftsführung das sog. **Statusverfahren** nach §§ 97 ff. AktG einzuleiten[5], es sei denn, dass wegen zwischenzeitlichen Wiederanstiegs der Arbeitnehmerzahl beim übertragenden Rechtsträger – ggf. auch im Wege der Konzernzurechnung (vgl. Rz. 6) – die **allgemeinen** Anwendungsvoraussetzungen für das zunächst nach § 325 Abs. 1 UmwG „konservierte" Mitbestimmungsstatut nunmehr wieder erfüllt sind. Umgekehrt kann bereits während der Fünf-Jahres-Frist ein end-

---

1 Ebenso *Hohenstatt/Schramm* in KölnKomm. UmwG, § 325 UmwG Rz. 19; *Seibt* in Willemsen/Hohenstatt/Schweibert/Seibt, Umstrukturierung, Rz. F 124; zustimmend *Joost* in Lutter, § 325 UmwG Rz. 21; aA *Wißmann* in Widmann/Mayer, § 325 UmwG Rz. 17.
2 *Boecken*, Unternehmensumwandlungen, Rz. 437; ausführlich *Heinze*, ZfA 1997, 1 (17 f.).
3 *Wißmann* in Widmann/Mayer, § 325 UmwG Rz. 44 ff. und *Joost* in Lutter, § 325 UmwG Rz. 36; zustimmend auch *B. Gaul*, Betriebsspaltung, § 34 Rz. 25; *Moll* in Henssler/Strohn, § 325 UmwG Rz. 10.
4 In diesem Sinne auch *Hohenstatt/Schramm* in KölnKomm. UmwG, § 325 UmwG Rz. 22; *Moll* in Henssler/Strohn, § 325 UmwG Rz. 11; *Seibt* in Willemsen/Hohenstatt/Schweibert/Seibt, Umstrukturierung, Rz. F 120; für Einbeziehung auch der Regelungen über den Arbeitsdirektor (§ 33 MitbestG, § 13 MontanMitbestG, § 13 MitbestErgG) demgegenüber *Joost* in Lutter, § 325 UmwG Rz. 28; *B. Gaul*, Betriebsspaltung, § 34 Rz. 19.
5 *Joost* in Lutter, § 325 UmwG Rz. 29; *Moll* in Henssler/Strohn, § 325 UmwG Rz. 12.

gültiger Mitbestimmungsverlust eintreten, insbesondere, wenn **nach dem Umwandlungsstichtag** die Mindestzahl von Arbeitnehmern (siehe Rz. 6) bei dem übertragenden Rechtsträger unterschritten wird[1].

2. Fortgeltung der Beteiligungsrechte des Betriebsrats (§ 325 Abs. 2 UmwG)

a) Gesetzesgeschichte, Regelungsgegenstand

§ 325 Abs. 2 UmwG enthält für den Fall der **Betriebsspaltung durch Spaltung oder Teilübertragung** eines Rechtsträgers eine **Öffnungsklausel**, die eine zeitlich unbegrenzte[2] Beibehaltung solcher Rechte oder Beteiligungsrechte des **Betriebsrats** durch Betriebsvereinbarung oder Tarifvertrag ermöglicht, die infolge der Umwandlung entfallen sind. Es geht also allein um eine Erweiterung der betriebsverfassungsrechtlichen Mitbestimmung, nicht um diejenige auf Unternehmensebene[3]. 11

Diese ebenfalls erst im Vermittlungsausschuss in den Gesetzestext eingefügte Vorschrift enthält einerseits eine bemerkenswerte **Neuerung** insofern, als die Existenz bestimmter Rechte des Betriebsrats entgegen dem grundsätzlich zwingenden Charakter des Betriebsverfassungsrechts per Gesetz in die alleinige Entscheidungsgewalt der Tarif- oder Betriebspartner gelegt wird; doch ist sie andererseits im Wesentlichen nur eine Festschreibung der früheren Rechtslage, wonach durch Tarifvertrag oder Betriebsvereinbarung einzelne Aufgaben dem obligatorischen Mitbestimmungsrecht über den im Betriebsverfassungsgesetz vorgesehenen Umfang hinaus unterworfen werden können[4]. Ergänzend ist in dem vorliegenden Zusammenhang auf **§ 3 BetrVG** hinzuweisen, der hinsichtlich der Bildung von Betriebsräten als solcher der Praxis eine erhebliche Flexibilität ermöglicht, die auch und gerade in Umwandlungsfällen genutzt werden kann und neben § 325 Abs. 2 UmwG besteht (siehe dazu auch Vor § 322 UmwG Rz. 51). Des Weiteren ist darauf hinzuweisen, dass es der Regelung des § 325 Abs. 2 UmwG nicht bedarf, wenn die Rechtsträger den Betrieb als **gemeinsamen Betrieb** führen, weil dann eine Minderung der bisherigen Beteiligungsrechte nicht eintritt (vgl. § 322 UmwG). 12

---

1 Ebenso *Joost* in Lutter, § 325 UmwG Rz. 31 ff.
2 *Kallmeyer*, ZIP 1994, 1758.
3 Zu freiwilligen Modifikationen der Unternehmensmitbestimmung bei Umwandlung vgl. *Henssler*, ZfA 2000, 241 (260); *Seibt* in Willemsen/Hohenstatt/Schweibert/Seibt, Umstrukturierung, Rz. F 13 ff., 167.
4 Vgl. BAG v. 18.8.1987 – 1 ABR 30/86, AP Nr. 23 zu § 77 BetrVG 1972; BAG v. 10.2.1988 – 1 ABR 70/86, AP Nr. 53 zu § 99 BetrVG 1972; *Fitting/Engels/Schmidt/Trebinger/Linsenmaier*, § 88 BetrVG Rz. 3 ff.; aA *Richardi* in Richardi, § 88 BetrVG Rz. 9; allgemein *Neye*, DB 1994, 2069.

b) Anwendungsbereich

13 Die Spaltung oder Vermögensteilübertragung muss eine Spaltung des Betriebes iS des BetrVG zur Folge haben, so dass der Begriff der **Betriebsspaltung** hier im technischen Sinne zu verstehen ist. Erforderlich ist weiterhin der **Entfall von Rechten oder Beteiligungsrechten** des Betriebsrats, wofür nicht nur die praktisch besonders relevanten gesetzlichen Rechte nach § 38 Abs. 1 (Zahl der Freistellungen), § 99 (personelle Einzelmaßnahmen), § 106 Abs. 1 (**Wirtschaftsausschuss**), §§ 111 ff. BetrVG (Betriebsänderungen) in Betracht kommen, sondern auch **Rechte des Betriebsrats**, die schon bislang durch Tarifvertrag oder Betriebsvereinbarung geregelt waren[1]. Ebenso wird man die durch Betriebsabsprachen näher ausgestaltete Position des Betriebsrats als beibehaltungsfähiges Recht in diesem Sinne anzusehen haben. Unklar ist, ob nach § 325 Abs. 2 UmwG auch die Befugnis des Betriebsrats festgeschrieben werden kann, **zwei Mitglieder in** den **Gesamtbetriebsrat** zu entsenden (§ 47 Abs. 2 BetrVG). Entgegen *Däubler*[2] wird man dies verneinen müssen, da § 47 Abs. 2 BetrVG kein originäres Recht des Einzelbetriebsrats enthält. Auch im Übrigen scheidet eine Anwendung von § 325 Abs. 2 UmwG auf die Beteiligung an einem Gesamtbetriebsrat aus[3]. Ebenfalls kraft ausdrücklicher Anordnung ausgeschlossen sind Vereinbarungen nach § 325 Abs. 2 UmwG im Bereich der §§ 9 und 27 BetrVG (Rz. 14). Eine **analoge Anwendung** der Bestimmung auf Übertragungsvorgänge im Rahmen der Einzelrechtsnachfolge scheidet aus[4].

14 Zu beachten ist, dass sich nach § 325 Abs. 2 Satz 2 UmwG die **Größe des Betriebsrats** (§ 9 BetrVG) und die Bildung eines **Betriebsausschusses** (§ 27 BetrVG) ausschließlich an der Größe der jeweils nach der Umwandlung verbleibenden Betriebe orientieren. § 325 Abs. 2 Satz 2 UmwG ist die gesetzgeberische Wertung zu entnehmen, dass der Bestand dieser Rechte strikt an die gesetzlichen Vorgaben des BetrVG gebunden ist und auch nach allgemeinen Grundsätzen nicht der Erweiterung durch Tarifvertrag oder Betriebsvereinbarung zugänglich sein soll[5].

c) Regelungsinstrumente

15 Der Fortbestand der Rechte des Betriebsrats kann durch **Tarifvertrag**, wobei insbesondere ein Firmentarifvertrag in Betracht kommt, oder durch **Betriebsvereinbarung** gesichert werden. Für den Tarifvertrag genügt in diesem Falle die

---

1 Ebenso *Moll* in Hensssler/Strohn, § 325 UmwG Rz. 14; *Simon* in Semler/Stengel, § 325 UmwG Rz. 32.
2 *Däubler*, RdA 1995, 136 (145).
3 Ebenso *Joost* in Lutter, § 325 UmwG Rz. 50; *Hohenstatt/Schramm* in KölnKomm. UmwG, § 325 UmwG Rz. 38.
4 Ebenso *B. Gaul*, Betriebsspaltung, § 27 Rz. 90.
5 Ebenso *Simon* in Semler/Stengel, § 325 UmwG Rz. 40.

einseitige Tarifbindung des Arbeitgebers (vgl. § 3 Abs. 2 TVG). Wird eine Regelung über den Fortbestand sowohl durch Tarifvertrag als auch durch Betriebsvereinbarung getroffen, so richtet sich das Verhältnis beider Rechtsquellen zueinander nach allgemeinen Grundsätzen[1]. Eine Betriebsvereinbarung iS von § 325 Abs. 2 UmwG ist, da freiwillig, nicht durch Anrufung der Einigungsstelle erzwingbar[2].

Eine Vereinbarung iS des § 325 Abs. 2 UmwG kann für **alle** aus der Betriebsspaltung hervorgegangenen **Betriebe** getroffen werden. Angesichts des Wortlauts der Vorschrift mag auf den ersten Blick jedoch zweifelhaft erscheinen, **wer** zur Vereinbarung über die Fortgeltung berufen ist. Richtigerweise ist hier zwischen Betriebsvereinbarung und Tarifvertrag zu **differenzieren**. Aus dem Umstand, dass die notwendig „zweipoligen" **Betriebsvereinbarungen** nur innerhalb des jeweiligen Betriebes wirken, ist zu folgern, dass die Vereinbarung über die Fortgeltung durch Betriebsvereinbarung grundsätzlich nur **in den** sich **aus der Umwandlung ergebenden Betrieben** getroffen werden kann[3]. Diese Auffassung findet ihre Bestätigung in der Vorschrift des § 21a BetrVG, wonach der Betriebsrat des früheren Betriebs allein in dem dortigen Sonderfall auch Handlungen mit Wirkung für die aus der Umwandlung hervorgehenden Betriebe vornehmen kann, und ferner darin, dass für die hier in Rede stehenden Fälle eine Fortgeltung nicht über § 324 UmwG iVm. § 613a Abs. 1 Satz 2 BGB begründet werden kann. Deshalb kann also der Betriebsrat des aufgespaltenen Betriebs nicht ohne weiteres noch vor der Spaltung eine Fortgeltung seiner Rechte für die Betriebsräte der Spaltbetriebe vereinbaren[4]. Dies ist vielmehr nur in den Fällen des **Übergangsmandats** gemäß § 21a BetrVG möglich, so dass der Betriebsrat des bisherigen Betriebes **vor** der Betriebsspaltung in Vorwegnahme seines **späteren** Übergangsmandats auch zum Abschluss einer Fortgeltungsvereinbarung befugt ist, was unmittelbar aus dem Charakter des Übergangsmandats als „Vollmandat" folgt (vgl. Vor § 322 UmwG Rz. 36)[5]. Grundsätzlich anderes muss hingegen für Fortgeltungsvereinbarungen in **Tarifverträgen** gelten. Firmentarifverträge bleiben wegen der mit der Umwandlung verbundenen partiellen Gesamtrechtsnachfolge oftmals auch nach der Umwandlung wirksam (siehe Vor § 322 UmwG Rz. 79 f.), so dass eine entsprechende Regelung mit Wirkung für die aus

16

---

1 Vgl. dazu etwa *Worzalla* in Hess/Worzalla/Glock/Nicolai/Rose/Huke, 9. Aufl. 2014, § 77 BetrVG Rz. 98 ff.
2 Ebenso *Joost* in Lutter, § 325 UmwG Rz. 46.
3 *Joost* in Lutter, § 325 UmwG Rz. 45 geht demgegenüber von einer allgemeinen Abschlusskompetenz auch des Betriebsrats des übertragenden Rechtsträgers aus; wie hier dagegen *Boecken*, Unternehmensumwandlungen, Rz. 418.
4 Str.; wie hier *Moll* in Henssler/Strohn, § 325 UmwG Rz. 17; *Simon* in Semler/Stengel, § 325 UmwG Rz. 36; aA *Joost* in Lutter, § 325 UmwG Rz. 46.
5 Ebenso *Hohenstatt/Schramm* in KölnKomm. UmwG, § 325 UmwG Rz. 48; *Moll* in Henssler/Strohn, § 325 UmwG Rz. 17; *Joost* in Lutter, § 325 UmwG Rz. 45; *Simon* in Semler/Stengel, § 325 UmwG Rz. 36.

der Betriebsspaltung entstehenden Betriebe auch schon vor der Spaltung getroffen werden. Demgegenüber ist für die praktische Wirksamkeit einer in einem Verbands-Tarifvertrag enthaltenen Fortgeltungsvereinbarung notwendige und hinreichende Bedingung, dass für die Rechtsträger der neuen Betriebe die allgemeinen Voraussetzungen der Tarifbindung gegeben sind.

d) Sonderfall: Teilübertragung

17 Ein besonderes Problem ergibt sich in den Fällen der **Teilübertragung** eines Rechtsträgers nach § 174 Abs. 2 UmwG. Dabei kann es zu einer Übertragung von einem privaten auf einen öffentlich-rechtlichen Rechtsträger – und umgekehrt – kommen, wodurch die Grenze zwischen dem Anwendungsbereich des BetrVG einerseits und der Personalvertretungsgesetze andererseits überschritten würde. Insoweit ist der Wortlaut des § 325 Abs. 2 UmwG etwas irreführend, da hier allein der Betriebsrat und nicht auch der Personalrat Erwähnung findet. Es stellt sich daher die Frage, ob auch solche Rechte beibehalten werden können, die dem Vertretungsorgan bei an sich unveränderter Sachlage nach dem jeweils anderen Gesetz nicht zustehen würden. Ohne weiteres zu verneinen ist dies für solche Rechte des Betriebsrats (bzw. Personalrats), die dem auf den gespalteten Betrieb künftig zur Anwendung kommenden Gesetz bereits ihrer Art nach fremd sind. So kann etwa der Fortbestand des Rechts zur Bildung eines Wirtschaftsausschusses (§ 106 BetrVG) oder die Fortgeltung der Vorschriften über Interessenausgleich und Sozialplan (§§ 111 ff. BetrVG) für den Bereich der Personalvertretungsgesetze nicht wirksam vereinbart werden. Keine Bedenken bestehen jedoch dagegen, die jeweils geringeren Anwendungsvoraussetzungen eines grundsätzlich in beiden Gesetzen verankerten Rechts des Betriebsrats (bzw. Personalrates) für den neuen Betrieb (bzw. für die neue Dienststelle) zu vereinbaren. So kann etwa bei Teilübertragung eines Rechtsträgers von einem öffentlich-rechtlichen Versicherungsunternehmen auf eine Versicherungs-Aktiengesellschaft die Beteiligung des neuen Betriebsrats bei personellen Einzelmaßnahmen auch dann vereinbart werden, wenn weder in der alten Dienststelle noch im neuen Betrieb mehr als 20 wahlberechtigte Arbeitnehmer beschäftigt waren bzw. sind (vgl. etwa § 75 BPersVG einerseits, § 99 BetrVG andererseits)[1].

---

[1] Wie hier *Hohenstatt/Schramm* in KölnKomm. UmwG, § 325 UmwG Rz. 49; ablehnend dagegen *Simon* in Semler/Stengel, § 325 UmwG Rz. 43; *Wißmann* in Widmann/Mayer, § 325 UmwG Rz. 66.

Anhang I

Gründung einer SE mit Sitz in Deutschland im Wege der Verschmelzung oder durch Formwechsel nach der SE-VO sowie Stellung der SE im deutschen Umwandlungsrecht

I. Einleitung
1. Rechtsgrundlagen und Normenhierarchie 1
2. Möglichkeiten der Gründung einer SE 3
II. Gründung einer SE durch Verschmelzung
1. Verschmelzungsfähige Rechtsträger 7
2. Einspruchsrecht nach Art. 19 SE-VO 11
3. Arten der Verschmelzung 14
4. Verschmelzungsplan
   a) Inhaltliche Übereinstimmung 16
   b) Form des Verschmelzungsplans 19
   c) Inhalt des Verschmelzungsplans 22
      aa) Mindestinhalt nach der SE-VO 22
      bb) Angemessene Barabfindung bei einer SE mit Sitz im Ausland 42
      cc) Hinweis auf Recht zur Sicherheitsleistung 43
      dd) Freiwillige Angaben im Verschmelzungsplan ... 44
   d) Prüfung des Verschmelzungsplans 45
   e) Offenlegung des Verschmelzungsplans 47
5. Verschmelzungsbericht 48
6. Hauptversammlung
   a) Zustimmung zum Verschmelzungsplan 50
   b) Genehmigungsvorbehalt zur Vereinbarung über die Beteiligung der Arbeitnehmer ... 54
   c) Gründungsrecht, Sperrfrist, Nachgründung 58

d) Bestellung des Abschlussprüfers und des ersten Aufsichts- oder Verwaltungsorgans 60
e) Kapitalerhöhung 62
7. Anerkennung des deutschen Spruchverfahrens 63
8. Gläubigerschutz 64
9. Erleichterungen bei der Verschmelzung von Tochtergesellschaften 65
10. Beteiligung der Arbeitnehmer
    a) Voraussetzungen für die Eintragung der SE 67
    b) Bildung des besonderen Verhandlungsgremiums 68
    c) Verhandlungen mit dem besonderen Verhandlungsgremium 72
    d) Auffangregelung für die Beteiligung im Aufsichts- oder Verwaltungsorgan 76
11. Anmeldung zum Handelsregister gemäß Art. 18 SE-VO iVm. §§ 16 ff. UmwG 80
12. Prüfung gemäß Art. 25 SE-VO . 82
13. Eintragung in das Register des übertragenden Rechtsträgers ... 84
14. Prüfung gemäß Art. 26 SE-VO . 85
15. Eintragung und Offenlegung ... 89
16. Rechtsfolgen der Verschmelzung 91
III. Gründung einer SE durch Formwechsel
1. Voraussetzungen eines Formwechsels in eine SE 92
2. Kapitalausstattung der Gesellschaft 95
3. Umwandlungsplan 99

Anhang I | Europäische Gesellschaft

4. Umwandlungsbericht 106
5. Beteiligung der Arbeitnehmer .. 110
6. Hauptversammlung 114
7. Gründungsrecht der AG 118
8. Anmeldung zum Handelsregister 121
9. Eintragung und Offenlegung ... 123
10. Rechtsfolgen der Umwandlung . 124

IV. **Stellung der SE im deutschen Umwandlungsrecht** 125
1. Verschmelzung 129
2. Formwechsel 131
3. Spaltung, Ausgliederung und Vermögensübertragung 135
4. Gründung einer Tochter-SE ... 137
5. Verschmelzungsrechtlicher Squeeze-out 139

Literatur: *Adolff*, Konkurrierende Bewertungssysteme bei der grenzüberschreitenden Verschmelzung von Aktiengesellschaften, ZHR 173 (2009), 67; *Bayer*, Die Gründung einer Europäischen Gesellschaft mit Sitz in Deutschland, in Lutter/Hommelhoff (Hrsg.), Die Europäische Gesellschaft, 2005, S. 25; *Bayer/J. Schmidt*, Gläubigerschutz bei (grenzüberschreitenden) Verschmelzungen, ZIP 2016, 841; *Brandes*, Cross Border Merger mittels der SE, AG 2005, 177; *Brandt*, Die Hauptversammlung der Europäischen Aktiengesellschaft (SE), 2004; *Brandt*, Ein Überblick über die Europäische Aktiengesellschaft (SE), BB-Sonderheft 3/2005, S. 1; *Calle Lambach*, Das Gesetz über die Beteiligung der Arbeitnehmer in einer Europäischen Gesellschaft (SE-Beteiligungsgesetz – SEBG), RIW 2005, 161; *Casper/Schäfer*, Die Vorrats-SE – Zulässigkeit und wirtschaftliche Neugründung, ZIP 2007, 653; *Drinhausen*, Umwandlung, in van Hulle/Maul/Drinhausen (Hrsg.), Handbuch zur Europäischen Gesellschaft (SE), 2007, S. 104; *Drinhausen*, Ausgewählte Rechtsfragen der SE-Gründung durch Formwechsel und Verschmelzung, in Bergmann/Kiem/Mülbert/Verse/Wittig (Hrsg.), 10 Jahre SE, 2015, S. 30; *Feldhaus/Vanscheidt*, „Strukturelle Änderungen" der Europäischen Aktiengesellschaft im Lichte von Unternehmenstransaktionen, BB 2008, 2246; *Frodermann/Jannott*, Zur Amtszeit des Verwaltungs- bzw. Aufsichtsrats der SE, ZIP 2005, 2251; *Grobys*, SE-Betriebsrat und Mitbestimmung in der Europäischen Gesellschaft, NZA 2005, 84; *Habersack*, Schranken der Mitbestimmungsautonomie in der SE – Dargestellt am Beispiel der Größe und inneren Ordnung des Aufsichtsorgans, AG 2006, 345; *Habersack*, Konstituierung des ersten Aufsichts- oder Verwaltungsorgans der durch Formwechsel entstandenen SE und Amtszeit seiner Mitglieder, Der Konzern 2008, 67; *Habersack*, Grundsatzfragen der Mitbestimmung in SE und SCE sowie bei grenzüberschreitender Verschmelzung, ZHR 171 (2007), 613; *Hoffmann-Becking*, Organe: Strukturen und Verantwortlichkeiten, insbesondere im monistischen System, ZGR 2004, 355; *Kallmeyer*, Europa AG: Strategische Optionen für deutsche Unternehmen, AG 2003, 197; *Heckschen*, Die Europäische AG aus notarieller Sicht, DNotZ 2003, 251; *Kiem*, Die Ermittlung der Verschmelzungswertrelation bei der grenzüberschreitenden Verschmelzung, ZGR 2007, 542; *Kiem*, Vereinbarte Mitbestimmung und Verhandlungsmandat der Unternehmensleitung, ZHR 171 (2007), 713; *Kiem*, Erfahrungen und Reformbedarf bei der SE – Entwicklungsstand, ZHR 173 (2009), 156; *Kossmann/Heinrich*, Möglichkeiten der Umwandlung einer bestehenden SE, ZIP 2007, 164; *Kowalski*, Praxisfragen bei der Umwandlung einer Aktiengesellschaft in eine Europäische Gesellschaft (SE), DB 2007, 2243; *Krause*, Die Mitbestimmung der Arbeitnehmer in der Europäischen Gesellschaft (SE), BB 2005, 1221; *Lutter/Bayer*, Holding-Handbuch, 5. Aufl. 2015; *Manz/Mayer/Schröder*, Europäische Aktiengesellschaft SE, 2. Aufl. 2010; *Marsch-Barner*, Die Rechtsstellung der Europäischen Gesellschaft (SE) im Umwandlungsrecht, Liber amicorum Happ, 2006, S. 165; *Marsch-Barner*, Zur grenzüberschreitenden Mobilität deutscher Kapitalgesellschaften, FS Haarmann,

Europäische Gesellschaft | **Anhang I**

2015, S. 115; *Neun*, Gründung, in Theisen/Wenz (Hrsg.), Die Europäische Aktiengesellschaft, 2. Aufl. 2005, S. 51; *Neye/Teichmann*, Der Entwurf für das Ausführungsgesetz zur Europäischen Aktiengesellschaft, AG 2003, 169; *Nikoleyczik/Führ*, Mitbestimmungsgestaltung im grenzüberschreitenden Konzern – Unter besonderer Berücksichtigung der SE und grenzüberschreitender Verschmelzungen, DStR 2010, 1743; *Oechsler*, Der praktische Weg zur SE, NZG 2005, 697; *Oetker*, Die Mitbestimmung der Arbeitnehmer in der Europäischen Gesellschaft, in Lutter/Hommelhoff (Hrsg.), Die Europäische Gesellschaft 2005, S. 277; *Oetker*, Unternehmensmitbestimmung in der SE kraft Vereinbarung, ZIP 2006, 1113; *Oetker* Unternehmerische Mitbestimmung kraft Vereinbarung in der Europäischen Gesellschaft (SE), FS Konzen, 2006, S. 635; *Oplustil/Schneider*, Zur Stellung der Europäischen Aktiengesellschaft im Umwandlungsrecht, NZG 2003, 13; *Reichert*, Die SE als Gestaltungselement für grenzüberschreitende Umstrukturierungen, Der Konzern 2006, 821; *Reiner*, Formwechsel einer SE in eine KGaA und „vernünftige" Zweifel an der Auslegung des Art. 66 SE-VO, Der Konzern 2011, 135; *Scheifele*, Die Gründung der Europäischen Aktiengesellschaft (SE), 2004; *Seibt/Reinhard*, Umwandlung der Aktiengesellschaft in die Europäische Gesellschaft (Societas Europaea), Der Konzern 2005, 407; *Seibt/Saame*, Die Societas Europaea (SE) deutschen Rechts: Anwendungsfelder und Beratungshinweise, AnwBl 2005, 225; *Teichmann*, Die Einführung der Europäischen Aktiengesellschaft, ZGR 2002, 383; *Teichmann*, Gestaltungsfreiheit in Mitbestimmungsvereinbarungen, AG 2008, 797; *Teichmann*, Mitbestimmung und grenzüberschreitende Verschmelzung, Der Konzern 2007, 89; *Vossius*, Gründung und Umwandlung der deutschen Europäischen Gesellschaft (SE), ZIP 2005, 741; *Walden/Meyer-Landrut*, Die grenzüberschreitende Verschmelzung zu einer Europäischen Gesellschaft: Beschlussfassung und Eintragung, DB 2005, 2619; *Wollburg/Banerjea*, Die Reichweite der Mitbestimmung in der Europäischen Gesellschaft, ZIP 2005, 277.

I. Einleitung

1. Rechtsgrundlagen und Normenhierarchie

Seit dem Inkrafttreten der EU-Verordnung über das Statut der Europäischen Gesellschaft (SE-VO)[1] am 8.10.2004 und dem Inkrafttreten des Gesetzes zur Einführung der Europäischen Gesellschaft (SEEG) am 29.12.2004[2] kann eine Europäische Gesellschaft (SE) mit Sitz in Deutschland gegründet werden. Die Gründung einer solchen SE ist in der vorrangig anwendbaren SE-VO nur teilweise geregelt. Zu unterscheiden sind dabei das auf die beteiligten Gründungsgesellschaften anwendbare Recht und das auf die spätere, wirksam gegründete SE anwendbare Recht.

Die Gründung einer SE regeln primär Art. 15 ff. SE-VO. Ergänzend gelten §§ 3 ff. des SE-Ausführungsgesetzes (SEAG)[3]. Über Art. 15 Abs. 1 SE-VO finden

---

1 Verordnung (EG) Nr. 2157/2001 des Rates über das Statut der Europäischen Gesellschaft (SE) v. 8.10.2001, ABl. EG Nr. L 294, S. 1.
2 Vgl. Art. 9 SEEG v. 22.12.2004, BGBl. I 2004, S. 3675.
3 Gesetz zur Ausführung der Verordnung (EG) Nr. 2157/2001 des Rates vom 8. Oktober 2001 über das Statut der Europäischen Gesellschaft v. 22.12.2004, BGBl. I 2004, S. 3675.

die nationalen Gründungsvorschriften über Aktiengesellschaften, in Deutschland also vor allem die Vorschriften des AktG, Anwendung.

Art. 18 SE-VO verweist für die Gründung einer SE durch Verschmelzung ausdrücklich auf das mit der Verschmelzungsrichtlinie in Einklang stehende Umwandlungsrecht. Für die Gründung einer SE durch Formwechsel fehlt eine entsprechende Spezialverweisung. Die Verweisung in Art. 15 Abs. 1 SE-VO ist aber auch als Verweis auf die entsprechenden Vorschriften des UmwG über den Formwechsel[1] zu verstehen.

Für die entstandene SE, dh. ab Eintragung, gelten nach der abgestuften Regelung des Art. 9 SE-VO primär die Vorschriften der SE-VO und ergänzend die Satzung, die nationalen Ausführungsgesetze (dh. in Deutschland das SEAG) sowie die Vorschriften des AktG. Die Beteiligung der Arbeitnehmer am Umwandlungsverfahren und in der späteren SE regelt das Gesetz über die Beteiligung der Arbeitnehmer in einer Europäischen Gesellschaft (SE-Beteiligungsgesetz – SEBG), mit dem die Richtlinie über die Beteiligung der Arbeitnehmer in einer SE[2] umgesetzt wurde.

2 Die Beteiligung von Kapitalgesellschaften an einer **grenzüberschreitenden Verschmelzung** wird durch die 10. Richtlinie über die Verschmelzung von Kapitalgesellschaften aus verschiedenen Mitgliedstaaten (10. Richtlinie) näher geregelt (dazu § 1 UmwG Rz. 2 ff. und Vor §§ 122a–122l UmwG Rz. 1 f.)[3], die in Deutschland durch die §§ 122a ff. UmwG umgesetzt wurde. Die Gründung einer SE wird von dieser Richtlinie allerdings nicht erfasst[4].

2. Möglichkeiten der Gründung einer SE

3 Zur Gründung einer SE sieht die SE-VO vier Varianten vor:

1. Die Gründung einer SE durch **Verschmelzung** von Aktiengesellschaften aus verschiedenen Mitgliedstaaten (Art. 2 Abs. 1, Art. 17–31 SE-VO; siehe dazu Rz. 7 ff.).

2. Die Gründung einer **Holding-SE** durch Aktiengesellschaften oder GmbH aus verschiedenen Mitgliedstaaten (Art. 2 Abs. 2, Art. 32–34 SE-VO)[5].

---

1 Vgl. hierzu im Einzelnen *Drinhausen* in van Hulle/Maul/Drinhausen, 4. Abschnitt, § 5 Rz. 4 f. mwN.
2 Richtlinie 2001/86/EG des Rates zur Ergänzung des Statuts der Europäischen Gesellschaft hinsichtlich der Beteiligung der Arbeitnehmer v. 8.10.2001, ABl. EG Nr. L 294, S. 22.
3 Richtlinie 2005/56/EG des Europäischen Parlamentes und des Rates v. 26.10.2005, ABl. EG Nr. L 310, S. 1. Siehe dazu *Maul/Teichmann/Wenz*, BB 2003, 2633; *H.-F. Müller*, ZIP 2004, 1790; *Schulte-Hillen/Hirschmann*, GPR 2003/04, 89; *Wiesner*, DB 2005, 91.
4 *H.-F. Müller*, ZIP 2004, 1790 (1792).
5 Siehe dazu *Bayer* in Lutter/Hommelhoff, S. 25 (45 ff.); *Marsch-Barner* in Lutter/Bayer, Holding-Handbuch, § 18, S. 1144 ff.; *Neun* in Theisen/Wenz, S. 51 (128 ff.); *Scheifele*, S. 305 ff.

3. Die Gründung einer **gemeinsamen Tochter-SE** durch zwei oder mehr juristische Personen des öffentlichen oder privaten Rechts (Art. 2 Abs. 3, Art. 35, 36 SE-VO).

4. Die Umwandlung einer AG in eine SE im Wege des **Formwechsels** (Art. 2 Abs. 4, Art. 37 SE-VO; siehe dazu Rz. 92 ff.).

Neben diesen originären Gründungswegen gibt es weitere, sog. sekundäre Möglichkeiten zur Errichtung einer SE. So kann eine bereits bestehende SE eine oder mehrere **Tochtergesellschaften** in der Form einer SE errichten (sog. Ausgründung, Art. 3 Abs. 2 SE-VO). Dabei handelt es sich – im Unterschied zu der Gründung einer gemeinsamen Tochter nach Art. 2 Abs. 3 SE-VO – um die Gründung einer 100%igen Tochter[1]. Der sonst für die Gründung einer SE erforderliche Mehrstaatenbezug wird in diesem Fall nicht verlangt. Er wird dadurch ersetzt, dass eine SE selbst als Gründerin auftritt. Diese Erleichterung gilt selbst dann noch, wenn die Tochter-SE ihrerseits eine Tochter-SE gründet[2]. Bei der Gründung einer „deutschen" Tochter-SE ergeben sich die einzelnen Gründungserfordernisse aus Art. 15 Abs. 1 SE-VO iVm. §§ 23 ff. AktG. Die Gründung kann danach im Wege der **Bar- oder Sachgründung** erfolgen. Auf diese Weise können Europäische Gesellschaften bei Bedarf auch „auf Vorrat" gegründet werden[3].

Die Gründungsvarianten der SE-VO stellen grundsätzlich abschließende Regelungen dar[4]. Eine SE kann nach der SE-VO zwar durch Verschmelzung oder Formwechsel, nicht aber auch im Wege der **Spaltung** entstehen. Der Ausschluss einer solchen Gründung ist bedauerlich, weil für eine Spaltung zur Neugründung durchaus ein praktisches Bedürfnis bestehen kann. Dass die SE-VO diesen Weg nicht regelt, bedeutet allerdings nicht, dass eine SE nicht nach nationalem Recht durch Spaltung entstehen könnte. So ist bei der Gründung einer Tochtergesellschaft durch eine SE nach Art. 3 Abs. 2 SE-VO davon auszugehen, dass die Gründung nicht nur im Wege der in der SE-VO geregelten Bar- oder Sachgründung, sondern auch durch Ausgliederung gemäß § 123 Abs. 3 UmwG erfolgen kann[5] (siehe dazu näher Rz. 135 ff.).

---

1 Vgl. *Scheifele*, S. 439.
2 Siehe dazu *Scheifele*, S. 439 f. und *Habersack* in Habersack/Drinhausen, SE-Recht, Art. 3 SE-VO Rz. 7.
3 Vgl. hierzu näher *Bayer* in Lutter/Hommelhoff/Teichmann, SE-Kommentar, Art. 2 SE-VO Rz. 31 ff.; *Habersack* in Habersack/Drinhausen, SE-Recht, Art. 2 SE-VO Rz. 29 ff.; *Kiem* in KölnKomm. AktG, 3. Aufl. 2010, Art. 12 SE-VO Rz. 24, 42, 51–54; *Casper/Schäfer*, ZIP 2007, 653; *Reichert*, Der Konzern 2006, 821 (829 f.).
4 Vgl. *Oechsler*, NZG 2005, 697 (698).
5 *Marsch-Barner* in Liber amicorum Happ, S. 165 (170 ff.); *Bayer* in Lutter/Hommelhoff/Teichmann, SE-Kommentar, Art. 3 SE-VO Rz. 16; *Habersack* in Habersack/Drinhausen, SE-Recht, Art. 3 SE-VO Rz. 12 mwN.

6 Im Zusammenhang mit dem Umwandlungsrecht sind die beiden Gründungsmöglichkeiten einer SE durch **Verschmelzung** (Art. 2 Abs. 1, Art. 17–31 SE-VO) und durch **Formwechsel** (Art. 2 Abs. 4, Art. 37 SE-VO) nach dem Gemeinschaftsrecht von besonderem Interesse. Nur diese beiden Umwandlungsformen, die in der SE-VO sowie teilweise im SEAG (§§ 5 ff.) und im SEBG näher geregelt sind, sollen daher im Folgenden ergänzend zu den entsprechenden Umwandlungsarten des UmwG im Rahmen einer Übersicht dargestellt werden. Die Gründung einer Holding-SE hat demgegenüber als eine Art Sachgründung keinen unmittelbaren Bezug zum Umwandlungsrecht[1]. Entsprechendes gilt für die Gründung einer gemeinsamen Tochter-SE nach Art. 2 Abs. 3 SE-VO[2]. Auf die davon zu unterscheidende Gründung einer Tochter-SE nach Art. 3 Abs. 2 SE-VO wird kurz gesondert eingegangen (siehe Rz. 137 f.).

II. Gründung einer SE durch Verschmelzung

1. Verschmelzungsfähige Rechtsträger

7 An der Entstehung einer SE durch Verschmelzung können sich nur **Aktiengesellschaften** und bereits bestehende **SE** beteiligen (Art. 2 Abs. 1, Art. 3 Abs. 1 SE-VO). GmbH und andere Gesellschaftsformen wie zB auch die KGaA sind dagegen ausgeschlossen. Wollen sie sich an einer Verschmelzung zur SE beteiligen, müssen sie zunächst die Rechtsform der AG annehmen[3].

8 Die an der Verschmelzung beteiligten AG müssen nach dem Recht eines Mitgliedstaates **gegründet** worden sein sowie ihren **Satzungssitz** und ihre **Hauptverwaltung** in der Gemeinschaft haben. Die SE-VO gilt in allen Staaten des EWR[4], so dass diese zur Gemeinschaft iS dieser Regelung zu zählen sind[5]. Satzungssitz und Hauptverwaltung können – soweit es das jeweilige nationale Recht zulässt – dabei in verschiedenen Mitgliedstaaten liegen, was zB der Fall ist, wenn eine niederländische NV ihren Verwaltungssitz nach Deutschland verlegt hat. Hat eine Aktiengesellschaft nur ihren Satzungssitz und nicht auch ihre Hauptverwaltung in der Gemeinschaft, kann sie sich dennoch an einer SE-Gründung beteiligen, wenn der Sitzstaat der künftigen SE dies gemäß Art. 2 Abs. 5 SE-VO zugelassen hat. Von dieser Ermächtigung hat Deutschland in Er-

---

1 Siehe dazu näher *Bayer* in Lutter/Hommelhoff, S. 25 (46 ff.); *Marsch-Barner* in Lutter/Bayer, Holding-Handbuch, § 18, S. 1144 ff.; *Neun* in Theisen/Wenz, S. 51 (128 ff.); *Scheifele*, S. 305 ff.
2 Dazu näher *Bayer* in Lutter/Hommelhoff, S. 25 (58 f.) und *Neun* in Theisen/Wenz, S. 51 (168 f.).
3 *Neun* in Theisen/Wenz, S. 51 (62).
4 Dies sind neben den EU-Mitgliedstaaten noch Island, Liechtenstein und Norwegen.
5 *Bayer* in Lutter/Hommelhoff, S. 25 (30).

mangelung eines praktischen Bedürfnisses keinen Gebrauch gemacht[1]. Nachdem inzwischen auch deutsche Kapitalgesellschaften ihren Verwaltungssitz ins Ausland verlegen können[2], sollte diese Entscheidung überdacht werden[3].

Erforderlich ist sodann ein europäisches Element, das darin besteht, dass mindestens zwei der an der Verschmelzung beteiligten Aktiengesellschaften dem **Recht verschiedener Mitgliedstaaten** unterliegen (Art. 2 Abs. 1 SE-VO). Anders als bei den anderen Formen einer primären SE-Gründung[4] wird für diese Mehrstaatlichkeit kein Mindestzeitraum verlangt. Nach § 76 Abs. 1 UmwG können sich deutsche AG an einer Verschmelzung zur Neugründung als übertragende Rechtsträger allerdings nur beteiligen, wenn sie schon seit mindestens zwei Jahren im Handelsregister eingetragen sind, wobei diese Frist vor der Fassung des Verschmelzungsbeschlusses abgelaufen sein muss (siehe dazu auch Rz. 59). 9

Die unter Art. 2 Abs. 1 SE-VO fallenden Aktiengesellschaften sind im **Anhang I der SE-VO** aufgelistet. Verschmelzungsfähig sind danach neben der deutschen AG zB die französische SA, die niederländische NV und die britische plc. Nicht verschmelzungsfähig ist dagegen zB eine Corporation nach dem Recht des US-Bundesstaates Delaware, da diese nicht nach dem Recht eines EU-Mitgliedstaates gegründet worden ist. Daran ändert sich auch nichts, wenn diese Gesellschaft ihren Verwaltungssitz auf Grund des Deutsch-amerikanischen Freundschaftsvertrages wirksam nach Deutschland verlegt hat[5]. 10

2. Einspruchsrecht nach Art. 19 SE-VO

Nach Art. 19 SE-VO können die Mitgliedstaaten vorsehen, dass die Beteiligung einer Aktiengesellschaft an der Gründung einer SE durch Verschmelzung nur 11

---

1 *Bayer* in Lutter/Hommelhoff, S. 25 (30); *Neye/Teichmann*, AG 2003, 169 (171). Die Mehrheit der anderen Mitgliedstaaten hat von der Ermächtigung Gebrauch gemacht; vgl. Europäische Kommission, Study on the operation and the impacts of the Statute for a European Company (SE) – 2008/S 144–192482, Final report v. 9.12.2009, S. 34 und Appendix 1. Für eine Ausübung der Ermächtigung auch für Deutschland unter Verweis auf die Neufassung des § 5 AktG, § 4a GmbHG *Oechsler* in MünchKomm. AktG, 3. Aufl. 2012, Art. 2 SE-VO Rz. 47.
2 Vgl. § 5 AktG, § 4a GmbHG und dazu näher *Marsch-Barner* in FS Haarmann, 2015, S. 115 (119 ff.).
3 So auch *Bayer* in Lutter/Hommelhoff/Teichmann, SE-Kommentar, Art. 2 SE-VO Rz. 30; *Habersack* in Habersack/Drinhausen, SE-Recht, Art. 2 SE-VO Rz. 25; *Veil* in Köln-Komm. AktG, 3. Aufl. 2012, Art. 2 SE-VO Rz. 48.
4 Vgl. Art. 2–4 SE-VO.
5 *Neun* in Theisen/Wenz, S. 51 (65) und *Vossius*, ZIP 2005, 741 (743); zur Sitzverlegung von US-Gesellschaften nach Deutschland, hier: Art. XI Abs. 1 des Freundschafts-, Handels- und Schifffahrtsvertrages zwischen der Bundesrepublik Deutschland und den Vereinigten Staaten von Amerika v. 29.10.1954 (BGBl. II 1956, S. 488) und BGH v. 29.1.2003 – VIII ZR 155/02, GmbHR 2003, 534 = ZIP 2003, 720.

Anhang I | Europäische Gesellschaft

möglich ist, wenn keine zuständige Behörde dieses Mitgliedstaates dagegen Einspruch erhebt. Ein solcher Einspruch ist nur aus **Gründen des öffentlichen Interesses** zulässig. Gegen ihn muss außerdem ein Rechtsmittel eingelegt werden können.

12 **Deutschland** hat von dieser Regelungsbefugnis keinen Gebrauch gemacht[1]. Ist an der Gründung einer SE durch Verschmelzung eine ausländische Aktiengesellschaft beteiligt, bleibt allerdings zu prüfen, ob deren Heimatrecht eine solche Einspruchsmöglichkeit vorsieht[2]. Im Rahmen der nach Art. 25 Abs. 2 SE-VO auszustellenden Bescheinigung ist dann von der jeweils zuständigen Behörde zu prüfen, ob ein solcher Einspruch erhoben worden ist. Das deutsche Registergericht prüft dies jedoch weder im Rahmen der Prüfung nach Art. 25 SE-VO noch im Rahmen einer ggf. gemäß Art. 26 SE-VO durchzuführenden Prüfung (vgl. hierzu Rz. 82 f., 85 ff.).

13 Unabhängig von der Einspruchsmöglichkeit nach Art. 19 SE-VO kann die Verschmelzung auch von **anderen behördlichen Zustimmungen** abhängig sein. Zu denken ist hier vor allem an etwaige Zustimmungserfordernisse im Rahmen der kartellrechtlichen Fusionskontrolle.

3. Arten der Verschmelzung

14 Eine SE kann im Wege der Verschmelzung durch Aufnahme oder einer Verschmelzung durch Neugründung entstehen (Art. 17 Abs. 2 lit. a SE-VO). Im ersten Fall der **Verschmelzung durch Aufnahme** werden, wenn die SE ihren Sitz in Deutschland haben soll, eine oder mehrere Aktiengesellschaften, unter denen sich mindestens eine ausländische Aktiengesellschaft befinden muss, auf eine bereits bestehende deutsche Aktiengesellschaft verschmolzen. Die aufnehmende AG nimmt dabei die Rechtsform der SE an (Art. 17 Abs. 2 Satz 2 SE-VO). Die Verschmelzung wird insoweit mit einem Formwechsel verbunden. Fraglich ist in diesem Zusammenhang, ob eine SE mit Sitz in Deutschland auch zB in der Weise entstehen kann, dass die aufnehmende Gesellschaft eine ausländische Aktiengesellschaft, zB eine niederländische NV, ist, die ihren Verwaltungssitz nach Deutschland verlegt hat. Da der satzungsmäßige Sitz der künftigen SE in dem Mitgliedstaat liegen muss, in dem sich die Hauptverwaltung der Gesellschaft befindet (Art. 7 SE-VO), scheidet eine solche Konstellation aus. Die ausländische AG kann sich aber als übertragende Gesellschaft an der SE-Gründung beteiligen. Fraglich ist weiter, ob mit der Verschmelzung eine gleichzeitige **Sitzverlegung**

---

1 Siehe *Bayer* in Lutter/Hommelhoff/Teichmann, SE-Kommentar, Art. 19 SE-VO Rz. 8 sowie *Teichmann* in Theisen/Wenz, S. 573 (582).
2 Die Mehrheit der anderen Mitgliedstaaten sieht eine Einspruchsmöglichkeit vor, vgl. Europäische Kommission, Study on the operation and the impacts of the Statute for a European Company (SE) – 2008/S 144–192482, Final report v. 9.12.2009, S. 35 und Appendix 1.

der aufnehmenden Gesellschaft einhergehen kann. Diese Frage ist weder in Art. 17 Abs. 2 lit. b noch in Art. 29 Abs. 1 lit. d oder in Art. 8 der SE-VO ausdrücklich geregelt. Nimmt an der Gründung der SE eine deutsche AG als aufnehmende Gesellschaft teil, so sind deren Minderheitsaktionäre und Gläubiger im Falle einer gleichzeitigen Sitzverlegung hinreichend geschützt (vgl. Art. 24 Abs. 2 SE-VO iVm. §§ 7, 12 SEAG und §§ 8, 13 Abs. 1 SEAG). Eine analoge Anwendung des Art. 37 Abs. 3 SE-VO ist daher nicht erforderlich; der Sitz der aufnehmenden SE kann somit frei gewählt werden[1].

Bei einer **Verschmelzung durch Neugründung** schließen sich zwei oder mehr Aktiengesellschaften zusammen, um sämtlich auf eine durch den Zusammenschluss neu entstehende SE verschmolzen zu werden (Art. 17 Abs. 1 lit. b SE-VO). Da alle beteiligten Aktiengesellschaften übertragende Rechtsträger sind, können an einer solchen Gründung auch ausländische AG mitwirken, die nur ihren Verwaltungssitz in Deutschland haben. Im Übrigen kann der Sitz der neuen Gesellschaft frei gewählt werden. Er kann auch in einem Mitgliedstaat liegen, in dem keine der Gründungsgesellschaften ansässig ist[2]. 15

4. Verschmelzungsplan

a) Inhaltliche Übereinstimmung

Rechtsgeschäftliche Grundlage der Verschmelzung ist ein Verschmelzungsplan, der von den jeweiligen Leitungs- oder Verwaltungsorganen der Gründungsgesellschaften als gesellschaftsrechtlicher Organisationsakt aufgestellt wird (Art. 20 Abs. 1 Satz 1 SE-VO). Die Verschmelzungspläne müssen **inhaltlich übereinstimmen** (vgl. Art. 26 Abs. 3 SE-VO). Ein gemeinsamer Verschmelzungsplan wird dagegen ebenso wenig verlangt wie ein Verschmelzungsvertrag iS von § 4 UmwG[3]. Auch soweit deutsche Aktiengesellschaften an der Verschmelzung beteiligt sind, ist der Abschluss eines Verschmelzungsvertrages nicht erforderlich. Das Verfahren der sich verschmelzenden Gesellschaften richtet sich nur insoweit nach nationalem Recht, als die SE-VO keine Regelung trifft (Art. 18 SE-VO). Mit der Bestimmung über die Aufstellung eines inhaltlich 16

---

1 Ebenso *Bayer* in Lutter/Hommelhoff/Teichmann, SE-Kommentar, Art. 17 SE-VO Rz. 4; *Kallmeyer*, AG 2003, 197 (198); *Drinhausen* in van Hulle/Maul/Drinhausen, 4. Abschnitt, § 2 Rz. 34; *Marsch-Barner* in Habersack/Drinhausen, SE-Recht, Art. 17 SE-VO Rz. 4; *Schwarz*, 2006, Art. 20 SE-VO Rz. 21; aA *Casper* in Spindler/Stilz, AktG, Art. 17 SE-VO Rz. 7; *Maul* in KölnKomm. AktG, 3. Aufl. 2012, Art. 17 SE-VO Rz. 27; *Schäfer* in MünchKomm. AktG, 3. Aufl. 2012, Art. 17 SE-VO Rz. 10.
2 *Ihrig/Wagner*, BB 2003, 969 (973, Fn. 67); *Schäfer* in MünchKomm. AktG, 3. Aufl. 2012, Art. 17 SE-VO Rz. 11; *Scheifele*, S. 154.
3 *Bayer* in Lutter/Hommelhoff/Teichmann, SE-Kommentar, Art. 20 SE-VO Rz. 2; *Casper* in Spindler/Stilz, AktG, Art. 20 SE-VO Rz. 2; *Heckschen*, DNotZ 2003, 251 (257); *Teichmann*, ZGR 2002, 383 (417); aA *Schwarz*, 2006, Art. 20 SE-VO Rz. 10.

übereinstimmenden Verschmelzungsplans liegt jedoch eine das nationale Verschmelzungsrecht verdrängende Regelung vor[1].

17 Da die SE-VO nur Mindestanforderungen aufstellt (vgl. Art. 20 Abs. 2 SE-VO), können die beteiligten Gesellschaften **freiwillig** im Rahmen des nationalen Verschmelzungsrechts auch einen **gemeinsamen Verschmelzungsplan** erstellen oder einen **Verschmelzungsvertrag** abschließen[2]. Die Gründungsgesellschaften können auch ergänzende schuldrechtliche Vereinbarungen treffen[3]. Solche Vereinbarungen können iS eines „**Business Combination Agreement**", wie es vor allem bei grenzüberschreitenden Unternehmenszusammenschlüssen üblich ist, die Ziele und das Verfahren der Zusammenführung regeln und dabei auch bestimmte wechselseitige Pflichten begründen[4]. Ob und in welcher Form solche zusätzlichen Absprachen zulässig sind, ist eine Frage des nationalen Rechts. Aus der Sicht des deutschen Umwandlungsrechts ist gegen solche Grundsatzvereinbarungen, die uU als Vorvertrag zur Verschmelzung zu verstehen sind (siehe § 5 UmwG Rz. 1), nichts einzuwenden.

18 Der Verschmelzungsplan ist für jede beteiligte Gesellschaft in der **Sprache** abzufassen, die in dem betreffenden Mitgliedstaat als Amtssprache zugelassen ist (Art. 18 SE-VO)[5]. Für eine deutsche Gründungsgesellschaft muss der Verschmelzungsplan grundsätzlich in deutsch abgefasst sein (§ 488 Abs. 3 FamFG, § 184 GVG). Soweit danach der Verschmelzungsplan und eventuelle weitere Vereinbarungen in unterschiedlichen Sprachen zu verfassen sind, kann eine zweite Fassung in einer gemeinsamen Sprache vorgesehen werden, die den beteiligten Hauptversammlungen mit zur Abstimmung vorgelegt wird. Empfehlenswert ist, soweit die beteiligten Rechtsordnungen dies zulassen, für jede Hauptversammlung ein zweisprachiges Dokument zu erstellen, das in der jeweiligen Amtssprache bindend ist und eine in jedem Dokument gleichlautende Übersetzung, beispielsweise in englischer Sprache, enthält. Für die Eintragung im jeweiligen nationalen Register ist zwar nur die Version in der jeweiligen Landessprache maßgebend[6], dem zuständigen Register am Sitz der künftigen SE wird aber die Prüfung gemäß Art. 26 SE-VO, ob alle beteiligten Gesellschaften einem gleich lautenden Verschmelzungsplan zugestimmt haben, sehr erleichtert.

---

1 *Heckschen*, DNotZ 2003, 251 (257); *Neun* in Theisen/Wenz, S. 51 (79 f.); *Teichmann*, ZGR 2002, 383 (419 f.).
2 Vgl. *Bayer* in Lutter/Hommelhoff/Teichmann, SE-Kommentar, Art. 20 SE-VO Rz. 4.
3 *Neun* in Theisen/Wenz, S. 51 (80); *Scheifele*, S. 171.
4 Siehe dazu *Horn*, ZIP 2000, 473 (479).
5 *Bayer* in Lutter/Hommelhoff/Teichmann, SE-Kommentar, Art. 20 SE-VO Rz. 10; *Maul* in KölnKomm. AktG, 3. Aufl. 2012, Art. 20 SE-VO Rz. 20; *Schäfer* in MünchKomm. AktG, 3. Aufl. 2012, Art. 20 SE-VO Rz. 5.
6 *Bayer* in Lutter/Hommelhoff, S. 25 (34); *Scheifele*, S. 177; zur Problematik von Sprachunterschieden bei einer grenzüberschreitenden Verschmelzung *Dorr/Stukenborg*, DB 2003, 647 (650).

b) Form des Verschmelzungsplans

Die SE-VO schreibt für den Verschmelzungsplan keine bestimmte Form vor. Nach weit überwiegender Ansicht ist der Verschmelzungsplan der auf deutscher Seite beteiligten Gesellschaft(en) gemäß Art. 18 SE-VO iVm. § 6 UmwG und § 23 Abs. 1 AktG **notariell zu beurkunden**[1]. Für die beteiligten Auslandsgesellschaften genügt nach Art. 18 SE-VO die Form, die ihr nationales Recht verlangt[2]. Eine Beurkundung der Verschmelzungspläne der Gründungsgesellschaften nach allen beteiligten Rechtsordnungen oder auch nur zusätzlich nach dem Recht des Landes, in dem die künftige SE ihren Sitz hat, ist nicht erforderlich. Gemäß Art. 25 SE-VO obliegt die Rechtmäßigkeitskontrolle des Gründungsverfahrens allein den beteiligten nationalen Rechtsordnungen. Wird der Verschmelzungsplan als einheitliches Dokument erstellt, müssen allerdings die Formerfordernisse aller beteiligten Rechtsordnungen beachtet werden[3]. 19

Fraglich ist, ob der Verschmelzungsplan der beteiligten deutschen Gesellschaften auch nach ausländischem Recht beurkundet werden kann. Im deutschen Verschmelzungsrecht wird eine **Auslandsbeurkundung** vielfach als nicht gleichwertig abgelehnt[4]. Daher dürfte eine Auslandsbeurkundung zumindest dann problematisch sein, wenn die künftige SE ihren Sitz in Deutschland haben soll. Ist eine deutsche AG allerdings an der Gründung einer SE mit Sitz im Ausland beteiligt, sollte für den Verschmelzungsplan der deutschen Gründungsgesellschaft eine Beurkundung am Sitz der künftigen SE ausreichen[5]. Ob darüber hinaus auch die Beurkundung in irgendeinem Mitgliedstaat der EU und des EWR genügt, ist unsicher[6]. Insofern empfiehlt es sich, diese Frage vorher mit dem zuständigen deutschen Registerrichter und ggf. der zuständigen ausländischen Behörde abzustimmen. 20

---

1 *Bayer* in Lutter/Hommelhoff/Teichmann, SE-Kommentar, Art. 20 SE-VO Rz. 6 f.; *Casper* in Spindler/Stilz, AktG, Art. 20 SE-VO Rz. 6; *Heckschen*, DNotZ 2003, 251 (257); *Drygala* in Lutter, § 6 UmwG Rz. 15; *Teichmann*, ZGR 2002, 383 (420 f.); *Vossius*, ZIP 2005, 741 (743, Fn. 21); aA *Brandes*, AG 2005, 177 (185).
2 *Brandt/Scheifele*, DStR 2002, 547 (554); *Neun* in Theisen/Wenz, S. 51 (93); *Scheifele*, S. 173 f.
3 *Schwarz*, 2006, Art. 20 SE-VO Rz. 50; *Maul* in KölnKomm. AktG, 3. Aufl. 2012, Art. 20 SE-VO Rz. 17.
4 Vgl. dazu *Brück*, DB 2004, 2409 ff.; *Drygala* in Lutter, § 6 UmwG Rz. 10 ff., 11.
5 So auch *Schäfer* in MünchKomm. AktG, 3. Aufl. 2012, Art. 20 SE-VO Rz. 7; weitergehend *Bayer* in Lutter/Hommelhoff/Teichmann, SE-Kommentar, Art. 20 SE-VO Rz. 8; *Brandt/Scheifele*, DStR 2002, 547 (554).
6 Dafür *Bayer* in Lutter/Hommelhoff/Teichmann, SE-Kommentar, Art. 20 SE-VO Rz. 8; *Brandt/Scheifele*, DStR 2002, 547 (554) und *Schwarz*, 2006, Art. 20 SE-VO Rz. 53; ebenso *Neun* in Theisen/Wenz, S. 51 (93), soweit eine Beurkundungspflicht besteht.

21 Für die Beschlussfassung über den Verschmelzungsplan genügt es entsprechend § 4 Abs. 2 UmwG, wenn zunächst nur über den Entwurf abgestimmt wird und die **Beurkundung nachfolgt**[1].

c) Inhalt des Verschmelzungsplans

aa) Mindestinhalt nach der SE-VO

22 Der zwingende Mindestinhalt des Verschmelzungsplans ergibt sich aus Art. 20 Abs. 1 Satz 2 SE-VO. Im Einzelnen geht es um folgende Angaben:

Nach § 20 Abs. 2 Satz 2 lit. a SE-VO sind **Firma und Sitz** der sich verschmelzenden Gesellschaften sowie die für die SE geplante Firma und ihr geplanter Sitz anzugeben. Eine entsprechende Regelung enthält § 5 Abs. 1 Nr. 1 UmwG. Für die SE-Verschmelzung ist ergänzend zu beachten, dass die Firma der SE den Zusatz „SE" enthalten muss (Art. 11 SE-VO). Der statutarische Sitz und der Sitz der Hauptverwaltung der SE müssen in demselben Mitgliedstaat liegen (Art. 7 Satz 1 SE-VO). Ein Doppelsitz in zwei Mitgliedstaaten ist damit ausgeschlossen[2]. Bei einer SE mit Sitz in Deutschland kann der Satzungssitz vom Ort der Hauptverwaltung abweichen. Die früher vorgeschriebene Verbindung beider Orte ist mit der Streichung von § 2 SEAG entfallen[3]. Die Gründungsgesellschaften können den Sitz der SE im Übrigen frei wählen. Er muss nicht im Sitzstaat einer dieser Gesellschaften liegen (siehe auch Rz. 14)[4]. Dies gilt nicht nur für die Verschmelzung durch Neugründung, sondern auch für die Verschmelzung durch Aufnahme[5].

23 Der Verschmelzungsplan muss sodann nach Art. 20 Abs. 1 Satz 2 lit. b SE-VO das **Umtauschverhältnis** der Aktien und ggf. die Höhe der Ausgleichsleistung angeben. Diese Angabe ist für Aktionäre der beteiligten Gesellschaften von besonderem Interesse, wie sich auch der entsprechenden Regelung in § 5 Abs. 1 Nr. 3 UmwG entnehmen lässt. Wie das Umtauschverhältnis zu ermitteln ist, lässt die SE-VO offen. Insoweit ist nach allgemeinen betriebswirtschaftlichen Grundsätzen davon auszugehen, dass eine Wertrelation zwischen der oder den übertragenden Gesellschaften und der übernehmenden Gesellschaft festgestellt

---

1 *Bayer* in Lutter/Hommelhoff/Teichmann, SE-Kommentar, Art. 20 SE-VO Rz. 9; *Maul* in KölnKomm. AktG, 3. Aufl. 2012, Art. 20 SE-VO Rz. 18; *Neun* in Theisen/Wenz, S. 51 (92); *Scheifele*, S. 175; *Teichmann*, ZGR 2003, 367 (374 Fn. 29); vgl. dazu auch § 7 Abs. 1 Satz 1 SEAG, wonach es genügt, wenn das dort geregelte Abfindungsangebot im Entwurf des Verschmelzungsplans enthalten ist.
2 *Scheifele*, S. 153.
3 Vgl. Art. 18 des Gesetzes zur Modernisierung des GmbH-Rechts und zur Bekämpfung von Missbräuchen (MoMiG) v. 23.10.2008, BGBl. I 2008, S. 2026.
4 *Kallmeyer*, AG 2003, 197 (198); *Kraft/Bron*, RIW 2005, 641 (642); *Scheifele*, S. 153.
5 *Scheifele*, S. 154; nur für die Verschmelzung durch Neugründung *Ihrig/Wagner*, BB 2003, 969 (973 Fn. 67).

werden muss. Dazu ist erforderlich, die Unternehmenswerte der beteiligten Gesellschaften zu ermitteln. Dies kann nur nach einheitlichen Vorgaben geschehen[1]. Insofern sind noch zahlreiche Fragen offen. So sind im deutschen Umwandlungsrecht zwar bestimmte Bewertungsmethoden, insbesondere das **Ertragswertverfahren**, gerichtlich anerkannt (dazu § 8 UmwG Rz. 13 und § 9 UmwG Rz. 29). Vorgeschrieben ist aber keine der als zulässig angesehenen Methoden. Bei einzelnen Bewertungselementen wie zB dem Kapitalisierungszinssatz dürfte es angebracht sein, diese nicht landesspezifisch, sondern möglichst EU-einheitlich zu bestimmen[2]. Mangels näherer Vorgaben ist es erforderlich, dass sich die beteiligten Gesellschaften auf ein einheitliches Bewertungsverfahren **einigen**[3]. Für deutsche Gesellschaften gehört die Wahl eines geeigneten Bewertungsverfahrens und die Festlegung der Verschmelzungswertrelation zu den Pflichten des Leitungsorgans. Für diese Ermessensentscheidung gilt die Business Judgement Rule (§ 93 Abs. 1 Satz 2 AktG). Sind die beteiligten Gesellschaften börsennotiert, so wird dabei auch der Börsenkurs zu berücksichtigen sein (dazu § 8 UmwG Rz. 14)[4]. Ergänzend muss auch der jeweilige **Bewertungsstichtag** bestimmt werden (dazu aus der Sicht des UmwG § 8 UmwG Rz. 21)[5].

Umstritten ist, ob auf die nähere Ausgestaltung und Höhe der **Ausgleichsleistung** für den Ausgleich von Spitzenbeträgen das nationale Recht der Gründungsgesellschaften anwendbar ist oder ob die Rechtsordnung am Sitz der künftigen SE gilt. Für Letzteres spricht auf den ersten Blick, dass Anspruchsgegner der Ausgleichsleistung letztlich die SE ist[6]. Allerdings ist zu bedenken, dass es hier um den Schutz der Aktionäre der Gründungsgesellschaften geht und eine Verwässerung der ursprünglichen Beteiligungsrechte ausgeglichen werden soll. Das spricht für eine Prüfung anhand des am Sitz der Ausgangsgesellschaften geltenden Rechts. Hiervon geht offensichtlich auch der deutsche Gesetzgeber aus, der in §§ 6 und 7 SEAG die **übertragende Gesellschaft** zur Ausgleichszahlung bzw. Barabfindung verpflichtet. Für die Aktionäre einer deutschen Gründungsgesellschaft kommt als Ausgleichsleistung daher nur eine **bare Zuzahlung** in Betracht[7], vgl. auch § 6 Abs. 2 SEAG. Was den Umfang einer eventuellen Ausgleichsleistung angeht, so ergibt sich aus Art. 18 SE-VO iVm. § 68 Abs. 3 24

---

1 *Bayer* in Lutter/Hommelhoff, S. 25 (37); *Neun* in Theisen/Wenz, S. 51 (82); *Adolff*, ZHR 173 (2009), 67 (92 f.).
2 Vgl. *Großfeld*, NZG 2002, 353 (356).
3 So auch *Bayer* in Lutter/Hommelhoff/Teichmann, SE-Kommentar, Art. 20 SE-VO Rz. 18; *Marsch-Barner* in Habersack/Drinhausen, SE-Recht, Art. 20 SE-VO Rz. 14; *Schäfer* in MünchKomm. AktG, 3. Aufl. 2012, Art. 20 SE-VO Rz. 15; für die Maßgeblichkeit des Rechts des aufnehmenden Rechtsträgers aus kollisionsrechtlicher Sicht *Adolff*, ZHR 173 (2009), 67 (97).
4 *Kiem*, ZGR 2007, 542 (564).
5 Vgl. *Scheifele*, S. 156.
6 So *Bayer* in Lutter/Hommelhoff/Teichmann, SE-Kommentar, Art. 20 SE-VO Rz. 19.
7 *Schäfer* in MünchKomm. AktG, 3. Aufl. 2012, Art. 20 SE-VO Rz. 14.

UmwG[1], dass eine bare Zuzahlung nur bis zur Höhe von 10 % des Gesamtnennbetrags der gewährten Aktien vorgesehen werden kann.

25 Nach Art. 20 Abs. 1 Satz 2 lit. c SE-VO muss der Verschmelzungsplan – wie nach § 5 Abs. 1 Nr. 4 UmwG der Verschmelzungsvertrag – auch Einzelheiten hinsichtlich der **Übertragung der Aktien** der SE enthalten. Bei der Gründung einer SE mit Sitz in Deutschland ist insofern über Art. 18 SE-VO die Regelung in § 71 UmwG zu beachten[2]. Danach hat jeder übertragende Rechtsträger für den Empfang der zu gewährenden Aktien und der baren Zuzahlung einen Treuhänder zu bestellen. Dies gilt gemäß § 1 Abs. 1 UmwG allerdings nur für die übertragenden Rechtsträger mit Sitz im Inland. Der Schutz der Aktionäre der beteiligten ausländischen Gesellschaften obliegt dem jeweiligen ausländischen Recht[3].

Bei der Gründung einer ausländischen SE ist jedem Aktionär der übertragenden deutschen Gesellschaft, der gegen den Verschmelzungsbeschluss Widerspruch zur Niederschrift erklärt hat, in dem Verschmelzungsplan oder seinem Entwurf ein Angebot zum Erwerb seiner Aktien zu machen, § 7 Abs. 1 Satz 1 SEAG. Ein solches **Abfindungsangebot** ist im Falle einer SE mit Sitz in Deutschland nicht erforderlich.

26 Nach Art. 20 Abs. 1 Satz 2 lit. d SE-VO sind – wie nach § 5 Abs. 1 Nr. 5 UmwG – der **Zeitpunkt der Gewinnberechtigung** für die im Rahmen der Verschmelzung zu gewährenden Aktien sowie alle Besonderheiten in Bezug auf dieses Recht auf Gewinnbeteiligung anzugeben. Der Beginn der Gewinnberechtigung kann frei bestimmt werden. Bei einer Verschmelzung nach dem UmwG wird dafür im Allgemeinen der Beginn des Geschäftsjahres des übernehmenden Rechtsträgers vorgesehen, das auf den Stichtag der letzten Jahresbilanz des übertragenden Rechtsträgers folgt. Ist allerdings damit zu rechnen, dass sich das Wirksamwerden der Verschmelzung verzögert, empfiehlt es sich, diesen **Stichtag variabel** festzulegen, sodass er sich ggf. um jeweils ein Jahr weiter verschiebt (dazu § 5 UmwG Rz. 29). Bei der Gründung einer SE muss vor allem bei Verhandlungen über das anzuwendende Mitbestimmungsmodell mit Verzögerungen gerechnet werden. Die Hauptversammlung kann sich sogar eine Genehmigung des Verhandlungsergebnisses vorbehalten, sodass uU erst später feststeht, ob die Verschmelzung überhaupt erfolgen soll (Art. 23 Abs. 2 Satz 2 SE-VO; siehe dazu auch Rz. 54 ff.). Angesichts dieser Unsicherheiten dürfte eine variable Stichtagsregelung bei einer SE-Gründung stets angebracht sein[4].

---

1 Anders noch *Scheifele*, S. 157, der Art. 17 Abs. 2 SE-VO entgegen der inzwischen hM als Verweisungsnorm interpretiert. Vgl. dazu *Bayer* in Lutter/Hommelhoff/Teichmann, SE-Kommentar, Art. 20 SE-VO Rz. 19 mwN.
2 *Scheifele*, S. 158.
3 *Bayer* in Lutter/Hommelhoff/Teichmann, SE-Kommentar, Art. 20 SE-VO Rz. 20; *Neun* in Theisen/Wenz, S. 51 (83).
4 *Bayer* in Lutter/Hommelhoff/Teichmann, SE-Kommentar, Art. 20 SE-VO Rz. 21; *Neun* in Theisen/Wenz, S. 51 (84 f.); *Scheifele*, S. 159.

Im Verschmelzungsplan ist auch der Zeitpunkt festzulegen, von dem an die 27
Handlungen der übertragenden Rechtsträger als für Rechnung der SE vorgenommen gelten (Art. 20 Abs. 1 lit. e SE-VO). Auch dieser sog. **Verschmelzungsstichtag** (vgl. § 5 Abs. 1 Nr. 6 UmwG) kann grundsätzlich frei bestimmt werden, der Stichtag der Schlussbilanzen der übertragenden Rechtsträger muss nach hM unmittelbar vor diesem Tag liegen[1]. Er sollte mit dem Beginn der Gewinnberechtigung zusammenfallen und wie dieser variabel formuliert sein (dazu auch § 5 UmwG Rz. 36)[2]. Wie bei einer innerdeutschen Verschmelzung kann der Verschmelzungsstichtag, zB bei abweichenden Geschäftsjahren, unterschiedlich festgelegt werden[3].

Im Verschmelzungsplan sind sodann etwaige **Sonderrechte** von Aktionären und 28
sonstigen Wertpapierinhabern anzugeben (Art. 20 Abs. 1 lit. f SE-VO). Im Unterschied zu der entsprechenden Regelung in § 5 Abs. 1 Nr. 7 UmwG geht es im Verschmelzungsplan um die generelle Angabe solcher Rechte und nicht nur um Rechte, die aus Anlass der Verschmelzung einzelnen Anteilsinhabern gewährt werden[4]. Anzugeben ist dabei auch die Gewährung von Vorzugsaktien an Aktionäre, die schon in der übertragenden Gesellschaft Vorzugsaktien hielten[5].

Nach Art. 20 Abs. 1 lit. g SE-VO ist – ähnlich wie nach § 5 Abs. 1 Nr. 8 UmwG 29
– jeder **besondere Vorteil** anzugeben, der den Sachverständigen, die den Verschmelzungsplan prüfen, oder den Mitgliedern der Verwaltungs-, Leitungs-, Aufsichts- oder Kontrollorgane der sich verschmelzenden Gesellschaften gewährt wird. Im Unterschied zum Verschmelzungsprüfer nicht erfasst ist dabei der Abschlussprüfer[6]. Zu den „besonderen Vorteilen" zählt jede Vergünstigung, die anlässlich der Verschmelzung ohne konkrete Gegenleistung gewährt wird[7]. Es kann sich zB um eine Abfindung für die Aufgabe einer bisherigen Organmitgliedschaft handeln. Die Abfindung der restlichen Ansprüche aus einem Anstellungsvertrag, der mit der Verschmelzung endet, ist zwar kein „besonderer" Vorteil, wird bei innerdeutschen Verschmelzungen häufig aber vorsorglich im Verschmelzungsvertrag angegeben. Anzugeben sind auch nicht-finanzielle Vorteile wie zB die Zusage eines bestimmten Amtes (dazu näher § 5 UmwG Rz. 44 ff.).

---

1 Vgl. *Scheifele*, S. 169; *Schwarz*, 2006, Art. 20 SE-VO Rz. 32; aA *Maul* in KölnKomm. AktG, 3. Aufl. 2012, Art. 20 SE-VO Rz. 39; dazu auch § 5 UmwG Rz. 33 f.
2 *Neun* in Theisen/Wenz, S. 51 (85 f.); *Scheifele*, S. 160.
3 *Bayer* in Lutter/Hommelhoff/Teichmann, SE-Kommentar, Art. 20 SE-VO Rz. 22; *Neun* in Theisen/Wenz, S. 51 (86); *Scheifele*, S. 160.
4 *Scheifele*, S. 161 f.; *Bayer* in Lutter/Hommelhoff/Teichmann, SE-Kommentar, Art. 20 SE-VO Rz. 23; *Maul* in KölnKomm. AktG, 3. Aufl. 2012, Art. 20 SE-VO Rz. 42.
5 *Maul* in KölnKomm. AktG, 3. Aufl. 2012, Art. 20 SE-VO Rz. 42; *Neun* in Theisen/Wenz, S. 51 (87); *Scheifele*, S. 162.
6 *Maul* in KölnKomm. AktG, 3. Aufl. 2012, Art. 20 SE-VO Rz. 46.
7 *Marsch-Barner* in Habersack/Drinhausen, SE-Recht, Art. 20 SE-VO Rz. 24; *Bayer* in Lutter/Hommelhoff/Teichmann, SE-Kommentar, Art. 20 SE-VO Rz. 24.

Anhang I | Europäische Gesellschaft

30 Bestandteil des Verschmelzungsplans ist auch die **Satzung** der künftigen SE (Art. 20 Abs. 1 lit. h SE-VO). Sie muss von den Gründungsgesellschaften, vertreten durch ihre Leitungsorgane, als Teil des Verschmelzungsplans festgestellt und von den Aktionären beschlossen werden[1]. Dies entspricht der Regelung im UmwG, wonach im Falle der Verschmelzung durch Neugründung die Satzung als Teil des Verschmelzungsvertrages festgestellt werden muss (§§ 37, 74 UmwG). Bei der Gründung einer SE im Wege der Verschmelzung durch Aufnahme muss die Satzung der künftigen SE schon wegen des mit der Verschmelzung verbundenen Formwechsels festgestellt werden (§§ 240 Abs. 1 Satz 1, 218 Abs. 1 Satz 1 UmwG).

31 Für den **Inhalt der Satzung** gelten vorrangig die Bestimmungen der SE-VO. Danach sind insbesondere folgende Punkte **zwingend** zu regeln[2].

- Geltung des dualistischen oder monistischen Leitungssystems (Art. 38 SE-VO),
- Anzahl der Mitglieder des Leitungs- und Aufsichtsorgans bzw. des Verwaltungsorgans oder die Regeln für ihre Festlegung (Art. 39 Abs. 4, 40 Abs. 3, 43 Abs. 2 SE-VO; § 16 SEAG),
- Sitzungshäufigkeit des Verwaltungsorgans (Art. 44 Abs. 1 SE-VO),
- Amtsperiode der Organmitglieder (Art. 46 Abs. 1 SE-VO), vgl. hierzu Rz. 36,
- Arten von Geschäften, die von der Zustimmung des Aufsichtsorgans bzw. von einem ausdrücklichen Beschluss des Verwaltungsorgans abhängen (Art. 48 Abs. 1 Unterabs. 1 SE-VO). Zusätzlich zur Regelung in der Satzung kann das Aufsichtsorgan im dualistischen System auch selbst bestimmte Zustimmungspflichten begründen (§ 19 SEAG).

32 **Fakultativ** sind nach der SE-VO folgende Regelungen in der Satzung:
- Bestimmung der Mitglieder des ersten Aufsichtsorgans bzw. des ersten Verwaltungsorgans (Art. 40 Abs. 2 Satz 2, 43 Abs. 3 Satz 2 SE-VO). In der mitbestimmten SE werden auch die Vertreter der Arbeitnehmer durch die Hauptversammlung gewählt; hierauf sollte in der Satzung hingewiesen werden,
- Einschränkung der Wiederwahl der Organmitglieder (Art. 46 Abs. 2 SE-VO),
- persönliche Voraussetzungen der Aktionärsvertreter im Aufsichtsorgan (Art. 47 Abs. 3 SE-VO),
- Modalitäten der Beschlussfähigkeit und Beschlussfassung der Organe (Art. 50 Abs. 1 SE-VO),
- Modifikation oder Abbedingung des Entscheidungsrechts des Organvorsitzenden bei Stimmengleichheit (Art. 50 Abs. 2 SE-VO),

---

1 *Neun* in Theisen/Wenz, S. 51 (87 f.); *Scheifele*, S. 163 f.
2 Siehe dazu *Scheifele*, S. 165 ff.

- Absenkung des Mindestaktienbesitzes für die Einberufung einer Hauptversammlung durch eine Aktionärsminderheit (Art. 55 Abs. 1 SE-VO; § 122 Abs. 1 AktG),
- Absenkung des Mindestaktienbesitzes für die Ergänzung der Tagesordnung durch eine Aktionärsminderheit (Art. 56 Satz 3 SE-VO; § 122 Abs. 2 AktG)[1].

Die **Satzung einer SE mit Sitz in Deutschland** muss nach Art. 15 Abs. 1 SE-VO iVm. § 23 Abs. 3 AktG Angaben über Firma und Sitz der Gesellschaft, Unternehmensgegenstand, Höhe des Grundkapitals, Zerlegung des Grundkapitals in Aktien und Aktiengattungen, Inhaber- oder Namensaktien enthalten.

Das **Grundkapital** der SE muss mindestens 120 000 Euro betragen (Art. 4 Abs. 2 SE-VO). Sofern die Satzung einer aufnehmenden deutschen Gesellschaft noch ein Grundkapital in DM ausweisen sollte, was gemäß § 3 EGAktG der Fall sein kann, ist eine Anpassung in Euro erforderlich.

Nach §§ 26, 27 AktG müssen in der Satzung auch **Sondervorteile, Gründungsaufwand** sowie etwaige **Sacheinlagen** und **Sachübernahmen** aufgeführt werden[2]. In der Satzung der SE mit aufzuführen sind solche Sondervorteile usw. auch dann, wenn sie in der Satzung der übertragenden Gründungsgesellschaft enthalten waren. Dies folgt bei der Verschmelzung durch Neugründung aus § 74 UmwG. Das Gleiche gilt bei der Verschmelzung durch Aufnahme, da auch diese wegen des erforderlichen Formwechsels wie eine Sachgründung zu behandeln ist (vgl. § 243 Abs. 1 Satz 2 UmwG)[3].

Streitig ist, ob die Satzung nach Art. 46 SE-VO die konkrete **Amtsdauer** der Organe der SE festlegen muss oder ob die Festlegung einer Höchstdauer genügt. Nach einer Auffassung muss die Satzung der SE zwingend eine feste Amtsdauer von bis zu sechs Jahren vorgeben, Art. 46 Abs. 1 SE-VO sei insoweit abschließend[4]. Die wohl überwiegende Ansicht geht dagegen zu Recht davon aus, dass Art. 46 Abs. 1 SE-VO nur eine Höchstfrist setzt und dem jeweiligen Bestellungsorgan die Festlegung der konkreten Amtszeit überlässt[5]. Auf einem Missverständnis beruht der Beschluss des AG Hamburg v. 28.6.2005[6], der eine an § 102

---

1 Zur Einberufung der Hauptversammlung *Brandt*, Hauptversammlung, S. 187 ff.
2 Vgl. *Brandes*, AG 2005, 177 (182); *Maul* in KölnKomm. AktG, 3. Aufl. 2012, Art. 20 SE-VO Rz. 52 f., 55.
3 *Scheifele*, S. 167; iE auch *Neun* in Theisen/Wenz, S. 51 (88).
4 *Austmann* in MünchHdb. AG, § 86 Rz. 4; *Siems* in KölnKomm. AktG, 3. Aufl. 2010, Art. 46 SE-VO Rz. 12; *Teichmann* in Lutter/Hommelhoff/Teichmann, SE-Kommentar, Art. 46 SE-VO Rz. 4.
5 *Drinhausen* in Habersack/Drinhausen, SE-Recht, Art. 46 SE-VO Rz. 10; *Drinhausen/Nohlen*, ZIP 2009, 1890; *Eberspächer* in Spindler/Stilz, AktG, Art. 46 SE-VO Rz. 5; *Hoffmann-Becking*, ZGR 2004, 355 (364); *Frodermann/Jannott*, ZIP 2005, 2251; *Reichert/Brandes* in MünchKomm. AktG, 3. Aufl. 2012, Art. 46 SE-VO Rz. 3; *Schwarz*, 2006, Art. 46 SE-VO Rz. 13.
6 AG Hamburg v. 28.6.2005 – 66 AR 76/05, ZIP 2005, 2017.

Abs. 1 AktG angelehnte Bestimmung der Amtszeit für unzulässig erklärt. Die Auffassung des Gerichts, eine Anknüpfung an das Ende der Hauptversammlung, die über die Entlastung für das vierte Geschäftsjahr nach Beginn der Amtszeit entscheide, sei zu unbestimmt, so dass es an einer „Festlegung" iS von Art. 46 SE-VO fehle, verkennt, dass Art. 46 SE-VO keine zeitliche Fixierung iS einer Datumsangabe verlangt, sondern nur eine hinreichend bestimmte oder bestimmbare Amtsdauer[1]. Dies wird auch mit einer § 102 Abs. 1 AktG entsprechenden Regelung erreicht. Zur Amtsdauer des ersten Aufsichtsorgans der SE vgl. Rz. 61, 121.

37 Die Satzung darf zu keinem Zeitpunkt in Widerspruch zu der ausgehandelten **Mitbestimmung** stehen (Art. 12 Abs. 4 SE-VO). Dies gilt über den Wortlaut der Bestimmung hinaus auch für das Mitbestimmungsmodell, das bei einem Scheitern der Verhandlungen anzuwenden ist[2]. Da die Verhandlungen mit den Arbeitnehmern nach § 4 Abs. 2 SEBG erst nach der Offenlegung des Verschmelzungsplans eingeleitet werden, empfiehlt es sich, in die Satzung zunächst keine Regelung zur Mitbestimmung aufzunehmen[3].

38 Als Bestandteil des Verschmelzungsplans ist die Satzung **notariell zu beurkunden**[4]. Beurkundungspflichtig sind nach Art. 9 Abs. 1 lit. c ii) bzw. Art. 15 Abs. 1 SE-VO iVm. § 130 Abs. 1 Satz 1 AktG auch spätere Änderungen der Satzung.

39 Unabhängig von der letztlich anwendbaren Mitbestimmungsregelung hat der Verschmelzungsplan Angaben zu dem **Verfahren** zu enthalten, nach dem die Vereinbarung über die **Beteiligung der Arbeitnehmer** nach der SE-Beteiligungsrichtlinie bzw. dem nach Art. 6 der Richtlinie maßgeblichen nationalen Recht geschlossen wird (Art. 20 Abs. 1 lit. i SE-VO). Dabei sind die Umstände des konkreten Falles zu berücksichtigen. Auch das mögliche Eingreifen der gesetzlichen Auffangregelung ist darzustellen[5]. Ob eine Vereinbarung über die Beteiligung der Arbeitnehmer getroffen wurde, wird im Verfahren nach Art. 26 Abs. 3 SE-VO durch die zuständige Behörde am Sitz der künftigen SE geprüft. Das Verfahren zur Regelung der Arbeitnehmerbeteiligung unterliegt grundsätzlich dem Recht des Staates, in dem die SE ihren Sitz haben soll (vgl. Art. 6 der

---

1 So auch *Frodermann/Jannott*, ZIP 2005, 2251.
2 *Bayer* in Lutter/Hommelhoff/Teichmann, SE-Kommentar, Art. 20 SE-VO Rz. 26; *Scheifele*, S. 168.
3 Vgl. *Bayer* in Lutter/Hommelhoff/Teichmann, SE-Kommentar, Art. 20 SE-VO Rz. 26; *Brandes*, AG 2005, 177 (184); *Maul* in KölnKomm. AktG, 3. Aufl. 2012, Art. 20 SE-VO Rz. 57; aA *Vossius*, ZIP 2005, 741 (743, Fn. 20) mit der Empfehlung, die Verhandlungen über die Arbeitnehmerbeteiligung vor der Aufstellung des Verschmelzungsplans abzuschließen.
4 *Bungert/Beier*, EWS 2002, 1 (2 f.); *Maul* in KölnKomm. AktG, 3. Aufl. 2012, Art. 20 SE-VO Rz. 56; *Scheifele*, S. 169; *Brandes*, AG 2005, 177 (182); abw. *Kersting*, DB 2001, 2079 (2080).
5 *Bayer* in Lutter/Hommelhoff/Teichmann, SE-Kommentar, Art. 20 SE-VO Rz. 26.

SE-Richtlinie und § 3 Abs. 1 SEBG zum Anwendungsbereich des deutschen Umsetzungsgesetzes).

Im Unterschied zur Regelung in § 5 Abs. 1 Nr. 2 UmwG enthält der Verschmelzungsplan zur SE-Gründung keine Bestimmung zur **Übertragung des gesamten Vermögens** eines übertragenden Rechtsträgers. Dies beruht zum einen darauf, dass es sich bei dem Verschmelzungsplan um eine einseitige Erklärung handelt, die im Unterschied zum Verschmelzungsvertrag keine vertraglichen Pflichten begründet. Außerdem wird die Gesamtrechtsnachfolge nicht als Gegenstand der Verschmelzungsabsicht, sondern als Rechtsfolge der Verschmelzung angesehen (Art. 29 Abs. 1 lit. a und Abs. 2 lit. a SE-VO). Dies entspricht auch der Regelung in Art. 19 Abs. 1 lit. a der Verschmelzungsrichtlinie. 40

Die Anforderungen an den Mindestinhalt des Verschmelzungsplans nach Art. 20 Abs. 1 SE-VO sind **abschließend**. Auch soweit deutsche Gesellschaften an der Gründung beteiligt sind, besteht für diese keine Verpflichtung, entsprechend § 5 Abs. 1 Nr. 9 UmwG auch Angaben über die Folgen der Verschmelzung für die Arbeitnehmer und ihre Vertretungen in den Verschmelzungsplan aufzunehmen[1]. 41

bb) Angemessene Barabfindung bei einer SE mit Sitz im Ausland

Nach Art. 24 Abs. 2 SE-VO kann jeder Mitgliedstaat für die seinem Recht unterliegenden Gründungsgesellschaften Vorschriften zum **Schutz der Minderheitsaktionäre** erlassen, die sich gegen die Verschmelzung ausgesprochen haben. Auf der Grundlage dieser Regelung sieht § 7 SEAG unter bestimmten Voraussetzungen ein Austrittsrecht für die Aktionäre einer deutschen Gründungsgesellschaft vor. Soll eine **SE mit Sitz im Ausland** gegründet werden und ist an deren Gründung eine deutsche AG als übertragende Gesellschaft beteiligt, so hat diese gemäß § 7 SEAG im Verschmelzungsplan jedem Aktionär, der gegen den Verschmelzungsbeschluss der Gesellschaft Widerspruch zu Protokoll erklärt, den Erwerb seiner Aktien gegen eine angemessene **Barabfindung** anzubieten. Dieser Regelung, die an § 29 UmwG angelehnt ist, liegt der Gedanke zugrunde, dass kein Aktionär gezwungen werden soll, die mit dem Wechsel der Rechtsform in eine SE nach ausländischem Recht verbundene Änderung seine Rechte und Pflichten hinzunehmen[2]. Die Regelung berücksichtigt dabei den Fall, dass der Verschmelzungsplan bei Beschlussfassung der Hauptversammlung noch nicht beurkundet ist. Es genügt dann, wenn das Abfindungsangebot im Entwurf des Verschmelzungsplans enthalten ist. Das Abfindungsangebot muss im Verschmelzungsplan – wie im Falle des § 29 UmwG – so bestimmt formuliert sein, 42

---

[1] *Bayer* in Lutter/Hommelhoff/Teichmann, SE-Kommentar, Art. 26 SE-VO Rz. 12; *Brandes*, AG 2005, 177 (181); *Neun* in Theisen/Wenz, S. 51 (87 f.); *Schäfer* in MünchKomm. AktG, 3. Aufl. 2012, Art. 26 SE-VO Rz. 10; *Scheifele*, S. 171.
[2] Begr. RegE, BT-Drucks. 15/3405, S. 32.

dass zum Entstehen des Anspruchs nur noch die Annahmeerklärung des Aktionärs erforderlich ist (vgl. dazu § 29 UmwG Rz. 14)[1]. Im Umkehrschluss folgt aus der getroffenen Regelung, dass den Aktionären einer deutschen Gründungsgesellschaft kein Austrittsrecht oder Abfindungsanspruch zusteht, wenn die künftige SE ihren Sitz in Deutschland hat[2]. Dies ist sachgerecht, da sich das auf die Gesellschaft anwendbare Recht nicht grundlegend ändert[3].

cc) Hinweis auf Recht zur Sicherheitsleistung

43 Gemäß Art. 24 Abs. 1 SE-VO richtet sich der Gläubigerschutz nach dem Gesellschaftsstatut der jeweiligen Gründungsgesellschaft. Ist eine deutsche Gesellschaft an der Gründung einer SE mit Sitz in Deutschland beteiligt, so gilt § 22 UmwG. Die Gläubiger dieser Gesellschaft sind danach in der Bekanntmachung der jeweiligen Eintragung auf ihr Recht auf Sicherheitsleistung hinzuweisen. Liegt der **künftige Sitz** der SE **im Ausland**, ist der Gläubigerschutz modifiziert (siehe dazu Rz. 64). Auf das Recht der Gläubiger, Sicherheitsleistung zu verlangen, ist dann bereits im Verschmelzungsplan hinzuweisen (§§ 8 Satz 1, 13 Abs. 1 Satz 3 SEAG).

dd) Freiwillige Angaben im Verschmelzungsplan

44 Die an der Verschmelzung beteiligten Gesellschaften können **freiwillig weitere Punkte** in den Verschmelzungsplan aufnehmen (Art. 20 Abs. 2 SE-VO). Dies ist insbesondere dann von Bedeutung, wenn ausländische Rechtsordnungen zusätzliche Anforderungen an den Verschmelzungsplan enthalten. Auch dabei müssen sich die Gründungsgesellschaften allerdings untereinander abstimmen, da sie ihrer jeweiligen Hauptversammlung einen inhaltlich gleich lautenden Verschmelzungsplan zur Abstimmung vorlegen müssen (vgl. Art. 26 Abs. 3 SE-VO). Die an der Verschmelzung beteiligten Gesellschaften können neben dem Verschmelzungsplan auch **schuldrechtliche Abreden** treffen (siehe dazu Rz. 17).

d) Prüfung des Verschmelzungsplans

45 Nach Art. 22 SE-VO ist der Verschmelzungsplan durch **unabhängige Sachverständige** zu prüfen[4]. Dies kann entweder für jede beteiligte Gesellschaft geson-

---

1 Zur Frage der Zuständigkeit deutscher Gerichte für das Spruchverfahren ausführlich *Schäfer* in MünchKomm. AktG, 3. Aufl. 2012, Art. 20 SE-VO Rz. 33 f.
2 So auch *Schäfer* in MünchKomm. AktG, 3. Aufl. 2012, Art. 20 SE-VO Rz. 22.
3 BT-Drucks. 15/3405, S. 32 f. unter Verweisung auf den Rechtsgedanken des § 29 UmwG.
4 *Bayer* in Lutter/Hommelhoff, S. 25 (40); *Neun* in Theisen/Wenz, S. 51 (108); *Teichmann*, ZGR 2002, 383 (423); das Erfordernis der Unabhängigkeit der Sachverständigen ist entgegen *Schwarz*, ZIP 2001, 1847 (1851) nicht disponibel; siehe dazu auch *Bayer* in Lutter/Hommelhoff/Teichmann, SE-Kommentar, Art. 22 SE-VO Rz. 9.

dert oder für alle Gründungsgesellschaften gemeinsam geschehen. Eine gemeinsame Prüfung ist umfassender, weil sie zur Beurteilung der Verschmelzung insgesamt führt. Verschmelzungsprüfer können nach deutschem Recht nur ein Wirtschaftsprüfer oder eine Wirtschaftsprüfungsgesellschaft sein. Dies folgt bei getrennter Prüfung aus Art. 18 SE-VO und bei gemeinsamer Prüfung aus Art. 22 Satz 1 SE-VO, jeweils iVm. §§ 11 Abs. 1, 60 UmwG, § 319 HGB[1]. Bestellt wird der Verschmelzungsprüfer für eine beteiligte deutsche Gesellschaft durch das zuständige Gericht (Art. 18 SE-VO iVm. §§ 10 Abs. 1, 60 UmwG). Bei gemeinsamer Prüfung können die beteiligten Gesellschaften wählen, in welchem Mitgliedstaat die Prüfer bestellt werden sollen (Art. 22 Satz 1 SE-VO). Sie müssen dazu einen gemeinsamen Antrag bei dem zuständigen Gericht oder der zuständigen Behörde stellen. Ergänzend gelten für die beteiligten deutschen Gesellschaften die §§ 9–12, 60 UmwG[2].

Gegenstand der Prüfung ist danach nur der **Verschmelzungsplan**, nicht auch 46 der Verschmelzungsbericht[3]. Inhaltlich geht es vor allem um die Angemessenheit des Umtauschverhältnisses einschließlich einer etwaigen Ausgleichsleistung sowie um die Angemessenheit einer Barabfindung (vgl. § 12 Abs. 2 UmwG und § 7 Abs. 3 SEAG). Zum Zwecke der Prüfung können die Sachverständigen von den beteiligten Gesellschaften alle erforderlichen Auskünfte einholen. Über das Ergebnis der Prüfung ist ein schriftlicher, für alle Aktionäre **einheitlicher Bericht** zu erstellen. Bei gemeinsamer Prüfung sollte der Bericht in den Sprachen der beteiligten Mitgliedstaaten einschließlich der Sprache des künftigen Sitzstaates abgefasst sein[4]. Auf die Prüfung und den Prüfungsbericht können die Anteilsinhaber einer deutschen AG unter den Voraussetzungen der §§ 8 Abs. 3, 9 Abs. 3, 12 Abs. 3 UmwG (iVm. Art. 18 SE-VO) **verzichten**. Der Verzicht erstreckt sich dabei nur auf die deutschen Gründungsgesellschaften[5]. Die Verzichtserklärungen sind notariell zu beurkunden[6].

e) Offenlegung des Verschmelzungsplans

Vor der Einberufung der Hauptversammlung, die über die Zustimmung zu dem 47 Verschmelzungsplan beschließen soll (vgl. Art. 23 Abs. 1 SE-VO), ist der Ver-

---

1 *Bayer* in Lutter/Hommelhoff/Teichmann, SE-Kommentar, Art. 22 SE-VO Rz. 10; *Scheifele*, S. 200.
2 *Bayer* in Lutter/Hommelhoff/Teichmann, SE-Kommentar, Art. 22 SE-VO Rz. 6; *Neun* in Theisen/Wenz, S. 51 (105 ff.); *Scheifele*, S. 191 ff.
3 *Marsch-Barner* in Habersack/Drinhausen, SE-Recht, Art. 22 SE-VO Rz. 17; *Scheifele*, S. 201; *Schäfer* in MünchKomm. AktG, 3. Aufl. 2012, Art. 20 SE-VO Rz. 9; aA *Bayer* in Lutter/Hommelhoff/Teichmann, SE-Kommentar, Art. 22 SE-VO Rz. 14.
4 *Scheifele*, S. 202.
5 *Bayer* in Lutter/Hommelhoff/Teichmann, SE-Kommentar, Art. 22 SE-VO Rz. 20.
6 *Brandes*, AG 2005, 177 (183); *Maul* in KölnKomm. AktG, 3. Aufl. 2012, Art. 22 SE-VO Rz. 33; *Vossius*, ZIP 2005, 741 (743, Fn. 28).

schmelzungsplan oder sein Entwurf von den Vorständen der beteiligten deutschen Gründungsgesellschaft **zum Handelsregister einzureichen** (§ 61 Satz 1 UmwG). Dabei sind dem Handelsregister die in Art. 21 SE-VO angeführten Angaben über die sich verschmelzenden Gesellschaften mitzuteilen. Hierzu gehören Rechtsform, Firma und Sitz der beteiligten Gesellschaften, das für die Offenlegung jeweils zuständige Register, ein Hinweis auf die Ausübung der Gläubigerrechte nach Art. 24 SE-VO sowie die für die SE vorgesehene Firma und ihr künftiger Sitz. Das Registergericht hat diese Angaben zusammen mit dem Hinweis, dass der Verschmelzungsplan oder sein Entwurf beim Handelsregister eingereicht worden ist, bekannt zu machen (Art. 21 SE-VO iVm. § 5 SEAG, § 61 Satz 2 UmwG).

5. Verschmelzungsbericht

48 Die SE-VO sieht einen Verschmelzungsbericht nicht ausdrücklich vor. Jedenfalls über Art. 18 SE-VO ist aber **§ 8 UmwG** anwendbar, sodass der Vorstand einer an der Verschmelzung beteiligten deutschen Gesellschaft wie bei einer innerdeutschen Verschmelzung einen schriftlichen Verschmelzungsbericht zu erstellen hat[1]. Dies gilt jedenfalls insoweit, als das deutsche Recht Art. 9 der Verschmelzungsrichtlinie umsetzt. Dass auch die SE-VO von einer Berichterstattung ausgeht, ergibt sich zudem aus Art. 31 Abs. 2 SE-VO. Rechtlich unproblematisch ist es, wenn jede beteiligte Gesellschaft einen **eigenen** Verschmelzungsbericht erstellt. Ein **gemeinsamer** Verschmelzungsbericht dürfte nur in Betracht kommen, wenn die gemeinsame Berichterstattung auch bei den anderen Gesellschaften zugelassen ist[2]. Ist die Rechtslage insoweit unklar, empfiehlt sich eine getrennte Berichterstattung[3]. Die Aktionäre aller beteiligten Gesellschaften können auch auf einen Bericht **verzichten** (§ 8 Abs. 3 Satz 1 Alt. 1 UmwG). Die Verzichtserklärungen sind notariell zu beurkunden (§ 8 Abs. 3 Satz 2 UmwG). Da § 8 Abs. 3 UmwG nur für inländische Gesellschaften gilt, genügt es für diese, wenn nur die Aktionäre der deutschen Gesellschaften verzichten[4]. Ein Verschmelzungsbericht ist auch dann nicht erforderlich, wenn sich alle Anteile des übertragenden Rechtsträgers in der Hand des übernehmenden Rechtsträgers befinden (§ 8 Abs. 3 UmwG).

---

1 *Bayer* in Lutter/Hommelhoff/Teichmann, SE-Kommentar, Art. 20 SE-VO Rz. 29; *Casper* in Spindler/Stilz, AktG, Art. 22 SE-VO Rz. 6; *Neun* in Theisen/Wenz, S. 51 (93 f.); *Scheifele*, S. 178; *Schulz/Geismar*, DStR 2001, 1078 (1080); *Teichmann*, ZGR 2002, 383 (423); aA *Schwarz*, ZIP 2001, 1847 (1851); offen lassend *Bungert/Beier*, EWS 2002, 1 (7).
2 *Austmann* in MünchHdb. AG, § 84 Rz. 16; *Bayer* in Lutter/Hommelhoff/Teichmann, SE-Kommentar, Art. 20 SE-VO Rz. 30; *Neun* in Theisen/Wenz, S. 51 (95) und *Scheifele*, S. 179.
3 *Bayer* in Lutter/Hommelhoff/Teichmann, SE-Kommentar, Art. 20 SE-VO Rz. 30; *Heckschen* in Widmann/Mayer, UmwG Anhang 14 Rz. 213.
4 *Bayer* in Lutter/Hommelhoff, S. 25 (40); *Scheifele*, S. 180 f.

Im Verschmelzungsbericht müssen die Verschmelzung, der Verschmelzungs- 49
plan und insbesondere das Umtauschverhältnis sowie eine etwaige Barabfindung
ausführlich rechtlich und wirtschaftlich **erläutert** und **begründet** werden. Außerdem ist auf besondere Schwierigkeiten bei der Bewertung, soweit solche aufgetreten sind, hinzuweisen. Da Mängel des Berichts grundsätzlich einen Anfechtungsgrund darstellen, ist auf die Erstellung des Berichts große Sorgfalt zu verwenden. Dies ist bei der zeitlichen Planung der Verschmelzung zu berücksichtigen.

6. Hauptversammlung

a) Zustimmung zum Verschmelzungsplan

Die Hauptversammlungen der beteiligten Gesellschaften müssen dem Ver- 50
schmelzungsplan zustimmen (Art. 23 Abs. 1 SE-VO). Für die Vorbereitung und
Durchführung dieser Beschlussfassungen gelten für die beteiligten deutschen
Gesellschaften die Bestimmungen des UmwG entsprechend (Art. 18 SE-VO).
Nicht abschließend geklärt ist, ob der Verschmelzungsplan gemäß Art. 18 SE-VO iVm. § 5 Abs. 3 UmwG dem **Betriebsrat** einer deutschen Gründungsgesellschaft mindestens einen Monat vor der Verschmelzungshauptversammlung zugeleitet werden muss[1]. Ein praktisches Bedürfnis besteht dafür angesichts des umfangreichen Verfahrens zur Beteiligung der Arbeitnehmer eigentlich nicht. Wegen der Pflicht zur Einleitung des Verhandlungsverfahrens unverzüglich nach Offenlegung des Verschmelzungsplans haben die Arbeitnehmervertreter in aller Regel bereits vor dem in § 5 Abs. 3 UmwG genannten Zeitpunkt Kenntnis von der beabsichtigten Verschmelzung. Da es aber keinen großen Aufwand erfordert, dem zuständigen Betriebsrat den Verschmelzungsplan förmlich zuzuleiten, sollte dies zumindest vorsorglich geschehen[2].

Von der Einberufung der Hauptversammlung an sind der Verschmelzungsplan 51
oder sein Entwurf, die erstatteten Verschmelzungs- und Prüfungsberichte sowie
die Jahresabschlüsse und Lageberichte sowie eine eventuelle Zwischenbilanz **zur
Einsichtnahme auszulegen** oder über die Internetseite der Gesellschaft **zugänglich** zu machen (§ 63 Abs. 1, 2 und 4 UmwG). Jeder Aktionär kann eine Abschrift dieser Unterlagen verlangen, sofern sie nicht über das Internet zugänglich sind (§ 63 Abs. 3 und 4 UmwG). Auf diese Informationspflichten können die Aktionäre allerdings verzichten (dazu § 63 UmwG Rz. 2).

---

1 Für eine Zuleitung *Walden/Meyer-Landrut*, DB 2005, 2619 (2619).
2 *Bayer* in Lutter/Hommelhoff/Teichmann, SE-Kommentar, Art. 21 SE-VO Rz. 11; *Heckschen* in Widmann/Mayer, UmwG Anhang 14 Rz. 226; *Maul* in KölnKomm. AktG, 3. Aufl. 2012, Art. 20 SE-VO Rz. 21; *Schäfer* in MünchKomm. AktG, 3. Aufl. 2012, Art. 20 Rz. 10; ebenso zum Formwechsel *Kowalski*, DB 2007, 2243 (2249); aA *Brandes*, AG 2005, 177 (182).

52 Die zur Vorabinformation der Aktionäre auszulegenden Unterlagen müssen auch während der Hauptversammlung zugänglich sein (§ 64 Abs. 1 Satz 1 UmwG). Der Vorstand hat zu Beginn der Verhandlung den Verschmelzungsplan bzw. seinen Entwurf mündlich zu **erläutern** (§ 64 Abs. 1 Satz 2 UmwG). Dies bedeutet nicht, dass der schriftlich vorliegende Verschmelzungsbericht noch einmal vorzutragen ist. Es genügt, wenn der wesentliche Inhalt des Verschmelzungsplans erläutert wird (siehe § 64 UmwG Rz. 3). Im Übrigen kann auf den Verschmelzungsbericht verwiesen werden. Der Vorstand hat die Hauptversammlung außerdem über jede **wesentliche Veränderung** des Vermögens der Gesellschaft (mündlich) zu unterrichten, die seit der Aufstellung des Verschmelzungsplans bzw. seines Entwurfs eingetreten ist (§ 64 Abs. 1 Satz 2 UmwG). Über solche Veränderungen sind auch die Vertretungsorgane der anderen beteiligten Rechtsträger zu informieren. Die Aktionäre haben in der Hauptversammlung auch in Bezug auf die anderen an der Verschmelzung beteiligten Gesellschaften ein **Auskunftsrecht** (§ 64 Abs. 2 UmwG). Bei der Vorbereitung der Hauptversammlung ist daher sicherzustellen, dass auch solche, die anderen Gesellschaften betreffenden Fragen beantwortet werden können (dazu § 64 UmwG Rz. 7).

53 Für den Beschluss, mit dem die Hauptversammlung dem Verschmelzungsplan zustimmt, ist eine **Drei-Viertel-Kapitalmehrheit** erforderlich (Art. 18 SE-VO iVm. § 65 Abs. 1 UmwG). Sind mehrere Gattungen stimmberechtigter Aktien vorhanden, so bedarf der Beschluss der Hauptversammlung der Zustimmung jeder Gattung (§ 65 Abs. 2 UmwG). Der Zustimmungsbeschluss ist notariell zu beurkunden (Art. 18 SE-VO iVm. § 13 Abs. 3 Satz 1 UmwG)[1].

b) Genehmigungsvorbehalt zur Vereinbarung über die Beteiligung der Arbeitnehmer

54 Die Hauptversammlung kann sich nach Art. 23 Abs. 2 Satz 2 SE-VO das Recht vorbehalten, die Eintragung der SE davon abhängig zu machen, dass die mit den Arbeitnehmern geschlossene Vereinbarung über ihre Beteiligung von ihr genehmigt wird. Ein solcher Vorbehalt kommt insbesondere dann in Betracht, wenn bei der Aufstellung des Verschmelzungsplans die **Verhandlungen mit den Arbeitnehmern** über das Mitbestimmungsmodell der SE **noch nicht abgeschlossen** sind und deren Ergebnis unsicher ist. Die Aktionäre können dann über den Vorbehalt von der Verschmelzung Abstand nehmen, wenn das Ergebnis der Verhandlungen aus ihrer Sicht nicht akzeptabel ist.

55 Nach dem Zweck der Regelung kann der Genehmigungsvorbehalt auch auf den Fall erstreckt werden, dass eine Beteiligungsvereinbarung nicht zu Stande

---

1 *Heckschen*, DNotZ 2003, 251 (259); *Scheifele*, S. 213.

kommt und deshalb das **Auffangmodell** nach Art. 7 Abs. 1 Unterabs. 2 lit. b der SE-Beteiligungsrichtlinie eingreift[1].

Wird in den Verschmelzungsplan ein entsprechender Genehmigungsvorbehalt aufgenommen, kann die Hauptversammlung erst nach Abschluss der Verhandlungen über die Arbeitnehmerbeteiligung über die Erteilung der Genehmigung beschließen. Dieser Beschluss kann nur in einer **weiteren Hauptversammlung** gefasst werden. Dabei ist offen, welche Mehrheit für einen solchen Beschluss gilt. Nach der Grundregel des § 133 Abs. 1 AktG reicht die einfache Stimmenmehrheit aus[2]. Wird die Genehmigung versagt, so berührt dies zwar nicht die Wirksamkeit des Verschmelzungsplans[3]. Die SE kann dann aber nicht eingetragen werden (Art. 23 Abs. 2 SE-VO). 56

Um die Notwendigkeit einer weiteren Hauptversammlung zu vermeiden, können die Aktionäre auf die Mitbestimmung auch in der Weise reagieren, dass der Abschluss der Beteiligungsvereinbarung gemäß § 111 Abs. 4 Satz 2 AktG an die **Zustimmung des Aufsichtsrates** gebunden wird. Ein solcher interner Zustimmungsvorbehalt ist nach allerdings bestrittener Ansicht nicht durch Art. 23 Abs. 2 Satz 2 SE-VO ausgeschlossen[4]. 57

c) Gründungsrecht, Sperrfrist, Nachgründung

Für die Gründung einer SE mit Sitz in Deutschland gelten über Art. 15 Abs. 1 SE-VO die §§ 30 ff. AktG grundsätzlich entsprechend[5]. Dies betrifft insbesondere die Durchführung einer Gründungsprüfung, die Erstellung eines Gründungsberichts und die Amtszeit des ersten Aufsichtsorgans (dazu Rz. 60 f.). Bei der Verschmelzung zur Neugründung sind die Vorschriften über die Sachgrün- 58

---

1 *Bayer* in Lutter/Hommelhoff/Teichmann, SE-Kommentar, Art. 23 SE-VO Rz. 15; *Marsch-Barner* in Habersack/Drinhausen, SE-Recht, Art. 23 SE-VO Rz. 21; *Schäfer* in MünchKomm. AktG, 3. Aufl. 2012, Art. 23 SE-VO Rz. 9; *Scheifele*, S. 216.
2 *Bayer* in Lutter/Hommelhoff/Teichmann, SE-Kommentar, Art. 23 SE-VO Rz. 20; *Marsch-Barner* in Habersack/Drinhausen, SE-Recht, Art. 23 SE-VO Rz. 22; *Schäfer* in MünchKomm. AktG, 3. Aufl. 2012, Art. 23 SE-VO Rz. 12; *Scheifele*, S. 217; aA *Maul* in KölnKomm. AktG, 3. Aufl. 2012, Art. 23 SE-VO Rz. 20; *Hörtnagl* in Schmitt/Hörtnagl/Stratz, UmwG, Art. 23 SE-VO Rz. 13.
3 *Neun* in Theisen/Wenz, S. 51 (120); *Scheifele*, S. 217.
4 *Brandes*, AG 2005, 177 (185); *Marsch-Barner* in Habersack/Drinhausen, SE-Recht, Art. 23 SE-VO Rz. 24; *Scheifele*, S. 218; *Teichmann*, ZGR 2002, 383 (430); *Schäfer* in MünchKomm. AktG, 3. Aufl. 2012, Art. 23 SE-VO Rz. 2; aA *Austmann* in MünchHdb. AG, § 83 Rz. 24; *Bayer* in Lutter/Hommelhoff/Teichmann, SE-Kommentar, Art. 23 SE-VO Rz. 21; *Casper* in Spindler/Stilz, AktG, Art. 23 SE-VO Rz. 8; *Heckschen* in Widmann/Mayer, UmwG Anhang 14 Rz. 242; *Kiem*, ZHR 171 (2007), 713 (724 f.); *Maul* in Köln-Komm. AktG, 3. Aufl. 2012, Art. 23 SE-VO Rz. 21.
5 *Bayer* in Lutter/Hommelhoff/Teichmann, SE-Kommentar, Art. 15 SE-VO Rz. 9; *Casper* in Spindler/Stilz, AktG, 3. Aufl. 2015, Art. 15 SE-VO Rz. 1; *Schäfer* in MünchKomm. AktG, 3. Aufl. 2012, Art. 15 SE-VO Rz. 1; *Schwarz*, 2006, Art. 15 SE-VO Rz. 1, 20 ff.

dung heranzuziehen (siehe § 36 UmwG Rz. 10). Danach haben die Mitglieder des Leitungs- und Aufsichtsorgans bzw. des Verwaltungsorgans die Gründung zu prüfen (§ 33 Abs. 1 AktG). Ein Gründungsbericht der Gründer sowie ein Prüfungsbericht durch externe Prüfer sind dagegen entbehrlich (§ 75 Abs. 2 UmwG iVm. §§ 32, 33 Abs. 2 AktG). Bei der Verschmelzung durch Aufnahme sieht das deutsche Verschmelzungsrecht von Sonderfällen abgesehen keine besondere Gründungsprüfung vor. Angesichts der europaweiten Harmonisierung der Kapitalerhaltungsvorschriften ist gewährleistet, dass die übernehmende Gesellschaft ebenso strengen Anforderungen unterworfen ist wie die übertragenden Gesellschaften. Daher ist trotz des mit der Verschmelzung verbundenen Formwechsels der aufnehmenden Gesellschaft (Art. 17 Abs. 2 Satz 2 SE-VO) kein Gründungsrecht anzuwenden. Einer Sachgründungsprüfung entsprechend §§ 197 Satz 1, 220 UmwG bedarf es deshalb nicht[1].

59 Ist eine deutsche Gesellschaft an der Gründung einer SE im Wege der Verschmelzung beteiligt, so ist zu beachten, dass eine übertragende AG bereits **zwei Jahre** im Handelsregister **eingetragen** sein muss. Erst nach Ablauf dieser Sperrfrist kann die Hauptversammlung über die Verschmelzung beschließen (Art. 18 SE-VO iVm. § 76 Abs. 1 UmwG)[2]. Soll eine deutsche AG übernehmender Rechtsträger sein, so sind, wenn der Verschmelzungsplan während der ersten zwei Jahre seit Eintragung der Gesellschaft im Handelsregister aufgestellt wird, gemäß § 67 UmwG bestimmte Vorschriften über die **Nachgründung** entsprechend anzuwenden[3]. Dies gilt allerdings nur, wenn der Gesamtnennbetrag der zu gewährenden Aktien 10 % des Grundkapitals der Gesellschaft übersteigt (§ 67 Satz 2 UmwG). Wird zur Durchführung der Verschmelzung das Grundkapital erhöht, so ist bei der Berechnung das erhöhte Grundkapital zugrunde zu legen (§ 67 Satz 3 UmwG).

d) Bestellung des Abschlussprüfers und des ersten Aufsichts- oder Verwaltungsorgans

60 Die Hauptversammlung der übernehmenden Gesellschaft hat außerdem über die Bestellung des Abschlussprüfers für das erste Voll- oder Rumpfgeschäftsjahr sowie je nach Führungsstruktur über die Bestellung des ersten Aufsichtsorgans

---

[1] *Bayer* in Lutter/Hommelhoff/Teichmann, SE-Kommentar, Art. 26 SE-VO Rz. 22 f.; *Brandes*, AG 2005, 177 (186); *Marsch-Barner* in Habersack/Drinhausen, SE-Recht, Art. 26 SE-VO Rz. 22 ff.; *Scheifele*, S. 255. Vgl. dazu auch Rz. 121.

[2] *Bayer* in Lutter/Hommelhoff/Teichmann, SE-Kommentar, Art. 23 SE-VO Rz. 12; *Casper* in Spindler/Stilz, AktG, Art. 23 SE-VO Rz. 4; *Schäfer* in MünchKomm. AktG, 3. Aufl. 2012, Art. 23 SE-VO Rz. 7; abw. *Neun* in Theisen/Wenz, S. 51 (112 f.) und *Scheifele*, S. 178, die auf den Zeitpunkt der notariellen Beurkundung des Verschmelzungsplans abstellen.

[3] *Bayer* in Lutter/Hommelhoff, S. 25 (39); *Neun* in Theisen/Wenz, S. 51 (79); *Scheifele*, S. 171.

oder des ersten Verwaltungsorgans zu beschließen (Art. 15 Abs. 1 SE-VO iVm. § 30 Abs. 1 AktG). Die **Führungsstruktur** der SE wird gemäß Art. 38 lit. b SE-VO in der Satzung festgelegt. Im dualistischen Führungssystem wird das Leitungsorgan sodann vom Aufsichtsorgan bestellt (Art. 39 Abs. 2 SE-VO). Statt durch die Hauptversammlung können die Mitglieder des ersten Aufsichts- oder Verwaltungsorgans auch in der Satzung bestellt werden (Art. 40 Abs. 2 Satz 2 bzw. Art. 43 Abs. 3 Satz 2 SE-VO). Die Bestellung kann auch in den Verschmelzungsplan aufgenommen werden (Art. 20 Abs. 2 SE-VO). Bei der Zusammensetzung des ersten Aufsichts- oder Verwaltungsorgans kann eine eventuelle Mitbestimmung noch nicht berücksichtigt werden, da diese erst noch zu vereinbaren ist[1].

Umstritten ist, ob auf die **Amtszeit des ersten Aufsichtsorgans** der SE im dualistischen System § **30 Abs. 3 AktG** anzuwenden ist. Teilweise wird die Ansicht vertreten, die Bestimmungen in Art. 46 SE-VO über die Amtszeit des Aufsichts- bzw. Verwaltungsorgans seien abschließend, so dass § 30 Abs. 3 Satz 1 AktG mit der verkürzten Amtszeit des ersten Aufsichtsrates unabhängig von der Gründungsform nicht eingreife[2]. Die Gegenansicht hält die Vorschrift bei einer Gründung durch Verschmelzung dagegen für anwendbar[3]. Tatsächlich spricht der Wortlaut der SE-VO gegen eine abschließende Regelung. Ein Vergleich zwischen Art. 40 Abs. 2 Satz 2 und Art. 43 Abs. 3 Satz 2 SE-VO zeigt, dass die Verordnung durchaus zwischen der Bestellung des ersten und des folgenden Aufsichts- bzw. Verwaltungsorgans unterscheidet. Das Fehlen einer konkreten Regelung über die Amtszeit des ersten Organs könnte daher als bewusste Lücke der Verordnung zu verstehen sein, die durch das nationale Recht zu schließen ist[4]. Unabhängig von einer Regelungsoffenheit des Art. 46 SE-VO kann § 30 Abs. 3 Satz 1 AktG aber aus anderen Gründen keine Anwendung finden. Die kurze Amtszeit des ersten Aufsichtsrats einer AG erklärt sich nämlich aus dem Bestreben, die Beteiligung der Arbeitnehmer zu einem möglichst frühen Zeitpunkt sicherzustellen (vgl. § 30 Abs. 2 AktG). Eine entsprechende Absicherung ist bei der Gründung einer SE wegen des umfangreichen Verfahrens zur Arbeitnehmerbeteiligung, das spätestens im Zeitpunkt der Eintragung der SE abge-

---

1 *Scheifele*, S. 254.
2 *Drinhausen* in Habersack/Drinhausen, SE-Recht, Art. 46 SE-VO Rz. 8; *Manz* in Manz/Mayer/Schröder, Europäische Aktiengesellschaft SE, Art. 40 SE-VO Rz. 25; *Reichert/Brandes* in MünchKomm. AktG, 3. Aufl. 2012, Art. 40 SE-VO Rz. 52; *Teichmann* in Lutter/Hommelhoff/Teichmann, SE-Kommentar, Art. 40 SE-VO Rz. 3; *Schwarz*, 2006, Art. 40 SE-VO Rz. 53; *Siems* in KölnKomm. AktG, 3. Aufl. 2010, Art. 46 SE-VO Rz. 9; *Habersack*, Der Konzern 2008, 67 (74).
3 *Eberspächer* in Spindler/Stilz, AktG, Art. 40 SE-VO Rz. 8 und Art. 46 SE-VO Rz. 5a; *Drygala* in Lutter/Hommelhoff/Teichmann, SE-Kommentar, Art. 40 SE-VO Rz. 28; *Paefgen* in KölnKomm. AktG, 3. Aufl. 2010, Art. 40 SE-VO Rz. 71–73.
4 So insbesondere *Eberspächer* in Spindler/Stilz, AktG, Art. 46 SE-VO Rz. 5a unter Verweis auf die Normhistorie.

schlossen sein muss, nicht erforderlich[1]. Schon die SE-VO sieht vor, dass die Satzung nicht im Widerspruch zur Beteiligungsvereinbarung stehen darf (Art. 12 Abs. 4 SE-VO). Allerdings kann die Satzung für die Bestellung der ersten Mitglieder des Aufsichtsrats eine vom Regelfall abweichende Amtsdauer festlegen; eine solche Abweichung ist sachlich gerechtfertigt[2].

e) Kapitalerhöhung

62 Soweit die übernehmende Gesellschaft ihren **Sitz in Deutschland** hat und zur Gewährung von Aktien an die Aktionäre der übertragenden Gesellschaften ihr Kapital erhöhen muss, sind dafür die §§ 68, 69 UmwG anzuwenden. Bei dieser Kapitalerhöhung ist eine Sacheinlagenprüfung nur unter besonderen Voraussetzungen erforderlich (vgl. § 69 Abs. 1 Satz 1 UmwG; dazu § 69 UmwG Rz. 6). Da die Verschmelzung zugleich mit einem Formwechsel der übernehmenden Gesellschaft verbunden ist, gilt für diese auch § 220 UmwG[3]. Danach muss bei der aufnehmenden Gesellschaft spätestens im Zeitpunkt der Anmeldung das Grundkapital gedeckt sein (siehe § 220 UmwG Rz. 5).

7. Anerkennung des deutschen Spruchverfahrens

63 Nach deutschem Umwandlungsrecht können die Aktionäre einer an der Verschmelzung beteiligten deutschen übertragenden Gesellschaft die Angemessenheit des Umtauschverhältnisses und, bei der Gründung einer SE mit Sitz im Ausland, auch die Angemessenheit der angebotenen Barabfindung gerichtlich überprüfen lassen (§§ 6 Abs. 4, 7 Abs. 7 SEAG iVm. § 1 Nr. 5 SpruchG). Eine solche gerichtliche Überprüfung gibt es allerdings nicht in allen Mitgliedstaaten. Um eine Ungleichbehandlung der an der SE-Gründung beteiligten Aktionäre zu vermeiden, müssen die Gründungsgesellschaften, denen nach ihrem Recht kein solches Spruchverfahren zur Verfügung steht, **ausdrücklich zustimmen**, dass die Aktionäre der anderen Gründungsgesellschaften auf ein solches Verfahren zurückgreifen können (Art. 25 Abs. 3 Satz 1 SE-VO). Über die Anerkennung solcher Spruchverfahren haben die Aktionäre der betroffenen Gesellschaften zusammen mit der Zustimmung zum Verschmelzungsplan oder gesondert neben dieser zu beschließen[4]. Für diesen Beschluss ist wie nach Art. 23 Abs. 1 SE-VO eine

---

1 *Reichert/Brandes* in MünchKomm. AktG, 3. Aufl. 2012, Art. 40 SE-VO Rz. 52 f.; *Habersack*, Der Konzern 2008, 67 (74).
2 *Eberspächer* in Spindler/Stilz, AktG, Art. 46 SE-VO Rz. 5; *Teichmann* in Lutter/Hommelhoff/Teichmann, SE-Kommentar, Art. 46 SE-VO Rz. 4; *Schwarz*, 2006, Art. 46 SE-VO Rz. 11.
3 *Scheifele*, S. 255.
4 *Bayer* in Lutter/Hommelhoff/Teichmann, SE-Kommentar, Art. 25 SE-VO Rz. 22; *Marsch-Barner* in Habersack/Drinhausen, SE-Recht, Art. 25 SE-VO Rz. 30; *Schäfer* in MünchKomm. AktG, 3. Aufl. 2012, Art. 25 SE-VO Rz. 12; *Schröder* in Manz/Mayer/Schröder,

Drei-Viertel-Mehrheit erforderlich[1]. Wird die Zustimmung verweigert, ist das Spruchverfahren entgegen dem normalerweise geltenden Recht ausgeschlossen. Der Verschmelzungsbeschluss einer übertragenden deutschen AG kann dann entgegen § 14 Abs. 2 UmwG auch mit der Bewertungsrüge angefochten werden[2].

8. Gläubigerschutz

Nach Art. 24 Abs. 1 SE-VO findet zum Schutz der Gläubiger das Recht des Mitgliedstaates der jeweiligen Gründungsgesellschaft „unter Berücksichtigung des grenzüberschreitenden Charakters der Verschmelzung" Anwendung. Die Gläubiger einer deutschen Gründungsgesellschaft können danach für ihre nicht fälligen Forderungen Sicherheitsleistung verlangen, sofern sie glaubhaft machen, dass die Erfüllung der Forderung durch die Verschmelzung gefährdet wird (§ 22 Abs. 1 Satz 2 UmwG). Dieser Schutz gilt bei einer SE mit Sitz in Deutschland. Liegt der **künftige Sitz** der **SE im Ausland**, so ist das Recht auf Sicherheitsleistung durch das SEAG modifiziert. Die Gläubiger können dann ihre noch nicht fälligen Ansprüche nicht erst nach der Eintragung, sondern schon früher, nämlich innerhalb von zwei Monaten nach der Offenlegung des Verschmelzungsplans, anmelden (§§ 8 Satz 1, 13 Abs. 1 Satz 1 SEAG)[3]. Die zusätzliche Voraussetzung, wonach die Gläubiger keine Sicherheit beanspruchen können, wenn sie im Falle der Insolvenz ein Recht auf vorzugsweise Befriedigung haben (§ 22 Abs. 2 UmwG), gilt in diesem Falle nicht. Im Verschmelzungsplan ist auf dieses Recht hinzuweisen (§§ 8 Satz 1, 13 Abs. 1 Satz 3 SEAG). Der Gläubigerschutz ist zusätzlich dadurch abgesichert, dass das Vertretungsorgan der Gründungsgesellschaft dem Registergericht gegenüber zu versichern hat, dass allen Gläubigern eine angemessene Sicherheit geleistet wurde (§ 8 Satz 2 SEAG). Nur dann kann die Bescheinigung nach Art. 25 Abs. 2 SE-VO ausgestellt werden (siehe dazu Rz. 82). Diese Vorverlagerung des Gläubigerschutzes bedeutet, dass die Verschmelzung auf eine SE im Ausland erst vollzogen werden darf, wenn etwaige Ansprüche auf Sicherheitsleistung auch abgewickelt sind. Dies kann die Durchführung einer solchen Verschmelzung erheblich erschweren (siehe dazu auch § 122j UmwG Rz. 2 zur grenzüberschreitenden Verschmelzung).

64

Europäische Aktiengesellschaft SE, Art. 25 SE-VO Rz. 28; *Kalss*, ZGR 2003, 593 (623); für getrennte Beschlussfassung *Scheifele*, S. 220 und *Schwarz*, 2006, Art. 25 SE-VO Rz. 29.
1 *Bayer* in Lutter/Hommelhoff/Teichmann, SE-Kommentar, Art. 25 SE-VO Rz. 22; *Marsch-Barner* in Habersack/Drinhausen, SE-Recht, Art. 25 SE-VO Rz. 30; *Maul* in KölnKomm. AktG, 3. Aufl. 2012, Art. 25 SE-VO Rz. 28; *Schäfer* in MünchKomm. AktG, 3. Aufl. 2012, Art. 25 SE-VO Rz. 12; für einfache Mehrheit *Scheifele*, S. 220 und *Schwarz*, 2006, Art. 25 SE-VO Rz. 29.
2 RegE SEEG, BT-Drucks. 15/3405, S. 32; *Brandes*, AG 2005, 177 (184 f.).
3 Zu Zweifeln an der Vereinbarkeit dieser Regelung mit Art. 24 Abs. 1 SE-VO *Bayer* in Lutter/Hommelhoff/Teichmann, SE-Kommentar, Art. 24 SE-VO Rz. 15 f. und *Scheifele*, S. 227 f.; für Vereinbarkeit *Casper* in Spindler/Stilz, AktG, Art. 24 SE-VO Rz. 8; *Schäfer* in MünchKomm. AktG, 3. Aufl. 2012, Art. 24 SE-VO Rz. 4.

64a Ob sich die Sonderregelung des Gläubigerschutzes in § 8 SEAG iVm. § 13 SEAG aufrechterhalten lässt, ist allerdings zweifelhaft, nachdem der **EuGH** in der Rechtssache **KA Finanz**[1] festgestellt hat, dass Art. 4 Abs. 2 Satz 1 der 10. Richtlinie keine Ermächtigung zum Erlass spezieller Gläubigerschutzvorschriften für grenzüberschreitende Verschmelzungen darstellt, sondern nur auf das nationale Recht der übertragenden Gesellschaft verweist. Der vorgelagerte Gläubigerschutz gemäß § 122j UmwG ist danach europarechtswidrig (siehe § 122j UmwG Rz. 3). Diese Beurteilung gilt gleichermaßen auch für die parallele Regelung in Art. 24 Abs. 1 SE-VO. Auch diese ist nach den Feststellungen des EuGH nicht als Ermächtigungsnorm, sondern als Verweisung auf das nationale Recht zu verstehen[2]. § 8 SEAG iVm. § 13 SEAG ist damit europarechtswidrig und sollte aufgehoben werden[3]. Für die Gläubiger einer deutschen übertragenden Gesellschaft, die an einer grenzüberschreitenden Verschmelzung zur Gründung einer SE beteiligt ist, bleibt es deshalb, auch wenn der Sitz der übernehmenden oder neuen Gesellschaft im Ausland liegt, bei dem nachgelagerten Gläubigerschutz gemäß § 22 UmwG.

9. Erleichterungen bei der Verschmelzung von Tochtergesellschaften

65 Art. 31 SE-VO sieht Vereinfachungen vor, wenn zur Gründung einer SE eine 100%ige oder mindestens 90%ige Tochtergesellschaft auf die Muttergesellschaft verschmolzen werden soll. Von der Ermächtigung des Art. 31 Abs. 2 SE-VO hat Deutschland keinen Gebrauch gemacht. Daher gelten die Erleichterungen für Verschmelzungen auf eine AG mit Sitz in Deutschland nur, wenn eine 100%ige Tochter auf ihre Mutter verschmolzen wird[4]. Unerheblich ist dagegen, wie lange die Tochtergesellschaft bereits besteht.

66 Gehören der Muttergesellschaft alle Aktien und sonstigen stimmrechtsgewährenden Anteile der Tochtergesellschaft, entfallen im Verschmelzungsplan die Angaben zum Umtauschverhältnis, zur Aktienübertragung und zum Beginn der Gewinnberechtigung (Art. 20 Abs. 1 lit. b, c und d, Art. 31 Abs. 1 SE-VO). Die Verschmelzungsprüfung ist ebenfalls entbehrlich (Art. 22, Art. 31 Abs. 1 SE-VO). Die Muttergesellschaft erwirbt im Zuge der Verschmelzung keine Aktien (Art. 29 Abs. 1 lit. b, Art. 31 Abs. 1 SE-VO). Ist eine deutsche Gesellschaft übernehmender Rechtsträger, so kann auch der Verschmelzungsbericht entfallen (Art. 31 Abs. 1 Satz 2 SE-VO iVm. § 8 Abs. 3 UmwG). Im Unterschied zu § 62 Abs. 1 UmwG ist allerdings ein Verschmelzungsbeschluss auch bei der Mutter-

---

1 EuGH v. 7.4.2016 – Rs. C-483/14, ZIP 2016, 712 (715 Tz. 60).
2 *Bayer/J. Schmidt*, ZIP 2016, 841 (847).
3 *Bayer/J. Schmidt*, ZIP 2016, 841 (847).
4 *Bayer* in Lutter/Hommelhoff/Teichmann, SE-Kommentar, Art. 31 SE-VO Rz. 19; *Schäfer* in MünchKomm. AktG, 3. Aufl. 2012, Art. 31 SE-VO Rz. 8; aA *Heckschen* in Widmann/Mayer, UmwG Anhang 14 Rz. 211.1 zu § 62 Abs. 5 UmwG.

gesellschaft erforderlich. Dies ergibt sich daraus, dass die Muttergesellschaft im Rahmen der Verschmelzung in eine SE umgewandelt wird. Dieser Formwechsel erfordert zwingend eine Beteiligung der Aktionäre (Art. 37 Abs. 5 SE-VO)[1].

10. Beteiligung der Arbeitnehmer

a) Voraussetzungen für die Eintragung der SE

Zur Sicherung der Mitbestimmung der Arbeitnehmer in der SE sieht Art. 12 Abs. 2 SE-VO vor, dass die SE erst dann in das Register **eingetragen** werden kann, wenn die Leitungsorgane der an der Verschmelzung beteiligten Gesellschaften mit dem besonderen Verhandlungsgremium (siehe dazu Rz. 68 ff.) eine Vereinbarung über die Beteiligung der Arbeitnehmer abgeschlossen haben[2] oder das besondere Verhandlungsgremium mit qualifizierter Mehrheit beschlossen hat, keine Verhandlungen aufzunehmen bzw. diese abzubrechen[3] oder die Verhandlungsfrist abgelaufen[4] ist, ohne dass es zum wirksamen Abschluss einer Vereinbarung über die Beteiligung der Arbeitnehmer gekommen ist. Dementsprechend hat das **Registergericht** zu prüfen, ob eine Vereinbarung über die Beteiligung der Arbeitnehmer geschlossen wurde (Art. 26 Abs. 3 SE-VO). Ist es zu keiner derartigen Vereinbarung gekommen und greift stattdessen die Auffangregelung nach Art. 7 der SE-Beteiligungsrichtlinie ein, so kann auch dann die Eintragung vorgenommen werden[5]. Bei einer **arbeitnehmerlosen SE** kommt eine Eintragung auch ohne vorheriges Beteiligungsverfahren in Betracht[6]. Die beteiligten Gründungsgesellschaften müssen dann bei der Anmeldung der SE **schriftlich versichern**, dass weder sie noch ihre Tochtergesellschaften noch die künftige SE zusammen zehn oder mehr Arbeitnehmer beschäftigen[7]. Dass auch

67

---

1 *Austmann* in MünchHdb. AG, § 84 Rz. 27; *Bayer* in Lutter/Hommelhoff/Teichmann, SE-Kommentar, Art. 31 SE-VO Rz. 14; *Kallmeyer*, AG 2003, 197 (203); *Kalss*, ZGR 2003, 593 (619); *Marsch-Barner* in Habersack/Drinhausen, SE-Recht, Art. 31 SE-VO Rz. 13; *Scheifele*, S. 286; aA *Teichmann*, ZGR 2002, 383 (431).
2 Art. 4 SE-Beteiligungsrichtlinie iVm. § 21 SEBG.
3 Art. 3 Abs. 6 SE-Beteiligungsrichtlinie iVm. § 16 SEBG.
4 Art. 5 SE-Beteiligungsrichtlinie iVm. § 20 SEBG.
5 *Schröder* in Manz/Mayer/Schröder, Europäische Aktiengesellschaft SE, Art. 26 SE-VO Rz. 14.
6 Siehe dazu näher *Kiem* in KölnKomm. AktG, 3. Aufl. 2010, Art. 12 SE-VO Rz. 24, 42, 44; OLG Düsseldorf v. 30.3.2009 – I-3 Wx 248/08, AG 2009, 629 = ZIP 2009, 918.
7 *Austmann* in MünchHdb. AG, § 86 Rz. 32; *Kiem* in KölnKomm. AktG, 3. Aufl. 2010, Art. 12 SE-VO Rz. 42, 44; *Kleindiek* in Lutter/Hommelhoff/Teichmann, SE-Kommentar, Art. 12 SE-VO Rz. 28; *Schürnbrand* in Habersack/Drinhausen, SE-Recht, Art. 12 SE-VO Rz. 25; OLG Düsseldorf v. 30.3.2009 – I-3 Wx 248/08, ZIP 2009, 918; AG Düsseldorf v. 16.1.2006 – HRB 52618, ZIP 2006, 287; AG München v. 29.3.2006 – HRB 159649, ZIP 2006, 1300; anders noch AG Hamburg v. 28.6.2005 – 66 AR 76/05, ZIP 2005, 2017 und LG Hamburg v. 30.9.2005 – 417 T 15/05, ZIP 2005, 2018.

künftig keine Arbeitnehmer beschäftigt werden, muss nicht versichert werden[1]. Da in einem solchen Fall ein besonderes Verhandlungsgremium nicht gebildet werden kann (vgl. § 5 Abs. 1 SEBG), ist die Eintragung der SE ausnahmsweise auch ohne Durchführung des Verhandlungsverfahrens möglich (teleologische Reduktion von Art. 12 Abs. 2 SE-VO). Dies ermöglicht insbesondere die Gründung von **Vorrats-SE**.

b) Bildung des besonderen Verhandlungsgremiums

68 Um über die Beteiligung der Arbeitnehmer verhandeln zu können, ist **auf Arbeitnehmerseite** gemäß §§ 4 ff. SEBG ein besonderes Verhandlungsgremium zu bilden. Hierzu haben die Leitungsorgane der an der Verschmelzung beteiligten deutschen Gesellschaften die Arbeitnehmervertretungen und Sprecherausschüsse in der Gesellschaft und in ihren sämtlichen Tochtergesellschaften und Betrieben schriftlich aufzufordern (§ 4 Abs. 1 SEBG). Diese sind über das Gründungsvorhaben zu informieren (§ 4 Abs. 2 SEBG). Schon aus Beweisgründen sollte diese Information zumindest in Textform (§ 126b BGB) erfolgen[2]. Besteht keine Arbeitnehmervertretung, erfolgt die Information unmittelbar gegenüber den Arbeitnehmern (§ 4 Abs. 2 Satz 2 SEBG). Fehlt ein Sprecherausschuss, sind entsprechend die leitenden Angestellten unmittelbar zu informieren[3]. Die Informationspflicht besteht nur gegenüber den **inländischen Arbeitnehmervertretungen und Sprecherausschüssen**[4].

69 Die Aufforderung zur Bildung eines besonderen Verhandlungsgremiums hat spätestens **unverzüglich** nach **Offenlegung des Verschmelzungsplans** zu erfolgen, da die zu diesem Zeitpunkt nach § 4 Abs. 2 Satz 3 SEBG geschuldete Information die vorherige Aufforderung zur Bildung des Gremiums voraussetzt[5]. Sowohl die Aufforderung als auch die Unterrichtung kann freiwillig aber auch schon vorher erfolgen. Das Verfahren über die Beteiligung der Arbeitnehmer

---

1 *Casper* in Spindler/Stilz, AktG, Art. 12 SE-VO Rz. 7; *Schürnbrand* in Habersack/Drinhausen, SE-Recht, Art. 12 SE-VO Rz. 25; aA OLG Düsseldorf v. 30.3.2009 – I-3 Wx 248/08, ZIP 2009, 918 (919); werden künftig Arbeitnehmer beschäftigt, kann dies allerdings eine wirtschaftliche Neugründung der SE darstellen.

2 Vgl. *Hohenstatt/Müller-Bonanni* in Habersack/Drinhausen, SE-Recht, § 4 SEBG Rz. 5; *Seibt/Reinhard*, Der Konzern 2005, 407 (417); für Schriftform *Oetker* in Lutter/Hommelhoff/Teichmann, SE-Kommentar, § 4 SEBG Rz. 27.

3 *Oetker* in Lutter/Hommelhoff/Teichmann, SE-Kommentar, § 4 SEBG Rz. 21; *Jacobs* in MünchKomm. AktG, 3. Aufl. 2012, § 4 SEBG Rz. 7; aA *Seibt/Reinhard*, Der Konzern 2005, 407 (417, Fn. 37).

4 *Seibt/Reinhard*, Der Konzern 2005, 407 (417); *Oetker* in Lutter/Hommelhoff/Teichmann, SE-Kommentar, § 4 SEBG Rz. 13, 19.

5 *Feuerborn* in KölnKomm. AktG, 3. Aufl. 2010, § 4 SEBG Rz. 16; *Hohenstatt/Müller-Bonanni* in Habersack/Drinhausen, SE-Recht, § 4 SEBG Rz. 5; *Oetker* in Lutter/Hommelhoff/Teichmann, SE-Kommentar, § 4 SEBG Rz. 14.

kann sogar schon abgeschlossen sein, bevor der Verschmelzungsplan offen gelegt wird[1]. Ein solcher Ablauf hat sogar den Vorteil, dass die Arbeitnehmerbeteiligung im Aufsichts- oder Verwaltungsorgan bereits in der mit dem Verschmelzungsplan zu beschließenden Satzung berücksichtigt werden kann (vgl. Art. 12 Abs. 4 Satz 1 SE-VO). Eine gesonderte Genehmigung der getroffenen Vereinbarung durch die Hauptversammlung (vgl. dazu Rz. 54 ff.) ist dann entbehrlich.

Die Information nach § 4 Abs. 2 SEBG erfordert eine Darstellung der bestehenden Konzern-, Betriebs- und Mitbestimmungsstrukturen. Dabei ist die Zahl der in den Mitgliedstaaten beschäftigten Arbeitnehmer sowie der Arbeitnehmer anzugeben, denen Mitbestimmungsrechte in den Gesellschaftsorganen zustehen (§ 4 Abs. 3 SEBG). Aufgrund dieser Information kann die **Größe und Zusammensetzung** des besonderen Verhandlungsgremiums festgelegt werden, das mit den Leitungsorganen der beteiligten Gesellschaften die Arbeitnehmerbeteiligung aushandeln soll. Dem besonderen Verhandlungsgremium gehört aus jedem Mitgliedstaat, in dem die an der Gründung beteiligten Gesellschaften Arbeitnehmer beschäftigen, mindestens ein Mitglied an (§ 5 Abs. 1 Satz 1 SEBG). Diese Zahl erhöht sich gemäß § 5 Abs. 1 Satz 2 SEBG, wenn auf einen Mitgliedstaat gemessen an der Gesamtzahl der Arbeitnehmer mehr als 10 % entfallen, so dass das Gremium stets aus mindestens zehn Mitgliedern besteht[2]. Bei einer SE-Gründung durch Verschmelzung muss sichergestellt sein, dass die Arbeitnehmer der Gesellschaften, die infolge der Verschmelzung untergehen, in dem besonderen Verhandlungsgremium vertreten sind (§ 5 Abs. 2 SEBG). Unter den Voraussetzungen des § 6 Abs. 3 SEBG gehören dem besonderen Verhandlungsgremium auch Gewerkschaftsvertreter an. In selteneren Fällen können in das Gremium auch leitende Angestellte gewählt werden (§ 6 Abs. 4 SEBG). 70

Mit der rechtzeitigen und vollständigen Information nach § 4 Abs. 2 und 3 SEBG[3] wird eine Frist von zehn Wochen in Gang gesetzt, innerhalb der das besondere Verhandlungsgremium **gebildet** werden muss (§ 11 Abs. 1 Satz 1 SEBG). Die Zehn-Wochen-Frist ist zwar als Soll-Vorschrift ausgestaltet. Dies bedeutet aber nur, dass eine nach Fristablauf erfolgte Wahl oder Bestellung von Mitglie- 71

---

1 *Seibt/Reinhard*, Der Konzern 2005, 407 (417); *Vossius*, ZIP 2005, 741 (747 Fn. 73); vgl. auch *Oetker* in Lutter/Hommelhoff, S. 277 (292).
2 Siehe dazu näher *Feuerborn* in KölnKomm. AktG, 3. Aufl. 2010, § 5 SEBG Rz. 9 f.; *Hohenstatt/Müller-Bonanni* in Habersack/Drinhausen, SE-Recht, § 5 SEBG Rz. 2; *Oetker* in Lutter/Hommelhoff, S. 277 (292); *Nagel*, AuR 2004, 281 (283); *Brandt*, BB-Sonderheft 3/2005, S. 1 (4) und *Calle Lambach*, RIW 2005, 161 (162 f.).
3 Nach dem Zweck der Regelung führt eine unvollständige Information nur zu einer ergänzenden Informationspflicht; die Frist beginnt trotzdem, sofern die Informationen für die Bildung der Wahlgremien ausreichen; *Hohenstatt/Müller-Bonanni* in Habersack/Drinhausen, SE-Recht, § 11 SEBG Rz. 2; *Oetker* in Lutter/Hommelhoff/Teichmann, SE-Kommentar, § 11 SEBG Rz. 6; vgl. auch *Jacobs* in MünchKomm. AktG, 3. Aufl. 2012, § 4 SEBG Rz. 14; enger *Freis* in Nagel/Freis/Kleinsorge, 2005, § 11 SEBG Rz. 4.

dern des Gremiums wirksam ist, nicht aber, dass eine Verlängerung der Frist zulässig wäre[1]. Die Bildung dieses Gremiums vollzieht sich in **vier Schritten:**

1. Bildung eines Wahlgremiums bzw. Wahlvorstands (§ 8 SEBG)
2. Einberufung des Wahlgremiums durch den Vorsitzenden der obersten Arbeitnehmervertretung (§ 9 Abs. 1 Nr. 3 SEBG)
3. Wahl der Mitglieder des besonderen Verhandlungsgremiums durch das Wahlgremium (§ 10 SEBG)
4. Konstituierende Sitzung des besonderen Verhandlungsgremiums (§ 12 SEBG).

c) Verhandlungen mit dem besonderen Verhandlungsgremium

72 **Ziel** der Verhandlungen mit dem besonderen Verhandlungsgremium ist der **Abschluss einer schriftlichen Vereinbarung** über die Beteiligung der Arbeitnehmer an der SE (§§ 13 Abs. 1, 21 SEBG). Diese Beteiligung kann in der Bildung eines SE-Betriebsrates oder der Festlegung eines anderen Verfahrens zur Unterrichtung und Anhörung bestehen (§ 21 Abs. 1 und 2 SEBG). Die Parteien können darüber hinaus auch eine Vereinbarung über die Mitbestimmung der Arbeitnehmer in dem Aufsichts- oder Verwaltungsorgan der SE treffen (§ 21 Abs. 3 SEBG)[2].

72a Für den **Inhalt der Beteiligungsvereinbarung** enthalten die SE-VO und das SEBG keine näheren Vorgaben[3]. Gegenstand einer solchen Vereinbarung können aber nur Fragen der Mitbestimmung iS von § 2 Abs. 12 SEBG sein. Daraus folgt, dass dem Aufsichts- oder Verwaltungsorgan die Regelung seiner eigenen **Organisation**, insbesondere die Bildung und Besetzung der Ausschüsse, vorbehalten ist. Auch die Festlegung von Zustimmungsvorbehalten fällt in diesen Bereich (Art. 48 Abs. 2 SE-VO iVm. § 111 Abs. 4 Satz 2 AktG)[4]. Die **Größe** des Aufsichts- oder Verwaltungsorgans ist nach hM ebenfalls keine Frage der Mitbestimmung; sie kann deshalb nur in der Satzung und nicht in einer Beteiligungsvereinbarung festgelegt werden[5]. Sieht die Beteiligungsvereinbarung eine

---

1 Ebenso *Hohenstatt/Müller-Bonanni* in Habersack/Drinhausen, SE-Recht, § 11 SEBG Rz. 3; *Jacobs* in MünchKomm. AktG, 3. Aufl. 2012, § 11 SEBG Rz. 4; *Oetker* in Lutter/Hommelhoff/Teichmann, SE-Kommentar, § 11 SEBG Rz. 7.
2 Näher zur Reichweite dieser Mitbestimmungsautonomie *Habersack*, AG 2006, 345 ff.
3 Vgl. dazu den Vorschlag für eine Mustervereinbarung von *Heinze/Seifert/Teichmann*, BB 2005, 2524.
4 *Jacobs* in MünchKomm. AktG, 3. Aufl. 2012, § 21 SEBG Rz. 14; *Kiem* in KölnKomm. AktG, 3. Aufl. 2010, Art. 12 SE-VO Rz. 65; *Habersack*, Der Konzern 2006, 345 (353 ff.); *Oetker* in FS Konzen, 2006, S. 635 (655 f.); *Austmann* in MünchHdb. AG, § 86 Rz. 40.
5 *Feuerborn* in KölnKomm. AktG, 3. Aufl. 2010, § 21 SEBG Rz. 52; *Habersack*, AG 2006, 345 ff.; *Habersack*, ZHR 171 (2007), 613 (626 ff.); *Oetker* in FS Konzen, 2006, S. 635 (649);

mit der Satzung nicht in Einklang stehende Mitbestimmungsregelung vor, ist es Sache des Satzungsgebers zu entscheiden, ob die Satzung angepasst werden oder die Gründung der SE scheitern soll[1].

Schließen die Parteien innerhalb der **gesetzlichen Verhandlungsfrist** von sechs Monaten bzw. bei Verlängerung von bis zu zwölf Monaten (§ 20 Abs. 1 und 2 SEBG) keine Vereinbarung über die Arbeitnehmerbeteiligung, so gelten die gesetzlichen Bestimmungen der §§ 22 ff. SEBG über die Bildung eines SE-Betriebsrates kraft Gesetzes und der §§ 34 ff. SEBG über die Mitbestimmung kraft Gesetzes (sog. Auffangregelung)[2]. 73

Das besondere Verhandlungsgremium kann auch beschließen, keine Verhandlungen aufzunehmen oder bereits aufgenommene Verhandlungen abzubrechen. In diesen Fällen greifen dann *nicht* die gesetzlichen Auffangregeln ein (§ 16 Abs. 2 Satz 2 SEBG). Stattdessen gilt für die SE das **Gesetz über die Europäischen Betriebsräte** (§ 47 Abs. 1 Nr. 2 SEBG). Eine Beteiligung der Arbeitnehmer im Aufsichts- oder Verwaltungsorgan der SE erfolgt in diesem Falle nicht (vgl. §§ 22 Abs. 1 Nr. 2, 34 Abs. 1 SEBG). 74

Grundsätzlich entfaltet der Abschluss des Verhandlungsverfahrens eine dauerhafte Bindungswirkung. Ausnahmen hiervon regelt § 18 SEBG, wobei sich insbesondere der Anwendungsbereich des § 18 Abs. 3 SEBG als problematisch erweist[3]. Danach sind Neuverhandlungen aufzunehmen, sofern **strukturelle Änderungen** der SE geplant sind, die geeignet sind, **Beteiligungsrechte** der Arbeitnehmer (vgl. § 2 Abs. 9 SEBG: Unterrichtung, Anhörung und Mitbestimmung) zu **mindern**. Das Gesetz selbst enthält dazu keine Definition. Nach der Gesetzesbegründung und dem Erwägungsgrund 18 der Beteiligungsrichtlinie 75

Hommelhoff in Lutter/Hommelhoff, 2005, S. 5 (16); *Kiem* in KölnKomm. AktG, 3. Aufl. 2010, Art. 12 SE-VO Rz. 64; *Kiem*, ZHR 173 (2009), 156 (157 f.); *Paefgen* in KölnKomm. AktG, 3. Aufl. 2010, Art. 40 SE-VO Rz. 102; *Reichert/Brandes* in MünchKomm. AktG, 3. Aufl. 2012, Art. 40 SE-VO Rz. 70; aA LG Nürnberg-Fürth v. 8.2.2010 – 1 H KO 8471/09, NZG 2010, 547 = AG 2010, 384; *Teichmann*, Der Konzern 2007, 89 (94 f.); *Teichmann*, AG 2008, 797 (800 ff.); *Drygala* in Lutter/Hommelhoff/Teichmann, SE-Kommentar, Art. 40 SE-VO Rz. 20; *Seibt* in Habersack/Drinhausen, SE-Recht, Art. 40 SE-VO Rz. 66.

1 *Habersack*, ZHR 171 (2007), 613 (629 f.); *Hommelhoff* in Lutter/Hommelhoff, S. 5 (16); *Kiem*, ZHR 173 (2009), 156 (177 f.); aA LG Nürnberg-Fürth v. 8.2.2010 – 1 H KO 8471/09, NZG 2010, 547 = AG 2010, 384; *Drygala* in Lutter/Hommelhoff/Teichmann, SE-Kommentar, Art. 40 SE-VO Rz. 32; *Schwarz*, 2006, Art. 12 SE-VO Rz. 32 und Art. 40 SE-VO Rz. 81 f.
2 Vgl. dazu auch Art. 7 SE-Beteiligungsrichtlinie nebst Teil 3 des Anhangs.
3 Zu den Einzelheiten vgl. *Hohenstatt/Müller-Bonanni* in Habersack/Drinhausen, SE-Recht, § 18 SEBG Rz. 4 ff.; *Oetker* in Lutter/Hommelhoff/Teichmann, SE-Kommentar, § 18 SEBG Rz. 16 ff. mwN; siehe zudem *Feldhaus/Vanscheidt*, BB 2008, 2246 (2248 ff.) zu Einzelfällen bei Unternehmenstransaktionen.

sind darunter nur korporative Änderungen von erheblichem Gewicht[1] oder gründungsähnliche Vorgänge[2] als strukturelle Änderungen zu verstehen[3]. Auch wegen der strafrechtlichen Sanktion des § 43 SEBG erscheint eine zurückhaltende Auslegung von § 18 Abs. 3 SEBG geboten. § 43 SEBG spricht von der Entziehung und Vorenthaltung von Beteiligungsrechten. Eine Minderung erscheint im Vergleich dazu als graduell schwächerer Eingriff[4].

Nicht unter § 18 Abs. 3 SEBG fällt der **Erwerb von Anteilen** an einer SE mit Sitz in Deutschland, und zwar auch dann nicht, wenn sämtliche Anteile erworben werden[5]. Zwar ließe sich argumentieren, dass die wesentlichen Unternehmensentscheidungen künftig in der herrschenden Gesellschaft getroffen werden und damit ein faktischer Verlust an Einflussmöglichkeiten zu befürchten ist. Gegen eine Anwendbarkeit von § 18 Abs. 3 SEBG spricht aber, dass die SE als solche und damit auch die Beteiligungsrechte darin unberührt bleiben und es sich bei der Entscheidungsverlagerung im Übrigen um ein allgemeines gesellschaftsrechtliches Phänomen handelt[6].

d) Auffangregelung für die Beteiligung im Aufsichts- oder Verwaltungsorgan

76 Die Auffangregelung für die Beteiligung der Arbeitnehmer im Aufsichts- oder Verwaltungsorgan der SE bedeutet, dass die Arbeitnehmer das Recht haben, einen Teil der Mitglieder des Aufsichts- oder Verwaltungsorgans der SE zu wählen oder zu bestellen oder deren Bestellung zu empfehlen oder abzulehnen. Dabei bemisst sich die Zahl der Arbeitnehmervertreter nach dem höchsten Anteil an Arbeitnehmervertretern, der in den Organen der beteiligten Gesellschaften vor der Eintragung der SE bestanden hat (§ 35 Abs. 2 SEBG). Bei der Beteiligung einer deutschen Gesellschaft, die dem Mitbestimmungsgesetz 1976 unterliegt, gilt mangels weiter gehender Regelungen in den anderen Mitgliedstaaten dieses Mitbestimmungsmodell auch für die SE.

77 Diese Auffangregelung, die eine Beteiligung deutscher, der paritätischen Mitbestimmung unterliegenden Gesellschaften aus der Sicht ausländischer Partner

---

1 So zB *Feuerborn* in KölnKomm. AktG, 3. Aufl. 2010, § 18 SEBG Rz. 24; *Hohenstatt/Müller-Bonanni* in Habersack/Drinhausen, SE-Recht, § 18 SEBG Rz. 9; *Seibt*, AG 2005, 413 (427); *Wollburg/Banerjea*, ZIP 2005, 277 (278 f.); für extensive Auslegung *Oetker* in Lutter/Hommelhoff/Teichmann, SE-Kommentar, § 18 SEBG Rz. 16.
2 *Jacobs* in MünchKomm. AktG, 3. Aufl. 2012, § 18 SEBG Rz. 12; *Krause*, BB 2005, 1221 (1228); *Wollburg/Banerjea*, ZIP 2005, 277 (278).
3 Für eine Orientierung an § 37 Abs. 1 Satz 2 EBRG *Oetker* in Lutter/Hommelhoff/Teichmann, SE-Kommentar, § 18 SEBG Rz. 21.
4 Vgl. auch *Feldhaus/Vanscheidt*, BB 2008, 2246 (2248).
5 *Jacobs* in MünchKomm. AktG, 3. Aufl. 2012, § 18 SEBG Rz. 17; *Grobys*, NZA 2005, 84 (91); *Nikoleyczik/Führ*, DStR 2010, 1743 (1748).
6 *Wollburg/Banerjea*, ZIP 2005, 277 (280); *Feldhaus/Vanscheidt*, BB 2008, 2246 (2248).

eher unattraktiv macht, greift allerdings nur ein, wenn die Voraussetzungen des
§ 34 Abs. 1 Nr. 2 lit. a SEBG erfüllt sind. Im Falle der Gründung einer SE durch
Verschmelzung muss sich danach die Mitbestimmung nach der Auffangregelung schon vor der Eintragung der SE auf **mindestens 25 % der Arbeitnehmer**
aller beteiligten Gesellschaften einschließlich ihrer Tochtergesellschaften[1] erstrecken. Ist dieses Quorum nicht erfüllt, gilt die Auffangregelung nur, wenn das besondere Verhandlungsgremium einen entsprechenden Beschluss fasst (§ 34
Abs. 1 Nr. 2 lit. b SEBG). Andernfalls besteht auf der Ebene des Aufsichts- oder
Verwaltungsorgans keine Arbeitnehmerbeteiligung. Bestanden bei den beteiligten Gesellschaften verschiedene Formen der Mitbestimmung, so entscheidet
grundsätzlich das besondere Verhandlungsgremium, welche von ihnen in der
SE eingeführt wird (§ 34 Abs. 2 Satz 1 SEBG)[2].

Greift die Auffangregelung ein, so steht damit zunächst nur die **prozentuale Beteiligung** der Arbeitnehmer im Aufsichts- oder Verwaltungsorgan, zB ein Drittel oder die Hälfte, fest. Die Frage, wonach sich die **Gesamtzahl** der Mitglieder
des Aufsichts- oder Verwaltungsorgans insgesamt richtet, ist demgegenüber umstritten[3]. Während zT die Regelung in der Satzung (vgl. § 17 Abs. 1 Satz 2
SEAG) als maßgebend angesehen wird[4], verweisen andere auf den in den §§ 17
Abs. 2, 23 Abs. 2 SEAG normierten Vorrang der Beteiligungsvereinbarung[5].
Auch wenn die Beteiligungsvereinbarung eine bestimmte Größe des Aufsichtsorgans vorsieht, gilt diese erst, wenn sie in die Satzung übernommen wird
(Art. 40 Abs. 3 SE-VO). Bei dieser Entscheidung sind die Anteilsinhaber frei.
Zur Vereinbarkeit der Satzung mit dem anwendbaren Mitbestimmungsmodell
siehe Rz. 37 und Rz. 72. 78

Die **Verteilung der** den Arbeitnehmern zustehenden **Sitze** im Aufsichts- oder
Verwaltungsorgan **auf die Mitgliedstaaten**, in denen Arbeitnehmervertreter zu
wählen oder zu bestellen sind, obliegt dem bei der Auffangregelung kraft Gesetzes errichteten SE-Betriebsrat (§ 36 Abs. 1 Satz 1 SEBG). Die inländischen Arbeitnehmervertreter werden durch ein Wahlgremium ermittelt, das sich nach 79

---

1 Da Art. 7 Abs. 2 lit. b der SE-RL eine Einbeziehung der Tochtergesellschaften nicht vorsieht, ist § 34 Abs. 1 Nr. 2 lit. a SEBG richtlinienkonform dahin auszulegen, dass es nur auf die Zahl die Arbeitnehmer der beteiligten Gesellschaften ankommt, vgl. *Hohenstatt/ Müller-Bonanni* in Habersack/Drinhausen, SE-Recht, § 34 SEBG Rz. 9; *Oetker* in Lutter/ Hommelhoff/Teichmann, SE-Kommentar, § 34 SEBG Rz. 21 mwN.
2 Bei unterschiedlichen Mitbestimmungsmodellen gilt das zahlenmäßig weitergehende Modell. Eine inhaltliche Vermischung zB von Kooptations- und Repräsentationsmodell findet nicht statt, siehe *Brandt*, BB-Sonderheft 3/2005, S. 1 (6).
3 Vgl. hierzu *Oetker* in Lutter/Hommelhoff/Teichmann, SE-Kommentar, § 21 SEBG Rz. 62 ff. mwN.
4 So insbesondere *Habersack*, AG 2006, 345 (352 f.).
5 So insbesondere *Oetker* in Lutter/Hommelhoff/Teichmann, SE-Kommentar, § 21 SEBG Rz. 63 und LG Nürnberg-Fürth v. 8.2.2010 – 1 HK O 8471/09, NZG 2010, 547 = AG 2010, 384.

den Vorschriften über die Bildung des Wahlgremiums für das besondere Verhandlungsgremium zusammensetzt (§ 36 Abs. 3 SEBG). Die Wahl der Arbeitnehmervertreter in das Aufsichts- oder Verwaltungsorgan erfolgt letztlich durch die Hauptversammlung. Diese kann aber nur über die Wahlvorschläge beschließen, die zuvor das Wahlgremium ermittelt hat (§ 36 Abs. 3 SEBG).

11. Anmeldung zum Handelsregister gemäß Art. 18 SE-VO iVm. §§ 16 ff. UmwG

80 Art. 25 Abs. 1 SE-VO verweist für die Eintragung der Verschmelzung im Register der beteiligten Gründungsgesellschaften auf das nationale Recht. Für eine an der Verschmelzung beteiligte deutsche Aktiengesellschaft gelten daher die §§ 16–19, 38 UmwG entsprechend. Danach hat das jeweilige Vertretungsorgan die Verschmelzung zur Eintragung in das Register am Sitz der Gesellschaft **anzumelden**.

Der Anmeldung sind die in § 17 UmwG aufgeführten Unterlagen beizufügen, wobei der Verschmelzungsplan an die Stelle des Verschmelzungsvertrages tritt. Beizufügen ist insbesondere auch eine nach den Grundsätzen des Jahresbilanz aufgestellte und geprüfte **Schlussbilanz** jedes übertragenden Rechtsträgers (§ 17 Abs. 2 UmwG; dazu § 17 UmwG Rz. 9 ff.). Diese Schlussbilanz muss auf einen höchstens acht Monate vor der Anmeldung liegenden Stichtag aufgestellt sein; andernfalls darf die Verschmelzung nicht eingetragen werden (§ 17 Abs. 2 Satz 4 UmwG)[1].

81 Der Vorstand hat bei der Anmeldung gemäß § 16 Abs. 2 Satz 1 UmwG zu erklären, dass gegen den Verschmelzungsbeschluss keine Klage erhoben bzw. eine solche rechtskräftig abgewiesen oder zurückgenommen wurde. Liegt diese sog. **Negativerklärung** nicht vor, darf der Registerrichter die Verschmelzung nicht eintragen (§ 16 Abs. 2 Satz 2 UmwG; dazu § 16 UmwG Rz. 27 f.). Der Vorstand kann dann entscheiden, ob eine Freigabe der Eintragung gemäß § 16 Abs. 3 UmwG beantragt werden soll. Wird dem Antrag stattgegeben und liegen auch alle sonstigen Voraussetzungen vor, erteilt das zuständige Registergericht die Rechtmäßigkeitsbescheinigung nach Art. 25 Abs. 2 SE-VO[2]. Bis dahin gilt eine „Bescheinigungssperre"[3].

---

1 *Brandes*, AG 2005, 177 (187).
2 *Bayer* in Lutter/Hommelhoff/Teichmann, SE-Kommentar, Art. 25 SE-VO Rz. 11; *Schäfer* in MünchKomm. AktG, 3. Aufl. 2012, Art. 25 SE-VO Rz. 8; *Brandes*, AG 2005, 177 (187).
3 *Mahi*, Die Europäische Aktiengesellschaft, 2004, S. 47; *Bayer* in Lutter/Hommelhoff/Teichmann, SE-Kommentar, Art. 25 SE-VO Rz. 11; *Casper* in Spindler/Stilz, AktG, Art. 25 SE-VO Rz. 6; *Marsch-Barner* in Habersack/Drinhausen, SE-Recht, Art. 25 SE-VO Rz. 14; *Schäfer* in MünchKomm. AktG, 3. Aufl. 2012, Art. 25 SE-VO Rz. 8.

12. Prüfung gemäß Art. 25 SE-VO

Die Gründung einer SE im Wege der Verschmelzung ist nach der SE-VO in einem **zweistufigen Verfahren** zu prüfen. Die Rechtmäßigkeitskontrolle gemäß Art. 25 SE-VO bildet dabei die erste bei den Gründungsgesellschaften durchzuführende Prüfungsphase. Die Behörde des Mitgliedstaates, dessen Recht die jeweilige Gründungsgesellschaft unterliegt, überprüft dabei, ob die Verfahrensschritte, die diese Gesellschaft betreffen, mit dem Recht des Mitgliedstaates übereinstimmen (Art. 25 Abs. 1 SE-VO; zur zweiten Stufe siehe Rz. 85 ff.). Die zuständige Behörde stellt darüber eine schriftliche **Bescheinigung** aus. Aus dieser muss hervorgehen, dass die der Verschmelzung vorangehenden Rechtshandlungen und Formalitäten durchgeführt wurden (Art. 25 Abs. 2 SE-VO). Damit sind nur die der jeweiligen Gründungsgesellschaft zuzurechnenden Verfahrensschritte gemeint[1]. Bei einer deutschen Gründungsgesellschaft ist das Registergericht am Sitz der Gesellschaft für die Erteilung der Bescheinigung zuständig (§ 4 SEAG iVm. §§ 375 Nr. 4, 376, 377 FamFG)[2]. Die Unbedenklichkeitsbescheinigung muss die einzelnen Prüfungsgegenstände nicht erwähnen. Es genügt die allgemeine Erklärung gemäß Art. 25 Abs. 2 SE-VO[3]. Um „zweifelsfrei" zu sein, darf die Erklärung nicht mit Einschränkungen oder Vorbehalten versehen sein. Eine ablehnende Entscheidung sollte allerdings begründet sein, um eine Überprüfung im Rahmen einer Beschwerde zu ermöglichen[4]. Fraglich ist, ob entsprechend § 122k Abs. 2 Satz 2 UmwG bei einer übertragenden deutschen Gesellschaft auch eine **Eintragungsbestätigung** als Rechtmäßigkeitsbescheinigung iS von Art. 25 SE-VO ausreicht. Dagegen spricht jedoch, dass eine vorläufige Eintragung bei der übertragenden deutschen Gesellschaft gar nicht vorgesehen ist[5]. 82

Gegenstand der Prüfung nach Art. 25 SE-VO sind insbesondere der Verschmelzungsplan nebst Satzung, die Bekanntmachung des Verschmelzungsvorhabens, der Verschmelzungsbericht, die Verschmelzungsprüfung, die Erstellung eines Verschmelzungsprüfungsberichts, die Auslegung von Unterlagen, das Vorliegen eines wirksamen und nicht angefochtenen[6] Zustimmungsbeschlusses, die 83

---

1 *Scheifele*, S. 265.
2 Für die Zuständigkeit auch eines Notars *Vossius*, ZIP 2005, 741 (744).
3 *Casper* in Spindler/Stilz, AktG, Art. 25 SE-VO Rz. 5; *Schäfer* in MünchKomm. AktG, 3. Aufl. 2012, Art. 25 SE-VO Rz. 6; *Scheifele*, S. 265 f.; *Schröder* in Manz/Mayer/Schröder, Europäische Aktiengesellschaft SE, Art. 25 SE-VO Rz. 16 ff.; *Schwarz*, 2006, Art. 25 SE-VO Rz. 20; für einen ausführlicheren Text *Bayer* in Lutter/Hommelhoff/Teichmann, SE-Kommentar, Art. 25 SE-VO Rz. 15.
4 *Maul* in KölnKomm. AktG, 3. Aufl. 2012, Art. 25 SE-VO Rz. 19.
5 *Bayer* in Lutter/Hommelhoff/Teichmann, SE-Kommentar, Art. 25 SE-VO Rz. 13, 18; *Maul* in KölnKomm. AktG, 3. Aufl. 2012, Art. 25 SE-VO Rz. 24; *Marsch-Barner* in Habersack/Drinhausen, SE-Recht, Art. 25 SE-VO Rz. 26; *Schäfer* in MünchKomm. AktG, 3. Aufl. 2012, Art. 25 SE-VO Rz. 10.
6 Bei einer deutschen Gesellschaft erfordert dies eine Negativerklärung gemäß § 16 Abs. 2 UmwG bzw. die Durchführung des Freigabeverfahrens gemäß § 16 Abs. 3 UmwG.

Einhaltung der Schutzvorschriften zu Gunsten der Gläubiger, Anleihegläubiger und Inhaber von Sonderrechten sowie der Minderheitsaktionäre gemäß Art. 24 SE-VO[1]. Die Prüfung muss sich bei einer deutschen Gründungsgesellschaft auch darauf erstrecken, ob der von den übertragenden Gesellschaften bestellte Treuhänder im Besitz der neuen Aktien und etwaigen Zuzahlungen ist (§ 71 UmwG)[2]. Im Verfahren nach Art. 25 SE-VO nicht geprüft werden die Wirksamkeit der Verschmelzungsbeschlüsse der übrigen beteiligten Gesellschaften, die Beteiligung der Arbeitnehmer (das Verfahren muss erst im Zeitpunkt der Eintragung der SE beendet sein) sowie die Gründungsberechtigung der ausländischen beteiligten Gesellschaften. Auch die Frage, ob in einer anderen beteiligten Jurisdiktion ein Einspruch gemäß Art. 19 SE-VO erhoben wurde, prüft das deutsche Registergericht nicht.

13. Eintragung in das Register des übertragenden Rechtsträgers

84 Eine Eintragung der Verschmelzung in das Register am Sitz der übertragenden Gesellschaft mit dem Vermerk, dass die Verschmelzung erst wirksam wird, wenn die Verschmelzung in das Register am Sitz des aufnehmenden Rechtsträgers eingetragen ist, erfolgt nicht; § 19 Abs. 1 Satz 2 UmwG kommt bei der SE nicht zur Anwendung[3]. Die Eintragungsregeln der SE sind mit Artt. 27, 28 SE-VO abschließend normiert. Eine Sonderregelung nationalen Rechts, wie sie § 19 UmwG mit der vorläufigen Eintragung vorsieht, ist daher ausgeschlossen[4]. Insoweit ergibt sich bereits aus Art. 27 Abs. 2 SE-VO iVm. Art. 25 Abs. 2, Art. 26 Abs. 2 SE-VO, dass die Eintragung im Register des übernehmenden Rechtsträgers erst möglich ist, wenn bei allen übertragenden Gesellschaften die für die Verschmelzung erforderlichen Rechtshandlungen und Formalitäten abgeschlossen sind.

---

1 Dazu näher *Marsch-Barner* in Habersack/Drinhausen, SE-Recht, Art. 25 SE-VO Rz. 16 ff.
2 *Bayer* in Lutter/Hommelhoff/Teichmann, SE-Kommentar, Art. 25 SE-VO Rz. 9; *Marsch-Barner* in Habersack/Drinhausen, SE-Recht, Art. 25 SE-VO Rz. 22; *Schröder* in Manz/Mayer/Schröder, Europäische Aktiengesellschaft SE, Art. 25 SE-VO Rz. 32.
3 *Bayer* in Lutter/Hommelhoff/Teichmann, SE-Kommentar, Art. 25 SE-VO Rz. 18; *Maul* in KölnKomm. AktG, 3. Aufl. 2012, Art. 25 SE-VO Rz. 24, Art. 28 SE-VO Rz. 8; *Marsch-Barner* in Habersack/Drinhausen, SE-Recht, Art. 25 SE-VO Rz. 26, Art. 27 SE-VO Rz. 3; *Schäfer* in MünchKomm. AktG, 3. Aufl. 2012, Art. 25 SE-VO Rz. 10; wohl auch *Schwarz*, 2006, Art. 29 SE-VO Rz. 25; aA *Austmann* in MünchHdb. AG, § 84 Rz. 31; *Brandes*, AG 2005, 177 (187); *Scheifele*, S. 271.
4 *Casper* in Spindler/Stilz, AktG, Art. 27 SE-VO Rz. 4; *Maul* in KölnKomm. AktG, 3. Aufl. 2012, Art. 25 SE-VO Rz. 24, Art. 28 SE-VO Rz. 5; *Schäfer* in MünchKomm. AktG, 3. Aufl. 2012, Art. 25 SE-VO Rz. 10, Art. 27 SE-VO Rz. 3; *Schwarz*, 2006, Art. 29 SE-VO Rz. 25; *Scheifele*, S. 267 ff.

Europäische Gesellschaft | Anhang I

14. Prüfung gemäß Art. 26 SE-VO

Die **zweite Stufe** der Rechtmäßigkeitskontrolle wird durch Art. 26 SE-VO geregelt. Die zuständige Behörde des künftigen Sitzstaates der SE – bei einer SE mit Sitz in Deutschland das Handelsregister am künftigen Sitz der Gesellschaft – prüft vor der Eintragung, ob die Verschmelzung insoweit rechtmäßig ist, als es um die **Durchführung der Verschmelzung und die Gründung der SE** geht (Art. 26 SE-VO). Dabei hat diese Behörde insbesondere zu prüfen, ob die sich verschmelzenden Gesellschaften einem gleich lautenden Verschmelzungsplan zugestimmt haben, ob eine Vereinbarung über die Beteiligung der Arbeitnehmer nach der SE-Beteiligungsrichtlinie geschlossen wurde oder die Auffangregelung nach Art. 7 der SE-Beteiligungsrichtlinie eingreift[1] und ob die Gründung der SE den gesetzlichen Anforderungen des Sitzstaates genügt (Art. 26 Abs. 1 und 3, Art. 15 SE-VO)[2]. Die Behörde prüft nicht, ob die jeweiligen Rechtshandlungen und Formalitäten, die die Gründungsgesellschaften betreffen, eingehalten wurden. Die gemäß Art. 25 SE-VO erstellten Bescheinigungen sind insoweit abschließend und bindend für die Behörde am Sitz der künftigen SE. Für eine deutsche SE enthält Art. 15 SE-VO den Verweis für das deutsche Verschmelzungsrecht. Verwiesen wird vornehmlich auf die §§ 16 ff. UmwG, die im Falle der Verschmelzung durch Aufnahme durch die §§ 60 ff. UmwG und im Falle der Verschmelzung durch Neugründung durch die §§ 73 ff. UmwG ergänzt werden[3].

85

Die an der Gründung beteiligten Gesellschaften haben der zuständigen Behörde am Sitz der künftigen SE innerhalb von sechs Monaten die von ihnen jeweils eingeholte **Unbedenklichkeitsbescheinigung** nach Art. 25 Abs. 2 SE-VO sowie eine **Ausfertigung des Verschmelzungsplans**, wie ihm die jeweilige Hauptversammlung zugestimmt hat, vorzulegen (Art. 26 Abs. 2 SE-VO).

86

Die SE darf erst nach Durchführung dieser zweiten Prüfungsphase eingetragen werden (Art. 27 Abs. 2 SE-VO). Das Fehlen der Kontrolle nach Art. 25 und 26 SE-VO kann einen Grund für die Auflösung der SE darstellen (Art. 30 Abs. 2 SE-VO). Für das Verfahren gelten das FamFG und die Handelsregisterverordnung[4].

87

Kommt es in umfangreichen Verschmelzungsverfahren unter Beteiligung von mehreren Gesellschaften aus verschiedenen Mitgliedstaaten zu zeitlichen Verzögerungen, besteht uU die Gefahr, dass die Sechs-Monats-Frist des Art. 26 Abs. 2 SE-VO nicht von allen Gründungsgesellschaften eingehalten werden kann. Um eine erneute Prüfung desselben Sachverhalts durch die zuständige

88

---

1 Vgl. *Scheifele*, S. 274 f.; *Schröder* in Manz/Mayer/Schröder, Europäische Aktiengesellschaft SE, Art. 26 SE-VO Rz. 14.
2 Zu den Prüfungspunkten im Einzelnen *Marsch-Barner* in Habersack/Drinhausen, SE-Recht, Art. 26 SE-VO Rz. 2 f.
3 *Schäfer* in MünchKomm. AktG, 3. Aufl. 2012, Art. 26 SE-VO Rz. 3; *Vossius*, ZIP 2005, 741 (744).
4 Begr. RegE zu § 4 SEAG, abgedruckt in *Neye*, Die Europäische Aktiengesellschaft, 2005, S. 77.

örtliche Behörde zu vermeiden, muss es unter diesen Umständen zulässig sein, die bereits ausgestellten Rechtmäßigkeitsbescheinigungen zum Register einzureichen und die noch fehlenden Rechtmäßigkeitsbescheinigungen später nachzureichen[1]. Falls die zuständige Behörde die Bescheinigung zurückweist, muss jedoch das Prüfungsverfahren neu eingeleitet werden[2].

15. Eintragung und Offenlegung

89 Für die Eintragung einer SE mit Sitz in Deutschland gelten die **deutschen Eintragungsvorschriften**, soweit sie mit Art. 3 der Publizitätsrichtlinie übereinstimmen (Art. 12 Abs. 1 SE-VO iVm. § 3 SEAG, § 39 AktG)[3]. Ist zur Durchführung der Verschmelzung bei der übernehmenden Gesellschaft eine Kapitalerhöhung notwendig, muss diese zuerst eingetragen werden, da die neuen Aktien mit Wirksamwerden der Verschmelzung bereits entstanden sein müssen (siehe § 66 UmwG Rz. 19).

90 Mit der Eintragung der SE im Register des Sitzstaates erlangt die SE **Rechtspersönlichkeit** (Art. 16 Abs. 1 SE-VO). Mit ihr sind zugleich etwaige Mängel der Verschmelzung gemäß § 20 Abs. 1 Nr. 4, Abs. 2 UmwG geheilt. Gemäß Art. 28 SE-VO hat jede Gründungsgesellschaft die Durchführung der Verschmelzung nach den Vorschriften ihres jeweiligen Mitgliedstaates offenzulegen. In Deutschland ist die Eintragung gemäß § 19 Abs. 3 UmwG **bekannt zu machen** (Art. 15 Abs. 1, Art. 13 SE-VO). Sie ist außerdem im Amtsblatt der EG zu veröffentlichen (Art. 14 Abs. 1 SE-VO). Diese Veröffentlichung obliegt dem Amt für Veröffentlichungen, das dazu vom Registergericht am Sitz der SE zu informieren ist (Art. 14 Abs. 3 SE-VO).

16. Rechtsfolgen der Verschmelzung

91 Die Rechtsfolgen der Verschmelzung sind in Art. 29 Abs. 1 und 2 SE-VO geregelt. Sie entsprechen denen nach § 20 Abs. 1 UmwG. Insbesondere geht das **gesamte Aktiv- und Passivvermögen** der übertragenden Gesellschaften auf die übernehmende Gesellschaft über. Art. 29 Abs. 3 SE-VO enthält allerdings einen Vorbehalt für den Fall, dass ein Mitgliedstaat für die Übertragung einzelner Gegenstände, Rechte oder Verbindlichkeiten **besondere Förmlichkeiten** verlangt. Solche Förmlichkeiten sind dann zusätzlich von den sich verschmelzenden Gesellschaften oder nachträglich von der übernehmenden Gesellschaft zu erfüllen. Dieser Vorbehalt entspricht der Regelung in Art. 19 Abs. 3 der Verschmelzungsrichtlinie. Art. 29 Abs. 4 SE-VO ordnet zusätzlich an, dass sich die Gesamtrechtsnachfolge auch auf die Rechte der **Arbeitnehmer** erstreckt[4]. Dies ent-

---

1 Zur vergleichbaren Vorschrift des § 17 Abs. 2 Satz 4 UmwG siehe *Decher* in Lutter, § 17 UmwG Rz. 13 und *Fronhöfer* in Widmann/Mayer, § 17 UmwG Rz. 91 f.
2 *Casper* in Spindler/Stilz, AktG, Art. 26 SE-VO Rz. 4; *Maul* in KölnKomm. AktG, 3. Aufl. 2012, Art. 26 SE-VO Rz. 11; *Schäfer* in MünchKomm. AktG, 3. Aufl. 2012, Art. 26 SE-VO Rz. 5.
3 *Fuchs* in Manz/Mayer/Schröder, Europäische Aktiengesellschaft SE, Art. 12 SE-VO Rz. 5 ff.
4 Siehe dazu *Scheifele*, S. 293 ff. und *Vossius* in Widmann/Mayer, § 20 UmwG Rz. 409 ff.

spricht § 324 UmwG, § 613a Abs. 1, 4–6 BGB. Vom Rechtsübergang erfasst sind auch kollektivrechtliche Vereinbarungen[1].

III. Gründung einer SE durch Formwechsel

1. Voraussetzungen eines Formwechsels in eine SE

Nach Art. 2 Abs. 4, Art. 37 Abs. 1 SE-VO kann eine SE auch durch Formwechsel einer AG entstehen. Dabei handelt es sich nicht um die Entstehung einer neuen juristischen Person, sondern – wie bei der Umwandlung nach §§ 190 ff. UmwG – um einen bloßen Wechsel der Rechtsform (vgl. Art. 37 Abs. 2 SE-VO). Die sich umwandelnde Gesellschaft bleibt in ihrer rechtlichen und wirtschaftlichen Identität erhalten[2]. Das Verfahren dieser Umwandlung richtet sich nach Art. 37 SE-VO sowie gemäß Art. 15 SE-VO nach den Vorschriften des UmwG über den Formwechsel und ergänzend nach den Vorschriften des AktG (vgl. Rz. 1, 3). Eine grenzüberschreitende **Sitzverlegung** in zeitlichem Zusammenhang mit der Umwandlung ist nach Art. 37 Abs. 3 SE-VO ausgeschlossen. Auf diese Weise soll einer Umwandlung zur Reduzierung der Mitbestimmung vorgebeugt werden[3]. Zugleich ist damit aber auch sichergestellt, dass die SE derselben Rechtsordnung unterliegt wie die sich umwandelnde AG[4]. 92

Sich wandelnder Rechtsträger kann nach dem eindeutigen Wortlaut der SE-VO nur eine **AG** sein. Die Regelung schließt andere Wege, die Rechtsform der SE durch Formwechsel zu erreichen, aus. Soll eine **GmbH, KGaA oder Personenhandelsgesellschaft** in eine SE umgewandelt werden, muss sie zunächst in eine 93

---

1 *Bayer* in Lutter/Hommelhoff/Teichmann, SE-Kommentar, Art. 29 SE-VO Rz. 13; *Casper* in Spindler/Stilz, AktG, Art. 29 SE-VO Rz. 8; *Marsch-Barner* in Habersack/Drinhausen, SE-Recht, Art. 29 SE-VO Rz. 12; *Schäfer* in MünchKomm. AktG, 3. Aufl. 2012, Art. 29 SE-VO Rz. 10.
2 *Bücker* in Habersack/Drinhausen, SE-Recht, Art. 37 SE-VO Rz. 3; *Casper* in Spindler/ Stilz, AktG, Art. 37 SE-VO Rz. 3; *Schäfer* in MünchKomm. AktG, 3. Aufl. 2012, Art. 37 SE-VO Rz. 3; *Paefgen* in KölnKomm. AktG, 3. Aufl. 2010, Art. 37 SE-VO Rz. 1; *Neun* in Theisen/Wenz, S. 51 (154); *Scheifele*, S. 397.
3 Siehe dazu *Blanquet*, ZGR 2002, 20 (46); die Sitzverlegung ist nur „anlässlich" der Umwandlung ausgeschlossen, kann also in einer unmittelbar nachfolgenden Hauptversammlung beschlossen werden, *Oechsler*, NZG 2005, 697 (700); interne Vorbereitungshandlungen dürfen schon vor der Eintragung der Umwandlung vorgenommen werden, vgl. *Bücker* in Habersack/Drinhausen, SE-Recht, Art. 37 SE-VO Rz. 5 und *J. Schmidt* in Lutter/Hommelhoff/Teichmann, SE-Kommentar, Art. 37 SE-VO Rz. 10; anders die hM, wonach die SE eingetragen sein muss, bevor die Sitzverlegung vorbereitet werden darf, so zB *Casper* in Spindler/Stilz, AktG, Art. 37 SE-VO Rz. 6; *Schäfer* in MünchKomm. AktG, 3. Aufl. 2012, Art. 37 SE-VO Rz. 3; *Schwarz*, 2006, Art. 37 SE-VO Rz. 9; *Paefgen* in Köln-Komm. AktG, 3. Aufl. 2010, Art. 37 SE-VO Rz. 10.
4 *Neun* in Theisen/Wenz, S. 51 (155).

Anhang I | Europäische Gesellschaft

AG umgewandelt werden. Diese Umwandlung kann unmittelbar vor der Umwandlung in die SE erfolgen[1].

94 Die sich umwandelnde AG muss ihren **Sitz** und ihre **Hauptverwaltung** im Inland haben (Art. 2 Abs. 4 SE-VO). Der Verwaltungssitz der AG kann jedoch im Ausland liegen (vgl. § 5 AktG). Erforderlich ist außerdem ein europäischer Bezug, der darin besteht, dass die AG seit mindestens zwei Jahren eine dem Recht eines anderen Mitgliedstaates unterliegende **Tochtergesellschaft** hat (Art. 2 Abs. 4 SE-VO). Das Bestehen einer Zweigniederlassung genügt hier – anders als nach Art. 2 Abs. 3 lit. b SE-VO – nicht[2]. Andererseits muss die Tochtergesellschaft aber keine weiteren Kriterien wie zB einen bestimmten Geschäftsumfang oder eine bestimmte Rechtsform erfüllen[3]. Eine Tochtergesellschaft ist nach dem selbständig auszulegenden Europarecht eine rechtlich selbständige Gesellschaft, an der eine andere Gesellschaft unmittelbar oder mittelbar die Mehrheit der Stimmrechte besitzt oder unmittelbar oder mittelbar einen beherrschenden Einfluss ausübt[4]. Ausreichend ist danach zB, dass eine inländische Tochter der sich umwandelnden AG ihrerseits eine dem Recht eines anderen Mitgliedstaates unterliegende Tochtergesellschaft hat. Was die **Zwei-Jahres-Frist** betrifft, so soll verhindert werden, dass der Gemeinschaftsbezug kurzfristig hergestellt wird. Die Frist muss allerdings erst im Zeitpunkt der Anmeldung[5] bzw. der Eintragung[6] der SE gewahrt sein. Tritt ein neuer Staat der EU bei, so bezieht sich die Frist auch in diesem Fall allein auf das Bestehen der Tochtergesellschaft und nicht etwa die Mitgliedschaft des betreffenden Staates in der EU[7]. Die sich umwandelnde Gesellschaft muss selbst nicht schon zwei Jahre in der Rechtsform der AG bestanden haben. Es genügt, wenn sie während dieser Zeit als Mutterunternehmen gleich in welcher Rechtsform bestanden hat. Es ist daher unschädlich, wenn die AG erst vor kurzem zB aus einer GmbH entstanden ist[8].

---

1 *Bücker* in Habersack/Drinhausen, SE-Recht, Art. 37 SE-VO Rz. 13; zur parallelen Vorbereitung solcher Kettenumwandlungen *Drinhausen* in Bergmann/Kiem/Mülbert/Verse/Wittig, 10 Jahre SE, S. 30 (38 f.).
2 Vgl. *Habersack* in Habersack/Drinhausen, SE-Recht, Art. 2 SE-VO Rz. 22; *Scheifele*, S. 401 f.; *Schwarz*, ZIP 2001, 1847 (1850).
3 *Seibt/Reinhard*, Der Konzern 2005, 407 (411).
4 Art. 2 lit. c Richtlinie 2001/86/EG iVm. Art. 24a Abs. 1 Richtlinie 77/91/EWG (Kapitalrichtlinie); *Bücker* in Habersack/Drinhausen, SE-Recht, Art. 37 SE-VO Rz. 14; *Drinhausen* in van Hulle/Maul/Drinhausen, S. 104 (107); *Oechsler* in MünchKomm. AktG, 3. Aufl. 2012, Art. 2 SE-VO Rz. 31.
5 So die überwiegende Ansicht, vgl. *Bayer* in Lutter/Hommelhoff/Teichmann, SE-Kommentar, Art. 2 SE-VO Rz. 20; *Habersack* in Habersack/Drinhausen, SE-Recht, Art. 2 SE-VO Rz. 17; *Veil* in KölnKomm. AktG, 3. Aufl. 2012, Art. 2 SE-VO Rz. 28.
6 So *Seibt/Reinhard*, Der Konzern 2005, 407 (411).
7 *Seibt/Reinhard*, Der Konzern 2005, 407 (411); aA *Neun* in Theisen/Wenz, S. 51 (64), der auf den Beschluss der Hauptversammlung abstellt, sowie *Scheifele*, S. 125, der die Anmeldung zum Handelsregister als maßgeblich ansieht.
8 *Scheifele*, S. 120; *Seibt/Reinhard*, Der Konzern 2005, 407 (411 f.).

Europäische Gesellschaft | **Anhang I**

2. Kapitalausstattung der Gesellschaft

Die AG muss ihr Grundkapital, wenn es unter dem Betrag von 120 000 Euro 95
liegt, vor dem Formwechsel erhöhen. Diese Kapitalerhöhung kann in derselben Hauptversammlung wie der Formwechsel beschlossen werden. Die Kapitalerhöhung muss aber vor der Eintragung der SE durchgeführt sein (§ 189 AktG).

Art. 37 Abs. 6 SE-VO verlangt vor dem Beschluss über den Formwechsel eine 96
Überprüfung des **Reinvermögens** der sich umwandelnden AG. Ziel ist dabei nicht – wie nach § 220 Abs. 1 UmwG (siehe dazu § 220 UmwG Rz. 5) – die Sicherstellung des Grundkapitals der künftigen SE. Zu prüfen ist vielmehr, ob das Nettovermögen der formwechselnden AG ihr eigenes Kapital deckt. Dazu müssen die Vermögenswerte, also alle einlagefähigen Sachen und Rechte der Ausgangsgesellschaft[1], mindestens das Grundkapital und die nicht ausschüttungsfähigen Rücklagen decken. Zu diesen Rücklagen gehören die gesetzliche Rücklage und die Kapitalrücklage (§ 150 AktG iVm. § 272 Abs. 2 HGB). Die Vermögenswerte sind dabei nach ihrem Verkehrswert zu bewerten, da nur so der Zweck der Prüfung, nämlich die Feststellung der realen Kapitaldeckung, erreicht werden kann[2]. Der Stichtag für die Bewertung sollte möglichst nahe vor der Hauptversammlung liegen, die über den Formwechsel beschließt[3]. Nach dem Zweck der Prüfung ist ein **Verzicht** auf diese **nicht möglich**[4].

Die Kapitaldeckung ist von einem **unabhängigen Sachverständigen** zu prüfen 97
und zu bescheinigen. Für dessen Bestellung wird auf die Ausführungsbestimmungen zu Art. 10 der Verschmelzungsrichtlinie[5] und damit auf §§ 10, 11, 60 UmwG verwiesen. Der Sachverständige, der nach § 11 Abs. 1 Satz 1 UmwG, § 319 Abs. 1 Satz 1 HGB nur ein Wirtschaftsprüfer oder eine Wirtschaftsprüfungsgesellschaft sein kann[6], ist entsprechend § 10 Abs. 1 UmwG auf Antrag des Vorstandes vom Gericht auszuwählen und zu bestellen. Für die erforderliche

---

1 *Scheifele*, S. 414.
2 *Schäfer* in MünchKomm. AktG, 3. Aufl. 2012, Art. 37 SE-VO Rz. 23; *Scheifele*, S. 414; *Seibt/Reinhard*, Der Konzern 2005, 407 (413).
3 *Seibt/Reinhard*, Der Konzern 2005, 407 (413); *Paefgen* in KölnKomm. AktG, 3. Aufl. 2010, Art. 37 SE-VO Rz. 79; für den Tag der Hauptversammlung als maßgeblichen Zeitpunkt *Bücker* in Habersack/Drinhausen, SE-Recht, Art. 37 SE-VO Rz. 50 und *J. Schmidt* in Lutter/Hommelhoff/Teichmann, SE-Kommentar, Art. 37 SE-VO Rz. 42.
4 *Bücker* in Habersack/Drinhausen, SE-Recht, Art. 37 SE-VO Rz. 30; *Casper* in Spindler/Stilz, AktG, Art. 37 SE-VO Rz. 13; *Schäfer* in MünchKomm. AktG, 3. Aufl. 2012, Art. 37 SE-VO Rz. 23; *J. Schmidt* in Lutter/Hommelhoff/Teichmann, SE-Kommentar, Art. 37 SE-VO Rz. 40; aA *Vossius* ZIP 2005, 741 (748, Fn. 80).
5 Dritte Richtlinie v. 9.10.1978 (78/855/EWG), ABl. EG Nr. L 295 v. 20.10.1978, S. 36.
6 Ebenso *Bayer* in Lutter/Hommelhoff, S. 25 (62); *Bücker* in Habersack/Drinhausen, SE-Recht, Art. 37 SE-VO Rz. 51; *Seibt/Reinhard*, Der Konzern 2005, 407 (419); offener *Schröder* in Manz/Mayer/Schröder, Europäische Aktiengesellschaft SE, Art. 37 SE-VO Rz. 46.

Anhang I | Europäische Gesellschaft

Unabhängigkeit gilt § 11 UmwG iVm. §§ 319, 319a HGB entsprechend. Danach kann auch der Abschlussprüfer der sich umwandelnden Gesellschaft als Sachverständiger bestellt werden[1].

98 Die Bescheinigung des Sachverständigen hat den Anforderungen an einen **Prüfungsbericht** über Sacheinlagen nach Art. 10 der Zweiten Richtlinie[2] zu entsprechen. Sie muss daher die Vermögenswerte beschreiben, allerdings nicht einzeln für jeden Gegenstand[3]. Außerdem sind die angewandten Bewertungsmethoden anzugeben. Ist die Reinvermögensdeckung nicht gegeben, so kann die Bescheinigung nicht erteilt werden. Eine Negativbescheinigung ist nicht vorgesehen[4]. Die Bescheinigung ist entsprechend Art. 10 Abs. 3 der zweiten Richtlinie zum Handelsregister einzureichen[5]. Sie ist Eintragungsvoraussetzung[6]. Die Kapitaldeckungsbescheinigung ist der beschließenden Hauptversammlung zugänglich zu machen, muss aber nicht schon vor dieser Hauptversammlung gemäß Art. 37 Abs. 5 SE-VO offen gelegt werden[7].

3. Umwandlungsplan

99 Nach Art. 37 Abs. 4 SE-VO hat der **Vorstand** zunächst einen Umwandlungsplan zu erstellen. Dafür genügt nach außen ein Handeln von Vorstandsmitgliedern in vertretungsberechtigter Zahl[8]. Für den **Inhalt** des Umwandlungsplans sind – anders als beim Verschmelzungsplan (siehe dazu Rz. 22 ff.) – keine Mindestangaben vorgeschrieben. Unklar ist deshalb, ob insoweit Art. 20 Abs. 1 SE-VO analog anzuwenden ist bzw. als Leitbild dienen kann[9] oder ob mangels gemeinschafts-

---

1 *Bücker* in Habersack/Drinhausen, SE-Recht, Art. 37 SE-VO Rz. 51; *Neun* in Theisen/Wenz, S. 51 (109, 160); *Seibt/Reinhard*, Der Konzern 2005, 407 (419).
2 Zweite Richtlinie v. 13.12.1976 (77/191/EWG), ABl. EG Nr. L 26 v. 31.1.1977, S. 1.
3 *Bücker* in Habersack/Drinhausen, SE-Recht, Art. 37 SE-VO Rz. 53; *J. Schmidt* in Lutter/Hommelhoff/Teichmann, SE-Kommentar, Art. 37 SE-VO Rz. 44; *Schröder* in Manz/Mayer/Schröder, Europäische Aktiengesellschaft SE, Art. 37 SE-VO Rz. 37; *Seibt/Reinhard*, Der Konzern 2005, 407 (419); aA *Scheifele*, S. 415.
4 *Scheifele*, S. 415.
5 *Seibt/Reinhard*, Der Konzern 2005, 407 (419).
6 *Schäfer* in MünchKomm. AktG, 3. Aufl. 2012, Art. 37 SE-VO Rz. 21.
7 *Bücker* in Habersack/Drinhausen, SE-Recht, Art. 37 SE-VO Rz. 53; *Casper* in Spindler/Stilz, AktG, Art. 37 SE-VO Rz. 13; *Schäfer* in MünchKomm. AktG, 3. Aufl. 2012, Art. 37 SE-VO Rz. 25; *J. Schmidt* in Lutter/Hommelhoff/Teichmann, SE-Kommentar, Art. 37 SE-VO Rz. 45, 49; aA *Paefgen* in KölnKomm. AktG, 3. Aufl. 2010, Art. 37 SE-VO Rz. 80.
8 *Bücker* in Habersack/Drinhausen, SE-Recht, Art. 37 SE-VO Rz. 31; *J. Schmidt* in Lutter/Hommelhoff/Teichmann, SE-Kommentar, Art. 37 SE-VO Rz. 13; *Seibt/Reinhard*, Der Konzern 2005, 407 (414); *Vossius*, ZIP 2005, 741 (747 Fn. 76).
9 So die wohl hM; vgl. *Bücker* in Habersack/Drinhausen, SE-Recht, Art. 37 SE-VO Rz. 23; *Paefgen* in KölnKomm. AktG, 3. Aufl. 2010, Art. 37 SE-VO Rz. 28 ff.; *Schäfer* in MünchKomm. AktG, 3. Aufl. 2012, Art. 37 SE-VO Rz. 10; *Scheifele*, S. 405 f.

rechtlicher Regelung auf § 194 UmwG zurückzugreifen ist[1]. In der Praxis empfiehlt es sich angesichts dieses Streits, die Anforderungen beider Vorschriften zu kombinieren[2]. Der Plan muss jedenfalls die Angaben entsprechend Art. 20 Abs. 1 lit. a, b, c, f, g und h SE-VO enthalten[3]. Bei den Angaben zur Aktienübertragung (Art. 20 Abs. 1 lit. c SE-VO) geht es beim Formwechsel – wie gemäß § 194 Abs. 1 Nr. 3 UmwG (siehe dazu § 194 UmwG Rz. 22) – um die Fortsetzung der bisherigen Beteiligung in der neuen SE. Wie bei der Verschmelzung ist auch die **Satzung** Teil des Umwandlungsplans (Art. 20 Abs. 1 lit. h SE-VO)[4]. Für deren inhaltliche Ausgestaltung besteht in einigen Punkten ein größerer Spielraum als bei der AG[5]. Entsprechend Art. 20 Abs. 1 lit. i SE-VO hat der Umwandlungsplan auch Angaben zum Verfahren der **Beteiligung der Arbeitnehmer** zu enthalten[6]. Diese Angaben werden durch die Informationen im Umwandlungsbericht über die Auswirkungen der neuen Rechtsform für die Arbeitnehmer (Art. 37 Abs. 4 SE-VO) nicht ersetzt. Der Umwandlungsplan muss – anders als nach § 207 UmwG – **kein Abfindungsangebot** gegenüber den dem Umwandlungsbeschluss widersprechenden Aktionären enthalten. Dies beruht darauf, dass die SE-VO den Bereich des Minderheitenschutzes abschließend regelt und damit kein Raum für einen Rückgriff auf nationale Vorschriften bleibt[7]. Hinzu kommt, dass die SE innerstaatlich wie eine AG zu behandeln ist (Art. 10 SE-VO). Wie im Falle einer Umwandlung von einer AG in eine KGaA liegt keine Rechtsformverschiedenheit vor, so dass entsprechend § 250 UmwG kein Grund für ein Austrittsrecht besteht und ein Abfindungsangebot entbehrlich ist[8].

---

1 So *Casper* in Spindler/Stilz, AktG, Art. 37 SE-VO Rz. 9; *J. Schmidt* in Lutter/Hommelhoff/Teichmann, SE-Kommentar, Art. 37 SE-VO Rz. 14; *Vossius*, ZIP 2005, 741 (747).
2 Vgl. *Kowalski*, DB 2007, 2243 (2245).
3 *Paefgen* in KölnKomm. AktG, 3. Aufl. 2010, Art. 37 SE-VO Rz. 27; *J. Schmidt* in Lutter/Hommelhoff/Teichmann, SE-Kommentar, Art. 37 SE-VO Rz. 16; *Seibt/Reinhard*, Der Konzern 2005, 407 (414); *Schäfer* in MünchKomm. AktG, 3. Aufl. 2012, Art. 37 SE-VO Rz. 10; *Scheifele*, S. 405 f.
4 Vgl. *Bücker* in Habersack/Drinhausen, SE-Recht, Art. 37 SE-VO Rz. 31; *J. Schmidt* in Lutter/Hommelhoff/Teichmann, SE-Kommentar, Art. 37 SE-VO Rz. 16; aA *Drinhausen* in van Hulle/Maul/Drinhausen, 4. Abschnitt, § 5 Rz. 15.
5 Vgl. zu den Inhalten der SE-Satzung allgemein *Maul* in KölnKomm. AktG, 3. Aufl. 2012, Art. 6 SE-VO Rz. 20 ff.
6 *Bücker* in Habersack/Drinhausen, SE-Recht, Art. 37 SE-VO Rz. 28; *Scheifele*, S. 408; *J. Schmidt* in Lutter/Hommelhoff/Teichmann, SE-Kommentar, Art. 37 SE-VO Rz. 16; *Schröder* in Manz/Mayer/Schröder, Europäische Aktiengesellschaft SE, Art. 37 SE-VO Rz. 19.
7 Vgl. *Bücker* in Habersack/Drinhausen, SE-Recht, Art. 37 SE-VO Rz. 67; *Casper* in Spindler/Stilz, AktG, Art. 37 SE-VO Rz. 20 f; *Drinhausen* in van Hulle/Maul/Drinhausen, 4. Abschnitt, § 5 Rz. 47 ff.; *Jannott* in Jannott/Frodermann, Handbuch der Europäischen Aktiengesellschaft, 2. Aufl. 2014, Kap. 3 Rz. 268; *Scheifele*, S. 423; *J. Schmidt* in Lutter/Hommelhoff/Teichmann, SE-Kommentar, Art. 37 SE-VO Rz. 81 ff.
8 *Drinhausen* in van Hulle/Maul/Drinhausen, 4. Abschnitt, § 5 Rz. 50; *Schäfer* in MünchKomm. AktG, 3. Aufl. 2012, Art. 37 SE-VO Rz. 37.

100 Umstritten ist, ob den Aktionären ein Anspruch auf **Verbesserung der Beteiligungsverhältnisse** gemäß § 196 UmwG zusteht. Dies wird zT wegen der Identität des Rechtsträgers vor und nach dem Formwechsel verneint[1], zT unter Hinweis auf § 250 UmwG, der für den vergleichbaren Fall des Formwechsels einer AG in eine KGaA die Anwendbarkeit des § 196 UmwG gerade nicht ausschließt, bejaht[2]. Eine Analogie zu § 250 UmwG erscheint indessen nicht angebracht. Bei der Umwandlung einer KGaA in eine AG oder umgekehrt können sich die Beteiligungsverhältnisse der persönlich haftenden Gesellschafter ändern[3]. Bei der Umwandlung einer AG in eine SE ändern sich die Beteiligungsverhältnisse dagegen nicht. Dies spricht dafür, dass den Aktionären keine Ansprüche gemäß § 196 UmwG zustehen.

101 Die SE-VO sieht für den Fall der Gründung einer SE durch Formwechsel keinen besonderen **Gläubigerschutz** vor. Angesichts des identitätswahrenden Charakters der Umwandlung ist ein solcher Schutz nicht erforderlich. Auch ein Rückgriff auf das nationale Recht ist insoweit ausgeschlossen. Im Falle der Umwandlung einer deutschen AG besteht somit kein Anspruch auf Sicherheitsleistung nach §§ 204, 22 UmwG[4].

102 Die SE-VO sieht für den Umwandlungsplan keine bestimmte Form vor. Wegen Art. 15 Abs. 1 SE-VO iVm. § 130 Abs. 1 AktG bzw. § 6 UmwG und der unterschiedlichen Auffassungen in der Literatur[5] empfiehlt es sich jedoch, die Frage eines eventuellen Beurkundungserfordernisses rechtzeitig mit dem zuständigen Registergericht abzustimmen[6]. In der Praxis ist die Beurkundung allerdings die Regel[7].

---

1 Vgl. *Bücker* in Habersack/Drinhausen, SE-Recht, Art. 37 SE-VO Rz. 68; *Casper* in Spindler/Stilz, AktG, Art. 37 SE-VO Rz. 21.
2 *Drinhausen* in van Hulle/Maul/Drinhausen, 4. Abschnitt, § 5 Rz. 50; *Schäfer* in Münch-Komm. AktG, 3. Aufl. 2012, Art. 37 SE-VO Rz. 38.
3 Vgl. *Casper* in Spindler/Stilz, AktG, Art. 37 SE-VO Rz. 21 und *J. Schmidt* in Lutter/Hommelhoff/Teichmann, SE-Kommentar, Art. 37 SE-VO Rz. 84.
4 *Bücker* in Habersack/Drinhausen, SE-Recht, Art. 37 SE-VO Rz. 96; *Casper* in Spindler/Stilz, AktG, Art. 37 SE-VO Rz. 20; *Scheifele*, S. 423; *J. Schmidt* in Lutter/Hommelhoff/Teichmann, SE-Kommentar, Art. 37 SE-VO Rz. 86; *Schwarz*, 2006, Art. 37 SE-VO Rz. 66.
5 Für eine notarielle Beurkundung die wohl hM: *Heckschen*, DNotZ 2003, 251 (264); *Bayer* in Lutter/Hommelhoff, S. 25 (61); *Scheifele*, S. 408; *J. Schmidt* in Lutter/Hommelhoff/Teichmann, SE-Kommentar, Art. 37 SE-VO Rz. 21; *Schwarz*, 2006, Art. 37 SE-VO Rz. 29; *Vossius*, ZIP 2005, 741 (747, Fn. 74); aA *Bücker* in Habersack/Drinhausen, SE-Recht, Art. 37 SE-VO Rz. 30; *Casper* in Spindler/Stilz, AktG, Art. 37 SE-VO Rz. 10; *Drinhausen* in van Hulle/Maul/Drinhausen, 4. Abschnitt, § 5 Rz. 19; *Schäfer* in Münch-Komm. AktG, 3. Aufl. 2012, Art. 37 SE-VO Rz. 14; *Seibt/Reinhard*, Der Konzern 2005, 407 (414); differenzierend *Casper* in Spindler/Stilz, AktG, Art. 37 SE-VO Rz. 10.
6 *Drinhausen* in van Hulle/Maul/Drinhausen, 4. Abschnitt, § 5 Rz. 20; *Paefgen* in Köln-Komm. AktG, 3. Aufl. 2010, Art. 37 SE-VO Rz. 30.
7 Vgl. *Bücker* in Habersack/Drinhausen, SE-Recht, Art. 37 SE-VO Rz. 30.

Eine **Prüfung** des Umwandlungsplans ist – anders als beim Verschmelzungsplan (siehe dazu Rz. 45 f.) – nicht vorgeschrieben. Insoweit genügt die Prüfung des Reinvermögens der sich umwandelnden AG (Rz. 96 ff.). 103

Nach Art. 37 Abs. 5 SE-VO ist der Umwandlungsplan mindestens einen Monat vor der Hauptversammlung, die über die Umwandlung beschließt, **offen zu legen**. Dies hat nach den zur Umsetzung von Art. 3 der Publizitätsrichtlinie[1] erlassenen Vorschriften, dh. durch elektronische Einreichung bei dem für die AG zuständigen Handelsregister zu geschehen (Art. 18 SE-VO iVm. § 61 Satz 1 UmwG analog, § 12 Abs. 2 HGB). Das Registergericht veröffentlicht sodann einen Hinweis auf die Einreichung[2] in dem von der jeweils zuständigen Landesjustizverwaltung bestimmten elektronischen Informations- und Kommunikationssystem (§ 61 Satz 2 UmwG analog, § 10 HGB)[3]. 104

Nach § 194 Abs. 2 UmwG ist der Entwurf des Umwandlungsbeschlusses spätestens einen Monat vor der Hauptversammlung, die den Formwechsel beschließen soll, dem zuständigen **Betriebsrat** zuzuleiten. Ob diese Vorschrift für den Umwandlungsplan entsprechend gilt, ist unklar. Hiergegen lässt sich zwar einwenden, dass der Umwandlungsplan im Unterschied zum Umwandlungsbeschluss (§ 194 Abs. 1 Nr. 7 UmwG) keine Angaben über die Folgen des Formwechsels für die Arbeitnehmer enthält, so dass die Weiterleitung an den Betriebsrat sachlich nicht erforderlich ist. Die Arbeitnehmer und ihre Vertretungen werden zudem ausführlich im Umwandlungsbericht (Art. 37 Abs. 4 SE-VO) und in dem Verfahren zur Beteiligung der Arbeitnehmer an der SE informiert (vgl. §§ 4 Abs. 2, 13 Abs. 2 SEBG)[4]. Da im Schrifttum die analoge Geltung des § 194 Abs. 2 UmwG zum Teil jedoch befürwortet wird[5], empfiehlt es sich, eine solche Zuleitung zumindest vorsorglich vorzunehmen[6] und sich den Empfang schriftlich bestätigen zu lassen[7]. 105

---

1 Erste Richtlinie v. 9.3.1968 (68/151/EWG), ABl. EG Nr. L 65 v. 14.3.1968, S. 8.
2 *Bücker* in Habersack/Drinhausen, SE-Recht, Art. 37 SE-VO Rz. 30; *J. Schmidt* in Lutter/Hommelhoff/Teichmann, SE-Kommentar, Art. 37 SE-VO Rz. 32.
3 Vgl. hierzu die Seite www.handelsregisterbekanntmachungen.de.
4 So auch *Schwarz*, 2006, Art. 37 SE-VO Rz. 37.
5 So zB *Casper* in Spindler/Stilz, AktG, Art. 37 SE-VO Rz. 12; *Drinhausen* in van Hulle/Maul/Drinhausen, 4. Abschnitt, § 5 Rz. 21; *Schäfer* in MünchKomm. AktG, 3. Aufl. 2012, Art. 37 SE-VO Rz. 20; *Scheifele*, S. 411; *J. Schmidt* in Lutter/Hommelhoff/Teichmann, SE-Kommentar, Art. 37 SE-VO Rz. 22; *Schröder* in Manz/Mayer/Schröder, Europäische Aktiengesellschaft SE, Art. 37 SE-VO Rz. 78.
6 *Bücker* in Habersack/Drinhausen, SE-Recht, Art. 37 SE-VO Rz. 34; *J. Schmidt* in Lutter/Hommelhoff/Teichmann, SE-Kommentar, Art. 37 SE-VO Rz. 22; *Seibt/Reinhard*, Der Konzern 2005, 407 (415); *Scheifele*, S. 410 f.
7 *Kowalski*, DB 2007, 2243 (2249).

4. Umwandlungsbericht

106 Ergänzend zu dem Umwandlungsplan hat der Vorstand einen Umwandlungsbericht zu erstellen (Art. 37 Abs. 4 SE-VO). Für dessen Erstellung in Schriftform genügt nach außen– wie beim Umwandlungsplan (siehe dazu Rz. 99) und beim Verschmelzungsbericht gemäß § 8 UmwG (siehe dazu § 8 UmwG Rz. 3 mwN) – die Mitwirkung von Vorstandsmitgliedern in vertretungsberechtigter Zahl[1]. Intern haben im Rahmen ihrer Gesamtverantwortung allerdings alle Vorstandsmitglieder an dem Bericht mitzuwirken[2].

107 In dem Umwandlungsbericht sind die **rechtlichen und wirtschaftlichen Aspekte** des Formwechsels zu erläutern und zu begründen. Außerdem sind die **Auswirkungen** darzulegen, die der Übergang zur Rechtsform der SE für die Aktionäre und für die Arbeitnehmer hat (Art. 37 Abs. 4 SE-VO). Dies entspricht weitgehend den Anforderungen an den Umwandlungsbericht nach § 192 Abs. 1 Satz 1 UmwG (siehe dazu § 192 UmwG Rz. 8 ff.). Entsprechend dem Ziel der Umwandlung dürfte die künftige Beteiligung an der SE im Mittelpunkt der Berichterstattung stehen[3].

108 Art. 37 SE-VO enthält keine Bestimmung darüber, wann der Umwandlungsbericht zu erstellen ist. Da er vor allem der Information der Aktionäre dient, ist er rechtzeitig **vor der Hauptversammlung**, die über den Formwechsel beschließt, zu erstellen. Nach Art. 15 Abs. 1 SE-VO iVm. §§ 238 Satz 1, 230 Abs. 2 UmwG ist er von der Einberufung der Hauptversammlung an zur Einsicht auszulegen[4] oder über die Internetseite der Gesellschaft zugänglich zu machen. Jeder Aktionär kann im Falle der Auslegung kostenlos eine Abschrift des Berichts verlangen. Gemäß § 239 Abs. 1 Satz 1 UmwG ist der Bericht auch in der Hauptversammlung auszulegen oder zugänglich zu machen.

109 Eine Verpflichtung zur **Offenlegung** des Umwandlungsberichts besteht nicht[5]. Eine solche Offenlegung ist nur für den Umwandlungsplan vorgesehen (vgl. Art. 37 Abs. 5 SE-VO), da dieser auch der Information der Gläubiger dient. Wie nach § 192 Abs. 2 UmwG können die Aktionäre auf die Erstellung eines Um-

---

1 *Bücker* in Habersack/Drinhausen, SE-Recht, Art. 37 SE-VO Rz. 41; *J. Schmidt* in Lutter/Hommelhoff/Teichmann, SE-Kommentar, Art. 37 SE-VO Rz. 24.
2 Vgl. § 8 UmwG Rz. 2 sowie *Seibt/Reinhard*, Der Konzern 2005, 407 (416).
3 *Neun* in Theisen/Wenz, S. 51 (159 f.); *Paefgen* in KölnKomm. AktG, 3. Aufl. 2010, Art. 37 SE-VO Rz. 57; *Scheifele*, S. 409.
4 *Bayer* in Lutter/Hommelhoff, S. 25 (62 f.); *Teichmann*, ZGR 2002, 383 (440); *Seibt/Reinhard*, Der Konzern 2005, 407 (416).
5 *Bücker* in Habersack/Drinhausen, SE-Recht, Art. 37 SE-VO Rz. 47; *J. Schmidt* in Lutter/Hommelhoff/Teichmann,SE-Kommentar, Art. 37 SE-VO Rz. 30; *Seibt/Reinhard*, Der Konzern 2005, 407 (416); aA *Casper* in Spindler/Stilz, AktG, Art. 37 SE-VO Rz. 12; *Paefgen* in KölnKomm. AktG, 3. Aufl. 2010, Art. 37 SE-VO Rz. 67; *Schäfer* in MünchKomm. AktG, 3. Aufl. 2012, Art. 37 SE-VO Rz. 15 u. 19 (Offenlegung als Bestandteil des Umwandlungsplans).

wandlungsberichts **verzichten**[1]. Dass der Bericht auch arbeitnehmerrelevante Informationen enthält, steht dem nicht entgegen, da sich diese Informationen an die Aktionäre richten[2]. Die Unterrichtung der Arbeitnehmer wird durch das Verfahren zu ihrer Beteiligung an der SE sichergestellt. Der Umwandlungsbericht muss deshalb nicht dem Betriebsrat zugeleitet werden[3].

5. Beteiligung der Arbeitnehmer

Zur Sicherung der Mitbestimmung der Arbeitnehmer der Gesellschaft sieht Art. 12 Abs. 2 SE-VO für jede Form der Gründung einer SE vor, dass die SE erst dann in das Register eingetragen werden kann, wenn eine **Vereinbarung** über die Beteiligung der Arbeitnehmer[4] geschlossen worden ist oder das besondere Verhandlungsgremium mit qualifizierter Mehrheit beschlossen hat, keine Verhandlungen aufzunehmen bzw. diese abzubrechen[5], oder die Verhandlungsfrist abgelaufen[6] ist, ohne dass es zum wirksamen Abschluss einer Vereinbarung über die Beteiligung der Arbeitnehmer gekommen ist. Das **Registergericht** hat dieser Regelung entsprechend zu prüfen, ob eine Vereinbarung über die Beteiligung der Arbeitnehmer geschlossen wurde (Art. 26 Abs. 3 SE-VO). Ist es zu keiner Vereinbarung gekommen und greift stattdessen die **Auffangregelung** nach Art. 7 der SE-Beteiligungsrichtlinie ein, so kann auch dann die Eintragung vorgenommen werden[7]. 110

Wegen der Einzelheiten des Verfahrens zur Arbeitnehmerbeteiligung kann grundsätzlich auf die Ausführungen zur Verschmelzung (Rz. 67 ff.) Bezug genommen werden. Für die Umwandlung nach Art. 37 SE-VO sind jedoch mehrere Besonderheiten zu berücksichtigen. So sieht § 21 Abs. 6 SEBG für die Umwandlung in eine SE vor, dass die Vereinbarung über die Arbeitnehmerbeteiligung in Bezug auf alle Komponenten dieser Beteiligung zumindest das gleiche 111

---

1 *Bücker* in Habersack/Drinhausen, SE-Recht, Art. 37 SE-VO Rz. 42; *Schäfer* in Münch-Komm. AktG, 3. Aufl. 2012, Art. 37 SE-VO Rz. 17; *Paefgen* in KölnKomm. AktG, 3. Aufl. 2010, Art. 37 SE-VO Rz. 63; *Scheifele*, S. 409 f.; *Schwarz*, 2006, Art. 37 SE-VO Rz. 35; aA *Casper* in Spindler/Stilz, AktG, Art. 37 SE-VO Rz. 11.
2 *Bayer* in Lutter/Hommelhoff, S. 25 (61); *Bücker* in Habersack/Drinhausen, SE-Recht, Art. 37 SE-VO Rz. 42; *Scheifele*, S. 409; *J. Schmidt* in Lutter/Hommelhoff/Teichmann, SE-Kommentar, Art. 37 SE-VO Rz. 28; *Schröder* in Manz/Mayer/Schröder, Europäische Aktiengesellschaft SE, Art. 37 SE-VO Rz. 82; aA *Neun* in Theisen/Wenz, S. 51 (160); *Seibt/Reinhard*, Der Konzern 2005, 407 (416).
3 *Bücker* in Habersack/Drinhausen, SE-Recht, Art. 37 SE-VO Rz. 44; *Paefgen* in KölnKomm. AktG, 3. Aufl. 2010, Art. 37 SE-VO Rz. 48.
4 Art. 4 SE-Beteiligungsrichtlinie iVm. § 21 SEBG.
5 Art. 3 Abs. 6 SE-Beteiligungsrichtlinie iVm. § 16 SEBG.
6 Art. 5 SE-Beteiligungsrichtlinie iVm. § 20 SEBG.
7 *Schröder* in Manz/Mayer/Schröder, Europäische Aktiengesellschaft SE, Art. 26 SE-VO Rz. 14.

Ausmaß gewährleisten muss, das in der formwechselnden Gesellschaft bestand. Mit diesem strengen **Bestandsschutz** soll eine „Flucht aus der Mitbestimmung" verhindert werden. Der Begriff der Arbeitnehmerbeteiligung wird dabei weit unter Einschluss der Beteiligungsmöglichkeiten nach dem BetrVG wie auch nach den verschiedenen Mitbestimmungsgesetzen[1] verstanden (vgl. § 2 Abs. 8 SEBG)[2]. Wie weit das Gebot der Mitbestimmungsbeibehaltung im Einzelnen reicht, ist allerdings unklar. So kann bei der Mitbestimmung auf Unternehmensebene zB die **Zahl** der Mitglieder des Aufsichts- oder Verwaltungsorgans durch die **Satzung** herabgesetzt werden, ohne dass sich dadurch der prozentuale Anteil der Arbeitnehmervertreter verringert (siehe Rz. 78)[3].

112 Der Sicherung der bisherigen Mitbestimmung dient – neben dem Missbrauchsverbot gemäß §§ 43, 45 Abs. 1 Nr. 2 SEBG – auch die Bestimmung, dass das besondere Verhandlungsgremium nicht zum **Abbruch der Verhandlungen** berechtigt ist, wenn den Arbeitnehmern in der formwechselnden AG Mitbestimmungsrechte zustehen (§ 16 Abs. 3 SEBG). Auch damit soll eine Flucht aus der Mitbestimmung verhindert werden. Die Regelung gilt auch dann, wenn das besondere Verhandlungsgremium gar keine Verhandlungen aufgenommen hat (§ 16 Abs. 1 Satz 1 SEBG). Um im ersten Fall nicht das Ende der Verhandlungsfrist abwarten zu müssen, können die Beteiligten auch eine Vereinbarung dahin treffen, dass die Beendigung des Verfahrens festgestellt wird[4].

113 Die **Auffangregelung** zur Mitbestimmung kraft Gesetzes ist – im Unterschied zur Verschmelzung (siehe dazu Rz. 77) – nicht von besonderen Voraussetzungen abhängig. Sie greift vielmehr ein, wenn schon vor der Umwandlung Bestimmungen über die Mitbestimmung der Arbeitnehmer im Aufsichts- oder Verwaltungsorgan galten (§ 34 Abs. 1 Nr. 1 SEBG). Inhaltlich gilt die bisherige Regelung zur Mitbestimmung auch für die SE (§ 35 Abs. 1 SEBG). Dies gilt allerdings nur für den prozentualen Anteil der Arbeitnehmer im Aufsichts- oder Verwaltungsorgan, nicht jedoch auch für dessen Größe, wie sie zB im MitbestG festgelegt ist[5].

---

1 MitbestG, Montan-MitbestG, MitbestErgG, DrittelbG.
2 Vgl. Begr. RegE zu § 2 SEBG, abgedruckt in *Neye*, Die Europäische Aktiengesellschaft, 2005, S. 170.
3 Siehe zu weiteren Einzelheiten *Habersack*, ZHR 171 (2009), 613 (628 f.); *Habersack*, AG 2006, 345 (348); *Hohenstatt/Müller-Bonanni* in Habersack/Drinhausen, SE-Recht, § 21 SEBG Rz. 31; *Seibt/Reinhard*, Der Konzern 2005, 407 (418); *Wollburg/Banerjea*, ZIP 2005, 277 (282 f.); *Müller-Bonanni/Melot de Beauregard*, GmbHR 2005, 195 (197).
4 Vgl. dazu auch *Seibt/Reinhard*, Der Konzern 2005, 407 (418).
5 *Ihrig/Wagner*, BB 2004, 1749 (1755); *Oetker* in Lutter/Hommelhoff/Teichmann, SE-Kommentar, § 35 SEBG Rz. 7 f.; auch schon *Oetker* in Lutter/Hommelhoff, S. 277 (306 ff.).

6. Hauptversammlung

Nach Art. 37 Abs. 7 Satz 1 SE-VO muss die Hauptversammlung dem **Umwand-** 114
lungsplan zustimmen und die **Satzung** der SE genehmigen. Hinsichtlich der
Einberufung der Hauptversammlung gelten über Art. 15 Abs. 1 SE-VO die Vorschriften der §§ 238, 230 Abs. 2 UmwG, §§ 123 ff. AktG[1]. Gemäß § 124 Abs. 2
Satz 2 AktG sind mit der Tagesordnung der Hauptversammlung der Umwandlungsplan und die Satzung zumindest in ihrem wesentlichen Inhalt bekannt zu
machen[2]. Zur Vorab-Unterrichtung der Aktionäre ist außerdem der Umwandlungsbericht von der Einberufung ab zur Einsicht auszulegen oder zugänglich zu
machen (siehe Rz. 108). Diese Pflicht gilt auch während der Hauptversammlung.
Zu Beginn der Verhandlung über den Tagesordnungspunkt ist der Umwandlungsbeschluss zu erläutern (§§ 64 Abs. 1 Satz 2, 239 Abs. 2 UmwG)[3]. Diese Erläuterung umfasst sinngemäß auch den Umwandlungsplan und eine etwaige
Vereinbarung über die Beteiligung der Arbeitnehmer[4].

Zur **Beschlussfassung** der Hauptversammlung verweist Art. 37 Abs. 7 Satz 2 SE- 115
VO auf die zur Umsetzung von Art. 7 der Verschmelzungsrichtlinie erlassenen
Bestimmungen. Dementsprechend bedarf der Beschluss der Hauptversammlung
einer Mehrheit von mindestens drei Vierteln des bei der Beschlussfassung vertretenen Grundkapitals und der einfachen Stimmenmehrheit (§ 65 Abs. 1 Satz 1
UmwG iVm. § 133 Abs. 1 AktG)[5]. Die Satzung kann eine größere Kapitalmehrheit und weitere Erfordernisse bestimmen (§ 65 Abs. 1 Satz 2 UmwG). Sind
mehrere Aktiengattungen vorhanden, sind gemäß § 65 Abs. 2 UmwG Sonderbeschlüsse jeder Gattung erforderlich. Der Zustimmungsbeschluss der Hauptversammlung und etwaige Sonderbeschlüsse sind **notariell zu beurkunden**
(§ 13 Abs. 3 Satz 1 UmwG, § 130 Abs. 1 Satz 1 AktG)[6]. Die **Satzung** wird dabei
als Bestandteil des Umwandlungsschlusses mit festgestellt. Eine gesonderte Beurkundung ist nicht erforderlich[7].

---

1 *Bayer* in Lutter/Hommelhoff, S. 25 (62); *Neun* in Theisen/Wenz, S. 51 (162); *Scheifele*,
S. 417; *Seibt/Reinhard*, Der Konzern 2005, 407 (419).
2 *Seibt/Reinhard*, Der Konzern 2005, 407 (419).
3 *Scheifele*, S. 418 f.; *Bayer* in Lutter/Hommelhoff, S. 25 (63).
4 *Bücker* in Habersack/Drinhausen, SE-Recht, Art. 37 SE-VO Rz. 59; *J. Schmidt* in Lutter/
Hommelhoff/Teichmann, SE-Kommentar, Art. 37 SE-VO Rz. 51.
5 *J. Schmidt* in Lutter/Hommelhoff/Teichmann, SE-Kommentar, Art. 37 SE-VO Rz. 54;
Bayer in Lutter/Hommelhoff, S. 25 (62); *Heckschen*, DNotZ 2003, 251 (264); *Kalss*,
ZGR 2003, 593 (614); *Neun* in Theisen/Wenz, S. 51 (163); *Scheifele*, S. 419; *Seibt/Reinhard*, Der Konzern 2005, 407 (420); *Teichmann*, ZGR 2002, 383 (439).
6 *Bücker* in Habersack/Drinhausen, SE-Recht, Art. 37 SE-VO Rz. 60; *Bayer* in Lutter/
Hommelhoff, S. 25 (62); *Neun* in Theisen/Wenz, S. 51 (163); *Scheifele*, S. 419; *Seibt/Reinhard*, Der Konzern 2005, 407 (420); *Heckschen*, DNotZ 2003, 251 (264).
7 *Seibt/Reinhard*, Der Konzern 2005, 407 (422).

116 Im Unterschied zur Verschmelzung (Art. 23 Abs. 2 SE-VO) ist nicht ausdrücklich geregelt, ob die Hauptversammlung auch im Falle des Formwechsels die Vereinbarung über die **Beteiligung der Arbeitnehmer** von ihrer Zustimmung abhängig machen kann. Nach allgemeinen Regeln kann die Hauptversammlung ihre Zustimmung mit einem entsprechenden Vorbehalt versehen[1]. Das gleiche Ergebnis kann allerdings einfacher dadurch erreicht werden, dass die Hauptversammlung erst dann über die Umwandlung beschließt, wenn die Vereinbarung über die Arbeitnehmerbeteiligung abgeschlossen oder die Verhandlungsfrist abgelaufen ist[2]. Stimmt die Hauptversammlung der Umwandlung schon vorher zu, besteht die Gefahr, dass die Satzung später uU angepasst werden muss (vgl. Art. 12 Abs. 4 SE-VO).

117 Art. 37 Abs. 8 SE-VO enthält eine Ermächtigung an die Mitgliedstaaten, wonach die Umwandlung davon abhängig gemacht werden kann, dass das Organ der Gesellschaft, in dem die Mitbestimmung vorgesehen ist, bei einer deutschen AG der **Aufsichtsrat**, der Umwandlung mit qualifizierter Mehrheit oder einstimmig **zustimmt**. Von dieser Ermächtigung hat Deutschland keinen Gebrauch gemacht[3].

7. Gründungsrecht der AG

118 Umstritten ist, ob die Gründung einer SE im Wege des Formwechsels auch dem Gründungsrecht der AG unterliegt (Art. 15 Abs. 1 SE-VO iVm. § 197 Satz 1 UmwG). Ein (Sach-)Gründungsbericht gemäß § 32 AktG entfällt jedoch, weil es bei der Umwandlung in eine SE keine Gründer gibt[4]. Auch beim Formwechsel einer AG in die GmbH wird kein Gründungsbericht verlangt (§ 246 Abs. 4 UmwG)[5]. Eine Gründungsprüfung durch Vorstand und Aufsichtsrat nach § 33 Abs. 1 AktG sowie durch externe Prüfer gemäß § 33 Abs. 2 AktG ist gleichfalls nicht erforderlich. Der Zweck dieser Berichte wird durch die Prüfung der Vermögensverhältnisse gemäß Art. 37 Abs. 6 SE-VO und die dabei zu erstellende Kapitaldeckungsbescheinigung erfüllt[6]. Bestätigt wird dies durch § 75 Abs. 2

---

1 *Bücker* in Habersack/Drinhausen, SE-Recht, Art. 37 SE-VO Rz. 61; *J. Schmidt* in Lutter/Hommelhoff/Teichmann, SE-Kommentar, Art. 37 SE-VO Rz. 53; *Seibt/Reinhard*, Der Konzern 2005, 407 (420); aA *Schröder* in Manz/Mayer/Schröder, Europäische Aktiengesellschaft SE, Art. 37 SE-VO Rz. 57, der dafür eine Regelung im SEAG verlangt.
2 *Seibt/Reinhard*, Der Konzern 2005, 407 (420).
3 Vgl. hierzu noch *Casper* in Spindler/Stilz, AktG, 3. Aufl. 2015, Art. 37 SE-VO Rz. 18.
4 *Bücker* in Habersack/Drinhausen, SE-Recht, Art. 37 SE-VO Rz. 70; *Paefgen* in KölnKomm. AktG, 3. Aufl. 2010, Art. 37 SE-VO Rz. 98; *Seibt/Reinhard*, Der Konzern 2005, 407 (421, 422); *Scheifele*, S. 427; aA *Bayer* in Lutter/Hommelhoff, S. 25 (64); *Neun* in Theisen/Wenz, S. 51 (166).
5 *Schwarz*, 2006, Art. 37 SE-VO Rz. 74; *Paefgen* in KölnKomm. AktG, 3. Aufl. 2010, Art. 37 SE-VO Rz. 98; aA *Bayer* in Lutter/Hommelhoff, S. 25 (64).
6 *Bücker* in Habersack/Drinhausen, SE-Recht, Art. 37 SE-VO Rz. 73; *Drinhausen* in van Hulle/Maul/Drinhausen, 4. Abschnitt, § 5 Rz. 46; *J. Schmidt* in Lutter/Hommelhoff/

UmwG. Danach sind bei einer Verschmelzung zur Neugründung Gründungsbericht und Gründungsprüfung entbehrlich, wenn der übertragende Rechtsträger eine Kapitalgesellschaft ist. Beim Formwechsel in eine SE besteht eine damit vergleichbare Situation[1]. All dies spricht für eine einschränkende Auslegung des Art. 15 Abs. 1 SE-VO[2]. Angesichts der ungeklärten Rechtslage sollte diese Frage jedoch mit dem Registergericht abgestimmt[3] und im Falle einer abweichenden Auffassung ggf. beantragt werden, den Sachverständigen nach Art. 37 Abs. 6 SE-VO auch zum Gründungsprüfer zu bestellen[4].

Aufgrund der Umwandlung endet die Amtsdauer der bisherigen Aufsichtsratsmitglieder. Eine Amtskontinuität iS von § 203 UmwG kommt wegen der unterschiedlichen Rechtsgrundlagen regelmäßig nicht in Betracht[5]. Allenfalls dann, wenn die formwechselnde AG weder vor noch nach dem Formwechsel mitbestimmt ist, bleiben die Vorschriften über die Zusammensetzung des Aufsichtsrats unverändert[6]. In allen anderen Fällen hat die Hauptversammlung je nach Satzungsbestimmung die **Mitglieder des neuen Aufsichts- oder Verwaltungsorgans** zu bestellen. Nach hM sind dabei die Vorschriften über den ersten Aufsichtsrat (§ 30 AktG) bei der Neubestellung im Rahmen eines Formwechsels nicht anzuwenden[7]. Dies wird zum Teil mit dem abschließenden Charakter des Art. 46 Abs. 1 SE-VO[8], überwiegend aber mit § 197 Satz 3 UmwG nF begründet, der über Art. 15 Abs. 1 SE-VO zur Anwendung kommt[9]. Soweit es sich um Ar-

---

Teichmann, SE-Kommentar, Art. 37 SE-VO Rz. 46; aA *Scheifele*, S. 428 sowie *Schwarz*, 2006, Art. 37 SE-VO Rz. 75 und *Paefgen* in KölnKomm. AktG, 3. Aufl. 2010, Art. 37 SE-VO Rz. 100 zum Erfordernis der internen Prüfung.
1 *Schäfer* MünchKomm. AktG, 3. Aufl. 2012, Art. 37 SE-VO Rz. 26 mwN.
2 *Scheifele*, S. 427; *Schwarz*, 2006, Art. 37 SE-VO Rz. 67 f.; *Seibt/Reinhard*, Der Konzern 2005, 407 (422); aA *Neun* in Theisen/Wenz, S. 51 (166) und *Bayer* in Lutter/Hommelhoff, S. 25 (64).
3 *Bücker* in Habersack/Drinhausen, SE-Recht, Art. 37 SE-VO Rz. 75; *Seibt/Reinhard*, Der Konzern 2005, 407 (421, 422).
4 *Kowalski*, DB 2007, 2243 (2249).
5 *Bücker* in Habersack/Drinhausen, SE-Recht, Art. 37 SE-VO Rz. 63; *Eberspächer* in Spindler/Stilz, AktG, Art. 39 SE-VO Rz. 7; *Neun* in Theisen/Wenz, S. 51 (164); *Reichert/Brandes* in MünchKomm. AktG, 3. Aufl. 2012, Art. 39 SE-VO Rz. 28; *Scheifele*, S. 253 f., 426; *Schröder* in Manz/Mayer/Schröder, Europäische Aktiengesellschaft SE, Art. 37 SE-VO Rz. 106; *Seibt/Reinhard*, Der Konzern 2005, 407 (421); aA *Schäfer* in MünchKomm. AktG, 3. Aufl. 2012, Art. 37 SE-VO, Rz. 31; *J. Schmidt* in Lutter/Hommelhoff/Teichmann, SE-Kommentar, Art. 37 SE-VO Rz. 61.
6 *Drinhausen* in van Hulle/Maul/Drinhausen, 4. Abschnitt, § 5 Rz. 36.
7 *Scheifele*, S. 426; *Schwarz*, 2006, Art. 37 SE-VO Rz. 72; aA *Kowalski*, DB 2007, 2243 (2248) (Anwendung aus Vorsichtsgründen); vgl. zum Meinungsstreit bei der Verschmelzung Rz. 60.
8 *Habersack*, Der Konzern 2008, 67 (73 f.); *Schwarz*, 2006, Art. 37 SE-VO Rz. 72.
9 *Eberspächer* in Spindler/Stilz, AktG, Art. 40 SE-VO Rz. 8; *Drinhausen* in van Hulle/Maul/Drinhausen, S. 104 (113); *Schäfer* in MünchKomm. AktG, 3. Aufl. 2012, Art. 37

beitnehmervertreter handelt, ist die Hauptversammlung an die ihr dazu unterbreiteten Vorschläge gebunden (§ 36 Abs. 4 SEBG). Das Aufsichts- oder Verwaltungsorgan bestellt sodann die Mitglieder des Leitungsorgans bzw. die geschäftsführenden Direktoren (Art. 39 Abs. 2 SE-VO; § 40 Abs. 1 SEAG). Da sich die Zusammensetzung des Aufsichtsrats aus dem Gründungsverfahren (Satzung, Beteiligungsvereinbarung oder Auffangregelung) ergibt, ist die Durchführung eines **Statusverfahrens** nach Art. 15 Abs. 1 SE-VO iVm. § 197 Satz 3 UmwG, § 31 Abs. 3 AktG im Anschluss an die Eintragung entbehrlich[1].

120 Nach Art. 15 Abs. 1 SE-VO iVm. § 197 Satz 1 UmwG, § 30 Abs. 1 Satz 1 AktG hat die Hauptversammlung außerdem den **Abschlussprüfer** für das erste volle oder Rumpfgeschäftsjahr zu bestellen[2].

8. Anmeldung zum Handelsregister

121 Die Umwandlung in die SE ist gemäß Art 15 Abs. 1 SE-VO nach den nationalen Vorschriften unter Berücksichtigung der Besonderheiten des Art. 37 SE-VO zur Eintragung in das Handelsregister **anzumelden** (vgl. §§ 198 f. UmwG, § 37 AktG). Die Anmeldung ist danach gemäß 246 Abs. 1 UmwG durch den Vorstand der formwechselnden AG vorzunehmen[3]. Sie ist notariell zu beglaubigen (§ 12 Abs. 1 HGB). Ihr sind als **Anlagen** insbesondere der Nachweis der Gründungsberechtigung (etwa durch Beilegung eines Registerauszugs über das Bestehen einer ausländischen Tochtergesellschaft)[4], die Niederschrift des Umwandlungsbeschlusses mit der Feststellung der Satzung, der Umwandlungsplan[5], der Umwandlungsbericht, die Bescheinigung gemäß Art. 37 Abs. 6 SE-VO sowie ggf. die Vereinbarung über die Beteiligung der Arbeitnehmer beizufügen. Ist eine solche Vereinbarung nicht geschlossen worden, ist entweder ein Beschluss nach § 16 SEBG, der Ablauf der Verhandlungsfrist oder die Vereinbarung zur einvernehmlichen Beendigung der Verhandlungen nachzuweisen[6].

SE-VO Rz. 31; *Scheifele*, S. 421; *J. Schmidt* in Lutter/Hommelhoff/Teichmann, SE-Kommentar, Art. 37 SE-VO Rz. 4.

1 *Habersack*, Der Konzern 2008, 67 (68 ff.); *Eberspächer* in Spindler/Stilz, AktG, Art. 40 SE-VO Rz. 8; *Reichert/Brandes* in MünchKomm. AktG, 3. Aufl. 2012, Art. 40 SE-VO Rz. 34; aA *Paefgen* in KölnKomm. AktG, 3. Aufl. 2010, Art. 40 SE-VO Rz. 74.
2 *Scheifele*, S. 426; *Seibt/Reinhard*, Der Konzern 2005, 407 (421, 722).
3 *Bücker* in Habersack/Drinhausen, SE-Recht, Art. 37 SE-VO Rz. 63; *Paefgen* in KölnKomm. AktG, 3. Aufl. 2010, Art. 37 SE-VO Rz. 104; aA *Kowalski*, DB 2007, 2243 (2248); *J. Schmidt* in Lutter/Hommelhoff/Teichmann, SE-Kommentar, Art. 37 SE-VO Rz. 66: Anmeldung durch Vertretungsorgan der SE.
4 *Schwarz*, 2006, Art. 37 SE-VO Rz. 80.
5 *Scheifele*, S. 430; *Kleindiek* in Lutter/Hommelhoff, S. 95 (101); aA *Seibt/Reinhard*, Der Konzern 2005, 407 (423) für den Fall, dass der Umwandlungsplan schon vorher eingereicht wurde.
6 *Seibt/Reinhard*, Der Konzern 2005, 407 (423).

Europäische Gesellschaft | **Anhang I**

Bei der Anmeldung ist gemäß § 16 Abs. 2 Satz 1 UmwG zu erklären, dass gegen den Umwandlungsbeschluss keine Klage erhoben bzw. dass eine solche rechtskräftig abgewiesen oder zurückgenommen wurde. Liegt diese sog. **Negativerklärung** nicht vor, darf der Registerrichter die Umwandlung nicht eintragen (§ 16 Abs. 2 Satz 2 UmwG). Das zur Vertretung berechtigte Organ hat dann zu entscheiden, ob es das Freigabeverfahren gemäß § 16 Abs. 3 UmwG einleiten soll. 122

9. Eintragung und Offenlegung

Mit der Eintragung der SE in das Handelsregister ist der Formwechsel vollzogen und die SE als Rechtsperson entstanden (Art. 12 Abs. 1 SE-VO). Bevor es zur Eintragung kommt, erfolgt eine Rechtmäßigkeitskontrolle durch das Registergericht in formeller und materieller Hinsicht. Diese ist zwar in Art. 37 SE-VO nicht ausdrücklich vorgesehen. Sie ergibt sich aber aus dem Eintragungserfordernis[1]. Etwaige Mängel des Formwechsels sind mit der Eintragung gemäß § 202 Abs. 1 Nr. 3, Abs. 3 UmwG geheilt[2]. Nach Art. 15 Abs. 2 SE-VO iVm. § 10 HGB wird die Eintragung vom Registergericht in dem von der Landesjustizverwaltung bestimmten elektronischen Informations- und Kommunikationssystem bekannt gemacht. Die Bekanntmachung muss keinen Hinweis auf das Recht der Gläubiger auf Sicherheitsleistung entsprechend §§ 204, 22 Abs. 1 Satz 3 UmwG enthalten, da dafür kein Bedarf besteht (siehe Rz. 101)[3]. Nach Art. 14 Abs. 1 SE-VO sind die Einzelheiten der neuen Gesellschaft auch im Amtsblatt der EG bekannt zu machen. Diese Veröffentlichung obliegt dem Amt für Veröffentlichungen der EG, das vom Registergericht entsprechend zu unterrichten ist (Art. 14 Abs. 3 SE-VO)[4]. 123

10. Rechtsfolgen der Umwandlung

Die Umwandlung in eine SE bedeutet weder eine Auflösung der ursprünglichen AG noch die Gründung einer neuen juristischen Person. Die bisherige Gesellschaft wird vielmehr in ihrer rechtlichen Identität fortgesetzt (Art. 37 Abs. 2 SE-VO). Art. 37 Abs. 9 SE-VO ordnet zusätzlich an, dass alle Rechtsbeziehungen in 124

---

1 *Bücker* in Habersack/Drinhausen, SE-Recht, Art. 37 SE-VO Rz. 85; *Eberspächer* in Spindler/Stilz, AktG, Art. 40 SE-VO Rz. 16; *Schäfer* in MünchKomm. AktG, 3. Aufl. 2012, Art. 37 SE-VO Rz. 31.
2 *Bücker* in Habersack/Drinhausen, SE-Recht, Art. 37 SE-VO Rz. 93; *Seibt/Reinhard*, Der Konzern 2005, 407 (423); *J. Schmidt* in Lutter/Hommelhoff/Teichmann, SE-Kommentar, Art. 37 SE-VO Rz. 75; *Paefgen* in KölnKomm. AktG, 3. Aufl. 2010, Art. 37 SE-VO Rz. 122.
3 *Bücker* in Habersack/Drinhausen, SE-Recht, Art. 37 SE-VO Rz. 93; *Scheifele*, S. 423; aA Verf. in 5. Aufl.; *Seibt/Reinhard*, Der Konzern 2005, 407 (424); *Vossius*, ZIP 2005, 741 (748); *Paefgen* in KölnKomm. AktG, 3. Aufl. 2010, Art. 37 SE-VO Rz. 120.
4 *Seibt/Reinhard*, Der Konzern 2005, 407 (424); *Vossius*, ZIP 2005, 741 (742).

Bezug auf die Beschäftigungsbedingungen auf die SE übergehen. Bei dieser mehr programmatischen Aussage handelt es sich rechtlich um eine Selbstverständlichkeit[1].

IV. Stellung der SE im deutschen Umwandlungsrecht

125 Die SE-VO regelt die Stellung der SE im Umwandlungsrecht nur mittelbar. Eine errichtete SE unterliegt gemäß Art. 9 Abs. 1 lit. c ii), Art. 10 SE-VO den Rechtsvorschriften zur AG, soweit nicht die SE-VO, die auf dieser beruhenden Bestimmungen der Satzung oder das SEAG eigenständige Regelungen treffen. Danach gelten die entsprechenden Vorschriften des UmwG auch für eine SE mit Sitz in Deutschland.

126 Die Frage, ob sich eine SE mit Sitz im Ausland an einer Umwandlung in Deutschland beteiligen kann, ist mit Blick auf die Richtlinie zur grenzüberschreitenden Verschmelzung[2] zu beantworten. Art. 1 dieser Richtlinie eröffnet Kapitalgesellschaften, die dem Recht eines EU/EWR-Mitgliedstaates unterliegen, die Möglichkeit einer grenzüberschreitenden Verschmelzung. Nach Art. 4 Abs. 1 lit. b der Richtlinie haben die beteiligten Gesellschaften die Vorschriften und Formalitäten des für sie geltenden innerstaatlichen Rechts zu beachten. Aufgrund des Gleichbehandlungsgebots des Art. 10 SE-VO ist die SE als Beteiligte einer Umwandlung wie eine nationale Aktiengesellschaft zu behandeln[3]. Eine SE mit Sitz in der EU bzw. im EWR kann sich mithin an der Verschmelzung mit einer deutschen Kapitalgesellschaft beteiligen[4]. Während für die deutsche Gesellschaft die §§ 122a ff. UmwG gelten, finden auf die SE mit Sitz im Ausland die Vorschriften des jeweiligen Gesellschaftsstatuts Anwendung.

127 **Art. 66 SE-VO** regelt zwar nur den Fall des Formwechsels einer SE in eine Aktiengesellschaft nationalen Rechts. Dies bedeutet aber nicht, dass eine Beteiligung der SE an **anderen Umwandlungsformen** nationalen Rechts unzulässig wäre. Insbesondere ist nicht ersichtlich, dass Art. 66 SE-VO den Bereich der Umwandlung (als Oberbegriff verstanden) einer SE abschließend regeln wollte. Nach Art. 9 Abs. 1 lit. c ii) SE-VO bzw. Art. 10 SE-VO stehen der SE vielmehr sämtli-

---

1 Vgl. *Bayer* in Lutter/Hommelhoff, S. 25 (65); *J. Schmidt* in Lutter/Hommelhoff/Teichmann, SE-Kommentar, Art. 37 SE-VO Rz. 79.
2 Richtlinie 2005/56/EG des Europäischen Parlaments und des Rates v. 26.10.2005 über die Verschmelzung von Kapitalgesellschaften aus verschiedenen Mitgliedstaaten, ABl. EU Nr. L 310 v. 25.11.2005, S. 1.
3 *Drinhausen* in Semler/Stengel, UmwG, Einleitung C Rz. 61; *Drygala* in Lutter, § 3 UmwG Rz. 20; *Heckschen* in Widmann/Mayer, UmwG Anhang 14 Rz. 524.
4 Siehe auch *Hörtnagl* in Schmitt/Hörtnagl/Stratz, § 122b UmwG Rz. 8 f.; *Marsch-Barner* in Liber amicorum Happ, 2006, S. 165 (169 ff.); *J. Schmidt* in Lutter/Hommelhoff/Teichmann, SE-Kommentar, Art. 66 SE-VO Rz. 8.

che nationalen Rechtsformen offen, die auch einer AG offen stehen[1]. Die Erwähnung der AG in Art. 66 SE-VO soll nur sicherstellen, dass jedenfalls eine Rückumwandlung in diese Rechtsform möglich ist[2].

Nach **Art. 66 Abs. 1 Satz 2 SE-VO** kann der Umwandlungsbeschluss erst zwei Jahre nach Eintragung der SE oder nach der Genehmigung der ersten beiden Jahresabschlüsse gefasst werden. Diese Sperrfrist gilt nach hM für jeden Formwechsel aus der SE, unabhängig von der Zielrechtsform[3]. Streitig ist, ob die Sperrfrist auch auf andere Fälle der Umwandlung anwendbar ist[4]. Dagegen wird eingewandt, dass die Sperrfrist auf die speziell mit einem Formwechsel verbundenen Missbrauchsrisiken zugeschnitten sei[5]. Eine Vermeidung der Mitbestimmung kann sich aber auch zB bei der Verschmelzung auf eine ausländische, nicht mitbestimmte Kapitalgesellschaft ergeben[6]. Daher ist die Sperrfrist nach der ratio legis zumindest vorsorglich auch bei einer Verschmelzung oder Spaltung zu beachten (siehe Rz. 135). In den Fällen der Verschmelzung durch Neugründung gilt für eine deutsche übertragende AG über § 76 Abs. 1 UmwG eine entsprechende Frist. Diese kann zwar im Einzelfall, nämlich bei Vorliegen eines Rumpfgeschäftsjahrs und Beschlussfassung erst nach Genehmigung der ersten beiden Jahresabschlüsse, länger sein als die Frist nach Art. 66 Abs. 1 Satz 2 SE-VO[7]. In

128

---

1 *Casper* in Spindler/Stilz, AktG, Art. 66 SE-VO Rz. 1; *Drinhausen* in Habersack/Drinhausen, SE-Recht, Art. 66 SE-VO Rz. 7; *Heckschen* in Widmann/Mayer, UmwG Anhang 14 Rz. 520; *Kossmann/Heinrich*, ZIP 2007, 164 (165 f.); *Marsch-Barner* in Liber amicorum Happ, 2006, S. 165 (169 f.); *Schäfer* in MünchKomm. AktG, 3. Aufl. 2012, Art. 66 SE-VO Rz. 1 und 14; *J. Schmidt* in Lutter/Hommelhoff/Teichmann, SE-Kommentar, Art. 66 SE-VO Rz. 8; *Vossius*, ZIP 2005, 741 (748 f.); für den Formwechsel auch *Schwarz*, 2006, Art. 66 SE-VO Rz. 29.
2 Vgl. *Casper* in Spindler/Stilz, AktG, Art. 66 SE-VO Rz. 1; *Drinhausen* in Habersack/Drinhausen, SE-Recht, Art. 66 SE-VO Rz. 3, 7; *J. Schmidt* in Lutter/Hommelhoff/Teichmann, SE-Kommentar, Art. 66 SE-VO Rz. 3.
3 *Casper* in Spindler/Stilz, AktG, Art. 2, 3 SE-VO Rz. 39; *Marsch-Barner* in Liber amicorum Happ, 2006, S. 165 (177); *Oplustil/Schneider*, NZG 2003, 13 (15 f.); *J. Schmidt* in Lutter/Hommelhoff/Teichmann, SE-Kommentar, Art. 66 SE-VO Rz. 9; *Schwarz*, 2006, Art. 66 SE-VO Rz. 31; aA *Kiem* in KölnKomm. AktG, 3. Aufl. 2010, Art. 66 SE-VO Rz. 12.
4 Dafür *Casper* in Spindler/Stilz, AktG, Art. 2, 3 SE-VO Rz. 38, 40; *Karollus* in Lutter, § 120 UmwG Rz. 18; *Oplustil/Schneider*, NZG 2003, 13 (16); *Schäfer* in MünchKomm. AktG, 3. Aufl. 2012, Art. 66 SE-VO Rz. 14; *Schröder* in Manz/Mayer/Schröder, Europäische Aktiengesellschaft SE, Art. 66 SE-VO Rz. 9; *Vossius*, ZIP 2005, 741 (748); aA *J. Schmidt* in Lutter/Hommelhoff/Teichmann, SE-Kommentar, Art. 66 SE-VO Rz. 9; *Kiem* in KölnKomm. AktG, 3. Aufl. 2010, Art. 66 SE-VO Rz. 12; einschränkend *Drinhausen* in Habersack/Drinhausen, SE-Recht, Art. 66 SE-VO Rz. 42.
5 So zB *J. Schmidt* in Lutter/Hommelhoff/Teichmann, SE-Kommentar, Art. 66 SE-VO Rz. 9.
6 Dazu näher *Marsch-Barner* in FS Haarmann, 2015, S. 115 (132 f.); vgl. auch *Kiem* in KölnKomm. AktG, 3. Aufl. 2010, Art. 66 SE-VO Rz. 4, der den historischen Normzweck deshalb als überholt ansieht.
7 Vgl. dazu *Drinhausen* in Habersack/Drinhausen, SE-Recht, Art. 66 SE-VO Rz. 17; *Schröder* in Manz/Mayer/Schröder, Europäische Aktiengesellschaft SE, Art. 66 SE-VO Rz. 4.

der Praxis dürften beide Vorschriften meist aber zu gleichen Ergebnissen führen. Auch bei der Verschmelzung zur Aufnahme mit der SE als übertragendem Rechtsträger ist die Zwei-Jahres-Frist des Art. 66 Abs. 1 Satz 2 SE-VO zu beachten. Der Zweck der Bestimmung, eine „Flucht aus der Mitbestimmung" anlässlich des Formwechsels zu verhindern, wird nur erreicht, wenn jede Umwandlungsform erfasst wird.

1. Verschmelzung

129 Bei einer **Verschmelzung zur Aufnahme** kann die SE sowohl übernehmender als auch übertragender Rechtsträger sein. Die anderen Rechtsträger können ebenfalls eine SE oder ein sonstiger verschmelzungsfähiger Rechtsträger iS von § 3 UmwG sein. Eine SE kann danach auch zB nach §§ 120 ff. UmwG auf das Vermögen ihres alleinigen Aktionärs verschmolzen werden (vgl. § 120 UmwG Rz. 2). Aus der Sonderregelung des Art. 66 Abs. 1 Satz 1 SE-VO lässt sich keine allgemeine Beschränkung dahin ableiten, dass eine SE nur auf eine AG verschmolzen werden kann[1]. Eine solche Beschränkung könnte ohnehin leicht durch einen unmittelbar nachfolgenden Formwechsel der AG umgangen werden[2]. Auf das Verfahren der Verschmelzung finden im Übrigen in Bezug auf die SE die Vorschriften des UmwG zur AG Anwendung (vgl. insb. §§ 60 ff. UmwG). Für die SE als übernehmende Rechtsträgerin bestehen dabei keine Besonderheiten.

130 Eine SE deutschen Rechts kann sich – wie eine AG – auch an einer **Verschmelzung durch Neugründung** beteiligen. Allerdings kann die SE dabei nur übertragender Rechtsträger sein. Eine SE als neuer Rechtsträger ist dagegen ausgeschlossen, weil die Gründung einer SE durch Verschmelzung in Art. 2 Abs. 1, Art. 17 ff. SE-VO abschließend geregelt ist. Die Gründung einer SE durch Verschmelzung nach dem UmwG ist damit versperrt (vgl. § 3 UmwG Rz. 11).

2. Formwechsel

131 Eine **SE** deutschen Rechts kann nach Art. 66 Abs. 1 Satz 1 SE-VO im Wege des Formwechsels in eine AG **zurückgewandelt** werden. Diese Regelung ist aber nicht abschließend[3]. Der Formwechsel einer SE ist daher nicht auf die Rück-

---

[1] *Oplustil/Schneider*, NZG 2003, 13 (17); *Marsch-Barner* in Liber amicorum Happ, 2006, S. 161 (170); *J. Schmidt* in Lutter/Hommelhoff/Teichmann, SE-Kommentar, Art. 66 SE-VO Rz. 6; *Vossius*, ZIP 2005, 741 (748); *Schäfer* in MünchKomm. AktG, 3. Aufl. 2012, Art. 66 SE-VO Rz. 1; aA *Kalss/Zollner*, RdW 2004, 587 (589).
[2] So schon *Schwarz*, 2006, Art. 66 SE-VO Rz. 29.
[3] *Drinhausen* in Habersack/Drinhausen, SE-Recht, Art. 66 SE-VO Rz. 7; *J. Schmidt* in Lutter/Hommelhoff/Teichmann, SE-Kommentar, Art. 66 SE-VO Rz. 8; *Oplustil/Schneider*, NZG 2003, 13 (16); *Göthel* in Lutter, § 226 UmwG Rz. 3 Fn. 3; *Bayer* in Lutter/Hommelhoff, S. 25 (28 f.); *Brandt*, Hauptversammlung, S. 155; *Schröder* in Manz/Mayer/Schrö-

umwandlung in eine AG beschränkt[1]. Aus der allgemeinen Verweisung auf das nationale Recht in Art. 9 Abs. 1 lit. c ii) SE-VO folgt vielmehr, dass eine SE wie eine AG auch in jeden anderen nach §§ 191 Abs. 2, 226 UmwG zugelassenen Rechtsträger neuer Rechtsform umgewandelt werden kann[2]. Die zweijährige Sperrfrist gemäß Art. 66 Abs. 1 Satz 2 SE-VO ist nach ihrem Sinn und Zweck allerdings auch dabei zu beachten (siehe dazu auch Rz. 128 und § 191 UmwG Rz. 6).

Die Rückumwandlung in eine AG folgt im Wesentlichen denselben Regeln wie der umgekehrte Weg der Umwandlung einer AG in die SE gemäß Art. 37 SE-VO. Die Bestimmungen in Art. 66 Abs. 3 bis 6 SE-VO entsprechen nahezu wörtlich Art. 37 Abs. 4–7 SE-VO. 132

Die Hauptversammlung wählt die Mitglieder des Aufsichtsrats, der seinerseits den Vorstand bestellt. Soweit die AG der Mitbestimmung im Aufsichtsrat unterliegt, wählt die Hauptversammlung nur die Anteilseignervertreter. Die Arbeitnehmervertreter sind nach der für sie jeweils geltenden Wahlordnung zu wählen. Zur Abkürzung dieses Verfahrens können die Arbeitnehmervertreter nach § 104 AktG zunächst gerichtlich bestellt werden (siehe zu dieser Problematik § 197 UmwG Rz. 73). Sodann haben die Mitglieder von Vorstand und Aufsichtsrat einen **Gründungsbericht** nach § 33 Abs. 1 AktG, § 197 Satz 1 UmwG zu erstellen. Ob auf eine **Gründungsprüfung** nach § 33 Abs. 2 AktG iVm. § 197 Satz 1 UmwG angesichts der Vermögensdeckungsprüfung gemäß Art. 37 Abs. 6 SE-VO verzichtet werden kann, ist unklar und sollte deshalb mit dem Registergericht abgestimmt werden (siehe dazu auch Rz. 118). Ein Gründungsbericht der Gründer nach § 32 AktG entfällt, da es im Rahmen dieses bloßen Formwechsels keinen Gründer gibt[3]. 133

Mit der nach § 201 UmwG bekannt zu machenden **Eintragung** ist der Formwechsel vollzogen. Die Rechtswirkungen des Formwechsels ergeben sich aus Art. 66 Abs. 2 SE-VO. 134

---

der, Europäische Aktiengesellschaft SE, Art. 66 SE-VO Rz. 9; aA *Vossius*, ZIP 2005, 741 (748); *Kalls/Zollner*, RdW 2004, 587 (589).
1 OLG Frankfurt v. 2.12.2010 – 5 Sch 3/10, NZG 2012, 351 (352); *Casper* in Spindler/Stilz, AktG, Art. 2, 3 SE-VO Rz. 39; *Drinhausen* in Habersack/Drinhausen, SE-Recht, Art. 66 SE-VO Rz. 4, 34 ff.; *Schäfer* in MünchKomm. AktG, 3. Aufl. 2012, Art. 66 SE-VO Rz. 1, 14; *J. Schmidt* in Lutter/Hommelhoff/Teichmann, SE-Kommentar, Art. 66 SE-VO Rz. 6; *Schwarz*, 2006, Art. 66 SE-VO Rz. 29; ausführlich *Reiner*, Der Konzern 2011, 375 ff. mit Zweifeln an der weiten Auslegung.
2 *Bayer* in Lutter/Hommelhoff, S. 25 (28); *Oplustil/Schneider*, NZG 2003, 13 (16); aA *Vossius*, ZIP 2005, 741 (748).
3 Vgl. zur Umwandlung in die SE *Seibt/Reinhard*, Der Konzern 2005, 407 (421, 422); aA *Vossius*, ZIP 2005, 741 (749 Fn. 89).

3. Spaltung, Ausgliederung und Vermögensübertragung

135 Im Übrigen kann sich eine SE deutschen Rechts wie eine AG an jeder Form der **Aufspaltung, Abspaltung** oder **Ausgliederung** beteiligen. Sie kann Teile ihres Vermögens zB auf einen oder mehrere andere Rechtsträger abspalten oder sich selbst in mehrere neue Rechtsträger aufspalten. Daran kann neben der SE jeder nach § 124 UmwG spaltungsfähige Rechtsträger als übertragender, übernehmender oder neuer Rechtsträger beteiligt sein[1]. Aus Art. 66 Abs. 1 SE-VO ergibt sich kein Gebot der Rechtsformkongruenz in dem Sinne, dass eine SE immer nur auf oder in eine AG gespalten werden könnte (siehe dazu Rz. 131). Geht die SE im Zuge einer Aufspaltung auf andere Rechtsträger unter, so ist auch bei diesem Weg aus der SE die Sperrfrist des Art. 66 Abs. 1 Satz 2 SE-VO zu beachten (siehe Rz. 128). Daneben gelten – wie bei der AG – die Beschränkungen gemäß Art. 9 Abs. 1 lit. c ii) SE-VO iVm. §§ 76 Abs. 1, 125 Satz 1, 135 Abs. 1, 141 UmwG[2].

136 Eine SE deutschen Rechts kann wie die AG auch an einer Vermögensübertragung nach den §§ 174 ff. UmwG beteiligt sein. Wird die SE im Wege der Vermögensübertragung aufgelöst, gilt Art. 66 Abs. 1 SE-VO analog[3].

4. Gründung einer Tochter-SE

137 Nach Art. 3 Abs. 2 SE-VO kann eine SE eine oder mehrere Tochter-SE gründen. Wie dies geschieht, richtet sich nach dem nationalen Recht. Eine Tochter-SE kann daher nicht nur nach den Vorschriften über die Gründung einer AG (§§ 23 ff. AktG), sondern auch durch **Ausgliederung zur Neugründung** errichtet werden (Art. 15 Abs. 1 SE-VO iVm. § 123 Abs. 3 Nr. 2 UmwG)[4]. In Art. 2 Abs. 3 SE-VO heißt es zwar, dass eine Tochter-SE durch „Zeichnung ihrer Aktien", also nicht durch einen Erwerb der Aktien im Wege der Gesamtrechtsnachfolge (vgl. § 131 Abs. 1 Nr. 3 UmwG) gegründet werden kann. Diese Bestimmung betrifft aber die Gründung einer gemeinsamen Tochter durch mehrere

---

1 *Bayer* in Lutter/Hommelhoff, S. 25 (29); *Oplustil/Schneider*, NZG 2003, 13 (17); *Teichmann* in Lutter, § 124 UmwG Rz. 6; *Heckschen* in Widmann/Mayer, Anhang 14 Rz. 529 und *Vossius*, ZIP 2005, 741 (748).
2 *Bayer* in Lutter/Hommelhoff, S. 25 (28); *J. Schmidt* in Lutter/Hommelhoff/Teichmann, SE-Kommentar, Art. 66 SE-VO Rz. 10.
3 *Schwarz*, 2006, Art. 3 SE-VO Rz. 37; aA *Vossius*, ZIP 2005, 741 (749).
4 *Bayer* in Lutter/Hommelhoff, S. 25 (26); *Kloster*, EuZW 2003, 293 (296); *Marsch-Barner* in Liber amicorum Happ, 2006, S. 165 (165 ff.); *Oplustil/Schneider*, NZG 2003, 13 (17); *Teichmann* in Lutter, § 124 UmwG Rz. 6; *Scheifele*, S. 438, 442 f.; aA *Hirte*, NZG 2002, 1 (4, 10).

Gesellschaften oder juristische Personen und nicht die Gründung einer Tochter-SE durch nur eine SE[1].

Die Bildung einer SE durch **Auf- oder Abspaltung zur Neugründung** (§ 123 Abs. 1 Nr. 2 und Abs. 2 Nr. 2 UmwG) ist dagegen im Rahmen des Art. 3 Abs. 2 SE-VO nicht möglich[2]. Denn bei einer solchen Gründung entsteht keine Tochtergesellschaft, sondern eine Schwestergesellschaft. 138

5. Verschmelzungsrechtlicher Squeeze-out

Nach § 62 Abs. 5 UmwG kann die Hauptversammlung einer übertragenden AG innerhalb von drei Monaten nach Abschluss des Verschmelzungsvertrages einen Übertragungsbeschluss nach § 327a Abs. 1 Satz 1 AktG fassen, wenn der übernehmenden AG Aktien in Höhe von neun Zehnteln des Grundkapitals der übertragenden AG gehören (siehe dazu näher § 62 UmwG Rz. 34 ff.). Dieser verschmelzungsrechtliche Squeeze-out gilt über Art. 10 SE-VO auch für die SE, also dann, wenn an dem kombinierten Ausschluss- und Verschmelzungsverfahren eine SE als übertragende und/oder übernehmende Gesellschaft beteiligt ist[3]. Sind zwei AG beteiligt, die dem Recht verschiedener Mitgliedstaaten unterliegen, so kann die Verschmelzung auch so gestaltet werden, dass die aufnehmende Gesellschaft mit Sitz in Deutschland im Zuge der Verschmelzung gemäß Art. 17 Abs. 2 Satz 2 SE-VO die Rechtsform der SE annimmt. Da § 62 Abs. 5 UmwG auf Art. 28 Abs. 2 der Dritten Richtlinie beruht[4], wird dies nicht durch Art. 31 Abs. 1 SE-VO ausgeschlossen[5]. Die **Sperrwirkung** des **Art. 31 Abs. 1 SE-VO** für nationalstaatliche Regelungen der Konzernverschmelzung bleibt aber im Übrigen zu beachten. So können nach Art. 31 Abs. 1 Satz 1 SE-VO zwar Regelungen des nationalen Rechts zur Anwendung gelangen[6]. Dies gilt aber nur für die auf Grund von Art. 24 der Dritten Richtlinie zulässigen Erleichterungen. Die Erleichterungen des § 62 Abs. 1 Satz 1 und Abs. 4 UmwG kommen deshalb im Rahmen des § 62 Abs. 5 UmwG nicht zur Anwendung, da diese auf Art. 25 und 139

---

1 *Marsch-Barner* in Liber amicorum Happ, 2006, S. 165 (166).
2 *Marsch-Barner* in Liber amicorum Happ, 2006, S. 165 (168); *Teichmann* in Lutter, § 124 UmwG Rz. 7.
3 *Wagner*, DStR 2010, 1629 (1635).
4 Begr. RegE eines Dritten Gesetzes zur Änderung des Umwandlungsgesetzes, BT-Drucks. 17/3122 v. 1.10.2010, S. 12 f.
5 Vgl. *Heckschen* in Widmann/Mayer, Anhang 14 Rz. 211.1; *Heckschen*, NJW 2011, 2390 (2395).
6 *Bayer* in Lutter/Hommelhoff/Teichmann, SE-Kommentar, Art. 31 SE-VO Rz. 7; *Schäfer* in MünchKomm. AktG, 3. Aufl. 2012, Art. 31 SE-VO Rz. 6.

Anhang I | Europäische Gesellschaft

Art. 27 der Dritten Richtlinie zurückgehen[1]. Dies entspricht durchaus der Interessenlage; da die übernehmende Gesellschaft zugleich die Rechtsform der SE annimmt, sind die Zustimmungsbeschlüsse der beteiligten Gesellschaften weiter von zentraler Bedeutung[2]. Ferner wird die Ansicht vertreten, dass § 62 Abs. 5 UmwG auf die Verschmelzungsgründung einer SE nur dann anwendbar sei, wenn die ausländischen Rechtsordnungen der übrigen an der Gründung beteiligten Gesellschaften ein ebensolches Verfahren vorsehen[3].

---

1 Begr. RegE eines Dritten Gesetzes zur Änderung des Umwandlungsgesetzes, BT-Drucks. 17/3122 v. 1.10.2010, S. 12 f.; *Heckschen*, NJW 2011, 2390 (2395).
2 *Bayer* in Lutter/Hommelhoff, SE-Kommentar, Art. 31 SE-VO Rz. 14; iE auch *Casper* in Spindler/Stilz, AktG, Art. 31 SE-VO Rz. 6.
3 *Heckschen*, NJW 2011, 2390 (2395); *Wagner*, DStR 2010, 1629 (1635); zweifelnd *Bayer* in Lutter/Hommelhoff/Teichmann, SE-Kommentar, Art. 31 SE-VO Rz. 14 und *Marsch-Barner* in Habersack/Drinhausen, SE-Recht, Art. 31 SE-VO Rz. 17.

Anhang II

Umwandlungsmaßnahmen in Insolvenzplänen

I. Einleitung 1	h) Prüfungskompetenz des Registergerichts 63
II. Bedeutung und Einsatzmöglichkeiten	2. Spaltung
1. Allgemein 4	a) Überblick 67
2. Verschmelzung 7	b) Abschluss und Form des Spaltungsvertrages 69
3. Spaltung 9	c) Zuleitung an den Betriebsrat . 73
4. Formwechsel 11	d) Spaltungsbericht und Spaltungsprüfung einschl. Prüfungsbericht 74
III. Umwandlungsfähigkeit insolventer Rechtsträger	
1. Grundsatz 14	e) Gesellschafterbeschlüsse/ Kapitalerhöhung 76
2. Rechtslage vor dem ESUG 15	f) Rechtsmittel 84
3. Rechtslage nach ESUG 16	g) Anmeldung zum Handelsregister 85
IV. Sonderproblem bei Spaltung: Nachhaftung nach § 133 UmwG trotz Insolvenzplan? 23	h) Prüfungskompetenz des Registergerichts 88
1. Problemaufriss 24	3. Formwechsel
2. Meinungsstand 27	a) Überblick 89
3. Lösungsansätze für die Praxis .. 31	b) Entwurf eines Umwandlungsbeschlusses 90
V. Praktische Umsetzung im Insolvenzplanverfahren	c) Zuleitung an den Betriebsrat . 93
1. Verschmelzung	d) Umwandlungsbericht 94
a) Überblick 38	e) Gesellschafterbeschlüsse/ Kapitalaufbringung 95
b) Abschluss und Form des Verschmelzungsvertrages ... 40	f) Rechtsmittel 98
c) Zuleitung an den Betriebsrat . 43	g) Anmeldung zum Handelsregister 99
d) Verschmelzungsbericht und Verschmelzungsprüfung einschließlich Prüfungsbericht .. 45	h) Prüfungskompetenz des Registergerichts 100
e) Gesellschafterbeschlüsse/ Kapitalerhöhung 48	VI. Anspruch der Gläubiger auf Sicherheitsleistung? 101
f) Rechtsmittel 57	
g) Anmeldung zum Handelsregister 59	

Literatur: *Becker*, Umwandlungsmaßnahmen im Insolvenzplan und die Grenzen einer Überlagerung des Gesellschaftsrechts durch das Insolvenzrecht, ZInsO 2013, 1885; *Böttcher*, Insolvenzrecht in der gesellschaftsrechtlichen Gestaltungspraxis des Notars – ausgewählte Grundfragen der Unternehmenssanierung, NotBZ 2012, 361; *Braun* (Hrsg.), InsO, 6. Aufl. 2014; *Brockdorff/Heintze/Rolle*, „Change of Control" im Planinsolvenzverfahren – verbesserte Chancen für Gesellschafter und Investoren durch das ESUG, BB 2014, 1859; *Brünkmans*, Der Rechtsschutz gegen den Bestätigungsbeschluss des Insolvenzplans vor dem Hintergrund des insolvenzrechtlichen Freigabeverfahrens nach § 253 Abs. 4 InsO, ZInsO 2014, 993; *Brünkmans*, Die Unternehmensakquisition über einen Kapitalschnitt im Insolvenzplanverfahren, ZIP 2014, 1857; *Brünkmans*, Rechtliche Möglichkeiten und Grenzen von Umwandlungen im Insolvenzplanverfahren, ZInsO 2014, 2533; *Brünkmans*, Sanierungstransaktionen in Insolvenzplänen – gilt die Formfiktion des § 254a InsO für Erklärungen außenstehender Dritter?, ZIP 2015, 1052; *Fischer*, Das neue Rechtsmittelverfahren gegen den Beschluss, durch den der Insolvenzplan bestätigt wird, NZI 2013, 513; *Heckschen*, Umstrukturierung krisengeschüttelter Kapitalgesellschaften: Umwandlungsmaßnahmen nach Stellung des Insolvenzantrags, DB 2005, 2675; *Heckschen*, Umwandlungsrecht und Insolvenz, FS Widmann, 2000, S. 31; *Hölzle/Beyß*, Gesellschaftsrechtliche Zweifelsfragen im Insolvenzplanverfahren, ZIP 2016, 1461; *Horstkotte*, Anmerkung zu AG Charlottenburg – Handelsregistergericht – Beschl. v. 9.2.2015 – HRB 153203, ZInsO 2015, 416; *Horstkotte*, Der Insolvenzplan in der gerichtlichen Vorprüfung, ZInsO 2014, 1297; *Horstkotte/Martini*, Die Einbeziehung der Anteilseigner in den Insolvenzplan nach ESUG, ZInsO 2012, 557; *Kahlert/Gehrke*, ESUG macht es möglich: Ausgliederung statt Asset Deal im Insolvenzplanverfahren, DStR 2013, 975; *Kayser/Thole* (Hrsg.), Heidelberger Kommentar zur InsO, 8. Aufl. 2016 (zit.: HK-InsO); *Kirchhof/Stürner/Eidenmüller* (Hrsg.), Münchener Kommentar zur InsO, Band 1 3. Aufl. 2013, Band 2 3. Aufl. 2013, Band 3 3. Aufl. 2014; *Kübler* (Hrsg.), Handbuch Restrukturierung in der Insolvenz, 2. Aufl. 2015; *Kübler/Prütting/Bork* (Hrsg.), InsO, Loseblatt; *Madaus*, Anm. zu OLG Brandenburg, Beschl. v. 27.1.2015 – 7 W 118/14, NZI 2015, 566; *Madaus*, Umwandlungen als Gegenstand eines Insolvenzplans nach dem ESUG, ZIP 2012, 2133; *Madaus*, Umwandlungen im Planverfahren (§ 33), in Kübler (Hrsg.), Handbuch Restrukturierung in der Insolvenz, 2. Aufl. 2015, S. 911; *Noack/Schneiders*, „Gesellschaftsrechtlich zulässige" Regelungen im Insolvenzplan (§ 225a Abs. 3 InsO), DB 2016, 1619; *Rattunde*, Das neue Insolvenzrecht für Unternehmen, AnwBl. 2012, 144; *Rubner/Leuering*, Verschmelzung einer überschuldeten Gesellschaft, NJW-Spezial 2012, 719; *Schäfer*, Suhrkamp und die Folgen – Konsequenzen aus dem vorläufigen Abschluss des Suhrkamp-Insolvenzverfahrens, ZIP 2015, 1208; *A. Schmidt* (Hrsg.), Hamburger Kommentar zum Insolvenzrecht, 5. Aufl. 2015; *K. Schmidt* (Hrsg.), InsO, 19. Aufl. 2016; *K. Schmidt/Uhlenbruck* (Hrsg.), Die GmbH in Krise, Sanierung und Insolvenz, 5. Aufl. 2016; *Simon/Brünkmans*, Die Ausgliederung von sanierungswürdigen Betriebsteilen mithilfe des Insolvenzplanverfahrens nach ESUG: Verdrängt die Gläubigerautonomie den institutionalisierten Gläubigerschutz des Umwandlungsgesetzes?, ZIP 2014, 657; *Simon/Merkelbach*, Gesellschaftsrechtliche Strukturmaßnahmen im Insolvenzplanverfahren nach dem ESUG, NZG 2012, 121; *Spliedt*, Debt-Equity-Swap und weitere Strukturänderungen nach dem ESUG, GmbHR 2012, 462; *Ströhmann/Harder*, Eintragungsfähigkeit gesellschaftsrechtlicher Insolvenzplan-Maßnahmen, Anm. zu AG Berlin-Charlottenburg, Beschl. v. 9.2.2015 – HRB 153203 B, NZI 2015, 417; *Theiselmann* (Hrsg.), Praxishandbuch des Restrukturierungsrechts, 2. Aufl. 2013; *Thole*, Gesellschaftsrechtliche Maßnahmen in der Insolvenz, 2. Aufl. 2015; *Thole*, Treuepflicht-Torpedo? Die gesellschaftsrechtliche Treuepflicht im Insolvenzverfahren, ZIP 2013, 1937; *Uhlenbruck*, InsO, 14. Aufl. 2015; *Wachter*, Umwandlung insolventer Gesellschaften, NZG 2015, 858; *Wälzholz*, GmbH: Verschmelzung einer überschuldeten GmbH auf ihren Alleingesellschafter, Anm. zu OLG Stuttgart, Beschl. v. 4.10.2005 – 8 W 426/05, DStR 2006, 338.

I. Einleitung

Die Eröffnung eines Insolvenzverfahrens führt zur **Auflösung** des Rechtsträgers 1
(§ 60 Abs. 1 Nr. 4 Halbsatz 1 GmbHG, § 262 Abs. 1 Nr. 3 AktG, § 131 Abs. 1
Nr. 3 HGB, § 101 GenG). Die Umwandlungsfähigkeit aufgelöster Rechtsträger
bleibt dabei gemäß § 3 Abs. 3 UmwG (ggf. iVm. § 124 Abs. 2 UmwG bzw. gemäß § 191 Abs. 3 UmwG) erhalten, sofern die Fortsetzung der Rechtsträger beschlossen werden könnte. Ein solcher Fortsetzungsbeschluss kam vor Inkrafttreten des ESUG zwar theoretisch in Betracht, war aber praktisch regelmäßig ausgeschlossen (vgl. Rz. 15).

Seit Inkrafttreten des ESUG sieht § 225a InsO vor, dass in einem Insolvenzplan 2
jede Regelung getroffen werden kann, „die **gesellschaftsrechtlich zulässig**[1] ist,
insbesondere die Fortsetzung einer aufgelösten Gesellschaft". Auch wenn das
Umwandlungsrecht vom ESUG-Gesetzgeber nicht besonders in den Blick genommen wurde, genügt diese abstrakte Fortsetzungsfähigkeit, um die Umwandlungsfähigkeit aufgelöster Gesellschaften nun grundsätzlich zu bejahen. Außer
im Falle eines Formwechsels oder einer Spaltung mit anschließender Fortführung des übertragenden Rechtsträgers bedarf es dabei keines **separaten Fortsetzungsbeschlusses**, da eine Fortführung der Gesellschaft gerade nicht vorgesehen
ist; sie wird entweder im Insolvenzverfahren liquidiert oder erlischt durch Verschmelzung (siehe im Einzelnen zu den verschiedenen Umwandlungsarten
Rz. 53, 78 und 96). Wo dieser doch erforderlich ist, kann er für den insolventen
Rechtsträger im Insolvenzplan gefasst werden[2], so dass die Gesellschafter ihn
wegen des Obstruktionsverbotes nicht verhindern können.

Die Einbeziehung von Anteils- und Mitgliedschaftsrechten in den Insolvenzplan 3
hat zu einer grundlegenden Neuordnung des systematischen Verhältnisses von
Insolvenz- und Gesellschaftsrecht geführt. Auch die Gesellschafter werden
(wenn auch zwangsweise) in die Abwicklung des Insolvenzverfahrens einbezogen, da sie Umwandlungsmaßnahmen unter den Voraussetzungen des **Obstruktionsverbotes** (vgl. § 245 InsO) nicht verhindern können. Meinungsunterschiede bestehen noch hinsichtlich der Umwandlungsfähigkeit des insolventen
Rechtsträgers **als übertragendem und als übernehmendem Rechtsträger** (dazu
Rz. 16 ff.). Im Ergebnis hat sich der sanierungsrechtliche Gestaltungsrahmen
durch die neu geschaffenen Möglichkeiten so erweitert, dass der Fantasie des
Planarchitekten bei der gesellschafts- und umwandlungsrechtlichen Gestaltung
kaum Grenzen gesetzt sind[3]. Dementsprechend hat es zwischenzeitlich zahlrei-

---

1 Zur Auslegung dieses Begriffs ausführlich *Noack/Schneiders*, DB 2016, 1619 ff. mit dem
  zutreffenden Hinweis, dass es auf die abstrakte Zulässigkeit ankommt.
2 Vgl. zB *Spliedt* in K. Schmidt/Uhlenbruck, Die GmbH in Krise, Sanierung und Insolvenz,
  Rz. 8.25.
3 *Hölzle* in Kübler, § 31 Rz. 19.

che Umwandlungsmaßnahmen in Insolvenzplänen gegeben[1]. Dabei bleiben viele Einzelheiten hinsichtlich der praktischen Umsetzung weiterhin ungeklärt.

II. Bedeutung und Einsatzmöglichkeiten

1. Allgemein

4 Die durch das UmwG eröffneten Umwandlungsoptionen können im Insolvenzfall auf vielfältige Weise, entweder als Hilfsmittel oder gar als Kern eines Sanierungskonzepts, eingesetzt werden. Ebenso können Umwandlungen von Konzernunternehmen ein Mittel sein, um im Falle einer Konzerninsolvenz eine Neustrukturierung des Konzerns zu erreichen[2].

5 Im Gegensatz zur klassischen übertragenden Sanierung findet bei Vermögensübertragungen nach Umwandlungsrecht (durch Verschmelzung oder Spaltung) keine Einzelrechtsnachfolge, sondern eine (partielle) Gesamtrechtsnachfolge statt. Dies erleichtert den Vermögensübergang und ermöglicht die Übertragung rechtsträgergebundener Berechtigungen – wie bspw. Lizenzen, langfristigen Verträgen und öffentlich-rechtlichen Genehmigungen – ohne die Zustimmung der anderen Vertragspartei bzw. Genehmigungsbehörde[3], soweit hierfür nicht schon die Insolvenz an sich schädlich war. Durch die **Separierung von fortführungswürdigen und fortführungsunwürdigen Betriebsteilen** lassen sich Asset-Strukturen bilden, die der klassischen übertragenden Sanierung überlegen sein können. So können fortführungswürdige Betriebsteile bspw. durch Abspaltung oder Ausgliederung auf die Erwerbsgesellschaft eines Investors oder eine Fortführungszweckgesellschaft übertragen werden. Im Einzelfall können auch Sanierungsverschmelzungen oder Formwechsel nach dem UmwG geeignete Sanierungsmaßnahmen darstellen[4]. Von der Gesamtrechtsnachfolge ausgeschlossen sind gemäß §§ 4 Abs. 2 Satz 2, 12 Abs. 3 Halbsatz 2 UmwStG hingegen die **steuerlichen Verlustvorträge** der insolventen Gesellschaft, so dass diese nach gegenwärtiger Rechtslage nicht mittels Verschmelzung oder Ausgliederung übertragen werden können. Sofern man – wie hier vertreten – die Möglichkeit einer Verschmelzung auf einen insolventen Rechtsträger befürwortet (dazu Rz. 21 f.), kommt jedoch der Erhalt der Verlustvorträge und deren Nutzbarmachung für den übertragenden solventen Rechtsträger grundsätzlich in Betracht[5], soweit diese nicht aufgrund Kontrollwechsels untergehen.

---

1 Mit dem Suhrkamp-Verfahren als besonders prominentem Beispiel; vgl. aus der umfangreichen Literatur hierzu lediglich *Schäfer*, ZIP 2015, 1208. Zum Fall der Loewe Opta GmbH vgl. *Brünkmans*, ZInsO 2014, 2533 (2542).
2 *Madaus* in Kübler, § 33 Rz. 12.
3 *Madaus* in Kübler, § 33 Rz. 13.
4 *Brünkmans*, ZInsO 2014, 2533.
5 Vgl. *Madaus* in Kübler, § 33 Rz. 14 f. mwN.

Keine Rolle in der Sanierungspraxis spielt hingegen die Vermögensübertragung (§§ 174 ff. UmwG), so dass auf diese nicht weiter eingegangen wird.

2. Verschmelzung

Die Sanierungswirkung einer Sanierungsfusion beruht oft maßgeblich auf dem Hinzutreten eines solventen Rechtsträgers. Im Falle einer Verschmelzung zur Neugründung fehlt es an einem solchen solventen Rechtsträger, so dass diese Vorgehensweise – aufgrund des mit ihr verbundenen Kapitalbedarfs – im Insolvenzfall nur selten attraktiv sein dürfte[1].

Demgegenüber kommt eine Verschmelzung zur Aufnahme in zwei Varianten in Betracht. In der unumstrittenen Variante wird der insolvente auf einen solventen Rechtsträger verschmolzen und so ein neues solventes Unternehmen geschaffen (sog. Sanierungsfusion). Umstritten ist hingegen, inwieweit eine Verschmelzung eines solventen auf einen insolventen Rechtsträger – denkbar als Sanierungs- sowie als Abwicklungsfusion – zulässig ist (dazu Rz. 18 ff.). In beiden Fällen liegt der Vorteil der Verschmelzung insbesondere in der **Übernahme rechtsträgergebundener Berechtigungen**. Die Nutzung der Verlustvorträge kommt jedoch nur bei einer Verschmelzung auf den insolventen Rechtsträger in Betracht. Die unmittelbare Sanierungswirkung besteht (anders als bei der übertragenden Sanierung) nicht in einer Entschuldung, sondern jeweils allein in der Verbesserung der Unternehmensliquidität durch das Hinzutreten des solventen Rechtsträgers, da der insolvente Rechtsträger aufgrund der Gesamtrechtsnachfolge seine Verbindlichkeiten nicht zurücklassen kann[2]. Dies führt wiederum dazu, dass eine Verschmelzung für einen strategischen Investor eine **liquiditätsschonende Akquisitionsstruktur** darstellen kann, da grds. keine Finanzmittel zur Befriedigung oder Ablösung der Insolvenzgläubiger erforderlich sind. Die mit dem Übergang der Verbindlichkeiten einhergehenden Risiken können dabei durch eine Gestaltung der Verbindlichkeiten des insolventen Rechtsträgers im Insolvenzplan eingedämmt werden. In Betracht kommt die Verschmelzung uU auch als vorbereitende Maßnahme im Rahmen einer solchen „distressed acquisition"[3].

3. Spaltung

Eine Spaltung dient in Insolvenzplansituationen oft der **Trennung des sanierungsfähigen Geschäfts**, das verkauft oder von den Gläubigern übernommen werden soll, von dem nicht sanierungsfähigen Geschäft, das abgewickelt werden muss. Hierbei kommen die allgemeinen Vorteile der Gesamtrechtsnachfolge (zB Übertragung rechtsträgergebundener Berechtigungen) gegenüber der ebenfalls

---

1 Vgl. *Heckschen* in FS Widmann, S. 31 (35); *Madaus* in Kübler, § 33 Rz. 90.
2 *Madaus* in Kübler, § 33 Rz. 62, 76 f.; *Madaus*, ZIP 2012, 2133 (2136).
3 *Brünkmans*, ZInsO 2014, 2533 (2534 f.).

möglichen Einzelrechtsnachfolge (bspw. im Rahmen einer sanierenden Übertragung) zum Tragen[1]. Jedoch ist die Anwendbarkeit des § 133 UmwG in Insolvenzplänen höchst umstritten (dazu Abschnitt IV., Rz. 23 ff.). Sofern man von dessen Unanwendbarkeit oder Ausschließbarkeit ausgeht, kommt zudem eine **Entschuldung** durch „Zurücklassen" der Altverbindlichkeiten beim übertragenden insolventen Rechtsträger in Betracht[2]. Auch außerhalb eines akuten Verkaufsprozesses kommt die Ausgliederung einzelner Einheiten zur Fortführung und Sanierung außerhalb des Insolvenzverfahrens mit anschließendem Verkauf im Rahmen eines strukturierten Bieterverfahrens in Betracht[3].

10 In der Insolvenzpraxis spielen vor allem die **Abspaltung und Ausgliederung** eine Rolle. Hingegen macht die Zuordnung des fortführungsunwürdigen Teils auf einen zweiten übernehmenden Rechtsträger im Rahmen einer Aufspaltung aufgrund der unmittelbar entstehenden Überschuldung keinen Sinn. Da zudem die Erfassung aller Vermögenspositionen sehr aufwändig ist und die Gefahr des nachträglichen Auftauchens nicht berücksichtigter Positionen besteht, spielt die Aufspaltung in der Sanierungspraxis keine Rolle[4].

4. Formwechsel

11 Anders als bei Verschmelzung oder Spaltung findet bei einem Formwechsel keine Vermögensübertragung statt. Vielmehr ändert der insolvente Schuldner unter Beibehaltung seiner rechtlichen Identität lediglich die Rechtsform[5]. Eine Entschuldungswirkung kann daher nur durch zusätzliche Vereinbarungen mit den Gläubigern erreicht werden[6]. Ein Formwechsel kann somit nicht zur Bildung neuer Asset-Strukturen genutzt werden, sondern dient der **Fortführung des Unternehmens durch einen sanierten Rechtsträger**[7].

12 Die hohe Sanierungsbedeutung des Formwechsels ergibt sich aus seiner Funktion als Sanierungshilfe, aufgrund derer sich die für das **zukünftige Geschäftsmodell passende Rechtsform** für den Schuldner schaffen lässt. So lässt sich mit Hilfe eines Formwechsels von einer Personen- in eine Kapitalgesellschaft oder eine GmbH & Co. KG bspw. eine **Haftungsbeschränkung für die Zukunft** erreichen[8]. Die Rechtsform der sanierten Schuldnergesellschaft kann so an ein

---

1 *Brünkmans*, ZInsO 2014, 2533 (2542); *Kahlert/Gehrke*, DStR 2013, 975 (977).
2 *Madaus* in Kübler, § 33 Rz. 91.
3 *Brünkmans*, ZInsO 2014, 2533 (2545); *Simon/Brünkmans*, ZIP 2014, 657 (659); vgl. auch *Piepenburg*, NZI 2004, 231 (233).
4 *Madaus* in Kübler, § 33 Rz. 106.
5 *Madaus*, ZIP 2012, 2133 (2135).
6 *Madaus* in Kübler, § 33 Rz. 17.
7 *Brünkmans*, ZInsO 2014, 2533 (2547).
8 *Heckschen* in FS Widmann, S. 31 (40); *Madaus*, ZIP 2012, 2133 (2135); *Madaus* in Kübler, § 33 Rz. 49.

neues Geschäfts- oder Risikomodell angepasst werden. Ein Formwechsel ist v.a. dann relevant, wenn eine Gesellschaftsform als nach der Restrukturierung nicht mehr passend empfunden wird, zB bei einem Übergang von einer Publikums-AG in eine von Wenigen gehaltene GmbH oder KG. Umgekehrt kann der Bedarf bestehen, eine GmbH, die von vielen Gläubigern übernommen wird, in eine AG umzuwandeln, um sie kapitalmarktfähig zu machen oder an einen stark vergrößerten Gesellschafterkreis anzupassen. Neben der Vorbereitung eines Börsengangs kommt auch der umgekehrte Fall des sog. „kalten Delistings" in Betracht[1]. Weitere Motive für einen Formwechsel können sein: künftig den Insolvenzantragspflichten des § 15a InsO oder der Arbeitnehmermitbestimmung zu entgehen, Publizitätspflichten zu beenden oder Corporate Governance-Strukturen zu verändern[2].

Inwieweit der Formwechsel ein **Instrument zur Beilegung** ansonsten potentiell existenzgefährdender **Gesellschafterstreitigkeiten** ist, wurde im Suhrkamp-Fall in Rechtsprechung und Literatur ausführlich und kontrovers diskutiert[3]. 13

III. Umwandlungsfähigkeit insolventer Rechtsträger

1. Grundsatz

Ausgangspunkt für die Frage der Beteiligungsfähigkeit insolventer Gesellschaften an Umwandlungsmaßnahmen ist § 3 Abs. 3 UmwG[4]. Danach ist die Beteiligung eines aufgelösten Rechtsträgers an einer Verschmelzung als **übertragender Rechtsträger möglich**, wenn dessen Fortsetzung beschlossen werden könnte. Dies wiederum richtet sich nach den für den entsprechenden Rechtsträger maßgeblichen gesellschaftsrechtlichen Regelungen. Exemplifiziert am Beispiel einer GmbH[5] bedeutet dies zunächst: Mit Eröffnung des Insolvenzverfahrens über das Vermögen der GmbH wird diese gemäß § 60 Abs. 1 Nr. 4 Halbsatz 1 GmbHG aufgelöst, nach dessen Halbsatz 2 kommt ein Fortsetzungsbeschluss erst nach Einstellung oder Aufhebung des Insolvenzverfahrens in Betracht[6]. 14

---

1 *Brünkmans*, ZInsO 2014, 2533 (2547).
2 *Madaus*, ZIP 2012, 2133 (2135); *Madaus* in Kübler, § 33 Rz. 49, jeweils mwN.
3 Dies kann hier nicht im Detail nachgezeichnet werden. Vgl. die Nachweise bei *Brünkmans*, ZInsO 2014, 2533 (2547) (Fn. 125).
4 Für die Verschmelzung; § 124 Abs. 2 UmwG verweist hierauf für die Spaltung, während § 191 Abs. 3 UmwG für den Formwechsel eine vergleichbare Regelung enthält.
5 Hierzu *Wachter*, NZG 2015, 858 (859 ff.).
6 Vgl. §§ 262 Abs. 1 Nr. 3, 274 Abs. 2 Nr. 1 AktG für die AG, §§ 131 Abs. 1 Nr. 3, 144 Abs. 1 HGB für die OHG/KG und §§ 101, 117 Abs. 1 Satz 1 GenG für die Genossenschaft.

2. Rechtslage vor dem ESUG

15 Vor Inkrafttreten des ESUG konnte die Fortsetzung der Gesellschaft nicht Bestandteil des Insolvenzplans sein, so dass ein Fortsetzungsbeschluss nach Aufhebung des Insolvenzverfahrens (mittels eines bedingten Planes gemäß § 249 InsO) zwar theoretisch denkbar, praktisch aber regelmäßig aufgrund einer **gegenseitigen Blockade von Umwandlungs- und Insolvenzverfahren** ausgeschlossen war[1]. Nach bisherigem Verständnis bestand somit für die Dauer des Insolvenzverfahrens ein Umwandlungen hindernder Auflösungsgrund, der auch nicht durch Fassung eines Fortsetzungsbeschlusses beseitigt werden konnte[2]. Nach ganz hM war die Beteiligung einer insolventen Gesellschaft an Umwandlungsmaßnahmen daher spätestens ab Verfahrensbeginn ausgeschlossen[3]. Eine Beteiligung an einer Verschmelzung oder Spaltung war weder als übertragender noch als übernehmender Rechtsträger zulässig. Auch ein Formwechsel war der insolventen Gesellschaft verschlossen[4].

3. Rechtslage nach ESUG

16 Seit Inkrafttreten des ESUG besteht bei insolventen Gesellschaften durch die Einführung des § 225a Abs. 3 InsO die **Möglichkeit, in einem Insolvenzplan deren Fortsetzung vorzusehen**. Somit besteht nun die für die Umwandlungsfähigkeit gemäß § 3 Abs. 3 UmwG erforderliche Fortsetzungsfähigkeit in jedem Insolvenzverfahren[5]. In der Folge wird die Beteiligung insolventer Gesellschaften an Umwandlungsmaßnahmen sowohl als übertragender Rechtsträger (insbesondere in Gestalt einer Sanierungsfusion) als auch als übernehmender Rechtsträger (speziell zur Abwicklung der betroffenen Gesellschaften) diskutiert. Während die **Beteiligungsfähigkeit als übertragender Rechtsträger** mittlerweile als **allgemein anerkannt** gelten dürfte[6], ist letztere Variante weiterhin hoch umstritten. Gemeinhin anerkannt wird auch die Zulässigkeit eines **Formwechsels** einer

---

1 Vgl. *Wachter*, NZG 2015, 858 (859); *Heckschen* in Reul/Heckschen/Wienberg, Insolvenzrecht in der Gestaltungspraxis, 2012, Abschnitt N. Rz. 313, S. 436.
2 *Becker*, ZInsO 2013, 1885 (1887); *Gesell* in Rowedder/Schmidt-Leithoff, § 60 GmbHG Rz. 76.
3 Vgl. die Nachweise bei *Madaus*, ZIP 2012, 2133 (Fn. 4); *Becker*, ZInsO 2013, 1885 (Fn. 8) und *Brünkmans*, ZInsO 2014, 2533 (Fn. 6); zur Phase zwischen Insolvenzantragstellung und Eröffnung des Insolvenzverfahrens siehe *Wälzholz*, DStR 2006, 338; *Heckschen*, DB 2005, 2675.
4 *Drinhausen/Keinath* in Henssler/Strohn, § 191 UmwG Rz. 7; *Stengel* in Semler/Stengel, § 191 UmwG Rz. 19.
5 *Wachter*, NZG 2015, 858 (860); *Madaus*, ZIP 2012, 2133 (2134); *Madaus* in Kübler, § 33 Rz. 5 f.; *Kahlert/Gehrke*, DStR 2013, 975 (975 f.); *Drygala* in Lutter, § 3 UmwG Rz. 27.
6 *Wachter*, NZG 2015, 858 (860); *Brünkmans*, ZInsO 2014, 2533 (2534); *Simon/Brünkmans*, ZIP 2014, 657 (659 f.); *Becker*, ZInsO 2013, 1885 (1887 f.); *Drygala* in Lutter, § 3 UmwG Rz. 27; *Kahlert/Gehrke*, DStR 2013, 975 (975 f.); *Madaus*, ZIP 2012, 2133 (2134); *Madaus*

insolventen Gesellschaft gemäß § 191 Abs. 3 UmwG im Wege eines Insolvenzplans[1].

Im Hinblick auf **Verschmelzungen** und **Spaltungen** wird die Neuregelung zum Teil als ausreichend angesehen, um die **Umwandlungsfähigkeit insolventer Rechtsträger** entweder pauschal[2] oder unter Hinweis auf §§ 3 Abs. 3, 124 Abs. 2 UmwG[3] zu bejahen. Sofern auf eine Überlagerung des Gesellschaftsrechts durch das Insolvenzrecht abgestellt wird, wird argumentiert, dass die Sperrwirkung der Insolvenz mit Blick auf sanierende Insolvenzplanverfahren durch das ESUG durchbrochen worden sei[4]. 17

Dabei soll es nicht darauf ankommen, ob und mit welchem Inhalt im konkreten Einzelfall tatsächlich ein Insolvenzplanverfahren durchgeführt wird[5]. Dieser Sichtweise stehe (für die GmbH) auch nicht § 60 Abs. 1 Nr. 4 Halbsatz 2 GmbHG entgegen, sofern man diese Regelung nicht als abschließend betrachte[6]. Jedenfalls im Ergebnis spricht sich die ganz hM für die Beteiligungsfähigkeit insolventer Gesellschaften als **übertragender Rechtsträger** auch nach Eröffnung eines Insolvenzverfahrens aus[7]. Dies gilt dabei spiegelbildlich sowohl für die Beteiligungsfähigkeit im Rahmen von Verschmelzungen (insbesondere in Form einer Sanierungsfusion) als auch von Spaltungsvorgängen.

Im Gegensatz dazu wird die Beteiligungsfähigkeit insolventer Gesellschaften als **übernehmender Rechtsträger mehrheitlich abgelehnt** (vgl. § 3 UmwG 18

---

in Kübler, § 33 Rz. 7; *Simon/Merkelbach*, NZG 2012, 121 (128); abweichend zunächst noch *Böttcher*, NotBZ 2012, 361 (367) und *Rubner/Leuering*, NJW-Spezial 2012, 719.
1 Vgl. das Suhrkamp-Verfahren, zB BGH v. 17.7.2014 – IX ZB 13/14, NJW 2014, 2436 = AG 2014, 779; siehe nur *Madaus*, NZI 2015, 566; *Madaus* in Kübler, § 33 Rz. 7.
2 *Rattunde*, AnwBl. 2012, 144 (146); *Simon/Merkelbach*, NZG 2012, 121 (128).
3 *Kahlert/Gehrke*, DStR 2013, 975 (975 f.).
4 *Becker*, ZInsO 2013, 1885 (1886 ff.).
5 *Wachter*, NZG 2015, 858 (860); *Madaus* in Kübler, § 33 Rz. 6; abweichend *Becker*, ZInsO 2013, 1885 (1887 f.).
6 *Wachter*, NZG 2015, 858 (860); in diesem Sinne *Altmeppen* in Roth/Altmeppen, § 60 GmbHG Rz. 51; *Bitter* in Scholz, Vor § 64 GmbHG Rz. 180; aA die hM, vgl. die Nachweise bei *Bitter* in Scholz, Vor § 64 GmbHG Rz. 179.
7 Vgl. *Wachter*, NZG 2015, 858 (860); *Brünkmans*, ZInsO 2014, 2533 (2534); *Simon/Brünkmans*, ZIP 2014, 657 (659 f.); *Becker*, ZInsO 2013, 1885 (1887 f.); *Drygala* in Lutter, § 3 UmwG Rz. 27; *Kahlert/Gehrke*, DStR 2013, 975 (975 f.); *Madaus*, ZIP 2012, 2133 (2134); *Madaus* in Kübler, § 33 Rz. 7; *Simon/Merkelbach*, NZG 2012, 121 (128); abweichend zunächst noch *Böttcher*, NotBZ 2012, 361 (367) und *Rubner/Leuering*, NJW-Spezial 2012, 719. Für den insolventen Einzelkaufmann bleibt hingegen weiterhin die Ausgliederungssperre des § 152 Satz 2 UmwG zu beachten, vgl. *Madaus*, ZIP 2012, 2133 (2134); *Kahlert/Gehrke*, DStR 2013, 975 (976); für eine teleologische Reduktion des § 152 Satz 2 UmwG hingegen *Madaus* in Kübler, § 33 Rz. 92; zu entsprechenden Gestaltungsmöglichkeiten vgl. *Spliedt* in K. Schmidt, § 225a InsO Rz. 46; abweichend hingegen *Brünkmans*, ZInsO 2014, 2533 (2554).

Rz. 26f.)[1]. Ausgehend vom Wortlaut der §§ 1 Abs. 2, 3 Abs. 3, 124 Abs. 2 UmwG wird argumentiert, dass die Verschmelzung bzw. Spaltung unter Beteiligung insolventer Gesellschaften als Zielrechtsträger keine nach dem UmwG zugelassene Umwandlungsmaßnahme und damit keine gesellschaftsrechtlich zulässige Regelung iS von § 225a Abs. 3 InsO sei. Daher könne ein aufgelöster (insolventer) Rechtsträger an Verschmelzungen und Spaltungen nur als übertragender Rechtsträger beteiligt sein[2]. Die Rechtslage habe sich insoweit auch durch das Inkrafttreten des ESUG nicht geändert.

19 Demgegenüber wird zum Teil auf den Telos der Neuregelung abgestellt, welcher in einer umfassenden Flexibilisierung des Insolvenzplanverfahrens als Sanierungsinstrument gesehen wird. Unter diesem Gesichtspunkt spreche einiges dafür, die Umwandlungsfähigkeit insolventer Gesellschaften als übernehmender Rechtsträger grundsätzlich zuzulassen[3]. Zum Teil wird in dieser Konstellation zwischen **Abwicklungsfusionen**, dh. solchen, die dazu genutzt werden sollen, die Konzernstruktur abzuwickeln (Bsp.: Verschmelzung der 100%igen Tochter auf eine insolvente Muttergesellschaft), und **Sanierungsfusionen**, dh. solchen, bei denen der Auflösungszustand des Zielrechtsträgers beendet und dessen Fortführung bewirkt werden, differenziert. Sanierungsfusionen sollen nach dieser Ansicht stets zulässig sein, sofern der Verschmelzungsbeschluss und ein Fortsetzungsbeschluss für den aufgelösten Zielrechtsträger in den gestaltenden Teil des Insolvenzplans aufgenommen werden[4]. **Abwicklungsfusionen** auf einen insolventen Rechtsträger sollen hingegen **nur im Ausnahmefall** zulässig sein. Ein solcher Ausnahmefall soll zum einen vorliegen, wenn der übertragende Rechtsträger keine Gläubiger hat (bspw. eine gläubigerlose Tochtergesellschaft), da in diesem Falle eine für die analoge Anwendung von § 3 Abs. 3 UmwG erforderliche vergleichbare Interessenlage bestünde[5]. Zum anderen soll es ausreichen,

---
1 Zum Streitstand vor Inkrafttreten des ESUG vgl. die Nachweise bei *Madaus*, NZI 2015, 566 (567).
2 So die hM, vgl. *Becker*, ZInsO 2013, 1885 (1888); *Brünkmans*, ZInsO 2014, 2533 (2534); *Simon/Brünkmans*, ZIP 2014, 657 (660); *Böttcher* in Böttcher/Habighorst/Schulte, § 3 UmwG Rz. 21; *Drygala* in Lutter, § 3 UmwG Rz. 31; *Heidinger* in Henssler/Strohn, § 3 UmwG Rz. 21; *H. Schmidt* in Lutter, § 39 UmwG Rz. 18; *Stengel* in Semler/Stengel, § 3 UmwG Rz. 46f.; *Simon* in KölnKomm. UmwG, § 3 UmwG Rz. 58; nun auch OLG Brandenburg v. 27.1.2015 – 7 W 118/14, NZG 2015, 884 (885) = GmbHR 2015, 588 mit kritischer Anmerkung von *Madaus*, NZI 2015, 566.
3 In diese Richtung *Madaus*, ZIP 2012, 2133 (2134f.) („sanierungsfreundliche Interpretation des § 3 UmwG"); *Wachter*, NZG 2015, 858 (861) (analoge Anwendung von § 3 Abs. 3 UmwG).
4 *Madaus* in Kübler, § 33 Rz. 9; *Madaus*, NZI 2015, 566 (567); ablehnend OLG Brandenburg v. 27.1.2015 – 7 W 118/14, NZG 2015, 884 = GmbHR 2015, 588; vgl. zur Rechtslage vor dem ESUG OLG Naumburg v. 12.2.1997 – 10 Wx 1/97, NJW-RR 1998, 178 (180) = GmbHR 1997, 1152.
5 *Madaus*, ZIP 2012, 2133 (2135); *Madaus*, NZI 2015, 566 (567); *Drygala* in Lutter, § 3 UmwG Rz. 31 hält eine solche Ausnahme jedenfalls für vertretbar.

wenn sich die übertragende Gesellschaft ebenfalls in einem Insolvenzverfahren befindet, so dass deren Gläubiger ausreichend durch eine Beteiligung an der Fusionsentscheidung geschützt würden[1]. Da ein Anspruch auf Sicherheitsleistung gemäß § 22 UmwG erst nach dem Wirksamwerden der Verschmelzung besteht, könnten die Belange der Gläubiger des übertragenden (solventen) Rechtsträgers nur so ausreichend berücksichtigt werden. Alternativ wird zum Schutze der betroffenen Gläubiger für eine zeitliche Vorverlagerung des umwandlungsrechtlichen Gläubigerschutzes analog § 122j UmwG und § 13 SEAG plädiert[2].

Uneinheitlich beurteilt wird, ob Art. 3 Abs. 2, Art. 4 Abs. 2 der (lediglich Aktiengesellschaften betreffende) **Europäischen Verschmelzungsrichtlinie** (RL 2011/35/EU) einer Beteiligungsfähigkeit insolventer Gesellschaften als übernehmender Rechtsträger entgegenstehen[3] oder nicht[4]. Letztgenannter Ansicht dürfte angesichts von Art. 1 Abs. 3 der Verschmelzungsrichtlinie, nach dem diese auf Gesellschaften im Insolvenzverfahren keine Anwendung findet, zu folgen sein. 20

Mangels europarechtlicher Determinierung kommt somit eine analoge Anwendung bzw. erweiternde Auslegung des § 3 Abs. 3 UmwG auf insolvente Gesellschaften als übernehmende Rechtsträger grundsätzlich in Betracht. Eine solche Auslegung wäre aus Sicht der Praxis zu begrüßen. Dem Wortlautargument der hM (siehe Rz. 18) kann dabei entgegengehalten werden, dass nach § 2 Nr. 1 UmwG Verschmelzungen auf bestehende Rechtsträger immer zulässig sind und eine aufgrund von Insolvenz aufgelöste, aber noch nicht beendete Gesellschaft weiterhin besteht, so dass insoweit eine Nennung in § 3 Abs. 3 UmwG entbehrlich ist. Dieser erweitert lediglich den Kreis der verschmelzungsfähigen Rechtsträger für übertragende Rechtsträger auf aufgelöste Rechtsträger, deren Fortsetzung beschlossen werden könnte, und steht einer Verschmelzung auf insolvente Gesellschaften daher nicht entgegen[5]. Eine solche Auslegung deckt sich letztlich auch mit dem gesetzgeberischen Willen, vor allem (aber eben nicht nur) Sanierungsfusionen zu erleichtern[6]. 21

Auch unter Gläubigerschutzgesichtspunkten greifen die Bedenken gegen die Beteiligungsfähigkeit insolventer Gesellschaften als übernehmendem Rechtsträger nicht durch. Wird eine insolvente Gesellschaft auf eine solvente schuldnerische

---

1 *Madaus*, NZI 2015, 566 (567).
2 *Wachter*, NZG 2015, 858 (862).
3 In diesem Sinne *Stengel* in Semler/Stengel, § 3 UmwG Rz. 47; *Lutter/Bayer/Schmidt*, Europäisches Unternehmens- und Kapitalmarktrecht, 5. Aufl. 2012, § 21 Rz. 21, S. 595 („abschließende und nicht analogiefähige Sonderregelung").
4 So *Madaus*, ZIP 2012, 2133 (2135); *Madaus*, NZI 2015, 566 (567); *Wachter*, NZG 2015, 858 (861).
5 *Wachter*, NZG 2015, 858 (861); gegen das Wortlautargument ebenfalls *Madaus* in Kübler, § 33 Rz. 8 f.
6 *Wachter*, NZG 2015, 858 (861) mit entsprechenden Nachweisen zur Gesetzesbegründung.

Gesellschaft – wie ja auch nach hM zulässig – verschmolzen, werden die Gläubiger des solventen Rechtsträgers allein durch den Anspruch auf Sicherheitsleistung nach § 22 UmwG geschützt. Gleiches gilt im Falle einer Verschmelzung auf einen insolventen Rechtsträger, so dass die Gläubiger der solventen Gesellschaft wirtschaftlich nicht schlechter gestellt werden. In beiden Fällen entscheiden die Gläubiger des insolventen Rechtsträgers über die Umwandlungsmaßnahme nach Maßgabe der §§ 243 ff. InsO mit und sind daher nicht schutzwürdig, so dass die Richtung der Verschmelzung im Ergebnis keinen Unterschied machen kann.

22 Die alternativ vorgeschlagen Kompromisslösungen überzeugen ebenfalls nicht. So dürfte eine **Differenzierung zwischen Sanierungs- und Abwicklungsfusionen** in der Praxis nicht immer ein trennscharfes Abgrenzungskriterium bieten. Zum anderen stellen sich die im Rahmen von Abwicklungsfusionen vorgeschlagenen Ausnahmefälle als wenig praxisrelevant dar. Vollkommen gläubigerlose Gesellschaften decken, ebenso wie der Fall der Insolvenz sowohl von übertragendem als auch übernehmendem Rechtsträger, nur einen unbedeutenden Teil der Insolvenzwirklichkeit ab.

Auch wenn somit im Ergebnis die besseren Argumente für eine Beteiligungsfähigkeit insolventer Gesellschaften auch als übernehmende Rechtsträger sprechen, so muss in der Praxis – insbesondere im Hinblick auf die Entscheidung des OLG Brandenburg[1] – weiterhin von einer fehlenden Beteiligungsfähigkeit ausgegangen werden.

IV. Sonderproblem bei Spaltung: Nachhaftung nach § 133 UmwG trotz Insolvenzplan?

23 Gerade in Krisensituationen besteht häufig ein Bedürfnis, **fortführungswürdige von fortführungsunwürdigen Betriebsteilen zu separieren**. Insbesondere Abspaltungen und Ausgliederungen sind geeignet, fortführungswürdige Betriebsteile im Wege der (partiellen) Gesamtrechtsnachfolge auf eine Erwerbsgesellschaft eines Investors, eine zu verkaufende Gesellschaft oder eine Fortführungszweckgesellschaft zu übertragen[2]. Problematisch gestaltet sich in dieser Konstellation eine mögliche Nachhaftung nach § 133 UmwG.

1. Problemaufriss

24 Nach § 133 Abs. 1 UmwG haften die an einer Spaltung beteiligten Rechtsträger für die Verbindlichkeiten des übertragenden Rechtsträgers, die vor dem Wirksamwerden der Spaltung begründet worden sind, für fünf (bzw. zehn) Jahre als

---

1 OLG Brandenburg v. 27.1.2015 – 7 W 118/14, NZG 2015, 884 = GmbHR 2015, 588.
2 Vgl. *Brünkmans*, ZInsO 2014, 2533.

Gesamtschuldner[1]. Die Haftung aus § 133 UmwG dient dem Schutz der Gläubiger des übertragenden Rechtsträgers, die so gestellt werden sollen, als hätte keine Spaltung stattgefunden. Die gesamtschuldnerische Haftung wird als notwendiges Korrelat der Spaltungsfreiheit angesehen, welche eine disproportionale Verteilung von Verbindlichkeiten und haftendem Vermögen bis hin zu einer vollständigen Trennung derselben ermöglicht[2]. Die Gläubiger des übernehmenden Rechtsträgers werden demgegenüber lediglich durch die Möglichkeit der Sicherheitsleistung nach § 22 UmwG iVm. § 125 Satz 1 UmwG geschützt[3].

Ohne vorherige Sanierung des übertragenden Rechtsträger würde die gesamtschuldnerische Haftung, jedenfalls bei einer Ausgliederung oder Abspaltung auf eine vermögenslose Zweckgesellschaft, **unmittelbar zur Überschuldung und Zahlungsunfähigkeit** auch des übernehmenden Rechtsträgers führen[4]. Den hohen Preis einer vollständigen Haftungsübernahme dürfte kaum ein Investor zu zahlen bereit sein, so dass eine **Anwendung des § 133 UmwG dazu führen würde, potenzielle Investoren von einer Übernahme eines an sich überlebensfähigen Betriebsteils** – jedenfalls im Wege der partiellen Gesamtrechtsnachfolge – **abzuhalten**[5]. 25

Die Annahme einer gesamtschuldnerischen Haftung gemäß § 133 UmwG würde somit im Einzelfall aussichtsreiche Verwertungsoptionen verbauen, so dass sich vor diesem Hintergrund die Frage nach einer teleologischen Reduktion der Vorschrift stellt. 26

2. Meinungsstand

Um den soeben dargestellten Problem zu begegnen, plädieren zahlreiche Stimmen im Schrifttum für eine **teleologische Reduktion des § 133 UmwG im Insolvenzplanverfahren**[6]. Für eine solche Vorgehensweise werden im Wesentlichen drei Argumente vorgebracht. 27

---

1 So der Wortlaut der Vorschrift. Streitig ist zwischenzeitlich, ob tatsächlich eine Gesamtschuld aller Rechtsträger iS der §§ 421 ff. BGB eintritt oder eine akzessorische Haftung der Mithafter für die Verbindlichkeiten des Hauptschuldners begründet wird. Im letztgenannten Sinne § 133 UmwG Rz. 2 f.; zum Streitstand *Hörtnagl* in Schmitt/Hörtnagl/Stratz, § 133 UmwG Rz. 2 mwN.
2 *Becker*, ZInsO 2013, 1885 (1890); *Simon/Brünkmans*, ZIP 2014, 657 (664), jeweils mwN.
3 *Simon* in KölnKomm. UmwG, § 133 UmwG Rz. 2; *Brünkmans*, ZInsO 2014, 2533 (2552).
4 *Brünkmans*, ZInsO 2014, 2533 (2552).
5 Vgl. *Becker*, ZInsO 2013, 1885 (1890); *Brünkmans*, ZInsO 2014, 2533 (2542).
6 *Brünkmans*, ZInsO 2014, 2533 (2542 f., 2552); *Kahlert/Gehrke*, DStR 2013, 975 (977 f.); *Becker*, ZInsO 2013, 1885 (1890 f.); *Simon/Brünkmans*, ZIP 2014, 657 (664 f.); *Spahlinger* in Kübler/Prütting/Bork, 66. Lfg. 2015, § 225a InsO Rz. 84; *Madaus* in Kübler, § 33 Rz. 21 f.; für eine Anwendung des § 133 UmwG hingegen noch *Madaus*, ZIP 2012, 2133 (2136); *Simon/Merkelbach*, NZG 2012, 121 (128); ablehnend auch *Eidenmüller* in MünchKomm. InsO, 3. Aufl. 2014, § 225a InsO Rz. 100; abweichend (Beschränkung auf

Anhang II | Umwandlungsmaßnahmen in Insolvenzplänen

Unter Umständen kann eine Verwertung von Assets im Wege der Gesamtrechtsnachfolge durch Ausgliederung die einzige oder jedenfalls beste Möglichkeit darstellen, Verbundwerte für die Masse im Dienste einer bestmöglichen Gläubigerbefriedigung zu realisieren[1]. Bei einer Ausgliederung auf eine Gesellschaft, die nach Vollzug zu 100 % der Insolvenzmasse gehöre, habe die Ausgliederung lediglich die Wirkung eines wertneutralen Aktivtauschs[2]. Auf den ersten Blick bestehe somit ein Zielkonflikt zwischen einer bestmöglichen und gleichmäßigen Befriedigung der Insolvenzgläubiger als Insolvenzverfahrenszweck iS des § 1 InsO einerseits und dem Gläubigerschutzzweck des § 133 UmwG andererseits. Eine aussichtsreiche Verwertungsmöglichkeit durch die Anwendung des § 133 UmwG zu verbauen, würde aber dazu führen, dass § 133 UmwG eine seiner ursprünglichen Schutzrichtung (siehe Rz. 24), die Altgläubiger des übertragenden Rechtsträgers zu schützen, entgegengesetzte Wirkung entfalten würde. Dies spreche somit für eine teleologische Reduktion des § 133 UmwG[3].

Aus vergleichbaren Gründen ist auch die Nichtanwendung des § 25 HGB auf Firmenfortführungen, die aus der Insolvenz des Handelsgeschäfts heraus erfolgen, höchstrichterlich anerkannt[4]. Die dieser Rechtsprechung zugrundeliegenden wirtschaftlichen Erwägungen könnten letztlich auf § 133 UmwG übertragen werden[5].

28 Als entscheidendes Argument dürfte jedoch anzusehen sein, dass die durch § 133 UmwG zu schützenden Gläubiger des übertragenden Rechtsträgers – anders als außerhalb des Insolvenzverfahrens – im Insolvenzplanverfahren in den Umwandlungsprozess eingebunden sind. So haben diese den Insolvenzplan in den Gruppen mehrheitlich anzunehmen und werden zudem durch § 251 InsO und § 245 InsO vor einer Schlechterstellung geschützt. Aufgrund dieser aktiven Rolle verdränge die Gläubigerautonomie den institutionalisierten Gläubigerschutz aus § 133 UmwG[6]. Ansonsten würden die Gläubiger durch die Anwendbarkeit der Mithaftung ihrem eigenen Plan letztlich die wirtschaftliche Grundlage entziehen[7].

29 Die Vertreter der Gegenansicht, die von einer uneingeschränkten Anwendbarkeit des § 133 UmwG ausgehen, verweisen zum Teil auf die gesetzgeberische Entscheidung, anders als in § 8a Abs. 8 Nr. 5 FMStFG für *bad banks*, den Haf-

---

Planquote) hingegen *Spliedt* in K. Schmidt, § 225a InsO Rz. 46; *Hirte* in Uhlenbruck, § 225a InsO Rz. 44.
1 Zu solchen Konstellationen *Simon/Brünkmans*, ZIP 2014, 657 (658 f.).
2 *Simon/Brünkmans*, ZIP 2014, 657 (664), die die teleologische Reduktion jedenfalls für diesen Fall als geboten betrachten.
3 In diesem Sinne *Simon/Brünkmans*, ZIP 2014, 657 (664); *Brünkmans*, ZInsO 2014, 2533 (2552).
4 *Becker*, ZInsO 2013, 1885 (1890); *Madaus* in Kübler, § 33 Rz. 22, jeweils mwN.
5 *Kahlert/Gehrke*, DStR 2013, 975 (977 f.); iE ebenso *Becker*, ZInsO 2013, 1885 (1890 f.); *Madaus* in Kübler, § 33 Rz. 22.
6 *Simon/Brünkmans*, ZIP 2014, 657 (664 f.); *Brünkmans*, ZInsO 2014, 2533 (2552).
7 *Becker*, ZInsO 2013, 1885 (1891).

tungsverbund nach § 133 UmwG nicht ausdrücklich auszuschließen[1]. Hieraus lässt sich jedoch kein Rückschluss auf die Anwendbarkeit des § 133 UmwG im Insolvenzfall ziehen, da in der Konstellation des § 8a FMStFG die betroffenen Rechtsträger gerade nicht insolvent sind[2].

Nach alledem sprechen die **besseren Argumente für eine teleologische Reduktion des § 133 UmwG**, zumal eine gesamtschuldnerische Haftung zum Zwecke des Gläubigerschutzes jedenfalls nicht europarechtlich geboten ist[3]. Nichtsdestotrotz sollte bis zu einer höchstrichterlichen Klärung in der Praxis vorsichtshalber von einer uneingeschränkten Anwendbarkeit des § 133 UmwG ausgegangen und auf alternative Lösungsansätze zurückgegriffen werden. 30

3. Lösungsansätze für die Praxis

Bis zu einer solchen Klärung bieten sich im Rahmen des Insolvenzplans zwei Vorgehensweisen an, das Problem der gesamtschuldnerischen Haftung aus § 133 UmwG in den Griff zu bekommen. Zum einen besteht die Möglichkeit, eine **Entschuldung des übertragenden Rechtsträgers** zu erreichen, zum anderen kann versucht werden, durch eine Verzichtsregelung im gestaltenden Teil des Insolvenzplans die gesamtschuldnerische Haftung auszuschließen. 31

Die sicherste Variante, einer Haftung aus § 133 UmwG zu entgehen, besteht in einer **Entschuldung des übertragenden Rechtsträgers**, da ohne Hauptverbindlichkeit auch keine gesamtschuldnerische Haftung eingreifen kann. Der für die Entschuldung durch Forderungsverzicht maßgebliche Zeitpunkt ist die Bestätigung des Insolvenzplans. Dieser ist dem für die gesamtschuldnerische Haftung maßgeblichen Zeitpunkt, der Wirksamkeit der Spaltung, dh. der Eintragung der Spaltung in das Handelsregister, zeitlich vorgelagert, so dass auf diesem Wege eine gesamtschuldnerische Haftung aus § 133 UmwG nur in der im Insolvenzplan vorgesehenen Höhe entsteht und möglicherweise vollständig vermieden werden kann. Die gesamtschuldnerische Haftung entsteht dann lediglich in der durch den Insolvenzplan umgestalteten Form[4]. Zu beachten ist, dass sog. Neuverbindlichkeiten, welche nach der Eintragung der Spaltung entstehen, nicht vom Haftungssystem des § 133 UmwG erfasst werden (vgl. § 133 UmwG Rz. 5 ff.)[5]. Praktisch wird eine Entschuldung jedoch selten zu erreichen sein, da eine Forderungskürzung auf die Höhe der zu erwartenden Quote an der man- 32

---

1 *Simon/Merkelbach*, NZG 2012, 121 (128 f.).
2 Zutreffend *Kahlert/Gehrke*, DStR 2013, 975 (978); *Becker*, ZInsO 2013, 1885 (1891).
3 Detailliert *Madaus* in Kübler, § 33 Rz. 20.
4 *Simon/Brünkmans*, ZIP 2014, 657 (665); vgl. auch *Brünkmans*, ZInsO 2014, 2533 (2553) mit weiteren Gestaltungsmöglichkeiten.
5 Für diese haftet nur der Rechtsträger, bei dem sie entstehen; vgl. *Fischer* in Böttcher/Habighorst/Schulte, § 133 UmwG Rz. 12; *Maier-Reimer/Seulen* in Semler/Stengel, § 133 UmwG Rz. 10.

gelnden Vorhersehbarkeit scheitern dürfte und der Insolvenzplan einen Verzicht im Übrigen nur vorsehen wird, wenn eine Fortführung des übertragenden Rechtsträgers geplant ist[1].

33 Ohne eine solche Entschuldung kann somit weiterhin ein Bedürfnis dafür bestehen, die gesamtschuldnerische Haftung des übernehmenden Rechtsträgers aus § 133 UmwG vollständig auszuschließen. Im Gegensatz zu einer vorherigen Entschuldung ist fraglich, ob dies auch durch eine **Verzichtsregelung im gestaltenden Teil des Insolvenzplans** erreicht werden kann, die sich speziell auf diese Haftung bezieht[2].

34 Für die Möglichkeit einer solchen Ausschlussregelung spricht zunächst, dass die Haftung aus § 133 UmwG im Ausgangspunkt individualvertraglich disponibel ist[3]. Gemäß § 224 InsO ist im Insolvenzplan jede Gestaltung der Forderungen möglich, die auch individualvertraglich vereinbart werden könnte, was dafür spricht, dass auch Ansprüche aus der gesamtschuldnerischen Haftung gemäß § 133 UmwG antizipiert im Insolvenzplan gemäß § 254b InsO mit Wirkung gegenüber allen Gläubigern ausgeschlossen werden können[4].

35 Gegen die Zulässigkeit einer solchen Regelung könnte sprechen, dass im Insolvenzplan nur die Verbindlichkeiten des Schuldners selbst geregelt werden können. Dies ergibt sich aus § 254 Abs. 2 Satz 1 InsO, in dem der allgemeine Grundsatz zum Ausdruck kommt, dass der Insolvenzplan nur die Verhältnisse des Schuldners, nicht aber Dritter regeln kann[5].

36 Jedoch sprechen zwei Erwägungen gegen eine Anwendung des § 254 Abs. 2 Satz 1 InsO zugrundeliegenden Rechtsgedankens auf eine Verzichtsregelung im Insolvenzplan. Im Gegensatz zu einem Eingriff in eine zugunsten bestimmter Gläubiger bestehende Haftung eines Dritten geht es vielmehr um eine Haftungserweiterung zulasten eines bisher unbeteiligten Rechtsträgers. Zudem behandelt § 254 Abs. 2 Satz 1 InsO individuell vereinbarte Sicherheiten jeweils eines Gläubigers, während § 133 UmwG der Absicherung aller Altgläubiger dient[6].

37 Letztlich spricht der **Gedanke der Gläubigerautonomie** – wie bereits bei der Frage nach einer teleologischen Reduktion (vgl. Rz. 28) – entscheidend für die Disponibilität der Haftung aus § 133 UmwG. Während üblicherweise allein die Gesellschafter der beteiligten Rechtsträger über eine Spaltung entscheiden, liegt

---

1 Vgl. *Simon/Brünkmans*, ZIP 2014, 657 (665).
2 Für die Zulässigkeit einer solchen Gestaltung *Becker*, ZInsO 2013, 1885 (1891 f.); *Simon/Brünkmans*, ZIP 2014, 657 (665); *Brünkmans*, ZInsO 2014, 2533 (2552 f.); *Spahlinger* in Kübler/Prütting/Bork, 66. Lfg. 2015, § 225a InsO Rz. 84; allein auf die teleologische Reduktion abstellend hingegen *Madaus* in Kübler, § 33 Rz. 22.
3 IE allg. Meinung, vgl. *Maier-Reimer/Seulen* in Semler/Stengel, § 133 UmwG Rz. 124.
4 *Brünkmans*, ZInsO 2014, 2533 (2553) mwN; gegen eine Anwendbarkeit von § 254b InsO *Kahlert/Gehrke*, DStR 2013, 975 (979).
5 *Brünkmans*, ZInsO 2014, 2533 (2553) mwN.
6 *Brünkmans*, ZInsO 2014, 2533 (2553).

die Entscheidungsbefugnis im Rahmen des Insolvenzplans (auch) bei den Altgläubigern des übertragenden Rechtsträgers. Allein deren Schutz ist § 133 UmwG zu dienen bestimmt. Zudem werden einzelne Gläubiger und Gläubigergruppen über § 251 Abs. 1 InsO und § 245 InsO geschützt, wobei üblicherweise nicht mit einer Schlechterstellung durch den Insolvenzplan zu rechnen sein dürfte[1]. Somit ist den Altgläubigern die Dispositionsbefugnis über die Haftungsregelung des § 133 UmwG zuzusprechen[2]. **Eine solche Verzichtsregelung entfaltet dabei Wirkung für und gegen alle Planunterworfenen, erfasst jedoch nicht die Ansprüche der dem Plan nicht unterworfenen Massegläubiger**[3]. Anstatt allein auf eine mögliche teleologische Reduktion des § 133 UmwG zu vertrauen, empfiehlt sich nach alledem die Aufnahme einer Verzichtsregelung als Vorsichtsmaßnahme. Letztlich wird jedoch auch diesbezüglich eine höchstrichterliche Klärung abzuwarten sein.

V. Praktische Umsetzung im Insolvenzplanverfahren

1. Verschmelzung

a) Überblick

Bei der konkreten Umsetzung von Umwandlungsmaßnahmen in einem Insolvenzplan ergeben sich zahlreiche Abgrenzungsfragen zwischen Insolvenzrecht und Umwandlungsrecht, die zunächst am Beispiel der Verschmelzung behandelt werden. Wichtig ist dabei vor allem, in welchem Umfang Erleichterungen in Anspruch genommen und Maßnahmen der Gesellschafter ersetzt werden können, um diesen keine Blockademöglichkeit zu geben. 38

Im Folgenden wird der Normalfall einer Verschmelzung zur Aufnahme mit der insolventen Gesellschaft als übertragendem Rechtsträger zugrunde gelegt. 39

b) Abschluss und Form des Verschmelzungsvertrages

Zunächst bedarf es des Abschlusses eines Verschmelzungsvertrages zwischen dem insolventen (übertragenden) und dem solventen (übernehmenden) Rechtsträger. Für den im Insolvenzverfahren befindlichen übertragenden Rechtsträger **handelt dabei der Insolvenzverwalter**[4]. Der Verschmelzungsvertrag steht unter der **aufschiebenden Bedingung** der rechtskräftigen Bestätigung des Insolvenz- 40

---

1 Ausführlich *Simon/Brünkmans*, ZIP 2014, 657 (665 f.).
2 IE ebenso *Simon/Brünkmans*, ZIP 2014, 657 (665); *Brünkmans*, ZInsO 2014, 2533 (2553); *Becker*, ZInsO 2013, 1885 (1891 f.).
3 *Spahlinger* in Kübler/Prütting/Bork, 66 Lfg. 2015, § 225a InsO Rz. 84.
4 Vgl. *Thole*, Gesellschaftsrechtliche Maßnahmen in der Insolvenz, 2. Aufl. 2015, Rz. 82; *Madaus* in Kübler, § 33 Rz. 45; zum notwendigen Inhalt des Verschmelzungsvertrages *Brünkmans*, ZInsO 2014, 2533 (2536 f.).

plans des insolventen Rechtsträgers und des Verschmelzungsbeschlusses der Anteilsinhaber des solventen Rechtsträgers (dazu Rz. 52)[1].

41 Der Verschmelzungsvertrag bedarf gemäß § 6 UmwG grds. der **notariellen Form**. Fraglich ist, ob der Verschmelzungsvertrag in den Genuss der **Formerleichterung des § 254a InsO** kommt, wenn er – bzw. die seitens des solventen Rechtsträgers abgegebene verbindliche Annahme- bzw. Zustimmungserklärung – gemäß §§ 228, 230 Abs. 3 InsO als **Anlage zum Insolvenzplan beigefügt** wird[2]. In der Literatur wird teilweise vorgebracht, dass die Erklärungen Dritter selbst in den gestaltenden Teil des Insolvenzplans aufgenommen werden können. Vertreter dieser Meinung stimmen jedoch darin überein, dass solche Erklärungen dem Plan analog § 230 Abs. 3 InsO anzuhängen sind[3]. Ob Erklärungen Dritter unter analoger Anwendung von § 230 Abs. 3 InsO in den gestaltenden Teil des Insolvenzplans aufgenommen werden oder ob sie dem Plan bloß als Anhang beizufügen sind, dürfte jedoch lediglich eine Unterscheidung auf rechtstechnischer Ebene sein[4]. Im Ergebnis können Erklärungen Dritter daher dem Insolvenzplan zumindest als Anlage beigefügt werden.

Nach überwiegender Ansicht sollen jedenfalls **(schuldrechtliche) Verpflichtungserklärungen** Dritter nach § 254a Abs. 3 InsO von der Formfiktion erfasst sein[5]. Hiergegen wendet sich allein *Brünkmans*, der zwar die Aufnahme von Verpflichtungserklärungen Dritter in den Plananhang als zulässig, diese aber nicht als von der Formfiktion des § 254a Abs. 3 InsO erfasst ansieht[6]. Er kritisiert den Schluss der überwiegenden Literaturstimmen, § 230 Abs. 3 InsO nicht nur auf Erklärungen Dritter gegenüber den Gläubigern (diese sind dem Plan als Pflichtanlagen beizufügen), sondern auch auf solche gegenüber Schuldnern anzuwenden. Allerdings enthalten alleine Pflichtanlagen solche Verpflichtungserklärungen, die in den Plan aufgenommen und damit von § 254a Abs. 3 InsO erfasst werden. § 230 Abs. 3 InsO sei indes aufgrund seines Wortlauts und der darin zum Ausdruck kommenden Beschränkung auf Erklärungen gegenüber den Gläubigern nicht auf sonstige Verpflichtungserklärungen anzuwenden, sodass deren Erfassung von § 254a Abs. 3 InsO folglich ausscheide[7]. Die herrschende Gegenansicht beruft sich hingegen auf den Wortlaut von § 254a Abs. 3 InsO, der sich auf sämtliche Arten von Verpflichtungserklärungen bezieht und überdies anders als Abs. 1 nicht auf die Beteiligtenstellung im Planverfahren ab-

---

1 *Brünkmans*, ZInsO 2014, 2533 (2537).
2 Ausführlich zur Reichweite der Formfiktion des § 254a InsO *Brünkmans*, ZIP 2015, 1052.
3 *Eidenmüller* in MünchKomm. InsO, 3. Aufl. 2014, § 217 InsO Rz. 159; *Lüer/Streit* in Uhlenbruck, § 254a InsO Rz. 16.
4 Vgl. *Eidenmüller* in MünchKomm. InsO, 3. Aufl. 2014, § 217 InsO Rz. 159.
5 *Madaus* in MünchKomm. InsO, 3. Aufl. 2014, § 254a InsO Rz. 18; *Haas* in HK-InsO, § 230 InsO Rz. 7; *Braun/Frank* in Braun, § 254a InsO Rz. 6.
6 *Brünkmans*, ZIP 2015, 1052 (1059).
7 *Brünkmans*, ZIP 2015, 1052 (1058).

stellt, sodass auch Erklärungen Dritter der Formfiktion unterfallen. Daneben wird darauf hingewiesen, dass § 230 Abs. 3 InsO zwar insbesondere, aber eben nicht nur auf Pflichtanlagen anzuwenden ist. Auch andere Verpflichtungserklärungen als solche gegenüber den Gläubigern können in den Plananhang aufgenommen und von § 254a Abs. 3 InsO erfasst werden.

Stark umstritten ist die Rechtslage hingegen im Hinblick auf (**dingliche**) **Verfügungserklärungen**[1]. Relevant wird dieser Streit etwa im Zusammenhang mit der Übertragung von Anteilen der Schuldnergesellschaft durch Abtretung. Vertreter der Ansicht, die § 254a Abs. 3 InsO auf Verfügungserklärungen Dritter erstreckt, können sich auf die Auffassung der Bundesregierung im Gesetzgebungsverfahren berufen[2]. Außerdem wird auf die Beschleunigungsfunktion des Insolvenzverfahrens hingewiesen, der dann am besten gedient sei, wenn auch Verfügungserklärungen Dritter von der Formfiktion des § 254a Abs. 3 InsO erfasst würden[3]. Schließlich wird darauf abgestellt, dass ein dem Plan beitretender Dritter nicht schützenswerter sei als zwangsweise Planunterworfene, deren Verfügungserklärungen gemäß § 254a Abs. 1 InsO der Formfiktion unterworfen werden[4]. Die Gegenansicht orientiert sich zunächst am Wortlaut von § 254a Abs. 3 InsO, der lediglich von „Verpflichtungen" spricht. § 254a Abs. 1 InsO sei auf Dritte nicht anwendbar, da derselbe Beteiligtenbegriff wie in den §§ 222, 226, 235, 243, 244, 248 InsO gelten müsse. § 254a InsO sei daneben Ausdruck des gesetzgeberischen Willens, dass die planmäßig Zwangsunterworfenen per Gesetz vom Schutz von Formvorschriften ausgenommen sind. Diese Gewichtung könne auf Dritterklärende hingegen nicht übertragen werden[5].

Dem Verschmelzungsvertrag kommt als Vertrag sui generis mit vorwiegend organisationsrechtlichem, aber auch schuldrechtlichem Charakter zwar keine unmittelbar dingliche Wirkung zu, so dass **richtigerweise die beschlossene insolvenzrechtliche Fassung möglich ist**. Sofern in der Literatur mit dem Hinweis auf die allgemeinen Schutzzwecke der Formvorschriften die **notarielle Beurkundung der Annahmeerklärung** des übernehmenden solventen Rechtsträgers generell gefordert wird[6], lässt dies außer Acht, dass die Verpflichtungserklärungen Dritter von der Formfiktion des § 254a Abs. 3 InsO erfasst werden, sofern

---

1 Die Formfiktion des § 254a InsO auch auf die dingliche Verfügung erstreckend *Eidenmüller* in MünchKomm. InsO, 3. Aufl. 2014, § 217 InsO Rz. 161; *Thies* in HambKomm. InsO, § 254a InsO Rz. 3; *Spliedt* in K. Schmidt, § 254a InsO Rz. 3.
2 BT-Drucks. 12/3803, S. 135, wonach neben einer schuldrechtlichen Verpflichtung auch die (dingliche) Übertragung von Gesellschaftsanteilen formwirksam in einem Insolvenzplan vorgenommen werden kann.
3 *Eidenmüller* in MünchKomm. InsO, 3. Aufl. 2014, § 217 InsO Rz. 159, 161.
4 *Spliedt* in K. Schmidt, § 254a InsO Rz. 3.
5 *Brünkmans*, ZIP 2015, 1052 (1057).
6 Ebenso *Brünkmans*, ZInsO 2014, 2533 (2537); *Becker*, ZInsO 2013, 1885 (1888 f.); aA (keine Beurkundung der Annahmeerklärung erforderlich) hingegen *Madaus* in Kübler, § 33 Rz. 73.

sie dem Plananhang gemäß § 230 Abs. 3 InsO beigefügt werden. Sofern jedoch dingliche Erklärungen (etwa im Rahmen einer Abtretung) oder solche Erklärungen, deren Rechtsnatur sich nicht eindeutig bestimmen lässt, Teil des Insolvenzplans sind, sollte in der Praxis jedenfalls aus **Vorsichtsgründen zumindest die Annahmeerklärung des übernehmenden solventen Rechtsträgers notariell beurkundet** werden[1].

42 **Widersprechenden Anteilsinhabern** des übertragenden Rechtsträgers muss nach § 29 Abs. 1 UmwG im Verschmelzungsvertrag ein **Barabfindungsangebot** gemacht werden, wenn der übernehmende Rechtsträger eine andere Rechtsform hat oder entgegen dem übertragenden Rechtsträger nicht börsennotiert ist (näher zu den Voraussetzungen § 29 UmwG Rz. 2 ff.). Für die Gesellschafter eines insolventen Rechtsträgers gilt dies im Insolvenzplanverfahren jedoch nur, wenn ihre Anteile **trotz Insolvenz noch werthaltig** sind, was selten der Fall ist[2]. Gemäß § 225a Abs. 5 Satz 1 InsO ist für die Bestimmung der Werthaltigkeit der Liquidationswert zugrunde zu legen (ausführlich zur Werthaltigkeit Rz. 91). Wird die Annahme- bzw. Zustimmungserklärung des übernehmenden solventen Rechtsträgers als Plananlage beigefügt, so hat sie an den Planwirkungen teil und beinhaltet so das verbindliche Angebot einer im Verschmelzungsvertrag gegebenenfalls einmal vorgesehenen Barabfindung[3]. Zudem ermöglicht § 225a Abs. 5 Satz 2, 3 InsO eine (verzinsungspflichtige) Stundung des Abfindungsanspruchs für bis zu drei Jahre zur Vermeidung einer unangemessenen Belastung der Finanzlage des Schuldners[4]. Zur Bedienung der Barabfindungsansprüche sind im Insolvenzplan **Mittel bereitzustellen**, dh. Rücklagen zu bilden oder Bankbürgschaften zu stellen, um eine Schlechterstellung der opponierenden Gesellschafter zu verhindern. Ein möglicher Streit um die Abfindung ist nach der Anteilsveräußerung bzw. dem Austritt außerhalb des Planverfahrens zu führen (vgl. § 251 Abs. 3 Satz 2 InsO)[5].

c) Zuleitung an den Betriebsrat

43 Um die Arbeitnehmer über die für sie relevanten Folgen der geplanten Verschmelzung zu unterrichten, ist der Verschmelzungsvertrag oder sein Entwurf nach § 5 Abs. 3 UmwG grundsätzlich den Betriebsräten jedes beteiligten Rechts-

---

1 Ebenso *Brünkmans*, ZInsO 2014, 2533 (2537); *Becker*, ZInsO 2013, 1885 (1888 f.); aA (keine Beurkundung der Annahmeerklärung erforderlich) hingegen *Madaus* in Kübler, § 33 Rz. 73.
2 *Madaus* in Kübler, § 33 Rz. 70; *Simon/Merkelbach*, NZG 2012, 121 (125); *Noack/Schneiders*, DB 2016, 1619 (1622) halten dies vor allem bei Insolvenzanträgen bei nur drohender Zahlungsunfähigkeit für relevant. Vgl. auch § 29 UmwG Rz. 16 zu den Rechtsfolgen eines zu Unrecht fehlenden Abfindungsangebotes.
3 *Madaus* in Kübler, § 33 Rz. 70.
4 Vgl. *Brünkmans*, ZInsO 2014, 2533 (2548).
5 *Madaus* in Kübler, § 33 Rz. 58.

trägers spätestens einen Monat vor der Versammlung zur Fassung des Verschmelzungsbeschlusses nach § 13 UmwG zuzuleiten (vgl. § 5 UmwG Rz. 74 ff.)[1].

Vor dem Hintergrund der umfassenden Einbeziehung und Information in die Aufstellung des Insolvenzplans[2] ist § 5 Abs. 3 UmwG jedoch auf den **Betriebsrat des insolventen Rechtsträgers nicht anwendbar.** Die verfahrensrechtlichen Vorschriften über die Aufstellung des Insolvenzplans überlagern insoweit die umwandlungsrechtliche Beteiligung des Betriebsrats[3]. Dies gilt mangels Einbeziehung in die Aufstellung des Insolvenzplans indes nicht für den **Betriebsrat des solventen Rechtsträgers.** Die Zuleitung an diesen ist zwingend und steht nicht zu dessen Disposition[4]. Ein Verzicht ist jedoch hinsichtlich der Einhaltung der Monatsfrist des § 5 Abs. 3 UmwG möglich (vgl. § 5 UmwG Rz. 77b)[5]. 44

d) Verschmelzungsbericht und Verschmelzungsprüfung einschließlich Prüfungsbericht

Gemäß § 8 Abs. 1 Satz 1 UmwG haben die Vertretungsorgane jedes der an der Verschmelzung beteiligten Rechtsträgers einen **Verschmelzungsbericht** zu erstatten. Dieser soll es den Anteilsinhabern ermöglichen, sich im Vorfeld der Versammlung der Anteilsinhaber mit den wesentlichen Grundlagen der Verschmelzung vertraut zu machen; ein Schutz von Gläubigern oder Arbeitnehmern wird nicht bezweckt (vgl. § 8 UmwG Rz. 1)[6]. 45

Zudem ist bei der AG gemäß § 60 UmwG immer und bei der GmbH gemäß § 48 UmwG auf Antrag eine **Verschmelzungsprüfung** nach §§ 9–12 UmwG durchzuführen[7]. Dies beinhaltet die Erstattung eines **Prüfungsberichts** nach § 12 UmwG. Die Verschmelzungsprüfung dient dem präventiven Schutz der 46

---

1 *Becker*, ZInsO 2013, 1885 (1889); *Brünkmans*, ZInsO 2014, 2533 (2538).
2 Stellungnahme zum Plan nach § 232 Abs. 1 Nr. 1 InsO; Teilnahme am Erörterungs- und Abstimmungstermin nach § 235 Abs. 3 Satz 1, 2 InsO; beratende Mitwirkung bei der Aufstellung durch den Verwalter nach § 218 Abs. 3 InsO.
3 *Becker*, ZInsO 2013, 1885 (1889); *Brünkmans*, ZInsO 2014, 2533 (2538); *Madaus* in Kübler, § 33 Rz. 64.
4 OLG Naumburg v. 17.3.2003 – 7 Wx 6/02, NZG 2004, 734 = GmbHR 2003, 1433; *Brünkmans*, ZInsO 2014, 2533 (2538); aA *Becker*, ZInsO 2013, 1885 (1889) (Fn. 56); *Simon* in Semler/Stengel, § 5 UmwG Rz. 146 mwN.
5 H.M. OLG Naumburg v. 17.3.2003 – 7 Wx 6/02, NZG 2004, 734 = GmbHR 2003, 1433; LG Gießen v. 14.4.2004 – 6 T 12/04, Der Konzern 2004, 622 (623); *Wardenbach* in Henssler/Strohn, § 126 UmwG Rz. 54; *Becker*, ZInsO 2013, 1885 (1889) (Fn. 56); zur aA vgl. § 5 UmwG Rz. 77b mwN.
6 *Gehling* in Semler/Stengel, § 8 UmwG Rz. 2; *Stratz* in Schmitt/Hörtnagl/Stratz, § 8 UmwG Rz. 1, 5.
7 Vgl. § 44 UmwG für Personenhandelsgesellschaften und § 100 UmwG für den Verein; zur Erforderlichkeit bei Rechtsträgern anderer Rechtsform vgl. auch *Zeidler* in Semler/Stengel, § 9 UmwG Rz. 6 ff.

Anhang II | Umwandlungsmaßnahmen in Insolvenzplänen

Anteilsinhaber der an einer Verschmelzung beteiligten Rechtsträger (vgl. § 9 UmwG Rz. 2)[1].

47 Verschmelzungsbericht, Verschmelzungsprüfung und Prüfungsbericht sind unter den Voraussetzungen des § 8 Abs. 3 UmwG entbehrlich, dh. insb. wenn alle Anteilsinhaber aller beteiligten Rechtsträger auf die Erstattung durch notariell zu beurkundende Erklärung verzichten (vgl. §§ 8 Abs. 3, 9 Abs. 3 und 12 Abs. 3 UmwG). Im **Insolvenzplanverfahren dient bereits der darstellende Teil des Insolvenzplans den Beteiligten als Informationsgrundlage**, so dass durch die Verfahrensvorschriften zur Planaufstellung ein ausreichender Informationsstand sichergestellt wird. Daher wird für die **Anteilsinhaber des insolventen Rechtsträgers eine teleologische Reduktion der Berichtspflichten vertreten**, wenn der Zustimmungsbeschluss durch eine Regelung im gestaltenden Teil des Insolvenzplans ersetzt wird[2]. Dies ist überzeugend, da die Anteilsinhaber des insolventen Rechtsträgers die Verschmelzung nicht verhindern können. Der praktische Nutzen einer solchen teleologischen Reduktion hängt von den Anteilsinhabern des solventen Rechtsträgers ab, da die Berichte grundsätzlich weiterhin für diese erstattet werden müssen[3]. Jedoch ist die Berichterstellung entbehrlich, wenn sämtliche Anteilsinhaber des solventen Rechtsträgers auf die Erstellung verzichten. Zum Teil wird vertreten, dass ein solcher Verzicht formwahrend im gestaltenden Teil des Insolvenzplans erfolgen kann[4]. Da es sich bei den Anteilsinhabern des solventen Rechtsträgers um außenstehende Dritte handelt, erscheint es aus Sicherheitsgründen jedoch geboten, die **Verzichtserklärungen separat notariell zu beurkunden** (vgl. Rz. 41). Zur Beschleunigung der Eintragung bietet es sich an, **Verzichtserklärungen der Anteilsinhaber** des insolventen Rechtsträgers ebenfalls in den **gestaltenden Teil des Insolvenzplans** aufzunehmen[5].

e) Gesellschafterbeschlüsse/Kapitalerhöhung

48 Gemäß § 47 UmwG sind der Verschmelzungsvertrag oder sein Entwurf sowie ein möglicher Verschmelzungsbericht den Gesellschaftern spätestens zusammen mit der Einberufung der Gesellschafterversammlung, die gemäß § 13 Abs. 1 UmwG über die Zustimmung beschließen soll, **zu übersenden**[6]. **Für den insolventen Rechtsträger wird die Übersendungspflicht durch die Niederlegung des Insolvenzplans nach § 234 InsO mit dem Verschmelzungsvertrag als An-

---

1 Zeidler in Semler/Stengel, § 9 UmwG Rz. 2 mwN.
2 *Becker*, ZInsO 2013, 1885 (1889); *Brünkmans*, ZInsO 2014, 2533 (2537 f.); *Madaus* in Kübler, § 33 Rz. 63; aA noch *Madaus*, ZIP 2012, 2133 (2138) (separate Plananlage erforderlich).
3 Vgl. *Becker*, ZInsO 2013, 1885 (1889); *Brünkmans*, ZInsO 2014, 2533 (2538).
4 So *Madaus* in Kübler, § 33 Rz. 63.
5 *Brünkmans*, ZInsO 2014, 2533 (2538).
6 Für die AG gilt § 61 UmwG, wonach der Verschmelzungsvertrag oder sein Entwurf zum Handelsregister einzureichen sind.

lage ersetzt[1]. An die Gesellschafter des solventen Rechtsträgers hat eine Übersendung hingegen grundsätzlich zu erfolgen. Ein Verzicht ist jedoch möglich (vgl. § 47 UmwG Rz. 6)[2].

Für die **Einberufung** gelten bei dem insolventen Rechtsträger die **Vorschriften über die Einberufung des Erörterungs- und Abstimmungstermins (§§ 235 ff. InsO)**. Für den solventen Rechtsträger bleibt es bei den allgemeinen Vorschriften nach Gesetz und Satzung. Durch einen Verschmelzungsbeschluss unter Verzicht auf alle gesetzlichen und statutarischen Regelungen über Formen und Fristen kann beim solventen Rechtsträger auf die Einhaltung der Einberufungsvorschriften – ebenso wie auf die Übersendung des Verschmelzungsvertrages – verzichtet werden[3]. 49

Der erforderliche **Verschmelzungsbeschluss** (vgl. § 13 Abs. 1 UmwG) des **insolventen Rechtsträgers** kommt als **Teil des Insolvenzplans** nicht nach den Mehrheiten des Umwandlungsrechts, sondern allein nach den Anforderungen der §§ 243 ff. InsO zustande[4]. Die **entsprechenden Willenserklärungen** gelten nach § 254a Abs. 2 Satz 1 InsO als in der vorgeschriebenen Form abgegeben, so dass die ansonsten gemäß § 13 Abs. 3 Satz 1 UmwG erforderliche **notarielle Beurkundung** entfällt. Die Anteilsinhaber des insolventen Rechtsträgers bilden gemäß § 222 Abs. 1 Satz 2 Nr. 4 InsO eine eigene Gruppe, die grundsätzlich nach § 244 Abs. 3 InsO dem Insolvenzplan mit einfacher Beteiligungsmehrheit zustimmen muss. Die **Anteilsinhaber sind jedoch an Blockadeentscheidungen gehindert**, da die erforderliche Zustimmung unter den Voraussetzungen des Obstruktionsverbots aus § 245 InsO als erteilt gilt[5]. 50

Die Anteilsinhaber werden idR nicht einwenden können, dass sie durch den **Plan schlechter gestellt** würden als ohne einen Insolvenzplan, da ihre **Anteile im Regelfall wertlos** sein dürften[6]. Dies gilt insbesondere für den **Ausschluss des Bezugsrechts** zur Vermeidung einer Kapitalerhöhung (dazu Rz. 54)[7]. Gleiches dürfte im Rahmen einer Prüfung nach § 251 InsO gelten, da die Prüfung der voraussichtlichen Schlechterstellung anhand eines Vergleiches zwischen Planergebnis und hypothetischer Regelabwicklung erfolgt[8]. 51

---

1 *Brünkmans*, ZInsO 2014, 2533 (2538).
2 *Brünkmans*, ZInsO 2014, 2533 (2538); *Reichert* in Semler/Stengel, § 47 UmwG Rz. 5.
3 *Brünkmans*, ZInsO 2014, 2533 (2538 f.).
4 *Madaus* in Kübler, § 33 Rz. 66; *Becker*, ZInsO 2013, 1885 (1889); *Brünkmans*, ZInsO 2014, 2533 (2539).
5 *Brünkmans*, ZInsO 2014, 2533 (2539); zum Obstruktionsverbot vgl. *Becker* in Kübler, § 41 Rz. 5 ff.; *Brockdorff/Heintze/Rolle*, BB 2014, 1859 (1861 f.).
6 *Simon/Merkelbach*, NZG 2012, 121 (125).
7 *Madaus* in Kübler, § 33 Rz. 69.
8 So jedenfalls die bisher einhellige Meinung, vgl. *Spliedt* in K. Schmidt, § 251 InsO Rz. 6; hingegen möchte der BGH nun offenbar einen alternativen Insolvenzplan als Vergleichsmaßstab zugrunde legen, vgl. das obiter dictum zum Suhrkamp-Fall in BGH v. 17.7.2014 – IX ZB 13/14, NJW 2014, 2436 (2441) (Rz. 40 ff.).

Anhang II | Umwandlungsmaßnahmen in Insolvenzplänen

52 Für den **Verschmelzungsbeschluss** der Anteilsinhaber des **solventen Rechtsträgers** gelten die oben genannten Fiktionen und formellen Erleichterungen hingegen nicht, da diese nicht in den Insolvenzplan einbezogen sind (vgl. § 217 InsO). Die Beschlussfassung erfolgt allein nach den für den jeweiligen Rechtsträger einschlägigen gesellschafts- und umwandlungsrechtlichen Regelungen[1]. Der Verschmelzungsbeschluss des solventen Rechtsträgers sowie ein ggf. erforderlicher Kapitalerhöhungsbeschluss (dazu Rz. 55) sollten daher zur **Planbedingung nach § 249 InsO** gemacht werden, um eine Verknüpfung der Beschlussfassung zu ermöglichen[2].

53 Entgegen einer teilweise vertretenen Ansicht bedarf es **keines eigenständigen Fortsetzungsbeschlusses** des insolventen Rechtsträgers[3]. Eine eigenständige Fortführung der Schuldnergesellschaft ist gerade nicht vorgesehen. Die Gesellschaft wird vielmehr auf den übernehmenden Rechtsträger verschmolzen, so dass die infolge der Insolvenzeröffnung eingetretene Auflösung der Gesellschaft nicht durch einen Fortsetzungsbeschluss beseitigt werden muss (vgl. § 3 UmwG Rz. 24 mwN)[4].

54 Aufgrund des im Umwandlungsrecht gemäß § 2 UmwG geltenden Grundsatzes der **Mitgliedschaftsperpetuierung** sind den Anteilsinhabern des übertragenden Rechtsträgers zudem für die Vermögensgewährung grundsätzlich Anteile an dem übernehmenden Rechtsträger zu gewähren[5]. Problematisch ist, dass die hierfür erforderlichen Geschäftsanteile idR zunächst durch eine **Sachkapitalerhöhung** geschaffen werden müssen. Die Einbringung des Unternehmens des übertragenden Rechtsträgers als Sacheinlage ist jedoch im Falle einer Überschuldung mit dem **Grundsatz der Kapitalaufbringung unvereinbar**[6]. Daher wird die Verschmelzung eines insolventen Rechtsträger idR unter **Verzicht auf eine Anteilsgewährung** am übernehmenden Rechtsträger nach §§ 54 Abs. 1 Satz 3, 68 Abs. 1 Satz 3 UmwG erfolgen[7]. Der Verzicht auf eine flankierende Kapitalerhöhung beim übernehmenden Rechtsträger verringert zudem den zeitlichen und organisatorischen Aufwand im Hinblick auf die Prüfung durch das Registergericht[8]. Außerdem können dadurch die Gesellschafter im Ergebnis quasi ausgeschlossen werden[9]. Die üblicherweise erforderliche Abgabe notariell beurkundeter Ver-

---

1 *Becker*, ZInsO 2013, 1885 (1889); *Madaus* in Kübler, § 33 Rz. 68.
2 *Madaus* in Kübler, § 33 Rz. 68.
3 Dafür jedoch ohne nähere Begründung *Becker*, ZInsO 2013, 1885 (1889).
4 Ebenso *Madaus* in Kübler, § 33 Rz. 6, 65; vgl. auch *Thies* in HambKomm. InsO, § 225a InsO Rz. 47.
5 Hierzu *Simon* in KölnKomm. UmwG, § 2 UmwG Rz. 78 ff.
6 Hierzu *Heckschen* in FS Widmann, S. 31 (35 f.).
7 *Brünkmans*, ZInsO 2014, 2533 (2535 f., 2539).
8 *Simon* in Theiselmann, Praxishandbuch des Restrukturierungsrechts, Kap. 7 Rz. 48.
9 Vgl. zu dieser Folge des Verzichts auf Anteilsgewährung *Noack/Schneiders*, DB 2016, 1619 (1623 ff.).

zichtserklärungen durch die Anteilsinhaber des übertragenden Rechtsträgers wird dabei gemäß § 254a Abs. 2 Satz 1 InsO durch eine Regelung im gestaltenden **Teil des Insolvenzplans ersetzt**[1]. An die Stelle der Verzichtserklärung tritt die Annahme des Insolvenzplans durch die Beteiligtengruppen und die rechtskräftige Bestätigung des Insolvenzplans durch das Insolvenzgericht. Die Zustimmung der Anteilseigner kann dabei unter den Voraussetzungen des Obstruktionsverbots aus § 245 InsO fingiert werden (vgl. Rz. 50 f.). Im Einzelfall ist zudem zu prüfen, ob neben dem Verzicht der Anteilsinhaber auch der **Verzicht Dritter** erforderlich ist, namentlich bei einer **Belastung der Anteile** von Anteilsinhabern des übertragenden Rechtsträgers mit Rechten Dritter (bspw. mit einem Pfandrecht) (vgl. § 54 UmwG Rz. 20)[2]. Die Verzichtserklärung des Dritten (zu Formfragen siehe Rz. 41) kann im Falle ihrer Erforderlichkeit auch nicht durch eine Regelung im gestaltenden Teil des Insolvenzplans ersetzt werden. Es spricht jedoch viel dafür, im Insolvenzplanverfahren das sonst bestehende Verzichtserfordernis für Inhaber eines Pfandrechts an einem Gesellschaftsanteil nicht anzuwenden, weil sonst doch wieder eine vom Gesetzgeber nicht gewünschte Blockademöglichkeit bestünde und zu bedenken ist, dass es sich um ein Pfandrecht an einem wertlosen Anteil handelt[3]. In Betracht kommt bei Unsicherheiten auch eine Umgehung durch eine Kapitalerhöhung zu einem geringen Betrag[4]. Hingegen kann die im Falle einer **Vinkulierung** der Anteile des insolventen Rechtsträgers erforderliche Zustimmung einzelner Anteilsinhaber durch die Aufnahme einer **Regelung in den gestaltenden Teil des Insolvenzplans ersetzt werden**[5].

Sollte das Verschmelzungskonzept ausnahmsweise vorsehen, dass den Anteilsinhabern des insolventen Rechtsträgers neue, im Wege der Kapitalerhöhung geschaffene Geschäftsanteile gewährt werden, so hat die Gesellschafterversammlung des solventen Rechtsträgers einen entsprechenden **Kapitalerhöhungsbeschluss** zu fassen[6]. 55

Vielfach dürfte zudem eine vorherige **Entschuldung des übertragenden Rechtsträgers** durch Forderungsverzichte im gestaltenden Teil des Insolvenzplans erforderlich sein, um die Anteilsinhaber des übernehmenden Rechtsträgers zu einer Verschmelzung zu bewegen. Denkbar und sinnvoll ist eine Gestaltung, nach der die Gläubiger auf den Teil ihrer Forderungen verzichten, der nicht vom Fortführungswert des Aktivvermögens gedeckt ist[7]. Die Gläubiger profitieren 56

---

1 Brünkmans, ZInsO 2014, 2533 (2539, 2549 f.).
2 Simon in Theiselmann, Praxishandbuch des Restrukturierungsrechts, Kap. 7 Rz. 56; Brünkmans, ZInsO 2014, 2533 (2536).
3 Ausführlich zu dieser Frage ebenso wie zum lastenfreien Erwerb von Anteilen im Insolvenzplanverfahren Hölzle/Beyß, ZIP 2016, 1461 (1464 f.).
4 Vgl. Brünkmans, ZIP 2014, 1857 (1859 ff.); Brünkmans, ZInsO 2014, 2533 (2536).
5 Brünkmans, ZInsO 2014, 2533 (2539).
6 Brünkmans, ZInsO 2014, 2533 (2539).
7 Brünkmans, ZInsO 2014, 2533 (2536).

dabei von einer **Werthaltigkeitssteigerung ihrer Restforderung** durch das Hinzutreten des übernehmenden (solventen) Rechtsträgers, dessen Gläubiger sie werden. Den Gläubigern im Wege eines Debt-Equity-Swaps (vgl. § 225 Abs. 2 Satz 1 InsO)[1] zunächst Anteile an der insolventen Gesellschaft zu gewähren erscheint nur sinnvoll, wenn den Anteilsinhabern der insolventen Gesellschaft im Rahmen der Verschmelzung wiederum Anteile an der solventen Gesellschaft gewährt werden. Sofern eine vorherige Entschuldung des übertragenden Rechtsträgers erreicht werden kann und in der Folge positives Vermögen auf den übernehmenden Rechtsträger übertragen werden kann, kommt auch eine Kapitalerhöhung und die Schaffung einer symbolischen Anzahl von Geschäftsanteilen in Betracht[2].

f) Rechtsmittel

57 Für die Anteilsinhaber des **insolventen Rechtsträgers** besteht **keine Möglichkeit der Anfechtungs- oder Nichtigkeitsklage** nach § 14 UmwG gegen den Verschmelzungsbeschluss. Vielmehr steht ihnen das Rechtsmittel der **sofortigen Beschwerde** gegen den Bestätigungsbeschluss des Insolvenzplans nach § 253 InsO zu[3]. Für den Schuldner bzw. Insolvenzverwalter (nicht aber für andere Verfahrensbeteiligte[4]) besteht dann die Möglichkeit, das **insolvenzrechtliche Freigabeverfahren** nach § 253 Abs. 4 InsO anzustrengen[5]. In diesem kann eine beschleunigte Zurückweisung der Beschwerde erreicht werden, sofern das alsbaldige Wirksamwerden des Insolvenzplans vorrangig erscheint, weil die Nachteile einer Verzögerung des Planvollzugs nach freier Überzeugung des Gerichts die Nachteile für den Beschwerdeführer überwiegen und ein besonders schwerer Rechtsverstoß nicht vorliegt[6]. Für Einzelheiten kann hierbei oft auf die Maßstäbe des aktienrechtlichen Freigabeverfahrens nach § 246a AktG zurückgegriffen werden, das als Vorbild diente.[7]

58 Den Anteilseignern des **solventen Rechtsträgers** steht hingegen die **Anfechtungs- oder Nichtigkeitsklage** offen. Sollte eine solche erhoben werden, steht wiederum das **umwandlungsrechtliche Freigabeverfahren** nach § 16 Abs. 3 UmwG zur Verfügung. Zur Ermöglichung einer zügigen Eintragung der Verschmelzung bietet es sich an, dass die klageberechtigten Anteilsinhaber nach Möglichkeit gemäß § 16 Abs. 2 Satz 2 UmwG durch notariell beurkundete **Ver-**

---

1 Hierzu *Hölzle* in Kübler, § 31 Rz. 56 ff.
2 Vgl. *Brünkmans*, ZInsO 2014, 2533 (2539).
3 *Brünkmans*, ZInsO 2014, 2533 (2540); *Madaus* in Kübler, § 33 Rz. 66.
4 Ausführlich zur Antragsberechtigung *Sinz* in MünchKomm. InsO, 3. Aufl. 2014, § 253 InsO Rz. 59 f.
5 Hierzu *Fischer*, NZI 2013, 513; *Brünkmans*, ZInsO 2014, 993.
6 Ausführlich hierzu *Sinz* in MünchKomm. InsO, 3. Aufl. 2014, § 253 InsO Rz. 66 ff.; *Fischer*, NZI 2013, 513 (516).
7 *Sinz* in MünchKomm. InsO, 3. Aufl. 2014, § 253 InsO Rz. 66 und 72.

zichtserklärung auf die Klage gegen die Wirksamkeit des Verschmelzungsbeschlusses verzichten, da die Verschmelzung ansonsten jedenfalls nicht vor Ablauf der Monatsfrist des § 14 Abs. 1 UmwG eingetragen werden kann (vgl. § 16 UmwG Rz. 29 f.)[1].

g) Anmeldung zum Handelsregister

Nach § 16 Abs. 1 UmwG ist die Verschmelzung zum Handelsregister der beteiligten Rechtsträger – zusammen mit den nach § 17 UmwG erforderlichen Anlagen – anzumelden. Der **bestätigte Insolvenzplan ersetzt dabei den Verschmelzungsbeschluss des insolventen Rechtsträgers**, so dass dieser als Anlage nach § 17 Abs. 1 UmwG beizufügen ist[2]. Soweit der Insolvenzplan weitere nach § 17 Abs. 1 UmwG geforderte Anlagen umfasst oder hinfällig werden lässt, werden diese ebenfalls durch den bestätigen Insolvenzplan ersetzt[3]. Aufgrund dieses ungewöhnlichen Umstands empfiehlt es sich, den Verschmelzungsbeschluss und mögliche Verzichtserklärungen (vgl. Rz. 54) im **gestaltenden Teil des Insolvenzplans in Anlehnung an die gängige Praxis außerhalb des Planverfahrens zu formulieren**[4]. Im Übrigen bleibt das registergerichtliche Verfahren – einschließlich der Pflicht zur Beifügung einer **Schlussbilanz** nach § 17 Abs. 2 UmwG – unverändert[5]. Dabei ist zu berücksichtigen, dass nach § 155 Abs. 2 Satz 1 InsO mit der Eröffnung des Insolvenzverfahrens ein **neues Geschäftsjahr** beginnt. Mangels Klagemöglichkeit bedarf es für den **insolventen Rechtsträger keiner Negativerklärung** nach § 16 Abs. 2 UmwG[6]. Die **Schlussbilanz** kann durch **Aufnahme in die Plananlagen** ebenfalls mit diesem eingereicht werden[7]. Die Verschmelzung ist zuerst in das Handelsregister am Sitz jedes übertragenden Rechtsträgers einzutragen (vgl. § 19 Abs. 1 UmwG) und wird wie üblich mit der Eintragung in das Handelsregister am Sitz des übernehmenden Rechtsträgers wirksam (vgl. § 20 Abs. 1 UmwG).

Zur Vereinfachung und Beschleunigung des Registerverfahrens ist neben den weiterhin vertretungsberechtigten Organen der Gesellschaft beim insolventen Rechtsträger auch der **Insolvenzverwalter** (nicht aber der Sachwalter) gemäß § 254a Abs. 2 Satz 3 InsO **zur Anmeldung beim Registergericht berechtigt und ggf. verpflichtet**[8]. Diese Befugnis umfasst neben der bloßen Anmeldungs-

---
1 Vgl. *Brünkmans*, ZInsO 2014, 2533 (2540).
2 *Becker*, ZInsO 2013, 1885 (1890); *Brünkmans*, ZInsO 2014, 2533 (2540).
3 *Becker*, ZInsO 2013, 1885 (1890); *Madaus* in Kübler, § 33 Rz. 74.
4 *Brünkmans*, ZInsO 2014, 2533 (2540); *Thole*, Gesellschaftsrechtliche Maßnahmen in der Insolvenz, Rz. 266.
5 *Becker*, ZInsO 2013, 1885 (1890).
6 *Madaus* in Kübler, § 33 Rz. 74, 89.
7 *Madaus* in Kübler, § 33 Rz. 74.
8 Vgl. *Madaus* in MünchKomm. InsO, 3. Aufl. 2014, § 254a InsO Rz. 21; *Braun/Frank* in Braun, § 254a InsO Rz. 5; *Lüer/Streit* in Uhlenbruck, § 254a InsO Rz. 12 f.

handlung auch die Unterzeichnung und Einreichung der zur Anmeldung beizubringenden Dokumente[1]. Für den solventen Rechtsträger gelten die allgemeinen Vorschriften, dh. die vertretungsberechtigten Gesellschaftsorgane melden die Verschmelzung zum Handelsregister an[2]. Gemäß § 16 Abs. 1 Satz 2 UmwG ist das Vertretungsorgan des übernehmenden Rechtsträgers berechtigt, die Verschmelzung auch zur Eintragung in das Register des Sitzes jedes der übertragenden Rechtsträger anzumelden.

61 Wird beim übernehmenden Rechtsträger zur Durchführung der Verschmelzung ausnahmsweise eine **Kapitalerhöhung** durchgeführt (vgl. Rz. 54 f.), so muss vor Eintragung der Verschmelzung zunächst die Kapitalerhöhung eingetragen werden[3]. Diese wird vom Registergericht nach den allgemeinen Vorschriften – insbesondere mit Blick auf die Werthaltigkeit der Sacheinlage – geprüft (vgl. § 53 UmwG Rz. 14)[4].

62 Muss die Eintragung binnen einer bestimmten Frist nach Beschlussfassung erfolgen (vgl. § 228 Abs. 2 Satz 1 AktG), so beginnt der **Lauf der Eintragungsfrist** für Beschlüsse, die Teil eines Insolvenzplans sind, erst mit Eintritt der Rechtskraft der gerichtlichen Planbestätigung[5].

h) Prüfungskompetenz des Registergerichts

63 Im Rahmen des Registerverfahrens ist umstritten, ob und inwieweit dem **Registergericht** eine **Prüfungskompetenz** im Verhältnis zum Insolvenzgericht mit Blick auf die im Insolvenzplan geregelte Verschmelzung zukommt. Zunächst fehlt es – anders als in § 246a Abs. 3 Satz 5 AktG oder § 21 Abs. 3 Satz 3 KredReorgG und trotz entsprechender Empfehlung durch den Bundesrat[6] – an einer ausdrücklichen gesetzgeberischen Klarstellung. Insbesondere *Madaus* sieht das Registergericht durch die Rechtskraftwirkung des Bestätigungsbeschlusses des Insolvenzgerichts gebunden und möchte dem Registergericht daher eine ausschließlich „beurkundende Funktion" zubilligen. Die **Prüfung der gesellschaftsrechtlichen Zulässigkeit** der in den Plan aufgenommenen Maßnahmen

---

1 *Horstkotte/Martini*, ZInsO 2012, 557 (566) (Fn. 64).
2 *Brünkmans*, ZInsO 2014, 2533 (2540).
3 *Schwanna* in Semler/Stengel, § 19 UmwG Rz. 9; *Brünkmans*, ZInsO 2014, 2533 (2541).
4 *M. Winter/J. Vetter* in Lutter, § 55 UmwG Rz. 68; *Reichert* in Semler/Stengel, § 55 UmwG Rz. 24; *Simon/Nießen* in KölnKomm. UmwG, § 55 UmwG Rz. 38; *Brünkmans*, ZInsO 2014, 2533 (2541).
5 *Madaus* in Kübler, § 33 Rz. 43; iE ebenso *Horstkotte/Martini*, ZInsO 2012, 557 (562) (Fn. 40).
6 BT-Drucks. 17/5712, S. 55 f., 69; das Fehlen einer solchen Regelung wird zT als Argument für eine Prüfungskompetenz des Registergerichts angeführt, vgl. AG Berlin-Charlottenburg v. 9.2.2015 – HRB 153203 B, NZI 2015, 415 (416) = ZIP 2015, 394.

steht **nach dieser Ansicht allein dem Insolvenzgericht zu**[1]. Demgegenüber möchten andere Autoren dem Registergericht „in den vom Insolvenzrecht gesteckten Grenzen" ein **eigenes Prüfungsrecht der gesellschaftsrechtlichen Aspekte** zubilligen[2]. Auch die Gesetzesbegründung spricht davon, dem Registergericht ein „eingeschränktes Prüfungsrecht" einzuräumen[3]. Zum Teil wird eine Einschränkung der Prüfungskompetenz des Registergerichts allein hinsichtlich der von § 254a Abs. 2 InsO angeordneten formellen Wirkungen anerkannt[4].

Daraus ergibt sich umgekehrt die Frage, ob und inwieweit die **gesellschaftsrechtliche Zulässigkeit** einer Maßnahme bereits zum **Prüfungsumfang des Insolvenzgerichts** gehört. Auch in dieser Frage ist das **Meinungsspektrum breit gefächert:** Die Meinungen reichen von einer schwerpunktmäßig verfahrensrechtlichen Prüfung[5] bzw. Prüfung der „insolvenzrechtlichen Voraussetzungen" der Planregelung[6] bis zur Anerkennung einer Prüfungskompetenz hinsichtlich der gesellschaftsrechtlichen Vorgaben[7]. Vor dem Hintergrund der Auseinandersetzung um den Suhrkamp-Fall erwarten einige Autoren eine Verschiebung des Meinungsspektrums in Richtung einer stärkeren inhaltlichen Prüfung durch das Insolvenzgericht[8].

64

Jüngst hat das AG Berlin-Charlottenburg entschieden, dass die Prüfungskompetenz des Registergerichts **nicht durch eine vorrangige Zuständigkeit des Insolvenzgerichts beschränkt** ist und auch die vom Insolvenzgericht getroffene

65

---

1 *Madaus* in Kübler, § 33 Rz. 42; *Madaus* in MünchKomm. InsO, 3. Aufl. 2014, § 254a InsO Rz. 22 ff.; *Madaus*, ZIP 2012, 2133 (2138); *Thole*, Gesellschaftsrechtliche Maßnahmen in der Insolvenz, Rz. 266; ebenso *Eidenmüller* in MünchKomm. InsO, 3. Aufl. 2014, § 225a InsO Rz. 103; zustimmend mit Blick auf das Vorliegen eines wirksamen Verschmelzungsbeschlusses (und möglicher Verzichtserklärungen) *Brünkmans*, ZInsO 2014, 2533 (2541).
2 *Becker*, ZInsO 2013, 1885 (1890); iE ebenso *Horstkotte/Martini*, ZInsO 2012, 557 (567) (Fn. 67), die eine „zu Unrecht erfolgte" Planbestätigung als Versagungsgrund anerkennen; für eine Versagung im Falle evidenter Fehler ebenfalls *Spliedt*, GmbHR 2012, 462 (470).
3 Vgl. BT-Drucks. 17/5712, S. 37; *Madaus* bezieht diese Formulierung hingegen allein auf Eintragungsvoraussetzungen, die sich nicht bereits aus dem Insolvenzplan und dessen Plananlagen ergeben, vgl. *Madaus* in Kübler, § 33 Rz. 42.
4 Vgl. *Spliedt* in K. Schmidt, § 225a InsO Rz. 49 f.; nun auch AG Berlin-Charlottenburg v. 9.2.2015 – HRB 153203 B, NZI 2015, 415 (416) = ZIP 2015, 394.
5 Vgl. *Thies* in HambKomm. InsO, § 250 InsO Rz. 5; *Breuer* in MünchKomm. InsO, 3. Aufl. 2014, § 231 InsO Rz. 8 ff.; *Sinz* in MünchKomm. InsO, 3. Aufl. 2014, § 250 InsO Rz. 5 ff.; in diese Richtung auch AG Berlin-Charlottenburg v. 9.2.2015 – HRB 153203 B, NZI 2015, 415 (416) = ZIP 2015, 394.
6 *Brünkmans*, ZInsO 2014, 2533 (2541): Prüfung der Zulässigkeit der Planregelung iS von § 225a InsO und der Voraussetzungen der §§ 244, 245 und 251 InsO.
7 *Haas* in HK-InsO, § 250 InsO Rz. 2.
8 So *Ströhmann/Harder*, NZI 2015, 417 (418).

Bestätigung des Insolvenzplans das **Registergericht nicht bindet**[1]. Dieser Ansicht ist jedenfalls insoweit zuzustimmen, als keine Prüfung durch das Insolvenzgericht stattfindet. Zwar spricht aus Gründen der Rechtssicherheit und Praktikabilität sehr viel dafür, die Entscheidung des Insolvenzgerichts keiner erneuten Prüfung zu unterwerfen. Eine solche Einschränkung der Prüfungskompetenz des Registergerichts kann jedoch nur soweit gehen, wie bereits eine Prüfung durch das Insolvenzgericht stattgefunden hat. Würde kein Gericht eine inhaltliche Prüfung vornehmen, entstünde ansonsten (entgegen Art. 101 GG) ein „quasi rechtsfreies Vakuum"[2]. Zudem unterliegt der Prüfungsumfang des Insolvenzgerichts – wie soeben dargestellt – ebenfalls einer gewissen Rechtsunsicherheit. Soweit eine wegen mangelnder Prüfung durch das Insolvenzgericht erforderliche Prüfung durch das Registergericht das Eintragungsverfahren und damit den Eintritt der Planwirkungen verzögert (und möglicherweise eine Sanierung gefährdet), so ist dies hinzunehmen. Vorbeugend ist daher eine **rechtzeitige Abstimmung mit dem Registergericht** zu empfehlen. In der Praxis sollte der Insolvenzplan daher vor oder parallel zur gerichtlichen Vorprüfung nach § 231 InsO auch mit dem zuständigen Registergericht hinsichtlich der Eintragungsfähigkeit der gesellschaftsrechtlichen Maßnahmen erörtert und gegebenenfalls angepasst werden[3].

66 Einigkeit besteht insoweit, als der **Insolvenzverwalter** nach § 221 Satz 2 InsO im gestaltenden Teil des Insolvenzplan ermächtigt werden sollte, **offensichtliche Fehler des Insolvenzplans zu korrigieren**, um Zwischenverfügungen des Registergerichts abhelfen zu können[4].

2. Spaltung

a) Überblick

67 Von den in § 123 UmwG vorgesehenen Spaltungsarten spielen in der Sanierungspraxis allein **Abspaltung und Ausgliederung** eine Rolle, so dass auf die Besonderheiten der Aufspaltung im Folgenden nicht weiter eingegangen wird. In beiden Fällen überträgt der übertragende Rechtsträger Teile seines Vermögens auf einen oder mehrere (bestehende oder neu gegründete) übernehmende Rechtsträger. Abspaltung und Ausgliederung unterscheiden sich dadurch, dass bei der Abspaltung die Anteilsinhaber des übertragenden Rechtsträ-

---

1 AG Berlin-Charlottenburg v. 9.2.2015 – HRB 153203 B, NZI 2015, 415 (mit Anm. *Ströhmann/Harder*) = ZIP 2015, 394. Kritisch hierzu *Noack/Schneiders*, DB 2016, 1619 (1624).
2 *Horstkotte*, ZInsO 2015, 416 (417); vgl. auch *Horstkotte*, ZInsO 2014, 1297 (1299 ff.).
3 Ebenso *Horstkotte*, ZInsO 2015, 416 (418); *Ströhmann/Harder*, NZI 2015, 417 (419).
4 *Madaus*, ZIP 2012, 2133 (2138); *Masaus* in Kübler, § 33 Rz. 71; *Becker*, ZInsO 2013, 1885 (1890); *Kahlert/Gehrke*, DStR 2013, 975 (979); *Brünkmans*, ZInsO 2014, 2533 (2541); vgl. auch *Madaus* in MünchKomm. InsO, 3. Aufl. 2014, § 254a InsO Rz. 26, der insoweit eine analoge Anwendung auf Vorbereitungs- und Durchführungsmaßnahmen befürwortet.

gers Anteile am übernehmenden Rechtsträger erhalten, im Falle der Ausgliederung hingegen der übertragende Rechtsträger selbst (vgl. § 123 UmwG Rz. 10)[1]. Die Ausgliederung kann dabei auf Grundlage eines **verfahrensbeendenden oder eines verfahrensbegleitenden Insolvenzplans** erfolgen. Der verfahrensbegleitende Insolvenzplan sieht im Gegensatz zum verfahrensbeendenden Insolvenzplan keine Regelungen zur Beseitigung der Insolvenzgründe vor, sondern soll lediglich einen Teilaspekt der Verfahrensabwicklung gläubigerautonom regeln.[2]

Für die folgende Darstellung wird die Abspaltung zur Aufnahme mit der insolventen Gesellschaft als übertragendem Rechtsträger zugrunde gelegt. Die Ausführungen zur Abspaltung gelten grundsätzlich analog für die Ausgliederung. Soweit sich im Falle einer Ausgliederung Besonderheiten ergeben, wird auf diese unter Zugrundelegung einer Ausgliederung zur Aufnahme auf eine zur Insolvenzmasse gehörende 100%ige Zweckgesellschaft eingegangen. 68

b) Abschluss und Form des Spaltungsvertrages

Im Falle einer Abspaltung bzw. Ausgliederung zur Aufnahme schließen der übertragende und der übernehmende Rechtsträger einen – wiederum **aufschiebend bedingten** – Spaltungs- bzw. Ausgliederungs- und Übernahmevertrag (§ 4 UmwG iVm. § 125 Satz 1 UmwG; zum Inhalt vgl. § 126 UmwG). Wie bei der Verschmelzung **handelt der Insolvenzverwalter** für den insolventen (idR also den übertragenden) Rechtsträger. Im Hinblick auf die unklare Reichweite des § 254a InsO sollte trotz der hier dazu vertretenen Ansicht vorsichtshalber **jedenfalls die Annahmeerklärung des solventen (idR also übernehmenden) Rechtsträgers notariell beurkundet** werden (vgl. Rz. 41)[3]. 69

Im Spaltungsvertrag hat eine genaue Bezeichnung und Zuordnung der zu übertragenden Gegenstände des Aktiv- und Passivvermögens zu den übernehmenden Rechtsträgern zu erfolgen (vgl. § 126 Abs. 1 Nr. 2 und Nr. 9 UmwG). Hinsichtlich der Aufteilung der Aktiva und Passiva herrscht weitgehende **Spaltungsfreiheit**, die auch eine vollständige Trennung des Aktivvermögens von den Verbindlichkeiten ermöglicht (vgl. § 123 UmwG Rz. 1)[4]. 70

---

1 Vgl. *Madaus* in Kübler, § 33 Rz. 100; *Brünkmans*, ZInsO 2014, 2533 (2541 f.) mwN.
2 Vertiefend zu dieser Differenzierung *Simon/Brünkmans*, ZIP 2014, 657 (660); *Brünkmans*, ZInsO 2014, 2533 (2546), jeweils mwN. Zur Zulässigkeit von gesellschaftsrechtlichen Maßnahmen in verfahrensbegleitenden Plänen (keine Bedingung der Wirksamkeit auf die Aufhebung des Insolvenzverfahrens) ausführlich *Hölzle/Beyß*, ZIP 2016, 1461 (1466 f.).
3 Ebenso *Becker*, ZInsO 2013, 1885 (1888 f.).
4 OLG Karlsruhe v. 19.8.2008 – 1 U 108/08, NZG 2009, 315 = GmbHR 2008, 1219; *Simon* in KölnKomm. UmwG, § 126 UmwG Rz. 62; *Schröer* in Semler/Stengel, § 126 UmwG Rz. 28; *Heckschen*, DB 2005, 2283 (2288).

71 Bei der Übertragung von Passiva im Spaltungsvertrag ist der **Grundsatz der Gläubigergleichbehandlung** aus § 38 InsO zu beachten. Daher müssen entweder alle **Insolvenzforderungen** oder keine Insolvenzforderung im Spaltungsvertrag dem übernehmenden Rechtsträger zugeordnet werden[1]. Ausnahmen wird man allenfalls bei Zustimmung der dadurch schlechter behandelten Gläubiger zulassen können. Zulässig sollte es mangels Ungleichbehandlung ebenfalls sein, wenn von allen Insolvenzforderungen ein gleich hoher Prozentsatz auf den übernehmenden Rechtsträger übertragen wird. **Masseverbindlichkeiten** können hingegen grundsätzlich frei zugeordnet werden, sofern deren Erfüllung gewährleistet ist (vgl. § 258 Abs. 2 Satz 2 InsO)[2].

72 Der Spaltungs- und Übernahmevertrag muss für **widersprechende Anteilsinhaber** des insolventen Rechtsträgers bei anderer Rechtsform oder Entfallen der Börsennotierung ein **Barabfindungsangebot** gemäß § 29 Abs. 1 UmwG (iVm. § 125 Satz 1 UmwG) **nur im Falle einer Abspaltung** enthalten, und wiederum nur, wenn die Anteile **trotz Insolvenz ausnahmsweise noch werthaltig** sind, obwohl ein Abwicklungsszenario zugrunde gelegt wird (vgl. Rz. 42 auch zu weiteren Einzelheiten eines solchen Angebotes und Rz. 91 zur Bestimmung der Werthaltigkeit)[3].

c) Zuleitung an den Betriebsrat

73 Der Spaltungs- und Übernahmevertrag oder sein Entwurf ist nach § 126 Abs. 3 UmwG grundsätzlich den Betriebsräten jedes beteiligten Rechtsträgers spätestens einen Monat vor dem Tag des beabsichtigten Spaltungsbeschlusses zuzuleiten. Ebenso wie bei der Verschmelzung **entfällt im Insolvenzplanverfahren** die Zusendung an den **Betriebsrat des insolventen Rechtsträgers**, nicht hingegen die Übersendung an den **Betriebsrat des solventen Rechtsträgers**[4]. Dieser kann auf die Einhaltung der Monatsfrist, nicht jedoch auf die Zuleitung insgesamt verzichten (vgl. Rz. 43 f.)[5].

d) Spaltungsbericht und Spaltungsprüfung einschl. Prüfungsbericht

74 Gemäß § 127 UmwG haben die Vertretungsorgane jedes der an der Spaltung beteiligten Rechtsträgers einen Spaltungs- bzw. Ausgliederungsbericht zu erstatten, der in Funktion und inhaltlichen Anforderungen grundsätzlich dem Verschmelzungsbericht nach § 8 UmwG entspricht. Ergänzend ist beim Spaltungsbericht für eine Aufspaltung oder Abspaltung der Maßstab für die Aufteilung der ge-

---

1 *Brünkmans*, ZInsO 2014, 2533 (2543); *Simon/Brünkmans*, ZIP 2014, 657 (661).
2 *Brünkmans*, ZInsO 2014, 2533 (2543).
3 *Madaus* in Kübler, § 33 Rz. 101.
4 *Becker*, ZInsO 2013, 1885 (1889); *Brünkmans*, ZInsO 2014, 2533 (2544); *Madaus* in Kübler, § 33 Rz. 93.
5 *Langner* in Schmitt/Hörtnagl/Stratz, § 126 UmwG Rz. 109.

währten Anteile unter den Anteilsinhabern des übertragenden Rechtsträgers zu erläutern und zu begründen[1]. Analog zur Verschmelzung ist bei der Spaltung eine Spaltungsprüfung durchzuführen und ein Prüfungsbericht zu erstatten. Im Falle einer Ausgliederung entfällt gemäß § 125 Satz 2 UmwG eine Prüfung nach den §§ 9–12 UmwG, so dass hier auch kein Prüfungsbericht zu erstatten ist[2].

Spaltungsbericht, Spaltungsprüfung und Prüfungsbericht sind nach § 8 Abs. 3 UmwG (iVm. § 127 Satz 2 UmwG) entbehrlich, wenn alle Anteilsinhaber aller beteiligten Rechtsträger auf die Erstattung durch notariell zu beurkundende Erklärung verzichten. Für die **Anteilsinhaber des insolventen Rechtsträgers** übernimmt wiederum der darstellende Teil des Insolvenzplans die Informationsfunktion, so dass es **für diese Gruppe keines Spaltungs- bzw. Ausgliederungsberichtes bedarf**[3], wobei jedoch zur Beschleunigung der Eintragung entsprechende **Verzichtserklärungen** der Anteilsinhaber in den **gestaltenden Teil des Insolvenzplans** aufgenommen werden sollten (vgl. Rz. 47)[4]. Auch wenn sogar die **Anteilsinhaber des solventen Rechtsträgers** auf die Berichterstellung möglicherweise formwahrend im gestaltenden Teil des Insolvenzplans verzichten können, sollten diese Verzichtserklärungen trotz der hier dazu vertretenen Ansicht wegen der umstrittenen Rechtslage **sicherheitshalber notariell beurkundet** werden (vgl. Rz. 47). Sofern der Bericht für die Anteilsinhaber des solventen Rechtsträgers erstellt werden muss, kann er zum Gegenstand des darstellenden Teils des Insolvenzplans gemacht werden[5], was ihn aber nicht entbehrlich macht. 75

e) Gesellschafterbeschlüsse/Kapitalerhöhung

Für die Übersendung des Spaltungs- und Übernahmevertrags gelten dieselben Grundsätze wie bei der Verschmelzung (vgl. Rz. 48). Für die **Einberufung des Erörterungs- und Abstimmungstermins** gelten bei dem insolventen Rechtsträger wiederum die §§ 235 ff. InsO, bei dem solventen Rechtsträger die allgemeinen Vorschriften nach Gesetz und Satzung, auf die allerdings verzichtet werden kann (vgl. Rz. 49)[6]. 76

Gemäß § 13 Abs. 1 UmwG (iVm. § 125 Satz 1 UmwG) müssen die Anteilsinhaber der beteiligten Rechtsträger dem Spaltungsvertrag zustimmen, wobei der **Zustimmungsbeschluss des insolventen Rechtsträgers durch eine Regelung im gestaltenden Teil des Insolvenzplans ersetzt** wird (vgl. Rz. 50)[7]. Die An- 77

---

1 *Hörtnagl* in Schmitt/Hörtnagl/Stratz, § 127 UmwG Rz. 1; *Gehling* in Semler/Stengel, § 127 UmwG Rz. 1.
2 *Madaus* in Kübler, § 33 Rz. 93.
3 Ebenso *Madaus* in Kübler, § 33 Rz. 93; *Brünkmans*, ZInsO 2014, 2533 (2546) (Fn. 112).
4 Vgl. *Madaus* in Kübler, § 33 Rz. 93.
5 *Madaus* in Kübler, § 33 Rz. 93.
6 *Brünkmans*, ZInsO 2014, 2533 (2543 f.).
7 *Brünkmans*, ZInsO 2014, 2533 (2544, 2547); *Madaus* in Kübler, § 33 Rz. 96.

teilsinhaber des solventen Rechtsträgers beschließen hingegen nach gesetzlichen und satzungsmäßigen Regeln[1]. Der betreffende Abspaltungs- bzw. Ausgliederungsbeschluss sowie ein ggf. erforderlicher Kapitalerhöhungsbeschluss (dazu Rz. 82) kann wiederum zur **Bedingung nach § 249 InsO** gemacht werden, um eine Verknüpfung der Beschlussfassungen zu erreichen (vgl. Rz. 52)[2]. Für den Fall der Ausgliederung auf eine zu 100 % zur Insolvenzmasse gehörende Vorratsgesellschaft wird der Insolvenzverwalter oder eigenverwaltende Schuldner kraft seiner Verwaltungs- und Verfügungsbefugnis (§§ 80, 148 InsO) das Stimmrecht ausüben und so den erforderlichen Ausgliederungsbeschluss und einen ggf. erforderlichen Kapitalerhöhungsbeschluss herbeiführen[3].

78 Die nach Abspaltung bzw. Ausgliederung beim insolventen Rechtsträger verbleibenden, nicht fortsetzungsfähigen Unternehmensteile werden nach Maßgabe der §§ 159 ff. InsO regelmäßig liquidiert, so dass es **keines eigenständigen Fortsetzungsbeschlusses** des insolventen übertragenden Rechtsträgers bedarf (vgl. Rz. 53)[4]. Anders ist dies dann, wenn der insolvente übertragende Rechtsträger auch nach der Spaltung fortgeführt werden kann und soll.

79 Leichter als bei der Verschmelzung kann bei der Spaltung die Schaffung neuer Geschäftsanteile am übernehmenden Rechtsträger im Wege der **Sachkapitalerhöhung** mit dem Grundsatz der Kapitalaufbringung auch ohne Forderungsverzicht vereinbar sein, da auch bei einer Überschuldung des übertragenden Rechtsträgers nicht zwingend „negatives Vermögen" übertragen wird, wenn die Insolvenzforderungen nicht oder jedenfalls nicht in voller Höhe auf den übernehmenden Rechtsträger übertragen werden (vgl. zu den Gestaltungsmöglichkeiten Rz. 71).

80 **Im Falle der Abspaltung** dürfte die Schaffung von Geschäftsanteilen jedenfalls zugunsten der Anteilsinhaber des übertragenden insolventen Rechtsträgers jedoch regelmäßig daran scheitern, dass der übertragende Rechtsträger überschuldet ist und dessen Geschäftsanteile keinen Wert mehr haben, so dass die **Schaffung neuer Geschäftsanteile aus Gründen der adäquaten Verteilung des Sanierungsgewinns ausscheidet**[5]. § 125 Satz 1 UmwG verweist für die Spaltung auf die §§ 54 Abs. 1 Satz 3, 68 Abs. 1 Satz 3 UmwG und somit auf die Möglichkeit, durch notariell beurkundete **Verzichtserklärungen aller Anteilsinhaber** auf die Anteilsgewährung zu verzichten. Die Abgabe notariell beurkundeter Verzichtserklärungen durch die Anteilsinhaber des insolventen Rechtsträgers wird dabei gemäß § 254a Abs. 2 Satz 1 InsO durch eine Regelung im gestaltenden **Teil des Insolvenzplans ersetzt** (vgl. Rz. 54). Die Zustimmung der Anteilseigner kann

---

1 *Brünkmans*, ZInsO 2014, 2533 (2544); *Madaus* in Kübler, § 33 Rz. 97.
2 *Madaus* in Kübler, § 33 Rz. 97; *Kahlert/Gehrke*, DStR 2013, 975 (979).
3 Vgl. *Simon/Brünkmans*, ZIP 2014, 657 (662); *Brünkmans*, ZInsO 2014, 2533 (2547).
4 *Madaus* in Kübler, § 33 Rz. 94.
5 Vgl. *Brünkmans*, ZInsO 2014, 2533 (2542).

dabei unter den Voraussetzungen des Obstruktionsverbots aus § 245 InsO fingiert werden (vgl. Rz. 50 f.)[1]. Als Gestaltung ist auch denkbar, beim übertragenden Rechtsträger in einem **ersten Schritt einen Debt-Equity-Swap** durchzuführen, nach dem die Insolvenzgläubiger dessen Anteilsinhaber sind und als solche im Rahmen der Spaltung die neuen Anteile am übernehmenden Rechtsträger erhalten, was dann auch nicht mehr gegen die adäquate Erlösverteilung verstößt.

Anders als bei der Abspaltung ist die **Möglichkeit eines Verzichts auf die Anteilsgewährung bei der Ausgliederung höchst umstritten**[2]. Auch wenn ein solcher Verzicht zur Verringerung des zeitlichen und organisatorischen Aufwands mit Blick auf die registergerichtliche Prüfung wünschenswert erscheint, sollte in der Sanierungspraxis zur Sicherheit davon ausgegangen werden, dass ein Verzicht auf die Anteilsgewährung bei der Ausgliederung nicht möglich ist. Diesem Umstand kann jedoch durch die Gewährung einer **symbolischen Anzahl von Geschäftsanteilen** Rechnung getragen werden[3]. 81

Sollen den Anteilsinhabern des insolventen Rechtsträgers neue, im Wege der Kapitalerhöhung geschaffene Geschäftsanteile gewährt werden, so hat die Gesellschafterversammlung des solventen Rechtsträgers einen entsprechenden **Kapitalerhöhungsbeschluss** zu fassen (vgl. Rz. 55). 82

Im Rahmen einer Entschuldung des insolventen Rechtsträgers kommt zudem eine **vereinfachte Kapitalherabsetzung** gemäß §§ 58 a ff. GmbHG in Höhe des Mindestnennbetrags in Betracht. Ein entsprechender Kapitalherabsetzungsbeschluss kann dabei ggf. durch eine Regelung im gestaltenden Teil des Insolvenzplans ersetzt werden[4]. Eine **spaltungsbedingte Kapitalherabsetzung** nach § 139 UmwG ist hingegen im Insolvenzverfahren nur ausnahmsweise erforderlich (siehe Rz. 87).

Besondere Probleme können bei der Spaltung eines insolventen Rechtsträgers aus einer möglichen **Nachhaftung gemäß § 133 UmwG** entstehen (dazu Abschnitt IV., Rz. 23 ff.). Nach hier vertretener Ansicht empfiehlt sich – sofern eine vollständige Entschuldung des übertragenden Rechtsträgers nicht erreicht werden kann – die Aufnahme einer **Verzichtsregelung in den gestaltenden Teil des Insolvenzplans**[5]. 83

---

1 Vgl. *Madaus* in Kübler, § 33 Rz. 100.
2 Für die Möglichkeit eines Verzichts im Rahmen einer 100 %-Beteiligung zu Recht § 126 UmwG Rz. 6; *Hörtnagl* in Schmitt/Hörtnagl/Stratz, § 126 UmwG Rz. 47; *Priester* in Lutter, § 126 UmwG Rz. 26; *Schröer* in Semler/Stengel, § 126 UmwG Rz. 31; *Ihrig*, ZHR 160 (1996), 317 (339 ff.); gegen eine solche Verzichtsmöglichkeit hingegen *Heckschen* in Heckschen/Simon, § 3 Rz. 62 ff.; *Mayer* in Widmann/Mayer, § 126 UmwG Rz. 99; *Mayer/Weiler*, DB 2007, 1235 (1238 f.).
3 *Brünkmans*, ZInsO 2014, 2533 (2546).
4 *Brünkmans*, ZInsO 2014, 2533 (2544).
5 In dieser Konstellation ebenso *Madaus* in Kübler, § 33 Rz. 99.

f) Rechtsmittel

84 Ebenso wie bei der Verschmelzung steht den Anteilsinhabern des **insolventen Rechtsträgers** allein das Rechtsmittel der **sofortigen Beschwerde** gegen den Bestätigungsbeschluss des Insolvenzplans nach § 253 InsO zu[1]. Hiergegen kann das **insolvenzrechtliche Freigabeverfahren** nach § 253 Abs. 4 InsO eingeleitet werden (dazu Rz. 57). Die Anteilsinhaber des **solventen Rechtsträgers** können nach allgemeinen Regeln innerhalb der Monatsfrist des § 14 Abs. 1 UmwG eine **Klage gegen die Wirksamkeit des Spaltungsbeschlusses** erheben. Um eine zügige Eintragung der Spaltung zu erreichen, bietet es sich wiederum an, dass die Anteilseigner nach Möglichkeit gemäß § 16 Abs. 2 Satz 2 UmwG mittels notariell beurkundeter Erklärung auf eine Klage gegen die Wirksamkeit des Spaltungsbeschlusses **verzichten** (vgl. Rz. 58)[2].

g) Anmeldung zum Handelsregister

85 Über § 125 Satz 1 UmwG iVm. §§ 16 ff. UmwG gelten für die Spaltung hinsichtlich der Anmeldung zum Handelsregister die gleichen Grundsätze wie bei der Verschmelzung (vgl. Rz. 59 f.). Die Spaltung ist zunächst in das Handelsregister des Sitzes jedes übernehmenden Rechtsträgers einzutragen (vgl. § 130 Abs. 1 Satz 1 UmwG) und wird dann mit der Eintragung in das Register am Sitz des übertragenden Rechtsträgers wirksam (vgl. § 131 Abs. 1 UmwG). Gemäß § 129 UmwG ist auch das Vertretungsorgan jedes der übernehmenden Rechtsträger zur Anmeldung der Spaltung berechtigt.

86 Wird beim übernehmenden Rechtsträger zur Durchführung der Spaltung eine **Kapitalerhöhung** durchgeführt, so muss vor Eintragung der Spaltung zunächst die Kapitalerhöhung eingetragen werden (vgl. Rz. 61)[3]. Gleiches gilt für die Eintragung einer möglichen (vereinfachten) **Kapitalherabsetzung** (siehe Rz. 82) in das Handelsregister des übertragenden Rechtsträgers (vgl. § 130 UmwG Rz. 9)[4].

87 Bei der Anmeldung der Abspaltung bzw. Ausgliederung zur Eintragung in das Handelsregister einer solventen GmbH haben deren Geschäftsführer gemäß § 140 UmwG grundsätzlich eine Erklärung abzugeben, dass das satzungsmäßige Stammkapital durch das verbleibende Nettobuchvermögen weiter gedeckt ist. Diese **Kapitaldeckungserklärung** tritt an die Stelle des Sachgründungsberichts und soll sicherstellen, dass eine spaltungsbedingte Unterbilanz vermieden wird

---

1 *Madaus* in Kübler, § 33 Rz. 96.
2 *Brünkmans*, ZInsO 2014, 2533 (2544).
3 *Hörtnagl* in Schmitt/Hörtnagl/Stratz, § 130 UmwG Rz. 5; *Simon* in KölnKomm. UmwG, § 130 UmwG Rz. 14; *Schwanna* in Semler/Stengel, § 130 UmwG Rz. 9; *Brünkmans*, ZInsO 2014, 2533 (2545, 2547).
4 *Hörtnagl* in Schmitt/Hörtnagl/Stratz, § 130 UmwG Rz. 5; *Simon* in KölnKomm. UmwG, § 130 UmwG Rz. 15; *Schwanna* in Semler/Stengel, § 130 UmwG Rz. 11; *Brünkmans*, ZInsO 2014, 2533 (2545).

(vgl. § 140 UmwG Rz. 2)[1]. Einer solchen Kapitaldeckungserklärung **bedarf es für eine insolvente GmbH nicht, wenn eine Fortsetzung nicht vorgesehen ist**, der übertragende Rechtsträger nach der Spaltung also im Rahmen des Insolvenzverfahrens abgewickelt wird, da in diesem Fall jeder Gläubigerschutz über das Insolvenzverfahren hinaus entbehrlich wird[2]. Etwas anderes gilt für den Fall, dass eine **Fortsetzung der Gesellschaft vorgesehen** ist, bspw. im Falle eines verfahrensbeendenden Insolvenzplans, bei dem der insolvente Rechtsträger nach Rechtskraft des Insolvenzplans und Beendigung des Insolvenzverfahrens wieder als werbende Gesellschaft am Markt auftritt[3]. Ist danach eine Kapitaldeckungserklärung für den fortzusetzenden übertragenden Rechtsträger erforderlich, kann es sein, dass ihre Voraussetzungen durch weitere Maßnahmen im gestaltenden Teil des Insolvenzplans erst hergestellt werden müssen. Dafür kommen sowohl eine **spaltungsbedingte Kapitalherabsetzung** nach § 139 UmwG (dazu § 139 UmwG Rz. 2 f.) als auch ein (teilweiser) **Forderungsverzicht** der Insolvenzgläubiger in Betracht. Entsprechendes gilt für die Kapitaldeckungserklärung einer **insolventen AG** gemäß § 146 Abs. 1 UmwG[4].

h) Prüfungskompetenz des Registergerichts

Hinsichtlich der **Prüfungskompetenz des Registergerichts** kann auf die Ausführungen zur Verschmelzung verwiesen werden (siehe Rz. 63 ff.). Zur Sicherung der Umsetzung des Insolvenzplans sollte in den gestaltenden Teil des Insolvenzplans wiederum eine **Ermächtigung des Insolvenzverwalters** zu Umsetzungsmaßnahmen und Berichtigungen iS von § 221 Satz 2 InsO aufgenommen werden (vgl. Rz. 66)[5]. 88

3. Formwechsel

a) Überblick

Der Ablauf eines Formwechsels ist davon geprägt, dass nicht mehrere Gesellschaften daran beteiligt sind und keine Vermögensübertragung durch Gesamtrechtsnachfolge erfolgt. Vielmehr wird die rechtliche Identität des insolventen Rechtsträgers gewahrt und lediglich dessen Rechtsform geändert. Aufgrund der Verweisung auf die Gründungsvorschriften des Zielrechtsträgers in § 197 UmwG müssen dabei die **Sachgründungsvorschriften** beachtet werden, soweit 89

---

1 *Reichert* in Semler/Stengel, § 140 UmwG Rz. 1 f.; *Wardenbach* in Henssler/Strohn, § 140 UmwG Rz. 1 f.
2 Vgl. *Madaus* in Kübler, § 33 Rz. 95; *Brünkmans*, ZInsO 2014, 2533 (2554).
3 *Brünkmans*, ZInsO 2014, 2533 (2553 f.).
4 Ebenso *Madaus* in Kübler, § 33 Rz. 105 hinsichtlich der Entbehrlichkeit im Liquidationsfall.
5 *Madaus* in Kübler, § 33 Rz. 102.

die besonderen Vorschriften des UmwG nichts anderes regeln (vgl. § 197 UmwG Rz. 1)[1].

b) Entwurf eines Umwandlungsbeschlusses

90 Der gemäß § 193 Abs. 1 Satz 1 UmwG erforderliche **Umwandlungsbeschluss** wird durch eine Regelung im **gestaltenden Teil des Insolvenzplans** ersetzt[2]. Der notwendige Inhalt des Umwandlungsbeschlusses ergibt sich aus § 194 Abs. 1 UmwG. Zudem sind gemäß § 197 Satz 1 UmwG die Gründungsvorschriften der neuen Rechtsform zu beachten, so dass insbesondere eine **neue Satzung Teil des Umwandlungsbeschlusses** sein muss (vgl. § 197 UmwG Rz. 13 ff., 33 ff.)[3]. Diese wird als **Anlage zum Insolvenzplan** aufgenommen[4].

91 Unter den Voraussetzungen des § 194 Abs. 1 Nr. 6 UmwG hat der Umwandlungsbeschluss ein **Barabfindungsangebot** nach § 207 Abs. 1 UmwG zu enthalten (vgl. § 194 UmwG Rz. 44 ff.). Nach dieser Vorschrift hat der formwechselnde Rechtsträger jedem Anteilsinhaber, der gegen den Umwandlungsbeschluss Widerspruch zur Niederschrift erklärt, ein angemessenes Barabfindungsangebot zu machen. Die darin zum Ausdruck kommende Wertung, dass kein Anteilsinhaber gezwungen werden soll, die mit dem Wechsel in eine andere Rechtsform verbundene – möglicherweise nachteilige – Änderung seiner Rechte und Pflichten hinzunehmen[5], ist auch im Insolvenzplanverfahren zu akzeptieren[6]. Jedoch bedarf es eines Barabfindungsangebots nach § 207 Abs. 1 UmwG nur in dem **Ausnahmefall**, dass die **Anteilsrechte** eventuell opponierender Gesellschafter im Insolvenzverfahren **noch werthaltig** sind[7]. Dabei ist für die **Bestimmung der Werthaltigkeit** ein Abwicklungsszenario zugrunde zu legen (vgl. § 225a Abs. 5 Satz 1 InsO). Die Gesetzesbegründung zum ESUG geht von einer regelmäßigen Wertlosigkeit der Anteile im Insolvenzverfahren aus[8]. Dies folgt letztlich aus der Verteilungsreihenfolge gemäß § 199 Satz 2 InsO[9]. Im *Suhrkamp*-Verfahren ist das Bundesverfassungsgericht ebenfalls von der Wertlosigkeit der Beteiligung selbst ausgegangen[10] und hat lediglich dazu Stellung genommen, ob der Verlust von Mitwirkungsrechten im Falle des Formwechsels einen Schadensersatz-

---

1 *Brünkmans*, ZInsO 2014, 2533 (2548 f.); *Bärwaldt* in Semler/Stengel, § 197 UmwG Rz. 1.
2 *Brünkmans*, ZInsO 2014, 2533 (2548); *Madaus* in Kübler, § 33 Rz. 52.
3 *Madaus* in Kübler, § 33 Rz. 55. Vgl. ebd. Rz. 55 ff. zur Kapitalaufbringung in einzelnen Konstellationen.
4 *Brünkmans*, ZInsO 2014, 2533 (2548).
5 Vgl. *Drinhausen/Keinath* in Henssler/Strohn, § 207 UmwG Rz. 2; *Decher/Hoger* in Lutter, § 207 UmwG Rz. 1.
6 Ebenso *Brünkmans*, ZInsO 2014, 2533 (2548).
7 *Madaus* in Kübler, § 33 Rz. 58.
8 BT-Drucks. 17/5712, S. 32.
9 Ausführlich hierzu *Hölzle/Beyß*, ZIP 2016, 1461 (1463).
10 BVerfG v. 18.12.2014 – 2 BvR 1978/13 Rz. 17, ZIP 2015, 18.

anspruch nach § 253 Abs. 4 Satz 3 InsO begründen kann. Konkret ging es um die Mitwirkungsbefugnis eines Minderheitsgesellschafters bei wesentlichen unternehmerischen Entscheidungen sowie dessen unbedingten Anspruch auf Gewinnausschüttung. Der BGH hatte zuvor entschieden, dass im hypothetischen Fall der Fortführung des Unternehmens in der ursprünglichen Rechtsform die Möglichkeit bestanden hätte, die Anteile zu vollem Wert zu veräußern[1]. Außerdem betonte der BGH die Mitwirkungsrechte des Anteilseigners, die im Rahmen einer Umwandlung entfallen würden. Es läge damit nicht der Regelfall vor, dass der Anteilswert mit Null anzusetzen sei. Auch in der Literatur wird die Auffassung vertreten, die Fortführungswerte des Schuldner-Unternehmens müssen in die Bewertung zumindest einbezogen werden[2]. Daneben wird vorgeschlagen, zur Bestimmung der Werthaltigkeit eine Fortführungsprognose aufzustellen. Sollte diese am Bewertungsstichtag positiv ausfallen, seien die Anteile als werthaltig einzustufen[3]. Das Bundesverfassungsgericht hat sich indes weder einer solchen Prognoseentscheidung geöffnet noch den Einwand gelten lassen, bei einem Ausbleiben der Umwandlung blieben alle Mitwirkungsrechte bestehen. Diese Einwände begründeten keine Werthaltigkeit der Anteilsrechte. Stattdessen werde deren Wert allein aufgrund der die Insolvenz begründenden Umstände zum Entscheidungszeitpunkt bestimmt[4]. Dies entspricht letztlich auch der gesetzgeberischen Entscheidung, nur den Liquidationswert der Anteile in den Blick zu nehmen (§ 225a Abs. 5 Satz 1 InsO)[5]. Das Angebot des formwechselnden Rechtsträgers auf Übernahme der Altanteile gegen Barabfindung (vgl. § 207 Abs. 1 Satz 1 UmwG) ist als (aufschiebend auf den formgerechten Widerspruch eines Gesellschafters nach § 251 Abs. 1 Nr. 1 InsO bedingte) Verpflichtungserklärung in den **gestaltenden Teil des Insolvenzplans** aufzunehmen. Entsprechendes gilt für eine (auf den Austritt des Gesellschafters bedingte) Abfindungsleistung iS von § 207 Abs. 1 Satz 2 UmwG[6]. Die Mitteilung des Abfindungsangebotes nach den §§ 231, 207 UmwG erfolgt im Insolvenzplanverfahren durch die Erläuterung des Angebots im darstellenden Teil des Insolvenzplans[7]. Zu weiteren Einzelheiten des Angebots vgl. Rz. 42.

Sieht die neue Rechtsform persönlich haftende Gesellschafter vor, so sind deren nicht durch den Insolvenzplan ersetzbare Zustimmungserklärungen zur Haf- 92

---

1 BGH v. 17.7.2014 – IX ZB 13/14 Rz. 41, AG 2014, 779.
2 *Hirte* in Uhlenbruck, § 225a InsO Rz. 49.
3 *Schmidt-Preuß*, NJW 2016, 1269 (1273). Hier wird nicht ganz klar, ob damit eine Bewertung unter Berücksichtigung der von Dritten erbrachten Sanierungsbeiträgen erfolgen soll, was der Wertung in § 225a Abs. 5 Satz 1 InsO widerspräche und auch wirtschaftlich unangemessen wäre, da die Gesellschafter von Leistungen Dritter profitieren würden, auf die sie keinen Anspruch haben.
4 BVerfG v. 18.12.2014 – 2 BvR 1978/13 Rz. 23, 27, ZIP 2015, 18.
5 *Simon/Merkelbach*, NZG 2012, 121 (124).
6 *Madaus* in Kübler, § 33 Rz. 58.
7 *Madaus* in Kübler, § 33 Rz. 51.

tungsübernahme nach § 230 Abs. 1 Satz 2 InsO dem Insolvenzplan beizufügen. Zudem können mögliche **Beitrittserklärungen Dritter** als Verpflichtungserklärungen iS von § 230 Abs. 3 InsO in die Plananlagen aufgenommen werden, um diese an der Formfiktion des § 254a Abs. 3 InsO teilhaben zu lassen[1].

c) Zuleitung an den Betriebsrat

93 Gemäß § 194 Abs. 2 UmwG ist der Entwurf des Umwandlungsbeschlusses grundsätzlich dem zuständigen Betriebsrat des formwechselnden Rechtsträgers spätestens einen Monat vor dem Tage der Versammlung der Anteilsinhaber, die den Formwechsel beschließen soll, zuzuleiten. Aufgrund der Einbindung des Betriebsrats in die Planaufstellung (vgl. ua. § 232 Abs. 1 Nr. 1 InsO) **entfällt diese Zuleitung** jedoch bei einem im Insolvenzplan vorgesehenen Formwechsel[2].

d) Umwandlungsbericht

94 Gemäß § 192 Abs. 1 Satz 1 UmwG hat das Vertretungsorgan des formwechselnden Rechtsträgers grundsätzlich einen Umwandlungsbericht zu erstatten. Im Insolvenzplanverfahren enthält der darstellende Teil des Insolvenzplans bereits alle erforderlichen Informationen, so dass ein **gesonderter Umwandlungsbericht entfällt**[3]. Zur Beschleunigung der Eintragung können auch beim Formwechsel **Verzichtserklärungen der Anteilsinhaber** (vgl. § 192 Abs. 2 Satz 1 UmwG) nach Möglichkeit in den **gestaltenden Teil des Insolvenzplans** aufgenommen werden (vgl. Rz. 47). Hilfsweise kann anstelle der Ausführungen im darstellenden Teil des Insolvenzplans auch ein Umwandlungsbericht als Anlage zum Insolvenzplan beigefügt werden[4].

e) Gesellschafterbeschlüsse/Kapitalaufbringung

95 Der **Umwandlungsbeschluss** wird als Regelung im **gestaltenden Teil des Insolvenzplans** zusammen mit der neuen Satzung im Erörterungs- und Abstimmungstermin angenommen. Für die Einberufung des Erörterungs- und Abstimmungstermins gelten wiederum die §§ 235 ff. InsO. Der Umwandlungsbeschluss kommt als Teil des Insolvenzplans somit nicht nach den Mehrheiten des Umwandlungsrechts, sondern allein nach den Anforderungen der §§ 243 ff. InsO zustande. Die hohen Zustimmungserfordernisse des Umwandlungsrechts werden verdrängt[5]. Auch gesellschaftsrechtliche Stimmverbote und Stimmbindun-

---

1 *Madaus* in Kübler, § 33 Rz. 60; ausführlich zur Formfrage Rz. 41.
2 *Becker*, ZInsO 2013, 1885 (1889); *Madaus* in Kübler, § 33 Rz. 51; *Brünkmans*, ZInsO 2014, 2533 (2548).
3 *Madaus* in Kübler, § 33 Rz. 51; *Brünkmans*, ZInsO 2014, 2533 (2548).
4 *Brünkmans*, ZInsO 2014, 2533 (2548).
5 *Madaus* in Kübler, § 33 Rz. 54.

gen gelten für diese Abstimmung nicht[1]. Unter den Voraussetzungen des Obstruktionsverbots aus § 245 InsO ist die Bestätigung des Insolvenzplans und damit die Durchsetzung des Formwechsels ebenso wie die anderen Umwandlungsmaßnahmen auch gegen den mehrheitlichen Willen der Anteilseigner möglich (vgl. Rz. 50 f.)[2]. Lediglich in dem Fall, dass ein bislang nicht persönlich haftender **Gesellschafter künftig persönlich haften** soll (vgl. § 240 Abs. 2 UmwG), ist auch nach den §§ 245 Abs. 1 Nr. 1 bzw. 251 Abs. 1 Nr. 2 InsO (Schlechterstellungsverbot) dessen individuelle und nicht durch den Insolvenzplan ersetzbare Zustimmung erforderlich[3].

Im Falle eines Formwechsels hat der **gestaltende Teil des Insolvenzplans auch einen Fortsetzungsbeschluss** (vgl. § 225a Abs. 3 InsO) zu enthalten, um die Auflösung der Gesellschaft infolge der Insolvenzeröffnung zu beenden und die Fortführung in neuer Rechtsform zu ermöglichen[4]. 96

Aus dem Gründungsrecht (§ 197 UmwG) der jeweiligen Zielrechtsform können sich zusätzlich **Erfordernisse hinsichtlich der Kapitalaufbringung** ergeben. Der Formwechsel etwa in eine AG zieht folglich die Pflicht zur Aufbringung des Grundkapitals in Höhe von mindestens 50000,00 Euro (§ 7 AktG) nach sich. Bei einem Formwechsel von einer **Kapitalgesellschaft** in eine AG ist daher unter Umständen eine vorherige **Kapitalerhöhung** erforderlich, über die im Umwandlungsbeschluss zu entscheiden ist[5]. Dieser ist hier **Teil des Insolvenzplans** und kann daher nach dessen Regeln beschlossen werden. Allerdings muss sich eine Partei bereitfinden, die erforderliche Einlage zu leisten. Lediglich eine Minderheitsansicht vertritt die Auffassung, dass bei einem Formwechsel von einer KGaA zu einer AG das Unterbilanzverbot nicht gelte und § 245 Abs. 1 Satz 2 UmwG dahingehend teleologisch zu reduzieren sei[6]. Beim Formwechsel von einer **Personengesellschaft** in eine AG begrenzt das nach Abzug aller Schulden vorhandene Vermögen den Betrag des Grundkapitals bei der AG (§ 220 Abs. 1 UmwG). Reicht dieses Vermögen zur Deckung des Mindestkapitals der AG nicht aus, so sind **zusätzliche Bar- oder Sacheinlagen** der Anteilsinhaber des formwechselnden Rechtsträgers zu erbringen[7]. Auch die kann im Insolvenzplanverfahren beschlossen werden, erfordert aber die Bereitschaft einer Partei, die Einlagen zu erbringen. Im Insolvenzplanverfahren gibt es noch eine weitere Möglichkeit zur Sicherstellung der Kapitalaufbringung, die vor allem relevant 97

---

1 Vgl. zum Suhrkamp-Verfahren *Thole*, ZIP 2013, 1937.
2 *Brünkmans*, ZInsO 2014, 2533 (2548).
3 *Madaus* in Kübler, § 33 Rz. 54.
4 Vgl. *Madaus* in Kübler, § 33 Rz. 52 f.
5 *Bärwaldt* in Semler/Stengel, § 197 UmwG Rz. 40.
6 *Göthel* in Lutter, § 245 UmwG Rz. 12 f. mit Nachweisen zum Meinungsstand.
7 § 220 UmwG Rz. 9; *Mayer* in Widmann/Mayer, § 197 UmwG Rz. 121; zu Bewertungsfragen des formwechselnden Unternehmens vgl. OLG Frankfurt/M. v. 19.3.2015 – 20 W 160/13, Der Konzern 2016, 189 ff. = GmbHR 2015, 808.

wird, wenn kein Gesellschafter zur Leistung einer Einlage bereit ist: Der Insolvenzplan kann nach seinen Regeln einen (teilweisen) **Forderungsverzicht der Insolvenzgläubiger** anordnen, der durch eine Entlastung der Passivseite der Bilanz ebenfalls dazu führen kann, dass wieder ausreichend Nettovermögen zur Deckung des erforderlichen Stamm- oder Grundkapitals vorhanden ist.

f) Rechtsmittel

98 Eine Klage gegen den Umwandlungsbeschluss (vgl. § 195 UmwG) findet nicht statt. Gegen den Beschluss, durch der Insolvenzplan bestätigt wird, kann allein mit der **sofortigen Beschwerde** (vgl. § 253 InsO) vorgegangen werden[1]. Zu Einzelheiten kann auf die Darstellung bei der Verschmelzung verwiesen werden (vgl. Rz. 57 ff.).

g) Anmeldung zum Handelsregister

99 Der Formwechsel wird mit Eintragung zum Handelsregister wirksam. Die notwendige Registeranmeldung (vgl. § 198 Abs. 1 UmwG) kann durch den **Insolvenzverwalter** erfolgen[2]. Die notwendigen Unterlagen ergeben sich aus § 199 UmwG; weitere Vorlagepflichten können sich aus den gemäß § 197 Abs. 1 UmwG anzuwendenden Gründungsvorschriften ergeben (zur Kapitalaufbringung vgl. Rz. 97). Die Vorlage des **bestätigten Insolvenzplans ersetzt den Nachweis des Umwandlungsbeschlusses** und sonstiger im Plan oder den Anlagen befindlicher Erklärungen[3]. Das zuständige Registergericht prüft gemäß § 197 Satz 1 UmwG iVm. § 38 AktG die Gründungsvoraussetzungen zB der AG.

h) Prüfungskompetenz des Registergerichts

100 Wie bereits bei der Verschmelzung dargestellt (siehe Rz. 63 ff.), ist im Rahmen des Registerverfahrens umstritten, ob und inwieweit dem **Registergericht** eine **Prüfungskompetenz** im Verhältnis zum Insolvenzgericht mit Blick auf die im Insolvenzplan geregelte Umwandlungsmaßnahme zukommt. Dies gilt auch im Falle eines Formwechsels. In diesem Zusammenhang wird insbesondere vertreten, dass dem Insolvenzgericht die Prüfungskompetenz hinsichtlich der im Insolvenzplan enthaltenen gesellschaftsrechtlichen Beschlussfassung zukomme. Das Registergericht prüfe demgegenüber (allein) die Eintragungsvoraussetzungen, die nicht durch den Insolvenzplan nachgewiesen werden[4]. Angesichts der

---

1 *Madaus* in Kübler, § 33 Rz. 54; *Brünkmans*, ZInsO 2014, 2533 (2549).
2 *Madaus* in Kübler, § 33 Rz. 61.
3 *Madaus* in Kübler, § 33 Rz. 61.
4 Bspw. eine Geschäftsführer- oder Aufsichtsratsbestellung, die Gesellschafterliste oder die Versicherung des Geschäftsführers zur Kapitalaufbringung; vgl. *Madaus* in Kübler, § 33 Rz. 61. In diese Richtung auch *Brünkmans*, ZInsO 2014, 2533 (2549), der die Aufgabenverteilung zwischen Insolvenz- und Registergericht damit umschreibt, dass vom Insol-

bestehenden Rechtsunsicherheit ist auch bei einem Formwechsel vorbeugend eine **rechtzeitige Abstimmung mit dem Registergericht** zu empfehlen. Um Umsetzungsmaßnahmen und Berichtigungen zu ermöglichen, ist wiederum eine **Ermächtigung des Insolvenzverwalters** nach § 221 Satz 2 InsO im gestaltenden Teil des Insolvenzplans vorzusehen[1].

VI. Anspruch der Gläubiger auf Sicherheitsleistung?

Eine wichtige Gestaltungsfrage bei allen Umwandlungsmaßnahmen ist der Sicherheitsanspruch der Gläubiger nach § 22 UmwG (ggf. kraft Verweisung gemäß § 125 UmwG oder § 204 UmwG). Dieser erfordert eine **konkrete Anspruchsgefährdung gerade durch die Umwandlungsmaßnahme** (vgl. § 22 UmwG Rz. 7). Insbesondere in Sanierungssituationen ist es nicht unwahrscheinlich, dass die für eine Sicherheitsleistung erforderlichen Mittel nicht verfügbar sind, so dass sorgfältig geprüft werden sollte, ob die Umwandlungsmaßnahme zu einer konkreten Gefährdung führt. Gegebenenfalls sind zB im Insolvenzplan Gestaltungen erforderlich, die dies vermeiden. 101

Gläubiger eines solventen (idR übernehmenden) Rechtsträgers werden evtl. insbesondere durch die Übertragung **negativen Vermögens** gefährdet. Das kann aber durch eine Entschuldung im Rahmen des Insolvenzplans verhindert werden[2]. Bei der Spaltung hilft auch eine Gestaltung, bei der die Forderungen nicht (oder nicht in vollem Umfang) dem übernehmenden Rechtsträger zugeordnet werden. Fungiert eine dafür geschaffene Zweckgesellschaft als übernehmender Rechtsträger, wird diese oft noch keine Gläubiger haben, so dass sich die Frage insoweit nicht stellt. 102

Bei den **Gläubigern des insolventen (idR übertragenden) Rechtsträgers** ist zu unterscheiden: Die **Insolvenzgläubiger** sind bereits durch die Insolvenz gefährdet. Sie stimmen über den Insolvenzplan ab und werden diesem nur zustimmen, wenn die darin vorgesehene Umwandlungsmaßnahme für sie eine Verbesserung und keine noch weitere Verschlechterung darstellt. Eine konkrete Gefährdung gerade durch die Umwandlungsmaßnahme wird bei ihnen daher regelmäßig nicht gegeben sein.[3] Anders könnte die Situation der **Massegläubiger** zu beurteilen sein, die aufgrund ihres Vorranges nicht die gleiche bereits bestehende Gefährdungslage haben wie die Insolvenzgläubiger. Sie sind jedoch auch im Insolvenzplanverfahren vorab zu befriedigen und werden damit typischerweise 103

---

venzgericht die Zulässigkeit des Rechtsformwechsels als Insolvenzplanregelung, vom Registergericht hingegen die nach § 197 UmwG gebotene Einhaltung der Gründungsvorschriften geprüft wird.
1 *Madaus* in Kübler, § 33 Rz. 59.
2 Darauf weist auch *Brünkmans*, ZInsO 2014, 2533 (2551) hin.
3 Ähnlich *Brünkmans*, ZInsO 2014, 2533 (2551).

nicht auf die Bonität des übernehmenden Rechtsträgers angewiesen sein.[1] Sollte sich deren Befriedigung als nicht möglich erweisen, ist bei ihnen die konkrete Gefährdung nach allgemeinen Kriterien zu prüfen. In diesem Fall (Masseunzulänglichkeit) ist aber auch bei ihnen evtl. die Gefährdung bereits eingetreten und nicht erst durch die Umwandlungsmaßnahme verursacht.

104 Vor diesem Hintergrund wird in den meisten Fällen kein Sicherheitsanspruch bestehen, v.a. wenn der Insolvenzplan auf einer seriösen Sanierungsplanung beruht[2]. Anders als bei § 133 UmwG (dazu Rz. 23 ff.) besteht hier daher nicht der gleiche Bedarf nach einer teleologischen Reduktion oder Gestaltbarkeit im Insolvenzplanverfahren. Hinsichtlich der **planunterworfenen Insolvenzgläubiger** spricht nichts dagegen, auch für diese eine **Verzichtserklärung auf den Sicherheitsanspruch** in den gestaltenden Teil des Insolvenzplans aufzunehmen, falls insoweit einmal Unsicherheiten bestehen sollten.

---

1 Dazu *Hefermehl* in MünchKomm. InsO, 3. Aufl. 2013, § 53 InsO Rz. 63.
2 Ähnlich *Brünkmans*, ZInsO 2014, 2533 (2551).

Sachregister

Bearbeiterin: RAin Verena Reithmann

Fette Zahlen bezeichnen die Paragraphen, magere Zahlen die Randzahlen;
Vor 122a–122l bezeichnet die Vorbemerkung zu §§ 122a–122l;
Vor 322 die Vorbemerkung zu § 322; Anh. I bezeichnet den Anhang SE (S. 1599);
Anh. II bezeichnet den Anhang Umwandlungsmaßnahmen in Insolvenzplänen (S. 1663).

Abfindungsangebot s. Barabfindungsangebot, Formwechsel; Barabfindungsangebot, Verschmelzung

Abschlussprüfer
- Gewährung besonderer Vorteile **5** 46
- Prüfungsmandatsbeziehung, Dauer **202** 11a ff.
- als Verschmelzungsprüfer **60** 3

Absorptionsverschmelzung
- Kapitalerhöhungsverbot **54** 5 ff.; **68** 5
- Verschmelzungsvertrag **5** 68

Abspaltung
- Anteilsgewährung, Anteilsinhaber übertragender Rechtsträger **123** 10
- und Aufspaltung, Wahl **123** 16
- Ausgliederung, Kombination **1** 21
- teilweise Übertragung Vermögensteile **123** 9
- Umtauschverhältnis **126** 9
- verschmelzende Auf- und Abspaltung **1** 21; **3** 30

Abtretung
- Abfindung gegen –, Formwechsel **207** 30 ff.
- Geschäftsanteile **5** 25

Abwicklung
- Ausschluss **1** 8; **2** 10

Abwicklungsspaltung 124 5

Adjusted Present Value Ansatz 9 30

Aktien
- Stückelung **46** 6 ff.

Aktiengesellschaft
- Aktien im Besitz eines Dritten **68** 10, 14

- Anfechtung Zustimmungsbeschluss **8** 33
- Anfechtungsklage, Frist **14** 9
- Anmeldung Abspaltung, Ausgliederung **146** 1 ff.
- Anmeldung neuer Rechtsträger **38** 10, 15, 20
- Anmeldung Verschmelzung **16** 13, 14 f., 17; **17** 3
- Ausschluss Spaltung **141** 1 f.
- bare Zuzahlung **5** 22; **73** 3
- Bekanntmachung Spaltungsvertrag **125** 69
- Bekanntmachung Verschmelzungsvertrag **61** 1 ff.
- Eingliederung **2** 16
- Einreichung Verschmelzungsvertrag Register **61** 1; **62** 19
- erweiterte Gründungspublizität **74** 2
- Erwerb Anteile bei Barabfindung **29** 24, 25 ff.
- Erwerb, Besitz eigener Aktien **62** 5; **68** 6, 12
- Feststellungsklage, Frist **14** 9
- Formwechsel in **191** 7
- Fortsetzung nach Auflösung **3** 23
- Gründungsbericht **75** 2; **125** 84; **144** 2
- Gründungsprüfung **75** 1; **144** 3
- Gründungsvorschriften, anzuwendende s. dort
- Hauptversammlung, Zustimmung Verschmelzung **62** 1
- Herabsetzung, Grundkapital **145**
- Hinweisbekanntmachung **62** 16, 19, 31

1707

Sachregister

- internationale Verschmelzungsfähigkeit **122b** 3
- Kapitalerhöhung **4** 21; **62** 4; s.a. dort
- Kapitalerhöhungsverbot **68** 2; s.a. dort
- Nachgründungsvorschriften, Anwendung **67** 1 ff.; **125** 75; s.a. Nachgründung
- Nichtigkeitsklage, Frist **14** 9
- Options- oder Wandelanleihen **5** 41
- Satzungsinhalt **74** 1 ff.; **125** 83; **218** 20 ff.
- Schadensersatzanspruch, Geltendmachung **70** 1
- Sonderbeschluss **5** 11
- Spaltung mit Kapitalerhöhung **142** 1 f.
- Spaltung, Verweisung Besondere Vorschriften **125** 68 ff.
- Spaltungsbericht **142** 2
- Spaltungsfähigkeit **124** 1
- Squeeze-out, verschmelzungsrechtlicher **62** 34 ff.; s.a. dort
- Treuhänder **4** 20; **5** 24; **71** 1; s.a. dort
- Übergabe Aktien, bare Zuzahlungen **4** 20
- Übernehmerin Anteilsinhaberin übertragender Rechtsträger **68** 3 ff.
- übertragender Rechtsträger mit Anteilen der Übernehmerin **68** 9, 13
- übertragender Rechtsträger mit eigenen Anteilen **68** 7 f.
- Übertragung, Einzelheiten **5** 24
- Umtausch Aktien **72** 1 ff.
- Umtauschverhältnis **5** 19
- unbekannter Aktionäre **35** 1; **213** 1 ff.; s.a. Aktionäre, unbekannte
- Unterrichtung Aktionäre **62** 14 f., 16
- Vermögensübertragung **2** 15
- Vermögensveränderungen, besondere Unterrichtung **143** 1 f.
- Verschmelzung AG auf AG **72** 1 ff.
- Verschmelzung durch Neugründung **73** 1; s.a. Verschmelzung durch Neugründung AG

- Verschmelzungsbeschluss **13** 5; **62** 1; s.a. Verschmelzungsbeschluss, AG
- Verschmelzungsfähigkeit **3** 8
- Verschmelzungsprüfung **9** 10; **60** 3
- Verteilung Aktien, Kontinuitätsprinzip **218** 26
- Verzicht auf Verschmelzungsbericht **8** 38
- Zustimmung Aktionäre **5** 11 f.; **62** 1
- s.a. Aktionäre; Formwechsel Kapitalgesellschaft – Kapitalgesellschaft anderer Rechtsform; Formwechsel Kapitalgesellschaft – Personengesellschaft; Hauptversammlung

Aktiengesellschaft & Co. KG
- Verschmelzungsfähigkeit **3** 3

Aktiengesellschaft, Satzung 74 1 ff.; **125** 83; **218** 20 ff.
- Aktien, Nennbetrag und Zahl **218** 25
- Aufsichtsrat **218** 27, 29
- Firma **218** 21
- Gegenstand, Unternehmens- **218** 22
- Gründer **218** 20
- Grundkapital **218** 25 f.
- Gründungsaufwand **218** 27
- Sondervorteile **218** 27
- Vorstand **218** 28

Aktionäre
- Auskunftsrecht **64** 12 ff.
- Erteilung Abschriften **62** 17; **63** 14; **65** 14
- Unterrichtung **62** 14 f., 16
- Zustimmung Verschmelzungsvertrag **5** 11 f.; **62** 1

Aktionäre, unbekannte
- Angabe Aktienurkunde **35** 3 ff.; **213** 8
- Berichtigung Bezeichnung **35** 6 f.; **213** 10
- Bezeichnung **35** 1; **213** 7 f.
- Ermittlung **35** 4
- Formwechsel **213** 1 ff.
- Ruhen Stimmrecht **213** 11

Sachregister

Amtslöschung
- und Verschmelzungsfähigkeit 3 7

Änderung, Verschmelzungsvertrag
4 16 ff.; **6** 8; **9** 16
- Beschluss **4** 17
- Beschlussvorbereitung **4** 18
- notarielle Form **4** 18
- nach Zuleitung Betriebsrat **5** 78

Anfechtbarkeit Verschmelzungsbeschluss
- AG, KGaA **14** 9
- GmbH **14** 10
- Mängel Verschmelzungsbericht **8** 6, 33 ff.
- Mehrheitsmissbrauch **12** 18
- OHG, KG **14** 11
- und Registereintragung Verschmelzung **20** 33, 36, 41
- Umtauschverhältnis **14** 12 f.
- unrichtige Angabe, Folgen Arbeitnehmer **5** 57

Anfechtung
- Umwandlungsbeschluss **193** 36
- Verschmelzungsbeschluss **13** 46
- Verschmelzungsvertrag **4** 13 f.
- Willensmängel **4** 13 f.
- Zustimmungserklärungen **13** 46; **193** 36

Anfechtungsklage
- Klagefrist **14** 9; **195** 11 ff.
- Umwandlungsbeschluss **195** 9
- Verschmelzungsbeschluss **14** 9

Anlagen Anmeldung, Formwechsel
- AG, KGaA **199** 7
- eG **199** 8
- Genehmigungsurkunde, staatliche **199** 3
- GmbH **199** 6
- Handelsregisterauszug **199** 4
- Mängel **199** 9
- OHG, KG **199** 5
- Partnerschaftsgesellschaft **199** 5
- Personenhandelsgesellschaften **222** 7; **223**

- Rechtsmittel **199** 10
- Umwandlungsbericht **199** 3
- Umwandlungsbeschluss **199** 2
- unvollständige, fehlerhafte Unterlagen **199** 9
- Verzicht Umwandlungsbericht **199** 2
- Zuleitungsnachweis Umwandlungsbeschluss **199** 3
- Zustimmungserklärungen einzelner Anteilsinhaber **199** 2

Anlagen Anmeldung, Spaltung
129 11 ff.; **137** 12 ff., 19

Anlagen Anmeldung, Verschmelzung durch Aufnahme
- Erklärung über Gesellschafterzustimmung bei GmbH **52** 2 ff.
- Gesellschafterliste, übernehmende GmbH **52** 9 ff.
- Mängel **17** 7; **19** 3; **52** 6
- Schlussbilanz **17** 9 ff.; s.a. dort
  - Ansatz, Bewertungen **17** 28 ff.
  - Bekanntmachung **17** 40
  - Fristüberschreitung **17** 26
  - grenzüberschreitende Verschmelzung **17** 43
  - Jahresabschluss oder Zwischenbilanz **17** 17 ff.
  - Maßgeblichkeit für steuerliche Schlussbilanz **17** 41 f.
  - Prüfung **17** 36 ff.
  - Rechnungslegung zwischen Vertrag und Eintragung **17** 21 ff.
  - Stichtag **17** 14 ff.
  - Überschuldung **17** 44
  - Unternehmen von öffentlichem Interesse **17** 39
  - Verhältnis zum Verschmelzungsstichtag **17** 14 ff.
- Überblick **17** 1 ff.

Anlagen Anmeldung, Verschmelzung durch Neugründung
- AG; KGaA **38** 15
- Anmeldung neugegründeter Rechtsträger **38** 12 ff.
- Anmeldung Verschmelzung **38** 11 ff.

1709

Sachregister

- Erklärung über Gesellschafterzustimmung 52 8
- GmbH 38 14; 52 9
- OHG, KG 38 13
- Partnerschaftsgesellschaft 38 13a

Anmeldung Formwechsel 198 1 ff.
- Anmeldende 198 8
- Anmeldung 198 8 ff.
- Bekanntmachung 198 25; 201 1 ff.
- bestätigter Insolvenzplan **Anh. II** 99
- Eintragungsreihenfolge 198 21
- Form 198 10
- Formwechsel Kapitalgesellschaft – Kapitalgesellschaft anderer Rechtsform 246
- Formwechsel Kapitalgesellschaft – Personengesellschaft 235 1 ff.
- Inhalt 198 11 f.
  - AG, KGaA 198 14
  - GmbH 198 13
  - neue Rechtsform 198 11
  - OHG, KG 198 12
  - Partnerschaftsgesellschaft 198 12
  - Prokura 198 15
- Kosten 198 26 f.
- Negativerklärung, Registersperre 198 28
- Neueintragung, anderes Register 198 5
- Personenhandelsgesellschaften
  - AG/KGaA neue Rechtsform 222 3 ff.
  - Anlagen 222 7
  - Anmeldepflichtige 222 1
  - Anmeldung Vertretungsorgane 222 2 f.
  - GmbH neue Rechtsform 222 2
  - Registerwechsel 222 6
- Pflicht zur Anmeldung 198 9
- Prüfung Registergericht 198 17
- Rechtsträger ohne Voreintragung 198 4
- Sitzverlegung, Registerwechsel 198 7
- Umwandlung Kapitalgesellschaft – Personengesellschaft 235 1 f.

- Unterlagen, beizufügende 198 16; 199
- voreingetragener Rechtsträger 198 2
- zuständiges Register 202 7 ff.
- Zuständigkeit Registergericht 198 2 ff.

Anmeldung neuer Rechtsträger
- AG 38 10
- anmeldungsberechtigte Personen 38 4
- GmbH 38 8
- OHG, KG 38 7
- Partnerschaftsgesellschaft 38 7a, 13a, 18a

Anmeldung Spaltung 125 21 f.; 129 1 ff.
- AG, KGaA
  - Anmeldung Abspaltung, Ausgliederung 146 1 ff.
  - Ersteintragungsnachweis 129 13
  - Kapitalerhöhung 129 14
- Anlagen zur Anmeldung 125 22; 129 11 ff.
- Anmeldende 129 2 f.
- Einzelkaufmann, Vermögensübersicht 129 12
- GmbH, Abspaltung, Ausgliederung 140 1 ff.
- Inhalt 129 6 f.
- im Insolvenzverfahren **Anh. II** 85 ff.
- Kapitalerhöhung 129 5, 7, 14
- Kapitalherabsetzung 129 4, 7, 15
- Kosten 129 16
- Rechtsmittel 129 16
- Reihenfolge Anmeldungen 129 9
- Schlussbilanz 125 23 f.
- Spaltung zur Neugründung 137 1 ff.
- zuständiges Registergericht 129 2

Anmeldung Verschmelzung 4 19; 16 1 ff.
- AG 62 19, 45 f.
- Anlagen 16 19; 17 1 ff.; 38 11 ff.; s.a. Anlagen Anmeldung, Verschmelzung durch Aufnahme
- anmeldungspflichtige Personen 16 3

Sachregister

- Form **16** 7
- Freigabeverfahren **16** 32 ff.; s.a. Unbedenklichkeitsverfahren
- GmbH, Beteiligung **52** 1 ff.
- Inhalt **16** 12
- bei insolventem Rechtsträger **Anh. II** 59 ff.
- Kapitalerhöhung **16** 5, 9, 12, 17, 24
- Kosten **16** 21; **38** 31
- Mängel **17** 7; **19** 3; **20** 46
- und Nachgründungsvorschriften **16** 13; **67** 7
- Negativerklärung bzgl. Betriebsrat **16** 16
- Negativerklärung Klagen **16** 14 f., 22 ff.; s.a. Negativerklärung
- öffentliche Beglaubigung **16** 7
- Pflicht **16** 6
- Rechnungslegung zwischen – und Eintragung **17** 24 f.
- Rechtsmittel **16** 20
- Registersperre **16** 27 f.
- Reihenfolge **16** 8
- Schlussbilanz **17** 9 ff.; s.a. dort
- Unbedenklichkeitsverfahren **16** 32 ff.; s.a. dort
- bei unzuständigem Gericht **16** 2
- Verschmelzung durch Neugründung **36** 6; **38** 2; s.a. Anmeldung neuer Rechtsträger
- Zeitpunkt **16** 10 f.
- zuständiges Registergericht **16** 2
- Zweigniederlassung **16** 18

Anpassung
- gegenseitige Verträge bei Verschmelzung **21** 1, 6 ff.

Ansatzvorschriften
- Schlussbilanz **17** 28 ff.

Ansatzvorschriften, übernehmender Rechtsträger
- Abspaltung auf die Muttergesellschaft **125** 35 f
- Anschaffungswertprinzip **24** 4
- Ausschüttungen **24** 15
- Ausübung Wahlrecht **24** 50 ff.
- Ausweis ertragswirksamer Auswirkungen in GuV **24** 21
- Bewertungsvorschriften **24** 22 ff.; s.a. dort
- Bewertungswahlrecht **24** 2 f.
- Bilanzierungshilfen **24** 6
- Buchungsstichtag **17** 23; **24** 53 ff.
- Buchwert höher als Ausgabebetrag **24** 19
- Buchwertverknüpfung **24** 13 ff.
- eigene Anteile **24** 11, 15
- Fortführung stiller Reserven **24** 21
- gesamtschuldnerische Haftung **133** 13 ff.
- Geschäfts-/Firmenwert **24** 6 ff.
- Grenzen Wahlrecht **24** 51
- grenzüberschreitende Verschmelzung **24** 61 ff., 62 ff.
- immaterielle Vermögensgegenstände **24** 6
- internationale Rechnungslegungsstandards **24** 61
- Kapitalgesellschaften **24** 52
- keine Buchwertverknüpfung **24** 6 ff.
- konzerninterne Verschmelzung **24** 8
- Kosten Verschmelzung **24** 12, 16
- nachträgliche Zuzahlungen, Spruchverfahren **24** 57 ff.
- Pensionsrückstellungen **24** 10, 15
- Pensionsverpflichtungen **24** 10
- Sacheinlagenprüfung **69** 9
- Sonderposten mit Rücklageanteil **24** 15
- Steuerabgrenzungsposten **24** 9, 15
- Steuerrecht **24** 3 f.
- Verschmelzung mit Buchwertverknüpfung **24** 43 ff.
- Verschmelzung ohne Buchwertverknüpfung **24** 26 ff.
- Verschmelzung, Erwerbsvorgang **24** 7
- Verschmelzungsverlust **24** 21
- Vollständigkeitsgebot **24** 6
- Wahlrecht, einheitliche Ausübung **24** 17 f.

Sachregister

Ansatzvorschriften, übertragender Rechtsträger
- Spaltung 125 35a; 131 31 ff.

Anschaffungskosten
- Fiktion Schlussbilanzwerte 24 44
- s.a. Bewertungsvorschriften

Anschaffungskostenprinzip
- Verschmelzung gegen Gewährung Anteile/Mitgliedschaften 24 22 ff.
- Verschmelzung gegen Untergang Beteiligung 24 25

Anteile ohne Stimmrecht 23 4

Anteilsgewährung
- bei Abspaltung 123 10
- AG 5 11 ff.
- Änderung Mitgliedschaftsrechte 5 7
- Anteilsteilung, erleichterte 54 26
- bei Aufspaltung 123 8
- bei Ausgliederung 123 11
- Ausstattung Anteile 5 6
- Barzahlungsanspruch 5 9; 46 8
- auf eigene Anteile 5 7
- Entzug Rechte 5 12
- gemeinsame Anteile, Bildung 5 10
- bei geringfügigen Beteiligungen 5 8; 46 8
- Gleichbehandlungsgrundsatz 5 7
- GmbH 5 14
- Kapitalerhöhung 5 16
- KGaA 5 11
- Mindestinhalt Verschmelzungsvertrag 5 5
- Namens- statt Inhaberaktien 5 13
- Nennbetrag 5 8
- Partnerschaftsgesellschaften 5 15a
- Personenhandelsgesellschaften 5 15
- Spaltung 123 4 f.
  - an außenstehenden Dritten 123 6
  - nicht-verhältniswahrende 123 5; 128 1 ff., 3 ff., 5 ff.
  - Spaltung „zu Null" 123 5; 128 4 ff.
  - verhältniswahrende 123 5
- auf teileingezahlte Anteile 5 7
- Teilverzicht 54 21

- Überschuldung übertragender/übernehmender Rechtsträger 5 4a
- Umtauschverhältnis s. dort
- Verzicht 5 5; 54 18 ff.
- aus vorhandenem Bestand 5 16

Anteilsinhaber
- Abschrift Vertrag, Beschluss 13 40
- Ausscheiden bei Barabfindung 29 28; 207 41
- Barabfindung 2 13; 5 9; 29 1; 207
- bare Zuzahlung 2 13; 5 9; 29 21
- Befreiung von Verfügungsbeschränkung 33 1 ff.
- Begriff 2 14
- bestehende Beteiligungsverhältnisse 2 13
- Fortbestand Verpflichtungen 2 12
- Gegenleistung bei Verschmelzung 2 12
- gemeinsame Anteile, Bildung 5 10
- Gewährung Kommanditistenstellung 40 10
- Klage Durchführung Gesellschafterbeschluss 4 22
- Klage Erfüllung Verschmelzungsvertrag 4 22
- Komplementär/Kommanditist nach Verschmelzung 40 3 f., 10, 14
- persönliche Haftung, Zustimmung 40 14
- Schadensersatz Missachtung Gesellschafterbeschluss 4 22
- Sonderrechte 5 41
- Stimmrecht, Verschmelzungsbeschluss 13 4
- Treuepflicht 13 31
- Übernahmeangebot Mehrheitsgesellschafter, Formwechsel 207 3
- Veräußerung Anteile während Barabfindungsangebot 33 1
- vinkulierte Anteile 13 22; 43 30 ff.; 50 25
- wahlweise Anteile oder andere Leistungen 2 13

- Wechsel zum übernehmenden Rechtsträger 20 29 f.
- Zustimmung zum Formwechsel 193 2
- Zustimmung zur persönlichen Haftung 40 14
- Zustimmung zur Spaltung 125 13
- Zustimmung zur Übernahme persönlicher Haftung 43 29
- Zustimmung zur Verschmelzung 6 2; 13 1, 22 ff., 41

Anteilsinhaber, Identität
- Ausschluss durch Umwandlung 1 14
- Komplementär-GmbH 1 11
- bei Umwandlung 1 10 ff.

Anteilskontinuität 1 9

Anteilsveräußerung
- Ausschlussfrist 211 11
- privilegierte Anteilsinhaber 211 9
- privilegierte Veräußerung 211 10
- schuldrechtliche Verfügungsbeschränkungen 211 8
- statuarische Verfügungsbeschränkungen 211 8
- suspendierte Verfügungsbeschränkungen 211 7 f.
- während Barabfindungsangebot 33 1; 211 1 ff.

Anwachsung 1 5, 18; 39 11

Arbeitnehmer, Folgen für
- Angaben kraft Sachzusammenhangs 5 55 f.
- Angaben Spaltungsvertrag 126 43
- Angaben Umwandlungsbeschluss 194 58
- Angaben Verschmelzungsvertrag 5 47 ff.
  - Checkliste 5 60a
- bei arbeitnehmerloser Gesellschaft 5 49
- arbeitsorganisatorische Struktur 5 60a
- Betriebsänderung 5 55, 60a
- Betriebsübergang 5 53; 20 11; s.a. dort
- Betriebsvereinbarungen 5 60a
- grenzüberschreitende Verschmelzung 122e 8
- Haftungsfolgen Arbeitnehmeransprüche 5 60a
- Individualrechte 5 48
- Information 5 49
- Interessenausgleich 5 51, 55
- Kündigungsschutz 5 53
- mittelbare Folgen 5 50 ff.
- Negativerklärung 5 59
- Personalreduzierung 5 50
- Spaltung, Betriebsübergang 126 34 f.; 131 11; 133 10
- Spaltung, Erhalt kündigungsrechtliche Stellung 131 11
- Spaltung, Haftungsverschärfung 134 1 ff.
  - Interessenausgleich 134 17
  - Nachteilsausgleich 134 17
  - Sozialplan 134 17
  - Versorgungsansprüche 134 20 ff.
- Spaltung, Sicherheitsleistung 125 33
- Tarifbindung 5 53 f., 60a
- Trennungstheorie 5 48
- Übergang Arbeitsverhältnisse 5 60a; 20 11
- Unvollständigkeit/Unrichtigkeit Angaben 5 57 f., 64
- Versorgungsanwartschaften 5 60a
- vorgesehene Maßnahmen 5 50
- weitere Umwandlungen 5 60a
- Zuordnung 324 51 f.; s.a. Zuordnung Arbeitnehmer
- s.a. Betriebsübergang

Arbeitnehmervertretungen 5 47 ff.; 194 58 f.; **Vor 322** 14 ff.
- Änderung Struktur 5 53
- Angaben kraft Sachzusammenhangs 5 55 f.
- Angaben Verschmelzungsvertrag – Checkliste 5 60a

Sachregister

- Auswirkungen auf Amt
  - Formwechsel **Vor 322** 66 f.
  - übertragende Umwandlung **Vor 322** 19 ff., 43 ff., 49 ff., 53, 55 ff., 62; s.a. Betriebsrat, Amt
- Beteiligungsrechte
  - Formwechsel **Vor 322** 63 f.
  - übertragende Umwandlung **5** 48; **Vor 322** 15 ff., 40 ff., 47 f., 54, 59 ff.
- Betriebsänderungen **5** 55
- grenzüberschreitende Verschmelzung **122e** 8
- Negativerklärung bzgl. Folgen **5** 59
- Umwandlungsbeschluss **194** 58
- Unvollständigkeit/Unrichtigkeit Angaben **5** 57 f., 64
- Vereinbarungslösungen **Vor 322** 51 ff.

Arbeitspapiere
- und Prüfungsbericht **12** 8

Arbeitsrecht, Auswirkungen Vor 322 1 ff.
- auf Arbeitnehmervertretungen **Vor 322** 14 ff.; s.a. Arbeitnehmervertretungen
- auf Arbeitsverhältnisse, einzelne **Vor 322** 4 ff.; s.a. Arbeitsverhältnisse
- haftungsrechtliche Auswirkungen **Vor 322** 119 ff.
- Inhalt Umwandlungsvertrag **Vor 322** 124 f.
- auf Unternehmensmitbestimmung s. Mitbestimmungsbeibehaltung
- Zusammenfassung **Vor 322** 126

Arbeitsverhältnisse
- formwechselnde Umwandlung, Auswirkungen **Vor 322** 4, 10 ff.
- Übergang Verschmelzung **5** 53; **20** 11; s.a. Betriebsübergang
- übertragende Umwandlung, Auswirkungen **Vor 322** 4, 5 ff.
- Zuordnung im Umwandlungsvertrag **324** 51 ff.; s.a. Zuordnung Arbeitnehmer

Aufgelöster Rechtsträger
- Formwechsel **191** 16 ff.; **214** 11 ff.
- Spaltungsfähigkeit **124** 4 ff.
- Verschmelzungsfähigkeit **3** 21 ff., 26

Aufhebung
- Beschluss **4** 17
- Beschlussvorbereitung **4** 18
- notarielle Form **4** 18; **6** 9; **13** 48
- Umwandlungsbeschluss **193** 37
- Verschmelzungsbeschluss **13** 48
- Verschmelzungsvertrag **4** 16 ff.; **6** 9; **7** 6

Auflösung
- übertragende, AG **1** 20
- Verschmelzung unter **2** 11

Aufsichtsorgan
- Arten **5** 45

Aufsichtsrat, Formwechsel
- Bildung und Zusammensetzung erster **197** 61, 73 ff.
- Entfallen bei Formwechsel **197** 62 ff.
- erstmals bei Formwechsel **197** 66 ff.
- vor und nach Formwechsel **197** 70 ff.
- obligatorischer oder fakultativer **197** 58
- Statusverfahren **197** 73 ff.; **203** 15

Aufsichtsrat, Verschmelzung
- Bestellung bei Verschmelzung durch Neugründung **76** 6
- Statusverfahren **20** 17a

Aufsichtsratsmitglieder
- Abfindung **5** 44
- und Abspaltung, Wahl **123** 16
- Amtsdauer bei Formwechsel **203** 1 ff.
- Anteilseignervertreter, Abberufung **203** 14
- Dienstvertrag **203** 3
- Ende Amtszeit **203** 2 f.
- Ersatzmitglieder **203** 12
- Fortdauer Amtszeit **203** 6
- Gesellschaftsvertrag, Satzung **203** 11
- Mitbestimmungsrecht **203** 7 f.
- Statusverfahren **203** 15

Sachregister

- Bestellung, Verschmelzung durch Neugründung **59** 7 f.
- Entlastung **5** 44; **20** 17
- Erlöschen Amt, Vergütungsanspruch **20** 16
- Schadensersatzpflicht, formwechselnder Rechtsträger **205** 1, 5 ff.; s.a. dort
- Schadensersatzpflicht, übertragender Rechtsträger **25** 4
- Verletzung Geheimhaltungspflicht **315** 1 f.; s.a. Geheimhaltungspflicht, Verletzung
- Wirkung Spaltung **131** 12

Aufspaltung 125 49
- Anteilsgewährung an Anteilsinhaber übertragender Rechtsträger **123** 8
- Aufspaltung GmbH & Co. KG auf Kapitalgesellschaften **124** 10
- Übertragung aller Vermögensteile **123** 7
- Umtauschverhältnis **126** 8
- verschmelzende Auf- und Abspaltung **1** 21; **3** 30

Aufteilung
- Betriebsübergang **126** 34
- Dauerschuldverhältnisse **126** 25, 36
- Eigenkapital **126** 32
- Finanzverbindlichkeiten **126** 28
- Forderungen **126** 24
- gegenseitige Verträge **126** 25
- Gegenstände, Begriff **126** 22
- Grundstücke **126** 23
- Passivvermögen **126** 27 ff.
- Rücklagen, Ausschüttung **126** 33
- unbekannte Verbindlichkeiten **126** 27
- Unternehmensverträge **126** 26
- Verbindlichkeiten **126** 25, 27 ff.
- vergessene Vermögensgegenstände/Verbindlichkeiten, Zuordnung **131** 29 f.

Auseinandersetzung
- unter den Gesellschaftern **1** 17

Ausgliederung
- Abspaltung, Kombination **1** 21
- Anteilsgewährung an übertragenden Rechtsträger **123** 11
- Ausgliederung aus einzelkaufmännischem Vermögen s. Einzelkaufmann
- oder Sacheinlage gegen Anteilsgewährung, Gestaltung **123** 17
- Spaltungsvertrag s. dort
- Umtauschverhältnis **126** 10

Ausgliederungsbericht 125 47

Ausgliederungsplan 158 2

Auskunftspflicht
- gegenüber Verschmelzungsprüfer **11** 10 ff.
- Rechtsträger untereinander **8** 29
- Vertretungsorgane **8** 28; **64** 7
- Vollständigkeitserklärung **11** 11

Auskunftsrecht
- Aktionäre **64** 12 ff.

Auslegung
- Entbehrlichkeit **49** 5
- Jahresabschlüsse/Lageberichte, GmbH **49** 3 ff.
- Spaltungsvertrag **126** 64 ff.
- Unterlagen, AG **62** 14 f.; **63** 2; **64** 1
- Verschmelzungsbericht **8** 5; **122e** 4
- Verschmelzungsvertrag **4** 10

Ausschlussfrist
- Klage, Unwirksamkeit Umwandlungsbeschluss **195** 11 ff.
- Klage, Unwirksamkeit Verschmelzungsbeschluss **14** 1

Austauschkündigung 322 12

Barabfindungsangebot, Formwechsel 207
- Abfindung gegen Abtretung Anteile/Mitgliedschaften **207** 30 ff.
- Erwerb eigener Anteile, Zulässigkeit **207** 31 ff.

1715

Sachregister

- Abfindung gegen Ausscheiden als Anteilsinhaber **207** 41
- Annahme **209** 1 ff.
  - abweichende Vereinbarung **207** 46 ff.
  - Annahmefristen **209** 8 ff.
  - Empfänger **209** 3
  - Form **209** 4
  - Inhalt **209** 5 f.
  - Rechtsnatur **209** 2
  - teilweise **209** 7
  - Zeitpunkt **209** 3
- Anspruch unabhängig vom Angebot **207** 7
- Anspruchsvoraussetzungen **207** 12 f.
- Anteilsveräußerung während – s. Anteilsveräußerung
- Ausnahme von Angebotspflicht **207** 9 f.
- bare Zuzahlung, Verhältnis **207** 8
- Fehlen **207** 6
- Form Angebot **207** 18
- gerichtliche Nachprüfung **212** 1 ff.
- Inhalt **207** 25 ff.
- Inhalt Barabfindungsanspruch s. Barabfindungsanspruch, Inhalt, Formwechsel
- Kosten, Übertragung Anteile/Mitgliedschaft **207** 44
- Mitteilung an Gesellschafter, Aktionäre **231** 1 f.
- Mitteilungspflichten **207** 20
- Pflicht zum Angebot **207** 3, 5
- Prüfung **207** 21
- Prüfung Angebot **207** 21; **208** 5 ff.; **225** 1 ff.
- Rechtsnatur, Annahme, Vollzug **207** 42 f.
- Spruchverfahren **212** 1 ff.
- Übernahmeangebot Mehrheitsgesellschafter **207** 3
- Umwandlungsbericht **207** 19
- Umwandlungsbeschluss **194** 44 f.
- unverschuldete Verhinderung Widerspruch **207** 17
- Vergleich **207** 47 f.
- Verzicht **207** 24, 45 ff.
- Widerspruch zur Niederschrift **207** 13 f.
- Zuleitung Betriebsrat **207** 22
- und Zuzahlung, bare **196** 5
- zwingende Vorschrift **207** 4
- s.a. Barabfindungsanspruch, Inhalt, Formwechsel

Barabfindungsangebot, Verschmelzung **2** 13; **5** 9; **29** 1
- analoge Anwendung **29** 31
- Angebot in Verschmelzungsvertrag **29** 14 f.
- Angemessenheitskriterien **9** 24 ff.
- Annahme Angebot **31** 1 ff.; **125** 37
- Annahmefrist **31** 2 f., 8; **125** 37
- Anteilsveräußerung während **33** 1; s.a. Anteilsveräußerung
- Ausscheiden Anteilsinhaber **29** 28
- Ausschluss Anspruch **29** 20
- Ausschluss Klagen gegen Verschmelzungsbeschluss **32** 1 ff.
- Delisting **29** 4a ff.
- Erfüllungspflicht Anteilsinhaber **31** 6
- Erwerb Anteile durch übernehmenden Rechtsträger **29** 24
- Fälligkeit **29** 23
- fehlendes, zu niedriges Abfindungsangebot **29** 16; **32** 1 ff.
- geplante Börsennotierung **29** 4c
- gerichtliche Entscheidung **31** 8 f.
- gerichtliche Nachprüfung **34** 1 ff.
- geringfügige Beteiligung **29** 21
- gleichgestellte Sachverhalte **29** 30
- grenzüberschreitende Verschmelzung **122i**
- Gründung Europäische Gesellschaft durch Verschmelzung **Anh. I** 42
- Inhalt Barabfindungsanspruch **29** 18; **30** 4 ff.; s.a. Barabfindungsanspruch, Inhalt
- Kosten **29** 29
- Leistung Barabfindung **31** 7

1716

Sachregister

- Mischverschmelzung **5** 61; **29** 2 ff.; **78** 9
- missbräuchliche/treuwidrige Rechtsausübung **29** 10
- Prüfungsbericht **12** 4
- Rücklagenbildung beim Erwerb Anteile **29** 27
- Spaltung **125** 36 ff.
- Spruchverfahren **29** 16; **34** 1
- Stimmabgabe gegen Verschmelzungsbeschluss **29** 13
- Übertragbarkeit Anspruch **29** 21
- Übertragung aller Anteile **29** 19
- Verfügungsbeschränkungen beim übernehmenden Rechtsträger **29** 5 ff.
  - Ausschluss Übertragbarkeit Anteile **29** 7
  - gesetzliche **29** 5
  - schuldrechtliche **29** 5
  - sonstige Beeinträchtigungen **29** 6
  - Zwangseinziehung Anteile **29** 8
- Verfügungsbeschränkungen beim übertragenden Rechtsträger **29** 9
- Verschmelzungsbericht **8** 22
- Verschmelzungsprüfung **9** 23 ff.
- Verzicht **29** 17
- Verzinsung **29** 22; **30** 13 f.
- Widerspruch zur Niederschrift **29** 11
  - nachträglicher **29** 12
  - ohne Verschulden unterlassener **29** 30

Barabfindungsanspruch, Inhalt, Formwechsel 208
- Besonderheiten Anteilsrechte, Berücksichtigung **208** 3
- Prüfung, Angemessenheit **208** 5 ff.
- Verhältnisse Zeitpunkt Beschlussfassung **208** 2
- Verweisung auf Verschmelzung **208** 1 f.
- Verzinsung **208** 4
- weitergehender Schaden **208** 4

Barabfindungsanspruch, Verschmelzung, Inhalt 30 1 ff.
- Angemessenheit **30** 4 ff.
- Bewertungsverfahren, Prüfungsbericht **30** 7
- Börsenkurs **30** 6, 12
- ordnungsgemäße Unternehmensbewertung **30** 4 f.; s.a. Unternehmensbewertung
- Bewertungsstichtag **30** 2, 11 f.
- geringfügige Beteiligung **29** 21
- Prüfung durch Verschmelzungsprüfer **30** 3, 16 ff.
- Synergieeffekte **30** 9
- Unternehmensumfang **30** 10
- Verhältnisse übertragender Rechtsträger **30** 8 ff.
- Verzinsung **30** 13 f.
- weiterer Schaden **30** 15

Barausgleich s. Zuzahlung, bare
Bare Zuzahlung s. Zuzahlung, bare
Bareinlagen
- Kapitalschutz Formwechsel **220** 9

Barzahlungsanspruch
- bei Kleinstbeteiligung **5** 9; **46** 8

Bedingtes Kapital s. Kapital
Bedingung
- Verschmelzungsvertrag **4** 6, 11 f.; **5** 62; **7** 1

Befristung
- Verschmelzungsvertrag **4** 6, 11 f.; **5** 62; **7** 6

Beherrschungs- und Gewinnabführungsvertrag
- Abgrenzung zur Verschmelzung **2** 16
- Folgen Verschmelzung **20** 19 ff.
- Umwandlung **1** 15
- Verschmelzungsvertrag **5** 38, 73
- zwischen beteiligten Unternehmen, Kapitalerhöhung **69** 15

Beirat
- Abfindung **5** 44

Bekanntmachung
- Eintragung Spaltung **125** 27; **130** 14
- Eintragung Verschmelzung **19** 14 f.; **38** 27; **67** 8; **122** 8

1717

Sachregister

- grenzüberschreitende Verschmelzung **122 d**
- Kapitalerhöhung **53** 20; **66** 24
- neuer Rechtsträger **38** 27; **77**
- Registereintragung Formwechsel **198** 25; **201** 1 ff.
- Schlussbilanz **17** 40

Berichtspflicht, Verletzung
- Äußerungen im Prüfungsbericht **314** 7
- Bereicherungs-/Schädigungsabsicht **314** 10
- falscher Bericht Prüfungsergebnis **314** 4 ff.
- Handlung gegen Entgelt **314** 10
- Prüfungsgehilfe **314** 6
- Täter **314** 1 ff.
- Verschweigen erheblicher Umstände **314** 5
- Vollendung, Versuch **314** 9
- Vorsatz **314** 8

Beschluss s. Spaltungsbeschluss; Umwandlungsbeschluss; Verschmelzungsbeschluss

Besonderer Vertreter
- Anspruchsverfolgung **26** 19
- Antragsrecht **26** 6 f.
- Antragsrecht AG **70** 1
- Aufgabe **26** 2 f.
- Aufruf zur Anmeldung **26** 15 f.; **206** 13
- Bestellung **26** 4 f.; **206** 7 ff.
- Erlöschen Amt **20** 13
- Erlösverteilung **26** 20; **206** 15
- Rechtsstellung **26** 11 f.; **206** 6
- Schadensersatzanspruch, Geltendmachung gegen formwechselnden Rechtsträger **206** 1 ff.
- Schadensersatzanspruch, Geltendmachung gegen übertragenden Rechtsträger **26** 1 ff.
- Vergütung, Auslagenersatz **26** 13 f.; **206** 16

Besonderes Verhandlungsgremium Vor 322 104 ff.
- Aufforderung zur Bildung **Anh. I** 69
- Bildung **Vor 322** 107; **Anh. I** 68 f., 71
- Bildungszeitraum **Vor 322** 109
- Europäische Gesellschaft, Gründung **Anh. I** 68 ff., 111
- Größe/Zusammensetzung **Anh. I** 70
- Nichtverhandlungs-/Abbruchbeschluss **Vor 322** 118
- Optierung für Auffangregelung **Vor 322** 116
- Verhandlungen **Vor 322** 110; **Anh. I** 72 ff.
- Wählbarkeitsvoraussetzungen **Vor 322** 108
- Zusammensetzung **Vor 322** 106

Besserungsschein 5 27

Beteiligung Dritter beim Verschmelzungsbeschluss s. Zustimmung zum Verschmelzungsbeschluss

Beteiligungen
- Wirkung Spaltung **131** 14

Beteiligungsquote
- Verschmelzungsbericht **8** 25

Beteiligungsrechte Betriebsrat 5 48
- Betriebsspaltung **325** 13
- Entsendung Betriebsrat zum Gesamtbetriebsrat **325** 13
- Formwechsel **Vor 322** 63
- Fortfall gesetzlicher Rechte **325** 13
- Fortfall Rechte aufgrund Tarifvertrag/Betriebsvereinbarung **325** 13
- Fortgeltung **325** 11 f.
- Größe Betriebsrat **325** 14
- Regelungsinstrumente **325** 15 f.
- Teilübertragung unter Beteiligung öffentlich-rechtlicher Rechtsträger **325** 17
- übertragende Umwandlung **Vor 322** 15 ff.

Sachregister

Beteiligungsverhältnis, Verbesserung
195 21
Betriebsänderung
- Angaben Umwandlungsvertrag 5 60a
Betriebsaufspaltung
- Abgrenzung zur Spaltung 123 21 ff.
Betriebsrat 5 47 ff.; **194** 58 f.;
 Vor 322 14 ff.
- Änderung Struktur 5 53
- Auswirkungen auf Amt
  - Formwechsel **Vor 322** 66 f.
  - übertragende Umwandlung
    Vor 322 19 ff., 43 ff., 49 ff., 53, 55 ff., 62; s.a. Betriebsrat, Amt
- Beteiligungsrechte 5 48
  - Formwechsel **Vor 322** 63
  - übertragende Umwandlung
    Vor 322 15 ff.
- Europäischer s. Europäischer Betriebsrat
- Übergangsmandat bei Betriebsspaltung s. Übergangsmandat, Betriebsrat
- Vereinbarungslösungen
  Vor 322 51 ff.
- Zugänglichmachung Verschmelzungsbericht **122e** 4
- Zuleitung Spaltungsvertrag **126** 68; **Anh. II** 73
- Zuleitung Verschmelzungsvertrag
  5 74 ff.; **17** 3; **62** 32 f.
  - Änderungen nach Zuleitung 5 78
  - bei Fehlen Betriebsrat 5 79
  - grenzüberschreitende Verschmelzung 5 80
  - Monatsfrist 5 77 ff.
Betriebsrat, Amt
- Betriebs-/Unternehmensspaltung, Unterscheidung **Vor 322** 19 ff.
- Betriebsratsfähigkeit abgespaltener Betriebsteil **Vor 322** 33
- Betriebsspaltung **Vor 322** 22 ff.
- Formwechsel **Vor 322** 66 f.

- keine Eingliederung in Betrieb mit Betriebsrat **Vor 322** 34 f.
- Übergangsmandat, Inhalt/Dauer
  Vor 322 36 ff.
- übertragende Umwandlung
  Vor 322 19 ff.
- Vereinbarungslösungen
  Vor 322 51 ff.
- Zusammenfassung Betriebe/Betriebsteile **Vor 322** 27 ff.
Betriebsübergang 20 11; 324
- 7-Punkte-Katalog **324** 8
- Angabe im Verschmelzungsvertrag
  5 53
- Angaben Umwandlungsvertrag 5 60a
- Anwendung § 613a BGB **324** 2 ff.
- Aufteilung bei Spaltung **126** 34 ff.; **131** 11; **133** 10
- Betriebsführungsvertrag **324** 15 f.
- Betriebsvereinbarungen, Fortgeltung
  324 23 ff.
- erfasste Umwandlungsarten **324** 3
- Gesamtbewertung **324** 8
- Haftungsfragen **324** 22
- Kettenumwandlung **324** 28, 45a
- Kündigungsverbot **324** 21
- Organvertreter **324** 3
- Rechtsfolgen § 613a BGB **324** 18 ff.
- Rechtsgrundverweisung **324** 2
- Spaltung **131** 11
- Spaltung, Eintragung **131** 11
- Tarifverträge, Fortgeltung **324** 23 ff.
- Tatbestand § 613a BGB **324** 6 ff.
- Übergang Arbeitsverhältnis **324** 18 ff.
- Übergang Betrieb/Betriebsteil
  324 6 ff.
- Übergang durch Rechtsgeschäft
  324 12 ff.
- Umwandlungsfälle **324** 9 ff.
- Unterrichtung Arbeitnehmer
  324 30 ff.
- Unterrichtung Arbeitnehmer, fehlende **324** 38 ff.
- Versorgungsansprüche, Zuordnung
  324 64

1719

Sachregister

- Widerspruchsrecht Arbeitnehmer **324** 19 f., 36, 41 ff.
  - Anwendungsbereich **324** 43 f.
  - Ausübung **324** 45
  - Kettenumwandlung **324** 45a
  - massenhafte Ausübung **324** 46
  - Rechtsfolgen **324** 47 ff.
  - Rechtsnatur **324** 42
  - Verwirkung **324** 50
  - Verzicht **324** 50
  - Zeitpunkt **324** 13
- Zuordnung Arbeitnehmer **324** 51 ff.; s.a. Zuordnung Arbeitnehmer

Betriebsvereinbarung
- Änderung Anwendbarkeit **5** 53
- Angaben Umwandlungsvertrag **5** 60a
- Auswirkungen **Vor 322** 68 ff.
  - Formwechsel **Vor 322** 85
  - übertragende Umwandlung **Vor 322** 69 ff.
- Fortgeltung **324** 23 ff.
- Spaltung **131** 11
- Übergang Verschmelzung **20** 12
- Vereinbarungslösungen bzgl. Arbeitnehmervertretungen **Vor 322** 51 ff.

Betriebsverfassungsrecht
- im Gemeinschaftsbetrieb s. Gemeinschaftsbetrieb, Betriebsverfassungsrecht
- Spaltung Betriebe **131** 11
- s.a. Arbeitnehmervertretungen; Betriebsvereinbarung; Tarifvertrag

Beurkundung
- im Ausland **6** 10 f., 13
- Kosten **6** 13; **13** 43; **193** 33 f.
- Mängel Heilung **20** 32; **202** 47 ff.
- Spaltung, Zustimmungserklärungen **125** 15
- Spaltungsplan **6** 15
- Spaltungsvertrag **6** 15; **125** 4 f.
- Übernahmevertrag **6** 15
- Umwandlungsbeschluss **193** 28
- Verschmelzungsbeschluss **13** 37; **43** 21; **50** 15; **65** 14
- Verschmelzungsplan **122c** 40

- Verschmelzungsvertrag **2** 7; **6** 1 ff.
- Verzicht auf Prüfung, Barabfindung **30** 21
- Verzicht auf Verschmelzungsbericht **8** 38; **13** 45
- Zustimmungserklärung Umwandlungsbeschluss **193** 31
- Zustimmungserklärung Verschmelzungsbeschluss **13** 41; **43** 35; **50** 27; **65** 18; **78** 6

Bewertungsmethoden
- Buchwertfortführung **24** 32
- Methode der ergebnisneutralen Behandlung **24** 34
- Prüfungsbericht **12** 7
- Realisierungsmethode **24** 33
- Verschmelzungsbericht **8** 11
- Verschmelzungsprüfung **9** 29 ff.
- s.a. Unternehmensbewertung

Bewertungsvorschriften
- Anschaffungskostenprinzip **24** 22
- Behandlung Differenzbeträge bei Buchwertverknüpfung **24** 47 ff.
- Buchwertverknüpfung **24** 43 ff.
- Jahresbilanz übernehmender Rechtsträger **24** 22 ff.
- Kapitalgesellschaften aufnehmender Rechtsträger **24** 27 f.
- Personenhandelsgesellschaften aufnehmender Rechtsträger **24** 26
- Sacheinlagenprüfung **69** 9
- Schlussbilanz **17** 28 ff.
- Verein **24** 30
- Verschmelzung gegen Hingabe eigener Anteile/Wegfall Beteiligung **24** 31 ff.
  - Buchwertfortführung **24** 32
  - Methode der ergebnisneutralen Behandlung **24** 34
  - Realisierungsmethode **24** 33
  - zusammengesetzte Gegenleistung **24** 36
- Verschmelzung Mutter- auf Tochtergesellschaft **24** 39 ff.

Sachregister

- Verschmelzung ohne Buchwertverknüpfung **24** 26 ff.
- Verteilung, Ausweis Anschaffungskosten **24** 37 f.

Bezugsrechtsausschluss
- für alte Aktionäre bei Verschmelzung **69** 12

Bilanz
- Anmeldung Verschmelzung **17** 4
- Bilanzkontinuität Formwechsel **220** 11
- Einbringungsbilanz **24** 5
- Spaltung
  - Anteilsinhaber **125** 35h ff.; **131** 34 ff.
  - gesamtschuldnerische Haftung **133** 13 ff.
  - übernehmender Rechtsträger **125** 35e ff.
  - übertragender Rechtsträger **125** 35a ff.; **131** 31 ff.
- Umwandlungsbilanz **202** 12
- Wertansätze übernehmender Rechtsträger **24** 1 ff.
- s.a. Ansatzvorschriften; Bewertungsvorschriften; Buchungsstichtag

Bilanzrichtlinie 24 1

Bindungswirkung
- Unbedenklichkeitsverfahren für Registergericht **16** 33

Börseneinführung
- Verschmelzungsvertrag **5** 24

Buchwertverknüpfung
- Ansatz beim übernehmenden Rechtsträger **24** 1 ff., 6 ff., 13 ff.
- Behandlung Differenzbeträge **24** 47 ff.
- immaterielle Vermögensgegenstände **24** 45
- Schlussbilanzwerte gleich Anschaffungskosten **24** 44
- Technik **24** 43 ff.
- Wahlrecht **24** 2 f., 17 ff.

Bürgschaftsverpflichtungen
- Gesamtrechtsnachfolge **20** 23

Cartesio-Urteil, EuGH 1 2; **Vor 122a–122l** 6, 15

Datenschutz
- Gesamtrechtsnachfolge **20** 23a

Dauerschuldverhältnisse
- Aufteilung bei Spaltung **126** 36
- Gesamtrechtsnachfolge **20** 23
- gesamtschuldnerische Haftung bei Spaltung **133** 8
- Sicherung bei Spaltung **125** 33

Delisting
- Barabfindungsangebot **29** 4a ff.

Differenzhaftung
- Anfechtbarkeit Verschmelzungsbeschluss **55** 15
- fehlende Kapitaldeckung **53** 17; **55** 13 f.
- bei Kapitalgesellschaften **69** 18
- Vermeidung Spaltung zur Aufnahme **126** 52

Discounted-Cash-Flow-Verfahren 8 14; **9** 30

Down-stream-Ausgliederung 125 71

Down-stream-merger
- Bewertungsvorschriften **24** 39 ff.
- Erhaltung kumulierte Haftsumme **54** 14
- Kapitalerhaltung **54** 16
- Kapitalerhöhung **54** 11 ff.
- Minderheitsgesellschafter, Vorhandensein **54** 15
- Verschmelzungsvertrag **5** 71

EG-Richtlinie s. Richtlinie, EG/EWG

Eigene Anteile
- Ansatzvorschriften **24** 11, 15
- Anteilsgewährung auf **5** 7

Eigenkapital
- Aufteilung bei Spaltung **126** 32
- Ausschüttung Rücklagen **126** 33

1721

Sachregister

Eigentum, wirtschaftliches
- Übergang auf übernehmenden Rechtsträger 17 23; 24 54

Einberufungsverlangen 62 20 ff.
- Berechnung Quorum 62 22
- Form 62 20
- Frist 62 26
- Rücknahme 62 25
- satzungsmäßiges Quorum 62 23

Einbringung
- Einzelrechtsnachfolge 1 17

Eingetragener Verein s. Verein, eingetragener

Eingliederung 1 15
- Abgrenzung zur Verschmelzung 2 16

Einheitsverschmelzung 2 4
- Eintragungshindernisse mehrere Rechtsträger 2 4

Einlage
- Angabe Verschmelzungsvertrag 40 3
- offene – bei beteiligter GmbH, Zustimmung Gesellschafter 43 34; 51 2 ff., 5

Eintragung Formwechsel
- Bekanntmachung 198 25; 201 1 ff.
- Inhalt 202 6
- Wirkungen Eintragung 202 1 ff.; s.a. Wirkungen Eintragung, Formwechsel
- zuständiges Register 202 7 ff.

Eintragung Spaltung 125 21 f.
- Bekanntmachung 125 27; 130 14
- Eintragungsmängel 130 13
- Herbeiführungspflicht beteiligter Rechtsträger 125 6
- Inhalt 130 10
- Kosten 130 14
- Prüfung Registergericht 125 25 f.; 130 2
  - Einzelkaufmann, Ausgliederung 130 2
  - Kapitalausstattung nach Spaltung 130 6
- Kapitalerhöhung 130 3
- Kapitalherabsetzung 130 5
- Rechtsmittel 130 13
- Reihenfolge 130 8 f., 13
- Spaltung zur Neugründung 137 20 ff.
- Verbleib Registerunterlagen 130 12
- Wirkungen s. Wirkungen Eintragung, Spaltung
- Zeitpunkt 130 7
- Zusammenwirken Gerichte 130 11

Eintragung Verschmelzung 19 7 ff.
- Ablehnung bei Unterdeckung 53 17
- Änderung Verschmelzungsvertrag 4 16 ff.
- Anmeldung s. Anlagen Anmeldung; Anmeldung Verschmelzung
- Aufhebung Verschmelzungsvertrag 4 16 ff.
- Bedingung Verschmelzungsvertrag 4 11
- Befristung Verschmelzungsvertrag 4 11
- Bekanntmachung, Eintragung neue Gesellschaft 77
- Bekanntmachung Verschmelzung 19 14 f.; 38 27; 67 8
- grenzüberschreitende Verschmelzung 122l
- Inhalt 19 9; 38 25
- Kapitalerhöhung 53 1, 18; 66 1, 20
- Kommanditisten und Einlagen nach Verschmelzung 40 7
- Kosten 19 18 f.; 38 31
- Prüfung Registergericht 19 2 ff.
- Rechnungslegung zw. Anmeldung und – 17 24 f.
- Rechtsmittel 19 13
- Reihenfolge 19 8; 38 24; 53 18; 66 20
- Verfahrensmängel 20 46
- Verschmelzung durch Neugründung 36 7
- Vorläufigkeitsvermerk 19 9
- Wirkungen 20 1 ff.; s.a. Eintragung Verschmelzung, Wirkungen
- Zeitpunkt 19 7; 38 23

Sachregister

- Zusammenwirken Gerichte **19** 11 f.; **38** 26
- s.a. Registergericht

Eintragung Verschmelzung, Wirkungen 20 1 ff.
- Anteilsinhaber übertragender Rechtsträger **20** 29 ff.
- Beurkundungsmängel Heilung **20** 32
- Erlöschen übertragender Rechtsträger **20** 28
- gegenseitige Verträge **21** 1 ff.; s.a. dort
- Gesamtrechtsnachfolge **20** 4 ff.; s.a. dort
- Mängel Verschmelzung, Heilung **20** 33
- Rechte Dritter an untergehenden Anteilen **20** 31
- Testamentsvollstrecker **20** 6
- Verschmelzung durch Neugründung **36** 7

Einzelkaufmann
- Glaubigerschutz **133** 1
- Haftung, gesamtschuldnerische **133** 1
- Spaltungsfähigkeit **124** 2

Einzelkaufmann, Ausgliederung
- Anmeldung **154** 3, 11
- Ausgliederungsbericht **153** 1 f.
- Bekanntmachung Ausgliederung **154** 12
- Eintragung Ausgliederung **154** 1 f., 11
- Firma **155** 1 f.
- Haftung **156** 1 f.
- zur Neugründung **158** f.
  - Anmeldung **160** 2 ff., 12
  - anzuwendende Vorschriften **158** 1 f.
  - Ausgliederungsplan **158** 2
  - Eintragung **160** 6, 12
  - Gründungsbericht **159** 1
  - Gründungsprüfung **159** 2
  - Sachgründungsbericht **158** 1; **159** 1

- Prüfung Registergericht **154** 4
- Eintragung Kaufmann **154** 8
- Überschuldung **154** 4 ff.
- übertragene Verbindlichkeiten, zeitliche Haftungsbegrenzung **154** 12; **157** 1 f.
- aus Vermögen **152** f.
- auf GmbH & Co. KG **152** 2
- übernehmender/neuer Rechtsträger **152** 1 f.
- bei Überschuldung **152** 4
- Wirkungen Ausgliederung **155** 1 f.

Einzelrechtsnachfolge
- Einbringung **1** 17
- Realteilung **1** 17

Einzelverschmelzung 2 4
- Eintragungshindernisse mehrere Rechtsträger **2** 4
- Verknüpfung **2** 4

Enthaftung
- persönlich haftender Gesellschafter **45** 1 ff.

Entlastung
- Organmitglieder nach Erlöschen Rechtsträger **20** 17

Entschmelzung
- bei Eintragung infolge Unbedenklichkeitsverfahren **16** 52
- fehlerhafte Verschmelzung **20** 47
- freiwillige **20** 47

Erbengemeinschaft
- als formwechselnder Rechtsträger **191** 3
- Verschmelzungsfähigkeit **3** 2

Erhöhung Stammkapital s. Kapitalerhöhung

Eröffnungsbilanz
- Verschmelzungsstichtag **5** 32

Ertragswertmethode
- Erträge Vergangenheit **8** 15
- Kapitalisierungszinssatz **8** 18
- nicht betriebsnotwendiges Vermögen **8** 19

1723

Sachregister

- Unternehmensbewertung **8** 13, 15; **9** 30
- Verschmelzungsprüfung **9** 30 f.
- zukünftige Erträge **8** 16

Europäische Genossenschaft
- Verschmelzungsfähigkeit **3** 13

Europäische Gesellschaft
- Arbeitnehmerbeteiligung Gründung **Vor 322** 96
- bare Zuzahlung **5** 23a
- Formwechsel **Anh. I** 131 ff.
- Gründung durch Formwechsel s. Europäische Gesellschaft, Gründung durch Formwechsel
- Gründung durch Verschmelzung s. Europäische Gesellschaft, Gründung durch Verschmelzung
- Gründung Tochter-SE **Anh. I** 137 f.
- internationale Verschmelzungsfähigkeit **122b** 3
- Möglichkeiten Gründung **Anh. I** 3
- Rechtsgrundlagen **Anh. I** 1
- Rückumwandlung in AG **Anh. I** 131 ff.
- Spaltung **Anh. I** 135 ff.
- Squeeze-out, verschmelzungsrechtlicher **Anh. I** 139
- Stellung im deutschen Umwandlungsrecht **Anh. I** 125 ff.
- Umtauschverhältnis **5** 23a
- Verschmelzung **Anh. I** 129 f.
- Verschmelzungsfähigkeit **3** 11
- Verschmelzungsplan/-bericht, Inhalt **5** 56a

Europäische Gesellschaft, Gründung durch Formwechsel Anh. I 92 ff.
- Anmeldung, Register **Anh. I** 121 f.
- Arbeitnehmerbeteiligung **Anh. I** 110 ff.
- Bekanntmachung **Anh. I** 123
- Besonderes Verhandlungsgremium **Anh. I** 110 ff.
- Eintragung **Anh. I** 123

- Gründungsvorschriften, AG **Anh. I** 118 ff.
- Hauptversammlung **Anh. I** 114 ff.
- Kapitalausstattung **Anh. I** 95 ff.
- Rechtsfolgen **Anh. I** 124
- Umwandlungsbericht **Anh. I** 106 ff.
- Umwandlungsplan **Anh. I** 99 ff.
- Voraussetzungen **Anh. I** 92 ff.

Europäische Gesellschaft, Gründung durch Verschmelzung Anh. I 6, 7 f.
- Anmeldung Register **Anh. I** 80 ff.
- anzuwendende Gründungsvorschriften **Anh. I** 58 f.
- Arbeitnehmerbeteiligung **Anh. I** 67 ff., 76 ff.
- Bekanntmachung **Anh. I** 90
- Besonderes Verhandlungsgremium s.a. dort; **Anh. I** 68 ff.
- Bestellung Abschlussprüfer/erste Aufsichts- oder Verwaltungsorgane **Anh. I** 60
- Einspruchsrecht **Anh. I** 11 ff.
- Eintragung **Anh. I** 89
- Genehmigungsvorbehalt, Arbeitnehmerbeteiligung **Anh. I** 54
- Gläubigerschutz **Anh. I** 64 f.
- Hauptversammlung **Anh. I** 50 ff.
- Kapitalerhöhung **Anh. I** 62
- Prüfung **Anh. I** 82 ff., 85 ff.
- Spruchverfahren, Anerkennung deutsches **Anh. I** 63
- Tochtergesellschaft, Verschmelzung **Anh. I** 65
- Unbedenklichkeitsbescheinigung **Anh. I** 82 ff.
- Verschmelzungsarten **Anh. I** 14 f.
- Verschmelzungsbericht **Anh. I** 48 f.
- verschmelzungsfähige Rechtsträger **Anh. I** 7 ff.
- Verschmelzungsplan **Anh. I** 16 ff.

Europäische Wirtschaftliche Interessenvereinigung (EWIV)
- anzuwendende Vorschriften **214** 4
- Verschmelzungsfähigkeit **3** 4
- s.a. Personenhandelsgesellschaften

Europäischer Betriebsrat
- Auswirkungen auf Amt
  - Formwechsel **Vor 322** 66 f.
  - übertragende Umwandlung **Vor 322** 62
- Beteiligungsrechte **Vor 322** 59 ff.

Feststellungsklage
- Mängel Verschmelzungsbeschluss **5** 66
- Umwandlungsbeschluss **195** 9
- Verschmelzungsbeschluss **14** 1

Firma, Formwechsel 200 1 ff.
- Beibehaltung Firma **200** 11 ff., 18 ff.
- Erlöschen alte Firma **200** 17, 28
- Firmenkontinuität **200** 20
- Formwechsel in GbR, Erlöschen Firma **200** 32
- Fortführung bisheriger Geschäftsbetrieb **200** 21
- Nachfolgehinweis **200** 22
- Neubildung **200** 14 ff.
- Partnerschaftsgesellschaften, Formwechsel in/aus **200** 9, 29 ff.
- Rechtsformhinweise **200** 25
- Sachfirma, Neubildung **200** 16
- Schutz Namen ausscheidender Anteilsinhaber **200** 15, 26 f.
- unveränderte Beibehaltung **200** 23

Firma, übernehmender Rechtsträger
- und § 22 HGB **18** 16
- Abspaltung, Ausgliederung **125** 29
- Aufspaltung **125** 28
- Einwilligung ausscheidender Gesellschafter **18** 12 ff.
- Firmenfortführung **18** 3 ff.
- Gesamtrechtsnachfolge **18** 17
- Grenzen **18** 8
- Möglichkeiten **18** 2
- Nachfolgezusatz **18** 11
- Partnerschaftsgesellschaft, Firmenfortführung bei Beteiligung **18** 15
- Rechtsformzusatz **18** 9
- bei Verschmelzung auf Alleingesellschafter **122** 9

- Zeitpunkt **18** 7
- zusammengesetzte Firma **18** 6, 16
- Zweigniederlassungen **18** 10

Firmenfortführung s. Firma, übernehmender Rechtsträger

Firmentarifvertrag
- Spaltung, Fortgeltung **131** 11
- Verschmelzung, Fortgeltung **20** 12

Forderungen
- Aufteilung bei Spaltung **126** 24

Form
- Änderung Verschmelzungsvertrag **4** 18; **6** 8
- Anmeldung Formwechsel **198** 10
- Anmeldung Verschmelzung **16** 7
- Aufhebung Verschmelzungsvertrag **4** 18; **6** 9; **13** 48
- Auslandsbeurkundung **6** 10 f., 13
- Entwurf Verschmelzungsvertrag **4** 7
- Prüfungsbericht **12** 2
- Spaltungsplan **6** 15
- Spaltungsvertrag **6** 15; **125** 4
- Übernahmevertrag **6** 15
- Umwandlungsbericht **192** 38
- Unterrichtung Gesellschafter, Formwechsel **216** 8
- Verschmelzung durch Neugründung **6** 12
- Verschmelzungsbericht **8** 2, 38; **122e** 2
- Verschmelzungsbeschluss **13** 37; **43** 21; **50** 15; **65** 14
- Verschmelzungsplan **122c** 40
- Verschmelzungsvertrag **6** 1 ff.
- Zustimmung Anteilsinhaber **6** 2; **13** 41
- Zustimmungsbeschlüsse zum Spaltungsbeschluss **125** 15
- Zustimmungserklärung zu Verschmelzungsbeschluss **13** 41; **43** 35; **50** 27; **65** 18; **78** 6
- s.a. Beurkundung

Formwechsel
- Ablauf, Grundstruktur **190** 8

1725

Sachregister

- Änderung Rechtsform außerhalb UmwG **190** 13
- Anmeldung Formwechsel s. dort
- Aufsichtsratsmitglieder, Amtsdauer **203**
- Barabfindungsangebot s. Barabfindungsangebot, Formwechsel
- beteiligte Rechtsträger **190** 9; **191** 1 f.; s. a. Formwechselfälle
- Eintragung Handelsregister s. Eintragung Formwechsel
- Gesetzesaufbau **190** 1
- Gläubigerschutz s. Gläubigerschutz, Formwechsel
- Gründungsvorschriften, anzuwendende s. dort
- in Insolvenzplan **Anh. II** 11 ff., 89 ff.
- internationaler Formwechsel **190** 19
- Partnerschaftsgesellschaft s. dort
- Personenhandelsgesellschaft s. dort
- Schadensersatzpflicht, Verwaltungsträger **205**
- Schutz Inhaber Sonderrechte **204** 10 ff.
- Umwandlungsbericht s. dort
- Umwandlungsbeschluss s. dort
- Wesen **190** 6
- zwingendes Recht; Anwendbarkeit außerhalb UmwG **190** 16

Formwechsel Kapitalgesellschaft – Kapitalgesellschaft anderer Rechtsform
- AG/KGaA Zustimmungserfordernisse **242** 1 ff.
    - abweichende Nennbeträge Geschäftsanteile **242** 2 ff.
    - Verweigerung Zustimmung **242** 5
    - Zustimmungserklärung **241** 11; **242** 5 f.
- Anmeldung Formwechsel **246** 1 ff.
    - Einlagenversicherung **246** 5
    - Vertretungsorgan **246** 3 f.
    - zuständiges Gericht **246** 2
- Betrag Anteile **243** 10
- Durchführung Versammlung Anteilsinhaber **239**
    - Gesellschaftsvertrag, Unterzeichnung **244** 9
- Gläubigerschutz **249**
    - GmbH **240** 2 f.
- GmbH Zustimmungserfordernisse
    - abweichende Beträge der Aktien **241** 2 ff.
    - Sonderrechtsinhaber **241** 6
    - Wegfall Nebenpflichten **241** 7
    - Zustimmungserklärung **241** 11
    - Zustimmungsverweigerung, Rechtsfolgen **241** 12
- Grund-/Stammkapital **243** 7 ff.; **247** 2
- Gründungsvorschriften, anzuwendende **245** 1 ff.
- Haftung aus Umwandlung **245** 10
- Kapitalschutz **245** 7 f.
    - KGaA **240** 5 f.
- mangelnde Vorbereitung Vollversammlung **238** 5
    - Mitwirkung Dritter **240** 7
- Nachgründungsvorschriften **245** 11 f.
- Nennung Gründer **243** 2 ff.
- nicht anzuwendende Vorschriften **250**
    - Niederschrift **244** 1 ff.
- Rechtsstellung Gründer **245** 2
- Reinvermögensdeckung **245** 7 f.
- Übertragung Anteile **248** 9 ff.
- Umtausch Aktien **248** 6 ff.
- Umtausch GmbH-Anteile **248** 2 ff.
- Umwandlungsbeschluss, Inhalt **243** 1 ff.
    - gesellschaftsrechtliches Statut **243** 3 ff.
    - Gründungsaufwand **243** 4 f.
    - künftige Beteiligungen **243** 2
    - persönlich haftender Gesellschafter **243** 6
    - Sacheinlage **243** 4 f.
    - Sachübernahme **243** 4 f.
    - Sondervorteile **243** 4 f.
    - Umwandlungsprüfung **245** 9 f.

Sachregister

- Vorbereitung Gesellschafterversammlung GmbH 238 2f.
- Vorbereitung Hauptversammlung AG/KGaA 238 4f.
- Wirkungen Formwechsel
  - Ausscheiden persönlich haftender Gesellschafter 247 5f.
  - Kapitalerhöhung, Rückwirkung 247 3
  - Kapitalherabsetzung, Rückwirkung 247 3
  - Zustimmung zukünftiger persönlich haftender Gesellschafter, KGaA 240 5

Formwechsel Kapitalgesellschaft – Personengesellschaft
- Abfindungsangebot, Mitteilung 231 1ff.
- Anmeldung Formwechsel 235 1ff.
- in Einpersonen-Personengesellschaft 228 8
- in GbR 226 6; 228 9, 11ff.
- Gesellschafter, Qualifikationen 228 4
- Gesellschafterhaftung Altverbindlichkeiten 228 14
- Gesellschafterversammlung GmbH
  - Ankündigung Formwechsel 230 2ff., 7
  - Durchführung 232 1ff.
  - Einladung 230 5
  - Einladungsadressat 230 6
  - Einladungsberechtigung 230 5
  - Form Ankündigung 230 7
  - Informationsrechte, allgemeine 232 5ff.
  - mangelhafte Vorbereitung 230 15
  - Umwandlungsbericht 230 4; 232 2
  - Verzicht Frist/Form 230 14
  - Vorbereitung 230 1f.
- Hauptversammlung AG, KGaA
  - Durchführung 232 1ff.
  - Einberufung 230 8ff.
  - Entwurf Umwandlungsbeschluss 230 10
  - Erläuterung Umwandlungsbeschluss 232 3f.
  - Informationsrechte, allgemeine 232 5ff.
  - mangelhafte Vorbereitung 230 15
  - Umwandlungsbericht 230 11f.; 232 2
  - Verzicht Frist/Form 230 14
- Heilung Mängel durch Eintragung 202 47ff.; 228 15ff.
- Hilfsformwechsel 228 11ff.
- Nachhaftung persönlich haftender Gesellschafter 237
- in Partnerschaftsgesellschaft 228 10; 234 10
- persönlich haftende Gesellschafter, Ausscheiden 236 1f.
- Umwandlungsbeschluss
  - Austritt persönlich haftender Gesellschafter 233 14f.
  - Formwechsel KGaA 233 12ff.
  - Mängel 233 17
  - Mehrheitserfordernisse 233 1ff.
  - Mitwirkung Dritter 233 16
  - Stellvertretung 233 4, 7
  - Treuepflicht 233 5, 8
  - Umwandlung in KG 233 6ff.
  - Umwandlung in OHG/GbR 233 2ff.
  - Umwandlung in Partnerschaftsgesellschaft 233 2f.
  - Zustimmungserfordernisse 233 9ff.
- Umwandlungsbeschluss, Inhalt 234
  - Einlagen 234 5
  - Gesellschaftssitz 234 2
  - Gesellschaftsvertrag 234 8ff.
  - Kommanditisten 234 3f.
  - Kommanditisten, Haftung 234 7
  - Unternehmensgegenstand 228 3
- Vermögensaufstellung, KGaA formwechselnder Rechtsträger 229

Formwechselfälle
- Ausgangsrechtsform 191 2

1727

Sachregister

- eingetragene Genossenschaften **191** 2
- Einzelunternehmen **191** 3
- Erbengemeinschaft **191** 3
- Europäische Gesellschaft **191** 5
- Europäische Wirtschaftliche Interessenvereinigung **191** 5; **214** 4
- Gesellschaft bürgerlichen Rechts **191** 4; **214** 5
- Kapitalgesellschaften **191** 2
- Körperschaften/Anstalten des öffentlichen Rechts **191** 2
- Partenreederei **191** 3
- Partnerschaftsgesellschaften **191** 2, 7; **214** 6; **225a** 1 f.
- Personenhandelsgesellschaften **191** 2; **214**
- stille Gesellschaft **191** 3
- Vereine **191** 2, 3
- Versicherungsvereine auf Gegenseitigkeit **191** 2
- außerhalb UmwG **190** 13 ff.
- Formwechsel aufgelöster Rechtsträger **191** 16 ff.; **214** 11 ff.
- Formwechsel unter Beteiligung einer Kapitalgesellschaft/Stiftung & Co. **191** 13 ff.
- Formwechsel Vorgesellschaften **191** 22
- Formwechsel zwischen Einmann-Kapitalgesellschaft und Personengesellschaft **191** 10 ff.
- Übersicht **191** 9
- Zielrechtsform **191** 7 f.
  - eingetragene Genossenschaften **191** 7
  - Einzelunternehmen **191** 8
  - Gesellschaft bürgerlichen Rechts **191** 7
  - Kapitalgesellschaften **191** 7
  - Körperschaft/Anstalten des öffentlichen Rechts **191** 8
  - Partnerschaftsgesellschaften **191** 7
  - Personenhandelsgesellschaften **191** 7

- rechtsfähiger Verein **191** 8
- Stiftung **191** 8
- Unternehmergesellschaft **191** 8
- Versicherungsverein auf Gegenseitigkeit **191** 8

Fortsetzungsbeschluss
- Verschmelzungsfähigkeit aufgelöster Rechtsträger **3** 21 ff.

Freigabeverfahren 16 32 ff.; **62** 42; s.a. Unbedenklichkeitsverfahren

Frist
- Anmeldung Verschmelzung **16** 10 f.
- Anspruchsanmeldung, Sicherheitsleistung **22** 4 ff.
- Nachhaftung persönlich haftender Gesellschafter **45** 5; **224** 2 f.; **237**
- Prüfungsverlangen Verschmelzung GmbH **48** 5
- Prüfungsverlangen Verschmelzung Personengesellschaft **44** 8 ff.; **48** 5
- s.a. Klagefrist, Ausschlussfrist

GbR
- Formwechsel in –, anzuwendende Gründungsvorschriften s. Gründungsvorschriften, anzuwendende
- Formwechsel in Kapitalgesellschaft **214** 5
- Übertragung aller Gesellschaftsanteile **3** 2
- Verschmelzungsfähigkeit **3** 2, 5

Gegenleistung
- gerichtliche Kontrolle **14** 12

Gegenseitige Verträge
- Anpassung **21** 6 ff.
- nicht erfüllte Verträge **21** 2
- bei Verschmelzung **21** 1 ff.

Geheimhaltungspflicht, Verletzung
- Bereicherungs-/Schädigungsabsicht **315** 13
- Geheimnis **315** 4
- Handlung gegen Entgelt **315** 11
- Offenbarung Geheimnisse **315** 6
- Strafantrag **315** 12 f.

- Täter 315 3
- Tathandlung 315 6
- Verwertung Geheimnisse 315 7
- Verwertungsbefugnis 315 8
- Vollendung, Versuch 315 10
- Vorsatz 315 9

Geheimnisverwertung s. Geheimhaltungspflicht, Verletzung

Gemeinsamer Betrieb 322 1 ff.; s.a. Gemeinschaftsbetrieb

Gemeinschaftsbetrieb, Betriebsverfassungsrecht 322 2 ff.
- Betriebsrat, Fortbestand 322 7
- betriebsverfassungsrechtliche Folgen 322 5 ff.
- keine Betriebsspaltung 322 6
- Leitungsapparat, einheitlicher 322 3 f.
- mitbestimmungsrechtliche Folgen 322 8a
- Vervielfältigung betriebsverfassungsrechtlicher Institutionen 322 8

Gemeinschaftsbetrieb, Kündigungsschutzrecht 322 9 ff.
- Auflösung Gemeinschaftsbetrieb 322 17
- Austauschkündigungen 322 12
- Gestaltungsfreiheit an Spaltung beteiligter Rechtsträger 322 14 f.
- interne Ausgleichsregelungen 322 11
- Mindestarbeitnehmerzahl 322 13
- Voraussetzungen 322 14 ff.
- Weiterbeschäftigungsmöglichkeit 322 10

Genehmigtes Kapital s. Kapital

Genossenschaft, eingetragene
- Ausschluss Barabfindung 29 1
- bare Zuzahlung 5 22
- internationale Verschmelzungsfähigkeit **122b** 7
- Übertragung, Einzelheiten 5 26a
- Umtauschverhältnis 5 21
- Verschmelzungsfähigkeit 3 12
- Verschmelzungsprüfung 9 10

Genossenschaftliche Prüfungsverbände s. Prüfungsverbände, genossenschaftliche

Genussrechte
- Inhaberschutz bei Verschmelzung 23 7

Gesamtbetriebsrat
- Auswirkungen auf Amt
  - Formwechsel **Vor 322** 66 f.
  - übertragende Umwandlung **Vor 322** 43 ff.
- Beteiligungsrechte
  - Formwechsel **Vor 322** 63
  - übertragende Umwandlung **Vor 322** 40 ff.
- Vereinbarungslösungen **Vor 322** 51 ff.

Gesamtbetriebsvereinbarung
- Auswirkungen Formwechsel **Vor 322** 85
- übertragende Umwandlung **Vor 322** 75 f.

Gesamtrechtsnachfolge
- Arbeitsverhältnisse 20 10 ff.
- Beteiligungen 20 7
- Betriebsvereinbarung/Tarifvertrag 20 12
- Bürgschaftsverpflichtungen 20 23
- Bußgelder 20 27
- und Datenschutzvorschriften 20 23a
- dingliche Rechte 20 6
- Forderungen, Verbindlichkeiten 20 8
- gegenseitige Verträge 21 1 ff.; s.a. dort
- Gesellschaftsanteile 20 7
- Immaterialgüterrechte 20 6
- Konfusion Forderungen/Verbindlichkeiten 20 9
- Kreditverträge 20 23
- Miet- und Pachtverträge 20 23
- Mitgliedschaften 20 7
- öffentlich-rechtliche Befugnisse 20 26

- öffentlich-rechtliche Verpflichtungen 20 27
- Organmitglieder, Verträge 20 13
- Prozesse, Titel 20 25
- Rechte und Pflichten 20 6
- Schuldverhältnisse 20 10
- Testamentsvollstrecker 20 6
- Unternehmensverträge 20 18 ff.
- Vermögensübertragung 20 4 f.
- Versicherungsverträge 20 23
- Vollmachten 20 24
- Wirkung Registereintragung 20 4 ff.
- Zahlungsverpflichtungen aus Sonderrechten 23 10

Geschäftsanteile
- abweichende Ausstattung übernehmende GmbH 46 9 ff.
- Änderung Gesamtnennbetrag 46 7
- Gewährung vorhandener Anteile 46 13 f.; 54 10
- Kleinstbeteiligungen 46 8 ff.
- nicht voll eingezahlte 50 26
- Spaltung, Umtauschverhältnis 125 50a
- Stückelung 46 6 ff.
- Zuordnung – an übernehmender GmbH 46 2

Geschäftsführer
- Abfindung 5 44
- Anstellungsvertrag, Übergang 20 13
- Bestellung, Verschmelzung durch Neugründung 59 6
- Entlastung nach Erlöschen Rechtsträger 20 17
- Erlöschen Amt 20 13
- Kündigung bei Verschmelzung 20 14
- Spaltungsvertrag, Bestellung im 125 42
- übertragender Rechtsträger, Schadensersatzpflicht 25 3
- Wirkung Spaltung 131 12

Gesellschafter
- Auskunftsrecht 49 6 f.
- Übersendung Verschmelzungsvertrag und -bericht 42 1 ff.
- Unterrichtung 42 1 ff.; 47 1

Gesellschafter, persönlich haftender 4 7
- Beitritt 40 14; 197 49; 221 1 f.
- Nachhaftungsbegrenzung 45 1 ff.; 125 49; 224 2 ff.; 237
- Widerspruch gegen Verschmelzungsbeschluss 43 22 ff.

Gesellschafterliste 52 9 ff.

Gesellschafterversammlung
- Einberufung, Vorbereitung, Durchführung GmbH 49 1; 50 2; 230 1 ff.; 238 2
- Einberufung, Vorbereitung, Durchführung Personengesellschaft 43 2

Gesellschaftsvertrag s. GmbH, Gesellschaftsvertrag

Gewährleistungszusicherung
- Nichteinhaltung, Spaltung 126 49

Gewinnabführungs- und Beherrschungsvertrag s. Beherrschungs- und Gewinnabführungsvertrag

Gewinnberechtigung
- Besserungsschein 5 27
- halbe 5 28
- variable Regelung 5 29
- Verschmelzungsstichtag 5 32, 35
- Verzögerung 5 29 f.
- Zeitpunkt 5 27 ff.

Gewinnschuldverschreibungen
- Inhaberschutz bei Verschmelzung 23 6

Gläubigerschutz, Formwechsel
- berechtigte Gläubiger 204 3 ff.
- Formwechsel Kapitalgesellschaft – Kapitalgesellschaft anderer Rechtsform 249
- Geltendmachung 204 8
- Glaubhaftmachung 204 6
- Nachhaftung bei KGaA 237
- Nachhaftung Personenhandelsgesellschaften 224 1 ff.
- Sicherheitsleistung 204 7; Anh. II 101 ff.

- Verweisung auf Verschmelzung **204** 1 f.
- vorzugsweise Befriedigung in Insolvenz **204** 9

Gläubigerschutz, Spaltung
- Arbeitnehmer, Sicherheitsleistung **125** 33
- Arbeitnehmeransprüche, Haftungsverschärfung **134** 1 ff.
  - „Anlagegesellschaft" übernehmender Rechtsträger **134** 2
  - Beschränkung Anlagegesellschaft auf Verwaltung **134** 15
  - Beteiligungsidentität **134** 16
  - betriebsnotwendige Vermögensteile **134** 7 ff.
  - Enthaftung **134** 27
  - erfasste Spaltungsarten **134** 4 ff.
  - Interessenausgleich **134** 17
  - Nachteilsausgleich **134** 17
  - Nutzungsüberlassung an Betriebsgesellschaft **134** 12 ff.
  - Rechtsfolgen **134** 17 ff.
  - Sozialplan **134** 17
  - Versorgungsansprüche **134** 20 ff.
  - Wesentlichkeit **134** 11
- Bemessungsdurchgriff **134** 19 f.
- beteiligungsähnliche Sonderrechte, Sicherung **125** 34
- Dauerschuldverhältnisse, Sicherheitsleistung **125** 33
- gesamtschuldnerische Haftung **130** 15; **133** 1 ff.
  - Altverbindlichkeiten **133** 5 ff.
  - Anwendungsbereich **133** 1
  - Arbeitsverhältnisse/Versorgungsansprüche **133** 10, 19
  - Ausgleichs-/Freistellungspflicht **133** 11 f.
  - Ausgliederung aus einzelkaufmännischem Vermögen **133** 1
  - Bilanzierung **133** 13 ff.
  - Dauerschuldverhältnisse **133** 8
  - Hauptschuldner/Mithafter **133** 2 ff.
- Kapitalaufbringung **133** 16
- Produkt-/Umwelthaftung **133** 9
- zeitliche Begrenzung **133** 17 ff.
- Insolvenzplan **Anh. II** 23 ff.
- konzernrechtliche Haftung **134** 18
- Schadensersatzpflicht Verwaltungsträger **125** 35
- Sicherheitsleistung **125** 32 ff.; **133** 21; **Anh. II** 101 ff.
- Sonderrechte **133** 24
- Spaltung Beteiligung KG **133** 22
- Übernehmer-Haftung **133** 20
- Versorgungsansprüche **133** 10, 19; **134** 20 ff.
- Verweisung auf Vorschriften über Verschmelzung **125** 32 ff.

Gläubigerschutz, Verschmelzung 22 1 ff.
- andere Sicherung **22** 9 f.
- Art Sicherheitsleistung **22** 12
- berechtigte Gläubiger **22** 2
- Frist **22** 4 ff.
- Glaubhaftmachung **22** 7 f
- grenzüberschreitende Verschmelzung **122j**
- Gründung SE durch Verschmelzung **Anh. I** 43
- Nachhaftung persönlich haftender Gesellschafter **45** 1 ff.
- Schadensersatz **22** 13
- Schuldner **22** 11
- Sicherheitsleistung **Anh. II** 101 ff.

Gleichbehandlungsgrundsatz
- Anteilsinhaber bei Verschmelzung **5** 7; **9** 25

GmbH
- Abtretung Geschäftsanteile **5** 25
- Änderung Gesellschafterbestand nach Verschmelzungsbeschluss/-vertrag **46** 4
- Anfechtungsklage, Frist **14** 10
- Anmeldung Abspaltung, Ausgliederung **140** 1 ff.
- Anmeldung Kapitalerhöhung **53** 5; **55** 8 f.; **66** 2 ff.; **125** 61

1731

Sachregister

- Anmeldung neuer Rechtsträger **38** 8, 14, 19
- Anmeldung Verschmelzung **16** 14 f., 17; **52** 1 ff.
- Anteile s. Geschäftsanteile
- Anteilsgewährung **5** 14
- bare Zuzahlungen **5** 22; **54** 27 ff.; **125** 60
- Differenzhaftung **53** 17; **55** 13 f.; **125** 64
- Erwerb Anteile bei Barabfindung **29** 24 f.
- Feststellungsklage, Frist **14** 10
- Formwechsel in –, anzuwendende Gründungsvorschriften s. Gründungsvorschriften, anzuwendende
- Fortsetzung bei Insolvenz **3** 23, 27
- Fortsetzung nach Auflösung **3** 23
- Gesellschafterliste, berichtigte **52** 9 ff.
- Gesellschafterversammlung, Vorbereitung **49** 1; **50** 2; **230** 1 ff.; **238** 2
- Gesellschaftsvertrag s. GmbH, Gesellschaftsvertrag
- Gründungsvertrag, Inhalt **57** 1
- Inhalt Spaltungsvertrag **125** 50a
- Inhalt Verschmelzungsvertrag **46** 1 ff.
- internationale Verschmelzungsfähigkeit **122b** 3
- Kapitalerhöhung **4** 21; **5** 25; **55** 1 ff.; **125** 55 f., 61 f.
- Kapitalerhöhungsbeschluss **50** 29; **125** 61
- Kapitalerhöhungsverbot **54** 1 ff.; **125** 55 f.
- Nichtigkeitsklage, Frist **14** 10
- offene Einlagen bei übernehmender GmbH **51** 2 ff.
- offene Einlagen bei übertragender GmbH **51** 5 ff.
- Prüfung Kapitaldeckung übertragenes Vermögen **53** 14 ff.; **55** 10 ff.
- Sachgründungsbericht **58** 1; **125** 66; **138** 1 ff.
- Spaltung, Verweisung auf Verschmelzung **125** 50a

- Spaltungsfähigkeit **124** 1
- Stammeinlage, Kontinuitätsprinzip **218** 8 ff.
- Stammkapital, Herabsetzung, Spaltung **139** 1 ff.
- Übertragung, Einzelheiten **5** 25
- Umtauschverhältnis **5** 19; **46** 7
- Umwandlungsbeschluss **240** 2 f.
- Unterrichtung Gesellschafter **47** 1
- Unterrichtung/Beschlussfassung Gesellschafter, Spaltung **125** 51
- Verschmelzung durch Neugründung, anzuwendende Vorschriften **56** 1 ff.
- Verschmelzungsbericht **47** 2
- Verschmelzungsfähigkeit **3** 8
- Verschmelzungsprüfung **9** 10; **48** 1
- Zuordnung Geschäftsanteile an übernehmender – **46** 2
- Zuordnung Geschäftsanteile bei Mehrfachverschmelzung **46** 5
- Zustimmung Gesellschafter Verschmelzungsvertrag **5** 14
- Zustimmungserfordernisse formwechselnde – **241** 2 ff.

GmbH & Co. KG
- Formwechsel **218** 12 ff.
- Nachhaftungsbegrenzung persönlich haftende Gesellschafter **45** 2
- Spaltungsfähigkeit **124** 3
- Verschmelzung auf GmbH, Anteilsgewährungspflicht/Kapitalerhöhung **54** 23
- Verschmelzung Personengesellschaft auf beteiligungsidentische **40** 5
- Verschmelzungsfähigkeit **3** 3

GmbH, Gesellschaftsvertrag
- Aufsichtsrat, Bestellung **218** 17 f.
- Firma **218** 5
- Gegenstand Unternehmen **218** 7
- Geschäftsanteile **218** 9 ff.
- Geschäftsführer, Bestellung **218** 16
- Sitz **218** 6
- Stammkapital **218** 8
- Übernahme weiterer Verpflichtungen **218** 15

- Verschmelzung durch Neugründung **57** 1
- Verteilung Geschäftsanteile **218** 11 ff.
- Wirksamwerden bei Neugründung **59** 2

Grenzüberschreitende Umwandlung
s. Umwandlung, grenzüberschreitende

Grenzüberschreitende Verschmelzung s. Verschmelzung, grenzüberschreitende

Grundsatzvereinbarungen
- Verschmelzung **5** 1

Grundstücke
- Aufteilung, Spaltungsvertrag **126** 23
- genaue Bezeichnung, Spaltungsvertrag **126** 21 f.

Gründungsbericht
- Entbehrlichkeit **75** 4 f.
- Spaltung **125** 84
- Verschmelzung auf neue AG **75** 2

Gründungsprüfung
- Entbehrlichkeit **75** 4 f.
- Spaltung **125** 84
- Verschmelzung auf neue AG **75** 1
- und Verschmelzungsprüfung **9** 5
- durch Vorstand und Aufsichtsrat **75** 6

Gründungsvorschriften, anzuwendende
- AG, Formwechsel in **197** 29 ff.
  - Abschlussprüfer **197** 40
  - Aktien **197** 30
  - Anmeldung **197** 45
  - Aufsichtsrat **197** 38
  - Eintragung **197** 46
  - Firma **197** 32
  - Gründerzahl **197** 31
  - Grundkapital **197** 30
  - Kapitalaufbringung **197** 41 ff.
  - Sachgründungsvorschriften **197** 41 ff.
  - Satzung **197** 33 ff.
  - Vorstand **197** 39
- Aufsichtsrat
  - Bildung/Zusammensetzung erster **197** 61, 73 ff.
  - Entfallen bei Formwechsel **197** 62 ff.
  - erstmals bei Formwechsel **197** 66 ff.
  - vor und nach Formwechsel **197** 70 ff.
  - obligatorischer oder fakultativer **197** 58
  - Statusverfahren **197** 73 ff.; **203** 15
- Formwechsel **197** 1 ff.
  - Formwechsel, Kapitalgesellschaft **245** 1 ff.
  - in Kapitalgesellschaft, **197** 8 ff.
  - rechtsformspezifische Gründungsvorschriften **197** 6
  - Vorbehalt Regelungen in Besonderen Vorschriften **197** 7
  - Zweck Verweisung **197** 5
- Formwechsel, Personenhandelsgesellschaft
  - Gesellschafter, Rechtsstellung als Gründer **219** 1 ff.
- GmbH, Formwechsel in **197** 9 ff.
  - Abschlussprüfer, Bestellung **197** 22
  - Anmeldung **197** 27
  - Aufsichtsrat **197** 20
  - Differenzhaftung **197** 26; **219** 8
  - Eintragung **197** 28
  - Firma **197** 12
  - Geschäftsanteile **197** 10
  - Geschäftsführung **197** 21
  - Gesellschaftsvertrag **197** 13 ff.
  - Gründerhaftung **197** 26; **219** 7 ff.
  - Gründerzahl **197** 11
  - Gründungsprüfung **197** 26
  - Kapitalaufbringung **197** 23 ff.
  - Sachgründungsbericht **197** 26; **219** 9
  - Sachgründungsvorschriften **197** 23 ff.
  - Stammkapital **197** 10

Sachregister

- KGaA, Formwechsel in **197** 47 ff.
- persönlich haftender Gesellschafter, Beitritt **197** 49
- persönlich haftender Gesellschafter, Eintragung **197** 50
- Verweisung auf Vorschriften AG **197** 48
- Personengesellschaft/Partnerschaftsgesellschaft, Formwechsel in **197** 51 ff., 57
- GbR **197** 54
- Gründungsbericht/-prüfung **197** 53
- Kapitalaufbringung **197** 52
- Kapitalgesellschaft & Co. KG **197** 56
- KG **197** 56
- OHG **197** 55
- Spaltung zur Neugründung **135** 11 ff.
- Verschmelzung durch Neugründung **36** 8

Gutgläubiger Erwerb
- durch Vermögensübergang **131** 5

Haftung
- Arbeitsrecht **Vor 322** 119 ff.
- Spaltung, Arbeitnehmeransprüche, Haftungsverschärfung **134** 1 ff.
- s.a. Gläubigerschutz, Spaltung; Nachhaftung

Haftungsfreistellung
- Spaltungsvertrag **126** 58 f.

Handelsregister
- Anmeldung Formwechsel s. dort
- Anmeldung Spaltung s. dort
- Anmeldung Verschmelzung s. dort; Anlagen Anmeldung, Verschmelzung
- Eintragung Formwechsel s. dort
- Eintragung Spaltung s. dort
- Eintragung Verschmelzung s. dort
- s.a. Registergericht

Hauptversammlung
- Änderung Vermögensverhältnisse **64** 5 ff.
- auszulegende Unterlagen **63** 2 f.; **64** 1
- Beschlussfassung **65** 3
- Durchführung **64** 1; **65** 2; **232** 1 ff.
- Einberufung **63** 17; **65** 2; **230** 8
- Einberufungsverlangen **62** 20 ff.; s.a. dort
- ergänzende/aktualisierte Berichterstattung **64** 5 ff.
- Erläuterung Verschmelzungsvertrag **64** 3 ff.
- Holzmüller-Entscheidung **62** 3
- Internetseite, Unterlagen auf – **62** 14; **63** 4, 12; **64** 1; **230** 10
- Kapitalerhöhungsbeschluss **62** 4
- mangelnde Vorbereitung **230** 15
- Pflicht zur Beteiligung bei Verschmelzung **62** 3
- Sanktionen **63** 16; **64** 14
- Verschmelzungsbeschluss s. Verschmelzungsbeschluss AG
- Vorbereitung **63** 1 ff.; **65** 2; **230** 8
- Zwischenbilanz **63** 5 ff.; s.a. dort

Hilfsformwechsel 228 11 ff.

Hinweisbekanntmachung
- bevorstehende Verschmelzung, AG **62** 16, 19, 31
- Vertragseinreichung zum Register **61** 5; **62** 16, 19, 31

Idealverein s. Verein, eingetragener

Individualarbeitsrecht
- Auswirkungen auf Arbeitsverhältnisse s.a. Arbeitsverhältnisse

Insolvenz
- Formwechsel **191** 16 f.
- Spaltungsfähigkeit **124** 4 ff.
- und Umwandlungsfähigkeit **Anh. II** 14 ff.
- Umwandlungsmaßnahmen s.a. Insolvenzplan, Umwandlung in; **Anh. II** 1 ff.

Insolvenzplan, Umwandlung in Anh. II
- Formwechsel **Anh. II** 11 ff., 89 ff.

Sachregister

- und Nachhaftung **Anh. II** 23 ff.
- praktische Umsetzung **Anh. II** 38 ff.
- Spaltung **Anh. II** 9 f., 67 ff.
- Verschmelzung **2** 7 a; **Anh. II** 7 f., 38 ff.

Inspire-Art-Urteil, EuGH 1 2

Interessenausgleich
- Haftungsverschärfung, Spaltung **134** 17
- Spaltung/Teilübertragung **323** 15, 20
- Zuordnung Arbeitnehmer, Spaltung **324** 58 ff.

Internationale Umwandlung s. Umwandlung, grenzüberschreitende

Internationale Verschmelzung s. Verschmelzung, grenzüberschreitende

Inventur
- für Zwischenbilanz **63** 9

Investment-AG
 internationale Verschmelzungsfähigkeit **122b** 8

Jahresabschluss
- Erstellungspflicht bis Eintragung **17** 21
- als Schlussbilanz **17** 10, 16

KA Finanz, EuGH 122a 7; **122j** 3

Kapital
- bedingtes **69** 15 f.
- genehmigtes **69** 14

Kapitalanlagegesellschaft
- internationale Verschmelzungsfähigkeit **122b** 8

Kapitaldeckung
- AG **69** 18; **245** 4 ff.
- GmbH **53** 14 ff.; **55** 10 ff.; **245** 7 f.
- Prüfung Registergericht **53** 14 ff.; **55** 10 ff.; **66** 18
- s.a. Kapitalschutz

Kapitalerhöhung 69 1 ff.
- Abspaltung auf beteiligungsidentische Schwester **125** 58
- Aktien im Besitz eines Dritten **68** 8, 10
- Anmeldung **16** 5, 9, 12, 17, 24; **53** 2; **55** 8 f.; **66** 2 f.; **69** 19; **125** 62
- Anmeldung Anlagen **53** 6 ff.; **55** 8 f.; **66** 7, 12 f.
- Anmeldung Durchführung **66** 9 ff., 15
- Anmeldung Verschmelzung **17** 5
- anwendbare Vorschriften AktG **69** 17 f.
- bedingtes Kapital **69** 15 f., 21
- Bekanntmachung **53** 20; **66** 24
- Beschluss **50** 29
- Beschlussmängel **55** 15 ff.
- Beurkundungsmangel Heilung **20** 32
- Differenzhaftung **53** 17; **55** 13 f.; **69** 18; **125** 64
- Eintragung **53** 18 f.; **66** 20
- entbehrlich **68** 11 ff.
- Entbehrlichkeit, Anteilsgewährung durch Dritte **54** 17
- Entbehrlichkeit, Gewährung eigener Anteile **54** 11 ff.; **125** 57
- Entstehung neue Aktienrechte **69** 21
- Erhöhungsbeschluss **62** 4; **65** 28
- Erhöhungsverbot s. Kapitalerhöhungsverbot
- Erwerb eigener Aktien **62** 5
- genehmigtes Kapital **69** 14
- GmbH **55** 1 ff.
- GmbH, Spaltung **125** 54 ff., 61 ff.
- KGaA **4** 21; **78** 2
- Klagen gegen Kapitalerhöhungsbeschluss **14** 8; **69** 23
- Kosten **53** 21
- Mängel nach Eintragung **20** 42 ff.
- Mehrheitserfordernisse AG **69** 13
- Mindestausgabebetrag, Aktien **69** 17
- nicht anwendbare Vorschriften AktG **69** 4 ff.

1735

Sachregister

- Notwendigkeit Sonderbeschlüsse, AG **69** 13
- Prüfung Registergericht **53** 13 ff.; **55** 10 ff.; **66** 16; **125** 63
- Sacheinlagenprüfung **69** 6; s.a. dort
- Sachkapitalerhöhung **125** 61 ff., 78
- Sachkapitalerhöhungsvorschriften, Anwendung **55** 4 ff.
- Spaltung auf übernehmende AG **125** 78
- Spaltung mit – **142** 1 f.
- Übernehmerin Anteilsinhaberin übertragender Rechtsträger **68** 3 ff.
- Übernehmerin, Besitz eigener Aktien **68** 6, 12
- Überprüfung im Unbedenklichkeitsverfahren **16** 55
- übertragender Rechtsträger Inhaber Aktien Übernehmerin **68** 9, 13
- übertragender Rechtsträger mit eigenen Anteilen **68** 7 f.
- Umgehung Nachgründungsvorschriften **67** 1 ff.
- Unwirksamkeit **69** 24
- Vermeidung durch Verzicht auf Anteilsgewährung **54** 18 ff.; **68** 16
- Verschmelzung auf Tochter-GmbH **54** 11 ff.
- Verschmelzung durch Neugründung **73** 3
- Verschmelzung GmbH & Co. KG auf GmbH **54** 23
- Verschmelzung mit **55** 1 ff.
- Verschmelzung ohne **54** 1 ff.
- Verschmelzung Schwestergesellschaften **54** 18
- Verschmelzungsvertrag **5** 16
- Verzicht auf Aktiengewährung **68** 16 ff.
- Wirksamwerden **53** 19; **66** 22; **69** 19
- Zeitpunkt **69** 3
- Zweck **69** 1 f.

Kapitalerhöhungsprüfung
- Abspaltung Tochtergesellschaft auf Muttergesellschaft **125** 55
- AG **68** 2
- Aktien im Besitz eines Dritten **68** 8, 10
- GmbH, Spaltung **125** 54 ff.
- Übernehmerin Anteilsinhaberin übertragender Rechtsträger **68** 3 ff.
- Übernehmerin, Besitz eigener Aktien **68** 6, 12
- übertragender Rechtsträger Inhaber nicht voll eingezahlter Aktien Übernehmerin **68** 9
- übertragender Rechtsträger mit eigenen Anteilen **68** 7 f.
- Verschmelzung Tochtergesellschaft auf Muttergesellschaft **68** 5
- und Verschmelzungsprüfung **9** 5
- Verstoß **68** 19

Kapitalerhöhungsverbot
- von Dritten gehaltene Anteile **54** 24 f.
- GmbH **54** 1 ff.
- Rechtsfolgen **54** 31
- übertragender Rechtsträger mit eigenen Anteilen **54** 8
- Verschmelzung Tochtergesellschaft auf Muttergesellschaft **54** 5 ff.

Kapitalgesellschaften
- aufnehmender Rechtsträger, Bewertungsvorschriften **24** 27 f.
- Formwechsel **226** 1 ff.
  - formwechselnder Rechtsträger **226** 4 f.
  - in GbR **226** 6; **228** 9, 11 ff.
  - Hilfsformwechsel **228** 11 ff.
  - in Kapitalgesellschaft & Co. KG **226** 6; **228** 6 ff.
  - in Partnerschaftsgesellschaft **226** 6; **228** 10
  - in Personengesellschaft **226** 6; s. Formwechsel Kapitalgesellschaft – Personengesellschaft
- Umtauschverhältnis **5** 19
- Verschmelzungsfähigkeit **3** 8
- Zustimmungsbeschluss, Anfechtbarkeit **8** 33
- s.a. AG; GmbH; KGaA

Sachregister

Kapitalherabsetzung
- Abspaltung, Ausgliederung GmbH **139** 1 f.

Kapitalschutz, Formwechsel
- Anmeldeversicherung **220** 12
- Bar- oder Sacheinlagen, Deckung durch **220** 9
- Bilanzkontinuität **220** 11
- Einlageforderungen, offene **220** 10
- Ermittlung Reinvermögen **220** 6 f.; **245** 7 f.
- Grundkapital AG **220** 2, 4
- Kapitaldeckung **220** 1 ff.
- Kapitaldeckungsprinzip **220** 3
- Kapitalnachweis **220** 13
- Reinvermögensdeckung, Grundsatz **220** 4 f.; **245** 7 f.
- Sachgründungsbericht **220** 15 ff.; **245** 9
- Stammkapital GmbH **220** 2 f.
- Vermögen nicht ausreichend **220** 8
- Zeitpunkt **220** 5

Kettenspaltung 123 2

Kettenverschmelzung 2 4
- Ansatzvorschriften, übernehmender Rechtsträger **24** 17
- Verschmelzungsbeschluss **13** 4, 8

KG
- Anmeldung neuer Rechtsträger **38** 7, 13, 18
- Anteilsgewährung **5** 15
- bare Zuzahlung **5** 22
- fehlerhafter Verschmelzungsbericht **8** 36
- Feststellungsklage **14** 11
- Formwechsel in, anzuwendende Gründungsvorschriften s. Gründungsvorschriften, anzuwendende
- Fortsetzung nach Auflösung **3** 23
- Haftung, Spaltung unter Beteiligung von – **133** 22 f.
- Spaltungs- bzw. Ausgliederungsbericht **125** 47
- Spaltungsfähigkeit **124** 1

- Übertragung, Einzelheiten **5** 26
- Umtauschverhältnis **5** 20
- Verschmelzung auf GmbH **5** 5
- Verschmelzungsfähigkeit **3** 3
- s.a. Formwechsel Kapitalgesellschaft – Personengesellschaft; Personenhandelsgesellschaften

KGaA
- Abfindungsanspruch persönlich haftender Gesellschafter **227** 1 ff.
- Anfechtungsklage, Frist **14** 9
- Anmeldung Abspaltung, Ausgliederung **146** 1 f.
- Anmeldung neuer Rechtsträger **38** 15
- Anmeldung Verschmelzung **16** 13, 14 f., 17; **17** 3
- Anteilsgewährung **5** 11
- Ausschluss Spaltung **141** 1 f.
- Barabfindung **78** 9
- Bezeichnung unbekannter Aktionäre **35** 1; **213** 1 ff.; s.a. Aktionäre, unbekannte
- Erwerb Anteile bei Barabfindung **29** 24 f.
- Feststellungsklage, Frist **14** 9
- Formwechsel in,
  - anzuwendende Gründungsvorschriften s. Gründungsvorschriften, anzuwendende
  - persönlich haftender Gesellschafter **218** 31 f.
- Satzung **218** 31 ff., 34
- Grundkapital, Herabsetzung **145**
- internationale Verschmelzungsfähigkeit **122b** 3
- Kapitalerhöhung **4** 21; **78** 2
- Neugründung **78** 2
- Nichtigkeitsklage, Frist **14** 9
- persönlich haftende Gesellschafter **78** 3, 7 f.
- Spaltung, Gründungsbericht **144** 2
- Spaltung, Gründungsprüfung **144** 3
- Spaltung mit Kapitalerhöhung **142** 1 f.

1737

Sachregister

- Spaltung, Verweisung **125** 86
- Spaltungsbericht **142** 2
- Spaltungsfähigkeit **124** 1
- Treuhänder **4** 20; **5** 24; **71** 1; s.a. dort
- Übergabe Aktien, bare Zuzahlungen **4** 20
- Übertragung, Einzelheiten **5** 24
- Vermögensaufstellung **229**
- Vermögensveränderung, besondere Hinweispflicht **143** 1 f.
- Verschmelzung unter Beteiligung von **78** 1 ff.
- Verschmelzungsbeschluss **13** 5; **78** 2, 4
- Verschmelzungsfähigkeit **3** 8
- Verschmelzungsprüfung **9** 10
- Zustimmungsvorbehalt Verschmelzungsbeschluss **78** 4 f.
- s.a. Formwechsel Kapitalgesellschaft – Personengesellschaft

Klageerhebung
- Fristwahrung **14** 4

Klagefrist
- Berechnung **14** 3
- Folgen Fristversäumnis **14** 2
- Fristwahrung **14** 4
- Klage gegen Umwandlungsbeschluss **195** 11 ff.
- Klage gegen Verschmelzungsbeschluss **14** 9

Klagen gegen Spaltungsbeschluss 125 17 ff.

Klagen gegen Umwandlungsbeschluss 210 1 ff.
- allgemeine Feststellungsklage **195** 9
- Anfechtungs- und Nichtigkeitsklage **195** 9
- Arbeitnehmervertretung, Klage von **195** 10
- Ausschluss **195** 2, 21 ff.
  - Bindung Registergericht **195** 28
  - Geltendmachung anderer Unwirksamkeitsgründe **195** 29

- materiell-rechtliche Bedeutung **195** 27
- Registersperre **195** 26
- Unzulänglichkeit Barabfindungsangebot **195** 21
- Unzulänglichkeit Beteiligungsverhältnis **195** 21
- Erläuterung Beteiligungsverhältnis im Umwandlungsbericht **195** 30
- zu hohes Barabfindungsangebot **210** 10
- keine materiell-rechtliche Heilung durch Fristablauf **195** 18
- Klage gegen Wirksamkeit, Begriff **195** 5; **210** 5
- Klagearten **210** 5
- Klageausschluss **210** 1, 6 ff.
- materiell-rechtliche Bedeutung **210** 8
- Monatsfrist **195** 1, 11 ff.
- Nachschieben Unwirksamkeitsgründe **195** 17
- Organe und Organmitglieder, Klage von **195** 10
- Registersperre **210** 7
- Unterlassungsklage **195** 9
- Unwirksamkeit nach rechtsformspezifischen Regeln **195** 6 f.
- Unzulänglichkeit Barabfindungsangebot **210** 1
- Unzulänglichkeit Erläuterung Barabfindung im Umwandlungsbericht **210** 9
- Verzicht **194** 63
- Zuzahlungen, bare **195** 22

Klagen gegen Verschmelzungsbeschluss
- Anfechtungsklage **14** 9 f.
- Ausschluss Klagen wegen Barabfindung **32** 1 ff.
- nach Eintragung **28** 5 f.
- vor Eintragung **28** 2
- Feststellungsklage **14** 1, 6
- gegen übernehmenden Rechtsträger **28** 7

Sachregister

- bei insolventem Rechtsträger **Anh. II** 57 f.
- Klageausschluss **14** 12
- Klagefrist **14** 2; s.a. dort
- Nichtigkeitsklage **14** 9 f.
- Rechtsmissbrauch **4** 23
- Unvollständigkeit/Unrichtigkeit Verschmelzungsvertrag **5** 66

Kleinstbeteiligung
- bare Zuzahlung **68** 22

Kommanditgesellschaft s. KG

Kommanditist
- Angabe Einlage Verschmelzungsvertrag **40** 3
- Gewährung Kommanditistenstellung **40** 10, 14
- Nachhaftung bei Formwechsel, Begrenzung **224** 7 ff.

Komplementär
- Angabe Umwandlungsbeschluss, Umwandlung in KGaA **218** 31 f.
- Angabe Verschmelzungsvertrag **40** 3
- Beitritt Dritter als **40** 14; **197** 49; **221** 1 f.
- Handelsgesellschaft als **218** 32
- juristische Person als **218** 32
- Nachhaftungsbegrenzung **45** 1 ff.; **125** 49; **224** 2 ff.; 237
- ohne Kapitalanteil **1** 11, 12
- Rechtsstellung in KGaA **78** 7 f.
- übertragender Rechtsträger, Schadensersatzpflicht **25** 3
- Vorstandsfunktion **78** 3
- Widerspruch gegen Verschmelzungsbeschluss **43** 22 ff.
- Zustimmungsvorbehalt Verschmelzungsbeschluss **78** 4 f.

Konfusion
- Forderungen zwischen beteiligten Rechtsträgern **20** 9

Konzernbetriebsrat
- Beteiligungsrechte, übertragende Umwandlung **Vor 322** 47 f.
- Formwechsel **Vor 322** 66 f.
- übertragende Umwandlung **Vor 322** 49 ff.
- Vereinbarungslösungen **Vor 322** 51 ff.

Konzernbetriebsvereinbarung, Auswirkungen
- Formwechsel **Vor 322** 85
- übertragende Umwandlung **Vor 322** 75 ff.

Konzernverschmelzung
- Aktivierung Firmenwert bei übernehmendem Rechtsträger **24** 8
- Entbehrlichkeit Verschmelzungsbeschluss **62** 1 ff., 27
- Hauptversammlung, Einberufungsverlangen **62** 20 ff.; s.a. Einberufungsverlangen
- Squeeze-out, verschmelzungsrechtlicher **62** 34 ff.; s.a. dort
- Verschmelzungsbericht **8** 39; **122e** 12
- Verschmelzungsbeschluss **13** 36
- Verschmelzungsvertrag **5** 67 ff.
- zweistufige – **62** 8

Kosten Verschmelzung
- Anschaffungskosten des übernehmenden Rechtsträgers **24** 12

Kreditverträge
- Gesamtrechtsnachfolge **20** 23

Kündigung
- Austauschkündigung **322** 12
- Gemeinschaftsbetrieb s. Gemeinschaftsbetrieb, Kündigungsschutzrecht
- Stellung, kündigungsrechtliche nach Spaltung oder Teilübertragung s. Kündigungsrechtliche Stellung, Spaltung

Kündigung Verschmelzungsvertrag **4** 25; **5** 62; **7** 4 f.
- Abbedingung **7** 3
- auflösende Bedingung **7** 7
- aufschiebende Bedingung **7** 1, 6
- aufschiebende Befristung **7** 6
- Erklärung **7** 4

1739

Sachregister

- Fünf-Jahres-Frist **7** 2
- Rücktrittsrecht **7** 6
- Zeitpunkt **7** 5

Kündigungsrechtliche Stellung, Spaltung/Teilübertragung 323 1 ff.
- Abdingbarkeit **323** 17
- Absinken Beschäftigtenzahl **323** 11
- Analogiefähigkeit **323** 19
- Betriebsvereinbarungen **323** 16
- betriebsverfassungsrechtliche Regelungen **323** 14
- Entstehungsgeschichte **323** 4
- erfasste kündigungsrechtliche Regelungen **323** 11 f.
- Interessenausgleich, Sozialplan **323** 15
- Interessenausgleich, Zuordnung Arbeitnehmer **323** 20
- kausale Verknüpfung **323** 3
- keine kündigungsrechtliche Verschlechterung **323** 2
- Massenentlassungen **323** 12
- Sonderkündigungsschutz Betriebsratsmitglieder **323** 13
- tarifliche Regelungen **323** 16
- teleologische, systematische Auslegung **323** 6 ff.

Kündigungsschutzgesetz
- Änderung Anwendbarkeit **5** 53
- s.a. Gemeinschaftsbetrieb, Kündigungsschutzrecht; Kündigungsrechtliche Stellung, Spaltung

Leistungsstörung
- Verschmelzungsvertrag **4** 24

Liquidation 1 17

Mängel Verschmelzung
- Beurkundungsmängel Heilung **20** 32
- Entschmelzung **20** 47
- Kapitalerhöhung **20** 42 ff.
- Mängel nach Eintragung **20** 38 ff.
- Mängel vor Eintragung **20** 36
- Registereintragung **20** 33, 46
- umfassende Heilung **20** 33
- Verfahrensmängel **20** 46
- Verschmelzungsbeschlüsse **20** 41
- Verschmelzungsvertrag **20** 33, 39; **29** 16; **32** 2

Marktvergleichsverfahren 9 31

Mehrfachverschmelzung 2 4
- Kapitaldeckung, Prüfung **55** 10
- Zuordnung Geschäftsanteile **46** 5

Mehrheitserfordernisse
- Umwandlungsbeschluss **193** 7; **233** 1 ff.
- Umwandlungsbeschluss, Personenhandelsgesellschaft **217** 2 ff.
- Verschmelzungsbeschluss **13** 9 ff.; **59** 9
- Verschmelzungsbeschluss AG **65** 5 ff.; **76** 8
- Verschmelzungsbeschluss GmbH **50** 7 f.
- Verschmelzungsbeschluss Partnerschaftsgesellschaft **45d** 1 ff., 4 ff.
- Verschmelzungsbeschluss Personenhandelsgesellschaft **43** 6 ff.

Mehrheitsklausel
- Gesellschaftsvertrag **125** 48

Mehrheitsverschmelzung
- Personenhandelsgesellschaft, Prüfung, Verschmelzung **44** 2

Miet- und Pachtverträge
- Gesamtrechtsnachfolge **20** 23

Minderheitsgesellschafter 39 7; **50** 20 ff.; **54** 15; **62** 20; **193** 10

Minderjährige
- Vertretung bei Umwandlungsbeschluss **193** 13
- Vertretung bei Verschmelzungsbeschluss **13** 15; **43** 18; **50** 12; **59** 5; **65** 10, 12

Mindestausgabebetrag
- Aktien **69** 17

Sachregister

Mischspaltung 124 8 ff.
- Auf- und Abspaltung GmbH & Co. KG auf Kapitalgesellschaften **124** 10
- Auf- und Abspaltung Kapitalgesellschaft zur Neugründung GmbH & Co. KG **124** 9

Mischverschmelzung 3 28 ff.
- Barabfindungsangebot **5** 61; **29** 2 ff.; **78** 9
- Verschmelzungsbericht, Strukturunterschiede **8** 26
- Verschmelzungsverfahren **3** 29

Mitbestimmung
- Bestätigungsvorbehalt Anteilsinhaber **122g** 16 ff.
- Gemeinschaftsbetrieb nach Spaltung/Teilübertragung **322** 8a
- grenzüberschreitende Umwandlung **Vor 122a–122l** 17
- Verschmelzung **5** 48

Mitbestimmungsbeibehaltung 1 5
- Absinken Gesamtzahl, Kausalität Spaltung **325** 8
- Absinken Zahlengrenzen **325** 6
- Beibehaltung und § 1 Abs. 3 Montan-MitbestG **325** 9
- Formwechsel **Vor 322** 86, 92 ff.
- Konzernklausel **325** 6
- Mitbestimmungsstatut, Änderung **5** 53; **325** 5
- Spaltung **123** 18
- Tendenzbindung **325** 7
- übernehmender Rechtsträger **325** 3
- übertragende Umwandlung **Vor 322** 86 ff.
- übertragender Rechtsträger **325** 3, 10
- Voraussetzung Beibehaltung **325** 4 f.

Mitgliedschaften
- Spaltungsbericht **127** 9

Mitgliedschaftsrechte
- Änderung bei Verschmelzung **5** 7
- Wirkung Spaltung **131** 14

Mutter-Tochter-Verhältnis
- Abgrenzung zur Verschmelzung **2** 17

Nachfolgezusatz
- Firmenfortführung, Formwechsel **200** 22
- Firmenfortführung, Verschmelzung **18** 11

Nachgründung
- Anwendung Vorschriften bei AG **67** 1 ff.; **125** 75
- Erwerb laufendes Geschäft **67** 9
- und fehlende Eintragung Verschmelzungsvertrag **67** 11
- Formwechsel Kapitalgesellschaft – Kapitalgesellschaft anderer Rechtsform **245** 11 f.
- Formwechsel Personenhandelsgesellschaft – Kapitalgesellschaft **220** 19
- Nachgründungsbericht Aufsichtsrat **67** 7, 10
- Nachgründungsprüfung **67** 7, 10
- Umgehung Vorschriften **67** 1 ff.
- unterbliebene Prüfung **67** 10
- Verschmelzung durch Neugründung **73** 4
- Vorschriften **67** 6

Nachgründungsprüfung
- und Verschmelzungsprüfung **9** 5

Nachhaftungsbegrenzung
- Aufspaltung **125** 49
- Kommanditist **224** 7 f.; **237**
- persönlich haftende Gesellschafter **45** 1 ff.; **125** 49; **224** 2 ff.; **237**
- rechtsvernichtende Einwendung **45** 6
- Rückgriffsanspruch **45** 8

Namensaktien
- Zustimmung Verschmelzungsbeschluss **65** 16
- Zustimmung zum Spaltungsbeschluss **125** 14
- Zustimmung zum Umwandlungsbeschluss **193** 16

Natürliche Person
- Verschmelzungsfähigkeit **3** 1, 15, 18 f.

Negativerklärung
- Bestehen eines Betriebsrates **16** 16

1741

Sachregister

- Entbehrlichkeit bei Klageverzicht **16** 29 ff.
- Fehlen **16** 25, 27 f.
- Formwechsel **198** 28
- grenzüberschreitende Verschmelzung **122k** 6; **122l** 10
- Kapitalerhöhung **16** 24
- nachträgliche Änderungen **16** 26
- Registeranmeldung Verschmelzung **4** 19
- und Unbedenklichkeitsverfahren **16** 32 ff.; s.a. dort
- Unwirksamkeitsklagen bei Anmeldung **16** 14 f., 22; **17** 3
- Zeitpunkt **16** 14, 25

Nichtigkeit Kapitalerhöhungsbeschluss
- Registereintragung Verschmelzung **20** 33, 42 ff.

Nichtigkeit Verschmelzungsbeschluss
- AG, KGaA **14** 9
- Beteiligung aufgelöste Personenhandelsgesellschaft **39** 8
- GmbH **14** 10
- Mängel Verschmelzungsbericht **8** 36
- Mehrheitsmissbrauch **12** 18
- OHG, KG **14** 11
- Registereintragung Verschmelzung **20** 33, 36, 41
- Umtauschverhältnis **14** 12 f.
- unrichtige Angabe, Folgen für Arbeitnehmer **5** 57

Nichtigkeit Verschmelzungsvertrag **4** 13, 15

Nichtigkeitsklage
- Klagefrist **14** 9; **195** 11 f.

Niederlassungsfreiheit
- und Umwandlung **1** 4

Notarielle Form s. Form

Offenbarung Geheimnisse s. Geheimhaltungspflicht, Verletzung

Öffentlich-rechtliche Befugnisse
- Gesamtrechtsnachfolge **20** 26

Öffentlich-rechtliche Verpflichtungen
- Gesamtrechtsnachfolge **20** 27

OHG
- Anmeldung neuer Rechtsträger **38** 7, 13, 18
- Anteilsgewährung **5** 15
- bare Zuzahlung **5** 22
- fehlerhafter Verschmelzungsbericht **8** 36
- Feststellungsklage **14** 11
- Formwechsel in, anzuwendende Gründungsvorschriften s. Gründungsvorschriften, anzuwendende
- Fortsetzung nach Auflösung **3** 23
- Spaltungsfähigkeit **124** 1
- Übertragung **5** 26
- Umtauschverhältnis **5** 20
- Verschmelzungsfähigkeit **3** 3
- s.a. Personenhandelsgesellschaften; Formwechsel Kapitalgesellschaft – Personengesellschaft

Optionsanleihen
- Ausgleich bei Verschmelzung **5** 40
- Inhaberschutz bei Verschmelzung **23** 5

Optionsscheine
- Inhaberschutz bei Verschmelzung **23** 5

Organismen für gemeinsame Kapitalanlagen
- internationale Verschmelzungsfähigkeit **122b** 8

Partiarische Darlehen
- Übergang bei Verschmelzung **23** 3

Partnerschaftsgesellschaft
- Anmeldung neuer Rechtsträger **38** 7a, 13a, 18a
- Anteilsgewährung **5** 15a
- anzuwendende Vorschriften **45e**
- Firmenfortführung Formwechsel **200** 29 ff.

Sachregister

- Firmenfortführung unter Beteiligung einer – **18** 15
- Formwechsel, anzuwendende Vorschriften **225c**
- Formwechsel, Möglichkeit **191** 2, 7; **214** 6; **225a** 1 f.
- Nachhaftungsbegrenzung Spaltung **125** 49a
- Spaltungsbeschluss **125** 49a
- Spaltungsfähigkeit **124** 1; **125** 49a
- Spaltungsvertrag **125** 49a
- als übertragender Rechtsträger **39** 1
- Umwandlungsbericht **225b** 1
- Unterrichtung Partner **45c** 1; **225b**
- Verschmelzungsbericht
  - Erforderlichkeit **45c** 1
- Verschmelzungsbeschluss **45d** 1 ff.
- Verschmelzungsfähigkeit **3** 6, 25; **45a** 1 ff.
  - Ausübung freier Beruf **45a** 4
  - maßgeblicher Zeitpunkt **45a** 6
  - Vorrang Berufsrecht **45a** 11
- Verschmelzungsprüfung **9** 10; **45e** 3
- Verschmelzungsvertrag, Inhalt **45b** 1 ff.
- Verzicht auf Übersendung **45c** 1

Partnerschaftsgesellschaft mit beschränkter Berufshaftung 190 14
- Formwechsel, Möglichkeit **214** 6

Pensionsrückstellungen
- Ansatzvorschriften **24** 10, 15

Pensionsverpflichtungen
- Passivierung bei übernehmendem Rechtsträger **24** 10
- Schutz bei Spaltung **133** 10, 19; **134** 20 ff.

Personalabbau
- Angabe im Verschmelzungsvertrag **5** 50 ff.

Personen, natürliche
- Verschmelzungsfähigkeit **3** 1, 15, 18 f.

Personenhandelsgesellschaften
- andere Art der Auseinandersetzung, Vereinbarung **39** 3 ff.
- Anmeldung Formwechsel **222** 1 ff.; s.a. Anmeldung, Formwechsel
- Anteilsgewährung **5** 15
- Anwachsung **39** 11
- aufgelöste – als übernehmender Rechtsträger **39** 9
- aufgelöste – Formwechsel **214** 11 ff., 15
- aufnehmender Rechtsträger, Bewertungsvorschriften **24** 26
- bare Zuzahlung **5** 22
- Beitritt Dritter als Komplementär **40** 14; **197** 49; **221** 1 f.
- beteiligungsidentische GmbH & Co. KG, Verschmelzung auf **40** 5
- Entbehrlichkeit Verschmelzungsbericht **41** 1
- fehlerhafter Verschmelzungsbericht **8** 36
- Festsetzung Einlage **40** 3
- Formwechsel in eingetragene Genossenschaft **214** 10
- Formwechsel in Kapitalgesellschaften **214** 7
  - Gründungsprüfung **220** 18
  - Kapitalschutz **220** 1 ff.; s.a. Kapitalschutz, Formwechsel
  - Nachgründung **220** 19
  - Sachgründungsbericht **220** 15 ff.
- Formwechsel in SE **214** 9
- Formwechsel in Unternehmergesellschaft **214** 8
- Formwechsel, Möglichkeit **191** 7 f.; **214** 1 ff.
- Formwechsel, nicht zugelassener Zielrechtsträger **214** 15
- Gesellschafter Formwechsel, Rechtsstellung als Gründer **219** 1 ff.
- Haftung, Innenverhältnis **224** 18
- internationale Verschmelzungsfähigkeit **122b** 6

1743

- Minderheitsgesellschafter, Schutz **39** 7
- Nachhaftung Kommanditist, Formwechsel **224** 7 ff.
- Nachhaftung persönlich haftender Gesellschafter, Formwechsel **224** 2 ff.
  - Begrenzung **224** 9 ff.
  - Dispositivität **224** 19
  - enthaftungshindernde Maßnahmen **224** 13 ff.
  - Fristberechnung **224** 11 f.
  - Innenverhältnis **224** 18
- Nachhaftungsbegrenzung persönlich haftende Gesellschafter **45** 1 ff.; **125** 49; **224** 2 ff.; 237
- nichtiger Verschmelzungsbeschluss bei Vereinbarung anderer Auseinandersetzung **39** 8
- notwendige Erhöhung Kommanditkapital **40** 12
- persönliche Haftung, Zustimmung **40** 14
- Realteilung/Spaltung, Gestaltung **123** 26
- Spaltung, Verweisung auf Verschmelzung **125** 44 ff.
- Stellung Anteilsinhaber als Komplementär/Kommanditist **40** 3 f., 10; **125** 45
- als übertragender Rechtsträger **39** 1; **125** 44
- Umtauschverhältnis **5** 20
- Umwandlung ohne Zustimmung zur persönlichen Haftung **40** 13
- Umwandlungsbericht **215** 1 ff.; **216** 4
- Umwandlungsbeschluss s. Umwandlungsbeschluss, Personenhandelsgesellschaft
- Unterrichtung Gesellschafter **42** 1 ff.
- Unterrichtung Gesellschafter, Formwechsel **216** 1 f.
  - Abfindungsangebot **216** 5
  - Adressat **216** 7
  - Einladung zur Gesellschafterversammlung **216** 2

- Form **216** 8
- Verstöße **216** 13
- durch Vertretungsorgan **216** 6
- Verzicht **216** 11 f.
- Zeitpunkt **216** 9
- Verschmelzung **2** 2; **39** ff.
- Verschmelzung Ein-Personen-GmbH & Co. KG **39** 11
- Verschmelzungsbericht **8** 36, 41; **41**
- Verschmelzungsbeschluss s. Verschmelzungsbeschluss, Personenhandelsgesellschaft
- Verschmelzungsfähigkeit **3** 3, 25
- Verschmelzungsprüfung **9** 10; **44** 2
- Verschmelzungsvertrag Inhalt **40** 1 ff.
- Zustimmung zur Übernahme persönliche Haftung **40** 14; **43** 29

Produkthaftung
- Gläubigerschutz Spaltung **133** 9

Prokura
- Formwechsel **202** 26
- Gesamtrechtsnachfolge **20** 24
- Wirkung Spaltung **131** 13

Prokurist
- Abschlusskompetenz Verschmelzungsvertrag **4** 4 f.

Prüfung, Barabfindung
- Folgen Unterbleiben **30** 22
- Formwechsel **207** 21; **208** 5 ff.
- GmbH **44** 16; **48** 9
- Personenhandelsgesellschaft **44** 16; **225** 1 ff.
- Prüfungsbericht **30**
- Verschmelzungsprüfer **30** 16 ff.; s.a. dort
- Verzicht **30** 20 ff.; **225** 6
- Zeitpunkt **30** 18

Prüfung, Spaltung 125 9 ff.
- im Insolvenzverfahren **Anh. II** 74 f.
- Prüfungsbericht **125** 11
- Verletzung Berichtspflicht **314** 1 ff.; s. Berichtspflicht, Verletzung

- Verletzung Geheimhaltungspflicht 315 1 f.; s.a. Geheimhaltungspflicht, Verletzung
- Verzicht **125** 10
- Wirtschaftsprüfer **125** 9
- Zeitpunkt **125** 12

Prüfung, Verschmelzung
- Abfindungsangebot **9** 14, 23 ff.
- AG **60** 1 ff.
- Angemessenheit Umtauschverhältnis **9** 23 ff.
  - Bewertungsmethoden **9** 29 ff.
  - nichtfinanzielle Kriterien **9** 34
  - Stichtag **9** 36
  - Verbundvorteile **9** 38
  - Wechsel im Haftungsstatus **9** 35
  - Zweckadäquanz Bewertung **9** 32
- Doppelprüfung **10** 21
- Entbehrlichkeit **9** 40 ff.; **122f** 3
- fakultative Vertragsbestandteile **9** 12, 19, 21
- freiwillige **9** 8
- Gesetzesvorbehalt **9** 7
- GmbH **48** 1 ff.
- Gründungsprüfung **9** 5
- im Insolvenzverfahren **Anh. II** 45 ff.
- Kapitalerhöhungsprüfung **9** 5
- Kosten **44** 15; **48** 8
- Mehrheitsverschmelzung, Personenhandelsgesellschaft **44** 2
  - und Prüfung Barabfindungsangebot **44** 16
- Nachgründungsprüfung **9** 5
- Normzweck **9** 2
- Pflicht bei verschiedenen Rechtsträgern, Überblick **9** 10
- Prüfer **9** 39; **44** 14; s.a. Verschmelzungsprüfer
- Prüfungsbericht s. dort
- Prüfungsgegenstand **9** 11
- prüfungspflichtige Vorgänge **9** 7 ff.
- Prüfungsziel **9** 17
- Richtigkeit Verschmelzungsvertrag **9** 20 ff.
- und Sacheinlagenprüfung **9** 4
- und Schlussbilanzprüfung **9** 6
- Squeeze-out **9** 9
- Umtauschverhältnis **9** 13, 23 ff.
- Verlangen eines Gesellschafters **44** 1, 5 ff.; **48** 2
  - Frist **44** 8 ff.; **48** 5
  - Verbrauch Antragsberechtigung **44** 12
- Verletzung Berichtspflicht 314 1 ff.; s.a. Berichtspflicht, Verletzung
- Verletzung Geheimhaltungspflicht 315 1 f.; s.a. Geheimhaltungspflicht, Verletzung
- Verschmelzung auf Alleingesellschafter **121** 4
- Verschmelzung durch Neugründung **36** 6
- Verschmelzungsbericht **9** 11
- Verschmelzungsrichtlinie **9** 1
- Vertragsänderung nach Prüfung **9** 16
- Verzicht **9** 42; **13** 45; **122f** 4
- Vollständigkeit Verschmelzungsvertrag **9** 18 f.
- Voraussetzungen, Personenhandelsgesellschaft **44** 1

Prüfungsbericht 12 1 ff.
- Abgrenzung Arbeitspapiere **12** 8
- Anlage Anmeldung **17** 2 f.
- Aufbau und Gliederung **12** 10
- bare Zuzahlung **12** 4
- Bewertungsmethoden **12** 7
- Entwicklung Vorschrift **12** 1
- Ergebnisbericht **12** 3
- fehlender oder unvollständiger **12** 18
- Form **12** 2
- Inhalt und Umfang **12** 3 ff.
- Prüfungsergebnisse dritter Prüfer **12** 9
- Schutzklausel **12** 12 f.
- Spaltung **125** 11
- Übersendung an Gesellschafter **42** 3; **47** 1
- Umtauschverhältnis **12** 4, 11, 18

- Verletzung Berichtspflicht **314** 1 ff.;
  s.a. Berichtspflicht, Verletzung
- Verzicht **12** 14 ff.; **13** 45; **17** 2 f.

Prüfungsmandatsbeziehung, Dauer
202 11a ff.

Prüfungsverbände, genossenschaftliche
- Mischverschmelzung **3** 28
- Verschmelzungsfähigkeit **3** 15, 28
- Verschmelzungsprüfung **9** 10

Publikums-KG
- Verschmelzungsfähigkeit **3** 3

Realteilung **1** 17; **123** 26

Rechnungslegung
- Ansatzvorschriften s. dort
- Geschäfte ab Verschmelzungsstichtag **17** 24 f.
- Spaltung **125** 35a ff.; **131** 31 ff.
- Übergang, Verschmelzungsstichtag **5** 33
- Wechsel, Stichtag Schlussbilanz **17** 16

Rechtsformzusatz
- Firmenfortführung **18** 9
- Firmenneubildung **200** 25

Registergericht
- Eintragung s. Eintragung, Handelsregister
- Einzelkaufmann, Ausgliederung **154** 4
- formelle Prüfung **19** 4
- Formwechsel, Prüfung **198** 17
- Gründungsvorgang bei Neugründung, Prüfung **38** 17
- Kapitaldeckung, Prüfung **53** 14 ff.; **55** 10 ff.; **66** 18
- materielle Prüfung **19** 5
- Nachgründung, Prüfung **67** 8
- Spaltung, Prüfung **125** 25 f.; **130** 2
- Verschmelzung, Prüfung **19** 2; **38** 16 ff.
- zuständiges **16** 2

Registersperre
- fehlende Negativerklärung **16** 27 f.; **198** 28

Rentnergesellschaften **134** 22 ff.

Richtlinie, EG
- Verschmelzungsrichtlinie **8** 37; **9** 1, 43; **Vor 122a–122l** 1

Rücklagen
- Ausschüttung bei Aufspaltung **126** 33

Rücktritt
- Verschmelzungsvertrag **4** 24; **5** 62; **7** 6
- bei Verzögerung Wirksamwerden **5** 30
- Vorbehalt **5** 62; **7** 6

Rückumwandlung
- SE in AG **Anh. I 131** ff.

Sacheinlage
- Ausgliederung, Gestaltungsfragen **123** 17
- Kapitalschutz Formwechsel **220** 9

Sacheinlagenprüfung
- eingeschränkte – **69** 6
- Gefahr Unterpariemission **69** 10
- Gegenstand **69** 11
- Höherbewertung Vermögensgegenstände in Schlussbilanz **69** 8
- Partnerschaftsgesellschaft, übertragender Rechtsträger **69** 7
- Personenhandelsgesellschaft, übertragender Rechtsträger **69** 7
- Prüfer **69** 11a
- rechtsfähiger Verein, übertragender Rechtsträger **69** 7
- Veranlassung durch Registergericht **69** 20
- und Verschmelzungsprüfung **9** 4
- Werte Schlussbilanz nicht Anschaffungskosten **69** 9

Sachregister

Sachgründungsbericht
- Ausgliederung, Einzelkaufmann **159** 1
- Formwechsel **192** 47 f., 50; **220** 15 ff.; **245** 9
- Spaltung **125** 66; **138** 1 ff.
- Verschmelzung durch Neugründung **58** 1

Salvatorische Klausel
- Spaltungsvertrag **126** 57

Satzungsänderung
- und Verschmelzungsbeschluss **13** 20

Satzungsinhalt
- Verschmelzung durch Neugründung, AG **74** 1 ff.

Schadensersatzpflicht
- bei Eintragung infolge Unbedenklichkeitsverfahren **16** 51
- Eintragung trotz Mängeln **20** 34

Schadensersatzpflicht, formwechselnder Rechtsträger
- Anspruchsberechtigte **205** 9
- Beweislast **205** 19
- Ersatzpflichtige **205** 1, 5 f.
- Fassung Umwandlungsbeschluss **205** 16
- Geltendmachung **206** 1 ff.
  - Aufforderung Anspruchsanmeldung **206** 13
  - besonderer Vertreter, Rechtsstellung **206** 6
  - Bestellung, besonderer Vertreter **206** 7
  - Geltendmachung Ansprüche **206** 14
  - Kosten **206** 16
  - Verteilung Schadensersatzbetrag **206** 15
- Kausalität **205** 13
- Pflichtverletzung **205** 14
- Prüfung, Vermögenslage **205** 15
- Schaden **205** 11 f.
- Verjährung **205** 20
- Verschulden **205** 17

Schadensersatzpflicht, übernehmender Rechtsträger 27 1 ff.
- Ersatzansprüche **27** 2 ff.
- Spaltung **125** 35
- Verjährung **27** 6

Schadensersatzpflicht, übertragender Rechtsträger 25 1 ff.
- AG **70** 1
- Aufsichtsorgan **25** 4
- Beobachtung Sorgfaltspflicht **25** 6
- Fiktion Fortbestehen übertragender Rechtsträger **25** 12 ff.
- Geltendmachung durch besonderen Vertreter **26** 1 ff.; s.a. Besonderer Vertreter
- Gesamtschuldner **25** 2
- Haftung übernehmender Rechtsträger **25** 13
- Mitverschulden **25** 11
- Schaden, ersatzfähiger **25** 8 ff.
- Spaltung **125** 35
- Unterlassen Spruchverfahren **25** 11
- Verjährung **25** 15
- Verschulden **25** 7
- Verwaltungsträger **25** 1 ff.
- wirksame Verschmelzung **25** 5

Schiedsklausel
- Spaltungsvertrag **126** 63a
- Verschmelzungsvertrag **5** 62

Schlussbilanz
- Änderung **17** 35
- Anhang **17** 20
- Ansatzvorschriften **17** 30
- Bekanntmachung **17** 40
- Bewertungsvorschriften **17** 31 ff.
- Bilanz letztes Geschäftsjahr **17** 10, 16
- Buchwertverknüpfung **17** 11
- eigene Anteile **17** 34
- fehlende Buchführungspflicht **17** 12
- Fristüberschreitung **17** 26
- Gewinn- und Verlustrechnung **17** 20
- Gewinnausschüttung **17** 17 f., 24
- grenzüberschreitende Verschmelzung **17** 43
- Jahresabschluss bis Eintragung **17** 21

1747

Sachregister

- Jahresabschluss oder Zwischenbilanz **17** 17 ff.
- Maßgeblichkeit für steuerliche Schlussbilanz **17** 41 f.
- Prüfung **17** 36 ff.
- Rechnungslegung zwischen Vertrag und Eintragung **17** 21 ff.
- Rechnungslegung, Wechsel **17** 16
- für Registeranmeldung **4** 19; **17** 9 ff.
- Sacheinlagenprüfung bei Höherbewertung Vermögensgegenstände **69** 8
- Spaltung **125** 23 f.
- Stichtag **17** 14, 25; **126** 54
- Übergang wirtschaftliches Eigentum **17** 23
- Überschuldung **17** 44
- übertragender Rechtsträger, Spaltung **125** 35a; **131** 31 ff.
- Unternehmen von öffentlichem Interesse **17** 39
- Verschmelzungsprüfung **9** 6
- Verschmelzungsstichtag **5** 32 ff., 34; **17** 14
- Wahlpflichtangaben **17** 20

Schriftform s. Form

Schulden
- Verbuchung beim übernehmenden Rechtsträger **17** 23; **24** 54

Schuldnerschutz
- Spaltung **131** 9

Schuldverhältnisse
- Gesamtrechtsnachfolge Verschmelzung **20** 10

Schwestergesellschaft
- Verschmelzung auf Schwester-GmbH, Anteilsgewährung **54** 18
- Verschmelzung auf Schwester-GmbH, Kapitalerhöhung **54** 18
- Verschmelzung zweier -en **5** 72

SE s. Europäische Gesellschaft

Selbstkontrahieren
- Umwandlungsbeschluss **193** 12

- Verschmelzungsbeschluss **13** 14 f.; **43** 19; **50** 13; **59** 5; **65** 11

SEVIC-Urteil, EuGH 122b 6; **Vor 122a–122l** 1, 9

Sicherheitsleistung
- Gläubigerschutz, Formwechsel **204** 7
- Gläubigerschutz, Spaltung **125** 32
- Gläubigerschutz, Verschmelzung **22** 1 ff.; s.a. dort
- grenzüberschreitende Verschmelzung **122j**; **122k** 8
- Gründung Europäische Gesellschaft durch Verschmelzung **Anh. I** 43
- Spaltung **133** 21
- Umwandlung im Insolvenzplan **Anh. II** 101 ff.

Similar Public Company Methods 9 31

Sitz
- im EU-Ausland **1** 2
- Gründungstheorie **Vor 122a–122l** 4 f.
- im Inland **1** 2 f.
- Sitztheorie **Vor 122a–122l** 4 f.

Sitztheorie Vor 122a–122l 4 f.

Societas Cooperativa Europaea s. Europäische Genossenschaft

Societas Europaea s. Europäische Gesellschaft

Sonderausstattung
- von Geschäftsanteilen, Verschmelzungsvertrag **46** 9 ff.

Sonderbeschlüsse, AG
- gesonderte Versammlung/Abstimmung **65** 24
- Mehrheitserfordernisse **65** 25
- Stimmberechtigung **65** 22
- Wirksamkeitserfordernis Verschmelzungsbeschluss **65** 21 ff., 27
- Zustimmung Aktionäre Verschmelzungsbeschluss **5** 11

Sonderrechte
- Ausgleich **5** 41

Sachregister

- Genussrechte **23** 7
- gerichtliche Durchsetzung **23** 13
- Gewährung gleichwertiger Rechte **23** 8 f.; **46** 9; **204** 22 ff.
- Gewinnschuldverschreibungen **23** 6
- ohne Stimmrechte **23** 2 ff.; **204** 14 ff.
- Options- und Wandelanleihen **5** 40; **23** 5
- Optionsscheine **23** 5
- Schutz bei Spaltung **133** 24
- Schutz Inhaber, Formwechsel **193** 17; **204** 10 ff.; **241** 6
- Schutz Inhaber, Spaltung **125** 34; **133** 24
- Schutz Inhaber, Verschmelzung **23** 1 ff.
- Spaltungsvertrag **126** 17
- Verschmelzungsvertrag **5** 40 ff.; **23** 9; **46** 9
- Wandelschuldverschreibungen **23** 5
- Zahlungsverpflichtungen aus Sonderrechten
  Übergang Zahlungsverpflichtungen **23** 10
- Umtausch- und Bezugsrechte **23** 11; **69** 16
- Umtauschverhältnis im Verschmelzungsvertrag **23** 12

Sondervorteile
- Abfindung **5** 44
- Spaltungsvertrag **126** 18
- Verschmelzungsvertrag **5** 44 ff., 46a

Sorgfaltspflicht
- Verwaltungsträger übertragender Rechtsträger **25** 6

Sozialplan
- Spaltung, Haftungsverschärfung **134** 17
- Spaltung/Teilübertragung **323** 15

Spaltung
- Abspaltung s. dort
- Abwicklungsspaltung **124** 5
- AG, Verweisung auf besondere Vorschriften **125** 68 ff.
- AG/KGaA
  - Ausschluss **141** 1 f.
  - besondere Vorschriften **141 ff.**
  - Gründungsbericht/-prüfung **144** 2 f.
  - Herabsetzung Grundkapital **145**
  - mit Kapitalerhöhung **142** 1 f.
  - Spaltungsbericht **142** 2
  - Vermögensveränderungen, besondere Unterrichtung **143** 1 f.
- Anteilsgewährung **123** 4 ff.; s.a. dort
- anwendbare Vorschriften, Tabelle **125** 87
- anzuwendende Vorschriften **125** 1 ff.
- Auf- und Abspaltung, Wahl zwischen **123** 16
- zur Aufnahme/zur Neugründung **123** 14
- Aufspaltung s. dort
- Ausgliederung s. dort
- Ausgliederung aus einzelkaufmännischem Vermögen s. Einzelkaufmann
- Ausgliederung/Sacheinlage gegen Anteilsgewährung, Gestaltung **123** 17 ff.
- Barabfindung **125** 36 ff.; s.a. Barabfindungsangebot, Verschmelzung
- Bedingung **123** 2
- Bekanntmachung Eintragung **125** 27
- oder Betriebsaufspaltung, Gestaltung **123** 21 ff.
- Bilanzierung beim übernehmenden Rechtsträger **125** 35e; **133** 13 ff.
- Einzelrechtsübertragung, Entbehrlichkeit **123** 3
- Firma übernehmender Rechtsträger **125** 28 f.
- Gestaltungsfragen **123** 15 ff.
- Gläubigerschutz s. Gläubigerschutz, Spaltung
- GmbH
  - besondere Vorschriften Spaltung **138** 1 ff.
  - Verweisung auf besondere Vorschriften **125** 50 ff.

1749

Sachregister

- Gründung Gemeinschaftsunternehmen, Gestaltungsmöglichkeiten **123** 24 ff.
- Handelsregistereintragung s. Anmeldung Spaltung; Eintragung Spaltung
- Inhaber Sonderrechte, Schutz **125** 34; **133** 24
- Insolvenz **123** 17
- in Insolvenzplan **Anh. II** 9 f., 67 ff.
- Nachhaftung **Anh. II** 23 ff.
- Kettenspaltung **123** 2
- KGaA, Verweisung **125** 86
- Kombination Spaltungsvorgänge **123** 13
- kündigungsrechtliche Stellung, Arbeitnehmer **323** 1 ff.; s.a. Kündigungsrechtliche Stellung, Spaltung/ Teilübertragung
- Mischspaltung **124** 8 ff.; s.a. dort
- Mitbestimmungsbeibehaltung **123** 18
- Nachhaftungsbegrenzung **125** 49
- nicht-verhältniswahrende **123** 5; **128** 1 f., 3 ff., 5 ff.
- Partnerschaftsgesellschaften, Verweisung auf besondere Vorschriften **125** 49a
- Personenhandelsgesellschaften, Verweisung auf besondere Vorschriften **125** 44 ff.
- Prüfung s. Prüfung, Spaltung
- oder Realteilung Personengesellschaft, Gestaltung **123** 26
- Rechnungslegung **125** 35a ff.
- Schlussbilanz beim übertragenden Rechtsträger **125** 35a f.
- Spaltung zur Neugründung s. dort
- Spaltungsarten **123** 7 ff.
- spaltungsfähige Rechtsträger **124** 1 ff.; s.a. dort
- Übertragung Vermögensteile **123** 1 ff.
  - „als Gesamtheit" **123** 3
- verhältniswahrende **123** 5
- Vermögensteil, Begriff **123** 1
- verschmelzende **1** 21; **3** 30
- Verweisung auf Vorschriften über Verschmelzung durch Neugründung **125** 38 ff.
- Verweisungstechnik **125** 1 f.
- Wirkung Eintragung **125** 31; **131** 1 ff.
- „zu Null" **128** 4 ff.

Spaltung zur Neugründung
- anzuwendende Vorschriften **135** 1 ff.
  - Bekanntmachung **137** 26
- Eintragung **137** 20 ff., 25
- Eintragungsmängel **137** 28
- Kosten **137** 29 ff.
- Rechtsmittel **137** 28
- Reihenfolge **137** 20 ff.
- Gründungsvorschriften **135** 11 ff.
- Registeranmeldung **137** 1 ff.
- Anlagen **137** 12 ff., 19
- Anmeldende **137** 2
- Inhalt **137** 7
- Zuständigkeit **137** 18
- Spaltungsplan **136** 1 f.; **137** 30

Spaltungsbericht 127 1 ff.
- alle Rechtsformen **127** 3
- Ausführlichkeit **127** 8
- Beteiligung Anteilsinhaber, Folgen **127** 12 f.
- Bewertungsbericht **127** 7 f.
- Bewertungsschwierigkeiten **127** 11
- Entbehrlichkeit **127** 16
- gemeinsamer Bericht **127** 10
- Hinweis, Bericht Sacheinlagenprüfung **127** 18
- Inhalt **127** 5
- im Insolvenzverfahren **Anh. II** 74 f.
- KG, Notwendigkeit **125** 47
- Mitgliedschaften **127** 9
- Pflicht zur Erstattung **127** 1 ff.
- Plausibilitätskontrolle **127** 8
- Schriftform **127** 4
- Schutzklausel **127** 15
- Spaltung zur Neugründung **127** 2
- Spaltungsvertrag, Erläuterung, Begründung **127** 6
- Spaltungsvorhaben, Erläuterung, Begründung **127** 5

Sachregister

- Umtauschverhältnis, Erläuterung, Begründung **127** 7
- unrichtige Darstellung s. dort
- verbundene Unternehmen **127** 14

Spaltungsbeschluss
- Blockadepolitik **128** 7
- Einstimmigkeit in Sonderfällen **128** 2, 5 ff.
- im Insolvenzverfahren **Anh. II** 76 ff.
- Klage gegen – **125** 17 ff.
- materielle Kontrolle **125** 19
- nicht-verhältniswahrende Auf- und Abspaltung **128** 2 ff., 5 ff.
- Spaltung „zu Null" **128** 4 ff.
- und Tauschverträge unter Gesellschaftern **128** 7
- Treuepflicht **128** 6
- Zustimmung Anteilsinhaber **125** 13

Spaltungsfähige Rechtsträger
- AG **124** 1
- aufgelöste Gesellschaften, Beteiligung **124** 4 ff.
- Einzelkaufmann, übertragender Rechtsträger **124** 2
- GmbH **124** 1
- GmbH & Co. KG **124** 3
- insolvente Gesellschaft **124** 4 ff.
- KG **124** 1
- KGaA **124** 1
- OHG **124** 1
- Partnerschaftsgesellschaft **124** 1
- ruhende Gesellschaften, Beteiligung **124** 6
- ruhende Personenhandelsgesellschaften **124** 7
- Vorgesellschaft **124** 1

Spaltungsplan 136 1 f.; **137** 30
- Form **6** 15

Spaltungsvertrag 125 3 ff.
- Abbruch Verhandlungen **125** 7
- Abschlusskompetenz **125** 3
- Absicherung Bewertungsgrundlagen **126** 44 ff.
  - buchmäßiges Eigenkapital **126** 46

- Folgeinvestitionen **126** 49
- Nachhaltigkeit Erträge **126** 48
- Nichteinhaltung Gewährleistungszusicherung **126** 50
- Richtigkeit, Vollständigkeit Auskünfte **126** 45
- stille Reserven **126** 47
- Angabe beteiligte Rechtsträger **126** 4
- Anlagen **125** 5
- Aufsichtsrat, Überwachung **125** 20
- Ausgleichs-/Freistellungspflicht, gesamtschuldnerische Haftung **133** 11 f.
- Ausgleichspflichten unter Anteilsinhabern **126** 51 f.
- Auslegung **126** 64 ff.
- Bekanntmachung, AG **125** 69
- Beschränkung Anteilsveräußerung **126** 53
- Beteiligungsverhältnisse übernehmende Rechtsträger **126** 41 ff.
- Bezeichnung übertragene Vermögensteile **126** 19
  - Aktiv- und Passivvermögen **126** 19
  - Aufteilung Aktiv- und Passivvermögen **126** 22 ff.; s.a. dort
  - Grundstücke **126** 21 f.
  - Muster für die Bezeichnung **126** 40
  - übergehende Betriebe/Betriebsteile **126** 34 f.
  - s.a. Aufteilung
- Folgen für Arbeitnehmer und -vertretung **5** 51; **126** 43
- Form **6** 15
- Geschäftsführer, Bestellung **125** 42
- Gesellschaftsvertrag übernehmender Rechtsträger **125** 39
- Gesellschaftsverträge, Änderungen **126** 62
- Gewinnanspruch **126** 14
- GmbH als übernehmender Rechtsträger, notwendiger Inhalt **125** 50a
- GmbH, Anteilsgewährung **125** 50a

1751

Sachregister

- GmbH, Unterrichtung/Beschlussfassung Gesellschafter **125** 51
- Haftungsfreistellung **126** 58 f.
- Inhalt **126** 1 ff.
- im Insolvenzverfahren **Anh. II** 69 ff.
- Kapitalerhöhung/-herabsetzung **126** 60 f.
- Klauselmuster **126** 50a
- Kostentragung **126** 63b
- Nennkapital **125** 40
- notarielle Beurkundung **125** 4
- Organbestellung **126** 63
- Prüfung **125** 9; s. a. Prüfung, Spaltung
- Rechtsbeständigkeit **125** 43
- Sacheinlage **125** 40
- salvatorische Klausel **126** 57
- Satzungen, Änderungen **126** 62
- Schiedsklausel **126** 63a
- schwebende Unwirksamkeit **125** 6
- Sonderrechte **126** 17
- Sondervorteile **126** 18
- Spaltungsstichtag **126** 15 f.
- Spaltungsvereinbarung **126** 5 f.
- Stichtag Schlussbilanz **126** 54
- Stichtag Teilnahme am Bilanzgewinn **126** 14
- Übertragung Anteile **126** 13
- Umfirmierung **126** 62
- Umtauschverhältnis **126** 7 ff.; s.a. dort
- Verbindlichkeiten, vergessene **126** 67
- Verfügungsbeschränkungen **125** 41
- Vermögensgegenstände, vergessene **126** 66
- Verpflichtung aus **125** 6
- und Verträge auf Gesellschafterebene **125** 8
- Verweisung auf allgemeine Vorschriften über Verschmelzung durch Aufnahme **125** 3
- Verzögerung, Vorsorge für Fall **126** 57a
- Zuleitung an Betriebsräte **126** 68; **Anh. II** 73
- Zustimmungen, staatliche Genehmigungen, Bemühungsklausel **126** 55 f.
- Zustimmungsbeschlüsse
- Einschränkung **125** 16
- GmbH, Beeinträchtigung Sonderrechte **125** 52
- Klage gegen **125** 18
- notarielle Beurkundung **125** 15
- Personenhandelsgesellschaft **125** 48
- Spaltungsbeschluss s. dort
- Vermehrung Leistungspflichten **125** 14
- Vinkulierungsklausel beim übertragenden Rechtsträger **125** 14
- Zuzahlung, bare **126** 11

Sprecherausschuss
- Beteiligungsrechte, übertragende Umwandlung **Vor 322** 54
- Formwechsel **Vor 322** 66 f.
- übertragende Umwandlung **Vor 322** 55 ff.

Sprecherausschussvereinbarung
- Auswirkungen Formwechsel **Vor 322** 85
- übertragende Umwandlung **Vor 322** 78

Spruchverfahren
- grenzüberschreitende Verschmelzung **122h** 2 ff.; **122i** 7 f.

Squeeze out
- kraft Formwechsel **194** 24
- SE **Anh. I** 139
- Verschmelzungsprüfung **9** 9

Squeeze-out, verschmelzungsrechtlicher 62 34 ff.
- 90%ige Beteiligung **62** 38 f.
- Anmeldung Squeeze-out **62** 45 f.
- Anmeldung Verschmelzung **62** 45 f.
- Beschlussfassung **62** 41 f.
- beteiligte Rechtsträger **62** 36
- Freigabeverfahren **62** 42
- Verschmelzungsvertrag **62** 37

Sachregister

Stammkapital, Erhöhung s. Kapitalerhöhung
Stammkapital, Herabsetzung s. Kapitalherabsetzung
Statusverfahren
- nach Formwechsel **197** 73 ff.; **203** 15
- nach Verschmelzung **20** 17a

Stellvertretung
- Abschluss Verschmelzungsvertrag **4** 5; **6** 6, 12
- Umwandlungsbeschluss **193** 11; **233** 4, 7
- Verschmelzungsbeschluss **13** 13; **43** 16; **45d** 9; **59** 4; **65** 9 ff.
- vollmachtloser Vertreter **6** 6; **193** 11

Steuerlicher Übertragungsstichtag 5 32

Stiftung
- Formwechsel unter Beteiligung Stiftung & Co. **191** 13 ff.
- Verschmelzungsfähigkeit **3** 2
- als Zielrechtsform, Formwechsel **191** 8

Stille Gesellschaft
- Formwechsel **202** 18
- Übergang bei Verschmelzung **23** 3
- Verschmelzungsfähigkeit **3** 2, 5

Stimmenthaltung
- Gesellschafterversammlung GmbH **50** 7
- Gesellschafterversammlung Personengesellschaft **43** 7

Störung Geschäftsgrundlage 4 25

Strafbarkeit
- grenzüberschreitende Verschmelzung, falsche Versicherung **314a**
- unrichtige Darstellung **313** 1 ff.; s.a. Unrichtige Darstellung, Strafbarkeit
- Verletzung Berichtspflicht **314** 1 ff.; s. Berichtspflicht, Verletzung
- Verletzung Geheimhaltungspflicht **315** 1 f.; s.a. Geheimhaltungspflicht, Verletzung

Stuttgarter Verfahren
- Unternehmensbewertung **8** 14

Substanzwertmethode
- Unternehmensbewertung **8** 14
- Verschmelzungsprüfung **9** 31

Supermarkt-Entscheidung, BGH 6 11

Synergieeffekte
- Berücksichtigung bei Barabfindung **30** 9
- Berücksichtigung bei Umtauschverhältnis **8** 17; **9** 38; **30** 9

Tarifbindung
- Angaben Umwandlungsvertrag **5** 60a

Tarifvertrag
- Auswirkungen **Vor 322** 68 ff.; **324** 23 ff.
- Formwechsel **Vor 322** 84
- übertragende Umwandlung **5** 53 f.; **20** 12; **Vor 322** 79 ff.
- Fortgeltung **324** 23 ff.
- Kettenumwandlung **324** 28, 45a
- Vereinbarungslösungen bzgl. Arbeitnehmervertretungen **Vor 322** 51 ff.

Teilübertragung
- kündigungsrechtliche Stellung, Arbeitnehmer **323** 1 ff.; s.a. Kündigungsrechtliche Stellung, Spaltung/Teilübertragung
- Vermögen bei Verschmelzung **2** 9

Testamentsvollstreckung
- Zustimmung Erben zu Umwandlungsbeschluss **193** 27
- Zustimmung Erben zu Verschmelzungsbeschluss **13** 34; **43** 36; **50** 28

Tochtergesellschaft
- Verschmelzung auf Muttergesellschaft **5** 68, 73; **62** 1 f.; **68** 5
- Verschmelzung Muttergesellschaft auf – **5** 71

Sachregister

Treuepflicht
- Spaltungsbeschluss **128** 6
- Umwandlungsbeschluss **233** 5, 8
- Verschmelzungsbeschluss **13** 31

Treuhänder 71 1 ff.
- Aufgaben **71** 7 ff.
- Auftrags- und Geschäftsbesorgungsverhältnis **71** 6
- Auslagenersatz und Vergütung **71** 14
- Bestellung zum Empfang Aktien **4** 20; **5** 24; **71** 3
- Ersatztreuhänder **71** 5
- natürliche/juristische Person **71** 5
- Rückgabe bei Scheitern Verschmelzung **71** 13
- Schadensersatz **71** 12
- Spaltung **125** 82
- Übergang Mitgliedschaftsrechte **71** 15 ff.
- Vertretungsorgan, Bestellung durch **71** 4

Übergang Arbeitsverhältnisse s. Betriebsübergang

Übergangsmandat, Betriebsrat Vor 322 19 ff.
- Betriebs-/Unternehmensspaltung, Unterscheidung **Vor 322** 19 ff.
- Betriebsratsfähigkeit abgespalteter Betriebsteil **Vor 322** 33
- Betriebsspaltung **Vor 322** 22 ff.
- Inhalt/Dauer **Vor 322** 36 ff.
- keine Eingliederung in Betrieb mit Betriebsrat **Vor 322** 34 f.
- Vereinbarungslösungen **Vor 322** 51 ff.
- Zusammenfassung Betriebe/Betriebsteile **Vor 322** 27 ff.

Übernahmeangebot
- Mehrheitsgesellschafter bei Formwechsel **207** 3

Übernahmevertrag s. Spaltungsvertrag
- Form **6** 15

Übernehmer-Haftung
- Spaltung **133** 20

Überschuldung
- übertragender Rechtsträger **17** 44

Überseering-Urteil, EuGH 1 2

Umtausch
- Aktien **72** 1 ff.; **125** 81; **248** 6 ff.
- Ausgabe neue Aktien **72** 4
- Einreichung alter Aktienurkunden **72** 2
- GmbH-Anteile **248** 2 ff.
- Zusammenlegung Aktien **72** 3

Umtauschverhältnis
- AG **5** 19
- durch Änderung Vermögensverhältnisse AG **64** 10
- Angemessenheitskriterien **9** 24 ff.
- bare Zuzahlung **15** 2; **125** 60; s.a. Zuzahlung, bare
- eigene Anteile **5** 19
- Entfallen von Angaben **5** 23
- Genossenschaft **5** 21
- gerichtliche Kontrolle **14** 12 ff.; **15** 8
- GmbH **46** 7; **125** 50a
- Kapitalgesellschaften **5** 19
- Personengesellschaften **5** 20
- Prüfungsbericht **12** 4, 11, 18
- Spaltungsvertrag **126** 7 ff.
  - Abspaltung **126** 9
  - Aufspaltung **126** 8
  - Ausgliederung **126** 10
- Spruchverfahren **15** 8; **122h**
- Testat **12** 11
- Unangemessenheit **12** 18
- Unrichtigkeit infolge Verzögerung **5** 30
- Unternehmensbewertung s. dort
- Verbesserung **14** 12 ff.; **15** 1 ff.; **122h**
  - grenzüberschreitende Verschmelzung **122h**
- Verein **5** 21
- Verschmelzung durch Neugründung **36** 5

1754

Sachregister

- Verschmelzungsbericht 5 18; 8 10 ff., 34
- Verschmelzungsprüfung 9 13, 23 ff.
- Verschmelzungsvertrag 5 17 ff.

Umwandlung
- Abwicklung 1 8; 2 10
- Anteilsinhaber, Begriff 2 14
- Anteilsinhaber, Identität 1 10 ff.
- Anteilskontinuität 1 9
- Begriff 1 6
- Eingliederung 1 15
- rechtsformwahrende 1 6
- rechtsformwechselnde 1 6
- Sitz im EU-Ausland 1 2
- Sitz im Inland 1 2 f.
- Strukturänderung außerhalb UmwG 1 15 ff.; 2 17
- umwandlungsfähige Rechtsträger 1 1
- Unternehmensverträge 1 15
- Vermögensübertragung 1 7
- zwingendes Recht 1 22 ff.

Umwandlung, grenzüberschreitende
Vor 122a–122l
- anwendbares Verschmelzungsrecht Vor 122a–122l 4 ff.
- außerhalb §§ 122a ff. Vor 122a–122l 3
- Doppelprüfung 10 21
- Drittstaaten Vor 122a–122l 3, 7
- Gründungstheorie Vor 122a–122l 4 f.
- Kollisionsrecht Vor 122a–122l 4 ff.
- Mitbestimmung Vor 122a–122l 17
- Sitztheorie Vor 122a–122l 4 f.
- Vereinigungstheorie Vor 122a–122l 2
- Zulässigkeit Vor 122a–122l 8 ff.
  - Durchführung Vor 122a–122l 12 f.
  - Spaltung Vor 122a–122l 11
  - Verschmelzung Vor 122a–122l 9 f.
- Zuzug/Wegzug Vor 122a–122l 6

Umwandlungsarten
- Analogieverbot 1 19
- Definition 1 6 f.

- Kombination von 1 21
- numerus clausus 1 16 ff.

Umwandlungsbericht
- Abfindungsangebot 207 19
- Adressaten 192 40
- Ausführlichkeit 192 11
- Barabfindung, Angemessenheit 192 51
- Berichterstattung durch Vertretungsorgan 192 35
- Bestandteile 192 7
- Betriebsrat, Zuleitung 192 41
- Bewertungsschwierigkeiten, besondere 192 13 f., 33
- Empfänger, sonstige 192 43
- Entbehrlichkeit 192 4; 238 2
- Entwurf Umwandlungsbeschluss 192 16 ff.; 194 3
- Erläuterungs- und Begründungsteil 192 8 f.; 195 30
- Form 192 38
- Frist 192 39
- Geheimhaltungsrecht, nachteilige Offenlegungen 192 30 ff.
- Gründungsprüfung 192 50
- Handelsregisteranmeldung, Anlage 192 6, 42
- Mängel 192 61 f.
- Partnerschaftsgesellschaft, Formwechsel von 225b 1
- Personenhandelsgesellschaft Formwechsel 215 1 ff.; 216 4
- Plausibilitätskontrolle 192 12, 14
- Prüfung Formwechsel, partielle 192 49 ff.
- Prüfungsbericht 192 53 f.
- Registerakten 192 42
- Sachgründungsbericht 192 47 f., 50; 220 15 ff.; 245 9
- sonstige Berichts- und Informationspflichten 192 44
- unrichtige Darstellung s. dort
- Verantwortlichkeit Organmitglieder 192 55
- verbundene Unternehmen 192 15

1755

- Verzicht **192** 42, 56 ff.
- Zuzahlungen, bare **192** 54
- zwingend **192** 3

Umwandlungsbeschluss 193 1 ff.
- Anfechtung **193** 36
- Aufhebung **193** 37
- Bedeutung **193** 2
- Betriebsrat, Zuleitung Entwurf **194** 60 ff.; **207** 22
- Ehegatten, Beteiligung **193** 26
- Entwurf im Umwandlungsbericht **192** 16 ff.
- Form Beschluss **193** 28 ff.
- Form Zustimmungserklärung **193** 31 f.
- Inhaber Sonderrechte, Zustimmung **193** 17
- Inhaber vinkulierter Anteile, Zustimmung **193** 16
- Inhalt s. Umwandlungsbeschluss, Inhalt
- in Insolvenzplan **Anh. II** 90 ff., 95 ff.
- Klagen s. Klagen gegen Umwandlungsbeschluss; Zuzahlung, bare, Formwechsel
- Kosten **193** 33 ff.
- Mängel Beschluss **194** 63 f.
- Mehrheitserfordernisse **193** 7 ff.
- Minderheitenschutz **193** 10
- notarielle Beurkundung **193** 28 ff.
- sachliche Rechtfertigung **193** 10
- Stellvertretung **193** 11 ff.
- Stimmberechtigung **193** 4
- Testamentsvollstrecker **193** 27
- Versammlung Anteilsinhaber **193** 3, 7; **194** 2
- Widerspruch zur Niederschrift **193** 15
- Wirksamwerden **193** 20
- Wirkung **193** 14
- Zeitpunkt **193** 5
- Zustimmungserfordernisse, sonstige **193** 19
- Zustimmungserklärung, Form **193** 31

- s.a. Formwechsel, Kapitalgesellschaft
- Kapitalgesellschaft anderer Rechtsform; Formwechsel, Kapitalgesellschaft – Personengesellschaft

Umwandlungsbeschluss, Inhalt
- Abfindungsangebot **194** 44 ff.
- Abschlussprüfer, Bestellung erstes Geschäftsjahr **194** 57
- Berücksichtigung Gründungsvorschriften **194** 12
- besondere Rechte, Bestimmung **194** 36 f., 42
- Beteiligung, Bestimmung **194** 21 f.
- Eintritt und Ausscheiden Anteilsinhaber **194** 21 f.
- Feststellung Gesellschaftsvertrag/Satzung **194** 15 ff.
- Folgen für Arbeitnehmer, Vertretung **194** 58 f.
- Formwechsel zwischen Einmann-Kapitalgesellschaft und Personengesellschaft **191** 10 ff.
- Formwechselstichtag **194** 9 f.
- Gründerstellung **194** 55
- Identität Anteilsinhaber **194** 21 ff.
- Ausnahmen **194** 26 f.
- Identität Beteiligung, quantitative Änderung **194** 30 f.
- Kapital, Bestimmung **194** 20
- Name und Firma **194** 18; s.a. Firma, Formwechsel
- Organe, Abberufung/Bestellung **194** 56
- Personenhandelsgesellschaften Formwechsel **218** 1 ff.; s.a. Umwandlungsbeschluss, Personenhandelsgesellschaft
- qualitative Änderung Beteiligung **194** 36 ff., 41
- Rechte einzelner Anteilsinhaber **194** 40 f.
- Rechtsform, Bestimmung **194** 12 ff.
- Sitz **194** 19
- Umwandlungsbilanz **194** 11

Sachregister

- Unwirksamkeitsklage, Verzicht 194 63
- Vermögensübergang 194 8
- Zahl, Art und Umfang Beteiligungen 194 30 ff.
- Zuzahlung, bare 194 48 ff.; 196 1 ff.
- zwingender 194 4

Umwandlungsbeschluss, Personenhandelsgesellschaft
- AG, Umwandlung in 218 20 ff.; s.a. AG, Satzung
- Anteilsinhaberversammlung 217 2
- Bestimmtheitsgrundsatz 217 10
- Drei-Viertel-Mehrheit 217 6, 8
- Einstimmigkeit 217 3
- formelle Legitimation 217 10
- GmbH, Umwandlung in 218 4 ff.; s.a. GmbH, Gesellschaftsvertrag
- Grenzen Ausgestaltung Gesellschaftsvertrag 217 12
- Inhalt 218 1 ff.
- KGaA, persönlich haftender Gesellschafter 218 31 ff.
- KGaA, Umwandlung in 218 30 ff.
- materielle Wirksamkeit 217 11
- Mehrheitsbeschluss 217 6 f.
- Mitwirkung Dritter 217 16
- namentliche Aufführung zustimmender Gesellschafter 217 14
- Niederschrift 217 14
- Statut Rechtsträger neuer Form 218 2 f.
- Stimmrechtsausschluss 217 4, 9
- Umwandlung in KGaA 217 15
- Zustimmungspflicht Treupflicht/Stimmbindungsvertrag 217 5, 12

Umwandlungsfähigkeit
- in Insolvenzplan Anh. II 14 ff.

Umwandlungsgesetz
- analoge Anwendung 1 20

Umwelthaftung
- Gläubigerschutz, Spaltung 133 9

Unbedenklichkeitsverfahren 16 32 ff.
- analoge Anwendung 16 55
- anstelle Negativerklärung 16 32
- Bindung Registergericht 16 33
- eigenes Prüfungsrecht Registergericht 16 35
- Entscheidung über Kapitalerhöhungsbeschluss 16 55
- Entschmelzung bei Unbedenklichkeit 16 52 f.
- formelle Voraussetzungen 16 36
- Klage gegen Verschmelzungsbeschluss 16 38
- rechtsmissbräuchliche Klagen 16 41 ff.
- sachliche Voraussetzungen 16 39 f.
- Schadensersatzpflicht bei Unbedenklichkeit 16 51 ff.
- Squeeze-out, verschmelzungsrechtlicher 62 42
- Verfahrensfragen 16 47 ff.
- Verschmelzungsbericht 8 1
- vorrangiges Vollzugsinteresse, Abwägung 16 42 ff.
  - besonders schwerer Rechtsverstoß 16 46a f.
- Zeitpunkt Antrag 16 37

Unmöglichkeit
- Erfüllung Verschmelzungsvertrag 4 24

Unrichtige Darstellung, Strafbarkeit
- Strafrahmen 313 13
- Subsidiarität 313 8
- Täter 313 3, 10
- Teilnahme 313 12
- unrichtige Angaben in Erklärungen 313 10
- unrichtige Darstellung gegenüber Prüfern 313 9
- unrichtige Wiedergabe Verhältnisse in Berichten 313 4
- Vorsatz 313 11

Unterlassungsklage
- Umwandlungsbeschluss 195 9

Sachregister

Unternehmensbewertung
- Absicherung Bewertungsgrundlagen, Spaltung **126** 44 ff.
- Berücksichtigung Synergieeffekte **8** 17; **9** 38; **30** 9
- besondere Bewertungsschwierigkeiten **8** 24
- Börsenkurs **8** 14a f.; **9** 31
- Buchwert **8** 14
- Discounted-Cash-Flow-Verfahren **8** 14; **9** 30
- Ertragswertmethode **8** 13, 15; **9** 30
- Gutachten **8** 12
- Liquidationswert **8** 14; **9** 31
- Marktvergleichsverfahren/Similar Public Company Methods **9** 31
- nicht betriebsnotwendiges Vermögen **8** 19
- nichtfinanzielle Kriterien **9** 34
- Relationsbewertung **9** 33
- Stichtag **8** 21
- Stuttgarter Verfahren **8** 14
- Substanzwertmethode **8** 14; **9** 31
- Umtauschverhältnis **8** 12
- Unternehmenswerte beteiligter Rechtsträger **8** 20
- Verschmelzungsprüfung **9** 29 ff.

Unternehmensmitbestimmung s. Mitbestimmung

Unternehmensverträge
- Aufteilung bei Spaltung **126** 26
- Gesamtrechtsnachfolge bei Verschmelzung **20** 18 ff.
- UmwG **1** 15

Unternehmergesellschaft, haftungsbeschränkt
- Formwechsel in – **191** 8
- Formwechsel in, Möglichkeit **214** 8
- Inhalt Verschmelzungsvertrag **46** 1 ff.
- Kapitalerhöhung **55** 3
- Verschmelzungsfähigkeit **3** 9

Unterpariemission
- Sacheinlagenprüfung **69** 10
- Verbot **36** 11; **69** 17

Unwirksamkeit Verschmelzungsbeschluss
- fehlendes/zu niedriges Abfindungsangebot **29** 16; **32** 1 ff.
- Gründe **14** 7
- Klage nach Registereintragung **28** 5 ff.
- Klage vor Registereintragung **28** 2 ff.
- Registereintragung Verschmelzung **20** 33, 36, 41
- Umtauschverhältnis **14** 12 f.

Unwirksamkeitsklage s. Klagen gegen Verschmelzungsbeschluss; Klagen gegen Umwandlungsbeschluss

Up-stream-Abspaltung 125 55, 70

Up-stream-Ausgliederung 125 76; **127** 16

Up-stream-merger
- Kapitalerhöhungsverbot **54** 5 ff.; **68** 5
- Verschmelzungsvertrag **5** 68

Vale-Urteil, EuGH 1 2; **Vor 122a–122l** 15 f.

Variable Stichtagsregelung
- Gewinnberechtigung **5** 29
- Verschmelzungsstichtag **5** 36

Verbindlichkeiten
- Aufteilung bei Spaltung **126** 25, 27 f.
- Übertragung **123** 1

Verbundene Unternehmen
- Verschmelzungsbericht **8** 27

Verein, eingetragener
- aufnehmender Rechtsträger, Bewertungsvorschriften **24** 30
- Ausschluss Barabfindung **29** 1
- internationale Verschmelzungsfähigkeit **122b** 4
- Prüfungsverband **3** 15
- Schlussbilanz **17** 12
- Übertragung, Einzelheiten **5** 26a
- Umtauschverhältnis **5** 21
- Verschmelzungsfähigkeit **3** 14
- Verschmelzungsprüfung **9** 10

Verein, wirtschaftlicher
- Verschmelzungsfähigkeit **3** 1, 14, 17
- Verschmelzungsprüfung **9** 10

Verfügungsbeschränkungen
- Anteile, Barabfindung **29** 5 ff.
- Befreiung Anteilsinhaber **33** 1 ff.

Verhandlungsgremium, Besonderes
s. Besonderes Verhandlungsgremium

Verkehrswerte
- Aufstockung in Schlussbilanz auf – **17** 32

Vermögensgegenstände
- Verbuchung beim übernehmenden Rechtsträger **17** 23; **24** 54

Vermögensteil, Begriff 123 1

Vermögensübertragung
- Aktivvermögen **2** 9
- Arten **174** 1 f.
- bestimmter Vermögensteile **2** 9
- beteiligte Rechtsträger **175** 1 f.
- Beteiligungen, Übergang **20** 7
- dingliche Rechte **20** 6
- Einzelübertragung **2** 8
- Forderungen und Verpflichtungen **20** 8
- gemäß § 179a AktG **2** 15
- Gesamtrechtsnachfolge **2** 8
- Gesellschaftsanteile, Übergang **20** 7
- Grundbesitz **6** 4
- Immaterialgüterrechte **20** 6
- Konfusion Forderungen/Verbindlichkeiten **20** 9
- kraft Gesetzes **2** 8
- Mindestinhalt Vertrag **5** 4
- Mitgliedschaften, Übergang **20** 7
- Teilübertragung **2** 9; **174** 1
- Überschuldung übertragender/übernehmender Rechtsträger **5** 4a
- Umwandlung **1** 7
- Verbindlichkeiten **2** 9
- Vollrechtsübertragung **2** 9
- Vollübertragung **174** 1
- Wirkung Eintragung **20** 4 f.
- Zurückbleiben Gegenstände **2** 9; **5** 4

Verschmelzende Auf- und Abspaltung 1 21; **3** 30

Verschmelzung
- Abgrenzung zu anderen Strukturänderungen **2** 15
- Anteilsinhaber, Begriff **2** 14
- Arten **2** 2
- aufgelöster Rechtsträger **3** 21 ff., 26
- unter Auflösung **2** 11
- durch Aufnahme s. dort
- Ausschluss Abwicklung **2** 10
- Barabfindung **2** 13
- Beherrschungs- und Gewinnabführungsvertrag, Abgrenzung **2** 16
- Bekanntmachung **19** 14 f.
- beschränkt haftende Gesellschafter, Schutz **40** 8 ff.
- Beteiligung, Abgrenzung **2** 17
- unter Beteiligung von KGaA **78** 1 ff.
- Eingliederung, Abgrenzung **2** 16
- Erläuterung im Bericht **8** 7 f.
- Europäische Gesellschaft **Anh. I** 6, 7 ff.
- Firma **18** 1; s.a. Firma, übernehmender Rechtsträger
- Form Zusammenschluss, unternehmerisches Ermessen **2** 18
- Gegenleistung, Anteilsinhaber **2** 12
- Gesamtrechtsnachfolge **2** 8
- Gläubigerschutz **22** 1 ff.; s.a. Gläubigerschutz, Verschmelzung
- grenzüberschreitende s. Verschmelzung, grenzüberschreitende
- in Insolvenzplan **2** 7a; **Anh. II** 7 f., 38 ff.
- Kombination, Neubildung und Aufnahme **2** 6
- Mängel **20** 32 ff.; s.a. Mängel Verschmelzung
- Mutter-Tochter-Verhältnis, Abgrenzung **2** 17
- durch Neugründung s. dort
- Notargebühren **2** 7; **6** 13
- Personenhandelsgesellschaften **2** 2; **39** ff.

1759

Sachregister

- Prüfung **9** 1; s.a. Prüfung, Verschmelzung
- von Rechtsträgern unterschiedlicher Rechtsform **3** 28 ff.
- Sonderrechte, Schutz Inhaber **23** 1 ff.; s.a. Sonderrechte
- Vermögensübertragung **2** 8
- verschmelzungsfähige Rechtsträger s.a. dort
- Verzögerung Wirksamwerden **5** 30
- Vollrechtsübertragung **2** 9
- „wirtschaftliche" **3** 2
- Zuzahlung, bare **2** 13

Verschmelzung AG auf AG
- Umtausch Aktien **72** 1 ff.
- Zusammenlegung Aktien **72** 3

Verschmelzung auf Alleingesellschafter 120 f.
- alleiniger Gesellschafter/Aktionär **120** 5
- Anmeldung **121** 5; **122** 2
- anzuwendende Vorschriften **121** 1 ff.
- Bekanntmachung **122** 8
- Eintragung **122** 7
- Firmierung **122** 9
- Kapitalgesellschaft als übertragender Rechtsträger **120** 2
- Kaufmannseigenschaft **120** 3
- natürliche Person **120** 3
- Verschmelzungsbeschluss **121** 3
- Verschmelzungsprüfung, -bericht **121** 4
- Verschmelzungsvertrag **121** 2
- Zurechnung eigener Anteile **120** 6

Verschmelzung durch Aufnahme
- Begriff **2** 3
- Gegenleistung, Anteilsinhaber **2** 12
- Kombination, Verschmelzung durch Neugründung **2** 6
- Kostenvergleich **2** 7
- mehrere Rechtsträger **2** 4

Verschmelzung durch Neugründung 2 5
- Ablauf **36** 4

- Abschluss Verschmelzungsvertrag **36** 4
- Anmeldung Verschmelzung **17** 6; **36** 16; **38** 2
- Beitritt anderer Personen **36** 14
- Bestellung Organe neuer Rechtsträger **36** 15
- Beteiligung Anteilsinhaber an neuem Rechtsträger **36** 13
- Gegenleistung, Anteilsinhaber **2** 12
- Gesellschaftsvertrag, Satzung **37** 1 ff.
- Gründungsvorschriften, anzuwendende **36** 8
- Kombination, Verschmelzung durch Aufnahme **2** 6
- Kostenvergleich **2** 7
- mehrere übertragende Rechtsträger **2** 6
- Mindestnennbetrag, Stamm- bzw. Grundkapital **36** 9
- Sachgründung **36** 10
- Übernahme Satzungsbestimmungen in Gesellschaftsvertrag/Satzung **36** 12
- Umtauschverhältnis **36** 5
- Unterpariemission, Verbot der **36** 11; **69** 17
- Verschmelzungsbeschluss **13** 47; s.a. dort
- Verschmelzungsbeschluss Partnerschaftsgesellschaft **45d** 13
- Verschmelzungsvertrag, Inhalt **37** 1 ff.
- Vertragsinhalt **36** 4; **37** 1 ff.
- Verweisung auf Verschmelzung durch Aufnahme **36** 2

Verschmelzung durch Neugründung AG
- anzuwendende Vorschriften **73**
- Bestellung Mitglieder erster Aufsichtsrat **76** 6
- Gründungsbericht **75** 2, 4
- Gründungsprüfung **75** 1, 4
- Satzungsinhalt **74** 1 ff.
- Verschmelzungsbeschluss **76** 1 ff.
- Wirksamwerden Satzung **76** 5
- zweijährige Sperrfrist **76** 2 ff.

Sachregister

Verschmelzung durch Neugründung GmbH
- anzuwendende Vorschriften **56** 1 ff.
- Beschlussmehrheiten **59** 9
- Bestellung Aufsichtsratsmitglieder **59** 7 f.
- Bestellung Geschäftsführung **59** 6
- Inhalt Gesellschaftsvertrag **57** 1 ff.
- Sachgründungsbericht **58** 1 f.
- Verschmelzungsbeschluss **59** 1 ff.
- Wirksamwerden Gesellschaftsvertrag **59** 2

Verschmelzung, grenzüberschreitende
- Anmeldung **122k**
- Anmeldung Unterlagen **122k** 11
- Ansatzvorschriften, übernehmender Rechtsträger **24** 62 ff.
- anwendbares Verschmelzungsrecht **122a** 5 f.
- außerhalb §§ 122a ff. **Vor 122a–122l** 3
- Barabfindungsangebot **122i**
- Begriff **122a** 1
- Besonderes Verhandlungsgremium s.a. dort
- Eintragung **122k** 16; **122l** 24
- Entbehrlichkeit Beschlussfassung **122g** 27 ff.
- Europäische Gesellschaft **122b** 3
- falsche Angaben **122k** 8; **314a**
- Genossenschaften **122b** 7
- Gläubigerschutz **122j**
- internationale Verschmelzungsfähigkeit **122b** 1 ff.
- Kapitalgesellschaften **122b** 2
- MgVG **Vor 122a–122l** 1
- Mitbestimmung **122g** 16 ff.; **Vor 322** 91, 97 ff.
  - Arbeitnehmerbeteiligungsverfahren **Vor 322** 104 ff.
  - Auffangregelung **Vor 322** 112 ff.
  - Besonderes Verhandlungsgremium **Vor 322** 104 ff.
  - europäisches Sondermitbestimmungsregime **Vor 322** 99 ff.
- Geschlechterquote **Vor 322** 115a
- Nichtverhandlungs-/Abbruchbeschluss BVG **Vor 322** 118
- Optierung für Auffangregelung **Vor 322** 116
- Organismen für gemeinsame Kapitalanlagen **122b** 8
- Personenhandelsgesellschaften **122b** 6
- Prüfung Registergericht **122l** 19
- Rechtsgrundlagen **Anh. I** 2
- sachlicher Anwendungsbereich **122a** 2 ff.
- Sicherheitsleistung **122j**; **122k** 8
- Sitz/Hauptverwaltung/Hauptniederlassung in Mitgliedsstaat **122b** 5
- übernehmende Gesellschaft, Versammlung **122g** 25
- übertragende Gesellschaft, Versammlung **122g** 3 ff.
- Umtauschverhältnis, Verbesserung **122h**
- Universalsukzession **122a** 7
- US-amerikanische Gesellschaften **122b** 5a
- Vereinigungstheorie **Vor 122a–122l**
- Verschmelzungsbericht **122e**
- Verschmelzungsbescheinigung **122k** 14
- Verschmelzungsbeschluss **122g** 10 ff.
- Verschmelzungsplan **122c**
- Verschmelzungsprüfung **122f**
- Versicherung **122k** 8
- Wirksamkeitsvermerk **122k** 19
- Zulässigkeit Formwechsel **Vor 122a–122l** 14 f.
- Zustimmung Anteilsinhaber unter Vorbehalt **122g**
- Zustimmung einzelner Anteilsinhaber **122g** 24

Verschmelzungsbericht 8 1 ff.
- Aktualisierung in Hauptversammlung **64** 5 ff.

1761

Sachregister

- Änderung Vermögensverhältnisse **64** 5 ff.
- Anlage Anmeldung **17** 2 f.
- ausführliche Vorabinformation **8** 1
- Auskunftspflichten **8** 28 f.
- Auslegung **8** 5; **122e** 4
- Barabfindung **8** 22
- Befreiung Personenhandelsgesellschaften **41** 1
- Börseneinführung **5** 24
- Erläuterung Verschmelzung **8** 7 f.
- Erläuterung Verschmelzungsvertrag **8** 9
- Folgen für die Beteiligung **8** 25
- gemeinsamer Bericht **8** 4; **122e** 3
- GmbH **47** 2
- Grenzen Berichtspflicht **8** 30 ff.
- grenzüberschreitende Verschmelzung **122e**
- Heilung durch mündliche Auskünfte **8** 35
- im Insolvenzverfahren **Anh. II** 45 ff.
- Konzernverschmelzung **8** 39; **122e** 12
- Mängel **8** 6, 33 ff.
- Mängel, Rechtsfolgen **8** 33 ff.; **122e** 10
- Mindestinhalt **8** 6; **122e** 7 ff.
- Partnerschaftsgesellschaft
  - Erforderlichkeit **45c** 1
  - Verzicht auf Übersendung **45c** 1
- Personengesellschaften **8** 36, 41; **41**
- Schriftform **8** 3; **122e** 2
- Schuldner **8** 2
- steuerliche Folgen **8** 26
- Strukturunterschiede **8** 26
- Übersendung an Gesellschafter **42** 1 ff.; **47** 1
- Übersendung an Gesellschafterversammlung **8** 5
- Umtauschverhältnis **5** 18; **8** 10 ff., 34
- Unbedenklichkeitsverfahren **8** 1
- unrichtige Darstellung s. dort
- Unternehmensbewertung **8** 11, 24
- Verbundeffekte **8** 17; **30** 9
- verbundene Unternehmen **8** 27
- Verschmelzung durch Neugründung **36** 6
- Verzicht **8** 38; **12** 16; **17** 2; **122e** 11
- Vorlagepflicht EuGH **8** 37

Verschmelzungsbescheinigung 122k

Verschmelzungsbeschluss 13 1 ff.
- Abschrift für Anteilsinhaber **13** 40
- Alleingesellschafter, Verschmelzung auf – **121** 3
- Änderung Verschmelzungsvertrag **4** 17
- Anfechtung **13** 46
- Anlage Anmeldung **17** 2
- Auferlegung höherer Pflichten durch Verschmelzung **13** 26; **50** 24
- Aufhebung **13** 48
- Aufhebung Verschmelzungsvertrag **4** 17
- Bedeutung **13** 2
- Beteiligung Ehegatten **13** 33; **43** 36; **50** 28
- Beteiligung Erben **13** 34; **43** 36; **50** 28
- Beteiligung Pfändungsgläubiger, Nießbraucher **13** 35
- Form **13** 37; **43** 21; **50** 15; **65** 14
- Gegenstand **13** 7
- Gesellschafterversammlung **43** 3
- im Insolvenzverfahren **Anh. II** 48 ff.
- Kettenverschmelzung **13** 4, 8
- Klagen gegen – s. Klagen gegen Verschmelzungsbeschluss
- Konzern **13** 36
- Kosten **13** 43
- Mängel Heilung **20** 32, 41
- Mangelhaftigkeit Unvollständigkeit/Unrichtigkeit Angaben **5** 66
- Mehrheitserfordernisse **13** 9 ff.
- minderjährige Gesellschafter **13** 15; **43** 18; **50** 12; **59** 5; **65** 10, 12
- Missachtung durch Geschäftsführung **4** 22
- Partnerschaftsgesellschaft **45d** 1 ff.

Sachregister

- Personenhandelsgesellschaft s. Gesellschafterversammlung, Verschmelzungsbeschluss
- Reihenfolge **13** 8
- sachliche Rechtfertigung **13** 12
- Satzungsänderung **13** 20
- Stellvertretung bei Abstimmung **13** 13
- Stimmabgabe gegen – **29** 13
- Stimmberechtigung **13** 4
- Unwirksamkeitsgründe **14** 7
- Versammlung Anteilsinhaber **13** 3
- Verschmelzung durch Neugründung **36** 6
- Vertragsentwurf **4** 7
- Vertretung ausländischer Gesellschaften **13** 16
- vinkulierte Anteile **13** 22; **43** 30 ff.; **50** 25
- Widerspruch zur Niederschrift **13** 21, 38; **29** 11; **50** 18; **65** 15
- Wirkung **13** 17 ff.
- Zeitpunkt **13** 6
- Zustimmung bei höheren Pflichten **65** 19
- Zustimmungserfordernisse **13** 22, 33 ff., 44

Verschmelzungsbeschluss, AG
- Änderung Vermögensverhältnisse **64** 5 ff.
- Anfechtung **65** 29
- Auslegung Unterlagen **62** 14 f.; **63** 2; **64** 1
- Bekanntmachung Tagesordnung **76** 9
- Beschlussfassung durch Hauptversammlung **65** 3
- Entbehrlichkeit **62** 1, 27
- ergänzende/aktualisierte Berichterstattung **64** 5 ff.
- Erläuterung Verschmelzungsvertrag in Hauptversammlung **64** 3 ff.
- Erwerb eigener Aktien **62** 5
- Form **65** 14
- freiwillige Vorlage Verschmelzung zur Zustimmung **62** 3
- Gegenstand Beschlussfassung **65** 4
- Kapitalerhöhungsbeschluss **65** 28
- KGaA **65** 20
- Kosten **65** 30; **76** 10
- Mehrheitserfordernisse **65** 5 ff.; **76** 8
- Minderheitsverlangen **62** 20 ff.
- Mindestanteilsbesitz, Entbehrlichkeit Zustimmung **62** 8 ff.
- Notwendigkeit bei Kapitalerhöhung **62** 4
- sachliche Rechtfertigung **65** 8
- Satzungsanforderungen an Mehrheit **65** 6
- Sonderbeschlüsse bei verschiedenen Aktiengattungen **65** 21 ff.; s.a. Sonderbeschlüsse, AG
- Stellvertretung **65** 9 ff.
- Stimmverbote **65** 13
- Umtauschverhältnis **5** 19
- Verschmelzung durch Neugründung **76** 1 ff.
- Widerspruch zur Niederschrift **65** 15
- Zustimmungserfordernisse **65** 16

Verschmelzungsbeschluss, GmbH
- Auskunftsrecht Gesellschafter **49** 6 f.
- Auslegung Jahresabschlüsse und Lageberichte **49** 3 ff.
- Beschlussankündigung **49** 2
- Beschlussfassung **50** 3 ff.
- Einberufung, Vorbereitung, Durchführung Gesellschafterversammlung **50** 2
- Erteilung Abschriften **50** 19
- Form **50** 15
- Gegenstand Beschlussfassung **50** 5
- Kapitalerhöhungsbeschluss **50** 29
- Kosten **50** 30; **59** 10
- Mehrheitserfordernisse **50** 7 f.
- offene Einlagen bei übernehmender GmbH **51** 2 f.
- offene Einlagen bei übertragender GmbH **51** 5 ff.
- sachliche Rechtfertigung **50** 10

1763

- Stellvertretung **50** 11 ff.; **59** 4
- Stimmverbote **50** 14
- Verschmelzung durch Neugründung **50** 31; **51** 13
- Vorbereitung Gesellschafterversammlung **49** 1
- Widerspruch zur Niederschrift **50** 18
- Zeitpunkt, Reihenfolge **50** 6
- Zustimmung bei abweichenden Nennbeträgen **51** 9 ff.; **65** 17
- Zustimmungserfordernisse **50** 20 ff.; **51** 1 ff.

Verschmelzungsbeschluss, Personenhandelsgesellschaften
- Bestimmtheitsgrundsatz, Mehrheitsklausel **43** 8
- Drei-Viertel-Mehrheit **43** 10 ff.
- Einberufung, Vorbereitung, Durchführung Gesellschafterversammlung **43** 2
- Einstimmigkeit **43** 7
- Form **43** 21
- Gegenstand Beschlussfassung **43** 4
- Gesellschafterversammlung **43** 1 ff.
- Mehrheitsentscheidung **43** 6 ff., 8
- sachliche Rechtfertigung **43** 15
- Stellvertretung **43** 16
- Stimmverbote **43** 20
- Widerspruch persönlich haftender Gesellschafter **43** 22 ff.
- Zeitpunkt **43** 5
- Zustimmungserfordernisse **43** 29 ff.

Verschmelzungsfähige Rechtsträger
- AG **3** 8
- aufgelöste Personengesellschaft **39** 1 ff., 9
- aufgelöste Rechtsträger **3** 21 ff., 26
- eingeschränkte Verschmelzungsfähigkeit **3** 1
- bei Einstellung/Verpachtung Geschäftsbetrieb **3** 7
- Erbengemeinschaft **3** 2
- Europäische Genossenschaft **3** 13
- Europäische Gesellschaft **3** 11
- Europäische Wirtschaftliche Interessenvereinigung **3** 4
- GbR **3** 2, 5
- Genossenschaft, eingetragene **3** 12
- GmbH **3** 8
- inländische Rechtsträger **3** 1
- Insolvenz **3** 23, 24, 27; **Anh. II** 14 ff.
- international **122b** 1 ff.
- Kapitalgesellschaften **3** 8
- KG **3** 3, 7
- KGaA **3** 8
- Mischverschmelzung **3** 28 ff.
- natürliche Personen **3** 1, 15, 18 f.
- OHG **3** 3, 7
- Partnerschaftsgesellschaft **3** 6, 25; **45a** 1 ff.
  - Anteilsinhaber natürliche Personen **45a** 3
  - Ausübung eines freien Berufs **45a** 4
  - maßgeblicher Zeitpunkt **45a** 6
  - Vorrang Berufsrecht **45a** 11
- Personenhandelsgesellschaft **3** 3, 25
- Prüfungsverbände, genossenschaftliche **3** 15, 28
- Stiftung **3** 2
- stille Gesellschaft **3** 2, 5
- Überschuldung Rechtsträger **3** 22
- uneingeschränkte Verschmelzungsfähigkeit **3** 1
- Unternehmergesellschaft **3** 9
- Verein, eingetragener **3** 14
- Verein, wirtschaftlicher **3** 1, 14, 17
- Versicherungsvereine auf Gegenseitigkeit **3** 16, 28
- Vor-Gesellschaft **3** 10
- „wirtschaftliche" Verschmelzung nicht verschmelzungsfähiger Rechtsträger **3** 2

Verschmelzungsfähigkeit s. Verschmelzungsfähige Rechtsträger

Verschmelzungsgewinn
- Ausweis in GuV **24** 21

Verschmelzungsplan 122c 1 ff.
- Aufstellung **122c** 5 ff.

Sachregister

- Bekanntmachung **122d**
- Betriebsrat, Zuleitung **122c** 18
- Gründung SE durch Verschmelzung **Anh. I** 16 ff.
  - Barabfindung **Anh. I** 42
  - Form **Anh. I** 19 ff., 38
  - Gläubigerschutz **Anh. I** 43
  - Grundkapital **Anh. I** 33 f.
  - Mitbestimmung **Anh. I** 37
  - Offenlegung **Anh. I** 47
  - Prüfung **Anh. I** 45 f.
  - Satzung **Anh. I** 30 ff.
  - Sicherheitsleistung **Anh. I** 43
- Inhalt **122c** 2, 8 ff.; **Anh. I** 22 ff.; s.a. Verschmelzungsplan, Inhalt
- notarielle Beurkundung **122c** 40
- Rechtsnatur **122c** 4
- Sprache **122c** 7, 41

Verschmelzungsplan, Inhalt 122c 2, 8 ff.; **Anh. I** 22 ff.
- Barabfindungsangebot **122i** 3
- Beschäftigung, Auswirkung auf **122c** 15
- Bewertung Aktiv-/Passivvermögen **122c** 31 ff.
- Bilanzstichtag **122c** 36 ff.
- Firma **122c** 9
- Gewinnbeteiligung **122c** 20
- Konzernverschmelzung **122c** 39
- Mitbestimmung, Angaben zu **122c** 27 ff.
- Rechtsform **122c** 9
- Satzung übernehmende/neue Gesellschaft **122c** 26
- Sitz **122c** 9
- Sonderrechte **122c** 24
- Sondervorteile **122c** 25
- Übertragung Gesellschaftsanteile **122c** 14
- Umtauschverhältnis **122c** 10
- Vermögensübertragung **122c** 4
- Verschmelzungsstichtag **122c** 21 ff.
- Zuzahlung, bare **122c** 10

Verschmelzungsprüfer 10 1 ff.
- Annahme Prüfungsauftrag **10** 18

- Auskunftsrecht **11** 10 ff.
- Vollständigkeitserklärung **11** 11
- Ausschlussgründe **11** 4 ff.
- Auswahl **11** 2 ff.
- Bestellung durch Gericht **10** 5 ff.; **44** 14; **48** 6; **60** 3
- Bestellung durch Vertretungsorgan **10** 1
- Bestellung, grenzüberschreitende Verschmelzung **122f** 5 ff.
- Bestellungsverfahren **10** 9 ff.
- Doppelprüfung **10** 21
- fehlerhafte Auswahl **11** 7 ff.
- fehlerhafte Bestellung **10** 22 f.; **122f** 14 f.
- gemeinsamer Prüfer **10** 20; **11** 2, 17; **48** 7; **60** 3; **122f** 7, 9 ff.
- Gewährung besonderer Vorteile **5** 46
- Haftung **11** 18 ff.
  - gesamtschuldnerische **11** 23
  - Haftungsausschluss **11** 22
  - Haftungsbegrenzung **11** 22
- als Nachgründungsprüfer **67** 7
- Parallelprüfung **10** 27 f.
- Prüfungsauftrag **10** 18
- Prüfungsvertrag **10** 19
- Qualifikation **11** 2; **122f** 12
- Rechtsmittel **10** 24 ff.
- sachverständiger Prüfer **9** 39
- Verantwortlichkeit **11** 14 ff.
- Verhaltenspflichten **11** 15
- Verletzung Berichtspflicht **314** 1 ff.; s. Berichtspflicht, Verletzung
- Verschwiegenheitspflicht **11** 16
- Wirtschaftsprüfer **60** 3
- Zuständigkeit **10** 6 ff., 21

Verschmelzungsprüfung s. Prüfung, Verschmelzung

Verschmelzungsrichtlinie 8 37; **9** 1, 43; **Vor 122a–122l** 1

Verschmelzungsstichtag 5 31 ff.
- Beanstandung durch Registergericht **5** 39
- Bedeutung **5** 32 ff., 39
- beweglicher Termin **5** 36

1765

Sachregister

- Ergebnisabgrenzung **5** 33
- Gewinnberechtigung **5** 32, 35
- grenzüberschreitende Verschmelzung **5** 34b
- mehrere übertragende Rechtsträger **5** 37
- Schlussbilanz **5** 32 f., 34; **17** 14
- vor Schlussbilanz **5** 34a
- und steuerlicher Übertragungsstichtag **5** 32
- Übergang Rechnungslegung **5** 33
- Wirkung Verschmelzung **5** 31

Verschmelzungsverlust
- Ausweis in GuV **24** 21

Verschmelzungsvertrag 4 1 ff.
- Abschlusskompetenz **4** 4
- Abschlussvollmacht **4** 5
- Änderung **4** 16 ff.; **6** 8; **9** 16
- Änderungen nach Zuleitung Betriebsrat **5** 78
- Anfechtung **4** 13 f.
- Anlage Anmeldung **17** 3
- Aufhebung **4** 16 ff.; **6** 9; **7** 6
- Auslegung **4** 10
- Bedingung **4** 6, 11 f.; **5** 62; **7** 1, 7
- Befristung **4** 6, 11 f.; **7** 6 f.
- Bekanntmachung, AG **61** 1 ff.
- Business Combination Agreement **4** 7
- dingliche Rechtsänderung **4** 2
- Entwurf **4** 7; **9** 16
- Erfüllungsansprüche **4** 19
- Erfüllungsklage Anteilsinhaber **4** 22
- Erfüllungsklage beteiligte Rechtsträger **4** 19
- Erläuterung im Bericht **8** 9
- bei Fehlen Betriebsrat **5** 79
- Form **6** 1 ff.
- gegenseitiger Vertrag **4** 3
- Grundsatzvereinbarungen **5** 1
- Heilung **5** 65; **20** 32
- Inhalt **4** 9; **5** 1; s.a. Verschmelzungsvertrag, Inhalt
- im Insolvenzverfahren **Anh. II** 40 ff.
- Konzernverschmelzung **5** 67 ff.

- Kündigung **4** 25; **5** 62; **7** 4 f.; s.a. Kündigung Verschmelzungsvertrag
- Mängel **5** 63 ff.; **20** 32, 39; **32** 2
- Nichtigkeit **4** 13 ff.
- Notargebühren **2** 7; **6** 13
- Rechtsnatur **4** 2
- Registeranmeldung **4** 19
- Rücktritt **4** 24; **5** 62; **7** 6
- Schadensersatz wegen Nichterfüllung **4** 24
- schuldrechtliche Bindung **4** 2 f.
- Squeeze-out, verschmelzungsrechtlicher **62** 37
- Stellvertretung **6** 6, 12
- Störung Geschäftsgrundlage **4** 25
- Übersendung an Gesellschafter **42** 1 ff.; **47** 1
- Übertragung künftigen Vermögens **4** 6
- Unmöglichkeit **4** 24
- Verschmelzung auf Alleingesellschafter **121** 2
- Verschmelzungsplan **122c**
- Vertrag zugunsten Dritter **4** 3
- Verzug **4** 24
- Vorvertrag **4** 8
- Zuleitung an Betriebsrat **5** 74 ff.; **17** 3; **62** 32 f.

Verschmelzungsvertrag, Inhalt
- Abfindungen **5** 44 ff.
- Aktionäre, unbekannte **35** 1 ff.; **213** 1 ff.; s.a. dort
- Anteilsgewährung **5** 5 ff.; s.a. dort
- Arbeitnehmer/Arbeitnehmervertretungen, Folgen **5** 47 ff.
  - Änderung betriebsverfassungsrechtlicher Struktur **5** 53 ff.
  - mittelbare Wirkungen **5** 50 ff.
  - vorgesehene personelle Maßnahmen **5** 50 f.
  - s.a. Arbeitnehmer, Folgen für
- Barabfindungsangebot **5** 61
- bare Zuzahlungen **5** 22
- Bedingung, Befristung **5** 62; **7** 1, 6

Sachregister

- beschränkt haftende Gesellschafter, Schutz **40** 8 ff.
- Besonderheiten GmbH **46** 1 ff.
- Besonderheiten Partnerschaftsgesellschaft **45b** 1 ff.
- Besonderheiten Personenhandelsgesellschaft **40** 1 ff.
- Besonderheiten UG **46** 1 ff.
- Bestellung erster Aufsichtsrat **76** 7
- Checkliste **5** 60a
- Entwurf **5** 1
- Firma, künftige **5** 62
- Gesellschaftsvertrag/Satzung neuer Rechtsträger **37** 1 ff.
- Gewährung besonderer Vorteile **5** 44 ff., 46a
- Gewinnberechtigung, Zeitpunkt **5** 27 ff.
- grenzüberschreitende Verschmelzung **5** 56a
- Grundsatzvereinbarungen **5** 1
- Heilung **5** 65
- Inhaber besonderer Rechte **5** 42
- Kapitalerhöhung **5** 16
- Konzernverschmelzung **5** 67 ff.
- Kostentragung **5** 62
- Kündigungsrecht **5** 62; **7** 1, 6
- Mängel **5** 63 ff.; **20** 32, 39; **32** 2
- Name und Sitz **5** 2
- Präambel **5** 62
- rechtsformspezifische Besonderheiten **5** 61
- Rücktrittsvorbehalt **5** 62; **7** 6
- Schadensersatz **5** 62
- Schiedsvereinbarung **5** 62
- Sonderrechte **5** 40 ff.
- Strafversprechen **5** 62
- Übertragung, Einzelheiten **5** 24
- Umtauschverhältnis **5** 17 ff.
- Unvollständigkeit/Unrichtigkeit **5** 57 f., 63 ff.
- Vermögensübertragung **5** 3
- Verschmelzung durch Neugründung **36** 4; **37** 1 ff.
- Verschmelzungsstichtag **5** 31 ff.; s.a. dort
- weitere Abreden **5** 62

Verschmelzungsvertrag, Verschmelzung durch Neugründung
- Abschluss **36** 4
- Form **6** 12
- Kosten **6** 14

Verschulden
- Verwaltungsträger übertragender Rechtsträger **25** 7

Versicherungsverein auf Gegenseitigkeit
- internationale Verschmelzungsfähigkeit **122b** 4
- Mischverschmelzung **3** 28
- Verschmelzungsfähigkeit **3** 16, 28
- Verschmelzungsprüfung **9** 10

Versicherungsverträge
- Gesamtrechtsnachfolge **20** 23

Versorgungsansprüche
- Schutz bei Spaltung **133** 10, 19; **134** 20 ff.
- Zuordnung bei Umwandlungsfällen **324** 64

Versorgungsanwartschaften
- Angaben Umwandlungsvertrag **5** 60a

Vertretungsorgan
- Abfindung **5** 44
- Bestellungszusage **5** 44
- Entlastung **5** 44
- Verletzung Geheimhaltungspflicht **315** 1 f.; s. Geheimhaltungspflicht, Verletzung

Verzug
- Erfüllung Verschmelzungsvertrag **4** 24

Vinkulierte Aktien
- Zustimmung Verschmelzungsbeschluss **65** 16
- Zustimmung zum Spaltungsbeschluss **125** 14

1767

Sachregister

- Zustimmung zum Umwandlungsbeschluss **193** 16
- Zustimmung zum Verschmelzungsbeschluss **13** 22; **43** 30 ff.; **50** 25

Vollmacht
- Abschluss Verschmelzungsvertrag **4** 5; **6** 6, 12
- Gesamtrechtsnachfolge **20** 24
- Umwandlungsbeschluss **193** 11; **233** 4, 7
- Verschmelzungsbeschluss **13** 13; **43** 16; **45d** 9; **59** 4; **65** 9
- vollmachtloser Vertreter **6** 6

Vollrechtsübertragung
- Verschmelzung **2** 9

Vorgesellschaft
- Formwechsel **191** 22
- Spaltungsfähigkeit **124** 1

Vorläufigkeitsvermerk
- Handelsregister **19** 9; **122k** 16

Vorstand
- Abfindung **5** 44
- Entlastung **5** 44; **20** 17
- Erlöschen Amt **20** 13
- Kündigung bei Verschmelzung **20** 14
- Übergang Anstellungsverträge **20** 13
- übertragender Rechtsträger, Schadensersatzpflicht **25** 3 ff.
- Wirkung Spaltung **131** 12

Vorteile, besondere
- Gewährung **5** 44

Vorvertrag
- Grundsatzvereinbarungen **5** 1
- Verschmelzungsvertrag **4** 8

Vorzugsaktionäre
- Schutz bei Spaltung **125** 34

Wandelschuldverschreibung
- Ausgleich bei Verschmelzung **5** 40
- Inhaberschutz bei Verschmelzung **23** 5

Weighted Average Cost of Capital Ansatz **9** 30

Widerspruch zur Niederschrift
- Barabfindungsangebot **29** 11
- nachträgliches **29** 12
- gegen Umwandlungsbeschluss **193** 15
- gegen Verschmelzungsbeschluss **13** 21, 38; **29** 11; **50** 18; **65** 15
- persönlich haftender Gesellschafter gegen Verschmelzungsbeschluss **43** 22 ff.
- Stimmabgabe gegen Verschmelzungsbeschluss **29** 13

Wirkungen Eintragung, Formwechsel
- Arbeitnehmer, Arbeitnehmervertretungen **202** 27
- Austausch Normensystem **202** 21, 39
- Firma **202** 23
- Fortbestehen Rechtsträger **202** 13
- Forthaftung Anteilsinhaber **202** 42
- Gesellschaftsvertrag, Satzung **202** 22
- Grunderwerbsteuer **202** 19
- Identität Anteilsinhaber **202** 29 ff.
- Identität Beteiligungen **202** 34 ff.
- konstitutive Wirkung **202** 1
- Mängel Formwechsel, Wirkung auf **202** 47 f., 55 ff.; **228** 15 ff.
- Mängel notarieller Beurkundung **202** 47 ff.
- maßgebliche Eintragung **202** 59
- öffentliche Register, Berichtigung **202** 19
- öffentlich-rechtliche Berechtigungen **202** 20
- öffentlich-rechtliche Verpflichtungen **202** 20
- Organe **202** 24
- Prüfungsmandatsbeziehung, Dauer **202** 11a ff.
- Rechte Dritter an Beteiligungen, Fortbestehen **202** 44 f.
- Rechtsstreitigkeiten **202** 15
- stille Gesellschaft **202** 18

Sachregister

- Umwandlungsbilanz **202** 12
- Umwandlungsstichtag **202** 12
- Unternehmensverträge **202** 18
- Verbindlichkeiten **202** 14
- Vermögensübergang, kein **202** 13
- Verträge **202** 17
- Vollmachten, Prokura **202** 26
- vollstreckbare Titel **202** 16
- Wechsel in Rechtsform mit beschränkter Haftung **202** 42 ff.

Wirkungen Eintragung, Spaltung 125 31; **131** 1 ff.
- Anteilserwerb **131** 23 ff.
- Aufspaltung **131** 3
- Ausland, Vermögen im – **131** 4
- Ausschluss Rückabwicklung **131** 28
- Berichtigung Grundbuch **131** 7
- Beteiligungen **131** 14
- Betriebsübergang **131** 11
- Betriebsvereinbarungen **131** 11
- Betriebsverfassungsrecht **131** 11
- bewegliche Sachen **131** 6
- Daten **131** 20
- Erhalt kündigungsrechtliche Stellung **131** 11
- Erlöschen übertragender Rechtsträger **131** 22
- Firmentarifvertrag **131** 11
- Forderungen **131** 9
- Grundpfandrechte/Nießbrauch **131** 8
- Grundstücke/grundstücksgleiche Rechte **131** 7
- gutgläubiger Erwerb **131** 5
- Heilung Formmängel **131** 27
- höchstpersönliche Rechte und Pflichten **131** 3
- Immaterialgüterrechte **131** 16
- konstitutive Wirkung **131** 1
- Mitgliedschaftsrechte **131** 14
- öffentlich-rechtliche Rechtspositionen **131** 17
- Organstellungen **131** 12
- partielle Gesamtrechtsnachfolge **131** 2 ff.
- Rechnungslegung **131** 31 ff.
- Abspaltung **131** 32, 35
- Aufspaltung **131** 31, 34
- Ausgliederung **131** 33, 36
- Rechte an Grundstücken **131** 8
- Rechtsbeständigkeit mangelhafter Spaltung **131** 28
- Schuldnerschutz **131** 9
- Schuldverhältnisse **131** 10 ff.
- Steuerverbindlichkeiten **131** 21
- Verbindlichkeiten **131** 21
- Verfahrensstellungen **131** 19
- vergessene Vermögensgegenstände/Verbindlichkeiten, Zuordnung **131** 29 f.
- Verweisung Vorschriften über Verschmelzung **125** 31
- Vollmachten **131** 13
- Wettbewerbsverbote **131** 18

Wirtschaftsausschuss
- Beteiligungsrechte
  - Formwechsel **Vor 322** 64 f., 66 f.
  - übertragende Umwandlung **Vor 322** 52 f.

Wirtschaftsprüfer
- Prüfung, Spaltung **125** 9
- als Verschmelzungsprüfer **60** 3

Zuordnung Arbeitnehmer 324 51 ff.
- Arbeitnehmer mit Leitungsfunktionen **324** 56
- gerichtliche Überprüfung **324** 55
- im Spaltungs-/Übernahmevertrag **324** 55
- im Umwandlungsvertrag **324** 51 ff.
- in unklaren Fällen **324** 54 ff.
- bei Zustandekommen Interessenausgleich **324** 58 ff.
- Zustimmung Arbeitnehmer **324** 54, 57

Zusammenlegung
- Aktien **72** 3

Sachregister

Zustimmung zum Spaltungsbeschluss 125 13 f.
- Einschränkung 125 16
- GmbH, Beeinträchtigung Sonderrechte 125 52
- Klage gegen – 125 18
- notarielle Beurkundung 125 15
- Personenhandelsgesellschaft 125 48
- Vermehrung Leistungspflichten 125 14
- Vinkulierungsklausel beim übertragenden Rechtsträger 125 14

Zustimmung zum Verschmelzungsbeschluss
- abweichende Nennbeträge 51 9 ff.; 65 17
- Anfechtung 13 46
- Anlage Anmeldung 17 2
- Beurkundungsmangel, Heilung 20 32
- Ehegatte 13 33; 43 36; 50 28
- Erben bei Testamentsvollstreckung 13 34; 43 36; 50 28
- Form 13 41; 43 35; 50 27; 65 18; 78 6
- Frist 43 35; 50 27
- GmbH 50 20 ff.; 51 1 ff.
- höhere Pflichten 13 26; 50 24; 65 19
- Inhaber Minderheitsrechte 50 20 ff.
- Inhaber Vorkaufs-, Vorerwerbsrechte 50 21
- KGaA 65 20
- Konzern 13 36
- Kosten 13 44; 43 37
- nicht voll eingezahlte Geschäftsanteile 50 26
- Nießbraucher, Pfandgläubiger 13 35; 43 36; 50 28
- offene Einlagen bei beteiligter GmbH 43 34; 51 2 ff., 5
- offene Einlagen bei übernehmender GmbH 51 2 ff.
- offene Einlagen bei übertragender GmbH 51 5 ff.
- Partnerschaftsgesellschaft 45d 10
- Personenhandelsgesellschaft 43 29 ff.
- persönliche Haftung, Übernahme 40 14
- statutarische Nebenpflichten 50 24; 65 19
- Übernahme persönliche Haftung 43 29
- Verschmelzung durch Neugründung 43 38
- vinkulierte Anteile 13 22; 43 30 ff.; 50 25
- vinkulierte Namensaktien 65 16
- Wirksamwerden 13 27 ff.
- Zustimmungspflicht 13 31

Zustimmung zum Verschmelzungsvertrag s. Verschmelzungsbeschluss

Zuzahlung, bare
- AG 68 20 ff.
- Anspruchsberechtigte 15 3
- Anspruchsvoraussetzungen 15 2
- Anteilsgewährung als Voraussetzung 54 27; 68 20
- an Anteilsinhaber bei Verschmelzung 2 13; 5 9; 29 21
- Ausschluss Klagerecht 15 4
- Beschränkung auf 10 % des Gesamtnennbetrages 54 29, 33; 68 20 ff.
- Formwechsel 192 54
- freiwillige 68 21
- Geldleistung 15 6
- keine Beschränkung bei Festlegung im Spruchverfahren 68 21
- Kleinstbeteiligung 68 22
- in Sachwerten 5 22
- Schuldner 15 7
- Spaltung, GmbH 125 60, 77
- Spaltungsvertrag 126 11
- Spruchverfahren 15 8
- Umtausch Anteile als Voraussetzung 68 20
- Verschmelzung durch Neugründung 73 3
- Verschmelzungsvertrag 5 22
- Verzinsung 15 9; 196 2, 20; 321 1
- Verzugsschaden 15 10

1770